사회·문화

기출의

1권 문제편

구성과 특징

『기출의 바이블』이 고민한 2025년 기출 학습 키워드

학습자 중심

"교육청 문제까지 다 풀어 보고 싶어요.", "교육청 문제는 평가원 문제와 출제 유형, 경향이 달라서 평가원 문제만 풀고 싶어요.", "수능이 가까워지면 평가원 문제들만 모아서 집중적으로 풀고 싶어요.", "등급을 가르는 고난도 주제들만 별도로 모아서 풀고 싶어요." 등 그동안 다양한 학생들의 니즈가 존재하였습니다. 그래서, 수능 20문항에 반드시 포함되는 필출 주제의 교육청 문항과 평가원 문항을 구분하여 수록하였고, 별도로 고난도 주제의 교육청 문항과 평가원 문항만을 모아서 분권하였습니다.

흐름

해가 바뀌어도, 교육과정이 바뀌어도 매번 출제되는 개념과 유형들이 있습니다.
6월과 9월 모의평가에서 출제된 개념과 유형은 그해 수능까지 그대로 이어집니다.
그래서, 평가원의 출제 경향 파악이 용이하도록 문항을 연도별로 배열하였습니다.

고난도

최근 수능에서는 탐구영역에서 변별력을 확보하고자 하는 추세입니다. 그리고 쉽게 나오는 주제는 쉽게, 어렵게 나오는 주제는 어렵게 출제가 이루어지고 있습니다. 그래서, 상위권을 변별하는 고난도 주제만을 별도로 분권하여 구성하였습니다.

주제별 개념

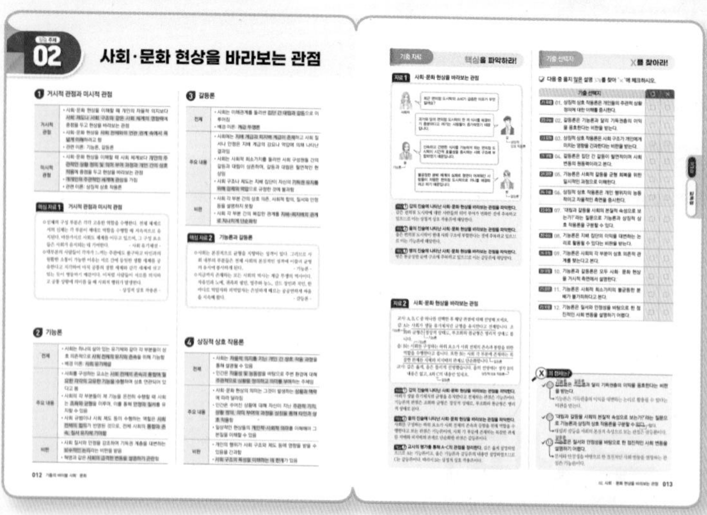

❶ 필출 주제별 개념 정리

자주 출제되는 15개의 주제를 선정하여 기출 자료와 선지 위주로 개념을 정리하였습니다.

➲ 실전에 필요한 주요 개념들을 완전히 숙지하고 있는지 확인해 보세요.

❷ 기출 자료, 핵심을 파악하라!

빈출 유형이나 출제 트렌드에 맞는 자료를 골라 자료 해석 방법을 단계별로 제시하였습니다.

➲ 자료의 핵심을 파악하는 노하우를 습득하여 자료 분석에 걸리는 시간을 단축해 보세요.

❸ 기출 선택지, X를 찾아라!

실제로 출제되었던 선택지들을 모아 OX 퀴즈로 구성하여 문제 풀이 적응력을 키워 줍니다.

➲ 'X의 정체는?'에서 정답을 확인한 뒤, 헷갈렸던 개념은 다시 한 번 공부하세요.

교육청 문제

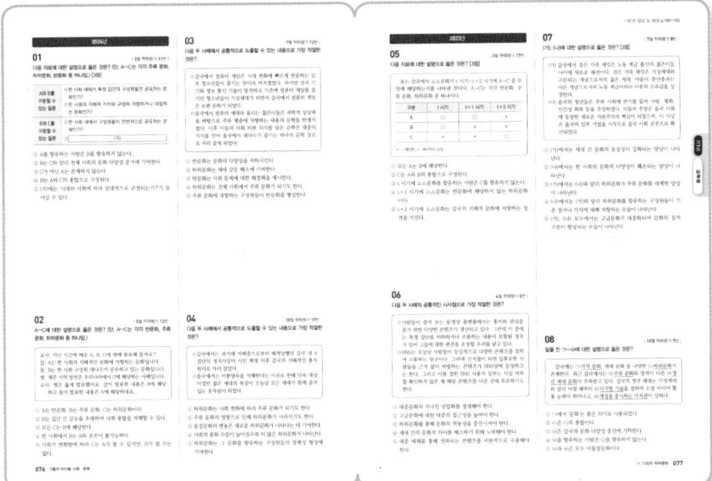

주제별 · 연도별 교육청 학력평가 문항

교육청 학력평가에서 출제된 3월, 5월, 7월, 10월 문항을 주제별·연도별로 수록하였습니다.

빈출 개념의 반복된 출제 패턴을 익혀 보세요.

평가원 출제 경향 + 문제

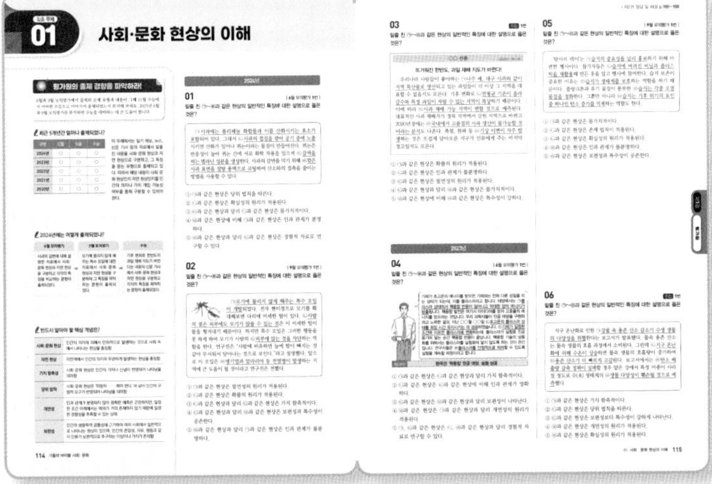

❶ 평가원의 출제 경향을 파악하라!

6월과 9월 모의평가에서 출제된 문제 유형과 내용이 그해 11월 수능에서 어떠한 흐름으로 이어지며 출제되었는지 분석하였습니다.

❷ 반드시 알아야 할 핵심 개념

핵심 중의 핵심 개념만을 요약하였고, 평가원 문제 풀이를 위한 심화 개념을 수록하였습니다.

❸ 주제별·연도별 평가원 모의평가, 수능 문항

평가원에서 출제된 모의평가와 수능 문항을 주제별·연도 '6월-9월-수능'순으로 배열하였습니다. 이러한 배열은 수능의 출제 유형과 문항 난도에 집중하도록 도와줍니다.

수능은 그해 6월과 9월 모의평가의 출제 경향을 반영합니다. 연도별로 모의평가가 수능에 어떻게 반영되었는지 흐름을 파악해 보세요.

문제

교육청 학력평가

필출 주제 01 사회·문화 현상의 이해

1 사회·문화 현상과 자연 현상의 의미

사회·문화 현상	인간의 의지 및 가치 판단에 의한 행동으로 나타나는 현상 예 비가 내리자 우산을 쓰는 모습, 주름살 방지 화장품을 바르는 모습 등
자연 현상	인간의 의지 및 가치 판단과 무관하게 자연 발생적으로 나타나는 현상 예 비가 내리는 현상, 나이가 들어 주름이 생기는 현상 등

2 사회·문화 현상과 자연 현상의 특징

(1) 사회·문화 현상의 특징

가치 함축성	사회·문화 현상은 사람들의 의지, 가치, 혹은 신념이 반영되어 나타남
당위 규범	사회·문화 현상은 '마땅히 그러해야 한다.' 혹은 '…… 을 하면 안 된다.'와 같은 규범적 요구가 반영될 수 있으며, 이를 통해 발생하거나 사라질 수 있음
인과 관계	• 확률의 원리: 사회·문화 현상은 같은 원인이라고 해도 같은 결과가 나타날 확률적 가능성만을 갖고 있으므로 예외가 발생할 수 있음 • 개연성: 사회·문화 현상은 확실하지는 않지만 그럴 가능성이 있는 원인과 결과의 관계성을 지님 • 약한 인과 관계: 자연 현상에 비해 약한 인과 관계가 나타남
보편성과 특수성	사회·문화 현상의 경우 시대와 장소에 따른 차이 없이 항상 같은 모습을 보이는 보편성을 지니고 있지만, 개별 사회의 맥락에 따라 각기 다른 모습을 보이는 특수성도 함께 지님

(2) 자연 현상의 특징

몰가치성	자연 현상은 인간의 의지나 가치의 개입 없이 자연법칙에 의해 발생함
존재 법칙	자연 현상은 인간의 인식이나 가치 판단 여부와 관계없이 사실 그대로 존재하며 인간은 이를 받아들일 수밖에 없음
인과 관계	• 확실성의 원리: 자연 현상은 특정 조건에 따라 예외 없이 같은 결과가 나타남 • 필연성: 원인이 주어지면 항상 같은 결과가 나타남 • 강한 인과 관계: 사회·문화 현상에 비해 강한 인과 관계가 나타남
보편성	자연 현상은 일정 조건하에서 시대와 장소를 초월하여 동일한 현상이 발생함

기출 자료 핵심을 파악하라!

자료 1 사회·문화 현상과 자연 현상

㉠모기에 물리지 않게 해주는 특수 오일이 개발되었다.(→사회·문화 현상) 전자 현미경으로 모기를 확대해보면 다리에 미세한 털이 있다. ㉡사람의 젖은 피부에도 모기가 앉을 수 있는 것은(→자연 현상) 이 미세한 털이 물을 튕겨내기 때문이다. 하지만 특수 오일은 그러한 행동을 못 하게 하여 모기가 사람의 ㉢피부에 앉는 것을 차단하는(→자연 현상) 역할을 한다. 연구진은 "사람에 비유하면 늪에 발이 빠지는 것 같아 무서워서 달아나는 것으로 보인다."라고 설명했다. 앞으로 이 오일은 ㉣뎅기열과 말라리아 등 전염병이 발생하는(→자연 현상) 지역에 큰 도움이 될 것이라고 연구진은 전했다.

핵심 ① 밑줄 친 ㉠~㉣ 중 인간의 의지와 관계없이 나타나는 현상이 무엇인지 파악한다. ㉡, ㉢, ㉣은 인간의 의지와 관계없이 나타나는 자연 현상에 해당한다.

핵심 ② 밑줄 친 ㉠~㉣ 중 인간에 의해 인위적으로 만들어진 현상을 파악한다. ㉠은 인간에 의해 인위적으로 나타나는 사회·문화 현상에 해당한다.

기출 선택지 X를 찾아라!

✔ 다음 중 옳지 않은 설명 3개를 찾아 '×'에 체크하시오.

기출 선택지	○	×
24수능 01. 사회·문화 현상은 확률의 원리가 적용된다.	☐	☐
23모평 02. 자연 현상은 사회·문화 현상과 달리 보편성을 지닌다.	☐	☐
23수능 03. 자연 현상은 사회·문화 현상과 달리 가치 함축적이다.	☐	☐
24모평 04. 사회·문화 현상과 달리 자연 현상은 경험적 자료를 통해 연구할 수 있다.	☐	☐

X의 정체는?

✔ 02 ~~자연 현상은 사회·문화 현상과 달리~~(→자연 현상과 사회·문화 현상은 모두) 보편성을 지닌다.
→자연 현상은 보편성만 나타나고, 사회·문화 현상은 보편성과 특수성이 공존한다.

✔ 03 ~~자연 현상~~(→사회·문화 현상)은 ~~사회·문화 현상~~(→자연 현상)과 달리 가치 함축적이다.
→자연 현상은 사회·문화 현상과 달리 몰가치적이다.

✔ 04 ~~사회·문화 현상과 달리 자연 현상은~~(→사회·문화 현상과 자연 현상은 모두) 경험적 자료로 연구할 수 있다.
→사회·문화 현상과 자연 현상은 모두 경험적 자료를 통해 연구가 가능하다.

2024년

01
| 3월 학력평가 1번 |

밑줄 친 ㉠~㉢과 같은 현상의 일반적인 특징에 대한 설명으로 옳은 것은?

기후 위기가 심화되면서 ㉠바람이 가지는 운동 에너지를 이용하여 전력을 생산하는 풍력 발전이 다시 주목받고 있다. 바람은 고기압 지역에서 저기압 지역으로 부는데 ㉡기압 차가 클수록 바람의 세기는 강해진다. 바람이 강하게 부는 곳에서는 풍력 발전이 매우 효과적인 전력 생산 방법이다. 풍력 발전은 온실 가스 발생을 줄이고, 줄지어 늘어선 풍력 발전기는 ㉢관광 자원으로 활용되기도 한다.

① ㉠과 같은 현상은 ㉡과 같은 현상과 달리 가치 함축적이다.
② ㉡과 같은 현상은 ㉢과 같은 현상과 달리 확률의 원리가 적용된다.
③ ㉢과 같은 현상은 ㉠과 같은 현상과 달리 인과 관계가 불분명하다.
④ ㉢과 같은 현상은 ㉡과 같은 현상과 달리 존재 법칙의 지배를 받는다.
⑤ ㉠, ㉢과 같은 현상은 ㉡과 같은 현상과 달리 보편성이 나타난다.

02
| 5월 학력평가 1번 |

밑줄 친 ㉠~㉣과 같은 현상의 일반적인 특징에 대한 설명으로 옳은 것은?

도심 속 가로수는 그늘을 만들고 ㉠주변의 온도를 낮추어 도심 환경을 쾌적하게 만든다. 또한 가로수 나뭇잎은 오염된 공기를 깨끗하게 만들고, ㉡도심의 습도를 조절한다. ㉢도심의 발달로 인해 도심의 온도가 주변보다 높아지는 열섬 현상이 심화되고 있는데, 일부 전문가들은 ㉣가로수를 더 많이 심어 열섬 현상을 완화해야 한다고 주장하고 있다.

① ㉠과 같은 현상은 당위 규범을 따른다.
② ㉢과 같은 현상은 가치 함축적이다.
③ ㉣과 같은 현상은 확실성의 원리가 적용된다.
④ ㉡과 같은 현상은 ㉣과 같은 현상에 비해 특수성이 강하다.
⑤ ㉢과 같은 현상은 ㉠과 같은 현상에 비해 인과 관계가 명확하다.

03
| 7월 학력평가 1번 |

밑줄 친 ㉠~㉤과 같은 현상의 일반적인 특징에 대한 설명으로 옳은 것은?

알츠하이머병은 '알츠하이머 플라크'라고 불리는 단백질 덩어리가 ㉠뉴런을 파괴하여 기억 상실을 초래한다. 현재 이 질병에 대한 치료법이 없는 이유는 우리 뇌의 혈액뇌장벽이 ㉡대부분의 약물 전달을 억제하기 때문이다. 혈액뇌장벽은 뇌의 뉴런을 보호하기 위한 국경 통제소와 같은 역할을 하며, ㉢독소와 병원균이 들어오는 것을 차단한다. 최근 과학자들은 혈액뇌장벽을 일시적으로 열어 뇌에 ㉣약물을 주입하는 치료 방법을 발표하였다. 또한 이 치료 방법이 ㉤노화 지연의 단초가 될 것으로 예측하였다.

① ㉠과 같은 현상은 존재 법칙을 따른다.
② ㉡과 같은 현상은 개연성의 원리가 적용된다.
③ ㉢과 같은 현상은 보편성보다 특수성이 강하게 나타난다.
④ ㉠과 같은 현상과 달리 ㉣과 같은 현상은 몰가치적이다.
⑤ ㉢과 같은 현상에 비해 ㉤과 같은 현상은 인과 관계가 분명하다.

04
| 10월 학력평가 1번 |

밑줄 친 ㉠~㉢과 같은 현상의 일반적인 특징에 대한 설명으로 옳은 것은?

오로라는 태양으로부터 날아오는 ㉠고에너지 입자가 대기의 공기 분자와 충돌하여 나타나는 현상이다. 최근 태양 표면에서 강력한 폭발이 일어나 ㉡세계 곳곳의 하늘에서 오로라가 나타났다. 이 시기에는 항공기가 방사선에 더 많이 노출되어 통신용 전파가 교란될 가능성이 높아진다. 이에 정부는 태양 표면의 강력한 에너지 분출로 인해 발생할 수 있는 ㉢문제 상황에 대처하기 위한 시스템을 마련하기로 하였다.

① ㉠과 같은 현상은 가치 함축적이다.
② ㉡과 같은 현상은 확실성의 원리가 적용된다.
③ ㉠과 같은 현상에 비해 ㉢과 같은 현상은 인과 관계가 분명하다.
④ ㉢과 같은 현상과 달리 ㉡과 같은 현상은 보편성과 특수성이 공존한다.
⑤ ㉢과 같은 현상과 달리 ㉠, ㉡과 같은 현상은 경험적 자료로 연구할 수 있다.

제1권 교육청

2023년

05

| 3월 학력평가 1번 |

밑줄 친 ㉠~㉣과 같은 현상의 일반적인 특징에 대한 설명으로 옳은 것은?

> 최근 갑국에서 발생한 산불은 500만 헥타르(ha)가 넘는 ㉠숲을 태웠다. 전문가들은 이 산불이 ㉡기후 변화의 산물이라고 분석하고 있다. 기후 변화로 인한 기록적인 고온 현상과 유례없는 가뭄이 ㉢건조한 땅을 만들었고, 대형 산불로 이어졌다는 분석이다. ○○ 연구팀은 ㉣온실가스에 대한 과학적인 감시 강화가 필요하다고 강조하였다.

① ㉠과 같은 현상은 ㉡과 같은 현상과 달리 가치 함축적이다.
② ㉡과 같은 현상은 ㉢과 같은 현상과 달리 당위적인 규범이 반영되어 나타난다.
③ ㉢과 같은 현상은 ㉣과 같은 현상과 달리 인과 관계가 불분명하다.
④ ㉣과 같은 현상은 ㉠과 같은 현상과 달리 보편성이 나타난다.
⑤ ㉠, ㉢과 같은 현상은 ㉡, ㉣과 같은 현상과 달리 경험적 자료를 통해 연구할 수 있다.

06

| 4월 학력평가 1번 |

밑줄 친 ㉠~㉢과 같은 현상의 일반적인 특징에 대한 설명으로 옳은 것은?

> 인도양의 섬에 사는 세이셸 울새는 ㉠여러 세대가 함께 무리 생활을 하며, 곤경에 처한 구성원을 돕는 동물로 알려져 있다. 세이셸 울새가 사는 지역에는 ㉡끈적거리는 씨앗을 맺는 일명 '새잡이 나무'가 있어 새가 이 끈끈한 씨앗 뭉치에 얽혀 죽음을 맞기도 한다. 그런데 세이셸 울새는 구성원이 이 나무에 얽히면 자신의 위험을 무릅쓰고 구조에 나서서 깃털에 달라붙은 끈끈한 씨앗을 함께 떼어 준다고 한다. ㉢새들의 생태를 관찰한 연구자들은 이러한 이타적 행동이 집단과 개체 모두의 생존에 기여할 수 있다고 설명한다.

① ㉠과 같은 현상은 당위 규범을 따른다.
② ㉡과 같은 현상은 확률의 원리가 작용한다.
③ ㉢과 같은 현상은 가치 함축적이다.
④ ㉡과 같은 현상은 ㉢과 같은 현상과 달리 경험적 자료를 통해 연구할 수 있다.
⑤ ㉢과 같은 현상은 ㉠과 같은 현상에 비해 인과 관계가 명확하다.

07

| 7월 학력평가 1번 |

밑줄 친 ㉠~㉣과 같은 현상의 일반적인 특징에 대한 설명으로 옳은 것은?

> 과거에 겪은 두려운 기억은 뇌에 어떻게 저장되는가? 이 질문에 대한 답을 얻기 위해 한 연구진은 ㉠실험 쥐에게 트라우마를 경험하게 하는 실험에서 대뇌피질의 한 부분인 '전전두피질'을 관찰했다. 실험 결과, 오래된 공포의 기억이 ㉡기억 세포 사이의 연결을 강화하면서 뇌에 영구적으로 저장된다는 것을 발견했다. 더불어 이 기억 세포 사이의 연결이 ㉢트라우마를 겪으며 서서히 강화되는 것도 확인했다. 이어진 연구에서 기억 세포의 활동이 억제된 실험 쥐는 오래된 공포 기억을 회상하는 데 어려움을 겪었다. 연구진은 이러한 발견이 ㉣외상 후 스트레스 장애 환자를 치료하는 것에 도움을 줄 수 있을 것으로 기대하고 있다.

① ㉠과 같은 현상은 ㉡과 같은 현상과 달리 몰가치적이다.
② ㉡과 같은 현상은 ㉢과 같은 현상과 달리 당위적 규범의 지배를 받는다.
③ ㉢과 같은 현상은 ㉣과 같은 현상과 달리 보편성과 특수성이 공존한다.
④ ㉣과 같은 현상은 ㉠과 같은 현상과 달리 확실성의 원리가 적용된다.
⑤ ㉡, ㉢과 같은 현상은 ㉠, ㉣과 같은 현상에 비해 인과 관계가 분명하다.

08

| 10월 학력평가 1번 |

밑줄 친 ㉠~㉢과 같은 현상의 일반적인 특징에 대한 설명으로 옳은 것은?

> 지구 온난화로 ㉠개화 시기가 빨라지고 있다는 연구 결과가 발표되었다. 연구 팀은 농작물의 개화 시기와 꿀벌의 활동 시기가 맞지 않아 ㉡농작물의 꽃가루받이가 위협받고 있다고 지적하였다. 사람이 꿀벌 대신 꽃가루받이를 하는 경우가 많아지면서 ㉢농작물의 생산 비용이 증가하고 있다.

① ㉠과 같은 현상은 ㉡과 같은 현상과 달리 가치 함축적이다.
② ㉠과 같은 현상은 ㉢과 같은 현상에 비해 인과 관계가 명확하다.
③ ㉡과 같은 현상은 ㉢과 같은 현상과 달리 보편성과 특수성이 공존한다.
④ ㉢과 같은 현상은 ㉠과 같은 현상과 달리 경험적 자료로 연구할 수 있다.
⑤ ㉠과 같은 현상은 ㉡, ㉢과 같은 현상과 달리 확률의 원리가 작용한다.

2022년

09

| 3월 학력평가 1번 |

밑줄 친 ㉠~㉢과 같은 현상의 일반적인 특징에 대한 설명으로 옳은 것은?

> ㉠지구 온난화에 대한 관심이 고조되고 있는 가운데 한 연구소가 호주 인근 ㉡바다의 수온이 상승하여 괴사 직전에 놓인 산호초를 구하기 위해 ㉢성층권에 바닷물을 분사하는 실험을 진행하였다. 이 실험은 바닷물의 소금 결정을 이용해 태양열을 막는 구름 양산을 만드는 것을 목표로 하였다.

① ㉠과 같은 현상은 개연성으로 설명된다.
② ㉡과 같은 현상은 가치 함축적이다.
③ ㉢과 같은 현상은 확실성으로 설명된다.
④ ㉠과 같은 현상은 ㉡과 같은 현상과 달리 인과 관계가 명확하다.
⑤ ㉡과 같은 현상은 ㉢과 같은 현상과 달리 보편성과 특수성이 공존한다.

10

| 4월 학력평가 1번 |

밑줄 친 ㉠~㉢과 같은 현상의 일반적인 특징에 대한 설명으로 옳은 것은?

> 온실가스 감축이 요구됨에 따라 산림의 역할이 더욱 주목받고 있다. ㉠나무가 광합성 작용을 통해 대기 중 이산화 탄소를 흡수하기 때문이다. 그런데 오래된 나무는 이산화 탄소 흡수 능력이 떨어진다는 연구 결과가 있어 일부 전문가들은 ㉡일정 주기로 벌목을 하고 나무를 새로 심는 정책을 주장한다. 그러나 ㉢숲은 토양, 미생물, 동식물로 연결된 복잡한 생태계를 이루고 있는데 벌목이 이러한 생태계를 해칠 수 있다며 반대하는 입장도 있다.

① ㉠과 같은 현상은 개연성의 원리가 작용한다.
② ㉡과 같은 현상은 몰가치적이다.
③ ㉢과 같은 현상은 당위 규범을 따른다.
④ ㉠과 같은 현상은 ㉡과 같은 현상에 비해 인과 관계가 명확하다.
⑤ ㉡과 같은 현상은 ㉢과 같은 현상과 달리 보편성을 지닌다.

11

| 7월 학력평가 1번 |

밑줄 친 ㉠~㉣과 같은 현상의 일반적인 특징에 대한 설명으로 옳은 것은?

> 배달 음식의 주문 증가로 플라스틱으로 만든 포장 용기의 소비가 많아지면서 ㉠플라스틱 포장 용기의 처리가 새로운 문제로 부상하고 있다. 재활용되지 않고 버려진 ㉡플라스틱은 100년이 넘는 시간에 걸쳐 분해되어 환경 오염을 유발한다. 또한 ㉢동물들이 먹이로 착각하고 삼킨 플라스틱은 소화되지 않고 동물들의 몸속에 쌓여 생명을 위협할 수 있다. 이에 최근 ㉣플라스틱 포장 용기를 재생하여 활용함으로써 버려지는 플라스틱의 양을 줄이고자 하는 움직임이 늘어나고 있다.

① ㉠과 같은 현상은 ㉡과 같은 현상과 달리 몰가치적이다.
② ㉡과 같은 현상은 ㉢과 같은 현상과 달리 개연성으로 설명된다.
③ ㉢과 같은 현상은 ㉣과 같은 현상과 달리 경험적 자료로 연구할 수 있다.
④ ㉣과 같은 현상은 ㉠과 같은 현상과 달리 존재 법칙의 지배를 받는다.
⑤ ㉡, ㉢과 같은 현상은 ㉠, ㉣과 같은 현상에 비해 인과 관계가 분명하다.

12

| 10월 학력평가 1번 |

밑줄 친 ㉠~㉣과 같은 현상의 일반적인 특징에 대한 설명으로 옳은 것은?

> 제주도 서귀포 앞바다에서는 ㉠돌고래들이 무리 지어 헤엄치는 모습이 자주 목격된다. 이 무리 중에는 ㉡놀이 공원에서 운영하는 돌고래 쇼에 시달리다가 ㉢대법원 판결에 의해 제주도 바다로 방생된 남방큰돌고래도 있다. ㉣남방큰돌고래의 평균 수명은 40년이다. 그러나 냉동 생선만 먹으며 휴일도 없이 일 년 내내 쇼를 해야 하는 수족관에서는 겨우 4년밖에 살지 못한다.

① ㉠과 같은 현상은 ㉢과 같은 현상과 달리 가치 함축적이다.
② ㉡과 같은 현상은 ㉣과 같은 현상에 비해 인과 관계가 분명하다.
③ ㉢과 같은 현상은 ㉠과 같은 현상과 달리 확률의 원리가 적용된다.
④ ㉠, ㉣과 같은 현상은 ㉡과 같은 현상과 달리 보편성과 특수성이 공존한다.
⑤ ㉣과 같은 현상은 ㉠, ㉡, ㉢과 같은 현상과 달리 존재 법칙의 지배를 받는다.

2021년

13

| 3월 학력평가 1번 |

밑줄 친 ㉠~㉢과 같은 현상의 일반적인 특징에 대한 설명으로 옳은 것은?

> 역대 최대 규모의 ㉠허리케인이 발생하자 ㉡정부는 피해 예상 지역에 재난 경보를 발령했다. 이에 ㉢원유 생산 기업들이 시설 가동을 중단하면서 국제 원유 가격이 급상승하였다.

① ㉠과 같은 현상은 가치 함축적이다.
② ㉡과 같은 현상은 확실성으로 설명된다.
③ ㉢과 같은 현상은 보편성과 특수성이 공존한다.
④ ㉠과 같은 현상은 ㉡과 같은 현상과 달리 당위 규범이 적용된다.
⑤ ㉡과 같은 현상은 ㉢과 같은 현상과 달리 개연성으로 설명된다.

14

| 4월 학력평가 1번 |

밑줄 친 ㉠~㉢과 같은 현상의 일반적인 특징에 대한 설명으로 옳은 것은?

> 사람들은 ㉠황사 및 미세 먼지에 관한 기상 예보에는 민감하게 대응하는 반면, 실내 공간에서의 공기 오염은 인식하지 못하곤 한다. 일상생활에서 발생하는 먼지 외에도 ㉡벽지나 가구 등에 함유된 화학 물질의 방출로 인하여 밀폐된 실내 공간에서 오염 물질의 농도는 점차 짙어진다. 이에 전문가들은 날씨와 상관없이 ㉢환기를 통해 실내 공기의 질을 관리할 것을 권장하고 있다.

① ㉠과 같은 현상은 몰가치적이다.
② ㉡과 같은 현상은 개연성의 원리가 작용한다.
③ ㉢과 같은 현상은 보편성과 특수성이 공존한다.
④ ㉠과 같은 현상은 ㉡과 같은 현상에 비해 인과 관계가 명확하다.
⑤ ㉡과 같은 현상은 ㉢과 같은 현상과 달리 경험적 자료로 연구할 수 있다.

15

| 7월 학력평가 1번 |

밑줄 친 ㉠~㉣과 같은 현상의 일반적인 특징에 대한 설명으로 옳은 것은?

> 식물의 뿌리는 ㉠광합성으로 만든 산물의 약 30%를 분비한다. 이에 착안하여 국내 연구팀은 병충해가 발생한 식물이 휘발성 유기 화합물을 만들어 ㉡이웃한 식물에게 해충의 공격을 알린다는 사실을 찾아냈다. 또한 이어진 연구에서 식물이 공기 중으로 냄새를 전달하고 이를 통해 ㉢생장에 유리한 유익균을 선별한다는 것을 발견하였다. 연구 결과는 ㉣세계 생태학 분야 학술지에 게재될 예정이다.

① ㉠과 같은 현상은 ㉡과 같은 현상과 달리 개연성으로 설명된다.
② ㉡과 같은 현상은 ㉢과 같은 현상과 달리 당위 법칙의 지배를 받는다.
③ ㉢과 같은 현상은 ㉣과 같은 현상과 달리 보편성과 특수성이 공존한다.
④ ㉣과 같은 현상은 ㉠과 같은 현상과 달리 가치 함축적이다.
⑤ ㉠, ㉡과 같은 현상은 ㉢, ㉣과 같은 현상과 달리 경험적 자료를 통한 연구가 가능하다.

16

| 10월 학력평가 1번 |

밑줄 친 ㉠~㉣과 같은 현상의 일반적인 특징에 대한 설명으로 옳은 것은?

> 미국 북서부에서는 열돔 현상으로 인해 역대 최고 수준의 ㉠폭염이 발생하여 ㉡온열 질환으로 수많은 사람들이 응급실로 후송되었다. 한편, 서유럽에서는 ㉢저기압이 한 지역에 정체되어 기록적인 폭우가 쏟아지는 바람에 많은 인명 피해가 발생했다. ㉣기상학자들은 지구 온난화로 인한 이상 기후 현상이 앞으로도 자주 발생할 것이라고 경고하고 있다.

① ㉠과 같은 현상은 가치 함축성을 지닌다.
② ㉡과 같은 현상은 개연성을 갖는다.
③ ㉢과 같은 현상은 보편성과 특수성이 공존한다.
④ ㉣과 같은 현상은 존재 법칙으로 설명된다.
⑤ ㉠, ㉢과 같은 현상은 ㉡, ㉣과 같은 현상과 달리 경험적 자료를 통해 연구할 수 있다.

2020년

17

| 3월 학력평가 1번 |

밑줄 친 ㉠~㉢과 같은 현상의 일반적인 특징에 대한 설명으로 옳은 것은?

> 경찰은 ㉠차량을 이용해 이동 중인 절도 용의자 갑을 체포했다. ㉡전날 내린 눈으로 인해 길이 미끄러워 어려움을 겪었지만, ㉢시민들의 도움으로 갑을 체포하는 데 성공했다.

① ㉠과 같은 현상은 가치 함축적이다.
② ㉡과 같은 현상은 보편성과 특수성을 함께 갖는다.
③ ㉢과 같은 현상은 존재 법칙으로 설명된다.
④ ㉠과 같은 현상은 ㉡과 같은 현상에 비해 인과 관계가 명확하다.
⑤ ㉢과 같은 현상은 ㉠과 같은 현상과 달리 법칙 발견이 용이하다.

18

| 4월 학력평가 1번 |

밑줄 친 ㉠~㉢과 같은 현상의 일반적인 특징에 대한 설명으로 옳은 것은?

> 우리 조상들은 예로부터 ㉠황토를 일상생활에서 다양하게 활용하며 건강을 지켜 왔다. 예를 들어 조상들은 배탈이 나면 ㉡맑은 물에 황토를 넣어 만든 지장수를 마시기도 했다. 이러한 민간요법은 ㉢황토의 약성이 인체에서 나오는 독성을 중화시키는 작용을 이용한 것이다.

① ㉠과 같은 현상은 존재 법칙을 따른다.
② ㉡과 같은 현상은 개연성의 원리가 적용된다.
③ ㉢과 같은 현상은 가치 함축적이다.
④ ㉡과 같은 현상은 ㉢과 같은 현상에 비해 인과 관계가 명확하다.
⑤ ㉢과 같은 현상은 ㉠과 같은 현상과 달리 경험적 연구가 가능하다.

19

| 7월 학력평가 1번 |

밑줄 친 ㉠~㉣과 같은 현상의 일반적 특징에 대한 설명으로 옳은 것은?

> ㉠수소는 대부분 탄소 화합물이나 물의 성분으로 존재하며, 연소 시 온실가스 발생이 적습니다. 이를 활용한 수소 연료 전지는 ㉡수소와 산소의 화학적 반응을 통하여 전기를 생산하도록 고안되었기 때문에 친환경적입니다.

> ㉢수소 연료 전지가 친환경적이라는 주장은 적절하지 않습니다. ㉣전지에 필요한 수소는 대부분 석유 화학 공정을 통해 추출되고 있으며, 여기에 사용되는 전기도 화석 연료에서 얻기 때문입니다.

① ㉠과 같은 현상은 ㉡과 같은 현상과 달리 개연성으로 설명된다.
② ㉡과 같은 현상은 ㉢과 같은 현상과 달리 확실성의 원리가 적용된다.
③ ㉢과 같은 현상은 ㉣과 같은 현상과 달리 당위 법칙을 따른다.
④ ㉣과 같은 현상은 ㉠과 같은 현상과 달리 가치 함축적이다.
⑤ ㉠과 같은 현상은 ㉡, ㉢과 같은 현상과 달리 경험적 자료를 통한 연구가 가능하다.

20

| 10월 학력평가 1번 |

밑줄 친 ㉠~㉢과 같은 현상의 일반적인 특징에 대한 설명으로 옳은 것은?

> 한 연구진이 ㉠멸종 위기 동물로 지정된 독수리에 위치 추적기를 달아 ㉡독수리의 월동기 비행 행동을 분석하였다. 월동기에 독수리는 먹이를 효율적으로 찾기 위해 ㉢높은 고도에서 오랫동안 넓은 면적을 비행하는 특성을 보였다.

① ㉠과 같은 현상은 ㉡과 같은 현상과 달리 몰가치적이다.
② ㉡과 같은 현상은 ㉢과 같은 현상과 달리 필연성으로 설명된다.
③ ㉢과 같은 현상은 ㉠과 같은 현상과 달리 존재 법칙을 따른다.
④ ㉢과 같은 현상은 ㉡과 같은 현상과 달리 특수성을 갖는다.
⑤ ㉠, ㉡과 같은 현상은 ㉢과 같은 현상과 달리 인과 관계가 명확하다.

제1권 교육청

사회·문화 현상을 바라보는 관점

1 거시적 관점과 미시적 관점

거시적 관점	• 사회·문화 현상을 이해할 때 개인의 자율적 의지보다 사회 제도나 사회 구조와 같은 사회 체계의 영향력에 중점을 두고 현상을 바라보는 관점 • 사회·문화 현상을 사회 전체와의 연관 관계 속에서 폭넓게 이해하려고 함 • 관련 이론: 기능론, 갈등론
미시적 관점	• 사회·문화 현상을 이해할 때 사회 체계보다 개인의 주관적인 상황 정의 및 의미 부여 과정과 개인 간의 상호 작용에 중점을 두고 현상을 바라보는 관점 • 개개인의 주관적인 세계에 관심을 가짐 • 관련 이론: 상징적 상호 작용론

핵심 자료 1 거시적 관점과 미시적 관점

ㅇ신체의 구성 부분은 각각 고유한 역할을 수행한다. 전체 체계로서의 신체는 각 부분이 제대로 역할을 수행할 때 지속적으로 유지된다. 마찬가지로 사회도 체계를 이루고 있으며, 그 구성 요소들은 사회가 유지되는 데 기여한다. - 사회 유기체설 -

ㅇ대부분의 사람들이 각자가 느끼는 주관에도 불구하고 타인과의 원활한 소통이 가능한 이유는 서로 간에 동일한 생활 세계를 공유한다고 지각하여 마치 공통의 경험 세계와 감각 세계에 살고 있는 듯이 행동하기 때문이다. 이처럼 사람들이 서로를 의식하고 공통 상황에 의미를 둘 때 사회적 행위가 발생한다. - 상징적 상호 작용론 -

2 기능론

전제	• 사회는 하나의 살아 있는 유기체와 같아 각 부분들이 상호 의존적으로 사회 전체의 유지와 존속을 위해 기능함 • 배경 이론: 사회 유기체설
주요 내용	• 사회를 구성하는 요소는 사회 전체의 존속과 통합에 필요한 각각의 고유한 기능을 수행하며 상호 연관되어 있다고 봄 • 사회의 각 부분들이 제 기능을 온전히 수행할 때 사회는 조화와 균형을 이루며, 이를 통해 안정과 질서를 유지할 수 있음 • 사회 규범이나 사회 제도 등이 수행하는 역할은 사회 전체의 합의가 반영된 것으로, 전체 사회의 통합과 존속, 질서 유지에 기여함
비판	• 사회 질서와 안정을 강조하여 기득권 계층을 대변하는 보수적인 논리라는 비판을 받음 • 혁명과 같은 사회의 급격한 변동을 설명하기 곤란함

3 갈등론

전제	• 사회는 이해관계를 둘러싼 집단 간 대립과 갈등으로 이루어짐 • 배경 이론: 계급 투쟁론
주요 내용	• 사회에는 지배 계급과 피지배 계급이 존재하고 사회 질서나 안정은 지배 계급의 강요나 억압에 의해 나타난 결과임 • 사회는 사회적 희소가치를 둘러싼 사회 구성원들 간의 갈등과 대립이 상존하며, 갈등과 대립은 필연적인 현상임 • 사회 구조나 제도는 지배 집단이 자신의 기득권 유지를 위해 강제와 억압으로 규정한 것에 불과함
비판	• 사회 각 부분 간의 상호 의존, 사회적 합의, 질서와 안정 등을 설명하지 못함 • 사회 각 부분 간의 복잡한 관계를 지배-피지배의 관계로 지나치게 단순화함

핵심 자료 2 기능론과 갈등론

ㅇ사회는 본질적으로 균형을 지향하는 성격이 있다. 그러므로 사회 내부의 부분들은 전체 사회의 본질적인 성격에 이끌려 균형의 유지에 봉사하게 된다. - 기능론 -

ㅇ지금까지 존재하는 모든 사회의 역사는 계급 투쟁의 역사이다. 자유민과 노예, 귀족과 평민, 영주와 농노, 길드 장인과 직인, 한마디로 억압자와 피억압자는 은밀하게 때로는 공공연하게 싸움을 지속해 왔다. - 갈등론 -

4 상징적 상호 작용론

전제	• 사회는 자율적 의지를 지닌 개인 간 상호 작용 과정을 통해 설명될 수 있음 • 인간은 자율성 및 능동성을 바탕으로 주변 환경에 대해 주관적으로 상황을 정의하고 의미를 부여하는 주체임
주요 내용	• 사회·문화 현상의 의미는 그것이 발생하는 상황과 맥락에 따라 달라짐 • 인간은 주어진 상황에 대해 자신이 지닌 주관적 가치, 상황 정의, 의미 부여의 과정을 상징을 통해 타인과 상호 작용함 • 일상적인 현상들의 개인적·사회적 의미를 이해해야 그 본질을 이해할 수 있음
비판	• 개인의 행위가 사회 구조와 제도 등에 영향을 받을 수 있음을 간과함 • 사회 구조의 특성을 이해하는 데 한계가 있음

기출 자료 핵심을 파악하라!

자료 1 사회·문화 현상을 바라보는 관점

최근 편의점 도시락의 소비가 급증한 이유가 무엇일까요?
사회자
과거와 달리 편의점 도시락이 한 끼 식사를 해결하기 충분하다고 여기는 사람들이 증가하였기 때문입니다.
갑
상징적 상호 작용론
신속하고 간편한 식사를 가능하게 하는 편의점 도시락이 시간적 효율성을 중시하는 사회 구조에 부합하였기 때문입니다.
을
기능론
불공정한 분배 체계의 심화로 형편이 어려워진 사람들이 저렴한 편의점 도시락으로 끼니를 해결하려고 하기 때문입니다.
병
갈등론

핵심① 갑의 진술에 나타난 사회·문화 현상을 바라보는 관점을 파악한다.
갑은 편의점 도시락에 대한 사람들의 의미 부여가 변화한 것에 주목하고 있으므로 이는 상징적 상호 작용론에 해당한다.

핵심② 을의 진술에 나타난 사회·문화 현상을 바라보는 관점을 파악한다.
을은 편의점 도시락이 현대 사회 구조에 부합한다는 것에 주목하고 있으므로 이는 기능론에 해당한다.

핵심③ 병의 진술에 나타난 사회·문화 현상을 바라보는 관점을 파악한다.
병은 불공정한 분배 구조에 주목하고 있으므로 이는 갈등론에 해당한다.

자료 2 사회·문화 현상을 바라보는 관점

교사: A, B, C 중 하나를 선택한 후 해당 관점에 대해 설명해 보세요.
갑: A는 사회가 생물 유기체처럼 균형을 유지한다고 전제합니다. 조화와 균형은 정상적 상태로, 부조화와 불균형은 병리적 상태로 봅니다. (기능론) (기능론)
을: B는 사회를 구성하는 하위 요소가 사회 전체의 존속과 통합을 위한 역할을 수행한다고 봅니다. 또한 B는 사회 각 부분에 존재하는 복잡한 관계를 지배와 피지배의 관계로 단순화합니다. (기능론) (갈등론)
교사: 갑은 옳게, 을은 틀리게 설명했습니다. 을의 설명에는 정작 B의 내용은 없고, A와 C의 내용만 있네요. (상징적 상호 작용론) (갈등론)

핵심① 갑의 진술에 나타난 사회·문화 현상을 바라보는 관점을 파악한다.
사회가 생물 유기체처럼 균형을 유지한다고 전제하는 관점은 기능론이다. 기능론의 관점은 조화와 균형은 정상적 상태로, 부조화와 불균형은 병리적 상태로 본다.

핵심② 을의 진술에 나타난 사회·문화 현상을 바라보는 관점을 파악한다.
사회를 구성하는 하위 요소가 사회 전체의 존속과 통합을 위해 역할을 수행한다고 보는 관점은 기능론이며, 사회 각 부분에 존재하는 복잡한 관계를 지배와 피지배의 관계로 단순화한 관점은 갈등론이다.

핵심③ 교사의 평가를 통해 A~C의 관점을 정리한다. 갑은 옳게 설명하였으므로 A는 기능론이고, 을은 기능론과 갈등론의 내용만 설명하였으므로 C는 갈등론이다. 따라서 B는 상징적 상호 작용론이다.

기출 선택지 X를 찾아라!

다음 중 옳지 않은 설명 3개를 찾아 '×'에 체크하시오.

기출 선택지	○	×
23학평 01. 상징적 상호 작용론은 개인들의 주관적 상황 정의에 대한 이해를 중시한다.	□	□
23수능 02. 갈등론은 기능론과 달리 기득권층의 이익을 옹호한다는 비판을 받는다.	□	□
23모평 03. 상징적 상호 작용론은 사회 구조가 개인에게 미치는 영향을 간과한다는 비판을 받는다.	□	□
21모평 04. 갈등론은 집단 간 갈등이 필연적이며 사회 변동의 원동력이라고 본다.	□	□
24모평 05. 기능론은 사회적 갈등을 균형 회복을 위한 일시적인 과정으로 이해한다.	□	□
24수능 06. 상징적 상호 작용론은 개인 행위자의 능동적이고 자율적인 측면을 중시한다.	□	□
23수능 07. '대립과 갈등을 사회의 본질적 속성으로 보는가?'라는 질문으로 기능론과 상징적 상호 작용론을 구분할 수 있다.	□	□
20수능 08. 기능론은 지배 집단의 이익을 대변하는 논리로 활용될 수 있다는 비판을 받는다.	□	□
24수능 09. 기능론은 사회의 각 부분이 상호 의존적 관계를 맺는다고 본다.	□	□
20모평 10. 기능론과 갈등론은 모두 사회·문화 현상을 거시적 측면에서 설명한다.	□	□
23모평 11. 기능론은 사회적 희소가치의 불균등한 분배가 불가피하다고 본다.	□	□
23모평 12. 기능론은 질서와 안정성을 바탕으로 한 점진적인 사회 변동을 설명하기 어렵다.	□	□

X의 정체는?

✓ 02 ~~갈등론~~(기능론)은 ~~기능론~~(갈등론)과 달리 기득권층의 이익을 옹호한다는 비판을 받는다.
→ 기능론은 기득권층의 이익을 대변하는 논리로 활용될 수 있다는 비판을 받는다.

✓ 07 '대립과 갈등을 사회의 본질적 속성으로 보는가?'라는 질문으로 기능론과 상징적 상호 작용론을 구분할 수 ~~있다~~(없다).
→ 대립과 갈등을 사회의 본질적 속성으로 보는 관점은 갈등론이다.

✓ 12 ~~기능론~~(갈등론)은 질서와 안정성을 바탕으로 한 점진적인 사회 변동을 설명하기 어렵다.
→ 질서와 안정성을 바탕으로 한 점진적인 사회 변동을 설명하는 관점은 기능론이다.

제1권 교육청

2024년

01

| 3월 학력평가 6번 |

사회 · 문화 현상을 바라보는 갑~병의 관점에 대한 설명으로 옳은 것은? (단, 갑~병의 관점은 각각 기능론, 갈등론, 상징적 상호 작용론 중 하나임.) [3점]

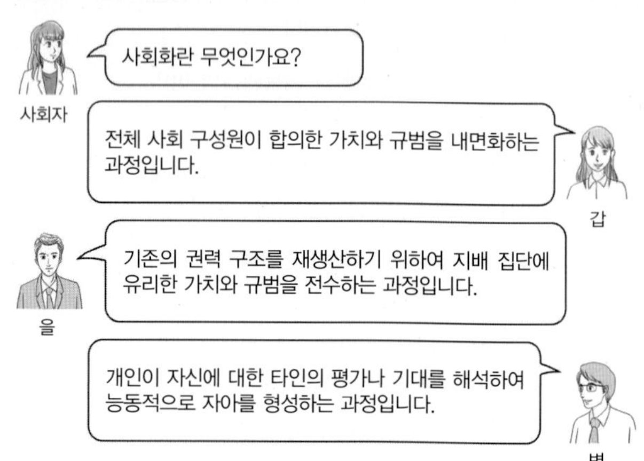

사회자
사회화란 무엇인가요?
갑
전체 사회 구성원이 합의한 가치와 규범을 내면화하는 과정입니다.
을
기존의 권력 구조를 재생산하기 위하여 지배 집단에 유리한 가치와 규범을 전수하는 과정입니다.
병
개인이 자신에 대한 타인의 평가나 기대를 해석하여 능동적으로 자아를 형성하는 과정입니다.

① 갑의 관점은 개인의 행동이 상황 정의에 기초하여 이루어진다고 본다.

② 을의 관점은 지배 집단과 피지배 집단 간 갈등이 사회 발전의 원동력이라고 본다.

③ 병의 관점은 사회의 각 부분이 상호 의존적 관계를 맺는다고 본다.

④ 을의 관점은 갑의 관점과 달리 기득권층의 이익을 옹호한다는 비판을 받는다.

⑤ 병의 관점은 갑의 관점과 달리 사회 구조가 개인에게 미치는 영향을 중시한다.

02

| 5월 학력평가 10번 |

다음 자료에 대한 옳은 설명만을 〈보기〉에서 고른 것은? [3점]

형 성 평 가

3학년 ○반 ○○○

○ 기능론, 갈등론, 상징적 상호 작용론 중 다음 각 진술에 해당하는 사회 · 문화 현상을 바라보는 관점을 답란에 한 가지만 쓰시오.

(각 진술당 옳은 답을 쓰면 1점, 틀린 답을 쓰면 0점)

진술	답란	점수
사회·문화 현상을 미시적 관점에서 바라본다.	㉠	1점
주관적 상황 정의에 기초한 개인 간 상호 작용을 중시한다.	㉡	㉢
사회 제도를 지배와 피지배 관계의 재생산을 위한 수단으로 본다.	㉣	1점
(가)	기능론	1점

보기

ㄱ. ㉠은 사회를 유기체에 비유하여 설명한다.

ㄴ. ㉡이 '상징적 상호 작용론'이라면 ㉢은 '0점'이다.

ㄷ. ㉣은 갈등을 사회 발전의 원동력으로 본다.

ㄹ. (가)에는 '사회 각 부분이 상호 의존적 관계를 맺는다고 본다.'가 들어갈 수 있다.

① ㄱ, ㄴ ② ㄱ, ㄷ ③ ㄴ, ㄷ ④ ㄴ, ㄹ ⑤ ㄷ, ㄹ

03

| 7월 학력평가 19번 |

다음 자료에 대한 설명으로 옳은 것은? (단, A~C는 각각 기능론, 갈등론, 상징적 상호 작용론 중 하나임.) [3점]

[과제] 사회 · 문화 현상을 바라보는 관점 A~C에 대한 옳은 설명을 2개씩 서술하시오.

학생	설명
갑	• (가) • (나)
을	• A와 달리 B는 사회 각 부분의 기능과 역할은 사회 전체의 합의를 통해 정해진다고 본다. • (다)
병	• C는 사회·문화 현상을 사회 구조적 측면에서 설명한다. • (라)

* 교사는 학생별로 각각 채점하고, 옳은 설명은 1개당 1점, 틀린 설명은 1개당 0점을 부여함.

[평가 결과] 세 학생의 평균 점수는 1점입니다. 갑은 을에 비해 낮은 점수를, 병에 비해 높은 점수를 기록했습니다.

① C는 다양한 사회 제도들의 상호 의존적 관계에 주목한다.
② A와 달리 B는 집단 간 갈등을 사회 변동의 원동력으로 본다.
③ (다)에는 'A는 사회가 본질적으로 균형을 추구한다고 본다.'가 들어갈 수 있다.
④ (가)가 'C는 기득권층의 이익을 대변하는 논리로 사용된다는 비판을 받는다.'이면, (나)에는 'C와 달리 B는 사회를 유기체에 비유하여 설명한다.'가 들어갈 수 있다.
⑤ (다)와 달리 (라)에는 'B와 달리 C는 인간이 상황 정의에 기초하여 행동한다고 본다.'가 들어갈 수 있다.

04

| 10월 학력평가 2번 |

사회 · 문화 현상을 바라보는 갑~병의 관점에 대한 설명으로 옳은 것은? (단, 갑~병의 관점은 각각 기능론, 갈등론, 상징적 상호 작용론 중 하나임.) [3점]

사회자: 최근 편의점 도시락의 소비가 급증한 이유가 무엇일까요?

갑: 과거와 달리 편의점 도시락이 한 끼 식사를 해결하기 충분하다고 여기는 사람들이 증가하였기 때문입니다.

을: 신속하고 간편한 식사를 가능하게 하는 편의점 도시락이 시간적 효율성을 중시하는 사회 구조에 부합하였기 때문입니다.

병: 불공정한 분배 체계의 심화로 형편이 어려워진 사람들이 저렴한 편의점 도시락으로 끼니를 해결하려고 하기 때문입니다.

① 갑의 관점은 집단 간 갈등을 사회 변동의 원동력으로 본다.
② 병의 관점은 사회 문제를 설명하는 데 사회 구조적 요인을 간과한다는 비판을 받는다.
③ 을의 관점과 달리 갑의 관점은 사회의 각 부분이 상호 의존적으로 연관되어 있다고 본다.
④ 병의 관점과 달리 을의 관점은 사회적 갈등을 균형 회복을 위한 일시적인 과정으로 본다.
⑤ '상황 정의에 기초한 개인 간 상호 작용을 중시하는가?'라는 질문으로 을과 병의 관점을 구분할 수 있다.

제1권 교육청

05

| 3월 학력평가 5번 |

다음의 게임 상황에 대한 옳은 분석만을 〈보기〉에서 고른 것은? [3점]

간단한 컴퓨터 게임으로 '사회 · 문화 현상을 바라보는 관점'에 대해 복습하고자 한다.

[게임 방법] 두 사람이 흰색 돌과 검은색 돌 중 하나를 자기 돌로 선택하고 그 돌을 가로, 세로, 대각선의 방향 중 하나로 4개를 이어 붙여 놓으면 승리한다. 두 사람이 교대로 한 번씩 자기 돌을 놓을 기회가 있는데, 원하는 위치의 번호를 클릭 후 팝업 창에 올라오는 진술이 기능론에 해당하면 ㉠기, 갈등론에 해당하면 ㉠갈, 상징적 상호 작용론에 해당하면 ㉠상 버튼을 눌러야만 그 번호에 자기 돌이 놓인다.

[현재 게임 상황] 갑은 검은색 돌, 을은 흰색 돌을 선택하였으며 각각 돌을 놓을 세 차례의 기회를 가졌었고, 현재 게임판에서 돌의 배치 상황은 오른쪽과 같다. 이번 차례에서 팝업 창은 아래 A~C 중 하나가 나타난다.

1	2	3	4	5	6
7	8	9	10	●	12
13	14	○	●	17	18
19	20	●	22	23	24
25	26	27	28	29	30

A	B	C
집단 간 대립 구조는 사회 변동의 원동력이다. 기 갈 상	인간은 상황 정의에 기초하여 능동적으로 행동한다. 기 갈 상	사회 규범은 사회 전체의 합의에 따라 형성된다. 기 갈 상

보기

ㄱ. 팝업 창이 A일 경우 상 버튼을 누르면 돌을 놓을 수 없다.
ㄴ. 팝업 창이 B일 경우 갈 버튼을 눌러야만 돌을 놓을 수 있다.
ㄷ. 이번이 갑의 차례이고 6번 위치를 클릭 후 팝업 창 B가 나타나 상 버튼을 누르면 갑은 승리한다.
ㄹ. 이번이 을의 차례이고 26번 위치를 클릭 후 팝업 창 C가 나타나 기 버튼을 누르면 을은 갑이 바로 다음번 차례에서 승리할 기회를 차단한다.

① ㄱ, ㄴ ② ㄱ, ㄷ ③ ㄴ, ㄷ ④ ㄴ, ㄹ ⑤ ㄷ, ㄹ

06

| 4월 학력평가 3번 |

다음 글에 나타난 사회 · 문화 현상을 바라보는 관점에 대한 설명으로 옳은 것은?

만성 질환을 지니게 되면 자아 관념 및 사회적 상호 작용에 큰 변화가 일어날 수 있다. 이러한 변화는 만성 질환자에게 타인이 보이는 반응과 타인이 보일 것으로 상상되는 반응에 기초하여 나타난다. 따라서 만성 질환자의 일상적 삶을 이해하려면 만성 질환자와 그 주변 사람들이 질병과 환자에 대해 부여하는 의미를 파악하고, 이것이 상호 작용 과정에서 어떻게 발현되는지에 주목해야 한다.

① 개인들의 주관적 상황 정의에 대한 이해를 중시한다.
② 사회 규범은 기득권층에 의해 강제된 것이라고 본다.
③ 지배와 피지배 관계를 중심으로 사회 구조를 설명한다.
④ 사회가 스스로 균형을 유지하려는 속성을 지닌다고 본다.
⑤ 사회의 구조적 모순에 따른 계급 간 갈등이 불가피하다고 본다.

07

| 7월 학력평가 7번 |

다음은 사회 · 문화 현상을 바라보는 관점에 대한 학습 활동지의 일부이다. 이에 대한 설명으로 옳은 것은? [3점]

○수행 과제: 사회 · 문화 현상을 바라보는 관점인 기능론, 갈등론, 상징적 상호 작용론 중 하나를 선택한 후, 해당 관점에서 모든 질문에 일관되게 답변하세요.

질문 \ 학생	갑	을	병	정
지배 집단의 이익을 대변한다는 비판을 받는가?	예	예	아니요	아니요
집단 간 갈등과 대립을 사회의 본질적 속성으로 이해하는가?	아니요	예	아니요	아니요
거시적 측면에서 사회·문화 현상을 바라보는가?	예	예	아니요	예
(가)	아니요	아니요	예	아니요
(나)	예	아니요	아니요	아니요

○교사 평가: 본인이 선택한 하나의 관점에서 옳은 답변만을 한 학생은 2명뿐입니다.

① 질문에 모두 옳은 답변만을 한 학생 중 사회 각 부분을 상호 의존적 관계로 보는 관점을 선택한 학생은 없다.
② 질문에 모두 옳은 답변만을 한 학생 중 사회 제도를 계급 재생산의 수단으로 보는 관점을 선택한 학생이 있다.
③ 갑은 병과 달리 질문에 모두 옳은 답변만을 하였다.
④ (가)에는 '개인 행위의 능동성을 중시하는가?'가 들어갈 수 있다.
⑤ (나)에는 '사회가 스스로 균형을 유지하려는 속성을 지닌다고 보는가?'가 들어갈 수 없다.

08

| 10월 학력평가 18번 |

사회 · 문화 현상을 바라보는 갑~병의 관점에 대한 설명으로 옳은 것은? (단, 갑~병의 관점은 각각 기능론, 갈등론, 상징적 상호 작용론 중 하나임.)

> 갑: 친환경 경영은 우리 사회 전체의 필요에 의해 나타나는 현상으로서 우리 사회의 지속 가능한 발전에 기여합니다.
> 을: 소비자들이 친환경 경영에 큰 가치를 부여하고, 기업 경영자들이 이에 부응하면서 친환경 경영이 퍼지고 있습니다.
> 병: 친환경 경영은 모두에게 도움이 되는 것처럼 보이지만, 실제로는 지배 집단의 기득권 유지 수단일 뿐입니다.

① 갑의 관점은 사회 각 부분 간의 상호 의존 관계를 강조한다.
② 을의 관점은 대립과 갈등을 사회의 본질적 속성으로 본다.
③ 병의 관점은 개인이 사회 구조에 대해 자율성을 가진 존재라고 본다.
④ 을의 관점은 갑의 관점과 달리 사회 구조적 측면에서 사회 · 문화 현상을 바라본다.
⑤ 병의 관점은 을의 관점과 달리 사회를 유기체로 간주한다.

2022년

09

| 3월 학력평가 2번 |

다음 글의 사회 · 문화 현상을 바라보는 관점에 대한 설명으로 옳은 것은?

> 집단 간의 갈등은 사회 전체의 일시적인 불균형과 혼란을 초래하지만 사회는 이를 극복하여 균형과 질서를 회복할 수 있는 힘을 지니고 있다.

① 인간의 능동성을 강조한다.
② 사회의 안정보다 변동을 중시한다.
③ 사회 각 부분 간의 상호 의존성을 강조한다.
④ 집단 간 갈등이 필연적이고 불가피한 현상이라고 본다.
⑤ 사회 · 문화 현상의 의미가 행위 주체에 따라 달라질 수 있음을 강조한다.

10

| 4월 학력평가 4번 |

(가), (나)에 나타난 사회 · 문화 현상을 보는 관점에 대한 설명으로 옳은 것은? [3점]

> (가) 대중 매체는 대중에게 오락을 제공하여 스트레스를 낮추고 사회적 긴장을 약화시킴으로써 사회 집단 간 갈등을 방지하는 안전장치로 작용한다. 또한 대중 매체는 사회 전반적으로 합의된 규범과 가치를 내면화시킴으로써 사회 유지 및 통합에 긍정적으로 기여한다.
> (나) 대중 매체는 정치적 · 경제적으로 우위에 있는 집단의 입장을 대변하고, 그렇지 못한 집단에 대한 부정적 편견을 강화한다. 이처럼 대중 매체는 편향된 사고를 내면화시켜 사람들이 기존의 질서를 무비판적으로 따르게 함으로써 사회 불평등을 정당화하는 도구로 기능한다.

① (가)의 관점은 개인들의 주관적 상황 정의에 초점을 맞춘다.
② (나)의 관점은 사회를 유기체에 비유하여 설명한다.
③ (가)의 관점은 (나)의 관점과 달리 거시적 관점에서 사회 · 문화 현상을 설명한다.
④ (가)의 관점은 (나)의 관점과 달리 사회 제도가 기득권층에 유리하게 작용한다고 본다.
⑤ (나)의 관점은 (가)의 관점과 달리 대립과 갈등을 사회의 본질적 속성으로 본다.

11

| 7월 학력평가 9번 |

사회 · 문화 현상을 바라보는 갑~병의 관점에 대한 설명으로 옳은 것은? (단, 갑~병의 관점은 각각 기능론, 갈등론, 상징적 상호 작용론 중 하나이다.)

사회자
최근 확산하고 있는 유연 근무제*에 대해 각자 의견을 제시해 주세요.

과거에 비해 최근에는 일 · 가정의 균형에 중요한 의미를 부여하는 사람들이 많아졌고, 유연 근무제를 자율적 선택을 보장하는 제도로 인식하는 노동자가 많아진 것이 확산의 원인이라고 생각합니다.
갑
유연 근무제는 각자 처한 환경이 다른 노동자들을 적재적소에 배치함으로써 노동 시장이 효율적으로 작동하는 데 기여한다고 생각합니다.
을

유연 근무제는 노동자의 자율성을 보장하는 것처럼 보이지만, 비정규직을 확대시켜 기득권층의 이익을 증대시키기 위한 의도가 반영된 제도라고 생각합니다.
병

* 유연 근무제: 개인의 선택에 따라 근무 시간, 근무 환경을 조절할 수 있는 제도

① 갑의 관점은 다양한 사회 제도들의 상호 의존 관계에 주목한다.
② 을의 관점은 개인의 행동이 상황에 대한 주관적 해석에 기초하여 이루어진다고 본다.
③ 병의 관점은 지배 집단의 이익을 대변하는 논리로 활용될 수 있다는 비판을 받는다.
④ 을의 관점은 갑의 관점과 달리 행위자의 능동성을 중시한다.
⑤ 을과 병의 관점은 모두 사회 · 문화 현상을 사회 구조적 측면에서 설명한다.

12

| 10월 학력평가 11번 |

표는 사회 · 문화 현상을 바라보는 관점 A~C를 구분한 것이다. 이에 대한 옳은 설명만을 〈보기〉에서 고른 것은? (단, A~C는 각각 기능론, 갈등론, 상징적 상호 작용론 중 하나이다.)

구분	해당 관점
사회 구성 요소의 상호 의존 관계에 주목하는 관점	A
개인의 주관적 상황 정의에 주목하는 관점	B
(가)	A, C

보기

ㄱ. (가)에 '사회 구조에 초점을 두어 사회 · 문화 현상을 이해하는 관점'이 들어갈 수 있다.
ㄴ. A는 사회가 본질적으로 조화와 균형을 이루고 있다고 본다.
ㄷ. B는 집단 간 갈등을 사회 변동의 원동력으로 본다.
ㄹ. C는 A와 달리 사회를 유기체와 유사하다고 본다.

① ㄱ, ㄴ ② ㄱ, ㄷ ③ ㄴ, ㄷ ④ ㄴ, ㄹ ⑤ ㄷ, ㄹ

2021년

13

| 3월 학력평가 2번 |

사회 · 문화 현상을 바라보는 갑, 을의 관점에 대한 설명으로 옳은 것은?

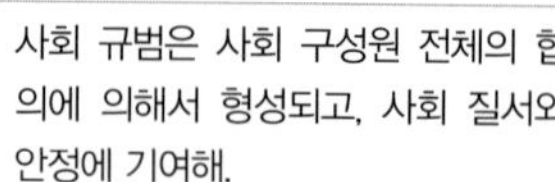

사회 규범은 지배 집단만의 합의에 의해서 형성되고, 지배 집단만의 이익을 보장할 뿐이야.
사회 규범은 사회 구성원 전체의 합의에 의해서 형성되고, 사회 질서와 안정에 기여해.

① 갑의 관점은 집단 간 갈등이 사회 변동의 원동력이라고 본다.
② 갑의 관점은 사회가 본질적으로 조화와 균형을 이루고 있다고 본다.
③ 을의 관점은 사회 제도가 계급 재생산을 위한 수단이라고 본다.
④ 을의 관점은 사회 통합이 이루어지는 과정을 설명할 수 없다는 비판을 받는다.
⑤ 을의 관점은 갑의 관점과 달리 거시적 관점에서 사회 · 문화 현상을 바라본다.

14

| 4월 학력평가 4번 |

사회 · 문화 현상을 보는 갑, 을의 관점에 대한 설명으로 옳은 것은? [3점]

사회자: 장기적인 무직 상태에 놓여 있는 청년들이 많은 원인이 무엇이라고 보십니까?

갑: 학교 교육 및 직업 교육이 시대 변화에 뒤처져서 오늘날 사회에서 요구하는 기술이나 지식을 습득하지 못하는 청년들이 많기 때문입니다.

을: 취업에 실패한 청년들이 주변의 따가운 시선을 받으면서 스스로를 능력이 부족하고 쓸모없는 존재로 여기게 되어 더 이상 구직 활동에 적극적으로 나서지 않기 때문입니다.

① 갑의 관점은 사회가 유기체와 유사한 특성을 지니고 있다고 본다.
② 갑의 관점은 개인들의 주관적 상황 정의에 대한 이해를 중시한다.
③ 을의 관점은 집단 간 갈등이 사회 변동의 원동력이라고 본다.
④ 을의 관점은 갑의 관점과 달리 지배 집단의 이익을 대변하는 논리로 활용될 수 있다는 비판을 받는다.
⑤ 갑, 을의 관점은 모두 사회 · 문화 현상을 사회 구조적 측면에서 설명한다.

15

| 7월 학력평가 2번 |

다음은 사회 · 문화 현상을 바라보는 관점 A~C에 대한 수행 평가이다. 이에 대한 설명으로 옳은 것은? (단, A~C는 각각 갈등론, 기능론, 상징적 상호 작용론 중 하나이다.) [3점]

○ 수행 평가 과제: N잡러(여러 직업을 가진 사람) 증가 현상을 바라보는 관점 구분하기

진술 \ 학생	갑	을
N잡러 증가 현상은 고용 유연화를 통해 노동 시장 지배력을 견고히 하려는 기득권층의 의도가 반영된 것이다.	C	B
N잡러 증가 현상은 부업과 여가 활동을 즐기며 살아가는 삶에 대한 긍정적 인식이 사회 구성원들에게 확산되면서 나타나는 것이다.	A	C
N잡러 증가 현상은 사회의 고용 충원 요구에 부응하는 것으로써 사회의 안정을 도모하고 사회 발전에 기여하는 것이다.	B	A

○ 교사 평가: 갑은 사회 유기체설에 입각한 관점만 옳게 구분하였고, 을은 거시적 관점에 해당하는 진술을 서로 반대로 구분함.

① A는 인간 행위의 자율성과 능동성을 강조한다.
② B는 사회 유지에 필요한 기능의 상호 의존성에 관심을 둔다.
③ C는 대립과 갈등이 사회 구조의 필연적 속성이라고 본다.
④ A는 B와 달리 사회가 스스로 균형을 유지하려는 속성을 지닌다고 본다.
⑤ B는 C와 달리 개인의 행위에 미치는 사회 구조의 영향력을 간과한다는 비판을 받는다.

16

| 10월 학력평가 15번 |

사회 · 문화 현상을 바라보는 관점 A, B에 대한 설명으로 옳은 것은?

> A는 사회 규범이 사회 전체의 필요를 반영하고 있다고 본다. 이와 달리 B는 사회 규범이 지배 계급만의 이익을 반영하고 있다고 본다.

① A는 사회가 본질적으로 변동을 지향한다고 본다.
② A는 사회의 균형 회복 능력을 강조하여 사회 문제의 발생 가능성을 부정한다.
③ B는 집단 간 갈등을 필연적인 현상으로 본다.
④ B는 개인에 대한 사회 구조의 영향력을 경시한다.
⑤ B는 A와 달리 사회를 유기체로 간주한다.

2020년

17

| 3월 학력평가 4번 |

그림은 사회 · 문화 현상을 보는 관점 A~C를 구분한 것이다. 이에 대한 옳은 설명만을 〈보기〉에서 고른 것은? (단, A~C는 각각 갈등론, 기능론, 상징적 상호 작용론 중 하나이다.)

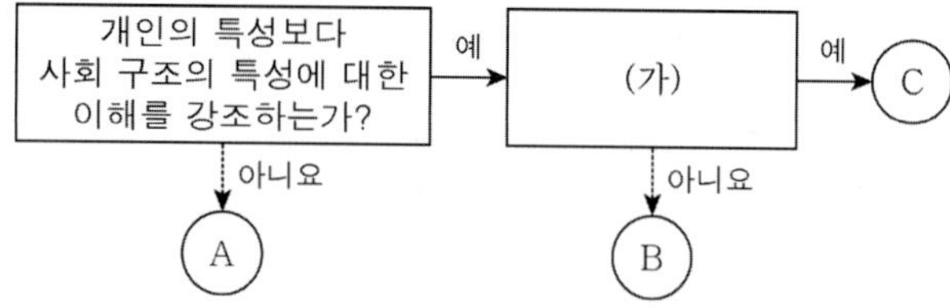

보기
ㄱ. A는 개인의 능동성과 자율성을 중시한다.
ㄴ. (가)에 '상징을 통한 상호 작용을 중시하는가?'가 들어갈 수 있다.
ㄷ. (가)에 '사회를 유기체로 간주하는가?'가 들어가면, B는 갈등론이다.
ㄹ. C가 기능론이라면 (가)에 '갈등을 사회 변동의 원동력으로 보는가?'가 들어갈 수 있다.

① ㄱ, ㄴ ② ㄱ, ㄷ ③ ㄴ, ㄷ ④ ㄴ, ㄹ ⑤ ㄷ, ㄹ

18

| 4월 학력평가 4번 |

사회 · 문화 현상을 바라보는 갑, 을의 관점에 대한 설명으로 옳은 것은? [3점]

> 사회자: 최근 도심 근처의 낙후 지역이 고급 상업 지역이나 고급 주거 지역으로 변화하면서 중산층 이상의 계층이 유입되어 기존의 거주민들을 대체하는 젠트리피케이션 현상이 발생하고 있습니다. 이에 대해 어떻게 생각하십니까?
> 갑: 사회적, 경제적으로 우위를 차지하고 있는 계층이 자신들에게 유리한 지배 구조를 이용하여 저소득층의 터전을 빼앗는 현상입니다.
> 을: 도시의 안정적 유지에 필요한 상업 및 주거 기능을 충족시키기 위해 도시 공간이 재구조화되는 자연스러운 과정입니다.

① 갑의 관점은 지배 계급과 피지배 계급의 이익이 양립할 수 있음을 강조한다.
② 을의 관점은 사회 유지에 필요한 각 부분이 상호 의존적으로 작용한다고 본다.
③ 갑의 관점은 을의 관점과 달리 거시적 관점에서 사회 · 문화 현상을 설명한다.
④ 을의 관점은 갑의 관점과 달리 집단 간 갈등이 사회를 변동시키는 원동력이라고 본다.
⑤ 갑, 을의 관점은 모두 기득권층의 이익을 대변하는 논리로 이용된다는 비판을 받는다.

19

| **7**월 학력평가 **2**번 |

다음은 〈서술형 평가 문제〉에 대한 학생 갑~병의 답안과 교사의 채점 결과이다. 이에 대한 설명으로 옳은 것은? (단, A~C는 각각 기능론, 갈등론, 상징적 상호 작용론 중 하나이다.) [3점]

〈서술형 평가 문제〉

번호	문제
1	A와 C의 공통점을 1가지만 서술하시오.
2	C와 구별되는 B의 특징을 1가지만 서술하시오.
3	A에서 바라보는 C에 대한 비판을 1가지만 서술하시오.

〈학생 답안 및 채점 결과〉

학생	답안	점수
갑	1. 거시적 관점에 해당한다. 2. 행위자의 능동성과 자율성을 중시한다. 3. 사회의 질서 유지 및 안정 회복 능력을 간과한다.	2점
을	1. 개인의 행위에 영향을 미치는 사회 구조를 중시한다. 2. (가) 3. 기득권층의 이익을 옹호하는 논리로 악용될 수 있다.	㉠
병	1. 개인을 행위와 상황에 주관적인 의미를 부여하는 주체라고 본다. 2. 사회는 스스로 균형을 유지하려는 속성을 지닌다. 3. 사회 구조를 지배와 피지배 관계로 단순화한다.	0점

* 각 문제별로 채점하며, 문제별 답안 내용이 맞을 때마다 1점씩 부여함

① A는 B와 달리 사회 · 문화 현상에 대한 상황의 맥락적 이해를 중시한다.
② B는 C와 달리 사회 문제를 병리적 현상으로 본다.
③ C는 A와 달리 사회 각 요소 간의 기능적 의존 관계를 중시한다.
④ B, C는 A와 달리 갈등과 대립이 사회 변동의 원동력임을 강조한다.
⑤ (가)가 '사회 구성원 전체의 합의에 따라 사회 규범이 정해진다.'라면, ㉠에는 '3점'이 적절하다.

20

| **10**월 학력평가 **5**번 |

그림은 사회 · 문화 현상을 바라보는 관점 A~C를 구분한 것이다. 이에 대한 설명으로 옳은 것은? (단, A~C는 각각 갈등론, 기능론, 상징적 상호 작용론 중 하나이다.) [3점]

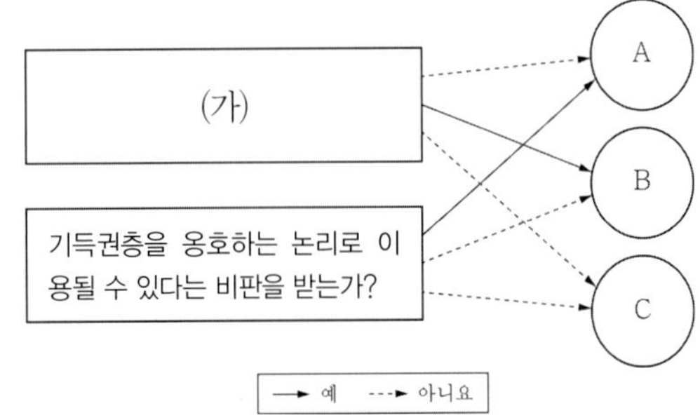

① A는 사회 규범이 특정 집단만의 합의를 반영한다고 본다.
② C가 상징적 상호 작용론이면, B는 사회 불평등 현상이 불가피하다고 본다.
③ (가)에 '사회 유기체설을 바탕으로 하는가?'가 들어갈 수 있다.
④ B가 상징적 상호 작용론이면, (가)에 '인간의 자율성을 간과하는가?'가 들어갈 수 있다.
⑤ (가)에 '개인의 상황 정의를 중시하는가?'가 들어가면, C는 교육 제도가 계급 재생산을 위한 수단이라고 본다.

제1권 교육청

필출 주제

03 자료 수집 방법

1 질문지법

의미	미리 작성해 둔 질문지를 조사 대상에게 제시하여 자료를 수집하는 방법
특징	• 양적 연구에서 주로 사용됨 • 조사 대상 규모가 크고 계량화된 자료를 수집할 때 활용함 • 구조화·표준화된 자료 수집 방법 • 주로 표본 조사를 실시함 • 인터넷 또는 전화 설문 조사와 같이 다양한 매체를 활용하기도 함
장점	• 다수를 대상으로 하여 대량의 자료를 수집하는 데 유리함 • 시간과 비용 측면에서 비교적 효율적임 • 조사 결과의 통계적 분석과 비교 분석이 용이함 • 수량화된 자료이므로 정확성과 객관성이 높음
단점	• 문자로 조사될 경우 문맹자에게 적용이 곤란함 • 회수율·응답률이 낮을 경우 신뢰도에 문제가 발생함 • 응답자가 무성의한 응답, 악의적인 응답을 할 가능성이 있음 • 표본의 대표성이 낮을 경우 결과를 일반화하기 곤란함

2 실험법

의미	인위적인 실험 상황에서 독립 변인(원인)이 종속 변인(결과)에 미치는 영향을 측정하는 방법
특징	• 양적 연구에서 주로 사용됨 • 가장 엄격한 통제가 이루어짐 • 인간을 대상으로 할 때 윤리 문제로 제한적으로 사용됨
장점	• 변수 간 인과 관계를 명확하게 파악할 수 있음 • 정확성, 정밀성, 객관성이 높은 결론을 도출할 수 있음 • 집단 간 비교 분석이 용이함
단점	• 인간을 대상으로 한 실험이므로 완벽하게 통제된 실험을 하기 어려움(다른 변수의 개입 가능성이 있음) • 실험 대상이 인간이므로 윤리 문제가 제기될 수 있음 • 통제된 상황의 실험 결과가 실제 현실 사회를 반영하는 데 한계가 있음

3 면접법

의미	연구자가 대상자와 대면하여 질문과 응답을 통해 자료를 수집하는 방법
특징	• 질적 연구에서 주로 사용됨 • 비구조화·비표준화된 자료 수집 방법 • 언어적 도구를 활용하여 진행함 • 연구자와 연구 대상자 간에 라포르(rapport)를 형성할 경우 조사 목적에 부합하는 자료를 수집하는 데 용이함
장점	• 문맹자에게도 적용이 가능함 • 연구 대상자의 행위 동기나 가치 등 주관적인 세계를 심층적으로 이해하는 데 유리함 • 무성의한 응답, 악의적인 응답의 문제를 방지할 수 있음 • 면접 과정에서 연구자가 유연성과 융통성을 발휘할 수 있음
단점	• 질문지법에 비해 시간과 비용이 많이 들어 다수를 대상으로 진행하기 곤란함 • 조사 주제에 부합하는 연구 대상자를 선정하는 데 어려움 • 연구자의 편견·주관적 가치가 자료 해석 과정에 개입될 수 있음

4 참여 관찰법

의미	연구 대상자의 일상에 참여하여 관찰함으로써 자료를 수집하는 방법
특징	• 질적 연구에서 주로 사용됨 • 가장 비구조화·비표준화된 자료 수집 방법 • 장기간에 걸쳐 깊이 있는 자료를 수집하는 방법
장점	• 의사소통이 곤란한 유아나 원시 부족에게도 사용이 가능함 • 생생한 자료로 자료의 실제성이 보장됨 • 조사 대상자의 일상생활을 심층적으로 이해하는 데 용이함
단점	• 관찰하고자 하는 현상이 나타날 때까지 기다려야 하므로 시간과 비용 측면에서 비효율적임 • 예상하지 못한 현상이 발생할 경우 유연하게 대처하기 곤란함 • 관찰자의 편견이나 주관이 자료 해석 과정에서 개입될 가능성이 큼

5 문헌 연구법

의미	과거의 연구자가 수집 및 분석하여 기록되어 있는 자료를 활용하는 방법
특징	• 양적 자료와 질적 자료 모두 수집할 수 있음 • 주로 2차 자료 수집용으로 활용함 • 신문, 논문, 책 등 다양한 형태를 활용할 수 있음
장점	• 시간과 비용 면에서 효율적임 • 자료를 수집하는 데 시간과 공간의 제약으로부터 자유로움 • 기존 연구 동향과 성과를 파악하여 참고 자료로 사용하는 데 유용함
단점	• 문헌의 정확성과 신뢰성 확보가 곤란한 경우가 많음 • 문헌 해석 시 연구자의 편견이 개입할 가능성이 있음

기출 자료 핵심을 파악하라!

자료 1 자료 수집 방법의 특징

문헌 연구법, 면접법
- 갑은 청소년이 휴대 전화에 부여하는 의미를 파악하기 위해 ○○ 고등학교 학생의 일상생활을 관찰한 연구 기관의 보고서를 분석함. 이후 휴대 전화 의존도가 높은 학생들에게 질문하여 사용 용도와 중독 증상 등에 대한 이야기를 깊이 있게 나누고 이 과정을 녹음함.

참여 관찰법, 면접법
- 을은 팬덤 문화 연구를 위해 ☆☆ 야구단의 팬클럽에 가입하여 6개월간 회원들과 경기를 관람하며 그들의 대화와 응원 모습을 기록함. 이후 아이돌 팬클럽의 열성팬을 대상으로 그들만의 친밀한 관계를 형성한 경험을 직접 듣고 심층적인 자료를 얻음.
- 병은 대학생의 정치 성향과 정치 참여 연구를 위해 대학생 500명을 대상으로 구조화된 문항에 응답하도록 함. 또한 선거 관련 기관이 발간한 대학생 정치 성향 면접 조사 자료집을 분석하여 대학생의 정치 참여 과정을 연구함.

질문지법, 문헌 연구법

핵심 ① 갑, 을, 병이 사용한 자료 수집 방법을 파악한다. 갑은 문헌 연구법과 면접법을 사용하였다. 을은 참여 관찰법과 면접법을 사용하였다. 병은 질문지법과 문헌 연구법을 사용하였다.

핵심 ② 각 자료 수집 방법의 특징을 파악한다. 문헌 연구법은 기존의 연구 결과물을 자신의 연구에 활용하는 자료 수집 방법이다. 면접법은 연구 대상자와의 정서적 교감 형성을 중시하는 자료 수집 방법이다. 참여 관찰법은 현지에서 연구 대상자와 함께 생활하며 관심을 갖는 연구 현상을 관찰하는 자료 수집 방법이다. 질문지법은 표준화된 도구로 대량의 자료를 획득하기 용이한 자료 수집 방법이다.

자료 2 자료 수집 방법의 특징

빈민 지역인 □□마을에서 '가난의 문화'가 만들어지는 과정을 고찰하기 위해 갑은 자료 수집 방법 A(질문지법)를, 을은 자료 수집 방법 B(면접법)를 사용하여 공동 연구를 수행하였다.

갑은 전체 주민을 대상으로 계량화된 자료 수집을 위한 설문 조사를 실시하여 주민들의 생활과 삶에 대한 만족도 등을 파악하였다. 고령자가 많아 주민을 직접 만나는 방식으로 설문 조사를 진행하였다.

을은 □□마을 복지관을 4주 동안 매주 2회씩 방문하여 주민들과 신뢰관계를 형성한 후, 마을에 오래 거주한 주민 10명을 복지관에서 따로 만나 그들의 삶을 듣고 기록하는 조사를 진행하였다.

핵심 ① 갑이 사용한 자료 수집 방법과 특징을 파악한다. 갑은 질문지법을 사용하였다. 질문지법은 다수를 대상으로 대량의 자료를 수집하는 데 유리하다.

핵심 ② 을이 사용한 자료 수집 방법과 특징을 파악한다. 을은 면접법을 사용하였다. 면접법은 연구 대상자의 행위 동기나 가치 등 주관적인 세계를 심층적으로 이해하는 데 유리하다.

핵심 ③ 각 자료 수집 방법의 특징을 비교한다. 면접법과 질문지법 모두 조사 대상자의 주관적 인식을 파악할 수 있고, 조사 대상자와의 언어적 상호 작용이 필수적이다. 면접법은 질문지법에 비해 자료 수집 과정에서 조사자가 융통성을 발휘하기 용이하고, 질문지법은 면접법에 비해 수집된 자료의 통계 처리가 용이하다.

기출 선택지 X를 찾아라!

☑ 다음 중 옳지 않은 설명 3개를 찾아 '×'에 체크하시오.

기출 선택지	○	×
22 학평 01. 실험법은 면접법과 달리 연구자와 연구 대상자 간의 정서적 교감이 중시된다.	□	□
20 모평 02. 참여 관찰법은 실험법에 비해 실제성이 높은 생생한 자료를 확보하기 용이하다.	□	□
24 수능 03. 실험법은 인위적으로 통제된 상황에서 변수의 효과를 관찰하는 자료 수집 방법이다.	□	□
24 모평 04. 질문지법은 참여 관찰법과 달리 구조화된 자료를 수집하기 용이하다.	□	□
21 수능 05. 문헌 연구법은 면접법에 비해 자료 수집 과정에서 시·공간적 제약이 작다.	□	□
20 수능 06. 참여 관찰법은 실험법, 질문지법과 달리 방법론적 이원론에 기초한 연구에 주로 사용된다.	□	□
23 학평 07. 면접법은 질문지법에 비해 연구자의 주관적 가치가 개입될 가능성이 크다.	□	□
24 모평 08. 면접법은 문헌 연구법과 달리 연구 대상자와의 언어적 상호 작용이 필수적이다.	□	□
24 학평 09. 면접법은 질문지법과 달리 변인 간의 관계를 파악하는 연구에 주로 사용된다.	□	□
23 수능 10. 질문지법은 참여 관찰법, 문헌 연구법에 비해 다수를 대상으로 한 자료 수집에 유리하다.	□	□
23 수능 11. 참여 관찰법은 질적 자료의 수집에, 질문지법은 양적 자료의 수집에 주로 활용된다.	□	□
22 수능 12. 참여 관찰법은 문헌 연구법과 달리 기존 연구 동향이나 성과를 파악하는 데 적합하다.	□	□
23 학평 13. 면접법은 자료 수집 시 조사 대상자의 반응에 따라 질문 내용과 형식을 유연하게 제시하기 용이하다.	□	□

X의 정체는?

✓ 01 ~~실험법~~(면접법)은 ~~면접법~~(실험법)과 달리 연구자와 연구 대상자 간의 정서적 교감이 중시된다.
→ 면접법은 연구자와 연구 대상자 간의 신뢰 관계를 기반으로 하므로 정서적 교감이 중시된다.

✓ 09 ~~면접법~~(질문지법)은 ~~질문지법~~(면접법)과 달리 변인 간의 관계를 파악하는 연구에 주로 사용된다.
→ 질문지법은 변인 간의 관계를 파악하는 양적 연구에 주로 사용된다.

✓ 12 ~~참여 관찰법~~(문헌 연구법)은 ~~문헌 연구법~~(참여 관찰법)과 달리 기존 연구 동향이나 성과를 파악하는 데 적합하다.
→ 문헌 연구법은 기존 연구 동향이나 성과를 파악하는 데 적합하다.

2024년

01

| 3월 학력평가 5번 |

자료 수집 방법 A~C의 일반적인 특징에 대한 설명으로 옳은 것은? (단, A~C는 각각 면접법, 실험법, 질문지법 중 하나임.)

고등학생 갑~병은 SNS 중독에 관한 서로 다른 연구에 연구 대상자로 참여하였다. 갑은 A만을 사용한 연구에서 학업 스트레스와 SNS 이용 빈도 등에 관한 구조화된 문항에 응답하였다. 을은 B만을 사용한 연구에서 연구자와 직접 만나 대화하며 SNS를 하면서 얻는 위안, SNS를 하지 못할 때 느끼는 감정 등에 대해 솔직하게 이야기하였다. 병은 C만을 사용한 연구에서 연구자가 진행한 집단 상담 프로그램에 참여하였으며 집단 상담 프로그램 참여 전과 후에 각각 SNS 중독 지수를 측정하는 검사를 받았다.

① A는 B에 비해 다수를 대상으로 한 자료 수집에 유리하다.
② B는 A와 달리 변인 간의 관계를 파악하는 연구에 주로 사용된다.
③ B는 C에 비해 자료 수집 상황에 대한 통제 수준이 높다.
④ C는 A와 달리 양적 자료 수집에 주로 사용된다.
⑤ C는 B에 비해 연구자의 주관적 가치가 개입될 가능성이 높다.

02

| 5월 학력평가 6번 |

자료 수집 방법 A~C의 일반적인 특징에 대한 설명으로 옳은 것은? (단, A~C는 각각 질문지법, 면접법, 참여 관찰법 중 하나임.)

구분		해당 자료 수집 방법이 활용된 사례
자료 수집 방법	A, B	갑은 에듀테크 수업이 가지는 의미를 알아보고자 디지털 교과서를 사용하는 ○○중학교 1학년 학생들의 수업을 한 학기 동안 참관하여 상세하게 기록하였다. 이후 해당 수업에 참여한 학생들을 대상으로 미리 작성한 문항지를 배포하여 에듀테크 수업 만족도를 조사하였다.
	B, C	을은 에듀테크 수업의 교육적 효과에 대해 알아보고자 에듀테크 수업을 실시한 경험이 있는 교사 200명에게 구조화된 문항을 제시하여 응답을 구하였다. 이후 일부 응답자들과 에듀테크 수업의 의미에 대해 깊이 있는 대화를 나누고 기록하였다.

* 에듀테크(edutech): 빅 데이터, 인공 지능 등 정보 통신 기술을 활용한 교육.

① A는 실제성이 높은 생생한 자료를 확보하기 용이하다.
② B는 양적 자료보다 질적 자료의 수집에 적합하다.
③ C는 대량의 구조화된 자료를 수집하기 용이하다.
④ A는 B에 비해 수집된 자료를 통계적으로 처리하기에 용이하다.
⑤ B는 C에 비해 연구자와 연구 대상자 간의 정서적 교감을 중시한다.

03

| 7월 학력평가 3번 |

자료 수집 방법 A~D의 일반적인 특징에 대한 설명으로 옳은 것은? (단, A~D는 각각 면접법, 실험법, 질문지법, 참여 관찰법 중 하나임.)

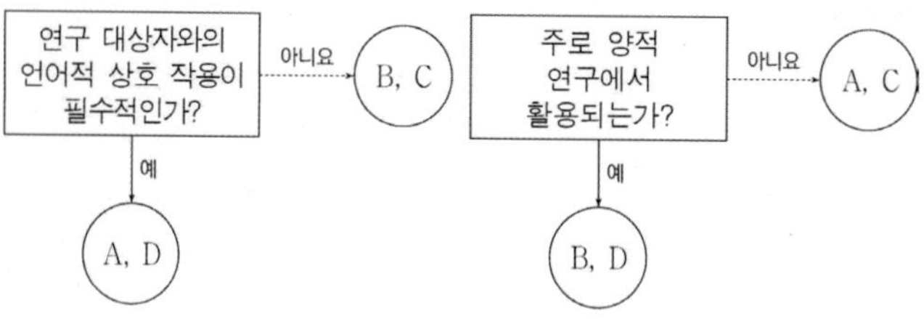

① A와 달리 B는 연구 대상자와의 정서적 교감을 중시한다.
② B에 비해 C는 실제성 높은 생생한 자료를 수집하기에 용이하다.
③ D에 비해 A는 구조화된 자료를 수집하기에 용이하다.
④ A, C에 비해 D는 연구자의 주관이 개입될 가능성이 높다.
⑤ B, D에 비해 C는 자료 수집 상황에 대한 통제 정도가 높다.

04

| 10월 학력평가 4번 |

다음 자료에 대한 설명으로 옳은 것은? (단, A~C는 각각 면접법, 질문지법, 참여 관찰법 중 하나임.) [3점]

표는 자료 수집 방법 A~C의 일반적인 특징을 묻는 질문과 학생의 응답 및 교사의 채점 결과를 나타낸 것이다.

질문	응답
C와 달리 A, B는 조사 대상자와의 언어적 상호 작용이 필수적인가?	예
A와 달리 B, C는 조사 대상자의 주관적 인식을 파악할 수 있는가?	예
(가)	아니요
채점 결과	2점

* 각 질문에 대한 응답이 옳으면 1점, 옳지 않으면 0점을 부여함.

① A, B에 비해 C는 구조화 · 표준화 정도가 높다.
② A, B 모두 조사 대상자와의 정서적 교감 형성을 중시한다.
③ A가 수집된 자료의 통계 처리가 용이한 방법이라면, (가)에는 'C와 달리 B는 인위적으로 통제된 상황에서 변인의 효과를 관찰하는 방법인가?'가 들어갈 수 있다.
④ B가 다수를 대상으로 한 자료 수집에 유리한 방법이라면, (가)에는 'C에 비해 A는 실제성이 높은 생생한 자료를 확보하기 용이한가?'가 들어갈 수 없다.
⑤ (가)에 'B와 달리 A는 주로 질적 연구에서 사용하는 방법인가?'가 들어간다면, A에 비해 B는 조사자의 주관적 가치가 개입될 가능성이 낮다.

2023년

05

| 3월 학력평가 2번 |

자료 수집 방법 A, B에 대한 설명으로 옳은 것은?

A의 활용 사례	B의 활용 사례
갑은 대학생의 비대면 수업 적응 과정을 연구하기 위해 대학생 10명을 만나 관련 경험에 대해 심층적인 대화를 나누었다.	을은 비대면 수업 기간 중 대학생의 식습관 변화를 연구하기 위해 대학생 500명을 대상으로 구조화된 설문지에 응답하게 하였다.

① A는 B와 달리 연구 대상자와의 정서적 교감을 중시한다.
② A는 B와 달리 연구 대상자의 주관적 인식을 파악할 수 있다.
③ B는 A에 비해 연구자의 주관적 가치가 개입될 가능성이 크다.
④ B는 A와 달리 연구 대상자와의 언어적 상호 작용이 필수적이다.
⑤ A와 B는 모두 일반화를 목표로 하는 연구에 주로 사용된다.

06

| 4월 학력평가 2번 |

자료 수집 방법 A, B의 일반적인 특징에 대한 설명으로 옳은 것은? [3점]

〈조사 계획서〉

○○ 모둠

○ 조사 주제: 우리나라의 연령대별 고용 현황
○ 자료 수집 및 분석 계획
고용 여부, 고용 형태 등을 묻는 구조화된 질문지를 제작하여 조사 대상자 200명에게 응답을 기입하게 한 후, 이 응답 자료를 연령대별로 비교할 계획임.

〈교사의 조언〉

위와 같은 주제에 대한 표본 조사의 경우 연령, 성별, 지역 등 다양한 요인을 고려하여 모집단의 특성을 대표할 수 있게 표본을 추출하는 것이 중요합니다. 따라서 ○○ 모둠이 자료 수집 방법으로 선택한 A보다는 B를 활용하여 통계청 자료 등 이미 발표된 공식적 자료를 수집하는 게 효율적이겠네요.

① A는 조사 대상자의 일상생활을 직접 관찰하여 자료를 수집한다.
② A는 자료 수집 시 조사 대상자의 반응에 따라 질문 내용과 형식을 유연하게 제시하기 용이하다.
③ B는 기존의 연구 동향이나 성과를 파악하는 데 유용하다.
④ A는 B에 비해 시 · 공간적 제약을 적게 받는다.
⑤ B는 A와 달리 조사 대상자의 주관적 인식에 관한 자료를 수집할 수 있다.

07

| 10월 학력평가 16번 |

자료 수집 방법 A~C의 일반적인 특징에 대한 설명으로 옳은 것은? (단, A~C는 각각 면접법, 질문지법, 참여 관찰법 중 하나임.)

> 우리나라의 노인 문제에 관하여 갑은 A, 을은 B, 병은 C를 사용해 자료를 수집했다. 갑, 을은 병과 달리 연구 대상자와의 언어적 상호 작용이 필수적인 방법을 사용했고, 을은 갑, 병과 달리 통계 분석에 적합한 자료를 수집했다.

① A는 C와 달리 문맹자를 대상으로 한 자료 수집이 용이하다.
② B는 A와 달리 연구자와 연구 대상자 간의 정서적 유대 관계의 형성이 중요하다.
③ C는 B와 달리 실제성이 높은 자료를 수집하는 데 적합하다.
④ B는 A, C와 달리 방법론적 이원론에 기초한 연구에서 주로 사용된다.
⑤ A, B는 C에 비해 자료 해석 시 연구자의 편견이 개입될 우려가 크다.

08

| 3월 학력평가 6번 |

다음 자료에 대한 설명으로 옳은 것은? (단, A~C는 각각 면접법, 실험법, 질문지법 중 하나이다.) [3점]

질문	응답		
	A	B	C
주로 양적 연구에서 활용되는가?	㉠	㉡	예
인위적인 처치를 가하고 그로 인해 나타나는 변화를 파악하는가?	예	아니요	아니요

① ㉠은 '아니요', ㉡은 '예'이다.
② A는 B와 달리 연구자와 연구 대상자 간의 정서적 교감이 중시된다.
③ B는 C와 달리 연구자와 연구 대상자 간의 언어적 상호 작용이 필수적이다.
④ C는 B와 달리 표준화 및 구조화가 중시되는 방법이다.
⑤ A, C는 B에 비해 자료 분석 과정에서 연구자의 주관적 가치가 개입될 우려가 크다.

09

| 4월 학력평가 19번 |

그림은 질문을 통해 자료 수집 방법 A~C를 구분한 것이다. 이에 대한 옳은 설명만을 〈보기〉에서 고른 것은? (단, A~C는 각각 실험법, 질문지법, 참여 관찰법 중 하나이다.) [3점]

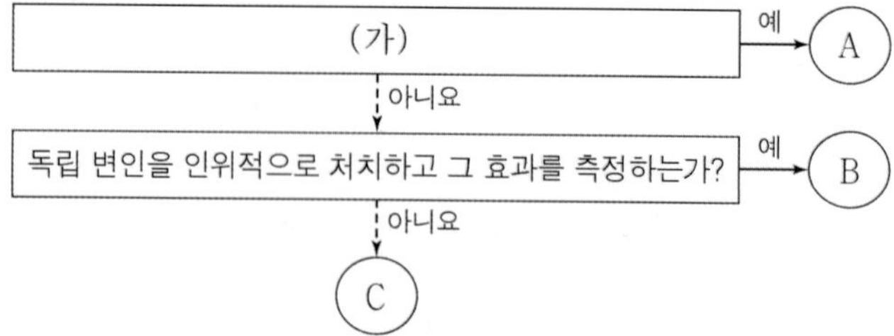

보기

ㄱ. A가 질문지법이라면, C는 자료의 실제성 확보에 유리하다.
ㄴ. B는 A, C와 달리 계량화된 자료를 수집하는 데 활용된다.
ㄷ. (가)에 '자료를 수집하는 데 조사 대상자의 언어적 응답이 필수적인가?'가 들어갈 수 있다.
ㄹ. (가)가 '조사 대상자의 일상생활에 직접 참여하여 자료를 수집하는가?'라면, C는 B와 달리 문맹자에게 활용할 수 있다.

① ㄱ, ㄴ ② ㄱ, ㄷ ③ ㄴ, ㄷ ④ ㄴ, ㄹ ⑤ ㄷ, ㄹ

10

| 7월 학력평가 11번 |

다음은 자료 수집 방법 A~D를 일반적인 특징에 따라 구분한 것이다. 이에 대한 설명으로 옳은 것은? (단, A~D는 각각 면접법, 실험법, 질문지법, 참여 관찰법 중 하나이다.) [3점]

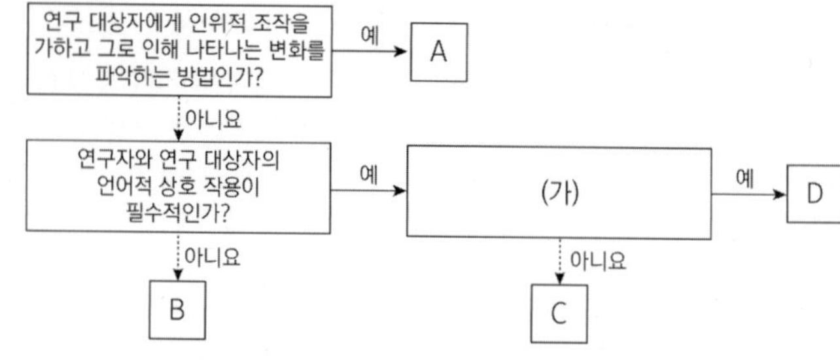

① A는 B에 비해 실제성이 높은 자료를 확보하기에 유리하다.
② B는 A에 비해 대규모 집단을 대상으로 계량화된 자료를 수집하기에 용이하다.
③ C, D는 모두 비구조화 · 비표준화된 자료 수집 방법이다.
④ (가)에는 '경험적 자료의 수집에 적합한가?'가 들어갈 수 있다.
⑤ (가)가 '연구 대상자와의 정서적 교감을 중시하는가?'라면, C는 D에 비해 시간과 비용의 효율성이 높다.

11

| 10월 학력평가 16번 |

그림은 자료 수집 방법 A~C의 특징을 비교한 것이다. 이에 대한 설명으로 옳은 것은? (단, A~C는 각각 면접법, 질문지법, 참여 관찰법 중 하나이다.) [3점]

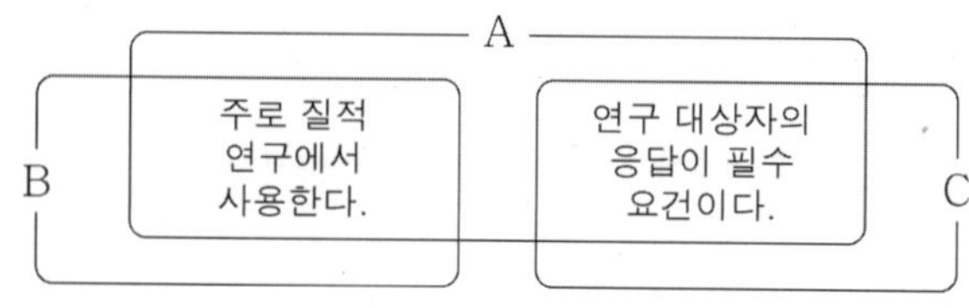

① A는 문맹자에게 실시할 수 없다.
② B는 인위적으로 통제된 상황에서 변수의 효과를 관찰한다.
③ C는 비표준화 · 비구조화된 자료 수집 방법이다.
④ A는 C에 비해 연구자의 편견이 개입될 가능성이 작다.
⑤ B는 C에 비해 실제성이 높은 생생한 자료의 수집에 용이하다.

2021년

12

| 3월 학력평가 5번 |

갑, 을의 자료 수집 활동에 대한 옳은 설명만을 〈보기〉에서 고른 것은? [3점]

국민들이 선호하는 정치인의 리더십 유형을 알아보기 위해 갑과 을은 서로 다른 자료 수집 방법을 활용하였다. 갑은 구조화된 설문 문항을 제작하여 국민 1,000명을 대상으로 자료를 수집하였다. 을은 10대부터 60대까지 연령대별로 1명씩 총 6명을 대상으로 심층적인 대화를 통해 선호하는 정치인의 리더십 유형과 그 이유에 대해 자료를 수집하였다.

보기

ㄱ. 갑은 질적 자료 수집에 적합한 자료 수집 방법을 활용하였다.
ㄴ. 을은 자료 수집 상황에서 연구자의 융통성 발휘가 중요한 자료 수집 방법을 활용하였다.
ㄷ. 갑은 2차 자료, 을은 1차 자료를 수집하였다.
ㄹ. 갑과 을은 모두 언어를 통한 상호 작용이 필수적인 자료 수집 방법을 활용하였다.

① ㄱ, ㄴ ② ㄱ, ㄷ ③ ㄴ, ㄷ ④ ㄴ, ㄹ ⑤ ㄷ, ㄹ

13

| 4월 학력평가 16번 |

다음은 질문에 따라 자료 수집 방법 A~C를 구분한 것이다. 이에 대한 설명으로 옳은 것은? (단, A~C는 각각 면접법, 질문지법, 참여 관찰법 중 하나이다.) [3점]

○ A와 B는 '언어적 응답을 통한 자료 수집이 필수적인가?'라는 질문으로는 구분할 수 없지만, (가) 라는 질문으로 구분할 수 있다.
○ A와 C는 (나) 라는 질문으로는 구분할 수 없지만, '질적 연구에서 주로 활용되는가?'라는 질문으로 구분할 수 있다.

① A는 B에 비해 시간과 비용 측면에서 효율성이 높다.
② B는 C와 달리 문맹자에게 사용할 수 있다.
③ C는 A에 비해 자료 수집 상황에 대한 통제 수준이 높다.
④ (가)에는 '조사 대상자의 주관적 인식에 관한 자료를 수집할 수 있는가?'가 들어갈 수 있다.
⑤ (나)에는 '변수 간의 관계를 파악하는 데 주로 활용되는가?'가 들어갈 수 있다.

14

| 7월 학력평가 3번 |

자료 수집 방법 A~D의 일반적인 특징에 대한 설명으로 옳은 것은? (단, A~D는 각각 면접법, 실험법, 질문지법, 참여 관찰법 중 하나이다.)

○ A와 B는 주로 양적 연구에서 활용된다.
○ A와 D는 자료 수집 과정에서 언어적 상호 작용이 필수적이다.
○ C와 D는 (가)

① A는 자료 수집 과정에서 조사자의 유연한 대처가 용이하다.
② C는 B에 비해 실제성이 높은 생생한 자료를 확보하기 용이하다.
③ D는 B에 비해 자료 수집 상황에 대한 통제 수준이 높다.
④ A는 C, D에 비해 조사 대상자와의 정서적 교감을 중시한다.
⑤ (가)에는 '표준화 및 구조화된 도구를 활용하여 대량의 자료를 수집한다.'가 들어갈 수 있다.

15

| 10월 학력평가 13번 |

다음 자료에 대한 설명으로 옳은 것은? (단, A~C는 각각 면접법, 질문지법, 참여 관찰법 중 하나이다.)

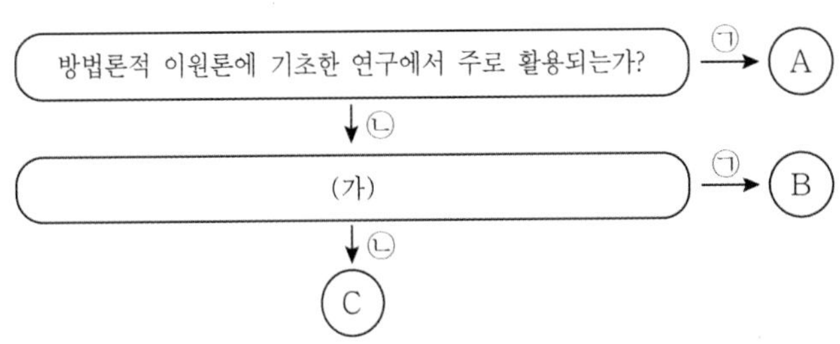

* ㉠과 ㉡은 각각 '예'와 '아니요' 중 하나임

① ㉠은 '예', ㉡은 '아니요'이다.
② (가)에 '표준화를 중시하는 자료 수집 방법인가?'가 들어갈 수 있다.
③ A는 주로 질적 자료 수집을 위해 활용된다.
④ B가 면접법이라면, (가)에 '의사소통이 곤란한 집단을 조사하는 데 적합한가?'가 들어갈 수 있다.
⑤ C가 면접법이라면, (가)에 '연구자와 연구 대상자 간 언어적 상호 작용이 필수적인가?'가 들어갈 수 없다.

2020년

16

| 3월 학력평가 14번 |

표는 자료 수집 방법 A~C가 활용된 사례를 나타낸 것이다. 이에 대한 설명으로 옳은 것은? [3점]

자료 수집 방법	해당 자료 수집 방법이 활용된 사례
A	갑은 성인 1,500명을 대상으로 사형 제도에 대한 여론 조사를 실시하여 자료를 수집하였다.
B	을은 사형 제도에 대해 상반된 입장을 가진 사람 6명을 만나 대화를 통해 심층적인 자료를 수집하였다.
C	병은 사형 제도 폐지국들의 강력 범죄 발생률 변화를 파악하기 위해 국제기구의 통계 자료를 수집하였다.

① A는 양적 자료의 수집에 적합하다.
② B는 문맹자를 대상으로 활용할 수 없다.
③ C는 2차 자료의 수집에 적합하지 않다.
④ A는 C와 달리 자료 분석 과정에서 조사자의 편견이 개입될 우려가 크다.
⑤ C는 B와 달리 자료 수집 과정에서 언어적 상호 작용이 필수적이다.

17

| 4월 학력평가 3번 |

다음은 질문에 따라 자료 수집 방법 A~C를 구분한 것이다. 이에 대한 설명으로 옳은 것은? (단, A~C는 각각 면접법, 실험법, 질문지법 중 하나이다.) [3점]

> ○'인위적인 통제 상황에서 변수를 의도적으로 조작하여 나타난 변화를 측정하는가?'라는 질문으로 A와 B를 구분할 수 있다.
> ○'주로 양적 연구에서 활용하는 자료 수집 방법인가?'라는 질문으로 B와 C를 구분할 수 없다.
> ○[(가)]라는 질문으로 A와 C를 구분할 수 있다.

① A는 B에 비해 연구자의 주관이 개입될 가능성이 낮다.
② A는 C에 비해 시간과 비용 측면에서 효율성이 높다.
③ B는 C와 달리 표준화·구조화된 자료 수집 방법이다.
④ C는 A에 비해 대규모 집단을 대상으로 자료를 수집하기 용이하다.
⑤ (가)에는 '언어적 응답을 통한 자료 수집이 필수적인가?'가 들어갈 수 있다.

18

| 7월 학력평가 3번 |

자료 수집 방법 A~C의 일반적 특징으로 옳은 것은? (단, A~C는 각각 면접법, 질문지법, 참여 관찰법 중 하나이다.)

구분	A	B	C
공통점과 차이점	연구자의 주관적 가치가 개입될 우려가 큼		(가)
	(나)	자료 수집 시 언어적 상호 작용이 필수적임	

① A는 B와 달리 주로 1차 자료 수집에 사용된다.
② B는 C에 비해 조사 대상자와의 정서적 교감을 중시한다.
③ C는 B와 달리 비구조화된 도구를 사용하여 자료를 수집한다.
④ (가)에는 '문맹자로부터의 자료 수집이 용이함'이 적절하다.
⑤ (나)에는 '주로 양적 연구에서 활용됨'이 적절하다.

19

| 10월 학력평가 2번 |

자료의 A~C에 대한 설명으로 옳은 것은? (단, A~C는 각각 면접법, 질문지법, 참여 관찰법 중 하나이다.) [3점]

> ○'주로 질적 연구에서 사용되는가?'라는 질문으로 A와 B를 구분할 수 있다.
> ○'연구자와 연구 대상자 간의 언어적 상호 작용이 필수적인가?'라는 질문으로 A와 C를 구분할 수 없다.

① A는 B보다 연구자의 주관적 해석의 우려가 크다.
② A는 C보다 자료 수집 도구의 구조화 정도가 낮다.
③ B는 A와 달리 변인 간의 관계를 파악하려는 연구에 적합하다.
④ C는 A와 달리 연구자와 연구 대상자 간의 정서적 교감을 중시한다.
⑤ C는 B보다 자료의 실제성 확보에 유리하다.

사회·문화 현상의 탐구 태도와 연구 윤리

1 사회·문화 현상의 탐구 태도

성찰적 태도	• 현상의 발생 원인이나 결과는 물론 그 이면의 발생 원리에 대해 적극적이고 능동적으로 살펴보려는 태도 • 사회·문화 현상의 발생 과정과 원인은 복잡하기 때문에 성찰적으로 연구하지 않고 단순히 겉으로 드러난 것만을 연구할 경우 피상적인 연구로 전락할 수 있음
객관적 태도	• 연구자 자신의 주관적 가치관, 편견, 이해관계 등을 배제하고 현상이 지니는 사실적 특성만을 있는 그대로 파악하려는 태도 • 연구 과정에서 객관적 태도가 지켜지지 않을 경우 연구 결과가 왜곡될 가능성이 높음
개방적 태도	• 자신의 주장이 잘못될 수 있음을 인정하고 자신에 대한 비판을 허용하는 태도 • 기존의 진리는 영원불변의 진리가 아닌 잠정적인 진리이므로 새로운 주장의 가능성을 허용해야 함
상대주의적 태도	• 동일한 사회·문화 현상이라고 할지라도 시대와 장소의 맥락에 따라 다른 의미를 지닐 수 있음을 인정하고 연구하고자 하는 현상이 발생한 사회의 역사적·사회적 맥락과 배경을 고려하여 이해하려는 태도 • 사회·문화 현상은 특정 맥락이나 배경 속에서 의미를 가질 수 있으므로, 연구 결론을 맥락이나 배경이 다른 사회에 맹목적으로 적용하려는 태도를 지녀서는 안 됨

2 가치 중립과 가치 개입

가치 중립	• 연구자가 자신의 주관적 가치를 배제하고 객관적인 입장을 취하는 것 • 자료 수집 및 분석 단계, 가설 검증 단계, 결론 도출 단계에서는 엄격한 가치 중립이 요구됨
가치 개입	• 연구자가 자신의 주관적 가치를 연구 과정에 개입시키는 것 • 연구 주제 선정 단계, 연구 결과의 활용 단계에서는 사회적 가치나 인류 보편적 가치 등을 존중하는 등 연구자의 가치 판단이 요구됨

3 사회·문화 현상의 연구 윤리

연구 대상	• 사전 동의를 얻어야 하며, 사전 고지가 연구 결과에 영향을 미치는 경우 결과 발표 전에 동의를 구해야 함 • 연구 대상자의 인권 보호
연구 과정	• 연구 과정의 조작, 왜곡, 과장, 표절 등 금지 • 자료 수집 및 해석, 결론 도출 과정에서의 가치 중립
연구 결과	• 연구 결과에 대한 왜곡, 축소, 과장 금지 • 연구 결과의 사회적 영향에 대한 책임

기출 자료 　핵심을 파악하라!

자료 1 사회·문화 현상의 탐구 태도와 연구 윤리

연구자 갑은 설문 조사 참여에 동의한 노인들을 대상으로 노인 문제에 관한 연구를 진행하였다. 갑은 조사에 앞서 ㉠연구 대상자가 응답 중단을 요청할 경우 즉각 조사가 중단된다고 설명하였다. 갑은 실제로 조사 진행 중 응답 중단을 요청하는 노인들에 대해 조사를 중단하고 ㉡해당 답변 자료를 폐기하였다. 노인들이 연구 목적을 알게 되면 연구에 영향을 미친다고 판단한 갑은 ㉢연구 결과를 발표한 후에도 연구 대상자에게 연구 목적을 알리지 않았다. 갑은 자신이 발표한 연구 논문에 관심을 가진 □□ 기업이 연구 자료를 요청하자, 연구비 지원을 받는 대가로 ㉣연구 대상자의 개인 정보를 삭제하고 나머지 모든 연구 자료를 제공하였다.

핵심 ① **연구 윤리에 위배된 내용을 파악한다.** 연구 대상자에게 연구 목적을 알리지 않았고, 연구 결과를 연구 목적 이외의 용도로 활용하였다.

핵심 ② **연구 윤리에 위배되지 않은 내용을 파악한다.** 연구 대상자의 자발적 참여를 보장하고, 응답 중단을 요청한 연구 대상자의 자료를 폐기하였다.

기출 선택지 　X를 찾아라!

☑ 다음 중 옳지 않은 설명 3개를 찾아 '×'에 체크하시오.

기출 선택지	○	×
22모평 01. 연구자는 연구 자료를 연구 이외의 목적으로 사용할 수 있다.	□	□
24학평 02. 연구자는 연구 자료를 자의적으로 선별하여 연구 결과를 수정할 수 있다.	□	□
23모평 03. 연구자는 연구 대상자의 자발적 참여를 보장해야 한다.	□	□
23모평 04. 연구자는 연구 목적에 따라 연구 대상자의 사전 동의를 얻지 않고 자료를 수집할 수 없다.	□	□

X의 정체는?

✓01 연구자는 연구 자료를 연구 이외의 목적으로 사용~~할 수 있다~~. (→ 해서는 안 된다.)
↳ 연구자는 연구 자료를 연구 목적 이외의 용도로 활용해서는 안 된다.

✓02 연구자는 연구 자료를 자의적으로 선별하여 연구 결과를 수정~~할 수 있다~~. (→ 해서는 안 된다.)
↳ 연구자는 연구 자료를 자의적으로 선별하여 연구 결과를 왜곡해서는 안 된다.

✓04 연구자는 연구 목적에 따라 연구 대상자의 사전 동의를 얻지 않고 자료를 수집할 수 ~~없다~~. (→ 있다.)
↳ 사전 동의가 연구 결과에 미치는 영향에 따라 연구가 끝난 후에 연구 대상자의 동의를 얻을 수 있다.

제1권 교육청

2024년

01

| 5월 학력평가 5번 |

다음 사례를 연구 윤리 측면에서 평가한 진술로 가장 적절한 것은?

연구자 갑은 ○○ 장르 음악 청취와 암기력 간의 상관관계를 연구하기 위해 연구 목적 등 연구 관련 정보를 모두 공지하고 성인 연구 대상자 80명을 모집하였다. 갑은 자원한 80명에게 일주일 동안 매일 1시간씩 정해진 장소에서 ○○ 장르 음악을 들으며 무작위로 조합된 단어를 암기하도록 하였다. 이 과정에서 일부 연구 대상자들이 음악 청취로 인해 두통을 호소하며 실험 참여 중단을 요구하자 갑은 그들을 즉각 실험 참여에서 제외하였다. 갑은 자료 분석 과정에서 가설에 부합하지 않는 결과가 나오자 암기력 점수가 높게 나타난 데이터만 골라 보고서를 작성하면서 연구 대상자들의 이름을 포함한 개인 정보를 제외하고 연구 결과를 발표하였다. 이후 음악 관련 기업이 금전적 보상을 제안하며 갑이 수집한 자료를 요청하였으나 갑은 이를 거절하였다.

① 다른 연구자의 연구 성과를 도용하였다.
② 연구 대상자의 익명성을 보장하지 않았다.
③ 수집한 자료를 연구 외의 목적으로 유출하였다.
④ 자료를 자의적으로 선별하여 결과를 왜곡하였다.
⑤ 연구 대상자의 자발적인 참여를 보장하지 않았다.

2023년

02

| 4월 학력평가 19번 |

갑, 을의 연구 사례를 연구 윤리 측면에서 평가한 진술로 가장 적절한 것은?

○ 연구자 갑은 논문 작성 과정에서 자신의 연구 주제와 관련 있는 다른 연구자의 저서를 살펴보았다. 그중 신뢰할 만한 내용들을 추려서 자신의 논문에 인용했는데, 출처를 명시하지 않았으며 다른 사람의 연구 내용임을 밝히지 않았다.
○ 연구자 을은 정부 기관으로부터 정부의 정책에 관한 국민 인식 조사 의뢰를 받고 설문 조사를 진행하였다. 그런데 해당 기관에 유리한 결과가 나오지 않아 정부 정책에 대해 부정적인 응답을 한 자료를 제외한 후 다시 분석을 실시하였다. 그러자 원했던 결과가 나와 이를 토대로 연구 보고서를 작성해서 제출하였다.

① 갑은 연구 대상자에게 미칠 불이익을 고려하지 않았다.
② 갑은 자신의 연구 결과를 연구 외의 목적으로 사용하였다.
③ 을은 자료를 자의적으로 선별하여 결과를 왜곡하였다.
④ 을은 연구 대상자의 자발적인 참여를 보장하지 않았다.
⑤ 갑, 을은 모두 다른 연구자의 연구 성과를 도용하였다.

2021년

03

| 4월 학력평가 8번 |

다음 사례에 나타난 연구 윤리상의 문제점으로 가장 적절한 것은?

연구자 갑은 15세 이용가로 분류된 특정 게임들이 청소년에게 해로울 수 있다는 여러 전문가들의 의견을 접하고, 이 게임들의 선정성 · 폭력성 · 사행성 정도를 확인하기로 하였다. 이에 갑은 모집 공고를 보고 자원한 청소년 50명과 성인 50명에게 2주간 매일 8시간씩 해당 게임들을 일정에 따라 실행하도록 한 후, 이 게임들에 대한 30개 평가 항목에 응답하게 하였다. 갑은 무성의하게 응답한 일부 자료를 제외하고 분석한 연구 결과를 게임 관련 학회에서 발표하였다.

① 연구 결과를 연구 외의 목적으로 사용하였다.
② 개인적 이해관계를 반영하여 자료를 선별하였다.
③ 출처를 밝히지 않고 다른 사람의 연구 결과를 인용하였다.
④ 결과 발표 단계에서 연구 대상자의 익명성을 보장하지 않았다.
⑤ 연구 대상자에게 부정적 영향을 끼칠 수 있는 연구를 시행하였다.

04

| 7월 학력평가 4번 |

다음 사례를 연구 윤리 측면에서 평가한 진술로 가장 적절한 것은?

갑은 노동자의 권리 이해 정도가 노동권 침해 상황 대처에 미치는 영향을 연구하고자 하였다. 이를 위해 공개적으로 모집한 노동자들에게 연구 목적과 방법을 설명한 후, 참여 의사를 밝힌 노동자에게 설문 자료를 수집하였다. 자료 분석 결과, 변수 간의 상관관계가 명확하지 않아 연구 대상 범위를 근로 경력이 1년 이상인 참가자만으로 조정하고 수집된 자료를 재분석하였다. 이후 정부 연구 기관의 요청이 있어 연구 내용의 신뢰도 제고를 위해 연구 참가자 명단과 주소를 포함한 연구 결과를 제공하였다.

① 비윤리적인 연구 주제를 선정하였다.
② 연구 과정에서 수집된 개인 정보를 유출하였다.
③ 연구 대상에게 연구 관련 정보를 사전에 제공하지 않았다.
④ 사회에 미칠 부정적인 영향을 고려하여 자료를 조작하였다.
⑤ 연구 목적 달성을 위해 연구 대상자의 자발적 참여를 제한하였다.

2020년

05

| 3월 학력평가 3번 |

다음 연구에 나타난 문제점으로 가장 적절한 것은?

> 갑은 자신이 개발한 건강 증진 프로그램의 효과를 확인하기 위해 연구 관련 정보를 모두 알린 후 성인 실험 참여자를 공개 모집하였다. 갑은 실험 참여자를 두 집단으로 나누어 한 집단에게만 해당 프로그램을 적용하였다. 자료 분석 결과 두 집단 간에 전혀 차이가 없었다. 그래서 일부 참여자들의 자료를 제외하고 다시 두 집단을 비교하였더니 프로그램이 효과가 있는 것으로 나타나 이를 학술지에 게재하였다.

① 연구 대상자의 개인 정보를 유출하였다.
② 사회적으로 유해한 연구 주제를 선정하였다.
③ 연구 대상자의 자발적 참여를 보장하지 않았다.
④ 의도한 결과를 얻기 위해 자료를 조작하여 분석하였다.
⑤ 연구 목적 달성을 위해 존재하지 않는 자료를 위조하였다.

07

| 7월 학력평가 6번 |

다음 사례를 연구 윤리 측면에서 평가한 것으로 가장 적절한 것은?

> 갑은 빅 데이터 활용 수업에 대한 교사들의 인식을 연구하기로 하였다. 이를 위해 교사들에게 연구와 관련된 정보를 제공한 후, 희망자를 대상으로 설문 조사를 실시하였다. 그중에서 자신의 가설에 부합하는 자료만을 선별하여 분석하였고, 연구 대상자 명단과 함께 그 결과를 발표하였다.

① 연구 결과를 연구 외의 목적으로 유출하였다.
② 자료 분석 단계에서 자의적으로 자료를 선별하였다.
③ 연구 대상자의 자발적 동의 없이 연구가 진행되었다.
④ 결과 발표 단계에서 연구 대상자의 익명성을 보장하였다.
⑤ 다른 연구자의 연구를 활용하면서 출처를 밝히지 않았다.

2018년

06

| 4월 학력평가 5번 |

다음에 나타난 연구 윤리상의 문제점으로 가장 적절한 것은?

> ○ 대학 교수로 재직 중인 갑은 개인 연구를 진행하는 과정에서 본인의 수업을 듣는 학생들을 대상으로 설문을 실시하였다. 이 과정에서 갑은 설문에 응하지 않는 학생들에게는 성적에 불이익을 주겠다고 공지하였다.
> ○ 을은 직장 내 성 불평등 문화에 관한 연구를 위해 ○○ 기업 직원들에게 자신이 연구자임을 숨긴 채 그들의 직장 생활을 관찰하였다. 이후 을은 본인의 연구 결과를 발표하면서 자료의 사실성을 뒷받침하기 위해 회사명, 직원들의 직책 및 이름을 공개하였다.

① 갑은 자료 분석 단계에서 자의적으로 자료를 조작하였다.
② 을은 연구 대상자의 익명성을 보장하지 않았다.
③ 갑은 을과 달리 다른 사람의 연구 결과를 도용하였다.
④ 을은 갑과 달리 연구 대상자의 자발적 참여를 보장하지 않았다.
⑤ 갑, 을은 모두 연구 결과를 연구 외의 목적으로 사용하였다.

2017년

08

| 10월 학력평가 13번 |

다음 사례에 나타난 연구 윤리상의 문제점에 대한 적절한 진술만을 〈보기〉에서 있는 대로 고른 것은?

> 시민 단체의 의뢰를 받아 다문화 가정 학생의 학교생활에 대한 연구에 착수한 갑은 해당 학생의 담임 교사에게만 허락을 구한 후 학생과 면담을 하였다. 면담 과정에서 갑은 신뢰 형성을 위해 학생의 이야기에 공감하는 태도를 유지하였다. 연구가 끝난 후 해당 학교가 다문화 교육 계획의 수립을 위해 자료를 요청하자 갑은 면담 내용을 학교에 건네주었다.

보기

ㄱ. 연구 대상자로부터 특정한 응답을 유도하였다.
ㄴ. 연구 대상자의 자발적인 동의를 구하지 않았다.
ㄷ. 연구 대상자의 사생활이 노출될 위험을 초래하였다.
ㄹ. 연구 이외의 목적에 사용되도록 자료를 제공하였다.

① ㄱ, ㄷ ② ㄱ, ㄹ ③ ㄴ, ㄷ
④ ㄱ, ㄴ, ㄹ ⑤ ㄴ, ㄷ, ㄹ

필출 주제

05 개인과 사회의 관계를 바라보는 관점

1 사회 실재론

기본 입장	사회는 개인의 총합 이상이며 개인으로 환원될 수 없는 독자적인 성질을 지님 → 사회는 개인 외부에 실제로 존재함
내용	• 사회는 개인들의 합 이상이며, 개인은 사회를 구성하는 요소에 불과함 • 사회는 안정적인 구조를 이루고 있으며, 개인으로 환원될 수 없는 고유한 성격을 지니고 있음 • 개인의 행동과 의식은 실재하는 사회에 의해 구속됨 • 사회 현상을 파악할 때 사회 구조나 사회 제도를 탐구해야 함 • 사회 문제의 원인은 잘못된 사회 구조나 사회 제도에 있음 • 사회 문제의 해결책으로 사회 구조나 사회 제도의 개선을 강조함 • 개인보다 사회의 우월성을 강조함 • 개인의 이익이나 권리 보장보다 사회 전체의 이익을 중시함
의의	사회 구조가 개인 행위에 미치는 영향 분석이 가능함
한계	• 개인의 자율적 판단에 의해 일어나는 사회 현상을 설명할 수 없음 • 전체주의적 사고를 강조하며 사회를 위한 개인의 희생을 정당화하는 수단으로 악용될 수 있음
관련 사상	사회 유기체설, 전체주의

2 사회 명목론

기본 입장	사회는 단지 개인들이 모여 있는 것으로 실제로 존재하지 않음
내용	• 사회는 단지 개인들의 집합체에 붙여진 이름에 불과함 • 사회는 개인의 목표를 실현시켜 주는 수단에 불과함 • 사회와 관계없이 개인의 행동은 자신의 자율적인 의지에 따라 이루어짐 • 사회 현상의 분석 단위로서 개인의 의식, 정서, 심리 상태를 중시함 • 사회 문제의 원인은 개인의 잘못된 의식에 있음 • 사회 문제의 해결책으로 개인의 의식 개혁을 강조함 • 사회보다 개인의 우월성을 강조함 • 사회 전체의 이익보다 개인의 이익이나 권리 보장을 중시함
의의	능동적인 존재로서의 개인을 통해 사회 현상을 이해할 수 있음
한계	• 개인에 대한 사회 구조의 영향력을 간과함 • 극단적인 개인주의에 빠져 사회 현상을 왜곡하여 이해할 수 있음
관련 사상	사회 계약설, 개인주의, 자유주의

기출 자료 핵심을 파악하라!

자료 1 사회 실재론

계산적 심성은 개인들이 일상에서 결과를 예측하고 최선의 수단을 선택하여 합목적적으로 행동하도록 한다. 국가 관료제에 기반을 둔 행정과 로마법에 기초한 법률은 서구인들로 하여금 합목적적으로 행동하도록 하였다. 이렇게 서구 사회의 행정과 법률에 의해 만들어진 계산적 심성은 근대적 경제 성장을 이끌었다. → 사회 실재론 → 개인 < 사회

핵심 ① 개인과 사회의 관계를 바라보는 관점과 그 특징을 파악한다. 사회 실재론은 사회를 개인의 외부에 존재하는 독립적인 실체로 보며, 사회에 의해 개인이 구조화된 행동을 한다고 본다. 또한 개인보다 사회의 우월성을 강조하여 사회 구조에 대한 개인의 불가항력성을 강조한다.

기출 선택지 X를 찾아라!

☑ 다음 중 옳지 않은 설명 3개를 찾아 '×'에 체크하시오.

기출 선택지	○	×
22 모평 01. 사회 명목론은 개인의 속성은 사회의 속성이 반영된 결과라고 본다.	☐	☐
24 수능 02. 사회 실재론은 사회는 개인의 외부에 존재하는 독립적인 실체라고 본다.	☐	☐
23 수능 03. 사회 명목론은 사회는 개인의 이익을 실현해 주는 도구에 불과하다고 본다.	☐	☐
22 수능 04. 사회 실재론은 사회 규범이 개인들이 옳다고 믿기에 존재한다고 본다.	☐	☐
24 모평 05. 사회 명목론은 개인이 사회 속에서만 존재 의미를 가진다고 본다.	☐	☐

X의 정체는?

✓ 01 ~~사회 명목론~~(사회 실재론)은 개인의 속성은 사회의 속성이 반영된 결과라고 본다.
→ 개인의 속성은 사회의 속성이 반영된 결과라고 보는 관점은 사회 실재론이다.

✓ 04 ~~사회 실재론~~(사회 명목론)은 사회 규범이 개인들이 옳다고 믿기에 존재한다고 본다.
→ 사회 규범이 개인들이 옳다고 믿기에 존재한다고 보는 관점은 사회 명목론이다.

✓ 05 ~~사회 명목론~~(사회 실재론)은 개인이 사회 속에서만 존재 의미를 가진다고 본다.
→ 사회 실재론은 개인이 사회 속에서만 존재 의미를 가진다고 본다.

2024년

01

| 3월 학력평가 18번 |

다음 글에서 개인과 사회의 관계를 바라보는 필자의 관점에 대한 옳은 설명만을 〈보기〉에서 고른 것은?

> 우리 사회에서 디지털 기기의 활용이 확대되는 것은 개인이 편리함을 추구하기 때문이라는 주장이 있다. 하지만 이러한 주장은 개인의 사고와 행동이 개인의 외부에 존재하는 실체인 사회에 의해 구속된다는 점을 간과한 것이다. 개인이 디지털 기기에 의존하게 만드는 사회 구조에 주목해야 한다.

보기
ㄱ. 개인은 사회 속에서만 존재의 의미를 갖는다고 본다.
ㄴ. 사회 규범은 개인들이 옳다고 믿기에 존재한다고 본다.
ㄷ. 사회의 특성을 개인의 특성으로 환원할 수 없다고 본다.
ㄹ. 사회는 개인의 이익을 실현하는 도구에 불과하다고 본다.

① ㄱ, ㄴ ② ㄱ, ㄷ ③ ㄴ, ㄷ ④ ㄴ, ㄹ ⑤ ㄷ, ㄹ

02

| 5월 학력평가 7번 |

교사가 제시하고 있는 개인과 사회의 관계를 바라보는 관점에 대한 옳은 설명만을 〈보기〉에서 고른 것은?

> 각각의 돌은 돌덩이에 불과하지만 이를 쌓아 만든 피라미드는 단순한 돌무더기를 뛰어넘어 그 시대의 건축 기술과 권력 구조를 담고 있는 문화유산입니다. 개인과 사회의 관계도 이와 같습니다. 사회는 개인으로 설명할 수 없는 독자적 실체로서의 특성을 지닙니다.

보기
ㄱ. 사회는 구성원들에게 외재성을 갖는다고 본다.
ㄴ. 개인은 사회에 의해 구조화된 행동을 한다고 본다.
ㄷ. 사회 규범의 구속성보다 개인의 능동성을 중시한다.
ㄹ. 사회의 속성은 개인의 속성으로 환원할 수 있다고 본다.

① ㄱ, ㄴ ② ㄱ, ㄷ ③ ㄴ, ㄷ ④ ㄴ, ㄹ ⑤ ㄷ, ㄹ

03

| 7월 학력평가 6번 |

다음 글에서 개인과 사회의 관계를 바라보는 필자의 관점에 대한 옳은 설명만을 〈보기〉에서 고른 것은?

> 시대와 나라에 따라 강도는 다르지만 어떤 때는 결혼에, 또 다른 경우에는 자살에 영향을 미치며, 출생률을 높이기도 하고 약화시키기도 하는 몇몇 여론의 흐름들이 존재한다. 만일 인구가 시골에 분산되는 것이 아니라 도시로 몰려온다면 그것은 개인으로 하여금 이러한 집중에 참여하도록 만드는 집합적인 충동이 있기 때문이다. 결국 개인은 이러한 사회적 압력으로부터 자유로울 수 없다.

보기
ㄱ. 사회 구조에 대한 개인의 불가항력성을 강조한다.
ㄴ. 사회 규범은 개인들이 옳다고 믿기에 존재한다고 본다.
ㄷ. 사회의 특성이 개인의 특성으로 환원될 수 없다고 본다.
ㄹ. 사회는 개인의 이익 실현을 위한 수단에 불과하다고 본다.

① ㄱ, ㄴ ② ㄱ, ㄷ ③ ㄴ, ㄷ ④ ㄴ, ㄹ ⑤ ㄷ, ㄹ

04

| 10월 학력평가 11번 |

다음 글에 나타난 개인과 사회의 관계를 바라보는 관점에 대한 옳은 설명만을 〈보기〉에서 고른 것은?

> 사회학은 사회적 사실을 연구하는 과학이다. 법, 규범, 문화, 종교 등과 같은 사회적 사실은 개인의 사고와 행동을 구속하는 실체로서 개인의 외부에 지속적으로 존재한다.

보기
ㄱ. 개인이 주체적이고 능동적인 존재임을 강조한다.
ㄴ. 사회의 속성은 개인의 속성으로 환원할 수 없다고 본다.
ㄷ. 사회는 개인의 이익 실현을 위한 수단에 불과하다고 본다.
ㄹ. 사회 문제 해결책으로 의식 개선보다 제도 개혁을 중시한다.

① ㄱ, ㄴ ② ㄱ, ㄷ ③ ㄴ, ㄷ ④ ㄴ, ㄹ ⑤ ㄷ, ㄹ

2023년

05

| 3월 학력평가 3번 |

다음 글에 나타난 개인과 사회의 관계를 바라보는 관점에 부합하는 진술만을 〈보기〉에서 고른 것은? [3점]

> 사회는 잘 비벼진 비빔밥, 개개인은 그 비빔밥의 재료들에 비유할 수 있다. 잘 비벼진 비빔밥은 개별 재료의 맛과 향을 넘어서는 특별한 풍미를 가지고 있다. 이와 마찬가지로 사회는 개개인의 특성을 초월한 고유의 특성을 지닌다.

보기
ㄱ. 사회는 개인의 외부에 실재한다.
ㄴ. 사회의 속성은 개개인의 속성으로 환원될 수 없다.
ㄷ. 개인의 자율성이 사회 규범의 구속성보다 우선한다.
ㄹ. 사회는 개인의 이익을 실현하기 위한 수단에 불과하다.

① ㄱ, ㄴ ② ㄱ, ㄷ ③ ㄴ, ㄷ ④ ㄴ, ㄹ ⑤ ㄷ, ㄹ

06

| 4월 학력평가 17번 |

다음 글에 나타난 개인과 사회의 관계를 바라보는 관점에 대한 옳은 설명만을 〈보기〉에서 고른 것은?

> 우리가 사회라고 부르는 것이 개인과는 별개인 독립적 실체로서 존재하는가? 개방적인 개인들로 구성된 사회는 개방적인 사회가, 폐쇄적인 개인들로 구성된 사회는 폐쇄적인 사회가 될 뿐이다. 그렇기에 사회 현상에 대한 진정한 이해는 개인들의 속성에 대한 탐구를 통해서만 가능하다.

보기
ㄱ. 사회가 개인들의 총합에 불과하다고 본다.
ㄴ. 개인이 사회에 의해 구조화된 행동을 한다고 본다.
ㄷ. 개인이 자율성과 능동성을 지닌 존재임을 강조한다.
ㄹ. 사회가 개인의 외부에서 독자적으로 작동한다고 본다.

① ㄱ, ㄴ ② ㄱ, ㄷ ③ ㄴ, ㄷ ④ ㄴ, ㄹ ⑤ ㄷ, ㄹ

07

| 7월 학력평가 4번 |

다음 자료에 나타난 개인과 사회의 관계를 바라보는 관점에 부합하는 진술만을 〈보기〉에서 고른 것은?

> 불평등한 사회 구조 속에서 개인은 자신에 대한 통제력을 상실한다. A국은 모든 주(州)에서 개인의 총기 소유를 허용하지만 총기로 인한 범죄 발생률이나 자살률은 큰 차이가 있다. 계층 간 빈부 격차가 심한 주(州)일수록 두 지표 모두가 상승하는 경향이 나타난 것이다. 이는 개인이 사회를 벗어날 수 없음을 의미한다.

보기
ㄱ. 개인의 발전은 곧 사회의 발전이다.
ㄴ. 개인의 속성은 사회의 속성이 반영된 결과이다.
ㄷ. 사회는 개인의 외부에 존재하는 독립적인 실체이다.
ㄹ. 사회 규범의 구속성보다 개인의 자율성이 우선된다.

① ㄱ, ㄴ ② ㄱ, ㄷ ③ ㄴ, ㄷ ④ ㄴ, ㄹ ⑤ ㄷ, ㄹ

08

| 10월 학력평가 11번 |

그림은 질문을 통해 개인과 사회의 관계를 바라보는 관점 A, B를 구분한 것이다. 이에 대한 설명으로 옳은 것은?

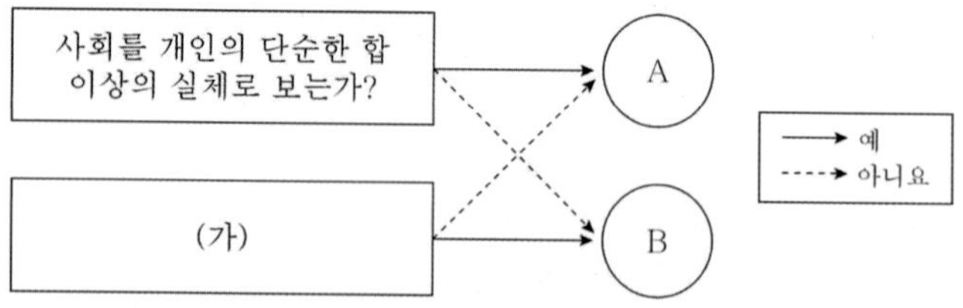

① A는 사회 문제의 해결 방안으로 제도 개선보다 의식 개선을 중시한다.
② B는 사회가 개인에 대하여 외재성을 갖는다고 본다.
③ A는 B와 달리 사회의 특성이 구성원들의 특성으로 환원될 수 있다고 본다.
④ B는 A와 달리 사회 전체의 이익이 개인별 이익의 총합에 불과하다고 본다.
⑤ (가)에 '사회가 개인의 자유와 권리를 보장하기 위한 수단이라고 보는가?'가 들어갈 수 없다.

2022년

09
| 3월 학력평가 7번 |

다음 글의 개인과 사회의 관계를 바라보는 관점에 대한 옳은 설명만을 〈보기〉에서 고른 것은?

건물의 벽과 문이 사람이 드나드는 경로를 결정하듯이 개인의 외부에 존재하는 사회 구조가 개인의 행동 범위를 제약하고 그 한계를 설정한다.

보기
ㄱ. 사회가 개인에 비하여 우월한 존재라고 본다.
ㄴ. 사회가 고유한 특성을 지니며 실재한다고 본다.
ㄷ. 사적 이익의 총합이 곧 사회 전체의 이익이라고 본다.
ㄹ. 사회 문제 해결을 위해 제도 개선보다 의식 개선이 중요하다고 본다.

① ㄱ, ㄴ ② ㄱ, ㄷ ③ ㄴ, ㄷ ④ ㄴ, ㄹ ⑤ ㄷ, ㄹ

10
| 4월 학력평가 16번 |

다음에 나타난 개인과 사회의 관계를 바라보는 관점에 부합하는 진술만을 〈보기〉에서 고른 것은? [3점]

개인의 성격 및 행동 양상은 그가 어떤 집단 속에 있는가에 따라 달라진다. 학교나 직장에서는 온건하게 행동하던 사람도 운동 경기 응원단이나 시위대의 일원이 되면 자신도 모르게 목청껏 구호를 외치거나 과격한 행동까지도 서슴지 않는다. 이와 같이 개인의 고유한 심성이라는 것은 존재하지 않으며, 사회 집단에 의하여 개인의 태도나 행동이 결정된다.

보기
ㄱ. 개인의 능동성이 사회의 구속성보다 우선한다.
ㄴ. 사회는 개인 외부에 존재하는 독립적 실체이다.
ㄷ. 사회의 속성은 개인의 속성으로 환원될 수 없다.
ㄹ. 사회 문제는 제도 개혁보다 의식 개선으로 해결할 수 있다.

① ㄱ, ㄴ ② ㄱ, ㄷ ③ ㄴ, ㄷ ④ ㄴ, ㄹ ⑤ ㄷ, ㄹ

11
| 7월 학력평가 12번 |

표는 개인과 사회의 관계를 바라보는 관점을 파악하기 위한 질문과 답변이다. 사회 명목론과 사회 실재론 중 하나의 입장에서 일관되게 응답한 학생은?

질문 \ 학생	갑	을	병	정	무
사회가 개인의 외부에 실제로 존재한다고 보는가?	×	×	○	×	○
사회의 특성이 개인의 특성으로 환원된다고 보는가?	○	×	×	○	○
개인이 사회에 의해 구조화된 행동을 한다고 보는가?	×	○	○	○	×
개인의 자유 의지가 사회의 구속력보다 우위에 있다고 보는가?	○	×	○	×	×

(○: 예, ×: 아니요)

① 갑 ② 을 ③ 병 ④ 정 ⑤ 무

12
| 10월 학력평가 17번 |

다음 글에 나타난 개인과 사회의 관계를 바라보는 관점에 부합하는 진술만을 〈보기〉에서 고른 것은?

아무리 내성적이고 과묵한 사람이라 할지라도 적극적이고 활동적인 태도를 요구하는 집단의 구성원이 되면 차츰 외향적으로 변해가기 마련이다. 이처럼 개개인의 성향도 그가 속한 사회의 영향을 받아 결정된다.

보기
ㄱ. 개인의 사고와 행동은 사회에 의해 구속된다.
ㄴ. 개인은 자율적으로 행동하는 능동적 존재이다.
ㄷ. 사회는 개인의 외부에서 독자적으로 작동한다.
ㄹ. 사회의 속성은 개개인의 속성으로 환원될 수 있다.

① ㄱ, ㄴ ② ㄱ, ㄷ ③ ㄴ, ㄷ ④ ㄴ, ㄹ ⑤ ㄷ, ㄹ

2021년

13

| 3월 학력평가 7번 |

다음 글의 개인과 사회의 관계를 바라보는 관점에 대한 옳은 설명만을 〈보기〉에서 고른 것은?

> 축구팀의 성적에는 선수 개개인의 능력보다 팀워크가 중요하다. 비록 선수 개개인의 능력이 부족하더라도 팀은 얼마든지 좋은 성적을 낼 수 있다. 하나의 팀은 선수들의 총합 그 이상의 존재이기 때문이다. 개인과 사회의 관계도 이와 같다.

보기
ㄱ. 공익보다 개인의 이익을 중시한다.
ㄴ. 사회가 개인의 외부에 실제로 존재한다고 본다.
ㄷ. 개인이 자율성과 능동성을 지닌 존재임을 강조한다.
ㄹ. 사회의 특성은 구성원들의 특성으로 환원될 수 없다고 본다.

① ㄱ, ㄴ ② ㄱ, ㄷ ③ ㄴ, ㄷ ④ ㄴ, ㄹ ⑤ ㄷ, ㄹ

14

| 4월 학력평가 6번 |

다음 글에서 강조하는 개인과 사회의 관계를 바라보는 관점에 대한 옳은 설명만을 〈보기〉에서 고른 것은? [3점]

> 많은 사람들이 정책 수립의 기준으로 '공동체의 이익'을 내세우며 공동체를 독립적 실체로 여긴다. 하지만 공동체란 허구적 개념으로, 이를 구성하는 개인들의 집합체에 불과하다. 따라서 '공동체의 이익'이라는 것도 결국 개개인의 이익을 모두 합한 것일 뿐이다.

보기
ㄱ. 사회의 구속성보다 개인의 능동성을 강조한다.
ㄴ. 개인은 사회 속에서만 존재 의미를 지닌다고 본다.
ㄷ. 사회 규범은 개인들이 옳다고 믿기에 존재한다고 본다.
ㄹ. 사회는 개인의 속성으로 환원할 수 없는 고유한 성격을 지닌다고 본다.

① ㄱ, ㄴ ② ㄱ, ㄷ ③ ㄴ, ㄷ ④ ㄴ, ㄹ ⑤ ㄷ, ㄹ

15

| 7월 학력평가 8번 |

다음 글에 나타난 개인과 사회의 관계를 바라보는 관점에 대한 설명으로 옳은 것은?

> 내가 사용하는 기호 체계, 화폐 제도, 신용 도구는 모두 나와는 독립적으로 사회적 기능을 수행한다. 또한 내가 학생 또는 시민으로서 행하는 의무는 나의 행위에 외재하는 법과 관습으로 규정된 것을 수행하는 것이다. 이렇듯 사회는 나의 지각 범위 밖에 존재하며 나의 삶을 구조화한다.

① 개인의 발전은 곧 사회의 발전이라고 본다.
② 사회 규범의 구속성보다 개인의 자율성이 우선된다고 본다.
③ 사회 문제의 원인을 사회 제도보다 개인의 의식에서 찾는다.
④ 사회는 개인의 이익을 실현하기 위한 수단에 불과하다고 본다.
⑤ 개인은 사회 구조와의 관련 속에서만 존재 의미를 지닌다고 본다.

16

| 10월 학력평가 14번 |

다음 자료의 A, B에 대한 옳은 설명만을 〈보기〉에서 고른 것은? (단, A와 B는 각각 사회 명목론과 사회 실재론 중 하나이다.)

○ 서술형 문항: A와 다른 B의 주장을 3개 서술하시오. (옳은 주장 1개당 1점이고, 틀린 주장은 0점임)
○ 학생 갑의 서술 내용과 채점 결과

답란	점수
개인은 사회에 대하여 자율성을 갖는다.	2점
사회는 개인의 외부에 실재한다.	
사회의 특성이 구성원들의 특성으로 환원될 수 있다.	

보기
ㄱ. A는 사회가 개인보다 우월한 가치를 지닌다고 본다.
ㄴ. B는 사회를 떠난 개인은 존재 의미를 갖기 어렵다고 본다.
ㄷ. A는 B와 달리 사회 문제 해결책으로 제도 개선을 강조한다.
ㄹ. B는 A와 달리 극단적일 경우 전체주의로 이어질 수 있다.

① ㄱ, ㄴ ② ㄱ, ㄷ ③ ㄴ, ㄷ ④ ㄴ, ㄹ ⑤ ㄷ, ㄹ

2020년

17
| 3월 학력평가 2번 |

개인과 사회의 관계를 보는 갑, 을의 관점에 대한 옳은 설명만을 〈보기〉에서 고른 것은? [3점]

> 사회자: 유권자들이 투표를 할 때 무엇을 고려해야 할까요?
> 갑: 정당은 당원들이 모인 집합체에 불과하므로 후보자 개인의 자질을 고려해야 합니다.
> 을: 정당은 고유한 특성이 있고, 후보자는 소속 정당의 영향을 받기 마련이므로 소속 정당을 보고 투표해야 합니다.

보기
ㄱ. 갑의 관점은 개인의 행동이 사회에 의해 구속된다고 본다.
ㄴ. 을의 관점은 사회를 개인의 외부에 실재하는 것으로 본다.
ㄷ. 갑의 관점은 을의 관점과 달리 공익이 개인적 이익의 총합을 가리키는 말에 불과하다고 본다.
ㄹ. 을의 관점은 갑의 관점과 달리 사회 문제 해결 시 제도 개혁보다 의식 개혁을 중시한다.

① ㄱ, ㄴ ② ㄱ, ㄷ ③ ㄴ, ㄷ ④ ㄴ, ㄹ ⑤ ㄷ, ㄹ

18
| 4월 학력평가 6번 |

개인과 사회의 관계를 바라보는 을의 관점에 대한 옳은 설명만을 〈보기〉에서 고른 것은? [3점]

> 갑: 도시 주변의 일부 지역을 개발 제한 구역으로 지정하는 제도가 개인의 재산권을 침해한다는 논란이 있습니다. 이에 대해 어떻게 생각하십니까?
> 을: 개발 제한 구역 제도는 도시의 무질서한 확산 방지 및 자연환경 보전이라는 공익 실현에 기여합니다. 이를 위한 개인의 재산권 제한은 불가피한 것입니다. 공익은 사익의 총합으로 설명되지 않는 고유한 특성을 지니고 있어, 개개인의 사익 추구만으로는 실현되지 않습니다.

보기
ㄱ. 개인의 자율적 · 능동적 측면을 중시한다.
ㄴ. 사회가 개인 외부에 존재하는 독립적 실체라고 본다.
ㄷ. 사회 문제의 해결책으로 개인의 의식 개선을 강조한다.
ㄹ. 개인의 사고와 행동에 대한 사회 구조의 영향력을 중시한다.

① ㄱ, ㄴ ② ㄱ, ㄷ ③ ㄴ, ㄷ ④ ㄴ, ㄹ ⑤ ㄷ, ㄹ

19
| 7월 학력평가 13번 |

개인과 사회의 관계를 바라보는 관점 (가), (나)에 대한 설명으로 옳은 것은?

> (가) 사회는 비록 개인의 합이지만, 일단 사회가 형성이 되면 하나의 단위로서 독자성을 갖는다. 예를 들어 남녀가 만나 하나의 가정을 이루게 되면, 가정은 이 두 남녀의 성격을 합친 것과는 분명히 다른 독자적인 특성을 갖게 된다.
> (나) 사회가 성립된다고 하더라도 개인은 사회로부터 자유롭지 못한 피동적 존재가 아니다. 도리어 개인은 사회의 영향으로부터 벗어나 독자적 영역을 가지며, 개인의 결단에 따라 모든 사회적 행위가 구성된다.

① (가)는 사회가 허구적 실체에 불과하다고 본다.
② (나)는 사회를 개인으로 환원하여 설명할 수 있다고 본다.
③ (가)는 (나)와 달리 개인의 속성이 사회의 속성을 결정한다고 본다.
④ (나)는 (가)와 달리 인간 행동에 개인 의지보다 사회 제도가 더 큰 영향을 줄 것이라고 본다.
⑤ (가), (나)는 모두 사회 구조가 개인 행위의 한계를 설정하는 주요 요인임을 강조한다.

20
| 10월 학력평가 13번 |

개인과 사회의 관계를 바라보는 관점 (가), (나)에 대한 옳은 설명만을 〈보기〉에서 고른 것은?

> (가) 경제 활동 방식과 같은 개인의 행위는 그가 속한 사회에 이미 존재하는 사회 체제에 의해 결정된다.
> (나) 경제 체제와 같은 사회 체제는 개인들의 협상에 의해 만들어진 약속 체계에 붙여진 이름에 불과하다.

보기
ㄱ. (가)는 사회를 떠난 개인이 존재 의미를 가질 수 없다고 본다.
ㄴ. (나)는 공익이 개개인의 이익의 총합과 같다고 본다.
ㄷ. (가)는 (나)와 달리 사회의 특성이 개개인의 특성으로 환원될 수 있다고 본다.
ㄹ. (가)는 개인의 의식에서, (나)는 사회 구조에서 사회 문제의 원인을 찾는다.

① ㄱ, ㄴ ② ㄱ, ㄷ ③ ㄴ, ㄷ ④ ㄴ, ㄹ ⑤ ㄷ, ㄹ

사회화 및 지위와 역할

1 사회화의 의미와 기능

의미	사람이 타인, 사회 집단 또는 매체와의 사회적 상호 작용을 통해 사회생활에 필요한 여러 문화 요소를 습득하고 가치 및 규범 등을 내면화하는 과정
기능	• 개인적 차원: 사회 구성원으로서의 행동 양식 내면화, 자아 정체성 및 사회 구성원으로서의 소속감 형성 • 사회적 차원: 문화의 공유 및 세대 간 전승, 사회 유지, 존속 및 통합에 기여

2 사회화 기관

사회화 내용	• 1차적 사회화 기관: 기초적인 사회화 기능을 담당하는 기관 예 가족, 또래 집단 등 • 2차적 사회화 기관: 전문적인 사회화 기능을 담당하는 기관 예 학교, 학원, 회사 등
설립 목적	• 공식적 사회화 기관: 사회화를 위해 설립된 기관 예 학교, 유치원, 교도소 등 • 비공식적 사회화 기관: 사회화가 목적은 아니지만 부수적으로 사회화가 이루어지는 기관 예 회사, 대중 매체 등

3 사회화의 유형

재사회화	사회 변화나 새로운 환경에 적응하기 위해 새로운 문화 요소 및 가치관을 습득하는 과정 예 새로운 모델의 스마트폰 사용법을 익히는 직장인
예기 사회화	미래에 속하게 되거나 속하기를 기대하는 집단에서 요구되는 행동 양식을 미리 학습하는 과정 예 미국 유학 가기 전 영어를 공부하는 학생

4 지위와 역할

(1) 지위

의미	한 개인이 사회 또는 집단 내에서 차지하는 위치
유형	• 귀속 지위: 노력이나 능력과 무관하게 선천적으로 타고 태어났거나 자연스럽게 갖게 된 지위 예 딸, 노인 등 • 성취 지위: 노력이나 의지를 통해 후천적으로 획득한 지위 예 대학생, 남편 등

(2) 역할

의미	개인의 지위에 따라 사회적으로 기대되는 행동 양식
역할 행동	역할을 실제로 수행하는 구체적인 행동 양식(역할 수행)
역할 갈등	• 의미: 한 사람에게 요구되는 둘 이상의 역할 간의 충돌 현상 • 유형: 두 가지 이상의 지위에 따른 역할 간 충돌로 발생하는 갈등, 한 가지 지위 내 두 가지 이상의 역할이 충돌하여 발생하는 갈등

기출 자료 핵심을 파악하라!

자료 1 사회화 및 지위와 역할

㉠청소년 시절, K-pop에 매료되었던 외국인 갑은 한국으로 유학을 결심하고 ㉡○○대학교 ㉢조선 공학과에 입학하였다. 졸업 후 대기업인 ㉣△△조선에 취직했지만, 어릴 적부터 동경하던 ㉤항공기 정비사가 되기 위해 ㉥2년 만에 자진 퇴사를 하였다. 이후 항공사에 입사한 갑은 ㉦항공기 정비 업무에 필요한 사내 교육 과정을 수료하고 항공기 정비 업무와 기술 교육을 맡고 있다.

(귀속 지위 / 공식적 사회화 기관 / 비공식적 사회화 기관 / 성취 지위 / 역할 행동에 대한 제재 × / 2차적 사회화 기관을 통한 사회화)

핵심 ① 제시된 사례에 나타난 지위의 유형을 파악한다. '청소년'은 선천적·자연적으로 주어지는 귀속 지위이고, '항공기 정비사'는 개인의 노력이나 업적 등을 통해 획득한 성취 지위이다.

핵심 ② 제시된 사례에 나타난 사회화 기관의 유형을 파악한다. '○○대학교'는 사회화를 목적으로 설립된 공식적 사회화 기관이고, '△△조선'과 '항공사'는 사회화를 목적으로 설립되지는 않았으나 부수적으로 사회화의 역할도 수행하는 비공식적 사회화 기관이다.

기출 선택지 X를 찾아라!

☑ 다음 중 옳지 않은 설명 3개를 찾아 '×'에 체크하시오.

기출 선택지	○	×
23 수능 01. 동물 보호 단체는 공식적 사회화 기관이다.	□	□
23 학평 02. 초등학교는 비공식적 사회화 기관이다.	□	□
22 학평 03. 또래 집단은 1차적 사회화 기관이다.	□	□
24 학평 04. 어머니는 회사 사장과 달리 귀속 지위이다.	□	□
20 모평 05. 동일한 지위와 역할을 가진 개인들 간에도 역할 행동은 다양하게 나타날 수 있다.	□	□

X의 정체는?

✓01 동물 보호 단체는 ~~공식적~~ 비공식적 사회화 기관이다.
→ 동물 보호 단체는 사회화를 목적으로 설립된 사회화 기관이 아닌 부수적으로 사회화가 이루어지는 비공식적 사회화 기관이다.

✓02 초등학교는 ~~비공식적~~ 공식적 사회화 기관이다.
→ 초등학교는 2차적·공식적 사회화 기관이다.

✓04 ~~어머니는 회사 사장과 달리~~ 어머니와 회사 사장은 모두 귀속 지위~~이다~~ 가 아니다.
→ 어머니와 회사 사장은 모두 성취 지위에 해당한다.

2024년

01

| 3월 학력평가 8번 |

밑줄 친 ㉠~㉥에 대한 설명으로 옳은 것은? [3점]

> 대학 시절 창업을 꿈꾸었던 갑은 ㉠어머니의 권유에 따라 ㉡A 회사에 입사하였다. 갑은 업무 능력을 인정받아 작년에 ㉢'올해의 우수 사원상'을 수상하고 ㉣과장으로 승진하였다. 하지만 사업을 하는 ㉤대학교 동창을 만날 때마다 ㉥회사를 그만두고 창업할지에 대한 고민을 털어놓곤 한다.

① ㉡은 2차 집단이자 자발적 결사체이다.
② ㉢은 갑의 역할에 대한 보상이다.
③ ㉣은 ㉠과 달리 성취 지위이다.
④ ㉤은 이익 사회이자 2차적 사회화 기관이다.
⑤ ㉥은 갑의 역할 갈등이다.

02

| 5월 학력평가 13번 |

밑줄 친 ㉠~㉥에 대한 설명으로 옳은 것은?

〈3학년 ○반 역할 분담표〉

명칭	역할
도서 도우미	도서 및 ㉠작가 소개하기
미디어 도우미	학급 인터넷 신문 제작하기
에너지 도우미	이동 수업 시 에어컨 전원 끄기
생일 축하 도우미	생일인 ㉡학생 축하해 주기

> 교사: 1년 동안 자신이 맡고 싶은 도우미를 이야기해 봅시다.
> 갑: 도서 도우미와 생일 축하 도우미 중 무엇을 선택할지 ㉢고민돼요.
> 을: ㉣중학교 때 교내 에너지 절약 캠페인에 적극적으로 참여해서 ㉤모범상을 받았어요. 그래서 에너지 도우미를 하고 싶어요.
> 병: ㉥방송국에서 근무하고 싶어서, 미디어 도우미를 하고 싶어요.

① ㉠은 성취 지위이고, ㉡은 귀속 지위이다.
② ㉢은 갑이 겪는 역할 갈등이다.
③ ㉣은 비공식적 사회화 기관이다.
④ ㉤은 을의 역할에 대한 보상이다.
⑤ ㉥은 2차적 사회화 기관이다.

03

| 10월 학력평가 8번 |

다음 자료에 대한 설명으로 옳은 것은?

> ㉠중학교 때 갑은 ㉡어머니를 따라 ㉢환경 단체에 가입해 지금까지 함께 활동하고 있다. ㉣회사의 ㉤사장인 어머니가 고등학교에 입학한 갑에게 학업을 위해 환경 단체 활동을 그만두라고 하여, 갑은 어머니와 ㉥갈등하고 있다.

① 갑과 갑의 어머니가 각각 속해 있는 이익 사회의 개수는 같다.
② ㉠과 달리 ㉣은 자발적 결사체이다.
③ ㉢은 공식 조직이자 공식적 사회화 기관이다.
④ ㉤과 달리 ㉡은 귀속 지위이다.
⑤ ㉥은 갑의 역할 갈등이다.

2023년

04

| 3월 학력평가 11번 |

밑줄 친 ㉠~㉥에 대한 옳은 설명만을 〈보기〉에서 고른 것은?

A국 국왕의 ㉠장남으로 태어난 갑은 ㉡아버지가 사망함에 따라 A국의 왕위에 올라 정치적 영향력을 행사하였다. 한편 중산층 가정에서 태어나 ㉢대학교에서 정치학을 전공하면서 정치인의 꿈을 가지게 된 을은 ㉣정당에 가입하여 활동하다가 A국 최초의 여성 총리가 되었다. 을은 몇 가지 정치적 사안을 두고 갑과 ㉤갈등을 빚기도 하였지만 국민들로부터 ㉥훌륭한 여성 정치인으로 인정받고 있다.

보기

ㄱ. ㉠은 ㉡과 달리 귀속 지위이다.
ㄴ. ㉣은 ㉢과 달리 비공식적 사회화 기관이다.
ㄷ. ㉤은 을의 역할 갈등에 해당한다.
ㄹ. ㉥은 을의 역할에 대한 보상이다.

① ㄱ, ㄴ ② ㄱ, ㄷ ③ ㄴ, ㄷ ④ ㄴ, ㄹ ⑤ ㄷ, ㄹ

05

| 4월 학력평가 16번 |

밑줄 친 ㉠~㉦에 대한 설명으로 옳은 것은?

어린 시절 ㉠프로 농구 선수가 되고 싶었던 갑은 ㉡초등학교에 다니던 때부터 학교 농구부에서 훈련을 해 왔다. 그러다 우연히 ㉢대중 매체에서 접한 발레 영상에 빠져들어 진로를 발레로 바꾸기로 하였다. 갑은 갑작스러운 진로 변경을 반대하는 ㉣어머니와 ㉤갈등을 빚기도 하였으나 뛰어난 신체 조건을 바탕으로 발레를 배우기 시작한 지 몇 달 만에 유망주로 주목받게 되었고, 이후 유명 ㉥발레단에서 활약하는 ㉦무용수가 되었다.

① ㉠, ㉦은 모두 갑의 성취 지위에 해당한다.
② ㉡은 공식적 사회화 기관, ㉢은 비공식적 사회화 기관이다.
③ ㉣은 선천적으로 주어지는 지위에 해당한다.
④ ㉤은 갑이 겪은 역할 갈등이다.
⑤ ㉥에서 갑은 예기 사회화를 경험하였다.

06

| 7월 학력평가 14번 |

밑줄 친 ㉠~㉦에 대한 설명으로 옳은 것은?

○○대학교 ㉠연극 영화과에 재학 중인 갑은 배우 오디션에 계속 탈락하면서 미래에 대해 깊이 ㉡고민하게 되었다. 하지만 ㉢대학 연극 동아리 선배의 조언에 용기를 얻어 독립 영화 출연에 도전하였다. 갑은 첫 영화임에도 사회적 재난으로 ㉣가족을 잃은 자의 아픔을 현실감 있게 연기하여 주목을 받고 있다. 한편 을은 습작 경험을 바탕으로 다양한 창작 연극을 정식 공연으로 발표해 왔다. 을은 이러한 작품 활동을 인정받아 대학생임에도 ㉤극작가 협회 정회원이 되었다. 최근에는 영화계의 ㉥신예로 불리고 있는 ○○대학교 같은 과 후배인 갑을 자신의 대학 졸업 작품에 출연시킬지 ㉦고민하고 있다.

① ㉠은 을이 속한 공식적 사회화 기관이다.
② ㉤은 을의 역할에 대한 보상이다.
③ ㉥은 갑의 성취 지위이다.
④ ㉡은 ㉦과 달리 역할 갈등에 해당한다.
⑤ ㉢은 ㉣과 달리 1차적 사회화 기관이다.

2022년

07

| 3월 학력평가 11번 |

밑줄 친 ㉠~㉤에 대한 설명으로 옳은 것은?

갑은 배구 선수였던 ㉠언니를 따라 초등학교 때 배구를 시작하였고 ㉡고등학교 졸업 후 바로 ㉢프로 배구팀에 입단하였다. 이후 소속 팀의 우승을 이끌어 ㉣최우수 선수상을 수상하였다. 갑은 해외 진출을 놓고 소속 팀과 ㉤갈등을 겪었으나 결국 해외 팀으로 이적하여 맹활약하였다.

① ㉠은 성취 지위이다.
② ㉡은 공식적 사회화 기관이다.
③ ㉢은 1차적 사회화 기관이다.
④ ㉣은 갑의 역할에 대한 보상이다.
⑤ ㉤은 갑의 역할 갈등이다.

08

| 4월 학력평가 6번 |

밑줄 친 ㉠~㉥에 대한 옳은 설명만을 〈보기〉에서 고른 것은?

〈 소설 『○○○』 줄거리 〉

평범한 가문의 ㉠둘째 아들로 태어난 갑은 ㉡법과 대학 졸업후에 ㉢지방 법원의 판사가 되었다. 그는 신분 상승을 원하는 현실주의자로서 부유한 사업가의 딸인 을과 결혼했지만, 생활 방식의 차이로 인해 ㉣아내와 자주 ㉤말다툼을 하였다. 이후 갑은 권력층과 인맥을 쌓아 결국 ㉥고위직으로 승진을 하지만 갑작스러운 죽음을 맞는다. 갑의 장례식에서 을은 유족 연금을 더 많이 받을 방법만 궁리하며 소설이 끝난다.

보기
ㄱ. ㉠은 귀속 지위, ㉣은 성취 지위이다.
ㄴ. ㉡은 ㉢과 달리 공식적 사회화 기관이다.
ㄷ. ㉤은 갑이 경험한 역할 갈등이다.
ㄹ. ㉥은 갑의 역할에 대한 보상이다.

① ㄱ, ㄴ ② ㄱ, ㄷ ③ ㄴ, ㄷ ④ ㄴ, ㄹ ⑤ ㄷ, ㄹ

09

| 7월 학력평가 6번 |

밑줄 친 ㉠~㉦에 대한 옳은 설명만을 〈보기〉에서 고른 것은?

음향 기기를 제작하여 판매하는 ㉠△△회사의 ㉡본부장인 갑은 ㉢음악 대학을 졸업하였지만, 성악가의 꿈을 이루지 못해 아쉬워하였다. 이에 갑은 ㉣어머니가 된 후, ㉤성악을 전공하고 있는 학생인 자녀 을을 아낌없이 지원하였고, 을 또한 연습에 매진하여 ○○예술제에서 ㉥대상을 받게 되었다. 그러나 을은 대상 수상에도 불구하고 성악 공부를 포기하고 싶었고, 이를 알게 된 갑과 ㉦갈등을 빚고 있다.

보기
ㄱ. ㉡, ㉣은 모두 성취 지위에 해당한다.
ㄴ. ㉢은 ㉠과 달리 2차적 사회화 기관이다.
ㄷ. ㉥은 ㉤으로서의 역할 행동에 대한 보상이다.
ㄹ. ㉦은 을의 역할 갈등에 해당한다.

① ㄱ, ㄴ ② ㄱ, ㄷ ③ ㄴ, ㄷ ④ ㄴ, ㄹ ⑤ ㄷ, ㄹ

10

| 10월 학력평가 6번 |

밑줄 친 ㉠~㉦에 대한 설명으로 옳은 것은?

갑은 ㉠아버지의 뜻에 따라 의예과에 진학하기 위해 열심히 공부했지만 낙방했다. 그 후 ㉡생물학과에 입학했으나 본인이 원하던 학과가 아니었기에 대학 생활은 뒷전으로 하고 ㉢지역 사진 동호회에 가입하여 활동하였다. 사진작가, 아나운서, ㉣외교관 등 다양한 진로에 대해 ㉤고민이 많던 갑은 어느 날 과학 철학서를 읽은 후 생물학 공부에 매진하게 되었다. 현재 ㉥세계적 권위의 생물학자로 존경받고 있는 갑은 평소의 신념에 따라 생태주의 운동을 표방하는 ㉦○○ 환경 단체에 가입하여 열정적으로 활동하고 있다.

① ㉠은 귀속 지위, ㉣은 성취 지위이다.
② ㉡은 2차적 사회화 기관, ㉢은 공식적 사회화 기관이다.
③ ㉤은 갑의 역할 갈등에 해당한다.
④ ㉥은 갑의 역할에 대한 보상에 해당한다.
⑤ ㉦은 갑의 내집단이자 준거 집단이다.

2021년

11

| 3월 학력평가 3번 |

밑줄 친 ㉠~㉥에 대한 설명으로 옳은 것은?

㉠맏이로 태어나 어린 시절 ㉡또래 집단에서부터 리더십을 발휘하였던 갑은 ㉢회사에 취직한 후 능력을 인정받아 남들보다 일찍 ㉣팀장으로 ㉤승진하였다. 어느 날 갑은 어린이집에 자녀를 데리러 가려고 하던 중 회사의 긴급한 회의에 참석하라는 연락을 받고 어떻게 할지 ㉥고민하게 되었다.

① ㉡은 2차적 사회화 기관이다.
② ㉢은 공식적 사회화 기관이다.
③ ㉤은 갑의 역할에 대한 보상이다.
④ ㉥은 갑의 역할 갈등에 해당한다.
⑤ ㉠은 성취 지위, ㉣은 귀속 지위이다.

12

| 4월 학력평가 17번 |

밑줄 친 ㉠~㉤에 대한 설명으로 옳은 것은?

피아노 연주를 좋아했던 갑은 예술 고등학교에 가고 싶었지만 부모님의 반대로 일반 고등학교에 진학하였다. ㉠의사가 되길 바라는 부모님의 기대에 따라 갑은 학업에 열심히 임하면서도 ㉡피아노 동호회 활동에도 꾸준히 참여하였다. ㉢대학 입시를 앞두고 어떤 계열로 진학할지 ㉣고민하던 갑은 부모님을 설득해 결국 음대에 진학하였고 이후 ㉤세계적인 콩쿠르에서 입상하며 피아니스트로서 자신의 이름을 널리 알렸다.

① ㉠은 귀속 지위에 해당한다.
② ㉡은 공식적 사회화 기관에 해당한다.
③ ㉢은 2차적 사회화 기관에 해당한다.
④ ㉣은 갑의 역할 갈등에 해당한다.
⑤ ㉤은 갑의 역할에 대한 보상에 해당한다.

13

| 7월 학력평가 17번 |

다음 사례에 대한 분석으로 옳은 것은? [3점]

○ 영상 크리에이터인 대학생 갑은 취업 준비 브이로그를 제작하여 동영상 공유 서비스에 올렸다. 이 영상이 많은 조회수를 기록하여 연말 크리에이터 시상식에서 인기상을 수상하였다. 이후 수상 사실을 알게 된 광고 회사 홍보팀에서 입사 제의가 오자 갑은 영상 크리에이터 일을 계속해야 할지 고민에 빠졌다.
○ 고등학교 학생 회장인 을은 평소 학생 자치회를 잘 이끌어 선생님들로부터 칭찬을 받았다. 최근에는 모교 선배들을 초청하여 대학 생활을 미리 배워 보는 행사를 계획 중이다. 그런데 세부 운영 방식을 두고 선생님과 의견이 달라 고민하고 있다.

① 광고 회사는 갑의 준거 집단이다.
② 갑은 을과 달리 성취 지위에 따른 역할 갈등을 경험하였다.
③ 을은 갑과 달리 예기 사회화를 경험하였다.
④ 갑, 을은 모두 역할 행동에 대한 보상을 받았다.
⑤ 갑은 비공식적 사회화 기관, 을은 공식적 사회화 기관에 소속되어 있다.

14

| 10월 학력평가 4번 |

밑줄 친 ㉠~㉥에 대한 설명으로 옳은 것은?

갑은 환경 문제에 관심이 많아 중학교 때부터 ㉠○○ 환경 운동 단체에 가입하여 적극적으로 활동하고 있다. ㉡고등학교 진학 후 모범적으로 학교생활을 해 온 갑은 2학년 때 ㉢학생 회장으로 당선되었다. 하지만 갑은 학생회장으로서 교내 문제 해결보다 환경 운동에 치중하여 ㉣학생회 임원들과 ㉤갈등을 빚고 있다. 이런 상황에서 ○○ 환경 운동 단체가 주최하는 캠페인과 학생회 대의원 회의 시간이 겹쳐 갑은 어떻게 할지 ㉥고민 중이다.

① ㉠은 갑의 내집단이지만 준거 집단은 아니다.
② ㉡은 1차적 사회화 기관이자 공식적 사회화 기관이다.
③ ㉢은 고등학생으로서 갑의 역할에 대한 보상이다.
④ ㉣은 아버지와 달리 성취 지위이다.
⑤ ㉥은 ㉤과 달리 갑의 역할 갈등에 해당한다.

2020년

15

| 3월 학력평가 7번 |

밑줄 친 ㉠~㉤에 대한 설명으로 옳은 것은? [3점]

> 갑은 축구 선수 출신인 ㉠아버지의 영향으로 ㉡어려서부터 축구의 기본기를 철저하게 연습하였다. ㉢○○고등학교를 다니다가 유럽의 A팀에 입단하여 뛰어난 기량을 발휘한 갑은 ㉣B팀과 C팀으로부터 영입 제안을 받고 어느 팀으로 갈지 고민하였다. 고민 끝에 B팀으로 이적한 갑은 70m가 넘는 거리를 단독으로 돌파하여 골을 넣는 등 뛰어난 활약을 펼쳐 여러 차례 ㉤경기 최우수 선수로 선정되었다.

① ㉠은 귀속 지위이다.
② ㉡은 갑의 재사회화에 해당한다.
③ ㉢은 1차적 사회화 기관이다.
④ ㉣은 갑의 역할 갈등이다.
⑤ ㉤은 갑의 역할 행동에 대한 보상이다.

16

| 4월 학력평가 12번 |

밑줄 친 ㉠~㉥에 대한 옳은 설명만을 〈보기〉에서 고른 것은?

> ㉠전 재산을 사회에 환원하여 존경을 받아 온 ㉡기업가 갑의 과거가 새롭게 알려져 화제가 되고 있다. 젊은 시절 그는 평범한 ㉢가장으로 살아가며 남몰래 ㉣독립운동 단체에서 활동하였다. 그러던 중 갑은 이 단체에서 비밀 작전을 지시받고, 작전을 수행하는 것과 가장으로서 책임을 다하는 것 사이에서 ㉤고민하였으나 결국 임무 수행을 위해 가족의 곁을 떠났다. 갑의 자녀들은 어린 시절 갑자기 떠난 ㉥아버지를 원망하였지만, 그동안 몰랐던 갑의 과거를 알게 되어 아버지를 이해하게 되었다.

보기

ㄱ. ㉠은 ㉡으로서의 역할이다.
ㄴ. ㉢은 ㉥과 달리 성취 지위이다.
ㄷ. ㉣은 2차적 사회화 기관이다.
ㄹ. ㉤은 갑의 역할 갈등에 해당한다.

① ㄱ, ㄴ ② ㄱ, ㄷ ③ ㄴ, ㄷ ④ ㄴ, ㄹ ⑤ ㄷ, ㄹ

17

| 7월 학력평가 11번 |

밑줄 친 ㉠~㉥에 대한 설명으로 옳은 것은?

> 갑은 고등학교에 입학한 후, ○○대학교 ㉠중어 중문학과 진학을 목표로 중국어 중점 과정을 이수하던 중 진로 활동으로 무역학과 ㉡교수의 특강을 듣고 학과 선택을 ㉢고민하기도 했다. 그러나 2학년 때 ㉣동아리 부장으로 다양한 중국 문화 체험 부스를 운영하여 성취감을 얻게 되었고, 이에 갑은 마침내 ㉤○○대학교 중어 중문학과에 지원하여 ㉥합격하였다.

① ㉠은 갑의 준거 집단이다.
② ㉡은 ㉣과 달리 후천적으로 주어진 지위이다.
③ ㉢은 갑이 경험한 역할 갈등이다.
④ ㉤은 1차적 사회화를 전담하는 공식적 사회화 기관이다.
⑤ ㉥은 갑의 역할에 따른 보상에 해당한다.

18

| 10월 학력평가 6번 |

밑줄 친 ㉠~㉦에 대한 설명으로 옳은 것은?

> 7남매 중 ㉠맏이로 태어난 갑은 판사의 꿈을 키우며 자랐다. 그러나 홀로 7남매를 키우시는 ㉡어머니의 짐을 덜어 드리기 위한 방법을 ㉢고민한 끝에 ㉣고등학교 졸업 후 취업을 선택하였다. 그래서 갑은 남들보다 늦은 나이에 대학에 진학하였다. 이후 ㉤판사가 되었고 ㉥법원의 사명에 충실하게 공정한 재판에 힘써 법의 날 기념식에서 ㉦표창을 받았다.

① ㉢은 갑의 역할 갈등에 해당한다.
② ㉥은 갑의 준거 집단에 해당한다.
③ ㉣과 ㉥은 모두 공식적 사회화 기관이다.
④ ㉦은 갑의 ㉤으로서의 역할에 대한 보상이다.
⑤ ㉤은 ㉠, ㉡과 달리 성취 지위이다.

사회 집단과 사회 조직

1 사회 집단

의미	두 명 이상의 사람이 소속감과 공동체 의식을 가지고 지속적인 상호 작용을 하는 모임
성립 요건	• 2명 이상의 구성원: 개개인은 사회 집단이 아님 • 지속적인 상호 작용: 같은 버스에 탄 사람은 사회 집단으로 볼 수 없음 • 소속감과 공동체 의식

2 사회 집단의 유형

분류 기준	유형	내용
접촉 방식	1차 집단	친밀한 대면 접촉과 전인격적인 관계가 형성되는 집단 예 가족, 또래 집단 등
	2차 집단	수단적 만남과 간접적·형식적 접촉이 이루어지는 집단 예 회사, 정당 등
결합 의지	공동 사회	구성원의 의지나 선택과 무관하게 자연 발생적으로 결합된 집단 예 가족, 또래 집단, 촌락 공동체 등
	이익 사회	구성원의 의지와 선택에 의해 형성된 집단 예 학교, 회사, 시민 단체 등
소속감	내집단	자신이 소속되어 있으면서 소속감과 공동체 의식을 갖고 있는 집단 예 우리 학교, 우리 회사 등
	외집단	자신이 소속되어 있지 않으면서 이질감과 적대감까지도 가질 수 있는 집단 예 경기 중의 상대 팀, 전쟁 중의 적국 등
준거 집단		한 개인이 자신의 가치나 태도, 행동의 기준으로 삼는 집단

3 사회 조직

(1) 의미와 특징

의미	사회 집단 중 목표와 경계가 뚜렷하고, 구성원의 지위와 역할이 명확하며, 목적 달성을 위한 공식적 규범과 절차가 체계적으로 규정된 집단
특징	• 사회 집단에 비해 구성원의 지위와 역할의 구분이 명확함 • 조직의 공식적 목표와 과업 달성을 기준으로 구성원을 평가함 • 공식적인 규범과 절차를 통해 구성원들의 행동을 통제함

(2) 공식 조직과 비공식 조직

공식 조직	• 의미: 구성원의 지위와 책임이 명확히 규정되고, 정해진 절차에 의해 특정 목적을 달성하기 위한 조직 • 일반적으로 사회 조직이라고 하면 공식 조직을 의미함 • 공식적인 규범을 통해 구성원을 통제함 • 형식적이고 수단적인 인간관계가 나타남 • 조직의 공식적 목표와 과업 달성을 기준으로 구성원을 평가함 • 일반적인 사회 집단에 비해 구성원의 지위와 역할이 명확하게 구분됨
비공식 조직	• 의미: 공식 조직 내에서 구성원 간의 친밀한 인간관계에 바탕을 두고 형성한 조직 • 비공식 조직은 공식 조직을 배경으로 존재함 • 순기능: 구성원의 만족감과 사기 증진, 공식 조직 내에서의 긴장감과 소외감 해소, 조직의 효율성 향상 등 • 역기능: 공식 조직과 비공식 조직의 목표가 다를 때 공식 조직의 효율성 저해, 개인적인 친분 관계가 공식 조직의 업무나 인사에 부정적 영향을 끼칠 수 있음

(3) 자발적 결사체

의미	공통의 관심이나 목표를 가진 사람들이 자발적으로 결성한 집단
등장 배경	• 개인들의 관심사와 사회적 욕구의 증대 • 이해관계의 다양화 및 복잡화
특징	• 가입과 탈퇴가 자유로우며, 조직 활동에 대한 성원의 열의가 높음 • 1차 집단과 2차 집단의 성격이 혼재되어 있음 • 조직 목표에 대한 구성원의 신념이 뚜렷함 • 형태가 다양하고 유연한 조직 운영이 가능함

4 관료제와 탈관료제

관료제	• 의미: 구성원 간의 서열화된 위계를 바탕으로 명시적인 규범과 절차를 갖춘 대규모 조직의 효율적 운영을 위한 운영 원리 • 특징: 과업의 전문화, 위계의 서열화, 지위 획득의 공평한 기회 보장, 규약과 절차에 따른 업무 수행, 경력에 따른 보상 등 • 순기능: 효율성, 안정성, 지속성, 권한과 책임의 명확화 등 • 역기능: 목적 전치 현상, 인간 소외 현상, 변화에 대한 낮은 대응력 등
탈관료제	• 의미: 관료제에서 벗어나 구성원의 창의성과 자율성을 보장하는 새로운 조직 형태 • 특징: 수평적 조직 체계, 유연한 조직 구조, 능력에 따른 보상, 중간 관리층의 역할 비중 감소 등 • 유형: 팀제 조직, 네트워크형 조직 등

기출 자료 핵심을 파악하라!

자료 1 사회 집단과 사회 조직

기자

○○ 신문사 탐사 보도 공모전에서 입상한 □□ 동아리를 만나 보겠습니다. 세 분이 어떻게 함께하게 되었나요?

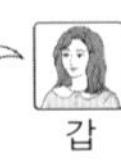
갑

☆☆ 대학교 내 영화제작동아리 회원으로 저와 함께 활동하고 있는 병이 취업 준비를 위해 □□ 동아리를 만들었습니다. 인권 단체 회원으로 함께 활동 중인 을에게 제가 제안하여 합류하게 되었습니다.

기자

공모전에 참여하면서 느낀 점이나 공모전 준비에 도움이 되었던 경험이 있다면 말씀해 주세요.

을

저는 사회복지대학원에 재학 중입니다. 취재를 하면서 가족과 함께 하지 못하는 청소년들의 안타까운 사연을 접하고 청소년 복지의 필요성을 더 알리고 싶어졌습니다.

병

저는 갑과 함께 ☆☆ 대학교에 재학 중입니다. 갑과 함께 들었던 PD 초청 특강이 큰 도움이 되었습니다. 입상을 계기로 셋이 □□ 동아리 활동을 더 열심히 하려고 합니다.

핵심 ① 제시된 자료 전체에 적혀 있는 사회 집단을 파악한다. 자료에 적혀 있는 사회 집단은 ○○ 신문사, □□ 동아리, ☆☆ 대학교 내 영화제작동아리, 인권 단체, 사회복지대학원, 가족, ☆☆ 대학교이다.

핵심 ② 갑~병이 속해 있는 사회 집단과 사회 조직을 파악한다. 갑은 □□ 동아리, ☆☆ 대학교 내 영화제작동아리, 인권 단체, ☆☆ 대학교에 속해 있고, 을은 □□ 동아리, 사회복지대학원, 인권 단체에 속해 있으며, 병은 □□ 동아리, ☆☆ 대학교 내 영화제작동아리, ☆☆ 대학교에 속해 있다.

핵심 ③ 각 사회 집단과 사회 조직의 유형을 파악한다. ☆☆ 대학교 내 영화제작동아리는 비공식 조직에 해당하고, ○○ 신문사와 가족은 자발적 결사체가 아닌 비공식적 사회화 기관에 해당한다. □□ 동아리, 사회복지대학원, 인권 단체, ☆☆ 대학교 내 영화제작동아리, ☆☆ 대학교는 2차적 사회화 기관에 해당한다.

자료 2 관료제와 탈관료제

도서 출판 과정에는 편집, 디자인, 인쇄 등 여러 공정이 있다. ○○ 출판 회사는 수평적으로 분권화된 조직을 통해 구성원들이 함께 결정을 내려 출판 공정을 관리하고 도서를 출간한다. □□ 출판 회사는 세부적으로 분업화된 조직을 통해 해당 분야의 담당자들이 정해진 서열과 절차에 따라 각 공정을 진행하여 도서를 출간한다. ○○ 출판 회사는 A(→탈관료제)의 운영 원리가, □□ 출판 회사는 B(→관료제)의 운영 원리가 강조된다.

핵심 ① 관료제의 특징을 이해한다. 관료제는 권한과 책임에 따른 위계 서열화, 업무의 표준화 및 세분화, 규약과 절차에 따른 업무 수행, 경력에 따른 보상과 신분 보장, 지위 획득의 공평한 기회 보장 등을 특징으로 운영된다.

핵심 ② 탈관료제의 특징을 이해한다. 탈관료제는 수평적 조직 체계, 유연한 조직 구조, 성과에 따른 보상 체계, 중간 관리층의 역할 비중 감소 등을 특징으로 운영된다.

핵심 ③ 제시된 사례에서 A, B 조직의 운영 원리를 파악한다. 수평적으로 분권화된 조직, 구성원이 함께 업무를 결정하는 조직 운영의 원리는 탈관료제의 특징이다. 세부적으로 분업화된 조직, 서열과 절차에 따라 각 공정이 진행되는 조직 운영의 원리는 관료제의 특징이다. 따라서 A는 탈관료제, B는 관료제이다.

기출 선택지 X를 찾아라!

☑ 다음 중 옳지 않은 설명 3개를 찾아 '×'에 체크하시오.

기출 선택지	○	×
21 모평 01. 이익 사회는 구성원들의 선택 의지에 의해 인위적으로 형성된 집단이다.	□	□
24 모평 02. 집단의식은 소속 집단과 준거 집단이 불일치할 때 강화된다.	□	□
21 모평 03. 회사는 뚜렷한 목적을 가진 과업 지향적인 집단에 해당한다.	□	□
22 모평 04. 회사 내 노동조합은 자발적 결사체에 해당한다.	□	□
24 모평 05. 사회적 관계를 만들어 가는 방식은 1차 집단과 2차 집단을 구분하는 기준이다.	□	□
23 학평 06. 사내 바둑 동호회와 가족은 모두 공동 사회에 해당한다.	□	□
23 모평 07. 대학교의 학과는 2차 집단이자 공식 조직이다.	□	□
20 학평 08. 모든 비공식 조직은 자발적 결사체에 해당한다.	□	□
24 모평 09. 탈관료제는 상향식 의사 결정 방식이, 관료제는 하향식 의사 결정 방식이 지배적이다.	□	□
24 수능 10. 관료제는 탈관료제에 비해 조직 구성원의 업무 재량권 및 자율성이 낮다.	□	□
23 모평 11. 탈관료제는 관료제와 달리 업무 수행의 효율성을 추구한다.	□	□
23 수능 12. 탈관료제는 관료제에 비해 목적 전치 현상이 나타날 가능성이 낮다.	□	□
23 수능 13. 관료제는 경력에 따른 보상을, 탈관료제는 능력에 따른 보상을 중시한다.	□	□

X의 정체는?

✔ 02 집단의식은 소속 집단과 준거 집단이 ~~불일치~~(→일치)할 때 강화된다.
→ 집단의식은 소속 집단과 준거 집단이 일치할 때 강화될 수 있다.

✔ 06 ~~사내 바둑 동호회와 가족은 모두~~(→사내 바둑 동호회는 이익 사회에, 가족은) 공동 사회에 해당한다.
→ 사내 바둑 동호회는 구성원의 의지로 만들어진 이익 사회에, 가족은 자연 발생적으로 만들어진 공동 사회에 해당한다.

✔ 11 ~~탈관료제는 관료제와 달리~~(→관료제와 탈관료제는 모두) 업무 수행의 효율성을 추구한다.
→ 관료제와 탈관료제 모두 효율적인 업무 수행 방식을 지향한다.

2024년

01

| 3월 학력평가 17번 |

A, B의 일반적인 특징에 대한 옳은 설명만을 〈보기〉에서 고른 것은? (단, A, B는 각각 관료제, 탈관료제 중 하나임.)

조직 운영의 유연성에 대한 요구가 높아지면서 많은 기업들이 기존의 A를 B로 대체하고 있다. 외부 환경이나 과업에 따라 자유롭게 구성되고 해체되는 조직은 B에 해당한다.

보기

ㄱ. A는 B와 달리 조직 운영의 효율성을 추구한다.
ㄴ. A는 B에 비해 연공서열에 따른 보상을 중시한다.
ㄷ. B는 A에 비해 의사 결정 권한의 분산 정도가 크다.
ㄹ. B는 A와 달리 하향식 의사 결정 방식이 지배적이다.

① ㄱ, ㄴ ② ㄱ, ㄷ ③ ㄴ, ㄷ ④ ㄴ, ㄹ ⑤ ㄷ, ㄹ

02

| 5월 학력평가 3번 |

다음 자료에 대한 옳은 설명만을 〈보기〉에서 고른 것은? [3점]

교사: 각자 20대에 하고 싶은 일에 대해서 발표해 볼까요?
갑: 대학교에서 마케팅을 전공한 후, 가족과 함께 식품 회사를 경영하며 사내 등산 동호회도 만들어 활동하고 싶습니다.
을: 환경 관련 시민 단체에 가입하여 활동하고 싶습니다. 그리고 인터넷 게임 취미 활동으로 만난 사람들과 게임 동호회를 만들고 싶습니다.

보기

ㄱ. 갑이 발표한 내용에 있는 공식 조직의 개수는 3개이다.
ㄴ. 을이 발표한 내용에 있는 이익 사회의 개수는 2개이다.
ㄷ. 갑이 발표한 내용에 있는 자발적 결사체의 개수는 을이 발표한 내용에 있는 자발적 결사체의 개수보다 적다.
ㄹ. 갑과 을이 발표한 내용에 있는 비공식 조직의 개수는 2개이다.

① ㄱ, ㄴ ② ㄱ, ㄷ ③ ㄴ, ㄷ ④ ㄴ, ㄹ ⑤ ㄷ, ㄹ

03

| 7월 학력평가 10번 |

다음 자료에 대한 분석으로 옳은 것은? [3점]

〈직장 생활 고충에 대한 설문 조사〉

소속사: □□기업　　성명: 갑

1. 당신의 과거 직장 생활 경력은?
   - ○○건설 재무팀 5년, △△전자 회계팀 3년
2. 직장 생활에서의 어려움 또는 문제점은?
   - 젊은 사원들의 중도 퇴사율이 높아 업무 피로도가 누적되어 이직을 고민 중임.
   - 노동조합 간부로서 사용자와의 단체 협약 사항 조율이 어려움.
   - 환경 관련 시민 단체의 지속적인 민원이 발생함.
3. 회사에 요구하는 점은?
   - 업무 피로도가 높은 임직원을 대상으로 기업교육 전문 업체의 치유 및 회복 프로그램을 제공하였으면 함.
   - 독서 동호회, 산악회, 배드민턴 클럽과 같이 사내 구성원 간 친밀감을 증대시키는 활동을 지원하였으면 함.

① 갑이 속한 공식 조직은 2개이다.
② 갑은 역할 갈등을 경험하고 있다.
③ 갑이 진술한 자발적 결사체는 3개이다.
④ 갑은 결합 자체가 목적인 집단을 활용한 지원을 요구하였다.
⑤ 갑은 2차적 사회화 기관이자 공식적 사회화 기관에 속해 있다.

04

| 7월 학력평가 17번 |

A, B의 일반적인 특징에 대한 설명으로 옳은 것은? (단, A, B는 각각 관료제, 탈관료제 중 하나임.)

> A는 "분노도 편견도 없이"라는 원칙하에 객관적인 관점에서 업무를 처리할 수 있는 최적의 조건을 제공한다. 이 경우 객관적인 처리란 계산할 수 없는 모든 비합리적인 감정 요소를 직무 처리에서 배제하는 것을 의미한다. 한 사회학자는 A 조직에 의해 개인의 자유가 발휘되기 힘들어진 꽉 막힌 사회를 '강철 새장'이라 비유하였다. 한편 B는 조직을 개인들의 수평적 협력을 통해 자발성과 창의성을 이끌어내는 기구로 파악한다는 점에서 A와 구분된다.

① A에 비해 B는 업무 체계의 표준화와 세분화 정도가 낮다.
② A와 달리 B는 조직의 공식적 규범에 의한 통제가 이루어진다.
③ B에 비해 A는 목적 전치 현상이 나타날 가능성이 낮다.
④ B와 달리 A는 효율적인 업무 수행이 조직 운영의 목표이다.
⑤ A는 상향식 의사 결정 방식이, B는 하향식 의사 결정 방식이 지배적이다.

05

| 10월 학력평가 13번 |

그림은 사회 조직의 운영 원리 A, B를 구분한 것이다. 이에 대한 설명으로 옳은 것은? (단, A, B는 각각 관료제, 탈관료제 중 하나임.)

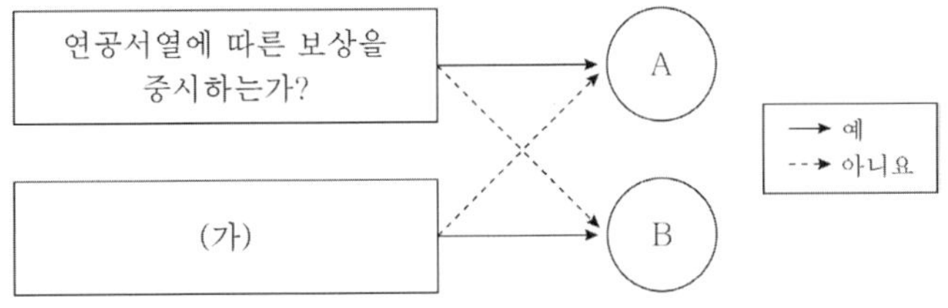

① A는 조직 구성원의 재량권 보장을 중시한다.
② A에 비해 B는 업무의 전문화 · 세분화 정도가 높다.
③ B에 비해 A는 환경 변화에 유연한 대처가 용이하다.
④ (가)에는 '효율적인 조직 운영을 추구하는가?'가 들어갈 수 있다.
⑤ (가)에는 '하향식 의사 결정 방식을 중시하는가?'가 들어갈 수 없다.

2023년

06

| 3월 학력평가 18번 |

밑줄 친 ㉠~㉣에 대한 설명으로 옳은 것은?

> ○○고등학교 '동문의 밤' 행사는 ㉠□□기업 부사장이자 총동문회장인 갑의 축사로 시작하였다. ㉡가족과 함께 행사에 참여한 졸업생 을은 "㉢회사 내 동문 산악회를 만들어 모임을 가져온 것이 전부였는데, 그동안 못했던 총동문회를 이제 할 수 있게 되어 기쁘다."라고 소감을 밝혔다. 한편 이번 '동문의 밤'에서 진행된 바자회의 수익금은 ㉣△△ 환경 단체에 기부하기로 하였다.

① ㉠은 ㉡과 달리 1차 집단이다.
② ㉢은 ㉣과 달리 자발적 결사체이다.
③ ㉣은 ㉢과 달리 을의 내집단이다.
④ ㉢과 ㉣은 모두 비공식 조직이다.
⑤ ㉠, ㉢, ㉣은 모두 이익 사회이다.

07

| 4월 학력평가 4번 |

밑줄 친 ㉠~㉤에 대한 설명으로 옳은 것은? [3점]

요일	주요 일정
월	㉠회사 노동조합 조합원 회의
화	㉡시민 단체 정기 모임
수	출장
목	㉢사내 바둑 동호회 모임
금	㉣회사 동료 결혼식

① ㉡은 ㉠과 달리 자발적 결사체에 해당한다.
② ㉣은 ㉤과 달리 전인격적 인간관계를 기초로 한다.
③ ㉠, ㉢은 모두 비공식 조직에 해당한다.
④ ㉡, ㉣은 모두 공식적 규범에 의한 통제가 일반적이다.
⑤ ㉢, ㉤은 모두 공동 사회에 해당한다.

08

| 7월 학력평가 3번 |

그림에서 갑~병이 속해 있는 사회 집단 및 사회 조직에 대한 진술로 옳은 것은? [3점]

조교: ○○ 경영 대학원 학우 여러분들은 이번 주말에 어떤 활동을 계획 중이신가요?

갑: 제가 활동 중인 사내 노동조합의 중요한 회의를 마친 후에 동료 직원과 식사할 예정입니다.

을: 광고 회사 직원과 오전에 인터뷰를 마치고, 제가 회장직을 맡고 있는 마을 독서 동호회 모임을 가질 예정입니다.

병: 시민 단체에서 주최하는 □□ 캠프에 가족과 함께 참여한 후, 같은 회사 동료인 갑과 함께 운동할 예정입니다.

① 갑이 속해 있는 이익 사회는 2개이다.
② 을은 갑과 달리 비공식 조직에 속해 있다.
③ 을은 병과 달리 본질 의지에 의해 형성된 집단에 속해 있다.
④ 갑과 병이 함께 속해 있는 공식 조직은 2개이다.
⑤ 갑, 을, 병 모두 가입과 탈퇴가 자유로운 집단에 속해 있다.

09

| 7월 학력평가 9번 |

A, B의 일반적인 특징에 대한 설명으로 옳은 것은? (단, A, B는 각각 관료제, 탈관료제 중 하나임.)

A는 모든 행위의 연속이 조직체의 목표에 기능적으로 연관되도록 명백하게 규정된 활동 유형을 지닌 사회 조직 운영 원리이다. 근대 산업 사회는 A를 통해 합리적이고 효율적으로 사회 발전을 이룰 수 있었으나, 현대 사회에서 A는 전반적인 효율성의 부산물로 나타나는 비효율성이라는 한계를 드러냈다. 이러한 '합리성의 비합리성'이라는 자기 오류에 빠진 A의 대안으로 제안된 새로운 사회 조직 운영 원리가 B이다.

① A는 B에 비해 중간 관리층의 역할 비중이 낮다.
② A는 B와 달리 상향식 의사 결정 방식이 지배적이다.
③ B는 A에 비해 구성원이 가진 업무 재량권이 크다.
④ B는 A에 비해 연공서열에 따른 보상을 중시한다.
⑤ A, B 모두 목적 전치 현상을 해결하기에 용이하다.

10

| 10월 학력평가 3번 |

밑줄 친 ㉠~㉤에 대한 설명으로 옳은 것은?

판소리의 매력에 빠진 외국인 갑은 다니던 회사에서 ㉠한국 전통 음악 동호회를 만들었고, 한국 유학을 ㉡고민하게 되었다. 결국 갑은 ㉢회사를 그만두고 한국으로 와 ㉣○○대학교에서 판소리를 공부하였다. △△대학원 진학 후에는 판소리를 주제로 훌륭한 논문을 써 ㉤우수 논문상을 받았다.

① ㉡은 갑의 역할 갈등이다.
② ㉠은 ㉢과 달리 결합 자체를 목적으로 하는 사회 집단이다.
③ ㉢과 ㉣은 모두 공식적 사회화 기관이다.
④ ㉤은 ㉣의 구성원으로서 갑의 역할 행동에 대한 보상이다.
⑤ ㉢, ㉣은 ㉠과 달리 공식적 규범을 통한 구성원 통제가 일반적이다.

11

| 10월 학력평가 5번 |

다음 자료에 대한 옳은 설명만을 〈보기〉에서 있는 대로 고른 것은? (단, A와 B는 각각 관료제와 탈관료제 중 하나임.) [3점]

(가)~(라)는 사회 조직 형태인 A와 B를 비교한 진술인데, 네 개의 진술 중 두 개는 옳고, 두 개는 옳지 않다.

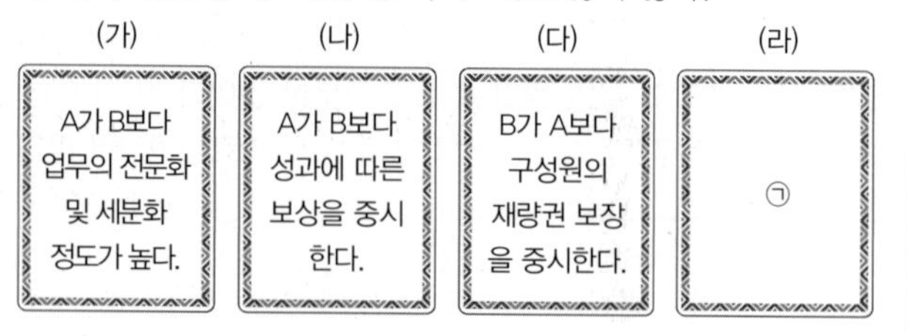

(가)
A가 B보다 업무의 전문화 및 세분화 정도가 높다.
(나)
A가 B보다 성과에 따른 보상을 중시한다.
(다)
B가 A보다 구성원의 재량권 보장을 중시한다.
(라)
㉠

〈보기〉

ㄱ. (가)가 옳은 진술이면, A가 B보다 환경 변화에 대한 신속한 대응에 유리하다.
ㄴ. (나)가 옳은 진술이면, ㉠에 'B가 A보다 업무 수행 과정에 대한 예측 가능성이 높다.'가 들어갈 수 있다.
ㄷ. B가 하향식 의사 결정 방식이 지배적이면, (다)와 (라)는 모두 옳은 진술이다.

① ㄱ ② ㄴ ③ ㄱ, ㄷ ④ ㄴ, ㄷ ⑤ ㄱ, ㄴ, ㄷ

2022년

12

| 3월 학력평가 14번 |

다음 자료는 수행 평가에 대한 학생의 응답과 교사의 채점 결과를 나타낸 것이다. (가)~(다)에 들어갈 응답으로 옳은 것은? [3점]

수행 평가

3학년 1반 홍길동

표의 각 사회 집단이 제시된 3개의 특성 중 1개만 가지면 ○, 2개만 가지면 ◑, 3개 모두를 가지면 ●로 표시하시오. (옳은 응답 하나당 1점이고, 틀린 응답은 0점임.)

특성	시민 단체	대학교	사내 동호회
선택 의지에 따라 형성된다. 공식적인 지위 체계와 규범을 가진다. 공통의 목표 달성을 위해 자발적으로 결성된다.	(가)	(나)	(다)
채점 결과	3점		

	(가)	(나)	(다)
①	○	●	◑
②	◑	○	○
③	◑	○	●
④	●	◑	○
⑤	●	◑	◑

13

| 4월 학력평가 5번 |

다음 자료에 대한 설명으로 옳은 것은? (단, A~D는 각각 공동 사회, 이익 사회, 공식 조직, 자발적 결사체 중 하나이다.) [3점]

○ 학생 갑의 활동지

[문제] 그림은 사회 집단 및 사회 조직의 유형을 나타낸다. 밑줄 친 5가지 사례를 (가)~(라)에 맞게 기입하시오.

저는 <u>△△ 고등학교</u> 졸업 후 <u>□□ 기업</u>에서 일하고 있습니다. 어렸을 때부터 여가 시간에 영화 보는 것을 좋아해 직장에서도 <u>사내 영화 동호회</u>에서 활동하고 있습니다. 또한 <u>가족</u>과 함께 <u>시민 단체</u>에서 꾸준히 자원봉사를 하고 있습니다.

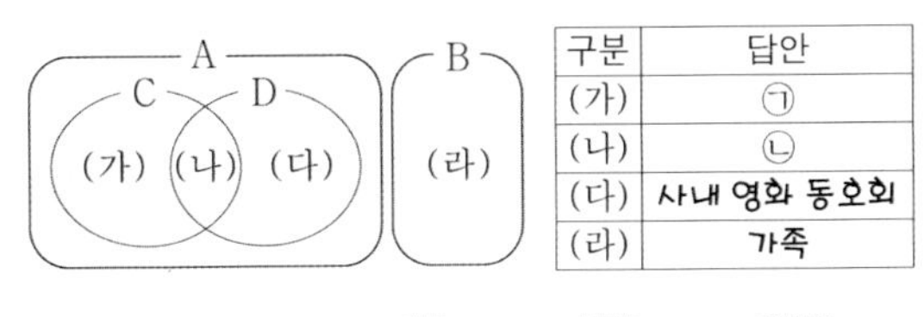

구분	답안
(가)	㉠
(나)	㉡
(다)	사내 영화 동호회
(라)	가족

○ 갑의 답안에 대한 교사의 평가: 5가지 사례 모두 맞게 기입함.

① A는 공동 사회, C는 이익 사회이다.
② A는 B와 달리 구성원 간 전인격적 관계가 지배적이다.
③ B는 C에 비해 공식적 규범에 의한 통제가 중시된다.
④ C와 D 모두에 해당하는 사례로 노동조합을 들 수 있다.
⑤ ㉠은 '□□ 기업, 시민 단체', ㉡은 '△△ 고등학교'이다.

14

| 7월 학력평가 14번 |

다음 자료에 대한 설명으로 옳은 것은? [3점]

> [게임 규칙]
> - [카드 1]~[카드 5]에는 사회 집단 및 사회 조직의 일반적인 특징이 적혀 있다. 카드별로 점수를 부여하는데, 각 카드에 적힌 내용이 '공동 사회', '공식 조직', '비공식 조직' 중 하나의 특징에만 해당하면 1점, 두 개의 특징에만 해당하면 2점, 세 개 모두의 특징에 해당하면 3점을 부여한다.
> - 다음 5장의 카드를 학생 갑, 을에게 각각 나누어 주고, 자신이 판단하여 가장 높은 점수를 받을 수 있도록 3장을 뽑게 한다. 둘 중에서 점수의 합계가 더 높은 사람이 승리한다.
>
> | [카드 1] | [카드 2] | [카드 3] | [카드 4] | [카드 5] |
> |---|---|---|---|---|
> | 명시적 규약과 체계화된 업무 수행 방식이 존재한다. | 결합 자체가 집단 형성의 목적이다. | 소속감을 가진 구성원들 간 지속적인 상호작용이 이루어진다. | 선택 의지에 의해 인위적으로 형성된다. | 공식 조직 내에서 자발적으로 형성된 집단이다. |

① 카드 3장의 조합으로 얻을 수 있는 최대 점수는 총 5점이다.
② 공식 조직의 일반적인 특징이 적힌 카드를 모두 뽑았을 때, 얻을 수 있는 점수는 총 3점이다.
③ [카드 2]에는 공동 사회와 비공식 조직 모두의 일반적인 특징이 적혀 있다.
④ [카드 4]와 [카드 5]에 부여되는 점수는 같다.
⑤ 갑이 [카드 1], [카드 2], [카드 3]을 뽑고, 을이 [카드 3], [카드 4], [카드 5]를 뽑는다면 을이 승리한다.

15

| 10월 학력평가 5번 |

그림은 사회 조직의 운영 원리 A, B의 특징을 파악하기 위한 것이다. 이에 대한 설명으로 옳은 것은? (단, A와 B는 각각 관료제, 탈관료제 중 하나이다.)

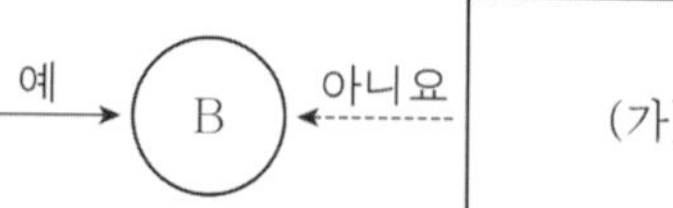

① A는 B에 비해 연공서열에 따른 보상 체계를 중시한다.
② A는 B에 비해 조직 구성원의 재량권 및 자율성이 낮다.
③ B는 A와 달리 상향식 의사 결정 방식을 중시한다.
④ B는 A에 비해 권한과 책임에 따른 위계 서열을 중시한다.
⑤ (가)에 '업무 수행의 효율성을 추구하는가?'가 들어갈 수 있다.

16

| 10월 학력평가 8번 |

그림은 사회 집단 및 사회 조직의 사례 A~D를 성격에 따라 구분한 것이다. 이에 대한 설명으로 옳은 것은? [3점]

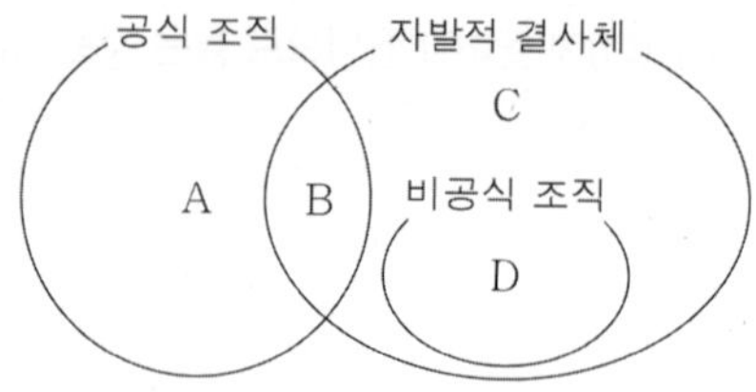

① 노동조합은 A, 동네 조기 축구회는 C에 해당한다.
② 시민 단체는 B, 회사 내 등산 동호회는 D에 해당한다.
③ A는 B와 달리 공식적 규범과 절차가 체계화된 집단이다.
④ B는 C와 달리 가입과 탈퇴가 자유로운 집단이다.
⑤ D는 A와 달리 형식적이고 수단적인 인간관계가 지배적인 집단이다.

2021년

17

| 3월 학력평가 8번 |

밑줄 친 ㉠~㉣에 대한 옳은 설명만을 〈보기〉에서 있는 대로 고른 것은? [3점]

> 갑은 평소 원하던 ㉠A 회사에 입사하여 애사심을 가지고 열심히 회사 생활을 하고 있다. 그러던 중 갑은 ㉡사내 등산 동호회에서 만난 ㉢대학교 선배의 권유로 환경 보호를 위한 ㉣시민 단체에 가입하였다.

〈보기〉
ㄱ. ㉠은 갑의 내집단이다.
ㄴ. ㉡은 ㉣과 달리 비공식 조직이다.
ㄷ. ㉢은 ㉡과 달리 선택 의지에 따라 결합된 사회 집단이다.
ㄹ. ㉡은 ㉢, ㉣과 달리 자발적 결사체이다.

① ㄱ, ㄴ ② ㄱ, ㄹ ③ ㄴ, ㄷ
④ ㄱ, ㄷ, ㄹ ⑤ ㄴ, ㄷ, ㄹ

18

| 4월 학력평가 13번 |

사회 집단 A~C에 대한 설명으로 옳은 것은? (단, A~C는 각각 가족, 시민 단체, 회사 중 하나이다.) [3점]

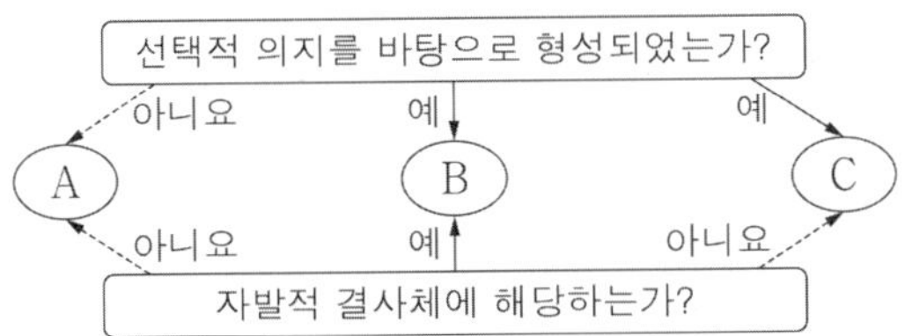

① A는 가족, B는 회사이다.
② C는 결합 자체를 목적으로 하는 사회 집단이다.
③ A는 C와 달리 1차 집단에 해당한다.
④ B는 A와 달리 구성원에 대한 비공식적 통제가 일반적이다.
⑤ C는 B와 달리 공식 조직에 해당한다.

19

| 7월 학력평가 5번 |

밑줄 친 ㉠~㉤에 관한 진술을 모두 옳게 평가한 학생은? [3점]

> A는 회사 ㉠노동조합 단체교섭단 회의를 주관하고 점심시간에 ㉡사내 요가 동호회에서 시간을 보냈다. 저녁에는 ㉢대학교 총동문회 사은 행사에 참석 후 귀가하여 ㉣가족과 하루를 마쳤다. 다음 날 아침에는 아파트 주민들로 구성된 ㉤○○ 산악회 회원들과 등산을 하였다.

진술	갑	을	병	정	무
㉡은 ㉣과 달리 비공식적 통제가 일반적이다.	○	×	×	×	×
㉢은 ㉡과 달리 공식 조직을 전제로 한다.	○	○	×	×	×
㉤은 ㉣과 달리 본질 의지에 의해 형성된다.	×	×	×	○	×
㉠, ㉡은 ㉤과 달리 비공식 조직이다.	○	×	×	○	×
㉠~㉤ 중 자발적 결사체의 개수와 이익 사회의 개수는 같다.	○	×	○	×	×

(○: 그렇다, ×: 그렇지 않다)

① 갑 ② 을 ③ 병 ④ 정 ⑤ 무

20

| 10월 학력평가 7번 |

다음 자료에 대한 설명으로 옳은 것은? (단, A~C는 각각 공식 조직, 비공식 조직, 자발적 결사체 중 하나이다.) [3점]

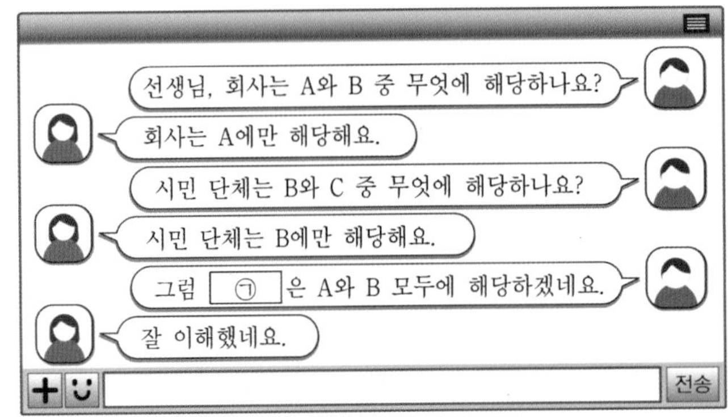

① ㉠에 '사내 노동조합'이 들어갈 수 있다.
② A는 C와 달리 비공식적 통제가 일반적이다.
③ B는 A와 달리 가입과 탈퇴가 자유롭지 않다.
④ C에 해당하지 않는 사회 집단은 A에 해당한다.
⑤ C는 A와 달리 구성원 간 형식적 관계가 지배적이다.

2020년

21

| 3월 학력평가 5번 |

다음 게임에서 임무를 완수하기 위한 카드를 옳게 선택한 것은? [3점]

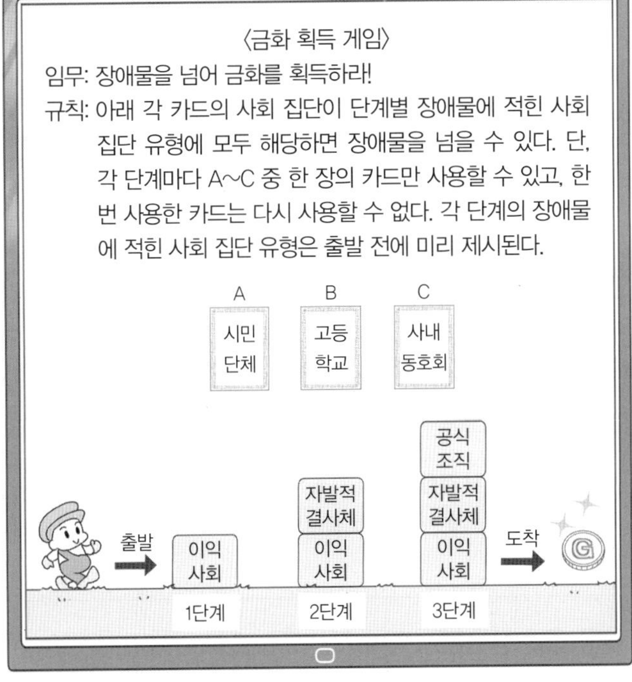

	1단계	2단계	3단계
①	A	B	C
②	A	C	B
③	B	A	C
④	B	C	A
⑤	C	B	A

22

| 4월 학력평가 11번 |

그림은 질문을 통해 사회 집단 A, B를 구분한 것이다. 이에 대한 설명으로 옳은 것은? (단, A와 B는 각각 공동 사회, 이익 사회 중 하나이다.) [3점]

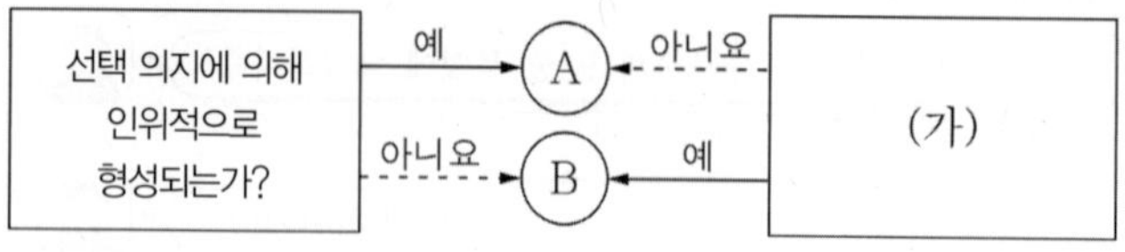

① 비공식 조직은 A에 해당한다.
② B는 가입과 탈퇴가 자유롭다.
③ A는 B와 달리 결합 자체를 목적으로 한다.
④ A의 사례로 친족을, B의 사례로 학교를 들 수 있다.
⑤ (가)에는 '형식적 인간관계가 지배적인가?'가 들어갈 수 있다.

23

| 4월 학력평가 18번 |

표는 사회 조직 운영 원리 A, B를 비교한 것이다. 이에 대한 설명으로 옳은 것은? (단, A와 B는 각각 관료제, 탈관료제 중 하나이다.)

질문	A	B
상향식 의사 결정 방식을 강조하는가?	예	㉠
효율적인 과업 수행을 지향하는가?	㉡	예
(가)	예	아니요

① ㉠, ㉡은 모두 '아니요'이다.
② A는 B에 비해 중간 관리층의 비중이 높다.
③ B는 A에 비해 연공서열에 따른 보상을 중시한다.
④ B는 A에 비해 업무 담당자에게 주어진 재량권이 크다.
⑤ (가)에는 '비공식적 규범을 통한 구성원의 통제가 지배적인가?'가 들어갈 수 있다.

24

| 7월 학력평가 17번 |

다음 자료의 A~C에 대한 설명으로 옳은 것은?

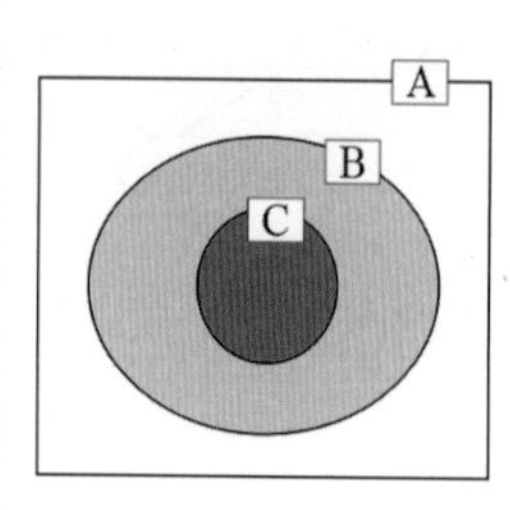

A: 둘 이상의 사람이 소속감과 공동체 의식을 가지고 지속적인 상호 작용을 하는 모임
B: A이면서, 공통의 관심사나 목표를 가진 사람들이 자발적으로 결성한 집단
C: B이면서, 일정한 목적 달성을 위해 공식적 규범과 절차를 갖춘 경계가 뚜렷한 집단

① 회사는 C에 해당한다.
② 또래 집단은 B에 해당한다.
③ B를 제외한 A는 모두 선택 의지에 따라 형성된다.
④ C를 제외한 B는 가입과 탈퇴가 자유롭지 못하다.
⑤ 비공식 조직은 A 중에서 C를 제외한 B에 해당한다.

25

| 10월 학력평가 16번 |

표의 (가), (나)에 각각 들어갈 수 있는 질문만을 〈보기〉에서 고른 것은? [3점]

구분		(가)	
		예	아니요
(나)	예	사내 동호회	가족
	아니요	시민 단체	회사

보기

ㄱ. 구성원들의 선택 의지와 무관하게 형성된 사회 집단인가?
ㄴ. 구성원들 간 수단적 관계보다 전인격적 관계가 중시되는 사회 집단인가?
ㄷ. 공통의 관심사나 목표를 가진 사람들이 자발적으로 결성한 사회 집단인가?
ㄹ. 공식 조직 내에서 구성원들이 긴장감이나 소외감을 완화하기 위해 만든 사회 집단인가?

	(가)	(나)
①	ㄱ	ㄹ
②	ㄴ	ㄷ
③	ㄷ	ㄴ
④	ㄷ	ㄹ
⑤	ㄹ	ㄱ

일탈 행동

1 일탈 행동

의미	한 사회에서 일반적으로 받아들여지고 있는 사회적 규범이나 기대에 어긋나는 행위 혹은 행동
특징	• 시대와 장소에 따라, 가치관의 변화에 따라 일탈 행동에 대한 판단 기준은 다름 • 같은 행동이라도 상황에 따라 일탈 행동으로 판단될 수도 있고, 정상적인 행동으로 판단될 수도 있음

2 일탈 행동의 원인을 설명하는 이론

(1) 아노미 이론

뒤르켐의 아노미 이론	• 아노미: 급속한 사회 변동으로 인해 기존의 지배적인 사회 규범이 약화되고 새로운 가치관이 미처 정립되지 못하였거나 기존의 규범과 새로운 규범이 혼재된 상태 • 일탈 행동에 대한 대책: 기존 사회 규범의 통제력을 회복하거나 새로운 가치관의 확립이 필요함
머튼의 아노미 이론	• 아노미: 사회적으로 규정된 문화적 목표와 제도적 수단이 일치하지 않는 상태 • 일탈 행동에 대한 대책: 문화적 목표를 이룰 수 있는 제도적 수단의 확대 또는 마련해야 함

(2) 차별 교제 이론

발생 배경	• 일탈은 타인과의 상호 작용 과정에서 학습된다고 봄 • 일탈 행동을 빈번하게 일으키는 사람들과 접촉하는 과정에서 일탈의 기술을 학습하고 일탈 동기를 내면화하며, 이를 정당화하는 태도까지 학습하게 됨
대책	일탈자와의 접촉을 차단하고, 정상적인 사회 집단과의 교류를 촉진해야 함

(3) 낙인 이론

발생 배경	• 사람들이 일탈 행동을 하는 이유는 사회적으로 특정한 행위를 일탈로 규정하고 이러한 행위를 한 사람을 일탈자로 낙인을 찍기 때문이라고 봄 • 일탈을 규정하는 객관적 기준이 없다고 봄 • 1차적 일탈이 발생하면 이를 행한 사람에 대하여 주위 사람들이 부정적 인식을 갖게 됨 → 일탈 행위자 스스로 일탈자로 인식하여 부정적 자아 형성 → 2차적 일탈 발생
대책	사회적 낙인에 대한 신중한 접근이 필요함

기출 자료 핵심을 파악하라!

자료 1 일탈 행동의 원인을 설명하는 이론

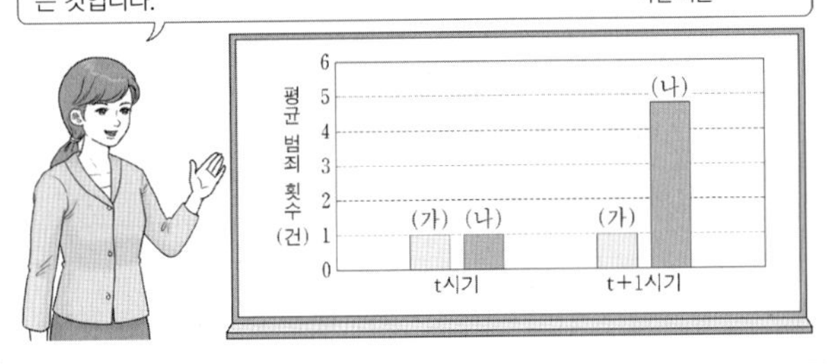

핵심 ① **A에 해당하는 일탈 이론과 그 핵심 내용을 파악한다.** 처벌이라는 사회적 반응 자체가 일탈자로서의 정체성 형성에 핵심 요인으로 작용한다고 보는 이론은 낙인 이론이다. 따라서 A는 낙인 이론이다. 낙인 이론은 일탈자에 대한 낙인이 2차적 일탈, 즉 후속 일탈의 핵심적 요인이라고 본다.

기출 선택지 X를 찾아라!

☑ **다음 중 옳지 않은 설명 3개를 찾아 '×'에 체크하시오.**

기출 선택지	○	×
23수능 01. 차별 교제 이론은 차별적 제재를 일탈 행동의 원인으로 본다.	☐	☐
24학평 02. 머튼의 아노미 이론은 일탈 행동에 대한 대책으로 정상 집단과의 교류 촉진을 강조한다.	☐	☐
23모평 03. 낙인 이론은 차별 교제 이론과 달리 일탈 행동을 규정하는 객관적 기준이 없다고 본다.	☐	☐
24수능 04. 뒤르켐의 아노미 이론은 타인과의 상호 작용이 일탈 행동에 미치는 영향을 강조한다.	☐	☐

X의 정체는?

✓ 01 ~~차별 교제 이론~~(낙인 이론)은 차별적 제재를 일탈 행동의 원인으로 본다.
→ 차별적 제재를 일탈 행동의 원인으로 보는 이론은 낙인 이론이다.

✓ 02 ~~머튼의 아노미 이론~~(차별 교제 이론)은 일탈 행동에 대한 대책으로 정상 집단과의 교류 촉진을 강조한다.
→ 일탈 행동에 대한 대책으로 정상 집단과의 교류 촉진을 강조하는 이론은 차별 교제 이론이다.

✓ 04 ~~뒤르켐의 아노미 이론~~(차별 교제 이론, 낙인 이론)은 타인과의 상호 작용이 일탈 행동에 미치는 영향을 강조한다.
→ 차별 교제 이론과 낙인 이론은 타인과의 상호 작용이 일탈 행동에 미치는 영향에 주목한다.

2024년

01

| 3월 학력평가 7번 |

A~C에 대한 설명으로 옳은 것은? (단, A~C는 각각 뒤르켐의 아노미 이론, 차별 교제 이론, 낙인 이론 중 하나임.) [3점]

표는 일탈 이론 A~C의 관점에서 청소년들의 온라인 도박이 증가하는 원인을 설명한 것이다.

이론	설명
A	온라인 도박을 하는 사람들과 접촉하면서 온라인 도박을 정당화하는 가치관을 학습하기 때문이다.
B	정보 사회로 급속하게 변화하는 과정에서 온라인 도박을 통제하는 사회 규범이 정립되지 않았기 때문이다.
C	온라인 도박을 한 청소년이 주변 사람들로부터 비난받은 결과, 부정적 자아가 형성되어 온라인 도박을 반복하기 때문이다.

① A는 차별적인 사회적 제재를 일탈 행동의 원인으로 본다.
② B는 일탈 행동에 대한 대책으로 문화적 목표를 달성할 수 있는 제도화된 기회의 확대를 중시한다.
③ C는 1차적 일탈이 2차적 일탈로 이어지는 과정에 주목한다.
④ A는 C와 달리 타인과의 상호 작용이 일탈 행동에 미치는 영향에 주목한다.
⑤ B는 C와 달리 일탈 행동을 규정하는 객관적 기준이 없다고 본다.

02

| 5월 학력평가 4번 |

일탈 이론 (가)~(다)에 대한 설명으로 옳은 것은? (단, (가)~(다)는 각각 머튼의 아노미 이론, 차별 교제 이론, 낙인 이론 중 하나임.) [3점]

(가) 어떤 청소년이 실수로 사소한 일탈 행동을 한 후, 이러한 일탈 행동이 누리 소통망 서비스를 통해 알려지고 비난받아 그가 속한 집단에서 일탈자로 규정되어 버리는 경우가 종종 있다. 이렇게 일탈자로 규정된 청소년은 부정적 자아 정체성을 갖게 되어 반복적으로 일탈 행동을 저지를 가능성이 높다.

(나) 어떤 부자들은 인터넷상에 자신이 가진 부를 다양한 방식으로 보여 주며 이를 과시한다. 사회 구성원 대다수는 이러한 부자들의 물질적으로 풍요로운 삶을 추구하지만, 일부 사람들은 부를 획득하기 위한 합법적 수단을 갖고 있지 않아 물질적인 풍요로움을 얻고자 일탈 행동을 저지르게 된다.

(다) 인터넷 커뮤니티에 가입하여 활동하고 있는 청소년들이 증가하고 있는데 이들 중 일부는 범죄를 일삼는 커뮤니티 회원과 교류하게 되는 경우가 있다. 이후 그들과의 상호 작용이 빈번해진 청소년들은 범죄 기술과 법 위반에 대한 우호적 태도를 습득함으로써 범죄를 저지르게 된다.

① (가)는 차별적인 제재를 일탈 행동의 원인으로 본다.
② (나)는 일탈 행동을 규정하는 객관적인 기준이 없다고 본다.
③ (다)는 일탈 행동 자체보다 그에 대한 사회적 반응을 중시한다.
④ (가)는 (다)와 달리 정상 집단과의 교류를 일탈 행동의 해결 방안으로 제시한다.
⑤ (나)와 (다)는 모두 타인과의 상호 작용을 통해 일탈 행동을 학습하는 과정을 중시한다.

03

| 7월 학력평가 9번 |

일탈 이론 A~D에 대한 설명으로 옳은 것은? (단, A~D는 각각 뒤르켐의 아노미 이론, 머튼의 아노미 이론, 차별 교제 이론, 낙인 이론 중 하나임.) [3점]

> 사회학자: 자신이 일탈 행동을 하게 된 사연에 대해 말씀해 주세요.
> 갑: 우리 사회는 경제적 성공을 강요하지만 저는 합법적인 방법으로는 부자가 될 수 없어 범죄를 저지르게 되었습니다. 이후 주변 사람들이 저를 사회의 낙오자로 취급하였고 결국 자포자기의 심정으로 다시 범죄를 저지르게 되었습니다.
> 을: 저는 범죄자인 친구와 함께 살면서 범죄에 대한 호의적 태도를 갖게 되었고 결국 범죄 행위에 가담하여 수감생활을 하게 되었습니다. 출소 이후 급격하게 변화한 사회 규범과 전통적 가치관의 충돌로 인한 혼란으로 방황하다가 저는 다시 범죄자가 되었습니다.
> 병: 저는 한 번의 실수를 하였지만 사람들은 저를 범죄자로 취급했습니다. 저 또한 제 자신을 범죄자라고 생각하게 되니 진짜 범죄자가 되는 것이 어렵지 않았습니다. 이후 교도소에서 반성하며 지내보려 했지만 다른 재소자에게 새로운 범죄 기술을 배워 재범을 저질렀습니다.
> 사회학자: 갑의 일탈 행동은 A와 B, 을의 일탈 행동은 C와 D, 병의 일탈 행동은 B와 D로 설명할 수 있습니다.

① A와 달리 B는 문화적 목표와 제도화된 수단의 괴리를 일탈 행동의 원인으로 본다.
② B와 달리 C는 일탈자의 부정적 자아가 형성되는 과정에 주목한다.
③ C와 달리 D는 사회 구성원 간 상호 작용을 통한 일탈 행동의 발생에 관심을 둔다.
④ A, B와 달리 C는 사회 구조적 관점에서 일탈을 설명한다.
⑤ B, D와 달리 A는 일탈을 규정하는 객관적 기준이 없다고 본다.

04

| 10월 학력평가 3번 |

일탈 이론 A~C에 대한 설명으로 옳은 것은? (단, A~C는 각각 낙인 이론, 머튼의 아노미 이론, 차별 교제 이론 중 하나임.) [3점]

이론	이론을 적용하여 설명한 사례
A	갑은 동네 가게에서 물건을 훔치던 선배들과 어울려 지내면서 그들의 가치관과 태도를 내면화한 결과 상습 절도범이 되었다.
B	물질적 풍요가 중시되는 사회에서 부자가 되고 싶었지만 가난으로부터 벗어날 방법이 없었던 을은 현금 인출기를 부수고 고액의 현금을 훔쳤다.
C	동네 가게에서 호기심에 물건을 가져온 병은 주변으로부터 도둑이라는 비난을 받으면서 부정적인 자아가 형성되어 이후 절도를 일삼게 되었다.

① A는 차별적인 제재를 일탈 행동의 원인으로 본다.
② B는 일탈 행동에 대한 대책으로 정상 집단과의 교류 촉진을 강조한다.
③ C는 1차적 일탈이 2차적 일탈로 이어지는 과정에 주목한다.
④ A와 달리 C는 상호 작용을 통한 일탈 행동의 학습 과정에 주목한다.
⑤ C와 달리 A, B는 일탈 행동을 규정하는 객관적 기준이 없다고 본다.

2023년

05

| 3월 학력평가 13번 |

다음은 일탈 행동을 설명하는 특정 이론에 근거하여 A국의 상황을 분석한 것이다. 이 이론에 대한 설명으로 옳은 것은?

> A국에서 물질적 성공은 대부분의 사람들이 추구하는 목표이다. 그런데 A국에는 그러한 목표를 달성할 수 있는 합법적 기회가 제한된 사람들도 있다. 이들은 물질적 성공을 위해 불법적 방법이라도 시도해야 한다는 압력을 느끼게 되어 절도, 사기 등의 범죄까지 저지르게 된다.

① 일탈 행동을 규정하는 객관적 기준이 없다고 본다.
② 1차적 일탈이 2차적 일탈로 이어지는 과정에 주목한다.
③ 일탈에 대한 대책으로 정상 집단과의 교류 촉진을 제시한다.
④ 일탈 행동이 타인과의 상호 작용 과정에서 학습된다고 본다.
⑤ 문화적 목표와 제도적 수단 사이의 괴리로 인해 일탈 행동이 발생한다고 본다.

06

| 4월 학력평가 13번 |

다음 대화의 A~C에 대한 설명으로 옳은 것은? (단, A~C는 각각 낙인 이론, 차별 교제 이론, 뒤르켐의 아노미 이론 중 하나임.) [3점]

> 교사: 일탈 이론 A~C에 대해 설명해 보세요.
> 갑: A는 일탈 행동을 규정하는 객관적 기준이 있다고 봅니다.
> 을: B는 타인과의 상호 작용을 중심으로 일탈 행동이 발생하는 원인을 파악하고자 합니다.
> 병: C는 사회 규범의 통제력 회복을 일탈 행동의 해결 방안으로 봅니다.
> 교사: 세 사람 모두 옳게 설명했네요.

① A는 차별적 제재가 일탈 행동의 원인이라고 본다.
② B는 일탈자와의 상호 작용을 통한 학습의 과정에 주목한다.
③ B는 A와 달리 2차적 일탈 행동의 발생 과정에 초점을 맞춘다.
④ B는 C와 달리 급속한 사회 변동에 따른 아노미로 인해 일탈 행동이 발생한다고 본다.
⑤ C는 A와 달리 일탈자와의 접촉 차단을 일탈 행동의 해결 방안으로 본다.

07

| 7월 학력평가 12번 |

일탈 이론 (가)~(다)에 대한 설명으로 옳은 것은? (단, (가)~(다)는 각각 머튼의 아노미 이론, 차별 교제 이론, 낙인 이론 중 하나임.)

일탈 이론 (가)~(다)는 전과자의 재범률이 높은 것에 대해 다음과 같이 설명한다.

일탈 이론	내용
(가)	범죄의 경중과 상관없이 유죄가 인정되면 주변으로부터 범죄자 취급을 받아 사회적으로 고립되기 쉽다. 그 결과 스스로에 대한 부정적인 인식이 형성되어 또 다시 범죄를 저지르게 된다.
(나)	우리 사회는 사회 구성원들에게 하나의 지향점을 제시한다. 전과자는 전과가 없는 사람보다 이러한 문화적 목표와 이를 달성하기 위한 합법적 수단 간 불일치에서 오는 긴장 정도가 크므로 다시 범죄를 저지르게 된다.
(다)	우리는 범죄자들에게 교도소 수감 기간 중 반성과 교화를 기대한다. 하지만 오히려 수감자들은 다른 수감자와의 교류로 범죄 수법과 범죄에 대한 우호적 가치관을 학습하여 출소 후 다시 범죄를 저지르게 된다.

① (가)는 일탈 행동을 규정하는 객관적 기준이 있다고 본다.
② (나)는 일탈 행동에 대한 대책으로 정상 집단과의 교류 촉진을 제시한다.
③ (가)는 (나)와 달리 타인과의 상호 작용 과정을 중심으로 일탈 행동을 설명한다.
④ (다)는 (나)와 달리 차별적 제재를 일탈 행동의 원인으로 본다.
⑤ (가), (다)는 (나)와 달리 사회 구조적 측면에서 일탈 행동을 설명한다.

08

| 10월 학력평가 14번 |

다음 자료에 대한 설명으로 옳은 것은? (단, A~C는 각각 낙인 이론, 차별 교제 이론, 머튼의 아노미 이론 중 하나임.) [3점]

> 교사: 일탈 이론 A~C에 대해 설명해 보세요.
> 갑: B는 일탈 행동이 학습의 결과임을 강조합니다.
> 을: A와 B는 모두 사회 구조적 측면에서 일탈 행동의 원인을 설명합니다.
> 병: C는 A와 달리 일탈 행동을 규정하는 객관적인 기준이 있다고 봅니다.
> 정: [(가)]
> 교사: ㉠한 사람만 제외하고 모두 옳게 설명했습니다.

① ㉠은 '갑'이다.
② A는 일탈 행동이 그 행동에 대한 사회적 반응이 아니라 그 행동의 속성에 의해 규정된다고 본다.
③ B는 일탈 행동의 기술과 달리 일탈 행동에 대한 우호적인 가치관은 학습되지 않는다고 본다.
④ C는 문화적 목표와 제도적 수단 간의 괴리를 일탈 행동의 원인으로 본다.
⑤ (가)에 'A, C는 B와 달리 개인이 타인과의 상호 작용을 통해 일탈자가 되어 가는 과정에 주목합니다.'가 들어갈 수 있다.

2022년

09

| 3월 학력평가 9번 |

그림의 일탈 이론 A~C에 대한 설명으로 옳은 것은? (단, A~C는 각각 낙인 이론, 머튼의 아노미 이론, 차별 교제 이론 중 하나이다.) [3점]

사회 구조적 차원에서 일탈 행동의 원인을 설명하는가?

	A	B	C
사회 구조적 차원에서 일탈 행동의 원인을 설명하는가?	예	아니요	아니요
일탈 행동이 학습의 결과임을 강조하는가?	아니요	아니요	예

일탈 행동이 학습의 결과임을 강조하는가?

① A는 일탈 행동을 정당화하는 가치관의 내면화 과정에 주목한다.
② B는 문화적 목표와 제도적 수단 간의 괴리를 일탈 행동의 원인으로 본다.
③ C는 급격한 사회 변동으로 인한 무규범 상태에 주목한다.
④ A는 B와 달리 일탈 행동을 규정하는 객관적인 기준이 없다고 본다.
⑤ B는 A, C와 달리 특정인에 대한 부정적 평가가 일탈 행동을 반복하게 하는 요인임을 강조한다.

10

| 4월 학력평가 8번 |

일탈 행동을 보는 갑, 을의 이론적 관점에 대한 설명으로 옳은 것은?

> 사회자: 일부 청소년들이 비행을 저지르는 이유는 무엇일까요?
> 갑: 비행을 일삼는 친구들과 어울리면서 각종 비행 방법을 습득하고 비행을 정당화하는 가치관을 학습하기 때문입니다.
> 을: 사소한 잘못을 한 청소년을 주변 사람들이 포용하지 못하고 문제아로 단정지음으로써 청소년 스스로도 자신을 일탈자로 인식하기 때문에 비행을 반복해서 저지르게 됩니다.

① 갑의 관점은 차별적인 제재가 일탈 행동의 원인이라고 본다.
② 을의 관점은 2차적 일탈의 발생 과정을 설명하는 데 초점을 둔다.
③ 갑의 관점은 을의 관점과 달리 일탈 행동을 타인과의 상호작용의 결과로 본다.
④ 을의 관점은 갑의 관점과 달리 문화적 목표와 제도적 수단 간의 괴리를 일탈 행동의 원인으로 본다.
⑤ 갑, 을의 관점은 모두 일탈을 규정하는 객관적 기준이 없다고 본다.

11

| 7월 학력평가 19번 |

일탈 이론 A~C에 대한 설명으로 옳은 것은? (단, A~C는 각각 낙인 이론, 차별 교제 이론, 머튼의 아노미 이론 중 하나이다.)

표는 사이버 범죄를 저지른 갑의 행동 원인을 분석하기 위해 서로 다른 일탈 이론에 근거하여 조사할 내용을 나열한 것이다.

연구자의 조사 내용	근거한 일탈 이론
○ 갑이 사이버 범죄를 통해서 달성하고자 한 목표 ○ 갑이 자신이 세운 목표를 달성하기 위해 실행한 사이버 범죄 이외의 행동	A
○ 갑이 일탈 행동을 저지른 후 주위로부터 받은 평판 ○ 갑이 사이버 범죄 이전에 저지른 일탈 행동의 종류와 제재 유무	B
○ 갑이 온라인에서 일탈 성향의 사람들과 교류한 내용 ○ 갑이 사이버 범죄를 저지르기 전에 만난 친구들의 성향	C

① A는 B와 달리 문화적 목표와 제도적 수단 간의 괴리를 일탈 행동의 원인으로 본다.
② B는 C와 달리 일탈을 규정하는 객관적 기준이 있다고 본다.
③ C는 A와 달리 사회적 규범의 부재로 인한 구성원들의 혼란이 일탈을 발생시킨다고 본다.
④ A는 B, C와 달리 정상 집단과의 교류 촉진을 일탈 행동에 대한 대책으로 강조한다.
⑤ C는 A, B와 달리 최초의 일탈이 반복적 일탈로 이어지는 과정에 주목한다.

12

| 10월 학력평가 18번 |

다음 자료에 대한 설명으로 옳은 것은? (단, A와 B는 각각 낙인 이론, 뒤르켐의 아노미 이론 중 하나이다.) [3점]

표는 각 질문에 대해 A와 B의 입장을 '예' 또는 '아니요'로 표시한 후, 답변 중 일부만 보이도록 하고 나머지 답변은 가린 것이다.

질문	답변	
	A	B
일탈을 규정하는 객관적인 기준이 있다고 보는가?		
(가)		아니요
(나)	아니요	
'예'인 답변의 개수	1개	2개

① (가)에 '1차적 일탈이 2차적 일탈로 이어지는 과정에 주목하는가?'가 들어갈 수 있다.
② (나)에 '문화적 목표와 제도적 수단 간의 괴리를 일탈 행동의 원인으로 보는가?'가 들어갈 수 있다.
③ B는 일탈 집단과의 교류로 일탈 행동이 학습된다고 본다.
④ A는 B와 달리 사회 구조적 차원에서 일탈 행동의 원인을 설명한다.
⑤ 일탈 행동에 대한 대책으로 A는 사회 규범의 통제력 회복을, B는 낙인에 대한 신중한 접근을 강조한다.

2021년

13

| 3월 학력평가 9번 |

일탈 이론 A, B에 대한 설명으로 옳은 것은? [3점]

일탈 이론	각 일탈 이론으로 설명하기에 적합한 사례
A	갑은 실직 상황에서 점점 더 많은 자녀 양육비가 필요하게 되었다. 그 상황에서 은행 대출도 받을 수 없게 되자 갑은 도둑질을 저지르게 되었다.
B	을은 친구 집에서 장난삼아 장난감을 가지고 왔는데, 친구들이 을을 '도둑놈'이라면서 멀리하였다. 이후 정상적인 생활이 힘들어진 을은 부정적인 정체성을 갖게 되었고 도둑질을 반복하였다.

① A는 일탈 행동이 학습의 결과임을 강조한다.
② A는 일탈 행동을 규정하는 객관적인 기준이 존재하지 않는다고 본다.
③ B는 1차적 일탈이 2차적 일탈로 이어지는 과정에 주목한다.
④ B는 문화적 목표와 제도적 수단 간의 괴리로 인해 일탈 행동이 발생한다고 본다.
⑤ A와 B는 모두 일탈 행동이 발생하는 상호 작용 과정에 주목한다.

14

| 4월 학력평가 5번 |

다음은 일탈 이론 A~C에 대한 수행 평가지이다. 이에 대한 설명으로 옳은 것은? (단, A~C는 각각 낙인 이론, 머튼의 아노미 이론, 차별 교제 이론 중 하나이다.) [3점]

일탈 이론의 특징 서술하기

이름: ○○○

1. A와 구분되는 B의 특징을 2가지 서술하시오.

연번	답안	점수
1	타인과의 상호 작용 과정을 중심으로 일탈을 설명한다.	0
2	2차적 일탈 과정에 주목한다.	1

2. B와 구분되는 C의 특징을 2가지 서술하시오.

연번	답안	점수
1	일탈이 차별적 제재에서 비롯된다고 본다.	㉠
2	(가)	1

○채점 기준: 맞으면 1점, 틀리면 0점 부여

① ㉠은 1이다.
② A는 정상적인 집단과의 교류 확대를 일탈의 해결책으로 본다.
③ B는 문화적 목표와 제도적 수단 간 괴리를 일탈의 원인으로 본다.
④ C는 일탈을 규정하는 객관적 기준이 없다고 본다.
⑤ (가)에는 '일탈이 일탈자와의 교류를 통한 학습의 결과임을 강조한다.'가 들어갈 수 있다.

15

| 7월 학력평가 11번 |

일탈 이론 A~C에 대한 옳은 설명만을 〈보기〉에서 고른 것은? (단, A~C는 각각 낙인 이론, 머튼의 아노미 이론, 차별 교제 이론 중 하나이다.) [3점]

범죄자 갑에 대한 인물 조사 결과

갑은 고등학교 재학 시 학력을 중요시 여기는 사회적 분위기 속에서 일류 대학 진학을 위해 공부에 매진함. 그런데 좋은 성적을 받기 위해 부정행위를 하다가 적발되어 진학 기회가 박탈됨. 이후 비행 청소년들과 어울리며 절도를 자연스럽게 여기게 되었고 결국 범죄를 저지름. 고등학교 졸업 후 갑은 마음을 다잡고 취업하였으나 동료들이 문제아였다고 홀대함. 이에 갑은 자신이 범죄자라는 생각에 퇴사를 결정하고 범죄 행위를 일삼음.

고등학교 재학 중 갑의 일탈 행동은 A와 B로 설명되고, 고등학교 졸업 후 갑의 일탈 행동은 C로 설명됩니다.

보기

ㄱ. C는 2차적 일탈 행동의 발생 과정에 주목한다.
ㄴ. A, B 모두 일탈 행동을 규정하는 객관적 기준이 존재하지 않는다고 본다.
ㄷ. A가 문화적 목표와 제도적 수단의 괴리를 일탈 행동의 원인으로 보는 이론이라면, B, C는 타인과의 상호 작용 과정을 중심으로 일탈 행동을 설명한다.
ㄹ. C는 A, B와 달리 일탈에 대한 우호적 가치관의 학습을 일탈 행동의 주요 원인으로 본다.

① ㄱ, ㄴ　② ㄱ, ㄷ　③ ㄴ, ㄷ　④ ㄴ, ㄹ　⑤ ㄷ, ㄹ

16

| 10월 학력평가 5번 |

다음 자료에 대한 옳은 설명만을 〈보기〉에서 고른 것은? (단, A~C는 각각 낙인 이론, 머튼의 아노미 이론, 차별 교제 이론 중 하나이다.) [3점]

○ 게임 규칙 : 갑~병은 각각 A~C 중 서로 다른 하나의 이론을 선택한다. 그리고 나서 아래 4장의 카드 중 자신이 선택한 일탈 이론에 부합하는 설명이 적힌 카드 2장을 고르면 우승자가 된다.

<카드 1> 2차적 일탈의 발생 과정에 주목한다.	<카드 2> 일탈 행동이 일탈자와의 교류를 통한 학습의 결과라고 본다.
<카드 3> 문화적 목표와 제도적 수단 간의 괴리를 일탈 행동의 원인으로 본다.	<카드 4> 일탈 행위자가 발생하는 상호 작용 과정을 중시한다.

○ 선택한 이론 및 카드와 우승자

구분	갑(우승자)	을	병
선택한 이론	A	B	C
선택한 카드	2, 4	1, 4	3, 4

보기

ㄱ. A는 일탈 행동에 대한 대책으로 사회 규범의 통제력 강화를 강조한다.
ㄴ. B는 일탈 행동을 규정하는 객관적인 기준이 존재하지 않는다고 본다.
ㄷ. C는 차별적 제재가 일탈 행동의 발생에 미치는 영향을 강조한다.
ㄹ. B는 A, C와 달리 사회 구조적 차원에서 일탈 행동의 원인을 설명한다.

① ㄱ, ㄴ　② ㄱ, ㄷ　③ ㄴ, ㄷ　④ ㄴ, ㄹ　⑤ ㄷ, ㄹ

2020년

17

| 3월 학력평가 9번 |

갑~병의 일탈 이론에 대한 설명으로 옳은 것은? [3점]

> 사회자: 비행 청소년이 되는 이유는 무엇일까요?
> 갑: 비행에 대해 우호적인 태도를 가진 청소년들과 자주 접촉하기 때문입니다.
> 을: 합법적인 방법으로 사회적 목표를 이룰 수 없는 청소년이 불법적인 방법을 활용하기 때문입니다.
> 병: 우발적으로 잘못을 저지른 청소년이 주변 사람들로부터 문제아로 규정되면 부정적 자아가 형성되어 비행을 반복하기 때문입니다.

① 갑의 이론은 사회 구조적 관점에서 일탈 행동을 설명한다.
② 을의 이론은 일탈 행동이 학습의 결과임을 강조한다.
③ 병의 이론은 일탈 행동을 규정하는 객관적인 기준이 없다고 본다.
④ 을의 이론은 갑의 이론과 달리 일탈 행동이 발생하는 상호 작용 과정을 중시한다.
⑤ 병의 이론은 을의 이론과 달리 아노미로 인해 일탈 행동이 발생한다고 본다.

18

| 4월 학력평가 8번 |

다음 글에 나타난 일탈 이론에 대한 설명으로 옳은 것은? [3점]

> 사람들은 일상 속에서 사소한 일탈을 종종 행하지만 스스로를 일탈자라고 생각하지 않는다. 그러나 어떤 일탈 행동이 알려져 일탈자로서의 사회적 지위가 부여된 개인은 학교나 가정, 직장 등에서 지속적으로 부정적인 상호 작용을 경험하게 된다. 이에 따라 자신에 대한 일탈자라는 평가에 순응한 개인은 일탈자로서의 정체성을 형성하고, 이것이 또 다른 일탈로 이어진다.

① 부정적 자아가 형성되어 일탈 행동이 반복된다고 본다.
② 일탈 행동에 대한 대책으로 사회 규범 확립을 강조한다.
③ 급격한 사회 변동으로 인해 일탈 행동이 발생한다고 본다.
④ 타인과의 상호 작용을 통한 일탈 행동의 학습 과정에 주목한다.
⑤ 문화적 목표와 제도적 수단의 괴리를 일탈 행동의 원인으로 본다.

19

| 7월 학력평가 12번 |

표는 일탈 이론 A~C를 질문에 따라 구분한 것이다. 이에 대한 설명으로 옳은 것은? (단, A~C는 각각 낙인 이론, 머튼의 아노미 이론, 차별적 교제 이론 중 하나이다.) [3점]

구분	A	B	C
문화적 목표와 제도적 수단 간의 괴리로 인해 일탈 행동이 발생한다고 보는가?	예	아니요	아니요
일탈 행동이 차별적 제재에서 비롯된다고 보는가?	아니요	예	아니요
(가)	아니요	예	예

① A는 사회 불평등 구조의 근본적 개혁을 일탈에 대한 대책으로 제시한다.
② B는 일탈에 대한 우호적 가치를 내면화하여 일탈 행동이 발생한다고 본다.
③ C는 부정적 자아 형성을 통한 2차적 일탈의 발생에 주목한다.
④ C는 A, B와 달리 규범의 해체로 인한 가치관의 혼란이 일탈 행동을 유발한다고 본다.
⑤ (가)에는 '타인과의 상호 작용을 통한 일탈 행동의 발생을 강조하는가?'가 들어갈 수 있다.

20

| 10월 학력평가 8번 |

다음 글의 일탈 이론 A, B에 대한 옳은 설명만을 〈보기〉에서 고른 것은?

> A에 따르면, 일탈 행동이 증가하고 있는 이유는 급속한 사회 변화로 인해 발생한 혼란 속에서 사람들이 따라야 할 새로운 행동 기준이 미처 확립되지 못하였기 때문이다. 이와 달리 B에 따르면, 일탈 행동이 증가하고 있는 이유는 1차적 일탈을 저지른 사람에 대해 차별적인 제재를 가하여 부정적 자아가 형성되도록 만들기 때문이다.

보기

ㄱ. A는 사회 구조적 차원에서 일탈 행동의 원인을 설명한다.
ㄴ. B는 일탈 행동이 학습의 결과임을 강조한다.
ㄷ. A는 B와 달리 일탈 행동의 대책으로 사회 규범의 통제력 강화를 중시한다.
ㄹ. A와 B는 모두 일탈 행동을 규정하는 객관적 기준이 있다고 본다.

① ㄱ, ㄴ ② ㄱ, ㄷ ③ ㄴ, ㄷ ④ ㄴ, ㄹ ⑤ ㄷ, ㄹ

필출 주제
09 문화의 이해

1 문화의 의미

좁은 의미	고상하거나 세련된 것, 고급스러운 것, 예술·교양 등 특별한 의미를 지닌 생활 양식을 가리킬 때 사용됨 예 문화인, 문화 공연, 문화생활 등
넓은 의미	한 사회나 집단에서 나타나는 언어, 의식주, 가치 및 규범을 가리킬 때 사용됨 예 민족 문화, 대중문화, 지역 문화 등

2 문화의 속성

학습성	문화는 선천적·유전적으로 나타나는 행동이 아니라 후천적으로 학습되는 생활 양식임 예 한국인으로 태어나 성장한 아이는 웃어른에 대한 예절과 존칭어 등을 배움
공유성	문화는 한 사회의 구성원 다수가 공통적으로 가지고 있는 생활 양식임 예 동네에서 '함 사세요!'라는 소리를 들으면 우리나라 사람들은 이웃집의 자녀가 곧 결혼할 것이라고 생각함
전체성(총체성)	문화는 여러 구성 요소들이 상호 유기적으로 결합된 하나로서의 총체임 예 스마트폰의 발달에 따라 사회 전반의 생활 양식이 변화함
변동성	문화는 시간이 흐르면서 그 형태나 내용, 의미가 변화하는 생활 양식임 예 훈민정음의 자음은 원래 17자였으나 지금은 14자만 사용됨
축적성	문화는 세대 간 전승되면서 새로운 요소가 추가되어 점점 더 풍부해지는 생활 양식임 예 전통문화가 서구화 과정에서 발전하고 풍부해짐

3 문화를 바라보는 관점

총체론적 관점	• 문화의 각 구성 요소가 갖는 의미를 다른 문화 요소 및 전체와의 유기적인 관련 속에서 파악함 • 문화 현상을 부분적인 측면에서 바라봄으로써 편협하고 왜곡된 이해가 초래되는 것을 방지하는 데 기여함
비교론적 관점	• 서로 다른 문화를 비교하면서 개별 문화가 가진 공통점과 차이점을 연구함 • 자기 문화를 보다 객관적이고 명료하게 이해할 수 있음
상대론적 관점	• 각 사회 구성원들이 처한 사회적·문화적·역사적 입장에서 해당 문화가 가지고 있는 고유한 의미를 파악함 • 서로 다른 문화가 가진 고유한 의미를 파악함으로써 인류 사회에서 문화 다양성이 갖는 가치를 인식하는 데 기여함

기출 자료 **핵심을 파악하라!**

자료 1 문화의 의미와 속성

우리나라에는 돌잡이라는 ㉠생일 문화(넓은 의미의 문화)가 있다. 아이의 첫 생일을 축하하는 자리에 여러 가지 물건을 놓고 아이가 무엇을 잡는지에 따라 아이의 장래를 짐작해 보는 것이다. 예를 들어 ㉡우리나라 사람들은 아이가 명주실을 잡으면 건강하게 오래 살 것이라고 여긴다.(문화의 공유성) 한편 ㉢시대에 따라 돌잡이 물품의 구성이 달라진다.(문화의 변동성) ㉣돌잡이 물품의 구성은 경제 발전 수준, 성공에 대한 사회적 인식 등의 영향을 받는다.(문화의 전체성)

핵심 ① 제시된 자료에서 ㉠~㉣에 해당하는 문화의 의미와 속성을 파악한다. ㉠은 넓은 의미의 문화, ㉡은 문화의 공유성, ㉢은 문화의 변동성, ㉣은 문화의 전체성에 해당한다.

기출 선택지 **X를 찾아라!**

☑ 다음 중 옳지 않은 설명 3개를 찾아 '×'에 체크하시오.

기출 선택지	○	×
22 모평 01. 문화의 공유성은 문화가 한 사회 구성원 간 원활한 상호 작용의 토대가 됨을 보여 준다.	☐	☐
23 수능 02. 문화의 변동성은 사회 구성원이 문화를 후천적으로 습득하는 것을 의미한다.	☐	☐
24 학평 03. '생일 문화'에서의 '문화'는 좁은 의미로 사용되었다.	☐	☐
23 모평 04. 세대 간 전승을 통해 더욱 복잡하고 풍부해지는 문화의 속성은 학습성이다.	☐	☐
24 수능 05. 문화의 전체성은 문화의 각 요소들이 상호 유기적으로 연결되어 영향을 주고받는 것을 의미한다.	☐	☐

X의 정체는?

✓ 02 문화의 ~~변동성~~(학습성)은 사회 구성원이 문화를 후천적으로 습득하는 것을 의미한다.
→ 문화의 학습성은 후천적으로 학습되는 생활 양식임을 의미한다.

✓ 03 '생일 문화'에서의 '문화'는 ~~좁은 의미~~(넓은 의미)로 사용되었다.
→ '생일 문화'에서의 '문화'는 한 사회에서 나타나는 인간의 모든 생활 양식을 의미하는 넓은 의미의 문화로 사용되었다.

✓ 04 세대 간 전승을 통해 풍부해지는 문화의 속성은 ~~학습성~~(축적성)이다.
→ 문화의 축적성은 새로운 요소가 추가되어 점점 더 풍부해지는 생활 양식임을 의미한다.

제1권 교육청

2024년

01

| 3월 학력평가 14번 |

밑줄 친 ㉠~㉣에 대한 옳은 설명만을 〈보기〉에서 있는 대로 고른 것은?

> 우리나라에는 돌잡이라는 ㉠생일 문화가 있다. 아이의 첫 생일을 축하하는 자리에 여러 가지 물건을 놓고 아이가 무엇을 잡는지에 따라 아이의 장래를 짐작해 보는 것이다. 예를 들어 ㉡우리나라 사람들은 아이가 명주실을 잡으면 건강하게 오래 살 것이라고 여긴다. 한편 ㉢시대에 따라 돌잡이 물품의 구성이 달라진다. ㉣돌잡이 물품의 구성은 경제 발전 수준, 성공에 대한 사회적 인식 등의 영향을 받는다.

보기

ㄱ. ㉠의 '문화'는 좁은 의미로 사용되었다.
ㄴ. ㉡은 문화가 한 사회의 구성원 다수가 공통적으로 가지고 있는 생활 양식임을 보여 준다.
ㄷ. ㉢은 문화가 고정된 것이 아니라 시간이 흐르면서 변화하는 것임을 보여 준다.
ㄹ. ㉣은 문화가 여러 요소들이 유기적으로 연결된 하나로서의 총체임을 보여 준다.

① ㄱ, ㄴ ② ㄱ, ㄷ ③ ㄷ, ㄹ
④ ㄱ, ㄴ, ㄹ ⑤ ㄴ, ㄷ, ㄹ

02

| 5월 학력평가 18번 |

밑줄 친 ㉠~㉣에 대한 옳은 설명만을 〈보기〉에서 있는 대로 고른 것은? [3점]

> 갑국에서는 공동체 의식을 기반으로 지인이나 지인의 가족이 ㉠결혼을 할 때 ㉡축의금을 주는 문화가 이어져 왔다. 그래서 ㉢갑국에서는 주변 사람들의 결혼 소식을 접하면 축의금을 준비하는 것을 당연하게 여긴다. 그런데, 최근 결혼 소식을 접하고도 자신은 축의금을 내지 않겠다는 사람의 수가 늘고 있다. ㉣이는 개인주의의 확산, 비혼 인구 증가, 경기 침체로 인해 경제적 부담이 커진 상황 등과 관련이 깊다.

보기

ㄱ. ㉠은 비물질문화에 해당한다.
ㄴ. ㉡의 '문화'는 좁은 의미로 사용되었다.
ㄷ. ㉢은 문화가 사회 구성원 간 원활한 상호 작용의 토대가 됨을 보여 준다.
ㄹ. ㉣은 각각의 문화 요소들이 서로 연결되어 하나의 전체로서 존재함을 보여 준다.

① ㄱ, ㄴ ② ㄱ, ㄷ ③ ㄴ, ㄹ
④ ㄱ, ㄷ, ㄹ ⑤ ㄴ, ㄷ, ㄹ

03

| 7월 학력평가 7번 |

밑줄 친 ㉠~㉤에 대한 설명으로 옳은 것은? [3점]

> 갑국에는 특별한 날에 누구나 고기 요리를 이웃과 나누어 먹는 ㉠문화가 존재하였다. 갑국 사람들의 이러한 풍습에도 불구하고 갑국 정부는 육류 생산 과정에서 초래되는 생태계 파괴와 동물 복지 문제를 이유로 ㉡대체육 소비를 권장하였다. 하지만 ㉢갑국 사람들은 대체육의 식감과 맛 때문에 실제 고기를 고수하였다. 갑국 정부의 대체육 개발 연구 지원 사업에 선정된 ㉣A 기업은 실제 고기의 맛, 식감을 완벽히 구현한 새로운 대체육을 개발하였다. 이는 ㉤갑국에서 외식 산업, 의류 산업 등 다양한 분야에 변화를 가져왔다.
>
> * 대체육: 동물 세포와 식물 성분을 활용하여 실제 고기처럼 만든 인공 고기

① ㉠은 좁은 의미의 문화에 해당한다.
② ㉡은 비물질문화에 해당한다.
③ ㉢은 문화 지체 현상에 해당한다.
④ ㉣에는 문화의 공유성이 부각되어 있다.
⑤ ㉤에는 문화의 전체성이 부각되어 있다.

04

| 10월 학력평가 5번 |

(가)와 달리 (나)에만 부각되어 있는 문화의 속성에 대한 진술로 옳은 것은?

> (가) 우리나라에서 소나 말이 과거에는 짐을 실어 나르거나 사람을 태우고 이동하는 교통수단으로 이용되었지만 현재는 교통수단으로 거의 이용되지 않는다.
> (나) 우리나라에 새롭게 도입된 교통수단인 전차는 사람들의 의식과 태도에 변화를 초래하였다. 승객들이 신분이나 성별이 아닌 지불한 요금에 따라 상 · 하등 칸으로 나눠 타게 되면서 양반과 상민의 엄격한 구분, 남녀칠세부동석과 같은 사회적 금기가 점차 약화하였다.

① 문화는 상징을 통해 후천적으로 학습된다.
② 문화는 세대 간 전승을 통해 더욱 풍부해진다.
③ 문화는 시간이 흐르면서 그 형태나 내용이 변화한다.
④ 문화는 여러 요소들이 상호 유기적으로 결합되어 있다.
⑤ 문화는 구성원 간에 사고와 행동의 동질성을 갖게 한다.

2023년

05

| 3월 학력평가 6번 |

(가)와 달리 (나)에만 부각된 문화의 속성에 대한 진술로 옳은 것은?

(가) 갑국에서는 자기보다 나이가 많은 사람에게 존칭을 사용하는 문화가 존재하는데, 이웃 나라 사람들은 이러한 모습을 의아해 한다.
(나) 최근 을국의 대학에서는 예전과 달리 선배를 '선배님' 대신 이름 뒤에 '씨', '님' 등을 붙여 부르는 문화가 형성되었다. 을국의 기성세대는 이러한 문화를 낯설어 한다.

① 문화는 상징을 통해 후천적으로 학습된다.
② 문화는 세대 간 전승을 통해 점차 풍부해진다.
③ 문화는 시간이 흐름에 따라 그 내용과 형태가 변화한다.
④ 문화는 타인의 행동을 예측하고 이해할 수 있게 해 준다.
⑤ 문화 요소들은 서로 관련을 맺으며 하나의 체계를 형성한다.

06

| 4월 학력평가 12번 |

다음 글에 나타난 문화 이해의 관점에 대한 설명으로 가장 적절한 것은?

A국에는 마스크 착용을 기피하는 문화가 나타난다. 이러한 문화에는 마스크를 쓴 사람을 전염병 환자나 수상한 사람으로 여기는 구성원들의 인식, 그리고 무더운 기후 때문에 마스크 착용이 불편하다는 환경적 요인이 반영되어 있다. 또한 마스크를 파는 곳이 적어 마스크를 구하기가 어렵다는 사회적 요인과도 관련이 깊다.

① 타 문화와 문화적 마찰을 초래할 우려가 있다.
② 자문화를 기준으로 타 문화를 평가하고자 한다.
③ 서로 다른 문화 간의 공통점과 차이점을 파악하고자 한다.
④ 타 문화를 우월한 것으로 여겨 자문화를 열등하다고 본다.
⑤ 문화 요소를 다른 요소나 전체와 관련지어 파악하고자 한다.

07

| 4월 학력평가 18번 |

밑줄 친 ㉠~㉣에 대한 옳은 설명만을 〈보기〉에서 있는 대로 고른 것은? [3점]

17세기 유럽에서는 차를 마시며 대화를 나누는 ㉠여가 문화가 형성되기 시작했다. 당시 유럽인들의 차 모임에서는 ㉡차 마시는 소리를 크게 내며 호들갑을 떠는 행위가 차를 대접한 안주인에게 감사를 표현하는 의미로 여겨졌다. 한편 차가 유입된 초기에는 유럽인들 사이에서 ㉢찻잔의 차를 잔 받침에 옮겨 마시는 방식이 통용되었다. 이후 손잡이가 달린 찻잔이 등장하면서 ㉣잔 받침의 용도는 차를 옮겨 마시는 것에서 차 수저를 놓는 것으로 바뀌었다.

보기
ㄱ. ㉠에서 '문화'는 넓은 의미로 사용되었다.
ㄴ. ㉡은 문화를 통해 구성원의 행동 양식이 예측 가능함을 보여 준다.
ㄷ. ㉢은 문화가 세대 간 전승을 통해 더욱 풍부해짐을 보여 준다.
ㄹ. ㉣은 문화가 고정된 것이 아니라 변화하는 것임을 보여 준다.

① ㄱ, ㄴ ② ㄱ, ㄷ ③ ㄷ, ㄹ
④ ㄱ, ㄴ, ㄹ ⑤ ㄴ, ㄷ, ㄹ

08

| 7월 학력평가 19번 |

밑줄 친 ㉠~㉤에 대한 옳은 설명만을 〈보기〉에서 고른 것은?

1980년대 초반에서 2000년대 초반 사이에 태어난 Z세대의 사회 진출로 갑국의 ㉠직장 문화가 변화하였다. Z세대의 다수는 술을 즐기지 않으며, 삶에서 일과 여가의 구분과 균형을 추구한다. 이러한 경향은 ㉡갑국에서 회사원이라면 누구나 업무 이외의 모임 참여를 당연하게 여겼던 인식을 바꾸었다. 또한 Z세대는 발전된 ㉢통신 기술과 SNS 플랫폼을 기반으로 ㉣공유 경제 문화를 확산시켰다. 그러나 일부 사람들은 ㉤이러한 문화가 오랜 기간 확립해 온 노동 환경의 근간을 뒤흔들 것이라는 우려를 제기하기도 한다.

보기
ㄱ. ㉡에는 문화의 공유성이 부각되어 있다.
ㄴ. ㉢은 물질문화에 해당한다.
ㄷ. ㉤은 문화 지체에 해당한다.
ㄹ. ㉣에서의 '문화'는 ㉠에서의 '문화'와 달리 좁은 의미로 사용되었다.

① ㄱ, ㄴ ② ㄱ, ㄷ ③ ㄴ, ㄷ ④ ㄴ, ㄹ ⑤ ㄷ, ㄹ

09

| 10월 학력평가 6번 |

다음 글에 부각되어 있는 문화의 속성만을 〈보기〉에서 고른 것은?

이앙기 등 농기계를 이용한 농법이 기존 농법을 대체하면서 갑국 농촌도 크게 변화하였다. 요즘 갑국 농촌에서는 주민들이 함께 새참을 먹고 모를 심는 문화가 사라졌다. 주민들 간에 서로 도울 일이 없어지면서 공동체 의식도 약해졌다.

보기

ㄱ. 문화는 세대 간 전승을 통해 더욱 풍부해진다.
ㄴ. 문화는 그 형태나 의미가 고정된 생활 양식이 아니다.
ㄷ. 문화는 후천적인 학습에 의해 향유되는 생활 양식이다.
ㄹ. 한 사회의 문화를 구성하는 요소들은 상호 유기적으로 결합되어 있다.

① ㄱ, ㄴ ② ㄱ, ㄷ ③ ㄴ, ㄷ ④ ㄴ, ㄹ ⑤ ㄷ, ㄹ

2022년

10

| 3월 학력평가 8번 |

다음 사례에 부각되어 있는 문화의 속성에 대한 옳은 진술만을 〈보기〉에서 고른 것은?

갑국 사람들은 아이가 버릇없이 행동하는 것은 몸속에 벌레가 있기 때문이라고 생각해 몸에 뜸을 뜨는 벌을 준다. 이방인들은 이해하기 힘든 풍습이지만, 이러한 풍습은 정신 수련을 위해 몸의 정화를 중시하는 갑국의 종교와 밀접하게 관련되어 있는 문화로서 갑국 사람들에게는 매우 자연스러운 풍습이다.

보기

ㄱ. 문화는 세대 간 전승을 통해 점차 풍부해진다.
ㄴ. 문화는 시간이 흐르면서 지속적으로 변동한다.
ㄷ. 문화의 각 요소들은 상호 유기적으로 결합되어 있다.
ㄹ. 문화는 한 사회의 구성원들 간 원활한 상호 작용의 토대가 된다.

① ㄱ, ㄴ ② ㄱ, ㄷ ③ ㄴ, ㄷ ④ ㄴ, ㄹ ⑤ ㄷ, ㄹ

11

| 4월 학력평가 9번 |

밑줄 친 ㉠~㉣에 대한 옳은 설명만을 〈보기〉에서 고른 것은?

팬데믹으로 인한 비대면 생활의 장기화와 ㉠확장 현실 기술의 발전 등이 ㉡대중문화에 영향을 미치고 있다. 예전에 사람들은 ㉢공연을 보기 위해 직접 공연장에 가는 것을 당연시하였지만, 최근에는 비대면 라이브 공연을 즐기는 경우가 많아지고 있다. 또한 광고나 쇼핑, 기업의 회의, 학교 수업 등도 가상 공간에서 이루어지는 사례가 늘고 있다. 이처럼 ㉣신기술의 확산은 여가 생활, 경제 활동, 교육 등 다양한 분야에 변화를 일으키고 있다.

* 확장 현실 기술: 현실과 비슷한 가상 공간에서 시공간의 제약 없이 소통하고 생활할 수 있게 하는 기술로, 실감 기술이라고도 함

보기

ㄱ. ㉠은 비물질문화에 해당한다.
ㄴ. ㉡에서의 '문화'는 넓은 의미의 문화이다.
ㄷ. ㉢에는 문화의 축적성이 부각되어 있다.
ㄹ. ㉣에는 문화의 전체성이 부각되어 있다.

① ㄱ, ㄴ ② ㄱ, ㄷ ③ ㄴ, ㄷ ④ ㄴ, ㄹ ⑤ ㄷ, ㄹ

12

| 4월 학력평가 14번 |

(가), (나)에 나타난 문화 이해의 관점에 대한 옳은 설명만을 〈보기〉에서 고른 것은? [3점]

(가) 쌀을 많이 먹는다는 점에서 스페인과 우리나라의 음식 문화에는 유사성이 있다. 하지만 우리나라에서는 생쌀을 물에 불려서 밥을 짓는 반면, 스페인에서는 생쌀을 볶아서 익힌다는 점에서 조리 방식의 차이가 있다.
(나) 늦은 시간에 저녁을 먹는 스페인의 식사 문화는 '시에스타'라는 낮잠 문화와 관련이 있다. 스페인에는 태양의 열기가 뜨거운 한낮에 잠을 자며 쉬는 풍습이 있어 많은 상점이나 관공서가 오후에 긴 휴게 시간을 가진 후 업무를 재개한다. 이러한 근무 방식이 식사 문화에도 영향을 미친 것이다.

보기

ㄱ. (가)의 관점은 자문화를 객관적으로 이해하는 데 기여한다.
ㄴ. (나)의 관점은 문화 요소 간의 유기적 연관성을 강조한다.
ㄷ. (가)의 관점은 (나)의 관점과 달리 문화 간의 우열을 평가할 수 있다고 본다.
ㄹ. (나)의 관점은 (가)의 관점과 달리 문화의 보편성과 특수성을 파악하고자 한다.

① ㄱ, ㄴ ② ㄱ, ㄷ ③ ㄴ, ㄷ ④ ㄴ, ㄹ ⑤ ㄷ, ㄹ

13

| 7월 학력평가 16번 |

다음 두 사례에서 공통적으로 부각된 문화의 속성에 대한 옳은 진술만을 〈보기〉에서 고른 것은?

> ○ 갑국에서는 주 1회 열리는 종교 의례 직후, 생필품 거래가 이루어진다. 이 때문에 갑국 사람들은 교환할 생필품을 가지고 종교 의례에 참석한다.
> ○ 을국에서는 매년 7월이 되면 성인이 된 사람들을 위해 마을 입구에 꽃길을 만든다. 7월에 꽃길을 걸으면 그 해에 성인이 되었다는 것을 을국 사람들이라면 누구나 알 수 있다.

보기
ㄱ. 문화는 고정된 것이 아니라 지속적으로 변화한다.
ㄴ. 문화는 부분들이 모여 전체로서 하나의 체계를 이룬다.
ㄷ. 문화는 사회 구성원 간 원활한 상호 작용의 토대가 된다.
ㄹ. 문화는 특정 상황에서 타인의 행동을 예측 가능하게 한다.

① ㄱ, ㄴ ② ㄱ, ㄷ ③ ㄴ, ㄷ ④ ㄴ, ㄹ ⑤ ㄷ, ㄹ

14

| 10월 학력평가 3번 |

다음 자료에 대한 옳은 설명만을 〈보기〉에서 고른 것은?

> (가) 북알래스카의 이누피아크족(族)은 과거에는 카약을 타고 바다 포유류를 사냥하며 이동 생활을 하였으나 지금은 ㉠눈 자동차(snowmobile), 전기 설비 등 현대적 거주 환경을 갖춘 마을에서 정착하여 생활하고 있다.
> (나) 시베리아의 축치족(族)은 형이 죽은 경우 동생이 계승자가 되어 형수와 결혼하고 조카들을 돌보는 ㉡형제 연혼의 관습을 갖고 있다. 이는 유목과 어로를 통해 생계를 유지해야 하는 환경적 조건과 밀접하게 관련되어 있다.

보기
ㄱ. ㉠은 비물질문화, ㉡은 물질문화에 해당한다.
ㄴ. (가)는 시간의 흐름에 따라 문화가 변화함을 보여 준다.
ㄷ. (나)는 문화 구성 요소들이 상호 유기적으로 결합되어 있음을 보여 준다.
ㄹ. (가), (나)에서 공통적으로 부각되는 문화의 속성은 축적성이다.

① ㄱ, ㄴ ② ㄱ, ㄷ ③ ㄴ, ㄷ ④ ㄴ, ㄹ ⑤ ㄷ, ㄹ

2021년

15

| 3월 학력평가 12번 |

다음 두 사례에 공통으로 부각되어 있는 문화의 속성에 대한 진술로 가장 적절한 것은?

> ○ A 사회 사람들은 다른 사회 사람들과 달리 9를 길한 숫자로 여겨 결혼식 날짜를 9가 들어간 날짜로 잡으려고 한다.
> ○ B 사회에서는 아기가 태어나면 축하의 의미로 산모가 손님들에게 선물을 주는 것을 당연하게 받아들인다.

① 문화의 형태와 내용은 끊임없이 변화한다.
② 문화는 구성원 간 원활한 상호 작용의 토대가 된다.
③ 문화는 세대 간 전승되면서 점차 풍부해지는 생활 양식이다.
④ 문화의 한 부분이 변동하면 다른 부분도 연쇄적으로 변동한다.
⑤ 문화는 여러 요소들이 유기적으로 연결되어 있는 하나로서의 전체이다.

16

| 4월 학력평가 9번 |

밑줄 친 ㉠, ㉡에 부각되어 있는 문화의 속성에 대한 옳은 진술만을 〈보기〉에서 고른 것은? [3점]

> ㉠바둑은 우리나라 사람들에게 익숙한 오락거리이다. 바둑은 서양의 체스와 마찬가지로 두 사람이 판을 놓고 마주 앉아 게임을 하는 것이지만, 바둑돌과 체스 말에 적용되는 규칙은 다르다. 체스 말은 왕, 여왕, 기사 등으로 계급이 나눠져 있고, 계급별로 정해진 이동 규칙에 의해서만 움직인다. 반면 바둑돌은 별도의 위계가 없고 바둑판의 빈 점 어디에든 놓을 수 있으며, 다른 돌들과의 상대적 위치가 중요하게 작용한다. 한 연구자는 ㉡바둑과 체스의 이와 같은 특징이 동서양 각각의 세계관과 연관되어 있다고 본다. 세상을 절대자가 만든 '기하학적 규칙의 조합'으로 보는 서양과 '관계의 집합'으로 보는 동양의 세계관이 게임에도 반영되어 있다는 것이다.

보기
ㄱ. ㉠ – 문화는 세대를 거치면서 점차 복잡하고 풍부해진다.
ㄴ. ㉠ – 문화는 구성원 간 사고와 행동의 동질성을 형성한다.
ㄷ. ㉡ – 문화는 고정되어 있지 않고 끊임없이 변화한다.
ㄹ. ㉡ – 문화는 여러 요소가 유기적으로 결합한 하나의 총체이다.

① ㄱ, ㄴ ② ㄱ, ㄷ ③ ㄴ, ㄷ ④ ㄴ, ㄹ ⑤ ㄷ, ㄹ

17

| 7월 학력평가 9번 |

밑줄 친 ㉠~㉣에 대한 옳은 설명만을 〈보기〉에서 고른 것은?

자신의 노력과 능력의 대가에 대한 인정 욕구 표현으로 고가 제품을 소비하는 ㉠'플렉스 문화'는 힙합 음악가들로부터 시작되었고, ㉡대중의 인기를 받으며 다양한 음악 장르의 소재로 활용되고 있다. 이러한 플렉스 문화는 ㉢음악을 뛰어넘어 생산 및 소비 활동 등 다양한 분야의 변화를 가져왔다. 그 결과 용돈을 모으거나 아르바이트를 통해 번 돈으로 구입한 ㉣고가 브랜드 상품을 정체성 표현 수단으로 활용하는 것은 1020 세대에게 일반적인 현상이 되었다.

보기

ㄱ. ㉠에서 '문화'는 좁은 의미로 사용되었다.
ㄴ. ㉡은 문화가 세대 간 계승되고 발전하는 현상임을 보여 준다.
ㄷ. ㉢은 문화의 각 요소가 상호 유기적으로 연결되어 있음을 보여 준다.
ㄹ. ㉣은 문화를 통해 구성원의 행동 양식을 예측할 수 있음을 보여 준다.

① ㄱ, ㄴ ② ㄱ, ㄷ ③ ㄴ, ㄷ ④ ㄴ, ㄹ ⑤ ㄷ, ㄹ

18

| 10월 학력평가 8번 |

밑줄 친 ㉠~㉣에 대한 옳은 설명만을 〈보기〉에서 고른 것은? [3점]

곤충의 유충을 즐겨 먹는 ㉠음식 문화를 가진 부족을 방문했을 때 ㉡부족 사람들은 남녀노소 가릴 것 없이 자연스럽게 벌의 유충을 먹고 있었다. 나는 그 모습에 거부감이 느껴졌지만 ㉢그들의 음식 문화가 짐승 고기를 금기시하는 종교 문화와 관련되어 있음을 알게 되면서 그들을 이해할 수 있게 되었다. ㉣곤충의 유충을 먹는 것을 혐오하는 사람이 이곳에 와서 현지 부족민들처럼 곤충 유충을 즐겨 먹게 되는 것을 보면, 음식에 대한 평가 기준은 상대적임을 알 수 있다.

보기

ㄱ. ㉠에서 '문화'는 넓은 의미로 사용되었다.
ㄴ. ㉡에 부각되어 있는 문화의 속성은 한 사회 구성원 간 원활한 소통을 가능하게 한다.
ㄷ. ㉣에는 문화의 변동성이 부각되어 있다.
ㄹ. 문화 요소들의 연쇄적인 변동을 설명하는 데에는 ㉢이 아닌 ㉡에 부각되어 있는 문화의 속성이 적합하다.

① ㄱ, ㄴ ② ㄱ, ㄷ ③ ㄴ, ㄷ ④ ㄴ, ㄹ ⑤ ㄷ, ㄹ

2020년

19

| 3월 학력평가 13번 |

밑줄 친 ㉠~㉤에 대한 옳은 설명만을 〈보기〉에서 고른 것은?

㉠A국과 B국은 서로 다른 음식 문화를 향유하고 있다. 이는 ㉡각국의 음식 문화가 그들만의 경제 문화, 종교 문화 등과 밀접하게 관련을 맺고 있고, 오랜 역사 속에서 각국이 고유한 ㉢음식 문화를 발전시켜 왔기 때문이다. 한편, 최근에는 ㉣대중 매체를 통해 A국 음식이 B국으로 전파되어 B국에서 A국 음식을 즐기는 것이 ㉤문화생활로 각광받고 있다.

보기

ㄱ. ㉠에는 문화의 변동성이 부각되어 있다.
ㄴ. ㉡은 문화의 전체성으로 설명될 수 있다.
ㄷ. ㉣은 간접 전파에 해당한다.
ㄹ. ㉤에서의 '문화'는 ㉢에서의 '문화'와 달리 넓은 의미로 사용되었다.

① ㄱ, ㄴ ② ㄱ, ㄷ ③ ㄴ, ㄷ ④ ㄴ, ㄹ ⑤ ㄷ, ㄹ

20

| 4월 학력평가 5번 |

갑과 을이 가진 문화 이해의 관점에 대한 옳은 설명만을 〈보기〉에서 고른 것은?

○ 갑은 멕시코와 미국의 유령 관련 축제를 연구하며 멕시코에서는 유령을 가족이 돌아온 것이라고 믿어 이들을 환영의 대상으로 여기는 반면, 미국에서는 유령이 산 자를 괴롭힌다고 믿어 유령을 피해야 할 대상으로 여기는 인식 차이에 주목하였다.
○ 을은 영국의 차(茶) 문화를 연구하며 물에 석회 성분이 많아서 식수로 적합하지 않은 환경적 요인, 영국의 식민지에서 저렴한 가격으로 차를 들여올 수 있었던 경제적 요인 등이 차 문화와 어떤 관련을 맺고 있는지에 주목하였다.

보기

ㄱ. 갑의 관점은 문화 간의 보편성과 특수성을 파악하고자 한다.
ㄴ. 을의 관점은 특정 문화 현상을 다른 문화 요소와의 관계 속에서 이해하고자 한다.
ㄷ. 을의 관점은 갑의 관점과 달리 자문화의 객관적인 이해에 기여한다.
ㄹ. 갑의 관점은 총체론적 관점에, 을의 관점은 비교론적 관점에 해당한다.

① ㄱ, ㄴ ② ㄱ, ㄷ ③ ㄴ, ㄷ ④ ㄴ, ㄹ ⑤ ㄷ, ㄹ

21

| 4월 학력평가 17번 |

밑줄 친 ㉠, ㉡에 부각되어 있는 문화의 속성에 대한 설명으로 가장 적절한 것은? [3점]

태극기는 1882년 조선이 외국과 조약을 체결하는 자리를 위해 처음 만들어졌다. ㉠당시 만들어진 태극기의 형태는 지금과 차이가 있었다. 태극 모양도 달랐으며 지금처럼 4괘가 아니라 8괘로 이루어져 있었다. 오늘날 우리는 국경일과 기념일에 국기를 게양하여 그 의미를 되새긴다. 예를 들어 현충일에는 태극기를 깃면 너비만큼 내려 다는데, ㉡이는 우리나라 국민에게 국가를 위하여 희생한 사람들을 추모하는 의미를 갖는다.

① ㉠ – 문화가 구성원 간 상호 작용의 토대가 됨을 보여 준다.
② ㉠ – 문화는 타고나는 것이 아니라 습득되는 것임을 보여 준다.
③ ㉠ – 시간의 흐름에 따라 문화 요소의 의미나 형태가 변화함을 보여 준다.
④ ㉡ – 문화가 이전의 문화를 토대로 점차 풍부해짐을 보여 준다.
⑤ ㉡ – 한 문화 요소의 변화가 다른 문화 요소의 연쇄적인 변화를 초래할 수 있음을 보여 준다.

22

| 7월 학력평가 19번 |

다음 사례에 공통적으로 부각되어 있는 문화의 속성에 대한 진술로 옳은 것은?

○ 한국에서는 새로운 사업을 시작하거나 중요한 일을 앞두면 술과 음식을 차려 '고사(告祀)'를 지낸다. 한국인들은 '고사'가 앞으로 행할 일들이 잘되길 기원하는 의식임을 알고 있다.
○ 아마존강 유역에 살고 있는 한 부족은 사냥을 나가기 전에 구성원들이 손을 잡고 원형으로 선다. 원형으로 선 사람들은 노래를 부르는데, 부족민들은 노래에 사냥의 성공과 사냥터에 나가는 사람의 안전을 기원하는 내용을 담는다.

① 구성원들의 행동을 예측 가능하게 한다.
② 시간이 흐르면서 기존의 내용이 변화한다.
③ 새로운 요소가 첨가되어 내용이 풍부해진다.
④ 언어를 매개로 한 학습에 의해 세대 간 전승된다.
⑤ 한 부분의 변동이 다른 부분에 영향을 주어 변동을 일으킨다.

23

| 10월 학력평가 11번 |

밑줄 친 ㉠~㉣에 대한 옳은 설명만을 〈보기〉에서 있는 대로 고른 것은?

과거 ㉠갑국에서는 기업의 명문대 졸업생 선호가 당연시되었다. 그러나 최근 ㉡기업의 채용 기준이 학벌에서 능력으로 대체되면서 ㉢기업 문화가 변화하고 있다. 이러한 ㉣기업 문화의 변화는 학교 교육에도 영향을 미치고 있다.

보기

ㄱ. ㉠에 부각된 문화의 속성은 한 사회 내에서 구성원 간의 원활한 의사소통에 기여한다.
ㄴ. ㉡은 문화가 세대 간 전승 과정에서 더욱 풍부해짐을 보여 준다.
ㄷ. ㉢에서의 '문화'는 '문화 시설'에서의 '문화'와 같이 좁은 의미로 사용되었다.
ㄹ. ㉣을 통해 문화가 하나로서의 전체임을 파악할 수 있다.

① ㄱ, ㄴ　② ㄱ, ㄹ　③ ㄴ, ㄷ
④ ㄱ, ㄷ, ㄹ　⑤ ㄴ, ㄷ, ㄹ

필출 주제
10

문화 이해의 태도

1 자문화 중심주의

의미	자기 문화의 우수성을 지나치게 강조한 나머지 다른 문화를 부정적으로 여기고 낮게 평가하는 태도
순기능	• 자기 문화에 대한 자부심과 집단 내의 일체감을 강화시켜 사회 통합에 기여함 • 고유한 전통문화 계승 및 보전에 유리함
역기능	• 타 문화에 대한 이해와 수용을 어렵게 함 • 국수주의에 빠져 국제적 고립을 초래하거나 문화 제국주의적 문화 이식을 시도하여 문화적 마찰을 발생시킬 수 있음
사례	중국인의 중화사상, 흥선 대원군의 쇄국 정책, 제국주의 국가의 식민 지배 등

2 문화 사대주의

의미	다른 문화의 우수성을 내세워 자기 문화의 가치를 낮게 평가하는 태도
순기능	• 자기 문화의 낙후성을 개선함 • 선진 문물 수용에 기여함
역기능	• 자기 문화의 정체성이나 주체성을 상실할 우려가 있음 • 고유문화가 소멸되거나 외래문화에 종속될 수 있음
사례	조선 시대 소중화사상, 외국 상품에 대한 맹목적인 선호 등

3 문화 상대주의

의미	문화를 우열 평가가 아닌 이해의 대상으로 간주하며, 각 문화를 해당 사회의 역사적 배경과 사회적 맥락을 고려하여 이해하고 존중하려는 태도
순기능	• 타 문화를 바르게 이해함으로써 문화의 다양성을 보존하는 데 기여할 수 있음 • 현대 다문화 사회를 이해하는 데 적합함
역기능	극단적 문화 상대주의로 치우칠 경우 인류의 보편적 가치를 훼손할 우려가 있음
극단적 문화 상대주의	• 문화 상대주의를 극단적으로 주장하며 다른 문화에 대해서는 어떠한 판단도 하지 말고 인정하고 존중해야 한다고 보는 태도 • 인간의 존엄성을 침해하거나 인간에게 고통을 주는 관습과 제도까지 문화 상대주의적 관점에서 인정할 수 있는 위험이 있음

기출 자료 핵심을 파악하라!

자료 1 문화 이해의 태도

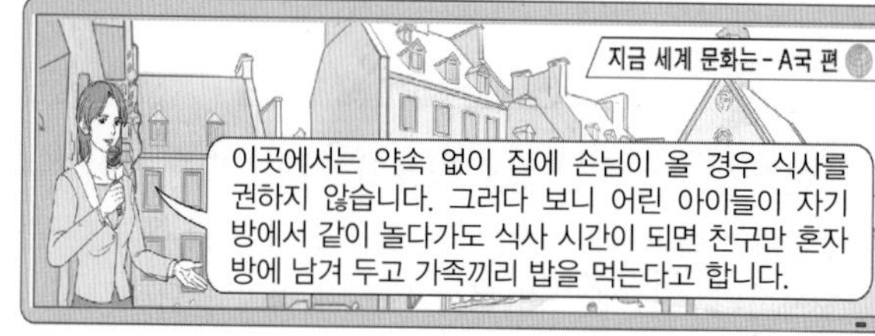
지금 세계 문화는 - A국 편
이곳에서는 약속 없이 집에 손님이 올 경우 식사를 권하지 않습니다. 그러다 보니 어린 아이들이 자기 방에서 같이 놀다가도 식사 시간이 되면 친구만 혼자 방에 남겨 두고 가족끼리 밥을 먹는다고 합니다.

갑: A국의 식사 문화는 손님에 대한 예의가 없는 것 같아.
을: A국에서는 자기 가족끼리만 식사를 하는 것이 오랜 전통이야. 이런 문화가 우리와 달라서 이상하게 보일 수 있지만 틀렸다고 생각하면 안 돼. 서로 다른 문화를 제대로 이해하려면 각 사회 문화를 (가) → 문화 상대주의

핵심 ① **을의 말을 통해 (가)에 들어갈 수 있는 문화 이해의 태도를 파악한다.** (가)에는 해당 사회의 문화를 그 사회의 특수한 환경과 사회적 맥락에서 바라볼 것을 강조하는 문화 상대주의와 관련된 내용이 들어갈 수 있다.

기출 선택지 X를 찾아라!

☑ 다음 중 옳지 않은 설명 3개를 찾아 '×'에 체크하시오.

기출 선택지	○	×
24 학평 01. 문화 상대주의는 서로 다른 문화 간에 우열이 존재함을 전제한다.	☐	☐
23 모평 02. 문화 사대주의는 자문화 중심주의와 달리 특정 문화를 기준으로 타 문화를 평가한다는 비판을 받는다.	☐	☐
24 수능 03. 자문화 중심주의는 국수주의로 변질될 수 있다는 비판을 받는다.	☐	☐
23 수능 04. 문화 상대주의는 문화의 다양성을 저해한다는 비판을 받는다.	☐	☐

X의 정체는?

✓ 01 문화 상대주의는 서로 다른 문화 간에 우열이 ~~존재함을 전제한다.~~ (존재하지 않는다고 본다.)
↳ 문화 상대주의는 자문화 중심주의, 문화 사대주의와 달리 문화 간에 우열이 존재하지 않는다고 본다.

✓ 02 ~~문화 사대주의는 자문화 중심주의와 달리~~ (문화 사대주의와 자문화 중심주의는 모두) 특정 문화를 기준으로 타 문화를 평가한다는 비판을 받는다.
↳ 문화를 우열 평가가 아닌 이해의 대상으로 간주하는 문화 이해의 태도는 문화 상대주의이다.

✓ 04 ~~문화 상대주의는~~ (문화 사대주의와 자문화 중심주의) 문화의 다양성을 저해한다는 비판을 받는다.
↳ 문화 상대주의는 문화의 다양성을 보존하는 데 기여한다.

2024년

01

| 3월 학력평가 13번 |

그림은 문화 이해 태도 A~C를 구분한 것이다. 이에 대한 설명으로 옳은 것은? (단, A~C는 각각 자문화 중심주의, 문화 사대주의, 문화 상대주의 중 하나임.) [3점]

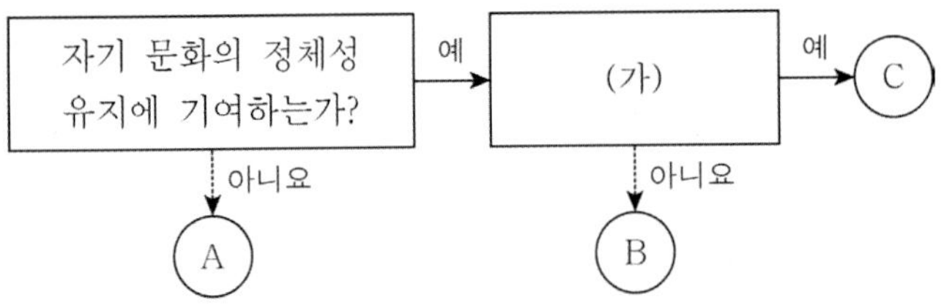

① A는 모든 문화가 동등한 가치를 가지고 있다고 본다.
② B가 문화를 평가가 아닌 이해의 대상으로 보는 태도라면, (가)에는 '문화 다양성 보존에 기여하는가?'가 들어갈 수 있다.
③ C가 자문화를 타문화보다 우월하다고 보는 태도라면, (가)에는 '국수주의로 나아갈 우려가 있는가?'가 들어갈 수 있다.
④ (가)에는 '문화 간 우열을 평가할 수 있다고 보는가?'가 들어갈 수 없다.
⑤ (가)에 '각 사회의 문화를 해당 사회의 맥락에서 바라보는가?'가 들어간다면, C는 B에 비해 타문화와의 마찰을 초래할 가능성이 높다.

02

| 5월 학력평가 16번 |

갑과 을의 문화 이해 태도에 대한 설명으로 옳은 것은?

> 갑: ○○국은 한 번 받은 목욕물에 가족들이 순서대로 몸을 담그며 목욕을 한다고 해요. 아무리 가족이어도 이미 사용한 물로 목욕하는 것은 너무 비위생적이에요. 한 번 사용한 목욕물을 다시 사용하지 않는 우리 나라의 위생적인 목욕 문화를 ○○국에서도 본받아야 해요.
> 을: 우리 나라와 달리 ○○국에서는 몸을 먼저 깨끗하게 씻은 후 물에 들어가요. 덥고 습한 기후 때문에 목욕을 자주 해야 하지만 뜨거운 물을 얻기 힘들던 시절부터 가족 모두가 매일 목욕을 하기 위한 나름의 지혜가 반영된 것이죠. 이처럼 각 사회의 문화는 그 나라의 고유한 환경과 가치 등을 반영한 것으로 그 사회의 맥락에서 이해해야 해요.

① 갑의 태도는 문화의 다양성 보존에 기여한다.
② 갑의 태도는 국수주의로 변질될 수 있다는 비판을 받는다.
③ 을의 태도는 자문화의 정체성을 상실할 우려가 있다.
④ 을의 태도는 서로 다른 문화 간에 우열이 존재함을 전제한다.
⑤ 갑과 을의 태도는 모두 문화를 이해가 아닌 평가의 대상으로 본다.

03

| 7월 학력평가 11번 |

갑~병의 문화 이해 태도에 대한 설명으로 옳은 것은?

갑: A국의 일부다처제는 남녀 간 불평등한 권력 관계의 산물이야. A국은 세계에서 가장 우수한 우리 나라의 결혼 형태를 본받아야 해.

을: 아니야. A국은 우리 나라보다 선진국이기 때문에 A국의 일부다처제는 우리 나라의 일부일처제보다 더 우월한 결혼 형태야.

병: 나는 두 사람과 다른 생각을 가지고 있어. 우리 나라와 A국의 결혼 형태가 형성된 사회적 배경 및 맥락을 바탕으로 각 문화를 이해해야 해.

① 갑의 태도는 타문화에 대한 긍정적 인식에서 비롯된다.
② 을의 태도는 자문화를 독자적으로 계승하는 데 기여한다.
③ 병의 태도는 문화 간 우열을 평가할 수 있다고 본다.
④ 병의 태도와 달리 갑의 태도는 타문화와의 마찰을 일으킬 수 있다는 비판을 받는다.
⑤ 병의 태도와 달리 을의 태도는 문화 제국주의로 나아갈 수 있다는 비판을 받는다.

04

| 10월 학력평가 7번 |

다음 자료에 대한 옳은 설명만을 〈보기〉에서 고른 것은? (단, A~C는 각각 문화 사대주의, 문화 상대주의, 자문화 중심주의 중 하나임.) [3점]

> ○ '서로 다른 사회의 문화에 대해 우열을 판단할 수 있다고 보는가?'라는 질문으로 A와 B를 구분할 수 없다.
> ○ '(가)'라는 질문으로 A와 B를 구분할 수 있다.

보기

ㄱ. A, B와 달리 C는 문화의 다양성 보존에 기여한다.
ㄴ. A가 타 문화를 맹목적으로 추종하는 태도라면, B는 자문화의 정체성을 약화시킬 수 있다는 비판을 받는다.
ㄷ. (가)에는 '문화 제국주의로 변질될 수 있다는 비판을 받는가?'가 들어갈 수 있다.
ㄹ. (가)에는 '해당 사회의 상황과 맥락을 고려하여 문화를 이해하는가?'가 들어갈 수 있다.

① ㄱ, ㄴ ② ㄱ, ㄷ ③ ㄴ, ㄷ ④ ㄴ, ㄹ ⑤ ㄷ, ㄹ

2023년

05

| 3월 학력평가 14번 |

다음의 수행 평가에서 2점을 얻을 수 있는 학생만을 있는 대로 고른 것은?

§ 수행 평가 §

☞ ㉠과 ㉡을 비교하여 한 문장으로 서술하시오. (단, 문장 안에 ㉠, ㉡ 중 하나라도 사용되지 않았을 경우 1점을 감점함.) [2점]

과거 갑국 사람들은 주변국들을 모두 야만족으로 취급하였고, 자국을 세상의 중심으로 보며 자기 문화를 최고로 여겼다. 이러한 문화 이해 태도는 [㉠]에 해당한다. 그러나 오늘날 갑국 사람들은 과거와 달리 다른 나라의 문화와 그 가치도 존중하는 태도를 가지고 있다. 이러한 문화 이해의 태도는 [㉡]에 해당한다.

--- 학생 답안 ---

갑: ㉡은 인류의 문화 다양성 보존에 기여한다.
을: ㉠은 ㉡과 달리 타 문화에 대한 차별적 편견을 가진다.
병: ㉡은 ㉠과 달리 문화를 우열 평가가 아닌 이해의 대상으로 본다.
정: ㉠과 ㉡은 모두 국수주의에 빠질 우려가 크다.

① 갑, 을 ② 갑, 정 ③ 을, 병
④ 갑, 병, 정 ⑤ 을, 병, 정

06

| 7월 학력평가 11번 |

다음 자료에 대한 설명으로 옳은 것은? (단, A~C는 각각 자문화 중심주의, 문화 사대주의, 문화 상대주의 중 하나임.) [3점]

표는 질문에 따라 A~C를 구분한 후 답변만 보이지 않게 가린 것이다. 답변은 '예'와 '아니요' 중 하나이다.

질문	답변		
	A	B	C
특정 사회의 문화를 기준으로 타 문화를 평가할 수 있다고 보는가?			
국수주의로 변질될 수 있다는 비판을 받는가?			
(가)			
'예'의 개수	2	3	㉠

① ㉠은 '2'이다.
② A는 C와 달리 문화의 다양성 확보에 유리하다.
③ B는 C와 달리 자문화의 정체성을 상실할 수 있다는 비판을 받는다.
④ C는 A, B와 달리 각 사회의 문화를 해당 사회의 맥락에서 바라본다.
⑤ (가)에는 '인류 보편 가치를 기준으로 문화를 평가하는가?'가 들어갈 수 있다.

07

| 10월 학력평가 10번 |

다음 자료의 A~C에 대한 설명으로 옳은 것은? (단, A~C는 각각 문화 사대주의, 문화 상대주의, 자문화 중심주의 중 하나임.) [3점]

표는 문화 이해의 태도 A~C에 대한 질문과 갑, 을의 응답 및 교사의 채점 결과를 나타낸 것이다. 교사는 질문별로 채점하고, 각 질문에 대해 '예'로 답할 수 있는 태도만을 모두 적은 경우 1점, 그렇지 않은 경우 0점을 부여한다.

질문	응답	
	갑	을
문화의 다양성 보존에 기여하는가?	A	B
문화를 우열 평가의 대상으로 보는가?	A, C	A, C
자기 문화가 가장 우수하다고 믿는가?	C	B, C
교사의 채점 결과	2점	2점

① A는 문화 상대주의이다.
② B는 제3자의 입장에서 문화를 이해하고자 한다.
③ A는 C와 달리 자기 문화의 정체성 보존에 유리하다.
④ B는 A와 달리 선진 문물의 수용에 적극적이다.
⑤ C는 B와 달리 문화 제국주의로 이어질 수 있다.

2022년

08

| 3월 학력평가 5번 |

다음 자료의 갑~병이 지닌 문화 이해 태도에 대한 옳은 설명만을 〈보기〉에서 고른 것은? [3점]

A국 가옥 숙박 후기

A국의 가옥에서 숙박을 했는데 옆방과 종이 문 하나로 경계를 두고 있어서 자는 내내 너무 불편했습니다.

↳갑 : 역시 세계 어디를 가더라도 우리나라만큼 우수한 가옥 문화를 가진 나라는 없군요.

↳을 : A국 사람들의 입장에서 보면 다 이유가 있는 문화이므로 외부인의 입장에서 해석해서는 안 돼요.

↳병 : 저는 우리나라 가옥과 달리 세련된 A국의 가옥에서 살고 싶어요. 우리나라의 가옥은 너무 촌스럽지 않나요?

보기

ㄱ. 갑의 태도는 자기 문화의 정체성을 상실하게 할 가능성이 크다.
ㄴ. 을의 태도는 문화 다양성의 보존에 기여한다.
ㄷ. 병의 태도는 외부 문화의 수용에 적극적이다.
ㄹ. 을의 태도는 갑, 병의 태도와 달리 문화를 우열 평가의 대상으로 본다.

① ㄱ, ㄴ ② ㄱ, ㄷ ③ ㄴ, ㄷ ④ ㄴ, ㄹ ⑤ ㄷ, ㄹ

09

| 7월 학력평가 7번 |

표는 질문을 통해 문화 이해의 태도 A~C를 구분한 것이다. 이에 대한 설명으로 옳은 것은? (단, A~C는 각각 문화 사대주의, 문화 상대주의, 자문화 중심주의 중 하나이다.) [3점]

구분	문화 이해의 태도		
	A	B	C
문화를 평가가 아닌 이해의 대상으로 보는가?	예	아니요	아니요
(가)	아니요	예	아니요
(나)	아니요	아니요	예

① A는 국수주의를 초래할 수 있다는 비판을 받는다.
② B, C는 A와 달리 문화의 다양성 확보에 유리하다.
③ B가 자문화 중심주의라면, (가)에는 '자문화의 정체성을 상실할 우려가 있는가?'가 들어갈 수 있다.
④ C가 문화 사대주의라면, (나)에는 '자신의 문화가 상대적으로 열등하다고 보는가?'가 들어갈 수 있다.
⑤ (가)가 '문화 제국주의로 변질될 우려가 있는가?'라면, (나)에는 '자기 문화의 가치만을 중시하는가?'가 들어갈 수 있다.

10

| 10월 학력평가 14번 |

다음은 문화 이해의 태도를 활용한 게임이다. 이에 대한 옳은 설명만을 〈보기〉에서 고른 것은? [3점]

○ 게임 방법: 갑~병은 각자 카드 A~D가 1장씩 들어 있는 꾸러미를 배부받는다. 갑은 자문화 중심주의, 을은 문화 사대주의, 병은 문화 상대주의의 특징에 해당하는 카드를 2장씩 골라야 한다. 두 장 모두 옳게 고르면 2점, 한 장만 옳게 고르면 1점, 두 장 모두 잘못 고르면 0점을 받는다.

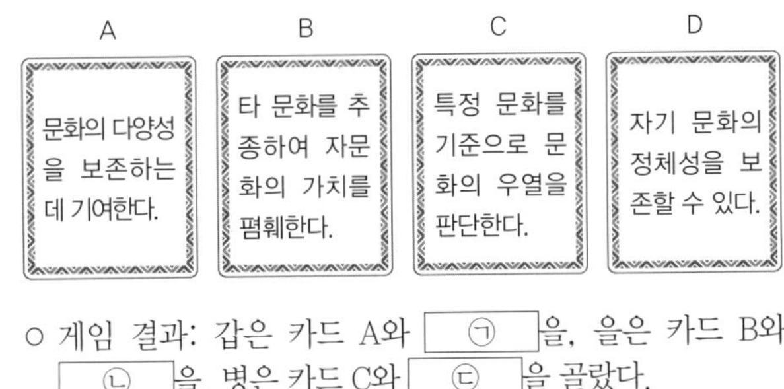

A
문화의 다양성을 보존하는 데 기여한다.
B
타 문화를 추종하여 자문화의 가치를 폄훼한다.
C
특정 문화를 기준으로 문화의 우열을 판단한다.
D
자기 문화의 정체성을 보존할 수 있다.

○ 게임 결과: 갑은 카드 A와 ㉠ 을, 을은 카드 B와 ㉡ 을, 병은 카드 C와 ㉢ 을 골랐다.

보기

ㄱ. ㉠이 B라면 갑은 2점을 획득한다.
ㄴ. ㉡이 C, ㉢이 B라면 을은 2점, 병은 0점을 획득한다.
ㄷ. ㉢이 A이든 D이든 병이 획득하는 점수는 1점이다.
ㄹ. ㉠이 B, ㉡이 C, ㉢이 D라면 최고 득점자는 갑이다.

① ㄱ, ㄴ ② ㄱ, ㄷ ③ ㄴ, ㄷ ④ ㄴ, ㄹ ⑤ ㄷ, ㄹ

2021년

11

| 3월 학력평가 13번 |

문화 이해의 태도 A~C에 대한 설명으로 옳은 것은? (단, A~C는 각각 문화 사대주의, 문화 상대주의, 자문화 중심주의 중 하나이다.) [3점]

교사: 문화의 우열을 평가할 수 있는지에 대해 B, C는 A와 다른 입장을 갖는다는 공통점이 있는데, B와 C 간에도 차이점이 있습니다. 그러면 B와 다른 C의 특징을 설명해 볼까요?
갑: 자기 문화의 정체성을 유지하는 데 유리합니다.
을: 외부 문화의 수용에 적극적입니다.
교사: 을만 옳은 설명을 했습니다.

① A는 다른 사회와 문화적 마찰을 초래할 가능성이 크다.
② B는 문화적 다양성 증진에 기여한다.
③ C는 모든 문화의 고유한 가치를 존중한다.
④ A는 B와 달리 문화 제국주의로 변질될 가능성이 크다.
⑤ C는 B와 달리 자기 문화의 가치를 폄하한다.

제1권 교육청

12

| 4월 학력평가 3번 |

다음 글에서 강조하는 문화 이해 태도에 대한 설명으로 옳은 것은?

남미 원주민 중 하나인 아체족은 아이가 다섯 살 정도 되어도 어른이 목말을 태우거나 안고 다니는 경우가 많다. 이러한 아체족의 양육법을 보고 어떤 서구인들은 아이의 독립심을 저해하는 방식이라며 평가 절하하기도 한다. 그러나 아체족이 수렵 · 채집 생활을 하는 열대 우림에는 독충과 뱀, 맹수가 득실거린다. 이들의 양육법은 위험한 환경 속에서 아이의 생존율을 높이기 위한 생활 방식으로서 나름의 가치가 있는 것으로 보아야 한다.

① 타 문화가 우월하다고 믿고 자문화를 폄하한다.
② 서로 다른 문화 간에 우열이 존재함을 전제한다.
③ 국수주의로 변질될 우려가 있다는 비판을 받는다.
④ 문화의 다양성 보존을 저해한다는 비판을 받는다.
⑤ 문화를 해당 사회의 맥락에서 이해해야 한다고 본다.

13

| 7월 학력평가 16번 |

갑, 을이 가진 문화 이해 태도에 대한 설명으로 옳은 것은?

갑: ○○ 부족은 상황에 따라 지도자가 바뀌는 미개한 제도를 가지고 있어. ○○ 부족은 정치 발전을 위해서 우리나라의 선진화된 정치 제도를 받아들여야만 해.

을: 아니야. 밀림에서 사냥하는 ○○ 부족은 상황에 따른 유연한 대처가 부족의 생존을 결정해. 그들이 처한 자연환경과 사회적 맥락을 고려하여 정치 제도를 이해해야 해.

① 갑의 태도는 문화를 평가가 아닌 이해의 대상으로 바라본다.
② 을의 태도는 문화 제국주의로 변질될 수 있다는 비판을 받는다.
③ 갑의 태도는 을의 태도와 달리 타 문화에 대한 긍정적 인식에서 비롯된다.
④ 을의 태도는 갑의 태도에 비해 타 문화와의 접촉 과정에서 문화적 마찰을 일으킬 가능성이 크다.
⑤ 을의 태도는 갑의 태도와 달리 각 사회의 문화가 동등한 가치를 지닌다고 본다.

14

| 10월 학력평가 11번 |

다음 자료에 대한 옳은 설명만을 〈보기〉에서 고른 것은? (단, A~C는 각각 문화 사대주의, 문화 상대주의, 자문화 중심주의 중 하나이다.) [3점]

표는 각 질문에 대한 응답 및 옳은 응답 수를 나타낸 것이다.

질문	응답			옳은 응답 수
	갑	을	병	
A는 문화 간 우열을 평가할 수 있다고 보는가?	아니요	㉠	예	2개
B는 자기 문화의 정체성을 상실하게 할 우려가 큰가?	예	예	아니요	㉡
C는 모든 문화가 고유한 가치를 지니고 있다고 보는가?	아니요	아니요	예	1개
(가)	아니요	예	아니요	2개

〈보기〉

ㄱ. ㉠은 '아니요'이다.
ㄴ. ㉡이 '1개'이면, A는 B와 달리 타 문화 수용에 적극적이다.
ㄷ. B는 C와 달리 문화의 다양성 보존에 유리하다.
ㄹ. (가)에 'B는 A와 달리 국수주의로 이어질 가능성이 큰가?'가 들어가면, ㉡은 '2개'이다.

① ㄱ, ㄴ ② ㄱ, ㄷ ③ ㄴ, ㄷ ④ ㄴ, ㄹ ⑤ ㄷ, ㄹ

2020년

15

| 3월 학력평가 16번 |

표는 문화 이해의 태도 A~C를 구분한 것이다. 이에 대한 설명으로 옳은 것은? (단, A~C는 각각 문화 사대주의, 문화 상대주의, 자문화 중심주의 중 하나이다.) [3점]

질문	응답		
	A	B	C
문화 간 우열을 평가할 수 있다고 보는가?	예	아니요	예
자기 문화가 가장 우월하다고 보는가?	예	아니요	아니요
(가)	아니요	예	예

① A는 외부 문화의 수용에 적극적이다.
② B는 각 사회의 맥락을 고려해 문화를 이해해야 한다고 본다.
③ C는 자기 문화의 정체성 유지에 유리하다.
④ C는 B와 달리 문화의 다양성 보존에 유리하다.
⑤ (가)에 '문화 제국주의로 이어질 우려가 큰가?'가 들어갈 수 있다.

16

| 10월 학력평가 19번 |

갑~병의 문화 이해 태도에 대한 설명으로 옳은 것은?

> 갑: 우리 민족의 전통 음악이 세계 어느 민족의 음악보다도 우월해.
> 을: 다른 민족의 선진 음악을 적극 수용하여 우리 민족의 낙후된 전통 음악을 발전시켜야 해.
> 병: 세계 모든 민족의 전통 음악은 존중받을 만한 고유한 의미와 가치가 있어.

① 갑의 태도는 자문화의 정체성을 약화시킬 우려가 크다.
② 을의 태도는 문화 제국주의로 변질될 우려가 크다.
③ 병의 태도는 서로 다른 사회 간의 갈등을 초래할 우려가 크다.
④ 갑의 태도는 병의 태도와 달리 문화 다양성을 보존하는 데 유리하다.
⑤ 병의 태도는 갑, 을의 태도와 달리 문화를 평가의 대상으로 보지 않는다.

2019년

17

| 4월 학력평가 5번 |

다음 글의 필자가 지닌 문화 이해의 태도에 대한 설명으로 가장 적절한 것은?

> 필리핀의 사다가 지역에서는 독특한 장례 문화를 볼 수 있다. 죽음을 애도하는 의식이 끝나면 유족들은 시신이 담긴 관을 높고 험난한 절벽에 매달아 두는데, 이는 시신을 매장하는 풍습을 가진 우리에게는 매우 낯선 모습이다. 하지만 이러한 장례 문화는 높은 곳에 관을 매달아야 고인이 천국에 쉽게 갈 수 있다는 믿음과 더불어 산짐승으로부터 시신이 훼손되는 것을 막기 위한 나름의 합리성이 깃든 생활 방식으로 이해해야 한다.

① 문화의 우열을 평가할 수 있다고 본다.
② 자기 문화의 주체성을 상실할 우려가 있다.
③ 문화의 다양성을 보존하는 데 기여할 수 있다.
④ 타 문화에 대한 맥락적인 이해를 저해할 수 있다.
⑤ 타 문화와의 접촉 과정에서 문화 간 갈등을 초래한다.

18

| 7월 학력평가 18번 |

문화 이해 태도 A~C에 대한 설명으로 옳은 것은? (단, A~C는 각각 문화 사대주의, 문화 상대주의, 자문화 중심주의 중 하나이다.)

질문	A	B	C
문화 간 우열이 있다고 인정하는가?	예	예	아니요
자기 문화보다 특정 타 문화를 높게 평가하는가?	아니요	예	아니요

① A는 자기 문화를 기준으로 타 문화를 평가한다.
② B는 '모든 문화가 고유한 가치를 지닌다.'고 전제한다.
③ C는 타 문화와 문화적 마찰을 일으킬 가능성이 높다.
④ B는 A에 비해 국수주의로 흐를 가능성이 높다.
⑤ C는 B에 비해 타문화를 맹목적으로 수용할 가능성이 높다.

19

| 10월 학력평가 10번 |

다음 자료에 대한 옳은 설명만을 〈보기〉에서 있는 대로 고른 것은? (단, A~C는 각각 문화 사대주의, 문화 상대주의, 자문화 중심주의 중 하나이다.) [3점]

〈자료 1〉은 문화 이해의 태도 A~C를 비교한 것이고, 〈자료 2〉는 갑~병이 제시된 각 진술에 해당하는 문화 이해의 태도를 적은 것이다.

〈자료 1〉

> ○ B보다 A가 외부 문화의 수용에 적극적이다.
> ○ A, B와 달리 C는 문화를 우열 평가의 대상으로 간주하지 않는다.

〈자료 2〉

구분	갑	을	병
모든 문화의 고유한 가치를 존중한다.	C	C	A
자기 문화의 정체성을 상실할 가능성이 높다.	A	B	C
자기 문화를 다른 사회로 이식하는 것을 정당화할 우려가 크다.	B	A	B

보기

ㄱ. 모든 진술에 대하여 옳은 답을 적은 사람은 갑이다.
ㄴ. 내집단 의식이 지나칠 경우 A보다 B가 나타나기 쉽다.
ㄷ. B와 달리 C는 제3자의 관점에서 문화를 이해하고자 한다.
ㄹ. C와 달리 B는 자기 문화의 고유한 가치를 인정한다.

① ㄱ, ㄴ ② ㄱ, ㄷ ③ ㄴ, ㄹ
④ ㄱ, ㄷ, ㄹ ⑤ ㄴ, ㄷ, ㄹ

제1권 교육청

필출 주제 11

다양한 하위문화

1 주류 문화

의미	한 사회 내에서 구성원 대부분이 공유하는 문화
특징	• 한 사회의 구성원들은 오랫동안 함께 생활하면서 대체로 같은 문화를 공유함 • 사회의 일반적이고 주요한 생활 양식의 특징을 보여 줌

2 하위문화

(1) 의미와 특징

의미	한 사회 내에서 특정 집단의 구성원들 또는 특정 영역의 사람들만 공유하는 문화
특징	• 주류 문화의 범주를 어떻게 규정하느냐에 따라 하위문화의 범주가 상대적으로 결정됨 • 주류 문화 속에는 수많은 하위문화가 존재함 • 오늘날 다양한 사회 집단의 출현으로 많은 하위문화가 나타나고 있음 • 일반적으로 전체 사회가 추구하는 가치에 부합하는 성격을 갖지만, 전체 사회에 저항하는 반(反)문화의 성격을 지닐 수도 있음

(2) 기능

순기능	• 주류 문화에서 누릴 수 없는 다양한 문화적 욕구 충족의 기회를 제공함 • 주류 문화에 역동성, 다양성을 제공하여 주류 문화의 획일성을 방지하는 데 기여함 • 새로운 문화 창조와 변화에 기여함 • 같은 하위문화를 공유하는 집단 구성원들의 정체성을 형성하고 소속감 및 연대 의식을 강화시켜 주는 데 기여함
역기능	서로 다른 하위문화를 가진 집단 간의 대립과 갈등을 초래할 수도 있어 사회 통합을 저해할 우려가 있음

3 하위문화의 유형

(1) 지역 문화

의미	전체 사회를 구성하는 다양한 지역 내에서 나타나는 고유한 생활 양식
형성	각 지역 사람들이 서로 다른 자연환경, 역사적 배경, 사회적 상황 등에 적응하는 과정에서 형성됨
순기능	• 지역의 고유성을 보존하고 지역 주민의 정체성, 유대감, 연대 의식을 형성함 • 지역 축제 활성화와 지역 관광 상품 개발로 지역 경제와 국가 경제 성장에 기여함
역기능	경제적 이익을 중시하여 지역 문화가 지나치게 상품화되는 경향이 나타남

(2) 세대 문화

의미	공통의 경험을 바탕으로 형성된 일정 범위의 연령층이 공유하는 문화
양상	현대 사회의 급격한 사회 변동으로 세대를 구분하는 연령의 범위가 좁아지면서 세대 갈등이 심해지고, 이는 사회 통합을 저해할 수 있음
순기능	같은 세대에 속하는 사람들의 정체성, 일체감 형성에 기여함
역기능	다른 세대의 경험이나 사고를 이해하지 못하면 세대 갈등을 유발함
사례	청소년 문화는 청소년에 해당하는 연령대 인구가 공유하는 문화로, 동질성이 강한 문화이며 미래 지향적 성격과 기성세대의 문화에 대해 비판하거나 도전하는 성격을 지님

(3) 반(反)문화

의미	한 사회의 구성원 대다수가 향유하고 있는 지배적인 문화에 대해 저항하고 적극적으로 도전하는 문화
특징	• 기존의 지배적인 문화를 내면화하지 못한 젊은 연령층에서 주로 나타남 • 시대와 사회에 따라 반문화에 대한 기준이 달라짐
순기능	• 기존의 주류 문화를 대체하면서 사회 변동을 야기하기도 함 • 사회 문제가 무엇인지 알려 주는 역할을 하여 사회 발전의 계기를 제공함
역기능	기존 주류 문화에 저항하는 성격을 지니기 때문에 사회 혼란 및 사회 갈등을 초래하기도 함
사례	미국의 히피 문화, 급진적인 종교 문화(조선 시대 천주교, 동학) 등

4 대중문화

의미	한 사회 내의 대중이 공유하면서 향유하는 문화
특징	• 대중 매체를 통해 대량으로 생산되고 소비됨 • 사람들의 생활 양식을 동질화하는 경향이 있음
순기능	• 오락 및 여가의 기회를 제공함 • 문화의 민주화에 기여함 • 고급문화를 대중화하여 평균적인 문화 수준을 높임
역기능	• 문화의 획일화가 나타날 수 있음 • 지나친 상업성의 추구로 문화가 질적으로 저하될 수 있음 • 여론 조작의 수단으로 악용될 수 있음
바람직한 수용 자세	• 대중문화를 비판적으로 인식하고 수용해야 함 • 수동적 문화 소비자가 아닌 대중문화의 주체적 생산자로서의 역할을 수행해야 함

기출 자료 핵심을 파악하라!

자료 1 주류 문화, 하위문화, 반문화

갑국에서는 손을 씻으면 영혼이 오염되어 목숨이 위험해진다는 ㉠전통적 믿음 때문에 손을 잘 씻지 않는 관습이 있었다. 이로 인해 많은 사람이 감염병으로 목숨을 잃었다. 한 의사가 손씻기로 건강을 유지하고 생명을 지킬 수 있다는 사실을 알리면서 갑국의 A 지역에서는 ㉡손을 잘 씻는 문화가 형성되었다. ㉢이러한 문화가 조금씩 퍼져 나가자 대다수 갑국 사람들은 자신들의 믿음을 해친다는 이유로 A 지역 사람을 비난하며 ㉣자신들의 문화를 지키기 위해 저항하였다. 갑국에서 감염병이 유행했을 때, A 지역 사망률은 다른 지역에 비해 현저히 낮았다. 손 씻는 간단한 행위로 질병을 예방할 수 있다는 사실을 깨닫자 갑국에서는 ㉤손을 잘 씻어 위생 관리를 철저히 하는 생활 습관이 보편화되었다.

(메모: 갑국의 하위문화 / 문화 지체 × / 주류 문화가 지역 문화에 대항함 / 하위문화 → 주류 문화)

핵심 ① 주류 문화, 하위문화, 반문화의 의미를 이해한다. 주류 문화는 집단 및 영역과 상관없이 구성원들이 전반적으로 공유하는 문화이다. 하위문화는 한 사회 내에서 특정 집단의 구성원들 또는 특정 영역의 사람들만 공유하는 문화이며, 반문화는 한 사회의 지배적인 문화에 저항하거나 대립하는 문화이다.

핵심 ② 제시된 사례에서 주류 문화, 하위문화, 반문화 간의 관계를 파악한다. 갑국에서는 손을 잘 씻지 않는 것이 주류 문화였고, 갑국의 A 지역에서만 손을 잘 씻는 문화가 형성되었다. 따라서 ㉡은 갑국의 하위문화이다. ㉣은 주류 문화가 지역 문화에 대항한 것으로, 이는 반문화의 사례에 해당하지 않는다. ㉤은 하위문화가 주류 문화로 변한 사례이다.

자료 2 대중문화

- 의료 지식, 법률 지식과 같이 오랜 기간 숙련을 통해 얻는 전문 지식은 소수의 특권이었다. 하지만 의무 교육의 확산과 TV, 인터넷을 통한 정보 공유로 대다수 사람이 응급 상황이나 법적 분쟁에 어느 정도 대처할 수 있게 되었다.
- 과거에 골프는 상류층이 즐기는 스포츠라는 인식이 강했다. 하지만 산업화로 인해 대중의 경제적 수준이 높아지고, 스포츠 미디어의 활성화로 인해 골프가 대중에게 친숙해지면서 예전보다 많은 사람이 골프를 즐기게 되었다.

핵심 ① 첫 번째 사례에 나타난 대중문화의 기능을 파악한다. 첫 번째 사례는 소수의 특권이었던 전문 지식을 정보의 공유로 인해 대다수 사람들이 향유하게 되었음을 보여 준다.

핵심 ② 두 번째 사례에 나타난 대중문화의 기능을 파악한다. 두 번째 사례는 상류층이 즐기는 스포츠라는 인식이 강했던 골프를 산업화와 스포츠 미디어의 활성화로 인해 많은 사람들이 즐기게 되었음을 보여 준다.

핵심 ③ 두 사례에서 공통적으로 도출할 수 있는 대중문화의 기능을 파악한다. 두 사례는 모두 소수나 특정 계층이 향유했던 문화가 대중들이 즐기는 대중문화가 되었음을 보여 준다. 이를 통해 대중문화로 인해 고급문화가 대중화되어 평균적인 문화 수준이 높아졌음을 알 수 있다.

기출 선택지 X를 찾아라!

☑ 다음 중 옳지 않은 설명 3개를 찾아 '×'에 체크하시오.

기출 선택지	○	×
23 모평 01. 하위문화, 주류 문화, 반문화는 모두 해당 문화를 향유하는 구성원의 정체성 강화에 기여한다.	☐	☐
24 학평 02. 반문화는 집단 간 갈등을 초래하여 사회 통합을 저해할 수 있다.	☐	☐
22 모평 03. 모든 반문화는 하위문화에 해당한다.	☐	☐
23 모평 04. 반문화는 하위문화, 주류 문화와 한 사회에서 공존할 수 없다.	☐	☐
22 수능 05. 하위문화는 주류 문화를 대체할 수 있다.	☐	☐
23 모평 06. 지배적인 가치에 도전하는 문화가 주류 문화로 변화할 수 있다.	☐	☐
24 모평 07. 하위문화는 반문화와 달리 전체 사회의 문화적 다양성을 높이는 데 기여한다.	☐	☐
23 수능 08. 주류 문화에 대항하는 구성원에 의해 반문화가 형성된다.	☐	☐
22 모평 09. 반문화는 하위문화와 달리 주류 집단에게 일탈로 규정되기도 한다.	☐	☐
23 모평 10. 하위문화, 주류 문화는 모두 시대에 따라 상대적으로 규정된다.	☐	☐
22 모평 11. 주류 문화는 사회 전체의 동질성을 높이는 데 기여한다.	☐	☐
22 수능 12. 특정 하위문화는 해당 문화를 향유하는 구성원들의 유대감 형성에 기여한다.	☐	☐
23 학평 13. 대중 매체를 통해 전파되는 콘텐츠를 비판적으로 수용해야 한다.	☐	☐
24 모평 14. 대중문화는 고급문화를 대중화하여 평균적인 문화 수준을 높인다.	☐	☐
24 수능 15. 문화의 질적 저하 방지를 위해 지나친 상업성을 경계해야 한다.	☐	☐

X의 정체는?

✓ 04 반문화는 하위문화, 주류 문화와 한 사회에서 공존할 수 ~~없다~~ 있다.
→ 한 사회에서 반문화, 하위문화, 주류 문화는 공존할 수 있다.

✓ 07 ~~하위문화는 반문화와 달리~~ 하위문화와 반문화는 모두 전체 사회의 문화적 다양성을 높이는 데 기여한다.
→ 하위문화와 반문화는 모두 전체 사회의 문화 다양성을 높이는 데 기여할 수 있다.

✓ 09 반문화~~는 하위문화와 달리~~ 와 하위문화는 모두 주류 집단에게 일탈로 규정되기도 한다.
→ 반문화와 하위문화는 모두 주류 집단에게 일탈로 규정되기도 한다.

제1권 교육청

2024년

01

| 3월 학력평가 11번 |

다음 자료에 대한 설명으로 옳은 것은? (단, A~C는 각각 주류 문화, 하위문화, 반문화 중 하나임.) [3점]

A와 B를 구분할 수 있는 질문	○한 사회 내에서 특정 집단의 구성원들만 공유하는 문화인가? ○한 사회의 지배적 가치와 규범에 저항하거나 대립하는 문화인가?
B와 C를 구분할 수 있는 질문	○한 사회 내에서 구성원들이 전반적으로 공유하는 문화인가? ○ (가)

① A를 향유하는 사람은 B를 향유하지 않는다.
② B는 C와 달리 전체 사회의 문화 다양성 증가에 기여한다.
③ C가 아닌 A는 존재하지 않는다.
④ B는 A와 C의 총합으로 구성된다.
⑤ (가)에는 '시대와 사회에 따라 상대적으로 규정되는가?'가 들어갈 수 있다.

02

| 5월 학력평가 12번 |

A~C에 대한 설명으로 옳은 것은? (단, A~C는 각각 반문화, 주류 문화, 하위문화 중 하나임.)

> 교사: 지난 시간에 배운 A, B, C에 대해 발표해 볼까요?
> 갑: A는 한 사회의 지배적인 문화에 저항하는 문화입니다.
> 을: B는 한 사회 구성원 대다수가 공유하고 있는 문화입니다.
> 병: 제주 지역 방언은 우리나라에서 C에 해당하는 사례입니다.
> 교사: 병은 옳게 발표했어요. 갑이 발표한 내용은 B에 해당하고 을이 발표한 내용은 A에 해당하네요.

① A는 반문화, B는 주류 문화, C는 하위문화이다.
② B는 집단 간 갈등을 초래하여 사회 통합을 저해할 수 있다.
③ 모든 C는 B에 해당한다.
④ 한 사회에서 B는 A와 공존이 불가능하다.
⑤ 사회가 변화함에 따라 C는 A가 될 수 있지만, B가 될 수는 없다.

03

| 7월 학력평가 12번 |

다음 두 사례에서 공통적으로 도출할 수 있는 내용으로 가장 적절한 것은?

> ○갑국에서 컴퓨터 게임은 시대 변화에 빠르게 반응하는 일부 청소년들이 즐기는 것이라 여겨졌었다. 하지만 전자 기기와 정보 통신 기술이 발전하고 기존에 컴퓨터 게임을 즐기던 청소년들이 기성세대가 되면서 갑국에서 컴퓨터 게임은 보편 문화가 되었다.
> ○을국에서 컴퓨터 세대라 불리는 젊은이들은 과학적 상상력을 바탕으로 주류 계층에 저항하는 내용의 문학을 탄생시켰다. 이후 이들의 사회 비판 의식을 담은 문학은 대중의 지지를 얻어 을국에서 대다수가 즐기는 하나의 문학 장르로 자리 잡게 되었다.

① 반문화는 문화의 다양성을 저하시킨다.
② 하위문화는 세대 갈등 해소에 기여한다.
③ 반문화는 사회 문제에 대한 해결책을 제시한다.
④ 하위문화는 전체 사회에서 주류 문화가 되기도 한다.
⑤ 주류 문화에 대항하는 구성원들이 반문화를 형성한다.

04

| 10월 학력평가 17번 |

다음 두 사례에서 공통적으로 도출할 수 있는 내용으로 가장 적절한 것은?

> ○갑국에서는 과거에 지배층으로부터 배척당했던 갑국 내 A 집단의 정치사상이 시민 혁명 이후 갑국의 지배적인 통치 원리로 자리 잡았다.
> ○을국에서는 미풍양속을 저해한다는 이유로 한때 단속 대상이었던 젊은 세대의 복장이 오늘날 모든 세대가 함께 즐겨 입는 옷차림이 되었다.

① 하위문화는 사회 변화에 따라 주류 문화가 되기도 한다.
② 주류 문화의 영향으로 인해 하위문화가 사라지기도 한다.
③ 물질문화의 변동은 새로운 하위문화가 나타나는 데 기여한다.
④ 사회적 분화 수준이 높아질수록 더 많은 하위문화가 나타난다.
⑤ 하위문화는 그 문화를 향유하는 구성원들의 정체성 형성에 기여한다.

2023년

05

| 3월 학력평가 17번 |

다음 자료에 대한 설명으로 옳은 것은? [3점]

표는 갑국에서 △△문화가 t 시기~t+2 시기에 A~C 중 무엇에 해당하는지를 나타낸 것이다. A~C는 각각 반문화, 주류 문화, 하위문화 중 하나이다.

구분	t 시기	t+1 시기	t+2 시기
A	○	○	×
B	○	×	×
C	×	×	○

* ○: 해당함, ×: 해당하지 않음

① 모든 A는 B에 해당한다.
② C는 A와 B의 총합으로 구성된다.
③ t 시기에 △△문화를 향유하는 사람은 C를 향유하지 않는다.
④ t+1 시기에 △△문화는 반문화에 해당하지 않는 하위문화이다.
⑤ t+2 시기에 △△문화는 갑국의 지배적 문화에 저항하는 성격을 가진다.

06

| 4월 학력평가 5번 |

다음 두 사례의 공통적인 시사점으로 가장 적절한 것은?

○ 사람들이 즐겨 보는 동영상 플랫폼에서는 흥미와 관심을 끌기 위한 다양한 콘텐츠가 생산되고 있다. 그런데 이 중에는 특정 집단을 비하하거나 조롱하는 내용이 포함된 경우가 있어 그들에 대한 편견을 조장할 우려를 낳고 있다.
○ SNS는 오늘날 사람들이 일상적으로 다양한 콘텐츠를 접하며 소통하는 창구이다. 그런데 선거철이 되면 입후보한 사람들을 근거 없이 비방하는 콘텐츠가 SNS상에 등장하고는 한다. 그리고 이를 접한 SNS 사용자 일부는 사실 여부를 확인하지 않은 채 해당 콘텐츠를 다른 곳에 유포하기도 한다.

① 대중문화의 지나친 상업화를 경계해야 한다.
② 고급문화에 대한 대중의 접근성을 높여야 한다.
③ 하위문화를 통해 문화의 역동성을 증진시켜야 한다.
④ 세대 간의 문화적 차이를 해소하기 위해 노력해야 한다.
⑤ 대중 매체를 통해 전파되는 콘텐츠를 비판적으로 수용해야 한다.

07

| 7월 학력평가 8번 |

(가), (나)에 대한 설명으로 옳은 것은? [3점]

(가) 갑국에서 검은 가죽 재킷은 노동 계급 출신의 젊은이들 사이에 새로운 패션이다. 검은 가죽 재킷은 기성세대와 구분되는 개념으로서의 젊은 세대, 아울러 중산층과는 다른 개념으로서의 노동 계급이라는 이중의 소속감을 상징한다.
(나) 을국의 청년들은 주류 사회에 반기를 들며 사랑, 평화, 인간성 회복 등을 주장하였다. 이들의 주장은 을국 사회에 등장한 새로운 자본주의의 핵심이 되었으며, 이 사상은 을국의 일부 기업을 시작으로 을국 사회 곳곳으로 확산되었다.

① (가)에서는 세대 간 문화의 동질성이 강화되는 양상이 나타난다.
② (나)에서는 한 사회의 문화적 다양성이 훼손되는 양상이 나타난다.
③ (가)에서는 (나)와 달리 하위문화가 주류 문화를 대체한 양상이 나타난다.
④ (나)에서는 (가)와 달리 하위문화를 향유하는 구성원들이 기존 질서나 가치에 대해 저항하는 모습이 나타난다.
⑤ (가), (나) 모두에서는 고급문화가 대중화되어 문화의 질적 수준이 향상되는 모습이 나타난다.

08

| 10월 학력평가 7번 |

밑줄 친 ㉠~㉥에 대한 설명으로 옳은 것은?

갑국에는 ㉠지역 문화, 세대 문화 등 다양한 ㉡하위문화가 존재한다. 최근 갑국에서는 ㉢주류 문화와 성격이 다른 ㉣청년 세대 문화가 주목받고 있다. 갑국의 청년 세대는 기성세대와 달리 어릴 때부터 ㉤디지털 기술을 접하여 소셜 미디어 활용 능력이 뛰어나고, ㉥개성을 중시하는 가치관이 강하다.

① ㉠에서 '문화'는 좁은 의미로 사용되었다.
② ㉢은 ㉡의 총합이다.
③ ㉣은 갑국의 문화 다양성 증진에 기여한다.
④ ㉣을 향유하는 사람은 ㉢을 향유하지 않는다.
⑤ ㉤과 ㉥은 모두 비물질문화이다.

제1권 교육청

2022년

09

| 3월 학력평가 3번 |

다음 글의 A~C에 대한 설명으로 옳은 것은? (단, A~C는 각각 반문화, 주류 문화, 하위문화 중 하나이다.)

1960년대에 갑국에서 A에 해당했던 ○○ 문화는 1980년대에 청년들만 향유하는 문화로 변화함으로써 갑국의 B가 되었다. 이후 2000년대에 갑국에서 B에 해당하는 ○○ 문화는 일탈 문화로 규정됨으로써 C에도 해당하게 되었다.

① 우리나라에서 특정 지역의 사투리 문화는 A에 해당한다.
② C는 사회 변화에 따라 상대적으로 규정된다.
③ A는 B와 달리 한 사회에서 문화 다양성이 나타나는 데 기여한다.
④ 모든 B의 총합은 A이다.
⑤ 모든 B는 C에 해당한다.

10

| 4월 학력평가 17번 |

다음 자료에 대한 분석으로 옳은 것은? [3점]

표는 갑국 A, B, C 지역 각각에서 대다수 사람들이 전반적으로 향유하는 의복 문화 요소를 시기별로 나타낸 것이다. 단, 갑국은 A, B, C 지역으로만 구성되어 있다.

시기	지역	의복 문화 요소
t 시기	A 지역	○, ☆
	B 지역	○, □
	C 지역	○, △

⇒

시기	지역	의복 문화 요소
t+1 시기	A 지역	○, △
	B 지역	△, □
	C 지역	△, □

① t 시기에 □를 향유하는 사람은 갑국의 주류 문화 요소를 공유하지 않는다.
② t 시기에 ☆, △는 ○와 달리 해당 문화 요소를 공유하는 사람들의 정체성 형성에 기여한다.
③ t+1 시기에 △는 갑국의 주류 문화 요소이다.
④ t+1 시기에 ○는 갑국의 지배적 문화를 거부하는 문화 요소이다.
⑤ t+1 시기에는 t 시기에 비해 갑국의 의복 문화 다양성이 높아졌다.

11

| 7월 학력평가 4번 |

다음은 문화 유형에 대한 수업 장면의 일부이다. 교사의 질문에 옳게 응답한 학생은?

A~C는 각각 반문화, 주류 문화, 하위문화 중 하나에 해당합니다. 자료에 대해 발표해 볼까요?

구분	의미	사례
A	(가)	지역 문화
B	한 사회의 지배적 가치와 규범에 저항하거나 대립하는 문화	미국의 히피 문화
C	구성원 다수가 누리며 한 사회에서 지배적인 문화	(나)

① 갑: 모든 B는 A에 해당합니다.
② 을: A는 B와 달리 C를 대체하기도 합니다.
③ 병: A는 주류 문화, B는 하위문화, C는 반문화입니다.
④ 정: (가)에는 '전체 사회 구성원이 누리는 문화'가 적절합니다.
⑤ 무: (나)에는 '조선 후기 천주교 문화'가 들어갈 수 있습니다.

2021년

12

| 3월 학력평가 16번 |

다음 A~C에 대한 설명으로 옳은 것은? (단, A~C는 각각 반문화, 주류 문화, 하위문화 중 하나이다.)

> 우리 사회에서 김치를 반찬으로 먹는 문화는 A에 해당하고, 특정 지역에서만 나타나는 풍어제 문화는 B에 해당한다. 조직폭력배의 범죄 문화는 B와 C 모두에 해당한다.

① A는 B와 C의 총합이다.
② B는 C와 달리 사회 변화에 따라 A가 되기도 한다.
③ 한 사회 내에서 세대 문화는 A가 아닌 B에 해당한다.
④ B는 A보다 사회 전체의 문화 동질성을 높이는 데 기여한다.
⑤ C는 A와 달리 해당 문화를 공유하는 구성원들의 소속감을 강화시킨다.

13

| 4월 학력평가 7번 |

A~C에 대한 설명으로 옳은 것은? (단, A~C는 각각 주류 문화, 하위문화, 반문화 중 하나이다.)

> 교사: 지난 시간에 배운 A, B, C에 대해 설명해 볼까요?
> 갑: A는 한 사회의 구성원 대부분이 공유하는 문화입니다.
> 을: 천주교는 조선 시대에 B의 성격을 띠고 있었지만, 현재 우리나라에서는 그렇지 않습니다.
> 병: C의 사례로 우리나라 안에서 지역별로 다른 사투리를 쓰는 것을 들 수 있습니다.
> 교사: 세 학생 모두 옳게 설명했네요.

① A는 하위문화, B는 반문화이다.
② A는 그 사회의 모든 C의 총합으로 설명할 수 있다.
③ B는 A와 달리 사회에 따라 상대적으로 규정된다.
④ B에 해당하는 사례는 C에도 해당한다.
⑤ C는 B와 달리 사회 변화에 따라 A가 되기도 한다.

14

| 7월 학력평가 15번 |

다음은 학생이 작성한 하위문화에 대한 학습 활동지의 일부이다. 이에 대한 설명으로 옳은 것은? (단, A, B는 각각 반문화, 지역 문화 중 하나이다.)

〈과제 1〉 하위문화의 유형과 의미 작성하기

유형	의미
A	지역 내에서 나타나는 고유한 생활 양식
세대 문화	(가)
B	한 사회의 지배적인 문화에 저항하는 문화

〈과제 2〉 하위문화의 특징 서술하기

> ○한 사회 내에는 수많은 하위문화가 존재할 수 있음
> ○ (나)
> ○하위문화의 범주는 시대나 사회에 따라 변화할 수 있음

* 교사 평가: 〈과제 1〉은 모두 옳게 작성하였고, 〈과제 2〉는 두 가지만 옳게 작성하였음

① A는 사회가 다원화될수록 주류 문화에 수렴되는 경향이 있다.
② A와 B는 한 사회 내에서 공존할 수 없다.
③ A, B는 모두 전체 사회에 문화적 다양성을 제공한다.
④ (가)에는 '한 사회의 구성원 대부분이 공유하는 문화'가 들어갈 수 있다.
⑤ (나)에는 '사회가 복잡해질수록 다양한 하위문화가 나타남'이 들어갈 수 있다.

15

| 10월 학력평가 17번 |

다음 자료에 대한 설명으로 옳은 것은? (단, (가)~(다)는 각각 반문화, 주류 문화, 하위문화 중 하나이다.) [3점]

표는 갑국에 존재하는 문화 A~C가 T 시기와 T+1 시기에 (가)~(다) 중 각각 무엇에 해당하는지를 나타낸 것이다.

구분	T 시기			T+1 시기		
	(가)	(나)	(다)	(가)	(나)	(다)
A	○	×	×	×	○	×
B	×	○	×	○	×	×
C	×	○	○	×	○	×

* ○: 해당함, ×: 해당하지 않음

① T 시기에 A는 갑국의 하위문화에 해당한다.
② T 시기에 갑국에서 C를 향유하는 사람은 A를 향유하지 않는다.
③ T 시기와 달리 T+1 시기에 B는 갑국 전체 구성원 간 문화적 동질성을 드러내는 문화이다.
④ A~C 중 T 시기와 T+1 시기에 모두 갑국의 지배적인 문화에 저항하거나 대립하는 성격을 지닌 문화가 있다.
⑤ (나)는 (다)와 달리 시간이 흐르면서 (가)로 변화하기도 한다.

2020년

16

| 3월 학력평가 12번 |

다음 A~C에 대한 설명으로 옳은 것은? (단, A~C는 각각 반문화, 주류 문화, 하위문화 중 하나이다.)

'한 사회 내에서 일부 구성원만 공유하는 문화인가?'라는 질문에 대해 A와 B는 모두 '예', C는 '아니요'라고 응답한다. 우리나라의 특정 지역에서 사용하는 사투리는 우리나라의 A에는 해당하지만, B에는 해당하지 않는다.

① 모든 A는 B에 해당한다.
② A에 해당하는 문화의 총합은 C이다.
③ A를 향유하는 구성원은 C를 향유하지 않는다.
④ A는 C와 달리 해당 문화를 공유하는 구성원들에게 정체성을 제공한다.
⑤ B는 사회 변화에 따라 C가 될 수 있다.

17

| 4월 학력평가 14번 |

밑줄 친 ㉠~㉣에 대한 옳은 설명만을 〈보기〉에서 있는 대로 고른 것은?

네오비트족은 패션이나 ㉠<u>음식</u>, 여가 생활 등 다방면에서 직접 체험을 중시하는 소비 집단을 뜻한다. 이들은 새로운 기술 습득 능력과 SNS 활용 능력이 뛰어나며 역동적인 여가 활동을 즐긴다. 이 용어는 1950년대 미국의 저항적인 ㉡<u>청년 문화</u>를 형성했던 비트족에서 유래하였다. 비트족은 당시 기성세대가 중시했던 출세, 교육 등의 가치를 거부하는 태도를 보였다. ㉢<u>네오비트족의 문화</u>는 창의성과 도전 정신으로 새로운 트렌드를 만들어 내는 것을 특징으로 하지만, 사회 참여나 소통도 중시한다는 점에서 무조건적으로 사회에 반항했던 ㉣<u>비트족의 문화</u>와는 차이가 있다.

〈보기〉

ㄱ. ㉠은 비물질문화에 해당한다.
ㄴ. ㉡에서 '문화'는 넓은 의미로 사용되었다.
ㄷ. ㉢은 한 사회의 문화적 다양성을 높이는 데 기여할 수 있다.
ㄹ. ㉣은 주류 문화를 거부하는 반문화적 성격을 지닌다.

① ㄱ, ㄴ ② ㄱ, ㄹ ③ ㄷ, ㄹ
④ ㄱ, ㄴ, ㄷ ⑤ ㄴ, ㄷ, ㄹ

18

| 7월 학력평가 5번 |

밑줄 친 ㉠~㉦에 대한 설명으로 옳은 것은?

> A국 귀족 출신인 갑은 ㉠종교적 신념이 강하였다. 갑은 왕위 교체의 틈을 노려 ㉡□□교가 기존의 ㉢△△교 대신 A국의 국교가 되기를 원하였다. 그는 ㉣□□교를 믿는 귀족들을 규합하여 △△교 세력을 제거하려 하였지만, 사전에 발각되어 처형당했다. 오랜 시간이 지나 ㉤갑의 얼굴을 형상화한 가면을 쓴 주인공이 사회 질서를 바로잡는 내용의 영화가 흥행하게 되었다. 이후 ㉥일부 시민들이 지배 집단에 대해 투쟁할 때, 갑의 얼굴을 형상화한 가면을 쓰는 ㉦문화가 나타나게 되었다.

① ㉠은 물질문화, ㉤은 비물질문화에 해당한다.
② ㉢은 ㉡과 달리 A국에서 하위 문화에 해당한다.
③ ㉣은 문화적 다양성의 강화를 추구하였다.
④ ㉥에서 주류 문화에 저항하는 반문화적 성격을 찾을 수 있다.
⑤ ㉦은 '음식 문화'에서의 문화와 달리 좁은 의미로 사용되었다.

19

| 10월 학력평가 7번 |

자료에 대한 설명으로 옳은 것은? (단, A~C는 각각 반문화, 주류 문화, 하위문화 중 하나이다.) [3점]

표는 갑국에 존재하는 세 가지 문화가 갑국에서 A~C 중 무엇에 해당하는지 나타낸 것이다.

구분	A	B	C
◇◇ 문화	×	○	×
□□ 문화	○	×	○
☆☆ 문화	×	×	○

*○: 해당함, ×: 해당하지 않음

① '☆☆ 문화'는 갑국에서 반문화가 아닌 하위문화이다.
② '□□ 문화'를 향유하는 사람은 '◇◇ 문화'를 향유하지 않는다.
③ 모든 A의 총합은 C이다.
④ B는 A와 달리 사회 발전의 계기를 제공할 수 있다.
⑤ C는 B와 달리 사회 통합을 강화하는 데 기여한다.

제1권 교육청

문화 변동의 요인과 양상

1 문화 변동의 의미와 요인

(1) 의미: 새로운 문화 요소의 등장이나 다른 문화 체계와의 접촉을 통해 한 사회의 문화 체계에 변화가 나타나는 현상

(2) 내재적 요인: 한 사회의 내부에서 새롭게 등장하여 그 사회의 문화 체계에 변동을 초래하는 요인

발견	이미 존재하고 있었지만 알려지지 않았던 사물이나 원리 등을 찾아내는 행위나 그 결과물 예 불, 전기, 지하자원 등
발명	• 의미: 존재하지 않았던 기술이나 사물 등을 새롭게 만들어 내는 행위나 그 결과물 • 1차적 발명: 존재하지 않았던 것을 새롭게 만들어 내는 행위 예 활의 발명 등 • 2차적 발명: 기존의 문화 요소를 이용하여 새로운 것을 만들어 내는 것 예 활의 원리를 이용하여 현악기를 발명 등

(3) 외재적 요인(문화 전파): 다른 사회의 문화 체계와 접촉하거나 교류한 결과 다른 문화 요소가 전해져 문화 변동을 초래하는 요인

직접 전파	문화 요소를 제공하는 사회와 그것을 수용하는 사회 구성원들 간의 직접적인 접촉 과정에서 문화 요소가 전달되어 정착되는 현상 예 중국으로부터 전해진 한자 등
간접 전파	사람들 간의 직접적인 접촉이 아닌 서적, 텔레비전, 인터넷 등의 매개체를 통해 간접적으로 문화 요소가 전달되어 정착되는 현상 예 인터넷 영상을 통해 국내 아이돌 가수의 음악이 해외로 전파되는 것 등
자극 전파	다른 사회의 문화 요소에서 아이디어를 얻어 새로운 문화 요소의 발명이 이루어지는 것 예 신라 시대의 이두 문자 등

2 문화 변동의 양상

(1) 문화 변동 요인의 소재에 따른 구분

내재적 변동	발명이나 발견 등에 의해 등장한 새로운 문화 요소가 사회 구성원들에 의해 수용되고 문화 체계 속에 확산되면서 나타나는 문화 변동
외재적 변동 (문화 접변)	서로 다른 사회가 비교적 장기간에 걸쳐 접촉하면서 문화 전파 등에 의해 문화 요소의 교류가 이루어짐으로써 문화 체계에서 나타나는 문화 변동

(2) 강제성 및 자발성에 따른 구분

강제적 문화 접변	수용자가 거부함에도 불구하고 정복이나 식민 지배와 같은 강제력에 의해 외부 사회의 문화 요소가 이식되는 문화 변동 예 일제 강점기의 창씨개명, 신사 참배 강요 등
자발적 문화 접변	스스로의 필요에 의해 외부 사회의 새로운 문화 요소를 자연스럽게 수용하여 이루어지는 문화 변동 예 한국인들이 일상적인 복장으로 전통 한복 대신 서구의 복식을 받아들인 것

(3) 변동 결과에 따른 구분(문화 접변의 결과)

문화 동화 (문화 대체)	한 사회의 문화가 다른 사회의 문화 체계 속에 흡수되어 정체성을 상실하는 현상 예 아메리카 인디언 부족들이 백인 문화와 접촉하면서 자기 문화를 상실한 것
문화 병존 (문화 공존)	서로 다른 사회의 문화가 한 사회의 문화 체계 속에서 나란히 존재하는 현상 예 우리나라에 불교, 개신교, 천주교 등이 종교 문화로서 함께 존재하고 있는 것
문화 융합	외래문화와 기존의 문화가 결합하여 새로운 성격을 가진 제3의 문화가 나타나는 현상 예 멕시코 토착 인디언의 전통과 에스파냐의 정복 문화가 만나 나타난 메스티소 문화

3 문화 변동에 따른 문제와 대응

(1) 문화 변동에 따른 문제

문화 충격 및 정체성 상실	새롭고 이질적인 문화에 적응하지 못하고 혼란에 빠져 정체성에 혼란이 나타나는 경우
문화 지체	물질문화의 변동 속도를 비물질문화의 변동 속도가 따라가지 못하여 나타나는 문화 요소 간의 부조화 현상
아노미	급속한 문화 변동이 나타날 경우 전통적인 규범의 통제력이 약화되고 새로운 규범이 미처 확립되지 않아 사회적 혼란이 발생하는 경우

(2) 새로운 문화에 대한 대응

새로운 문화의 수용	• 외부 사회로부터 전파되거나 새롭게 등장한 문화 요소를 긍정적으로 평가하거나 필요하다고 인식하여 자기 사회의 문화 체계 속에 정착시킴 • 일반적으로 비물질문화보다 물질문화의 전파나 발명, 발견의 경우에 나타나기 쉬움
새로운 문화에 대한 거부	• 외부 사회로부터 전파되거나 새롭게 등장한 문화 요소가 위협이 된다고 평가하거나 자기 문화의 정체성을 훼손한다고 인식하는 경우 그것을 거부함으로써 전통 문화를 유지하려고 함 • 일반적으로 강제적 문화 접변이 시도되는 경우 나타남

기출 자료 핵심을 파악하라!

자료 1 문화 변동의 요인과 양상

(가) 갑국에는 400여 종의 지역 전통주가 있었다. 갑국을 지배하게 된 을국은 막대한 이익을 창출하고자 갑국의 전통주 제조를 금지하는 법을 제정하고(→강제적 문화 접변) 자국의 재료를 들여와 직접 술을 제조하여 판매하였다(→직접 전파). 을국으로부터 독립한 현재까지도 갑국의 전통주는 문헌에만 존재하고 있다(→문화 동화).

(나) 병국 근로자들은 추운 날씨에 밖에서 일할 때 몸을 따뜻하게 해주는 용도로 전통주를 즐겨 마셨다. 병국으로 대거 귀화한 정국의 근로자들이 최근 이 전통주에 자신들이 정국에서 들여온 약재를 섞어 마시기 시작했고(→직접 전파), 효능이 알려지자 병국의 주류 회사가 이 술에 '○○ 약주'라는 이름으로 특허를 내 상품을 판매했다(→문화 융합).

핵심① (가)에 나타난 문화 변동의 요인과 양상을 파악한다. 갑국을 지배하게 된 을국이 갑국의 전통주 제조를 금지하는 법을 제정하였으므로 강제적 문화 접변이 나타났다. 을국 사람들이 갑국에 자국의 재료를 들여와 직접 술을 제조하여 판매하였으므로 직접 전파가 나타났다. 오늘날 갑국의 전통주는 문헌에만 존재하고 있으므로 문화 동화가 나타났다.

핵심② (나)에 나타난 문화 변동의 요인과 양상을 파악한다. 병국으로 귀화한 정국의 근로자들을 통해 정국의 약재가 전해져 새로운 약주를 만들었으므로 직접 전파가 나타났다. 병국의 주류 회사가 정국에서 들여온 약재로 만든 상품을 판매하였으므로 문화 융합이 나타났다.

자료 2 문화 변동의 요인과 양상

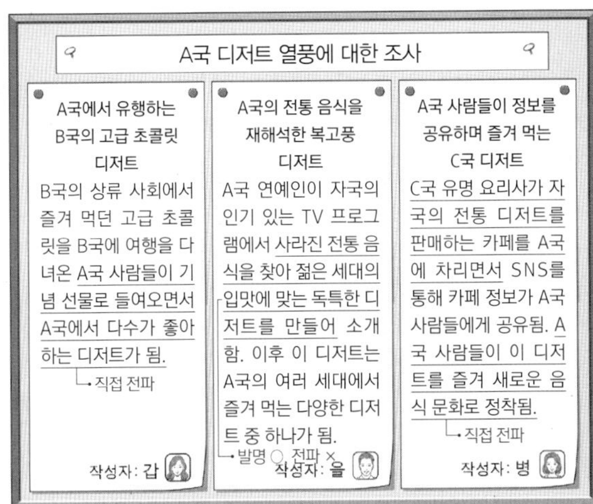

핵심① 갑이 작성한 내용에 나타난 문화 변동의 요인과 양상을 파악한다. B국에 여행을 다녀온 A국 사람들이 B국의 초콜릿을 들여와 A국에서 유행하는 디저트가 되었으므로 직접 전파가 나타났다.

핵심② 을이 작성한 내용에 나타난 문화 변동의 요인과 양상을 파악한다. A국 사람이 자국의 전통 음식을 재해석한 것이므로 발명이 나타났으며, 문화 전파는 나타나지 않았다.

핵심③ 병이 작성한 내용에 나타난 문화 변동의 요인과 양상을 파악한다. C국의 유명 요리사가 자국의 전통 디저트를 A국에서 판매하여 A국의 새로운 음식 문화로 정착되었으므로 직접 전파가 나타났고, 문화 공존이 나타났다고 볼 수 있다.

기출 선택지 X를 찾아라!

☑ 다음 중 옳지 않은 설명 3개를 찾아 '×'에 체크하시오.

기출 선택지	○	×
24 모평 01. 선교사를 통해 새로운 종교가 유입된 것은 직접 전파에 해당한다.	☐	☐
21 모평 02. 발견과 전파에 의한 문화 변동은 해당 국가의 문화 요소를 다양하게 하는 요인이다.	☐	☐
20 수능 03. 외부 사회의 문화 요소에서 아이디어를 얻어 새로운 문화 요소를 만드는 것은 문화 융합에 해당한다.	☐	☐
23 학평 04. 문화 동화, 문화 융합은 모두 구성원의 자발성에 기초하여 나타날 수 있다.	☐	☐
23 학평 05. 문화 병존은 문화 융합과 달리 자기 문화와 외래문화가 나란히 존재한다.	☐	☐
23 학평 06. 문화 병존과 문화 융합은 모두 기존 사회의 구성원이 새로운 문화를 향유한다.	☐	☐
23 모평 07. 이민자에 의해 다양한 음악과 악기를 받아들인 것은 직접 전파의 사례이다.	☐	☐
24 수능 08. 자국의 전통 음식을 재해석하여 만든 디저트가 자국에서 유행하게 된 사례는 자발적 문화 접변에 해당한다.	☐	☐
24 학평 09. 문화 동화와 달리 문화 융합은 자문화의 정체성이 상실되지 않는다.	☐	☐
23 수능 10. 문화 요소가 SNS를 통해 다른 국가에 알려진 사례는 간접 전파에 해당한다.	☐	☐
22 모평 11. 난민으로 유입된 타국 사람들의 고유한 놀이를 자국 국민들이 배워 즐기게 된 사례는 자극 전파에 해당한다.	☐	☐
22 모평 12. 자극 전파, 발견, 직접 전파, 발명은 모두 한 사회에 새로운 문화 요소를 추가하는 요인으로 작용한다.	☐	☐

X의 정체는?

✓03 외부 사회의 문화 요소에서 아이디어를 얻어 새로운 문화 요소를 만드는 것은 ~~문화 융합~~(→자극 전파)에 해당한다.
→외부 사회의 문화 요소에서 아이디어를 얻어 새로운 문화 요소를 만드는 것은 자극 전파에 해당한다.

✓08 자국의 전통 음식을 재해석하여 만든 디저트가 자국에서 유행하게 된 사례는 자발적 문화 접변에 ~~해당한다~~(→해당하지 않는다).
→자국의 전통 음식을 재해석하여 만든 디저트가 자국에서 유행한 사례에는 문화 전파가 나타나지 않았으므로 자발적 문화 접변이 나타났다고 볼 수 없다.

✓11 난민으로 유입된 타국 사람들의 고유한 놀이를 자국 국민들이 배워 즐기게 된 사례는 ~~자극 전파~~(→직접 전파)에 해당한다.
→난민으로 유입된 타국 사람들의 고유한 놀이를 자국 국민들이 배워 즐기게 된 사례는 직접 전파에 해당한다.

제1권 교육청

2024년

01

| 3월 학력평가 16번 |

다음 사례에 나타난 문화 변동에 대한 설명으로 옳은 것은?

갑국에서는 갑국의 ○○ 회사가 최초로 고안한 소매점 운영 방식인 A가 널리 활용되고 있다. 을국의 □□ 회사는 갑국에 직원을 파견하여 배워 온 A를 을국의 기존 소매점 운영 방식에 접목하여 새로운 소매점 운영 방식 B를 개발하였다. 을국에서는 B가 적용된 소매점을 흔히 볼 수 있다. 을국의 □□ 회사는 병국에 진출하였는데, B가 적용된 □□ 회사의 소매점은 병국의 전통 방식으로 운영되는 소매점과 함께 병국 사람들이 선호하는 소매점 중 하나로 자리 잡았다.

① 갑국에서는 발견으로 인한 문화 변동이 나타났다.
② 을국에서는 직접 전파로 인한 문화 변동이 나타났다.
③ 을국에서는 병국에서와 달리 문화 변동 이후 자기 문화의 정체성이 상실되었다.
④ 병국에서는 을국에서와 달리 자발적 문화 접변이 나타났다.
⑤ 갑국과 을국에서는 문화 융합, 병국에서는 문화 병존이 나타났다.

02

| 5월 학력평가 8번 |

다음 사례에 나타난 문화 변동에 대한 설명으로 옳은 것은? [3점]

갑국의 전통 무예 A가 인터넷을 통해 알려지게 되면서 을국에서는 인터넷 동영상을 보며 A를 수련하는 사람들이 늘어났다. 이후 A는 을국의 전통 무예 B와 함께 을국에서 보편적으로 수련하는 무예 중 하나가 되었다. 한편, 병국으로 이민을 간 갑국 사람들은 A를 가르치는 도장을 운영하며 병국 사람들에게 A를 전수하였다. 이후 병국에서는 병국 고유의 무예 C에 A가 접목된 새로운 무예 D가 만들어졌다.

① 을국에서는 강제적 문화 접변이 나타났다.
② 을국에서는 간접 전파에 의한 문화 변동이 나타났다.
③ 병국에서는 자문화의 정체성이 상실되었다.
④ 병국에서는 발견으로 인한 문화 변동이 나타났다.
⑤ 을국에서는 문화 동화, 병국에서는 문화 융합이 나타났다.

03

| 7월 학력평가 13번 |

다음 사례에 나타난 문화 변동에 대한 옳은 설명만을 〈보기〉에서 있는 대로 고른 것은? [3점]

갑국으로 유입된 난민들은 정착 초기부터 마셔오던 자국의 전통 음료에 착안하여 새로운 A 음료를 개발하였다. 이 A 음료는 상인들을 통해 을국과 병국으로 전해졌고, 을국에서는 갑국에서와 같이 대중적인 음료 중 하나가 되었다. 이후 을국의 한 학자가 A 음료의 제조 과정에서 아이디어를 얻어 진행한 연구 중 부패를 일으키는 미생물을 찾아냈다. 한편, 병국에서는 정국으로부터 서적을 통해 전달된 정국의 전통적인 면 요리에 병국 사람들도 즐기는 A 음료를 첨가하여 새로운 맛을 내는 면 요리가 탄생되었다. 이 새로운 요리는 병국과 갑국의 전쟁 중에 병국 취사병에 의해 갑국에 알려졌지만 갑국 사람들의 식탁에는 오르지 못하였다.

보기

ㄱ. 을국에서는 자극 전파로 인한 문화 변동이 나타났다.
ㄴ. 병국에서는 직접 전파로 인한 문화 변동이 나타났다.
ㄷ. 갑국, 을국 모두 문화 공존이 나타났다.

① ㄱ ② ㄴ ③ ㄷ ④ ㄴ, ㄷ ⑤ ㄱ, ㄴ, ㄷ

04

| 10월 학력평가 19번 |

다음 자료에 대한 옳은 설명만을 〈보기〉에서 고른 것은? (단, A~C는 각각 문화 동화, 문화 병존, 문화 융합 중 하나임.) [3점]

교사: 문화 접변의 결과 A~C의 사례를 발표해 보세요.
갑: A의 사례로 '외국으로부터 들어온 단발의 유행으로 ○○국에서 전통 헤어스타일이 사라진 경우'를 들 수 있습니다.
을: B의 사례로 '전쟁 시 나무로 만든 배를 운용하던 △△국에서 철갑을 두른 배가 개발되어 목선과 철갑선이 함께 운용된 경우'를 들 수 있습니다.
병: C의 사례로 '□□국 사람들이 전통 음식에 자국 식민지의 조리법을 결합하여 만든 새로운 음식을 즐겨 먹게 된 경우'를 들 수 있습니다.
교사: 세 명 중 ㉠두 명만 옳게 발표했습니다.

보기

ㄱ. ㉠은 갑, 을이다.
ㄴ. A와 달리 C는 자문화의 정체성이 상실되지 않는다.
ㄷ. A, B 모두 외부 사회 문화 요소의 수용이 나타난다.
ㄹ. 갑과 달리 병은 강제적 문화 접변의 사례를 발표하였다.

① ㄱ, ㄴ ② ㄱ, ㄷ ③ ㄴ, ㄷ ④ ㄴ, ㄹ ⑤ ㄷ, ㄹ

2023년

05

| 3월 학력평가 8번 |

다음 자료에 대한 설명으로 옳은 것은? [3점]

표는 질문에 대한 답변을 통해 문화 접변의 양상 A~C를 구분한 것이다. A~C는 각각 문화 동화, 문화 병존, 문화 융합 중 하나이다.

질문	답변
A는 B와 달리 자기 문화의 정체성이 상실되는가?	예
B는 C와 달리 자기 문화와 외래문화가 결합하여 새로운 문화가 형성되는가?	아니요
(가)	예

① A는 문화 병존이다.
② B는 A와 달리 자기 문화가 외래문화로 대체되는 현상이다.
③ C는 B와 달리 외재적 요인에 의한 문화 변동이다.
④ (가)에 'B는 C와 달리 자기 문화와 외래문화가 나란히 존재하는가?'가 들어갈 수 있다.
⑤ (가)에 'C는 B와 달리 기존 사회의 구성원이 새로운 문화를 향유하는가?'가 들어갈 수 있다.

06

| 4월 학력평가 7번 |

표는 질문에 따라 문화 접변의 결과 A~C를 구분한 것이다. 이에 대한 설명으로 옳은 것은? (단, A~C는 각각 문화 동화, 문화 병존, 문화 융합 중 하나임.) [3점]

구분	A	B	C
자문화의 정체성이 보존되었는가?	㉠	㉡	예
(가)	예	아니요	아니요
외래문화 요소가 자문화 요소와 결합되지 않은 상태로 정착되었는가?	예	아니요	㉢

① ㉠은 '아니요', ㉡은 '예', ㉢은 '아니요'이다.
② (가)에는 '기존에 없었던 새로운 문화 요소가 창조되었는가?'가 들어갈 수 있다.
③ C의 사례로 우리나라에서 전통 다과와 서양식 다과가 함께 존재하는 것을 들 수 있다.
④ A는 C에 비해 문화의 다양성 보존에 유리하다.
⑤ B는 A와 달리 구성원의 자발성에 기초한 문화 접변의 결과이다.

07

| 7월 학력평가 13번 |

다음 A~D국에 나타난 문화 변동에 대한 옳은 설명만을 〈보기〉에서 고른 것은? [3점]

○ 무역상들은 A국과 B국에 아라비아 숫자를 전파했다. A국 지도자는 아라비아 숫자 사용 금지령을 내렸으나 국민들은 이에 저항하였고, 결국 아라비아 숫자는 A국의 기존 숫자를 대체하였다. 한편 B국 정부는 A국을 따라 숫자 체계의 변화를 시도하였으나 B국의 일부 계층만 기존 숫자와 아라비아 숫자를 혼용하였다.
○ C국에는 최근에 지진 피해를 최소화하는 새로운 내진 설계 방식이 개발되어 널리 보급되었다. D국의 한 건축가는 C국을 여행하던 중 발견한 내진 설계 건축물에서 아이디어를 얻어 최초로 수해로부터 안전한 건축 방식을 고안하였다. 이 건축 방식은 D국에서 새로 짓는 건축물에 널리 활용되었다.

보기
ㄱ. A국에서는 강제적 문화 접변이 나타났다.
ㄴ. B국에서는 D국에서와 달리 자극 전파가 나타났다.
ㄷ. C국, D국 모두에서 새로운 문화 요소가 나타났다.
ㄹ. A국에서는 B국, C국에서와 달리 문화 동화가 나타났다.

① ㄱ, ㄴ ② ㄱ, ㄷ ③ ㄴ, ㄷ ④ ㄴ, ㄹ ⑤ ㄷ, ㄹ

08

| 10월 학력평가 13번 |

갑국, 을국에 대한 옳은 설명만을 〈보기〉에서 고른 것은? [3점]

갑국 사람들은 얇은 빵에 볶은 채소를 싸서 먹는 음식인 A를 즐겼는데, 이것이 을국의 대표 음식인 B의 유래이다. 갑국을 정복한 을국은 갑국에 을국의 문화를 이식하려 하였으나 실패하였다. 오히려 을국 사람들이 갑국에서 살게 되면서 갑국 문화의 영향을 받았다. 을국 사람들이 갑국 사람들로부터 A의 조리법을 배워 본국으로 돌아온 후, 을국 음식 문화에 적용함으로써 을국에서 B가 등장한 것이 그 예이다.

보기
ㄱ. 갑국에서 발견으로 인한 문화 변동이 나타났다.
ㄴ. 을국에서 직접 전파로 인한 문화 변동이 나타났다.
ㄷ. 을국에서 문화 융합을 통해 새로운 음식 문화가 나타났다.
ㄹ. 갑국에서는 을국과 달리 강제적 문화 접변이 나타났다.

① ㄱ, ㄴ ② ㄱ, ㄷ ③ ㄴ, ㄷ ④ ㄴ, ㄹ ⑤ ㄷ, ㄹ

2022년

09

| 3월 학력평가 12번 |

다음 갑국, 을국의 문화 변동에 대한 설명으로 옳은 것은?

> ㅇ 갑국은 A국과 전쟁을 하던 중 A국의 튼튼한 성을 보고 아이디어를 얻어 독특한 축성 기술을 개발하였다. 이후 이 기술은 갑국에서 성을 쌓는 데 널리 활용되었다.
> ㅇ 을국에서는 서적을 통해 B국의 면 제조 기술이 전해진 후 B국의 면 제조 기술에 을국의 발효 기술이 더해진 새로운 면 요리가 개발되어 을국의 음식 문화로 자리 잡았다.

① 갑국에서는 직접 전파에 의한 문화 변동이 나타났다.
② 을국에서는 자극 전파로 인한 문화 변동이 나타났다.
③ 갑국에서는 을국과 달리 강제적 문화 접변이 나타났다.
④ 을국에서는 갑국과 달리 문화 융합이 나타났다.
⑤ 갑국에서는 내재적 변동, 을국에서는 외재적 변동이 나타났다.

10

| 4월 학력평가 3번 |

(가), (나)에 나타난 문화 변동에 대한 설명으로 옳은 것은?

> (가) A국은 자석이 철을 끌어당기는 원리를 이용하여 최초로 나침반을 만들었다. 태양과 별의 위치를 기준으로 항해를 하던 B국 사람들은 A국 상인들을 통해 나침반을 접하고 이를 원거리 항해에 활용하게 되었다.
> (나) 고유한 토착 신앙을 지니고 있던 C국 사람들은 D국의 식민 지배를 받으면서 D국의 종교로 개종할 것을 강요당했다. 그러자 C국 사람들은 D국의 종교 교리와 의식에 자신들의 토착 신앙 요소를 결합시킨 새로운 신앙 체계를 만들었다.

① A국에서는 외재적 요인에 의한 문화 변동이 나타났다.
② B국에서는 자극 전파에 의한 문화 변동이 나타났다.
③ C국에서는 문화 융합이 나타났다.
④ (가)에서는 (나)에서와 달리 강제적 문화 접변이 나타났다.
⑤ (나)에서는 (가)에서와 달리 직접 전파가 나타났다.

11

| 7월 학력평가 13번 |

다음 자료에 대한 분석으로 옳은 것은? [3점]

> 갑국과 을국은 (가)~(라)로 인한 문화 변동을 겪었으며, 이외에 다른 문화 변동은 없었다. 양국은 상호 교류 이외에 제3국과의 문화 교류는 없었으며, 전파된 문화 요소 중에서 소멸된 것도 없었다. 단, (가)~(라)는 각각 발견, 발명, 간접 전파, 직접 전파 중 하나이며, 제시된 문화 요소 이외에 다른 문화 요소는 없다.

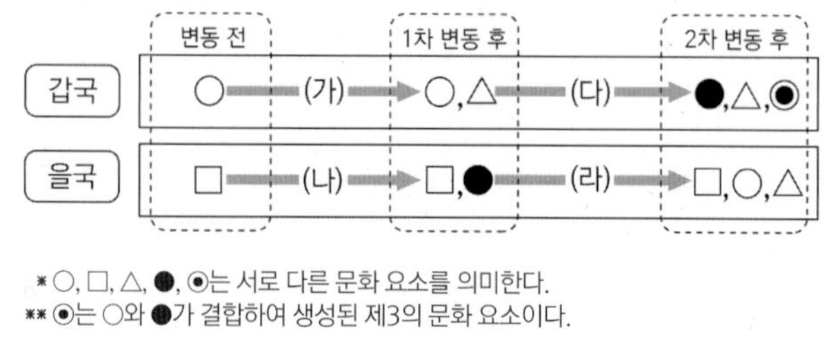

* ○, □, △, ●, ◉는 서로 다른 문화 요소를 의미한다.
** ◉는 ○와 ●가 결합하여 생성된 제3의 문화 요소이다.

① (가)는 (나)와 달리 내재적 요인이다.
② (다)로 인해 갑국에 전파된 문화 요소의 개수보다 (라)로 인해 을국에 전파된 문화 요소의 개수가 많다.
③ 1차 변동 후 을국은 갑국과 달리 새로운 문화 요소가 나타났다.
④ 2차 변동 후 갑국은 을국과 달리 기존 자기 문화의 요소가 남아 있다.
⑤ 갑국에서 문화 병존, 을국에서 문화 융합의 사례를 확인할 수 있다.

12

| 10월 학력평가 2번 |

다음의 수업 상황에서 (가)에 들어갈 교사의 진술로 적절하지 않은 것은?

교사: 문화 동화, 문화 병존, 문화 융합에 해당하는 사례 중에서 각자 2개씩 조사하여 제시해 볼까요?

학생	제시한 사례
갑	○ 전통 복식이 사라지고 서양에서 들어온 복식이 보편화된 경우 ○ 고유의 가옥 형태가 사라지고 외국에서 유입된 아파트 문화가 보편화된 경우
을	○ 과거 식민 통치 시절에 사용된 외국어를 현재에도 고유한 언어와 함께 공용어로 사용하는 경우 ○ 유럽에서 넘어온 팝 음악이 유행이지만 전통적인 민속 음악을 즐기는 사람들도 여전히 많은 경우
병	○ 전통 종교와 외래 종교가 나란히 존재하는 경우 ○ 전통 음식 문화와 외국에서 들어온 음식 문화가 접목되어 제3의 새로운 음식 문화가 나타난 경우

교사: 모두 옳게 제시했군요. ______(가)______

① 갑은 자문화의 요소가 사라진 사례를 제시했네요.
② 을은 문화 병존과 문화 융합에 해당하는 사례를 제시했네요.
③ 병이 제시한 사례에는 기존 문화와 외래문화가 만나 새로운 문화 요소를 창조한 사례가 있네요.
④ 갑은 을, 병과 달리 문화 동화의 사례만을 제시했네요.
⑤ 여러분이 제시한 사례 중 문화 병존의 사례가 가장 많네요.

2021년

13

| 3월 학력평가 19번 |

갑국과 을국의 문화 변동에 대한 옳은 설명만을 〈보기〉에서 고른 것은?

○ A국은 갑국을 점령한 후 갑국의 일부다처제를 법으로 금지하고, 이를 어기면 처벌하였다. 이로 인해 갑국에서는 일부다처제가 사라지고 A국의 일부일처제가 정착하였다.
○ B국으로부터 을국으로 이민 온 사람들로 인해 을국 사람들은 B국의 전통 춤도 즐기게 되었다. 이렇게 수십 년이 흐른 후 을국에서는 을국의 전통 춤에 B국의 전통 춤이 접목된 ○○춤이 만들어졌다.

보기
ㄱ. 갑국에서는 직접 전파와 자발적 문화 접변이 나타났다.
ㄴ. 을국에서는 문화 병존을 거쳐 문화 동화가 나타났다.
ㄷ. 을국에서는 갑국과 달리 자기 문화의 정체성이 보존되었다.
ㄹ. 갑국과 을국은 모두 외부 사회와의 접촉으로 새로운 문화를 갖게 되었다.

① ㄱ, ㄴ ② ㄱ, ㄷ ③ ㄴ, ㄷ ④ ㄴ, ㄹ ⑤ ㄷ, ㄹ

14

| 4월 학력평가 14번 |

(가), (나)에 나타난 문화 변동에 대한 설명으로 옳은 것은?

(가) 미국 알래스카주 남부 해안 원주민들의 언어였던 에야크어는 소멸되었다. 원주민들이 백인들의 지배하에 놓인 이후로 수 세대에 걸쳐 학교와 사회에서 영어를 배우고 사용하면서 에야크어를 할 줄 아는 사람이 없어졌기 때문이다.
(나) 우리 음악계에서 국악과 서양 음악을 접목하는 시도가 이어지면서 이목을 끌고 있다. 전통 민요나 판소리 등이 재즈, 록, 댄스 음악 등과 결합해 새로운 정체성을 보이는 이른바 퓨전 국악은 젊은 세대에게도 큰 호응을 얻고 있다.

① (가)에서는 간접 전파에 의한 문화 변동이 나타난다.
② (나)에서는 발견에 의한 문화 변동이 나타난다.
③ (가), (나)에서는 모두 강제적 문화 접변이 나타난다.
④ (가)에서는 문화 동화가, (나)에서는 문화 융합이 나타난다.
⑤ (가)에서는 (나)와 달리 문화 접변 이후에도 자문화의 정체성이 남아 있다.

제1권 교육청

15

| 7월 학력평가 13번 |

A~C국에 나타난 문화 변동에 대한 설명으로 옳은 것은? [3점]

> ○A국은 전통적인 온돌 문화와 이웃 나라의 공동 주거 문화를 결합하여 새로운 양식의 주거 문화를 형성하였다.
> ○B국에서는 과거 자신들을 식민 지배하였던 국가의 선교사들이 들여온 신흥 종교를 받아들여 토착 종교와 함께 존재하고 있다.
> ○C국은 이웃 나라의 방역 시스템에서 아이디어를 얻어 새로운 방역 제도를 구축하고 감염병 확산을 효과적으로 억제하였다.

① A, B국 모두 자기 문화의 정체성을 유지하였다.
② A국은 문화 융합이, C국은 문화 동화가 나타났다.
③ B국은 비물질문화에서, C국은 물질문화에서 문화 변동이 나타났다.
④ B국은 A, C국과 달리 강제적 문화 접변이 나타났다.
⑤ A, B국은 간접 전파, C국은 자극 전파가 나타났다.

16

| 10월 학력평가 9번 |

A~C국에 나타난 문화 변동에 대한 설명으로 옳은 것은?

> ○A국은 갑국의 식민 통치로부터 독립한 후 강력한 자국어 사용 정책을 펼쳐 일상생활에서 자국어를 사용하고 있다. 하지만 학문 분야에서는 갑국 언어도 함께 사용하고 있다.
> ○B국에서는 서적을 통해 소개된 갑국 종교를 믿는 사람들이 증가하면서 외관은 B국의 가옥 형태이고 내부 구조는 갑국 종교 양식을 따른 새로운 종교 건축물이 만들어졌다.
> ○C국에서는 돌 화폐를 거래 수단으로 사용하다가 C국에 들어온 갑국 상인들에 의해 갑국 주화가 유입되면서 모든 거래에서 돌 화폐 대신 갑국 주화를 사용하게 되었다.

① A국에서는 독립 이후 강제적 문화 접변이 나타났다.
② B국에서는 A국, C국과 달리 문화 융합이 나타났다.
③ A국, B국은 C국과 달리 외부 사회와의 접촉으로 새로운 문화 요소를 갖게 되었다.
④ B국, C국에서는 A국과 달리 문화 변동 이후 자기 문화의 정체성이 유지되었다.
⑤ A~C국에서는 모두 직접 전파에 의한 문화 변동이 나타났다.

2020년

17

| 3월 학력평가 10번 |

다음 A국~C국에 나타난 문화 변동에 대한 옳은 설명만을 〈보기〉에서 고른 것은?

> ○교역을 통해 A국에 갑국 종교가 유입되었고, 그 결과 A국에는 전통 종교와 갑국 종교가 함께 존재하고 있다.
> ○B국에서는 전통 종교와 갑국 선교사들에 의해 전해진 갑국 종교가 결합되어 기존 두 종교의 성격을 가지면서도 제3의 성격을 지닌 종교가 만들어졌다.
> ○갑국은 C국을 점령한 후 C국 국민의 저항에도 불구하고 갑국 종교를 이식하는 정책을 실시하였다. 이로 인해 C국에서는 전통 종교가 사라지고 갑국 종교만 남게 되었다.

보기

ㄱ. A국은 문화 변동 결과 자국 문화의 정체성을 상실하였다.
ㄴ. B국에서는 문화 융합이 나타났다.
ㄷ. C국에서는 강제적 문화 접변이 나타났다.
ㄹ. C국에서는 B국과 달리 새로운 문화 요소가 만들어졌다.

① ㄱ, ㄴ ② ㄱ, ㄷ ③ ㄴ, ㄷ ④ ㄴ, ㄹ ⑤ ㄷ, ㄹ

18

| 4월 학력평가 7번 |

(가), (나)에 나타난 문화 변동에 대한 설명으로 옳은 것은?

> (가) 투피어는 지금의 브라질 지역에 살던 원주민의 언어였다. 하지만 이 지역을 지배한 포르투갈이 자국 언어의 확산을 위하여 투피어 사용을 금지시키면서 이 언어는 사라졌고, 현재 원주민의 후손들은 포르투갈어를 사용하고 있다.
> (나) 필리핀의 아티아티한 축제는 본래 부족들 간 우정을 기념하며 춤과 음악을 즐기는 형태였다. 하지만 스페인 선교사가 전파한 가톨릭의 영향으로 현재는 필리핀의 전통 춤과 음악에 가톨릭 종교 의례가 접목된 새로운 형태가 되었다.

① (가)에서는 문화 융합이 나타났다.
② (가)에서는 자발적 문화 접변이 나타났다.
③ (나)에서는 문화 동화가 나타났다.
④ (가)에서는 (나)와 달리 직접 전파가 나타났다.
⑤ (나)에서는 (가)와 달리 문화 변동 후에도 기존 문화의 정체성이 남아 있다.

19

| 7월 학력평가 16번 |

다음은 문화 변동의 요인 A~D를 질문에 따라 분류한 것이다. 이에 대한 옳은 설명만을 〈보기〉에서 있는 대로 고른 것은? (단, A~D는 각각 발견, 발명, 직접 전파, 자극 전파 중 하나이다.) [3점]

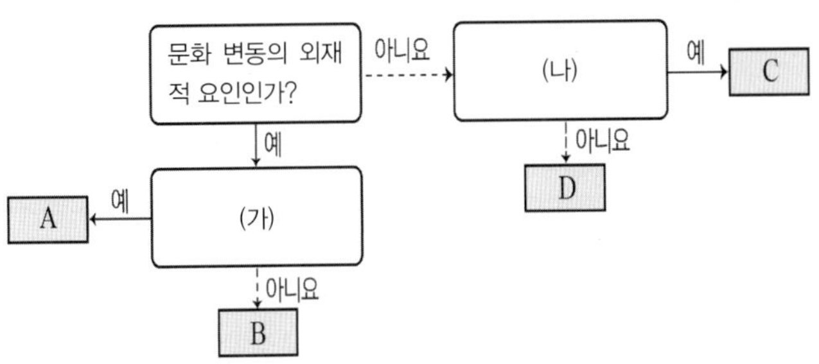

〈보기〉

ㄱ. (가)가 '새로운 문화 요소의 창조를 수반하는가?'라면, B는 대면 접촉을 통한 문화 요소의 전달을 전제로 한다.
ㄴ. (나)가 '기존에 없었던 새로운 문화 요소가 창조되는가?'라면, 증기 기관을 만들어 낸 것은 C의 사례에 해당한다.
ㄷ. (나)가 '존재하였지만 인식하지 못한 문화 요소를 알아낸 것인가?'이면, D는 발견이다.
ㄹ. C가 발견이고, (가)가 '타 문화의 문화 요소가 새로운 문화 요소의 출현에 아이디어로 작용하는가?'라면, D는 A와 달리 한 사회의 문화적 다양성을 증가시킨다.

① ㄱ, ㄴ ② ㄴ, ㄷ ③ ㄷ, ㄹ
④ ㄱ, ㄴ, ㄹ ⑤ ㄱ, ㄷ, ㄹ

20

| 10월 학력평가 14번 |

자료에 대한 옳은 설명만을 〈보기〉에서 고른 것은? (단, A~C는 각각 문화 동화, 문화 병존, 문화 융합 중 하나이다.)

구분	A	B	C
전통문화 요소가 외래문화 요소로 대체되었는가?	아니요	예	아니요
(가)	예	아니요	아니요

〈보기〉

ㄱ. B의 사례로 우리나라에 한의학과 양의학이 함께 존재하는 것을 들 수 있다.
ㄴ. A가 문화 병존이면, C의 사례로 서양 음악과 아프리카 음악이 결합하여 재즈 음악이 등장한 것을 들 수 있다.
ㄷ. (가)에 '전통문화 요소의 정체성이 유지되는가?'가 들어갈 수 있다.
ㄹ. (가)에 '새로운 문화가 형성되었는가?'가 들어가면, A는 B, C와 달리 외래문화 요소를 문화 수용자가 재해석하고 재구성한 결과이다.

① ㄱ, ㄴ ② ㄱ, ㄷ ③ ㄴ, ㄷ ④ ㄴ, ㄹ ⑤ ㄷ, ㄹ

제1권 교육청

필출 주제

13 사회 불평등 현상의 이해

1 사회 불평등 현상

(1) 의미와 발생 요인 및 영향

의미	사회 구성원 간에 학력, 소득, 지위, 권력 등 사회적 희소가치의 소유 정도나 접근 기회에 차이가 나타나는 현상
발생 요인	• 개인적 요인: 사회가 요구하는 능력이나 조건을 갖춘 정도의 차이 • 사회적 요인: 사회 구조적으로 존재하는 사회 구성원 간 사회적 희소가치 획득 기회의 차이
영향	• 사회 구성원 간의 생활 양식, 가치관, 사고방식의 차이를 가져옴 • 사회 구성원 간 경쟁을 유발하여 사회적 효율성을 높이기도 하지만, 갈등을 유발하여 사회 통합을 저해하기도 함

(2) 다양한 형태의 사회 불평등 현상

경제적 불평등	• 개인이 가진 재산이나 소득 등의 분배 격차에서 발생하는 불평등 • 가장 일반적이고 전형적인 사회 불평등 현상
정치적 불평등	권력의 소유 정도나 정치 참여 기회 등의 차이에서 발생하는 불평등
사회·문화적 불평등	• 지위에 따른 위신, 명예, 교육 수준 등의 차이에서 발생하는 불평등 • 경제적 불평등이나 정치적 불평등에 비해 잘 드러나지 않는 경향이 있음

2 사회 계층화 현상

(1) 의미와 양상

의미	한 사회 내 사회 구성원 간 불평등이 일정한 요인에 따라 범주화되면서 사회 불평등 현상이 일정한 틀이나 체계를 갖추어 나타나는 현상
양상	• 시대와 사회를 초월하여 계층화는 일반적으로 나타나는 현상임 • 시대와 사회에 따라 그 요인과 범주화되는 양상이 다양하게 나타남

(2) 사회 계층화 현상에 관한 대표적 이론

계급론	• 계급은 생산 수단을 둘러싸고 나타나는 위계 구조에서 공통의 위치를 차지하는 사람들의 집합체임 • 생산 수단의 소유 여부 • 경제적 요인이 다른 모든 사회 불평등을 결정함 • 일원론적 관점 • 계급 의식을 중시함
계층론	• 계층은 다양한 요인에 의해 공통의 서열상 위치를 갖는 사람들의 집합체임 • 계급, 위신, 권력상의 위치 • 경제적 요인, 사회적 요인, 정치적 요인 등 다양한 요인에 의해 사회 불평등이 발생함 • 다원론적 관점 • 지위 불일치 현상을 설명하기에 적합함

핵심 자료 계급론과 계층론

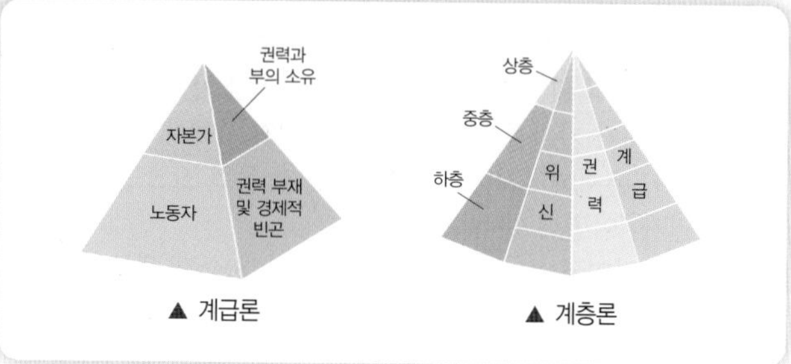

▲ 계급론 ▲ 계층론

계급론은 사회 계층을 지배 계급인 자본가와 피지배 계급인 노동자로만 구분하여 바라보는 반면, 계층론은 재산·위신·권력과 같은 다양한 요인을 기준으로 상층·중층·하층과 같이 세분화하여 사회 계층을 바라보고 있다.

3 사회 불평등 현상을 바라보는 관점

(1) 기능론

발생 원인	사회 전체의 필요에 의해 결정되는 직업별·사회적 역할의 중요도 및 기여도에 따른 차등 보상
배분 기준	개인의 노력, 능력, 업적 등 사회 전체적으로 합의된 정당한 기준
사회적 기능	• 개인에게 성취동기를 부여하고 구성원 간 경쟁을 유발함으로써 사회가 효율적으로 작동하는 데 기여함 • 각 지위나 직업을 담당하는 데 필요한 능력을 갖춘 인재들이 적재적소에 배치됨으로써 사회 전체의 효율성이 향상될 수 있음 • 사회 불평등은 보편적이고 불가피한 현상으로서 사회 유지와 발전에 기여하는 한 불평등은 존재해야 함

(2) 갈등론

발생 원인	지배와 피지배 관계의 유지 및 계급 재생산을 위해 지배 집단이 만든 분배 구조
배분 기준	권력, 재산, 가정 배경 등 지배 집단만의 합의가 반영되고 지배 집단에게 유리한 기준
사회적 기능	• 사회적 희소가치가 개인의 능력과 무관하게 분배됨으로써 피지배 집단 구성원의 계층 상승을 억압함 • 불평등한 계층 구조를 재생산하거나 고착화함으로써 사회적 갈등과 대립 관계를 형성하는 요인이 됨 • 불평등이 존재하지 않는 사회를 만들기 위해 사회 구조를 변혁해야 함

기출 자료 핵심을 파악하라!

자료 1 사회 불평등 현상을 바라보는 관점

〈확인 평가〉

○ 제시된 '진위 판단'에 부합하도록 빈칸을 채워 진술을 완성하시오.

진위 판단	진위 판단에 부합하는 진술	채점 결과
참	A(기능론)와 달리 B(갈등론)는 희소 자원의 차등 분배가 개인(기능론)의 성취동기에 긍정적으로 작용한다고 본다.	0점
거짓	B와 달리 A는 (가)	㉠

* 교사는 완성한 진술별로 채점하고, 제시된 '진위 판단'에 부합하도록 진술을 완성한 경우에는 1점을, 그렇지 않은 경우에는 0점을 부여함.

핵심 ① 기능론의 주요 입장을 정리한다. 기능론은 개인의 능력과 노력에 비례하여 사회적 희소가치가 분배된다고 보며, 이러한 차등 분배가 개인에게 성취동기를 부여하고 구성원 간 경쟁을 유발함으로써 사회가 효율적으로 작동하는 데 기여한다고 본다.

핵심 ② 갈등론의 주요 입장을 정리한다. 갈등론은 차등 분배 체계를 통해 사회적 희소가치가 개인의 능력과 무관하게 분배됨으로써 피지배 집단 구성원의 계층 상승을 억압하고 불평등한 계층 구조를 재생산하거나 고착화시킨다고 본다.

핵심 ③ 제시된 자료를 통해 A, B가 사회 불평등 현상을 바라보는 관점을 파악한다. 희소 자원의 차등 분배가 개인의 성취동기에 긍정적으로 작용한다고 보는 관점은 기능론이다. 첫 번째 진술에 대한 채점 결과가 0점이므로 첫 번째 진술은 틀린 진술이 된다. 따라서 A는 기능론, B는 갈등론이다.

자료 2 사회 불평등 현상을 바라보는 관점

(가) 사회에는 기능적으로 중요한 직업과 덜 중요한 직업이 존재하므로, 우수한 능력을 갖춘 사람이 더 중요한 직업에 배치될 때 사회가 원활하게 유지되고 발전할 수 있다. 그리고 사회에서 중요한 직업을 담당할 수 있는 자격 여부는 개인의 능력이나 노력 여하에 따라 결정된다. (기능론)

(나) 사회에서 직업의 기능적 중요도를 나누는 기준은 지배 집단이 자의적으로 정한 것이며, 능력을 평가하는 기준 역시 지배 집단의 가치와 특성을 반영한다. 그리고 그 사회가 중요하다고 여기는 직업을 갖기 위한 기회는 개인의 사회적·경제적·문화적 배경 등에 따라 제한된다. (갈등론)

핵심 ① 제시된 자료를 통해 (가)에 나타난 사회 불평등 현상을 바라보는 관점을 파악한다. (가)는 기능적으로 중요한 직업과 덜 중요한 직업이 존재하며, 능력 있는 사람이 더 중요한 직업을 담당해야 사회가 원활하게 유지될 수 있다고 보므로 기능론에 해당한다..

핵심 ② 제시된 자료를 통해 (나)에 나타난 사회 불평등 현상을 바라보는 관점을 파악한다. (나)는 직업의 기능적 중요도는 지배 집단이 정한 것이고, 가정 배경에 따라 중요한 직업을 갖기 위한 기회가 제한된다고 보므로 갈등론에 해당한다.

기출 선택지 X를 찾아라!

☑ 다음 중 옳지 않은 설명 3개를 찾아 '×'에 체크하시오.

기출 선택지	○	×
24 모평 01. 갈등론은 사회적 희소가치의 배분 기준이 사회적으로 합의된 것이라고 본다.	☐	☐
24 모평 02. 갈등론은 사회 제도를 지배와 피지배 관계의 재생산을 위한 수단으로 본다.	☐	☐
24 학평 03. 기능론은 기득권층의 이익을 대변하는 논리로 이용될 우려가 있다는 비판을 받는다.	☐	☐
24 모평 04. 기능론은 균등 분배가 인재의 적재적소 배치에 어려움을 야기한다고 본다.	☐	☐
24 수능 05. 갈등론은 사회 불평등 현상을 제거해야 하는 대상이라고 본다.	☐	☐
22 모평 06. 기능론은 직업 유형 간 사회적 중요도의 우위를 객관적으로 평가하기 어렵다는 지적을 받는다.	☐	☐
22 학평 07. 갈등론은 차등 분배 체계가 기존 불평등 구조를 재생산하기 위한 수단이라고 본다.	☐	☐
21 학평 08. 갈등론은 개인의 귀속적 요인이 사회 불평등 현상에 미치는 영향을 간과한다는 비판을 받는다.	☐	☐
24 수능 09. 기능론은 직업 유형 간 사회적 중요도의 차이가 있다고 본다.	☐	☐
22 학평 10. 기능론은 개인의 능력이나 노력 수준에 비례하여 사회적 성공 정도가 결정된다고 본다.	☐	☐
23 학평 11. 기능론은 갈등론과 달리 사회 불평등 현상이 인재를 적재적소에 배치하는 데 기여한다고 본다.	☐	☐
23 학평 12. 갈등론은 기능론과 달리 사회 불평등 현상을 보편적이고 불가피한 현상으로 본다.	☐	☐

X의 정체는?

✓ 01 ~~갈등론~~(기능론)은 사회적 희소가치의 배분 기준이 사회적으로 합의된 것이라고 본다.
→ 기능론은 사회적 희소가치에 대한 배분 기준이 사회적으로 합의된 것이라고 본다.

✓ 08 ~~갈등론~~(기능론)은 개인의 귀속적 요인이 사회 불평등 현상에 미치는 영향을 간과한다는 비판을 받는다.
→ 개인의 귀속적 요인이 사회 불평등 현상에 미치는 영향을 간과한다는 비판을 받는 관점은 기능론이다.

✓ 12 ~~갈등론은 기능론과 달리~~(기능론은) 사회 불평등 현상을 보편적이고 불가피한 현상으로 본다.
→ 기능론은 사회 불평등이 보편적이고 불가피한 현상으로서 사회 유지와 발전에 기여하는 한 불평등은 존재해야 한다고 본다.

제1권 교육청

2024년

01

| **5**월 교육청 학력평가 **19**번 |

사회 불평등 현상을 바라보는 관점 (가), (나)에 대한 설명으로 옳은 것은? [3점]

> (가) 사회에는 기능적으로 중요한 직업과 덜 중요한 직업이 존재하므로, 우수한 능력을 갖춘 사람이 더 중요한 직업에 배치될 때 사회가 원활하게 유지되고 발전할 수 있다. 그리고 사회에서 중요한 직업을 담당할 수 있는 자격 여부는 개인의 능력이나 노력 여하에 따라 결정된다.
> (나) 사회에서 직업의 기능적 중요도를 나누는 기준은 지배 집단이 자의적으로 정한 것이며, 능력을 평가하는 기준 역시 지배 집단의 가치와 특성을 반영한다. 그리고 그 사회가 중요하다고 여기는 직업을 갖기 위한 기회는 개인의 사회적·경제적·문화적 배경 등에 따라 제한된다.

① (가)는 사회 불평등 현상을 극복해야 할 문제라고 본다.
② (가)는 사회적 희소가치를 배분하는 기준이 사회 전체의 합의에 기초한다고 본다.
③ (나)는 기득권층의 이익을 대변하는 논리로 이용될 우려가 있다는 비판을 받는다.
④ (나)는 사회 불평등 현상이 개인의 성취동기를 감소시킬 수 있음을 간과한다는 비판을 받는다.
⑤ (나)는 (가)와 달리 사회 불평등 현상이 인재를 적재적소에 배치하는 데 기여한다고 본다.

02

| **10**월 교육청 학력평가 **6**번 |

사회 불평등 현상을 바라보는 관점 A에 부합하는 진술만을 〈보기〉에서 고른 것은?

> A를 반박하는 학자들은 여러 직업의 기능적 중요성을 정확히 판단하기 어려울 뿐만 아니라 한 사회가 원활히 돌아가는 데 중요하지 않은 직업은 없다고 주장한다.

보기

ㄱ. 사회 불평등 현상은 개인의 성취동기 유발에 기여한다.
ㄴ. 사회적 희소가치 배분 기준은 사회적으로 합의된 것이다.
ㄷ. 사회의 발전을 위해 사회 불평등 현상은 제거되어야 한다.
ㄹ. 사회의 차등 분배 체계는 기존의 불평등 구조를 재생산하는 수단이다.

① ㄱ, ㄴ ② ㄱ, ㄷ ③ ㄴ, ㄷ ④ ㄴ, ㄹ ⑤ ㄷ, ㄹ

2023년

03

| **4**월 학력평가 **9**번 |

사회 불평등 현상을 바라보는 갑, 을의 관점에 대한 설명으로 옳은 것은? [3점]

사회 불평등 현상은 개인이나 집단이 사회에 기여한 정도에 따라 사회적 희소가치가 차등 분배된 결과입니다.

그렇지 않습니다. 우리 사회에는 특정 집단에 유리한 분배 구조가 고착화되어 있어 이 그림과 같은 사회 불평등 현상이 나타납니다.

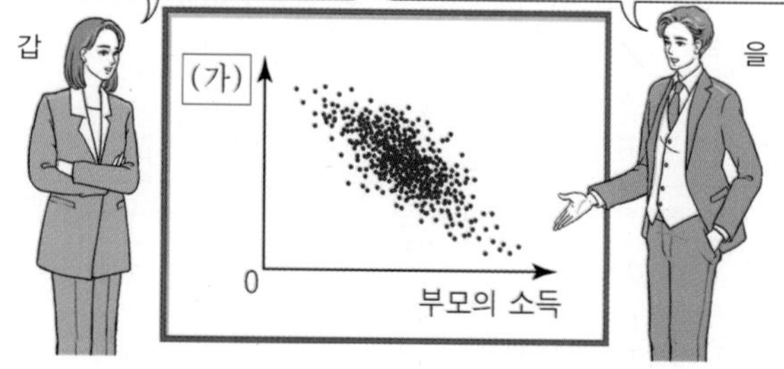

① 갑의 관점은 사회 불평등 현상을 타파해야 할 문제라고 본다.
② 을의 관점은 차등 보상이 개인의 성취동기를 자극한다고 본다.
③ 을의 관점에서는 (가)에 '자녀의 소득'이 들어갈 수 있다고 본다.
④ 갑의 관점은 을의 관점과 달리 사회 불평등 현상이 인재를 적재적소에 배치하는 데 기여한다고 본다.
⑤ 을의 관점은 갑의 관점과 달리 사회 불평등 현상을 보편적이고 불가피한 현상으로 본다.

2022년

04
| 3월 학력평가 **18**번 |

사회 불평등 현상을 바라보는 관점 A, B에 대한 설명으로 옳은 것은?

A는 직업 간 사회적 기여도에 차이가 있으므로 차등 분배가 필요하다고 보는 B의 주장이 지배 집단의 기득권을 정당화하는 논리에 불과하다고 본다.

① A는 차등 분배 체계가 기존 불평등 구조를 재생산하기 위한 수단이라고 본다.
② A는 개인의 능력이나 노력 수준에 비례하여 사회적 성공 정도가 결정된다고 본다.
③ B는 원칙적으로 사회 불평등 현상을 사회 문제로 본다.
④ B는 사회 발전을 위해 사회 불평등 현상이 제거되어야 한다고 본다.
⑤ A는 B와 달리 사회 불평등 현상이 보편적인 현상이라고 본다.

2021년

05
| 3월 학력평가 **10**번 |

다음 글의 사회 불평등 현상을 바라보는 관점에 부합하는 주장만을 〈보기〉에서 고른 것은?

사회가 평온할 때에는 직업 간의 중요도 차이가 명확하게 드러나지 않을 수도 있다. 하지만 사회에 위기가 닥치면 직업별 중요도가 보다 명확하게 드러나고, 차등 분배의 정당성에 대한 의구심이 사라지게 된다. 이는 직업 간 차등 보상이 왜 정당한지를 분명하게 보여 준다.

보기
ㄱ. 사회적 희소가치의 차등 분배는 불가피한 현상이다.
ㄴ. 차등 분배 체계는 지배 집단의 이익을 보장하기 위한 수단이다.
ㄷ. 사회 불평등 현상은 개인의 성취동기를 유발하여 사회 발전에 기여한다.
ㄹ. 사회적 희소가치의 소유 정도는 개인의 노력이 아니라 가정 배경에 비례한다.

① ㄱ, ㄴ ② ㄱ, ㄷ ③ ㄴ, ㄷ ④ ㄴ, ㄹ ⑤ ㄷ, ㄹ

06
| 4월 학력평가 **11**번 |

다음 글에 나타난 사회 불평등 현상을 보는 관점에 대한 옳은 설명만을 〈보기〉에서 고른 것은?

자본주의 사회의 불평등은 자본가가 노동자를 착취하는 관계에서 기인한다. 노동자와 자본가의 이익은 상충하기에 이들은 상대를 희생시켜야 이익을 얻을 수 있는 관계에 있다. 자본가가 자신의 이득을 최대한 늘리려고 한 결과, 노동자는 노동에 대한 정당한 대가를 받지 못하여 자신이 생산한 상품을 구매할 만한 재력을 갖추지 못하게 된다. 이와 같은 구조적 모순은 자본가와 노동자 간 불평등을 심화시킨다.

보기
ㄱ. 사회 불평등 현상을 극복해야 할 대상으로 본다.
ㄴ. 사회적 희소가치의 배분 기준이 지배 집단에게 유리하다고 본다.
ㄷ. 사회적 희소가치의 차등 분배가 개인의 성취동기에 긍정적으로 작용한다고 본다.
ㄹ. 개인의 귀속적 요인이 사회 불평등 현상에 미치는 영향을 간과한다는 비판을 받는다.

① ㄱ, ㄴ ② ㄱ, ㄷ ③ ㄴ, ㄷ ④ ㄴ, ㄹ ⑤ ㄷ, ㄹ

07

| 7월 학력평가 18번 |

사회 불평등 현상을 바라보는 갑, 을의 관점에 대한 설명으로 옳은 것은?

> 갑: 임금 격차의 원인은 자본가가 만든 불합리한 노동력 평가 기준에 있다. 자본가는 그들만이 정당하다고 판단하는 기준으로 불평등한 임금 체계를 만들어 이윤을 극대화한다.
> 을: 노동 시장에서 임금 격차가 나타나는 것은 노동 생산성과 관련이 있다. 노동 생산성에 따른 임금의 차등적 지급은 사회 전체의 효율을 증대시킨다.

① 갑의 관점은 사회 불평등 현상을 보편적이면서도 불가피한 현상으로 본다.
② 을의 관점은 직업 간 사회적 중요도의 우위를 객관적으로 평가하기 어렵다고 본다.
③ 갑의 관점은 을의 관점에 비해 개인의 귀속적 요인이 사회 불평등에 미치는 영향력을 경시한다.
④ 을의 관점은 갑의 관점과 달리 사회적 희소가치의 배분 기준은 사회적으로 합의된 것이라고 본다.
⑤ 갑, 을의 관점은 모두 균등 분배가 개인의 성취동기를 자극한다고 본다.

08

| 10월 학력평가 18번 |

다음 자료에 대한 설명으로 옳은 것은? (단, A와 B는 각각 갈등론과 기능론 중 하나이다.)

> '㉠사회적 희소가치의 차등 분배는 정당한가?', '㉡사회 불평등 현상은 보편적인 현상인가?'라는 두 질문에 대한 A의 응답은 일치하고, B의 응답은 불일치한다.

① A는 직업 간에 사회적 기여도의 차이가 없음을 강조한다.
② B는 개인의 노력과 업적에 따라 계층이 결정된다고 본다.
③ A는 B와 달리 사회 불평등 현상을 병리적인 현상으로 본다.
④ B는 A와 달리 사회적 희소가치의 배분 기준이 사회적 합의를 반영하고 있다고 본다.
⑤ ㉠에 대한 A의 응답과 ㉡에 대한 B의 응답은 모두 '예'이다.

2020년

09

| 3월 학력평가 11번 |

다음 자료에 대한 옳은 설명만을 〈보기〉에서 고른 것은? (단, A와 B는 각각 계급 이론과 계층 이론 중 하나이다.)

> 교사: 사회 계층화 이론 A와 B에 대해 설명해 보세요.
> 갑: A는 생산 수단의 소유 여부만으로 계층을 구분합니다.
> 을: B는 사회 계층화를 연속적인 서열화 현상으로 봅니다.
> 병: A는 B와 달리 경제적 요인이 사회 계층화에 영향을 미칠 수 있음을 인정합니다.
> 교사: 세 학생 중 ㉠한 사람만 틀린 설명을 하였습니다.

보기

ㄱ. ㉠은 병이다.
ㄴ. A는 계급 이론, B는 계층 이론이다.
ㄷ. A는 B보다 지위 불일치 현상을 설명하는 데 적합하다.
ㄹ. B는 A와 달리 동일한 계급에 속한 사람들 간에 강한 연대 의식이 형성됨을 강조한다.

① ㄱ, ㄴ ② ㄱ, ㄷ ③ ㄴ, ㄷ ④ ㄴ, ㄹ ⑤ ㄷ, ㄹ

10

| 4월 학력평가 9번 |

사회 불평등 현상을 설명하는 갑, 을의 이론에 대한 설명으로 옳은 것은? (단, 갑과 을의 이론은 각각 계급론, 계층론 중 하나이다.)

생산 수단의 소유 여부가 사회 불평등의 근본적인 요인입니다. 이러한 경제적 요인을 바탕으로 사회 불평등을 설명해야 합니다.
갑

경제적 요인이 중요하다는 데에는 동의하지만, 정치적, 사회적 요인 등도 복합적으로 고려해서 사회 불평등을 설명해야 합니다.
을

① 갑의 이론은 지위 불일치 현상을 설명하기에 적합하다.
② 을의 이론은 사회 불평등 현상을 연속적인 서열화 상태로 본다.
③ 갑의 이론은 을의 이론과 달리 다차원적인 기준으로 불평등한 분배 상태를 설명한다.
④ 을의 이론은 갑의 이론과 달리 동일한 경제적 위치에 속한 구성원 간의 강한 귀속 의식을 강조한다.
⑤ 갑, 을의 이론은 모두 정치적 불평등이 경제적 불평등에 종속된다고 본다.

11

| 7월 학력평가 14번 |

다음은 사회 불평등 현상을 설명하는 이론 A, B에 따라 갑~정의 계층적 위치를 판단한 진술이다. 이에 대한 설명으로 옳은 것은?

○ A는 생산 수단의 소유 여부에 따라 계층적 위치를 구분하는데, 이에 따르면 갑, 정 두 사람만 생산 수단을 소유하지 못하였다.
○ B는 재산, 권력, 위신의 세 가지 측면에 따라 상층, 중층, 하층으로 계층적 위치를 구분한다.
○ A에 따라 생산 수단을 소유한 것으로 판단된 사람은 B에 따른 재산 측면에서 하층에 속하지 않았다.
○ B에 따른 세 가지 측면에서 모두 상층에 속하는 사람은 을뿐이며, 세 가지 측면에서 모두 하층에 속하는 사람은 정뿐이다. 또한 세 가지 측면에서 모두 중층인 사람은 없다.
○ A에 따라 자본가로 분류된 사람 중에서 B에 따른 권력과 위신 측면이 중층에 속하는 사람은 병이다.

① A는 B와 달리 다차원적으로 사회 불평등 현상을 설명한다.
② B는 A와 달리 사회 불평등 현상의 원인으로 경제적 요인을 고려한다.
③ A에 따라 생산 수단을 소유한 사람은 1명이다.
④ B에 따라 경제적 측면에서 중층에 속하는 사람이 존재한다면, 갑일 것이다.
⑤ B에 따라 병은 을, 정과 달리 지위 불일치 현상에 해당하지 않는다.

12

| 10월 학력평가 15번 |

자료에 대한 설명으로 옳은 것은? (단, A와 B는 각각 계급론과 계층론 중 하나이다.) [3점]

갑은 사회 계층화 현상에 대한 이론으로서 A와 달리 B가 지닌 특징을 다음과 같이 정리하였는데, 세 가지 특징 중 하나는 틀린 내용이다.

○ 지위 불일치 현상을 설명하는 데 적합하다.
○ (가)
○ 다원론의 입장에서 사회 계층화 현상을 설명한다.

① A는 사회 계층화 현상을 사회 구성원들 간의 연속적인 서열화 현상이라고 본다.
② B는 사회적 위신이 사회 계층화를 초래하는 여러 요인 중 하나라고 본다.
③ A는 B와 달리 경제적 요인이 사회 계층화 현상에 미치는 영향을 인정한다.
④ B는 A와 달리 동일한 계급에 속한 사람들 간에 강한 연대 의식이 형성될 가능성이 높다고 본다.
⑤ (가)에 '계급 간 대립으로 인해 필연적으로 사회 변동이 발생한다고 본다.'가 들어갈 수 없다.

사회 변동과 사회 운동

1 사회 변동

의미	시간의 경과에 따라 생활 양식을 비롯하여 가치, 규범, 제도 등 사회 구조의 전반이 변화하는 양상
특징	• 사회 변동의 형태와 방향, 속도 등은 사회마다 다양하게 나타남 • 어느 한 영역의 변화는 다른 영역의 변화를 초래하는 요인이 됨 • 물질문화의 변화 속도가 비물질문화의 변화 속도에 비해 빠르게 나타남
요인	과학과 기술의 발달, 가치관이나 이념의 변화, 인구 구조의 변화, 새로운 문화 요소의 등장, 자연환경의 변화 등

2 사회 변동을 설명하는 이론

(1) 사회 변동 방향에 대한 관점을 기준으로 사회 변동을 설명하는 이론

진화론	• 사회 변동은 일정한 방향(진보와 발전)으로 나타남 • 사회 변동은 바람직한 방향으로의 변화(진보와 발전)를 의미함 • 사회 변동의 방향(진보와 발전)을 설명하는 데 유용함 • 사회는 단순한 상태에서 복잡하고 분화된 상태로 발전함 • 서구 사회가 진보된 사회임을 전제함 예 개발 도상국이 근대화 과정을 통해 선진국으로 발전함
순환론	• 사회는 시간의 흐름에 따라 생성, 성장, 쇠퇴, 소멸의 과정을 반복함 • 사회는 진보와 발전이라는 한 가지 방향으로 변동하는 것이 아니라 쇠퇴하고 소멸하는 운명을 가짐 • 지난 역사 속에서 성장과 쇠퇴가 반복되는 사회 변동을 설명하고 해석하는 데 유용함 • 사회 변동을 예측하거나 대응하기에 적합하지 않음 예 사회 갈등이나 전쟁 등을 통해 소멸하거나 생성되는 국가

핵심 자료 1 진화론과 순환론

○ 인류 문명의 성장 과정을 미디어의 발달과 관련지어 설명할 수 있다. 인류 문명은 말(言)의 등장과 수렵·채취 사회, 문자의 등장과 농경 사회, 인쇄술의 등장과 산업 사회, 원격 통신의 등장과 정보 사회의 네 단계를 거쳐 왔다. - 진화론 -

○ 유목민과 정착민 간의 갈등을 통해 120년 주기로 나타나는 문명의 변동 과정을 설명할 수 있다. 유목민은 기회가 오면 도시의 정착민을 공격하고 정복한다. 이렇게 정복에 성공한 유목민은 차츰 도시 생활에 안주하면서 정착민으로 변모한다. 하지만 이들 역시 안일한 삶과 부패가 만연해지면서 또 다른 강력한 유목민에게 정복당한다. - 순환론 -

(2) 사회 구조적 측면에서 사회 변동을 설명하는 이론

기능론	• 사회는 여러 부분들이 각각의 기능을 원활하게 수행함에 따라 균형을 이루고 안정을 유지함 → 사회 변동은 사회가 마찰을 극복하고 균형의 상태를 찾아가는 과정임 • 사회의 질서와 안정성을 바탕으로 점진적인 사회 변동 과정을 설명하는 데 용이한 반면, 급진적인 사회 변동 과정을 설명하기에 곤란함
갈등론	• 사회를 지배 집단과 피지배 집단 간의 대립과 투쟁의 장으로 인식하며, 피지배 집단이 기득권을 가진 지배 집단에 저항하는 과정에서 사회가 변동한다고 봄 • 사회 질서 이면에 숨어 있는 모순과 갈등을 통해 급격한 사회 변동을 설명하기에 용이한 반면, 사회 변동을 갈등 측면에서만 파악한다는 점에서 한계가 있음

핵심 자료 2 기능론이 바라보는 사회 변동

사회의 안정과 균형을 중시하는 기능론에서는 사회 문제를 일시적으로 균형이 깨어진 병리적 현상으로 바라본다. 병에 걸린 유기체가 다시 회복하듯 사회 또한 일시적 불균형에서 다시 균형 상태로 회복되며, 균형이 회복되는 과정·사회 문제가 해결되는 과정에서 나타나는 사회 제도 및 구조의 변화를 기능론에서는 사회 변동으로 본다.

3 사회 운동

(1) 의미와 특징

의미	사회 변동을 이끌어 내기 위한 지속적이면서 집단적인 노력
특징	• 운동의 목표가 뚜렷하고 활동 방법이 구체적임 • 목표와 활동을 정당화하는 구체적인 신념과 가치가 있음 • 각 사회가 처한 특수한 상황에 따라 다양한 모습으로 나타남 • 목표를 실행으로 옮길 수 있는 체계적인 조직 형태를 띠고 있음

(2) 의의와 영향

의의	사회 구조적 모순과 갈등을 드러내고 그에 대한 해결책을 제시함으로써 사회 변동을 유발하는 동력이 됨
영향	• 긍정적 영향: 시민들의 참여가 중심이 되어 사회 문제를 해결하고, 나아가 구조적인 개혁을 통해 사회 발전에 기여할 수 있음 • 부정적 영향: 바람직하지 않은 목표나 이념을 추구하여 사회 전체의 이익을 저해하거나 공동체의 삶에 위험을 가져올 수 있음

기출 자료 핵심을 파악하라!

자료 1 진화론과 순환론

(가) 인간의 성장처럼 사회도 성장해 나간다. 하지만 인간이 성장을 멈추고 노화가 진행되듯, 사회도 일정한 한계점을 지나면 성장의 그래프는 꺾이기 마련이다. 다만 이미 사라져 버린 사회들의 경험을 참고하여 해체에 이르기까지의 생존 기간을 늘릴 수 있을 뿐이다. ← 순환론

(나) 사회는 본질적으로 과거의 유산을 토대로 하여 더 나은 상태로 나아간다. 인간은 기존의 지식을 바탕으로 새로운 아이디어와 기술을 창출해 혁신을 이어 가고 있기 때문이다. 이러한 과정에서 사회는 항상 성장의 발걸음을 이어 왔으며 앞으로도 그럴 것이다. ← 진화론

핵심① (가), (나)에서 설명하고 있는 사회 변동 이론을 파악한다. (가)에서는 인간이 성장을 멈추고 노화가 진행되듯, 사회도 일정한 한계점을 지나면 성장의 그래프가 꺾이지만 해체에 이르기까지의 생존 기간을 늘린다고 설명하고 있다. 따라서 (가)는 순환론에 해당한다. (나)에서는 사회는 본질적으로 과거의 유산을 토대로 하여 더 나은 상태로 나아가고 항상 성장의 발걸음을 이어 왔다고 설명하고 있다. 따라서 (나)는 진화론에 해당한다.

핵심② 진화론과 순환론의 장점과 한계를 이해한다. 진화론은 사회 발전 방향을 설명하는 데 유용하지만, 사회 변동이 항상 발전을 의미하는 것은 아니며, 서구 중심적 사고라는 비판을 받는다. 반면에 순환론은 지난 역사 속에서 반복되는 사회 변동을 설명하고 해석하는 데 유용하지만, 미래 사회의 변동을 예측하여 대응하는 데 적합하지 않다.

자료 2 사회 운동

(가) 정부는 시민들을 대상으로 최근 변화한 개인 정보 보호 정책을 알리기 위해 관계 부처가 협동하여 온라인 홍보 활동을 지속적으로 해오고 있다. → 사회 운동에 해당하지 않음

(나) □□ 전쟁의 실상이 미디어를 통해 세상에 알려지자마자 분노한 시민들이 즉흥적으로 거리로 나와 자국 군대의 철수와 전쟁 반대를 외치며 행진을 벌였다. → 사회 운동에 해당하지 않음

(다) 부조리한 사회를 비판하는 전국 대학생 연합은 기성세대가 만들어 놓은 기존 사회 질서로부터 근본적인 해방을 주장하는 변혁 운동을 이어오고 있다. → 사회 운동에 해당함

(라) 1990년대의 패션을 재해석하는 것에 관심이 있는 젊은이들을 중심으로 자신만의 복고 스타일을 SNS를 통해 뽐내는 것이 유행처럼 번지고 있다. → 사회 운동에 해당하지 않음

핵심① 사회 운동의 의미와 특징을 이해한다. 사회 운동은 자신의 신념과 가치를 실현하기 위하여 다수의 사람들이 자발적으로 하는 집단적이고 지속적인 행동을 의미한다. 사회 운동은 뚜렷한 목표와 이를 달성하기 위한 구체적인 활동 방법과 계획이 있으며, 목표와 활동 방향을 정당화하는 이념을 가지고 있다. 또한 어느 정도 체계적인 조직을 갖추고 있고, 구성원 간 역할 분담이 이루어진다.

핵심② 제시된 (가)~(라)의 사례가 각각 사회 운동에 해당하는지 파악한다. (다)에는 부조리한 사회를 비판하며 기존 사회 질서로부터 근본적인 해방을 주장하는 사회 운동이 나타나 있다. 따라서 (다)는 전체 사회 구조를 전면적으로 변화시키고자 하는 사회 운동에 해당한다. (가), (나), (라)는 사회 운동에 해당하지 않는다.

기출 선택지 X를 찾아라!

☑ 다음 중 옳지 않은 설명 3개를 찾아 '×'에 체크하시오.

기출 선택지	○	×
21 모평 01. 순환론은 장기적 사회 변동보다는 단기적 사회 변동을 설명하는 데 유용하다.	☐	☐
22 수능 02. 진화론은 제국주의를 정당화하는 수단이 될 수 있다는 비판을 받는다.	☐	☐
24 모평 03. 순환론은 미래의 사회 변동에 대한 역동적인 대응이 어렵다.	☐	☐
22 수능 04. 순환론은 사회 변동을 동일한 과정의 주기적 반복으로 설명한다.	☐	☐
24 수능 05. 진화론은 순환론과 달리 지속적으로 발전하는 사회를 설명하기 용이하다.	☐	☐
22 수능 06. 진화론은 사회가 미분화된 상태에서 분화된 상태로 변동한다고 본다.	☐	☐
23 모평 07. 순환론은 진화론과 달리 서구 사회가 가장 진보한 사회임을 전제한다.	☐	☐
23 모평 08. 진화론은 사회의 변동이 항상 진보와 발전을 의미하는 것은 아니라는 비판을 받는다.	☐	☐
23 수능 09. 순환론은 숙명론적 사고라는 비판을 피하기 어렵다.	☐	☐
23 모평 10. 계몽 운동과 환경 운동은 모두 사회 체제의 전면적인 변혁을 추구하는 사회 운동이다.	☐	☐
20 수능 11. 사회 운동은 어느 정도 체계적인 조직을 갖추고 있으며, 구성원 간 역할이 분담되어 있다.	☐	☐
20 모평 12. 사회 운동은 달성하고자 하는 구체적인 목표가 있다.	☐	☐
24 학평 13. 고유어 되살리기 운동과 문맹 퇴치 운동은 모두 사회 변화를 목적으로 하는 사회 운동이다.	☐	☐

X의 정체는?

✓ 01 순환론은 ~~장기적~~ 단기적 사회 변동보다는 ~~단기적~~ 장기적 사회 변동을 설명하는 데 유용하다.
→ 순환론은 흥망성쇠를 보이는 장기적 사회 변동을 설명하는 데 유용하다.

✓ 07 ~~순환론은 진화론과 달리~~ 진화론은 서구 사회가 가장 진보한 사회임을 전제한다.
→ 진화론은 서구 사회가 진보된 사회임을 전제하는데, 이는 서구의 제국주의 역사를 정당화하는 수단으로 악용될 우려가 있다.

✓ 10 계몽 운동과 환경 운동은 모두 사회 체제의 전면적인 변혁을 추구하는 사회 ~~운동이다~~ 운동에 해당하지 않는다.
→ 사회 구조 전체를 근본적으로 급격하게 바꾸고자 하는 운동은 급진적 혁명 운동이다.

2024년

01

| 3월 학력평가 4번 |

다음 글에 나타난 사회 변동의 방향을 바라보는 관점에 대한 옳은 설명만을 〈보기〉에서 고른 것은?

> 사회는 각 부분이 명료하게 구분되지 않는 초기 생명체와 같은 '단순 사회'에서 각 부분의 기능이 서로 대체될 수 없게 분화된 생명체와 같은 '복잡 사회'로 발전한다.

보기
ㄱ. 사회 변동을 사회 발전과 동일시한다.
ㄴ. 서구 중심적 사고라는 비판을 받는다.
ㄷ. 운명론적 관점에서 사회 변동을 설명한다.
ㄹ. 사회 변동을 동일한 과정의 주기적 반복으로 설명한다.

① ㄱ, ㄴ ② ㄱ, ㄷ ③ ㄴ, ㄷ ④ ㄴ, ㄹ ⑤ ㄷ, ㄹ

02

| 3월 학력평가 12번 |

밑줄 친 ㉠, ㉡에 대한 설명으로 가장 적절한 것은?

> ○갑국에서는 일상 속 외래어 사용을 줄이기 위해 시민 단체를 중심으로 ㉠고유어 되살리기 운동이 활발히 전개되고 있다.
> ○을국에서는 글자를 읽지 못하여 어려움을 겪는 사람들을 돕기 위해 대학생 봉사 단체를 중심으로 ㉡문맹 퇴치 운동이 꾸준히 전개되고 있다.

① ㉠은 사회 체제의 근본적 변혁을 목적으로 한다.
② ㉡은 과거의 사회 질서로 되돌아가려는 사회 운동이다.
③ ㉠은 ㉡과 달리 사회적 약자를 보호하려는 사회 운동이다.
④ ㉡은 ㉠과 달리 활동을 정당화하는 신념을 바탕으로 한다.
⑤ ㉠과 ㉡ 모두 사회의 변화를 목적으로 하는 사회 운동이다.

03

| 5월 학력평가 11번 |

다음 글에서 사회 변동의 방향을 보는 필자의 관점에 대한 옳은 설명만을 〈보기〉에서 고른 것은? [3점]

> 어떤 학자들은 문명이 고대, 중세, 근대로 일정한 방향성을 가지고 나아간다고 본다. 이는 서구의 역사를 기준에 놓고 보는 시각이므로 우리는 이와 같은 시각에서 벗어날 필요가 있다. 문명은 나무에 잎이 나고 꽃이 핀 후, 열매를 맺고 시들어 가는 과정이 반복되듯 일련의 과정이 되풀이된다. 따라서 문명은 유기체적 순환 과정을 통해 이해되어야 한다.

보기
ㄱ. 사회 변동이 곧 사회 발전이라고 본다.
ㄴ. 운명론적 관점에서 사회 변동을 설명한다.
ㄷ. 사회 변동이 일정한 양상을 반복하며 진행된다고 본다.
ㄹ. 사회 변동 과정에서 나타나는 사회의 쇠락을 설명하기 어렵다.

① ㄱ, ㄴ ② ㄱ, ㄷ ③ ㄴ, ㄷ ④ ㄴ, ㄹ ⑤ ㄷ, ㄹ

04

| 7월 학력평가 14번 |

(가)~(라)에 대한 옳은 설명만을 〈보기〉에서 고른 것은?

> (가) 정부는 시민들을 대상으로 최근 변화한 개인 정보 보호 정책을 알리기 위해 관계 부처가 협동하여 온라인 홍보 활동을 지속적으로 해오고 있다.
> (나) □□ 전쟁의 실상이 미디어를 통해 세상에 알려지자마자 분노한 시민들이 즉흥적으로 거리로 나와 자국 군대의 철수와 전쟁 반대를 외치며 행진을 벌였다.
> (다) 부조리한 사회를 비판하는 전국 대학생 연합은 기성세대가 만들어 놓은 기존 사회 질서로부터 근본적인 해방을 주장하는 변혁 운동을 이어오고 있다.
> (라) 1990년대의 패션을 재해석하는 것에 관심이 있는 젊은이들을 중심으로 자신만의 복고 스타일을 SNS를 통해 뽐내는 것이 유행처럼 번지고 있다.

보기
ㄱ. (가)는 사회 구성원의 자발성을 바탕으로 한 사회 운동이라고 볼 수 있다.
ㄴ. (나)는 일시적이고 비조직적인 행동이라는 점에서 사회 운동이라고 볼 수 없다.
ㄷ. (다)는 전체 사회 구조를 전면적으로 바꾸고자 하는 사회 운동이라고 볼 수 있다.
ㄹ. (라)는 과거로의 회귀를 추구하는 사회 운동이라고 볼 수 있다.

① ㄱ, ㄴ ② ㄱ, ㄷ ③ ㄴ, ㄷ ④ ㄴ, ㄹ ⑤ ㄷ, ㄹ

05

| 7월 학력평가 18번 |

다음 글에 나타난 사회 변동 이론에 대한 옳은 설명만을 〈보기〉에서 고른 것은?

개인과 마찬가지로 제국도 자연적 수명을 가지는데, 그것은 일반적으로 약 네 세대에 불과하다. 제1세대는 토지를 정복하려고 공격하는 사람들로, 그들은 일단 도시에 자리를 잡고 살더라도 유목 생활의 습성을 보유한다. 그러나 정주 생활의 영향이 제2세대에서 나타나기 시작하여 이때에는 사치와 왕의 권위가 지배한다. 제3세대는 사막 생활의 특징들을 망각하고, 정주 생활은 그 대가를 지불하게 되어 제국은 노쇠해지고 제4세대로 넘어가면서 파괴된다.

보기

ㄱ. 서구 중심적 사고라는 비판을 받는다.
ㄴ. 숙명론적 관점에서 사회 변동을 설명한다.
ㄷ. 사회 변동이 일정한 방향을 갖는다고 본다.
ㄹ. 사회가 생성, 성장, 쇠퇴, 소멸을 반복한다고 본다.

① ㄱ, ㄴ ② ㄱ, ㄷ ③ ㄴ, ㄷ ④ ㄴ, ㄹ ⑤ ㄷ, ㄹ

06

| 10월 학력평가 14번 |

다음 자료에 대한 옳은 설명만을 〈보기〉에서 고른 것은? (단, A, B는 각각 순환론, 진화론 중 하나임.) [3점]

○ 게임 규칙: 갑, 을은 A, B 중 하나에 대한 설명이 적힌 [카드 1]~[카드 5]가 각각 1장씩 모두 5장이 들어 있는 카드 꾸러미를 각자 배부받는다. 갑, 을은 각각 자신의 꾸러미에서 카드를 2장씩 뽑고, 획득한 총점이 큰 사람이 승리한다. 카드 1장당, 카드 내용이 A에 대한 설명이면 2점, B에 대한 설명이면 1점을 받는다.

[카드 1]	[카드 2]	[카드 3]	[카드 4]	[카드 5]
사회 변동을 사회 발전으로 인식한다.	서구 중심적 사고라는 비판을 받는다.	사회 변동은 일정한 방향성을 가진다고 본다.	사회 변동을 운명론적 관점에서 설명한다.	(가)

○ 게임 결과: 갑은 [카드 1]과 [카드 2]를, 을은 [카드 3]과 ㉠ 을/를 뽑아 갑이 승리하였다.

보기

ㄱ. ㉠은 [카드 4]가 될 수 있다.
ㄴ. A는 사회마다 사회 변동의 방향이 다르다고 본다.
ㄷ. B는 사회 변동에 대응하는 인간의 노력을 과소평가한다는 비판을 받는다.
ㄹ. (가)에 '사회가 미분화된 상태에서 분화된 상태로 변동한다고 본다.'가 들어간다면, ㉠은 [카드 5]가 될 수 있다.

① ㄱ, ㄴ ② ㄱ, ㄷ ③ ㄴ, ㄷ ④ ㄴ, ㄹ ⑤ ㄷ, ㄹ

07

| 10월 학력평가 16번 |

(가), (나)에 대한 설명으로 가장 적절한 것은?

(가) 갑국의 ○○ 단체는 갑국으로 피난 온 난민의 인권 보장을 위해 난민법 개정 운동을 지속적으로 전개하고 있다.
(나) 을국에서는 △△ 단체를 중심으로 을국의 군사 독재 체제에 반대하며 민주화를 요구하는 시위가 지속되고 있다.

① (가)에는 과거의 질서로 돌아가려는 사회 운동이 나타난다.
② (나)에는 현재의 질서를 유지하려는 사회 운동이 나타난다.
③ (가)와 달리 (나)에는 사회적 소수자의 권리 보장을 위한 사회 운동이 나타난다.
④ (나)와 달리 (가)에는 사회 구조의 근본적 변혁을 목적으로 하는 사회 운동이 나타난다.
⑤ (가), (나)에는 모두 사회의 변화를 목적으로 하는 사회 운동이 나타난다.

제1권 교육청

2023년

08

| 3월 학력평가 4번 |

밑줄 친 ㉠, ㉡에 대한 설명으로 옳은 것은?

> ㅇ갑국 시민들은 이번 월드컵 기간에 대형 스크린이 설치된 광장에 모여 ㉠자국 팀을 응원하였다.
> ㅇ을국 시민들은 자국의 남성 중심 문화를 타파하기 위해 시민 단체를 조직하여 ㉡여성 권리 향상 운동을 전개하였다.

① ㉠은 자발적 집단행동이 아니다.
② ㉡은 활동을 정당화하는 신념을 바탕으로 한다.
③ ㉠은 ㉡과 달리 사회 구조의 변화를 목표로 한다.
④ ㉡은 ㉠과 달리 기존 사회 질서의 유지를 목표로 한다.
⑤ ㉠과 ㉡은 모두 체계적인 조직을 바탕으로 한 사회 운동이다.

09

| 3월 학력평가 16번 |

다음 글에 나타난 사회 변동의 방향에 대한 이론적 관점에 부합하는 진술만을 〈보기〉에서 고른 것은?

> 사회는 일반적으로 '군사형 사회'에서 '산업형 사회'로 발전해 간다. '군사형 사회'는 강제적인 협동을 바탕으로 조직된 사회로, 전제적인 중앙 집권적 사회이다. 반면 '산업형 사회'는 자발적인 협동을 기반으로 조직된 사회로, 개인 행위에 대한 정치적 통제가 한정된 민주적 정부를 가지며 '군사형 사회'에 비해 더 분화되고 다원화된 사회이다.

보기

ㄱ. 사회는 일정한 방향으로 진보한다.
ㄴ. 사회는 쇠퇴와 멸망의 과정을 거치기 마련이다.
ㄷ. 사회는 단순한 형태에서 복잡한 형태로 변동한다.
ㄹ. 사회 변동은 동일한 과정이 주기적으로 반복되는 것이다.

① ㄱ, ㄴ ② ㄱ, ㄷ ③ ㄴ, ㄷ ④ ㄴ, ㄹ ⑤ ㄷ, ㄹ

10

| 4월 학력평가 6번 |

다음 글에 나타난 사회 변동 이론에 대한 옳은 설명만을 〈보기〉에서 고른 것은?

> 생물 유기체와 마찬가지로 사회도 이를 구성하는 부분들이 서로 동질적이고 미분화된 상태에서 서로 이질적이고 분화된 상태로 성장해 나간다. 또한 사회가 단순한 사회에서 복잡한 사회로 진전됨에 따라 부분들 간의 상호 의존성이 높아지면서 유기적 통합이 증진된다.

보기

ㄱ. 사회 변동이 일정한 방향성을 가진다고 본다.
ㄴ. 서구 제국주의를 정당화할 수 있다는 비판을 받는다.
ㄷ. 사회 변동이 항상 진보를 의미하는 것은 아니라고 본다.
ㄹ. 사회 변동에 대응하는 인간의 노력을 과소평가한다는 비판을 받는다.

① ㄱ, ㄴ ② ㄱ, ㄷ ③ ㄴ, ㄷ ④ ㄴ, ㄹ ⑤ ㄷ, ㄹ

11

| 4월 학력평가 8번 |

(가), (나)에 대한 설명으로 가장 적절한 것은?

> (가) 부정부패를 일삼아 온 기존 정치인들이 선거에 입후보하자 이들이 당선되면 안 된다고 주장하는 시민들이 낙선 운동을 조직적으로 전개하고 있다.
> (나) 소비자의 윤리적 행동을 통해 사회 문제를 해결해야 한다고 여기는 시민들이 단체를 결성해 친환경 상품 및 공정 무역 상품을 구매하자는 캠페인을 펼치고 있다.

① (가)에는 사회 구조 전체를 근본적으로 변화시키고자 하는 다수의 행동이 나타난다.
② (나)에는 현상 유지를 고수하고 변화에 저항하는 다수의 행동이 나타난다.
③ (가)에는 (나)와 달리 체계적인 조직을 바탕으로 한 다수의 행동이 나타난다.
④ (나)에는 (가)와 달리 일시적 · 우발적인 다수의 행동이 나타난다.
⑤ (가), (나)에는 모두 특정 목표나 이념을 바탕으로 한 다수의 행동이 나타난다.

12

| 7월 학력평가 16번 |

그림은 질문을 통해 사회 변동 이론 A, B를 구분한 것이다. 이에 대한 설명으로 옳은 것은? (단, A, B는 각각 진화론, 순환론 중 하나임.)

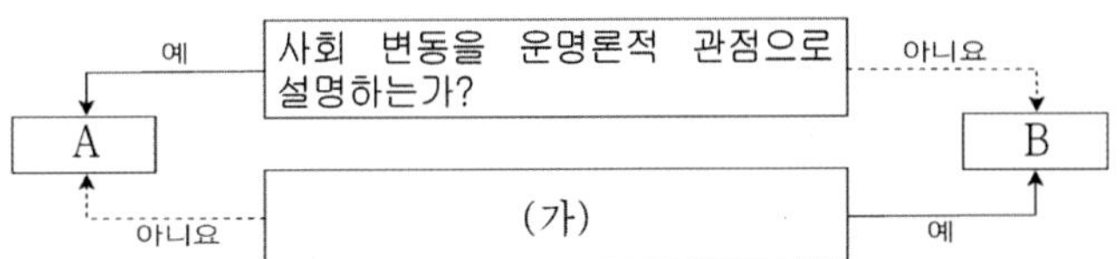

① A는 사회 변동에 대한 역동적 대응이 용이하다는 평가를 받는다.
② B는 제국주의를 정당화하는 수단이 될 수 있다는 비판을 받는다.
③ A는 B와 달리 사회 변동에 일정한 방향이 있다고 본다.
④ B는 A에 비해 장기적 사회 변동을 설명하는 데 유용하다.
⑤ (가)에는 '사회 변동이 곧 발전이라고 보는가?'가 들어갈 수 없다.

13

| 7월 학력평가 18번 |

다음 대화에 대한 옳은 설명만을 〈보기〉에서 고른 것은?

교사: 사회 운동이라 생각한 사례를 한 가지씩 말해 볼까요?
갑: 해양 생태계 보호를 위해 환경 보호 단체가 온라인에서 캠페인 활동을 해 오고 있습니다.
을: 국가 대표 선수 중 일부가 수해를 복구하는 현장에 일일 봉사자로 참여한 일이 있습니다.
병: 대형 광고판에 인접 국가의 전쟁 소식이 속보로 나오자 거리의 행인들이 반전을 주제로 한 노래를 함께 부른 일이 있습니다.
정: ○○공장에서 부당하게 해고된 노동자가 노동조합의 지원을 받아 1인 시위를 했습니다.

보기

ㄱ. 갑이 제시한 사례는 체계적인 조직을 바탕으로 뚜렷한 목표 실현을 위해 진행된 사회 운동으로 볼 수 있다.
ㄴ. 을이 제시한 사례는 사회 구조 전체를 근본적으로 바꾸고자 하는 사회 운동으로 볼 수 있다.
ㄷ. 병이 제시한 사례는 조직적이지 않은 군중이 일시적으로 모였다는 점에서 사회 운동으로 볼 수 없다.
ㄹ. 정이 제시한 사례는 급격한 사회 변화에 대항하기 위한 사회 운동으로 볼 수 있다.

① ㄱ, ㄴ ② ㄱ, ㄷ ③ ㄴ, ㄷ ④ ㄴ, ㄹ ⑤ ㄷ, ㄹ

14

| 10월 학력평가 2번 |

다음 사회 변동 방향을 바라보는 이론에 대한 옳은 설명만을 〈보기〉에서 고른 것은?

사회가 겪을 수 있는 위기는 지속적으로 이어지는 발전 과정에서 나타나는 일시적인 현상일 뿐이다. 이러한 위기를 극복하면서 사회는 보다 발전되고 분화된 사회로 나아간다.

보기

ㄱ. 서구 사회가 가장 진보한 사회임을 전제로 한다.
ㄴ. 사회 변동이 일정한 방향성을 가지고 있다고 본다.
ㄷ. 사회가 주기적으로 동일한 과정을 반복하며 변동한다고 본다.
ㄹ. 사회 변동에 작용하는 인간의 영향력을 과소평가한다는 비판을 받는다.

① ㄱ, ㄴ ② ㄱ, ㄷ ③ ㄴ, ㄷ ④ ㄴ, ㄹ ⑤ ㄷ, ㄹ

15

| 10월 학력평가 12번 |

밑줄 친 ㉠, ㉡에 대한 설명으로 옳은 것은?

○갑국의 시민 단체들은 3년 전부터 ㉠오랜 기간 이어져 온 조혼 풍습을 금지하는 법의 제정을 요구하는 활동을 하고 있다.
○을국에서는 20년 전 농산물 수입을 허용한 이후 농촌이 몰락하자 3년 전부터 농민 단체들이 농촌 경제 활성화를 위해 ㉡농산물 수입 금지를 요구하는 활동을 하고 있다.

① ㉠은 ㉡과 달리 체계적인 조직을 바탕으로 한다.
② ㉠은 ㉡과 달리 활동을 정당화하는 신념을 바탕으로 한다.
③ ㉡은 ㉠과 달리 집단 간 갈등을 초래할 우려가 있다.
④ ㉡은 ㉠과 달리 특정 집단만의 이익을 추구하므로 사회 운동이 아니다.
⑤ ㉠과 ㉡은 모두 사회의 변화를 목적으로 한다.

2022년

16

| 3월 학력평가 15번 |

다음 자료에 대한 설명으로 옳은 것은? (단, A와 B는 각각 순환론과 진화론 중 하나이다.) [3점]

표는 갑과 을이 사회 변동을 설명하는 이론 A와 B 중 제시된 진술에 부합하는 이론에 ○ 표시를 한 것인데, 갑은 두 진술에 대해서만 옳게 표시하였다.

진술	갑		을	
	A	B	A	B
모든 사회가 동일한 방향으로 변동해 간다.	○			○
모든 사회는 생성·성장·쇠퇴·소멸의 과정을 반복한다.		○		○
(가)	○		○	

① 을은 세 진술에 대하여 모두 옳게 표시하였다.
② A는 사회 변동이 곧 발전을 의미하는 것은 아니라고 본다.
③ B는 서구 사회가 가장 진보한 사회임을 전제로 한다는 비판을 받는다.
④ A는 B와 달리 흥망성쇠를 거듭한 국가의 사례를 설명하기에 적합하다.
⑤ (가)에 '모든 사회가 단순한 형태에서 복잡한 형태로 변동해 간다.'가 들어갈 수 없다.

17

| 3월 학력평가 16번 |

밑줄 친 ㉠, ㉡에 대한 설명으로 옳은 것은?

○갑국의 한 시민 단체는 장애인의 이동권을 보장하기 위해 ㉠관련 법 개정 운동을 하고 있다.
○을국의 한 단체는 절대 군주 체제에 불만을 품고 ㉡민주 국가 체제를 수립하기 위한 운동을 하고 있다.

① ㉠은 사회 제도가 아닌 의식의 변화를 목적으로 한다.
② ㉡은 보수적인 사회 운동에 해당한다.
③ ㉠은 ㉡과 달리 사회적 갈등을 초래할 수 있다.
④ ㉡은 ㉠과 달리 사회 구조의 근본적인 변화를 추구한다.
⑤ ㉠과 ㉡은 모두 즉흥적인 감정에 따른 집합행동이다.

18

| 4월 학력평가 18번 |

다음에 나타난 사회 변동 이론에 대한 옳은 설명만을 〈보기〉에서 고른 것은?

경제 성장은 비행기의 운항에 비유할 수 있다. 전통적 농업 사회는 이륙 전 단계에, 산업이 본격적으로 발전하는 과정은 비행기가 활주로를 달려 이륙하는 과정에 비유된다. 이후 비행기가 고도를 높여 자동 조종 장치로 운항하는 단계에 도달하는 것처럼, 사회는 기술 발달 수준이 높아지고 새로운 산업에 부를 재투자하는 과정을 거쳐 경제 성장의 최종 단계인 고도의 대중 소비 단계로 이행한다. 이와 같이 사회는 일정한 단계를 밟으며 발전해 간다.

보기
ㄱ. 서구 중심적 사고라는 비판을 받는다.
ㄴ. 사회마다 사회 변동의 방향이 다르다고 본다.
ㄷ. 사회 변동에 의해 사회가 더 복잡하게 분화한다고 본다.
ㄹ. 사회 변동을 동일한 과정의 주기적인 반복으로 설명한다.

① ㄱ, ㄴ ② ㄱ, ㄷ ③ ㄴ, ㄷ ④ ㄴ, ㄹ ⑤ ㄷ, ㄹ

19

| 7월 학력평가 18번 |

사회 변동 방향에 대한 서로 다른 관점 (가), (나)에 대한 설명으로 옳은 것은?

(가) 유기체는 발생하여 성장하다가 이후 퇴화가 진행되고 소멸하게 된다. 사회도 유기체의 일생과 같은 경로로 변화한다.
(나) 각 사회는 발전 속도가 다르기 때문에 발전 수준에서 차이가 발생한다. 모든 사회는 단순 · 미분화된 상태에서 복잡 · 분화된 상태로 변동한다.

① (가)는 사회 변동과 사회 발전을 동일시한다.
② (나)는 사회 변동의 방향이 사회마다 다르다고 본다.
③ (가)는 (나)와 달리 사회가 주기적으로 동일한 과정을 반복하며 변동한다고 본다.
④ (나)는 (가)와 달리 숙명론적 시각으로 사회 변동을 바라본다.
⑤ (가), (나)는 모두 서구 중심적 사고라는 비판을 받는다.

20

| 10월 학력평가 9번 |

밑줄 친 ㉠, ㉡에 대한 설명으로 옳은 것은?

> ○갑국의 시민 단체는 최근에 심각해지고 있는 국내 생태계 파괴 문제를 해결하기 위해 ㉠유해 외래종 퇴치 운동을 전개하고 있다.
> ○을국의 ○○ 단체는 소수 특권층에 의한 자국의 봉건적 체제에 반대하여 ㉡신분제를 철폐하고 민주주의 국가를 건설하기 위한 운동을 전개하고 있다.

① ㉠은 사회 구조 전체의 근본적 변화를 목적으로 한다.
② ㉡은 과거 사회 구조로 돌아가려는 복고적 성격을 띤다.
③ ㉠은 ㉡과 달리 사회 운동에 해당하지 않는다.
④ ㉡은 ㉠과 달리 점진적 변화를 추구하고 있다.
⑤ ㉠과 ㉡ 모두 자신의 활동을 정당화하는 신념을 바탕으로 한다.

21

| 10월 학력평가 13번 |

다음 글에 나타난 사회 변동의 방향을 바라보는 관점에 대한 옳은 설명만을 〈보기〉에서 고른 것은?

> 문명의 변동은 3단계로 이루어진다. 1단계는 모든 현상이 초자연적인 존재들에 의해 산출된다고 보는 신학적 단계이며, 2단계는 자연적·추상적 법칙들이 현상의 설명 도구가 되는 형이상학적 단계이다. 마지막 단계는 추론과 관찰을 통한 과학적 탐구가 강조되는 실증적 단계이다. 이 단계에 도달한 사회는 합리성을 토대로 산업과 과학의 발전을 이룩하게 된다.

보기
ㄱ. 운명론적 사고라는 비판을 받는다.
ㄴ. 사회 변동은 곧 진보를 의미한다고 본다.
ㄷ. 사회는 생성, 성장, 쇠퇴, 소멸을 반복한다고 본다.
ㄹ. 사회는 단순한 형태에서 복잡한 형태로 발전한다고 본다.

① ㄱ, ㄴ ② ㄱ, ㄷ ③ ㄴ, ㄷ ④ ㄴ, ㄹ ⑤ ㄷ, ㄹ

2021년

22

| 3월 학력평가 6번 |

표는 질문을 통해 사회 변동 이론 A, B를 구분한 것이다. 이에 대한 설명으로 옳은 것은? (단, A와 B는 각각 순환론과 진화론 중 하나이다.) [3점]

질문	응답	
	A	B
사회 변동이 곧 발전이라고 보는가?	아니요	예
(가)	㉠	㉡

① A는 운명론적 입장에서 사회 변동의 방향을 이해한다.
② B는 사회가 주기적으로 동일한 과정을 반복하며 변동한다고 본다.
③ A는 B와 달리 서구 제국주의를 정당화하는 근거가 되었다.
④ B는 A와 달리 사회의 쇠퇴와 소멸을 설명하는 데 적합하다.
⑤ (가)에 '서구 사회가 가장 발전한 사회라고 보는가?'가 들어가면 ㉠은 '예', ㉡은 '아니요'이다.

23

| 3월 학력평가 17번 |

밑줄 친 ㉠, ㉡에 대한 옳은 설명만을 〈보기〉에서 고른 것은?

> ○갑국에서 대표팀의 월드컵 예선 탈락에 분노한 시민들이 ㉠국가 대표팀 감독의 교체를 요구하는 시위를 하였다.
> ○을국에서 ○○ 단체는 전국의 저임금 근로자들과 함께 5년째 ㉡최저 임금법의 제정을 요구하는 시위를 하고 있다.

보기
ㄱ. ㉠은 조직적인 역할 분담 체계를 바탕으로 한다.
ㄴ. ㉡은 사회 변화를 목적으로 한다.
ㄷ. ㉡은 ㉠과 달리 사회 운동에 해당한다.
ㄹ. ㉠과 ㉡은 모두 뚜렷한 사상과 신념에 기초한 지속적인 활동이다.

① ㄱ, ㄴ ② ㄱ, ㄷ ③ ㄴ, ㄷ ④ ㄴ, ㄹ ⑤ ㄷ, ㄹ

24
| 4월 학력평가 18번 |

다음 글에 나타난 사회 변동 이론에 대한 옳은 설명만을 〈보기〉에서 고른 것은?

> 모든 문화는 장기간에 걸쳐 생성 · 소멸의 과정을 되풀이한다. 문화는 거칠고 원시적인 모습에서 시작하여 정치 · 예술 · 과학 등이 발달함에 따라 점차 세련되고 정교해진다. 하지만 문화가 정점을 지난 후에는 상업주의와 결합하여 세속화되는 몰락의 길을 걷게 되면서 결국 사멸한다.

보기

ㄱ. 사회 변동이 곧 진보와 발전의 과정이라고 본다.
ㄴ. 사회 변동이 일정한 양상을 반복하며 진행된다고 본다.
ㄷ. 사회 변동에 대응하는 인간의 노력을 과소평가한다는 비판을 받는다.
ㄹ. 서구 제국주의 역사를 정당화하는 수단으로 악용될 수 있다는 비판을 받는다.

① ㄱ, ㄴ ② ㄱ, ㄷ ③ ㄴ, ㄷ ④ ㄴ, ㄹ ⑤ ㄷ, ㄹ

25
| 4월 학력평가 19번 |

밑줄 친 ㉠, ㉡에 대한 설명으로 가장 적절한 것은? [3점]

> ○ 20세기 초 영국에서는 자신이 선거에 참여할 수 없다는 현실에 부당함을 느낀 여성들이 뜻을 함께하는 사람들과 조합을 구성해 ㉠<u>여성 참정권 운동</u>을 진행하였다. 이들이 끊임없이 투쟁한 결과 21세 이상의 모든 여성이 남성과 동등한 투표권을 갖게 되었다.
> ○ 지구 온난화로 북극의 동물들이 위기에 처한 가운데 거대한 굴착기와 송유관의 무리한 설치로 인해 환경 파괴가 더욱 심해지고 있다. 이에 한 환경 단체는 북극을 보호 구역으로 지정하기 위해 전 세계 많은 사람들의 동참을 이끌어 내며 수년간 ㉡<u>환경 운동</u>을 지속해 오고 있다.

① ㉠은 자본주의 체제를 근본적으로 바꾸려는 다수의 행동이다.
② ㉡은 일시적이고 즉흥적인 감정에 따른 다수의 행동이다.
③ ㉠은 ㉡과 달리 과거의 사회 질서로 돌아가려는 다수의 행동이다.
④ ㉡은 ㉠과 달리 자신의 신념과 가치를 실현하기 위한 다수의 행동이다.
⑤ ㉠, ㉡은 모두 뚜렷한 목표와 이를 달성하기 위한 체계적 조직을 바탕으로 한 다수의 행동이다.

26
| 7월 학력평가 7번 |

(가)~(다)에 대한 설명으로 가장 적절한 것은? [3점]

> (가) 비행기 결함으로 항공기 운항이 지연되어 여행 일정에 차질이 생긴 승객 중 보상을 받지 못한 일부 승객들은 공평한 보상을 요구하는 과정에서 우발적으로 항공사를 점거하였다.
> (나) ○○ 단체는 이민자 증가로 인해 사회의 인종 구성이 다양화되는 것에 반대하며 민족 정체성 유지를 주장하였다. 회원들은 전국에 걸쳐 일제히 캠페인, 퍼레이드 등을 지속적으로 벌였다.
> (다) 빈곤국 아동에 대한 노동 착취 문제를 해결하기 위해 결성된 △△ 단체는 세계적인 조직망을 가지고 있다. 이들은 감염병 팬데믹 상황에서도 끊임없이 아동 인권 보호에 대한 홍보 활동, 온라인 서명 활동 등을 펼치고 있다.

① (가)에는 사회 평등을 추구하는 사회 운동이 나타난다.
② (나)에는 사회 변화에 대항하기 위한 사회 운동이 나타난다.
③ (다)에는 사회 구조를 근본적으로 바꾸고자 하는 혁명적 사회 운동이 나타난다.
④ (가)에는 (다)와 달리 일부 집단의 이익을 추구하는 사회 운동이 나타난다.
⑤ (나)에는 (다)와 달리 인류의 보편적 가치를 실현하고자 하는 사회 운동이 나타난다.

27
| 7월 학력평가 14번 |

다음 자료에 대한 설명으로 옳은 것은? (단, A, B는 각각 순환론과 진화론 중 하나이다.)

> 표는 사회 변동 이론 A, B를 학생 갑, 을이 구분한 것이다. 두 학생 모두 두 개의 진술만을 옳게 구분하였다.

진술	갑	을
사회 변동을 사회 발전으로 인식한다.	A	A
운명론적 관점에서 사회 변동을 설명한다.	A	B
(가)	B	A

① A는 흥망성쇠를 거듭한 국가의 사례를 설명하기에 적합하다.
② B는 서구 중심적인 사회 변동 이론이라는 비판을 받는다.
③ B는 A와 달리 사회 변동에 일정한 방향이 있다고 본다.
④ (가)의 진술을 옳게 구분한 학생은 '갑'이다.
⑤ (가)에 '사회 변동에 대한 역동적 대응이 용이하다.'가 들어갈 수 있다.

28

| 10월 학력평가 6번 |

밑줄 친 ㉠, ㉡에 대한 설명으로 옳은 것은?

20년 전 인종 차별 제도가 폐지된 갑국에서 최근 ㉠백인이 지배하던 시대로의 복귀를 추구하는 사회 운동과 ㉡흑인의 교육 기회 확대를 추구하는 사회 운동이 나타나고 있다.

① ㉠은 ㉡과 달리 사회 구성원 간 갈등을 초래할 수 있다.
② ㉡은 ㉠과 달리 사회 구조의 전면적인 변화를 추구한다.
③ ㉡은 ㉠과 달리 일부 집단만의 이익을 실현하고자 한다.
④ ㉠과 ㉡은 모두 사회 유지가 아닌 사회 변화를 목표로 한다.
⑤ ㉠과 ㉡은 모두 사회 구성원 전체가 참여해야 목표를 달성할 수 있다.

29

| 10월 학력평가 16번 |

다음 자료에 대한 옳은 설명만을 〈보기〉에서 고른 것은? (단, A와 B는 각각 순환론과 진화론 중 하나이다.)

교사: A와 구분되는 B의 의의와 한계를 설명해 보세요.
갑: B의 의의는 흥망성쇠가 반복되는 사회 변동을 설명하는 데 적합하다는 점이고, 한계는 ______(가)______
교사: B의 의의와 달리 한계는 잘못 설명했습니다.

보기
ㄱ. A는 모든 사회의 변동 방향이 동일하다고 본다.
ㄴ. B는 과거보다 미래의 사회 변동을 설명하는 데 적합하다.
ㄷ. A는 B와 달리 사회 변동이 곧 사회 발전이라고 본다.
ㄹ. (가)에 '서구 중심적인 이론이라는 점입니다.'가 들어갈 수 없다.

① ㄱ, ㄴ ② ㄱ, ㄷ ③ ㄴ, ㄷ ④ ㄴ, ㄹ ⑤ ㄷ, ㄹ

2020년

30

| 3월 학력평가 17번 |

사회 변동에 관한 이론 A, B에 대한 옳은 설명만을 〈보기〉에서 고른 것은?

구분	A	B
입장	사회는 생성, 성장, 쇠퇴, 소멸의 과정을 반복한다.	사회는 단순한 상태로부터 보다 복잡하고 분화된 상태로 변동해 간다.

보기
ㄱ. A는 사회 변동을 진보의 과정으로 이해한다.
ㄴ. B는 사회가 일정한 방향으로 진화한다고 본다.
ㄷ. A는 B와 달리 미래의 사회 변동을 예측하는 데 적합하다.
ㄹ. B는 A와 달리 서구 중심적인 입장이라는 비판을 받는다.

① ㄱ, ㄴ ② ㄱ, ㄷ ③ ㄴ, ㄷ ④ ㄴ, ㄹ ⑤ ㄷ, ㄹ

31

| 4월 학력평가 19번 |

다음 글에 나타난 사회 변동을 설명하는 이론에 대한 옳은 설명만을 〈보기〉에서 고른 것은?

문화에도 인간과 유사하게 생애 주기가 있어 문화마다 유년기, 청년기, 성년기, 노년기를 경험한다. 인류의 역사란 그러한 문화들의 집합적 전기(傳記)이다. 어떤 문화가 창조되고 형성되는 시기를 거쳐 정점에 다다를수록 그 문화가 지닌 힘은 더욱 명확하고 강력해진다. 그리고 모든 유기체가 성장 이후 소멸의 과정을 거치듯이 문화도 정점을 지난 후에는 쇠퇴기가 오며 궁극적으로 몰락하는 운명을 맞는다.

보기
ㄱ. 사회가 단순한 형태에서 복잡한 형태로 진화한다고 본다.
ㄴ. 사회 변동이 항상 진보와 발전을 의미하는 것은 아니라고 본다.
ㄷ. 미래의 사회 변동에 대한 역동적 대응이 곤란하다는 비판을 받는다.
ㄹ. 서구 제국주의를 정당화하는 수단으로 악용된다는 비판을 받는다.

① ㄱ, ㄴ ② ㄱ, ㄷ ③ ㄴ, ㄷ ④ ㄴ, ㄹ ⑤ ㄷ, ㄹ

32

| 7월 학력평가 7번 |

사회 변동의 방향을 바라보는 갑, 을의 관점에 대한 설명으로 옳은 것은?

> 갑: 사회 변동은 '인간이 환경에 적응하기 위한 노력'에 의해 이루어집니다. 그 결과 사회는 '단순한 것에서 복잡한 것'으로, '미개한 사회로부터 문명화된 사회'로 발전하게 됩니다.
> 을: 사회 변동은 역사 속의 내재된 힘에 의해 감각적, 관념적, 이상적 문화가 교대로 지배하는 과정의 연속입니다. 따라서 각각의 문화는 일정 수준까지 발전하면 더 이상 발전하지 못하고 필연적으로 쇠퇴하여 소멸하게 됩니다.

① 갑의 관점은 운명론적 관점에서 사회 변동을 설명한다.
② 을의 관점은 사회 변동이 항상 진보를 의미하지 않는다는 점을 간과한다.
③ 갑의 관점은 을의 관점과 달리 사회 발전을 서구화로 전제함으로써 제국주의 침략을 정당화한다는 비판을 받는다.
④ 을의 관점은 갑의 관점과 달리 모든 사회가 동일한 단계를 거쳐 단선적으로 발전한다고 본다.
⑤ 갑, 을의 관점은 모두 사회 변동을 사회 전체가 갈등을 극복하고 균형을 찾아가는 과정으로 본다.

33

| 7월 학력평가 9번 |

밑줄 친 ㉠~㉥에 대한 옳은 설명만을 〈보기〉에서 고른 것은?

> ㉠ 사회 운동은 특정 목적의 달성을 위해 의도적 · 조직적 · 지속적인 형태로 이루어지는 집합 행동을 의미한다. 예를 들어 노동자의 권익 향상을 위해 ㉡ 시민 단체가 집회를 전개한 결과, 노동자 관련 ㉢ 법 조항 중 일부가 개정되어 인권이 강화된 경우를 들 수 있다. 또한 국민을 착취하고 억압하는 정부에 대한 ㉣ 반정부 시위가 ㉤ 혁명으로 이어져 민주적 선거를 통해 ㉥ 새로운 정부가 구성된 경우도 이에 해당한다.

보기

ㄱ. ㉠은 일반적으로 사회 변동을 유발하지만, 변동의 속도를 늦추기도 한다.
ㄴ. ㉡의 활동은 ㉣을 전제로 할 때 정당성이 부여된다.
ㄷ. ㉤은 ㉢에 비해 급진적인 변동을 추구한다.
ㄹ. ㉥은 ㉢과 달리 기존 사회 질서가 변동된 사례에 해당한다.

① ㄱ, ㄴ　② ㄱ, ㄷ　③ ㄴ, ㄷ　④ ㄴ, ㄹ　⑤ ㄷ, ㄹ

34

| 10월 학력평가 4번 |

자료는 사회학적 개념 A를 정리한 것이다. 이에 대한 옳은 설명만을 〈보기〉에서 고른 것은?

> 〈A〉
> ㅇ의미: 다수의 사람들이 자신들의 신념이나 가치를 실현하기 위해 지속적으로 수행하는 활동
> ㅇ특징: (가)
> ㅇ사례: ㉠ 왕정복고 운동, ㉡ 인종 차별 철폐 운동 등

보기

ㄱ. A는 지배 집단이 아닌 피지배 집단이 주체가 된다.
ㄴ. ㉡은 ㉠과 달리 사회 변화를 목적으로 한다.
ㄷ. ㉠과 ㉡은 모두 활동을 정당화하는 이념을 가지고 있다.
ㄹ. (가)에 '조직적이고 체계화된 방식으로 나타남'이 들어갈 수 있다.

① ㄱ, ㄴ　② ㄱ, ㄷ　③ ㄴ, ㄷ　④ ㄴ, ㄹ　⑤ ㄷ, ㄹ

35

| 10월 학력평가 17번 |

다음 사회 변동 이론에 대한 설명으로 옳은 것은?

> 만물이 흙에서 생겨나고 흙으로 돌아가는 과정을 반복하듯이 사회 역시 생성과 소멸의 과정을 반복하며 변동한다. 이러한 사회 변동 과정은 인류 사회 어디에서나 보편적이다.

① 사회 변동과 사회 발전을 동일시한다.
② 사회 변동에 대한 운명론적 입장을 배척한다.
③ 서구 중심적인 사회 변동 이론이라는 비판을 받는다.
④ 과거에 나타난 흥망성쇠의 역사를 설명하는 데 적합하다.
⑤ 사회 변동 과정에서 인간의 주체적이고 능동적인 역할을 중시한다.

필출 주제

15 산업 사회와 정보 사회

1 세계화와 정보화

세계화	국가 간 교류가 활발해지면서 상호 의존성이 심화되고 개인의 생활 영역이 국가의 경계를 넘어서 확장되는 현상
정보화	사회 전반에서 지식과 정보의 가치가 차지하는 비중이 증대되는 현상

2 산업 사회와 정보 사회

산업 사회	• 부가 가치 원천: 자본, 노동 • 라디오, 신문, TV 등 일방향 매체 중심 • 소품종 대량 생산 방식 • 관료제 중심
정보 사회	• 부가 가치 원천: 지식, 정보 • 인터넷 기반 쌍방향 매체 증가 • 다품종 소량 생산 방식 • 탈관료제화

기출 자료 핵심을 파악하라!

자료 1 산업 사회와 정보 사회

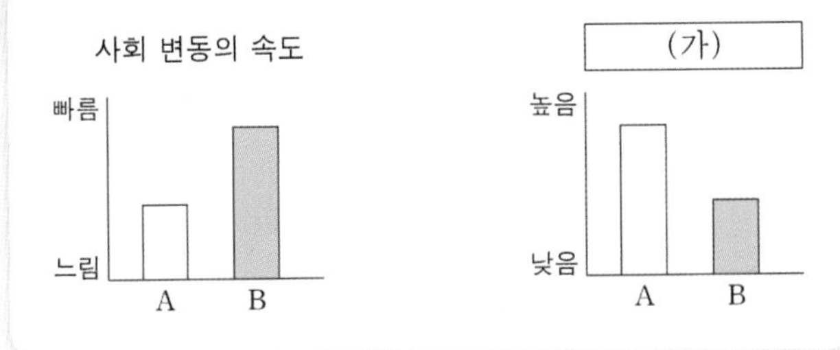

핵심 ① 제시된 자료를 통해 A, B를 각각 파악한다. 사회 변동의 속도는 정보 사회가 산업 사회에 비해 빠르므로 A는 산업 사회, B는 정보 사회이다.

핵심 ② (가)에 들어갈 내용을 파악한다. (가)에는 산업 사회가 정보 사회에 비해 더 높게 나타나는 특징이 들어가야 한다. 따라서 '소품종 대량 생산 방식의 비중', '가정과 일터의 분리 정도' 등이 들어갈 수 있다.

기출 선택지 X를 찾아라!

☑ 다음 중 옳지 않은 설명 2개를 찾아 '×'에 체크하시오.

기출 선택지	○	×
24 학평 01. 정보 사회는 산업 사회에 비해 의사 결정의 분권화 정도가 낮다.	☐	☐
23 수능 02. 정보 사회는 산업 사회에 비해 정보 제공자와 수용자 간 구분이 명확하지 않다.	☐	☐
22 모평 03. 산업 사회는 정보 사회에 비해 쌍방향 매체를 통한 정보 전달의 비중이 높다.	☐	☐

X의 정체는?

✓ 01 ~~정보 사회~~(산업 사회)는 ~~산업 사회~~(정보 사회)에 비해 의사 결정의 분권화 정도가 낮다.
→ 정보 사회는 탈관료제화, 쌍방향 통신 매체의 발달 등으로 산업 사회에 비해 의사 결정의 분권화 정도가 높다.

✓ 03 ~~산업 사회~~(정보 사회)는 ~~정보 사회~~(산업 사회)에 비해 쌍방향 매체를 통한 정보 전달의 비중이 높다.
→ 정보 사회는 쌍방향 매체를 통한 정보 전달의 비중이 높다.

2024년

01 | 3월 학력평가 19번 |

다음 자료에 대한 설명으로 옳은 것은? (단, A, B는 각각 산업 사회, 정보 사회 중 하나임.) [3점]

> 표는 A, B를 비교하는 질문과 그에 대한 갑, 을의 응답을 나타낸 것이다. 옳은 응답의 개수는 을이 갑보다 많다.
>
> | 질문 | 응답 | |
> |---|---|---|
> | | 갑 | 을 |
> | A는 B에 비해 가정과 일터의 결합 정도가 높은가? | 예 | 아니요 |
> | B는 A에 비해 소품종 대량 생산의 비중이 높은가? | 아니요 | ㉠ |
> | (가) | 예 | 예 |

① ㉠은 '예'이다.
② A는 B에 비해 사회의 다원화 정도가 높다.
③ B는 A에 비해 전자 상거래의 비중이 낮다.
④ (가)에 'A는 B에 비해 사회 구성원 간 비대면 접촉 비중이 높은가?'가 들어간다면, 갑의 응답 중 옳은 것은 1개이다.
⑤ (가)에 'B는 A에 비해 정보의 생산자와 소비자 간 구분이 명확한가?'가 들어간다면, 을의 응답 중 옳은 것은 3개이다.

02

| 5월 학력평가 17번 |

그림에 나타난 정책들을 통해 공통적으로 기대할 수 있는 효과로 가장 적절한 것은?

점자와 음성 정보를 제공해 주는 공공 서비스를 통해 시각 장애인도 정보를 쉽게 찾을 수 있게 될 거예요.

노인 대상 정보 통신 교육 정책으로 노인들도 무인 정보 단말기를 능숙하게 사용할 수 있게 될 거예요.

① 정보 기기에 대한 과도한 의존 문제가 감소할 것이다.
② 개인 정보 유출로 인한 사생활 침해 문제가 감소할 것이다.
③ 사회 구성원 간 정보 접근 및 활용의 격차가 감소할 것이다.
④ 사이버 공간 속 익명성으로 인한 명예 훼손 문제가 감소할 것이다.
⑤ 검증되지 않은 정보 확산으로 인한 정보 오남용 문제가 감소할 것이다.

03

| 7월 학력평가 4번 |

A, B에 대한 설명으로 옳은 것은? (단, A, B는 각각 산업 사회, 정보 사회 중 하나임.)

A는 주로 노동과 자본을 집약하여 부가 가치를 창출한다. B는 일반적으로 지식과 정보가 부가 가치 창출의 원천으로 활용되며, A에 비해 [(가)]이/가 낮은 특징이 나타난다.

① A에 비해 B는 의사 결정의 분권화 정도가 낮다.
② B에 비해 A는 직업의 이질성이 높다.
③ A는 다품종 소량 생산이, B는 소품종 대량 생산이 지배적이다.
④ (가)에는 '비대면 접촉의 비중'이 들어갈 수 있다.
⑤ (가)에는 '가정과 일터의 결합 정도'가 들어갈 수 없다.

04

| 10월 학력평가 9번 |

(가)에 들어갈 내용으로 가장 적절한 것은?

필터 버블이란 인터넷 정보 제공자가 이용자에게 맞춤형 정보를 제공함으로써 이용자가 걸러진 정보만을 접하게 되는 현상을 말한다. 필터 버블에 갇힌 사람들은 자신의 의견과 일치하는 정보만을 접하게 되고 자신이 가진 견해가 더 널리 퍼져 있거나 더 옳다고 믿게 되는 확증 편향에 빠지기 쉽다. 이러한 문제를 해결하기 위해 [(가)]

① 저작권 침해 예방 교육이 필요하다.
② 정보 취약 계층에 정보 기기를 지원해야 한다.
③ 거짓 정보 유포에 대한 법적 규제를 강화해야 한다.
④ 정보 기기 사용 시간에 대한 자기 조절 능력을 배양해야 한다.
⑤ 온라인상에서 접하는 정보에 대한 비판적 수용 태도가 필요하다.

2023년

05

| 10월 학력평가 4번 |

다음 자료에 대한 설명으로 옳은 것은? (단, A와 B는 각각 산업 사회와 정보 사회 중 하나임.) [3점]

○ 과제: 제시된 비교 기준에 따라 A와 B를 비교할 때, 상대적으로 '강함(높음)'으로 평가되는 사회의 스티커를 떼어 답란에 붙이시오.

스티커
A : ○○○○　　B : ☆☆☆☆

○ 학생 갑이 붙인 스티커와 교사의 평가

비교 기준	답란	교사의 평가
가정과 일터의 결합 정도	○	오답
(가)	☆	오답
쌍방향 매체의 활용 비중	㉠	정답
(나)	○	정답

① ㉠은 '○'이다.
② (가)에 '지식 서비스 산업 종사자의 비중'이 들어갈 수 있다.
③ (나)에 '소품종 대량 생산 방식의 비중'이 들어갈 수 있다.
④ A는 B에 비해 사회 변동의 속도가 빠르다.
⑤ B는 A에 비해 정보 제공자와 수용자 간의 구분이 명확하다.

2022년

06

| 3월 학력평가 10번 |

다음 자료에 대한 옳은 설명만을 〈보기〉에서 고른 것은? [3점]

○ 게임 규칙: 두 사람이 6장의 카드 중 각각 2장의 카드를 선택하는데, 각 카드를 통해 획득하는 점수의 합이 큰 사람이 승자가 된다. 단, 한 사람이 선택한 카드는 다른 사람이 선택할 수 없다.
○ 각 카드에 부여된 점수: 정보 사회가 산업 사회보다 '강함(높음)'으로 평가되는 비교 기준이 적혀 있는 카드는 각각 2점씩이고, 나머지 카드는 각각 0점씩이다.
○ 각 카드에 적혀 있는 비교 기준

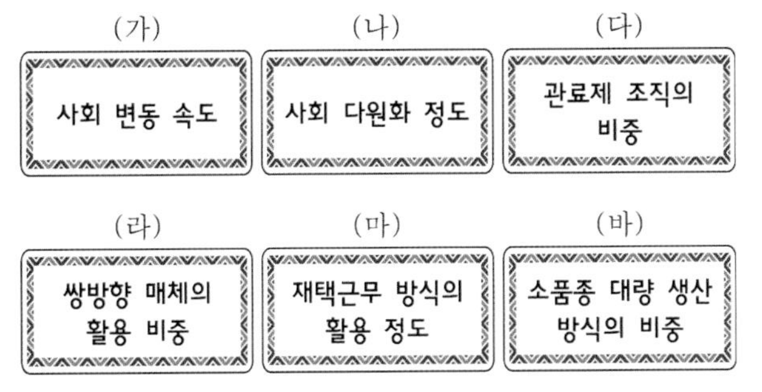

보기
ㄱ. (가)와 (다)를 통해 획득하는 점수의 합은 0점이다.
ㄴ. (나)와 (라)를 통해 획득하는 점수의 합은 4점이다.
ㄷ. (가)와 (라)를 선택한 사람의 점수 합과 (마)와 (바)를 선택한 사람의 점수 합은 같다.
ㄹ. 두 사람이 각각 2장씩 카드를 선택한 후 (다)와 (바)가 남았다면 두 사람 중 승자는 없다.

① ㄱ, ㄴ ② ㄱ, ㄷ ③ ㄴ, ㄷ ④ ㄴ, ㄹ ⑤ ㄷ, ㄹ

07

| 4월 학력평가 13번 |

그림은 기준 (가), (나)에 따라 A, B의 일반적인 특징을 비교한 것이다. 이에 대한 설명으로 옳은 것은? (단, A와 B는 각각 산업 사회, 정보 사회 중 하나이다.)

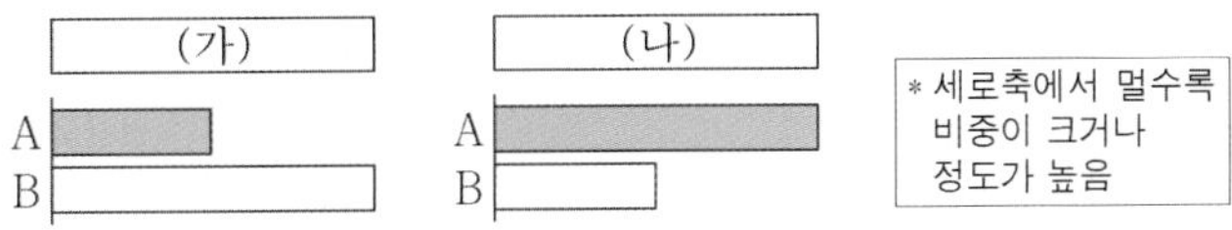

① A가 정보 사회라면, (가)에는 '전자 상거래의 비중'이 들어갈 수 있다.
② B가 산업 사회라면, (나)에는 '사회적 관계를 맺는 공간적 제약의 정도'가 들어갈 수 있다.
③ (가)가 '사회의 다원화 정도'라면, A는 B에 비해 정보 생산자와 소비자 간 구분이 명확하다.
④ (나)가 '다품종 소량 생산 방식의 비중'이라면, B는 A에 비해 사회 변동 속도가 빠르다.
⑤ (가)가 '2차 산업의 비중'이라면, (나)에는 '가정과 일터의 분리 정도'가 들어갈 수 있다.

08

| 7월 학력평가 5번 |

다음 자료에 대한 설명으로 옳은 것은? (단, A와 B는 각각 산업 사회, 정보 사회 중 하나이다.) [3점]

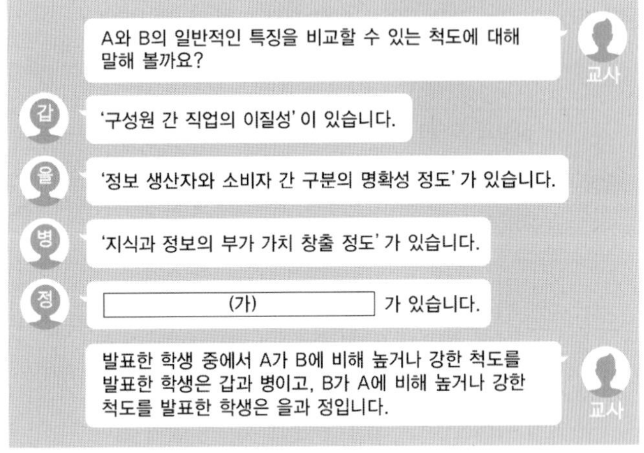

A와 B의 일반적인 특징을 비교할 수 있는 척도에 대해 말해 볼까요?
교사
갑
'구성원 간 직업의 이질성'이 있습니다.
을
'정보 생산자와 소비자 간 구분의 명확성 정도'가 있습니다.
병
'지식과 정보의 부가 가치 창출 정도'가 있습니다.
정
(가) 가 있습니다.
발표한 학생 중에서 A가 B에 비해 높거나 강한 척도를 발표한 학생은 갑과 병이고, B가 A에 비해 높거나 강한 척도를 발표한 학생은 을과 정입니다.
교사

① A는 B에 비해 정보 이용의 시 · 공간적 제약 정도가 높다.
② B는 A에 비해 가정과 일터의 분리 정도가 높다.
③ (가)에는 '다품종 소량 생산 방식의 비중'이 적절하다.
④ '면대면 접촉의 비중'은 갑과 병이 발표한 척도를 대체할 수 있다.
⑤ '사회의 다원화 정도'는 을과 정이 발표한 척도를 대체할 수 있다.

09

| 10월 학력평가 19번 |

밑줄 친 ㉠~㉣에 대한 옳은 설명만을 〈보기〉에서 고른 것은?

㉠ 정보 사회의 도래로 대면 접촉이 줄어들면서 파편화된 인간관계에 대한 우려도 있지만, ㉡ SNS(사회 관계망 서비스) 등 뉴 미디어의 발달이 타인과의 교류와 연대를 확장시켜 사회적 결속을 강화할 수 있다는 예측도 있다. 예를 들어 ㉢ 산업 사회에서는 고립되어 있던 개인들이 ㉣ SNS를 통해 관심사가 비슷한 사람들과 거주 지역에 관계없이 폭넓게 교류하며 결속을 다지고 적극적인 사회 구성원으로 활동할 수 있다.

보기
ㄱ. ㉡은 쌍방향 매체의 정보 전달 비중을 확대시킨다.
ㄴ. ㉣은 사회적 관계 형성의 공간적 제약을 극복하는 모습을 보여 준다.
ㄷ. ㉠은 ㉢에 비해 가정과 일터의 분리 정도가 높다.
ㄹ. ㉢은 ㉠과 달리 다품종 소량 생산 방식이 지배적이다.

① ㄱ, ㄴ ② ㄱ, ㄷ ③ ㄴ, ㄷ ④ ㄴ, ㄹ ⑤ ㄷ, ㄹ

제1권 교육청

2021년

10

| 3월 학력평가 11번 |

표는 A와 B의 특징을 정리한 것이다. 이에 대한 설명으로 옳은 것은? (단, A와 B는 각각 산업 사회와 정보 사회 중 하나이다.)

구분	A	B
특징	○정보와 지식이 부가 가치 창출의 주요 원천이다. ○ (가)	○생산 방식 측면에서 공장제 기계 공업이 일반화된다. ○관료제 조직이 지배적으로 나타난다.

① A는 B에 비해 가정과 일터의 분리 정도가 높다.
② A는 B에 비해 쌍방향 통신 매체의 발전 정도가 높다.
③ B는 A에 비해 비대면 접촉의 비중이 높다.
④ B는 A에 비해 다품종 소량 생산 방식의 비중이 높다.
⑤ (가)에 '중간 관리층의 규모와 역할이 확대된다.'가 들어갈 수 있다.

11

| 4월 학력평가 2번 |

다음 글에 부각되어 있는 정보 사회의 문제점에 대한 설명으로 가장 적절한 것은?

> 소셜 미디어의 발전으로 누구나 자신의 정보와 의견을 쉽게 전달할 수 있게 되었다. 이는 정치적 영역에서 시민들의 참여를 활성화하는 긍정적인 측면이 있다. 하지만 소셜 미디어를 통해 접하는 정보가 항상 검증된 사실만을 담고 있는 것은 아니다. 특히 일부 개인이나 집단은 의도적으로 가짜 뉴스를 제작하고 유포하여 사람들의 올바른 판단을 방해하고 사회 갈등을 조장한다.

① 특정 집단이 정보를 독점하여 나타나는 현상이다.
② 정보를 비판적으로 분석하는 능력의 필요성을 보여 준다.
③ 기업의 과도한 개인 정보 수집으로 인해 나타나는 현상이다.
④ 정보 취약 계층에 대한 정보 기기 지원의 필요성을 보여 준다.
⑤ 지식 재산권 침해를 예방하기 위한 제도의 필요성을 보여 준다.

12

| 7월 학력평가 19번 |

다음은 정보 사회에 대한 어느 학자의 주장이다. (가)에 들어갈 내용으로 가장 적절한 것은?

> 정보 사회는 네트워크 사회이다. 이는 무형적으로 끊임없이 변화를 거듭하는 새로운 '리좀(rhizome)형 사회'가 도래했음을 시사한다. 이전 사회 속 개인은 권력에 포획됨으로써 사회의 지배적 질서를 내면화하고 그것에 포섭되는 '정착민'적 존재로 남는다. 반면 리좀 네트워크 속 개인은 기존의 사회 질서 틀에 얽매이지 않고 끊임없이 변화하는 '유목민'적 존재가 된다. 그러므로 정보 사회에서는 (가)
>
> * 리좀(rhizome): 뿌리가 없이 무정형적으로 뻗어 나가는 넝쿨 식물

① 사회 내 능동적 존재로서 개인의 자율성이 중시된다.
② 사이버 공간 내에서 개인의 익명성 보장이 강조된다.
③ 부가 가치 창출 수단으로써 지식의 중요성이 증가한다.
④ 재택근무가 확산되어 가정과 일터의 결합 정도가 커진다.
⑤ 전자 민주주의의 발달로 직접 민주 정치의 실현이 가능해진다.

13

| 10월 학력평가 2번 |

표는 A와 B의 일반적인 특징을 비교한 것이다. 이에 대한 설명으로 옳은 것은? (단, A와 B는 각각 산업 사회와 정보 사회 중 하나이다.)

비교 기준	강함(높음)	약함(낮음)
가정과 일터의 분리 정도	B	A
(가)	A	B

① A는 B에 비해 구성원 간 대면 접촉 비중이 높다.
② A는 B에 비해 정보 제공자와 수용자 간 구분이 명확하다.
③ B는 A에 비해 지식 정보 산업의 비중이 높다.
④ B는 A에 비해 다품종 소량 생산 방식의 비중이 높다.
⑤ (가)에 '탈관료제 조직의 비중'이 들어갈 수 있다.

2020년

14

| 3월 학력평가 18번 |

그림은 A, B의 특징을 비교한 것이다. 이에 대한 설명으로 옳은 것은? (단, A와 B는 각각 산업 사회와 정보 사회 중 하나이다.) [3점]

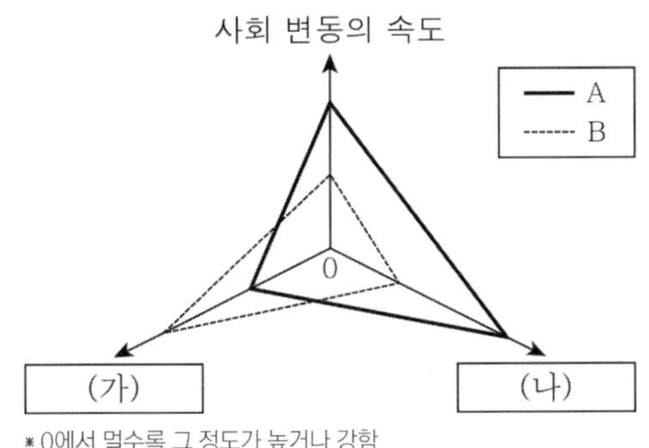

* 0에서 멀수록 그 정도가 높거나 강함

① A에 비해 B에서 시민의 정치 참여 경로가 다양하다.
② B와 달리 A에서 생산자와 소비자의 구분이 뚜렷하다.
③ B에 비해 A에서 사회 구성원 간 대면 접촉 비중이 높다.
④ (가)에 '다품종 소량 생산 방식의 비중'이 들어갈 수 있다.
⑤ (나)에 '가정과 일터의 결합 정도'가 들어갈 수 있다.

15

| 4월 학력평가 2번 |

다음 글에서 부각된 정보 사회의 특징으로 가장 적절한 것은?

> 인터넷 공간에서 생성되는 정보가 방대해지면서 이를 활용해 경쟁력을 높이려는 기업의 경영 전략도 다양해지고 있다. 예를 들어 인터넷 쇼핑몰의 경우 고객의 구매 이력 외에 검색한 상품, 쇼핑몰에 머무른 시간 등의 정보도 저장될 수 있다. 기업은 이를 토대로 고객이 좋아할 만한 상품을 선별해서 추천해 주는 맞춤형 서비스를 제공하거나, 주문 예상 고객의 주소지 인근 물류창고에 미리 상품을 옮겨 두어 배송 시간을 단축시키는 시스템을 운영하기도 한다. 이처럼 정보를 어떻게 분석하고 활용하느냐가 중요해짐에 따라 정보를 '21세기의 원유(原油)'에 비유하고는 한다.

① 소품종 대량 생산 체제가 확립된다.
② 가정과 일터의 통합 정도가 높아진다.
③ 다양한 형태의 사이버 공동체가 형성된다.
④ 정보가 부가 가치 창출의 원천으로 중시된다.
⑤ 정치 참여의 공간적 제약 완화로 참여 민주주의가 활성화된다.

16

| 7월 학력평가 18번 |

표는 A~C의 일반적 특징을 기준에 따라 비교한 것이다. 이에 대한 설명으로 옳은 것은? (단, A~C는 각각 농업 사회, 산업 사회, 정보 사회 중 하나이다.) [3점]

기준	비교 결과
가정과 일터의 분리	○ B가 A보다 정도가 큰 기준은 2개이다. ○ C는 정도가 가장 작은 기준이 2개이다.
구성원 간 직업의 이질성	
관계 형성의 공간적 제약	

① A는 B에 비해 전체 산업에서 제조업이 차지하는 비중이 높다.
② B는 A에 비해 의사 결정의 분권화 정도가 낮다.
③ C는 A에 비해 면대면 접촉 빈도가 낮다.
④ C는 B에 비해 사회의 변동 속도가 빠르다.
⑤ 사회의 다원화 정도는 B>C>A이다.

17

| 10월 학력평가 3번 |

자료의 A, B에 대한 옳은 설명만을 〈보기〉에서 고른 것은? (단, A와 B는 각각 산업 사회와 정보 사회 중 하나이다.)

> 교사: A에 비해 B가 '높음' 또는 '큼'으로 평가되는 비교 기준을 제시해 보세요.
> 갑: '가정과 일터의 통합 정도'입니다.
> 을: '정보 생산자와 소비자 간 구분의 명확성'입니다.
> 병: '사회 구성원 간 비대면 접촉 비중'입니다.
> 교사: 세 학생 중 한 학생은 잘못된 비교 기준을 제시했어요.

보기

ㄱ. A보다 B에서 탈관료제 조직의 비중이 높다.
ㄴ. A보다 B에서 시민의 정치 참여 방법의 다양성이 크다.
ㄷ. B보다 A에서 사회 구성원 간 직업의 이질성이 크다.
ㄹ. B보다 A에서 다품종 소량 생산 방식의 비중이 높다.

① ㄱ, ㄴ ② ㄱ, ㄷ ③ ㄴ, ㄷ ④ ㄴ, ㄹ ⑤ ㄷ, ㄹ

문제

평가원
모의평가 + 수능

필출 주제

01 사회·문화 현상의 이해

평가원의 출제 경향을 파악하라!

6월과 9월 모의평가에서 출제된 문제 유형과 내용이 그해 11월 수능에서 어떠한 흐름으로 이어지며 출제되었는지 분석해 보세요. 2025년 6월과 9월 모의평가를 분석하면 수능을 대비하는 데 큰 도움이 됩니다.

최근 5개년간 얼마나 출제되었나?

구분	6월	9월	수능
2024년	○	○	○
2023년	○	○	○
2022년	○	○	○
2021년	○	○	○
2020년	○	○	○

이 주제에서는 일기 예보, 뉴스, 신문 기사 등의 자료에서 밑줄 친 내용을 사회·문화 현상과 자연 현상으로 구분하고, 그 특징을 묻는 유형으로 출제되고 있다. 따라서 해당 내용이 사회·문화 현상인지 자연 현상인지를 인간의 의지나 가치 개입 가능성 여부를 통해 구분할 수 있어야 한다.

2024년에는 어떻게 출제되었나?

6월 모의평가	9월 모의평가	수능
사과의 갈변에 대해 설명한 자료에서 사회·문화 현상과 자연 현상을 구분하고 각각의 특징을 비교하는 문항이 출제되었다.	모기에 물리지 않게 해주는 특수 오일에 대한 자료에서 사회·문화 현상과 자연 현상을 구분하여 그 특징을 파악하는 문항이 출제되었다.	기후 변화로 한반도의 과일 재배 지도가 바뀐다는 내용의 신문 기사에서 사회·문화 현상과 자연 현상을 구분하고 각각의 특징을 파악하는 문항이 출제되었다.

반드시 알아야 할 핵심 개념은?

개념	설명
사회·문화 현상	인간의 의지에 의해서 인위적으로 발생하는 것으로 사회 속에서 나타나는 현상을 총칭함
자연 현상	자연계에서 인간의 의지와 무관하게 발생하는 현상을 총칭함
가치 함축성	사회·문화 현상은 인간의 가치나 신념이 반영되어 나타남을 의미함
당위 법칙	사회·문화 현상은 '마땅히 …… 해야 한다.'와 같이 인간의 규범적 요구가 반영되어 나타남을 의미함
개연성	인과 관계가 분명하지 않아 정확한 예측은 곤란하지만, 일정한 조건 아래에서는 예외가 거의 존재하지 않기 때문에 일정한 경향성을 추측할 수 있는 상태
보편성	인간의 생물학적 공통성에 근거하여 여러 사회에서 일반적으로 나타나는 현상이 있으며, 인간의 존엄성, 자유, 평등과 같이 인류가 보편적으로 추구하는 이상이나 가치가 존재함

2024년

01

| 6월 모의평가 1번 |

밑줄 친 ㉠~㉣과 같은 현상의 일반적인 특징에 대한 설명으로 옳은 것은?

> ㉠사과에는 폴리페놀 화합물과 이를 산화시키는 효소가 포함되어 있다. 그래서 ㉡사과의 껍질을 깎아 공기 중에 노출시키면 산화가 일어나 퀴논이라는 물질이 만들어진다. 퀴논은 반응성이 높아 퀴논 간에 서로 화학 작용을 일으켜 ㉢갈색을 띠는 멜라닌 성분을 생성한다. 사과의 갈변을 막기 위해 ㉣깎은 사과 표면을 설탕 용액으로 코팅하여 산소와의 접촉을 줄이는 방법을 사용할 수 있다.

① ㉠과 같은 현상은 당위 법칙을 따른다.
② ㉡과 같은 현상은 확실성의 원리가 적용된다.
③ ㉢과 같은 현상과 달리 ㉡과 같은 현상은 몰가치적이다.
④ ㉣과 같은 현상에 비해 ㉠과 같은 현상은 인과 관계가 분명하다.
⑤ ㉣과 같은 현상과 달리 ㉢과 같은 현상은 경험적 자료로 연구할 수 있다.

02

| 9월 모의평가 1번 |

밑줄 친 ㉠~㉣과 같은 현상의 일반적인 특징에 대한 설명으로 옳은 것은?

> ㉠모기에 물리지 않게 해주는 특수 오일이 개발되었다. 전자 현미경으로 모기를 확대해보면 다리에 미세한 털이 있다. ㉡사람의 젖은 피부에도 모기가 앉을 수 있는 것은 이 미세한 털이 물을 튕겨내기 때문이다. 하지만 특수 오일은 그러한 행동을 못 하게 하여 모기가 사람의 ㉢피부에 앉는 것을 차단하는 역할을 한다. 연구진은 "사람에 비유하면 늪에 발이 빠지는 것 같아 무서워서 달아나는 것으로 보인다."라고 설명했다. 앞으로 이 오일은 ㉣뎅기열과 말라리아 등 전염병이 발생하는 지역에 큰 도움이 될 것이라고 연구진은 전했다.

① ㉠과 같은 현상은 필연성의 원리가 적용된다.
② ㉡과 같은 현상은 확률의 원리가 적용된다.
③ ㉡과 같은 현상과 달리 ㉢과 같은 현상은 가치 함축적이다.
④ ㉢과 같은 현상과 달리 ㉣과 같은 현상은 보편성과 특수성이 공존한다.
⑤ ㉣과 같은 현상과 달리 ㉠과 같은 현상은 인과 관계가 불분명하다.

03

수능 1번

밑줄 친 ㉠~㉤과 같은 현상의 일반적인 특징에 대한 설명으로 옳은 것은?

> ○○ 신문 2024년 □월 □일
>
> **뜨거워진 한반도, 과일 재배 지도가 바뀐다!**
>
> 우리나라 사람들이 좋아하는 ㉠나주 배, 대구 사과와 같이 지역 특산물로 생산되고 있는 과일들이 더 이상 그 지역을 대표할 수 없을지도 모른다. 기후 변화로 ㉡연평균 기온이 올라갈수록 특정 과일이 자랄 수 있는 지역이 북상하기 때문이다. 이에 따라 ㉢사과 재배 가능 지역이 변할 것으로 예측된다. 대표적인 사과 재배지가 경북 지역에서 강원 지역으로 바뀌고 2090년경에는 ㉣국내에서 고품질의 사과 생산이 불가능할 것이라는 분석도 나온다. 폭염, 한파 등 ㉤기상 이변이 자주 발생하는 것은 뜨겁게 달아오른 지구가 인류에게 주는 마지막 경고일지도 모른다.

① ㉠과 같은 현상은 확률의 원리가 적용된다.
② ㉡과 같은 현상은 인과 관계가 불분명하다.
③ ㉢과 같은 현상은 필연성의 원리가 적용된다.
④ ㉢과 같은 현상과 달리 ㉣과 같은 현상은 몰가치적이다.
⑤ ㉣과 같은 현상에 비해 ㉤과 같은 현상은 특수성이 강하다.

2023년

04

| 6월 모의평가 1번 |

밑줄 친 ㉠~㉣과 같은 현상의 일반적인 특징에 대한 설명으로 옳은 것은?

> 기체가 초고온의 에너지를 받으면 기체와는 전혀 다른 성질을 띠는 상태가 되는데, 이를 플라스마라고 합니다. 태양에서는 ㉠플라스마 상태에서 핵융합 반응이 일어나고 막대한 양의 에너지가 방출됩니다. 핵융합 발전은 여기서 아이디어를 얻어 고효율의 에너지를 얻으려는 것입니다. 우리 과학자들이 인공 태양을 구현하려고 노력한 결과, 지난 ○○월 ○○일 ㉡초고온의 플라스마 상태를 최장 시간 유지시키는 데 성공하였습니다. ㉢기체가 일정한 조건에 이르면 플라스마로 변화하는데, 플라스마가 실험로 진공 용기에 닿는 순간 핵융합 반응이 끝납니다. 핵융합 기술의 상용화를 위해서는 플라스마를 실험로에 닿지 않도록 하는 것이 관건입니다. 연구자들은 ㉣플라스마를 안정적으로 제어할 수 있도록 실험을 계속할 예정이라고 합니다.
>
> NEWS **한국산 '핵융합' 인공 태양, 실험 성공**

① ㉠과 같은 현상은 ㉡과 같은 현상과 달리 가치 함축적이다.
② ㉡과 같은 현상은 ㉢과 같은 현상에 비해 인과 관계가 명확하다.
③ ㉢과 같은 현상은 ㉣과 같은 현상과 달리 보편성이 나타난다.
④ ㉣과 같은 현상은 ㉠과 같은 현상과 달리 개연성의 원리가 적용된다.
⑤ ㉠, ㉢과 같은 현상은 ㉡, ㉣과 같은 현상과 달리 경험적 자료로 연구할 수 있다.

05

| 9월 모의평가 1번 |

밑줄 친 ㉠~㉤과 같은 현상의 일반적인 특징에 대한 설명으로 옳은 것은?

> '람사르 데이'는 ㉠습지의 중요성을 널리 홍보하기 위해 마련한 행사이다. 참가자들은 ㉡습지에 버려진 비닐과 플라스틱을 재활용해 만든 옷을 입고 행사에 참여한다. 습지 보존이 중요한 이유는 ㉢습지가 생태계를 보호하는 역할을 하기 때문이다. 플랑크톤과 유기 물질이 풍부한 ㉣습지는 각종 오염 물질을 정화한다. 그뿐만 아니라 ㉤습지는 기후 위기의 요인 중 하나인 탄소 증가를 억제하는 역할도 한다.

① ㉠과 같은 현상은 몰가치적이다.
② ㉡과 같은 현상은 존재 법칙이 적용된다.
③ ㉢과 같은 현상은 확실성의 원리가 적용된다.
④ ㉣과 같은 현상은 인과 관계가 불분명하다.
⑤ ㉤과 같은 현상은 보편성과 특수성이 공존한다.

06

수능 1번

밑줄 친 ㉠~㉤과 같은 현상의 일반적인 특징에 대한 설명으로 옳은 것은?

> 지구 온난화로 인한 ㉠강물 속 용존 산소 감소가 수생 생물의 다양성을 위협한다는 보고서가 발표됐다. 물속 용존 산소는 물속 생물의 호흡 과정에서 소비된다. 그런데 ㉡지구 온난화에 의해 수온이 상승하면 물속 생물의 호흡량이 증가하여 ㉢용존 산소가 더 빠르게 고갈된다. 보고서에서는 ㉣탄소 배출량 감축 정책이 실패할 경우 얕은 강에서 특정 어종이 사라질 정도로 수(水) 생태계의 ㉤생물 다양성이 훼손될 것으로 예측했다.

① ㉠과 같은 현상은 가치 함축적이다.
② ㉡과 같은 현상은 당위 법칙을 따른다.
③ ㉢과 같은 현상은 보편성보다 특수성이 강하게 나타난다.
④ ㉣과 같은 현상은 개연성의 원리가 적용된다.
⑤ ㉤과 같은 현상은 확실성의 원리가 적용된다.

제1권 평가원

2022년

07

| 6월 모의평가 1번 |

밑줄 친 ㉠~㉣과 같은 현상의 일반적인 특징에 대한 설명으로 옳은 것은?

인상파 화가인 모네(C. Monet)는 빛에 의해 끊임없이 변화하는 나무와 꽃의 색깔, ㉠햇빛과 물빛의 조화를 담은 작품을 창작했다. 모네의 작품에 나타난 ㉡색채와 표현 방식의 변화는 그가 백내장에 걸렸음을 알 수 있는 실마리가 된다. 백내장에 걸리면 ㉢눈에서 렌즈 역할을 하는 수정체가 혼탁해져 사물이 흐리게 보이고, 더 진행되면 수정체가 노랗게 변한다. 이 경우 수정체에서 노란색의 보색인 남색 등은 차단되고, ㉣상대적으로 파장이 긴 노란색과 붉은색은 통과한다. 실제로 모네의 작품은 후기로 갈수록 노란색과 붉은색 계통이 주를 이루고 사물의 선과 면의 경계가 불분명한 특징이 나타난다.

① ㉠과 같은 현상은 ㉡과 같은 현상과 달리 개연성의 원리가 적용된다.
② ㉡과 같은 현상은 ㉢과 같은 현상과 달리 가치 함축적이다.
③ ㉢과 같은 현상은 ㉣과 같은 현상과 달리 인과 관계가 나타난다.
④ ㉣과 같은 현상은 ㉠과 같은 현상과 달리 보편성이 나타난다.
⑤ ㉢, ㉣과 같은 현상은 ㉠, ㉡과 같은 현상과 달리 경험적 자료로 연구할 수 있다.

08

| 9월 모의평가 1번 |

밑줄 친 ㉠~㉣과 같은 현상의 일반적인 특징에 대한 설명으로 옳은 것은?

최근 ㉠일부 약제의 부작용이 남성에 비해 여성에게 더 많이 발생한다는 연구가 보고되었다. 이 연구에 따르면, ㉡약의 효능에 영향을 주는 특정 단백질이 여성에게 부족한 것이 원인이라고 한다. 이에 대해 관련 분야의 일부 전문가들은 신약 개발 과정에서 ㉢남녀 신체의 생물학적 차이를 무시하고, 관행적으로 ㉣남성의 신체를 연구의 표준으로 간주하여 임상 실험을 해 온 것이 문제라고 지적하고 있다.

① ㉠과 같은 현상은 ㉡과 같은 현상과 달리 몰가치적이다.
② ㉡과 같은 현상은 ㉢과 같은 현상과 달리 특수성이 나타난다.
③ ㉢과 같은 현상은 ㉣과 같은 현상과 달리 인과 관계가 명확하다.
④ ㉠, ㉡과 같은 현상은 ㉢, ㉣과 같은 현상과 달리 확실성의 원리가 적용된다.
⑤ ㉡, ㉢과 같은 현상은 ㉠, ㉣과 같은 현상과 달리 존재 법칙의 지배를 받는다.

09

수능 1번

밑줄 친 ㉠~㉣과 같은 현상의 일반적인 특징에 대한 설명으로 옳은 것은?

우리 몸에 있는 대부분의 미생물은 면역계 유지에 필요하다. ㉠미생물은 적당한 습기와 충분한 먹이가 있는 환경을 선호하여 대장에 많이 서식한다. 대장 내 미생물 중 유익균은 식이 섬유에서 영양분을 얻고, 이를 분해할 때 면역 세포를 안정시키는 물질을 만든다. 그런데 식생활에서 가공 식품과 ㉡정제된 탄수화물 섭취 비중이 증가하고 유익균이 줄게 되면서 대장 내 미생물 분포가 달라졌다. 뇌와 장은 내분비계, 신경계 등을 통해 신호를 주고받는데, 미생물 분포 변화로 장내 면역 체계에 이상이 생기면 뇌 질환 발생 가능성이 높아진다. 뇌 질환자 상당수가 장 질환을 앓고 있으며, 일상에서 ㉢과도한 스트레스를 받으면 장에 탈이 나는 것을 볼 수 있다. 따라서 장 건강을 위해서는 채식 위주의 식단을 유지하고, ㉣장내 미생물을 무차별적으로 죽이는 항생제를 남용하지 않아야 한다.

① ㉠과 같은 현상은 ㉡과 같은 현상과 달리 인과 관계가 나타난다.
② ㉡과 같은 현상은 ㉢과 같은 현상과 달리 가치 함축적이다.
③ ㉢과 같은 현상은 ㉣과 같은 현상과 달리 개연성의 원리가 적용된다.
④ ㉣과 같은 현상은 ㉠과 같은 현상과 달리 보편성이 나타난다.
⑤ ㉠, ㉡과 같은 현상은 ㉢, ㉣과 같은 현상과 달리 존재 법칙의 지배를 받는다.

2021년

10

| 6월 모의평가 1번 |

밑줄 친 ㉠~㉣과 같은 현상의 일반적인 특징에 대한 설명으로 옳은 것은?

> 이산화 탄소의 과도한 발생으로 ㉠지구의 평균 기온이 상승하면서 다양한 환경 문제가 나타났다. 이에 대응하여 일부 국가에서는 ㉡환경친화적 소비를 유도하고 이산화 탄소의 발생량을 감소시키고자 탄소 발자국을 표시하기 시작하였다. 탄소 발자국이란 제품의 생산, 소비, 폐기 등의 과정에서 발생하는 이산화 탄소의 총량을 말한다. 탄소 발자국은 이산화 탄소의 배출량을 무게 단위(kg)로 표시하거나, ㉢식물의 광합성을 통해 감소될 수 있는 이산화 탄소 배출량을 ㉣나무의 수로 환산하여 표시한다.

① ㉠과 같은 현상은 ㉡과 같은 현상과 달리 경험적 자료를 통해 연구할 수 있다.
② ㉡과 같은 현상은 ㉢과 같은 현상에 비해 보편성이 강하게 나타난다.
③ ㉢과 같은 현상은 ㉣과 같은 현상에 비해 인과 관계가 분명하다.
④ ㉣과 같은 현상은 ㉠과 같은 현상과 달리 확실성의 원리가 적용된다.
⑤ ㉠, ㉢과 같은 현상은 ㉡, ㉣과 같은 현상과 달리 가치 함축적이다.

11

| 9월 모의평가 1번 |

밑줄 친 ㉠~㉣과 같은 현상의 일반적인 특징에 대한 설명으로 옳은 것은?

> 칠레 연안 로빈슨 크루소섬에 서식하고 있던 염소는 에스파냐 무역선을 괴롭히던 해적의 식량원이었다. 이에 ㉠에스파냐 해군은 한 쌍의 개를 섬에 상륙시켰다. 그 후 개체 수가 늘어난 개가 염소를 잡아먹으면서 염소의 수가 줄어들었다. 염소의 수가 줄자 개의 개체 수도 줄어들어 ㉡개와 염소 간에 수의 균형이 형성되었다. 이를 통해 19세기 서양 지식인은 ㉢정부, 법률, 도덕의 개입 없이도 사회 질서를 형성할 수 있다는 영감을 얻었다. ㉣생명체는 배고프면 먹이를 찾기 마련이며 먹이의 양에 따라 개체 수가 조절된다는 점은 새로운 사회 질서를 만들어 내는 합리적 원리였다. 이로부터 인간이 지닌 정치적 면모 대신 생물학적 면모가 주목받기 시작하였다.

① ㉠과 같은 현상은 ㉡과 같은 현상과 달리 확실성의 원리를 따른다.
② ㉡과 같은 현상은 ㉢과 같은 현상과 달리 가치 함축적이다.
③ ㉢과 같은 현상은 ㉣과 같은 현상과 달리 개연성의 원리를 따른다.
④ ㉣과 같은 현상은 ㉠과 같은 현상과 달리 보편성과 특수성이 공존한다.
⑤ ㉠, ㉢과 같은 현상은 ㉡, ㉣과 같은 현상에 비해 인과 관계가 분명하다.

12

수능 1번

밑줄 친 ㉠~㉣과 같은 현상의 일반적인 특징에 대한 설명으로 옳은 것은?

> 비가 오지 않는 지역으로 유명한 ㉠아라비아반도 남부 지역에 열대성 저기압이 상륙해 하루 만에 300mm가 넘는 비를 뿌렸다. 세계 기상 기구(WMO)는 이처럼 ㉡유례없는 강수량이 집중되는 현상은 앞으로 더 빈번해질 것이라고 경고하였다. 문제는 지구 온난화로 인한 이상 기후 현상을 대비할 수 있는 국가 차원의 ㉢기상 데이터와 예보 시스템을 보유하지 못한 나라들이 너무 많다는 것이다. 이러한 나라들은 ㉣강수 패턴과 농업이 가능한 계절의 변화 때문에 앞으로 식량 안보 위기에 처할 것이다.

① ㉠과 같은 현상은 ㉡과 같은 현상에 비해 특수성이 강하다.
② ㉡과 같은 현상은 ㉢과 같은 현상과 달리 보편성이 나타난다.
③ ㉢과 같은 현상은 ㉣과 같은 현상과 달리 가치 함축적이다.
④ ㉣과 같은 현상은 ㉠과 같은 현상과 달리 인과 관계가 분명하다.
⑤ ㉠, ㉢과 같은 현상은 필연성의 원리가, ㉡, ㉣과 같은 현상은 개연성의 원리가 적용된다.

2020년

13

| 6월 모의평가 1번 |

밑줄 친 ㉠~㉣과 같은 현상의 일반적 특징에 대한 설명으로 옳은 것은?

『자연 다큐멘터리 '생명의 땅 OO습지 1년의 기록'』

㉠지형적 특성으로 물이 잘 빠지지 않고 오랜 시간 정체되면서 형성된 습지, 그곳의 독특한 생태계를 특수 촬영으로 생동감 있게 그려냈습니다. ㉡계절마다 빛깔을 달리하는 수풀의 환상적인 풍경, ㉢삵, 고니 등 평소 보기 힘든 동물을 담아낸 영상을 감상할 수 있습니다. 각종 수생 식물이 습지를 빼곡하게 메워 펼쳐지는 연둣빛 군락은 물론이고 ㉣개화가 잘 되지 않아 '백년 만에 피는 꽃'이라고 불리는 가시연꽃의 모습은 특히 기대해도 좋습니다.

① ㉠과 같은 현상은 ㉡과 같은 현상과 달리 몰가치적이다.
② ㉡과 같은 현상은 ㉢과 같은 현상과 달리 인과 관계가 나타난다.
③ ㉢과 같은 현상은 ㉠과 같은 현상과 달리 경험적 자료를 통해 연구할 수 있다.
④ ㉣과 같은 현상은 ㉡과 같은 현상에 비해 보편성이 강하게 나타난다.
⑤ ㉢, ㉣과 같은 현상은 ㉠, ㉡과 같은 현상과 달리 개연성의 원리가 적용된다.

14

| 9월 모의평가 1번 |

밑줄 친 ㉠~㉢과 같은 현상의 일반적 특징에 대한 설명으로 옳은 것은?

1947년 최초로 발견된 지카 바이러스는 주로 ㉠숲 모기에 의해 피부 세포에 침투하여 감염을 유발하고, 혈액을 통해 다른 부위로 이동한다. 2016년 2월 세계 보건 기구는 지카 바이러스가 ㉡태아의 뇌 기능을 저하시켜 소두증 같은 선천성 기형을 유발하고, 신경계 이상과도 연관이 있음을 발표하였다. 세계 보건 기구는 더 이상의 피해가 확산되는 것을 방지하기 위해 ㉢국제 공중 보건 긴급 사태를 선언하였다.

① ㉠과 같은 현상은 ㉢과 같은 현상과 달리 존재 법칙을 따른다.
② ㉡과 같은 현상은 ㉠과 같은 현상과 달리 가치 함축적이다.
③ ㉠과 같은 현상은 확률의 원리, ㉡, ㉢과 같은 현상은 확실성의 원리가 작용한다.
④ ㉡과 같은 현상은 ㉠, ㉢과 같은 현상에 비해 인과 관계가 분명하다.
⑤ ㉠, ㉡과 같은 현상은 ㉢과 같은 현상과 달리 경험적인 자료로 연구가 가능하다.

15

수능 1번

밑줄 친 ㉠~㉢과 같은 현상의 일반적인 특징에 대한 설명으로 옳은 것은?

예로부터 ㉠옹기는 음식의 발효와 저장을 위해 사용된 생활필수품이었다. 열이 가해지면 ㉡흙 알갱이의 크기 차이로 인해 표면에 미세한 기공이 형성되어 숨 쉬는 옹기가 만들어졌다. 조상들은 김장 김치를 옹기에 담아 겨울 동안 땅속에 보관하여 가장 맛있는 상태로 유지하였다. 최근 연구에서는 땅속 옹기의 음식 보관 온도인 ㉢ -1℃ 상태에서 김치의 유산균 개체 수가 적정하게 유지된다는 것을 발견하였다.

① ㉠과 같은 현상은 ㉢과 같은 현상에 비해 인과 관계가 명확하다.
② ㉡과 같은 현상은 ㉠과 같은 현상에 비해 특수성이 강하게 나타난다.
③ ㉡과 같은 현상은 ㉢과 같은 현상과 달리 경험적 자료를 통해 연구할 수 있다.
④ ㉠과 같은 현상은 ㉡, ㉢과 같은 현상과 달리 가치 함축적이다.
⑤ ㉠, ㉢과 같은 현상은 ㉡과 같은 현상과 달리 개연성의 원리가 적용된다.

필출 주제

02 사회·문화 현상을 바라보는 관점

평가원의 출제 경향을 파악하라!

6월과 9월 모의평가에서 출제된 문제 유형과 내용이 그해 11월 수능에서 어떠한 흐름으로 이어지며 출제되었는지 분석해 보세요. 2025년 6월과 9월 모의평가를 분석하면 수능을 대비하는 데 큰 도움이 됩니다.

최근 5개년간 얼마나 출제되었나?

구분	6월	9월	수능
2024년	○	○	○
2023년	○	○	○
2022년	○	○	○
2021년	○	○	○
2020년	○	○	○

이 주제에서는 대화, 도표 등의 자료를 제시한 후 이를 통해 사회·문화 현상을 바라보는 관점을 파악하여 그 특징을 이해하고 있는지를 묻는 문제가 출제되고 있다. 사회·문화 현상을 바라보는 관점은 사회·문화 교과의 전체 내용을 이해하는 데 있어서 가장 중요한 주제이므로 관련 개념을 확실하게 정리해 두어야 한다.

2024년에는 어떻게 출제되었나?

6월 모의평가	9월 모의평가	수능
필자의 관점이 사회·문화 현상을 바라보는 관점 중 어디에 해당하는지 파악하여 그에 해당하는 옳은 설명을 고르는 문항이 출제되었다.	계층적 지위를 바라보는 갑~병의 관점이 무엇인지 파악하고, 이에 해당하는 옳은 설명을 고르는 문항이 출제되었다.	사회·문화 현상을 바라보는 필자의 관점을 파악하고, 이와 관련 있는 옳은 설명을 고르는 문항이 출제되었다.

반드시 알아야 할 핵심 개념은?

거시적 관점	사회·문화 현상을 이해할 때 사회 구조나 사회 변동과 같이 사회 전체와의 연관 속에서 폭넓게 탐구하려는 관점
미시적 관점	사회 구조보다 사회에서 살아가는 개인의 사회적 행위에 초점을 두어 이해하는 관점
기능론	사회는 하나의 살아 있는 유기체와 같아 각 부분들이 상호 의존적으로 사회 전체의 유지와 존속을 위해 기능한다고 보는 관점
갈등론	사회에는 희소한 재화나 권력의 배분을 둘러싸고 집단 간의 갈등과 이해관계의 대립이 끊임없이 발생한다고 보는 관점
상징적 상호 작용론	사회·문화 현상은 주관적인 행위 동기와 목적을 지닌 인간에 의해 발생한다고 보는 관점

2024년

01 | 6월 모의평가 2번 |

다음 글에서 도출할 수 있는 사회·문화 현상을 바라보는 필자의 관점에 대한 옳은 설명만을 〈보기〉에서 있는 대로 고른 것은? [3점]

> 개별 구성원의 이익과 집합체의 이익 간 불일치는 사회적 갈등으로 나타날 수 있다. 이때 중요한 것은 서로 다른 개인들의 이익이 사회적 관계 내에서 작용한다는 점이다. 개인은 자신의 이익을 온전히 추구하기 위해 사회 내 구조화된 관계에 의해 규정된 역할 속에서 다른 구성원들의 이익 추구 과정을 고려해야만 한다. 이러한 과정을 통해 집합체는 안정적인 상태에 도달한다.

보기

ㄱ. 대립과 갈등을 사회의 본질적 속성으로 본다.
ㄴ. 질서와 안정에 기반한 점진적 사회 변동을 설명하기 어렵다.
ㄷ. 사회적 갈등을 균형 회복을 위한 일시적인 과정으로 이해한다.

① ㄴ ② ㄷ ③ ㄱ, ㄴ ④ ㄱ, ㄷ ⑤ ㄱ, ㄴ, ㄷ

02 | 9월 모의평가 6번 |

사회·문화 현상을 바라보는 갑~병의 관점에 대한 설명으로 옳은 것은? [3점]

> 갑: 계층적 지위가 개인의 능력과 노력에 따라 결정된다고 하지만 불공정한 사회 구조가 사회적 희소가치의 분배를 일방적으로 결정하는 것이 현실입니다.
> 을: 아닙니다. 계층적 지위는 개인이 자신의 능력과 노력을 통해 정당하게 얻은 결과이며, 우리 사회 대다수 구성원은 이를 당연한 것으로 받아들이고 있습니다.
> 병: 계층적 지위는 개인의 출신이나 능력으로 결정되는 것이 아닙니다. 평소 타인의 시선을 의식하고 말투와 옷차림에 신경 쓰면서 자신의 계층을 인식하는 것처럼 계층적 지위는 사람들과 교류하는 과정 속에서 형성됩니다.

① 갑의 관점은 사회 불평등 현상이 불가피하다고 본다.
② 을의 관점은 개인의 행위에 미치는 사회 구조의 영향력을 중시한다.
③ 병의 관점은 사회 현상을 갈등과 대립의 측면에서만 파악한다는 비판을 받는다.
④ 갑, 병의 관점과 달리 을의 관점은 지배 집단과 피지배 집단의 이익이 조화를 이루기 어렵다고 본다.
⑤ 을, 병의 관점과 달리 갑의 관점은 기득권층의 이익을 옹호하는 논리로 활용된다는 비판을 받는다.

03

수능 2번

다음 글에서 사회·문화 현상을 바라보는 필자의 관점에 대한 옳은 설명만을 〈보기〉에서 고른 것은? [3점]

> 사회 체계 안에서 인간의 상호 작용이 작동하는 이유는 행위자들에게 할당되는, 분화된 역할 구조가 있기 때문이다. 개인은 역할 구조 속에서 사회가 기대하는 행동을 수행하게 된다. 이렇게 개인이 사회의 한 부분으로서 공유된 기대에 부응하여 다른 부분과 유기적으로 상호 작용을 함에 따라 사회라는 완전체가 형성된다.

보기

ㄱ. 상황 정의에 기초한 개인 간 상호 작용을 중시한다.
ㄴ. 개인 행위자의 능동적이고 자율적인 측면을 중시한다.
ㄷ. 사회의 각 부분이 상호 의존적 관계를 맺는다고 본다.
ㄹ. 사회는 스스로 균형을 유지하려는 속성을 지닌다고 본다.

① ㄱ, ㄴ ② ㄱ, ㄷ ③ ㄴ, ㄷ ④ ㄴ, ㄹ ⑤ ㄷ, ㄹ

2023년

04

| 6월 모의평가 3번 |

사회·문화 현상을 바라보는 관점 A, B에 대한 설명으로 옳은 것은?

> A: 지배 집단과 피지배 집단은 재화나 권위 또는 권력과 같은 희소 자원을 차지하기 위해 서로 끊임없이 투쟁한다. 두 집단의 이익은 양립할 수 없으므로 갈등은 필연적이고 자연스러운 현상이다.
> B: 사회 체계는 기본적으로 균형 상태를 유지하기 때문에 적대, 긴장, 모순, 투쟁과 같은 갈등은 일시적인 현상이다. 따라서 갈등은 균형을 유지하려는 사회 체계의 속성으로 인하여 머지않아 조화롭게 조정된다.

① A는 상황 정의에 기초한 개인 간 상호 작용을 중시한다.
② B는 사회적 희소가치의 불균등한 분배가 불가피하다고 본다.
③ A는 B와 달리 기득권층의 이익을 대변하는 논리로 사용된다는 비판을 받는다.
④ B는 A와 달리 질서와 안정성을 바탕으로 한 점진적인 사회 변동을 설명하기 어렵다.
⑤ A와 B는 모두 개인에 대한 사회 구조의 영향력을 간과한다는 비판을 받는다.

05

| 9월 모의평가 19번 |

다음은 사회·문화 현상을 바라보는 관점 A~C를 구분하는 질문에 대한 학생의 답변과 교사의 채점 결과이다. 이에 대한 설명으로 옳은 것은? (단, A~C는 각각 기능론, 갈등론, 상징적 상호 작용론 중 하나임.) [3점]

질문	답변		
	갑	을	병
A는 B와 달리 지배 집단과 피지배 집단 간 갈등이 사회 발전의 원동력이라고 보는가?	아니요	아니요	예
A, C는 B와 달리 개인의 행위를 강제하는 사회 구조를 중시하는가?	예	아니요	예
(가)	예	아니요	아니요
(나)	예	아니요	예
채점 결과	3점	2점	3점

* 교사는 질문별로 채점하고, 질문당 옳은 답변을 쓴 경우는 1점, 틀린 답변을 쓴 경우는 0점을 부여함

① A는 C와 달리 사회가 본질적으로 변동을 지향한다고 본다.
② B는 A와 달리 다양한 사회 제도의 상호 의존 관계에 주목한다.
③ C는 B와 달리 인간이 상황 정의에 기초하여 행동한다고 본다.
④ (가)에는 'B는 A와 달리 행위자의 능동성을 중시하는가?'가 들어갈 수 있다.
⑤ (나)에는 'A는 C와 달리 기득권층의 이익을 대변한다는 비판을 받는가?'가 들어갈 수 있다.

06

수능 4번

사회·문화 현상을 바라보는 관점 A~C에 대한 설명으로 옳은 것은? (단, A~C는 각각 기능론, 갈등론, 상징적 상호 작용론 중 하나임.) [3점]

> 교사: A, B, C 중 하나를 선택한 후 해당 관점에 대해 설명해 보세요.
> 갑: A는 사회가 생물 유기체처럼 균형을 유지한다고 전제합니다. 조화와 균형은 정상적 상태로, 부조화와 불균형은 병리적 상태로 봅니다.
> 을: B는 사회를 구성하는 하위 요소가 사회 전체의 존속과 통합을 위한 역할을 수행한다고 봅니다. 또한 B는 사회 각 부분에 존재하는 복잡한 관계를 지배와 피지배의 관계로 단순화합니다.
> 교사: 갑은 옳게, 을은 틀리게 설명했습니다. 을의 설명에는 정작 B의 내용은 없고, A와 C의 내용만 있네요.

① A는 B와 달리 개인의 상황 정의와 의미 해석을 강조한다.
② B는 C와 달리 사회에 내재한 구조적 모순을 중심으로 사회 현상을 설명한다.
③ C는 A와 달리 기득권층의 이익을 옹호한다는 비판을 받는다.
④ '대립과 갈등을 사회의 본질적 속성으로 보는가?'라는 질문으로 A와 B를 구분할 수 없다.
⑤ '사회 각 제도의 상호 의존적 관계에 주목하는가?'라는 질문으로 B와 C를 구분할 수 있다.

2022년

07

| 6월 모의평가 19번 |

사회·문화 현상을 바라보는 (가)~(다)의 관점에 대한 설명으로 옳은 것은? [3점]

> (가) 환경 문제는 사람들이 환경 오염을 사회 문제로 규정하면서 주요 관심사가 되었다. 오늘날 많은 환경 운동가, 학자, 언론인, 시민들이 환경 오염의 심각성을 지적하며 그에 대한 문제의식과 대응 방안을 공유하고 있다. 이들은 '그린(Green)', '에코(Eco)', '재생'과 같은 표현을 친환경의 대명사처럼 인식하면서 환경 문제 해결을 위한 실천을 서로 독려하고 있다.
>
> (나) 환경 문제는 산업화를 위해 자연을 이용하는 과정에서 나타나는 일시적인 병리 현상이다. 산업화가 진행되면서 대기와 수질이 오염되면, 이로 인한 사회적 비용과 피해가 증가한다. 하지만 이러한 문제를 해결할 수 있는 환경 정화 기술이 개발됨으로써 결국 전체 사회는 다시 조화와 균형을 회복한다.
>
> (다) 환경 문제는 자본가 계급이 자신만의 이익을 극대화하는 과정에서 발생한다. 자본가 계급이 환경보다 경제적 이익을 우선하며 자신의 이윤 추구에만 몰두한 결과가 환경 오염으로 나타난다. 그로 인한 피해는 오롯이 노동자 계급의 몫이다. 이윤 추구에서 배제된 노동자 계급은 환경 문제에 대응할 마땅한 수단이 없기 때문이다.

① (가)의 관점은 사회의 각 부분이 상호 의존적 관계를 맺는다고 본다.
② (나)의 관점은 상황에 대한 주관적인 해석 과정을 중시한다.
③ (다)의 관점은 지배 집단과 피지배 집단 간 대립과 투쟁을 사회 변동의 원동력으로 본다.
④ (나)의 관점은 (다)의 관점과 달리 사회 질서와 안정의 중요성을 경시한다는 비판을 받는다.
⑤ (다)의 관점은 (가)의 관점과 달리 지배 집단의 이익을 대변하는 논리로 활용될 수 있다는 비판을 받는다.

08

| 9월 모의평가 14번 |

사회·문화 현상을 바라보는 갑~병의 관점에 대한 설명으로 옳은 것은?

사회자
기우제에 대한 각자의 의견을 말씀해 주세요.

가뭄이라는 사회적 위기 상황에서 공동체의 결속력을 높이고, 사회 안정을 유지하는 역할을 담당하는 의례였습니다.
갑

을: 의례의 절차와 제물은 비슷하지만, 사회적 맥락에 따라 구성원들은 그 의미를 다르게 해석하여 행동하였습니다.

기우제와 같은 의례는 피지배층의 불만을 잠재우고, 기존 질서를 유지하려는 기득권층의 통치 수단에 불과합니다.
병

① 갑의 관점은 을의 관점과 달리 개인의 행위가 상황에 대한 주관적 해석에 기초하여 이루어진다고 본다.
② 갑의 관점은 병의 관점과 달리 기득권층의 이익을 대변하는 논리로 활용될 수 있다는 비판을 받는다.
③ 을의 관점은 병의 관점과 달리 집단 간 갈등을 사회 변동의 원동력으로 본다.
④ 병의 관점은 갑의 관점과 달리 지배 계급과 피지배 계급의 이익이 조화를 이루고 있다고 본다.
⑤ 병의 관점은 을의 관점과 달리 사회 구조가 개인에게 미치는 영향력을 간과한다는 비판을 받는다.

09

수능 3번

다음 글에서 사회·문화 현상을 바라보는 필자의 관점에 대한 설명으로 옳은 것은?

> 인구 증가는 사람들 간 접촉과 상호 작용을 증가시킨다. 이때 경쟁이 치열해지면, 그 치열한 경쟁이 갈등을 유발하고 사회 질서를 위협한다. 자원을 둘러싼 경쟁은 생존 가능한 자리를 찾으려는 개인들의 노력을 낳고 이는 업무 전문화로 이어진다. 전문화는 개인들로 하여금 상호 의존을 하도록 압박하고 상호 의무를 수용하려는 의지를 강화한다. 전문화로 인한 업무 분화는 무한 경쟁이 파괴할 수 있는 질서를 유지하는 데 필수적이다.

① 사회의 안정보다는 변동을 중시한다.
② 상황 정의에 기초한 개인 간 상호 작용을 중시한다.
③ 사회에는 어느 시점에나 구조적 모순이 내재되어 있다고 본다.
④ 사회 제도를 지배와 피지배 관계의 재생산을 위한 수단으로 본다.
⑤ 지배 집단의 이익을 대변하는 논리로 활용될 수 있다는 비판을 받는다.

2021년

10

| 6월 모의평가 18번 |

사회·문화 현상을 바라보는 (가)~(다)의 관점에 대한 설명으로 옳은 것은? [3점]

(가) 질병은 구성원 각자가 부여하는 의미나 가치에 의해 사회적으로 규정될 수 있다. 예컨대 19세기 유럽에서는 폐결핵에 걸린 지식인과 예술인의 마른 자태를 열정과 낭만의 징표로 인식하기도 하였다.
(나) 질병은 사회 체계 유지라는 측면에서 볼 때 사회 통합에 긍정적으로 작용하지 못하기 때문에 사회 문제로 규정된다. 따라서 질병 치료는 일종의 사회 통제라고 볼 수 있다.
(다) 질병으로부터 자신을 보호할 자원이 부족한 이들에게는 사회 구조적 모순이 고스란히 전달되어 질병으로 나타난다. 질병에 걸릴 위험은 사회 계급에 따라 차등적으로 분포되어 있기 때문이다.

① (가)의 관점은 사회 구조가 개인에게 미치는 영향을 간과한다는 비판을 받는다.
② (나)의 관점은 사회 제도를 통해 기존의 불평등한 사회 구조가 재생산된다고 본다.
③ (가)의 관점은 (나)의 관점과 달리 사회 각 부분이 상호 보완적 역할을 수행한다고 본다.
④ (나)의 관점은 (다)의 관점과 달리 대립과 갈등을 사회 구조의 필연적 속성으로 본다.
⑤ '사회·문화 현상의 의미가 발생 상황과 행위 주체에 따라 달라진다고 보는가?'라는 질문으로는 (가)와 (다)의 관점을 구분할 수 없다.

11

| 9월 모의평가 2번 |

사회·문화 현상을 바라보는 갑~병의 관점에 대한 설명으로 옳은 것은? (단, 갑~병의 관점은 각각 갈등론, 기능론, 상징적 상호 작용론 중 하나이다.) [3점]

사회자: 혼밥족*이 증가하는 현상의 원인에 대해 각자 의견을 제시해 주세요.

갑: 전통적으로 식사를 함께 하는 것은 공동체 구성원 간 소속감 형성을 위한 중요한 의례였는데, 이러한 식사 규범이 약화되면서 혼자 밥을 먹는 사람들이 많아졌습니다.

을: 과거에는 혼자 밥을 먹는 사람을 외톨이로 여겼으나, 최근에는 혼자 밥을 먹는 행위를 가족이나 집단의 구속에서 벗어나 혼자만의 여유를 즐기는 세련된 도시인의 생활 방식으로 보는 이들이 증가하고 있기 때문입니다.

병: 혼자 밥을 먹는 사람들 대부분이 경제적으로 취약한 상태에 놓여 있다는 점에서, 결국 혼밥은 불평등한 분배 구조에서 소외된 사람들의 어쩔 수 없는 선택입니다.

* 혼밥족: 혼자 밥을 먹는 사람들을 지칭하는 신조어

① 갑의 관점은 개인의 행동이 상황에 대한 주관적 해석에 기초하여 이루어진다고 본다.
② 을의 관점은 기득권층의 이익을 대변하는 논리로 사용된다는 비판을 받는다.
③ 병의 관점은 집단 간 갈등이 필연적이며 사회 변동의 원동력이라고 본다.
④ 을의 관점은 갑의 관점과 달리 사회 문제를 설명하는 데 사회 구조적 요인을 중시한다.
⑤ 을, 병의 관점은 모두 사회 구성 요소의 기능과 역할이 사회적으로 합의된 것으로 본다.

12

수능 3번

표는 사회·문화 현상을 바라보는 관점 A~C를 구분한 것이다. 이에 대한 옳은 설명만을 〈보기〉에서 고른 것은? (단, A~C는 각각 기능론, 갈등론, 상징적 상호 작용론 중 하나이다.) [3점]

구분	A	B	C
(가)	예	아니요	아니요
기득권층의 이익을 대변하는 논리로 사용된다는 비판을 받는가?	아니요	아니요	예
사회·문화 현상을 사회 구조적 측면에서 설명하는가?	아니요	예	예

보기

ㄱ. A는 B와 달리 집단 간 갈등을 사회 변동의 원동력으로 본다.
ㄴ. B는 C와 달리 사회 각 부분의 통합과 균형을 강조한다.
ㄷ. C는 A와 달리 다양한 사회 제도들의 상호 의존 관계에 주목한다.
ㄹ. (가)에는 '인간이 상황 정의에 기초하여 행동한다고 보는가?'가 들어갈 수 있다.

① ㄱ, ㄴ ② ㄱ, ㄷ ③ ㄴ, ㄷ ④ ㄴ, ㄹ ⑤ ㄷ, ㄹ

2020년

13

| 6월 모의평가 8번 |

사회·문화 현상을 바라보는 갑~병의 관점에 대한 설명으로 옳은 것은? [3점]

사회자
판소리 흥부전에 등장하는 주요 인물들의 행위에 대해 각자의 관점에서 말씀해 보세요.

일을 해서 돈을 벌 생각보다는 신세 한탄만 하며 형에게 의존하려는 흥부와 달리 놀부가 부자가 된 것은 열심히 노력하고 돈을 아껴 쓴 행동에 대한 정당한 보상입니다. 이것은 당시의 사회 규범에도 부합한다고 생각합니다.
갑

당시 가부장적 사회 구조에서 놀부가 장남이라는 이유를 내세워 아우인 흥부가 받을 재산까지 차지한 것 아닙니까? 사회적 희소 자원을 모두 형에게 빼앗긴 흥부가 개인적 노력으로 빈곤을 극복하기는 어려웠으리라 생각합니다.
을

저는 흥부가 형수로부터 밥풀이 묻은 주걱으로 뺨을 맞자 고맙다고 말하며 다른 뺨을 내민 장면에 주목합니다. 형수는 흥부를 내쫓기 위해 주걱을 휘둘렀지만 흥부는 배고픈 시동생에게 밥을 주는 행위로 받아들였다고 생각합니다.
병

① 갑의 관점은 지배 집단의 이익을 대변하는 논리로 활용될 수 있다는 비판을 받는다.
② 을의 관점은 사회의 각 부분이 상호 의존적 관계를 맺는다고 본다.
③ 병의 관점은 사회·문화 현상을 거시적 측면에서 설명한다.
④ 갑의 관점은 을의 관점과 달리 대립과 갈등을 사회의 본질적 속성으로 본다.
⑤ 을의 관점은 병의 관점과 달리 행위자의 능동성을 중시한다.

14

| 9월 모의평가 6번 |

사회·문화 현상을 바라보는 갑~병의 관점에 대한 설명으로 옳은 것은? (단, 갑~병의 관점은 각각 기능론, 갈등론, 상징적 상호 작용론 중 하나이다.)

사회자
최근 들어 결혼을 하지 않는 사람이 증가하는 이유가 무엇일까요?

불공정한 분배 체계의 심화로 희소 자원이 기득권층에 집중되면서 결혼 생활에 요구되는 기본 여건을 마련할 수 없어 결혼을 미루거나 포기합니다.
갑

혼자 사는 삶에 대한 긍정적인 의미가 사회 구성원들 사이에 확산되면서 결혼을 개인의 선택으로 여기는 사람들이 많아졌기 때문입니다.
을

결혼 생활에 수반되는 출산, 육아, 교육 등을 지원하는 다양한 사회 제도가 제대로 작동하지 못하기 때문에 결혼을 하지 않는 사람이 증가합니다.
병

① 갑의 관점은 결혼이 불평등한 성 역할 분담 체계의 강화에 기여한다는 점을 간과한다.
② 을의 관점은 사회 구성원들이 공유하는 결혼에 대한 인식 변화에 주목한다.
③ 병의 관점은 결혼 제도가 사회 구성원을 충원함으로써 사회 유지에 기여한다는 점을 간과한다.
④ 갑의 관점은 병의 관점과 달리 결혼을 하지 않는 사람이 증가하는 현상을 거시적 관점에서 이해한다.
⑤ 을의 관점은 갑의 관점과 달리 결혼 제도와 다른 사회 제도 간 상호 의존성을 설명하는 데 유용하다.

15

수능 14번

사회·문화 현상을 바라보는 갑~병의 관점에 대한 설명으로 옳은 것은? (단, 갑~병의 관점은 각각 기능론, 갈등론, 상징적 상호 작용론 중 하나이다.) [3점]

사회자
일과 일상생활의 균형을 의미하는 '워라밸'을 추구하는 현상에 대해 각자 의견을 제시해 주세요.

예전에는 고용주를 비롯해 대다수 직원들이 워라밸을 추구하는 사람들에 대해 부정적으로 생각했지만, 최근에는 일상생활을 중시하면서도 생산성이 높은 직원들을 보면서 긍정적으로 인식하게 되었습니다.
갑

워라밸은 개인에게 일상생활을 위한 시간적 여유를 보장해 주는 것 같지만, 개인의 업무 능력을 극대화하여 생산성을 높임으로써 기득권층의 이익을 증대시키려는 의도가 반영된 현상일 뿐입니다.
을

워라밸 문화는 개인이 일상생활을 즐기며 자신을 재충전하여 사회 조직의 목표 달성에 필요한 역할을 효과적으로 수행하도록 함으로써 사회 조직의 효율성을 높이는 데 기여합니다.
병

① 갑의 관점은 사회·문화 현상을 사회 구조적 측면에서 설명한다.
② 을의 관점은 지배 집단의 이익을 대변하는 논리로 활용될 수 있다는 비판을 받는다.
③ 병의 관점은 사회 각 부분이 상호 의존적 관계를 맺는다고 본다.
④ 갑의 관점은 을의 관점과 달리 대립과 갈등을 사회의 본질적 속성으로 본다.
⑤ 병의 관점은 을의 관점과 달리 행위자의 능동성을 중시한다.

필출 주제

03 자료 수집 방법

평가원의 출제 경향을 파악하라!

6월과 9월 모의평가에서 출제된 문제 유형과 내용이 그해 11월 수능에서 어떠한 흐름으로 이어지며 출제되었는지 분석해 보세요. 2025년 6월과 9월 모의평가를 분석하면 수능을 대비하는 데 큰 도움이 됩니다.

최근 5개년간 얼마나 출제되었나?

구분	6월	9월	수능
2024년	○	○	○
2023년	○	○	○
2022년	○	–	○
2021년	○	○	○
2020년	○	○	○

이 주제에서는 제시된 사례에서 활용된 자료 수집 방법을 파악하고 그 특징을 이해하고 있는지 묻는 문항이 출제되고 있다. 특히 연구 방법, 연구 과정 등과 연계하여 각각의 자료 수집 방법의 특징을 파악하는 문항들이 출제되고 있으므로 이에 대한 종합적인 이해가 필요하다.

2024년에는 어떻게 출제되었나?

6월 모의평가
자료 수집 방법을 구분하는 질문에 대한 학생의 답변과 교사의 채점 결과를 분석하여 옳은 설명을 고르는 문항이 출제되었다.

➡

9월 모의평가
갑~병의 대화에 나타난 자료 수집 방법 A~D가 무엇인지 파악하여 각각의 특징을 비교하는 문항이 출제되었다.

➡

수능
갑~병이 사용한 자료 수집 방법을 파악한 후 각각의 공통점과 차이점에 대한 옳은 설명을 고르는 문항이 출제되었다.

반드시 알아야 할 핵심 개념은?

질문지법	연구자가 연구 주제에 부합하는 조사 내용을 질문지로 작성하여 조사 대상자에게 기입하도록 하는 자료 수집 방법
실험법	독립 변인 외의 다른 변인은 통제한 후 실험 집단(연구 대상자)에게 독립 변인을 처치하고 그로 인해 나타나는 종속 변인의 변화를 통제 집단과 비교하여 파악하는 자료 수집 방법
면접법	연구자가 연구 대상자와 대면 접촉을 하여 대화를 통해 조사하고자 하는 자료를 수집하는 방법
참여 관찰법	조사자가 직접 조사 대상자와 같이 생활하면서 행동을 관찰하여 자료를 수집하는 방법
문헌 연구법	논문, 통계 자료 등 이미 존재하는 연구 결과물이나 기록을 통해 자료를 수집하는 방법

2024년

01 | **6월** 모의평가 **9번** |

다음은 자료 수집 방법 A~C를 구분하는 질문에 대한 학생의 답변과 교사의 채점 결과이다. 이에 대한 설명으로 옳은 것은? (단, A~C는 각각 질문지법, 실험법, 면접법 중 하나임.) [3점]

질문	답변		
	갑	을	병
A는 인위적으로 통제된 상황에서 변수의 효과를 관찰하는 방법인가?	예	아니요	아니요
A에 비해 B는 자료 수집 과정에서 연구자가 유연성이나 융통성을 발휘하기 용이한 방법인가?	아니요	아니요	㉠
B에 비해 C는 주로 양적 연구에서 활용하는 자료 수집 방법인가?	예	아니요	예
(가)	아니요	아니요	예
채점 결과	3점	1점	2점

* 교사는 질문별로 각각 채점하고, 옳은 답변은 1점, 틀린 답변은 0점을 부여함.

① ㉠은 '아니요'이다.
② A에 비해 B는 독립 변수와 종속 변수의 관계를 검증하는 연구에 적합하다.
③ B와 달리 C는 조사 대상자와의 언어적 상호 작용이 필수적이다.
④ C와 달리 A는 조사 대상자의 주관적 인식을 파악할 수 있다.
⑤ (가)에는 'B에 비해 C는 소수의 응답자로부터 깊이 있는 정보를 수집하기에 용이한 방법인가?'가 들어갈 수 있다.

02

| 9월 모의평가 4번 |

자료 수집 방법 A~D에 대한 설명으로 옳은 것은? (단, A~D는 각각 질문지법, 면접법, 참여 관찰법, 문헌 연구법 중 하나임.)

'유치원생의 교우 관계와 자아 존중감' 연구를 위해서 A, B, C, D 중 어떤 자료 수집 방법을 쓰면 좋을까요?

의사소통이 원활하지 않은 아동들의 특성을 고려해서 우선 A를 고려해볼 수 있겠습니다.

네, 좋습니다. 아동들이 우리를 의식해서 행동하지 않도록 주의가 필요하겠습니다.

아동들은 글을 읽고 이해하는 능력이 낮아 B를 사용하기는 어렵습니다. 유치원 교사를 대상으로 한 설문 조사의 분석 결과들을 찾아보는 것도 대안이 될 수 있겠네요.

그렇게 하면 C를 활용한 양적인 분석이 가능하겠군요. 그리고 몇 명의 아동들에게라도 D를 사용하면 좋겠습니다. 아동의 자아 존중감을 분석하려면 대화를 통해 아동의 주관적 세계를 이해할 필요가 있습니다.

① A와 달리 B는 자료 수집 과정에서 구조화된 도구의 사용이 필수적이다.
② C에 비해 A는 자료 수집 과정에서 시·공간적 제약이 적다.
③ D와 달리 B는 연구자와 연구 대상자 간의 신뢰 관계 형성이 중요하다.
④ B와 C는 '연구 대상자의 주관적 인식을 파악할 수 있는가?'라는 질문으로 구분할 수 있다.
⑤ C와 D는 '연구자와 연구 대상자 간의 언어적 상호 작용이 필수적 인가?'라는 질문으로 구분할 수 없다.

03

수능 13번

갑~병이 사용한 자료 수집 방법에 대한 설명으로 옳은 것은? [3점]

> ○ 갑은 청소년이 휴대 전화에 부여하는 의미를 파악하기 위해 ○○ 고등학교 학생의 일상생활을 관찰한 연구 기관의 보고서를 분석함. 이후 휴대 전화 의존도가 높은 학생들에게 질문하여 사용 용도와 중독 증상 등에 대한 이야기를 깊이 있게 나누고 이 과정을 녹음함.
> ○ 을은 팬덤 문화 연구를 위해 ☆☆ 야구단의 팬클럽에 가입하여 6개월간 회원들과 경기를 관람하며 그들의 대화와 응원 모습을 기록함. 이후 아이돌 팬클럽의 열성팬을 대상으로 그들만의 친밀한 관계를 형성한 경험을 직접 듣고 심층적인 자료를 얻음.
> ○ 병은 대학생의 정치 성향과 정치 참여 연구를 위해 대학생 500명을 대상으로 구조화된 문항에 응답하도록 함. 또한 선거 관련 기관이 발간한 대학생 정치 성향 면접 조사 자료집을 분석하여 대학생의 정치 참여 과정을 연구함.

① 갑과 달리 을은 표준화된 도구로 대량의 자료를 획득하기 용이한 자료 수집 방법을 사용하였다.
② 병과 달리 갑은 인위적으로 통제된 상황에서 변수의 효과를 관찰하는 자료 수집 방법을 사용하였다.
③ 갑과 을 모두 현지에서 연구 대상자와 함께 생활하며 관심을 갖는 연구 현상을 관찰하는 자료 수집 방법을 사용하였다.
④ 갑과 병 모두 기존의 연구 결과물을 자신의 연구에 활용하는 자료 수집 방법을 사용하였다.
⑤ 을과 병 모두 연구 대상자와의 정서적 교감 형성을 중시하는 자료 수집 방법을 사용하였다.

2023년

04

| 6월 모의평가 6번 |

자료 수집 방법 A, B의 일반적인 특징에 대한 설명으로 옳은 것은?

> 빈민 지역인 □□마을에서 '가난의 문화'가 만들어지는 과정을 고찰하기 위해 갑은 자료 수집 방법 A를, 을은 자료 수집 방법 B를 사용하여 공동 연구를 수행하였다.
> 갑은 전체 주민을 대상으로 계량화된 자료 수집을 위한 설문 조사를 실시하여 주민들의 생활과 삶에 대한 만족도 등을 파악하였다. 고령자가 많아 주민을 직접 만나는 방식으로 설문 조사를 진행하였다.
> 을은 □□마을 복지관을 4주 동안 매주 2회씩 방문하여 주민들과 신뢰 관계를 형성한 후, 마을에 오래 거주한 주민 10명을 복지관에서 따로 만나 그들의 삶을 듣고 기록하는 조사를 진행하였다.

① A는 B에 비해 자료 수집 과정에서 조사자가 융통성을 발휘하기 용이하다.
② A는 B와 달리 조사 대상자와의 언어적 상호 작용이 필수적이다.
③ B는 A에 비해 구조화된 자료를 수집하기 용이하다.
④ B는 A에 비해 수집된 자료의 통계 처리가 용이하다.
⑤ A와 B는 모두 조사 대상자의 주관적 인식을 파악할 수 있다.

05

| 9월 모의평가 10번 |

다음 자료에 대한 설명으로 옳은 것은? [3점]

> (가) 는 자료 수집 방법 A, B, C의 공통점과 차이점을 알아보기 위한 질문이다. (가) 에 대한 '예', '아니요'의 응답을 통해 A와 B를 구분할 수 있지만, B와 C를 구분할 수 없다. 단, A~C는 각각 질문지법, 면접법, 참여 관찰법 중 하나이다.

① A가 질문지법이라면, (가)에는 '주로 질적 자료를 수집할 때 활용합니까?'가 들어갈 수 없다.
② A가 면접법이라면, (가)에는 '언어나 문자로 의사소통할 수 없는 대상으로부터 자료 수집이 가능합니까?'가 들어갈 수 있다.
③ C가 참여 관찰법이라면, (가)에는 '자료 수집 과정에서 연구 대상자의 응답이 필수적입니까?'가 들어갈 수 없다.
④ C가 질문지법이라면, (가)에는 '자료 수집 과정에서 표준화·구조화된 도구의 사용이 필수적입니까?'가 들어갈 수 있다.
⑤ (가)에 '문맹자에게 사용하기 어렵습니까?'가 들어간다면, B는 주로 방법론적 일원론을 전제로 한 연구에 활용된다.

06

수능 3번

자료 수집 방법 A~C의 일반적인 특징에 대한 설명으로 옳은 것은? [3점]

> ○ 갑은 진로 집중 학기제의 효과를 연구하기 위해 ○○고등학교 1학년 학생들의 학습 활동을 한 학기 동안 참관하며 관찰 일지를 작성하였다. 이후 해당 학교 학생과 교사를 대상으로 진로 집중 학기제의 효과에 대해 어떻게 인식하고 있는지 알아보기 위한 설문 조사를 진행하였다.
> ○ 을은 학생들의 교우 관계와 학교생활 만족도 간의 관계를 파악하기 위해 청소년 관련 연구 기관이 발행한 심층 면접 조사 결과를 분석하였다. 이후 □□ 지역 고등학생들을 대상으로 구조화된 문항에 응답하도록 하였다.

갑은 A와 B를,
을은 B와 C를
사용하였습니다.

① A는 B와 달리 변인 간의 관계를 파악하는 연구에 주로 사용된다.
② B는 C와 달리 연구 대상자와의 언어적 상호 작용이 필수적이다.
③ C는 A에 비해 연구 대상자와의 정서적 교감 형성을 중시한다.
④ A는 B, C에 비해 다수를 대상으로 한 자료 수집에 유리하다.
⑤ C는 A, B와 달리 질적 자료의 수집에 주로 활용된다.

2022년

07

| 6월 모의평가 3번 |

다음은 고등학생이 작성한 질문지 초안이다. 각 문항에 대한 검토 질문에 모두 옳게 응답한 학생은? [3점]

〈배달 음식 이용 관련 설문 조사〉

※ 배달 음식 이용 경험이 있는 사람만 응답해 주세요.

1 예전에 비해 배달 음식 주문 횟수는 어떻게 변했습니까?
① 증가했다. ② 감소했다. ③ 변함없다.

2 지난 한 달 동안 배달 음식 주문 시 주로 사용한 방법은 무엇입니까?
① 모바일 배달 앱 ② 업체 홈페이지

3 지난 한 달 동안 배달 음식을 주문한 횟수는 총 몇 회입니까?
① 5회 이하 ② 10회 이하 ③ 15회 이하 ④ 15회 초과

4 일회용품 사용 급증으로 인한 생활 쓰레기 문제가 심각합니다. 배달 음식 포장에 사용되는 일회용품 사용 제한에 찬성하십니까?
① 찬성 ② 반대

각 문항에 대한 검토 질문	갑	을	병	정	무
1에서 질문의 의미가 명확한가?	×	○	×	○	×
2에서 응답 가능한 선택지가 모두 제시되었는가?	×	×	×	○	×
3에서 응답 선택지에 중복된 내용이 있는가?	×	×	○	○	○
4에서 질문이 특정한 응답을 유도하고 있는가?	○	×	×	×	○

(○: 예, ×: 아니요)

① 갑 ② 을 ③ 병 ④ 정 ⑤ 무

08

수능 6번

다음 자료의 (가)~(다)에 들어갈 내용으로 옳은 것은? [3점]

〈자료 1〉은 갑, 을의 연구 사례이고, 〈자료 2〉는 갑이 사용한 자료 수집 방법 A와 을이 사용한 자료 수집 방법 B의 일반적인 특징을 연결하여 A, B의 공통점 및 차이점을 나타낸 것이다.

〈자료 1〉

○ 갑은 도심 재생 사업이 지역 공동체 복원에 미치는 영향을 파악하기 위해 최근에 도심 재생 사업을 추진한 ○○ 지역의 도심 재생 사업 위원회가 지역 주민 300명을 대상으로 실시한 설문 조사 자료집을 분석하였다. 설문 조사에 사용된 질문지에는 도심 재생 사업 효과의 평가 및 주민 만족도, 사업 후 이웃 간 협력과 신뢰 정도 등을 묻는 문항이 포함되어 있다.

○ 을은 토론 학습 방식이 문화권에 따라 차이가 있는지 파악하기 위해 한국과 미국에서 학급당 학생 수가 동일한 중학교 학급을 각각 1개씩 선정하였다. 그리고 각 교실에서 나타나는 학생 간 토론과 관련한 다양한 대화 상황을 직접 관찰하고 토론 학습이 어떻게 이루어지는지를 자세히 기록하였다.

〈자료 2〉

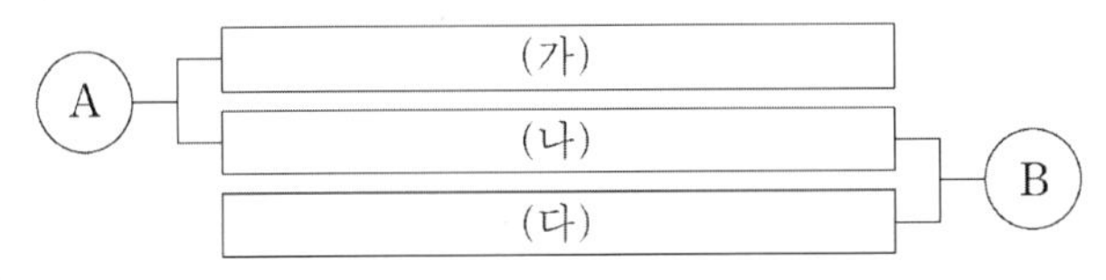

① (가) – 다수의 응답자를 대상으로 실시하는 데 적합하다.
② (가) – 기존 연구 동향이나 성과를 파악하는 데 적합하다.
③ (나) – 인과 관계 파악을 통한 법칙 발견에 유리하다.
④ (나) – 연구자와 연구 대상자 간 언어적 상호 작용이 필수적이다.
⑤ (다) – 인위적으로 통제된 상황에서 변수의 효과를 관찰하기 용이하다.

2021년

09

| 6월 모의평가 12번 |

다음은 자료 수집 방법의 일반적인 특징을 활용한 수업이다. 이에 대한 설명으로 옳은 것은? [3점]

> 교사: 자료 수집 방법 중에서 질문지법, 참여 관찰법, 면접법의 공통점을 알아보기 위해 카드 게임을 해 봅시다. 학생 갑, 을, 병에게 각각 나누어 준 6장의 카드에는 자료 수집 방법의 일반적인 특징이 적혀 있습니다. 3가지 자료 수집 방법의 특징 모두에 해당하는 카드는 3점, 2가지에만 해당하는 카드는 2점, 1가지에만 해당하는 카드는 1점을 받습니다. 6장의 카드 중에서 가장 높은 점수를 받을 수 있도록 3장을 뽑으세요.
>
> 〈학생이 받은 카드〉
>
> | [카드 1]
1차 자료의 수집용으로 활용된다. | [카드 2]
연구 대상자와의 언어적 상호 작용이 필수적이다. | [카드 3]
질적 자료 수집을 목적으로 한다. |
> |---|---|---|
> | [카드 4]
생생한 자료를 현장에서 직접 수집할 수 있다. | [카드 5]
양적 자료의 수집에 용이하다. | [카드 6]
문맹자에게 활용하기 곤란하다. |
>
> 갑: 저는 [카드 1], [카드 2], [카드 3]을 뽑았습니다.
> 을: 저는 [카드 3], [카드 4], [카드 6]을 뽑았습니다.
> 병: 저는 [카드 1], [카드 2], [카드 5]를 뽑았습니다.

① 높은 점수를 받은 학생부터 순서대로 나열하면 병, 갑, 을 순이다.
② 갑이 뽑은 카드 중에는 3가지 자료 수집 방법 모두에 해당하는 특징이 적힌 카드가 1장 있다.
③ 을이 뽑은 카드 중에는 질문지법에 해당하는 특징이 적힌 카드가 없다.
④ 병이 뽑은 모든 카드에는 참여 관찰법에 해당하는 특징이 적혀 있다.
⑤ 갑, 을, 병은 모두 면접법에 해당하는 특징이 적힌 카드를 2장 이상씩 뽑았다.

10

| 9월 모의평가 3번 |

다음 자료에 대한 설명으로 옳은 것은? (단, A~C는 각각 면접법, 질문지법, 참여 관찰법 중 하나이다.)

연구 사례	자료 수집 방법
토론 수업 방식에 대한 고등학생의 선호도를 연구하기 위해 □□ 지역 고등학생 500명에게 구조화된 문항을 제시하고 응답을 구하였다.	A
정부의 저출산 대책과 그 효과에 대한 젊은 층의 인식을 연구하기 위해 20~30대 신혼부부 10쌍을 선정하여 깊이 있는 대화를 나누고 기록하였다.	B
코로나19로 인한 마스크 착용이 유아들의 언어 발달에 미치는 영향을 연구하기 위해 ○○ 어린이집에 6개월간 머무르며 유아들의 행동과 대화 내용 등 전반적인 상황을 모두 기록하였다.	C

구분	자료 수집 방법		
	A	B	C
(가)	예	아니요	아니요
(나)	아니요	아니요	예
(다)	예	예	아니요

① C는 A, B에 비해 시간과 비용이 적게 든다는 장점이 있다.
② B, C는 A와 달리 연구 대상자의 주관적 인식을 파악할 수 있다.
③ (가)에는 '경험적 자료의 수집에 적합한가?'가 들어갈 수 있다.
④ (나)에는 '연구자가 인위적으로 통제한 상황에서 연구 대상자를 관찰하는가?'가 들어갈 수 있다.
⑤ (다)에는 '연구자와 연구 대상자의 언어적 상호 작용이 필수적인가?'가 들어갈 수 있다.

11

수능 8번

자료 수집 방법 A~C의 일반적인 특징에 대한 설명으로 옳은 것은? (단, A~C는 각각 문헌 연구법, 질문지법, 면접법 중 하나이다.) [3점]

연구자의 수행 내용	사용한 자료 수집 방법
ㅇ연구 대상자의 협조를 얻기 위해 연구 대상자와 친밀한 관계를 형성하였다. ㅇ연구 대상자의 언어적 응답뿐만 아니라 표정 등의 비언어적 단서에도 주목하였다.	A
ㅇ동일한 연구 문제를 다룬 연구가 있는지 확인하였다. ㅇ연구자 자신의 주장을 지지할 수 있는 기존 연구를 검토하였다.	B
ㅇ하나의 문항에서 하나의 내용만 묻고 있는지 점검하였다. ㅇ수집한 양적 자료 중에서 무응답이나 불성실한 응답이 있는지 확인하였다.	C

① A는 B에 비해 자료 수집 과정에서 시·공간적 제약이 작다.
② B는 C와 달리 연구 대상자와의 언어적 상호 작용이 필수적이다.
③ C는 A에 비해 연구자의 주관적 가치가 개입될 가능성이 낮다.
④ A는 B, C와 달리 수집된 자료의 통계 처리가 가능하다.
⑤ C는 A, B에 비해 대규모 집단을 대상으로 자료를 수집하기에 불리하다.

2020년

12

| 6월 모의평가 6번 |

자료 수집 방법 A~C의 일반적 특징에 대한 설명으로 옳은 것은? (단, A~C는 각각 질문지법, 실험법, 참여 관찰법 중 하나이다.)

ㅇ갑은 유아기 아동의 자기중심적 행동을 연구하기 위해 A를 활용하였다. △△유치원에서 5개월간 머무르며 원생들이 상호 작용하는 상황을 상세하게 기록하였다.
ㅇ을은 ○○공장에서 조명의 밝기가 작업 생산성에 미치는 효과를 연구하기 위해 B를 활용하였다. 한 집단은 기존보다 밝은 조명에서, 다른 집단은 기존과 동일한 조명에서 작업하게 하였다.
ㅇ병은 □□시에 방문한 관광객들을 대상으로 재방문에 영향을 미치는 요인을 조사하기 위해 C를 활용하였다. 관광객 중 1,500명을 무작위로 선정하여 사전에 설계된 문항에 응답하게 하였다.

① A는 B에 비해 실제성이 높은 생생한 자료를 확보하기 용이하다.
② B는 C에 비해 자료 수집 상황에 대한 통제 정도가 약하다.
③ C는 A에 비해 구조화된 자료를 수집하기 어렵다.
④ B는 A, C와 달리 연구 대상자와의 정서적 교감을 중시한다.
⑤ A, B는 C와 달리 방법론적 이원론에 기초한 연구에 주로 사용된다.

13

| 9월 모의평가 2번 |

자료 수집 방법 A, B의 일반적 특징에 대한 설명으로 옳은 것은?

ㅇ갑은 피아노 연주자로 활동하며 A를 활용하여 재즈 음악가에 대한 자료를 수집하였다. 갑은 재즈 음악가들이 일하고 여가를 즐기는 다양한 상황에 직접 들어가 같이 생활하면서 그들의 문화에 대한 자료를 얻었다.
ㅇ을은 B를 활용하여 노숙자에 대한 자료를 수집하였다. 을은 그들로부터 노숙자의 문화를 발견하고 싶었기 때문에 그들을 자신의 연구실로 초대하였다. 을은 노숙자들에게 그들의 경험을 세세하게 묘사해 달라고 요청하였다.

① A는 대량의 구조화된 자료를 수집하는 데 용이하다.
② B는 주로 양적 연구에서 사용된다.
③ A는 B에 비해 인위적으로 통제된 상황에서 변수의 효과를 관찰하기에 용이하다.
④ B는 A와 달리 조사 대상자와의 언어적 상호 작용이 필수적이다.
⑤ A, B 모두 인과 관계의 파악을 통해 법칙을 발견하는 데 용이하다.

14

수능 11번

자료 수집 방법 A~C의 일반적인 특징에 대한 설명으로 옳은 것은? (단, A~C는 각각 면접법, 실험법, 질문지법 중 하나이다.)

ㅇ갑은 '운동에 따른 행복도 차이 연구'에 A를 활용하여 무작위로 선정된 성인 200명을 대상으로 주당 운동 시간과 행복 수준을 묻는 문항에 답하게 하였다.
ㅇ을은 '노년층의 인터넷 이용 양상 연구'에 B를 활용하여 인터넷 동호회 활동을 하고 있는 노인들과의 대화를 통해 비구조화된 질문에 답하게 하였다.
ㅇ병은 '음악 청취가 암기력에 미치는 영향 연구'에 C를 활용하여 한 집단은 음악이 있는 상태에서, 다른 집단은 음악이 없는 상태에서 단어를 학습한 후 평가 문항에 답하게 하였다.

① A는 B에 비해 조사 대상자와의 정서적 교감을 중시한다.
② B는 A와 달리 언어를 매개로 한 상호 작용이 필수적이다.
③ C는 B와 달리 조사 대상자의 반응에 유연하게 대처할 수 있다.
④ B는 A, C와 달리 조사 대상자의 주관적 인식을 파악할 수 있다.
⑤ C는 A, B에 비해 자료 수집 상황에 대한 통제 수준이 높다.

제1권 평가원

필출 주제

04 사회·문화 현상의 탐구 태도와 연구 윤리

평가원의 출제 경향을 파악하라!

6월과 9월 모의평가에서 출제된 문제 유형과 내용이 그해 11월 수능에서 어떠한 흐름으로 이어지며 출제되었는지 분석해 보세요. 2025년 6월과 9월 모의평가를 분석하면 수능을 대비하는 데 큰 도움이 됩니다.

최근 5개년간 얼마나 출제되었나?

구분	6월	9월	수능
2024년	−	−	−
2023년	−	○	−
2022년	−	○	−
2021년	−	−	−
2020년	○	○	○

이 주제에서는 사회·문화 현상의 연구 사례를 제시하고 연구자가 연구를 진행하는 과정에서 위반한 연구 윤리를 찾는 문항이 출제될 수 있다. 사회·문화 현상의 탐구 태도와 관련된 문항은 자주 출제되지는 않으나 연구 윤리와 연계하여 출제될 수 있으므로 이에 대한 대비가 필요하다.

2024년에는 어떻게 출제되었나?

6월 모의평가	9월 모의평가	수능
출제되지 않음	출제되지 않음	출제되지 않음

반드시 알아야 할 핵심 개념은?

성찰적 태도	사회·문화 현상을 보이는 그대로 받아들이기보다 현상의 이면에 담겨 있는 발생 원인이나 원리, 의미를 이해하고 그것이 초래할 결과 등에 대하여 적극적이고 능동적으로 살펴보려는 태도
객관적 태도	탐구 과정에서 연구자가 자신의 주관적 가치나 편견, 이해관계 등을 배제하고 냉정하게 제3자의 입장에서 사회·문화 현상이 가진 사실로서의 특성만을 파악하고 탐구하는 태도
개방적 태도	사회·문화 현상의 연구 방법이나 연구 관점이 다양할 수 있으므로 자신의 주장과 다른 주장이 존재할 수 있음을 인정하고 자신의 주장에 대한 비판을 허용하는 태도
상대주의적 태도	사회·문화 현상을 탐구할 때 연구자 자신의 문화적 맥락이나 배경을 떠나 사회·문화 현상이 발생한 맥락이나 배경, 즉 특수성을 고려하여 연구하려는 태도
가치	인간의 주관적인 평가가 개입되어 경험적인 근거에 의해 증명될 수 없는 내용에 대한 진술
가치 중립	연구자가 자신의 주관적 가치를 배제하고 객관적으로 연구를 수행하는 자세

2023년

01 | 9월 모의평가 4번 |

밑줄 친 ㉠~㉣을 연구 윤리 측면에서 적절하게 평가한 것만을 〈보기〉에서 고른 것은?

> 연구자 갑은 설문 조사 참여에 동의한 노인들을 대상으로 노인 문제에 관한 연구를 진행하였다. 갑은 조사에 앞서 ㉠연구 대상자가 응답 중단을 요청할 경우 즉각 조사가 중단된다고 설명하였다. 갑은 실제로 조사 진행 중 응답 중단을 요청하는 노인들에 대해 조사를 중단하고 ㉡해당 답변 자료를 폐기하였다. 노인들이 연구 목적을 알게 되면 연구에 영향을 미친다고 판단한 갑은 ㉢연구 결과를 발표한 후에도 연구 대상자에게 연구 목적을 알리지 않았다. 갑은 자신이 발표한 연구 논문에 관심을 가진 □□기업이 연구 자료를 요청하자, 연구비 지원을 받는 대가로 ㉣연구 대상자의 개인 정보를 삭제하고 나머지 모든 연구 자료를 제공하였다.

보기

ㄱ. ㉠은 연구 대상자의 자발적 참여를 보장한 것이므로 연구 윤리에 위배되지 않는다.
ㄴ. ㉡은 연구 자료 조작이라고 볼 수 없으므로 연구 윤리에 위배되지 않는다.
ㄷ. ㉢은 연구 자료의 객관성을 보장하기 위한 것이므로 연구 윤리에 위배되지 않는다.
ㄹ. ㉣은 연구 대상자의 익명성을 보장한 것이므로 연구 윤리에 위배되지 않는다.

① ㄱ, ㄴ ② ㄱ, ㄷ ③ ㄴ, ㄷ ④ ㄴ, ㄹ ⑤ ㄷ, ㄹ

2022년

02

| 9월 모의평가 8번 |

갑, 을의 연구에 대한 설명으로 가장 적절한 것은?

갑은 '온라인 수업에 나타난 교사와 학생 간 상호 작용'을 주제로 연구를 수행하기 위해 수도권 소재 3개 초등학교의 교사와 학생들을 연구 대상자로 선정하였다. 갑은 수업 담당 교사의 동의를 얻어 학생들이 눈치채지 못하도록 온라인 수업에 접속하여 수업 장면을 관찰하였다.	을은 '고등학생의 학생 자치 활동 참여 경험과 시민 의식 간의 관계'를 주제로 연구를 수행하기 위해 ○○고등학교장의 추천을 받은 남녀 학생 300명을 대상으로 설문 조사를 하였다. 이후 을은 연구 대상자의 실명이 포함된 응답 자료를 유사 연구에 착수한 동료 학자에게 제공하였다.

① 갑은 수집된 자료를 임의로 조작하였다.
② 을은 연구 대상자의 개인 정보를 유출하였다.
③ 갑은 을과 달리 연구 자료를 연구 이외의 목적으로 사용하였다.
④ 을은 갑과 달리 연구 대상자의 사전 동의를 얻지 않고 자료를 수집하였다.
⑤ 갑과 을의 연구는 모두 표본의 대표성을 확보하였다.

2020년

03

| 6월 모의평가 2번 |

다음 사례에 나타난 갑의 연구 태도 및 연구 윤리 측면에 대한 평가로 가장 적절한 것은?

연구자 갑은 다문화 가정의 어려움을 이해하기 위해 심층 면접을 수행하였다. 갑은 연구에 협조하지 않던 다문화 가정 구성원들에게 연구의 취지를 설명하고, 개인 정보를 공개하지 않겠다는 확약을 한 후 면접을 허락받을 수 있었다. 갑은 사회적 약자의 권리 신장에 도움이 되지 않는다고 판단되는 답변은 제외하면서 면접 내용을 기록하였다. 갑은 이 자료를 통해 다문화 가정이 경험하는 어려움을 가족 내 요인과 가족 외 요인으로 구분하여 유형화하는 새로운 연구 결과를 제시하였다. 갑은 자신의 연구 대상이 일부 지역에 한정된다는 점에서 다른 맥락에서는 결론이 달라질 수 있다고 밝혔다.

① 연구 대상자의 익명성을 보장하지 않았다.
② 연구 대상자에게 연구 목적을 알리지 않았다.
③ 연구 자료 수집 과정에 주관적 가치를 개입시켰다.
④ 연구 결과에 대한 반증 가능성을 수용하지 않았다.
⑤ 연구 대상자에게 연구 참여에 대한 동의를 구하지 않았다.

04

| 9월 모의평가 4번 |

(가), (나)를 연구 윤리 측면에서 평가한 진술로 가장 적절한 것은? [3점]

(가) 연구자 갑은 폭력물 시청이 정서에 미치는 영향을 알아보고자 하였다. 모집 공고를 읽고 지원한 실험 대상자를 두 집단으로 나누어 한 집단에는 자극적인 폭력물, 다른 집단에는 가족 드라마를 보여 주었다. 이 과정에서 폭력물을 시청하던 일부가 스트레스를 호소하며 실험 중단을 요청하였으나, 갑은 이를 허락하지 않고 실험을 계속 진행하였다.
(나) 연구자 을은 공공시설 낙서 행위에 대한 연구를 위해 몰래카메라를 활용하여 낙서 행위자의 행동을 기록·분석하였다. 추가 정보를 얻기 위해 낙서 행위자의 차량 번호를 기록하고 관계 기관을 통해 그들의 이름과 거주지 등을 추적하여 개인 정보를 수집하였다.

① (가)에서는 연구 과정에서 수집된 개인 정보를 동의 없이 연구에 활용하였다.
② (가)에서는 연구 과정에서 알게 된 연구 대상자의 비밀을 보호해야 하는 의무를 준수하지 않았다.
③ (나)에서는 연구 대상자에게 자발적 참여 기회가 주어지지 않았다.
④ (나)에서는 연구 결과의 공표가 연구자에게 미칠 악영향을 고려하여 연구 내용을 왜곡하였다.
⑤ (가), (나) 모두에서 연구자가 예측하지 못한 해로운 영향이 연구 과정에서 발생함을 인지하고도 연구를 즉시 중단하지 않았다.

05

수능 13번

다음 사례를 연구 윤리 측면에서 평가한 진술로 가장 적절한 것은?

청소년의 팬덤 활동에 부정적이었던 갑은 중학생의 팬덤 활동이 소비 행태에 미치는 영향을 연구하였다. 갑은 연구 대상 중학생과 그 보호자의 동의를 받고 질문지 조사를 실시하였다. 그 후 추가 조사에 대한 설명 없이 연구 대상 중 특정 학생들에게 심층 면접을 실시하여 자료를 수집하였다. 갑은 가설 검증을 위해 무성의하게 응답한 일부 자료를 제외하고 분석하였으며, 그 결과 가설이 수용되었다. 이후 갑은 방송에 출연하여 연구 결과를 설명하였다.

① 개인적 이해관계를 반영하여 자료를 선별하였다.
② 면접 과정에서 연구 대상의 익명성을 보장하지 않았다.
③ 자료 수집에 대한 충분한 정보를 연구 대상에게 제공하지 않았다.
④ 연구 대상에게 미칠 불이익을 고려하지 않고 연구 결과를 공표하였다.
⑤ 자료 분석 과정에서 사회에 미칠 부정적 영향을 고려하여 자료를 조작하였다.

제1권 평가원

필출 주제

05 개인과 사회의 관계를 바라보는 관점

평가원의 출제 경향을 파악하라!

6월과 9월 모의평가에서 출제된 문제 유형과 내용이 그해 11월 수능에서 어떠한 흐름으로 이어지며 출제되었는지 분석해 보세요. 2025년 6월과 9월 모의평가를 분석하면 수능을 대비하는 데 큰 도움이 됩니다.

최근 5개년간 얼마나 출제되었나?

구분	6월	9월	수능
2024년	○	○	○
2023년	○	○	○
2022년	○	○	○
2021년	○	○	○
2020년	○	○	○

이 주제에서는 사회 실재론, 사회 명목론과 관련된 자료를 통해 해당 관점을 파악한 후 그 특징을 묻는 유형의 문항이 출제되고 있다. 사회의 우월성을 강조하는 관점은 사회 실재론, 개인의 중요성을 강조하는 관점은 사회 명목론임을 이해하고 각 관점의 특징을 정리한다.

2024년에는 어떻게 출제되었나?

6월 모의평가
필자의 관점에 나타난 개인과 사회의 관계를 바라보는 관점을 파악하고, 그에 해당하는 옳은 설명을 고르는 문항이 출제되었다.

→

9월 모의평가
제시된 자료에 나타난 개인과 사회의 관계를 바라보는 필자의 관점에 대한 옳은 설명을 〈보기〉에서 고르는 문항이 출제되었다.

→

수능
개인과 사회의 관계를 바라보는 필자의 관점을 파악하고, 이와 관련 있는 옳은 설명을 고르는 문항이 출제되었다.

반드시 알아야 할 핵심 개념은?

개념	설명
사회 실재론	개인은 사회를 구성하는 부분에 불과하고, 사회는 독자적으로 실재한다는 이론 → 개인에 비해 사회의 우월성을 강조함
사회 유기체설	사회를 유기체, 즉 생물에 비유하고, 사회 구성원으로서의 개인을 생물 유기체의 기관(器官)으로 간주하는 이론
전체주의	개인의 모든 활동은 국가 또는 집단의 존립과 발전을 위해서만 존재한다는 이념 아래 개인의 자유를 억압하는 사상
사회 명목론	사회는 개인들의 집합체에 불과하고, 실제로 존재하는 것은 개인이라고 보는 이론 → 사회에 비해 개인의 중요성을 강조함
자유 의지	외적인 제약이나 구속을 받지 아니하고 내적 동기나 이상에 따라 어떤 목적을 위한 행동을 자유롭게 선택하는 의지
사회 계약설	사회는 개인들이 계약을 맺어 만들어 낸 것이므로 국가를 비롯한 여타의 정치적 제도는 계약을 맺는 개인의 자유 의지에 따라 그 존재가 좌우된다고 보는 이론

2024년

01 | 6월 모의평가 7번 |

다음 글에서 도출할 수 있는 개인과 사회의 관계를 바라보는 필자의 관점에 대한 옳은 설명만을 〈보기〉에서 고른 것은? [3점]

> 개인들은 한데 모이고 공동으로 행동한다. 하지만 사회는 공동 행동만으로 실현되지 않는다. 사회가 스스로를 실현하는 방법 중 하나는 종교적 상징을 세우는 것이다. 종교적 상징은 구성원들의 집합적 감정을 이끌어 내고, 이러한 감정은 개인들로 하여금 사회를 유지하게 하는 행동에 참여하게 만든다.

보기
ㄱ. 사회가 개인의 총합에 불과하다고 본다.
ㄴ. 사회가 개인의 외부에 존재하는 실체라고 본다.
ㄷ. 개인이 사회에 의해 구조화된 행동을 한다고 본다.
ㄹ. 사회 규범은 개인들이 옳다고 믿기에 존재한다고 본다.

① ㄱ, ㄴ ② ㄱ, ㄷ ③ ㄴ, ㄷ ④ ㄴ, ㄹ ⑤ ㄷ, ㄹ

02 | 9월 모의평가 2번 |

다음 글에서 개인과 사회의 관계를 바라보는 필자의 관점에 대한 옳은 설명만을 〈보기〉에서 고른 것은?

> 어떤 사람이 자신의 자연적 자유를 포기하고 사회의 구속을 받아들일 유일한 방도는 공동체에 속하지 않는 자들로부터 재산을 지키고 좀 더 많은 안전과 평화를 확보하기 위해 공동체를 결성하기로 합의하는 것뿐입니다.

보기
ㄱ. 개인은 사회 속에서만 존재의 의미를 가진다고 본다.
ㄴ. 개인이 옳다고 믿기에 사회 규범이 존재한다고 본다.
ㄷ. 사회는 개인의 외부에서 독자적으로 작동한다고 본다.
ㄹ. 사회의 속성을 개인의 속성으로 환원할 수 있다고 본다.

① ㄱ, ㄴ ② ㄱ, ㄷ ③ ㄴ, ㄷ ④ ㄴ, ㄹ ⑤ ㄷ, ㄹ

03

수능 12번

다음 글에서 개인과 사회의 관계를 바라보는 필자의 관점에 대한 옳은 설명만을 〈보기〉에서 고른 것은?

> 계산적 심성은 개인들이 일상에서 결과를 예측하고 최선의 수단을 선택하여 합목적적으로 행동하도록 한다. 국가 관료제에 기반을 둔 행정과 로마법에 기초한 법률은 서구인들로 하여금 합목적적으로 행동하도록 하였다. 이렇게 서구 사회의 행정과 법률에 의해 만들어진 계산적 심성은 근대적 경제 성장을 이끌었다.

보기
ㄱ. 사회에 의해 개인은 구조화된 행동을 한다고 본다.
ㄴ. 사회의 속성은 개인의 속성에 의해 결정된다고 본다.
ㄷ. 사회는 개인 외부에 존재하는 독립적인 실체라고 본다.
ㄹ. 사회는 개인 이익을 실현해 주는 도구일 뿐이라고 본다.

① ㄱ, ㄴ ② ㄱ, ㄷ ③ ㄴ, ㄷ ④ ㄴ, ㄹ ⑤ ㄷ, ㄹ

2023년

04

| 6월 모의평가 7번 |

다음 글에 나타난 개인과 사회의 관계를 바라보는 관점에 대한 옳은 설명만을 〈보기〉에서 고른 것은? [3점]

> 사회는 개인의 주관적인 의식 세계를 초월하여 개인의 외부에 객관적으로 존재한다. 또한 사회는 그 자체 논리에 따른 질서와 구조를 가지며 이를 통하여 개인의 행동에 영향을 미친다.

보기
ㄱ. 개인이 주체적이고 능동적인 존재임을 강조한다.
ㄴ. 사회 구조에 대한 개인의 불가항력성을 강조한다.
ㄷ. 사회의 속성은 개인의 속성에 의해 결정된다고 본다.
ㄹ. 사회 문제의 발생 원인을 개인의 의식보다 사회 제도와 구조에서 찾는다.

① ㄱ, ㄴ ② ㄱ, ㄷ ③ ㄴ, ㄷ ④ ㄴ, ㄹ ⑤ ㄷ, ㄹ

05

| 9월 모의평가 18번 |

다음 글에 나타난 개인과 사회의 관계를 바라보는 관점에 대한 옳은 설명만을 〈보기〉에서 고른 것은?

> 사회학의 지적 관심은 사회적 사실에 있다. 사회적 사실은 단순히 개인적 사실을 모아 놓은 것과는 근본적으로 다른 성격을 지닌 고유한 대상이다. 법, 관습, 종교 생활, 화폐 체계와 같은 사회적 사실은 개인적 사실만을 통해서는 발견될 수 없다.

보기
ㄱ. 사회를 개인의 외부에 존재하는 독자적인 실체로 본다.
ㄴ. 사회는 개인의 이익을 실현하기 위한 수단이라고 본다.
ㄷ. 사회의 특성이 개인의 특성으로 환원될 수 없다고 본다.
ㄹ. 사회는 개인의 자율적인 의지에 의해 만들어진다고 본다.

① ㄱ, ㄴ ② ㄱ, ㄷ ③ ㄴ, ㄷ ④ ㄴ, ㄹ ⑤ ㄷ, ㄹ

06

수능 2번

다음 글에서 개인과 사회의 관계를 바라보는 필자의 관점에 대한 옳은 설명만을 〈보기〉에서 고른 것은?

> 돈 자체가 가치를 지닌다는 믿음과 돈이 삶의 궁극적 목표라는 인식이 있다. 하지만 돈의 가치는 인간의 욕구에서 기인하는 심리적 사실에 불과하다. 돈은 인간이 그것을 갈망할 때 비로소 가치를 부여받는다. 또한 돈은 사회적 결사의 매개체일 뿐이다. 사람은 돈을 매개로 아름다운 사회를 만들 수도, 차별과 위선이 만연한 사회를 만들 수도 있다. 결국 돈의 가치는 상대적, 수단적인 것이다. 돈은 '더 나은 삶'에 도달하기 위한 다리에 불과하며, 인간은 다리에서 살아갈 수 없다.

보기
ㄱ. 사회의 속성을 개인의 속성으로 환원할 수 있다고 본다.
ㄴ. 사회는 개인의 이익을 실현해 주는 도구에 불과하다고 본다.
ㄷ. 사회는 개인의 외부에 존재하는 독자적인 실체라고 본다
ㄹ. 사회의 구속력이 개인의 자유 의지보다 우위에 있다고 본다.

① ㄱ, ㄴ ② ㄱ, ㄷ ③ ㄴ, ㄷ ④ ㄴ, ㄹ ⑤ ㄷ, ㄹ

2022년

07

| 6월 모의평가 13번 |

개인과 사회의 관계를 바라보는 관점 (가), (나)에 대한 옳은 설명만을 〈보기〉에서 고른 것은?

> (가) 사회는 그 자체로 고유한 성격을 가진다. 개인은 사회가 요구하는 행동 방식에 순응하면서 사회적 존재가 된다.
> (나) 개인은 자율적 존재이다. 사회는 다양한 개인의 행동 방식이 반영된 결과물일 뿐이다.

보기

ㄱ. (가)는 사회는 개인의 총합에 불과하다고 본다.
ㄴ. (가)는 사회는 구성원들에게 외재성을 갖는다고 본다.
ㄷ. (나)는 개인의 속성은 사회의 속성이 반영된 결과라고 본다.
ㄹ. (나)는 사회 규범은 개인들이 옳다고 믿기에 존재한다고 본다.

① ㄱ, ㄴ ② ㄱ, ㄷ ③ ㄴ, ㄷ ④ ㄴ, ㄹ ⑤ ㄷ, ㄹ

08

| 9월 모의평가 7번 |

다음 글에 나타난 개인과 사회의 관계를 바라보는 관점에 대한 옳은 설명만을 〈보기〉에서 고른 것은? [3점]

> 한 사회의 개인들은 활발하게 상호 작용을 한다. 상호 작용의 상당 부분은 언어적 상징을 기반으로 이루어진다. 언어적 상징을 통한 상호 작용은 이미 부여된 규칙에 따라 이루어지며, 이러한 규칙은 일종의 무의식적 문화 체계로 작동한다. 결국 인간은 언어적 상징이라는 감옥에 갇힌 죄수인 셈이다.

보기

ㄱ. 개인은 사회에 의해 구조화된 행동을 한다고 본다.
ㄴ. 사회는 개인의 외부에서 독자적으로 작동한다고 본다.
ㄷ. 개인의 자율적 의지에 의해 사회 현상이 형성된다고 본다.
ㄹ. 사회는 개인의 이익 실현을 위한 수단에 불과하다고 본다.

① ㄱ, ㄴ ② ㄱ, ㄷ ③ ㄴ, ㄷ ④ ㄴ, ㄹ ⑤ ㄷ, ㄹ

09

수능 8번

다음 글에서 개인과 사회의 관계를 바라보는 필자의 관점에 대한 옳은 설명만을 〈보기〉에서 고른 것은?

> 개인은 그 자신이 목적이며 다른 어떤 것도 그에게는 아무 의미가 없다. 다만 개인은 자신의 욕구 충족을 위해 타인을 필요로 한다. 타인도 같은 이유로 다른 이가 필요하다. 이처럼 이기적인 개인 간 상호 작용의 결과로 사회가 형성되지만, 개인의 욕구가 충족되지 않을 때 그 사회는 해체된다.

보기

ㄱ. 사회의 속성은 개인의 속성에 의해 결정된다고 본다.
ㄴ. 사회 규범은 개인들이 옳다고 믿기에 존재한다고 본다.
ㄷ. 사회가 개인의 외부에 존재하는 독립적인 실체라고 본다.
ㄹ. 사회 규범의 구속력이 개인의 자율성보다 우선한다고 본다.

① ㄱ, ㄴ ② ㄱ, ㄷ ③ ㄴ, ㄷ ④ ㄴ, ㄹ ⑤ ㄷ, ㄹ

2021년

10

| 6월 모의평가 16번 |

개인과 사회의 관계를 바라보는 갑, 을의 관점에 대한 설명으로 옳은 것은?

개인과 사회의 관계는 원자와 사물의 관계로 설명할 수 있습니다. 사물이 그것을 구성하는 원자의 집합체에 불과하듯이 사회도 개인의 집합체일 뿐입니다.

개인과 사회의 관계는 부품과 기계의 관계로 설명할 수 있습니다. 부품은 기계를 구성하는 요소이지만 기계는 개별 부품의 속성만으로는 설명되지 않는 고유한 특성을 지닙니다.

① 갑의 관점은 개인이 사회 속에서만 존재의 의미를 갖는다고 본다.
② 을의 관점은 사회 문제의 해결책으로 제도의 개혁보다 개인의 의식 개선을 강조한다.
③ 갑의 관점은 을의 관점과 달리 사회의 특성이 개인의 특성으로 환원될 수 없다고 본다.
④ 을의 관점은 갑의 관점과 달리 사회가 개인의 외부에 실재한다고 본다.
⑤ 갑의 관점은 개인에 대한 사회의 구속성을, 을의 관점은 사회에 대한 개인의 자율성을 강조한다.

11

| 9월 모의평가 14번 |

다음 글에서 도출할 수 있는 개인과 사회의 관계를 바라보는 관점에 대한 옳은 설명만을 〈보기〉에서 고른 것은?

비밀 결사는 비밀을 공유하는 사람들이 다른 집단으로부터 자신들을 보호하기 위해 만드는 사회 형태이다. 비밀 결사는 구성원 각각이 비밀을 발설하고 싶은 욕구에 대한 자기 통제와 상대방 역시 비밀을 발설하지 않을 것이라는 믿음을 기반으로 유지된다. 비밀은 언제든 외부로 새어 나갈 가능성이 높기에 비밀 공유를 조건으로 유지되는 상호 작용은 불안정하다. 이 때문에 비밀 결사 구성원들은 비밀이 더 잘 지켜질 수 있도록 조직 구성원 간의 행위 지침을 만들며, 비밀을 다루는 권한의 정도에 따라 체계적인 위계를 세우기도 한다. 하지만 비밀 폭로 행위가 이루어지면 비밀 결사는 급격히 해체된다.

보기

ㄱ. 개인은 사회 속에서만 존재 의미를 가진다고 본다.
ㄴ. 사회는 개인의 외부에서 독자적으로 작동한다고 본다.
ㄷ. 사회의 속성을 개인의 속성으로 환원할 수 있다고 본다.
ㄹ. 사회 문제의 원인을 사회 제도나 구조보다는 개인의 의식이나 행동에서 찾는다.

① ㄱ, ㄴ ② ㄱ, ㄷ ③ ㄴ, ㄷ ④ ㄴ, ㄹ ⑤ ㄷ, ㄹ

12

수능 12번

개인과 사회의 관계를 바라보는 필자의 관점에 대한 옳은 설명만을 〈보기〉에서 고른 것은?

분업의 원인이 경제적 효용을 추구하는 인간의 선택이라고 주장하는 이들이 있다. 그러나 분업이라는 제도를 통해 얻게 되는 개인의 효용은 제도가 형성된 다음에야 비로소 존재하므로 제도 형성의 원인이 될 수 없다. 분업은 인구 규모와 인구 밀도의 증대에서 기인한다. 인구 증가와 집중으로 인해 경쟁이 격화되면 개인의 생존은 위협받게 된다. 분업은 사회 구성원 간 상호 의존성을 강화해 개인에게 가해지는 생존 압력을 평화적으로 해결하여 무질서와 사회 해체를 방지하는 사회 진화의 산물이다.

보기

ㄱ. 사회는 개인에 외재하며 독자적으로 작동한다고 본다.
ㄴ. 사회의 구속력이 개인의 자유 의지보다 우위에 있다고 본다.
ㄷ. 사회는 개인의 이익을 실현해 주는 수단에 불과하다고 본다.
ㄹ. 사회는 개인의 행위 지향과 그에 따른 결과를 통해서만 발전할 수 있다고 본다.

① ㄱ, ㄴ ② ㄱ, ㄷ ③ ㄴ, ㄷ ④ ㄴ, ㄹ ⑤ ㄷ, ㄹ

2020년

13

| 6월 모의평가 19번 |

개인과 사회의 관계를 바라보는 갑, 을의 관점에 대한 설명으로 옳은 것은?

팀보다 위대한 선수는 없습니다. 저는 탄탄한 조직력과 체계적인 팀 전술 훈련을 강조해 왔습니다. 배구는 결국 단체 경기이니까요.
양 팀(team) 주장에게 그동안 팀을 어떻게 이끌어 왔는지 들어 보겠습니다.
선수 각자의 실력이 팀 실력을 결정합니다. 저는 선수들에게 개인 기량 향상을 위한 훈련을 강조해 왔습니다. 경기는 결국 선수 개개인이 하는 것이니까요.
갑
아나운서
을

① 갑의 관점은 개인의 발전이 곧 사회의 발전이라고 본다.
② 갑의 관점은 개인이 사회에 의해 구조화된 행동을 한다고 본다.
③ 을의 관점은 사회가 개인의 외부에 존재하는 실체라고 본다.
④ 을의 관점은 개인의 능동성보다 사회 규범의 구속성을 중시한다.
⑤ 갑, 을의 관점은 모두 사회 문제 해결을 위해 개인의 의식 개선보다 사회의 제도 개혁을 강조한다.

14

| 9월 모의평가 19번 |

다음 자료에 대한 옳은 설명만을 〈보기〉에서 고른 것은? [3점]

교사: 개인과 사회의 관계를 바라보는 관점은 A와 B가 있습니다. 이에 대해 발표해 보세요.
갑: A는 사람들의 자율적·능동적 노력으로 사회 변화를 이루어 가는 현상을 설명하는 데 유용합니다.
을: ____________(가)____________
병: B는 개인의 의지를 초월하여 개인의 행위를 구속하는 사회 구조의 영향력을 강조합니다.
교사: 모두 옳게 발표했네요.

보기

ㄱ. A는 사회 구조에 대한 개인의 불가항력성을 인정한다.
ㄴ. A는 사회 문제의 원인을 사회 구조나 제도보다 개개인의 의식이나 행위에서 찾는다.
ㄷ. B는 사회 전체의 이익을 명분으로 개인의 희생을 정당화하는 전체주의로 변질될 우려가 있다.
ㄹ. (가)에는 'B는 사회가 개인으로 환원될 수 없는 고유한 성격을 지니고 있다고 봅니다.'가 들어갈 수 없다.

① ㄱ, ㄴ ② ㄱ, ㄷ ③ ㄴ, ㄷ ④ ㄴ, ㄹ ⑤ ㄷ, ㄹ

15

수능 6번

개인과 사회의 관계를 바라보는 갑, 을의 관점에 대한 설명으로 옳은 것은? [3점]

환경 오염에 대한 국민들의 자각 수준이 국가별 환경 오염의 정도를 결정합니다. 따라서 국민 각자가 환경 오염의 심각성을 깨닫고, 일상생활에서부터 책임 의식을 가지고 환경 보호를 실천해야 합니다.

국가별 환경 오염의 정도는 사회 개별 구성원들의 생활을 환경 친화적으로 유도하는 국가의 의지와 역량에 따라 달라집니다. 결국 환경을 지키는 것이 중요하다는 사회 분위기를 만들어야 합니다.

① 갑의 관점은 사회의 특성이 개인의 특성으로 환원되지 않는다고 본다.
② 을의 관점은 개인이 사회에 의해 구조화된 행동을 한다고 본다.
③ 갑의 관점은 을의 관점과 달리 개인이 사회 속에서만 존재 의미를 가질 수 있다고 본다.
④ 을의 관점은 갑의 관점과 달리 사회 현상이 개인의 자율적인 의지에 의해 만들어진다고 본다.
⑤ 갑, 을의 관점은 모두 개인의 자율성이 사회 규범의 구속성보다 우선한다고 본다.

필출 주제
06 사회화 및 지위와 역할

평가원의 출제 경향을 파악하라!

6월과 9월 모의평가에서 출제된 문제 유형과 내용이 그해 11월 수능에서 어떠한 흐름으로 이어지며 출제되었는지 분석해 보세요. 2025년 6월과 9월 모의평가를 분석하면 수능을 대비하는 데 큰 도움이 됩니다.

최근 5개년간 얼마나 출제되었나?

구분	6월	9월	수능
2024년	–	○	–
2023년	○	–	–
2022년	○	–	–
2021년	○	○	○
2020년	○	○	○

이 주제에서는 제시된 사례를 통해 사회화, 사회화 기관, 지위, 역할, 역할 갈등 등 사회학적 개념을 종합적으로 판단하는 문항이 자주 출제되고 있다. 특히 역할에 따른 역할 행동, 개인 고민과 역할 갈등 등을 구분하는 것이 문항의 난도를 결정하고 있으므로 관련 개념을 정확하게 정리해 두어야 한다.

2024년에는 어떻게 출제되었나?

6월 모의평가	9월 모의평가	수능
출제되지 않음	갑의 사례에서 사회화, 지위와 역할 등을 종합적으로 파악하는 문항이 출제되었다.	출제되지 않음

반드시 알아야 할 핵심 개념은?

개념	설명
사회화	사회적 상호 작용을 통해 한 사회의 행동 양식, 가치, 지식, 규범 등을 내면화하는 과정
사회화 기관	사회화 과정에서 지식과 기능, 가치 및 규범 등을 전수해 주는 역할을 수행하는 단체나 집단
지위	한 개인이 사회 구성원으로서 집단이나 사회 내에서 차지하는 위치
역할	일정한 지위에 대해 사회적으로 기대되는 행동 양식
역할 행동	자신에게 주어진 역할을 수행하는 구체적 행동
역할 갈등	한 개인에게 요구되는 역할들의 충돌에 따라 나타나는 심리적 갈등

2024년

01
| 9월 모의평가 3번 |

밑줄 친 ㉠~㉦에 대한 설명으로 옳은 것은? [3점]

> 어렵게 공무원이 된 갑은 ㉠악성 민원인과 낮은 보수 때문에 이직해야 할지, 안정적인 직장 생활을 계속할지 ㉡고민하였다. 그러던 중 취미 생활을 담은 갑의 개인 방송 채널이 유명해지자 지자체 홍보팀으로 ㉢발령받았다. 갑은 더 나은 방송 제작을 위해 ㉣촬영과 편집 방법을 새롭게 공부하고 있다. 갑의 배우자인 한식 요리사 을은 ㉤전통 음식의 보존과 현대화가 중요하다는 신념으로 퓨전 한식당을 운영하고 있다. 1년 전부터 전통 음식을 알리는 방송에서 고정 출연자로 활동하고 있어 매주 ㉥요리 프로그램에 출연하기 위한 준비로 바쁘다. 갑이 육아에 지쳐 방송 출연을 반대하자 을은 방송을 계속해야 할지, 육아에 전념해야 할지 ㉦고민하고 있다.

① ㉠은 성취 지위이다.
② ㉢은 공무원으로서 갑의 역할 행동에 대한 보상이다.
③ ㉤은 한식 요리사로서 을의 역할 행동에 해당한다.
④ ㉡과 달리 ㉦은 역할 갈등이다.
⑤ ㉣은 갑의 재사회화, ㉥은 을의 예기 사회화에 해당한다.

2023년

02
| 6월 모의평가 12번 |

밑줄 친 ㉠~㉦에 대한 설명으로 옳은 것은? [3점]

> ㉠청소년 시절, K-pop에 매료되었던 외국인 갑은 한국으로 유학을 결심하고 ㉡○○대학교 ㉢조선 공학과에 입학하였다. 졸업 후 대기업인 ㉣△△조선에 취직했지만, 어릴 적부터 동경하던 ㉤항공기 정비사가 되기 위해 ㉥2년 만에 자진 퇴사를 하였다. 이후 항공사에 입사한 갑은 ㉦항공기 정비 업무에 필요한 사내 교육 과정을 수료하고 항공기 정비 업무와 기술 교육을 맡고 있다.

① ㉢은 2차 집단이자 비공식 조직이다.
② ㉥은 갑의 역할 행동에 대한 제재이다.
③ ㉦은 1차적 사회화 기관을 통해 이루어진 사회화이다.
④ ㉠과 ㉤은 모두 성취 지위이다.
⑤ ㉡은 ㉣과 달리 공식적 사회화 기관이다.

2022년

03

| 6월 모의평가 8번 |

밑줄 친 ㉠~㉤에 대한 설명으로 옳은 것은? [3점]

〈드라마 '만점을 향해 쏴라' 인물 관계도〉

갑 (□□방송국 PD)
약혼자
을 (○○대학 양궁부 선수)
동경의 대상
남매
경쟁자
정 (△△고등학교 방송부원)
선후배
병 (○○대학 양궁부 선수)

〈6화 줄거리〉 과연 갑의 선택은?

〈5화〉에서 갑이 만드는 방송 프로그램을 참관하게 해 달라고 떼쓰는 정을 말리느라 고생했던 갑. 오늘은 또 어떤 고민을 하게 될까? 국가대표 최종 선발전에서 병을 이긴 을은 ㉠국가대표팀 선발 일정 때문에 미뤄두었던 웨딩 촬영을 하자고 하고, 병은 선발에서 ㉡탈락한 자신을 위로해 달라며 함께 가족 여행을 가자고 하는데, "하필이면 왜 같은 날 같은 시간인 거야!" 어떻게 해야 할지 ㉢고민에 빠진 갑!

한편 스포츠 프로그램을 기획하고 있는 ㉣□□방송국에서는 갑에게 을이 프로그램에 ㉤출연할 수 있도록 섭외하라고 한다. 자신과 가까운 사람들이 방송에 노출되는 것을 꺼리는 갑은 고민에 빠지는데 …….

① ㉠은 공식적 사회화 기관이다.
② ㉢은 갑의 역할 갈등이다.
③ ㉣은 공식 조직이자 자발적 결사체이다.
④ ㉡은 병의 역할에 대한 제재, ㉤은 을의 역할에 대한 보상이다.
⑤ 정의 방송부 활동은 ㉣ 입사를 위한 재사회화이다.

2021년

04

| 6월 모의평가 13번 |

밑줄 친 ㉠~㉦에 대한 설명으로 옳은 것은? [3점]

미국으로 건너간 이주자 갑은 준비했던 사업에 실패한 후 가족의 생계유지를 위해 무슨 일을 해야 할지 ㉠고민하다 과일 농장에 취업하였다. 갑의 ㉡남편인 을 역시 가계에 보탬이 되고자 ㉢대형 할인점에서 ㉣직원으로 일하기 시작하였다. 한편, 아들 병은 ㉤미국 고등학교에 ㉥적응하지 못한 채 방황을 계속하였다. 결국 병은 다니던 학교를 그만두고 홈 스쿨링(home schooling)을 하고 싶다고 하였다. 이런 모습을 지켜보던 갑과 을은 미국 학교에 병이 적응할 때까지 기다릴지, 홈 스쿨링을 시킬지를 두고 ㉦갈등을 빚었다.

① ㉢은 2차적 사회화 기관이자 비공식적 사회화 기관이다.
② ㉤은 병의 내집단이자 준거 집단이다.
③ ㉥은 병의 역할 행동에 대한 제재이다.
④ ㉡은 ㉣과 달리 개인의 노력을 통해 후천적으로 획득한 지위이다.
⑤ ㉦은 ㉠과 달리 갑의 역할 갈등에 해당하지 않는다.

05

| 9월 모의평가 8번 |

밑줄 친 ㉠~㉤에 대한 설명으로 옳은 것은? [3점]

㉠고등학교 재학 중 공부에 관심이 없었던 갑은 아버지가 운영하던 ㉡전기 회사에서 아르바이트를 했으나 회사 일에도 흥미를 느끼지 못했다. 고등학교 졸업 후 우연히 ㉢어릴 적 동네 친구들 중 하나인 을을 만나, 그가 입은 경찰 제복에 매료되어 경찰이 되기로 하였다. 경찰 공무원 시험에 합격한 갑은 경찰 양성을 목적으로 하는 ㉣경찰 학교의 기본 교육 및 훈련 과정을 수료한 후 ㉤경찰청에 발령받아 근무하면서 행복하게 살아가고 있다.

① ㉠은 기초적인 사회화가 이루어지는 1차적 사회화 기관이다.
② ㉡은 체계적이고 전문적인 내용을 전수하기 위한 공식적 사회화 기관이다.
③ ㉢은 비공식적 사회화 기관이자 2차적 사회화 기관이다.
④ ㉣은 예기 사회화를 담당하는 사회화 기관이다.
⑤ ㉣과 ㉤은 사회화를 목적으로 설립되지는 않았으나 사회화 기능을 하는 기관이다.

06

수능 6번

밑줄 친 ㉠~㉥에 대한 설명으로 옳은 것은?

급진적 ㉠이상주의자였던 아버지의 영향으로 사회 개혁에 관심이 컸던 갑은 경제적 이유로 소설가의 꿈을 접고 회사원이 된다. ㉡납품 업체가 제공하는 금품과 향응을 매번 거절한 그는 '혼자만 깨끗한 척한다.'며 ㉢빈정대는 동료와 갈등을 빚는다. 그는 고민 끝에 회사를 그만두고 신춘문예를 통해 ㉣소설가로 등단한다. 하지만 순수 문학의 힘에 한계를 느낀 그는 영화계에 입문하여 ㉤시나리오 작가와 조연출을 거쳐 늦은 나이에 영화감독으로 데뷔한다. ㉥분단의 아픔, 도시화와 산업화의 그늘, 소시민의 삶을 다룬 작품들로 평단의 호평과 권위주의 정권의 감시를 동시에 받은 그는 리얼리즘 계열 영화의 거장으로 존경받고 있다.

① ㉠은 갑의 아버지가 획득한 성취 지위이다.
② ㉡은 회사원으로서 갑의 역할 행동이다.
③ ㉢은 갑이 경험한 역할 갈등이다.
④ ㉣은 ㉤이 되기 위한 갑의 예기 사회화이다.
⑤ ㉥은 영화감독으로서 갑의 역할 행동에 따른 보상이다.

2020년

07

| 6월 모의평가 7번 |

밑줄 친 ㉠~㉥에 대한 옳은 설명만을 〈보기〉에서 고른 것은?

㉠프로 축구팀에서 선수로 활동했던 갑은 은퇴 직후 취미로 축구와 관련된 ㉡인터넷 개인 방송 운영자로 활동하였다. 구수한 입담과 직설 화법으로 ㉢큰 인기를 얻어 구독자 수가 100만 명을 돌파한 갑에게 여러 ㉣방송사로부터 예능 프로그램의 ㉤고정 출연자로 출연해 달라는 요청이 쇄도하였다. 이에 갑은 자신의 꿈이었던 축구 감독이 되기 위해 해외로 지도자 연수를 떠날지, 방송사의 제안을 받아들여 본격적으로 방송인의 길을 갈지 ㉥고민 중이다.

보기

ㄱ. ㉠, ㉣은 모두 비공식적 사회화 기관이다.
ㄴ. ㉡은 ㉤과 달리 성취 지위이다.
ㄷ. ㉢은 ㉡으로서 갑의 역할 행동에 대한 보상이다.
ㄹ. ㉥은 갑의 역할 갈등에 해당한다.

① ㄱ, ㄴ ② ㄱ, ㄷ ③ ㄴ, ㄷ ④ ㄴ, ㄹ ⑤ ㄷ, ㄹ

08

| 9월 모의평가 18번 |

밑줄 친 ㉠~㉥에 대한 옳은 설명만을 〈보기〉에서 고른 것은?

갑은 환경 문제를 접한 후 8세에 ㉠채식주의자가 되었고, 15세에 ㉡환경 운동가가 되었다. 갑은 ㉢비행기 대신 태양광 요트를 타고 대서양을 건너 UN 기후 행동 정상 회의에 참석하여 환경 문제 해결에 미온적인 세계 정상들을 비판하였다. 갑은 세계 정상들과 설전을 주고받을 만큼 ㉣갈등을 겪었지만, 지지자들로부터 '어른의 ㉤선생님', '지구의 가장 위대한 변호인'이라는 극찬을 받기도 하였다. 이후 그는 학생 신분으로 2019년 ㉥노벨 평화상 후보에 올랐고, 타임지의 올해의 인물로 선정되었다.

보기

ㄱ. ㉠, ㉤은 갑이 획득한 성취 지위이다.
ㄴ. ㉢은 ㉡으로서 갑의 역할 행동이다.
ㄷ. ㉣은 학생과 환경 운동가 사이에서 발생한 갑의 역할 갈등이다.
ㄹ. ㉥은 ㉡으로서 갑의 역할 행동에 대한 보상이다.

① ㄱ, ㄴ ② ㄱ, ㄷ ③ ㄴ, ㄷ ④ ㄴ, ㄹ ⑤ ㄷ, ㄹ

09

수능 12번

다음 사례에 대한 옳은 분석만을 〈보기〉에서 고른 것은? [3점]

- 갑은 대형 유통 업체에 취업하기 위해 회사를 알아보던 중, 영세한 식품 회사를 운영 중인 부모님이 함께 일하자고 간곡하게 요청하여 고민에 빠졌다. 결국 부모님의 회사에 입사하여 신입 사원 연수를 받았다. 그 후 회사 매출이 늘어나자 자신의 선택에 뿌듯해 하였다.
- 을은 자신이 원하던 연구소에 취업하여 만족감을 느끼고 있었다. 동물 보호 단체 회원이기도 한 을은 연구소로부터 동물 대상 실험을 시행하라는 요구를 받자 고민에 빠졌다. 결국 을은 실험을 거부하고 동물 실험 반대 운동을 주도하여 동물 보호 단체로부터 감사장을 받았다.

보기

ㄱ. 갑은 귀속 지위와 성취 지위에 따른 역할 갈등을 경험하였다.
ㄴ. 을은 서로 다른 2차적 사회화 기관에서의 각 지위에 따른 역할 갈등을 경험하였다.
ㄷ. 갑은 을과 달리 공식적 사회화 기관에서 예기 사회화를 경험하였다.
ㄹ. 을은 갑과 달리 역할 행동에 대한 보상을 받았다.

① ㄱ, ㄴ ② ㄱ, ㄷ ③ ㄴ, ㄷ ④ ㄴ, ㄹ ⑤ ㄷ, ㄹ

필출 주제

07 사회 집단과 사회 조직

평가원의 출제 경향을 파악하라!

6월과 9월 모의평가에서 출제된 문제 유형과 내용이 그해 11월 수능에서 어떠한 흐름으로 이어지며 출제되었는지 분석해 보세요. 2025년 6월과 9월 모의평가를 분석하면 수능을 대비하는 데 큰 도움이 됩니다.

최근 5개년간 얼마나 출제되었나?

구분	6월	9월	수능
2024년	○	○	○
2023년	○	○	○
2022년	○	○	○
2021년	○	○	○
2020년	○	○	○

이 주제에서는 사회 집단과 사회 조직의 분류 기준을 이해해야 하며, 각각의 유형이 복합적으로 연계되어 주요 개념과 특징을 묻는 문항이 출제되고 있다. 최근에는 사례나 도표를 통해 관료제 조직과 탈관료제 조직의 특징을 비교하여 묻는 문항도 출제되고 있으므로 이에 대한 대비가 필요하다.

2024년에는 어떻게 출제되었나?

6월 모의평가
관료제와 탈관료제의 일반적인 특징을 비교하는 문항과 갑의 사례에서 사회 집단과 사회 조직, 역할 갈등 등을 종합적으로 파악하는 문항이 출제되었다.

➡

9월 모의평가
제시된 자료에 나타난 사회 집단과 사회 조직에 대한 옳은 설명을 고르는 문항과 관료제와 탈관료제의 특징을 물어보는 문항이 출제되었다.

➡

수능
A, B에 해당하는 조직 운영 원리를 파악하여 그 특징을 비교하는 문항과 인터뷰 내용에 나타난 사회 집단 및 사회 조직을 파악하는 문항이 출제되었다.

반드시 알아야 할 핵심 개념은?

사회 집단	둘 이상의 사람이 소속감과 공동체 의식을 가지고 지속적인 상호 작용을 하는 모임
공식 조직	구성원의 지위와 책임이 명확하게 규정되고, 정해진 절차에 의해 특정 목적을 달성하기 위한 조직
비공식 조직	공식 조직에 속한 구성원들이 조직 내에서 구성원 간의 친밀한 인간관계의 형성이나 자아실현 등을 목적으로 자발적으로 형성한 사회 집단
자발적 결사체	공통의 관심사나 목표를 가진 사람들이 자발적으로 결성한 집단
관료제	구성원 간의 서열화된 위계를 바탕으로 명시적인 규범과 절차를 갖춘 대규모 조직의 운영 원리
탈관료제	관료제에서 벗어나 구성원의 창의성과 자율성을 보장하는 새로운 조직 형태

2024년

01

| 6월 모의평가 3번 |

A, B의 일반적인 특징에 대한 설명으로 옳은 것은? (단, A, B는 각각 관료제, 탈관료제 중 하나임.)

> ○○기업이 세계적인 기업으로 성장한 배경에는 기존과 다른 조직 운영 원리인 A가 큰 영향을 미쳤다. 특히 A에 따른 생산 관리 시스템은 전체 공정을 수많은 미세한 단위로 구분하여 각 부분들의 전문성을 확보하는 데 기여하였다. 이러한 개별 부분들은 상층 부서로 그리고 다시 최상층 부서로 통합 관리되면서 조직의 효율성을 극대화하였다. 이것은 의사 결정 권한의 분산, 유연한 조직 운영 등을 특징으로 하는 B의 모습과는 차이가 있다.

① A에 비해 B는 목적 전치 현상이 나타날 가능성이 높다.
② A와 달리 B는 목표의 효율적 달성이 조직 운영의 핵심이다.
③ B에 비해 A는 업무 수행 과정의 예측 가능성이 높다.
④ B와 달리 A는 공식적 규약과 절차에 의해 구성원을 통제한다.
⑤ A, B 모두 연공서열에 따른 보상보다 성과에 따른 보상을 중시한다.

02

| 6월 모의평가 11번 |

다음 자료에 대한 설명으로 옳은 것은?

> 갑은 ㉠ ○○대학교 외식조리학과를 졸업하고 열심히 노력한 끝에 국내 최고 ㉡ 호텔의 수석 요리사이자 ㉢ 요리사 협회의 임원으로 활동하고 있다. 그가 만드는 고가의 코스 요리는 음식의 예술화를 표방하고 엄격한 식사 예절을 요구하여 시간에 여유가 있는 ㉣ 상류층을 대상으로 한다. 이 식당에는 저명인사들의 사교 모임으로 알려진 ㉤ △△클럽 구성원들이 종종 방문한다. 어릴 때부터 상류층의 문화를 동경했던 갑은 자신이 속한 조직에서 좋은 대우를 받음에도 자신이 원하는 △△클럽에 들어갈 수 없다는 점에서 현재 상태에 대한 불만을 가지고 있다. 이에 갑은 △△클럽 회원들이 많이 거주하는 지역으로 이사할 것인지 ㉥ 고민하고 있다. 하지만 현실적인 어려움에 좌절감을 느낀 갑은 △△클럽 회원들이 좋아하는 코스 요리를 조리하여 맛보며 자신의 마음을 달래곤 한다.

① ㉠, ㉡은 모두 비공식적 사회화 기관이다.
② ㉢과 달리 ㉤은 자발적 결사체에 해당한다.
③ ㉣은 갑의 외집단이다.
④ ㉥은 갑의 역할 갈등에 해당한다.
⑤ 갑은 소속 집단과 준거 집단의 불일치를 경험하고 있다.

03

| 9월 모의평가 7번 |

밑줄 친 ㉠~㉤에 대한 설명으로 옳은 것은? [3점]

> 낯선 국가를 여행하다가 차별을 당하면, 그곳에서 만난 같은 언어를 사용하는 사람은 다 내 편 같다는 생각이 듭니다. 평소 느끼지 못했던 이러한 ㉠집단의식이 형성되면 집단 내부 결속이 강화되면서 ㉡특정 집단을 적대시하거나 차별하기도 합니다. 한편, 집단의식은 구성원의 결합 의지에 따라 영향을 받기도 하지만 개인들이 ㉢사회적 관계를 만들어 가는 방식으로부터도 영향을 받습니다. 일반적으로 친밀한 접촉을 통해 유지되는 ㉣집단의 구성원은 서로의 삶에 깊이 관여하고 사회적 관계가 지속적인 편입니다. 하지만 수단적 접촉을 통해 유지되는 ㉤집단의 구성원은 사회적 관계가 형식적이고 일시적인 편입니다.

① ㉠은 소속 집단과 준거 집단이 불일치할 때 강화된다.
② ㉡이 발생하는 원인은 외집단에 대한 동질감 때문이다.
③ ㉢은 1차 집단과 2차 집단을 구분하는 기준이다.
④ ㉣의 사례로 이익 집단, 시민 단체를 들 수 있다.
⑤ ㉤은 주로 인간관계 자체를 목적으로 한다.

04

| 9월 모의평가 17번 |

다음 자료에 대한 설명으로 옳은 것은? (단, A, B는 각각 관료제, 탈관료제 중 하나임.) [3점]

> ㉠□□ 기업은 조직 운영 방식 A가 ㉡기존 부서의 업무를 지나치게 분화하고 부서 간 벽을 공고히 한다고 보았다. 정해진 업무만 수행하여 자신이 마치 기계 부속과 같다고 느낀 구성원들은 더욱 수동적으로 업무에 임했다. 이에 □□ 기업은 조직 운영 방식 B를 적용하여 부서 간 벽을 허물고 사원이 협업하는 과정에서 창의성을 발휘할 수 있도록 과제 해결에 특화된 ㉢새로운 부서를 한시적으로 조직했다. 동시에 □□ 기업은 사원들의 소외감과 스트레스를 해소하는 데 도움이 될 수 있도록 ㉣사내 친목 소모임 활성화를 지원하려 한다.

① ㉠은 과업 지향적인 사회 집단이고, ㉣은 결합 자체가 목적인 사회 집단이다.
② ㉡, ㉢과 달리 ㉣은 비공식적 사회화 기관에 해당한다.
③ A는 규칙과 절차에 따른 업무 처리로 자의적 의사 결정을 방지할 수 있다.
④ B는 전문성을 기준으로 구성원을 선발하고 연공서열에 따른 보상 체계를 중시한다.
⑤ A는 상향식 의사 결정 방식이, B는 하향식 의사 결정 방식이 지배적이다.

05

수능 3번

A, B의 일반적인 특징에 대한 설명으로 옳은 것은? (단, A, B는 각각 관료제와 탈관료제 중 하나임.)

> 도서 출판 과정에는 편집, 디자인, 인쇄 등 여러 공정이 있다. ○○ 출판 회사는 수평적으로 분권화된 조직을 통해 구성원들이 함께 결정을 내려 출판 공정을 관리하고 도서를 출간한다. □□ 출판 회사는 세부적으로 분업화된 조직을 통해 해당 분야의 담당자들이 정해진 서열과 절차에 따라 각 공정을 진행하여 도서를 출간한다. ○○ 출판 회사는 A의 운영 원리가, □□ 출판 회사는 B의 운영 원리가 강조된다.

① A에 비해 B는 조직 구성원의 업무 재량권 및 자율성이 낮다.
② A에 비해 B는 외부 환경 변화에 대한 유연한 대처가 용이하다.
③ B에 비해 A는 업무의 표준화와 세분화가 강조된다.
④ B에 비해 A는 목적 전치 현상이 나타날 가능성이 높다.
⑤ A는 경력에 따른 보상을, B는 성과에 따른 보상을 중시한다.

06

수능 4번

다음 자료에 대한 옳은 설명만을 〈보기〉에서 있는 대로 고른 것은?

기자: ○○ 신문사 탐사 보도 공모전에서 입상한 □□ 동아리를 만나 보겠습니다. 세 분이 어떻게 함께하게 되었나요?

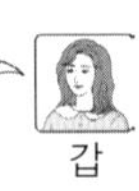
갑: ☆☆ 대학교 내 영화제작동아리 회원으로 저와 함께 활동하고 있는 병이 취업 준비를 위해 □□ 동아리를 만들었습니다. 인권 단체 회원으로 함께 활동 중인 을에게 제가 제안하여 합류하게 되었습니다.

기자: 공모전에 참여하면서 느낀 점이나 공모전 준비에 도움이 되었던 경험이 있다면 말씀해 주세요.

을: 저는 사회복지대학원에 재학 중입니다. 취재를 하면서 가족과 함께 하지 못하는 청소년들의 안타까운 사연을 접하고 청소년 복지의 필요성을 더 알리고 싶어졌습니다.

병: 저는 갑과 함께 ☆☆ 대학교에 재학 중입니다. 갑과 함께 들었던 PD 초청 특강이 큰 도움이 되었습니다. 입상을 계기로 셋이 □□ 동아리 활동을 더 열심히 하려고 합니다.

> 보기
> ㄱ. 갑과 병 모두 비공식 조직에 속해 있다.
> ㄴ. 을과 병이 속한 2차적 사회화 기관은 각각 1개이다.
> ㄷ. 자료 전체에 적혀 있는 사회 집단에서 자발적 결사체가 아니면서 비공식적 사회화 기관인 것은 2개이다.

① ㄱ ② ㄴ ③ ㄱ, ㄷ ④ ㄴ, ㄷ ⑤ ㄱ, ㄴ, ㄷ

제1권 평가원

2023년

07

| 6월 모의평가 4번 |

A, B의 일반적인 특징에 대한 설명으로 옳은 것은? (단, A, B는 각각 관료제, 탈관료제 중 하나임.)

□□기업은 의사 결정 권한이 분산되어 있고 업무의 범위와 분담 체계를 개별 담당 부서에서 자율적으로 결정한다. □□기업의 조직 운영 방식은 A의 사례이다. ○○기업의 의사 결정은 관리자 중심으로 이루어지며, 모든 부서는 표준화된 규약과 절차에 따라 업무를 수행한다. ○○기업의 조직 운영 방식은 B의 사례이다.

① A는 B에 비해 외부 환경 변화에 유연하게 대처하기 용이하다.
② A는 B와 달리 공식적 규범에 의한 통제가 이루어진다.
③ B는 A에 비해 구성원이 창의성을 발휘하기 용이하다.
④ B는 A와 달리 업무 수행의 효율성을 추구한다.
⑤ A는 연공서열에 따른 보상을, B는 성과에 따른 보상을 중시한다.

08

| 9월 모의평가 7번 |

다음 자료에 대한 설명으로 옳은 것은? [3점]

게시판

취업 특강 개설을 위한 재학생 대상 사전 조사

(A 대학교 취업 상담 센터)

↳ 갑: 취업 상담 센터가 주관하는 취업 특강을 교내 독서 모임에서 함께 활동하고 있는 을과 들었음. 이번에는 총동창회의 주최로 ○○기업에서 진행하는 취업 특강에 참여할 예정임. □□ 시민 단체에서 활동하고 있는 병이 추천해 준 자격증 취득을 위한 특강 개설 여부가 궁금함.

↳ 을: □□ 시민 단체에서 함께 활동하고 있는 후배와 여름 방학에 △△ 방송사가 주관하는 직업 체험 활동에 참가할 예정이라 취업 특강 참석이 어려움. 언론인이 되고 싶어 하는 학생들을 위해 방송인 협회의 특강 개최를 취업 상담 센터에 건의하고 싶음.

↳ 병: 고등학교 선배가 운영하는 대안 학교에서 수업 보조 강사로 함께 활동하고 있는 갑이 ○○기업에서 진행하는 취업 특강에 같이 가자고 함. 졸업 후 대학원 진학도 고민 중이라 참석 여부를 고심하고 있음.

① 갑이 작성한 내용에 나타난 공식 조직의 개수는 을이 작성한 내용에 나타난 2차적 사회화 기관의 개수보다 많다.
② 을이 작성한 내용에 나타난 자발적 결사체의 개수는 을이 속해 있는 자발적 결사체의 개수와 같다.
③ 병이 속해 있는 공식적 사회화 기관의 개수는 갑이 속해 있는 공식적 사회화 기관의 개수보다 많다.
④ 갑과 병이 함께 속해 있는 2차 집단의 개수는 병이 속해 있는 비공식적 사회화 기관의 개수보다 적다.
⑤ 갑과 을이 함께 속해 있는 비공식 조직은 없지만 을과 병이 함께 속해 있는 이익 사회는 있다.

09

| 9월 모의평가 17번 |

A, B의 일반적인 특징에 대한 옳은 설명만을 〈보기〉에서 고른 것은? (단, A, B는 각각 관료제, 탈관료제 중 하나임.)

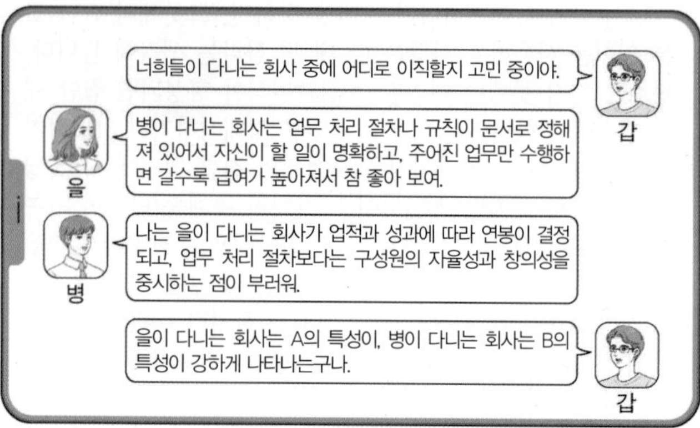

너희들이 다니는 회사 중에 어디로 이직할지 고민 중이야.
갑
병이 다니는 회사는 업무 처리 절차나 규칙이 문서로 정해져 있어서 자신이 할 일이 명확하고, 주어진 업무만 수행하면 갈수록 급여가 높아져서 참 좋아 보여.
을
나는 을이 다니는 회사가 업적과 성과에 따라 연봉이 결정되고, 업무 처리 절차보다는 구성원의 자율성과 창의성을 중시하는 점이 부러워.
병
을이 다니는 회사는 A의 특성이, 병이 다니는 회사는 B의 특성이 강하게 나타나는구나.
갑

보기

ㄱ. A는 B에 비해 업무 수행의 안정성을 확보하기가 용이하다.
ㄴ. A는 B에 비해 외부 환경 변화에 대한 유연한 대처가 용이하다.
ㄷ. B는 A에 비해 목적 전치 현상이 나타날 가능성이 낮다.
ㄹ. A는 의사 결정의 분권화, B는 업무 수행의 분업화가 강조된다.

① ㄱ, ㄴ ② ㄱ, ㄷ ③ ㄴ, ㄷ ④ ㄴ, ㄹ ⑤ ㄷ, ㄹ

10

수능 7번

다음 자료에 대한 설명으로 옳은 것은?

예능 프로그램 〈인연 만들기〉 대본

[장면 1] (내레이션): 이번 회는 연하남, 연상녀와 결혼하고 싶은 사람들의 특집입니다. 먼저 자기소개를 들어볼까요?
[장면 2] 갑: □□기업에서 프로그래머로 근무 중입니다. 대학교 때는 경영학을 공부했으나, 진로에 대한 고민 끝에 선택한 현재 직업에 매우 만족하고 있습니다. 바다낚시 동호회에서 함께 활동하고 있는 을과 낚시를 자주 다닙니다.
[장면 3] 을: 여행을 좋아하여 △△은행 사내 여행 동아리에서 활동한 적이 있습니다. 해외 여행 관련 회사 창업을 고민하던 중에 고등학교 총동창회에서 함께 활동하고 있는 병의 조언에 따라 은행을 그만두고, 대학원에 진학하여 관광 경영에 관한 공부를 다시 하고 있습니다.
[장면 4] 병: ○○방송국의 프로듀서로 일하면서 영화감독이 되기 위해 시나리오를 구상 중입니다. 대학교를 졸업한 후 을과 함께 △△은행에서 주최한 모의 주식 투자 대회에서 입상한 적이 있습니다. 주말에는 동물 보호 단체 회원으로 봉사 활동을 합니다.

① [장면 1]에 적혀 있는 내용에는 성취 지위가, [장면 3]에 적혀 있는 내용에는 비공식 조직이 있다.
② [장면 2]에 적혀 있는 이익 사회의 개수는 [장면 4]에 적혀 있는 비공식적 사회화 기관의 개수보다 적다.
③ 갑은 을과 달리 역할 갈등이 해소되어 준거 집단과 소속 집단이 일치한다.
④ 을이 속해 있는 자발적 결사체의 개수는 병이 속해 있는 2차 집단의 개수보다 적다.
⑤ 대본에는 갑의 재사회화와 을, 병의 예기 사회화 내용이 적혀 있다.

11

수능 12번

A, B의 일반적인 특징에 대한 설명으로 옳은 것은? (단, A, B는 각각 관료제, 탈관료제 중 하나임.) [3점]

○○ 버거 회사는 명확한 위계 구조 속에서 직급별 권한과 책임을 세분화하고 메뉴, 조리법 등을 표준화하여 관리하는 A로 운영하였다. 최근 이윤이 급감하자 ○○ 버거 회사는 어떤 직원의 제안이든 창의적인 메뉴라면 수용하고 수평적인 의사 결정 구조를 채택하는 등 B를 도입 하여 회사의 이윤 증대를 꾀하고 있다.

① A는 B에 비해 업무 수행 과정의 예측 가능성이 높다.
② A는 B와 달리 외부 환경 변화에 대한 유연한 대처가 용이하다.
③ B는 A에 비해 목적 전치 현상이 나타날 가능성이 높다.
④ B는 A와 달리 효율적인 목표 달성이 조직 운영의 핵심이다.
⑤ A는 능력에 따른 보상을, B는 경력에 따른 보상을 중시한다.

2022년

12

| 6월 모의평가 17번 |

다음 자료에 대한 설명으로 옳은 것은? (단, A, B는 각각 관료제, 탈관료제 중 하나임.) [3점]

수평적 의사 결정 방식의 확대, 탄력적인 조직 운영 등을 특징으로 하는 A는 환경 변화에 더 유연하게 대응할 수 있다는 점에서 B와 구분된다. B는 구성원의 권한과 책임을 분명히 하고 세분화된 업무 수행을 강조함으로써 대규모 조직을 효율적으로 운영할 수 있다는 평가를 받는다. 반면, 예상 밖의 문제가 발생했을 때에도 기존 조직의 틀 내에서 새로운 부서를 추가하는 식으로 문제를 해결하려 한다는 비판을 받는다. 한 사회학자는 B의 이러한 특징을 ㉠카멜리펀트(Camelephant)라고 표현하였는데, 이는 낙타와 코끼리를 합친 것처럼 느리고 둔하여 변화에 적절히 대응하지 못한다는 점을 지적한 것이다.

① A는 인간 소외 문제를 해결하기 위해 산업화 초기에 등장하였다.
② B는 목적 전치 현상을 해결하기에 용이하다.
③ A는 B에 비해 조직 구성원의 재량권 및 자율성이 낮다.
④ B는 A에 비해 연공서열에 따른 보상 체계를 중시한다.
⑤ ㉠의 문제는 조직 구성원의 위계적 서열을 강화함으로써 해결된다.

13

| 9월 모의평가 4번 |

다음 자료에 대한 옳은 설명만을 〈보기〉에서 고른 것은? [3점]

웹(Web) 소설 다음 회 예고

A 회사 회계 팀 직원 갑은 오늘도 회사 복지 팀으로부터 호출을 받았다. 회사는 사원들의 사내 동호회 결성과 참여를 장려하고 있는데, 갑은 회사 생활을 하면서 다른 직원들과의 갈등으로 마음고생을 한 경험이 있어 모든 사내 동호회 가입을 거부하고 있기 때문이다.
A 회사 복지 팀 팀장 을은 회사 내 갑은 노동조합에서 활동하고 있는 갑 때문에 신경이 쓰인다. 을은 갑의 사정을 알면서도 사내 동호회 가입을 권유하는 것은 동료 직원으로서 해서는 안 된다고 생각한다. 하지만 직원들의 사내 동호회 참여율을 높이라는 경영진의 지시가 있어 갑에게 자신이 활동 중인 회사 내 사진 동호회라도 가입하라고 해야 할지 고민이다.

〈보기〉
ㄱ. 갑의 역할 갈등과 을의 역할 갈등이 나타나 있다.
ㄴ. 갑과 을이 모두 소속된 자발적 결사체 1개가 나타나 있다.
ㄷ. 갑과 을이 모두 소속된 공식적 사회화 기관이 나타나 있다.
ㄹ. 갑이 소속된 공식 조직과 을이 소속된 비공식 조직이 나타나 있다.

① ㄱ, ㄴ ② ㄱ, ㄷ ③ ㄴ, ㄷ ④ ㄴ, ㄹ ⑤ ㄷ, ㄹ

14

| 9월 모의평가 11번 |

A, B의 일반적인 특징에 대한 설명으로 옳은 것은? (단, A, B는 각각 관료제, 탈관료제 중 하나임.)

○A는 단순 반복적 업무 수행으로 인해 저하되는 구성원의 자율성을 높이기 위한 방안으로 제시되었다. 급변하는 사회에 대응하기 위해 경직된 조직을 유연하게 운영하는 원리를 적용한 것이다.
○B는 정부의 행정 조직 운영에서 자의성을 줄일 수 있는 방안으로 제시되었다. 공동의 문제를 해결하기 위해 대규모의 조직을 합리적으로 운영하는 원리를 적용한 것이다.

① A는 B에 비해 과업 수행 절차의 예측 가능성이 높다.
② A는 B와 달리 공식적 규약과 절차에 의해 구성원을 통제한다.
③ B는 A에 비해 업무의 표준화와 세분화를 중시한다.
④ B는 A와 달리 상향식 의사 결정 방식이 지배적이다.
⑤ A는 연공서열에 따른 보상을, B는 성과에 따른 보상을 중시한다.

15

수능 5번

다음 자료에 대한 설명으로 옳은 것은?

제○○호 □□ 시립 도서관 소식지(○○월)

지난주 토요일 우리 도서관에서는 여러 분야의 외부 강사를 초빙하여 청소년 진로 직업 체험 캠프를 실시하였다.

A 고등학교 학생 갑의 소감문

환경 보호를 위해 같은 시민 단체에 함께 가입하여 활동하고 있는 같은 학교 친구 을과 만나, 광고 회사 직원 병의 강의에 참여하였다. 평소 나의 관심 분야는 아니었지만 광고 영상을 직접 편집해 보니 생각보다 흥미로웠다.

B 고등학교 학생 정의 소감문

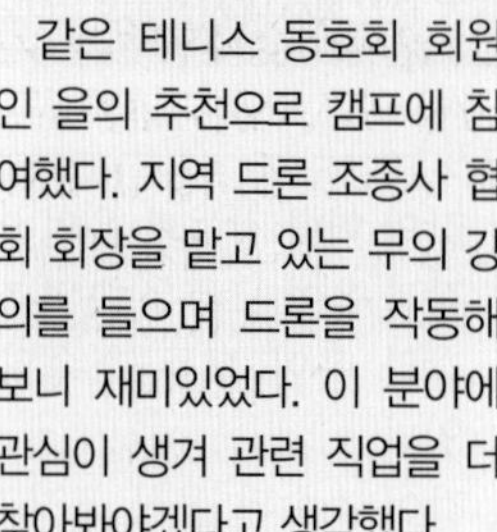

같은 테니스 동호회 회원인 을의 추천으로 캠프에 참여했다. 지역 드론 조종사 협회 회장을 맡고 있는 무의 강의를 들으며 드론을 작동해 보니 재미있었다. 이 분야에 관심이 생겨 관련 직업을 더 찾아봐야겠다고 생각했다.

① 을이 속해 있는 비공식적 사회화 기관은 3개이다.
② 갑과 을이 함께 속해 있는 공식 조직은 1개이다.
③ 갑과 달리 병은 2차적 사회화 기관에 속해 있다.
④ 을과 정이 함께 속해 있는 비공식 조직이 나타나 있다.
⑤ 갑~무 중 병을 제외한 4명은 자발적 결사체에 속해 있다.

16

수능 14번

A, B의 일반적인 특징에 대한 설명으로 옳은 것은? (단, A, B는 각각 관료제, 탈관료제 중 하나임.) [3점]

A에서 조직이 최고의 목적을 위한 최적의 수단을 취할 때, 개인은 그 목적을 향해 객관적으로, 적확하게, 영혼 없이 업무를 수행한다. 그 과정에서 개인은 조직이라는 기계의 작은 톱니가 되어 경직된 업무 시스템에 파묻히고 창의성과 자율성을 발휘하기 어려워진다. 이에 따라 조직이 환경 변화에 유연하게 대응하지 못하게 되고 결국 효율성이 떨어지는 문제가 나타나, 이를 개선하기 위해 B가 등장하였다.

① A는 B에 비해 과업 수행 절차의 예측 가능성이 높다.
② A는 B에 비해 업무 담당자에게 주어진 재량권이 크다.
③ B는 A에 비해 연공서열에 따른 보상 체계를 중시한다.
④ B는 A에 비해 업무 체계의 전문화와 세분화 정도가 높다.
⑤ A는 상향식 의사 결정 방식이, B는 하향식 의사 결정 방식이 지배적이다.

2021년

17

| 6월 모의평가 7번 |

그림은 사회 집단 및 사회 조직의 유형 A, B와 자발적 결사체의 포함 관계를 나타낸 것이다. 이에 대한 설명으로 옳은 것은? (단, A와 B는 각각 비공식 조직, 이익 사회 중 하나이다.)

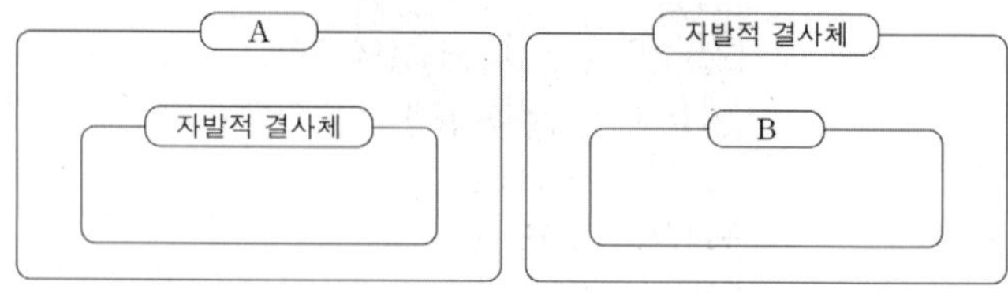

① A는 비공식적 제재가 지배적이다.
② B는 형식적·수단적 인간관계가 지배적이다.
③ A는 자발적 결사체와 달리 가입과 탈퇴가 자유롭다.
④ A는 B와 달리 선택 의지에 의해 인위적으로 형성된 집단이다.
⑤ A의 사례로는 학교를, B의 사례로는 사내 동호회를 들 수 있다.

18

| 9월 모의평가 6번 |

(가)에 들어갈 내용으로 옳은 것은? (단, A~D는 각각 가족, 노동조합, 사내 동호회, 회사 중 하나이다.)

교사: A와 C는 자발적 결사체에, A와 D는 공식 조직에 해당합니다. A, B, C, D를 사회 집단 및 사회 조직의 특징을 고려하여 분류하거나 설명해 보세요.

학생: (가)

① A는 전인격적 인간관계가 주로 이루어지는 집단에 해당합니다.
② B는 가입과 탈퇴가 비교적 자유로운 집단에 해당합니다.
③ B는 C와 달리 공식 규범을 통해 구성원을 통제하는 집단에 해당합니다.
④ C, D는 모두 뚜렷한 목적을 가진 과업 지향적인 집단에 해당합니다.
⑤ A, C, D는 이익 사회에, B는 공동 사회에 해당합니다.

19

수능 18번

그림에서 갑~병이 속해 있는 사회 집단 및 사회 조직에 대한 진술로 옳은 것은? [3점]

사회자
이번 온라인 게임 대회에 참가하신 분들 모두 환영합니다. 본인 소개를 부탁드립니다.

갑
저는 투자 회사에서 펀드 매니저로 일하고 있습니다. 회사 내 게임 동아리에서 함께 활동하는 을의 권유로 참가하게 되었습니다.

을: 저는 갑과 같은 회사에 다닙니다. 갑은 자산 운용팀에서, 저는 홍보팀에서 근무합니다.

병
저는 갑과 같은 고향 출신 모임인 향우회에서 함께 활동하는 을의 제안을 받아 이번 대회에 참가하게 되었습니다.

① 갑은 공동 사회와 이익 사회 모두에 속해 있다.
② 을은 공식 조직과 비공식 조직 모두에 속해 있다.
③ 병은 1차 집단과 비공식 조직 모두에 속해 있다.
④ 갑은 을과 달리 자발적 결사체에 속해 있다.
⑤ 을은 갑, 병과 달리 2차 집단에 속해 있다.

2020년

20

| 6월 모의평가 4번 |

다음은 갑, 을이 자신이 속해 있던 사회 집단을 시기별로 각각 2개씩 작성한 것이다. 이에 대한 분석으로 옳은 것은? [3점]

이름: 갑

시기	소속 집단
A	㉠가족, ㉡유치원
B	학교, 게임 동호회
C	동창회, 대학교 학과 내 독서 소모임
D	회사, 출판인 협회

이름: 을

시기	소속 집단
A	가족, ㉢같은 아파트 내 또래 집단
B	미술 학원, 지역 청소년 봉사 단체
C	㉣정당, 대학교 총학생회장단
D	종친회, 환경 운동 단체

① ㉠은 ㉣과 달리 구성원 간 간접적 접촉과 수단적 만남이 지배적인 집단이다.
② ㉡, ㉢은 모두 개인의 선택적 의지와 무관하게 자연 발생적으로 형성된 집단이다.
③ 갑이 작성한 내용 중 공식 조직의 개수는 B 시기가 D 시기보다 많다.
④ 갑, 을이 작성한 내용 중 C 시기에는 각각 1개의 비공식 조직이 들어 있다.
⑤ 갑, 을이 작성한 내용 중 D 시기에는 이익 사회의 개수가 각각 2개이며, 자발적 결사체의 개수는 을이 더 많다.

21

| 9월 모의평가 13번 |

사회 집단 및 사회 조직 A~D에 대한 설명으로 옳은 것은? (단, A~D는 각각 가족, 사내 동호회, 시민 단체, 학교 중 하나이다.)

> ㅇ'공통의 관심과 목표에 따라 자발적으로 결성하였는가?'라는 질문에 따라 B, D는 A, C와 구분된다.
> ㅇ'선택 의지에 따라 형성하였는가?'라는 질문으로는 A, C, D를 구분할 수 없다.
> ㅇ'명시적 규약과 체계화된 업무 수행 방식을 갖추었는가?'라는 질문에 따라 A, D는 B, C와 구분된다.

① C는 공식적 사회화 기관이다.
② A는 2차 집단, B는 1차 집단이다.
③ D는 A에 비해 가입과 탈퇴가 자유롭다.
④ D는 B, C와 달리 구성원에 대한 비공식적 통제가 일반적이다.
⑤ A, D는 이익 사회, B, C는 공동 사회이다.

22

수능 19번

다음 자료에 대한 옳은 설명만을 〈보기〉에서 고른 것은? (단, A~D는 각각 공동 사회, 이익 사회, 공식 조직, 자발적 결사체 중 하나이다.)

ㅇ과제: 갑의 일상에 나타난 밑줄 친 사회 집단 및 사회 조직을 A, B, C, D에 맞게 분류하시오.

〈갑의 일상〉

갑은 평일에는 직장의 ㉠노동조합 모임이나 ㉡사내 탁구 동호회에서, 주말에는 ㉢가족 행사가 없으면 주로 ㉣대학교 졸업 후 참여했던 ㉤조기 축구회나 유기견 관련 ㉥시민 단체에서 활동한다.

〈분류 결과〉

A	㉠, ㉣, ㉥
B	㉠, ㉡, ㉣, ㉤, ㉥
C	(가)
D	㉢

ㅇ평가: 사회 집단 및 사회 조직을 모두 맞게 분류하였음

보기

ㄱ. ㉠~㉥ 중 비공식 조직의 개수는 2개이다.
ㄴ. (가)는 '㉠, ㉡, ㉤, ㉥'이다.
ㄷ. A는 공식 조직, B는 이익 사회이다.
ㄹ. C는 D와 달리 집단의 결합 자체가 집단 형성의 목적이다.

① ㄱ, ㄴ ② ㄱ, ㄷ ③ ㄴ, ㄷ ④ ㄴ, ㄹ ⑤ ㄷ, ㄹ

필출 주제

08 일탈 행동

평가원의 출제 경향을 파악하라!

6월과 9월 모의평가에서 출제된 문제 유형과 내용이 그해 11월 수능에서 어떠한 흐름으로 이어지며 출제되었는지 분석해 보세요. 2025년 6월과 9월 모의평가를 분석하면 수능을 대비하는 데 큰 도움이 됩니다.

최근 5개년간 얼마나 출제되었나?

구분	6월	9월	수능
2024년	○	○	○
2023년	○	○	○
2022년	○	○	○
2021년	○	○	○
2020년	○	○	○

이 주제에서는 제시된 자료를 통해 해당 일탈 이론을 파악한 후 그 특징과 관련 사례 등을 묻는 문항이 출제되고 있다. 따라서 이론별로 일탈 행동의 발생 원인과 해결책, 이론 간 공통점과 차이점, 관련 사례 등을 구분할 수 있어야 한다.

2024년에는 어떻게 출제되었나?

6월 모의평가	9월 모의평가	수능
제시된 자료를 통해 A에 해당하는 일탈 이론을 파악한 후, 옳은 설명을 고르는 문항이 출제되었다.	일탈 이론을 구분하는 질문에 대한 학생의 답변과 교사의 채점 결과를 분석하여 옳은 설명을 고르는 문항이 출제되었다.	제시된 자료를 통해 A~D에 해당하는 일탈 이론을 파악하고 각 이론에 해당하는 옳은 설명을 고르는 문항이 출제되었다.

반드시 알아야 할 핵심 개념은?

일탈 행동	한 사회에서 일반적으로 받아들여지고 있는 사회적 규범이나 기대에 어긋나는 행위
뒤르켐의 아노미 이론	급속한 사회 변동으로 기존의 지배적인 규범과 질서가 무너지고 새로운 가치관이 미처 정립되지 못하거나 기존의 규범과 새로운 규범이 혼재된 가치관의 혼란 상태로 인해 일탈 행동이 발생한다는 이론
머튼의 아노미 이론	일부 사회 구성원들에게는 문화적 목표만 주어지고, 제도적 수단은 주어지지 않아 문화적으로 인정되는 목표와 제도적으로 인정되는 수단 간의 불일치로 인해 일탈 행동이 발생한다는 이론
차별 교제 이론	타인과의 상호 작용 과정을 통해 일탈 행동의 기술을 습득하고, 일탈 행동을 정당화하는 동기나 가치관을 내면화함으로써 일탈 행동이 학습된다는 이론
낙인 이론	일탈 행동을 규정짓는 객관적인 규범은 존재하지 않으며, 일탈 행동과 일탈 행위자 여부를 판단하는 데에는 다른 사람들의 부정적 반응이 결정적인 요인으로 작용한다는 이론

2024년

01 | 6월 모의평가 14번 |

일탈 이론 A에 대한 설명으로 옳은 것은?

그림의 t시기에 동일한 범죄를 저지른 후 처벌받지 않은 집단은 (가), 처벌받은 집단은 (나)로 표시되어 있습니다. (가)와 (나)의 t+1시기 평균 범죄 횟수에 차이가 나타난 것은 처벌이라는 사회적 반응 그 자체가 일탈자로서의 정체성 형성에 핵심 요인으로 작용했기 때문입니다. 이는 전형적으로 A의 특성을 보여 주는 것입니다.

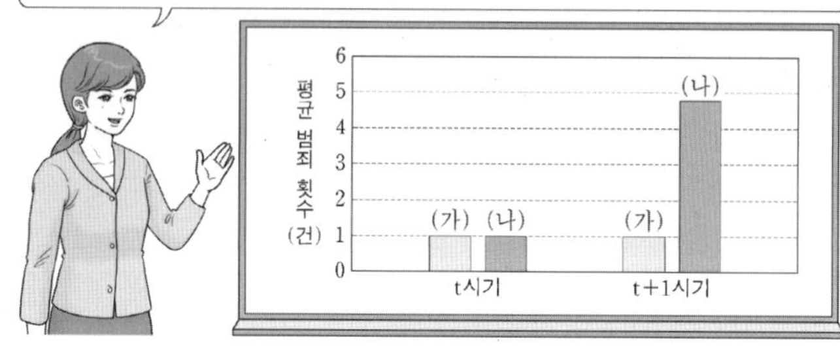

① 일탈이 개인의 타고난 특성에 의해 발생한다고 본다.
② 사회 규범의 통제력 강화를 일탈의 해결 방안으로 본다.
③ 일탈자에 대한 낙인이 후속 일탈의 핵심적인 요인이라고 본다.
④ 문화적 목표와 제도적 수단 간 괴리로 인해 일탈이 발생한다고 본다.
⑤ 상호 작용을 통해 범죄에 대한 우호적 가치관을 학습하여 일탈이 발생한다고 본다.

02

| 9월 모의평가 9번 |

다음은 일탈 이론 A~D를 구분하는 질문에 대한 학생의 답변과 교사의 채점 결과이다. 이에 대한 설명으로 옳은 것은? (단, A~D는 각각 뒤르켐의 아노미 이론, 머튼의 아노미 이론, 낙인 이론, 차별 교제 이론 중 하나임.)

질문	답변		
	갑	을	병
A는 일탈이 주변 사람으로부터 학습되는 과정에 주목하는가?	예	아니요	예
B와 달리 C는 일탈자가 부정적 자아를 내면화하는 과정에 주목하는가?	아니요	아니요	예
B와 달리 D는 문화적 목표와 제도적 수단 간의 괴리가 일탈의 원인이라고 보는가?	아니요	예	예
B, D와 달리 A, C는 모두 타인과의 상호 작용이 일탈에 미치는 영향을 강조하는가?	아니요	예	예
채점 결과	2점	㉠	3점

* 교사는 질문별로 각각 채점하고, 옳은 답변은 1점, 틀린 답변은 0점을 부여함.

① ㉠은 '1점'이다.
② A의 사례로 비행 청소년이라는 부정적인 평판으로 인해 범죄를 다시 저지르는 경우를 들 수 있다.
③ B의 사례로 경찰의 치안과 공권력이 무너진 국가에서 각종 범죄가 늘어나는 경우를 들 수 있다.
④ C의 사례로 프로 야구 만년 후보 선수가 주전 선수가 되고 싶어 금지 약물을 복용한 경우를 들 수 있다.
⑤ D의 사례로 상습적으로 불법 도박을 하는 친구에게 배워 불법 스포츠 도박에 빠진 청소년의 경우를 들 수 있다.

03

수능 14번

다음은 일탈 이론 A~D를 구분하는 질문에 대한 학생의 분류와 교사의 채점 결과이다. 이에 대한 설명으로 옳은 것은? (단, A~D는 각각 뒤르켐의 아노미 이론, 머튼의 아노미 이론, 차별 교제 이론, 낙인 이론 중 하나임.) [3점]

※질문에 따라 A, B, C, D를 '예', '아니요'로 분류하여 해당하는 칸에 적으시오.

질문	예	아니요	채점 결과
일탈자가 부정적 자아를 내면화하는 과정에 주목하는가?	B, C	A, D	3점
타인과의 상호 작용이 일탈에 미치는 영향을 강조하는가?	B, D	A, C	2점
일탈을 규정하는 객관적인 기준이 존재한다고 보는가?	B, D	A, C	1점
문화적 목표와 제도적 수단 간의 괴리가 일탈의 원인이라고 보는가?	B, C	A, D	3점

* 질문별로 채점하며, 맞게 적은 이론에는 각 1점을, 틀리게 적은 이론에는 각 0점을 부여함. 질문별 만점은 4점임.

① A의 사례로 신입 사원이 비리를 저지르는 회사 선배들과 어울리면서 죄의식이 사라져 부정행위를 같이 하는 경우를 들 수 있다.
② B의 사례로 한탕주의로 쉽게 돈을 버는 사람을 보고 부자가 되고 싶은 실업자가 불법 도박에 빠지는 경우를 들 수 있다.
③ C의 사례로 학교 폭력 가해 사실로 징계를 받은 학생이 스스로를 문제아로 인식하고 범죄를 저지르는 경우를 들 수 있다.
④ B와 달리 D는 정상 집단과의 교류를 일탈의 해결책으로 본다.
⑤ D와 달리 A는 사회 규범의 통제력 강화를 일탈의 해결책으로 본다.

2023년

04

| 6월 모의평가 14번 |

일탈 이론 A~C에 대한 설명으로 옳은 것은? (단, A~C는 각각 머튼의 아노미 이론, 차별 교제 이론, 낙인 이론 중 하나임.)

> A: 폐가의 유리창을 깨고 지붕을 오르는 행위는 아이들에게 일종의 놀이에 불과하나, 지역 주민들은 그런 행위를 하는 아이들을 점차 구제 불능이라고 규정하게 된다. 이런 사회적 평가를 내면화하여 아이들은 점점 더 심각한 비행으로 나아가게 된다.
> B: 법을 어기는 사람과 지키는 사람의 차이는 타고난 소질보다는 그들이 배워 온 내용에 있다. 범죄가 적은 지역에서 성장하는 사람은 법 위반에 대한 비우호적 태도를, 범죄가 많은 슬럼 지역에서 성장하는 사람은 법 위반에 대한 우호적 태도를 더 많이 배울 것이다.
> C: 물질적 성공에 대한 문화적 강조는 '가능하다면 정당한 방법으로, 필요하다면 잘못된 방법으로라도' 그 목표를 추구하라는 압력으로 작용한다. 따라서 성공 목표에 대한 지나친 강조는 규칙에 대한 감정적 지지를 훼손하고 제도적 규제의 효과적인 작용을 방해한다.

① A는 일탈에 대한 대책으로 낙인의 신중한 적용을 강조한다.
② B는 차별적인 사회적 제재를 일탈 행동의 원인으로 본다.
③ C는 일탈 행동을 규정하는 객관적 기준이 존재하지 않는다고 본다.
④ A는 B와 달리 개인이 타인과의 상호 작용을 통해 일탈자가 되어 가는 과정에 주목한다.
⑤ B는 C와 달리 범죄 예방을 위해 소외 계층에게 더 나은 취업 기회를 제공하는 정책을 뒷받침한다.

05

| 9월 모의평가 9번 |

일탈 이론 A~C에 대한 설명으로 옳은 것은? (단, A~C는 각각 머튼의 아노미 이론, 차별 교제 이론, 낙인 이론 중 하나임.)

> 일탈 이론 A, B, C의 사례로 일탈을 저지른 갑, 을, 병의 진술을 살펴보았다. 각각의 진술에 나타난 가장 두드러진 특징은 다음과 같다. 갑은 문화적 목표를 이루기 위한 합법적 수단이 부족했던 적이 한 번도 없었다. 을은 일탈자들과 어울리거나 그들의 행동을 따라 하려고 했던 적이 한 번도 없었다. 병은 여러 사회 규범을 위반했음에도 비난이나 제재를 받았던 적이 한 번도 없었다. 이러한 특징을 바탕으로 갑, 을, 병에게 서로 다른 일탈 이론을 적용해 보면 갑의 일탈은 A나 B, 을의 일탈은 B나 C, 병의 일탈은 A나 C로 설명하는 것이 타당하다.

① A는 일탈에 대한 대책으로 제도화된 기회의 확대를 중시한다.
② B는 타인과의 상호 작용을 통한 일탈의 학습 과정에 주목한다.
③ C는 정상 집단과의 교류를 일탈의 해결 방안으로 제시한다.
④ B는 A, C와 달리 일탈을 규정하는 객관적 기준이 없다고 본다.
⑤ C는 A, B와 달리 일탈에 대한 대책으로 사회 규범의 통제력 강화를 강조한다.

06

수능 11번

다음 자료에 대한 설명으로 옳은 것은?

> 사회자: 뒤르켐의 아노미 이론, 머튼의 아노미 이론, 차별 교제 이론, 낙인 이론 중 하나를 선택하여 최근 우리 사회에서 나타나는 범죄 현상을 설명해 주십시오.
> 갑: 급속한 사회 변동으로 경제적 성취와 개인주의라는 새로운 가치가 나타나고 있습니다. 이로 인해 과거에 작동했던 전통적 규범과 새롭게 등장한 가치가 혼재되면서 삶의 기준을 상실한 사람들의 범죄가 늘어나고 있습니다.
> 을: 성공에 필요한 합법적 기회가 있는 사람들마저도 범죄를 저지릅니다. 이들은 비합법적 수단으로 큰돈을 번 사람들과 빈번하게 교류하며 그들의 방식과 태도를 습득함으로써 범죄를 저지르고 있습니다.
> 병: 청소년 시기에 전과자가 된 사람들은 충분한 교육을 받지 못합니다. 이로 인해 경제적 성공을 위한 경쟁이 치열한 사회에서 물질적 성공에 필요한 기회가 제한되어 범죄를 저지르고 있습니다.

① 갑의 관점은 을의 관점과 달리 정상 집단과의 교류를 일탈 행동의 해결 방안으로 제시한다.
② 을의 관점은 병의 관점과 달리 차별적인 사회적 제재를 일탈 행동의 원인으로 본다.
③ 병의 관점은 갑의 관점과 달리 문화적 목표와 제도화된 수단의 괴리를 일탈 행동의 원인으로 본다.
④ 갑, 을의 관점은 병의 관점과 달리 사회 구조적 관점에서 일탈 행동을 설명한다.
⑤ 을, 병의 관점은 갑의 관점과 달리 개인이 타인과의 상호 작용을 통해 일탈자가 되어 가는 과정에 주목한다.

2022년

07

| 6월 모의평가 4번 |

일탈 이론 A~C에 대한 설명으로 옳은 것은? (단, A~C는 각각 머튼의 아노미 이론, 차별 교제 이론, 낙인 이론 중 하나임.)

> A: 청소년이 그와 친밀한 비행 청소년 집단과 자주, 오래 어울리다 보면 그들로부터 범행 기술은 물론 법 위반에 대한 호의적인 가치나 태도 등을 비판 없이 받아들이고 결국에는 범죄를 저지르게 된다.
> B: 청소년이 사소한 비행을 저질렀을 때 주위 사람들이 그에게 비행 청소년이라는 꼬리표를 붙이기도 한다. 이 경우 그 청소년은 스스로 부정적 정체성을 형성하게 되고 본격적으로 비행 활동에 가담하게 된다.
> C: 경제적으로 열악한 청소년도 커다란 포부를 갖도록 사회화되지만 그와 같은 열망을 충족할 수 있는 교육과 취업의 기회는 상대적으로 적다. 이로 인해 물질적 성공을 이룰 수만 있다면 그들은 불법적인 수단이라도 사용하게 된다.

① A는 사람들이 일탈 성향을 타고나는 것이 아니라 일탈 행동을 사회적으로 학습하여 일탈자가 되는 것이라고 본다.
② B는 일탈 행동을 예방하기 위해서는 일탈자와의 접촉을 차단하는 방법이 최선이라고 본다.
③ C는 하층 계층보다 중상층 계층의 범죄를 설명하기에 용이하다.
④ A는 B와 달리 일탈 행동에 따른 부정적 평판이 개인에 따라서 차별적으로 부여된다고 본다.
⑤ C는 B와 달리 일탈자에 대한 사회적 제재가 오히려 일탈 행동을 유발한다고 본다.

08

| 9월 모의평가 6번 |

일탈 이론 (가)~(다)에 대한 설명으로 옳은 것은? (단, (가)~(다)는 각각 뒤르켐의 아노미 이론, 차별 교제 이론, 낙인 이론 중 하나임.) [3점]

> (가) 사람마다 사회 규범을 내면화하는 과정은 일률적이지 않아 일탈에 대한 반응도 상이하다. 특히 일탈을 정당화하는 태도를 가진 사람들과 지속적으로 어울리면, 일탈에 대한 우호적 태도를 내면화하여 일탈자가 될 수 있다.
> (나) 사회 변동이 빠르게 진행되면서 전통 규범은 붕괴된다. 이를 대체할 수 있는 규범이 없는 상황에서 사람들은 삶의 목적과 방향을 상실하여 일탈을 할 가능성이 높아진다.
> (다) 일탈이 사회적 통제를 야기하는 것이 아니라 사회적 통제가 일탈을 야기한다. 일탈은 행위 자체가 아닌 행위자를 둘러싼 사회적 반응과 인식에 의해 결정된다.

① (가)는 타인과의 상호 작용을 통해 일탈이 학습된다고 본다.
② (나)는 일탈자의 부정적 자아가 형성되는 과정에 주목한다.
③ (다)는 일탈에 대한 대책으로 새로운 사회 규범의 정립을 제시한다.
④ (가)는 (나)와 달리 차별적 제재를 일탈의 원인으로 본다.
⑤ (다)는 (가)와 달리 일탈에 대한 대책으로 정상 집단과의 교류 촉진을 제시한다.

제1권 평가원

09

수능 7번

다음 자료에 대한 설명으로 옳은 것은? (단, A~C는 각각 머튼의 아노미 이론, 차별 교제 이론, 낙인 이론 중 하나임.) [3점]

> 〈일탈 행동 사례〉
> 경제적으로 성공하기 위해 좋은 대학을 가고자 했던 갑은 집안 사정으로 고등학교를 중퇴하였다. 자신의 꿈을 이루기 어려워지자 좌절감에 빠진 갑은 학교를 중퇴한 친구들을 모아 일확천금을 노리며 온라인 불법 도박으로 청소년기를 보냈다. 성인이 된 갑은 중범죄를 저질러 교도소에 수감되었고, 출소 후 교도소 직업 훈련 과정에서 취득한 기술로 취업하려 했으나 범죄 이력 때문에 번번이 거절당했다. 이에 갑은 자신이 어차피 범죄자이고, 범죄라는 굴레에 얽매인 삶으로부터 벗어날 수 없다고 여겨 범죄 조직에 가담하였다.
> 물질적 성공에 대한 욕구가 컸던 을은 대학에서 좋은 학점을 얻기 위해 부정한 방법도 서슴지 않았다. 이렇게 대학을 졸업한 후, 한 회사에 취업한 을은 승진을 통해 더 많은 돈을 벌고자 했다. 그러나 업무 능력 부족을 이유로 매번 승진 인사에서 탈락하자, 을은 더 이상 이 회사에서는 승진 기회가 없음을 알고 체념하였다. 그러던 중 회사 기밀을 넘기면 거액을 주겠다는 경쟁 회사 측의 제의에 응해 회사 기밀을 훔쳤다.
>
> 〈교사의 해설〉
> 제시된 사례에서 청소년 시기 갑의 일탈 행동은 A를 통해 설명할 수 있습니다. 교도소 출소 후 갑의 일탈 행동은 C가 아니라 B를 통해 설명할 수 있습니다. 을의 취업 후 일탈 행동을 설명하는 데는 A, B, C 중 (㉠)이 적합합니다.

① ㉠은 A이다.
② B는 일탈 행동을 학습하지 않은 사람은 일탈 행동을 할 수 없다고 본다.
③ C는 일탈 행동에 대한 대책으로 문화적 목표를 달성할 수 있는 제도화된 기회의 확대를 중시한다.
④ A는 B와 달리 타인과의 상호 작용이 일탈 행동에 미치는 영향에 주목한다.
⑤ A는 B, C와 달리 1차적 일탈에 대한 원인 규명보다 1차적 일탈이 2차적 일탈로 이어지는 과정에 주목한다.

2021년

10

| 6월 모의평가 4번 |

그림은 일탈 이론 (가), (나)를 적용하여 청소년을 특성별로 분류한 것이다. 이에 대한 설명으로 옳은 것은? [3점]

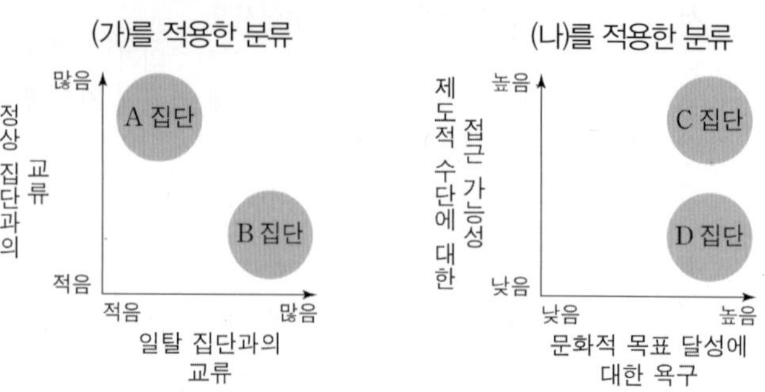

① (가)에 따르면, B 집단보다 A 집단에 속한 청소년이 일탈 행동을 할 가능성이 높다.
② (나)에 따르면, C 집단보다 D 집단에 속한 청소년이 일탈 행동을 할 가능성이 높다.
③ (가)는 (나)와 달리 일탈 행동의 대책으로 사회 규범의 통제력 강화를 중시한다.
④ (나)는 (가)와 달리 일탈 행동을 규정하는 객관적인 기준이 없다고 본다.
⑤ (가), (나)는 모두 일탈 행동의 원인으로 타인과의 상호 작용을 중시한다.

11

| 9월 모의평가 12번 |

다음은 일탈 이론 A, B를 구분하는 질문에 대한 학생의 답변과 교사의 채점 결과이다. 이에 대한 옳은 설명만을 〈보기〉에서 고른 것은? (단, A, B는 각각 낙인 이론, 차별 교제 이론 중 하나이다.) [3점]

질문	답변	
	갑	을
A는 일탈자의 부정적 자아 형성 과정에 주목하는가?	예	아니요
A는 일탈 행동이 상호 작용을 통해 일탈 문화를 학습한 결과임을 강조하는가?	㉠	㉡
(가)	아니요	예
B는 일탈 행동을 규정하는 객관적 기준이 있다고 보는가?	예	아니요
점수	4점	1점

* 교사는 질문별로 각각 채점하고, 각 질문당 옳은 답을 쓴 경우는 1점, 틀린 답을 쓴 경우는 0점을 부여함

보기

ㄱ. A는 최초의 일탈보다는 일탈 행동을 반복하는 현상에 주목한다.

ㄴ. B는 일탈자로 규정하는 것에 대해 신중한 접근을 해결 방안으로 제시한다.

ㄷ. (가)에는 'B는 차별적 제재를 일탈 행동의 원인으로 보는가?'가 들어갈 수 있다.

ㄹ. ㉠, ㉡은 모두 '예'이다.

① ㄱ, ㄴ ② ㄱ, ㄷ ③ ㄴ, ㄷ ④ ㄴ, ㄹ ⑤ ㄷ, ㄹ

12

수능 2번

일탈 이론 A, B에 대한 설명으로 옳은 것은? (단, A, B는 각각 낙인 이론, 차별 교제 이론 중 하나이다.) [3점]

〈수행 평가〉

※ 문제: 청소년 범죄에 대한 형사 처벌을 강화하자는 주장에 대해 일탈 이론 A, B에 근거하여 의견을 서술하시오.

A	B
어렸을 때에는 누구나 잘못을 할 수 있습니다. 청소년기에 형사 처벌을 받으면 주변 사람들로부터 따가운 시선을 받게 될 것입니다. 그로 인해 범죄자로서의 부정적 자아 정체성을 갖게 되어 다시 범죄를 저지를 가능성이 높습니다. 그러므로 반대합니다.	어린 나이에 일탈 행동을 일삼는 또래와 어울리면 범죄를 저지를 수 있습니다. 이로 인해 청소년기에 형사 처벌을 받아 교정 시설로 가게 되면, 그곳에서 만난 사람들로부터 범죄에 대한 우호적 태도를 강화하여 다시 범죄를 저지를 가능성이 높습니다. 그러므로 반대합니다.

① A는 일탈이 행위의 속성에 의해서가 아니라 그에 대한 사회적 반응에 의해 규정된다고 본다.

② B는 일탈 행동의 원인을 차별적인 제재에서 찾는다.

③ A는 B와 달리 타인과의 상호 작용을 통해 일탈 행동이 학습된다고 본다.

④ B는 A와 달리 2차적 일탈 행동의 발생 과정에 초점을 맞춘다.

⑤ A는 정상 집단과의 교류 촉진을, B는 일탈 행동에 대한 신중한 규정을 일탈 행동에 대한 대책으로 강조한다.

2020년

13

| 6월 모의평가 9번 |

(가)~(다)에 들어갈 내용으로 옳은 것은? [3점]

《수업용 읽기 자료》

- 드라마 등장인물 A 소개 -

A는 선배들과 두루 잘 지내는 편이었다. 중학생 때는 비행을 저지르는 선배들과도 친하게 지내며 다른 학생들에게 짓궂게 장난치기도 했다. 하지만 A는 어느 순간 친구들이 자신을 그런 선배들과 동일시하고 자신의 행동 하나하나를 비행과 연결하여 생각한다는 것을 알게 되었다. 이런 친구들의 생각을 바꿀 수 없었던 A는 평범한 학교 생활에서 벗어나 나쁜 행동을 하는 것을 자연스럽게 여기게 되는데⋯.

교사: 이 자료에 나타난 A의 사례를 일탈 이론을 활용하여 설명해 보세요.

갑: A의 일탈은 차별 교제 이론으로 설명할 수 있습니다. 선배들과의 관계에서 알 수 있듯이 A의 일탈은 (가) 에서 비롯되었기 때문입니다.

을: 저는 갑과 다른 이론을 적용하여 A의 일탈을 설명해 보겠습니다. 친구들이 A에게 어떻게 영향을 주었는지 살펴보세요. 그렇다면 A의 일탈 요인이 (나) 라는 것을 알 수 있습니다.

교사: 갑, 을 모두 잘 설명했어요. A의 일탈이 (다) 에서 비롯되었다고 생각하는 점은 두 학생 모두 동일하군요.

① (가) – A의 행동에 대한 차별적 제재

② (나) – 문화적 목표와 제도적 수단의 괴리

③ (나) – 급격한 사회 변동으로 인한 규범의 부재

④ (다) – 일탈에 우호적인 가치관의 학습

⑤ (다) – 타인들과의 지속적인 상호 작용

14

| 9월 모의평가 14번 |

다음 자료에 대한 옳은 설명만을 〈보기〉에서 고른 것은? [3점]

공식적인 처벌과 범죄 행위와의 관계는 그림과 같이 표현할 수 있습니다. 〈조건〉이 아래와 같을 때, 이 그림을 활용하여 차별적인 제재가 일탈 행동의 원인이라고 보는 (가)이론을 분석해 봅시다.

〈조건〉
• A~D 집단 모두 t년 이전에는 범죄를 저지르지 않았다고 가정함.

t+1년에서의 범죄 경험 (유 / 무)
t년에 공식적인 처벌을 받은 경험 (무 / 유)

	t년에 공식적인 처벌을 받은 경험: 무	t년에 공식적인 처벌을 받은 경험: 유
t+1년에서의 범죄 경험: 유	A 집단	B 집단
t+1년에서의 범죄 경험: 무	C 집단	D 집단

보기

ㄱ. (가) 이론에 따르면 B 집단은 2차적 일탈자로 볼 수 있다.
ㄴ. D 집단은 (가) 이론을 반박하는 사례이다.
ㄷ. (가) 이론에 따르면 A 집단은 B 집단과 달리 일탈자의 역할을 내면화한 집단이다.
ㄹ. (가) 이론은 일탈자와 C 집단과의 접촉 빈도를 늘리는 것을 일탈 문제의 해결 방안으로 본다.

① ㄱ, ㄴ ② ㄱ, ㄷ ③ ㄴ, ㄷ ④ ㄴ, ㄹ ⑤ ㄷ, ㄹ

15

수능 7번

다음 자료에 제시된 일탈 이론 (가)~(다)에 대한 설명으로 옳은 것은? (단, (가)~(다)는 각각 낙인 이론, 머튼의 아노미 이론, 차별 교제 이론 중 하나이다.)

≪수업용 읽을거리≫

중학생이었던 A와 B는 가벼운 장난을 하다 친구를 다치게 한 일로 문제아라는 소리를 들었다. 이로 인해 A는 스스로도 문제아라고 생각하게 되었고, 고등학교를 다닐 때 폭력 사건 가해자로 경찰서에 들락거렸다. 한편 고등학교에 입학한 B는 경제적 성공을 중요하게 여기는 사회적 분위기 속에서 고액 연봉을 받는 프로 운동선수가 되어 가족을 부양하겠다는 결심을 한 뒤 운동에 매진하였다. 그런데 기록 향상을 위해 금지된 약물까지 복용하다 적발되어 프로 구단 입단 기회가 박탈되면서 경제적으로 더욱 어려웠다. 고등학교 졸업 후 범죄 조직에 가입한 A는 B에게 범죄 행위를 도와 달라고 요청하기 위해 우연을 가장하여 접촉하였다. 결국 돈이 필요하였던 B는 A의 제안을 수락하여 범죄를 저질렀다.

교사: A, B의 사례에 일탈 이론을 적용해 보세요.
갑: A의 중학교 시기부터 고등학교 시기에 걸쳐 나타난 일탈 행동에 주목하면, A의 일탈 행동에는 (가)를 적용해야 합니다.
을: B의 고등학교 입학 후의 일탈 행동에 주목하면, B의 일탈 행동에는 (나)를 적용해야 합니다.
병: B가 A와 접촉하여 일탈 행동을 학습한다는 점에 주목하면, B의 일탈 행동에는 (다)를 적용해야 합니다.
교사: A, B의 일탈 행동에 (가), (나)는 적절하게 적용되었습니다. 하지만 B는 (다)를 적용하여 설명할 수 있는 일탈 행동을 하지 않았습니다.

① (가)는 일탈 집단 대신 정상적인 집단과의 교류가 일탈 행동을 억제한다고 본다.
② (나)는 일탈 행동이 문화적 목표와 제도적 수단 간의 괴리에서 비롯된다고 본다.
③ (다)는 일탈 행동 자체보다 일탈 행동에 대한 사회적 반응을 중시한다.
④ (가), (나)는 모두 일탈 행동이 발생하는 과정에서 나타나는 상호작용에 주목한다.
⑤ (나)는 (가), (다)와 달리 일탈 행동을 규정하는 객관적 기준이 존재한다고 본다.

문화의 이해

평가원의 출제 경향을 파악하라!

6월과 9월 모의평가에서 출제된 문제 유형과 내용이 그해 11월 수능에서 어떠한 흐름으로 이어지며 출제되었는지 분석해 보세요. 2025년 6월과 9월 모의평가를 분석하면 수능을 대비하는 데 큰 도움이 됩니다.

최근 5개년간 얼마나 출제되었나?

구분	6월	9월	수능
2024년	○	○	○
2023년	○	○	○
2022년	○	○	○
2021년	○	○	○
2020년	○	○	○

이 주제에서는 제시된 사례를 통해 문화의 의미를 좁은 의미와 넓은 의미로 구분하고, 부각되어 있는 문화의 속성을 파악하는 문항이 출제되고 있다. 문화와 관련된 사례를 통해 문화의 의미와 속성, 문화를 바라보는 관점 등이 연계되어 출제되므로 이를 종합적으로 파악하는 연습을 해야 한다.

2024년에는 어떻게 출제되었나?

6월 모의평가	9월 모의평가	수능
교사와 갑, 을의 대화를 통해 A, B에 해당하는 문화의 속성을 파악하여 옳은 설명을 고르는 문항이 출제되었다.	교사와 갑~병의 대화를 통해 A~D에 해당하는 문화의 속성을 도출하고, 이에 대한 옳은 설명을 고르는 문항이 출제되었다.	제시된 자료를 통해 A~E에 해당하는 문화의 속성을 도출한 후, 이에 대한 옳은 설명을 고르는 문항이 출제되었다.

반드시 알아야 할 핵심 개념은?

좁은 의미의 문화	고상하거나 세련된 것, 고급스러운 것, 예술·교양 등 특별한 의미를 지닌 사회적 생활 양식
넓은 의미의 문화	한 사회 집단에서 나타나는 언어, 의식주, 가치 및 규범 등 인간의 모든 사회적 생활 양식
문화의 학습성	문화는 선천적·유전적으로 나타나는 행동이 아니라 사회 구성원과의 상호 작용을 통해 후천적으로 학습되는 생활 양식
문화의 공유성	문화는 한 사회 구성원 다수가 공통적으로 가지고 있는 생활 양식
문화의 전체성(총체성)	문화는 여러 구성 요소들이 상호 유기적으로 결합된 하나의 총체로서 부분이 아닌 전체로서 의미를 갖는 생활 양식
문화의 변동성	문화는 시간이 흐르면서 그 형태나 내용, 의미가 변화하는 생활 양식
문화의 축적성	문화는 세대 간 전승되면서 새로운 요소가 추가되어 점점 더 풍부해지는 생활 양식

2024년

01 | 6월 모의평가 4번 |

다음 자료에 대한 설명으로 옳은 것은?

> 교사: 문화의 속성 A의 사례에 대해 조사한 내용을 발표해 보세요.
> 갑: ○○국에서는 자신의 공간을 자아의 연장이라고 생각하여 개인 사무실의 문을 닫거나 공용 사무실에 가림막을 세워 자신의 공간을 확보하려고 합니다. 이런 것들이 ○○국 사람들 간에는 전혀 이상하게 여겨지지 않는다는 점에서 A가 부각되어 있습니다.
> 을: △△국 사람들이 같은 종교 사상을 통해 원활하게 상호 작용하고 있다는 점 역시 A를 잘 보여줍니다. 이 종교 사상은 고대 토템 신앙에 근대 이후 절대적 신의 관념 및 구원의 개념 등이 결합하여 오늘날의 모습을 갖추게 되었습니다. △△국 사람들은 이러한 과정을 함께 겪어 오면서 서로를 이해할 수 있는 공동의 감정을 갖게 되었습니다.
> 교사: 갑, 을 모두 잘 발표했습니다. 확실히 두 국가의 사례 모두 문화는 [(가)]을 보여 준다는 점에서 A를 확인할 수 있습니다. 그리고 여기에 더해 을이 발표한 △△국 사례는 문화가 세대 간 전승을 통해 누적된다는 B도 잘 보여 줍니다.

① A는 공유성이다.
② A는 문화가 후천적으로 학습됨을 의미한다.
③ B는 문화가 구성원들의 사고와 행동에 동질성을 갖게 한다는 것을 의미한다.
④ (가)에는 '각 부분이 유기적으로 결합된 하나의 전체임'이 들어갈 수 있다.
⑤ (가)에는 '시간이 흐르면서 그 형태나 내용이 변화됨'이 들어갈 수 있다.

제1권 평가원

02

| 9월 모의평가 14번 |

다음 자료에 대한 설명으로 옳은 것은? (단, A~D는 각각 공유성, 변동성, 축적성, 학습성 중 하나임.) [3점]

> 교사: 지난 시간에는 문화의 속성 A, B에 대한 발표가 있었습니다. 이번 시간에는 문화의 속성 중 나머지 3가지를 학생별로 서로 다르게 한 가지씩 선택하여 해당 속성이 부각된 사례를 발표해 봅시다.
> 갑: 과거에는 공중전화가 길거리에 많았지만 요즘은 찾아보기 어렵게 된 것은 전체성으로 설명할 수 있습니다.
> 을: 과거와 현재의 국어사전을 비교했을 때 원래 단어에 새로운 의미가 추가되어 더욱 풍부해진 것을 보면 C를 확인할 수 있습니다. 특정 세대가 원래 단어에 새로운 의미를 부여하여 그들끼리 사용하는 것은 지난 시간 무가 발표한 B로도 설명이 가능합니다.
> 병: 일본인의 감정 절제는 어린 시절부터 이루어지는 지속적인 훈육의 결과라는 점은 D를 통해 설명할 수 있는 사례입니다.
> 교사: 을과 병은 해당 속성에 대한 사례 조사를 잘 했습니다. 갑이 발표한 사례는 정이 발표했던 A가 부각된 사례이므로, 다음 시간에 자신이 선택한 속성이 잘 부각되는 사례로 다시 발표해 봅시다.

① 문화가 한 사회 구성원이 공통적으로 가지고 있는 생활 양식임을 의미하는 속성은 A가 아닌 B이다.
② 문화가 경험과 상징을 통해 후천적으로 학습됨을 의미하는 속성은 D가 아닌 C이다.
③ 갑이 선택한 문화의 속성은 시간의 흐름에 따라 기존 문화 요소가 사라지거나 변화함을 의미한다.
④ 정이 발표한 문화의 속성은 문화가 세대를 전승하며 더욱 풍부해짐을 의미한다.
⑤ 무가 발표한 문화의 속성은 문화의 각 요소들이 상호 유기적으로 연결되어 있음을 의미한다.

03

수능 9번

다음 자료에 대한 설명으로 옳은 것은? (단, A~E는 각각 공유성, 변동성, 전체성, 축적성, 학습성 중 하나임.) [3점]

> 교사: 문화의 속성 5가지를 모둠별로 서로 다르게 한 가지씩 배정하였습니다. 각 모둠은 배정받은 속성이 부각된 사례를 웹툰 문화에서 찾아 발표해 봅시다.
> 〈1 모둠〉 부모가 자녀에게 스마트폰을 활용하여 웹툰 앱을 이용하는 방법을 배우는 것은 A가 부각된 사례입니다.
> 〈2 모둠〉 부모 세대에서 웹툰을 만화라고 부르고 만화가 보고 싶을 때 만화방을 떠올리는 것은 B가 부각된 사례입니다.
> 〈3 모둠〉 만화책을 보는 사람이 줄어들고 태블릿 PC로 웹툰을 보는 사람이 늘어난 것은 C가 부각된 사례입니다.
> 〈4 모둠〉 부모 세대에서 눈으로만 즐기던 만화에 음성 지원, 배경 음악 재생 기능 등이 추가된 현재의 웹툰은 D가 부각된 사례입니다.
> 학생: 선생님, 〈2 모둠〉의 발표 사례는 D가 부각된 것이 아닐까요?
> 교사: 〈2 모둠〉의 사례는 D로도 설명이 가능하지만, 부모 세대에서 만화방을 떠올린다고 했기 때문에 B가 부각된 것이 맞습니다. 〈3 모둠〉과 〈4 모둠〉은 발표한 사례가 서로 바뀌어야 각 모둠에 배정된 속성이 부각됩니다. 〈1 모둠〉은 〈5 모둠〉에 배정된 속성이 부각된 사례를 발표했어요. A를 배정받은 〈1 모둠〉과 E를 배정받은 〈5 모둠〉은 다음 시간에 발표합시다.

① 문화가 한 사회 구성원의 공통된 생활 양식이라는 것을 의미하는 속성은 B가 아니라 A이다.
② 문화가 세대 간 전승되며 더욱 발전되고 풍부해지는 것을 의미하는 속성은 C가 아니라 D이다.
③ 〈1 모둠〉에 배정된 속성은 문화의 각 요소들이 상호 유기적으로 연결되어 영향을 주고받는 것을 의미한다.
④ 〈2 모둠〉에 배정된 속성은 공유성, 〈5 모둠〉에 배정된 속성은 전체성이다.
⑤ 문화가 상징을 통해 후천적으로 학습된다는 것을 의미하는 속성은 〈3 모둠〉이 아니라 〈4 모둠〉에 배정되었다.

2023년

04

| 6월 모의평가 5번 |

밑줄 친 ㉠~㉤에 대한 설명으로 옳은 것은? [3점]

갑국에서는 ㉠종교가 계층별 생활 양식을 비롯한 사회생활 전반에 영향을 크게 미친다. 예컨대 사회적으로 높은 위치에 있는 사람들은 종교 교리의 영향을 받아 육식을 멀리한다. 그래서 갑국 사람들은 이들처럼 고상하게 보이려고 ㉡직장 등에서 여러 사람과 함께 식사할 때는 채식을 당연시한다. 그런데 최근 갑국에서 ㉢스마트폰과 배달 애플리케이션 사용이 일상화되면서 고기가 들어간 도시락 판매가 크게 증가하였다. 이는 ㉣육식 문화에 대한 부정적인 시각이 여전한 상황에서 ㉤타인의 눈치를 보지 않고 육류를 먹으려고 도시락을 주문하는 사람들이 증가하여 나타난 현상이다.

① ㉠에는 문화의 변동성이 부각되어 있다.
② ㉡에는 문화의 공유성이 부각되어 있다.
③ ㉢은 비물질문화에 해당한다.
④ ㉣에서 '문화'는 좁은 의미의 문화이다.
⑤ ㉤은 문화 지체의 사례로 볼 수 있다.

05

| 9월 모의평가 6번 |

다음 자료에 대한 설명으로 옳은 것은?

ㅇ학생별로 서로 다르게 한 가지씩 배정받은 각 문화의 속성이 부각되는 사례를 작성하세요.

학생	문화의 속성	해당 속성이 부각된 사례
갑	㉠	외국인 유학생이 한국의 젓가락 사용법을 익혀 일상생활에서 사용하고 있다.
을	㉡	A 지역의 모든 사람들은 특정 기간에 신들이 임무를 교대한다고 믿기 때문에 그 기간을 신성하게 여기는 마음을 가지고 있다.
병	변동성	(가)
정	축적성	(나)
무	전체성	(다)

갑, 을, 정만 옳은 사례를 제시했고, 병은 ㉠, 무는 ㉡에 해당하는 사례를 제시했어요.

① ㉠은 문화가 세대 간 전승을 통해 더욱 복잡하고 풍부해지는 것임을 의미한다.
② ㉡은 문화가 여러 요소들이 상호 유기적으로 연관되어 나타나는 것임을 의미한다.
③ (가)에는 '내비게이션 등장 이후 운전할 때 종이 지도로 길을 찾는 사람들은 거의 사라졌다.'가 들어갈 수 있다.
④ (나)에는 '예전에는 혈액형으로 성향을 파악했지만, 요즘은 성격 검사 결과를 통해 성향을 파악하는 것을 즐긴다.'가 들어갈 수 있다.
⑤ (다)에는 '팬클럽마다 좋아하는 연예인을 상징하는 색깔을 정하고 그 색깔을 응원에 활용한다.'가 들어갈 수 있다.

06

수능 6번

다음 자료에 대한 설명으로 옳은 것은? [3점]

교사: 문화의 속성 5가지를 서로 다르게 1가지씩 배정했습니다. '자전거'를 소재로 각자 배정받은 속성이 부각된 사례를 말해 볼까요?

갑: 출퇴근 수단으로 ○○국 사람들이 자전거를 떠올리는 것은 A가 부각된 사례입니다.

을: 예전과 다르게 짧은 거리를 이동할 때 택시를 이용하는 대신 자전거를 이용하는 사람이 늘어난 것은 B가 부각된 사례입니다.

병: (가) 은 축적성이 부각된 사례입니다.

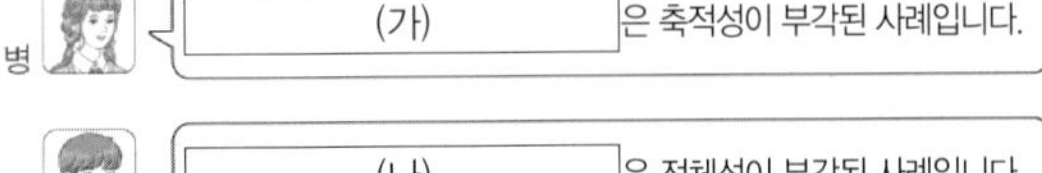

정: (나) 은 전체성이 부각된 사례입니다.

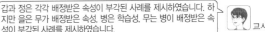

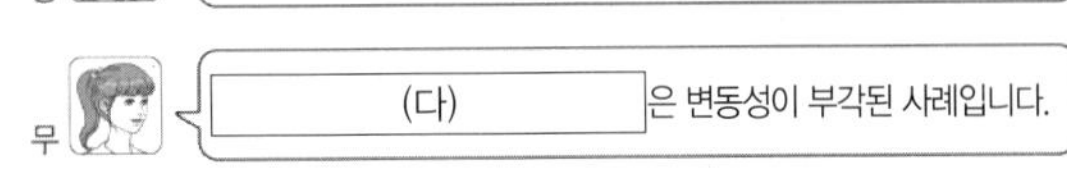

무: (다) 은 변동성이 부각된 사례입니다.

교사: 갑과 정은 각각 배정받은 속성이 부각된 사례를 제시하였습니다. 하지만 을은 무가 배정받은 속성, 병은 학습성, 무는 병이 배정받은 속성이 부각된 사례를 제시하였습니다.

① A는 문화가 시간이 지남에 따라 변화하는 것을 의미한다.
② B는 사회 구성원이 문화를 후천적으로 습득하는 것을 의미한다.
③ (가)에는 '어릴 적 자전거 타는 방법을 부모에게 배워 능숙하게 자전거를 탈 수 있게 된 것'이 들어갈 수 없다.
④ (나)에는 '기존의 자전거에 변속기가 추가되고 충격 흡수 장치가 더해지는 것'이 들어갈 수 있다.
⑤ (다)에는 '자전거 이용자가 늘어나자 기업이 자전거를 이용하는 공유 경제 상품을 개발하고, 정부가 전용 도로를 건설하는 것'이 들어갈 수 있다.

2022년

07

| 6월 모의평가 16번 |

다음 두 사례에 공통적으로 부각되어 있는 문화의 속성에 대한 옳은 진술만을 〈보기〉에서 고른 것은?

ㅇ갑국 사람들은 □□빵을 번영과 풍요의 상징으로 여겨 이 빵을 만드는 방법을 대대로 전수하고 있다. 갑국에서는 □□빵을 칼로 자르는 행위가 불운을 가져온다고 믿으며, 이 빵을 버리거나 던지는 행위도 금기시된다.
ㅇ을국 사람들은 평소 절제를 중시하여 식사조차도 즐거운 행위가 아닌 생명 유지를 위한 행위 정도로 여긴다. 그래서 을국에서는 먹고 싶은 것을 참거나 때때로 단식하는 것을 자랑스럽게 생각한다.

보기
ㄱ. 문화는 시간이 흐르면서 지속적으로 변화한다.
ㄴ. 문화는 세대 간 전승을 통해 점차 복잡하고 풍부해진다.
ㄷ. 문화는 한 사회 구성원 간 원활한 상호 작용의 토대가 된다.
ㄹ. 문화는 특정 상황에서 상대방의 행동 방식을 예측하게 한다.

① ㄱ, ㄴ ② ㄱ, ㄷ ③ ㄴ, ㄷ ④ ㄴ, ㄹ ⑤ ㄷ, ㄹ

제1권 평가원

08

| 9월 모의평가 16번 |

밑줄 친 ㉠~㉥에 대한 설명으로 옳은 것은? [3점]

> 최근 젊은 세대를 중심으로 ㉠짠테크 문화가 유행처럼 번지고 있다. 이는 ㉡과시적 소비를 추구했던 지난 몇 년 전과는 반대의 현상이다. 짠테크 열풍으로 물건을 빌리거나 나누는 사람들이 늘어나면서 ㉢온라인 중개 플랫폼 기술을 활용해 관련 서비스를 제공하는 기업이 급성장하고 있다. 한편 ㉣SNS를 통해 짠테크 방법에 대한 ㉤부정확한 정보가 무차별적으로 유포되어 피해를 입는 경우가 간혹 발생하고 있어 피해 방지를 위해 관련 ㉥법률의 정비가 필요하다.
>
> * 짠테크: 인색하다는 뜻의 '짜다'와 자산 관리의 기법을 일컫는 '재테크'의 합성어로 적은 돈까지 알뜰하게 관리하는 것을 의미함

① ㉠에서 '문화'는 좁은 의미로 사용되었다.
② ㉡에는 문화의 축적성이 부각되어 있다.
③ ㉣은 정보 생산자와 정보 소비자 간 구분이 명확한 매체이다.
④ ㉤은 대중문화의 확산으로 문화의 획일화가 심화되었음을 보여 주는 사례이다.
⑤ ㉥은 ㉢과 달리 비물질문화에 해당한다.

09

수능 16번

밑줄 친 ㉠~㉤에 대한 설명으로 옳은 것은?

> 배트 플립(bat flip)은 야구 경기에서 타자가 홈런을 친 후 ㉠야구 방망이를 던지는 동작으로 자신의 타격을 과시하거나 기쁨을 표현하는 것이다. ㉡배트 플립이 한국 야구에서는 일종의 볼거리로 여겨지지만, 미국 야구에서는 홈런 맞은 투수를 자극하는 행위로 간주되어 금기시된다. 몇 년 전 미국 언론을 통해 한국의 다양한 배트 플립 영상이 소개되어 ㉢한국의 독특한 야구 문화가 화제가 되었다. ㉣미국 야구에 익숙한 사람이라면 한국의 배트 플립 문화가 놀랍고 신기할 수밖에 없었다. 그런데 요즘 미국에서도 배트 플립을 하는 선수가 늘어나면서 이에 대한 여러 반응이 나오고 있다. ㉤배트 플립을 부정적으로 보는 사람이 여전히 많지만, 자기표현에 익숙한 젊은 세대 중 일부는 우호적인 반응을 보이기도 한다.

① ㉠은 비물질문화에 해당한다.
② ㉡에는 문화의 총체성이 부각되어 있다.
③ ㉢에서 '문화'는 넓은 의미로 사용되었다.
④ ㉣에는 문화의 변동성이 부각되어 있다.
⑤ ㉤은 문화 지체의 사례에 해당한다.

2021년

10

| 6월 모의평가 8번 |

밑줄 친 ㉠~㉥에 대한 설명으로 옳은 것은?

> 코로나19의 확산으로 ㉠사회적 거리 두기가 장기화되면서 ㉡'홈코노미(homeconomy)' 문화가 빠른 속도로 확산되고 있다. 이제 집은 단순한 주거 공간이 아니라 재택근무, 온라인 쇼핑을 비롯한 각종 경제 활동을 하고 ㉢문화생활을 즐기는 공간으로 인식되고 있다. 이와 같이 ㉣집을 중심으로 다양한 활동이 이루어지면서 관련 산업들이 급성장하고 있다. 특히 ㉤동영상 전송 기술의 발달과 콘텐츠의 다양화로 인해 콘텐츠 서비스 이용자 수도 폭발적으로 증가하고 있다. 그 결과 ㉥많은 이용자가 한꺼번에 접속하면서 서비스 이용에 장애가 발생하기도 한다.
>
> * 홈코노미: 집(home)과 경제(economy)가 합쳐져서 만들어진 신조어이다.

① ㉠에는 문화의 축적성이 부각되어 있다.
② ㉡과 ㉢에서의 '문화'는 모두 좁은 의미로 사용되었다.
③ ㉣은 문화의 총체성으로 설명할 수 있다.
④ ㉤은 비물질문화에 해당한다.
⑤ ㉥은 문화 지체 현상에 해당한다.

11

| 9월 모의평가 5번 |

밑줄 친 ㉠~㉣에 부각된 문화의 속성에 대한 옳은 설명만을 〈보기〉에서 있는 대로 고른 것은?

> 적에 맞서 전투를 수행하는 기사들의 삶이 찬미되었던 중세 사회에서 ㉠강탈, 격투, 사냥 등은 친숙한 일상 문화였다. 공격성과 가학성을 즐기는 기사들의 욕구는 자유롭게 발산되었다. ㉡폭력성을 발산하는 기사들의 문화를 아이들이 일상적으로 접하면서 따라 했다. 반대로 후대의 사회, 특히 궁정에서는 ㉢자신의 감정을 감추지 못하는 사람을 문명화되지 않은 패배자로 취급하는 문화가 나타났다. ㉣물리적 폭력 수단이 중앙 권력에 집중되자, 일상에서는 폭력을 삼가고 예의와 교양을 중시하는 문화가 확산되었다.

보기

ㄱ. ㉠은 문화가 사회 구성원의 행동을 예측 가능하게 하는 것임을 보여 준다.
ㄴ. ㉣은 문화가 여러 요소들이 상호 유기적으로 연관되어 나타나는 현상임을 보여 준다.
ㄷ. ㉡은 ㉢과 달리 문화가 시간이 흐르면서 형태나 내용이 변화함을 보여 준다.
ㄹ. ㉢은 ㉣과 달리 문화가 상징체계를 통해 전승되면서 보다 풍부하게 축적됨을 보여 준다.

① ㄱ, ㄴ　② ㄱ, ㄷ　③ ㄷ, ㄹ
④ ㄱ, ㄴ, ㄹ　⑤ ㄴ, ㄷ, ㄹ

12

수능 5번

(가)와 달리 (나)에만 부각되는 문화의 속성에 대한 진술로 옳은 것은? [3점]

> (가) 사람의 몸과 정신이 연결되어 있다는 믿음을 가졌던 전통 사회에서는 질병의 원인을 누군가의 원한이나 주술이라고 생각했기 때문에 아픈 사람을 굿으로 치료하려고 하였다. 반면, 질병의 원인을 과학에 근거하여 바이러스나 세균에서 찾는 오늘날에는 누구나 아픈 경우에 병원에 가서 치료하려고 한다.
> (나) 판소리는 북장단에 맞춰 소리, 아니리, 발림을 섞은 전통 민속악이다. 최근에 판소리는 소리꾼의 소리에 베이스, 드럼, 댄스를 더해 남녀노소가 쉽게 즐기는 퓨전 음악으로 재탄생했다. 판소리의 이야기가 갖는 서사성은 유지하면서도 중독성 강한 리듬과 흥겨운 춤이 더해져 판소리와 랩의 경계를 넘나드는 새로운 장르로 발전하고 있다.

① 문화는 상징을 통해 후천적으로 학습된다.
② 문화는 세대를 전승하며 더욱 풍부해진다.
③ 문화는 유기적으로 연결된 총체로서 존재한다.
④ 문화는 시간이 흐르면서 그 형태나 내용이 변화된다.
⑤ 문화는 구성원들의 사고와 행동에 동질성을 갖게 한다.

2020년

13

| 6월 모의평가 16번 |

밑줄 친 ㉠~㉤에 대한 옳은 설명만을 <보기>에서 있는 대로 고른 것은? [3점]

> 갑국에서는 쉬지 않고 열심히 일하는 것을 중요시하던 시절이 있었다. ㉠직장에 회식이 있으면 집에 늦게 들어가는 것을 누구나 당연하게 여기곤 했다. 그러나 최근에는 ㉡평생직장 개념이 사라지면서 직장 내 인간관계 양상과 ㉢조직 문화가 달라지고 있다. 일과 삶의 균형을 중시하고 개인의 행복을 추구하는 사람들이 늘어나게 되었다. ㉣이러한 사회적 분위기가 여행, 레저 등 다양한 영역에 영향을 미쳐 관련 산업이 성장하고 ㉤여가 문화가 활성화되고 있다.

보기
ㄱ. ㉠은 문화를 통해 구성원의 행동 양식을 예측할 수 있음을 보여 준다.
ㄴ. ㉡은 문화가 고정된 것이 아니라 변화하는 것임을 보여 준다.
ㄷ. ㉣은 문화의 각 부분이 독립적으로 존재하지 않음을 보여 준다.
ㄹ. ㉢의 '문화'는 ㉤의 '문화'와 달리 좁은 의미의 문화이다.

① ㄱ, ㄴ ② ㄱ, ㄹ ③ ㄷ, ㄹ
④ ㄱ, ㄴ, ㄷ ⑤ ㄴ, ㄷ, ㄹ

14

| 9월 모의평가 8번 |

밑줄 친 ㉠~㉣에 부각된 문화의 속성에 대한 설명으로 옳지 않은 것은? [3점]

> 최근 복고 문화가 인기를 끌며 '뉴트로'라는 신조어가 생겨났다. 뉴트로는 1020 세대에는 신선함을, 3040 세대에는 ㉠새로운 향수를 불러일으키는 현상이다. 대체로 복고 문화는 경기가 좋지 않을 때 ㉡'그땐 그랬는데'라고 과거를 아름답게 회상하며 유행한다. 하지만 젊은 층의 복고 문화는 ㉢경험해 보지 못한 옛 문화에 현대적인 감각을 입혀 새롭게 받아들이는 현상으로 나타나고 있다. ㉣SNS의 확산이 가져온 뉴트로 열풍은 패션, 예술은 물론 상권에도 영향을 주고 있다.

① ㉠은 한 문화 요소의 변화가 다른 문화 요소에 변화를 가져옴을 보여 준다.
② ㉡은 문화가 사회 성원 간 원활한 상호 작용의 토대가 됨을 보여 준다.
③ ㉢은 문화가 세대 간 전승을 통해 더욱 풍부해짐을 보여 준다.
④ ㉣은 문화의 각 요소가 상호 유기적으로 결합되어 있음을 보여 준다.
⑤ ㉢, ㉣은 모두 문화가 시간의 흐름에 따라 그 형태와 내용이 변화함을 보여 준다.

15

수능 8번

다음 두 사례에서 공통적으로 부각된 문화의 속성에 대한 진술로 가장 적절한 것은?

> ○ A 사회에서는 가족 중 누군가가 사망하면 남은 가족 모두가 흰색 옷을 입고 추모하는 것이 일반적이다.
> ○ B 부족민 일부가 착용한 조개 목걸이와 팔찌는 관광객에게 평범한 장신구로 보이지만, 해당 부족민에게는 사회적 위세를 과시하는 상징물로 여겨진다.

① 고정되어 있지 않고 지속적으로 변화한다.
② 문화 요소들이 관련을 맺으며 하나의 체계를 형성한다.
③ 구성원 간에 사고와 행동의 동질성을 형성하게 해 준다.
④ 새로운 삶의 방식들이 더해지면서 문화 요소가 풍부해진다.
⑤ 한 문화 요소의 변화가 다른 요소의 연쇄적 변화를 가져온다.

필출 주제

10 문화 이해의 태도

평가원의 출제 경향을 파악하라!

6월과 9월 모의평가에서 출제된 문제 유형과 내용이 그해 11월 수능에서 어떠한 흐름으로 이어지며 출제되었는지 분석해 보세요. 2025년 6월과 9월 모의평가를 분석하면 수능을 대비하는 데 큰 도움이 됩니다.

최근 5개년간 얼마나 출제되었나?

구분	6월	9월	수능
2024년	–	○	○
2023년	○	○	○
2022년	○	○	○
2021년	–	○	○
2020년	○	○	○

이 주제에서는 제시되는 조건에 맞는 문화 이해의 태도를 파악하고, 각 태도의 특징을 묻는 문항이 자주 출제되고 있다. 문화 간 우열 평가, 자문화와 타 문화를 이해하는 관점 등을 기준으로 각각의 태도를 구분할 수 있어야 하며, 문화 이해의 태도와 관련된 기본적인 개념과 특징을 상호 비교하면서 정리해야 한다.

2024년에는 어떻게 출제되었나?

6월 모의평가	9월 모의평가	수능
출제되지 않음	다른 문화를 제대로 이해하기 위해 필요한 문화 이해 태도를 파악한 후 이와 관련 있는 내용을 고르는 문항이 출제되었다.	제시된 자료를 통해 문화의 의미와 문화 이해 태도 등을 종합적으로 파악해야 하는 문항이 출제되었다.

반드시 알아야 할 핵심 개념은?

개념	설명
문화 절대주의	문화의 상대성을 부정하는 태도로, 문화를 절대적인 기준으로 평가하고 우열을 가리는 태도
자문화 중심주의	자기 문화의 우수성을 내세워 타 문화를 낮게 평가하는 태도
문화 사대주의	타 문화를 동경하거나 추종한 나머지 자기 문화를 낮게 평가하는 태도
국수주의	자기 나라의 역사나 문화에 대한 우월감을 바탕으로 다른 나라의 역사와 문화 등을 열등하게 여기고 배척하려는 태도
문화 상대주의	문화를 우열 평가가 아닌 이해의 대상으로 간주하며, 각 문화가 해당 사회의 맥락에서 갖는 고유한 의미를 존중하려는 태도
극단적 문화 상대주의	모든 문화는 나름대로의 가치가 있다고 하여 생명 존중이나 인간의 존엄성과 같은 인류의 보편적 가치를 부정하는 문화 현상에 대해서도 그 의미나 가치를 인정하려는 태도

2024년

01

| 9월 모의평가 11번 |

(가)에 들어갈 수 있는 내용으로 가장 적절한 것은?

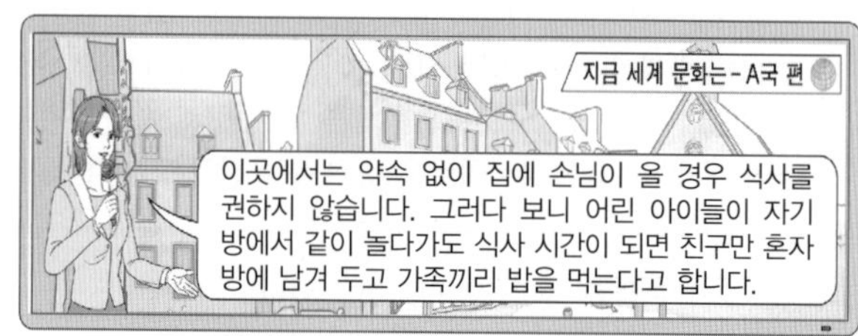
지금 세계 문화는 - A국 편
이곳에서는 약속 없이 집에 손님이 올 경우 식사를 권하지 않습니다. 그러다 보니 어린 아이들이 자기 방에서 같이 놀다가도 식사 시간이 되면 친구만 혼자 방에 남겨 두고 가족끼리 밥을 먹는다고 합니다.

갑: A국의 식사 문화는 손님에 대한 예의가 없는 것 같아.
을: A국에서는 자기 가족끼리만 식사를 하는 것이 오랜 전통이야. 이런 문화가 우리와 달라서 이상하게 보일 수 있지만 틀렸다고 생각하면 안 돼. 서로 다른 문화를 제대로 이해하려면 각 사회 문화를 [(가)]

① 비교하며 평가하는 대상으로 여겨야 해.
② 인류의 보편적 가치를 기준으로 평가해야 해.
③ 동경심을 가지고 받아들이려는 태도를 취해야 해.
④ 타문화보다 자문화가 우수하다는 태도로 판단해야 해.
⑤ 그 사회의 특수한 환경과 사회적 맥락에서 바라봐야 해.

02

수능 11번

다음 자료에 대한 설명으로 옳은 것은?

㉠대부분의 사회에는 고인(故人)을 떠나보낼 때 치르는 의례가 존재하며, 세계 각지에는 다양한 ㉡장례 문화가 있다. ○○족은 깊은 산이나 들녘에 서 있는 ㉢나무 위에 시신을 두는 방식으로 장례를 치른다. 어떤 사람들은 이런 방식을 ㉣자신의 문화를 기준으로 비인간적이고 기이한 관습이라 폄하한다. 하지만 ○○족의 장례 문화는, 조상의 정령이 후손을 외부의 위험으로부터 보호해 준다는 ㉤종교적 믿음의 결과물이다. 이처럼 해당 사회의 맥락에서 각 문화가 갖는 고유한 의미를 파악하려면 [(가)]하는 태도를 지녀야 한다.

① ㉠은 문화의 특수성을 나타낸다.
② ㉡에서 '문화'는 좁은 의미의 문화이다.
③ ㉢은 비물질문화에, ㉤은 물질문화에 해당한다.
④ ㉣과 같은 태도는 국수주의로 변질될 수 있다는 비판을 받는다.
⑤ (가)에는 '자기 문화를 낮추고 타 문화의 우수성을 동경'이 적절하다.

2023년

03

| 6월 모의평가 9번 |

밑줄 친 ㉠과 같은 문화 이해 태도에 부합하는 진술만을 〈보기〉에서 있는 대로 고른 것은? [3점]

> ○○족 문화를 연구하러 현지 조사를 떠난 A는 우연히 마을 장로들과 셰익스피어의 햄릿에 대하여 대화를 나누게 된다. 햄릿은 아버지의 갑작스러운 죽음 이후, 아버지 대신 왕이 된 삼촌과 어머니의 결혼에 괴로워하던 햄릿이 아버지를 죽인 삼촌에게 복수하는 이야기이다. 그런데 형이 죽으면 동생이 형수와 결혼하는 것을 당연시하고, 아버지의 복수를 아들이 직접 하는 것도 금지하는 ○○족 사회에서 햄릿의 행동은 전혀 다르게 해석되었다. 그들과의 대화를 통해 A는 보편적으로 통용될 것이라 믿었던 햄릿에 대한 해석도 특정 문화의 관점에서 만들어진 것에 불과하다는 것을 알게 되었다. 이를 통해 타 문화를 이해하기 위해서는 그 사회의 문화가 형성되는 상황이나 맥락을 고려하는 ㉠문화 이해 태도가 중요하다는 사실을 깨닫게 되었다.

보기

ㄱ. 이웃 나라에서 체면을 중시하는 문화가 왜 지배적인지 그 사회 내부의 논리와 체계 속에서 이해할 필요가 있어.
ㄴ. 음식을 손으로 집어 먹는 우리 문화는 열등해. 서구 사회처럼 포크와 나이프를 사용하는 세련된 문화를 받아들여야 해.
ㄷ. 시신을 화장하는 우리의 장례 문화와 비교할 때, 시신을 새나 다른 동물의 먹이로 들판에 방치하는 △△부족의 관습은 너무 야만적이야.

① ㄱ ② ㄴ ③ ㄱ, ㄷ ④ ㄴ, ㄷ ⑤ ㄱ, ㄴ, ㄷ

04

| 9월 모의평가 12번 |

갑~병의 문화 이해 태도에 대한 설명으로 옳은 것은?

여행 가서 B국 피자를 먹어 본 이후로 □□ 피자는 쳐다보지도 않아요. 우리나라에서 피자를 만드는 사람들은 B국의 정통 피자 조리법을 그대로 따라야 합니다.
□□ 피자는 피자의 본고장인 우리나라 피자와 비교하면 식재료의 맛이 너무 달라 피자라고 볼 수 없습니다. 저는 이 음식에 피자라는 이름을 붙이는 것조차 불쾌합니다.
□□ 피자는 A국 고유의 식재료로 국민들의 입맛에 맞추어 만든 피자입니다. 그 나라의 상황에 맞게 만들어진 음식이므로 그 자체로 존중받아야 합니다.
A국의 □□ 피자에 대해 어떻게 생각하십니까?
진행자
A국 국민 갑
B국 국민 을
C국 국민 병

① 갑의 태도는 선진 문물 수용에 소극적이라는 비판을 받는다.
② 을의 태도는 문화 제국주의로 변질될 수 있다는 비판을 받는다.
③ 병의 태도는 특정 문화를 기준으로 타 문화를 평가한다는 비판을 받는다.
④ 갑의 태도는 을의 태도와 달리 타 문화와의 마찰을 일으킬 수 있다는 비판을 받는다.
⑤ 을의 태도는 병의 태도와 달리 자기 문화의 정체성을 상실할 수 있다는 비판을 받는다.

05

수능 16번

갑~병의 문화 이해 태도에 대한 설명으로 옳은 것은?

A국 사람들은 동료들과 함께 식사해도 자신이 먹은 음식 값은 각자 지불해. A국 사람들의 세련되고 진보한 문화를 우리 사회가 본받았으면 좋겠어.

나는 연장자나 모임을 주최한 사람이 기분 좋게 음식 값을 모두 지불하는 우리의 문화가 훌륭하다고 생각해. 오히려 A국 사람들이 우리 문화를 본받아야 해.

A국의 문화도, 우리의 문화도 모두 의미가 있지. 무엇이 더 훌륭한지를 판단할 게 아니라 왜 그런 문화가 생겼는지 그 사회의 맥락을 살펴보는 것이 필요해.

갑

을

병

① 갑의 태도는 선진 문물 수용에 적극적이지 않다는 비판을 받는다.
② 을의 태도는 자국의 문화 정체성을 약화한다는 비판을 받는다.
③ 병의 태도는 문화 제국주의로 나아갈 수 있다는 비판을 받는다.
④ 갑, 을의 태도는 모두 문화의 다양성을 저해할 수 있다는 비판을 받는다.
⑤ 을, 병의 태도는 모두 특정 문화를 기준으로 문화 간 우열을 가린다는 비판을 받는다.

2022년

06

| 6월 모의평가 5번 |

문화 이해의 태도 A~C에 대한 설명으로 옳은 것은? (단, A~C는 각각 자문화 중심주의, 문화 사대주의, 문화 상대주의 중 하나임.)

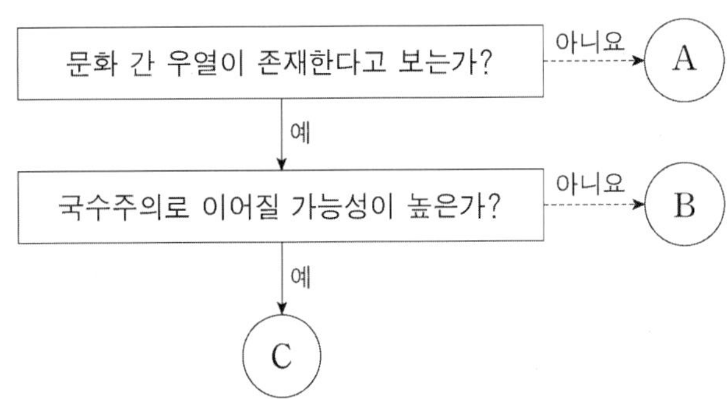
문화 간 우열이 존재한다고 보는가?
아니요
A
예
국수주의로 이어질 가능성이 높은가?
아니요
B
예
C

① A는 각 사회의 문화를 해당 사회의 맥락에서 바라본다.
② B는 자문화를 다른 사회에 이식하는 것을 당연시한다.
③ C는 모든 문화가 동등한 가치를 지닌다고 본다.
④ A는 B와 달리 특정 사회의 문화를 기준으로 타 문화를 평가할 수 있다고 본다.
⑤ '문화 다양성 보존에 기여하는가?'라는 질문으로 A와 C를 구분할 수 없다.

07

| 9월 모의평가 17번 |

그림의 A~C에 대한 설명으로 옳은 것은? (단, A~C는 각각 자문화 중심주의, 문화 사대주의, 문화 상대주의 중 하나임.)

〈서술형 평가〉

문항 1 A, C와 달리 B에만 해당하는 특징 하나를 서술하시오.
자기 문화의 정체성을 상실할 우려가 있다. (점수: 1점)

문항 2 B, C와 달리 A에만 해당하는 특징 하나를 서술하시오.
문화의 다양성을 보존하는 데 기여한다. (점수: 0점)

※ 문항별로 각각 채점하고 맞으면 1점, 틀리면 0점을 부여함

① A는 타 문화를 수용하는 데 적극적이다.
② B는 국수주의로 변질될 수 있다는 비판을 받는다.
③ A는 C와 달리 특정 문화를 기준으로 타 문화를 평가한다.
④ A는 B, C와 달리 타 문화에 대한 긍정적 인식에서 비롯된다.
⑤ C는 A, B에 비해 타 문화와 문화적 마찰을 일으킬 가능성이 높다.

08

수능 11번

다음은 문화 이해의 태도 A~C를 구분하는 질문에 대한 학생의 답변과 교사의 채점 결과이다. 이에 대한 설명으로 옳은 것은? (단, A~C는 각각 자문화 중심주의, 문화 사대주의, 문화 상대주의 중 하나임.) [3점]

질문	답변	
	갑	을
A는 B, C와 달리 특정 사회의 문화를 기준으로 자문화를 낮게 평가하는가?	예	예
C는 A, B와 달리 국수주의로 변질될 수 있다는 비판을 받는가?	예	아니요
(가)	㉠	아니요
(나)	㉡	예
점수	4점	2점

* 교사는 질문별로 각각 채점하고, 각 질문당 옳은 답변을 쓴 경우는 1점, 틀린 답변을 쓴 경우는 0점을 부여함

① ㉠이 '예'라면, (나)에는 'C는 B와 달리 문화 간 우열을 평가할 수 없다고 보는가?'가 들어갈 수 있다.
② ㉡이 '아니요'라면, (가)에는 'A는 C와 달리 타 문화와의 마찰을 초래할 가능성이 큰가?'가 들어갈 수 없다.
③ (가)가 'B는 A와 달리 문화의 다양성을 보존하는 데 기여하는가?'라면, ㉡은 '아니요'이다.
④ (나)가 'B는 C와 달리 자기 문화의 가치만을 중시하는가?'라면, ㉠은 '아니요'이다.
⑤ (가)가 'A는 B와 달리 자문화의 정체성을 상실할 수 있다는 비판을 받는가?'라면, (나)에는 'C는 A와 달리 타 문화를 무비판적으로 수용할 가능성이 높은가?'가 들어갈 수 있다.

2021년

09

| 9월 모의평가 16번 |

문화 이해 태도 A~C에 대한 설명으로 옳은 것은? (단, A~C는 각각 문화 사대주의, 문화 상대주의, 자문화 중심주의 중 하나이다.)

○ A 는 자기 문화의 우수성을 지나치게 강조하여 다른 문화를 부정적으로 여기고 낮게 평가하는 태도이다.
○ B 는 다른 문화의 우수성을 내세워 자기 문화의 가치를 부정적으로 여기고 낮게 평가하는 태도이다.
○ C 는 해당 사회의 맥락에서 각 문화가 가지는 고유한 의미를 이해하고 존중하려는 태도이다.

① A는 국수주의로, B는 문화 제국주의로 나아갈 수 있다는 비판을 받는다.
② 타 문화와의 공존에 대해 A는 부정적인 태도를, C는 긍정적인 태도를 보인다.
③ A, B는 자기 문화의 정체성 유지에, C는 문화 간 갈등 예방에 기여한다는 평가를 받는다.
④ '문화 다양성 보존에 기여하는가?'라는 질문으로 A, B를 C와 구분할 수 없다.
⑤ '문화 간에 우열이 존재한다고 보는가?'라는 질문으로 A를 B, C와 구분할 수 있다.

10

수능 14번

다음 자료에 대한 설명으로 옳은 것은? [3점]

[학습 자료]
문화 이해 태도 A~C는 각각 문화 사대주의, 문화 상대주의, 자문화 중심주의 중 하나이다. "문화를 평가의 대상으로 보는가?"라는 질문으로 A, B는 C와 구분되고, "자문화의 정체성을 상실할 우려가 있는가?"라는 질문으로 B, C는 A와 구분된다.

소몰이 축제 소개

800년의 전통을 이어온, 일명 '거리의 투우'라고 불리는 이 축제에서는 날카로운 뿔을 가진 거구의 황소와 빨간 스카프를 두른 수천 명의 사람들이 함께 달리는 모습을 볼 수 있습니다. …(중략)…

↳ 갑: 역시 우리 나라 소몰이 축제는 세계인이 봐야 할 최고의 문화예요. 역사가 짧은 다른 나라에서는 감히 흉내도 못 낼걸요.
↳ 을: 맞아요. 매년 외국 여행 때 이 축제를 경험했는데 웅장한 규모와 분위기가 진짜 최고예요. 반면 우리 나라 축제는 정말 부끄러워요.
↳ 병: 하지만 황소가 처참하게 죽잖아요. 이게 무슨 축제입니까? 동물의 생명을 보호하기 위해서는 폐지해야 해요.

① 갑의 문화 이해 태도는 A에 해당한다.
② 을의 문화 이해 태도는 B에 해당한다.
③ 병의 문화 이해 태도는 C에 해당한다.
④ B는 A, C와 달리 국수주의로 나아갈 수 있다는 비판을 받는다.
⑤ C는 해당 사회의 맥락에서 문화를 존중하고, A, B는 인류 보편 가치를 기준으로 문화를 평가한다.

2020년

11

| 6월 모의평가 3번 |

다음은 문화 이해의 태도를 구분하기 위한 질문과 답변이다. 자문화 중심주의, 문화 사대주의, 문화 상대주의 중 하나의 태도에서 일관되게 응답한 학생은?

질문 \ 학생	갑	을	병	정	무
문화 간에 우열이 존재한다고 보는가?	×	○	○	○	×
문화 제국주의로 변질될 가능성이 있다는 비판을 받는가?	○	○	×	×	○
문화를 평가가 아닌 이해의 대상으로 보는가?	×	×	○	○	×
자신의 문화가 상대적으로 열등하다고 보는가?	○	×	○	×	×

(○: 예, ×: 아니요)

① 갑 ② 을 ③ 병 ④ 정 ⑤ 무

12

| 9월 모의평가 17번 |

갑~병의 문화 이해 태도에 대한 설명으로 옳은 것은?

교사: ○○족의 △△ 축제에 대해 자신의 의견을 이야기해 봅시다.
갑: 과도하게 증가한 돼지 개체 수가 ○○족의 생존 기반이 되는 경작지를 위협하기 때문에 돼지를 대규모로 도축하는 것입니다. 이 축제는 부족의 생존에 필요한 적정한 규모의 경작지를 확보하기 위한 그들만의 방법이라고 생각합니다.
을: ○○족이 축제를 위해 돼지 전체 개체 수의 4분의 3을 도축하는 것은 야만적입니다. 또한 그 고기를 먹기 위해 요리하는 과정도 우리나라의 위생 관념에 비춰 봤을 때 불결하다고 생각합니다.
병: ○○족의 축제가 고단백질을 얻기 위한 그들만의 방법임을 인정해야 합니다. 하지만 그 축제가 대다수 사람들이 소중하게 생각하는 생명 존중의 가치를 훼손하지 않는지 생각해 봐야 합니다.

① 갑의 태도는 문화를 이해가 아닌 평가의 대상으로 본다.
② 을의 태도는 문화의 다양성 보존에 기여한다.
③ 병의 태도는 극단적 문화 상대주의의 입장을 대변하고 있다.
④ 갑, 병의 태도는 을의 태도와 달리 문화를 해당 사회의 맥락에서 바라보고 있다.
⑤ 을, 병의 태도는 갑의 태도와 달리 타 문화에 대한 긍정적 인식에서 비롯된다.

13

수능 4번

갑, 을의 문화 이해 태도에 대한 설명으로 옳은 것은?

○ 갑은 외국에서 유학을 온 일부 학생들이 종교 의례에 참석하기 위해 특정 요일의 수업에 결석하는 모습을 보고, 자국의 생활 양식에 비해 뒤떨어진 문화라고 생각하였다.
○ 이주민인 신입 사원이 자신이 속한 문화권에서는 술을 마시거나 접촉하는 것을 금기시한다며 술 판매 업무를 할 수 없다고 하자, 관리자 을은 그 금기가 해당 문화권에서 매우 중요한 것임을 인정하여 다른 업무를 배정하였다.

① 갑의 태도는 자문화 정체성을 상실할 우려가 있다는 비판을 받는다.
② 을의 태도는 국수주의로 변질될 수 있다는 비판을 받는다.
③ 갑의 태도는 을의 태도와 달리 각 사회의 문화가 동등한 가치를 지닌다고 본다.
④ 을의 태도는 갑의 태도와 달리 문화의 다양성 확보에 유리하다.
⑤ 갑, 을의 태도는 모두 특정 사회의 문화를 기준으로 타 문화를 평가할 수 있다고 본다.

필출 주제

11 다양한 하위문화

평가원의 출제 경향을 파악하라!

6월과 9월 모의평가에서 출제된 문제 유형과 내용이 그해 11월 수능에서 어떠한 흐름으로 이어지며 출제되었는지 분석해 보세요. 2025년 6월과 9월 모의평가를 분석하면 수능을 대비하는 데 큰 도움이 됩니다.

최근 5개년간 얼마나 출제되었나?

구분	6월	9월	수능
2024년	○	○	○
2023년	○	○	○
2022년	○	○	○
2021년	○	○	○
2020년	○	○	○

이 주제에서는 제시된 문화 현상을 분석하여 주류 문화, 하위문화, 반문화를 파악하고 이들의 기능과 장단점 등을 비교하는 문항이 자주 출제되고 있다. 최근에는 자료에 나타난 대중문화의 기능을 묻는 문항이 함께 출제되고 있으므로 이에 대한 대비도 필요하다.

2024년에는 어떻게 출제되었나?

6월 모의평가
제시된 자료에 나타난 대중문화의 특성을 고르는 문항과 갑국의 문화와 관련된 자료를 분석한 후 주류 문화, 하위문화, 반문화를 구분하여 옳은 설명을 고르는 문항이 출제되었다.

➡

9월 모의평가
제시된 두 사례에서 공통적으로 도출할 수 있는 대중문화의 기능을 고르는 문항이 출제되었다.

➡

수능
제시된 자료를 통해 주류 문화, 하위문화, 반문화와 관련된 사례를 파악하는 문항과 필자가 강조하는 대중이 가져야 할 자세를 고르는 문항이 출제되었다.

반드시 알아야 할 핵심 개념은?

주류 문화	한 사회 구성원이 전반적으로 공유하는 문화
하위문화	한 사회 내에서 특정 집단의 구성원들이 공유하는 문화
지역 문화	전체 사회를 구성하는 다양한 지역 내에서 나타나는 고유한 생활 양식
세대 문화	공통의 경험을 바탕으로 하여 형성된 일정 범위의 연령층이 공유하는 문화
청소년 문화	한 사회의 청소년에 해당하는 연령대 인구가 공유하는 문화
반(反)문화	한 사회의 구성원 전체가 따르고 누리는 지배적인 문화에 저항하거나 대립하는 문화

2024년

01 | **6월** 모의평가 **6**번 |

(가)에 들어갈 수 있는 내용으로 가장 적절한 것은?

중요한 결승 경기라서 그런지 화면이 온통 광고 투성이야! 도대체 경기에 집중할 수가 없네.

그건 대중문화가 ((가)) 때문이야. 마찬가지로 요즘 드라마에도 뜬금없이 상품을 노출해서 집중이 안 돼!

① 계층 간 문화적 차이를 줄이기
② 지나치게 상업적인 성격을 띠기
③ 개인의 독창성과 개성을 약화시키기
④ 선정적이고 폭력적인 내용을 담고 있기
⑤ 사회 문제에 대한 대중의 관심을 다른 곳으로 돌리기

02 | **6월** 모의평가 **8**번 |

다음 자료에 대한 설명으로 옳은 것은? (단, A~C는 각각 주류 문화, 하위문화, 반문화 중 하나임.)

교사: 이번 시간에는 A, B, C에 대해 배워 봅시다. 아래 자료에서 ㉠은 A, ㉡은 B에 해당합니다. C는 아래 자료상으로는 확인할 수 없습니다.

> 19세기 중반부터 20세기 중반까지 다수의 유럽계 이민자들이 갑국의 ○○지역으로 이주해 왔다. 이들은 주로 ○○지역의 부두 주변에 정착하여 빈민촌을 이루고 살았다. 당시 이민자들이 고된 노동을 잊고 고향을 그리워하며 뒷골목에서 추던 ㉠춤은 시간이 흐르면서 대중화되었고 이것은 오늘날 갑국 국민들 누구나 즐기는 ㉡춤으로 발전하였다.

① A는 전체 사회의 문화적 다양성을 높이는 데 기여한다.
② B는 A와 C의 총합으로 구성된다.
③ A와 달리 B는 해당 문화를 향유하는 구성원들의 유대감 형성에 기여한다.
④ B와 달리 A는 한 사회의 지배적인 문화에 저항하거나 대립하는 문화이다.
⑤ ㉠에서 ㉡으로의 변화는 주류 문화가 하위문화로 변한 사례이다.

03

| 9월 모의평가 16번 |

다음 두 사례에서 공통적으로 도출할 수 있는 대중문화의 기능으로 가장 적절한 것은?

> ○ 의료 지식, 법률 지식과 같이 오랜 기간 숙련을 통해 얻는 전문 지식은 소수의 특권이었다. 하지만 의무 교육의 확산과 TV, 인터넷을 통한 정보 공유로 대다수 사람이 응급 상황이나 법적 분쟁에 어느 정도 대처할 수 있게 되었다.
> ○ 과거에 골프는 상류층이 즐기는 스포츠라는 인식이 강했다. 하지만 산업화로 인해 대중의 경제적 수준이 높아지고, 스포츠 미디어의 활성화로 인해 골프가 대중에게 친숙해지면서 예전보다 많은 사람이 골프를 즐기게 되었다.

① 오락 및 여가의 기회를 제공하여 삶의 질을 높인다.
② 고급문화를 대중화하여 평균적인 문화 수준을 높인다.
③ 성숙한 시민 의식을 제고하여 사회의 다원화에 기여한다.
④ 소수에게 집중된 권력을 견제하여 민주주의를 발전시킨다.
⑤ 대중을 수동적인 문화 소비자에서 주체적 생산자로 만든다.

04

수능 6번

밑줄 친 ㉠~㉤에 대한 설명으로 옳은 것은? [3점]

> 갑국에서는 손을 씻으면 영혼이 오염되어 목숨이 위험해진다는 ㉠전통적 믿음 때문에 손을 잘 씻지 않는 관습이 있었다. 이로 인해 많은 사람이 감염병으로 목숨을 잃었다. 한 의사가 손씻기로 건강을 유지하고 생명을 지킬 수 있다는 사실을 알리면서 갑국의 A 지역에서는 ㉡손을 잘 씻는 문화가 형성되었다. ㉢이러한 문화가 조금씩 퍼져 나가자 대다수 갑국 사람들은 자신들의 믿음을 해친다는 이유로 A 지역 사람을 비난하며 ㉣자신들의 문화를 지키기 위해 저항하였다. 갑국에서 감염병이 유행했을 때, A 지역 사망률은 다른 지역에 비해 현저히 낮았다. 손 씻는 간단한 행위로 질병을 예방할 수 있다는 사실을 깨닫자 갑국에서는 ㉤손을 잘 씻어 위생 관리를 철저히 하는 생활 습관이 보편화되었다.

① ㉠은 지배 세력에 반발하여 사회 통합이 이루어진 사례이다.
② ㉡은 주류 문화가 하위문화로 변한 사례이다.
③ ㉢은 문화 변동이 빠르게 진행되어 나타난 문화 지체 사례이다.
④ ㉣은 지역 문화가 주류 문화에 대항한 반문화 사례이다.
⑤ ㉤은 하위문화가 주류 문화로 변한 사례이다.

05

수능 7번

다음 글에서 필자가 강조하는 현대 사회의 대중이 가져야 할 자세로 가장 적절한 것은?

> 급변하는 세상에서 사람들은 무한히 제공되는 정보를 모두 살펴볼 여유가 없다. 그로 인해 사회 이슈를 직관적으로 이해할 수 있게 가공한 콘텐츠들이 인기를 얻는다. 사람들은 가공된 콘텐츠를 소비할 때 자신이 정보를 찾고 스스로 생각해 판단한다고 느낀다. 하지만 해당 콘텐츠에는 제작자의 편향된 시각이 반영되어 있어 정보를 받아들이는 대중은 제작자의 시각에 동화된다. 이처럼 사유를 외주화하는 사람들이 많아지면 비슷한 생각을 가진 사람들이 폐쇄적 집단에 머물며 다른 생각을 가진 사람들을 배척하는 상황이 발생한다. 이는 다원화된 민주 사회의 형성을 어렵게 만든다. 디지털 기술이 정보의 소비 선택성과 생산 주체성을 높여 줄 수는 있지만 그 자체가 지성적인 대중을 만드는 것은 아니다. 개인은 지성적 사유의 주체가 되어야 한다.

① 정보 기기에 대한 과도한 의존을 경계한다.
② 정보를 비판적으로 분석하고 평가하는 능력을 함양한다.
③ 문화의 질적 저하 방지를 위해 지나친 상업성을 경계한다.
④ 문화의 다양성 제고를 위해 콘텐츠 생산에 적극적으로 참여한다.
⑤ 표현의 자유를 이유로 타인의 권리를 침해하지 않도록 유의한다.

2023년

06

| 6월 모의평가 13번 |

다음 자료에 대한 옳은 설명만을 〈보기〉에서 고른 것은?

1945년 이후 침략국이자 패전국인 독일이 취한 태도는 망각이었다. 독일 사회는 전쟁 희생자를 애도하기 위한 공적 의례를 하지 않았다. 전쟁의 상처가 생생하게 남아 있는 사회에서 사람들은 과거에 대해 침묵으로 일관했다. 1950년대에도 지속된 ㉠'침묵의 연합'이라는 사회 전반적인 풍토에 균열이 생긴 결정적 계기는 전후 세대의 등장이었다. 특히 1960년대 후반부터 일어난 학생 봉기는 전쟁 희생자로 자신들을 포장해 온 부모 세대를 맹렬히 비난하면서 전쟁에 대한 죄의식의 부재를 공적 논쟁의 장으로 끌어냈다. 전쟁의 기억과 책임 문제를 둘러싼 세대 간 갈등은 투쟁의 양상을 띠며 심화되었다. 당시 젊은 세대가 공유했던 ㉡'집합적 죄의식'은 1970년대에 접어들면서 공적 의례의 중심 서사가 되고 대중문화의 소재로 빈번히 사용되는 등 독일 사회의 지배적인 기억 문화가 되어 갔다.

보기

ㄱ. 1950년대 독일 사회에서 ㉠은 하위문화이다.
ㄴ. 1960년대 후반 독일 사회에서 ㉡은 반문화의 성격을 띤다.
ㄷ. ㉡은 ㉠과 달리 독일 사회의 지역 문화이다.
ㄹ. 지배적인 가치에 도전하는 문화가 주류 문화로 변화한 사례가 나타난다.

① ㄱ, ㄴ ② ㄱ, ㄷ ③ ㄴ, ㄷ ④ ㄴ, ㄹ ⑤ ㄷ, ㄹ

07

| 9월 모의평가 2번 |

A~C에 대한 설명으로 옳은 것은? (단, A~C는 각각 주류 문화, 하위문화, 반문화 중 하나임.)

유일신을 숭배하는 □□교를 오랜 기간 국교(國敎)로 유지하고 있는 갑국에 조상신을 숭배하는 ○○교가 유입되었다. 갑국에서 ○○교는 처음에는 일부 집단만이 공유한 A였다. 그런데 ○○교 신자들이 갑국의 B인 □□교가 숭배하는 유일신을 부정하면서 ○○교는 C의 성격을 가지게 되었다.

① A는 B와 달리 시대에 따라 상대적으로 규정된다.
② B는 C와 달리 문화 다양성 증가에 기여한다.
③ C는 A, B와 한 사회에서 공존할 수 없다.
④ A, B는 C와 달리 해당 문화를 향유하는 구성원의 정체성 강화에 기여한다.
⑤ C는 A에 해당하지만, A가 B에 해당하는 것은 아니다.

08

수능 9번

다음 두 사례에서 공통적으로 도출할 수 있는 내용으로 가장 적절한 것은?

- 갑국의 빈민가 출신 젊은이들은 주류 사회의 가치관에 상충하는 요소들을 의식적으로 드러내는 새로운 장르의 음악을 만들어 냈다. 그런데 해당 장르가 음악 산업의 주류로 자리 잡으면서 본연의 색채를 잃었다는 평가를 받고 있다.
- 을국의 일부 젊은이들은 사회 전반에 퍼진 삶의 방식이 지나치게 경쟁적이고, 이기적이며, 물질 중심적이라고 비판하며 그들만의 새로운 삶의 양식을 만들어 나갔다. 이들은 물질 소유를 최소화하고 인간으로서 정신적 성장을 중시하는 삶의 양식을 추구하였다.

① 반문화는 전체 사회에서 주류 문화가 된다.
② 하위문화와 반문화는 모두 세대 간 갈등의 원인이 된다.
③ 주류 문화에 대항하는 구성원에 의해 반문화가 형성된다.
④ 주류 문화와 하위문화는 모두 사회의 안정과 통합에 기여한다.
⑤ 반문화는 주류 문화로 변화하는 과정에서 정체성이 상실된다.

2022년

09

| 6월 모의평가 11번 |

하위문화의 사례 (가), (나)에 대한 설명으로 옳은 것은? [3점]

(가) 갑국의 A 집단은 현대 문명에 대한 저항의 표시로 자동차 대신 마차를 이용하거나 걸어 다닌다. 이들은 주류 사회의 가치를 전수하는 학교에 자녀를 보내지 않으며 자신들만의 신념에 따른 전통을 고수한다.
(나) 을국의 젊은 층에서는 중고 거래 플랫폼이 상용화되었다. 이들에게 플랫폼을 통한 중고 거래는 단순히 물건을 사고파는 것을 넘어 환경, 지역 사회와의 유대감 등 다양한 가치를 추구하는 행위로, 기성세대와 구별되는 새로운 행동 양식으로 자리 잡았다.

① (가)에서는 문화가 지나치게 상품화되는 경향이 나타난다.
② (가)에서는 하위문화가 기존의 주류 문화로 대체되는 과정이 나타난다.
③ (나)에서는 세대 문화가 전체 사회의 문화를 다양하게 하는 양상이 나타난다.
④ (나)에서는 주류 문화를 거부하며 새로운 가치를 추구하는 양상이 나타난다.
⑤ (가), (나)에서는 모두 비물질문화의 변동 속도를 물질문화의 변동 속도가 따라가지 못하는 현상이 나타난다.

10

| 9월 모의평가 3번 |

A~C에 대한 설명으로 옳은 것은? (단, A~C는 각각 주류 문화, 하위문화, 반문화 중 하나임.)

> 'A는 한 사회의 구성원 대다수가 공유하는 문화이다.'라는 진술은 거짓이다. '한 사회에서 특정 지역의 문화는 C에 해당한다.'라는 진술은 참이다. 'A와 C의 총합으로 B를 설명할 수 없다.'라는 진술은 참이다.

① 모든 A는 C에 해당한다.
② B는 한 사회 내에서 A와 양립할 수 없다.
③ C는 A와 달리 주류 집단에게 일탈로 규정되기도 한다.
④ B는 C와 달리 사회 변화에 따라 A가 되기도 한다.
⑤ A는 B, C와 달리 사회 전체의 동질성을 높이는 데 기여한다.

11

수능 13번

다음 글에서 파악할 수 있는 내용으로 가장 적절한 것은?

> 요즘 한글 자모를 모양이 비슷해 보이는 다른 자모로 바꾸어 표현하는 언어유희를 볼 수 있다. 'ㄸ'과 'ㅣ'를 합쳐 '며'를 만들어 '명작'을 '띵작'으로 표기하는 것이 그 예다. 온라인에서 이러한 신조어를 만들거나 사용하는 것이 젊은 세대 사이에서 하나의 놀이 문화로 자리 잡았고, 그들의 소통을 위한 매개로 활용되면서 서로 간의 친밀감을 높이고 있다. 하지만 신조어를 잘 모르는 대다수의 기성세대는 말의 의미를 이해하지 못해 혼란스러워하기도 한다. 이로 인해 세대 간 소통 단절을 불러올 수 있다는 우려가 제기된다.
>
> 명작 ㄸ ㅣ 띵작

① 하위문화가 주류 문화를 대체한다.
② 세대 간 문화의 이질성이 약화된다.
③ 대중 매체가 고급문화의 대중화를 견인한다.
④ 특정 세대가 새로운 가치를 추구하며 주류 문화에 저항한다.
⑤ 특정 하위문화가 해당 문화를 향유하는 구성원들의 유대감 형성에 기여한다.

2021년

12

| 6월 모의평가 3번 |

다음 대화에 대한 설명으로 옳은 것은? (단, A~C는 각각 주류 문화, 하위문화, 반문화 중 하나이다.)

> 교사: 지난 시간에 배운 A, B, C에 대해 발표해 볼까요?
> 갑: 1960년대 미국의 히피 문화는 A이자 C의 사례에 해당합니다.
> 을: 모든 A는 C에 해당하지만 모든 C가 A에 해당하는 것은 아닙니다.
> 병: ______________ (가) ______________
> 교사: 갑, 을, 병 모두 옳게 발표하였습니다.

① 타 지역에서도 즐기는 특정 지역의 음식은 A의 사례에 해당한다.
② A는 B와 달리 한 사회 구성원 대부분이 공유하는 문화이다.
③ B는 C와 달리 전체 사회의 문화적 다양성 증진에 기여한다.
④ B는 A와 C의 총합으로 구성된다.
⑤ (가)에는 'C는 사회 변화에 따라 B가 되기도 합니다.'가 들어갈 수 있다.

13

| 9월 모의평가 19번 |

하위문화 유형 (가), (나)의 일반적인 특징에 대한 옳은 설명만을 〈보기〉에서 고른 것은? [3점]

유형	사례
(가)	갑국의 음식 문화는 주식인 밥에 다양한 반찬을 곁들여 먹는 것을 기본 형태로 한다. 하지만 기후와 지형 등에 따라 산물이 다르기 때문에 지역별로 즐겨 먹는 반찬이 다르다. 북쪽 지역은 간이 약하고 담백한 반찬이, 남쪽 지역은 간이 강하고 자극적인 반찬이 주를 이룬다.
(나)	을국에서는 종교적 전통을 중시하여 경찰이 일상의 풍속까지 세세하게 단속할 정도로 사람들의 자유를 제한하였다. 이러한 정부의 강력한 통제에 불만을 가진 일부 집단에서는 저항의 표시로 남성들은 관습적으로 길러 온 수염을 짧게 잘랐고, 여성들은 긴 치마 대신 짧은 반바지를 입고 다녔다.

> 보기
> ㄱ. (가)는 주류 집단에 의해 일탈로 규정된다.
> ㄴ. (나)는 사회 혼란을 초래하는 역기능도 있지만 기존 주류 문화가 지닌 문제를 드러내 주는 순기능도 있다.
> ㄷ. (가)를 규정하는 기준은 (나)와 달리 시대와 장소에 따라 달라진다.
> ㄹ. (가)와 (나)는 모두 문화적 다양성을 높이는 데 기여한다.

① ㄱ, ㄴ ② ㄱ, ㄷ ③ ㄴ, ㄷ ④ ㄴ, ㄹ ⑤ ㄷ, ㄹ

14

수능 10번

하위문화의 사례 (가), (나)에 대한 설명으로 옳은 것은?

(가) 한국의 아이돌 가수에 열광하여 K-팝을 즐기던 갑국의 많은 청소년이 한국 문화를 일상에서도 즐기고 있다. 이들은 한국어를 사용하며 한국 드라마도 시청하고 한국 음식을 직접 요리하는 등 한국 문화를 자신들만의 문화 코드로 공유하면서 남들과 구별되는 삶을 추구하고 있다.
(나) 자본주의 소비문화에 저항하면서 생태 거주지를 만들어 사는 이들이 있다. 이들은 친환경적으로 농작물을 길러 자족 생활을 하며, 폐기물을 양산하는 공산품을 소비하지 않고 쓰레기를 만들지 않는 삶을 실천한다. 이러한 삶의 방식은 현대인의 소비문화에 성찰적 질문을 던지고 있다.

① (가)에서는 하위문화가 주류 문화로 대체되는 양상이 나타난다.
② (나)에서는 세대 문화와 지역 문화의 양상이 함께 나타난다.
③ (가)에서는 (나)와 달리 하위문화가 문화 다양성에 기여하는 양상이 나타난다.
④ (나)에서는 (가)와 달리 해당 문화를 향유하는 구성원들이 기존 질서나 가치를 거부하는 양상이 나타난다.
⑤ (가), (나) 모두에서는 물질문화의 변동 속도를 비물질문화의 변동 속도가 따라가지 못하는 양상이 나타난다.

2020년

15

| 6월 모의평가 11번 |

다음 자료의 A, B에 대한 옳은 설명만을 〈보기〉에서 고른 것은? (단, A, B는 각각 하위문화, 반문화 중 하나이다.)

주간 ◇◇ 문화 ○○○○년 ○○월 ○○일

노래하는 음유 시인, 노벨 문학상까지

1960~70년대 미국의 대중음악계에서 로큰롤, 재즈, 블루스 등은 세대, 인종, 계층에 따라 각기 향유하는 A의 성격을 띠었다. 이때 포크 기타를 들고 등장한 밥 딜런(Bob Dylan)은 반전 및 인권 운동에 앞장서며 당시 사회 체제에 저항하는 음악을 만들었고, 이는 B의 성격을 보였다. 특히 사회 비판적 메시지를 시적으로 표현한 그의 노랫말은 문학적 가치를 인정받았으며, 마침내 그는 노벨 문학상 수상자로 선정되는 영예를 얻었다.

보기
ㄱ. 주류 문화는 모든 A의 총합으로 구성된다.
ㄴ. 특정 지역 주민이 공유하는 사투리는 A의 사례에 해당한다.
ㄷ. A는 B와 달리 전체 사회에 문화 다양성을 제공한다.
ㄹ. 모든 B는 A에 해당한다.

① ㄱ, ㄴ ② ㄱ, ㄷ ③ ㄴ, ㄷ ④ ㄴ, ㄹ ⑤ ㄷ, ㄹ

16

| 9월 모의평가 12번 |

사례 (가), (나)에 대한 설명으로 옳은 것은? [3점]

(가) 갑국에서는 노동자 계급 출신의 청소년들을 중심으로 기성세대에 도전하는 문화가 생겨났다. 이들은 보수적인 계급 문화가 지배하는 기존 질서를 거부하는 의미로, 조용한 카페에서 시끄러운 록 음악을 틀거나 화려하게 치장한 스쿠터를 무리 지어 몰고 다니는 등 그들만의 문화를 향유했다.
(나) 을국에서는 청년 세대의 문화적 정체성을 대변하는 '청년 문화'가 유행했다. 통기타와 청바지로 표상되는 이 문화에 청년들이 열광했던 것은 기성세대와 구별되는 감성과 의식, 소비 성향으로 자신들의 정체성을 표현하고자 했기 때문이다.

① (가)는 사회가 복잡해질수록 일부 구성원이 공유하는 문화가 주류 문화에 수렴되는 경향을 보여 준다.
② (나)는 특정 집단의 문화가 기존의 주류 문화를 대체하는 현상을 보여 준다.
③ (가)는 (나)와 달리 주류 문화에 대항하는 성격을 가진 문화를 보여 준다.
④ (나)는 (가)와 달리 일부 구성원이 공유하는 생활 양식이 문화 다양성을 증진시키고 있음을 보여 준다.
⑤ (가), (나)는 모두 특정 집단의 문화가 전체 사회의 통합에 기여함을 보여 준다.

17

수능 9번

다음과 같이 A~C를 구분할 때, 이에 대한 질문에 모두 옳게 응답한 학생은? (단, A~C는 각각 반문화, 주류 문화, 하위문화 중 하나이다.) [3점]

'한 사회의 구성원 대다수가 공유하는 문화인가?'라는 질문으로 A와 B를 구분할 수 없다. 그리고 '한 사회의 지배적 가치와 규범에 저항하거나 대립하는 문화인가?'라는 질문으로 A와 C를 구분할 수 있다.

질문 \ 학생	갑	을	병	정	무
A는 모두 B에 속하는가?	○	○	×	○	×
A를 공유하는 구성원은 C의 문화 요소 전체를 거부하는가?	×	○	○	×	×
B는 C와 달리 해당 문화를 누리는 구성원의 정체성 형성에 기여하는가?	×	×	○	×	×
C는 사회가 변화하면서 A가 될 수 있는가?	○	×	×	×	○

(○: 예, ×: 아니요)

① 갑 ② 을 ③ 병 ④ 정 ⑤ 무

필출 주제

12 문화 변동의 요인과 양상

평가원의 출제 경향을 파악하라!

6월과 9월 모의평가에서 출제된 문제 유형과 내용이 그해 11월 수능에서 어떠한 흐름으로 이어지며 출제되었는지 분석해 보세요. 2025년 6월과 9월 모의평가를 분석하면 수능을 대비하는 데 큰 도움이 됩니다.

최근 5개년간 얼마나 출제되었나?

구분	6월	9월	수능
2024년	○	○	○
2023년	○	○	○
2022년	○	○	○
2021년	○	○	○
2020년	○	○	○

이 주제에서는 제시된 문화 현상에 나타난 문화 변동의 요인과 양상을 묻는 유형의 문항이 자주 출제되고 있다. 문화 공존, 문화 동화, 문화 융합 등의 사례가 발명, 발견, 문화 전파 등과 연계되어 출제되므로 주어진 자료를 종합적으로 분석하는 연습이 필요하다.

2024년에는 어떻게 출제되었나?

6월 모의평가	9월 모의평가	수능
제시된 자료에 나타난 문화 변동의 요인과 양상, 문화 이해 태도 등을 종합적으로 묻는 문항이 출제되었다.	(가), (나)에 나타난 문화 변동의 요인과 양상에 대한 옳은 설명을 고르는 문항이 출제되었다.	갑~병의 조사 내용에 나타난 문화 변동의 요인과 양상에 대한 옳은 설명을 고르는 문항이 출제되었다.

반드시 알아야 할 핵심 개념은?

문화 변동	새로운 문화 요소의 등장이나 다른 문화 체계와의 접촉을 통해 한 사회의 문화 체계에 변화가 나타나는 현상
문화 변동의 내재적 요인	한 사회 내부에서 새롭게 등장하여 그 사회의 문화 체계에 변동을 초래하는 요인(발견, 발명)
문화 변동의 외재적 요인(문화 전파)	한 사회 외부에서 제공되어 문화 요소를 수용한 사회의 문화 체계에 변동을 초래하는 요인(직접 전파, 간접 전파, 자극 전파)
문화 동화	외래문화의 유입 결과 기존의 문화가 외래문화에 완전히 흡수되어 정체성을 상실하는 현상
문화 공존	외래문화가 유입되었지만 기존의 문화와 뒤섞이거나 흡수되지 않고, 한 사회의 문화 체계 속에서 나란히 존재하는 현상
문화 융합	서로 다른 문화 요소들이 결합하여 기존 문화 요소들의 성격을 지니면서도 기존 문화 요소들과 다른 성격을 지닌 제3의 문화를 형성하는 현상

2024년

01 | 6월 모의평가 12번 |

밑줄 친 ㉠~㉥에 대한 설명으로 옳은 것은? [3점]

> 마테차는 세계인이 즐겨 마시는 음료이다. 과거 남미의 과라니족은 인근 밀림에서 자생하는 ㉠마테잎을 채집하여 ㉡즙 형태의 차로 마시는 방법을 개발하였다. 식민 시기 이래 남미 남부 지역에 ㉢새로운 종교를 들여온 선교사를 비롯한 유럽인들은 ㉣과라니족의 종교와 문화가 유럽에 비해 뒤떨어진 것이라는 생각에 마테잎을 '악마의 풀'이라고 부르며 천시하였다. 하지만 이후 ㉤마테잎의 효능이 알려지자 마테차를 안 마시던 유럽인들도 마시기 시작하면서 남미 남부 지역을 중심으로 재배지가 확산되었다. 오늘날 일부 학자는 이 지역 ㉥여러 나라의 마테차 문화에 나타나는 유사성과 차이점을 분석하여 문화의 보편성과 특수성을 이해하는 연구를 수행하고 있다.

① ㉠은 발명, ㉡은 발견에 해당한다.
② ㉢은 간접 전파에 해당한다.
③ ㉣은 유럽인들의 문화 상대주의적 태도를 보여 준다.
④ ㉤은 강제적 문화 접변에 해당한다.
⑤ ㉥에는 문화를 바라보는 비교론적 관점이 나타난다.

제1권 평가원

02

| 9월 모의평가 18번 |

(가), (나)에 대한 설명으로 옳은 것은?

(가) 갑국에는 400여 종의 지역 전통주가 있었다. 갑국을 지배하게 된 을국은 막대한 이익을 창출하고자 갑국의 전통주 제조를 금지하는 법을 제정하고 자국의 재료를 들여와 직접 술을 제조하여 판매하였다. 을국으로부터 독립한 현재까지도 갑국의 전통주는 문헌에만 존재하고 있다.
(나) 병국 근로자들은 추운 날씨에 밖에서 일할 때 몸을 따뜻하게 해주는 용도로 전통주를 즐겨 마셨다. 병국으로 대거 귀화한 정국의 근로자들이 최근 이 전통주에 자신들이 정국에서 들여온 약재를 섞어 마시기 시작했고, 효능이 알려지자 병국의 주류 회사가 이 술을 '○○ 약주'라는 이름으로 특허를 내 상품을 판매했다.

① (가)에서는 강제적 문화 접변의 결과로 문화 융합이 나타났다.
② (나)에서는 발명에 의한 문화 변동이 나타났다.
③ (가)와 달리 (나)에서는 자극 전파에 의한 문화 변동이 나타났다.
④ (나)와 달리 (가)에서는 문화의 정체성이 상실되는 문화 변동이 나타나지 않았다.
⑤ (가)와 (나)에서는 모두 직접 전파에 의한 문화 변동이 나타났다.

03

수능 19번

다음 자료에 대한 설명으로 옳은 것은?

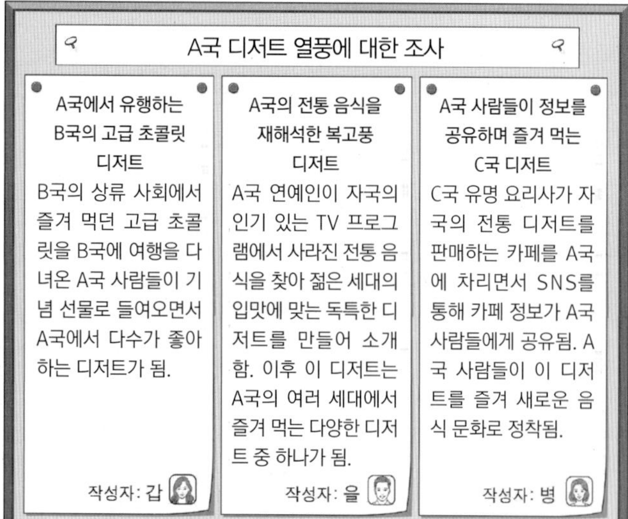

① 갑이 작성한 내용에는 문화 동화가 나타난다.
② 을이 작성한 내용에는 자발적 문화 접변이 나타난다.
③ 병이 작성한 내용에는 직접 전파가 나타난다.
④ 갑과 달리 을, 병이 작성한 내용에는 문화 공존이 나타난다.
⑤ 갑, 을과 달리 병이 작성한 내용에는 문화 융합이 나타난다.

2023년

04

| 6월 모의평가 19번 |

다음 자료에 대한 설명으로 옳은 것은? [3점]

〈문화 변동 사례〉

(가) A국을 대표하는 ○○음악은 전통적으로 내려오던 멜로디와 악기에서 출발하였다. 이후 이민자에 의해 들어 온 다양한 음악과 악기를 받아들여 고유한 요소와 외래적 요소가 함께 어우러진 독특한 음악으로 재탄생한 것이 오늘날의 ○○음악이다.
(나) □□족은 B국의 지배를 받게 되면서 거주지가 재배치되었고, 심지어 아이들은 B국 사람들의 가정에 입양되어 B국의 언어와 복식을 따라야만 했다. 이로 인해 □□족의 고유한 문화는 소멸되었다.

교사: 문화 변동 사례를 읽고 탐구한 내용을 발표해 보세요.
갑: (가)와 (나)는 모두 외재적 요인에 의한 문화 변동의 사례로 볼 수 있습니다.
을: (나)에서는 (가)와 달리 기존의 문화와 외래문화가 결합하여 새로운 문화가 나타났습니다.
병: [㉠]
교사: 세 사람 중 두 사람만 옳게 발표했네요.

① (가)의 문화 변동 요인은 자극 전파이다.
② (가)에서는 (나)와 달리 자문화의 정체성이 상실되었다.
③ (나)에서는 (가)와 달리 문화 다양성이 증대되었다.
④ (나)에서는 (가)와 달리 강제적 문화 접변이 나타났다.
⑤ ㉠에는 '(나)의 문화 변동 요인은 간접 전파입니다.'가 들어갈 수 있다.

05

| 9월 모의평가 13번 |

다음 사례에 나타난 문화 변동에 대한 설명으로 옳은 것은? [3점]

> A국 영화인들은 영화 산업이 발달한 B국 영화인에게 영화 제작 기법 및 특수 효과 기술을 배워 왔다. 그 후 A국에서 자국의 전통적 정서와 B국의 특수 효과 기술이 섞인 새로운 영화 장르가 탄생했다. 한편 B국 어업인들이 조업 활동 중 C국 어업인이 끓여 준 라면을 먹게 되면서 B국에 C국 라면이 처음 전해졌다. 이후 B국 요리사가 C국 라면에 자국의 전통 소스를 가미해 국물이 없는 비빔 라면을 개발하였다. B국의 비빔 라면 조리 방식은 인터넷을 통해 C국 젊은이들에게까지 확산되었다.

① A국에서는 B국과 달리 문화 융합이 나타났다.
② B국에서는 A국과 달리 문화 접변이 나타났다.
③ B국에서는 C국과 달리 문화 공존이 나타났다.
④ A국에서는 직접 전파, B국에서는 간접 전파가 나타났다.
⑤ A국~C국에서는 모두 물질문화의 전파가 나타났다.

06

수능 14번

다음 자료에 대한 설명으로 옳은 것은? [3점]

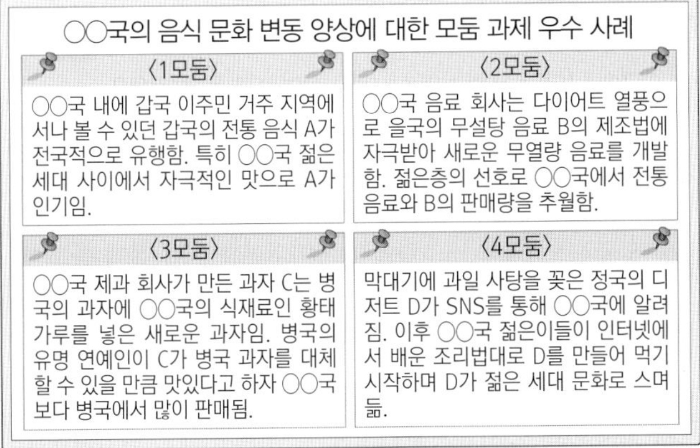

○○국의 음식 문화 변동 양상에 대한 모둠 과제 우수 사례
〈1모둠〉
○○국 내에 갑국 이주민 거주 지역에서나 볼 수 있던 갑국의 전통 음식 A가 전국적으로 유행함. 특히 ○○국 젊은 세대 사이에서 자극적인 맛으로 A가 인기임.
〈2모둠〉
○○국 음료 회사는 다이어트 열풍으로 을국의 무설탕 음료 B의 제조법에 자극받아 새로운 무열량 음료를 개발함. 젊은층의 선호로 ○○국에서 전통 음료와 B의 판매량을 추월함.
〈3모둠〉
○○국 제과 회사가 만든 과자 C는 병국의 과자에 ○○국의 식재료인 황태 가루를 넣은 새로운 과자임. 병국의 유명 연예인이 C가 병국 과자를 대체할 수 있을 만큼 맛있다고 하자 ○○국보다 병국에서 많이 판매됨.
〈4모둠〉
막대기에 과일 사탕을 꽂은 정국의 디저트 D가 SNS를 통해 ○○국에 알려짐. 이후 ○○국 젊은이들이 인터넷에서 배운 조리법대로 D를 만들어 먹기 시작하며 D가 젊은 세대 문화로 스며듦.

① 1모둠과 2모둠이 작성한 내용에 모두 문화 공존이 나타난다.
② 3모둠과 4모둠이 작성한 내용에 모두 문화 융합이 나타난다.
③ 1모둠이 작성한 내용에 발명이, 2모둠이 작성한 내용에 직접 전파가 나타난다.
④ 3모둠이 작성한 내용에 문화 동화가, 4모둠이 작성한 내용에 간접 전파가 나타난다.
⑤ 1모둠과 2모둠이 작성한 내용에 모두 자극 전파가, 3모둠과 4모둠이 작성한 내용에 모두 자발적 문화 접변이 나타난다.

2022년

07

| 6월 모의평가 10번 |

다음 자료에 대한 설명으로 옳은 것은? (단, A~C는 각각 문화 동화, 문화 병존, 문화 융합 중 하나임.) [3점]

> A, B, C는 문화 접변의 결과입니다. '북아메리카 원주민의 문화가 이주해 온 유럽인의 문화로 대체된 것'은 A의 사례이고, B는 C와 달리 서로 다른 사회의 문화 요소가 한 사회의 문화 체계 속에서 나란히 존재하는 현상입니다. 표의 질문을 통해 A, B, C를 비교해 봅시다.

질문 \ 문화 접변 결과	A	B	C
(가)	예	아니요	예
(나)	㉠	㉡	예
(다)	아니요	㉢	㉣

① C의 사례로는 '우리나라에서 양력설과 음력설을 모두 지내는 것'을 들 수 있다.
② A는 B, C와 달리 강제적 문화 접변에 의해 나타난다.
③ (가)에는 '자문화의 정체성 상실을 야기하는가?'가 들어갈 수 있다.
④ (나)에 '외재적 요인에 의해 나타난 문화 변동인가?'가 들어간다면, ㉠은 '예', ㉡은 '아니요'이다.
⑤ (다)에 '새로운 문화 요소가 만들어졌는가?'가 들어간다면, ㉢은 '아니요', ㉣은 '예'이다.

08

| 9월 모의평가 12번 |

그림은 문화 변동의 요인을 분류한 것이다. A~D에 대한 설명으로 옳은 것은? (단, A~D는 각각 발명, 발견, 직접 전파, 자극 전파 중 하나임.) [3점]

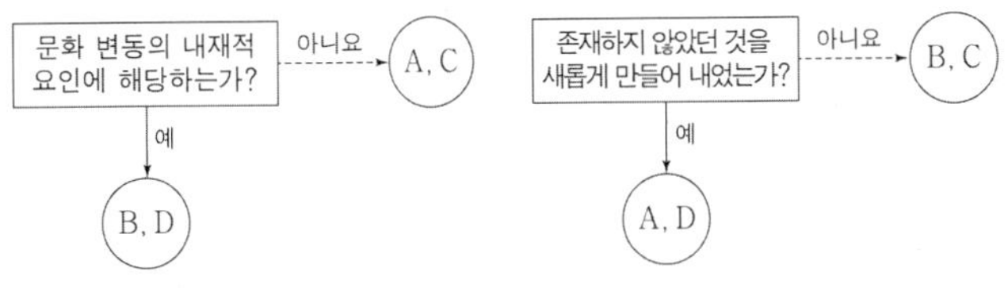

① 난민으로 유입된 타국 사람들의 고유한 놀이를 자국 국민들이 배워 즐기게 된 사례는 A에 해당한다.
② 자국의 전통 음료에 전통 식재료를 가미하여 새로운 음료를 만든 사례는 B에 해당한다.
③ 외국에서 유행하는 새로운 춤이 인터넷을 통해 자국으로 확산된 사례는 C에 해당한다.
④ D로 나타난 문화 요소가 C로 인해 타국에서 B를 발생시키면, 이는 A에 해당한다.
⑤ A~D는 모두 한 사회에 새로운 문화 요소를 추가하는 요인으로 작용한다.

09

수능 4번

(가), (나)에 나타난 문화 변동에 대한 설명으로 옳은 것은? [3점]

> (가) 대중교통 요금 지불 시 현금만 이용하던 갑국은 을국이 개발한 전자 교통 카드 시스템을 배우고자 을국의 기술자들을 초빙하였다. 갑국은 이들을 통해 을국의 시스템을 도입하였다. 이후 갑국에서는 전자 교통 카드도 대중교통 요금 지불 수단으로 널리 사용되고 있다.
> (나) 병국이 정국을 지배하게 되면서 정국에서는 병국 언어 대신 정국 언어를 쓰자는 민족주의 운동이 일어났다. 이에 병국은 공권력을 동원하여 관공서는 물론 일상에서도 병국 언어만 쓰도록 강제하였고, 그 결과 정국에서 정국 사람들은 병국 언어만 쓰게 되었다.

① (가)에서는 직접 전파에 의한 문화 병존이 나타났다.
② (나)에서는 강제적 문화 접변에 따른 문화 융합이 나타났다.
③ (가)에서는 (나)에서와 달리 외재적 요인에 의한 문화 변동이 나타났다.
④ (나)에서는 (가)에서와 달리 사회 구성원이 새로운 문화를 공유하게 되었다.
⑤ (가)와 (나)에서는 모두 자문화의 정체성이 상실되었다.

2021년

10

| 6월 모의평가 6번 |

다음 자료에 대한 분석으로 옳은 것은? [3점]

> 표는 갑국과 을국에서 발생한 문화 변동을 나타낸 것이다. 1차 문화 변동 시기에는 내재적 변동만, 2차 문화 변동 시기에는 갑국과 을국 간 문화 접변만 있었다. (가)~(라)는 각각 발견, 발명, 직접 전파, 자극 전파 중 하나이며, (가)와 (다)는 각각 새로운 문화 요소를 창조하는 요인이다.

〈갑국과 을국의 문화 변동〉

구분	변동 전 문화 요소	1차 문화 변동		2차 문화 변동	
		변동 요인	추가된 문화 요소	변동 요인	추가된 문화 요소
갑국	a	(가)	c	(다)	e
을국	b	(나)	d	(라)	a, c

* a~e는 서로 다른 문화 요소를 의미하며, 이외에 다른 문화 요소는 존재하지 않는다.
** 제시된 문화 변동 이외에 다른 문화 변동은 없었으며, 문화 요소의 소멸도 없었다.

① (가)는 발견, (다)는 자극 전파이다.
② (나)는 (라)와 달리 을국의 문화 요소를 다양하게 하는 요인이다.
③ 2차 문화 변동 결과, 을국에서는 문화 병존이 나타났다.
④ 을국은 매개체를 통해 갑국의 문화 요소를 전달받았다.
⑤ 2차 문화 변동 결과, 갑국과 을국에 공통으로 존재하는 문화 요소는 3개이다.

11

| 9월 모의평가 13번 |

다음 사례에 나타난 문화 변동에 대한 설명으로 옳은 것은? [3점]

> ○ 갑국 사람들은 A국의 요리사 이야기를 다룬 영화를 보고, 영화에서 그 요리사가 만든 방법 그대로 A국의 전통 옥수수빵을 따라 만들어 일상에서 즐기게 되었다.
> ○ 을국 사람들은 무역을 하면서 만난 B국 사람들이 B국의 전통에 따라 음식을 만들 때 앞치마를 두르는 것에 아이디어를 얻어 냅킨 등 청결 유지를 위한 다양한 용품을 만들어 사용하면서 독특한 식사 문화를 갖게 되었다.
> ○ 병국 사람들은 이웃 주민인 C국 이민자들이 C국의 전통적 농기구인 호미를 들여와 사용하는 것을 보고, 온라인 유통망을 통해 호미를 구매하여 정원을 가꾸는 데 적극적으로 사용하게 되었다.

① 갑국에서는 발명으로 인한 문화 변동이 발생하였다.
② 을국에서는 매개체를 통해 타 문화의 문화 요소가 전파되었다.
③ 병국에서는 서로 다른 문화의 구성원 간 접촉을 통해 문화 요소가 전파되었다.
④ 갑국에서는 내재적 요인, 을국과 병국에서는 외재적 요인에 의한 문화 변동이 발생하였다.
⑤ 갑국에서는 직접 전파, 을국에서는 자극 전파, 병국에서는 간접 전파가 나타났다.

12

수능 17번

A~C국에 나타난 문화 변동에 대한 설명으로 옳은 것은?

> A국은 전쟁에 필요한 군량을 보관하기 위해 조리한 음식을 뜨거운 물로 살균한 유리병에 넣은 병조림을 만들었다. 전쟁 중에 B국은 A국의 병조림에서 아이디어를 얻어 철제 통조림을 개발하였다. 한편 B국에서 유학하고 돌아온 C국의 한 발명가가 철제 통조림 뚜껑을 안전하게 분리하는 따개를 개발하였다. 훗날 C국의 기업이 통조림 뚜껑을 쉽게 열 수 있는 원터치 캔을 개발하고 A국과 B국 현지 공장에서 상품을 생산하여 판매하였다. 이후, 세 나라 모두 원터치 캔을 일상적으로 사용하였다.

① A국에서는 직접 전파에 의한 문화 변동이 나타났다.
② B국에서는 강제적 문화 접변이 나타났다.
③ C국에서는 간접 전파에 의한 문화 변동이 나타났다.
④ A국에서는 B, C국과 달리 내재적 요인에 의한 문화 변동이 나타났다.
⑤ A, B국에서는 C국과 달리 자극 전파가 나타났다.

2020년

13

| 6월 모의평가 12번 |

A~C국에 나타난 문화 변동에 대한 옳은 설명만을 〈보기〉에서 고른 것은? [3점]

> ○A국에서는 전통 신앙에 외래 종교가 결합된 새로운 성격의 종교가 나타났다.
> ○B국은 자신들을 정복한 이민족의 강요에 의해 그들의 문자를 사용하게 되면서 고유의 문자를 상실하였다.
> ○C국은 나무를 이용해 이전에 없던 활을 만들어 사용하였다. 그리고 활의 원리에서 아이디어를 얻어 현악기를 만들었다.

보기
ㄱ. A국에서는 문화 동화가 나타났다.
ㄴ. B국에서는 강제적 문화 접변이 나타났다.
ㄷ. C국에서는 내재적 요인에 의한 문화 변동이 나타났다.
ㄹ. B, C국에서는 A국과 달리 문화 융합이 나타났다.

① ㄱ, ㄴ ② ㄱ, ㄷ ③ ㄴ, ㄷ ④ ㄴ, ㄹ ⑤ ㄷ, ㄹ

14

| 9월 모의평가 3번 |

(가), (나)에 나타난 문화 변동에 대한 분석으로 가장 적절한 것은?

> (가) 일본에서 '완탕'으로 불리는, 만둣국의 일종인 '완당'은 일본에서 조리법을 배운 요리사에 의해 우리나라에 전해져 인기를 얻고 있다. 일본식 완탕은 닭고기를 사용하여 육수를 내지만, 완당은 우리나라 사람들의 입맛에 맞게 국수처럼 멸치와 다시마로 육수를 내고 피가 일본식보다 훨씬 얇은 것이 특징이다.
> (나) 영국에서 일본으로 전래된 카레 가루는 인도의 '카리'가 기원이다. 식민지 인도를 통치했던 총독 일행이 영국으로 가져간 카리가 영국인의 입맛에 맞게 변형되어 일본에 전래되었다. 카레가 일본에서 인기를 얻으면서 카레 우동, 가츠 카레(카레 돈가스) 등 다양한 음식이 등장하였고, 기존의 우동, 돈가스와 함께 큰 사랑을 받고 있다.

① (가)에는 간접 전파로 인한 문화 변동의 사례가 나타나 있다.
② (나)에는 강제적 문화 접변의 사례가 나타나 있다.
③ (가)에는 (나)와 달리 문화 공존의 사례가 나타나 있다.
④ (나)에는 (가)와 달리 문화 동화의 사례가 나타나 있다.
⑤ (가), (나)에는 모두 문화 융합의 사례가 나타나 있다.

15

수능 16번

A~C국에서 나타난 문화 변동에 대한 설명으로 옳은 것은? [3점]

> ○식사 도구로 수저를 사용하던 A국에서는 나이프와 포크를 사용하는 이웃 나라 사람들과 교류하면서 나이프와 포크도 식사 도구로 사용하였다.
> ○B국의 군인들은 야외 훈련 중 철제 투구를 이용하여 음식을 끓여 먹었던 경험에서 아이디어를 얻어 새로운 형태의 냄비를 만들어 조리 도구로 사용하였다.
> ○C국 사람들은 자신들을 식민 통치하였던 외국인들이 즐겨 먹던 통조림 고기를 자국의 전통 요리에 접목하여 만든 새로운 음식을 즐기게 되었다.

① A국에서는 문화 병존이, B, C국에서는 문화 융합이 나타났다.
② A, C국에서는 직접 전파가, B국에서는 자극 전파가 나타났다.
③ A, B국에서는 자발적 문화 접변이, C국에서는 강제적 문화 접변이 나타났다.
④ A, B국은 C국과 달리 문화 변동 과정에서 자기 문화의 정체성을 유지하였다.
⑤ A, C국에서는 B국과 달리 외래문화와의 접촉으로 새로운 문화 요소가 나타났다.

필출 주제 13

사회 불평등 현상의 이해

평가원의 출제 경향을 파악하라!

6월과 9월 모의평가에서 출제된 문제 유형과 내용이 그해 11월 수능에서 어떠한 흐름으로 이어지며 출제되었는지 분석해 보세요. 2025년 6월과 9월 모의평가를 분석하면 수능을 대비하는 데 큰 도움이 됩니다.

최근 5개년간 얼마나 출제되었나?

구분	6월	9월	수능
2024년	○	–	○
2023년	–	–	–
2021년	–	○	○
2019년	○	○	○
2018년	○	○	○

이 주제에서는 제시된 자료에 나타난 사회 불평등 현상을 바라보는 기능론과 갈등론의 관점을 파악하고 해당 관점의 특징을 구분하는 문항이 최근 들어 출제되고 있다. 기능론과 갈등론을 사회 불평등 현상의 발생 원인, 가치 배분 기준, 기본 입장 등을 기준으로 구분하여 정리해야 한다.

2024년에는 어떻게 출제되었나?

6월 모의평가	9월 모의평가	수능
제시된 자료에 나타난 사회 불평등 현상을 바라보는 필자의 관점에 대한 옳은 설명을 〈보기〉에서 고르는 문항이 출제되었다.	출제되지 않음	제시된 자료를 통해 A, B에 해당하는 사회 불평등 현상을 바라보는 관점을 파악하고 이에 대한 옳은 설명을 고르는 문항이 출제되었다.

반드시 알아야 할 핵심 개념은?

사회 불평등 현상	사회 구성원 간에 학력, 소득, 지위, 권력 등 사회적 희소가치의 소유 정도나 접근 기회에 차이가 나타나는 현상
사회 계층화 현상	한 사회 내 구성원 간 불평등이 일정한 요인에 따라 범주화됨에 따라 사회 불평등 현상이 일정한 틀이나 체계를 갖추어 나타나는 현상
계급 (마르크스)	생산 수단을 둘러싸고 나타나는 위계 구조에서 공통의 위치를 차지하는 사람들의 집합체
계층 (베버)	다양한 요인에 의해 공통의 서열상 위치를 갖는 사람들의 집합체
기능론	사회 불평등은 직업별·사회적 역할의 중요도 및 기여도에 따른 차등 보상의 결과로, 보편적이고 불가피한 현상이라고 보는 관점
갈등론	사회 불평등은 지배와 피지배 관계의 유지 및 계급 재생산을 위해 지배 집단이 만든 분배 구조로, 사회적 갈등과 대립 관계를 형성하는 요인이 된다고 보는 관점

2024년

01 | 6월 모의평가 **18**번 |

다음 글에서 도출할 수 있는 사회 불평등 현상을 바라보는 필자의 관점에 대한 옳은 설명만을 〈보기〉에서 고른 것은? [3점]

> 임금 노동자들은 많이 일하면서도 최소한의 임금을 받는다. 하지만 이것은 최저 임금이 아닌 평균 임금이라고 규정되고, 부당한 임금 구조는 은폐된다. 이러한 구조를 유지하기 위해 자본가들은 국가를 통해 법을 제정하고 교육을 관리한다. 이 과정에서 사람들은 사회가 질서 정연하게 유지되고, 각자의 기능과 역할에 따라 부가 공정하게 분배된다고 믿게 된다.

보기

ㄱ. 사회 불평등을 부당하고 해결해야 할 현상으로 본다.
ㄴ. 균등 분배가 인재의 적재적소 배치에 어려움을 야기한다고 본다.
ㄷ. 사회 제도를 지배와 피지배 관계의 재생산을 위한 수단으로 본다.
ㄹ. 사회적 희소가치의 배분 기준이 사회적으로 합의된 것이라고 본다.

① ㄱ, ㄴ ② ㄱ, ㄷ ③ ㄴ, ㄷ ④ ㄴ, ㄹ ⑤ ㄷ, ㄹ

02

수능 16번

다음 자료에 대한 옳은 설명만을 〈보기〉에서 고른 것은? (단, A, B는 각각 기능론과 갈등론 중 하나임.) [3점]

〈확인 평가〉

○ 제시된 '진위 판단'에 부합하도록 빈칸을 채워 진술을 완성하시오.

진위 판단	진위 판단에 부합하는 진술	채점 결과
참	A와 달리 B는 희소 자원의 차등 분배가 개인의 성취동기에 긍정적으로 작용한다고 본다.	0점
거짓	B와 달리 A는 (가)	㉠

* 교사는 완성한 진술별로 채점하고, 제시된 '진위 판단'에 부합하도록 진술을 완성한 경우에는 1점을, 그렇지 않은 경우에는 0점을 부여함.

보기

ㄱ. A는 직업 유형 간 사회적 중요도의 차이가 없다고 본다.

ㄴ. B는 사회 불평등 현상을 제거해야 하는 대상이라고 본다.

ㄷ. (가)에 '개인의 귀속적 요인이 사회 불평등에 미치는 영향력을 중시한다.'가 들어간다면, ㉠은 '0점'이다.

ㄹ. ㉠이 '1점'이라면, (가)에 '사회적 희소가치의 분배 기준은 사회 전체가 합의한 것이라고 본다.'가 들어갈 수 없다.

① ㄱ, ㄴ ② ㄱ, ㄷ ③ ㄴ, ㄷ ④ ㄴ, ㄹ ⑤ ㄷ, ㄹ

2020년

03

| 9월 모의평가 11번 |

다음 글에 나타난 사회 불평등 현상을 보는 관점에 대한 옳은 설명만을 〈보기〉에서 고른 것은?

개인의 소득은 개인의 생산성에 의해 결정되고 그 생산성은 기술의 숙련 여부에 의해 결정된다. 기술의 숙련은 교육이나 훈련과 같이 사람들이 자신의 인적 자본에 얼마나 많은 투자를 하였는지에 따라 결정된다. 기술의 숙련과 같이 사회가 요구하는 능력을 갖추는 데 게을리한 사람들이나, 구성원들에게 이러한 능력을 갖추도록 동기를 부여하지 못하는 사회는 실업 및 빈곤 문제에 직면하게 될 것이다.

보기

ㄱ. 개인의 가정 배경이 사회 불평등에 미치는 영향력을 중시한다.

ㄴ. 직업 유형 간 사회적 중요도의 우위를 객관적으로 평가하기 어렵다는 지적을 받는다.

ㄷ. 사회 불평등 현상이 개인의 성취동기를 감소시킬 수 있음을 간과한다는 비판을 받는다.

ㄹ. 사회적으로 사용 가능한 자원이 제한되어 있기 때문에 사회 불평등 현상이 존재한다는 사실을 간과한다.

① ㄱ, ㄴ ② ㄱ, ㄷ ③ ㄴ, ㄷ ④ ㄴ, ㄹ ⑤ ㄷ, ㄹ

04

수능 10번

다음 자료에 대한 옳은 설명만을 〈보기〉에서 있는 대로 고른 것은? (단, A, B는 각각 기능론, 갈등론 중 하나이다.)

질문	답변	
	갑	을
A는 직업 유형 간 사회적 중요도에서 차이가 있다고 보는가?	아니요	㉠
(가)	예	예
A는 차등 분배가 갖는 사회적 순기능을 강조하는가?	아니요	예
B는 사회 불평등을 불가피한 현상으로 보는가?	아니요	예
점수	2점	1점

* 교사는 각 질문별로 채점하고, 답변 하나가 맞을 때마다 1점씩 부여함

보기

ㄱ. (가)에는 'A는 B와 달리 개인의 귀속적 요인이 사회 불평등에 미치는 영향을 간과하는가?'가 들어갈 수 있다.

ㄴ. ㉠은 '아니요'이다.

ㄷ. A는 균등 분배가 인재의 적재적소 배치에 어려움을 야기한다고 본다.

ㄹ. B는 희소가치의 분배 기준은 대다수 사회 구성원이 합의한 것이라고 본다.

① ㄱ, ㄷ ② ㄱ, ㄹ ③ ㄴ, ㄷ
④ ㄱ, ㄴ, ㄹ ⑤ ㄴ, ㄷ, ㄹ

제1권 평가원

필출 주제

14 사회 변동과 사회 운동

평가원의 출제 경향을 파악하라!

6월과 9월 모의평가에서 출제된 문제 유형과 내용이 그해 11월 수능에서 어떠한 흐름으로 이어지며 출제되었는지 분석해 보세요. 2025년 6월과 9월 모의평가를 분석하면 수능을 대비하는 데 큰 도움이 됩니다.

최근 5개년간 얼마나 출제되었나?

구분	6월	9월	수능
2024년	○	○	○
2023년	○	○	○
2022년	○	○	○
2021년	○	○	○
2020년	○	○	○

이 주제에서는 사회 변동을 바라보는 관점인 진화론과 순환론의 특징을 제시된 자료를 통해 구분하여 비교하는 문제가 출제되고 있다. 최근에는 사회 운동의 개념과 특징을 묻는 문제도 출제되고 있으므로 관련 교과 개념을 정리할 필요가 있다.

2024년에는 어떻게 출제되었나?

6월 모의평가
제시된 자료의 내용을 통해 A, B에 해당하는 사회 변동 이론을 파악하고, 이에 대한 옳은 설명을 고르는 문항이 출제되었다.

9월 모의평가
사회 변동의 방향을 바라보는 필자의 관점에 대한 옳은 설명을 고르는 문항과 주류 문화와 하위문화 및 사회 운동의 유형을 종합적으로 묻는 문항이 출제되었다.

수능
제시된 자료에 나타난 사회 운동의 성격을 파악하는 문항과 사회 변동의 방향을 바라보는 필자의 관점에 대한 옳은 설명을 고르는 문항이 출제되었다.

반드시 알아야 할 핵심 개념은?

개념	설명
사회 변동	시간의 경과에 따라 사회의 전반적인 생활 양식, 사회적 관계, 가치, 규범, 제도 등 사회 구조의 전반이 변화하는 현상
진화론	사회 변동이 일정한 방향성을 가지고 발전 및 진보한다고 보는 관점 → 생물학적 진화론을 사회 변동에 적용함
순환론	사회가 항상 진보하는 것이 아니라 생성, 성장, 쇠퇴, 소멸의 과정을 반복한다고 보는 관점
기능론	사회는 여러 부분들이 각각의 기능을 원활하게 수행함에 따라 균형을 이루고 안정을 유지함 → 사회 변동은 사회가 마찰을 극복하고 균형의 상태를 찾아가는 과정
갈등론	사회를 지배 집단과 피지배 집단 간의 대립과 투쟁의 장으로 인식하며, 피지배 집단이 기득권을 가진 지배 집단에 저항하는 과정에서 사회가 변동한다고 설명함
사회 운동	자신의 신념과 가치를 실현하기 위하여 다수의 사람들이 자발적으로 하는 집단적이고 지속적인 행동

2024년

01 | 6월 모의평가 **17**번 |

그림에 대한 설명으로 옳은 것은? (단, A, B는 각각 진화론, 순환론 중 하나임.)

㉠시민권의 역사는 인간의 주체적 노력을 통한 사회 변동이라는 점에서 A로 설명하기 어렵습니다. 과거 부르주아들은 왕과 귀족 중심의 봉건적이고 비합리적인 체제에 저항하며 자유적 시민권을 확보하였고, 노동자들은 이를 근거로 ㉡참정권 확대 운동을 전개하여 정치적 시민권을 획득하였습니다. 그리고 이것은 사회적 시민권의 제도화로 나아가는 데 있어서 필수적인 토대였습니다. 이러한 시민권의 발전 과정은 어느 사회에나 보편적으로 적용됩니다. 즉, 시민권의 역사는 인류 사회 모든 구성원의 보호라는 궁극적인 목적을 향한 다양한 지위와 권리의 분화 과정이라는 점에서 (가) 는 B의 특징을 잘 보여 줍니다.

① ㉡은 사회 변화에 저항하고 과거 질서로 회귀하려는 사회 운동이다.
② B는 사회 변동이 주기적으로 동일한 과정을 반복한다고 본다.
③ 갑은 사회적 시민권이 자유적 시민권의 획득 단계를 거쳐야만 보장될 수 있다고 본다.
④ 갑은 A의 관점에서 ㉠을, B의 관점에서 ㉡을 해석하고 있다.
⑤ (가)에는 '모든 사회 변동이 항상 진보를 의미하지는 않는다'가 들어갈 수 있다.

02

| 9월 모의평가 12번 |

다음 글에서 사회 변동의 방향을 바라보는 필자의 관점에 대한 옳은 설명만을 〈보기〉에서 고른 것은?

명(明)조의 시작은 고요한 겨울날 같았다. 왕조의 전반기는 질서와 안정 그 자체였다. 왕조의 겨울은 얼마 후 시끌벅적한 봄에 자리를 내주고 말았다. 소박한 농경 사회의 안정성은 투기적 상업에 자리를 빼앗겼다. 여름에 접어들면서 빈부 격차가 심해지고 농경 사회의 토대는 무너져 내렸다. 가을에는 은의 유입과 상품 경제의 발달로 부자 대 빈자, 상인 대 농민, 이윤 대 도덕이 대립하면서 참혹함이 더욱 심해졌다. 하지만 새로운 왕조는 질서를 회복하며 안정을 향해 나아갔다.

보기

ㄱ. 사회의 퇴보나 멸망을 설명하기 어렵다.
ㄴ. 단기적 사회 변동 과정을 설명하기 힘들다.
ㄷ. 제국주의를 정당화하는 수단으로 악용될 수 있다.
ㄹ. 미래의 사회 변동에 대한 역동적인 대응이 어렵다.

① ㄱ, ㄴ ② ㄱ, ㄷ ③ ㄴ, ㄷ ④ ㄴ, ㄹ ⑤ ㄷ, ㄹ

03

| 9월 모의평가 13번 |

밑줄 친 ㉠~㉣에 대한 옳은 설명만을 〈보기〉에서 고른 것은? [3점]

1960년대 미국 사회에서 베트남 전쟁 반대에 가장 적극적인 목소리를 낸 단체는 ○○ 연합이었다. 그들의 운동을 이끈 감정은 주류 사회에 대한 반감과 도덕적 분노였다. 전쟁을 반대하는 ㉠평화 운동 집회에서는 형제애와 연대의 언어가 넘쳐흘렀다. 하지만 동료 여성들을 대하는 남성들의 차별적 태도는 미국 사회의 전반적인 분위기와 다르지 않았다. 회의에서 이들은 여성의 발언권을 제약했고 여성이 논의를 주도하려 할 때면 종종 야유를 퍼부었다. 남성들은 주류 사회에 반기를 들었지만, ㉡남성 우위 문화에는 놀라울 만큼 순응했다. 여성들 역시 초기에는 이러한 차별을 그다지 의식하지 않았지만 시간이 흐르자 소수 여성을 중심으로 차별에 대한 문제 제기가 이루어졌다. 이 목소리는 결국 거대한 물결로 이어져, ㉢반전 운동을 넘어 미국 사회에 심오한 영향을 미친 ㉣여성 운동으로 발전했다.

보기

ㄱ. ㉠은 반문화가 아닌 하위문화이다.
ㄴ. ㉡은 다수의 사회 구성원이 전반적으로 공유하는 문화이다.
ㄷ. ㉢은 현재의 사회 질서를 유지하고자 하는 사회 운동이다.
ㄹ. ㉣은 불평등한 사회 구조를 개혁하기 위한 사회 운동이다.

① ㄱ, ㄴ ② ㄱ, ㄷ ③ ㄴ, ㄷ ④ ㄴ, ㄹ ⑤ ㄷ, ㄹ

04

수능 8번

밑줄 친 ㉠~㉤에 대한 설명으로 옳은 것은? [3점]

1970년대에 □□ 국제 시민 단체는 분유를 만드는 ○○ 다국적 기업에 대한 ㉠불매 운동을 전개하였다. ㉡저개발국에 분유를 무료로 나누어 주는 ○○ 다국적 기업의 공격적 마케팅으로 저개발국의 영아 사망률이 급격히 증가하였기 때문이다. 위생적인 환경이 갖추어지지 않은 저개발국에서 세균에 오염된 물과 젖병으로 인해 설사와 열병이 발생해 많은 아기가 사망하였다. ○○ 다국적 기업에 선의의 의도가 있었을지라도, 무분별한 시장 확대가 ㉢저개발국의 영아 건강을 심각하게 위협하는 결과를 초래한 것이다. 이로 인해 ○○ 다국적 기업이 영아 사망에 대해 책임을 져야 한다며 □□ 국제 시민 단체가 전 세계의 소비자들과 ㉣집단행동을 시작했다. 이를 계기로 여러 국제 시민 단체는 다국적 기업의 윤리적 책임을 요구하고, 나아가 환경 문제, 자원 문제와 같은 ㉤전 지구적 수준의 문제를 해결하기 위한 활동을 지속적으로 전개하고 있다.

① ㉠은 급격한 사회 변동에 저항하기 위해 펼치는 사회 운동이다.
② ㉡은 식량 자원 확보를 위한 국가 간 경쟁이 초래한 문제이다.
③ ㉢은 ○○ 다국적 기업의 이윤 추구를 정당화하는 근거가 된다.
④ ㉣은 사회 체제의 전면적인 변혁을 추구하는 사회 운동이다.
⑤ ㉤은 세계 시민 의식을 바탕으로 하는 조직적인 사회 운동이다.

05

수능 18번

다음 글에서 사회 변동의 방향을 바라보는 필자의 관점에 대한 옳은 설명만을 〈보기〉에서 고른 것은?

인간이 찾아낸 과학적 지식은 자연이 가하는 제약으로 만들어진 원시적인 미신과 선입견, 오류를 극복하는 과정에서 축적되고 정해진 하나의 방향을 향해 진전하며 확장한다. 문명의 전개도 근대 과학의 이러한 과정과 유사하다.

보기

ㄱ. 서구 중심적 사고라는 비판을 피하기 어렵다.
ㄴ. 사회 변동 방향을 예측하여 대응하기 어렵다.
ㄷ. 지속적으로 발전하는 사회를 설명하기 용이하다.
ㄹ. 인류 문명의 흥망성쇠 역사를 설명하기 용이하다.

① ㄱ, ㄴ ② ㄱ, ㄷ ③ ㄴ, ㄷ ④ ㄴ, ㄹ ⑤ ㄷ, ㄹ

2023년

06

| 6월 모의평가 16번 |

다음 글에 나타난 사회 변동의 방향을 보는 필자의 관점에 대한 옳은 설명만을 〈보기〉에서 고른 것은? [3점]

> 야만 시대에서 문명 시대로의 전개 과정은 다음과 같다. 초기 야만 시대에는 별다른 지식이나 기술이 없었다. 중기 야만 시대는 불의 발견, 후기 야만 시대는 활과 창의 발명 및 수렵 경제를 특징으로 한다. 야만과 미개 시대의 경계선은 토기의 발명이다. 초기 미개 시대에는 토기 사용으로 식량 저장과 재산 축적이 이루어졌다. 중기 미개 시대에는 가축 사육 및 관개 농업이 나타났다. 후기 미개 시대는 철광석의 제련을 특징으로 하며, 문자의 발명과 더불어 마침내 문명 시대로 나아갔다.

보기

ㄱ. 운명론적 시각에서 사회 변동을 설명한다.
ㄴ. 사회 변동을 동일한 과정의 주기적 반복으로 설명한다.
ㄷ. 사회는 미분화된 상태에서 분화된 상태로 변동한다고 본다.
ㄹ. 사회의 변동이 항상 진보와 발전을 의미하는 것은 아니라는 비판을 받는다.

① ㄱ, ㄴ ② ㄱ, ㄷ ③ ㄴ, ㄷ ④ ㄴ, ㄹ ⑤ ㄷ, ㄹ

07

| 6월 모의평가 17번 |

밑줄 친 ㉠, ㉡에 대한 설명으로 가장 적절한 것은? [3점]

> ○1920년대의 ㉠계몽 운동은 서울의 학생과 청년 지식인, 문화 단체 및 동경 유학생들에 의해서 시작되었다. 학생들은 야학을 개설하여 문맹 퇴치 운동을 벌였고, 농촌 발전을 위한 여러 활동을 전개하였다. 이러한 민중 계몽 운동은 이후 민족 독립운동에 기여하였다.
> ○1960년대 후반 생태 보호 운동에서 출발한 미국의 '환경 수호단'은 환경 보호법 제정 및 친환경 정책 촉구 등 일련의 ㉡환경 운동을 추진해 왔다. 2000년대 초에 정부가 이산화탄소 배출 및 디젤에 대한 규제를 완화하려 하자 환경 수호단의 수많은 회원은 엄청난 양의 항의 이메일과 팩스를 백악관과 환경청에 보내 정부 정책을 강하게 비판하였다.

① ㉠은 일반 시민이 아닌 국가가 주도한 사회 운동이다.
② ㉡은 산업화 과정에서 나타난 문제를 개선하기 위한 사회 운동이다.
③ ㉠은 ㉡과 달리 사회 변화에 저항하고 과거 질서로 회귀하려는 사회 운동이다.
④ ㉡은 ㉠과 달리 특정 집단 구성원의 삶의 질 향상을 목표로 하는 사회 운동이다.
⑤ ㉠과 ㉡은 모두 사회 체제의 전면적인 변혁을 추구하는 사회 운동이다.

08

| 9월 모의평가 8번 |

사회 변동 이론 (가), (나)에 대한 설명으로 옳은 것은? (단, (가), (나)는 각각 순환론, 진화론 중 하나임.) [3점]

> (가) 인간의 성장처럼 사회도 성장해 나간다. 하지만 인간이 성장을 멈추고 노화가 진행되듯, 사회도 일정한 한계점을 지나면 성장의 그래프는 꺾이기 마련이다. 다만 이미 사라져 버린 사회들의 경험을 참고하여 해체에 이르기까지의 생존 기간을 늘릴 수 있을 뿐이다.
> (나) 사회는 본질적으로 과거의 유산을 토대로 하여 더 나은 상태로 나아간다. 인간은 기존의 지식을 바탕으로 새로운 아이디어와 기술을 창출해 혁신을 이어 가고 있기 때문이다. 이러한 과정에서 사회는 항상 성장의 발걸음을 이어 왔으며 앞으로도 그럴 것이다.

① (가)는 미래의 사회 변동에 대한 역동적 대응이 곤란하다는 비판을 받는다.
② (나)는 사회 변동이 항상 발전을 의미하는 것은 아니라고 본다.
③ (가)는 (나)와 달리 서구 사회가 가장 진보한 사회임을 전제한다.
④ (나)는 (가)와 달리 사회가 주기적으로 동일한 과정을 반복하며 변동한다고 본다.
⑤ (가)는 단기적 사회 변동을, (나)는 장기적 사회 변동을 설명하기에 적합하다.

09

| 9월 모의평가 14번 |

(가)~(라)에 대한 옳은 설명만을 〈보기〉에서 고른 것은?

> (가) □□ 환경 단체는 탄소 중립 실현을 위해 대중교통 이용하기, 플라스틱 사용 줄이기, 불필요한 이메일 삭제하기 등 다양한 캠페인 활동을 꾸준히 하고 있다.
> (나) 국민 가수로 칭송받던 인기 연예인이 음주 운전 차량에 치여 사망하자, 추모를 위해 사고 현장에 모인 사람들이 헌화와 함께 음주 운전 처벌 강화를 요구하는 메모를 남겼다.
> (다) 오랜 전통에 따라 여성 운전 금지법이 시행되고 있던 △△국에서 시민운동가 출신의 대통령 후보가 여성 권리 신장을 위해 이 법을 폐지하겠다는 선거 공약을 내세웠다.
> (라) ○○ 노동조합은 정부의 연금 개시 연령 상향 정책에 대해 퇴직 후 연금 수령 시작 시기가 늦어져 경제적 어려움을 겪을 수 있다며 반대하는 서명을 받고 있다.

보기

ㄱ. (가)는 뚜렷한 목표와 방법을 제시하고 지속적으로 활동을 수행하였다는 점에서 사회 운동이라 볼 수 있다.
ㄴ. (나)는 조직적이지 않은 군중이 일시적으로 모인 것이라는 점에서 사회 운동이라 볼 수 없다.
ㄷ. (다)는 기존 사회의 부조리를 해소하고 개혁을 추구하였다는 점에서 사회 운동이라 볼 수 있다.
ㄹ. (라)는 특정 집단의 이익만을 추구한다는 점에서 사회 운동이라 볼 수 없다.

① ㄱ, ㄴ ② ㄱ, ㄷ ③ ㄴ, ㄷ ④ ㄴ, ㄹ ⑤ ㄷ, ㄹ

10

수능 13번

사회 변동 이론 (가), (나)에 대한 설명으로 옳은 것은? (단, (가), (나)는 각각 진화론, 순환론 중 하나임.)

(가) 자연 현상에 빗대어 사회 변동을 설명하면 그 방향을 쉽게 이해할 수 있다. 태양 주위로 지구와 달이 돌면서 낮과 밤, 밀물과 썰물, 계절이 번갈아 가며 나타나듯 사회는 변동한다.
(나) 자연 현상에 빗대어 사회 변동을 설명하면 그 방향을 쉽게 이해할 수 있다. 모든 생명체가 적자생존의 상황에서 살아남기 위한 경쟁을 통해 더 나은 방향으로 변화하듯 사회는 변동한다.

① (가)는 장기적인 사회 변동의 과정을 설명하기 어렵다.
② (나)는 단선적인 사회 변동의 과정을 설명하기 어렵다.
③ (가)는 (나)에 비해 사회 변동 방향을 예측하여 대응하기 어렵다.
④ (나)는 (가)와 달리 과거에 비해 진보한 사회를 설명하기 어렵다.
⑤ (가)는 서구 중심적 사고라는, (나)는 숙명론적 사고라는 비판을 피하기 어렵다.

11

수능 18번

밑줄 친 ㉠, ㉡에 대한 설명으로 가장 적절한 것은? [3점]

○ A국에서는 이전 세대의 경제 성장 과정에서 배출된 온실가스로 인해 기후 위기의 피해가 심각하다. 이에 기후 위기 해결을 위해 청년 중심의 시민 단체가 환경 정책 마련을 요구하고 온라인 캠페인 활동을 하는 등 ㉠사회 운동을 전개하고 있다.
○ B국의 한 노숙인은 행색이 초라하다는 이유로 건강권 관련 정책 토론회 출입을 제지당했다. 이 사건으로 노숙인 인권 보장을 요구하는 인권 단체의 시위가 벌어졌다. 이후 노숙인의 생계 지원법 마련을 요구하는 ㉡사회 운동이 지속적으로 확산되었다.

① ㉠은 세대 간 통합을 추구하는 체계적인 사회 운동이다.
② ㉡은 사회 체제 내에서 특정 사회 문제의 개선을 요구하는 사회 운동이다.
③ ㉠은 ㉡과 달리 사회적 약자의 권리 보장을 목적으로 하는 사회 운동이다.
④ ㉡은 ㉠과 달리 비대면 방식을 활용하는 사회 운동이다.
⑤ ㉠과 ㉡은 모두 변화를 거부하고 과거 질서로 되돌아가려는 사회 운동이다.

2022년

12

| 6월 모의평가 18번 |

사회 변동 이론 (가), (나)에 대한 옳은 설명만을 〈보기〉에서 고른 것은? (단, (가), (나)는 각각 진화론, 순환론 중 하나임.)

(가) 인류의 역사는 발생, 성장, 정체, 해체의 과정을 거친다. 인류 문명의 발전에서 엘리트가 주도하는 혁신은 중요한 의미를 가지며, 대중이 이를 따르지 않을 경우 사회는 분열하고 문명은 쇠퇴한다. 역사는 문명의 흥망성쇠를 거듭하며 전개된다.
(나) 인류의 역사는 생산 방식의 발전을 통해 사회의 궁극적 이상에 다가가는 과정이다. 낡은 생산 방식은 새로운 생산 방식으로 대체되고, 이러한 전환은 점진적인 시대 발전을 이끌며 역사를 구성한다. 역사는 생산 방식의 진보와 문명의 발전이 누적된 결과이다.

보기
ㄱ. (가)는 미래의 사회 변동에 대한 역동적 대응이 곤란하다는 비판을 받는다.
ㄴ. (나)는 사회가 미분화된 상태에서 분화된 상태로 변동한다고 본다.
ㄷ. (가)는 (나)와 달리 사회 변동이 일정한 방향을 갖는다고 본다.
ㄹ. (나)는 (가)와 달리 사회 변동이 동일한 과정을 주기적으로 반복한다고 본다.

① ㄱ, ㄴ ② ㄱ, ㄷ ③ ㄴ, ㄷ ④ ㄴ, ㄹ ⑤ ㄷ, ㄹ

13

| 9월 모의평가 5번 |

사회 변동 이론 (가), (나)에 대한 설명으로 옳은 것은? (단, (가), (나)는 각각 진화론, 순환론 중 하나임.)

(가) 거대한 재난으로 사회 전반이 파멸되면 인구가 급감하지만, 살아남은 이들이 아이를 낳으며 사회적 재생이 시작된다. 그러나 또다시 일어나는 재난은 또 다른 파국을 야기한다.
(나) 생태계에서 개체들이 생존을 위해 환경에 적응하듯, 인간 사회도 생존을 위해 보다 고도화된 방향으로 나아간다. 결국 사회는 단계적 성장을 통해 이전보다 나은 형태로 변화한다.

① (가)는 서구 중심의 사고라는 비판을 받는다.
② (나)는 사회 변동을 사회 발전과 동일시한다.
③ (가)는 (나)와 달리 미래의 사회 변동에 대한 역동적 대응이 용이하다.
④ (나)는 (가)와 달리 운명론적 관점에서 사회 변동을 설명한다.
⑤ (가)는 단기적 사회 변동을, (나)는 장기적 사회 변동을 설명하기에 유용하다.

14

| 9월 모의평가 19번 |

교사가 제시한 사례 A~D에 대한 학생들의 옳은 설명만을 〈보기〉에서 고른 것은? [3점]

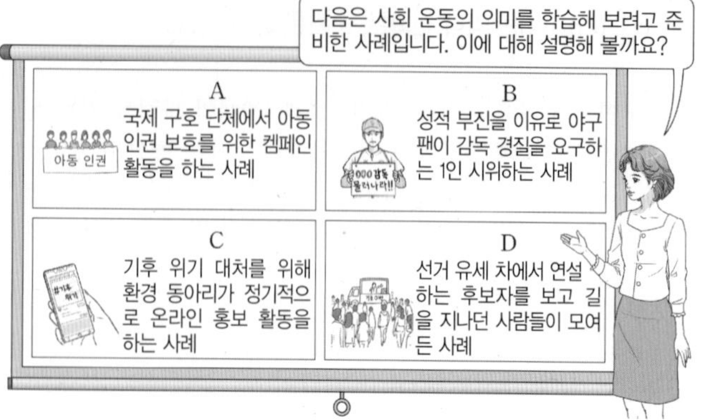

다음은 사회 운동의 의미를 학습해 보려고 준비한 사례입니다. 이에 대해 설명해 볼까요?
A
국제 구호 단체에서 아동 인권 보호를 위한 캠페인 활동을 하는 사례
아동 인권
B
성적 부진을 이유로 야구팬이 감독 경질을 요구하는 1인 시위하는 사례
C
기후 위기 대처를 위해 환경 동아리가 정기적으로 온라인 홍보 활동을 하는 사례
D
선거 유세 차에서 연설하는 후보자를 보고 길을 지나던 사람들이 모여든 사례

보기

ㄱ. A는 특정 집단의 이익만을 추구하였다는 점에서 사회 운동으로 볼 수 없습니다.
ㄴ. B는 사회 변화를 위해 계획적으로 진행하였다는 점에서 사회 운동으로 볼 수 있습니다.
ㄷ. C는 뚜렷한 목표를 가지고 구체적인 활동을 지속적으로 수행하였다는 점에서 사회 운동으로 볼 수 있습니다.
ㄹ. D는 조직적이지 않은 군중이 일시적으로 모였다는 점에서 사회 운동으로 볼 수 없습니다.

① ㄱ, ㄴ ② ㄱ, ㄷ ③ ㄴ, ㄷ ④ ㄴ, ㄹ ⑤ ㄷ, ㄹ

15

수능 17번

다음 글에서 사회 변동의 방향을 보는 필자의 관점에 대한 옳은 설명만을 〈보기〉에서 고른 것은? [3점]

인간은 자신이 획득한 지식을 다른 사람에게 전달하고 후손에게 유산으로 물려준다. 한 세대에서 축적된 지식이 다음 세대로 이어지면서 기존 지식을 기초로 여러 갈래의 신생 분야가 등장한다. 이처럼 사회에서는 과거로부터 전해진 지식과 새로 탄생한 지식이 연속적으로 결합한다. 이러한 양상은 정치, 경제, 예술 등 사회 모든 분야에서 나타난다. 인류의 미약한 첫 발걸음부터 문명의 이상에 이르기까지 인간의 역사는 지식의 생산, 전달, 결합 과정을 통해 끊임없이 나아가며 확장한다.

보기

ㄱ. 사회 변동을 동일한 과정의 주기적 반복으로 설명한다.
ㄴ. 제국주의를 정당화하는 수단이 될 수 있다는 비판을 받는다.
ㄷ. 사회 변동이 언제나 진보를 의미하는 것은 아니라고 본다.
ㄹ. 사회가 미분화된 상태에서 분화된 상태로 변동한다고 본다.

① ㄱ, ㄴ ② ㄱ, ㄷ ③ ㄴ, ㄷ ④ ㄴ, ㄹ ⑤ ㄷ, ㄹ

16

수능 18번

밑줄 친 ㉠, ㉡에 대한 설명으로 가장 적절한 것은?

○ 1970년대부터 본격화된 도로 중심의 사회 기반 시설 구축과 개인 차량 증가로 인해 다양한 교통 문제가 발생하고 보행자를 위한 공간이 잠식되었다. 이에 시민들은 보행권 확보와 보행 환경 개선을 목표로 ㉠사회 운동을 전개하기 시작했다. 시민 단체들은 보행권 신장을 위한 걷기 대회 개최, 어린이 통학로 안전 상태 조사 등을 실시하였고, 그 노력의 결실로서 스쿨존이 법제화되고 보행자를 위한 조례가 제정되었다.
○ 대중 소비가 시작되던 20세기 초, 조잡한 제품들이 양산되어 피해를 입는 소비자가 많아지자 선진국을 중심으로 좋은 물건 고르는 방법을 안내하는 캠페인이 나타났다. 이러한 움직임은 이후 대중 소비가 본격화된 시기에 독점 기업의 횡포로부터 소비자를 보호하고 소비자 주권을 실현하기 위한 ㉡사회 운동으로 발전하였다. 세계적으로 대중 소비가 확산한 1960년대 이후 이 운동은 세계 여러 나라로 널리 퍼졌다.

① ㉠은 사회 구조 전체를 근본적으로 바꾸고자 하는 사회 운동이다.
② ㉡은 지배 집단이 기존 사회 질서를 유지하고자 하는 사회 운동이다.
③ ㉠은 ㉡과 달리 경제적 평등을 추구하는 사회 운동이다.
④ ㉡은 ㉠과 달리 산업화로 인한 문제에 대응하는 사회 운동이다.
⑤ ㉠과 ㉡은 시민의 권리 보장을 목표로 하는 사회 운동이다.

2021년

17

| 6월 모의평가 14번 |

표는 질문을 통해 사회 변동 이론 A, B를 구분한 것이다. 이에 대한 설명으로 옳은 것은? (단, A와 B는 각각 진화론, 순환론 중 하나이다.)

질문	A	B
사회가 퇴보할 수 있다고 보는가?	예	아니요
(가)	예	예
(나)	아니요	예

① A는 단기적 사회 변동보다는 장기적 사회 변동을 설명하는 데 유용하다.
② B는 사회 변동의 방향이 사회마다 다르다고 본다.
③ A는 B와 달리 사회가 단순한 형태에서 복잡한 형태로 변화한다고 본다.
④ (가)에는 '사회 변동에 작용하는 인간의 자율성을 강조하는가?'가 들어갈 수 있다.
⑤ (나)에는 '사회가 주기적으로 동일한 과정을 반복하며 변동한다고 보는가?'가 들어갈 수 있다.

18

| 9월 모의평가 11번 |

다음 자료는 서술형 평가에 대한 학생의 답변과 교사의 채점 결과이다. 이에 대한 설명으로 옳은 것은? (단, A, B는 각각 순환론, 진화론 중 하나이다.)

〈서술형 평가〉

성명: ○○○

※ 사회 변동 이론 A, B에 대한 설명을 각각 3가지씩 제시하시오. (단, 옳은 답을 쓴 경우 하나당 1점, 틀린 답을 쓴 경우 하나당 0점을 부여함.)

이론	A	B
답변	○ 흥망성쇠를 거듭한 사회의 사례를 설명하기에 용이하다. ○ 미래 사회 변동을 예측하여 대응하는 데 적합하지 않다. ○ (가)	○ 서구 중심적 사고라는 비판을 받는다. ○ 사회 변동은 일정한 방향성을 가지고 있다고 본다. ○ (나)
점수	3점	2점

① A는 사회 변동이 곧 사회 발전이라고 본다.
② B는 사회 변동에 대응하는 인간의 노력을 과소평가한다는 비판을 받는다.
③ A는 B와 달리 사회 변동을 문명 사회로 이행하는 과정으로 본다.
④ B는 A와 달리 사회가 단순한 형태에서 복잡한 형태로 변동한다고 본다.
⑤ '운명론적 관점에서 사회 변동을 설명한다.'는 (가)가 아닌 (나)에 들어갈 수 있다.

19

수능 13번

사회 변동 이론 (가), (나)에 대한 설명으로 옳은 것은? (단, (가), (나)는 각각 진화론, 순환론 중 하나이다.) [3점]

(가) 문명은 인간처럼 생애 주기가 있어서 발생과 성장 단계를 거쳐 쇠락하고 몰락하는 일련의 과정을 겪게 된다. 문명의 생애 주기에서 나타나는 몰락 징후로는 전쟁과 변란, 가치 갈등 등이 있다.
(나) 사회는 항상 미분화 상태에서 분화된 상태로, 단순한 단계에서 복잡한 단계로 변동한다. 사회는 살아 있는 유기체처럼 구조적으로든 기능적으로든 늘 분화되면서 그 복잡성이 증대된다.

① (가)는 모든 사회가 같은 방향으로 변동한다고 본다.
② (나)는 사회가 주기적으로 동일한 과정을 반복하며 변동한다고 본다.
③ (가)는 (나)와 달리 사회 변동에 작용하는 인간의 자율성을 강조한다.
④ (나)는 (가)와 달리 서구 중심적인 사고라는 비판을 받는다.
⑤ (가)는 단기적인 사회 변동을, (나)는 장기적인 사회 변동을 설명하는 데 유용하다.

2020년

20

| 6월 모의평가 17번 |

밑줄 친 ㉠, ㉡에 대한 설명으로 가장 적절한 것은? [3점]

○ 정부는 국민의 헌법 개정 요구를 무시하였고, 대학생을 고문하여 죽음에 이르게 한 사건까지 은폐하려고 하였다. 이에 민주 헌법 쟁취 국민 운동 본부를 중심으로 독재 정권에 반대하는 ㉠6월 민주 항쟁이 일어났다. 결국 정부는 대통령 직선제 요구를 수용하였고, 헌법이 개정되었다.
○ 국내 외환 보유고가 바닥나자 사회 일각에서 개인이 보유한 금을 모아 국가 부채를 갚자는 주장이 제기되었다. 이에 방송사와 금융 기관이 협조하고 다수 국민들이 참여하는 ㉡금 모으기 운동이 일어났다. 이렇게 모인 금은 외환 위기를 극복하는 데 도움이 되었다.

① ㉠은 일시적이고 즉흥적인 감정에 따른 다수의 행동이다.
② ㉡은 경제적 약자들이 자신의 권리 보장을 요구하는 운동이다.
③ ㉠은 ㉡과 달리 기존 사회 질서를 유지하려는 다수의 행동이다.
④ ㉡은 ㉠과 달리 사회의 근본적 모순을 드러내고 권력 구조를 변화시킨 운동이다.
⑤ ㉠, ㉡은 모두 뚜렷한 목표와 체계적 활동 계획을 바탕으로 한 다수의 행동이다.

21

| 6월 모의평가 18번 |

사회 변동을 설명하는 이론 A, B에 대한 옳은 설명만을 〈보기〉에서 고른 것은? (단, A, B는 각각 진화론, 순환론 중 하나이다.)

A를 지지하는 학자들은 "선진국의 오늘의 모습은 개발 도상국의 내일의 모습이다."라며 사회 변동을 하나의 목표로 향하는 진보와 발전으로 설명한다. 이에 대해 B를 지지하는 학자들은 사회 변동이 늘 발전을 의미하는 것은 아니며, 모든 사회 변동이 반드시 같은 방향으로 진행되는 것은 아니라는 점을 지적한다.

보기

ㄱ. A는 사회 변동이 주기적으로 동일한 과정을 반복한다고 본다.
ㄴ. A는 사회가 이전보다 복잡하고 분화된 모습으로 변동한다고 본다.
ㄷ. B는 사회 변동을 서구 중심적 사고에 바탕을 두어 설명한다.
ㄹ. B는 미래 사회의 변동 방향을 예측하기 어려워 역동적 대응이 곤란하다는 비판을 받는다.

① ㄱ, ㄴ ② ㄱ, ㄷ ③ ㄴ, ㄷ ④ ㄴ, ㄹ ⑤ ㄷ, ㄹ

제1권 평가원

22

| 9월 모의평가 9번 |

(가), (나)에 나타난 사회 운동에 대한 설명으로 가장 적절한 것은?

> (가) 1955년 한 흑인 여성이 백인 승객에게 자리를 양보하지 않아서 체포되었다. 시내버스에서의 인종 분리를 규정한 몽고메리시의 법을 위반했다는 죄목이었다. 흑인들은 이에 반발하여 집단 파업과 버스 승차 거부 운동을 벌였다. 이듬해 인종 분리법이 위헌이라는 판결이 났고 흑인들의 버스 승차 거부도 끝이 났다.
> (나) 2010년 당시 대통령의 장기 집권과 경제 실정으로 시민들의 불만이 높았던 튀니지에서, 경찰의 노점 단속에 항의하던 한 청년의 죽음이 시민들의 반정부 운동을 촉발하였다. 정부의 강경 진압은 시민들을 분노케 하여 전국적 규모의 반정부 시위로 확대되었고, 마침내 대통령이 물러났다.

① (가)에는 사회적 소수자의 권리 보장을 목적으로 하는 사회 운동이 나타난다.
② (나)에는 과거의 사회 질서로 돌아가려는 사회 운동이 나타난다.
③ (가)에는 (나)와 달리 계급 철폐를 목적으로 하는 혁명적 사회 운동이 나타난다.
④ (나)에는 (가)와 달리 뚜렷한 목표를 가지고 지속적으로 이루어진 사회 운동이 나타난다.
⑤ (가), (나)에는 모두 당시 사회의 정권을 교체한 사회 운동이 나타난다.

23

| 9월 모의평가 15번 |

다음은 사회 변동 이론 A, B 관련 질문에 대한 학생들의 답변과 교사의 채점 결과이다. 이에 대한 옳은 설명만을 〈보기〉에서 있는 대로 고른 것은? (단, A와 B는 각각 진화론과 순환론 중 하나이다.) [3점]

질문	답변	
	갑	을
A는 사회가 단순한 형태에서 복잡한 형태로 발전한다고 보는가?	예	아니요
B는 흥망성쇠를 거듭한 국가의 사례를 설명하기에 적합한가?	아니요	예
B는 A와 달리 사회 변동이 일정한 방향성을 가지고 있다고 보는가?	예	㉠
(가)	아니요	예
점수	3점	2점

> 보기
> ㄱ. A는 서구 제국주의 역사를 정당화하는 수단으로 악용될 수 있다는 비판을 받는다.
> ㄴ. B는 사회 변동을 사회 발전으로 인식한다.
> ㄷ. ㉠은 '예'이다.
> ㄹ. (가)에는 'B는 A와 달리 사회 변동에 작용하는 인간 행위의 역동성과 자율성을 과소 평가한다는 비판을 받는가?'가 들어갈 수 있다.

① ㄱ, ㄷ　② ㄱ, ㄹ　③ ㄴ, ㄷ
④ ㄱ, ㄴ, ㄹ　⑤ ㄴ, ㄷ, ㄹ

24

수능 3번

(가)~(다)에 대한 설명으로 가장 적절한 것은? [3점]

> (가) ◇◇ 환경 보호 단체 회원들은 해양 오염물을 줄이기 위해 매달 배를 타고 바다로 나가서 플라스틱 쓰레기 수거 작업 및 해양 생태 보호 캠페인 활동을 하였다.
> (나) △△ 프로 구단이 감독 인사를 단행했다는 소식을 경기 중에 들은 일부 열혈 관중들이 불합리한 인사 결정 방식에 항의하며 경기 직후에 돌발적으로 시위를 벌였다.
> (다) ○○ 단체는 왕정과 신분 제도를 폐지하고 선거를 통해 민주 정부를 수립하고자 대다수 국민의 지지를 바탕으로 지속적으로 시위를 전개하였다.

① (가)에는 사회 구조 전체를 근본적으로 바꾸고자 하는 사회 운동이 나타난다.
② (나)에는 일부 집단의 이익을 추구하는 사회 운동이 나타난다.
③ (다)에는 급격한 사회 변화에 대항하기 위한 사회 운동이 나타난다.
④ (가), (다)에는 (나)와 달리 체계적인 조직을 바탕으로 집단의 이념을 실현하려는 사회 운동이 나타난다.
⑤ (나), (다)에는 (가)와 달리 사회의 불합리한 제도를 개선하고자 하는 사회 운동이 나타난다.

25

수능 17번

사회 변동 이론 (가), (나)에 대한 설명으로 옳은 것은? [3점]

> (가) 생물 유기체와 마찬가지로 사회는 단순한 상태에서 복잡하고 분화된 상태로 변동한다. 즉, 사회도 야만, 미개, 문명이라는 일정한 단계를 거친다.
> (나) 각 문화는 유기체의 일생처럼 생성, 성장, 쇠퇴, 소멸이라는 일정한 변화 과정을 거친다. 자연이 봄, 여름, 가을, 겨울의 과정을 거치는 것처럼 인간의 역사 또한 무르익을 대로 무르익으면 몰락, 사멸에 이른다.

① (가)는 제국주의를 정당화하는 수단으로 악용될 우려가 있다는 비판을 받는다.
② (나)는 사회 변동에 대한 역동적 대응이 용이하다는 평가를 받는다.
③ (가)는 (나)와 달리 사회 변동에 대응하는 인간의 노력을 과소평가한다는 비판을 받는다.
④ (나)는 (가)와 달리 사회 변동에 일정한 방향이 있다고 본다.
⑤ (가), (나)는 모두 사회 변동을 사회 발전으로 인식한다.

필출 주제 15

산업 사회와 정보 사회

평가원의 출제 경향을 파악하라!

6월과 9월 모의평가에서 출제된 문제 유형과 내용이 그해 11월 수능에서 어떠한 흐름으로 이어지며 출제되었는지 분석해 보세요. 2025년 6월과 9월 모의평가를 분석하면 수능을 대비하는 데 큰 도움이 됩니다.

최근 5개년간 얼마나 출제되었나?

구분	6월	9월	수능
2024년	○	-	-
2023년	○	○	○
2022년	○	-	-
2021년	○	○	○
2020년	○	○	○

이 주제에서는 제시된 기준을 통해 산업 사회와 정보 사회의 특징을 비교하는 유형의 문제가 출제되고 있다. 최근에는 정보 사회와 관련하여 정보 사회를 바라보는 서로 다른 관점이나 정보 사회의 문제점 등이 출제되고 있으므로 이에 대한 학습이 필요하다.

2024년에는 어떻게 출제되었나?

6월 모의평가	9월 모의평가	수능
정보화 시대의 사회 불평등을 바라보는 갑과 을의 입장을 파악하여 (가), (나)에 들어갈 수 있는 적절한 내용을 고르는 문항이 출제되었다.	출제되지 않음	출제되지 않음

반드시 알아야 할 핵심 개념은?

산업 사회	자본과 노동이 부가 가치의 원천이 되는 사회로 기술과 조직의 합리성 원리를 도입하여 대량 생산과 대량 소비의 경제 체제가 중심이 됨
정보 사회	지식과 정보가 부가 가치의 원천이 되는 사회로 다품종 소량 생산 방식이 일반적으로 나타남
정보화	지식과 정보가 중요한 부의 원천으로 인식되고, 인간의 주요 활동이 정보 통신 기술이 제공하는 서비스의 지원을 받아 이루어지는 정보 사회로 이행하는 과정
정보 격차	정보의 접근·소유·활용 능력 등의 차이로 인해 발생하는 정보 불평등 현상
재택근무	집에 회사와 통신 회선으로 연결된 정보 통신 기기를 설치하여 놓고 집에서 회사의 업무를 보는 방식으로 정보 사회에서 확대된 근무 형태

2024년

01 | 6월 모의평가 13번 |

(가), (나)에 들어갈 수 있는 내용으로 가장 적절한 것은? [3점]

> 갑: 정보화 시대에는 사회 불평등이 줄어들 것입니다. 오늘날 더 많은 사람들이 컴퓨터와 네트워크를 통해 지식과 정보에 손쉽게 접근하고 있습니다. 이처럼 정보에 대한 보편적 접근권이 확대되면 교육이나 문화에서의 격차는 더욱 줄어들게 될 것입니다. 즉, 정보 기술은 [(가)]
>
> 을: 지식과 정보가 중시되는 사회에서 사회 불평등은 심화될 것입니다. 정보 부국과 정보 빈국이라는 말이 존재하듯이 오늘날 국제적 상황에서 정보 격차는 더욱 심해졌습니다. 이는 국내적 상황에서도 다르지 않습니다. 즉, 보편적 접근권이 강조되고 있음에도 정보 기술은 [(나)] 왜냐하면 한 국가 내에서 정보를 실질적으로 활용하여 부를 재생산할 수 있는 능력은 서열화된 사회 구조적 위치에 따라 다르게 분포되어 있기 때문입니다.

① (가): 저작권 침해 문제를 야기할 수 있습니다.
② (가): 검증되지 않은 정보를 확산시킬 수 있습니다.
③ (나): 상대적 빈곤을 줄이는 데 도움을 줄 수 있습니다.
④ (나): 정보 부국 중심의 국제 질서를 강화할 수 있습니다.
⑤ (나): 계층에 따른 기존의 소득 격차를 늘릴 수 있습니다.

제1권 평가원

2023년

02

| 6월 모의평가 18번 |

그림은 A, B의 일반적인 특징을 비교한 것이다. 이에 대한 설명으로 옳은 것은? (단, A, B는 각각 산업 사회, 정보 사회 중 하나임.)

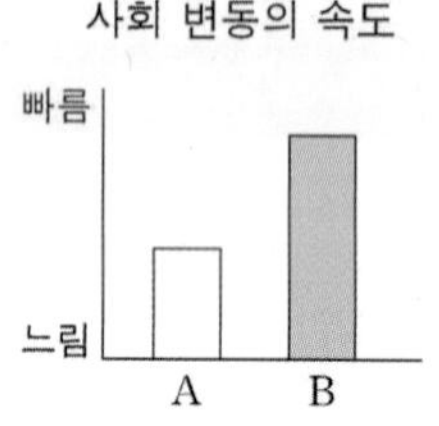

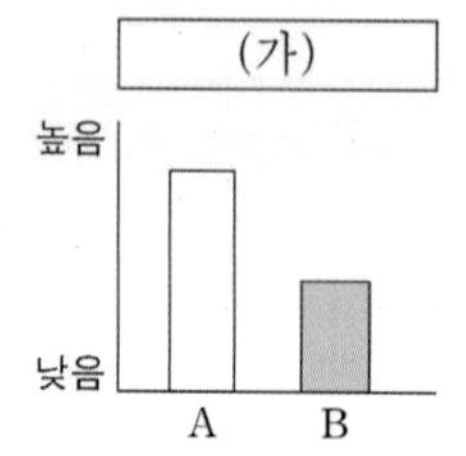

① A는 B에 비해 전자 상거래의 비중이 작다.
② B는 A에 비해 의사 결정의 분권화 정도가 낮다.
③ A는 다품종 소량 생산, B는 소품종 대량 생산이 지배적이다.
④ A는 지식과 정보, B는 자본과 노동이 부가 가치의 주요 원천이다.
⑤ (가)에는 '정보의 생산자와 소비자 간 구분의 명확성 정도'가 들어갈 수 없다.

03

| 9월 모의평가 16번 |

다음 글에서 도출할 수 있는 정보 사회의 문제점으로 가장 적절한 것은? [3점]

> 인터넷에 대한 의존도가 높아지면서 일상의 변화가 일어나고 있다. 온라인을 통해 금융 업무나 음식 주문과 같은 일을 비대면으로 간편하게 처리하는 사람이 늘고 있는 반면, 온라인을 활용한 삶의 편의성으로부터 소외된 사람도 있다. 정보 사회에서 사회 구성원은 정보 통신 기기의 구매 능력 정도, 유용하고 신뢰할 수 있는 고급 정보에 대한 비용 지불 능력 정도, 소프트웨어 기술 습득 능력 정도, 정보 서비스의 활용 능력 정도 등에 따라 디지털 환경에 빠르게 적응하는 사람과 뒤처지는 사람으로 구분된다. 정보가 부가 가치 창출의 원천인 정보 사회에서 이러한 현상은 심각한 사회 문제로 대두되고 있다.

① 정보 생산자의 신뢰성 문제가 나타나고 있다.
② 정보화 과정에서 문화 지체 현상이 나타나고 있다.
③ 비대면 관계의 증가로 인한 인간 소외 현상이 나타나고 있다.
④ 정보 격차로 인한 새로운 사회 불평등 현상이 나타나고 있다.
⑤ 정보 통신 기기의 과다 사용으로 인한 병리 현상이 나타나고 있다.

04

수능 19번

다음 자료에 대한 옳은 설명만을 〈보기〉에서 있는 대로 고른 것은? (단, A, B는 각각 산업 사회, 정보 사회 중 하나임.)

〈형성 평가〉

ㅇ 제시된 '대답'에 맞게 빈칸을 채워 질문을 완성하시오.

대답	대답에 맞는 질문	채점 결과
예	A는 B에 비해 [(가)] 이/가 높은가?	㉠
아니요	B는 A에 비해 [정보 제공자와 수용자 간 구분] 이/가 명확한가?	1점

* 교사는 완성한 질문별로 채점하고 제시된 대답에 맞게 질문을 완성한 경우는 1점, 틀린 경우는 0점임

보기

ㄱ. A는 B에 비해 물리적 거리가 사회적 관계 형성에 미치는 제약 정도가 크다.
ㄴ. (가)에 '사회의 다원화 정도'가 들어간다면, ㉠은 '1점'이다.
ㄷ. ㉠이 '0점'이라면, (가)에는 '가정과 일터의 결합 정도'가 들어갈 수 없다.

① ㄱ ② ㄴ ③ ㄱ, ㄷ ④ ㄴ, ㄷ ⑤ ㄱ, ㄴ, ㄷ

2022년

05

| 6월 모의평가 14번 |

A, B의 일반적인 특징에 대한 설명으로 옳은 것은? (단, A, B는 각각 산업 사회, 정보 사회 중 하나임.) [3점]

> 지식이 부가 가치를 창출하는 중요한 원천인 A에서는 가정에서도 고도화된 통신 기술이 널리 활용된다. 이를 통해 재택근무가 활성화되면서 가정은 생산과 노동의 중심이 되기도 한다. 반면, 주로 자본과 노동을 통해 부가 가치를 창출하는 B에서 가정은 직장과 공간적으로 분리된다. 직장은 생산과 노동의 공간, 가정은 휴식 공간으로 기능한다.

① A는 B에 비해 직업의 동질성 정도가 높다.
② A는 B에 비해 정보 확산의 시공간적 제약이 적다.
③ A는 B에 비해 사이버 범죄가 발생할 가능성이 낮다.
④ B는 A에 비해 다품종 소량 생산 방식의 비중이 높다.
⑤ B는 A에 비해 쌍방향 매체를 통한 정보 전달의 비중이 높다.

2021년

06

| 6월 모의평가 5번 |

다음은 A, B의 일반적인 특징을 비교한 것이다. 이에 대한 설명으로 옳은 것은? (단, A와 B는 각각 산업 사회, 정보 사회 중 하나이다.)

○ A는 B에 비해 의사 결정의 분권화 정도가 높다.
○ A는 B에 비해 [(가)] 이/가 크다.
○ B는 A에 비해 [(나)] 이/가 빠르다.

① A는 B에 비해 비대면 접촉의 비중이 낮다.
② B는 A에 비해 쌍방향 매체의 정보 전달 비중이 낮다.
③ A는 소품종 대량 생산 체제, B는 다품종 소량 생산 체제가 지배적이다.
④ (가)에는 '물리적 거리가 사회적 관계 형성에 미치는 제약'이 들어갈 수 있다.
⑤ (나)에는 '정보의 확산 속도'가 들어갈 수 있다.

07

| 9월 모의평가 9번 |

그림은 질문을 통해 A, B를 구분한 것이다. 이에 대한 설명으로 옳은 것은? (단, A, B는 각각 산업 사회, 정보 사회 중 하나이다.)

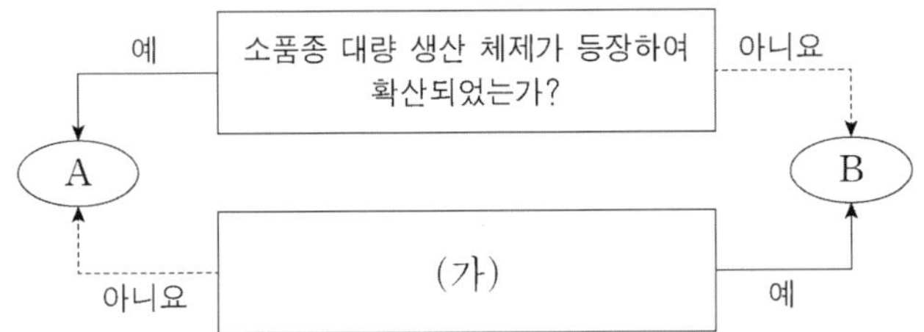

① A는 B보다 사회의 다원화 정도가 낮다.
② A는 B보다 가정과 일터의 분리 정도가 낮다.
③ B는 A보다 비대면 접촉 정도가 낮다.
④ B는 A보다 의사 결정의 분권화 정도가 낮다.
⑤ (가)에는 '정보 생산자와 소비자의 경계가 명확한가?'가 들어갈 수 있다.

08

수능 11번

다음 자료에 대한 옳은 설명만을 〈보기〉에서 고른 것은? (단, A, B는 각각 산업 사회, 정보 사회 중 하나이다.)

개인들은 A에 비해 B에서 취향의 자유를 더 많이 누린다. B의 개인들은 자신의 독특한 욕구를 A에 비해 훨씬 더 다양한 방식으로 실현한다.

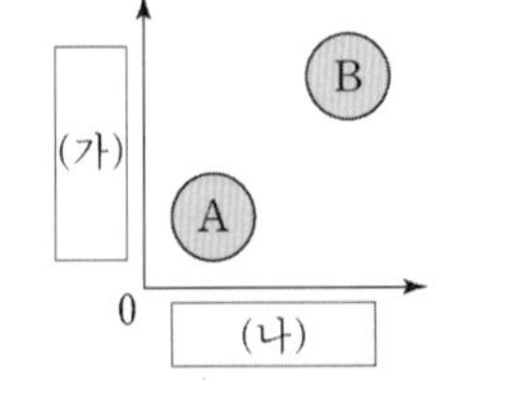

* 0에서 멀수록 그 비중이나 정도가 높거나 큼

보기

ㄱ. A는 B에 비해 물리적 거리가 사회적 관계 형성을 제약하는 정도가 크다.
ㄴ. B는 A에 비해 쌍방향 매체의 정보 전달 비중이 낮다.
ㄷ. (가)에는 '의사 결정의 분권화 정도'가, (나)에는 '비대면 접촉의 비중'이 들어갈 수 있다.
ㄹ. (가)에는 '정보 생산자와 소비자 간 구분의 명확성 정도'가, (나)에는 '가정과 일터의 분리 정도'가 들어갈 수 있다.

① ㄱ, ㄴ ② ㄱ, ㄷ ③ ㄴ, ㄷ ④ ㄴ, ㄹ ⑤ ㄷ, ㄹ

제1권 평가원

2020년

09

| 6월 모의평가 13번 |

그림 (가), (나)를 통해 공통적으로 추론할 수 있는 정보 사회의 문제점으로 가장 적절한 것은?

① 정보의 접근 및 이용에서의 격차가 발생하고 있다.
② 디지털 기술이 세대 간 문화 격차를 확대시키고 있다.
③ 정보 기기 중독에 따른 사회적 부작용이 증가하고 있다.
④ 자동화 기기 도입의 증가에 따라 일자리가 줄어들고 있다.
⑤ 비대면적 사회관계가 확산되면서 인간 소외가 심화되고 있다.

10

| 9월 모의평가 10번 |

다음은 정보화에 대한 어느 필자의 주장이다. (가)에 들어갈 내용으로 가장 적절한 것은? [3점]

> 농업, 제조업, 서비스업의 자동화로 수백만 명의 노동자들이 노동 시장에 남겨질 것이다. 이들이 재훈련되어 정보 사회의 노동 시장에서 원하는 일자리를 찾게 될 것이라는 생각은 헛된 꿈에 불과하다. 정보 통신 기술이 대량의 노동력을 대체하는 사회에서는 이런 변화에 적응한 소수만이 양질의 일자리를 찾을 수 있다. 나머지는 저임금을 받고 단순 정보 서비스업에 종사하거나 일자리를 잃게 될 것이다. 그러므로 정보화로 인해 [(가)]

① 노동 시장의 구조 변동이 나타나 서비스업 일자리는 소멸될 것이다.
② 노동의 시·공간적 제약이 축소되어 장시간 노동이 늘어날 것이다.
③ 비대면 노동 환경이 확대되어 인간 소외 현상이 심화될 것이다.
④ 노동 환경이 열악한 재택근무가 확대되어 업무 효율성이 떨어질 것이다.
⑤ 산업 구조가 지식 및 정보 중심으로 재편되어 경제적 격차가 심화될 것이다.

11

수능 2번

(가), (나) 사례에 나타난 정보 사회의 문제에 대한 설명으로 가장 적절한 것은?

> (가) 갑은 유명인의 1인 방송 채널에서 과장된 사용 후기를 우연히 보고 해당 제품을 구매하였으나, 품질이 방송 내용과 달라서 당황하였다.
> (나) 을은 절찬리에 상영 중인 영화가 불법으로 유통되는 것을 알고, 이를 다운로드하여 친구들과 공유하였다.

① (가)는 정보 기기에 대한 과도한 의존 양상에 해당한다.
② (가)는 비판적 정보 수집·분석 능력 함양의 필요성을 보여 준다.
③ (나)는 타인의 개인 정보를 유출한 양상에 해당한다.
④ (나)는 정보 격차 해소를 위한 환경 구축의 필요성을 보여 준다.
⑤ (가), (나)는 모두 익명성을 바탕으로 한 거짓 정보의 유포로 인해 발생한 것이다.

빠른 정답 찾기 기출의 바이블 I 사회·문화

1권 ⟶ 문제편 교육청 / 평가원 기출

01 사회 · 문화 현상의 이해 p.007 ~ 011 / p.114 ~ 118

01 ① 02 ② 03 ① 04 ② 05 ② 06 ③ 07 ⑤ 08 ② 09 ① 10 ④
11 ⑤ 12 ③ 13 ③ 14 ③ 15 ④ 16 ② 17 ① 18 ② 19 ④ 20 ③
01 ④ 02 ⑤ 03 ① 04 ④ 05 ③ 06 ④ 07 ② 08 ④ 09 ② 10 ③
11 ③ 12 ③ 13 ⑤ 14 ① 15 ⑤

02 사회 · 문화 현상을 바라보는 관점 p.014 ~ 021 / p.119 ~ 123

01 ② 02 ⑤ 03 ④ 04 ④ 05 ② 06 ① 07 ④ 08 ① 09 ③ 10 ⑤
11 ⑤ 12 ① 13 ① 14 ① 15 ② 16 ③ 17 ② 18 ② 19 ③ 20 ⑤
01 ② 02 ② 03 ⑤ 04 ② 05 ⑤ 06 ④ 07 ③ 08 ② 09 ⑤ 10 ①
11 ③ 12 ⑤ 13 ① 14 ② 15 ③

03 자료 수집 방법 p.024 ~ 028 / p.124 ~ 129

01 ① 02 ① 03 ② 04 ③ 05 ① 06 ③ 07 ③ 08 ④ 09 ② 10 ⑤
11 ⑤ 12 ④ 13 ① 14 ② 15 ④ 16 ① 17 ④ 18 ② 19 ④
01 ⑤ 02 ① 03 ④ 04 ⑤ 05 ③ 06 ② 07 ⑤ 08 ② 09 ② 10 ⑤
11 ③ 12 ① 13 ④ 14 ⑤

04 사회 · 문화 현상의 탐구 태도와 연구 윤리 p.030 ~ 031 / p.130 ~ 131

01 ④ 02 ③ 03 ⑤ 04 ② 05 ④ 06 ② 07 ② 08 ⑤
01 ① 02 ② 03 ③ 04 ③ 05 ③

05 개인과 사회의 관계를 바라보는 관점 p.033 ~ 037 / p.132 ~ 136

01 ② 02 ① 03 ② 04 ④ 05 ① 06 ② 07 ③ 08 ④ 09 ① 10 ③
11 ① 12 ② 13 ④ 14 ② 15 ⑤ 16 ② 17 ③ 18 ④ 19 ② 20 ①
01 ③ 02 ④ 03 ② 04 ④ 05 ② 06 ① 07 ④ 08 ① 09 ① 10 ④
11 ⑤ 12 ① 13 ② 14 ③ 15 ②

06 사회화 및 지위와 역할 p.039 ~ 043 / p.137 ~ 139

01 ④ 02 ⑤ 03 ① 04 ① 05 ② 06 ① 07 ② 08 ① 09 ② 10 ⑤
11 ④ 12 ③ 13 ④ 14 ⑤ 15 ⑤ 16 ⑤ 17 ① 18 ②
01 ④ 02 ⑤ 03 ② 04 ① 05 ④ 06 ② 07 ② 08 ④ 09 ④

07 사회 집단과 사회 조직 p.046 ~ 052 / p.140 ~ 145

01 ③ 02 ③ 03 ① 04 ① 05 ⑤ 06 ⑤ 07 ④ 08 ④ 09 ③ 10 ⑤
11 ② 12 ⑤ 13 ④ 14 ⑤ 15 ④ 16 ② 17 ① 18 ③ 19 ③ 20 ①
21 ④ 22 ① 23 ③ 24 ⑤ 25 ③
01 ③ 02 ⑤ 03 ③ 04 ③ 05 ① 06 ③ 07 ① 08 ② 09 ④ 10 ④
11 ① 12 ④ 13 ④ 14 ③ 15 ⑤ 16 ① 17 ⑤ 18 ⑤ 19 ② 20 ⑤
21 ② 22 ③

08 일탈 행동 p.054 ~ 060 / p.146 ~ 152

01 ③ 02 ① 03 ③ 04 ③ 05 ⑤ 06 ③ 07 ③ 08 ④ 09 ⑤ 10 ②
11 ① 12 ① 13 ③ 14 ② 15 ② 16 ⑤ 17 ③ 18 ① 19 ⑤ 20 ②
01 ③ 02 ① 03 ① 04 ① 05 ④ 06 ③ 07 ① 08 ① 09 ① 10 ②
11 ② 12 ① 13 ⑤ 14 ① 15 ②

09 문화의 이해 p.062 ~ 067 / p.153 ~ 157

01 ⑤ 02 ④ 03 ⑤ 04 ④ 05 ③ 06 ⑤ 07 ④ 08 ① 09 ④ 10 ⑤
11 ④ 12 ① 13 ⑤ 14 ③ 15 ② 16 ④ 17 ⑤ 18 ① 19 ③ 20 ①
21 ③ 22 ① 23 ②
01 ① 02 ① 03 ③ 04 ② 05 ⑤ 06 ② 07 ⑤ 08 ⑤ 09 ③ 10 ③
11 ① 12 ② 13 ④ 14 ① 15 ③

10 문화 이해의 태도 p.069 ~ 073 / p.158 ~ 161

01 ③ 02 ② 03 ④ 04 ② 05 ③ 06 ④ 07 ⑤ 08 ③ 09 ④ 10 ③
11 ⑤ 12 ⑤ 13 ⑤ 14 ④ 15 ② 16 ⑤ 17 ③ 18 ① 19 ①
01 ⑤ 02 ④ 03 ① 04 ② 05 ④ 06 ① 07 ③ 08 ④ 09 ② 10 ④
11 ② 12 ④ 13 ④

11 다양한 하위문화 p.076 ~ 081 / p.162 ~ 166

01 ③ 02 ② 03 ④ 04 ① 05 ④ 06 ⑤ 07 ④ 08 ③ 09 ② 10 ③
11 ① 12 ③ 13 ④ 14 ③ 15 ③ 16 ⑤ 17 ⑤ 18 ④ 19 ①
01 ② 02 ① 03 ② 04 ⑤ 05 ② 06 ④ 07 ⑤ 08 ③ 09 ③ 10 ①
11 ⑤ 12 ⑤ 13 ④ 14 ④ 15 ④ 16 ③ 17 ①

12 문화 변동의 요인과 양상 p.084 ~ 089 / p.167 ~ 171

01 ② 02 ② 03 ④ 04 ③ 05 ④ 06 ③ 07 ⑤ 08 ③ 09 ④ 10 ③
11 ② 12 ② 13 ⑤ 14 ④ 15 ① 16 ② 17 ③ 18 ⑤ 19 ① 20 ④
01 ⑤ 02 ⑤ 03 ③ 04 ④ 05 ⑤ 06 ① 07 ⑤ 08 ⑤ 09 ① 10 ③
11 ③ 12 ① 13 ③ 14 ⑤ 15 ⑤

13 사회 불평등 현상의 이해 p.092 ~ 095 / p.172 ~ 173

01 ② 02 ① 03 ④ 04 ① 05 ② 06 ① 07 ④ 08 ⑤ 09 ① 10 ②
11 ④ 12 ②
01 ② 02 ④ 03 ③ 04 ②

14 사회 변동과 사회 운동 p.098 ~ 106 / p.174 ~ 180

01 ① 02 ⑤ 03 ③ 04 ③ 05 ④ 06 ② 07 ⑤ 08 ② 09 ② 10 ①
11 ⑤ 12 ② 13 ② 14 ① 15 ⑤ 16 ⑤ 17 ④ 18 ② 19 ③ 20 ⑤
21 ④ 22 ① 23 ③ 24 ③ 25 ⑤ 26 ② 27 ④ 28 ④ 29 ② 30 ④
31 ③ 32 ③ 33 ② 34 ⑤ 35 ④
01 ③ 02 ④ 03 ④ 04 ⑤ 05 ② 06 ⑤ 07 ② 08 ① 09 ① 10 ③
11 ② 12 ① 13 ② 14 ⑤ 15 ④ 16 ⑤ 17 ① 18 ④ 19 ④ 20 ⑤
21 ④ 22 ① 23 ⑤ 24 ④ 25 ①

15 산업 사회와 정보 사회 p.107 ~ 111 / p.181 ~ 184

01 ④ 02 ③ 03 ⑤ 04 ⑤ 05 ③ 06 ④ 07 ③ 08 ② 09 ① 10 ②
11 ② 12 ① 13 ⑤ 14 ⑤ 15 ④ 16 ② 17 ①
01 ⑤ 02 ① 03 ④ 04 ① 05 ② 06 ② 07 ① 08 ② 09 ① 10 ⑤
11 ②

기출의 바이블
사회·문화

1권 | 문제편

문제편

- 교육청 기출문제로 기본 학습
- 평가원 기출문제로 심화 학습
- 수능에 자주 출제되는 기본 개념 정리
- 기출 자료 분석, 기출 선택지 분석
- 평가원 출제 경향 분석, 핵심 개념 요약

정답 및 해설편

- 선택지 비율, 자료 분석, 정답 찾기, 오답 풀이, 함정 클리닉, 이것만은 꼭! 등의 다양한 요소를 통한 문제 완벽 해설
- 기출문제 해설을 한눈에 확인할 수 있는 자세한 첨삭 제공

고난도편

- 1등급을 결정하는 교육청+평가원 고난도 주제만을 선별하여 수록
- 고난도 문제를 확실하게 이해할 수 있는 자세한 해설 제공

가르치기 쉽고 빠르게 배울 수 있는 **이투스북**

www.etoosbook.com

○ **도서 내용 문의**
홈페이지 > 이투스북 고객센터 > 1:1 문의

○ **도서 정답 및 해설**
홈페이지 > 도서자료실 > 정답/해설

○ **도서 정오표**
홈페이지 > 도서자료실 > 정오표

○ **선생님을 위한 강의 지원 서비스 T폴더**
홈페이지 > 교강사 T폴더

2026 학년도

교육청+평가원
기출문제
첨삭 해설 수록

사회·문화

기출의

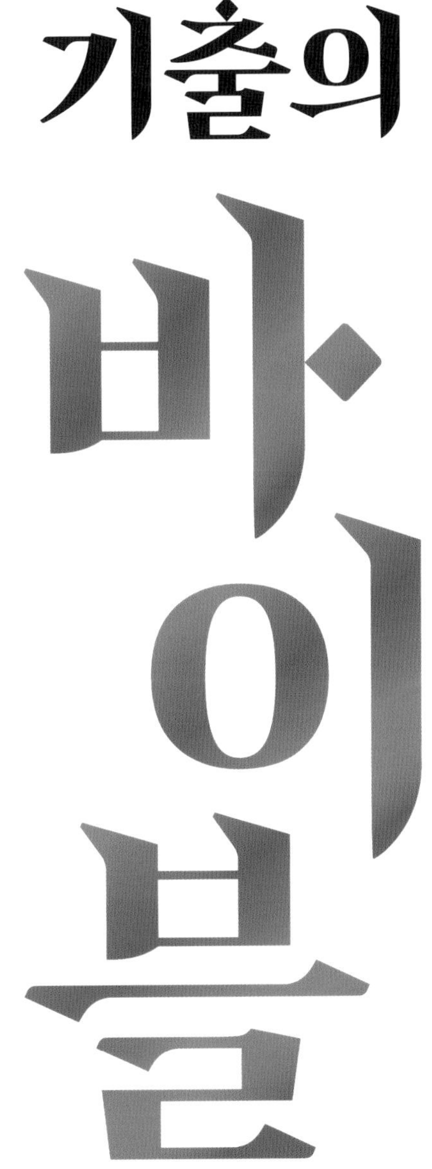

정답 및 해설편

이투스북

기출의

바이블

사회·문화

기출의 바이블

정답 및 해설편

해설

교육청 학력평가

필출 주제 01 사회·문화 현상의 이해

제1권 p.007 ~ 011

01 ① 02 ② 03 ① 04 ② 05 ② 06 ③ 07 ⑤ 08 ② 09 ① 10 ④ 11 ⑤ 12 ③ 13 ③ 14 ③ 15 ④ 16 ② 17 ①
18 ② 19 ④ 20 ③

01 사회·문화 현상과 자연 현상

| 정답 ① | 24년 3월 학력평가 1번

❶	②	③	④	⑤
79%	5%	9%	4%	3%

밑줄 친 ㉠~㉢과 같은 현상의 일반적인 특징에 대한 설명으로 옳은 것은?

> 기후 위기가 심화되면서 ㉠바람이 가지는 운동 에너지를 이용하여 전력을 생산하는 풍력 발전이 다시 주목받고 있다. 바람은 고기압 지역에서 저기압 지역으로 부는데 ㉡기압 차가 클수록 바람의 세기는 강해진다. 바람이 강하게 부는 곳에서는 풍력 발전이 매우 효과적인 전력 생산 방법이다. 풍력 발전은 온실 가스 발생을 줄이고, 줄지어 늘어선 풍력 발전기는 ㉢관광 자원으로 활용되기도 한다.

(㉠ 사회·문화 현상, ㉡ 자연 현상, ㉢ 사회·문화 현상)

① ㉠과 같은 현상은 ㉡과 같은 현상과 달리 가치 함축적이다.
② ㉡과 같은 현상은 ㉢과 같은 현상과 달리 확률의 원리가 적용된다.
③ ㉢과 같은 현상은 ㉠과 같은 현상과 달리(→모두) 인과 관계가 불분명하다.
④ ㉢과 같은 현상은 ㉡과 같은 현상과 달리 존재 법칙의 지배를 받는다.
⑤ ㉠, ㉢과 같은 현상은 ㉡과 같은 현상과 달리(→모두) 보편성이 나타난다.

✓ 자료 분석 ㉠, ㉢과 같은 현상은 사회 · 문화 현상에 해당하고, ㉡과 같은 현상은 자연 현상에 해당한다.

O 정답 찾기 ① 사회 · 문화 현상은 인간의 가치나 신념이 반영되어 발생하므로 가치 함축적이고, 자연 현상은 인간의 의지나 가치와 무관하게 자연계의 원리에 의해 발생하므로 몰가치적이다.

X 오답 풀이 ② 사회 · 문화 현상은 확률의 원리가 적용되고, 자연 현상은 확실성의 원리가 적용된다.
③ 사회 · 문화 현상은 자연 현상에 비해 인과 관계가 불분명하다.
④ 자연 현상은 존재 법칙의 지배를 받고, 사회 · 문화 현상은 당위 규범의 영향을 받는다.
⑤ 자연 현상과 사회 · 문화 현상은 모두 보편성이 나타난다.

이것만은 꼭!
1. 사회·문화 현상은 확률의 원리가 적용되고, 자연 현상은 확실성의 원리가 적용된다.
2. 자연 현상과 사회·문화 현상은 모두 인과 관계가 나타난다.
3. 자연 현상과 사회·문화 현상은 모두 보편성이 나타난다.

02 사회·문화 현상과 자연 현상

| 정답 ② | 24년 5월 학력평가 1번

①	❷	③	④	⑤
6%	85%	4%	2%	3%

밑줄 친 ㉠~㉣과 같은 현상의 일반적인 특징에 대한 설명으로 옳은 것은?

> 도심 속 가로수는 그늘을 만들고 ㉠주변의 온도를 낮추어 도심 환경을 쾌적하게 만든다. 또한 가로수 나뭇잎은 오염된 공기를 깨끗하게 만들고, ㉡도심의 습도를 조절한다. ㉢도심의 발달로 인해 도심의 온도가 주변보다 높아지는 열섬 현상이 심화되고 있는데, 일부 전문가들은 ㉣가로수를 더 많이 심어 열섬 현상을 완화해야 한다고 주장하고 있다.

(㉠ 자연 현상, ㉡ 자연 현상, ㉢ 사회·문화 현상, ㉣ 사회·문화 현상)

① ㉠과 같은 현상은 당위 규범(→존재 법칙)을 따른다.
② ㉢과 같은 현상은 가치 함축적이다.
③ ㉣과 같은 현상은 확실성(→확률)의 원리가 적용된다.
④ ㉡과 같은 현상은 ㉣과 같은 현상에 비해 특수성이 강하다.
⑤ ㉢과 같은 현상은 ㉠과 같은 현상에 비해 인과 관계가 명확하다.

✓ 자료 분석 ㉠, ㉡과 같은 현상은 자연 현상에 해당하고, ㉢, ㉣과 같은 현상은 사회 · 문화 현상에 해당한다.

O 정답 찾기 ② 사회 · 문화 현상은 가치 함축적이고, 자연 현상은 몰가치적이다.

X 오답 풀이 ① 자연 현상은 존재 법칙을 따르고, 사회 · 문화 현상은 당위 규범을 따른다.
③ 사회 · 문화 현상은 확률의 원리가 적용되고, 자연 현상은 확실성의 원리가 적용된다.
④ 사회 · 문화 현상은 보편성과 특수성이 공존하고, 자연 현상은 보편성만 나타난다.
⑤ 자연 현상은 사회 · 문화 현상에 비해 인과 관계가 명확하다.

이것만은 꼭!
1. 자연 현상과 사회·문화 현상은 모두 경험적 자료를 통해 탐구할 수 있다.
2. 자연 현상과 사회·문화 현상은 모두 보편성을 띤다.
3. 자연 현상과 사회·문화 현상은 모두 인간의 행동 방식에 영향을 미친다.

03 사회·문화 현상과 자연 현상

| 정답 ① | 24년 7월 학력평가 1번

❶	②	③	④	⑤
84%	5%	3%	5%	3%

밑줄 친 ㉠~㉤과 같은 현상의 일반적인 특징에 대한 설명으로 옳은 것은?

> 알츠하이머병은 '알츠하이머 플라크'라고 불리는 단백질 덩어리가 ㉠뉴런을 파괴하여 기억 상실을 초래한다(자연 현상). 현재 이 질병에 대한 치료법이 없는 이유는 우리 뇌의 혈액뇌장벽이 ㉡대부분의 약물 전달을 억제하기(자연 현상) 때문이다. 혈액뇌장벽은 뇌의 뉴런을 보호하기 위한 국경 통제소와 같은 역할을 하며, ㉢독소와 병원균이 들어오는 것을 차단한다(자연 현상). 최근 과학자들은 혈액뇌장벽을 일시적으로 열어 뇌에 ㉣약물을 주입하는 치료 방법을 발표하였다(사회·문화 현상). 또한 이 치료 방법이 ㉤노화 지연의 단초가 될 것으로 예측하였다(사회·문화 현상).

① ㉠과 같은 현상은 존재 법칙을 따른다.
② ㉡과 같은 현상은 ~~개연성~~(확실성)의 원리가 적용된다.
③ ㉢과 같은 현상은 보편성~~보다 특수성~~이 강하게 나타난다.
④ ㉠과 같은 현상과 달리 ㉣과 같은 현상은 ~~몰가치적~~(가치 함축적)이다.
⑤ ~~㉢~~(㉤)과 같은 현상에 비해 ~~㉤~~(㉢)과 같은 현상은 인과 관계가 분명하다.

✓ 자료 분석 ㉠, ㉡, ㉢과 같은 현상은 자연 현상에 해당하고, ㉣, ㉤과 같은 현상은 사회 · 문화 현상에 해당한다.

O 정답 찾기 ① 자연 현상은 존재 법칙을 따르고, 사회 · 문화 현상은 당위 규범의 영향을 받는다.

X 오답 풀이 ② 자연 현상은 확실성의 원리가 적용되고, 사회 · 문화 현상은 개연성의 원리가 적용된다.
③ 자연 현상은 보편성이 강하게 나타나고, 사회 · 문화 현상은 보편성과 특수성이 공존한다.
④ 자연 현상은 몰가치적이고, 사회 · 문화 현상은 가치 함축적이다.
⑤ 자연 현상과 사회 · 문화 현상은 모두 인과 관계가 나타난다. 다만, 자연 현상은 사회 · 문화 현상에 비해 인과 관계가 분명하다.

이것만은 꼭!

1. 자연 현상은 필연성과 확실성의 원리가 작용하고, 사회·문화 현상은 개연성과 확률의 원리가 작용한다.
2. 자연 현상은 인간의 의지나 가치와 무관하게 자연계에서 발생하는 현상이므로 몰가치적이고, 사회·문화 현상은 인간의 가치나 의지가 반영되어 나타나므로 가치 함축적이다.
3. 인과 관계는 앞의 사실과 뒤의 사실이 원인과 결과의 관계가 있는 것을 말한다. 자연 현상은 특정 원인에 따라 그에 상응하는 결과가 예외 없이 발생하므로 인과 관계가 명확하다.

04 사회·문화 현상과 자연 현상

| 정답 ② | 24년 10월 학력평가 1번

①	❷	③	④	⑤
1%	94%	2%	2%	1%

밑줄 친 ㉠~㉢과 같은 현상의 일반적인 특징에 대한 설명으로 옳은 것은?

> 오로라는 태양으로부터 날아오는 ㉠고에너지 입자가 대기의 공기 분자와 충돌하여 나타나는 현상이다(자연 현상). 최근 태양 표면에서 강력한 폭발이 일어나 ㉡세계 곳곳의 하늘에서 오로라가 나타났다(자연 현상). 이 시기에는 항공기가 방사선에 더 많이 노출되어 통신용 전파가 교란될 가능성이 높아진다. 이에 정부는 태양 표면의 강력한 에너지 분출로 인해 발생할 수 있는 ㉢문제 상황에 대처하기 위한 시스템을 마련하기로 하였다(사회·문화 현상).

① ㉠과 같은 현상은 ~~가치 함축적~~(몰가치적)이다.
② ㉡과 같은 현상은 확실성의 원리가 적용된다.
③ ㉠과 같은 현상에 비해 ㉢과 같은 현상은 인과 관계가 ~~분명~~(불분명)하다.
④ ~~㉢~~(㉡)과 같은 현상과 달리 ~~㉡~~(㉢)과 같은 현상은 보편성과 특수성이 공존한다.
⑤ ~~㉢과 같은 현상과 달리 ㉠, ㉡과 같은 현상은~~(㉠, ㉡, ㉢과 같은 현상은 모두) 경험적 자료로 연구할 수 있다.

✓ 자료 분석 ㉠, ㉡과 같은 현상은 자연 현상에 해당하고, ㉢과 같은 현상은 사회 · 문화 현상에 해당한다.

O 정답 찾기 ② 자연 현상은 확실성의 원리가 적용되고, 사회 · 문화 현상은 확률의 원리가 적용된다.

X 오답 풀이 ① 자연 현상은 몰가치적이고, 사회 · 문화 현상은 가치 함축적이다.
③ 자연 현상과 사회 · 문화 현상은 모두 인과 관계가 나타난다. 다만, 자연 현상은 사회 · 문화 현상에 비해 인과 관계가 명확하다.
④ 자연 현상은 보편성만 나타나고, 사회 · 문화 현상은 보편성과 특수성이 공존한다.
⑤ 자연 현상과 사회 · 문화 현상은 모두 경험적 자료로 연구할 수 있다.

이것만은 꼭!

1. 자연 현상과 사회·문화 현상은 모두 인과 관계가 나타난다.
2. 자연 현상과 사회·문화 현상은 모두 보편성이 나타난다.
3. 자연 현상과 사회·문화 현상은 모두 경험적 자료로 연구할 수 있다.

05 사회·문화 현상과 자연 현상

| 정답 ② | 23년 3월 학력평가 1번

①	❷	③	④	⑤
6%	78%	6%	4%	6%

밑줄 친 ㉠~㉣과 같은 현상의 일반적인 특징에 대한 설명으로 옳은 것은?

> 최근 갑국에서 발생한 산불은 500만 헥타르(ha)가 넘는 ㉠숲을 태웠다(자연 현상). 전문가들은 이 산불이 ㉡기후 변화의 산물이라고 분석하고 있다(사회·문화 현상). 기후 변화로 인한 기록적인 고온 현상과 유례없는 가뭄이 ㉢건조한 땅을 만들었고(자연 현상), 대형 산불로 이어졌다는 분석이다. ○○ 연구팀은 ㉣온실가스에 대한 과학적인 감시 강화가 필요하다고 강조하였다(사회·문화 현상).

① ㉠과 같은 현상은 ㉡과 같은 현상과 달리 ~~가치 함축적~~(몰가치적)이다.
② ㉡과 같은 현상은 ㉢과 같은 현상과 달리 당위적인 규범이 반영되어 나타난다.
③ ㉢과 같은 현상은 ㉣과 같은 현상과 달리 인과 관계가 ~~불분명~~(분명)하다.
④ ㉣과 같은 현상은 ㉠과 같은 현상과 달리 ~~보편성~~(보편성과 특수성이 모두)이 나타난다.
⑤ ~~㉠, ㉢과 같은 현상은 ㉡, ㉣과 같은 현상과 달리~~(㉠, ㉡, ㉢, ㉣과 같은 현상은 모두) 경험적 자료를 통해 연구할 수 있다.

✓ 자료 분석 ㉠과 ㉢은 인간의 의지와 가치가 개입되지 않은 현상이므로 자연 현상에 해당한다. ㉡과 ㉣은 인간에 의해 나타나는 현상으로 사회 · 문화 현상에 해당한다.

○ 정답 찾기 ② 사회 · 문화 현상은 인간의 가치가 내재되어 있으므로 당위적인 규범이 반영되어 나타나고, 자연 현상은 인간의 인식 여부와 상관없이 나타나므로 존재 법칙의 지배를 받는다.

× 오답 풀이 ① 자연 현상은 인간의 의지나 가치와 무관하게 발생하는 현상이므로 몰가치적이고, 사회 · 문화 현상은 사람들의 가치나 의지가 반영되어 나타나므로 가치 함축적이다.
③ 자연 현상은 특정 원인에 따라 반드시 그에 상응하는 결과가 예외 없이 발생하므로 인과 관계가 분명하고, 사회 · 문화 현상은 예외적인 현상이 나타날 수 있으므로 인과 관계가 불분명하다.
④ 자연 현상은 일정한 조건만 갖추어지면 시대와 장소를 초월하여 동일한 현상이 발생하므로 보편성만 나타나고, 사회 · 문화 현상은 시대와 사회를 초월하여 동일하게 나타나는 동시에 시대와 사회에 따라 특수하게 나타나므로 보편성과 특수성이 공존한다.
⑤ 자연 현상과 사회 · 문화 현상은 모두 경험적 자료를 통해 탐구가 가능하다.

이것만은 꼭!
1. 사회 · 문화 현상은 인간의 가치와 의지가 개입된 현상이다.
2. 사회 · 문화 현상은 자연 현상과 달리 당위적인 규범이 반영되어 나타난다.
3. 자연 현상과 사회 · 문화 현상은 모두 경험적 자료를 통해 연구할 수 있다.

06 사회·문화 현상과 자연 현상

| 정답 ③ | 23년 4월 학력평가 1번

①	②	❸	④	⑤
5%	1%	88%	3%	3%

밑줄 친 ㉠~㉢과 같은 현상의 일반적인 특징에 대한 설명으로 옳은 것은?

> 인도양의 섬에 사는 세이셸 울새는 ㉠여러 세대가 함께 무리 생활을 하며, 곤경에 처한 구성원을 돕는 동물로 알려져 있다(자연 현상). 세이셸 울새가 사는 지역에는 ㉡끈적거리는 씨앗을 맺는 일명 '새잡이 나무'가 있어 새가 이 끈끈한 씨앗 뭉치에 얽혀 죽음을 맞기도 한다(자연 현상). 그런데 세이셸 울새는 구성원이 이 나무에 얽히면 자신의 위험을 무릅쓰고 구조에 나서서 깃털에 달라붙은 끈끈한 씨앗을 함께 떼어 준다고 한다. ㉢새들의 생태를 관찰한 연구자들은 이러한 이타적 행동이 집단과 개체 모두의 생존에 기여할 수 있다고 설명한다(사회·문화 현상).

① ㉠과 같은 현상은 ~~당위 규범~~(존재 법칙)을 따른다.
② ㉡과 같은 현상은 ~~확률~~(확실성)의 원리가 작용한다.
③ ㉢과 같은 현상은 가치 함축적이다.
④ ~~㉡과 같은 현상은 ㉢과 같은 현상과 달리~~(㉡, ㉢과 같은 현상은 모두) 경험적 자료를 통해 연구할 수 있다.
⑤ ㉢과 같은 현상은 ㉠과 같은 현상에 비해 인과 관계가 ~~명확~~(불명확)하다.

✓ 자료 분석 ㉠과 ㉡은 인간의 의지 및 가치와 관계없이 존재하는 현상으로 자연 현상에 해당한다. ㉢은 인간의 가치와 의지가 개입된 행동으로 사회 · 문화 현상에 해당한다.

○ 정답 찾기 ③ 사회 · 문화 현상은 인간의 가치가 내재된 현상으로 가치 함축적이고, 자연 현상은 인간의 의지나 가치와 무관하게 발생하는 현상이므로 몰가치적이다.

× 오답 풀이 ① 사회 · 문화 현상은 인간의 가치가 내재되어 있으므로 당위적인 규범이 반영되어 나타나고, 자연 현상은 인간의 인식 여부와 상관없이 나타나므로 존재 법칙의 지배를 받는다.
② 자연 현상은 특정 원인에 따라 반드시 그에 상응하는 결과가 예외 없이 발생하므로 확실성의 원리가 작용하고, 사회 · 문화 현상은 예외적인 현상이 나타날 수 있으므로 확률의 원리가 작용한다.
④ 사회 · 문화 현상과 자연 현상은 모두 경험적 자료를 통해 탐구가 가능하다.
⑤ 사회 · 문화 현상은 예외적인 현상이 나타날 수 있으므로 인과 관계가 불명확하고, 자연 현상은 특정 원인에 따라 반드시 그에 상응하는 결과가 예외 없이 발생하므로 인과 관계가 명확하다.

이것만은 꼭!
1. 자연 현상은 사회 · 문화 현상에 비해 인과 관계가 명확하다.
2. 사회 · 문화 현상은 당위 규범을 따르고, 자연 현상은 존재 법칙을 따른다.
3. 사회 · 문화 현상은 확률의 원리가 작용하고, 자연 현상은 확실성의 원리가 작용한다.

07 사회·문화 현상과 자연 현상 | 정답 ⑤ | 23년 7월 학력평가 1번

①	②	③	④	❺
3%	1%	4%	1%	91%

밑줄 친 ㉠~㉣과 같은 현상의 일반적인 특징에 대한 설명으로 옳은 것은?

과거에 겪은 두려운 기억은 뇌에 어떻게 저장되는가? 이 질문에 대한 답을 얻기 위해 한 연구진은 ㉠실험 쥐에게 트라우마를 경험하게 하는 실험에서 대뇌피질의 한 부분인 '전전두피질'을 관찰했다. 실험 결과, 오래된 공포의 기억이 ㉡기억 세포 사이의 연결을 강화하면서 뇌에 영구적으로 저장된다는 것을 발견했다. 더불어 이 기억 세포 사이의 연결이 ㉢트라우마를 겪으며 서서히 강화되는 것도 확인했다. 이어진 연구에서 기억 세포의 활동이 억제된 실험 쥐는 오래된 공포 기억을 회상하는 데 어려움을 겪었다. 연구진은 이러한 발견이 ㉣외상 후 스트레스 장애 환자를 치료하는 것에 도움을 줄 수 있을 것으로 기대하고 있다.

(㉠ 사회·문화 현상, ㉡ 자연 현상, ㉢ 자연 현상, ㉣ 사회·문화 현상)

① ㉠과 같은 현상은 ㉡과 같은 현상과 달리 몰가치적이다. (→ 가치 함축적)
② ㉡과 같은 현상은 ㉢과 같은 현상과 달리 당위적 규범의 지배를 받는다. (→ ㉡, ㉢과 같은 현상은 모두 / 받지 않는다)
③ ㉢과 같은 현상은 ㉣과 같은 현상과 달리 보편성과 특수성이 공존한다. (→ 보편성만 나타난다)
④ ㉣과 같은 현상은 ㉠과 같은 현상과 달리 확실성의 원리가 적용된다. (→ ㉠, ㉣과 같은 현상은 모두 / 확률)
⑤ ㉡, ㉢과 같은 현상은 ㉠, ㉣과 같은 현상에 비해 인과 관계가 분명하다.

✓ 자료 분석 ㉠과 ㉣은 인간에 의해 인위적으로 만들어진 사회·문화 현상이고, ㉡과 ㉢은 인간의 의지와 관계없이 스스로의 원리에 따라 나타나는 자연 현상이다.

O 정답 찾기 ⑤ 자연 현상은 사회·문화 현상에 비해 인과 관계가 분명하다.

X 오답 풀이 ① 사회·문화 현상은 가치 함축적이고, 자연 현상은 몰가치적이다.
② 사회·문화 현상은 당위적 규범의 지배를 받고, 자연 현상은 존재 법칙이 적용된다.
③ 사회·문화 현상은 보편성과 특수성이 공존하고, 자연 현상은 보편성만 나타난다.
④ 사회·문화 현상은 확률의 원리가 적용되고, 자연 현상은 확실성의 원리가 적용된다.

이것만은 꼭!
1. 사회·문화 현상은 확률의 원리가 적용되고, 자연 현상은 확실성의 원리가 적용된다.
2. 사회·문화 현상과 자연 현상은 모두 인과 관계가 나타난다.
3. 사회·문화 현상과 자연 현상은 모두 보편성이 나타난다.

08 사회·문화 현상과 자연 현상 | 정답 ② | 23년 10월 학력평가 1번

①	❷	③	④	⑤
1%	87%	9%	1%	2%

밑줄 친 ㉠~㉢과 같은 현상의 일반적인 특징에 대한 설명으로 옳은 것은?

지구 온난화로 ㉠개화 시기가 빨라지고 있다는 연구 결과가 발표되었다. 연구 팀은 농작물의 개화 시기와 꿀벌의 활동 시기가 맞지 않아 ㉡농작물의 꽃가루받이가 위협받고 있다고 지적하였다. 사람이 꿀벌 대신 꽃가루받이를 하는 경우가 많아지면서 ㉢농작물의 생산 비용이 증가하고 있다.

(㉠ 자연 현상, ㉡ 사회·문화 현상, ㉢ 사회·문화 현상)

① ㉠과 같은 현상은 ㉡과 같은 현상과 달리 가치 함축적이다. (→ ㉡ / ㉠)
② ㉠과 같은 현상은 ㉢과 같은 현상에 비해 인과 관계가 명확하다.
③ ㉡과 같은 현상은 ㉢과 같은 현상과 달리 보편성과 특수성이 공존한다. (→ ㉡, ㉢과 같은 현상은 모두)
④ ㉢과 같은 현상은 ㉠과 같은 현상과 달리 경험적 자료로 연구할 수 있다. (→ ㉠, ㉢과 같은 현상은 모두)
⑤ ㉠과 같은 현상은 ㉡, ㉢과 같은 현상과 달리 확률의 원리가 작용한다. (→ 확실성)

✓ 자료 분석 ㉠은 인간의 의지와 무관하게 발생하므로 자연 현상에 해당하고, ㉡, ㉢은 인간의 의지가 개입되어 나타나므로 사회·문화 현상에 해당한다.

O 정답 찾기 ② 자연 현상은 사회·문화 현상에 비해 인과 관계가 명확하다.

X 오답 풀이 ① 자연 현상은 몰가치적이고, 사회·문화 현상은 가치 함축적이다.
③ 자연 현상은 보편성만 나타나고, 사회·문화 현상은 보편성과 특수성이 공존한다.
④ 자연 현상과 사회·문화 현상은 모두 경험적 자료로 연구할 수 있다.
⑤ 자연 현상은 확실성의 원리가 작용하고, 사회·문화 현상은 확률의 원리가 작용한다.

이것만은 꼭!
1. 자연 현상과 사회·문화 현상은 모두 경험적 자료로 연구할 수 있다.
2. 자연 현상은 몰가치적이며, 사회·문화 현상은 가치 함축적이다.
3. 자연 현상은 확실성의 원리가 작용하고, 사회·문화 현상은 확률의 원리가 작용한다.

09 사회·문화 현상과 자연 현상

| 정답 ① | 22년 3월 학력평가 1번

❶	②	③	④	⑤
83%	4%	4%	3%	6%

밑줄 친 ㉠~㉢과 같은 현상의 일반적인 특징에 대한 설명으로 옳은 것은?

> ㉠지구 온난화에 대한 관심이 고조되고 있는 가운데 한 연구소가 호주 인근 ㉡바다의 수온이 상승하여 괴사 직전에 놓인 산호초를 구하기 위해 ㉢성층권에 바닷물을 분사하는 실험을 진행하였다. 이 실험은 바닷물의 소금 결정을 이용해 태양열을 막는 구름 양산을 만드는 것을 목표로 하였다.
>
> (㉠ 사회·문화 현상, ㉡ 자연 현상, ㉢ 사회·문화 현상)

① ㉠과 같은 현상은 개연성으로 설명된다.
② ㉡과 같은 현상은 ~~가치 함축적~~(사회·문화 현상 → 몰가치적)이다.
③ ~~㉢~~(㉡)과 같은 현상은 확실성으로 설명된다.
④ ~~㉢~~(㉡)과 같은 현상은 ~~㉡~~(㉠)과 같은 현상과 달리 인과 관계가 명확하다.
⑤ ~~㉡~~(㉢)과 같은 현상은 ~~㉢~~(㉡)과 같은 현상과 달리 보편성과 특수성이 공존한다.

✔ 자료 분석 ㉠과 ㉢은 인간의 가치와 의지가 개입되어 있으므로 사회 · 문화 현상에 해당하고, ㉡은 인간의 가치나 의지와 상관없는 현상이므로 자연 현상에 해당한다.

O 정답 찾기 ① 사회 · 문화 현상은 발생 요인과 그 결과가 법칙으로 대응하기보다 확률적으로 관련을 맺고 있어 예외적인 현상이 나타날 수 있으므로 개연성으로 설명된다.

✕ 오답 풀이 ② 사회 · 문화 현상은 사람들의 가치나 의지가 반영되어 나타나므로 가치 함축적이고, 자연 현상은 인간의 의지나 가치와 무관하게 발생하므로 몰가치적이다.
③ 자연 현상은 특정 원인에 따라 반드시 그에 상응하는 결과가 예외 없이 발생하므로 확실성으로 설명되고, 사회 · 문화 현상은 예외적인 현상이 나타날 수 있으므로 확률의 원리로 설명된다.
④ 자연 현상은 인과 관계가 명확한 반면, 사회 · 문화 현상은 인과 관계가 불명확하다.
⑤ 사회 · 문화 현상은 시대와 사회를 초월하여 동일하게 나타나는 동시에 시대와 사회에 따라 특수하게 나타나므로 보편성과 특수성이 공존하고, 자연 현상은 일정한 조건만 갖춰지면 시대와 장소를 초월하여 동일한 현상이 발생하므로 보편성이 강하게 나타난다.

이것만은 꼭!

1. 사회·문화 현상은 인간의 가치와 의지가 개입된 현상이다.
2. 사회·문화 현상은 보편성과 특수성이 공존하고, 자연 현상은 보편성이 강하게 나타난다.
3. 사회·문화 현상은 개연성과 확률의 원리가 적용되고, 자연 현상은 필연성과 확실성의 원리가 적용된다.

10 사회·문화 현상과 자연 현상

| 정답 ④ | 22년 4월 학력평가 1번

①	②	③	❹	⑤
4%	1%	5%	89%	1%

밑줄 친 ㉠~㉢과 같은 현상의 일반적인 특징에 대한 설명으로 옳은 것은?

> 온실가스 감축이 요구됨에 따라 산림의 역할이 더욱 주목받고 있다. ㉠나무가 광합성 작용을 통해 대기 중 이산화 탄소를 흡수하기 때문이다. 그런데 오래된 나무는 이산화 탄소 흡수 능력이 떨어진다는 연구 결과가 있어 일부 전문가들은 ㉡일정 주기로 벌목을 하고 나무를 새로 심는 정책을 주장한다. 그러나 ㉢숲은 토양, 미생물, 동식물로 연결된 복잡한 생태계를 이루고 있는데 벌목이 이러한 생태계를 해칠 수 있다며 반대하는 입장도 있다.
>
> (㉠ 자연 현상, ㉡ 사회·문화 현상, ㉢ 자연 현상)

① ~~㉠~~(㉡)과 같은 현상은 개연성의 원리가 작용한다.
② ~~㉡~~(㉠, ㉢)과 같은 현상은 몰가치적이다.
③ ~~㉢~~(㉡)과 같은 현상은 당위 규범을 따른다.
④ ㉠과 같은 현상은 ㉡과 같은 현상에 비해 인과 관계가 명확하다.
⑤ ~~㉡과 같은 현상은 ㉢과 같은 현상과 달리~~(㉠, ㉡, ㉢ 모두) 보편성을 지닌다.

✔ 자료 분석 ㉠과 ㉢은 인간의 가치나 의지와 상관없는 현상이므로 자연 현상에 해당하고, ㉡은 인간의 가치와 의지가 개입되어 있으므로 사회 · 문화 현상에 해당한다.

O 정답 찾기 ④ 자연 현상은 특정 원인에 따라 반드시 그에 상응하는 결과가 예외 없이 발생하므로 인과 관계가 명확하고, 사회 · 문화 현상은 예외적인 현상이 나타날 수 있으므로 인과 관계가 불명확하다.

✕ 오답 풀이 ① 자연 현상은 필연성의 원리가 작용하고, 사회 · 문화 현상은 개연성의 원리가 작용한다.
② 사회 · 문화 현상은 가치 함축적이고, 자연 현상은 몰가치적이다.
③ 사회 · 문화 현상은 자연 현상과 달리 '마땅히 그러해야 한다'와 같이 사회의 당위적 규범의 요구가 반영되어 나타난다.
⑤ 사회 · 문화 현상과 자연 현상은 모두 보편성을 지닌다.

이것만은 꼭!

1. 사회·문화 현상은 인간의 가치와 의지가 개입된 현상이다.
2. 사회·문화 현상은 보편성과 특수성이 공존하고, 자연 현상은 보편성이 강하게 나타난다.
3. 사회·문화 현상은 개연성과 확률의 원리가 적용되고, 자연 현상은 필연성과 확실성의 원리가 적용된다.

11 사회·문화 현상과 자연 현상

| 정답 ⑤ | 22년 7월 학력평가 1번

①	②	③	④	⑤
3%	1%	3%	3%	90%

밑줄 친 ㉠~㉣과 같은 현상의 일반적인 특징에 대한 설명으로 옳은 것은?

> 배달 음식의 주문 증가로 플라스틱으로 만든 포장 용기의 소비가 많아지면서 ㉠플라스틱 포장 용기의 처리가 새로운 문제로 부상하고 있다. 재활용되지 않고 버려진 ㉡플라스틱은 100년이 넘는 시간에 걸쳐 분해되어 환경 오염을 유발한다. 또한 ㉢동물들이 먹이로 착각하고 삼킨 플라스틱은 소화되지 않고 동물들의 몸속에 쌓여 생명을 위협할 수 있다. 이에 최근 ㉣플라스틱 포장 용기를 재생하여 활용함으로써 버려지는 플라스틱의 양을 줄이고자 하는 움직임이 늘어나고 있다.

① ㉠과 같은 현상은 ㉡과 같은 현상과 달리 몰가치적이다.
② ㉡과 같은 현상은 ㉢과 같은 현상과 달리 개연성으로 설명된다.
③ ㉢과 같은 현상은 ㉣과 같은 현상과 달리 경험적 자료로 연구할 수 있다.
④ ㉣과 같은 현상은 ㉠과 같은 현상과 달리 존재 법칙의 지배를 받는다.
⑤ ㉡, ㉢과 같은 현상은 ㉠, ㉣과 같은 현상에 비해 인과 관계가 분명하다.

✔ 자료 분석 ㉠, ㉣은 인간에 의해 인위적으로 만들어진 사회 · 문화 현상에 해당하고, ㉡, ㉢은 인간의 의지와 관계없이 스스로의 원리에 따라 나타나는 자연 현상에 해당한다.

O 정답 찾기 ⑤ 자연 현상은 사회 · 문화 현상에 비해 인과 관계가 분명하다.

X 오답 풀이 ① 자연 현상은 사회 · 문화 현상과 달리 몰가치적이다.
② 사회 · 문화 현상은 자연 현상과 달리 개연성으로 설명된다.
③ 사회 · 문화 현상과 자연 현상은 모두 경험적 자료로 연구할 수 있다.
④ 자연 현상은 사회 · 문화 현상과 달리 존재 법칙의 지배를 받는다.

이것만은 꼭!
1. 사회·문화 현상은 개연성, 자연 현상은 확실성으로 설명된다.
2. 사회·문화 현상은 보편성과 특수성이 공존하고, 자연 현상은 보편성이 강하게 나타난다.
3. 사회·문화 현상과 자연 현상은 모두 경험적 자료로 연구할 수 있다.

12 사회·문화 현상과 자연 현상

| 정답 ③ | 22년 10월 학력평가 1번

①	②	③	④	⑤
1%	3%	92%	3%	1%

밑줄 친 ㉠~㉣과 같은 현상의 일반적인 특징에 대한 설명으로 옳은 것은?

> 제주도 서귀포 앞바다에서는 ㉠돌고래들이 무리 지어 헤엄치는 모습이 자주 목격된다. 이 무리 중에는 ㉡놀이 공원에서 운영하는 돌고래 쇼에 시달리다가 ㉢대법원 판결에 의해 제주도 바다로 방생된 남방큰돌고래도 있다. ㉣남방큰돌고래의 평균 수명은 40년이다. 그러나 냉동 생선만 먹으며 휴일도 없이 일 년 내내 쇼를 해야 하는 수족관에서는 겨우 4년밖에 살지 못한다.

① ㉠과 같은 현상은 ㉡과 같은 현상과 달리 가치 함축적이다.
② ㉡과 같은 현상은 ㉣과 같은 현상에 비해 인과 관계가 분명하다.
③ ㉢과 같은 현상은 ㉠과 같은 현상과 달리 확률의 원리가 적용된다.
④ ㉠, ㉣과 같은 현상은 ㉢과 같은 현상과 달리 보편성과 특수성이 공존한다.
⑤ ㉣과 같은 현상은 ㉠, ㉡, ㉢과 같은 현상과 달리 존재 법칙의 지배를 받는다.

✔ 자료 분석 ㉠, ㉣은 인간의 의지와 무관하게 발생하므로 자연 현상에 해당하고, ㉡, ㉢과 같은 현상은 인간의 의지가 개입되어 나타나므로 사회 · 문화 현상에 해당한다.

O 정답 찾기 ③ 자연 현상은 확실성의 원리가 적용되는 반면, 사회 · 문화 현상은 확률의 원리가 적용된다.

X 오답 풀이 ① 사회 · 문화 현상은 자연 현상과 달리 가치 함축적이다.
② 자연 현상은 사회 현상에 비해 인과 관계가 분명하다.
④ 사회 · 문화 현상은 자연 현상과 달리 보편성과 특수성이 공존한다.
⑤ 자연 현상은 사회 · 문화 현상과 달리 존재 법칙의 지배를 받는다.

이것만은 꼭!
1. 자연 현상은 필연성, 사회·문화 현상은 개연성을 갖는다.
2. 자연 현상은 몰가치적이며, 사회·문화 현상은 가치 함축적이다.
3. 자연 현상은 존재 법칙의 지배를 받고, 사회·문화 현상은 당위적 규범의 영향을 받는다.

13 사회·문화 현상과 자연 현상

| 정답 ③ | 21년 3월 학력평가 1번

①	②	❸	④	⑤
4%	3%	88%	4%	1%

밑줄 친 ㉠~㉢과 같은 현상의 일반적인 특징에 대한 설명으로 옳은 것은?

> 역대 최대 규모의 ㉠허리케인이 발생하자 ㉡정부는 피해 예상 지역에 재난 경보를 발령했다. 이에 ㉢원유 생산 기업들이 시설 가동을 중단하면서 국제 원유 가격이 급상승하였다.

(㉠ 자연 현상 / ㉡ 사회·문화 현상 / ㉢ 사회·문화 현상)

① ㉠과 같은 현상은 가치 함축적이다. (㉡, ㉢ / 사회·문화 현상)
② ㉡과 같은 현상은 확실성으로 설명된다. (㉠ / 자연 현상)
③ ㉢과 같은 현상은 보편성과 특수성이 공존한다. (사회·문화 현상)
④ ㉠과 같은 현상은 ㉡과 같은 현상과 달리 당위 규범이 적용된다. (㉡, ㉢ / ㉠ / 사회·문화 현상)
⑤ ㉡과 같은 현상은 ㉠과 같은 현상과 달리 개연성으로 설명된다. (㉡, ㉢ / ㉠ / 사회·문화 현상)

✓ 자료 분석 ㉠은 인간의 가치나 의지와 상관없는 현상이므로 자연 현상에 해당하고, ㉡과 ㉢은 인간의 가치와 의지가 개입되어 있으므로 사회 · 문화 현상에 해당한다.

O 정답 찾기 ③ 사회 · 문화 현상은 시대와 사회를 초월하여 동일하게 나타나는 경우도 있지만, 시대와 사회에 따라 특수하게 나타나는 경우도 있다. 따라서 사회 · 문화 현상은 보편성과 특수성이 함께 나타난다.

× 오답 풀이 ① 사회 · 문화 현상은 인간의 의지와 가치가 반영되어 나타나므로 가치 함축적인 반면, 자연 현상은 인간의 의지나 가치와 무관하게 나타나므로 몰가치적이다.
② 자연 현상은 예외 없이 시대와 장소를 초월하여 동일한 현상이 발생하므로 확실성으로 설명되는 반면, 사회 · 문화 현상은 예외적인 현상이 나타날 수 있으므로 확률의 원리로 설명된다.
④ 사회 · 문화 현상은 사회 규범적 요구가 반영되어 나타나므로 당위적 규범이 적용되는 반면, 자연 현상은 스스로의 원리에 따라 사실 그대로 존재하므로 존재 법칙이 적용된다.
⑤ 자연 현상은 인과 관계가 명확하므로 필연성으로 설명되는 반면, 사회 · 문화 현상은 예외적인 현상이 나타날 수 있으므로 개연성으로 설명된다.

이것만은 꼭!
1. 사회·문화 현상은 인간의 가치와 의지가 개입된 현상이다.
2. 자연 현상은 사회·문화 현상에 비해 인과 관계가 명확하다.
3. 사회·문화 현상은 보편성과 특수성이 공존하고, 자연 현상은 보편성이 강하게 나타난다.

14 사회·문화 현상과 자연 현상

| 정답 ③ | 21년 4월 학력평가 1번

①	②	❸	④	⑤
3%	4%	88%	3%	2%

밑줄 친 ㉠~㉢과 같은 현상의 일반적인 특징에 대한 설명으로 옳은 것은?

> 사람들은 ㉠황사 및 미세 먼지에 관한 기상 예보에는 민감하게 대응하는 반면, 실내 공간에서의 공기 오염은 인식하지 못하곤 한다. 일상생활에서 발생하는 먼지 외에도 ㉡벽지나 가구 등에 함유된 화학 물질의 방출로 인하여 밀폐된 실내 공간에서 오염 물질의 농도는 점차 짙어진다. 이에 전문가들은 날씨와 상관없이 ㉢환기를 통해 실내 공기의 질을 관리할 것을 권장하고 있다.

(㉠ 사회·문화 현상 / ㉡ 자연 현상 / ㉢ 사회·문화 현상)

① ㉠과 같은 현상은 몰가치적이다. (㉡ / 자연 현상)
② ㉡과 같은 현상은 개연성의 원리가 작용한다. (㉠, ㉢ / 사회·문화 현상)
③ ㉢과 같은 현상은 보편성과 특수성이 공존한다. (사회·문화 현상)
④ ㉠과 같은 현상은 ㉡과 같은 현상에 비해 인과 관계가 명확하다. (㉡ / ㉠, ㉢ / 자연 현상)
⑤ ㉡과 같은 현상은 ㉢과 같은 현상과 달리 경험적 자료로 연구할 수 있다. (모두 / 사회·문화 현상, 자연 현상)

✓ 자료 분석 ㉠과 ㉢은 인간의 가치와 의지가 개입되어 있으므로 사회 · 문화 현상에 해당하고, ㉡은 인간의 가치나 의지와 상관없는 현상이므로 자연 현상에 해당한다.

O 정답 찾기 ③ 사회 · 문화 현상은 시대와 사회를 초월하여 동일하게 나타나기도 하지만, 시대와 사회에 따라 특수하게 나타나기도 한다. 따라서 사회 · 문화 현상은 보편성과 특수성이 공존한다.

× 오답 풀이 ① 사회 · 문화 현상은 인간의 의지와 가치가 반영되어 나타나므로 가치 함축적인 반면, 자연 현상은 인간의 의지나 가치와 무관하므로 몰가치적이다.
② 자연 현상은 예외 없이 시대와 장소를 초월하여 동일한 현상이 발생하므로 필연성의 원리가 작용하는 반면, 사회 · 문화 현상은 예외적인 현상이 나타날 수 있으므로 개연성의 원리가 작용한다.
④ 자연 현상과 사회 · 문화 현상은 모두 인과 관계가 나타난다. 다만, 자연 현상은 사회 · 문화 현상에 비해 인과 관계가 명확하다.
⑤ 자연 현상과 사회 · 문화 현상은 모두 경험적 자료로 연구할 수 있다.

이것만은 꼭!
1. 사회·문화 현상은 가치 함축적이고, 자연 현상은 몰가치적이다.
2. 사회·문화 현상과 자연 현상은 모두 경험적 자료를 통해 연구할 수 있다.
3. 사회·문화 현상은 보편성과 특수성이 공존하고, 자연 현상은 보편성이 강하게 나타난다.

15 사회·문화 현상과 자연 현상

| 정답 ④ | 21년 7월 학력평가 1번

①	②	③	❹	⑤
2%	4%	2%	90%	2%

밑줄 친 ㉠~㉣과 같은 현상의 일반적인 특징에 대한 설명으로 옳은 것은?

> 식물의 뿌리는 ㉠광합성으로 만든 산물의 약 30%를 분비한다. 이에 착안하여 국내 연구팀은 병충해가 발생한 식물이 휘발성 유기 화합물을 만들어 ㉡이웃한 식물에게 해충의 공격을 알린다는 사실을 찾아냈다. 또한 이어진 연구에서 식물이 공기 중으로 냄새를 전달하고 이를 통해 ㉢생장에 유리한 유익균을 선별한다는 것을 발견하였다. 연구 결과는 ㉣세계 생태학 분야 학술지에 게재될 예정이다.

(㉠ 자연 현상, ㉡ 자연 현상, ㉢ 자연 현상, ㉣ 사회·문화 현상)

① ㉠(㉣)과 같은 현상은 ㉡(㉠, ㉡, ㉢)과 같은 현상과 달리 개연성으로 설명된다. (사회·문화 현상)
② ㉡(㉣)과 같은 현상은 ㉢(㉠, ㉡, ㉢)과 같은 현상과 달리 당위 법칙의 지배를 받는다. (사회·문화 현상)
③ ㉢(㉣)과 같은 현상은 ㉣(㉠, ㉡, ㉢)과 같은 현상과 달리 보편성과 특수성이 공존한다. (사회·문화 현상)
④ ㉣과 같은 현상은 ㉠과 같은 현상과 달리 가치 함축적이다. (사회·문화 현상)
⑤ ㉠, ㉡과 같은 현상은 ㉢, ㉣과 같은 현상과 달리(모두) 경험적 자료를 통한 연구가 가능하다. (사회·문화 현상, 자연 현상)

✓ 자료 분석 ㉠, ㉡, ㉢은 인간의 가치가 개입되어 있지 않으므로 자연 현상이고, ㉣은 인간의 가치가 개입되어 있으므로 사회 · 문화 현상이다.

O 정답 찾기 ④ 자연 현상은 몰가치적이고, 사회 · 문화 현상은 가치 함축적이다.

× 오답 풀이 ① 자연 현상은 필연성으로 설명되고, 사회 · 문화 현상은 개연성으로 설명된다.
② 자연 현상은 존재 법칙의 지배를 받고, 사회 · 문화 현상은 당위 법칙의 지배를 받는다.
③ 자연 현상은 보편성이 강하게 나타나고, 사회 · 문화 현상은 보편성과 특수성이 공존한다.
⑤ 자연 현상과 사회 · 문화 현상은 모두 경험적 자료를 통한 연구가 가능하다.

이것만은 꼭!
1. 자연 현상과 사회·문화 현상은 모두 경험적 자료를 통한 연구가 가능하다.
2. 사회·문화 현상은 개연성과 확률의 원리가 적용된다.
3. 자연 현상은 필연성과 확실성의 원리가 적용된다.

16 사회·문화 현상과 자연 현상

| 정답 ② | 21년 10월 학력평가 1번

①	❷	③	④	⑤
1%	93%	1%	4%	1%

밑줄 친 ㉠~㉣과 같은 현상의 일반적인 특징에 대한 설명으로 옳은 것은?

> 미국 북서부에서는 열돔 현상으로 인해 역대 최고 수준의 ㉠폭염이 발생하여 ㉡온열 질환으로 수많은 사람들이 응급실로 후송되었다. 한편, 서유럽에서는 ㉢저기압이 한 지역에 정체되어 기록적인 폭우가 쏟아지는 바람에 많은 인명 피해가 발생했다. ㉣기상학자들은 지구 온난화로 인한 이상 기후 현상이 앞으로도 자주 발생할 것이라고 경고하고 있다.

(㉠ 자연 현상, ㉡ 사회·문화 현상, ㉢ 자연 현상, ㉣ 사회·문화 현상)

① ㉠(㉡, ㉣)과 같은 현상은 가치 함축성을 지닌다. (사회·문화 현상)
② ㉡과 같은 현상은 개연성을 갖는다. (사회·문화 현상)
③ ㉢(㉡, ㉣)과 같은 현상은 보편성과 특수성이 공존한다. (사회·문화 현상)
④ ㉣(㉠, ㉢)과 같은 현상은 존재 법칙으로 설명된다. (자연 현상)
⑤ ㉠, ㉢과 같은 현상은 ㉡, ㉣과 같은 현상과 달리(모두) 경험적 자료를 통해 연구할 수 있다. (사회·문화 현상, 자연 현상)

✓ 자료 분석 ㉠, ㉢은 인간의 의지와 무관하게 발생하는 현상이므로 자연 현상에 해당하고, ㉡, ㉣은 인간의 의지가 개입되어 나타나는 현상이므로 사회 · 문화 현상에 해당한다.

O 정답 찾기 ② 사회 · 문화 현상은 발생 요인과 그 결과가 법칙으로 대응하기보다 확률적으로 관련을 맺고 있어 예외적인 현상이 나타날 수 있으므로 개연성을 갖는다.

× 오답 풀이 ① 자연 현상은 몰가치성을 지니고, 사회 · 문화 현상은 가치 함축성을 지닌다.
③ 자연 현상은 보편성이 강하게 나타나고, 사회 · 문화 현상은 보편성과 특수성이 공존한다.
④ 자연 현상은 존재 법칙으로 설명되고, 사회 · 문화 현상은 당위적 규범의 영향을 받는다.
⑤ 자연 현상과 사회 · 문화 현상은 모두 경험적 자료를 통해 연구할 수 있다.

이것만은 꼭!
1. 자연 현상은 필연성을 갖고, 사회·문화 현상은 개연성을 갖는다.
2. 자연 현상은 몰가치적인 현상이고, 사회·문화 현상은 가치 함축적인 현상이다.
3. 자연 현상은 존재 법칙으로 설명되고, 사회·문화 현상은 당위적 규범의 영향을 받는다.

17 사회·문화 현상과 자연 현상

| 정답 ① | 20년 3월 학력평가 1번

❶	②	③	④	⑤
89%	4%	3%	2%	2%

밑줄 친 ㉠~㉢과 같은 현상의 일반적인 특징에 대한 설명으로 옳은 것은?

> 경찰은 ㉠차량을 이용해 이동 중인 절도 용의자 갑을 체포했다. ㉡전날 내린 눈으로 인해 길이 미끄러워 어려움을 겪었지만, ㉢시민들의 도움으로 갑을 체포하는 데 성공했다.
> (㉠ 사회·문화 현상 / ㉡ 자연 현상 / ㉢ 사회·문화 현상)

① ㉠과 같은 현상은 가치 함축적이다.
② ㉡과 같은 현상은 보편성과 특수성을 함께 갖는다. (㉠, ㉢ / 사회·문화 현상)
③ ㉢과 같은 현상은 존재 법칙으로 설명된다. (㉡ / 자연 현상)
④ ㉠과 같은 현상은 ㉡과 같은 현상에 비해 인과 관계가 명확하다. (㉡ / ㉠ / 자연 현상)
⑤ ㉢과 같은 현상은 ㉠과 같은 현상과 달리 법칙 발견이 용이하다. (㉡ / ㉠, ㉢ / 자연 현상)

✔ **자료 분석** ㉠과 ㉢은 인간의 가치와 의지가 개입되어 있으므로 사회 · 문화 현상에 해당하고, ㉡은 인간의 가치나 의지와 상관없는 현상이므로 자연 현상에 해당한다.

○ **정답 찾기** ① 사회 · 문화 현상은 인간의 의지와 가치가 반영되어 나타나므로 가치 함축적이고, 자연 현상은 인간의 의지나 가치와 무관하게 나타나므로 몰가치적이다.

✕ **오답 풀이** ② 사회 · 문화 현상은 보편성과 특수성이 함께 나타나는 반면에, 자연 현상은 보편성이 강하게 나타난다.
③ 사회 · 문화 현상은 사회 규범적 요구가 반영되어 나타나므로 당위 법칙으로 설명되고, 자연 현상은 스스로의 원리에 따라 사실 그대로 존재하므로 존재 법칙으로 설명된다.
④ 사회 · 문화 현상과 자연 현상은 모두 인과 관계가 나타난다. 그러나 자연 현상은 원인에 따른 결과가 예외 없이 발생하므로 사회 · 문화 현상에 비해 인과 관계가 명확하다.
⑤ 자연 현상은 예외 없이 시대와 장소를 초월하여 동일한 현상이 발생하므로 사회 · 문화 현상에 비해 법칙 발견이 용이하다.

이것만은 꼭!

1. 사회·문화 현상은 인간의 가치와 의지가 개입된 현상이다.
2. 자연 현상은 사회·문화 현상에 비해 인과 관계가 명확하다.
3. 사회·문화 현상은 보편성과 특수성이 공존하고, 자연 현상은 보편성이 강하게 나타난다.

18 사회·문화 현상과 자연 현상

| 정답 ② | 20년 4월 학력평가 1번

①	❷	③	④	⑤
4%	83%	4%	3%	6%

밑줄 친 ㉠~㉢과 같은 현상의 일반적인 특징에 대한 설명으로 옳은 것은?

> 우리 조상들은 예로부터 ㉠황토를 일상생활에서 다양하게 활용하며 건강을 지켜 왔다. 예를 들어 조상들은 배탈이 나면 ㉡맑은 물에 황토를 넣어 만든 지장수를 마시기도 했다. 이러한 민간요법은 ㉢황토의 약성이 인체에서 나오는 독성을 중화시키는 작용을 이용한 것이다.
> (㉠ 사회·문화 현상 / ㉡ 사회·문화 현상 / ㉢ 자연 현상)

① ㉠과 같은 현상은 존재 법칙을 따른다. (㉢ / 자연 현상)
② ㉡과 같은 현상은 개연성의 원리가 적용된다. (사회·문화 현상)
③ ㉢과 같은 현상은 가치 함축적이다. (㉠, ㉡ / 사회·문화 현상)
④ ㉡과 같은 현상은 ㉢과 같은 현상에 비해 인과 관계가 명확하다. (㉢ / ㉡ / 자연 현상)
⑤ ㉢과 같은 현상은 ㉠과 같은 현상과 달리 경험적 연구가 가능하다. (모두 / 사회·문화 현상, 자연 현상)

✔ **자료 분석** ㉠과 ㉡은 행위는 인간의 가치와 의지가 개입되어 있으므로 사회 · 문화 현상에 해당하고, ㉢은 인간의 가치나 의지와 상관없이 나타나므로 자연 현상에 해당한다.

○ **정답 찾기** ② 사회 · 문화 현상은 발생 요인과 그 결과가 확률적으로 관련을 맺고 있어 예외적인 현상이 나타날 수 있으므로 개연성과 확률의 원리가 적용된다. 자연 현상은 필연성과 확실성의 원리가 적용된다.

✕ **오답 풀이** ① 자연 현상은 스스로의 원리에 따라 사실 그대로 존재하므로 존재 법칙을 따른다. 사회 · 문화 현상은 사회 규범적 요구가 반영되어 나타나므로 당위 법칙을 따른다.
③ 사회 · 문화 현상은 인간의 의지와 가치가 반영되어 나타나므로 가치 함축적이고, 자연 현상은 인간의 의지나 가치와 무관하므로 몰가치적이다.
④ 사회 · 문화 현상과 자연 현상은 모두 인과 관계가 나타난다. 그러나 자연 현상은 원인에 따른 결과가 예외 없이 발생하므로 사회 · 문화 현상에 비해 인과 관계가 명확하다.
⑤ 사회 · 문화 현상과 자연 현상은 모두 경험적 연구가 가능하다.

이것만은 꼭!

1. 자연 현상은 존재 법칙, 사회·문화 현상은 당위 법칙을 따른다.
2. 자연 현상은 필연성의 원리가, 사회·문화 현상은 개연성의 원리가 적용된다.
3. 사회·문화 현상과 자연 현상은 모두 경험적 연구가 가능하다.

19 사회·문화 현상과 자연 현상

| 정답 ④ | 20년 7월 학력평가 1번

①	②	③	❹	⑤
5%	4%	10%	78%	3%

밑줄 친 ㉠~㉣과 같은 현상의 일반적 특징에 대한 설명으로 옳은 것은?

> ㉠수소는 대부분 탄소 화합물이나 물의 성분으로 존재하며, 연소 시 온실가스 발생이 적습니다. 이를 활용한 수소 연료 전지는 ㉡수소와 산소의 화학적 반응을 통하여 전기를 생산하도록 고안되었기 때문에 친환경적입니다.
> (㉠ 자연 현상, ㉡ 사회·문화 현상)

> ㉢수소 연료 전지가 친환경적이라는 주장은 적절하지 않습니다. ㉣전지에 필요한 수소는 대부분 석유 화학 공정을 통해 추출되고 있으며, 여기에 사용되는 전기도 화석 연료에서 얻기 때문입니다.
> (㉢ 사회·문화 현상, ㉣ 사회·문화 현상)

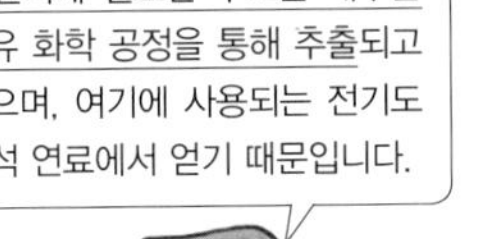

① ~~㉣~~(㉡)과 같은 현상은 ~~㉡~~(㉠)과 같은 현상과 달리 개연성(사회·문화 현상)으로 설명된다.
② ㉡과 같은 현상은 ㉢과 같은 현상~~과 달리~~(모두) ~~확실성~~(확률성)의 원리가 적용된다.
③ ㉢과 같은 현상은 ㉣과 같은 현상~~과 달리~~(모두) 당위 법칙(사회·문화 현상)을 따른다.
④ ㉣과 같은 현상은 ㉠과 같은 현상과 달리 가치 함축적(사회·문화 현상)이다.
⑤ ㉠과 같은 현상은 ㉡, ㉢과 같은 현상~~과 달리~~(모두) 경험적 자료를 통한 연구가 가능하다.

✔ 자료 분석 ㉠은 인간의 가치나 의지와 관련 없는 현상이므로 자연 현상에 해당하고, ㉡, ㉢, ㉣은 모두 인간의 가치와 의지가 개입되어 있으므로 사회 · 문화 현상에 해당한다.

O 정답 찾기 ④ 사회 · 문화 현상은 인간의 의지와 가치가 반영되어 나타나므로 가치 함축적이고, 자연 현상은 인간의 의지나 가치와 무관하므로 몰가치적이다.

✕ 오답 풀이 ① 사회 · 문화 현상은 발생 요인과 그 결과가 확률적으로 관련을 맺고 있어 예외적인 현상이 나타날 수 있으므로 개연성으로 설명된다. 자연 현상은 필연성으로 설명된다.
② 자연 현상은 원인에 따른 결과가 예외 없이 발생하므로 확실성의 원리가 적용된다. 사회 · 문화 현상은 확률성의 원리가 적용된다.
③ 사회 · 문화 현상은 사회 규범적 요구가 반영되어 나타나므로 당위 법칙을 따른다. 자연 현상은 스스로의 원리에 따라 사실 그대로 존재하므로 존재 법칙을 따른다.
⑤ 사회 · 문화 현상과 자연 현상은 모두 경험적 연구가 가능하다.

이것만은 꼭!
1. 사회·문화 현상은 가치 함축적이고, 자연 현상은 몰가치적이다.
2. 사회·문화 현상은 개연성으로, 자연 현상을 필연성으로 설명된다.
3. 사회·문화 현상은 확률성의 원리가, 자연 현상은 확실성의 원리가 적용된다.

20 사회·문화 현상과 자연 현상

| 정답 ③ | 20년 10월 학력평가 1번

①	②	❸	④	⑤
2%	1%	94%	2%	1%

밑줄 친 ㉠~㉢과 같은 현상의 일반적인 특징에 대한 설명으로 옳은 것은?

> 한 연구진이 ㉠멸종 위기 동물로 지정된 독수리에 위치 추적기를 달아 ㉡독수리의 월동기 비행 행동을 분석하였다. 월동기에 독수리는 먹이를 효율적으로 찾기 위해 ㉢높은 고도에서 오랫동안 넓은 면적을 비행하는 특성을 보였다.
> (㉠ 사회·문화 현상, ㉡ 사회·문화 현상, ㉢ 자연 현상)

① ~~㉠~~(㉢)과 같은 현상은 ㉡과 같은 현상과 달리 몰가치적(자연 현상)이다.
② ~~㉠~~(㉢)과 같은 현상은 ~~㉢~~(㉡)과 같은 현상과 달리 필연성(자연 현상)으로 설명된다.
③ ㉢과 같은 현상은 ㉠과 같은 현상과 달리 존재 법칙(자연 현상)을 따른다.
④ ~~㉢~~(㉡)과 같은 현상은 ~~㉠~~(㉢)과 같은 현상과 달리 특수성(사회·문화 현상)을 갖는다.
⑤ ~~㉠, ㉡~~(㉢)과 같은 현상은 ~~㉢~~(㉠, ㉡)과 같은 현상과 달리 인과 관계가 명확(자연 현상)하다.

✔ 자료 분석 ㉠과 ㉡은 인간의 의지가 개입된 현상이므로 사회 · 문화 현상에 해당하고, ㉢은 인간의 가치가 개입되어 있지 않으므로 자연 현상에 해당한다.

O 정답 찾기 ③ 자연 현상은 스스로의 원리에 따라 사실 그대로 존재하므로 존재 법칙을 따른다. 사회 · 문화 현상은 사회 규범적 요구가 반영되어 나타나므로 당위 법칙을 따른다.

✕ 오답 풀이 ① 자연 현상은 인간의 의지나 가치와 무관하므로 몰가치적이고, 사회 · 문화 현상은 인간의 의지와 가치가 반영되어 나타나므로 가치 함축적이다.
② 자연 현상은 원인에 따른 결과가 예외 없이 발생하므로 필연성으로 설명되고, 사회 · 문화 현상은 원인과 결과가 확률적으로 관련을 맺고 있으므로 개연성으로 설명된다.
④ 자연 현상은 시대와 장소를 초월하여 동일한 현상이 발생하므로 보편성이 강하게 나타나고, 사회 · 문화 현상은 시대와 사회에 따라 특수하게 나타나므로 보편성과 특수성이 공존한다.
⑤ 자연 현상과 사회 · 문화 현상은 모두 인과 관계가 나타난다. 다만, 자연 현상은 사회 · 문화 현상에 비해 인과 관계가 명확하다.

이것만은 꼭!
1. 사회·문화 현상은 당위 법칙을, 자연 현상은 존재 법칙을 따른다.
2. 사회·문화 현상은 개연성의 원리가, 자연 현상은 필연성의 원리가 적용된다.
3. 자연 현상은 사회·문화 현상과 달리 인과 관계가 명확하다.

제2권 교육청 해설

필출 주제 02 사회·문화 현상을 바라보는 관점

제1권 p.014 ~ 021

01 ② 02 ⑤ 03 ④ 04 ④ 05 ② 06 ① 07 ④ 08 ① 09 ③ 10 ⑤ 11 ⑤ 12 ① 13 ① 14 ① 15 ② 16 ③ 17 ②
18 ② 19 ③ 20 ⑤

01 사회·문화 현상을 바라보는 관점

| 정답 ② | 24년 3월 학력평가 6번

①	❷	③	④	⑤
4%	77%	8%	6%	5%

사회 · 문화 현상을 바라보는 갑~병의 관점에 대한 설명으로 옳은 것은? (단, 갑~병의 관점은 각각 기능론, 갈등론, 상징적 상호 작용론 중 하나임.) [3점]

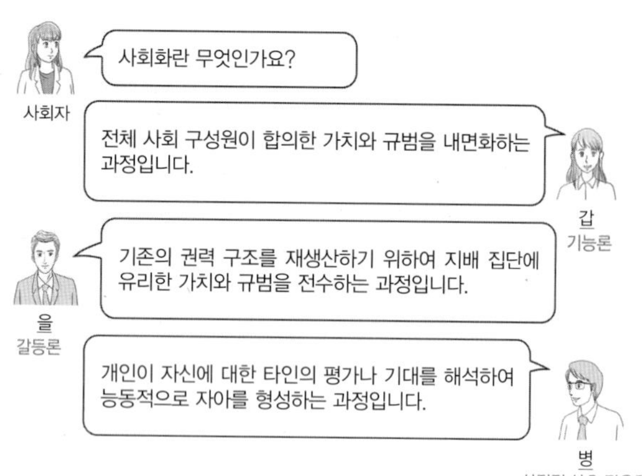

사회화란 무엇인가요?
사회자
전체 사회 구성원이 합의한 가치와 규범을 내면화하는 과정입니다.
갑
기능론
기존의 권력 구조를 재생산하기 위하여 지배 집단에 유리한 가치와 규범을 전수하는 과정입니다.
을
갈등론
개인이 자신에 대한 타인의 평가나 기대를 해석하여 능동적으로 자아를 형성하는 과정입니다.
병
상징적 상호 작용론

① 갑의 관점은 개인의 행동이 상황 정의에 기초하여 이루어진다고 본다.

② 을의 관점은 지배 집단과 피지배 집단 간 갈등이 사회 발전의 원동력이라고 본다.

③ 병의 관점은 사회의 각 부분이 상호 의존적 관계를 맺는다고 본다.

④ 을의 관점은 갑의 관점과 달리 기득권층의 이익을 옹호한다는 비판을 받는다.

⑤ 병의 관점은 갑의 관점과 달리 사회 구조가 개인에게 미치는 영향을 중시한다.

✓ 자료 분석 갑은 사회화를 전체 사회 구성원이 합의한 가치와 규범을 내면화하는 과정이라고 보고 있으므로 이는 기능론에 해당한다. 을은 사회화를 지배 집단에 유리한 가치와 규범을 전수하는 과정이라고 보고 있으므로 이는 갈등론에 해당한다. 병은 사회화를 개인이 능동적으로 자아를 형성하는 과정이라고 보고 있으므로 이는 상징적 상호 작용론에 해당한다.

○ 정답 찾기 ② 갈등론은 지배 집단과 피지배 집단의 이익은 양립할 수 없으므로 갈등은 필연적이며, 그 갈등이 사회 변동의 원동력이 된다고 본다.

× 오답 풀이 ① 개인의 행동이 상황 정의에 기초하여 이루어진다고 보는 관점은 상징적 상호 작용론이다.
③ 사회의 각 부분이 상호 의존적 관계를 맺는다고 보는 관점은 기능론이다.
④ 기능론은 사회 질서와 안정을 강조하여 기득권층의 이익을 대변하는 논리로 이용될 우려가 있다.
⑤ 사회 구조가 개인에게 미치는 영향을 중시하는 관점은 거시적 관점으로, 기능론과 갈등론이 이에 해당한다.

이것만은 꼭!

1. 기능론은 사회가 본질적으로 조화와 균형을 이루고 있다고 본다.
2. 갈등론은 사회 질서나 안정이 지배 계급의 강요나 억압에 의해 나타난 결과라고 본다.
3. 상징적 상호 작용론은 인간이 자신이 처한 상황에 대한 주관적인 정의, 즉 상황 정의에 기초하여 행동한다고 본다.

02 사회·문화 현상을 바라보는 관점

| 정답 ⑤ | 24년 5월 학력평가 10번

①	②	③	④	❺
1%	7%	3%	3%	86%

다음 자료에 대한 옳은 설명만을 〈보기〉에서 고른 것은? [3점]

형 성 평 가

3학년 ○반 ○○○

ㅇ기능론, 갈등론, 상징적 상호 작용론 중 다음 각 진술에 해당하는 사회 · 문화 현상을 바라보는 관점을 답란에 한 가지만 쓰시오.

(각 진술당 옳은 답을 쓰면 1점, 틀린 답을 쓰면 0점)

진술	답란	점수
사회·문화 현상을 미시적 관점에서 바라본다. - 상징적 상호 작용론	㉠ 상징적 상호 작용론	1점
주관적 상황 정의에 기초한 개인 간 상호 작용을 중시한다. - 상징적 상호 작용론	㉡	㉢
사회 제도를 지배와 피지배 관계의 재생산을 위한 수단으로 본다. - 갈등론	㉣ 갈등론	1점
(가)	기능론	1점

〈보기〉

ㄱ. ㉠은 사회를 유기체에 비유하여 설명한다. (기능론)

ㄴ. ㉡이 '상징적 상호 작용론'이라면 ㉢은 '0점'이다. (1)

ㄷ. ㉣은 갈등을 사회 발전의 원동력으로 본다. (갈등론)

ㄹ. (가)에는 '사회 각 부분이 상호 의존적 관계를 맺는다고 본다.'가 들어갈 수 있다. (기능론)

① ㄱ, ㄴ ② ㄱ, ㄷ ③ ㄴ, ㄷ ④ ㄴ, ㄹ ⑤ ㄷ, ㄹ

✓ 자료 분석 사회 · 문화 현상을 미시적 관점에서 바라보는 관점은 상징적 상호 작용론이다. 주관적 상황 정의에 기초한 개인 간 상호 작용을 중시하는 관점은 상징적 상호 작용론이다. 사회 제도를 지배와 피지배 관계의 재생산을 위한 수단으로 보는 관점은 갈등론이다. 첫 번째 진술, 세 번째 진술 및 (가)에 대한 점수가 각각 1점이므로 ㉠은 상징적 상호 작용론, ㉣은 갈등론이며, (가)에는 기능론에 해당하는 진술이 들어가야 한다.

O 정답 찾기 ㄷ. ㉣은 갈등론이다. 갈등론은 갈등을 사회 발전의 원동력으로 본다.
ㄹ. (가)에는 기능론에 해당하는 진술이 들어가야 한다. 사회 각 부분이 상호 의존적 관계를 맺는다고 보는 관점은 기능론이다. 따라서 해당 진술은 (가)에 들어갈 수 있다.

× 오답 풀이 ㄱ. ㉠은 상징적 상호 작용론이다. 사회를 유기체에 비유하며 설명하는 관점은 기능론이다.
ㄴ. ㉡이 '상징적 상호 작용론'이라면, ㉢은 '1점'이다.

이것만은 꼭!

1. 기능론과 갈등론은 거시적 관점으로, 상징적 상호 작용론은 미시적 관점으로 분류된다.
2. 기능론에 따르면 사회는 유기체처럼 다양한 부분이 상호 의존 관계를 이루고 있다.
3. 갈등론에 따르면 지배 계급과 피지배 계급의 이익은 양립될 수 없으므로 갈등은 필연적이며, 그 갈등은 사회 발전의 원동력이 된다.

03 사회·문화 현상을 바라보는 관점 | 정답 ④ | 24년 7월 학력평가 19번

①	②	③	❹	⑤
6%	5%	11%	71%	7%

다음 자료에 대한 설명으로 옳은 것은? (단, A~C는 각각 기능론, 갈등론, 상징적 상호 작용론 중 하나임.) [3점]

[과제] 사회 · 문화 현상을 바라보는 관점 A~C에 대한 옳은 설명을 2개씩 서술하시오.

학생	설명
갑	• (가)
	• (나)
을	• A(갈등론)와 달리 B(기능론)는 사회 각 부분의 기능과 역할은 사회 전체의 합의를 통해 정해진다고 본다.(기능론)
	• (다) - 옳은 설명
병	• C(상징적 상호 작용론)는 사회·문화 현상을 사회 구조적 측면에서 설명한다.(기능론, 갈등론)
	• (라) - 틀린 설명

* 교사는 학생별로 각각 채점하고, 옳은 설명은 1개당 1점, 틀린 설명은 1개당 0점을 부여함.

[평가 결과] 세 학생의 평균 점수는 1점입니다. 갑은 을에 비해 낮은 점수를, 병에 비해 높은 점수를 기록했습니다.(갑은 1점, 을은 2점, 병은 0점임.)

① C는 다양한 사회 제도들의 상호 의존적 관계에 주목한다.

② A(B)와 달리 B는 집단 간 갈등을 사회 변동의 원동력으로 본다.

③ (다)(B)에는 'A(A)는 사회가 본질적으로 균형을 추구한다고 본다.'(기능론)가 들어갈 수 있다(없다).

④ (가)가 'C는 기득권층의 이익을 대변하는 논리로 사용된다는 비판을 받는다.'(기능론)이면, (나)에는 'C와 달리 B는 사회를 유기체에 비유하여 설명한다.'(기능론)가 들어갈 수 있다.

⑤ (다)와 달리 (라)에는 'B와 달리 C는 인간이 상황 정의에 기초하여 행동한다고 본다.'(상징적 상호 작용론)가 들어갈 수 있다(없다).

✓ 자료 분석 세 학생의 평균 점수는 1점이므로 세 학생의 점수를 더한 합은 3점이 된다. 갑은 을에 비해 낮은 점수를, 병에 비해 높은 점수를 기록했으므로 갑의 점수는 1점, 을의 점수는 2점, 병의 점수는 0점이 된다. 사회 각 부분의 기능과 역할이 사회 전체의 합의를 통해 정해진다고 보는 관점은 기능론이다. 을의 점수가 2점이므로 을의 첫 번째 설명은 옳은 설명이다. 즉, B는 기능론이다. 사회 · 문화 현상을 사회 구조적 측면에서 설명하는 관점은 거시적 관점으로, 기능론과 갈등론이 이에 해당한다. 병의 점수가 0점이므로 병의 첫 번째 설명은 틀린 설명이다. 즉, C는 상징적 상호 작용이다. 따라서 A는 갈등론, B는 기능론, C는 상징적 상호 작용론이다.

O 정답 찾기 ④ 기득권층의 이익을 대변하는 논리로 사용된다는 비판을 받는 관점은 기능론이다. 갑의 점수가 1점이고, 해당 내용이 (가)에 들어가면, (나)에는 옳은 설명이 들어가야 한다. 사회를 유기체에 비유하여 설명하는 관점은 기능론이다. 따라서 해당 내용은 (나)에 들어갈 수 있다.

× 오답 풀이 ① 다양한 사회 제도들의 상호 의존적 관계에 주목하는 관점은 기능론이다.

② 집단 간 갈등을 사회 변동의 원동력으로 보는 관점은 갈등론이다.

③ (다)에는 옳은 설명이 들어가야 한다. 사회가 본질적으로 균형을 추구한다고 보는 관점은 기능론이다. 따라서 해당 내용은 (다)에 들어갈 수 없다.

⑤ (다)에는 옳은 설명이, (라)에는 틀린 설명이 들어가야 한다. 인간이 상황 정의에 기초하여 행동한다고 보는 관점은 상징적 상호 작용론이다. 따라서 해당 내용은 (다)에는 들어갈 수 있고, (라)에는 들어갈 수 없다.

이것만은 꼭!

1. 기능론은 사회 변화를 부정적으로 보기 때문에 기존의 질서나 권력 관계의 유지에 기여하는 보수적 관점이라는 비판을 받는다.
2. 갈등론은 사회에서 나타나는 협동과 합의 및 조화를 설명하기 어렵고, 사회 질서와 안정의 중요성을 경시한다는 비판을 받는다.
3. 상징적 상호 작용론은 개인의 행위가 사회 구조나 제도의 영향에 의해 나타날 수 있음을 경시한다는 비판을 받는다.

04 사회·문화 현상을 바라보는 관점 | 정답 ④ | 24년 10월 학력평가 2번

①	②	③	❹	⑤
0%	2%	6%	89%	3%

사회 · 문화 현상을 바라보는 갑~병의 관점에 대한 설명으로 옳은 것은? (단, 갑~병의 관점은 각각 기능론, 갈등론, 상징적 상호 작용론 중 하나임.) [3점]

사회자: 최근 편의점 도시락의 소비가 급증한 이유가 무엇일까요?

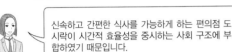

갑 (상징적 상호 작용론): 과거와 달리 편의점 도시락이 한 끼 식사를 해결하기 충분하다고 여기는 사람들이 증가하였기 때문입니다.

을 (기능론): 신속하고 간편한 식사를 가능하게 하는 편의점 도시락이 시간적 효율성을 중시하는 사회 구조에 부합하였기 때문입니다.

병 (갈등론): 불공정한 분배 체계의 심화로 형편이 어려워진 사람들이 저렴한 편의점 도시락으로 끼니를 해결하려고 하기 때문입니다.

① ~~갑~~(병)의 관점은 집단 간 갈등을 사회 변동의 원동력으로 본다.
② ~~병~~(갑)의 관점은 사회 문제를 설명하는 데 사회 구조적 요인을 간과한다는 비판을 받는다.
③ ~~을~~(갑)의 관점과 달리 ~~갑~~(을)의 관점은 사회의 각 부분이 상호 의존적으로 연관되어 있다고 본다.
④ 병의 관점과 달리 을의 관점은 사회적 갈등을 균형 회복을 위한 일시적인 과정으로 본다.
⑤ '상황 정의에 기초한 개인 간 상호 작용을 중시하는가?'(상징적 상호 작용론)라는 질문으로 을과 병의 관점을 구분할 수 ~~있다~~(없다).

✔ 자료 분석 갑의 관점은 상징적 상호 작용론, 을의 관점은 기능론, 병의 관점은 갈등론에 해당한다.

O 정답 찾기 ④ 사회적 갈등을 균형 회복을 위한 일시적인 과정이라고 보는 관점은 기능론이다.

× 오답 풀이 ① 집단 간 갈등을 사회 변동의 원동력으로 보는 관점은 갈등론이다.
② 사회 문제를 설명하는 데 사회 구조적 요인을 간과한다는 비판을 받는 관점은 미시적 관점에 해당하는 상징적 상호 작용론이다.
③ 사회의 각 부분이 상호 의존적으로 연관되어 있다고 보는 관점은 기능론이다.
⑤ 상황 정의에 기초한 개인 간 상호 작용을 중시하는 관점은 상징적 상호 작용론이다. 따라서 해당 질문으로는 기능론과 갈등론을 구분할 수 없다.

이것만은 꼭!

1. 기능론은 사회가 본질적으로 조화와 균형을 이루고 있다고 본다.
2. 갈등론은 갈등이 필연적이며, 사회 변동의 원동력이라고 본다.
3. 상징적 상호 작용론은 인간이 사물이나 행위에 주관적인 의미를 부여하는 행위의 주체라고 본다.

05 사회·문화 현상을 바라보는 관점 | 정답 ② | 23년 3월 학력평가 5번

①	❷	③	④	⑤
3%	83%	4%	3%	7%

다음의 게임 상황에 대한 옳은 분석만을 〈보기〉에서 고른 것은? [3점]

간단한 컴퓨터 게임으로 '사회 · 문화 현상을 바라보는 관점'에 대해 복습하고자 한다.

[게임 방법] 두 사람이 흰색 돌과 검은색 돌 중 하나를 자기 돌로 선택하고 그 돌을 가로, 세로, 대각선의 방향 중 하나로 4개를 이어 붙여 놓으면 승리한다. 두 사람이 교대로 한 번씩 자기 돌을 놓을 기회가 있는데, 원하는 위치의 번호를 클릭 후 팝업 창에 올라오는 진술이 기능론에 해당하면 ㉑, 갈등론에 해당하면 ㉒, 상징적 상호 작용론에 해당하면 ㉓ 버튼을 눌러야만 그 번호에 자기 돌이 놓인다.

[현재 게임 상황] 갑은 검은색 돌, 을은 흰색 돌을 선택하였으며 각각 돌을 놓을 세 차례의 기회를 가졌었고, 현재 게임판에서 돌의 배치 상황은 오른쪽과 같다. 이번 차례에서 팝업 창은 아래 A~C 중 하나가 나타난다.

갑은 진술 3개 모두 맞춤

1	2	3	4	5	6
7	8	9	10	●	12
13	14	○	●	17	18
19	20	●	22	23	24
25	26	27	28	29	30

A - 갈등론	B - 상징적 상호 작용론	C - 기능론
집단 간 대립 구조는 사회 변동의 원동력이다. ㉑ ㉒ ㉓	인간은 상황 정의에 기초하여 능동적으로 행동한다. ㉑ ㉒ ㉓	사회 규범은 사회 전체의 합의에 따라 형성된다. ㉑ ㉒ ㉓

〈보기〉

ㄱ. 팝업 창이 A일 경우 ㉓ 버튼을 누르면 돌을 놓을 수 없다.
ㄴ. 팝업 창이 B일 경우 ㉒(상) 버튼을 눌러야만 돌을 놓을 수 있다.
ㄷ. 이번이 갑의 차례이고 6번 위치를 클릭 후 팝업 창 B가 나타나 ㉓ 버튼을 누르면 갑은 승리한다.
ㄹ. 이번이 을의 차례이고 26번 위치를 클릭 후 팝업 창 C가 나타나 ㉑ 버튼을 누르면 을은 갑이 바로 다음번 차례에서 승리할 기회를 ~~차단한다~~. (차단하지 않는다.)

① ㄱ, ㄴ ② ㄱ, ㄷ ③ ㄴ, ㄷ ④ ㄴ, ㄹ ⑤ ㄷ, ㄹ

✓ 자료 분석 갈등론은 집단 간 대립 구조가 사회 변동의 원동력이라고 본다. 따라서 A는 갈등론이다. 상징적 상호 작용론은 사회 구성원이 상황 정의에 따라 사회 현상을 이해하고 행동한다고 본다. 따라서 B는 상징적 상호 작용론이다. 기능론은 사회 규범이 사회 전체의 합의에 따라 형성된다고 본다. 따라서 C는 기능론이다.

O 정답 찾기 ㄱ. 팝업 창이 A일 경우 ㉒ 버튼을 눌러야 돌을 놓을 수 있다. 따라서 팝업 창이 A일 경우 ㉓ 버튼을 누르면 돌을 놓을 수 없다.
ㄷ. 팝업 창이 B일 경우 ㉓ 버튼을 눌러야 돌을 놓을 수 있다. 갑이 6번 위치를 클릭한 후 팝업 창 B가 나타나 ㉓ 버튼을 누르면 갑은 6번 위치에 돌을 놓을 수 있으므로 갑은 승리할 수 있다.

× 오답 풀이 ㄴ. 팝업 창이 B일 경우 ㉓ 버튼을 눌러야 돌을 놓을 수 있다.
ㄹ. 팝업 창이 C일 경우 ㉑ 버튼을 눌러야 돌을 놓을 수 있다. 을이 26번 위치를 클릭한 후 팝업 창 C가 나타나 ㉑ 버튼을 누르면 을은 26번 위치에 돌을 놓을 수 있다. 그러나 을이 26번 위치에 돌을 놓더라도 갑이 바로 다음번 차례에서 6번 위치에 돌을 놓을 경우 갑은 승리할 수 있다.

이것만은 꼭!

1. 기능론은 사회 규범이 사회 전체의 합의에 따라 형성된다고 본다.
2. 갈등론은 집단 간 대립 구조가 사회 변동의 원동력이라고 본다.
3. 상징적 상호 작용론은 인간이 상황 정의에 기초하여 능동적으로 행동한다고 본다.

06 상징적 상호 작용론

| 정답 ① | 23년 4월 학력평가 3번

❶	②	③	④	⑤
93%	1%	2%	3%	1%

다음 글에 나타난 사회 · 문화 현상을 바라보는 관점에 대한 설명으로 옳은 것은?

> 만성 질환을 지니게 되면 자아 관념 및 사회적 상호 작용에 큰 변화가 일어날 수 있다. 이러한 변화는 만성 질환자에게 타인이 보이는 반응과 타인이 보일 것으로 상상되는 반응에 기초하여 나타난다. 따라서 만성 질환자의 일상적 삶을 이해하려면 만성 질환자와 그 주변 사람들이 질병과 환자에 대해 부여하는 의미를 파악하고, 이것이 상호 작용 과정에서 어떻게 발현되는지에 주목해야 한다. - 상징적 상호 작용론

① 개인들의 주관적 상황 정의에 대한 이해를 중시한다. - 상징적 상호 작용론
② 사회 규범은 기득권층에 의해 강제된 것이라고 본다. - 갈등론
③ 지배와 피지배 관계를 중심으로 사회 구조를 설명한다. - 갈등론
④ 사회가 스스로 균형을 유지하려는 속성을 지닌다고 본다. - 기능론
⑤ 사회의 구조적 모순에 따른 계급 간 갈등이 불가피하다고 본다. - 갈등론

✔ 자료 분석 제시문에 따르면 만성 질환자의 일상적 삶이라는 사회 현상을 이해하기 위해서는 각각의 구성원이 질병과 환자에 대해 부여하는 의미를 파악하고, 그 과정에서 상호 작용이 어떻게 나타나는지에 주목해야 한다. 이는 상징적 상호 작용론에 해당한다.

O 정답 찾기 ① 상징적 상호 작용론은 사회 구성원 개개인의 주관적 상황 정의에 대한 이해를 중시한다.

✕ 오답 풀이 ② 갈등론은 지배 집단과 피지배 집단 간의 갈등 관계를 강조하며, 사회 규범이 기득권층의 이익을 강화하기 위해 강제된 것이라고 본다.
③ 갈등론은 사회가 지배 집단과 피지배 집단으로 양분되어 있다고 보고, 이들 간의 갈등 관계를 중심으로 사회 구조를 설명한다.
④ 기능론은 사회의 균형과 안정을 중시하며, 사회가 스스로 균형을 유지하려는 속성을 지닌다고 본다.
⑤ 갈등론은 지배 집단과 피지배 집단 간의 갈등이 불가피하다고 본다.

이것만은 꼭!
1. 기능론은 사회가 균형을 유지하려는 속성이 있다고 본다.
2. 갈등론은 지배와 피지배 관계를 중심으로 사회를 설명한다.
3. 상징적 상호 작용론은 주관적 상황 정의에 대한 이해를 중시한다.

제2권 교육청 해설

07 사회·문화 현상을 바라보는 관점

| 정답 ④ | 23년 7월 학력평가 7번

①	②	③	❹	⑤
2%	7%	5%	81%	5%

다음은 사회 · 문화 현상을 바라보는 관점에 대한 학습 활동지의 일부이다. 이에 대한 설명으로 옳은 것은? [3점]

○수행 과제: 사회 · 문화 현상을 바라보는 관점인 기능론, 갈등론, 상징적 상호 작용론 중 하나를 선택한 후, 해당 관점에서 모든 질문에 일관되게 답변하세요.

질문 \ 학생	갑 (기능론)	을	병 (상징적 상호 작용론)	정
지배 집단의 이익을 대변한다는 비판을 받는가? - 기능론	예	예	아니요	아니요
집단 간 갈등과 대립을 사회의 본질적 속성으로 이해하는가? - 갈등론	아니요	예	아니요	아니요
거시적 측면에서 사회·문화 현상을 바라보는가? - 기능론, 갈등론	예	예	아니요	예
(가)	아니요	아니요	예	아니요
(나)	예	아니요	아니요	아니요

○교사 평가: 본인이 선택한 하나의 관점에서 옳은 답변만을 한 학생은 2명뿐입니다.

① 질문에 모두 옳은 답변만을 한 학생 중 사회 각 부분을 상호 의존적 관계로 보는 관점을 선택한 학생은 ~~없다~~. (기능론 / 갑이다.)
② 질문에 모두 옳은 답변만을 한 학생 중 사회 제도를 계급 재생산의 수단으로 보는 관점을 선택한 학생이 ~~있다~~. (갈등론 / 없다.)
③ ~~갑은 병과 달리~~ 질문에 모두 옳은 답변만을 하였다. (갑과 병은)
④ (가)에는 '개인 행위의 능동성을 중시하는가?'가 들어갈 수 있다. (상징적 상호 작용론)
⑤ (나)에는 '사회가 스스로 균형을 유지하려는 속성을 지닌다고 보는가?'가 들어갈 수 ~~없다~~. (기능론 / 있다.)

✔ 자료 분석 지배 집단의 이익을 대변한다는 비판을 받는 관점은 기능론이고, 집단 간 갈등과 대립을 사회의 본질적 속성으로 이해하는 관점은 갈등론이며, 거시적 측면에서 사회 · 문화 현상을 바라보는 관점은 기능론과 갈등론이다. 따라서 갑은 기능론의 관점에서, 병은 상징적 상호 작용론의 관점에서 모든 질문에 일관되게 답변하였다.

O 정답 찾기 ④ (가)에는 상징적 상호 작용론에는 해당하지만 기능론에는 해당하지 않는 질문이 들어가야 한다. 상징적 상호 작용론은 개인 행위의 능동성을 중시한다. 따라서 해당 질문은 (가)에 들어갈 수 있다.

✕ 오답 풀이 ① 질문에 모두 옳은 답변만을 한 학생 중 사회 각 부분을 상호 의존적 관계로 보는 관점인 기능론을 선택한 학생은 갑이다.
② 질문에 모두 옳은 답변만을 한 학생 중 사회 제도를 계급 재생산의 수단으로 보는 관점인 갈등론을 선택한 학생은 없다.
③ 갑과 병은 질문에 모두 옳은 답변만을 하였다.
⑤ (나)에는 기능론에 해당하지만 상징적 상호 작용론에는 해당하지 않는 질문이 들어가야 한다. 기능론은 사회가 스스로 균형을 유지하려는 속성을 지닌다. 따라서 해당 질문은 (나)에 들어갈 수 있다.

이것만은 꼭!
1. 기능론은 지배 집단의 이익을 대변한다는 비판을 받는다.
2. 갈등론은 집단 간 갈등과 대립을 사회의 본질적 속성으로 이해한다.
3. 기능론과 갈등론은 거시적 측면에서 사회·문화 현상을 바라본다.

08 사회·문화 현상을 바라보는 관점

| 정답 ① | 23년 10월 학력평가 18번

❶	②	③	④	⑤
92%	1%	2%	2%	3%

사회 · 문화 현상을 바라보는 갑~병의 관점에 대한 설명으로 옳은 것은? (단, 갑~병의 관점은 각각 기능론, 갈등론, 상징적 상호 작용론 중 하나임.)

> 갑: 친환경 경영은 우리 사회 전체의 필요에 의해 나타나는 현상으로서 우리 사회의 지속 가능한 발전에 기여합니다. - 기능론
> 을: 소비자들이 친환경 경영에 큰 가치를 부여하고, 기업 경영자들이 이에 부응하면서 친환경 경영이 퍼지고 있습니다. - 상징적 상호 작용론
> 병: 친환경 경영은 모두에게 도움이 되는 것처럼 보이지만, 실제로는 지배 집단의 기득권 유지 수단일 뿐입니다. - 갈등론

① 갑의 관점은 사회 각 부분 간의 상호 의존 관계를 강조한다.
② 을(병)의 관점은 대립과 갈등을 사회의 본질적 속성으로 본다.
③ 병(을)의 관점은 개인이 사회 구조에 대해 자율성을 가진 존재라고 본다.
④ 을(갑, 병)의 관점은 갑(을)의 관점과 달리 사회 구조적 측면에서 사회 · 문화 현상을 바라본다.
⑤ 병(갑)의 관점은 을의 관점과 달리 사회를 유기체로 간주한다.

✔ 자료 분석 갑의 관점은 친환경 경영이 우리 사회 전체의 필요에 의해 나타나는 현상으로서 우리 사회의 지속 가능한 발전에 기여한다고 보므로 기능론이며, 을의 관점은 소비자들이 친환경 경영에 큰 가치를 부여하고, 기업 경영자들이 이에 부응하면서 친환경 경영이 퍼지고 있다고 보므로 상징적 상호 작용론이다. 병의 관점은 친환경 경영이 지배 집단의 기득권 유지 수단일 뿐이라고 보므로 갈등론이다.

O 정답 찾기 ① 기능론은 사회가 유기체처럼 다양한 부분들이 상호 의존적 관계를 이루며 하나의 체계를 형성하고 있다고 본다.

✕ 오답 풀이 ② 갈등론은 대립과 갈등이 사회의 본질적 속성이라고 본다.
③ 상징적 상호 작용론은 개인이 사회 구조에 대해 자율성을 지닌 능동적인 존재라고 본다.
④ 기능론과 갈등론은 상징적 상호 작용론과 달리 사회 구조적 측면에서 사회 · 문화 현상을 바라본다.
⑤ 기능론은 상징적 상호 작용론과 달리 사회가 본질적으로 유기체와 매우 유사한 특성을 지니고 있다고 본다.

이것만은 꼭!
1. 기능론은 사회 구성 요소의 상호 의존 관계에 주목하며, 사회가 본질적으로 조화와 균형을 이루고 있다고 본다.
2. 상징적 상호 작용론은 개인의 주관적 상황 정의에 주목한다.
3. 갈등론은 집단 간 갈등을 사회 변동의 원동력으로 본다.

09 기능론

| 정답 ③ | 22년 3월 학력평가 2번

①	②	❸	④	⑤
4%	4%	77%	12%	3%

다음 글의 사회 · 문화 현상을 바라보는 관점에 대한 설명으로 옳은 것은?

> 집단 간의 갈등은 사회 전체의 일시적인 불균형과 혼란을 초래하지만 사회는 이를 극복하여 균형과 질서를 회복할 수 있는 힘을 지니고 있다. (기능론)

① 인간의 능동성을 강조한다. - 상징적 상호 작용론
② 사회의 안정보다 변동을 중시한다. - 갈등론
③ 사회 각 부분 간의 상호 의존성을 강조한다. - 기능론
④ 집단 간 갈등이 필연적이고 불가피한 현상이라고 본다. - 갈등론
⑤ 사회 · 문화 현상의 의미가 행위 주체에 따라 달라질 수 있음을 강조한다. - 상징적 상호 작용론

✔ 자료 분석 제시문에 나타난 사회 · 문화 현상을 바라보는 관점은 기능론이다. 기능론은 사회의 균형과 조화를 중시하므로 집단 간 갈등을 일시적인 불균형과 혼란으로 보며, 일시적으로 불안정한 상태가 발생하더라도 사회는 스스로 조화와 균형을 회복할 수 있는 힘을 지니고 있다고 본다.

O 정답 찾기 ③ 기능론은 사회가 유기체와 같이 사회를 구성하는 다양한 부분들이 상호 의존적인 관계를 이루며 하나의 체계를 형성하고 있다고 본다. 즉, 사회 각 부분 간의 상호 의존성을 강조한다.

✕ 오답 풀이 ① 인간의 능동성을 강조하는 관점은 상징적 상호 작용론이다.
② 기능론은 사회의 균형과 안정을 중시하는 반면, 갈등론은 갈등으로 인해 발생하는 급격한 변동을 중시한다.
④ 집단 간 갈등이 필연적이고 불가피한 현상이라고 보는 관점은 갈등론이다.
⑤ 사회 · 문화 현상의 의미가 발생하는 상황과 행위 주체에 따라 달라진다고 보는 관점은 상징적 상호 작용론이다.

이것만은 꼭!
1. 기능론은 사회가 본질적으로 조화와 균형을 이루고 있다고 본다.
2. 기능론은 사회를 구성하는 다양한 부분들이 상호 의존적인 관계를 이루며 하나의 체계를 형성하고 있다고 본다.
3. 기능론은 일시적으로 불안정한 상태가 발생하더라도 사회는 스스로 조화와 균형을 회복할 수 있는 힘을 지니고 있다고 본다.

10 기능론과 갈등론 | 정답 ⑤ | 22년 4월 학력평가 4번

①	②	③	④	❺
2%	2%	4%	4%	88%

(가), (나)에 나타난 사회 · 문화 현상을 보는 관점에 대한 설명으로 옳은 것은? [3점]

> (가) 대중 매체는 대중에게 오락을 제공하여 스트레스를 낮추고 사회적 긴장을 약화시킴으로써 사회 집단 간 갈등을 방지하는 안전장치로 작용한다. 또한 대중 매체는 사회 전반적으로 합의된 규범과 가치를 내면화시킴으로써 사회 유지 및 통합에 긍정적으로 기여한다. ─ 기능론
>
> (나) 대중 매체는 정치적 · 경제적으로 우위에 있는 집단의 입장을 대변하고, 그렇지 못한 집단에 대한 부정적 편견을 강화한다. 이처럼 대중 매체는 편향된 사고를 내면화시켜 사람들이 기존의 질서를 무비판적으로 따르게 함으로써 사회 불평등을 정당화하는 도구로 기능한다. 갈등론

① ~~(가)~~의 관점은 개인들의 주관적 상황 정의에 초점을 맞춘다. └ 상징적 상호 작용론

② ~~(나)~~(가)의 관점은 사회를 유기체에 비유하여 설명한다.

③ ~~(가)의 관점은 (나)의 관점과 달리~~ 거시적 관점에서 사회 · 문화 현상을 (가), (나)의 관점은 모두 설명한다.

④ ~~(가)~~(나)의 관점은 ~~(나)~~(가)의 관점과 달리 사회 제도가 기득권층에 유리하게 작용한다고 본다.

⑤ (나)의 관점은 (가)의 관점과 달리 대립과 갈등을 사회의 본질적 속성으로 본다.

✔ 자료 분석 (가)는 대중 매체가 사회 유지 및 통합에 긍정적으로 기여한다고 보므로 기능론에 해당한다. (나)는 대중 매체가 사회 불평등을 정당화하는 도구로 기능한다고 보므로 갈등론에 해당한다.

O 정답 찾기 ⑤ 갈등론은 사회가 사회적 희소가치를 둘러싼 사회 구성원들 간 갈등과 대립의 장이라고 보며, 지배 계급과 피지배 계급 간 갈등과 대립이 사회의 본질적 속성이라고 본다.

✕ 오답 풀이 ① 상징적 상호 작용론은 인간은 자신이 처한 상황에 대한 주관적인 상황 정의에 기초하여 행동한다고 본다.
② 기능론은 사회가 유기체처럼 다양한 부분들이 상호 의존적인 관계를 이루며 하나의 체계를 형성하고 있다고 본다.
③ 거시적 관점은 사회 · 문화 현상을 이해할 때 사회 구조나 제도 등 개개인의 행위를 초월한 사회 체계에 초점을 맞추는 관점으로, 기능론과 갈등론이 이에 해당한다.
④ 갈등론은 사회 규범이나 사회 제도 등이 지배 계급의 기득권을 보호하고, 계급을 재생산하기 위해 만들어 낸 수단에 불과하다고 본다.

이것만은 꼭!
1. 기능론은 사회 유지 및 통합을 중시한다.
2. 갈등론은 사회 제도가 불평등을 정당화한다고 본다.
3. 기능론과 갈등론은 거시적 관점에 해당한다.

제2권 교육청 해설

11 사회·문화 현상을 바라보는 관점 | 정답 ⑤ | 22년 7월 학력평가 9번

①	②	③	④	❺
6%	2%	4%	2%	86%

사회 · 문화 현상을 바라보는 갑~병의 관점에 대한 설명으로 옳은 것은? (단, 갑~병의 관점은 각각 기능론, 갈등론, 상징적 상호 작용론 중 하나이다.)

사회자: 최근 확산하고 있는 유연 근무제*에 대해 각자 의견을 제시해 주세요.

갑 (상징적 상호 작용론): 과거에 비해 최근에는 일 · 가정의 균형에 중요한 의미를 부여하는 사람들이 많아졌고, 유연 근무제를 자율적 선택을 보장하는 제도로 인식하는 노동자가 많아진 것이 확산의 원인이라고 생각합니다.

을 (기능론): 유연 근무제는 각자 처한 환경이 다른 노동자들을 적재적소에 배치함으로써 노동 시장이 효율적으로 작동하는 데 기여한다고 생각합니다.

병 (갈등론): 유연 근무제는 노동자의 자율성을 보장하는 것처럼 보이지만, 비정규직을 확대시켜 기득권층의 이익을 증대시키기 위한 의도가 반영된 제도라고 생각합니다.

* 유연 근무제: 개인의 선택에 따라 근무 시간, 근무 환경을 조절할 수 있는 제도

① ~~갑~~(을)의 관점은 다양한 사회 제도들의 상호 의존 관계에 주목한다.

② ~~을~~(갑)의 관점은 개인의 행동이 상황에 대한 주관적 해석에 기초하여 이루어진다고 본다.

③ ~~병~~(을)의 관점은 지배 집단의 이익을 대변하는 논리로 활용될 수 있다는 비판을 받는다.

④ ~~을~~(갑)의 관점은 ~~갑~~(을)의 관점과 달리 행위자의 능동성을 중시한다.

⑤ 을과 병의 관점은 모두 사회 · 문화 현상을 사회 구조적 측면에서 설명한다. (거시적 관점)

✔ 자료 분석 갑의 관점은 상징적 상호 작용론, 을의 관점은 기능론, 병의 관점은 갈등론에 해당한다.

O 정답 찾기 ⑤ 기능론과 갈등론은 모두 사회 · 문화 현상을 사회 구조적 측면에서 설명하는 거시적 관점에 해당한다.

✕ 오답 풀이 ① 다양한 사회 제도들의 상호 의존 관계에 주목하는 관점은 기능론이다.
② 개인의 행동이 상황에 대한 주관적 해석에 기초하여 이루어진다고 보는 관점은 상징적 상호 작용론이다.
③ 기능론은 지배 집단의 이익을 대변하는 논리로 활용될 수 있다는 비판을 받는다.
④ 행위자의 능동성을 중시하는 관점은 상징적 상호 작용론이다.

이것만은 꼭!
1. 상징적 상호 작용론은 개인의 행동이 상황에 대한 주관적 해석에 기초하여 이루어진다고 본다.
2. 기능론과 갈등론은 상징적 상호 작용론과 달리 사회·문화 현상을 사회 구조적 측면에서 설명한다.
3. 기능론은 기득권층의 이익을 대변하는 논리로 활용될 수 있다는 비판을 받는다.

12 사회·문화 현상을 바라보는 관점

| 정답 ① | 22년 10월 학력평가 11번

❶	②	③	④	⑤
94%	1%	3%	1%	1%

표는 사회 · 문화 현상을 바라보는 관점 A~C를 구분한 것이다. 이에 대한 옳은 설명만을 〈보기〉에서 고른 것은? (단, A~C는 각각 기능론, 갈등론, 상징적 상호 작용론 중 하나이다.)

구분	해당 관점
사회 구성 요소의 상호 의존 관계에 주목하는 관점	A - 기능론
개인의 주관적 상황 정의에 주목하는 관점	B - 상징적 상호 작용론
(가) - 거시적 관점에 해당하는 내용	A, C - 갈등론

보기

ㄱ. (가)에 '사회 구조에 초점을 두어 사회 · 문화 현상을 이해하는 관점'이 들어갈 수 있다. 거시적 관점(기능론, 갈등론)

ㄴ. A는 사회가 본질적으로 조화와 균형을 이루고 있다고 본다.

ㄷ. ~~B~~(C)는 집단 간 갈등을 사회 변동의 원동력으로 본다.

ㄹ. ~~C~~(A)는 ~~A~~(C)와 달리 사회를 유기체와 유사하다고 본다.

①ㄱ, ㄴ ② ㄱ, ㄷ ③ ㄴ, ㄷ ④ ㄴ, ㄹ ⑤ ㄷ, ㄹ

✔ 자료 분석 사회 구성 요소의 상호 의존 관계에 주목하는 관점은 기능론이며, 개인의 주관적 상황 정의에 주목하는 관점은 상징적 상호 작용론이다. 따라서 A는 기능론, B는 상징적 상호 작용론, C는 갈등론이다.

O 정답 찾기 ㄱ. (가)에는 거시적 관점에 해당하는 내용이 들어가야 한다. 거시적 관점은 사회 구조에 초점을 두어 사회 · 문화 현상을 이해하는 관점이다. 따라서 해당 내용은 (가)에 들어갈 수 있다.
ㄴ. 기능론은 사회가 본질적으로 조화와 균형을 이루고 있으며, 일시적으로 불안정한 상태가 발생하더라도 스스로 조화와 균형을 회복할 수 있는 힘을 지니고 있다고 본다.

✕ 오답 풀이 ㄷ. 집단 간 갈등을 사회 변동의 원동력으로 보는 관점은 갈등론이다.
ㄹ. 기능론은 갈등론과 달리 사회를 유기체와 유사하다고 본다.

이것만은 꼭!

1. 기능론은 사회가 유기체처럼 다양한 부분들이 상호 의존적인 관계를 이루며 하나의 체계를 형성하고 있다고 본다.
2. 기능론은 사회가 본질적으로 조화와 균형을 이루고 있으며, 일시적으로 불안정한 상태가 발생하더라도 스스로 조화와 균형을 회복할 수 있다고 본다.
3. 갈등론은 지배 계급과 피지배 계급 간의 이익이 양립할 수 없기 때문에 갈등이 필연적이며 사회 변동의 원동력이 된다고 본다.

13 기능론과 갈등론

| 정답 ① | 21년 3월 학력평가 2번

❶	②	③	④	⑤
86%	2%	4%	4%	4%

사회 · 문화 현상을 바라보는 갑, 을의 관점에 대한 설명으로 옳은 것은?

사회 규범은 지배 집단만의 합의에 의해서 형성되고, 지배 집단만의 이익을 보장할 뿐이야. 갈등론

사회 규범은 사회 구성원 전체의 합의에 의해서 형성되고, 사회 질서와 안정에 기여해. 기능론

① 갑의 관점은 집단 간 갈등이 사회 변동의 원동력이라고 본다. 갈등론
② ~~갑~~(을)의 관점은 사회가 본질적으로 조화와 균형을 이루고 있다고 본다. 기능론
③ ~~을~~(갑)의 관점은 사회 제도가 계급 재생산을 위한 수단이라고 본다. 갈등론
④ ~~을~~(갑)의 관점은 사회 통합이 이루어지는 과정을 설명할 수 없다는 비판을 받는다. 갈등론
⑤ 을의 관점은 갑의 관점~~과 달리~~(모두) 거시적 관점에서 사회 · 문화 현상을 바라본다.

✔ 자료 분석 갑은 사회 규범이 지배 집단만의 합의에 의해 형성되고 지배 집단만의 이익을 보장한다고 보고 있고, 을은 사회 규범이 사회 구성원 전체의 합의에 의해 형성되고 사회 질서와 안정에 기여한다고 보고 있다. 따라서 갑의 관점은 갈등론, 을의 관점은 기능론에 해당한다.

O 정답 찾기 ① 갈등론은 지배 집단과 피지배 집단 간의 갈등이 자연스러운 현상이며, 갈등이 사회 변동을 초래하는 원동력이라고 본다.

✕ 오답 풀이 ② 사회가 유기체처럼 다양한 부분들이 상호 의존적인 관계를 이루며 하나의 체계를 형성하고 있으므로 본질적으로 조화와 균형을 이루고 있다고 보는 관점은 기능론이다.
③ 사회 제도가 지배 계급의 이익을 극대화하고 계급 재생산을 위한 수단이라고 보는 관점은 갈등론이다.
④ 지배 집단과 피지배 집단 간의 갈등을 중시하는 갈등론은 사회 통합이 이루어지는 과정을 설명하지 못한다는 비판을 받는다.
⑤ 기능론과 갈등론은 모두 사회 구조나 제도 등 개개인의 행위를 초월한 사회 체계에 초점을 맞추어 사회 · 문화 현상을 이해하는 거시적 관점에 해당한다.

이것만은 꼭!

1. 기능론은 사회 규범이 사회 발전에 기여한다고 본다.
2. 갈등론은 사회 규범이 지배 집단의 이익을 보장한다고 본다.
3. 기능론은 사회 전체적 합의에 의해, 갈등론은 지배 집단만의 합의에 의해 사회 규범이 형성된다고 본다.

14 기능론과 상징적 상호 작용론

| 정답 ① | 21년 4월 학력평가 4번

❶	②	③	④	⑤
77%	4%	4%	5%	10%

사회 · 문화 현상을 보는 갑, 을의 관점에 대한 설명으로 옳은 것은? [3점]

사회자: 장기적인 무직 상태에 놓여 있는 청년들이 많은 원인이 무엇이라고 보십니까?

갑: 학교 교육 및 직업 교육이 시대 변화에 뒤처져서 오늘날 사회에서 요구하는 기술이나 지식을 습득하지 못하는 청년들이 많기 때문입니다. (사회 제도가 제 기능을 수행하지 못함 → 기능론)

을: 취업에 실패한 청년들이 주변의 따가운 시선을 받으면서 스스로를 능력이 부족하고 쓸모없는 존재로 여기게 되어 더 이상 구직 활동에 적극적으로 나서지 않기 때문입니다. (주관적 상황 정의 중시 → 상징적 상호 작용론)

① 갑의 관점은 사회가 유기체와 유사한 특성을 지니고 있다고 본다. (기능론)
② ~~갑~~(을)의 관점은 개인들의 주관적 상황 정의에 대한 이해를 중시한다. (상징적 상호 작용론)
③ 을의 관점은 집단 간 갈등이 사회 변동의 원동력이라고 본다. (갈등론)
④ ~~을~~(갑)의 관점은 ~~갑~~(을)의 관점과 달리 지배 집단의 이익을 대변하는 논리로 활용될 수 있다는 비판을 받는다. (기능론)
⑤ 갑, ~~을~~의 관점은 ~~모두~~ 사회 · 문화 현상을 사회 구조적 측면에서 설명한다. (거시적 관점 → 기능론, 갈등론)

✓ 자료 분석 장기적인 무직 상태에 놓여 있는 청년이 많은 원인으로 갑은 사회 제도가 제 기능을 수행하지 못하기 때문이라고 보고 있고, 을은 구성원의 주관적 의미 부여 측면에서 보고 있다. 따라서 갑의 관점은 기능론, 을의 관점은 상징적 상호 작용론에 해당한다.

O 정답 찾기 ① 기능론은 사회가 유기체처럼 다양한 부분들이 상호 의존적인 관계를 이루며 하나의 체계를 형성하고 있다고 본다.

× 오답 풀이 ② 상징적 상호 작용론은 인간이 자율성을 지닌 능동적인 존재이며, 사물이나 행위에 주관적인 의미를 부여하는 행위의 주체라고 보고, 개인들의 주관적 상황 정의에 대한 이해를 중시한다.
③ 갈등론은 사회가 사회적 희소가치를 둘러싼 사회 구성원들 간의 갈등과 대립의 장이라고 보고, 집단 간 갈등이 사회 변동의 원동력이라고 본다.
④ 기능론은 사회의 안정을 중시하므로 지배 집단의 이익을 대변하는 논리로 활용될 수 있다는 비판을 받는다.
⑤ 기능론은 사회 · 문화 현상을 사회 구조적 측면에서 설명하는 거시적 관점에 해당하고, 상징적 상호 작용론은 사회 · 문화 현상을 개인적 측면에서 설명하는 미시적 관점에 해당한다.

이것만은 꼭!

1. 기능론은 사회 제도가 제 기능을 수행하지 못할 때 사회 문제가 발생한다고 본다.
2. 상징적 상호 작용론은 개인들의 주관적 상황 정의에 대한 이해를 중시한다.
3. 기능론은 지배 집단의 이익을 대변하는 논리로 활용될 수 있다는 비판을 받는다.

제2권 교육청 해설

15 사회·문화 현상을 바라보는 관점

| 정답 ② | 21년 7월 학력평가 2번

①	❷	③	④	⑤
5%	81%	5%	3%	6%

다음은 사회 · 문화 현상을 바라보는 관점 A~C에 대한 수행 평가이다. 이에 대한 설명으로 옳은 것은? (단, A~C는 각각 갈등론, 기능론, 상징적 상호 작용론 중 하나이다.) [3점]

ㅇ수행 평가 과제: N잡러(여러 직업을 가진 사람) 증가 현상을 바라보는 관점 구분하기

진술 \ 학생	갑	을
N잡러 증가 현상은 고용 유연화를 통해 노동 시장 지배력을 견고히 하려는 기득권층의 의도가 반영된 것이다. (갈등론)	C (상징적 상호 작용론)	B (기능론)
N잡러 증가 현상은 부업과 여가 활동을 즐기며 살아가는 삶에 대한 긍정적 인식이 사회 구성원들에게 확산되면서 나타나는 것이다. (상징적 상호 작용론)	A (갈등론)	C
N잡러 증가 현상은 사회의 고용 충원 요구에 부응하는 것으로써 사회의 안정을 도모하고 사회 발전에 기여하는 것이다. (기능론)	B	A

ㅇ교사 평가: 갑은 사회 유기체설(기능론)에 입각한 관점만 옳게 구분하였고, 을은 거시적 관점에 해당하는 진술을 서로 반대로 구분함 (기능론, 갈등론)

① ~~A~~(C)는 인간 행위의 자율성과 능동성을 강조한다. (상징적 상호 작용론)
② B는 사회 유지에 필요한 기능의 상호 의존성에 관심을 둔다. (기능론)
③ ~~C~~(A)는 대립과 갈등이 사회 구조의 필연적 속성이라고 본다. (갈등론)
④ ~~A~~(B)는 ~~B~~(A, C)와 달리 사회가 스스로 균형을 유지하려는 속성을 지닌다고 본다. (기능론)
⑤ ~~B~~(C)는 ~~C~~(A, B)와 달리 개인의 행위에 미치는 사회 구조의 영향력을 간과한다는 비판을 받는다. (상징적 상호 작용론)

✔ 자료 분석 N잡러 증가 현상에 대해 첫 번째 진술은 갈등론, 두 번째 진술은 상징적 상호 작용론, 세 번째 진술은 기능론에 해당한다. 갑은 사회 유기체설에 입각한 관점만 옳게 구분하였으므로 B는 기능론이다. 을은 거시적 관점에 해당하는 진술을 서로 반대로 구분하였으므로 A는 갈등론, C는 상징적 상호 작용론이다.

O 정답 찾기 ② 기능론은 사회의 모든 요소가 사회 유지에 필요한 기능을 하고 있다고 보며, 이 기능들의 상호 의존성에 관심을 둔다.

✕ 오답 풀이 ① 상징적 상호 작용론은 인간 행위의 자율성과 능동성을 강조한다.
③ 갈등론은 지배 계급과 피지배 계급 간의 대립과 갈등이 사회 구조의 필연적 속성이라고 본다.
④ 기능론은 사회가 스스로 균형을 유지하려는 속성을 지닌다고 본다.
⑤ 상징적 상호 작용론은 상징을 통한 개인 간 상호 작용에 초점을 맞춘 미시적 관점으로, 개인의 행위에 미치는 사회 구조의 영향력을 간과한다는 비판을 받는다.

이것만은 꼭!
1. 기능론은 사회 안정이 유지되고 통합이 이루어지는 현상을 이해하는 데 유용하다.
2. 갈등론은 갈등이 필연적이며 사회 변동의 원동력이 된다고 본다.
3. 상징적 상호 작용론은 개인의 행위가 사회 구조나 제도의 영향에 의해 나타날 수 있음을 경시한다.

16 기능론과 갈등론

| 정답 ③ | 21년 10월 학력평가 15번

①	②	❸	④	⑤
3%	3%	92%	1%	1%

사회 · 문화 현상을 바라보는 관점 A, B에 대한 설명으로 옳은 것은?

A(기능론)는 사회 규범이 사회 전체의 필요를 반영하고 있다고 본다. 이와 달리 B(갈등론)는 사회 규범이 지배 계급만의 이익을 반영하고 있다고 본다.

① A는 사회가 본질적으로 ~~변동~~(안정)을 지향한다고 본다.
② A는 사회의 균형 회복 능력을 강조하여 사회 문제의 발생 가능성을 ~~부정한다~~(부정하지 않는다).
③ B는 집단 간 갈등을 필연적인 현상으로 본다. (갈등론)
④ B는 개인에 대한 사회 구조의 영향력을 경시한다. (상징적 상호 작용론)
⑤ ~~B~~(A)는 ~~A~~(B)와 달리 사회를 유기체로 간주한다. (기능론)

✔ 자료 분석 기능론은 사회 규범이 사회 전체의 필요를 반영하고 있다고 보는 반면, 갈등론은 사회 규범이 지배 계급만의 이익을 반영하고 있다고 본다. 따라서 A는 기능론, B는 갈등론이다.

O 정답 찾기 ③ 갈등론은 지배 계급과 피지배 계급 간의 이익이 양립할 수 없기 때문에 집단 간 갈등이 필연적이라고 본다.

✕ 오답 풀이 ① 기능론은 사회가 본질적으로 안정을 지향한다고 본다.
② 기능론은 사회가 본질적으로 균형을 이루고 있고, 사회 문제가 발생해도 그것은 일시적 불균형 상태에 지나지 않으며, 사회에 내재된 균형으로의 회복 능력으로 해결이 가능하다고 본다. 따라서 기능론은 사회 문제의 발생 가능성을 부정하지 않는다.
④ 개인에 대한 사회 구조의 영향력을 경시하는 관점은 미시적 관점인 상징적 상호 작용론이다.
⑤ 기능론은 갈등론과 달리 사회를 유기체로 간주한다.

이것만은 꼭!
1. 기능론은 사회가 유기체처럼 다양한 부분들이 상호 의존적인 관계를 이루며 하나의 체계를 형성하고 있다고 본다.
2. 기능론은 사회가 본질적으로 조화와 균형을 이루고 있으며, 일시적으로 불안정한 상태가 발생하더라도 스스로 조화와 균형을 회복할 수 있다고 본다.
3. 갈등론은 지배 계급과 피지배 계급 간의 이익이 양립할 수 없기 때문에 갈등이 필연적이며 사회 변동의 원동력이 된다고 본다.

17 사회·문화 현상을 바라보는 관점

| 정답 ② | 20년 3월 학력평가 4번

①	❷	③	④	⑤
5%	87%	4%	2%	2%

그림은 사회 · 문화 현상을 보는 관점 A~C를 구분한 것이다. 이에 대한 옳은 설명만을 〈보기〉에서 고른 것은? (단, A~C는 각각 갈등론, 기능론, 상징적 상호 작용론 중 하나이다.)

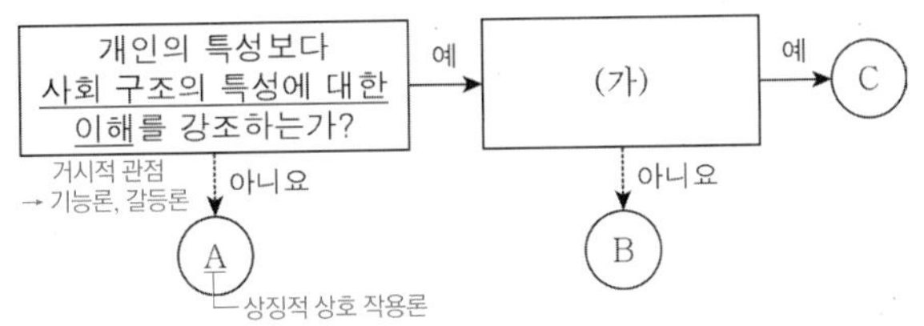

보기

ㄱ. A는 개인의 능동성과 자율성을 중시한다. 상징적 상호 작용론

ㄴ. (가)에 '상징을 통한 상호 작용을 중시하는가?'가 들어갈 수 있다. 상징적 상호 작용론 / 없다

ㄷ. (가)에 '사회를 유기체로 간주하는가?'가 들어가면, B는 갈등론이다. 기능론

ㄹ. C가 기능론이라면, (가)에 '갈등을 사회 변동의 원동력으로 보는가?'가 들어갈 수 있다. 갈등론 / 없다.

① ㄱ, ㄴ ② ㄱ, ㄷ ③ ㄴ, ㄷ ④ ㄴ, ㄹ ⑤ ㄷ, ㄹ

✓ 자료 분석 개인의 특성보다 사회 구조의 특성에 대한 이해를 강조하는 관점은 거시적 관점으로, 기능론과 갈등론이 이에 해당한다. 따라서 A는 상징적 상호 작용론이고, B와 C는 각각 기능론과 갈등론 중 하나이다.

○ 정답 찾기 ㄱ. 상징적 상호 작용론은 인간이 자율성을 지닌 능동적인 존재이며, 사물이나 행위에 주관적인 의미를 부여하는 행위의 주체라고 본다.
ㄷ. 기능론은 사회가 유기체처럼 다양한 부분들이 상호 의존적인 관계를 이루며 하나의 체계를 형성하고 있다고 본다. 따라서 해당 질문이 (가)에 들어가면 B는 갈등론, C는 기능론이다.

× 오답 풀이 ㄴ. 상징을 통한 상호 작용을 중시하는 관점은 상징적 상호 작용론이다. 따라서 해당 질문은 (가)에 들어갈 수 없다.
ㄹ. 갈등을 사회 변동의 원동력으로 보는 관점은 갈등론이다. C가 기능론이라면 B는 갈등론이다. 따라서 해당 질문은 (가)에 들어갈 수 없다.

이것만은 꼭!
1. 기능론은 사회를 유기체로 간주한다.
2. 갈등론은 갈등을 사회 변동의 원동력으로 본다.
3. 상징적 상호 작용론은 개인의 특성에 대한 이해를 강조한다.

18 기능론과 갈등론

| 정답 ② | 20년 4월 학력평가 4번

①	❷	③	④	⑤
4%	86%	3%	5%	2%

사회 · 문화 현상을 바라보는 갑, 을의 관점에 대한 설명으로 옳은 것은? [3점]

사회자: 최근 도심 근처의 낙후 지역이 고급 상업 지역이나 고급 주거 지역으로 변화하면서 중산층 이상의 계층이 유입되어 기존의 거주민들을 대체하는 젠트리피케이션 현상이 발생하고 있습니다. 이에 대해 어떻게 생각하십니까?

갑: 사회적, 경제적으로 우위를 차지하고 있는 계층이 자신들에게 유리한 지배 구조를 이용하여 저소득층의 터전을 빼앗는 현상입니다. (갈등론 / 지배 계급 / 지배 계급과 피지배 계급의 이익 양립 불가)

을: 도시의 안정적 유지에 필요한 상업 및 주거 기능을 충족시키기 위해 도시 공간이 재구조화되는 자연스러운 과정입니다. (기능론 / 조화와 균형을 회복하는 과정)

① 갑의 관점은 지배 계급과 피지배 계급의 이익이 양립할 수 있음을 강조한다. (없음을)

② 을의 관점은 사회 유지에 필요한 각 부분이 상호 의존적으로 작용한다고 본다.

③ 갑의 관점은 을의 관점과 달리 거시적 관점에서 사회 · 문화 현상을 설명한다. (모두 / 기능론, 갈등론)

④ 을의 관점은 갑의 관점과 달리 집단 간 갈등이 사회를 변동시키는 원동력이라고 본다. (갑 / 을 / 갈등론)

⑤ 갑, 을의 관점은 모두 기득권층의 이익을 대변하는 논리로 이용된다는 비판을 받는다. (기능론)

✓ 자료 분석 갑은 젠트리피케이션 현상을 지배 계급이 저소득층의 터전을 빼앗는 현상, 즉 지배 계급과 피지배 계급 간의 갈등으로 보고 있으므로 이는 갈등론에 해당한다. 을은 젠트리피케이션 현상을 도시의 각 공간들이 제 기능을 하기 위해 재구조화되는 자연스러운 현상으로 보고 있으므로 이는 기능론에 해당한다.

○ 정답 찾기 ② 기능론은 사회가 유기체와 같이 다양한 부분들이 모여 하나의 체계를 형성하고 있어 다양한 부분들이 상호 의존적인 관계를 이루고 있다고 본다.

× 오답 풀이 ① 갈등론은 지배 계급과 피지배 계급 간의 이익이 양립할 수 없으며, 이로 인해 지배 계급과 피지배 계급 간의 갈등이 필연적이라고 본다.
③ 기능론과 갈등론은 모두 사회 구조에 초점을 맞추어 사회 · 문화 현상을 이해한다는 점에서 거시적 관점에 해당한다.
④ 갈등론은 지배 계급과 피지배 계급 간의 갈등이 사회 변동의 원동력이 된다고 보는 반면에, 기능론은 사회가 본질적으로 균형을 이루고 있으므로 일시적 불균형이 균형으로 회복되는 과정을 사회 변동이라고 본다.
⑤ 기능론은 사회 변화를 긍정적으로 바라보지 않고 기존의 질서나 권력관계의 유지를 중시한다는 점에서 기득권층의 이익을 대변하는 논리로 이용된다는 비판을 받는다.

이것만은 꼭!
1. 갈등론은 집단 간 갈등이 사회 변동의 원동력이라고 본다.
2. 기능론은 사회 각 부분이 상호 의존적으로 작용한다고 본다.
3. 기능론은 기득권층의 이익을 대변하는 논리로 이용된다는 비판을 받는다.

19 사회·문화 현상을 바라보는 관점 | 정답 ③ | 20년 7월 학력평가 2번

①	②	❸	④	⑤
6%	7%	73%	5%	9%

다음은 〈서술형 평가 문제〉에 대한 학생 갑~병의 답안과 교사의 채점 결과이다. 이에 대한 설명으로 옳은 것은? (단, A~C는 각각 기능론, 갈등론, 상징적 상호 작용론 중 하나이다.) [3점]

〈서술형 평가 문제〉

번호	문제
1	A와 C의 공통점을 1가지만 서술하시오.
2	C와 구별되는 B의 특징을 1가지만 서술하시오.
3	A에서 바라보는 C에 대한 비판을 1가지만 서술하시오.

〈학생 답안 및 채점 결과〉

학생	답안	점수
갑	1. 거시적 관점에 해당한다. 2. 행위자의 능동성과 자율성을 중시한다. 3. 사회의 질서 유지 및 안정 회복 능력을 간과한다.	2점
을	1. 개인의 행위에 영향을 미치는 사회 구조를 중시한다. 2. (가) 3. 기득권층의 이익을 옹호하는 논리로 악용될 수 있다.	㉠
병	1. 개인을 행위와 상황에 주관적인 의미를 부여하는 주체라고 본다. 2. 사회는 스스로 균형을 유지하려는 속성을 지닌다. 3. 사회 구조를 지배와 피지배 관계로 단순화한다.	0점

* 각 문제별로 채점하며, 문제별 답안 내용이 맞을 때마다 1점씩 부여함

① A는 B와 달리 사회·문화 현상에 대한 상황의 맥락적 이해를 중시한다.
② B는 C와 달리 사회 문제를 병리적 현상으로 본다.
③ C는 A와 달리 사회 각 요소 간의 기능적 의존 관계를 중시한다.
④ B, C는 A와 달리 갈등과 대립이 사회 변동의 원동력임을 강조한다.
⑤ (가)가 '사회 구성원 전체의 합의에 따라 사회 규범이 정해진다.'라면, ㉠에는 '3점'이 적절하다.

✔ 자료 분석 병의 점수는 0점이므로 병의 답안은 모두 오답이다. 병의 두 번째 답안을 통해 B가 기능론이 아니고, 세 번째 답안을 통해 C가 갈등론이 아님을 알 수 있다. 갑의 점수는 2점이므로 갑의 답안 중 하나는 오답이다. 그런데 갑의 세 번째 답안은 갈등론에 대해 서술하고 있으므로 갑의 세 번째 답안은 오답이다. 즉, 갑의 첫 번째와 두 번째 답안은 옳은 서술이므로 첫 번째 답안을 통해 A와 C는 각각 기능론과 갈등론 중 하나이고, B는 상징적 상호 작용론임을 알 수 있다. 병의 답안에서 C가 갈등론이 아니므로 A는 갈등론, C는 기능론이다.

O 정답 찾기 ③ 기능론은 사회 각 요소가 제 기능을 수행할 때 사회가 안정적으로 유지 및 발전한다고 본다. 즉, 기능론은 사회를 구성하는 각 요소 간의 기능적 의존 관계를 중시한다.

× 오답 풀이 ① 상징적 상호 작용론은 인간이 자신이 처한 상황에 대한 주관적 정의에 기초하여 행동한다고 본다. 따라서 상징적 상호 작용론은 상황의 맥락적 이해를 중시한다.
② 기능론은 사회의 균형이 깨어짐에 따라 발생한 일시적인 병리 현상을 사회 문제로 바라본다.
④ 갈등론은 지배 계급과 피지배 계급 간의 갈등과 대립이 불가피하게 발생하며, 갈등과 대립을 통해 사회가 변동한다고 본다.
⑤ 을의 첫 번째와 세 번째 답안은 정답이다. 사회 구성원 전체의 합의에 따라 사회 규범이 정해진다고 보는 관점은 기능론이다. 해당 진술이 (가)에 들어가면 오답이 된다. 따라서 ㉠에는 '2점'이 적절하다.

이것만은 꼭!
1. 기능론은 사회 각 요소 간의 기능적 의존 관계를 중시한다.
2. 갈등론은 갈등과 대립이 사회 변동의 원동력임을 강조한다.
3. 상징적 상호 작용론은 사회·문화 현상에 대한 상황의 맥락적 이해를 중시한다.

20 사회·문화 현상을 바라보는 관점 | 정답 ⑤ | 20년 10월 학력평가 5번

①	②	③	④	❺
3%	12%	3%	1%	81%

그림은 사회 · 문화 현상을 바라보는 관점 A~C를 구분한 것이다. 이에 대한 설명으로 옳은 것은? (단, A~C는 각각 갈등론, 기능론, 상징적 상호 작용론 중 하나이다.) [3점]

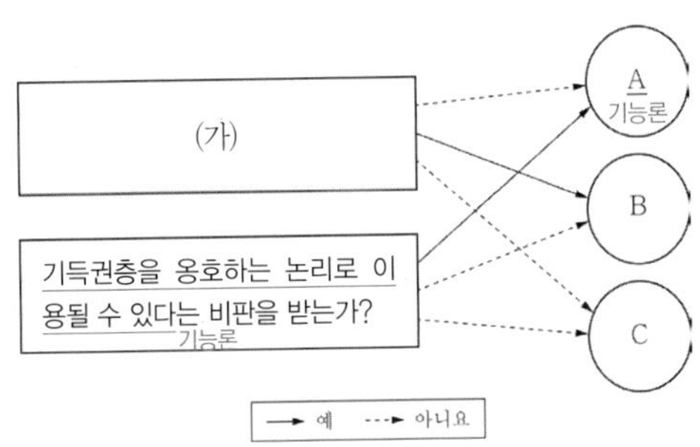

① A는 사회 규범이 특정 집단만의 합의를 반영한다고 본다. 갈등론
② C가 상징적 상호 작용론이면, B는 사회 불평등 현상이 불가피하다고 본다. A 기능론
③ (가)에 '사회 유기체설을 바탕으로 하는가?'가 들어갈 수 있다. 기능론 없다.
④ B가 상징적 상호 작용론이면, (가)에 '인간의 자율성을 간과하는가?'가 들어갈 수 있다. 거시적 관점 없다.
⑤ (가)에 '개인의 상황 정의를 중시하는가?'가 들어가면, C는 교육 제도가 계급 재생산을 위한 수단이라고 본다. 상징적 상호 작용론 갈등론

✔ 자료 분석 기능론은 기존의 질서나 권력관계의 유지에 기여한다는 점에서 기득권층을 옹호하는 논리로 이용될 수 있다는 비판을 받는다. 따라서 A는 기능론이고, B와 C는 각각 갈등론과 상징적 상호 작용론 중 하나이다.

O 정답 찾기 ⑤ 상징적 상호 작용론은 인간이 자신이 처한 상황에 대한 주관적인 정의에 따라 행동한다고 본다. 해당 질문이 (가)에 들어가면, B는 상징적 상호 작용론, C는 갈등론이다. 갈등론은 교육 제도와 같은 사회 제도가 지배 계급의 이익을 극대화하는 계급 재생산을 위한 수단이라고 본다.

X 오답 풀이 ① 기능론은 사회 규범이 사회 전체적 합의를 반영한다고 보는 반면, 갈등론은 사회 규범이 지배 집단과 같은 특정 집단만의 합의를 반영한다고 본다.
② C가 상징적 상호 작용론이면, B는 갈등론이다. 갈등론은 사회 불평등 현상을 제거해야 할 현상으로 보는 반면, 기능론은 사회 불평등 현상을 필수 불가결한 현상으로 본다.
③ 기능론은 사회 유기체설을 바탕으로 하며, 사회가 유기체와 같이 다양한 부분들이 상호 의존적인 관계를 이루며 하나의 체계를 이룬다고 본다. 따라서 해당 질문은 (가)에 들어갈 수 없다.
④ B가 상징적 상호 작용론이면, C는 갈등론이다. 거시적 관점에 해당하는 기능론과 갈등론은 인간의 자율성을 간과한다. 따라서 해당 질문은 (가)에 들어갈 수 없다.

이것만은 꼭!
1. 갈등론 사회 제도가 계급 재생산을 위한 수단이라고 본다.
2. 기능론은 사회 규범이 사회 전체적 합의를 반영한다고 본다.
3. 상징적 상호 작용론은 개인의 상황 정의를 중시한다.

제2권 교육청 해설

필출 주제 **03**

자료 수집 방법

제1권 p.024 ~ 028

01 ① 02 ① 03 ② 04 ③ 05 ① 06 ③ 07 ③ 08 ④ 09 ② 10 ⑤ 11 ⑤ 12 ④ 13 ① 14 ② 15 ④ 16 ① 17 ④ 18 ② 19 ④

01 자료 수집 방법

| 정답 ① | 24년 3월 학력평가 5번

❶	②	③	④	⑤
91%	2%	2%	3%	2%

자료 수집 방법 A~C의 일반적인 특징에 대한 설명으로 옳은 것은? (단, A~C는 각각 면접법, 실험법, 질문지법 중 하나임.)

> 고등학생 갑~병은 SNS 중독에 관한 서로 다른 연구에 연구 대상자로 참여하였다. 갑은 A만을 사용한 연구에서 학업 스트레스와 SNS 이용 빈도 등에 관한 구조화된 문항에 응답하였다. 을은 B만을 사용한 연구에서 연구자와 직접 만나 대화하며 SNS를 하면서 얻는 위안, SNS를 하지 못할 때 느끼는 감정 등에 대해 솔직하게 이야기하였다. 병은 C만을 사용한 연구에서 연구자가 진행한 집단 상담 프로그램에 참여하였으며 집단 상담 프로그램 참여 전과 후에 각각 SNS 중독 지수를 측정하는 검사를 받았다.
>
> (A: 질문지법, B: 면접법, C: 실험법)

① A는 B에 비해 다수를 대상으로 한 자료 수집에 유리하다.
② B는 A와 달리 변인 간의 관계를 파악하는 연구에 주로 사용된다. (A, B / 양적 연구)
③ B는 C에 비해 자료 수집 상황에 대한 통제 수준이 높다. (C, B)
④ C는 A와 달리 양적 자료 수집에 주로 사용된다. (모두)
⑤ C는 B에 비해 연구자의 주관적 가치가 개입될 가능성이 높다. (B, C)

✔ 자료 분석 A는 질문지법, B는 면접법, C는 실험법이다.

O 정답 찾기 ① 질문지법은 다수를 대상으로 대량의 자료를 수집하는 데 유리하다. 면접법은 일반적으로 심층적 조사를 위해 소수를 연구 대상자로 한다.

X 오답 풀이 ② 질문지법은 면접법과 달리 변인 간의 관계를 파악하는 연구인 양적 연구에 주로 사용된다.
③ 실험법은 면접법에 비해 자료 수집 상황에 대한 통제 수준이 높다.
④ 질문지법과 실험법은 모두 양적 자료 수집에 주로 사용된다.
⑤ 면접법은 실험법에 비해 연구자의 주관적 가치가 개입될 가능성이 높다.

이것만은 꼭!

1. 질문지법과 실험법은 양적 자료 수집에 주로 사용되고, 면접법과 참여 관찰법은 질적 자료 수집에 주로 사용된다.
2. 실험법은 가장 엄격한 통제가 가해지는 자료 수집 방법이다.
3. 면접법은 조사자의 편견이나 주관적 가치가 자료 해석 과정에 개입할 우려가 크다.

02 자료 수집 방법

| 정답 ① | 24년 5월 학력평가 6번

❶	②	③	④	⑤
94%	2%	2%	1%	1%

자료 수집 방법 A~C의 일반적인 특징에 대한 설명으로 옳은 것은? (단, A~C는 각각 질문지법, 면접법, 참여 관찰법 중 하나임.)

구분		해당 자료 수집 방법이 활용된 사례
자료 수집 방법	A, B (참여 관찰법)	갑은 에듀테크 수업이 가지는 의미를 알아보고자 디지털 교과서를 사용하는 ○○중학교 1학년 학생들의 수업을 한 학기 동안 참관하여 상세하게 기록하였다(참여 관찰법). 이후 해당 수업에 참여한 학생들을 대상으로 미리 작성한 문항지를 배포하여 에듀테크 수업 만족도를 조사하였다(질문지법).
	B, C (질문지법, 면접법)	을은 에듀테크 수업의 교육적 효과에 대해 알아보고자 에듀테크 수업을 실시한 경험이 있는 교사 200명에게 구조화된 문항을 제시하여 응답을 구하였다(질문지법). 이후 일부 응답자들과 에듀테크 수업의 의미에 대해 깊이 있는 대화를 나누고 기록하였다(면접법).

* 에듀테크(edutech): 빅 데이터, 인공 지능 등 정보 통신 기술을 활용한 교육.

① A는 실제성이 높은 생생한 자료를 확보하기 용이하다.
② B는 양적 자료보다 질적 자료의 수집에 적합하다. (질적 자료, 양적 자료)
③ C는 대량의 구조화된 자료를 수집하기 용이하다. (B)
④ A는 B에 비해 수집된 자료를 통계적으로 처리하기에 용이하다. (B, A)
⑤ B는 C에 비해 연구자와 연구 대상자 간의 정서적 교감을 중시한다. (C, B)

✔ 자료 분석 첫 번째 사례에서는 참여 관찰법과 질문지법이 활용되었고, 두 번째 사례에서는 질문지법과 면접법이 활용되었다. 따라서 A는 참여 관찰법, B는 질문지법, C는 면접법이다.

O 정답 찾기 ① 참여 관찰법은 조사 대상자와 일상생활을 함께 하며 연구자가 직접 관찰하고 정보를 수집한다. 따라서 참여 관찰법은 자료의 실제성을 확보하기가 용이하다.

X 오답 풀이 ② 질문지법은 질적 자료보다 양적 자료의 수집에 적합하다.
③ 대량의 구조화된 자료를 수집하기 용이한 자료 수집 방법은 질문지법이다.
④ 질문지법은 참여 관찰법에 비해 수집된 자료를 통계적으로 처리하기에 용이하다.
⑤ 면접법은 질문지법에 비해 연구자와 연구 대상자 간의 정서적 교감을 중시한다.

이것만은 꼭!

1. 면접법과 참여 관찰법은 질적 자료의 수집에 적합하다.
2. 면접법은 연구자와 연구 대상자 간의 정서적 교감을 중시한다.
3. 질문지법은 다수를 대상으로 대량의 구조화된 자료를 수집하기에 용이하다.

03 자료 수집 방법

| 정답 ② | 24년 7월 학력평가 3번

①	❷	③	④	⑤
2%	83%	6%	4%	5%

자료 수집 방법 A~D의 일반적인 특징에 대한 설명으로 옳은 것은? (단, A~D는 각각 면접법, 실험법, 질문지법, 참여 관찰법 중 하나임.)

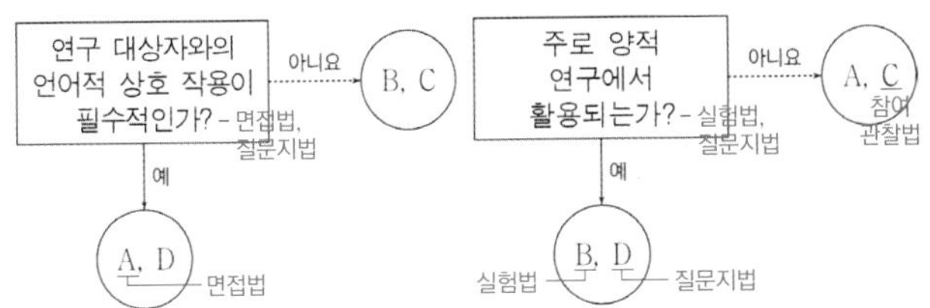

① A와 달리 B는 연구 대상자와의 정서적 교감을 중시한다.
② B에 비해 C는 실제성 높은 생생한 자료를 수집하기에 용이하다.
③ D에 비해 A는 구조화된 자료를 수집하기에 용이하다.
④ A, C에 비해 D는 연구자의 주관이 개입될 가능성이 높다.
⑤ B, D에 비해 C는 자료 수집 상황에 대한 통제 정도가 높다.

✔ 자료 분석 면접법, 실험법, 질문지법, 참여 관찰법 중 연구 대상자와의 언어적 상호 작용이 필수적인 자료 수집 방법은 면접법과 질문지법이다. 즉, A와 D는 각각 면접법과 질문지법 중 하나이다. 면접법, 실험법, 질문지법, 참여 관찰법 중 주로 양적 연구에서 활용되는 자료 수집 방법은 실험법과 질문지법이다. 즉, B와 D는 각각 실험법과 질문지법 중 하나이다. 따라서 A는 면접법, B는 실험법, C는 참여 관찰법, D는 질문지법이다.

○ 정답 찾기 ② 실제성 높은 생생한 자료를 수집하기에 용이한 자료 수집 방법은 참여 관찰법이다.

✕ 오답 풀이 ① 면접법은 실험법과 달리 연구 대상자와의 정서적 교감을 중시한다.
③ 질문지법은 면접법에 비해 구조화된 자료를 수집하기에 용이하다.
④ 질문지법은 면접법과 참여 관찰법에 비해 연구자의 주관이 개입될 가능성이 낮다.
⑤ 참여 관찰법은 실험법과 질문지법에 비해 자료 수집 상황에 대한 통제 정도가 낮다.

이것만은 꼭!

1. 자료의 실제성은 연구자가 수집하여 분석하는 자료가 실제 연구자가 연구하고자 했던 현상과 일치하는 정도를 말한다. 참여 관찰법은 연구자가 연구하고자 하는 사회·문화 현상을 직접 접하므로 자료의 실제성 확보에 매우 유리하다.
2. 질문지법과 면접법은 연구 대상자와의 언어적 상호 작용이 필수적이다.
3. 질문지법과 실험법은 주로 양적 연구에서 활용되고, 면접법과 참여 관찰법은 주로 질적 연구에서 활용된다.

04 자료 수집 방법

| 정답 ③ | 24년 10월 학력평가 4번

①	②	❸	④	⑤
2%	2%	73%	12%	11%

다음 자료에 대한 설명으로 옳은 것은? (단, A~C는 각각 면접법, 질문지법, 참여 관찰법 중 하나임.) [3점]

표는 자료 수집 방법 A~C의 일반적인 특징을 묻는 질문과 학생의 응답 및 교사의 채점 결과를 나타낸 것이다.

질문	응답
C와 달리 A, B는 조사 대상자와의 언어적 상호 작용이 필수적인가?	예
A와 달리 B, C는 조사 대상자의 주관적 인식을 파악할 수 있는가?	예
(가)	아니요
채점 결과	2점

* 각 질문에 대한 응답이 옳으면 1점, 옳지 않으면 0점을 부여함.

① A, B에 비해 C는 구조화·표준화 정도가 높다.
② A, B 모두 조사 대상자와의 정서적 교감 형성을 중시한다.
③ A가 수집된 자료의 통계 처리가 용이한 방법이라면, (가)에는 'C와 달리 B는 인위적으로 통제된 상황에서 변인의 효과를 관찰하는 방법인가?'가 들어갈 수 있다.
④ B가 다수를 대상으로 한 자료 수집에 유리한 방법이라면, (가)에는 'C에 비해 A는 실제성이 높은 생생한 자료를 확보하기 용이한가?'가 들어갈 수 없다.
⑤ (가)에 'B와 달리 A는 주로 질적 연구에서 사용하는 방법인가?'가 들어간다면, A에 비해 B는 조사자의 주관적 가치가 개입될 가능성이 낮다.

✔ 자료 분석 면접법, 질문지법, 참여 관찰법 중 조사 대상자와의 언어적 상호 작용이 필수적인 자료 수집 방법은 면접법과 질문지법이다. 면접법, 질문지법, 참여 관찰법은 모두 조사 대상자의 주관적 인식을 파악할 수 있으므로 두 번째 질문에 대한 응답은 옳지 않다. 학생이 받은 점수가 2점이므로 첫 번째 질문과 (가)에 대한 응답은 옳고, 두 번째 질문에 대한 응답은 옳지 않다. 따라서 C는 참여 관찰법이고, A와 B는 각각 면접법과 질문지법 중 하나이다.

○ 정답 찾기 ③ 면접법과 질문지법 중 수집된 자료의 통계 처리가 용이한 자료 수집 방법은 질문지법이다. A가 질문지법이라면, B는 면접법이다. (가)에는 '아니요'가 옳은 응답이 되는 질문이 들어가야 한다. 인위적으로 통제된 상황에서 변인의 효과를 관찰하는 방법은 실험법이다. 따라서 해당 질문은 (가)에 들어갈 수 있다.

✕ 오답 풀이 ① 참여 관찰법은 가장 전형적인 비구조화·비표준화된 자료 수집 방법이다.
② 면접법과 질문지법 중 조사 대상자와의 정서적 교감 형성을 중시하는 자료 수집 방법은 면접법이다.
④ 면접법과 질문지법 중 다수를 대상으로 한 자료 수집에 유리한 방법은 질문지법이다. B가 질문지법이라면, A는 면접법이다. (가)에는 '아니요'가 옳은 응답이 되는 질문이 들어가야 한다. 실제성이 높은 생생한 자료를 확보하기 용이한 자료 수집 방법은 참여 관찰법이다. 따라서 해당 질문은 (가)에 들어갈 수 있다.
⑤ 면접법과 질문지법 중 주로 질적 연구에서 사용하는 방법은 면접법이다. 해당 질문이 (가)에 들어가면, A는 질문지법, B는 면접법이다. 면접법은 질문지법에 비해 조사자의 주관적 가치가 개입될 가능성이 높다.

이것만은 꼭!

1. 참여 관찰법은 가장 전형적인 비구조화·비표준화된 자료 수집 방법이다.
2. 질문지법은 주로 양적 연구에서 사용되는 방법이고, 면접법과 참여 관찰법은 주로 질적 연구에서 사용되는 방법이다.
3. 면접법과 질문지법은 조사 대상자와의 언어적 상호 작용이 필수적이다.

05 자료 수집 방법

| 정답 ① | 23년 3월 학력평가 2번

❶	②	③	④	⑤
86%	7%	3%	1%	3%

자료 수집 방법 A, B에 대한 설명으로 옳은 것은?

A의 활용 사례	B의 활용 사례
갑은 대학생의 비대면 수업 적응 과정을 연구하기 위해 대학생 10명을 만나 관련 경험에 대해 심층적인 대화를 나누었다. (면접법)	을은 비대면 수업 기간 중 대학생의 식습관 변화를 연구하기 위해 대학생 500명을 대상으로 구조화된 설문지에 응답하게 하였다. (질문지법)

① A는 B와 달리 연구 대상자와의 정서적 교감을 중시한다.
② ~~A는 B와 달리~~ (A와 B는 모두) 연구 대상자의 주관적 인식을 파악할 수 있다.
③ ~~B는 A에~~ (A는 B에) 비해 연구자의 주관적 가치가 개입될 가능성이 크다.
④ ~~B는 A와 달리~~ (A와 B는 모두) 연구 대상자와의 언어적 상호 작용이 필수적이다.
⑤ ~~A와 B는 모두~~ (B는) 일반화를 목표로 하는 연구(양적 연구)에 주로 사용된다.

✔ 자료 분석 A는 소수를 대상으로 심층적인 대화를 통해 자료를 수집하였으므로 면접법에 해당하고, B는 다수를 대상으로 구조화된 설문지를 통해 자료를 수집하였으므로 질문지법에 해당한다.

O 정답 찾기 ① 면접법을 통해 깊이 있는 자료를 수집하기 위해서는 연구 대상자가 연구자를 충분히 신뢰할 수 있어야 한다. 즉, 연구 대상자와 연구자 간의 정서적 교감(래포) 형성이 중요하다.

✕ 오답 풀이 ② 면접법과 질문지법은 모두 연구 대상자의 주관적 인식을 파악할 수 있다.
③ 면접법은 질문지법에 비해 연구자의 주관적 가치가 개입될 가능성이 크다.
④ 면접법과 질문지법은 모두 연구 대상자와의 언어적 상호 작용이 필수적이다.
⑤ 일반화를 목표로 하는 연구는 양적 연구이다. 면접법은 주로 질적 연구에 사용되고, 질문지법은 주로 양적 연구에 주로 사용된다.

이것만은 꼭!
1. 질문지법은 일반화를 목표로 하는 연구에 주로 사용된다.
2. 질문지법과 면접법은 모두 주관적 인식을 파악할 수 있다.
3. 질문지법과 면접법은 모두 자료 수집 과정에서 언어적 상호 작용이 필수적이다.

06 자료 수집 방법

| 정답 ③ | 23년 4월 학력평가 2번

①	②	❸	④	⑤
1%	3%	92%	3%	1%

자료 수집 방법 A, B의 일반적인 특징에 대한 설명으로 옳은 것은? [3점]

〈조사 계획서〉

○○ 모둠

○조사 주제: 우리나라의 연령대별 고용 현황
○자료 수집 및 분석 계획
고용 여부, 고용 형태 등을 묻는 구조화된 질문지를 제작하여(질문지법) 조사 대상자 200명에게 응답을 기입하게 한 후, 이 응답 자료를 연령대별로 비교할 계획임.

〈교사의 조언〉

위와 같은 주제에 대한 표본 조사의 경우 연령, 성별, 지역 등 다양한 요인을 고려하여 모집단의 특성을 대표할 수 있게 표본을 추출하는 것이 중요합니다. 따라서 ○○ 모둠이 자료 수집 방법으로 선택한 A(질문지법)보다는 B(문헌 연구법)를 활용하여 통계청 자료 등 이미 발표된 공식적 자료를 수집하는(문헌 연구법) 게 효율적이겠네요.

① A는 조사 대상자의 일상생활을 직접 관찰하여 자료를 수집(참여 관찰법)한다.
② A는 자료 수집 시 조사 대상자의 반응에 따라 질문 내용과 형식을 유연하게 제시하기 용이하다(면접법).
③ B는 기존의 연구 동향이나 성과를 파악하는(문헌 연구법) 데 유용하다.
④ ~~A는 B에~~ (B는 A에) 비해 시 · 공간적 제약을 적게 받는다.
⑤ B는 A와 달리 조사 대상자의 주관적 인식에 관한 자료를 수집할 수 있다.

✔ 자료 분석 ○○ 모둠은 구조화된 질문지를 제작하여 자료를 수집하고자 하므로 이는 질문지법에 해당한다. 이에 대해 교사는 통계청 자료와 같이 이미 발표된 공식적 자료의 활용을 권하고 있으므로 이는 문헌 연구법에 해당한다. 따라서 A는 질문지법, B는 문헌 연구법이다.

O 정답 찾기 ③ 이미 발표된 자료를 활용하는 문헌 연구법은 기존의 연구 동향이나 성과를 파악하는 데 유용하다.

✕ 오답 풀이 ① 일상생활을 직접 관찰하여 자료를 수집하는 방법은 참여 관찰법이다.
② 조사 대상자의 반응에 따라 질문 내용과 형식을 유연하게 제시하기 용이한 자료 수집 방법은 면접법이다.
④ 문헌 연구법은 질문지법에 비해 시 · 공간적 제약을 적게 받는다.
⑤ 질문지법은 조사 대상자의 주관적 인식에 대한 자료를 수집할 수 있다.

이것만은 꼭!
1. 문헌 연구법은 시·공간적 제약을 적게 받는다.
2. 문헌 연구법은 기존의 연구 동향이나 성과 파악에 유용하다.
3. 질문지법을 활용하여 조사 대상에 대한 주관적 인식에 관한 자료를 수집할 수 있다.

07 자료 수집 방법

| 정답 ③ | 23년 10월 학력평가 16번

①	②	❸	④	⑤
1%	2%	92%	3%	2%

자료 수집 방법 A~C의 일반적인 특징에 대한 설명으로 옳은 것은? (단, A~C는 각각 면접법, 질문지법, 참여 관찰법 중 하나임.)

> 우리나라의 노인 문제에 관하여 갑은 A, 을은 B, 병은 C를 사용해 자료를 수집했다. 갑, 을은 병과 달리 연구 대상자와의 언어적 상호 작용이 필수적인 방법을 사용했고, 을은 갑, 병과 달리 통계 분석에 적합한 자료를 수집했다.

① A는 C와 달리 문맹자를 대상으로 한 자료 수집이 용이하다.
② B는 A와 달리 연구자와 연구 대상자 간의 정서적 유대 관계의 형성이 중요하다.
③ C는 B와 달리 실제성이 높은 자료를 수집하는 데 적합하다.
④ B는 A, C와 달리 방법론적 이원론에 기초한 연구에서 주로 사용된다.
⑤ A, B는 C에 비해 자료 해석 시 연구자의 편견이 개입될 우려가 크다.

✔ 자료 분석 면접법, 질문지법, 참여 관찰법 중 면접법과 질문지법은 연구 대상자와의 언어적 상호 작용이 필수적인 자료 수집 방법이며, 질문지법은 통계 분석에 적합한 자료 수집 방법이다. 따라서 A는 면접법, B는 질문지법, C는 참여 관찰법이다.

O 정답 찾기 ③ 참여 관찰법은 조사 대상자와 일상생활을 함께하며 연구자가 직접 관찰하고 수집하므로 실제성이 높은 자료를 수집하는 데 적합하다.

X 오답 풀이 ① 면접법과 참여 관찰법은 모두 문맹자를 대상으로 한 자료 수집이 용이하다.
② 면접법은 질문지법과 달리 연구자와 연구 대상자 간의 정서적 유대 관계의 형성이 중요하다.
④ 면접법과 참여 관찰법은 질문지법과 달리 방법론적 이원론에 기초한 연구, 즉 질적 연구에서 주로 사용된다.
⑤ 면접법과 참여 관찰법은 질문지법에 비해 자료 해석 시 연구자의 편견이 개입될 우려가 크다.

이것만은 꼭!
1. 주로 질적 연구에서 사용하는 자료 수집 방법은 면접법과 참여 관찰법이며, 주로 양적 연구에서 사용하는 자료 수집 방법은 질문지법과 실험법이다.
2. 면접법과 질문지법은 연구 대상자와의 언어적 상호 작용이 필수적인 자료 수집 방법이다.
3. 면접법과 참여 관찰법은 질문지법에 비해 자료 해석 시 연구자의 편견이 개입될 우려가 크다.

08 자료 수집 방법

| 정답 ④ | 22년 3월 학력평가 6번

①	②	③	❹	⑤
3%	3%	14%	77%	3%

다음 자료에 대한 설명으로 옳은 것은? (단, A~C는 각각 면접법, 실험법, 질문지법 중 하나이다.) [3점]

질문	응답		
	A	B	C
주로 양적 연구에서 활용되는가?	㉠	㉡	예
인위적인 처치를 가하고 그로 인해 나타나는 변화를 파악하는가?	예	아니요	아니요

① ㉠은 '아니요', ㉡은 '예'이다.
② A는 B와 달리 연구자와 연구 대상자 간의 정서적 교감이 중시된다.
③ B는 C와 달리 연구자와 연구 대상자 간의 언어적 상호 작용이 필수적이다.
④ C는 B와 달리 표준화 및 구조화가 중시되는 방법이다.
⑤ A, C는 B에 비해 자료 분석 과정에서 연구자의 주관적 가치가 개입될 우려가 크다.

✔ 자료 분석 주로 양적 연구에서 활용되는 자료 수집 방법은 실험법과 질문지법이고, 인위적인 처치를 가하고 그로 인해 나타나는 변화를 파악하는 자료 수집 방법은 실험법이다. 따라서 A는 실험법, B는 면접법, C는 질문지법이다.

O 정답 찾기 ④ 질문지법은 조사 대상자에게 같은 형식과 내용의 질문지가 제시되므로 표준화 및 구조화된 자료 수집 방법이다.

X 오답 풀이 ① ㉠은 '예', ㉡은 '아니요'이다.
② 면접법은 연구자와 연구 대상자 간의 신뢰 관계를 기반으로 한 허용적인 분위기의 형성이 조사 목적 달성에 중요한 역할을 하므로 정서적 교감이 중시된다.
③ 면접법과 질문지법은 모두 자료 수집을 위해 언어적 상호 작용이 필수적이다.
⑤ 면접법은 자료 분석 과정에서 연구자의 주관적 가치가 개입될 우려가 크다.

이것만은 꼭!
1. 질문지법과 실험법은 주로 양적 연구에서 활용된다.
2. 실험법은 인위적인 처치에 대한 변화를 파악하는 자료 수집 방법이다.
3. 질문지법과 면접법은 자료 수집 과정에서 언어적 상호 작용이 필수적이다.

09 자료 수집 방법

| 정답 ② | 22년 4월 학력평가 19번

①	②	③	④	⑤
6%	80%	6%	3%	5%

그림은 질문을 통해 자료 수집 방법 A~C를 구분한 것이다. 이에 대한 옳은 설명만을 〈보기〉에서 고른 것은? (단, A~C는 각각 실험법, 질문지법, 참여 관찰법 중 하나이다.) [3점]

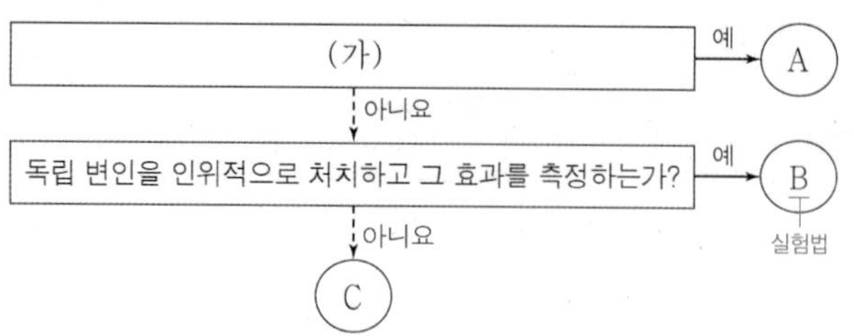

보기

ㄱ. A가 질문지법이라면, C는 자료의 실제성 확보에 유리하다. (참여 관찰법)
ㄴ. B는 A, C와 달리 계량화된 자료를 수집하는 데 활용된다.
ㄷ. (가)에 '자료를 수집하는 데 조사 대상자의 언어적 응답이 필수적인가?'가 들어갈 수 있다. (질문지법)
ㄹ. (가)가 '조사 대상자의 일상생활에 직접 참여하여 자료를 수집하는가?'라면, C는 B와 달리 문맹자에게 활용할 수 ~~있다~~ 없다. (참여 관찰법, 질문지법)

① ㄱ, ㄴ ② ㄱ, ㄷ ③ ㄴ, ㄷ ④ ㄴ, ㄹ ⑤ ㄷ, ㄹ

✔ 자료 분석 실험법은 독립 변인 외의 다른 변인을 통제한 후 독립 변인을 인위적으로 처치하고 그로 인해 나타나는 종속 변인의 변화를 파악하는 자료 수집 방법이다. 따라서 B는 실험법이고, A와 C는 각각 질문지법과 참여 관찰법 중 하나이다.

O 정답 찾기 ㄱ. A가 질문지법이라면, C는 참여 관찰법이다. 참여 관찰법은 조사 대상자의 일상생활 세계에 참여하여 필요한 자료를 수집하므로 자료의 실제성 확보에 유리하다.
ㄷ. 실험법, 질문지법, 참여 관찰법 중 자료를 수집하는 데 조사 대상자의 언어적 응답이 필수적인 자료 수집 방법은 질문지법이다. 따라서 해당 질문은 (가)에 들어갈 수 있다.

X 오답 풀이 ㄴ. 실험법과 질문지법은 참여 관찰법과 달리 계량화된 자료를 수집하는 데 활용된다.
ㄹ. 조사 대상자의 일상생활에 직접 참여하여 자료를 수집하는 방법은 참여 관찰법이다. 해당 질문이 (가)에 들어가면 A는 참여 관찰법, C는 질문지법이다. 질문지법은 문맹자에게 활용할 수 없다.

이것만은 꼭!
1. 참여 관찰법은 자료의 실제성 확보에 유리하다.
2. 실험법은 독립 변인 처치의 효과를 측정하는 자료 수집 방법이다.
3. 질문지법은 자료 수집 과정에서 조사 대상자의 언어적 응답이 필수적이다.

10 자료 수집 방법

| 정답 ⑤ | 22년 7월 학력평가 11번

①	②	③	④	⑤
2%	5%	3%	6%	84%

다음은 자료 수집 방법 A~D를 일반적인 특징에 따라 구분한 것이다. 이에 대한 설명으로 옳은 것은? (단, A~D는 각각 면접법, 실험법, 질문지법, 참여 관찰법 중 하나이다.) [3점]

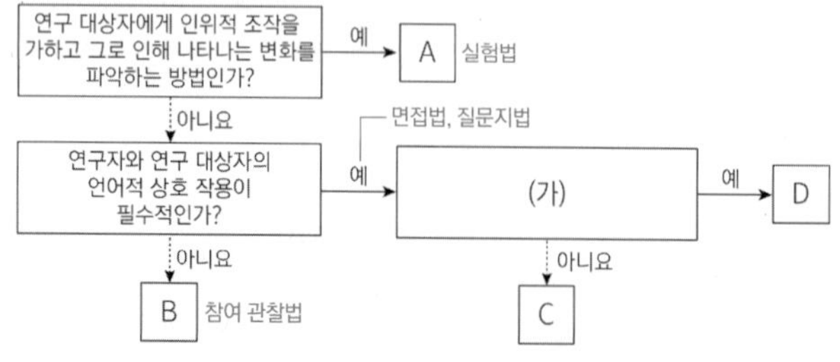

① ~~A~~는 ~~B~~에 비해 실제성이 높은 자료를 확보하기에 유리하다. (B, A)
② B는 A에 비해 대규모 집단을 대상으로 계량화된 자료를 수집하기에 용이하다. (질문지법)
③ C, D는 모두 비구조화 · 비표준화된 자료 수집 방법이다. (참여 관찰법, 면접법)
④ (가)에는 '경험적 자료의 수집에 적합한가?'가 들어갈 수 ~~있다~~ 없다.
⑤ (가)가 '연구 대상자와의 정서적 교감을 중시하는가?'라면, C는 D에 비해 시간과 비용의 효율성이 높다. (면접법)

✔ 자료 분석 실험법은 연구 대상자에게 인위적 조작을 가하고 그로 인해 나타나는 변화를 파악하는 자료 수집 방법이고, 면접법과 질문지법은 연구자와 연구 대상자의 언어적 상호 작용이 필수적인 자료 수집 방법이다. 따라서 A는 실험법, B는 참여 관찰법, C와 D는 각각 질문지법과 면접법 중 하나이다.

O 정답 찾기 ⑤ 질문지법과 면접법 중 연구 대상자와의 정서적 교감을 중시하는 자료 수집 방법은 면접법이다. 해당 질문이 (가)에 들어가면, C는 질문지법, D는 면접법이다. 질문지법은 면접법에 비해 시간과 비용의 효율성이 높다.

X 오답 풀이 ① 참여 관찰법은 실험법에 비해 실제성이 높은 자료를 확보하기에 유리하다.
② 대규모 집단을 대상으로 계량화된 자료를 수집하기에 용이한 자료 수집 방법은 질문지법이다.
③ 비구조화 · 비표준화된 자료 수집 방법은 참여 관찰법과 면접법이다.
④ 질문지법과 면접법은 모두 경험적 자료의 수집에 적합하다. 따라서 해당 질문은 (가)에 들어갈 수 없다.

이것만은 꼭!
1. 질문지법과 면접법은 연구자와 연구 대상자의 언어적 상호 작용이 필수적이다.
2. 참여 관찰법은 실제성이 높은 자료를 확보하기에 유리하다.
3. 질문지법, 면접법, 참여 관찰법, 실험법은 모두 경험적 자료의 수집에 적합하다.

11 자료 수집 방법

| 정답 ⑤ | 22년 10월 학력평가 16번

①	②	③	④	❺
3%	1%	1%	3%	92%

그림은 자료 수집 방법 A~C의 특징을 비교한 것이다. 이에 대한 설명으로 옳은 것은? (단, A~C는 각각 면접법, 질문지법, 참여 관찰법 중 하나이다.) [3점]

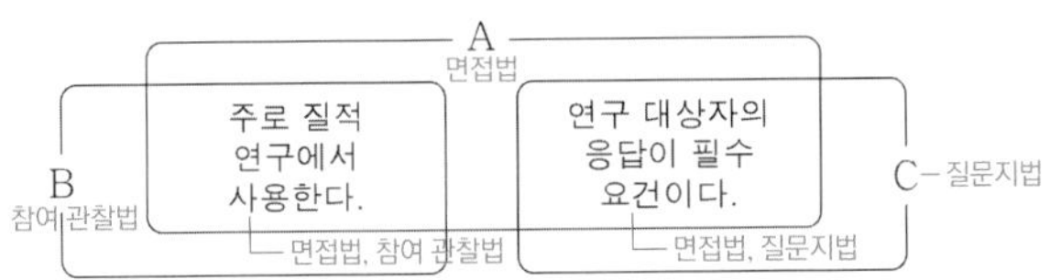

① A는 문맹자에게 실시할 수 ~~없다~~. 있다.
② B는 인위적으로 통제된 상황에서 변수의 효과를 관찰한다. 실험법
③ C는 ~~비표준화 · 비구조화~~된 자료 수집 방법이다. 표준화 · 구조화
④ A는 C에 비해 연구자의 편견이 개입될 가능성이 ~~작다~~. 크다.
⑤ B는 C에 비해 실제성이 높은 생생한 자료의 수집에 용이하다.

✔ 자료 분석 면접법과 참여 관찰법은 주로 질적 연구에서 사용하며, 면접법과 질문지법은 연구 대상자의 응답이 필수 요건이다. 따라서 A는 면접법, B는 참여 관찰법, C는 질문지법이다.

○ 정답 찾기 ⑤ 참여 관찰법은 질문지법에 비해 실제성이 높은 생생한 자료의 수집에 용이하다.

✕ 오답 풀이 ① 면접법은 문맹자에게 실시할 수 있다.
② 인위적으로 통제된 상황에서 변수의 효과를 관찰하는 자료 수집 방법은 실험법이다.
③ 질문지법은 표준화 · 구조화된 자료 수집 방법이다.
④ 면접법은 질문지법에 비해 연구자의 편견이 개입될 가능성이 크다.

이것만은 꼭!

1. 주로 질적 연구에서 사용하는 자료 수집 방법은 면접법과 참여 관찰법이며, 주로 양적 연구에서 사용하는 자료 수집 방법은 질문지법과 실험법이다.
2. 실험법은 인위적으로 통제된 상황에서 실험 집단에 독립 변수를 처치하고 그에 따른 종속 변수의 변화를 관찰하는 자료 수집 방법이다.
3. 참여 관찰법은 실제성이 높은 생생한 자료의 수집에 용이하다.

12 자료 수집 방법

| 정답 ④ | 21년 3월 학력평가 5번

①	②	③	❹	⑤
5%	3%	5%	84%	3%

갑, 을의 자료 수집 활동에 대한 옳은 설명만을 〈보기〉에서 고른 것은? [3점]

> 국민들이 선호하는 정치인의 리더십 유형을 알아보기 위해 갑과 을은 서로 다른 자료 수집 방법을 활용하였다. 갑은 구조화된 설문 문항을 제작하여 국민 1,000명을 대상으로 자료를 수집하였다. 을은 10대부터 60대까지 연령대별로 1명씩 총 6명을 대상으로 심층적인 대화를 통해 선호하는 정치인의 리더십 유형과 그 이유에 대해 자료를 수집하였다.
>
> (질문지법 / 면접법)

보기

ㄱ. 갑은 ~~질적~~ 자료 수집에 적합한 자료 수집 방법을 활용하였다. 양적
ㄴ. 을은 자료 수집 상황에서 연구자의 융통성 발휘가 중요한 자료 수집 방법을 활용하였다.
ㄷ. 갑은 ~~2차~~ 자료, 을은 1차 자료를 수집하였다. 1차
ㄹ. 갑과 을은 모두 언어를 통한 상호 작용이 필수적인 자료 수집 방법을 활용하였다. 질문지법, 면접법

① ㄱ, ㄴ ② ㄱ, ㄷ ③ ㄴ, ㄷ ④ ㄴ, ㄹ ⑤ ㄷ, ㄹ

✔ 자료 분석 갑은 설문 문항을 통해 1,000명을 대상으로 자료를 수집하였으므로 갑이 활용한 자료 수집 방법은 질문지법이다. 을은 소수의 사람을 대상으로 심층적인 대화를 통해 자료를 수집하였으므로 을이 활용한 자료 수집 방법은 면접법이다.

○ 정답 찾기 ㄴ. 면접법은 조사 대상자, 진행 상황, 응답 내용 등에 따라 질문의 내용이나 형식 등을 유연하게 제시할 수 있다는 점에서 연구자의 융통성 발휘가 가능한 자료 수집 방법이다.
ㄹ. 질문지법은 활자로 나타낸 질문지를 통해, 면접법은 대화를 통해 자료를 수집하므로 자료 수집 과정에서 언어를 통한 상호 작용이 필수적이다.

✕ 오답 풀이 ㄱ. 질문지법은 계량화된 자료, 즉 양적 자료 수집에 적합한 자료 수집 방법이다.
ㄷ. 연구자가 활용하는 자료 중 연구자가 해당 연구를 위해 자신이 직접 수집하여 최초로 분석한 자료를 1차 자료라고 하고, 다른 연구에서 이미 수집되고 분석된 자료를 2차 자료라고 한다. 갑과 을이 수집한 자료는 모두 1차 자료에 해당한다.

이것만은 꼭!

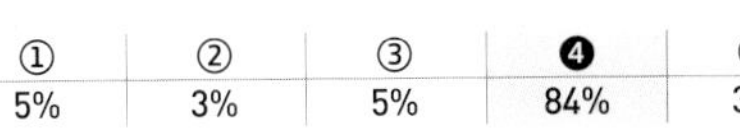

1. 질문지법은 양적 자료 수집에 적합한 자료 수집 방법이다.
2. 질문지법과 면접법은 모두 1차 자료 수집에 주로 활용된다.
3. 질문지법과 면접법은 자료 수집 과정에서 언어적 상호 작용이 필수적이다.

13 자료 수집 방법

| 정답 ① | 21년 4월 학력평가 16번

❶	②	③	④	⑤
75%	4%	4%	10%	7%

다음은 질문에 따라 자료 수집 방법 A~C를 구분한 것이다. 이에 대한 설명으로 옳은 것은? (단, A~C는 각각 면접법, 질문지법, 참여 관찰법 중 하나이다.) [3점]

> ○ A와 B는 '언어적 응답을 통한 자료 수집이 필수적인가?'라는 질문으로는 구분할 수 없지만, (가) 라는 질문으로 구분할 수 있다.
> ○ A와 C는 (나) 라는 질문으로는 구분할 수 없지만, '질적 연구에서 주로 활용되는가?'라는 질문으로 구분할 수 있다.

(필기: A-질문지법, B-면접법, C-참여 관찰법, 면접법, 질문지법 / 면접법, 참여 관찰법)

① A는 B에 비해 시간과 비용 측면에서 효율성이 높다.
② B는 C와 달리 문맹자에게 사용할 수 있다.
③ C는 A에 비해 자료 수집 상황에 대한 통제 수준이 높다.
④ (가)에는 '조사 대상자의 주관적 인식에 관한 자료를 수집할 수 있는가?'가 들어갈 수 있다.
⑤ (나)에는 '변수 간의 관계를 파악하는 데 주로 활용되는가?'가 들어갈 수 있다.

(필기: ② 모두, ③ A, C, ④ 없다., ⑤ 질문지법, 없다.)

✔ 자료 분석 언어적 응답을 통한 자료 수집이 필수적인 방법은 면접법과 질문지법이고, A와 B는 '언어적 응답을 통한 자료 수집이 필수적인가?'라는 질문으로 구분할 수 없으므로 A와 B는 각각 면접법과 질문지법 중 하나이다. 질적 연구에서 주로 활용되는 자료 수집 방법은 면접법과 참여 관찰법이고, A와 C는 '질적 연구에서 주로 활용되는가?'라는 질문으로 구분할 수 있으므로 A와 C 중 하나는 질문지법이다. 따라서 A는 질문지법, B는 면접법, C는 참여 관찰법이다.

○ 정답 찾기 ① 질문지법은 다른 자료 수집 방법에 비해 다수를 대상으로 대량의 자료를 수집하는 데 유리하므로 시간과 비용 측면에서 효율성이 높다.

✕ 오답 풀이 ② 참여 관찰법은 문맹자에게 사용할 수 있다.
③ 질문지법은 구조화된 질문지를 통해 자료를 수집하므로 참여 관찰법에 비해 자료 수집 상황에 대한 통제 수준이 높다.
④ 질문지법과 면접법은 모두 조사 대상자의 주관적 인식에 관한 자료를 수집할 수 있다. 따라서 해당 질문은 (가)에 들어갈 수 없다.
⑤ 질문지법은 변수 간의 관계를 파악하는 양적 연구에 주로 활용되는 반면, 참여 관찰법은 질적 연구에 주로 활용된다. 따라서 해당 질문은 (나)에 들어갈 수 없다.

이것만은 꼭!
1. 질문지법과 면접법은 언어적 응답을 통한 자료 수집이 필수적이다.
2. 질문지법은 조사 대상자의 주관적 인식에 관한 자료를 수집할 수 있다.
3. 면접법과 참여 관찰법은 질적 연구에서 주로 활용된다.

14 자료 수집 방법

| 정답 ② | 21년 7월 학력평가 3번

①	❷	③	④	⑤
2%	93%	2%	2%	1%

자료 수집 방법 A~D의 일반적인 특징에 대한 설명으로 옳은 것은? (단, A~D는 각각 면접법, 실험법, 질문지법, 참여 관찰법 중 하나이다.)

> ○ A와 B는 주로 양적 연구에서 활용된다.
> ○ A와 D는 자료 수집 과정에서 언어적 상호 작용이 필수적이다.
> ○ C와 D는 (가)

(필기: A-질문지법, B-실험법, C-참여 관찰법, D-면접법 / 질문지법, 실험법 / 질문지법, 면접법)

① A는 자료 수집 과정에서 조사자의 유연한 대처가 용이하다.
② C는 B에 비해 실제성이 높은 생생한 자료를 확보하기 용이하다.
③ D는 B에 비해 자료 수집 상황에 대한 통제 수준이 높다.
④ A는 C, D에 비해 조사 대상자와의 정서적 교감을 중시한다.
⑤ (가)에는 '표준화 및 구조화된 도구를 활용하여 대량의 자료를 수집한다.'가 들어갈 수 있다.

(필기: ① D, ③ B, D, ④ C, D, A, ⑤ 질문지법, 없다.)

✔ 자료 분석 주로 양적 연구에서 활용되는 자료 수집 방법은 실험법과 질문지법이고, 자료 수집 과정에서 언어적 상호 작용이 필수적인 자료 수집 방법은 면접법과 질문지법이다. 따라서 A는 질문지법, B는 실험법, C는 참여 관찰법, D는 면접법이다.

○ 정답 찾기 ② 참여 관찰법은 연구자가 직접 연구 대상과 함께 생활하며 자료를 수집하므로 실제성이 높은 생생한 자료를 확보하기에 용이하다.

✕ 오답 풀이 ① 면접법은 조사 대상자, 진행 상황, 응답 내용 등에 따라 질문의 내용이나 형식 등을 유연하게 제시할 수 있으므로 자료 수집 과정에서 조사자의 유연한 대처가 용이하다.
③ 실험법은 자료 수집 상황에 대한 연구자의 인위적인 통제 정도가 강한 자료 수집 방법이다. 따라서 실험법은 면접법에 비해 자료 수집 상황에 대한 통제 수준이 높다.
④ 참여 관찰법과 면접법은 질문지법에 비해 조사 대상자와의 정서적 교감을 중시한다.
⑤ 표준화 및 구조화된 도구를 활용하여 대량의 자료를 수집하는 자료 수집 방법은 질문지법이다. 따라서 해당 내용은 (가)에 들어갈 수 없다.

이것만은 꼭!
1. 질문지법은 다수를 대상으로 대량의 자료를 수집하는 데 유리하다.
2. 실험법은 가장 엄격한 통제가 가해지는 자료 수집 방법이다.
3. 참여 관찰법은 가장 비구조화·비표준화된 자료 수집 방법이다.

15 자료 수집 방법

| 정답 ④ | 21년 10월 학력평가 13번

①	②	③	❹	⑤
5%	2%	3%	85%	5%

다음 자료에 대한 설명으로 옳은 것은? (단, A~C는 각각 면접법, 질문지법, 참여 관찰법 중 하나이다.)

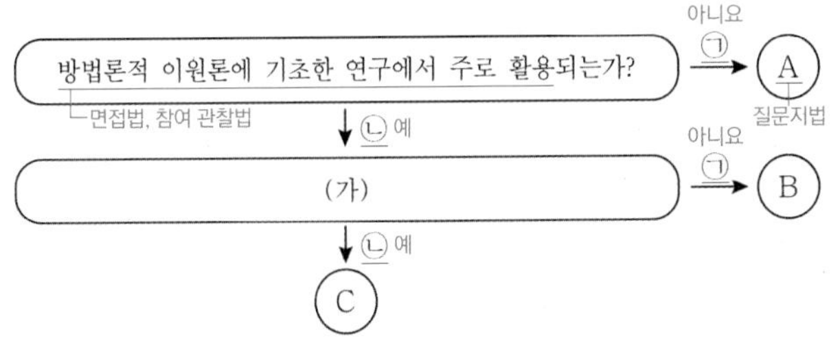

* ㉠과 ㉡은 각각 '예'와 '아니요' 중 하나임

① ㉠은 '예', ㉡은 '아니요'이다.
② (가)에 '표준화를 중시하는 자료 수집 방법인가?'가 들어갈 수 있다.
③ A는 주로 질적 자료 수집을 위해 활용된다.
④ B가 면접법이라면, (가)에 '의사소통이 곤란한 집단을 조사하는 데 적합한가?'가 들어갈 수 있다.
⑤ C가 면접법이라면, (가)에 '연구자와 연구 대상자 간 언어적 상호 작용이 필수적인가?'가 들어갈 수 없다.

✔ 자료 분석 방법론적 이원론에 기초한 연구, 즉 질적 연구에서 주로 활용되는 자료 수집 방법은 면접법과 참여 관찰법이다. 따라서 ㉠은 '아니요', ㉡은 '예'이며, A는 질문지법이고, B와 C는 각각 면접법과 참여 관찰법 중 하나다.

O 정답 찾기 ④ B가 면접법이라면, C는 참여 관찰법이다. 의사소통이 곤란한 집단을 조사하는 데 적합한 자료 수집 방법은 참여 관찰법이다. 따라서 해당 질문은 (가)에 들어갈 수 있다.

X 오답 풀이 ① ㉠은 '아니요', ㉡은 '예'이다.
② 표준화를 중시하는 자료 수집 방법은 질문지법이다. 따라서 해당 질문은 (가)에 들어갈 수 없다.
③ 질문지법은 주로 양적 자료 수집을 위해 활용된다.
⑤ C가 면접법이라면, B는 참여 관찰법이다. 면접법은 참여 관찰법과 달리 연구자와 연구 대상자 간 언어적 상호 작용이 필수적이다. 따라서 해당 질문은 (가)에 들어갈 수 있다.

이것만은 꼭!
1. 방법론적 일원론에 기초한 연구는 양적 연구이며, 방법론적 이원론에 기초한 연구는 질적 연구이다.
2. 질문지법은 표준화·구조화된 자료 수집 방법이다.
3. 면접법과 질문지법은 연구자와 연구 대상자 간 언어적 상호 작용이 필수적이다.

16 자료 수집 방법

| 정답 ① | 20년 3월 학력평가 14번

❶	②	③	④	⑤
87%	4%	2%	4%	3%

표는 자료 수집 방법 A~C가 활용된 사례를 나타낸 것이다. 이에 대한 설명으로 옳은 것은? [3점]

자료 수집 방법	해당 자료 수집 방법이 활용된 사례
A	갑은 성인 1,500명을 대상으로 사형 제도에 대한 여론 조사를 실시하여 자료를 수집하였다.
B	을은 사형 제도에 대해 상반된 입장을 가진 사람 6명을 만나 대화를 통해 심층적인 자료를 수집하였다.
C	병은 사형 제도 폐지국들의 강력 범죄 발생률 변화를 파악하기 위해 국제기구의 통계 자료를 수집하였다.

① A는 양적 자료의 수집에 적합하다.
② B는 문맹자를 대상으로 활용할 수 없다.
③ C는 2차 자료의 수집에 적합하지 않다.
④ A는 C와 달리 자료 분석 과정에서 조사자의 편견이 개입될 우려가 크다.
⑤ C는 B와 달리 자료 수집 과정에서 언어적 상호 작용이 필수적이다.

✔ 자료 분석 A는 1,500명을 대상으로 여론 조사를 실시하였다는 점에서 질문지법, B는 6명을 만나 대화를 통해 자료를 수집하였다는 점에서 면접법, C는 국제기구의 통계 자료를 수집하였다는 점에서 문헌 연구법에 해당한다.

O 정답 찾기 ① 질문지법은 다수를 대상으로 대량의 계량화된 자료를 수집하기에 적합한 자료 수집 방법이다. 즉, 질문지법은 양적 자료를 수집하여 통계를 분석할 목적으로 주로 활용된다.

X 오답 풀이 ② 면접법은 대화를 통해 자료를 수집하므로 조사 대상자가 문맹자라고 하더라도 자료를 수집할 수 있다.
③ 문헌 연구법은 이미 존재하는 자료를 활용하여 필요한 정보를 수집하는 방법으로 2차 자료의 수집에 적합하다.
④ 문헌 연구법은 문헌의 해석 과정에서 연구자의 주관적 가치가 개입될 우려가 있다. 질문지법은 수집된 양적 자료의 통계적 분석 과정에서 연구자의 주관적 가치가 개입될 우려가 작다.
⑤ 면접법은 대화를 통해 자료를 수집하므로 자료 수집 과정에서 조사 대상자와의 언어적 상호 작용이 필수적이다.

이것만은 꼭!
1. 질문지법은 대량의 양적 자료 수집에 적합하다.
2. 면접법은 자료 수집 과정에서 언어적 상호 작용이 필수적이다.
3. 문헌 연구법은 자료 분석 과정에서 조사자의 편견이 개입될 우려가 있다.

17 자료 수집 방법

| 정답 ④ | 20년 4월 학력평가 3번

①	②	③	❹	⑤
3%	7%	4%	81%	5%

다음은 질문에 따라 자료 수집 방법 A~C를 구분한 것이다. 이에 대한 설명으로 옳은 것은? (단, A~C는 각각 면접법, 실험법, 질문지법 중 하나이다.) [3점]

> ㅇ'인위적인 통제 상황에서 변수를 의도적으로 조작하여 나타난 변화를 측정하는가?'라는 질문으로 A와 B를 구분할 수 있다. 실험법 / A와 B 중 하나는 실험법
> ㅇ'주로 양적 연구에서 활용하는 자료 수집 방법인가?'라는 질문으로 B와 C를 구분할 수 없다. 실험법, 질문지법 / B와 C는 각각 실험법과 질문지법 중 하나임
> 실험법 ㅇ[(가)]라는 질문으로 A와 C를 구분할 수 있다. 면접법 질문지법

① A는 B에 비해 연구자의 주관이 개입될 가능성이 ~~낮다~~. 높다.
② A는 C에 비해 시간과 비용 측면에서 효율성이 ~~높다~~. 낮다.
③ B는 C~~와 달리~~ 모두 표준화 · 구조화된 자료 수집 방법이다.
④ C는 A에 비해 대규모 집단을 대상으로 자료를 수집하기 용이하다.
⑤ (가)에는 '언어적 응답을 통한 자료 수집이 필수적인가?'가 ~~들어갈 수 있다~~. 면접법, 질문지법 / 들어갈 수 없다.

✔ 자료 분석 인위적인 통제 상황에서 변수를 의도적으로 조작하여 나타난 변화를 측정하는 자료 수집 방법은 실험법이다. 따라서 A와 B 중 하나는 실험법이다. 주로 양적 연구에서 활용하는 자료 수집 방법은 실험법과 질문지법이다. 따라서 B와 C는 각각 실험법과 질문지법 중 하나이다. 즉, A는 면접법, B는 실험법, C는 질문지법이다.

O 정답 찾기 ④ 질문지법은 질문지를 조사 대상자에게 제시하여 자료를 수집하므로 다수를 대상으로 대량의 자료를 수집하는 데 유리하다.

X 오답 풀이 ① 면접법은 질적 자료를 수집하므로 양적 자료를 수집하는 실험법에 비해 연구자의 주관이 개입될 가능성이 높다.
② 질문지법은 면접법에 비해 시간과 비용이 적게 든다. 즉, 면접법은 질문지법에 비해 시간과 비용 측면에서 효율성이 낮다.
③ 실험법은 통제된 상황하에서의 실험으로 자료를 수집하고, 질문지법은 사전에 제작된 질문지라는 표준화된 방법에 의해 자료를 수집한다는 점에서 표준화 · 구조화된 자료 수집 방법이다.
⑤ 언어적 응답을 통한 자료 수집이 필수적인 방법은 면접법과 질문지법이다. 따라서 해당 질문은 (가)에 들어갈 수 없다.

이것만은 꼭!
1. 질문지법은 시간과 비용 측면에서 효율적이다.
2. 면접법은 연구자의 주관이 개입될 가능성이 높다.
3. 실험법과 질문지법은 표준화, 구조화된 자료 수집 방법이다.

18 자료 수집 방법

| 정답 ② | 20년 7월 학력평가 3번

①	❷	③	④	⑤
2%	89%	3%	4%	2%

자료 수집 방법 A~C의 일반적 특징으로 옳은 것은? (단, A~C는 각각 면접법, 질문지법, 참여 관찰법 중 하나이다.)

구분	A (참여 관찰법)	B (면접법)	C (질문지법)
공통점과 차이점	연구자의 주관적 가치가 개입될 우려가 큼 (면접법, 참여 관찰법)		(가)
	(나)	자료 수집 시 언어적 상호 작용이 필수적임 (면접법, 질문지법)	

① A는 B~~와 달리~~ 모두 주로 1차 자료 수집에 사용된다.
② B는 C에 비해 조사 대상자와의 정서적 교감을 중시한다.
③ C는 ~~B와 달리 비구조화~~된 구조화 도구를 사용하여 자료를 수집한다.
④ (가)에는 '문맹자로부터의 자료 수집이 용이함'이 ~~적절하다~~. 적절하지 않다.
⑤ (나)에는 '주로 양적 연구에서 활용됨'이 ~~적절하다~~. 적절하지 않다.

✔ 자료 분석 질적 자료 수집에 주로 활용되는 참여 관찰법과 면접법은 질문지법에 비해 상대적으로 주관적 가치가 개입될 우려가 크다. 질문지법과 면접법은 자료 수집 시 언어적 상호 작용이 필수적이다. 따라서 A는 참여 관찰법, B는 면접법, C는 질문지법이다.

O 정답 찾기 ② 면접법은 조사 대상자와 대면하면서 조사 주제에 대한 질문을 통해 필요한 자료를 수집하므로 조사 대상자와의 신뢰 관계를 기반으로 한 정서적 교감의 형성이 조사 목적 달성에 중요한 역할을 한다.

X 오답 풀이 ① 1차 자료는 연구자 자신이 직접 수집하여 최초로 분석하는 자료를 말한다. A~C는 모두 주로 1차 자료 수집에 사용된다.
③ 질문지법은 질문지라는 정형화되고 구조화된 도구를 사용하여 자료를 수집한다.
④ 질문지법은 질문지를 읽지 못할 경우 질문지에 대해 응답할 수 없어 자료를 수집할 수 없으므로 문맹자로부터 자료를 수집하기에 부적절하다.
⑤ 참여 관찰법과 면접법은 주로 질적 연구에서 활용되고, 질문지법은 주로 양적 연구에서 활용된다. 따라서 해당 내용은 (나)에 들어갈 수 없다.

이것만은 꼭!
1. 면접법은 조사 대상자와의 정서적 교감을 중시한다.
2. 질문지법은 구조화된 도구를 사용하여 자료를 수집한다.
3. 면접법과 참여 관찰법은 문맹자로부터 자료 수집이 용이하다.

19 자료 수집 방법

| 정답 ④ | 20년 10월 학력평가 2번

①	②	③	❹	⑤
4%	8%	2%	83%	3%

자료의 A~C에 대한 설명으로 옳은 것은? (단, A~C는 각각 면접법, 질문지법, 참여 관찰법 중 하나이다.) [3점]

> ㅇ'주로 질적 연구에서 사용되는가?'라는 질문으로 A와 B를 구분할 수 있다. 면접법, 참여 관찰법 / 참여 관찰법
> ㅇ'연구자와 연구 대상자 간의 언어적 상호 작용이 필수적인가?'라는 질문으로 A와 C를 구분할 수 없다. 질문지법, 면접법 / 질문지법 / 면접법

① ~~A~~는 ~~B~~보다 연구자의 주관적 해석의 우려가 크다. (B, A)
② ~~A~~는 ~~C~~보다 자료 수집 도구의 구조화 정도가 낮다. (C, A)
③ ~~B~~는 ~~A~~와 달리 변인 간의 관계를 파악하려는 연구에 적합하다. (A, B)
④ C는 A와 달리 연구자와 연구 대상자 간의 정서적 교감을 중시한다.
⑤ ~~C~~는 ~~B~~보다 자료의 실제성 확보에 유리하다. (B, C)

✔ 자료 분석 주로 질적 연구에서 사용되는 자료 수집 방법은 면접법과 참여 관찰법이고, 언어적 상호 작용이 필수적인 자료 수집 방법은 면접법과 질문지법이다. 따라서 A는 질문지법, B는 참여 관찰법, C는 면접법이다.

O 정답 찾기 ④ 면접법은 조사 대상자에게 질문을 하여 필요한 자료를 수집하는 방법으로 신뢰 관계를 기반으로 한 허용적인 분위기의 형성, 즉 정서적 교감이 자료 수집에 중요한 영향을 미친다.

× 오답 풀이 ① 질문지법은 통계 분석에 적합한 양적 자료를 수집한다는 점에서 참여 관찰법에 비해 주관적 해석의 우려가 작다.
② 질문지법은 조사 대상자에게 같은 형식과 내용의 질문지가 제시되므로 자료 수집 도구의 구조화 정도가 면접법에 비해 높다.
③ 변인 간의 관계를 파악하려는 연구는 양적 연구이다. 질문지법은 양적 연구에 적합하고, 면접법과 참여 관찰법은 질적 연구에 적합하다.
⑤ 자료의 실제성 확보에 유리한 자료 수집 방법은 참여 관찰법이다.

이것만은 꼭!
1. 면접법은 연구 대상자와의 정서적 교감을 중시한다.
2. 질문지법은 자료 수집 도구의 구조화 정도가 높다.
3. 참여 관찰법은 자료의 실제성 확보에 유리하다.

필출 주제 04 사회·문화 현상의 탐구 태도와 연구 윤리

제1권 p.030 ~ 031

01 ④ 02 ③ 03 ⑤ 04 ② 05 ④ 06 ② 07 ② 08 ⑤

01 사회·문화 현상의 탐구와 연구 윤리 | 정답 ④ | 24년 5월 학력평가 5번

①	②	③	❹	⑤
1%	1%	1%	96%	1%

다음 사례를 연구 윤리 측면에서 평가한 진술로 가장 적절한 것은?

> 연구자 갑은 ○○ 장르 음악 청취와 암기력 간의 상관관계를 연구하기 위해 연구 목적 등 연구 관련 정보를 모두 공지하고 성인 연구 대상자 80명을 모집하였다. 갑은 자원한 80명에게 일주일 동안 매일 1시간씩 정해진 장소에서 ○○ 장르 음악을 들으며 무작위로 조합된 단어를 암기하도록 하였다. 이 과정에서 일부 연구 대상자들이 음악 청취로 인해 두통을 호소하며 실험 참여 중단을 요구하자 갑은 그들을 즉각 실험 참여에서 제외하였다. 갑은 자료 분석 과정에서 가설에 부합하지 않는 결과가 나오자 암기력 점수가 높게 나타난 데이터만 골라 보고서를 작성하면서 연구 대상자들의 이름을 포함한 개인 정보를 제외하고 연구 결과를 발표하였다. 이후 음악 관련 기업이 금전적 보상을 제안하며 갑이 수집한 자료를 요청하였으나 갑은 이를 거절하였다.
>
> 자료를 자의적으로 선별하여 결과를 왜곡함.

① 다른 연구자의 연구 성과를 도용하였다.
② 연구 대상자의 익명성을 보장하지 않았다. (하였다.)
③ 수집한 자료를 연구 외의 목적으로 유출하였다. (하지 않았다.)
④ 자료를 자의적으로 선별하여 결과를 왜곡하였다.
⑤ 연구 대상자의 자발적인 참여를 보장하지 않았다. (하였다.)

✔ 자료 분석 제시된 사례에서 갑은 가설에 부합하지 않는 결과가 나오자 가설에 부합한 결과와 관련 있는 자료만을 선별하여 보고서를 작성하였다.

O 정답 찾기 ④ 갑은 자료 분석 과정에서 가설에 부합하지 않는 결과가 나오자 암기력 점수가 높게 나타난 데이터만 골라 보고서를 작성하였다. 이를 통해 갑은 자료를 자의적으로 선별하여 결과를 왜곡시켰음을 알 수 있다.

X 오답 풀이 ① 제시된 사례를 통해 갑이 다른 연구자의 연구 성과를 도용했는지는 알 수 없다.
② 갑은 연구 대상자들의 이름을 포함한 개인 정보를 제외하고 연구 결과를 발표하였으므로 연구 대상자의 익명성을 보장하였다.
③ 음악 관련 기업이 금전적 보상을 대가로 갑이 수집한 자료를 요청하였으나 갑은 이를 거절하였으므로 갑은 수집한 자료를 연구 외의 목적으로 유출하지 않았다.
⑤ 갑은 연구 목적 등 연구 관련 정보를 모두 공지하고 연구 대상자를 모집하였으므로 연구 대상자의 자발적 참여를 보장하였다.

이것만은 꼭!

1. 사회·문화 현상의 탐구는 인간을 대상으로 하므로 엄격한 윤리성이 요구된다.
2. 연구자는 연구 대상자의 익명성을 보장해야 하며, 개인 정보를 연구 목적 이외의 용도로 활용해서는 안 된다.
3. 연구자는 자료 분석 과정에서 의도한 결론을 이끌어내기 위해 자료를 조작해서는 안 된다.

02 사회·문화 현상의 탐구와 연구 윤리 | 정답 ③ | 23년 4월 학력평가 19번

①	②	❸	④	⑤
1%	1%	95%	2%	1%

갑, 을의 연구 사례를 연구 윤리 측면에서 평가한 진술로 가장 적절한 것은?

> ○ 연구자 갑은 논문 작성 과정에서 자신의 연구 주제와 관련 있는 다른 연구자의 저서를 살펴보았다. 그중 신뢰할 만한 내용들을 추려서 자신의 논문에 인용했는데, 출처를 명시하지 않았으며 다른 사람의 연구 내용임을 밝히지 않았다.
>
> ○ 연구자 을은 정부 기관으로부터 정부의 정책에 관한 국민 인식 조사 의뢰를 받고 설문 조사를 진행하였다. 그런데 해당 기관에 유리한 결과가 나오지 않아 정부 정책에 대해 부정적인 응답을 한 자료를 제외한 후 다시 분석을 실시하였다. 그러자 원했던 결과가 나와 이를 토대로 연구 보고서를 작성해서 제출하였다.

① 갑은 연구 대상자에게 미칠 불이익을 고려하지 않았다.
② 갑은 자신의 연구 결과를 연구 외의 목적으로 사용하였다.
③ 을은 자료를 자의적으로 선별하여 결과를 왜곡하였다.
④ 을은 연구 대상자의 자발적인 참여를 보장하지 않았다.
⑤ 갑, 을은 모두 다른 연구자의 연구 성과를 도용하였다.

✔ 자료 분석 연구 과정과 관련하여 연구자는 자료 분석 과정에서 의도한 결론을 이끌어 내기 위해 자료를 조작해서는 안 되며, 연구 결과의 활용과 관련하여 다른 연구자의 연구물을 활용하는 경우 그 출처를 명확히 밝혀야 한다.

O 정답 찾기 ③ 을은 의도한 결과가 도출되지 않자 특정한 자료를 제외한 후 다시 분석하여 보고서를 작성하였다. 즉, 을은 자료를 자의적으로 선별함으로써 연구 결과를 왜곡하였다.

X 오답 풀이 ①, ②, ④ 제시된 사례를 통해서는 알 수 없는 내용이다.
⑤ 을은 다른 연구자의 연구 성과를 도용하지 않았다.

이것만은 꼭!

1. 연구자는 연구 전 연구 대상의 동의를 받아야 한다.
2. 연구자는 의도한 결론을 이끌어 내기 위해 자료를 조작해서는 안 된다.
3. 연구자는 다른 연구물을 활용하는 경우 출처를 명확하게 밝혀야 한다.

03 사회·문화 현상의 탐구와 연구 윤리 | 정답 ⑤ |

21년 4월 학력평가 8번

①	② 함정	③	④	⑤
4%	25%	2%	2%	67%

다음 사례에 나타난 연구 윤리상의 문제점으로 가장 적절한 것은?

> 연구자 갑은 15세 이용가로 분류된 특정 게임들이 청소년에게 해로울 수 있다는 여러 전문가들의 의견을 접하고, 이 게임들의 선정성 · 폭력성 · 사행성 정도를 확인하기로 하였다. 이에 갑은 모집 공고를 보고 자원한 청소년 50명과 성인 50명에게 2주간 매일 8시간씩 해당 게임들을 일정에 따라 실행하도록 한 후, 이 게임들에 대한 30개 평가 항목에 응답하게 하였다. 갑은 무성의하게 응답한 일부 자료를 제외하고 분석한 연구 결과를 게임 관련 학회에서 발표하였다.

(연구 대상자에게 부정적 영향을 끼칠 것이 예상됨) (연구 신뢰도를 높이기 위해 자료를 선별함)

① 연구 결과를 연구 외의 목적으로 사용하였다.
② 개인적 이해관계를 반영하여 자료를 선별하였다.
③ 출처를 밝히지 않고 다른 사람의 연구 결과를 인용하였다.
④ 결과 발표 단계에서 연구 대상자의 익명성을 보장하지 않았다.
⑤ 연구 대상자에게 부정적 영향을 끼칠 수 있는 연구를 시행하였다.

✓ 자료 분석 갑은 게임의 선정성, 폭력성, 사행성 정도를 확인하기 위해 청소년이 포함된 100명의 사람을 대상으로 2주간 매일 8시간씩 게임을 실행하도록 하였다. 게임을 하루 8시간씩 쉬지 않고 2주간 할 경우 참가 대상자에게 신체적, 정신적으로 부정적 영향을 끼칠 것임을 예상할 수 있다.

○ 정답 찾기 ⑤ 갑의 연구는 자료 수집을 위해 필요한 과정이라 하더라도 연구 대상자에게 부정적 영향을 끼칠 수 있으므로 연구 윤리 측면에서 문제가 있다.

× 오답 풀이 ① 갑은 연구 결과를 게임 관련 학회에서 발표하였으므로 연구 외의 목적으로 사용하였다고 보기 어렵다.
② 갑은 무성의하게 응답한 자료를 제외하고 자료를 분석하였다. 이는 연구의 신뢰도를 높이기 위한 자료 선별에 해당한다.
③ 갑의 연구에서는 다른 사람의 연구 결과가 사용되지 않았다.
④ 제시된 자료만으로 갑이 연구 결과를 발표하는 과정에서 대상자의 익명성을 보장하지 않았는지의 여부는 알 수 없다.

②번을 정답으로 잘못 선택하였다면, 자료 선별이 연구 윤리 측면에서 무조건 문제가 될 것이라고 생각했을 가능성이 크다. 연구 과정에서 개인적 이해관계를 위해 수집된 자료를 선별하여 분석하는 것은 연구의 왜곡이라는 점에서 연구 윤리에 위배된다. 그러나 제시된 사례와 같이 무성의하게 응답된 자료를 제외함으로써 연구 결과의 신뢰도를 높이기 위한 것이라면 자료의 선별은 허용될 수 있다.

이것만은 꼭!

1. 연구가 연구 대상자에게 부정적 영향을 끼쳐서는 안 된다.
2. 개인적 이해관계를 반영하여 자료를 선별해서는 안 된다.
3. 연구 결과를 연구 외의 목적으로 사용해서는 안 된다.

04 사회·문화 현상의 탐구와 연구 윤리 | 정답 ② |

21년 7월 학력평가 4번

①	②	③	④	⑤
2%	90%	2%	3%	3%

다음 사례를 연구 윤리 측면에서 평가한 진술로 가장 적절한 것은?

> 갑은 노동자의 권리 이해 정도가 노동권 침해 상황 대처에 미치는 영향을 연구하고자 하였다. 이를 위해 공개적으로 모집한 노동자들에게 연구 목적과 방법을 설명한 후, 참여 의사를 밝힌 노동자에게 설문 자료를 수집하였다. 자료 분석 결과, 변수 간의 상관관계가 명확하지 않아 연구 대상 범위를 근로 경력이 1년 이상인 참가자만으로 조정하고 수집된 자료를 재분석하였다. 이후 정부 연구 기관의 요청이 있어 연구 내용의 신뢰도 제고를 위해 연구 참가자 명단과 주소를 포함한 연구 결과를 제공하였다.

(연구 관련 정보 제공) (자발적 참여) (개인 정보 유출)

① 비윤리적인 연구 주제를 선정하였다.
② 연구 과정에서 수집된 개인 정보를 유출하였다.
③ 연구 대상에게 연구 관련 정보를 사전에 제공하지 않았다.
④ 사회에 미칠 부정적인 영향을 고려하여 자료를 조작하였다.
⑤ 연구 목적 달성을 위해 연구 대상자의 자발적 참여를 제한하였다.

✓ 자료 분석 갑은 노동자의 권리 이해 정도가 노동권 침해 상황 대처에 미치는 영향을 양적 연구를 통해 연구하였다. 사회 · 문화 현상의 탐구는 인간을 대상으로 하므로 자연 현상을 대상으로 하는 연구보다 엄격한 윤리성이 요구된다.

○ 정답 찾기 ② 갑은 연구 참가자 명단과 주소를 포함한 연구 결과를 외부 기관에 제공하였다. 이는 개인 정보를 유출한 것으로 연구자의 윤리 위반에 해당한다.

× 오답 풀이 ① 노동자의 권리 이해 정도가 노동권 침해 상황 대처에 미치는 영향을 연구하는 것이 비윤리적인 연구 주제라고 볼 수 없다.
③ 갑은 연구 과정에서 연구 목적과 방법을 설명하였다.
④ 갑은 사회에 미칠 부정적인 영향을 고려하여 자료를 조작하지 않았다.
⑤ 갑은 노동자들을 공개적으로 모집하였으므로 연구 목적 달성을 위해 연구 대상자의 자발적 참여를 제한하였다고 볼 수 없다.

이것만은 꼭!

1. 연구자는 연구 대상자에게 연구 목적이나 연구 과정 등에 대해 알리고 동의를 얻어야 한다.
2. 연구자는 연구 대상자의 익명성을 보장해야 하며, 사생활 관련 정보 및 개인 정보를 연구 목적 이외의 용도로 활용해서는 안 된다.
3. 연구자는 연구 결과를 은폐하거나, 왜곡, 축소, 과장해서는 안 된다.

05 사회·문화 현상의 탐구와 연구 윤리

| 정답 ④ | 20년 3월 학력평가 3번

①	②	③	④	⑤
1%	2%	3%	92%	2%

다음 연구에 나타난 문제점으로 가장 적절한 것은?

갑은 자신이 개발한 건강 증진 프로그램의 효과를 확인하기 위해 연구 관련 정보를 모두 알린 후 성인 실험 참여자를 공개 모집하였다. 갑은 실험 참여자를 두 집단으로 나누어 한 집단에게만 해당 프로그램을 적용하였다. 자료 분석 결과 두 집단 간에 전혀 차이가 없었다. 그래서 일부 참여자들의 자료를 제외하고 다시 두 집단을 비교하였더니 프로그램이 효과가 있는 것으로 나타나 이를 학술지에 게재하였다.
자료의 조작

① 연구 대상자의 개인 정보를 유출하였다.
② 사회적으로 유해한 연구 주제를 선정하였다.
③ 연구 대상자의 자발적 참여를 ~~보장하지 않았다~~. 보장하였다.
④ 의도한 결과를 얻기 위해 자료를 조작하여 분석하였다.
⑤ 연구 목적 달성을 위해 존재하지 않는 자료를 위조하였다.
일부 참여자의 자료를 제외함

✓ 자료 분석 갑은 실험법을 적용하여 건강 증진 프로그램의 효과를 검증하고자 하였으나, 의도와 달리 실험 집단과 통제 집단 간에 차이가 없었다. 이에 갑은 일부 참여자의 자료를 제외하고 실험 집단과 통제 집단을 비교함으로써 프로그램의 효과가 있는 것으로 결과를 도출하였다.

O 정답 찾기 ④ 제시된 사례에서 갑은 자료 분석 과정에서 의도한 결론을 이끌어 내기 위해 자료를 조작하여 분석하였다. 이는 연구 과정에서 요구되는 윤리 원칙을 어긴 경우에 해당한다.

× 오답 풀이 ① 연구 대상자의 개인 정보 유출 여부는 제시된 연구에 나타나 있지 않다.
② 제시된 연구 주제가 사회적으로 유해하다고 보기 어렵다.
③ 갑은 연구 관련 정보를 모두 알린 후 실험 참여자를 공개 모집하였다. 따라서 자발적 참여를 보장하지 않았다고 보기 어렵다.
⑤ 제시된 연구에서 갑은 존재하는 자료를 선별함으로써 자료를 조작하였다.

이것만은 꼭!
1. 수집한 자료의 선별적 사용도 자료 조작에 해당한다.
2. 의도한 결론을 이끌어 내기 위한 자료 조작은 연구 윤리를 위배한 것이다.
3. 연구 대상자에게 연구 관련 정보를 제공한 후 자발적인 참여를 보장해야 한다.

06 사회·문화 현상의 탐구와 연구 윤리

| 정답 ② | 18년 4월 학력평가 5번

①	②	③	④	⑤
2%	93%	1%	3%	1%

다음에 나타난 연구 윤리상의 문제점으로 가장 적절한 것은?

○ 대학 교수로 재직 중인 갑은 개인 연구를 진행하는 과정에서 본인의 수업을 듣는 학생들을 대상으로 설문을 실시하였다. 이 과정에서 갑은 설문에 응하지 않는 학생들에게는 성적에 불이익을 주겠다고 공지하였다. 연구 대상자의 자발적 참여가 보장되지 않았음
○ 을은 직장 내 성 불평등 문화에 관한 연구를 위해 ○○ 기업 직원들에게 자신이 연구자임을 숨긴 채 그들의 직장 생활을 관찰하였다. 이후 을은 본인의 연구 결과를 발표하면서 자료의 사실성을 뒷받침하기 위해 회사명, 직원들의 직책 및 이름을 공개하였다. 개인 정보 유출로 인해 연구 대상자의 익명성 보호가 지켜지지 않았음

① 갑은 자료 분석 단계에서 자의적으로 자료를 조작하였다.
② 을은 연구 대상자의 익명성을 보장하지 않았다.
③ 갑은 을과 달리 다른 사람의 연구 결과를 도용하였다.
④ ~~을은 갑과 달리~~ 갑 연구 대상자의 자발적 참여를 보장하지 않았다.
⑤ 갑, 을은 모두 연구 결과를 연구 외의 목적으로 사용하였다.

✓ 자료 분석 갑이 설문에 응하지 않은 학생들에게 성적에 불이익을 주겠다고 공지한 것은 설문에 참여할 것을 강요하는 것이다. 이는 연구 대상자가 자발적으로 연구에 참여할 수 있도록 해야 하는 연구자의 윤리를 어긴 것이다. 을은 연구 대상자의 회사명, 직원들의 직책 및 이름을 공개하였는데, 이는 연구 대상자의 익명성을 보호해야 하며, 사생활 관련 정보 및 개인 정보를 연구 목적 이외의 용도로 활용해서는 안 된다는 연구자의 윤리를 어긴 것이다.

O 정답 찾기 ② 을은 연구 결과를 발표하면서 자료의 사실성을 뒷받침하기 위해 연구 대상자의 소속 회사, 직책 및 이름을 공개하였다. 이를 통해 연구 대상자의 익명성이 보장되지 않았음을 알 수 있다.

× 오답 풀이 ① 갑이 자의적으로 자료를 조작하였는지 여부는 알 수 없다.
③ 갑과 을이 다른 사람의 연구 결과를 도용하였는지 여부는 알 수 없다.
④ 갑은 연구 대상자의 자발적 참여를 보장하지 않았다. 을이 연구 대상자의 자발적 참여를 보장하지 않았는지 여부는 알 수 없다.
⑤ 갑과 을이 연구 결과를 연구 외의 목적으로 사용하였는지 여부는 알 수 없다.

이것만은 꼭!
1. 연구자는 연구 대상자에게 연구 목적이나 연구 과정 등에 대해 알리고 동의를 얻어야 한다.
2. 연구자는 연구 대상자의 익명성을 보호해야 하며, 사생활 관련 정보 및 개인 정보를 연구 목적 이외의 용도로 활용해서는 안 된다.
3. 연구자는 다른 연구자의 연구물을 활용하는 경우 그 출처를 정확하게 밝혀야 한다.

07 사회·문화 현상의 탐구와 연구 윤리

| 정답 ② | 18년 7월 학력평가 6번

①	❷	③	④	⑤
2%	91%	1%	4%	2%

다음 사례를 연구 윤리 측면에서 평가한 것으로 가장 적절한 것은?

> 갑은 빅 데이터 활용 수업에 대한 교사들의 인식을 연구하기로 하였다. 이를 위해 교사들에게 연구와 관련된 정보를 제공한 후, 희망자를 대상으로 설문 조사를 실시하였다. 그중에서 자신의 가설에 부합하는 자료만을 선별하여 분석하였고, 연구 대상자 명단과 함께 그 결과를 발표하였다.
> └의도한 결론 도출을 위해 자료를 조작하였음
> 사생활 관련 정보 및 개인 정보를 유출하였음

① 연구 결과를 연구 외의 목적으로 유출하였다.
② 자료 분석 단계에서 자의적으로 자료를 선별하였다.
③ 연구 대상자의 자발적 동의 없이 연구가 진행되었다.
④ 결과 발표 단계에서 연구 대상자의 익명성을 ~~보장하였다~~. (보장하지 않았다.)
⑤ 다른 연구자의 연구를 활용하면서 출처를 밝히지 않았다.

✔ 자료 분석 사회 · 문화 현상의 탐구는 인간을 대상으로 하기 때문에 자연 현상을 대상으로 하는 연구보다 엄격한 윤리성이 요구된다. 또한 연구자는 사회 · 문화 현상의 탐구 결과가 사회에 유익할지라도 연구 과정에서 연구 대상자들에 대한 인권 침해 등이 발생할 수 있으므로 이에 대한 주의가 필요하다. 갑은 자신의 가설에 부합하는 자료만을 선별하여 분석하였는데, 이는 의도한 결론을 이끌어 내기 위해 자료를 조작한 것이다. 또한 갑은 연구 대상자 명단과 함께 그 결과를 발표하였는데, 이는 연구 대상자의 사생활 관련 정보 및 개인 정보를 유출한 것으로 연구 윤리에 어긋난다.

O 정답 찾기 ② 갑은 자신의 가설에 부합하는 자료만을 선별하여 분석하였다. 이는 연구 윤리에 어긋난다. 연구자는 정직한 방법으로 자료를 수집해야 하며, 자료 분석 과정에서 의도한 결론을 이끌어 내기 위해 자료를 조작(위조, 변조)해서는 안 된다.

X 오답 풀이 ① 제시된 사례에서는 파악할 수 없는 내용이다.
③ 연구자는 연구 대상자에게 연구 목적이나 연구 과정 등에 대해 알리고 동의를 얻어야 한다. 제시된 사례에서 갑은 연구 대상자의 자발적 동의를 얻어 연구를 진행하였다.
④ 연구자는 연구 대상자의 익명성을 보장해야 하며, 사생활 관련 정보 및 개인 정보를 연구 목적 이외의 용도로 활용해서는 안 된다. 제시된 사례에서 갑은 연구 대상자의 명단을 발표함으로써 연구 대상자의 익명성을 보장하지 않았다.
⑤ 제시된 사례에서는 파악할 수 없는 내용이다.

이것만은 꼭!
1. 연구자는 연구 대상자의 익명성을 보장해야 하며, 사생활 관련 정보 및 개인 정보를 연구 목적 이외의 용도로 활용해서는 안 된다.
2. 연구자는 연구 대상자에게 연구 목적이나 연구 과정 등에 대해 알리고 동의를 얻어야 한다.
3. 연구자는 자료 분석 과정에서 의도한 결론을 이끌어 내기 위해 자료를 조작해서는 안 된다.

제2권 교육청 해설

08 사회·문화 현상의 탐구와 연구 윤리

| 정답 ⑤ | 17년 10월 학력평가 13번

①	②	③	④	❺
4%	1%	5%	3%	87%

다음 사례에 나타난 연구 윤리상의 문제점에 대한 적절한 진술만을 〈보기〉에서 있는 대로 고른 것은?

> 연구 대상자의 사전 동의 ×
> 시민 단체의 의뢰를 받아 다문화 가정 학생의 학교생활에 대한 연구에 착수한 갑은 해당 학생의 담임 교사에게만 허락을 구한 후 학생과 면담을 하였다. 면담 과정에서 갑은 신뢰 형성을 위해 학생의 이야기에 공감하는 태도를 유지하였다. 연구가 끝난 후 해당 학교가 다문화 교육 계획의 수립을 위해 자료를 요청하자 갑은 면담 내용을 학교에 건네주었다.
> 연구 이외의 목적으로 사용, 사생활 침해

보기
ㄱ. 연구 대상자로부터 특정한 응답을 ~~유도하였다~~. (유도하지 않았다.)
ㄴ. 연구 대상자의 자발적인 동의를 구하지 않았다. – 담임 교사에게만 허락을 구함
ㄷ. 연구 대상자의 사생활이 노출될 위험을 초래하였다. – 면담 내용을 학교에 건네줌
ㄹ. 연구 이외의 목적에 사용되도록 자료를 제공하였다. – 다문화 교육 계획 수립을 위한 자료로 제공함

① ㄱ, ㄷ ② ㄱ, ㄹ ③ ㄴ, ㄷ
④ ㄱ, ㄴ, ㄹ ⑤ ㄴ, ㄷ, ㄹ

✔ 자료 분석 갑은 해당 학생의 담임 교사에게만 허락을 구하고 학생에게는 사전 동의를 받지 않았고, 수집한 자료를 다문화 교육 계획의 수립을 위한 자료로 학교에 건네주어 연구 목적 이외의 용도로 활용되게 하였으며 학생의 사생활을 침해하였다.

O 정답 찾기 ㄴ. 갑은 해당 학생에게 동의를 자발적인 동의를 구하지 않고 해당 학생의 담임 교사에게만 허락을 구하였다.
ㄷ. 갑은 해당 학생의 면담 내용을 학교에 건네주었으므로 이는 학생의 사생활이 노출될 우려가 있다.
ㄹ. 갑은 자신의 연구 목적 이외에 다문화 교육 계획 수립을 위해 학교에서 자료를 요청하자 자료를 제공하였다.

X 오답 풀이 ㄱ. 제시된 연구에서 갑이 연구 대상자로부터 특정한 응답을 유도하였다고 볼 수 없다.

이것만은 꼭!
1. 연구자는 연구 대상자에게 연구 목적과 과정을 알리고 동의를 얻어야 한다.
2. 연구자는 연구 대상자의 익명성을 보장함으로써 연구 대상자의 사생활 관련 정보를 보호해야 한다.
3. 연구자는 사생활 관련 정보 및 개인 정보를 연구 목적 이외의 용도로 활용해서는 안 된다.

필출 주제 05 개인과 사회의 관계를 바라보는 관점

제1권 p.033 ~ 037

01 ② 02 ① 03 ② 04 ④ 05 ① 06 ② 07 ③ 08 ④ 09 ① 10 ③ 11 ① 12 ② 13 ④ 14 ② 15 ⑤ 16 ② 17 ③ 18 ④ 19 ② 20 ①

01 사회 실재론

| 정답 ② | 24년 3월 학력평가 18번

①	❷	③	④	⑤
8%	74%	6%	7%	5%

다음 글에서 개인과 사회의 관계를 바라보는 필자의 관점에 대한 옳은 설명만을 〈보기〉에서 고른 것은?

> 우리 사회에서 디지털 기기의 활용이 확대되는 것은 개인이 편리함을 추구하기 때문이라는 주장이 있다. 하지만 이러한 주장은 개인의 사고와 행동이 개인의 외부에 존재하는 실체인 사회에 의해 구속된다는 점을 간과한 것이다. 개인이 디지털 기기에 의존하게 만드는 사회 구조에 주목해야 한다.
> 사회 실재론

〈보기〉
ㄱ. 개인은 사회 속에서만 존재의 의미를 갖는다고 본다. - 사회 실재론
ㄴ. 사회 규범은 개인들이 옳다고 믿기에 존재한다고 본다. - 사회 명목론
ㄷ. 사회의 특성을 개인의 특성으로 환원할 수 없다고 본다. - 사회 실재론
ㄹ. 사회는 개인의 이익을 실현하는 도구에 불과하다고 본다. - 사회 명목론

① ㄱ, ㄴ ② ㄱ, ㄷ ③ ㄴ, ㄷ ④ ㄴ, ㄹ ⑤ ㄷ, ㄹ

✓ 자료 분석 제시문은 개인보다 사회 구조에 주목해야 함을 강조하고 있다. 따라서 필자의 관점은 사회 실재론에 해당한다.

O 정답 찾기 ㄱ. 사회 실재론은 사회를 떠난 개인은 존재의 의미를 가질 수 없다고 본다. 따라서 사회 실재론은 개인이 사회 속에서만 존재의 의미를 갖는다고 본다.
ㄷ. 사회 실재론은 사회의 특성이 개개인의 특성으로 환원될 수 없다고 본다.

× 오답 풀이 ㄴ. 개인들이 옳다고 믿기에 사회 규범이 존재한다고 보는 관점은 사회 명목론이다.
ㄹ. 사회가 개인의 이익을 실현하는 도구에 불과하다고 보는 관점은 사회 명목론이다.

이것만은 꼭!

1. 사회 실재론은 사회가 구성원들의 합 이상의 존재이므로 개개인의 특성을 초월한 고유한 특성을 지닌다고 본다.
2. 사회 실재론은 사회가 개인보다 우월한 존재로서 구성원들의 의식과 행동을 구속한다고 본다.
3. 사회 실재론은 사회 전체의 이익이 구성원 개개인의 이익을 초월한 의미를 지닌다고 본다.

02 사회 실재론

| 정답 ① | 24년 5월 학력평가 7번

❶	②	③	④	⑤
84%	4%	2%	8%	2%

교사가 제시하고 있는 개인과 사회의 관계를 바라보는 관점에 대한 옳은 설명만을 〈보기〉에서 고른 것은?

> 각각의 돌은 돌덩이에 불과하지만 이를 쌓아 만든 피라미드는 단순한 돌무더기를 뛰어넘어 그 시대의 건축 기술과 권력 구조를 담고 있는 문화유산입니다. 개인과 사회의 관계도 이와 같습니다. 사회는 개인으로 설명할 수 없는 독자적 실체로서의 특성을 지닙니다.
> └사회 실재론

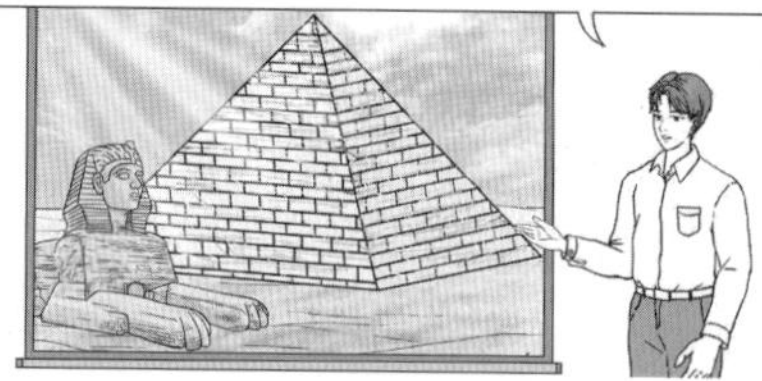

〈보기〉
ㄱ. 사회는 구성원들에게 외재성을 갖는다고 본다. - 사회 실재론
ㄴ. 개인은 사회에 의해 구조화된 행동을 한다고 본다. - 사회 실재론
ㄷ. 사회 규범의 구속성보다 개인의 능동성을 중시한다. - 사회 명목론
ㄹ. 사회의 속성은 개인의 속성으로 환원할 수 있다고 본다. - 사회 명목론

① ㄱ, ㄴ ② ㄱ, ㄷ ③ ㄴ, ㄷ ④ ㄴ, ㄹ ⑤ ㄷ, ㄹ

✓ 자료 분석 제시문은 사회가 개인으로 설명할 수 없는 독자적 실체로서의 특성을 지닌다고 보고 있다. 이는 사회 실재론에 해당한다.

O 정답 찾기 ㄱ. 사회 실재론은 사회가 개인의 외부에 실제로 존재하며 독자적인 특성을 지니고 있다고 본다.
ㄴ. 사회 실재론은 개인의 행동과 의식이 실재하는 사회에 의해 구속된다고 보므로 개인이 사회에 의해 구조화된 행동을 한다고 본다.

× 오답 풀이 ㄷ. 사회 명목론은 사회보다 개인의 우월성을 강조하므로 사회 규범의 구속성보다 개인의 능동성을 중시한다.
ㄹ. 사회 명목론은 사회가 개인들의 집합체에 붙여진 이름에 불과하다고 보므로 사회의 속성이 개인의 속성으로 환원할 수 있다고 본다.

이것만은 꼭!

1. 사회 실재론은 사회가 실제로 존재하며 구성원들에게 외재성을 지닌다고 본다.
2. 사회 실재론은 사회가 구성원들의 합 이상의 존재로서 개개인의 특성을 초월한 고유한 특성을 지닌다고 본다.
3. 사회 실재론은 사회가 개인보다 우월한 존재로서 구성원들의 의식과 행동을 구속한다고 본다.

03 사회 실재론

| 정답 ② | 24년 7월 학력평가 6번

①	❷	③	④	⑤
7%	88%	2%	2%	1%

다음 글에서 개인과 사회의 관계를 바라보는 필자의 관점에 대한 옳은 설명만을 〈보기〉에서 고른 것은?

> 시대와 나라에 따라 강도는 다르지만 어떤 때는 결혼에, 또 다른 경우에는 자살에 영향을 미치며, 출생률을 높이기도 하고 약화시키기도 하는 몇몇 여론의 흐름들이 존재한다. 만일 인구가 시골에 분산되는 것이 아니라 도시로 몰려온다면 그것은 개인으로 하여금 이러한 집중에 참여하도록 만드는 집합적인 충동이 있기 때문이다. 결국 개인은 이러한 사회적 압력으로부터 자유로울 수 없다. 사회 실재론

보기

ㄱ. 사회 구조에 대한 개인의 불가항력성을 강조한다. - 사회 실재론
ㄴ. 사회 규범은 개인들이 옳다고 믿기에 존재한다고 본다. - 사회 명목론
ㄷ. 사회의 특성이 개인의 특성으로 환원될 수 없다고 본다. - 사회 실재론
ㄹ. 사회는 개인의 이익 실현을 위한 수단에 불과하다고 본다. - 사회 명목론

① ㄱ, ㄴ ② ㄱ, ㄷ ③ ㄴ, ㄷ ④ ㄴ, ㄹ ⑤ ㄷ, ㄹ

✔ 자료 분석 필자는 개인이 사회적 압력으로부터 자유로울 수 없다고 보고 있다. 따라서 개인과 사회의 관계를 바라보는 필자의 관점은 사회 실재론에 해당한다.

○ 정답 찾기 ㄱ. 사회 실재론은 개인의 행동과 의식이 실재하는 사회에 의해 구속된다고 보므로 사회 구조에 대한 개인의 불가항력성을 강조한다.
ㄷ. 사회 실재론은 사회가 개인으로 환원될 수 없는 고유한 성격을 지니고 있다고 본다.

× 오답 풀이 ㄴ. 사회 명목론은 사회 규범이 개인들이 옳다고 믿기 때문에 존재한다고 본다.
ㄹ. 사회 명목론은 사회가 개인의 이익을 실현시켜 주는 수단에 불과하다고 본다.

이것만은 꼭!

1. 사회 명목론은 사회가 실제로 존재하지 않으며 개개인의 집합체를 가리키기 위해 붙여진 이름에 불과하다고 본다.
2. 사회 명목론은 개인이 사회보다 우월한 가치를 갖는 존재로 본다.
3. 사회 명목론은 사회의 특성이 개개인의 특성이 모여 나타나는 것에 불과하다고 본다.

04 사회 실재론

| 정답 ④ | 24년 10월 학력평가 11번

①	②	③	❹	⑤
1%	3%	1%	94%	1%

다음 글에 나타난 개인과 사회의 관계를 바라보는 관점에 대한 옳은 설명만을 〈보기〉에서 고른 것은?

> 사회학은 사회적 사실을 연구하는 과학이다. 법, 규범, 문화, 종교 등과 같은 사회적 사실은 개인의 사고와 행동을 구속하는 실체로서 개인의 외부에 지속적으로 존재한다. - 사회 실재론

보기

ㄱ. 개인이 주체적이고 능동적인 존재임을 강조한다. - 사회 명목론
ㄴ. 사회의 속성은 개인의 속성으로 환원할 수 없다고 본다. - 사회 실재론
ㄷ. 사회는 개인의 이익 실현을 위한 수단에 불과하다고 본다. - 사회 명목론
ㄹ. 사회 문제 해결책으로 의식 개선보다 제도 개혁을 중시한다. - 사회 실재론

① ㄱ, ㄴ ② ㄱ, ㄷ ③ ㄴ, ㄷ ④ ㄴ, ㄹ ⑤ ㄷ, ㄹ

✔ 자료 분석 제시문은 사회적 사실이 개인의 사고와 행동을 구속하는 실체로서 개인의 외부에 지속적으로 존재한다고 보고 있으므로 이는 사회 실재론에 해당한다.

○ 정답 찾기 ㄴ. 사회 실재론은 사회가 개인으로 환원될 수 없는 고유한 성격을 지니고 있다고 본다.
ㄹ. 사회 실재론은 사회 문제의 원인이 잘못된 사회 구조나 사회 제도에 있다고 보므로 사회 문제의 해결책으로 사회 구조나 제도의 개선을 강조한다.

× 오답 풀이 ㄱ. 사회 명목론은 사회와 관계없이 개인의 행동이 자신의 자율적인 의지에 따라 이루어진다고 보므로 개인이 주체적이고 능동적인 존재임을 강조한다.
ㄷ. 사회 명목론은 사회가 개인의 이익을 실현시켜 주는 수단에 불과하다고 본다.

이것만은 꼭!

1. 사회 실재론은 사회가 실제로 존재하며 구성원들에게 외재성을 지닌다고 본다.
2. 사회 실재론은 사회가 구성원들의 합 이상의 존재로서 개개인의 특성을 초월한 고유한 특성을 지닌다고 본다.
3. 사회 실재론은 사회가 개인보다 우월한 존재로서 구성원들의 의식과 행동을 구속한다고 본다.

05 사회 실재론

| 정답 ① | 23년 3월 학력평가 3번

❶	②	③	④	⑤
80%	6%	5%	3%	6%

다음 글에 나타난 개인과 사회의 관계를 바라보는 관점에 부합하는 진술만을 〈보기〉에서 고른 것은? [3점]

> 사회는 잘 비벼진 비빔밥, 개개인은 그 비빔밥의 재료들에 비유할 수 있다. 잘 비벼진 비빔밥은 개별 재료의 맛과 향을 넘어서는 특별한 풍미를 가지고 있다. 이와 마찬가지로 사회는 개개인의 특성을 초월한 고유의 특성을 지닌다.
> 사회 실재론

보기
ㄱ. 사회는 개인의 외부에 실재한다. - 사회 실재론
ㄴ. 사회의 속성은 개개인의 속성으로 환원될 수 없다. - 사회 실재론
ㄷ. 개인의 자율성이 사회 규범의 구속성보다 우선한다. - 사회 명목론
ㄹ. 사회는 개인의 이익을 실현하기 위한 수단에 불과하다. - 사회 명목론

①ㄱ, ㄴ ②ㄱ, ㄷ ③ㄴ, ㄷ ④ㄴ, ㄹ ⑤ㄷ, ㄹ

✓ 자료 분석 제시문은 사회가 구성원 개개인의 특성을 초월한 고유의 특성을 지닌다고 보고 있으므로 이는 사회 실재론에 해당한다.

O 정답 찾기 ㄱ. 사회 실재론은 사회가 개인의 외부에 실제로 존재한다고 본다.
ㄴ. 사회 실재론은 사회가 개인에 비해 우월한 존재이므로 사회의 속성이 개인의 속성으로 환원될 수 없다고 본다.

× 오답 풀이 ㄷ. 사회 명목론은 사회보다 개인을 중시하므로 사회 규범의 구속성보다 개인의 자율성을 우선한다.
ㄹ. 사회 명목론은 사회가 개인의 이익을 실현하기 위한 수단, 즉 이름뿐인 존재라고 본다.

이것만은 꼭!
1. 사회 실재론은 사회가 개인의 외부에 실재한다고 본다.
2. 사회 실재론은 사회의 속성이 개개인의 속성으로 환원될 수 없다고 본다.
3. 사회 실재론은 사회 규범의 구속성이 개인의 자율성보다 우선한다고 본다.

06 사회 명목론

| 정답 ② | 23년 4월 학력평가 17번

①	❷	③	④	⑤
1%	90%	3%	3%	3%

다음 글에 나타난 개인과 사회의 관계를 바라보는 관점에 대한 옳은 설명만을 〈보기〉에서 고른 것은?

> 우리가 사회라고 부르는 것이 개인과는 별개인 독립적 실체로서 존재하는가? 개방적인 개인들로 구성된 사회는 개방적인 사회가, 폐쇄적인 개인들로 구성된 사회는 폐쇄적인 사회가 될 뿐이다. 그렇기에 사회 현상에 대한 진정한 이해는 개인들의 속성에 대한 탐구를 통해서만 가능하다.
> 사회 명목론

보기
ㄱ. 사회가 개인들의 총합에 불과하다고 본다. - 사회 명목론
ㄴ. 개인이 사회에 의해 구조화된 행동을 한다고 본다. - 사회 실재론
ㄷ. 개인이 자율성과 능동성을 지닌 존재임을 강조한다. - 사회 명목론
ㄹ. 사회가 개인의 외부에서 독자적으로 작동한다고 본다. - 사회 실재론

①ㄱ, ㄴ ②ㄱ, ㄷ ③ㄴ, ㄷ ④ㄴ, ㄹ ⑤ㄷ, ㄹ

✓ 자료 분석 제시문에 따르면 사회 현상에 대해 진정으로 이해하기 위해서는 개인들의 속성에 대한 탐구가 필요하다. 즉, 제시문은 사회가 개개인의 집합체에 불과하다고 보고 있다. 따라서 제시문은 사회 명목론의 관점에 해당한다.

O 정답 찾기 ㄱ. 사회 명목론은 사회가 개인들의 총합에 불과하다고 본다.
ㄷ. 사회 명목론은 사회를 구성하는 개인들의 능동적인 상호 작용을 통해 사회가 형성된다고 본다. 즉, 사회 명목론은 개인이 자율성과 능동성을 지닌 존재임을 강조한다.

× 오답 풀이 ㄴ. 사회 실재론은 개인이 사회에 의해 구조화된 행동을 한다고 본다.
ㄹ. 사회 실재론은 사회가 개개인의 특성을 초월한 고유한 특성을 지닌 존재로 개인의 외부에서 독자적으로 작동한다고 본다.

이것만은 꼭!
1. 사회 실재론은 사회가 개인의 외부에 실재한다고 본다.
2. 사회 실재론은 개인이 사회에 의해 구조화된 행동을 한다고 본다.
3. 사회 명목론은 개인이 자율성과 능동성을 지닌 존재임을 강조한다.

07 사회 실재론

| 정답 ③ | 23년 7월 학력평가 4번

①	②	❸	④	⑤
10%	2%	85%	2%	1%

다음 자료에 나타난 개인과 사회의 관계를 바라보는 관점에 부합하는 진술만을 〈보기〉에서 고른 것은?

불평등한 사회 구조 속에서 개인은 자신에 대한 통제력을 상실한다. A국은 모든 주(州)에서 개인의 총기 소유를 허용하지만 총기로 인한 범죄 발생률이나 자살률은 큰 차이가 있다. 계층 간 빈부 격차가 심한 주(州)일수록 두 지표 모두가 상승하는 경향이 나타난 것이다. 이는 개인이 사회를 벗어날 수 없음을 의미한다. (사회 실재론)

보기

ㄱ. 개인의 발전은 곧 사회의 발전이다. - 사회 명목론
ㄴ. 개인의 속성은 사회의 속성이 반영된 결과이다. - 사회 실재론
ㄷ. 사회는 개인의 외부에 존재하는 독립적인 실체이다. - 사회 실재론
ㄹ. 사회 규범의 구속성보다 개인의 자율성이 우선된다. - 사회 명목론

① ㄱ, ㄴ ② ㄱ, ㄷ ③ ㄴ, ㄷ ④ ㄴ, ㄹ ⑤ ㄷ, ㄹ

✓ 자료 분석 제시문은 개인이 사회를 벗어날 수 없다고 보고 있으므로 이는 사회 실재론에 해당한다.

O 정답 찾기 ㄴ. 사회 실재론은 개인의 속성은 사회의 속성이 반영된 결과라고 본다.
ㄷ. 사회 실재론은 사회가 개인의 외부에 존재하는 독립적인 실체라고 본다.

X 오답 풀이 ㄱ. 사회 명목론은 개인의 발전이 곧 사회의 발전이라고 본다.
ㄹ. 사회 명목론은 사회 규범의 구속성보다 개인의 자율성이 우선된다고 본다.

이것만은 꼭!

1. 사회 실재론은 개인의 속성은 사회의 속성이 반영된 결과라고 본다.
2. 사회 명목론은 개인의 발전이 곧 사회의 발전이라고 본다.
3. 사회 명목론은 사회 규범의 구속성보다 개인의 자율성이 우선된다고 본다.

08 사회 실재론과 사회 명목론

| 정답 ④ | 23년 10월 학력평가 11번

①	②	③	❹	⑤
1%	1%	4%	91%	3%

그림은 질문을 통해 개인과 사회의 관계를 바라보는 관점 A, B를 구분한 것이다. 이에 대한 설명으로 옳은 것은?

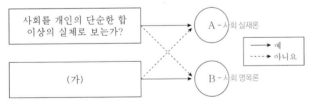

사회를 개인의 단순한 합 이상의 실체로 보는가? → A - 사회 실재론
(가) → B - 사회 명목론
→ 예 / ---→ 아니요

① ~~A~~(B)는 사회 문제의 해결 방안으로 제도 개선보다 의식 개선을 중시한다.
② ~~B~~(A)는 사회가 개인에 대하여 외재성을 갖는다고 본다.
③ ~~A~~(B)는 ~~B~~(A)와 달리 사회의 특성이 구성원들의 특성으로 환원될 수 있다고 본다.
④ B는 A와 달리 사회 전체의 이익이 개인별 이익의 총합에 불과하다고 본다.
⑤ (가)에 '사회가 개인의 자유와 권리를 보장하기 위한 수단이라고 보는가?'(사회 명목론)가 들어갈 수 ~~없다~~(있다).

✓ 자료 분석 사회 실재론은 사회 명목론과 달리 사회를 개인의 단순한 합 이상의 실체로 본다. 따라서 A는 사회 실재론, B는 사회 명목론이다.

O 정답 찾기 ④ 사회 실재론은 사회 전체의 이익이 개인별 이익의 총합 이상이라고 보며, 사회 명목론은 사회 전체의 이익이 개인별 이익의 총합에 불과하다고 본다.

X 오답 풀이 ① 사회 명목론은 사회 문제의 해결 방안으로 제도 개선보다 의식 개선을 중시한다.
② 사회 실재론은 사회가 개인에 대하여 외재성을 갖는다고 본다.
③ 사회 명목론은 사회 실재론과 달리 사회의 특성이 구성원들의 특성으로 환원될 수 있다고 본다.
⑤ (가)에는 사회 명목론이 '예', 사회 실재론이 '아니요'라고 응답하는 질문이 들어가야 한다. 사회 명목론은 사회 실재론과 달리 사회가 개인의 자유와 권리를 보장하기 위한 수단이라고 본다. 따라서 해당 질문은 (가)에 들어갈 수 있다.

이것만은 꼭!

1. 사회 실재론은 사회가 개인의 외부에서 독자적으로 작동하며, 개인의 사고와 행동을 구속한다고 본다.
2. 사회 명목론은 개인이 자율적으로 행동하는 존재라고 본다.
3. 사회 실재론은 사회의 속성이 개개인의 속성으로 환원될 수 없다고 보고, 사회 명목론은 사회의 속성이 개개인의 속성으로 환원될 수 있다고 본다.

09 사회 실재론

| 정답 ① | 22년 3월 학력평가 7번

❶	②	③	④	⑤
78%	4%	9%	6%	3%

다음 글의 개인과 사회의 관계를 바라보는 관점에 대한 옳은 설명만을 〈보기〉에서 고른 것은?

> 건물의 벽과 문이 사람이 드나드는 경로를 결정하듯이 개인의 외부에 존재하는 사회 구조가 개인의 행동 범위를 제약하고 그 한계를 설정한다. └ 사회 실재론

보기
ㄱ. 사회가 개인에 비하여 우월한 존재라고 본다. - 사회 실재론
ㄴ. 사회가 고유한 특성을 지니며 실재한다고 본다. - 사회 실재론
ㄷ. 사적 이익의 총합이 곧 사회 전체의 이익이라고 본다. - 사회 명목론
ㄹ. 사회 문제 해결을 위해 제도 개선보다 의식 개선이 중요하다고 본다. - 사회 명목론

① ㄱ, ㄴ ② ㄱ, ㄷ ③ ㄴ, ㄷ ④ ㄴ, ㄹ ⑤ ㄷ, ㄹ

✓ 자료 분석 제시문에 나타난 관점은 사회 실재론이다. 사회 실재론은 사회가 실제로 존재하며 구성원들에게 외재성을 지니며, 구성원들의 의식과 행동을 구속한다고 본다.

○ 정답 찾기 ㄱ. 사회 실재론은 사회가 개인의 외부에 존재하며, 개인보다 우월한 존재라고 본다.
ㄴ. 사회 실재론은 사회가 구성원들의 합 이상의 존재로서 개개인의 특성을 초월한 고유한 특성을 지닌다고 본다.

× 오답 풀이 ㄷ. 사회 명목론은 사회 전체의 이익은 단지 개인별 이익의 총합에 불과하다고 본다.
ㄹ. 사회 문제의 해결을 위해 사회 실재론은 제도의 개선을 중시하는 반면, 사회 명목론은 개인의 의식 개선을 중시한다.

이것만은 꼭!
1. 사회 실재론은 사회가 개인 외부에 실재한다고 본다.
2. 사회 명목론은 사회 문제의 해결을 위해 의식 개선을 중시한다.
3. 사회 명목론은 사회 전체의 이익이 사적 이익의 총합에 불과하다고 본다.

10 사회 실재론

| 정답 ③ | 22년 4월 학력평가 16번

①	②	❸	④	⑤
4%	4%	76%	11%	5%

다음에 나타난 개인과 사회의 관계를 바라보는 관점에 부합하는 진술만을 〈보기〉에서 고른 것은? [3점]

> 개인의 성격 및 행동 양상은 그가 어떤 집단 속에 있는가에 따라 달라진다. 학교나 직장에서는 온건하게 행동하던 사람도 운동 경기 응원단이나 시위대의 일원이 되면 자신도 모르게 목청껏 구호를 외치거나 과격한 행동까지도 서슴지 않는다. 이와 같이 개인의 고유한 심성이라는 것은 존재하지 않으며, 사회 집단에 의하여 개인의 태도나 행동이 결정된다. └ 사회 실재론

보기
ㄱ. 개인의 능동성이 사회의 구속성보다 우선한다. - 사회 명목론
ㄴ. 사회는 개인 외부에 존재하는 독립적 실체이다. - 사회 실재론
ㄷ. 사회의 속성은 개인의 속성으로 환원될 수 없다. - 사회 실재론
ㄹ. 사회 문제는 제도 개혁보다 의식 개선으로 해결할 수 있다. - 사회 명목론

① ㄱ, ㄴ ② ㄱ, ㄷ ③ ㄴ, ㄷ ④ ㄴ, ㄹ ⑤ ㄷ, ㄹ

✓ 자료 분석 제시문에 나타난 관점은 사회 실재론이다. 사회 실재론은 사회가 구성원들의 합 이상의 존재로서 개개인의 특성을 초월한 고유한 특성을 지니며, 사회 구성원의 태도나 행동이 사회에 의해 결정된다고 본다.

○ 정답 찾기 ㄴ. 사회 실재론은 사회가 실제로 존재하는 독립적인 실체로 외재성을 지닌다고 본다.
ㄷ. 사회 실재론은 사회가 개개인의 특성을 초월한 고유한 특성을 지니므로 개인으로 환원될 수 없는 고유한 속성을 지닌다고 본다.

× 오답 풀이 ㄱ. 사회 명목론은 개인의 자율성과 능동성을 강조한다.
ㄹ. 사회 문제의 해결 방안으로 사회 실재론은 제도의 개선을 강조하고, 사회 명목론은 개인의 의식 개선을 강조한다.

이것만은 
1. 사회 실재론은 사회가 개인 외부에 실재한다고 본다.
2. 사회 실재론은 사회의 속성이 개인의 속성으로 환원될 수 없다고 본다.
3. 사회 실재론은 사회 문제의 해결 방안으로 제도의 개선을 강조한다.

11 사회 실재론과 사회 명목론

| 정답 ① | 22년 7월 학력평가 12번

❶	②	③	④	⑤
86%	3%	3%	5%	3%

표는 개인과 사회의 관계를 바라보는 관점을 파악하기 위한 질문과 답변이다. 사회 명목론과 사회 실재론 중 하나의 입장에서 일관되게 응답한 학생은?

질문 \ 학생	갑	을	병	정	무
사회가 개인의 외부에 실제로 존재한다고 보는가? └ 사회 실재론	×	×	○	×	○
사회의 특성이 개인의 특성으로 환원된다고 보는가? └ 사회 명목론	○	×	×	○	○
개인이 사회에 의해 구조화된 행동을 한다고 보는가? └ 사회 실재론	×	○	○	○	×
개인의 자유 의지가 사회의 구속력보다 우위에 있다고 보는가? └ 사회 명목론	○	×	○	×	×

(○: 예, ×: 아니요)

①갑　②을　③병　④정　⑤무

✓ 자료 분석 사회 실재론은 사회가 실제로 존재하며 외재성을 지닌다고 보는 반면, 사회 명목론은 사회가 실제로 존재하지 않으며 단지 개개인의 집합체를 가리키기 위해 붙여진 이름에 불과하다고 본다.

○ 정답 찾기 ① 사회가 개인의 외부에 실제로 존재한다고 보는 관점은 사회 실재론이고, 사회의 특성이 개인의 특성으로 환원된다고 보는 관점은 사회 명목론이며, 개인이 사회에 의해 구조화된 행동을 한다고 보는 관점은 사회 실재론이고, 개인의 자유 의지가 사회의 구속력보다 우위에 있다고 보는 관점은 사회 명목론이다. 사회 실재론의 입장에서 일관되게 응답을 하면 'o, ×, o, ×'이고, 사회 명목론의 입장에서 일관되게 응답을 하면 '×, o, ×, o'이다.

이것만은 꼭!

1. 사회 명목론은 사회의 특성이 개인의 특성으로 환원된다고 본다.
2. 사회 실재론은 사회가 개인의 외부에 실제로 존재한다고 본다.
3. 사회 명목론은 개인의 행위에 미치는 사회 구조의 영향력을 간과한다는 비판을 받는다.

제2권 교육청 해설

12 사회 실재론

| 정답 ② | 22년 10월 학력평가 17번

①	❷	③	④	⑤
1%	91%	1%	4%	3%

다음 글에 나타난 개인과 사회의 관계를 바라보는 관점에 부합하는 진술만을 〈보기〉에서 고른 것은?

> 아무리 내성적이고 과묵한 사람이라 할지라도 적극적이고 활동적인 태도를 요구하는 집단의 구성원이 되면 차츰 외향적으로 변해가기 마련이다. 이처럼 개개인의 성향도 그가 속한 사회의 영향을 받아 결정된다. (사회 실재론)

〈보기〉

ㄱ. 개인의 사고와 행동은 사회에 의해 구속된다. - 사회 실재론

ㄴ. 개인은 자율적으로 행동하는 능동적 존재이다. - 사회 명목론

ㄷ. 사회는 개인의 외부에서 독자적으로 작동한다. - 사회 실재론

ㄹ. 사회의 속성은 개개인의 속성으로 환원될 수 있다. - 사회 명목론

① ㄱ, ㄴ　②ㄱ, ㄷ　③ ㄴ, ㄷ　④ ㄴ, ㄹ　⑤ ㄷ, ㄹ

✓ 자료 분석 제시문은 개개인의 성향이 그가 속한 사회의 영향을 받아 결정된다고 보고 있으므로 이는 사회 실재론에 해당한다.

○ 정답 찾기 ㄱ. 사회 실재론은 개인의 사고와 행동이 사회의 영향을 받으며, 사회에 의해 구속된다고 본다.
ㄷ. 사회 실재론은 사회가 개인의 외부에 실제로 존재하며 독자적으로 작동한다고 본다.

× 오답 풀이 ㄴ. 개인이 자율적으로 행동하는 능동적 존재라고 보는 관점은 사회 명목론이다.
ㄹ. 사회의 속성이 개개인의 속성으로 환원될 수 있다고 보는 관점은 사회 명목론이다.

이것만은 꼭!

1. 사회 실재론은 사회가 개인의 사고와 행동을 구속한다고 본다.
2. 사회 명목론은 개인이 자율적으로 행동하는 존재라고 본다.
3. 사회 실재론은 사회의 속성이 개개인의 속성으로 환원될 수 없다고 보는 반면, 사회 명목론은 사회의 속성이 개개인의 속성으로 환원될 수 있다고 본다.

13 사회 실재론

| 정답 ④ | 21년 3월 학력평가 7번

①	②	③	❹	⑤
3%	3%	7%	84%	3%

다음 글의 개인과 사회의 관계를 바라보는 관점에 대한 옳은 설명만을 〈보기〉에서 고른 것은?

> 축구팀의 성적에는 선수 개개인의 능력보다 팀워크가 중요하다.(사회 실재론) 비록 선수 개개인의 능력이 부족하더라도 팀은 얼마든지 좋은 성적을 낼 수 있다. 하나의 팀은 선수들의 총합 그 이상의 존재이기 때문이다.(사회 실재론) 개인과 사회의 관계도 이와 같다.

〈보기〉
ㄱ. 공익보다 개인의 이익을 중시한다. - 사회 명목론
ㄴ. 사회가 개인의 외부에 실제로 존재한다고 본다. - 사회 실재론
ㄷ. 개인이 자율성과 능동성을 지닌 존재임을 강조한다. - 사회 명목론
ㄹ. 사회의 특성은 구성원들의 특성으로 환원될 수 없다고 본다. - 사회 실재론

① ㄱ, ㄴ ② ㄱ, ㄷ ③ ㄴ, ㄷ ④ ㄴ, ㄹ ⑤ ㄷ, ㄹ

✔ 자료 분석 제시문은 하나의 팀이 선수 개개인의 총합 이상이므로 선수 개인의 능력보다 팀워크가 더 중요하다고 보고 있다. 이는 사회 실재론에 해당한다. 사회 실재론은 사회가 구성원들의 합 이상의 존재로서 개개인의 특성을 초월한 고유한 특성을 지니며, 사회는 구성원들의 교체에도 불구하고 고유한 특성을 유지하며 지속된다고 본다.

○ 정답 찾기 ㄴ. 사회 실재론은 사회가 실제로 존재하며 구성원들에게 외재성을 지닌다고 본다.
ㄹ. 사회 실재론은 사회가 개개인의 특성을 초월한 고유한 특성을 지닌다고 보며 이로 인해 사회는 개인으로 환원될 수 없는 고유한 성격을 지니고 있다고 본다.

✕ 오답 풀이 ㄱ. 사회 명목론은 공익은 단지 개인별 이익의 총합에 불과하므로 개인의 권리와 이익을 보장하는 것이 중요하다고 본다.
ㄷ. 사회 명목론은 개인의 자율성과 능동성을 강조한다.

이것만은 꼭!
1. 사회 실재론은 사회가 개인 외부에 실재한다고 본다.
2. 사회 명목론은 공익이 개인적 이익의 총합에 불과하다고 본다.
3. 사회 명목론은 개인이 자율성과 능동성을 지닌 존재라고 본다.

14 사회 명목론

| 정답 ② | 21년 4월 학력평가 6번

①	❷	③	④	⑤
2%	91%	3%	4%	0%

다음 글에서 강조하는 개인과 사회의 관계를 바라보는 관점에 대한 옳은 설명만을 〈보기〉에서 고른 것은? [3점]

> 많은 사람들이 정책 수립의 기준으로 '공동체의 이익'을 내세우며 공동체를 독립적 실체로 여긴다. 하지만 공동체란 허구적 개념으로,(사회 명목론) 이를 구성하는 개인들의 집합체에 불과하다. 따라서 '공동체의 이익'이라는 것도 결국 개개인의 이익을 모두 합한 것일 뿐이다.(사회 명목론)

〈보기〉
ㄱ. 사회의 구속성보다 개인의 능동성을 강조한다. - 사회 명목론
ㄴ. 개인은 사회 속에서만 존재 의미를 지닌다고 본다. - 사회 실재론
ㄷ. 사회 규범은 개인들이 옳다고 믿기에 존재한다고 본다. - 사회 명목론
ㄹ. 사회는 개인의 속성으로 환원할 수 없는 고유한 성격을 지닌다고 본다. - 사회 실재론

① ㄱ, ㄴ ② ㄱ, ㄷ ③ ㄴ, ㄷ ④ ㄴ, ㄹ ⑤ ㄷ, ㄹ

✔ 자료 분석 제시문은 공동체가 독립된 실체가 아니라 허구적 개념에 불과하다고 보고 있다. 이는 사회 명목론에 해당한다.

○ 정답 찾기 ㄱ. 사회 명목론은 개인을 사회보다 우월한 가치를 갖는 존재로 보므로 사회의 구속성보다 개인의 자율성과 능동성을 강조한다.
ㄷ. 사회 명목론은 사회 규범은 개인들이 옳다고 믿기 때문에 존재하는 것이라고 본다.

✕ 오답 풀이 ㄴ. 사회 실재론은 사회가 개인의 의식과 행동을 구속하므로 개인은 사회 속에서만 존재 의미를 지닌다고 본다.
ㄹ. 사회 실재론은 사회가 개인의 속성으로 환원될 수 없는 고유한 성격을 지닌다고 본다.

이것만은 꼭!
1. 사회 명목론은 공동체를 허구적 개념으로 본다.
2. 사회 명목론은 개인의 능동성을 강조하고, 사회 실재론은 사회 규범의 구속성을 강조한다.
3. 사회 명목론은 사회 규범은 구성원이 옳다고 믿기 때문에 존재한다고 본다.

15 사회 실재론

| 정답 ⑤ | 21년 7월 학력평가 8번

①	②	③	④	⑤
3%	3%	2%	5%	87%

다음 글에 나타난 개인과 사회의 관계를 바라보는 관점에 대한 설명으로 옳은 것은?

> 내가 사용하는 기호 체계, 화폐 제도, 신용 도구는 모두 나와는 독립적으로 사회적 기능을 수행한다. 또한 내가 학생 또는 시민으로서 행하는 의무는 나의 행위에 외재하는 법과 관습으로 규정된 것을 수행하는 것이다. 이렇듯 사회는 나의 지각 범위 밖에 존재하며 나의 삶을 구조화한다. (사회 실재론)

① 개인의 발전은 곧 사회의 발전이라고 본다. - 사회 명목론
② 사회 규범의 구속성보다 개인의 자율성이 우선된다고 본다. - 사회 명목론
③ 사회 문제의 원인을 사회 제도보다 개인의 의식에서 찾는다. - 사회 명목론
④ 사회는 개인의 이익을 실현하기 위한 수단에 불과하다고 본다. - 사회 명목론
⑤ 개인은 사회 구조와의 관련 속에서만 존재 의미를 지닌다고 본다.

✓ 자료 분석 제시문에 나타난 개인과 사회의 관계를 바라보는 관점은 사회 실재론이다. 사회 실재론은 사회가 실제로 존재하며 구성원들에게 외재성을 지닌다고 본다.

O 정답 찾기 ⑤ 사회 실재론은 개인의 행동과 의식이 실재하는 사회에 의해 구속되므로 개인은 사회 구조와의 관련 속에서만 존재 의미를 지닌다고 본다.

X 오답 풀이 ① 개인의 발전이 곧 사회의 발전이라고 보는 관점은 사회 명목론이다.
② 사회 규범의 구속성보다 개인의 자율성이 우선된다고 보는 관점은 사회 명목론이다.
③ 사회 문제의 원인을 사회 제도보다 개인의 의식에서 찾는 관점은 사회 명목론이다.
④ 사회가 개인의 이익을 실현하기 위한 수단에 불과하다고 보는 관점은 사회 명목론이다.

이것만은 꼭!

1. 사회 실재론은 사회가 구성원들의 교체에도 불구하고 고유한 특성을 유지하며 지속된다고 본다.
2. 사회 명목론은 사회 문제의 해결에 있어 사회 구조나 제도 개선보다 개인의 의식 개선이 우선되어야 한다고 본다.
3. 사회 유기체설은 사회 실재론과 관련 있고, 사회 계약설은 사회 명목론과 관련 있다.

제2권 교육청 해설

16 사회 실재론과 사회 명목론

| 정답 ② | 21년 10월 학력평가 14번

①	②	③	④	⑤
2%	85%	2%	9%	2%

다음 자료의 A, B에 대한 옳은 설명만을 〈보기〉에서 고른 것은? (단, A와 B는 각각 사회 명목론과 사회 실재론 중 하나이다.)

○ 서술형 문항: A(사회 실재론)와 다른 B(사회 명목론)의 주장을 3개 서술하시오. (옳은 주장 1개당 1점이고, 틀린 주장은 0점임)
○ 학생 갑의 서술 내용과 채점 결과

답란	점수
개인은 사회에 대하여 자율성을 갖는다. - 사회 명목론	2점
사회는 개인의 외부에 실재한다. - 사회 실재론	
사회의 특성이 구성원들의 특성으로 환원될 수 있다. - 사회 명목론	

〈보기〉
ㄱ. A는 사회가 개인보다 우월한 가치를 지닌다고 본다. (사회 실재론)
ㄴ. B(A)는 사회를 떠난 개인은 존재 의미를 갖기 어렵다고 본다. (사회 실재론)
ㄷ. A는 B와 달리 사회 문제 해결책으로 제도 개선을 강조한다. (사회 실재론)
ㄹ. B(A)는 A(B)와 달리 극단적일 경우 전체주의로 이어질 수 있다. (사회 실재론)

① ㄱ, ㄴ ② ㄱ, ㄷ ③ ㄴ, ㄷ ④ ㄴ, ㄹ ⑤ ㄷ, ㄹ

✓ 자료 분석 '개인은 사회에 대하여 자율성을 갖는다.'와 '사회의 특성이 구성원들의 특성으로 환원될 수 있다.'는 사회 명목론의 입장이며, '사회는 개인의 외부에 실재한다.'는 사회 실재론의 입장이다. 갑이 받은 점수가 2점이므로 갑은 사회 실재론과 다른 사회 명목론의 주장을 작성하였다. 따라서 A는 사회 실재론, B는 사회 명목론이다.

O 정답 찾기 ㄱ. 사회 실재론은 사회가 구성원들의 합 이상의 존재로서 개개인의 특성을 초월한 고유한 특성을 가지므로 사회가 개인보다 우월한 가치를 지닌다고 본다.
ㄷ. 사회 실재론은 사회 명목론과 달리 사회 구조나 제도의 문제가 구성원 개개인의 잘못된 의식이나 행위를 초래한다고 본다. 따라서 사회 문제 해결에 있어 개인의 의식 개선보다 사회 구조나 제도의 개선을 강조한다.

X 오답 풀이 ㄴ. 사회 실재론은 사회를 떠난 개인은 존재 의미를 갖기 어렵다고 본다.
ㄹ. 사회 실재론은 극단적일 경우 전체주의로 이어질 수 있다.

이것만은 꼭!

1. 사회 실재론은 사회를 떠난 개인은 존재 의미를 갖기 어렵다고 보므로 극단적일 경우 전체주의로 이어질 수 있다.
2. 사회 실재론은 사회 문제 해결에 있어 개인의 의식 개선보다 사회 구조 및 제도의 개선을 강조한다.
3. 사회 명목론은 사회의 특성이 구성원들의 특성으로 환원될 수 있다고 본다.

17 사회 실재론과 사회 명목론

| 정답 ③ | 20년 3월 학력평가 2번

①	②	❸	④	⑤
3%	5%	87%	3%	2%

개인과 사회의 관계를 보는 갑, 을의 관점에 대한 옳은 설명만을 〈보기〉에서 고른 것은? [3점]

> 사회자: 유권자들이 투표를 할 때 무엇을 고려해야 할까요?
> 갑: 정당은 당원들이 모인 집합체에 불과하므로 후보자 개인의 자질을 고려해야 합니다. 사회 명목론
> 을: 정당은 고유한 특성이 있고, 후보자는 소속 정당의 영향을 받기 마련이므로 소속 정당을 보고 투표해야 합니다. 사회 실재론

보기
ㄱ. 갑의 관점은 개인의 행동이 사회에 의해 구속된다고 본다. (사회 실재론)
ㄴ. 을의 관점은 사회를 개인의 외부에 실재하는 것으로 본다. (사회 실재론)
ㄷ. 갑의 관점은 을의 관점과 달리 공익이 개인적 이익의 총합을 가리키는 말에 불과하다고 본다. 사회 명목론
ㄹ. 을의 관점은 갑의 관점과 달리 사회 문제 해결 시 제도 개혁보다 의식 개혁을 중시한다. 사회 명목론

① ㄱ, ㄴ ② ㄱ, ㄷ ③ ㄴ, ㄷ ④ ㄴ, ㄹ ⑤ ㄷ, ㄹ

✔ 자료 분석 갑은 사회가 실제로 존재하지 않고, 단지 개개인의 집합체를 가리키기 위해 붙여진 이름에 불과하다고 보고 있으므로 이는 사회 명목론에 해당한다. 을은 사회가 고유한 특성을 지닌 존재로 구성원들의 의식과 행동을 구속한다고 보고 있으므로 이는 사회 실재론에 해당한다.

O 정답 찾기 ㄴ. 사회 실재론은 사회가 실제로 존재하며 구성원들에게 외재성을 지닌다고 본다.
ㄷ. 사회 명목론은 공익이란 단지 개인별 이익의 총합에 불과하므로 개인의 권리와 이익을 보장하는 것이 중요하다고 본다. 반면, 사회 실재론은 공익이란 구성원 개개인의 이익을 초월한 의미를 지니므로 공익이 개인의 이익보다 높은 가치를 지닌다고 본다.

× 오답 풀이 ㄱ. 사회 실재론은 사회가 개인보다 우월한 존재로 구성원들의 의식과 행동을 구속한다고 본다.
ㄹ. 사회 문제의 해결에 있어서 사회 실재론은 개인의 의식 개혁보다 사회 제도의 개혁을 우선시하는 반면, 사회 명목론은 사회 제도의 개혁보다 개인의 의식 개혁을 우선시한다.

이것만은 꼭!
1. 사회 실재론은 사회가 개인의 행동을 구속한다고 본다.
2. 사회 명목론은 공익이 개인적 이익의 총합에 불과하다고 본다.
3. 사회 문제의 해결에 있어 사회 실재론은 제도 개혁을, 사회 명목론은 개인의 의식 개혁을 우선시한다.

18 사회 실재론

| 정답 ④ | 20년 4월 학력평가 6번

①	②	③	❹	⑤
1%	3%	6%	82%	8%

개인과 사회의 관계를 바라보는 을의 관점에 대한 옳은 설명만을 〈보기〉에서 고른 것은? [3점]

> 갑: 도시 주변의 일부 지역을 개발 제한 구역으로 지정하는 제도가 개인의 재산권을 침해한다는 논란이 있습니다. 이에 대해 어떻게 생각하십니까?
> 을: 개발 제한 구역 제도는 도시의 무질서한 확산 방지 및 자연환경 보전이라는 공익 실현에 기여합니다. 이를 위한 사회 실재론 - 개인의 재산권 제한은 불가피한 것입니다. 공익은 사익의 총합으로 설명되지 않는 고유한 특성을 지니고 있어, 개인의 사익 추구만으로는 실현되지 않습니다. 사회 실재론

보기
ㄱ. 개인의 자율적 · 능동적 측면을 중시한다. - 사회 명목론
ㄴ. 사회가 개인 외부에 존재하는 독립적 실체라고 본다. - 사회 실재론
ㄷ. 사회 문제의 해결책으로 개인의 의식 개선을 강조한다. - 사회 명목론
ㄹ. 개인의 사고와 행동에 대한 사회 구조의 영향력을 중시한다. - 사회 실재론

① ㄱ, ㄴ ② ㄱ, ㄷ ③ ㄴ, ㄷ ④ ㄴ, ㄹ ⑤ ㄷ, ㄹ

✔ 자료 분석 을은 공공의 이익을 추구하기 위해 개인의 재산권 제한은 불가피하며, 공공의 이익은 개인의 이익의 총합보다 더 큰 가치를 지닌다고 보고 있다. 이는 사회 실재론에 해당한다.

O 정답 찾기 ㄴ. 사회 실재론은 사회가 실제로 존재하며 개개인의 특성을 초월한 고유한 특성을 지닌 독립적 실체라고 본다.
ㄹ. 사회 실재론은 사회가 개인보다 우월한 존재로서 구성원들의 의식과 행동에 영향을 미친다고 본다. 즉, 사회 실재론은 사회 구조의 영향력을 중시한다.

× 오답 풀이 ㄱ. 사회 실재론은 사회를 통해 개개인의 특성을 설명할 수 있다고 보므로 개인의 자율적이고 능동적인 면을 경시한다. 반면, 사회 명목론은 사회 구성원이 바뀌면 사회의 특성도 변화한다고 보므로 개인의 자율적이고 능동적인 면을 중시한다.
ㄷ. 사회 실재론은 사회 구조의 문제가 개개인의 잘못된 의식을 초래하므로 사회 문제의 해결을 위해 사회 구조나 제도의 개선을 우선시한다. 반면, 사회 명목론은 개개인의 잘못된 의식으로 인해 사회 문제가 발생한다고 보므로 사회 문제의 해결을 위해 개인의 의식 개선을 중시한다.

이것만은 꼭!
1. 사회 실재론은 사회가 개인 외부에 존재하는 독립적 실체로 본다.
2. 사회 실재론은 개인의 사고와 행동에 대한 사회 구조의 영향력을 중시한다.
3. 사회 문제의 해결책으로 사회 실재론은 제도의 개선을 강조하고, 사회 명목론은 의식의 개선을 강조한다.

19 사회 실재론과 사회 명목론

| 정답 ② | 20년 7월 학력평가 13번

①	❷	③	④	⑤
3%	84%	6%	4%	3%

개인과 사회의 관계를 바라보는 관점 (가), (나)에 대한 설명으로 옳은 것은?

> (가) 사회는 비록 개인의 합이지만, 일단 사회가 형성이 되면 하나의 단위로서 독자성을 갖는다. 예를 들어 남녀가 만나 하나의 가정을 이루게 되면, 가정은 이 두 남녀의 성격을 합친 것과는 분명히 다른 독자적인 특성을 갖게 된다. (사회 실재론)
>
> (나) 사회가 성립된다고 하더라도 개인은 사회로부터 자유롭지 못한 피동적 존재가 아니다. 도리어 개인은 사회의 영향으로부터 벗어나 독자적 영역을 가지며, 개인의 결단에 따라 모든 사회적 행위가 구성된다. (사회 명목론)

① (가)[→(나)]는 사회가 허구적 실체에 불과하다고 본다. (사회 명목론)

② (나)는 사회를 개인으로 환원하여 설명할 수 있다고 본다. (사회 명목론)

③ (가)[→(나)]는 (나)[→(가)]와 달리 개인의 속성이 사회의 속성을 결정한다고 본다. (사회 명목론)

④ (나)[→(가)]는 (가)[→(나)]와 달리 인간 행동에 개인 의지보다 사회 제도가 더 큰 영향을 줄 것이라고 본다. (사회 실재론)

⑤ (가), ~~(나)는 모두~~ 사회 구조가 개인 행위의 한계를 설정하는 주요 요인임을 강조한다. (사회 실재론)

✔ 자료 분석 (가)는 사회가 형성이 되면 하나의 단위로서 독자성을 가짐을 강조하고 있으므로 사회 실재론에 해당한다. (나)는 개인이 피동적 존재가 아니라 개인의 결단에 따라 사회적 행위가 구성된다고 보고 있으므로 사회 명목론에 해당한다.

O 정답 찾기 ② 사회 명목론은 사회는 실제로 존재하지 않으며 개개인의 집합체에 붙여진 이름에 불과하므로 사회를 개인으로 환원하여 설명할 수 있다고 본다.

✕ 오답 풀이 ① 사회 명목론은 사회가 개인의 집합체에 붙여진 이름에 불과하며 실제로 존재하지 않는 허구적 실체에 불과하다고 본다.
③ 사회 명목론은 개인이 사회보다 우월한 가치를 가진다고 보며, 이로 인해 사회 구성원이 바뀌거나 사람들의 의식이 변화하면 사회의 특성도 변화한다고 본다.
④ 사회 명목론은 사회 구조나 체제보다 개인의 의식이나 행위가 인간의 행동에 더 큰 영향을 준다고 본다.
⑤ 사회 실재론은 사회가 구성원의 의식과 행동을 구속한다고 보므로 사회 구조가 개인 행위의 한계를 설정한다고 본다.

이것만은 꼭!
1. 사회 명목론은 사회를 개인으로 환원하여 설명할 수 있다고 본다.
2. 사회 명목론은 개인의 속성이 사회의 속성을 결정한다고 본다.
3. 사회 실재론은 사회 구조가 개인 행위의 한계를 설정한다고 본다.

20 사회 실재론과 사회 명목론

| 정답 ① | 20년 10월 학력평가 13번

❶	②	③	④	⑤
91%	5%	2%	1%	1%

개인과 사회의 관계를 바라보는 관점 (가), (나)에 대한 옳은 설명만을 <보기>에서 고른 것은?

> (가) 경제 활동 방식과 같은 개인의 행위는 그가 속한 사회에 이미 존재하는 사회 체제에 의해 결정된다. (사회 실재론)
>
> (나) 경제 체제와 같은 사회 체제는 개인들의 협상에 의해 만들어진 약속 체계에 붙여진 이름에 불과하다. (사회 명목론)

<보기>

ㄱ. (가)는 사회를 떠난 개인이 존재 의미를 가질 수 없다고 본다. (사회 실재론)
ㄴ. (나)는 공익이 개개인의 이익의 총합과 같다고 본다. (사회 명목론)
ㄷ. (가)[→(나)]는 (나)[→(가)]와 달리 사회의 특성이 개개인의 특성으로 환원될 수 있다고 본다. (사회 명목론)
ㄹ. (가)[→(나)]는 개인의 의식에서, (나)[→(가)]는 사회 구조에서 사회 문제의 원인을 찾는다. (사회 명목론) (사회 실재론)

① ㄱ, ㄴ ② ㄱ, ㄷ ③ ㄴ, ㄷ ④ ㄴ, ㄹ ⑤ ㄷ, ㄹ

✔ 자료 분석 (가)는 개인의 행위가 사회 체계에 의해 결정된다고 보므로 사회 실재론에 해당하며, (나)는 사회 체계가 이름에 불과하다고 보므로 사회 명목론에 해당한다.

O 정답 찾기 ㄱ. 사회 실재론은 사회가 개인의 특성을 초월한 고유한 특성을 지니고 개인은 사회를 떠나서는 존재 의미를 가질 수 없다고 본다.
ㄴ. 사회 명목론은 사회가 개개인의 집합체를 가리키기 위해 붙여진 이름에 불과하고 공익은 개개인의 이익의 총합에 불과하다고 본다.

✕ 오답 풀이 ㄷ. 사회 명목론은 사회가 개개인을 떠나 별도의 고유한 특성을 갖는 존재가 아니므로 사회의 특성이 개개인의 특성으로 환원된다고 본다.
ㄹ. 사회 실재론은 사회 제도의 문제로 인해 사회 문제가 발생한다고 보는 반면, 사회 명목론은 개개인의 잘못된 의식이나 행위로 인해 사회 문제가 발생한다고 본다.

이것만은 꼭!
1. 사회 실재론은 개인이 사회를 떠나서는 의미를 가질 수 없다고 본다.
2. 사회 명목론은 공익이 개개인의 이익의 총합과 같다고 본다.
3. 사회 명목론은 사회의 특성이 개개인의 특성으로 환원될 수 있다고 본다.

필출 주제 **06**

사회화 및 지위와 역할

제1권 p.039 ~ 043

01 ④ 02 ⑤ 03 ① 04 ① 05 ② 06 ① 07 ② 08 ① 09 ② 10 ⑤ 11 ④ 12 ③ 13 ④ 14 ⑤ 15 ⑤ 16 ⑤ 17 ① 18 ②

01 사회화 및 지위와 역할

| 정답 ④ | 24년 3월 학력평가 8번

①	②	③	❹	⑤
5%	17%	16%	57%	5%

밑줄 친 ㉠~㉥에 대한 설명으로 옳은 것은? [3점]

> 대학 시절 창업을 꿈꾸었던 갑은 ㉠어머니(성취 지위)의 권유에 따라 ㉡A 회사(2차 집단, 이익 사회)에 입사하였다. 갑은 업무 능력을 인정받아 작년에 ㉢'올해의 우수 사원상'(역할 행동에 대한 보상)을 수상하고 ㉣과장(성취 지위)으로 승진하였다. 하지만 사업을 하는 ㉤대학교(이익 사회, 2차적 사회화 기관) 동창을 만날 때마다 ㉥회사를 그만두고 창업할지에 대한 고민(역할 갈등 ×)을 털어놓곤 한다.

① ㉡은 2차 집단~~이자 자발적 결사체~~이다.
② ㉢은 갑의 ~~역할~~(역할 행동)에 대한 보상이다.
③ ㉣은 ㉠~~과 달리~~(모두) 성취 지위이다.
④ ㉤은 이익 사회이자 2차적 사회화 기관이다.
⑤ ㉥은 갑의 역할 갈등~~이다~~(이 아니다).

✔ 자료 분석 개인의 역할 행동이 사회적 기대에 부합될 때 주어지는 상이나 칭찬 등을 보상이라고 한다.

O 정답 찾기 ④ 대학교는 선택 의지에 의해 결합되었으므로 이익 사회에 해당하고, 전문적인 지식과 기능의 사회화를 담당하므로 2차적 사회화 기관에 해당한다.

× 오답 풀이 ① A 회사는 수단적 만남과 간접적 접촉이 이루어지므로 2차 집단에 해당한다. 그러나 A 회사는 공동의 관심사나 목표를 가진 사람들이 자발적으로 결성한 자발적 결사체에 해당하지 않는다.
② 올해의 우수 사원상을 수상한 것은 갑이 사원으로서 역할 행동을 잘했기 때문에 주어진 보상이다.
③ 어머니와 과장은 모두 성취 지위에 해당한다.
⑤ 회사를 그만두고 창업할지에 대해 고민하는 것은 역할 간 충돌로 인해 나타나는 갈등이 아니므로 갑의 역할 갈등에 해당하지 않는다.

이것만은 꼭!
1. 역할 행동은 한 개인이 역할에 대해 해석하고 평가하여 실천하는 방식이다.
2. 개인의 역할 행동에 따라 보상과 제재가 주어진다.
3. 2차적 사회화 기관은 전문적이고 심화된 수준의 사회화를 담당한다.

02 사회화 및 지위와 역할

| 정답 ⑤ | 24년 5월 학력평가 13번

①	②	③	④	❺
6%	6%	2%	11%	75%

밑줄 친 ㉠~㉥에 대한 설명으로 옳은 것은?

〈3학년 ○반 역할 분담표〉

명칭	역할
도서 도우미	도서 및 ㉠작가(성취 지위) 소개하기
미디어 도우미	학급 인터넷 신문 제작하기
에너지 도우미	이동 수업 시 에어컨 전원 끄기
생일 축하 도우미	생일인 ㉡학생(성취 지위) 축하해 주기

> 교사: 1년 동안 자신이 맡고 싶은 도우미를 이야기해 봅시다.
> 갑: 도서 도우미와 생일 축하 도우미 중 무엇을 선택할지 ㉢고민돼요.(역할 갈등 ×)
> 을: ㉣중학교(공식적 사회화 기관) 때 교내 에너지 절약 캠페인에 적극적으로 참여해서 ㉤모범상을 받았어요.(역할 행동에 대한 보상) 그래서 에너지 도우미를 하고 싶어요.
> 병: ㉥방송국에서 근무하고 싶어서, 미디어 도우미를 하고 싶어요.(2차적 사회화 기관)

① ㉠은 성취 지위이고, ㉡은 ~~귀속~~(성취) 지위이다.
② ㉢은 갑이 겪는 역할 갈등~~이다~~(이 아니다).
③ ㉣은 ~~비공식적~~(공식적) 사회화 기관이다.
④ ㉤은 을의 ~~역할~~(역할 행동)에 대한 보상이다.
⑤ ㉥은 2차적 사회화 기관이다.

✔ 자료 분석 역할은 지위에 따라 집단이나 사회가 규정하고 있는 행동 방식을 말하고, 역할 행동은 개인이 자신의 역할에 대해 해석하고 평가하여 실천하는 방식을 말한다.

O 정답 찾기 ⑤ 방송국은 전문적인 지식과 기능의 사회화를 담당하는 2차적 사회화 기관에 해당한다.

× 오답 풀이 ① 작가와 학생은 모두 성취 지위에 해당한다.
② 도서 도우미와 생일 축하 도우미 중 무엇을 선택할지 고민하는 것은 역할 간 충돌로 인해 나타나는 갈등이 아니므로 역할 갈등에 해당하지 않는다.
③ 중학교는 사회화를 목적으로 설립된 공식적 사회화 기관에 해당한다.
④ 모범상을 받은 것은 을의 역할 행동에 대한 보상에 해당한다.

이것만은 꼭!
1. 사회화 기관은 설립 목적에 따라 공식적 사회화 기관과 비공식적 사회화 기관으로 구분되고, 사회화 내용에 따라 1차적 사회화 기관과 2차적 사회화 기관으로 구분된다.
2. 개인의 역할 행동에 따라 보상과 제재가 주어진다.
3. 역할 갈등은 개인에게 요구되는 서로 다른 역할들이 충돌하여 나타나는 심리적 갈등을 말한다.

03 사회화 및 지위와 역할

| 정답 ① | 24년 10월 학력평가 8번

❶	②	③	④	⑤
83%	6%	2%	5%	4%

다음 자료에 대한 설명으로 옳은 것은?

> ㉠중학교 때 갑은 ㉡어머니를 따라 ㉢환경 단체에 가입해 지금까지 함께 활동하고 있다. ㉣회사의 ㉤사장인 어머니가 고등학교에 입학한 갑에게 학업을 위해 환경 단체 활동을 그만두라고 하여, 갑은 어머니와 ㉥갈등하고 있다.

(㉠ 갑이 현재 속해 있는 이익 사회 ×, 자발적 결사체 × / ㉡ 성취 지위 / ㉢ 이익 사회, 공식 조직, 비공식적 사회화 기관 / ㉣ 자발적 결사체 ×, 이익 사회 / ㉤ 성취 지위 / 고등학교 이익 사회 / ㉥ 역할 갈등 ×)

① 갑과 갑의 어머니가 각각 속해 있는 이익 사회의 개수는 같다.
② ㉠과 ~~달리~~ ㉣은 자발적 결사체~~이다~~. 가 아니다.
③ ㉢은 공식 조직이자 ~~공식적~~ 비공식적 사회화 기관이다.
④ ㉤과 ~~달리~~ ㉡은 ~~귀속~~ 성취 지위이다.
⑤ ㉥은 갑의 역할 갈등~~이다~~. 이 아니다.

✔ 자료 분석 사회화를 목적으로 설립된 기관은 공식적 사회화 기관이라고 하고, 사회화를 부수적으로 수행하는 기관은 비공식적 사회화 기관이라고 한다.

O 정답 찾기 ① 갑은 고등학교와 환경 단체에 속해 있고, 갑의 어머니는 회사와 환경 단체에 속해 있다. 고등학교, 환경 단체, 회사는 모두 이익 사회에 해당한다. 따라서 갑과 갑의 어머니가 각각 속해 있는 이익 사회의 개수는 각각 2개로 같다.

× 오답 풀이 ② 중학교와 회사는 모두 자발적 결사체에 해당하지 않는다.
③ 환경 단체는 공식 조직이자 비공식적 사회화 기관에 해당한다.
④ 어머니와 사장은 모두 성취 지위에 해당한다.
⑤ 갑이 환경 단체 활동을 그만두는 것과 관련하여 어머니와 갈등을 겪고 있는 것은 갑의 역할 간 충돌로 나타나는 역할 갈등에 해당하지 않는다.

이것만은 꼭!
1. 이익 사회는 구성원들의 선택 의지에 의해 인위적으로 형성된 집단을 말한다.
2. 자발적 결사체는 공통의 관심사나 목표를 가진 사람들이 자발적으로 결성하는 사회 집단을 말한다.
3. 공식 조직은 일반적으로 사회 조직이라고 부르는 사회 집단을 가리킨다.

04 사회화 및 지위와 역할

| 정답 ① | 23년 3월 학력평가 11번

❶	②	③	④	⑤
67%	7%	3%	12%	11%

밑줄 친 ㉠~㉥에 대한 옳은 설명만을 〈보기〉에서 고른 것은?

> A국 국왕의 ㉠장남으로 태어난 갑은 ㉡아버지가 사망함에 따라 A국의 왕위에 올라 정치적 영향력을 행사하였다. 한편 중산층 가정에서 태어나 ㉢대학교에서 정치학을 전공하면서 정치인의 꿈을 가지게 된 을은 ㉣정당에 가입하여 활동하다가 A국 최초의 여성 총리가 되었다. 을은 몇 가지 정치적 사안을 두고 갑과 ㉤갈등을 빚기도 하였지만 국민들로부터 ㉥훌륭한 여성 정치인으로 인정받고 있다.

(㉠ 귀속 지위 / ㉡ 성취 지위 / ㉢ 공식적 사회화 기관 / ㉣ 비공식적 사회화 기관 / ㉤ 역할의 충돌이 수반되지 않음. → 역할 갈등 × / ㉥ 역할 행동에 대한 보상)

〈보기〉
ㄱ. ㉠은 ㉡과 달리 귀속 지위이다.
ㄴ. ㉣은 ㉢과 달리 비공식적 사회화 기관이다.
ㄷ. ㉤은 을의 역할 갈등에 ~~해당한다~~. 해당하지 않는다.
ㄹ. ㉥은 을의 ~~역할~~ 역할 행동에 대한 보상이다.

① ㄱ, ㄴ ② ㄱ, ㄷ ③ ㄴ, ㄷ ④ ㄴ, ㄹ ⑤ ㄷ, ㄹ

✔ 자료 분석 개인이 가진 역할이 다수일 경우 서로 다른 역할들이 충돌할 수 있으며, 이 경우 나타나는 심리적 갈등을 역할 갈등이라고 한다.

O 정답 찾기 ㄱ. 장남은 선천적으로 획득한 지위이므로 귀속 지위이고, 아버지는 후천적 노력으로 획득한 지위이므로 성취 지위이다.
ㄴ. 정당은 사회화를 목적으로 설립된 기관이 아니므로 비공식적 사회화 기관이고, 대학교는 사회화를 목적으로 설립된 기관이므로 공식적 사회화 기관이다.

× 오답 풀이 ㄷ. 을이 갑과 빚은 갈등은 역할 간 충돌이 수반되지 않았으므로 역할 갈등에 해당하지 않는다.
ㄹ. 을이 훌륭한 여성 정치인으로 인정받은 것은 을의 역할 행동에 대한 보상이다.

이것만은 꼭!
1. 성취 지위는 후천적 노력으로 획득한 지위이다.
2. 공식적 사회화 기관은 사회화를 목적으로 설립된 기관이다.
3. 보상과 처벌은 역할 행동에 따라 나타난다.

05 사회화 및 지위와 역할

| 정답 ② | 23년 4월 학력평가 16번

①	❷	③	④	⑤
11%	79%	3%	3%	4%

밑줄 친 ㉠~㉦에 대한 설명으로 옳은 것은?

> 어린 시절 ㉠프로 농구 선수가 되고 싶었던 갑은 ㉡초등학교에 다니던 때부터 학교 농구부에서 훈련을 해 왔다. 그러다 우연히 ㉢대중 매체에서 접한 발레 영상에 빠져들어 진로를 발레로 바꾸기로 하였다. 갑은 갑작스러운 진로 변경을 반대하는 ㉣어머니와 ㉤갈등을 빚기도 하였으나 뛰어난 신체 조건을 바탕으로 발레를 배우기 시작한 지 몇 달 만에 유망주로 주목받게 되었고, 이후 유명 ㉥발레단에서 활약하는 ㉦무용수가 되었다.

(㉠ 갑의 성취 지위 아님 / ㉡ 공식적 사회화 기관 / ㉢ 비공식적 사회화 기관 / ㉣ 성취 지위 / ㉤ 역할 갈등 아님 / ㉦ 갑의 성취 지위)

① ㉠, ㉦은 모두 갑의 성취 지위에 해당한다.
② ㉡은 공식적 사회화 기관, ㉢은 비공식적 사회화 기관이다.
③ ㉣은 선천적으로 주어지는 지위에 해당한다. (후천적으로 획득한)
④ ㉤은 갑이 겪은 역할 갈등이다. (이 아니다)
⑤ ㉥에서 갑은 예기 사회화를 경험하였다.

✓ 자료 분석 귀속 지위는 아들, 세습 신분 등과 같이 개인의 노력이나 업적과 상관없이 선천적 · 자연적으로 갖게 되는 지위를 말하고, 성취 지위는 학급 회장이나 사장 등과 같이 개인의 노력이나 의지, 업적 등을 통해 후천적으로 획득하는 지위를 말한다.

O 정답 찾기 ② 학교는 사회화를 목적으로 설립되었으므로 공식적 사회화 기관이고, 대중 매체는 부수적으로 사회화를 수행하므로 비공식적 사회화 기관이다.

× 오답 풀이 ① 프로 농구 선수는 갑이 어린 시절 되고 싶었으나 실제로 이루지 못한 목표이므로 갑의 성취 지위에 해당하지 않는다.
③ 어머니는 후천적으로 획득한 성취 지위에 해당한다.
④ ㉤은 역할 간 충돌을 수반하지 않으므로 역할 갈등에 해당하지 않는다.
⑤ 예기 사회화는 미래에 속하게 될 집단에서 요구되는 행동 양식을 미리 학습하는 과정을 의미한다. 제시문을 통해 갑이 발레단에서 예기 사회화를 경험하였는지 알 수 없다.

이것만은 꼭!
1. 공식적 사회화 기관은 사회화를 목적으로 설립된 기관이다.
2. 역할 갈등은 역할 간 충돌에 따른 갈등이 수반되어야 한다.
3. 성취 지위는 후천적 노력으로 획득한 지위이다.

06 사회화 및 지위와 역할

| 정답 ① | 23년 7월 학력평가 14번

❶	②	③ 함정	④	⑤
60%	13%	22%	3%	2%

밑줄 친 ㉠~㉦에 대한 설명으로 옳은 것은?

> ○○대학교 ㉠연극 영화과에 재학 중인 갑은 배우 오디션에 계속 탈락하면서 미래에 대해 깊이 ㉡고민하게 되었다. 하지만 ㉢대학 연극 동아리 선배의 조언에 용기를 얻어 독립 영화 출연에 도전하였다. 갑은 첫 영화임에도 사회적 재난으로 ㉣가족을 잃은 자의 아픔을 현실감 있게 연기하여 주목을 받고 있다. 한편 을은 습작 경험을 바탕으로 다양한 창작 연극을 정식 공연으로 발표해 왔다. 을은 이러한 작품 활동을 인정받아 대학생임에도 ㉤극작가 협회 정회원이 되었다. 최근에는 영화계의 ㉥신예로 불리고 있는 ○○대학교 같은 과 후배인 갑을 자신의 대학 졸업 작품에 출연시킬지 ㉦고민하고 있다.

(㉠ 갑과 을이 속한 공식적 사회화 기관 / ㉡ 역할 갈등 아님 / ㉢ 2차적 사회화 기관 / ㉣ 1차적 사회화 기관 / ㉤ 을의 역할 행동에 대한 보상 / ㉥ 성취 지위 아님 / ㉦ 역할 갈등 아님)

① ㉠은 을이 속한 공식적 사회화 기관이다.
② ㉤은 을의 역할에 대한 보상이다. (역할 행동)
③ ㉥은 갑의 성취 지위이다. (아니다)
④ ㉡은 ㉦과 달리 역할 갈등에 해당한다. (㉡, ㉦은 모두 … 이 아니다)
⑤ ㉢은 ㉣과 달리 1차적 사회화 기관이다. (㉣ / ㉢)

✓ 자료 분석 개인이 소속 집단이나 사회에서 차지하고 있는 위치를 지위라고 하고, 개인이 가진 지위에 대하여 소속 집단이나 사회가 기대하는 행동 방식을 역할이라고 한다. 역할 갈등은 개인에게 요구되는 서로 다른 역할들을 수행하는 과정에서 역할들 간 충돌이 발생하여 나타나는 갈등이다.

O 정답 찾기 ① 연극 영화과는 을이 소속되어 있고 사회화를 목적으로 설립되었으므로 을이 속한 공식적 사회화 기관이다.

× 오답 풀이 ② 극작가 협회 정회원이 된 것은 을의 역할 행동에 대한 보상이다.
③ '신예'는 갑의 성취 지위로 볼 수 없다.
④ 갑이 미래에 대해 고민하는 것과 을이 갑을 작품에 출연시킬지 고민하는 것은 모두 역할 갈등이 아니다.
⑤ 대학 연극 동아리는 2차적 사회화 기관이고, 가족은 1차적 사회화 기관이다.

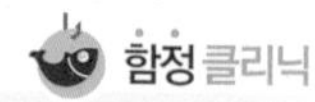

③번을 옳다고 판단한 학생들은 지위라는 개념이 개인이 소속 집단이나 사회에서 차지하고 있는 위치를 의미한다는 것을 정확하게 몰랐거나 '신예'라는 단어의 뜻을 몰랐을 가능성이 크다.
①번을 선택하지 못한 학생들은 'OO대학교 같은 과 후배인 갑'이라는 표현을 제시문에서 찾지 못하였을 가능성이 크다.

이것만은 꼭!
1. 역할 갈등은 개인에게 요구되는 서로 다른 역할들을 수행하는 과정에서 역할들 간 충돌이 발생하여 나타나는 갈등을 말한다.
2. 보상과 제재는 역할 행동에 대해 행해진다.
3. 공식적 사회화 기관은 사회화를 목적으로 설립된 사회화 기관이다.

07 사회화 및 지위와 역할

| 정답 ② | 22년 3월 학력평가 11번

①	❷	③	④	⑤
3%	78%	3%	13%	3%

밑줄 친 ㉠~㉤에 대한 설명으로 옳은 것은?

> 갑은 배구 선수였던 ㉠언니를 따라 초등학교 때 배구를 시작하였고 ㉡고등학교 졸업 후 바로 ㉢프로 배구팀에 입단하였다. 이후 소속 팀의 우승을 이끌어 ㉣최우수 선수상을 수상하였다. 갑은 해외 진출을 놓고 소속 팀과 ㉤갈등을 겪었으나 결국 해외 팀으로 이적하여 맹활약하였다.

(귀속 지위 / 2차적 사회화 기관 / 공식적 사회화 기관 / 역할 갈등 × / 역할 행동에 대한 보상)

① ㉠은 ~~성취~~ 지위이다. (귀속)
② ㉡은 공식적 사회화 기관이다.
③ ㉢은 ~~1차적~~ 사회화 기관이다. (2차적)
④ ㉣은 갑의 ~~역할~~에 대한 보상이다. (역할 행동)
⑤ ㉤은 갑의 역할 갈등~~이다~~. (이 아니다.)

✔ 자료 분석 개인이 가진 역할이 다수일 경우 서로 다른 역할들이 충돌할 수 있으며, 이 경우 나타나는 심리적 갈등을 역할 갈등이라고 한다. 사회화를 목적으로 설립된 기관은 공식적 사회화 기관이라고 하며, 사회화를 부수적으로 수행하는 기관은 비공식적 사회화 기관이라고 한다.

O 정답 찾기 ② 고등학교는 사회화를 목적으로 설립되었으므로 공식적 사회화 기관에 해당한다. 반면, 프로 배구팀은 사회화 기능을 수행하지만, 사회화를 목적으로 설립된 것이 아니므로 비공식적 사회화 기관에 해당한다.

× 오답 풀이 ① 언니는 귀속 지위에 해당한다.
③ 프로 배구팀은 2차적 사회화 기관에 해당한다.
④ 보상과 제재는 개인의 역할 행동에 대해 주어진다. 소속 팀의 우승을 이끈 역할 행동에 대해 최우수 선수상 수상이라는 보상이 이루어진 것이다.
⑤ 해외 진출을 놓고 소속 팀과 갈등을 겪는 것은 역할 간의 충돌이 수반되지 않은 갈등이므로 역할 갈등에 해당하지 않는다.

이것만은 꼭!
1. 개인의 역할 행동에 대해 보상과 제재가 주어진다.
2. 역할 갈등은 역할 간의 충돌에 따른 갈등이 수반되어야 한다.
3. 언니와 같이 자연적으로 갖게 되는 지위는 귀속 지위이다.

08 사회화 및 지위와 역할

| 정답 ① | 22년 4월 학력평가 6번

❶	②	③	④	⑤
78%	8%	2%	7%	5%

밑줄 친 ㉠~㉥에 대한 옳은 설명만을 〈보기〉에서 고른 것은?

> 〈 소설 『○○○』 줄거리 〉
>
> 평범한 가문의 ㉠둘째 아들로 태어난 갑은 ㉡법과 대학 졸업 후에 ㉢지방 법원의 판사가 되었다. 그는 신분 상승을 원하는 현실주의자로서 부유한 사업가의 딸인 을과 결혼했지만, 생활 방식의 차이로 인해 ㉣아내와 자주 ㉤말다툼을 하였다. 이후 갑은 권력층과 인맥을 쌓아 결국 ㉥고위직으로 승진을 하지만 갑작스러운 죽음을 맞는다. 갑의 장례식에서 을은 유족 연금을 더 많이 받을 방법만 궁리하며 소설이 끝난다.

(귀속 지위 / 비공식적 사회화 기관 / 공식적 사회화 기관 / 성취 지위 / 역할 갈등 × / 역할 행동에 대한 보상)

〈보기〉
ㄱ. ㉠은 귀속 지위, ㉣은 성취 지위이다.
ㄴ. ㉡은 ㉢과 달리 공식적 사회화 기관이다.
ㄷ. ㉤은 갑이 경험한 역할 갈등~~이다~~. (이 아니다.)
ㄹ. ㉥은 갑의 ~~역할~~에 대한 보상이다. (역할 행동)

① ㄱ, ㄴ　② ㄱ, ㄷ　③ ㄴ, ㄷ　④ ㄴ, ㄹ　⑤ ㄷ, ㄹ

✔ 자료 분석 귀속 지위는 아들, 세습 신분 등과 같이 개인의 노력이나 업적과 상관없이 선천적 · 자연적으로 갖게 되는 지위를 의미하며, 성취 지위는 학급 회장이나 사장 등과 같이 개인의 노력이나 의지, 업적 등을 통해 후천적으로 획득하는 지위를 의미한다.

O 정답 찾기 ㄱ. 둘째 아들은 선천적 · 자연적으로 갖게 된 지위이므로 귀속 지위이고, 아내는 개인의 노력으로 후천적으로 획득한 지위이므로 성취 지위이다.
ㄴ. 법과 대학은 사회화를 목적으로 설립되었으므로 공식적 사회화 기관에 해당한다. 반면, 지방 법원은 부수적으로 사회화의 기능을 수행하지만, 사회화를 목적으로 설립되지 않았으므로 비공식적 사회화 기관에 해당한다.

× 오답 풀이 ㄷ. 말다툼은 역할 간의 충돌을 수반하고 있지 않으므로 역할 갈등에 해당하지 않는다.
ㄹ. 승진은 역할 행동에 대한 보상에 해당한다.

이것만은 꼭!
1. 개인의 역할 행동에 대해 보상과 제재가 주어진다.
2. 역할 갈등은 역할 간의 충돌에 따른 갈등이 수반되어야 한다.
3. 청소년, 노인, 맏이와 같이 자연적으로 갖게 되는 지위는 귀속 지위이다.

09 사회화 및 지위와 역할

| 정답 ② | 22년 7월 학력평가 6번

①	❷	③	④	⑤
5%	88%	3%	1%	3%

밑줄 친 ㉠~㉦에 대한 옳은 설명만을 〈보기〉에서 고른 것은?

음향 기기를 제작하여 판매하는 ㉠△△회사의 ㉡본부장인 갑은 ㉢음악 대학을 졸업하였지만, 성악가의 꿈을 이루지 못해 아쉬워하였다. 이에 갑은 ㉣어머니가 된 후, ㉤성악을 전공하고 있는 학생인 자녀 을을 아낌없이 지원하였고, 을 또한 연습에 매진하여 ○○예술제에서 ㉥대상을 받게 되었다. 그러나 을은 대상 수상에도 불구하고 성악 공부를 포기하고 싶었고, 이를 알게 된 갑과 ㉦갈등을 빚고 있다.

(2차적 사회화 기관 / 성취 지위 / 2차적 사회화 기관 / 성취 지위 / 역할 행동에 대한 보상 / 역할 갈등 ×)

보기

ㄱ. ㉡, ㉣은 모두 성취 지위에 해당한다.
ㄴ. ~~㉢은 ㉠과 달리~~ 2차적 사회화 기관이다. (㉠, ㉢은 모두)
ㄷ. ㉥은 ㉤으로서의 역할 행동에 대한 보상이다.
ㄹ. ㉦은 을의 역할 갈등에 ~~해당한다.~~ (해당하지 않는다.)

① ㄱ, ㄴ ② ㄱ, ㄷ ③ ㄴ, ㄷ ④ ㄴ, ㄹ ⑤ ㄷ, ㄹ

✔ 자료 분석 지위는 개인이 소속 집단이나 사회에서 차지하고 있는 위치를 말하고, 역할은 개인이 가진 지위에 대해 소속 집단이나 사회가 기대하는 행동 방식이며, 역할 행동은 개인이 자신에게 기대되는 역할을 수행하는 구체적인 방식을 말한다.

O 정답 찾기 ㄱ. 본부장과 어머니는 모두 개인의 노력이나 의지, 업적 등을 통해 후천적으로 성취되는 지위인 성취 지위이다.
ㄷ. 을이 예술제에서 대상을 받게 된 것은 성악을 전공하고 있는 학생으로서의 역할 행동을 사회적 기대에 부합하게 수행하여 받은 보상이다.

✕ 오답 풀이 ㄴ. △△회사와 음악대학은 모두 2차적 사회화 기관이다.
ㄹ. 갑과 을의 갈등은 역할 간의 충돌로 인해 나타나는 것이 아니므로 역할 갈등에 해당하지 않는다.

이것만은 꼭!

1. 귀속 지위는 개인의 노력이나 업적과 상관없이 선천적·자연적으로 갖게 되는 지위이고, 성취 지위는 개인의 노력이나 의지, 업적 등을 통해 후천적으로 획득하는 지위이다.
2. 개인의 역할 행동에 대해 보상과 제재가 주어진다.
3. 개인에게 요구되는 서로 다른 역할들이 충돌하여 나타나는 심리적인 갈등을 역할 갈등이라고 한다.

10 사회화 및 지위와 역할

| 정답 ⑤ | 22년 10월 학력평가 6번

①	②	③	④	❺
2%	1%	2%	9%	86%

밑줄 친 ㉠~㉦에 대한 설명으로 옳은 것은?

갑은 ㉠아버지의 뜻에 따라 의예과에 진학하기 위해 열심히 공부했지만 낙방했다. 그 후 ㉡생물학과에 입학했으나 본인이 원하던 학과가 아니었기에 대학 생활은 뒷전으로 하고 ㉢지역 사진 동호회에 가입하여 활동하였다. 사진작가, 아나운서, ㉣외교관 등 다양한 진로에 대해 ㉤고민이 많던 갑은 어느 날 과학 철학서를 읽은 후 생물학 공부에 매진하게 되었다. 현재 ㉥세계적 권위의 생물학자로 존경받고 있는 갑은 평소의 신념에 따라 생태주의 운동을 표방하는 ㉦○○ 환경 단체에 가입하여 열정적으로 활동하고 있다.

(성취 지위 / 공식적·2차적 사회화 기관 / 비공식적·2차적 사회화 기관 / 성취 지위 / 역할 갈등 × / 역할 행동에 대한 보상 / 갑의 내집단, 준거 집단)

① ㉠은 ~~귀속 지위~~(성취 지위), ㉣은 성취 지위이다.
② ㉡은 2차적 사회화 기관, ㉢은 ~~공식적~~(비공식적) 사회화 기관이다.
③ ㉤은 갑의 역할 갈등에 ~~해당한다.~~ (해당하지 않는다.)
④ ㉥은 갑의 ~~역할~~(역할 행동)에 대한 보상에 해당한다.
⑤ ㉦은 갑의 내집단이자 준거 집단이다.

✔ 자료 분석 귀속 지위는 개인의 노력이나 업적과 상관없이 선천적 · 자연적으로 갖게 되는 지위이며, 성취 지위는 개인의 노력이나 의지, 업적 등을 통해 후천적으로 획득하는 지위이다. 2차적 사회화 기관은 전문적이고 심화된 수준의 사회화를 담당하며, 공식적 사회화 기관은 사회화를 목적으로 설립되어 공식적이고 체계적인 사회화를 담당한다.

O 정답 찾기 ⑤ 내집단은 자신이 소속되어 강한 소속감, 일체감, 애착심 등을 갖는 사회 집단이며, 준거 집단은 자신의 가치관 및 신념 또는 행동의 기준이 되는 집단이다. 갑은 평소의 신념에 따라 ○○ 환경 단체에 가입하여 열정적으로 활동하고 있으므로 ○○ 환경 단체는 갑의 내집단이자 준거 집단이다.

✕ 오답 풀이 ① 아버지와 외교관은 모두 성취 지위이다.
② 생물학과는 2차적 사회화 기관이며, 지역 사진 동호회는 비공식적 사회화 기관이다.
③ 역할 갈등은 개인에게 요구되는 서로 다른 역할들이 충돌하여 나타나는 심리적 갈등을 의미한다. ㉤에서 갑은 어떤 진로를 선택해야 할지 고민하고 있다. 따라서 ㉤은 갑의 역할 갈등에 해당하지 않는다.
④ ㉥은 갑의 역할 행동에 대한 보상에 해당한다.

이것만은 꼭!

1. 내집단은 개인이 속해 있을 뿐만 아니라 강한 소속감, 일체감, 애착심 등 내집단 의식을 갖는 사회 집단을 말한다.
2. 준거 집단은 개인이 자신의 가치관 및 신념을 형성할 때 기준으로 삼거나 행동이나 입장 선택의 근거로 삼는 집단을 말한다.
3. 사회적 보상이나 제재는 역할 행동에 따른 결과이다.

11 사회화 및 지위와 역할

| 정답 ④ | 21년 3월 학력평가 3번

①	②	③	❹	⑤
3%	5%	10%	80%	2%

밑줄 친 ㉠~㉥에 대한 설명으로 옳은 것은?

> ㉠맏이(귀속 지위)로 태어나 어린 시절 ㉡또래 집단(1차적 사회화 기관)에서부터 리더십을 발휘하였던 갑은 ㉢회사(비공식적 사회화 기관)에 취직한 후 능력을 인정받아 남들보다 일찍 ㉣팀장(성취 지위)으로 ㉤승진(역할 행동에 대한 보상)하였다. 어느 날 갑은 어린이집에 자녀를 데리러 가려고 하던 중 회사의 긴급한 회의에 참석하라는 연락을 받고 어떻게 할지 ㉥고민(역할 간 충돌에 따른 갈등)하게 되었다.

① ㉡은 ~~2차적~~(1차적) 사회화 기관이다.
② ㉢은 ~~공식적~~(비공식적) 사회화 기관이다.
③ ㉤은 갑의 ~~역할~~(역할 행동)에 대한 보상이다.
④ ㉥은 갑의 역할 갈등에 해당한다.
⑤ ㉠은 ~~성취~~(귀속) 지위, ㉣은 ~~귀속~~(성취) 지위이다.

✔ 자료 분석 역할은 개인이 가진 지위에 대해 소속 집단이나 사회가 기대하는 행동 방식을 의미한다. 개인이 가진 서로 다른 역할들이 충돌할 경우 나타나는 심리적 갈등을 역할 갈등이라고 한다.

O 정답 찾기 ④ 어린이집에 자녀를 데리러 가는 것은 부모로서의 역할이고, 회의에 참석하는 것은 팀장으로서의 역할이다. 제시된 상황은 갑의 서로 다른 역할이 충돌하여 나타난 고민이므로 이는 갑의 역할 갈등에 해당한다.

X 오답 풀이 ① 또래 집단은 전문적 지식의 사회화를 담당하지 않으므로 1차적 사회화 기관에 해당한다.
② 회사는 사회화를 목적으로 형성된 기관이 아니므로 비공식적 사회화 기관에 해당한다.
③ 승진은 갑의 역할 행동에 대한 보상이다.
⑤ 맏이는 귀속 지위이고, 팀장은 성취 지위이다.

이것만은 꼭!

1. 개인의 역할 행동에 대해 보상과 제재가 주어진다.
2. 역할 갈등은 역할 간 충돌에 따른 갈등이 수반되어야 한다.
3. 청소년, 노인, 맏이 등과 같이 자연적으로 갖게 되는 지위는 귀속 지위이다.

12 사회화 및 지위와 역할

| 정답 ③ | 21년 4월 학력평가 17번

①	②	❸	④	⑤
2%	2%	83%	3%	10%

밑줄 친 ㉠~㉤에 대한 설명으로 옳은 것은?

> 피아노 연주를 좋아했던 갑은 예술 고등학교에 가고 싶었지만 부모님의 반대로 일반 고등학교에 진학하였다. ㉠의사(성취 지위)가 되길 바라는 부모님의 기대에 따라 갑은 학업에 열심히 임하면서도 ㉡피아노 동호회(비공식적 사회화 기관) 활동에도 꾸준히 참여하였다. ㉢대학(2차적·공식적 사회화 기관) 입시를 앞두고 어떤 계열로 진학할지 ㉣고민(역할 갈등 ×)하던 갑은 부모님을 설득해 결국 음대에 진학하였고 이후 ㉤세계적인 콩쿠르에서 입상하며 피아니스트로서 자신의 이름을 널리 알렸다.(역할 행동에 대한 보상)

① ㉠은 ~~귀속~~(성취) 지위에 해당한다.
② ㉡은 ~~공식적~~(비공식적) 사회화 기관에 해당한다.
③ ㉢은 2차적 사회화 기관에 해당한다.
④ ㉣은 갑의 역할 갈등에 ~~해당한다~~(해당하지 않는다).
⑤ ㉤은 갑의 ~~역할~~(역할 행동)에 대한 보상에 해당한다.

✔ 자료 분석 사회화 기관은 설립 목적에 따라 사회화를 목적으로 한 공식적 사회화 기관과 부수적으로 사회화를 수행하는 비공식적 사회화 기관으로 구분되며, 사회화 내용에 따라 전문적 사회화를 담당하는 2차적 사회화 기관과 기초적 수준의 사회화를 담당하는 1차적 사회화 기관으로 구분된다.

O 정답 찾기 ③ 대학은 사회화를 목적으로 설립되었으므로 공식적 사회화 기관에 해당하고, 전문적 지식의 사회화를 담당하므로 2차적 사회화 기관에 해당한다.

X 오답 풀이 ① 의사는 성취 지위에 해당한다.
② 피아노 동호회는 사회화를 목적으로 설립되지 않았으므로 비공식적 사회화 기관에 해당한다.
④ 역할 갈등은 역할 간 충돌에 따른 심리적 갈등을 의미한다. ㉣은 개인적 고민으로, 이는 역할 갈등에 해당하지 않는다.
⑤ 콩쿠르 입상은 갑의 역할 행동에 대한 보상에 해당한다.

이것만은 꼭!

1. 성취 지위는 후천적으로 획득한 지위이다.
2. 공식적 사회화 기관은 사회화를 목적으로 설립된 기관이다.
3. 역할 갈등은 역할 간 충돌에 따른 심리적 갈등을 의미한다.

13 사회화 및 지위와 역할

| 정답 ④ | 21년 7월 학력평가 17번

①	②	③	❹	⑤
3%	9%	6%	77%	5%

다음 사례에 대한 분석으로 옳은 것은? [3점]

> ○ 영상 크리에이터인 대학생 갑은 취업 준비 브이로그를 제작하여 동영상 공유 서비스에 올렸다. 이 영상이 많은 조회 수를 기록하여 연말 크리에이터 시상식에서 인기상을 수상(역할 행동에 대한 보상)하였다. 이후 수상 사실을 알게 된 광고 회사 홍보팀에서 입사 제의가 오자 갑은 영상 크리에이터 일을 계속해야 할지 고민(역할 갈등 ×)에 빠졌다.
>
> ○ 고등학교 학생 회장인 을은 평소 학생 자치회를 잘 이끌어 선생님들로부터 칭찬을 받았다. 최근에는 모교 선배들을 초청하여 대학 생활을 미리 배워 보는 행사를 계획 중이다. 그런데 세부 운영 방식을 두고 선생님과 의견이 달라 고민(역할 갈등 ×)하고 있다.

① 광고 회사는 갑의 준거 집단~~이다~~(인지 알 수 없다).
② 갑은 을~~과 달리~~(모두) 성취 지위에 따른 역할 갈등을 경험~~하였다~~(하지 않았다).
③ 을은 갑~~과 달리~~(모두) 예기 사회화를 경험~~하였다~~(하지 않았다).
④ 갑, 을은 모두 역할 행동에 대한 보상을 받았다.
⑤ 갑은 ~~비공식적~~(공식적) 사회화 기관, 을은 공식적 사회화 기관에 소속되어 있다.

✔ 자료 분석 지위는 개인이 소속 집단이나 사회에서 차지하고 있는 위치를 말하고, 역할은 개인이 가진 지위에 대해 소속 집단이나 사회가 기대하는 행동 양식을 말한다. 역할 행동은 자신에게 기대되는 역할을 실제로 수행하는 구체적인 방식으로, 역할 행동에 대해서는 보상 또는 제재가 가해질 수 있다. 역할 갈등은 개인에게 요구되는 서로 다른 역할들이 충돌하여 나타나는 심리적 갈등을 의미한다.

○ 정답 찾기 ④ 갑은 연말 크리에이터 시상식에서 인기상을 수상하였고, 을은 선생님들로부터 칭찬을 받았다. 이는 모두 역할 행동에 대한 보상이다.

× 오답 풀이 ① 광고 회사가 갑의 준거 집단인지는 알 수 없다.
② 갑과 을은 모두 역할 갈등을 경험하지 않았다.
③ 갑과 을이 모두 예기 사회화를 경험하였다고 볼 수 없다.
⑤ 갑이 속한 대학교와 을이 속한 고등학교는 모두 공식적 사회화 기관에 해당한다.

이것만은 꼭!

1. 역할 행동은 개인이 자신에게 기대되는 역할을 실제로 수행하는 구체적인 방식으로 이에 대해 보상과 제재가 가해질 수 있다.
2. 귀속 지위는 개인의 노력이나 업적과 상관없이 선천적·자연적으로 갖게 되는 지위이다.
3. 개인은 성취 지위와 귀속 지위 모두를 가질 수 있다.

14 사회화 및 지위와 역할

| 정답 ⑤ | 21년 10월 학력평가 4번

①	②	③	④	❺
4%	4%	3%	4%	85%

밑줄 친 ㉠~㉥에 대한 설명으로 옳은 것은?

> 갑은 환경 문제에 관심이 많아 중학교 때부터 ㉠○○ 환경 운동 단체(갑의 내집단)에 가입하여 적극적으로 활동하고 있다. ㉡고등학교(2차적·공식적 사회화 기관) 진학 후 모범적으로 학교생활을 해 온 갑은 2학년 때 ㉢학생 회장으로 당선(역할 행동에 대한 보상)되었다. 하지만 갑은 학생회장으로서 교내 문제 해결보다 환경 운동에 치중하여 ㉣학생회 임원들과 ㉤갈등(역할 갈등 ×)을 빚고 있다. 이런 상황에서 ○○ 환경 운동 단체가 주최하는 캠페인과 학생회 대의원 회의 시간이 겹쳐 갑은 어떻게 할지 ㉥고민(역할 갈등) 중이다.
>
> (성취 지위)

① ㉠은 갑의 내집단이지만 준거 집단~~은 아니다~~(이 아니라고 단정할 수 없다).
② ㉡은 ~~1차적~~(2차적) 사회화 기관이자 공식적 사회화 기관이다.
③ ㉢은 고등학생으로서 갑의 ~~역할~~(역할 행동)에 대한 보상이다.
④ ㉣은 아버지~~와 달리~~(모두) 성취 지위이다.
⑤ ㉥은 ㉤과 달리 갑의 역할 갈등에 해당한다.

✔ 자료 분석 공식적 사회화 기관은 사회화를 목적으로 설립되어 공식적이고 체계적인 사회화를 담당하며, 비공식적 사회화 기관은 사회화를 목적으로 설립되지는 않았으나 부수적으로 사회화의 기능을 수행한다. 1차적 사회화 기관은 기초적인 수준의 사회화를 담당하며, 2차적 사회화 기관은 전문적인 지식과 기능의 사회화를 담당한다.

○ 정답 찾기 ⑤ 개인의 역할에 관해 사람들 간 의견이 충돌하는 것은 역할 갈등이 아니다. 역할 갈등은 개인에게 동시에 요구되는 역할들 간의 충돌로 인해 심리적으로 고민하는 상황을 말한다. 따라서 ㉥은 ㉤과 달리 갑의 역할 갈등에 해당한다.

× 오답 풀이 ① 내집단은 개인이 속해 있을 뿐만 아니라 강한 소속감, 일체감, 애착심 등 내집단 의식을 갖는 사회 집단이며, 준거 집단은 개인이 자신의 가치관 및 신념을 형성할 때 기준으로 삼거나 행동이나 입장 선택의 근거로 삼는 집단이다. ㉠은 갑이 소속되어 소속감을 느끼는 집단이므로 갑의 내집단에 해당한다. 갑은 환경 문제에 관심이 많아 ㉠에 가입하여 적극적으로 활동하고 있으므로 ㉠이 갑의 준거 집단이 아니라고 단정할 수 없다.
② ㉡은 2차적 사회화 기관이자 공식적 사회화 기관이다.
③ ㉢은 고등학생으로서 갑의 역할 행동에 대한 보상이다.
④ ㉣과 아버지는 모두 성취 지위이다.

이것만은 꼭!

1. 개인의 역할 행동이 사회적 기대에 부합할 때에는 상이나 칭찬 등과 같은 보상이 따르며, 개인의 역할 행동이 사회적 기대에 부합하지 않을 때에는 비난이나 처벌 등과 같은 제재가 따른다.
2. 역할 갈등은 개인에게 요구되는 서로 다른 역할들이 충돌하여 나타나는 심리적 갈등이다.
3. 비공식적 사회화 기관은 사회화를 목적으로 설립되지는 않았으나 부수적으로 사회화의 역할을 수행하는 사회화 기관이다.

15 사회화 및 지위와 역할

| 정답 ⑤ | 20년 3월 학력평가 7번

①	②	③	④	⑤
2%	3%	5%	4%	86%

밑줄 친 ㉠~㉤에 대한 설명으로 옳은 것은? [3점]

> 갑은 축구 선수 출신인 ㉠아버지의 영향으로 ㉡어려서부터 축구의 기본기를 철저하게 연습하였다. ㉢○○고등학교를 다니다가 유럽의 A팀에 입단하여 뛰어난 기량을 발휘한 갑은 ㉣B팀과 C팀으로부터 영입 제안을 받고 어느 팀으로 갈지 고민하였다. 고민 끝에 B팀으로 이적한 갑은 70m가 넘는 거리를 단독으로 돌파하여 골을 넣는 등 뛰어난 활약을 펼쳐 여러 차례 ㉤경기 최우수 선수로 선정되었다.
>
> (㉠ 성취 지위 / ㉢ 2차적 사회화 기관 / ㉣ 역할 갈등 X / ㉤ 역할 행동에 대한 보상)

① ㉠은 ~~귀속 지위~~(성취 지위)이다.
② ㉡은 갑의 재사회화에 ~~해당한다~~(해당하지 않는다).
③ ㉢은 ~~1차적~~(2차적) 사회화 기관이다.
④ ㉣은 갑의 역할 갈등~~이다~~(이 아니다).
⑤ ㉤은 갑의 역할 행동에 대한 보상이다.

✔ 자료 분석 역할 행동은 개인이 자신에게 기대되는 역할을 실제로 수행하는 구체적인 방식으로 동일한 지위와 역할을 가진 개인이라고 하더라도 개인 간에 역할 행동은 다양하게 나타날 수 있다.

○ 정답 찾기 ⑤ 개인이 자신에게 기대되는 역할을 제대로 수행할 경우 보상이 제공되고, 역할에 어긋나는 행동을 할 경우 제재를 받는다. 경기 최우수 선수로 선정된 것은 역할 행동에 대한 보상에 해당한다.

✕ 오답 풀이 ① 아버지는 개인의 노력이나 의지에 따라 후천적으로 획득한 성취 지위에 해당한다.
② 재사회화는 개인이 처한 환경의 변화 등에 적응하기 위해 새로운 지식이나 기능 등을 학습하는 과정을 말한다. 어려서부터 축구를 익힌 사례는 재사회화로 보기 어렵다.
③ 학교는 전문적인 지식의 사회화를 담당하는 기관으로 2차적 사회화 기관에 해당한다.
④ 역할 갈등은 개인에게 요구되는 서로 다른 역할들이 충돌하여 나타나는 심리적 갈등을 의미한다. 어느 팀을 선택할지에 대한 고민은 역할의 충돌에 따른 갈등이 아니므로 역할 갈등으로 볼 수 없다.

이것만은 꼭!
1. 개인의 역할 행동에 따라 보상과 제재가 주어진다.
2. 역할 갈등은 역할의 충돌에 따른 갈등이 수반되어야 한다.
3. 재사회화는 환경의 변화에 적응하기 위한 사회화를 의미한다.

16 사회화 및 지위와 역할

| 정답 ⑤ | 20년 4월 학력평가 12번

①	②	③	④	⑤
1%	3%	3%	5%	88%

밑줄 친 ㉠~㉥에 대한 옳은 설명만을 〈보기〉에서 고른 것은?

> ㉠전 재산을 사회에 환원하여 존경을 받아 온 ㉡기업가 갑의 과거가 새롭게 알려져 화제가 되고 있다. 젊은 시절 그는 평범한 ㉢가장으로 살아가며 남몰래 ㉣독립운동 단체에서 활동하였다. 그러던 중 갑은 이 단체에서 비밀 작전을 지시받고, 작전을 수행하는 것과 가장으로서 책임을 다하는 것 사이에서 ㉤고민하였으나 결국 임무 수행을 위해 가족의 곁을 떠났다. 갑의 자녀들은 어린 시절 갑자기 떠난 ㉥아버지를 원망하였지만, 그동안 몰랐던 갑의 과거를 알게 되어 아버지를 이해하게 되었다.
>
> (㉠ 기업가로서 갑의 역할 행동 / ㉡ 갑의 성취 지위 / ㉢ 성취 지위 / ㉣ 2차적·비공식적 사회화 기관 / ㉤ 역할 간 충돌에 따른 갈등 / ㉥ 성취 지위)

〈보기〉
ㄱ. ㉠은 ㉡으로서의 ~~역할~~(역할 행동)이다.
ㄴ. ㉢은 ㉥~~과 달리~~(모두) 성취 지위이다.
ㄷ. ㉣은 2차적 사회화 기관이다.
ㄹ. ㉤은 갑의 역할 갈등에 해당한다.

① ㄱ, ㄴ ② ㄱ, ㄷ ③ ㄴ, ㄷ ④ ㄴ, ㄹ ⑤ ㄷ, ㄹ

✔ 자료 분석 사회화 기관은 기초적 수준의 사회화를 담당하는 1차적 사회화 기관과 전문적이고 심화된 수준의 사회화를 담당하는 2차적 사회화 기관으로 구분된다. 역할 갈등은 개인에게 요구되는 서로 다른 역할들이 충돌하여 나타나는 심리적 갈등을 의미한다.

○ 정답 찾기 ㄷ. 독립운동 단체는 독립운동과 관련된 전문적 지식의 사회화를 담당할 수 있으므로 2차적 사회화 기관으로 분류되며, 사회화를 목적으로 설립된 기관이 아니므로 비공식적 사회화 기관으로 분류된다.
ㄹ. 갑의 고민은 독립운동 단체의 구성원과 가족의 가장이라는 서로 다른 지위에서 요구되는 역할들이 충돌함에 따라 발생한 고민이므로 이는 역할 갈등에 해당한다.

✕ 오답 풀이 ㄱ. 전 재산을 사회에 환원한 것은 역할이 실제로 수행된 구체적인 방식이므로 역할 행동에 해당한다.
ㄴ. 가장과 아버지는 모두 후천적으로 획득한 지위이므로 성취 지위에 해당한다.

이것만은 꼭!
1. 2차적 사회화 기관은 전문적 지식의 사회화를 담당한다.
2. 역할 갈등은 역할 간의 충돌에 따른 심리적 갈등을 의미한다.
3. 성취 지위는 후천적으로 획득한 지위이고, 귀속 지위는 선천적으로 획득한 지위이다.

17 사회화 및 지위와 역할

| 정답 ① | 20년 7월 학력평가 11번

❶	②	③	④	⑤
79%	1%	5%	6%	9%

밑줄 친 ㉠~㉥에 대한 설명으로 옳은 것은?

> 갑은 고등학교에 입학한 후, ○○대학교 ㉠중어 중문학과(갑의 준거 집단) 진학을 목표로 중국어 중점 과정을 이수하던 중 진로 활동으로 무역학과 ㉡교수(성취 지위)의 특강을 듣고 학과 선택을 ㉢고민하기도(역할 갈등 ×) 했다. 그러나 2학년 때 ㉣동아리 부장(성취 지위)으로 다양한 중국 문화 체험 부스를 운영하여 성취감을 얻게 되었고, 이에 갑은 마침내 ㉤○○대학교(공식적 사회화 기관) 중어 중문학과에 지원하여 ㉥합격(역할 행동에 따른 보상)하였다.

①㉠은 갑의 준거 집단이다.
② ㉡은 ㉣~~과 달리~~(모두) 후천적으로 주어진 지위이다.
③ ㉢은 갑이 경험한 역할 갈등~~이다~~(이 아니다).
④ ㉤은 ~~1차적~~(2차적) 사회화를 전담하는 공식적 사회화 기관이다.
⑤ ㉥은 갑의 ~~역할~~(역할 행동)에 따른 보상에 해당한다.

✓ 자료 분석 개인이 자신의 가치관 및 신념을 형성할 때 기준으로 삼거나 행동이나 입장 선택의 근거로 삼는 집단을 준거 집단이라고 한다. 진학하고 싶은 학과, 취업하고 싶은 직장 등이 준거 집단에 해당한다.

O 정답 찾기 ① 갑은 고등학교 입학 이후 중어 중문학과 진학을 목표로 중국어 중점 과정을 이수하는 등의 노력을 하였으며, 실제 대학 입시에서도 중어 중문학과에 지원하였다. 따라서 중어 중문학과는 갑의 준거 집단으로 볼 수 있다.

× 오답 풀이 ② 교수와 동아리 부장은 모두 후천적 노력에 의해 획득한 성취 지위에 해당한다.
③ 한 개인에게 요구되는 서로 다른 역할이 충돌함에 따라 나타나는 갈등을 역할 갈등이라고 한다. ㉢에 나타난 학과 선택의 고민은 역할 간의 충돌이 나타나 있지 않으므로 역할 갈등에 해당하지 않는다.
④ 대학은 2차적 사회화 기관이자 공식적 사회화 기관에 해당한다.
⑤ 기대되는 역할에 부합하는 역할 행동을 수행할 때 보상이 이루어진다. 즉, 보상은 역할이 아니라 역할 행동에 따라 주어진다.

이것만은 꼭!
1. 성취 지위는 후천적으로 주어진 지위이다.
2. 2차적 사회화 기관은 전문적인 지식과 기능의 사회화를 담당한다.
3. 보상과 제재는 역할이 아니라 역할 행동에 따라 주어진다.

18 사회화 및 지위와 역할

| 정답 ② | 20년 10월 학력평가 6번

①	❷	③	④	⑤
3%	77%	8%	9%	3%

밑줄 친 ㉠~㉦에 대한 설명으로 옳은 것은?

> 7남매 중 ㉠맏이(귀속 지위)로 태어난 갑은 판사의(성취 지위) 꿈을 키우며 자랐다. 그러나 홀로 7남매를 키우시는 ㉡어머니의 짐을 덜어 드리기 위한 방법을 ㉢고민한 끝에(역할 갈등 ×) ㉣고등학교(공식적 사회화 기관) 졸업 후 취업을 선택하였다. 그래서 갑은 남들보다 늦은 나이에 대학에 진학하였다. 이후 ㉤판사(성취 지위)가 되었고 ㉥법원(비공식적 사회화 기관)의 사명에 충실하게 공정한 재판에 힘써 법의 날 기념식에서 ㉦표창(역할 행동에 대한 보상)을 받았다.

① ㉢은 갑의 역할 갈등에 ~~해당한다~~(해당하지 않는다).
② ㉥은 갑의 준거 집단에 해당한다.
③ ㉣과 ㉥~~은 모두~~(과 달리) 공식적 사회화 기관이다.
④ ㉦은 갑의 ㉤으로서의 ~~역할~~(역할 행동)에 대한 보상이다.
⑤ ~~㉤~~(㉡, ㉤)은 ~~㉠, ㉡~~(㉠)과 달리 성취 지위이다.

✓ 자료 분석 지위는 개인이 사회에서 차지하고 있는 위치를 말하고, 역할은 개인이 가진 지위에 대하여 사회가 기대하는 행동 방식을 말한다. 역할 행동은 자신에게 기대되는 역할을 실제로 수행하는 구체적인 방식이다.

O 정답 찾기 ② 준거 집단은 개인이 자신의 가치관 및 신념을 형성할 때 기준으로 삼거나 행동이나 입장 선택의 근거로 삼는 집단을 의미한다. 판사의 꿈을 키우며 자라서 판사가 된 갑에게 있어 법원은 준거 집단으로 볼 수 있다.

× 오답 풀이 ① 역할 갈등은 개인에게 요구되는 서로 다른 역할들이 충돌하여 나타나는 심리적 갈등을 의미한다. ㉢의 경우 역할 간의 충돌이 나타나 있지 않으므로 역할 갈등에 해당하지 않는다.
③ 학교는 공식적 사회화 기관에 해당하고, 법원은 비공식적 사회화 기관에 해당한다.
④ 개인의 역할이 아니라 역할 행동이 사회에서 기대하는 방식에 부합할 경우 보상이 이루어진다.
⑤ 어머니와 판사는 성취 지위에 해당하고, 맏이는 귀속 지위에 해당한다.

이것만은 꼭!
1. 역할이 아니라 역할 행동에 따라 보상과 제재가 이루어진다.
2. 역할 갈등은 역할 간의 충돌에 따라 발생하는 심리적 갈등이다.
3. 성취 지위는 개인의 노력으로 후천적으로 획득한 지위를 말한다.

필출 주제 07 사회 집단과 사회 조직

제1권 p.046 ~ 052

01 ③ 02 ③ 03 ① 04 ① 05 ⑤ 06 ⑤ 07 ④ 08 ④ 09 ③ 10 ⑤ 11 ② 12 ⑤ 13 ④ 14 ⑤ 15 ④ 16 ② 17 ①
18 ③ 19 ③ 20 ① 21 ④ 22 ① 23 ③ 24 ⑤ 25 ③

01 관료제와 탈관료제

| 정답 ③ | 24년 3월 학력평가 17번

①	②	❸	④	⑤
6%	6%	79%	6%	3%

A, B의 일반적인 특징에 대한 옳은 설명만을 〈보기〉에서 고른 것은? (단, A, B는 각각 관료제, 탈관료제 중 하나임.)

> 조직 운영의 유연성에 대한 요구가 높아지면서 많은 기업들이 기존의 A를 B로 대체하고 있다. 외부 환경이나 과업에 따라 자유롭게 구성되고 해체되는 조직은 B에 해당한다.
> (A: 관료제, B: 탈관료제)

〈보기〉
ㄱ. A는 B와 달리(→모두) 조직 운영의 효율성을 추구한다.
ㄴ. A는 B에 비해 연공서열에 따른 보상을 중시한다.
ㄷ. B는 A에 비해 의사 결정 권한의 분산 정도가 크다.
ㄹ. B는 A와 달리(→A는 B와 달리) 하향식 의사 결정 방식이 지배적이다.

① ㄱ, ㄴ ② ㄱ, ㄷ ③ ㄴ, ㄷ ④ ㄴ, ㄹ ⑤ ㄷ, ㄹ

✔ 자료 분석 외부 환경이나 과업에 따라 자유롭게 구성되고 해체되는 조직은 탈관료제에 해당한다. 따라서 A는 관료제, B는 탈관료제이다.

O 정답 찾기 ㄴ. 관료제는 구성원들의 경험을 중시하므로 연공서열에 따른 보상을 중시한다.
ㄷ. 탈관료제는 수평적 조직 체계를 강조하므로 관료제에 비해 의사 결정 권한의 분산 정도가 크다.

X 오답 풀이 ㄱ. 관료제와 탈관료제는 모두 조직 운영의 효율성을 추구한다.
ㄹ. 관료제는 하향식 의사 결정 방식이 지배적이고, 탈관료제는 상향식 의사 결정 방식이 지배적이다.

이것만은 꼭!
1. 관료제와 탈관료제는 모두 조직 운영의 효율성을 추구한다.
2. 탈관료제는 관료제에 비해 의사 결정 권한의 분산 정도가 크다.
3. 관료제는 하향식 의사 결정 방식이, 탈관료제는 상향식 의사 결정 방식이 지배적이다.

02 사회 집단과 사회 조직

| 정답 ③ | 24년 5월 학력평가 3번

①	②	❸	④	⑤
4%	6%	70%	9%	11%

다음 자료에 대한 옳은 설명만을 〈보기〉에서 고른 것은? [3점]

> 교사: 각자 20대에 하고 싶은 일에 대해서 발표해 볼까요?
> 갑: 대학교에서 마케팅을 전공한 후, 가족과 함께 식품 회사를 경영하며 사내 등산 동호회도 만들어 활동하고 싶습니다.
> 을: 환경 관련 시민 단체에 가입하여 활동하고 싶습니다. 그리고 인터넷 게임 취미 활동으로 만난 사람들과 게임 동호회를 만들고 싶습니다.
> (대학교·식품 회사: 공식 조직 / 사내 등산 동호회: 자발적 결사체, 비공식 조직 / 환경 관련 시민 단체: 이익 사회, 자발적 결사체 / 게임 동호회: 이익 사회, 자발적 결사체)

〈보기〉
ㄱ. 갑이 발표한 내용에 있는 공식 조직의 개수는 3(→2)개이다.
ㄴ. 을이 발표한 내용에 있는 이익 사회의 개수는 2개이다.
ㄷ. 갑이 발표한 내용에 있는 자발적 결사체의 개수는 을이 발표한 내용에 있는 자발적 결사체의 개수보다 적다.
ㄹ. 갑과 을이 발표한 내용에 있는 비공식 조직의 개수는 2개(→갑이 1개, 을이 0개)이다.

① ㄱ, ㄴ ② ㄱ, ㄷ ③ ㄴ, ㄷ ④ ㄴ, ㄹ ⑤ ㄷ, ㄹ

✔ 자료 분석 갑이 발표한 내용에 나타난 사회 집단은 대학교, 가족, 식품 회사, 사내 등산 동호회이고, 을이 발표한 내용에 나타난 사회 집단은 환경 관련 시민 단체와 게임 동호회이다.

O 정답 찾기 ㄴ. 을이 발표한 내용에 있는 이익 사회는 환경 관련 시민 단체와 게임 동호회이다. 따라서 을이 발표한 내용에 있는 이익 사회의 개수는 2개이다.
ㄷ. 갑이 발표한 내용에 있는 자발적 결사체는 사내 등산 동호회이고, 을이 발표한 내용에 있는 자발적 결사체는 환경 관련 시민 단체와 게임 동호회이다. 따라서 갑이 발표한 내용에 있는 자발적 결사체의 개수는 을이 발표한 내용에 있는 자발적 결사체의 개수보다 적다.

X 오답 풀이 ㄱ. 갑이 발표한 내용에 있는 공식 조직은 대학교와 식품 회사이다. 따라서 갑이 발표한 내용에 있는 공식 조직의 개수는 2개이다.
ㄹ. 갑이 발표한 내용에 있는 비공식 조직은 사내 등산 동호회이고, 을이 발표한 내용에 있는 비공식 조직은 없다. 즉, 갑이 발표한 내용에 있는 비공식 조직의 개수는 1개이고, 을이 발표한 내용에 있는 비공식 조직의 개수는 0개이다.

이것만은 꼭!
1. 공식 조직은 일반적으로 사회 조직이라고 부르는 사회 집단을 가리킨다.
2. 비공식 조직은 모두 자발적 결사체에 해당한다.
3. 자발적 결사체는 공통의 관심사나 목표를 가진 사람들이 자발적으로 결성한 사회 집단을 말한다.

03 사회 집단과 사회 조직

| 정답 ① | 24년 7월 학력평가 10번

❶	②	③	④ 함정	⑤
53%	4%	8%	25%	10%

다음 자료에 대한 분석으로 옳은 것은? [3점]

〈직장 생활 고충에 대한 설문 조사〉

소속사: □□기업 성명: 갑
(2차적·비공식적 사회화 기관, 공식 조직)

1. 당신의 과거 직장 생활 경력은?
 - ○○건설 재무팀 5년, △△전자 회계팀 3년
2. 직장 생활에서의 어려움 또는 문제점은?
 - 젊은 사원들의 중도 퇴사율이 높아 업무 피로도가 누적되어 이직을 고민 중임.
 - 노동조합 간부로서 사용자와의 단체 협약 사항 조율이 어려움. (2차적·비공식적 사회화 기관, 공식 조직, 자발적 결사체)
 - 환경 관련 시민 단체의 지속적인 민원이 발생함. (자발적 결사체)
3. 회사에 요구하는 점은?
 - 업무 피로도가 높은 임직원을 대상으로 기업교육 전문업체의 치유 및 회복 프로그램을 제공하였으면 함.
 - 독서 동호회, 산악회, 배드민턴 클럽과 같이 사내 구성원 간 친밀감을 증대시키는 활동을 지원하였으면 함. (자발적 결사체, 이익 사회)

① 갑이 속한 공식 조직은 2개이다.
② 갑은 역할 갈등을 경험하고 있다.
③ 갑이 진술한 자발적 결사체는 ~~3~~(5)개이다.
④ 갑은 ~~결합 자체가 목적인 집단을~~(이익 사회를) 활용한 지원을 요구하였다.
⑤ 갑은 2차적 사회화 기관이자 ~~공식적~~(비공식적) 사회화 기관에 속해 있다.

✔ 자료 분석 제시된 자료에서 갑이 현재 속해 있는 사회 집단은 □□기업과 노동조합이다.

○ 정답 찾기 ① 갑이 속해 있는 사회 집단은 □□기업과 노동조합으로, 이는 모두 공식 조직에 해당한다. 따라서 갑이 속한 공식 조직은 2개이다.

× 오답 풀이 ② 제시된 자료를 통해 갑이 역할 갈등을 경험하고 있는지는 알 수 없다.
③ 갑이 진술한 자발적 결사체는 노동조합, 시민 단체, 독서 동호회, 산악회, 배드민턴 클럽으로, 5개이다.
④ 결합 자체가 목적인 집단은 공동 사회이다. 갑은 이익 사회에 해당하는 독서 동호회, 산악회, 배드민턴 클럽과 같은 활동의 지원을 요구하였다. 따라서 갑은 공동 사회가 아닌 이익 사회를 활용한 지원을 요구하였다.
⑤ 갑은 □□기업과 노동조합에 속해 있다. □□기업과 노동조합은 모두 2차적 사회화 기관이자 비공식적 사회화 기관에 해당한다.

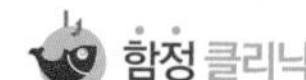

①번을 정답으로 선택하지 못한 학생들은 갑이 진술한 사회 집단과 갑이 속해 있는 사회 집단을 혼동했을 가능성이 크다. 제시된 자료에는 갑이 속해 있지 않은 사회 집단과 갑이 속해 있는 사회 집단이 혼재해 있다. 갑이 속해 있는 집단과 속해 있지 않은 집단을 별도의 표시로 구분해 보도록 한다.

이것만은 꼭!

1. 역할 갈등은 개인에게 동시에 수행할 수 없는 역할들이 요구되는 경우 발생하는 심리적 긴장 상태를 말한다.
2. 자발적 결사체는 공통의 관심사나 목표를 가진 사람들이 자발적으로 결성하는 사회 집단으로, 친목 집단, 이익 집단, 시민 단체 등이 있다.
3. 사회 집단은 결합 의지에 따라 공동 사회와 이익 사회로 분류할 수 있다.

04 관료제와 탈관료제

| 정답 ① | 24년 7월 학력평가 17번

❶	②	③	④	⑤
72%	2%	13%	7%	6%

A, B의 일반적인 특징에 대한 설명으로 옳은 것은? (단, A, B는 각각 관료제, 탈관료제 중 하나임.)

A는 "분노도 편견도 없이"라는 원칙하에 객관적인 관점에서 업무를 처리할 수 있는 최적의 조건을 제공한다.(관료제) 이 경우 객관적인 처리란 계산할 수 없는 모든 비합리적인 감정 요소를 직무 처리에서 배제하는 것을 의미한다. 한 사회학자는 A 조직에 의해 개인의 자유가 발휘되기 힘들어진 꽉 막힌 사회를 '강철 새장'이라 비유하였다. 한편 B는 조직을 개인들의 수평적 협력을 통해 자발성과 창의성을 이끌어내는 기구로 파악한다는 점에서 A와 구분된다.(탈관료제)

① A에 비해 B는 업무 체계의 표준화와 세분화 정도가 낮다.
② ~~A와 달리 B는~~(A와 B는 모두) 조직의 공식적 규범에 의한 통제가 이루어진다.
③ B에 비해 A는 목적 전치 현상이 나타날 가능성이 ~~낮다~~(높다).
④ ~~B와 달리 A는~~(A와 B는 모두) 효율적인 업무 수행이 조직 운영의 목표이다.
⑤ ~~A~~(B)는 상향식 의사 결정 방식이, ~~B~~(A)는 하향식 의사 결정 방식이 지배적이다.

✔ 자료 분석 객관적인 관점에서 업무를 처리할 수 있는 최적의 조건을 제공하는 조직 운영 방식은 관료제이고, 조직을 개인들의 수평적 협력을 통해 자발성과 창의성을 이끌어내는 기구로 파악하는 조직 운영 방식은 탈관료제이다. 따라서 A는 관료제, B는 탈관료제이다.

○ 정답 찾기 ① 관료제는 효율적인 업무 처리를 위해 업무에 맞는 전문 인력을 배치하고 각각의 구성원들이 분담한 일을 처리한다. 따라서 관료제는 탈관료제에 비해 업무 체계의 표준화와 세분화 정도가 높다.

× 오답 풀이 ② 관료제와 탈관료제는 모두 조직의 공식적 규범에 의한 통제가 이루어진다.
③ 관료제는 탈관료제에 비해 목적 전치 현상이 나타날 가능성이 높다.
④ 관료제와 탈관료제는 모두 효율적인 업무 수행이 조직 운영의 목표이다.
⑤ 관료제는 하향식 의사 결정 방식이, 탈관료제는 상향식 의사 결정 방식이 지배적이다.

이것만은 꼭!

1. 관료제와 탈관료제는 모두 조직의 공식적 규범에 의한 통제가 이루어진다.
2. 관료제와 탈관료제는 모두 효율적인 업무 수행이 조직 운영의 목표이다.
3. 관료제에서는 규약과 절차를 지나치게 강조할 경우 목적 전치 현상이 발생할 수 있다.

05 관료제와 탈관료제

| 정답 ⑤ | 24년 10월 학력평가 13번

①	②	③	④	❺
3%	6%	4%	4%	83%

그림은 사회 조직의 운영 원리 A, B를 구분한 것이다. 이에 대한 설명으로 옳은 것은? (단, A, B는 각각 관료제, 탈관료제 중 하나임.)

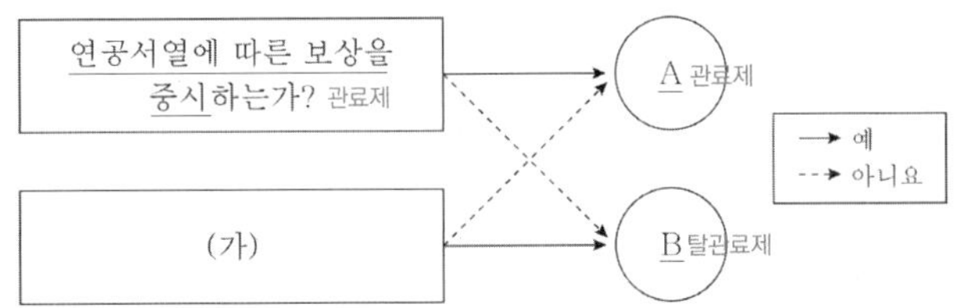

① A는 조직 구성원의 재량권 보장을 중시한다.
② A에 비해 B는 업무의 전문화 · 세분화 정도가 높다.
③ B에 비해 A는 환경 변화에 유연한 대처가 용이하다.
④ (가)에는 '효율적인 조직 운영을 추구하는가?'가 들어갈 수 있다.
⑤ (가)에는 '하향식 의사 결정 방식을 중시하는가?'가 들어갈 수 없다.

✓ 자료 분석 연공서열에 따른 보상을 중시하는 것은 관료제이다. 따라서 A는 관료제, B는 탈관료제이다.

O 정답 찾기 ⑤ 관료제는 하향식 의사 결정 방식을 중시하고, 탈관료제는 상향식 의사 결정 방식을 중시한다. 따라서 해당 질문은 (가)에 들어갈 수 없다.

× 오답 풀이 ① 조직 구성원의 재량권 보장을 중시하는 것은 탈관료제이다.
② 관료제는 탈관료제에 비해 업무의 전문화 · 세분화 정도가 높다.
③ 탈관료제는 관료제에 비해 환경 변화에 유연한 대처가 용이하다.
④ 관료제와 탈관료제는 모두 효율적인 조직 운영을 추구한다. 따라서 해당 질문은 (가)에 들어갈 수 없다.

이것만은 꼭!
1. 관료제와 탈관료제는 모두 효율적인 조직 운영을 추구한다.
2. 관료제는 하향식 의사 결정 방식을, 탈관료제는 상향식 의사 결정 방식을 중시한다.
3. 관료제는 연공서열에 따른 보상을, 탈관료제는 능력, 업적 및 성과에 따른 보상을 중시한다.

06 사회 집단과 사회 조직

| 정답 ⑤ | 23년 3월 학력평가 18번

①	②	③	④	❺
3%	9%	5%	18%	65%

밑줄 친 ㉠~㉣에 대한 설명으로 옳은 것은?

> ○○고등학교 '동문의 밤' 행사는 ㉠□□기업 부사장이자 총동문회장인 갑의 축사로 시작하였다. ㉡가족과 함께 행사에 참여한 졸업생 을은 "㉢회사 내 동문 산악회를 만들어 모임을 가져온 것이 전부였는데, 그동안 못했던 총동문회를 이제 할 수 있게 되어 기쁘다."라고 소감을 밝혔다. 한편 이번 '동문의 밤'에서 진행된 바자회의 수익금은 ㉣△△ 환경 단체에 기부하기로 하였다.

① ㉠은 ㉡과 달리 1차 집단이다.
② ㉢은 ㉣과 달리 자발적 결사체이다.
③ ㉣은 ㉢과 달리 을의 내집단이다.
④ ㉢과 ㉣은 모두 비공식 조직이다.
⑤ ㉠, ㉢, ㉣은 모두 이익 사회이다.

✓ 자료 분석 1차 집단은 인간관계 자체를 목적으로 하는 집단으로, 가족이 이에 해당한다. 자발적 결사체는 공통의 관심사나 목표를 가진 사람들이 자발적으로 결성하는 사회 집단으로, 회사 내 동문 산악회, 총동문회, 환경 단체가 이에 해당한다. 이익 사회는 구성원들의 선택 의지에 의해 인위적으로 형성된 집단으로, 기업, 총동문회, 회사 내 동문 산악회, 환경 단체가 이에 해당한다. 비공식 조직은 공식 조직 내에서 자발적으로 결성된 집단으로, 회사 내 동문 산악회가 이에 해당한다.

O 정답 찾기 ⑤ 기업, 동문 산악회, 환경 단체는 모두 선택 의지에 의해 인위적으로 형성되었으므로 이익 사회이다.

× 오답 풀이 ① 기업은 2차 집단, 가족은 1차 집단이다.
② 회사 내 동문 산악회는 비공식 조직이자 자발적 결사체이고, 환경 단체는 공식 조직이자 자발적 결사체이다.
③ 을은 회사 내 동문 산악회의 구성원이므로 회사 내 동문 산악회는 을의 내집단이다.
④ 회사 내 동문 산악회는 비공식 조직이고, 환경 단체는 공식 조직이다.

이것만은 꼭!
1. 1차 집단은 인간관계 자체를 목적으로 하는 집단이다.
2. 이익 사회는 선택 의지에 의해 인위적으로 형성된 집단이다.
3. 자발적 결사체는 공통의 목표를 달성하기 위해 자발적으로 결성된다.

07 사회 집단과 사회 조직 | 정답 ④ | 23년 4월 학력평가 4번

①	②	③	❹	⑤
3%	4%	19%	69%	5%

밑줄 친 ㉠~㉤에 대한 설명으로 옳은 것은? [3점]

요일	주요 일정
월	㉠회사 노동조합 조합원 회의
화	㉡시민 단체 정기 모임
수	출장
목	㉢사내 바둑 동호회 모임
금	㉣회사 동료 결혼식

주중에는 ㉤가족과 보낼 시간이 없네.

① ㉡은 ㉠과 달리 자발적 결사체에 해당한다.
② ㉣은 ㉤과 달리 전인격적 인간관계를 기초로 한다.
③ ㉠, ㉢은 모두 비공식 조직에 해당한다.
④ ㉡, ㉣은 모두 공식적 규범에 의한 통제가 일반적이다.
⑤ ㉢, ㉤은 모두 공동 사회에 해당한다.

✓ 자료 분석 자발적 결사체는 공통의 관심사나 목표를 가진 사람들이 자발적으로 결성하는 사회 집단으로, 회사 노동조합, 시민 단체, 사내 바둑 동호회가 이에 해당한다. 이익 사회는 구성원들의 선택 의지에 의해 인위적으로 형성된 집단으로, 회사 노동조합, 시민 단체, 사내 바둑 동호회, 회사가 이에 해당한다. 공식 조직은 그 목표와 경계가 명확하고, 규범과 절차가 체계화되어 있는 사회 집단으로, 회사 노동조합, 시민 단체, 회사가 이에 해당한다.

O 정답 찾기 ④ 시민 단체와 회사는 모두 공식 조직에 해당한다. 공식 조직은 공식적 규범에 의한 통제가 일반적으로 나타난다.

× 오답 풀이 ① 시민 단체와 회사 노동조합은 모두 자발적 결사체에 해당한다.
② 가족은 전인격적 인간관계를 기초로 하는 1차 집단이고, 회사는 과업 지향적이고 간접적인 접촉을 기반으로 하는 2차 집단이다.
③ 사내 바둑 동호회는 회사라는 공식 조직 내에서 형성된 자발적 결사체이므로 비공식 조직에 해당하고, 회사 노동조합은 공식 조직에 해당한다.
⑤ 가족은 본질 의지에 의해 자연 발생적으로 형성된 공동 사회에 해당하고, 사내 바둑 동호회는 선택 의지에 의해 인위적으로 형성된 이익 사회에 해당한다.

이것만은 꼭!
1. 가족은 공동 사회에 해당한다.
2. 가족은 전인격적 인간관계를 기초로 한다.
3. 공식 조직은 공식적 규범에 의한 통제가 일반적이다.

08 사회 집단과 사회 조직 | 정답 ④ | 23년 7월 학력평가 3번

① 함정	②	③	❹	⑤ 함정
25%	12%	4%	34%	25%

그림에서 갑~병이 속해 있는 사회 집단 및 사회 조직에 대한 진술로 옳은 것은? [3점]

조교: ○○ 경영 대학원 학우 여러분들은 이번 주말에 어떤 활동을 계획 중이신가요?

갑: 제가 활동 중인 사내 노동조합의 중요한 회의를 마친 후에 동료 직원과 식사할 예정입니다.

을: 광고 회사 직원과 오전에 인터뷰를 마치고, 제가 회장직을 맡고 있는 마을 독서 동호회 모임을 가질 예정입니다.

병: 시민 단체에서 주최하는 □□ 캠프에 가족과 함께 참여한 후, 같은 회사 동료인 갑과 함께 운동할 예정입니다.

① 갑이 속해 있는 이익 사회는 2개이다.
② 을은 갑과 달리 비공식 조직에 속해 있다.
③ 을은 병과 달리 본질 의지에 의해 형성된 집단에 속해 있다.
④ 갑과 병이 함께 속해 있는 공식 조직은 2개이다.
⑤ 갑, 을, 병 모두 가입과 탈퇴가 자유로운 집단에 속해 있다.

✓ 자료 분석 갑은 ○○ 경영 대학원, 회사, 사내 노동조합에 속해 있고, 을은 ○○ 경영 대학원, 마을 독서 동호회에 속해 있으며, 병은 ○○ 경영 대학원, 가족, 회사에 속해 있다.

O 정답 찾기 ④ 갑과 병이 함께 속해 있는 공식 조직은 2개(○○ 경영 대학원, 회사)이다.

× 오답 풀이 ① 갑이 속해 있는 이익 사회는 3개(○○ 경영 대학원, 회사, 사내 노동조합)이다.
② 갑과 을은 모두 비공식 조직에 속해 있지 않다.
③ 병은 본질 의지에 의해 형성된 집단인 가족에 속해 있다.
⑤ 병은 갑, 을과 달리 가입과 탈퇴가 자유로운 집단인 자발적 결사체에 속해 있지 않다.

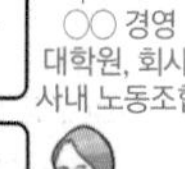
함정 클리닉

①번을 선택한 학생들은 갑, 을, 병 모두 속해 있는 OO 경영 대학원을 간과하고 판단하였을 가능성이 높다.
⑤번을 선택한 학생들은 병이 시민 단체에 속해 있다고 오해하였을 가능성이 높다. 병은 시민 단체에 속해 있는 것이 아니라 시민 단체에서 주최하는 캠프에 참석할 뿐이다.

이것만은 꼭!
1. 공동 사회는 본질 의지에 의해 형성된다.
2. 자발적 결사체는 가입과 탈퇴가 자유롭다.
3. 노동조합은 자발적 결사체이자 공식 조직이다.

09 관료제와 탈관료제

| 정답 ③ | 23년 7월 학력평가 9번

①	②	❸	④	⑤
4%	11%	81%	3%	1%

A, B의 일반적인 특징에 대한 설명으로 옳은 것은? (단, A, B는 각각 관료제, 탈관료제 중 하나임.)

> A는 모든 행위의 연속이 조직체의 목표에 기능적으로 연관되도록 명백하게 규정된 활동 유형을 지닌 사회 조직 운영 원리이다. 근대 산업 사회는 A를 통해 합리적이고 효율적으로 사회 발전을 이룰 수 있었으나, 현대 사회에서 A는 전반적인 효율성의 부산물로 나타나는 비효율성이라는 한계를 드러냈다. 이러한 '합리성의 비합리성'이라는 자기 오류에 빠진 A의 대안으로 제안된 새로운 사회 조직 운영 원리가 B이다.

① A는 B에 비해 중간 관리층의 역할 비중이 낮다.
② A는 B와 달리 상향식 의사 결정 방식이 지배적이다.
③ B는 A에 비해 구성원이 가진 업무 재량권이 크다.
④ B는 A에 비해 연공서열에 따른 보상을 중시한다.
⑤ A, B 모두 목적 전치 현상을 해결하기에 용이하다.

✓ 자료 분석 근대 산업 사회는 관료제를 통해 합리적이고 효율적으로 사회 발전을 이룰 수 있었으나, 현대 사회에서는 관료제의 한계를 극복하기 위해 제안된 새로운 사회 조직 운영 원리인 탈관료제가 강조되고 있다. 따라서 A는 관료제, B는 탈관료제이다.

O 정답 찾기 ③ 탈관료제는 관료제에 비해 구성원이 가진 업무 재량권이 크다.

× 오답 풀이 ① 관료제는 탈관료제에 비해 중간 관리층의 역할 비중이 높다.
② 탈관료제는 관료제와 달리 상향식 의사 결정 방식이 지배적이다.
④ 관료제는 연공서열에 따른 보상을 중시하고, 탈관료제는 능력에 따른 보상을 중시한다.
⑤ 관료제는 목적 전치 현상을 해결하기에 용이하지 않다.

이것만은 꼭!
1. 관료제는 탈관료제에 비해 중간 관리층의 역할 비중이 높다.
2. 관료제는 연공서열에 따른 보상을 중시하고, 탈관료제는 능력에 따른 보상을 중시한다.
3. 목적 전치 현상은 관료제에서 나타나는 부작용이다.

10 사회 집단과 사회 조직

| 정답 ⑤ | 23년 10월 학력평가 3번

①	②	③	④	❺
1%	8%	5%	10%	76%

밑줄 친 ㉠~㉤에 대한 설명으로 옳은 것은?

> 판소리의 매력에 빠진 외국인 갑은 다니던 회사에서 ㉠한국 전통 음악 동호회를 만들었고, 한국 유학을 ㉡고민하게 되었다. 결국 갑은 ㉢회사를 그만두고 한국으로 와 ㉣○○대학교에서 판소리를 공부하였다. △△대학원 진학 후에는 판소리를 주제로 훌륭한 논문을 써 ㉤우수 논문상을 받았다.

① ㉡은 갑의 역할 갈등이다.
② ㉠은 ㉢과 달리 결합 자체를 목적으로 하는 사회 집단이다.
③ ㉢과 ㉣은 모두 공식적 사회화 기관이다.
④ ㉤은 ㉣의 구성원으로서 갑의 역할 행동에 대한 보상이다.
⑤ ㉢, ㉣은 ㉠과 달리 공식적 규범을 통한 구성원 통제가 일반적이다.

✓ 자료 분석 역할 갈등은 개인에게 요구되는 서로 다른 역할들을 수행하는 과정에서 역할 간 충돌이 발생하여 나타나는 갈등을 의미한다.

O 정답 찾기 ⑤ 공식 조직은 공식적 규범을 통한 구성원 통제가 일반적이다. 회사 내 한국 전통 음악 동호회는 비공식 조직에 해당하고, 회사와 ○○대학교는 모두 공식 조직에 해당한다.

× 오답 풀이 ① 갑이 한국 유학을 고민하는 것은 개인적 고민이므로 이는 갑의 역할 갈등에 해당하지 않는다.
② 결합 자체를 목적으로 하는 사회 집단은 공동 사회이다. 회사 내 한국 전통 음악 동호회와 회사는 모두 이익 사회에 해당한다.
③ 회사는 비공식적 사회화 기관, ○○대학교는 공식적 사회화 기관이다.
④ 우수 논문상을 받은 것은 △△대학원의 구성원으로서 갑의 역할 행동에 대한 보상이다.

이것만은 꼭!
1. 공동 사회는 결합 자체가 목적으로서 구성원 간 친밀하고 전인격적인 관계가 중심이 된다.
2. 공식적 사회화 기관은 사회화를 목적으로 설립되어 공식적이고 체계적인 사회화를 담당한다.
3. 공식 조직에서는 공식적 규범을 통한 구성원의 통제가 일반적이다.

11 관료제와 탈관료제

| 정답 ② | 23년 10월 학력평가 5번

①	❷	③	④	⑤
13%	74%	4%	5%	4%

다음 자료에 대한 옳은 설명만을 〈보기〉에서 있는 대로 고른 것은? (단, A와 B는 각각 관료제와 탈관료제 중 하나임.) [3점]

(가)~(라)는 사회 조직 형태인 A와 B를 비교한 진술인데, 네 개의 진술 중 두 개는 옳고, 두 개는 옳지 않다.

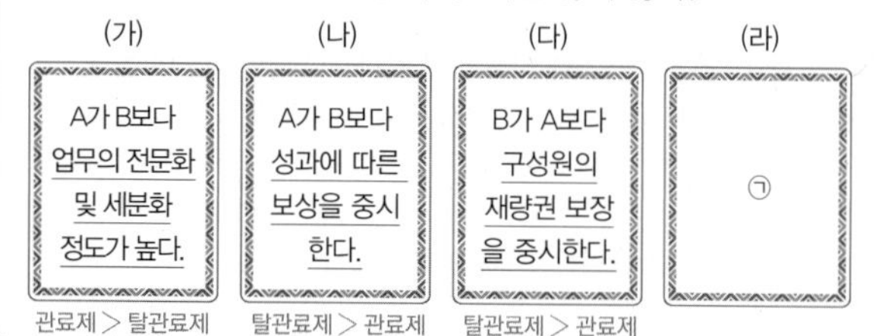

(가)
A가 B보다 업무의 전문화 및 세분화 정도가 높다.
관료제 > 탈관료제
(나)
A가 B보다 성과에 따른 보상을 중시한다.
탈관료제 > 관료제
(다)
B가 A보다 구성원의 재량권 보장을 중시한다.
탈관료제 > 관료제
(라)
㉠

보기

ㄱ. (가)가 옳은 진술이면, A가 B보다 환경 변화에 대한 신속한 대응에 유리하다.

ㄴ. (나)가 옳은 진술이면, ㉠에 'B가 A보다 업무 수행 과정에 대한 예측 가능성이 높다.'가 들어갈 수 있다.

ㄷ. B가 하향식 의사 결정 방식이 지배적이면, (다)와 (라)는 모두 옳은 진술이다.

① ㄱ ② ㄴ ③ ㄱ, ㄷ ④ ㄴ, ㄷ ⑤ ㄱ, ㄴ, ㄷ

✔ 자료 분석 관료제는 탈관료제보다 업무의 전문화 및 세분화 정도가 높다. 한편 탈관료제는 관료제보다 성과에 따른 보상을 중시하며, 구성원의 재량권 보장을 중시한다.

○ 정답 찾기 ㄴ. (나)가 옳은 진술이면, A는 탈관료제, B는 관료제이다. A가 탈관료제, B가 관료제이면, (가)~(라) 중 옳은 진술은 (나)와 (라)이다. 즉, ㉠에는 옳은 진술이 들어가야 한다. 관료제는 탈관료제보다 업무 수행 과정에 대한 예측 가능성이 높다. 따라서 해당 내용은 ㉠에 들어갈 수 있다.

✕ 오답 풀이 ㄱ. (가)가 옳은 진술이면, A는 관료제, B는 탈관료제이다. 탈관료제는 관료제보다 환경 변화에 대한 신속한 대응에 유리하다.

ㄷ. 관료제는 하향식 의사 결정 방식이 지배적이다. 따라서 B가 관료제이면, (가)~(라) 중 옳은 진술은 (나)와 (라)이다.

이것만은 꼭!

1. 관료제는 연공서열에 따른 보상 체계를 중시하며, 탈관료제는 능력, 성과에 따른 보상 체계를 중시한다.
2. 관료제는 탈관료제에 비해 중간 관리층의 역할을 중시한다.
3. 관료제와 탈관료제 모두 업무 수행의 효율성을 추구한다.

12 사회 집단과 사회 조직

| 정답 ⑤ | 22년 3월 학력평가 14번

①	②	③	④	❺
1%	11%	8%	13%	64%

다음 자료는 수행 평가에 대한 학생의 응답과 교사의 채점 결과를 나타낸 것이다. (가)~(다)에 들어갈 응답으로 옳은 것은? [3점]

수행 평가

3학년 1반 홍길동

표의 각 사회 집단이 제시된 3개의 특성 중 1개만 가지면 ○, 2개만 가지면 ◑, 3개 모두를 가지면 ●로 표시하시오. (옳은 응답 하나당 1점이고, 틀린 응답은 0점임.)

특성	시민 단체	대학교	사내 동호회
선택 의지에 따라 형성된다. - 시민 단체, 대학교, 사내 동호회	(가)	(나)	(다)
공식적인 지위 체계와 규범을 가진다. - 시민 단체, 대학교			
공통의 목표 달성을 위해 자발적으로 결성된다. - 시민 단체, 사내 동호회			
채점 결과	3점		

	(가)	(나)	(다)
①	○	●	◑
②	◑	○	○
③	◑	○	●
④	●	◑	○
⑤	●	◑	◑

✔ 자료 분석 이익 사회는 구성원들의 선택 의지에 의해 인위적으로 형성된 집단으로, 시민 단체, 대학교, 사내 동호회가 이에 해당한다. 공식 조직은 그 목표와 경계가 명확하고, 과업 수행을 위한 구성원들의 지위와 역할의 구분, 규범과 절차가 체계화되어 있는 사회 집단으로, 시민 단체와 대학교가 이에 해당한다. 자발적 결사체는 공통의 관심사나 목표를 가진 사람들이 자발적으로 결성하는 사회 집단으로, 시민 단체와 사내 동호회가 이에 해당한다.

○ 정답 찾기 (가) 시민 단체의 경우 이익 사회, 공식 조직, 자발적 결사체 모두에 해당한다. 따라서 ●로 표시된다.

(나) 대학교는 이익 사회이면서 공식 조직에 해당한다. 따라서 ◑로 표시된다.

(다) 사내 동호회는 이익 사회이면서 자발적 결사체에 해당한다. 따라서 ◑로 표시된다.

이것만은 꼭!

1. 공식 조직은 공식적인 지위 체계와 규범을 가진다.
2. 이익 사회는 선택 의지에 의해 인위적으로 형성된 집단이다.
3. 자발적 결사체는 공통의 목표 달성을 위해 자발적으로 결성된다.

13 사회 집단과 사회 조직 | 정답 ④ | 22년 4월 학력평가 5번

①	②	③	❹	⑤
5%	6%	4%	80%	5%

다음 자료에 대한 설명으로 옳은 것은? (단, A~D는 각각 공동 사회, 이익 사회, 공식 조직, 자발적 결사체 중 하나이다.) [3점]

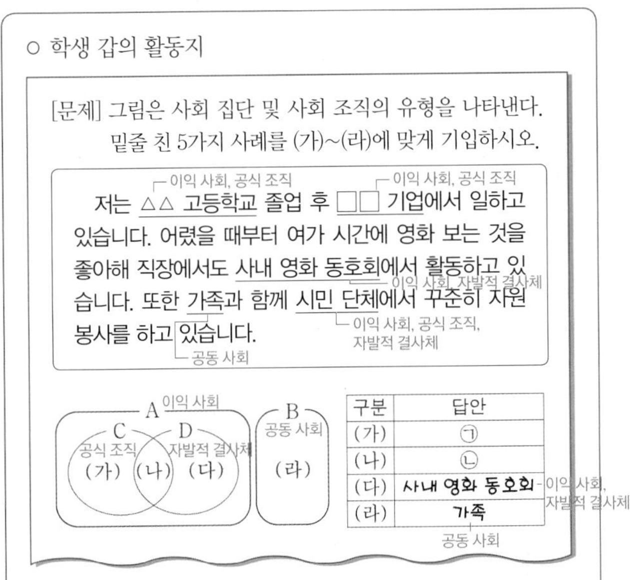

○ 학생 갑의 활동지

[문제] 그림은 사회 집단 및 사회 조직의 유형을 나타낸다. 밑줄 친 5가지 사례를 (가)~(라)에 맞게 기입하시오.

저는 △△ 고등학교(이익 사회, 공식 조직) 졸업 후 □□ 기업(이익 사회, 공식 조직)에서 일하고 있습니다. 어렸을 때부터 여가 시간에 영화 보는 것을 좋아해 직장에서도 사내 영화 동호회(이익 사회, 자발적 결사체)에서 활동하고 있습니다. 또한 가족(공동 사회)과 함께 시민 단체(이익 사회, 공식 조직, 자발적 결사체)에서 꾸준히 자원봉사를 하고 있습니다.

구분	답안
(가)	㉠
(나)	㉡
(다)	사내 영화 동호회
(라)	가족

○ 갑의 답안에 대한 교사의 평가: 5가지 사례 모두 맞게 기입함.

① A는 ~~공동 사회~~(이익 사회), C는 ~~이익 사회~~(공식 조직)이다.
② ~~A~~(B)는 ~~B~~(A)와 달리 구성원 간 전인격적 관계가 지배적이다.
③ ~~B~~(C)는 ~~C~~(B)에 비해 공식적 규범에 의한 통제가 중시된다.
④ C와 D 모두에 해당하는 사례로 노동조합을 들 수 있다.
⑤ ㉠은 '□□ 기업, ~~시민 단체~~(△△ 고등학교)', ㉡은 '~~△△ 고등학교~~(시민 단체)'이다.

✔ 자료 분석 가족은 공동 사회에 해당하고, 사내 영화 동호회는 자발적 결사체이자 이익 사회에 해당한다. 따라서 A는 이익 사회, B는 공동 사회, C는 공식 조직, D는 자발적 결사체이다.

O 정답 찾기 ④ 노동조합은 공식 조직이자 자발적 결사체에 해당한다.

× 오답 풀이 ① A는 이익 사회, C는 공식 조직이다.
② 공동 사회는 이익 사회와 달리 구성원 간 친밀하고 전인격적인 관계가 지배적이다.
③ 공식 조직은 공식적인 규범에 의한 통제가 일반적인 반면, 공동 사회는 비공식적 규범에 의한 통제가 일반적이다.
⑤ △△고등학교와 □□ 기업은 모두 공식 조직이지만 자발적 결사체에 해당하지 않고, 시민 단체는 공식 조직이자 자발적 결사체에 해당한다.

이것만은 꼭!
1. 이익 사회는 인위적으로 형성된 집단이다.
2. 공동 사회는 자연 발생적으로 형성된 집단이다.
3. 노동조합은 자발적 결사체이자 공식 조직이다.

14 사회 집단과 사회 조직

| 정답 ⑤ | 22년 7월 학력평가 14번

①	②	③ 함정	④	⑤
4%	8%	20%	12%	54%

다음 자료에 대한 설명으로 옳은 것은? [3점]

> [게임 규칙]
> • [카드 1]~[카드 5]에는 사회 집단 및 사회 조직의 일반적인 특징이 적혀 있다. 카드별로 점수를 부여하는데, 각 카드에 적힌 내용이 '공동 사회', '공식 조직', '비공식 조직' 중 하나의 특징에만 해당하면 1점, 두 개의 특징에만 해당하면 2점, 세 개 모두의 특징에 해당하면 3점을 부여한다.
> • 다음 5장의 카드를 학생 갑, 을에게 각각 나누어 주고, 자신이 판단하여 가장 높은 점수를 받을 수 있도록 3장을 뽑게 한다. 둘 중에서 점수의 합계가 더 높은 사람이 승리한다.
>
> | [카드 1] | [카드 2] | [카드 3] | [카드 4] | [카드 5] |
> |---|---|---|---|---|
> | 명시적 규약과 체계화된 업무 수행 방식이 존재한다. | 결합 자체가 집단 형성의 목적이다. | 소속감을 가진 구성원들 간 지속적인 상호작용이 이루어진다. | 선택 의지에 의해 인위적으로 형성된다. | 공식 조직 내에서 자발적으로 형성된 집단이다. |
> | 공식 조직 | 공동 사회 | 공동 사회, 공식 조직, 비공식 조직 | 공식 조직, 비공식 조직 | 비공식 조직 |

① 카드 3장의 조합으로 얻을 수 있는 최대 점수는 총 ~~5점~~(6점)이다.
② 공식 조직의 일반적인 특징이 적힌 카드를 모두 뽑았을 때, 얻을 수 있는 점수는 총 ~~8점~~(6점)이다.
③ [카드 2]에는 공동 사회~~와 비공식 조직 모두~~의 일반적인 특징이 적혀 있다.
④ [카드 4]와 [카드 5]에 부여되는 점수는 ~~같다~~(다르다).
⑤ 갑이 [카드 1], [카드 2], [카드 3]을 뽑고, 을이 [카드 3], [카드 4], [카드 5]를 뽑는다면 을이 승리한다.

✓ 자료 분석 공식 조직은 명시적 규약과 체계화된 업무 수행 방식이 존재하고, 공동 사회는 결합 자체가 집단 형성의 목적이다. 공동 사회, 공식 조직, 비공식 조직은 모두 소속감을 가진 구성원들 간 지속적인 상호작용이 이루어지고, 공식 조직과 비공식 조직은 선택 의지에 의해 인위적으로 형성된 이익 사회이며, 비공식 조직은 공식 조직 내에서 자발적으로 형성된 집단이다. 따라서 [카드 1]은 1점, [카드 2]는 1점, [카드 3]은 3점, [카드 4]는 2점, [카드 5]는 1점이다.

O 정답 찾기 ⑤ 갑이 [카드 1], [카드 2], [카드 3]을 뽑으면 5점을 얻을 수 있고, 을이 [카드 3], [카드 4], [카드 5]를 뽑으면 6점을 얻을 수 있다. 따라서 을이 승리한다.

× 오답 풀이 ① 카드 3장의 조합으로 얻을 수 있는 최대 점수는 6점이다.
② 공식 조직의 일반적인 특징이 적힌 카드는 [카드 1], [카드 3], [카드 4]이다. 이때 얻을 수 있는 점수는 총 6점이다.
③ [카드 2]에는 공동 사회의 일반적인 특징이 적혀 있다.
④ [카드 4]는 2점, [카드 5]는 1점이다.

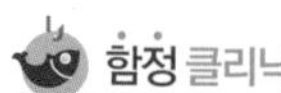

③번을 정답으로 선택한 학생들은 비공식 조직이 구성원들의 선택 의지에 의해 인위적으로 형성된 이익 사회라는 점을 혼동했을 것이다.

이것만은 꼭!
1. 비공식 조직, 공식 조직, 자발적 결사체는 모두 이익 사회에 해당한다.
2. 공동 사회는 결합 자체가 집단 형성의 목적이고, 이익 사회는 선택 의지에 의해 인위적으로 형성된다.
3. 공식 조직 내에서 자발적으로 형성된 집단을 비공식 조직이라고 한다.

15 관료제와 탈관료제

| 정답 ④ | 22년 10월 학력평가 5번

①	②	③	④	⑤
6%	4%	8%	80%	2%

그림은 사회 조직의 운영 원리 A, B의 특징을 파악하기 위한 것이다. 이에 대한 설명으로 옳은 것은? (단, A와 B는 각각 관료제, 탈관료제 중 하나이다.)

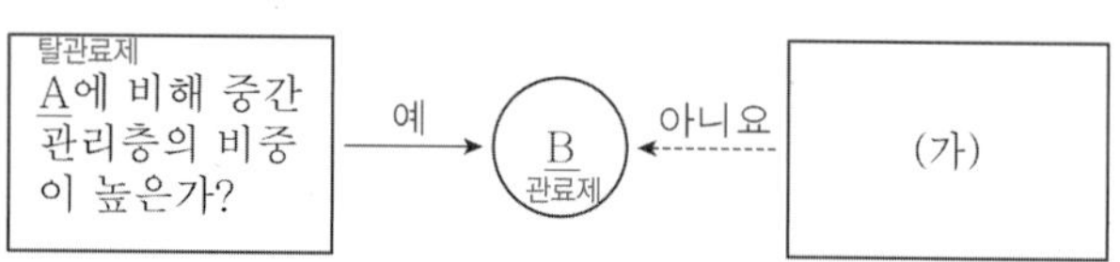

① ~~A~~(B)는 ~~B~~(A)에 비해 연공서열에 따른 보상 체계를 중시한다.
② ~~A~~(B)는 ~~B~~(A)에 비해 조직 구성원의 재량권 및 자율성이 낮다.
③ ~~B~~(A)는 ~~A~~(B)와 달리 상향식 의사 결정 방식을 중시한다.
④ B는 A에 비해 권한과 책임에 따른 위계 서열을 중시한다.
⑤ (가)에 '업무 수행의 효율성을 추구하는가?'가 들어갈 수 ~~있다~~(없다). (관료제, 탈관료제)

✓ 자료 분석 관료제는 탈관료제에 비해 중간 관리층의 비중이 높다. 따라서 A는 탈관료제, B는 관료제이다.

O 정답 찾기 ④ 관료제는 구성원의 지위에 따른 권한과 책임을 서열화함으로써 의사 결정의 혼란을 피하고 일사불란한 업무 수행을 지향한다. 따라서 관료제는 탈관료제에 비해 권한과 책임에 따른 위계 서열을 중시한다.

× 오답 풀이 ① 관료제는 탈관료제에 비해 연공서열에 따른 보상 체계를 중시한다.
② 관료제는 탈관료제에 비해 조직 구성원의 재량권 및 자율성이 낮다.
③ 관료제는 하향식 의사 결정 방식을 중시하고, 탈관료제는 상향식 의사 결정 방식을 중시한다.
⑤ 관료제와 탈관료제는 모두 업무 수행의 효율성을 추구한다. 따라서 해당 질문은 (가)에 들어갈 수 없다.

이것만은 꼭!
1. 관료제는 연공서열에 따른 보상 체계를 중시하며, 탈관료제는 능력, 성과에 따른 보상 체계를 중시한다.
2. 관료제는 탈관료제에 비해 중간 관리층의 역할을 중시한다.
3. 관료제와 탈관료제는 모두 업무 수행의 효율성을 추구한다.

16 사회 집단과 사회 조직

| 정답 ② | 22년 10월 학력평가 8번

①	❷	③	④	⑤
3%	91%	4%	1%	1%

그림은 사회 집단 및 사회 조직의 사례 A~D를 성격에 따라 구분한 것이다. 이에 대한 설명으로 옳은 것은? [3점]

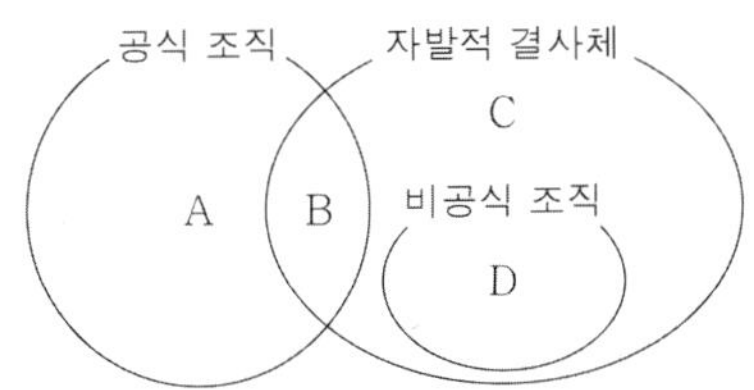

① 노동조합은 A, 동네 조기 축구회는 C에 해당한다.
② 시민 단체는 B, 회사 내 등산 동호회는 D에 해당한다.
③ A는 B와 달리 공식적 규범과 절차가 체계화된 집단이다.
④ B는 C와 달리 가입과 탈퇴가 자유로운 집단이다.
⑤ D는 A와 달리 형식적이고 수단적인 인간관계가 지배적인 집단이다.

✔ 자료 분석 공식 조직은 사회 집단 중 그 목표와 경계가 명확하고, 과업 수행을 위한 구성원들의 지위와 역할 구분, 규범과 절차가 체계화되어 있는 사회 집단이다. 자발적 결사체는 공통의 관심사나 목표를 가진 사람들이 자발적으로 결성하는 사회 집단이다. 비공식 조직은 공식 조직 구성원들이 자아실현, 친밀한 인간관계 형성과 같은 공통의 관심사를 실현하기 위해 자발적으로 결성하는 사회 집단이다.

○ 정답 찾기 ② 시민 단체는 공식 조직이자 자발적 결사체이고, 회사 내 등산 동호회는 비공식 조직이다.

× 오답 풀이 ① 노동조합은 공식 조직이자 자발적 결사체이므로 B에 해당하고, 동네 조기 축구회는 자발적 결사체이지만 공식 조직과 비공식 조직 모두에 해당하지 않으므로 C에 해당한다.
③ A와 B는 모두 공식 조직에 해당하므로 공식적 규범과 절차가 체계화된 집단이다.
④ B와 C는 모두 자발적 결사체에 해당하므로 가입과 탈퇴가 자유로운 집단이다.
⑤ A는 공식 조직에 해당하므로 형식적이고 수단적인 인간관계가 지배적이다.

이것만은 꼭!

1. 모든 비공식 조직은 자발적 결사체에 해당한다.
2. 시민 단체와 노동조합은 공식 조직이자 자발적 결사체에 해당한다.
3. 공식 조직은 형식적이고 수단적인 인간관계가 지배적이다.

제2권 교육청 해설

17 사회 집단과 사회 조직

| 정답 ① | 21년 3월 학력평가 8번

❶	②	③	④	⑤
81%	9%	4%	4%	2%

밑줄 친 ㉠~㉣에 대한 옳은 설명만을 〈보기〉에서 있는 대로 고른 것은? [3점]

> 갑은 평소 원하던 ㉠A 회사에 입사하여 애사심을 가지고 열심히 회사 생활을 하고 있다. 그러던 중 갑은 ㉡사내 등산 동호회에서 만난 ㉢대학교 선배의 권유로 환경 보호를 위한 ㉣시민 단체에 가입하였다.

〈보기〉

ㄱ. ㉠은 갑의 내집단이다.
ㄴ. ㉡은 ㉣과 달리 비공식 조직이다.
ㄷ. ㉢은 ㉡과 달리 선택 의지에 따라 결합된 사회 집단이다.
ㄹ. ㉡은 ㉢, ㉣과 달리 자발적 결사체이다.

① ㄱ, ㄴ ② ㄱ, ㄹ ③ ㄴ, ㄷ
④ ㄱ, ㄷ, ㄹ ⑤ ㄴ, ㄷ, ㄹ

✔ 자료 분석 내집단은 개인이 속해 있을 뿐만 아니라 강한 소속감, 일체감, 애착심 등 내집단 의식을 갖는 사회 집단으로, 소속되어 있는 집단에 대해 소속감 등을 느끼지 못한다면 소속 집단과 내집단이 일치하지 않을 수 있다.

○ 정답 찾기 ㄱ. 갑은 입사하여 다니고 있는 A 회사에 대해 애사심을 가지고 있으므로 A 회사는 갑의 내집단에 해당한다.
ㄴ. 사내 등산 동호회는 A 회사 구성원들이 형성한 자발적 결사체이므로 비공식 조직에 해당한다. 시민 단체는 공식 조직에 해당하는 자발적 결사체이다.

× 오답 풀이 ㄷ. 구성원들의 선택 의지에 의해 인위적으로 형성된 집단은 이익 사회이다. 사내 등산 동호회와 대학교는 모두 이익 사회에 해당한다.
ㄹ. 사내 등산 동호회와 시민 단체는 자발적 결사체에 해당하지만, 대학교는 자발적 결사체에 해당하지 않는다.

이것만은 꼭!

1. 내집단은 개인이 소속되어 있으며 소속감을 느끼는 집단이다.
2. 비공식 조직은 공식 조직의 구성원이 형성한 자발적 결사체이다.
3. 선택 의지에 따라 결합된 사회 집단은 이익 사회이고, 본질 의지에 따라 자연 발생적으로 형성된 집단은 공동 사회이다.

18 사회 집단과 사회 조직

| 정답 ③ | 21년 4월 학력평가 13번

①	②	❸	④	⑤
3%	4%	87%	3%	3%

사회 집단 A~C에 대한 설명으로 옳은 것은? (단, A~C는 각각 가족, 시민 단체, 회사 중 하나이다.) [3점]

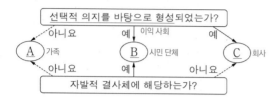

선택적 의지를 바탕으로 형성되었는가?
- 아니요 → A (가족)
- 예 → B (시민 단체) (이익 사회)
- 예 → C (회사)

자발적 결사체에 해당하는가?
- 아니요 → A
- 예 → B
- 아니요 → C

① A는 가족, B는 회사이다.
② C는 결합 자체를 목적으로 하는 사회 집단이다.
③ A는 C와 달리 1차 집단에 해당한다.
④ B는 A와 달리 구성원에 대한 비공식적 통제가 일반적이다.
⑤ C는 B와 달리 공식 조직에 해당한다.

✓ 자료 분석 선택적 의지를 바탕으로 형성된 집단은 시민 단체와 회사이고, 자발적 결사체에 해당하는 집단은 시민 단체이다. 따라서 A는 가족, B는 시민 단체, C는 회사이다.

O 정답 찾기 ③ 1차 집단은 전인격적인 접촉이 이루어지는 집단으로, 인간관계 자체가 목적인 가족, 또래 집단 등이 이에 해당한다. 반면, 회사는 과업 지향적인 접촉이 이루어지므로 2차 집단에 해당한다.

X 오답 풀이 ① B는 시민 단체이다.
② 결합 자체가 목적인 사회 집단은 공동 사회이다. 회사는 수단적 관계가 목적이 되는 사회 집단으로 이익 사회에 해당한다.
④ 시민 단체는 공식 조직이므로 공식적인 규범에 의해 구성원들의 행동을 통제한다. 반면, 가족은 구성원에 대한 비공식적 통제가 일반적이다.
⑤ 시민 단체와 회사는 모두 공식 조직에 해당한다.

이것만은 꼭!
1. 이익 사회는 선택 의지를 바탕으로 형성된다.
2. 공동 사회는 결합 자체를 목적으로 한다.
3. 시민 단체와 회사는 모두 공식 조직으로 공식적 통제가 일반적이다.

19 사회 집단과 사회 조직

| 정답 ③ | 21년 7월 학력평가 5번

①	②	❸	④	⑤ 함정
2%	11%	51%	7%	29%

밑줄 친 ㉠~㉤에 관한 진술을 모두 옳게 평가한 학생은? [3점]

> A는 회사 ㉠노동조합 단체교섭단 회의를 주관하고 점심시간에 ㉡사내 요가 동호회에서 시간을 보냈다. 저녁에는 ㉢대학교 총동문회 사은 행사에 참석 후 귀가하여 ㉣가족과 하루를 마쳤다. 다음 날 아침에는 아파트 주민들로 구성된 ㉤○○ 산악회 회원들과 등산을 하였다.

진술	갑	을	병	정	무
㉡은 ㉣과 달리 비공식적 통제가 일반적이다.	○	×	×	×	×
㉢은 ㉡과 달리 공식 조직을 전제로 한다.	○	○	×	×	×
㉤은 ㉣과 달리 본질 의지에 의해 형성된다.	×	×	×	○	×
㉠, ㉡은 ㉤과 달리 비공식 조직이다.	○	×	×	○	×
㉠~㉤ 중 자발적 결사체의 개수와 이익 사회의 개수는 같다.	○	×	○	×	×

(○: 그렇다, ×: 그렇지 않다)

① 갑 ② 을 ③ 병 ④ 정 ⑤ 무

✓ 자료 분석 노동조합은 공식 조직이자 자발적 결사체이고, 사내 요가 동호회는 비공식 조직이자 자발적 결사체이다. 대학교 총동문회는 공식 조직이자 자발적 결사체이며, 가족은 공동 사회이자 1차 집단이고, ○○ 산악회는 이익 사회이자 자발적 결사체이다.

O 정답 찾기 ③ 가족은 비공식적 통제가 일반적이다.(×) 사내 요가 동호회는 비공식 조직으로 회사라고 하는 공식 조직을 전제로 한다.(×) 가족은 본질 의지에 의해 형성된 공동 사회이다.(×) 노동조합과 ○○ 산악회는 비공식 조직에 해당하지 않는다.(×) 자발적 결사체는 노동조합, 사내 요가 동호회, 대학교 총동문회, ○○ 산악회이고, 이익 사회는 노동조합, 사내 요가 동호회, 대학교 총동문회, ○○ 산악회이다.(○)

⑤번을 정답으로 잘못 선택하였다면, 자발적 결사체와 이익 사회를 제대로 파악하지 못했을 가능성이 높다. 또한 대학교 총동문회를 자발적 결사체가 아닌 것으로 오해했을 수도 있다. 대학교는 자발적 결사체가 아니지만, 대학교 총동문회는 자발적 결사체이다.

이것만은 꼭!
1. 공동 사회는 구성원들의 본질 의지에 의해 자연 발생적으로 형성된 집단이고, 이익 사회는 구성원들의 선택 의지에 의해 인위적으로 형성된 집단이다.
2. 비공식 조직은 공식 조직의 구성원들이 공통의 관심사를 실현하기 위해 자발적으로 결성한 사회 집단이다.
3. 자발적 결사체에는 친목 집단, 이익 집단, 시민 단체 등이 있다.

20 사회 집단과 사회 조직

| 정답 ① | 21년 10월 학력평가 7번

❶	②	③	④	⑤
83%	3%	1%	12%	1%

다음 자료에 대한 설명으로 옳은 것은? (단, A~C는 각각 공식 조직, 비공식 조직, 자발적 결사체 중 하나이다.) [3점]

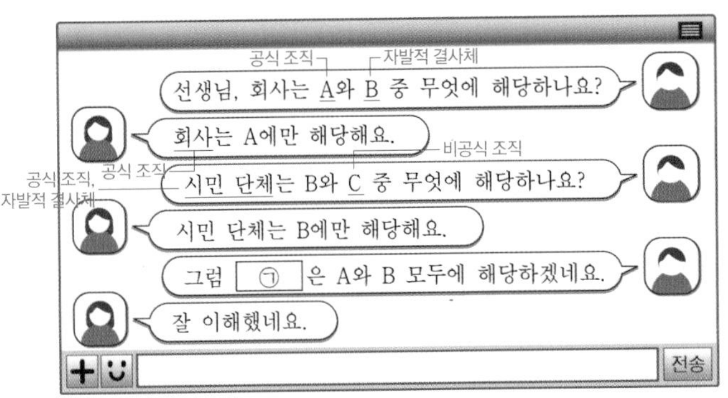

① ㉠에 '사내 노동조합'이 들어갈 수 있다.
② A는 C와 달리 비공식적 통제가 일반적이다. (공식적)
③ B는 A와 달리 가입과 탈퇴가 자유롭지 않다. (비교적 자유롭다)
④ C에 해당하지 않는 사회 집단은 A에 해당한다. (해당하는 것은 아니다.)
⑤ C는 A와 달리 구성원 간 형식적 관계가 지배적이다. (A, C)

✔ 자료 분석 회사는 공식 조직에 해당하며, 시민 단체는 공식 조직이자 자발적 결사체에 해당한다. 따라서 A는 공식 조직, B는 자발적 결사체, C는 비공식 조직이다.

O 정답 찾기 ① 사내 노동조합은 공식 조직이자 자발적 결사체에 해당한다. 따라서 사내 노동조합은 ㉠에 들어갈 수 있다.

✕ 오답 풀이 ② 공식 조직은 비공식 조직과 달리 공식적인 규범에 의해 구성원들의 행동을 통제하는 공식적 통제가 일반적이다.
③ 자발적 결사체는 가입과 탈퇴가 비교적 자유롭다.
④ 가족과 같이 비공식 조직과 공식 조직 모두에 해당하지 않는 사회 집단이 존재한다. 따라서 비공식 조직에 해당하지 않는 사회 집단이 공식 조직에 해당하는 것은 아니다.
⑤ 공식 조직은 비공식 조직과 달리 구성원 간 형식적 관계가 지배적이다.

이것만은 꼭!
1. 공식 조직은 공식적 통제가 일반적이다.
2. 공식 조직과 비공식 조직 모두에 해당하지 않는 사회 집단이 존재한다.
3. 모든 비공식 조직은 자발적 결사체에 해당한다.

21 사회 집단과 사회 조직

| 정답 ④ | 20년 3월 학력평가 5번

①	②	③	❹	⑤
2%	9%	8%	78%	3%

다음 게임에서 임무를 완수하기 위한 카드를 옳게 선택한 것은? [3점]

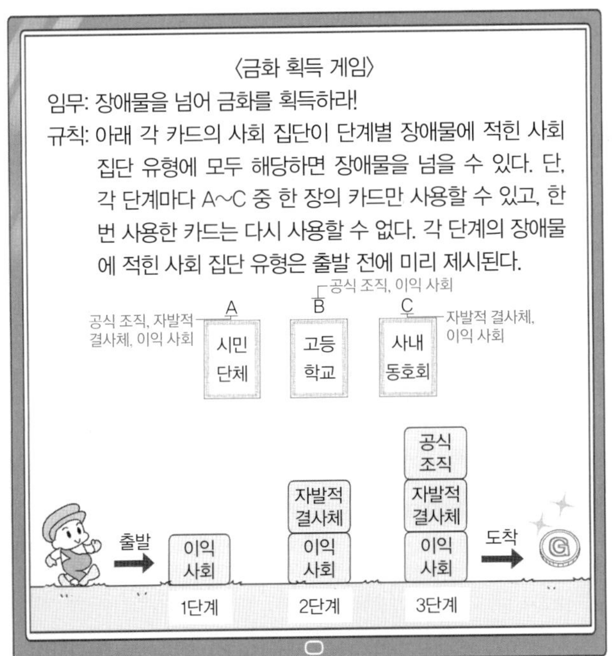

	1단계	2단계	3단계
①	A	B	C
②	A	C	B
③	B	A	C
④	B	C	A
⑤	C	B	A

✔ 자료 분석 각 단계별로 장애물에 적힌 사회 집단에 모두 해당하는 카드를 사용할 경우 장애물을 넘을 수 있다는 규칙에 따라 1~3단계를 모두 넘을 수 있도록 각 단계별로 사용할 카드를 구분할 수 있어야 한다.

O 정답 찾기 ④ 각 단계별로 한 장의 카드만 사용할 수 있고, 사용한 카드는 다시 사용할 수 없으므로 가장 장애물이 높은 3단계에 사용할 카드를 먼저 선택할 필요가 있다. 3단계의 경우 이익 사회이면서 공식 조직이자 자발적 결사체에 해당하는 사회 집단이므로 시민 단체가 적합하다. 2단계의 경우 이익 사회이자 자발적 결사체에 해당하는 사회 집단이므로 사내 동호회가 적합하며, 1단계의 경우 이익 사회에 해당하는 사회 집단이므로 고등학교가 적합하다.

이것만은 꼭!
1. 시민 단체는 공식 조직이자 자발적 결사체에 해당한다.
2. 사내 동호회는 자발적 결사체이지만, 공식 조직에 해당하지 않는다.
3. 시민 단체, 고등학교, 사내 동호회는 모두 선택 의지에 의해 인위적으로 형성된 집단이므로 이익 사회에 해당한다.

22 사회 집단과 사회 조직

| 정답 ① | 20년 4월 학력평가 11번

❶	②	③	④	⑤
79%	4%	8%	2%	7%

그림은 질문을 통해 사회 집단 A, B를 구분한 것이다. 이에 대한 설명으로 옳은 것은? (단, A와 B는 각각 공동 사회, 이익 사회 중 하나이다.) [3점]

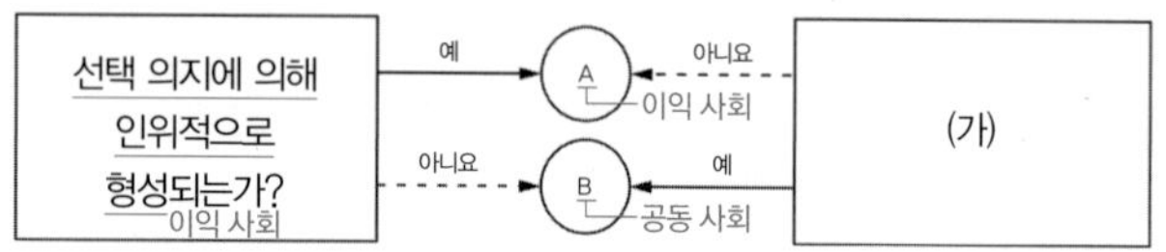

① 비공식 조직은 A에 해당한다.
② B는 가입과 탈퇴가 자유롭다.
③ A는 B와 달리 결합 자체를 목적으로 한다.
④ A의 사례로 친족을, B의 사례로 학교를 들 수 있다.
⑤ (가)에는 '형식적 인간관계가 지배적인가?'가 들어갈 수 있다.

✓ 자료 분석 선택 의지에 의해 인위적으로 형성된 사회 집단은 이익 사회이다. 따라서 A는 이익 사회, B는 공동 사회에 해당한다.

O 정답 찾기 ① 비공식 조직은 공식 조직에 속한 구성원들이 공통의 관심사를 실현하기 위해 자발적으로 결성한 사회 집단으로 구성원들의 선택 의지에 의해 인위적으로 형성되었으므로 이익 사회에 해당한다.

X 오답 풀이 ② 공동 사회는 가족과 같이 자연 발생적으로 형성된 집단으로 가입과 탈퇴가 자유롭다고 보기 어렵다.
③ 공동 사회는 이익 사회와 달리 결합 자체를 목적으로 한다.
④ 친족은 공동 사회의 사례에 해당하고, 학교는 이익 사회의 사례에 해당한다.
⑤ 공동 사회는 친밀하고 전인격적인 관계가 중심이 된다. 따라서 해당 질문은 (가)에 들어갈 수 없다.

이것만은 꼭!
1. 공동 사회는 결합 자체를 목적으로 하며, 전인격적 인간관계가 지배적이다.
2. 이익 사회는 선택 의지에 의해 형성된다.
3. 공동 사회는 본질 의지에 의해 형성된다.

23 관료제와 탈관료제

| 정답 ③ | 20년 4월 학력평가 18번

①	② 함정	❸	④ 함정	⑤
4%	15%	53%	18%	10%

표는 사회 조직 운영 원리 A, B를 비교한 것이다. 이에 대한 설명으로 옳은 것은? (단, A와 B는 각각 관료제, 탈관료제 중 하나이다.)

질문	A	B
상향식 의사 결정 방식을 강조하는가?	예	㉠
효율적인 과업 수행을 지향하는가?	㉡	예
(가)	예	아니요

① ㉠, ㉡은 모두 '아니요'이다.
② A는 B에 비해 중간 관리층의 비중이 높다.
③ B는 A에 비해 연공서열에 따른 보상을 중시한다.
④ B는 A에 비해 업무 담당자에게 주어진 재량권이 크다.
⑤ (가)에는 '비공식적 규범을 통한 구성원의 통제가 지배적인가?'가 들어갈 수 있다.

✓ 자료 분석 상향식 의사 결정 방식을 강조하는 조직은 탈관료제이다. 따라서 A는 탈관료제, B는 관료제이다.

O 정답 찾기 ③ 관료제는 구성원의 연륜을 중시하며, 이에 따라 연공서열에 따른 보상이 이루어진다. 반면, 탈관료제는 구성원의 성과를 중시하며, 이에 따라 능력과 업적에 따른 보상이 이루어진다.

X 오답 풀이 ① 관료제는 하향식 의사 결정 방식을 강조하므로 ㉠은 '아니요'이다. 관료제와 탈관료제는 모두 효율적 과업 수행을 지향하므로 ㉡은 '예'이다.
② 탈관료제는 관료제에 비해 중간 관리층의 비중이 낮다.
④ 수평적 조직 체계를 갖춘 탈관료제는 의사 결정 권한이 분산되어 있으며, 업무 담당자의 재량권이 크다.
⑤ 관료제와 탈관료제는 모두 공식적 규범을 통한 구성원의 통제가 이루어진다. 따라서 해당 질문은 (가)에 들어갈 수 없다.

②번을 정답으로 잘못 선택하였다면, 중간 관리층의 비중이 의미하는 바를 이해하지 못했을 가능성이 크다.
④번을 정답으로 잘못 선택하였다면, A와 B에 해당하는 사회 조직의 운영 원리를 제대로 파악하지 못했을 가능성이 크다. 관료제와 탈관료제의 특징을 비교하여 정확하게 파악해 두도록 한다.

이것만은 꼭!
1. 관료제는 하향식 의사 결정 방식이 강조되고, 탈관료제는 상향식 의사 결정 방식이 강조된다.
2. 관료제는 연공서열에 따른 보상이 중시되고, 탈관료제는 업적 및 능력에 따른 보상이 중시된다.
3. 관료제와 탈관료제는 모두 효율적인 과업 수행을 지향한다.

24 사회 집단과 사회 조직

| 정답 ⑤ | 20년 7월 학력평가 17번

① 함정	②	③	④	❺
31%	10%	8%	4%	47%

다음 자료의 A~C에 대한 설명으로 옳은 것은?

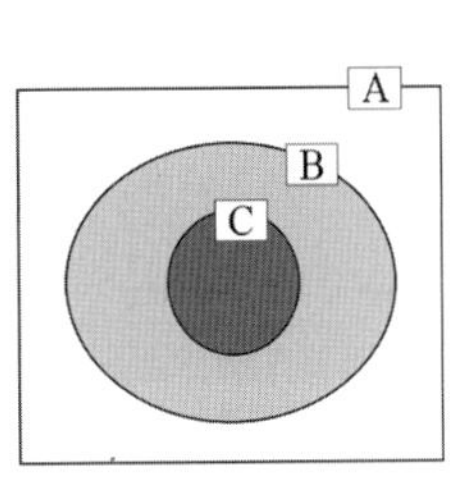

A: 둘 이상의 사람이 소속감과 공동체 의식을 가지고 지속적인 상호 작용을 하는 모임 (사회 집단)

B: A이면서, 공통의 관심사나 목표를 가진 사람들이 자발적으로 결성한 집단 (자발적 결사체)

C: B이면서, 일정한 목적 달성을 위해 공식적 규범과 절차를 갖춘 경계가 뚜렷한 집단 (공식 조직)

① 회사는 C에 ~~해당한다~~. (해당하지 않는다.)
② 또래 집단은 B에 ~~해당한다~~. (해당하지 않는다.)
③ B를 제외한 A는 모두 선택 의지에 따라 형성된다.
④ C를 제외한 B는 가입과 탈퇴가 자유롭지 못하다.
⑤ 비공식 조직은 A 중에서 C를 제외한 B에 해당한다.

이것만은 꼭!

1. 자발적 결사체는 공통의 관심을 가진 사람들이 자발적으로 결성한 집단이다.
2. 사회 집단은 둘 이상의 사람이 소속감을 가지고 지속적으로 상호 작용을 하는 모임이다.
3. 공식 조직은 일정한 목적 달성을 위해 공식적 규범과 절차를 갖춘 집단이다.

✔ 자료 분석 A는 둘 이상의 사람들이 소속감을 가지고 지속적으로 상호 작용을 하는 모임이므로 사회 집단에 해당한다. B는 공통의 관심사나 목표를 가진 사람들이 자발적으로 결성한 집단이므로 자발적 결사체에 해당한다. C는 자발적 결사체 중 일정한 목적 달성을 위해 공식적 규범과 절차를 갖춘 집단이므로 공식 조직에 해당하는 자발적 결사체에 해당한다.

○ 정답 찾기 ⑤ 자발적 결사체에는 시민 단체 등과 같은 공식 조직인 경우도 있고, 사내 동호회 등과 같은 비공식 조직인 경우도 있다. 따라서 비공식 조직은 C를 제외한 B에 해당한다.

✕ 오답 풀이 ① 회사는 공식 조직에는 해당하지만 자발적 결사체가 아니므로 C에 해당하지 않는다.
② 또래 집단은 자발적 결사체에 해당하지 않는다.
③ 자발적 결사체는 이익 사회에 해당하고, 사회 집단에는 이익 사회뿐만 아니라 공동 사회도 존재한다.
④ B와 C는 모두 자발적 결사체에 해당한다. 자발적 결사체는 구성원의 가입과 탈퇴가 자유롭다.

①번을 정답으로 잘못 선택하였다면, 회사가 공식 조직임을 파악하였지만 자발적 결사체가 아님을 파악하지 못했기 때문일 것이다. 회사는 공식 조직에는 포함하지만 자발적 결사체가 아니므로 C에 해당하지 않는다.

25 사회 집단과 사회 조직

| 정답 ③ | 20년 10월 학력평가 16번

①	②	❸	④	⑤
1%	3%	90%	4%	2%

표의 (가), (나)에 각각 들어갈 수 있는 질문만을 〈보기〉에서 고른 것은? [3점]

구분		(가) 예	(가) 아니요
(나)	예	사내 동호회	가족
(나)	아니요	시민 단체	회사

보기

ㄱ. 구성원들의 선택 의지와 무관하게 형성된 사회 집단인가? (공동 사회)
ㄴ. 구성원들 간 수단적 관계보다 전인격적 관계가 중시되는 사회 집단인가? (1차 집단)
ㄷ. 공통의 관심사나 목표를 가진 사람들이 자발적으로 결성한 사회 집단인가? (자발적 결사체)
ㄹ. 공식 조직 내에서 구성원들이 긴장감이나 소외감을 완화하기 위해 만든 사회 집단인가? (비공식 조직)

	(가)	(나)
①	ㄱ	ㄹ
②	ㄴ	ㄷ
③	ㄷ	ㄴ
④	ㄷ	ㄹ
⑤	ㄹ	ㄱ

✔ 자료 분석 사내 동호회, 가족, 시민 단체, 회사를 여러 가지 기준으로 구분하면 다음과 같다.

구분	예	아니요
공동 사회인가요?	가족	사내 동호회, 시민 단체, 회사
1차 집단의 성격이 강한가요?	가족, 사내 동호회	시민 단체, 회사
자발적 결사체인가요?	사내 동호회, 시민 단체	가족, 회사
공식 조직인가요?	시민 단체, 회사	사내 동호회, 가족
비공식 조직인가요?	사내 동호회	가족, 시민 단체, 회사

○ 정답 찾기 ㄴ, ㄷ. (가)에는 사내 동호회와 시민 단체에 대해 '예' 응답이 가능한 질문이 들어갈 수 있다. 사내 동호회와 시민 단체는 모두 자발적 결사체로 공통의 관심사나 목표를 가진 사람들이 자발적으로 결성한 사회 집단이다. (나)에는 사내 동호회와 가족에 대해 '예' 응답이 가능한 질문이 들어갈 수 있다. 사내 동호회와 가족은 전인격적 관계가 중시되므로 1차 집단의 성격이 강하다.

✕ 오답 풀이 ㄱ. 선택 의지와 무관하게 형성된 사회 집단은 공동 사회이다. 가족만 공동 사회에 해당한다.
ㄹ. 공식 조직 내에서 구성원들의 긴장감이나 소외감을 완화하기 위해 만들어진 사회 집단은 비공식 조직이다. 사내 동호회만 비공식 조직에 해당한다.

이것만은 꼭!

1. 자발적 결사체는 공동의 관심사를 위해 자발적으로 결성한 사회 집단이다.
2. 1차 집단은 수단적 관계보다 전인격적 관계가 중시된다.
3. 공동 사회는 선택 의지와 무관하게 본질 의지에 의해 자연 발생적으로 형성된 집단이다.

필출 주제 08

일탈 행동

제1권 p.054 ~ 060

01 ③ 02 ① 03 ③ 04 ③ 05 ⑤ 06 ③ 07 ③ 08 ④ 09 ⑤ 10 ② 11 ① 12 ① 13 ③ 14 ② 15 ② 16 ⑤ 17 ③ 18 ① 19 ⑤ 20 ②

01 일탈 이론

| 정답 ③ | 24년 3월 학력평가 7번

①	②	❸	④	⑤
3%	7%	80%	6%	4%

A~C에 대한 설명으로 옳은 것은? (단, A~C는 각각 뒤르켐의 아노미 이론, 차별 교제 이론, 낙인 이론 중 하나임.) [3점]

표는 일탈 이론 A~C의 관점에서 청소년들의 온라인 도박이 증가하는 원인을 설명한 것이다.

이론	설명
A (차별 교제 이론)	온라인 도박을 하는 사람들과 접촉하면서 온라인 도박을 정당화하는 가치관을 학습하기 때문이다.
B (뒤르켐의 아노미 이론)	정보 사회로 급속하게 변화하는 과정에서 온라인 도박을 통제하는 사회 규범이 정립되지 않았기 때문이다.
C (낙인 이론)	온라인 도박을 한 청소년이 주변 사람들로부터 비난받은 결과, 부정적 자아가 형성되어 온라인 도박을 반복하기 때문이다.

① ~~A~~(C)는 차별적인 사회적 제재를 일탈 행동의 원인으로 본다.

② B는 일탈 행동에 대한 대책으로 문화적 목표를 달성할 수 있는 제도화된 기회의 확대를 중시한다. (머튼의 아노미 이론)

③ C는 1차적 일탈이 2차적 일탈로 이어지는 과정에 주목한다.

④ A는 C~~와 달리~~(모두) 타인과의 상호 작용이 일탈 행동에 미치는 영향에 주목한다.

⑤ ~~B~~(C)는 ~~C~~(B)와 달리 일탈 행동을 규정하는 객관적 기준이 없다고 본다.

✓ 자료 분석 A는 차별 교제 이론, B는 뒤르켐의 아노미 이론, C는 낙인 이론이다.

O 정답 찾기 ③ 낙인 이론은 1차적 일탈을 한 사람에 대해 계속 일탈 행동을 할 것이라는 낙인을 찍게 되면 부정적 자아가 형성되어 이것이 2차적 일탈을 초래하는 요인으로 작용한다고 본다.

X 오답 풀이 ① 차별적인 사회적 제재를 일탈 행동의 원인으로 보는 이론은 낙인 이론이다.
② 일탈 행동에 대한 대책으로 문화적 목표를 달성할 수 있는 제도화된 기회의 확대를 중시하는 이론은 머튼의 아노미 이론이다.
④ 차별 교제 이론과 낙인 이론은 모두 타인과의 상호 작용이 일탈 행동에 미치는 영향에 주목한다.
⑤ 낙인 이론은 일탈 행동을 규정하는 객관적 기준이 없다고 보는 반면, 차별 교제 이론과 뒤르켐의 아노미 이론은 일탈 행동을 규정하는 객관적 기준이 있다고 본다.

이것만은 꼭!

1. 뒤르켐의 아노미 이론은 급속한 사회 변동으로 인해 발생하는 아노미가 일탈 행동을 초래한다고 본다.
2. 차별 교제 이론과 낙인 이론은 모두 타인과의 상호 작용이 일탈 행동에 미치는 영향에 주목한다.
3. 낙인 이론은 뒤르켐의 아노미 이론, 차별 교제 이론과 달리 일탈 행동을 규정하는 객관적 기준이 없다고 본다.

02 일탈 이론

| 정답 ① | 24년 5월 학력평가 4번

❶	②	③	④	⑤
76%	9%	5%	3%	7%

일탈 이론 (가)~(다)에 대한 설명으로 옳은 것은? (단, (가)~(다)는 각각 머튼의 아노미 이론, 차별 교제 이론, 낙인 이론 중 하나임.) [3점]

> (가) 어떤 청소년이 실수로 사소한 일탈 행동을 한 후, 이러한 일탈 행동이 누리 소통망 서비스를 통해 알려지고 비난받아 그가 속한 집단에서 일탈자로 규정되어 버리는 경우가 종종 있다. 이렇게 일탈자로 규정된 청소년은 부정적 자아 정체성을 갖게 되어 반복적으로 일탈 행동을 저지를 가능성이 높다. (낙인 이론)
>
> (나) 어떤 부자들은 인터넷상에 자신이 가진 부를 다양한 방식으로 보여 주며 이를 과시한다. 사회 구성원 대다수는 이러한 부자들의 물질적으로 풍요로운 삶을 추구하지만, 일부 사람들은 부를 획득하기 위한 합법적 수단을 갖고 있지 않아 물질적인 풍요로움을 얻고자 일탈 행동을 저지르게 된다. (머튼의 아노미 이론)
>
> (다) 인터넷 커뮤니티에 가입하여 활동하고 있는 청소년들이 증가하고 있는데 이들 중 일부는 범죄를 일삼는 커뮤니티 회원과 교류하게 되는 경우가 있다. 이후 그들과의 상호 작용이 빈번해진 청소년들은 범죄 기술과 법 위반에 대한 우호적 태도를 습득함으로써 범죄를 저지르게 된다. (차별 교제 이론)

① (가)는 차별적인 제재를 일탈 행동의 원인으로 본다.
② (나)는 일탈 행동을 규정하는 객관적인 기준이 ~~없다고~~(있다고) 본다.
③ ~~(다)~~(가)는 일탈 행동 자체보다 그에 대한 사회적 반응을 중시한다.
④ ~~(가)~~(다)는 ~~(다)~~(가)와 달리 정상 집단과의 교류를 일탈 행동의 해결 방안으로 제시한다.
⑤ ~~(나)와~~ (다)는 ~~모두~~ 타인과의 상호 작용을 통해 일탈 행동을 학습하는 과정을 중시한다.

✓ 자료 분석 (가)는 낙인 이론, (나)는 머튼의 아노미 이론, (다)는 차별 교제 이론이다.

O 정답 찾기 ① 낙인 이론은 차별적인 제재, 즉 낙인을 통해 일탈 행동이 발생한다고 본다.

× 오답 풀이 ② 머튼의 아노미 이론은 일탈 행동을 규정하는 객관적인 기준이 있다고 본다.
③ 일탈 행동 자체보다 그에 대한 사회적 반응을 중시하는 이론은 낙인 이론이다.
④ 정상 집단과의 교류를 일탈 행동의 해결 방안으로 제시하는 이론은 차별 교제 이론이다.
⑤ 차별 교제 이론은 머튼의 아노미 이론과 달리 타인과의 상호 작용을 통해 일탈 행동을 학습하는 과정을 중시한다.

이것만은 꼭!

1. 머튼의 아노미 이론은 문화적 목표와 제도적 수단 간의 괴리 상태로 인해 발생하는 아노미가 일탈 행동을 초래한다고 본다.
2. 머튼의 아노미 이론과 차별 교제 이론은 낙인 이론과 달리 일탈 행동을 규정하는 객관적인 기준이 있다고 본다.
3. 낙인 이론은 차별적인 제재를 일탈 행동의 원인으로 본다.

03 일탈 이론

| 정답 ③ | 24년 7월 학력평가 9번

①	②	❸	④	⑤
3%	4%	85%	5%	3%

일탈 이론 A~D에 대한 설명으로 옳은 것은? (단, A~D는 각각 뒤르켐의 아노미 이론, 머튼의 아노미 이론, 차별 교제 이론, 낙인 이론 중 하나임.) [3점]

> 사회학자: 자신이 일탈 행동을 하게 된 사연에 대해 말씀해 주세요.
> 갑: 우리 사회는 경제적 성공을 강요하지만 저는 합법적인 방법으로는 부자가 될 수 없어 범죄를 저지르게 되었습니다.(머튼의 아노미 이론) 이후 주변 사람들이 저를 사회의 낙오자로 취급하였고 결국 자포자기의 심정으로 다시 범죄를 저지르게 되었습니다.(낙인 이론)
> 을: 저는 범죄자인 친구와 함께 살면서 범죄에 대한 호의적 태도를 갖게 되었고 결국 범죄 행위에 가담하여 수감생활을 하게 되었습니다.(차별 교제 이론) 출소 이후 급격하게 변화한 사회 규범과 전통적 가치관의 충돌로 인한 혼란으로 방황하다가 저는 다시 범죄자가 되었습니다.(뒤르켐의 아노미 이론)
> 병: 저는 한 번의 실수를 하였지만 사람들은 저를 범죄자로 취급했습니다. 저 또한 제 자신을 범죄자라고 생각하게 되니 진짜 범죄자가 되는 것이 어렵지 않았습니다.(낙인 이론) 이후 교도소에서 반성하며 지내보려 했지만 다른 재소자에게 새로운 범죄 기술을 배워 재범을 저질렀습니다.(차별 교제 이론)
> 사회학자: 갑의 일탈 행동은 A(머튼의 아노미 이론)와 B(낙인 이론), 을의 일탈 행동은 C(뒤르켐의 아노미 이론)와 D(차별 교제 이론), 병의 일탈 행동은 B와 D로 설명할 수 있습니다.

① ~~A~~(B)와 달리 ~~B~~(A)는 문화적 목표와 제도화된 수단의 괴리를 일탈 행동의 원인으로 본다.
② ~~B~~(C)와 달리 ~~C~~(B)는 일탈자의 부정적 자아가 형성되는 과정에 주목한다.
③ C와 달리 D는 사회 구성원 간 상호 작용을 통한 일탈 행동의 발생에 관심을 둔다.
④ ~~A~~, B와 달리 ~~C~~(A, C)는 사회 구조적 관점에서 일탈을 설명한다.
⑤ ~~B~~(A), D와 달리 ~~A~~(B)는 일탈을 규정하는 객관적 기준이 없다고 본다.

✔ 자료 분석 갑의 사연에는 머튼의 아노미 이론과 낙인 이론, 을의 사연에는 차별 교제 이론과 뒤르켐의 아노미 이론, 병의 사연에는 낙인 이론과 차별 교제 이론이 나타나 있다. 따라서 A는 머튼의 아노미 이론, B는 낙인 이론, C는 뒤르켐의 아노미 이론, D는 차별 교제 이론이다.

O 정답 찾기 ③ 차별 교제 이론은 일탈 행동이 타인과의 상호 작용 과정에서 학습된다고 본다.

× 오답 풀이 ① 문화적 목표와 제도화된 수단의 괴리를 일탈 행동의 원인으로 보는 이론은 머튼의 아노미 이론이다.
② 일탈자의 부정적 자아가 형성되는 과정에 주목하는 이론은 낙인 이론이다.
④ 머튼의 아노미 이론과 뒤르켐의 아노미 이론은 낙인 이론과 달리 사회 구조적 관점에서 일탈을 설명한다.
⑤ 낙인 이론은 머튼의 아노미 이론, 차별 교제 이론과 달리 일탈을 규정하는 객관적 기준이 없다고 본다.

이것만은 꼭!

1. 차별 교제 이론과 낙인 이론은 사회 구성원 간 상호 작용을 통한 일탈 행동의 발생에 관심을 둔다.
2. 머튼의 아노미 이론과 뒤르켐의 아노미 이론은 사회 구조적 관점에서 일탈을 설명한다.
3. 아노미 이론과 차별 교제 이론은 낙인 이론과 달리 일탈을 규정하는 객관적 기준이 있다고 본다.

04 일탈 이론

| 정답 ③ | 24년 10월 학력평가 3번

①	②	❸	④	⑤
1%	1%	96%	1%	1%

일탈 이론 A~C에 대한 설명으로 옳은 것은? (단, A~C는 각각 낙인 이론, 머튼의 아노미 이론, 차별 교제 이론 중 하나임.) [3점]

이론	이론을 적용하여 설명한 사례
A 차별 교제 이론	갑은 동네 가게에서 물건을 훔치던 선배들과 어울려 지내면서 그들의 가치관과 태도를 내면화한 결과 상습 절도범이 되었다.
B 머튼의 아노미 이론	물질적 풍요가 중시되는 사회에서 부자가 되고 싶었지만 가난으로부터 벗어날 방법이 없었던 을은 현금 인출기를 부수고 고액의 현금을 훔쳤다.
C 낙인 이론	동네 가게에서 호기심에 물건을 가져온 병은 주변으로부터 도둑이라는 비난을 받으면서 부정적인 자아가 형성되어 이후 절도를 일삼게 되었다.

① ~~A~~(C)는 차별적인 제재를 일탈 행동의 원인으로 본다.
② ~~B~~(A)는 일탈 행동에 대한 대책으로 정상 집단과의 교류 촉진을 강조한다.
③ C는 1차적 일탈이 2차적 일탈로 이어지는 과정에 주목한다.
④ ~~A~~(C)와 달리 ~~C~~(A)는 상호 작용을 통한 일탈 행동의 학습 과정에 주목한다.
⑤ C와 달리 A, B는 일탈 행동을 규정하는 객관적 기준이 ~~없다~~(있다)고 본다.

✓ 자료 분석 A는 차별 교제 이론, B는 머튼의 아노미 이론, C는 낙인 이론이다.

O 정답 찾기 ③ 낙인 이론은 1차적 일탈을 저질렀다는 이유로 일탈자라는 낙인이 찍힌 사람은 부정적 자아를 갖게 되어 2차적 일탈을 저지를 가능성이 높다고 본다. 즉, 낙인 이론은 1차적 일탈이 2차적 일탈로 이어지는 과정에 주목한다.

× 오답 풀이 ① 차별적인 제재를 일탈 행동의 원인으로 보는 이론은 낙인 이론이다.
② 일탈 행동에 대한 대책으로 정상 집단과의 교류 촉진을 강조하는 이론은 차별 교제 이론이다.
④ 차별 교제 이론은 타인과의 상호 작용을 통한 일탈 행동의 학습 과정에 주목한다.
⑤ 차별 교제 이론과 머튼의 아노미 이론은 일탈 행동을 규정하는 객관적 기준이 있다고 보는 반면, 낙인 이론은 일탈 행동을 규정하는 객관적 기준이 없다고 본다.

이것만은 꼭!

1. 낙인 이론은 차별적 제재를 일탈 행동의 원인으로 본다.
2. 차별 교제 이론은 타인과의 상호 작용을 통한 일탈 행동의 학습 과정에 주목한다.
3. 낙인 이론은 차별 교제 이론, 머튼의 아노미 이론과 달리 일탈 행동을 규정하는 객관적 기준이 없다고 본다.

05 일탈 이론

| 정답 ⑤ | 23년 3월 학력평가 13번

①	②	③	④	❺
2%	3%	4%	4%	87%

다음은 일탈 행동을 설명하는 특정 이론에 근거하여 A국의 상황을 분석한 것이다. 이 이론에 대한 설명으로 옳은 것은?

> A국에서 물질적 성공은 대부분의 사람들이 추구하는 목표이다. 그런데 A국에는 그러한 목표를 달성할 수 있는 합법적 기회가 제한된 사람들도 있다. 이들은 물질적 성공을 위해 불법적 방법이라도 시도해야 한다는 압력을 느끼게 되어 절도, 사기 등의 범죄까지 저지르게 된다.
> (문화적 목표 / 제도적 수단 / 문화적 목표와 제도적 수단의 괴리 → 머튼의 아노미 이론)

① 일탈 행동을 규정하는 객관적 기준이 없다고 본다. - 낙인 이론
② 1차적 일탈이 2차적 일탈로 이어지는 과정에 주목한다. - 낙인 이론
③ 일탈에 대한 대책으로 정상 집단과의 교류 촉진을 제시한다. - 차별 교제 이론
④ 일탈 행동이 타인과의 상호 작용 과정에서 학습된다고 본다. - 차별 교제 이론
⑤ 문화적 목표와 제도적 수단 사이의 괴리로 인해 일탈 행동이 발생한다고 본다. - 머튼의 아노미 이론

✔ 자료 분석 A국에서는 문화적 목표와 제도적 수단 간의 괴리로 인해 범죄와 같은 일탈 행동이 나타나고 있다. 이는 머튼의 아노미 이론에 해당한다.

O 정답 찾기 ⑤ 머튼의 아노미 이론은 문화적 목표와 제도적 수단 사이의 괴리로 인해 일탈 행동이 발생한다고 본다.

× 오답 풀이 ① 머튼의 아노미 이론은 일탈 행동을 규정하는 객관적 기준이 존재한다고 본다. 일탈 행동을 규정하는 객관적 기준이 없다고 보는 이론은 낙인 이론이다.
② 1차적 일탈이 2차적 일탈로 이어지는 과정에 주목하는 이론은 낙인 이론이다.
③ 일탈에 대한 대책으로 정상 집단과의 교류 촉진을 제시하는 이론은 차별 교제 이론이다.
④ 일탈 행동이 타인과의 상호 작용 과정에서 학습된다고 보는 이론은 차별 교제 이론이다.

이것만은 꼭!
1. 낙인 이론은 일탈을 규정하는 객관적 기준이 없다고 본다.
2. 차별 교제 이론은 일탈 행동이 학습의 결과라고 본다.
3. 머튼의 아노미 이론은 문화적 목표와 제도적 수단 사이의 괴리로 인해 일탈 행동이 발생한다고 본다.

06 일탈 이론

| 정답 ③ | 23년 4월 학력평가 13번

①	②	❸	④	⑤
6%	27%	61%	4%	2%

다음 대화의 A~C에 대한 설명으로 옳은 것은? (단, A~C는 각각 낙인 이론, 차별 교제 이론, 뒤르켐의 아노미 이론 중 하나임.) [3점]

> 교사: 일탈 이론 A~C에 대해 설명해 보세요.
> 갑: A는 일탈 행동을 규정하는 객관적 기준이 있다고 봅니다. (A: 차별 교제 이론 / 차별 교제 이론, 뒤르켐의 아노미 이론)
> 을: B는 타인과의 상호 작용을 중심으로 일탈 행동이 발생하는 원인을 파악하고자 합니다. (B: 낙인 이론 / 차별 교제 이론, 낙인 이론)
> 병: C는 사회 규범의 통제력 회복을 일탈 행동의 해결 방안으로 봅니다. (C: 뒤르켐의 아노미 이론 / 뒤르켐의 아노미 이론)
> 교사: 세 사람 모두 옳게 설명했네요.

① A는 차별적 제재가 일탈 행동의 원인이라고 본다. (A → B)
② B는 일탈자와의 상호 작용을 통한 학습의 과정에 주목한다. (B → A)
③ B는 A와 달리 2차적 일탈 행동의 발생 과정에 초점을 맞춘다.
④ B는 C와 달리 급속한 사회 변동에 따른 아노미로 인해 일탈 행동이 발생한다고 본다. (B → C, C → B)
⑤ C는 A와 달리 일탈자와의 접촉 차단을 일탈 행동의 해결 방안으로 본다. (C → A, A → C)

✔ 자료 분석 차별 교제 이론과 뒤르켐의 아노미 이론은 모두 일탈 행동을 규정하는 객관적 기준이 있다고 본다. 따라서 A는 차별 교제 이론과 뒤르켐의 아노미 이론 중 하나이다. 차별 교제 이론과 낙인 이론은 타인과의 상호 작용을 중심으로 일탈 행동의 발생 원인을 파악하고자 한다. 따라서 B는 차별 교제 이론과 낙인 이론 중 하나이다. 뒤르켐의 아노미 이론은 사회 규범의 통제력 회복을 일탈 행동의 해결 방안으로 본다. 따라서 C는 뒤르켐의 아노미 이론이고, A는 차별 교제 이론, B는 낙인 이론이다.

O 정답 찾기 ③ 낙인 이론은 1차적 일탈에 대한 사회적 낙인이 2차적 일탈로 이어지는 과정에 초점을 맞추고 일탈 행동을 설명하는 이론이다.

× 오답 풀이 ① 낙인 이론은 차별적인 제재로 인하여 초래된 사회적 낙인이 일탈 행동으로 이어진다고 본다.
② 차별 교제 이론은 타인과의 상호 작용 과정을 통해 일탈 행동의 기술을 습득하고, 일탈 행동을 정당화하는 동기나 가치관을 내면화함으로써 일탈 행동을 학습하게 된다고 본다.
④ 뒤르켐의 아노미 이론은 사회가 급속하게 변동하는 과정에서 사회 구성원에 대한 통제력이 약화되는 등 아노미가 발생하여 일탈 행동이 초래된다고 본다.
⑤ 차별 교제 이론은 일탈 집단과 자주 접촉하는 개인이 일탈 행위자가 될 가능성이 높다고 보며, 일탈 행동을 줄이기 위한 방안으로 일탈자와의 접촉 차단을 강조한다.

이것만은 꼭!
1. 낙인 이론은 일탈을 규정하는 객관적 기준이 없다고 본다.
2. 차별 교제 이론과 낙인 이론은 타인과의 상호 작용을 중심으로 일탈 행동의 발생을 설명한다.
3. 뒤르켐의 아노미 이론은 사회 규범의 통제력 회복을 일탈 행동의 해결 방안으로 설명한다.

07 일탈 이론

| 정답 ③ | 23년 7월 학력평가 12번

①	②	❸	④	⑤
7%	3%	80%	6%	4%

일탈 이론 (가)~(다)에 대한 설명으로 옳은 것은? (단, (가)~(다)는 각각 머튼의 아노미 이론, 차별 교제 이론, 낙인 이론 중 하나임.)

일탈 이론 (가)~(다)는 전과자의 재범률이 높은 것에 대해 다음과 같이 설명한다.

일탈 이론	내용
(가) 낙인 이론	범죄의 경중과 상관없이 유죄가 인정되면 주변으로부터 범죄자 취급을 받아 사회적으로 고립되기 쉽다. 그 결과 스스로에 대한 부정적인 인식이 형성되어 또 다시 범죄를 저지르게 된다.
(나) 머튼의 아노미 이론	우리 사회는 사회 구성원들에게 하나의 지향점을 제시한다. 전과자는 전과가 없는 사람보다 이러한 문화적 목표와 이를 달성하기 위한 합법적 수단 간 불일치에서 오는 긴장 정도가 크므로 다시 범죄를 저지르게 된다.
(다) 차별 교제 이론	우리는 범죄자들에게 교도소 수감 기간 중 반성과 교화를 기대한다. 하지만 오히려 수감자들은 다른 수감자와의 교류로 범죄 수법과 범죄에 대한 우호적 가치관을 학습하여 출소 후 다시 범죄를 저지르게 된다.

① (가)는 일탈 행동을 규정하는 객관적 기준이 ~~있다~~(없다)고 본다.
② ~~(나)~~(다)는 일탈 행동에 대한 대책으로 정상 집단과의 교류 촉진을 제시한다.
③ (가)는 (나)와 달리 타인과의 상호 작용 과정을 중심으로 일탈 행동을 설명한다.
④ ~~(다)는 (나)와 달리~~ (가)는 차별적 제재를 일탈 행동의 원인으로 본다.
⑤ ~~(가), (다)~~(나)는 ~~(나)~~(가), (다)와 달리 사회 구조적 측면에서 일탈 행동을 설명한다.

✓ 자료 분석 주변으로부터 범죄자 취급을 받아 부정적인 인식이 형성되어 재범을 일으킨다고 보는 (가)는 낙인 이론이고, 문화적 목표와 이를 달성하기 위한 합법적 수단 간 불일치로 인해 재범을 일으킨다고 보는 (나)는 머튼의 아노미 이론이며, 수감자들이 다른 수감자와의 교류로 범죄 수법과 범죄에 대한 우호적 가치관을 학습하여 출소 후 재범을 일으킨다고 보는 (다)는 차별 교제 이론이다.

○ 정답 찾기 ③ 낙인 이론, 차별 교제 이론은 머튼의 아노미 이론과 달리 타인과의 상호 작용 과정을 중심으로 일탈 행동을 설명한다.

× 오답 풀이 ① 낙인 이론은 차별 교제 이론, 머튼의 아노미 이론과 달리 일탈 행동을 규정하는 객관적 기준이 없다고 본다.
② 일탈 행동에 대한 대책으로 정상 집단과의 교류 촉진을 제시하는 이론은 차별 교제 이론이다.
④ 차별적 제재를 일탈 행동의 원인으로 보는 이론은 낙인 이론이다.
⑤ 사회 구조적 측면에서 일탈 행동을 설명하는 이론은 머튼의 아노미 이론이다.

이것만은 꼭!

1. 낙인 이론과 차별 교제 이론은 타인과의 상호 작용 과정을 중심으로 일탈 행동을 설명한다.
2. 낙인 이론은 차별적 제재를 일탈 행동의 원인으로 본다.
3. 차별 교제 이론은 일탈 행동에 대한 대책으로 정상 집단과의 교류 촉진을 제시한다.

08 일탈 이론

| 정답 ④ | 23년 10월 학력평가 14번

①	②	③	❹	⑤
3%	7%	3%	83%	4%

다음 자료에 대한 설명으로 옳은 것은? (단, A~C는 각각 낙인 이론, 차별 교제 이론, 머튼의 아노미 이론 중 하나임.) [3점]

> 교사: 일탈 이론 A~C에 대해 설명해 보세요.
> 갑: B는 일탈 행동이 학습의 결과임을 강조합니다. (차별 교제 이론)
> 을: A와 B는 모두 사회 구조적 측면에서 일탈 행동의 원인을 설명합니다. (차별 교제 이론 / 머튼의 아노미 이론)
> 병: C는 A와 달리 일탈 행동을 규정하는 객관적인 기준이 있다고 봅니다. (머튼의 아노미 이론 / 낙인 이론 / 차별 교제 이론, 머튼의 아노미 이론)
> 정: (가)
> 교사: ㉠한 사람만 제외하고 모두 옳게 설명했습니다. (을)

① ㉠은 '갑'(을)이다.

② A는 일탈 행동이 그 행동에 대한 사회적 반응이 아니라 그 행동의 속성에 의해 규정된다고 본다.

③ B는 일탈 행동의 기술과 달리 일탈 행동에 대한 우호적인 가치관은 학습되지 않는다고(이 학습된다고) 본다.

④ C는 문화적 목표와 제도적 수단 간의 괴리를 일탈 행동의 원인으로 본다.

⑤ (가)에 'A, C는 B와 달리 개인이 타인과의 상호 작용을 통해 일탈자가 되어 가는 과정에 주목합니다.'가 들어갈 수 있다(없다). (차별 교제 이론, 낙인 이론)

✓ 자료 분석 차별 교제 이론은 일탈 행동이 학습된 결과임을 강조하고, 머튼의 아노미 이론은 사회 구조적 측면에서 일탈 행동의 원인을 설명하며, 차별 교제 이론과 머튼의 아노미 이론은 일탈 행동을 규정하는 객관적인 기준이 있다고 본다. 갑~정 중 옳지 않은 설명을 한 사람은 을이다. 따라서 A는 낙인 이론, B는 차별 교제 이론, C는 머튼의 아노미 이론이다.

O 정답 찾기 ④ 머튼의 아노미 이론은 문화적 목표를 달성할 수 있는 제도적 수단이 충분하게 제공되지 않은 상태에서 비합법적 수단으로 목표를 달성하려고 할 때 일탈 행동이 발생한다고 본다.

× 오답 풀이 ① ㉠은 '을'이다.
② 낙인 이론은 일탈 행동이 그 행동의 속성이 아니라 그 행동에 대한 사회적 반응에 의해 규정된다고 본다.
③ 차별 교제 이론은 일탈 행동의 기술과 일탈 행동에 대한 우호적인 가치관이 모두 학습된다고 본다.
⑤ (가)에는 옳은 내용이 들어가야 한다. 차별 교제 이론과 낙인 이론은 개인이 타인과의 상호 작용을 통해 일탈자가 되어 가는 과정에 주목한다. 따라서 해당 내용은 (가)에 들어갈 수 없다.

이것만은 꼭!
1. 차별 교제 이론은 일탈 행동이 학습된 결과임을 강조한다.
2. 머튼의 아노미 이론은 사회 구조적 측면에서 일탈 행동의 원인을 설명한다.
3. 차별 교제 이론은 일탈 행동의 기술과 일탈 행동에 대한 우호적인 가치관이 모두 학습된다고 본다.

09 일탈 이론

| 정답 ⑤ | 22년 3월 학력평가 9번

①	②	③	④	❺
7%	7%	7%	9%	70%

그림의 일탈 이론 A~C에 대한 설명으로 옳은 것은? (단, A~C는 각각 낙인 이론, 머튼의 아노미 이론, 차별 교제 이론 중 하나이다.) [3점]

사회 구조적 차원에서 일탈 행동의 원인을 설명하는가? (머튼의 아노미 이론)
- 예 → A (머튼의 아노미 이론)
- 아니요 → B (낙인 이론)
- 아니요 → C (차별 교제 이론)

일탈 행동이 학습의 결과임을 강조하는가? (차별 교제 이론)
- 아니요 → A
- 아니요 → B
- 예 → C

① A(C)는 일탈 행동을 정당화하는 가치관의 내면화 과정에 주목한다.

② B(A)는 문화적 목표와 제도적 수단 간의 괴리를 일탈 행동의 원인으로 본다.

③ C는 급격한 사회 변동으로 인한 무규범 상태에 주목한다. (뒤르켐의 아노미 이론)

④ A(B)는 B(A)와 달리 일탈 행동을 규정하는 객관적인 기준이 없다고 본다.

⑤ B는 A, C와 달리 특정인에 대한 부정적 평가가 일탈 행동을 반복하게 하는 요인임을 강조한다.

✓ 자료 분석 머튼의 아노미 이론은 낙인 이론, 차별 교제 이론과 달리 사회 구조적 차원에서 일탈 행동의 원인을 설명한다. 차별 교제 이론은 머튼의 아노미 이론, 낙인 이론과 달리 일탈 행동이 학습의 결과임을 강조한다. 따라서 A는 머튼의 아노미 이론, B는 낙인 이론, C는 차별 교제 이론이다.

O 정답 찾기 ⑤ 낙인 이론은 사람들에 의해 일탈 행동이나 일탈 행위자가 규정되는 과정에서 부정적 자아를 갖게 되고, 이로 인해 2차적 일탈을 저지를 가능성이 높다고 본다.

× 오답 풀이 ① 차별 교제 이론은 타인과의 상호 작용 과정을 통해 일탈 행동의 기술을 습득하고, 일탈 행동을 정당화하는 동기나 가치관을 내면화함으로써 일탈 행동을 학습하게 된다고 본다.
② 머튼의 아노미 이론은 문화적 목표를 달성하는 데 필요한 제도적 수단을 갖지 못한 사회 구성원이 일탈 행동을 저지른다고 본다.
③ 뒤르켐의 아노미 이론은 급속한 사회 변동으로 인해 기존 사회 규범의 통제력이 약화되고 새로운 사회 규범이 미처 정립되지 못한 무규범 상태가 일탈 행동을 초래한다고 본다.
④ 낙인 이론은 머튼의 아노미 이론, 차별 교제 이론과 달리 일탈 행동을 규정하는 객관적인 기준이 없다고 본다.

이것만은 꼭!
1. 낙인 이론은 일탈을 규정하는 객관적 기준이 없다고 본다.
2. 차별 교제 이론은 일탈 행동이 학습의 결과임을 강조한다.
3. 머튼의 아노미 이론은 사회 구조적 차원에서 일탈 행동의 원인을 설명한다.

10 일탈 이론

| 정답 ② | 22년 4월 학력평가 8번

①	❷	③	④	⑤
2%	77%	13%	4%	4%

일탈 행동을 보는 갑, 을의 이론적 관점에 대한 설명으로 옳은 것은?

> 사회자: 일부 청소년들이 비행을 저지르는 이유는 무엇일까요?
> 갑: 비행을 일삼는 친구들과 어울리면서 각종 비행 방법을 습득하고 비행을 정당화하는 가치관을 학습하기 때문입니다. (차별 교제 이론)
> 을: 사소한 잘못을 한 청소년을 주변 사람들이 포용하지 못하고 문제아로 단정지음으로써 청소년 스스로도 자신을 일탈자로 인식하기 때문에 비행을 반복해서 저지르게 됩니다. (낙인 이론)

① 갑(을)의 관점은 차별적인 제재가 일탈 행동의 원인이라고 본다.
② 을의 관점은 2차적 일탈의 발생 과정을 설명하는 데 초점을 둔다.
③ ~~갑의 관점은 을의 관점과 달리~~ (갑, 을의 관점은 모두) 일탈 행동을 타인과의 상호 작용의 결과로 본다.
④ 을의 관점은 갑의 관점과 달리 문화적 목표와 제도적 수단 간의 괴리를 일탈 행동의 원인으로 본다. (머튼의 아노미 이론)
⑤ ~~갑, 을의 관점은 모두~~ (을의 관점은 갑의 관점과 달리) 일탈을 규정하는 객관적 기준이 없다고 본다.

✔ 자료 분석 갑의 관점은 타인과의 상호 작용 과정을 통해 일탈 행동의 습득을 강조하고 있으므로 차별 교제 이론에 해당한다. 을의 관점은 일탈자라는 낙인이 찍힌 사람이 부정적 자아를 갖게 됨으로써 2차적 일탈을 저지르게 된다고 보고 있으므로 낙인 이론에 해당한다.

○ 정답 찾기 ② 낙인 이론은 1차적 일탈을 저지른 사람이 낙인으로 인해 2차적 일탈을 저지르게 되는 과정에 주목한다.

✕ 오답 풀이 ① 낙인 이론은 차별적 제재로 인해 낙인이 일탈 행동을 초래하게 된다고 본다.
③ 낙인 이론과 차별 교제 이론은 모두 타인과의 상호 작용 과정으로 일탈 행동을 설명한다.
④ 머튼의 아노미 이론은 사회적으로 규정된 문화적 목표와 제도적 수단 간의 괴리로 인해 아노미가 발생한다고 본다.
⑤ 낙인 이론은 상호 작용 과정에서 사람들에 의해 일탈 행동이나 일탈 행위자가 규정된다고 보므로 일탈을 규정하는 객관적 기준이 없다고 본다.

이것만은 꼭!
1. 낙인 이론은 일탈을 규정하는 객관적 기준이 없다고 본다.
2. 낙인 이론과 차별 교제 이론은 일탈 행동이 발생하는 상호 작용 과정을 중시한다.
3. 낙인 이론은 2차적 일탈의 발생 과정을 설명하는 데 초점을 둔다.

11 일탈 이론

| 정답 ① | 22년 7월 학력평가 19번

❶	②	③	④	⑤
88%	4%	4%	2%	2%

일탈 이론 A~C에 대한 설명으로 옳은 것은? (단, A~C는 각각 낙인 이론, 차별 교제 이론, 머튼의 아노미 이론 중 하나이다.)

표는 사이버 범죄를 저지른 갑의 행동 원인을 분석하기 위해 서로 다른 일탈 이론에 근거하여 조사할 내용을 나열한 것이다.

연구자의 조사 내용	근거한 일탈 이론
• 갑이 사이버 범죄를 통해서 달성하고자 한 목표 • 갑이 자신이 세운 목표를 달성하기 위해 실행한 사이버 범죄 이외의 행동	A (머튼의 아노미 이론)
• 갑이 일탈 행동을 저지른 후 주위로부터 받은 평판 • 갑이 사이버 범죄 이전에 저지른 일탈 행동의 종류와 제재 유무	B (낙인 이론)
• 갑이 온라인에서 일탈 성향의 사람들과 교류한 내용 • 갑이 사이버 범죄를 저지르기 전에 만난 친구들의 성향	C (차별 교제 이론)

① A는 B와 달리 문화적 목표와 제도적 수단 간의 괴리를 일탈 행동의 원인으로 본다.
② B는 C와 달리 일탈을 규정하는 객관적 기준이 ~~있다고~~ (없다고) 본다.
③ C는 A와 달리 사회적 규범의 부재로 인한 구성원들의 혼란이 일탈을 발생시킨다고 본다. (뒤르켐의 아노미 이론)
④ ~~A~~(C)는 ~~B, C~~(A, B)와 달리 정상 집단과의 교류 촉진을 일탈 행동에 대한 대책으로 강조한다.
⑤ ~~C~~(B)는 ~~A, B~~(A, C)와 달리 최초의 일탈이 반복적 일탈로 이어지는 과정에 주목한다.

✔ 자료 분석 A는 머튼의 아노미 이론, B는 낙인 이론, C는 차별 교제 이론이다.

○ 정답 찾기 ① 문화적 목표와 제도적 수단 간의 괴리를 일탈 행동의 원인으로 보는 일탈 이론은 머튼의 아노미 이론이다.

✕ 오답 풀이 ② 낙인 이론은 머튼의 아노미 이론, 차별 교제 이론과 달리 일탈을 규정하는 객관적 기준이 없다고 본다.
③ 사회적 규범의 부재로 인한 구성원들의 혼란이 일탈을 발생시킨다고 보는 일탈 이론은 뒤르켐의 아노미 이론이다.
④ 정상 집단과의 교류 촉진을 일탈 행동에 대한 대책으로 강조하는 일탈 이론은 차별 교제 이론이다.
⑤ 최초의 일탈이 반복적 일탈로 이어지는 과정에 주목하는 일탈 이론은 낙인 이론이다.

이것만은 꼭!
1. 뒤르켐의 아노미 이론은 새로운 규범 정립이나 규범 교육 강화 등을 일탈 행동의 해결책으로 제시한다.
2. 차별 교제 이론과 아노미 이론은 일탈을 규정하는 객관적인 기준이 있다고 본다.
3. 차별 교제 이론과 낙인 이론은 미시적 관점에서 일탈을 설명한다.

12 일탈 이론

| 정답 ① | 22년 10월 학력평가 18번

❶	②	③	④	⑤
74%	13%	3%	5%	5%

다음 자료에 대한 설명으로 옳은 것은? (단, A와 B는 각각 낙인 이론, 뒤르켐의 아노미 이론 중 하나이다.) [3점]

표는 각 질문에 대해 A와 B의 입장을 '예' 또는 '아니요'로 표시한 후, 답변 중 일부만 보이도록 하고 나머지 답변은 가린 것이다.

질문	답변	
	A (낙인 이론)	B (뒤르켐의 아노미 이론)
일탈을 규정하는 객관적인 기준이 있다고 보는가? (뒤르켐의 아노미 이론 : 예 / 낙인 이론 : 아니요)	아니요	예
(가)	예	아니요
(나)	아니요	예
'예'인 답변의 개수	1개	2개

① (가)에 '1차적 일탈이 2차적 일탈로 이어지는 과정에 주목하는가?'가 들어갈 수 있다. (낙인 이론)

② (나)에 '문화적 목표와 제도적 수단 간의 괴리를 일탈 행동의 원인으로 보는가?'가 들어갈 수 ~~있다~~ 없다. (머튼의 아노미 이론)

③ B는 일탈 집단과의 교류로 일탈 행동이 학습된다고 본다. (차별 교제 이론)

④ ~~A~~B는 ~~B~~A와 달리 사회 구조적 차원에서 일탈 행동의 원인을 설명한다. (뒤르켐의 아노미 이론)

⑤ 일탈 행동에 대한 대책으로 ~~A~~B는 사회 규범의 통제력 회복을, ~~B~~A는 낙인에 대한 신중한 접근을 강조한다.

✔ 자료 분석 B의 경우 '예'인 답변의 개수가 2개이므로 가려진 2개의 답변은 모두 '예'이다. 뒤르켐의 아노미 이론은 낙인 이론과 달리 일탈을 규정하는 객관적인 기준이 있다고 본다. 따라서 A는 낙인 이론, B는 뒤르켐의 아노미 이론이다. 이에 따라 첫 번째 질문에 대한 A의 답변은 '아니요', 질문 (가)에 대한 A의 답변은 '예'이다.

○ 정답 찾기 ① 낙인 이론은 1차적 일탈에 대한 주변 사람들의 낙인이 2차적 일탈을 유발한다고 본다. 따라서 해당 질문은 (가)에 들어갈 수 있다.

✕ 오답 풀이 ② 문화적 목표와 제도적 수단 간의 괴리를 일탈 행동의 원인으로 보는 일탈 이론은 머튼의 아노미 이론이다. 따라서 해당 질문은 (나)에 들어갈 수 없다.
③ 일탈 집단과의 교류로 일탈 행동이 학습된다고 보는 일탈 이론은 차별 교제 이론이다.
④ 뒤르켐의 아노미 이론은 낙인 이론과 달리 사회 구조적 차원에서 일탈 행동의 원인을 설명한다.
⑤ 일탈 행동에 대한 대책으로 낙인 이론은 낙인에 대한 신중한 접근을 강조하고, 뒤르켐의 아노미 이론은 사회 규범의 통제력 회복을 강조한다.

이것만은 꼭!
1. 낙인 이론은 일탈을 규정하는 객관적인 기준이 없다고 본다.
2. 머튼의 아노미 이론은 문화적 목표와 제도적 수단 간의 괴리를 일탈 행동의 원인으로 본다.
3. 낙인 이론은 미시적 차원에서, 뒤르켐의 아노미 이론은 거시적 차원에서 일탈 행동의 원인을 설명한다.

13 일탈 이론

| 정답 ③ | 21년 3월 학력평가 9번

①	②	❸	④	⑤
3%	4%	83%	3%	7%

일탈 이론 A, B에 대한 설명으로 옳은 것은? [3점]

일탈 이론	각 일탈 이론으로 설명하기에 적합한 사례
A	갑은 실직 상황에서 점점 더 많은 자녀 양육비가 필요하게 되었다. 그 상황에서 은행 대출도 받을 수 없게 되자 갑은 도둑질을 저지르게 되었다. (머튼의 아노미 이론)
B	을은 친구 집에서 장난삼아 장난감을 가지고 왔는데, 친구들이 을을 '도둑놈'이라면서 멀리하였다. 이후 정상적인 생활이 힘들어진 을은 부정적인 정체성을 갖게 되었고 도둑질을 반복하였다. (낙인 이론)

① A는 일탈 행동이 학습의 결과임을 강조한다. (차별 교제 이론)

② ~~A~~B는 일탈 행동을 규정하는 객관적인 기준이 존재하지 않는다고 본다.

③ B는 1차적 일탈이 2차적 일탈로 이어지는 과정에 주목한다.

④ ~~B~~A는 문화적 목표와 제도적 수단 간의 괴리로 인해 일탈 행동이 발생한다고 본다. (머튼의 아노미 이론)

⑤ ~~A와~~ B는 ~~모두~~ 일탈 행동이 발생하는 상호 작용 과정에 주목한다.

✔ 자료 분석 갑은 은행 대출을 받을 수 없게 되자 도둑질을 저질렀는데, 이는 정상적 방법으로 문화적 목표를 달성할 수 없게 되자 일탈을 한 경우로, 머튼의 아노미 이론으로 설명할 수 있다. 을은 도둑놈이라는 낙인으로 인해 부정적 정체성을 갖게 되었고 일탈을 반복하게 되었다는 점에서 낙인 이론으로 설명할 수 있다. 따라서 A는 머튼의 아노미 이론, B는 낙인 이론이다.

○ 정답 찾기 ③ 낙인 이론은 1차적 일탈을 저질렀다는 이유로 일탈자라는 낙인이 찍힌 사람이 부정적 자아를 갖게 됨으로써 2차적 일탈을 저지를 가능성이 높다고 본다.

✕ 오답 풀이 ① 차별 교제 이론은 타인과의 상호 작용 과정을 통해 일탈 행동을 학습한다고 본다.
② 낙인 이론은 일탈 행동을 규정하는 객관적 기준이 존재하지 않는다고 보는 반면, 머튼의 아노미 이론은 일탈 행동을 규정하는 객관적 기준이 존재한다고 본다.
④ 머튼의 아노미 이론은 문화적 목표와 제도적 수단 간의 괴리로 인해 일탈 행동이 발생한다고 본다.
⑤ 낙인 이론은 낙인이라는 사회적 상호 작용 과정을 통해 부정적 자아를 갖게 되어 2차적 일탈이 초래된다고 보는 반면, 머튼의 아노미 이론은 일탈 행동이 발생하는 상호 작용 과정에 주목하지 않는다.

이것만은 꼭!
1. 낙인 이론은 일탈 행동을 규정하는 객관적 기준이 없다고 본다.
2. 낙인 이론과 차별 교제 이론은 일탈 행동이 발생하는 상호 작용 과정을 중시한다.
3. 머튼의 아노미 이론은 문화적 목표와 제도적 수단 간의 괴리로 인해 일탈 행동이 발생한다고 본다.

14 일탈 이론

| 정답 ② | 21년 4월 학력평가 5번

①	❷	③	④	⑤ 함정
7%	60%	7%	9%	17%

다음은 일탈 이론 A~C에 대한 수행 평가지이다. 이에 대한 설명으로 옳은 것은? (단, A~C는 각각 낙인 이론, 머튼의 아노미 이론, 차별 교제 이론 중 하나이다.) [3점]

일탈 이론의 특징 서술하기

이름: ○○○

1. A(차별 교제 이론)와 구분되는 B(낙인 이론)의 특징을 2가지 서술하시오.

연번	답안	점수
1	타인과의 상호 작용 과정을 중심으로 일탈을 설명한다. — 낙인 이론, 차별 교제 이론	0
2	2차적 일탈 과정에 주목한다. — 낙인 이론	1

2. B와 구분되는 C(머튼의 아노미 이론)의 특징을 2가지 서술하시오.

연번	답안	점수
1	일탈이 차별적 제재에서 비롯된다고 본다. — 낙인 이론	㉠-0
2	(가)	1

○ 채점 기준: 맞으면 1점, 틀리면 0점 부여

① ㉠은 1(→0)이다.

② A는 정상적인 집단과의 교류 확대를 일탈의 해결책으로 본다.

③ B(→C)는 문화적 목표와 제도적 수단 간 괴리를 일탈의 원인으로 본다. (머튼의 아노미 이론)

④ C(→B)는 일탈을 규정하는 객관적 기준이 없다고 본다. (낙인 이론)

⑤ (가)에는 '일탈이 일탈자와의 교류를 통한 학습의 결과임을 강조한다.'(차별 교제 이론)가 들어갈 수 있다(→없다).

✓ 자료 분석 1번 문항의 두 번째 답안을 통해 B는 2차적 일탈 과정에 주목하는 낙인 이론임을 알 수 있다. 1번 문항의 첫 번째 답안을 통해 A와 B 모두 타인과의 상호 작용 과정을 중심으로 일탈을 설명하므로 A는 차별 교제 이론임을 알 수 있다. 따라서 C는 머튼의 아노미 이론이다.

O 정답 찾기 ② 차별 교제 이론은 일탈 집단과의 차별적 교제 과정에서 일탈을 학습하게 된다고 보고, 정상적인 집단과의 교류 확대를 일탈의 해결책으로 제시한다.

X 오답 풀이 ① 일탈이 차별적 제재에서 비롯된다고 보는 이론은 낙인 이론이다. 따라서 2번 문항의 첫 번째 답안은 옳지 않으므로 ㉠은 0이다.

③ 문화적 목표와 제도적 수단 간의 괴리를 일탈의 원인으로 보는 이론은 머튼의 아노미 이론이다. 낙인 이론은 1차적 일탈에 대한 사회적 낙인이 2차적 일탈을 초래한다고 본다.

④ 낙인 이론은 상호 작용 과정에서 사람들에 의해 일탈 행동이나 일탈 행위자가 규정되므로 일탈을 규정하는 객관적 기준이 없다고 본다.

⑤ (가)에는 낙인 이론과 구분되는 머튼의 아노미 이론에 해당하는 특징이 들어가야 한다. 일탈이 일탈자와의 교류를 통한 학습의 결과임을 강조하는 이론은 차별 교제 이론이다. 따라서 해당 내용은 (가)에 들어갈 수 없다.

함정 클리닉

먼저 첫 번째 질문을 통해 A~C에 해당하는 일탈 이론을 특정할 수 있어야 하며, 이를 위해서는 특히 두 번째 응답에서 B를 찾을 수 있어야 한다. 다음으로 두 번째 질문에서 점수 1점을 받았음에 유의하여 (가)에 들어갈 응답을 선택할 수 있어야 한다. 자료 분석 문항의 경우 A~C 중 하나만 잘못 특정하여도 오답을 선택할 수 있으므로 유의해야 한다.

이것만은 꼭!

1. 낙인 이론은 2차적 일탈 과정에 주목한다.
2. 낙인 이론은 일탈이 차별적 제재에서 비롯된다고 본다.
3. 낙인 이론과 차별 교제 이론은 타인과의 상호 작용 과정을 중심으로 일탈을 설명한다.

15 일탈 이론

| 정답 ② | 21년 7월 학력평가 11번

①	❷	③	④	⑤
5%	87%	5%	1%	2%

일탈 이론 A~C에 대한 옳은 설명만을 〈보기〉에서 고른 것은? (단, A~C는 각각 낙인 이론, 머튼의 아노미 이론, 차별 교제 이론 중 하나이다.) [3점]

범죄자 갑에 대한 인물 조사 결과

갑은 고등학교 재학 시 학력을 중요시 여기는 사회적 분위기 속에서 일류 대학 진학을 위해 공부에 매진함. 그런데 좋은 성적을 받기 위해 부정행위를 하다가 적발되어 진학 기회가 박탈됨. 이후 비행 청소년들과 어울리며 절도를 자연스럽게 여기게 되었고 결국 범죄를 저지름. 고등학교 졸업 후 갑은 마음을 다잡고 취업하였으나 동료들이 문제아였다고 홀대함. 이에 갑은 자신이 범죄자라는 생각에 퇴사를 결정하고 범죄 행위를 일삼음.

(머튼의 아노미 이론) (차별 교제 이론) (낙인 이론)

고등학교 재학 중 갑의 일탈 행동은 A와 B로 설명되고, 고등학교 졸업 후 갑의 일탈 행동은 C로 설명됩니다. (낙인 이론)

보기

ㄱ. C는 2차적 일탈 행동의 발생 과정에 주목한다. (낙인 이론)
ㄴ. A, B 모두 일탈 행동을 규정하는 객관적 기준이 ~~존재하지 않는다고 본다~~. (존재한다고 본다.)
ㄷ. A가 문화적 목표와 제도적 수단의 괴리를 일탈 행동의 원인으로 보는 이론이라면, B, C는 타인과의 상호 작용 과정을 중심으로 일탈 행동을 설명한다. (머튼의 아노미 이론) (낙인 이론, 차별 교제 이론)
ㄹ. C는 A, B와 달리 일탈에 대한 우호적 가치관의 학습을 일탈 행동의 주요 원인으로 본다. (차별 교제 이론)

① ㄱ, ㄴ ② ㄱ, ㄷ ③ ㄴ, ㄷ ④ ㄴ, ㄹ ⑤ ㄷ, ㄹ

✔ 자료 분석 고등학교 재학 중 좋은 성적을 받기 위해 부정행위를 하다가 적발되어 진학 기회가 박탈된 것은 머튼의 아노미 이론으로 설명할 수 있다. 비행 청소년들과 어울리며 절도를 자연스럽게 여기게 되어 범죄를 저지른 것은 차별 교제 이론으로 설명할 수 있다. 고등학교 졸업 후 회사에서 동료들이 문제아였다고 홀대하자 갑 자신이 범죄자라고 생각하여 범죄 행위를 일삼은 것은 낙인 이론으로 설명할 수 있다. 따라서 A, B는 각각 머튼의 아노미 이론과 차별 교제 이론 중 하나이고, C는 낙인 이론이다.

O 정답 찾기 ㄱ. 2차적 일탈 행동의 발생 과정에 주목하는 것은 낙인 이론이다.
ㄷ. 문화적 목표와 제도적 수단의 괴리를 일탈 행동의 원인으로 보는 이론은 머튼의 아노미 이론이고, 차별 교제 이론과 낙인 이론은 타인과의 상호 작용 과정을 중심으로 일탈 행동을 설명한다.

✕ 오답 풀이 ㄴ. 머튼의 아노미 이론과 차별 교제 이론은 모두 일탈 행동을 규정하는 객관적 기준이 존재한다고 본다.
ㄹ. 일탈에 대한 우호적 가치관의 학습을 일탈 행동의 주요 원인으로 보는 이론은 차별 교제 이론이다.

이것만은 꼭!

1. 뒤르켐의 아노미 이론은 급속한 사회 변동으로 인해 발생하는 아노미가 일탈 행동을 초래한다고 본다.
2. 머튼의 아노미 이론은 사회적으로 규정된 목표와 제도적 수단 간의 괴리로 인해 아노미가 발생한다고 본다.
3. 아노미 이론과 차별 교제 이론은 일탈 행동을 규정하는 객관적인 기준이 있다고 본다.

16 일탈 이론

| 정답 ⑤ | 21년 10월 학력평가 5번

①	②	③	④	❺
6%	1%	6%	8%	79%

다음 자료에 대한 옳은 설명만을 〈보기〉에서 고른 것은? (단, A~C는 각각 낙인 이론, 머튼의 아노미 이론, 차별 교제 이론 중 하나이다.) [3점]

ㅇ게임 규칙 : 갑~병은 각각 A~C 중 서로 다른 하나의 이론을 선택한다. 그러고 나서 아래 4장의 카드 중 자신이 선택한 일탈 이론에 부합하는 설명이 적힌 카드 2장을 고르면 우승자가 된다.

<카드 1> - 낙인 이론
2차적 일탈의 발생 과정에 주목한다.

<카드 2> - 차별 교제 이론
일탈 행동이 일탈자와의 교류를 통한 학습의 결과라고 본다.

<카드 3> - 머튼의 아노미 이론
문화적 목표와 제도적 수단 간의 괴리를 일탈 행동의 원인으로 본다.

<카드 4> - 낙인 이론, 차별 교제 이론
일탈 행위자가 발생하는 상호 작용 과정을 중시한다.

ㅇ선택한 이론 및 카드와 우승자

구분	갑(우승자)	을	병
선택한 이론	A (차별 교제 이론)	B (머튼의 아노미 이론)	C (낙인 이론)
선택한 카드	2, 4	1, 4	3, 4

보기

ㄱ. A는 일탈 행동에 대한 대책으로 사회 규범의 통제력 강화를 강조한다. (뒤르켐의 아노미 이론)
ㄴ. B는 일탈 행동을 규정하는 객관적인 기준이 ~~존재하지 않는다고~~ (존재한다고) 본다.
ㄷ. C는 차별적 제재가 일탈 행동의 발생에 미치는 영향을 강조한다. (낙인 이론)
ㄹ. B는 A, C와 달리 사회 구조적 차원에서 일탈 행동의 원인을 설명한다. (머튼의 아노미 이론)

① ㄱ, ㄴ ② ㄱ, ㄷ ③ ㄴ, ㄷ ④ ㄴ, ㄹ ⑤ ㄷ, ㄹ

✓ 자료 분석 〈카드 1〉에는 낙인 이론, 〈카드 2〉에는 차별 교제 이론, 〈카드 3〉에는 머튼의 아노미 이론, 〈카드 4〉에는 낙인 이론과 차별 교제 이론에 부합하는 설명이 적혀 있다. 을, 병과 달리 갑은 A를 선택하고 〈카드 2〉와 〈카드 4〉를 선택하여 우승했으므로, A는 차별 교제 이론이다. 을이 선택한 〈카드 1〉과 〈카드 4〉는 공통적으로 낙인 이론에 부합하지만, 을이 B를 선택하여 우승하지 못하였으므로 B는 낙인 이론이 아니다. 따라서 B는 머튼의 아노미 이론, C는 낙인 이론이다.

O 정답 찾기 ㄷ. 낙인 이론은 1차적 일탈을 저지른 사람들 중 특정인에게 가해지는 차별적 제재가 2차적 일탈을 유발하는 요인임을 강조한다.
ㄹ. 머튼의 아노미 이론은 차별 교제 이론, 낙인 이론과 달리 사회 구조적 차원에서 존재하는 문화적 목표와 제도적 수단 간의 괴리로 인해 일탈 행동이 발생한다고 본다.

× 오답 풀이 ㄱ. 일탈 행동에 대한 대책으로 사회 규범의 통제력 강화를 강조하는 이론은 뒤르켐의 아노미 이론이다.
ㄴ. 일탈 행동을 규정하는 객관적인 기준이 존재하지 않는다고 보는 이론은 낙인 이론이다.

이것만은 꼭!

1. 차별 교제 이론과 낙인 이론은 일탈 행위자가 발생하는 상호 작용 과정을 중시한다.
2. 낙인 이론은 차별적 제재가 일탈 행동의 발생에 미치는 영향을 강조한다.
3. 낙인 이론은 차별 교제 이론, 머튼의 아노미 이론과 달리 일탈 행동을 규정하는 객관적인 기준이 존재하지 않는다고 본다.

17 일탈 이론

| 정답 ③ | 20년 3월 학력평가 9번

①	②	❸	④	⑤
3%	4%	83%	4%	6%

갑~병의 일탈 이론에 대한 설명으로 옳은 것은? [3점]

사회자: 비행 청소년이 되는 이유는 무엇일까요?
갑: 비행에 대해 우호적인 태도를 가진 청소년들과 자주 접촉하기 때문입니다. 차별 교제 이론
을: 합법적인 방법으로 사회적 목표를 이룰 수 없는 청소년이 불법적인 방법을 활용하기 때문입니다. 머튼의 아노미 이론
병: 우발적으로 잘못을 저지른 청소년이 주변 사람들로부터 문제아로 규정되면 부정적 자아가 형성되어 비행을 반복하기 때문입니다. 낙인 이론

① 갑(을)의 이론은 사회 구조적 관점에서 일탈 행동을 설명한다. 아노미 이론
② 을(갑)의 이론은 일탈 행동이 학습의 결과임을 강조한다. 차별 교제 이론
③ 병의 이론은 일탈 행동을 규정하는 객관적인 기준이 없다고 본다. 낙인 이론
④ 을(갑)의 이론은 갑(을)의 이론과 달리 일탈 행동이 발생하는 상호 작용 과정을 중시한다. 낙인 이론, 차별 교제 이론
⑤ 병(을)의 이론은 을(병)의 이론과 달리 아노미로 인해 일탈 행동이 발생한다고 본다. 아노미 이론

✓ 자료 분석 갑은 비행에 우호적인 청소년들과의 접촉이 일탈 행동을 초래한다고 보고 있으므로 이는 차별 교제 이론에 해당한다. 을은 합법적 방법과 사회적 목표 간의 괴리가 일탈 행동을 초래한다고 보고 있으므로 이는 머튼의 아노미 이론에 해당한다. 병은 주변 사람들의 부정적 규정이 일탈 행동을 초래한다고 보고 있으므로 이는 낙인 이론에 해당한다.

O 정답 찾기 ③ 낙인 이론은 사회 구성원 간의 상호 작용 과정에서 사람들에 의해 일탈 행동이 규정된다고 본다. 즉, 낙인 이론은 일탈 행동을 규정하는 객관적 기준이 없다고 본다.

× 오답 풀이 ① 머튼의 아노미 이론은 사회 구조적 관점에서 일탈 행동을 설명한다.
② 차별 교제 이론은 일탈 행동이 타인과의 상호 작용 과정에서 학습된 결과임을 강조한다.
④ 낙인 이론은 상호 작용 과정에서 일탈 행동이 규정됨을 강조하고, 차별 교제 이론은 상호 작용 과정에서 일탈 행동이 학습됨을 강조한다. 따라서 낙인 이론과 차별 교제 이론은 모두 일탈 행동이 발생하는 상호 작용 과정을 중시한다.
⑤ 아노미 이론은 아노미로 인해 일탈 행동이 발생한다고 본다.

이것만은 꼭!

1. 낙인 이론은 일탈을 규정하는 객관적 기준이 없다고 본다.
2. 낙인 이론과 차별 교제 이론은 일탈 행동이 발생하는 상호 작용 과정을 중시한다.
3. 아노미 이론은 사회 구조적 관점에서 일탈 행동을 설명한다.

18 일탈 이론

| 정답 ① | 20년 4월 학력평가 8번

❶	②	③	④	⑤
87%	1%	2%	9%	1%

다음 글에 나타난 일탈 이론에 대한 설명으로 옳은 것은? [3점]

사람들은 일상 속에서 사소한 일탈을(1차적 일탈) 종종 행하지만 스스로를 일탈자라고 생각하지 않는다. 그러나 어떤 일탈 행동이 알려져 일탈자로서의 사회적 지위가 부여된(낙인) 개인은 학교나 가정, 직장 등에서 지속적으로 부정적인 상호 작용을 경험하게 된다. 이에 따라 자신에 대한 일탈자라는 평가에 순응한 개인은 일탈자로서의 정체성을 형성하고, 이것이 또 다른 일탈로(2차적 일탈) 이어진다. – 낙인 이론

① 부정적 자아가 형성되어 일탈 행동이 반복된다고 본다.
② 일탈 행동에 대한 대책으로 사회 규범 확립을 강조한다. – 뒤르켐의 아노미 이론
③ 급격한 사회 변동으로 인해 일탈 행동이 발생한다고 본다. – 뒤르켐의 아노미 이론
④ 타인과의 상호 작용을 통한 일탈 행동의 학습 과정에 주목한다. – 차별 교제 이론
⑤ 문화적 목표와 제도적 수단의 괴리를 일탈 행동의 원인으로 본다. – 머튼의 아노미 이론

✓ 자료 분석 제시문은 사소한 일탈(1차적 일탈)에 대해서는 스스로를 일탈자로 생각하지 않으나, 일탈자라는 사회적 지위가 부여되고 부정적 상호 작용을 경험하게 될 경우 또 다른 일탈(2차적 일탈)로 이어지게 된다고 보고 있다. 이는 낙인 이론에 해당한다.

O 정답 찾기 ① 낙인 이론은 1차적 일탈에 대한 사회적 낙인으로 인해 부정적 자아가 형성될 경우 2차적 일탈이 발생하여 일탈 행동을 반복한다고 본다.

× 오답 풀이 ② 일탈 행동에 대한 대책으로 사회 규범의 확립을 강조하는 이론은 뒤르켐의 아노미 이론이다. 낙인 이론은 일탈 행동의 대책으로 낙인찍는 행위에 대한 신중한 검토를 강조한다.
③ 뒤르켐의 아노미 이론은 급격한 사회 변동 과정에서 사회 규범이 약화되고, 아노미가 발생하여 일탈 행동이 초래된다고 본다.
④ 차별 교제 이론은 일탈 행동을 하는 집단과의 상호 작용 과정에서 일탈 행동의 기술 및 일탈 행동을 정당화하는 동기나 가치관을 학습한다고 본다.
⑤ 머튼의 아노미 이론은 사회적으로 규정된 문화적 목표와 제도적 수단 간의 괴리로 인해 일탈 행동이 발생한다고 본다.

이것만은 꼭!

1. 낙인 이론은 낙인으로 인해 부정적 자아가 형성되어 또 다른 일탈 행동이 발생한다고 본다.
2. 뒤르켐의 아노미 이론은 급격한 사회 변동으로 인해 일탈 행동이 발생한다고 본다.
3. 차별 교제 이론은 타인과의 상호 작용을 통한 일탈 행동의 학습 과정에 주목한다.

19 일탈 이론

| 정답 ⑤ | 20년 7월 학력평가 12번

①	②	③	④	❺
9%	5%	11%	3%	72%

표는 일탈 이론 A~C를 질문에 따라 구분한 것이다. 이에 대한 설명으로 옳은 것은? (단, A~C는 각각 낙인 이론, 머튼의 아노미 이론, 차별적 교제 이론 중 하나이다.) [3점]

구분	A (머튼의 아노미 이론)	B (낙인 이론)	C (차별 교제 이론)
문화적 목표와 제도적 수단 간의 괴리로 인해 일탈 행동이 발생한다고 보는가? (머튼의 아노미 이론)	예	아니요	아니요
일탈 행동이 차별적 제재에서 비롯된다고 보는가? (낙인 이론)	아니요	예	아니요
(가)	아니요	예	예

① A는 사회 불평등 구조의 근본적 개혁을 일탈에 대한 대책으로 제시한다. (제시하지 않는다.)

② B(C)는 일탈에 대한 우호적 가치를 내면화하여 일탈 행동이 발생한다고 본다. (차별 교제 이론)

③ C(B)는 부정적 자아 형성을 통한 2차적 일탈의 발생에 주목한다. (낙인 이론)

④ C는 A, B와 달리 규범의 해체로 인한 가치관의 혼란이 일탈 행동을 유발한다고 본다. (뒤르켐의 아노미 이론)

⑤ (가)에는 '타인과의 상호 작용을 통한 일탈 행동의 발생을 강조하는가?'가 들어갈 수 있다. (낙인 이론, 차별 교제 이론)

✓ 자료 분석 사회적으로 규정된 문화적 목표와 제도적 수단 간의 괴리로 인해 일탈 행동이 발생한다고 보는 이론은 머튼의 아노미 이론이다. 1차적 일탈을 저지른 사람에 대한 낙인찍기와 같은 차별적인 제재로 인해 2차적 일탈이 초래된다고 보는 이론은 낙인 이론이다. 따라서 A는 머튼의 아노미 이론, B는 낙인 이론, C는 차별 교제 이론이다.

O 정답 찾기 ⑤ 낙인 이론은 상호 작용 과정에서 사람들에 의해 일탈 행위자로 규정된다고 본다. 차별 교제 이론은 일탈 행동자와의 상호 작용 과정에서 일탈 행동 기술을 습득한다고 본다. 따라서 낙인 이론과 차별 교제 이론은 모두 타인과의 상호 작용이 일탈 행동의 발생에 영향을 미친다고 본다. 따라서 해당 질문은 (가)에 들어갈 수 있다.

× 오답 풀이 ① 머튼의 아노미 이론은 일탈 행동의 대책으로 문화적 목표의 달성을 위한 제도적 수단 확대의 필요성을 강조한다.
② 낙인 이론은 낙인에 따른 부정적 자아 형성으로 2차적 일탈이 발생한다고 본다. 일탈자와의 상호 작용 과정에서 일탈에 대한 우호적 가치를 내면화하여 일탈을 저지르게 된다고 보는 이론은 차별 교제 이론이다.
③ 1차적 일탈 행동에 대한 낙인찍기로 인해 부정적 자아가 형성되어 이로 인해 2차적 일탈이 발생하게 되는 과정에 주목하는 이론은 낙인 이론이다.
④ 뒤르켐의 아노미 이론은 급격한 사회 변동 과정에서 기존의 규범이 해체되고 새로운 규범이 미처 정립되지 못한 상황에서 일탈 행동이 초래된다고 본다.

이것만은 꼭!

1. 낙인 이론과 차별 교제 이론은 모두 타인과의 상호 작용이 일탈 행동의 발생에 영향을 미친다고 본다.
2. 머튼의 아노미 이론은 문화적 목표와 제도적 수단 간의 괴리로 인해 일탈 행동이 발생한다고 본다.
3. 낙인 이론은 일탈 행동이 차별적 제재로 인해 초래된다고 본다.

20 일탈 이론

| 정답 ② | 20년 10월 학력평가 8번

①	❷	③	④	⑤
4%	92%	2%	1%	1%

다음 글의 일탈 이론 A, B에 대한 옳은 설명만을 〈보기〉에서 고른 것은?

> A(뒤르켐의 아노미 이론)에 따르면, 일탈 행동이 증가하고 있는 이유는 급속한 사회 변화로 인해 발생한 혼란 속에서 사람들이 따라야 할 새로운 행동 기준이 미처 확립되지 못하였기 때문이다. 이와 달리 B(낙인 이론)에 따르면, 일탈 행동이 증가하고 있는 이유는 1차적 일탈을 저지른 사람에 대해 차별적인 제재를 가하여 부정적 자아가 형성되도록 만들기 때문이다.

〈보기〉
ㄱ. A는 사회 구조적 차원에서 일탈 행동의 원인을 설명한다. (아노미 이론)
ㄴ. B는 일탈 행동이 학습의 결과임을 강조한다. (차별 교제 이론)
ㄷ. A는 B와 달리 일탈 행동의 대책으로 사회 규범의 통제력 강화를 중시한다. (뒤르켐의 아노미 이론)
ㄹ. A와 B는 모두 일탈 행동을 규정하는 객관적 기준이 있다고 본다. (뒤르켐의 아노미 이론)

① ㄱ, ㄴ ② ㄱ, ㄷ ③ ㄴ, ㄷ ④ ㄴ, ㄹ ⑤ ㄷ, ㄹ

✓ 자료 분석 A는 급속한 사회 변화 가운데 새로운 행동 기준이 확립되지 못하여 일탈 행동이 증가한다고 보고 있으므로 이는 뒤르켐의 아노미 이론에 해당한다. B는 차별적 제재로 인해 1차적 일탈이 다른 일탈로 이어진다고 보고 있으므로 이는 낙인 이론에 해당한다.

O 정답 찾기 ㄱ. 뒤르켐의 아노미 이론은 사회 구조적 차원에서 일탈 행동을 설명한다.
ㄷ. 뒤르켐의 아노미 이론은 일탈 행동의 해결을 위해 새로운 규범 정립 등을 통한 사회 규범의 통제력 강화를 중시한다.

× 오답 풀이 ㄴ. 차별 교제 이론은 일탈 행위자와의 상호 작용 과정을 통해 일탈 행동의 기술을 습득한다고 본다. 즉, 차별 교제 이론은 일탈 행동이 학습의 결과임을 강조한다.
ㄹ. 낙인 이론은 상호 작용 과정에서 사람들에 의해 일탈 행동이나 일탈 행위자로 규정된다고 본다. 즉, 일탈 행동을 규정하는 객관적 기준이 존재하지 않는다고 본다.

이것만은 꼭!

1. 차별 교제 이론은 일탈 행동이 학습의 결과임을 강조한다.
2. 뒤르켐의 아노미 이론은 일탈 행동의 대책으로 규범의 통제력 강화를 중시한다.
3. 낙인 이론은 일탈 행동을 규정하는 객관적 기준이 존재하지 않는다고 본다.

필출 주제 09 문화의 이해

제1권 p.062 ~ 067

01 ⑤ 02 ④ 03 ⑤ 04 ④ 05 ③ 06 ⑤ 07 ④ 08 ① 09 ④ 10 ⑤ 11 ④ 12 ① 13 ⑤ 14 ③ 15 ② 16 ④ 17 ⑤ 18 ① 19 ③ 20 ① 21 ③ 22 ① 23 ②

01 문화의 의미와 속성

| 정답 ⑤ | 24년 3월 학력평가 14번

①	②	③	④	⑤
3%	6%	6%	5%	80%

밑줄 친 ㉠~㉣에 대한 옳은 설명만을 〈보기〉에서 있는 대로 고른 것은?

> 우리나라에는 돌잡이라는 ㉠생일 문화(넓은 의미의 문화)가 있다. 아이의 첫 생일을 축하하는 자리에 여러 가지 물건을 놓고 아이가 무엇을 잡는지에 따라 아이의 장래를 짐작해 보는 것이다. 예를 들어 ㉡우리나라 사람들은 아이가 명주실을 잡으면 건강하게 오래 살 것이라고 여긴다(문화의 공유성). 한편 ㉢시대에 따라 돌잡이 물품의 구성이 달라진다(문화의 변동성). ㉣돌잡이 물품의 구성은 경제 발전 수준, 성공에 대한 사회적 인식 등의 영향을 받는다(문화의 전체성).

보기

ㄱ. ㉠의 '문화'는 ~~좁은~~(넓은) 의미로 사용되었다.
ㄴ. ㉡은 문화가 한 사회의 구성원 다수가 공통적으로 가지고 있는 생활 양식임을 보여 준다.
ㄷ. ㉢은 문화가 고정된 것이 아니라 시간이 흐르면서 변화하는 것임을 보여 준다.
ㄹ. ㉣은 문화가 여러 요소들이 유기적으로 연결된 하나로서의 총체임을 보여 준다.

① ㄱ, ㄴ ② ㄱ, ㄷ ③ ㄷ, ㄹ
④ ㄱ, ㄴ, ㄹ ⑤ ㄴ, ㄷ, ㄹ

✔ 자료 분석 넓은 의미의 문화는 한 사회에서 나타나는 인간의 모든 생활 양식을 의미하고, 좁은 의미의 문화는 고상하거나 세련된 것, 고급스러운 것 등 특별한 의미를 가지고 있는 생활 양식을 의미한다.

O 정답 찾기 ㄴ. 우리나라 사람들이 명주실을 잡은 아이가 건강하게 오래 살 것이라고 여기는 사례에는 문화의 공유성이 나타나 있다. 문화의 공유성은 문화가 한 사회의 구성원 다수가 공통적으로 가지고 있는 생활 양식임을 보여 준다.
ㄷ. 시대에 따라 돌잡이 물품의 구성이 달라지는 사례에는 문화의 변동성이 나타나 있다. 문화의 변동성은 문화가 시간이 흐르면서 그 형태나 내용, 의미가 변화하는 생활 양식임을 보여 준다.
ㄹ. 돌잡이 물품의 구성이 경제 발전 수준, 성공에 대한 사회적 인식 등의 영향을 받은 사례에는 문화의 전체성이 나타나 있다. 문화의 전체성은 문화가 여러 구성 요소들이 상호 유기적으로 결합된 하나로서의 총체이므로 부분이 아닌 전체로서 의미를 갖는 생활 양식임을 보여 준다.

× 오답 풀이 ㄱ. 생일 문화에서의 '문화'는 한 사회에서 나타나는 인간의 모든 생활 양식을 의미하는 넓은 의미의 문화로 사용되었다.

이것만은 꼭!

1. 문화의 공유성은 사회 구성원의 사고와 행동의 동질성을 형성하여 타인의 행동을 예측하고 이해할 수 있게 해 줌으로써 원활한 사회적 상호 작용을 가능하게 한다.
2. 문화의 변동성은 문화가 시간이 흐르면서 그 형태나 내용, 의미가 변화하는 생활 양식임을 보여 준다.
3. 문화의 전체성은 문화가 여러 구성 요소들이 상호 유기적으로 결합된 하나로서의 총체이므로 부분이 아닌 전체로서 의미를 갖는 생활 양식임을 보여 준다.

02 문화의 의미와 속성

| 정답 ④ | 24년 5월 학력평가 18번

①	②	③	④	⑤
5%	6%	4%	72%	13%

밑줄 친 ㉠~㉣에 대한 옳은 설명만을 〈보기〉에서 있는 대로 고른 것은? [3점]

> 갑국에서는 공동체 의식을 기반으로 지인이나 지인의 가족이 ㉠결혼(비물질 문화)을 할 때 ㉡축의금을 주는 문화(넓은 의미의 문화)가 이어져 왔다. 그래서 ㉢갑국에서는 주변 사람들의 결혼 소식을 접하면 축의금을 준비하는 것을 당연하게 여긴다(문화의 공유성). 그런데, 최근 결혼 소식을 접하고도 자신은 축의금을 내지 않겠다는 사람의 수가 늘고 있다. ㉣이는 개인주의의 확산, 비혼 인구 증가, 경기 침체로 인해 경제적 부담이 커진 상황 등과 관련이 깊다(문화의 전체성).

보기

ㄱ. ㉠은 비물질문화에 해당한다.
ㄴ. ㉡의 '문화'는 ~~좁은~~(넓은) 의미로 사용되었다.
ㄷ. ㉢은 문화가 사회 구성원 간 원활한 상호 작용의 토대가 됨을 보여 준다.
ㄹ. ㉣은 각각의 문화 요소들이 서로 연결되어 하나의 전체로서 존재함을 보여 준다.

① ㄱ, ㄴ ② ㄱ, ㄷ ③ ㄴ, ㄹ
④ ㄱ, ㄷ, ㄹ ⑤ ㄴ, ㄷ, ㄹ

✔ 자료 분석 좁은 의미의 문화는 고상하거나 세련된 것, 고급스러운 것 등 특별한 의미를 가지고 있는 생활 양식을 가리킬 때 사용되고, 넓은 의미의 문화는 인간의 모든 생활 양식을 가리킬 때 사용된다.

O 정답 찾기 ㄱ. 결혼은 제도문화로, 이는 비물질문화에 해당한다.
ㄷ. ㉢에 부각되어 있는 문화의 속성은 공유성이다. 문화의 공유성은 문화가 사고와 행동의 동질성을 형성하여 타인의 행동을 예측하고 이해할 수 있게 해 줌으로써 사회 구성원 간 원활한 사회적 상호 작용의 토대가 됨을 보여 준다.
ㄹ. ㉣에 부각되어 있는 문화의 속성은 전체성이다. 문화의 전체성은 문화가 여러 구성 요소들이 상호 유기적으로 결합된 하나로서의 총체이므로 부분이 아닌 전체로서 의미를 갖는 생활 양식임을 보여 준다.

× 오답 풀이 ㄴ. 축의금을 주는 문화에서의 '문화'는 넓은 의미로 사용되었다.

이것만은 꼭!

1. 문화의 공유성을 통해 타인의 행동을 예측할 수 있다.
2. 문화의 전체성은 각 문화 요소들이 상호 유기적으로 결합된 하나로서의 총체이므로 부분이 아닌 전체로서 의미를 갖는 생활 양식을 의미한다.

03 문화의 의미와 속성

| 정답 ⑤ | 24년 7월 학력평가 7번

①	②	③	④	❺
5%	2%	8%	2%	83%

밑줄 친 ㉠~㉤에 대한 설명으로 옳은 것은? [3점]

> 갑국에는 특별한 날에 누구나 고기 요리를 이웃과 나누어 먹는 ㉠문화가 존재하였다. 갑국 사람들의 이러한 풍습에도 불구하고 갑국 정부는 육류 생산 과정에서 초래되는 생태계 파괴와 동물 복지 문제를 이유로 ㉡대체육 소비를 권장하였다. 하지만 ㉢갑국 사람들은 대체육의 식감과 맛 때문에 실제 고기를 고수하였다. 갑국 정부의 대체육 개발 연구 지원 사업에 선정된 ㉣A 기업은 실제 고기의 맛, 식감을 완벽히 구현한 새로운 대체육을 개발하였다. 이는 ㉤갑국에서 외식 산업, 의류 산업 등 다양한 분야에 변화를 가져왔다.
>
> * 대체육: 동물 세포와 식물 성분을 활용하여 실제 고기처럼 만든 인공 고기

(메모: ㉠ 넓은 의미의 문화 / ㉡ 물질문화 / ㉢ 문화 지체 × / ㉣ 문화의 공유성 × / ㉤ 문화의 전체성)

① ㉠은 좁은(넓은) 의미의 문화에 해당한다.
② ㉡은 비물질문화(물질문화)에 해당한다.
③ ㉢은 문화 지체 현상에 해당한다(해당하지 않는다).
④ ㉣에는 문화의 공유성이 부각되어 있다(있지 않다).
⑤ ㉤에는 문화의 전체성이 부각되어 있다.

✔ 자료 분석 문화의 구성 요소는 물질문화와 비물질문화로 구분할 수 있다. 물질문화는 사람들이 삶을 영위하기 위해 만들고 사용하는 인공물이나 그것을 제작·사용하는 기술을 말하며, 비물질문화는 각종 규범과 제도, 사고방식 및 가치 체계를 말한다.

O 정답 찾기 ⑤ A 기업이 개발한 대체육이 외식 산업, 의류 산업 등 다양한 분야에 변화를 가져왔으므로 ㉤에는 문화의 전체성이 부각되어 있다.

X 오답 풀이 ① ㉠은 갑국에서 나타나는 생활 양식이므로 이는 넓은 의미의 문화에 해당한다.
② ㉡은 물질문화에 해당한다.
③ 문화 지체는 물질문화의 빠른 변동 속도를 비물질문화의 변동 속도가 뒤따르지 못하여 나타나는 문화 요소 간의 부조화 현상을 말한다. ㉢은 문화 지체 현상에 해당하지 않는다.
④ 문화의 공유성은 문화가 한 사회의 구성원 다수가 공통적으로 가지고 있는 생활 양식임을 의미한다. ㉣에는 문화의 공유성이 부각되어 있지 않다.

이것만은 꼭!

1. 넓은 의미의 문화는 한 사회에서 나타나는 인간의 모든 생활 양식을 의미한다.
2. 문화의 공유성을 통해 타인의 행동을 예측할 수 있다.
3. 문화 지체는 물질문화의 빠른 변동 속도를 비물질문화의 변동 속도가 뒤따르지 못하여 나타나는 문화 요소 간의 부조화 현상을 말한다.

04 문화의 속성

| 정답 ④ | 24년 10월 학력평가 5번

①	②	③	❹	⑤
1%	2%	12%	80%	5%

(가)와 달리 (나)에만 부각되어 있는 문화의 속성에 대한 진술로 옳은 것은?

> (가) 우리나라에서 소나 말이 과거에는 짐을 실어 나르거나 사람을 태우고 이동하는 교통수단으로 이용되었지만 현재는 교통수단으로 거의 이용되지 않는다. - 문화의 변동성
> (나) 우리나라에 새롭게 도입된 교통수단인 전차는 사람들의 의식과 태도에 변화를 초래하였다. 승객들이 신분이나 성별이 아닌 지불한 요금에 따라 상·하등 칸으로 나눠 타게 되면서 양반과 상민의 엄격한 구분, 남녀칠세부동석과 같은 사회적 금기가 점차 약화하였다. - 문화의 전체성

① 문화는 상징을 통해 후천적으로 학습된다. - 학습성
② 문화는 세대 간 전승을 통해 더욱 풍부해진다. - 축적성
③ 문화는 시간이 흐르면서 그 형태나 내용이 변화한다. - 변동성
④ 문화는 여러 요소들이 상호 유기적으로 결합되어 있다. - 전체성
⑤ 문화는 구성원 간에 사고와 행동의 동질성을 갖게 한다. - 공유성

✔ 자료 분석 (가)는 소나 말이 과거에는 교통수단으로 이용되었지만 현재는 이용되지 않음을 보여 주고 있으므로 (가)에는 문화의 변동성이 부각되어 있다. (나)는 전차가 사람들의 의식과 태도에 변화를 초래하였음을 보여 주고 있으므로 (나)에는 문화의 전체성이 부각되어 있다.

O 정답 찾기 ④ 전체성은 문화가 여러 구성 요소들이 상호 유기적으로 결합된 하나로서의 총체이므로 부분이 아니라 전체로서 의미를 갖는 생활 양식임을 의미한다.

X 오답 풀이 ① 문화의 학습성에 대한 진술이다.
② 문화의 축적성에 대한 진술이다.
③ 문화의 변동성에 대한 진술이다.
⑤ 문화의 공유성에 대한 진술이다.

이것만은 꼭!

1. 문화의 전체성은 각 문화 요소들이 상호 유기적으로 결합된 하나로서의 총체임을 의미한다.
2. 문화의 공유성은 문화가 한 사회의 구성원 다수가 공통적으로 가지고 있는 생활 양식임을 의미한다.
3. 문화의 축적성은 문화가 세대 간 전승되면서 새로운 요소가 추가되어 점점 더 풍부해지는 생활 양식임을 의미한다.

05 문화의 속성

| 정답 ③ | 23년 3월 학력평가 6번

①	②	❸	④	⑤
2%	4%	89%	4%	1%

(가)와 달리 (나)에만 부각된 문화의 속성에 대한 진술로 옳은 것은?

(가) 갑국에서는 자기보다 나이가 많은 사람에게 존칭을 사용하는 문화가 존재하는데, 이웃 나라 사람들은 이러한 모습을 의아해 한다.공유성
(나) 최근 을국의 대학에서는 예전과 달리(변동성) 선배를 '선배님' 대신 이름 뒤에 '씨', '님' 등을 붙여 부르는 문화가 형성되었다. 을국의 기성세대는 이러한 문화를 낯설어 한다.공유성

① 문화는 상징을 통해 후천적으로 학습된다. - 학습성
② 문화는 세대 간 전승을 통해 점차 풍부해진다. - 축적성
③ 문화는 시간이 흐름에 따라 그 내용과 형태가 변화한다. - 변동성
④ 문화는 타인의 행동을 예측하고 이해할 수 있게 해 준다. - 공유성
⑤ 문화 요소들은 서로 관련을 맺으며 하나의 체계를 형성한다. - 전체성

✓ 자료 분석 (가)에서 부각된 문화의 속성은 공유성이고, (나)에서 부각된 문화의 속성은 변동성과 공유성이다. 따라서 (가)와 달리 (나)에만 부각된 문화의 속성은 변동성이다.

O 정답 찾기 ③ 문화의 변동성은 문화가 시간의 흐름에 따라 그 내용과 형태가 변화함을 의미한다.

× 오답 풀이 ① 문화의 학습성은 문화가 상징을 통해 후천적으로 학습됨을 의미한다.
② 문화의 축적성은 문화가 세대 간 전승되며 새로운 요소의 추가로 인해 점차 풍부해짐을 의미한다.
④ 문화의 공유성은 문화가 한 사회의 구성원 다수가 공통적으로 가지고 있는 생활양식임을 의미하며, 이로 인해 타인의 행동을 예측하고 이해할 수 있으며, 원활한 사회적 상호 작용이 가능하다.
⑤ 문화의 전체성은 문화가 여러 구성 요소들이 상호 유기적으로 결합된 하나로서의 총체로, 서로 관련을 맺으며 하나의 체계를 형성함을 의미한다.

이것만은 꼭!
1. 문화의 공유성은 구성원 간 행동을 예측하고 이해할 수 있게 한다.
2. 문화의 전체성으로 인해 문화 요소들은 서로 관련을 맺으며 하나의 체계를 형성한다.
3. 문화의 변동성은 문화가 시간의 흐름에 따라 그 내용과 형태가 변화함을 의미한다.

06 문화 이해의 관점

| 정답 ⑤ | 23년 4월 학력평가 12번

①	②	③	④	❺
6%	3%	3%	2%	86%

다음 글에 나타난 문화 이해의 관점에 대한 설명으로 가장 적절한 것은?

A국에는 마스크 착용을 기피하는 문화가 나타난다. 이러한 문화에는 마스크를 쓴 사람을 전염병 환자나 수상한 사람으로 여기는 구성원들의 인식, 그리고 무더운 기후 때문에 마스크 착용이 불편하다는 환경적 요인이 반영되어 있다. 또한 마스크를 파는 곳이 적어 마스크를 구하기가 어렵다는 사회적 요인과도 관련이 깊다. - 총체론적 관점

① 타 문화와 문화적 마찰을 초래할 우려가 있다. - 자문화 중심주의
② 자문화를 기준으로 타 문화를 평가하고자 한다. - 자문화 중심주의
③ 서로 다른 문화 간의 공통점과 차이점을 파악하고자 한다. - 비교론적 관점
④ 타 문화를 우월한 것으로 여겨 자문화를 열등하다고 본다. - 문화 사대주의
⑤ 문화 요소를 다른 요소나 전체와 관련지어 파악하고자 한다. - 총체론적 관점

✓ 자료 분석 제시문에 따르면 A국에서 마스크 착용을 기피하는 문화가 나타나는 이유는 구성원들의 인식, 환경적 요인 및 사회적 요인과 관련이 있다. 이는 문화를 총체론적 관점으로 바라보고 있는 것이다.

O 정답 찾기 ⑤ 총체론적 관점은 다른 문화 요소 및 전체와의 관련 속에서 문화의 의미를 파악하고자 하는 관점이다.

× 오답 풀이 ① 타 문화와의 문화적 마찰을 초래할 우려가 있는 태도는 자문화 중심주의이다.
② 자문화를 기준으로 타 문화를 평가하는 태도는 자문화 중심주의이다.
③ 서로 다른 문화를 비교하면서 공통점과 차이점을 파악하고자 하는 관점은 비교론적 관점이다.
④ 타 문화를 우월한 것으로 여겨 자문화를 열등하다고 보는 태도는 문화 사대주의이다.

이것만은 꼭!
1. 총체론적 관점은 문화의 각 구성 요소가 상호 유기적인 관계를 맺고 있다고 본다.
2. 비교론적 관점은 각 사회의 문화가 보편성과 특수성을 모두 지니고 있다고 본다.
3. 상대론적 관점은 문화가 해당 사회의 맥락 속에서 의미와 가치를 지닌다고 본다.

07 문화의 의미와 속성

| 정답 ④ | 23년 4월 학력평가 18번

①	②	③	❹	⑤
1%	10%	4%	86%	8%

밑줄 친 ㉠~㉣에 대한 옳은 설명만을 〈보기〉에서 있는 대로 고른 것은? [3점]

17세기 유럽에서는 차를 마시며 대화를 나누는 ㉠여가 문화가 형성되기 시작했다. 당시 유럽인들의 차 모임에서는 ㉡차 마시는 소리를 크게 내며 호들갑을 떠는 행위가 차를 대접한 안주인에게 감사를 표현하는 의미로 여겨졌다. 한편 차가 유입된 초기에는 유럽인들 사이에서 ㉢찻잔의 차를 잔 받침에 옮겨 마시는 방식이 통용되었다. 이후 손잡이가 달린 찻잔이 등장하면서 ㉣잔 받침의 용도는 차를 옮겨 마시는 것에서 차 수저를 놓는 것으로 바뀌었다.

(넓은 의미의 문화 / 문화의 공유성 / 문화의 공유성 / 문화의 변동성)

〈보기〉

ㄱ. ㉠에서 '문화'는 넓은 의미로 사용되었다.
ㄴ. ㉡은 문화를 통해 구성원의 행동 양식이 예측 가능함을 보여 준다.
ㄷ. ㉢은 문화가 세대 간 전승을 통해 더욱 풍부해짐을 보여 준다. (문화의 축적성)
ㄹ. ㉣은 문화가 고정된 것이 아니라 변화하는 것임을 보여 준다.

① ㄱ, ㄴ ② ㄱ, ㄷ ③ ㄷ, ㄹ
④ ㄱ, ㄴ, ㄹ ⑤ ㄴ, ㄷ, ㄹ

✓ 자료 분석 문화의 공유성은 문화가 한 사회의 구성원 다수가 공통적으로 가지고 있는 생활 양식임을 의미한다. 이러한 문화의 공유성으로 인해 사회 구성원의 사고와 행동의 동질성이 형성되며, 타인의 행동을 예측 가능하게 해 줌으로써 원활한 사회적 상호 작용이 가능해진다.

O 정답 찾기 ㄱ. 여가 문화에서의 '문화'는 인간의 모든 생활 양식을 의미하므로 넓은 의미로 사용되었다.
ㄴ. ㉡에는 문화의 공유성이 나타나 있다. 문화의 공유성으로 인해 같은 문화를 공유하는 구성원의 행동이 예측 가능하다.
ㄹ. ㉣에는 문화가 고정된 것이 아니라 변화하는 것임을 의미하는 속성인 문화의 변동성이 나타나 있다.

X 오답 풀이 ㄷ. ㉢에는 문화의 공유성이 나타나 있다. 문화가 세대 간 전승을 통해 더욱 풍부해지는 것을 의미하는 문화의 속성은 문화의 축적성이다.

이것만은 꼭!

1. 넓은 의미의 문화는 인간의 모든 사회적 생활 양식을 의미한다.
2. 문화의 공유성은 문화가 한 사회의 구성원 다수가 공통적으로 가지고 있는 생활 양식임을 의미한다
3. 문화의 축적성은 문화가 세대 간 전승을 통해 더욱 풍부해짐을 의미한다.

08 문화의 의미와 속성

| 정답 ① | 23년 7월 학력평가 19번

❶	②	③	④	⑤
78%	10%	6%	4%	2%

밑줄 친 ㉠~㉤에 대한 옳은 설명만을 〈보기〉에서 고른 것은?

1980년대 초반에서 2000년대 초반 사이에 태어난 Z세대의 사회 진출로 갑국의 ㉠직장 문화가 변화하였다. Z세대의 다수는 술을 즐기지 않으며, 삶에서 일과 여가의 구분과 균형을 추구한다. 이러한 경향은 ㉡갑국에서 회사원이라면 누구나 업무 이외의 모임 참여를 당연하게 여겼던 인식을 바꾸었다. 또한 Z세대는 발전된 ㉢통신 기술과 SNS 플랫폼을 기반으로 ㉣공유 경제 문화를 확산시켰다. 그러나 일부 사람들은 ㉤이러한 문화가 오랜 기간 확립해 온 노동 환경의 근간을 뒤흔들 것이라는 우려를 제기하기도 한다.

(넓은 의미의 문화 / 문화의 공유성 / 물질문화 / 넓은 의미의 문화 / 문화 지체 ×)

〈보기〉

ㄱ. ㉡에는 문화의 공유성이 부각되어 있다.
ㄴ. ㉢은 물질문화에 해당한다.
ㄷ. ㉤은 문화 지체에 ~~해당한다.~~ 해당하지 않는다.
ㄹ. ~~㉣에서의 '문화'는 ㉠에서의 '문화'와 달리 좁은~~ 의미로 사용되었다. (㉠과 ㉣에서의 '문화'는 모두 넓은)

① ㄱ, ㄴ ② ㄱ, ㄷ ③ ㄴ, ㄷ ④ ㄴ, ㄹ ⑤ ㄷ, ㄹ

✓ 자료 분석 문화의 공유성은 문화가 한 사회의 구성원 다수가 공통적으로 가지고 있는 생활 양식임을 의미한다. 문화 지체 현상은 물질문화의 빠른 변동 속도를 비물질문화의 변동 속도가 뒤따르지 못하여 나타나는 문화 요소 간의 부조화 현상을 말한다.

O 정답 찾기 ㄱ. 갑국에서 회사원이라면 누구나 업무 이외의 모임 참여를 당연하게 여겼다는 내용에는 문화의 공유성이 나타나 있다.
ㄴ. 통신 기술과 같은 기술은 물질문화에 해당한다.

X 오답 풀이 ㄷ. '이러한 문화가 오랜 기간 확립해 온 노동 환경의 근간을 뒤흔들 것'은 문화 지체 현상에 해당하지 않는다.
ㄹ. 직장 문화에서의 '문화'와 공유 경제 문화에서의 '문화'는 모두 넓은 의미로 사용되었다.

이것만은 꼭!

1. 공유성은 문화가 한 사회의 구성원 다수가 공통적으로 가지고 있는 생활 양식임을 의미한다.
2. 기술은 물질문화에 해당하고, 관념과 종교는 비물질문화에 해당한다.
3. 직장 문화에서의 '문화'는 넓은 의미로 사용되었다.

제2권 교육청 해설

09 문화의 속성

| 정답 ④ | 23년 10월 학력평가 6번

①	②	③	❹	⑤
1%	1%	6%	90%	2%

다음 글에 부각되어 있는 문화의 속성만을 〈보기〉에서 고른 것은?

> 이앙기 등 농기계를 이용한 농법이 기존 농법을 대체하면서 갑국 농촌도 크게 변화하였다.(변동성) 요즘 갑국 농촌에서는 주민들이 함께 새참을 먹고 모를 심는 문화가 사라졌다. 주민들 간에 서로 도울 일이 없어지면서 공동체 의식도 약해졌다.(전체성)

〈보기〉

ㄱ. 문화는 세대 간 전승을 통해 더욱 풍부해진다. - 축적성
ㄴ. 문화는 그 형태나 의미가 고정된 생활 양식이 아니다. - 변동성
ㄷ. 문화는 후천적인 학습에 의해 향유되는 생활 양식이다. - 학습성
ㄹ. 한 사회의 문화를 구성하는 요소들은 상호 유기적으로 결합되어 있다. - 전체성

① ㄱ, ㄴ ② ㄱ, ㄷ ③ ㄴ, ㄷ ④ ㄴ, ㄹ ⑤ ㄷ, ㄹ

✔ 자료 분석 이앙기 등 농기계를 이용한 농법이 기존 농법을 대체하면서 갑국 농촌도 크게 변화하였다는 내용에는 문화의 변동성이 부각되어 있다. 이와 같은 농법의 변화로 인해 갑국 농촌에서 새참을 먹고 모를 심는 문화가 사라지고, 주민들 간에 서로 도울 일이 없어짐에 따라 공동체 의식이 약해졌다는 내용에는 문화의 전체성이 부각되어 있다.

O 정답 찾기 ㄴ. 문화가 시간이 흐르면서 그 형태나 내용, 의미가 변화하는 생활 양식임을 의미하는 문화의 속성은 변동성이다.
ㄹ. 한 사회의 문화를 구성하는 요소들이 상호 유기적으로 결합되어 있어 문화가 부분이 아닌 전체로서의 의미를 갖는다는 것을 의미하는 문화의 속성은 전체성이다.

X 오답 풀이 ㄱ. 문화가 세대 간 전승되면서 새로운 요소가 추가되어 점점 더 풍부해지는 생활 양식임을 의미하는 문화의 속성은 축적성이다.
ㄷ. 문화가 후천적 학습에 의해 형성되는 생활 양식임을 의미하는 문화의 속성은 학습성이다.

이것만은 꼭!

1. 변동성은 시간의 흐름에 따라 문화의 형태나 내용이 변화함을 보여 준다.
2. 전체성은 문화의 구성 요소들이 상호 유기적으로 결합되어 있음을 보여 준다.
3. 축적성은 문화가 세대 간 전승되면서 새로운 요소의 추가로 인해 점점 더 풍부해지는 생활 양식이 되는 것을 의미한다.

10 문화의 속성

| 정답 ⑤ | 22년 3월 학력평가 8번

①	②	③	④	❺
2%	6%	4%	2%	86%

다음 사례에 부각되어 있는 문화의 속성에 대한 옳은 진술만을 〈보기〉에서 고른 것은?

> 갑국 사람들은 아이가 버릇없이 행동하는 것은 몸속에 벌레가 있기 때문이라고 생각해 몸에 뜸을 뜨는 벌을 준다.(공유성) 이방인들은 이해하기 힘든 풍습이지만, 이러한 풍습은 정신 수련을 위해 몸의 정화를 중시하는 갑국의 종교와 밀접하게 관련되어 있는 문화로서(전체성) 갑국 사람들에게는 매우 자연스러운 풍습이다.(공유성)

〈보기〉

ㄱ. 문화는 세대 간 전승을 통해 점차 풍부해진다. - 축적성
ㄴ. 문화는 시간이 흐르면서 지속적으로 변동한다. - 변동성
ㄷ. 문화의 각 요소들은 상호 유기적으로 결합되어 있다. - 전체성
ㄹ. 문화는 한 사회의 구성원들 간 원활한 상호 작용의 토대가 된다. - 공유성

① ㄱ, ㄴ ② ㄱ, ㄷ ③ ㄴ, ㄷ ④ ㄴ, ㄹ ⑤ ㄷ, ㄹ

✔ 자료 분석 제시된 사례에서는 문화의 공유성과 문화의 전체성이 부각되어 있다.

O 정답 찾기 ㄷ. 문화의 전체성은 문화가 여러 구성 요소들이 상호 유기적으로 결합된 하나로서의 총체임을 의미하며, 이로 인해 한 부분의 변동은 다른 부분의 연쇄적인 변동을 초래한다.
ㄹ. 문화의 공유성은 문화가 한 사회의 구성원 다수가 공통적으로 가지고 있는 생활 양식임을 의미하며, 이로 인해 타인의 행동을 예측하고 이해할 수 있으며, 원활한 사회적 상호 작용을 가능하게 한다.

X 오답 풀이 ㄱ. 문화가 세대 간 전승되면서 새로운 요소가 추가되어 점점 더 풍부해지는 것은 문화의 축적성과 관련 있다.
ㄴ. 문화가 시간이 흐르면서 그 형태, 내용, 의미가 변화하는 것은 문화의 변동성과 관련 있다.

이것만은 꼭!

1. 문화의 공유성은 구성원 간 원활한 상호 작용의 토대가 된다.
2. 문화의 공유성은 문화가 한 사회의 구성원 다수가 공통적으로 가지고 있는 생활 양식임을 의미한다.
3. 문화의 전체성으로 인해 한 부분이 변동하면 다른 부분도 연쇄적으로 변동한다.

11 문화의 의미와 속성

| 정답 ④ | 22년 4월 학력평가 9번

①	②	③	❹	⑤
12%	8%	5%	66%	9%

밑줄 친 ㉠~㉣에 대한 옳은 설명만을 〈보기〉에서 고른 것은?

팬데믹으로 인한 비대면 생활의 장기화와 ㉠확장 현실 기술의 발전 등이 ㉡대중문화에 영향을 미치고 있다. 예전에 사람들은 ㉢공연을 보기 위해 직접 공연장에 가는 것을 당연시하였지만, 최근에는 비대면 라이브 공연을 즐기는 경우가 많아지고 있다. 또한 광고나 쇼핑, 기업의 회의, 학교 수업 등도 가상 공간에서 이루어지는 사례가 늘고 있다. 이처럼 ㉣신기술의 확산은 여가 생활, 경제 활동, 교육 등 다양한 분야에 변화를 일으키고 있다.

* 확장 현실 기술: 현실과 비슷한 가상 공간에서 시공간의 제약 없이 소통하고 생활할 수 있게 하는 기술로, 실감 기술이라고도 함

보기

ㄱ. ㉠은 비물질문화에 해당한다.
ㄴ. ㉡에서의 '문화'는 넓은 의미의 문화이다.
ㄷ. ㉢에는 문화의 축적성이 부각되어 있다.
ㄹ. ㉣에는 문화의 전체성이 부각되어 있다.

① ㄱ, ㄴ ② ㄱ, ㄷ ③ ㄴ, ㄷ ④ ㄴ, ㄹ ⑤ ㄷ, ㄹ

✔ 자료 분석 물질문화는 사람들이 삶을 영위하기 위해 만들고 사용하는 인공물이나 그것을 제작·사용하는 기술을 의미하며, 비물질문화는 각종 규범과 제도(제도문화), 인간의 존재 의미와 지적 욕구를 충족시켜 주는 사고방식 및 가치 체계(관념 문화)를 의미한다.

○ 정답 찾기 ㄴ. 넓은 의미의 문화는 한 사회나 집단에서 나타나는 언어, 의식주, 가치 및 규범 등 인간의 모든 사회적 생활 양식을 의미하며, 대중문화, 청소년 문화, 지역 문화 등이 이에 해당한다.
ㄹ. 문화의 전체성은 문화 요소 간 상호 연관성으로 인해 한 부분의 변동이 다른 부분의 연쇄적인 변동을 초래함을 의미한다. 신기술의 확산이 다른 분야의 변화를 일으키는 사례에는 전체성이 부각되어 있다.

✕ 오답 풀이 ㄱ. 기술은 물질문화에 해당한다.
ㄷ. ㉢에는 공유성이 부각되어 있다. 문화의 공유성은 문화가 한 사회의 구성원 다수가 공통적으로 가지고 있는 생활 양식임을 의미한다.

이것만은 꼭!

1. 기술은 물질문화에 해당한다.
2. 문화의 공유성은 문화가 한 사회의 구성원 다수가 공통적으로 가지고 있는 생활 양식임을 의미한다.
3. 문화의 전체성으로 인해 한 부분이 변동하면 다른 부분도 연쇄적으로 변동한다.

제2권 교육청 해설

12 문화 이해의 관점

| 정답 ① | 22년 4월 학력평가 14번

❶	②	③	④	⑤
77%	3%	5%	12%	3%

(가), (나)에 나타난 문화 이해의 관점에 대한 옳은 설명만을 〈보기〉에서 고른 것은? [3점]

(가) 쌀을 많이 먹는다는 점에서 스페인과 우리나라의 음식 문화에는 유사성이 있다. 하지만 우리나라에서는 생쌀을 물에 불려서 밥을 짓는 반면, 스페인에서는 생쌀을 볶아서 익힌다는 점에서 조리 방식의 차이가 있다.

(나) 늦은 시간에 저녁을 먹는 스페인의 식사 문화는 '시에스타'라는 낮잠 문화와 관련이 있다. 스페인에는 태양의 열기가 뜨거운 한낮에 잠을 자며 쉬는 풍습이 있어 많은 상점이나 관공서가 오후에 긴 휴게 시간을 가진 후 업무를 재개한다. 이러한 근무 방식이 식사 문화에도 영향을 미친 것이다.

보기

ㄱ. (가)의 관점은 자문화를 객관적으로 이해하는 데 기여한다.
ㄴ. (나)의 관점은 문화 요소 간의 유기적 연관성을 강조한다.
ㄷ. (가)의 관점은 (나)의 관점과 달리 문화 간의 우열을 평가할 수 있다고 본다.
ㄹ. (나)의 관점은 (가)의 관점과 달리 문화의 보편성과 특수성을 파악하고자 한다.

① ㄱ, ㄴ ② ㄱ, ㄷ ③ ㄴ, ㄷ ④ ㄴ, ㄹ ⑤ ㄷ, ㄹ

✔ 자료 분석 (가)는 우리나라와 스페인 음식 문화 간의 유사성과 차이점을 비교하고 있으므로 비교론적 관점에 해당한다. (나)는 스페인의 근무 방식과 식사 문화와의 관련성에 대해 살펴보고 있으므로 총체론적 관점에 해당한다.

○ 정답 찾기 ㄱ. 비교론적 관점은 서로 다른 문화를 비교하면서 개별 문화가 가진 공통점과 차이점을 연구함에 따라 자기 문화를 보다 객관적이고 명료하게 이해할 수 있게 한다.
ㄴ. 총체론적 관점은 문화의 각 구성 요소가 상호 유기적인 관계를 맺으면서 하나로서의 전체를 이루고 있다고 보므로 문화 요소 간의 유기적 연관성을 강조한다.

✕ 오답 풀이 ㄷ. 비교론적 관점과 총체론적 관점은 모두 문화 간 우열을 평가하지 않는다.
ㄹ. 비교론적 관점은 서로 다른 문화의 비교를 통해 문화의 보편성과 특수성을 파악하고자 한다.

이것만은 꼭!

1. 비교론적 관점은 서로 다른 문화 간의 유사성과 차이점을 비교한다.
2. 비교론적 관점은 자기 문화를 객관적으로 이해하는 데 기여한다.
3. 총체론적 관점은 문화 요소 간의 유기적인 관련 속에서 문화의 의미를 파악한다.

13 문화의 속성

| 정답 ⑤ | 22년 7월 학력평가 16번

①	②	③	④	⑤
2%	2%	3%	3%	90%

다음 두 사례에서 공통적으로 부각된 문화의 속성에 대한 옳은 진술만을 〈보기〉에서 고른 것은?

○갑국에서는 주 1회 열리는 종교 의례 직후, 생필품 거래가 이루어진다. 이 때문에 갑국 사람들은 교환할 생필품을 가지고 종교 의례에 참석한다. - 공유성
○을국에서는 매년 7월이 되면 성인이 된 사람들을 위해 마을 입구에 꽃길을 만든다. 7월에 꽃길을 걸으면 그 해에 성인이 되었다는 것을 을국 사람들이라면 누구나 알 수 있다. - 공유성

보기
ㄱ. 문화는 고정된 것이 아니라 지속적으로 변화한다. - 변동성
ㄴ. 문화는 부분들이 모여 전체로서 하나의 체계를 이룬다. - 전체성
ㄷ. 문화는 사회 구성원 간 원활한 상호 작용의 토대가 된다. - 공유성
ㄹ. 문화는 특정 상황에서 타인의 행동을 예측 가능하게 한다. - 공유성

① ㄱ, ㄴ ② ㄱ, ㄷ ③ ㄴ, ㄷ ④ ㄴ, ㄹ ⑤ ㄷ, ㄹ

✔ 자료 분석 제시된 사례에서 공통적으로 부각된 문화의 속성은 공유성이다. 공유성은 문화가 한 사회의 구성원 다수가 공통적으로 가지고 있는 생활 양식임을 의미한다.

○ 정답 찾기 ㄷ, ㄹ. 공유성은 사회 구성원의 사고와 행동의 동질성을 형성하여 타인의 행동을 예측하고 이해할 수 있게 해 줌으로써 원활한 사회적 상호 작용을 가능하게 한다.

✕ 오답 풀이 ㄱ. 문화의 변동성으로 인해 문화는 고정된 것이 아니라 지속적으로 변화한다.
ㄴ. 문화의 전체성으로 인해 문화는 부분들이 모여 전체로서 하나의 체계를 이룬다.

이것만은 꼭!
1. 공유성은 문화가 한 사회의 구성원 다수가 공통적으로 가지고 있는 생활 양식임을 의미한다.
2. 전체성은 문화가 여러 구성 요소들이 유기적으로 결합된 하나로서의 총체이므로 부분이 아닌 전체로서 갖는 생활 양식임을 의미한다.
3. 변동성은 문화는 시간이 흐르면서 그 형태나 내용, 의미가 변화하는 생활 양식임을 의미한다.

14 문화의 속성

| 정답 ③ | 22년 10월 학력평가 3번

①	②	③	④	⑤
1%	1%	95%	2%	1%

다음 자료에 대한 옳은 설명만을 〈보기〉에서 고른 것은?

(가) 북알래스카의 이누피아크족(族)은 과거에는 카약을 타고 바다 포유류를 사냥하며 이동 생활을 하였으나 지금은 물질문화 - ㉠눈 자동차(snowmobile), 전기 설비 등 현대적 거주 환경을 갖춘 마을에서 정착하여 생활하고 있다. - 문화의 변동성
(나) 시베리아의 축치족(族)은 형이 죽은 경우 동생이 계승자가 되어 형수와 결혼하고 조카들을 돌보는 ㉡형제연혼의 관습을 갖고 있다. 비물질문화 이는 유목과 어로를 통해 생계를 유지해야 하는 환경적 조건과 밀접하게 관련되어 있다. - 문화의 전체성(총체성)

보기
ㄱ. ㉠은 ~~비물질문화~~ 물질문화, ㉡은 ~~물질문화~~ 비물질문화에 해당한다.
ㄴ. (가)는 시간의 흐름에 따라 문화가 변화함을 보여 준다.
ㄷ. (나)는 문화 구성 요소들이 상호 유기적으로 결합되어 있음을 보여 준다.
ㄹ. (가), (나)에서 공통적으로 부각되는 문화의 속성은 축적성이다.

① ㄱ, ㄴ ② ㄱ, ㄷ ③ ㄴ, ㄷ ④ ㄴ, ㄹ ⑤ ㄷ, ㄹ

✔ 자료 분석 (가)에서는 북알래스카의 이누피아크족이 과거에는 이동 생활을 하였으나 지금은 정착 생활을 한다는 내용을 통해 문화의 변동성을 파악할 수 있다. (나)에서는 시베리아의 축치족이 형제연혼의 관습을 갖고 있는 것이 그들의 환경적 조건과 밀접하게 관련되어 있다는 내용을 통해 문화의 전체성을 파악할 수 있다.

○ 정답 찾기 ㄴ. (가)에는 문화의 변동성이 부각되어 있다. 문화의 변동성은 시간의 흐름에 따라 문화의 형태나 내용이 변화함을 보여 준다.
ㄷ. (나)에는 문화의 전체성이 부각되어 있다. 문화의 전체성은 문화의 구성 요소들이 상호 유기적으로 결합되어 있음을 보여 준다.

✕ 오답 풀이 ㄱ. 눈 자동차와 전기 설비는 물질문화, 형제연혼의 관습은 비물질문화에 해당한다.
ㄹ. 문화의 축적성은 문화가 세대 간 전승되면서 새로운 요소의 추가로 인해 점점 더 풍부해지는 생활 양식이 되는 것을 의미한다. (가), (나)에는 축적성이 부각되어 있지 않다.

이것만은 꼭!
1. 문화의 변동성은 시간의 흐름에 따라 문화의 형태나 내용이 변화함을 보여 준다.
2. 문화의 전체성은 문화의 구성 요소들이 상호 유기적으로 결합되어 있음을 보여 준다.
3. 문화의 축적성은 문화가 세대 간 전승되면서 새로운 요소의 추가로 인해 점점 더 풍부해지는 생활 양식이 되는 것을 의미한다.

15 문화의 속성

| 정답 ② | 21년 3월 학력평가 12번

①	❷	③	④	⑤
5%	75%	7%	3%	10%

다음 두 사례에 공통으로 부각되어 있는 문화의 속성에 대한 진술로 가장 적절한 것은?

> ○ A 사회 사람들은 다른 사회 사람들과 달리 9를 길한 숫자로 여겨 결혼식 날짜를 9가 들어간 날짜로 잡으려고 한다. 공유성
> ○ B 사회에서는 아기가 태어나면 축하의 의미로 산모가 손님들에게 선물을 주는 것을 당연하게 받아들인다. 공유성

① 문화의 형태와 내용은 끊임없이 변화한다. - 변동성
② 문화는 구성원 간 원활한 상호 작용의 토대가 된다. - 공유성
③ 문화는 세대 간 전승되면서 점차 풍부해지는 생활 양식이다. - 축적성
④ 문화의 한 부분이 변동하면 다른 부분도 연쇄적으로 변동한다. - 전체성
⑤ 문화는 여러 요소들이 유기적으로 연결되어 있는 하나로서의 전체이다. - 전체성

✓ 자료 분석 A 사회 사람들은 9라는 숫자를 길한 숫자로 여기고 있으며, B 사회 사람들은 산모가 손님에게 선물을 주는 것을 당연하게 여긴다. 이는 모두 한 사회의 구성원 다수가 공통적으로 가지고 있는 생활 양식이다. 따라서 제시된 사례에 부각되어 있는 문화의 속성은 공유성이다.

O 정답 찾기 ② 문화의 공유성으로 인해 사회 구성원의 사고와 행동의 동질성이 형성된다. 이를 통해 타인의 행동을 예측하고 이해할 수 있으며, 이는 구성원 간 원활한 사회적 상호 작용을 가능하게 한다.

✕ 오답 풀이 ① 문화가 시간이 흐르면서 그 형태나 내용, 의미가 변화하는 것은 문화의 변동성과 관련 있다.
③ 문화가 세대 간 전승되면서 새로운 요소가 추가되어 점점 더 풍부해지는 것은 문화의 축적성과 관련 있다.
④ 문화 요소 간 상호 연관성으로 인해 한 부분(요소)의 변동이 다른 부분(요소)에 연쇄적인 변동을 초래하는 것은 문화의 전체성과 관련 있다.
⑤ 문화를 구성하는 여러 요소들이 상호 유기적으로 결합되어 부분이 아닌 전체로서의 의미를 가지는 것은 문화의 전체성과 관련 있다.

이것만은 꼭!

1. 문화의 공유성은 구성원 간 원활한 상호 작용의 토대가 된다.
2. 문화의 공유성은 문화가 한 사회의 구성원 다수가 공통적으로 가지고 있는 생활 양식임을 의미한다.
3. 문화의 전체성으로 인해 한 부분이 변동하면 다른 부분도 연쇄적으로 변동한다.

16 문화의 속성

| 정답 ④ | 21년 4월 학력평가 9번

①	②	③	❹	⑤
2%	1%	4%	91%	2%

밑줄 친 ㉠, ㉡에 부각되어 있는 문화의 속성에 대한 옳은 진술만을 〈보기〉에서 고른 것은? [3점]

> (공유성) ㉠바둑은 우리나라 사람들에게 익숙한 오락거리이다. 바둑은 서양의 체스와 마찬가지로 두 사람이 판을 놓고 마주 앉아 게임을 하는 것이지만, 바둑돌과 체스 말에 적용되는 규칙은 다르다. 체스 말은 왕, 여왕, 기사 등으로 계급이 나눠져 있고, 계급별로 정해진 이동 규칙에 의해서만 움직인다. 반면 바둑돌은 별도의 위계가 없고 바둑판의 빈 점 어디에든 놓을 수 있으며, 다른 돌들과의 상대적 위치가 중요하게 작용한다. 한 연구자는 ㉡바둑과 체스의 이와 같은 특징이 동서양 각각의 세계관과 연관되어 있다고 본다.(전체성) 세상을 절대자가 만든 '기하학적 규칙의 조합'으로 보는 서양과 '관계의 집합'으로 보는 동양의 세계관이 게임에도 반영되어 있다는 것이다.

〈보기〉

ㄱ. ㉠: 문화는 세대를 거치면서 점차 복잡하고 풍부해진다. - 축적성
ㄴ. ㉠: 문화는 구성원 간 사고와 행동의 동질성을 형성한다. - 공유성
ㄷ. ㉡: 문화는 고정되어 있지 않고 끊임없이 변화한다. - 변동성
ㄹ. ㉡: 문화는 여러 요소가 유기적으로 결합한 하나의 총체이다. - 전체성

① ㄱ, ㄴ ② ㄱ, ㄷ ③ ㄴ, ㄷ ④ ㄴ, ㄹ ⑤ ㄷ, ㄹ

✓ 자료 분석 문화의 공유성은 문화가 한 사회의 구성원 다수가 공통적으로 가지고 있는 생활 양식임을 의미한다. ㉠에서 우리나라 사람들은 바둑을 익숙하게 여기고 있으므로 ㉠에는 문화의 공유성이 부각되어 있다. 문화의 전체성은 문화를 구성하는 여러 요소들이 상호 유기적으로 결합되어 있음을 의미한다. ㉡에서 바둑과 체스에 동서양 각각의 세계관이 연관되어 있다고 하였으므로 ㉡에는 문화의 전체성이 부각되어 있다.

O 정답 찾기 ㄴ. 문화의 공유성으로 인해 사회 구성원의 사고와 행동의 동질성이 형성되며, 타인의 행동을 예측하고 이해할 수 있게 된다.
ㄹ. 문화의 전체성은 문화를 구성하는 여러 요소들이 상호 유기적으로 결합된 하나로서의 총체임을 의미한다. 문화의 전체성으로 인해 한 부분의 변동은 다른 부분의 연쇄적인 변동을 초래한다.

✕ 오답 풀이 ㄱ. 문화가 세대 간 전승되면서 새로운 요소가 추가되어 점점 더 풍부해지는 생활 양식임을 의미하는 것은 문화의 축적성이다.
ㄷ. 문화가 시간이 흐르면서 그 형태나 내용, 의미가 변화하는 것은 문화의 변동성이다.

이것만은 꼭!

1. 공유성은 문화가 한 사회 구성원 대다수가 향유하는 생활 양식임을 의미한다.
2. 공유성으로 인해 구성원 간 사고와 행동의 동질성이 형성된다.
3. 전체성은 문화가 여러 구성 요소들이 상호 유기적으로 결합된 하나로서의 총체임을 의미한다.

17 문화의 의미와 속성

| 정답 ⑤ | 21년 7월 학력평가 9번

①	② 함정	③	④	❺
2%	15%	5%	2%	76%

밑줄 친 ㉠~㉣에 대한 옳은 설명만을 〈보기〉에서 고른 것은?

> 자신의 노력과 능력의 대가에 대한 인정 욕구 표현으로 고가 제품을 소비하는 ㉠'플렉스 문화'는 힙합 음악가들로부터 시작되었고, ㉡대중의 인기를 받으며 다양한 음악 장르의 소재로 활용되고 있다. 이러한 플렉스 문화는 ㉢음악을 뛰어넘어 생산 및 소비 활동 등 다양한 분야의 변화를 가져왔다. 그 결과 용돈을 모으거나 아르바이트를 통해 번 돈으로 구입한 ㉣고가 브랜드 상품을 정체성 표현 수단으로 활용하는 것은 1020 세대에게 일반적인 현상이 되었다.

(㉠ 넓은 의미의 문화 / ㉡ 공유성 / ㉢ 전체성 / ㉣ 공유성)

〈보기〉
ㄱ. ㉠에서 '문화'는 좁은 의미로 사용되었다. (넓은 의미)
ㄴ. ㉡은 문화가 세대 간 계승되고 발전하는 현상임을 보여 준다. (축적성)
ㄷ. ㉢은 문화의 각 요소가 상호 유기적으로 연결되어 있음을 보여 준다. (전체성)
ㄹ. ㉣은 문화를 통해 구성원의 행동 양식을 예측할 수 있음을 보여 준다. (공유성)

① ㄱ, ㄴ ② ㄱ, ㄷ ③ ㄴ, ㄷ ④ ㄴ, ㄹ ⑤ ㄷ, ㄹ

이것만은 꼭!

1. 넓은 의미의 문화는 한 사회나 집단의 구성원들이 공유하는 행동 양식이나 의식주, 가치, 규범 등 인간의 모든 사회적 생활 양식을 의미한다.
2. 문화의 학습성은 문화가 사회의 다른 구성원과의 상호 작용을 통해 후천적으로 학습되는 생활 양식임을 의미한다.
3. 문화의 축적성은 문화가 세대 간 전승되면서 새로운 요소가 추가되어 점점 더 풍부해지는 생활 양식임을 의미한다.

✓ 자료 분석 힙합 음악가들로부터 시작된 플렉스 문화가 대중의 인기를 받으며 음악을 뛰어넘어 다양한 분야의 변화를 가져온 것은 문화의 변동성, 공유성, 전체성 등으로 설명할 수 있다.

O 정답 찾기 ㄷ. 음악을 뛰어넘어 생산 및 소비 활동 등 다양한 분야의 변화를 가져온 것은 문화의 전체성과 관련 있다. 문화의 전체성은 문화의 각 요소가 상호 유기적으로 연결되어 있음을 보여 준다.
ㄹ. 고가 브랜드 상품을 정체성 표현 수단으로 활용하는 것이 1020 세대에게 일반적인 현상은 문화의 공유성과 관련 있다. 문화의 공유성으로 인해 구성원의 행동 양식을 예측할 수 있다.

X 오답 풀이 ㄱ. '플렉스 문화'에서 '문화'는 한 사회나 집단의 구성원들이 공유하는 행동 양식이나 의식주, 가치 및 규범, 사고방식 등 인간의 모든 사회적 생활 양식을 의미하는 넓은 의미의 문화에 해당한다.
ㄴ. 플렉스 문화가 대중의 인기를 받으며 다양한 음악 장르의 소재로 활용되고 있는 것은 문화의 공유성과 관련 있다. 문화가 세대 간 계승되고 발전하는 현상임을 보여 주는 문화의 속성은 축적성이다.

함정 클리닉

②번을 정답으로 잘못 선택하였다면, 좁은 의미의 문화와 넓은 의미의 문화 개념을 제대로 이해하지 못했기 때문일 가능성이 크다. 좁은 의미의 문화는 고상하거나 세련된 것, 고급스러운 것 등 특별한 의미를 지닌 사회적 생활 양식을 의미하고, 넓은 의미의 문화는 한 사회나 집단의 구성원들이 공유하는 행동 양식이나 의식주, 가치 및 규범, 사고방식 등 인간의 모든 생활 양식을 의미한다. 한편, 고가 브랜드 상품을 정체성 표현 수단으로 활용하는 것을 1020 세대가 공유하는 것이 문화의 공유성과 관련 있음을 파악하지 못했을 수 있다.

18 문화의 의미와 속성

| 정답 ① | 21년 10월 학력평가 8번

❶	②	③	④	⑤
89%	4%	5%	2%	0%

밑줄 친 ㉠~㉣에 대한 옳은 설명만을 〈보기〉에서 고른 것은? [3점]

> 곤충의 유충을 즐겨 먹는 ㉠음식 문화를 가진 부족을 방문했을 때 ㉡부족 사람들은 남녀노소 가릴 것 없이 자연스럽게 벌의 유충을 먹고 있었다. 나는 그 모습에 거부감이 느껴졌지만 ㉢그들의 음식 문화가 짐승 고기를 금기시하는 종교 문화와 관련되어 있음을 알게 되면서 그들을 이해할 수 있게 되었다. ㉣곤충의 유충을 먹는 것을 혐오하는 사람이 이곳에 와서 현지 부족민들처럼 곤충 유충을 즐겨 먹게 되는 것을 보면, 음식에 대한 평가 기준은 상대적임을 알 수 있다.

(㉠ 넓은 의미의 문화 / ㉡ 공유성 / ㉢ 전체성 / ㉣ 학습성)

〈보기〉
ㄱ. ㉠에서 '문화'는 넓은 의미로 사용되었다.
ㄴ. ㉡에 부각되어 있는 문화의 속성은 한 사회 구성원 간 원활한 소통을 가능하게 한다.
ㄷ. ㉣에는 문화의 변동성이 부각되어 있다. (학습성)
ㄹ. 문화 요소들의 연쇄적인 변동을 설명하는 데에는 ㉣이 아닌 ㉡에 부각되어 있는 문화의 속성이 적합하다. (㉢, ㉢)

① ㄱ, ㄴ ② ㄱ, ㄷ ③ ㄴ, ㄷ ④ ㄴ, ㄹ ⑤ ㄷ, ㄹ

✓ 자료 분석 ㉡에서 부족 사람들이 벌의 유충을 먹는 음식 문화를 공유하고 있는 것은 문화의 공유성과 관련 있다. ㉢에서 벌의 유충을 먹는 부족 사람들의 음식 문화가 그들의 종교 문화와 연관되어 있다는 것은 문화의 전체성과 관련 있다. ㉣에서 곤충의 유충을 먹는 것을 혐오하는 사람이 현지 부족들과 어울리면서 그들의 음식 문화를 학습하게 된 것은 문화의 학습성과 관련 있다.

O 정답 찾기 ㄱ. 넓은 의미의 문화는 한 사회나 집단의 구성원들이 공유하는 행동 양식이나 의식주, 가치 및 규범, 사고방식 등 인간의 모든 사회적 생활 양식을 의미한다. '음식 문화'에서의 '문화'는 넓은 의미로 사용되었다.
ㄴ. 문화의 공유성은 사회 구성원의 사고와 행동의 동질성을 형성하여 타인의 행동을 예측하고 이해할 수 있게 해 줌으로써 원활한 사회적 상호 작용을 가능하게 한다.

X 오답 풀이 ㄷ. ㉣에는 문화의 학습성이 부각되어 있다.
ㄹ. 한 사회의 문화 요소 간 상호 연관성으로 인해 한 부분의 변동이 다른 부분의 연쇄적인 변동을 초래하는 것은 문화의 전체성과 관련 있다. 따라서 문화 요소들의 연쇄적인 변동을 설명하는 데에는 ㉢에 부각되어 있는 문화의 속성이 적합하다.

이것만은 꼭!

1. 좁은 의미의 문화는 고상하거나 세련된 것, 고급스러운 것 등 특별한 의미를 지닌 사회적 생활 양식을 의미하며, 넓은 의미의 문화는 인간의 모든 사회적 생활 양식을 의미한다.
2. 문화의 학습성은 개인의 사회적 행동이 문화적 환경 속에서 형성되고 변화될 수 있음을 보여 준다.
3. 문화의 전체성은 문화가 여러 구성 요소들이 상호 유기적으로 결합된 하나의 총체이므로 부분이 아닌 전체로서 의미를 갖는 생활 양식임을 의미한다.

19 문화의 속성

| 정답 ③ | 20년 3월 학력평가 13번

①	②	❸	④	⑤
2%	4%	79%	5%	10%

밑줄 친 ㉠~㉤에 대한 옳은 설명만을 〈보기〉에서 고른 것은?

> ㉠A국과 B국은 서로 다른 음식 문화를 향유하고 있다. 이는 ㉡각국의 음식 문화가 그들만의 경제 문화, 종교 문화 등과 밀접하게 관련을 맺고 있고, 오랜 역사 속에서 각국이 고유한 ㉢음식 문화를 발전시켜 왔기 때문이다. 한편, 최근에는 ㉣대중 매체를 통해 A국 음식이 B국으로 전파되어 B국에서 A국 음식을 즐기는 것이 ㉤문화생활로 각광받고 있다.

(필기: 공유성 / 전체성 / 넓은 의미의 문화 / 간접 전파 / 좁은 의미의 문화)

〈보기〉

ㄱ. ㉠에는 문화의 변동성이 부각되어 있다. (필기: 공유성)
ㄴ. ㉡은 문화의 전체성으로 설명될 수 있다.
ㄷ. ㉣은 간접 전파에 해당한다.
ㄹ. ㉤에서의 '문화'는 ㉢에서의 '문화'와 달리 넓은 의미로 사용되었다. (필기: 좁은)

① ㄱ, ㄴ ② ㄱ, ㄷ ③ ㄴ, ㄷ ④ ㄴ, ㄹ ⑤ ㄷ, ㄹ

✔ 자료 분석 문화의 공유성은 문화는 한 사회의 구성원 다수가 공통적으로 가지고 있는 생활 양식임을 의미하며, 문화의 전체성은 문화가 상호 유기적으로 결합된 하나의 총체로서 부분이 아닌 전체로서 의미를 가지는 생활 양식임을 의미한다.

O 정답 찾기 ㄴ. 음식 문화가 다른 문화 요소인 경제 문화 및 종교 문화와 밀접하게 관련을 맺고 있음을 통해 문화가 여러 구성 요소들이 상호 유기적으로 결합된 총체임을 알 수 있다. 즉, ㉡에는 문화의 전체성이 부각되어 있다.
ㄷ. 간접 전파는 매개체를 통해 문화 요소가 간접적으로 전파되어 정착되는 현상이다. ㉣의 경우 대중 매체라는 매개체를 통해 음식 문화가 전파되었으므로 간접 전파에 해당한다.

✕ 오답 풀이 ㄱ. 각각의 사회가 서로 다른 음식 문화를 향유하고 있다는 점에서 문화는 한 사회 구성원들이 공통적으로 가지고 있는 생활 양식임을 알 수 있다. 따라서 ㉠에는 문화의 공유성이 부각되어 있다.
ㄹ. '문화생활'에서의 '문화'는 고상하거나 세련된 것, 고급스러운 것 등의 의미를 지니고 있다는 점에서 좁은 의미의 문화에 해당하며, '음식 문화'에서의 '문화'는 생활 양식의 의미를 지니고 있다는 점에서 넓은 의미의 문화에 해당한다.

이것만은 꼭!
1. 매개체를 통한 문화 전파는 간접 전파에 해당한다.
2. 문화의 공유성은 문화가 한 사회의 구성원 다수가 공통적으로 가지고 있는 생활 양식임을 의미한다.
3. 문화의 전체성은 문화 요소들이 상호 유기적으로 결합되어 있음을 의미한다.

20 문화 이해의 관점

| 정답 ① | 20년 4월 학력평가 5번

❶	②	③	④	⑤
74%	11%	10%	4%	1%

갑과 을이 가진 문화 이해의 관점에 대한 옳은 설명만을 〈보기〉에서 고른 것은?

> ○ 갑은 멕시코와 미국의 유령 관련 축제를 연구하며 멕시코에서는 유령을 가족이 돌아온 것이라고 믿어 이들을 환영의 대상으로 여기는 반면, 미국에서는 유령이 산 자를 괴롭힌다고 믿어 유령을 피해야 할 대상으로 여기는 인식 차이에 주목하였다.
> ○ 을은 영국의 차(茶) 문화를 연구하며 물에 석회 성분이 많아서 식수로 적합하지 않은 환경적 요인, 영국의 식민지에서 저렴한 가격으로 차를 들여올 수 있었던 경제적 요인 등이 차 문화와 어떤 관련을 맺고 있는지에 주목하였다.

(필기: 비교론적 관점 / 총체론적 관점)

〈보기〉

ㄱ. 갑의 관점은 문화 간의 보편성과 특수성을 파악하고자 한다. (필기: 비교론적 관점)
ㄴ. 을의 관점은 특정 문화 현상을 다른 문화 요소와의 관계 속에서 이해하고자 한다. (필기: 총체론적 관점)
ㄷ. 을의 관점은 갑의 관점과 달리 자문화의 객관적인 이해에 기여한다. (필기: 갑)
ㄹ. 갑의 관점은 총체론적 관점에, 을의 관점은 비교론적 관점에 해당한다. (필기: 을, 갑)

① ㄱ, ㄴ ② ㄱ, ㄷ ③ ㄴ, ㄷ ④ ㄴ, ㄹ ⑤ ㄷ, ㄹ

✔ 자료 분석 갑은 유령 관련 축제를 연구하며 미국과 멕시코의 사례를 비교하고 있으므로 이는 비교론적 관점에 해당한다. 을은 영국의 차 문화를 연구하며 환경적 요인과 경제적 요인 간의 관계에 주목하고 있으므로 이는 총체론적 관점에 해당한다.

O 정답 찾기 ㄱ. 비교론적 관점은 각 사회의 문화가 보편성과 특수성을 동시에 가지고 있다고 본다. 즉, 문화 간의 비교를 통해 개별 문화가 가진 보편성과 특수성을 파악하고자 한다.
ㄴ. 총체론적 관점은 문화의 각 구성 요소가 갖는 의미를 다른 문화 요소 및 전체와의 유기적인 관련 속에서 파악하고자 한다.

✕ 오답 풀이 ㄷ. 비교론적 관점을 통해 서로 다른 문화를 비교하면서 개별 문화가 가진 공통점과 차이점을 파악할 수 있으며, 이를 통해 자기 문화를 보다 객관적이고 명료하게 이해할 수 있다.
ㄹ. 갑의 관점은 비교론적 관점에, 을의 관점은 총체론적 관점에 해당한다.

이것만은 꼭!
1. 비교론적 관점은 문화 간의 보편성과 특수성을 파악하고자 한다.
2. 총체론적 관점은 문화 현상을 다른 문화 요소와의 관계 속에서 이해하고자 한다.
3. 비교론적 관점을 통해 자기 문화를 보다 객관적으로 이해할 수 있다.

21 문화의 속성

| 정답 ③ | 20년 4월 학력평가 17번

①	②	❸	④	⑤
1%	2%	91%	4%	2%

밑줄 친 ㉠, ㉡에 부각되어 있는 문화의 속성에 대한 설명으로 가장 적절한 것은? [3점]

> 태극기는 1882년 조선이 외국과 조약을 체결하는 자리를 위해 처음 만들어졌다. ㉠당시 만들어진 태극기의 형태는 지금과 차이가 있었다.(문화의 변동성) 태극 모양도 달랐으며 지금처럼 4괘가 아니라 8괘로 이루어져 있었다. 오늘날 우리는 국경일과 기념일에 국기를 게양하여 그 의미를 되새긴다. 예를 들어 현충일에는 태극기를 깃면 너비만큼 내려 다는데, ㉡이는 우리나라 국민에게 국가를 위하여 희생한 사람들을 추모하는 의미를 갖는다.(문화의 공유성)

① ㉠ – 문화가 구성원 간 상호 작용의 토대가 됨을 보여 준다.- 공유성
② ㉠ – 문화는 타고나는 것이 아니라 습득되는 것임을 보여 준다.- 학습성
③ ㉠ – 시간의 흐름에 따라 문화 요소의 의미나 형태가 변화함을 보여 준다.- 변동성
④ ㉡ – 문화가 이전의 문화를 토대로 점차 풍부해짐을 보여 준다.- 축적성
⑤ ㉡ – 한 문화 요소의 변화가 다른 문화 요소의 연쇄적인 변화를 초래할 수 있음을 보여 준다.- 전체성

✔ 자료 분석 문화의 변동성은 문화가 시간이 흐르면서 그 형태나 내용, 의미가 변화하는 생활 양식임을 의미하며, 문화의 공유성은 문화가 한 사회의 구성원 다수가 공통적으로 가지고 있는 생활 양식임을 의미한다. 따라서 ㉠에 부각되어 있는 문화의 속성은 변동성, ㉡에 부각되어 있는 문화의 속성은 공유성이다.

O 정답 찾기 ③ 과거에 만들어진 태극기의 형태가 지금과 차이가 있었다는 내용을 통해 문화라는 것이 시간의 흐름에 따라 그 형태나 내용이 변화함을 알 수 있다. 이는 문화의 변동성에 해당한다.

✕ 오답 풀이 ① 문화의 공유성으로 인해 구성원 간 사고와 행동의 동질성이 형성되며, 이는 원활한 사회적 상호 작용의 토대가 된다.
② 문화의 학습성은 문화가 선천적으로 나타나는 행동이 아니라 후천적 학습에 의해 습득된 결과임을 의미한다.
④ 문화의 축적성은 문화가 세대 간 전승되면서 새로운 요소가 추가되어 점점 더 풍부해지는 생활 양식임을 의미한다.
⑤ 문화의 전체성은 문화의 구성 요소들이 상호 유기적으로 결합되어 있으므로 한 문화 요소의 변화가 다른 문화 요소의 연쇄적인 변화를 초래한다고 본다.

이것만은 꼭!
1. 문화의 변동성은 문화가 시간의 흐름에 따라 변화함을 의미한다.
2. 문화의 공유성은 구성원 간 원활한 상호 작용의 토대가 된다.
3. 문화의 총체성으로 인해 한 문화 요소의 변화가 다른 문화 요소의 변화를 초래한다.

22 문화의 속성

| 정답 ① | 20년 7월 학력평가 19번

❶	②	③	④	⑤
85%	3%	4%	7%	1%

다음 사례에 공통적으로 부각되어 있는 문화의 속성에 대한 진술로 옳은 것은?

> ○ 한국에서는 새로운 사업을 시작하거나 중요한 일을 앞두면 술과 음식을 차려 '고사(告祀)'를 지낸다. 한국인들은 '고사'가 앞으로 행할 일들이 잘되길 기원하는 의식임을 알고 있다.- 공유성
> ○ 아마존강 유역에 살고 있는 한 부족은 사냥을 나가기 전에 구성원들이 손을 잡고 원형으로 선다. 원형으로 선 사람들은 노래를 부르는데, 부족민들은 노래에 사냥의 성공과 사냥터에 나가는 사람의 안전을 기원하는 내용을 담는다.- 공유성

① 구성원들의 행동을 예측 가능하게 한다.- 공유성
② 시간이 흐르면서 기존의 내용이 변화한다.- 변동성
③ 새로운 요소가 첨가되어 내용이 풍부해진다.- 축적성
④ 언어를 매개로 한 학습에 의해 세대 간 전승된다.- 학습성
⑤ 한 부분의 변동이 다른 부분에 영향을 주어 변동을 일으킨다.- 전체성

✔ 자료 분석 첫 번째 사례에서 한국인들은 '고사'가 앞으로 행할 일들이 잘 되기를 기원하는 의식임을 알고 있으므로 이는 문화의 공유성이 부각되고 있다. 두 번째 사례에서 아마존강 유역의 부족민들이 손을 잡고 원형으로 서서 노래를 부르는 행위는 사냥의 성공과 안전을 기원하는 그들만의 문화로 부족민들 간 사고와 행동의 동질성이 나타나고 있으므로 이는 공유성이 부각되고 있다.

O 정답 찾기 ① 문화의 공유성으로 인해 동일한 문화를 공유하는 사회 구성원 간에는 사고와 행동의 동질성이 형성되며, 다른 구성원의 행동을 예측하고 이해할 수 있다.

✕ 오답 풀이 ② 문화의 변동성은 문화가 고정된 것이 아니라 시간이 흐르면서 그 형태나 내용, 의미가 변화하는 생활 양식임을 의미한다.
③ 문화의 축적성은 문화가 세대 간 전승되면서 새로운 요소가 추가되어 점점 더 풍부해지는 생활 양식임을 의미한다.
④ 문화의 학습성은 문화가 선천적인 행동이 아니라 다른 구성원과의 상호 작용을 통해 후천적으로 학습된 생활 양식임을 의미한다.
⑤ 문화의 전체성으로 인해 문화를 구성하는 여러 요소들은 상호 유기적으로 결합되어 있으며, 이에 따라 한 부분의 변동이 다른 부분의 연쇄적인 변동을 초래한다.

이것만은 꼭!
1. 문화의 공유성은 구성원들의 행동을 예측 가능하게 한다.
2. 문화의 전체성으로 인해 한 부분의 변동이 다른 부분에 영향을 미친다.
3. 문화의 변동성은 시간이 흐르면서 기존의 내용이 변화함을 의미한다.

23 문화의 의미와 속성

| 정답 ② | 20년 10월 학력평가 11번

①	❷	③	④	⑤
2%	87%	1%	6%	4%

밑줄 친 ㉠~㉣에 대한 옳은 설명만을 〈보기〉에서 있는 대로 고른 것은?

과거 ㉠갑국에서는 기업의 명문대 졸업생 선호가 당연시되었다. 그러나 최근 ㉡기업의 채용 기준이 학벌에서 능력으로 대체되면서 ㉢기업 문화가 변화하고 있다. 이러한 ㉣기업 문화의 변화는 학교 교육에도 영향을 미치고 있다.

(공유성 / 변동성 / 넓은 의미의 문화 / 총체성)

보기

ㄱ. ㉠에 부각된 문화의 속성은 한 사회 내에서 구성원 간의 원활한 의사소통에 기여한다. (공유성)

ㄴ. ㉡은 문화가 세대 간 전승 과정에서 더욱 풍부해짐을 보여 준다. (축적성)

ㄷ. ㉢에서의 '문화'는 '문화 시설'에서의 '문화'와 같이 좁은 의미로 사용되었다. (좁은 의미의 문화 / 넓은)

ㄹ. ㉣을 통해 문화가 하나로서의 전체임을 파악할 수 있다. (총체성)

① ㄱ, ㄴ ② ㄱ, ㄹ ③ ㄴ, ㄷ
④ ㄱ, ㄷ, ㄹ ⑤ ㄴ, ㄷ, ㄹ

✓ 자료 분석 문화의 공유성은 문화가 한 사회의 구성원 다수가 공통적으로 가지고 있는 생활 양식임을 의미하며, 문화의 총체성은 문화의 구성 요소들이 상호 유기적으로 결합된 하나의 총체로서 부분이 아닌 전체로서 의미를 가지는 생활 양식임을 의미한다.

O 정답 찾기 ㄱ. ㉠에서는 갑국 구성원 다수가 공통적으로 가지고 있는 생활 양식을 확인할 수 있다. 따라서 ㉠에 부각된 문화의 속성은 공유성이다. 문화의 공유성으로 인해 타인의 행동을 예측할 수 있고 원활한 사회적 상호 작용이 가능해진다.
ㄹ. ㉣에서는 기업 문화의 변화가 학교 교육에 영향을 미친다는 점에서 문화의 구성 요소들이 상호 유기적으로 결합되어 있음을 알 수 있다. 이를 통해 문화가 부분이 아닌 전체로서 의미를 가짐을 파악할 수 있다.

× 오답 풀이 ㄴ. ㉡에는 문화의 변동성이 부각되어 있다. 문화가 세대 간 전승 과정에서 더욱 풍부해진다는 것은 문화의 축적성과 관련 있다.
ㄷ. '문화 시설'에서의 '문화'는 좁은 의미의 문화에 해당하고, '기업 문화'에서의 '문화'는 넓은 의미의 문화에 해당한다.

이것만은 꼭!

1. 문화의 공유성으로 인해 구성원 간의 원활한 의사소통이 가능하다.
2. 문화의 총체성은 문화의 구성 요소들이 부분이 아닌 전체로서 의미를 가짐을 의미한다.
3. 문화의 축적성으로 인해 문화는 세대 간 전승 과정에서 더욱 풍부해진다.

문화 이해의 태도

제1권 p.069 ~ 073

01 ③ 02 ② 03 ④ 04 ② 05 ③ 06 ④ 07 ⑤ 08 ③ 09 ④ 10 ③ 11 ⑤ 12 ⑤ 13 ⑤ 14 ④ 15 ② 16 ⑤ 17 ③ 18 ① 19 ①

01 문화 이해의 태도

| 정답 ③ | 24년 3월 학력평가 13번

①	②	❸	④	⑤
3%	5%	82%	5%	5%

그림은 문화 이해 태도 A~C를 구분한 것이다. 이에 대한 설명으로 옳은 것은? (단, A~C는 각각 자문화 중심주의, 문화 사대주의, 문화 상대주의 중 하나임.) [3점]

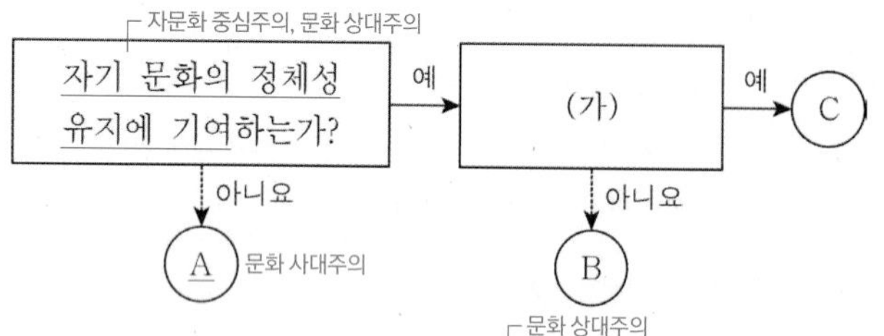

① A는 모든 문화가 동등한 가치를 가지고 있다고 본다.
② B가 문화를 평가가 아닌 이해의 대상으로 보는 태도라면, (가)에는 '문화 다양성 보존에 기여하는가?'가 들어갈 수 있다.
③ C가 자문화를 타문화보다 우월하다고 보는 태도라면, (가)에는 '국수주의로 나아갈 우려가 있는가?'가 들어갈 수 있다.
④ (가)에는 '문화 간 우열을 평가할 수 있다고 보는가?'가 들어갈 수 없다.
⑤ (가)에 '각 사회의 문화를 해당 사회의 맥락에서 바라보는가?'가 들어간다면, C는 B에 비해 타문화와의 마찰을 초래할 가능성이 높다.

✔ 자료 분석 자기 문화의 정체성 유지에 기여하는 문화 이해 태도는 자문화 중심주의와 문화 상대주의이다. 따라서 A는 문화 사대주의이고, B와 C는 각각 자문화 중심주의와 문화 상대주의 중 하나이다.

○ 정답 찾기 ③ 자문화를 타문화보다 우월하다고 보는 태도는 자문화 중심주의이다. C가 자문화 중심주의라면, B는 문화 상대주의이다. 국수주의로 나아갈 우려가 있는 태도는 자문화 중심주의이다. 따라서 해당 질문은 (가)에 들어갈 수 있다.

✕ 오답 풀이 ① 모든 문화가 동등한 가치를 가지고 있다고 보는 태도는 문화 상대주의이다.
② 문화를 평가가 아닌 이해의 대상으로 보는 태도는 문화 상대주의이다. B가 문화 상대주의라면, C는 자문화 중심주의이다. 문화 다양성 보존에 기여하는 태도는 문화 상대주의이다. 따라서 해당 질문은 (가)에 들어갈 수 없다.
④ 자문화 중심주의와 문화 상대주의 중 문화 간 우열을 평가할 수 있다고 보는 태도는 자문화 중심주의이다. 따라서 해당 질문은 (가)에 들어갈 수 있다.
⑤ 각 사회의 문화를 해당 사회의 맥락에서 바라보는 태도는 문화 상대주의이다. 해당 질문이 (가)에 들어가면, B는 자문화 중심주의, C는 문화 상대주의이다. 자문화 중심주의는 문화 상대주의에 비해 타문화와의 마찰을 초래할 가능성이 높다.

이것만은 꼭!
1. 자문화 중심주의와 문화 사대주의는 모두 문화 간 우열을 평가할 수 있다고 본다.
2. 문화 상대주의는 문화를 평가가 아닌 이해의 대상으로 본다.
3. 자문화 중심주의는 국수주의에 빠져 국제적 고립을 초래하거나 제국주의적 문화 이식 시도로 문화적 마찰을 초래할 수 있다.

02 문화 이해의 태도

| 정답 ② | 24년 5월 학력평가 16번

①	❷	③	④	⑤
1%	94%	2%	2%	1%

갑과 을의 문화 이해 태도에 대한 설명으로 옳은 것은?

> 갑: ○○국은 한 번 받은 목욕물에 가족들이 순서대로 몸을 담그며 목욕을 한다고 해요. 아무리 가족이어도 이미 사용한 물로 목욕하는 것은 너무 비위생적이에요. 한 번 사용한 목욕물을 다시 사용하지 않는 우리 나라의 위생적인 목욕 문화를 ○○국에서도 본받아야 해요. - 자문화 중심주의
> 을: 우리 나라와 달리 ○○국에서는 몸을 먼저 깨끗하게 씻은 후 물에 들어가요. 덥고 습한 기후 때문에 목욕을 자주 해야 하지만 뜨거운 물을 얻기 힘들던 시절부터 가족 모두가 매일 목욕을 하기 위한 나름의 지혜가 반영된 것이죠. 이처럼 각 사회의 문화는 그 나라의 고유한 환경과 가치 등을 반영한 것으로 그 사회의 맥락에서 이해해야 해요. - 문화 상대주의

① 갑의 태도는 문화의 다양성 보존에 기여한다.
② 갑의 태도는 국수주의로 변질될 수 있다는 비판을 받는다.
③ 을의 태도는 자문화의 정체성을 상실할 우려가 있다.
④ 을의 태도는 서로 다른 문화 간에 우열이 존재함을 전제한다.
⑤ 갑과 을의 태도는 모두 문화를 이해가 아닌 평가의 대상으로 본다.

✔ 자료 분석 갑의 태도는 자문화 중심주의, 을의 태도는 문화 상대주의에 해당한다.

○ 정답 찾기 ② 자문화 중심주의는 자기 나라의 문화만을 가장 뛰어난 것으로 믿고 다른 나라의 문화를 배척하는 국수주의에 빠져 국제적 고립을 초래할 수 있다.

✕ 오답 풀이 ① 문화의 다양성 보존에 기여하는 문화 이해 태도는 문화 상대주의이다.
③ 자문화의 정체성을 상실할 우려가 있는 문화 이해 태도는 문화 사대주의이다.
④ 문화 상대주의는 서로 다른 문화 간에 우열이 존재하지 않는다고 보고, 자문화 중심주의는 서로 다른 문화 간에 우열이 존재한다고 본다.
⑤ 자문화 중심주의는 문화를 이해가 아닌 평가의 대상으로 보고, 문화 상대주의는 문화를 평가가 아닌 이해의 대상으로 본다.

이것만은 꼭!
1. 국수주의는 자기 나라의 국민적 특수성만을 가장 우수한 것으로 믿고 남의 나라의 것은 배척하는 이데올로기이다.
2. 자문화 중심주의와 문화 사대주의는 모두 서로 다른 문화 간에 우열이 존재한다고 본다.
3. 문화 상대주의는 문화를 평가가 아닌 이해의 대상으로 본다.

03 문화 이해의 태도

| 정답 ④ | 24년 7월 학력평가 11번

①	②	③	❹	⑤
1%	1%	3%	90%	5%

갑~병의 문화 이해 태도에 대한 설명으로 옳은 것은?

A국의 일부다처제는 남녀 간 불평등한 권력 관계의 산물이야. A국은 세계에서 가장 우수한 우리 나라의 결혼 형태를 본받아야 해.

갑 (자문화 중심주의)

아니야. A국은 우리 나라보다 선진국이기 때문에 A국의 일부다처제는 우리 나라의 일부일처제보다 더 우월한 결혼 형태야.

을 (문화 사대주의)

나는 두 사람과 다른 생각을 가지고 있어. 우리 나라와 A국의 결혼 형태가 형성된 사회적 배경 및 맥락을 바탕으로 각 문화를 이해해야 해.

병 (문화 상대주의)

① 갑의 태도는 타문화(자문화)에 대한 긍정적 인식에서 비롯된다.
② 을(갑)의 태도는 자문화를 독자적으로 계승하는 데 기여한다.
③ 병의 태도는 문화 간 우열을 평가할 수 있다고(없다고) 본다.
④ 병의 태도와 달리 갑의 태도는 타문화와의 마찰을 일으킬 수 있다는 비판을 받는다.
⑤ 병의 태도와 달리 을(갑)의 태도는 문화 제국주의로 나아갈 수 있다는 비판을 받는다.

✔ **자료 분석** 갑의 문화 이해 태도는 자문화 중심주의, 을의 문화 이해 태도는 문화 사대주의, 병의 문화 이해 태도는 문화 상대주의이다.

○ **정답 찾기** ④ 자문화 중심주의는 제국주의적 문화 이식 시도로 타문화와의 마찰을 발생시킬 수 있다.

✕ **오답 풀이** ① 자문화 중심주의는 자문화에 대한 긍정적 인식에서 비롯된다.
② 자문화를 독자적으로 계승하는 데 기여하는 문화 이해 태도는 자문화 중심주의이다.
③ 문화 상대주의는 자문화 중심주의, 문화 사대주의와 달리 문화 간 우열을 평가할 수 없다고 본다.
⑤ 문화 제국주의로 나아갈 수 있다는 비판을 받는 문화 이해 태도는 자문화 중심주의이다.

이것만은 꼭!

1. 자문화 중심주의와 문화 사대주의는 특정 문화를 기준으로 삼아 다른 문화를 평가하려는 태도이다.
2. 자문화 중심주의는 자문화를 독자적으로 계승하는 데 기여한다.
3. 문화 상대주의는 문화 간 우열을 평가할 수 없다고 본다.

제2권 교육청 해설

04 문화 이해의 태도

| 정답 ② | 24년 10월 학력평가 7번

①	❷	③	④	⑤
2%	93%	2%	1%	2%

다음 자료에 대한 옳은 설명만을 〈보기〉에서 고른 것은? (단, A~C는 각각 문화 사대주의, 문화 상대주의, 자문화 중심주의 중 하나임.) [3점]

> ○ '서로 다른 사회의 문화에 대해 우열을 판단할 수 있다고 보는가?'(문화 사대주의, 자문화 중심주의)라는 질문으로 A와 B를 구분할 수 없다.
> ○ '　(가)　'라는 질문으로 A와 B를 구분할 수 있다.

〈보기〉
ㄱ. A, B와 달리 C는 문화의 다양성 보존에 기여한다.
ㄴ. A가 타 문화를 맹목적으로 추종하는 태도라면(문화 사대주의), B는 자문화의 정체성을 약화시킬 수 있다는 비판을 받는다(문화 사대주의).
ㄷ. (가)에는 '문화 제국주의로 변질될 수 있다는 비판을 받는가?'(자문화 중심주의)가 들어갈 수 있다.
ㄹ. (가)에는 '해당 사회의 상황과 맥락을 고려하여 문화를 이해하는가?'(문화 상대주의)가 들어갈 수 있다(없다).

① ㄱ, ㄴ ② ㄱ, ㄷ ③ ㄴ, ㄷ ④ ㄴ, ㄹ ⑤ ㄷ, ㄹ

✔ **자료 분석** 서로 다른 사회의 문화에 대해 우열을 판단할 수 있다고 보는 태도는 문화 사대주의와 자문화 중심주의이다. 따라서 C는 문화 상대주의이고, A와 B는 각각 문화 사대주의와 자문화 중심주의 중 하나이다.

○ **정답 찾기** ㄱ. 문화 상대주의는 타 문화를 올바르게 이해함으로써 문화적 다양성을 보존하는 데 기여할 수 있다.
ㄷ. (가)에는 문화 사대주의와 자문화 중심주의를 구분할 수 있는 질문이 들어가야 한다. 문화 제국주의로 변질될 수 있다는 비판을 받는 태도는 자문화 중심주의이다. 따라서 해당 질문은 (가)에 들어갈 수 있다.

✕ **오답 풀이** ㄴ. 타 문화를 맹목적으로 추종하는 태도는 문화 사대주의이다. A가 문화 사대주의라면, B는 자문화 중심주의이다. 자문화의 정체성을 약화시킬 수 있다는 비판을 받는 태도는 문화 사대주의이다.
ㄹ. (가)에는 문화 사대주의와 자문화 중심주의를 구분할 수 있는 질문이 들어가야 한다. 해당 사회의 상황과 맥락을 고려하여 문화를 이해하는 태도는 문화 상대주의이다. 따라서 해당 질문은 (가)에 들어갈 수 없다.

이것만은 꼭!

1. 문화 사대주의와 자문화 중심주의는 모두 서로 다른 사회의 문화에 대해 우열을 판단할 수 있다고 본다.
2. 문화 상대주의는 문화적 다양성을 보존하는 데 기여한다.
3. 문화 사대주의는 자문화의 정체성을 약화시킬 수 있다.

05 문화 이해의 태도

| 정답 ③ | 23년 3월 학력평가 14번

①	②	❸	④	⑤
6%	3%	84%	4%	3%

다음의 수행 평가에서 2점을 얻을 수 있는 학생만을 있는 대로 고른 것은?

§ 수행 평가 §

☞ ㉠과 ㉡을 비교하여 한 문장으로 서술하시오. (단, 문장 안에 ㉠, ㉡ 중 하나라도 사용되지 않았을 경우 1점을 감점함.) [2점]

과거 갑국 사람들은 주변국들을 모두 야만족으로 취급하였고, 자국을 세상의 중심으로 보며 자기 문화를 최고로 여겼다. 이러한 문화 이해 태도는 [㉠]에 해당한다. 그러나 오늘날 갑국 사람들은 과거와 달리 다른 나라의 문화와 그 가치도 존중하는 태도를 가지고 있다. 이러한 문화 이해의 태도는 [㉡]에 해당한다.

자문화 중심주의 / 문화 상대주의

---------- 학생 답안 ----------

갑: ㉡은 인류의 문화 다양성 보존에 기여한다. - 1점

을: ㉠은 ㉡과 달리 타 문화에 대한 차별적 편견을 가진다. - 2점

병: ㉡은 ㉠과 달리 문화를 우열 평가가 아닌 이해의 대상으로 본다. - 2점

정: ~~㉠과 ㉡은 모두~~ 국수주의에 빠질 우려가 크다. - 0점 (㉠은 ㉡과 달리)

① 갑, 을 ② 갑, 정 ③ 을, 병
④ 갑, 병, 정 ⑤ 을, 병, 정

✔ 자료 분석 자문화 중심주의는 자국을 세상의 중심으로 보며 자기 문화를 최고로 여긴다. 따라서 ㉠은 자문화 중심주의이다. 문화 상대주의는 다른 문화의 가치를 존중하는 태도이다. 따라서 ㉡은 문화 상대주의이다.

O 정답 찾기 을. 자문화 중심주의는 문화 상대주의와 달리 자문화를 중심으로 타 문화를 평가하므로 타 문화에 대한 차별적 편견을 가진다.
병. 자문화 중심주의는 문화를 이해가 아닌 평가의 대상으로 바라보는 반면, 문화 상대주의는 문화를 평가가 아닌 이해의 대상으로 바라본다.

✘ 오답 풀이 갑. 문화 상대주의는 문화 다양성 보존에 기여한다. 갑은 ㉠, ㉡ 중 ㉠을 사용하지 않았으므로 1점을 감점받아 1점을 얻는다.
정. 자문화 중심주의는 문화 상대주의와 달리 국수주의에 빠질 우려가 크다. 정은 옳지 않은 진술을 하였으므로 0점을 얻는다.

이것만은 꼭!

1. 문화 상대주의는 문화 다양성 보존에 기여한다.
2. 자문화 중심주의는 타 문화에 대한 차별적 편견을 가진다.
3. 문화 상대주의는 문화를 평가가 아닌 이해의 대상으로 본다.

06 문화 이해의 태도

| 정답 ④ | 23년 7월 학력평가 11번

①	②	③	❹	⑤
1%	3%	5%	88%	3%

다음 자료에 대한 설명으로 옳은 것은? (단, A~C는 각각 자문화 중심주의, 문화 사대주의, 문화 상대주의 중 하나임.) [3점]

표는 질문에 따라 A~C를 구분한 후 답변만 보이지 않게 가린 것이다. 답변은 '예'와 '아니요' 중 하나이다.

질문	답변		
	A (문화 사대주의)	B (자문화 중심주의)	C (문화 상대주의)
특정 사회의 문화를 기준으로 타 문화를 평가할 수 있다고 보는가?	예	예	아니요
국수주의로 변질될 수 있다는 비판을 받는가?	아니요	예	아니요
(가)	예	예	예 또는 아니요
'예'의 개수	2	3	㉠

① ㉠은 '2'이다.
② A는 C와 달리 문화의 다양성 확보에 유리하다.
③ B는 C와 달리 자문화의 정체성을 상실할 수 있다는 비판을 받는다.
④ C는 A, B와 달리 각 사회의 문화를 해당 사회의 맥락에서 바라본다.
⑤ (가)에는 '인류 보편 가치를 기준으로 문화를 평가하는가?'가 들어갈 수 있다.

✔ 자료 분석 특정 사회의 문화를 기준으로 타 문화를 평가할 수 있다고 보는 태도는 자문화 중심주의와 문화 사대주의이고, 국수주의로 변질될 수 있다는 비판을 받는 태도는 자문화 중심주의이다. B의 답변이 모두 '예'이므로 B는 자문화 중심주의이다. A의 경우 답변 중 2개만 '예'이므로 첫 번째 질문과 세 번째 질문에 대해 '예'로 답하게 된다. 따라서 A는 문화 사대주의, C는 문화 상대주의이다.

O 정답 찾기 ④ 문화 상대주의는 자문화 중심주의, 문화 사대주의와 달리 각 사회의 문화를 해당 사회의 맥락에서 바라본다.

✘ 오답 풀이 ① 문화 상대주의는 첫 번째 질문과 두 번째 질문에 대해 모두 '아니요'로 답하므로 ㉠은 '0' 또는 '1'이다.
② 문화 상대주의는 문화 사대주의와 달리 문화의 다양성 확보에 유리하다.
③ 문화 사대주의는 자문화의 정체성을 상실할 수 있다는 비판을 받는다.
⑤ 문화 사대주의와 자문화 중심주의는 특정 문화를 기준으로 문화를 평가한다. 따라서 해당 질문은 (가)에 들어갈 수 없다.

이것만은 꼭!

1. 문화 사대주의와 자문화 중심주의는 특정 사회의 문화를 기준으로 타 문화를 평가할 수 있다고 본다.
2. 자문화 중심주의는 국수주의로 변질될 수 있다는 비판을 받는다.
3. 문화 사대주의는 자문화의 정체성을 상실할 수 있다는 비판을 받는다.

07 문화 이해의 태도

| 정답 ⑤ | 23년 10월 학력평가 10번

①	②	③	④	❺
2%	17%	3%	2%	76%

다음 자료의 A~C에 대한 설명으로 옳은 것은? (단, A~C는 각각 문화 사대주의, 문화 상대주의, 자문화 중심주의 중 하나임.) [3점]

표는 문화 이해의 태도 A~C에 대한 질문과 갑, 을의 응답 및 교사의 채점 결과를 나타낸 것이다. 교사는 질문별로 채점하고, 각 질문에 대해 '예'로 답할 수 있는 태도만을 모두 적은 경우 1점, 그렇지 않은 경우 0점을 부여한다.

질문	응답	
	갑	을
문화의 다양성 보존에 기여하는가? (문화 상대주의)	A	B (문화 상대주의)
문화를 우열 평가의 대상으로 보는가? (문화 사대주의, 자문화 중심주의)	A, C	A, C (문화 사대주의)
자기 문화가 가장 우수하다고 믿는가? (자문화 중심주의)	C (자문화 중심주의)	B, C
교사의 채점 결과	2점	2점

① A는 문화 상대주의이다.
② B는 제3자의 입장에서 문화를 이해하고자 한다.
③ A는 C와 달리 자기 문화의 정체성 보존에 유리하다.
④ B는 A와 달리 선진 문물의 수용에 적극적이다.
⑤ C는 B와 달리 문화 제국주의로 이어질 수 있다.

✔ 자료 분석 문화의 다양성 보존에 기여하는 태도는 문화 상대주의이고, 문화를 우열 평가의 대상으로 보는 태도는 문화 사대주의와 자문화 중심주의이며, 자기 문화가 가장 우수하다고 믿는 태도는 자문화 중심주의이다. 세 번째 질문에 대한 옳은 답변은 자문화 중심주의로, 한 개의 문화 이해 태도이어야 한다. 을의 경우 세 번째 질문에 대한 답변이 B, C이므로 세 번째 질문에 대한 을의 답변은 옳지 않다. 을의 점수가 2점이므로 을은 첫 번째 질문과 두 번째 질문에 대해 옳은 답변을 하였고, 갑의 점수가 2점이므로 갑은 두 번째 질문과 세 번째 질문에 대해 옳은 답변을 하였다. 따라서 A는 문화 사대주의, B는 문화 상대주의, C는 자문화 중심주의이다.

○ 정답 찾기 ⑤ 자문화 중심주의는 자기 문화를 우수하다고 보고 타 문화를 열등하다고 평가하므로 문화 제국주의로 이어질 수 있다.

✕ 오답 풀이 ① A는 문화 사대주의, B는 문화 상대주의이다.
② 문화 상대주의는 해당 사회의 입장에서 문화를 이해하고자 한다.
③ 자문화 중심주의는 문화 사대주의와 달리 자기 문화의 정체성 보존에 유리하다.
④ 문화 사대주의는 선진 문물의 수용에 적극적이다.

이것만은 꼭!

1. 문화 사대주의는 타 문화를 우수하다고 보고 자기 문화를 열등하다고 본다.
2. 문화 사대주의와 자문화 중심주의는 특정 문화를 기준으로 문화의 우열을 판단한다.
3. 자문화 중심주의와 문화 상대주의는 문화 사대주의와 달리 자기 문화의 정체성을 보존하는 데 기여한다.

08 문화 이해의 태도

| 정답 ③ | 22년 3월 학력평가 5번

①	②	❸	④	⑤
3%	3%	89%	4%	1%

다음 자료의 갑~병이 지닌 문화 이해 태도에 대한 옳은 설명만을 〈보기〉에서 고른 것은? [3점]

A국 가옥 숙박 후기

A국의 가옥에서 숙박을 했는데 옆방과 종이 문 하나로 경계를 두고 있어서 자는 내내 너무 불편했습니다.

↳ **갑 : 역시 세계 어디를 가더라도 우리나라만큼 우수한 가옥 문화를 가진 나라는 없군요.** (자문화 중심주의)

↳ **을 : A국 사람들의 입장에서 보면 다 이유가 있는 문화이므로 외부인의 입장에서 해석해서는 안 돼요.** (문화 상대주의)

↳ **병 : 저는 우리나라 가옥과 달리 세련된 A국의 가옥에서 살고 싶어요. 우리나라의 가옥은 너무 촌스럽지 않나요?** (문화 사대주의)

〈보기〉

ㄱ. 갑의 태도는 자기 문화의 정체성을 상실하게 할 가능성이 크다.
ㄴ. 을의 태도는 문화 다양성의 보존에 기여한다.
ㄷ. 병의 태도는 외부 문화의 수용에 적극적이다.
ㄹ. 을의 태도는 갑, 병의 태도와 달리 문화를 우열 평가의 대상으로 본다.

① ㄱ, ㄴ ② ㄱ, ㄷ ③ ㄴ, ㄷ ④ ㄴ, ㄹ ⑤ ㄷ, ㄹ

✔ 자료 분석 갑의 태도는 우리나라의 가옥 문화만을 우수한 것으로 여기고 있으므로 자문화 중심주의, 을의 태도는 문화를 이해의 대상으로 보고 있으므로 문화 상대주의, 병의 태도는 우리나라의 문화를 평가 절하하고 있으므로 문화 사대주의에 해당한다.

○ 정답 찾기 ㄴ. 문화 상대주의는 다른 문화를 평가가 아니라 이해의 대상으로 보므로 문화 다양성 보존에 기여한다.
ㄷ. 문화 사대주의는 다른 문화의 우수성을 강조함에 따라 외부 문화의 수용에 적극적이다.

✕ 오답 풀이 ㄱ. 문화 사대주의는 자기 문화의 가치를 낮게 평가함에 따라 자기 문화의 정체성을 상실할 우려가 있다.
ㄹ. 자문화 중심주의와 문화 사대주의는 문화 상대주의와 달리 문화를 우열 평가의 대상으로 본다.

이것만은 꼭!

1. 문화 상대주의는 문화 다양성 보존에 기여한다.
2. 문화 사대주의는 외부 문화의 수용에 적극적이다.
3. 문화 사대주의와 자문화 중심주의는 문화를 우열 평가의 대상으로 본다.

09 문화 이해의 태도

| 정답 ④ | 22년 7월 학력평가 7번

①	②	③	④	⑤
1%	1%	3%	90%	5%

표는 질문을 통해 문화 이해의 태도 A~C를 구분한 것이다. 이에 대한 설명으로 옳은 것은? (단, A~C는 각각 문화 사대주의, 문화 상대주의, 자문화 중심주의 중 하나이다.) [3점]

구분	문화 이해의 태도		
	A (문화 상대주의)	B	C
문화를 평가가 아닌 이해의 대상으로 보는가? (문화 상대주의)	예	아니요	아니요
(가)	아니요	예	아니요
(나)	아니요	아니요	예

① A는 국수주의를 초래할 수 있다는 비판을 받는다. (자문화 중심주의)
② B, C는 A와 달리 문화의 다양성 확보에 유리하다. (A / B, C)
③ B가 자문화 중심주의라면, (가)에는 '자문화의 정체성을 상실할 우려가 있는가?'가 들어갈 수 있다. (없다.)
④ C가 문화 사대주의라면, (나)에는 '자신의 문화가 상대적으로 열등하다고 보는가?'가 들어갈 수 있다.
⑤ (가)가 '문화 제국주의로 변질될 우려가 있는가?'라면, (나)에는 '자기 문화의 가치만을 중시하는가?'가 들어갈 수 있다. (없다.)
(B: 자문화 중심주의, C: 문화 사대주의)

자료 분석 문화를 평가가 아닌 이해의 대상으로 보는 태도는 문화 상대주의이다. 따라서 A는 문화 상대주의이고, B, C는 각각 자문화 중심주의, 문화 사대주의 중 하나이다.

정답 찾기 ④ 문화 사대주의는 자신의 문화가 상대적으로 열등하다고 본다. 따라서 해당 질문은 (나)에 들어갈 수 있다.

오답 풀이 ① 국수주의를 초래할 수 있다는 비판을 받는 태도는 자문화 중심주의이다.
② 문화의 다양성 확보에 유리한 태도는 문화 상대주의이다.
③ 문화 사대주의는 자문화의 정체성을 상실할 우려가 있다. B가 자문화 중심주의라면, 해당 질문은 (가)에 들어갈 수 없다.
⑤ 문화 제국주의로 변질될 우려가 있고, 자기 문화의 가치만을 중시하는 태도는 자문화 중심주의이다. 따라서 해당 질문이 (가)에 들어가면, (나)에는 제시된 질문이 들어갈 수 없다.

이것만은 꼭!
1. 자문화 중심주의는 국수주의에 빠져 국제적 고립을 초래할 가능성이 높다.
2. 문화 사대주의와 자문화 중심주의는 모두 문화를 이해의 대상이 아닌 우열 평가의 대상으로 간주한다.
3. 문화 상대주의는 문화의 다양성 확보에 유리하다.

10 문화 이해의 태도

| 정답 ③ | 22년 10월 학력평가 14번

①	②	③	④	⑤
1%	2%	87%	6%	4%

다음은 문화 이해의 태도를 활용한 게임이다. 이에 대한 옳은 설명만을 〈보기〉에서 고른 것은? [3점]

○ 게임 방법: 갑~병은 각자 카드 A~D가 1장씩 들어 있는 꾸러미를 배부받는다. 갑은 자문화 중심주의, 을은 문화 사대주의, 병은 문화 상대주의의 특징에 해당하는 카드를 2장씩 골라야 한다. 두 장 모두 옳게 고르면 2점, 한 장만 옳게 고르면 1점, 두 장 모두 잘못 고르면 0점을 받는다.

A	B	C	D
문화의 다양성을 보존하는 데 기여한다. - 문화 상대주의	타 문화를 추종하여 자문화의 가치를 폄훼한다. - 문화 사대주의	특정 문화를 기준으로 문화의 우열을 판단한다. - 자문화 중심주의, 문화 사대주의	자기 문화의 정체성을 보존할 수 있다. - 자문화 중심주의, 문화 상대주의

○ 게임 결과: 갑은 카드 A와 ㉠을, 을은 카드 B와 ㉡을, 병은 카드 C와 ㉢을 골랐다.

보기
ㄱ. ㉠이 B라면 갑은 2점을 획득한다. (0점)
ㄴ. ㉡이 C, ㉢이 B라면 을은 2점, 병은 0점을 획득한다.
ㄷ. ㉢이 A이든 D이든 병이 획득하는 점수는 1점이다.
ㄹ. ㉠이 B, ㉡이 C, ㉢이 D라면 최고 득점자는 갑이다. (을)

① ㄱ, ㄴ ② ㄱ, ㄷ ③ ㄴ, ㄷ ④ ㄴ, ㄹ ⑤ ㄷ, ㄹ

자료 분석 카드 A에는 문화 상대주의, 카드 B에는 문화 사대주의, 카드 C에는 자문화 중심주의와 문화 사대주의, 카드 D에는 자문화 중심주의와 문화 상대주의의 특징에 해당하는 내용이 적혀 있다.

정답 찾기 ㄴ. 을은 문화 사대주의의 특징이 적혀 있는 카드를 2장, 병은 문화 상대주의의 특징이 적혀 있는 카드를 2장 골라야 하며, 카드 B에는 문화 사대주의, 카드 C에는 자문화 중심주의와 문화 사대주의의 특징이 적혀 있다. 따라서 을이 카드 B와 카드 C를 고르면 2점을 획득하고, 병이 카드 B와 카드 C를 고르면 0점을 획득한다.
ㄷ. 카드 A에는 문화 상대주의, 카드 D에는 자문화 중심주의와 문화 상대주의의 특징이 적혀 있다. 따라서 ㉢이 A이든 D이든 병이 획득하는 점수는 1점이다.

오답 풀이 ㄱ. 갑은 자문화 중심주의의 특징이 적혀 있는 카드를 2장 골라야 하며, 카드 A에는 문화 상대주의, 카드 B에는 문화 사대주의의 특징이 적혀 있다. 따라서 갑이 카드 A와 카드 B를 고른다면 0점을 획득한다.
ㄹ. ㉠이 B, ㉡이 C, ㉢이 D라면, 갑은 0점, 을은 2점, 병은 1점을 획득하므로 최고 득점자는 을이다.

이것만은 꼭!
1. 문화 사대주의는 타 문화를 추종하여 자문화의 가치를 폄하한다.
2. 문화 사대주의와 자문화 중심주의는 특정 문화를 기준으로 문화의 우열을 판단한다.
3. 자문화 중심주의와 문화 상대주의는 문화 사대주의와 달리 자기 문화의 정체성을 보존하는 데 기여한다.

11 문화 이해의 태도

| 정답 ⑤ | 21년 3월 학력평가 13번

①	②	③	④	⑤
6%	4%	8%	5%	77%

문화 이해의 태도 A~C에 대한 설명으로 옳은 것은? (단, A~C는 각각 문화 사대주의, 문화 상대주의, 자문화 중심주의 중 하나이다.) [3점]

> 교사: 문화의 우열을 평가할 수 있는지에 대해 B, C는 A와 다른 입장을 갖는다는 공통점이 있는데, B와 C 간에도 차이점이 있습니다. 그러면 B와 다른 C의 특징을 설명해 볼까요? (문화 사대주의, 자문화 중심주의 / A: 문화 상대주의)
> 갑: 자기 문화의 정체성을 유지하는 데 유리합니다. - 자문화 중심주의
> 을: 외부 문화의 수용에 적극적입니다. - 문화 사대주의
> 교사: 을만 옳은 설명을 했습니다.
> B: 자문화 중심주의, C: 문화 사대주의

① A는 다른 사회와 문화적 마찰을 초래할 가능성이 크다.
② B는 문화적 다양성 증진에 기여한다. 자문화 중심주의
③ C는 모든 문화의 고유한 가치를 존중한다. 문화 상대주의
④ A는 B와 달리 문화 제국주의로 변질될 가능성이 크다. 문화 상대주의
⑤ C는 B와 달리 자기 문화의 가치를 폄하한다. 자문화 중심주의 / 문화 사대주의

✔ 자료 분석 문화를 평가의 대상으로 바라보는 태도에는 자문화 중심주의와 문화 사대주의가 있고, 문화를 이해의 대상으로 바라보는 태도에는 문화 상대주의가 있다. 외부 문화의 수용에 적극적인 태도는 문화 사대주의이다. 따라서 A는 문화 상대주의, B는 자문화 중심주의, C는 문화 사대주의이다.

O 정답 찾기 ⑤ 문화 사대주의는 다른 문화의 우수성을 내세워 자기 문화의 가치를 낮게 평가하는 태도이다. 따라서 문화 사대주의는 자문화 중심주의와 달리 자기 문화의 가치를 폄하한다.

✖ 오답 풀이 ① 자문화 중심주의는 다른 문화를 폄하하므로 문화적 마찰을 초래할 가능성이 크다.
② 문화 상대주의는 타 문화를 이해의 대상으로 바라보므로 문화의 다양성 증진에 기여한다.
③ 문화 상대주의는 타 문화를 이해의 대상으로 바라보며, 타 문화의 고유한 가치를 존중하는 문화 이해 태도이다.
④ 자문화 중심주의는 자기 문화의 우수성을 지나치게 강조한 나머지 다른 문화를 부정적으로 여기고 낮게 평가한다. 따라서 자문화 중심주의는 문화 제국주의로 변질될 가능성이 크다.

이것만은 꼭!
1. 문화 사대주의는 외부 문화의 수용에 적극적이다.
2. 자문화 중심주의는 자기 문화의 정체성 유지에 유리하다.
3. 문화 상대주의는 문화를 이해의 대상으로 바라본다.

12 문화 이해의 태도

| 정답 ⑤ | 21년 4월 학력평가 3번

①	②	③	④	⑤
1%	2%	2%	1%	94%

다음 글에서 강조하는 문화 이해 태도에 대한 설명으로 옳은 것은? (문화 상대주의)

> 남미 원주민 중 하나인 아체족은 아이가 다섯 살 정도 되어도 어른이 목말을 태우거나 안고 다니는 경우가 많다. 이러한 아체족의 양육법을 보고 어떤 서구인들은 아이의 독립심을 저해하는 방식이라며 평가 절하하기도 한다. (자문화 중심주의적 태도) 그러나 아체족이 수렵 · 채집 생활을 하는 열대 우림에는 독충과 뱀, 맹수가 득실거린다. 이들의 양육법은 위험한 환경 속에서 아이의 생존율을 높이기 위한 생활 방식으로서 나름의 가치가 있는 것으로 보아야 한다.
> └문화 상대주의적 태도

① 타 문화가 우월하다고 믿고 자문화를 폄하한다. - 문화 사대주의
② 서로 다른 문화 간에 우열이 존재함을 전제한다. - 자문화 중심주의, 문화 사대주의
③ 국수주의로 변질될 우려가 있다는 비판을 받는다. - 자문화 중심주의
④ 문화의 다양성 보존을 저해한다는 비판을 받는다. - 자문화 중심주의, 문화 사대주의
⑤ 문화를 해당 사회의 맥락에서 이해해야 한다고 본다. - 문화 상대주의

✔ 자료 분석 제시문에서는 아체족의 양육법이 그들의 환경 속에서는 나름의 가치가 있는 것으로 보고 있다. 이를 통해 타 문화를 특정 집단의 관점으로 바라볼 것이 아니라 그들의 입장에서 바라보아야 함을 강조하고 있음을 알 수 있다.

O 정답 찾기 ⑤ 문화 상대주의는 타 문화를 평가가 아니라 이해의 대상으로 본다. 즉, 타 문화를 해당 사회의 맥락에서 이해해야 함을 강조한다.

✖ 오답 풀이 ① 자문화 중심주의가 타 문화를 폄하하는 태도인 반면, 문화 사대주의는 자문화를 평가 절하하는 태도이다.
② 문화 상대주의와 달리 자문화 중심주의와 문화 사대주의는 문화 간 우열이 존재한다고 보므로 문화를 평가의 대상으로 바라본다.
③ 자문화 중심주의는 자기 문화의 우수성을 지나치게 강조한 나머지 다른 문화를 부정적으로 여기고 낮게 평가한다. 따라서 자문화 중심주의는 국수주의로 변질될 가능성이 크다.
⑤ 타 문화를 이해의 대상으로 바라보는 문화 사대주의는 문화의 다양성 보존에 기여하는 반면, 문화 사대주의와 자문화 중심주의는 문화의 다양성 보존을 저해한다.

이것만은 꼭!
1. 문화 상대주의는 타 문화를 이해의 대상으로 본다.
2. 자문화 중심주의는 타 문화를 평가 절하하는 태도이다.
3. 자문화 중심주의와 문화 사대주의는 문화의 다양성 보존을 저해한다.

제2권 교육청 해설

13 문화 이해의 태도

| 정답 ⑤ | 21년 7월 학력평가 16번

①	②	③	④	❺
1%	1%	2%	3%	93%

갑, 을이 가진 문화 이해 태도에 대한 설명으로 옳은 것은?

○○ 부족은 상황에 따라 지도자가 바뀌는 미개한 제도를 가지고 있어. ○○ 부족은 정치 발전을 위해서 우리나라의 선진화된 정치 제도를 받아들여야만 해. - 자문화 중심주의

아니야. 밀림에서 사냥하는 ○○ 부족은 상황에 따른 유연한 대처가 부족의 생존을 결정해. 그들이 처한 자연환경과 사회적 맥락을 고려하여 정치 제도를 이해해야 해. - 문화 상대주의

① 갑의 태도는 문화를 ~~평가가 아닌 이해의 대상~~으로 바라본다. (이해가 아닌 평가의 대상)
② ~~을~~(갑)의 태도는 문화 제국주의로 변질될 수 있다는 비판을 받는다.
③ ~~갑~~(을)의 태도는 ~~을~~(갑)의 태도와 달리 타 문화에 대한 긍정적 인식에서 비롯된다.
④ ~~을~~(갑)의 태도는 ~~갑~~(을)의 태도에 비해 타 문화와의 접촉 과정에서 문화적 마찰을 일으킬 가능성이 크다.
⑤ 을의 태도는 갑의 태도와 달리 각 사회의 문화가 동등한 가치를 지닌다고 본다.

✓ 자료 분석 갑은 자문화 중심주의의 태도를 가지고 있고, 을은 문화 상대주의의 태도를 가지고 있다.

○ 정답 찾기 ⑤ 문화 상대주의는 자문화 중심주의와 달리 각 사회의 문화가 동등한 가치를 지닌다고 본다.

× 오답 풀이 ① 자문화 중심주의와 문화 사대주의는 문화를 이해가 아닌 평가의 대상으로 보는 반면, 문화 상대주의는 문화를 평가가 아닌 이해의 대상으로 본다.
② 자문화 중심주의는 문화 제국주의로 변질될 수 있다는 비판을 받는다.
③ 문화 사대주의는 자문화 중심주의와 달리 타 문화에 대한 긍정적 인식에서 비롯된다.
④ 자문화 중심주의는 문화 상대주의에 비해 타 문화와의 접촉 과정에서 문화적 마찰을 일으킬 가능성이 크다.

이것만은 꼭!

1. 자문화 중심주의는 국수주의에 빠져 국제적 고립을 초래하거나 제국주의적 문화 이식 시도로 문화적 마찰을 초래할 수 있다.
2. 문화 사대주의는 자기 문화의 정체성이나 주체성을 상실할 우려가 있다.
3. 극단적 문화 상대주의로 치우칠 경우 인류의 보편적 가치를 훼손할 우려가 있다.

14 문화 이해의 태도

| 정답 ④ | 21년 10월 학력평가 11번

①	②	③	❹	⑤
5%	3%	4%	84%	4%

다음 자료에 대한 옳은 설명만을 〈보기〉에서 고른 것은? (단, A~C는 각각 문화 사대주의, 문화 상대주의, 자문화 중심주의 중 하나이다.) [3점]

표는 각 질문에 대한 응답 및 옳은 응답 수를 나타낸 것이다.

질문	응답			옳은 응답 수
	갑	을	병	
A는 문화 간 우열을 평가할 수 있다고 보는가? (자문화 중심주의, 문화 사대주의)	아니요	㉠	예	2개
B는 자기 문화의 정체성을 상실하게 할 우려가 큰가? (문화 사대주의)	예	예	아니요	㉡
C는 모든 문화가 고유한 가치를 지니고 있다고 보는가? (문화 상대주의)	아니요	아니요	예	1개
(가)	아니요	예	아니요	2개

〈보기〉
ㄱ. ㉠은 ~~'아니요'~~(예)이다.
ㄴ. ㉡이 '1개'이면, A(문화 사대주의)는 B(자문화 중심주의)와 달리 타 문화 수용에 적극적이다.
ㄷ. B는 C와 달리 문화의 다양성 보존에 유리하다.
ㄹ. (가)에 'B(문화 사대주의)는 A(자문화 중심주의)와 달리 국수주의로 이어질 가능성이 큰가?'(문화 상대주의)가 들어가면, ㉡은 '2개'(갑, 을)이다.

① ㄱ, ㄴ ② ㄱ, ㄷ ③ ㄴ, ㄷ ④ ㄴ, ㄹ ⑤ ㄷ, ㄹ

✓ 자료 분석 모든 문화가 고유한 가치를 지니고 있다고 보는 태도는 문화 상대주의이다. 세 번째 질문에 대해 옳은 응답 수가 1개이므로 병은 옳은 응답을 하였다. 따라서 C는 문화 상대주의이고, A와 B는 각각 문화 사대주의와 자문화 중심주의 중 하나이다.

○ 정답 찾기 ㄴ. ㉡이 '1개'이면, A는 문화 사대주의, B는 자문화 중심주의이다. 문화 사대주의는 자문화 중심주의와 달리 타 문화 수용에 적극적이다.
ㄹ. 국수주의로 이어질 가능성이 큰 문화 이해 태도는 자문화 중심주의이다. 해당 질문이 (가)에 들어가면, 갑과 병의 응답이 옳은 응답이 된다. 따라서 A는 자문화 중심주의, B는 문화 사대주의이다. 문화 사대주의는 자기 문화의 정체성을 상실하게 할 우려가 크다. 따라서 두 번째 질문에 대해 갑과 을의 응답이 옳은 응답이 되므로 ㉡은 '2개'이다.

× 오답 풀이 ㄱ. 문화 간 우열을 평가할 수 있다고 보는 문화 이해 태도는 자문화 중심주의와 문화 사대주의이다. A는 자문화 중심주의와 문화 사대주의 중 하나이므로 첫 번째 질문에 대한 옳은 응답은 '예'이다. 따라서 ㉠은 '예'이다.
ㄷ. 문화의 다양성 보존에 유리한 문화 이해 태도는 문화 상대주의이다.

이것만은 꼭!

1. 자문화 중심주의는 국수주의로 이어질 가능성이 크다.
2. 문화 상대주의는 문화 간 우열을 평가할 수 없다고 본다.
3. 문화 상대주의는 문화의 다양성 보존에 유리하다.

15 문화 이해의 태도

| 정답 ② | 20년 3월 학력평가 16번

①	❷	③	④	⑤
2%	89%	3%	3%	3%

표는 문화 이해의 태도 A~C를 구분한 것이다. 이에 대한 설명으로 옳은 것은? (단, A~C는 각각 문화 사대주의, 문화 상대주의, 자문화 중심주의 중 하나이다.) [3점]

질문	응답		
	A (자문화 중심주의)	B (문화 상대주의)	C (문화 사대주의)
문화 간 우열을 평가할 수 있다고 보는가? (자문화 중심주의, 문화 사대주의)	예	아니요	예
자기 문화가 가장 우월하다고 보는가?	예	아니요	아니요
(가) (자문화 중심주의)	아니요	예	예

① A는 외부 문화의 수용에 적극적이다.
② B는 각 사회의 맥락을 고려해 문화를 이해해야 한다고 본다.
③ C는 자기 문화의 정체성 유지에 유리하다.
④ C는 B와 달리 문화의 다양성 보존에 유리하다.
⑤ (가)에 '문화 제국주의로 이어질 우려가 큰가?'가 들어갈 수 있다.

✓ 자료 분석 문화 간 우열을 평가할 수 있다고 보는 태도는 문화 절대주의로, 자문화 중심주의와 문화 사대주의가 이에 해당한다. 자기 문화가 가장 우월하다고 보는 태도는 자문화 중심주의이다. 따라서 A는 자문화 중심주의, B는 문화 상대주의, C는 문화 사대주의에 해당한다.

○ 정답 찾기 ② 문화 상대주의는 문화를 이해의 대상으로 간주하며, 해당 사회의 맥락에서 갖는 고유한 의미를 이해하고 존중해야 한다고 본다.

× 오답 풀이 ① 자문화 중심주의는 다른 문화를 낮게 평가하므로 외부 문화의 수용에 부정적이다.
③ 문화 사대주의는 다른 문화의 우수성을 내세워 자기 문화의 가치를 낮게 평가하는 태도로, 자기 문화의 정체성이나 주체성을 상실할 우려가 있다.
④ 문화 상대주의는 문화를 평가가 아니라 이해의 대상으로 바라보는 태도로, 문화의 다양성을 보존하는 데 기여할 수 있다.
⑤ 자문화 중심주의는 자문화에 대한 우월 의식으로 인해 문화 제국주의로 이어질 우려가 크다. 따라서 해당 질문은 (가)에 들어갈 수 없다.

이것만은 꼭!
1. 문화 상대주의는 문화를 이해의 대상으로 본다.
2. 자문화 중심주의는 문화 제국주의로 이어질 우려가 크다.
3. 문화 사대주의는 외부 문화의 수용에 적극적이나, 자문화의 정체성을 상실할 우려가 있다.

16 문화 이해의 태도

| 정답 ⑤ | 20년 10월 학력평가 19번

①	②	③	④	❺
1%	3%	1%	2%	93%

갑~병의 문화 이해 태도에 대한 설명으로 옳은 것은?

> 갑: 우리 민족의 전통 음악이 세계 어느 민족의 음악보다도 우월해. (자문화 중심주의)
> 을: 다른 민족의 선진 음악을 적극 수용하여 우리 민족의 낙후된 전통 음악을 발전시켜야 해. (문화 사대주의)
> 병: 세계 모든 민족의 전통 음악은 존중받을 만한 고유한 의미와 가치가 있어. (문화 상대주의)

① 갑의 태도는 자문화의 정체성을 약화시킬 우려가 크다.
② 을의 태도는 문화 제국주의로 변질될 우려가 크다.
③ 병의 태도는 서로 다른 사회 간의 갈등을 초래할 우려가 크다.
④ 갑의 태도는 병의 태도와 달리 문화 다양성을 보존하는 데 유리하다.
⑤ 병의 태도는 갑, 을의 태도와 달리 문화를 평가의 대상으로 보지 않는다.

✓ 자료 분석 갑은 자신의 문화가 타 문화보다 우월함을 강조하고 있으므로 이는 자문화 중심주의에 해당한다. 을은 타 문화의 우수성을 내세워 자기 문화를 낮게 평가하고 있으므로 이는 문화 사대주의에 해당한다. 병은 타 문화를 존중의 대상으로 바라보고 있으므로 이는 문화 상대주의에 해당한다.

○ 정답 찾기 ⑤ 문화 상대주의는 문화를 이해의 대상으로 보는 반면, 자문화 중심주의와 문화 사대주의는 문화 간 우열이 존재하여 문화를 평가의 대상으로 본다.

× 오답 풀이 ① 자기 문화의 정체성이나 주체성이 약화될 우려가 있는 문화 이해 태도는 문화 사대주의이다.
② 자문화 중심주의는 국수주의에 빠져 국제적 고립을 초래하거나 제국주의적 문화 이식 시도로 문화적 마찰을 초래할 수 있다.
③ 문화 상대주의는 각 문화가 해당 사회의 맥락에서 갖는 고유한 의미를 이해하고 존중하려는 태도로, 다른 문화 이해 태도에 비해 문화 간 갈등을 초래할 우려가 작다.
④ 문화 상대주의는 타 문화를 바르게 이해함으로써 문화의 다양성을 보존하는 데 기여할 수 있다.

이것만은 꼭!
1. 문화 상대주의는 문화를 평가의 대상으로 보지 않는다.
2. 자문화 중심주의는 문화 제국주의로 변질될 우려가 크다.
3. 문화 사대주의는 자문화의 정체성을 약화시킬 우려가 크다.

17 문화 이해의 태도

| 정답 ③ | 19년 4월 학력평가 5번

①	②	❸	④	⑤
1%	1%	95%	2%	1%

다음 글의 필자가 지닌 문화 이해의 태도에 대한 설명으로 가장 적절한 것은?

> 필리핀의 사다가 지역에서는 독특한 장례 문화를 볼 수 있다. 죽음을 애도하는 의식이 끝나면 유족들은 시신이 담긴 관을 높고 험난한 절벽에 매달아 두는데, 이는 시신을 매장하는 풍습을 가진 우리에게는 매우 낯선 모습이다. 하지만 이러한 장례 문화는 높은 곳에 관을 매달아야 고인이 천국에 쉽게 갈 수 있다는 믿음과 더불어 산짐승으로부터 시신이 훼손되는 것을 막기 위한 나름의 합리성이 깃든 생활 방식으로 이해해야 한다. - 문화 상대주의

① 문화의 우열을 평가할 수 있다고 본다. - 문화 절대주의(문화 사대주의, 자문화 중심주의)
② 자기 문화의 주체성을 상실할 우려가 있다. - 문화 사대주의
③ 문화의 다양성을 보존하는 데 기여할 수 있다. - 문화 상대주의
④ 타 문화에 대한 맥락적인 이해를 ~~저해할~~ 높일 수 있다.
⑤ 타 문화와의 접촉 과정에서 문화 간 갈등을 초래한다. - 자문화 중심주의

✓ 자료 분석 필자는 필리핀의 독특한 장례 문화를 높은 곳에 관을 매달아야 고인이 천국에 쉽게 갈 수 있다는 믿음과 더불어 산짐승으로부터 시신이 훼손되는 것을 막기 위한 나름의 합리성이 깃든 생활 방식으로 이해해야 한다고 주장하고 있다. 이는 문화 상대주의와 관련 있다.

O 정답 찾기 ③ 문화 상대주의는 각 문화가 해당 사회의 맥락에서 갖는 고유한 의미를 이해하고 존중하려는 태도로, 문화의 다양성을 보존하는 데 기여할 수 있다.

× 오답 풀이 ① 문화의 우열을 평가할 수 있다고 보는 태도는 문화 절대주의로, 문화 사대주의와 자문화 중심주의가 이에 해당한다.
② 자기 문화의 주체성을 상실할 우려가 있는 태도는 문화 사대주의이다.
④ 문화 상대주의는 타 문화에 대한 맥락적인 이해를 높일 수 있다.
⑤ 타 문화와의 접촉 과정에서 문화 간 갈등을 초래하는 태도는 자문화 중심주의이다.

이것만은 

1. 문화 상대주의는 문화의 다양성을 보존하는 데 기여할 수 있다.
2. 문화 사대주의는 자기 문화의 정체성이나 주체성을 상실할 우려가 있다.
3. 자문화 중심주의는 국수주의에 빠져 국제적 고립을 초래하거나 제국주의적 문화 이식 시도로 문화적 마찰을 초래할 수 있다.

18 문화 이해의 태도

| 정답 ① | 19년 7월 학력평가 18번

❶	②	③	④ 함정	⑤
74%	2%	3%	17%	4%

문화 이해 태도 A~C에 대한 설명으로 옳은 것은? (단, A~C는 각각 문화 사대주의, 문화 상대주의, 자문화 중심주의 중 하나이다.)

질문	A (자문화 중심주의)	B (문화 사대주의)	C (문화 상대주의)
문화 간 우열이 있다고 인정하는가? (자문화 중심주의, 문화 사대주의)	예	예	아니요
자기 문화보다 특정 타 문화를 높게 평가하는가? (문화 사대주의)	아니요	예	아니요

① A는 자기 문화를 기준으로 타 문화를 평가한다. - 자문화 중심주의
② ~~B~~ C는 '모든 문화가 고유한 가치를 지닌다.'고 전제한다. - 문화 상대주의
③ ~~C~~ A는 타 문화와 문화적 마찰을 일으킬 가능성이 높다. - 자문화 중심주의
④ ~~B~~ A는 ~~A~~ B에 비해 국수주의로 흐를 가능성이 높다. - 자문화 중심주의
⑤ ~~C~~ B는 ~~B~~ C에 비해 타 문화를 맹목적으로 수용할 가능성이 높다. - 문화 사대주의

✓ 자료 분석 자문화 중심주의와 문화 사대주의는 문화 간 우열이 있다고 인정하며, 문화 사대주의는 자기 문화보다 특정 타 문화를 높게 평가한다. 따라서 A는 자문화 중심주의, B는 문화 사대주의, C는 문화 상대주의이다.

O 정답 찾기 ① 자문화 중심주의는 자기 문화를 기준으로 타 문화를 낮게 평가하는 태도이다.

× 오답 풀이 ② 모든 문화가 고유한 가치를 지닌다고 전제하는 태도는 문화 상대주의이다.
③ 타 문화와 문화적 마찰을 일으킬 가능성이 높은 태도는 자문화 중심주의이다.
④ 자문화 중심주의는 문화 사대주의에 비해 국수주의로 흐를 가능성이 높다.
⑤ 문화 사대주의는 타 문화를 맹목적으로 수용할 가능성이 높다.

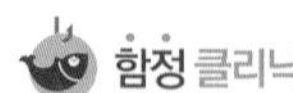

④번을 정답으로 잘못 선택하였다면, 국수주의에 대해 정확히 이해하지 못했을 가능성이 높다. 국수주의는 극단적인 국가주의와 같은 뜻으로 사용되며, 타 민족·타 국가에 대하여 배타적·초월적 성격을 지닌다. 일본의 메이지 이후의 국수보존사상, 제2차 세계 대전 당시 이탈리아의 파시즘, 독일의 나치즘을 들 수 있다. 자문화 중심주의가 지나치게 강할 경우 국수주의로 흐를 가능성이 높다.

이것만은 

1. 타 문화를 자기 문화보다 낮게 평가하는 자문화 중심주의는 자기 문화를 기준으로 타 문화를 평가한다.
2. 문화 사대주의는 타 문화를 맹목적으로 수용할 가능성이 높다.

19 문화 이해의 태도

| 정답 ① | 19년 10월 학력평가 10번

❶	②	③	④	⑤
76%	14%	3%	2%	5%

다음 자료에 대한 옳은 설명만을 〈보기〉에서 있는 대로 고른 것은? (단, A~C는 각각 문화 사대주의, 문화 상대주의, 자문화 중심주의 중 하나이다.) [3점]

〈자료 1〉은 문화 이해의 태도 A~C를 비교한 것이고, 〈자료 2〉는 갑~병이 제시된 각 진술에 해당하는 문화 이해의 태도를 적은 것이다.

〈자료 1〉

○ B보다 A가 외부 문화의 수용에 적극적이다.
○ A, B와 달리 C는 문화를 우열 평가의 대상으로 간주하지 않는다.

(B: 자문화 중심주의, A: 문화 사대주의, C: 문화 상대주의)

〈자료 2〉

구분	갑	을	병
모든 문화의 고유한 가치를 존중한다. (문화 상대주의)	C	C	~~A~~ C
자기 문화의 정체성을 상실할 가능성이 높다. (문화 사대주의)	A	~~B~~ A	~~C~~ A
자기 문화를 다른 사회로 이식하는 것을 정당화할 우려가 크다. (자문화 중심주의)	B	~~A~~ B	B

보기

ㄱ. 모든 진술에 대하여 옳은 답을 적은 사람은 갑이다.
ㄴ. 내집단 의식이 지나칠 경우 A보다 B가 나타나기 쉽다.
ㄷ. B와 달리 C는 ~~제3자~~(해당 사회)의 관점에서 문화를 이해하고자 한다.
ㄹ. C와 ~~달리~~ B는 자기 문화의 고유한 가치를 인정한다. (자문화 중심주의, 문화 상대주의)

① ㄱ, ㄴ ② ㄱ, ㄷ ③ ㄴ, ㄹ
④ ㄱ, ㄷ, ㄹ ⑤ ㄴ, ㄷ, ㄹ

✔ 자료 분석 문화 사대주의는 외부 문화의 수용에 적극적이며, 문화 상대주의는 문화를 우열 평가의 대상으로 간주하지 않는다. 따라서 A는 문화 사대주의, B는 자문화 중심주의, C는 문화 상대주의이다.

O 정답 찾기 ㄱ. 〈자료 2〉에서 모든 문화의 고유한 가치를 존중하는 태도는 문화 상대주의(C)이고, 자기 문화의 정체성을 상실할 가능성이 높은 태도는 문화 사대주의(A)이며, 자기 문화를 다른 사회로 이식하는 것을 정당화할 우려가 큰 태도는 자문화 중심주의(B)이다. 따라서 모든 진술에 대하여 옳은 답을 적은 사람은 갑이다.
ㄴ. 내집단 의식이 지나칠 경우 타 문화보다 자문화를 더 우월하게 생각하는 자문화 중심주의가 나타나기 쉽다.

X 오답 풀이 ㄷ. 문화 상대주의는 제3자의 관점에서 문화를 이해하는 것이 아니라 해당 사회의 관점에서 문화를 이해하고자 한다.
ㄹ. 자문화 중심주의와 문화 상대주의는 모두 자기 문화의 고유한 가치를 인정한다.

이것만은 꼭!

1. 내집단 의식이 지나칠 경우 자문화 중심주의가 나타나기 쉽다.
2. 자기 문화의 고유한 가치를 인정하는 태도는 자문화 중심주의와 문화 상대주의이다.
3. 문화 상대주의는 해당 사회의 관점에서 문화를 이해하고자 한다.

필출 주제 11 다양한 하위문화

제1권 p.076 ~ 081

01 ③ 02 ② 03 ④ 04 ① 05 ④ 06 ⑤ 07 ④ 08 ③ 09 ② 10 ③ 11 ① 12 ③ 13 ④ 14 ③ 15 ③ 16 ⑤ 17 ⑤ 18 ④ 19 ①

01 주류 문화, 하위문화, 반문화 | 정답 ③ | 24년 3월 학력평가 11번

①	②	❸	④	⑤
7%	13%	60%	6%	14%

다음 자료에 대한 설명으로 옳은 것은? (단, A~C는 각각 주류 문화, 하위문화, 반문화 중 하나임.) [3점]

반문화 주류 문화 A와 B를 구분할 수 있는 질문	○한 사회 내에서 특정 집단의 구성원들만 공유하는 문화인가? 하위문화, 반문화 ○한 사회의 지배적 가치와 규범에 저항하거나 대립하는 문화인가? 반문화
하위문화 B와 C를 구분할 수 있는 질문	○한 사회 내에서 구성원들이 전반적으로 공유하는 문화인가? 주류 문화 ○ (가)

① A를 향유하는 사람은 B를 향유하지 않는다. (한다.)
② B는 C와 달리 전체 사회의 문화 다양성 증가에 기여한다.
③ C가 아닌 A는 존재하지 않는다.
④ B는 A와 C의 총합으로 구성된다. (되지 않는다.)
⑤ (가)에는 '시대와 사회에 따라 상대적으로 규정되는가?'가 들어갈 수 있다. (주류 문화, 하위문화, 반문화 / 없다.)

✓ 자료 분석 한 사회 내에서 특정 집단의 구성원들만 공유하는 문화는 하위문화와 반문화이고, 한 사회의 지배적 가치와 규범에 저항하거나 대립하는 문화는 반문화이다. 따라서 A와 B 중 하나는 반문화이고, C는 하위문화이다. 한 사회 내에서 구성원들이 전반적으로 공유하는 문화는 주류 문화이다. 따라서 B는 주류 문화이다. 즉, A는 반문화, B는 주류 문화, C는 하위문화이다.

○ 정답 찾기 ③ 반문화는 모두 하위문화에 해당한다. 따라서 하위문화가 아닌 반문화는 존재하지 않는다.

× 오답 풀이 ① 반문화를 향유하는 사람은 그 사회의 구성원이므로 주류 문화를 향유한다.
② 하위문화는 전체 사회의 문화 다양성 증가에 기여한다.
④ 주류 문화는 반문화와 하위문화의 총합으로 구성되지 않는다.
⑤ (가)에는 주류 문화와 하위문화를 구분할 수 있는 질문이 들어가야 한다. 주류 문화, 하위문화, 반문화는 모두 시대와 사회에 따라 상대적으로 규정된다. 따라서 해당 질문은 (가)에 들어갈 수 없다.

이것만은 꼭!
1. 주류 문화는 반문화와 하위문화의 총합으로 구성되지 않는다.
2. 반문화는 모두 하위문화에 해당한다.
3. 하위문화는 전체 사회에 역동성과 다양성을 제공한다.

02 주류 문화, 하위문화, 반문화 | 정답 ② | 24년 5월 학력평가 12번

①	❷	③	④	⑤
18%	76%	2%	2%	2%

A~C에 대한 설명으로 옳은 것은? (단, A~C는 각각 반문화, 주류 문화, 하위문화 중 하나임.)

> 교사: 지난 시간에 배운 A, B, C에 대해 발표해 볼까요?
> 갑: A는 한 사회의 지배적인 문화에 저항하는 문화입니다. (반문화)
> 을: B는 한 사회 구성원 대다수가 공유하고 있는 문화입니다. (주류 문화)
> 병: 제주 지역 방언은 우리나라에서 C에 해당하는 사례입니다. (하위문화)
> 교사: 병은 옳게 발표했어요. 갑이 발표한 내용은 B에 해당하고 을이 발표한 내용은 A에 해당하네요. (하위문화 / 반문화 / 주류 문화)

① A는 반문화, B는 주류 문화, C는 하위문화이다. (B / A)
② B는 집단 간 갈등을 초래하여 사회 통합을 저해할 수 있다.
③ 모든 C는 B에 해당한다. (B / C)
④ 한 사회에서 B는 A와 공존이 불가능하다. (가능)
⑤ 사회가 변화함에 따라 C는 A가 될 수 있지만, B가 될 수는 없다. (있다.)

✓ 자료 분석 한 사회의 지배적인 문화에 저항하는 문화는 반문화이고, 한 사회 구성원 대다수가 공유하고 있는 문화는 주류 문화이며, 제주 지역 방언은 하위문화에 해당하는 사례이다. 병이 옳게 발표했으므로 C는 하위문화이다. 갑이 발표한 내용은 B에 해당하므로 B는 반문화이고, 을이 발표한 내용은 A에 해당하므로 A는 주류 문화이다.

○ 정답 찾기 ② 반문화는 집단 간 갈등을 조장하여 사회 혼란을 초래할 수 있다.

× 오답 풀이 ① A는 주류 문화, B는 반문화, C는 하위문화이다.
③ 반문화는 모두 하위문화에 해당한다.
④ 한 사회에서 반문화는 주류 문화와 공존이 가능하다.
⑤ 사회가 변화함에 따라 하위문화는 주류 문화가 될 수도 있고, 반문화가 될 수도 있다.

이것만은 꼭!
1. 전체 사회의 범주를 어떻게 규정하느냐에 따라 하위문화의 범주가 상대적으로 결정된다.
2. 한 사회에서 반문화와 주류 문화는 공존이 가능하다.
3. 반문화는 모두 하위문화에 해당한다.

03 주류 문화, 하위문화, 반문화

| 정답 ④ | 24년 7월 학력평가 12번

①	②	③	❹	⑤
1%	1%	2%	94%	2%

다음 두 사례에서 공통적으로 도출할 수 있는 내용으로 가장 적절한 것은?

> ○ 갑국에서 컴퓨터 게임은 시대 변화에 빠르게 반응하는 일부 청소년들이 즐기는 것이라 여겨졌었다.(하위문화) 하지만 전자 기기와 정보 통신 기술이 발전하고 기존에 컴퓨터 게임을 즐기던 청소년들이 기성세대가 되면서 갑국에서 컴퓨터 게임은 보편 문화가 되었다.(주류 문화)
> ○ 을국에서 컴퓨터 세대라 불리는 젊은이들은 과학적 상상력을 바탕으로 주류 계층에 저항하는 내용의 문학을 탄생시켰다.(반문화) 이후 이들의 사회 비판 의식을 담은 문학은 대중의 지지를 얻어 을국에서 대다수가 즐기는 하나의 문학 장르로 자리 잡게 되었다.(주류 문화)

① 반문화는 문화의 다양성을 저하시킨다.
② 하위문화는 세대 갈등 해소에 기여한다.
③ 반문화는 사회 문제에 대한 해결책을 제시한다.
④ 하위문화는 전체 사회에서 주류 문화가 되기도 한다.
⑤ 주류 문화에 대항하는 구성원들이 반문화를 형성한다.

✔ 자료 분석 갑국에서 일부 청소년들이 즐기는 컴퓨터 게임 문화는 하위문화에 해당하고, 전자 기기와 정보통신 기술의 발전으로 보편 문화가 된 컴퓨터 게임 문화는 주류 문화에 해당한다. 을국에서 주류 계층에 저항하는 문학 장르는 반문화에 해당하고, 대다수가 즐기는 문학 장르로 자리 잡게 된 사회 비판 의식을 담은 문학 장르는 주류 문화에 해당한다.

O 정답 찾기 ④ 첫 번째 사례는 하위문화가 주류 문화가 된 경우를 보여 주고, 두 번째 사례는 반문화가 주류 문화가 된 경우를 보여 준다. 따라서 두 사례를 통해 하위문화는 전체 사회에서 주류 문화가 될 수 있음을 알 수 있다.

✕ 오답 풀이 ①, ②, ③, ⑤ 제시된 두 사례를 통해 공통적으로 도출할 수 있는 내용으로 적절하지 않다.

이것만은 꼭!

1. 주류 문화는 한 사회에서 지배적인 영향을 미치는 문화로, 다수의 사회 구성원들이 전반적으로 공유하는 문화이다.
2. 하위문화는 한 사회 내에서 특정 집단의 구성원들 또는 특정 영역의 사람들만 공유하는 문화를 말한다.
3. 하위문화는 주류 문화가 될 수도 있고, 주류 문화는 하위문화가 될 수도 있다.

04 주류 문화, 하위문화, 반문화

| 정답 ① | 24년 10월 학력평가 17번

❶	②	③	④	⑤
96%	1%	1%	1%	1%

다음 두 사례에서 공통적으로 도출할 수 있는 내용으로 가장 적절한 것은?

> ○ 갑국에서는 과거에 지배층으로부터 배척당했던 갑국 내 A 집단의 정치사상이(하위문화) 시민 혁명 이후 갑국의 지배적인 통치 원리로 자리 잡았다.(주류 문화가 됨)
> ○ 을국에서는 미풍양속을 저해한다는 이유로 한때 단속 대상이었던 젊은 세대의 복장이(하위문화) 오늘날 모든 세대가 함께 즐겨 입는 옷차림이 되었다.(주류 문화가 됨)

① 하위문화는 사회 변화에 따라 주류 문화가 되기도 한다.
② 주류 문화의 영향으로 인해 하위문화가 사라지기도 한다.
③ 물질문화의 변동은 새로운 하위문화가 나타나는 데 기여한다.
④ 사회적 분화 수준이 높아질수록 더 많은 하위문화가 나타난다.
⑤ 하위문화는 그 문화를 향유하는 구성원들의 정체성 형성에 기여한다.

✔ 자료 분석 사회 변화에 따라 하위문화는 주류 문화가 되기도 하고, 주류 문화는 하위문화가 되기도 한다.

O 정답 찾기 ① 갑국에서는 하위문화에 해당하는 A 집단의 정치 사상이 시민 혁명 이후 갑국의 지배적인 통치 원리로 자리 잡으면서 주류 문화가 되었다. 을국에서는 하위문화에 해당하는 젊은 세대의 복장이 오늘날 모든 세대가 함께 즐겨 입는 옷차림이 되면서 주류 문화가 되었다. 따라서 제시된 두 사례를 통해 사회 변화에 따라 하위문화는 주류 문화가 될 수 있음을 알 수 있다.

✕ 오답 풀이 ②, ③, ④, ⑤ 제시된 두 사례에서 공통적으로 도출할 수 있는 내용으로 적절하지 않다.

이것만은 꼭!

1. 주류 문화는 한 사회의 구성원 대부분이 공유하고 있는 문화를 말한다.
2. 주류 문화는 여러 하위문화들을 통틀어서 일컫는 말이 아니다.
3. 하위문화는 일반적으로 전체 사회가 추구하는 가치에 부합하는 성격을 갖지만, 반문화의 성격을 지닐 수도 있다.

05 주류 문화, 하위문화, 반문화

| 정답 ④ | 23년 3월 학력평가 17번

①	②	③ 함정	❹	⑤
6%	5%	17%	58%	14%

다음 자료에 대한 설명으로 옳은 것은? [3점]

표는 갑국에서 △△문화가 t 시기~t+2 시기에 A~C 중 무엇에 해당하는지를 나타낸 것이다. A~C는 각각 반문화, 주류 문화, 하위문화 중 하나이다.

구분	t 시기	t+1 시기	t+2 시기
A - 하위문화	○	○	×
B - 반문화	○	×	×
C - 주류 문화	×	×	○

* ○: 해당함, ×: 해당하지 않음

① 모든 A는 B에 해당한다. (B / A)
② C는 A와 B의 총합으로 구성된다. (구성되지 않는다.)
③ t 시기에 △△문화를 향유하는 사람은 C를 향유하지 않는다. (향유한다.)
④ t+1 시기에 △△문화는 반문화에 해당하지 않는 하위문화이다.
⑤ t+2 시기에 △△문화는 갑국의 지배적 문화에 저항하는 성격을 가진다. (가지지 않는다.)

✔ 자료 분석 t 시기에 △△문화는 A이면서 B에 해당한다. 모든 반문화는 하위문화에 해당하므로 C는 주류 문화이고, A와 B는 각각 하위문화와 반문화 중 하나이다. t+1 시기에 △△문화는 A에는 해당하지만, B에는 해당하지 않는다. 따라서 A는 하위문화, B는 반문화이다.

○ 정답 찾기 ④ t+1 시기에 △△문화는 반문화에 해당하지 않는 하위문화이다.

× 오답 풀이 ① 모든 반문화는 하위문화에 해당하지만, 모든 하위문화가 반문화인 것은 아니다.
② 주류 문화는 하위문화와 반문화의 총합으로 구성되지 않는다.
③ t 시기에 △△문화는 하위문화이자 반문화이다. 반문화를 향유하는 사람들도 해당 사회의 구성원이므로 주류 문화를 향유한다.
⑤ t+2 시기에 △△문화는 주류 문화이다. 지배적 문화에 저항하는 성격의 문화는 반문화이다.

③번을 정답으로 선택한 학생들은 반문화를 향유하는 사람이 주류 문화를 향유하지 않을 것이라고 생각하였을 가능성이 크다. t 시기에 △△문화는 반문화에 해당하지만, △△문화를 향유하는 사람들 또한 해당 사회의 구성원이므로 주류 문화를 향유할 수밖에 없다.

이것만은 꼭!

1. 모든 반문화는 하위문화에 해당한다.
2. 주류 문화는 반문화와 하위문화의 총합으로 구성되지 않는다.
3. 반문화를 향유하는 사람들도 주류 문화를 향유한다.

06 대중문화

| 정답 ⑤ | 23년 4월 학력평가 5번

①	②	③	④	❺
2%	1%	1%	1%	95%

다음 두 사례의 공통적인 시사점으로 가장 적절한 것은?

○ 사람들이 즐겨 보는 동영상 플랫폼에서는 흥미와 관심을 끌기 위한 다양한 콘텐츠가 생산되고 있다. 그런데 이 중에는 특정 집단을 비하하거나 조롱하는 내용이 포함된 경우가 있어 그들에 대한 편견을 조장할 우려를 낳고 있다. (비판적 수용이 필요함)
○ SNS는 오늘날 사람들이 일상적으로 다양한 콘텐츠를 접하며 소통하는 창구이다. 그런데 선거철이 되면 입후보한 사람들을 근거 없이 비방하는 콘텐츠가 SNS상에 등장하고는 한다. (비판적 수용이 필요함) 그리고 이를 접한 SNS 사용자 일부는 사실 여부를 확인하지 않은 채 해당 콘텐츠를 다른 곳에 유포하기도 한다.

① 대중문화의 지나친 상업화를 경계해야 한다.
② 고급문화에 대한 대중의 접근성을 높여야 한다.
③ 하위문화를 통해 문화의 역동성을 증진시켜야 한다.
④ 세대 간의 문화적 차이를 해소하기 위해 노력해야 한다.
⑤ 대중 매체를 통해 전파되는 콘텐츠를 비판적으로 수용해야 한다.

✔ 자료 분석 첫 번째 사례는 흥미와 관심을 끌기 위한 상업화로 인해 대중문화에 특정 집단을 조롱하는 내용이 포함될 수 있음을 보여 주고 있으며, 두 번째 사례는 SNS상에서 근거 없는 콘텐츠가 사실 확인 없이 유포되고 있음을 보여 주고 있다.

○ 정답 찾기 ⑤ 제시된 사례는 모두 대중 매체를 통한 콘텐츠의 문제점에 대해 경계해야 함을 시사하고 있다. 즉, 제시된 사례는 대중 매체를 통해 전파되는 콘텐츠를 비판적으로 수용해야 함을 보여 준다.

이것만은 꼭!

1. 대중문화는 대중 조작 수단으로 악용될 수 있다.
2. 대중문화의 상업화로 문화가 질적으로 저하될 수 있다.
3. 대중문화를 비판적으로 인식하고 수용할 수 있어야 한다.

07 하위문화와 반문화

| 정답 ④ | 23년 7월 학력평가 8번

①	②	③	❹	⑤
11%	1%	3%	84%	1%

(가), (나)에 대한 설명으로 옳은 것은? [3점]

> (가) 갑국에서 검은 가죽 재킷은 노동 계급 출신의 젊은이들 사이에 새로운 패션이다. 검은 가죽 재킷은 기성세대와 구분되는 개념으로서의 젊은 세대, 아울러 중산층과는 다른 개념으로서의 노동 계급이라는 이중의 소속감을 상징한다.
> (나) 을국의 청년들은 주류 사회에 반기를 들며 사랑, 평화, 인간성 회복 등을 주장하였다. 이들의 주장은 을국 사회에 등장한 새로운 자본주의의 핵심이 되었으며, 이 사상은 을국의 일부 기업을 시작으로 을국 사회 곳곳으로 확산되었다.

(메모: 검은 가죽 재킷 – 하위문화 / 주류 사회에 반기를 들며 … 주장 – 반문화)

① (가)에서는 세대 간 문화의 동질성이 강화되는 양상이 ~~나타난다.~~ (나타난다고 보기 어렵다.)
② (나)에서는 한 사회의 문화적 다양성이 훼손되는 양상이 ~~나타난다.~~ (나타나지 않는다.)
③ (가)에서는 (나)와 달리 하위문화가 주류 문화를 대체한 양상이 나타난다.
④ (나)에서는 (가)와 달리 하위문화를 향유하는 구성원들이 기존 질서나 가치에 대해 저항하는 모습이 나타난다.
⑤ (가), (나) 모두에서는 고급문화가 대중화되어 문화의 질적 수준이 향상되는 모습이 ~~나타난다.~~ (나타나지 않는다.)

✔ 자료 분석 갑국에서 검은 가죽 재킷은 노동 계급 출신의 젊은이들 사이에 새로운 패션이므로 특정 집단의 구성원들만 공유하는 문화인 하위문화에 해당한다. 을국의 청년들이 주류 사회에 반기를 들며 사랑, 평화, 인간성 회복 등을 주장하는 것은 한 사회의 지배적인 문화에 저항하거나 대립하는 문화인 반문화에 해당한다.

O 정답 찾기 ④ (가)에는 하위문화가 나타나고, (나)에는 반문화가 나타난다. 따라서 (나)에서는 (가)와 달리 하위문화를 향유하는 구성원들이 기존 질서나 가치에 대해 저항하는 모습이 나타난다.

✕ 오답 풀이 ① 검은 가죽 재킷은 기성세대와 구분되는 개념으로서의 젊은 세대가 공유하는 문화이다. 따라서 (가)에서는 세대 간 문화의 동질성이 강화되는 양상이 나타난다고 보기 어렵다.
② (나)에서는 한 사회의 문화적 다양성이 훼손되는 양상이 나타나 있지 않다.
③ (가)에서는 하위문화가 주류 문화를 대체한 양상이 나타나 있다고 볼 수 없다.
⑤ (가), (나) 모두에서 고급문화가 대중화되어 문화의 질적 수준이 향상되는 모습이 나타나 있지 않다.

이것만은 꼭!
1. 하위문화는 특정 집단의 구성원들만 공유하는 문화이다.
2. 반문화는 한 사회의 지배적인 문화에 저항하거나 대립하는 문화이다.
3. 반문화는 모두 하위문화에 해당한다.

08 문화의 의미와 하위문화

| 정답 ③ | 23년 10월 학력평가 7번

①	②	❸	④	⑤
1%	1%	95%	1%	2%

밑줄 친 ㉠~㉥에 대한 설명으로 옳은 것은?

> 갑국에는 ㉠지역 문화, 세대 문화 등 다양한 ㉡하위문화가 존재한다. 최근 갑국에서는 ㉢주류 문화와 성격이 다른 ㉣청년 세대 문화가 주목받고 있다. 갑국의 청년 세대는 기성세대와 달리 어릴 때부터 ㉤디지털 기술을 접하여 소셜 미디어 활용 능력이 뛰어나고, ㉥개성을 중시하는 가치관이 강하다.

(메모: ㉠ – 넓은 의미의 문화 / ㉤ – 물질문화 / ㉥ – 비물질문화)

① ㉠에서 '문화'는 ~~좁은~~ (넓은) 의미로 사용되었다.
② ㉢은 ㉡의 총합~~이다.~~ (이 아니다.)
③ ㉣은 갑국의 문화 다양성 증진에 기여한다.
④ ㉣을 향유하는 사람은 ㉢을 향유~~하지 않는다.~~ (한다.)
⑤ ~~㉤과~~ ㉥은 ~~모두~~ 비물질문화이다.

✔ 자료 분석 하위문화는 한 사회 내에서 특정 집단의 구성원들 또는 특정 영역의 사람들만 공유하는 문화를 의미한다.

O 정답 찾기 ③ 갑국의 청년 세대 문화는 갑국의 하위문화로, 이는 갑국의 문화 다양성 증진에 기여한다.

✕ 오답 풀이 ① 지역 문화에서 '문화'는 넓은 의미로 사용되었다.
② 주류 문화는 하위문화의 총합이 아니다.
④ 갑국의 청년 세대 문화를 향유하는 사람은 갑국의 주류 문화를 향유한다.
⑤ 디지털 기술은 물질문화이며, 개성을 중시하는 가치관은 비물질문화이다.

이것만은 꼭!
1. 주류 문화는 한 사회에서 지배적인 영향을 끼치는 문화로, 집단 및 영역과 상관없이 구성원들이 전반적으로 공유하는 문화이다.
2. 지역 문화는 다양한 지역 내에서 나타나는 고유한 생활 양식과 사고방식을 의미한다.
3. 세대 문화는 공통의 경험을 바탕으로 형성된 일정 범위의 연령층이 공유하는 의식이나 생활 양식을 의미한다.

09 주류 문화, 하위문화, 반문화

| 정답 ② | 22년 3월 학력평가 3번

①	❷	③	④	⑤
4%	82%	5%	5%	4%

다음 글의 A~C에 대한 설명으로 옳은 것은? (단, A~C는 각각 반문화, 주류 문화, 하위문화 중 하나이다.)

> 1960년대에 갑국에서 A(주류 문화)에 해당했던 ○○ 문화는 1980년대에 청년들만 향유하는 문화로 변화함으로써 갑국의 B(하위문화)가 되었다. 이후 2000년대에 갑국에서 B에 해당하는 ○○ 문화는 일탈 문화로 규정됨으로써 C(반문화)에도 해당하게 되었다.

① 우리나라에서 특정 지역의 사투리 문화는 ~~A~~(B)에 해당한다.

② C는 사회 변화에 따라 상대적으로 규정된다.

③ ~~A~~(B)는 ~~B~~(A)와 달리 한 사회에서 문화 다양성이 나타나는 데 기여한다.

④ 모든 B의 총합은 A~~이다~~(가 아니다).

⑤ 모든 ~~B~~(C)는 ~~C~~(B)에 해당한다.

✔ 자료 분석 청년들만 향유하는 문화는 특정 영역의 사람들만 공유하는 문화이므로 하위문화에 해당하고, 일탈 문화로 규정되는 문화는 한 사회의 지배적인 문화에 저항하거나 대립하는 문화이므로 반문화에 해당한다. 따라서 A는 주류 문화, B는 하위문화, C는 반문화이다.

O 정답 찾기 ② 반문화에 대한 규정은 사회 변화에 따라 달라진다.

X 오답 풀이 ① 우리나라에서 특정 지역의 사투리 문화는 하위문화에 해당한다.
③ 하위문화는 한 사회에서 문화 다양성이 나타나는 데 기여한다.
④ 주류 문화는 사회 구성원들이 전반적으로 공유하는 문화이다. 따라서 모든 하위문화를 더한 것이 주류 문화인 것은 아니다.
⑤ 반문화는 하위문화의 한 유형이므로 모든 반문화는 하위문화에 해당한다.

이것만은 꼭!

1. 모든 반문화는 하위문화에 해당한다.
2. 반문화는 사회 변화에 따라 상대적으로 규정된다.
3. 하위문화는 사회 전체의 문화 다양성을 높이는 데 기여한다.

10 주류 문화, 하위문화, 반문화

| 정답 ③ | 22년 4월 학력평가 17번

①	②	❸	④	⑤
3%	7%	81%	6%	3%

다음 자료에 대한 분석으로 옳은 것은? [3점]

> 표는 갑국 A, B, C 지역 각각에서 대다수 사람들이 전반적으로 향유하는 의복 문화 요소를 시기별로 나타낸 것이다. 단, 갑국은 A, B, C 지역으로만 구성되어 있다.

시기	지역	의복 문화 요소
t 시기	A 지역	○, ☆
	B 지역	○, □
	C 지역	○, △

(○: 주류 문화 요소)

⇒

시기	지역	의복 문화 요소
t+1 시기	A 지역	○, △
	B 지역	△, □
	C 지역	△, □

(△: 주류 문화 요소)

① t 시기에 □를 향유하는 사람은 갑국의 주류 문화 요소를 공유~~하지 않는다~~(한다).

② t 시기에 ~~☆, △는 ○와 달리~~(☆, △, ○ 모두) 해당 문화 요소를 공유하는 사람들의 정체성 형성에 기여한다.

③ t+1 시기에 △는 갑국의 주류 문화 요소이다.

④ t+1 시기에 ○는 갑국의 지배적 문화를 거부하는 문화 요소이다. - 알 수 없음

⑤ t+1 시기에는 t 시기에 비해 갑국의 의복 문화 다양성이 ~~높아졌다~~(높아졌다고 볼 수 없다).

✔ 자료 분석 갑국은 A, B, C 지역으로 구성되어 있으므로 A~C 지역에서 공통적으로 공유되는 문화가 주류 문화이다. 갑국의 주류 문화 요소는 t 시기의 경우 ○, t+1 시기의 경우 △이다.

O 정답 찾기 ③ t+1 시기에 A~C 지역 모두에서 향유되는 문화 요소는 △이다. 따라서 t+1 시기에 △는 갑국의 주류 문화 요소이다.

X 오답 풀이 ① t 시기에 □를 향유하는 지역은 B 지역이다. t 시기에 B 지역 사람들은 갑국의 주류 문화 요소인 ○를 공유하고 있다.
② t 시기에 ☆은 A 지역 사람들만이 공유하는 문화 요소이고, △는 C 지역 사람들만이 공유하는 문화 요소이므로 하위문화에 해당한다. 그리고 ○는 A~C 지역 사람들이 모두 공유하므로 주류 문화에 해당한다. 하위문화와 주류 문화는 모두 해당 문화 요소를 공유하는 사람들의 정체성 형성에 기여한다.
④ 지배적 문화를 거부하는 문화 요소는 반문화이다. 제시된 자료만으로는 t+1 시기에 ○이 반문화인지는 알 수 없다.
⑤ t 시기에 의복 문화 요소는 4개이고, t+1 시기에 의복 문화 요소는 3개이다. 따라서 t 시기에 비해 t+1 시기에 의복 문화 다양성이 높아졌다고 보기 어렵다.

이것만은 꼭!

1. 주류 문화는 구성원들이 전반적으로 공유하는 문화이다.
2. 하위문화는 특정 집단의 사람들만이 공유하는 문화이다.
3. 하위문화와 주류 문화는 모두 해당 문화를 공유하는 사람들의 정체성 형성에 기여한다.

11 주류 문화, 하위문화, 반문화

| 정답 ① | 22년 7월 학력평가 4번

❶	②	③	④	⑤
83%	7%	2%	3%	5%

다음은 문화 유형에 대한 수업 장면의 일부이다. 교사의 질문에 옳게 응답한 학생은?

A~C는 각각 반문화, 주류 문화, 하위문화 중 하나에 해당합니다. 자료에 대해 발표해 볼까요?

구분	의미	사례
A 하위문화	(가)	지역 문화
B 반문화	한 사회의 지배적 가치와 규범에 저항하거나 대립하는 문화	미국의 히피 문화
C 주류 문화	구성원 다수가 누리며 한 사회에서 지배적인 문화	(나)

① 갑: 모든 B는 A에 해당합니다.
② 을: ~~A는 B와 달리~~(A, B는 모두) C를 대체하기도 합니다.
③ 병: A는 ~~주류 문화~~(하위문화), B는 ~~하위문화~~(반문화), C는 ~~반문화~~(주류 문화)입니다.
④ 정: (가)에는 '전체 사회 구성원이 누리는 문화'가 ~~적절합니다~~(적절하지 않습니다).
⑤ 무: (나)에는 '조선 후기 천주교 문화'가 들어갈 수 ~~있습니다~~(없습니다).

✓ 자료 분석 반문화는 한 사회의 지배적 가치와 규범에 저항하거나 대립하는 문화이고, 주류 문화는 구성원 다수가 누리며 한 사회에서 지배적인 문화이다. 따라서 A는 하위문화, B는 반문화, C는 주류 문화이다.

O 정답 찾기 ① 반문화는 하위문화의 한 유형으로, 모든 반문화는 하위문화에 해당한다.

× 오답 풀이 ② 하위문화와 반문화는 모두 주류 문화를 대체하기도 한다.
③ A는 하위문화, B는 반문화, C는 주류 문화이다.
④ 전체 사회 구성원이 누리는 문화는 주류 문화이다. 따라서 해당 내용은 (가)에 들어갈 수 없다.
⑤ 조선 후기 천주교 문화는 반문화에 해당한다. 따라서 해당 내용은 (나)에 들어갈 수 없다.

이것만은 꼭!
1. 하위문화는 한 사회 내에서 특정 집단의 구성원들 또는 특정 영역의 사람들만 공유하는 문화이다.
2. 반문화는 한 사회의 지배적인 문화에 저항하거나 대립하는 문화이다.
3. 하위문화와 반문화는 모두 주류 문화로 변할 수 있다.

12 주류 문화, 하위문화, 반문화

| 정답 ③ | 21년 3월 학력평가 16번

①	② 함정	❸	④	⑤
5%	20%	65%	3%	7%

다음 A~C에 대한 설명으로 옳은 것은? (단, A~C는 각각 반문화(C), 주류 문화(A), 하위문화(B) 중 하나이다.)

> 우리 사회에서 김치를 반찬으로 먹는 문화(주류 문화)는 A에 해당하고, 특정 지역에서만 나타나는 풍어제 문화(하위문화)는 B에 해당한다. 조직폭력배의 범죄 문화(반문화, 하위문화)는 B와 C 모두에 해당한다.

① A는 B와 C의 총합이다.
② B는 C와 달리 사회 변화에 따라 A가 되기도 한다.
③ 한 사회 내에서 세대 문화는 A가 아닌 B에 해당한다.
④ B는 A보다 사회 전체의 문화 동질성을 높이는 데 기여한다.
⑤ C는 A와 달리 해당 문화를 공유하는 구성원들의 소속감을 강화시킨다.

✓ 자료 분석 우리 사회에서의 김치를 먹는 문화는 사회 구성원 대다수가 향유하는 문화이므로 주류 문화에 해당하고, 특정 지역의 문화는 지역 문화로 하위문화에 해당하며, 반사회적인 범죄 문화는 하위문화이자 반문화에 해당한다. 따라서 A는 주류 문화, B는 하위문화, C는 반문화이다.

O 정답 찾기 ③ 세대 문화는 특정 연령대의 집단에서 향유하는 문화로, 하위문화에 해당한다.

× 오답 풀이 ① 모든 하위문화와 반문화를 더한다고 하더라도 주류 문화가 되는 것은 아니다.
② 하위문화와 반문화는 모두 사회 변화에 따라 주류 문화가 될 수 있다.
④ 한 사회 내에서 여러 집단에서 향유하는 하위문화는 사회 전체의 문화 다양성을 높이는 데 기여하고, 전체 구성원이 향유하는 주류 문화는 문화 동질성을 높이는 데 기여한다.
⑤ 주류 문화와 반문화는 모두 해당 문화를 공유하는 구성원들의 소속감을 강화시킨다.

반문화에 대해 일반적으로 가지고 있는 선입견으로 인해 반문화는 사회의 변화에 따라 주류 문화가 될 수 없다고 오해할 수 있다. 반문화 또한 하위문화의 한 유형이므로 시대와 사회 변화에 따라 주류 문화가 되기도 한다.

이것만은 꼭!
1. 주류 문화는 하위문화의 합과 일치하지 않는다.
2. 하위문화는 사회 전체의 문화 다양성을 높이는 데 기여한다.
3. 하위문화와 반문화는 모두 사회 변화에 따라 주류 문화가 되기도 한다.

13 주류 문화, 하위문화, 반문화

| 정답 ④ | 21년 4월 학력평가 7번

①	②	③	❹	⑤
1%	9%	10%	71%	9%

A~C에 대한 설명으로 옳은 것은? (단, A~C는 각각 주류 문화, 하위문화, 반문화 중 하나이다.)

> 교사: 지난 시간에 배운 A, B, C에 대해 설명해 볼까요?
> 갑: A는 한 사회의 구성원 대부분이 공유하는 문화입니다.
> 을: 천주교는 조선 시대에 B의 성격을 띠고 있었지만, 현재 우리나라에서는 그렇지 않습니다.
> 병: C의 사례로 우리나라 안에서 지역별로 다른 사투리를 쓰는 것을 들 수 있습니다.
> 교사: 세 학생 모두 옳게 설명했네요.

① A는 ~~하위문화~~(주류 문화), B는 반문화이다.
② A는 그 사회의 모든 C의 총합으로 설명할 수 ~~있다~~(없다).
③ ~~B는 A와 달리~~(A, B는 모두) 사회에 따라 상대적으로 규정된다.
④ B에 해당하는 사례는 C에도 해당한다.
⑤ ~~C는 B와 달리~~(B, C는 모두) 사회 변화에 따라 A가 되기도 한다.

✓ 자료 분석 한 사회 구성원 대부분이 공유하는 문화는 주류 문화이고, 천주교는 조선 시대에 법으로 금지하였으므로 반문화에 해당하며, 지역별로 사용하는 사투리는 지역 문화로 하위문화에 해당한다. 따라서 A는 주류 문화, B는 반문화, C는 하위문화이다.

O 정답 찾기 ④ 반문화는 하위문화의 한 유형이다. 따라서 모든 반문화는 하위문화에 포함된다.

× 오답 풀이 ① A는 주류 문화, B는 반문화이다.
② 모든 하위문화와 반문화를 더한다고 하더라도 주류 문화가 되는 것은 아니다.
③ 주류 문화와 반문화는 모두 사회에 따라 상대적으로 규정된다.
⑤ 하위문화와 반문화는 모두 사회 변화에 따라 주류 문화가 될 수 있다.

이것만은 꼭!
1. 주류 문화는 구성원 대부분이 공유하는 문화이다.
2. 모든 반문화는 하위문화에 해당한다.
3. 하위문화와 반문화는 모두 사회 변화에 따라 주류 문화가 되기도 한다.

14 주류 문화, 하위문화, 반문화

| 정답 ③ | 21년 7월 학력평가 15번

①	②	❸	④	⑤
4%	1%	80%	4%	11%

다음은 학생이 작성한 하위문화에 대한 학습 활동지의 일부이다. 이에 대한 설명으로 옳은 것은? (단, A, B는 각각 반문화, 지역 문화 중 하나이다.)

〈과제 1〉 하위문화의 유형과 의미 작성하기

유형	의미
A (지역 문화)	지역 내에서 나타나는 고유한 생활 양식
세대 문화	(가)
B (반문화)	한 사회의 지배적인 문화에 저항하는 문화

〈과제 2〉 하위문화의 특징 서술하기

○ 한 사회 내에는 수많은 하위문화가 존재할 수 있음 - 옳은 진술
○ (나) - 옳지 않은 진술이 들어가야 함
○ 하위문화의 범주는 시대나 사회에 따라 변화할 수 있음 - 옳은 진술

* 교사 평가: 〈과제 1〉은 모두 옳게 작성하였고, 〈과제 2〉는 두 가지만 옳게 작성하였음

① A는 사회가 다원화될수록 주류 문화에 수렴되는 경향이 있다.
② A와 B는 한 사회 내에서 공존할 수 ~~없다~~(있다).
③ A, B는 모두 전체 사회에 문화적 다양성을 제공한다.
④ (가)에는 '한 사회의 구성원 대부분이 공유하는 문화'가 들어갈 수 ~~있다~~(없다).
⑤ (나)에는 '사회가 복잡해질수록 다양한 하위문화가 나타남'이 들어갈 수 ~~있다~~(없다).

✓ 자료 분석 A는 지역 문화, B는 반문화이다. 한 사회 내에는 수많은 하위문화가 존재할 수 있으며, 하위문화의 범주는 시대나 사회에 따라 변화할 수 있다. 따라서 (나)에는 옳지 않은 내용이 들어가야 한다.

O 정답 찾기 ③ 지역 문화와 반문화는 모두 하위문화에 해당하므로 전체 사회에 문화적 다양성을 제공한다.

× 오답 풀이 ① 사회가 다원화될수록 지역 문화가 주류 문화에 수렴되는 경향이 있다고 볼 수 없다.
② 지역 문화와 반문화는 한 사회 내에서 공존할 수 있다.
④ 한 사회의 구성원 대부분이 공유하는 문화는 주류 문화이다. 따라서 해당 내용은 (가)에 들어갈 수 없다.
⑤ 사회가 복잡해질수록 다양한 하위문화가 나타난다. 따라서 해당 내용은 (나)에 들어갈 수 없다.

이것만은 꼭!
1. 한 사회 내에서 특정 집단의 구성원들 또는 특정 영역의 사람들만 공유하는 문화를 하위문화라고 한다.
2. 한 사회의 지배적인 문화에 저항하거나 대립하는 문화를 반문화라고 한다.
3. 하위문화, 반문화가 주류 문화가 되거나, 주류 문화가 하위문화나 반문화가 될 수 있다.

15 주류 문화, 하위문화, 반문화

| 정답 ③ | 21년 10월 학력평가 17번

①	②	❸	④	⑤
7%	9%	66%	12%	6%

다음 자료에 대한 설명으로 옳은 것은? (단, (가)~(다)는 각각 반문화, 주류 문화, 하위문화 중 하나이다.) [3점]

표는 갑국에 존재하는 문화 A~C가 T 시기와 T+1 시기에 (가)~(다) 중 각각 무엇에 해당하는지를 나타낸 것이다.

구분	T 시기			T+1 시기		
	(가) 주류 문화	(나) 하위문화	(다) 반문화	(가) 주류 문화	(나) 하위문화	(다) 반문화
A	○	×	×	×	○	×
B	×	○	×	○	×	×
C	×	○	○	×	○	×

* ○: 해당함, ×: 해당하지 않음

① T 시기에 A는 갑국의 하위문화에 해당한다.
② T 시기에 갑국에서 C를 향유하는 사람은 A를 향유하지 않는다.
③ T 시기와 달리 T+1 시기에 B는 갑국 전체 구성원 간 문화적 동질성을 드러내는 문화이다.
④ A~C 중 T 시기와 T+1 시기에 모두 갑국의 지배적인 문화에 저항하거나 대립하는 성격을 지닌 문화가 있다.
⑤ (나)는 (다)와 달리 시간이 흐르면서 (가)로 변화하기도 한다.

✔ 자료 분석 어떤 문화가 주류 문화에 해당하면 하위문화와 반문화에는 해당하지 않으며, 어떤 문화가 반문화에 해당하면 하위문화에도 해당한다. T 시기에 A는 (가)에만 해당하고, C는 (나)와 (다) 모두에 해당한다. 따라서 (가)는 주류 문화, (나)는 하위문화, (다)는 반문화이다.

○ 정답 찾기 ③ T 시기에 반문화가 아닌 하위문화에 해당했던 B는 T+1 시기에 주류 문화에 해당한다. 주류 문화는 해당 사회 전체 구성원의 문화적 동질성을 나타낸다. 따라서 T 시기와 달리 T+1 시기에 B는 갑국 전체 구성원 간 문화적 동질성을 드러내는 문화이다.

× 오답 풀이 ① T 시기에 A는 갑국의 주류 문화에 해당한다.
② T 시기에 C는 반문화에 해당한다. 반문화를 향유하는 구성원도 해당 사회의 주류 문화를 향유한다. 따라서 T 시기에 갑국에서 C를 향유하는 사람이 A를 향유하지 않는 것은 아니다.
④ 지배적인 문화에 저항하거나 대립하는 성격을 지닌 문화는 반문화이다. T 시기에 C는 반문화에 해당하였으나, T+1 시기에는 반문화에 해당하는 문화가 없다.
⑤ 하위문화와 반문화는 모두 시간이 흐르면서 주류 문화로 변화할 수 있다.

이것만은 꼭!
1. 주류 문화는 해당 사회 전체 구성원의 문화적 동질성을 나타낸다.
2. 반문화를 향유하는 구성원도 해당 사회의 주류 문화를 향유한다.
3. 하위문화와 반문화는 모두 시간이 흐르면서 주류 문화로 변화할 수 있다.

16 주류 문화, 하위문화, 반문화

| 정답 ⑤ | 20년 3월 학력평가 12번

①	②	③	④	❺
3%	6%	4%	7%	80%

다음 A~C에 대한 설명으로 옳은 것은? (단, A~C는 각각 반문화, 주류 문화, 하위문화 중 하나이다.)

'한 사회 내에서 일부 구성원만 공유하는 문화인가?'라는 질문에 대해 A와 B는 모두 '예', C는 '아니요'라고 응답한다. 우리나라의 특정 지역에서 사용하는 사투리는 우리나라의 A에는 해당하지만 B에는 해당하지 않는다.

① 모든 A는 B에 해당한다.
② A에 해당하는 문화의 총합은 C이다.
③ A를 향유하는 구성원은 C를 향유하지 않는다.
④ A는 C와 달리 해당 문화를 공유하는 구성원들에게 정체성을 제공한다.
⑤ B는 사회 변화에 따라 C가 될 수 있다.

✔ 자료 분석 한 사회 내에서 일부 구성원만 공유하는 문화는 하위문화와 반문화이다. 특정 지역에서 사용하는 사투리는 하위문화에 해당하지만, 반문화에는 해당하지 않는다. 따라서 A는 하위문화, B는 반문화, C는 주류 문화이다.

○ 정답 찾기 ⑤ 반문화, 하위문화, 주류 문화를 구분하는 기준은 절대적인 것이 아니라 시대와 사회에 따라 다양하게 나타난다. 특정 시대에는 반문화이었지만, 시간의 변화에 따라 주류 문화가 되기도 한다.

× 오답 풀이 ① 하위문화 중 지배 문화에 저항하거나 대립하는 성격이 없는 경우는 반문화에 해당하지 않는다. 반면, 모든 반문화는 하위문화에 해당한다.
② 하위문화를 모두 더한다고 하더라도 사회 구성원 대다수가 공유하는 문화 요소가 나타나는 것은 아니다.
③ 하위문화를 향유하는 구성원도 한 사회에 소속된 구성원이므로 그 사회의 구성원 대다수가 공유하는 주류 문화를 향유한다.
④ 하위문화와 주류 문화는 모두 문화를 공유하는 구성원들에게 정체성을 제공하고 구성원으로서의 소속감 고취에 기여한다.

이것만은 꼭!
1. 하위문화의 총합은 주류 문화와 일치하지 않는다.
2. 하위문화와 주류 문화를 구분하는 기준은 상대적이다.
3. 모든 반문화는 하위문화에 해당한다.

17 주류 문화, 하위문화, 반문화

| 정답 ⑤ | 20년 4월 학력평가 14번

①	②	③	④	❺
2%	3%	12%	4%	79%

밑줄 친 ㉠~㉣에 대한 옳은 설명만을 〈보기〉에서 있는 대로 고른 것은?

> 네오비트족은 패션이나 ㉠음식, 여가 생활 등 다방면에서 직접 체험을 중시하는 소비 집단을 뜻한다. 이들은 새로운 기술 습득 능력과 SNS 활용 능력이 뛰어나며 역동적인 여가 활동을 즐긴다. 이 용어는 1950년대 미국의 저항적인 ㉡청년 문화를 형성했던 비트족에서 유래하였다. 비트족은 당시 기성세대가 중시했던 출세, 교육 등의 가치를 거부하는 태도를 보였다. ㉢네오비트족의 문화는 창의성과 도전 정신으로 새로운 트렌드를 만들어 내는 것을 특징으로 하지만 사회 참여나 소통도 중시한다는 점에서 무조건적으로 사회에 반항했던 ㉣비트족의 문화와는 차이가 있다.

보기

ㄱ. ㉠은 비물질문화에 해당한다.
ㄴ. ㉡에서 '문화'는 넓은 의미로 사용되었다.
ㄷ. ㉢은 한 사회의 문화적 다양성을 높이는 데 기여할 수 있다.
ㄹ. ㉣은 주류 문화를 거부하는 반문화적 성격을 지닌다.

① ㄱ, ㄴ ② ㄱ, ㄹ ③ ㄷ, ㄹ
④ ㄱ, ㄴ, ㄷ ⑤ ㄴ, ㄷ, ㄹ

✔ 자료 분석 하위문화는 사회 내에서 특정 집단의 구성원들 또는 특정 영역의 사람들만이 공유하는 문화로 전체 사회의 문화적 다양성을 형성하는 원천이 된다. 하위문화 중에서 한 사회의 지배적인 문화에 저항하거나 대립하는 문화를 반문화라고 한다.

○ 정답 찾기 ㄴ. 좁은 의미의 문화는 고상하거나 세련된 것을 의미하고, 넓은 의미의 문화는 한 사회의 구성원이 공유하는 행동 양식을 의미한다. 청년 문화에서의 문화는 넓은 의미의 문화에 해당한다.
ㄷ. 하위문화는 주류 문화에서 누릴 수 없는 다양한 문화적 욕구를 해결함으로써 전체 사회에 문화적 다양성과 역동성을 제공한다.
ㄹ. 비트족의 문화는 주류 문화에 저항하거나 주류 문화를 거부하는 반문화적 성격을 지니고 있다.

✕ 오답 풀이 ㄱ. 물질문화는 사람이 제작한 인공물이나 그것을 제작하는 기술을 의미하고, 비물질문화는 각종 규범과 제도, 사고방식, 가치 체계를 의미한다. 음식은 사람에 의해 만들어진 인공물로, 물질문화에 해당한다.

이것만은 꼭!
1. 넓은 의미의 문화는 행동 양식을 의미한다.
2. 하위문화는 문화적 다양성을 높이는 데 기여한다.
3. 반문화는 주류 문화를 거부하거나 저항하는 문화이다.

18 주류 문화, 하위문화, 반문화

| 정답 ④ | 20년 7월 학력평가 5번

①	②	③	❹	⑤
1%	4%	6%	82%	7%

밑줄 친 ㉠~㉦에 대한 설명으로 옳은 것은?

> A국 귀족 출신인 갑은 ㉠종교적 신념이 강하였다. 갑은 왕위 교체의 틈을 노려 ㉡□□교가 기존의 ㉢△△교 대신 A국의 국교가 되기를 원하였다. 그는 ㉣□□교를 믿는 귀족들을 규합하여 △△교 세력을 제거하려 하였지만, 사전에 발각되어 처형당했다. 오랜 시간이 지나 ㉤갑의 얼굴을 형상화한 가면을 쓴 주인공이 사회 질서를 바로잡는 내용의 영화가 흥행하게 되었다. 이후 ㉥일부 시민들이 지배 집단에 대해 투쟁할 때, 갑의 얼굴을 형상화한 가면을 쓰는 ㉦문화가 나타나게 되었다.

① ㉠은 물질문화, ㉤은 비물질문화에 해당한다.
② ㉢은 ㉡과 달리 A국에서 하위문화에 해당한다.
③ ㉣은 문화적 다양성의 강화를 추구하였다.
④ ㉥에서 주류 문화에 저항하는 반문화적 성격을 찾을 수 있다.
⑤ ㉦은 '음식 문화'에서의 문화와 달리 좁은 의미로 사용되었다.

✔ 자료 분석 물질문화는 사람들이 삶을 영위하기 위해 만든 인공물이나 그것을 제작하는 기술을 의미하고, 비물질문화는 규범 및 제도, 가치 체계 등을 의미한다. 하위문화는 한 사회 내에서 특정 집단의 구성원들만이 공유하는 문화를 의미하고, 주류 문화는 사회 구성원 대다수가 공유하는 문화를 의미한다.

○ 정답 찾기 ④ 일부 시민들이 지배 집단에 대해 투쟁한다는 점에서 일부 시민들이 공유하는 문화는 반문화적 성격을 가지고 있음을 알 수 있다.

✕ 오답 풀이 ① 종교, 예술, 철학 등과 같은 사고방식 및 가치 체계는 비물질문화에 해당하고, 가면은 인간에 의해 만들어진 인공물로 물질문화에 해당한다.
② ㉡은 A국의 일부 구성원이 공유하는 종교이므로 하위문화에 해당한다. 그러나 ㉢이 A국에서 하위문화 또는 주류 문화에 해당하는지 여부는 알 수 없다.
③ □□교를 믿는 귀족들이 문화적 다양성 강화를 추구하였는지 여부는 알 수 없다.
⑤ ㉦과 음식 문화에서의 문화는 모두 넓은 의미의 문화에 해당한다.

이것만은 꼭!
1. 인간에 의해 만들어진 인공물은 물질문화에 해당한다.
2. 반문화는 지배적인 문화에 저항하거나 대립하는 문화이다.
3. 하위문화는 특정 집단의 구성원들만이 공유하는 문화이다.

19 주류 문화, 하위문화, 반문화

| 정답 ① | 20년 10월 학력평가 7번

❶	②	③	④	⑤함정
68%	9%	3%	5%	15%

자료에 대한 설명으로 옳은 것은? (단, A~C는 각각 반문화, 주류 문화, 하위문화 중 하나이다.) [3점]

> 표는 갑국에 존재하는 세 가지 문화가 갑국에서 A~C 중 무엇에 해당하는지 나타낸 것이다.
>
> | 구분 | A - 반문화 | B - 주류 문화 | C - 하위문화 |
> |---|---|---|---|
> | ◇◇ 문화 | × | ○ | × |
> | □□ 문화 | ○ | × | ○ |
> | ☆☆ 문화 | × | × | ○ |
>
> * ○: 해당함, ×: 해당하지 않음

① '☆☆ 문화'는 갑국에서 반문화가 아닌 하위문화이다.

② '□□ 문화'를 향유하는 사람은 '◇◇ 문화'를 ~~향유하지 않는다~~ 향유한다.

③ 모든 A의 총합은 C~~이다~~ 가 아니다.

④ B~~는~~ 와 A~~와 달리~~ 모두 사회 발전의 계기를 제공할 수 있다.

⑤ C는 B와 달리 사회 통합을 ~~강화하는 데 기여한다~~ 저해할 수 있다.

✔ 자료 분석 반문화는 하위문화의 한 유형이므로 반문화는 모두 하위문화에 해당한다. 따라서 세 가지 문화 중 두 가지에 해당하는 □□ 문화는 하위문화이자 반문화에 해당하고, □□ 문화와 ☆☆ 문화는 모두 C에 해당한다. 따라서 A는 반문화, B는 주류 문화, C는 하위문화이다.

O 정답 찾기 ① □□ 문화는 반문화, ☆☆ 문화는 반문화가 아닌 하위문화이다.

× 오답 풀이 ② □□ 문화는 반문화이고, ◇◇ 문화는 주류 문화이다. 반문화를 향유하는 사람도 사회의 구성원이므로 주류 문화를 향유한다.

③ A는 반문화, C는 하위문화이다. 반문화가 아닌 하위문화가 존재하므로 반문화의 총합이 하위문화라고 할 수 없다.

④ 반문화를 통해 현 사회가 직면한 사회 문제가 무엇인지 알게 되며, 이를 통해 사회 발전의 계기를 제공하기도 한다.

⑤ 하위문화는 집단 간 갈등을 초래하여 사회 통합을 저해할 우려가 있다.

⑤번을 정답으로 잘못 선택하였다면, 주류 문화와 하위문화를 정확하게 구분하지 못했을 가능성이 크다. 모든 반문화는 하위문화이므로 C가 반문화라면, ☆☆ 문화의 경우 A 또는 B 중 어느 한곳에 O표가 되어야 한다. 따라서 A는 반문화, C는 하위문화이다. 하위문화 중에는 반문화가 아닌 경우가 있으므로 C는 하위문화가 될 수 있다.

이것만은 꼭!

1. 모든 하위문화의 총합은 주류 문화가 아니다.
2. 반문화는 사회 발전의 계기를 제공하기도 한다.
3. 하위문화는 사회 통합을 저해할 수 있다.

필출 주제 12 문화 변동의 요인과 양상

제1권 p.084 ~ 089

01 ② 02 ② 03 ④ 04 ③ 05 ④ 06 ③ 07 ⑤ 08 ③ 09 ④ 10 ③ 11 ② 12 ② 13 ⑤ 14 ④ 15 ① 16 ② 17 ③ 18 ⑤ 19 ① 20 ④

01 문화 변동의 요인과 양상 | 정답 ② | 24년 3월 학력평가 16번

①	②	③	④	⑤
5%	71%	6%	6%	12%

다음 사례에 나타난 문화 변동에 대한 설명으로 옳은 것은?

> 갑국에서는 갑국의 ○○ 회사가 최초로 고안한 소매점 운영 방식인 A가 널리 활용되고 있다. 을국의 □□ 회사는 갑국에 직원을 파견하여 배워 온 A를 을국의 기존 소매점 운영 방식에 접목하여 새로운 소매점 운영 방식 B를 개발하였다. 을국에서는 B가 적용된 소매점을 흔히 볼 수 있다. 을국의 □□ 회사는 병국에 진출하였는데, B가 적용된 □□ 회사의 소매점은 병국의 전통 방식으로 운영되는 소매점과 함께 병국 사람들이 선호하는 소매점 중 하나로 자리 잡았다.
>
> (발명 / 직접 전파 / 문화 융합 / 문화 병존)

① 갑국에서는 발견(→발명)으로 인한 문화 변동이 나타났다.
② 을국에서는 직접 전파로 인한 문화 변동이 나타났다.
③ 을국에서는 병국에서와 달리(→모두) 문화 변동 이후 자기 문화의 정체성이 상실되었다(→되지 않았다).
④ 병국에서는 을국에서와 달리(→모두) 자발적 문화 접변이 나타났다.
⑤ 갑국과 을국에서는 문화 융합, 병국에서는 문화 병존이 나타났다.

✓ 자료 분석 갑국에서는 발명이 나타났고, 을국에서는 직접 전파에 따른 문화 융합이 나타났으며, 병국에서는 문화 병존이 나타났다.

O 정답 찾기 ② 을국에서는 갑국에 직원을 파견하여 배워 온 A를 을국의 기존 소매점 운영 방식에 접목하여 새로운 소매점 운영 방식인 B를 개발하였다. 따라서 을국에서는 직접 전파에 의한 문화 변동이 나타났다.

× 오답 풀이 ① 갑국에서는 ○○ 회사가 최초로 소매점 운영 방식인 A를 고안하였다. 따라서 갑국에서는 발명에 의한 문화 변동이 나타났다.
③ 을국에서는 문화 융합이, 병국에서는 문화 병존이 나타났다. 따라서 을국과 병국 모두에서 문화 변동 이후 자기 문화의 정체성이 상실되지 않았다.
④ 을국과 병국 모두에서 자발적 문화 접변이 나타났다.
⑤ 갑국에서는 발명에 의한 문화 변동이 나타났고, 을국에서는 문화 융합이 나타났으며, 병국에서는 문화 병존이 나타났다.

이것만은 꼭!
1. 발명은 존재하지 않았던 기술이나 사물 등을 만들어 내는 행위나 그 결과물을 말한다.
2. 문화 변동의 외재적 요인에는 직접 전파, 간접 전파, 자극 전파가 있다.
3. 문화 병존과 문화 융합은 모두 기존 문화의 정체성이 상실되지 않는다.

02 문화 변동의 요인과 양상 | 정답 ② | 24년 5월 학력평가 8번

①	②	③	④	⑤
1%	84%	2%	2%	11%

다음 사례에 나타난 문화 변동에 대한 설명으로 옳은 것은? [3점]

> 갑국의 전통 무예 A가 인터넷을 통해 알려지게 되면서 을국에서는 인터넷 동영상을 보며 A를 수련하는 사람들이 늘어났다. 이후 A는 을국의 전통 무예 B와 함께 을국에서 보편적으로 수련하는 무예 중 하나가 되었다. 한편, 병국으로 이민을 간 갑국 사람들은 A를 가르치는 도장을 운영하며 병국 사람들에게 A를 전수하였다. 이후 병국에서는 병국 고유의 무예 C에 A가 접목된 새로운 무예 D가 만들어졌다.
>
> (간접 전파 / 문화 병존 / 직접 전파 / 문화 융합)

① 을국에서는 강제적(→자발적) 문화 접변이 나타났다.
② 을국에서는 간접 전파에 의한 문화 변동이 나타났다.
③ 병국에서는 자문화의 정체성이 상실(→유지)되었다.
④ 병국에서는 발견(→직접 전파)으로 인한 문화 변동이 나타났다.
⑤ 을국에서는 문화 동화(→문화 병존), 병국에서는 문화 융합이 나타났다.

✓ 자료 분석 을국에서는 간접 전파에 의한 문화 병존이 나타났고, 병국에서는 직접 전파에 의한 문화 융합이 나타났다.

O 정답 찾기 ② 을국에서는 인터넷 동영상을 통해 A가 전해졌으므로 간접 전파에 의한 문화 변동이 나타났다.

× 오답 풀이 ① 을국에서는 강제적 문화 접변이 아니라 자발적 문화 접변이 나타났다.
③ 병국에서는 문화 융합이 나타났으므로 자문화의 정체성이 유지되었다.
④ 병국에서는 이민을 간 갑국 사람들에 의해 A가 전해졌으므로 직접 전파에 의한 문화 변동이 나타났다.
⑤ 을국에서는 문화 병존이 나타났고, 병국에서는 문화 융합이 나타났다.

이것만은 꼭!
1. 문화 융합은 문화 변동의 결과로 등장한 새로운 문화 요소에 기존 문화 요소가 녹아 있으므로 기존 문화의 정체성을 상실한 것은 아니다.
2. 직접 전파는 문화 변동의 요인 중 사회 구성원들 간의 직접적인 접촉 과정에서 문화 요소가 전달되어 정착되는 현상을 말한다.
3. 간접 전파는 문화 변동의 요인 중 사회 구성원들 간의 직접적인 접촉이 아닌 매개체를 통해 간접적으로 문화 요소가 전달되어 정착되는 현상을 말한다.

03 문화 변동의 요인과 양상 | 정답 ④ | 24년 7월 학력평가 13번

①	② 함정	③	❹	⑤
19%	35%	18%	19%	9%

다음 사례에 나타난 문화 변동에 대한 옳은 설명만을 〈보기〉에서 있는 대로 고른 것은? [3점]

> 갑국으로 유입된 난민들은 정착 초기부터 마셔오던 자국의 전통 음료에 착안하여 새로운 A 음료를 개발하였다. 이 A 음료는 상인들을 통해 을국과 병국으로 전해졌고, 을국에서는 갑국에서와 같이 대중적인 음료 중 하나가 되었다. 이후 을국의 한 학자가 A 음료의 제조 과정에서 아이디어를 얻어 진행한 연구 중 부패를 일으키는 미생물을 찾아냈다. 한편, 병국에서는 정국으로부터 서적을 통해 전달된 정국의 전통적인 면 요리에 병국 사람들도 즐기는 A 음료를 첨가하여 새로운 맛을 내는 면 요리가 탄생되었다. 이 새로운 요리는 병국과 갑국의 전쟁 중에 병국 취사병에 의해 갑국에 알려졌지만 갑국 사람들의 식탁에는 오르지 못하였다.

(직접 전파, 발명, 직접 전파, 문화 공존, 발견, 간접 전파)

〈보기〉
ㄱ. 을국에서는 ~~자극 전파~~(직접 전파)로 인한 문화 변동이 나타났다.
ㄴ. 병국에서는 직접 전파로 인한 문화 변동이 나타났다.
ㄷ. 갑국, 을국 모두 문화 공존이 나타났다.

① ㄱ ② ㄴ ③ ㄷ ④ ㄴ, ㄷ ⑤ ㄱ, ㄴ, ㄷ

✓ 자료 분석 갑국의 경우 갑국으로 유입된 난민들이 새로운 A 음료를 개발한 것은 발명에 해당하고, 갑국으로 유입된 난민들이 개발한 A 음료가 갑국에서 대중적인 음료가 된 것은 직접 전파에 해당한다. 을국의 경우 상인들을 통해 갑국의 A 음료가 전해져 을국에서 대중적인 음료가 된 것은 직접 전파에 해당하고, 을국의 한 학자가 부패를 일으키는 미생물을 찾아낸 것은 발견에 해당한다. 병국의 경우 상인들을 통해 갑국의 A 음료가 전해져 병국 사람들이 즐기게 된 것은 직접 전파에 해당하고, 서적을 통해 정국의 면 요리가 전해진 것은 간접 전파에 해당한다.

O 정답 찾기 ㄴ. 병국에서는 상인들을 통해 갑국의 A 음료가 전해져 병국 사람들이 즐기게 되었다. 따라서 병국에서는 직접 전파에 의한 문화 변동이 나타났다.
ㄷ. 갑국에서는 갑국으로 유입된 난민들이 개발한 A 음료가 갑국에서 대중적인 음료 중 하나가 되었고, 을국에서는 상인들을 통해 전해진 갑국의 A 음료가 을국에서 대중적인 음료 중 하나가 되었다. 따라서 갑국과 을국 모두에서 직접 전파에 의한 문화 공존이 나타났다.

X 오답 풀이 ㄱ. 을국에서는 상인들을 통해 갑국의 A 음료가 전해져 대중적인 음료가 되었다. 따라서 을국에서는 직접 전파에 의한 문화 변동이 나타났다.

함정 클리닉

④번을 정답으로 선택하지 못한 학생들은 갑국~병국에서 나타난 문화 변동의 요인 및 문화 변동의 양상을 제대로 파악하지 못했을 가능성이 크다. 각 국가 간 문화 요소의 전파가 복잡하게 서술되어 있어 문화 요소 전파의 과정을 꼼꼼하게 파악해야 한다. 갑국과 을국 모두에서 직접 전파된 A 음료가 대중적인 음료 중 하나가 되었다고 하였으므로 문화 공존이 나타났음을 파악할 수 있어야 한다. 한편 다른 국가의 문화 요소가 전파되었으나 해당 국가에서 받아들이지 않으면 이는 문화 변동이 나타났다고 볼 수 없음에 유의하도록 한다.

이것만은 꼭!

1. 발명과 발견은 문화 변동의 내재적 요인에 해당하고, 직접 전파, 간접 전파, 자극 전파는 문화 변동의 외재적 요인에 해당한다.
2. 문화 변동의 결과 문화 동화, 문화 공존, 문화 융합이 나타날 수 있다.
3. 문화 공존은 기존 문화 요소와 새로운 문화 요소가 한 사회의 문화 체계 내에서 고유한 성격을 잃지 않고 함께 공존하는 것을 말한다.

04 문화 변동의 요인과 양상

| 정답 ③ | 24년 10월 학력평가 19번

①	②	❸	④	⑤
11%	3%	75%	9%	2%

다음 자료에 대한 옳은 설명만을 〈보기〉에서 고른 것은? (단, A~C는 각각 문화 동화, 문화 병존, 문화 융합 중 하나임.) [3점]

> 교사: 문화 접변의 결과 A~C의 사례를 발표해 보세요.
> 갑: A의 사례로 '외국으로부터 들어온 단발의 유행으로 ○○국에서 전통 헤어스타일이 사라진 경우'를 들 수 있습니다.
> 을: B의 사례로 '전쟁 시 나무로 만든 배를 운용하던 △△국에서 철갑을 두른 배가 개발되어 목선과 철갑선이 함께 운용된 경우'를 들 수 있습니다.
> 병: C의 사례로 □□국 사람들이 전통 음식에 자국 식민지의 조리법을 결합하여 만든 새로운 음식을 즐겨 먹게 된 경우'를 들 수 있습니다.
> 교사: 세 명 중 ㉠두 명만 옳게 발표했습니다.

〈보기〉

ㄱ. ㉠은 갑, 을이다.
ㄴ. A와 달리 C는 자문화의 정체성이 상실되지 않는다.
ㄷ. A, B 모두 외부 사회 문화 요소의 수용이 나타난다.
ㄹ. 갑과 달리 병은 강제적 문화 접변의 사례를 발표하였다.

① ㄱ, ㄴ ② ㄱ, ㄷ ③ ㄴ, ㄷ ④ ㄴ, ㄹ ⑤ ㄷ, ㄹ

✓ 자료 분석 갑이 발표한 사례는 문화 동화에 해당하고, 을이 발표한 사례는 발명에 해당하며, 병이 발표한 사례는 문화 융합에 해당한다. 갑~병 중 두 명만 옳게 발표하였으므로 옳지 않게 발표한 사람은 을이다. 따라서 A는 문화 동화, B는 문화 병존, C는 문화 융합이다.

O 정답 찾기 ㄴ. 문화 동화는 자문화의 정체성이 상실되고, 문화 융합은 자문화의 정체성이 상실되지 않는다.
ㄷ. 문화 동화, 문화 병존, 문화 융합은 모두 외부 사회 문화 요소의 수용이 나타난다.

× 오답 풀이 ㄱ. ㉠은 갑과 병이다.
ㄹ. 병이 발표한 사례는 강제적 문화 접변에 해당하지 않는다.

이것만은 꼭!

1. 문화 동화, 문화 병존, 문화 융합은 모두 외재적 요인에 의한 문화 변동의 양상에 해당한다.
2. 문화 동화, 문화 병존, 문화 융합은 모두 외부 사회 문화 요소의 수용이 나타난다.
3. 문화 융합은 문화 접변의 결과로 등장한 새로운 문화 요소에 기존 문화 요소가 녹아 있으므로 기존 문화의 정체성을 상실한 것이 아니다.

05 문화 변동의 양상

| 정답 ④ | 23년 3월 학력평가 8번

①	②	③	❹	⑤
3%	3%	5%	80%	9%

다음 자료에 대한 설명으로 옳은 것은? [3점]

표는 질문에 대한 답변을 통해 문화 접변의 양상 A~C를 구분한 것이다. A~C는 각각 문화 동화, 문화 병존, 문화 융합 중 하나이다.

질문	답변
A는 B와 달리 자기 문화의 정체성이 상실되는가?	예
B는 C와 달리 자기 문화와 외래문화가 결합하여 새로운 문화가 형성되는가?	아니요
(가)	예

① A는 문화 병존이다.
② B는 A와 달리 자기 문화가 외래문화로 대체되는 현상이다.
③ C는 B와 달리 외재적 요인에 의한 문화 변동이다.
④ (가)에 'B는 C와 달리 자기 문화와 외래문화가 나란히 존재하는가?'가 들어갈 수 있다.
⑤ (가)에 'C는 B와 달리 기존 사회의 구성원이 새로운 문화를 향유하는가?'가 들어갈 수 있다.

✓ 자료 분석 자기 문화의 정체성이 상실되는 경우는 문화 동화이다. 첫 번째 질문에 대한 답변이 '예'이므로 A는 문화 동화이다. 자기 문화와 외래문화가 결합하여 새로운 문화가 형성되는 경우는 문화 융합이다. 두 번째 질문에 대한 답변이 '아니요'이므로 C는 문화 융합, B는 문화 병존이다.

O 정답 찾기 ④ 문화 병존은 자기 문화와 외래문화가 나란히 존재하는 현상이다. 따라서 해당 질문은 (가)에 들어갈 수 있다.

× 오답 풀이 ① A는 문화 동화이다.
② 자기 문화가 외래문화로 대체되는 현상은 문화 동화이다.
③ 문화 동화, 문화 융합, 문화 병존은 모두 서로 다른 문화 간의 접촉 과정에서 나타나는 문화 변동 양상이므로 외재적 요인에 의한 문화 변동이다.
⑤ 문화 병존과 문화 융합은 모두 기존 사회의 구성원 입장에서는 새로운 문화를 향유하게 된다. 따라서 해당 질문은 (가)에 들어갈 수 없다.

이것만은 꼭!

1. 문화 동화는 자기 문화가 외래문화로 대체되는 현상이다.
2. 문화 동화는 문화 접변 과정에서 자기 문화의 정체성이 상실되는 현상이다.
3. 문화 동화, 문화 병존, 문화 융합은 모두 외재적 요인에 의한 문화 변동이다.

06 문화 변동의 양상

| 정답 ③ | 23년 4월 학력평가 7번

①	②	❸	④ 함정	⑤
5%	3%	57%	32%	3%

표는 질문에 따라 문화 접변의 결과 A~C를 구분한 것이다. 이에 대한 설명으로 옳은 것은? (단, A~C는 각각 문화 동화, 문화 병존, 문화 융합 중 하나임.) [3점]

구분	A (문화 동화)	B (문화 융합)	C (문화 병존)
자문화의 정체성이 보존되었는가? (문화 병존, 문화 융합)	㉠ (아니요)	㉡ (예)	예
(가)	예	아니요	아니요
외래문화 요소가 자문화 요소와 결합되지 않은 상태로 정착되었는가? (문화 동화, 문화 병존)	예	아니요	㉢ (예)

① ㉠은 '아니요', ㉡은 '예', ㉢은 '아니요'이다.
② (가)에는 '기존에 없었던 새로운 문화 요소가 창조되었는가?'가 들어갈 수 있다.
③ C의 사례로 우리나라에서 전통 다과와 서양식 다과가 함께 존재하는 것을 들 수 있다.
④ A는 C에 비해 문화의 다양성 보존에 유리하다.
⑤ B는 A와 달리 구성원의 자발성에 기초한 문화 접변의 결과이다.

✓ 자료 분석 자문화의 정체성이 보존되는 경우는 문화 병존과 문화 융합이고, 외래 문화 요소가 자문화 요소와 결합되지 않은 상태로 정착되는 경우는 문화 동화와 문화 병존이다. 따라서 A는 문화 동화, B는 문화 융합, C는 문화 병존이다.

O 정답 찾기 ③ 우리나라에서 전통 다과와 서양식 다과가 함께 존재하는 사례는 문화 병존의 사례에 해당한다.

X 오답 풀이 ① ㉠은 '아니요', ㉡은 '예', ㉢은 '예'이다.
② 기존에 없었던 새로운 문화 요소가 창조되는 경우는 문화 융합이다. 따라서 해당 질문은 (가)에 들어갈 수 없다.
④ 문화 병존은 문화 동화에 비해 문화의 다양성 보존에 유리하다.
⑤ 문화 동화와 문화 융합은 모두 자발적 문화 접변으로 나타날 수 있다.

함정 클리닉

④번을 정답으로 선택한 학생들은 외래문화 요소가 자문화 요소와 결합되지 않은 상태로 정착된 경우가 문화 병존뿐이라고 생각하였을 가능성이 크다. 제시된 질문에 대해 문화 병존만을 떠올리기 쉬운데, 문화 동화 또한 외래문화 요소가 변화 없이 그대로 정착된 경우이다.

이것만은 꼭!

1. 문화 병존과 문화 융합은 자문화의 정체성이 보존된다.
2. 문화 병존과 문화 동화는 외래문화 요소가 자문화 요소와 결합되지 않은 상태로 정착된다.
3. 문화 동화는 문화 병존, 문화 융합에 비해 문화의 다양성 보존에 불리하다.

07 문화 변동의 요인과 양상

| 정답 ⑤ | 23년 7월 학력평가 13번

①	②	③	④	❺
1%	6%	5%	3%	85%

다음 A~D국에 나타난 문화 변동에 대한 옳은 설명만을 〈보기〉에서 고른 것은? [3점]

> ○ 무역상들은 A국과 B국에 아라비아 숫자를 전파했다. A국 지도자는 아라비아 숫자 사용 금지령을 내렸으나 국민들은 이에 저항하였고, 결국 아라비아 숫자는 A국의 기존 숫자를 대체하였다. 한편 B국 정부는 A국을 따라 숫자 체계의 변화를 시도하였으나 B국의 일부 계층만 기존 숫자와 아라비아 숫자를 혼용하였다.
> ○ C국에는 최근에 지진 피해를 최소화하는 새로운 내진 설계 방식이 개발되어 널리 보급되었다. D국의 한 건축가는 C국을 여행하던 중 발견한 내진 설계 건축물에서 아이디어를 얻어 최초로 수해로부터 안전한 건축 방식을 고안하였다. 이 건축 방식은 D국에서 새로 짓는 건축물에 널리 활용되었다.

〈보기〉
ㄱ. A국에서는 강제적 문화 접변이 나타났다.
ㄴ. B국에서는 D국에서와 달리 자극 전파가 나타났다.
ㄷ. C국, D국 모두에서 새로운 문화 요소가 나타났다.
ㄹ. A국에서는 B국, C국에서와 달리 문화 동화가 나타났다.

① ㄱ, ㄴ ② ㄱ, ㄷ ③ ㄴ, ㄷ ④ ㄴ, ㄹ ⑤ ㄷ, ㄹ

✓ 자료 분석 아라비아 숫자가 A국의 기존 숫자를 대체한 것은 문화 동화의 사례이고, 기존 숫자와 아라비아 숫자를 혼용한 것은 문화 병존의 사례이며, 내진 설계 건축물에서 아이디어를 얻어 최초로 수해로부터 안전한 건축 방식을 고안한 것은 자극 전파의 사례이다.

O 정답 찾기 ㄷ. C국에서는 발명에 의해, D국에서는 자극 전파에 의해 새로운 문화 요소가 나타났다.
ㄹ. A국에서는 B국, C국에서와 달리 문화 동화가 나타났다.

X 오답 풀이 ㄱ. 제시된 자료만으로는 A국에서 강제적 문화 접변이 나타났는지 알 수 없다.
ㄴ. D국에서는 B국에서와 달리 자극 전파가 나타났다.

이것만은 꼭!

1. 다른 사회의 문화 요소로부터 아이디어를 얻어 새로운 문화 요소를 발명한 문화 변동의 요인은 자극 전파이다.
2. 한 사회의 문화 요소가 다른 사회의 문화 체계 속에 흡수되어 정체성을 상실하는 현상을 문화 동화라고 한다.
3. 서로 다른 사회의 문화 요소가 한 사회의 문화 체계 속에서 나란히 존재하는 현상을 문화 병존이라고 한다.

08 문화 변동의 요인과 양상

| 정답 ③ | 23년 10월 학력평가 13번

①	②	❸	④	⑤
2%	2%	89%	4%	3%

갑국, 을국에 대한 옳은 설명만을 〈보기〉에서 고른 것은? [3점]

갑국 사람들은 얇은 빵에 볶은 채소를 싸서 먹는 음식인 A를 즐겼는데, 이것이 을국의 대표 음식인 B의 유래이다. 갑국을 정복한 을국은 갑국에 을국의 문화를 이식하려 하였으나 실패하였다. 오히려 을국 사람들이 갑국에서 살게 되면서 갑국 문화의 영향을 받았다. 을국 사람들이 갑국 사람들로부터 A의 조리법을 배워 본국으로 돌아온 후,(직접 전파) 을국 음식 문화에 적 융함으로써 을국에서 B가 등장한 것이 그 예이다.(문화 융합)

〈보기〉

ㄱ. 갑국에서 발견으로 인한 문화 변동이 ~~나타났다.~~ (나타났다고 볼 수 없다.)
ㄴ. 을국에서 직접 전파로 인한 문화 변동이 나타났다.
ㄷ. 을국에서 문화 융합을 통해 새로운 음식 문화가 나타났다.
ㄹ. 갑국에서는 을국과 달리 강제적 문화 접변이 ~~나타났다.~~ (나타났다고 볼 수 없다.)

① ㄱ, ㄴ ② ㄱ, ㄷ ③ ㄴ, ㄷ ④ ㄴ, ㄹ ⑤ ㄷ, ㄹ

✔ 자료 분석 문화 변동의 요인에는 내재적 요인(발견, 발명)과 외재적 요인(직접 전파, 간접 전파, 자극 전파)이 있다. 문화 접변의 양상은 강제성 및 자발성에 따라 강제적 문화 접변과 자발적 문화 접변으로 구분할 수 있으며, 변동 결과에 따라 문화 동화, 문화 병존, 문화 융합으로 구분할 수 있다.

O 정답 찾기 ㄴ. 을국 사람들이 갑국 사람들로부터 A의 조리법을 배워 본국으로 돌아온 후 이를 을국 음식에 적용하였다. 따라서 을국에서는 직접 전파로 인한 문화 변동이 나타났다.
ㄷ. 을국 사람들이 갑국 사람들로부터 A의 조리법을 배워 이를 을국 음식에 적용한 B가 등장하였다. 따라서 을국에서는 문화 융합을 통해 새로운 음식 문화가 나타났다.

X 오답 풀이 ㄱ. 갑국에서 발견으로 인한 문화 변동이 나타났다고 볼 수 없다.
ㄹ. 갑국에서 강제적 문화 접변이 나타났다고 볼 수 없다.

이것만은 꼭!

1. 문화 동화는 한 사회의 문화 요소가 다른 사회의 문화 체계 속에 흡수되어 정체성을 상실하는 현상을 의미한다.
2. 문화 병존은 서로 다른 사회의 문화 요소가 한 사회의 문화 체계 속에서 나란히 존재하는 현상을 의미한다.
3. 문화 융합은 기존 문화 요소와 외래문화 요소가 결합하여 기존 문화 요소들의 성격을 지니면서도 기존 문화 요소들과 다른 성격을 지닌 제3의 문화를 형성하는 현상을 의미한다.

09 문화 변동의 요인과 양상

| 정답 ④ | 22년 3월 학력평가 12번

①	②	③	❹	⑤
9%	7%	5%	75%	4%

다음 갑국, 을국의 문화 변동에 대한 설명으로 옳은 것은?

○ 갑국은 A국과 전쟁을 하던 중 A국의 튼튼한 성을 보고 아이디어를 얻어 독특한 축성 기술을 개발하였다. 이후 이 기술은 갑국에서 성을 쌓는 데 널리 활용되었다.(자극 전파)
○ 을국에서는 서적을 통해(간접 전파) B국의 면 제조 기술이 전해진 후 B국의 면 제조 기술에 을국의 발효 기술이 더해진 새로운 면 요리가 개발되어 을국의 음식 문화로 자리 잡았다.(문화 융합)

① 갑국에서는 ~~직접~~(자극) 전파에 의한 문화 변동이 나타났다.
② 을국에서는 ~~자극~~(간접) 전파로 인한 문화 변동이 나타났다.
③ 갑국에서는 을국과 달리 강제적 문화 접변이 나타났다.
④ 을국에서는 갑국과 달리 문화 융합이 나타났다.
⑤ 갑국에서는 ~~내재적~~(외재적) 변동, 을국에서는 외재적 변동이 나타났다.

✔ 자료 분석 갑국에서는 다른 사회의 문화 요소에서 아이디어를 얻어 새로운 문화 요소가 개발되었으므로 이는 자극 전파에 해당한다. 을국에서는 서적이라는 매개체를 통해 전해진 문화 요소가 자국 고유의 문화 요소와 만나 새로운 문화 요소의 탄생으로 이어졌으므로 이는 간접 전파에 의한 문화 융합에 해당한다.

O 정답 찾기 ④ 을국에서는 간접 전파 이후 전해진 문화 요소에 을국의 발효 기술이 더해져 새로운 면 요리가 개발되었으므로 문화 융합이 나타났다.

X 오답 풀이 ① 갑국에서는 자극 전파에 의한 문화 변동이 나타났다.
② 을국에서는 간접 전파에 의한 문화 변동이 나타났다.
③ 갑국에서 강제적 문화 접변이 나타났는지는 알 수 없다.
⑤ 자극 전파와 간접 전파는 모두 외재적 요인에 의한 문화 변동에 해당한다.

이것만은 꼭!

1. 간접 전파는 매개체를 통해 간접적으로 문화 요소가 전달되어 정착되는 현상이다.
2. 자극 전파는 추상적인 개념이나 아이디어가 전파되어 새로운 문화 요소의 발명이 이루어지는 현상이다.
3. 문화 융합은 서로 다른 문화 요소들이 결합하여 기존 문화 요소들의 성격을 지니면서도 기존 문화 요소들과 다른 성격을 지닌 제3의 문화를 형성하는 현상이다.

10 문화 변동의 요인과 양상

| 정답 ③ | 22년 4월 학력평가 3번

①	②	❸	④	⑤
4%	4%	88%	1%	3%

(가), (나)에 나타난 문화 변동에 대한 설명으로 옳은 것은?

> (가) A국은 자석이 철을 끌어당기는 원리를 이용하여 최초로 나침반을 만들었다.(발명) 태양과 별의 위치를 기준으로 항해를 하던 B국 사람들은 A국 상인들을 통해 나침반을 접하고 이를 원거리 항해에 활용하게 되었다.(직접 전파)
>
> (나) 고유한 토착 신앙을 지니고 있던 C국 사람들은 D국의 식민 지배를 받으면서 D국의 종교로 개종할 것을 강요당했다.(강제적 문화 접변) 그러자 C국 사람들은 D국의 종교 교리와 의식에 자신들의 토착 신앙 요소를 결합시킨 새로운 신앙 체계를 만들었다.(문화 융합)

① A국에서는 ~~외재적~~ (내재적) 요인에 의한 문화 변동이 나타났다.
② B국에서는 ~~자극~~ (직접) 전파에 의한 문화 변동이 나타났다.
③ C국에서는 문화 융합이 나타났다.
④ ~~(가)~~ (나)에서는 ~~(나)~~ (가)에서와 달리 강제적 문화 접변이 나타났다.
⑤ ~~(나)~~ (가)에서는 ~~(가)에서와 달리~~ 직접 전파가 나타났다.

✔ 자료 분석 문화 변동의 내재적 요인에는 발명과 발견이 있고, 문화 변동의 외재적 요인에는 직접 전파, 간접 전파, 자극 전파가 있다.

O 정답 찾기 ③ C국에서는 D국의 종교 교리와 자신들의 토착 신앙 요소를 결합시켜 새로운 신앙 체계를 만들었다. 이는 문화 융합에 해당한다.

✘ 오답 풀이 ① A국에서는 내재적 요인인 발명에 의한 문화 변동이 나타났다.
② B국에서는 A국 상인을 통해 나침반이라는 문화 요소가 전해졌으므로 직접 전파에 의한 문화 변동이 나타났다.
④ (나)에서 C국 사람들은 식민 지배 과정에서 D국의 종교로 개종할 것을 강요당하였다. 이는 강제적 문화 접변에 해당한다.
⑤ (가)에서는 직접 전파가 나타났다.

이것만은 꼭!

1. 강요에 의한 문화 변동은 강제적 문화 접변에 해당한다.
2. 문화 변동의 내재적 요인에는 발명과 발견이 있다.
3. 문화 융합은 서로 다른 문화 요소가 만나 제3의 문화를 형성하는 경우이다.

제2권 교육청 해설

11 문화 변동의 요인과 양상

| 정답 ② | 22년 7월 학력평가 13번

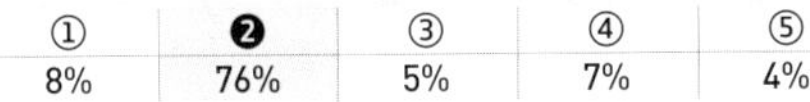

①	❷	③	④	⑤
8%	76%	5%	7%	4%

다음 자료에 대한 분석으로 옳은 것은? [3점]

> 갑국과 을국은 (가)~(라)로 인한 문화 변동을 겪었으며, 이 외에 다른 문화 변동은 없었다. 양국은 상호 교류 이외에 제3국과의 문화 교류는 없었으며, 전파된 문화 요소 중에서 소멸된 것도 없었다. 단, (가)~(라)는 각각 발견, 발명, 간접 전파, 직접 전파 중 하나이며, 제시된 문화 요소 이외에 다른 문화 요소는 없다.

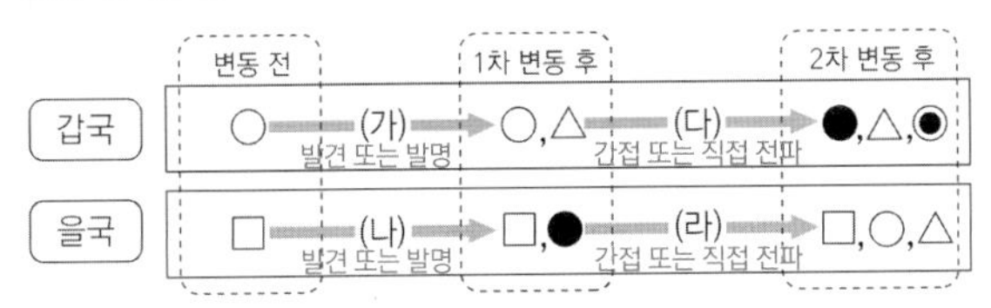

* ○, □, △, ●, ◉는 서로 다른 문화 요소를 의미한다.
** ◉는 ○와 ●가 결합하여 생성된 제3의 문화 요소이다.

① ~~(가)는 (나)와 달리~~ ((가), (나)는 모두) 내재적 요인이다.
② (다)로 인해 갑국에 전파된 문화 요소의 개수보다 (라)로 인해 을국에 전파된 문화 요소의 개수가 많다.
③ 1차 변동 후 ~~을국은 갑국과 달리~~ (갑국, 을국 모두에서) 새로운 문화 요소가 나타났다.
④ 2차 변동 후 ~~갑국은 을국과 달리~~ (갑국, 을국 모두에서) 기존 자기 문화의 요소가 남아 있다.
⑤ 갑국에서 문화 병존, 을국에서 문화 융합의 사례를 확인할 수 ~~있다~~ (없다).

✔ 자료 분석 (가), (나)는 갑국, 을국 간의 상호 교류에 의한 문화 변동이 아니므로 각각 발견과 발명 중 하나이다. 따라서 (다), (라)는 각각 간접 전파와 직접 전파 중 하나이다.

O 정답 찾기 ② (다)로 인해 갑국에 전파된 문화 요소는 '●'이며, (라)로 인해 을국에 전파된 문화 요소는 '○, △'이다. 따라서 (다)로 인해 갑국에 전파된 문화 요소의 개수보다 (라)로 인해 을국에 전파된 문화 요소의 개수가 많다.

✘ 오답 풀이 ① (가), (나)는 모두 내재적 요인이다.
③ 1차 변동 후 갑국에서는 새로운 문화 요소인 '△'가 나타났고, 을국에서는 새로운 문화 요소인 '●'가 나타났다.
④ 2차 변동 후 갑국과 을국 모두에서 기존 자기 문화의 요소가 남아 있다.
⑤ 갑국에서 문화 병존, 을국에서 문화 융합이 나타나지 않았다.

이것만은 꼭!

1. 발견과 발명은 문화 변동의 내재적 요인이고, 직접 전파, 간접 전파, 자극 전파는 문화 변동의 외재적 요인이다.
2. 문화 융합은 기존 문화 요소와 외래문화 요소가 결합하여 제3의 문화를 형성하는 현상이다.
3. 문화 동화는 기존 문화의 정체성이 상실된다.

12 문화 변동의 양상

| 정답 ② | 22년 10월 학력평가 2번

①	❷	③	④	⑤
1%	92%	2%	2%	3%

다음의 수업 상황에서 (가)에 들어갈 교사의 진술로 적절하지 않은 것은?

교사: 문화 동화, 문화 병존, 문화 융합에 해당하는 사례 중에서 각자 2개씩 조사하여 제시해 볼까요?

학생	제시한 사례
갑	○ 전통 복식이 사라지고 서양에서 들어온 복식이 보편화된 경우 - 문화 동화 ○ 고유의 가옥 형태가 사라지고 외국에서 유입된 아파트 문화가 보편화된 경우 - 문화 동화
을	○ 과거 식민 통치 시절에 사용된 외국어를 현재에도 고유한 언어와 함께 공용어로 사용하는 경우 - 문화 병존 ○ 유럽에서 넘어온 팝 음악이 유행이지만 전통적인 민속 음악을 즐기는 사람들도 여전히 많은 경우 - 문화 병존
병	○ 전통 종교와 외래 종교가 나란히 존재하는 경우 - 문화 병존 ○ 전통 음식 문화와 외국에서 들어온 음식 문화가 접목되어 제3의 새로운 음식 문화가 나타난 경우 - 문화 융합

교사: 모두 옳게 제시했군요. (가)

① 갑은 자문화의 요소가 사라진 사례를 제시했네요. (문화 동화)
② 을은 문화 병존과 문화 융합에 해당하는 사례를 제시했네요.
③ 병이 제시한 사례에는 기존 문화와 외래문화가 만나 새로운 문화 요소를 창조한 사례가 있네요. (문화 융합)
④ 갑은 을, 병과 달리 문화 동화의 사례만을 제시했네요.
⑤ 여러분이 제시한 사례 중 문화 병존의 사례가 가장 많네요. (을 2개, 병 1개)

✓ 자료 분석 갑이 제시한 사례는 모두 문화 동화에 해당하고, 을이 제시한 사례는 모두 문화 병존에 해당하며, 병이 제시한 첫 번째 사례는 문화 병존, 두 번째 사례는 문화 융합에 해당한다.

○ 정답 찾기 ② 을은 문화 병존에 해당하는 사례 2개를 제시하였다.

× 오답 풀이 ① 자문화의 요소가 사라진 경우는 문화 동화이다. 갑은 문화 동화의 사례 2개를 제시하였다.
③ 기존 문화와 외래문화가 만나 새로운 문화 요소를 창조하는 경우는 문화 융합이다. 병은 문화 융합의 사례를 제시하였다.
④ 갑은 문화 동화에 해당하는 사례 2개를 제시하였다.
⑤ 갑~병이 제시한 사례 중 문화 동화에 해당하는 사례는 2개, 문화 병존에 해당하는 사례는 3개, 문화 융합에 해당하는 사례는 1개이다. 따라서 문화 병존의 사례가 가장 많다.

이것만은 꼭!

1. 문화 동화는 한 사회의 문화 요소가 다른 사회의 문화 체계 속에 흡수되어 정체성을 상실하는 현상을 의미한다.
2. 문화 병존은 서로 다른 사회의 문화 요소가 한 사회의 문화 체계 속에서 나란히 존재하는 현상을 의미한다.
3. 문화 융합은 기존 문화 요소와 외래문화 요소가 결합하여 기존 문화 요소들의 성격을 지니면서도 기존 문화 요소들과 다른 성격을 지닌 제3의 문화를 형성하는 현상을 의미한다.

13 문화 변동의 양상

| 정답 ⑤ | 21년 3월 학력평가 19번

①	②	③	④	❺
4%	4%	8%	10%	74%

갑국과 을국의 문화 변동에 대한 옳은 설명만을 〈보기〉에서 고른 것은?

○ A국은 갑국을 점령한(직접 전파) 후 갑국의 일부다처제를 법으로 금지하고, 이를 어기면 처벌하였다(강제적 문화 접변). 이로 인해 갑국에서는 일부다처제가 사라지고 A국의 일부일처제가 정착하였다. (문화 동화)
○ B국으로부터 을국으로 이민 온 사람들로 인해(직접 전파) 을국 사람들은 B국의 전통 춤도 즐기게 되었다(문화 병존). 이렇게 수십 년이 흐른 후 을국에서는 을국의 전통 춤에 B국의 전통 춤이 접목된 ○○춤이 만들어졌다. (문화 융합)

〈보기〉
ㄱ. 갑국에서는 직접 전파와 자발적(→강제적) 문화 접변이 나타났다.
ㄴ. 을국에서는 문화 병존을 거쳐 문화 동화(→문화 융합)가 나타났다.
ㄷ. 을국에서는 갑국과 달리 자기 문화의 정체성이 보존되었다.
ㄹ. 갑국과 을국은 모두 외부 사회와의 접촉으로 새로운 문화를 갖게 되었다.

① ㄱ, ㄴ ② ㄱ, ㄷ ③ ㄴ, ㄷ ④ ㄴ, ㄹ ⑤ ㄷ, ㄹ

✓ 자료 분석 갑국의 경우 A국에 의한 점령 과정에서 처벌로 문화 요소의 이식이 강제되었으므로 이는 직접 전파에 의한 강제적 문화 접변에 해당한다. 이후 갑국의 고유문화가 A국의 문화로 대체되었으므로 이는 문화 동화에 해당한다. 을국의 경우 이민에 의해 문화 요소가 전해졌으므로 이는 직접 전파에 해당하고, B국의 전통 춤도 즐겼으므로 이는 문화 병존에 해당하며, 이후 새로운 춤이 만들어졌으므로 이는 문화 융합에 해당한다.

○ 정답 찾기 ㄷ. 갑국의 경우 일부다처제가 사라짐으로써 자기 문화의 정체성이 상실되었다. 반면, 을국의 경우 문화 융합으로 을국 전통 춤의 문화 요소가 남아 있으므로 자기 문화의 정체성이 보존되었다.
ㄹ. 갑국은 A국의 문화 요소가, 을국은 B국의 문화 요소가 전해졌으며, 그 과정에서 갑국은 일부일처제라는 새로운 문화를, 을국은 ○○춤이라는 새로운 문화를 가지게 되었다.

× 오답 풀이 ㄱ. 갑국에서는 전통문화인 일부다처제를 법으로 금지하고 처벌하였으므로 강제적 문화 접변이 나타났다.
ㄴ. 을국에서는 을국의 전통 춤에 B국의 전통 춤이 결합된 새로운 문화가 등장하였으므로 문화 융합이 나타났다.

이것만은 꼭!

1. 강요에 의한 문화 변동은 강제적 문화 접변에 해당한다.
2. 점령 및 이민을 통한 문화 요소의 전파는 직접 전파에 해당한다.
3. 문화 융합의 경우 전통적 문화 요소가 남아 있다는 점에서 전통 문화의 정체성이 보존된다.

14 문화 변동의 양상

| 정답 ④ | 21년 4월 학력평가 14번

①	②	③	❹	⑤
3%	3%	1%	92%	1%

(가), (나)에 나타난 문화 변동에 대한 설명으로 옳은 것은?

> (가) 미국 알래스카주 남부 해안 원주민들의 언어였던 에야크어는 소멸되었다. 원주민들이 백인들의 지배하에 놓인 이후로 수 세대에 걸쳐 학교와 사회에서 영어를 배우고 사용하면서 에야크어를 할 줄 아는 사람이 없어졌기 때문이다.
> (나) 우리 음악계에서 국악과 서양 음악을 접목하는 시도가 이어지면서 이목을 끌고 있다. 전통 민요나 판소리 등이 재즈, 록, 댄스 음악 등과 결합해 새로운 정체성을 보이는 이른바 퓨전 국악은 젊은 세대에게도 큰 호응을 얻고 있다.

(문화 동화 / 직접 전파 / 문화 융합)

① (가)에서는 간접 전파에 의한 문화 변동이 나타난다. (직접 전파)
② (나)에서는 발견에 의한 문화 변동이 나타난다. (전파)
③ (가), (나)에서는 모두 강제적 문화 접변이 나타난다.
④ (가)에서는 문화 동화가, (나)에서는 문화 융합이 나타난다.
⑤ (가)에서는 (나)와 달리 문화 접변 이후에도 자문화의 정체성이 남아 있다. ((나), (가))

✓ 자료 분석 (가)의 경우 백인들의 지배로 인해 원주민들 고유의 언어가 소멸되었다. 따라서 (가)는 직접 전파에 따른 문화 동화 사례에 해당한다. (나)의 경우 우리 전통 음악과 서양 음악이 만나 새로운 정체성을 보이는 퓨전 국악이 탄생하였다. 따라서 (나)는 문화 융합 사례에 해당한다.

O 정답 찾기 ④ (가)에서는 한 사회의 문화 요소가 다른 사회의 문화 요소에 흡수되었으므로 문화 동화가 나타났다. 반면, (나)에서는 서로 다른 문화 요소들이 결합하여 제3의 문화가 형성되었으므로 문화 융합이 나타났다.

× 오답 풀이 ① (가)에서는 원주민에 대한 백인의 지배 과정에서 문화 변동이 나타났다. 이는 직접 전파에 해당한다.
② 발견은 존재하고 있었으나 알려지지 않았던 사물이나 원리를 찾아내는 경우이다. (나)에서는 서로 다른 문화 요소가 만나 제3의 문화가 형성되었다. 이는 문화 접변에 따른 문화 융합에 해당한다.
③ (나)의 경우 강제적 문화 접변이 나타났다고 볼 수 없다.
⑤ (가)에서는 문화 동화로 원주민의 고유 언어가 사라졌으므로 자문화의 정체성이 상실되었다. 반면, (나)에서는 문화 융합으로 기존 문화 요소가 녹아 제3의 문화가 형성되었으므로 자문화의 정체성이 남아 있다.

이것만은 꼭!
1. 문화 동화는 한 문화 요소가 다른 문화 요소에 흡수되는 현상이다.
2. 문화 융합은 서로 다른 문화 요소가 결합하여 제3의 문화가 형성되는 현상이다.
3. 전파는 서로 다른 문화 요소가 전해져 문화가 변동하는 현상이다.

15 문화 변동의 양상

| 정답 ① | 21년 7월 학력평가 13번

❶	②	③	④ 함정	⑤
70%	3%	7%	17%	3%

A~C국에 나타난 문화 변동에 대한 설명으로 옳은 것은? [3점]

> ○ A국은 전통적인 온돌 문화와 이웃 나라의 공동 주거 문화를 결합하여 새로운 양식의 주거 문화를 형성하였다.
> ○ B국에서는 과거 자신들을 식민 지배하였던 국가의 선교사들이 들여온 신흥 종교를 받아들여 토착 종교와 함께 존재하고 있다.
> ○ C국은 이웃 나라의 방역 시스템에서 아이디어를 얻어 새로운 방역 제도를 구축하고 감염병 확산을 효과적으로 억제하였다.

(문화 융합 / 문화 병존 / 자극 전파)

① A, B국 모두 자기 문화의 정체성을 유지하였다.
② A국은 문화 융합이, C국은 문화 동화가 나타났다. (자극 전파)
③ B국은 비물질문화에서, C국은 물질문화에서 문화 변동이 나타났다. (비물질문화)
④ B국은 A, C국과 달리 강제적 문화 접변이 나타났다.
⑤ A, B국은 간접 전파, C국은 자극 전파가 나타났다.

✓ 자료 분석 A국에서는 문화 변동의 결과 문화 융합이 나타났고, B국에서는 문화 변동의 결과 문화 병존이 나타났으며, C국에서는 자극 전파로 인해 문화가 변동되었다.

O 정답 찾기 ① 문화 융합과 문화 병존은 모두 자기 문화의 정체성이 유지된다.

× 오답 풀이 ② A국에서는 문화 융합이, C국에서는 자극 전파로 인한 문화 변동이 나타났다.
③ B국에서는 종교라는 비물질문화가 변동하였고, C국에서는 사회 제도라는 비물질문화가 변동하였다.
④ B국에서 선교사들이 들여온 신흥 종교를 받아들인 것을 강제적 문화 접변이라고 보기 어렵다.
⑤ A국에서 간접 전파가 나타났는지는 알 수 없고, B국에서는 직접 전파가 나타났다.

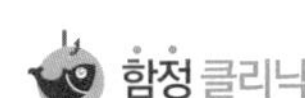

④번을 정답으로 잘못 선택하였다면, B국의 사례에 나타난 '식민 지배'를 통해 강제적 문화 접변이 나타났다고 판단했을 가능성이 크다. B국의 사례에서는 과거 식민 지배하였다는 내용만 제시되어 있을 뿐이지, 식민 지배하에서 물리적 강제력에 기초하여 지배적 입장에 있는 사회의 문화 요소가 피지배 사회에 강제적으로 이식되어 나타나는 문화 변동이 제시되어 있지 않다. 따라서 B국의 사례에는 강제적 문화 접변이 명시적으로 나타나 있지 않다.

이것만은 

1. 문화 전파는 다른 사회의 문화 체계와 접촉하거나 교류한 결과 다른 문화 요소가 전해져 문화 변동을 초래하는 요인이다.
2. 강제적 문화 접변은 정복 등과 같은 상황에서 물리적 강제력에 기초하여 지배적 입장에 있는 사회의 문화 요소가 피지배 사회에 강제적으로 이식되어 나타나는 문화 변동이다.
3. 문화 융합은 서로 다른 문화 요소들이 결합하여 기존 문화 요소들의 성격을 지니면서도 기존 문화 요소들과 다른 성격을 지닌 제3의 문화를 형성하는 현상이다.

16 문화 변동의 요인

| 정답 ② | 21년 10월 학력평가 9번

①	❷	③	④	⑤
2%	85%	2%	9%	2%

A~C국에 나타난 문화 변동에 대한 설명으로 옳은 것은?

ㅇA국은 갑국의 식민 통치로부터 독립한 후 강력한 자국어 사용 정책을 펼쳐 일상생활에서 자국어를 사용하고 있다. 하지만 학문 분야에서는 갑국 언어도 함께 사용하고 있다. 문화 병존
ㅇB국에서는 서적을 통해 소개된 갑국 종교를 믿는 사람들이 증가하면서 외관은 B국의 가옥 형태이고 내부 구조는 갑국 종교 양식을 따른 새로운 종교 건축물이 만들어졌다. 간접 전파 / 문화 융합
ㅇC국에서는 돌 화폐를 거래 수단으로 사용하다가 C국에 들어온 갑국 상인들에 의해 갑국 주화가 유입되면서 모든 거래에서 돌 화폐 대신 갑국 주화를 사용하게 되었다. 문화 동화 / 직접 전파

① A국에서는 독립 이후 강제적 문화 접변이 나타났다.
② B국에서는 A국, C국과 달리 문화 융합이 나타났다.
③ A국, B국은 C국과 달리 외부 사회와의 접촉으로 새로운 문화 요소를 갖게 되었다. (A~C국은 모두)
④ B국, C국에서는 A국과 달리 문화 변동 이후 자기 문화의 정체성이 유지되었다. (A국 / C국)
⑤ A~C국에서는 모두 직접 전파에 의한 문화 변동이 나타났다.

✔ 자료 분석 A국에서는 학문 분야에서 A국의 자국어와 갑국의 언어가 함께 사용되고 있으므로 문화 병존이 나타났다. B국에서는 B국의 가옥 형태와 갑국 종교 양식을 따른 새로운 종교 건축물이 만들어졌으므로 문화 융합이 나타났다. C국에서는 갑국 주화의 유입으로 인해 돌 화폐를 사용하지 않게 되었으므로 문화 동화가 나타났다.

O 정답 찾기 ② A국에서는 문화 병존이, B국에서는 문화 융합이, C국에서는 문화 동화가 나타났다.

× 오답 풀이 ① 강제적 문화 접변은 정복 등과 같은 상황에서 물리적 강제력에 기초하여 지배적 입장에 있는 사회의 문화 요소가 피지배 사회에 강제적으로 이식되어 나타나는 문화 변동이다. A국에서는 독립 이후 자국어 사용 정책을 펼쳤다. 그러나 이를 강제적 문화 접변이 나타났다고 볼 수 없다.
③ 문화 병존, 문화 융합, 문화 동화는 모두 문화 변동의 외재적 요인에 따른 결과이다. A~C국은 모두 외부 사회와의 접촉으로 새로운 문화 요소를 갖게 되었다.
④ A국, B국에서는 C국과 달리 문화 변동 이후 자기 문화의 정체성이 유지되었다.
⑤ B국에서는 간접 전파에 의한 문화 변동이 나타났다.

이것만은 꼭!

1. 간접 전파는 문화 요소를 제공하는 사회와 그것을 수용하는 사회 구성원들 간의 직접적인 접촉이 아닌 매개체를 통해 간접적으로 문화 요소가 전달되어 정착되는 현상이다.
2. 문화 병존, 문화 융합, 문화 동화는 모두 문화의 외재적 변동이다.
3. 문화 융합은 두 문화의 접촉으로 새로운 제3의 문화가 만들어지는 것이다.

17 문화 변동의 양상

| 정답 ③ | 20년 3월 학력평가 10번

①	②	❸	④	⑤
2%	4%	90%	3%	1%

다음 A국~C국에 나타난 문화 변동에 대한 옳은 설명만을 〈보기〉에서 고른 것은?

ㅇ교역을 통해 A국에 갑국 종교가 유입되었고, 그 결과 A국에는 전통 종교와 갑국 종교가 함께 존재하고 있다. 문화 병존
ㅇB국에서는 전통 종교와 갑국 선교사들에 의해 전해진 갑국 종교가 결합되어 기존 두 종교의 성격을 가지면서도 제3의 성격을 지닌 종교가 만들어졌다. 문화 융합
ㅇ갑국은 C국을 점령한 후 C국 국민의 저항에도 불구하고 갑국 종교를 이식하는 정책을 실시하였다. 이로 인해 C국에서는 전통 종교가 사라지고 갑국 종교만 남게 되었다. 강제적 문화 접변 / 문화 동화

〈보기〉
ㄱ. A국은 문화 변동 결과 자국 문화의 정체성을 상실하였다. (C / 문화 동화)
ㄴ. B국에서는 문화 융합이 나타났다.
ㄷ. C국에서는 강제적 문화 접변이 나타났다.
ㄹ. C국에서는 B국과 달리 새로운 문화 요소가 만들어졌다. (B / C)

① ㄱ, ㄴ ② ㄱ, ㄷ ③ ㄴ, ㄷ ④ ㄴ, ㄹ ⑤ ㄷ, ㄹ

✔ 자료 분석 A국에서는 A국의 전통 종교와 갑국 종교가 함께 존재하므로 이는 문화 병존에 해당한다. B국에서는 기존 두 종교의 성격을 가진 제3의 종교가 만들어졌으므로 이는 문화 융합에 해당한다. C국에서는 C국의 전통 종교가 사라지고 갑국 종교만 남게 되었으므로 이는 문화 동화에 해당한다.

O 정답 찾기 ㄴ. B국의 경우 문화 전파의 결과 서로 다른 문화 요소의 성격을 가진 제3의 문화 요소가 등장하였으므로 문화 융합이 나타났다.
ㄷ. C국의 경우 C국 국민의 저항에도 불구하고 갑국 종교가 이식되었으므로 강제적 문화 접변이 나타났다.

× 오답 풀이 ㄱ. A국의 경우 새로 유입된 갑국 종교와 기존의 전통 종교가 함께 존재하고 있다. 즉, 문화 변동에도 불구하고 자국 문화의 정체성이 유지되고 있다.
ㄹ. C국의 경우 전통 종교가 사라지고 갑국 종교만 남게 되었다. 즉, 새로운 문화 요소가 만들어지지 않았다.

이것만은 꼭!

1. 문화 융합과 문화 병존은 기존 문화의 정체성이 유지된다.
2. 문화 융합은 제3의 문화 요소가 형성되는 현상이다.
3. 강제적 문화 접변은 물리적 강제력에 기초하여 문화 요소가 강제적으로 이식되는 문화 변동이다.

18 문화 변동의 양상

| 정답 ⑤ | 20년 4월 학력평가 7번

①	②	③	④	❺
1%	2%	3%	2%	92%

(가), (나)에 나타난 문화 변동에 대한 설명으로 옳은 것은?

(가) 투피어는 지금의 브라질 지역에 살던 원주민의 언어였다. 하지만 이 지역을 지배한 포르투갈이 자국 언어의 확산을 위하여 투피어 사용을 금지시키면서 이 언어는 사라졌고, 현재 원주민의 후손들은 포르투갈어를 사용하고 있다.

(나) 필리핀의 아티아티한 축제는 본래 부족들 간 우정을 기념하며 춤과 음악을 즐기는 형태였다. 하지만 스페인 선교사가 전파한 가톨릭의 영향으로 현재는 필리핀의 전통 춤과 음악에 가톨릭 종교 의례가 접목된 새로운 형태가 되었다.

① (가)에서는 문화 융합이 나타났다.
② (가)에서는 자발적 문화 접변이 나타났다.
③ (나)에서는 문화 동화가 나타났다.
④ (가)에서는 (나)와 달리 직접 전파가 나타났다.
⑤ (나)에서는 (가)와 달리 문화 변동 후에도 기존 문화의 정체성이 남아 있다.

✓ 자료 분석 (가)는 포르투갈이 브라질을 지배하면서 강제로 자국 언어를 전파하였고, 이로 인해 고유의 언어가 사라졌으므로 직접 전파에 의한 강제적 문화 접변으로 문화 동화가 나타난 경우이다. (나)는 선교사에 의해 종교가 전해졌으며, 이로 인해 전통 춤과 가톨릭이 접목된 새로운 문화가 등장하였으므로 직접 전파에 의해 문화 융합이 나타난 경우이다.

O 정답 찾기 ⑤ (가)의 경우 문화 동화로 기존 문화의 정체성이 남아 있지 않은 반면, (나)의 경우 문화 융합으로 필리핀 전통 춤과 음악의 정체성이 남아 있다.

X 오답 풀이 ① (가)에서는 문화 동화가 나타났다.
② (가)에서는 지배를 통해 기존 문화의 사용을 금지하였으므로 강제적 문화 접변이 나타났다.
③ (나)에서는 새로운 형태의 문화가 등장하였으므로 문화 융합이 나타났다.
④ (가)에서는 지배 과정을 통해 언어가 전해졌고, (나)에서는 선교사에 의해 종교가 전해졌으므로 이는 직접 전파에 해당한다.

이것만은 꼭!
1. 문화 융합의 경우 기존 문화의 정체성이 남아 있다.
2. 직접 전파는 구성원들 간의 직접적인 접촉 과정에서 문화 요소가 전달되어 정착되는 현상이다.
3. 강제적 문화 접변은 문화 요소가 강제적으로 이식되어 나타나는 문화 변동이다.

19 문화 변동의 요인

| 정답 ① | 20년 7월 학력평가 16번

❶	②	③	④	⑤
77%	7%	5%	8%	3%

다음은 문화 변동의 요인 A~D를 질문에 따라 분류한 것이다. 이에 대한 옳은 설명만을 <보기>에서 있는 대로 고른 것은? (단, A~D는 각각 발견, 발명, 직접 전파, 자극 전파 중 하나이다.) [3점]

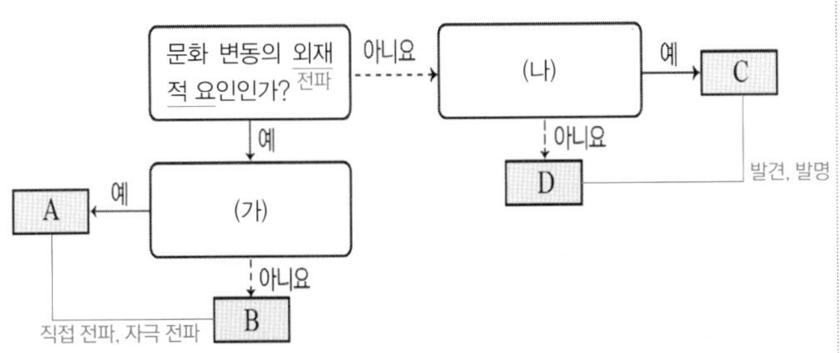

<보기>
ㄱ. (가)가 '새로운 문화 요소의 창조를 수반하는가?'라면, B는 대면 접촉을 통한 문화 요소의 전달을 전제로 한다.
ㄴ. (나)가 '기존에 없었던 새로운 문화 요소가 창조되는가?'라면, 증기 기관을 만들어 낸 것은 C의 사례에 해당한다.
ㄷ. (나)가 '존재하였지만 인식하지 못한 문화 요소를 알아낸 것인가?'이면, D는 발견이다.
ㄹ. C가 발견이고, (가)가 '타 문화의 문화 요소가 새로운 문화 요소의 출현에 아이디어로 작용하는가?'라면, D는 A와 달리 한 사회의 문화적 다양성을 증가시킨다.

① ㄱ, ㄴ ② ㄴ, ㄷ ③ ㄷ, ㄹ
④ ㄱ, ㄴ, ㄹ ⑤ ㄱ, ㄷ, ㄹ

✓ 자료 분석 문화 변동의 내재적 요인에는 발명과 발견이 있고, 외재적 요인에는 직접 전파, 간접 전파, 자극 전파가 있다. A와 B는 각각 직접 전파와 자극 전파 중 하나이고, C와 D는 각각 발명과 발견 중 하나이다.

O 정답 찾기 ㄱ. 서로 다른 문화 체계 간에 추상적 개념이나 아이디어가 전파되어 새로운 문화 요소의 발명이 이루어지는 현상을 자극 전파라고 한다. (가)에 해당 질문이 들어가면, A는 자극 전파, B는 직접 전파이다. 직접 전파는 문화 요소를 제공하는 사회와 그것을 수용하는 사회 구성원 간의 직접적인 접촉 과정에서 문화 요소가 전달되어 정착되는 현상이다.
ㄴ. 존재하지 않던 기술이나 사물 등을 만들어 내는 행위는 발명이다. (나)에 해당 질문이 들어가면 C는 발명, D는 발견이다. 증기 기관을 만들어 낸 것은 발명에 해당한다.

X 오답 풀이 ㄷ. 이미 존재하고 있었지만 알려지지 않았던 사물이나 원리 등을 찾아내는 행위는 발견이다. (나)에 해당 질문이 들어가면 C는 발견, D는 발명이다.
ㄹ. 서로 다른 문화 체계 간 문화 요소와 관련된 추상적인 개념이나 아이디어가 전파되어 새로운 문화 요소의 발명이 이루어지는 현상은 자극 전파이다. C가 발견이고, (가)에 해당 질문이 들어가면 A는 자극 전파, B는 직접 전파, C는 발견, D는 발명이다. 발명과 자극 전파는 보두 한 사회의 문화적 다양성을 증가시키는 요인이다.

이것만은 꼭!
1. 문화 변동의 외재적 요인에는 전파가 있다.
2. 직접 전파는 대면 접촉을 통해 문화 요소를 전달한다.
3. 자극 전파는 타 문화의 문화 요소가 새로운 문화 요소의 출현에 아이디어로 작용한다.

제2권 교육청 해설

20 문화 변동의 양상

| 정답 ④ | 20년 10월 학력평가 14번

①	②	③	❹	⑤
2%	1%	6%	88%	3%

자료에 대한 옳은 설명만을 〈보기〉에서 고른 것은? (단, A~C는 각각 문화 동화, 문화 병존, 문화 융합 중 하나이다.)

구분	A	B (문화 동화)	C
전통문화 요소가 외래문화 요소로 대체되었는가? (문화 동화)	아니요	예	아니요
(가)	예	아니요	아니요

보기

ㄱ. B의 사례로 우리나라에 한의학과 양의학이 함께 존재하는 것을 들 수 있다. (문화 병존 / 없다.)

ㄴ. A가 문화 병존이면, C의 사례로 서양 음악과 아프리카 음악이 결합하여 재즈 음악이 등장한 것을 들 수 있다. (문화 융합)

ㄷ. (가)에 '전통문화 요소의 정체성이 유지되는가?'가 들어갈 수 있다. (문화 융합, 문화 병존 / 없다.)

ㄹ. (가)에 '새로운 문화가 형성되었는가?'가 들어가면, A는 B, C와 달리 외래문화 요소를 문화 수용자가 재해석하고 재구성한 결과이다. (문화 융합 / 문화 융합)

① ㄱ, ㄴ ② ㄱ, ㄷ ③ ㄴ, ㄷ ④ ㄴ, ㄹ ⑤ ㄷ, ㄹ

✓ 자료 분석 전통문화 요소가 외래문화 요소로 대체된 경우는 문화 동화이다. 따라서 B는 문화 동화, A와 C는 각각 문화 융합과 문화 병존 중 하나이다.

○ 정답 찾기 ㄴ. A가 문화 병존이면, C는 문화 융합이다. 서양 음악과 아프리카 음악이 만나 제3의 문화인 재즈 음악이 등장한 사례는 문화 융합에 해당한다.

ㄹ. 새로운 문화가 형성된 경우는 문화 융합이다. 해당 질문이 (가)에 들어가면, A는 문화 융합, C는 문화 병존이다. 문화 융합은 기존 문화와는 다른 성격을 지닌 제3의 문화가 형성되므로 외래문화 요소를 문화 수용자가 재해석하고 재구성한 결과라고 할 수 있다.

× 오답 풀이 ㄱ. 한의학과 양의학이 함께 존재하는 경우는 문화 병존의 사례에 해당한다.

ㄷ. 전통문화 요소의 정체성이 유지되는 경우는 문화 병존과 문화 융합이다. 따라서 해당 질문은 (가)에 들어갈 수 없다.

이것만은 꼭!

1. 문화 융합과 문화 병존은 기존 문화의 정체성이 유지된다.
2. 문화 융합은 문화 전파로 인해 새로운 문화가 형성된다.
3. 문화 동화는 전통문화 요소가 외래문화 요소로 대체된 경우이다.

필출 주제 13 사회 불평등 현상의 이해

제1권 p.092 ~ 095

01 ② 02 ① 03 ④ 04 ① 05 ② 06 ① 07 ④ 08 ⑤ 09 ① 10 ② 11 ④ 12 ②

01 기능론과 갈등론

| 정답 ② | 24년 5월 학력평가 19번

①	❷	③	④	⑤
4%	74%	8%	11%	3%

사회 불평등 현상을 바라보는 관점 (가), (나)에 대한 설명으로 옳은 것은? [3점]

> (가) 사회에는 기능적으로 중요한 직업과 덜 중요한 직업이 존재하므로, 우수한 능력을 갖춘 사람이 더 중요한 직업에 배치될 때 사회가 원활하게 유지되고 발전할 수 있다. 그리고 사회에서 중요한 직업을 담당할 수 있는 자격 여부는 개인의 능력이나 노력 여하에 따라 결정된다. (기능론)
>
> (나) 사회에서 직업의 기능적 중요도를 나누는 기준은 지배 집단이 자의적으로 정한 것이며, 능력을 평가하는 기준 역시 지배 집단의 가치와 특성을 반영한다. 그리고 그 사회가 중요하다고 여기는 직업을 갖기 위한 기회는 개인의 사회적·경제적·문화적 배경 등에 따라 제한된다. (갈등론)

① (가)[→(나)]는 사회 불평등 현상을 극복해야 할 문제라고 본다.
② (가)는 사회적 희소가치를 배분하는 기준이 사회 전체의 합의에 기초한다고 본다.
③ (나)[→(가)]는 기득권층의 이익을 대변하는 논리로 이용될 우려가 있다는 비판을 받는다.
④ (나)[→(가)]는 사회 불평등 현상이 개인의 성취동기를 감소시킬 수 있음을 간과한다는 비판을 받는다.
⑤ (나)[→(가)]는 (가)[→(나)]와 달리 사회 불평등 현상이 인재를 적재적소에 배치하는 데 기여한다고 본다.

✔ 자료 분석 사회 불평등 현상을 바라보는 관점 중 (가)는 기능론, (나)는 갈등론에 해당한다.

○ 정답 찾기 ② 기능론은 사회적 희소가치가 개인의 노력, 능력, 업적 등 사회 전체적으로 합의된 정당한 기준에 따라 배분된다고 본다.

✕ 오답 풀이 ① 사회 불평등 현상을 극복해야 할 문제라고 보는 관점은 갈등론이다.
③ 기득권층의 이익을 대변하는 논리로 이용될 우려가 있다는 비판을 받는 관점은 기능론이다.
④ 사회 불평등 현상이 개인의 성취동기를 감소시킬 수 있음을 간과한다는 비판을 받는 관점은 기능론이다.
⑤ 기능론은 갈등론과 달리 사회 불평등 현상이 각 지위나 직업을 담당하는 데 필요한 능력을 갖춘 인재들을 적재적소에 배치하는 데 기여한다고 본다.

이것만은 꼭!

1. 기능론은 직업별 사회적 중요도 및 기여도에 따른 차등 보상이 사회적 효율성을 높일 수 있다고 본다.
2. 갈등론은 지배 집단이 기존의 불평등한 사회 구조를 유지하기 위해 세대 간 계급을 세습시키는 계급 재생산을 한다고 본다.
3. 기능론과 갈등론은 모두 사회 불평등 현상을 보편적이라고 보지만, 갈등론은 기능론과 달리 사회 불평등 현상이 불가피한 것은 아니라고 본다.

02 기능론과 갈등론

| 정답 ① | 24년 10월 학력평가 6번

❶	②	③	④	⑤
74%	2%	3%	4%	17%

사회 불평등 현상을 바라보는 관점 A에 부합하는 진술만을 〈보기〉에서 고른 것은?

> A(기능론)를 반박하는 학자들은 여러 직업의 기능적 중요성을 정확히 판단하기 어려울 뿐만 아니라 한 사회가 원활히 돌아가는 데 중요하지 않은 직업은 없다고 주장한다.

〈보기〉
ㄱ. 사회 불평등 현상은 개인의 성취동기 유발에 기여한다. - 기능론
ㄴ. 사회적 희소가치 배분 기준은 사회적으로 합의된 것이다. - 기능론
ㄷ. 사회의 발전을 위해 사회 불평등 현상은 제거되어야 한다. - 갈등론
ㄹ. 사회의 차등 분배 체계는 기존의 불평등 구조를 재생산하는 수단이다. - 갈등론

① ㄱ, ㄴ ② ㄱ, ㄷ ③ ㄴ, ㄷ ④ ㄴ, ㄹ ⑤ ㄷ, ㄹ

✔ 자료 분석 여러 직업의 기능적 중요성을 판단할 수 있고, 한 사회가 원활히 돌아가는 데 더 중요한 직업이 있다고 보는 관점은 기능론이다. 따라서 A는 기능론이다.

○ 정답 찾기 ㄱ. 기능론은 사회 불평등 현상이 개인에게 성취동기를 부여하고 구성원 간 경쟁을 유발함으로써 사회가 효율적으로 작동하는 데 기여한다고 본다.
ㄴ. 기능론은 사회적 희소가치의 배분 기준이 개인의 노력, 능력, 업적 등 사회 전체적으로 합의된 정당한 기준이라고 본다.

✕ 오답 풀이 ㄷ. 갈등론은 사회 불평등이 제거해야 할 현상이므로 불평등이 존재하지 않는 사회를 만들기 위해 사회 구조를 변혁해야 한다고 본다.
ㄹ. 갈등론은 사회의 차등 분배 체계가 기존의 불평등한 구조를 재생산하거나 고착화함으로써 사회적 갈등과 대립 관계를 형성하는 요인이 된다고 본다.

이것만은 꼭!

1. 기능론은 사회 불평등 현상이 보편적이며 불가피하다고 본다.
2. 갈등론은 사회 불평등 현상이 보편적일지라도 타파해야 할 현상이라고 본다.
3. 기능론과 갈등론은 모두 사회 불평등 현상이 보편적인 현상이라고 본다.

03 기능론과 갈등론

| 정답 ④ | 23년 4월 학력평가 9번

①	②	③	❹	⑤
3%	3%	6%	80%	8%

사회 불평등 현상을 바라보는 갑, 을의 관점에 대한 설명으로 옳은 것은? [3점]

사회 불평등 현상은 개인이나 집단이 사회에 기여한 정도에 따라 사회적 희소가치가 차등 분배된 결과입니다. (기능론)

그렇지 않습니다. 우리 사회에는 특정 집단에 유리한 분배 구조가 고착화되어 있어 이 그림과 같은 사회 불평등 현상이 나타납니다. (갈등론)

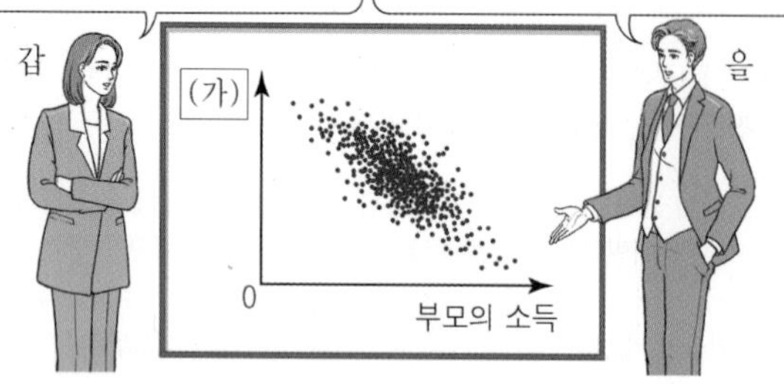

① 갑의 관점은 사회 불평등 현상을 타파해야 할 문제라고 본다. (을)
② 을의 관점은 차등 보상이 개인의 성취동기를 자극한다고 본다. (갑)
③ 을의 관점에서는 (가)에 '자녀의 소득'이 들어갈 수 있다고 본다. (없다고)
④ 갑의 관점은 을의 관점과 달리 사회 불평등 현상이 인재를 적재적소에 배치하는 데 기여한다고 본다.
⑤ 을의 관점은 갑의 관점과 달리 사회 불평등 현상을 보편적이고 불가피한 현상으로 본다. (갑, 을)

✓ 자료 분석 갑은 사회에 기여한 정도에 따라 사회적 희소가치가 차등 분배된다고 보고 있고, 을은 사회적 희소가치가 특정 집단, 즉 지배 집단에게 유리하게 분배된다고 보고 있다. 따라서 갑의 관점은 기능론, 을의 관점은 갈등론에 해당한다.

O 정답 찾기 ④ 기능론은 사회적 희소가치가 차등적으로 분배됨에 따라 더 많은 분배를 받을 수 있는 곳에 우수한 인재가 배치될 수 있다고 본다. 즉, 기능론은 사회 불평등이 인재의 적재적소 배치에 기여한다고 본다.

× 오답 풀이 ① 갈등론은 사회 불평등 현상을 타파해야 할 문제라고 본다.
② 기능론은 사회에 기여한 정도에 따라 차등적으로 보상이 이루어짐으로써 개인의 성취동기가 자극된다고 본다.
③ 갈등론은 지배 집단에 유리하게 사회적 희소가치가 분배되며, 이로 인해 부모의 소득이 높을수록 자녀의 소득 또한 높을 것이라고 본다. 따라서 갈등론은 (가)에 '자녀의 소득'이 들어갈 수 없다고 본다.
⑤ 기능론은 사회 불평등 현상이 보편적으로 나타나며, 사회 발전을 위해 불가피하다고 본다.

이것만은 꼭!
1. 기능론은 사회 불평등이 불가피한 현상이라고 본다.
2. 기능론은 차등 보상이 성취동기를 자극한다고 본다.
3. 기능론은 사회 불평등을 불가피한 현상으로 보고, 갈등론은 사회 불평등을 사회가 타파해야 할 문제라고 본다.

04 기능론과 갈등론

| 정답 ① | 22년 3월 학력평가 18번

❶	② 함정	③	④	⑤
63%	19%	7%	5%	6%

사회 불평등 현상을 바라보는 관점 A, B에 대한 설명으로 옳은 것은?

A(갈등론)는 직업 간 사회적 기여도에 차이가 있으므로 차등 분배가 필요하다고 보는 B(기능론)의 주장이 지배 집단의 기득권을 정당화하는 논리에 불과하다고 본다.

① A는 차등 분배 체계가 기존 불평등 구조를 재생산하기 위한 수단이라고 본다.
② A는 개인의 능력이나 노력 수준에 비례하여 사회적 성공 정도가 결정된다고 본다. (B)
③ B는 원칙적으로 사회 불평등 현상을 사회 문제로 본다. (보지 않는다.)
④ B는 사회 발전을 위해 사회 불평등 현상이 제거되어야 한다고 본다. (A)
⑤ A는 B와 달리 사회 불평등 현상이 보편적인 현상이라고 본다. (A, B는 모두)

이것만은 꼭!
1. 기능론은 차등 분배가 필요하다고 본다.
2. 갈등론은 차등 분배가 기득권을 정당화하는 논리라고 본다.
3. 기능론과 갈등론은 모두 사회 불평등 현상을 보편적인 현상이라고 본다.

✓ 자료 분석 기능론은 사회적 역할의 중요도 및 기여도에 따른 차등 분배가 필요하다고 본다. 따라서 A는 갈등론, B 기능론이다.

O 정답 찾기 ① 갈등론은 차등 분배 체계를 통해 사회적 희소가치가 개인의 능력과 무관하게 분배됨으로써 피지배 집단 구성원의 계층 상승을 억압하고 불평등한 계층 구조를 재생산하거나 고착화시킨다고 본다.

× 오답 풀이 ② 기능론은 개인의 능력과 노력에 비례하여 사회적 희소가치가 분배된다고 본다.
③ 기능론은 사회 불평등 현상이 개인에게 성취동기를 부여하고 구성원 간 경쟁을 유발함으로써 사회가 효율적으로 작동하는 데 기여한다고 본다.
④ 기능론은 사회 불평등이 사회의 유지와 발전에 기여한다고 본다.
⑤ 기능론과 갈등론은 모두 사회 불평등 현상이 보편적 현상이라고 본다.

선지 ②를 정답으로 잘못 선택하였다면, 이는 제시문에서 A와 B를 제대로 파악하지 못했기 때문이다. 차등 분배가 필요하다고 보는 것은 A의 주장이 아니라 B의 주장이다. A와 B를 혼동할 수 있는 제시문의 문장 구조가 함정으로 작용하였다.

05 기능론

| 정답 ② | 21년 3월 학력평가 10번

①	❷	③	④	⑤
5%	85%	5%	3%	2%

다음 글의 사회 불평등 현상을 바라보는 관점에 부합하는 주장만을 <보기>에서 고른 것은?

사회가 평온할 때에는 직업 간의 중요도 차이가 명확하게 드러나지 않을 수도 있다. 하지만 사회에 위기가 닥치면 직업별 중요도가 보다 명확하게 드러나고, 차등 분배의 정당성에 대한 의구심이 사라지게 된다. 이는 직업 간 차등 보상이 왜 정당한지를 분명하게 보여 준다.
기능론에서 중시 / 기능론에서 중시

보기

ㄱ. 사회적 희소가치의 차등 분배는 불가피한 현상이다. - 기능론
ㄴ. 차등 분배 체계는 지배 집단의 이익을 보장하기 위한 수단이다. - 갈등론
ㄷ. 사회 불평등 현상은 개인의 성취동기를 유발하여 사회 발전에 기여한다. - 기능론
ㄹ. 사회적 희소가치의 소유 정도는 개인의 노력이 아니라 가정 배경에 비례한다. - 갈등론

① ㄱ, ㄴ ② ㄱ, ㄷ ③ ㄴ, ㄷ ④ ㄴ, ㄹ ⑤ ㄷ, ㄹ

✓ 자료 분석 제시문은 차등 분배에 대한 정당성을 강조하고 있으므로 이는 기능론에 해당한다. 기능론은 직업별 중요도 및 사회에의 기여 정도에 따라 차등 분배가 나타나며, 이러한 차등 분배가 사회의 효율적 작동에 기여한다고 본다.

O 정답 찾기 ㄱ. 기능론은 사회의 효율적 작동과 사회의 발전을 위해 차등 분배가 불가피하다고 본다.
ㄷ. 기능론은 사회 불평등이 개인의 성취동기를 자극하고 자원을 효율적으로 배분하여 사회의 유지와 발전에 기여한다고 본다.

× 오답 풀이 ㄴ. 갈등론은 지배와 피지배 관계의 유지 및 지배 계급의 재생산을 위해 지배 집단이 차등 분배 체계를 만들었다고 본다.
ㄹ. 갈등론은 사회적 희소가치가 개인의 능력 및 노력과 무관하게 지배 집단의 이익을 위해 분배됨으로써 피지배 집단의 계층 상승을 억압한다고 본다.

이것만은 꼭!
1. 기능론은 차등 분배가 불가피한 현상이라고 본다.
2. 기능론은 차등 분배가 사회 발전에 기여한다고 본다.
3. 기능론은 개인의 기여 정도에 따라 차등 분배가 발생한다고 본다.

06 갈등론

| 정답 ① | 21년 4월 학력평가 11번

❶	②	③	④	⑤
81%	2%	3%	11%	3%

다음 글에 나타난 사회 불평등 현상을 보는 관점에 대한 옳은 설명만을 <보기>에서 고른 것은?

자본주의 사회의 불평등은 자본가가 노동자를 착취하는 관계에서 기인한다. 노동자와 자본가의 이익은 상충하기에 이들은 상대를 희생시켜야 이익을 얻을 수 있는 관계에 있다. 자본가가 자신의 이득을 최대한 늘리려고 한 결과, 노동자는 노동에 대한 정당한 대가를 받지 못하여 자신이 생산한 상품을 구매할 만한 재력을 갖추지 못하게 된다. 이와 같은 구조적 모순은 자본가와 노동자 간 불평등을 심화시킨다.
갈등론 / 갈등론

보기

ㄱ. 사회 불평등 현상을 극복해야 할 대상으로 본다. - 갈등론
ㄴ. 사회적 희소가치의 배분 기준이 지배 집단에게 유리하다고 본다. - 갈등론
ㄷ. 사회적 희소가치의 차등 분배가 개인의 성취동기에 긍정적으로 작용한다고 본다. - 기능론
ㄹ. 개인의 귀속적 요인이 사회 불평등 현상에 미치는 영향을 간과한다는 비판을 받는다. - 기능론

① ㄱ, ㄴ ② ㄱ, ㄷ ③ ㄴ, ㄷ ④ ㄴ, ㄹ ⑤ ㄷ, ㄹ

✓ 자료 분석 제시문은 자본가와 노동자의 이익이 상충하며, 구조적 모순이 자본가와 노동자 간의 불평등을 심화시킨다고 보고 있다. 이는 갈등론에 해당한다.

O 정답 찾기 ㄱ. 갈등론은 사회 불평등이 보편적인 현상일지는 몰라도 불가피하지는 않으며 제거하고 극복해야 할 대상으로 본다.
ㄴ. 갈등론은 권력, 재산, 가정 배경 등과 같이 지배 집단만의 합의가 반영되고 지배 집단에게 유리한 기준으로 희소가치가 배분된다고 본다.

× 오답 풀이 ㄷ. 기능론은 차등 분배가 개인에게 성취동기를 부여하고 구성원 간 경쟁을 유발함으로써 사회가 효율적으로 작동하는 데 기여한다고 본다.
ㄹ. 기능론은 가정 배경과 같은 귀속적 요인이 사회 불평등에 미치는 영향을 간과한다는 비판을 받는다.

이것만은 꼭!
1. 갈등론은 사회 불평등 현상을 극복해야 할 대상으로 본다.
2. 기능론은 차등 분배가 사회 발전에 기여한다고 본다.
3. 기능론은 귀속적 요인이 사회 불평등에 미치는 영향을 간과한다.

07 기능론과 갈등론

| 정답 ④ | 21년 7월 학력평가 18번

①	②	③	❹	⑤
7%	3%	4%	84%	2%

사회 불평등 현상을 바라보는 갑, 을의 관점에 대한 설명으로 옳은 것은?

> 갑: 임금 격차의 원인은 자본가가 만든 불합리한 노동력 평가 기준에 있다. 자본가는 그들만이 정당하다고 판단하는 기준으로 불평등한 임금 체계를 만들어 이윤을 극대화한다.
> 갈등론
> 을: 노동 시장에서 임금 격차가 나타나는 것은 노동 생산성과 관련이 있다. 노동 생산성에 따른 임금의 차등적 지급은 사회 전체의 효율을 증대시킨다.
> 기능론

① ~~갑~~을의 관점은 사회 불평등 현상을 보편적이면서도 불가피한 현상으로 본다.
② ~~을~~갑의 관점은 직업 간 사회적 중요도의 우위를 객관적으로 평가하기 어렵다고 본다.
③ ~~갑~~을의 관점은 ~~을~~갑의 관점에 비해 개인의 귀속적 요인이 사회 불평등에 미치는 영향력을 경시한다.
④ 을의 관점은 갑의 관점과 달리 사회적 희소가치의 배분 기준은 사회적으로 합의된 것이라고 본다.
⑤ 갑, 을의 관점은 모두 균등 분배가 개인의 성취동기를 자극한다고 본다.

✔ 자료 분석 갑의 관점은 갈등론에 해당하고, 을의 관점은 기능론에 해당한다.

O 정답 찾기 ④ 기능론은 갈등론과 달리 사회적 희소가치의 배분 기준이 사회적으로 합의된 것이라고 본다.

X 오답 풀이 ① 기능론은 사회 불평등 현상을 보편적이면서도 불가피한 현상으로 본다.
② 갈등론은 직업 간 사회적 중요도의 우위를 객관적으로 평가하기 어렵다고 본다.
③ 기능론은 개인의 귀속적 요인이 사회 불평등에 미치는 영향력을 경시한다는 비판을 받는다.
⑤ 기능론은 차등 분배가 개인의 성취동기를 자극한다고 본다.

이것만은 꼭!

1. 기능론은 사회 불평등 현상이 사회 전체의 필요에 의해 결정되는 직업별 사회적 역할의 중요도 및 기여도에 따른 차등 보상으로 나타난다고 본다.
2. 기능론은 사회 불평등 현상으로 인해 인재들이 적재적소에 배치됨으로써 사회 전체의 효율성이 향상될 수 있다고 본다.
3. 갈등론은 사회 불평등이 보편적인 현상일지는 몰라도 불가피한 현상은 아니라고 본다.

08 기능론과 갈등론

| 정답 ⑤ | 21년 10월 학력평가 18번

①	②	③ 함정	④	❺
2%	5%	37%	5%	51%

다음 자료에 대한 설명으로 옳은 것은? (단, A와 B는 각각 갈등론과 기능론 중 하나이다.)

> 기능론: 예, 갈등론: 아니요
> '㉠사회적 희소가치의 차등 분배는 정당한가?', '㉡사회 불평등 현상은 보편적인 현상인가?'라는 두 질문에 대한 A의 응답은 일치하고, B의 응답은 불일치한다.
> A: 기능론 / B: 갈등론
> 기능론: 예, 갈등론: 예

① ~~A~~B는 직업 간에 사회적 기여도의 차이가 없음을 강조한다.
② ~~B~~A는 개인의 노력과 업적에 따라 계층이 결정된다고 본다.
③ A는 B와 달리 사회 불평등 현상을 병리적인 현상으로 ~~본다~~보지 않는다.
④ ~~B~~A는 ~~A~~B와 달리 사회적 희소가치의 배분 기준이 사회적 합의를 반영하고 있다고 본다.
⑤ ㉠에 대한 A의 응답과 ㉡에 대한 B의 응답은 모두 '예'이다.

✔ 자료 분석 기능론은 갈등론과 달리 사회적 희소가치의 차등 분배가 정당하다고 보며, 기능론과 갈등론은 모두 사회 불평등 현상이 보편적 현상이라고 본다. 따라서 ㉠에 대해 기능론은 '예', 갈등론은 '아니요'의 응답을 하며, ㉡에 대해 기능론과 갈등론은 모두 '예'의 응답을 한다. ㉠, ㉡에 대한 A의 응답은 일치하고 B의 응답은 불일치하므로 A는 기능론, B는 갈등론이다.

O 정답 찾기 ⑤ ㉠에 대해 A는 '예'의 응답을 하며, ㉡에 대해 B는 '예'의 응답을 한다.

X 오답 풀이 ① 직업 간에 사회적 기여도의 차이가 없음을 강조하는 관점은 갈등론이다.
② 개인의 노력과 업적에 따라 계층이 결정된다고 보는 관점은 기능론이다.
③ 기능론은 사회 불평등 현상을 병리적인 현상으로 인식하지 않는다.
④ 기능론은 갈등론과 달리 사회적 희소가치의 배분 기준이 사회적 합의를 반영하고 있다고 본다.

③번을 정답으로 잘못 선택하였다면, 기능론에서 사회 문제를 병리적인 현상으로 보는 것과 혼동했을 가능성이 크다. 기능론에서는 사회 불평등 현상을 보편적이고 불가피한 현상으로 보므로 사회 문제로 보지 않는다. 따라서 기능론에서는 사회 불평등 현상을 병리적인 현상으로 보지 않는다.

이것만은 꼭!

1. 기능론과 갈등론은 모두 사회 불평등 현상이 보편적 현상이라고 본다.
2. 기능론은 사회 불평등 현상이 개인의 성취동기를 자극하고 사회의 유지와 발전에 기여한다고 본다.
3. 갈등론은 사회적 희소가치가 개인의 능력과 무관하게 분배됨으로써 피지배 집단의 계층 상승을 억압한다고 본다.

09 계급론과 계층론

| 정답 ① | 20년 3월 학력평가 11번

❶	②	③	④	⑤
79%	6%	4%	6%	5%

다음 자료에 대한 옳은 설명만을 〈보기〉에서 고른 것은? (단, A와 B는 각각 계급 이론과 계층 이론 중 하나이다.)

교사: 사회 계층화 이론 A와 B에 대해 설명해 보세요.
갑: A는 생산 수단의 소유 여부만으로 계층을 구분합니다. (계급 이론)
을: B는 사회 계층화를 연속적인 서열화 현상으로 봅니다. (계층 이론)
병: A는 B와 달리 경제적 요인이 사회 계층화에 영향을 미칠 수 있음을 인정합니다. (계층 이론, 계급 이론)
교사: 세 학생 중 ㉠한 사람만 틀린 설명을 하였습니다. (병)

보기
ㄱ. ㉠은 병이다.
ㄴ. A는 계급 이론, B는 계층 이론이다.
ㄷ. A는 B보다 지위 불일치 현상을 설명하는 데 적합하다. (B, A / 계층 이론)
ㄹ. B는 A와 달리 동일한 계급에 속한 사람들 간에 강한 연대 의식이 형성됨을 강조한다. (A, B / 계급 이론)

① ㄱ, ㄴ ② ㄱ, ㄷ ③ ㄴ, ㄷ ④ ㄴ, ㄹ ⑤ ㄷ, ㄹ

✓ 자료 분석 계층 이론과 계급 이론은 모두 경제적 요인이 사회 계층화에 영향을 미칠 수 있음에 대해 인정한다. 따라서 틀린 설명을 한 사람은 병이다. 생산 수단의 소유 여부만으로 계층을 구분하는 이론은 계급 이론이고, 사회 계층화를 연속적인 서열화 현상으로 보는 이론은 계층 이론이다. 따라서 A는 계급 이론, B는 계층 이론이다.

O 정답 찾기 ㄱ. 계급 이론과 계층 이론은 모두 사회 계층화 현상에 경제적 요인이 영향을 미친다고 본다. 따라서 병의 진술은 옳지 않다.
ㄴ. 갑과 을의 진술이 옳으므로 A는 계급 이론, B는 계층 이론이다.

× 오답 풀이 ㄷ. 계층 이론은 다양한 요인에 의해 사회 불평등 현상이 발생한다고 보므로 계급, 위신, 권력상의 위치가 서로 다른 지위 불일치 현상을 설명하는 데 적합하다.
ㄹ. 계급 이론은 서로 다른 계급 간에 갈등이나 대립 관계가 나타난다고 보며, 이에 따라 같은 계급 간의 소속감이나 연대 의식과 같은 계급 의식을 강조한다.

이것만은 꼭!
1. 계급 이론은 경제적 요인이 사회 불평등을 결정한다고 본다.
2. 계층 이론은 다양한 요인에 의해 사회 불평등이 발생한다고 본다.
3. 계층 이론은 지위 불일치 현상을 설명하는 데 적합하다.

10 계급론과 계층론

| 정답 ② | 20년 4월 학력평가 9번

①	❷	③	④	⑤
5%	77%	4%	6%	8%

사회 불평등 현상을 설명하는 갑, 을의 이론에 대한 설명으로 옳은 것은? (단, 갑과 을의 이론은 각각 계급론, 계층론 중 하나이다.)

생산 수단의 소유 여부가 사회 불평등의 근본적인 요인입니다. 이러한 경제적 요인을 바탕으로 사회 불평등을 설명해야 합니다.- 계급론
계급론
갑

경제적 요인이 중요하다는 데는 동의하지만 정치적, 사회적 요인 등도 복합적으로 고려해서 사회 불평등을 설명해야 합니다.- 계층론
계층론
을

① 갑의 이론은 지위 불일치 현상을 설명하기에 적합하다. (을 / 계층론)
② 을의 이론은 사회 불평등 현상을 연속적인 서열화 상태로 본다. (계층론)
③ 갑의 이론은 을의 이론과 달리 다차원적인 기준으로 불평등한 분배 상태를 설명한다. (을, 갑 / 계층론)
④ 을의 이론은 갑의 이론과 달리 동일한 경제적 위치에 속한 구성원 간의 강한 귀속 의식을 강조한다. (갑, 을 / 계급론)
⑤ 갑, 을의 이론은 모두 정치적 불평등이 경제적 불평등에 종속된다고 본다. (계급론)

✓ 자료 분석 갑은 생산 수단의 소유 여부를 사회 불평등의 근본적 요인으로 보고 있으므로 이는 계급론에 해당한다. 을은 다양한 요인을 통해 사회 불평등을 설명해야 함을 강조하고 있으므로 이는 계층론에 해당한다.

O 정답 찾기 ② 계층론은 사회 불평등 현상이 연속적이고 복합적으로 나타나는 서열화 상태라고 보는 반면, 계급론은 사회 불평등 현상이 불연속적이고 이분법적으로 나타난다고 본다.

× 오답 풀이 ① 계급, 위신, 권력상의 위치가 서로 다른 지위 불일치 현상은 다양한 요인으로 사회 불평등을 바라보는 계층론으로 설명하기에 적합하다.
③ 계층론은 경제적 · 정치적 · 사회적 요인과 같이 다차원적 기준으로 사회 불평등 현상을 바라보는 반면, 계급론은 경제적 요인으로만 사회 불평등을 바라본다.
④ 생산 수단을 가진 지배 계급과 피지배 계급 간의 갈등과 대립을 강조하는 계급론은 계급에 대한 구성원 개개인의 소속감이나 연대 의식을 중시한다.
⑤ 계급론은 경제적 불평등이 다른 모든 사회 불평등을 결정한다고 본다. 즉, 정치적 불평등이 경제적 불평등에 종속된다고 본다.

이것만은 꼭!
1. 사회 불평등 현상을 계층론은 연속적인 서열화로 보고, 계급론은 불연속적인 서열화로 본다.
2. 사회 불평등 현상을 계층론은 다차원적 기준으로 설명하고, 계급론은 경제적 요인으로 설명한다.
3. 계층론은 지위 불일치 현상을 설명하기에 적합하다.

11 계급론과 계층론

| 정답 ④ | 20년 7월 학력평가 14번

①	②	③	❹	⑤
3%	5%	13%	71%	8%

다음은 사회 불평등 현상을 설명하는 이론 A, B에 따라 갑~정의 계층적 위치를 판단한 진술이다. 이에 대한 설명으로 옳은 것은?

> ○A는 생산 수단의 소유 여부에 따라 계층적 위치를 구분하는데, 이에 따르면 갑, 정 두 사람만 생산 수단을 소유하지 못하였다. (계급론) (노동자)
> ○B는 재산, 권력, 위신의 세 가지 측면에 따라 상층, 중층, 하층으로 계층적 위치를 구분한다. (계층론)
> ○A에 따라 생산 수단을 소유한 것으로 판단된 사람은 B에 따른 재산 측면에서 하층에 속하지 않았다.
> ○B에 따른 세 가지 측면에서 모두 상층에 속하는 사람은 을뿐이며, 세 가지 측면에서 모두 하층에 속하는 사람은 정뿐이다. 또한 세 가지 측면에서 모두 중층인 사람은 없다.
> ○A에 따라 자본가로 분류된 사람 중에서 B에 따른 권력과 위신 측면이 중층에 속하는 사람은 병이다.

① ~~A~~는 ~~B~~와 달리 다차원적으로 사회 불평등 현상을 설명한다. (B) (A)
② B는 A~~와 달리~~ 사회 불평등 현상의 원인으로 경제적 요인을 고려한다. (모두) (계층론, 계급론)
③ A에 따라 생산 수단을 소유한 사람은 ~~1명~~이다. (2명)
④ B에 따라 경제적 측면에서 중층에 속하는 사람이 존재한다면, 갑일 것이다.
⑤ B에 따라 병은 을, 정과 달리 지위 불일치 현상에 ~~해당하지 않는다~~. (해당한다.)

✔ 자료 분석 계급론은 생산 수단의 소유 여부에 따라 계층적 위치를 구분하고, 계층론은 재산 · 권력 · 위신으로 계층적 위치를 상층, 중층, 하층으로 구분한다. 따라서 A는 계급론, B는 계층론이다. 갑~정의 계층적 위치를 계급론과 계층론으로 구분하면 다음과 같다.

구분	계급론	계층론		
		재산	권력	위신
갑	노동자	알 수 없음	알 수 없음	알 수 없음
을	자본가	상층	상층	상층
병	자본가	상층	중층	중층
정	노동자	하층	하층	하층

O 정답 찾기 ④ 경제적 측면의 계층적 위치는 을과 병이 상층, 정이 하층이다. 따라서 경제적 측면에서 중층에 속하는 사람이 존재한다면 갑일 것이다.

✕ 오답 풀이 ① 계층론은 재산, 권력, 위신과 같이 다차원적으로 사회 불평등 현상을 설명한다.
② 계급론과 계층론은 모두 사회 불평등 현상의 원인으로 경제적 요인을 고려한다.
③ 갑과 정은 생산 수단을 소유하지 못하였고, 을과 병은 생산 수단을 소유하였다. 따라서 생산 수단을 소유한 사람은 2명이다.
⑤ 병은 재산 측면의 계층적 위치는 상층이지만, 권력과 위신 측면의 계층적 위치는 중층이므로 이는 지위 불일치 현상에 해당한다.

이것만은 꼭!
계급론은 생산 수단의 소유 여부에 따라, 계층론은 재산, 권력, 위신 세 가지 측면에 따라 계층적 위치를 구분한다.

12 계급론과 계층론

| 정답 ② | 20년 10월 학력평가 15번

①	❷	③	④	⑤
3%	85%	2%	4%	6%

자료에 대한 설명으로 옳은 것은? (단, A와 B는 각각 계급론과 계층론 중 하나이다.) [3점]

> 갑은 사회 계층화 현상에 대한 이론으로서 A(계급론)와 달리 B(계층론)가 지닌 특징을 다음과 같이 정리하였는데, 세 가지 특징 중 하나는 틀린 내용이다.
>
> ○지위 불일치 현상을 설명하는 데 적합하다. (계층론)
> ○ (가) → 틀린 내용
> ○다원론의 입장에서 사회 계층화 현상을 설명한다. (계층론)

① ~~A~~는 사회 계층화 현상을 사회 구성원들 간의 연속적인 서열화 현상이라고 본다. (B) (계층론)
② B는 사회적 위신이 사회 계층화를 초래하는 여러 요인 중 하나라고 본다. (계층론)
③ A는 B~~와 달리~~ 경제적 요인이 사회 계층화 현상에 미치는 영향을 인정한다. (모두) (계층론, 계급론)
④ ~~B~~는 ~~A~~와 달리 동일한 계급에 속한 사람들 간에 강한 연대 의식이 형성될 가능성이 높다고 본다. (A) (B) (계급론)
⑤ (가)에 '계급 간 대립으로 인해 필연적으로 사회 변동이 발생한다고 본다.'가 들어갈 수 ~~없다~~. (있다.) (계급론)

✔ 자료 분석 지위 불일치 현상을 설명하는 데 적합한 이론과 다원론의 입장에서 사회 계층화 현상을 설명하는 이론은 계층론이다. 제시된 세 가지 특징 중 한 가지만 틀린 내용이므로 (가)는 틀린 내용이다. 따라서 A는 계급론, B는 계층론이다.

O 정답 찾기 ② 계층론은 경제적 요인, 사회적 요인, 정치적 요인 등 다양한 요인에 의해 사회 불평등이 발생한다고 본다. 즉, 사회적 위신이 사회 계층화를 초래하는 여러 가지 요인 중 하나라고 본다.

✕ 오답 풀이 ① 사회 계층화 현상을 연속적인 서열화 현상이라고 보는 이론은 계층론이다.
③ 계급론과 계층론은 모두 경제적 요인이 사회 계층화에 미치는 영향을 인정한다.
④ 계급론은 동일한 계급에 속한 구성원 간의 소속감이나 연대 의식을 중시한다.
⑤ (가)에는 계층론에 해당하지 않는 내용이 들어가야 한다. 계급 간 대립으로 사회 변동이 필연적으로 발생한다고 보는 이론은 계급론이다. 따라서 해당 내용은 (가)에 들어갈 수 있다.

이것만은 꼭!
1. 계층론은 지위 불일치 현상을 설명하는 데 적합하다.
2. 계층론은 사회 계층화 현상을 연속적인 서열화 현상으로 본다.
3. 계급론은 동일 계급 구성원 간의 강한 연대 의식을 중시한다.

필출 주제 14 사회 변동과 사회 운동

제1권 p.098 ~ 106

01 ① 02 ⑤ 03 ③ 04 ③ 05 ④ 06 ② 07 ⑤ 08 ② 09 ② 10 ① 11 ⑤ 12 ② 13 ② 14 ① 15 ⑤ 16 ⑤ 17 ④ 18 ② 19 ③ 20 ⑤ 21 ④ 22 ① 23 ③ 24 ③ 25 ⑤ 26 ② 27 ④ 28 ④ 29 ② 30 ④ 31 ③ 32 ③ 33 ② 34 ⑤ 35 ④

01 진화론

| 정답 ① | 24년 3월 학력평가 4번

❶	②	③	④	⑤
67%	12%	7%	9%	5%

다음 글에 나타난 사회 변동의 방향을 바라보는 관점에 대한 옳은 설명만을 〈보기〉에서 고른 것은?

> 사회는 각 부분이 명료하게 구분되지 않는 초기 생명체와 같은 '단순 사회'에서 각 부분의 기능이 서로 대체될 수 없게 분화된 생명체와 같은 '복잡 사회'로 발전한다. - 진화론

보기
ㄱ. 사회 변동을 사회 발전과 동일시한다. - 진화론
ㄴ. 서구 중심적 사고라는 비판을 받는다. - 진화론
ㄷ. 운명론적 관점에서 사회 변동을 설명한다. - 순환론
ㄹ. 사회 변동을 동일한 과정의 주기적 반복으로 설명한다. - 순환론

① ㄱ, ㄴ ② ㄱ, ㄷ ③ ㄴ, ㄷ ④ ㄴ, ㄹ ⑤ ㄷ, ㄹ

✔ 자료 분석 제시문은 사회가 단순 사회에서 복잡 사회로 발전해 간다고 보고 있다. 이는 진화론에 해당한다.

O 정답 찾기 ㄱ. 진화론은 사회 변동이 바람직한 방향으로의 변화, 즉 진보와 발전을 의미한다고 본다.
ㄴ. 진화론은 서구 사회가 진보된 사회임을 전제하므로 서구 중심적 사고라는 비판을 받는다.

× 오답 풀이 ㄷ. 순환론은 사회 변동을 운명론적 관점에서 설명한다.
ㄹ. 순환론은 사회가 시간의 흐름에 따라 생성, 성장, 쇠퇴, 소멸의 과정을 주기적으로 반복하며 변동한다고 본다.

이것만은 꼭!
1. 진화론은 사회 변동이 일정한 방향을 가지고 있다고 본다.
2. 진화론은 사회 발전 방향을 설명하는 데 유용하다.
3. 진화론은 서구 사회가 진보된 사회임을 전제하므로 서구의 제국주의 역사를 정당화하는 수단으로 악용될 우려가 있다.

02 사회 운동

| 정답 ⑤ | 24년 3월 학력평가 12번

①	②	③	④	❺
4%	2%	3%	5%	86%

밑줄 친 ㉠, ㉡에 대한 설명으로 가장 적절한 것은?

> ○갑국에서는 일상 속 외래어 사용을 줄이기 위해 시민 단체를 중심으로 ㉠고유어 되살리기 운동이 활발히 전개되고 있다.
> ○을국에서는 글자를 읽지 못하여 어려움을 겪는 사람들을 돕기 위해 대학생 봉사 단체를 중심으로 ㉡문맹 퇴치 운동이 꾸준히 전개되고 있다.

① ㉠은 사회 체제의 근본적 변혁을 목적으로 ~~한다~~. 하지 않는다.
② ㉡은 과거의 사회 질서로 되돌아가려는 사회 운동~~이다~~. 이 아니다.
③ ㉠은 ㉡과 달리 사회적 약자를 보호하려는 사회 운동이다.
④ ㉡은 ㉠~~과 달리~~ 모두 활동을 정당화하는 신념을 바탕으로 한다.
⑤ ㉠과 ㉡ 모두 사회의 변화를 목적으로 하는 사회 운동이다.

✔ 자료 분석 갑국에서의 고유어 되살리기 운동과 을국에서의 문맹 퇴치 운동은 모두 신념과 가치를 실현하기 위해 다수의 사람들이 자발적으로 하는 집단적이고 지속적인 행동이므로 사회 운동에 해당한다.

O 정답 찾기 ⑤ ㉠은 고유어를 되살리려는 목적으로 하는 사회 운동이고, ㉡은 문맹을 퇴치하기 위한 목적으로 하는 사회 운동이다. 따라서 ㉠과 ㉡은 모두 사회 변화를 목적으로 하는 사회 운동이다.

× 오답 풀이 ① ㉠은 사회 체제의 근본적인 변혁을 목적으로 하지 않는다.
② ㉡은 과거의 사회 질서로 되돌아가려는 사회 운동이 아니다.
③ ㉡은 사회적 약자에 해당하는 문맹인을 보호하고자 하는 사회 운동이다.
④ ㉠과 ㉡은 모두 활동을 정당화하는 신념을 바탕으로 하는 사회 운동이다.

이것만은 꼭!
1. 사회 운동은 자신의 신념과 가치를 실현하기 위해 다수의 사람들이 자발적으로 하는 집단적이고 지속적인 행동을 말한다.
2. 사회 운동은 뚜렷한 목표와 이를 달성하기 위한 구체적인 활동 방법과 계획이 있다.
3. 사회 운동은 목표와 활동 방향을 정당화하는 이념을 가지고 있고, 어느 정도 체계적인 조직을 갖추고 있으며, 구성원 간 역할 분담이 이루어진다.

03 순환론

| 정답 ③ | 24년 5월 학력평가 11번

①	②	❸	④	⑤
2%	12%	76%	3%	7%

다음 글에서 사회 변동의 방향을 보는 필자의 관점에 대한 옳은 설명만을 〈보기〉에서 고른 것은? [3점]

어떤 학자들은 문명이 고대, 중세, 근대로 일정한 방향성을 가지고 나아간다고 본다. 이는 서구의 역사를 기준에 놓고 보는 시각이므로 우리는 이와 같은 시각에서 벗어날 필요가 있다. 문명은 나무에 잎이 나고 꽃이 핀 후, 열매를 맺고 시들어 가는 과정이 반복되듯 일련의 과정이 되풀이된다. 따라서 문명은 유기체적 순환 과정을 통해 이해되어야 한다. 순환론

〈보기〉

ㄱ. 사회 변동이 곧 사회 발전이라고 본다. - 진화론
ㄴ. 운명론적 관점에서 사회 변동을 설명한다. - 순환론
ㄷ. 사회 변동이 일정한 양상을 반복하며 진행된다고 본다. - 순환론
ㄹ. 사회 변동 과정에서 나타나는 사회의 쇠락을 설명하기 어렵다. - 진화론

① ㄱ, ㄴ ② ㄱ, ㄷ ③ ㄴ, ㄷ ④ ㄴ, ㄹ ⑤ ㄷ, ㄹ

✔ 자료 분석 필자는 문명이 유기체적 순환 과정을 통해 이해되어야 한다고 보고 있다. 이는 순환론에 해당한다.

O 정답 찾기 ㄴ. 순환론은 유기체가 탄생에서 소멸의 과정을 거치는 것과 같이 운명론적 관점에서 사회 변동을 설명한다.
ㄷ. 순환론은 사회 변동이 생성, 성장, 쇠퇴, 소멸의 과정을 반복하며 진행된다고 본다.

✕ 오답 풀이 ㄱ. 사회 변동이 곧 사회 발전이라고 보는 이론은 진화론이다.
ㄹ. 진화론은 사회 변동이 항상 발전을 의미한다고 보므로 사회 변동 과정에서 나타나는 사회의 쇠락을 설명하기 어렵다.

이것만은 꼭!

1. 순환론은 사회가 유기체와 마찬가지로 생성, 성장, 쇠퇴, 소멸의 과정을 반복한다고 본다.
2. 순환론은 사회가 진보의 과정을 거친 후에 필연적으로 퇴보의 과정으로 나아간다고 본다.
3. 순환론은 사회 변동에서 소멸의 운명을 강조하여 사회 변동에 대응하는 인간의 노력을 과소평가한다는 비판을 받는다.

04 사회 운동

| 정답 ③ | 24년 7월 학력평가 14번

①	②	❸	④	⑤
3%	10%	69%	3%	15%

(가)~(라)에 대한 옳은 설명만을 〈보기〉에서 고른 것은?

(가) 정부는 시민들을 대상으로 최근 변화한 개인 정보 보호 정책을 알리기 위해 관계 부처가 협동하여 온라인 홍보 활동을 지속적으로 해오고 있다. - 사회 운동에 해당하지 않음.
(나) □□ 전쟁의 실상이 미디어를 통해 세상에 알려지자마자 분노한 시민들이 즉흥적으로 거리로 나와 자국 군대의 철수와 전쟁 반대를 외치며 행진을 벌였다. - 사회 운동에 해당하지 않음.
(다) 부조리한 사회를 비판하는 전국 대학생 연합은 기성세대가 만들어 놓은 기존 사회 질서로부터 근본적인 해방을 주장하는 변혁 운동을 이어오고 있다. - 사회 운동에 해당함.
(라) 1990년대의 패션을 재해석하는 것에 관심이 있는 젊은이들을 중심으로 자신만의 복고 스타일을 SNS를 통해 뽐내는 것이 유행처럼 번지고 있다. - 사회 운동에 해당하지 않음.

〈보기〉

ㄱ. (가)는 사회 구성원의 자발성을 바탕으로 한 사회 운동이라고 볼 수 ~~있다~~. 없다.
ㄴ. (나)는 일시적이고 비조직적인 행동이라는 점에서 사회 운동이라고 볼 수 없다.
ㄷ. (다)는 전체 사회 구조를 전면적으로 바꾸고자 하는 사회 운동이라고 볼 수 있다.
ㄹ. (라)는 과거로의 회귀를 추구하는 사회 운동이라고 볼 수 ~~있다~~. 없다.

① ㄱ, ㄴ ② ㄱ, ㄷ ③ ㄴ, ㄷ ④ ㄴ, ㄹ ⑤ ㄷ, ㄹ

✔ 자료 분석 (가), (나), (라)는 사회 운동에 해당하지 않고, (다)는 사회 운동에 해당한다.

O 정답 찾기 ㄴ. (나)에는 시민들의 즉흥적인 행동이 나타나 있다. 따라서 (나)는 일시적이고 비조직적인 행동이므로 사회 운동으로 볼 수 없다.
ㄷ. (다)에는 부조리한 사회를 비판하며 기존 사회 질서로부터 근본적인 해방을 주장하고 있는 사회 운동이 나타나 있다. 따라서 (다)는 전체 사회 구조를 전면적으로 변화시키고자 하는 사회 운동으로 볼 수 있다.

✕ 오답 풀이 ㄱ. (가)에는 시민들의 자발적인 활동이 아닌 정부에 의한 홍보 활동이 나타나 있다. 따라서 (가)는 사회 구성원의 자발성을 바탕으로 한 사회 운동으로 볼 수 없다.
ㄹ. (라)에는 젊은이들의 유행이 나타나 있다. 따라서 (라)는 과거로의 회귀를 추구하는 사회 운동으로 볼 수 없다.

이것만은 꼭!

1. 사회 운동은 자신의 신념과 가치를 실현하기 위해 다수의 사람들이 자발적으로 하는 집단적이고 지속적인 행동을 말한다.
2. 사회 운동은 뚜렷한 목표와 이를 달성하기 위한 구체적인 활동 방법과 계획이 있다.
3. 사회 운동은 목표와 활동 방향을 정당화하는 이념을 가지고 있으며, 어느 정도 체계적인 조직을 갖추고 있고, 구성원 간 역할 분담이 이루어진다.

05 순환론

| 정답 ④ | 24년 7월 학력평가 18번

①	②	③	❹	⑤
2%	5%	7%	72%	14%

다음 글에 나타난 사회 변동 이론에 대한 옳은 설명만을 〈보기〉에서 고른 것은?

개인과 마찬가지로 제국도 자연적 수명을 가지는데, 그것은 일반적으로 약 네 세대에 불과하다. 제1세대는 토지를 정복하려고 공격하는 사람들로, 그들은 일단 도시에 자리를 잡고 살더라도 유목 생활의 습성을 보유한다. 그러나 정주 생활의 영향이 제2세대에서 나타나기 시작하여 이때에는 사치와 왕의 권위가 지배한다. 제3세대는 사막 생활의 특징들을 망각하고, 정주 생활은 그 대가를 지불하게 되어 제국은 노쇠해지고 제4세대로 넘어가면서 파괴된다. (순환론)

보기

ㄱ. 서구 중심적 사고라는 비판을 받는다. - 진화론
ㄴ. 숙명론적 관점에서 사회 변동을 설명한다. - 순환론
ㄷ. 사회 변동이 일정한 방향을 갖는다고 본다. - 진화론
ㄹ. 사회가 생성, 성장, 쇠퇴, 소멸을 반복한다고 본다. - 순환론

① ㄱ, ㄴ ② ㄱ, ㄷ ③ ㄴ, ㄷ ④ ㄴ, ㄹ ⑤ ㄷ, ㄹ

✓ 자료 분석 제시문은 제국이 개인과 마찬가지로 자연적 수명을 가지고 있으며 네 세대에 걸쳐 나타난다고 보고 있다. 이는 순환론에 해당한다.

O 정답 찾기 ㄴ. 순환론은 역사 과정을 반복적인 순환 과정으로 보므로 이미 주어져 있는 숙명과 같은 불가사의한 힘을 강조한다.
ㄹ. 순환론은 사회가 시간의 흐름에 따라 생성, 성장, 쇠퇴, 소멸의 과정을 반복한다고 본다.

X 오답 풀이 ㄱ. 진화론은 서구 사회가 진보된 사회임을 전제하므로 서구 중심적 사고라는 비판을 받는다.
ㄷ. 진화론은 사회 변동이 진보와 발전이라는 일정한 방향을 가지고 있다고 본다.

이것만은 꼭!

1. 순환론은 사회가 유기체와 마찬가지로 생성, 성장, 쇠퇴, 소멸의 과정을 반복한다고 본다.
2. 순환론은 운명론적 시각을 견지함으로써 숙명과 같은 불가사의한 힘을 너무 강조한 나머지 사회 변동에 대응하는 인간의 노력을 과소평가한다는 점에서 비판을 받는다.
3. 순환론이 전제하는 순환 과정은 매우 오랜 시간에 걸쳐 일어나므로 순환론은 단기적인 사회 변동 과정을 설명하기가 어렵다.

제2권 교육청 해설

06 진화론과 순환론

| 정답 ② | 24년 10월 학력평가 14번

①	❷	③	④	⑤
6%	83%	5%	3%	3%

다음 자료에 대한 옳은 설명만을 〈보기〉에서 고른 것은? (단, A, B는 각각 순환론, 진화론 중 하나임.) [3점]

○ 게임 규칙: 갑, 을은 A, B 중 하나에 대한 설명이 적힌 [카드 1]~[카드 5]가 각각 1장씩 모두 5장이 들어 있는 카드 꾸러미를 각자 배부받는다. 갑, 을은 각각 자신의 꾸러미에서 카드를 2장씩 뽑고, 획득한 총점이 큰 사람이 승리한다. 카드 1장당, 카드 내용이 A(진화론)에 대한 설명이면 2점, B(순환론)에 대한 설명이면 1점을 받는다.

[카드 1]	[카드 2]	[카드 3]	[카드 4]	[카드 5]
사회 변동을 사회 발전으로 인식한다. - 진화론	서구 중심적 사고라는 비판을 받는다. - 진화론	사회 변동은 일정한 방향성을 가진다고 본다. - 진화론	사회 변동을 운명론적 관점에서 설명한다. - 순환론	(가)

○ 게임 결과: 갑은 [카드 1]과 [카드 2]를, 을은 [카드 3]과 ㉠ 을/를 뽑아 갑이 승리하였다.

보기

ㄱ. ㉠은 [카드 4]가 될 수 있다.
ㄴ. A는 사회마다 사회 변동의 방향이 ~~다르다고~~(같다고) 본다.
ㄷ. B는 사회 변동에 대응하는 인간의 노력을 과소평가한다는 비판을 받는다.
ㄹ. (가)에 '사회가 미분화된 상태에서 분화된 상태로 변동한다고 본다.'(진화론)가 들어간다면, ㉠은 [카드 5]가 될 수 ~~있다~~(없다).

① ㄱ, ㄴ ② ㄱ, ㄷ ③ ㄴ, ㄷ ④ ㄴ, ㄹ ⑤ ㄷ, ㄹ

✓ 자료 분석 사회 변동을 사회 발전으로 인식하고, 서구 중심적 사고라는 비판을 받으며, 사회 변동이 일정한 방향성을 가진다고 보는 이론은 진화론이다. 사회 변동을 운명론적 관점에서 설명하는 이론은 순환론이다. 즉, [카드 1], [카드 2], [카드 3]은 진화론에 해당하는 내용이고, [카드 4]는 순환론에 해당하는 내용이다. 갑은 진화론에 해당하는 [카드 1]과 [카드 2]를 뽑아 승리하였으므로 갑의 점수는 총 4점이 된다. 따라서 A는 진화론, B는 순환론이다.

O 정답 찾기 ㄱ. 갑이 뽑은 [카드 1]과 [카드 2]는 모두 진화론에 해당하므로 갑의 점수는 4점이 된다. 을이 [카드 3]과 [카드 4]를 뽑으면 을의 점수는 3점이 되어 갑이 승리하게 된다. 따라서 ㉠은 [카드 4]가 될 수 있다.
ㄷ. 순환론은 숙명과 같은 불가사의한 힘을 너무 강조한 나머지 인간의 주체적 행동을 과소평가한다는 비판을 받는다.

X 오답 풀이 ㄴ. 진화론은 사회마다 사회 변동의 방향이 같다고 본다.
ㄹ. 사회가 미분화된 상태에서 분화된 상태로 변동한다고 보는 이론은 진화론이다. (가)에 진화론에 해당하는 내용이 들어가고, ㉠이 [카드 5]가 된다면, 갑과 을의 점수는 각각 4점으로 같게 된다. 따라서 ㉠은 [카드 5]가 될 수 없다.

이것만은 꼭!

1. 진화론과 순환론은 모두 사회 변동 방향을 기준으로 사회 변동을 설명하는 이론이다.
2. 진화론은 사회 변동이 일정한 방향을 가지고 있다고 본다.
3. 순환론은 사회가 일종의 순환적인 변동을 반복한다고 본다.

07 사회 운동

| 정답 ⑤ | 24년 10월 학력평가 16번

①	②	③	④	❺
1%	1%	1%	1%	96%

(가), (나)에 대한 설명으로 가장 적절한 것은?

> (가) 갑국의 ○○ 단체는 갑국으로 피난 온 난민의 인권 보장을 위해 난민법 개정 운동을 지속적으로 전개하고 있다.
> (나) 을국에서는 △△ 단체를 중심으로 을국의 군사 독재 체제에 반대하며 민주화를 요구하는 시위가 지속되고 있다.

① (가)에는 과거의 질서로 돌아가려는 사회 운동이 ~~나타난다~~ 나타나 있지 않다.
② (나)에는 현재의 질서를 유지하려는 사회 운동이 ~~나타난다~~ 나타나 있지 않다.
③ (가)와 달리 (나)에는 사회적 소수자의 권리 보장을 위한 사회 운동이 나타난다.
④ (나)와 달리 (가)에는 사회 구조의 근본적 변혁을 목적으로 하는 사회 운동이 나타난다.
⑤ (가), (나)에는 모두 사회의 변화를 목적으로 하는 사회 운동이 나타난다.

✔ 자료 분석 (가)와 (나)에 나타난 운동은 모두 사회 운동에 해당한다.

O 정답 찾기 ⑤ (가)에는 난민의 인권 보장, (나)에는 민주화라는 사회 변화를 목적으로 하는 사회 운동이 나타나 있다.

✘ 오답 풀이 ① (가)에는 과거의 질서로 돌아가려는 사회 운동이 나타나 있지 않다.
② (나)에는 현재의 질서를 유지하려는 사회 운동이 나타나 있지 않다.
③ (가)에는 사회적 소수자인 난민의 인권 보장을 위한 사회 운동이 나타나 있다.
④ (가)에는 사회 구조의 근본적 변혁을 목적으로 하는 사회 운동이 나타나 있지 않다.

이것만은 꼭!

1. 사회 운동은 자신의 신념과 가치를 실현하기 위해 다수의 사람들이 자발적으로 하는 집단적이고 지속적인 행동을 말한다.
2. 사회 운동은 사회 구조적 모순과 갈등을 드러내고 이에 대한 해결책을 제시함으로써 사회 변동을 유발하는 동력이 된다.

08 사회 운동

| 정답 ② | 23년 3월 학력평가 4번

①	❷	③	④	⑤
4%	88%	2%	4%	2%

밑줄 친 ㉠, ㉡에 대한 설명으로 옳은 것은?

> ○갑국 시민들은 이번 월드컵 기간에 대형 스크린이 설치된 광장에 모여 ㉠자국 팀을 응원하였다. (사회 운동에 해당하지 않음)
> ○을국 시민들은 자국의 남성 중심 문화를 타파하기 위해 시민 단체를 조직하여 ㉡여성 권리 향상 운동을 전개하였다. (사회 운동에 해당함)

① ㉠은 자발적 집단행동~~이 아니다~~ 에 해당한다.
② ㉡은 활동을 정당화하는 신념을 바탕으로 한다.
③ ~~㉠~~㉡은 ~~㉡~~㉠과 달리 사회 구조의 변화를 목표로 한다.
④ ㉡은 ㉠과 달리 기존 사회 질서의 ~~유지~~ 타파를 목표로 한다.
⑤ ~~㉠과~~ ㉡은 ~~모두~~ 체계적인 조직을 바탕으로 한 사회 운동이다.

✔ 자료 분석 축구 경기를 응원하는 다수의 사람들은 자발적인 모임에는 해당하지만, 신념과 가치를 실현하기 위한 체계적 조직을 갖추지 않았고 지속적 행동이 아니므로 사회 운동에 해당하지 않는다. 반면, 여성 권리 향상 운동은 시민 단체라는 체계적 조직을 중심으로 여성 권리 향상이라는 가치 실현을 위한 행동이므로 사회 운동에 해당한다.

O 정답 찾기 ② 사회 운동은 활동을 정당화하는 신념과 가치를 바탕으로 한 다수의 체계적이고 지속적인 행동이다.

✘ 오답 풀이 ① 축구 경기 응원은 자발적인 집단 행동이지만, 사회 운동에는 해당하지 않는다.
③ 여성 권리 향상 운동은 남성 중심의 사회 구조를 변화시키고자 하는 사회 운동이다.
④ 여성 권리 향상 운동은 기존의 사회 질서인 남성 중심 문화를 타파하기 위한 사회 운동이다.
⑤ 여성 권리 향상 운동은 축구 경기 응원과 달리 체계적인 조직을 바탕으로 한 사회 운동이다.

이것만은 꼭!

1. 사회 운동은 다수의 자발적인 행동이다.
2. 사회 운동은 체계적인 조직을 갖추고 있다.
3. 사회 운동은 목표와 이념을 기반으로 한 지속적 행동이다.

09 진화론

| 정답 ② | 23년 3월 학력평가 16번

①	❷	③	④	⑤
3%	74%	12%	6%	5%

다음 글에 나타난 사회 변동의 방향에 대한 이론적 관점에 부합하는 진술만을 〈보기〉에서 고른 것은?

사회는 일반적으로 '군사형 사회'에서 '산업형 사회'로 발전해 간다.(진화론) '군사형 사회'는 강제적인 협동을 바탕으로 조직된 사회로, 전제적인 중앙 집권적 사회이다. 반면 '산업형 사회'는 자발적인 협동을 기반으로 조직된 사회로, 개인 행위에 대한 정치적 통제가 한정된 민주적 정부를 가지며 '군사형 사회'에 비해 더 분화되고 다원화된(진화론) 사회이다.

보기

ㄱ. 사회는 일정한 방향으로 진보한다. - 진화론
ㄴ. 사회는 쇠퇴와 멸망의 과정을 거치기 마련이다. - 순환론
ㄷ. 사회는 단순한 형태에서 복잡한 형태로 변동한다. - 진화론
ㄹ. 사회 변동은 동일한 과정이 주기적으로 반복되는 것이다. - 순환론

① ㄱ, ㄴ ② ㄱ, ㄷ ③ ㄴ, ㄷ ④ ㄴ, ㄹ ⑤ ㄷ, ㄹ

✔ 자료 분석 제시문에 따르면 사회는 군사형 사회에서 더 분화되고 다원화된 산업형 사회로 발전해 간다. 즉, 제시문은 사회가 더 나은 사회로 발전해 간다고 보고 있으므로 이는 진화론에 해당한다.

○ 정답 찾기 ㄱ. 진화론은 사회가 진보와 발전이라는 일정한 방향을 가지고 있다고 본다.
ㄷ. 진화론은 사회가 단순한 형태에서 복잡한 형태로 변동한다고 본다.

✖ 오답 풀이 ㄴ. 순환론은 사회가 쇠퇴와 멸망의 과정을 거치며 변동한다고 본다.
ㄹ. 순환론은 사회가 생성-성장-쇠퇴-멸망의 과정을 주기적으로 반복하며 변동한다고 본다.

이것만은 꼭!

1. 진화론은 모든 사회가 일정한 방향으로 변동해 간다고 본다.
2. 진화론은 사회가 단순한 형태에서 복잡한 형태로 변동한다고 본다.
3. 순환론은 사회가 생성, 성장, 쇠퇴, 소멸의 동일한 과정을 반복한다고 본다.

10 진화론

| 정답 ① | 23년 4월 학력평가 6번

❶	②	③	④	⑤
67%	10%	7%	8%	8%

다음 글에 나타난 사회 변동 이론에 대한 옳은 설명만을 〈보기〉에서 고른 것은?

생물 유기체와 마찬가지로 사회도 이를 구성하는 부분들이 서로 동질적이고 미분화된 상태에서 서로 이질적이고 분화된 상태로 성장해 나간다. 또한 사회가 단순한 사회에서 복잡한 사회로 진전됨에(진화론) 따라 부분들 간의 상호 의존성이 높아지면서 유기적 통합이 증진된다.

보기

ㄱ. 사회 변동이 일정한 방향성을 가진다고 본다. - 진화론
ㄴ. 서구 제국주의를 정당화할 수 있다는 비판을 받는다. - 진화론
ㄷ. 사회 변동이 항상 진보를 의미하는 것은 아니라고 본다. - 순환론
ㄹ. 사회 변동에 대응하는 인간의 노력을 과소평가한다는 비판을 받는다. - 순환론

① ㄱ, ㄴ ② ㄱ, ㄷ ③ ㄴ, ㄷ ④ ㄴ, ㄹ ⑤ ㄷ, ㄹ

✔ 자료 분석 제시문은 사회가 단순한 사회에서 복잡한 사회로 진전된다고 보고 있다. 이는 사회 변동이 성장, 발전의 형태로 나타난다는 진화론에 부합한다.

○ 정답 찾기 ㄱ. 진화론은 사회 변동이 성장, 발전이라는 일정한 방향으로 나타난다고 본다.
ㄴ. 진화론은 서구 사회를 진화된 사회로 전제하고 있으므로 서구 제국주의를 정당화할 수 있다는 비판을 받는다.

✖ 오답 풀이 ㄷ. 순환론은 사회가 '생성-성장-쇠퇴-소멸'의 단계를 거치며 변동이 나타난다고 본다. 즉, 사회 변동이 항상 진보를 의미하지 않는다고 본다.
ㄹ. 순환론은 사회가 언젠가는 소멸한다는 운명론적 관점에서 사회 변동을 바라보며, 이로 인해 인간의 노력을 과소평가한다는 비판을 받는다.

이것만은 꼭!

1. 진화론은 모든 사회가 일정한 방향으로 변동해 간다고 본다.
2. 진화론은 서구 제국주의를 정당화할 수 있다는 비판을 받는다.
3. 순환론은 사회 변동에 대응하는 인간의 노력을 과소평가한다는 비판을 받는다.

11 사회 운동

| 정답 ⑤ | 23년 4월 학력평가 8번

①	②	③	④	⑤
2%	1%	2%	2%	93%

(가), (나)에 대한 설명으로 가장 적절한 것은?

> (가) 부정부패를 일삼아 온 기존 정치인들이 선거에 입후보하자 이들이 당선되면 안 된다고 주장하는 시민들이 낙선 운동을 조직적으로 전개하고 있다. 사회 운동에 해당함
> (나) 소비자의 윤리적 행동을 통해 사회 문제를 해결해야 한다고 여기는 시민들이 단체를 결성해 친환경 상품 및 공정 무역 상품을 구매하자는 캠페인을 펼치고 있다. 사회 운동에 해당함

① (가)에는 사회 구조 전체를 근본적으로 변화시키고자 하는 다수의 행동이 나타난다.
② (나)에는 현상 유지를 고수하고 변화에 저항하는 다수의 행동이 ~~나타난다~~(나타나 있지 않다).
③ ~~(가)에는 (나)와 달리~~((가), (나)는 모두) 체계적인 조직을 바탕으로 한 다수의 행동이 나타난다.
④ ~~(나)에는 (가)와 달리~~((가), (나)는 모두) 일시적 · 우발적인 다수의 행동이 ~~나타난다~~(나타나 있지 않다).
⑤ (가), (나)에는 모두 특정 목표나 이념을 바탕으로 한 다수의 행동이 나타난다.

✔ 자료 분석 (가)와 (나) 모두에는 사회 운동이 나타나 있다.

O 정답 찾기 ⑤ (가)와 (나) 모두에는 특정 목표나 이념을 바탕으로 한 다수의 행동이 나타나므로 사회 운동에 해당한다.

✕ 오답 풀이 ① (가)에는 사회 구조 전체를 근본적으로 변화시키고자 하는 행동이 나타나 있지 않다.
② (나)에는 현상 유지를 고수하고 변화에 저항하는 행동이 나타나 있지 않다.
③ (가), (나) 모두에는 체계적인 조직을 바탕으로 한 다수의 행동이 나타나 있다.
④ (가), (나) 모두에는 일시적이고 우발적인 행동이 나타나 있지 않다.

이것만은 꼭!
1. 사회 운동은 다수의 자발적인 행동이다.
2. 사회 운동은 체계적인 조직을 갖추고 있다.
3. 사회 운동은 목표와 이념을 기반으로 한 지속적 행동이다.

12 진화론과 순환론

| 정답 ② | 23년 7월 학력평가 16번

①	②	③	④	⑤
4%	67%	12%	10%	7%

그림은 질문을 통해 사회 변동 이론 A, B를 구분한 것이다. 이에 대한 설명으로 옳은 것은? (단, A, B는 각각 진화론, 순환론 중 하나임.)

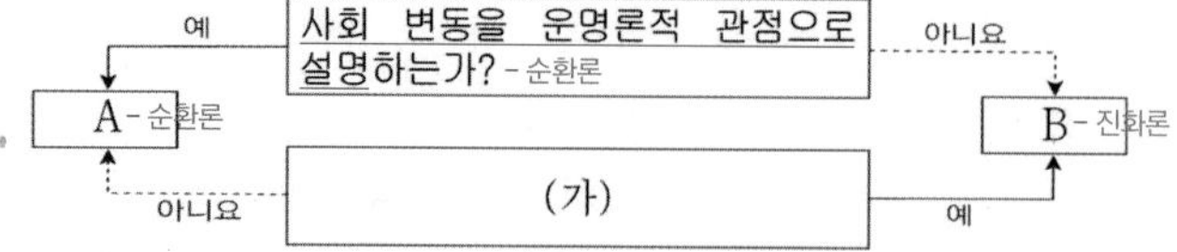

① A는 사회 변동에 대한 역동적 대응이 ~~용이하다는~~(용이하지 않다는) 평가를 받는다.
② B는 제국주의를 정당화하는 수단이 될 수 있다는 비판을 받는다.
③ A는 B와 달리 사회 변동에 일정한 방향이 있다고 본다.
④ ~~B는 A~~(A는 B)에 비해 장기적 사회 변동을 설명하는 데 유용하다.
⑤ (가)에는 '사회 변동이 곧 발전이라고 보는가?'(진화론)가 들어갈 수 ~~없다~~(있다).

✔ 자료 분석 사회 변동을 운명론적 관점으로 설명하는 이론은 순환론이다. 따라서 A는 순환론, B는 진화론이다.

O 정답 찾기 ② 진화론은 서구 사회가 진보된 사회임을 전제하므로 서구 제국주의를 정당화하는 수단이 될 수 있다는 비판을 받는다.

✕ 오답 풀이 ① 순환론은 운명론적 관점에서 사회 변동을 설명하므로 사회 변동에 대한 역동적 대응이 용이하지 않다는 평가를 받는다.
③ 진화론은 사회 변동에 일정한 방향이 있다고 본다.
④ 순환론은 진화론에 비해 장기적 사회 변동을 설명하는 데 유용하다.
⑤ 진화론은 사회 변동이 곧 발전이라고 본다. 따라서 해당 질문은 (가)에 들어갈 수 있다.

이것만은 꼭!
1. 진화론은 사회 변동에 일정한 방향이 있다고 본다.
2. 진화론은 사회 변동이 곧 발전이라고 본다.
3. 순환론은 사회 변동을 운명론적 관점으로 설명한다.

13 사회 운동

| 정답 ② | 23년 7월 학력평가 18번

①	❷	③	④	⑤
1%	91%	3%	2%	3%

다음 대화에 대한 옳은 설명만을 〈보기〉에서 고른 것은?

> 교사: 사회 운동이라 생각한 사례를 한 가지씩 말해 볼까요?
> 갑: 해양 생태계 보호를 위해 환경 보호 단체가 온라인에서 캠페인 활동을 해 오고 있습니다. - 사회 운동에 해당함
> 을: 국가 대표 선수 중 일부가 수해를 복구하는 현장에 일일 봉사자로 참여한 일이 있습니다. - 사회 운동에 해당하지 않음
> 병: 대형 광고판에 인접 국가의 전쟁 소식이 속보로 나오자 거리의 행인들이 반전을 주제로 한 노래를 함께 부른 일이 있습니다. - 사회 운동에 해당하지 않음
> 정: ○○공장에서 부당하게 해고된 노동자가 노동조합의 지원을 받아 1인 시위를 했습니다. - 사회 운동에 해당하지 않음

〈보기〉
ㄱ. 갑이 제시한 사례는 체계적인 조직을 바탕으로 뚜렷한 목표 실현을 위해 진행된 사회 운동으로 볼 수 있다.
ㄴ. 을이 제시한 사례는 사회 구조 전체를 근본적으로 바꾸고자 하는 사회 운동으로 볼 수 ~~있다~~. 없다.
ㄷ. 병이 제시한 사례는 조직적이지 않은 군중이 일시적으로 모였다는 점에서 사회 운동으로 볼 수 없다.
ㄹ. 정이 제시한 사례는 급격한 사회 변화에 대항하기 위한 사회 운동으로 볼 수 ~~있다~~. 없다.

① ㄱ, ㄴ ② ㄱ, ㄷ ③ ㄴ, ㄷ ④ ㄴ, ㄹ ⑤ ㄷ, ㄹ

✓ 자료 분석 사회 운동은 체계적인 조직을 바탕으로 뚜렷한 목표 실현을 위해 진행되므로 갑~정 중 갑이 제시한 사례만 사회 운동에 해당한다.

O 정답 찾기 ㄱ. 갑이 제시한 사례는 체계적인 조직을 바탕으로 뚜렷한 목표 실현을 위해 진행된 사회 운동으로 볼 수 있다.
ㄷ. 병이 제시한 사례는 조직적이지 않은 군중이 일시적으로 모였으므로 사회 운동으로 볼 수 없다.

× 오답 풀이 ㄴ. 을이 제시한 사례는 사회 구조 전체를 근본적으로 바꾸고자 하는 사회 운동으로 볼 수 없다.
ㄹ. 정이 제시한 사례는 급격한 사회 변화에 대항하기 위한 사회 운동으로 볼 수 없다.

이것만은 꼭!
1. 사회 운동은 체계적인 조직을 바탕으로 뚜렷한 목표를 실현하고자 한다.
2. 조직적이지 않은 군중의 일시적 시위는 사회 운동에 해당하지 않는다.

14 진화론

| 정답 ① | 23년 10월 학력평가 2번

❶	②	③	④	⑤
87%	2%	4%	4%	3%

다음 사회 변동 방향을 바라보는 이론에 대한 옳은 설명만을 〈보기〉에서 고른 것은?

> 사회가 겪을 수 있는 위기는 지속적으로 이어지는 발전 과정에서 나타나는 일시적인 현상일 뿐이다. 이러한 위기를 극복하면서 사회는 보다 발전되고 분화된 사회로 나아간다. - 진화론

〈보기〉
ㄱ. 서구 사회가 가장 진보한 사회임을 전제로 한다. - 진화론
ㄴ. 사회 변동이 일정한 방향성을 가지고 있다고 본다. - 진화론
ㄷ. 사회가 주기적으로 동일한 과정을 반복하며 변동한다고 본다. - 순환론
ㄹ. 사회 변동에 작용하는 인간의 영향력을 과소평가한다는 비판을 받는다. - 순환론

① ㄱ, ㄴ ② ㄱ, ㄷ ③ ㄴ, ㄷ ④ ㄴ, ㄹ ⑤ ㄷ, ㄹ

✓ 자료 분석 제시문은 사회가 위기를 극복하면서 보다 발전되고 분화된 사회로 나아간다고 주장하고 있다. 따라서 제시문에 나타난 사회 변동 방향을 바라보는 이론은 진화론이다.

O 정답 찾기 ㄱ. 진화론은 서구 사회가 진보된 사회임을 전제하므로 서구의 제국주의 역사를 정당화하는 수단으로 악용될 우려가 있다.
ㄴ. 진화론은 사회 변동이 진보와 발전이라는 일정한 방향을 가지고 있다고 본다.

× 오답 풀이 ㄷ. 순환론은 사회가 주기적으로 동일한 과정을 반복하며 변동한다고 본다.
ㄹ. 순환론은 사회 변동에 작용하는 인간의 영향력을 과소평가한다는 비판을 받는다.

이것만은 꼭!
1. 진화론은 사회 변동이 곧 진보와 발전을 의미한다고 본다.
2. 진화론은 사회가 단순한 형태에서 복잡한 형태로 발전한다고 본다.
3. 순환론은 사회가 생성, 성장, 쇠퇴, 소멸의 과정을 반복한다고 본다.

15 사회 운동

| 정답 ⑤ | 23년 10월 학력평가 12번

①	②	③	④	❺
2%	3%	3%	6%	86%

밑줄 친 ㉠, ㉡에 대한 설명으로 옳은 것은?

> ○갑국의 시민 단체들은 3년 전부터 ㉠오랜 기간 이어져 온 조혼 풍습을 금지하는 법의 제정을 요구하는 활동을 하고 있다.
> ○을국에서는 20년 전 농산물 수입을 허용한 이후 농촌이 몰락하자 3년 전부터 농민 단체들이 농촌 경제 활성화를 위해 ㉡농산물 수입 금지를 요구하는 활동을 하고 있다.

① ~~㉠은 ㉡과 달리~~ 체계적인 조직을 바탕으로 한다.
㉠, ㉡은 모두
② ~~㉠은 ㉡과 달리~~ 활동을 정당화하는 신념을 바탕으로 한다.
㉠, ㉡은 모두
③ ~~㉡은 ㉠과 달리~~ 집단 간 갈등을 초래할 우려가 있다.
㉠, ㉡은 모두
④ ~~㉡은 ㉠과 달리~~ 특정 집단만의 이익을 추구하므로 사회 운동이 아니다.
㉠, ㉡은 모두
⑤ ㉠과 ㉡은 모두 사회의 변화를 목적으로 한다.

✓ 자료 분석 사회 운동은 자신의 신념과 가치를 실현하기 위하여 다수의 사람들이 자발적으로 하는 집단적이고 지속적인 행동을 의미한다. 제시된 사례에서 갑국과 을국의 시민 단체들은 뚜렷한 목표를 가지고 이를 달성하기 위해 체계적인 조직을 갖추고 구체적인 활동을 하고 있으므로 이는 모두 사회 운동으로 볼 수 있다.

○ 정답 찾기 ⑤ ㉠은 조혼 풍습을 금지하는 법의 제정을 요구하고 있으며, ㉡은 농촌 경제 활성화를 위해 농산물 수입 금지를 요구하고 있다. 따라서 ㉠, ㉡은 모두 사회의 변화를 목적으로 한다.

✕ 오답 풀이 ① ㉠, ㉡은 모두 체계적인 조직을 바탕으로 한다.
② ㉠, ㉡은 모두 활동을 정당화하는 신념을 바탕으로 한다.
③ ㉠, ㉡은 모두 집단 간 갈등을 초래할 우려가 있다.
④ ㉠, ㉡은 모두 사회 운동에 해당한다.

이것만은 꼭!

1. 사회 운동은 자신의 신념과 가치를 실현하기 위하여 다수의 사람들이 자발적으로 하는 집단적이고 지속적인 행동을 말한다.
2. 사회 운동은 뚜렷한 목표와 이를 달성하기 위한 구체적인 활동 방법과 계획이 있으며, 목표와 활동 방향을 정당화하는 이념을 가지고 있다.
3. 사회 운동은 어느 정도 체계적인 조직을 갖추고 있고, 구성원 간 역할 분담이 이루어진다.

16 진화론과 순환론

| 정답 ⑤ | 22년 3월 학력평가 15번

①	②	③	④	❺
11%	9%	10%	9%	61%

다음 자료에 대한 설명으로 옳은 것은? (단, A와 B는 각각 순환론과 진화론 중 하나이다.) [3점]

> 표는 갑과 을이 사회 변동을 설명하는 이론 A와 B 중 제시된 진술에 부합하는 이론에 ○ 표시를 한 것인데, 갑은 두 진술에 대해서만 옳게 표시하였다.

진술	갑		을	
	A 진화론	B 순환론	A 진화론	B 순환론
모든 사회가 동일한 방향으로 변동해 간다. - 진화론	○			○
모든 사회는 생성 · 성장 · 쇠퇴 · 소멸의 과정을 반복한다. - 순환론		○		○
(가)	○		○	

① 을은 ~~세~~ 진술에 대하여 모두 옳게 표시하였다.
한
② A는 사회 변동이 곧 발전을 의미~~하는 것은 아니라고~~ 본다.
한다고
③ ~~B~~는 서구 사회가 가장 진보한 사회임을 전제로 한다는 비판을 받는다.
A
④ ~~A~~는 ~~B~~와 달리 흥망성쇠를 거듭한 국가의 사례를 설명하기에 적합하다.
B A
⑤ (가)에 '모든 사회가 단순한 형태에서 복잡한 형태로 변동해 간다.'가 들어갈 수 없다.

✓ 자료 분석 진화론은 모든 사회가 동일한 방향으로 변동해 간다고 보며, 순환론은 모든 사회가 생성, 성장, 쇠퇴, 소멸의 과정을 반복한다고 본다. 갑은 진화론에 해당하는 첫 번째 진술에 대해 A를 선택하였고, 순환론에 해당하는 두 번째 진술에 대해 B를 선택하였다. A가 순환론, B가 진화론이면, 갑은 첫 번째와 두 번째 진술에 대해 옳지 않게 표시한 것이 된다. 따라서 A는 진화론, B는 순환론이다.

○ 정답 찾기 ⑤ (가)에는 진화론에 대한 옳은 진술이 들어갈 수 없다. 진화론은 모든 사회가 단순한 형태에서 복잡한 형태로 변동해 간다고 본다. 따라서 해당 진술은 (가)에 들어갈 수 없다.

✕ 오답 풀이 ① 을은 두 번째 진술에 대해서만 옳게 표시하였다.
② 진화론은 사회 변동이 진보와 발전을 의미한다고 본다.
③ 진화론은 서구 사회가 진보된 사회임을 전제하므로 서구의 제국주의 역사를 정당화하는 수단으로 악용될 우려가 있다는 비판을 받는다.
④ 순환론은 진화론과 달리 흥망성쇠를 거듭한 국가의 사례를 설명하기에 적합하다.

이것만은 꼭!

1. 진화론은 모든 사회가 동일한 방향으로 변동해 간다고 본다.
2. 순환론은 흥망성쇠를 거듭한 국가의 사례를 설명하기에 적합하다.
3. 순환론은 사회가 생성, 성장, 쇠퇴, 소멸의 과정을 반복한다고 본다.

17 사회 운동

| 정답 ④ | 22년 3월 학력평가 16번

①	②	③	❹	⑤
4%	4%	5%	85%	2%

밑줄 친 ㉠, ㉡에 대한 설명으로 옳은 것은?

> ○ 갑국의 한 시민 단체는 장애인의 이동권을 보장하기 위해 ㉠관련 법 개정 운동을 하고 있다. └ 사회의 부분적 변화
> ○ 을국의 한 단체는 절대 군주 체제에 불만을 품고 ㉡민주 국가 체제를 수립하기 위한 운동을 하고 있다. └ 구조적·근본적 변화

① ㉠은 사회 제도가 아닌 의식의 변화를 목적으로 한다.
② ㉡은 보수적인 사회 운동에 해당한다.
③ ~~㉠은 ㉡과 달리~~ 사회적 갈등을 초래할 수 있다. (㉠, ㉡은 모두)
④ ㉡은 ㉠과 달리 사회 구조의 근본적인 변화를 추구한다.
⑤ ㉠과 ㉡은 모두 즉흥적인 감정에 따른 집합 행동이다.

✓ 자료 분석 ㉠, ㉡은 모두 신념과 가치를 실현하기 위해 다수의 사람들이 자발적으로 하는 집단적이고 지속적인 행동이므로 사회 운동에 해당한다.

O 정답 찾기 ④ ㉠은 사회 구조의 부분적 변화를 추구하는 사회 운동에 해당한다. ㉡은 현재의 사회 구조를 근본적으로 바꾸고자 하는 사회 운동에 해당한다.

× 오답 풀이 ① ㉠은 사회 제도의 변화를 목적으로 한다.
② ㉡은 사회 구조의 변화를 추구하므로 보수적인 사회 운동에 해당한다고 볼 수 없다.
③ ㉠과 ㉡은 모두 사회적 갈등을 초래할 수 있다.
⑤ ㉠과 ㉡은 모두 신념과 가치의 실현을 위한 지속적인 집단 행동이다.

이것만은 꼭!
1. 사회 운동은 신념과 가치 실현을 위한 다수의 행동이다.
2. 사회 운동은 사회적 갈등을 초래할 수 있다.

18 진화론

| 정답 ② | 22년 4월 학력평가 18번

①	❷	③	④	⑤
5%	65%	9%	10%	11%

다음에 나타난 사회 변동 이론에 대한 옳은 설명만을 〈보기〉에서 고른 것은?

> 경제 성장은 비행기의 운항에 비유할 수 있다. 전통적 농업 사회는 이륙 전 단계에, 산업이 본격적으로 발전하는 과정은 비행기가 활주로를 달려 이륙하는 과정에 비유된다. 이후 비행기가 고도를 높여 자동 조종 장치로 운항하는 단계에 도달하는 것처럼, 사회는 기술 발달 수준이 높아지고 새로운 산업에 부를 재투자하는 과정을 거쳐 경제 성장의 최종 단계인 고도의 대중 소비 단계로 이행한다. 이와 같이 사회는 일정한 단계를 밟으며 발전해 간다. └ 진화론

보기
ㄱ. 서구 중심적 사고라는 비판을 받는다. - 진화론
ㄴ. 사회마다 사회 변동의 방향이 ~~다르다고~~ (같다고) 본다.
ㄷ. 사회 변동에 의해 사회가 더 복잡하게 분화한다고 본다. - 진화론
ㄹ. 사회 변동을 동일한 과정의 주기적인 반복으로 설명한다. - 순환론

① ㄱ, ㄴ ② ㄱ, ㄷ ③ ㄴ, ㄷ ④ ㄴ, ㄹ ⑤ ㄷ, ㄹ

✓ 자료 분석 제시문은 사회가 비행기의 운항과 같이 일정한 단계를 밟으며 발전해 나간다고 보고 있으므로 이는 진화론에 해당한다.

O 정답 찾기 ㄱ. 진화론은 서구 사회를 가장 발전한 사회라고 전제하므로 서구 중심적 사고라는 비판을 받는다.
ㄷ. 진화론은 단순한 원시 생명체가 복잡한 유기체로 진화한 것과 같이 사회도 단순한 형태에서 복잡한 형태로 발전한다고 본다.

× 오답 풀이 ㄴ. 진화론은 사회 변동은 발전과 진보라는 일정한 방향을 가지고 있다고 본다.
ㄹ. 순환론은 사회가 진보의 과정을 거친 후에 필연적으로 퇴보의 과정으로 나아가는 일종의 주기적인 변동을 반복한다고 본다.

이것만은 꼭!
1. 진화론은 서구 중심적이라는 비판을 받는다.
2. 진화론은 사회가 단순한 상태로부터 복잡한 상태로 변동해 간다고 본다.
3. 순환론은 사회가 생성, 성장, 쇠퇴, 소멸의 과정을 반복한다고 본다.

19 진화론과 순환론

| 정답 ③ | 22년 7월 학력평가 18번

①	②	❸	④	⑤
2%	9%	82%	4%	2%

사회 변동 방향에 대한 서로 다른 관점 (가), (나)에 대한 설명으로 옳은 것은?

> (가) 유기체는 발생하여 성장하다가 이후 퇴화가 진행되고 소멸하게 된다. 사회도 유기체의 일생과 같은 경로로 변화한다.
> 순환론
>
> (나) 각 사회는 발전 속도가 다르기 때문에 발전 수준에서 차이가 발생한다. 모든 사회는 단순 · 미분화된 상태에서 복잡 · 분화된 상태로 변동한다.
> 진화론

① (가)는 사회 변동과 사회 발전을 동일시한다. (나)
② (나)는 사회 변동의 방향이 사회마다 다르다고 본다. 같다
③ (가)는 (나)와 달리 사회가 주기적으로 동일한 과정을 반복하며 변동한다고 본다.
④ (나)는 (가)와 달리 숙명론적 시각으로 사회 변동을 바라본다. (가) (나)
⑤ (가), (나)는 모두 서구 중심적 사고라는 비판을 받는다.

✓ 자료 분석 (가)는 순환론, (나)는 진화론이다.

O 정답 찾기 ③ 순환론은 진화론과 달리 사회가 주기적으로 동일한 과정을 반복하며 변동한다고 본다.

× 오답 풀이 ① 진화론은 사회 변동과 사회 발전을 동일시한다.
② 진화론은 사회 변동의 방향이 사회마다 같다고 본다.
④ 순환론은 진화론과 달리 숙명론적 시각으로 사회 변동을 바라본다.
⑤ 진화론은 순환론과 달리 서구 중심적 사고라는 비판을 받는다.

이것만은 꼭!

1. 진화론은 사회 변동이 진보와 발전을 의미한다고 본다.
2. 순환론은 미래 사회의 변동을 예측하여 대응하는 데 적합하지 않다.
3. 순환론은 사회 변동에 작용하는 인간 행위의 역동성과 자율성을 과소평가한다.

20 사회 운동

| 정답 ⑤ | 22년 10월 학력평가 9번

①	②	③	④	❺
2%	1%	6%	4%	87%

밑줄 친 ㉠, ㉡에 대한 설명으로 옳은 것은?

> ○ 갑국의 시민 단체는 최근에 심각해지고 있는 국내 생태계 파괴 문제를 해결하기 위해 ㉠유해 외래종 퇴치 운동을 전개하고 있다. (사회 운동)
>
> ○ 을국의 ○○ 단체는 소수 특권층에 의한 자국의 봉건적 체제에 반대하여 ㉡신분제를 철폐하고 민주주의 국가를 건설하기 위한 운동을 전개하고 있다. (사회 운동)

① ㉠은 사회 구조 전체의 근본적 변화를 목적으로 한다. ㉡
② ㉡은 과거 사회 구조로 돌아가려는 복고적 성격을 띤다. 띤다고 보기 어렵다.
③ ㉠은 ㉡과 달리 사회 운동에 해당하지 않는다. ㉠, ㉡은 모두 한다.
④ ㉡은 ㉠과 달리 점진적 변화를 추구하고 있다.
⑤ ㉠과 ㉡ 모두 자신의 활동을 정당화하는 신념을 바탕으로 한다.

✓ 자료 분석 사회 운동이란 자신의 신념과 가치를 실현하기 위해 다수의 사람들이 자발적으로 하는 집단적이고 지속적인 행동을 의미한다. 이러한 사회 운동은 뚜렷한 목표와 이를 달성하기 위한 구체적인 활동 방법과 계획이 있으며, 목표와 활동 방향을 정당화하는 이념을 가지고 있다. 또한 어느 정도 체계적인 조직을 갖추고 있고, 구성원 간 역할 분담이 이루어진다. 따라서 ㉠, ㉡은 모두 사회 운동에 해당한다.

O 정답 찾기 ⑤ ㉠과 ㉡은 모두 사회 운동에 해당하므로 자신의 활동을 정당화하는 신념을 바탕으로 한다.

× 오답 풀이 ① 갑국의 시민 단체는 국내 생태계 파괴 문제를 해결하기 위해 유해 외래종 퇴치 운동을 전개하고 있으므로 ㉠은 사회 구조 전체의 근본적 변화를 목적으로 한다고 보기 어렵다.
② 을국에서는 봉건적 체제에 반대하여 민주주의 국가를 건설하기 위한 운동이 전개되고 있으므로 ㉡은 복고적 성격을 띤다고 보기 어렵다.
③ ㉠과 ㉡은 모두 사회 운동에 해당한다.
④ ㉡은 점진적 변화를 추구한다고 볼 수 없다.

이것만은 꼭!

1. 사회 운동은 뚜렷한 목표와 이를 달성하기 위한 구체적인 활동 방법과 계획이 있다.
2. 사회 운동은 그 목표와 활동 방향을 정당화하는 이념을 가지고 있다.
3. 사회 운동은 어느 정도 체계적인 조직을 갖추고 있고, 구성원 간 역할 분담이 이루어진다.

21 진화론

| 정답 ④ | 22년 10월 학력평가 13번

①	②	③	❹	⑤
3%	5%	3%	87%	2%

다음 글에 나타난 사회 변동의 방향을 바라보는 관점에 대한 옳은 설명만을 〈보기〉에서 고른 것은?

> 문명의 변동은 3단계로 이루어진다. 1단계는 모든 현상이 초자연적인 존재들에 의해 산출된다고 보는 신학적 단계이며, 2단계는 자연적·추상적 법칙들이 현상의 설명 도구가 되는 형이상학적 단계이다. 마지막 단계는 추론과 관찰을 통한 과학적 탐구가 강조되는 실증적 단계이다. 이 단계에 도달한 사회는 합리성을 토대로 산업과 과학의 발전을 이룩하게 된다. – 진화론

보기
ㄱ. 운명론적 사고라는 비판을 받는다. – 순환론
ㄴ. 사회 변동은 곧 진보를 의미한다고 본다. – 진화론
ㄷ. 사회는 생성, 성장, 쇠퇴, 소멸을 반복한다고 본다. – 순환론
ㄹ. 사회는 단순한 형태에서 복잡한 형태로 발전한다고 본다. – 진화론

① ㄱ, ㄴ ② ㄱ, ㄷ ③ ㄴ, ㄷ ④ ㄴ, ㄹ ⑤ ㄷ, ㄹ

✓ 자료 분석 제시문에서는 문명의 변동이 1단계(신학적 단계) → 2단계(형이상학적 단계) → 3단계(실증적 단계)로 이루어진다고 보고 있으므로 이는 진화론에 해당한다.

O 정답 찾기 ㄴ. 진화론은 사회 변동이 일정한 방향을 가지고 있으며, 진보를 의미한다고 본다.
ㄹ. 진화론은 단순한 원시 생명체가 복잡한 유기체로 진화하는 것처럼 사회도 단순한 형태에서 복잡한 형태로 발전한다고 본다.

× 오답 풀이 ㄱ. 운명론적 사고라는 비판을 받는 이론은 순환론이다.
ㄷ. 사회가 생성, 성장, 쇠퇴, 소멸을 반복한다고 보는 이론은 순환론이다.

이것만은 꼭!
1. 진화론은 사회 변동이 곧 진보와 발전을 의미한다고 본다.
2. 진화론은 사회가 단순한 형태에서 복잡한 형태로 발전한다고 본다.
3. 순환론은 사회가 생성, 성장, 쇠퇴, 소멸의 과정을 반복한다고 보므로 운명론적 사고라는 비판을 받는다.

22 진화론과 순환론

| 정답 ① | 21년 3월 학력평가 6번

❶	②	③	④	⑤
70%	7%	5%	13%	5%

표는 질문을 통해 사회 변동 이론 A, B를 구분한 것이다. 이에 대한 설명으로 옳은 것은? (단, A와 B는 각각 순환론과 진화론 중 하나이다.) [3점]

질문	응답	
	A (순환론)	B (진화론)
사회 변동이 곧 발전이라고 보는가?	아니요	예
(가) (진화론)	㉠	㉡

① A는 운명론적 입장(순환론)에서 사회 변동의 방향을 이해한다.
② B는 사회가 주기적으로 동일한 과정을 반복하며 변동한다고(순환론) 본다.
③ A는 B와 달리 서구 제국주의를 정당화(진화론)하는 근거가 되었다.
④ B는 A와 달리 사회의 쇠퇴와 소멸을 설명하는 데 적합하다.
⑤ (가)에 '서구 사회가 가장 발전한 사회라고 보는가?'(진화론)가 들어가면(순환론) ㉠은 '예'(아니요), ㉡은 '아니요'(예)이다.

✓ 자료 분석 진화론은 사회가 단순한 상태에서 복잡한 상태로 변동한다고 보고, 사회 변동을 진보와 발전으로 본다. 따라서 A는 순환론, B는 진화론이다.

O 정답 찾기 ① 순환론은 모든 사회가 언젠가는 쇠퇴 및 소멸한다고 보므로 운명론적 관점이라는 평가를 받는다.

× 오답 풀이 ② 순환론은 모든 사회가 생성, 성장, 쇠퇴, 소멸이라는 동일한 과정을 반복하며 변동한다고 본다.
③ 진화론은 서구 사회가 가장 발전한 사회라고 전제하므로 서구 제국주의를 정당화하는 근거가 될 수 있다.
④ 순환론은 모든 사회가 일정한 과정을 거쳐 소멸한다고 보는 반면, 진화론은 사회 변동을 발전으로 본다. 따라서 진화론은 사회의 쇠퇴와 소멸을 설명하는 데 적합하지 않다.
⑤ 진화론은 서구 사회가 가장 발전한 사회라고 본다. 해당 질문이 (가)에 들어가면, ㉠은 '아니요', ㉡은 '예'이다.

이것만은 꼭!
1. 순환론은 사회가 생성, 성장, 쇠퇴, 소멸의 과정을 반복한다고 본다.
2. 진화론은 사회가 단순한 상태로부터 복잡한 상태로 변동해 간다고 본다.
3. 진화론은 서구 중심적이라는 평가를, 순환론은 운명론적 관점이라는 평가를 받는다.

23 사회 운동

| 정답 ③ | 21년 3월 학력평가 17번

①	②	❸	④	⑤
6%	4%	78%	9%	3%

밑줄 친 ㉠, ㉡에 대한 옳은 설명만을 〈보기〉에서 고른 것은?

> ㅇ갑국에서 대표팀의 월드컵 예선 탈락에 분노한 시민들이 ㉠국가 대표팀 감독의 교체를 요구하는 시위를 하였다. (일시적이고 단발적인 시위로, 조직적이고 체계적인 활동으로 보기 어려움)
> ㅇ을국에서 ○○ 단체는 전국의 저임금 근로자들과 함께 5년째 ㉡최저 임금법의 제정을 요구하는 시위를 하고 있다. (지속적이고 체계적이며 지속적인 활동으로, 사회 운동으로 볼 수 있음)

〈보기〉
ㄱ. ㉠은 조직적인 역할 분담 체계를 바탕으로 ~~한다~~. (하지 않는다.)
ㄴ. ㉡은 사회 변화를 목적으로 한다.
ㄷ. ㉡은 ㉠과 달리 사회 운동에 해당한다.
ㄹ. ~~㉠과 ㉡은 모두~~ (㉡은 ㉠과 달리) 뚜렷한 사상과 신념에 기초한 지속적인 활동이다.

① ㄱ, ㄴ ② ㄱ, ㄷ ③ ㄴ, ㄷ ④ ㄴ, ㄹ ⑤ ㄷ, ㄹ

✔ 자료 분석 사회 운동은 뚜렷한 사상과 신념을 바탕으로 하는 조직적이고 체계적이며 지속적인 다수의 행동을 의미한다. 국가 대표팀 감독 교체를 요구하는 시위는 체계적인 조직을 바탕으로 하지 않은 일회적인 성격의 시위라는 점에서 사회 운동에 해당하지 않는다. 반면, 최저 임금법 제정을 요구하는 시위는 체계적 조직을 바탕으로 5년간 지속적으로 진행되고 있다는 점에서 사회 운동으로 볼 수 있다.

O 정답 찾기 ㄴ. ㉡은 최저 임금법의 제정이라는 사회 변화를 목적으로 한다.
ㄷ. 최저 임금법 제정을 요구하는 시위는 사회 운동의 성격에 부합하지만, 감독 교체 시위는 일회적이고 조직적이지 않은 다수의 행동으로 사회 운동으로 보기 어렵다.

X 오답 풀이 ㄱ. 감독 교체 시위의 경우 분노한 시민들의 일시적인 활동으로 조직적인 역할 분담 체계를 갖추고 있지 않다.
ㄹ. 최저 임금법 제정은 저임금 근로자들의 삶의 질 향상이라는 신념을 바탕으로 5년간 지속되고 있는 반면, 감독 교체 시위는 지속적인 활동으로 보기 어렵다.

이것만은 꼭!
1. 사회 운동은 신념과 가치 실현을 위한 다수의 행동이다.
2. 사회 운동은 조직적인 역할 분담 체계를 바탕으로 이루어진다.
3. 사회 운동을 일시적인 행동이 아니라 지속적인 다수의 행동이다.

24 순환론

| 정답 ③ | 21년 4월 학력평가 18번

①	②	❸	④	⑤
11%	5%	71%	10%	3%

다음 글에 나타난 사회 변동 이론(순환론)에 대한 옳은 설명만을 〈보기〉에서 고른 것은?

> 모든 문화는 장기간에 걸쳐 생성 · 소멸의 과정을 되풀이한다(순환론). 문화는 거칠고 원시적인 모습에서 시작하여 정치 · 예술 · 과학 등이 발달함에 따라 점차 세련되고 정교해진다. 하지만 문화가 정점을 지난 후에는 상업주의와 결합하여 세속화되는 몰락의 길을 걷게 되면서 결국 사멸한다. (운명론적 관점 → 순환론)

〈보기〉
ㄱ. 사회 변동이 곧 진보와 발전의 과정이라고 본다. - 진화론
ㄴ. 사회 변동이 일정한 양상을 반복하며 진행된다고 본다. - 순환론
ㄷ. 사회 변동에 대응하는 인간의 노력을 과소평가한다는 비판을 받는다. - 순환론
ㄹ. 서구 제국주의 역사를 정당화하는 수단으로 악용될 수 있다는 비판을 받는다. - 진화론

① ㄱ, ㄴ ② ㄱ, ㄷ ③ ㄴ, ㄷ ④ ㄴ, ㄹ ⑤ ㄷ, ㄹ

✔ 자료 분석 순환론은 모든 사회가 생성, 성장, 쇠퇴, 소멸이라는 동일한 과정을 반복하며 변동한다고 보고 모든 사회가 결국 사멸한다고 본다. 따라서 제시문에 나타난 사회 변동 이론은 순환론에 해당한다.

O 정답 찾기 ㄴ. 순환론은 모든 사회 변동이 생성, 성장, 쇠퇴, 소멸이라는 일정한 양상을 반복하며 나타난다고 본다.
ㄷ. 순환론은 운명론적 시각을 견지함으로써 숙명과 같은 불가사의한 힘을 너무 강조한 나머지 사회 변동에 대응하는 인간의 노력을 과소평가한다는 비판을 받는다.

X 오답 풀이 ㄱ. 진화론은 사회 변동이 일정한 방향을 가지고 있으며, 진보와 발전의 형태로 사회 변동이 나타난다고 본다.
ㄹ. 진화론은 서구 사회가 진보된 사회임을 전제한다. 따라서 진화론은 서구의 제국주의 역사를 정당화하는 수단으로 악용될 우려가 있다.

이것만은 꼭!
1. 순환론은 모든 사회가 결국 사멸한다고 본다.
2. 순환론은 사회 변동이 일정한 양상을 반복하며 진행된다고 본다.
3. 진화론은 제국주의 역사를 정당화하는 수단으로 악용될 수 있다는 비판을 받는다.

25 사회 운동

| 정답 ⑤ | 21년 4월 학력평가 19번

①	②	③	④	⑤
4%	1%	1%	4%	90%

밑줄 친 ㉠, ㉡에 대한 설명으로 가장 적절한 것은? [3점]

> ○ 20세기 초 영국에서는 자신이 선거에 참여할 수 없다는 현실에 부당함을 느낀 여성들이 뜻을 함께하는 사람들과 조합을 구성해 ㉠여성 참정권 운동을 진행하였다. 이들이 끊임없이 투쟁한 결과 21세 이상의 모든 여성이 남성과 동등한 투표권을 갖게 되었다.
> ○ 지구 온난화로 북극의 동물들이 위기에 처한 가운데 거대한 굴착기와 송유관의 무리한 설치로 인해 환경 파괴가 더욱 심해지고 있다. 이에 한 환경 단체는 북극을 보호 구역으로 지정하기 위해 전 세계 많은 사람들의 동참을 이끌어 내며 수년간 ㉡환경 운동을 지속해 오고 있다.

체계적 조직 / 뚜렷한 목표 / 체계적 조직 / 뚜렷한 목표

① ㉠은 ~~자본주의 체제를 근본적으로 바꾸려는~~ 다수의 행동이다. (참정권 확대를 위한)
② ㉡은 ~~일시적이고 즉흥적인 감정에 따른~~ 다수의 행동이다. (뚜렷한 신념을 바탕으로 한)
③ ㉠은 ~~㉡과 달리 과거의 사회 질서로 돌아가려는~~ 다수의 행동이다.
④ ㉡은 ㉠~~과 달리~~ (모두) 자신의 신념과 가치를 실현하기 위한 다수의 행동이다.
⑤ ㉠, ㉡은 모두 뚜렷한 목표와 이를 달성하기 위한 체계적 조직을 바탕으로 한 다수의 행동이다.

✔ 자료 분석 사회 운동은 뚜렷한 사상과 신념을 바탕으로 하는 조직적이고 체계적이며 지속적인 다수의 행동을 의미한다. 일시적이고 즉흥적인 다수의 행동 또는 뚜렷한 목표가 없는 다수의 행동은 사회 운동으로 볼 수 없다. 제시된 두 사례는 모두 사회 운동에 해당한다.

O 정답 찾기 ⑤ 여성 참정권 운동과 환경 운동은 모두 체계적 조직을 바탕으로 참정권의 획득과 북극의 보호 구역 지정과 같은 뚜렷한 목표를 가지고 있으므로 사회 운동에 해당한다.

✕ 오답 풀이 ① 여성 참정권 운동은 자본주의 체계의 근본적 변화가 아니라 여성의 선거 참여 기회의 확대를 목표로 한다.
② 환경 운동은 수년간 지속되고 있으므로 일시적이고 즉흥적인 다수의 행동으로 볼 수 없다.
③ 제시된 사례는 새로운 변화를 도모하고 있으므로 과거의 사회 질서로 되돌아가려는 행동으로 볼 수 없다.
④ 제시된 두 사례는 모두 자신의 신념과 가치를 실현하기 위해 다수의 사람들이 자발적으로 하는 집단적이고 지속적인 행동인 사회 운동에 해당한다.

이것만은 꼭!
1. 사회 운동은 뚜렷한 목표 실현을 위한 다수의 행동이다.
2. 사회 운동은 체계적 조직을 바탕으로 이루어진다.
3. 사회 운동은 일시적인 행동이 아니라 지속적인 다수의 행동이다.

26 사회 운동

| 정답 ② | 21년 7월 학력평가 7번

①	②	③	④	⑤
2%	79%	5%	12%	2%

(가)~(다)에 대한 설명으로 가장 적절한 것은? [3점]

> (가) 비행기 결함으로 항공기 운항이 지연되어 여행 일정에 차질이 생긴 승객 중 보상을 받지 못한 일부 승객들은 공평한 보상을 요구하는 과정에서 우발적으로 항공사를 점거하였다. (사회 운동 ×)
> (나) ○○ 단체는 이민자 증가로 인해 사회의 인종 구성이 다양화되는 것에 반대하며 민족 정체성 유지를 주장하였다. 회원들은 전국에 걸쳐 일제히 캠페인, 퍼레이드 등을 지속적으로 벌였다. (사회 운동 ○)
> (다) 빈곤국 아동에 대한 노동 착취 문제를 해결하기 위해 결성된 △△ 단체는 세계적인 조직망을 가지고 있다. 이들은 감염병 팬데믹 상황에서도 끊임없이 아동 인권 보호에 대한 홍보 활동, 온라인 서명 활동 등을 펼치고 있다. (사회 운동 ○)

① (가)에는 사회 평등을 추구하는 사회 운동이 ~~나타난다~~. (나타나지 않는다.)
② (나)에는 사회 변화에 대항하기 위한 사회 운동이 나타난다.
③ (다)에는 사회 구조를 근본적으로 바꾸고자 하는 혁명적 사회 운동이 ~~나타난다~~. (나타나지 않는다.)
④ (가)에는 (다)와 달리 일부 집단의 이익을 추구하는 사회 운동이 ~~나타난다~~. (나타나지 않는다.)
⑤ ~~(나)~~(다)에는 ~~(다)~~(나)와 달리 인류의 보편적 가치를 실현하고자 하는 사회 운동이 나타난다.

✔ 자료 분석 사회 운동은 자신의 신념과 가치를 실현하기 위해 다수의 사람들이 자발적으로 하는 집단적이고 지속적인 행동이다. 사회 운동은 뚜렷한 목표와 이를 달성하기 위한 구체적인 활동 방법과 계획이 있으며, 목표와 활동 방향을 정당화하는 이념을 가지고 있다.

O 정답 찾기 ② ○○ 단체는 이민자 증가로 인해 사회의 인종 구성이 다양화되는 것에 반대하고 민족 정체성 유지를 주장하며 회원들이 적극적이고 지속적인 사회 운동을 하였다.

✕ 오답 풀이 ① 일부 승객들의 우발적인 항공사 점거는 사회 평등을 추구하는 사회 운동에 해당하지 않는다.
③ (다)에는 아동 인권을 보호하려는 사회 운동이 나타나 있는데, 이는 사회 구조를 근본적으로 바꾸고자 하는 혁명적 사회 운동에 해당하지 않는다.
④ (가)에 나타난 일부 승객들의 행위는 일부 집단의 이익을 추구하지만 사회 운동에 해당하지 않는다.
⑤ (다)에는 아동 인권 보호라는 인류의 보편적 가치를 실현하고자 하는 사회 운동이 나타난다.

이것만은 꼭!
1. 사회 운동은 자신의 신념과 가치를 실현하기 위해 다수의 사람들이 자발적으로 하는 집단적이고 지속적인 행동이다.
2. 사회 운동은 뚜렷한 목표와 이를 달성하기 위한 구체적인 활동 방법과 계획이 있다.
3. 사회 운동은 사회 구조적 모순과 갈등을 드러내고 그에 대한 해결책을 제시함으로써 사회 변동을 유발하는 동력이 된다.

27 진화론과 순환론

| 정답 ④ | 21년 7월 학력평가 14번

①	②	③	❹	⑤
5%	4%	9%	74%	8%

다음 자료에 대한 설명으로 옳은 것은? (단, A, B는 각각 순환론과 진화론 중 하나이다.)

> 표는 사회 변동 이론 A, B를 학생 갑, 을이 구분한 것이다. 두 학생 모두 두 개의 진술만을 옳게 구분하였다.
>
> | 진술 | 갑 | 을 |
> |---|---|---|
> | 사회 변동을 사회 발전으로 인식한다. - 진화론 | Ⓐ | Ⓐ |
> | 운명론적 관점에서 사회 변동을 설명한다. - 순환론 | ~~Ⓐ~~ 진화론 | Ⓑ |
> | (가) | Ⓑ | ~~Ⓐ~~ 순환론 |

① ~~A~~B는 흥망성쇠를 거듭한 국가의 사례를 설명하기에 적합하다.
② ~~B~~A는 서구 중심적인 사회 변동 이론이라는 비판을 받는다.
③ ~~B~~A는 ~~A~~B와 달리 사회 변동에 일정한 방향이 있다고 본다.
④ (가)의 진술을 옳게 구분한 학생은 '갑'이다.
⑤ (가)에 '사회 변동에 대한 역동적 대응이 용이하다.'가 들어갈 수 ~~있다~~없다.

✓ 자료 분석 사회 변동을 사회 발전으로 인식하는 이론은 진화론이고, 운명론적 관점에서 사회 변동을 설명하는 이론은 순환론이다. 갑과 을은 모두 두 개의 진술만을 옳게 구분하였으므로 A는 진화론, B는 순환론에 해당한다.

O 정답 찾기 ④ A가 순환론, B가 진화론이라면, 을은 두 개의 진술에 옳게 구분할 수 없다. 따라서 A는 진화론, B는 순환론이다. 이때 갑은 첫 번째 진술과 (가) 진술에 대해 옳게 구분하였다.

× 오답 풀이 ① 순환론은 흥망성쇠를 거듭한 국가의 사례를 설명하기에 적합하다.
② 진화론은 서구 중심적인 사회 변동 이론이라는 비판을 받는다.
③ 진화론은 사회 변동에 일정한 방향이 있다고 본다.
⑤ 사회 변동에 대한 역동적 대응이 용이한 이론은 진화론이다. (가)에는 순환론에 관한 진술이 들어갈 수 있다. 따라서 해당 진술은 (가)에 들어갈 수 없다.

이것만은 꼭!

1. 순환론은 운명론적 시각으로 사회 변동을 바라본다.
2. 진화론은 사회 변동이 일정한 방향성을 가지고 있다고 본다.
3. 순환론과 달리 진화론은 미래 사회의 변동을 예측하여 대응하는 데 적합하다.

28 사회 운동

| 정답 ④ | 21년 10월 학력평가 6번

①	②	③	❹	⑤
4%	2%	2%	89%	3%

밑줄 친 ㉠, ㉡에 대한 설명으로 옳은 것은?

> 20년 전 인종 차별 제도가 폐지된 갑국에서 최근 ㉠백인이 지배하던 시대로의 복귀를 추구하는 사회 운동과 ㉡흑인의 교육 기회 확대를 추구하는 사회 운동이 나타나고 있다.

① ~~㉠은 ㉡과 달리~~ ㉠, ㉡은 모두 사회 구성원 간 갈등을 초래할 수 있다.
② ㉡은 ㉠과 달리 사회 구조의 전면적인 변화를 ~~추구한다~~ 추구한다고 보기 어렵다.
③ ~~㉡은 ㉠과 달리~~ ㉠, ㉡은 모두 일부 집단만의 이익을 실현하고자 한다.
④ ㉠과 ㉡은 모두 사회 유지가 아닌 사회 변화를 목표로 한다.
⑤ ㉠과 ㉡은 모두 사회 구성원 전체가 참여~~해야 목표를 달성할 수 있다~~ 하지 않아도 목표를 달성할 수 있다.

✓ 자료 분석 사회 운동은 자신의 신념과 가치를 실현하기 위해 다수의 사람들이 자발적으로 하는 집단적이고 지속적인 행동을 의미한다. ㉠은 과거 사회로의 복귀를 추구하는 사회 운동이며, ㉡은 흑인의 교육 기회 확대를 추구하는 사회 운동이다.

O 정답 찾기 ④ ㉠은 백인이 지배하던 과거 시대로의 복귀를 추구한다는 점에서, ㉡은 현재 흑인에게 제대로 주어지지 않은 교육 기회가 확대되는 것을 추구한다는 점에서 모두 사회 유지가 아닌 사회 변화를 목표로 한다.

× 오답 풀이 ① ㉠과 ㉡은 모두 사회 구성원 간 갈등을 초래할 수 있다.
② ㉡은 제도적 보완으로 가능한 교육 기회 확대를 주장한다는 점에서 사회 구조의 전면적인 변화를 추구한다고 보기 어렵다.
③ ㉠은 백인 집단의 이익, ㉡은 흑인 집단의 이익을 실현하고자 한다.
⑤ ㉠과 ㉡은 모두 사회 구성원 전체가 아닌 일부가 참여해도 목표를 달성할 수 있다.

이것만은 꼭!

1. 사회 운동은 자신의 신념과 가치를 실현하기 위해 다수의 사람들이 자발적으로 하는 집단적이고 지속적인 행동이다.
2. 사회 운동에는 뚜렷한 목표와 이를 달성하기 위한 구체적인 활동 방법과 계획이 있다.
3. 사회 운동에는 목표와 활동 방향을 정당화하는 이념을 가지고 있으며, 어느 정도 체계적인 조직을 갖추고 있고, 구성원 간 역할 분담이 이루어진다.

29 진화론과 순환론 | 정답 ② | 21년 10월 학력평가 16번

①	❷	③	④	⑤
2%	88%	3%	1%	6%

다음 자료에 대한 옳은 설명만을 〈보기〉에서 고른 것은? (단, A와 B는 각각 순환론과 진화론 중 하나이다.)

> 교사: A(진화론)와 구분되는 B(순환론)의 의의와 한계를 설명해 보세요.
> 갑: B의 의의는 흥망성쇠가 반복되는 사회 변동을 설명하는 데 적합하다는 점이고, 한계는 ___(가)___ (순환론의 한계로 옳지 않은 내용)
> 교사: B(순환론)의 의의와 달리 한계는 잘못 설명했습니다.

보기

ㄱ. A는 모든 사회의 변동 방향이 동일하다고 본다.
ㄴ. B는 과거보다 미래의 사회 변동을 설명하는 데 적합하다. (A)
ㄷ. A는 B와 달리 사회 변동이 곧 사회 발전이라고 본다.
ㄹ. (가)에 '서구 중심적인 이론이라는 점입니다.'(진화론의 한계)가 들어갈 수 없다.(있다.)

① ㄱ, ㄴ ② ㄱ, ㄷ ③ ㄴ, ㄷ ④ ㄴ, ㄹ ⑤ ㄷ, ㄹ

✔ 자료 분석 흥망성쇠가 반복되는 사회 변동을 설명하는 데 적합한 이론은 순환론이다. 따라서 A는 진화론, B는 순환론이다.

○ 정답 찾기 ㄱ. 진화론은 사회 변동은 일정한 방향을 가지므로 모든 사회의 변동 방향이 동일하다고 본다.
ㄷ. 진화론은 순환론과 달리 사회 변동이 진보와 발전을 의미한다고 본다.

✕ 오답 풀이 ㄴ. 진화론은 과거보다 미래의 사회 변동을 설명하는 데 적합하다.
ㄹ. 진화론은 서구 중심적인 이론이라는 한계점을 갖는다. (가)에는 순환론의 한계로 옳지 않은 내용이 들어갈 수 있다. 따라서 해당 내용은 (가)에 들어갈 수 있다.

이것만은 꼭!
1. 진화론은 사회 변동이 진보와 발전을 의미한다고 본다.
2. 순환론은 사회가 진보의 과정을 거친 후에 필연적으로 퇴보의 과정으로 나아가는 일종의 순환적인 변동을 반복한다고 본다.
3. 순환론은 미래 사회의 변동을 예측하여 대응하는 데 적합하지 않다.

30 진화론과 순환론 | 정답 ④ | 20년 3월 학력평가 17번

①	②	③	❹	⑤
3%	8%	9%	70%	10%

사회 변동에 관한 이론 A, B에 대한 옳은 설명만을 〈보기〉에서 고른 것은?

구분	A - 순환론	B - 진화론
입장	사회는 생성, 성장, 쇠퇴, 소멸의 과정을 반복한다.	사회는 단순한 상태로부터 보다 복잡하고 분화된 상태로 변동해 간다.

보기

ㄱ. A(B)는 사회 변동을 진보의 과정으로 이해한다.
ㄴ. B는 사회가 일정한 방향으로 진화한다고 본다. (진화론)
ㄷ. A(B)는 B(A)와 달리 미래의 사회 변동을 예측하는 데 적합하다. (진화론)
ㄹ. B는 A와 달리 서구 중심적인 입장이라는 비판을 받는다. (진화론)

① ㄱ, ㄴ ② ㄱ, ㄷ ③ ㄴ, ㄷ ④ ㄴ, ㄹ ⑤ ㄷ, ㄹ

✔ 자료 분석 A는 사회가 생성, 성장, 쇠퇴, 소멸의 과정을 반복한다고 바라보고 있으므로 이는 순환론에 해당한다. B는 사회가 단순한 상태에서 복잡한 상태로 변동한다고 보고 있으므로 이는 진화론에 해당한다.

○ 정답 찾기 ㄴ. 진화론은 사회 변동이 진보와 발전이라는 일정한 방향으로 나타난다고 본다.
ㄹ. 진화론은 서구가 진보된 사회임을 전제하므로 서구 제국주의 역사를 정당화하는 수단으로 악용될 우려가 있으며, 서구 중심적이라는 비판을 받는다.

✕ 오답 풀이 ㄱ. 사회 변동을 진보의 과정으로 이해하는 이론은 진화론이다.
ㄷ. 순환론은 지난 역사 속에서 반복되는 사회 변동을 설명하고 해석하기에는 유용하지만, 현 시점이 순환 과정 중 어디에 위치하는지 설명하지 못하므로 미래의 사회 변동을 예측하기에는 적합하지 않다.

이것만은 꼭!
1. 순환론은 사회가 생성, 성장, 쇠퇴, 소멸의 과정을 반복한다고 본다.
2. 진화론은 사회가 단순한 상태로부터 복잡한 상태로 변동해 간다고 본다.
3. 진화론은 서구 중심적이라는 비판을 받으며, 순환론은 미래의 사회 변동을 예측하기 어렵다는 한계를 가진다.

31 순환론

| 정답 ③ | 20년 4월 학력평가 19번

①	②	❸	④	⑤
12%	6%	70%	8%	4%

다음 글에 나타난 사회 변동을 설명하는 이론에 대한 옳은 설명만을 〈보기〉에서 고른 것은?

문화에도 인간과 유사하게 생애 주기가 있어 문화마다 유년기, 청년기, 성년기, 노년기를 경험 한다. 인류의 역사란 그러한 문화들의 집합적 전기(傳記)이다. 어떤 문화가 창조되고 형성되는 시기를 거쳐 정점에 다다를수록 그 문화가 지닌 힘은 더욱 명확하고 강력해진다. 그리고 모든 유기체가 성장 이후 소멸의 과정을 거치듯이 문화도 정점을 지난 후에는 쇠퇴기가 오며 궁극적으로 몰락하는 운명을 맞는다.
순환론

보기

ㄱ. 사회가 단순한 형태에서 복잡한 형태로 진화한다고 본다. (진화론)
ㄴ. 사회 변동이 항상 진보와 발전을 의미하는 것은 아니라고 본다. (순환론)
ㄷ. 미래의 사회 변동에 대한 역동적 대응이 곤란하다는 비판을 받는다. (순환론)
ㄹ. 서구 제국주의를 정당화하는 수단으로 악용된다는 비판을 받는다. (진화론)

① ㄱ, ㄴ ② ㄱ, ㄷ ③ ㄴ, ㄷ ④ ㄴ, ㄹ ⑤ ㄷ, ㄹ

✔ 자료 분석 제시문은 문화가 정점을 지난 후에는 쇠퇴기가 오며 궁극적으로 몰락한다고 보고 있다. 이는 순환론에 해당한다.

O 정답 찾기 ㄴ. 진화론은 사회 변동이 항상 진보와 발전을 의미한다고 보는 반면, 순환론은 쇠퇴와 소멸의 형태로도 사회 변동이 나타날 수 있다고 본다.
ㄷ. 순환론은 현 시점이 순환 과정 중 어디에 위치하는지 설명하기가 어렵기 때문에 앞으로의 사회 변동에 대한 예측이 어려우며, 이로 인해 대응 또한 곤란하다는 비판을 받는다.

✕ 오답 풀이 ㄱ. 진화론은 사회가 단순한 형태에서 복잡한 형태로 성장, 진보한다고 본다.
ㄹ. 진화론은 서구 사회를 진보된 사회로 전제하므로 서구 중심주의적이며, 서구 제국주의를 정당화하는 수단으로 악용된다는 비판을 받는다.

이것만은 꼭!

1. 순환론은 사회 변동이 항상 진보와 발전을 의미하는 것은 아니라고 본다.
2. 순환론은 앞으로의 사회 변동에 역동적 대응이 곤란하다는 비판을 받는다.
3. 진화론은 서구 제국주의를 정당화하는 수단으로 악용된다는 비판을 받는다.

32 진화론과 순환론

| 정답 ③ | 20년 7월 학력평가 7번

①	②	❸	④	⑤
2%	6%	82%	7%	3%

사회 변동의 방향을 바라보는 갑, 을의 관점에 대한 설명으로 옳은 것은?

갑: 사회 변동은 '인간이 환경에 적응하기 위한 노력'에 의해 이루어집니다. 그 결과 사회는 '단순한 것에서 복잡한 것'으로, '미개한 사회로부터 문명화된 사회'로 발전하게 됩니다. (진화론)
을: 사회 변동은 역사 속의 내재된 힘에 의해 감각적, 관념적, 이상적 문화가 교대로 지배하는 과정의 연속입니다. 따라서 각각의 문화는 일정 수준까지 발전하면 더 이상 발전하지 못하고 필연적으로 쇠퇴하여 소멸하게 됩니다. (순환론)

① 갑(→을)의 관점은 운명론적 관점에서 사회 변동을 설명한다. (순환론)
② 을(→갑)의 관점은 사회 변동이 항상 진보를 의미하지 않는다는 점을 간과한다. (진화론)
③ 갑의 관점은 을의 관점과 달리 사회 발전을 서구화로 전제함으로써 제국주의의 침략을 정당화한다는 비판을 받는다. (진화론)
④ 을(→갑)의 관점은 갑(→을)의 관점과 달리 모든 사회가 동일한 단계를 거쳐 단선적으로 발전한다고 본다. (진화론)
⑤ 갑, 을의 관점은 모두 사회 변동을 사회 전체가 갈등을 극복하고 균형을 찾아가는 과정으로 본다(→보지 않는다).

✔ 자료 분석 갑은 사회가 단순한 사회에서 복잡한 사회로, 미개한 사회에서 문명화된 사회로 발전하게 된다고 보고 있으므로 이는 진화론에 해당한다. 을은 사회 변동 과정에서 사회가 일정 수준까지 발전하면 필연적으로 쇠퇴하게 된다고 보고 있으므로 이는 순환론에 해당한다.

O 정답 찾기 ③ 진화론이 전제하는 문명화되고 발전된 사회는 서구 사회이며, 이로 인해 진화론은 제국주의 침략을 정당화한다는 비판을 받는다.

✕ 오답 풀이 ① 순환론은 모든 사회가 언젠가는 소멸된다고 보므로 운명론적 관점이라는 평가를 받는다.
② 진화론은 모든 사회 변동을 진보의 과정으로 보지만, 현실적으로 모든 사회 변동이 진보 및 발전의 형태로 나타나지는 않는다. 따라서 진화론은 모든 사회 변동이 항상 진보를 의미하지 않음을 간과한다는 비판을 받는다.
④ 진화론은 모든 사회가 단순한 형태에서 복잡한 형태로 동일한 단계를 거쳐 발전한다고 본다.
⑤ 갈등론은 피지배 집단이 지배 집단에 저항하는 과정에서 구조적 모순과 갈등으로 인해 사회 변동이 나타난다고 본다. 반면에 기능론은 일시적인 불균형 상태에서 균형을 찾아가는 과정을 사회 변동으로 본다.

이것만은 꼭!

1. 진화론은 서구 사회가 진보된 사회임을 전제한다.
2. 순환론은 운명론적 관점에서 사회 변동을 설명한다.
3. 진화론은 모든 사회가 동일한 단계로 발전한다고 본다.

33 사회 운동

| 정답 ② | 20년 7월 학력평가 9번

①	②	③	④	⑤
2%	76%	5%	3%	14%

밑줄 친 ㉠~㉥에 대한 옳은 설명만을 〈보기〉에서 고른 것은?

㉠ 사회 운동은 특정 목적의 달성을 위해 의도적 · 조직적 · 지속적인 형태로 이루어지는 집합 행동을 의미한다. 예를 들어 노동자의 권익 향상을 위해 ㉡ 시민 단체가 집회를 전개한 결과, 노동자 관련 ㉢ 법 조항 중 일부가 개정되어 인권이 강화된 경우를 들 수 있다. 또한 국민을 착취하고 억압하는 정부에 대한 ㉣ 반정부 시위가 ㉤ 혁명으로 이어져 민주적 선거를 통해 ㉥ 새로운 정부가 구성된 경우도 이에 해당한다.

급진적 변동 추구

보기

ㄱ. ㉠은 일반적으로 사회 변동을 유발하지만, 변동의 속도를 늦추기도 한다.
ㄴ. ㉡의 활동은 ㉣을 전제로 할 때 정당성이 부여된다. (되는 것은 아니다.)
ㄷ. ㉤은 ㉢에 비해 급진적인 변동을 추구한다. (혁명)
ㄹ. ㉥은 ㉢과 달리 기존 사회 질서가 변동된 사례에 해당한다. (㉢, ㉥은 모두)

① ㄱ, ㄴ ② ㄱ, ㄷ ③ ㄴ, ㄷ ④ ㄴ, ㄹ ⑤ ㄷ, ㄹ

✓ 자료 분석 사회 운동은 명확한 목표를 갖고 의도적이고 지속적이며 조직적으로 움직이는 집합 행동이다.

O 정답 찾기 ㄱ. 사회 운동은 운동의 성격에 따라 사회 변동을 유발하기도 하고 사회 변동의 속도를 늦추기도 한다.
ㄷ. 혁명은 기존의 사회 구조 자체를 붕괴시키고 새로운 질서를 형성하고자 한다는 점에서 급진적인 변동을 추구한다. 반면, 법 조항의 개정은 현재의 사회 구조 내에서의 변화를 추구하므로 혁명에 비해 급진적인 변동을 추구한다고 보기 어렵다.

× 오답 풀이 ㄴ. 시민 단체의 활동이 반정부 시위를 전제로 할 때 정당성이 부여되는 것은 아니다.
ㄹ. 법 조항의 일부 개정과 새로운 정부의 구성은 모두 기존의 사회 질서가 변동된 사례에 해당한다.

이것만은 꼭!

1. 사회 운동은 사회 변동을 이끌어 내기 위한 지속적이면서 집단적인 노력이다.
2. 사회 운동은 목표와 활동을 정당화하는 구체적인 신념과 가치를 가진다.
3. 사회 운동은 각 사회가 처한 특수한 상황에 따라 다양한 모습으로 나타난다.

34 사회 운동

| 정답 ⑤ | 20년 10월 학력평가 4번

①	② 함정	③	④	⑤
4%	16%	6%	5%	69%

자료는 사회학적 개념 A를 정리한 것이다. 이에 대한 옳은 설명만을 〈보기〉에서 고른 것은?

〈 A 〉 - 사회 운동

○ 의미: 다수의 사람들이 자신들의 신념이나 가치를 실현하기 위해 지속적으로 수행하는 활동
○ 특징: (가)
○ 사례: ㉠ 왕정복고 운동, ㉡ 인종 차별 철폐 운동 등

보기

ㄱ. A는 지배 집단이 아닌 피지배 집단이 주체가 된다.
ㄴ. ㉡은 ㉠과 달리 사회 변화를 목적으로 한다.
ㄷ. ㉠과 ㉡은 모두 활동을 정당화하는 이념을 가지고 있다. - 사회 운동의 특징
ㄹ. (가)에 '조직적이고 체계화된 방식으로 나타남'이 들어갈 수 있다. (사회 운동의 특징)

① ㄱ, ㄴ ② ㄱ, ㄷ ③ ㄴ, ㄷ ④ ㄴ, ㄹ ⑤ ㄷ, ㄹ

✓ 자료 분석 신념과 가치의 실현을 위해 다수 사람들이 자발적이고 집단적으로 수행하는 지속적인 활동을 사회 운동이라고 한다. 따라서 A는 사회 운동에 해당한다.

O 정답 찾기 ㄷ. ㉠과 ㉡은 모두 사회 운동에 해당하며, 각각의 사회 운동에서 추구하는 목표와 활동 방향을 정당화하는 이념을 바탕으로 한 활동이다.
ㄹ. 사회 운동은 뚜렷한 목표와 이를 달성하기 위한 구체적인 활동 방법과 계획을 갖추고 있으며, 이러한 계획이 조직적이고 체계화된 방식으로 나타난다. 따라서 해당 내용은 (가)에 들어갈 수 있다.

× 오답 풀이 ㄱ. 사회 운동은 지배 집단과 피지배 집단 누구나 사회의 구성원이라면 주체가 될 수 있다.
ㄴ. ㉠과 ㉡은 모두 사회 변화를 목적으로 하는 사회 운동에 해당한다.

함정 클리닉

②번을 정답으로 잘못 선택하였다면, 사회 운동의 주체가 피지배 집단만이 된다고 착각했을 가능성이 크다. 사회 운동의 주체는 피지배 집단만이 아니라 지배 집단 모두가 될 수 있다.

이것만은 꼭!

1. 사회 운동은 가치 실현을 위한 다수의 지속적 활동이다.
2. 사회 운동은 활동을 정당화하는 이념을 가지고 있다.
3. 사회 운동은 조직적이고 체계화된 방식으로 나타난다.

35 순환론

| 정답 ④ | 20년 10월 학력평가 17번

①	②	③	❹	⑤
3%	1%	1%	93%	2%

다음 사회 변동 이론에 대한 설명으로 옳은 것은?

> 만물이 흙에서 생겨나고 흙으로 돌아가는 과정을 반복하듯이 사회 역시 생성과 소멸의 과정을 반복하며 변동한다. 이러한 사회 변동 과정은 인류 사회 어디에서나 보편적이다. - 순환론

① 사회 변동과 사회 발전을 동일시한다. 진화론
② 사회 변동에 대한 운명론적 입장을 ~~배척~~한다. 순환론 강조
③ 서구 중심적인 사회 변동 이론이라는 비판을 받는다. 진화론
④ 과거에 나타난 흥망성쇠의 역사를 설명하는 데 적합하다. 순환론
⑤ 사회 변동 과정에서 인간의 주체적이고 능동적인 역할을 ~~중시~~ 경시 한다.

✓ 자료 분석 제시문은 사회가 생성과 소멸의 과정을 반복한다고 보고 있으므로 이는 순환론에 해당한다.

O 정답 찾기 ④ 순환론은 인류의 역사 속에서 수많은 사회들이 흥망성쇠를 거듭하였으므로 역사 속에서 반복되는 사회 변동을 설명하고 해석하는 데 적합하다.

× 오답 풀이 ① 진화론은 사회 변동이 진화라는 일정한 방향으로 나타나며, 사회 변동을 진보와 발전으로 이해한다.
② 순환론은 모든 사회가 언젠가는 쇠퇴하고 소멸될 것이라고 보므로 운명론적 관점이라는 평가를 받는다.
③ 진화론이 전제하고 있는 진보된 사회는 서구 사회이다. 이로 인해 진화론은 서구 중심적이며, 서구의 제국주의 역사를 정당화하는 수단으로 악용될 우려가 있다는 비판을 받는다.
⑤ 순환론은 운명론적 관점으로 사회 변동을 보므로 사회 변동에 작용하는 인간 행위의 역동성과 자율성을 경시한다는 비판을 받는다.

이것만은 

1. 순환론은 지난 역사 속의 사회 변동을 설명하기에 적합하다.
2. 순환론은 인간의 주체적 역할을 경시한다는 비판을 받는다.
3. 진화론은 서구 중심적인 사회 변동이라는 비판을 받는다.

산업 사회와 정보 사회

제1권 p.107 ~ 111

01 ④ 02 ③ 03 ⑤ 04 ⑤ 05 ③ 06 ④ 07 ③ 08 ② 09 ① 10 ② 11 ② 12 ① 13 ⑤ 14 ⑤ 15 ④ 16 ② 17 ①

01 산업 사회와 정보 사회

| 정답 ④ | 24년 3월 학력평가 19번

①	②	③	❹	⑤
17%	7%	9%	59%	8%

다음 자료에 대한 설명으로 옳은 것은? (단, A, B는 각각 산업 사회, 정보 사회 중 하나임.) [3점]

표는 A, B를 비교하는 질문과 그에 대한 갑, 을의 응답을 나타낸 것이다. 옳은 응답의 개수는 을이 갑보다 많다.

질문	응답	
	갑	을
A는 B에 비해 가정과 일터의 결합 정도가 높은가? (산업 사회, 정보 사회, 정보 사회 > 산업 사회)	~~예~~	(아니요)
B는 A에 비해 소품종 대량 생산의 비중이 높은가? (산업 사회 > 정보 사회)	(아니요)	㉠ 아니요
(가)	예	예

① ㉠은 '예'이다. (아니요)
② A는 B에 비해 사회의 다원화 정도가 높다. (낮다.)
③ B는 A에 비해 전자 상거래의 비중이 낮다. (높다.)
④ (가)에 'A는 B에 비해 사회 구성원 간 비대면 접촉 비중이 높은가?'가 들어간다면, 갑의 응답 중 옳은 것은 1개이다. (정보 사회 > 산업 사회)
⑤ (가)에 'B는 A에 비해 정보의 생산자와 소비자 간 구분이 명확한가?'가 들어간다면, 을의 응답 중 옳은 것은 3개이다. (산업 사회 > 정보 사회, 2)

✔ 자료 분석 가정과 일터의 결합 정도는 정보 사회 > 산업 사회이고, 소품종 대량 생산의 비중은 산업 사회 > 정보 사회이다. A가 정보 사회, B가 산업 사회인 경우 첫 번째 질문에 대한 갑의 응답은 옳고, 을의 응답은 옳지 않으며, 두 번째 질문에 대한 갑의 응답은 옳지 않다. 이 경우 을은 갑보다 옳은 응답의 개수가 많을 수 없다. 따라서 A는 산업 사회, B는 정보 사회이다.

O 정답 찾기 ④ 정보 사회는 산업 사회에 비해 사회 구성원 간 비대면 접촉 비중이 높다. 해당 질문이 (가)에 들어가면, (가)에 대한 옳은 응답은 '아니요'이다. 따라서 두 번째 질문에 대한 갑의 응답만 옳으므로 갑의 응답 중 옳은 것은 1개이다.

X 오답 풀이 ① 첫 번째 질문에 대한 갑의 응답은 옳지 않고, 을의 응답은 옳으며, 두 번째 질문에 대한 갑의 응답은 옳다. 을은 갑보다 옳은 응답의 개수가 많으므로 두 번째 질문에 대한 을의 답변은 옳아야 한다. 따라서 ㉠은 '아니요'이다.
② 산업 사회는 정보 사회에 비해 사회의 다원화 정도가 낮다.
③ 정보 사회는 산업 사회에 비해 전자 상거래의 비중이 높다.
⑤ 산업 사회는 정보 사회에 비해 정보의 생산자와 소비자 간 구분이 명확하다. 해당 질문이 (가)에 들어가면, (가)에 대한 옳은 응답은 '아니요'이다. 따라서 첫 번째 질문과 두 번째 질문에 대한 을의 응답만 옳으므로 을의 응답 중 옳은 것은 2개이다.

이것만은 꼭!
1. 정보 사회는 산업 사회에 비해 가정과 일터의 결합 정도가 높다.
2. 정보 사회는 산업 사회에 비해 전자 상거래의 비중이 높다.
3. 정보 사회는 산업 사회에 비해 사회 구성원 간 비대면 접촉 비중이 높다.

02 정보 격차

| 정답 ③ | 24년 5월 학력평가 17번

①	②	❸	④	⑤
1%	1%	96%	1%	1%

그림에 나타난 정책들을 통해 공통적으로 기대할 수 있는 효과로 가장 적절한 것은?

점자와 음성 정보를 제공해 주는 공공 서비스를 통해 시각 장애인도 정보를 쉽게 찾을 수 있게 될 거예요.

노인 대상 정보 통신 교육 정책으로 노인들도 무인 정보 단말기를 능숙하게 사용할 수 있게 될 거예요.

정보 접근 및 활용 격차 감소 기대

① 정보 기기에 대한 과도한 의존 문제가 감소할 것이다.
② 개인 정보 유출로 인한 사생활 침해 문제가 감소할 것이다.
③ 사회 구성원 간 정보 접근 및 활용의 격차가 감소할 것이다.
④ 사이버 공간 속 익명성으로 인한 명예 훼손 문제가 감소할 것이다.
⑤ 검증되지 않은 정보 확산으로 인한 정보 오남용 문제가 감소할 것이다.

✔ 자료 분석 제시된 그림에는 시각 장애인과 노인을 대상으로 정보의 접근과 활용에 있어 지원을 하는 정책이 나타나 있다.

O 정답 찾기 ③ 시각 장애인과 노인에게 정보에 접근하고 정보를 활용할 수 있도록 지원하는 정책을 통해 정보 접근 및 활용 측면에서 나타나는 정보 격차가 감소할 것이다.

X 오답 풀이 ①, ②, ④, ⑤ 제시된 그림에 나타난 정책을 통해 기대할 수 있는 효과로 적절하지 않다.

이것만은 꼭!
1. 정보 사회에서는 지식과 정보가 가장 중요한 부의 원천으로 인식된다.
2. 정보 격차는 정보의 접근, 소유, 활용 능력 등의 차이로 인해 발생하는 정보 불평등 현상을 말한다.
3. 정보 격차로 인해 경제적 불평등이 심화될 수 있다.

03 산업 사회와 정보 사회

| 정답 ⑤ | 24년 7월 학력평가 4번

①	②	③	④	❺
7%	9%	5%	5%	74%

A, B에 대한 설명으로 옳은 것은? (단, A, B는 각각 산업 사회, 정보 사회 중 하나임.)

> 산업 사회
> A는 주로 노동과 자본을 집약하여 부가 가치를 창출한다.
> 정보 사회 - B는 일반적으로 지식과 정보가 부가 가치 창출의 원천으로 활용되며, A에 비해 (가) 이/가 낮은 특징이 나타난다.
> 산업 사회 > 정보 사회

① A에 비해 B는 의사 결정의 분권화 정도가 ~~낮다~~. 높다.
② B에 비해 A는 직업의 이질성이 ~~높다~~. 낮다.
③ ~~A~~B는 다품종 소량 생산이, ~~B~~A는 소품종 대량 생산이 지배적이다.
④ (가)에는 '비대면 접촉의 비중'이 들어갈 수 ~~있다~~. 없다. (정보 사회 > 산업 사회)
⑤ (가)에는 '가정과 일터의 결합 정도'가 들어갈 수 없다. (정보 사회 > 산업 사회)

✔ 자료 분석 노동과 자본을 집약하여 부가 가치를 창출하는 사회는 산업 사회이고, 지식과 정보가 부가 가치 창출의 원천으로 활용되는 사회는 정보 사회이다. 따라서 A는 산업 사회, B는 정보 사회이고, (가)에는 정보 사회가 산업 사회에 비해 낮게 나타나는 특징이 들어가야 한다.

O 정답 찾기 ⑤ 가정과 일터의 결합 정도는 정보 사회가 산업 사회에 비해 높다. 따라서 해당 내용은 (가)에 들어갈 수 없다.

X 오답 풀이 ① 정보 사회는 산업 사회에 비해 의사 결정의 분권화 정도가 높다.
② 산업 사회는 정보 사회에 비해 직업의 이질성이 낮다.
③ 산업 사회는 소품종 대량 생산이, 정보 사회는 다품종 소량 생산이 지배적이다.
④ 비대면 접촉의 비중은 정보 사회가 산업 사회에 비해 높다. 따라서 해당 내용은 (가)에 들어갈 수 없다.

이것만은 꼭!

1. 산업 사회는 정보 사회에 비해 직업의 동질성이 높고, 정보 사회는 산업 사회에 비해 직업의 이질성이 높다.
2. 산업 사회는 정보 사회에 비해 대면 접촉의 비중이 높고, 정보 사회는 산업 사회에 비해 비대면 접촉의 비중이 높다.
3. 산업 사회는 정보 사회에 비해 가정과 일터의 분리 정도가 높고, 정보 사회는 산업 사회에 비해 가정과 일터의 결합 정도가 높다.

04 정보 사회의 문제점

| 정답 ⑤ | 24년 10월 학력평가 9번

①	②	③	④	❺
0%	0%	1%	1%	98%

(가)에 들어갈 내용으로 가장 적절한 것은?

> 필터 버블이란 인터넷 정보 제공자가 이용자에게 맞춤형 정보를 제공함으로써 이용자가 걸러진 정보만을 접하게 되는 현상을 말한다. 필터 버블에 갇힌 사람들은 자신의 의견과 일치하는 정보만을 접하게 되고 자신이 가진 견해가 더 널리 퍼져 있거나 더 옳다고 믿게 되는 확증 편향에 빠지기 쉽다. 이러한 문제를 해결하기 위해 (가)

① 저작권 침해 예방 교육이 필요하다.
② 정보 취약 계층에 정보 기기를 지원해야 한다.
③ 거짓 정보 유포에 대한 법적 규제를 강화해야 한다.
④ 정보 기기 사용 시간에 대한 자기 조절 능력을 배양해야 한다.
⑤ 온라인상에서 접하는 정보에 대한 비판적 수용 태도가 필요하다.

✔ 자료 분석 제시문은 자신의 견해나 주장에 도움이 되는 정보만을 선택적으로 취하고 자신이 믿고 싶지 않은 정보는 의도적으로 외면하는 확증 편향을 우려하고 있다.

O 정답 찾기 ⑤ 확증 편향에 빠지지 않기 위해서는 정보 이용자가 온라인상에서 접하는 정보를 비판적으로 수용하는 태도가 필요하다. 따라서 해당 내용은 (가)에 들어갈 수 있다.

X 오답 풀이 ①, ②, ③, ④ (가)에 들어갈 내용으로 적절하지 않다.

이것만은 꼭!

1. 정보 사회에서는 정보를 비판적으로 분석하고 주체적으로 선택하는 능력을 함양하는 것이 필요하다.
2. 정보 사회에서는 지식과 정보를 가장 중요한 부의 원천으로 인식한다.

05 산업 사회와 정보 사회

| 정답 ③ | 23년 10월 학력평가 4번

①	②	❸	④	⑤
2%	4%	89%	3%	2%

다음 자료에 대한 설명으로 옳은 것은? (단, A와 B는 각각 산업 사회와 정보 사회 중 하나임.) [3점]

○ 과제: 제시된 비교 기준에 따라 A와 B를 비교할 때, 상대적으로 '강함(높음)'으로 평가되는 사회의 스티커를 떼어 답란에 붙이시오.

스티커

A: ○○○○ (산업 사회)　　B: ☆☆☆☆ (정보 사회)

○ 학생 갑이 붙인 스티커와 교사의 평가

비교 기준	답란	교사의 평가
가정과 일터의 결합 정도 정보 사회 > 산업 사회	○	오답
(가) 산업 사회 > 정보 사회	☆	오답
쌍방향 매체의 활용 비중 정보 사회 > 산업 사회	㉠	정답
(나) 산업 사회 > 정보 사회	○	정답

① ㉠은 '○'이다. (★)
② (가)에 '지식 서비스 산업 종사자의 비중'이 들어갈 수 있다. (정보 사회 > 산업 사회, 없다.)
③ (나)에 '소품종 대량 생산 방식의 비중'이 들어갈 수 있다. (산업 사회 > 정보 사회)
④ A는 B에 비해 사회 변동의 속도가 빠르다. (B는 A에)
⑤ B는 A에 비해 정보 제공자와 수용자 간의 구분이 명확하다. (A는 B에)

✓ 자료 분석 정보 사회는 산업 사회에 비해 가정과 일터의 결합 정도와 쌍방향 매체의 활용 비중이 높다. 따라서 A는 산업 사회, B는 정보 사회이다.

O 정답 찾기 ③ (나)에는 산업 사회가 정보 사회에 비해 높게 나타나는 기준이 들어가야 한다. 산업 사회는 정보 사회에 비해 소품종 대량 생산 방식의 비중이 높다. 따라서 해당 내용은 (나)에 들어갈 수 있다.

X 오답 풀이 ① 정보 사회는 산업 사회에 비해 쌍방향 매체의 활용 비중이 높다. 해당 비교 기준에 대한 교사의 평가가 '정답'이므로 ㉠은 '★'이다.
② (가)에는 산업 사회가 정보 사회에 비해 높게 나타나는 기준이 들어가야 한다. 정보 사회는 산업 사회에 비해 지식 서비스 산업 종사자의 비중이 높다. 따라서 해당 내용은 (가)에 들어갈 수 없다.
④ 정보 사회는 산업 사회에 비해 사회 변동의 속도가 빠르다.
⑤ 산업 사회는 정보 사회에 비해 정보 제공자와 수용자 간의 구분이 명확하다.

이것만은 꼭!

1. 정보 사회에서는 쌍방향 매체의 발달로 사회적 관계 형성의 공간적 제약이 극복 가능하다.
2. 정보 사회는 산업 사회에 비해 가정과 일터의 결합 정도가 높다.
3. 산업 사회는 정보 사회와 달리 소품종 대량 생산 방식이 지배적이다.

06 산업 사회와 정보 사회

| 정답 ④ | 22년 3월 학력평가 10번

①	②	③	❹	⑤
5%	6%	10%	74%	5%

다음 자료에 대한 옳은 설명만을 〈보기〉에서 고른 것은? [3점]

ㅇ게임 규칙: 두 사람이 6장의 카드 중 각각 2장의 카드를 선택하는데, 각 카드를 통해 획득하는 점수의 합이 큰 사람이 승자가 된다. 단, 한 사람이 선택한 카드는 다른 사람이 선택할 수 없다.

ㅇ각 카드에 부여된 점수: 정보 사회가 산업 사회보다 '강함(높음)'으로 평가되는 비교 기준이 적혀 있는 카드는 각각 2점씩이고, 나머지 카드는 각각 0점씩이다.

ㅇ각 카드에 적혀 있는 비교 기준

보기

ㄱ. (가)와 (다)를 통해 획득하는 점수의 합은 0점이다. (2)

ㄴ. (나)와 (라)를 통해 획득하는 점수의 합은 4점이다.

ㄷ. (가)와 (라)를 선택한 사람의 점수 합과 (마)와 (바)를 선택한 사람의 점수 합은 같다. (다르다)

ㄹ. 두 사람이 각각 2장씩 카드를 선택한 후 (다)와 (바)가 남았다면 두 사람 중 승자는 없다.

① ㄱ, ㄴ ② ㄱ, ㄷ ③ ㄴ, ㄷ ④ ㄴ, ㄹ ⑤ ㄷ, ㄹ

✓ 자료 분석 각 카드에 적혀 있는 비교 기준에 따른 점수를 나타내면 다음과 같다.

카드	비교 기준	비교	부여 점수
(가)	사회 변동 속도	정보 사회 > 산업 사회	2점
(나)	사회 다원화 정도	정보 사회 > 산업 사회	2점
(다)	관료제 조직의 비중	정보 사회 < 산업 사회	0점
(라)	쌍방향 매체의 활용 비중	정보 사회 > 산업 사회	2점
(마)	재택근무 방식의 활용 정도	정보 사회 > 산업 사회	2점
(바)	소품종 대량 생산 방식의 비중	정보 사회 < 산업 사회	0점

ㅇ 정답 찾기 ㄴ. (나)와 (라)를 통해 획득하는 점수는 각각 2점이다. 따라서 (나)와 (라)를 통해 획득하는 점수의 합은 4점이다.

ㄹ. 두 사람이 각각 2장씩 카드를 선택한 후 남은 카드가 (다)와 (바)라면 두 사람이 가져간 카드는 모두 2점짜리 카드이다. 따라서 두 사람이 어떤 카드를 가져가더라도 획득한 점수는 각각 4점으로 같다.

✕ 오답 풀이 ㄱ. (가)를 통해 획득하는 점수는 2점, (다)를 통해 획득하는 점수는 0점이다. 따라서 (가)와 (다)를 통해 획득하는 점수의 합은 2점이다.

ㄷ. (가)와 (라)를 선택한 사람의 점수 합은 4점이고, (마)와 (바)를 선택한 사람의 점수 합은 2점이다.

이것만은 꼭!

1. 사회 다원화 정도는 정보 사회가 산업 사회보다 높다.
2. 관료제 조직의 비중은 정보 사회가 산업 사회보다 낮다.
3. 소품종 대량 생산 방식의 비중은 정보 사회가 산업 사회보다 낮다.

07 산업 사회와 정보 사회

| 정답 ③ | 22년 4월 학력평가 13번

①	②	❸	④	⑤
2%	8%	70%	10%	10%

그림은 기준 (가), (나)에 따라 A, B의 일반적인 특징을 비교한 것이다. 이에 대한 설명으로 옳은 것은? (단, A와 B는 각각 산업 사회, 정보 사회 중 하나이다.)

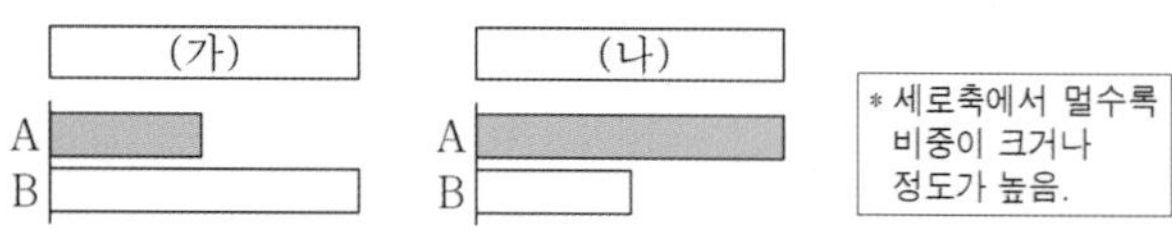

① A가 정보 사회라면, (가)(나)에는 '전자 상거래의 비중'이 들어갈 수 있다. (정보 사회 > 산업 사회)

② B가 산업 사회라면, (나)(가)에는 '사회적 관계를 맺는 공간적 제약의 정도'가 들어갈 수 있다. (정보 사회 < 산업 사회)

③ (가)가 '사회의 다원화 정도'라면, A는 B에 비해 정보 생산자와 소비자 간 구분이 명확하다. (정보 사회 > 산업 사회 / 정보 사회 < 산업 사회)

④ (나)가 '다품종 소량 생산 방식의 비중'이라면, B(A)는 A(B)에 비해 사회 변동 속도가 빠르다. (정보 사회 > 산업 사회 / 정보 사회 > 산업 사회)

⑤ (가)가 '2차 산업의 비중'이라면, (나)에는 '가정과 일터의 분리 정도'가 들어갈 수 있다(없다). (정보 사회 < 산업 사회 / 정보 사회 < 산업 사회)

✓ 자료 분석 (가)에는 A<B인 특징이, (나)에는 A>B인 특징이 들어갈 수 있다.

ㅇ 정답 찾기 ③ 사회의 다원화 정도는 정보 사회가 산업 사회보다 높다. 따라서 (가)에 사회의 다원화 정도가 들어가면, A는 산업 사회, B는 정보 사회이다. 정보 사회에 비해 산업 사회에서는 정보 생산자와 소비자 간 구분이 명확하다.

✕ 오답 풀이 ① 전자 상거래의 비중은 정보 사회가 산업 사회보다 높다. A가 정보 사회라면, 전자 상거래 비중은 (나)에 들어갈 수 있다.

② 사회적 관계를 맺는 공간적 제약의 정도는 정보 사회가 산업 사회보다 낮다. B가 산업 사회라면, 공간적 제약의 정도는 (가)에 들어갈 수 있다.

④ 산업 사회는 소품종 대량 생산 방식의 비중이, 정보 사회는 다품종 소량 생산 방식의 비중이 높다. (나)가 다품종 소량 생산 방식의 비중이라면, A는 정보 사회, B는 산업 사회이다. 사회 변동 속도는 정보 사회가 산업 사회보다 빠르다.

⑤ 2차 산업의 비중은 산업 사회가 정보 사회보다 높다. (가)가 2차 산업의 비중이라면, A가 정보 사회, B가 산업 사회이다. 가정과 일터의 분리 정도는 산업 사회가 정보 사회보다 높다. 따라서 해당 내용은 (나)에 들어갈 수 없다.

이것만은 꼭!

1. 사회의 다원화 정도는 정보 사회가 산업 사회보다 높다.
2. 가정과 일터의 분리 정도는 산업 사회가 정보 사회보다 높다.
3. 정보 생산자와 소비자 간 구분의 정도는 산업 사회가 정보 사회보다 높다.

08 산업 사회와 정보 사회 | 정답 ② | 22년 7월 학력평가 5번

①	❷	③	④	⑤
6%	84%	5%	3%	2%

다음 자료에 대한 설명으로 옳은 것은? (단, A와 B는 각각 산업 사회, 정보 사회 중 하나이다.) [3점]

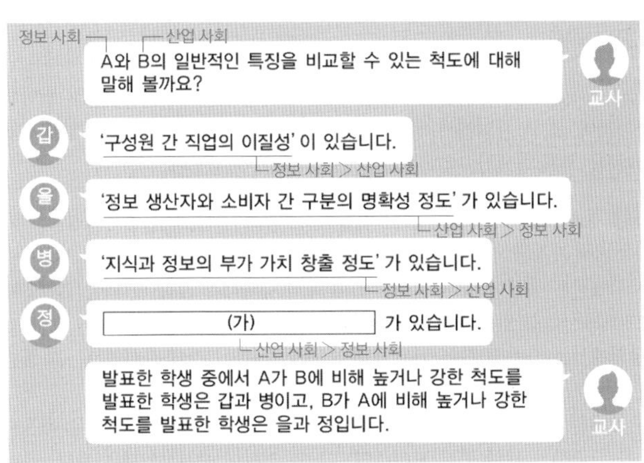

정보 사회
산업 사회
A와 B의 일반적인 특징을 비교할 수 있는 척도에 대해 말해 볼까요?
교사
갑
'구성원 간 직업의 이질성' 이 있습니다.
정보 사회 > 산업 사회
을
'정보 생산자와 소비자 간 구분의 명확성 정도' 가 있습니다.
산업 사회 > 정보 사회
병
'지식과 정보의 부가 가치 창출 정도' 가 있습니다.
정보 사회 > 산업 사회
정
(가) 가 있습니다.
산업 사회 > 정보 사회
발표한 학생 중에서 A가 B에 비해 높거나 강한 척도를 발표한 학생은 갑과 병이고, B가 A에 비해 높거나 강한 척도를 발표한 학생은 을과 정입니다.
교사

① A는 B에 비해 정보 이용의 시 · 공간적 제약 정도가 ~~높다~~. 낮다.
② B는 A에 비해 가정과 일터의 분리 정도가 높다.
③ (가)에는 '다품종 소량 생산 방식의 비중'이 적절~~하다~~. 하지 않다.
④ '면대면 접촉의 비중'은 갑과 병이 발표한 척도를 대체할 수 ~~있다~~. 없다.
⑤ '사회의 다원화 정도'는 을과 정이 발표한 척도를 대체할 수 ~~있다~~. 없다.

✔ 자료 분석 정보 사회는 산업 사회에 비해 '구성원 간 직업의 이질성', '지식과 정보의 부가 가치 창출 정도'가 높고, 산업 사회는 정보 사회에 비해 '정보 생산자와 소비자 간 구분의 명확성 정도'가 높다. 따라서 A는 정보 사회, B는 산업 사회이고, (가)에는 산업 사회가 정보 사회보다 높거나 강한 척도가 들어갈 수 있다.

O 정답 찾기 ② 산업 사회는 정보 사회에 비해 가정과 일터의 분리 정도가 높다.

X 오답 풀이 ① 정보 사회는 산업 사회에 비해 정보 이용의 시 · 공간적 제약 정도가 낮다.
③ 정보 사회는 다품종 소량 생산 방식이 주를 이룬다. 따라서 해당 내용은 (가)에 들어갈 수 없다.
④ 산업 사회는 정보 사회에 비해 면대면 접촉의 비중이 높다. 따라서 해당 내용은 갑과 병이 발표한 척도를 대체할 수 없다.
⑤ 정보 사회는 산업 사회에 비해 사회의 다원화 정도가 높다. 따라서 해당 내용은 을과 정이 발표한 척도를 대체할 수 없다.

이것만은 꼭!
1. 산업 사회에서 부가 가치의 원천은 자본, 노동 등이고, 정보 사회에서 부가 가치의 원천은 지식, 정보 등이다.
2. 산업 사회는 소품종 대량 생산 방식이 주를 이루고, 정보 사회는 다품종 소량 생산 방식이 주를 이룬다.
3. 정보 사회는 산업 사회에 비해 가정과 일터의 분리 정도가 낮다.

09 산업 사회와 정보 사회 | 정답 ① | 22년 10월 학력평가 19번

❶	②	③	④	⑤
93%	2%	2%	2%	1%

밑줄 친 ㉠~㉣에 대한 옳은 설명만을 〈보기〉에서 고른 것은?

㉠정보 사회의 도래로 대면 접촉이 줄어들면서 파편화된 인간관계에 대한 우려도 있지만, ㉡SNS(사회 관계망 서비스) 등 뉴 미디어의 발달이 타인과의 교류와 연대를 확장시켜 사회적 결속을 강화할 수 있다는 예측도 있다. 예를 들어 ㉢산업 사회에서는 고립되어 있던 개인들이 ㉣SNS를 통해 관심사가 비슷한 사람들과 거주 지역에 관계없이 폭넓게 교류하며 결속을 다지고 적극적인 사회 구성원으로 활동할 수 있다.

보기
ㄱ. ㉡은 쌍방향 매체의 정보 전달 비중을 확대시킨다.
ㄴ. ㉣은 사회적 관계 형성의 공간적 제약을 극복하는 모습을 보여 준다.
ㄷ. ~~㉠~~은 ~~㉢~~에 비해 가정과 일터의 분리 정도가 높다. (㉢, ㉠)
ㄹ. ~~㉢~~은 ~~㉠~~과 달리 다품종 소량 생산 방식이 지배적이다. (㉠, ㉢)

① ㄱ, ㄴ ② ㄱ, ㄷ ③ ㄴ, ㄷ ④ ㄴ, ㄹ ⑤ ㄷ, ㄹ

✔ 자료 분석 정보 사회에서는 부가 가치를 창출하는 원천으로서 지식과 정보가 중시되고, 재택근무의 확산으로 가정과 직장의 통합이 확대되며, 대면 접촉이 감소하고 사이버 공간을 통해 사회적 관계를 맺는 양상이 증가한다.

O 정답 찾기 ㄱ. SNS와 같은 뉴미디어의 발달은 쌍방향 매체의 정보 전달 비중을 확대시킨다.
ㄴ. 뉴미디어와 같은 쌍방향 매체의 발달은 사회적 관계 형성의 공간적 제약을 극복하는 데 기여한다.

X 오답 풀이 ㄷ. 산업 사회는 정보 사회에 비해 가정과 일터의 분리 정도가 높다.
ㄹ. 정보 사회에서는 다품종 소량 생산 방식이 지배적이다.

이것만은 꼭!
1. 정보 사회에서는 쌍방향 매체의 발달로 사회적 관계 형성의 공간적 제약을 극복할 수 있다.
2. 정보 사회는 산업 사회에 비해 가정과 일터의 결합 정도가 높다.
3. 산업 사회는 소품종 대량 생산 방식이 지배적이다.

10 산업 사회와 정보 사회

| 정답 ② | 21년 3월 학력평가 11번

①	❷	③	④	⑤
3%	88%	3%	3%	3%

표는 A와 B의 특징을 정리한 것이다. 이에 대한 설명으로 옳은 것은? (단, A와 B는 각각 산업 사회와 정보 사회 중 하나이다.)

구분	A	B
특징	○ 정보와 지식이 부가 가치 창출의 주요 원천이다.정보 사회 ○ (가)	○ 생산 방식 측면에서 공장제 기계 공업이 일반화된다.산업 사회 ○ 관료제 조직이 지배적으로 나타난다. 산업 사회

① A는 B에 비해 가정과 일터의 분리 정도가 높다.
산업 사회 > 정보 사회

② A는 B에 비해 쌍방향 통신 매체의 발전 정도가 높다.
산업 사회 < 정보 사회

③ B는 A에 비해 비대면 접촉의 비중이 높다.
산업 사회 < 정보 사회

④ B는 A에 비해 다품종 소량 생산 방식의 비중이 높다.
산업 사회 < 정보 사회

⑤ (가)에 '중간 관리층의 규모와 역할이 확대된다.'가 들어갈 수 있다.
산업 사회

✓ 자료 분석 정보 사회는 지식과 정보가 부가 가치를 창출하는 사회이다. 반면, 산업 사회는 공장제 기계 방식을 통해 생산된 재화가 부가 가치를 창출하는 사회로, 대규모 공장의 운영을 위해 관료제 조직이 지배적으로 나타난다. 따라서 A는 정보 사회, B는 산업 사회이다.

O 정답 찾기 ② 인터넷을 기반으로 한 뉴 미디어는 기존 대중 매체와 달리 쌍방향 소통이 가능하며, 정보 사회에서 정보 통신 기술이 발달함에 따라 확대되었다. 즉, 정보 사회에서는 쌍방향 통신 매체의 발전 정도가 높게 나타난다.

× 오답 풀이 ① 정보 사회에서는 통신 기술의 발달로 재택근무가 활성화됨에 따라 산업 사회에 비해 가정과 일터의 결합 정도가 높고, 가정과 일터의 분리 정도가 낮다.
③ 정보 사회에서는 통신 기술의 발달로 인해 직접 대면하지 않는 비대면 접촉의 비중이 높게 나타나고, 산업 사회에서는 대면 접촉의 비중이 높게 나타난다.
④ 산업 사회에서는 소품종 대량 생산 방식의 비중이 높고, 정보 사회에서는 다품종 소량 생산 방식의 비중이 높다.
⑤ 관료제 조직은 산업 사회에서 지배적으로 나타나며, 관료제 조직의 경우 대규모 조직의 효율적 관리를 위해 중간 관리층의 규모와 역할이 중시되고 확대된다. 따라서 해당 내용은 (가)에 들어갈 수 없다.

이것만은 꼭!

1. 정보 사회는 정보와 지식이 부가 가치를 창출한다.
2. 산업 사회에서는 공장제 기계 공업이 일반되었다.
3. 산업 사회에서는 관료제 조직이, 정보 사회에서는 탈관료제 조직이 지배적으로 나타난다.

11 정보 사회의 문제점

| 정답 ② | 21년 4월 학력평가 2번

①	❷	③	④	⑤
3%	94%	1%	1%	1%

다음 글에 부각되어 있는 정보 사회의 문제점에 대한 설명으로 가장 적절한 것은?

> 소셜 미디어의 발전으로 누구나 자신의 정보와 의견을 쉽게 전달할 수 있게 되었다. 이는 정치적 영역에서 시민들의 참여를 활성화하는 긍정적인 측면이 있다. 하지만 소셜 미디어를 통해 접하는 정보가 항상 검증된 사실만을 담고 있는 것은 아니다. 특히 일부 개인이나 집단은 의도적으로 가짜 뉴스를 제작하고 유포하여 사람들의 올바른 판단을 방해하고 사회 갈등을 조장한다.
> 정보 사회의 문제점 / 정보 사회의 문제점

가짜 정보에 대한 대응 방안

① 특정 집단이 정보를 독점하여 나타나는 현상이다.
② 정보를 비판적으로 분석하는 능력의 필요성을 보여 준다.
③ 기업의 과도한 개인 정보 수집으로 인해 나타나는 현상이다.
④ 정보 취약 계층에 대한 정보 기기 지원의 필요성을 보여 준다.
⑤ 지식 재산권 침해를 예방하기 위한 제도의 필요성을 보여 준다.

✓ 자료 분석 정보 사회에서는 뉴 미디어의 등장으로 인해 누구나 정보의 생산 및 유포에 참여할 수 있게 되었다. 전통 매체의 경우 언론사를 통해 생산된 정보가 검증 과정을 거쳤으나, 뉴 미디어의 경우 검증 과정 없이 정보가 유포됨에 따라 가짜 뉴스가 제작되고 유포될 가능성이 높아지고 있다.

O 정답 찾기 ② 가짜 뉴스에 따른 사회 문제를 예방하기 위해서는 뉴 미디어를 통해 전해진 정보에 대해 비판적으로 분석하고 해석할 수 있는 능력이 필요하다.

× 오답 풀이 ① 특정 집단이 정보를 독점할 경우 정보의 비대칭성 문제가 발생할 수 있으나, 제시문과 관련이 없다.
③ 기업이 개인 정보를 과도하게 수집할 경우 사생활 침해와 같은 문제가 발생할 수 있으나, 제시문과 관련이 없다.
④ 경제적 능력에 따라 정보에의 접근 및 활용 역량에 차이가 발생할 수 있으며, 이러한 정보 격차를 해소하기 위해서는 정보 기기 지원이 필요하지만, 제시문과 관련이 없다.
⑤ 정보 사회에서는 산업 사회에 비해 정보의 복제가 용이하며, 이에 따라 저작권 침해 문제가 발생하고 있다. 이를 예방하기 위한 제도가 필요하지만, 제시문과 관련이 없다.

이것만은 꼭!

1. 정보 사회에서는 누구나 정보 생산에 참여할 수 있다.
2. 검증되지 않은 정보가 생산 및 유포될 가능성이 있다.
3. 정보 사회에서는 정보를 비판적으로 분석하는 능력이 요구된다.

12 정보 사회

| 정답 ① | 21년 7월 학력평가 19번

❶	②	③	④	⑤
89%	2%	3%	3%	3%

다음은 정보 사회에 대한 어느 학자의 주장이다. (가)에 들어갈 내용으로 가장 적절한 것은?

> 정보 사회는 네트워크 사회이다. 이는 무형적으로 끊임없이 변화를 거듭하는 새로운 '리좀(rhizome)형 사회'가 도래했음을 시사한다. 이전 사회 속 개인은 권력에 포획됨으로써 사회의 지배적 질서를 내면화하고 그것에 포섭되는 '정착민'적 존재로 남는다. 반면 리좀 네트워크 속 개인은 기존의 사회 질서 틀에 얽매이지 않고 끊임없이 변화하는 '유목민'적 존재가 된다. 그러므로 정보 사회에서는 (가)
>
> * 리좀(rhizome): 뿌리가 없이 무정형적으로 뻗어 나가는 넝쿨 식물

기존의 사회 질서 틀에 얽매이지 않고 끊임없이 변화하는 내용이 들어가야 함

① 사회 내 능동적 존재로서 개인의 자율성이 중시된다.
② 사이버 공간 내에서 개인의 익명성 보장이 강조된다.
③ 부가 가치 창출 수단으로써 지식의 중요성이 증가한다.
④ 재택근무가 확산되어 가정과 일터의 결합 정도가 커진다.
⑤ 전자 민주주의의 발달로 직접 민주 정치의 실현이 가능해진다.

✓ 자료 분석 정보 사회에서는 지식과 정보가 부가 가치의 원천으로 인식되고 인간의 주요 활동이 정보 통신 기술이 제공하는 서비스의 지원을 받아 이루어진다. (가)에는 기존의 사회 질서 틀에 얽매이지 않고 끊임없이 변화하는 내용이 들어갈 수 있다.

○ 정답 찾기 ① 기존의 사회 질서 틀에 얽매이지 않고 끊임없이 변화하기 위해 사회 내 능동적 존재로서 개인의 자율성이 중시된다.

× 오답 풀이 ② 정보 사회에서 사이버 공간 내의 개인의 익명성 보장은 중요하지만, (가)에 들어갈 내용으로는 적절하지 않다.
③ 정보 사회에서 부가 가치 창출 수단으로써 지식의 중요성이 증가하지만, (가)에 들어갈 내용으로는 적절하지 않다.
④ 정보 사회에서 재택근무가 확산되어 가정과 일터의 결합 정도가 커지지만, (가)에 들어갈 내용으로는 적절하지 않다.
⑤ 정보 사회에서는 전자 민주주의의 발달로 직접 민주 정치의 실현이 가능해지지만, (가)에 들어갈 내용으로는 적절하지 않다.

이것만은 꼭!

1. 정보 사회에서는 면대면 접촉이 감소하고 사이버 공간을 통해 사회적 관계를 맺는 양상이 증가한다.
2. 정보 사회에서는 탈관료제화, 쌍방향 통신 매체의 발달로 의사 결정의 분권화 경향이 강화된다.
3. 정보 사회는 정보의 생산자와 소비자 간 경계가 모호하다.

13 산업 사회와 정보 사회

| 정답 ⑤ | 21년 10월 학력평가 2번

①	②	③	④	❺
3%	2%	2%	4%	89%

표는 A와 B의 일반적인 특징을 비교한 것이다. 이에 대한 설명으로 옳은 것은? (단, A와 B는 각각 산업 사회와 정보 사회 중 하나이다.)

비교 기준	강함(높음)	약함(낮음)
가정과 일터의 분리 정도	B－산업 사회	A－정보 사회
(가)	A	B

① A는 B에 비해 구성원 간 대면 접촉 비중이 높다. (B A)
② A는 B에 비해 정보 제공자와 수용자 간 구분이 명확하다. (B A)
③ B는 A에 비해 지식 정보 산업의 비중이 높다. (A B)
④ B는 A에 비해 다품종 소량 생산 방식의 비중이 높다. (A B)
⑤ (가)에 '탈관료제 조직의 비중'이 들어갈 수 있다.
정보 사회 > 산업 사회

✓ 자료 분석 가정과 일터의 분리 정도는 산업 사회가 정보 사회에 비해 높다. 따라서 A는 정보 사회, B는 산업 사회이고, (가)에는 정보 사회가 산업 사회에 비해 강하거나 높은 특징이 들어갈 수 있다.

○ 정답 찾기 ⑤ 탈관료제 조직의 비중은 정보 사회가 산업 사회에 비해 높고, 관료제 조직의 비중은 산업 사회가 정보 사회에 비해 높다. 따라서 해당 내용은 (가)에 들어갈 수 있다.

× 오답 풀이 ① 산업 사회는 정보 사회에 비해 구성원 간 대면 접촉 비중이 높다.
② 산업 사회는 정보 사회에 비해 정보 제공자와 수용자 간 구분이 명확하다.
③ 정보 사회는 산업 사회에 비해 지식 정보 산업의 비중이 높다.
④ 정보 사회는 산업 사회에 비해 다품종 소량 생산 방식의 비중이 높다.

이것만은 꼭!

1. 정보 사회는 산업 사회에 비해 가정과 일터의 분리 정도가 낮다.
2. 정보 사회는 산업 사회에 비해 정보 제공자와 수용자 간 구분이 불명확하다.
3. 정보 사회는 산업 사회에 비해 다품종 소량 생산 방식의 비중이 높다.

14 산업 사회와 정보 사회

| 정답 ⑤ | 20년 3월 학력평가 18번

①	②	③	④	❺
4%	4%	6%	7%	79%

그림은 A, B의 특징을 비교한 것이다. 이에 대한 설명으로 옳은 것은? (단, A와 B는 각각 산업 사회와 정보 사회 중 하나이다.) [3점]

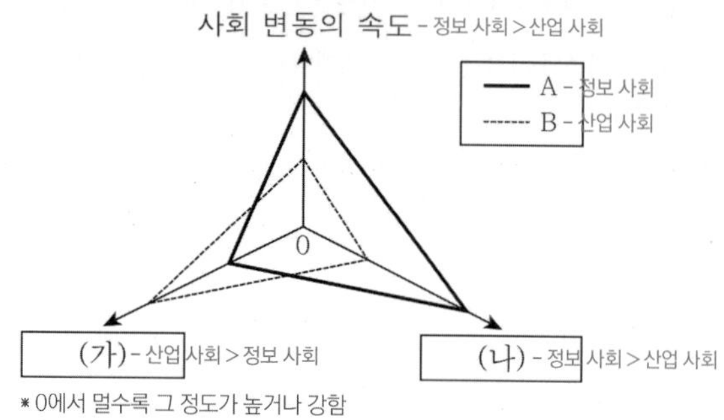

* 0에서 멀수록 그 정도가 높거나 강함

① A에 비해 B에서 시민의 정치 참여 경로가 다양하다. (B, A) - 정보 사회 > 산업 사회
② B와 달리 A에서 생산자와 소비자의 구분이 뚜렷하다. (A, B) - 산업 사회 > 정보 사회
③ B에 비해 A에서 사회 구성원 간 대면 접촉 비중이 높다. (A, B) - 산업 사회 > 정보 사회
④ (가)에 '다품종 소량 생산 방식의 비중'이 들어갈 수 있다. (없다.) - 정보 사회 > 산업 사회
⑤ (나)에 '가정과 일터의 결합 정도'가 들어갈 수 있다. - 정보 사회 > 산업 사회

✔ 자료 분석 사회 변동의 속도는 정보 사회가 산업 사회에 비해 빠르다. 따라서 A는 정보 사회, B는 산업 사회이다.

○ 정답 찾기 ⑤ 정보 사회는 산업 사회에 비해 가정과 일터의 결합 정도가 높다.

✕ 오답 풀이 ① 정보 사회는 산업 사회에 비해 시민의 정치 참여 경로가 다양하다.
② 정보 사회는 산업 사회에 비해 생산자와 소비자 간의 구분이 뚜렷하지 않다.
③ 정보 사회에서는 사회 구성원 간의 비대면 접촉 비중이 산업 사회에 비해 높다.
④ 산업 사회는 소품종 대량 생산 방식이 일반적이고, 정보 사회는 다품종 소량 생산 방식이 일반적이다. 따라서 해당 내용은 (나)에 들어갈 수 없다.

이것만은 꼭!

1. 사회 변동의 속도 - 정보 사회 > 산업 사회
2. 가정과 일터의 결합 정도 - 정보 사회 > 산업 사회
3. 구성원 간 대면 접촉 비중 - 산업 사회 > 정보 사회

15 정보 사회

| 정답 ④ | 20년 4월 학력평가 2번

①	②	③	❹	⑤
3%	3%	5%	88%	1%

다음 글에서 부각된 정보 사회의 특징으로 가장 적절한 것은?

> 인터넷 공간에서 생성되는 정보가 방대해지면서 이를 활용해 경쟁력을 높이려는 기업의 경영 전략도 다양해지고 있다. 예를 들어 인터넷 쇼핑몰의 경우 고객의 구매 이력 외에 검색한 상품, 쇼핑몰에 머무른 시간 등의 정보도 저장될 수 있다. 기업은 이를 토대로 고객이 좋아할 만한 상품을 선별해서 추천해 주는 맞춤형 서비스를 제공하거나, 주문 예상 고객의 주소지 인근 물류창고에 미리 상품을 옮겨 두어 배송 시간을 단축시키는 시스템을 운영하기도 한다. 이처럼 정보를 어떻게 분석하고 활용하느냐가 중요해짐에 따라 정보를 '21세기의 원유(原油)'에 비유하고는 한다.

(정보가 경쟁력의 원인) (정보가 부가 가치 창출의 원천으로 기능)

① 소품종 대량 생산 체제가 확립된다. - 산업 사회
② 가정과 일터의 통합 정도가 높아진다. - 정보 사회>산업 사회
③ 다양한 형태의 사이버 공동체가 형성된다. - 정보 사회
④ 정보가 부가 가치 창출의 원천으로 중시된다. - 정보 사회
⑤ 정치 참여의 공간적 제약 완화로 참여 민주주의가 활성화된다. - 정보 사회

✔ 자료 분석 제시문은 기업이 고객의 정보를 활용하여 맞춤형 서비스를 제공하거나 배송 시간을 단축하는 시스템을 운영하고 있음을 보여 준다. 이를 통해 정보 사회에서 기업이 정보를 활용하여 새로운 가치를 창출할 수 있음을 알 수 있다.

○ 정답 찾기 ④ 정보가 기업 경쟁력의 바탕이 되고, 정보를 활용하여 기업이 다양한 시스템을 구축하고 있으므로 정보가 부가 가치 창출의 원천으로 중시되고 있음을 알 수 있다.

✕ 오답 풀이 ① 정보 사회에서는 다양한 고객의 수요에 맞추어 다품종 소량 생산 체제가 확립된다.
② 일반적으로 정보 사회에서 재택근무의 확산 등으로 인해 산업 사회에 비해 가정과 일터의 통합 정도가 높아진다. 그러나 제시문에 부각된 정보 사회의 특징으로 적절하지 않다.
③ 정보 사회에는 SNS와 같은 온라인 공간을 통해 다양한 교류가 이루어지고 있다. 그러나 제시문에 부각된 정보 사회의 특징으로 적절하지 않다.
⑤ 정보 사회에서는 인터넷과 같은 정보 통신 기술을 활용한 전자 민주주의가 활성화될 수 있다. 그러나 제시문에 부각된 정보 사회의 특징으로 적절하지 않다.

이것만은 꼭!

정보 사회에서는 정보가 부가 가치 창출의 원천이고, 다품종 소량 생산 체제가 확립되며, 가정과 일터의 통합 정도가 높아진다.

16 농업 사회, 산업 사회, 정보 사회

| 정답 ② | 20년 7월 학력평가 18번

① 함정	❷	③ 함정	④	⑤
18%	44%	17%	14%	7%

표는 A~C의 일반적 특징을 기준에 따라 비교한 것이다. 이에 대한 설명으로 옳은 것은? (단, A~C는 각각 농업 사회, 산업 사회, 정보 사회 중 하나이다.) [3점]

기준	비교 결과
가정과 일터의 분리 (산업 사회 > 정보 사회 > 농업 사회) 구성원 간 직업의 이질성 (정보 사회 > 산업 사회 > 농업 사회) 관계 형성의 공간적 제약 (농업 사회 > 산업 사회 > 정보 사회)	○ B(산업 사회)가 A보다 정도가 큰 기준은 2개이다. ○ C(농업 사회)는 정도가 가장 작은 기준이 2개이다. (정보 사회)

① A(B)는 B(A)에 비해 전체 산업에서 제조업이 차지하는 비중이 높다. (산업 사회 > 정보 사회)
② B는 A에 비해 의사 결정의 분권화 정도가 낮다. (정보 사회 > 산업 사회)
③ C(A)는 A(C)에 비해 면대면 접촉 빈도가 낮다. (농업 사회 > 산업 사회 > 정보 사회)
④ C(B)는 B(C)에 비해 사회의 변동 속도가 빠르다. (정보 사회 > 산업 사회 > 농업 사회)
⑤ 사회의 다원화 정도는 B(A) > C(B) > A(C)이다. (정보 사회 > 산업 사회 > 농업 사회)

✓ 자료 분석 가정과 일터의 분리 정도는 '산업 사회 > 정보 사회 > 농업 사회', 구성원 간 직업의 이질성은 '정보 사회 > 산업 사회 > 농업 사회', 관계 형성의 공간적 제약은 '농업 사회 > 산업 사회 > 정보 사회' 순으로 나타난다. 정도가 가장 작은 기준이 2개에 해당하는 사회는 농업 사회이므로 C는 농업 사회이다. 정보 사회와 산업 사회 중 상대적으로 정도를 비교하면, '산업 사회 > 정보 사회'인 경우가 2개이다. 따라서 A는 정보 사회, B는 산업 사회이다.

O 정답 찾기 ② 관료제가 일반적으로 적용된 산업 사회는 대규모 집단의 효율적 관리를 위해 의사 결정 권한이 집중화되어 있다. 반면 정보 사회에서는 빠른 사회 변화에 효과적으로 대응하기 위해 탈관료제가 일반적으로 적용되고 있으며, 의사 결정 권한이 분산되고 의사 결정 과정에서 구성원의 참여가 이전보다 확대되고 있다. 따라서 의사 결정의 분권화 정도는 정보 사회가 산업 사회에 비해 높다.

× 오답 풀이 ① 산업 사회는 정보 사회에 비해 전체 산업에서 제조업이 차지하는 비중이 높다.
③ 농업 사회는 정보 사회에 비해 면대면 접촉 빈도가 높고, 비대면 접촉의 빈도가 낮다.
④ 사회 변동의 속도는 정보 사회에서 가장 빠르고, 농업 사회에서 가장 느리다.
⑤ 직업의 분화 정도가 높고 사회가 빠르게 변화할수록 사회의 다원화 정도가 높게 나타난다. 따라서 사회의 다원화 정도는 정보 사회에서 가장 높고, 농업 사회가 가장 낮다.

함정 클리닉

농업 사회, 산업 사회, 정보 사회 각각의 상대적 정도의 차이를 정확히 이해하고, 이를 기반으로 제시된 조건을 활용하여 A~C를 정확하게 특정할 수 있어야 정답을 찾을 수 있다. 'B가 A보다 정도가 큰 기준' 등과 같이 이전에 보지 못한 생소한 조건으로 인해 A~C를 특정하지 못해 정답률이 낮은 문항이다.

이것만은 꼭!

1. 가정과 일터의 분리 정도는 산업 사회 > 정보 사회 > 농업 사회 순이다.
2. 구성원 간 직업의 이질성 정도는 정보 사회 > 산업 사회 > 농업 사회 순이다.
3. 관계 형성의 공간적 제약 정도는 농업 사회 > 산업 사회 > 정보 사회 순이다.

17 산업 사회와 정보 사회

| 정답 ① | 20년10월 학력평가 3번

❶	②	③	④	⑤
80%	2%	4%	3%	11%

자료의 A, B에 대한 옳은 설명만을 〈보기〉에서 고른 것은? (단, A와 B는 각각 산업 사회와 정보 사회 중 하나이다.)

> 교사: A(산업 사회)에 비해 B(정보 사회)가 '높음' 또는 '큼'으로 평가되는 비교 기준을 제시해 보세요.
> 갑: '가정과 일터의 통합 정도'입니다. (정보 사회 > 산업 사회)
> 을: '정보 생산자와 소비자 간 구분의 명확성'입니다. (산업 사회 > 정보 사회)
> 병: '사회 구성원 간 비대면 접촉 비중'입니다. (정보 사회 > 산업 사회)
> 교사: 세 학생 중 한 학생은(을) 잘못된 비교 기준을 제시했어요.

〈보기〉
ㄱ. A보다 B에서 탈관료제 조직의 비중이 높다. (정보 사회 > 산업 사회)
ㄴ. A보다 B에서 시민의 정치 참여 방법의 다양성이 크다. (정보 사회 > 산업 사회)
ㄷ. B(A)보다 A(B)에서 사회 구성원 간 직업의 이질성이 크다. (정보 사회 > 산업 사회)
ㄹ. B(A)보다 A(B)에서 다품종 소량 생산 방식의 비중이 높다. (정보 사회 > 산업 사회)

① ㄱ, ㄴ ② ㄱ, ㄷ ③ ㄴ, ㄷ ④ ㄴ, ㄹ ⑤ ㄷ, ㄹ

✓ 자료 분석 가정과 일터의 결합 정도는 정보 사회 > 산업 사회이고, 정보 생산자와 소비자 간 구분의 명확성은 산업 사회 > 정보 사회이며, 비대면 접촉 비중은 정보 사회 > 산업 사회이다. 따라서 A는 산업 사회, B는 정보 사회이며, 잘못된 비교 기준을 제시한 학생은 '을'이다.

O 정답 찾기 ㄱ. 사회의 변화 속도가 빠르게 나타나는 정보 사회는 환경 변화에 효과적으로 대응하기 위해 탈관료제 조직의 비중이 산업 사회에 비해 높다.
ㄴ. 정보 사회는 정보 통신 기술이 발달함에 따라 산업 사회에 비해 시민이 다양한 방법으로 정치에 참여할 수 있게 되었다.

× 오답 풀이 ㄷ. 정보 사회는 산업 사회에 비해 사회 구성원의 직업이 보다 다양하게 나타나며, 이로 인해 직업의 이질성이 크게 나타난다.
ㄹ. 정보 사회는 산업 사회보다 다품종 소량 생산 방식의 비중이 높다.

이것만은 꼭!

1. 정보 사회는 산업 사회에 비해 탈관료제 조직의 비중이 높다.
2. 정보 사회는 산업 사회에 비해 구성원 간 직업의 이질성이 크다.
3. 정보 사회는 다품종 소량 생산 방식, 산업 사회는 소품종 대량 생산 방식의 비중이 높다.

해설

평가원
모의평가 + 수능

필출 주제 **01**

사회·문화 현상의 이해

제1권 p.114 ~ 118

01 ④ 02 ⑤ 03 ① 04 ④ 05 ③ 06 ④ 07 ② 08 ④ 09 ② 10 ③ 11 ③ 12 ③ 13 ⑤ 14 ① 15 ⑤

01 사회·문화 현상과 자연 현상

| 정답 ④ | 24년 6월 모의평가 1번

①	②	③	❹	⑤
8%	5%	11%	74%	2%

밑줄 친 ㉠~㉣과 같은 현상의 일반적인 특징에 대한 설명으로 옳은 것은?

> ㉠사과에는 폴리페놀(자연 현상) 화합물과 이를 산화시키는 효소가 포함되어 있다. 그래서 ㉡사과의 껍질을 깎아 공기 중에 노출시키면(사회·문화 현상) 산화가 일어나 퀴논이라는 물질이 만들어진다. 퀴논은 반응성이 높아 퀴논 간에 서로 화학 작용을 일으켜 ㉢갈색을 띠는 멜라닌 성분을 생성한다(자연 현상). 사과의 갈변을 막기 위해 ㉣깎은 사과 표면을 설탕 용액으로 코팅하여 산소와의 접촉을 줄이는 방법을 사용할 수 있다(사회·문화 현상).

① ㉠과 같은 현상은 ~~당위 법칙~~(존재 법칙)을 따른다.
② ㉡과 같은 현상은 ~~확실성~~(확률)의 원리가 적용된다.
③ ㉢과 같은 현상과 달리 ㉡과 같은 현상은 ~~몰가치적~~(가치 함축적)이다.
④ ㉣과 같은 현상에 비해 ㉠과 같은 현상은 인과 관계가 분명하다.
⑤ ㉣과 같은 현상과 ~~달리~~ ㉢과 같은 현상은 경험적 자료로 연구할 수 있다.

✓ 자료 분석 ㉠, ㉢과 같은 현상은 자연 현상에 해당하고, ㉡, ㉣과 같은 현상은 사회·문화 현상에 해당한다.

O 정답 찾기 ④ 자연 현상과 사회·문화 현상은 모두 인과 관계가 나타난다. 다만, 자연 현상은 사회·문화 현상에 비해 인과 관계가 분명하다.

× 오답 풀이 ① 자연 현상은 존재 법칙을 따르고, 사회·문화 현상은 당위 법칙을 따른다.
② 사회·문화 현상은 확률의 원리가 적용되고, 자연 현상은 확실성의 원리가 적용된다.
③ 사회·문화 현상은 가치 함축적이고, 자연 현상은 몰가치적이다.
⑤ 자연 현상과 사회·문화 현상은 모두 경험적 자료로 연구할 수 있다.

이것만은 꼭!
1. 자연 현상과 사회·문화 현상은 모두 인과 관계가 나타난다.
2. 자연 현상과 사회·문화 현상은 모두 보편성이 나타난다.
3. 자연 현상과 사회·문화 현상은 모두 경험적 자료로 연구할 수 있다.

02 사회·문화 현상과 자연 현상

| 정답 ⑤ | 24년 9월 모의평가 1번

①	②	③ 함정	④	❺
2%	2%	34%	12%	50%

밑줄 친 ㉠~㉣과 같은 현상의 일반적인 특징에 대한 설명으로 옳은 것은?

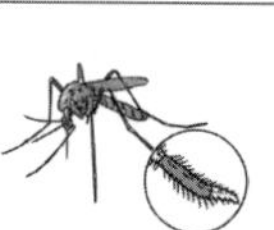

> ㉠모기에 물리지 않게 해주는 특수 오일이 개발되었다(사회·문화 현상). 전자 현미경으로 모기를 확대해보면 다리에 미세한 털이 있다. ㉡사람의 젖은 피부에도 모기가 앉을 수 있는 것은 이 미세한 털이 물을 튕겨내기 때문이다(자연 현상). 하지만 특수 오일은 그러한 행동을 못 하게 하여 모기가 사람의 ㉢피부에 앉는 것을 차단하는 역할을 한다(자연 현상). 연구진은 "사람에 비유하면 늪에 발이 빠지는 것 같아 무서워서 달아나는 것으로 보인다."라고 설명했다. 앞으로 이 오일은 ㉣뎅기열과 말라리아 등 전염병이 발생하는 지역에 큰 도움이 될 것이라고 연구진은 전했다(자연 현상).

① ㉠과 같은 현상은 ~~필연성~~(개연성)의 원리가 적용된다.
② ㉡과 같은 현상은 ~~확률~~(확실성)의 원리가 적용된다.
③ ㉡과 같은 현상과 ~~달리~~ ㉢과 같은 현상은 ~~가치 함축적~~(몰가치적)이다.
④ ㉢과 같은 현상과 ~~달리~~ ㉣과 같은 현상은 보편성~~과 특수성이 공존한다~~(이 강하게 나타난다).
⑤ ㉣과 같은 현상과 달리 ㉠과 같은 현상은 인과 관계가 불분명하다.

✓ 자료 분석 ㉠과 같은 현상은 사회·문화 현상에 해당하고, ㉡, ㉢, ㉣과 같은 현상은 자연 현상에 해당한다.

O 정답 찾기 ⑤ 사회·문화 현상과 자연 현상은 모두 인과 관계가 나타난다. 다만, 자연 현상은 사회·문화 현상에 비해 인과 관계가 분명하다.

× 오답 풀이 ① 사회·문화 현상은 개연성의 원리가 적용되고, 자연 현상은 필연성의 원리가 적용된다.
② 사회·문화 현상은 확률의 원리가 적용되고, 자연 현상은 확실성의 원리가 적용된다.
③ 사회·문화 현상은 가치 함축적이고, 자연 현상은 몰가치적이다.
④ 사회·문화 현상은 보편성과 특수성이 공존하고, 자연 현상은 보편성이 강하게 나타난다.

함정 클리닉

③번을 정답으로 선택한 학생들은 ㉢이 자연 현상이 아닌 사회·문화 현상에 해당한다고 생각했을 가능성이 크다. 모기가 사람의 피부에 앉는 것을 특수 오일이 차단한 것이므로 이는 인간의 의지와 무관하게 발생한 자연 현상에 해당한다. 즉, 특수 오일을 사람이 개발한 것에 초점을 두지 말고 특수 오일로 인해 나타나는 효과에 초점을 두어야 한다.

이것만은 꼭!
1. 자연 현상은 사회·문화 현상에 비해 인과 관계가 분명하다.
2. 자연 현상은 사회·문화 현상과 달리 보편성만 강하게 나타난다.
3. 자연 현상은 사회·문화 현상과 달리 확실성의 원리가 적용된다.

03 사회·문화 현상과 자연 현상

| 정답 ① | 24년 수능 1번

❶	②	③	④	⑤
84%	3%	5%	3%	5%

밑줄 친 ㉠~㉤과 같은 현상의 일반적인 특징에 대한 설명으로 옳은 것은?

> ○○ 신문 2024년 □월 □일
>
> **뜨거워진 한반도, 과일 재배 지도가 바뀐다!**
>
> 우리나라 사람들이 좋아하는 ㉠나주 배, 대구 사과와 같이 지역 특산물로 생산되고 있는 과일들이 더 이상 그 지역을 대표할 수 없을지도 모른다. 기후 변화로 ㉡연평균 기온이 올라갈수록 특정 과일이 자랄 수 있는 지역이 북상하기 때문이다. 이에 따라 ㉢사과 재배 가능 지역이 변할 것으로 예측된다. 대표적인 사과 재배지가 경북 지역에서 강원 지역으로 바뀌고 2090년경에는 ㉣국내에서 고품질의 사과 생산이 불가능할 것이라는 분석도 나온다. 폭염, 한파 등 ㉤기상 이변이 자주 발생하는 것은 뜨겁게 달아오른 지구가 인류에게 주는 마지막 경고일지도 모른다.
>
> (㉠ 사회·문화 현상, ㉡ 자연 현상, ㉢ 사회·문화 현상, ㉣ 사회·문화 현상, ㉤ 자연 현상)

① ㉠과 같은 현상은 확률의 원리가 적용된다.
② ㉡과 같은 현상은 인과 관계가 ~~불~~분명하다.
③ ㉢과 같은 현상은 ~~필연성~~의 원리가 적용된다. (개연성)
④ ㉢과 같은 현상과 ~~달리~~ ㉣과 같은 현상은 ~~몰가치적~~이다. (가치 함축적)
⑤ ㉣과 같은 현상에 비해 ㉤과 같은 현상은 ~~특수성~~이 강하다. (보편성)

✓ 자료 분석 ㉠, ㉢, ㉣과 같은 현상은 사회·문화 현상에 해당하고, ㉡, ㉤과 같은 현상은 자연 현상에 해당한다.

O 정답 찾기 ① 사회·문화 현상은 확률의 원리가 적용되고, 자연 현상은 확실성의 원리가 적용된다.

× 오답 풀이 ② 자연 현상은 인과 관계가 분명하고, 사회·문화 현상은 인과 관계가 불분명하다.
③ 사회·문화 현상은 개연성의 원리가 적용되고, 자연 현상은 필연성의 원리가 적용된다.
④ 사회·문화 현상은 가치 함축적이고, 자연 현상은 몰가치적이다.
⑤ 자연 현상은 보편성이 강하게 나타나고, 사회·문화 현상은 보편성과 특수성이 공존한다.

이것만은 꼭!
1. 자연 현상과 사회·문화 현상은 모두 인과 관계가 나타난다.
2. 자연 현상은 몰가치적이고, 사회·문화 현상은 가치 함축적이다.
3. 사회·문화 현상은 개연성과 확률의 원리가 적용되고, 자연 현상은 필연성과 확실성의 원리가 적용된다.

04 사회·문화 현상과 자연 현상

| 정답 ④ | 23년 6월 모의평가 1번

①	②	③	❹	⑤
2%	3%	11%	81%	3%

밑줄 친 ㉠~㉣과 같은 현상의 일반적인 특징에 대한 설명으로 옳은 것은?

> 기체가 초고온의 에너지를 받으면 기체와는 전혀 다른 성질을 띠는 상태가 되는데, 이를 플라스마라고 합니다. 태양에서는 ㉠플라스마 상태에서 핵융합 반응이 일어나고 막대한 양의 에너지가 방출됩니다. 핵융합 발전은 여기서 아이디어를 얻어 고효율의 에너지를 얻으려는 것입니다. 우리 과학자들이 인공 태양을 구현하려고 노력한 결과, 지난 ○○월 ○○일 ㉡초고온의 플라스마 상태를 최장 시간 유지시키는 데 성공하였습니다. ㉢기체가 일정한 조건에 이르면 플라스마로 변화하는데, 플라스마가 실험로 진공 용기에 닿는 순간 핵융합 반응이 끝납니다. 핵융합 기술의 상용화를 위해서는 플라스마를 실험로에 닿지 않도록 하는 것이 관건입니다. 연구자들은 ㉣플라스마를 안정적으로 제어할 수 있도록 실험을 계속할 예정이라고 합니다.
>
> (㉠ 자연 현상, ㉡ 사회·문화 현상, ㉢ 자연 현상, ㉣ 사회·문화 현상)
>
> NEWS 한국산 '핵융합' 인공 태양, 실험 성공

① ㉠과 같은 현상은 ㉡과 같은 현상과 달리 ~~가치 함축적~~이다. (몰가치적)
② ㉡과 같은 현상은 ㉢과 같은 현상에 비해 인과 관계가 ~~명확하다~~. (명확하지 않다.)
③ ~~㉢과 같은 현상은 ㉣과 같은 현상과 달리~~ 보편성이 나타난다. (㉢, ㉣과 같은 현상은 모두)
④ ㉣과 같은 현상은 ㉠과 같은 현상과 달리 개연성의 원리가 적용된다.
⑤ ~~㉠, ㉢과 같은 현상은 ㉡, ㉣과 같은 현상과 달리~~ 경험적 자료로 연구할 수 있다. (㉠, ㉡, ㉢, ㉣과 같은 현상은 모두)

✓ 자료 분석 ㉠과 ㉢은 인간의 의지와 관계없이 스스로의 원리에 따라 나타나는 자연 현상이고, ㉡과 ㉣은 인간의 의지가 개입된 사회·문화 현상이다.

O 정답 찾기 ④ 사회·문화 현상은 인간의 가치나 의지가 반영되어 나타나므로 개연성의 원리가 적용되고, 자연 현상은 인간의 의지나 가치와 무관하게 자연계에서 발생하는 현상이므로 필연성의 원리가 적용된다.

× 오답 풀이 ① 사회·문화 현상은 가치 함축적이고, 자연 현상을 몰가치적이다.
② 자연 현상은 인과 관계가 명확한 반면, 사회·문화 현상은 인과 관계가 명확하지 않다.
③ 자연 현상과 사회·문화 현상은 모두 보편성이 나타난다.
⑤ 자연 현상과 사회·문화 현상은 모두 경험적 자료로 연구할 수 있다.

이것만은 꼭!
1. 자연 현상은 사회·문화 현상에 비해 인과 관계가 명확하다.
2. 사회·문화 현상과 자연 현상은 모두 보편성이 나타난다.
3. 사회·문화 현상과 자연 현상은 모두 경험적 자료로 연구할 수 있다.

05 사회·문화 현상과 자연 현상 | 정답 ③ | 23년 9월 모의평가 1번

①	②	❸	④	⑤
1%	1%	94%	2%	2%

밑줄 친 ㉠~㉤과 같은 현상의 일반적인 특징에 대한 설명으로 옳은 것은?

> ‘람사르 데이’는 ㉠습지의 중요성을 널리 홍보하기 위해(사회·문화 현상) 마련한 행사이다. 참가자들은 ㉡습지에 버려진 비닐과 플라스틱을 재활용해 만든 옷을(사회·문화 현상) 입고 행사에 참여한다. 습지 보존이 중요한 이유는 ㉢습지가 생태계를 보호하는(자연 현상) 역할을 하기 때문이다. 플랑크톤과 유기 물질이 풍부한 ㉣습지는 각종 오염 물질을 정화한다(자연 현상). 그뿐만 아니라 ㉤습지는 기후 위기의 요인 중 하나인 탄소 증가를 억제하는(자연 현상) 역할도 한다.

① ㉠과 같은 현상은 ~~몰가치적~~(가치 함축적)이다.
② ㉡과 같은 현상은 ~~존재 법칙이 적용된다~~(당위 규범의 영향을 받는다).
③ ㉢과 같은 현상은 확실성의 원리가 적용된다.
④ ㉣과 같은 현상은 인과 관계가 ~~불분명~~(분명)하다.
⑤ ㉤과 같은 현상은 보편성~~과 특수성이 공존한다~~(만 나타난다).

✓ 자료 분석 ㉠과 ㉡은 사회 · 문화 현상에 해당하고, ㉢, ㉣, ㉤은 자연 현상에 해당한다.

O 정답 찾기 ③ 자연 현상은 확실성의 원리가 적용되고, 사회 · 문화 현상은 확률의 원리가 적용된다.

× 오답 풀이 ① 사회 · 문화 현상은 가치 함축적이고, 자연 현상은 몰가치적이다.
② 사회 · 문화 현상은 당위 규범의 영향을 받고, 자연 현상은 존재 법칙이 적용된다.
④ 사회 · 문화 현상은 인과 관계가 불분명하고, 자연 현상은 인과 관계가 분명하다.
⑤ 사회 · 문화 현상은 보편성과 특수성이 공존하고, 자연 현상은 보편성만 나타난다.

이것만은 꼭!
1. 자연 현상과 사회·문화 현상은 모두 인과 관계가 나타난다.
2. 자연 현상은 보편상만 나타나고, 사회·문화 현상은 보편성과 특수성이 공존한다.
3. 자연 현상은 확실성의 원리가 적용되고, 사회·문화 현상은 확률의 원리가 적용된다.

06 사회·문화 현상과 자연 현상 | 정답 ④ | 23년 수능 1번

①	②	③	❹	⑤
2%	7%	2%	87%	2%

밑줄 친 ㉠~㉤과 같은 현상의 일반적인 특징에 대한 설명으로 옳은 것은?

> 지구 온난화로 인한 ㉠강물 속 용존 산소 감소가 수생 생물의 다양성을 위협(자연 현상)한다는 보고서가 발표됐다. 물속 용존 산소는 물속 생물의 호흡 과정에서 소비된다. 그런데 ㉡지구 온난화에 의해 수온이 상승(자연 현상)하면 물속 생물의 호흡량이 증가하여 ㉢용존 산소가 더 빠르게 고갈된다(자연 현상). 보고서에서는 ㉣탄소 배출량 감축 정책이 실패할(사회·문화 현상) 경우 얕은 강에서 특정 어종이 사라질 정도로 수(水) 생태계의 ㉤생물 다양성이 훼손될 것으로 예측했다(사회·문화 현상).

① ㉠과 같은 현상은 ~~가치 함축적~~(몰가치적)이다.
② ㉡과 같은 현상은 ~~당위~~(존재) 법칙을 따른다.
③ ㉢과 같은 현상은 ~~보편성보다 특수성~~(보편성)이 강하게 나타난다.
④ ㉣과 같은 현상은 개연성의 원리가 적용된다.
⑤ ㉤과 같은 현상은 ~~확실성~~(확률)의 원리가 적용된다.

✓ 자료 분석 ㉠, ㉡, ㉢은 자연 현상에 해당하고, ㉣, ㉤은 사회 · 문화 현상에 해당한다.

O 정답 찾기 ④ 자연 현상은 필연성의 원리가 적용되고, 사회 · 문화 현상은 개연성의 원리가 적용된다.

× 오답 풀이 ① 자연 현상은 몰가치적이고, 사회 · 문화 현상은 가치 함축적이다.
② 자연 현상은 존재 법칙을 따르고, 사회 · 문화 현상은 당위적 규범의 영향을 받는다.
③ 자연 현상은 보편성만 나타나고, 사회 · 문화 현상은 보편성과 특수성이 공존한다.
⑤ 자연 현상은 확실성의 원리가 적용되고, 사회 · 문화 현상은 확률의 원리가 적용된다.

이것만은 꼭!
1. 자연 현상은 필연성의 원리가 적용되고, 사회·문화 현상은 개연성의 원리가 적용된다.
2. 자연 현상과 사회·문화 현상은 모두 보편성이 나타난다.
3. 자연 현상은 존재 법칙을 따르고, 사회·문화 현상은 당위적 규범의 영향을 받는다.

07 사회·문화 현상과 자연 현상

| 정답 ② | 22년 6월 모의평가 1번

①	❷	③	④	⑤
3%	85%	3%	7%	2%

밑줄 친 ㉠~㉣과 같은 현상의 일반적인 특징에 대한 설명으로 옳은 것은?

> 인상파 화가인 모네(C. Monet)는 빛에 의해 끊임없이 변화하는 나무와 꽃의 색깔, ㉠햇빛과 물빛의 조화를 담은 작품을 창작했다. 모네의 작품에 나타난 ㉡색채와 표현 방식의 변화는 그가 백내장에 걸렸음을 알 수 있는 실마리가 된다. 백내장에 걸리면 ㉢눈에서 렌즈 역할을 하는 수정체가 혼탁해져 사물이 흐리게 보이고, 더 진행되면 수정체가 노랗게 변한다. 이 경우 수정체에서 노란색의 보색인 남색 등은 차단되고, ㉣상대적으로 파장이 긴 노란색과 붉은색은 통과한다. 실제로 모네의 작품은 후기로 갈수록 노란색과 붉은색 계통이 주를 이루고 사물의 선과 면의 경계가 불분명한 특징이 나타난다.

(㉠ 사회·문화 현상, ㉡ 사회·문화 현상, ㉢ 자연 현상, ㉣ 자연 현상)

① ~~㉠과 같은 현상은 ㉡과 같은 현상과 달리~~ (㉠, ㉡과 같은 현상은 모두) 개연성의 원리가 적용된다.

② ㉡과 같은 현상은 ㉢과 같은 현상과 달리 가치 함축적이다.

③ ~~㉢과 같은 현상은 ㉣과 같은 현상과 달리~~ (㉢, ㉣과 같은 현상은 모두) 인과 관계가 나타난다.

④ ~~㉣과 같은 현상은 ㉠과 같은 현상과 달리~~ (㉠, ㉣과 같은 현상은 모두) 보편성이 나타난다.

⑤ ~~㉢, ㉣과 같은 현상은 ㉠, ㉡과 같은 현상과 달리~~ (㉠~㉣과 같은 현상은 모두) 경험적 자료로 연구할 수 있다.

✔ 자료 분석 ㉠과 ㉡은 인간에 의해 인위적으로 만들어진 사회·문화 현상이고, ㉢과 ㉣은 인간의 의지와 관계없이 스스로의 원리에 따라 나타나는 자연 현상이다.

O 정답 찾기 ② 사회·문화 현상은 사람들의 가치나 의지가 반영되어 나타나므로 가치 함축적이고, 자연 현상은 인간의 의지나 가치와 무관하게 자연계에서 발생하는 현상이므로 몰가치적이다.

X 오답 풀이 ① 사회·문화 현상은 개연성의 원리가 적용된다.
③ 자연 현상과 사회·문화 현상은 모두 인과 관계가 나타난다.
④ 자연 현상과 사회·문화 현상은 모두 보편성이 나타난다.
⑤ 자연 현상과 사회·문화 현상은 모두 경험적 자료로 연구할 수 있다.

이것만은 꼭!
1. 사회·문화 현상과 자연 현상은 모두 경험적 자료로 연구할 수 있다.
2. 사회·문화 현상과 자연 현상은 모두 인과 관계가 나타난다.
3. 사회·문화 현상과 자연 현상은 모두 보편성이 나타난다.

08 사회·문화 현상과 자연 현상

| 정답 ④ | 22년 9월 모의평가 1번

①	②	③	❹	⑤
1%	2%	4%	91%	2%

밑줄 친 ㉠~㉣과 같은 현상의 일반적인 특징에 대한 설명으로 옳은 것은?

> 최근 ㉠일부 약제의 부작용이 남성에 비해 여성에게 더 많이 발생한다는 연구가 보고되었다. 이 연구에 따르면, ㉡약의 효능에 영향을 주는 특정 단백질이 여성에게 부족한 것이 원인이라고 한다. 이에 대해 관련 분야의 일부 전문가들은 신약 개발 과정에서 ㉢남녀 신체의 생물학적 차이를 무시하고, 관행적으로 ㉣남성의 신체를 연구의 표준으로 간주하여 임상 실험을 해 온 것이 문제라고 지적하고 있다.

(㉠ 자연 현상, ㉡ 자연 현상, ㉢ 사회·문화 현상, ㉣ 사회·문화 현상)

① ~~㉠과 같은 현상은 ㉡과 같은 현상과 달리~~ (㉠, ㉡과 같은 현상은 모두) 몰가치적이다.

② ~~㉡~~(㉢)과 같은 현상은 ~~㉢~~(㉡)과 같은 현상과 달리 특수성이 나타난다.

③ ~~㉢과 같은 현상은 ㉣과 같은 현상과 달리~~ (㉢, ㉣과 같은 현상은 모두) 인과 관계가 명확~~하다~~(하지 않다).

④ ㉠, ㉡과 같은 현상은 ㉢, ㉣과 같은 현상과 달리 확실성의 원리가 적용된다.

⑤ ~~㉡, ㉢~~(㉠, ㉡)과 같은 현상은 ~~㉠, ㉣~~(㉢, ㉣)과 같은 현상과 달리 존재 법칙의 지배를 받는다.

✔ 자료 분석 ㉠과 ㉡은 인간의 의지와 무관하게 나타나므로 자연 현상이고, ㉢과 ㉣은 인간의 의지가 개입되어 나타나므로 사회·문화 현상이다.

O 정답 찾기 ④ 자연 현상은 확실성과 필연성의 원리가 적용되고, 사회·문화 현상은 확률과 개연성의 원리가 적용된다.

X 오답 풀이 ① 자연 현상은 몰가치적이고, 사회·문화 현상은 가치 함축적이다.
② 사회·문화 현상은 자연 현상과 달리 특수성이 나타난다.
③ 사회·문화 현상은 자연 현상과 달리 인과 관계가 명확하지 않다.
⑤ 자연 현상은 사회·문화 현상과 달리 존재 법칙의 지배를 받는다.

이것만은 꼭!
1. 사회·문화 현상은 자연 현상과 달리 특수성을 지닌다.
2. 자연 현상은 몰가치적인 현상이고, 사회·문화 현상은 가치 함축적인 현상이다.
3. 자연 현상은 존재 법칙이 적용되고, 사회·문화 현상은 당위적 규범의 영향을 받는다.

09 사회·문화 현상과 자연 현상

| 정답 ② | 22년 수능 1번

①	②	③	④	⑤
5%	81%	6%	2%	6%

밑줄 친 ㉠~㉣과 같은 현상의 일반적인 특징에 대한 설명으로 옳은 것은?

> 우리 몸에 있는 대부분의 미생물은 면역계 유지에 필요하다. ㉠미생물은 적당한 습기와 충분한 먹이가 있는 환경을 선호하여 대장에 많이 서식한다. 대장 내 미생물 중 유익균은 식이 섬유에서 영양분을 얻고, 이를 분해할 때 면역 세포를 안정시키는 물질을 만든다. 그런데 식생활에서 가공 식품과 ㉡정제된 탄수화물 섭취 비중이 증가하고 유익균이 줄게 되면서 대장 내 미생물 분포가 달라졌다. 뇌와 장은 내분비계, 신경계 등을 통해 신호를 주고받는데, 미생물 분포 변화로 장 내 면역 체계에 이상이 생기면 뇌 질환 발생 가능성이 높아진다. 뇌 질환자 상당수가 장 질환을 앓고 있으며, 일상에서 ㉢과도한 스트레스를 받으면 장에 탈이 나는 것을 볼 수 있다. 따라서 장 건강을 위해서는 채식 위주의 식단을 유지하고, ㉣장내 미생물을 무차별적으로 죽이는 항생제를 남용하지 않아야 한다.

(㉠ 자연 현상 / ㉡ 사회·문화 현상 / ㉢ 자연 현상 / ㉣ 사회·문화 현상)

① ~~㉠과 같은 현상은 ㉡과 같은 현상과 달리~~ (㉠, ㉡과 같은 현상은 모두) 인과 관계가 나타난다.
② ㉡과 같은 현상은 ㉢과 같은 현상과 달리 가치 함축적이다.
③ ~~㉢~~(㉣)과 같은 현상은 ~~㉣~~(㉢)과 같은 현상과 달리 개연성의 원리가 적용된다.
④ ~~㉣과 같은 현상은 ㉠과 같은 현상과 달리~~ (㉠, ㉣과 같은 현상은 모두) 보편성이 나타난다.
⑤ ㉠, ~~㉡~~(㉢)과 같은 현상은 ~~㉢~~(㉡), ㉣과 같은 현상과 달리 존재 법칙의 지배를 받는다.

✓ 자료 분석 ㉠과 ㉢은 인간의 의지와 상관없이 발생하므로 자연 현상에 해당하고, ㉡과 ㉣은 인간에 의해 인위적으로 발생하므로 사회 · 문화 현상에 해당한다.

O 정답 찾기 ② 자연 현상은 몰가치적이고, 사회 · 문화 현상은 가치 함축적이다.

X 오답 풀이 ① 자연 현상과 사회 · 문화 현상은 모두 인과 관계가 나타난다. 다만, 자연 현상이 사회 · 문화 현상에 비해 인과 관계가 분명하다.
③ 자연 현상은 필연성의 원리가 적용되고, 사회 · 문화 현상은 개연성의 원리가 적용된다.
④ 자연 현상과 사회 · 문화 현상은 모두 보편성이 나타난다. 다만, 자연 현상은 보편성이 강하게 나타나고, 사회 · 문화 현상은 보편성과 특수성이 공존한다.
⑤ 자연 현상은 존재 법칙의 지배를 받고, 사회 · 문화 현상은 당위적 규범의 영향을 받는다.

이것만은 꼭!
1. 자연 현상과 사회·문화 현상은 모두 인과 관계가 나타난다.
2. 자연 현상과 사회·문화 현상은 모두 보편성이 나타난다.
3. 자연 현상은 존재 법칙의 적용을 받고, 사회·문화 현상은 당위적 규범의 영향을 받는다.

10 사회·문화 현상과 자연 현상

| 정답 ③ | 21년 6월 모의평가 1번

①	②	③	④	⑤
3%	3%	90%	3%	1%

밑줄 친 ㉠~㉣과 같은 현상의 일반적인 특징에 대한 설명으로 옳은 것은?

> 이산화 탄소의 과도한 발생으로 ㉠지구의 평균 기온이 상승하면서 다양한 환경 문제가 나타났다. 이에 대응하여 일부 국가에서는 ㉡환경친화적 소비를 유도하고 이산화 탄소의 발생량을 감소시키고자 탄소 발자국을 표시하기 시작하였다. 탄소 발자국이란 제품의 생산, 소비, 폐기 등의 과정에서 발생하는 이산화 탄소의 총량을 말한다. 탄소 발자국은 이산화 탄소의 배출량을 무게 단위(kg)로 표시하거나, ㉢식물의 광합성을 통해 감소될 수 있는 이산화 탄소 배출량을 ㉣나무의 수로 환산하여 표시한다.

(㉠ 자연 현상 / ㉡ 사회·문화 현상 / ㉢ 자연 현상 / ㉣ 사회·문화 현상)

① ㉠과 같은 현상은 ㉡과 같은 현상~~과 달리~~(모두) 경험적 자료를 통해 연구할 수 있다.
② ~~㉡~~(㉢)과 같은 현상은 ~~㉢~~(㉡)과 같은 현상에 비해 보편성이 강하게 나타난다.
③ ㉢과 같은 현상은 ㉣과 같은 현상에 비해 인과 관계가 분명하다.
④ ~~㉣~~(㉠)과 같은 현상은 ~~㉠~~(㉣)과 같은 현상과 달리 확실성의 원리(자연 현상)가 적용된다.
⑤ ~~㉠, ㉢~~(㉡, ㉣)과 같은 현상은 ~~㉡, ㉣~~(㉠, ㉢)과 같은 현상과 달리 가치 함축적(사회·문화 현상)이다.

✓ 자료 분석 ㉠과 ㉢은 인간의 가치가 개입되지 않고 나타나는 현상이므로 자연 현상에 해당하고, ㉡과 ㉣은 인간의 가치가 개입되어 나타나는 현상이므로 사회 · 문화 현상에 해당한다.

O 정답 찾기 ③ 자연 현상과 사회 · 문화 현상은 모두 인과 관계가 나타난다. 다만, 원인에 따른 결과가 예외 없이 나타나는 자연 현상은 사회 · 문화 현상에 비해 인과 관계가 분명하다.

X 오답 풀이 ① 자연 현상과 사회 · 문화 현상은 모두 경험적 자료를 통해 연구할 수 있다.
② 자연 현상은 보편성이 강하게 나타나고, 사회 · 문화 현상은 보편성과 특수성이 공존한다.
④ 자연 현상은 확실성의 원리가 적용되고, 사회 · 문화 현상은 확률의 원리가 적용된다.
⑤ 자연 현상은 몰가치적이고, 사회 · 문화 현상은 가치 함축적이다.

이것만은 꼭!
1. 자연 현상과 사회·문화 현상은 모두 경험적 자료를 통해 연구할 수 있다.
2. 자연 현상은 사회·문화 현상에 비해 인과 관계가 분명하다.
3. 자연 현상은 보편성이 강하게 나타나고, 사회·문화 현상은 보편성과 특수성이 공존한다.

11 사회·문화 현상과 자연 현상 | 정답 ③ |

21년 9월 모의평가 1번

①	②	❸	④	⑤
1%	3%	92%	3%	1%

밑줄 친 ㉠~㉣과 같은 현상의 일반적인 특징에 대한 설명으로 옳은 것은?

> 칠레 연안 로빈슨 크루소섬에 서식하고 있던 염소는 에스파냐 무역선을 괴롭히던 해적의 식량원이었다. 이에 ㉠에스파냐 해군은 한 쌍의 개를 섬에 상륙시켰다. 그 후 개체 수가 늘어난 개가 염소를 잡아먹으면서 염소의 수가 줄어들었다. 염소의 수가 줄자 개의 개체 수도 줄어들어 ㉡개와 염소 간에 수의 균형이 형성되었다. 이를 통해 19세기 서양 지식인은 ㉢정부, 법률, 도덕의 개입 없이도 사회 질서를 형성할 수 있다는 영감을 얻었다. ㉣생명체는 배고프면 먹이를 찾기 마련이며 먹이의 양에 따라 개체 수가 조절된다는 점은 새로운 사회 질서를 만들어 내는 합리적 원리였다. 이로부터 인간이 지닌 정치적 면모 대신 생물학적 면모가 주목받기 시작하였다.

(㉠ 사회·문화 현상, ㉡ 자연 현상, ㉢ 사회·문화 현상, ㉣ 자연 현상)

① ㉠과 같은 현상은 ㉡과 같은 현상과 달리 확실성의 원리를 따른다. (㉠→㉡, ㉡→㉠ / 자연 현상)

② ㉡과 같은 현상은 ㉢과 같은 현상과 달리 가치 함축적이다. (㉡→㉢, ㉢→㉡ / 사회·문화 현상)

③ ㉢과 같은 현상은 ㉣과 같은 현상과 달리 개연성의 원리를 따른다.

④ ㉣과 같은 현상은 ㉠과 같은 현상과 달리 보편성과 특수성이 공존한다. (㉣→㉠, ㉠→㉣ / 사회·문화 현상)

⑤ ㉠, ㉢과 같은 현상은 ㉡, ㉣과 같은 현상에 비해 인과 관계가 분명하다. (㉠, ㉢→㉡, ㉣, ㉡, ㉣→㉠, ㉢ / 자연 현상)

✓ 자료 분석 ㉠과 ㉢은 인간의 의지가 개입되어 나타나므로 사회 · 문화 현상에 해당하고, ㉡과 ㉣은 인간의 의지와 무관하게 나타나므로 자연 현상에 해당한다.

○ 정답 찾기 ③ 자연 현상은 필연성의 원리를 따르고, 사회 · 문화 현상은 개연성의 원리를 따른다.

× 오답 풀이 ① 자연 현상은 확실성의 원리를 따르고, 사회 · 문화 현상은 확률성의 원리를 따른다.

② 자연 현상은 몰가치적이고, 사회 · 문화 현상은 가치 함축적이다.

④ 자연 현상은 보편성이 강하게 나타나고, 사회 · 문화 현상은 보편성과 특수성이 공존한다.

⑤ 사회 · 문화 현상과 자연 현상은 모두 인과 관계가 나타난다. 다만, 자연 현상이 사회 · 문화 현상에 비해 인과 관계가 분명하다.

이것만은 꼭!

1. 자연 현상은 보편성이 강하게 나타나고, 사회·문화 현상은 보편성과 특수성이 공존한다.
2. 자연 현상은 몰가치적이고, 사회·문화 현상은 가치 함축적이다.
3. 자연 현상은 확실성의 원리가 적용되고, 사회·문화 현상은 개연성의 원리가 적용된다.

12 사회·문화 현상과 자연 현상 | 정답 ③ |

21년 수능 1번

①	②	❸	④	⑤
1%	1%	94%	3%	1%

밑줄 친 ㉠~㉣과 같은 현상의 일반적인 특징에 대한 설명으로 옳은 것은?

> 비가 오지 않는 지역으로 유명한 ㉠아라비아반도 남부 지역에 열대성 저기압이 상륙해 하루 만에 300mm가 넘는 비를 뿌렸다. 세계 기상 기구(WMO)는 이처럼 ㉡유례없는 강수량이 집중되는 현상은 앞으로 더 빈번해질 것이라고 경고하였다. 문제는 지구 온난화로 인한 이상 기후 현상을 대비할 수 있는 국가 차원의 ㉢기상 데이터와 예보 시스템을 보유하지 못한 나라들이 너무 많다는 것이다. 이러한 나라들은 ㉣강수 패턴과 농업이 가능한 계절의 변화 때문에 앞으로 식량 안보 위기에 처할 것이다.

(㉠ 자연 현상, ㉡ 사회·문화 현상, ㉢ 사회·문화 현상, ㉣ 자연 현상)

① ㉠과 같은 현상은 ㉡과 같은 현상에 비해 특수성이 강하다. (㉠→㉡, ㉡→㉠)

② ㉡과 같은 현상은 ㉢과 같은 현상과 달리 보편성이 나타난다. (㉡→㉡, 과 달리→모두)

③ ㉢과 같은 현상은 ㉣과 같은 현상과 달리 가치 함축적이다.

④ ㉣과 같은 현상은 ㉠과 같은 현상과 달리 인과 관계가 분명하다. (과 달리→모두)

⑤ ㉠, ㉢과 같은 현상은 필연성의 원리가, ㉡, ㉣과 같은 현상은 개연성의 원리가 적용된다. (㉢→㉣, ㉣→㉢)

✓ 자료 분석 ㉠과 ㉣은 인간의 의지와 상관없이 발생하는 현상이므로 자연 현상에 해당한다. ㉡과 ㉢은 인간에 의해 인위적으로 발생하는 현상이므로 사회 · 문화 현상에 해당한다.

○ 정답 찾기 ③ 사회 · 문화 현상은 인간의 가치나 신념이 반영되어 나타나므로 가치 함축적이다. 반면, 자연 현상은 인간의 의지나 가치와 무관하게 자연계의 원리에 의해 발생하므로 몰가치적이다.

× 오답 풀이 ① 시대와 사회를 초월하여 동일하게 나타나는 사회 · 문화 현상이 존재하면서 동시에 시대나 사회에 따라 특수하게 나타나는 사회 · 문화 현상이 존재한다. 따라서 사회 · 문화 현상은 보편성과 특수성이 공존한다. 자연 현상은 일정한 조건만 갖추어지면 시대와 장소를 초월하여 동일한 현상이 발생하므로 보편성이 강하게 나타난다.

② 자연 현상과 사회 · 문화 현상은 모두 보편성이 나타난다.

④ 자연 현상은 특정 원인에 따라 반드시 그에 상응하는 결과가 예외 없이 발생하므로 인과 관계가 분명하다.

⑤ 자연 현상은 인과 법칙에 따라 발생하므로 필연성의 원리가 적용되고, 사회 · 문화 현상은 발생 요인과 그 결과가 법칙으로 대응하기보다 확률적으로 관련을 맺고 있어 예외적 현상이 나타날 수 있으므로 개연성의 원리가 적용된다.

이것만은 꼭!

1. 자연 현상은 보편성이 강하게 나타나고, 사회·문화 현상은 보편성과 특수성이 공존한다.
2. 자연 현상은 필연성과 확실성의 원리가 적용되고, 사회·문화 현상은 개연성과 확률의 원리가 적용된다.
3. 자연 현상은 존재 법칙의 적용을 받고, 사회·문화 현상은 당위적 규범의 영향을 받는다.

13 사회·문화 현상과 자연 현상

| 정답 ⑤ | 20년 6월 모의평가 1번

①	②	③	④	❺
2%	9%	2%	2%	82%

밑줄 친 ㉠~㉣과 같은 현상의 일반적 특징에 대한 설명으로 옳은 것은?

> 『자연 다큐멘터리 '생명의 땅 OO습지 1년의 기록'』(자연 현상)
> ㉠ 지형적 특성으로 물이 잘 빠지지 않고 오랜 시간 정체되면서 형성된 습지, 그곳의 독특한 생태계를 특수 촬영으로 생동감 있게 그려냈습니다. ㉡ 계절마다 빛깔을 달리하는 수풀의 환상적인 풍경, ㉢ 삶, 고니 등 평소 보기 힘든 동물을 담아낸 영상을 감상할 수 있습니다. 각종 수생 식물이 습지를 빼곡하게 메워 펼쳐지는 연둣빛 군락은 물론이고 ㉣ 개화가 잘 되지 않아 '백년 만에 피는 꽃'이라고 불리는 가시연꽃의 모습은 특히 기대해도 좋습니다.
>
> (㉡ 자연 현상 / ㉢ 사회·문화 현상 / ㉣ 사회·문화 현상)

① ㉠과 같은 현상은 ㉡과 같은 현상과 달리(→모두) 몰가치적이다.(→사회·문화 현상)
② ㉡과 같은 현상은 ㉢과 같은 현상과 달리(→모두) 인과 관계가 나타난다.
③ ㉢과 같은 현상은 ㉠과 같은 현상과 달리(→모두) 경험적 자료를 통해 연구할 수 있다.
④ ㉣(→㉡)과 같은 현상은 ㉡(→㉣)과 같은 현상에 비해 보편성이 강하게 나타난다.
⑤ ㉢, ㉣과 같은 현상은 ㉠, ㉡과 같은 현상과 달리 개연성의 원리가 적용된다.(사회·문화 현상)

✓ 자료 분석 자연 현상과 사회 · 문화 현상을 구분하는 가장 중요한 기준은 인간의 가치와 의지가 개입되어 있는지 여부이다. ㉠과 ㉡은 인간의 가치나 의지와 상관없이 나타나는 현상이므로 자연 현상에 해당하고, ㉢과 ㉣은 인간의 가치와 의지가 개입되어 있으므로 사회 · 문화 현상에 해당한다.

O 정답 찾기 ⑤ 사회 · 문화 현상은 발생 요인과 그 결과가 확률적으로 관련을 맺고 있어 개연성과 확률의 원리가 적용되고, 자연 현상은 원인에 따른 결과가 예외 없이 발생한다는 점에서 필연성과 확실성의 원리가 적용된다.

× 오답 풀이 ① 사회 · 문화 현상은 인간의 의지와 가치가 반영되어 나타나므로 가치 함축적이고, 자연 현상은 인간의 의지나 가치와 무관하므로 몰가치적이다.
② 사회 · 문화 현상과 자연 현상은 모두 인과 관계가 나타난다. 다만, 예외적 상황이 나타날 수 있는 사회 · 문화 현상에 비해 원인에 따른 결과가 예외 없이 발생하는 자연 현상은 인과 관계가 강하게 나타난다.
③ 사회 · 문화 현상과 자연 현상은 모두 경험적 자료를 통해 연구할 수 있다.
④ 사회 · 문화 현상은 보편성과 특수성이 공존하고, 자연 현상은 보편성이 강하게 나타난다.

이것만은 꼭!
1. 사회·문화 현상은 개연성의 원리가 적용되고, 자연 현상은 필연성의 원리가 적용된다.
2. 사회·문화 현상과 자연 현상은 모두 인과 관계가 나타나지만, 사회·문화 현상에 비해 자연 현상은 인과 관계가 강하게 나타난다.
3. 사회·문화 현상과 자연 현상은 모두 경험적 자료를 통해 연구할 수 있다.

14 사회·문화 현상과 자연 현상

| 정답 ① | 20년 9월 모의평가 1번

❶	②	③	④	⑤
93%	1%	1%	1%	2%

밑줄 친 ㉠~㉢과 같은 현상의 일반적 특징에 대한 설명으로 옳은 것은?

> 1947년 최초로 발견된 지카 바이러스는 주로 ㉠ 숲 모기에 의해 피부 세포에 침투하여 감염을 유발하고, 혈액을 통해 다른 부위로 이동한다.(자연 현상) 2016년 2월 세계 보건 기구는 지카 바이러스가 ㉡ 태아의 뇌 기능을 저하시켜 소두증 같은 선천성 기형을 유발하고,(자연 현상) 신경계 이상과도 연관이 있음을 발표하였다. 세계 보건 기구는 더 이상의 피해가 확산되는 것을 방지하기 위해 ㉢ 국제 공중 보건 긴급 사태를 선언하였다.(사회·문화 현상)

① ㉠과 같은 현상은 ㉢과 같은 현상과 달리 존재 법칙을 따른다.
② ㉡과 같은 현상은 ㉠과 같은 현상과 달리(→모두) 가치 함축적(→몰가치적)이다.(자연 현상)
③ ㉠(→㉢)과 같은 현상은 확률의 원리, ㉡, ㉢(→㉠, ㉡)과 같은 현상은 확실성의 원리가 작용한다.
④ ㉡(→㉠, ㉡)과 같은 현상은 ㉠, ㉢(→㉢)과 같은 현상에 비해 인과 관계가 분명하다.
⑤ ㉠, ㉡과 같은 현상은 ㉢과 같은 현상과 달리(→모두) 경험적인 자료로 연구가 가능하다.

✓ 자료 분석 ㉠과 ㉡은 인간의 의지가 개입되지 않은 현상이므로 자연 현상에 해당하고, ㉢은 인간의 가치가 개입되어 있는 현상이므로 사회 · 문화 현상에 해당한다.

O 정답 찾기 ① 사회 · 문화 현상은 사회 규범적 요구가 반영되어 나타나므로 당위 법칙을 따르고, 자연 현상은 스스로의 원리에 따라 사실 그대로 존재하므로 존재 법칙을 따른다.

× 오답 풀이 ② 사회 · 문화 현상은 인간의 의지와 가치가 반영되어 나타나므로 가치 함축적이고, 자연 현상은 인간의 의지나 가치와 무관하므로 몰가치적이다.
③ 자연 현상은 원인에 따른 결과가 예외 없이 발생하므로 확실성의 원리가 적용되고, 사회 · 문화 현상은 확률의 원리가 적용된다.
④ 사회 · 문화 현상과 자연 현상은 모두 인과 관계가 나타난다. 다만, 원인에 따른 결과가 예외 없이 나타나는 자연 현상은 사회 · 문화 현상에 비해 인과 관계가 분명하다.
⑤ 사회 · 문화 현상과 자연 현상은 모두 경험적인 자료로 연구가 가능하다.

이것만은 꼭!
1. 사회·문화 현상은 가치 함축적, 자연 현상은 몰가치적이다.
2. 사회·문화 현상은 당위 법칙을, 자연 현상은 존재 법칙을 따른다.
3. 사회·문화 현상과 자연 현상은 모두 경험적 자료로 연구가 가능하다.

15 사회·문화 현상과 자연 현상

| 정답 ⑤ | 20년 수능 1번

①	②	③	④	❺
2%	2%	2%	7%	88%

밑줄 친 ㉠~㉢과 같은 현상의 일반적인 특징에 대한 설명으로 옳은 것은?

> 예로부터 ㉠옹기는 음식의 발효와 저장을 위해 사용된 생활필수품이었다. 열이 가해지면 ㉡흙 알갱이의 크기 차이로 인해 표면에 미세한 기공이 형성되어 숨 쉬는 옹기가 만들어졌다. 조상들은 김장 김치를 옹기에 담아 겨울 동안 땅속에 보관하여 가장 맛있는 상태로 유지하였다. 최근 연구에서는 땅속 옹기의 음식 보관 온도인 ㉢ −1℃ 상태에서 김치의 유산균 개체 수가 적정하게 유지된다는 것을 발견하였다.
>
> (㉠ 사회·문화 현상, ㉡ 자연 현상, ㉢ 사회·문화 현상)

① ~~㉠~~(㉡)과 같은 현상은 ㉢과 같은 현상에 비해 인과 관계가 명확하다. (자연 현상)

② ~~㉡~~(㉠)과 같은 현상은 ~~㉠~~(㉡)과 같은 현상에 비해 특수성이 강하게 나타난다. (사회·문화 현상)

③ ㉡과 같은 현상은 ㉢과 같은 현상~~과 달리~~(모두) 경험적 자료를 통해 연구할 수 있다. (사회·문화 현상, 자연 현상)

④ ㉠과 같은 현상은 ㉡, ~~㉢~~과 같은 현상과 달리 가치 함축적이다. (사회·문화 현상)

⑤ ㉠, ㉢과 같은 현상은 ㉡과 같은 현상과 달리 개연성의 원리가 적용된다. (사회·문화 현상)

✓ 자료 분석 ㉠과 ㉢은 인간의 의지가 개입된 현상이므로 사회 · 문화 현상에 해당하고, ㉡은 인간의 가치가 개입되어 있지 않은 현상이므로 자연 현상에 해당한다.

O 정답 찾기 ⑤ 사회 · 문화 현상은 예외적 현상이 나타날 수 있으므로 개연성의 원리가 적용되는 반면, 자연 현상은 특정 원인에 따라 그에 상응하는 결과가 예외 없이 나타나므로 필연성의 원리가 적용된다.

× 오답 풀이 ① 사회 · 문화 현상과 자연 현상은 모두 인과 관계가 나타난다. 다만, 자연 현상이 사회 · 문화 현상에 비해 인과 관계가 명확하다.

② 사회 · 문화 현상은 보편성과 특수성이 공존하고, 자연 현상은 보편성이 강하게 나타난다.

③ 사회 · 문화 현상과 자연 현상은 모두 경험적 자료를 통해 연구할 수 있다.

④ 사회 · 문화 현상은 가치 함축적이고, 자연 현상은 몰가치적이다.

이것만은 꼭!

1. 사회·문화 현상과 자연 현상은 모두 경험적 자료를 통해 연구할 수 있다.
2. 자연 현상은 사회·문화 현상에 비해 인과 관계가 명확하다.
3. 자연 현상은 보편성이 강하게 나타나고, 사회·문화 현상은 보편성과 특수성이 공존한다.

사회·문화 현상을 바라보는 관점

제1권 p.119 ~ 123

01 ② 02 ② 03 ⑤ 04 ② 05 ⑤ 06 ④ 07 ③ 08 ② 09 ⑤ 10 ① 11 ③ 12 ⑤ 13 ① 14 ② 15 ③

01 기능론

| 정답 ② | 24년 6월 모의평가 2번

①	❷	③	④	⑤
3%	70%	10%	10%	7%

다음 글에서 도출할 수 있는 사회 · 문화 현상을 바라보는 필자의 관점에 대한 옳은 설명만을 〈보기〉에서 있는 대로 고른 것은? [3점]

개별 구성원의 이익과 집합체의 이익 간 불일치는 사회적 갈등으로 나타날 수 있다. 이때 중요한 것은 서로 다른 개인들의 이익이 사회적 관계 내에서 작용한다는 점이다. 개인은 자신의 이익을 온전히 추구하기 위해 사회 내 구조화된 관계에 의해 규정된 역할 속에서 다른 구성원들의 이익 추구 과정을 고려해야만 한다. 이러한 과정을 통해 집합체는 안정적인 상태에 도달한다. - 기능론

보기
ㄱ. 대립과 갈등을 사회의 본질적 속성으로 본다. - 갈등론
ㄴ. 질서와 안정에 기반한 점진적 사회 변동을 설명하기 ~~어렵다~~. 용이하다.
ㄷ. 사회적 갈등을 균형 회복을 위한 일시적인 과정으로 이해한다. - 기능론

① ㄴ ② ㄷ ③ ㄱ, ㄴ ④ ㄱ, ㄷ ⑤ ㄱ, ㄴ, ㄷ

✓ 자료 분석 제시문은 개인이 자신의 이익을 추구하기 위해서는 사회 내 구조화된 관계에 의해 규정된 역할 속에서 다른 구성원들의 이익 추구 과정을 고려해야 하며, 이 과정을 통해 사회가 안정적인 상태에 도달한다고 보고 있다. 따라서 필자의 관점은 기능론에 해당한다.

O 정답 찾기 ㄷ. 기능론은 사회가 스스로 조화와 균형을 회복할 수 있는 힘을 지니고 있다고 보므로 사회적 갈등을 조화와 균형을 회복하기 위한 일시적인 과정으로 이해한다.

× 오답 풀이 ㄱ. 대립과 갈등을 사회의 본질적 속성으로 보는 관점은 갈등론이다.
ㄴ. 기능론은 질서와 안정에 기반한 점진적 사회 변동을 설명하기가 용이하다.

이것만은 꼭!

1. 기능론은 사회 안정이 유지되고 통합이 이루어지는 현상을 이해하는 데 유용하다.
2. 기능론은 사회가 본질적으로 조화와 균형을 이루고 있다고 본다.
3. 기능론은 사회 안정과 합의를 지나치게 강조함으로써 사회 갈등 현상을 간과한다는 비판을 받는다.

02 사회·문화 현상을 바라보는 관점

| 정답 ② | 24년 9월 모의평가 6번

①	❷	③	④	⑤
20%	72%	2%	3%	3%

사회 · 문화 현상을 바라보는 갑~병의 관점에 대한 설명으로 옳은 것은? [3점]

갑: 계층적 지위가 개인의 능력과 노력에 따라 결정된다고 하지만 불공정한 사회 구조가 사회적 희소가치의 분배를 일방적으로 결정하는 것이 현실입니다. - 갈등론
을: 아닙니다. 계층적 지위는 개인이 자신의 능력과 노력을 통해 정당하게 얻은 결과이며, 우리 사회 대다수 구성원은 이를 당연한 것으로 받아들이고 있습니다. - 기능론
병: 계층적 지위는 개인의 출신이나 능력으로 결정되는 것이 아닙니다. 평소 타인의 시선을 의식하고 말투와 옷차림에 신경 쓰면서 자신의 계층을 인식하는 것처럼 계층적 지위는 사람들과 교류하는 과정 속에서 형성됩니다. - 상징적 상호 작용론

① 갑의 관점은 사회 불평등 현상이 불가피하다고 ~~본다~~. 보지 않는다.
② 을의 관점은 개인의 행위에 미치는 사회 구조의 영향력을 중시한다. (거시적 관점)
③ ~~병~~(갑)의 관점은 사회 현상을 갈등과 대립의 측면에서만 파악한다는 비판을 받는다.
④ ~~갑~~(을), 병의 관점과 달리 ~~을~~(갑)의 관점은 지배 집단과 피지배 집단의 이익이 조화를 이루기 어렵다고 본다.
⑤ ~~을~~(갑), 병의 관점과 달리 ~~갑~~(을)의 관점은 기득권층의 이익을 옹호하는 논리로 활용된다는 비판을 받는다.

✓ 자료 분석 갑의 관점은 갈등론, 을의 관점은 기능론, 병의 관점은 상징적 상호 작용론에 해당한다.

O 정답 찾기 ② 기능론은 개인의 행위에 미치는 사회 구조의 영향력을 중시하는 거시적 관점에 해당한다.

× 오답 풀이 ① 갈등론은 사회 불평등 현상이 보편적인 현상일지는 몰라도 불가피하지는 않으며 제거해야 할 현상이라고 본다.
③ 갈등론은 사회 현상을 갈등과 대립의 측면에서만 파악한다는 비판을 받는다.
④ 갈등론은 지배 집단과 피지배 집단의 이익이 조화를 이루기 어렵다고 본다.
⑤ 기능론은 사회 질서와 안정을 강조하여 기득권층의 이익을 옹호하는 논리로 활용된다는 비판을 받는다.

이것만은 꼭!

1. 기능론과 갈등론은 거시적 관점에 해당하고, 상징적 상호 작용론은 미시적 관점에 해당한다.
2. 기능론은 사회가 유기체처럼 다양한 부분이 상호 의존 관계를 이루고 있다고 본다.
3. 갈등론은 지배 계급과 피지배 계급의 이익은 양립할 수 없으므로 갈등이 필연적이라고 본다.

03 기능론

| 정답 ⑤ | 24년 수능 2번

①	②	③	④	⑤
8%	6%	2%	1%	83%

다음 글에서 사회 · 문화 현상을 바라보는 필자의 관점에 대한 옳은 설명만을 〈보기〉에서 고른 것은? [3점]

사회 체계 안에서 인간의 상호 작용이 작동하는 이유는 행위자들에게 할당되는, 분화된 역할 구조가 있기 때문이다. 개인은 역할 구조 속에서 사회가 기대하는 행동을 수행하게 된다. 이렇게 개인이 사회의 한 부분으로서 공유된 기대에 부응하여 다른 부분과 유기적으로 상호 작용을 함에 따라 사회라는 완전체가 형성된다. - 기능론

보기
ㄱ. 상황 정의에 기초한 개인 간 상호 작용을 중시한다. - 상징적 상호 작용론
ㄴ. 개인 행위자의 능동적이고 자율적인 측면을 중시한다. - 상징적 상호 작용론
ㄷ. 사회의 각 부분이 상호 의존적 관계를 맺는다고 본다. - 기능론
ㄹ. 사회는 스스로 균형을 유지하려는 속성을 지닌다고 본다. - 기능론

① ㄱ, ㄴ ② ㄱ, ㄷ ③ ㄴ, ㄷ ④ ㄴ, ㄹ ⑤ ㄷ, ㄹ

✔ 자료 분석 필자는 개인에게 할당되는 분화된 역할 구조가 있고, 이러한 역할 구조 속에서 개인은 사회가 기대하는 행동을 수행하며, 다른 부분과 유기적으로 상호 작용을 함으로써 사회라는 완전체가 형성된다고 보고 있다. 이는 기능론에 해당한다.

O 정답 찾기 ㄷ. 기능론은 사회가 유기체처럼 다양한 부분들이 상호 의존적인 관계를 이루며 하나의 체계를 형성하고 있다고 본다.
ㄹ. 기능론은 사회가 본질적으로 조화와 균형을 유지하려는 속성을 지닌다고 본다.

× 오답 풀이 ㄱ. 상황 정의에 기초한 개인 간 상호 작용을 중시하는 관점은 상징적 상호 작용론이다.
ㄴ. 개인 행위자의 능동적이고 자율적인 측면을 중시하는 관점은 상징적 상호 작용론이다.

이것만은 꼭!
1. 기능론은 사회의 각 부분이 상호 의존적인 관계를 이루고 있다고 본다.
2. 기능론은 사회가 스스로 균형을 유지하려는 속성을 지닌다고 본다.
3. 상징적 상호 작용론은 상황 정의에 기초한 개인 간 상호 작용을 중시한다.

04 기능론과 갈등론

| 정답 ② | 23년 6월 모의평가 3번

①	②	③	④	⑤
2%	79%	7%	4%	8%

사회 · 문화 현상을 바라보는 관점 A, B에 대한 설명으로 옳은 것은?

A: 지배 집단과 피지배 집단은 재화나 권위 또는 권력과 같은 희소 자원을 차지하기 위해 서로 끊임없이 투쟁한다. 두 집단의 이익은 양립할 수 없으므로 갈등은 필연적이고 자연스러운 현상이다. - 갈등론
B: 사회 체계는 기본적으로 균형 상태를 유지하기 때문에 적대, 긴장, 모순, 투쟁과 같은 갈등은 일시적인 현상이다. 따라서 갈등은 균형을 유지하려는 사회 체계의 속성으로 인하여 머지않아 조화롭게 조정된다. - 기능론

① A는 상황 정의에 기초한 개인 간 상호 작용을 중시한다. (상징적 상호 작용론)
② B는 사회적 희소가치의 불균등한 분배가 불가피하다고 본다.
③ ~~A~~는 ~~B~~와 달리 기득권층의 이익을 대변하는 논리로 사용된다는 비판을 받는다. (B, A)
④ ~~B~~는 ~~A~~와 달리 질서와 안정성을 바탕으로 한 점진적인 사회 변동을 설명하기 어렵다. (A, B)
⑤ A와 B는 모두 개인에 대한 사회 구조의 영향력을 간과한다는 비판을 받는다. (상징적 상호 작용론)

✔ 자료 분석 A는 지배 집단과 피지배 집단의 이익이 양립할 수 없고, 갈등을 필연적이고 자연스러운 현상이라고 보고 있으므로 이는 갈등론에 해당한다. B는 사회 체계가 균형 상태를 유지하기 때문에 갈등이 조화롭게 조정된다고 보고 있으므로 이는 기능론에 해당한다.

O 정답 찾기 ② 기능론은 사회적 희소가치의 불균등한 분배가 불가피하다고 보는 반면, 갈등론은 사회적 희소가치의 불균등한 분배로 인한 사회 불평등 현상을 없어져야 할 대상으로 본다.

× 오답 풀이 ① 상황 정의에 기초한 개인 간 상호 작용을 중시하는 관점은 상징적 상호 작용론이다.
③ 기득권층의 이익을 대변하는 논리로 사용된다는 비판을 받는 관점은 기능론이다.
④ 질서와 안정성을 바탕으로 한 점진적인 사회 변동을 설명하기 어려운 관점은 갈등론이다.
⑤ 개인에 대한 사회 구조의 영향력을 간과한다는 비판을 받는 관점은 상징적 상호 작용론이다.

이것만은 꼭!
1. 상징적 상호 작용론은 개인에 대한 사회 구조의 영향력을 간과한다는 비판을 받는다.
2. 기능론은 사회적 희소가치의 불균등한 분배로 인한 사회 불평등 현상이 불가피하다고 본다.
3. 갈등론은 안정적이고 점진적인 사회 변동을 설명하기가 곤란하다.

05 사회·문화 현상을 바라보는 관점 | 정답 ⑤ | 23년 9월 모의평가 19번

①	②	③	④	❺
10%	5%	9%	11%	65%

다음은 사회 · 문화 현상을 바라보는 관점 A~C를 구분하는 질문에 대한 학생의 답변과 교사의 채점 결과이다. 이에 대한 설명으로 옳은 것은? (단, A~C는 각각 기능론, 갈등론, 상징적 상호 작용론 중 하나임.) [3점]

질문	답변		
	갑	을	병
A는 B와 달리 지배 집단과 피지배 집단 간 갈등이 사회 발전의 원동력이라고 보는가? (기능론, 상징적 상호 작용론, 갈등론)	아니요	아니요	~~예~~
A, C는 B와 달리 개인의 행위를 강제하는 사회 구조를 중시하는가? (갈등론, 기능론, 갈등론)	예	~~아니요~~	예
(가)	~~예~~	아니요	아니요
(나)	예	~~아니요~~	예
채점 결과	3점	2점	3점

* 교사는 질문별로 채점하고, 질문당 옳은 답변을 쓴 경우는 1점, 틀린 답변을 쓴 경우는 0점을 부여함

① ~~A~~는 ~~C~~와 달리 사회가 본질적으로 변동을 지향한다고 본다. (C, A)
② ~~B~~는 ~~A~~와 달리 다양한 사회 제도의 상호 의존 관계에 주목한다. (A, B)
③ ~~C~~는 ~~B~~와 달리 인간이 상황 정의에 기초하여 행동한다고 본다. (B, C)
④ (가)에는 'B는 A와 달리 행위자의 능동성을 중시하는가?'가 들어갈 수 ~~있다~~. (상징적 상호 작용론) (없다.)
⑤ (나)에는 'A는 C와 달리 기득권층의 이익을 대변한다는 비판을 받는가?'가 들어갈 수 있다. (기능론)

✓ 자료 분석 지배 집단과 피지배 집단 간 갈등이 사회 발전의 원동력이라고 보는 관점은 갈등론이다. 개인의 행위를 강제하는 사회 구조를 중시하는 관점은 거시적 관점으로, 기능론과 갈등론이 이에 해당한다. 첫 번째 질문에 대한 갑의 답변인 '아니요'가 옳지 않다면, 갑의 점수가 3점이므로 첫 번째 질문을 제외한 나머지 질문에 대한 갑의 답변은 모두 옳게 되어 모든 질문에 대한 을의 답변은 옳지 않게 된다. 따라서 첫 번째 질문에 대한 갑의 답변인 '아니요'는 옳다. 병은 첫 번째 질문에 대해 옳지 않은 답변을 하였고 병의 점수가 3점이므로 첫 번째 질문을 제외한 나머지 질문에 대한 병의 답변은 모두 옳다. 따라서 첫 번째 질문에 대한 옳은 답변은 '아니요', 두 번째 질문에 대한 옳은 답변은 '예', (가)에 대한 옳은 답변은 '아니요', (나)에 대한 옳은 답변은 '예'이고, A는 기능론, B는 상징적 상호 작용론, C는 갈등론이다.

O 정답 찾기 ⑤ (나)에는 옳은 답변이 '예'가 될 수 있는 질문이 들어가야 한다. 기능론은 갈등론과 달리 기득권층의 이익을 대변한다는 비판을 받는다. 따라서 해당 질문은 (나)에 들어갈 수 있다.

× 오답 풀이 ① 갈등론은 사회가 본질적으로 변동을 지향한다고 본다.
② 기능론은 다양한 사회 제도의 상호 의존 관계에 주목한다.
③ 상징적 상호 작용론은 인간이 상황 정의에 기초하여 행동한다고 본다.
④ (가)에는 옳은 답변이 '아니요'가 될 수 있는 질문이 들어가야 한다. 상징적 상호 작용론은 기능론과 달리 행위자의 능동성을 중시한다. 따라서 해당 질문은 (가)에 들어갈 수 없다.

이것만은 꼭!

1. 기능론과 갈등론은 거시적 관점에 해당하고, 상징적 상호 작용론은 미시적 관점에 해당한다.
2. 상징적 상호 작용론은 상황 정의를 중시한다.
3. 갈등론은 기능론과 달리 사회가 본질적으로 변동을 지향한다고 본다.

06 사회·문화 현상을 바라보는 관점 | 정답 ④ | 23년 수능 4번

①	②	③	❹	⑤
2%	5%	4%	75%	14%

사회 · 문화 현상을 바라보는 관점 A~C에 대한 설명으로 옳은 것은? (단, A~C는 각각 기능론, 갈등론, 상징적 상호 작용론 중 하나임.) [3점]

> 교사: A, B, C 중 하나를 선택한 후 해당 관점에 대해 설명해 보세요.
> 갑: A는 사회가 생물 유기체처럼 균형을 유지한다고 전제합니다. 조화와 균형은 정상적 상태로, 부조화와 불균형은 병리적 상태로 봅니다.
> 을: B는 사회를 구성하는 하위 요소가 사회 전체의 존속과 통합을 위한 역할을 수행한다고 봅니다. 또한 B는 사회 각 부분에 존재하는 복잡한 관계를 지배와 피지배의 관계로 단순화합니다.
> 교사: 갑은 옳게, 을은 틀리게 설명했습니다. 을의 설명에는 정작 B의 내용은 없고, A와 C의 내용만 있네요.

① A는 B와 달리 개인의 상황 정의와 의미 해석을 강조한다.
② B는 C와 달리 사회에 내재한 구조적 모순을 중심으로 사회 현상을 설명한다.
③ C는 A와 달리 기득권층의 이익을 옹호한다는 비판을 받는다.
④ '대립과 갈등을 사회의 본질적 속성으로 보는가?'라는 질문으로 A와 B를 구분할 수 없다.
⑤ '사회 각 제도의 상호 의존적 관계에 주목하는가?'라는 질문으로 B와 C를 구분할 수 있다.

✓ 자료 분석 사회가 생물 유기체처럼 균형을 유지한다고 전제하는 관점은 기능론이다. 갑은 옳게 설명하였으므로 A는 기능론이다. 사회를 구성하는 하위 요소가 사회 전체의 존속과 통합을 위한 역할을 수행한다고 보는 관점은 기능론이고, 사회 각 부분에 존재하는 복잡한 관계를 지배와 피지배 관계로 단순화한 관점은 갈등론이다. 즉, 을의 설명에는 기능론과 갈등론의 내용만 있다. 따라서 B는 상징적 상호 작용론, C는 갈등론이다.

O 정답 찾기 ④ 대립과 갈등을 사회의 본질적 속성으로 보는 관점은 갈등론이다. 따라서 해당 질문으로는 기능론과 상징적 상호 작용론을 구분할 수 없다.

× 오답 풀이 ① 개인의 상황 정의와 의미 해석을 중시하는 관점은 상징적 상호 작용론이다.
② 사회에 내재한 구조적 모순을 중심으로 사회 현상을 설명하는 관점은 갈등론이다.
③ 기득권층의 이익을 옹호한다는 비판을 받는 관점은 기능론이다.
⑤ 사회 각 제도의 상호 의존적 관계에 주목하는 관점은 기능론이다. 따라서 해당 질문으로는 상징적 상호 작용론과 갈등론을 구분할 수 없다.

이것만은 꼭!
1. 기능론은 기득권층의 이익을 옹호한다는 비판을 받는다.
2. 갈등론은 대립과 갈등을 사회의 본질적 속성으로 본다.
3. 상징적 상호 작용론은 개인의 상황 정의와 의미 해석을 강조한다.

07 사회·문화 현상을 바라보는 관점

| 정답 ③ | 22년 6월 모의평가 19번

①	②	❸	④	⑤
7%	3%	84%	3%	3%

사회 · 문화 현상을 바라보는 (가)~(다)의 관점에 대한 설명으로 옳은 것은? [3점]

(가) 환경 문제는 사람들이 환경 오염을 사회 문제로 규정하면서 주요 관심사가 되었다. 오늘날 많은 환경 운동가, 학자, 언론인, 시민들이 환경 오염의 심각성을 지적하며 그에 대한 문제 의식과 대응 방안을 공유하고 있다. 이들은 '그린(Green)', '에코(Eco)', '재생'과 같은 표현을 친환경의 대명사처럼 인식하면서 환경 문제 해결을 위한 실천을 서로 독려하고 있다.
상징적 상호 작용론

(나) 환경 문제는 산업화를 위해 자연을 이용하는 과정에서 나타나는 일시적인 병리 현상이다. 산업화가 진행되면서 대기와 수질이 오염되면, 이로 인한 사회적 비용과 피해가 증가한다. 하지만 이러한 문제를 해결할 수 있는 환경 정화 기술이 개발됨으로써 결국 전체 사회는 다시 조화와 균형을 회복한다.
기능론

(다) 환경 문제는 자본가 계급이 자신만의 이익을 극대화하는 과정에서 발생한다. 자본가 계급이 환경보다 경제적 이익을 우선하며 자신의 이윤 추구에만 몰두한 결과가 환경 오염으로 나타난다. 그로 인한 피해는 오롯이 노동자 계급의 몫이다. 이윤 추구에서 배제된 노동자 계급은 환경 문제에 대응할 마땅한 수단이 없기 때문이다.
갈등론

① ~~(가)~~(나)의 관점은 사회의 각 부분이 상호 의존적 관계를 맺는다고 본다.
② ~~(나)~~(가)의 관점은 상황에 대한 주관적인 해석 과정을 중시한다.
③ (다)의 관점은 지배 집단과 피지배 집단 간 대립과 투쟁을 사회 변동의 원동력으로 본다.
④ (나)의 관점은 (다)의 관점과 달리 사회 질서와 안정의 중요성을 ~~경시한다는 비판을 받는다~~ 강조한다.
⑤ ~~(다)~~(나)의 관점은 (가)의 관점과 달리 지배 집단의 이익을 대변하는 논리로 활용될 수 있다는 비판을 받는다.

✓ 자료 분석 (가)는 상징적 상호 작용론, (나)는 기능론, (다)는 갈등론에 해당한다.

O 정답 찾기 ③ 지배 집단과 피지배 집단 간 대립과 투쟁을 사회 변동의 원동력으로 보는 관점은 갈등론이다.

X 오답 풀이 ① 사회의 각 부분이 상호 의존적 관계를 맺는다고 보는 관점은 기능론이다.
② 상황에 대한 주관적인 해석 과정을 중시하는 관점은 상징적 상호 작용론이다.
④ 기능론은 갈등론과 달리 사회 질서와 안정의 중요성을 강조한다.
⑤ 지배 집단의 이익을 대변하는 논리로 활용될 수 있다는 비판을 받는 관점은 기능론이다.

이것만은 꼭!
1. 기능론은 사회의 각 부분이 상호 의존적 관계를 맺는다고 본다.
2. 기능론은 지배 집단의 이익을 대변하는 논리로 활용될 수 있다는 비판을 받는다.
3. 갈등론은 지배 집단과 피지배 집단 간 대립과 투쟁을 사회 변동의 원동력으로 본다.

08 사회·문화 현상을 바라보는 관점

| 정답 ② | 22년 9월 모의평가 14번

①	❷	③	④	⑤
1%	92%	1%	3%	3%

사회 · 문화 현상을 바라보는 갑~병의 관점에 대한 설명으로 옳은 것은?

기우제에 대한 각자의 의견을 말씀해 주세요.

가뭄이라는 사회적 위기 상황에서 공동체의 결속력을 높이고, 사회 안정을 유지하는 역할을 담당하는 의례였습니다.

을 (상징적 상호 작용론): 의례의 절차와 제물은 비슷하지만, 사회적 맥락에 따라 구성원들은 그 의미를 다르게 해석하여 행동하였습니다.

기우제와 같은 의례는 피지배층의 불만을 잠재우고, 기존 질서를 유지하려는 기득권층의 통치 수단에 불과합니다.

① 갑의 관점은 을의 관점과 달리 개인의 행위가 상황에 대한 주관적 해석에 기초하여 이루어진다고 본다.
② 갑의 관점은 병의 관점과 달리 기득권층의 이익을 대변하는 논리로 활용될 수 있다는 비판을 받는다.
③ 을의 관점은 병의 관점과 달리 집단 간 갈등을 사회 변동의 원동력으로 본다.
④ 병의 관점은 갑의 관점과 달리 지배 계급과 피지배 계급의 이익이 조화를 이루고 있다고 본다.
⑤ 병의 관점은 을의 관점과 달리 사회 구조가 개인에게 미치는 영향력을 간과한다는 비판을 받는다.

✔ 자료 분석 갑의 관점은 기능론, 을의 관점은 상징적 상호 작용론, 병의 관점은 갈등론이다.

O 정답 찾기 ② 기능론은 갈등론과 달리 기득권층의 이익을 대변하는 논리로 활용될 수 있다는 비판을 받는다.

X 오답 풀이 ① 상징적 상호 작용론은 기능론과 달리 개인의 행위가 상황에 대한 주관적 해석에 기초하여 이루어진다고 본다.
③ 갈등론은 상징적 상호 작용론과 달리 집단 간 갈등을 사회 변동의 원동력으로 본다.
④ 갈등론은 기능론과 달리 지배 계급과 피지배 계급의 이익이 조화를 이룰 수 없다고 본다.
⑤ 미시적 관점인 상징적 상호 작용론은 거시적 관점인 갈등론과 달리 사회 구조가 개인에게 미치는 영향력을 간과한다는 비판을 받는다.

이것만은 꼭!

1. 갈등론은 사회에는 어느 시점에나 구조적 모순이 내재되어 있다고 본다.
2. 기능론은 기득권층의 이익을 대변하는 논리로 이용될 우려가 있다는 비판을 받는다.
3. 거시적 관점인 기능론과 갈등론은 미시적 관점인 상징적 상호 작용론과 달리 행위자의 능동적, 자율적 측면을 간과한다는 비판을 받는다.

09 기능론

| 정답 ⑤ | 22년 수능 3번

①	②	③	④	❺
2%	14%	4%	5%	75%

다음 글에서 사회 · 문화 현상을 바라보는 필자의 관점에 대한 설명으로 옳은 것은?

> 인구 증가는 사람들 간 접촉과 상호 작용을 증가시킨다. 이때 경쟁이 치열해지면, 그 치열한 경쟁이 갈등을 유발하고 사회 질서를 위협한다. 자원을 둘러싼 경쟁은 생존 가능한 자리를 찾으려는 개인들의 노력을 낳고 이는 업무 전문화로 이어진다. 전문화는 개인들로 하여금 상호 의존을 하도록 압박하고 상호 의무를 수용하려는 의지를 강화한다. 전문화로 인한 업무 분화는 무한 경쟁이 파괴할 수 있는 질서를 유지하는 데 필수적이다. - 기능론

① 사회의 안정보다는 변동을 중시한다. - 갈등론
② 상황 정의에 기초한 개인 간 상호 작용을 중시한다. - 상징적 상호 작용론
③ 사회에는 어느 시점에나 구조적 모순이 내재되어 있다고 본다. - 갈등론
④ 사회 제도를 지배와 피지배 관계의 재생산을 위한 수단으로 본다. - 갈등론
⑤ 지배 집단의 이익을 대변하는 논리로 활용될 수 있다는 비판을 받는다. - 기능론

✔ 자료 분석 제시문은 전문화로 인한 업무 분화가 질서를 유지하는 데 필수적이라고 보고 있으므로 이는 기능론의 관점에 해당한다.

O 정답 찾기 ⑤ 기능론은 사회 질서와 안정을 강조하므로 지배 집단의 이익을 대변하는 논리로 이용될 우려가 있다는 비판을 받는다.

X 오답 풀이 ① 사회의 안정보다 변동을 중시하는 관점은 갈등론이다.
② 상황 정의에 기초한 개인 간 상호 작용을 중시하는 관점은 상징적 상호 작용론이다.
③ 사회에는 구조적 모순이 항상 내재되어 있다고 보는 관점은 갈등론이다.
④ 사회 제도를 지배와 피지배 관계의 재생산을 위한 수단으로 보는 관점은 갈등론이다.

이것만은 꼭!

1. 기능론과 갈등론은 거시적 관점에 해당하고, 상징적 상호 작용론은 미시적 관점에 해당한다.
2. 기능론은 사회 안정을 중시하고, 갈등론은 사회 변동을 중시한다.
3. 상징적 상호 작용론은 인간이 상황 정의에 기초하여 행동한다고 본다.

10 사회·문화 현상을 바라보는 관점

| 정답 ① | 21년 6월 모의평가 18번

❶	②	③	④	⑤
73%	6%	9%	6%	6%

사회 · 문화 현상을 바라보는 (가)~(다)의 관점에 대한 설명으로 옳은 것은? [3점]

상황 정의

(가) 질병은 구성원 각자가 부여하는 의미나 가치에 의해 사회적으로 규정될 수 있다. 예컨대 19세기 유럽에서는 폐결핵에 걸린 지식인과 예술인의 마른 자태를 열정과 낭만의 징표로 인식하기도 하였다.
상징적 상호 작용론

(나) 질병은 사회 체계 유지라는 측면에서 볼 때 사회 통합에 긍정적으로 작용하지 못하기 때문에 사회 문제로 규정된다. 따라서 질병 치료는 일종의 사회 통제라고 볼 수 있다.
기능론

(다) 질병으로부터 자신을 보호할 자원이 부족한 이들에게는 사회 구조적 모순이 고스란히 전달되어 질병으로 나타난다. 질병에 걸릴 위험은 사회 계급에 따라 차등적으로 분포되어 있기 때문이다.
갈등론

① (가)의 관점은 사회 구조가 개인에게 미치는 영향을 간과한다는 비판을 받는다. 상징적 상호 작용론

② ~~(나)~~(다)의 관점은 사회 제도를 통해 기존의 불평등한 사회 구조가 재생산된다고 본다. 갈등론

③ ~~(가)~~(나)의 관점은 ~~(나)~~(가)의 관점과 달리 사회 각 부분이 상호 보완적 역할을 수행한다고 본다. 기능론

④ ~~(나)~~(다)의 관점은 ~~(다)~~(나)의 관점과 달리 대립과 갈등을 사회 구조의 필연적 속성으로 본다. 갈등론

⑤ '사회 · 문화 현상의 의미가 발생 상황과 행위 주체에 따라 달라진다고 보는가?'라는 질문으로는 (가)와 (다)의 관점을 구분할 수 ~~없다~~있다. 상징적 상호 작용론

✔ 자료 분석 (가)는 질병이 구성원 각자가 부여하는 의미나 가치에 의해 사회적으로 규정된다고 보고 있으므로 이는 상징적 상호 작용론에 해당한다. (나)는 질병이 사회 통합에 긍정적으로 작용하지 못하기 때문에 사회 통제를 위해 질병 치료가 필요하다고 보고 있으므로 이는 기능론에 해당한다. (다)는 사회 구조적 모순이 질병으로 나타난다고 보고 있으므로 이는 갈등론에 해당한다.

○ 정답 찾기 ① 상징적 상호 작용론은 미시적 관점으로 사회 구조가 개인에게 미치는 영향을 간과한다는 비판을 받는다.

× 오답 풀이 ② 사회 제도를 통해 기존의 불평등한 사회 구조가 재생산된다고 보는 관점은 갈등론이다.
③ 사회 각 부분이 상호 보완적 역할을 수행한다고 보는 관점은 기능론이다.
④ 대립과 갈등을 사회 구조의 필연적 속성으로 보는 관점은 갈등론이다.
⑤ 상징적 상호 작용론은 사회 · 문화 현상의 의미가 발생 상황과 행위 주체에 따라 달라진다고 본다. 따라서 해당 질문으로는 상징적 상호 작용론과 갈등론을 구분할 수 있다.

이것만은 꼭!

1. 기능론과 갈등론은 모두 사회·문화 현상을 거시적 측면에서 설명한다.
2. 기능론은 사회를 하나의 유기체와 같은 존재로 인식한다.
3. 상징적 상호 작용론은 사람들이 구성해 내는 주관적 생활 세계를 중시한다.

11 사회·문화 현상을 바라보는 관점

| 정답 ③ | 21년 9월 모의평가 2번

①	②	❸	④	⑤
1%	2%	94%	2%	1%

사회 · 문화 현상을 바라보는 갑~병의 관점에 대한 설명으로 옳은 것은? (단, 갑~병의 관점은 각각 갈등론, 기능론, 상징적 상호 작용론 중 하나이다.) [3점]

사회자: 혼밥족*이 증가하는 현상의 원인에 대해 각자 의견을 제시해 주세요.

갑(기능론): 전통적으로 식사를 함께 하는 것은 공동체 구성원 간 소속감 형성을 위한 중요한 의례였는데, 이러한 식사 규범이 약화되면서 혼자 밥을 먹는 사람들이 많아졌습니다.

을(상징적 상호 작용론): 과거에는 혼자 밥을 먹는 사람을 외톨이로 여겼으나, 최근에는 혼자 밥을 먹는 행위를 가족이나 집단의 구속에서 벗어나 혼자만의 여유를 즐기는 세련된 도시인의 생활 방식으로 보는 이들이 증가하고 있기 때문입니다.

병(갈등론): 혼자 밥을 먹는 사람들 대부분이 경제적으로 취약한 상태에 놓여 있다는 점에서, 결국 혼밥은 불평등한 분배 구조에서 소외된 사람들의 어쩔 수 없는 선택입니다.

* 혼밥족: 혼자 밥을 먹는 사람들을 지칭하는 신조어

① 갑(을)의 관점은 개인의 행동이 상황에 대한 주관적 해석에 기초하여 이루어진다고 본다. (상징적 상호 작용론)
② 을(갑)의 관점은 기득권층의 이익을 대변하는 논리로 사용된다는 비판을 받는다. (기능론)
③ 병의 관점은 집단 간 갈등이 필연적이며 사회 변동의 원동력이라고 본다. (갈등론)
④ 을(갑)의 관점은 갑(을)의 관점과 달리 사회 문제를 설명하는 데 사회 구조적 요인을 중시한다. (거시적 관점)
⑤ 을, 병(갑)의 관점은 모두 사회 구성 요소의 기능과 역할이 사회적으로 합의된 것으로 본다. (기능론)

✓ 자료 분석 갑은 식사 규범이 약화되면서 혼밥족이 증가하였다고 보고 있으므로 이는 기능론에 해당한다. 을은 혼자 밥을 먹는 것에 대해 가족이나 집단의 구속에서 벗어나 혼자만의 여유를 즐기는 도시인의 생활 양식이라고 의미를 부여하는 사람이 증가하였기 때문이라고 보고 있으므로 이는 상징적 상호 작용론에 해당한다. 병은 불평등한 분배 구조 때문에 혼밥족이 증가하였다고 보고 있으므로 이는 갈등론에 해당한다.

O 정답 찾기 ③ 갈등론은 사회에 내재된 구조적 모순으로 인해 집단 간 갈등이 필연적으로 발생하며, 이러한 집단 간 갈등이 사회 변동의 원동력으로 작용한다고 본다.

× 오답 풀이 ① 개인의 행동이 상황에 대한 주관적 해석(상황 정의)에 기초하여 이루어진다고 보는 관점은 상징적 상호 작용론이다.
② 기득권층의 이익을 대변하는 논리로 사용된다는 비판을 받는 관점은 기능론이다.
④ 사회 문제를 설명하는 데 사회 구조적 요인을 중시하는 관점은 거시적 관점으로, 기능론과 갈등론이 이에 해당한다.
⑤ 사회 구성 요소의 기능과 역할이 사회적으로 합의된 것이라고 보는 관점은 기능론이다.

이것만은 꼭!

1. 갈등론은 사회에는 어느 시점에나 구조적 모순이 내재되어 있다고 본다.
2. 기능론은 기득권층의 이익을 대변하는 논리로 이용될 우려가 있다는 비판을 받는다.
3. 거시적 관점인 기능론과 갈등론은 상징적 상호 작용론과 달리 행위자의 능동적, 자율적 측면을 간과한다.

12 사회·문화 현상을 바라보는 관점

| 정답 ⑤ | 21년 수능 3번

①	②	③	④	❺
2%	2%	2%	8%	86%

표는 사회 · 문화 현상을 바라보는 관점 A~C를 구분한 것이다. 이에 대한 옳은 설명만을 〈보기〉에서 고른 것은? (단, A~C는 각각 기능론, 갈등론, 상징적 상호 작용론 중 하나이다.)

구분	A (상징적 상호 작용론)	B (갈등론)	C (기능론)
(가)	예	아니요	아니요
기득권층의 이익을 대변하는 논리로 사용된다는 비판을 받는가? (기능론)	아니요	아니요	예
사회·문화 현상을 사회 구조적 측면에서 설명하는가? (기능론, 갈등론)	아니요	예	예

〈보기〉
ㄱ. A(B)는 B(A)와 달리 집단 간 갈등을 사회 변동의 원동력으로 본다.
ㄴ. B(C)는 C(B)와 달리 사회 각 부분의 통합과 균형을 강조한다.
ㄷ. C는 A와 달리 다양한 사회 제도들의 상호 의존 관계에 주목한다. (기능론)
ㄹ. (가)에는 '인간이 상황 정의에 기초하여 행동한다고 보는가?'가 들어갈 수 있다. (상징적 상호 작용론)

① ㄱ, ㄴ ② ㄱ, ㄷ ③ ㄴ, ㄷ ④ ㄴ, ㄹ ⑤ ㄷ, ㄹ

✓ 자료 분석 기득권층의 이익을 대변하는 논리로 사용된다는 비판을 받는 관점은 기능론이고, 사회 · 문화 현상을 사회 구조적 측면에서 설명하는 관점은 기능론과 갈등론이다. 따라서 A는 상징적 상호 작용론, B는 갈등론, C는 기능론이다.

O 정답 찾기 ㄷ. 기능론은 사회가 상호 의존적인 부분들이 잘 통합된 체계로 보고, 각 부분들이 사회 전체의 존속과 통합을 위해 맡은 기능을 수행한다고 본다.
ㄹ. 인간이 상황 정의에 기초하여 행동한다고 보는 관점은 상징적 상호 작용론이다. 따라서 해당 질문은 (가)에 들어갈 수 있다.

× 오답 풀이 ㄱ. 갈등론은 집단 간 갈등이 사회 변동의 원동력이 된다고 본다.
ㄴ. 기능론은 사회가 본질적으로 조화와 균형을 이루고 있다고 보므로 사회 각 부분의 통합과 균형을 강조한다.

이것만은 꼭!

1. 기능론과 갈등론은 거시적 관점에, 상징적 상호 작용론은 미시적 관점에 해당한다.
2. 갈등론은 사회 질서나 안정이 지배 계급의 강요나 억압에 의해 나타난 결과라고 본다.
3. 상징적 상호 작용론은 인간이 상황 정의에 기초하여 행동한다고 본다.

제2권 평가원 해설

13 사회·문화 현상을 바라보는 관점

| 정답 ① | 20년 6월 모의평가 8번

❶	②	③	④	⑤
89%	3%	2%	3%	1%

사회 · 문화 현상을 바라보는 갑~병의 관점에 대한 설명으로 옳은 것은? [3점]

사회자: 판소리 흥부전에 등장하는 주요 인물들의 행위에 대해 각자의 관점에서 말씀해 보세요.

갑: 일을 해서 돈을 벌 생각보다는 신세 한탄만 하며 형에게 의존하려는 흥부와 달리 놀부가 부자가 된 것은 열심히 노력하고 돈을 아껴 쓴 행동에 대한 정당한 보상입니다. 이것은 당시의 사회 규범에도 부합한다고 생각합니다.

을: 당시 가부장적 사회 구조에서 놀부가 장남이라는 이유를 내세워 아우인 흥부가 받을 재산까지 차지한 것 아닙니까? 사회적 희소 자원을 모두 형에게 빼앗긴 흥부가 개인적 노력으로 빈곤을 극복하기는 어려웠으리라 생각합니다.

병: 저는 흥부가 형수로부터 밥풀이 묻은 주걱으로 뺨을 맞자 고맙다고 말하며 다른 뺨을 내민 장면에 주목합니다. 형수는 흥부를 내쫓기 위해 주걱을 휘둘렀지만 흥부는 배고픈 시동생에게 밥을 주는 행위로 받아들였다고 생각합니다.

(갑: 기능론, 을: 갈등론, 병: 상징적 상호 작용론)

① 갑의 관점은 지배 집단의 이익을 대변하는 논리로 활용될 수 있다는 비판을 받는다.
② 을의 관점은 사회의 각 부분이 상호 의존적 관계를 맺는다고 본다.
③ 병의 관점은 사회 · 문화 현상을 거시적 측면에서 설명한다.
④ 갑의 관점은 을의 관점과 달리 대립과 갈등을 사회의 본질적 속성으로 본다.
⑤ 을의 관점은 병의 관점과 달리 행위자의 능동성을 중시한다.

✓ 자료 분석 갑은 놀부가 부자가 된 것은 열심히 노력하여 돈을 아껴 쓴 행동에 대한 정당한 보상이라고 보고 있으므로 이는 기능론에 해당한다. 을은 가부장적 사회 구조로 인해 불평등한 분배가 나타나고 있다고 보고 있으므로 이는 갈등론에 해당한다. 병은 흥부의 행동에 담겨 있는 의미에 주목하고 있으므로 이는 상징적 상호 작용론에 해당한다.

O 정답 찾기 ① 기능론은 사회의 안정을 지나치게 강조하여 기존의 질서나 권력관계의 유지에 기여하므로 지배 집단의 이익을 대변한다는 비판을 받는다.

× 오답 풀이 ② 기능론은 유기체와 같이 사회의 다양한 부분들이 상호 의존적인 관계를 이루고 있다고 본다.
③ 기능론과 갈등론은 사회 구조나 제도 등과 같이 사회 체계에 초점을 맞추어 사회 · 문화 현상을 바라본다는 점에서 거시적 관점에 해당한다. 반면, 상징적 상호 작용론은 개인 간의 상호 작용에 초점을 맞춘다는 점에서 미시적 관점에 해당한다.
④ 갈등론은 지배 계급과 피지배 계급 간의 이익이 양립할 수 없으므로 갈등은 필연적이고 본질적인 사회의 속성이라고 본다.
⑤ 상징적 상호 작용론은 인간이 자율성을 지닌 능동적인 존재라고 본다.

이것만은 꼭!
1. 기능론은 지배 집단의 이익을 대변하는 논리로 이용될 수 있다.
2. 갈등론은 대립과 갈등을 사회의 본질적 속성으로 본다.
3. 상징적 상호 작용론은 행위자의 능동성을 중시한다.

14 사회·문화 현상을 바라보는 관점

| 정답 ② | 20년 9월 모의평가 6번

①	❷	③	④	⑤
1%	92%	2%	1%	1%

사회 · 문화 현상을 바라보는 갑~병의 관점에 대한 설명으로 옳은 것은? (단, 갑~병의 관점은 각각 기능론, 갈등론, 상징적 상호 작용론 중 하나이다.)

사회자: 최근 들어 결혼을 하지 않는 사람이 증가하는 이유가 무엇일까요?

갑: 불공정한 분배 체계의 심화로 희소 자원이 기득권층에 집중되면서 결혼 생활에 요구되는 기본 여건을 마련할 수 없어 결혼을 미루거나 포기합니다.

을: 혼자 사는 삶에 대한 긍정적인 의미가 사회 구성원들 사이에 확산되면서 결혼을 개인의 선택으로 여기는 사람들이 많아졌기 때문입니다.

병: 결혼 생활에 수반되는 출산, 육아, 교육 등을 지원하는 다양한 사회 제도가 제대로 작동하지 못하기 때문에 결혼을 하지 않는 사람이 증가합니다.

(갑: 갈등론, 을: 상징적 상호 작용론, 병: 기능론)

① 갑의 관점은 결혼이 불평등한 성 역할 분담 체계의 강화에 기여한다는 점을 간과한다.
② 을의 관점은 사회 구성원들이 공유하는 결혼에 대한 인식 변화에 주목한다.
③ 병의 관점은 결혼 제도가 사회 구성원을 충원함으로써 사회 유지에 기여한다는 점을 간과한다.
④ 갑의 관점은 병의 관점과 달리 결혼을 하지 않는 사람이 증가하는 현상을 거시적 관점에서 이해한다.
⑤ 을의 관점은 갑의 관점과 달리 결혼 제도와 다른 사회 제도 간 상호 의존성을 설명하는 데 유용하다.

✓ 자료 분석 갑은 불공정한 분배 체계에 주목하고 있으므로 이는 갈등론에 해당한다. 을은 결혼에 대한 개별 구성원의 인식 변화에 주목하고 있으므로 이는 상징적 상호 작용론에 해당한다. 병은 사회 제도가 제 기능을 수행하지 못함에 주목하고 있으므로 이는 기능론에 해당한다.

O 정답 찾기 ② 상징적 상호 작용론은 인간이 자율성을 지닌 능동적인 존재이며, 사물이나 행위에 주관적인 의미를 부여하는 행위의 주체라고 본다. 따라서 상징적 상호 작용론에 해당하는 을의 관점은 구성원의 인식 변화에 주목한다.

× 오답 풀이 ① 갈등론은 결혼과 같은 사회 제도가 불평등한 구조를 강화한다고 본다.
③ 기능론은 결혼과 같은 사회 제도가 사회 유지에 기여한다고 본다.
④ 갈등론과 기능론은 모두 거시적 관점에 해당한다.
⑤ 기능론은 사회가 유기체와 같이 다양한 부분들이 상호 의존적인 관계를 이루며 하나의 체계를 형성하고 있다고 본다. 즉, 기능론은 제도 간의 상호 의존성을 설명하는 데 유용하다.

이것만은 꼭!
1. 상징적 상호 작용론은 구성원의 인식 변화에 주목한다.
2. 기능론은 사회 제도 간의 상호 의존성을 강조한다.
3. 갈등론은 사회 제도가 불평등한 구조를 강화한다고 본다.

15 사회·문화 현상을 바라보는 관점 | 정답 ③ | 20년 수능 14번

①	②	❸	④	⑤
3%	4%	86%	2%	5%

사회 · 문화 현상을 바라보는 갑~병의 관점에 대한 설명으로 옳은 것은? (단, 갑~병의 관점은 각각 기능론, 갈등론, 상징적 상호 작용론 중 하나이다.) [3점]

사회자: 일과 일상생활의 균형을 의미하는 '워라밸'을 추구하는 현상에 대해 각자 의견을 제시해 주세요.

갑(상징적 상호 작용론): 예전에는 고용주를 비롯해 대다수 직원들이 워라밸을 추구하는 사람들에 대해 부정적으로 생각했지만, 최근에는 일상생활을 중시하면서도 생산성이 높은 직원들을 보면서 긍정적으로 인식하게 되었습니다.

을(갈등론): 워라밸은 개인에게 일상생활을 위한 시간적 여유를 보장해 주는 것 같지만, 개인의 업무 능력을 극대화하여 생산성을 높임으로써 기득권층의 이익을 증대시키려는 의도가 반영된 현상일 뿐입니다.

병(기능론): 워라밸 문화는 개인이 일상생활을 즐기며 자신을 재충전하여 사회 조직의 목표 달성에 필요한 역할을 효과적으로 수행하도록 함으로써 사회 조직의 효율성을 높이는 데 기여합니다.

① ~~갑~~(을, 병)의 관점은 사회 · 문화 현상을 사회 구조적 측면에서 설명한다. (거시적 관점(기능론, 갈등론))

② ~~을~~(병)의 관점은 지배 집단의 이익을 대변하는 논리로 활용될 수 있다는 비판을 받는다. (기능론)

③ 병의 관점은 사회 각 부분이 상호 의존적 관계를 맺는다고 본다. (기능론)

④ ~~갑~~(을)의 관점은 ~~을~~(갑)의 관점과 달리 대립과 갈등을 사회의 본질적 속성으로 본다. (갈등론)

⑤ ~~병~~(갑)의 관점은 ~~을~~(을, 병)의 관점과 달리 행위자의 능동성을 중시한다. (상징적 상호 작용론)

✔ 자료 분석 갑은 워라밸에 대한 의미가 행위 주체의 인식에 따라 달라질 수 있다고 보고 있으므로 이는 상징적 상호 작용론에 해당한다. 을은 기득권층의 이익 증대 측면에서 워라밸을 보고 있으므로 이는 갈등론에 해당한다. 병은 워라밸을 사회 각 부분의 기능 향상과 연계시켜 보고 있으므로 이는 기능론에 해당한다.

O 정답 찾기 ③ 기능론은 사회를 이루는 각 부분이 각기 서로 다른 기능을 담당하고 그러한 기능을 수행함으로써 사회의 안정과 질서가 유지된다고 본다. 즉, 사회의 다양한 부분들이 상호 의존적인 관계를 이루며 하나의 체계를 형성하고 있다고 본다.

✕ 오답 풀이 ① 사회 · 문화 현상을 사회 구조적 측면에서 설명하는 관점은 거시적 관점으로, 기능론과 갈등론이 이에 해당한다.
② 기능론은 현 사회 체제의 안정과 유지를 강조한다는 점에서 기존 지배 집단의 이익을 대변하는 논리로 활용될 수 있다는 비판을 받는다.
④ 갈등론은 사회가 본질적으로 사회적 희소가치를 둘러싼 구성원들 간의 갈등과 대립의 장이라고 본다.
⑤ 미시적 관점에 해당하는 상징적 상호 작용론은 사물이나 행위에 주관적인 의미를 부여하는 행위자의 능동성을 중시한다.

이것만은 꼭!
1. 기능론은 사회 각 부분이 상호 의존적 관계라고 본다.
2. 갈등론은 대립과 갈등을 사회의 본질적 속성으로 본다.
3. 상징적 상호 작용론은 행위자의 능동성을 중시한다.

필출 주제 **03** # 자료 수집 방법

제1권 p.124 ~ 129

01 ⑤ 02 ① 03 ④ 04 ⑤ 05 ③ 06 ② 07 ⑤ 08 ② 09 ② 10 ⑤ 11 ③ 12 ① 13 ④ 14 ⑤

01 자료 수집 방법

| 정답 ⑤ | 24년 6월 모의평가 9번

①	②	③	④	❺
7%	7%	7%	8%	71%

다음은 자료 수집 방법 A~C를 구분하는 질문에 대한 학생의 답변과 교사의 채점 결과이다. 이에 대한 설명으로 옳은 것은? (단, A~C는 각각 질문지법, 실험법, 면접법 중 하나임.) [3점]

질문	답변		
	갑	을	병
A는 인위적으로 통제된 상황에서 변수의 효과를 관찰하는 방법인가?	예	아니요	아니요
A에 비해 B는 자료 수집 과정에서 연구자가 유연성이나 융통성을 발휘하기 용이한 방법인가?	아니요	아니요	㉠
B에 비해 C는 주로 양적 연구에서 활용하는 자료 수집 방법인가?	예	아니요	예
(가)	아니요	아니요	예
채점 결과	3점	1점	2점

* 교사는 질문별로 각각 채점하고, 옳은 답변은 1점, 틀린 답변은 0점을 부여함.

① ㉠은 '아니요'이다.
② A에 비해 B는 독립 변수와 종속 변수의 관계를 검증하는 연구에 적합하다.
③ B와 달리 C는 조사 대상자와의 언어적 상호 작용이 필수적이다.
④ C와 달리 A는 조사 대상자의 주관적 인식을 파악할 수 있다.
⑤ (가)에는 'B에 비해 C는 소수의 응답자로부터 깊이 있는 정보를 수집하기에 용이한 방법인가?'가 들어갈 수 있다.

✓ 자료 분석 인위적으로 통제된 상황에서 변수의 효과를 관찰하는 방법은 실험법이고, 자료 수집 과정에서 연구자가 유연성이나 융통성을 발휘하기 용이한 방법은 면접법이며, 주로 양적 연구에서 활용하는 자료 수집 방법은 질문지법과 실험법이다. 갑이 첫 번째 질문에 대해 틀린 답변을 한 경우, 갑의 점수가 3점이므로 갑은 두 번째, 세 번째, 네 번째 질문에 대해 옳은 답변을 해야 한다. 이때, 을은 첫 번째, 두 번째, 네 번째 질문에 대해 옳은 답변을 하게 되어 을의 점수는 1점이 되지 않는다. 즉, 갑은 첫 번째 질문에 대해 옳은 답변을 하였다. 따라서 A는 실험법이다. 갑이 세 번째 질문에 대해 틀린 답변을 한 경우, 갑의 점수가 3점이므로 갑은 첫 번째, 두 번째, 네 번째 질문에 대해 옳은 답변을 해야 한다. 이때, 을은 두 번째, 세 번째, 네 번째 질문에 대해 옳은 답변을 하게 되어 을의 점수는 1점이 되지 않는다. 즉, 갑은 세 번째 질문에 대해 옳은 답변을 하였다. 따라서 B는 면접법, C는 질문지법이다. 갑은 첫 번째, 세 번째, 네 번째 질문에 대해 옳은 답변을 하여 3점을 받았고, 을은 네 번째 질문에 대해 옳은 답변을 하여 1점을 받았으며, 병은 두 번째, 세 번째 질문에 대해 옳은 답변을 하여 2점을 받았다.

○ 정답 찾기 ⑤ (가)에는 '아니요'가 옳은 답변이 되는 질문이 들어가야 한다. 질문지법에 비해 면접법은 소수의 응답자로부터 깊이 있는 정보를 수집하기에 용이한 방법이다. 따라서 해당 질문은 (가)에 들어갈 수 있다.

× 오답 풀이 ① 병은 두 번째 질문에 대해 옳은 답변을 하였다. 실험법에 비해 면접법은 자료 수집 과정에서 연구자가 유연성이나 융통성을 발휘하기 용이한 방법이다. 따라서 ㉠은 '예'이다.
② 실험법은 면접법에 비해 독립 변수와 종속 변수의 관계를 검증하는 연구인 양적 연구에 적합하다.
③ 면접법과 질문지법은 모두 조사 대상자와의 언어적 상호 작용이 필수적이다.
④ 실험법과 질문지법은 모두 조사 대상자의 주관적 인식을 파악할 수 있다.

이것만은 꼭!

1. 질문지법과 실험법은 독립 변수와 종속 변수의 관계를 검증하는 연구인 양적 연구에 적합하다.
2. 질문지법, 실험법, 면접법은 모두 조사 대상자의 주관적 인식을 파악할 수 있다.
3. 질문지법과 면접법은 실험법과 달리 조사 대상자와의 언어적 상호 작용이 필수적이다.

02 자료 수집 방법 | 정답 ① | 24년 9월 모의평가 4번

❶	②	③	④	⑤
78%	4%	1%	10%	7%

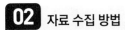

자료 수집 방법 A~D에 대한 설명으로 옳은 것은? (단, A~D는 각각 질문지법, 면접법, 참여 관찰법, 문헌 연구법 중 하나임.)

‘유치원생의 교우 관계와 자아 존중감’ 연구를 위해서 A, B, C, D 중 어떤 자료 수집 방법을 쓰면 좋을까요?

의사소통이 원활하지 않은 아동들의 특성을 고려해서 우선 A를 고려해볼 수 있겠습니다.
(A: 참여 관찰법)

네, 좋습니다. 아동들이 우리를 의식해서 행동하지 않도록 주의가 필요하겠습니다.

연구자 병: 아동들은 글을 읽고 이해하는 능력이 낮아 B를 사용하기는 어렵습니다. 유치원 교사를 대상으로 한 설문 조사의 분석 결과들을 찾아보는 것도 대안이 될 수 있겠네요.
(B: 질문지법)

그렇게 하면 C를 활용한 양적인 분석이 가능하겠군요. 그리고 몇 명의 아동들에게라도 D를 사용하면 좋겠습니다. 아동의 자아 존중감을 분석하려면 대화를 통해 아동의 주관적 세계를 이해할 필요가 있습니다.
(C: 문헌 연구법, D: 면접법)

① A와 달리 B는 자료 수집 과정에서 구조화된 도구의 사용이 필수적이다.
② C에 비해 A는 자료 수집 과정에서 시 · 공간적 제약이 적다. (→ A에 비해 C는)
③ D와 달리 B는 연구자와 연구 대상자 간의 신뢰 관계 형성이 중요하다. (→ B와 달리 D는)
④ B와 C는 ‘연구 대상자의 주관적 인식을 파악할 수 있는가?’라는 질문으로 구분할 수 있다. (→ 없다.)
⑤ C와 D는 ‘연구자와 연구 대상자 간의 언어적 상호 작용이 필수적 인가?’라는 질문으로 구분할 수 없다. (→ 있다.)

✓ 자료 분석 A는 참여 관찰법, B는 질문지법, C는 문헌 연구법, D는 면접법이다.

O 정답 찾기 ① 질문지법은 참여 관찰법과 달리 조사 대상자에게 형식과 내용이 같은 질문과 응답 항목이 제시되는 구조화 · 표준화된 자료 수집 방법에 해당한다.

X 오답 풀이 ② 문헌 연구법은 참여 관찰법에 비해 자료 수집 과정에서 시 · 공간적 제약이 적다.
③ 면접법은 질문지법과 달리 연구자와 연구 대상자 간의 신뢰 관계, 즉 라포르 형성이 중요하다.
④ 질문지법과 문헌 연구법은 모두 연구 대상자의 주관적 인식을 파악할 수 있다. 따라서 해당 질문으로 질문지법과 문헌 연구법을 구분할 수 없다.
⑤ 면접법은 문헌 연구법과 달리 연구자와 연구 대상자 간의 언어적 상호 작용이 필수적이다. 따라서 해당 질문으로 문헌 연구법과 면접법을 구분할 수 있다.

이것만은 꼭!
1. 질문지법은 전형적인 구조화·표준화된 자료 수집 방법이다.
2. 문헌 연구법은 2차 자료의 수집용으로 활용되는 경우가 많다.
3. 면접법은 연구자와 연구 대상자 간의 신뢰 관계 형성이 중요하다.

03 자료 수집 방법

| 정답 ④ | 24년 수능 13번

①	②	③	❹	⑤
1%	1%	8%	89%	1%

갑~병이 사용한 자료 수집 방법에 대한 설명으로 옳은 것은? [3점]

○ 갑은 청소년이 휴대 전화에 부여하는 의미를 파악하기 위해 ○○ 고등학교 학생의 일상생활을 관찰한 연구 기관의 보고서를 분석함. 이후 휴대 전화 의존도가 높은 학생들에게 질문하여 사용 용도와 중독 증상 등에 대한 이야기를 깊이 있게 나누고 이 과정을 녹음함.
○ 을은 팬덤 문화 연구를 위해 ☆☆ 야구단의 팬클럽에 가입하여 6개월간 회원들과 경기를 관람하며 그들의 대화와 응원 모습을 기록함. 이후 아이돌 팬클럽의 열성팬을 대상으로 그들만의 친밀한 관계를 형성한 경험을 직접 듣고 심층적인 자료를 얻음.
○ 병은 대학생의 정치 성향과 정치 참여 연구를 위해 대학생 500명을 대상으로 구조화된 문항에 응답하도록 함. 또한 선거 관련 기관이 발간한 대학생 정치 성향 면접 조사 자료집을 분석하여 대학생의 정치 참여 과정을 연구함.

① 갑과 달리 을은 표준화된 도구로 대량의 자료를 획득하기 용이한 자료 수집 방법을 사용하였다.
② 병과 달리 갑은 인위적으로 통제된 상황에서 변수의 효과를 관찰하는 자료 수집 방법을 사용하였다.
③ 갑과 을 모두 현지에서 연구 대상자와 함께 생활하며 관심을 갖는 연구 현상을 관찰하는 자료 수집 방법을 사용하였다.
④ 갑과 병 모두 기존의 연구 결과물을 자신의 연구에 활용하는 자료 수집 방법을 사용하였다.
⑤ 을과 병 모두 연구 대상자와의 정서적 교감 형성을 중시하는 자료 수집 방법을 사용하였다.

✓ 자료 분석 갑은 문헌 연구법과 면접법을, 을은 참여 관찰법과 면접법을, 병은 질문지법과 문헌 연구법을 사용하였다.

O 정답 찾기 ④ 기존의 연구 결과물을 자신의 연구에 활용하는 자료 수집 방법은 문헌 연구법이다. 갑과 병은 모두 문헌 연구법을 사용하여 자료를 수집하였다.

× 오답 풀이 ① 표준화된 도구로 대량의 자료를 획득하기 용이한 자료 수집 방법은 질문지법이다. 질문지법을 사용하여 자료를 수집한 사람은 병이다.
② 인위적으로 통제된 상황에서 변수의 효과를 관찰하는 자료 수집 방법은 실험법이다.
③ 현지에서 연구 대상자와 함께 생활하며 관심을 갖는 연구 현상을 관찰하는 자료 수집 방법은 참여 관찰법이다. 참여 관찰법을 사용하여 자료를 수집한 사람은 을이다.
⑤ 연구 대상자와의 정서적 교감 형성을 중시하는 자료 수집 방법은 면접법이다. 면접법을 사용하여 자료를 수집한 사람은 을이다.

이것만은 꼭!

1. 문헌 연구법은 기존 연구 동향이나 성과 파악을 통한 참고 자료 수집에 적합하다.
2. 실험법은 가장 엄격한 통제가 가해지는 자료 수집 방법에 해당한다.
3. 면접법은 연구자와 연구 대상자 간 신뢰 관계 형성을 통해 응답 거부나 회피, 무성의한 응답, 조사 의도를 훼손하는 악의적인 응답 등의 문제를 방지할 수 있다.

04 질문지법과 면접법

| 정답 ⑤ | 23년 6월 모의평가 6번

①	②	③	④	❺
4%	9%	3%	2%	82%

자료 수집 방법 A, B의 일반적인 특징에 대한 설명으로 옳은 것은?

> 빈민 지역인 □□마을에서 '가난의 문화'가 만들어지는 과정을 고찰하기 위해 갑은 자료 수집 방법 A를, 을은 자료 수집 방법 B를 사용하여 공동 연구를 수행하였다.
> 갑은 전체 주민을 대상으로 계량화된 자료 수집을 위한 설문 조사를 실시하여 주민들의 생활과 삶에 대한 만족도 등을 파악하였다. 고령자가 많아 주민을 직접 만나는 방식으로 설문 조사를 진행하였다.
> 을은 □□마을 복지관을 4주 동안 매주 2회씩 방문하여 주민들과 신뢰관계를 형성한 후, 마을에 오래 거주한 주민 10명을 복지관에서 따로 만나 그들의 삶을 듣고 기록하는 조사를 진행하였다.

① A는 B에 비해 자료 수집 과정에서 조사자가 융통성을 발휘하기 용이하다.
② A는 B와 달리 조사 대상자와의 언어적 상호 작용이 필수적이다.
③ B는 A에 비해 구조화된 자료를 수집하기 용이하다.
④ B는 A에 비해 수집된 자료의 통계 처리가 용이하다.
⑤ A와 B는 모두 조사 대상자의 주관적 인식을 파악할 수 있다.

(필기: 질문지법, 면접법, 질문지법 실시, 면접법 실시, B A, A, B는 모두, A B, A B)

✔ 자료 분석 갑은 전체 주민을 대상으로 계량화된 자료 수집을 위한 설문 조사를 실시하였으므로 A는 질문지법이다. 을은 주민 10명을 복지관에서 따로 만나 그들의 삶을 듣고 기록하는 조사를 진행하였으므로 B는 면접법이다.

O 정답 찾기 ⑤ 질문지법과 면접법은 모두 조사 대상자의 주관적 인식을 파악할 수 있다.

✕ 오답 풀이 ① 면접법은 질문지법에 비해 자료 수집 과정에서 조사자가 융통성을 발휘하기 용이하다.
② 질문지법과 면접법은 모두 조사 대상자와의 언어적 상호 작용이 필수적이다.
③ 질문지법은 면접법에 비해 구조화된 자료를 수집하기 용이하다.
④ 질문지법은 면접법에 비해 수집된 자료의 통계 처리가 용이하다.

이것만은 꼭!
1. 질문지법과 면접법은 모두 조사 대상자와의 언어적 상호 작용이 필수적이다.
2. 질문지법과 면접법은 모두 조사 대상자의 주관적 인식을 파악할 수 있다.
3. 면접법은 질문지법에 비해 자료 수집 과정에서 조사자가 융통성을 발휘하기 용이하다.

제2권 평가원 해설

05 자료 수집 방법

| 정답 ③ | 23년 9월 모의평가 10번

①	②	❸	④	⑤
6%	13%	66%	9%	6%

다음 자료에 대한 설명으로 옳은 것은? [3점]

> (가) 는 자료 수집 방법 A, B, C의 공통점과 차이점을 알아보기 위한 질문이다. (가) 에 대한 '예', '아니요'의 응답을 통해 A와 B를 구분할 수 있지만, B와 C를 구분할 수 없다. 단, A~C는 각각 질문지법, 면접법, 참여 관찰법 중 하나이다.

① A가 질문지법이라면, (가)에는 '주로 질적 자료를 수집할 때 활용합니까?'가 들어갈 수 없다.
② A가 면접법이라면, (가)에는 '언어나 문자로 의사소통할 수 없는 대상으로부터 자료 수집이 가능합니까?'가 들어갈 수 있다.
③ C가 참여 관찰법이라면, (가)에는 '자료 수집 과정에서 연구 대상자의 응답이 필수적입니까?'가 들어갈 수 없다.
④ C가 질문지법이라면, (가)에는 '자료 수집 과정에서 표준화·구조화된 도구의 사용이 필수적입니까?'가 들어갈 수 있다.
⑤ (가)에 '문맹자에게 사용하기 어렵습니까?'가 들어간다면, B는 주로 방법론적 일원론을 전제로 한 연구에 활용된다.

(필기: 면접법, 참여 관찰법, 있다, 참여 관찰법, 없다, 질문지법, 면접법, 없다, 질문지법, 질문지법, 양적 연구)

✔ 자료 분석 질문지법은 주로 양적 연구에서 활용되고, 면접법과 참여 관찰법은 주로 질적 연구에서 활용된다.

O 정답 찾기 ③ 질문지법과 면접법은 참여 관찰법과 달리 자료 수집 과정에서 연구 대상자의 응답이 필수적이다. C가 참여 관찰법이라면, 해당 질문은 (가)에 들어갈 수 없다.

✕ 오답 풀이 ① 면접법과 참여 관찰법은 질문지법과 달리 주로 질적 자료를 수집할 때 활용된다. A가 질문지법이라면, 해당 질문은 (가)에 들어갈 수 있다.
② 참여 관찰법은 질문지법, 면접법과 달리 언어나 문자로 의사소통할 수 없는 대상으로부터 자료 수집이 가능하다. A가 면접법이라면, 해당 질문은 (가)에 들어갈 수 없다.
④ 질문지법은 면접법, 참여 관찰법과 달리 자료 수집 과정에서 표준화·구조화된 도구의 사용이 필수적이다. C가 질문지법이라면, 해당 질문은 (가)에 들어갈 수 없다.
⑤ 질문지법은 면접법, 참여 관찰법과 달리 문맹자에게 사용하기 어렵다. 해당 질문이 (가)에 들어가면, A는 질문지법, B와 C는 각각 면접법과 참여 관찰법 중 하나이다. 질문지법은 주로 방법론적 일원론을 전제로 한 연구에 활용되고, 면접법과 참여 관찰법은 주로 방법론적 이원론을 전제로 한 연구에 활용된다.

이것만은 꼭!
1. 질문지법과 면접법은 자료 수집 과정에서 연구 대상자의 응답이 필수적이다.
2. 질문지법은 면접법, 참여 관찰법과 달리 자료 수집 과정에서 표준화·구조화된 도구의 사용이 필수적이다.
3. 질문지법은 면접법, 참여 관찰법과 달리 문맹자에게 사용하기 어렵다.

06 자료 수집 방법

| 정답 ② | 23년 수능 3번

①	❷	③ 함정	④	⑤
5%	48%	43%	2%	2%

자료 수집 방법 A~C의 일반적인 특징에 대한 설명으로 옳은 것은? [3점]

ㅇ 갑은 진로 집중 학기제의 효과를 연구하기 위해 ○○고등학교 1학년 학생들의 학습 활동을 한 학기 동안 참관하며 관찰 일지를 작성하였다(참여 관찰법). 이후 해당 학교 학생과 교사를 대상으로 진로 집중 학기제의 효과에 대해 어떻게 인식하고 있는지 알아보기 위한 설문 조사를 진행하였다(질문지법).

ㅇ 을은 학생들의 교우 관계와 학교생활 만족도 간의 관계를 파악하기 위해 청소년 관련 연구 기관이 발행한 심층 면접 조사 결과를 분석하였다(문헌 연구법). 이후 □□ 지역 고등학생들을 대상으로 구조화된 문항에 응답하도록 하였다(질문지법).

참여 관찰법
질문지법
갑은 A와 B를, 을은 B와 C를 사용하였습니다.
문헌 연구법

① ~~A~~(B)는 ~~B~~(A)와 달리 변인 간의 관계를 파악하는 연구에 주로 사용된다.

②B는 C와 달리 연구 대상자와의 언어적 상호 작용이 필수적이다. (질문지법, 면접법)

③ C는 A에 비해 연구 대상자와의 정서적 교감 형성을 중시한다.

④ ~~A~~(B)는 ~~B~~(A), C에 비해 다수를 대상으로 한 자료 수집에 유리하다.

⑤ C는 A, B와 달리 질적 자료의 수집에 주로 활용된다.

✔ 자료 분석 갑은 참여 관찰법과 질문지법을 사용하였고, 을은 문헌 연구법과 질문지법을 사용하였다. 따라서 A는 참여 관찰법, B는 질문지법, C는 문헌 연구법이다.

O 정답 찾기 ② 질문지법은 문헌 연구법과 달리 연구 대상자와의 언어적 상호 작용이 필수적이다.

X 오답 풀이 ① 질문지법은 참여 관찰법과 달리 변인 간의 관계를 파악하는 연구인 양적 연구에 주로 사용된다.
③ 문헌 연구법은 연구 대상자와의 정서적 교감 형성을 중시하지 않는다.
④ 질문지법은 참여 관찰법, 문헌 연구법에 비해 다수를 대상으로 한 자료 수집에 유리하다.
⑤ 참여 관찰법은 주로 질적 자료의 수집에 활용되고, 질문지법은 주로 양적 자료의 수집에 활용되며, 문헌 연구법은 질적 자료와 양적 자료의 수집 모두에 활용된다.

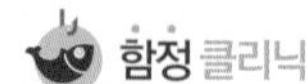

③번을 정답으로 착각한 학생들은 C를 면접법으로 착각하였을 가능성이 크다. 청소년 관련 연구 기관이 실시한 자료 수집 방법은 면접법이지만, C는 청소년 관련 연구 기관이 발행한 심층 면접 조사 결과를 분석한 것으로, 이는 문헌 연구법에 해당한다.

이것만은 꼭!
1. 질문지법은 연구 대상자와의 언어적 상호 작용이 필수적이다.
2. 질문지법은 변인 간의 관계를 파악하는 연구인 양적 연구에 주로 사용된다.
3. 문헌 연구법은 질적 자료와 양적 자료의 수집 모두에 활용된다.

07 질문지법

| 정답 ⑤ | 22년 6월 모의평가 3번

①	②	③	④	❺
6%	1%	3%	1%	89%

다음은 고등학생이 작성한 질문지 초안이다. 각 문항에 대한 검토 질문에 모두 옳게 응답한 학생은? [3점]

〈배달 음식 이용 관련 설문 조사〉

※ 배달 음식 이용 경험이 있는 사람만 응답해 주세요.

1 예전에 비해 배달 음식 주문 횟수는 어떻게 변했습니까? ('예전'의 의미가 명확하지 않음)
① 증가했다. ② 감소했다. ③ 변함없다.

2 지난 한 달 동안 배달 음식 주문 시 주로 사용한 방법은 무엇입니까?
① 모바일 배달 앱 ② 업체 홈페이지 (다른 방법이 존재할 수 있음)

3 지난 한 달 동안 배달 음식을 주문한 횟수는 총 몇 회입니까?
① 5회 이하 ② 10회 이하 ③ 15회 이하 ④ 15회 초과 (응답 내용이 중복됨)

4 일회용품 사용 급증으로 인한 생활 쓰레기 문제가 심각합니다. 배달 음식 포장에 사용되는 일회용품 사용 제한에 찬성하십니까? (특정 응답 내용을 유도함)
① 찬성 ② 반대

각 문항에 대한 검토 질문	갑	을	병	정	무
1에서 질문의 의미가 명확한가?	×	○	×	○	×
2에서 응답 가능한 선택지가 모두 제시되었는가?	×	×	×	○	×
3에서 응답 선택지에 중복된 내용이 있는가?	×	×	○	○	○
4에서 질문이 특정한 응답을 유도하고 있는가?	○	×	×	×	○

(○: 예, ×: 아니요)

① 갑 ② 을 ③ 병 ④ 정 ⑤무

✔ 자료 분석 질문지를 작성할 때에는 응답 선택지에 중복된 내용이 없어야 하고, 선택지는 포괄성이 있어야 하며, 질문의 의미가 명확해야 하고, 한 질문에는 한 가지 정보만을 물어야 하며, 특정 응답을 유도하는 질문을 해서는 안 된다.

O 정답 찾기 ⑤ 1번 문항에서는 질문의 내용 중 '예전'이 정확하게 언제를 의미하는지가 명확하지 않아 답변하기가 곤란하다. 2번 문항에서는 배달 음식 주문 시 주로 사용한 방법에는 제시된 두 가지 방법을 제외한 다른 방법도 존재할 수 있으므로 응답 가능한 선택지가 모두 제시되었다고 보기 어렵다. 3번 문항에서는 응답 선택지 중 10회 이하와 15회 이하는 모두 5회 이하를 포함하고, 15회 이하는 10회 이하를 포함하므로 응답 선택지에 중복된 내용이 있다. 4번 문항에서는 일회용품 사용 급증으로 인한 생활 쓰레기 문제가 심각하다는 내용을 언급함으로써 일회용품 사용에 대한 부정적 응답을 유도하고 있다.

이것만은 꼭!
1. 질문지법은 다수를 대상으로 대량의 자료를 수집하는 데 유리하다.
2. 질문지 작성 시 응답 가능한 모든 선택지를 제시해야 한다.
3. 질문지 작성 시 한 질문에는 한 가지 정보만을 물어야 한다.

08 자료 수집 방법 | 정답 ② | 22년 수능 6번

① 함정	❷	③	④	⑤
55%	37%	3%	3%	2%

다음 자료의 (가)~(다)에 들어갈 내용으로 옳은 것은? [3점]

〈자료 1〉은 갑, 을의 연구 사례이고, 〈자료 2〉는 갑이 사용한 자료 수집 방법 A와 을이 사용한 자료 수집 방법 B의 일반적인 특징을 연결하여 A, B의 공통점 및 차이점을 나타낸 것이다.

〈자료 1〉

○ 갑은 도심 재생 사업이 지역 공동체 복원에 미치는 영향을 파악하기 위해 최근에 도심 재생 사업을 추진한 ○○ 지역의 도심 재생 사업 위원회가 지역 주민 300명을 대상으로 실시한 설문 조사 자료집을 분석하였다. 설문 조사에 사용된 질문지에는 도심 재생 사업 효과의 평가 및 주민 만족도, 사업 후 이웃 간 협력과 신뢰 정도 등을 묻는 문항이 포함되어 있다. – 문헌 연구법

○ 을은 토론 학습 방식이 문화권에 따라 차이가 있는지 파악하기 위해 한국과 미국에서 학급당 학생 수가 동일한 중학교 학급을 각각 1개씩 선정하였다. 그리고 각 교실에서 나타나는 학생 간 토론과 관련한 다양한 대화 상황을 직접 관찰하고 토론 학습이 어떻게 이루어지는지를 자세히 기록하였다. – 참여 관찰법

〈자료 2〉

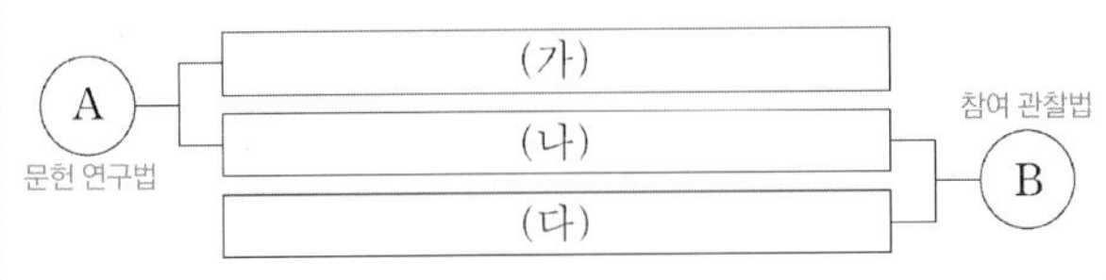

① ~~(가)~~ – 다수의 응답자를 대상으로 실시하는 데 적합하다. – 질문지법

② (가) – 기존 연구 동향이나 성과를 파악하는 데 적합하다.

③ ~~(나)~~ – 인과 관계 파악을 통한 법칙 발견에 유리하다.

④ ~~(나)~~ – 연구자와 연구 대상자 간 언어적 상호 작용이 필수적이다. – 질문지법, 면접법

⑤ ~~(다)~~ – 인위적으로 통제된 상황에서 변수의 효과를 관찰하기 용이하다. – 실험법

✔ 자료 분석 갑은 설문 조사 자료집을 분석하였고, 을은 토론 상황을 직접 관찰하고 기록하였다. 즉, 갑은 문헌 연구법을 실시하였고, 을은 참여 관찰법을 실시하였다. 따라서 A는 문헌 연구법, B는 참여 관찰법이고, (가)에는 참여 관찰법과 구분되는 문헌 연구법의 특징이 들어갈 수 있고, (나)에는 문헌 연구법과 참여 관찰법의 공통점이 들어갈 수 있으며, (다)에는 문헌 연구법과 구분되는 참여 관찰법의 특징이 들어갈 수 있다.

O 정답 찾기 ② 기존 연구 동향이나 성과를 파악하는 데 적합한 자료 수집 방법은 문헌 연구법이다.

X 오답 풀이 ① 다수의 응답자를 대상으로 실시하는 데 적합한 자료 수집 방법은 질문지법이다.

③ 인과 관계 파악을 통한 법칙 발견을 목적으로 하는 연구는 양적 연구이다. 참여 관찰법은 질적 연구에서 활용되는 자료 수집 방법이다.

④ 연구자와 연구 대상자 간 언어적 상호 작용이 필수적인 자료 수집 방법은 질문지법과 면접법이다.

⑤ 인위적으로 통제된 상황에서 변수의 효과를 관찰하기 용이한 자료 수집 방법은 실험법이다.

①번을 정답으로 착각한 학생들은 A를 질문지법으로 착각하였을 가능성이 크다. ○○ 지역의 도심 재생 사업 위원회가 실시한 설문 조사는 질문지법에 해당하지만, 갑이 ○○ 지역의 도심 재생 사업 위원회가 실시한 설문 조사 자료집을 분석한 것은 문헌 연구법에 해당한다.

이것만은 꼭!

1. 질문지법과 실험법은 주로 양적 자료의 수집을 목적으로 하고, 면접법과 참여 관찰법은 주로 질적 자료의 수집을 목적으로 한다.
2. 문헌 연구법은 양적 연구와 질적 연구에서 모두 활용된다.
3. 참여 관찰법은 자료의 실제성을 확보하기 용이하다.

09 자료 수집 방법

| 정답 ② | 21년 6월 모의평가 12번

①	❷	③	④	⑤
4%	81%	4%	4%	7%

다음은 자료 수집 방법의 일반적인 특징을 활용한 수업이다. 이에 대한 설명으로 옳은 것은? [3점]

교사: 자료 수집 방법 중에서 질문지법, 참여 관찰법, 면접법의 공통점을 알아보기 위해 카드 게임을 해 봅시다. 학생 갑, 을, 병에게 각각 나누어 준 6장의 카드에는 자료 수집 방법의 일반적인 특징이 적혀 있습니다. 3가지 자료 수집 방법의 특징 모두에 해당하는 카드는 3점, 2가지에만 해당하는 카드는 2점, 1가지에만 해당하는 카드는 1점을 받습니다. 6장의 카드 중에서 가장 높은 점수를 받을 수 있도록 3장을 뽑으세요.

〈학생이 받은 카드〉

질문지법, 참여 관찰법, 면접법
질문지법, 면접법
참여 관찰법, 면접법
[카드 1]
1차 자료의 수집용으로 활용된다.
[카드 2]
연구 대상자와의 언어적 상호 작용이 필수적이다.
[카드 3]
질적 자료 수집을 목적으로 한다.
[카드 4]– 참여 관찰법
생생한 자료를 현장에서 직접 수집할 수 있다.
[카드 5]– 질문지법
양적 자료의 수집에 용이하다.
[카드 6]– 질문지법
문맹자에게 활용하기 곤란하다.

갑: 저는 [카드 1], [카드 2], [카드 3]을 뽑았습니다. - 7점
을: 저는 [카드 3], [카드 4], [카드 6]을 뽑았습니다. - 4점
병: 저는 [카드 1], [카드 2], [카드 5]를 뽑았습니다. - 6점

① 높은 점수를 받을 학생부터 순서대로 나열하면 ~~병, 갑, 을~~ (갑, 병, 을) 순이다.
② 갑이 뽑은 카드 중에는 3가지 자료 수집 방법 모두에 해당하는 특징이 적힌 카드가 1장 있다.
③ 을이 뽑은 카드 중에는 질문지법에 해당하는 특징이 적힌 카드가 ~~없다~~ (있다).
④ 병이 뽑은 ~~모든 카드~~ ([카드 1])에는 참여 관찰법에 해당하는 특징이 적혀 있다.
⑤ ~~갑, 을, 병은 모두~~ (갑, 병은 을과 달리) 면접법에 해당하는 특징이 적힌 카드를 2장 이상씩 뽑았다.

✓ 자료 분석 [카드 1]은 질문지법, 참여 관찰법, 면접법에 해당하므로 3점, [카드 2]는 질문지법, 면접법에 해당하므로 2점, [카드 3]은 참여 관찰법, 면접법에 해당하므로 2점, [카드 4]는 참여 관찰법에 해당하므로 1점, [카드 5]는 질문지법에 해당하므로 1점, [카드 6]은 질문지법에 해당하므로 1점이다.

O 정답 찾기 ② 3가지 자료 수집 방법 모두에 해당하는 특징이 적힌 카드는 [카드 1]이다. 갑은 [카드 1]을 뽑았다.

× 오답 풀이 ① 갑의 점수는 3점, 2점, 2점으로 총 7점이다. 을의 점수는 2점, 1점, 1점으로 총 4점이다. 병의 점수는 3점, 2점, 1점으로 총 6점이다. 따라서 갑, 병, 을 순으로 높은 점수를 받았다.
③ 을이 뽑은 카드 중 [카드 6]은 질문지법에 해당하는 특징이 적힌 카드이다.
④ 병이 뽑은 카드 중 [카드 1]에만 참여 관찰법에 해당하는 특징이 적혀 있다.
⑤ 면접법에 해당하는 특징이 적힌 카드는 [카드 1], [카드 2], [카드 3]이다. 따라서 을은 갑, 병과 달리 면접법의 특징이 적힌 카드를 1장만 뽑았다.

이것만은 꼭!

1. 질문지법과 실험법은 주로 양적 연구에서 활용되고, 참여 관찰법과 면접법은 주로 질적 연구에서 활용된다.
2. 문헌 연구법은 2차 자료의 수집용으로 활용되는 경우가 많다.
3. 참여 관찰법은 면접법과 달리 예상하지 못한 상황이 발생할 경우 유연하게 대처하기 곤란하다.

10 자료 수집 방법

| 정답 ⑤ | 21년 9월 모의평가 3번

①	②	③	④	❺
1%	8%	2%	3%	86%

다음 자료에 대한 설명으로 옳은 것은? (단, A~C는 각각 면접법, 질문지법, 참여 관찰법 중 하나이다.)

연구 사례	자료 수집 방법
토론 수업 방식에 대한 고등학생의 선호도를 연구하기 위해 □□ 지역 고등학생 500명에게 구조화된 문항을 제시하고 응답을 구하였다.	A 질문지법
정부의 저출산 대책과 그 효과에 대한 젊은 층의 인식을 연구하기 위해 20~30대 신혼부부 10쌍을 선정하여 깊이 있는 대화를 나누고 기록하였다.	B 면접법
코로나19로 인한 마스크 착용이 유아들의 언어 발달에 미치는 영향을 연구하기 위해 ○○ 어린이집에 6개월간 머무르며 유아들의 행동과 대화 내용 등 전반적인 상황을 모두 기록하였다.	C 참여 관찰법

구분	자료 수집 방법		
	A	B	C
(가)	예	아니요	아니요
(나)	아니요	아니요	예
(다)	예	예	아니요

① ~~C~~는 ~~A~~, B에 비해 시간과 비용이 적게 든다는 장점이 있다. (A, C)
② B, C는 A~~와 달리~~ 연구 대상자의 주관적 인식을 파악할 수 있다. (모두)
③ (가)에는 '경험적 자료의 수집에 적합한가?'가 들어갈 수 ~~있다~~. (없다.)
④ (나)에는 '연구자가 인위적으로 통제한 상황에서 연구 대상자를 관찰하는가?'가 들어갈 수 ~~있다~~. (실험법, 없다.)
⑤ (다)에는 '연구자와 연구 대상자의 언어적 상호 작용이 필수적인가?'가 들어갈 수 있다. (질문지법, 면접법)

✓ 자료 분석 A는 구조화된 문항에 대한 응답을 통해 자료를 수집하므로 질문지법에 해당한다. B는 깊이 있는 대화를 통해 자료를 수집하므로 면접법에 해당한다. C는 자료 수집 대상의 관찰을 통해 자료를 수집하므로 참여 관찰법에 해당한다. 따라서 (가)에는 질문지법이 '예'라고 답할 수 있는 질문이, (나)에는 참여 관찰법이 '예'라고 답할 수 있는 질문이, (다)에는 질문지법과 면접법이 '예'라고 답할 수 있는 질문이 들어갈 수 있다.

O 정답 찾기 ⑤ 연구자와 연구 대상자의 언어적 상호 작용이 필수적인 자료 수집 방법은 질문지법과 면접법이다. 따라서 해당 질문은 (다)에 들어갈 수 있다.

X 오답 풀이 ① 질문지법은 면접법과 참여 관찰법에 비해 시간과 비용이 적게 든다는 장점이 있다.
② 면접법, 질문지법, 참여 관찰법은 모두 연구 대상자의 주관적 인식을 파악할 수 있다.
③ 면접법, 질문지법, 참여 관찰법은 모두 경험적 자료의 수집에 적합하다. 따라서 해당 질문은 (가)에 들어갈 수 없다.
④ 연구자가 인위적으로 통제한 상황에서 연구 대상자를 관찰하여 자료를 수집하는 방법은 실험법이다. 따라서 해당 질문은 (나)에 들어갈 수 없다.

이것만은 꼭!

1. 면접법과 참여 관찰법은 연구자의 가치가 개입될 가능성이 높다.
2. 참여 관찰법은 일상을 심층적으로 파악하기에 용이하다.
3. 질문지법은 표준화 및 구조화된 자료 수집 방법이다.

11 자료 수집 방법

| 정답 ③ | 21년 수능 8번

①	②	❸	④	⑤
2%	0%	95%	1%	2%

자료 수집 방법 A~C의 일반적인 특징에 대한 설명으로 옳은 것은? (단, A~C는 각각 문헌 연구법, 질문지법, 면접법 중 하나이다.) [3점]

연구자의 수행 내용	사용한 자료 수집 방법
○연구 대상자의 협조를 얻기 위해 연구 대상자와 친밀한 관계를 형성하였다. ○연구 대상자의 언어적 응답뿐만 아니라 표정 등의 비언어적 단서에도 주목하였다.	A – 면접법
○동일한 연구 문제를 다룬 연구가 있는지 확인하였다. ○연구자 자신의 주장을 지지할 수 있는 기존 연구를 검토하였다.	B – 문헌 연구법
○하나의 문항에서 하나의 내용만 묻고 있는지 점검하였다. ○수집한 양적 자료 중에서 무응답이나 불성실한 응답이 있는지 확인하였다.	C – 질문지법

① ~~A~~는 ~~B~~에 비해 자료 수집 과정에서 시·공간적 제약이 작다. (B, A)
② ~~B~~는 ~~C~~와 달리 연구 대상자와의 언어적 상호 작용이 필수적이다. (C, B)
③ C는 A에 비해 연구자의 주관적 가치가 개입될 가능성이 낮다.
④ A는 B, C와 달리 수집된 자료의 통계 처리가 가능하다.
⑤ C는 A, B에 비해 대규모 집단을 대상으로 자료를 수집하기에 ~~불리~~하다. (유리)

✓ 자료 분석 A는 연구 대상자와 친밀한 관계를 형성하고 언어적 응답뿐만 아니라 비언어적 단서에도 주목하므로 이는 면접법에 해당한다. B는 기존 연구를 검토하고 있으므로 이는 문헌 연구법에 해당한다. C는 질문지 작성 시 유의해야 할 사항을 점검하고 있으므로 이는 질문지법에 해당한다.

O 정답 찾기 ③ 면접법은 질문지법에 비해 연구자의 편견이나 주관이 자료 해석 과정에 개입할 우려가 크다.

× 오답 풀이 ① 문헌 연구법은 면접법에 비해 자료 수집 과정에서 시·공간적 제약이 작다.
② 질문지법은 질문지를 통해 자료를 수집하므로 연구 대상자와의 언어적 상호 작용이 필수적이다.
④ 질문지법은 수집된 자료의 통계 처리가 가능하다.
⑤ 질문지법은 다수를 대상으로 대량의 자료를 수집하기가 용이하다.

이것만은 꼭!
1. 질문지법과 면접법은 연구 대상자와의 언어적 상호 작용이 필수적이다.
2. 면접법은 자료 수집 과정에서 연구자가 유연성이나 융통성을 발휘할 수 있다.
3. 문헌 연구법은 시간과 장소의 제약으로부터 비교적 자유롭다.

12 자료 수집 방법

| 정답 ① | 20년 6월 모의평가 6번

❶	②	③	④	⑤
90%	2%	1%	1%	3%

자료 수집 방법 A~C의 일반적 특징에 대한 설명으로 옳은 것은? (단, A~C는 각각 질문지법, 실험법, 참여 관찰법 중 하나이다.)

○갑은 유아기 아동의 자기중심적 행동을 연구하기 위해 A(참여 관찰법)를 활용하였다. △△유치원에서 5개월간 머무르며 원생들이 상호 작용하는 상황을 상세하게 기록하였다. (직접 참여)
○을은 ○○공장에서 조명의 밝기(독립 변수)가 작업 생산성(종속 변수)에 미치는 효과를 연구하기 위해 B(실험법)를 활용하였다. 한 집단은 기존보다 밝은 조명에서, 다른 집단은(통제 집단) 기존과 동일한 조명에서 작업하게 하였다. (실험 집단)
○병은 □□시에 방문한 관광객들을 대상으로 재방문에 영향을 미치는 요인을 조사하기 위해 C를 활용하였다. 관광객 중 1,500명을(표본) 무작위로 선정하여 사전에 설계된 문항에 응답하게 하였다. (질문지법, 질문지)

① A는 B에 비해 실제성이 높은 생생한 자료를 확보하기 용이하다. (참여 관찰법)
② B는 C에 비해 자료 수집 상황에 대한 통제 정도가 ~~약하다~~. (실험법 > 질문지법, 강하다.)
③ C는 A에 비해 구조화된 자료를 수집하기 ~~어렵다~~. (용이하다.)
④ B는 ~~A, C와 달리~~ 연구 대상자와의 정서적 교감을 ~~중시한다~~. (중시하지 않는다.)
⑤ A, ~~B~~는 ~~C~~와 달리 방법론적 이원론에 기초한 연구(질적 연구)에 주로 사용된다. (B, C)

✓ 자료 분석 갑은 유치원에 머물면서 원생들의 상황을 관찰하였으므로 A는 참여 관찰법에 해당한다. 을은 2개의 집단을 대상으로 조명 밝기의 영향을 실험을 통해 파악하였으므로 B는 실험법에 해당한다. 병은 사전에 설계된 문항을 활용하여 자료를 수집하였으므로 C는 질문지법에 해당한다.

O 정답 찾기 ① 참여 관찰법은 조사 대상자의 일상생활 세계에 참여하여 필요한 자료를 수집하므로 자료의 실제성 확보가 용이하다.

× 오답 풀이 ② 실험법은 독립 변인 이외 다른 변인을 통제한 후 독립 변인의 영향을 파악하므로 자료 수집 상황에 대한 통제 정도가 강하다.
③ 질문지법은 질문지라는 구조화된 수단을 통해 자료를 수집한다. 따라서 질문지법은 참여 관찰법에 비해 구조화된 자료를 수집하기 용이하다.
④ 실험법은 엄격한 통제 상황 속에서 자료를 수집하므로 연구 대상자와의 정서적 교감을 중시하지 않는다.
⑤ 방법론적 이원론은 사회 과학과 자연 과학의 연구 방법이 달라야 한다는 입장으로 이는 질적 연구와 관련 있다. 질적 연구에서는 조사 대상자의 주관적 동기나 의미를 중시하므로 참여 관찰법과 면접법을 주로 활용한다.

이것만은 꼭!
1. 참여 관찰법은 실제성이 높은 자료의 확보가 용이하다.
2. 실험법은 자료 수집 상황에 대한 통제 정도가 가장 강하다.
3. 실험법과 질문지법은 구조화된 자료의 수집에 용이하다.

13 면접법과 참여 관찰법

| 정답 ④ | 20년 9월 모의평가 2번

①	②	③	❹	⑤
1%	5%	1%	88%	3%

자료 수집 방법 A, B의 일반적 특징에 대한 설명으로 옳은 것은?

○갑은 피아노 연주자로 활동하며 A를 활용하여 재즈 음악가에 대한 자료를 수집하였다. 갑은 재즈 음악가들이 일하고 여가를 즐기는 다양한 상황에 직접 들어가 같이 생활하면서 그들의 문화에 대한 자료를 얻었다. (참여 관찰법)
○을은 B를 활용하여 노숙자에 대한 자료를 수집하였다. 을은 그들로부터 노숙자의 문화를 발견하고 싶었기 때문에 그들을 자신의 연구실로 초대하였다. 을은 노숙자들에게 그들의 경험을 세세하게 묘사해 달라고 요청하였다. (면접법)

① A는 대량의 구조화된 자료를 수집하는 데 용이하다. (질문지법)
② B는 주로 양적(질적) 연구에서 사용된다.
③ A는 B에 비해 인위적으로 통제된 상황에서 변수의 효과를 관찰하기에 용이하다. (실험법)
④ B는 A와 달리 조사 대상자와의 언어적 상호 작용이 필수적이다. (면접법, 질문지법)
⑤ A, B 모두 인과 관계의 파악을 통해 법칙을 발견하는 데 용이하다(하지 않다). (질문지법, 실험법)

✓ 자료 분석 갑은 연구 대상자들과 함께 생활하면서 자료를 수집하고 있으므로 A는 참여 관찰법에 해당한다. 을은 연구 대상자들과의 대화를 통해 자료를 수집하고 있으므로 B는 면접법에 해당한다.

O 정답 찾기 ④ 면접법은 연구 대상자와의 대화를 통해 자료를 수집하므로 언어적 상호 작용이 필수적인 반면, 참여 관찰법은 연구 대상자에 대한 관찰만으로도 자료를 수집할 수 있으므로 언어적 상호 작용이 필수적이지 않다.

× 오답 풀이 ① 대량의 구조화된 자료를 수집하는 데 용이한 자료 수집 방법은 질문지법이다.
② 양적 연구에서 주로 사용되는 자료 수집 방법은 질문지법과 실험법이다. 면접법과 참여 관찰법은 질적 연구에서 주로 사용된다.
③ 인위적으로 통제된 상황에서 변수의 효과를 관찰하기에 용이한 자료 수집 방법은 실험법이다.
⑤ 인과 관계의 파악을 통해 법칙을 발견하는 데 용이한 자료 수집 방법은 질문지법과 실험법이다.

이것만은 꼭!
1. 면접법과 질문지법은 언어적 상호 작용이 필수적이다.
2. 참여 관찰법은 가장 비구조화된 자료 수집 방법이다.
3. 면접법과 참여 관찰법은 주로 질적 연구에서 사용된다.

제2권 평가원 해설

14 자료 수집 방법

| 정답 ⑤ | 20년 수능 11번

①	②	③	④	❺
1%	4%	1%	15%	79%

자료 수집 방법 A~C의 일반적인 특징에 대한 설명으로 옳은 것은? (단, A~C는 각각 면접법, 실험법, 질문지법 중 하나이다.)

○갑은 '운동에 따른 행복도 차이 연구'에 A(질문지법)를 활용하여 무작위로 선정된 성인 200명을 대상으로 주당 운동 시간과 행복 수준을 묻는 문항에 답하게 하였다.
○을은 '노년층의 인터넷 이용 양상 연구'에 B(면접법)를 활용하여 인터넷 동호회 활동을 하고 있는 노인들과의 대화를 통해 비구조화된 질문에 답하게 하였다.
○병은 '음악 청취가 암기력에 미치는 영향 연구'에 C(실험법)를 활용하여 한 집단(실험 집단)은 음악이 있는 상태에서, 다른 집단(통제 집단)은 음악이 없는 상태에서 단어를 학습한 후 평가 문항에 답하게 하였다.

① A(B)는 B(A)에 비해 조사 대상자와의 정서적 교감을 중시한다. (면접법)
② B는 A와 달리(모두) 언어를 매개로 한 상호 작용이 필수적이다. (질문지법, 면접법)
③ C(B)는 B(C)와 달리 조사 대상자의 반응에 유연하게 대처할 수 있다. (면접법)
④ B는 A, C와 달리 조사 대상자의 주관적 인식을 파악할 수 있다.
⑤ C는 A, B에 비해 자료 수집 상황에 대한 통제 수준이 높다. (실험법 > 질문지법 > 면접법)

✓ 자료 분석 A는 다수를 대상으로 문항에 대한 응답을 통해 자료를 수집하므로 질문지법에 해당한다. B는 비구조화된 질문에 대한 대화를 통해 자료를 수집하므로 면접법에 해당한다. C는 음악이라는 독립 변수의 처치 결과를 파악하고 있으므로 실험법에 해당한다.

O 정답 찾기 ⑤ 실험법은 독립 변수 이외의 다른 변수를 통제한 후 독립 변인을 인위적으로 처치하고 그에 따른 종속 변수의 변화를 파악하는 자료 수집 방법이다. 따라서 실험법은 다른 자료 수집 방법에 비해 자료 수집 상황에 대한 통제 수준이 높다.

× 오답 풀이 ① 면접법은 조사 대상자와의 허용적인 분위기 조성이 조사 목적 달성에 중요한 역할을 하므로 조사 대상자와의 정서적 교감을 중시한다.
② 질문지법은 문자 및 음성 언어의 질문과 응답이라는 상호 작용을 통해, 면접법은 대화를 통한 상호 작용을 통해 자료를 수집한다는 점에서 모두 언어를 매개로 한 상호 작용을 필요로 한다.
③ 면접법은 대화를 통한 자료 수집 과정에서 조사 대상자의 반응에 유연하게 대응할 수 있다.
④ 질문지법은 조사 대상자의 주관적 인식을 파악할 수 있다.

이것만은 꼭!
1. 실험법은 자료 수집 상황에 대한 통제 수준이 높다.
2. 면접법은 조사 대상자의 반응에 유연하게 대처할 수 있다.
3. 면접법과 질문지법은 언어를 매개로 한 상호 작용이 필수적이다.

필출 주제 04

사회·문화 현상의 탐구 태도와 연구 윤리

제1권 p.130 ~ 131

01 ① 02 ② 03 ③ 04 ③ 05 ③

01 연구 윤리

| 정답 ① | 23년 9월 모의평가 4번

❶	②	③	④	⑤
74%	4%	1%	18%	3%

밑줄 친 ㉠~㉣을 연구 윤리 측면에서 적절하게 평가한 것만을 〈보기〉에서 고른 것은?

연구자 갑은 설문 조사 참여에 동의한 노인들을 대상으로 노인 문제에 관한 연구를 진행하였다. 갑은 조사에 앞서 ㉠연구 대상자가 응답 중단을 요청할 경우 즉각 조사가 중단된다고 설명하였다. 갑은 실제로 조사 진행 중 응답 중단을 요청하는 노인들에 대해 조사를 중단하고 ㉡해당 답변 자료를 폐기하였다. 노인들이 연구 목적을 알게 되면 연구에 영향을 미친다고 판단한 갑은 ㉢연구 결과를 발표한 후에도 연구 대상자에게 연구 목적을 알리지 않았다. 갑은 자신이 발표한 연구 논문에 관심을 가진 □□기업이 연구 자료를 요청하자, 연구비 지원을 받는 대가로 ㉣연구 대상자의 개인 정보를 삭제하고 나머지 모든 연구 자료를 제공하였다.

보기

ㄱ. ㉠은 연구 대상자의 자발적 참여를 보장한 것이므로 연구 윤리에 위배되지 않는다.
ㄴ. ㉡은 연구 자료 조작이라고 볼 수 없으므로 연구 윤리에 위배되지 않는다.
ㄷ. ㉢은 연구 자료의 객관성을 보장하기 위한 것이므로 연구 윤리에 위배되지 않는다.
ㄹ. ㉣은 연구 대상자의 익명성을 보장한 것이므로 연구 윤리에 위배되지 않는다.

① ㄱ, ㄴ ② ㄱ, ㄷ ③ ㄴ, ㄷ ④ ㄴ, ㄹ ⑤ ㄷ, ㄹ

✓ 자료 분석 연구 윤리는 연구자가 연구를 수행할 때 지켜야 할 윤리적 · 도덕적 규범을 말한다.

O 정답 찾기 ㄱ. ㉠은 연구 대상자의 자발적 참여를 보장한 것이다. 따라서 이는 연구 윤리에 위배되지 않는다.
ㄴ. ㉡은 응답 중단을 요청하는 노인들에 대한 자료를 폐기한 것이므로 연구 자료 조작으로 볼 수 없다. 따라서 이는 연구 윤리에 위배되지 않는다.

X 오답 풀이 ㄷ. 연구 대상자가 연구 목적을 알게 되면 연구에 영향을 미친다고 판단하여 연구 목적을 알리지 않고 연구를 실시하더라도 연구 결과를 발표하기 전에는 연구 대상자에게 연구 목적을 알려야 한다. 따라서 ㉢은 연구 윤리에 위배된다.
ㄹ. 연구 대상자의 개인 정보를 삭제한 것은 연구 대상자의 익명성을 보장한 것이지만, 연구 자료를 연구 목적 이외의 용도로 활용한 것은 연구 윤리에 위배된다.

이것만은 꼭!

1. 연구자는 연구 대상자에게 연구에 대한 자세한 정보를 제공해야 한다.
2. 연구자는 연구 대상자의 자발적 참여를 보장해야 한다.
3. 연구자는 연구 자료를 연구 목적 이외의 용도를 활용해서는 안 된다.

02 연구 윤리

| 정답 ② | 22년 9월 모의평가 8번

①	❷	③	④	⑤
1%	93%	2%	2%	2%

갑, 을의 연구에 대한 설명으로 가장 적절한 것은?

갑	을
갑은 '온라인 수업에 나타난 교사와 학생 간 상호 작용'을 주제로 연구를 수행하기 위해 수도권 소재 3개 초등학교의 교사와 학생들을 연구 대상자로 선정하였다. 갑은 수업 담당 교사의 동의를 얻어 학생들이 눈치채지 못하도록 온라인 수업에 접속하여 수업 장면을 관찰하였다. (연구 대상자의 사전 동의를 얻지 않고 자료를 수집)	을은 '고등학생의 학생 자치 활동 참여 경험과 시민 의식 간의 관계'를 주제로 연구를 수행하기 위해 ○○고등학교장의 추천을 받은 남녀 학생 300명을 대상으로 설문 조사를 하였다. 이후 을은 연구 대상자의 실명이 포함된 응답 자료를 유사 연구에 착수한 동료 학자에게 제공하였다. (연구 대상자의 개인 정보 유출)

① 갑은 수집된 자료를 임의로 조작하였다.
② 을은 연구 대상자의 개인 정보를 유출하였다.
③ 갑은(을) 을과(갑) 달리 연구 자료를 연구 이외의 목적으로 사용하였다.
④ 을은(갑) 갑과(을) 달리 연구 대상자의 사전 동의를 얻지 않고 자료를 수집하였다.
⑤ 갑과 을의 연구는 모두 표본의 대표성을 확보하였다(하지 못하였다).

✔ 자료 분석 갑은 수업 담당 교사의 동의를 얻어 학생들이 눈치채지 못하도록 온라인 수업에 접속하여 수업 장면을 관찰하였다. 이는 수업 담당 교사의 동의를 얻었을 뿐 연구 대상자의 사전 동의는 얻지 않은 것을 의미한다.

○ 정답 찾기 ② 을은 연구 대상자의 실명이 포함된 응답 자료를 유사 연구에 착수한 동료 학자에게 제공하였으므로 연구 대상자의 개인 정보를 유출하였다.

× 오답 풀이 ① 갑이 수집된 자료를 임의로 조작하였는지는 알 수 없다.
③ 을은 연구 자료를 연구 이외의 목적으로 사용하였다.
④ 갑은 연구 대상자의 사전 동의를 얻지 않고 자료를 수집하였다.
⑤ 갑은 수도권 소재 3개 초등학교의 교사와 학생들을 연구 대상자로 선정하였고, 을은 특정 고등학교의 추천받은 학생들을 연구 대상자로 선정하였다. 따라서 갑과 을의 연구는 모두 표본의 대표성을 확보하지 못하였다.

이것만은 꼭!

1. 연구자는 연구 대상자에게 연구 목적이나 연구 과정 등에 대해 알리고 동의를 얻어야 한다.
2. 연구자는 연구 대상자에게 연구에 참여하는 것이 어떤 영향을 미치는지, 특히 예상되는 피해가 무엇인지 정확하고 자세하게 설명해 주어야 한다.
3. 표본 집단이 모집단의 특성을 고스란히 가지고 있는 정도를 대표성이라고 하며, 이는 표본 조사 결과를 모집단으로 일반화하기 위해 표본 집단이 필수적으로 갖추어야 할 조건이다.

03 연구 윤리

| 정답 ③ | 20년 6월 모의평가 2번

①	②	❸	④	⑤
0%	1%	94%	3%	0%

다음 사례에 나타난 갑의 연구 태도 및 연구 윤리 측면에 대한 평가로 가장 적절한 것은?

연구자 갑은 다문화 가정의 어려움을 이해하기 위해 심층 면접을 수행하였다. 갑은 연구에 협조하지 않던 다문화 가정 구성원들에게 연구의 취지를 설명하고(연구 목적을 알림), 개인 정보를 공개하지 않겠다는 확약을 한 후(익명성 보장) 면접을 허락받을 수 있었다(참여의 동의 구함). 갑은 사회적 약자의 권리 신장에 도움이 되지 않는다고 판단되는 답변은 제외하면서(주관적 가치 개입) 면접 내용을 기록하였다. 갑은 이 자료를 통해 다문화 가정이 경험하는 어려움을 가족 내 요인과 가족 외 요인으로 구분하여 유형화하는 새로운 연구 결과를 제시하였다. 갑은 자신의 연구 대상이 일부 지역에 한정된다는 점에서 다른 맥락에서는 결론이 달라질 수 있다고 밝혔다(반증 가능성 수용).

① 연구 대상자의 익명성을 보장하지 않았다.
② 연구 대상자에게 연구 목적을 알리지 않았다.
③ 연구 자료 수집 과정(가치 중립이 요구되는 단계)에 주관적 가치를 개입시켰다.
④ 연구 결과에 대한 반증 가능성을 수용하지 않았다(개방적 태도).
⑤ 연구 대상자에게 연구 참여에 대한 동의를 구하지 않았다.

✔ 자료 분석 사회·문화 현상의 탐구 과정에서 연구자의 가치가 개입되면 연구하고자 하는 사회·문화 현상이 지닌 의미가 왜곡될 수 있으므로 자료의 수집 및 분석, 가설의 검증, 결론의 도출 단계에서는 엄격한 가치 중립이 요구된다.

○ 정답 찾기 ③ 갑은 면접 과정에서 사회적 약자의 권리 신장에 도움이 되지 않는다고 판단되는 답변은 제외하고 면접 내용을 기록하였다. 즉, 자료 수집 과정에서 가치를 개입시켜 자의적으로 자료를 선별하여 수집하였으므로 연구 윤리를 위배하였다.

× 오답 풀이 ① 개인 정보를 공개하지 않겠다는 확약을 하였으므로 연구 대상자의 익명성을 보장하고 있다.
② 연구 대상자에게 연구의 취지를 설명하였으므로 연구 대상자에게 연구 목적을 알렸다.
④ 다른 맥락에서는 연구의 결론이 달라질 수 있다고 밝혔으므로 연구 결과에 대한 반증 가능성을 인정하고 있다.
⑤ 연구 대상자에게 면접을 허락받았으므로 연구 대상자에게 연구 참여에 대한 동의를 구하였다.

이것만은 꼭!

1. 자료 수집 단계에서는 가치 중립이 요구된다.
2. 연구 대상자에게는 연구의 목적을 알리고 참여의 동의를 구해야 한다.
3. 자료 수집 과정에서 의도한 결론을 이끌어 내기 위해 자료를 선별적으로 수집해서는 안 된다.

04 연구 윤리

| 정답 ③ | 20년 9월 모의평가 4번

①	②	❸	④	⑤
0%	0%	91%	1%	4%

(가), (나)를 연구 윤리 측면에서 평가한 진술로 가장 적절한 것은? [3점]

(가) 연구자 갑은 폭력물 시청이 정서에 미치는 영향을 알아보고자 하였다. 모집 공고를 읽고 지원한 실험 대상자를 두 집단으로 나누어 한 집단에는 자극적인 폭력물, 다른 집단에는 가족 드라마를 보여 주었다. 이 과정에서 폭력물을 시청하던 일부가 스트레스를 호소하며 실험 중단을 요청하였으나, 갑은 이를 허락하지 않고 실험을 계속 진행하였다.
(연구 내용을 안내하고 동의를 얻음 / 연구 대상자의 안전을 고려하지 않음)

(나) 연구자 을은 공공시설 낙서 행위에 대한 연구를 위해 몰래카메라를 활용하여 낙서 행위자의 행동을 기록 · 분석하였다. 추가 정보를 얻기 위해 낙서 행위자의 차량 번호를 기록하고 관계 기관을 통해 그들의 이름과 거주지 등을 추적하여 개인 정보를 수집하였다.
(연구 대상자의 동의를 구하지 않음)

① (가)에서는 연구 과정에서 수집된 개인 정보를 동의 없이 연구에 활용하였다. — 알 수 없음
② (가)에서는 연구 과정에서 알게 된 연구 대상자의 비밀을 보호해야 하는 의무를 준수하지 않았다. — 알 수 없음
③ (나)에서는 연구 대상자에게 자발적 참여 기회가 주어지지 않았다.
④ (나)에서는 연구 결과의 공표가 연구자에게 미칠 악영향을 고려하여 연구 내용을 왜곡하였다. — 알 수 없음
⑤ (가), ~~(나) 모두~~에서 연구자가 예측하지 못한 해로운 영향이 연구 과정에서 발생함을 인지하고도 연구를 즉시 중단하지 않았다.

✓ 자료 분석 (가)의 경우 연구 대상자가 실험 중단을 요청하였으나 실험을 계속 진행하였으므로 연구 윤리를 위배하고 있으며, (나)의 경우 연구 대상자의 동의 없이 개인 정보를 수집하는 등의 연구를 진행하였으므로 연구 윤리를 위배하고 있다.

O 정답 찾기 ③ 연구 윤리의 측면에서 연구자는 연구 대상자에게 연구 목적이나 연구 과정 등에 대해 알리고 연구 참여에의 동의를 얻어야 한다. (나)에서는 연구 대상자에게 연구에 대해 알리지 않았고 참여 동의를 받지 않았으므로 연구 대상자에게 자발적인 참여 기회를 보장하지 않았다.

✕ 오답 풀이 ① (가)에서 개인 정보를 동의 없이 연구에 활용하였는지는 알 수 없다.
② (가)에서 연구 대상자의 비밀을 보호하지 않았는지는 알 수 없다.
④ (나)에서 연구 내용을 왜곡하였는지는 알 수 없다.
⑤ (가)에서는 연구 대상자의 중단 요청에도 불구하고 연구를 중단하지 않았으나, (나)에서는 연구를 중단하지 않았는지는 알 수 없다.

이것만은 꼭!
1. 연구자는 연구 대상자에게 참여 동의를 받아야 한다.
2. 연구자는 연구 대상자의 안전과 이익을 고려해야 한다.
3. 연구자는 연구자의 개인 정보를 연구 목적 이외의 용도로 활용해서는 안 된다.

05 연구 윤리

| 정답 ③ | 20년 수능 13번

①	②	❸	④	⑤
16%	1%	76%	3%	4%

다음 사례를 연구 윤리 측면에서 평가한 진술로 가장 적절한 것은?

청소년의 팬덤 활동에 부정적이었던 갑은 중학생의 팬덤 활동이 소비 행태에 미치는 영향을 연구하였다. 갑은 연구 대상 중학생과 그 보호자의 동의를 받고 질문지 조사를 실시하였다. 그 후 추가 조사에 대한 설명 없이 연구 대상 중 특정 학생들에게 심층 면접을 실시하여 자료를 수집하였다. 갑은 가설 검증을 위해 무성의하게 응답한 일부 자료를 제외하고 분석하였으며, 그 결과 가설이 수용되었다. 이후 갑은 방송에 출연하여 연구 결과를 설명하였다.
(연구 윤리에 위배 × / 연구 윤리에 위배 ○ / 정확한 연구를 위한 조치)

① 개인적 이해관계를 반영하여 자료를 선별하였다.
② 면접 과정에서 연구 대상의 익명성을 보장하지 않았다.
③ 자료 수집에 대한 충분한 정보를 연구 대상에게 제공하지 않았다. (추가 조사에 대한 설명이 없었음)
④ 연구 대상에게 미칠 불이익을 고려하지 않고 연구 결과를 공표하였다.
⑤ 자료 분석 과정에서 사회에 미칠 부정적 영향을 고려하여 자료를 조작하였다.

✓ 자료 분석 연구 대상자와 관련된 윤리 원칙에 따르면 연구자는 연구 대상자에게 연구 목적이나 연구 과정 등에 대해 알리고 동의를 얻어야 하며, 연구자는 연구에 참여하는 것이 연구 대상자에게 어떤 영향을 미치는지, 예상되는 피해가 무엇인지를 정확하고 자세하게 설명해 주어야 한다.

O 정답 찾기 ③ 갑은 연구를 수행하는 과정에서 연구 대상 학생과 보호자에게 연구에 대한 동의를 받고 질문지 조사를 실시하였다. 그러나 추가 조사에서는 자료 수집에 대한 충분한 정보 제공 없이 심층 면접을 실시하였다. 이는 연구 윤리를 위배한 것이다.

✕ 오답 풀이 ① 갑은 무성의하게 응답한 자료는 분석 대상에서 제외하였다. 그러나 이를 개인적 이해관계를 반영하여 자료를 선별한 것으로 볼 수 없다.
② 연구자는 연구를 진행하며 연구 대상자의 익명성을 보장해야 하고, 개인 정보를 연구 목적 이외의 용도로 활용해서는 안 된다. 면접 과정에서 연구 대상의 익명성을 보장하지 않았는지는 제시된 사례를 통해 알 수 없다.
④ 연구자는 연구를 진행하며 연구 대상자의 안전과 이익을 우선적으로 고려해야 한다. 연구 대상에게 미칠 불이익을 고려하지 않고 연구 결과를 공표하였는지는 제시된 사례를 통해 알 수 없다.
⑤ 연구자는 연구 결과가 사회에 미칠 영향에 대해 책임 있는 자세를 가져야 한다. 자료 분석 과정에서 사회에 미칠 부정적 영향을 고려하여 자료를 조작하였는지는 제시된 사례를 통해 알 수 없다.

이것만은 꼭!
연구자는 연구 대상자에게 연구에 대해 알리고 동의를 구해야 한다.

필출 주제 05 개인과 사회의 관계를 바라보는 관점

제1권 p.132 ~ 136

01 ③ 02 ④ 03 ② 04 ④ 05 ② 06 ① 07 ④ 08 ① 09 ① 10 ④ 11 ⑤ 12 ① 13 ② 14 ③ 15 ②

01 사회 실재론

| 정답 ③ | 24년 6월 모의평가 7번

①	②	❸	④	⑤
3%	3%	84%	5%	5%

다음 글에서 도출할 수 있는 개인과 사회의 관계를 바라보는 필자의 관점에 대한 옳은 설명만을 <보기>에서 고른 것은? [3점]

> 개인들은 한데 모이고 공동으로 행동한다. 하지만 사회는 공동 행동만으로 실현되지 않는다. 사회가 스스로를 실현하는 방법 중 하나는 종교적 상징을 세우는 것이다. 종교적 상징은 구성원들의 집합적 감정을 이끌어 내고, 이러한 감정은 개인들로 하여금 사회를 유지하게 하는 행동에 참여하게 만든다.
> – 사회 실재론

보기
ㄱ. 사회가 개인의 총합에 불과하다고 본다. – 사회 명목론
ㄴ. 사회가 개인의 외부에 존재하는 실체라고 본다. – 사회 실재론
ㄷ. 개인이 사회에 의해 구조화된 행동을 한다고 본다. – 사회 실재론
ㄹ. 사회 규범은 개인들이 옳다고 믿기에 존재한다고 본다. – 사회 명목론

① ㄱ, ㄴ ② ㄱ, ㄷ ③ ㄴ, ㄷ ④ ㄴ, ㄹ ⑤ ㄷ, ㄹ

✓ 자료 분석 제시문은 사회가 공동 행동만으로는 실현되지 않으며, 사회가 스스로를 실현하는 방법으로 종교적 상징을 통해 구성원들의 집합적 감정을 이끌어 내야 함을 강조하고 있다. 따라서 필자의 관점은 사회 실재론에 해당한다.

O 정답 찾기 ㄴ. 사회 실재론은 사회가 개인의 외부에 실제로 존재하며, 독자적인 특성을 지니고 있다고 본다.
ㄷ. 사회 실재론은 개인의 행동과 의식이 실재하는 사회에 의해 구속되므로 개인은 사회에 의해 구조화된 행동을 한다고 본다.

× 오답 풀이 ㄱ. 사회 명목론은 사회가 실제로 존재하지 않으며 단지 개개인의 집합체를 가리키기 위해 붙여진 이름에 불과하다고 본다. 즉, 사회 명목론은 사회가 개인의 총합에 불과하다고 본다.
ㄹ. 사회 명목론은 사회 규범은 개인들이 옳다고 믿기 때문에 존재한다고 본다.

이것만은 꼭!
1. 사회 실재론은 사회를 개인들의 총합 그 이상의 존재라고 본다.
2. 사회 실재론은 사회가 실제로 존재하며 구성원들에게 외재성을 지닌다고 본다.
3. 사회 실재론은 사회가 개인보다 우월한 존재로서 구성원들의 의식과 행동을 구속한다고 본다.

02 사회 명목론

| 정답 ④ | 24년 9월 모의평가 2번

①	②	③	❹	⑤
3%	29%	4%	62%	2%

다음 글에서 개인과 사회의 관계를 바라보는 필자의 관점에 대한 옳은 설명만을 <보기>에서 고른 것은?

> 어떤 사람이 자신의 자연적 자유를 포기하고 사회의 구속을 받아들일 유일한 방도는 공동체에 속하지 않는 자들로부터 재산을 지키고 좀 더 많은 안전과 평화를 확보하기 위해 공동체를 결성하기로 합의하는 것뿐입니다. – 사회 명목론
> (공동체를 결성하기로 합의: 사회 계약설)

보기
ㄱ. 개인은 사회 속에서만 존재의 의미를 가진다고 본다. – 사회 실재론
ㄴ. 개인이 옳다고 믿기에 사회 규범이 존재한다고 본다. – 사회 명목론
ㄷ. 사회는 개인의 외부에서 독자적으로 작동한다고 본다. – 사회 실재론
ㄹ. 사회의 속성을 개인의 속성으로 환원할 수 있다고 본다. – 사회 명목론

① ㄱ, ㄴ ② ㄱ, ㄷ ③ ㄴ, ㄷ ④ ㄴ, ㄹ ⑤ ㄷ, ㄹ

✓ 자료 분석 필자는 사회 계약설을 바탕으로 개인과 사회의 관계를 바라보고 있다. 이는 사회 명목론에 해당한다.

O 정답 찾기 ㄴ. 사회 명목론은 개인이 옳다고 믿기 때문에 사회 규범이 존재한다고 본다.
ㄹ. 사회 명목론은 사회가 개인들의 집합체에 붙여진 이름에 불과하다고 보며, 사회의 속성이 개인의 속성으로 환원될 수 있다고 본다.

× 오답 풀이 ㄱ. 사회 실재론은 개인이 사회 속에서만 존재의 의미를 가진다고 본다.
ㄷ. 사회 실재론은 사회가 개인의 외부에 실제로 존재하며 독자적인 특성을 지니고 있다고 본다.

이것만은 꼭!
1. 사회 계약설은 개인의 자유와 권리를 보장하기 위해 사람들 간 계약을 통해 정부가 수립되고 국가가 형성되었다고 보는 사상이다.
2. 사회 명목론은 사회의 속성이 개인의 속성으로 환원될 수 있다고 본다.
3. 사회 명목론은 사회 문제의 해결책으로 개인의 의식 개선을 강조한다.

03 사회 실재론

| 정답 ② | 24년 수능 12번

①	❷	③	④	⑤
3%	79%	2%	15%	1%

다음 글에서 개인과 사회의 관계를 바라보는 필자의 관점에 대한 옳은 설명만을 〈보기〉에서 고른 것은?

> 계산적 심성은 개인들이 일상에서 결과를 예측하고 최선의 수단을 선택하여 합목적적으로 행동하도록 한다. 국가 관료제에 기반을 둔 행정과 로마법에 기초한 법률은 서구인들로 하여금 합목적적으로 행동하도록 하였다. 이렇게 서구 사회의 행정과 법률에 의해 만들어진 계산적 심성은 근대적 경제 성장을 이끌었다. - 사회 실재론

보기
ㄱ. 사회에 의해 개인은 구조화된 행동을 한다고 본다. - 사회 실재론
ㄴ. 사회의 속성은 개인의 속성에 의해 결정된다고 본다. - 사회 명목론
ㄷ. 사회는 개인 외부에 존재하는 독립적인 실체라고 본다. - 사회 실재론
ㄹ. 사회는 개인 이익을 실현해 주는 도구일 뿐이라고 본다. - 사회 명목론

① ㄱ, ㄴ ② ㄱ, ㄷ ③ ㄴ, ㄷ ④ ㄴ, ㄹ ⑤ ㄷ, ㄹ

✔ 자료 분석 필자는 행정과 법률이 개인들로 하여금 합목적적으로 행동하도록 하고, 행정과 법률에 의해 만들어진 계산적 심성이 근대적 경제 성장을 이끌었다고 보고 있다. 따라서 필자의 관점은 사회 실재론에 해당한다.

○ 정답 찾기 ㄱ. 사회 실재론은 개인의 행동과 의식이 실재하는 사회에 의해 구속되므로 개인이 사회에 의해 구조화된 행동을 한다고 본다.
ㄷ. 사회 실재론은 사회가 개인의 외부에 실제로 존재하며 독자적인 특성을 지닌다고 본다.

✕ 오답 풀이 ㄴ. 사회 명목론은 사회보다 개인의 우월성을 강조하며 개인의 속성에 의해 사회의 속성이 결정된다고 본다.
ㄹ. 사회 명목론은 사회가 개인의 이익을 실현시켜 주는 수단에 불과하다고 본다.

이것만은 꼭!
1. 사회 실재론은 개인보다 사회의 우월성을 강조하고, 사회 명목론은 사회보다 개인의 우월성을 강조한다.
2. 사회 실재론은 사회 문제의 원인이 잘못된 사회 구조나 사회 제도에 있다고 보는 반면, 사회 명목론은 사회 문제의 원인이 개인의 잘못된 의식에 있다고 본다.
3. 사회 실재론은 사회가 개인의 합 이상이라고 보는 반면, 사회 명목론은 사회가 개인들의 집합체에 붙여진 이름에 불과하다고 본다.

04 사회 실재론

| 정답 ④ | 23년 6월 모의평가 7번

①	②	③	❹	⑤
1%	3%	2%	92%	2%

다음 글에 나타난 개인과 사회의 관계를 바라보는 관점에 대한 옳은 설명만을 〈보기〉에서 고른 것은? [3점]

> 사회는 개인의 주관적인 의식 세계를 초월하여 개인의 외부에 객관적으로 존재한다. 또한 사회는 그 자체 논리에 따른 질서와 구조를 가지며 이를 통하여 개인의 행동에 영향을 미친다. - 사회 실재론

보기
ㄱ. 개인이 주체적이고 능동적인 존재임을 강조한다. - 사회 명목론
ㄴ. 사회 구조에 대한 개인의 불가항력성을 강조한다. - 사회 실재론
ㄷ. 사회의 속성은 개인의 속성에 의해 결정된다고 본다. - 사회 명목론
ㄹ. 사회 문제의 발생 원인을 개인의 의식보다 사회 제도와 구조에서 찾는다. - 사회 실재론

① ㄱ, ㄴ ② ㄱ, ㄷ ③ ㄴ, ㄷ ④ ㄴ, ㄹ ⑤ ㄷ, ㄹ

✔ 자료 분석 제시문은 사회가 개인의 주관적인 의식 세계를 초월하여 개인의 외부에 객관적으로 존재한다고 보고 있으므로 이는 사회 실재론에 해당한다.

○ 정답 찾기 ㄴ. 사회 실재론은 사회 구조에 대한 개인의 불가항력성을 강조한다.
ㄹ. 사회 실재론은 사회 문제의 발생 원인을 개인의 의식보다 사회 제도와 구조에서 찾는다.

✕ 오답 풀이 ㄱ. 사회 명목론은 개인이 주체적이고 능동적인 존재임을 강조한다.
ㄷ. 사회 명목론은 사회의 속성이 개인의 속성에 의해 결정된다고 본다.

이것만은 꼭!
1. 사회 명목론은 사회의 속성이 개인의 속성에 의해 결정된다고 본다.
2. 사회 명목론은 사회 문제의 발생 원인을 개인의 의식에서 찾는다.
3. 사회 실재론은 사회 구조에 대한 개인의 불가항력성을 강조한다.

05 사회 실재론

| 정답 ② | 23년 9월 모의평가 18번

①	❷	③	④	⑤
1%	93%	1%	3%	2%

다음 글에 나타난 개인과 사회의 관계를 바라보는 관점에 대한 옳은 설명만을 〈보기〉에서 고른 것은?

> 사회학의 지적 관심은 사회적 사실에 있다. 사회적 사실은 단순히 개인적 사실을 모아 놓은 것과는 근본적으로 다른 성격을 지닌 고유한 대상이다. 법, 관습, 종교 생활, 화폐 체계와 같은 사회적 사실은 개인적 사실만을 통해서는 발견될 수 없다.
> └사회 실재론

보기
ㄱ. 사회를 개인의 외부에 존재하는 독자적인 실체로 본다. – 사회 실재론
ㄴ. 사회는 개인의 이익을 실현하기 위한 수단이라고 본다. – 사회 명목론
ㄷ. 사회의 특성이 개인의 특성으로 환원될 수 없다고 본다. – 사회 실재론
ㄹ. 사회는 개인의 자율적인 의지에 의해 만들어진다고 본다. – 사회 명목론

① ㄱ, ㄴ ② ㄱ, ㄷ ③ ㄴ, ㄷ ④ ㄴ, ㄹ ⑤ ㄷ, ㄹ

✓ 자료 분석 제시문은 사회적 사실이 개인적 사실을 모아 놓은 것과는 근본적으로 다른 성격을 지닌 고유한 대상이라고 보고 있으므로 이는 사회 실재론에 해당한다.

O 정답 찾기 ㄱ. 사회 실재론은 사회가 개인의 외부에 존재하는 독자적인 실체로 본다.
ㄷ. 사회 실재론은 사회의 특성이 개인의 특성으로 환원될 수 없다고 본다.

× 오답 풀이 ㄴ. 사회 명목론은 사회가 개인의 이익을 실현하기 위한 수단에 불과하다고 본다.
ㄹ. 사회 명목론은 사회가 개인의 자율적인 의지에 의해 만들어진다고 본다.

이것만은 꼭!
1. 사회 실재론은 사회를 개인의 외부에 존재하는 독자적인 실체로 본다.
2. 사회 명목론은 사회의 특성이 개인의 특성으로 환원된다고 본다.
3. 사회 명목론은 사회가 개인의 이익을 실현하기 위한 수단이라고 본다.

06 사회 명목론

| 정답 ① | 23년 수능 2번

❶	②	③	④	⑤
86%	2%	4%	2%	6%

다음 글에서 개인과 사회의 관계를 바라보는 필자의 관점에 대한 옳은 설명만을 〈보기〉에서 고른 것은?

> 돈 자체가 가치를 지닌다는 믿음과 돈이 삶의 궁극적 목표라는 인식이 있다. 하지만 돈의 가치는 인간의 욕구에서 기인하는 심리적 사실에 불과하다. 돈은 인간이 그것을 갈망할 때 비로소 가치를 부여받는다. 또한 돈은 사회적 결사의 매개체일 뿐이다. 사람은 돈을 매개로 아름다운 사회를 만들 수도, 차별과 위선이 만연한 사회를 만들 수도 있다. 결국 돈의 가치는 상대적, 수단적인 것이다. 돈은 '더 나은 삶'에 도달하기 위한 다리에 불과하며, 인간은 다리에서 살아갈 수 없다. – 사회 명목론

보기
ㄱ. 사회의 속성을 개인의 속성으로 환원할 수 있다고 본다. – 사회 명목론
ㄴ. 사회는 개인의 이익을 실현해 주는 도구에 불과하다고 본다. – 사회 명목론
ㄷ. 사회는 개인의 외부에 존재하는 독자적인 실체라고 본다 – 사회 실재론
ㄹ. 사회의 구속력이 개인의 자유 의지보다 우위에 있다고 본다. – 사회 실재론

① ㄱ, ㄴ ② ㄱ, ㄷ ③ ㄴ, ㄷ ④ ㄴ, ㄹ ⑤ ㄷ, ㄹ

✓ 자료 분석 제시문은 사람이 돈을 매개로 사회를 만들 수 있다고 보고 있다. 이는 사회 명목론에 해당한다.

O 정답 찾기 ㄱ. 사회 명목론은 사회의 속성이 개인의 속성으로 환원될 수 있다고 본다.
ㄴ. 사회 명목론은 사회가 개인의 이익을 실현시켜 주는 수단에 불과하다고 본다.

× 오답 풀이 ㄷ. 사회 실재론은 사회가 개인의 외부에 실제로 존재하며, 독자적인 특성을 지니고 있다고 본다.
ㄹ. 사회 실재론은 개인의 행동과 의식이 실재하는 사회에 의해 구속되므로 사회의 구속력이 개인의 자유 의지보다 우위에 있다고 본다.

이것만은 꼭!
1. 사회 명목론은 사회가 개인의 이익을 실현해 주는 도구에 불과하다고 본다.
2. 사회 명목론은 사회의 속성이 개인의 속성으로 환원될 수 있다고 본다.
3. 사회 실재론은 사회가 개인의 외부에 존재하는 독자적인 실체라고 본다.

07 사회 실재론과 사회 명목론

| 정답 ④ | 22년 6월 모의평가 13번

①	②	③	❹	⑤
2%	2%	5%	89%	2%

개인과 사회의 관계를 바라보는 관점 (가), (나)에 대한 옳은 설명만을 〈보기〉에서 고른 것은?

(가) 사회는 그 자체로 고유한 성격을 가진다. 개인은 사회가 요구하는 행동 방식에 순응하면서 사회적 존재가 된다. (사회 실재론)
(나) 개인은 자율적 존재이다. 사회는 다양한 개인의 행동 방식이 반영된 결과물일 뿐이다. (사회 명목론)

보기

ㄱ. (가)는 사회는 개인의 총합에 불과하다고 본다. (나)
ㄴ. (가)는 사회는 구성원들에게 외재성을 갖는다고 본다.
ㄷ. (나)는 개인의 속성은 사회의 속성이 반영된 결과라고 본다. (가)
ㄹ. (나)는 사회 규범은 개인들이 옳다고 믿기에 존재한다고 본다.

① ㄱ, ㄴ ② ㄱ, ㄷ ③ ㄴ, ㄷ ④ ㄴ, ㄹ ⑤ ㄷ, ㄹ

✓ 자료 분석 (가)는 사회 실재론, (나)는 사회 명목론에 해당한다.

O 정답 찾기 ㄴ. 사회 실재론은 사회가 구성원들에게 외재성을 갖는다고 본다.
ㄹ. 사회 명목론은 개인들이 옳다고 믿기 때문에 사회 규범이 존재한다고 본다.

× 오답 풀이 ㄱ. 사회 명목론은 사회가 개인의 총합에 불과하다고 본다.
ㄷ. 사회 실재론은 개인의 속성은 사회의 속성이 반영된 결과라고 본다.

이것만은 꼭!

1. 사회 실재론은 사회가 구성원들에게 외재성을 갖는다고 본다.
2. 사회 실재론은 개인의 속성은 사회의 속성이 반영된 결과라고 본다.
3. 사회 명목론은 사회 규범은 개인들이 옳다고 믿기 때문에 존재한다고 본다.

08 사회 실재론

| 정답 ① | 22년 9월 모의평가 7번

❶	②	③	④	⑤
82%	4%	2%	2%	10%

다음 글에 나타난 개인과 사회의 관계를 바라보는 관점에 대한 옳은 설명만을 〈보기〉에서 고른 것은? [3점]

한 사회의 개인들은 활발하게 상호 작용을 한다. 상호 작용의 상당 부분은 언어적 상징을 기반으로 이루어진다. 언어적 상징을 통한 상호 작용은 이미 부여된 규칙에 따라 이루어지며, 이러한 규칙은 일종의 무의식적 문화 체계로 작동한다. 결국 인간은 언어적 상징이라는 감옥에 갇힌 죄수인 셈이다. - 사회 실재론

보기

ㄱ. 개인은 사회에 의해 구조화된 행동을 한다고 본다. - 사회 실재론
ㄴ. 사회는 개인의 외부에서 독자적으로 작동한다고 본다. - 사회 실재론
ㄷ. 개인의 자율적 의지에 의해 사회 현상이 형성된다고 본다. - 사회 명목론
ㄹ. 사회는 개인의 이익 실현을 위한 수단에 불과하다고 본다. - 사회 명목론

① ㄱ, ㄴ ② ㄱ, ㄷ ③ ㄴ, ㄷ ④ ㄴ, ㄹ ⑤ ㄷ, ㄹ

✓ 자료 분석 제시문은 인간을 언어적 상징이라는 감옥에 갇힌 죄수로 보고 있으므로 사회가 개인보다 우월한 존재로서 구성원들의 의식과 행동을 구속한다고 보고 있다. 이는 사회 실재론에 해당한다.

O 정답 찾기 ㄱ. 사회 실재론은 개인이 사회에 의해 구조화된 행동을 한다고 본다.
ㄴ. 사회 실재론은 사회가 개인의 외부에서 독자적으로 작동한다고 본다.

× 오답 풀이 ㄷ. 개인의 자율적 의지에 의해 사회 현상이 형성된다고 보는 관점은 사회 명목론이다.
ㄹ. 사회가 개인의 이익 실현을 위한 수단에 불과하다고 보는 관점은 사회 명목론이다.

이것만은 꼭!

1. 사회 실재론은 사회가 실제로 존재하며 구성원들에게 외재성을 지닌다고 본다.
2. 사회 실재론은 사회가 구성원들의 교체에도 불구하고 고유한 특성을 유지하며 지속된다고 본다.
3. 사회 명목론은 사회가 실제로 존재하지 않으며 단지 개개인의 집합체를 가리키기 위해 붙여진 이름에 불과하다고 본다.

09 사회 실재론과 사회 명목론

| 정답 ① | 22년 수능 8번

❶	②	③	④	⑤
93%	2%	2%	2%	1%

다음 글에서 개인과 사회의 관계를 바라보는 필자의 관점에 대한 옳은 설명만을 〈보기〉에서 고른 것은?

> 개인은 그 자신이 목적이며 다른 어떤 것도 그에게는 아무 의미가 없다. 다만 개인은 자신의 욕구 충족을 위해 타인을 필요로 한다. 타인도 같은 이유로 다른 이가 필요하다. 이처럼 이기적인 개인 간 상호 작용의 결과로 사회가 형성되지만, 개인의 욕구가 충족되지 않을 때 그 사회는 해체된다.
> 사회 명목론

보기
ㄱ. 사회의 속성은 개인의 속성에 의해 결정된다고 본다. – 사회 명목론
ㄴ. 사회 규범은 개인들이 옳다고 믿기에 존재한다고 본다. – 사회 명목론
ㄷ. 사회가 개인의 외부에 존재하는 독립적인 실체라고 본다. – 사회 실재론
ㄹ. 사회 규범의 구속력이 개인의 자율성보다 우선한다고 본다. – 사회 실재론

① ㄱ, ㄴ ② ㄱ, ㄷ ③ ㄴ, ㄷ ④ ㄴ, ㄹ ⑤ ㄷ, ㄹ

✓ 자료 분석 제시문은 이기적인 개인 간 상호 작용의 결과로 사회가 형성되지만 개인의 욕구가 충족되지 않을 때 그 사회가 해체된다고 보고 있으므로 이는 사회 명목론에 해당한다.

O 정답 찾기 ㄱ. 사회 명목론은 사회가 단지 개인들이 모여 있는 것으로 실제로 존재하지 않는다고 보므로 사회의 속성이 개인의 속성에 의해 결정된다고 본다.
ㄴ. 사회 명목론은 사회보다 개인의 우월성을 강조하므로 사회 규범은 개인들이 옳다고 믿기에 존재한다고 본다.

✕ 오답 풀이 ㄷ. 사회 실재론은 사회가 개인의 외부에 실제로 존재하며 독자적인 특성을 지니고 있다고 본다.
ㄹ. 사회 실재론은 개인보다 사회의 우월성을 강조하므로 사회 규범의 구속력이 개인의 자율성보다 우선한다고 본다.

이것만은 꼭!
1. 사회 명목론은 사회가 개인의 이익을 실현시켜 주는 수단에 불과하다고 본다.
2. 사회 실재론은 사회가 개인들의 합 이상으로, 개인은 사회를 구성하는 요소에 불과하다고 본다.
3. 사회 명목론은 사회보다 개인의 우월성을 강조하고, 사회 실재론은 개인보다 사회의 우월성을 강조한다.

10 사회 실재론과 사회 명목론

| 정답 ④ | 21년 6월 모의평가 16번

①	②	③	❹	⑤
4%	4%	6%	84%	2%

개인과 사회의 관계를 바라보는 갑, 을의 관점에 대한 설명으로 옳은 것은?

개인과 사회의 관계는 원자와 사물의 관계로 설명할 수 있습니다. 사물이 그것을 구성하는 원자의 집합체에 불과하듯이 사회도 개인의 집합체일 뿐입니다. – 사회 명목론
갑

개인과 사회의 관계는 부품과 기계의 관계로 설명할 수 있습니다. 부품은 기계를 구성하는 요소이지만 기계는 개별 부품의 속성만으로는 설명되지 않는 고유한 특성을 지닙니다. – 사회 실재론
을

① 갑(을)의 관점은 개인이 사회 속에서만 존재의 의미를 갖는다고(사회 실재론) 본다.
② 을(갑)의 관점은 사회 문제의 해결책으로 제도의 개혁(사회 실재론)보다 개인의 의식 개선(사회 명목론)을 강조한다.
③ 갑(을)의 관점은 을(갑)의 관점과 달리 사회의 특성이 개인의 특성으로 환원될 수 없다고(사회 실재론) 본다.
④ 을의 관점은 갑의 관점과 달리 사회가 개인의 외부에 실재한다고(사회 실재론) 본다.
⑤ 갑(을)의 관점은 개인에 대한 사회의 구속성을(사회 실재론), 을(갑)의 관점은 사회에 대한 개인의 자율성을(사회 명목론) 강조한다.

✓ 자료 분석 갑은 사회가 개인의 집합체일 뿐이라고 보고 있으므로 이는 사회 명목론에 해당한다. 을은 기계가 개별 부품의 속성만으로는 설명되지 않는 고유한 특성을 지닌다고 보고 있으므로 이는 사회 실재론에 해당한다.

O 정답 찾기 ④ 사회 실재론은 사회가 개인의 외부에 실재하며, 고유한 특성을 지닌 실체라고 본다.

✕ 오답 풀이 ① 개인이 사회 속에서만 존재의 의미를 갖는다고 보는 관점은 사회 실재론이다.
② 사회 문제의 해결책으로 제도의 개혁보다 개인의 의식 개선을 강조하는 관점은 사회 명목론이다.
③ 사회 명목론은 사회가 개개인의 집합체에 붙여진 이름에 불과하므로 사회의 특성이 개인의 특성으로 환원될 수 있다고 본다.
⑤ 사회 실재론은 개인에 대한 사회의 구속성을 강조하는 반면, 사회 명목론은 사회에 대한 개인의 자율성을 강조한다.

이것만은 꼭!
1. 사회 명목론은 공익이 개인별 이익의 총합에 불과하다고 본다.
2. 사회 실재론은 개인이 사회에 의해 구조화된 행동을 한다고 본다.
3. 사회 실재론은 사회가 개인의 외부에 실제로 존재한다고 보는 반면, 사회 명목론은 사회가 개인의 외부에 실제로 존재하지 않는다고 본다.

11 사회 실재론과 사회 명목론

| 정답 ⑤ | 21년 9월 모의평가 14번

①	②	③	④	❺
24%	4%	3%	5%	64%

다음 글에서 도출할 수 있는 개인과 사회의 관계를 바라보는 관점에 대한 옳은 설명만을 〈보기〉에서 고른 것은?

> 비밀 결사는 비밀을 공유하는 사람들이 다른 집단으로부터 자신들을 보호하기 위해 만드는 사회 형태이다. 비밀 결사는 구성원 각각이 비밀을 발설하고 싶은 욕구에 대한 자기 통제와 상대방 역시 비밀을 발설하지 않을 것이라는 믿음을 기반으로 유지된다. 비밀은 언제든 외부로 새어 나갈 가능성이 높기에 비밀 공유를 조건으로 유지되는 상호 작용은 불안정하다. 이 때문에 비밀 결사 구성원들은 비밀이 더 잘 지켜질 수 있도록 조직 구성원 간의 행위 지침을 만들며, 비밀을 다루는 권한의 정도에 따라 체계적인 위계를 세우기도 한다. 하지만 비밀 폭로 행위가 이루어지면 비밀 결사는 급격히 해체된다.
> 개인>사회 → 사회 명목론

〈보기〉

ㄱ. 개인은 사회 속에서만 존재 의미를 가진다고 본다. – 사회 실재론
ㄴ. 사회는 개인의 외부에서 독자적으로 작동한다고 본다. – 사회 실재론
ㄷ. 사회의 속성을 개인의 속성으로 환원할 수 있다고 본다. – 사회 명목론
ㄹ. 사회 문제의 원인을 사회 제도나 구조보다는 개인의 의식이나 행동에서 찾는다. – 사회 명목론

① ㄱ, ㄴ ② ㄱ, ㄷ ③ ㄴ, ㄷ ④ ㄴ, ㄹ ⑤ ㄷ, ㄹ

✓ 자료 분석 제시문은 사회가 개인의 능동적인 상호 작용을 통해 구성되고 유지됨을 보여 주고 있으므로 이는 사회 명목론에 해당한다.

O 정답 찾기 ㄷ. 사회 명목론은 사회가 개인들의 집합체를 가리키기 위해 붙여진 이름에 불과하므로 사회의 속성을 개인의 속성으로 환원할 수 있다고 본다.
ㄹ. 사회 실재론은 사회 문제의 원인이 사회 제도나 구조의 결함에 있다고 보는 반면, 사회 명목론은 사회 문제의 원인이 개인의 잘못된 의식이나 행동에 있다고 본다.

X 오답 풀이 ㄱ. 개인이 사회 속에서만 존재 의미를 가진다고 보는 관점은 사회 실재론이다.
ㄴ. 사회가 개인의 외부에서 독자적으로 작동한다고 보는 관점은 사회 실재론이다.

이것만은 꼭!

1. 사회 실재론은 개인의 자유 의지가 허구적 개념에 불과하다고 본다.
2. 사회 실재론은 사회의 속성이 개개인의 속성으로 환원될 수 없다고 본다.
3. 사회 명목론은 개개인의 의식 변화가 사회 변동의 전제 조건이라고 본다.

12 사회 실재론

| 정답 ① | 21년 수능 12번

❶	②	③	④	⑤
87%	2%	2%	4%	5%

개인과 사회의 관계를 바라보는 필자의 관점에 대한 옳은 설명만을 〈보기〉에서 고른 것은?

> 분업의 원인이 경제적 효용을 추구하는 인간의 선택이라고 주장하는 이들이 있다. 그러나 분업이라는 제도를 통해 얻게 되는 개인의 효용은 제도가 형성된 다음에야 비로소 존재하므로 제도 형성의 원인이 될 수 없다. 분업은 인구 규모와 인구 밀도의 증대에서 기인한다. 인구 증가와 집중으로 인해 경쟁이 격화되면 개인의 생존은 위협받게 된다. 분업은 사회 구성원 간 상호 의존성을 강화해 개인에게 가해지는 생존 압력을 평화적으로 해결하여 무질서와 사회 해체를 방지하는 사회 진화의 산물이다. – 사회 실재론

〈보기〉

ㄱ. 사회는 개인에 외재하며 독자적으로 작동한다고 본다. – 사회 실재론
ㄴ. 사회의 구속력이 개인의 자유 의지보다 우위에 있다고 본다. – 사회 실재론
ㄷ. 사회는 개인의 이익을 실현해 주는 수단에 불과하다고 본다. – 사회 명목론
ㄹ. 사회는 개인의 행위 지향과 그에 따른 결과를 통해서만 발전할 수 있다고 본다. – 사회 명목론

① ㄱ, ㄴ ② ㄱ, ㄷ ③ ㄴ, ㄷ ④ ㄴ, ㄹ ⑤ ㄷ, ㄹ

✓ 자료 분석 필자는 분업이라는 제도를 통해 얻게 되는 개인의 효용이 제도가 형성된 후에 존재하므로 제도 형성의 원인이 될 수 없으며, 분업의 원인이 인간의 선택이 아니라 인구 규모와 인구 밀도의 증대에 있다고 보고 있다. 이는 사회 실재론에 해당한다.

O 정답 찾기 ㄱ. 사회 실재론은 사회가 개인의 외부에 실제로 존재하며 독자적으로 작동한다고 본다.
ㄴ. 사회 실재론은 실재하는 사회에 의해 개인의 행동과 의식이 구속된다고 보며, 개인보다 사회의 우월성을 강조한다.

X 오답 풀이 ㄷ. 사회 명목론은 사회가 개인의 이익을 실현시켜 주는 수단에 불과하다고 본다.
ㄹ. 사회 명목론은 개인의 행동이 사회와 관계없이 자율적인 의지에 따라 이루어지므로 개인의 행위 지향과 그에 따른 결과를 통해 사회가 발전한다고 본다.

이것만은 꼭!

1. 사회 실재론은 사회 유기체설과 관련 있고, 사회 명목론은 사회 계약설과 관련 있다.
2. 사회 실재론은 개인보다 사회의 우월성을 강조하고, 사회 명목론은 사회보다 개인의 우월성을 강조한다.
3. 사회 실재론은 전체를 위한 개인의 희생을 정당화하고 조장할 우려가 있고, 사회 명목론은 극단적 개인주의로 흐를 우려가 있다.

13 사회 실재론과 사회 명목론

| 정답 ② | 20년 6월 모의평가 19번

①	❷	③	④	⑤
2%	90%	5%	2%	1%

개인과 사회의 관계를 바라보는 갑, 을의 관점에 대한 설명으로 옳은 것은?

양 팀(team) 주장에게 그동안 팀을 어떻게 이끌어 왔는지 들어 보겠습니다.
팀보다 위대한 선수는 없습니다. 저는 탄탄한 조직력과 체계적인 팀 전술 훈련을 강조해 왔습니다. 배구는 결국 단체 경기이니까요.
선수 각자의 실력이 팀 실력을 결정합니다. 저는 선수들에게 개인 기량 향상을 위한 훈련을 강조해 왔습니다. 경기는 결국 선수 개개인이 하는 것이니까요.
사회 실재론
사회 명목론
아나운서
갑
을

① 갑의 관점은 개인의 발전이 곧 사회의 발전이라고 본다. (을 / 사회 명목론)
② 갑의 관점은 개인이 사회에 의해 구조화된 행동을 한다고 본다. (사회 실재론)
③ 을의 관점은 사회가 개인의 외부에 존재하는 실체라고 본다. (갑 / 사회 실재론)
④ 을의 관점은 개인의 능동성보다 사회 규범의 구속성을 중시한다. (갑 / 사회 실재론)
⑤ 갑, 을의 관점은 모두 사회 문제 해결을 위해 개인의 의식 개선보다 사회의 제도 개혁을 강조한다. (갑 / 사회 실재론)

✔ 자료 분석 갑은 배구가 단체 경기임을 강조하고, 탄탄한 조직력과 팀 전술 훈련을 강조하고 있으므로 이는 사회 실재론에 부합한다. 을은 선수 개개인의 실력이 팀의 실력을 결정함을 강조하고 있으므로 이는 사회 명목론에 부합한다.

O 정답 찾기 ② 사회 실재론은 사회가 개인보다 우월한 존재로 구성원들의 의식과 행동을 구속하므로 사회 구성원인 개인은 사회에 의해 구조화된 행동을 한다고 본다.

X 오답 풀이 ① 사회 실재론은 사회의 발전이 곧 개인의 발전이라고 보는 반면, 사회 명목론은 개인의 발전이 곧 사회의 발전이라고 본다.
③ 사회 실재론은 사회가 실제로 존재하며 고유한 특성을 지닌 실체라고 보는 반면, 사회 명목론은 사회는 실제로 존재하지 않으며 개개인의 집합체에 붙여진 이름에 불과하다고 본다.
④ 사회 실재론은 사회 규범의 구속성을 중시하는 반면, 사회 명목론은 개인의 능동성을 중시한다.
⑤ 사회 문제의 해결을 위해 사회 실재론은 사회 구조나 제도의 개선을 중시하는 반면, 사회 명목론은 개개인의 의식 개선이 우선되어야 한다고 본다.

이것만은 꼭!
1. 사회 명목론은 개인의 발전이 곧 사회의 발전이라고 본다.
2. 사회 실재론은 개인이 사회에 의해 구조화된 행동을 한다고 본다.
3. 사회 문제의 해결을 위해 사회 실재론은 제도 개혁을 강조하고, 사회 명목론은 의식 개선을 강조한다.

14 사회 실재론과 사회 명목론

| 정답 ③ | 20년 9월 모의평가 19번

①	②	❸	④	⑤
1%	2%	85%	6%	3%

다음 자료에 대한 옳은 설명만을 〈보기〉에서 고른 것은? [3점]

> 교사: 개인과 사회의 관계를 바라보는 관점은 A와 B가 있습니다. 이에 대해 발표해 보세요. (A: 사회 명목론, B: 사회 실재론)
> 갑: A는 사람들의 자율적 · 능동적 노력으로 사회 변화를 이루어 가는 현상을 설명하는 데 유용합니다. (사회 명목론)
> 을: (가)
> 병: B는 개인의 의지를 초월하여 개인의 행위를 구속하는 사회 구조의 영향력을 강조합니다. (사회 실재론)
> 교사: 모두 옳게 발표했네요. ((가)에는 옳은 진술이 들어가야 함)

〈보기〉
ㄱ. A는 사회 구조에 대한 개인의 불가항력성을 인정한다. (B / 사회 실재론)
ㄴ. A는 사회 문제의 원인을 사회 구조나 제도보다 개개인의 의식이나 행위에서 찾는다. (사회 실재론 / 사회 명목론)
ㄷ. B는 사회 전체의 이익을 명분으로 개인의 희생을 정당화하는 전체주의로 변질될 우려가 있다. (사회 실재론)
ㄹ. (가)에는 'B는 사회가 개인으로 환원될 수 없는 고유한 성격을 지니고 있다고 봅니다.'가 들어갈 수 없다. (사회 실재론 / 있다.)

① ㄱ, ㄴ ② ㄱ, ㄷ ③ ㄴ, ㄷ ④ ㄴ, ㄹ ⑤ ㄷ, ㄹ

✔ 자료 분석 A는 사람들의 자율적이고 능동적인 노력을 중시하므로 사회 명목론에 해당하고, B는 개인의 행위를 구속하는 사회 구조의 영향력을 강조하므로 사회 실재론에 해당한다.

O 정답 찾기 ㄴ. 사회 문제의 원인을 사회 실재론은 사회 구조나 제도에서 찾는 반면, 사회 명목론은 개개인의 잘못된 의식이나 행위에서 찾는다.
ㄷ. 사회 실재론은 사회가 개인보다 우월한 존재라고 보므로 사회 전체의 이익을 명분으로 개인의 희생을 정당화하는 전체주의로 변질될 우려가 있다.

X 오답 풀이 ㄱ. 사회 명목론은 개인이 사회보다 우월한 가치를 가지며, 사회 구성원이 바뀌거나 개인의 의식이 변화하면 사회의 특성도 변화한다고 본다. 반면, 사회 실재론은 사회가 개인보다 우월한 존재로 구성원의 의식과 행동을 구속한다고 본다. 따라서 사회 실재론은 사회 구조에 대한 개인의 불가항력성을 인정한다.
ㄹ. 사회 실재론은 사회가 개인으로 환원될 수 없는 고유한 성격을 지니고 있다고 본다. 따라서 해당 내용은 (가)에 들어갈 수 있다.

이것만은 꼭!
1. 사회 명목론은 사회 문제의 원인을 개개인의 의식이나 행위에서 찾는다.
2. 사회 실재론은 개인의 희생을 정당화하는 전체주의로 변질될 우려가 있다.
3. 사회 실재론은 사회 구조에 대한 개인의 불가항력성을 인정한다.

15 사회 실재론과 사회 명목론

| 정답 ② | 20년 수능 6번

①	❷	③	④	⑤
2%	94%	2%	1%	1%

개인과 사회의 관계를 바라보는 갑, 을의 관점에 대한 설명으로 옳은 것은? [3점]

환경 오염에 대한 국민들의 자각 수준이 국가별 환경 오염의 정도를 결정합니다. 따라서 국민 각자가 환경 오염의 심각성을 깨닫고, 일상생활에서부터 책임 의식을 가지고 환경 보호를 실천해야 합니다.
사회 명목론 — 갑

국가별 환경 오염의 정도는 사회 개별 구성원들의 생활을 환경 친화적으로 유도하는 국가의 의지와 역량에 따라 달라집니다. 결국 환경을 지키는 것이 중요하다는 사회 분위기를 만들어야 합니다.
을 — 사회 실재론

① 갑(을)의 관점은 사회의 특성이 개인의 특성으로 환원되지 않는다고 본다. (사회 실재론)

② 을의 관점은 개인이 사회에 의해 구조화된 행동을 한다고 본다. (사회 실재론)

③ 갑(을)의 관점은 을(갑)의 관점과 달리 개인이 사회 속에서만 존재 의미를 가질 수 있다고 본다. (사회 실재론)

④ 을(갑)의 관점은 갑(을)의 관점과 달리 사회 현상이 개인의 자율적인 의지에 의해 만들어진다고 본다. (사회 명목론)

⑤ 갑, 을의 관점은 모두 개인의 자율성이 사회 규범의 구속성보다 우선한다고 본다. (사회 명목론)

✓ 자료 분석 갑은 사회 문제 해결에 있어 개인의 의식 개선을 중시하고 있으므로 이는 사회 명목론에 해당한다. 을은 사회 문제 해결에 있어 사회 구조 차원의 개선을 중시하고 있으므로 이는 사회 실재론에 해당한다.

O 정답 찾기 ② 사회 실재론은 사회가 개인보다 우월한 존재로서 구성원들의 의식과 행동을 구속하며, 이로 인해 개인은 사회에 의해 구조화된 행동을 하게 된다고 본다.

× 오답 풀이 ① 사회 명목론은 사회가 개개인의 집합체에 붙여진 이름에 불과하므로 사회의 특성이 개인의 특성으로 환원된다고 본다.

③ 사회 실재론은 사회가 구성원들의 의식과 행동을 구속하므로 개인은 사회 속에서만 존재 의미를 가진다고 본다.

④ 사회 명목론은 개인이 사회보다 우월한 가치를 갖는 존재이므로 사회 현상이 구성원 간의 자율적 의지를 바탕으로 한 능동적인 상호 작용을 통해 형성된다고 본다.

⑤ 사회 명목론은 개인의 자율성이 사회 규범의 구속성보다 우선한다고 보는 반면, 사회 실재론은 사회 규범의 구속성이 개인의 자율성보다 우선한다고 본다.

이것만은 꼭!

1. 사회 명목론은 사회의 특성이 개인의 특성으로 환원된다고 본다.
2. 사회 실재론은 개인이 사회에 의해 구조화된 행동을 한다고 본다.
3. 사회 실재론은 개인이 사회 속에서만 존재 의미를 가진다고 본다.

필출 주제 06 사회화 및 지위와 역할

제1권 p.137 ~ 139

01 ④ 02 ⑤ 03 ② 04 ① 05 ④ 06 ② 07 ② 08 ④ 09 ④

01 사회화 및 지위와 역할

| 정답 ④ | 24년 9월 모의평가 3번

①	②	③	❹	⑤
2%	3%	8%	81%	6%

밑줄 친 ㉠~㉦에 대한 설명으로 옳은 것은? [3점]

어렵게 공무원이 된 갑은 ㉠악성 민원인과 낮은 보수 때문에 이직해야 할지, 안정적인 직장 생활을 계속할지 ㉡고민하였다. 그러던 중 취미 생활을 담은 갑의 개인 방송 채널이 유명해지자 지자체 홍보팀으로 ㉢발령받았다. 갑은 더 나은 방송 제작을 위해 ㉣촬영과 편집 방법을 새롭게 공부하고 있다. 갑의 배우자인 한식 요리사 을은 ㉤전통 음식의 보존과 현대화가 중요하다는 신념으로 퓨전 한식당을 운영하고 있다. 1년 전부터 전통 음식을 알리는 방송에서 고정 출연자로 활동하고 있어 매주 ㉥요리 프로그램에 출연하기 위한 준비로 바쁘다. 갑이 육아에 지쳐 방송 출연을 반대하자 을은 방송을 계속해야 할지, 육아에 전념해야 할지 ㉦고민하고 있다.

(지위 ×, 역할 갈등 ×, 공무원으로서 역할 행동에 대한 보상 ×, 재사회화, 역할 행동 ×, 예기 사회화 ×, 역할 갈등 ○)

① ㉠은 성취 지위이다. (에 해당하지 않는다.)
② ㉢은 공무원으로서 갑의 역할 행동에 대한 보상이다. (에 해당하지 않는다.)
③ ㉤은 한식 요리사로서 을의 역할 행동에 해당한다. (하지 않는다.)
④ ㉡과 달리 ㉦은 역할 갈등이다.
⑤ ㉣은 갑의 재사회화, ㉥은 을의 예기 사회화에 해당한다.

✓ 자료 분석 역할 행동은 개인이 자신에게 주어진 역할을 수행하는 구체적인 행동 방식을 말한다.

O 정답 찾기 ④ ㉡은 이직에 대한 개인적인 고민이므로 역할 갈등에 해당하지 않는다. ㉦은 방송 고정 출연자라는 지위와 부모라는 지위에 따라 요구되는 역할들이 충돌하여 발생하는 고민이므로 역할 갈등에 해당한다.

× 오답 풀이 ① 악성 민원인은 집단이나 사회 속에서 개인이 차지하는 위치가 아니므로 지위에 해당하지 않는다.
② 취미 생활을 담은 개인 방송 채널을 운영하는 것은 공무원으로서 갑의 역할 행동에 해당하지 않는다. 따라서 ㉢은 공무원으로서 갑의 역할 행동에 대한 보상에 해당하지 않는다.
③ ㉤은 한식 요리사로서 을이 실제로 수행하는 구체적인 행동 방식이 아니므로 역할 행동에 해당하지 않는다.
⑤ ㉣은 갑의 재사회화에 해당하지만, ㉥은 을의 예기 사회화에 해당하지 않는다.

이것만은 꼭!

1. 지위는 개인이 소속 집단이나 사회에서 차지하고 있는 위치를 말한다.
2. 개인의 역할 행동에 따라 보상과 제재가 주어진다.
3. 예기 사회화는 미래에 속하기를 기대하거나 속하게 될 집단에서 요구되는 지식이나 기능, 규범을 학습하는 과정을 의미한다.

02 사회화 및 지위와 역할

| 정답 ⑤ | 23년 6월 모의평가 12번

①	②	③	④	❺
6%	3%	5%	1%	85%

밑줄 친 ㉠~㉦에 대한 설명으로 옳은 것은? [3점]

㉠청소년 시절, K-pop에 매료되었던 외국인 갑은 한국으로 유학을 결심하고 ㉡○○대학교 ㉢조선 공학과에 입학하였다. 졸업 후 대기업인 ㉣△△조선에 취직했지만, 어릴 적부터 동경하던 ㉤항공기 정비사가 되기 위해 ㉥2년 만에 자진 퇴사를 하였다. 이후 항공사에 입사한 갑은 ㉦항공기 정비 업무에 필요한 사내 교육 과정을 수료하고 항공기 정비 업무와 기술 교육을 맡고 있다.

(귀속 지위, 공식적 사회화 기관, 2차 집단, 공식 조직, 비공식적 사회화 기관, 성취 지위, 2차적 사회화 기관을 통한 사회화)

① ㉢은 2차 집단이자 비공식 조직이다. (공식)
② ㉥은 갑의 역할 행동에 대한 제재이다. (가 아니다)
③ ㉦은 1차적 사회화 기관을 통해 이루어진 사회화이다. (2차적)
④ ㉠과 ㉤은 모두 성취 지위이다.
⑤ ㉡은 ㉣과 달리 공식적 사회화 기관이다.

✓ 자료 분석 공식적 사회화 기관은 사회화를 목적으로 설립되어 체계적인 사회화를 담당하며, 비공식적 사회화 기관은 사회화를 목적으로 설립되지는 않았으나 사회화의 역할도 수행한다. 1차적 사회화 기관은 기초적인 수준의 사회화를 담당하고, 2차적 사회화 기관은 전문적이고 심화된 수준의 사회화를 담당한다.

O 정답 찾기 ⑤ 대학교는 공식적 사회화 기관이고, 회사는 비공식적 사회화 기관이다.

× 오답 풀이 ① 조선 공학과는 2차 집단이자 공식 조직이다.
② 회사를 자진하여 퇴사하는 것은 자발적으로 한 것이므로 갑의 역할 행동에 대한 제재가 아니다.
③ 항공기 정비 업무에 필요한 사내 교육 과정을 수료하는 것은 2차적 사회화 기관을 통해 이루어진 사회화이다.
④ 청소년은 선천적·자연적으로 얻게 되는 귀속 지위이고, 항공기 정비사는 개인의 노력에 의해 후천적으로 획득하는 성취 지위이다.

이것만은 꼭!

1. 비공식 조직은 공식 조직 구성원들이 자아실현, 친밀한 인간관계 형성과 같은 공통의 관심사를 실현하기 위해 자발적으로 결성한 집단이다.
2. 귀속 지위는 선천적·자연적으로 얻게 되는 지위이고, 성취 지위는 개인의 노력에 의해 후천적으로 획득하는 지위이다.
3. 1차적 사회화 기관은 기초적인 수준의 사회화를 담당하고, 2차적 사회화 기관은 전문적이고 심화된 수준의 사회화를 담당한다.

03 사회화 및 지위와 역할

| 정답 ② | 22년 6월 모의평가 8번

①	②	③	④	⑤
10%	72%	10%	4%	4%

밑줄 친 ㉠~㉤에 대한 설명으로 옳은 것은? [3점]

〈드라마 '만점을 향해 쏴라' 인물 관계도〉

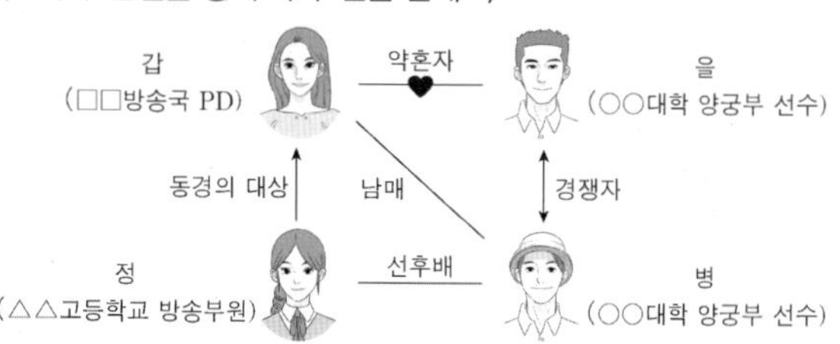

〈6화 줄거리〉 과연 갑의 선택은?

〈5화〉에서 갑이 만드는 방송 프로그램을 참관하게 해 달라고 떼쓰는 정을 말리느라 고생했던 갑. 오늘은 또 어떤 고민을 하게 될까? 국가대표 최종 선발전에서 병을 이긴 을은 ㉠국가대표팀 선발 일정 때문에 미뤄두었던 웨딩 촬영을 하자고 하고, 병은 선발에서 ㉡탈락한 자신을 위로해 달라며 함께 가족 여행을 가자고 하는데, "하필이면 왜 같은 날 같은 시간인 거야!" 어떻게 해야 할지 ㉢고민에 빠진 갑! 한편 스포츠 프로그램을 기획하고 있는 ㉣□□방송국에서는 갑에게 을이 프로그램에 ㉤출연할 수 있도록 섭외하라고 한다. 자신과 가까운 사람들이 방송에 노출되는 것을 꺼리는 갑은 고민에 빠지는데 …….

[㉠ 비공식적 사회화 기관 / ㉡ 역할 행동에 대한 제재 / ㉢ 갑의 역할 갈등임 / ㉣ 공식 조직 ○, 자발적 결사체 × / ㉤ 역할에 대한 보상이 아님]

① ㉠은 ~~공식적~~ 사회화 기관이다. [비공식적]
② ㉢은 갑의 역할 갈등이다.
③ ㉣은 공식 조직이자 자발적 결사체~~이다~~. [아니다.]
④ ㉡은 병의 ~~역할~~에 대한 제재, ㉤은 을의 역할에 대한 보상~~이다~~. [역할 행동 / 아니다.]
⑤ 정의 방송부 활동은 ㉣ 입사를 위한 재사회화~~이다~~. [아니다.]

✓ 자료 분석 역할은 개인이 가진 지위에 대해 소속 집단이나 사회가 기대하는 행동 양식이며, 역할 행동은 개인이 자신에게 기대되는 역할을 실제로 수행하는 구체적인 방식이다. 이러한 역할 행동에 따라 보상과 제재가 주어진다.

O 정답 찾기 ② 갑의 고민은 약혼자라는 지위에 따른 역할과 가족 내에서 누나라는 지위에 따른 역할이 충돌하여 나타나는 심리적 갈등인 역할 갈등에 해당한다.

X 오답 풀이 ① 국가대표팀은 사회화를 목적으로 설립된 사회화 기관이 아니므로 비공식적 사회화 기관이다.
③ □□방송국은 공식 조직이지만, 자발적 결사체에 해당하지 않는다.
④ 역할에 대해서는 보상과 제재를 할 수 없다. 보상 및 제재는 역할 행동에 대해 가능하다.
⑤ 재사회화는 개인이 처한 환경이나 상황 등의 변동에 적응하기 위해 새로운 지식이나 기능, 가치 및 규범을 학습하는 과정이다. 따라서 정의 방송부 활동은 방송국 입사를 위한 재사회화가 아니다.

이것만은 꼭!
1. 사회화를 목적으로 설립된 사회 집단을 공식적 사회화 기관이라고 한다.
2. 개인의 역할 행동에 대해 보상과 제재가 가해질 수 있다.
3. 재사회화는 개인이 처한 환경이나 상황, 소속 집단 등의 변동에 적응하기 위해 새로운 지식이나 기능, 가치 및 규범을 학습하는 과정이다.

04 사회화 기관 및 지위와 역할

| 정답 ① | 21년 6월 모의평가 13번

①	②	③	④	⑤
80%	6%	4%	3%	7%

밑줄 친 ㉠~㉦에 대한 설명으로 옳은 것은? [3점]

미국으로 건너간 이주자 갑은 준비했던 사업에 실패한 후 가족의 생계유지를 위해 무슨 일을 해야 할지 ㉠고민하다 과일 농장에 취업하였다. 갑의 ㉡남편인 을 역시 가계에 보탬이 되고자 ㉢대형 할인점에서 ㉣직원으로 일하기 시작하였다. 한편, 아들 병은 ㉤미국 고등학교에 ㉥적응하지 못한 채 방황을 계속하였다. 결국 병은 다니던 학교를 그만두고 홈 스쿨링(home schooling)을 하고 싶다고 하였다. 이런 모습을 지켜보던 갑과 을은 미국 학교에 병이 적응할 때까지 기다릴지, 홈 스쿨링을 시킬지를 두고 ㉦갈등을 빚었다.

[㉠ 역할 갈등 아님 / ㉡ 성취 지위 / ㉢ 2차적·비공식적 사회화 기관 / ㉣ 성취 지위 / ㉤ 2차적·공식적 사회화 기관 / ㉦ 역할 갈등 아님]

① ㉢은 2차적 사회화 기관이자 비공식적 사회화 기관이다.
② ㉤은 병의 내집단이자 준거 집단~~이다~~. [이 아니다.]
③ ㉥은 병의 역할 행동에 ~~대한 제재이다~~. [해당한다.]
④ ㉡은 ㉣~~과 달리~~ 개인의 노력을 통해 후천적으로 획득한 지위이다. [모두 / 성취 지위]
⑤ ㉦은 ㉠~~과 달리~~ 갑의 역할 갈등에 해당하지 않는다. [모두]

✓ 자료 분석 사회화 기관은 사회화의 내용에 따라 1차적 사회화 기관과 2차적 사회화 기관으로 분류하고, 설립 목적에 따라 공식적 사회화 기관과 비공식적 사회화 기관으로 분류한다. 지위는 개인이 소속 집단이나 사회에서 차지하고 있는 위치로, 귀속 지위와 성취 지위로 구분된다.

O 정답 찾기 ① 대형 할인점은 전문적이고 심화된 수준의 사회화를 담당하는 2차적 사회화 기관이고, 사회화를 목적으로 설립되지는 않았으나 사회화의 역할도 수행하는 비공식적 사회화 기관이다.

X 오답 풀이 ② 병은 미국 고등학교에 적응하지 못하고 학교를 그만두려고 한다. 이를 통해 미국 고등학교가 병의 내집단이자 준거 집단이라고 볼 수 없다.
③ 병이 미국 고등학교에 적응하지 못한 채 방황하는 것은 병의 역할 행동이다.
④ 남편과 직원은 모두 개인의 노력을 통해 후천적으로 획득한 성취 지위이다.
⑤ ㉠과 ㉦은 모두 개인에게 요구되는 서로 다른 역할들이 충돌하여 나타나는 심리적 갈등인 역할 갈등에 해당하지 않는다.

이것만은 꼭!
1. 1차적 사회화 기관은 기초적인 수준의 사회화를 담당하고, 2차적 사회화 기관은 전문적이고 심화된 수준의 사회화를 담당한다.
2. 공식적 사회화 기관은 사회화를 목적으로 설립되어 공식적이고 체계적인 사회화를 담당하고, 비공식적 사회화 기관은 사회화를 목적으로 설립되지는 않았으나 사회화의 역할도 수행한다.
3. 역할 갈등은 개인에게 요구되는 서로 다른 역할들이 충돌하여 나타나는 심리적인 갈등이다.

05 사회화 기관의 유형

| 정답 ④ | 21년 9월 모의평가 8번

①	②	③	❹	⑤
2%	4%	2%	88%	4%

밑줄 친 ㉠~㉤에 대한 설명으로 옳은 것은? [3점]

> ㉠고등학교(2차적·공식적 사회화 기관) 재학 중 공부에 관심이 없었던 갑은 아버지가 운영하던 ㉡전기 회사(2차적·비공식적 사회화 기관)에서 아르바이트를 했으나 회사 일에도 흥미를 느끼지 못했다. 고등학교 졸업 후 우연히 ㉢어릴 적 동네 친구들(1차적·비공식적 사회화 기관) 중 하나인 을을 만나, 그가 입은 경찰 제복에 매료되어 경찰이 되기로 하였다. 경찰 공무원 시험에 합격한 갑은 경찰 양성을 목적으로 하는 ㉣경찰 학교(2차적·공식적 사회화 기관)의 기본 교육 및 훈련 과정을 수료한 후 ㉤경찰청(2차적·비공식적 사회화 기관)에 발령받아 근무하면서 행복하게 살아가고 있다.

① ㉠은 ~~기초적인~~(전문적인) 사회화가 이루어지는 ~~1차적~~(2차적) 사회화 기관이다.
② ㉡은 ~~체계적이고 전문적인 내용을 전수하기 위한 공식적~~(비공식적) 사회화 기관이다.
③ ㉢은 비공식적 사회화 기관이자 ~~2차적~~(1차적) 사회화 기관이다.
④ ㉣은 예기 사회화를 담당하는 사회화 기관이다.
⑤ ~~㉣과~~ ㉤은 사회화를 목적으로 설립되지는 않았으나 사회화 기능을 하는 기관이다.(비공식적 사회화 기관)

✔ 자료 분석 공식적 사회화 기관은 사회화를 목적으로 설립되어 공식적이고 체계적인 사회화를, 비공식적 사회화 기관은 사회화를 목적으로 설립되지는 않았으나 부수적으로 사회화의 기능을 담당한다. 1차적 사회화 기관은 기초적인 수준의 사회화를, 2차적 사회화 기관은 전문적인 지식과 기능의 사회화를 담당한다.

O 정답 찾기 ④ 예기 사회화는 미래에 속하기를 기대하거나 속하게 될 집단에서 요구되는 지식이나 기능, 가치 및 규범을 미리 학습하는 과정을 의미한다. 경찰 학교는 경찰 공무원 시험 합격자들이 경찰관으로 임용되어 발령받은 후 경찰관의 직무를 수행하는 데 필요한 지식과 기술 등을 교육 및 훈련시키는 기관이다. 따라서 경찰 학교는 예기 사회화를 담당하는 사회화 기관이다.

✕ 오답 풀이 ① 기초적인 사회화가 이루어지는 사회화 기관은 1차적 사회화 기관이다. 고등학교는 전문적인 사회화가 이루어지는 2차적 사회화 기관이다.
② 전기 회사는 사회화를 목적으로 설립되지는 않았으나 부수적으로 사회화의 기능을 수행하는 비공식적 사회화 기관에 해당한다.
③ 어릴 적 동네 친구들은 또래 집단에 해당한다. 또래 집단은 비공식적 사회화 기관이자 1차적 사회화 기관이다.
⑤ 경찰학교는 공식적 사회화 기관에 해당하고, 경찰청은 비공식적 사회화 기관에 해당한다.

이것만은 꼭!
1. 예기 사회화는 미래에 속하기를 바라거나 속하게 될 집단 또는 미래에 갖기를 바라거나 갖게 될 직업 및 지위를 전제로 한다.
2. 재사회화는 이미 습득한 사회화의 내용이 개인의 새로운 집단이나 변화한 상황에 부적합하거나 개인의 적응을 저해할 우려가 있는 상황을 전제로 한다.
3. 공식적 사회화 기관은 사회화 자체를 목적으로 하는 상호 작용이 중심이 된다.

06 사회화 및 지위와 역할

| 정답 ② | 21년 수능 6번

①	❷	③	④	⑤
12%	78%	2%	4%	2%

밑줄 친 ㉠~㉥에 대한 설명으로 옳은 것은?

> 급진적 ㉠이상주의자였던 아버지의 영향으로 사회 개혁에 관심이 컸던 갑은 경제적 이유로 소설가의 꿈을 접고 회사원이 된다. ㉡납품 업체가 제공하는 금품과 향응을 매번 거절한 그는 '혼자만 깨끗한 척한다.'며 ㉢빈정대는 동료와 갈등을 빚는다. 그는 고민 끝에 회사를 그만두고 신춘문예를 통해 ㉣소설가로 등단한다. 하지만 순수 문학의 힘에 한계를 느낀 그는 영화계에 입문하여 ㉤시나리오 작가와 조연출을 거쳐 늦은 나이에 영화감독으로 데뷔한다. ㉥분단의 아픔, 도시화와 산업화의 그늘, 소시민의 삶을 다룬 작품들로 평단의 호평과 권위주의 정권의 감시를 동시에 받은 그는 리얼리즘 계열 영화의 거장으로 존경받고 있다.(역할 행동에 대한 보상)

① ㉠은 갑의 아버지가 획득한 성취 지위~~이다~~(가 아니다).
② ㉡은 회사원으로서 갑의 역할 행동이다.
③ ㉢은 갑이 경험한 역할 갈등~~이다~~(이 아니다).
④ ㉣은 ㉤이 되기 위한 갑의 예기 사회화~~이다~~(가 아니다).
⑤ ㉥은 영화감독으로서 갑의 역할 행동에 따른 보상~~이다~~(이 아니다).

✔ 자료 분석 역할은 일정한 지위에 대해 사회적으로 기대되는 행동 양식을 말하고, 역할 행동은 개인이 자신에게 주어진 역할을 수행하는 구체적인 행동 방식을 말한다. 동일한 지위에 대해서도 개인에 따라 역할 행동은 다양하게 나타나며, 역할 행동이 사회적 기대에 부합하면 보상을 받고 어긋나면 제재를 받는다.

O 정답 찾기 ② 납품 업체가 제공하는 금품과 향응을 거절하는 것은 갑이 회사원으로서의 역할을 수행하는 구체적인 행동 방식이다. 따라서 ㉡은 회사원으로서의 갑의 역할 행동에 해당한다.

✕ 오답 풀이 ① 이상주의자는 갑의 아버지가 집단이나 사회 속에서 차지하는 성취 지위에 해당하지 않는다.
③ 빈정대는 동료와의 갈등은 역할 간 충돌로 인해 나타나는 심리적 갈등이 아니므로 갑이 경험한 역할 갈등에 해당하지 않는다.
④ 소설가로 등단하는 것이 시나리오 작가가 되기 위한 예기 사회화에 해당하지 않는다.
⑤ ㉥에 대한 평단의 호평과 리얼리즘 계열 영화의 거장으로의 존경이 영화감독으로서 갑의 역할 행동에 따른 보상에 해당한다.

이것만은 꼭!
1. 보상과 제재는 역할이 아닌 역할 행동에 주어진다.
2. 역할 갈등은 한 개인에게 요구되는 역할들이 충돌하여 나타나는 심리적 갈등을 말한다.
3. 역할 행동은 역할을 수행하는 구체적인 행동 방식을 말한다.

07 사회화 기관 및 지위와 역할

| 정답 ② | 20년 6월 모의평가 7번

①	❷	③	④	⑤ 함정
1%	71%	5%	1%	19%

밑줄 친 ㉠~㉥에 대한 옳은 설명만을 〈보기〉에서 고른 것은?

㉠프로 축구팀에서 선수로 활동했던 갑은 은퇴 직후 취미로 축구와 관련된 ㉡인터넷 개인 방송 운영자로 활동하였다. 구수한 입담과 직설 화법으로 ㉢큰 인기를 얻어 구독자 수가 100만 명을 돌파한 갑에게 여러 ㉣방송사로부터 예능 프로그램의 ㉤고정 출연자로 출연해 달라는 요청이 쇄도하였다. 이에 갑은 자신의 꿈이었던 축구 감독이 되기 위해 해외로 지도자 연수를 떠날지, 방송사의 제안을 받아들여 본격적으로 방송인의 길을 갈지 ㉥고민 중이다.

(㉠ 비공식적 사회화 기관 / 은퇴 직후 취미로 … 갑의 성취 지위 / ㉢ 역할 행동에 따른 보상 / ㉣ 비공식적 사회화 기관 / ㉤ 성취 지위 / ㉥ 역할 갈등 ×)

〈보기〉
ㄱ. ㉠, ㉣은 모두 비공식적 사회화 기관이다.
ㄴ. ㉡은 ㉤과 달리(모두) 성취 지위이다.
ㄷ. ㉢은 ㉡으로서 갑의 역할 행동에 대한 보상이다.
ㄹ. ㉥은 갑의 역할 갈등에 해당한다(해당하지 않는다).

① ㄱ, ㄴ ② ㄱ, ㄷ ③ ㄴ, ㄷ ④ ㄴ, ㄹ ⑤ ㄷ, ㄹ

✓ 자료 분석 공식적 사회화 기관은 사회화를 목적으로 설립된 기관이고, 비공식적 사회화 기관은 부수적으로 사회화를 담당하는 기관이다. 지위는 개인이 사회에서 차지하고 있는 위치를 의미하고, 역할은 지위에 대하여 사회가 기대하는 행동 방식을, 역할 행동은 역할을 실제로 수행하는 구체적인 방식을 의미한다.

O 정답 찾기 ㄱ. 프로 축구팀과 방송사 모두 사회화를 목적으로 설립되지는 않았으나 부수적으로 사회화 기능을 수행하는 비공식적 사회화 기관에 해당한다.
ㄷ. 보상과 제재는 개인의 역할 행동에 대해 주어진다. 구독자 100만 명 돌파라는 보상은 인터넷 개인 방송 운영자로서 갑의 역할 행동에 따른 보상에 해당한다.

× 오답 풀이 ㄴ. 인터넷 개인 방송 운영자와 고정 출연자는 모두 개인의 노력으로 후천적으로 획득한 지위인 성취 지위에 해당한다.
ㄹ. 역할 갈등은 역할 간의 충돌에 따라 발생하는 심리적 갈등을 의미한다. ㉥은 갑의 장래 진로에 대한 고민으로 역할 갈등에 해당하지 않는다.

함정 클리닉

⑤번을 정답으로 잘못 선택하였다면, 역할 갈등과 단순한 개인의 고민을 혼동했기 때문일 것이다. 역할 갈등은 반드시 두 개 이상의 역할이 충돌해야 발생한다. 축구 감독이 되기 위해 지도자 연수를 떠날지, 방송인의 길을 갈지 고민하는 것은 진로에 대한 고민으로 역할 간 충돌이 나타나 있지 않다.

이것만은 꼭!

1. 성취 지위는 후천적으로 획득한 지위이다.
2. 사회화를 목적으로 설립된 기관은 공식적 사회화 기관이다.
3. 보상과 제재는 역할이 아니라 역할 행동에 따라 주어진다.

08 지위와 역할

| 정답 ④ | 20년 9월 모의평가 18번

①	②	③	❹	⑤
11%	1%	2%	82%	1%

밑줄 친 ㉠~㉥에 대한 옳은 설명만을 〈보기〉에서 고른 것은?

갑은 환경 문제를 접한 후 8세에 ㉠채식주의자가 되었고, 15세에 ㉡환경 운동가가 되었다. 갑은 ㉢비행기 대신 태양광 요트를 타고 대서양을 건너 UN 기후 행동 정상 회의에 참석하여 환경 문제 해결에 미온적인 세계 정상들을 비판하였다. 갑은 세계 정상들과 설전을 주고받을 만큼 ㉣갈등을 겪었지만, 지지자들로부터 '어른의 ㉤선생님', '지구의 가장 위대한 변호인'이라는 극찬을 받기도 하였다. 이후 그는 학생 신분으로 2019년 ㉥노벨 평화상 후보에 올랐고, 타임지의 올해의 인물로 선정되었다.

(갑의 성취 지위 / ㉠ 지위 × / ㉢ 갑의 환경 운동가로서의 역할 행동 / ㉥ 갑의 역할 행동에 대한 보상)

〈보기〉
ㄱ. ㉠, ㉤은 갑이 획득한 성취 지위이다(가 아니다).
ㄴ. ㉢은 ㉡으로서 갑의 역할 행동이다.
ㄷ. ㉣은 학생과 환경 운동가 사이에서 발생한 갑의 역할 갈등이다(이 아니다).
ㄹ. ㉥은 ㉡으로서 갑의 역할 행동에 대한 보상이다.

① ㄱ, ㄴ ② ㄱ, ㄷ ③ ㄴ, ㄷ ④ ㄴ, ㄹ ⑤ ㄷ, ㄹ

✓ 자료 분석 역할은 개인이 가진 지위에 대해 사회가 기대하는 행동 방식을 말하고, 역할 행동은 기대되는 역할을 개인이 구체적으로 수행하는 방식을 말한다. 역할 갈등은 개인에게 요구되는 서로 다른 역할들이 충돌하여 나타나는 심리적 갈등을 말한다.

O 정답 찾기 ㄴ. 갑은 환경 운동가로서 환경 문제 해결을 위하여 UN 기후 행동 정상 회의에 참석하였다. 즉, ㉢은 환경 운동가라는 지위에 기대되는 역할을 구체적으로 수행한 방식인 역할 행동에 해당한다.
ㄹ. 기대되는 역할에 부합되는 역할 행동을 수행할 경우 보상이 주어진다. ㉥은 갑의 환경 운동가로서의 역할 행동에 대한 보상이다.

× 오답 풀이 ㄱ. 채식주의자는 개인의 신념 또는 가치이지 한 개인이 사회 또는 집단 내에서 차지하는 위치인 지위에 해당하지 않는다. 선생님은 지지자들이 갑에게 부여한 호칭으로 실제 갑이 획득한 성취 지위에 해당하지 않는다.
ㄷ. ㉣은 갑에게 주어진 역할 간의 충돌에 따른 것이 아니므로 역할 갈등에 해당하지 않는다.

이것만은 꼭!

1. 역할 행동은 역할을 구체적으로 수행한 방식이다.
2. 역할에 부합되는 역할 행동을 수행할 때 보상이 주어진다.
3. 역할 갈등은 요구되는 역할 간의 충돌에 따라 발생하는 갈등이다.

09 사회화 및 지위와 역할

| 정답 ④ | 20년 수능 12번

①	②	③ 함정	❹	⑤
6%	2%	25%	55%	11%

다음 사례에 대한 옳은 분석만을 〈보기〉에서 고른 것은? [3점]

○ 갑은 대형 유통 업체에 취업하기 위해 회사를 알아보던 중, 영세한 식품 회사를 운영 중인 부모님이 함께 일하자고 간곡하게 요청하여 고민에 빠졌다.(역할 갈등 ×) 결국 부모님의 회사(2차적·비공식적 사회화 기관)에 입사하여 신입 사원 연수(예기 사회화)를 받았다. 그 후 회사 매출이 늘어나자 자신의 선택에 뿌듯해 하였다.
○ 을은 자신이 원하던 연구소에 취업하여 만족감을 느끼고 있었다. 동물 보호 단체(2차적·비공식적 사회화 기관) 회원이기도 한 을은 연구소로부터 동물 대상 실험을 시행하라는 요구를 받자 고민에 빠졌다.(역할 갈등 ○) 결국 을은 실험을 거부하고 동물 실험 반대 운동을 주도하여 동물 보호 단체로부터 감사장을 받았다.(역할 행동에 대한 보상)

보기

ㄱ. 갑은 귀속 지위와 성취 지위에 따른 역할 갈등을 ~~경험하였다~~.(경험하지 않았다.)
ㄴ. 을은 서로 다른 2차적 사회화 기관에서의 각 지위에 따른 역할 갈등을 경험하였다.(연구소, 동물 보호 단체)
ㄷ. 갑은 을과 달리 ~~공식적~~(비공식적) 사회화 기관에서 예기 사회화를 경험하였다.
ㄹ. 을은 갑과 달리 역할 행동에 대한 보상을 받았다.(감사장을 받음)

① ㄱ, ㄴ ② ㄱ, ㄷ ③ ㄴ, ㄷ ④ ㄴ, ㄹ ⑤ ㄷ, ㄹ

✓ 자료 분석 역할 갈등은 개인에게 요구되는 서로 다른 역할들이 충돌하여 나타나는 심리적 갈등을 의미한다. 즉, 역할 갈등은 지위에 따른 역할의 충돌이 수반되어야 한다.

○ 정답 찾기 ㄴ. 을은 연구소와 동물 보호 단체에 소속되어 있다. 연구소와 동물 보호 단체는 모두 2차적 사회화 기관에 해당한다. 을은 연구소의 직원이라는 지위와 동물 보호 단체 회원이라는 지위에서 요구되는 역할들이 서로 충돌하고 있는 역할 갈등을 경험하였다.
ㄹ. 을은 동물 실험 반대 운동을 주도한 결과 감사장을 받았다. 이는 을의 역할 행동에 대한 보상에 해당한다. 반면, 갑의 경우 자신의 선택에 뿌듯해 하고는 있으나 이는 역할 행동에 따른 보상에 해당하지 않는다.

× 오답 풀이 ㄱ. 갑은 대형 유통 업체에 취업할지, 부모님의 회사에서 함께 일할지를 고민하고 있다. 이는 역할 간 충돌이 나타나는 역할 갈등에 해당하지 않는다.
ㄷ. 갑은 비공식적 사회화 기관인 회사에서 신입 사원 연수라는 예기 사회화를 경험하였다.

함정 클리닉

③번을 정답으로 잘못 선택하였다면, 이는 공식적 사회화 기관과 비공식적 사회화 기관을 구분하지 못했거나, 을뿐만 아니라 갑도 역할 행동에 대한 보상을 받았다고 착각했기 때문일 가능성이 크다. 신입 사원 연수를 주관하는 기업은 2차적 사회화 기관이자 비공식적 사회화 기관에 해당한다.

이것만은 꼭!

1. 역할 갈등은 역할 간 충돌이 발생해야 한다.
2. 공식적 사회화 기관은 사회화를 목적으로 설립된 기관이다.
3. 보상과 제재는 역할이 아니라 역할 행동에 대해 이루어진다.

필출 주제 07 사회 집단과 사회 조직

제1권 p.140 ~ 145

01 ③ 02 ⑤ 03 ③ 04 ③ 05 ① 06 ③ 07 ① 08 ② 09 ④ 10 ④ 11 ① 12 ④ 13 ④ 14 ③ 15 ⑤ 16 ① 17 ⑤ 18 ⑤ 19 ② 20 ⑤ 21 ② 22 ③

01 관료제와 탈관료제

| 정답 ③ | 24년 6월 모의평가 3번

①	②	❸	④	⑤
9%	4%	76%	9%	2%

A, B의 일반적인 특징에 대한 설명으로 옳은 것은? (단, A, B는 각각 관료제, 탈관료제 중 하나임.)

> ○○기업이 세계적인 기업으로 성장한 배경에는 기존과 다른 조직 운영 원리인 A가 큰 영향을 미쳤다. 특히 A에 따른 생산 관리 시스템은 전체 공정을 수많은 미세한 단위로 구분하여 각 부분들의 전문성을 확보하는 데 기여하였다. 이러한 개별 부분들은 상층 부서로 그리고 다시 최상층 부서로 통합 관리되면서 조직의 효율성을 극대화하였다. 이것은 의사 결정 권한의 분산, 유연한 조직 운영 등을 특징으로 하는 B의 모습과는 차이가 있다.

(A: 관료제 / 의사 결정 권한의 분산, 유연한 조직 운영: 탈관료제 / B: 탈관료제)

① A에 비해 B는 목적 전치 현상이 나타날 가능성이 높다. (→ B에 비해 A는)
② A와 달리 B는 목표의 효율적 달성이 조직 운영의 핵심이다. (→ B와 A는)
③ B에 비해 A는 업무 수행 과정의 예측 가능성이 높다.
④ B와 달리 A는 공식적 규약과 절차에 의해 구성원을 통제한다.
⑤ A, B 모두 연공서열에 따른 보상보다 성과에 따른 보상을 중시한다. (→ B는)

✓ 자료 분석 의사 결정 권한의 분산, 유연한 조직 운영은 탈관료제의 특징이다. 따라서 A는 관료제, B는 탈관료제이다.

O 정답 찾기 ③ 관료제는 정해진 절차에 따라 지속적인 업무 수행이 가능하다. 따라서 관료제는 탈관료제에 비해 업무 수행 과정의 예측 가능성이 높다.

✕ 오답 풀이 ① 관료제는 탈관료제에 비해 목적 전치 현상이 나타날 가능성이 높다.
② 관료제와 탈관료제는 모두 목표의 효율적 달성이 조직 운영의 핵심이다.
④ 관료제와 탈관료제는 모두 공식적 규약과 절차에 의해 구성원을 통제한다.
⑤ 관료제는 연공서열에 따른 보상을 중시하고, 탈관료제는 성과에 따른 보상을 중시한다.

이것만은 꼭!
1. 관료제와 탈관료제는 모두 목표의 효율적 달성이 조직 운영의 핵심이다.
2. 관료제와 탈관료제는 모두 공식적 규약과 절차에 의해 구성원을 통제한다.

02 사회 집단과 사회 조직

| 정답 ⑤ | 24년 6월 모의평가 11번

①	②	③	④	❺
2%	8%	15%	2%	73%

다음 자료에 대한 설명으로 옳은 것은?

> 갑은 ㉠ ○○대학교 외식조리학과를 졸업하고 열심히 노력한 끝에 국내 최고 ㉡ 호텔의 수석 요리사이자 ㉢ 요리사 협회의 임원으로 활동하고 있다. 그가 만드는 고가의 코스 요리는 음식의 예술화를 표방하고 엄격한 식사 예절을 요구하여 시간에 여유가 있는 ㉣ 상류층을 대상으로 한다. 이 식당에는 저명인사들의 사교 모임으로 알려진 ㉤ △△클럽 구성원들이 종종 방문한다. 어릴 때부터 상류층의 문화를 동경했던 갑은 자신이 속한 조직에서 좋은 대우를 받음에도 자신이 원하는 △△클럽에 들어갈 수 없다는 점에서 현재 상태에 대한 불만을 가지고 있다. 이에 갑은 △△클럽 회원들이 많이 거주하는 지역으로 이사할 것인지 ㉥ 고민하고 있다. 하지만 현실적인 어려움에 좌절감을 느낀 갑은 △△클럽 회원들이 좋아하는 코스 요리를 조리하여 맛보며 자신의 마음을 달래곤 한다.

(㉠: 공식적 사회화 기관 / ㉡: 비공식적 사회화 기관 / ㉢: 자발적 결사체 / ㉣: 갑의 외집단 × / ㉤: 자발적 결사체 / 소속 집단과 준거 집단의 불일치 / ㉥: 역할 갈등 ×)

① ㉠, ㉡은 모두 비공식적 사회화 기관이다.
② ㉢과 달리 ㉤은 자발적 결사체에 해당한다.
③ ㉣은 갑의 외집단이다. (→ 으로 볼 수 없다.)
④ ㉥은 갑의 역할 갈등에 해당한다. (→ 하지 않는다.)
⑤ 갑은 소속 집단과 준거 집단의 불일치를 경험하고 있다.

✓ 자료 분석 소속 집단과 준거 집단이 일치하지 않는 경우 소속 집단에 대해 불만이나 상실감, 상대적 박탈감을 가질 수 있고, 일탈 행동을 하거나 소속 집단에서 이탈하고자 하는 욕구를 가질 수 있다.

O 정답 찾기 ⑤ 갑은 자신이 속한 조직에서 좋은 대우를 받고 있지만, 자신이 원하는 △△클럽에 들어갈 수 없다는 점에서 불만을 가지고 있다. 따라서 갑은 소속 집단과 준거 집단의 불일치를 경험하고 있다.

✕ 오답 풀이 ① ○○대학교는 공식적 사회화 기관에 해당하고, 호텔은 비공식적 사회화 기관에 해당한다.
② 요리사 협회와 △△클럽은 모두 자발적 결사체에 해당한다.
③ 상류층은 일정한 요인에 따라 범주화된 것으로 사회 집단에 해당하지 않으며, 갑이 상류층에 대해 적대감을 갖고 있지 않으므로 갑의 외집단으로 볼 수 없다.
④ ㉥은 △△클럽 회원들이 많이 거주하는 지역으로 이사할 것인지를 고민하는 것으로, 갑의 역할 간 충돌로 인해 발생하는 역할 갈등에 해당하지 않는다.

이것만은 꼭!
1. 내집단과 준거 집단이 항상 일치하는 것은 아니다.
2. 자발적 결사체는 공통의 관심사나 목표를 가진 사람들이 자발적으로 결성하는 사회 집단을 말한다.
3. 사회 집단은 둘 이상의 구성원이 있고, 구성원들이 집단에 속해 있다는 의식을 느끼며 지속적으로 상호 작용하는 집합체를 말한다.

03 사회 집단과 사회 조직

| 정답 ③ | 24년 9월 모의평가 7번

①	②	❸	④	⑤
5%	2%	87%	4%	2%

밑줄 친 ㉠~㉤에 대한 설명으로 옳은 것은? [3점]

> 낯선 국가를 여행하다가 차별을 당하면, 그곳에서 만난 같은 언어를 사용하는 사람은 다 내 편 같다는 생각이 듭니다. 평소 느끼지 못했던 이러한 ㉠집단의식이 형성되면 집단 내부 결속이 강화되면서 ㉡특정 집단을 적대시하거나 차별하기도 합니다. 한편, 집단의식은 구성원의 결합 의지에 따라 영향을 받기도 하지만 개인들이 ㉢사회적 관계를 만들어 가는 방식으로부터도 영향을 받습니다. 일반적으로 친밀한 접촉을 통해 유지되는 ㉣집단의 구성원은 서로의 삶에 깊이 관여하고 사회적 관계가 지속적인 편입니다. 하지만 수단적 접촉을 통해 유지되는 ㉤집단의 구성원은 사회적 관계가 형식적이고 일시적인 편입니다.

(필기: 접촉 방식 / 1차 집단 / 2차 집단)

① ㉠은 소속 집단과 준거 집단이 불일치할 때 강화된다.
② ㉡이 발생하는 원인은 외집단에 대한 동질감 때문이다. (이질감)
③ ㉢은 1차 집단과 2차 집단을 구분하는 기준이다.
④ ㉣의 사례로 이익 집단, 시민 단체를 들 수 있다. (㉤)
⑤ ㉤은 주로 인간관계 자체를 목적으로 한다. (㉣)

✔ 자료 분석 사회 집단은 결합 의지에 따라 공동 사회와 이익 사회로 구분되고, 접촉 방식에 따라 1차 집단과 2차 집단으로 구분된다.

O 정답 찾기 ③ 사회적 관계를 만들어 가는 방식이 친밀한 접촉을 통해 유지되면 1차 집단, 수단적 접촉을 통해 유지되면 2차 집단으로 구분할 수 있다. 따라서 사회적 관계를 만들어 가는 방식은 1차 집단과 2차 집단을 구분하는 기준이다.

X 오답 풀이 ① 집단의식은 소속 집단과 준거 집단이 일치할 때 강화될 수 있다.
② 특정 집단을 적대시하거나 차별하는 원인은 외집단에 대한 이질감 및 적대감 때문이다.
④ 이익 집단과 시민 단체는 2차 집단의 사례에 해당한다.
⑤ 주로 인간 관계 자체를 목적으로 하는 집단은 1차 집단이다.

이것만은 꼭!
1. 준거 집단과 소속 집단이 일치할 경우 소속 집단에 대한 만족감이 높고, 적극적으로 참여하는 태도를 갖게 된다.
2. 외집단은 개인이 속해 있지 않고 이질감, 배타적 감정, 경쟁 의식이나 적대감 등을 갖는 사회 집단이다.
3. 소속 집단이 개인에게 내집단인지 여부와 소속해 있지 않은 집단이 개인에게 외집단인지 여부는 객관적인 기준이 아니라 개인의 인식과 태도에 달려 있으므로 주관적으로 결정된다.

제2권 평가원 해설

04 관료제와 탈관료제

| 정답 ③ | 24년 9월 모의평가 17번

①	②	❸	④	⑤
13%	8%	75%	2%	2%

다음 자료에 대한 설명으로 옳은 것은? (단, A, B는 각각 관료제, 탈관료제 중 하나임.) [3점]

> ㉠□□ 기업은 조직 운영 방식 A가 ㉡기존 부서의 업무를 지나치게 분화하고 부서 간 벽을 공고히 한다고 보았다. 정해진 업무만 수행하여 자신이 마치 기계 부속과 같다고 느낀 구성원들은 더욱 수동적으로 업무에 임했다. 이에 □□ 기업은 조직 운영 방식 B를 적용하여 부서 간 벽을 허물고 사원이 협업하는 과정에서 창의성을 발휘할 수 있도록 과제 해결에 특화된 ㉢새로운 부서를 한시적으로 조직했다. 동시에 □□ 기업은 사원들의 소외감과 스트레스를 해소하는 데 도움이 될 수 있도록 ㉣사내 친목 소모임 활성화를 지원하려 한다.

(필기: 공식 조직 / 관료제 / 비공식적 사회화 기관 / 탈관료제 / 비공식적 사회화 기관 / 이익 사회, 비공식적 사회화 기관)

① ㉠은 과업 지향적인 사회 집단이고, ㉣은 결합 자체가 목적인 사회 집단이다. (공식 조직 / 공동 사회)
② ㉡, ㉢과 달리 ㉣은 비공식적 사회화 기관에 해당한다.
③ A는 규칙과 절차에 따른 업무 처리로 자의적 의사 결정을 방지할 수 있다.
④ B는 전문성을 기준으로 구성원을 선발하고 연공서열에 따른 보상 체계를 중시한다. (성과, 능력)
⑤ A는 상향식 의사 결정 방식이, B는 하향식 의사 결정 방식이 지배적이다. (B / A)

✔ 자료 분석 A는 관료제, B는 탈관료제이다.

O 정답 찾기 ③ 관료제는 규칙과 절차에 따른 과업 수행으로 자의적인 의사 결정을 방지할 수 있다.

X 오답 풀이 ① ㉠은 공식 조직으로 과업 지향적인 사회 집단에 해당하고, ㉣은 이익 사회로 수단적인 인간 관계에 바탕을 둔 사회 집단에 해당한다.
② ㉡, ㉢, ㉣은 모두 비공식적 사회화 기관에 해당한다.
④ 탈관료제는 연공서열이 아닌 성과와 능력에 따른 보상 체계를 중시한다.
⑤ 관료제는 하향식 의사 결정 방식이 지배적이고, 탈관료제는 상향식 의사 결정 방식이 지배적이다.

이것만은 꼭!
1. 관료제는 근대 산업화 이후 대규모화된 조직을 효율적으로 관리하기 위해 확산된 조직 형태를 말한다.
2. 탈관료제는 관료제의 한계를 극복하기 위한 새로운 조직 형태이다.
3. 관료제와 탈관료제는 모두 조직의 효율적 운영을 목표로 한다.

05 관료제와 탈관료제

| 정답 ① | 24년 수능 3번

❶	②	③	④	⑤
88%	5%	3%	3%	1%

A, B의 일반적인 특징에 대한 설명으로 옳은 것은? (단, A, B는 각각 관료제와 탈관료제 중 하나임.)

> 도서 출판 과정에는 편집, 디자인, 인쇄 등 여러 공정이 있다. ○○ 출판 회사는 수평적으로 분권화된 조직을 통해 구성원들이 함께 결정을 내려 출판 공정을 관리하고 도서를 출간한다. □□ 출판 회사는 세부적으로 분업화된 조직을 통해 해당 분야의 담당자들이 정해진 서열과 절차에 따라 각 공정을 진행하여 도서를 출간한다. ○○ 출판 회사는 A(탈관료제)의 운영 원리가, □□ 출판 회사는 B(관료제)의 운영 원리가 강조된다.

① A에 비해 B는 조직 구성원의 업무 재량권 및 자율성이 낮다.
② A(B)에 비해 B(A)는 외부 환경 변화에 대한 유연한 대처가 용이하다.
③ B(A)에 비해 A(B)는 업무의 표준화와 세분화가 강조된다.
④ B(A)에 비해 A(B)는 목적 전치 현상이 나타날 가능성이 높다.
⑤ A(B)는 경력에 따른 보상을, B(A)는 성과에 따른 보상을 중시한다.

✔ 자료 분석 수평적으로 분권화된 조직을 특징으로 하는 조직 운영의 원리는 탈관료제이고, 분업화된 조직을 통해 담당자들의 서열과 절차에 따라 각 공정이 진행되는 조직 운영의 원리는 관료제이다. 따라서 A는 탈관료제, B는 관료제이다.

O 정답 찾기 ① 관료제에서 구성원들은 각자 분담한 업무만을 반복적으로 수행한다. 따라서 관료제에서는 탈관료제에 비해 조직 구성원의 업무 재량권 및 자율성이 낮다.

✕ 오답 풀이 ② 탈관료제는 관료제에 비해 외부 환경 변화에 대한 유연한 대처가 용이하다.
③ 관료제는 탈관료제에 비해 업무의 표준화와 세분화가 강조된다.
④ 관료제는 탈관료제에 비해 규약과 절차를 지나치게 강조한 나머지 오히려 본래의 조직 목적 달성을 방해하는 목적 전치 현상이 나타날 가능성이 높다.
⑤ 탈관료제는 성과에 따른 보상을 중시하고, 관료제는 경력에 따른 보상을 중시한다.

이것만은 꼭!
1. 관료제는 업무의 표준화 및 세분화를 강조한다.
2. 탈관료제는 외부 환경 변화에 대한 유연한 대처가 용이하다.
3. 관료제는 경력에 따른 보상을 중시하고, 탈관료제는 성과에 따른 보상을 중시한다.

06 사회 집단과 사회 조직

| 정답 ③ | 24년 수능 4번

① 함정	②	❸	④	⑤
47%	7%	33%	4%	9%

다음 자료에 대한 옳은 설명만을 <보기>에서 있는 대로 고른 것은?

기자: ○○ 신문사 탐사 보도 공모전에서 입상한 □□ 동아리를 만나 보겠습니다. 세 분이 어떻게 함께하게 되었나요?

갑: ☆☆ 대학교 내 영화제작동아리 회원으로 저와 함께 활동하고 있는 병이 취업 준비를 위해 □□ 동아리를 만들었습니다. 인권 단체 회원으로 함께 활동 중인 을에게 제가 제안하여 합류하게 되었습니다.

기자: 공모전에 참여하면서 느낀 점이나 공모전 준비에 도움이 되었던 경험이 있다면 말씀해 주세요.

을: 저는 사회복지대학원에 재학 중입니다. 취재를 하면서 가족과 함께 하지 못하는 청소년들의 안타까운 사연을 접하고 청소년 복지의 필요성을 더 알리고 싶어졌습니다.

병: 저는 갑과 함께 ☆☆ 대학교에 재학 중입니다. 갑과 함께 들었던 PD 초청 특강이 큰 도움이 되었습니다. 입상을 계기로 셋이 □□ 동아리 활동을 더 열심히 하려고 합니다.

> **보기**
> ㄱ. 갑과 병 모두 비공식 조직(☆☆ 대학교 내 영화제작동아리)에 속해 있다.
> ㄴ. 을과 병이 속한 2차적 사회화 기관은 각각 1(3)개이다.
> ㄷ. 자료 전체에 적혀 있는 사회 집단에서 자발적 결사체가 아니면서 비공식적 사회화 기관인 것은 2개이다. (○○ 신문사, 가족)

① ㄱ ② ㄴ ③ ㄱ, ㄷ ④ ㄴ, ㄷ ⑤ ㄱ, ㄴ, ㄷ

✔ 자료 분석 제시된 자료에 나타난 사회 집단은 ○○ 신문사, □□ 동아리, ☆☆ 대학교 내 영화제작동아리, 인권 단체, 사회복지대학원, 가족, ☆☆ 대학교이다. 갑은 □□ 동아리, ☆☆ 대학교 내 영화제작동아리, 인권 단체, ☆☆ 대학교에 속해 있고, 을은 □□ 동아리, 사회복지대학원, 인권 단체에 속해 있으며, 병은 □□ 동아리, ☆☆ 대학교 내 영화제작동아리, ☆☆ 대학교에 속해 있다.

O 정답 찾기 ㄱ. 갑과 병은 모두 비공식 조직에 해당하는 ☆☆ 대학교 내 영화제작동아리에 속해 있다.
ㄷ. 자료 전체에 적혀 있는 사회 집단에서 자발적 결사체가 아니면서 비공식적 사회화 기관에 해당하는 것은 ○○ 신문사, 가족으로, 2개이다.

✕ 오답 풀이 ㄴ. 을이 속해 있는 2차적 사회화 기관은 □□ 동아리, 사회복지대학원, 인권 단체로, 3개이다. 병이 속해 있는 2차적 사회화 기관은 □□ 동아리, ☆☆ 대학교 내 영화제작동아리, ☆☆ 대학교로, 3개이다.

함정 클리닉

①번을 정답으로 잘못 선택한 학생들은 갑~병이 속해 있는 사회 집단과 제시된 자료 전체에 적혀 있는 사회 집단을 혼동했을 가능성이 크다. ○○ 신문사와 가족은 갑~병이 속해 있지는 않지만 제시된 자료에 나타난 사회 집단이다. 따라서 ㄷ을 해결하기 위해서는 ○○ 신문사와 가족도 사회 집단에 포함하여 파악해야 한다.

이것만은 꼭!
1. 비공식 조직은 공식 조직에 속한 구성원들이 조직 내에서 친밀한 인간 관계에 바탕을 두고 자발적으로 형성한 집단이다.
2. 2차적 사회화 기관은 전문적인 지식과 기능의 사회화를 담당하는 기관이다.
3. 자발적 결사체는 공통의 관심사나 목표를 가진 사람들이 자발적으로 결성한 집단이다.

07 관료제와 탈관료제

| 정답 ① | 23년 6월 모의평가 4번

❶	②	③	④	⑤
90%	1%	2%	5%	2%

A, B의 일반적인 특징에 대한 설명으로 옳은 것은? (단, A, B는 각각 관료제, 탈관료제 중 하나임.)

> □□기업은 의사 결정 권한이 분산되어 있고 업무의 범위와 분담 체계를 개별 담당 부서에서 자율적으로 결정한다. □□기업의 조직 운영 방식은 A의 사례이다. ○○기업의 의사 결정은 관리자 중심으로 이루어지며, 모든 부서는 표준화된 규약과 절차에 따라 업무를 수행한다. ○○기업의 조직 운영 방식은 B의 사례이다.

① A는 B에 비해 외부 환경 변화에 유연하게 대처하기 용이하다.
② A는 B와 달리 공식적 규범에 의한 통제가 이루어진다.
③ B는 A에 비해 구성원이 창의성을 발휘하기 용이하다.
④ B는 A와 달리 업무 수행의 효율성을 추구한다.
⑤ A는 연공서열에 따른 보상을, B는 성과에 따른 보상을 중시한다.

✓ 자료 분석 의사 결정 권한이 분산되어 있고 업무의 범위와 분담 체계를 개별 담당 부서에서 자율적으로 결정하는 것은 탈관료제의 특징이고, 의사 결정이 관리자 중심으로 이루어지며 모든 부서가 표준화된 규약과 절차에 따라 업무를 수행하는 것은 관료제의 특징이다. 따라서 A는 탈관료제, B는 관료제이다.

O 정답 찾기 ① 탈관료제는 관료제에 비해 외부 환경 변화에 유연하게 대처하기 용이하다.

X 오답 풀이 ② 관료제와 탈관료제는 모두 공식적 규범에 의한 통제가 이루어진다.
③ 탈관료제는 관료제에 비해 구성원이 창의성을 발휘하기 용이하다.
④ 관료제와 탈관료제는 모두 업무 수행의 효율성을 추구한다.
⑤ 관료제는 연공서열에 따른 보상을 중시하고, 탈관료제는 성과에 따른 보상을 중시한다.

이것만은 꼭!
1. 탈관료제는 관료제에 비해 외부 환경 변화에 유연하게 대처하기 용이하다.
2. 관료제와 탈관료제는 모두 업무 수행의 효율성을 추구한다.
3. 탈관료제는 관료제에 비해 구성원이 창의성을 발휘하기 용이하다.

08 사회 집단과 사회 조직

| 정답 ② | 23년 9월 모의평가 7번

①	❷	③	④	⑤
15%	38%	22%	15%	10%

다음 자료에 대한 설명으로 옳은 것은? [3점]

> 게시판
>
> **취업 특강 개설을 위한 재학생 대상 사전 조사**
>
> (A 대학교 취업 상담 센터)
>
> ↳ 갑: 취업 상담 센터가 주관하는 취업 특강을 교내 독서 모임에서 함께 활동하고 있는 을과 들었음. 이번에는 총동창회의 주최로 ○○ 기업에서 진행하는 취업 특강에 참여할 예정임. □□ 시민 단체에서 활동하고 있는 병이 추천해 준 자격증 취득을 위한 특강 개설 여부가 궁금함.
>
> ↳ 을: □□ 시민 단체에서 함께 활동하고 있는 후배와 여름 방학에 △△ 방송사가 주관하는 직업 체험 활동에 참가할 예정이라 취업 특강 참석이 어려움. 언론인이 되고 싶어 하는 학생들을 위해 방송인 협회의 특강 개최를 취업 상담 센터에 건의하고 싶음.
>
> ↳ 병: 고등학교 선배가 운영하는 대안 학교에서 수업 보조 강사로 함께 활동하고 있는 갑이 ○○ 기업에서 진행하는 취업 특강에 같이 가자고 함. 졸업 후 대학원 진학도 고민 중이라 참석 여부를 고심하고 있음.

① 갑이 작성한 내용에 나타난 공식 조직의 개수는 을이 작성한 내용에 나타난 2차적 사회화 기관의 개수보다 많다.
② 을이 작성한 내용에 나타난 자발적 결사체의 개수는 을이 속해 있는 자발적 결사체의 개수와 같다.
③ 병이 속해 있는 공식적 사회화 기관의 개수는 갑이 속해 있는 공식적 사회화 기관의 개수보다 많다.
④ 갑과 병이 함께 속해 있는 2차 집단의 개수는 병이 속해 있는 비공식적 사회화 기관의 개수보다 적다.
⑤ 갑과 을이 함께 속해 있는 비공식 조직은 없지만 을과 병이 함께 속해 있는 이익 사회는 있다.

✓ 자료 분석 갑은 A 대학교, 교내 독서 모임, 대안 학교에 속해 있고, 을은 A 대학교, 교내 독서 모임, □□ 시민 단체에 속해 있으며, 병은 A 대학교, □□ 시민 단체, 대안 학교에 속해 있다.

O 정답 찾기 ② 을이 작성한 내용에 나타난 자발적 결사체는 □□ 시민 단체와 방송인 협회이고, 을이 속해 있는 자발적 결사체는 교내 독서 모임과 □□ 시민 단체이다. 따라서 을이 작성한 내용에 나타난 자발적 결사체의 개수와 을이 속해 있는 자발적 결사체의 개수는 같다.

X 오답 풀이 ① 갑이 작성한 내용에 나타난 공식 조직은 취업 상담 센터, 총동창회, ○○ 기업, □□ 시민 단체이고, 을이 작성한 내용에 나타난 2차적 사회화 기관은 □□ 시민 단체, △△ 방송사, 방송인 협회, 취업 상담 센터이다. 따라서 갑이 작성한 내용에 나타난 공식 조직의 개수와 을이 작성한 내용에 나타난 2차적 사회화 기관의 개수는 같다.
③ 병이 속해 있는 공식적 사회화 기관은 A 대학교와 대안 학교이고, 갑이 속해 있는 공식적 사회화 기관은 A 대학교와 대안 학교이다. 따라서 병이 속해 있는 공식적 사회화 기관의 개수와 갑이 속해 있는 공식적 사회화 기관의 개수는 같다.
④ 갑과 병이 함께 속해 있는 2차 집단은 A 대학교와 대안 학교이고, 병이 속해 있는 비공식적 사회화 기관은 □□ 시민 단체이다. 따라서 갑과 병이 함께 속해 있는 2차 집단의 개수는 병이 속해 있는 비공식적 사회화 기관의 개수보다 많다.
⑤ 갑과 을이 함께 속해 있는 비공식 조직은 교내 독서 모임이고, 을과 병이 함께 속해 있는 이익 사회는 A 대학교와 □□ 시민 단체이다.

이것만은 꼭!
1. 비공식 조직은 모두 자발적 결사체에 해당한다.
2. 사회화 기관은 설립 목적에 따라 공식적 사회화 기관과 비공식적 사회화 기관으로 구분할 수 있다.
3. 공식 조직은 모두 이익 사회에 해당한다.

09 관료제와 탈관료제

| 정답 ④ | 23년 9월 모의평가 17번

①	②	③	❹	⑤
4%	16%	12%	62%	6%

A, B의 일반적인 특징에 대한 옳은 설명만을 〈보기〉에서 고른 것은? (단, A, B는 각각 관료제, 탈관료제 중 하나임.)

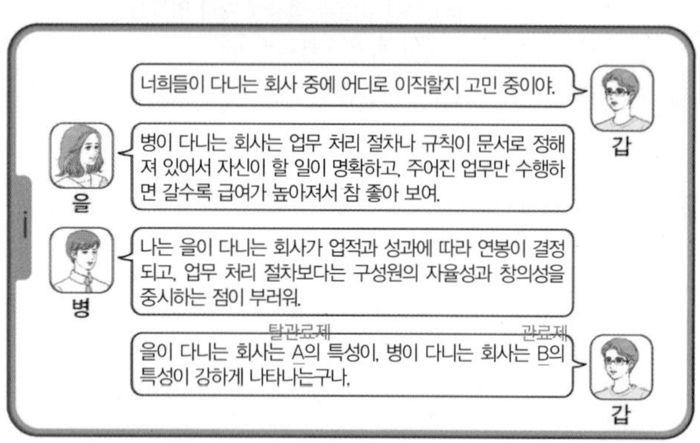

너희들이 다니는 회사 중에 어디로 이직할지 고민 중이야.
갑
병이 다니는 회사는 업무 처리 절차나 규칙이 문서로 정해져 있어서 자신이 할 일이 명확하고, 주어진 업무만 수행하면 갈수록 급여가 높아져서 참 좋아 보여.
을
나는 을이 다니는 회사가 업적과 성과에 따라 연봉이 결정되고, 업무 처리 절차보다는 구성원의 자율성과 창의성을 중시하는 점이 부러워.
병
탈관료제
관료제
을이 다니는 회사는 A의 특성이, 병이 다니는 회사는 B의 특성이 강하게 나타나는구나.
갑

보기

ㄱ. A는 B에 비해 업무 수행의 안정성을 확보하기가 용이하다.
ㄴ. A는 B에 비해 외부 환경 변화에 대한 유연한 대처가 용이하다.
ㄷ. B는 A에 비해 목적 전치 현상이 나타날 가능성이 낮다. (높다.)
ㄹ. A는 의사 결정의 분권화, B는 업무 수행의 분업화가 강조된다.

① ㄱ, ㄴ ② ㄱ, ㄷ ③ ㄴ, ㄷ ④ ㄴ, ㄹ ⑤ ㄷ, ㄹ

✓ 자료 분석 업무 처리 절차나 규칙이 문서로 되어 있고, 주어진 업무만 수행하면 시간이 갈수록 급여가 높아지는 조직은 관료제이다. 업적과 성과에 따라 연봉이 결정되고, 구성원의 자율성과 창의성을 중시하는 조직은 탈관료제이다. 따라서 A는 탈관료제, B는 관료제이다.

O 정답 찾기 ㄴ. 탈관료제는 환경 변화에 대한 유연한 대처와 신속한 의사 결정이 가능하다.
ㄹ. 탈관료제는 의사 결정 권한의 분산을 강조하고, 관료제는 업무 수행의 분업화를 강조한다.

× 오답 풀이 ㄱ. 관료제는 탈관료제에 비해 업무 수행의 안정성을 확보하기가 용이하다.
ㄷ. 관료제는 탈관료제에 비해 목적 전치 현상이 나타날 가능성이 높다.

이것만은 꼭!

1. 관료제는 업무 수행의 분업화를 강조하고, 탈관료제는 의사 결정 권한의 분산을 강조한다.
2. 관료제는 업무 수행의 안정성을 확보하기가 용이하다.
3. 탈관료제는 환경 변화에 대한 유연한 대처와 신속한 의사 결정이 가능하다.

10 사회 집단과 사회 조직

| 정답 ④ | 23년 수능 7번

①	②	③	❹	⑤
11%	14%	6%	63%	6%

다음 자료에 대한 설명으로 옳은 것은?

예능 프로그램 〈인연 만들기〉 대본

[장면 1] (내레이션): 이번 회는 연하남, 연상녀와 결혼하고 싶은 사람들의 특집입니다. 먼저 자기소개를 들어볼까요?
[장면 2] 갑: □□기업에서 프로그래머로 근무 중입니다. 대학교 때는 경영학을 공부했으나, 진로에 대한 고민 끝에 선택한 현재 직업에 매우 만족하고 있습니다. 바다낚시 동호회에서 함께 활동하고 있는 을과 낚시를 자주 다닙니다.
[장면 3] 을: 여행을 좋아하여 △△은행 사내 여행 동아리에서 활동한 적이 있습니다. 해외 여행 관련 회사 창업을 고민하던 중에 고등학교 총동창회에서 함께 활동하고 있는 병의 조언에 따라 은행을 그만두고, 대학원에 진학하여 관광 경영에 관한 공부를 다시 하고 있습니다.
[장면 4] 병: ○○방송국의 프로듀서로 일하면서 영화감독이 되기 위해 시나리오를 구상 중입니다. 대학교를 졸업한 후 을과 함께 △△은행에서 주최한 모의 주식 투자 대회에서 입상한 적이 있습니다. 주말에는 동물 보호 단체 회원으로 봉사 활동을 합니다.

(이익 사회, 이익 사회, 역할 갈등 ×, 이익 사회, 자발적 결사체, 비공식 조직, 역할 갈등 ×, 자발적 결사체, 2차 집단, 예기 사회화, 비공식적 사회화 기관, 2차 집단, 비공식적 사회화 기관, 비공식적 사회화 기관, 2차 집단)

① [장면 1]에 적혀 있는 내용에는 성취 지위가, [장면 3]에 적혀 있는 내용에는 비공식 조직이 있다.
② [장면 2]에 적혀 있는 이익 사회의 개수는 [장면 4]에 적혀 있는 비공식적 사회화 기관의 개수보다 적다. (와 같다.)
③ 갑은 을과 달리 역할 갈등이 해소되어 준거 집단과 소속 집단이 일치한다.
④ 을이 속해 있는 자발적 결사체의 개수는 병이 속해 있는 2차 집단의 개수보다 적다.
⑤ 대본에는 갑의 재사회화와 을, 병의 예기 사회화 내용이 적혀 있다.

✓ 자료 분석 재사회화는 사회 변화나 새로운 환경에 적응하기 위해 이전과는 다른 지식이나 규범, 가치 및 행동 양식 등을 습득하는 것을 말하고, 예기 사회화는 미래에 속하게 되거나 속하기를 기대하는 집단에서 요구되는 행동 양식을 미리 학습하는 과정을 말한다.

O 정답 찾기 ④ 을이 속해 있는 자발적 결사체는 바다낚시 동호회와 고등학교 총동창회이고, 병이 속해 있는 2차 집단은 고등학교 총동창회, ○○ 방송국, 동물 보호 단체이다. 따라서 을이 속해 있는 자발적 결사체의 개수는 병이 속해 있는 2차 집단의 개수보다 적다.

× 오답 풀이 ① [장면 1]에 적혀 있는 내용에는 성취 지위가 나타나 있지 않고, [장면 3]에 적혀 있는 내용에는 비공식 조직에 해당하는 △△ 은행 사내 여행 동아리가 나타나 있다.
② [장면 2]에 적혀 있는 이익 사회는 □□ 기업, 대학교, 바다낚시 동호회이고, [장면 4]에 적혀 있는 비공식적 사회화 기관은 ○○ 방송국, △△ 은행, 동물 보호 단체이다. 따라서 [장면 2]에 적혀 있는 이익 사회의 개수와 [장면 4]에 적혀 있는 비공식적 사회화 기관의 개수는 각각 3개로 같다.
③ 갑의 진로에 대한 고민은 역할 갈등에 해당하지 않는다.
⑤ 갑의 경우 대학교 때 경영학을 공부한 것은 재사회화에 해당하지 않고, 을의 경우 대학원에 진학하여 관광 경영에 관한 공부를 하고 있는 것은 예기 사회화에 해당하며, 병의 경우 영화감독이 되기 위해 시나리오를 구상 중인 것은 예기 사회화에 해당하지 않는다. 즉, 대본에는 을의 예기 사회화 내용만 적혀 있다.

이것만은 꼭!

1. 성취 지위는 개인의 의지나 노력에 의해 후천적으로 얻게 되는 지위를 말한다.
2. 역할 갈등은 한 개인에게 요구되는 역할들이 충돌하여 나타나는 심리적 갈등을 말한다.
3. 자발적 결사체는 공통의 관심사나 목표를 가진 사람들이 자발적으로 결성한 집단이다.

11 관료제와 탈관료제

| 정답 ① | 23년 11월 수능 12번

❶	②	③	④	⑤
92%	2%	2%	3%	1%

A, B의 일반적인 특징에 대한 설명으로 옳은 것은? (단, A, B는 각각 관료제, 탈관료제 중 하나임.) [3점]

> ○○ 버거 회사는 명확한 위계 구조 속에서 직급별 권한과 책임을 세분화하고 메뉴, 조리법 등을 표준화하여 관리하는 A로 운영하였다. 최근 이윤이 급감하자 ○○ 버거 회사는 어떤 직원의 제안이든 창의적인 메뉴라면 수용하고 수평적인 의사 결정 구조를 채택하는 등 B를 도입 하여 회사의 이윤 증대를 꾀하고 있다.

관료제 / 탈관료제

① A는 B에 비해 업무 수행 과정의 예측 가능성이 높다.
② A는 B와 달리 외부 환경 변화에 대한 유연한 대처가 용이하다.
③ B는 A에 비해 목적 전치 현상이 나타날 가능성이 높다.
④ B는 A와 달리 효율적인 목표 달성이 조직 운영의 핵심이다.
⑤ A는 능력에 따른 보상을, B는 경력에 따른 보상을 중시한다.

✓ 자료 분석 명확한 위계 구조, 직급별 권한과 책임의 세분화, 메뉴와 조리법 등의 표준화는 관료제의 특징에 해당하고, 창의적인 아이디어 수용, 수평적인 의사 결정 구조는 탈관료제의 특징에 해당한다. 따라서 A는 관료제, B는 탈관료제이다.

O 정답 찾기 ① 관료제는 규약과 절차에 따라 표준화된 과업을 수행하므로 업무 수행 과정의 예측 가능성이 높다.

X 오답 풀이 ② 탈관료제는 관료제와 달리 외부 환경 변화에 대한 유연한 대처가 용이하다.
③ 관료제는 탈관료제에 비해 목적 전치 현상이 나타날 가능성이 높다.
④ 관료제와 탈관료제는 모두 효율적인 목표 달성을 추구한다.
⑤ 관료제는 경력에 따른 보상을 중시하고, 탈관료제는 능력에 따른 보상을 중시한다.

이것만은 꼭!

1. 관료제와 탈관료제는 모두 효율적인 목표 달성을 추구한다.
2. 관료제는 경력에 따른 보상을 중시하고, 탈관료제는 능력에 따른 보상을 중시한다.
3. 탈관료제는 외부 환경 변화에 대한 유연한 대처가 용이하다.

12 관료제와 탈관료제

| 정답 ④ | 22년 6월 모의평가 17번

①	②	③	❹	⑤
2%	4%	4%	89%	1%

다음 자료에 대한 설명으로 옳은 것은? (단, A, B는 각각 관료제, 탈관료제 중 하나임.) [3점]

> 수평적 의사 결정 방식의 확대, 탄력적인 조직 운영 등을 특징으로 하는 A는 환경 변화에 더 유연하게 대응할 수 있다는 점에서 B와 구분된다. B는 구성원의 권한과 책임을 분명히 하고 세분화된 업무 수행을 강조함으로써 대규모 조직을 효율적으로 운영할 수 있다는 평가를 받는다. 반면, 예상 밖의 문제가 발생했을 때에도 기존 조직의 틀 내에서 새로운 부서를 추가하는 식으로 문제를 해결하려 한다는 비판을 받는다. 한 사회학자는 B의 이러한 특징을 ㉠카멜리펀트(Camelephant)라고 표현하였는데, 이는 낙타와 코끼리를 합친 것처럼 느리고 둔하여 변화에 적절히 대응하지 못한다는 점을 지적한 것이다.

탈관료제 / 관료제

① A는 인간 소외 문제를 해결하기 위해 산업화 초기에 등장하였다.
② B는 목적 전치 현상을 해결하기에 용이하다.
③ A는 B에 비해 조직 구성원의 재량권 및 자율성이 낮다.
④ B는 A에 비해 연공서열에 따른 보상 체계를 중시한다.
⑤ ㉠의 문제는 조직 구성원의 위계적 서열을 강화함으로써 해결된다.

✓ 자료 분석 수평적 의사 결정 방식의 확대, 탄력적인 조직 운영, 환경 변화에의 유연한 대응 등을 특징으로 하는 A는 탈관료제이고, 구성원의 권한과 책임을 분명히 하고 세분화된 업무 수행을 강조함으로써 대규모 조직을 효율적으로 운영할 수 있다는 평가를 받는 B는 관료제이다.

O 정답 찾기 ④ 관료제는 탈관료제에 비해 연공서열에 따른 보상 체계를 중시한다.

X 오답 풀이 ① 탈관료제는 정보 사회의 주된 조직 형태로, 인간 소외 문제를 해결하기 위해 등장하였다.
② 관료제에서는 목적 전치 현상이 나타난다.
③ 관료제는 탈관료제에 비해 조직 구성원의 재량권 및 자율성이 낮다.
⑤ ㉠은 변화에 적절히 대응하지 못하는 관료제의 문제점을 표현한 것이다. 조직 구성원의 위계적 서열을 중시하는 것은 관료제의 특징이다.

이것만은 꼭!

1. 관료제에서는 인간 소외 현상, 목적 전치 현상 등의 문제점이 나타난다.
2. 탈관료제는 관료제에 비해 조직 구성원의 재량권 및 자율성이 높다.
3. 관료제는 연공서열에 따른 보상 체계를 중시하고, 탈관료제는 능력에 따른 보상 체계를 중시한다.

13 사회 집단과 사회 조직

| 정답 ④ | 22년 9월 모의평가 4번

①	②	③	❹	⑤
2%	2%	7%	70%	19%

다음 자료에 대한 옳은 설명만을 〈보기〉에서 고른 것은? [3점]

웹(Web) 소설 다음 회 예고

A 회사 회계 팀 직원 갑은 오늘도 회사 복지 팀으로부터 호출을 받았다. 회사는 사원들의 사내 동호회 결성과 참여를 장려하고 있는데, 갑은 회사 생활을 하면서 다른 직원들과의 갈등으로 마음고생을 한 경험이 있어 모든 사내 동호회 가입을 거부하고 있기 때문이다.(역할 갈등 아님)
A 회사 복지 팀 팀장 을은 회사 내 같은 노동조합(갑과 을이 소속된 자발적 결사체)에서 활동하고 있는 갑 때문에 신경이 쓰인다. 을은 갑의 사정을 알면서도 사내 동호회 가입을 권유하는 것은 동료 직원으로서 해서는 안 된다고 생각한다. 하지만 직원들의 사내 동호회 참여율을 높이라는 경영진의 지시가 있어 갑에게 자신이 활동 중인 회사 내 사진 동호회라도(을이 소속된 비공식 조직) 가입하라고 해야 할지 고민이다.(을의 역할 갈등)

(갑과 을이 소속된 공식 조직: A 회사)

〈보기〉

ㄱ. ~~갑의 역할 갈등과~~ 을의 역할 갈등이 나타나 있다.
ㄴ. 갑과 을이 모두 소속된 자발적 결사체 1개가 나타나 있다.
ㄷ. 갑과 을이 모두 소속된 공식적 사회화 기관이(A 회사 노동조합) 나타나 ~~있다~~.(있지 않다.)
ㄹ. 갑이 소속된 공식 조직과(A 회사, 노동조합) 을이 소속된 비공식 조직이(A 회사 내 사진 동호회) 나타나 있다.

① ㄱ, ㄴ ② ㄱ, ㄷ ③ ㄴ, ㄷ ④ ㄴ, ㄹ ⑤ ㄷ, ㄹ

✓ 자료 분석 공식 조직은 회사나 시민 단체, 정당과 같이 사회 집단 중 그 목표와 경계가 명확하고, 과업 수행을 위한 구성원들의 지위와 역할이 구분되어 있으며, 규범과 절차가 체계화되어 있는 사회 집단을 의미하며, 자발적 결사체는 공통의 관심사나 목표를 가진 사람들이 자발적으로 결성하는 사회 집단을 의미한다.

O 정답 찾기 ㄴ. 갑과 을은 모두 자발적 결사체에 해당하는 노동조합에 소속되어 있다. 따라서 갑과 을이 모두 소속된 자발적 결사체는 1개이다.
ㄹ. 갑이 소속된 공식 조직은 A 회사와 노동조합이고, 을이 소속된 비공식 조직은 A 회사 내 사진 동호회이다.

× 오답 풀이 ㄱ. 갑이 다른 직원들과 겪은 갈등은 서로 다른 역할들이 충돌하여 나타난 것이 아니므로 역할 갈등에 해당하지 않는다. 반면, 을의 고민은 동료 직원으로서의 역할과 A 회사 복지 팀 팀장으로서의 역할이 충돌하여 나타나므로 역할 갈등에 해당한다.
ㄷ. 갑과 을이 소속된 공식적 사회화 기관은 나타나 있지 않다.

이것만은 꼭!

1. 역할 갈등은 개인에게 동시에 수행할 수 없는 역할들이 요구되는 경우 발생하는 심리적 긴장 상태를 의미한다.
2. 공식적 사회화 기관은 사회화를 목적으로 설립되어 공식적이고 체계적인 사회화를 담당하는 기관이다.
3. 비공식 조직은 사내 동호회와 같이 공통의 관심사를 실현하기 위해 공식 조직 내에서 자발적으로 결성하는 사회 집단을 의미한다.

14 관료제와 탈관료제

| 정답 ③ | 22년 9월 모의평가 11번

①	②	❸	④	⑤
1%	1%	84%	13%	1%

A, B의 일반적인 특징에 대한 설명으로 옳은 것은? (단, A, B는 각각 관료제, 탈관료제 중 하나임.)

○A는(탈관료제) 단순 반복적 업무 수행으로 인해 저하되는 구성원의 자율성을 높이기 위한 방안으로 제시되었다. 급변하는 사회에 대응하기 위해 경직된 조직을 유연하게 운영하는 원리를 적용한 것이다.
○B는(관료제) 정부의 행정 조직 운영에서 자의성을 줄일 수 있는 방안으로 제시되었다. 공동의 문제를 해결하기 위해 대규모의 조직을 합리적으로 운영하는 원리를 적용한 것이다.

① ~~A는~~(B) ~~B에~~(A) 비해 과업 수행 절차의 예측 가능성이 높다.
② ~~A는 B와 달리~~(A, B는 모두) 공식적 규약과 절차에 의해 구성원을 통제한다.
③ B는 A에 비해 업무의 표준화와 세분화를 중시한다.
④ B는 A와 달리 ~~상향식~~(하향식) 의사 결정 방식이 지배적이다.
⑤ ~~A는~~(B) 연공서열에 따른 보상을, ~~B는~~(A) 성과에 따른 보상을 중시한다.

✓ 자료 분석 A는 경직된 조직을 유연하게 운영하는 원리를 적용한 것이므로 탈관료제이며, B는 공동의 문제를 해결하기 위해 대규모의 조직을 합리적으로 운영하는 원리를 적용한 것이므로 관료제이다.

O 정답 찾기 ③ 관료제는 탈관료제에 비해 업무의 표준화와 세분화를 중시한다.

× 오답 풀이 ① 관료제는 탈관료제에 비해 과업 수행 절차의 예측 가능성이 높다.
② 관료제와 탈관료제는 모두 공식 조직의 운영 원리로서, 공식적 규약과 절차에 의해 구성원을 통제한다.
④ 관료제는 탈관료제와 달리 하향식 의사 결정 방식이 지배적이다.
⑤ 관료제는 연공서열에 따른 보상을 중시하고, 탈관료제는 성과에 따른 보상을 중시한다.

이것만은 꼭!

1. 근대 산업화 이후 조직이 대규모화되면서 효율적이고 안정적으로 업무를 수행하기 위한 조직 체계의 필요성이 커짐에 따라 관료제가 등장하게 되었다.
2. 정보화 등으로 인해 사회 변동 속도가 빨라짐에 따라 경직성을 지닌 관료제의 역기능이 심화되면서 탈관료제가 등장하게 되었다.
3. 관료제는 연공서열에 따른 보상을 중시하고, 탈관료제는 성과에 따른 보상을 중시한다.

15 사회 집단과 사회 조직

| 정답 ⑤ | 22년 수능 5번

①	②	③	④	❺
2%	19%	4%	17%	58%

다음 자료에 대한 설명으로 옳은 것은?

> 제○○호 □□ 시립 도서관 소식지(○○월)
>
> 지난주 토요일 우리 도서관에서는 여러 분야의 외부 강사를 초빙하여 청소년 진로 직업 체험 캠프를 실시하였다.
>
> A 고등학교 학생 갑의 소감문 (갑과 을이 속해 있는 집단)
>
> 환경 보호를 위해 같은 시민 단체에 함께 가입하여 활동하고 있는 같은 학교 친구 을과 만나, 광고 회사 직원 병의 강의에 참여하였다. (병이 속해 있는 집단) 평소 나의 관심 분야는 아니었지만 광고 영상을 직접 편집해 보니 생각보다 흥미로웠다.
>
> B 고등학교 학생 정의 소감문 (정이 속해 있는 집단)
>
> 같은 테니스 동호회 (을과 정이 속해 있는 집단) 회원인 을의 추천으로 캠프에 참여했다. 지역 드론 조종사 협회 (무가 속해 있는 집단) 회장을 맡고 있는 무의 강의를 들으며 드론을 작동해 보니 재미있었다. 이 분야에 관심이 생겨 관련 직업을 더 찾아봐야겠다고 생각했다.

① 을이 속해 있는 비공식적 사회화 기관은 3(→2)개이다.
② 갑과 을이 함께 속해 있는 공식 조직은 1(→2)개이다.
③ 갑과 달리 병은(→갑과 병은 모두) 2차적 사회화 기관에 속해 있다.
④ 을과 정이 함께 속해 있는 비공식 조직이 나타나 있다(→있지 않다).
⑤ 갑~무 중 병을 제외한 4명은 자발적 결사체에 속해 있다.

✔ 자료 분석 갑은 A 고등학교와 시민 단체에, 을은 A 고등학교, 시민 단체, 테니스 동호회에, 병은 광고 회사에, 정은 B 고등학교와 테니스 동호회에, 무는 지역 드론 조종사 협회에 속해 있다.

O 정답 찾기 ⑤ 시민 단체, 테니스 동호회, 지역 드론 조종사 협회는 모두 자발적 결사체에 해당한다. 따라서 병을 제외한 갑, 을, 정, 무는 자발적 결사체에 속해 있다.

X 오답 풀이 ① 을이 속해 있는 사회 집단은 A 고등학교, 시민 단체, 테니스 동호회이다. 시민 단체와 테니스 동호회는 비공식적 사회화 기관에 해당한다. 따라서 을이 속해 있는 비공식적 사회화 기관은 2개이다.
② 갑과 을이 함께 속해 있는 사회 집단은 A 고등학교와 시민 단체이다. A 고등학교와 시민 단체는 공식 조직에 해당한다. 따라서 갑과 을이 함께 속해 있는 공식 조직은 2개이다.
③ 갑이 속해 있는 사회 집단은 A 고등학교와 시민 단체이고, 병이 속해 있는 사회 집단은 광고 회사이다. A 고등학교, 시민 단체, 광고 회사는 모두 2차적 사회화 기관에 해당한다. 따라서 갑과 병은 모두 2차적 사회화 기관에 속해 있다.
④ 을과 정이 함께 속해 있는 사회 집단은 테니스 동호회이다. 테니스 동호회는 자발적 결사체에 해당하지만 비공식 조직에 해당하지 않는다. 따라서 을과 정이 함께 속해 있는 비공식 조직은 나타나 있지 않다.

이것만은 꼭!

1. 사회화 기관은 설립 목적에 따라 공식적 사회화 기관과 비공식적 사회화 기관으로 구분된다.
2. 사회화 기관은 사회화의 내용에 따라 1차적 사회화 기관과 2차적 사회화 기관으로 구분된다.
3. 모든 비공식 조직은 자발적 결사체에 해당한다.

16 관료제와 탈관료제

| 정답 ① | 22년 수능 14번

❶	②	③	④	⑤
86%	5%	2%	5%	2%

A, B의 일반적인 특징에 대한 설명으로 옳은 것은? (단, A, B는 각각 관료제, 탈관료제 중 하나임.) [3점]

> A(관료제)에서 조직이 최고의 목적을 위한 최적의 수단을 취할 때, 개인은 그 목적을 향해 객관적으로, 적확하게, 영혼 없이 업무를 수행한다. 그 과정에서 개인은 조직이라는 기계의 작은 톱니가 되어 경직된 업무 시스템에 파묻히고 창의성과 자율성을 발휘하기 어려워진다(인간 소외 현상). 이에 따라 조직이 환경 변화에 유연하게 대응하지 못하게 되고 결국 효율성이 떨어지는 문제가 나타나, 이를 개선하기 위해 B(탈관료제)가 등장하였다.

① A는 B에 비해 과업 수행 절차의 예측 가능성이 높다.
② A(→B)는 B(→A)에 비해 업무 담당자에게 주어진 재량권이 크다.
③ B(→A)는 A(→B)에 비해 연공서열에 따른 보상 체계를 중시한다.
④ B(→A)는 A(→B)에 비해 업무 체계의 전문화와 세분화 정도가 높다.
⑤ A(→B)는 상향식 의사 결정 방식이, B(→A)는 하향식 의사 결정 방식이 지배적이다.

✔ 자료 분석 A에서는 조직이 최고의 목적을 위한 최적의 수단을 취하는 과정에서 인간 소외 현상이 나타나고 있고, 이를 개선하기 위해 B가 등장하였다. 따라서 A는 관료제, B는 탈관료제이다.

O 정답 찾기 ① 관료제는 구성원이 바뀌더라도 정해진 절차에 따라 지속적인 과업 수행이 가능하므로 과업 수행에 대한 예측 가능성이 높다.

X 오답 풀이 ② 탈관료제는 의사 결정 권한이 분산되어 있고 구성원 개인의 자율성이 확대되므로 업무 담당자의 재량권이 크다.
③ 관료제는 구성원들의 경험을 중시하므로 연공서열에 따른 보상 체계를 중시한다.
④ 관료제는 효율적인 업무 처리를 위해 업무에 맞는 전문 인력을 배치하고 각각의 구성원들이 분담한 일을 처리하므로 업무 체계의 전문화와 세분화 정도가 높다.
⑤ 관료제는 하향식 의사 결정 방식이 지배적이고, 탈관료제는 상향식 의사 결정 방식이 지배적이다.

이것만은 꼭!

1. 탈관료제는 관료제에서 벗어나 구성원의 창의성과 자율성을 보장하는 새로운 조직 형태이다.
2. 관료제에서는 구성원들이 각자 분담한 업무만을 반복적으로 수행함으로써 창의력이나 자율성을 발휘하지 못하고 조직의 부속품으로 전락하는 인간 소외 현상이 나타난다.
3. 탈관료제에서는 의사 결정 권한이 분산되고 구성원 개인의 자율성이 확대된다.

17 사회 집단과 사회 조직

정답 ⑤	21년 6월 모의평가 7번	①	②	③	④	⑤
		7%	7%	3%	6%	77%

그림은 사회 집단 및 사회 조직의 유형 A, B와 자발적 결사체의 포함 관계를 나타낸 것이다. 이에 대한 설명으로 옳은 것은? (단, A와 B는 각각 비공식 조직, 이익 사회 중 하나이다.)

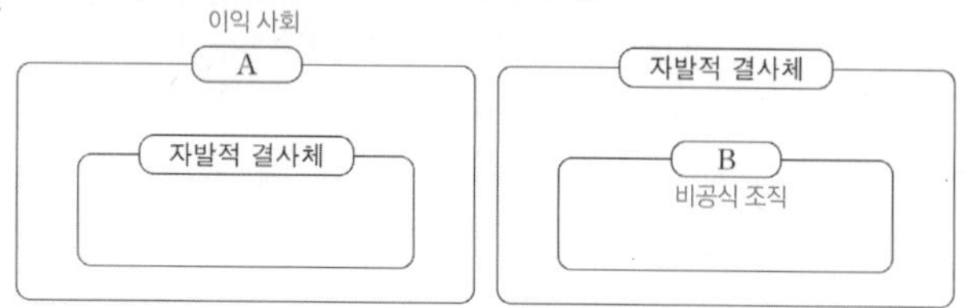

① A는 비공식적 제재가 지배적이다.
② B는 형식적·수단적 인간관계가 지배적이다.
③ A는 자발적 결사체와 달리 가입과 탈퇴가 자유롭다.
④ A는 B와 달리 선택 의지에 의해 인위적으로 형성된 집단이다.
⑤ A의 사례로는 학교를, B의 사례로는 사내 동호회를 들 수 있다.

✓ 자료 분석 모든 자발적 결사체는 이익 사회이지만, 모든 이익 사회가 자발적 결사체인 것은 아니다. 또한 모든 비공식 조직은 자발적 결사체이며 이익 사회이다. 따라서 A는 이익 사회, B는 비공식 조직이다.

O 정답 찾기 ⑤ 학교는 구성원들의 선택 의지에 의해 인위적으로 형성된 사회 집단인 이익 사회에 해당하고, 사내 동호회는 공식 조직의 구성원들이 공통의 관심사를 실현하기 위해 자발적으로 결성한 사회 집단인 비공식 조직에 해당한다.

× 오답 풀이 ① 비공식적 제재가 지배적인 소규모의 이익 사회도 존재하고, 회사와 같은 공식적 제재가 지배적인 이익 사회도 존재한다. 따라서 이익 사회에서 비공식적 제재가 지배적이라고 단정할 수 없다.
② 비공식 조직은 형식적·수단적 인간관계보다 친밀한 인간관계가 지배적이다.
③ 자발적 결사체는 가입과 탈퇴가 자유롭다. 모든 이익 사회가 자발적 결사체는 아니므로 가입과 탈퇴가 자유롭다고 단정할 수 없다.
④ 선택 의지에 의해 인위적으로 형성된 집단은 이익 사회이며, 비공식 조직은 이익 사회에 해당한다.

이것만은 꼭!
1. 자발적 결사체는 가입과 탈퇴가 자유롭다.
2. 모든 자발적 결사체와 비공식 조직은 이익 사회이다.
3. 모든 비공식 조직은 자발적 결사체이다.

18 사회 집단과 사회 조직

정답 ⑤	21년 9월 모의평가 6번	①	②	③	④	⑤
		2%	4%	2%	4%	88%

(가)에 들어갈 내용으로 옳은 것은? (단, A~D는 각각 가족, 노동조합, 사내 동호회, 회사 중 하나이다.)

> 교사: A와 C는 자발적 결사체에, A와 D는 공식 조직에 해당합니다. A, B, C, D를 사회 집단 및 사회 조직의 특징을 고려하여 분류하거나 설명해 보세요.
> 학생: (가)

① A는 전인격적 인간관계가 주로 이루어지는 집단에 해당합니다.
② B는 가입과 탈퇴가 비교적 자유로운 집단에 해당합니다.
③ B는 C와 달리 공식 규범을 통해 구성원을 통제하는 집단에 해당합니다.
④ C, D는 모두 뚜렷한 목적을 가진 과업 지향적인 집단에 해당합니다.
⑤ A, C, D는 이익 사회에, B는 공동 사회에 해당합니다.

✓ 자료 분석 노동조합과 사내 동호회는 자발적 결사체에 해당하며, 노동조합과 회사는 공식 조직에 해당한다. 따라서 A는 노동조합, B는 가족, C는 사내 동호회, D는 회사이다.

O 정답 찾기 ⑤ 노동조합, 사내 동호회, 회사는 모두 이익 사회에 해당하고, 가족은 공동 사회에 해당한다.

× 오답 풀이 ① 전인격적인 인간관계가 주로 이루어지는 집단은 가족이다.
② 가입과 탈퇴가 비교적 자유로운 집단은 자발적 결사체에 해당한다. 가족은 가입과 탈퇴가 비교적 자유롭지 못하다.
③ 가족은 일반적으로 도덕, 윤리, 관습 등 비공식적 규범을 통해 구성원을 통제한다.
④ 뚜렷한 목적을 가진 과업 지향적인 집단은 공식 조직이다. 회사는 공식 조직에 해당하지만, 사내 동호회는 비공식 조직에 해당한다.

이것만은 꼭!
1. 공식 조직은 회사나 시민 단체, 정당과 같이 사회 집단 중 그 목표와 경계가 명확하고, 과업 수행을 위한 구성원들의 지위와 역할이 구분되며, 규범과 절차가 체계화되어 있는 사회 집단을 의미한다.
2. 자발적 결사체는 가입과 탈퇴가 자유롭다.
3. 노동조합과 사내 동호회는 자발적 결사체에 해당하며, 노동조합과 회사는 공식 조직에 해당한다.

19 사회 집단과 사회 조직

| 정답 ② | 21년 수능 18번

①	❷	③	④ 함정	⑤
5%	46%	6%	42%	1%

그림에서 갑~병이 속해 있는 사회 집단 및 사회 조직에 대한 진술로 옳은 것은? [3점]

이번 온라인 게임 대회에 참가하신 분들 모두 환영합니다. 본인 소개를 부탁드립니다.

└ 이익 사회, 2차 집단, 공식 조직

저는 투자 회사에서 펀드 매니저로 일하고 있습니다. 회사 내 게임 동아리에서 함께 활동하는 을의 권유로 참가하게 되었습니다. └ 이익 사회, 비공식 조직, 자발적 결사체

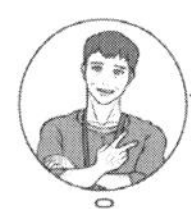

저는 갑과 같은 회사에 다닙니다. 같은 자산 운용팀에서, 저는 홍보팀에서 근무합니다.

저는 같은 고향 출신 모임인 향우회에서 함께 활동하는 을의 제안을 받아 이번 대회에 참가하게 되었습니다.

└ 자발적 결사체

① 갑은 ~~공동 사회~~와 이익 사회 모두에 속해 있다.

② 을은 공식 조직과 비공식 조직 모두에 속해 있다.

③ 병은 1차 집단과 비공식 조직 모두에 속해 있다.

④ 갑은 ~~을과 달리~~(모두) 자발적 결사체에 속해 있다.

⑤ 을은 갑, 병과 달리 2차 집단에 속해 있다.

✔ 자료 분석 갑은 회사와 회사 내 게임 동아리에 속해 있고, 을은 회사, 회사 내 게임 동아리, 향우회에 속해 있으며, 병은 향우회에 속해 있다.

O 정답 찾기 ② 을이 속해 있는 회사는 공식 조직에 해당하고, 회사 내 게임 동아리는 비공식 조직에 해당한다. 따라서 을은 공식 조직과 비공식 조직 모두에 속해 있다.

✕ 오답 풀이 ① 갑이 속해 있는 회사는 이익 사회이자 공식 조직에 해당하고, 회사 내 게임 동아리는 이익 사회이자 비공식 조직에 해당한다. 따라서 갑은 공동 사회에 속해 있지 않다.

③ 병이 속해 있는 향우회는 비공식 조직에 해당하지 않는다.

④ 갑과 을은 모두 자발적 결사체에 해당하는 회사 내 게임 동아리에 속해 있다.

⑤ 갑은 2차 집단인 회사에 속해 있다.

④번을 정답으로 잘못 선택하였다면, 갑~병의 말풍선에 제시된 사회 집단만 단순하게 보고 문제를 풀었을 가능성이 크다. 갑과 병의 말풍선에는 을이 속해 있는 집단을 언급하고 있다. 을은 단순히 회사에만 속해 있는 것이 아니라 갑과 함께 회사 내 게임 동아리에 속해 있고, 병과 함께 향우회에 속해 있어 갑은 회사뿐만 아니라 회사 내 게임 동아리와 향우회에 속해 있음을 파악해야 한다.

이것만은 꼭!

1. 비공식 조직은 공식 조직 내에서 자발적으로 형성되는 조직이다.
2. 모든 비공식 조직은 자발적 결사체에 해당한다.
3. 사회 집단은 구성원 간의 접촉 방식에 따라 1차 집단과 2차 집단으로, 결합 의지에 따라 공동 사회와 이익 사회로 구분된다.

제2권 평가원 해설

20 사회 집단과 사회 조직

| 정답 ⑤ | 20년 6월 모의평가 4번

①	②	③	④	❺
1%	4%	11%	11%	71%

다음은 갑, 을이 자신이 속해 있던 사회 집단을 시기별로 각각 2개씩 작성한 것이다. 이에 대한 분석으로 옳은 것은? [3점]

이름: 갑

시기	소속 집단
A	㉠ 가족, ㉡ 유치원
B	학교, 게임 동호회
C	동창회, 대학교 학과 내 독서 소모임
D	회사, 출판인 협회

이름: 을

시기	소속 집단
A	가족, ㉢ 같은 아파트 내 또래 집단
B	미술 학원, 지역 청소년 봉사 단체
C	㉣ 정당, 대학교 총학생회장단
D	종친회, 환경 운동 단체

① ~~㉠~~(㉣)은 ~~㉣~~(㉠)과 달리 구성원 간 간접적 접촉과 수단적 만남이 지배적인 집단이다. (2차 집단)

② ~~㉡~~, ㉢은 ~~모두~~ 개인의 선택적 의지와 무관하게 자연 발생적으로 형성된 집단이다. (공동 사회)

③ 갑이 작성한 내용 중 공식 조직의 개수는 B 시기가 D 시기보다 ~~많다~~(적다). (학교 1개 / 회사, 출판인 협회 2개)

④ 갑, ~~을~~이 작성한 내용 중 C 시기에는 각각 1개의 비공식 조직이 들어 있다. (학과 내 독서 소모임)

⑤ 갑, 을이 작성한 내용 중 D 시기에는 이익 사회의 개수가 각각 2개이며, 자발적 결사체의 개수는 을이 더 많다. (갑: 회사, 출판인 협회, 을: 종친회, 환경 운동 단체 / 갑: 출판인 협회, 을: 종친회, 환경 운동 단체)

✔ 자료 분석 공동 사회는 본질 의지에 의해 자연 발생적으로 형성된 집단이고, 이익 사회는 선택 의지에 의해 인위적으로 형성된 집단이다. 1차 집단은 직접적인 대면 접촉이 중심이 되는 집단이고, 2차 집단은 간접적이고 수단적인 접촉이 중심이 되는 집단이다.

O 정답 찾기 ⑤ D 시기 갑의 경우 회사와 출판인 협회는 모두 이익 사회에 해당하고, 출판인 협회는 자발적 결사체에 해당한다. D 시기 을의 경우 종친회와 환경 운동 단체는 이익 사회와 자발적 결사체 모두에 해당한다.

✕ 오답 풀이 ① 간접적 접촉과 수단적 만남이 지배적인 집단은 2차 집단이다. 가족은 1차 집단에 해당하고, 정당은 2차 집단에 해당한다.

② 개인의 선택적 의지와 무관하게 자연 발생적으로 형성된 집단은 공동 사회이다. 유치원은 이익 사회에 해당하고, 같은 지역 또래 집단은 공동 사회에 해당한다.

③ 갑의 경우 B 시기에 공식 조직에 해당하는 것은 학교이다. D 시기 갑의 경우 회사와 출판인 협회는 모두 공식 조직에 해당한다.

④ C 시기 갑의 경우 학과 내 독서 소모임은 비공식 조직에 해당하며, C 시기 을의 경우 비공식 조직에 해당하는 집단이 없다.

이것만은 꼭!

1. 2차 집단은 수단적 만남이 지배적인 집단이다.
2. 공동 사회는 자연 발생적으로 형성된 집단이다.
3. 공식 조직은 지위와 역할이 명확하고, 규범이 체계화된 집단이다.

21 사회 집단과 사회 조직

| 정답 ② | 20년 9월 모의평가 13번

①	②	③	④	⑤
3%	82%	6%	4%	3%

사회 집단 및 사회 조직 A~D에 대한 설명으로 옳은 것은? (단, A~D는 각각 가족, 사내 동호회, 시민 단체, 학교 중 하나이다.)

> ㅇ'공통의 관심과 목표에 따라 자발적으로 결성하였는가?'라는 질문에 따라 B, D는 A, C와 구분된다. (자발적 결사체)
> ㅇ'선택 의지에 따라 형성하였는가?'라는 질문으로는 A, C, D(학교)를 구분할 수 없다. (이익 사회)
> ㅇ'명시적 규약과 체계화된 업무 수행 방식을 갖추었는가?'라는 질문에 따라 A(시민 단체), D는 B(가족), C(사내 동호회)와 구분된다. (공식 조직)

① C는 ~~공식적~~(비공식적) 사회화 기관이다.
② A는 2차 집단, B는 1차 집단이다.
③ ~~D~~(A)는 ~~A~~(D)에 비해 가입과 탈퇴가 자유롭다.
④ D는 B, C와 달리 구성원에 대한 ~~비공식적~~(공식적) 통제가 일반적이다.
⑤ ~~A, D~~(A, C, D)는 이익 사회, ~~B, C~~(B)는 공동 사회이다.

✔ 자료 분석 첫 번째 질문에 따라 B, D 또는 A, C 중 하나는 자발적 결사체에 해당한다. 두 번째 질문에 따라 A, C, D는 모두 이익 사회에 해당하고, B는 공동 사회에 해당한다. 따라서 B는 가족이고, A와 C는 자발적 결사체에 해당하며, D는 학교이다. 세 번째 질문에 따라 A와 D는 공식 조직에 해당한다. 따라서 A는 시민 단체, C는 사내 동호회이다.

O 정답 찾기 ② 시민 단체는 특정 목적 달성을 위한 수단적 접촉을 목적으로 하는 2차 집단이고, 가족은 인간관계 자체를 목적으로 하는 1차 집단이다.

× 오답 풀이 ① 사내 동호회는 사회화를 목적으로 형성된 사회 집단이 아니므로 비공식적 사회화 기관에 해당한다.
③ 자발적 결사체에 해당하는 시민 단체는 학교에 비해 가입과 탈퇴가 자유롭다.
④ 학교는 법률이나 규칙 등 공식적인 규범을 통한 통제 방식이 일반적이고, 가족, 사내 동호회는 비공식적 규범을 통한 통제 방식이 일반적이다.
⑤ 시민 단체, 사내 동호회, 학교는 모두 이익 사회에 해당하고, 가족은 공동 사회에 해당한다.

이것만은 꼭!
1. 자발적 결사체는 가입과 탈퇴가 자유롭다.
2. 2차 집단은 목적 달성을 위한 수단적 접촉이 중심이 된다.
3. 공식적 사회화 기관은 사회화 자체를 목적으로 하는 집단이다.

22 사회 집단과 사회 조직

| 정답 ③ | 20년 수능 19번

①	②	③	④	⑤
5%	7%	78%	6%	5%

다음 자료에 대한 옳은 설명만을 〈보기〉에서 고른 것은? (단, A~D는 각각 공동 사회, 이익 사회, 공식 조직, 자발적 결사체 중 하나이다.)

> ㅇ과제: 갑의 일상에 나타난 밑줄 친 사회 집단 및 사회 조직을 A, B, C, D에 맞게 분류하시오.
>
> 〈갑의 일상〉
>
> 갑은 평일에는 직장의 ㉠노동조합(이익 사회, 공식 조직, 자발적 결사체) 모임이나 ㉡사내 탁구 동호회(이익 사회, 자발적 결사체)에서, 주말에는 ㉢가족 행사(공동 사회)가 없으면 주로 ㉣대학교 졸업 후 참여했던(이익 사회, 공식 조직) ㉤조기 축구회(이익 사회, 자발적 결사체)나 유기견 관련 ㉥시민 단체(이익 사회, 공식 조직, 자발적 결사체)에서 활동한다.
>
> 〈분류 결과〉
>
> | | |
> |---|---|
> | A (공식 조직) | ㉠, ㉣, ㉥ |
> | B (이익 사회) | ㉠, ㉡, ㉣, ㉤, ㉥ |
> | C (자발적 결사체) | (가) - ㉠, ㉡, ㉤, ㉥ |
> | D (공동 사회) | ㉢ |
>
> ㅇ평가: 사회 집단 및 사회 조직을 모두 맞게 분류하였음

〈보기〉
ㄱ. ㉠~㉥ 중 비공식 조직의 개수는 ~~2개~~(1개)이다.
ㄴ. (가)는 '㉠, ㉡, ㉤, ㉥'이다.
ㄷ. A는 공식 조직, B는 이익 사회이다.
ㄹ. ~~C~~(D)는 ~~D~~(C)와 달리 집단의 결합 자체가 집단 형성의 목적이다. (공동 사회)

① ㄱ, ㄴ ② ㄱ, ㄷ ③ ㄴ, ㄷ ④ ㄴ, ㄹ ⑤ ㄷ, ㄹ

✔ 자료 분석 D의 경우 분류 결과가 가족 하나이므로 D는 공동 사회에 해당한다. 가족을 제외한 다른 집단들은 모두 이익 사회에 해당하므로 B는 이익 사회에 해당한다. 노동조합, 대학교, 시민 단체는 모두 공식 조직에 해당하므로 A는 공식 조직에 해당한다. 따라서 C는 자발적 결사체에 해당한다.

O 정답 찾기 ㄴ. C는 자발적 결사체로, (가)에는 자발적 결사체에 해당하는 사례가 들어갈 수 있다. 노동조합, 탁구 동호회, 조기 축구회, 시민 단체는 자발적 결사체에 해당한다.
ㄷ. 노동조합, 대학교, 시민 단체는 모두 공식 조직에 해당하며, 가족을 제외한 다른 집단들은 모두 선택 의지에 의해 인위적으로 형성된 이익 사회에 해당한다.

× 오답 풀이 ㄱ. 비공식 조직은 공식 조직 내에서 형성된 자발적 결사체이다. 회사 내에서 결성된 동호회인 사내 탁구 동호회는 비공식 조직에 해당한다.
ㄹ. 공동 사회는 구성원의 본질 의지에 의해 자연 발생적으로 형성된 집단으로 결합 자체가 목적이 되고, 구성원 간 친밀하고 전인격적인 관계가 중심이 된다.

이것만은 꼭!
1. 공동 사회는 자연 발생으로 형성된 집단이다.
2. 비공식 조직은 공식 조직 내에서 형성된 자발적 결사체이다.
3. 자발적 결사체는 공통의 관심사를 가진 사람들이 자발적으로 결성된 집단이다.

필출 주제 08 일탈 행동

제1권 p.146 ~ 152

01 ③ 02 ① 03 ① 04 ① 05 ④ 06 ③ 07 ① 08 ① 09 ① 10 ② 11 ② 12 ① 13 ⑤ 14 ① 15 ②

01 일탈 이론

| 정답 ③ | 24년 6월 모의평가 14번

①	②	❸	④	⑤
1%	4%	91%	3%	1%

일탈 이론 A에 대한 설명으로 옳은 것은?

그림의 t시기에 동일한 범죄를 저지른 후 처벌받지 않은 집단은 (가), 처벌받은 집단은 (나)로 표시되어 있습니다. (가)와 (나)의 t+1시기 평균 범죄 횟수에 차이가 나타난 것은 처벌이라는 사회적 반응 그 자체가 일탈자로서의 정체성 형성에 핵심 요인으로 작용했기 때문입니다. 이는 전형적으로 A의 특성을 보여 주는 것입니다. 낙인 이론

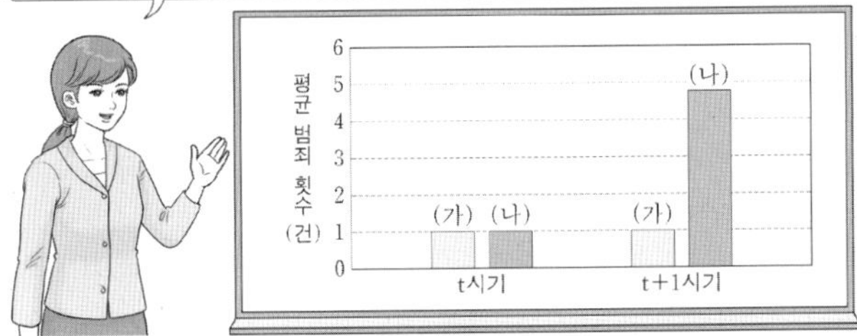

① 일탈이 개인의 타고난 특성에 의해 발생한다고 ~~본다~~. 보지 않는다.

② 사회 규범의 통제력 강화를 일탈의 해결 방안으로 본다. - 뒤르켐의 아노미 이론

③ 일탈자에 대한 낙인이 후속 일탈의 핵심적인 요인이라고 본다.

④ 문화적 목표와 제도적 수단 간 괴리로 인해 일탈이 발생한다고 본다. - 머튼의 아노미 이론

⑤ 상호 작용을 통해 범죄에 대한 우호적 가치관을 학습하여 일탈이 발생한다고 본다. - 차별 교제 이론

✔ 자료 분석 처벌이라는 사회적 반응 자체가 일탈자로서의 정체성 형성에 핵심 요인으로 작용한다고 보는 이론은 낙인 이론이다. 따라서 A는 낙인 이론이다.

O 정답 찾기 ③ 낙인 이론은 일탈자에 대한 낙인이 2차적 일탈, 즉 후속 일탈의 핵심적인 요인이라고 본다.

✕ 오답 풀이 ① 낙인 이론은 일탈이 개인의 타고난 특성에 의해 발생한다고 보지 않는다.

② 사회 규범의 통제력 강화를 일탈의 해결 방안으로 보는 이론은 뒤르켐의 아노미 이론이다.

④ 문화적 목표와 제도적 수단 간 괴리로 인해 일탈이 발생한다고 보는 이론은 머튼의 아노미 이론이다.

⑤ 상호 작용을 통해 범죄에 대한 우호적 가치관을 학습하여 일탈이 발생한다고 보는 이론은 차별 교제 이론이다.

이것만은 꼭!

1. 개인이 호기심이나 실수 등으로 인해 최초로 저지른 일탈 행동을 1차적 일탈이라고 하고, 낙인으로 인해 반복적으로 저지르는 일탈 행동을 2차적 일탈이라고 한다.
2. 낙인 이론은 사람들의 특정 개인에 대한 부정적 평판이 일탈 행동을 반복하게 만드는 요인이라고 본다.
3. 낙인 이론은 일탈 행동을 규정하는 객관적 기준이 존재하지 않는다고 본다.

02 일탈 이론

| 정답 ① | 24년 9월 모의평가 9번

❶	②	③	④	⑤
67%	6%	18%	7%	2%

다음은 일탈 이론 A~D를 구분하는 질문에 대한 학생의 답변과 교사의 채점 결과이다. 이에 대한 설명으로 옳은 것은? (단, A~D는 각각 뒤르켐의 아노미 이론, 머튼의 아노미 이론, 낙인 이론, 차별 교제 이론 중 하나임.)

질문	답변		
	갑	을	병
A는 일탈이 주변 사람으로부터 학습되는 과정에 주목하는가? (A: 차별 교제 이론)	예	아니요	예
B와 달리 C는 일탈자가 부정적 자아를 내면화하는 과정에 주목하는가? (C: 낙인 이론, B: 머튼의 아노미 이론)	아니요	아니요	예
B와 달리 D는 문화적 목표와 제도적 수단 간의 괴리가 일탈의 원인이라고 보는가? (D: 뒤르켐의 아노미 이론)	아니요	예	예
B, D와 달리 A, C는 모두 타인과의 상호 작용이 일탈에 미치는 영향을 강조하는가? (차별 교제 이론, 낙인 이론)	아니요	예	예
채점 결과	2점	㉠ 1점	3점

* 교사는 질문별로 각각 채점하고, 옳은 답변은 1점, 틀린 답변은 0점을 부여함.

① ㉠은 '1점'이다.
② A(C)의 사례로 비행 청소년이라는 부정적인 평판으로 인해 범죄를 다시 저지르는 경우를 들 수 있다.
③ B(D)의 사례로 경찰의 치안과 공권력이 무너진 국가에서 각종 범죄가 늘어나는 경우를 들 수 있다.
④ C(B)의 사례로 프로 야구 만년 후보 선수가 주전 선수가 되고 싶어 금지 약물을 복용한 경우를 들 수 있다.
⑤ D(A)의 사례로 상습적으로 불법 도박을 하는 친구에게 배워 불법 스포츠 도박에 빠진 청소년의 경우를 들 수 있다.

✓ 자료 분석 일탈이 주변 사람으로부터 학습되는 과정에 주목하는 이론은 차별 교제 이론, 일탈자가 부정적 자아를 내면화하는 과정에 주목하는 이론은 낙인 이론, 문화적 목표와 제도적 수단 간의 괴리가 일탈의 원인이라고 보는 이론은 머튼의 아노미 이론, 타인과의 상호 작용이 일탈에 미치는 영향을 강조하는 이론은 차별 교제 이론과 낙인 이론이다. 병의 경우 첫 번째 질문에 대한 답변이 옳지 않다면 네 번째 질문에 대한 답변도 옳지 않게 되고, 두 번째 질문에 대한 답변이 옳지 않다면 네 번째 질문에 대한 답변도 옳지 않게 되어 3점을 획득할 수 없다. 즉, 병의 경우 첫 번째 질문, 두 번째 질문, 네 번째 질문에 대한 답변은 옳고, 세 번째 질문에 대한 답변은 옳지 않다. 따라서 A는 차별 교제 이론, B는 머튼의 아노미 이론, C는 낙인 이론, D는 뒤르켐의 아노미 이론이다.

○ 정답 찾기 ① 을의 경우 첫 번째 질문, 두 번째 질문, 세 번째 질문에 대한 답변은 옳지 않고, 네 번째 질문에 대한 답변은 옳다. 즉, 을의 점수는 1점이다. 따라서 ㉠은 '1점'이다.

× 오답 풀이 ② 비행 청소년이라는 부정적인 평판으로 인해 범죄를 다시 저지르는 경우는 낙인 이론의 사례에 해당한다.
③ 경찰의 치안과 공권력이 무너진 국가에서 각종 범죄가 늘어나는 경우는 뒤르켐의 아노미 이론의 사례에 해당한다.
④ 프로 야구 만년 후보 선수가 주전 선수가 되고 싶어 금지 약물을 복용한 경우는 머튼의 아노미 이론의 사례에 해당한다.
⑤ 상습적으로 불법 도박을 하는 친구에게 배워 불법 스포츠 도박에 빠진 청소년의 경우 차별 교제 이론의 사례에 해당한다.

이것만은 꼭!

1. 차별 교제 이론은 타인과의 상호 작용을 통해 일탈 행동의 기술을 습득한다고 본다.
2. 낙인 이론은 일탈을 규정하는 객관적인 기준이 없으며, 개인이나 집단에 의해 일탈로 규정되는 과정과 사회의 반응에 주목한다.
3. 차별 교제 이론과 낙인 이론은 일탈 행동이 타인과의 상호 작용 과정에서 규정된다고 본다.

03 일탈 이론

| 정답 ① | 24년 수능 14번

❶	②	③ 함정	④	⑤
47%	9%	19%	15%	10%

다음은 일탈 이론 A~D를 구분하는 질문에 대한 학생의 분류와 교사의 채점 결과이다. 이에 대한 설명으로 옳은 것은? (단, A~D는 각각 뒤르켐의 아노미 이론, 머튼의 아노미 이론, 차별 교제 이론, 낙인 이론 중 하나임.) [3점]

※질문에 따라 A, B, C, D를 '예', '아니요'로 분류하여 해당하는 칸에 적으시오.

(A: 차별 교제 이론, B: 낙인 이론, C: 머튼의 아노미 이론, D: 뒤르켐의 아노미 이론)

질문	예	아니요	채점 결과
일탈자가 부정적 자아를 내면화하는 과정에 주목하는가? (낙인 이론)	B, C	A, D	3점
타인과의 상호 작용이 일탈에 미치는 영향을 강조하는가? (차별 교제 이론, 낙인 이론)	B, D	A, C	2점
일탈을 규정하는 객관적인 기준이 존재한다고 보는가? (뒤르켐의 아노미 이론, 머튼의 아노미 이론, 차별 교제 이론)	B, D	A, C	1점
문화적 목표와 제도적 수단 간의 괴리가 일탈의 원인이라고 보는가? (머튼의 아노미 이론)	B, C	A, D	3점

* 질문별로 채점하며, 맞게 적은 이론에는 각 1점을, 틀리게 적은 이론에는 각 0점을 부여함. 질문별 만점은 4점임.

① A의 사례로 신입 사원이 비리를 저지르는 회사 선배들과 어울리면서 죄의식이 사라져 부정행위를 같이 하는 경우를 들 수 있다.
② B(→C)의 사례로 한탕주의로 쉽게 돈을 버는 사람을 보고 부자가 되고 싶은 실업자가 불법 도박에 빠지는 경우를 들 수 있다.
③ C(→B)의 사례로 학교 폭력 가해 사실로 징계를 받은 학생이 스스로를 문제아로 인식하고 범죄를 저지르는 경우를 들 수 있다.
④ B와 달리 D(→A)는 정상 집단과의 교류를 일탈의 해결책으로 본다.
⑤ D(→A)와 달리 A(→D)는 사회 규범의 통제력 강화를 일탈의 해결책으로 본다.

✓ 자료 분석 일탈자가 부정적 자아를 내면화하는 과정에 주목하는 이론은 낙인 이론이다. 타인과의 상호 작용이 일탈에 미치는 영향을 강조하는 이론은 차별 교제 이론과 낙인 이론이다. 일탈을 규정하는 객관적인 기준이 존재한다고 보는 이론은 뒤르켐의 아노미 이론, 머튼의 아노미 이론, 차별 교제 이론이다. 문화적 목표와 제도적 수단 간의 괴리가 일탈의 원인이라고 보는 이론은 머튼의 아노미 이론이다. 첫 번째 질문에 대한 채점 결과가 3점이므로 낙인 이론은 B와 C 중 하나이고, 네 번째 질문에 대한 채점 결과가 3점이므로 머튼의 아노미 이론은 B와 C 중 하나이다. 즉, B와 C는 각각 낙인 이론과 머튼의 아노미 이론 중 하나이다. 세 번째 질문에 대한 채점 결과가 1점이므로 낙인 이론은 A와 C에 해당하지 않는다. 따라서 B는 낙인 이론, C는 머튼의 아노미 이론이다. 두 번째 질문에 대한 채점 결과가 2점이고, 두 번째 질문에 대해 낙인 이론(B)과 머튼의 아노미 이론(C)은 옳게 분류했으므로 A와 D는 옳지 않게 분류한 것이다. 따라서 A는 차별 교제 이론, D는 뒤르켐의 아노미 이론이다.

O 정답 찾기 ① 신입 사원이 비리를 저지르는 회사 선배들과 어울리면서 죄의식이 사라져 부정행위를 같이 하는 경우는 차별 교제 이론의 사례에 해당한다.

× 오답 풀이 ② 한탕주의로 쉽게 돈을 버는 사람을 보고 부자가 되고 싶은 실업자가 불법 도박에 빠지는 경우는 머튼의 아노미 이론의 사례에 해당한다.
③ 학교 폭력 가해 사실로 징계를 받은 학생이 스스로를 문제아로 인식하고 범죄를 저지르는 경우는 낙인 이론의 사례에 해당한다.
④ 정상 집단과의 교류를 일탈의 해결책으로 보는 이론은 차별 교제 이론이다.
⑤ 사회 규범의 통제력 강화를 일탈의 해결책으로 보는 이론은 뒤르켐의 아노미 이론이다.

①번을 정답으로 선택하지 못한 학생들은 A~D에 해당하는 일탈 이론을 혼동했을 가능성이 크다. 첫 번째 질문과 네 번째 질문에 대한 채점 결과를 통해 B와 C가 각각 낙인 이론과 머튼의 아노미 이론 중 하나임을 알 수 있다. A와 D는 각각 차별 교제 이론과 뒤르켐의 아노미 이론 중 하나인데, 이는 세 번째 질문과 채점 결과를 통해 추론할 수 있다. 세 번째 질문에 대해 낙인 이론을 제외한 세 개의 이론이 '예'로 분류되고, 낙인 이론은 '아니요'로 분류될 때 모두 옳게 분류한 것이 되어 4점을 얻을 수 있다. 낙인 이론을 '아니요'로 옳게 분류한다면, '예'로 분류한 이론이 두 개가 있으므로 세 번째 질문에 대한 채점 결과는 3점이 되어야 한다. 그러나 세 번째 질문에 대한 채점 결과가 1점이므로 '아니요'로 분류한 A와 C는 낙인 이론에 해당할 수 없다. 따라서 B는 낙인 이론이 되고, C는 머튼의 아노미 이론이 된다.

이것만은 꼭!

1. 차별 교제 이론과 낙인 이론은 타인과의 상호 작용이 일탈에 미치는 영향을 강조한다.
2. 낙인 이론은 일탈을 규정하는 객관적인 기준이 존재하지 않는다고 본다.
3. 차별 교제 이론은 정상 집단과의 교류를, 뒤르켐의 아노미 이론은 사회 규범의 통제력 강화를 일탈의 해결책으로 본다.

04 일탈 이론

| 정답 ① | 23년 6월 모의평가 14번

❶	②	③	④	⑤
85%	4%	5%	3%	3%

일탈 이론 A~C에 대한 설명으로 옳은 것은? (단, A~C는 각각 머튼의 아노미 이론, 차별 교제 이론, 낙인 이론 중 하나임.)

A: 폐가의 유리창을 깨고 지붕을 오르는 행위는 아이들에게 일종의 놀이에 불과하나, 지역 주민들은 그런 행위를 하는 아이들을 점차 구제 불능이라고 규정하게 된다. 이런 사회적 평가를 내면화하여 아이들은 점점 더 심각한 비행으로 나아가게 된다. - 낙인 이론

B: 법을 어기는 사람과 지키는 사람의 차이는 타고난 소질보다는 그들이 배워 온 내용에 있다. 범죄가 적은 지역에서 성장하는 사람은 법 위반에 대한 비우호적 태도를, 범죄가 많은 슬럼 지역에서 성장하는 사람은 법 위반에 대한 우호적 태도를 더 많이 배울 것이다. - 차별 교제 이론

C: 물질적 성공에 대한 문화적 강조는 '가능하다면 정당한 방법으로, 필요하다면 잘못된 방법으로라도' 그 목표를 추구하라는 압력으로 작용한다. 따라서 성공 목표에 대한 지나친 강조는 규칙에 대한 감정적 지지를 훼손하고 제도적 규제의 효과적인 작용을 방해한다. - 머튼의 아노미 이론

① A는 일탈에 대한 대책으로 낙인의 신중한 적용을 강조한다.
② ~~B~~(A)는 차별적인 사회적 제재를 일탈 행동의 원인으로 본다.
③ ~~C~~(A)는 일탈 행동을 규정하는 객관적 기준이 존재하지 않는다고 본다.
④ ~~A는 B와 달리~~(A, B는 모두) 개인이 타인과의 상호 작용을 통해 일탈자가 되어 가는 과정에 주목한다.
⑤ ~~B~~(C)는 ~~C~~(B)와 달리 범죄 예방을 위해 소외 계층에게 더 나은 취업 기회를 제공하는 정책을 뒷받침한다.

✔ 자료 분석 A는 사회적 평가를 내면화하여 아이들이 점점 더 심각한 비행으로 나아가게 된다고 보고 있으므로 낙인 이론이다. B는 범죄가 많은 슬럼 지역에서 성장하는 사람은 법 위반에 대한 우호적 태도를 더 많이 배울 것이라고 보고 있으므로 차별 교제 이론이다. C는 물질적 성공에 대한 문화적 강조는 필요하다면 잘못된 방법으로라도 그 목표를 추구하라는 압력으로 작용한다고 보고 있으므로 머튼의 아노미 이론이다.

O 정답 찾기 ① 낙인 이론은 일탈에 대한 대책으로 낙인에 대한 신중한 적용을 강조한다.

X 오답 풀이 ② 차별적인 사회적 제재를 일탈 행동의 원인으로 보는 이론은 낙인 이론이다.
③ 낙인 이론은 차별 교제 이론, 머튼의 아노미 이론과 달리 일탈 행동을 규정하는 객관적 기준이 존재하지 않는다고 본다.
④ 낙인 이론과 차별 교제 이론은 모두 개인이 타인과의 상호 작용을 통해 일탈자가 되어 가는 과정에 주목한다.
⑤ 머튼의 아노미 이론은 범죄 예방을 위해 소외 계층에게 더 나은 취업 기회를 제공하는 정책을 뒷받침한다.

이것만은 꼭!
1. 낙인 이론은 차별적인 사회적 제재를 일탈 행동의 원인으로 본다.
2. 차별 교제 이론과 낙인 이론은 모두 개인이 타인과의 상호 작용을 통해 일탈자가 되어 가는 과정에 주목한다.
3. 낙인 이론은 차별 교제 이론, 아노미 이론과 달리 일탈 행동을 규정하는 객관적 기준이 존재하지 않는다고 본다.

05 일탈 이론

| 정답 ④ | 23년 9월 모의평가 9번

①	②	③	❹	⑤
2%	7%	5%	77%	9%

일탈 이론 A~C에 대한 설명으로 옳은 것은? (단, A~C는 각각 머튼의 아노미 이론, 차별 교제 이론, 낙인 이론 중 하나임.)

일탈 이론 A, B, C의 사례로 일탈을 저지른 갑, 을, 병의 진술을 살펴보았다. 각각의 진술에 나타난 가장 두드러진 특징은 다음과 같다. 갑은 문화적 목표를 이루기 위한 합법적 수단이 부족했던 적이 한 번도 없었다.(갑의 일탈은 머튼의 아노미 이론으로 설명 불가능) 을은 일탈자들과 어울리거나 그들의 행동을 따라 하려고 했던 적이 한 번도 없었다.(을의 일탈은 차별 교제 이론으로 설명 불가능) 병은 여러 사회 규범을 위반했음에도 비난이나 제재를 받았던 적이 한 번도 없었다.(병의 일탈은 낙인 이론으로 설명 불가능) 이러한 특징을 바탕으로 갑, 을, 병에게 서로 다른 일탈 이론을 적용해 보면 갑의 일탈은 A나 B, 을의 일탈은 B나 C, 병의 일탈은 A나 C로 설명하는 것이 타당하다. (A - 차별 교제 이론, B - 낙인 이론, C - 머튼의 아노미 이론)

① ~~A~~(C)는 일탈에 대한 대책으로 제도화된 기회의 확대를 중시한다.
② ~~B~~(A)는 타인과의 상호 작용을 통한 일탈의 학습 과정에 주목한다.
③ ~~C~~(A)는 정상 집단과의 교류를 일탈의 해결 방안으로 제시한다.
④ B는 A, C와 달리 일탈을 규정하는 객관적 기준이 없다고 본다.
⑤ C는 A, B와 달리 일탈에 대한 대책으로 사회 규범의 통제력 강화를 강조한다. (뒤르켐의 아노미 이론)

✔ 자료 분석 갑의 일탈은 머튼의 아노미 이론으로 설명할 수 없고, 을의 일탈은 차별 교제 이론으로 설명할 수 없으며, 병의 일탈은 낙인 이론으로 설명할 수 없다. 따라서 A는 차별 교제 이론, B는 낙인 이론, C는 머튼의 아노미 이론이다.

O 정답 찾기 ④ 차별 교제 이론과 머튼의 아노미 이론은 일탈을 규정하는 객관적 기준이 있다고 보는 반면, 낙인 이론은 일탈을 규정하는 객관적 기준이 없다고 본다.

X 오답 풀이 ① 머튼의 아노미 이론은 일탈에 대한 대책으로 제도화된 기회의 확대를 중시한다.
② 차별 교제 이론은 타인과의 상호 작용을 통한 일탈의 학습 과정에 주목한다.
③ 차별 교제 이론은 정상 집단과의 교류를 일탈의 해결 방안으로 제시한다.
⑤ 일탈에 대한 대책으로 사회 규범의 통제력 강화를 강조하는 이론은 뒤르켐의 아노미 이론이다.

이것만은 꼭!
1. 낙인 이론은 일탈을 규정하는 객관적 기준이 없다고 본다.
2. 차별 교제 이론은 타인과의 상호 작용을 통한 일탈의 학습 과정에 주목한다.
3. 머튼의 아노미 이론은 일탈에 대한 대책으로 제도화된 기회의 확대를 중시한다.

06 일탈 이론

| 정답 ③ | 23년 수능 11번

①	②	❸	④	⑤
2%	3%	72%	9%	14%

다음 자료에 대한 설명으로 옳은 것은?

> 사회자: 뒤르켐의 아노미 이론, 머튼의 아노미 이론, 차별 교제 이론, 낙인 이론 중 하나를 선택하여 최근 우리 사회에서 나타나는 범죄 현상을 설명해 주십시오.
>
> 갑: 급속한 사회 변동으로 경제적 성취와 개인주의라는 새로운 가치가 나타나고 있습니다. 이로 인해 과거에 작동했던 전통적 규범과 새롭게 등장한 가치가 혼재되면서 삶의 기준을 상실한 사람들의 범죄가 늘어나고 있습니다. (뒤르켐의 아노미 이론)
>
> 을: 성공에 필요한 합법적 기회가 있는 사람들마저도 범죄를 저지릅니다. 이들은 비합법적 수단으로 큰돈을 번 사람들과 빈번하게 교류하며 그들의 방식과 태도를 습득함으로써 범죄를 저지르고 있습니다. (차별 교제 이론)
>
> 병: 청소년 시기에 전과자가 된 사람들은 충분한 교육을 받지 못합니다. 이로 인해 경제적 성공을 위한 경쟁이 치열한 사회에서 물질적 성공에 필요한 기회가 제한되어 범죄를 저지르고 있습니다. (머튼의 아노미 이론)

① ~~갑~~(을)의 관점은 ~~을~~(갑)의 관점과 달리 정상 집단과의 교류를 일탈 행동의 해결 방안으로 제시한다.

② ~~을의 관점은 병의 관점과 달리~~(을의 관점과 병의 관점은 모두) 차별적인 사회적 제재를 일탈 행동의 원인으로 ~~본다~~(보지 않는다). (낙인 이론)

③ 병의 관점은 갑의 관점과 달리 문화적 목표와 제도화된 수단의 괴리를 일탈 행동의 원인으로 본다. (머튼의 아노미 이론)

④ 갑, ~~을~~(병)의 관점은 ~~병~~(을)의 관점과 달리 사회 구조적 관점에서 일탈 행동을 설명한다.

⑤ ~~을, 병~~(을)의 관점은 ~~갑~~(갑, 병)의 관점과 달리 개인이 타인과의 상호 작용을 통해 일탈자가 되어 가는 과정에 주목한다. (차별 교제 이론)

✓ 자료 분석 갑은 뒤르켐의 아노미 이론, 을은 차별 교제 이론, 병은 머튼의 아노미 이론을 바탕으로 범죄 현상을 설명하고 있다.

O 정답 찾기 ③ 뒤르켐의 아노미 이론은 무규범 상태인 아노미 상태에서 일탈 행동이 발생한다고 보고, 머튼의 아노미 이론은 문화적 목표와 제도화된 수단의 괴리로 인해 일탈 행동이 발생한다고 본다.

× 오답 풀이 ① 정상 집단과의 교류를 일탈 행동의 해결 방안으로 제시하는 일탈 이론은 차별 교제 이론이다.
② 차별적인 사회적 제재를 일탈 행동의 원인으로 보는 일탈 이론은 낙인 이론이다.
④ 뒤르켐의 아노미 이론과 머튼의 아노미 이론은 차별 교제 이론과 달리 사회 구조적 관점에서 일탈 행동을 설명한다.
⑤ 차별 교제 이론은 뒤르켐의 아노미 이론, 머튼의 아노미 이론과 달리 개인이 타인과의 상호 작용을 통해 일탈자가 되어 가는 과정에 주목한다.

이것만은 꼭!

1. 차별 교제 이론은 정상 집단과의 교류를 일탈 행동의 해결 방안으로 제시한다.
2. 낙인 이론은 차별적인 사회적 제재를 일탈 행동의 원인으로 본다.
3. 아노미 이론은 사회 구조적 관점에서 일탈 행동을 설명한다.

07 일탈 이론

| 정답 ① | 22년 6월 모의평가 4번

❶	②	③	④	⑤
94%	1%	1%	1%	3%

일탈 이론 A~C에 대한 설명으로 옳은 것은? (단, A~C는 각각 머튼의 아노미 이론, 차별 교제 이론, 낙인 이론 중 하나임.)

> A: 청소년이 그와 친밀한 비행 청소년 집단과 자주, 오래 어울리다 보면 그들로부터 범행 기술은 물론 법 위반에 대한 호의적인 가치나 태도 등을 비판 없이 받아들이고 결국에는 범죄를 저지르게 된다. (차별 교제 이론)
> B: 청소년이 사소한 비행을 저질렀을 때 주위 사람들이 그에게 비행 청소년이라는 꼬리표를 붙이기도 한다. 이 경우 그 청소년은 스스로 부정적 정체성을 형성하게 되고 본격적으로 비행 활동에 가담하게 된다. (낙인 이론)
> C: 경제적으로 열악한 청소년도 커다란 포부를 갖도록 사회화되지만 그와 같은 열망을 충족할 수 있는 교육과 취업의 기회는 상대적으로 적다. 이로 인해 물질적 성공을 이룰 수만 있다면 그들은 불법적인 수단이라도 사용하게 된다. (머튼의 아노미 이론)

① A는 사람들이 일탈 성향을 타고나는 것이 아니라 일탈 행동을 사회적으로 학습하여 일탈자가 되는 것이라고 본다.
② ~~B~~(A)는 일탈 행동을 예방하기 위해서는 일탈자와의 접촉을 차단하는 방법이 최선이라고 본다.
③ C는 ~~하층~~(중상층) 계층보다 ~~중상층~~(하층) 계층의 범죄를 설명하기에 용이하다.
④ ~~A~~(B)는 ~~B~~(A)와 달리 일탈 행동에 따른 부정적 평판이 개인에 따라서 차별적으로 부여된다고 본다.
⑤ ~~C~~(B)는 ~~B~~(C)와 달리 일탈자에 대한 사회적 제재가 오히려 일탈 행동을 유발한다고 본다.

✔ 자료 분석 A는 비행 청소년 집단과의 교제를 통해 일탈 행동이 나타난다고 보고 있으므로 차별 교제 이론이고, B는 주위 사람들의 부정적 낙인을 통해 일탈 행동이 나타난다고 보고 있으므로 낙인 이론이며, C는 목표와 수단 간의 괴리로 인해 일탈 행동이 나타난다고 보고 있으므로 머튼의 아노미 이론이다.

O 정답 찾기 ① 차별 교제 이론은 타인과의 상호 작용을 통해 일탈 행동의 기술을 습득하고, 일탈 행동을 정당화하는 동기나 가치관을 내면화함으로써 일탈 행동이 학습된다고 본다.

✕ 오답 풀이 ② 일탈 행동을 예방하기 위해 일탈자와의 접촉을 차단하는 방법이 최선이라고 보는 일탈 이론은 차별 교제 이론이다.
③ 문화적 목표와 수단 간의 괴리는 중상층보다 하층에서 나타날 가능성이 높다. 따라서 머튼의 아노미 이론은 중상층 계층보다 하층 계층의 범죄를 설명하기에 용이하다.
④ 일탈 행동에 따른 부정적 평판이 개인에 따라 차별적으로 부여된다고 보는 일탈 이론은 낙인 이론이다.
⑤ 일탈자에 대한 사회적 제재가 오히려 일탈 행동을 유발한다고 보는 일탈 이론은 낙인 이론이다.

이것만은 꼭!
1. 차별 교제 이론은 일탈자와의 접촉 차단을 일탈 행동의 해결책으로 제시한다.
2. 낙인 이론은 일탈자에 대한 사회적 제재가 오히려 일탈 행동을 유발한다고 본다.
3. 머튼의 아노미 이론은 문화적 목표와 제도적 수단 간의 괴리로 인해 일탈 행동이 나타난다고 본다.

08 일탈 이론

| 정답 ① | 22년 9월 모의평가 6번

❶	②	③	④	⑤
95%	2%	1%	2%	0%

일탈 이론 (가)~(다)에 대한 설명으로 옳은 것은? (단, (가)~(다)는 각각 뒤르켐의 아노미 이론, 차별 교제 이론, 낙인 이론 중 하나임.) [3점]

> (가) 사람마다 사회 규범을 내면화하는 과정은 일률적이지 않아 일탈에 대한 반응도 상이하다. 특히 일탈을 정당화하는 태도를 가진 사람들과 지속적으로 어울리면, 일탈에 대한 우호적 태도를 내면화하여 일탈자가 될 수 있다. (차별 교제 이론)
> (나) 사회 변동이 빠르게 진행되면서 전통 규범은 붕괴된다. 이를 대체할 수 있는 규범이 없는 상황에서 사람들은 삶의 목적과 방향을 상실하여 일탈을 할 가능성이 높아진다. (뒤르켐의 아노미 이론)
> (다) 일탈이 사회적 통제를 야기하는 것이 아니라 사회적 통제가 일탈을 야기한다. 일탈은 행위 자체가 아닌 행위자를 둘러싼 사회적 반응과 인식에 의해 결정된다. (낙인 이론)

① (가)는 타인과의 상호 작용을 통해 일탈이 학습된다고 본다.
② ~~(나)~~((다))는 일탈자의 부정적 자아가 형성되는 과정에 주목한다.
③ ~~(다)~~((나))는 일탈에 대한 대책으로 새로운 사회 규범의 정립을 제시한다.
④ ~~(가)는 (나)와 달리~~ ((다)는) 차별적 제재를 일탈의 원인으로 본다.
⑤ ~~(다)~~((가))는 ~~(가)~~((다))와 달리 일탈에 대한 대책으로 정상 집단과의 교류 촉진을 제시한다.

✔ 자료 분석 (가)는 일탈을 정당화하는 태도를 가진 사람들과 지속적으로 어울리면 일탈에 대한 우호적 태도를 내면화하여 일탈자가 된다고 보고 있으므로 차별 교제 이론이고, (나)는 사회 변동이 빠르게 진행되는 상황에서 이를 통제할 규범이 부재하면 일탈을 할 가능성이 높아진다고 보고 있으므로 뒤르켐의 아노미 이론이며, (다)는 일탈이 행위 자체가 아닌 행위자를 둘러싼 사회적 반응과 인식에 의해 결정된다고 보고 있으므로 낙인 이론이다.

O 정답 찾기 ① 차별 교제 이론은 타인과의 상호 작용 과정을 통해 일탈 행동의 기술을 습득하고, 일탈 행동을 정당화하는 동기나 가치관을 내면화함으로써 일탈이 학습된다고 본다.

✕ 오답 풀이 ② 일탈자의 부정적 자아가 형성되는 과정에 주목하는 일탈 이론은 낙인 이론이다.
③ 일탈에 대한 대책으로 새로운 사회 규범의 정립을 제시하는 일탈 이론은 뒤르켐의 아노미 이론이다.
④ 차별적 제재를 일탈의 원인으로 보는 일탈 이론은 낙인 이론이다.
⑤ 차별 교제 이론은 낙인 이론과 달리 일탈에 대한 대책으로 정상 집단과의 교류 촉진을 제시한다.

이것만은 꼭!
1. 뒤르켐의 아노미 이론에서 아노미는 기존 사회 규범의 구성원에 대한 통제력이 약화되고 새로운 사회 규범이 미처 정립되지 못한 상태, 기존 사회 규범과 새로운 사회 규범의 혼재로 인한 혼란 상태 등을 의미한다.
2. 낙인 이론은 차별적인 제재가 일탈 행동의 원인이라고 본다.
3. 차별 교제 이론은 일탈자 또는 일탈 집단과의 교류를 통해 일탈 행동을 학습한다고 본다.

09 일탈 이론

| 정답 ① | 22년 수능 7번

❶	②	③	④	⑤
41%	5%	42%	9%	3%

다음 자료에 대한 설명으로 옳은 것은? (단, A~C는 각각 머튼의 아노미 이론, 차별 교제 이론, 낙인 이론 중 하나임.) [3점]

〈일탈 행동 사례〉

경제적으로 성공하기 위해 좋은 대학을 가고자 했던 갑은 집안 사정으로 고등학교를 중퇴하였다. 자신의 꿈을 이루기 어려워지자 좌절감에 빠진 갑은 학교를 중퇴한 친구들을 모아 일확천금을 노리며 온라인 불법 도박으로 청소년기를 보냈다. 성인이 된 갑은 중범죄를 저질러 교도소에 수감되었고, 출소 후 교도소 직업 훈련 과정에서 취득한 기술로 취업하려 했으나 범죄 이력 때문에 번번이 거절당했다. 이에 갑은 자신이 어차피 범죄자이고, 범죄라는 굴레에 얽매인 삶으로부터 벗어날 수 없다고 여겨 범죄 조직에 가담하였다.

물질적 성공에 대한 욕구가 컸던 을은 대학에서 좋은 학점을 얻기 위해 부정한 방법도 서슴지 않았다. 이렇게 대학을 졸업한 후, 한 회사에 취업한 을은 승진을 통해 더 많은 돈을 벌고자 했다. 그러나 업무 능력 부족을 이유로 매번 승진 인사에서 탈락하자, 을은 더 이상 이 회사에서는 승진 기회가 없음을 알고 체념하였다. 그러던 중 회사 기밀을 넘기면 거액을 주겠다는 경쟁 회사 측의 제의에 응해 회사 기밀을 훔쳤다.

〈교사의 해설〉

제시된 사례에서 청소년 시기 갑의 일탈 행동은 A를 통해 설명할 수 있습니다. 교도소 출소 후 갑의 일탈 행동은 C가 아니라 B를 통해 설명할 수 있습니다. 을의 취업 후 일탈 행동을 설명하는 데는 A, B, C 중 (㉠)이 적합합니다.

(필기: 머튼의 아노미 이론 / 낙인 이론 / 머튼의 아노미 이론 / 머튼의 아노미 이론(A) / 차별 교제 이론(C) / 낙인 이론(B) / 머튼의 아노미 이론(㉠))

① ㉠은 A이다.
② B는 일탈 행동을 학습하지 않은 사람은(도) 일탈 행동을 할 수 없다고(있다고) 본다.
③ C(A)는 일탈 행동에 대한 대책으로 문화적 목표를 달성할 수 있는 제도화된 기회의 확대를 중시한다.
④ A(B)는 B(A)와 달리 타인과의 상호 작용이 일탈 행동에 미치는 영향에 주목한다.
⑤ A(B)는 B(A), C와 달리 1차적 일탈에 대한 원인 규명보다 1차적 일탈이 2차적 일탈로 이어지는 과정에 주목한다.

✓ 자료 분석 갑의 경우 청소년 시기의 일탈 행동은 머튼의 아노미 이론으로, 교도소 출소 후의 일탈 행동은 낙인 이론으로 설명할 수 있다. 을의 경우 취업 후의 일탈 행동은 머튼의 아노미 이론으로 설명할 수 있다. 따라서 A는 머튼의 아노미 이론, B는 낙인 이론, C는 차별 교제 이론이다.

O 정답 찾기 ① 을은 취업 후 승진 기회가 없어지자 돈을 더 벌기 위해 회사 기밀을 훔쳤다. 이는 머튼의 아노미 이론으로 설명할 수 있다. 따라서 ㉠은 A이다.

× 오답 풀이 ② 낙인 이론은 특정 개인이나 집단이 일탈자로 규정되는 과정에 주목한다. 따라서 낙인 이론은 일탈 행동을 학습하지 않은 사람도 일탈 행동을 할 수 있다고 본다.

③ 일탈 행동에 대한 대책으로 문화적 목표를 달성할 수 있는 제도화된 기회의 확대를 중시하는 이론은 머튼의 아노미 이론이다.

④ 타인과의 상호 작용이 일탈 행동에 미치는 영향에 주목하는 이론은 낙인 이론과 차별 교제 이론이다.

⑤ 1차적 일탈이 2차적 일탈로 이어지는 과정에 주목하는 이론은 낙인 이론이다.

이것만은 꼭!

1. 낙인 이론과 차별 교제 이론은 타인과의 상호 작용이 일탈 행동에 미치는 영향에 주목한다.
2. 낙인 이론은 1차적 일탈이 2차적 일탈로 이어지는 과정에 주목한다.
3. 머튼의 아노미 이론은 일탈 행동에 대한 대책으로 문화적 목표를 달성할 수 있는 제도화된 기회의 확대를 중시한다.

10 일탈 이론

| 정답 ② | 21년 6월 모의평가 4번

①	❷	③	④	⑤
1%	87%	4%	5%	3%

그림은 일탈 이론 (가), (나)를 적용하여 청소년을 특성별로 분류한 것이다. 이에 대한 설명으로 옳은 것은? [3점]

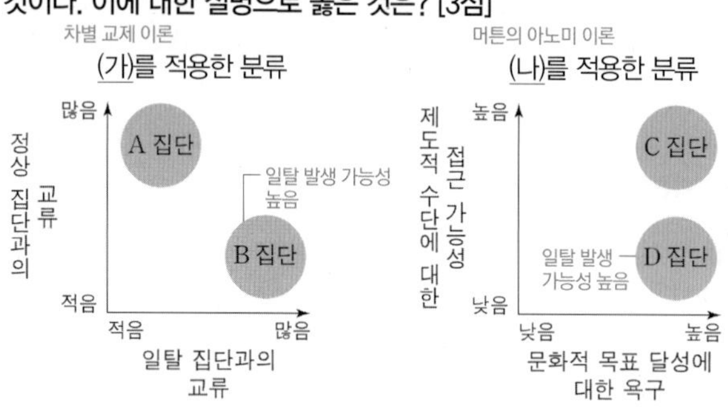

① (가)에 따르면, B 집단보다 A 집단에 속한 청소년이 일탈 행동을 할 가능성이 높다.
② (나)에 따르면, C 집단보다 D 집단에 속한 청소년이 일탈 행동을 할 가능성이 높다.
③ (가)는 (나)와 달리 일탈 행동의 대책으로 사회 규범의 통제력 강화를 중시한다.
④ (나)는 (가)와 달리 일탈 행동을 규정하는 객관적인 기준이 없다고 본다.
⑤ (가), (나)는 모두 일탈 행동의 원인으로 타인과의 상호 작용을 중시한다.

✓ 자료 분석 (가)는 일탈 집단과의 교류를 통해 일탈 행동을 학습한다고 보는 차별 교제 이론이다. (나)는 문화적 목표와 제도적 수단 간의 괴리로 일탈 행동이 나타난다고 보는 머튼의 아노미 이론이다.

O 정답 찾기 ② 머튼의 아노미 이론은 문화적 목표 달성에 대한 욕구와 제도적 수단에 대한 접근 가능성의 괴리가 커 일탈 행동이 나타난다고 본다. 따라서 C 집단보다 D 집단에 속한 청소년이 일탈 행동을 할 가능성이 높다고 본다.

X 오답 풀이 ① 차별 교제 이론은 일탈 집단과의 상호 작용을 통해 일탈 행동의 기술을 습득하고, 일탈 행동을 정당화하는 동기나 가치관을 내면화함으로써 일탈 행동이 학습된다고 본다. 따라서 정상 집단과의 교류보다 일탈 집단과의 교류가 많은 B 집단에 속한 청소년이 일탈 행동을 할 가능성이 높다고 본다.
③ 일탈 행동의 대책으로 사회 규범의 통제력 강화를 중시하는 일탈 이론은 뒤르켐의 아노미 이론이다.
④ 차별 교제 이론과 머튼의 아노미 이론은 모두 일탈 행동을 규정하는 객관적인 기준이 있다고 본다.
⑤ 차별 교제 이론은 머튼의 아노미 이론과 달리 일탈 행동의 원인으로 타인과의 상호 작용을 중시한다.

이것만은 꼭!
1. 머튼의 아노미 이론은 사회적으로 규정된 문화적 목표와 제도적 수단 간의 괴리로 인해 일탈 행동이 발생한다고 본다.
2. 차별 교제 이론과 아노미 이론은 낙인 이론과 달리 일탈 행동을 규정하는 객관적 기준이 존재한다고 본다.
3. 뒤르켐의 아노미 이론은 급속한 사회 변동으로 인해 발생하는 아노미가 일탈 행동을 초래한다고 본다.

11 일탈 이론

| 정답 ② | 21년 9월 모의평가 12번

①	❷	③	④	⑤
4%	77%	6%	7%	6%

다음은 일탈 이론 A, B를 구분하는 질문에 대한 학생의 답변과 교사의 채점 결과이다. 이에 대한 옳은 설명만을 〈보기〉에서 고른 것은? (단, A, B는 각각 낙인 이론, 차별 교제 이론 중 하나이다.) [3점]

질문	답변	
	갑	을
A는 일탈자의 부정적 자아 형성 과정에 주목하는가?	예	아니요
A는 일탈 행동이 상호 작용을 통해 일탈 문화를 학습한 결과임을 강조하는가?	㉠	㉡
(가)	아니요	예
B는 일탈 행동을 규정하는 객관적 기준이 있다고 보는가?	예	아니요
점수	4점	1점

* 교사는 질문별로 각각 채점하고, 각 질문당 옳은 답을 쓴 경우는 1점, 틀린 답을 쓴 경우는 0점을 부여함

보기
ㄱ. A는 최초의 일탈보다는 일탈 행동을 반복하는 현상에 주목한다.
ㄴ. B는 일탈자로 규정하는 것에 대해 신중한 접근을 해결 방안으로 제시한다.
ㄷ. (가)에는 'B는 차별적 제재를 일탈 행동의 원인으로 보는가?'가 들어갈 수 있다.
ㄹ. ㉠, ㉡은 모두 '예'이다.

① ㄱ, ㄴ ② ㄱ, ㄷ ③ ㄴ, ㄷ ④ ㄴ, ㄹ ⑤ ㄷ, ㄹ

✓ 자료 분석 낙인 이론은 일탈자의 부정적 자아 형성 과정에 주목한다. 차별 교제 이론은 일탈 행동이 상호 작용을 통해 일탈 문화를 학습한 결과임을 강조하며, 일탈 행동을 규정하는 객관적 기준이 있다고 본다. 갑은 4점을 획득하였으므로 모든 질문에 대해 옳은 답변을 하였다. 따라서 A는 낙인 이론, B는 차별 교제 이론이다.

O 정답 찾기 ㄱ. 낙인 이론은 1차적 일탈, 즉 최초의 일탈보다 1차적 일탈을 저질렀다는 이유로 일탈자로 규정된 사람이 저지르는 2차적 일탈, 즉 반복적 일탈에 주목한다.
ㄷ. 차별적 제재를 일탈 행동의 원인으로 보는 이론은 낙인 이론이다. 따라서 해당 질문은 (가)에 들어갈 수 있다.

X 오답 풀이 ㄴ. 일탈자로 규정하는 것에 대해 신중한 접근을 해결 방안으로 제시하는 일탈 이론은 낙인 이론이다.
ㄹ. 갑은 모든 질문에 대해 옳은 답변을 하여 4점을 획득하였고, 을은 두 번째 질문에 대해 옳은 답변을 하여 1점을 획득하였다. 따라서 ㉠, ㉡은 모두 '아니요'이다.

이것만은 꼭!
1. 낙인 이론은 최초의 일탈 행동보다 반복적인 2차적 일탈 행동에 초점을 맞춘다.
2. 낙인 이론은 차별적인 제재가 일탈 행동의 원인이라고 본다.
3. 차별 교제 이론은 일탈자 또는 일탈 집단과의 교류를 통해 일탈 행동을 학습한다고 본다.

12 일탈 이론 | 정답 ① | 21년 수능 2번

❶	②	③	④	⑤
95%	2%	1%	1%	1%

일탈 이론 A, B에 대한 설명으로 옳은 것은? (단, A, B는 각각 낙인 이론, 차별 교제 이론 중 하나이다.) [3점]

〈수행 평가〉

※ 문제: 청소년 범죄에 대한 형사 처벌을 강화하자는 주장에 대해 일탈 이론 A, B에 근거하여 의견을 서술하시오.

A – 낙인 이론	B – 차별 교제 이론
어렸을 때에는 누구나 잘못을 할 수 있습니다. 청소년기에 형사 처벌을 받으면 주변 사람들로부터 따가운 시선을 받게 될 것입니다. 그로 인해 범죄자로서의 부정적 자아 정체성을 갖게 되어 다시 범죄를 저지를 가능성이 높습니다. 그러므로 반대합니다.	어린 나이에 일탈 행동을 일삼는 또래와 어울리면 범죄를 저지를 수 있습니다. 이로 인해 청소년기에 형사 처벌을 받아 교정 시설로 가게 되면, 그곳에서 만난 사람들로부터 범죄에 대한 우호적 태도를 강화하여 다시 범죄를 저지를 가능성이 높습니다. 그러므로 반대합니다.

① A는 일탈이 행위의 속성에 의해서가 아니라 그에 대한 사회적 반응에 의해 규정된다고 본다.

② ~~B~~(A)는 일탈 행동의 원인을 차별적인 제재에서 찾는다.

③ ~~A~~(B)는 ~~B~~(A)와 달리 타인과의 상호 작용을 통해 일탈 행동이 학습된다고 본다.

④ ~~B~~(A)는 ~~A~~(B)와 달리 2차적 일탈 행동의 발생 과정에 초점을 맞춘다.

⑤ ~~A~~(B)는 정상 집단과의 교류 촉진을, ~~B~~(A)는 일탈 행동에 대한 신중한 규정을 일탈 행동에 대한 대책으로 강조한다.

✓ 자료 분석 A는 청소년기에 형사 처벌을 받으면 주변 사람들로부터 따가운 시선을 받아 범죄자로서의 부정적 자아 정체성을 갖게 되어 범죄를 저지를 가능성이 높다고 보고 있다. 이는 낙인 이론에 해당한다. B는 일탈 행동을 일삼는 또래와 어울리면 범죄를 저지를 수 있고, 청소년기에 형사 처벌을 받으면 교정 시설에서 만난 사람들로부터 범죄에 대한 우호적인 태도를 강화할 수 있다고 보고 있다. 이는 차별 교제 이론에 해당한다.

O 정답 찾기 ① 낙인 이론은 일탈 행동을 규정하는 객관적 기준이 없고, 특정 개인이나 집단이 일탈자로 규정되는 과정과 사회적 여건에 주목한다.

× 오답 풀이 ② 낙인 이론은 일탈 행동의 원인을 차별적인 제재에서 찾는다.
③ 차별 교제 이론은 일탈 행동이 타인과의 상호 작용 과정에서 학습된다고 본다.
④ 낙인 이론은 1차적 일탈을 한 사람에 대해 계속해서 일탈 행동을 할 것이라는 낙인을 찍게 되면 부정적 자아가 형성되고 이는 2차적 일탈을 초래하는 요인으로 작용한다고 본다.
⑤ 일탈 행동에 대한 대책으로 차별 교제 이론은 정상 집단과의 교류 촉진을 강조하고, 낙인 이론은 일탈 행동에 대한 신중한 규정을 강조한다.

이것만은 꼭!

1. 차별 교제 이론은 일탈 행동이 타인과의 상호 작용 과정에서 학습된다고 본다.
2. 낙인 이론은 2차적 일탈 행동의 발생 과정에 초점을 맞춘다.
3. 차별 교제 이론과 낙인 이론은 모두 일탈 행동이 발생하는 과정에서 나타나는 상호 작용에 주목한다.

13 일탈 이론

| 정답 ⑤ | 20년 6월 모의평가 9번

①	②	③	④	❺
2%	1%	1%	6%	88%

(가)~(다)에 들어갈 내용으로 옳은 것은? [3점]

《수업용 읽기 자료》

- 드라마 등장인물 A 소개 -

A는 선배들과 두루 잘 지내는 편이었다. 중학생 때는 비행을 저지르는 선배들과도 친하게 지내며 다른 학생들에게 짓궂게 장난치기도 했다. 하지만 A는 어느 순간 친구들이 자신을 그런 선배들과 동일시하고 자신의 행동 하나하나를 비행과 연결하여 생각한다는 것을 알게 되었다. 이런 친구들의 생각을 바꿀 수 없었던 A는 평범한 학교 생활에서 벗어나 나쁜 행동을 하는 것을 자연스럽게 여기게 되는데…. (차별 교제 이론) (낙인 이론)

교사: 이 자료에 나타난 A의 사례를 일탈 이론을 활용하여 설명해 보세요.

갑: A의 일탈은 차별 교제 이론으로 설명할 수 있습니다. 선배들과의 관계에서 알 수 있듯이 A의 일탈은 (가) 에서 비롯되었기 때문입니다.

을: 저는 갑과 다른 이론을 적용하여 A의 일탈을 설명해 보겠습니다. 친구들이 A에게 어떻게 영향을 주었는지 살펴보세요. 그렇다면 A의 일탈 요인이 (나) 라는 것을 알 수 있습니다.

교사: 갑, 을 모두 잘 설명했어요. A의 일탈이 (다) 에서 비롯되었다고 생각하는 점은 두 학생 모두 동일하군요.

① (가) – A의 행동에 대한 차별적 제재 – 낙인 이론
② (나) – 문화적 목표와 제도적 수단의 괴리 – 머튼의 아노미 이론
③ (나) – 급격한 사회 변동으로 인한 규범의 부재 – 뒤르켐의 아노미 이론
④ (다) – 일탈에 우호적인 가치관의 학습 – 차별 교제 이론
⑤ (다) – 타인들과의 지속적인 상호 작용 – 낙인 이론, 차별 교제 이론

✓ 자료 분석 A의 일탈 행동에 대해 갑은 중학교 때 비행을 저지르는 선배들과 친하게 지낸 점에 주목하여 차별 교제 이론으로 설명하고 있으며, 을은 친구들이 갑을 바라보는 생각에 주목하여 낙인 이론으로 설명하고 있다.

○ 정답 찾기 ⑤ 차별 교제 이론은 일탈 행위자의 상호 작용 과정에서 일탈 행동을 학습하게 됨을 중시하고, 낙인 이론은 상호 작용 과정에서 사람들에 의해 일탈 행위자로 규정됨을 중시한다. 즉, 차별 교제 이론과 낙인 이론은 모두 상호 작용 과정에서 일탈 행동이 비롯된다고 본다.

× 오답 풀이 ① 차별적 제재로 인해 일탈 행동이 초래된다고 보는 이론은 낙인 이론이다.
② 문화적 목표와 제도적 수단의 괴리로 인해 아노미가 발생한다고 보는 이론은 머튼의 아노미 이론이다.
③ 급격한 사회 변동 과정에서 발생하는 규범의 부재로 인한 아노미가 일탈 행동을 초래한다고 보는 이론은 뒤르켐의 아노미 이론이다.
④ 일탈 행위자와의 상호 작용 과정에서 일탈에 대한 우호적인 가치관을 학습하여 일탈 행동을 하게 된다고 보는 이론은 차별 교제 이론이다.

이것만은 꼭!

1. 낙인 이론과 차별 교제 이론은 모두 타인과의 지속적인 상호 작용을 중시한다.
2. 낙인 이론은 차별적 제재로 인해 일탈 행동이 초래된다고 본다.
3. 차별 교제 이론은 일탈에 대한 우호적 가치관의 학습으로 일탈 행동이 초래된다고 본다.

14 일탈 이론

| 정답 ① | 20년 9월 모의평가 14번

❶	②	③	④	⑤
80%	6%	3%	6%	2%

다음 자료에 대한 옳은 설명만을 〈보기〉에서 고른 것은? [3점]

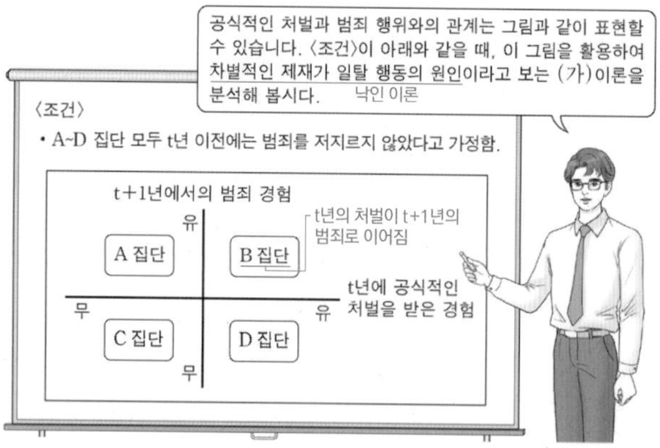

공식적인 처벌과 범죄 행위와의 관계는 그림과 같이 표현할 수 있습니다. 〈조건〉이 아래와 같을 때, 이 그림을 활용하여 차별적인 제재가 일탈 행동의 원인이라고 보는 (가) 이론을 분석해 봅시다. 낙인 이론
〈조건〉
• A~D 집단 모두 t년 이전에는 범죄를 저지르지 않았다고 가정함.
t+1년에서의 범죄 경험
유
무
A 집단
B 집단
C 집단
D 집단
t년의 처벌이 t+1년의 범죄로 이어짐
t년에 공식적인 처벌을 받은 경험
무
유

〈보기〉

ㄱ. (가) 이론에 따르면, B 집단은 2차적 일탈자로 볼 수 있다.
ㄴ. D 집단은 (가) 이론을 반박하는 사례이다. (t년의 처벌에도 불구하고 t+1년에 범죄를 저지르지 않음)
ㄷ. (가) 이론에 따르면, ~~A~~ B 집단은 ~~B~~ A 집단과 달리 일탈자의 역할을 내면화한 집단이다. (t년의 처벌이 t+1년의 범죄로 이어짐)
ㄹ. (가) 이론은 일탈자와 C 집단과의 접촉 빈도를 늘리는 것을 일탈 문제의 해결 방안으로 본다. (차별 교제 이론)

① ㄱ, ㄴ ② ㄱ, ㄷ ③ ㄴ, ㄷ ④ ㄴ, ㄹ ⑤ ㄷ, ㄹ

✓ 자료 분석 차별적인 제재가 일탈 행동의 원인이 된다고 보는 이론은 낙인 이론이다. 따라서 (가) 이론은 낙인 이론이다.

○ 정답 찾기 ㄱ. 낙인 이론에 따르면, t년의 처벌에 이어 t+1년에 범죄를 경험한 B 집단은 2차적 일탈자에 해당한다.
ㄴ. 일탈로 인해 공식적인 처벌을 받았으나 그 뒤 다른 일탈을 저지르지 않은 D 집단의 경우 낙인 이론을 반박하는 사례가 된다.

× 오답 풀이 ㄷ. 낙인 이론에 따르면, t년에 일탈로 인해 처벌을 받은 B 집단은 일탈자의 역할을 내면화하여 t+1년에 또 다른 일탈을 저지른 집단에 해당한다.
ㄹ. 일탈 문제의 해결 방안으로 일탈 집단과의 접촉을 차단하고 일탈 행동을 하지 않는 C 집단과의 접촉 빈도를 늘려야 한다고 보는 이론은 차별 교제 이론이다.

이것만은 꼭!

1. 낙인 이론은 차별적 제재로 인해 일탈이 발생한다고 본다.
2. 낙인 이론은 1차적 일탈에 대한 낙인으로 2차적 일탈이 발생한다고 본다.
3. 차별 교제 이론은 일탈 문제의 해결을 위해 정상 집단과의 접촉 빈도를 늘려야 한다고 본다.

15 일탈 이론

| 정답 ② | 20년 수능 7번

①	❷	③	④	⑤
2%	83%	3%	9%	3%

다음 자료에 제시된 일탈 이론 (가)~(다)에 대한 설명으로 옳은 것은? (단, (가)~(다)는 각각 낙인 이론, 머튼의 아노미 이론, 차별 교제 이론 중 하나이다.)

≪수업용 읽을거리≫

중학생이었던 A와 B는 가벼운 장난을 하다 친구를 다치게 한 일로 문제아라는 소리를 들었다. 이로 인해 A는 스스로도 문제아라고 생각하게 되었고, 고등학교를 다닐 때 폭력 사건 가해자로 경찰서에 들락거렸다. 한편 고등학교에 입학한 B는 경제적 성공을 중요하게 여기는 사회적 분위기 속에서 고액 연봉일 받는 프로 운동선수가 되어 가족을 부양하겠다는 결심을 한 뒤 운동에 매진하였다. 그런데 기록 향상을 위해 금지된 약물까지 복용하다 적발되어 프로 구단 입단 기회가 박탈되면서 경제적으로 더욱 어려워졌다. 고등학교 졸업 후 범죄 조직에 가입한 A는 B에게 범죄 행위를 도와 달라고 요청하기 위해 우연을 가장하여 접촉하였다. 결국 돈이 필요하였던 B는 A의 제안을 수락하여 범죄를 저질렀다.

(메모: 낙인 / 부정적 자아 / 머튼의 아노미 이론)

교사: A, B의 사례에 일탈 이론을 적용해 보세요.

갑: A의 중학교 시기부터 고등학교 시기에 걸쳐 나타난 일탈 행동에 주목하면, A의 일탈 행동에는 (가)를 적용해야 합니다. (낙인 이론)

을: B의 고등학교 입학 후의 일탈 행동에 주목하면, B의 일탈 행동에는 (나)를 적용해야 합니다. (머튼의 아노미 이론)

병: B가 A와 접촉하여 일탈 행동을 학습한다는 점에 주목하면, B의 일탈 행동에는 (다)를 적용해야 합니다. (차별 교제 이론)

교사: A, B의 일탈 행동에 (가), (나)는 적절하게 적용되었습니다. 하지만 B는 ~~(다)~~를 적용하여 설명할 수 있는 일탈 행동을 하지 않았습니다.

① ~~(가)~~(다)는 일탈 집단 대신 정상적인 집단과의 교류가 일탈 행동을 억제한다고 본다. (차별 교제 이론)

② (나)는 일탈 행동이 문화적 목표와 제도적 수단 간의 괴리에서 비롯된다고 본다. (머튼의 아노미 이론)

③ ~~(다)~~(가)는 일탈 행동 자체보다 일탈 행동에 대한 사회적 반응을 중시한다. (낙인 이론)

④ (가), ~~(나)~~(다)는 모두 일탈 행동이 발생하는 과정에서 나타나는 상호 작용에 주목한다. (차별 교제 이론, 낙인 이론)

⑤ ~~(나)~~(나), (다)는 ~~(가), (다)~~(가)와 달리 일탈 행동을 규정하는 객관적 기준이 존재한다고 본다. (차별 교제 이론, 아노미 이론)

✓ 자료 분석 A는 가벼운 장난 이후 문제아라는 소리를 들었으며, 그 이후 스스로 문제아라고 생각하게 되었다는 점에서 A의 일탈 행동을 설명하는 (가)는 낙인 이론에 해당한다. B는 경제적 성공이라는 사회적 목표 달성을 위해 금지된 약물 복용이라는 일탈 행동을 저질렀다는 점에서 B의 일탈 행동을 설명하는 (나)는 머튼의 아노미 이론에 해당한다. (다)는 일탈 행위자와 접촉하여 일탈 행동을 학습한다는 점을 중시한다는 점에서 차별 교제 이론에 해당한다.

○ 정답 찾기 ② 머튼의 아노미 이론은 문화적 목표를 달성할 수 있는 제도적 수단이 부재할 때 일탈 행동이 발생한다고 본다.

× 오답 풀이 ① 차별 교제 이론은 일탈 행동의 해결 방안으로 정상적인 집단과의 교류를 강조한다.

③ 낙인 이론은 상호 작용 과정에서 사람들에 의해 일탈 행동으로 규정됨으로 인해 2차적 일탈이 발생한다고 보므로 일탈 행동 자체보다 일탈 행동에 대한 사회적 반응을 중시한다.

④ 차별 교제 이론은 일탈 행위자와의 상호 작용 과정에서 일탈 행동을 학습함을 강조하고, 낙인 이론은 구성원 간의 상호 작용 과정에서 일탈 행위자로 규정됨을 강조한다. 따라서 차별 교제 이론과 낙인 이론은 모두 일탈 행동이 발생하는 과정에서 나타나는 상호 작용에 주목한다.

⑤ 낙인 이론은 구성원 간의 상호 작용에 따라 일탈 행동에 대한 규정이 달라지므로 일탈 행동을 규정하는 객관적 기준이 존재하지 않는다고 본다. 반면, 차별 교제 이론과 아노미 이론은 일탈 행동을 규정하는 객관적 기준이 존재한다고 본다.

이것만은 꼭!

1. 머튼의 아노미 이론은 문화적 목표와 제도적 수단 간의 괴리로 인해 일탈이 발생한다고 본다.
2. 낙인 이론은 일탈 행동 자체보다 일탈 행동에 대한 사회적 반응을 중시한다.
3. 차별 교제 이론과 낙인 이론은 일탈 행동이 발생하는 과정에서 나타나는 상호 작용에 주목한다.

필출 주제 09 문화의 이해

제1권 p.153 ~ 157

01 ① 02 ① 03 ③ 04 ② 05 ⑤ 06 ② 07 ⑤ 08 ⑤ 09 ③ 10 ③ 11 ① 12 ② 13 ④ 14 ① 15 ③

01 문화의 속성

| 정답 ① | 24년 6월 모의평가 4번

❶	②	③	④	⑤
78%	3%	9%	8%	2%

다음 자료에 대한 설명으로 옳은 것은?

> 교사: 문화의 속성 A의 사례에 대해 조사한 내용을 발표해 보세요.
> 갑: ○○국에서는 자신의 공간을 자아의 연장이라고 생각하여 개인 사무실의 문을 닫거나 공용 사무실에 가림막을 세워 자신의 공간을 확보하려고 합니다. 이런 것들이 ○○국 사람들 간에는 전혀 이상하게 여겨지지 않는다는 점에서 A가 부각되어 있습니다.
> 을: △△국 사람들이 같은 종교 사상을 통해 원활하게 상호 작용하고 있다는 점 역시 A를 잘 보여줍니다. 이 종교 사상은 고대 토템 신앙에 근대 이후 절대적 신의 관념 및 구원의 개념 등이 결합하여 오늘날의 모습을 갖추게 되었습니다. △△국 사람들은 이러한 과정을 함께 겪어 오면서 서로를 이해할 수 있는 공동의 감정을 갖게 되었습니다.
> 교사: 갑, 을 모두 잘 발표했습니다. 확실히 두 국가의 사례 모두 문화는 [(가)]을 보여 준다는 점에서 A를 확인할 수 있습니다. 그리고 여기에 더해 을이 발표한 △△국 사례는 문화가 세대 간 전승을 통해 누적된다는 B도 잘 보여 줍니다.

(손글씨 메모: 공유성, 공유성, 공유성, 축적성, 축적성, 축적성)

① A는 공유성이다.
② A는 문화가 후천적으로 학습됨을 의미한다. (학습성)
③ B는 문화가 구성원들의 사고와 행동에 동질성을 갖게 한다는 것을 의미한다. (A)
④ (가)에는 '각 부분이 유기적으로 결합된 하나의 전체임'이 들어갈 수 있다. (전체성, 없다.)
⑤ (가)에는 '시간이 흐르면서 그 형태나 내용이 변화됨'이 들어갈 수 있다. (변동성, 없다.)

✓ 자료 분석 ○○국 사람들 간에는 개인 사무실의 문을 닫거나 공용 사무실에 가림막을 세워 자신의 공간을 확보하려고 하는 것을 자아의 연장이라고 생각하여 전혀 이상하게 여기지 않는다는 내용을 통해 문화의 공유성을 파악할 수 있다. △△국 사람들이 같은 종교 사상을 통해 원활하게 상호 작용하고 있다는 내용을 통해 문화의 공유성을 파악할 수 있고, △△국에서 고대 토템 신앙에 절대적 신의 관념 및 구원의 개념 등이 결합하여 오늘날의 종교 사상이 모습을 갖추게 된 내용을 통해 문화가 세대 간 전승을 통해 누적된다는 문화의 축적성을 파악할 수 있다. 따라서 A는 공유성, B는 축적성이다.

○ 정답 찾기 ① ○○국과 △△국의 사례를 통해 문화의 공유성을 파악할 수 있다. 따라서 A는 공유성이다.

× 오답 풀이 ② 문화가 후천적으로 학습됨을 의미하는 것은 문화의 학습성이다.
③ B는 축적성이다. 문화가 구성원들의 사고와 행동에 동질성을 갖게 한다는 것을 의미하는 것은 문화의 공유성이다.
④ 문화가 각 부분이 유기적으로 결합된 하나의 전체임을 의미하는 것은 문화의 전체성이다. 따라서 해당 내용은 (가)에 들어갈 수 없다.
⑤ 문화가 시간이 흐르면서 그 형태나 내용이 변화됨을 의미하는 것은 문화의 변동성이다. 따라서 해당 내용은 (가)에 들어갈 수 없다.

이것만은 꼭!

1. 문화의 학습성은 문화가 사회화 과정을 통해 후천적으로 학습되는 생활 양식임을 의미한다.
2. 문화의 전체성은 문화가 각 부분이 유기적으로 결합된 하나의 전체로서 의미를 갖는 생활 양식임을 의미한다.
3. 문화의 변동성은 문화가 시간이 흐르면서 그 형태나 내용, 의미가 변화하는 생활 양식임을 의미한다.

02 문화의 속성

| 정답 ① | 24년 9월 모의평가 14번

❶	②	③	④	⑤
78%	2%	13%	2%	5%

다음 자료에 대한 설명으로 옳은 것은? (단, A~D는 각각 공유성, 변동성, 축적성, 학습성 중 하나임.) [3점]

> 교사: 지난 시간에는 문화의 속성 A, B에 대한 발표가 있었습니다. 이번 시간에는 문화의 속성 중 나머지 3가지를 학생별로 서로 다르게 한 가지씩 선택하여 해당 속성이 부각된 사례를 발표해 봅시다.
> 갑: 과거에는 공중전화가 길거리에 많았지만 요즘은 찾아보기 어렵게 된 것은 전체성으로 설명할 수 있습니다. 변동성
> 을: 과거와 현재의 국어사전을 비교했을 때 원래 단어에 새로운 의미가 추가되어 더욱 풍부해진 것을 보면 C를 확인할 수 있습니다. 축적성 특정 세대가 원래 단어에 새로운 의미를 부여하여 그들끼리 사용하는 것은 지난 시간 무가 발표한 B로도 설명이 가능합니다. 공유성
> 병: 일본인의 감정 절제는 어린 시절부터 이루어지는 지속적인 훈육의 결과라는 점은 D를 통해 설명할 수 있는 사례입니다. 학습성
> 교사: 을과 병은 해당 속성에 대한 사례 조사를 잘 했습니다. 갑이 발표한 사례는 정이 발표했던 A가 부각된 사례이므로, 다음 시간에 자신이 선택한 속성이 잘 부각되는 사례로 다시 발표해 봅시다. 변동성

① 문화가 한 사회 구성원이 공통적으로 가지고 있는 생활 양식임을 의미하는 속성은 A가 아닌 B이다.
② 문화가 경험과 상징을 통해 후천적으로 학습됨을 의미하는 속성은 ~~D가 아닌 C~~이다.
③ ~~갑이 선택한~~ (정이 발표한) 문화의 속성은 시간의 흐름에 따라 기존 문화 요소가 사라지거나 변화함을 의미한다. 변동성
④ ~~정이 발표한~~ (을이 선택한) 문화의 속성은 문화가 세대를 전승하며 더욱 풍부해짐을 의미한다. 축적성
⑤ ~~무가 발표한~~ (갑이 선택한) 문화의 속성은 문화의 각 요소들이 상호 유기적으로 연결되어 있음을 의미한다. 전체성

✔ 자료 분석 A는 변동성, B는 공유성, C는 축적성, D는 학습성이며, 갑이 선택한 문화의 속성은 전체성, 정이 발표한 문화의 속성은 변동성, 무가 발표한 문화의 속성은 공유성이다.

O 정답 찾기 ① 문화의 공유성은 문화가 한 사회 구성원 다수가 공통적으로 가지고 있는 생활 양식임을 의미한다.

X 오답 풀이 ② 문화가 경험과 상징을 통해 후천적으로 학습됨을 의미하는 문화의 속성은 학습성이다.
③ 시간의 흐름에 따라 기존 문화 요소가 사라지거나 변화함을 의미하는 문화의 속성은 변동성이다.
④ 문화가 세대를 전승하며 더욱 풍부해짐을 의미하는 문화의 속성은 축적성이다.
⑤ 문화의 각 요소들이 상호 유기적으로 연결되어 있음을 의미하는 문화의 속성은 전체성이다.

이것만은 꼭!

1. 문화의 공유성은 문화가 한 사회의 구성원 다수가 공통적으로 가지고 있는 생활 양식임을 의미한다.
2. 문화의 학습성은 문화가 사회화 과정을 통해 습득되는 생활 양식임을 의미한다.
3. 문화의 축적성은 문화가 세대 간 전승되면서 새로운 요소가 추가되어 점점 더 풍부해지는 생활 양식임을 의미한다.

03 문화의 속성

| 정답 ③ | 24년 수능 9번

①	②	❸	④	⑤
5%	10%	55%	28%	2%

다음 자료에 대한 설명으로 옳은 것은? (단, A~E는 각각 공유성, 변동성, 전체성, 축적성, 학습성 중 하나임.) [3점]

> 교사: 문화의 속성 5가지를 모둠별로 서로 다르게 한 가지씩 배정하였습니다. 각 모둠은 배정받은 속성이 부각된 사례를 웹툰 문화에서 찾아 발표해 봅시다.
>
> 〈1 모둠〉 부모가 자녀에게 스마트폰을 활용하여 웹툰 앱을 이용하는 방법을 배우는 것은 A가 부각된 사례입니다. (학습성)
>
> 〈2 모둠〉 부모 세대에서 웹툰을 만화라고 부르고 만화가 보고 싶을 때 만화방을 떠올리는 것은 B가 부각된 사례입니다. (공유성, 변동성)
>
> 〈3 모둠〉 만화책을 보는 사람이 줄어들고 태블릿 PC로 웹툰을 보는 사람이 늘어난 것은 C가 부각된 사례입니다. (변동성 / 축적성)
>
> 〈4 모둠〉 부모 세대에서 눈으로만 즐기던 만화에 음성 지원, 배경 음악 재생 기능 등이 추가된 현재의 웹툰은 D가 부각된 사례입니다. (축적성 / 변동성)
>
> 학생: 선생님, 〈2 모둠〉의 발표 사례는 D가 부각된 것이 아닐까요?
>
> 교사: 〈2 모둠〉의 사례는 D로도 설명이 가능하지만, 부모 세대에서 만화방을 떠올린다고 했기 때문에 B가(공유성) 부각된 것이 맞습니다. 〈3 모둠〉과 〈4 모둠〉은 발표한 사례가 서로 바뀌어야 각 모둠에 배정된 속성이 부각됩니다. 〈1 모둠〉은 〈5 모둠〉에 배정된 속성이 부각된 사례를 발표했어요. A를(전체성) 배정받은 〈1 모둠〉과 E를(학습성) 배정받은 〈5 모둠〉은 다음 시간에 발표합시다.

① 문화가 한 사회 구성원의 공통된 생활 양식이라는 것을 의미하는 속성은 ~~B~~(A)가 아니라 ~~A~~(B)이다. (공유성)

② 문화가 세대 간 전승되며 더욱 발전되고 풍부해지는 것을 의미하는 속성은 ~~C~~(D)가 아니라 ~~D~~(C)이다. (축적성)

③ 〈1 모둠〉에 배정된 속성은(전체성) 문화의 각 요소들이 상호 유기적으로 연결되어 영향을 주고받는 것을 의미한다.

④ 〈2 모둠〉에 배정된 속성은 공유성, 〈5 모둠〉에 배정된 속성은 ~~전체성~~(학습성)이다.

⑤ 문화가 상징을 통해 후천적으로 학습된다는 것을 의미하는 속성은(학습성) ~~〈3 모둠〉이 아니라 〈4 모둠〉~~(〈5 모둠〉)에 배정되었다.

✔ 자료 분석 〈1 모둠〉이 발표한 사례는 학습성, 〈2 모둠〉이 발표한 사례는 공유성과 변동성, 〈3 모둠〉이 발표한 사례는 변동성, 〈4 모둠〉이 발표한 사례는 축적성에 해당한다. 교사는 〈2 모둠〉이 발표한 사례에서 부모 세대에서 만화가 보고 싶을 때 만화방을 떠올린다는 내용을 부각시키고 있다고 보고 있으므로 B는 공유성에 해당한다. 또한 교사는 〈3 모둠〉과 〈4 모둠〉이 발표한 사례가 서로 바뀌어야 각 모둠에 배정된 속성이 부각된다고 하였으므로 C는 축적성, D는 변동성에 해당한다. 교사는 〈5 모둠〉은 E를 배정받았고 〈1 모둠〉이 〈5 모둠〉에 배정된 속성이 부각된 사례를 발표했다고 하였으므로 E는 학습성이다. 따라서 A는 전체성이다.

O 정답 찾기 ③ 〈1 모둠〉에 배정된 속성은 전체성이다. 전체성은 문화 요소 간 상호 연관성으로 인해 한 부분의 변동이 다른 부분의 연쇄적인 변동을 초래함을 의미한다.

× 오답 풀이 ① 문화가 한 사회 구성원의 공통된 생활 양식이라는 것을 의미하는 속성은 공유성이다.

② 문화가 세대 간 전승되며 더욱 발전되고 풍부해지는 것을 의미하는 속성은 축적성이다.

④ 〈2 모둠〉에 배정된 속성은 공유성이고, 〈5 모둠〉에 배정된 속성은 학습성이다.

⑤ 문화가 상징을 통해 후천적으로 학습된다는 것을 의미하는 속성은 학습성이다. 학습성은 〈5 모둠〉에 배정되었다.

이것만은 꼭!

1. 문화의 공유성은 문화가 한 사회의 구성원 다수가 공통적으로 가지고 있는 생활 양식임을 의미한다.
2. 문화의 변동성은 문화가 시간이 흐르면서 그 형태나 내용, 의미가 변화하는 생활 양식임을 의미한다.
3. 문화의 전체성은 문화가 여러 구성 요소들이 상호 유기적으로 결합된 하나로서의 총체이므로 부분이 아닌 전체로서 의미를 갖는 생활 양식임을 의미한다.

04 문화의 의미와 속성

| 정답 ② | 23년 6월 모의평가 5번

①	❷	③	④	⑤
3%	85%	3%	6%	3%

밑줄 친 ㉠~㉤에 대한 설명으로 옳은 것은? [3점]

갑국에서는 ㉠종교가 계층별 생활 양식을 비롯한 사회생활 전반에 영향을 크게 미친다. 예컨대 사회적으로 높은 위치에 있는 사람들은 종교 교리의 영향을 받아 육식을 멀리한다. 그래서 갑국 사람들은 이들처럼 고상하게 보이려고 ㉡직장 등에서 여러 사람과 함께 식사할 때는 채식을 당연시한다. 그런데 최근 갑국에서 ㉢스마트폰과 배달 애플리케이션 사용이 일상화되면서 고기가 들어간 도시락 판매가 크게 증가하였다. 이는 ㉣육식 문화에 대한 부정적인 시각이 여전한 상황에서 ㉤타인의 눈치를 보지 않고 육류를 먹으려고 도시락을 주문하는 사람들이 증가하여 나타난 현상이다.

(문화의 전체성 / 문화의 공유성 / 물질문화 / 넓은 의미의 문화)

① ㉠에는 문화의 변동성이 부각되어 있다. (전체성)
② ㉡에는 문화의 공유성이 부각되어 있다.
③ ㉢은 비물질문화에 해당한다. (물질)
④ ㉣에서 '문화'는 좁은 의미의 문화이다. (넓은)
⑤ ㉤은 문화 지체의 사례로 볼 수 있다. (없다.)

✓ 자료 분석 문화의 공유성은 문화가 한 사회의 구성원 다수가 공통적으로 가지고 있는 생활 양식임을 의미하고, 문화의 전체성은 문화가 여러 구성 요소들이 상호 유기적으로 결합된 하나로서의 총체이므로 부분이 아닌 전체로서의 의미를 갖는 생활 양식임을 의미한다.

O 정답 찾기 ② '직장 등에서 여러 사람과 함께 식사할 때는 채식을 당연시하는 것'에는 문화의 공유성이 부각되어 있다.

X 오답 풀이 ① '종교가 계층별 생활 양식을 비롯한 사회생활 전반에 영향을 크게 미친 것'에는 문화의 전체성이 부각되어 있다.
③ '스마트폰'은 물질문화에 해당한다.
④ '육식 문화'에서의 문화는 넓은 의미의 문화에 해당한다.
⑤ '타인의 눈치를 보지 않고 육류를 먹으려고 도시락을 주문하는 사람들이 증가하는 것'은 문화 지체의 사례로 볼 수 없다.

이것만은 꼭!

1. 좁은 의미의 문화는 고상하거나 세련된 것, 고급스러운 것 등의 의미를 지닌 생활 양식이다.
2. 청소년 문화, 육식 문화, 채식 문화에서의 '문화'는 넓은 의미의 문화에 해당한다.
3. 문화의 전체성은 문화는 여러 구성 요소들이 상호 유기적으로 결합된 하나로서의 총체이므로 부분이 아닌 전체로서의 의미를 갖는 생활 양식임을 의미한다.

05 문화의 속성

| 정답 ⑤ | 23년 9월 모의평가 6번

①	②	③ 함정	④	❺
1%	5%	35%	4%	55%

다음 자료에 대한 설명으로 옳은 것은?

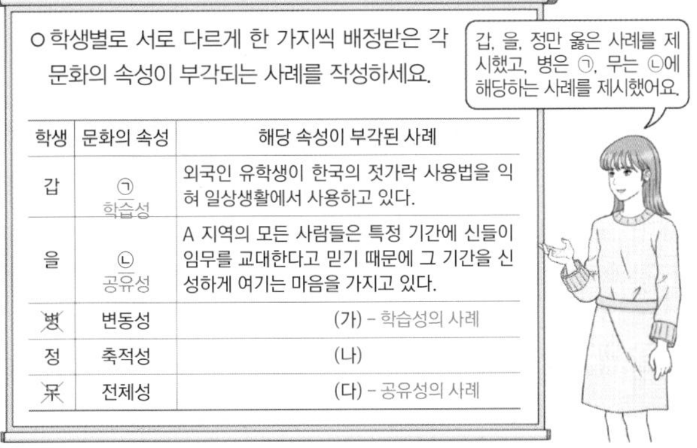
○ 학생별로 서로 다르게 한 가지씩 배정받은 각 문화의 속성이 부각되는 사례를 작성하세요.

갑, 을, 정만 옳은 사례를 제시했고, 병은 ㉠, 무는 ㉡에 해당하는 사례를 제시했어요.

학생	문화의 속성	해당 속성이 부각된 사례
갑	㉠ (학습성)	외국인 유학생이 한국의 젓가락 사용법을 익혀 일상생활에서 사용하고 있다.
을	㉡ (공유성)	A 지역의 모든 사람들은 특정 기간에 신들이 임무를 교대한다고 믿기 때문에 그 기간을 신성하게 여기는 마음을 가지고 있다.
병	변동성	(가) – 학습성의 사례
정	축적성	(나)
무	전체성	(다) – 공유성의 사례

① ㉠은 문화가 세대 간 전승을 통해 더욱 복잡하고 풍부해지는 것임을 의미한다. (축적성)
② ㉡은 문화가 여러 요소들이 상호 유기적으로 연관되어 나타나는 것임을 의미한다. (전체성)
③ (가)에는 '내비게이션 등장 이후 운전할 때 종이 지도로 길을 찾는 사람들은 거의 사라졌다.'가 들어갈 수 있다. (전체성, 변동성 / 없다.)
④ (나)에는 '예전에는 혈액형으로 성향을 파악했지만, 요즘은 성격 검사 결과를 통해 성향을 파악하는 것을 즐긴다.'가 들어갈 수 있다. (변동성 / 없다.)
⑤ (다)에는 '팬클럽마다 좋아하는 연예인을 상징하는 색깔을 정하고 그 색깔을 응원에 활용한다.'가 들어갈 수 있다. (공유성)

✓ 자료 분석 ㉠은 학습성, ㉡은 공유성이며, (가)에는 학습성의 사례가, (다)에는 공유성의 사례가 들어가야 한다.

O 정답 찾기 ⑤ (다)에는 공유성에 해당하는 사례가 들어가야 한다. 해당 내용에는 공유성이 부각되어 있다. 따라서 해당 내용은 (다)에 들어갈 수 있다.

X 오답 풀이 ① 축적성에 대한 설명이다.
② 전체성에 대한 설명이다.
③ (가)에는 학습성에 해당하는 사례가 들어가야 한다. 해당 내용에는 변동성과 전체성이 부각되어 있다. 따라서 해당 내용은 (가)에 들어갈 수 없다.
④ (나)에는 축적성에 해당하는 사례가 들어가야 한다. 해당 내용에는 변동성이 부각되어 있다. 따라서 해당 내용은 (나)에 들어갈 수 없다.

함정 클리닉

③번을 정답으로 착각한 학생들은 병이 배정받은 문화의 속성과 병이 작성한 문화의 속성 사례를 혼동하였거나 ③번 선지의 내용이 문화의 변동성과 전체성이 부각된 사례라는 점을 파악하지 못하였을 가능성이 크다. 병이 배정받은 문화의 속성은 변동성이지만, 교사의 평가에서 병은 학습성에 해당하는 사례를 제시했다고 하였으므로 (가)에는 학습성이 부각된 사례를 작성해야 옳다.

이것만은 꼭!

1. 축적성은 문화가 세대 간 전승을 통해 더욱 복잡하고 풍부해지는 것임을 의미한다.
2. 전체성은 문화가 여러 요소들이 상호 유기적으로 연관되어 나타나는 것임을 의미한다.
3. 공유성은 문화가 한 사회의 구성원 다수가 공통적으로 가지고 있는 생활 양식임을 의미한다.

①	❷	③ 함정	④	⑤ 함정
2%	36%	22%	10%	30%

다음 자료에 대한 설명으로 옳은 것은? [3점]

교사: 문화의 속성 5가지를 서로 다르게 1가지씩 배정했습니다. '자전거'를 소재로 각자 배정받은 속성이 부각된 사례를 말해 볼까요?

갑: 출퇴근 수단으로 ○○국 사람들이 자전거를 떠올리는 것은 A가 부각된 사례입니다. (공유성) (공유성)

을: 예전과 다르게 짧은 거리를 이동할 때 택시를 이용하는 대신 자전거를 이용하는 사람이 늘어난 것은 B가 부각된 사례입니다. (변동성) (학습성)

병: (가) - 학습성이 부각된 사례 은 축적성이 부각된 사례입니다.

정: (나) - 전체성이 부각된 사례 은 전체성이 부각된 사례입니다.

무: (다) - 축적성이 부각된 사례 은 변동성이 부각된 사례입니다.

교사: 갑과 정은 각각 배정받은 속성이 부각된 사례를 제시하였습니다. 하지만 을은 무가 배정받은 속성, 병은 학습성, 무는 병이 배정받은 속성이 부각된 사례를 제시하였습니다.

① A는 문화가 시간이 지남에 따라 변화하는 것을 의미한다. (변동성)

② B는 사회 구성원이 문화를 후천적으로 습득하는 것을 의미한다. (학습성)

③ (가)에는 '어릴 적 자전거 타는 방법을 부모에게 배워 능숙하게 자전거를 탈 수 있게 된 것'이 들어갈 수 ~~없다~~. (학습성) (있다.)

④ (나)에는 '기존의 자전거에 변속기가 추가되고 충격 흡수 장치가 더해지는 것'이 들어갈 수 ~~있다~~. (축적성) (없다.)

⑤ (다)에는 '자전거 이용자가 늘어나자 기업이 자전거를 이용하는 공유 경제 상품을 개발하고, 정부가 전용 도로를 건설하는 것'이 들어갈 수 ~~있다~~. (전체성) (없다.)

✓ 자료 분석 출퇴근 수단으로 ○○국 사람들이 자전거를 떠올리는 것은 공유성의 사례에 해당한다. 갑은 배정받은 속성이 부각된 사례를 제시하였으므로 갑은 공유성을 배정받았고, A는 공유성이다. 갑은 공유성, 병은 축적성, 정은 전체성, 무는 변동성을 배정받았으므로 을은 학습성을 배정받았다. 따라서 B는 학습성이다. 병은 학습성이 부각된 사례를 제시하였으므로 (가)에는 학습성이 부각된 사례가 들어가야 한다. 정은 전체성이 부각된 사례를 제시하였으므로 (나)에는 전체성이 부각된 사례가 들어가야 한다. 무는 병이 배정받은 속성이 부각된 사례를 제시하였으므로 (다)에는 축적성이 부각된 사례가 들어가야 한다.

○ 정답 찾기 ② 학습성은 문화가 선천적, 유전적으로 나타나는 행동이 아니라 후천적 학습에 의해 형성되는 생활 양식임을 의미한다.

× 오답 풀이 ① 문화가 시간이 지남에 따라 변화하는 것을 의미하는 문화의 속성은 변동성이다.

③ (가)에는 학습성이 부각된 사례가 들어가야 한다. 어릴 적 자전거 타는 방법을 부모에게 배워 능숙하게 자전거를 탈 수 있게 된 것은 학습성이 부각된 사례이다. 따라서 해당 사례는 (가)에 들어갈 수 있다.

④ (나)에는 전체성이 부각된 사례가 들어가야 한다. 기존의 자전거에 변속기가 추가되고 충격 흡수 장치가 더해지는 것은 축적성이 부각된 사례이다. 따라서 해당 사례는 (나)에 들어갈 수 없다.

⑤ (다)에는 축적성이 부각된 사례가 들어가야 한다. 자전거 이용자가 늘어나자 기업이 자전거를 이용하는 공유 경제 상품을 개발하고, 정부가 전용 도로를 건설하는 것은 전체성이 부각된 사례이다. 따라서 해당 사례는 (다)에 들어갈 수 없다.

함정 클리닉

②번을 정답으로 선택하지 못한 학생들은 갑~무가 각각 배정받은 문화의 속성과 갑~무가 각각 제시한 문화의 속성을 혼동하였을 가능성이 크다. 갑은 공유성을 배정받아 공유성이 부각된 사례를 제시하였고, 을은 학습성을 배정받아 변동성이 부각된 사례를 제시하였으며, 병은 축적성을 배정받아 학습성이 부각된 사례를 제시하였다. 한편 정은 전체성을 배정받아 전체성이 부각된 사례를 제시하였고, 무는 변동성을 배정받아 축적성이 부각된 사례를 제시하였다.

이것만은 꼭!

1. 문화의 변동성은 문화가 시간이 지남에 따라 변화하는 것을 의미한다.
2. 문화의 학습성은 사회 구성원이 문화를 후천적으로 습득하는 것을 의미한다.
3. 문화의 공유성은 문화가 한 사회의 구성원 다수가 공통적으로 가지고 있는 생활 양식임을 의미한다.

07 문화의 속성

| 정답 ⑤ | 22년 6월 모의평가 16번

①	②	③	④	⑤
2%	2%	5%	8%	83%

다음 두 사례에 공통적으로 부각되어 있는 문화의 속성에 대한 옳은 진술만을 〈보기〉에서 고른 것은?

> ○ 갑국 사람들은 □□빵을 번영과 풍요의 상징으로 여겨 이 빵을 만드는 방법을 대대로 전수하고 있다. 갑국에서는 □□빵을 칼로 자르는 행위가 불운을 가져온다고 믿으며, 이 빵을 버리거나 던지는 행위도 금기시된다.- 공유성
> ○ 을국 사람들은 평소 절제를 중시하여 식사조차도 즐거운 행위가 아닌 생명 유지를 위한 행위 정도로 여긴다. 그래서 을국에서는 먹고 싶은 것을 참거나 때때로 단식하는 것을 자랑스럽게 생각한다.- 공유성

보기
ㄱ. 문화는 시간이 흐르면서 지속적으로 변화한다.– 변동성
ㄴ. 문화는 세대 간 전승을 통해 점차 복잡하고 풍부해진다.– 축적성
ㄷ. 문화는 한 사회 구성원 간 원활한 상호 작용의 토대가 된다.– 공유성
ㄹ. 문화는 특정 상황에서 상대방의 행동 방식을 예측하게 한다.– 공유성

① ㄱ, ㄴ ② ㄱ, ㄷ ③ ㄴ, ㄷ ④ ㄴ, ㄹ ⑤ ㄷ, ㄹ

✔ 자료 분석 제시된 두 사례에 공통적으로 부각되어 있는 문화의 속성은 공유성이다. 공유성은 문화가 한 사회의 구성원 다수가 공통적으로 가지고 있는 생활 양식임을 의미한다.

○ 정답 찾기 ㄷ. 문화의 공유성으로 인해 문화는 구성원 간 원활한 상호 작용의 토대가 된다.
ㄹ. 문화의 공유성으로 인해 사회 구성원 간에 사고와 행동의 동질성을 형성하여 타인의 행동을 예측하고 이해할 수 있게 된다.

✕ 오답 풀이 ㄱ. 문화가 시간이 흐르면서 지속적으로 변화하는 것은 문화의 변동성과 관련 있다.
ㄴ. 문화의 축적성으로 인해 문화는 세대 간 전승을 통해 점차 복잡하고 풍부해진다.

이것만은 꼭!
1. 공유성은 문화가 한 사회의 구성원 다수가 공통적으로 가지고 있는 생활 양식임을 의미한다.
2. 축적성은 문화가 세대 간 전승되면서 새로운 요소가 추가되어 점점 더 풍부해지는 생활 양식임을 의미한다.
3. 공유성으로 인해 문화는 특정 상황에서 상대방의 행동 방식을 예측하게 한다.

제2권 평가원 해설

08 문화의 의미와 속성

| 정답 ⑤ | 22년 9월 모의평가 16번

①	②	③	④	⑤
14%	4%	2%	7%	73%

밑줄 친 ㉠~㉥에 대한 설명으로 옳은 것은? [3점]

> 최근 젊은 세대를 중심으로 ㉠짠테크 문화(넓은 의미의 문화)가 유행처럼 번지고 있다. 이는 ㉡과시적 소비를 추구했던 지난 몇 년 전과는 반대의 현상이다(문화의 변동성). 짠테크 열풍으로 물건을 빌리거나 나누는 사람들이 늘어나면서 ㉢온라인 중개 플랫폼 기술을 활용(물질문화)해 관련 서비스를 제공하는 기업이 급성장하고 있다. 한편 ㉣SNS를 통해 짠테크 방법에 대한 ㉤부정확한 정보가 무차별적으로 유포되어 피해를 입는 경우가 간혹 발생하고 있어 피해 방지를 위해 관련 ㉥법률(비물질문화)의 정비가 필요하다.
> ※ 짠테크: 인색하다는 뜻의 '짜다'와 자산 관리의 기법을 일컫는 '재테크'의 합성어로 적은 돈까지 알뜰하게 관리하는 것을 의미함

① ㉠에서 '문화'는 ~~좁은~~(넓은) 의미로 사용되었다.
② ㉡에는 문화의 ~~축적성~~(변동성)이 부각되어 있다.
③ ㉣은 정보 생산자와 정보 소비자 간 구분이 ~~명확한~~(불명확한) 매체이다.
④ ㉤은 대중문화의 확산으로 문화의 획일화가 심화되었음을 보여 주는 ~~사례이다~~(사례가 아니다).
⑤ ㉥은 ㉢과 달리 비물질문화에 해당한다.

✔ 자료 분석 좁은 의미의 문화는 고상하거나 세련된 것, 고급스러운 것 등 특별한 의미를 지닌 사회적 생활 양식을 의미하며, 넓은 의미의 문화는 한 사회나 집단의 구성원들이 공유하는 행동 양식이나 의식주, 가치 및 규범, 사고방식을 의미한다.

○ 정답 찾기 ⑤ 온라인 중개 플랫폼 기술은 물질문화에 해당하고, 법률은 비물질문화(제도문화)에 해당한다.

✕ 오답 풀이 ① '짠테크 문화'에서 '문화'는 넓은 의미로 사용되었다.
② 문화의 축적성은 문화가 세대 간 전승되면서 새로운 요소가 추가되어 점점 더 풍부해지는 생활 양식임을 의미한다. ㉡에는 문화의 변동성이 부각되어 있다.
③ SNS는 뉴 미디어로, 정보 생산자와 정보 소비자 간 구분이 명확하지 않다.
④ 부정확한 정보가 무차별적으로 유포되어 피해를 입는 경우가 발생한다고 해서 그것이 대중문화의 확산으로 인한 문화의 획일화 현상의 심화를 의미한다고 보기 어렵다.

이것만은 꼭!
1. 넓은 의미의 문화는 한 사회나 집단의 구성원들이 공유하는 행동 양식이나 의식주, 가치 및 규범, 사고방식 등 인간의 모든 사회적 생활 양식을 의미한다.
2. 문화는 인류가 자연환경에 적응하면서 만들어진 생활 양식으로 시간이 흐르면서 그 형태나 내용, 의미가 변화하는데, 이를 문화의 변동성이라고 한다.
3. SNS와 같은 쌍방향 매체(뉴 미디어)는 정보 생산자와 소비자의 경계가 모호하고, 정보 소비자가 정보 생산 과정에 능동적이고 적극적으로 참여한다.

09 문화의 의미와 속성

| 정답 ③ | 22년 수능 16번

①	②	❸	④	⑤
3%	5%	84%	4%	4%

밑줄 친 ㉠~㉤에 대한 설명으로 옳은 것은?

배트 플립(bat flip)은 야구 경기에서 타자가 홈런을 친 후 ㉠야구 방망이를 던지는 동작으로 자신의 타격을 과시하거나 기쁨을 표현하는 것이다. ㉡배트 플립이 한국 야구에서는 일종의 볼거리로 여겨지지만, 미국 야구에서는 홈런 맞은 투수를 자극하는 행위로 간주되어 금기시된다. 몇 년 전 미국 언론을 통해 한국의 다양한 배트 플립 영상이 소개되어 ㉢한국의 독특한 야구 문화가 화제가 되었다. ㉣미국 야구에 익숙한 사람이라면 한국의 배트 플립 문화가 놀랍고 신기할 수밖에 없었다. 그런데 요즘 미국에서도 배트 플립을 하는 선수가 늘어나면서 이에 대한 여러 반응이 나오고 있다. ㉤배트 플립을 부정적으로 보는 사람이 여전히 많지만, 자기표현에 익숙한 젊은 세대 중 일부는 우호적인 반응을 보이기도 한다.

(물질문화 / 공유성 / 넓은 의미의 문화 / 공유성)

① ㉠은 ~~비물질문화~~(물질문화)에 해당한다.
② ㉡에는 문화의 ~~총체성~~(공유성)이 부각되어 있다.
③ ㉢에서 '문화'는 넓은 의미로 사용되었다.
④ ㉣에는 문화의 ~~변동성~~(공유성)이 부각되어 있다.
⑤ ㉤은 문화 지체의 사례에 ~~해당한다~~(해당하지 않는다).

✔ 자료 분석 문화의 공유성은 문화가 한 사회의 구성원 다수가 공통적으로 가지고 있는 생활 양식임을 의미한다. 이러한 문화의 공유성으로 인해 사고와 행동의 동질성이 형성되어 타인의 행동을 예측하고 이해할 수 있어 원활한 사회적 상호 작용의 토대가 된다.

○ 정답 찾기 ③ 한국의 야구 문화에서 '문화'는 한 사회나 집단에서 나타나는 인간의 모든 사회적 생활 양식을 의미하므로 넓은 의미의 문화에 해당한다.

✕ 오답 풀이 ① 야구 방망이는 물질문화에 해당한다.
② ㉡에는 문화의 공유성이 부각되어 있다.
④ ㉣에는 문화의 공유성이 부각되어 있다.
⑤ 문화 지체는 문화 변동 과정에서 물질문화가 비물질문화보다 빠르게 변동함으로써 나타나는 부조화 현상을 말한다. ㉤은 문화 지체의 사례에 해당하지 않는다.

이것만은 꼭!

1. 문화 요소의 유형에는 물질문화와 비물질문화가 있다.
2. 좁은 의미의 문화는 고상하거나 세련된 것, 고급스러운 것 등 특별한 의미를 가지고 있는 사회적 생활 양식을 의미한다.
3. 문화 변동 과정에서 물질문화가 비물질문화보다 빠르게 변동함으로써 나타나는 부조화 현상을 문화 지체라고 한다.

10 문화의 속성

| 정답 ③ | 21년 6월 모의평가 8번

①	②	❸	④	⑤
3%	6%	73%	13%	5%

밑줄 친 ㉠~㉥에 대한 설명으로 옳은 것은?

(넓은 의미의 문화)

코로나19의 확산으로 ㉠사회적 거리 두기가 장기화되면서 ㉡'홈코노미(homeconomy)' 문화가 빠른 속도로 확산되고 있다. 이제 집은 단순한 주거 공간이 아니라 재택근무, 온라인 쇼핑을 비롯한 각종 경제 활동을 하고 ㉢문화생활을 즐기는 공간으로 인식되고 있다. 이와 같이 ㉣집을 중심으로 다양한 활동이 이루어지면서 관련 산업들이 급성장하고 있다. 특히 ㉤동영상 전송 기술의 발달과 콘텐츠의 다양화로 인해 콘텐츠 서비스 이용자 수도 폭발적으로 증가하고 있다. 그 결과 ㉥많은 이용자가 한꺼번에 접속하면서 서비스 이용에 장애가 발생하기도 한다.

(좁은 의미의 문화 / 문화의 총체성)

* 홈코노미: 집(home)과 경제(economy)가 합쳐져서 만들어진 신조어이다.

① ㉠에는 문화의 축적성이 부각되어 ~~있다~~(있지 않다).
② ~~㉡과~~ ㉢에서의 '문화'는 ~~모두~~ 좁은 의미로 사용되었다.
③ ㉣은 문화의 총체성으로 설명할 수 있다.
④ ㉤은 ~~비물질문화~~(물질문화)에 해당한다.
⑤ ㉥은 문화 지체 현상에 ~~해당한다~~(해당하지 않는다).

✔ 자료 분석 코로나19의 확산으로 사회적 거리 두기가 장기화되면서 문화의 연쇄적인 변동이 나타나게 되었다. 이를 통해 문화의 총체성과 문화의 변동성이 부각되어 있음을 알 수 있다.

○ 정답 찾기 ③ 코로나19의 확산으로 사회적 거리 두기가 장기화되면서 집을 중심으로 다양한 활동이 이루어지고 재택근무, 온라인 쇼핑, 문화생활과 관련 있는 산업들이 급성장하는 것은 문화의 총체성으로 설명할 수 있다. 문화의 총체성은 문화의 여러 구성 요소들이 상호 유기적으로 결합되어 부분이 아닌 전체로서 의미를 갖고 있음을 의미한다.

✕ 오답 풀이 ① 문화의 축적성은 문화가 세대 간 전승되면서 새로운 요소가 추가되어 점점 더 풍부해지는 생활 양식임을 의미한다. ㉠에는 문화의 축적성이 부각되어 있지 않다.
② 홈코노미 문화에서의 '문화'는 넓은 의미의 문화에 해당하고, 문화생활에서의 '문화'는 좁은 의미의 문화에 해당한다.
④ 동영상 전송 기술은 물질문화에 해당한다.
⑤ 물질문화의 변동 속도를 비물질문화의 변동 속도가 따르지 못하여 발생하는 문화 요소 간 부조화 현상을 문화 지체 현상이라고 한다. ㉥은 문화 지체 현상에 해당하지 않는다.

이것만은 꼭!

1. 고상하거나 세련된 것, 고급스러운 것 등 특별한 의미를 지닌 사회적 생활 양식을 좁은 의미의 문화라고 한다.
2. 문화의 공유성은 문화가 한 사회의 구성원 다수가 공통적으로 가지고 있는 생활 양식임을 의미한다.
3. 문화의 축적성은 문화가 세대 간 전승되면서 새로운 요소가 추가되어 점점 더 풍부해지는 생활 양식임을 의미한다.

11 문화의 속성

| 정답 ① | 21년 9월 모의평가 5번

❶	②	③	④	⑤
85%	7%	1%	5%	2%

밑줄 친 ㉠~㉣에 부각된 문화의 속성에 대한 옳은 설명만을 〈보기〉에서 있는 대로 고른 것은?

> 적에 맞서 전투를 수행하는 기사들의 삶이 찬미되었던 중세 사회에서 ㉠강탈, 격투, 사냥 등은 친숙한 일상 문화였다.(문화의 공유성) 공격성과 가학성을 즐기는 기사들의 욕구는 자유롭게 발산되었다. ㉡폭력성을 발산하는 기사들의 문화를 아이들이 일상적으로 접하면서 따라 했다.(문화의 학습성) 반대로 후대의 사회, 특히 궁정에서는 ㉢자신의 감정을 감추지 못하는 사람을 문명화되지 않은 패배자로 취급하는 문화가 나타났다.(문화의 변동성) ㉣물리적 폭력 수단이 중앙 권력에 집중되자, 일상에서는 폭력을 삼가고 예의와 교양을 중시하는 문화가 확산되었다.(문화의 전체성)

〈보기〉

ㄱ. ㉠은 문화가 사회 구성원의 행동을 예측 가능하게 하는 것임을 보여 준다. 공유성

ㄴ. ㉣은 문화가 여러 요소들이 상호 유기적으로 연관되어 나타나는 현상임을 보여 준다. 전체성

ㄷ. ~~㉡은 ㉢과~~(㉢은 ㉡과) 달리 문화가 시간이 흐르면서 형태나 내용이 변화함을 보여 준다. 변동성

ㄹ. ~~㉢은 ㉣과 달리~~ 문화가 상징체계를 통해 전승되면서 보다 풍부하게 축적됨을 보여 준다. 축적성

① ㄱ, ㄴ ② ㄱ, ㄷ ③ ㄷ, ㄹ ④ ㄱ, ㄴ, ㄹ ⑤ ㄴ, ㄷ, ㄹ

✓ 자료 분석 ㉠에는 강탈, 격투, 사냥 등이 친숙한 일상 문화였다는 점에서 문화의 공유성이 부각되어 있고, ㉡에는 기사들의 문화를 아이들이 따라 했다는 점에서 문화의 학습성이 부각되어 있다. ㉢에는 기사에 대한 평가가 후대로 넘어오면서 달라졌다는 점에서 문화의 변동성이 부각되어 있고, ㉣에는 중앙 권력과 일상에서의 문화가 서로 관련되어 있다는 점에서 문화의 전체성이 부각되어 있다.

O 정답 찾기 ㄱ. 문화의 공유성을 통해 문화는 사회 구성원의 사고와 행동의 동질성을 형성하여 사회 구성원의 행동을 예측 가능하게 해 준다.
ㄴ. 문화의 전체성을 통해 문화는 여러 구성 요소들이 상호 유기적으로 결합된 하나의 총체로서 부분이 아닌 전체로서의 의미를 가진다.

× 오답 풀이 ㄷ. 문화가 시간이 흐르면서 형태나 내용이 변화함을 보여 주는 것은 문화의 변동성과 관련 있다.
ㄹ. 문화가 상징체계를 통해 전승되면서 보다 풍부하게 축적됨을 보여 주는 것은 문화의 축적성과 관련 있다.

이것만은 꼭!

1. 문화의 학습성을 통해 개인의 사회적 행동이 사회화 과정을 통해 형성됨을 설명할 수 있다.
2. 문화의 전체성은 문화를 구성하는 요소들이 유기적으로 연결되어 있음을 의미한다.
3. 문화의 변동성을 통해 문화에 새로운 특성이 추가되거나 기존의 특성이 소멸되는 현상을 설명할 수 있다.

12 문화의 속성

| 정답 ② | 21년 수능 5번

①	❷	③	④	⑤
1%	86%	5%	7%	1%

(가)와 달리 (나)에만 부각되는 문화의 속성에 대한 진술로 옳은 것은? [3점]

> (가) 사람의 몸과 정신이 연결되어 있다는 믿음을 가졌던 전통 사회에서는 질병의 원인을 누군가의 원한이나 주술이라고 생각했기 때문에 아픈 사람을 굿으로 치료하려고 하였다. 반면, 질병의 원인을 과학에 근거하여 바이러스나 세균에서 찾는 오늘날에는 누구나 아픈 경우에 병원에 가서 치료하려고 한다. (공유성, 변동성, 총체성(전체성))
> (나) 판소리는 북장단에 맞춰 소리, 아니리, 발림을 섞은 전통 민속악이다. 최근에 판소리는 소리꾼의 소리에 베이스, 드럼, 댄스를 더해 남녀노소가 쉽게 즐기는 퓨전 음악으로 재탄생했다. 판소리의 이야기가 갖는 서사성은 유지하면서도 중독성 강한 리듬과 흥겨운 춤이 더해져 판소리와 랩의 경계를 넘나드는 새로운 장르로 발전하고 있다. (공유성, 변동성, 축적성)

① 문화는 상징을 통해 후천적으로 학습된다. – 학습성
② 문화는 세대를 전승하며 더욱 풍부해진다. – 축적성
③ 문화는 유기적으로 연결된 총체로서 존재한다. – 총체성(전체성)
④ 문화는 시간이 흐르면서 그 형태나 내용이 변화된다. – 변동성
⑤ 문화는 구성원들의 사고와 행동에 동질성을 갖게 한다. – 공유성

✓ 자료 분석 (가)에서 사람의 몸과 정신이 연결되어 있다는 믿음을 바탕으로 아픈 사람을 굿으로 치료하려고 하였다는 내용을 통해 공유성과 총체성(전체성)을, 전통 사회에서의 치료 방법과 오늘날의 치료 방법의 변화를 통해 변동성을 파악할 수 있다. (나)에서 판소리가 남녀노소가 쉽게 즐기는 퓨전 음악으로 재탄생하였고, 중독성 강한 리듬과 흥겨운 춤이 더해져 새로운 장르로 발전하고 있다는 내용을 통해 공유성, 변동성, 축적성을 파악할 수 있다.

O 정답 찾기 ② (가)와 달리 (나)에만 부각되어 있는 문화의 속성은 축적성이다. 축적성은 문화가 세대 간 전승되면서 새로운 요소가 추가되어 점점 더 풍부해지는 생활 양식임을 의미한다.

× 오답 풀이 ① 학습성은 문화가 상징을 통해 후천적 학습에 의해 형성되는 생활 양식임을 의미한다.
③ 총체성(전체성)은 문화가 여러 구성 요소들이 상호 유기적으로 결합된 하나로서의 전체 또는 체계이므로 부분이 아닌 전체로서 의미를 갖는 생활 양식임을 의미한다.
④ 변동성은 시간이 흐르면서 문화의 형태나 내용, 의미가 변화하는 생활 양식임을 의미한다.
⑤ 공유성은 문화가 한 사회의 구성원 다수가 공통적으로 가지고 있는 생활 양식임을 의미한다.

이것만은 꼭!

1. 문화의 축적성은 문화가 발전할 수 있는 원동력이 된다.
2. 문화의 공유성은 원활한 사회적 상호 작용의 토대가 된다.
3. 문화의 총체성(전체성)은 문화 요소 간 상호 연관성으로 인해 한 부분의 변동이 다른 부분의 연쇄적인 변동을 초래한다.

13 문화의 의미와 속성

| 정답 ④ | 20년 6월 모의평가 16번

①	②	③	❹	⑤
5%	1%	1%	88%	3%

밑줄 친 ㉠~㉤에 대한 옳은 설명만을 〈보기〉에서 있는 대로 고른 것은? [3점]

> 갑국에서는 쉬지 않고 열심히 일하는 것을 중요시하던 시절이 있었다. ㉠직장에 회식이 있으면 집에 늦게 들어가는 것을 누구나 당연하게 여기곤 했다. 그러나 최근에는 ㉡평생직장 개념이 사라지면서 직장 내 인간관계 양상과 ㉢조직 문화가 달라지고 있다. 일과 삶의 균형을 중시하고 개인의 행복을 추구하는 사람들이 늘어나게 되었다. ㉣이러한 사회적 분위기가 여행, 레저 등 다양한 영역에 영향을 미쳐 관련 산업이 성장하고 ㉤여가 문화가 활성화되고 있다.

(공유성, 변동성, 넓은 의미의 문화, 전체성, 넓은 의미의 문화)

보기

ㄱ. ㉠은 문화를 통해 구성원의 행동 양식을 예측할 수 있음을 보여 준다. (공유성)
ㄴ. ㉡은 문화가 고정된 것이 아니라 변화하는 것임을 보여 준다. (변동성)
ㄷ. ㉣은 문화의 각 부분이 독립적으로 존재하지 않음을 보여 준다. (전체성)
ㄹ. ㉢의 '문화'는 ㉤의 '문화'와 달리 좁은 의미의 문화이다. (모두 넓은)

① ㄱ, ㄴ ② ㄱ, ㄹ ③ ㄷ, ㄹ
④ ㄱ, ㄴ, ㄷ ⑤ ㄴ, ㄷ, ㄹ

✓ 자료 분석 넓은 의미의 문화는 한 집단의 구성원이 공유하는 사회적 생활 양식을 의미하는 반면, 좁은 의미의 문화는 고상하거나 세련된 것 등 특별한 의미를 가진다.

○ 정답 찾기 ㄱ. 문화의 공유성은 문화가 한 사회의 구성원 다수가 공통적으로 가지고 있는 생활 양식임을 의미한다. 어떠한 현상을 누구나 당연하게 여기는 모습에서 부각되어 있는 문화의 속성은 공유성이다. 문화의 공유성은 구성원의 사고와 행동의 동질성을 형성하여 타인의 행동을 예측하고 이해할 수 있게 한다.
ㄴ. 문화의 변동성은 문화가 시간이 흐르면서 그 형태나 내용, 의미가 변화함을 의미한다. 직장에 대한 인식이 달라지는 모습에서 문화의 변동성이 부각되어 있다.
ㄷ. 문화의 전체성은 문화가 여러 구성 요소들이 상호 유기적으로 결합되어 한 부분의 변동이 다른 부분의 변동을 초래함을 의미한다. 일과 삶의 균형에 대한 사회적 인식이 여행, 레저 등 다른 부분에 영향을 미치는 모습에서 문화의 전체성이 부각되어 있다.

× 오답 풀이 ㄹ. 조직 문화에서의 문화와 여가 문화에서의 문화는 모두 넓은 의미의 문화에 해당한다.

이것만은 꼭!
1. 문화의 공유성으로 인해 타인의 행동을 예측하고 이해할 수 있다.
2. 문화의 전체성은 문화가 유기적으로 결합된 하나의 총체라고 본다.
3. 넓은 의미의 문화는 문화가 한 집단의 구성원이 공유하는 생활 양식이라고 본다.

14 문화의 속성

| 정답 ① | 20년 9월 모의평가 8번

❶	②	③	④	⑤ 함정
67%	10%	4%	1%	16%

밑줄 친 ㉠~㉣에 부각된 문화의 속성에 대한 설명으로 옳지 않은 것은? [3점]

> 최근 복고 문화가 인기를 끌며 '뉴트로'라는 신조어가 생겨났다. 뉴트로는 1020 세대에는 신선함을, 3040 세대에는 ㉠새로운 향수를 불러일으키는 현상이다. 대체로 복고 문화는 경기가 좋지 않을 때 ㉡'그땐 그랬는데'라고 과거를 아름답게 회상하며 유행한다. 하지만 젊은 층의 복고 문화는 ㉢경험해 보지 못한 옛 문화에 현대적인 감각을 입혀 새롭게 받아들이는 현상으로 나타나고 있다. ㉣SNS의 확산이 가져온 뉴트로 열풍은 패션, 예술은 물론 상권에도 영향을 주고 있다.

(공유성, 공유성, 변동성, 축적성, 총체성, 변동성)

① ㉠(→㉣)은 한 문화 요소의 변화가 다른 문화 요소에 변화를 가져옴을 보여 준다. (총체성)
② ㉡은 문화가 사회 성원 간 원활한 상호 작용의 토대가 됨을 보여 준다. (공유성)
③ ㉢은 문화가 세대 간 전승을 통해 더욱 풍부해짐을 보여 준다. (축적성)
④ ㉣은 문화의 각 요소가 상호 유기적으로 결합되어 있음을 보여 준다. (총체성)
⑤ ㉢, ㉣은 모두 문화가 시간의 흐름에 따라 그 형태와 내용이 변화함을 보여 준다. (변동성)

✓ 자료 분석 ㉠에는 특정 연령대에게 향수를 불러일으킨다는 점에서 문화의 공유성이 부각되어 있고, ㉡에는 과거에 대해 동일하게 생각한다는 점에서 문화의 공유성이 부각되어 있다. ㉢에는 옛 문화에 현대적인 감각이 입혀진다는 점에서 축적성이, 새롭게 받아들여지는 현상이 나타난다는 점에서 변동성이 부각되어 있다. ㉣에는 뉴트로 열풍이 다른 문화에도 영향을 미친다는 점에서 총체성과 변동성이 부각되어 있다.

○ 정답 찾기 ① 문화의 총체성은 문화를 구성하는 요소들이 상호 유기적으로 결합되어 있어 한 문화 요소의 변화가 다른 문화 요소에 변화를 가져옴을 의미한다. ㉠에서 부각되어 있는 문화의 속성은 공유성이다.

× 오답 풀이 ② 문화의 공유성은 문화가 한 사회 구성원 다수가 공통적으로 가지고 있는 생활 양식임을 의미한다. 이로 인해 타인의 행동을 예측 가능하고 이해할 수 있어 원활한 상호 작용의 토대가 된다.
③ 문화의 축적성은 문화가 새로운 요소가 추가되어 점점 더 풍부해지는 생활 양식임을 의미한다.
④ 문화는 상호 유기적으로 결합되어 있으므로 뉴트로 열풍이 패션 및 예술에도 영향을 미치는 것이다.
⑤ ㉢에서 '옛 문화에 현대적 감각이 입혀짐'과 ㉣에서 'SNS 확산에 따른 뉴트로 열풍'은 모두 문화가 변화함을 보여 준다.

함정 클리닉

⑤번을 정답으로 잘못 선택하였다면, 밑줄 친 부분에서 부각된 문화의 속성이 하나일 것이라고 생각했을 가능성이 크다. 즉, ㉠~㉣에서 각각 하나씩의 문화의 속성만이 부각되어 있다고 생각한다면, ㉢은 축적성, ㉣은 총체성으로만 단정할 수 있다. 그러나 하나의 현상에서 여러 가지 문화의 속성이 부각될 수 있다는 점을 유의해야 한다.

15 문화의 속성

| 정답 ③ | 20년 수능 8번

①	②	❸	④	⑤
1%	2%	96%	1%	0%

다음 두 사례에서 공통적으로 부각된 문화의 속성에 대한 진술로 가장 적절한 것은?

> ○A 사회에서는 가족 중 누군가가 사망하면 남은 가족 모두가 흰색 옷을 입고 추모하는 것이 일반적이다. - 공유성
> ○B 부족민 일부가 착용한 조개 목걸이와 팔찌는 관광객에게 평범한 장신구로 보이지만, 해당 부족민에게는 사회적 위세를 과시하는 상징물로 여겨진다. 공유성

① 고정되어 있지 않고 지속적으로 변화한다. - 변동성
② 문화 요소들이 관련을 맺으며 하나의 체계를 형성한다. - 전체성(총체성)
③ 구성원 간에 사고와 행동의 동질성을 형성하게 해 준다. - 공유성
④ 새로운 삶의 방식들이 더해지면서 문화 요소가 풍부해진다. - 축적성
⑤ 한 문화 요소의 변화가 다른 요소의 연쇄적 변화를 가져온다. - 전체성(총체성)

✓ 자료 분석 A 사회에서는 가족 모두가 흰색 옷을 입고 있으면 가족 중 누군가가 사망하였음을 알 수 있으며, B 사회에서는 구성원들 사이에서 조개 목걸이와 팔찌가 사회적 위세의 상징으로 여겨지고 있다. 이를 통해 두 사례 모두에서 문화의 공유성이 부각되어 있음을 알 수 있다.

O 정답 찾기 ③ 문화의 공유성으로 인해 동일한 문화를 공유하는 사회 구성원 간 사고와 행동의 동질성이 형성되며, 이는 타인의 행동을 예측하고 이해할 수 있게 함으로써 원활한 사회적 상호 작용을 가능하게 한다.

× 오답 풀이 ① 문화의 변동성은 문화가 고정되어 있지 않고 지속적으로 변화함을 의미한다.
② 문화의 총체성은 문화 요소들이 상호 유기적으로 결합되어 서로 관련을 맺고 있음을 의미한다.
④ 문화의 축적성은 문화가 세대 간 전승되면서 새로운 요소가 추가되어 점점 더 풍부해짐을 의미한다.
⑤ 문화의 총체성으로 인해 문화의 구성 요소들은 상호 유기적으로 결합되어 있으며, 한 문화 요소의 변화는 다른 문화 요소의 변화를 초래하게 된다.

이것만은 꼭!

1. 문화의 공유성은 구성원 간 사고와 행동의 동질성을 형성하게 한다.
2. 문화의 총체성은 문화 요소들이 관련을 맺으며 하나의 체계를 형성함을 의미한다.
3. 문화의 총체성으로 인해 한 문화 요소의 변화가 다른 요소의 연쇄적 변화를 가져온다.

01 ⑤ 02 ④ 03 ① 04 ② 05 ④ 06 ① 07 ③ 08 ④ 09 ② 10 ④ 11 ② 12 ④ 13 ④

01 문화 이해의 태도

| 정답 ⑤ | 24년 9월 모의평가 11번

①	②	③	④	❺
0%	1%	1%	1%	97%

(가)에 들어갈 수 있는 내용으로 가장 적절한 것은?

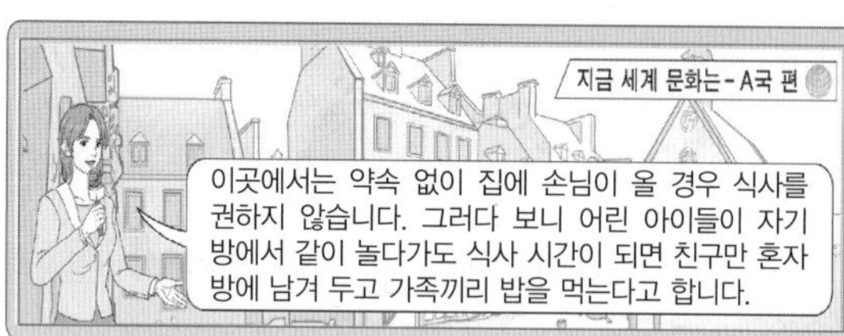
지금 세계 문화는 - A국 편
이곳에서는 약속 없이 집에 손님이 올 경우 식사를 권하지 않습니다. 그러다 보니 어린 아이들이 자기 방에서 같이 놀다가도 식사 시간이 되면 친구만 혼자 방에 남겨 두고 가족끼리 밥을 먹는다고 합니다.

갑: A국의 식사 문화는 손님에 대한 예의가 없는 것 같아.
을: A국에서는 자기 가족끼리만 식사를 하는 것이 오랜 전통이야. 이런 문화가 우리와 달라서 이상하게 보일 수 있지만 틀렸다고 생각하면 안 돼. 서로 다른 문화를 제대로 이해하려면 각 사회 문화를 [(가) - 문화 상대주의]

① 비교하며 평가하는 대상으로 여겨야 해.
② 인류의 보편적 가치를 기준으로 평가해야 해.
③ 동경심을 가지고 받아들이려는 태도를 취해야 해.
④ 타문화보다 자문화가 우수하다는 태도로 판단해야 해.
⑤ 그 사회의 특수한 환경과 사회적 맥락에서 바라봐야 해.

✔ 자료 분석 을은 A국의 식사 문화를 A국의 맥락에서 이해할 것을 강조하고 있다.

O 정답 찾기 ⑤ (가)에는 문화 상대주의와 관련 있는 내용이 들어갈 수 있다. 문화 상대주의는 해당 사회의 문화를 그 사회의 특수한 환경과 사회적 맥락으로 바라볼 것을 강조한다.

X 오답 풀이 ①, ②, ③, ④ (가)에 들어갈 내용으로 적절하지 않다.

이것만은 꼭!
1. 문화 상대주의는 문화를 우열 평가가 아닌 이해의 대상으로 간주한다.
2. 문화 상대주의는 문화의 다양성을 보존하는 데 기여할 수 있다.
3. 극단적 문화 상대주의로 치우칠 경우 인류의 보편적 가치를 훼손할 우려가 있다.

02 문화 이해의 태도

| 정답 ④ | 24년 수능 11번

①	②	③	❹	⑤
6%	5%	2%	86%	1%

다음 자료에 대한 설명으로 옳은 것은?

(문화의 보편성) ㉠대부분의 사회에는 고인(故人)을 떠나보낼 때 치르는 의례가 존재하며, 세계 각지에는 다양한 ㉡장례 문화가 있다. (넓은 의미의 문화) ○○족은 깊은 산이나 들녘에 서 있는 ㉢나무 위에 시신을 두는 방식으로 장례를 치른다. (비물질문화) 어떤 사람들은 이런 방식을 ㉣자신의 문화를 기준으로 비인간적이고 기이한 관습이라 폄하한다. (자문화 중심주의) 하지만 ○○족의 장례 문화는, 조상의 정령이 후손을 외부의 위험으로부터 보호해 준다는 ㉤종교적 믿음의 결과물이다. (비물질문화) 이처럼 해당 사회의 맥락에서 각 문화가 갖는 고유한 의미를 파악하려면 [(가) - 문화 상대주의]하는 태도를 지녀야 한다.

① ㉠은 문화의 ~~특수성~~(보편성)을 나타낸다.
② ㉡에서 '문화'는 ~~좁은~~(넓은) 의미의 문화이다.
③ ㉢은 비물질문화에, ㉤은 ~~물질문화~~(비물질문화)에 해당한다.
④ ㉣과 같은 태도는 국수주의로 변질될 수 있다는 비판을 받는다. (자문화 중심주의)
⑤ (가)에는 '자기 문화를 낮추고 타 문화의 우수성을 동경'(문화 사대주의)이 적절~~하다~~(하지 않다).

✔ 자료 분석 제시된 자료는 세계 각지의 다양한 장례 문화 중 ○○족의 장례 문화를 보여 주고 있다.

O 정답 찾기 ④ 자신의 문화를 기준으로 다른 문화를 비인간적이고 기이한 관습이라고 폄하하는 태도는 자문화 중심주의이다. 자문화 중심주의는 국수주의, 제국주의적 문화 이식 시도로 문화적 마찰이 발생할 우려가 있다.

X 오답 풀이 ① 대부분의 사회에서 장례 의례가 존재한다는 것은 문화의 보편성을 나타낸다.
② 장례 문화에서의 '문화'는 넓은 의미의 문화에 해당한다.
③ 나무 위에 시신을 두는 방식은 비물질문화인 제도문화에 해당하고, 종교는 비물질문화인 관념문화에 해당한다.
⑤ (가)에는 해당 사회의 맥락에서 각 문화가 갖는 고유한 의미를 파악하기 위한 문화 상대주의에 대한 내용이 들어갈 수 있다. 자기 문화를 낮추고 타 문화의 우수성을 동경하는 태도는 문화 사대주의이다. 따라서 해당 내용은 (가)에 들어갈 수 없다.

이것만은 꼭!
1. 넓은 의미의 문화는 한 사회나 집단에서 나타나는 인간의 모든 생활 양식을 가리킬 때 사용된다.
2. 문화 요소의 유형에는 물질문화와 비물질문화가 있으며, 비물질문화에는 제도문화와 관념문화가 있다.
3. 자문화 중심주의와 문화 사대주의는 문화를 우열 평가의 대상으로 간주하는 반면, 문화 상대주의는 문화를 우열 평가가 아닌 이해의 대상으로 간주한다.

03 문화 이해의 태도

| 정답 ① | 23년 6월 모의평가 9번

❶	②	③	④	⑤
95%	1%	2%	1%	1%

밑줄 친 ㉠과 같은 문화 이해 태도에 부합하는 진술만을 <보기>에서 있는 대로 고른 것은? [3점]

> ○○족 문화를 연구하러 현지 조사를 떠난 A는 우연히 마을 장로들과 셰익스피어의 햄릿에 대하여 대화를 나누게 된다. 햄릿은 아버지의 갑작스러운 죽음 이후, 아버지 대신 왕이 된 삼촌과 어머니의 결혼에 괴로워하던 햄릿이 아버지를 죽인 삼촌에게 복수하는 이야기이다. 그런데 형이 죽으면 동생이 형수와 결혼하는 것을 당연시하고, 아버지의 복수를 아들이 직접 하는 것도 금지하는 ○○족 사회에서 햄릿의 행동은 전혀 다르게 해석되었다. 그들과의 대화를 통해 A는 보편적으로 통용될 것이라 믿었던 햄릿에 대한 해석도 특정 문화의 관점에서 만들어진 것에 불과하다는 것을 알게 되었다. 이를 통해 타 문화를 이해하기 위해서는 그 사회의 문화가 형성되는 상황이나 맥락을 고려하는 ㉠문화 이해 태도가 중요하다는 사실을 깨닫게 되었다.
> 문화 상대주의

보기

ㄱ. 이웃 나라에서 체면을 중시하는 문화가 왜 지배적인지 그 사회 내부의 논리와 체계 속에서 이해할 필요가 있어.

ㄴ. 음식을 손으로 집어 먹는 우리 문화는 열등해. 서구 사회처럼 포크와 나이프를 사용하는 세련된 문화를 받아들여야 해. - 문화 사대주의

ㄷ. 시신을 화장하는 우리의 장례 문화와 비교할 때, 시신을 새나 다른 동물의 먹이로 들판에 방치하는 △△부족의 관습은 너무 야만적이야. - 자문화 중심주의

①ㄱ ②ㄴ ③ㄱ, ㄷ ④ㄴ, ㄷ ⑤ㄱ, ㄴ, ㄷ

✔ 자료 분석 타 문화를 이해하기 위해 그 사회의 문화가 형성되는 상황이나 맥락을 고려하는 문화 이해 태도는 문화 상대주의이다.

○ 정답 찾기 ㄱ. '이웃 나라에서 체면을 중시하는 문화가 왜 지배적인지 그 사회 내부의 논리와 체계 속에서 이해할 필요가 있다.'라고 보는 것은 그 사회의 입장에서 이해하려는 문화 상대주의에 부합한다.

× 오답 풀이 ㄴ. '음식을 손으로 집어 먹는 우리 문화는 열등하고, 포크와 나이프를 사용하는 서구 사회의 문화를 세련된 문화이므로 받아들여야 한다.'라고 보는 것은 타 문화가 자기 문화보다 우월한 문화이므로 받아들여야 한다는 문화 사대주의에 부합한다.

ㄷ. '시신을 화장하는 우리의 장례 문화와 비교할 때, 시신을 새나 다른 동물의 먹이로 들판에 방치하는 △△부족의 관습은 너무 야만적이다.'라고 보는 것은 타 문화를 부정적으로 여기고 자기 문화보다 낮게 평가하는 자문화 중심주의에 부합한다.

이것만은 꼭!

1. 문화 상대주의는 해당 사회의 맥락에서 갖는 고유한 의미를 이해하고 존중하려는 태도이다.
2. 자문화 중심주의와 문화 사대주의는 문화를 평가하는 절대적 기준이 있다고 본다.
3. 문화 사대주의는 타 문화의 우수성을 내세워 자기 문화의 가치를 낮게 평가하는 태도이다.

04 문화 이해의 태도

| 정답 ② | 23년 9월 모의평가 12번

①	❷	③	④	⑤
1%	94%	2%	1%	2%

갑~병의 문화 이해 태도에 대한 설명으로 옳은 것은?

A국의 □□ 피자에 대해 어떻게 생각하십니까?
진행자
여행 가서 B국 피자를 먹어 본 이후로 □□ 피자는 쳐다보지도 않아요. 우리나라에서 피자를 만드는 사람들은 B국의 정통 피자 조리법을 그대로 따라야 합니다.
A국 국민 갑
문화 사대주의
□□ 피자는 피자의 본고장인 우리나라 피자와 비교하면 식재료의 맛이 너무 달라 피자라고 볼 수 없습니다. 저는 이 음식에 피자라는 이름을 붙이는 것조차 불쾌합니다.
B국 국민 을
자문화 중심주의
□□ 피자는 A국 고유의 식재료로 국민들의 입맛에 맞추어 만든 피자입니다. 그 나라의 상황에 맞게 만들어진 음식이므로 그 자체로 존중받아야 합니다.
C국 국민 병
문화 상대주의

① 갑의 태도는 선진 문물 수용에 ~~소극적이라는 비판을 받는다.~~ (적극적이다.)
② 을의 태도는 문화 제국주의로 변질될 수 있다는 비판을 받는다.
③ ~~병~~(갑, 을)의 태도는 특정 문화를 기준으로 타 문화를 평가한다는 비판을 받는다. (문화 절대주의)
④ ~~갑~~(을)의 태도는 ~~을~~(갑)의 태도와 달리 타 문화와의 마찰을 일으킬 수 있다는 비판을 받는다.
⑤ ~~을~~(갑)의 태도는 병의 태도와 달리 자기 문화의 정체성을 상실할 수 있다는 비판을 받는다. (문화 사대주의)

✔ 자료 분석 갑은 문화 사대주의, 을은 자문화 중심주의, 병은 문화 상대주의 태도를 가지고 있다.

○ 정답 찾기 ② 자문화 중심주의는 자기 문화에 대한 우월성을 드러내며 문화 제국주의로 변질될 수 있다는 비판을 받는다.

× 오답 풀이 ① 문화 사대주의는 선진 문물 수용에 적극적이다.
③ 문화 사대주의와 자문화 중심주의는 특정 문화를 기준으로 타 문화를 평가한다는 비판을 받는다.
④ 자문화 중심주의는 타 문화와의 마찰을 일으킬 수 있다는 비판을 받는다.
⑤ 문화 사대주의는 자기 문화의 정체성을 상실할 수 있다는 비판을 받는다.

이것만은 꼭!

1. 자문화 중심주의는 문화 제국주의로 변질될 수 있다는 비판을 받는다.
2. 문화 사대주의는 자기 문화의 정체성을 상실할 수 있다는 비판을 받는다.
3. 자문화 중심주의와 문화 사대주의는 특정 문화를 기준으로 타 문화를 평가한다는 비판을 받는다.

05 문화 이해의 태도

| 정답 ④ | 23년 수능 16번

①	②	③	❹	⑤
1%	1%	2%	95%	1%

갑~병의 문화 이해 태도에 대한 설명으로 옳은 것은?

A국 사람들은 동료들과 함께 식사해도 자신이 먹은 음식 값은 각자 지불해. A국 사람들의 세련되고 진보한 문화를 우리 사회가 본받았으면 좋겠어.

나는 연장자나 모임을 주최한 사람이 기분 좋게 음식 값을 모두 지불하는 우리의 문화가 훌륭하다고 생각해. 오히려 A국 사람들이 우리 문화를 본받아야 해.

A국의 문화도, 우리의 문화도 모두 의미가 있지. 무엇이 더 훌륭한지를 판단할게 아니라 왜 그런 문화가 생겼는지 그 사회의 맥락을 살펴보는 것이 필요해.

① 갑의 태도는 선진 문물 수용에 ~~적극적이지 않다는 비판을 받는다.~~ 적극적이다.
② ~~을~~(갑)의 태도는 자국의 문화 정체성을 약화한다는 비판을 받는다.
③ ~~병~~(을)의 태도는 문화 제국주의로 나아갈 수 있다는 비판을 받는다.
④ 갑, 을의 태도는 모두 문화의 다양성을 저해할 수 있다는 비판을 받는다.
⑤ ~~을, 병~~(갑, 을)의 태도는 모두 특정 문화를 기준으로 문화 간 우열을 가린다는 비판을 받는다.

✓ 자료 분석 갑의 문화 이해 태도는 문화 사대주의, 을의 문화 이해 태도는 자문화 중심주의, 병의 문화 이해 태도는 문화 상대주의이다.

O 정답 찾기 ④ 문화 사대주의와 자문화 중심주의는 모두 문화의 다양성을 저해할 우려가 있다는 비판을 받는다.

X 오답 풀이 ① 문화 사대주의는 선진 문물의 수용에 적극적이다.
② 문화 사대주의는 자국의 문화 정체성을 상실할 우려가 있다는 비판을 받는다.
③ 자문화 중심주의는 문화 제국주의로 나아갈 우려가 있다는 비판을 받는다.
⑤ 문화 사대주의와 자문화 중심주의는 모두 특정 문화를 기준으로 문화 간 우열을 가린다는 비판을 받는다.

이것만은 꼭!
1. 자문화 중심주의와 문화 사대주의는 모두 문화의 다양성을 저해할 우려가 있다.
2. 문화 사대주의는 자국의 문화 정체성을 상실할 우려가 있다.
3. 자문화 중심주의는 문화 제국주의로 나아갈 우려가 있다.

06 문화 이해의 태도

| 정답 ① | 22년 6월 모의평가 5번

❶	②	③	④	⑤
88%	5%	1%	3%	3%

문화 이해의 태도 A~C에 대한 설명으로 옳은 것은? (단, A~C는 각각 자문화 중심주의, 문화 사대주의, 문화 상대주의 중 하나임.)

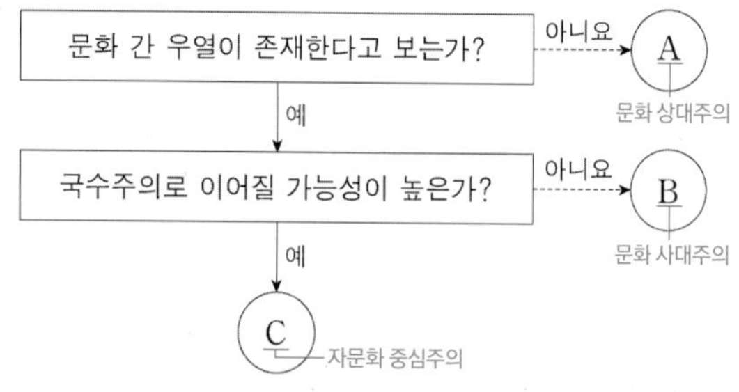

① A는 각 사회의 문화를 해당 사회의 맥락에서 바라본다.
② ~~B~~(C)는 자문화를 다른 사회에 이식하는 것을 당연시한다.
③ ~~C~~(A)는 모든 문화가 동등한 가치를 지닌다고 본다.
④ ~~A~~(B, C)는 ~~B~~(A)와 달리 특정 사회의 문화를 기준으로 타 문화를 평가할 수 있다고 본다.
⑤ '문화 다양성 보존에 기여하는가?'라는 질문으로 A와 C를 구분할 수 ~~없다~~ 있다.

✓ 자료 분석 문화 간 우열이 존재하지 않는다고 보는 A는 문화 상대주의이고, 국수주의로 이어질 가능성이 높은 C는 자문화 중심주의이다. 따라서 B는 문화 사대주의이다.

O 정답 찾기 ① 문화 상대주의는 각 문화가 해당 사회의 맥락에서 갖는 고유한 의미를 이해하고 존중하려는 문화 이해 태도이다.

X 오답 풀이 ② 자문화를 다른 사회에 이식하는 것을 당연시하는 문화 이해 태도는 자문화 중심주의이다.
③ 모든 문화가 동등한 가치를 지닌다고 보는 문화 이해 태도는 문화 상대주의이다.
④ 특정 사회의 문화를 기준으로 타 문화를 평가할 수 있다고 보는 문화 이해 태도는 자문화 중심주의와 문화 사대주의이다.
⑤ 문화 상대주의는 자문화 중심주의와 달리 문화 다양성 보존에 기여한다. 따라서 해당 질문으로 자문화 중심주의와 문화 상대주의를 구분할 수 있다.

이것만은 꼭!
1. 문화 상대주의는 각 사회의 문화를 해당 사회의 맥락에서 바라본다.
2. 자문화 중심주의와 문화 사대주의는 모두 문화를 이해의 대상이 아닌 평가의 대상으로 본다.
3. 자문화 중심주의, 문화 사대주의와 달리 문화 상대주의는 문화 다양성 보존에 기여한다.

07 문화 이해의 태도

| 정답 ③ | 22년 9월 모의평가 17번

①	②	❸	④	⑤
4%	5%	79%	3%	9%

그림의 A~C에 대한 설명으로 옳은 것은? (단, A~C는 각각 자문화 중심주의, 문화 사대주의, 문화 상대주의 중 하나임.)

〈서술형 평가〉

문항 1 A, C와 달리 B에만 해당하는 특징 하나를 서술하시오.
자기 문화의 정체성을 상실할 우려가 있다. (점수: 1점) 문화 사대주의

문항 2 B, C와 달리 A에만 해당하는 특징 하나를 서술하시오.
문화의 다양성을 보존하는 데 기여한다. (점수: 0점) 문화 상대주의

※ 문항별로 각각 채점하고 맞으면 1점, 틀리면 0점을 부여함

A : 자문화 중심주의, B : 문화 사대주의, C : 문화 상대주의

① A(B)는 타 문화를 수용하는 데 적극적이다.
② B(A)는 국수주의로 변질될 수 있다는 비판을 받는다.
③ A는 C와 달리 특정 문화를 기준으로 타 문화를 평가한다.
④ A는 B, C와 달리 타 문화에 대한 ~~긍정적~~(부정적) 인식에서 비롯된다.
⑤ C(A)는 A, B(B, C)에 비해 타 문화와 문화적 마찰을 일으킬 가능성이 높다.

✔ 자료 분석 문화 사대주의는 자문화 중심주의, 문화 상대주의와 달리 자기 문화의 정체성을 상실할 우려가 있으며, 문화 상대주의는 자문화 중심주의, 문화 사대주의와 달리 문화의 다양성을 보존하는 데 기여한다. 따라서 A는 자문화 중심주의, B는 문화 사대주의, C는 문화 상대주의이다.

O 정답 찾기 ③ 자문화 중심주의는 문화 상대주의와 달리 특정 문화(자기 문화)를 기준으로 타 문화를 평가한다.

X 오답 풀이 ① 타 문화의 수용에 적극적인 문화 이해 태도는 문화 사대주의이다.
② 국수주의로 변질될 우려가 있다는 비판을 받는 문화 이해 태도는 자문화 중심주의이다.
④ 자문화 중심주의는 문화 사대주의, 문화 상대주의와 달리 타 문화를 부정적으로 인식한다.
⑤ 자문화 중심주의는 문화 사대주의, 문화 상대주의에 비해 타 문화와 문화적 마찰을 일으킬 가능성이 높다.

이것만은 꼭!

1. 자문화 중심주의는 자기 문화의 우수성을 지나치게 강조한 나머지 다른 문화를 부정적으로 여기고 낮게 평가하는 태도이다.
2. 문화 상대주의는 다른 문화를 바르게 이해함으로써 문화의 다양성을 보존하는 데 기여할 수 있고, 현대의 다문화 사회를 이해하는 데 적절하다.

08 문화 이해의 태도

| 정답 ④ | 22년 수능 11번

①	②	③	❹	⑤
3%	9%	9%	74%	5%

다음은 문화 이해의 태도 A~C를 구분하는 질문에 대한 학생의 답변과 교사의 채점 결과이다. 이에 대한 설명으로 옳은 것은? (단, A~C는 각각 자문화 중심주의, 문화 사대주의, 문화 상대주의 중 하나임.) [3점]

질문	답변	
	갑	을
(문화 사대주의) A는 B, C와 달리 특정 사회의 문화를 기준으로 자문화를 낮게 평가하는가? (문화 사대주의)	예	예
(자문화 중심주의) C는 A, B와 달리 국수주의로 변질될 수 있다는 비판을 받는가? (자문화 중심주의 / 문화 상대주의)	예	아니요
(가)	㉠	아니요
(나)	㉡	예
점수	4점	2점

* 교사는 질문별로 각각 채점하고, 각 질문당 옳은 답변을 쓴 경우는 1점, 틀린 답변을 쓴 경우는 0점을 부여함

① ㉠이 '예'라면, (나)에는 'C는 B와 달리 문화 간 우열을 평가할 수 없다고 보는가?'가 들어갈 수 ~~있다~~(없다).
② ㉡이 '아니요'라면, (가)에는 'A는 C와 달리 타 문화와의 마찰을 초래할 가능성이 큰가?'가 들어갈 수 ~~없다~~(있다).
③ (가)가 'B는 A와 달리 문화의 다양성을 보존하는 데 기여하는가?'라면, ㉡은 ~~'아니요'~~(예)이다.
④ (나)가 'B는 C와 달리 자기 문화의 가치만을 중시하는가?'라면, ㉠은 '아니요'이다.
⑤ (가)가 'A는 B와 달리 자문화의 정체성을 상실할 수 있다는 비판을 받는가?'라면(㉠: 예), (나)에는 'C는 A와 달리 타 문화를 무비판적으로 수용할 가능성이 높은가?'가 들어갈 수 ~~있다~~(없다).

✔ 자료 분석 특정 사회의 문화를 기준으로 자문화를 낮게 평가하는 태도는 문화 사대주의이고, 국수주의로 변질될 수 있다는 비판을 받는 태도는 자문화 중심주의이다. 갑의 점수가 4점이므로 이를 통해 갑은 모든 질문에 대해 옳은 답변을 하였음을 알 수 있다. 따라서 A는 문화 사대주의, B는 문화 상대주의, C는 자문화 중심주의이다.

O 정답 찾기 ④ 자문화 중심주의는 문화 상대주의와 달리 자기 문화의 가치만을 중시한다. 해당 질문이 (나)에 들어가면, ㉡은 '아니요'가 되고, (가)에 대한 을의 답변은 옳은 답변이 된다. 따라서 ㉠은 '아니요'이다.

X 오답 풀이 ① ㉠이 '예'라면, (나)에는 '예'라는 답변이 옳은 답변이 될 수 있는 질문이 들어가야 한다. 자문화 중심주의는 문화 상대주의와 달리 문화 간 우열을 평가할 수 있다고 본다. 따라서 해당 질문은 (나)에 들어갈 수 없다.
② ㉡이 '아니요'라면, (가)에는 '아니요'라는 답변이 옳은 답변이 될 수 있는 질문이 들어가야 한다. 자문화 중심주의는 문화 사대주의와 달리 타 문화와의 마찰을 초래할 가능성이 크다. 따라서 해당 질문은 (가)에 들어갈 수 있다.
③ 문화 상대주의는 문화 사대주의와 달리 문화의 다양성을 보존하는 데 기여한다. 해당 질문이 (가)에 들어가면, ㉠은 '예'가 되고, (나)에 대한 을의 답변은 옳은 답변이 된다. 따라서 ㉡은 '예'이다.
⑤ 문화 사대주의는 문화 상대주의와 달리 자문화의 정체성을 상실할 수 있다는 비판을 받는다. 해당 질문이 (가)에 들어가면 ㉠은 '예'가 되므로 (나)에 대한 을의 답변은 옳은 답변이 된다. 따라서 ㉡은 '예'이다. 문화 사대주의는 자문화 중심주의와 달리 타 문화를 무비판적으로 수용할 가능성이 높다. 따라서 해당 질문은 (나)에 들어갈 수 없다.

이것만은 꼭!

1. 문화 사대주의는 자기 문화의 정체성이나 주체성을 상실할 우려가 있다.
2. 자문화 중심주의는 자기 문화에 대한 비판적 성찰을 저해한다.
3. 문화 상대주의는 문화의 다양성을 보존하는 데 기여할 수 있다.

09 문화 이해의 태도

| 정답 ② | 21년 9월 모의평가 16번

①	❷	③	④	⑤
7%	91%	1%	1%	0%

문화 이해 태도 A~C에 대한 설명으로 옳은 것은? (단, A~C는 각각 문화 사대주의, 문화 상대주의, 자문화 중심주의 중 하나이다.)

> ○ [A](자문화 중심주의)는 자기 문화의 우수성을 지나치게 강조하여 다른 문화를 부정적으로 여기고 낮게 평가하는 태도이다.
> ○ [B](문화 사대주의)는 다른 문화의 우수성을 내세워 자기 문화의 가치를 부정적으로 여기고 낮게 평가하는 태도이다.
> ○ [C](문화 상대주의)는 해당 사회의 맥락에서 각 문화가 가지는 고유한 의미를 이해하고 존중하려는 태도이다.

① A는 국수주의로, B는(와) 문화 제국주의로 나아갈 수 있다는 비판을 받는다.
② 타 문화와의 공존에 대해 A는 부정적인 태도를, C는 긍정적인 태도를 보인다.
③ A, B는 자기 문화의 정체성 유지에, C는 문화 간 갈등 예방에 기여한다는 평가를 받는다.
④ '문화 다양성 보존에 기여하는가?'(문화 상대주의)라는 질문으로 A, B를 C와 구분할 수 없다(있다).
⑤ '문화 간에 우열이 존재한다고 보는가?'(자문화 중심주의, 문화 사대주의)라는 질문으로 A를 B, C와 구분할 수 있다(없다).

✓ 자료 분석 A는 자문화 중심주의, B는 문화 사대주의, C는 문화 상대주의이다.

O 정답 찾기 ② 자문화 중심주의는 자기 문화의 우수성을 지나치게 강조한 나머지 다른 문화를 부정적으로 여기고 낮게 평가하므로 타 문화와의 공존에 대해 부정적인 태도를 보인다. 문화 상대주의는 문화를 우열 평가가 아닌 이해의 대상으로 간주하며, 각 문화가 해당 사회의 맥락에서 갖는 고유한 의미를 이해하고 존중하므로 타 문화와의 공존에 대해 긍정적인 태도를 보인다.

× 오답 풀이 ① 자문화 중심주의는 국수주의와 문화 제국주의로 나아갈 수 있다는 비판을 받는다.
③ 문화 사대주의는 자기 문화의 가치를 부정적으로 여기고 낮게 평가하므로 자기 문화의 정체성 유지에 기여한다고 볼 수 없다.
④ 문화 다양성 보존에 기여하는 문화 이해 태도는 문화 상대주의이다. 따라서 해당 질문으로는 자문화 중심주의, 문화 사대주의를 문화 상대주의와 구분할 수 있다.
⑤ 자문화 중심주의와 문화 사대주의는 모두 문화 간에 우열이 존재한다고 본다. 따라서 해당 질문으로는 자문화 중심주의와 문화 사대주의를 구분할 수 없다.

이것만은 꼭!

1. 내집단 의식이 지나칠 경우 타 문화보다 자문화를 더 우월하게 여기는 자문화 중심주의가 나타나기 쉽다.
2. 자기 문화의 고유한 가치를 인정하는 문화 이해 태도는 자문화 중심주의와 문화 상대주의이다.
3. 문화 상대주의는 제3자의 관점에서 문화를 이해하는 것이 아니라 해당 사회의 관점에서 문화를 이해하고자 한다.

10 문화 이해의 태도

| 정답 ④ | 21년 수능 14번

①	②	③	❹	⑤
3%	2%	10%	79%	6%

다음 자료에 대한 설명으로 옳은 것은? [3점]

> [학습 자료]
> 문화 이해 태도 A~C는 각각 문화 사대주의, 문화 상대주의, 자문화 중심주의 중 하나이다. "문화를 평가의 대상으로 보는가?"(자문화 중심주의, 문화 사대주의)라는 질문으로 A, B는 C(문화 상대주의)와 구분되고, "자문화의 정체성을 상실할 우려가 있는가?"라는 질문으로 B(자문화 중심주의), C는 A(문화 사대주의)와 구분된다.
>
> 소몰이 축제 소개
>
> 800년의 전통을 이어온, 일명 '거리의 투우'라고 불리는 이 축제에서는 날카로운 뿔을 가진 거구의 황소와 빨간 스카프를 두른 수천 명의 사람들이 함께 달리는 모습을 볼 수 있습니다. …(중략)…
>
> ↳ 갑: 역시 우리 나라 소몰이 축제는 세계인이 봐야 할 최고의 문화예요. 역사가 짧은 다른 나라에서는 감히 흉내도 못 낼걸요. (자문화 중심주의)
> ↳ 을: 맞아요. 매년 외국 여행 때 이 축제를 경험했는데 웅장한 규모와 분위기가 진짜 최고예요. 반면 우리 나라 축제는 정말 부끄러워요. (문화 사대주의)
> ↳ 병: 하지만 황소가 처참하게 죽잖아요. 이게 무슨 축제입니까? 동물의 생명을 보호하기 위해서는 폐지해야 해요.

① 갑의 문화 이해 태도는 A(B)에 해당한다.
② 을의 문화 이해 태도는 B(A)에 해당한다.
③ 병의 문화 이해 태도는 C에 해당한다.
④ B는 A, C와 달리 국수주의로 나아갈 수 있다는 비판을 받는다.
⑤ C는 해당 사회의 맥락에서 문화를 존중하고, A, B는 인류 보편 가치(특정 문화)를 기준으로 문화를 평가한다.

✓ 자료 분석 문화를 평가의 대상으로 보는 문화 이해 태도는 자문화 중심주의와 문화 사대주의이고, 자문화의 정체성을 상실할 우려가 있는 문화 이해 태도는 문화 사대주의이다. 따라서 A는 문화 사대주의, B는 자문화 중심주의, C는 문화 상대주의이다.

O 정답 찾기 ④ 자문화 중심주의는 문화 간에 발전 수준의 차이가 존재하고 자기 문화가 가장 발전한 문화라고 믿음으로써 자기 문화를 지켜내고 다른 사회의 문화를 배척하는 국수주의로 나아갈 수 있다는 비판을 받는다.

× 오답 풀이 ① 갑은 자기 문화가 우수하고 타 문화는 열등하다고 보고 있다. 따라서 갑의 문화 이해 태도는 자문화 중심주의에 해당한다.
② 을은 타 문화를 우수하다고 보고 자기 문화를 낮게 평가하고 있다. 따라서 을의 문화 이해 태도는 문화 사대주의에 해당한다.
③ 병은 소몰이 축제 자체를 인정하지 않고 있으며, 동물의 생명 보호를 위해 소몰이 축제를 폐지해야 한다고 주장하고 있다. 따라서 병의 문화 이해 태도는 문화 상대주의에 해당한다고 볼 수 없다.
⑤ 문화 상대주의는 각 문화가 해당 사회의 맥락에서 갖는 고유한 의미를 존중하는 태도이다. 문화 사대주의는 타 문화를 기준으로, 자문화 중심주의는 자기 문화를 기준으로 문화를 평가하는 태도이다. 즉, 문화 사대주의와 자문화 중심주의는 특정 문화를 기준으로 문화를 평가한다.

이것만은 꼭!

1. 국수주의는 자기 사회의 문화가 가장 우수하다는 맹목적인 믿음을 바탕으로 자기 문화를 지켜 내고 다른 사회의 문화를 배척하는 태도를 말한다.
2. 자문화 중심주의와 문화 사대주의는 모두 문화를 우열 평가의 대상으로 간주한다.
3. 문화 상대주의는 자기 문화와 타 문화의 가치를 모두 존중하므로 문화적 다양성을 보존하는 데 기여할 수 있다.

11 문화 이해의 태도

| 정답 ② | 20년 6월 모의평가 3번

①	❷	③	④	⑤
1%	89%	3%	3%	1%

다음은 문화 이해의 태도를 구분하기 위한 질문과 답변이다. 자문화 중심주의, 문화 사대주의, 문화 상대주의 중 하나의 태도에서 일관되게 응답한 학생은?

질문 \ 학생	갑	을	병	정	무
문화 간에 우열이 존재한다고 보는가? (자문화 중심주의, 문화 사대주의)	×	○	○	○	×
문화 제국주의로 변질될 가능성이 있다는 비판을 받는가? (자문화 중심주의)	○	○	×	×	○
문화를 평가가 아닌 이해의 대상으로 보는가? (문화 상대주의)	×	×	○	○	×
자신의 문화가 상대적으로 열등하다고 보는가? (문화 사대주의)	○	×	○	×	×

(○: 예, ×: 아니요)

① 갑 ②을 ③ 병 ④ 정 ⑤ 무

✓ 자료 분석 각 문화가 해당 사회의 맥락에서 갖는 고유한 의미를 이해하고 존중하려는 태도인 문화 상대주의는 문화를 이해의 대상으로 바라본다. 반면, 자기 문화의 우수성만을 강조하는 자문화 중심주의와 다른 문화의 우수성을 강조하는 문화 사대주의는 문화 간 우열이 존재하므로 문화에 대한 평가가 가능하다고 본다. 자문화 중심주의는 자문화에 대한 우월 의식으로 인해 문화 제국주의로 변질될 우려가 있는 반면, 문화 사대주의는 자문화에 대한 열등의식으로 인해 자문화의 정체성이 약화될 우려가 있다. 제시된 질문을 문화 이해의 태도에 따라 구분하면 다음과 같다.

질문	자문화 중심주의	문화 사대주의	문화 상대주의
문화 간에 우열이 존재한다고 보는가?	예	예	아니요
문화 제국주의로 변질될 가능성이 있다는 비판을 받는가?	예	아니요	아니요
문화를 평가가 아닌 이해의 대상으로 보는가?	아니요	아니요	예
자신의 문화가 상대적으로 열등하다고 보는가?	아니요	예	아니요

○ 정답 찾기 ② 을은 자문화 중심주의의 입장에서 일관되게 응답하였다.

이것만은 꼭!

1. 문화 상대주의는 문화를 이해의 대상으로 본다.
2. 문화 사대주의는 자기 문화를 열등하다고 본다.
3. 자문화 중심주의와 문화 사대주의는 문화 간 우열이 존재한다고 본다.

12 문화 이해의 태도

| 정답 ④ | 20년 9월 모의평가 17번

①	②	③	❹	⑤
3%	1%	5%	88%	1%

갑~병의 문화 이해 태도에 대한 설명으로 옳은 것은?

> 교사: ○○족의 △△ 축제에 대해 자신의 의견을 이야기해 봅시다.
> 갑: 과도하게 증가한 돼지 개체 수가 ○○족의 생존 기반이 되는 경작지를 위협하기 때문에 돼지를 대규모로 도축하는 것입니다. 이 축제는 부족의 생존에 필요한 적정한 규모의 경작지를 확보하기 위한 그들만의 방법이라고 생각합니다. (문화 상대주의)
> 을: ○○족이 축제를 위해 돼지 전체 개체 수의 4분의 3을 도축하는 것은 야만적입니다. 또한 그 고기를 먹기 위해 요리하는 과정도 우리나라의 위생 관념에 비춰 봤을 때 불결하다고 생각합니다. (자문화 중심주의)
> 병: ○○족의 축제가 고단백질을 얻기 위한 그들만의 방법임을 인정해야 합니다. 하지만 그 축제가 대다수 사람들이 소중하게 생각하는 생명 존중의 가치를 훼손하지 않는지 생각해 봐야 합니다. (문화 상대주의, 극단적 문화 상대주의 경계)

① 갑의 태도는 문화를 이해가 아닌 평가의 대상으로 본다. (평가 → 이해)
② 을의 태도는 문화의 다양성 보존에 기여한다. (갑, 병)
③ 병의 태도는 극단적 문화 상대주의의 입장을 대변하고 있다. (경계)
④ 갑, 병의 태도는 을의 태도와 달리 문화를 해당 사회의 맥락에서 바라보고 있다. (문화 상대주의)
⑤ 을, 병의 태도는 갑의 태도와 달리 타 문화에 대한 긍정적 인식에서 비롯된다. (갑, 병 / 을)

✓ 자료 분석 갑은 ○○족의 문화를 해당 사회의 맥락에서 이해하고 존중하고 있으므로 이는 문화 상대주의에 해당한다. 을은 ○○족의 문화를 우리나라의 기준에서 평가 절하하고 있으므로 이는 자문화 중심주의에 해당한다. 병은 ○○족의 문화를 그들만의 방법임을 인정하고 있으므로 이는 문화 상대주의에 해당하고, 또한 생명 존중의 가치를 훼손하지 않는지 여부를 중시하고 있으므로 이는 극단적 문화 상대주의를 경계하고 있음을 알 수 있다.

○ 정답 찾기 ④ 갑과 병의 태도는 모두 해당 사회의 맥락에서 문화를 이해하고 존중하고 있으므로 문화 상대주의에 해당한다.

× 오답 풀이 ① 자문화 중심주의와 문화 사대주의는 문화를 평가의 대상으로 보는 반면, 문화 상대주의는 문화를 이해의 대상으로 본다.
② 문화의 다양성 보존에 기여하는 문화 이해의 태도는 문화 상대주의이다.
③ 병은 극단적 문화 상대주의를 경계하고 있다.
⑤ 자문화 중심주의는 타 문화를 부정적으로 여기고 낮게 평가한다.

이것만은 꼭!

1. 문화 상대주의는 문화의 다양성 보존에 기여한다.
2. 문화 상대주의는 해당 사회의 맥락에서 문화를 바라본다.
3. 문화 상대주의는 문화를 평가가 아닌 이해의 대상으로 본다.

13 문화 이해의 태도

| 정답 ④ | 20년 수능 4번

①	②	③	❹	⑤
1%	1%	1%	96%	1%

갑, 을의 문화 이해 태도에 대한 설명으로 옳은 것은?

○ 갑은 외국에서 유학을 온 일부 학생들이 종교 의례에 참석하기 위해 특정 요일의 수업에 결석하는 모습을 보고, 자국의 생활 양식에 비해 뒤떨어진 문화라고 생각하였다. (자문화 중심주의)
○ 이주민인 신입 사원이 자신이 속한 문화권에서는 술을 마시거나 접촉하는 것을 금기시한다며 술 판매 업무를 할 수 없다고 하자, 관리자 을은 그 금기가 해당 문화권에서 매우 중요한 것임을 인정하여 다른 업무를 배정하였다. (문화 상대주의)

① 갑의 태도는 자문화 정체성을 상실할 우려가 있다는 비판을 받는다. (문화 사대주의)
② ~~을~~(갑)의 태도는 국수주의로 변질될 수 있다는 비판을 받는다. (자문화 중심주의)
③ ~~갑~~(을)의 태도는 ~~을~~(갑)의 태도와 달리 각 사회의 문화가 동등한 가치를 지닌다고 본다. (문화 상대주의)
④ 을의 태도는 갑의 태도와 달리 문화의 다양성 확보에 유리하다. (문화 상대주의)
⑤ 갑, ~~을~~의 태도는 ~~모두~~ 특정 사회의 문화를 기준으로 타 문화를 평가할 수 있다고 본다. (문화 절대주의(자문화 중심주의, 문화 사대주의))

✓ 자료 분석 갑은 자문화를 기준으로 타 문화를 뒤떨어진 문화라고 평가하고 있으므로 이는 자문화 중심주의에 해당한다. 을은 타 문화의 금기를 존중하고 있으므로 이는 문화 상대주의에 해당한다.

O 정답 찾기 ④ 자문화 중심주의는 타 문화를 평가 절하하므로 문화 다양성 확보에 불리한 반면, 문화 상대주의는 타 문화를 존중하므로 문화 다양성 확보에 유리하다.

× 오답 풀이 ① 문화 사대주의는 자문화를 평가 절하하고 타 문화를 맹목적으로 선호하므로 자문화의 정체성을 상실할 우려가 있다.
② 자문화 중심주의는 자문화의 우수성을 강조하고 타 문화를 평가 절하하므로 국수주의로 변질될 수 있다는 비판을 받는다.
③ 문화 상대주의는 각 사회의 문화가 동등한 가치를 가지고 있다고 본다.
⑤ 자문화 중심주의는 자기 문화를 기준으로 타 문화를 평가할 수 있다고 보는 반면, 문화 상대주의는 문화가 평가의 대상이 아니라 이해의 대상이라고 본다.

이것만은 꼭!
1. 문화 상대주의는 문화의 다양성 확보에 유리하다.
2. 자문화 중심주의는 국수주의로 변질될 우려가 있다.
3. 문화 사대주의는 자문화 정체성을 상실할 우려가 있다.

필출 주제 **11**

다양한 하위문화

제1권 p.162 ~ 166

01 ② 02 ① 03 ② 04 ⑤ 05 ② 06 ④ 07 ⑤ 08 ③ 09 ③ 10 ① 11 ⑤ 12 ⑤ 13 ④ 14 ④ 15 ④ 16 ③ 17 ①

01 대중문화

| 정답 ② |

24년 6월 모의평가 6번

①	❷	③	④	⑤
1%	96%	1%	1%	1%

(가)에 들어갈 수 있는 내용으로 가장 적절한 것은?

중요한 결승 경기라서 그런지 화면이 온통 광고 투성이야! 도대체 경기에 집중할 수가 없네. (상업성)

그건 대중문화가 (가) 때문이야. 마찬가지로 요즘 드라마에도 뜬금없이 상품을 노출해서 집중이 안 돼! (상업성)

① 계층 간 문화적 차이를 줄이기
② 지나치게 상업적인 성격을 띠기
③ 개인의 독창성과 개성을 약화시키기
④ 선정적이고 폭력적인 내용을 담고 있기
⑤ 사회 문제에 대한 대중의 관심을 다른 곳으로 돌리기

✔ 자료 분석 제시된 대화에는 광고 투성이인 스포츠 경기와 뜬금없이 상품을 노출시키는 드라마를 지적하고 있다.

○ 정답 찾기 ② 스포츠 경기에서의 과도한 광고, 드라마에서의 뜬금없는 상품 노출 등은 대중문화가 '지나치게 상업적인 성격을 띠기' 때문이다.

✕ 오답 풀이 ①, ③, ④, ⑤ 제시된 대화와 관련 없는 내용이다.

이것만은 꼭!
1. 대중문화는 대중 매체의 발달로 인해 활발하게 생산되고 보급되었다.
2. 대중문화는 지나친 상업성의 추구로 인해 질적으로 저하될 수 있다.

02 주류 문화, 하위문화, 반문화

| 정답 ① |

24년 6월 모의평가 8번

❶	②	③	④	⑤
86%	4%	5%	3%	2%

다음 자료에 대한 설명으로 옳은 것은? (단, A~C는 각각 주류 문화, 하위문화, 반문화 중 하나임.)

교사: 이번 시간에는 A(하위문화), B(주류 문화), C에 대해 배워 봅시다. 아래 자료에서 ㉠은 A, ㉡은 B에 해당합니다. C는 아래 자료상으로는 확인할 수 없습니다. (반문화)

19세기 중반부터 20세기 중반까지 다수의 유럽계 이민자들이 갑국의 ○○지역으로 이주해 왔다. 이들은 주로 ○○지역의 부두 주변에 정착하여 빈민촌을 이루고 살았다. 당시 이민자들이 고된 노동을 잊고 고향을 그리워하며 뒷골목에서 추던 ㉠춤은(하위문화) 시간이 흐르면서 대중화되었고 이것은 오늘날 갑국 국민들 누구나 즐기는 ㉡춤으로(주류 문화) 발전하였다.

① A는 전체 사회의 문화적 다양성을 높이는 데 기여한다.
② B는 A와 C의 총합으로 구성~~된다~~(되지 않는다).
③ A와 ~~달리~~ B는 해당 문화를 향유하는 구성원들의 유대감 형성에 기여한다.
④ B와 달리 ~~A~~(C)는 한 사회의 지배적인 문화에 저항하거나 대립하는 문화이다.
⑤ ㉠에서 ㉡으로의 변화는 ~~주류 문화~~(하위문화)가 ~~하위문화~~(주류 문화)로 변한 사례이다.

✔ 자료 분석 ㉠은 ○○지역으로 이주해 온 이민자들이 고된 노동을 잊고 고향을 그리워하며 추던 춤이므로 이는 하위문화에 해당한다. ㉡은 갑국 국민들 누구나 즐기는 춤이므로 이는 주류 문화에 해당한다. 따라서 A는 하위문화, B는 주류 문화, C는 반문화이다.

○ 정답 찾기 ① 하위문화는 전체 사회에 역동성과 다양성을 제공한다.

✕ 오답 풀이 ② 주류 문화는 하위문화와 반문화의 총합으로 구성되지 않는다.
③ 하위문화와 주류 문화는 모두 해당 문화를 향유하는 구성원들의 유대감 형성에 기여한다.
④ 한 사회의 지배적인 문화에 저항하거나 대립하는 문화는 반문화이다.
⑤ ㉠에서 ㉡으로의 변화는 하위문화가 주류 문화로 변한 사례에 해당한다.

이것만은 꼭!
1. 주류 문화는 여러 하위문화들을 통틀어서 일컫는 말이 아니다.
2. 주류 문화, 하위문화, 반문화는 모두 해당 문화를 향유하는 구성원들의 유대감 형성에 기여한다.
3. 시대와 사회에 따라 반문화에 대한 규정이 달라질 수 있다.

03 대중문화

| 정답 ② | 24년 9월 모의평가 16번

①	❷	③	④	⑤
4%	76%	5%	12%	3%

다음 두 사례에서 공통적으로 도출할 수 있는 대중문화의 기능으로 가장 적절한 것은?

> ㅇ 의료 지식, 법률 지식과 같이 오랜 기간 숙련을 통해 얻는 전문 지식은 소수의 특권이었다. 하지만 의무 교육의 확산과 TV, 인터넷을 통한 정보 공유로 대다수 사람이 응급 상황이나 법적 분쟁에 어느 정도 대처할 수 있게 되었다.
> ㅇ 과거에 골프는 상류층이 즐기는 스포츠라는 인식이 강했다. 하지만 산업화로 인해 대중의 경제적 수준이 높아지고, 스포츠 미디어의 활성화로 인해 골프가 대중에게 친숙해지면서 예전보다 많은 사람이 골프를 즐기게 되었다.

① 오락 및 여가의 기회를 제공하여 삶의 질을 높인다.
② 고급문화를 대중화하여 평균적인 문화 수준을 높인다.
③ 성숙한 시민 의식을 제고하여 사회의 다원화에 기여한다.
④ 소수에게 집중된 권력을 견제하여 민주주의를 발전시킨다.
⑤ 대중을 수동적인 문화 소비자에서 주체적 생산자로 만든다.

✔ 자료 분석 첫 번째 사례는 소수의 특권이었던 전문 지식을 정보의 공유로 인해 대다수 사람들이 향유하게 되었음을 보여 주고, 두 번째 사례는 상류층이 즐기는 스포츠라는 인식이 강했던 골프를 산업화와 스포츠 미디어의 활성화로 인해 많은 사람들이 즐기게 되었음을 보여 준다.

O 정답 찾기 ② 제시된 두 사례는 모두 소수나 특정 계층이 향유했던 문화가 대중들이 향유하게 되는 대중문화가 되었음을 보여 준다. 이를 통해 대중문화로 인해 고급문화가 대중화되어 평균적인 문화 수준이 높아졌음을 알 수 있다.

✕ 오답 풀이 ①, ③, ④, ⑤ 제시된 사례를 통해 공통적으로 도출할 수 있는 대중문화의 기능으로 적절하지 않다.

이것만은 꼭!
1. 대중문화는 근대 산업화 이후 직업, 계층, 성별 등과 상관없이 다수의 사람들이 누리는 공통의 문화이다.
2. 대중문화는 고급문화를 대중화하여 평균적인 문화 수준을 향상시켜 준다.
3. 대중문화는 오락 및 여가의 기회를 제공하여 삶의 활력소가 된다.

04 주류 문화, 하위문화, 반문화

| 정답 ⑤ | 24년 수능 6번

①	②	③	④	❺
1%	1%	2%	8%	88%

밑줄 친 ㉠~㉤에 대한 설명으로 옳은 것은? [3점]

> 갑국에서는 손을 씻으면 영혼이 오염되어 목숨이 위험해진다는 ㉠전통적 믿음 때문에 손을 잘 씻지 않는 관습이 있었다. 이로 인해 많은 사람이 감염병으로 목숨을 잃었다. 한 의사가 손씻기로 건강을 유지하고 생명을 지킬 수 있다는 사실을 알리면서 갑국의 A 지역에서는 ㉡손을 잘 씻는 문화가 형성되었다.(갑국의 하위문화) ㉢이러한 문화가 조금씩 퍼져 나가자 대다수 갑국 사람들은 자신들의 믿음을 해친다는 이유로 A 지역 사람을 비난하며(문화 지체 ×) ㉣자신들의 문화를 지키기 위해 저항하였다.(주류 문화가 지역 문화에 대항함.) 갑국에서 감염병이 유행했을 때, A 지역 사망률은 다른 지역에 비해 현저히 낮았다. 손 씻는 간단한 행위로 질병을 예방할 수 있다는 사실을 깨닫자 갑국에서는 ㉤손을 잘 씻어 위생 관리를 철저히 하는 생활 습관이 보편화되었다.(하위문화 → 주류 문화)

① ㉠은 지배 세력에 반발하여 사회 통합이 이루어진 사례~~이다~~.(가 아니다.)
② ㉡은 주류 문화가 하위문화로 변한 사례~~이다~~.(가 아니다.)
③ ㉢은 문화 변동이 빠르게 진행되어 나타난 문화 지체 사례~~이다~~.(가 아니다.)
④ ㉣은 ~~지역 문화~~(주류 문화)가 ~~주류 문화~~(지역 문화)에 대항한 ~~반문화~~ 사례이다.
⑤ ㉤은 하위문화가 주류 문화로 변한 사례이다.

✔ 자료 분석 주류 문화는 사회 구성원 대부분이 공유하는 문화이고, 하위문화는 한 사회 내의 일부 구성원이 공유하는 문화이다.

O 정답 찾기 ⑤ 갑국에서 손을 잘 씻어 위생 관리를 철저히 하는 생활 습관이 보편화된 것은 갑국 A 지역의 하위문화가 갑국의 주류 문화로 변한 사례에 해당한다.

✕ 오답 풀이 ① 전통적 믿음 때문에 손을 잘 씻지 않는 관습은 지배 세력에 반발하여 이루어진 사례에 해당하지 않는다.
② 갑국의 A 지역에서 손을 잘 씻는 문화가 형성된 것은 갑국의 하위문화에 해당하지만, 갑국의 주류 문화가 하위문화로 변한 사례에 해당하지 않는다.
③ 갑국의 A 지역에서 손을 잘 씻는 문화가 퍼져 나가자 대다수 갑국 사람들이 자신의 믿음을 해친다는 이유로 A 지역 사람들을 비난하는 것은 문화 지체와 관련이 없다.
④ 대다수 갑국 사람들이 자신의 문화를 지키기 위해 A 지역 사람들을 비난하며 저항한 것은 주류 문화가 지역 문화에 대항한 것으로, 이는 반문화의 사례에 해당하지 않는다.

이것만은 꼭!
1. 하위문화는 집단 간 갈등을 초래하여 사회 통합을 저해할 수 있다.
2. 지역 문화는 다양한 지역 내에서 나타나는 고유한 생활 양식을 말한다.
3. 반문화는 한 사회의 지배적인 문화에 저항하거나 대립하는 문화를 말한다.

05 대중문화

| 정답 ② | 24년 수능 7번

①	❷	③	④	⑤
4%	92%	2%	0%	2%

다음 글에서 필자가 강조하는 현대 사회의 대중이 가져야 할 자세로 가장 적절한 것은?

급변하는 세상에서 사람들은 무한히 제공되는 정보를 모두 살펴볼 여유가 없다. 그로 인해 사회 이슈를 직관적으로 이해할 수 있게 가공한 콘텐츠들이 인기를 얻는다. 사람들은 가공된 콘텐츠를 소비할 때 자신이 정보를 찾고 스스로 생각해 판단한다고 느낀다. 하지만 해당 콘텐츠에는 제작자의 편향된 시각이 반영되어 있어 정보를 받아들이는 대중은 제작자의 시각에 동화된다. 이처럼 사유를 외주화하는 사람들이 많아지면 비슷한 생각을 가진 사람들이 폐쇄적 집단에 머물며 다른 생각을 가진 사람들을 배척하는 상황이 발생한다. 이는 다원화된 민주 사회의 형성을 어렵게 만든다. 디지털 기술이 정보의 소비 선택성과 생산 주체성을 높여 줄 수는 있지만 그 자체가 지성적인 대중을 만드는 것은 아니다. 개인은 지성적 사유의 주체가 되어야 한다.

정보에 대한 비판 능력 강조

① 정보 기기에 대한 과도한 의존을 경계한다.
② 정보를 비판적으로 분석하고 평가하는 능력을 함양한다.
③ 문화의 질적 저하 방지를 위해 지나친 상업성을 경계한다.
④ 문화의 다양성 제고를 위해 콘텐츠 생산에 적극적으로 참여한다.
⑤ 표현의 자유를 이유로 타인의 권리를 침해하지 않도록 유의한다.

✓ 자료 분석 필자는 가공된 콘텐츠에 제작자의 편향된 시각이 반영되어 있어 정보를 받아들이는 대중이 제작자의 시각에 동화되는 현상을 우려하고 있다.

O 정답 찾기 ② 필자는 대중이 제작자의 편향된 시각이 반영되어 있는 정보를 받아들임으로써 폐쇄적인 시각을 갖게 되고, 다른 생각을 가진 사람들을 배척하는 상황이 발생할 수 있음을 우려하며 개인이 지성적 사유의 주체가 되어야 함을 강조하고 있다. 이를 통해 필자는 대중이 정보에 대해 비판적으로 분석하고 평가하는 능력을 함양할 것을 강조하고 있음을 알 수 있다.

✕ 오답 풀이 ①, ③, ④, ⑤ 필자가 강조하는 현대 사회의 대중이 가져야 할 자세로 적절하지 않다.

이것만은 꼭!

1. 대중문화는 긍정적 측면과 부정적 측면이 모두 있으므로 대중이 비판적으로 인식하고 수용하는 자세가 필요하다.
2. 대중은 문화의 소비자에 머무르지 않고 건강한 대중문화를 주체적으로 생산하려는 자세가 필요하다.

06 주류 문화, 하위문화, 반문화

| 정답 ④ | 23년 6월 모의평가 13번

①	②	③	❹	⑤
4%	1%	3%	88%	4%

다음 자료에 대한 옳은 설명만을 〈보기〉에서 고른 것은?

1945년 이후 침략국이자 패전국인 독일이 취한 태도는 망각이었다. 독일 사회는 전쟁 희생자를 애도하기 위한 공적 의례를 하지 않았다. 전쟁의 상처가 생생하게 남아 있는 사회에서 사람들은 과거에 대해 침묵으로 일관했다. 1950년대에도 지속된 ㉠'침묵의 연합'이라는 사회 전반적인 풍토에 균열이 생긴 결정적 계기는 전후 세대의 등장이었다. 특히 1960년대 후반부터 일어난 학생 봉기는 전쟁 희생자로 자신들을 포장해 온 부모 세대를 맹렬히 비난하면서 전쟁에 대한 죄의식의 부재를 공적 논쟁의 장으로 끌어냈다. 전쟁의 기억과 책임 문제를 둘러싼 세대 간 갈등은 투쟁의 양상을 띠며 심화되었다. 당시 젊은 세대가 공유했던 ㉡'집합적 죄의식'은 1970년대에 접어들면서 공적 의례의 중심 서사가 되고 대중문화의 소재로 빈번히 사용되는 등 독일 사회의 지배적인 기억 문화가 되어 갔다.

(1950년대 주류 문화에 해당) (반문화에서 주류 문화로 변화함)

〈보기〉

ㄱ. 1950년대 독일 사회에서 ㉠은 ~~하위문화~~(주류 문화)이다.

ㄴ. 1960년대 후반 독일 사회에서 ㉡은 반문화의 성격을 띤다.

ㄷ. ~~㉡은 ㉠과 달리~~(㉠, ㉡은 모두) 독일 사회의 지역 문화~~이다~~(에 해당하지 않는다).

ㄹ. 지배적인 가치에 도전하는 문화(반문화)가 주류 문화로 변화한 사례가 나타난다.

① ㄱ, ㄴ ② ㄱ, ㄷ ③ ㄴ, ㄷ ④ ㄴ, ㄹ ⑤ ㄷ, ㄹ

✓ 자료 분석 한 사회에서 지배적인 영향을 끼치며, 집단 및 영역과 상관없이 구성원들이 전반적으로 공유하는 문화를 주류 문화라고 하고, 한 사회 내에서 특정 집단의 구성원들 또는 특정 영역의 사람들만 공유하는 문화를 하위문화라고 하며, 한 사회의 지배적인 문화에 저항하거나 대립하는 문화를 반문화라고 한다.

O 정답 찾기 ㄴ. 1960년대 후반 독일 사회에서 '집합적 죄의식'은 젊은 세대가 공유하고 있었고, 전쟁의 기억과 책임 문제를 둘러싼 세대 간 갈등과 더불어 투쟁의 양상으로까지 심화되었으므로 반문화의 성격을 띤다고 볼 수 있다.

ㄹ. '집합적 죄의식'은 1960년대 후반에는 반문화였으나, 1970년대에 접어들면서 독일 사회의 지배적인 기억 문화가 되어 갔으므로 주류 문화로 변화한 것이다.

X 오답 풀이 ㄱ. 1950년대 독일 사회에서 '침묵의 연합'은 사회 전반적인 풍토였으므로 주류 문화에 해당하였다.

ㄷ. '침묵의 연합'과 '집합적 죄의식'은 모두 지역 문화에 해당하지 않는다.

이것만은 꼭!

1. 한 사회 내에서 특정 집단의 구성원들 또는 특정 영역의 사람들만 공유하는 문화를 하위문화라고 한다.
2. 한 사회의 지배적인 문화에 저항하거나 대립하는 문화를 반문화라고 한다.
3. 반문화는 하위문화의 유형이다.

07 주류 문화, 하위문화, 반문화

| 정답 ⑤ | 23년 9월 모의평가 2번

①	②	③	④	❺
2%	4%	1%	6%	87%

A~C에 대한 설명으로 옳은 것은? (단, A~C는 각각 주류 문화, 하위문화, 반문화 중 하나임.)

유일신을 숭배하는 □□교를 오랜 기간 국교(國敎)로 유지하고 있는 갑국에 조상신을 숭배하는 ○○교가 유입되었다. 갑국에서 ○○교는 처음에는 일부 집단만이 공유한 A(하위문화)였다. 그런데 ○○교 신자들이 갑국의 B(주류 문화)인 □□교가 숭배하는 유일신을 부정하면서 ○○교는 C(반문화)의 성격을 가지게 되었다.

① ~~A는 B와 달리~~(A와 B는 모두) 시대에 따라 상대적으로 규정된다.

② B는 C와 달리 문화 다양성 증가에 기여한다.

③ C는 A, B와 한 사회에서 공존할 수 ~~없다~~(있다).

④ ~~A, B는 C와 달리~~(A, B, C는 모두) 해당 문화를 향유하는 구성원의 정체성 강화에 기여한다.

⑤ C는 A에 해당하지만, A가 B에 해당하는 것은 아니다.

✓ 자료 분석 A는 하위문화, B는 주류 문화, C는 반문화이다.

O 정답 찾기 ⑤ 하위문화에는 반문화와 반문화가 아닌 하위문화가 있으므로 반문화는 모두 하위문화에 해당하지만, 하위문화가 모두 반문화에 해당하는 것은 아니다.

X 오답 풀이 ① 하위문화와 주류 문화는 모두 시대에 따라 상대적으로 규정된다.

② 반문화는 문화 다양성 증가에 기여한다.

③ 한 사회에는 하위문화, 주류 문화, 반문화 모두가 공존할 수 있다.

④ 하위문화, 주류 문화, 반문화는 모두 해당 문화를 향유하는 구성원의 정체성 강화에 기여한다.

이것만은 꼭!

1. 반문화는 모두 하위문화에 해당한다.
2. 주류 문화, 하위문화, 반문화는 모두 한 사회에서 공존할 수 있다.
3. 주류 문화, 하위문화, 반문화는 모두 해당 문화를 향유하는 구성원의 정체성 강화에 기여한다.

08 반문화

| 정답 ③ | 23년 수능 9번

①	②	❸	④	⑤
2%	4%	87%	4%	3%

다음 두 사례에서 공통적으로 도출할 수 있는 내용으로 가장 적절한 것은?

> ㅇ 갑국의 빈민가 출신 젊은이들은 주류 사회의 가치관에 상충하는 요소들을 의식적으로 드러내는 새로운 장르의 음악을 만들어 냈다. 그런데 해당 장르가 음악 산업의 주류로 자리 잡으면서 본연의 색채를 잃었다는 평가를 받고 있다. (반문화)
>
> ㅇ 을국의 일부 젊은이들은 사회 전반에 퍼진 삶의 방식이 지나치게 경쟁적이고, 이기적이며, 물질 중심적이라고 비판하며 그들만의 새로운 삶의 양식을 만들어 나갔다. 이들은 물질 소유를 최소화하고 인간으로서 정신적 성장을 중시하는 삶의 양식을 추구하였다. (- 반문화)

① 반문화는 전체 사회에서 주류 문화가 된다. - 갑국의 사례에만 해당

② 하위문화와 반문화는 모두 세대 간 갈등의 원인이 된다.

③ 주류 문화에 대항하는 구성원에 의해 반문화가 형성된다.

④ 주류 문화와 하위문화는 모두 사회의 안정과 통합에 기여한다.

⑤ 반문화는 주류 문화로 변화하는 과정에서 정체성이 상실된다. - 갑국의 사례에만 해당

✔ 자료 분석 반문화는 한 사회의 지배적인 문화에 저항하거나 대립하는 문화로, 하위문화의 한 유형으로 볼 수 있다.

O 정답 찾기 ③ 갑국에서는 주류 문화에 대항하는 빈민가 출신 젊은이들에 의해 반문화인 새로운 장르의 문화가 형성되었다. 을국에서는 주류 문화에 대항하는 일부 젊은이들에 의해 그들만의 새로운 삶의 양식을 추구하는 반문화가 형성되었다.

✕ 오답 풀이 ① 갑국의 사례에서 주류 문화에 대항하는 빈민가 출신 젊은이들에 의해 만들어진 새로운 장르의 문화가 음악 산업의 주류로 자리 잡았다는 내용을 통해 반문화가 전체 사회에서 주류 문화가 되었음을 알 수 있다.

②, ④ 제시된 사례를 통해서는 알 수 없는 내용이다.

⑤ 갑국의 사례에서 주류 문화에 대항하는 빈민가 출신 젊은이들에 의해 만들어진 새로운 장르의 문화가 음악 산업의 주류로 자리 잡으면서 본연의 색채를 잃었다는 평가를 받고 있다는 내용을 통해 반문화가 주류 문화로 변화하는 과정에서 정체성이 상실되었음을 알 수 있다.

이것만은 꼭!

1. 반문화는 하위문화의 한 유형으로 볼 수 있다.
2. 시대와 사회에 따라 반문화에 대한 규정이 달라진다.
3. 반문화는 기존 주류 문화를 대체하면서 사회 변동을 가져오기도 한다.

09 하위문화

| 정답 ③ | 22년 6월 모의평가 11번

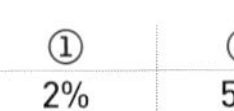

①	②	❸	④	⑤
2%	5%	88%	3%	2%

하위문화의 사례 (가), (나)에 대한 설명으로 옳은 것은? [3점]

> (가) 갑국의 A 집단은 현대 문명에 대한 저항의 표시로 자동차 대신 마차를 이용하거나 걸어 다닌다. 이들은 주류 사회의 가치를 전수하는 학교에 자녀를 보내지 않으며 자신들만의 신념에 따른 전통을 고수한다. (반문화의 사례)
>
> (나) 을국의 젊은 층에서는 중고 거래 플랫폼이 상용화되었다. 이들에게 플랫폼을 통한 중고 거래는 단순히 물건을 사고파는 것을 넘어 환경, 지역 사회와의 유대감 등 다양한 가치를 추구하는 행위로, 기성세대와 구별되는 새로운 행동 양식으로 자리 잡았다. (하위문화의 사례)

① (가)에서는 문화가 지나치게 상품화되는 경향이 ~~나타난다.~~ 나타나 있지 않다.

② (가)에서는 하위문화가 기존의 주류 문화로 대체되는 과정이 ~~나타난다.~~ 나타나 있지 않다.

③ (나)에서는 세대 문화가 전체 사회의 문화를 다양하게 하는 양상이 나타난다.

④ ~~(나)~~ (가)에서는 주류 문화를 거부하며 새로운 가치를 추구하는 양상이 나타난다.

⑤ (가), (나)에서는 모두 비물질문화의 변동 속도를 물질문화의 변동 속도가 따라가지 못하는 현상이 ~~나타난다.~~ 나타나 있지 않다. (기술 지체 현상)

✔ 자료 분석 갑국의 A 집단의 문화는 한 사회의 지배적인 문화에 저항하거나 대립하는 문화인 반문화에 해당하고, 을국의 젊은 층의 문화는 기성세대와 구별되는 새로운 행동 양식이므로 하위문화에 해당한다.

O 정답 찾기 ③ 젊은 층의 문화가 새로운 행동 양식으로 자리를 잡았으므로 (나)에서는 세대 문화가 전체 사회의 문화를 다양하게 하는 양상이 나타난다.

✕ 오답 풀이 ① 갑국의 A 집단은 현대 문명에 대한 저항의 표시로 자동차 대신 마차를 타고 다니는 등의 행동을 한다. 따라서 (가)에서는 문화가 지나치게 상품화되는 경향이 나타나 있지 않다.

② (가)에서는 하위문화가 기존의 주류 문화로 대체되는 과정이 나타나 있지 않다.

④ (가)에서는 주류 문화를 거부하며 새로운 가치를 추구하는 양상이 나타난다.

⑤ 비물질문화의 변동 속도를 물질문화의 변동 속도가 따라가지 못하는 현상은 기술 지체이다. (가), (나) 모두에서는 기술 지체 현상이 나타나 있지 않다.

이것만은 꼭!

1. 하위문화와 반문화는 기존의 주류 문화를 대체할 수 있다.
2. 반문화는 한 사회의 지배적인 문화에 저항하거나 대립하는 문화로, 하위문화의 한 유형이다.
3. 비물질문화의 변동 속도를 물질문화의 변동 속도가 따라가지 못하는 현상을 기술 지체라고 한다.

10 주류 문화, 하위문화, 반문화

| 정답 ① | 22년 9월 모의평가 3번

❶	②	③	④	⑤
82%	3%	7%	3%	5%

A~C에 대한 설명으로 옳은 것은? (단, A~C는 각각 주류 문화, 하위문화, 반문화 중 하나임.)

> 'A는 한 사회의 구성원 대다수가 공유하는 문화이다.'라는 진술은 거짓이다. '한 사회에서 특정 지역의 문화는 C에 해당한다.'라는 진술은 참이다. 'A와 C의 총합으로 B를 설명할 수 없다.'라는 진술은 참이다. – A: 반문화, B: 주류 문화, C: 하위문화
>
> 주류 문화
> 하위문화

① 모든 A는 C에 해당한다.
② B는 한 사회 내에서 A와 양립할 수 ~~없다~~. 있다.
③ ~~C는 A와 달리~~ A는 주류 집단에게 일탈로 규정되기도 한다.
④ ~~B는 C와 달리~~ B, C는 모두 사회 변화에 따라 A가 되기도 한다.
⑤ ~~A는 B, C~~ B A, C와 달리 사회 전체의 동질성을 높이는 데 기여한다.

✓ 자료 분석 한 사회의 구성원 대다수가 공유하는 문화는 주류 문화이므로 첫 번째 질문을 통해 A는 주류 문화가 아님을 알 수 있다. 한 사회에서 특정 지역의 문화는 하위문화이므로 두 번째 질문을 통해 C는 하위문화임을 알 수 있다. 따라서 A는 반문화, B는 주류 문화, C는 하위문화이다.

O 정답 찾기 ① 모든 반문화는 하위문화에 해당한다.

X 오답 풀이 ② 한 사회 내에서 주류 문화는 반문화와 양립할 수 있다.
③ 반문화는 주류 집단에게 일탈로 규정되기도 한다.
④ 사회 변화에 따라 주류 문화와 하위문화는 모두 반문화가 될 수 있다.
⑤ 주류 문화는 사회 전체의 동질성을 높이는 데 기여한다.

이것만은 꼭!
1. 한 사회의 구성원 대다수가 공유하는 문화는 주류 문화이다.
2. 한 사회 내에서 주류 문화는 반문화와 양립할 수 있다.
3. 사회 변화에 따라 주류 문화와 하위문화는 모두 반문화가 될 수 있다.

11 하위문화

| 정답 ⑤ | 22년 수능 13번

①	②	③	④	❺
1%	3%	1%	5%	90%

다음 글에서 파악할 수 있는 내용으로 가장 적절한 것은?

> 요즘 한글 자모를 모양이 비슷해 보이는 다른 자모로 바꾸어 표현하는 언어유희를 볼 수 있다. 'ㄸ'과 'ㅣ'를 합쳐 '며'를 만들어 '명작'을 '띵작'으로 표기하는 것이 그 예다. 온라인에서 이러한 신조어를 만들거나 사용하는 것이 젊은 세대 사이에서 하나의 놀이 문화로 자리 잡았고, 그들의 소통을 위한 매개로 활용되면서 서로 간의 친밀감을 높이고 있다. 하지만 신조어를 잘 모르는 대다수의 기성세대는 말의 의미를 이해하지 못해 혼란스러워하기도 한다. 이로 인해 세대 간 소통 단절을 불러올 수 있다는 우려가 제기된다.
>
> 세대 간 문화의 이질성

① 하위문화가 주류 문화를 대체한다.
② 세대 간 문화의 이질성이 ~~약화~~ 심화된다.
③ 대중 매체가 고급문화의 대중화를 견인한다.
④ 특정 세대가 새로운 가치를 추구하며 주류 문화에 저항한다.
⑤ 특정 하위문화가 해당 문화를 향유하는 구성원들의 유대감 형성에 기여한다.

✓ 자료 분석 세대 문화는 공통의 경험을 바탕으로 형성된 일정 범위의 연령층이 공유하는 문화를 말한다.

O 정답 찾기 ⑤ 제시문에서는 새로운 언어 문화를 통해 젊은 세대 사이에서 서로 간의 친밀감을 높이고 있음을 보여 준다. 이를 통해 특정한 하위문화가 그 문화를 향유하는 구성원들에게 유대감을 형성할 수 있음을 알 수 있다.

X 오답 풀이 ①, ③, ④ 제시문을 통해 파악할 수 없는 내용이다.
② 제시문을 통해 세대 간 문화의 이질성이 심화되고 있음을 알 수 있다.

이것만은 꼭!
1. 세대 문화는 공통의 경험을 바탕으로 형성된 일정 범위의 연령층이 공유하는 문화이다.
2. 세대 문화는 하위문화의 유형에 해당한다.
3. 세대 문화는 같은 세대에 속하는 사람들의 정체성과 일체감 형성에 기여한다.

12 주류 문화, 하위문화, 반문화

| 정답 ⑤ | 21년 6월 모의평가 3번

①	②	③	④	❺
2%	3%	3%	3%	89%

다음 대화에 대한 설명으로 옳은 것은? (단, A~C는 각각 주류 문화, 하위문화, 반문화 중 하나이다.)

> 교사: 지난 시간에 배운 A, B, C에 대해 발표해 볼까요?
> 갑: 1960년대 미국의 히피 문화는 A(반문화)이자 C(하위문화)의 사례에 해당합니다.
> 을: 모든 A는 C에 해당하지만, 모든 C가 A에 해당하는 것은 아닙니다.
> 병: ______(가)______
> 교사: 갑, 을, 병 모두 옳게 발표하였습니다.

① 타 지역에서도 즐기는 특정 지역의 음식은 ~~A~~(C)의 사례에 해당한다.
② ~~A~~(B)는 ~~B~~(A)와 달리 한 사회 구성원 대부분이 공유하는 문화이다.
③ ~~B~~(C)는 ~~C~~(B)와 달리 전체 사회의 문화적 다양성 증진에 기여한다.
④ B는 A와 C의 총합으로 ~~구성된다~~(구성되는 것은 아니다).
⑤ (가)에는 'C는 사회 변화에 따라 B가 되기도 합니다.'가 들어갈 수 있다.

✔ 자료 분석 1960년대 미국의 히피 문화는 하위문화이면서 반문화이고, 모든 반문화는 하위문화에 해당한다. 따라서 A는 반문화, B는 주류 문화, C는 하위문화에 해당하며, (가)에는 옳은 내용이 들어가야 한다.

○ 정답 찾기 ⑤ 하위문화는 사회 변화에 따라 대다수 구성원이 향유하는 주류 문화가 될 수 있다. 따라서 해당 내용은 (가)에 들어갈 수 있다.

✕ 오답 풀이 ① 타 지역에서도 즐기는 특정 지역의 음식 문화는 하위문화에 해당하며, 한 사회의 지배적인 문화에 저항하거나 대립하는 반문화라고 보기 어렵다.
② 한 사회 구성원 대부분이 공유하는 문화는 주류 문화이다.
③ 하위문화는 전체 사회의 문화적 다양성 증진에 기여한다.
④ 주류 문화가 반문화와 하위문화의 총합으로 구성되는 것은 아니다.

이것만은 꼭!
1. 하위문화와 반문화는 사회 변화에 따라 주류 문화가 되기도 한다.
2. 다양한 지역 내에서 나타나는 고유한 생활 양식과 사고방식을 하위문화 중 지역 문화라고 한다.
3. 주류 문화가 반문화와 하위문화의 총합으로 구성되는 것은 아니다.

13 하위문화

| 정답 ④ | 21년 9월 모의평가 19번

①	②	③	❹	⑤
2%	0%	5%	91%	2%

하위문화 유형 (가), (나)의 일반적인 특징에 대한 옳은 설명만을 〈보기〉에서 고른 것은? [3점]

유형	사례
(가) 지역 문화	갑국의 음식 문화는 주식인 밥에 다양한 반찬을 곁들여 먹는 것을 기본 형태로 한다. 하지만 기후와 지형 등에 따라 산물이 다르기 때문에 지역별로 즐겨 먹는 반찬이 다르다. 북쪽 지역은 간이 약하고 담백한 반찬이, 남쪽 지역은 간이 강하고 자극적인 반찬이 주를 이룬다.
(나) 반문화	을국에서는 종교적 전통을 중시하여 경찰이 일상의 풍속까지 세세하게 단속할 정도로 사람들의 자유를 제한하였다. 이러한 정부의 강력한 통제에 불만을 가진 일부 집단에서는 저항의 표시로 남성들은 관습적으로 길러 온 수염을 짧게 잘랐고, 여성들은 긴 치마 대신 짧은 반바지를 입고 다녔다.

〈보기〉
ㄱ. ~~(가)~~(나)는 주류 집단에 의해 일탈로 규정된다.
ㄴ. (나)는 사회 혼란을 초래하는 역기능도 있지만, 기존 주류 문화가 지닌 문제를 드러내 주는 순기능도 있다.
ㄷ. (가)를 규정하는 기준은 (나)와 ~~달리~~(마찬가지로) 시대와 장소에 따라 달라진다.
ㄹ. (가)와 (나)는 모두 문화적 다양성을 높이는 데 기여한다.

① ㄱ, ㄴ ② ㄱ, ㄷ ③ ㄴ, ㄷ ④ ㄴ, ㄹ ⑤ ㄷ, ㄹ

✔ 자료 분석 (가)는 지역 문화, (나)는 반문화이다. 지역 문화는 다양한 지역 내에서 나타나는 고유한 생활 양식과 사고방식을 의미하며, 반문화는 한 사회의 지배적인 문화에 저항하거나 대립하는 문화를 의미한다.

○ 정답 찾기 ㄴ. 반문화는 기존 주류 문화에 저항하므로 사회 혼란을 초래할 수 있으나, 기존의 주류 문화를 대체하면서 사회 변동을 가져오기도 하고, 사회 문제가 무엇인지 알려 주어 사회 발전의 계기를 제공하기도 한다.
ㄹ. 지역 문화, 반문화와 같은 하위문화는 전체 사회의 문화적 다양성을 높이는 데 기여한다.

✕ 오답 풀이 ㄱ. 주류 집단에 의해 일탈로 규정되는 문화는 반문화이다.
ㄷ. 지역 문화와 반문화를 규정하는 기준은 모두 시대와 장소에 따라 달라진다.

이것만은 꼭!
1. 지역 문화는 지역 주민의 정체성 형성에 기여하고, 문화적 다양성과 역동성을 제공함으로써 사회 전체의 문화적 획일화를 방지하기도 한다.
2. 전체 사회의 범주를 어떻게 규정하느냐에 따라 하위문화의 범주가 상대적으로 결정된다.
3. 반문화는 기존의 주류 문화를 대체하면서 사회 변동을 가져오기도 하고, 사회 문제가 무엇인지 알려 주어 사회 발전의 계기를 제공한다.

14 하위문화와 반문화

| 정답 ④ | 21년 수능 10번

①	②	③	❹	⑤
3%	3%	7%	87%	0%

하위문화의 사례 (가), (나)에 대한 설명으로 옳은 것은?

(가) 한국의 아이돌 가수에 열광하여 K-팝을 즐기던 갑국의 많은 청소년이 한국 문화를 일상에서도 즐기고 있다. 이들은 한국어를 사용하며 한국 드라마도 시청하고 한국 음식을 직접 요리하는 등 한국 문화를 자신들만의 문화 코드로 공유하면서 남들과 구별되는 삶을 추구하고 있다.
세대 문화

(나) 자본주의 소비문화에 저항하면서 생태 거주지를 만들어 사는 이들이 있다. 이들은 친환경적으로 농작물을 길러 자족 생활을 하며, 폐기물을 양산하는 공산품을 소비하지 않고 쓰레기를 만들지 않는 삶을 실천한다. 이러한 삶의 방식은 현대인의 소비문화에 성찰적 질문을 던지고 있다.
반문화

① (가)에서는 하위문화가 주류 문화로 대체되는 양상이 나타난다.
② (나)에서는 세대 문화와 지역 문화의 양상이 함께 나타난다.
③ (가)에서는 (나)~~와 달리~~ 하위문화가 문화 다양성에 기여하는 양상이 나타난다. (모두)
④ (나)에서는 (가)와 달리 해당 문화를 향유하는 구성원들이 기존 질서나 가치를 거부하는 양상이 나타난다.
⑤ (가), (나) 모두에서는 물질문화의 변동 속도를 비물질문화의 변동 속도가 따라가지 못하는 양상이 나타난다.
문화 지체

✓ 자료 분석 한 사회에서 집단 및 영역과 상관없이 전체 구성원들이 공유하는 문화를 주류 문화라고 하고, 한 사회의 일부 구성원들만 공유하는 문화를 하위문화라고 한다.

O 정답 찾기 ④ (나)에는 자본주의 소비문화에 저항하면서 현대인의 소비문화와 다른 방식이 나타나 있다. 즉, (나)에는 기존 질서나 가치를 거부하는 양상이 나타나 있다.

× 오답 풀이 ① (가)에는 세대 문화가 나타나 있으나, 이러한 세대 문화가 주류 문화로 대체되는 양상은 나타나 있지 않다.
② (나)에는 세대 문화와 지역 문화의 양상이 나타나 있지 않다.
③ (가)와 (나)에는 모두 하위문화가 문화 다양성에 기여하는 양상이 나타나 있다.
⑤ 물질문화의 변동 속도를 비물질문화의 변동 속도가 따라가지 못하는 양상은 문화 지체를 말한다. (가)와 (나)에는 모두 문화 지체가 나타나 있지 않다.

이것만은 꼭!

1. 전체 사회의 범주를 어떻게 규정하느냐에 따라 하위문화의 범주는 상대적이다.
2. 하위문화는 전체 사회에 역동성과 다양성을 제공한다.
3. 하위문화는 대체로 전체 사회가 추구하는 가치에 부합하는 성격을 갖지만, 반문화의 성격을 지닐 수도 있다.

15 하위문화와 반문화

| 정답 ④ | 20년 6월 모의평가 11번

①	②	③	❹	⑤
7%	3%	9%	77%	2%

다음 자료의 A, B에 대한 옳은 설명만을 〈보기〉에서 고른 것은? (단, A, B는 각각 하위문화, 반문화 중 하나이다.)

주간 ◇◇ 문화 ○○○○년 ○○월 ○○일

노래하는 음유 시인, 노벨 문학상까지

1960~70년대 미국의 대중음악계에서 로큰롤, 재즈, 블루스 등은 세대, 인종, 계층에 따라 각기 향유하는 A의 성격을 띠었다. 이때 포크 기타를 들고 등장한 밥 딜런(Bob Dylan)은 반전 및 인권 운동에 앞장서며 당시 사회 체제에 저항하는 음악을 만들었고, 이는 B의 성격을 보였다. 특히 사회 비판적 메시지를 시적으로 표현한 그의 노랫말은 문학적 가치를 인정받았으며, 마침내 그는 노벨 문학상 수상자로 선정되는 영예를 얻었다.

(하위문화, 반문화)

〈보기〉
ㄱ. 주류 문화는 모든 A의 총합으로 ~~구성된다~~. (구성되지 않는다)
ㄴ. 특정 지역 주민이 공유하는 사투리는 A의 사례에 해당한다.
ㄷ. A는 B~~와 달리~~ 전체 사회에 문화 다양성을 제공한다. (모두) (하위문화)
ㄹ. 모든 B는 A에 해당한다.

① ㄱ, ㄴ ② ㄱ, ㄷ ③ ㄴ, ㄷ ④ ㄴ, ㄹ ⑤ ㄷ, ㄹ

✓ 자료 분석 하위문화는 한 사회 내에서 특정 집단의 구성원들 또는 특정 영역의 사람들만이 공유하는 문화이고, 반문화는 한 사회의 지배적인 문화에 저항하거나 대립하는 문화이다. 따라서 A는 하위문화, B는 반문화에 해당한다.

O 정답 찾기 ㄴ. 특정 지역 주민이 공유하는 사투리는 지역 문화로, 하위문화에 해당한다.
ㄹ. 한 사회의 지배적인 문화에 저항하는 사람들이 향유하는 문화가 반문화이다. 반문화 또한 특정 영역의 사람들만이 공유하는 문화라는 점에서 하위문화에 해당한다. 따라서 모든 반문화는 하위문화에 해당한다.

× 오답 풀이 ㄱ. 주류 문화는 한 사회의 구성원 대다수가 전반적으로 향유하는 문화이다. 모든 하위문화를 합하더라도 사회 구성원 대다수가 향유하는 문화 요소가 도출되는 것은 아니므로 주류 문화는 모든 하위문화의 총합으로 구성되지 않는다.
ㄷ. 하위문화는 전체 사회에 문화적 다양성을 제공한다. 반문화 또한 하위문화에 해당하므로 전체 사회에 문화적 다양성을 제공한다.

이것만은 꼭!

1. 하위문화는 전체 사회에 문화적 다양성을 제공한다.
2. 지역 문화는 하위문화에 해당한다.
3. 모든 반문화는 하위문화에 해당한다.

16 하위문화와 반문화

| 정답 ③ | 20년 9월 모의평가 12번

①	②	❸	④	⑤
1%	3%	89%	3%	1%

사례 (가), (나)에 대한 설명으로 옳은 것은? [3점]

> (가) 갑국에서는 노동자 계급 출신의 청소년들을 중심으로 기성 세대에 도전하는 문화가 생겨났다. 이들은 보수적인 계급 문화가 지배하는 기존 질서를 거부하는 의미로, 조용한 카페에서 시끄러운 록 음악을 틀거나 화려하게 치장한 스쿠터를 무리 지어 몰고 다니는 등 그들만의 문화를 향유했다.
> (나) 을국에서는 청년 세대의 문화적 정체성을 대변하는 '청년 문화'가 유행했다. 통기타와 청바지로 표상되는 이 문화에 청년들이 열광했던 것은 기성세대와 구별되는 감성과 의식, 소비 성향으로 자신들의 정체성을 표현하고자 했기 때문이다.

① (가)는 사회가 복잡해질수록 일부 구성원이 공유하는 문화가 주류 문화에 수렴되는 경향을 보여 준다.
② (나)는 특정 집단의 문화가 기존의 주류 문화를 대체하는 현상을 보여 준다.
③ (가)는 (나)와 달리 주류 문화에 대항하는 성격을 가진 문화를 보여 준다.
④ (나)는 (가)와 달리 일부 구성원이 공유하는 생활 양식이 문화 다양성을 증진시키고 있음을 보여 준다.
⑤ (가), (나)는 모두 특정 집단의 문화가 전체 사회의 통합에 기여함을 보여 준다.

✓ 자료 분석 (가)에 나타난 문화는 특정 세대의 문화이자, 기존 질서를 거부하는 문화라는 점에서 반문화의 성격을 띠고 있다. (나)에 나타난 문화는 특정 세대의 문화라는 점에서 반문화에 해당하지 않는 하위문화의 성격을 띠고 있다.

○ 정답 찾기 ③ 반문화는 한 사회의 지배적인 문화에 저항하거나 대립하는 문화를 의미한다. (가)에 나타난 문화는 계급 문화가 지배하는 기존 질서를 거부하고 있으므로 주류 문화에 대항하는 반문화의 성격을 띠고 있다.

× 오답 풀이 ① (가)는 일부 구성원의 문화가 주류 문화의 질서를 거부하고 있음을 보여 준다.
② (나)에서 특정 집단의 문화가 기존의 주류 문화를 대체하는 현상이 나타나 있지 않다.
④ (가)에서는 반문화의 성격을 띤 청소년 문화가, (나)에서는 청년 문화가 전체 사회의 문화 다양성을 증진시키고 있다.
⑤ (가)에서는 특정 집단의 문화가 기존 질서를 거부함으로써 사회 통합에 부정적 영향을 끼치고 있음을 보여 준다.

이것만은 꼭!
1. 하위문화는 전체 사회의 문화 다양성을 증진시킨다.
2. 반문화는 전체 사회의 통합에 부정적 영향을 끼친다.
3. 반문화는 주류 문화에 저항하는 성격을 가진 하위문화이다.

17 주류 문화, 하위문화, 반문화

| 정답 ① | 20년 수능 9번

❶	②	③	④	⑤
76%	2%	2%	5%	15%

다음과 같이 A~C를 구분할 때, 이에 대한 질문에 모두 옳게 응답한 학생은? (단, A~C는 각각 반문화, 주류 문화, 하위문화 중 하나이다.) [3점]

> '한 사회의 구성원 대다수가 공유하는 문화인가?'라는 질문으로 A와 B를 구분할 수 없다. 그리고 '한 사회의 지배적 가치와 규범에 저항하거나 대립하는 문화인가?'라는 질문으로 A와 C를 구분할 수 있다.

질문 \ 학생	갑	을	병	정	무
A는 모두 B에 속하는가?	○	○	⊗	○	⊗
A를 공유하는 구성원은 C의 문화 요소 전체를 거부하는가?	×	⊗	⊗	×	×
B는 C와 달리 해당 문화를 누리는 구성원의 정체성 형성에 기여하는가?	×	×	⊗	×	×
C는 사회가 변화하면서 A가 될 수 있는가?	○	⊗	⊗	⊗	○

(○: 예, ×: 아니요)

① 갑 ② 을 ③ 병 ④ 정 ⑤ 무

✓ 자료 분석 한 사회의 구성원 대다수가 공유하는 문화는 주류 문화이고, 한 사회의 지배적 규범에 저항하거나 대립하는 문화는 반문화이다. 따라서 A는 반문화, B는 하위문화, C는 주류 문화이다.

○ 정답 찾기 ① 반문화는 모두 하위문화에 해당한다. 반문화를 공유하는 구성원 또한 한 사회의 구성원이므로 주류 문화의 문화 요소를 공유한다. 하위문화와 주류 문화 모두 해당 문화를 공유하는 구성원의 정체성 형성에 기여한다. 시대의 변화에 따라 반문화가 주류 문화가 되기도 하고, 주류 문화가 하위문화가 되기도 한다.

이것만은 꼭!
1. 주류 문화는 한 사회의 구성원 대다수가 공유하는 문화이다.
2. 반문화는 한 사회의 지배적 가치와 규범에 저항하는 문화이다.
3. 하위문화를 공유하는 구성원은 주류 문화의 문화 요소를 공유한다.

필출 주제 12

문화 변동의 요인과 양상

제1권 p.167 ~ 171

01 ⑤ 02 ⑤ 03 ③ 04 ④ 05 ⑤ 06 ① 07 ⑤ 08 ⑤ 09 ① 10 ③ 11 ③ 12 ① 13 ③ 14 ⑤ 15 ⑤

01 문화 변동의 요인과 양상

| 정답 ⑤ | 24년 6월 모의평가 12번

①	②	③	④	⑤
1%	3%	8%	2%	86%

밑줄 친 ㉠~㉥에 대한 설명으로 옳은 것은? [3점]

> 마테차는 세계인이 즐겨 마시는 음료이다. 과거 남미의 과라니족은 인근 밀림에서 자생하는 ㉠마테잎을 채집하여 ㉡즙 형태의 차로 마시는 방법을 개발하였다.(발명) 식민 시기 이래 남미 남부 지역에 ㉢새로운 종교를 들여온 선교사를 비롯한 유럽인들은(직접 전파) ㉣과라니족의 종교와 문화가 유럽에 비해 뒤떨어진 것이라는 생각에 마테잎을 '악마의 풀'이라고 부르며 천시하였다.(유럽인들의 자문화 중심주의적 태도) 하지만 이후 ㉤마테잎의 효능이 알려지자 마테차를 안 마시던 유럽인들도 마시기 시작하면서 남미 남부 지역을 중심으로 재배지가 확산되었다.(자발적 문화 접변) 오늘날 일부 학자는 이 지역 ㉥여러 나라의 마테차 문화에 나타나는 유사성과 차이점을 분석하여 문화의 보편성과 특수성을 이해하는 연구를 수행하고 있다.(비교론적 관점)

① ㉠은 ~~발명~~, ㉡은 ~~발견~~(발명)에 해당한다.
② ㉢은 ~~간접 전파~~(직접 전파)에 해당한다.
③ ㉣은 유럽인들의 ~~문화 상대주의적 태도~~(자문화 중심주의적 태도)를 보여 준다.
④ ㉤은 ~~강제적~~(자발적) 문화 접변에 해당한다.
⑤ ㉥에는 문화를 바라보는 비교론적 관점이 나타난다.

✓ 자료 분석 발견은 존재하고 있었으나 알려지지 않았던 사물이나 원리 등을 찾아내는 행위나 그 결과물을 말하고, 발명은 존재하지 않았던 기술이나 사물 등을 만들어 내는 행위나 그 결과물을 말한다.

O 정답 찾기 ⑤ 여러 나라의 마테차 문화에 나타나는 유사성과 차이점을 분석하여 문화의 보편성과 특수성을 이해하는 것은 비교론적 관점에 해당한다.

× 오답 풀이 ① 마테잎을 채집한 것은 발명에 해당하지 않고, 즙 형태의 차로 마시는 방법을 개발한 것은 발명에 해당한다.
② 선교사를 비롯한 유럽인들을 통해 새로운 종교가 유입되었으므로 이는 직접 전파에 해당한다.
③ ㉣은 유럽인들의 자문화 중심주의적 태도를 보여 준다.
④ 마테잎의 효능이 알려지자 마테차를 마시지 않던 유럽인들도 마시기 시작한 것은 자발적 문화 접변에 해당한다.

이것만은 꼭!
1. 비교론적 관점은 각 사회의 문화가 보편성과 특수성을 동시에 지니고 있다고 전제한다.
2. 발명과 발견은 문화 변동의 내재적 요인에 해당하고, 직접 전파, 간접 전파, 자극 전파는 문화 변동의 외재적 요인에 해당한다.

02 문화 변동의 요인과 양상

| 정답 ⑤ | 24년 9월 모의평가 18번

①	②	③	④	⑤
2%	8%	11%	2%	77%

(가), (나)에 대한 설명으로 옳은 것은?

> (가) 갑국에는 400여 종의 지역 전통주가 있었다. 갑국을 지배하게 된 을국은 막대한 이익을 창출하고자 갑국의 전통주 제조를 금지하는 법을 제정하고(강제적 문화 접변) 자국의 재료를 들여와 직접 술을 제조하여 판매하였다.(직접 전파) 을국으로부터 독립한 현재까지도 갑국의 전통주는 문헌에만 존재하고 있다.(문화 동화)
> (나) 병국 근로자들은 추운 날씨에 밖에서 일할 때 몸을 따뜻하게 해주는 용도로 전통주를 즐겨 마셨다. 병국으로 대거 귀화한 정국의 근로자들이(직접 전파) 최근 이 전통주에 자신들이 정국에서 들여온 약재를 섞어 마시기 시작했고, 효능이 알려지자 병국의 주류 회사가 이 술을 '○○ 약주'라는 이름으로 특허를 내 상품을 판매했다.(문화 융합)

① (가)에서는 강제적 문화 접변~~의 결과로 문화 융합~~이 나타났다.
② (나)에서는 ~~발명~~(직접 전파)에 의한 문화 변동이 나타났다.
③ (가)와 ~~달리~~ (나)에서는 ~~자극 전파~~(직접 전파)에 의한 문화 변동이 나타났다.
④ (나)와 달리 (가)에서는 문화의 정체성이 상실되는 문화 변동이 ~~나타나지 않았다~~(나타났다).
⑤ (가)와 (나)에서는 모두 직접 전파에 의한 문화 변동이 나타났다.

✓ 자료 분석 강제적 문화 접변은 지배적 입장에 있는 사회의 문화 요소가 피지배 사회에 강제적으로 이식되어 나타나는 문화 변동을 말한다.

O 정답 찾기 ⑤ (가)에서는 갑국을 지배하게 된 을국 사람들을 통해, (나)에서는 병국으로 귀화한 정국의 근로자들을 통해 문화 변동이 나타났다. 따라서 (가)와 (나)에서는 모두 직접 전파에 의한 문화 변동이 나타났다.

× 오답 풀이 ① (가)에서는 갑국을 지배하게 된 을국이 갑국의 전통주 제조를 금지하는 법을 제정하였으므로 강제적 문화 접변이 나타났으나, 문화 융합은 나타나지 않았다.
② (나)에서는 병국으로 귀화한 정국의 근로자들을 통해 정국의 약재가 전해져 새로운 ○○ 약주를 만들었으므로 직접 전파에 의한 문화 변동이 나타났다.
③ (가)와 (나)에서는 모두 자극 전파에 의한 문화 변동이 나타나지 않았다.
④ (가)에서는 문화 동화가 나타나 문화의 정체성이 상실되었다.

이것만은 꼭!
1. 자극 전파는 다른 사회의 문화 요소로부터 자극을 받아 새로운 문화 요소가 발명된 것을 말한다.
2. 간접 전파는 한 사회의 문화 요소가 매개체를 통해 간접적으로 다른 사회에 전달되어 정착되는 현상을 말한다.
3. 문화 요소를 수용하는 사회의 필요나 의지에 반하여 문화 요소를 제공하는 사회의 압력에 의해 문화가 이식되어 나타나는 문화 접변을 강제적 문화 접변이라고 한다.

03 문화 변동의 요인과 양상 | 정답 ③ | 24년 수능 19번

①	②	❸	④	⑤
5%	19%	68%	5%	3%

다음 자료에 대한 설명으로 옳은 것은?

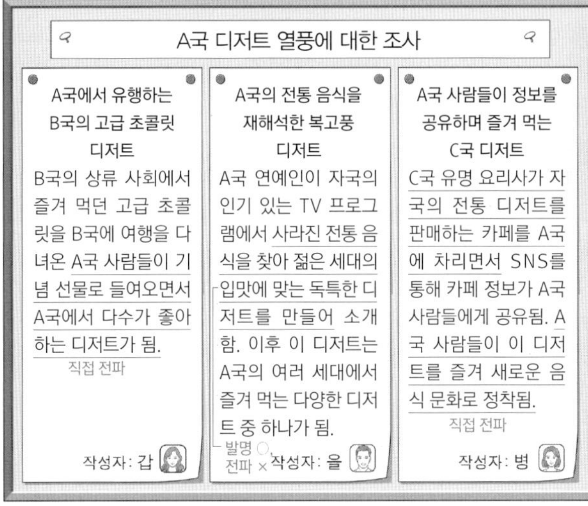

A국 디저트 열풍에 대한 조사

A국에서 유행하는 B국의 고급 초콜릿 디저트	A국의 전통 음식을 재해석한 복고풍 디저트	A국 사람들이 정보를 공유하며 즐겨 먹는 C국 디저트
B국의 상류 사회에서 즐겨 먹던 고급 초콜릿을 B국에 여행을 다녀온 A국 사람들이 기념 선물로 들여오면서 A국에서 다수가 좋아하는 디저트가 됨. (직접 전파)	A국 연예인이 자국의 인기 있는 TV 프로그램에서 사라진 전통 음식을 찾아 젊은 세대의 입맛에 맞는 독특한 디저트를 만들어 소개함. 이후 이 디저트는 A국의 여러 세대에서 즐겨 먹는 다양한 디저트 중 하나가 됨. (발명 ○, 전파 ×)	C국 유명 요리사가 자국의 전통 디저트를 판매하는 카페를 A국에 차리면서 SNS를 통해 카페 정보가 A국 사람들에게 공유됨. A국 사람들이 이 디저트를 즐겨 새로운 음식 문화로 정착됨. (직접 전파)
작성자: 갑	작성자: 을	작성자: 병

① 갑이 작성한 내용에는 문화 동화가 ~~나타난다~~. (나타나 있지 않다.)
② 을이 작성한 내용에는 자발적 문화 접변이 ~~나타난다~~. (나타나 있지 않다.)
③ 병이 작성한 내용에는 직접 전파가 나타난다.
④ ~~갑과 달리~~ 을, ~~병~~이 작성한 내용에는 문화 공존이 ~~나타난다~~. (나타나 있지 않다.)
⑤ 갑, 을~~과 달리~~ 병이 작성한 내용에는 문화 융합이 ~~나타난다~~. (나타나 있지 않다.)

✔ 자료 분석 문화 전파는 어떤 사회의 문화 요소가 다른 사회에 전달되어 그 사회의 문화 체계 속에 수용되는 것을 말한다.

○ 정답 찾기 ③ C국의 유명 요리사가 A국에서 판매한 C국의 전통 디저트가 A국의 새로운 음식 문화로 정착되었으므로 이는 직접 전파에 해당한다.

× 오답 풀이 ① 갑이 작성한 내용에는 문화 동화가 나타나 있지 않다.
② 을이 작성한 내용에는 문화 전파가 나타나 있지 않으므로 자발적 문화 접변이 나타났다고 볼 수 없다.
④ 을이 작성한 내용에는 문화 공존이 나타나 있지 않다.
⑤ 갑, 을, 병이 작성한 내용에는 문화 융합이 나타나 있지 않다.

이것만은 꼭!

1. 문화 변동의 요인에는 발명, 발견, 직접 전파, 간접 전파, 자극 전파가 있다.
2. 문화 변동의 양상으로는 문화 동화, 문화 병존, 문화 융합이 있다.
3. 강제적 문화 접변과 자발적 문화 접변은 모두 문화 전파를 전제로 한다.

04 문화 변동의 요인과 양상 | 정답 ④ | 23년 6월 모의평가 19번

①	②	③	❹	⑤
3%	1%	3%	92%	1%

다음 자료에 대한 설명으로 옳은 것은? [3점]

〈문화 변동 사례〉

(가) A국을 대표하는 ○○음악은 전통적으로 내려오던 멜로디와 악기에서 출발하였다. 이후 이민자에 의해 들어 온 다양한 음악과 악기를 받아들여 고유한 요소와 외래적 요소가 함께 어우러진 독특한 음악으로 재탄생한 것이 오늘날의 ○○음악이다. (직접 전파, 문화 융합)

(나) □□족은 B국의 지배를 받게 되면서 거주지가 재배치되었고, 심지어 아이들은 B국 사람들의 가정에 입양되어 B국의 언어와 복식을 따라야만 했다. 이로 인해 □□족의 고유한 문화는 소멸되었다. (직접 전파, 강제적 문화 접변, 문화 동화)

교사: 문화 변동 사례를 읽고 탐구한 내용을 발표해 보세요.
갑: (가)와 (나)는 모두 외재적 요인에 의한 문화 변동의 사례로 볼 수 있습니다. - 옳은 내용임
을: ~~(나)~~(가)에서는 ~~(가)~~(나)와 달리 기존의 문화와 외래문화가 결합하여 새로운 문화가 나타났습니다. - 옳지 않은 내용임
병: [㉠] - 옳은 내용이 들어가야 함
교사: 세 사람 중 두 사람만 옳게 발표했네요. (갑, 병)

① (가)의 문화 변동 요인은 ~~자극 전파~~(직접 전파)이다.
② ~~(가)~~(나)에서는 ~~(나)~~(가)와 달리 자문화의 정체성이 상실되었다.
③ (나)(가)에서는 (가)(나)와 달리 문화 다양성이 증대되었다.
④ (나)에서는 (가)와 달리 강제적 문화 접변이 나타났다.
⑤ ㉠에는 '(나)의 문화 변동 요인은 간접 전파입니다.'가 들어갈 수 ~~있다~~. (없다.)

✔ 자료 분석 A국을 대표하는 ○○음악은 이민자에 의해 들어 온 음악과 악기를 받아들여 고유한 요소와 외래적 요소가 어우러진 독특한 음악으로 재탄생된 것이므로 이는 직접 전파에 의한 문화 융합의 사례에 해당한다. □□족은 B국의 지배를 받게 되면서 고유한 문화가 사라지게 되었는데, 이는 직접 전파에 의한 문화 동화의 사례에 해당한다. (가)와 (나)는 모두 외재적 요인에 의한 문화 변동의 사례로 볼 수 있고, (가)에서는 (나)와 달리 기존의 문화와 외래문화가 결합하여 새로운 문화가 나타났다. 따라서 갑의 발표 내용은 옳고, 을의 발표 내용은 옳지 않으므로 ㉠에는 옳은 내용이 들어가야 한다.

○ 정답 찾기 ④ (가)에서는 자발적 문화 접변이 나타났고, (나)에서는 강제적 문화 접변이 나타났다.

× 오답 풀이 ① (가)에서 ○○음악은 이민자에 의해 들어 온 다양한 문화 음악과 악기를 받아들인 것이다. 따라서 (가)의 문화 변동 요인은 직접 전파이다.
② (나)에서는 □□족의 고유한 문화가 사라져 자문화의 정체성이 상실되었다.
③ (가)에서는 문화 융합이 나타났으므로 문화의 다양성이 증대되었다.
⑤ (나)의 문화 변동 요인은 직접 전파이므로 해당 내용은 ㉠에 들어갈 수 없다.

이것만은 꼭!

1. 한 사회의 문화 요소가 다른 사회의 문화 체계 속에 흡수되어 정체성을 상실하는 현상을 문화 동화라고 한다.
2. 문화 요소를 제공하는 사회와 그것을 수용하는 사회 구성원들 간의 직접적인 접촉 과정에서 문화 요소가 전달되어 정착되는 현상을 직접 전파라고 한다.
3. 기존 문화 요소와 외래문화 요소가 결합하여 기존 문화 요소들의 성격을 지니면서도 기존 문화 요소들과 다른 성격을 지닌 제3의 문화를 형성하는 현상을 문화 융합이라고 한다.

05 문화 변동의 요인과 양상

| 정답 ⑤ | 23년 9월 모의평가 13번

①	②	③	④	❺
8%	7%	5%	10%	70%

다음 사례에 나타난 문화 변동에 대한 설명으로 옳은 것은? [3점]

> A국 영화인들은 영화 산업이 발달한 B국 영화인에게(직접 전파) 영화 제작 기법 및 특수 효과 기술을 배워 왔다. 그 후 A국에서 자국의 전통적 정서와 B국의 특수 효과 기술이(물질문화) 섞인 새로운 영화 장르가 탄생했다(문화 융합). 한편 B국 어업인들이 조업 활동 중 C국 어업인이 끓여 준 라면을 먹게 되면서 B국에 C국 라면이(물질문화) 처음 전해졌다(직접 전파). 이후 B국 요리사가 C국 라면에 자국의 전통 소스를 가미해 국물이 없는 비빔 라면을 개발하였다(문화 융합). B국의 비빔 라면 조리 방식은(물질문화) 인터넷을 통해(간접 전파) C국 젊은이들에게까지 확산되었다.

① ~~A국에서는 B국과 달리~~(A국과 B국 모두에서) 문화 융합이 나타났다.
② ~~B국에서는 A국과 달리~~(A국과 B국 모두에서) 문화 접변이 나타났다.
③ B국에서는 C국과 달리 문화 공존이 나타났다.
④ A국에서는 직접 전파, B국에서는 ~~간접~~(직접) 전파가 나타났다.
⑤ A국~C국에서는 모두 물질문화의 전파가 나타났다.

✓ 자료 분석 A국과 B국에서는 직접 전파에 의한 문화 융합이 나타났고, C국에서는 직접 전파가 나타났다.

○ 정답 찾기 ⑤ A국에서는 B국의 특수 효과 기술이라는 물질문화의 전파가 나타났고, B국에서는 C국의 라면이라는 물질문화의 전파가 나타났으며, C국에서는 B국의 비빔 라면 조리 방식이라는 물질문화의 전파가 나타났다.

× 오답 풀이 ① A국과 B국 모두에서 문화 융합이 나타났다.
② A국과 B국 모두에서 문화 접변이 나타났다.
③ 제시된 자료만으로는 B국과 C국에서 문화 공존이 나타났는지 알 수 없다.
④ A국과 B국 모두에서 직접 전파가 나타났다.

이것만은 꼭!

1. 물질문화는 사람들이 삶을 영위하기 위해 만들고 사용하는 인공물과 그것을 제작·사용하는 기술을 말한다.
2. 문화 접변은 어떤 사회의 문화 요소가 다른 사회에 전달되어 그 사회의 문화 체계 속에 수용되는 현상을 말한다.
3. 문화 접변의 결과 문화 동화, 문화 병존, 문화 융합이 나타난다.

06 문화 변동의 요인과 양상

| 정답 ① | 23년 수능 14번

❶	②	③	④ 함정	⑤
63%	8%	3%	19%	7%

다음 자료에 대한 설명으로 옳은 것은? [3점]

> ○○국의 음식 문화 변동 양상에 대한 모둠 과제 우수 사례
>
> 〈1모둠〉 (문화 공존) ○○국 내에 갑국 이주민 거주 지역에서나 볼 수 있던 갑국의 전통 음식 A가 전국적으로 유행함. 특히 ○○국 젊은 세대 사이에서 자극적인 맛으로 A가 인기임.
>
> 〈2모둠〉 (자극 전파) ○○국 음료 회사는 다이어트 열풍으로 을국의 무설탕 음료 B의 제조법에 자극받아 새로운 무열량 음료를 개발함. 젊은층의 선호로 ○○국에서 전통 음료와 B의 판매량을 추월함.(문화 공존)
>
> 〈3모둠〉 (문화 융합) ○○국 제과 회사가 만든 과자 C는 병국의 과자에 ○○국의 식재료인 황태 가루를 넣은 새로운 과자임. 병국의 유명 연예인이 C가 병국 과자를 대체할 수 있을 만큼 맛있다고 하자 ○○국보다 병국에서 많이 판매됨.
>
> 〈4모둠〉 (간접 전파) 막대기에 과일 사탕을 꽂은 정국의 디저트 D가 SNS를 통해 ○○국에 알려짐. 이후 ○○국 젊은이들이 인터넷에서 배운 조리법대로 D를 만들어 먹기 시작하며 D가 젊은 세대 문화로 스며듦.

① 1모둠과 2모둠이 작성한 내용에 모두 문화 공존이 나타난다.
② 3모둠과 ~~4모둠~~이 작성한 내용에 ~~모두~~ 문화 융합이 나타난다.
③ 1모둠이 작성한 내용에 ~~발명~~이, 2모둠이 작성한 내용에 ~~직접~~(자극) 전파가 나타난다.
④ 3모둠이 작성한 내용에 ~~문화 동화~~가, 4모둠이 작성한 내용에 간접 전파가 나타난다.
⑤ ~~1모둠~~과 2모둠이 작성한 내용에 ~~모두~~ 자극 전파가, 3모둠과 4모둠이 작성한 내용에 모두 자발적 문화 접변이 나타난다.

✓ 자료 분석 문화 변동의 요인에는 내재적 요인인 발명과 발견, 외재적 요인인 직접 전파, 간접 전파, 자극 전파가 있고, 문화 변동의 양상으로는 문화 공존, 문화 동화, 문화 융합이 나타난다.

○ 정답 찾기 ① 1모둠이 작성한 내용에서 갑국의 전통 음식 A가 ○○국에서 인기가 있다는 내용을 통해 문화 공존이 나타났음을 알 수 있다. 2모둠이 작성한 내용에서 새로운 무열량 음료가 ○○국에서 전통 음료와 B의 판매량을 추월하였다는 내용을 통해 문화 공존이 나타났음을 알 수 있다.

× 오답 풀이 ② 3모둠이 작성한 내용에서 병국의 과자에 ○○국의 식재료인 황태 가루를 넣은 새로운 과자 C가 만들어진 내용을 통해 문화 융합이 나타났음을 알 수 있다. 4모둠이 작성한 내용에는 문화 융합이 나타나 있지 않다.
③ 1모둠이 작성한 내용에는 발명이 나타나 있지 않다. 2모둠이 작성한 내용에서 을국의 무설탕 음료 B의 제조법에 자극받아 새로운 무열량 음료를 개발한 내용을 통해 자극 전파가 나타났음을 알 수 있다.
④ 3모둠이 작성한 내용에는 문화 동화가 나타나 있지 않다. 4모둠이 작성한 내용에서 정국의 디저트 D가 SNS를 통해 ○○국에 알려졌다는 내용을 통해 간접 전파가 나타났음을 알 수 있다.
⑤ 1모둠이 작성한 내용에는 자극 전파가 나타나 있지 않고, 2모둠이 작성한 내용에는 자극 전파가 나타나 있으며, 3모둠과 4모둠이 작성한 내용에는 자발적 문화 접변이 나타나 있다.

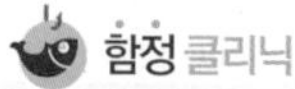

④번을 정답으로 착각한 학생들은 3모둠이 작성한 내용에 문화 동화가 나타나 있다고 착각하였을 가능성이 크다. 병국의 유명 연예인이 C가 병국 과자를 대체할 수 있을 만큼 맛있다고 하자 ○○국보다 병국에서 많이 판매된 것은 병국에서 C가 병국 과자를 대체한 것은 아니므로 문화 동화로 볼 수 없다.

이것만은 꼭!

1. 문화 변동의 요인에는 내재적 요인과 외재적 요인이 있다.
2. 문화 변동의 양상으로는 문화 공존, 문화 동화, 문화 융합이 나타난다.
3. 문화 공존과 문화 융합은 문화 동화와 달리 자기 문화의 정체성을 유지하고 있다.

07 문화 변동의 양상

| 정답 ⑤ | 22년 6월 모의평가 10번

①	②	③	④	❺
2%	6%	7%	4%	81%

다음 자료에 대한 설명으로 옳은 것은? (단, A~C는 각각 문화 동화, 문화 병존, 문화 융합 중 하나임.) [3점]

문화 동화

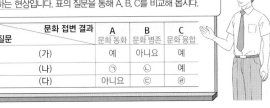

A, B, C는 문화 접변의 결과입니다. '북아메리카 원주민의 문화가 이주해 온 유럽인의 문화로 대체된 것'은 A의 사례이고, B는 C와 달리 서로 다른 사회의 문화 요소가 한 사회의 문화 체계 속에서 나란히 존재하는 현상입니다. 표의 질문을 통해 A, B, C를 비교해 봅시다.

문화 병존

문화 접변 결과 / 질문	A 문화 동화	B 문화 병존	C 문화 융합
(가)	예	아니요	예
(나)	㉠	㉡	예
(다)	아니요	㉢	㉣

① ~~C~~(B)의 사례로는 '우리나라에서 양력설과 음력설을 모두 지내는 것'을 들 수 있다.

② ~~A는 B, C와 달리~~(A, B, C는 모두) 강제적 문화 접변에 의해 나타난다.

③ (가)에는 '자문화의 정체성 상실을 야기하는가?'가 들어갈 수 ~~있다~~(없다).

④ (나)에 '외재적 요인에 의해 나타난 문화 변동인가?'가 들어간다면, ㉠은 '예', ㉡은 '~~아니요~~(예)'이다.

⑤ (다)에 '새로운 문화 요소가 만들어졌는가?'가 들어간다면, ㉢은 '아니요', ㉣은 '예'이다.

✓ 자료 분석 '북아메리카 원주민의 문화가 이주해 온 유럽인의 문화로 대체된 것'은 문화 동화의 사례이고, 서로 다른 사회의 문화 요소가 한 사회의 문화 체계 속에서 나란히 존재하는 현상은 문화 병존이다. 따라서 A는 문화 동화, B는 문화 병존, C는 문화 융합이다.

O 정답 찾기 ⑤ 문화 융합은 문화 병존과 달리 새로운 문화 요소가 만들어진다. 따라서 해당 질문이 (다)에 들어가면, ㉢은 '아니요', ㉣은 '예'이다.

X 오답 풀이 ① '우리나라에서 양력설과 음력설을 모두 지내는 것'은 문화 병존의 사례이다.
② 문화 동화, 문화 병존, 문화 융합 모두 강제적 문화 접변뿐만 아니라 자발적 문화 접변에 의해 나타날 수 있다.
③ 자문화의 정체성 상실을 야기하는 것은 문화 동화이다. 따라서 해당 질문은 (가)에 들어갈 수 없다.
④ 문화 동화, 문화 병존, 문화 융합은 모두 외재적 요인에 의해 나타난 문화 변동이다. 따라서 해당 질문이 (나)에 들어가면, ㉠, ㉡은 모두 '예'이다.

이것만은 꼭!

1. 문화 동화는 자문화의 정체성 상실을 야기한다.
2. 문화 융합은 문화 동화, 문화 병존과 달리 새로운 문화 요소가 만들어진다.
3. 문화 융합과 문화 병존은 기존 문화의 정체성이 유지된다.

08 문화 변동의 요인

| 정답 ⑤ | 22년 9월 모의평가 12번

①	②	③	④	❺
3%	3%	6%	7%	81%

그림은 문화 변동의 요인을 분류한 것이다. A~D에 대한 설명으로 옳은 것은? (단, A~D는 각각 발명, 발견, 직접 전파, 자극 전파 중 하나임.) [3점]

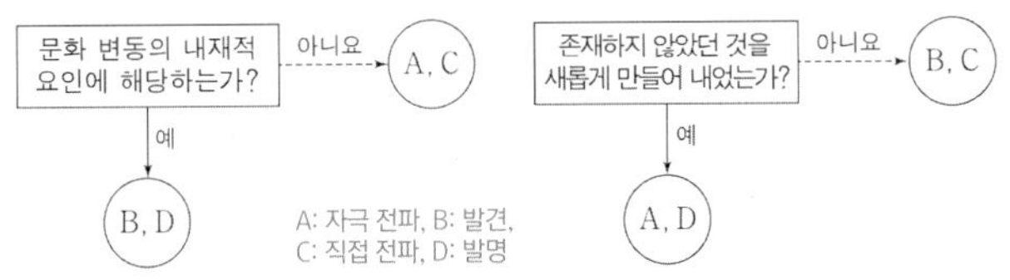

① 난민으로 유입된 타국 사람들의 고유한 놀이를 자국 국민들이 배워 즐기게 된 사례는 ~~A~~(C)에 해당한다.

② 자국의 전통 음료에 전통 식재료를 가미하여 새로운 음료를 만든 사례는 ~~B~~(D)에 해당한다.

③ 외국에서 유행하는 새로운 춤이 인터넷을 통해 자국으로 확산된 사례는 ~~C~~(간접 전파)에 해당한다.

④ D로 나타난 문화 요소가 C로 인해 타국에서 B를 발생시키면, 이는 A에 ~~해당한다~~(해당하지 않는다).

⑤ A~D는 모두 한 사회에 새로운 문화 요소를 추가하는 요인으로 작용한다.

✓ 자료 분석 발명, 발견, 직접 전파, 자극 전파 중 문화 변동의 내재적 요인에 해당하는 것은 발명과 발견이다. 발견, 직접 전파와 달리 발명, 자극 전파는 존재하지 않았던 것을 새롭게 만들어 낸다. 따라서 A는 자극 전파, B는 발견, C는 직접 전파, D는 발명이다.

O 정답 찾기 ⑤ 자극 전파, 발견, 직접 전파, 발명은 모두 한 사회에 새로운 문화 요소를 추가하는 요인으로 작용한다.

X 오답 풀이 ① 난민으로 유입된 타국 사람들의 고유한 놀이를 자국 국민들이 배워 즐기게 된 사례는 직접 전파에 해당한다.
② 자국의 전통 음료에 전통 식재료를 가미하여 새로운 음료를 만든 사례는 발명(2차 발명)에 해당한다.
③ 외국에서 유행하는 새로운 춤이 인터넷을 통해 자국으로 확산된 사례는 매개체에 의한 전파, 즉 간접 전파에 해당한다.
④ 자극 전파는 서로 다른 문화 체계 간에 문화 요소와 관련된 추상적인 개념과 아이디어가 전파되어 새로운 문화 요소의 발명이 이루어지는 것을 의미한다.

이것만은 꼭!

1. 직접 전파는 교역, 전쟁, 정복, 부족 간 혼인 등에 의해 나타나는 문화 요소의 전파처럼 문화 요소를 제공하는 사회와 그것을 수용하는 사회 구성원들 간의 직접적인 접촉 과정에서 발생한다.
2. 간접 전파는 대중 매체 등에 의해 나타나는 문화 요소의 전파처럼 문화 요소를 제공하는 사회와 그것을 수용하는 사회 구성원들 간의 직접적인 접촉이 아닌 매개체를 통해 발생한다.
3. 자극 전파는 서로 다른 문화 체계 간에 문화 요소와 관련된 추상적인 개념이나 아이디어가 전파되어 새로운 문화 요소의 발명이 이루어지는 현상이다.

09 문화 변동의 요인과 양상

| 정답 ① | 22년 수능 4번

❶	②	③	④	⑤
87%	4%	2%	1%	6%

(가), (나)에 나타난 문화 변동에 대한 설명으로 옳은 것은? [3점]

(가) 대중교통 요금 지불 시 현금만 이용하던 갑국은 을국이 개발한 전자 교통 카드 시스템을 배우고자 을국의 기술자들을 초빙하였다. 갑국은 이들을 통해 을국의 시스템을 도입하였다. 이후 갑국에서는 전자 교통 카드도 대중교통 요금 지불 수단으로 널리 사용되고 있다.

직접 전파 / 문화 병존

(나) 병국이 정국을 지배하게 되면서 정국에서는 병국 언어 대신 정국 언어를 쓰자는 민족주의 운동이 일어났다. 이에 병국은 공권력을 동원하여 관공서는 물론 일상에서도 병국 언어만 쓰도록 강제하였고, 그 결과 정국에서 정국 사람들은 병국 언어만 쓰게 되었다.

강제적 문화 접변 / 문화 동화

① (가)에서는 직접 전파에 의한 문화 병존이 나타났다.
② (나)에서는 강제적 문화 접변에 따른 ~~문화 융합~~(문화 동화)이 나타났다.
③ ~~(가)에서는 (나)에서와 달리~~((가), (나) 모두에서) 외재적 요인에 의한 문화 변동이 나타났다.
④ ~~(나)에서는 (가)에서와 달리~~((가), (나) 모두에서) 사회 구성원이 새로운 문화를 공유하게 되었다.
⑤ ~~(가)와~~ (나)에서는 ~~모두~~ 자문화의 정체성이 상실되었다.

✓ 자료 분석 문화 변동의 요인에는 발명, 발견, 직접 전파, 간접 전파, 자극 전파가 있고, 문화 변동의 양상에는 문화 동화, 문화 병존, 문화 융합이 있다.

O 정답 찾기 ① 갑국에서는 을국의 기술자들을 통해 을국의 시스템을 도입하여 대중교통 요금 지불 수단으로 현금과 전자 교통 카드를 모두 사용하고 있다. 따라서 갑국에서는 직접 전파에 의한 문화 병존이 나타났다.

× 오답 풀이 ② 정국에서는 병국의 지배로 인해 병국 언어만을 쓰도록 강요당한 결과 병국 언어만 쓰게 되었다. 따라서 정국에서는 강제적 문화 접변에 따른 문화 동화가 나타났다.
③ 갑국과 정국 모두에서는 문화 변동의 외재적 요인인 전파에 의해 문화 변동이 나타났다.
④ 갑국에서는 을국의 문화를 공유하게 되었고, 정국에서는 병국의 문화를 공유하게 되었다.
⑤ 정국에서는 문화 동화가 나타났으므로 자문화의 정체성이 상실되었으나, 갑국에서는 문화 병존이 나타났으므로 자문화의 정체성이 상실되지 않았다.

이것만은 꼭!
1. 문화 동화는 문화 병존, 문화 융합과 달리 자문화의 정체성이 상실된다.
2. 문화 전파는 문화 변동의 외재적 요인으로, 다른 사회의 문화 요소가 한 사회에 전해져 정착하는 현상을 말한다.
3. 문화 요소를 수용하는 사회의 의지에 반해 문화 요소를 제공하는 사회의 의지에 의해 나타나는 문화 접변을 강제적 문화 접변이라고 한다.

10 문화 변동의 요인과 양상

| 정답 ③ | 21년 6월 모의평가 6번

①	②	❸	④ 함정	⑤
6%	3%	69%	19%	3%

다음 자료에 대한 분석으로 옳은 것은? [3점]

표는 갑국과 을국에서 발생한 문화 변동을 나타낸 것이다. 1차 문화 변동 시기에는 내재적 변동만, 2차 문화 변동 시기에는 갑국과 을국 간 문화 접변만 있었다. (가)~(라)는 각각 발견, 발명, 직접 전파, 자극 전파 중 하나이며, (가)와 (다)는 각각 새로운 문화 요소를 창조하는 요인이다.

〈갑국과 을국의 문화 변동〉

구분	변동 전 문화 요소	1차 문화 변동		2차 문화 변동	
		변동 요인	추가된 문화 요소	변동 요인	추가된 문화 요소
갑국	a	발명 (가)	c	(다) 자극 전파	e
을국	b	발견 (나)	d	(라) 직접 전파	a, c

* a~e는 서로 다른 문화 요소를 의미하며, 이외에 다른 문화 요소는 존재하지 않는다.
** 제시된 문화 변동 이외에 다른 문화 변동은 없었으며, 문화 요소의 소멸도 없었다.

① (가)는 ~~발견~~(발명), (다)는 자극 전파이다.
② (나)는 (라)~~와 달리~~(모두) 을국의 문화 요소를 다양하게 하는 요인이다.
③ 2차 문화 변동 결과, 을국에서는 문화 병존이 나타났다.
④ 을국은 ~~매개체~~(구성원 간 직접적 접촉)를 통해 갑국의 문화 요소를 전달받았다.
⑤ 2차 문화 변동 결과, 갑국과 을국에 공통으로 존재하는 문화 요소는 ~~3개~~(2개)이다.

✓ 자료 분석 1차 문화 변동의 경우 문화 변동의 내재적 요인에는 발명과 발견이 있고, 새로운 문화 요소를 창조하는 요인은 발명이므로 (가)는 발명, (나)는 발견이다. 2차 문화 변동의 경우 (다)는 새로운 문화 요소를 창조하는 요인이므로 자극 전파이고, (라)는 직접 전파이다.

O 정답 찾기 ③ 2차 문화 변동 결과, 을국에서는 직접 전파에 의해 갑국의 문화 요소인 a, c가 추가되었으므로 문화 병존이 나타났다.

× 오답 풀이 ① (가)는 발명, (다)는 자극 전파이다.
② 발견과 직접 전파는 모두 을국의 문화 요소를 다양하게 하는 요인이다.
④ 을국은 직접 전파를 통해 문화 변동이 나타났으므로 구성원 간 직접적 접촉을 통해 갑국의 문화 요소를 전달받았다.
⑤ 2차 문화 변동 결과, 갑국와 을국에 공통으로 존재하는 문화 요소는 a와 c 2개이다.

함정 클리닉

④번을 정답으로 잘못 선택하였다면, 직접 전파와 간접 전파의 개념을 제대로 이해하지 못했을 가능성이 크다. 직접 전파는 문화 요소를 제공하는 사회와 그것을 수용하는 사회 구성원들 간의 직접적인 접촉 과정에서 문화 요소가 전달되어 정착되는 현상이고, 간접 전파는 매개체를 통해 간접적으로 문화 요소가 전달되어 정착되는 현상이다. 따라서 매개체를 통한 전파는 간접 전파이다.
③번을 정답으로 선택하지 못한 경우는 기존의 문화 요소인 b와 d가 여전히 남아 있다는 점을 간과하였을 가능성이 높다.

이것만은 꼭!
1. 자극 전파는 서로 다른 문화 체계 간에 문화 요소와 관련된 추상적인 개념이나 아이디어가 전파되어 새로운 문화 요소의 발명이 이루어지는 현상이다.
2. 발견은 이미 존재하고 있었으나 알려지지 않았던 사물이나 원리 등을 찾아내는 행위나 그 결과물이고, 발명은 존재하지 않았던 기술이나 사물 등을 만들어 내는 행위나 그 결과물이다.

11 문화 변동의 요인

| 정답 ③ | 21년 9월 모의평가 13번

①	②	❸	④	⑤
1%	5%	87%	5%	2%

다음 사례에 나타난 문화 변동에 대한 설명으로 옳은 것은? [3점]

○ 갑국 사람들은 A국의 요리사 이야기를 다룬 영화를 보고, 영화에서 그 요리사가 만든 방법 그대로 A국의 전통 옥수수빵을 따라 만들어 일상에서 즐기게 되었다. (매개체) (간접 전파)

○ 을국 사람들은 무역을 하면서 만난 B국 사람들이 B국의 전통에 따라 음식을 만들 때 앞치마를 두르는 것에 아이디어를 얻어 냅킨 등 청결 유지를 위한 다양한 용품을 만들어 사용하면서 독특한 식사 문화를 갖게 되었다. (자극 전파)

○ 병국 사람들은 이웃 주민인 C국 이민자들이 C국의 전통적 농기구인 호미를 들여와 사용하는 것을 보고, 온라인 유통망을 통해 호미를 구매하여 정원을 가꾸는 데 적극적으로 사용하게 되었다. (직접 전파)

① 갑국에서는 발명(간접 전파)으로 인한 문화 변동이 발생하였다.
② 을국(갑국)에서는 매개체를 통해 타 문화의 문화 요소가 전파되었다. (간접 전파)
③ 병국에서는 서로 다른 문화의 구성원 간 접촉을 통해 문화 요소가 전파되었다. (직접 전파)
④ ~~갑국에서는 내재적 요인, 을국과 병국에서는~~ (갑국, 을국, 병국은 모두) 외재적 요인에 의한 문화 변동이 발생하였다.
⑤ 갑국에서는 ~~직접 전파~~(간접 전파), 을국에서는 자극 전파, 병국에서는 ~~간접 전파~~(직접 전파)가 나타났다.

✓ 자료 분석 갑국에서는 A국의 요리사 이야기를 다룬 영화(매개체)를 통해 A국의 전통 옥수수빵을 일상에서 즐기게 되었으므로 간접 전파에 따른 문화 변동이 나타났다. 을국에서는 B국 사람들의 문화에서 아이디어를 얻어 새로운 문화 요소가 만들어졌으므로 자극 전파에 따른 문화 변동이 나타났다. 병국에서는 이웃 주민인 C국 이민자들에 의해 호미가 전해졌으므로 직접 전파에 따른 문화 변동이 나타났다.

O 정답 찾기 ③ 병국에서는 C국 이민자들에 의해 C국의 전통 농기구인 호미가 전해졌으므로 서로 다른 문화의 구성원 간 접촉을 통해 문화 요소가 전파되는 직접 전파가 나타났다.

X 오답 풀이 ① 갑국에서는 간접 전파로 인한 문화 변동이 발생하였다.
② 을국에서는 타 문화의 문화 요소에서 아이디어를 얻어 새로운 문화 요소가 발명되는 자극 전파가 나타났다. 매개체를 통한 타 문화의 문화 요소 전파, 즉 간접 전파는 갑국에서 나타났다.
④ 갑국~병국에서는 모두 외재적 요인에 의한 문화 변동이 나타났다.
⑤ 갑국에서는 간접 전파, 을국에서는 자극 전파, 병국에서는 직접 전파가 나타났다.

이것만은 꼭!

1. 직접 전파는 교역, 전쟁, 정복, 부족 간 혼인 등에 의해 나타나는 문화 요소의 전파처럼 문화 요소를 제공하는 사회와 그것을 수용하는 사회 구성원들 간의 직접적인 접촉 과정에서 발생한다.
2. 간접 전파는 대중 매체 등에 의해 나타나는 문화 요소의 전파처럼 문화 요소를 제공하는 사회와 그것을 수용하는 사회 구성원들 간의 직접적인 접촉이 아닌 매개체를 통해 발생한다.
3. 자극 전파는 서로 다른 문화 체계 간에 문화 요소와 관련된 추상적인 개념이나 아이디어가 전파되어 새로운 문화 요소의 발명이 이루어지는 현상이다.

12 문화 변동의 요인

| 정답 ① | 21년 수능 17번

❶	②	③	④ 함정	⑤
36%	2%	10%	48%	4%

A~C국에 나타난 문화 변동에 대한 설명으로 옳은 것은?

> A국은 전쟁에 필요한 군량을 보관하기 위해 조리한 음식을 뜨거운 물로 살균한 유리병에 넣은 병조림을 만들었다(발명). 전쟁 중에 B국은 A국의 병조림에서 아이디어를 얻어 철제 통조림을 개발하였다(자극 전파). 한편 B국에서 유학하고 돌아온 C국의 한 발명가가 철제 통조림 뚜껑을 안전하게 분리하는 따개를 개발하였다(발명). 훗날 C국의 기업이 통조림 뚜껑을 쉽게 열 수 있는 원터치 캔을 개발하고(발명) A국과 B국 현지 공장에서 상품을 생산하여 판매하였다. 이후, 세 나라 모두 원터치 캔을 일상적으로 사용하였다(직접 전파).

① A국에서는 직접 전파에 의한 문화 변동이 나타났다.
② B국에서는 ~~강제적~~ 문화 접변이 나타났다.
③ C국에서는 ~~간접 전파~~(발명)에 의한 문화 변동이 나타났다.
④ A국에서는 B, C국과 달리 내재적 요인(발명, 발견)에 의한 문화 변동이 나타났다.
⑤ ~~A~~, B국에서는 C국과 달리 자극 전파가 나타났다.

이것만은 꼭!

1. 문화 변동의 내재적 요인에는 발명과 발견이 있고, 문화 변동의 외재적 요인에는 직접 전파, 간접 전파, 자극 전파가 있다.
2. 문화 변동은 강제성의 유무에 따라 강제적 문화 접변과 자발적 문화 접변으로 구분할 수 있다.
3. 자극 전파는 다른 사회의 문화 요소가 그대로 전파된 것이 아니라 아이디어만 제공하여 새로운 문화 요소의 등장을 초래한다.

✓ 자료 분석 A국에서는 유리병에 넣은 병조림이 만들어졌으므로 이는 발명에 해당하고, C국 기업이 A국 현지 공장에서 원터치 캔을 생산 및 판매하여 원터치 캔을 일상적으로 사용하게 되었으므로 이는 직접 전파에 해당한다. B국에서는 A국의 병조림에서 아이디어를 얻어 철제 통조림을 개발하였으므로 이는 자극 전파에 해당하고, B국 또한 A국과 마찬가지로 C국 기업이 B국 현지 공장에서 원터치 캔을 생산 및 판매하여 원터치 캔을 일상적으로 사용하게 되었으므로 이는 직접 전파에 해당한다. C국에서는 철제 통조림 뚜껑을 안전하게 분리하는 따개와 원터치 캔을 개발하였으므로 이는 발명에 해당한다. 즉, A국에서는 발명과 직접 전파가, B국에서는 자극 전파와 직접 전파가, C국에서는 발명이 나타났다.

○ 정답 찾기 ① A국에서는 C국 기업이 A국 현지 공장에서 원터치 캔을 생산 및 판매함으로써 C국의 원터치 캔을 일상적으로 사용하게 되었다. 이를 통해 A국에서는 직접 전파에 의한 문화 변동이 나타났음을 알 수 있다.

× 오답 풀이 ② B국에서 강제적 문화 접변이 나타났는지는 알 수 없다.
③ C국에서는 발명에 의한 문화 변동이 나타났다.
④ 문화 변동의 내재적 요인에는 발명과 발견이 있다. C국에서는 내재적 요인인 발명에 의한 문화 변동이 나타났다.
⑤ A국에서는 자극 전파가 나타나지 않았다.

함정 클리닉

④번을 정답으로 잘못 선택하였다면, C국에서 발명이 나타났음을 파악하지 못했을 가능성이 크다. C국의 경우 철제 통조림 뚜껑을 안전하게 분리하는 따개를 개발하였을 뿐만 아니라 통조림 뚜껑을 쉽게 열 수 있는 원터치 캔을 개발하였다. 이는 모두 발명에 해당한다. A국뿐만 아니라 C국에서도 문화 변동의 내재적 요인에 해당하는 발명으로 인한 문화 변동이 나타났다.

13 문화 변동의 요인과 양상

| 정답 ③ | 20년 6월 모의평가 12번

①	②	❸	④	⑤
4%	1%	91%	3%	1%

A~C국에 나타난 문화 변동에 대한 옳은 설명만을 〈보기〉에서 고른 것은? [3점]

> ○ A국에서는 전통 신앙에 외래 종교가 결합된 새로운 성격의 종교가 나타났다(문화 융합).
> ○ B국은 자신들을 정복한 이민족의 강요에 의해(강제적 문화 접변) 그들의 문자를 사용하게 되면서 고유의 문자를 상실하였다(문화 동화).
> ○ C국은 나무를 이용해 이전에 없던 활을 만들어 사용하였다(1차 발명). 그리고 활의 원리에서 아이디어를 얻어 현악기를 만들었다(2차 발명).

보기
ㄱ. A국에서는 ~~문화 동화~~(문화 융합)가 나타났다.
ㄴ. B국에서는 강제적 문화 접변이 나타났다.
ㄷ. C국에서는 내재적 요인(발명)에 의한 문화 변동이 나타났다.
ㄹ. ~~B, C국~~(A국)에서는 ~~A국~~(B, C국)과 달리 문화 융합이 나타났다.

① ㄱ, ㄴ ② ㄱ, ㄷ ③ ㄴ, ㄷ ④ ㄴ, ㄹ ⑤ ㄷ, ㄹ

✓ 자료 분석 A국에서는 외래문화와의 결합으로 새로운 문화 요소가 나타났으므로 이는 문화 융합에 해당한다. B국에서는 이민족의 강요로 인해 고유 문자를 상실하였으므로 이는 강제적 문화 접변에 의한 문화 동화에 해당한다. C국에서는 이전에 없던 문화 요소가 만들어졌으므로 이는 발명에 해당한다.

○ 정답 찾기 ㄴ. B국에서는 정복의 과정에서 이민족의 강요에 의해 문화 변동이 발생하였으므로 강제적 문화 접변이 나타났다.
ㄷ. 발명은 문화 변동의 내재적 요인에 해당한다.

× 오답 풀이 ㄱ. 문화 동화는 기존 문화 요소가 다른 사회의 문화 체계 속에 흡수되어 정체성을 상실하는 현상이다. A국에서는 문화 융합이 나타났다.
ㄹ. B국, C국과 달리 A국에서 문화 융합이 나타났다.

이것만은 꼭!

1. 강요에 의한 문화 변동은 강제적 문화 접변에 해당한다.
2. 발명은 문화 변동의 내재적 요인, 전파는 문화 변동의 외재적 요인에 해당한다.
3. 서로 다른 문화 요소가 결합하여 새로운 문화 요소가 등장하는 경우는 문화 융합에 해당한다.

14 문화 변동의 요인과 양상

| 정답 ⑤ | 20년 9월 모의평가 3번

①	②	③	④	❺
3%	7%	2%	2%	84%

(가), (나)에 나타난 문화 변동에 대한 분석으로 가장 적절한 것은?

> (가) 일본에서 '완탕'으로 불리는, 만두국의 일종인 '완당'은 일본에서 조리법을 배운 요리사에 의해 우리나라에 전해져 인기를 얻고 있다. 일본식 완탕은 닭고기를 사용하여 육수를 내지만, 완당은 우리나라 사람들의 입맛에 맞게 국수처럼 멸치와 다시마로 육수를 내고 피가 일본식보다 훨씬 얇은 것이 특징이다.
>
> (나) 영국에서 일본으로 전래된 카레 가루는 인도의 '카리'가 기원이다. 식민지 인도를 통치했던 총독 일행이 영국으로 가져간 카리가 영국인의 입맛에 맞게 변형되어 일본에 전래되었다. 카레가 일본에서 인기를 얻으면서 카레 우동, 가츠 카레(카레 돈가스) 등 다양한 음식이 등장하였고, 기존의 우동, 돈가스와 함께 큰 사랑을 받고 있다.

① (가)에는 간접 전파로 인한 문화 변동의 사례가 나타나 있다.
② (나)에는 강제적 문화 접변의 사례가 나타나 있다.
③ (가)에는 (나)와 달리 문화 공존의 사례가 나타나 있다.
④ (나)에는 (가)와 달리 문화 동화의 사례가 나타나 있다.
⑤ (가), (나)에는 모두 문화 융합의 사례가 나타나 있다.

✓ 자료 분석 (가)에는 요리사에 의해 문화가 전해졌으므로 직접 전파, 우리 입맛에 맞게 요리 방법이 변형되었으므로 문화 융합이 나타나 있다. (나)에는 총독 일행에 의해 전해졌으므로 직접 전파, 영국인의 입맛에 맞게 변형되었고 일본 고유의 음식과 카레가 결합되어 새로운 음식이 등장하였으므로 문화 융합이 나타나 있다.

O 정답 찾기 ⑤ (가), (나)에는 '한국인 입맛에 맞게 변형된 완당', '영국인 입맛에 맞게 변형된 카레' 등과 같이 전해진 문화 요소와는 다른 성격을 지닌 제3의 문화가 형성되었다.

X 오답 풀이 ① (가)에는 요리사에 의해 문화가 전해졌으므로 직접 전파에 의한 문화 변동의 사례가 나타나 있다.
② (나)에는 총독 일행에 의해 식민지 인도에서 영국으로 전해졌으므로 강제적 문화 접변이 나타났다고 보기 어렵다.
③ 문화 공존은 서로 다른 문화 요소가 나란히 존재하는 현상으로, (가)에는 나타나 있지 않다.
④ 문화 동화는 문화 변동 과정에서 기존의 문화 요소가 정체성을 상실하는 현상으로, (나)에는 나타나 있지 않다.

이것만은 꼭!
1. 문화 융합은 문화 접변으로 제3의 문화가 형성되는 현상이다.
2. 직접 전파는 구성원 간의 직접적 접촉으로 문화가 전해지는 현상이다.
3. 강제적 문화 접변은 물리적 강제력에 의해 문화가 전해지는 현상이다.

15 문화 변동의 요인과 양상

| 정답 ⑤ | 20년 수능 16번

①	② 함정	③	④	❺
12%	27%	7%	2%	53%

A~C국에서 나타난 문화 변동에 대한 설명으로 옳은 것은? [3점]

> ○ 식사 도구로 수저를 사용하던 A국에서는 나이프와 포크를 사용하는 이웃 나라 사람들과 교류하면서 나이프와 포크도 식사 도구로 사용하였다.
> ○ B국의 군인들은 야외 훈련 중 철제 투구를 이용하여 음식을 끓여 먹었던 경험에서 아이디어를 얻어 새로운 형태의 냄비를 만들어 조리 도구로 사용하였다.
> ○ C국 사람들은 자신들을 식민 통치하였던 외국인들이 즐겨 먹던 통조림 고기를 자국의 전통 요리에 접목하여 만든 새로운 음식을 즐기게 되었다.

① A국에서는 문화 병존이, B, C국에서는 문화 융합이 나타났다.
② A, C국에서는 직접 전파가, B국에서는 자극 전파가 나타났다.
③ A, B국에서는 자발적 문화 접변이, C국에서는 강제적 문화 접변이 나타났다.
④ A, B국은 C국과 달리 문화 변동 과정에서 자기 문화의 정체성을 유지하였다.
⑤ A, C국에서는 B국과 달리 외래문화와의 접촉으로 새로운 문화 요소가 나타났다.

이것만은 꼭!
문화 융합은 기존 문화 요소들의 성격을 지니면서도 기존 문화 요소와는 다른 성격을 지닌 제3의 문화가 형성되는 현상이다.

✓ 자료 분석 A국에서는 이웃 나라 사람들과의 교류 이후 A국의 전통적 식사 도구인 수저와 전해진 식사 도구인 나이프와 포크를 함께 사용되고 있으므로 이는 문화 병존에 해당한다. B국에서는 다른 문화와의 교류 없이 새로운 형태의 냄비를 발명하여 조리 도구로 사용하고 있다. 이는 내재적 요인인 발명에 의한 문화 변동에 해당한다. C국에서는 식민 통치를 받으며 전해진 음식 문화와 전통 음식 문화가 결합하여 새로운 음식 문화가 등장하였으므로 이는 문화 융합에 해당한다.

O 정답 찾기 ⑤ A국은 이웃 나라와의 교류를 통해, C국은 식민 통치 과정을 통해 외래문화와 접촉하였으며 이후 A국에서는 나이프와 포크라는 새로운 문화 요소가, C국에서는 새로운 음식이 나타났다. 반면, B국은 다른 문화와의 교류 없이 발명을 통해 새로운 문화 요소가 나타났다.

X 오답 풀이 ① A국에서는 문화 병존이 나타났고, B국에서는 발명이 나타났으며, C국에서는 문화 융합이 나타났다.
② A국에서는 사람들 간의 교류 과정에서, C국에서는 식민 지배 과정에서 문화 요소가 전해졌으므로 A국과 C국에서는 직접 전파가 나타났다. 그러나 B국에서는 자극 전파가 아닌 발명이 나타났다.
③ B국에서는 외재적 변동인 문화 전파가 나타나지 않았고, C국에서는 강제적 문화 접변이 나타났다고 보기 어렵다.
④ C국에서는 문화 융합이 나타났으므로 이는 문화 변동 과정에서 자기 문화의 정체성을 유지하였다고 볼 수 있다.

함정 클리닉
②번을 정답으로 잘못 선택하였다면, 이는 발명과 자극 전파를 혼동했을 가능성이 크다. 자극 전파는 다른 사회에서 문화 요소와 관련된 아이디어가 전파되어 새로운 문화 요소의 발명이 이루어지는 경우로 중요한 전제는 다른 사회에서 아이디어가 전해져야 한다는 것이다. B국의 경우 새로운 형태의 냄비를 만든 아이디어가 다른 사회에서 전해진 것이 아니라 한 사회 내부에서 제기된 것이므로 자극 전파에 해당하지 않는다.

필출 주제 13

사회 불평등 현상의 이해

제1권 p.172 ~ 173

01 ② 02 ④ 03 ③ 04 ②

01 갈등론

| 정답 ② | 24년 6월 모의평가 18번

①	❷	③	④	⑤
5%	70%	6%	13%	6%

다음 글에서 도출할 수 있는 사회 불평등 현상을 바라보는 필자의 관점에 대한 옳은 설명만을 〈보기〉에서 고른 것은? [3점]

임금 노동자들은 많이 일하면서도 최소한의 임금을 받는다. 하지만 이것은 최저 임금이 아닌 평균 임금이라고 규정되고, 부당한 임금 구조는 은폐된다. 이러한 구조를 유지하기 위해 자본가들은 국가를 통해 법을 제정하고 교육을 관리한다. 이 과정에서 사람들은 사회가 질서 정연하게 유지되고, 각자의 기능과 역할에 따라 부가 공정하게 분배된다고 믿게 된다. (갈등론 -)

보기

ㄱ. 사회 불평등을 부당하고 해결해야 할 현상으로 본다. - 갈등론
ㄴ. 균등 분배가 인재의 적재적소 배치에 어려움을 야기한다고 본다. - 기능론
ㄷ. 사회 제도를 지배와 피지배 관계의 재생산을 위한 수단으로 본다. - 갈등론
ㄹ. 사회적 희소가치의 배분 기준이 사회적으로 합의된 것이라고 본다. - 기능론

① ㄱ, ㄴ ② ㄱ, ㄷ ③ ㄴ, ㄷ ④ ㄴ, ㄹ ⑤ ㄷ, ㄹ

✓ 자료 분석 제시문은 부당한 임금 구조가 은폐되고, 이러한 구조를 유지하기 위해 자본가들은 국가를 통해 법을 제정하고 교육을 관리한다고 보고 있다. 따라서 필자의 관점은 갈등론에 해당한다.

O 정답 찾기 ㄱ. 갈등론은 사회 불평등이 보편적인 현상일지는 몰라도 불가피하지 않으며 제거해야 할 현상이라고 본다.
ㄷ. 갈등론은 사회 제도를 지배와 피지배 관계의 유지 및 계급 재생산을 위한 수단으로 본다.

× 오답 풀이 ㄴ. 기능론은 균등 분배가 인재의 적재적소 배치에 어려움을 야기한다고 보고 차등 분배를 강조한다.
ㄹ. 기능론은 사회적 희소가치에 대한 배분 기준이 사회적으로 합의된 것이라고 본다.

이것만은 꼭!

1. 기능론은 사회 불평등이 보편적이고 불가피한 현상으로서 사회 유지와 발전에 기여하는 한 불평등은 존재해야 한다고 본다.
2. 갈등론은 사회 불평등이 보편적인 현상일지는 몰라도 불가피하지는 않으며 제거해야 할 현상이라고 본다.
3. 사회 불평등에 대해 기능론은 개인의 성취동기를 자극하여 사회적 효율성을 달성한다고 보는 반면, 갈등론은 집단 간 대립과 갈등을 유발하고 기존의 계층 구조를 재생산한다고 본다.

02 기능론과 갈등론

| 정답 ④ | 24년 수능 16번

①	②	③	❹	⑤
4%	8%	23%	58%	7%

다음 자료에 대한 옳은 설명만을 〈보기〉에서 고른 것은? (단, A, B는 각각 기능론과 갈등론 중 하나임.) [3점]

〈확인 평가〉

○ 제시된 '진위 판단'에 부합하도록 빈칸을 채워 진술을 완성하시오.

진위 판단	진위 판단에 부합하는 진술	채점 결과
참	A와 달리 B는 희소 자원의 차등 분배가 개인의 성취동기에 긍정적으로 작용한다고 본다.	0점
거짓	B와 달리 A는 (가)	㉠

* 교사는 완성한 진술별로 채점하고, 제시된 '진위 판단'에 부합하도록 진술을 완성한 경우에는 1점을, 그렇지 않은 경우에는 0점을 부여함.

보기

ㄱ. A는 직업 유형 간 사회적 중요도의 차이가 없다고 본다.
ㄴ. B는 사회 불평등 현상을 제거해야 하는 대상이라고 본다.
ㄷ. (가)에 '개인의 귀속적 요인이 사회 불평등에 미치는 영향력을 중시한다.'가 들어간다면 ㉠은 '0점'이다.
ㄹ. ㉠이 '1점'이라면, (가)에 '사회적 희소가치의 분배 기준은 사회 전체가 합의한 것이라고 본다.'가 들어갈 수 없다.

① ㄱ, ㄴ ② ㄱ, ㄷ ③ ㄴ, ㄷ ④ ㄴ, ㄹ ⑤ ㄷ, ㄹ

✔ 자료 분석 희소 자원의 차등 분배가 개인의 성취동기에 긍정적으로 작용한다고 보는 관점은 기능론이다. 첫 번째 진술에 대한 채점 결과가 0점이므로 첫 번째 진술은 틀린 진술이 된다. 즉, 첫 번째 진술은 참인 진술이 아니다. 따라서 A는 기능론, B는 갈등론이다.

O 정답 찾기 ㄴ. 갈등론은 사회 불평등 현상이 보편적인 현상일지는 몰라도 불가피하지 않으며 제거해야 할 현상이라고 본다.
ㄹ. ㉠이 '1점'이라면, 두 번째 진술에는 거짓인 진술이 들어가야 한다. 사회적 희소가치의 분배 기준이 사회 전체가 합의한 것이라고 보는 관점은 기능론이다. 따라서 ㉠이 '1점'이라면, 해당 내용은 (가)에 들어갈 수 없다.

✕ 오답 풀이 ㄱ. 기능론은 직업 유형 간 사회적 중요도에 차이가 있으므로 사회적 희소가치의 차등 분배가 정당하다고 본다.
ㄷ. 개인의 귀속적 요인이 사회 불평등에 미치는 영향력을 중시하는 관점은 갈등론이다. 두 번째 진술에 거짓인 진술이 들어가면, 채점 결과는 1점이 된다. 따라서 해당 내용이 (가)에 들어가면, ㉠은 '1점'이 된다.

이것만은 꼭!

1. 기능론은 희소 자원의 차등 분배가 개인의 성취동기에 긍정적으로 작용한다고 본다.
2. 기능론은 직업 유형 간 사회적 중요도에 차이가 있다고 본다.
3. 갈등론은 사회 불평등 현상을 제거해야 하는 대상이라고 본다.

03 기능론

| 정답 ③ | 20년 9월 모의평가 11번

①	②	❸	④	⑤ 함정
4%	7%	48%	13%	25%

다음 글에 나타난 사회 불평등 현상을 보는 관점에 대한 옳은 설명만을 〈보기〉에서 고른 것은?

> 개인의 소득은 개인의 생산성에 의해 결정되고 그 생산성은 기술의 숙련 여부에 의해 결정된다. 기술의 숙련은 교육이나 훈련과 같이 사람들이 자신의 인적 자본에 얼마나 많은 투자를 하였는지에 따라 결정된다. 기술의 숙련과 같이 사회가 요구하는 능력을 갖추는 데 게을리한 사람들이나, 구성원들에게 이러한 능력을 갖추도록 동기를 부여하지 못하는 사회는 실업 및 빈곤 문제에 직면하게 될 것이다. - 기능론

〈보기〉

ㄱ. 개인의 가정 배경이 사회 불평등에 미치는 영향력을 중시한다. - 갈등론

ㄴ. 직업 유형 간 사회적 중요도의 우위를 객관적으로 평가하기 어렵다는 지적을 받는다. - 기능론

ㄷ. 사회 불평등 현상이 개인의 성취동기를 감소시킬 수 있음을 간과한다는 비판을 받는다. - 기능론

ㄹ. 사회적으로 사용 가능한 자원이 제한되어 있기 때문에 사회 불평등 현상이 존재한다~~는 사실을 간과한다~~. (고 본다.)

① ㄱ, ㄴ ② ㄱ, ㄷ ③ ㄴ, ㄷ ④ ㄴ, ㄹ ⑤ ㄷ, ㄹ

✔ 자료 분석 제시문은 소득이 개개인의 능력과 노력의 정도에 따라 차등적으로 분배된다고 본다. 이는 기능론에 해당한다.

O 정답 찾기 ㄴ. 기능론은 직업별 사회적 중요도에 따라 소득이 차등적으로 보상된다고 본다. 그러나 사회적 중요도를 객관적으로 평가할 수 있을지에 대해서는 비판이 있다.

ㄷ. 기능론은 사회 불평등이 개인의 성취동기를 자극한다고 본다. 그러나 기능론은 사회 불평등이 지나칠 경우 오히려 상대적 박탈감을 초래하여 개인의 성취동기를 감소시킬 수 있음을 간과한다는 비판을 받는다.

× 오답 풀이 ㄱ. 기능론은 개인의 능력과 노력에 따라 소득이 분배된다고 본다. 따라서 개인의 능력과 노력이 사회 불평등에 미치는 영향력을 중시한다. 개인의 가정 배경이 사회 불평등에 미치는 영향력을 중시하는 관점은 갈등론이다.

ㄹ. 기능론은 사회적으로 사용 가능한 자원이 제한되어 있으므로 사회적 희소가치를 차등적으로 분배할 수 밖에 없으며, 이로 인해 사회 불평등 현상이 존재한다고 본다.

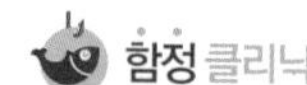

⑤번을 정답으로 잘못 선택하였다면, 이는 기능론의 한계와 갈등론의 한계를 혼동했을 가능성이 크다. 기능론은 직업별로 사회적 중요도가 다르다고 보는데, 이러한 사회적 중요도를 객관적으로 판단할 수 있는지에 대해서는 비판을 받는다. 기능론은 사회적 희소가치로 인해 사회 불평등 현상이 존재함을 인정한다.

이것만은 꼭!

1. 기능론은 직업 유형 간 중요도에 따라 소득이 차등 분배된다고 본다.
2. 갈등론은 개인의 가정 배경이 사회 불평등에 미치는 영향력을 중시한다.
3. 기능론은 사회 불평등이 개인의 성취동기를 자극한다고 본다.

04 기능론과 갈등론

| 정답 ② | 20년 수능 10번

①	❷	③	④ 함정	⑤
10%	53%	12%	17%	8%

다음 자료에 대한 옳은 설명만을 〈보기〉에서 있는 대로 고른 것은? (단, A, B는 각각 기능론, 갈등론 중 하나이다.)

질문	답변	
	갑	을
A는 직업 유형 간 사회적 중요도에서 차이가 있다고 보는가?	아니요	㉠
(가)	예	예
A는 차등 분배가 갖는 사회적 순기능을 강조하는가?	아니요	예
B는 사회 불평등을 불가피한 현상으로 보는가?	아니요	예
점수	2점	1점

* 교사는 각 질문별로 채점하고, 답변 하나가 맞을 때마다 1점씩 부여함

보기

ㄱ. (가)에는 'A는 B와 달리 개인의 귀속적 요인이 사회 불평등에 미치는 영향을 간과하는가?'가 들어갈 수 있다.

ㄴ. ㉠은 '아니요'이다.

ㄷ. A는 균등 분배가 인재의 적재적소 배치에 어려움을 야기한다고 본다.

ㄹ. B는 희소가치의 분배 기준은 대다수 사회 구성원이 합의한 것이라고 본다.

① ㄱ, ㄷ ② ㄱ, ㄹ ③ ㄴ, ㄷ ④ ㄱ, ㄴ, ㄹ ⑤ ㄴ, ㄷ, ㄹ

✓ 자료 분석 A가 기능론, B가 갈등론이라면 제시된 질문에 대한 옳은 답변은 다음과 같다.

질문	답변
기능론은 직업 유형 간 사회적 중요도에서 차이가 있다고 보는가?	예
기능론은 차등 분배가 갖는 사회적 순기능을 강조하는가?	예
갈등론은 사회 불평등을 불가피한 현상으로 보는가?	아니요

갑은 위 세 가지 질문 중 세 번째 질문에 대해서만 옳게 답변하였으므로 갑이 2점을 얻기 위해서는 질문 (가)에 대한 갑의 답변이 옳은 답변이어야 한다. 그런데 이 경우 질문 (가)에 대한 을의 답변 또한 옳은 답변이 되어 을이 얻은 점수는 총 2점이 된다.
A가 갈등론, B가 기능론이라면 제시된 질문에 대한 옳은 답변은 다음과 같다.

질문	답변
갈등론은 직업 유형 간 사회적 중요도에서 차이가 있다고 보는가?	아니요
갈등론은 차등 분배가 갖는 사회적 순기능을 강조하는가?	아니요
기능론은 사회 불평등을 불가피한 현상으로 보는가?	예

갑은 위 세 가지 질문 중 첫 번째, 두 번째 질문에 대해서는 옳게 답변하였으므로 갑이 2점을 얻기 위해서는 질문 (가)에 대한 갑의 답변은 틀린 답변이어야 한다. 을은 위의 세 번째 질문에서 1점을 얻고, 을이 첫 번째 질문에 대해 틀린 답변을 할 경우 을이 얻은 점수는 총 1점이 된다. 따라서 A는 갈등론, B는 기능론에 해당한다.

○ 정답 찾기 ㄱ. (가)에는 '예'라는 답변이 옳지 않은 질문이 들어가야 한다. 개인의 귀속적 요인이 사회 불평등에 미치는 영향을 간과하는 관점은 기능론이다. 해당 질문이 (가)에 들어가면 옳은 응답은 '아니요'이므로 갑과 을은 모두 0점을 받는다. 따라서 해당 질문은 (가)에 들어갈 수 있다.

ㄹ. 희소가치의 분배 기준이 대다수 사회 구성원이 합의한 것이라고 보는 관점은 기능론이다.

× 오답 풀이 ㄴ. 을은 1점을 얻기 위해서는 첫 번째 질문에 대해 틀린 답변을 해야 한다. 따라서 ㉠는 '예'이다.

ㄷ. 균등 분배가 인재의 적재적소 배치에 어려움을 야기한다고 보는 관점은 기능론이다.

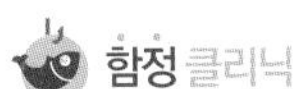

④번을 정답으로 잘못 선택하였다면, 이는 A와 B가 각각 어느 관점에 해당하는지를 파악하지 못했을 가능성이 크다. A와 B가 어떤 관점에 해당하는지를 먼저 특정할 수 있어야 하는데 이를 특정하기 위해서는 제시된 자료 및 각 관점에 대해 정확히 이해하고 있어야 한다. A와 B에 해당하는 관점을 제대로 특정하지 못할 경우 선지 각각에 대해 혼동하여 정답을 찾지 못할 수 있다.

이것만은 꼭!

1. 기능론은 차등 분배의 순기능을 강조한다.
2. 기능론은 사회 불평등을 불가피한 현상으로 본다.
3. 기능론은 직업 유형 간 사회적 중요도에 차이가 있다고 본다.

필출 주제 14

사회 변동과 사회 운동

제1권 p.174 ~ 180

01 ③ 02 ④ 03 ④ 04 ⑤ 05 ② 06 ⑤ 07 ② 08 ① 09 ① 10 ③ 11 ② 12 ① 13 ② 14 ⑤ 15 ④ 16 ⑤ 17 ①
18 ④ 19 ④ 20 ⑤ 21 ④ 22 ① 23 ⑤ 24 ④ 25 ①

01 진화론과 순환론

| 정답 ③ | 24년 6월 모의평가 17번

①	②	❸	④	⑤
2%	10%	72%	10%	6%

그림에 대한 설명으로 옳은 것은? (단, A, B는 각각 진화론, 순환론 중 하나임.)

㉠시민권의 역사는 인간의 주체적 노력을 통한 사회 변동이라는 점에서 A로(순환론) 설명하기 어렵습니다. 과거 부르주아들은 왕과 귀족 중심의 봉건적이고 비합리적인 체제에 저항하며 자유적 시민권을 확보하였고, 노동자들은 이를 근거로 ㉡참정권 확대 운동을 전개하여 정치적 시민권을 획득하였습니다. 그리고 이것은 사회적 시민권의 제도화로 나아가는 데 있어서 필수적인 토대였습니다. 이러한 시민권의 발전 과정은 어느 사회에나 보편적으로 적용됩니다. 즉, 시민권의 역사는 인류 사회 모든 구성원의 보호라는 궁극적인 목적을 향한 다양한 지위와 권리의 분화 과정이라는 점에서 (가) 는 B의(진화론) 특징을 잘 보여 줍니다.

① ㉡은 사회 변화에 저항하고 과거 질서로 회귀하려는 사회 운동이다.(이 아니다.)

② B(A)는 사회 변동이 주기적으로 동일한 과정을 반복한다고 본다.

③ 갑은 사회적 시민권이 자유적 시민권의 획득 단계를 거쳐야만 보장될 수 있다고 본다.

④ 갑은 A(B)의 관점에서 ㉠을, B의 관점에서 ㉡을 해석하고 있다.

⑤ (가)에는 '모든 사회 변동이 항상 진보를 의미하지는 않는다'(순환론)가 들어갈 수 있다.(없다.)

✓ 자료 분석 A는 인간의 주체적 노력을 통한 사회 변동을 설명할 수 없으므로 이는 순환론에 해당한다. 따라서 B는 진화론이다.

O 정답 찾기 ③ 갑은 진화론의 관점에서 시민권의 역사를 설명하며, 사회적 시민권의 제도화로 나아가는 데 있어 필수적 토대로 자유적 시민권과 정치적 시민권의 획득을 강조하고 있다. 즉, 갑은 자유적 시민권의 획득 단계를 거쳐야만 사회적 시민권을 보장받을 수 있다고 보고 있다.

× 오답 풀이 ① 참정권 확대 운동은 사회 변화를 이끌어 내고자 하는 사회 운동으로, 사회 변화에 저항하고 과거 질서로 회귀하려는 사회 운동에 해당하지 않는다.
② 사회 변동이 주기적으로 동일한 과정을 반복한다고 보는 이론은 순환론이다.
④ 갑은 진화론의 관점에서 시민권의 역사와 참정권 확대 운동을 해석하고 있다.
⑤ (가)에는 진화론에 대한 내용이 들어가야 한다. 모든 사회 변동이 항상 진보를 의미하지는 않는다고 보는 이론은 순환론이다. 따라서 해당 내용은 (가)에 들어갈 수 없다.

이것만은 꼭!

1. 진화론은 사회 변동이 일정한 방향을 가지고 있다고 본다.
2. 순환론은 사회 변동이 주기적으로 동일한 과정을 반복한다고 본다.
3. 진화론은 사회 발전 방향을 설명하는 데 유용하고, 순환론은 지난 역사 속에서 반복되는 사회 변동을 설명하고 해석하는 데 유용하다.

02 순환론

| 정답 ④ | 24년 9월 모의평가 12번

①	②	③	❹	⑤
4%	9%	6%	76%	5%

다음 글에서 사회 변동의 방향을 바라보는 필자의 관점에 대한 옳은 설명만을 〈보기〉에서 고른 것은?

> 명(明)조의 시작은 고요한 겨울날 같았다. 왕조의 전반기는 질서와 안정 그 자체였다. 왕조의 겨울은 얼마 후 시끌벅적한 봄에 자리를 내주고 말았다. 소박한 농경 사회의 안정성은 투기적 상업에 자리를 빼앗겼다. 여름에 접어들면서 빈부 격차가 심해지고 농경 사회의 토대는 무너져 내렸다. 가을에는 은의 유입과 상품 경제의 발달로 부자 대 빈자, 상인 대 농민, 이윤 대 도덕이 대립하면서 참혹함이 더욱 심해졌다. 하지만 새로운 왕조는 질서를 회복하며 안정을 향해 나아갔다. - 순환론

〈보기〉
ㄱ. 사회의 퇴보나 멸망을 설명하기 어렵다. - 진화론
ㄴ. 단기적 사회 변동 과정을 설명하기 힘들다. - 순환론
ㄷ. 제국주의를 정당화하는 수단으로 악용될 수 있다. - 진화론
ㄹ. 미래의 사회 변동에 대한 역동적인 대응이 어렵다. - 순환론

① ㄱ, ㄴ ② ㄱ, ㄷ ③ ㄴ, ㄷ ④ ㄴ, ㄹ ⑤ ㄷ, ㄹ

✓ 자료 분석 필자는 순환론을 바탕으로 사회 변동의 방향을 바라보고 있다.

O 정답 찾기 ㄴ. 순환론이 전제하는 순환 과정은 매우 오랜 시간에 걸쳐 일어나는 것이므로 순환론은 단기적 사회 변동 과정을 설명하기 어렵다.
ㄹ. 순환론은 앞으로의 변동 방향을 예측하여 대응하기에 적합하지 않다.

X 오답 풀이 ㄱ. 순환론은 사회가 단선적으로 진보하기만 하는 것이 아니라 퇴보, 멸망하기도 한다고 본다.
ㄷ. 진화론은 서구 사회가 진보된 사회임을 전제하므로 제국주의를 정당화하는 수단으로 악용될 수 있다.

이것만은 꼭!
1. 순환론은 사회가 유기체와 마찬가지로 생성, 성장, 쇠퇴, 소멸의 과정을 반복한다고 본다.
2. 순환론은 지난 역사 속에서 반복되는 사회 변동을 설명하고 해석하는 데 유용하다.
3. 순환론은 미래 사회의 변동을 예측하여 대응하는 데 적합하지 않다.

03 사회 운동

| 정답 ④ | 24년 9월 모의평가 13번

①	②	③	❹	⑤
3%	1%	1%	89%	6%

밑줄 친 ㉠~㉣에 대한 옳은 설명만을 〈보기〉에서 고른 것은? [3점]

> 1960년대 미국 사회에서 베트남 전쟁 반대에 가장 적극적인 목소리를 낸 단체는 ○○ 연합이었다. 그들의 운동을 이끈 감정은 주류 사회에 대한 반감과 도덕적 분노였다. 전쟁을 반대하는 ㉠평화 운동 집회에서는 형제애와 연대의 언어가 넘쳐흘렀다. (반문화) 하지만 동료 여성들을 대하는 남성들의 차별적 태도는 미국 사회의 전반적인 분위기와 다르지 않았다. 회의에서 이들은 여성의 발언권을 제약했고 여성이 논의를 주도하려 할 때면 종종 야유를 퍼부었다. 남성들은 주류 사회에 반기를 들었지만, ㉡남성 우위 문화에는 놀라울 만큼 순응했다. (주류 문화) 여성들 역시 초기에는 이러한 차별을 그다지 의식하지 않았지만 시간이 흐르자 소수 여성을 중심으로 차별에 대한 문제 제기가 이루어졌다. 이 목소리는 결국 거대한 물결로 이어져, ㉢반전 운동을 넘어 미국 사회에 심오한 영향을 미친 ㉣여성 운동으로 발전했다.

〈보기〉
ㄱ. ㉠은 반문화~~가 아닌 하위문화~~이다.
ㄴ. ㉡은 다수의 사회 구성원이 전반적으로 공유하는 문화이다.
ㄷ. ㉢은 현재의 사회 질서를 ~~유지~~(변화)하고자 하는 사회 운동이다.
ㄹ. ㉣은 불평등한 사회 구조를 개혁하기 위한 사회 운동이다.

① ㄱ, ㄴ ② ㄱ, ㄷ ③ ㄴ, ㄷ ④ ㄴ, ㄹ ⑤ ㄷ, ㄹ

✓ 자료 분석 반문화는 한 사회의 지배적인 문화에 저항하거나 대립하는 문화를 말한다.

O 정답 찾기 ㄴ. ㉡은 1960년대 미국 사회의 전반적인 분위기로 대부분의 남성과 여성이 전반적으로 공유한 주류 문화에 해당한다.
ㄹ. ㉣은 남성 위주의 불평등한 사회 구조를 바꾸고자 하는 사회 운동에 해당한다.

X 오답 풀이 ㄱ. ㉠은 주류 사회에 대한 반감과 도덕적 분노를 바탕으로 한 전쟁을 반대하는 운동이므로 1960년대 미국 사회에서 반문화에 해당한다.
ㄷ. ㉢은 현재의 사회 질서를 변화시키고자 하는 사회 운동에 해당한다.

이것만은 꼭!
1. 반문화는 하위문화의 한 유형으로 볼 수 있다.
2. 시대와 사회에 따라 반문화에 대한 규정은 달라진다.
3. 반문화는 기존 주류 문화에 저항하기 때문에 사회 혼란을 초래하기도 한다.

04 사회 운동

| 정답 ⑤ | 24년 수능 8번

①	②	③	④	❺
2%	0%	2%	3%	93%

밑줄 친 ㉠~㉤에 대한 설명으로 옳은 것은? [3점]

> 1970년대에 □□ 국제 시민 단체는 분유를 만드는 ○○ 다국적 기업에 대한 ㉠불매 운동을 전개하였다. ㉡저개발국에 분유를 무료로 나누어 주는 ○○ 다국적 기업의 공격적 마케팅으로 저개발국의 영아 사망률이 급격히 증가하였기 때문이다. 위생적인 환경이 갖추어지지 않은 저개발국에서 세균에 오염된 물과 젖병으로 인해 설사와 열병이 발생해 많은 아기가 사망하였다. ○○ 다국적 기업에 선의의 의도가 있었을지라도, 무분별한 시장 확대가 ㉢저개발국의 영아 건강을 심각하게 위협하는 결과를 초래한 것이다. 이로 인해 ○○ 다국적 기업이 영아 사망에 대해 책임을 져야 한다며 □□ 국제 시민 단체가 전 세계의 소비자들과 ㉣집단행동을 시작했다. 이를 계기로 여러 국제 시민 단체는 다국적 기업의 윤리적 책임을 요구하고, 나아가 환경 문제, 자원 문제와 같은 ㉤전 지구적 수준의 문제를 해결하기 위한 활동을 지속적으로 전개하고 있다.

① ㉠은 급격한 사회 변동에 저항하기 위해 펼치는 사회 운동이다.
② ㉡은 ~~식량 자원 확보를 위한 국가 간 경쟁이~~ 초래한 문제이다. (○○ 다국적 기업의 무분별한 시장 확대가)
③ ㉢은 ○○ 다국적 기업의 이윤 추구를 정당화하는 근거가 ~~된다~~. (되지 않는다.)
④ ㉣은 사회 체제의 전면적인 변혁을 추구하는 사회 운동이다.
⑤ ㉤은 세계 시민 의식을 바탕으로 하는 조직적인 사회 운동이다.

✓ 자료 분석 사회 운동은 사회 구조적 모순과 갈등을 드러내고 그에 대한 해결책을 제시함으로써 사회 변동을 유발하는 동력이 된다.

O 정답 찾기 ⑤ 여러 국제 시민 단체가 환경 문제, 자원 문제와 같은 전 지구적 수준의 문제를 해결하기 위한 활동은 인류 공동체의 구성원이라는 생각을 가지고 실천하려는 세계 시민 의식을 바탕으로 한 조직적인 사회 운동으로 볼 수 있다.

× 오답 풀이 ① ○○ 다국적 기업이 만드는 제품에 대한 불매 운동은 급격한 사회 변동에 저항하기 위한 사회 운동으로 볼 수 없다.
② ○○ 다국적 기업의 무분별한 시장 확대로 인해 ○○ 다국적 기업의 공격적 마케팅이 나타났다.
③ 저개발국의 영아 건강을 심각하게 위협하는 결과를 초래한 것은 ○○ 다국적 기업의 이윤 추구를 정당화하는 근거가 되지 않는다.
④ ○○ 다국적 기업의 영아 사망에 대한 책임을 요구하며 시작한 집단행동은 사회 체제의 전면적인 변혁을 추구하는 사회 운동으로 볼 수 없다.

이것만은 꼭!

1. 사회 운동은 뚜렷한 목표와 이를 실현하기 위한 구체적인 활동 방법과 계획이 있다.
2. 사회 운동은 목표와 활동 방향을 정당화하는 이념을 가지고 있다.
3. 사회 운동은 어느 정도 체계적인 조직을 갖추고 있고, 구성원 간 역할 분담이 이루어진다.

05 진화론

| 정답 ② | 24년 수능 18번

①	❷	③	④	⑤
2%	87%	4%	3%	4%

다음 글에서 사회 변동의 방향을 바라보는 필자의 관점에 대한 옳은 설명만을 〈보기〉에서 고른 것은?

> 인간이 찾아낸 과학적 지식은 자연이 가하는 제약으로 만들어진 원시적인 미신과 선입견, 오류를 극복하는 과정에서 축적되고 정해진 하나의 방향을 향해 진전하며 확장한다. 문명의 전개도 근대 과학의 이러한 과정과 유사하다. - 진화론

보기
ㄱ. 서구 중심적 사고라는 비판을 피하기 어렵다. - 진화론
ㄴ. 사회 변동 방향을 예측하여 대응하기 어렵다. - 순환론
ㄷ. 지속적으로 발전하는 사회를 설명하기 용이하다. - 진화론
ㄹ. 인류 문명의 흥망성쇠 역사를 설명하기 용이하다. - 순환론

① ㄱ, ㄴ　② ㄱ, ㄷ　③ ㄴ, ㄷ　④ ㄴ, ㄹ　⑤ ㄷ, ㄹ

✓ 자료 분석 필자는 과학적 지식과 문명의 전개가 정해진 하나의 방향을 향해 진전하며 확장한다고 보고 있다. 따라서 필자의 관점은 진화론에 해당한다.

O 정답 찾기 ㄱ. 진화론은 서구 사회가 진보된 선진 사회임을 전제로 하므로 서구 중심적 사고라는 비판을 받는다.
ㄷ. 진화론은 모든 사회가 일정한 방향으로 단계적으로 진보 또는 발전해 간다고 보므로 지속적으로 발전하는 사회를 설명하기가 용이하다.

× 오답 풀이 ㄴ. 순환론은 과거의 사회 변동을 설명하는 데는 유용하지만, 앞으로의 변동을 예측하여 대응하기에는 적합하지 않다는 비판을 받는다.
ㄹ. 순환론은 사회가 시간의 흐름에 따라 생성, 성장, 쇠퇴, 소멸의 과정을 반복한다고 보므로 인류 문명의 흥망성쇠 역사를 설명하기가 용이하다.

이것만은 꼭!

1. 진화론은 사회의 발전 방향을 설명하는 데 유용하다.
2. 진화론은 서구 국가들의 제국주의 역사를 정당화하는 수단으로 악용될 우려가 있다.
3. 순환론은 지난 역사 속에서 반복되는 사회 변동을 설명하고 해석하는 데 유용하다.

06 진화론

| 정답 ⑤ | 23년 6월 모의평가 16번

①	②	③	④	❺
3%	7%	7%	6%	77%

다음 글에 나타난 사회 변동의 방향을 보는 필자의 관점에 대한 옳은 설명만을 〈보기〉에서 고른 것은? [3점]

> 야만 시대에서 문명 시대로의 전개 과정은 다음과 같다. 초기 야만 시대에는 별다른 지식이나 기술이 없었다. 중기 야만 시대는 불의 발견, 후기 야만 시대는 활과 창의 발명 및 수렵 경제를 특징으로 한다. 야만과 미개 시대의 경계선은 토기의 발명이다. 초기 미개 시대에는 토기 사용으로 식량 저장과 재산 축적이 이루어졌다. 중기 미개 시대에는 가축 사육 및 관개 농업이 나타났다. 후기 미개 시대는 철광석의 제련을 특징으로 하며, 문자의 발명과 더불어 마침내 문명 시대로 나아갔다. - 진화론

보기

ㄱ. 운명론적 시각에서 사회 변동을 설명한다. - 순환론
ㄴ. 사회 변동을 동일한 과정의 주기적 반복으로 설명한다. - 순환론
ㄷ. 사회는 미분화된 상태에서 분화된 상태로 변동한다고 본다. - 진화론
ㄹ. 사회의 변동이 항상 진보와 발전을 의미하는 것은 아니라는 비판을 받는다. - 진화론

① ㄱ, ㄴ ② ㄱ, ㄷ ③ ㄴ, ㄷ ④ ㄴ, ㄹ ⑤ ㄷ, ㄹ

✓ 자료 분석 제시문은 사회 변동이 야만 시대에서 문명 시대로 전개된다고 보고 있으므로 이는 진화론에 해당한다.

O 정답 찾기 ㄷ. 진화론은 사회가 미분화된 상태에서 분화된 상태로 변동한다고 본다.
ㄹ. 진화론은 사회의 변동이 항상 진보와 발전을 의미하는 것은 아니라는 비판을 받는다.

X 오답 풀이 ㄱ. 순환론은 운명론적 시각에서 사회 변동을 설명한다.
ㄴ. 순환론은 사회 변동을 동일한 과정의 주기적 반복으로 설명한다.

이것만은 꼭!

1. 진화론은 사회가 미분화된 상태에서 분화된 상태로 변동한다고 본다.
2. 순환론은 운명론적 시각에서 사회 변동을 설명한다.
3. 진화론은 사회 변동이 항상 진보와 발전을 의미하는 것은 아니라는 비판을 받는다.

제2권 평가원 해설

07 사회 운동

| 정답 ② | 23년 6월 모의평가 17번

①	❷	③	④	⑤
1%	81%	4%	3%	11%

밑줄 친 ㉠, ㉡에 대한 설명으로 가장 적절한 것은? [3점]

> ○ 1920년대의 ㉠계몽 운동(사회 운동에 해당함)은 서울의 학생과 청년 지식인, 문화 단체 및 동경 유학생들에 의해서 시작되었다. 학생들은 야학을 개설하여 문맹 퇴치 운동을 벌였고, 농촌 발전을 위한 여러 활동을 전개하였다. 이러한 민중 계몽 운동은 이후 민족 독립운동에 기여하였다.
> ○ 1960년대 후반 생태 보호 운동에서 출발한 미국의 '환경 수호단'은 환경 보호법 제정 및 친환경 정책 촉구 등 일련의 ㉡환경 운동(사회 운동에 해당함)을 추진해 왔다. 2000년대 초에 정부가 이산화탄소 배출 및 디젤에 대한 규제를 완화하려 하자 환경 수호단의 수많은 회원은 엄청난 양의 항의 이메일과 팩스를 백악관과 환경청에 보내 정부 정책을 강하게 비판하였다.

① ㉠은 ~~일반 시민이~~(국가가) 아닌 ~~국가가~~(일반 시민이) 주도한 사회 운동이다.
② ㉡은 산업화 과정에서 나타난 문제를 개선하기 위한 사회 운동이다.
③ ~~㉠은 ㉡과 달리~~(㉠, ㉡은 모두) 사회 변화에 저항하고 과거 질서로 회귀하려는 사회 ~~운동이다~~(에 해당하지 않는다).
④ ~~㉡은 ㉠과 달리~~(㉠, ㉡은 모두) 특정 집단 구성원의 삶의 질 향상을 목표로 하는 사회 ~~운동이다~~(에 해당하지 않는다).
⑤ ㉠과 ㉡은 모두 사회 체제의 전면적인 변혁을 추구하는 사회 운동이다.

✓ 자료 분석 사회 운동은 자신의 신념과 가치를 실현하기 위하여 다수의 사람들이 자발적으로 하는 집단적이고 지속적인 행동이다. '계몽 운동'과 '환경 운동'은 모두 사회 운동에 해당한다.

O 정답 찾기 ② '환경 운동'은 1960년대 후반 생태 보호 운동에서 출발하였으며, 산업화 과정에서 나타난 환경 문제를 개선하기 위한 사회 운동이다.

X 오답 풀이 ① '계몽 운동'은 국가가 아닌 일반 시민이 주도한 사회 운동이다.
③ '계몽 운동'과 '환경 운동'은 모두 사회 변화에 저항하고 과거 질서로 회귀하려는 사회 운동에 해당하지 않는다.
④ '계몽 운동'과 '환경 운동'은 모두 특정 집단 구성원의 삶의 질 향상을 목표로 하는 사회 운동에 해당하지 않는다.
⑤ '계몽 운동'과 '환경 운동'은 모두 사회 체제의 전면적인 변혁을 추구하는 사회 운동에 해당하지 않는다.

이것만은 꼭!

1. 사회 운동은 뚜렷한 목표와 이를 달성하기 위한 구체적인 활동 방법과 계획이 있다.
2. 사회 운동은 목표와 활동 방향을 정당화하는 이념을 가지고 있다.
3. 사회 운동은 어느 정도 체계적인 조직을 갖추고, 구성원 간 역할 분담이 이루어진다.

08 진화론과 순환론

| 정답 ① | 23년 9월 모의평가 8번

❶	②	③	④	⑤
81%	2%	2%	4%	11%

사회 변동 이론 (가), (나)에 대한 설명으로 옳은 것은? (단, (가), (나)는 각각 순환론, 진화론 중 하나임.) [3점]

> (가) 인간의 성장처럼 사회도 성장해 나간다. 하지만 인간이 성장을 멈추고 노화가 진행되듯, 사회도 일정한 한계점을 지나면 성장의 그래프는 꺾이기 마련이다. 다만 이미 사라져 버린 사회들의 경험을 참고하여 해체에 이르기까지의 생존 기간을 늘릴 수 있을 뿐이다. (순환론)
>
> (나) 사회는 본질적으로 과거의 유산을 토대로 하여 더 나은 상태로 나아간다. 인간은 기존의 지식을 바탕으로 새로운 아이디어와 기술을 창출해 혁신을 이어 가고 있기 때문이다. 이러한 과정에서 사회는 항상 성장의 발걸음을 이어 왔으며 앞으로도 그럴 것이다. (진화론)

① (가)는 미래의 사회 변동에 대한 역동적 대응이 곤란하다는 비판을 받는다.

② (나)는 사회 변동이 항상 발전을 의미~~하는 것은 아니라고~~ 본다. (한다고)

③ ~~(가)~~(나)는 ~~(나)~~(가)와 달리 서구 사회가 가장 진보한 사회임을 전제한다.

④ ~~(나)~~(가)는 ~~(가)~~(나)와 달리 사회가 주기적으로 동일한 과정을 반복하며 변동한다고 본다.

⑤ (가)는 단기적 사회 변동을, (나)는 장기적 사회 변동을 설명하기에 적합하다.

✔ 자료 분석 (가)는 순환론, (나)는 진화론이다.

O 정답 찾기 ① 순환론은 앞으로의 변동 방향을 예측하여 대응하기에는 적합하지 않다.

✕ 오답 풀이 ② 진화론은 사회 변동이 항상 발전을 의미한다고 본다.
③ 진화론은 서구 사회가 가장 진보한 사회임을 전제한다.
④ 순환론은 사회가 주기적으로 동일한 과정을 반복하며 변동한다고 본다.
⑤ 순환론은 단기적 사회 변동을 설명하기에 적합하지 않다.

이것만은 꼭!

1. 진화론은 사회 변동이 항상 발전을 의미한다고 본다.
2. 순환론은 사회가 주기적으로 동일한 과정을 반복하며 변동한다고 본다.
3. 순환론은 앞으로의 변동 방향을 예측하여 대응하기에 적합하지 않다.

09 사회 운동

| 정답 ① | 23년 9월 모의평가 14번

❶	②	③	④	⑤
80%	12%	4%	3%	1%

(가)~(라)에 대한 옳은 설명만을 〈보기〉에서 고른 것은?

> (가) □□ 환경 단체는 탄소 중립 실현을 위해 대중교통 이용하기, 플라스틱 사용 줄이기, 불필요한 이메일 삭제하기 등 다양한 캠페인 활동을 꾸준히 하고 있다. - 사회 운동에 해당함
>
> (나) 국민 가수로 칭송받던 인기 연예인이 음주 운전 차량에 치여 사망하자, 추모를 위해 사고 현장에 모인 사람들이 헌화와 함께 음주 운전 처벌 강화를 요구하는 메모를 남겼다. - 사회 운동에 해당하지 않음
>
> (다) 오랜 전통에 따라 여성 운전 금지법이 시행되고 있던 △△국에서 시민운동가 출신의 대통령 후보가 여성 권리 신장을 위해 이 법을 폐지하겠다는 선거 공약을 내세웠다. - 사회 운동에 해당하지 않음
>
> (라) ○○ 노동조합은 정부의 연금 개시 연령 상향 정책에 대해 퇴직 후 연금 수령 시작 시기가 늦어져 경제적 어려움을 겪을 수 있다며 반대하는 서명을 받고 있다. - 사회 운동에 해당함

〈보기〉

ㄱ. (가)는 뚜렷한 목표와 방법을 제시하고 지속적으로 활동을 수행하였다는 점에서 사회 운동이라 볼 수 있다.

ㄴ. (나)는 조직적이지 않은 군중이 일시적으로 모인 것이라는 점에서 사회 운동이라 볼 수 없다.

ㄷ. (다)는 기존 사회의 부조리를 해소하고 개혁을 추구하였다는 점에서 사회 운동이라 볼 수 있다.

ㄹ. (라)는 특정 집단의 이익만을 추구한다는 점에서 사회 운동이라 볼 수 ~~없다.~~ (있다.)

① ㄱ, ㄴ ② ㄱ, ㄷ ③ ㄴ, ㄷ ④ ㄴ, ㄹ ⑤ ㄷ, ㄹ

✔ 자료 분석 사회 운동은 자신의 신념과 가치를 실현하기 위해 다수의 사람들이 자발적으로 하는 집단적이고 지속적인 행동을 말한다.

O 정답 찾기 ㄱ. (가)에서 □□ 환경 단체는 뚜렷한 목표와 방법을 제시하고 지속적으로 활동을 수행하고 있으므로 이는 사회 운동에 해당한다.
ㄴ. (나)에서는 조직적이지 않은 군중이 추모를 위해 일시적으로 모인 것이므로 이는 사회 운동에 해당하지 않는다.

✕ 오답 풀이 ㄷ. (다)에서 대통령 후보가 선거 공약을 내세운 것은 사회 운동에 해당하지 않는다.
ㄹ. (라)에서 노동조합의 활동은 사회 운동에 해당한다.

이것만은 꼭!

1. 사회 운동은 사회 구조적 모순과 갈등을 드러낸다.
2. 사회 운동은 뚜렷한 목표와 이를 달성하기 위한 구체적인 활동 방법과 계획이 있다.

10 진화론과 순환론

| 정답 ③ | 23년 수능 13번

①	②	❸	④	⑤
6%	8%	79%	3%	4%

사회 변동 이론 (가), (나)에 대한 설명으로 옳은 것은? (단, (가), (나)는 각각 진화론, 순환론 중 하나임.)

> (가) 자연 현상에 빗대어 사회 변동을 설명하면 그 방향을 쉽게 이해할 수 있다. 태양 주위로 지구와 달이 돌면서 낮과 밤, 밀물과 썰물, 계절이 번갈아 가며 나타나듯 사회는 변동한다. (순환론)
>
> (나) 자연 현상에 빗대어 사회 변동을 설명하면 그 방향을 쉽게 이해할 수 있다. 모든 생명체가 적자생존의 상황에서 살아남기 위한 경쟁을 통해 더 나은 방향으로 변화하듯 사회는 변동한다. (진화론)

① (가)는 ~~장기~~(단기)적인 사회 변동의 과정을 설명하기 어렵다.
② (나)는 단선적인 사회 변동의 과정을 설명하기 ~~어렵다.~~(용이하다.)
③ (가)는 (나)에 비해 사회 변동 방향을 예측하여 대응하기 어렵다.
④ (나)는 (가)와 달리 과거에 비해 진보한 사회를 설명하기 ~~어렵다.~~(용이하다.)
⑤ ~~(가)~~(나)는 서구 중심적 사고라는, ~~(나)~~(가)는 숙명론적 사고라는 비판을 피하기 어렵다.

✓ 자료 분석 (가)는 태양 주위로 지구와 달이 돌면서 낮과 밤, 밀물과 썰물, 계절이 번갈아 가며 나타나는 것처럼 사회도 이렇게 변동한다고 보고 있으므로 이는 순환론에 해당한다. (나)는 모든 생명체가 더 나은 방향으로 변화하는 것처럼 사회도 이렇게 변동한다고 보고 있으므로 이는 진화론에 해당한다.

O 정답 찾기 ③ 순환론은 진화론에 비해 앞으로의 사회 변동 방향을 예측하여 대응하기에 적합하지 않다.

X 오답 풀이 ① 순환론은 단기적인 사회 변동의 과정을 설명하기 어렵다.
② 진화론은 단선적인 사회 변동의 과정을 설명하기 용이하다.
④ 진화론은 순환론과 달리 과거에 비해 진보한 사회를 설명하기 용이하다.
⑤ 순환론은 숙명론적 사고라는 비판을 받고, 진화론은 서구 중심적인 사고라는 비판을 받는다.

이것만은 꼭!
1. 순환론은 단기적인 사회 변동의 과정을 설명하기 어렵다.
2. 진화론은 단선적인 사회 변동의 과정을 설명하기 용이하다.
3. 진화론은 서구 중심적인 사고라는 비판을 받고, 순환론은 숙명론적 사고라는 비판을 받는다.

11 사회 운동

| 정답 ② | 23년 수능 18번

①	❷	③	④	⑤
1%	94%	2%	2%	1%

밑줄 친 ㉠, ㉡에 대한 설명으로 가장 적절한 것은? [3점]

> ○ A국에서는 이전 세대의 경제 성장 과정에서 배출된 온실가스로 인해 기후 위기의 피해가 심각하다. 이에 기후 위기 해결을 위해 청년 중심의 시민 단체가 환경 정책 마련을 요구하고 온라인 캠페인(비대면 방식) 활동을 하는 등 ㉠사회 운동을 전개하고 있다.
>
> ○ B국의 한 노숙인은 행색이 초라하다는 이유로 건강권 관련 정책 토론회 출입을 제지당했다. 이 사건으로 노숙인 인권 보장을 요구하는 인권 단체의 시위가 벌어졌다. 이후 노숙인의 생계 지원법 마련을 요구하는 ㉡사회 운동이 지속적으로 확산되었다.

① ㉠은 ~~세대 간 통합~~(환경 보호)을 추구하는 체계적인 사회 운동이다.
② ㉡은 사회 체제 내에서 특정 사회 문제의 개선을 요구하는 사회 운동이다.
③ ㉠은 ㉡과 달리 사회적 약자의 권리 보장을 목적으로 하는 사회 운동이다.
④ ㉡은 ㉠과 달리 비대면 방식을 활용하는 사회 운동이다.
⑤ ㉠과 ㉡은 모두 ~~변화를 거부하고 과거 질서로 되돌아가려는~~ 사회 운동이다.

✓ 자료 분석 사회 운동은 자신의 신념과 가치를 실현하기 위해 다수의 사람들이 자발적으로 하는 집단적이고 지속적인 행동을 말한다.

O 정답 찾기 ② ㉡은 사회 체제 내에서 노숙인 인권 문제라는 특정 사회 문제의 개선을 요구하는 사회 운동이다.

X 오답 풀이 ① ㉠은 환경 보호를 추구하는 체계적인 사회 운동이다.
③ ㉡은 사회적 약자인 노숙인의 권리 보장을 목적으로 하는 사회 운동이다.
④ ㉠은 온라인 캠페인이라는 비대면 방식을 활용하고 있다.
⑤ ㉠과 ㉡은 모두 변화를 거부하고 과거 질서로 되돌아가려는 사회 운동에 해당하지 않는다.

이것만은 꼭!
1. 사회 운동은 다수의 사람들이 사회 변동 또는 현 질서 유지 등을 목표로 지속적이고 조직적으로 수행하는 행동을 말한다.
2. 사회 운동은 사회 변동을 유발하는 동력이 된다.
3. 사회 운동은 바람직하지 않은 목표나 이념을 추구하여 사회 전체의 이익을 저해하거나 공동체의 삶에 위험을 가져올 수도 있다.

12 진화론과 순환론

| 정답 ① | 22년 6월 모의평가 18번

❶	②	③	④	⑤
72%	11%	9%	5%	3%

사회 변동 이론 (가), (나)에 대한 옳은 설명만을 〈보기〉에서 고른 것은? (단, (가), (나)는 각각 진화론, 순환론 중 하나임.)

(가) 인류의 역사는 발생, 성장, 정체, 해체의 과정을 거친다. 인류 문명의 발전에서 엘리트가 주도하는 혁신은 중요한 의미를 가지며, 대중이 이를 따르지 않을 경우 사회는 분열하고 문명은 쇠퇴한다. 역사는 문명의 흥망성쇠를 거듭하며 전개된다.
순환론

(나) 인류의 역사는 생산 방식의 발전을 통해 사회의 궁극적 이상에 다가가는 과정이다. 낡은 생산 방식은 새로운 생산 방식으로 대체되고, 이러한 전환은 점진적인 시대 발전을 이끌며 역사를 구성한다. 역사는 생산 방식의 진보와 문명의 발전이 누적된 결과이다.
진화론

보기

ㄱ. (가)는 미래의 사회 변동에 대한 역동적 대응이 곤란하다는 비판을 받는다.
ㄴ. (나)는 사회가 미분화된 상태에서 분화된 상태로 변동한다고 본다.
ㄷ. ~~(가)~~(나)는 ~~(나)~~(가)와 달리 사회 변동이 일정한 방향을 갖는다고 본다.
ㄹ. ~~(나)~~(가)는 ~~(가)~~(나)와 달리 사회 변동이 동일한 과정을 주기적으로 반복한다고 본다.

①ㄱ, ㄴ ② ㄱ, ㄷ ③ ㄴ, ㄷ ④ ㄴ, ㄹ ⑤ ㄷ, ㄹ

✓ 자료 분석 역사가 문명의 흥망성쇠를 거듭하며 전개된다고 보는 (가)는 순환론이고, 역사가 생산 방식의 진보와 문명의 발전이 누적된 결과라고 보는 (나)는 진화론이다.

O 정답 찾기 ㄱ. 순환론은 미래의 사회 변동에 대한 역동적 대응이 곤란하다는 비판을 받는다.
ㄴ. 진화론은 사회가 미분화된 상태에서 분화된 상태로 변동한다고 본다.

× 오답 풀이 ㄷ. 진화론은 순환론과 달리 사회 변동이 일정한 방향을 갖는다고 본다.
ㄹ. 순환론은 진화론과 달리 사회 변동이 동일한 과정을 주기적으로 반복한다고 본다.

이것만은 꼭!

1. 순환론은 미래의 사회 변동에 대한 역동적 대응이 곤란하다는 비판을 받는다.
2. 진화론은 사회가 미분화된 상태에서 분화된 상태로 변동한다고 본다.
3. 순환론은 사회 변동이 동일한 과정을 주기적으로 반복한다고 본다.

13 진화론과 순환론

| 정답 ② | 22년 9월 모의평가 5번

①	❷	③	④	⑤
2%	88%	4%	2%	4%

사회 변동 이론 (가), (나)에 대한 설명으로 옳은 것은? (단, (가), (나)는 각각 진화론, 순환론 중 하나임.)

(가) 거대한 재난으로 사회 전반이 파멸되면 인구가 급감하지만, 살아남은 이들이 아이를 낳으며 사회적 재생이 시작된다. 그러나 또다시 일어나는 재난은 또 다른 파국을 야기한다.
순환론 / 생성, 성장, 쇠퇴, 소멸의 반복

(나) 생태계에서 개체들이 생존을 위해 환경에 적응하듯, 인간 사회도 생존을 위해 보다 고도화된 방향으로 나아간다. 결국 사회는 단계적 성장을 통해 이전보다 나은 형태로 변화한다.
진화론 / 사회 변동을 사회 발전과 동일시

① ~~(가)~~(나)는 서구 중심의 사고라는 비판을 받는다.
②(나)는 사회 변동을 사회 발전과 동일시한다.
③ (가)는 (나)와 달리 미래의 사회 변동에 대한 역동적 대응이 ~~용이하다.~~ 용이하지 않다는 비판을 받는다
④ ~~(나)~~(가)는 ~~(가)~~(나)와 달리 운명론적 관점에서 사회 변동을 설명한다.
⑤ (가)는 단기적 사회 변동을, (나)는 장기적 사회 변동을 설명하기에 유용하다.

✓ 자료 분석 (가)에서는 사회 전반이 파멸되면 인구가 급감하지만, 살아남은 이들이 아이를 낳으며 사회적 재생이 시작된다고 보고 있으므로 이는 순환론에 해당한다. (나)에서는 사회가 단계적 성장을 통해 이전보다 나은 형태로 변화한다고 보고 있으므로 이는 진화론에 해당한다.

O 정답 찾기 ② 진화론은 사회 변동이 진보와 발전을 의미하므로 사회 변동을 사회 발전과 동일시한다.

× 오답 풀이 ① 서구 중심의 사고라는 비판을 받는 사회 변동 이론은 진화론이다.
③ 순환론은 미래의 사회 변동에 대한 역동적 대응이 용이하지 않다는 비판을 받는다.
④ 순환론은 진화론과 달리 운명론적 관점에서 사회 변동을 설명한다.
⑤ 순환론은 진화론과 달리 단기적인 사회 변동을 설명하기에 용이하지 않다는 비판을 받는다.

이것만은 꼭!

1. 순환론은 사회 변동이 항상 발전을 의미하지는 않으며 사회가 퇴보할 수도 있다고 본다.
2. 진화론은 사회 변동이 진보와 발전을 의미한다고 본다.
3. 순환론이 전제하는 순환 과정은 매우 오랜 시간에 걸쳐 일어나는 것이기 때문에 순환론은 단기적인 사회 변동 과정을 설명하기 어렵다는 비판을 받는다.

14 사회 운동 | 정답 ⑤ | 22년 9월 모의평가 19번

①	②	③	④	❺
2%	5%	4%	4%	83%

교사가 제시한 사례 A~D에 대한 학생들의 옳은 설명만을 〈보기〉에서 고른 것은? [3점]

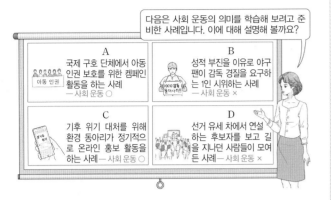

다음은 사회 운동의 의미를 학습해 보려고 준비한 사례입니다. 이에 대해 설명해 볼까요?

A	B
국제 구호 단체에서 아동 인권 보호를 위한 캠페인 활동을 하는 사례 — 사회 운동 ○	성적 부진을 이유로 야구팬이 감독 경질을 요구하는 1인 시위하는 사례 — 사회 운동 ×
C	**D**
기후 위기 대처를 위해 환경 동아리가 정기적으로 온라인 홍보 활동을 하는 사례 — 사회 운동 ○	선거 유세 차에서 연설하는 후보자를 보고 길을 지나던 사람들이 모여든 사례 — 사회 운동 ×

보기

ㄱ. A는 ~~특정 집단의 이익만을~~(사회 전체의 이익을) 추구하였다는 점에서 사회 운동으로 볼 수 ~~없습니다~~(있습니다).

ㄴ. B는 ~~사회 변화를 위해 계획적으로 진행하였다는~~(집단적인 행동이 아니라는) 점에서 사회 운동으로 볼 수 ~~있습니다~~(없습니다).

ㄷ. C는 뚜렷한 목표를 가지고 구체적인 활동을 지속적으로 수행하였다는 점에서 사회 운동으로 볼 수 있습니다.

ㄹ. D는 조직적이지 않은 군중이 일시적으로 모였다는 점에서 사회 운동으로 볼 수 없습니다.

① ㄱ, ㄴ ② ㄱ, ㄷ ③ ㄴ, ㄷ ④ ㄴ, ㄹ ⑤ ㄷ, ㄹ

✔ 자료 분석 사회 운동이란 자신의 신념과 가치를 실현하기 위해 다수의 사람들이 자발적으로 하는 집단적이고 지속적인 행동을 의미한다. 사회 운동은 뚜렷한 목표와 이를 달성하기 위한 구체적인 활동 방법과 계획이 있으며, 목표와 활동 방향을 정당화하는 이념을 가지고 있다. 또한 어느 정도 체계적인 조직을 갖추고 있으며, 구성원 간 역할 분담이 이루어진다.

O 정답 찾기 ㄷ. C는 기후 위기 대처라는 뚜렷한 목표를 가지고 온라인 홍보 활동이라는 구체적인 활동을 정기적으로 수행하였다는 점에서 사회 운동으로 볼 수 있다.
ㄹ. D는 조직적이지 않은 군중이 일시적으로 모였다는 점에서 사회 운동으로 볼 수 없다.

× 오답 풀이 ㄱ. A는 사회 전체의 이익을 추구하는 사회 운동에 해당한다.
ㄴ. B는 집단적인 행동이 아니므로 사회 운동에 해당하지 않는다.

이것만은 꼭!

1. 사회 운동은 뚜렷한 목표와 이를 달성하기 위한 구체적인 활동 방법과 계획이 있다.
2. 사회 운동은 그 목표와 활동 방향을 정당화하는 이념을 가지고 있다.
3. 사회 운동은 어느 정도 체계적인 조직을 갖추고 있고, 구성원 간 역할 분담이 이루어진다.

제2권 평가원 해설

15 진화론과 순환론 | 정답 ④ | 22년 수능 17번

①	②	③	❹	⑤
3%	5%	3%	84%	5%

다음 글에서 사회 변동의 방향을 보는 필자의 관점에 대한 옳은 설명만을 〈보기〉에서 고른 것은? [3점]

인간은 자신이 획득한 지식을 다른 사람에게 전달하고 후손에게 유산으로 물려준다. 한 세대에서 축적된 지식이 다음 세대로 이어지면서 기존 지식을 기초로 여러 갈래의 신생 분야가 등장한다. 이처럼 사회에서는 과거로부터 전해진 지식과 새로 탄생한 지식이 연속적으로 결합한다. 이러한 양상은 정치, 경제, 예술 등 사회 모든 분야에서 나타난다. 인류의 미약한 첫 발걸음부터 문명의 이상에 이르기까지 인간의 역사는 지식의 생산, 전달, 결합 과정을 통해 끊임없이 나아가며 확장한다. (진화론)

보기

ㄱ. 사회 변동을 동일한 과정의 주기적 반복으로 설명한다. — 순환론
ㄴ. 제국주의를 정당화하는 수단이 될 수 있다는 비판을 받는다. — 진화론
ㄷ. 사회 변동이 언제나 진보를 의미하는 것은 아니라고 본다. — 순환론
ㄹ. 사회가 미분화된 상태에서 분화된 상태로 변동한다고 본다. — 진화론

① ㄱ, ㄴ ② ㄱ, ㄷ ③ ㄴ, ㄷ ④ ㄴ, ㄹ ⑤ ㄷ, ㄹ

✔ 자료 분석 제시문에서 필자는 인간의 역사가 지식의 생산, 전달, 결합 과정을 통해 끊임없이 나아가며 확장한다고 주장하고 있다. 이는 진화론에 해당한다.

O 정답 찾기 ㄴ. 진화론은 서구가 진보된 사회임을 전제하므로 서구의 제국주의 역사를 정당화하는 수단으로 악용될 수 있다는 비판을 받는다.
ㄹ. 진화론은 사회가 미분화된 상태인 단순한 사회에서 분화된 상태인 복잡하고 진화된 사회로 발전한다고 본다.

× 오답 풀이 ㄱ. 순환론은 사회가 시간의 흐름에 따라 생성, 성장, 쇠퇴, 소멸의 과정을 반복한다고 보므로 사회 변동을 동일한 과정이 주기적으로 반복되는 것이라고 본다.
ㄷ. 순환론은 사회가 단선적으로 진보하는 것이 아니라 쇠퇴, 소멸하는 운명을 지닌다고 본다.

이것만은 꼭!

1. 진화론은 사회의 발전 방향을 설명하는 데 유용하다.
2. 진화론은 다양한 경로의 사회 변동 양상을 설명하기 어렵다는 비판을 받는다.
3. 순환론은 지난 역사 속에서 반복되는 사회 변동을 설명하고 해석하는 데 유용하다.

16 사회 운동

| 정답 ⑤ | 22년 수능 18번

①	②	③	④	❺
1%	1%	1%	10%	87%

밑줄 친 ㉠, ㉡에 대한 설명으로 가장 적절한 것은?

○ 1970년대부터 본격화된 도로 중심의 사회 기반 시설 구축과 개인 차량 증가로 인해 다양한 교통 문제가 발생하고 보행자를 위한 공간이 잠식되었다. 이에 시민들은 보행권 확보와 보행 환경 개선을 목표로 ㉠사회 운동을 전개하기 시작했다. 시민 단체들은 보행권 신장을 위한 걷기 대회 개최, 어린이 통학로 안전 상태 조사 등을 실시하였고, 그 노력의 결실로서 스쿨존이 법제화되고 보행자를 위한 조례가 제정되었다.

○ 대중 소비가 시작되던 20세기 초, 조잡한 제품들이 양산되어 피해를 입는 소비자가 많아지자 선진국을 중심으로 좋은 물건 고르는 방법을 안내하는 캠페인이 나타났다. 이러한 움직임은 이후 대중 소비가 본격화된 시기에 독점 기업의 횡포로부터 소비자를 보호하고 소비자 주권을 실현하기 위한 ㉡사회 운동으로 발전하였다. 세계적으로 대중 소비가 확산한 1960년대 이후 이 운동은 세계 여러 나라로 널리 퍼졌다.

① ㉠은 사회 구조 전체를 근본적으로 바꾸고자 하는 사회 운동~~이다~~. (으로 볼 수 없다.)

② ㉡은 지배 집단이 기존 사회 질서를 유지하고자 하는 사회 운동~~이다~~. (으로 볼 수 없다.)

③ ㉠은 ~~㉡과 달리~~ 경제적 평등을 추구하는 사회 운동~~이다~~. (으로 볼 수 없다.)

④ ~~㉡~~(㉠)은 ~~㉠과 달리~~ 산업화로 인한 문제에 대응하는 사회 운동이다.

⑤ ㉠과 ㉡은 시민의 권리 보장을 목표로 하는 사회 운동이다.

✔ 자료 분석 사회 운동은 뚜렷한 목표와 이를 달성하기 위한 구체적인 활동 방법 및 계획, 목표와 활동 방향을 정당화하는 이념을 가지고 있다. 또한 어느 정도 체계적인 조직을 갖추고 있고 구성원 간 역할 분담이 이루어진다.

○ 정답 찾기 ⑤ ㉠은 시민들의 보행권 신장을 위한 사회 운동이고, ㉡은 시민들의 소비자 주권 실현을 위한 사회 운동이다. 따라서 ㉠과 ㉡은 모두 시민의 권리 보장을 목표로 한다.

× 오답 풀이 ① ㉠은 보행권 확보와 보행 환경 개선을 목표로 한다. 따라서 ㉠은 사회 구조 전체를 근본적으로 바꾸고자 하는 사회 운동으로 볼 수 없다.
② ㉡은 독점 기업의 횡포로부터 소비자를 보호하기 위한 사회 운동이다. 따라서 ㉡은 지배 집단이 기존 사회 질서를 유지하고자 하는 사회 운동으로 볼 수 없다.
③ ㉠은 경제적 평등을 추구하는 사회 운동으로 볼 수 없다.
④ ㉠은 도로 중심의 사회 기반 시설 구축과 개인 차량 증가로 인해 나타나는 문제를 개선하기 위한 사회 운동이다. 따라서 ㉠은 산업화로 인한 문제에 대응하는 사회 운동으로 볼 수 있다.

이것만은 꼭!

1. 사회 운동은 다수의 사람들이 사회 변동 또는 현 질서 유지 등을 목표로 지속적이고 조직적으로 수행하는 행동을 말한다.
2. 사회 운동은 사회 구조적 모순과 갈등을 드러내고 그에 대한 해결책을 제시함으로써 사회 변동을 유발하는 동력이 된다.
3. 사회 운동은 바람직하지 않은 목표나 이념을 추구하여 사회 전체의 이익을 저해하거나 공동체의 삶에 위험을 가져올 수도 있다.

17 진화론과 순환론

| 정답 ① | 21년 6월 모의평가 14번

❶	②	③	④	⑤
69%	8%	5%	12%	6%

표는 질문을 통해 사회 변동 이론 A, B를 구분한 것이다. 이에 대한 설명으로 옳은 것은? (단, A와 B는 각각 진화론, 순환론 중 하나이다.)

질문	A (순환론)	B (진화론)
사회가 퇴보할 수 있다고 보는가?	예	아니요
(가)	예	예
(나)	아니요	예

① A는 단기적 사회 변동보다는 장기적 사회 변동을 설명하는 데 유용하다.

② B는 사회 변동의 방향이 사회마다 ~~다르다~~(같다)고 본다.

③ ~~A~~(B)는 ~~B~~(A)와 달리 사회가 단순한 형태에서 복잡한 형태로 변화한다고 본다. (진화론)

④ (가)에는 '사회 변동에 작용하는 인간의 자율성을 강조하는가?'가 들어갈 수 ~~있다~~(없다).

⑤ (나)에는 '사회가 주기적으로 동일한 과정을 반복하며 변동한다고 보는가?'가 들어갈 수 ~~있다~~(없다). (순환론)

✔ 자료 분석 사회가 퇴보할 수 있다고 보는 이론은 순환론이다. 따라서 A는 순환론, B는 진화론이다.

○ 정답 찾기 ① 순환론은 단기적 사회 변동보다는 흥망성쇠를 보이는 장기적 사회 변동을 설명하는 데 유용하다.

× 오답 풀이 ② 진화론은 사회 변동이 일정한 방향성을 갖는다고 보므로 사회 변동 방향이 사회마다 같다고 본다.
③ 진화론은 순환론과 달리 사회가 단순한 형태에서 복잡한 형태로 변화한다고 본다.
④ 순환론은 사회 변동에 작용하는 인간의 자율성과 역동성을 간과한다는 비판을 받는다. 따라서 해당 질문은 (가)에 들어갈 수 없다.
⑤ 순환론은 진화론과 달리 사회가 주기적으로 동일한 과정을 반복하며 변동한다고 본다. 따라서 해당 질문은 (나)에 들어갈 수 없다.

이것만은 꼭!

1. 진화론은 제국주의를 정당화하는 수단으로 악용될 수 있다는 비판을 받는다.
2. 순환론은 지난 역사 속에서 반복되는 사회 변동을 설명하고 해석하는 데 유용하다.
3. 순환론은 사회 변동에 작용하는 인간 행위의 역동성과 자율성을 과소평가한다는 비판을 받는다.

18 진화론과 순환론

| 정답 ④ | 21년 9월 모의평가 11번

①	②	③	④	⑤
3%	5%	3%	84%	5%

다음 자료는 서술형 평가에 대한 학생의 답변과 교사의 채점 결과이다. 이에 대한 설명으로 옳은 것은? (단, A, B는 각각 순환론, 진화론 중 하나이다.)

〈서술형 평가〉

성명: ○○○

※ 사회 변동 이론 A, B에 대한 설명을 각각 3가지씩 제시하시오. (단, 옳은 답을 쓴 경우 하나당 1점, 틀린 답을 쓴 경우 하나당 0점을 부여함.)

이론	A - 순환론	B - 진화론
답변	○ 흥망성쇠를 거듭한 사회의 사례를 설명하기에 용이하다. ○ 미래 사회 변동을 예측하여 대응하는 데 적합하지 않다. ○ (가)	○ 서구 중심적 사고라는 비판을 받는다. ○ 사회 변동은 일정한 방향성을 가지고 있다고 본다. ○ (나)
점수	3점	2점

① A는 사회 변동이 곧 사회 발전이라고 본다. (B, 진화론)

② B는 사회 변동에 대응하는 인간의 노력을 과소평가한다는 비판을 받는다. (A, 순환론)

③ A는 B와 달리 사회 변동을 문명 사회로 이행하는 과정으로 본다. (B, A, 진화론)

④ B는 A와 달리 사회가 단순한 형태에서 복잡한 형태로 변동한다고 본다. (진화론)

⑤ '운명론적 관점에서 사회 변동을 설명한다.'는 (가)가 아닌 (나)에 들어갈 수 있다. (순환론, (가), (나)는 모두)

✓ 자료 분석 순환론은 흥망성쇠를 거듭한 사회의 사례를 설명하기에 용이하지만, 미래 사회 변동을 예측하여 대응하는 데 적합하지 않다. 진화론은 사회 변동이 일정한 방향성을 가지고 있다고 보며, 서구 중심적 사고라는 비판을 받는다. 학생은 A에 대한 답변을 통해 3점을 획득하였으므로 A에 대한 답변은 모두 옳은 내용이다. 따라서 A는 순환론, B는 진화론이며, (가)에는 순환론에 해당하는 내용이 들어가야 한다. 학생은 B에 대한 답변을 통해 2점을 획득하였으므로 B에 대한 답변은 두 가지만 옳은 내용이다. 따라서 (나)에는 진화론에 해당하지 않는 내용이 들어가야 한다.

○ 정답 찾기 ④ 진화론은 사회 변화와 진화를 동일시하므로 사회가 단순한 형태에서 복잡한 형태로 변동한다고 본다.

× 오답 풀이 ① 사회 변동이 곧 사회 발전이라고 보는 이론은 진화론이다.
② 사회 변동에 대응하는 인간의 노력을 과소평가한다는 비판을 받는 이론은 순환론이다.
③ 진화론은 순환론과 달리 사회 변동을 문명 사회로 이행하는 과정으로 본다.
⑤ 운명론적 관점에서 사회 변동을 설명하는 이론은 순환론이다. 따라서 해당 내용은 (가), (나) 모두에 들어갈 수 있다.

이것만은 꼭!

1. 순환론은 사회 변동이 항상 발전을 의미하지는 않으며 사회가 퇴보할 수 있다고 본다.
2. 진화론은 사회가 미분화된 상태에서 분화된 상태로 변동한다고 본다.
3. 진화론은 사회 변동이 일정한 방향성을 갖는다고 본다.

19 진화론과 순환론

| 정답 ④ | 21년 수능 13번

①	②	③	④	⑤
4%	1%	2%	89%	4%

사회 변동 이론 (가), (나)에 대한 설명으로 옳은 것은? (단, (가), (나)는 각각 진화론, 순환론 중 하나이다.) [3점]

(가) 문명은 인간처럼 생애 주기가 있어서 발생과 성장 단계를 거쳐 쇠락하고 몰락하는 일련의 과정을 겪게 된다. 문명의 생애 주기에서 나타나는 몰락 징후로는 전쟁과 변란, 가치 갈등 등이 있다. (순환론)

(나) 사회는 항상 미분화 상태에서 분화된 상태로, 단순한 단계에서 복잡한 단계로 변동한다. 사회는 살아 있는 유기체처럼 구조적으로든 기능적으로든 늘 분화되면서 그 복잡성이 증대된다. (진화론)

① (가)는 모든 사회가 같은 방향으로 변동한다고 본다. ((나))

② (나)는 사회가 주기적으로 동일한 과정을 반복하며 변동한다고 본다. ((가))

③ (가)는 (나)와 달리 사회 변동에 작용하는 인간의 자율성을 강조한다. (과소평가한다)

④ (나)는 (가)와 달리 서구 중심적인 사고라는 비판을 받는다.

⑤ (가)는 단기적인 사회 변동을, (나)는 장기적인 사회 변동을 설명하는 데 유용하다.

✓ 자료 분석 (가)는 문명이 생애 주기가 있어 발생과 성장 단계를 거쳐 쇠락하고 몰락하는 과정을 겪게 된다고 보고 있으므로 이는 순환론에 해당한다. (나)는 사회가 미분화 상태에서 분화된 상태로, 단순한 단계에서 복잡한 단계로 변동한다고 보고 있으므로 이는 진화론에 해당한다.

○ 정답 찾기 ④ 진화론은 서구 사회가 진보된 사회임을 전제로 한다. 따라서 진화론은 서구 중심적인 사고라는 비판을 받는다.

× 오답 풀이 ① 진화론은 모든 사회가 진보와 발전이라는 일정한 방향으로 변동한다고 본다.
② 순환론은 사회가 시간의 흐름에 따라 생성, 성장, 쇠퇴, 소멸의 과정을 반복하며 변동한다고 본다.
③ 순환론은 역사 과정을 단선적 진화 과정으로 보지 않고 반복적인 순환 과정으로 보므로 인간의 자율성을 과소평가한다.
⑤ 순환론은 전제하는 순환 과정이 오랜 시간에 걸쳐 일어나는 것이므로 단기적 사회 변동 과정을 설명하기가 어렵다.

이것만은 꼭!

1. 진화론은 사회의 발전 방향을 설명하는 데 유용하다.
2. 순환론은 지난 역사 속에서 반복되는 사회 변동을 설명하고 해석하는 데 유용하다.
3. 진화론은 서구의 제국주의 역사를 정당화하는 수단으로 악용될 우려가 있고, 순환론은 앞으로의 변동 방향을 예측하여 대응하기에 적합하지 않다.

20 사회 운동

| 정답 ⑤ | 20년 6월 모의평가 17번

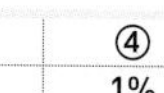

①	②	③	④	❺
6%	1%	4%	1%	88%

밑줄 친 ㉠, ㉡에 대한 설명으로 가장 적절한 것은? [3점]

> ○ 정부는 국민의 헌법 개정 요구를 무시하였고, 대학생을 고문하여 죽음에 이르게 한 사건까지 은폐하려고 하였다. 이에 민주 헌법 쟁취 국민 운동 본부를 중심으로 독재 정권에 반대하는 ㉠6월 민주 항쟁이 일어났다. 결국 정부는 대통령 직선제 요구를 수용하였고, 헌법이 개정되었다. (체계적인 조직 → 사회 운동)
> ○ 국내 외환 보유고가 바닥나자 사회 일각에서 개인이 보유한 금을 모아 국가 부채를 갚자는 주장이 제기되었다. 이에 방송사와 금융 기관이 협조하고 다수 국민들이 참여하는 ㉡금 모으기 운동이 일어났다. 이렇게 모인 금은 외환 위기를 극복하는 데 도움이 되었다. (다수의 행동 → 사회 운동)

① ㉠은 ~~일시적이고~~(지속적이고) ~~즉흥적인 감정에 따른~~(체계적인) 다수의 행동이다.
② ㉡은 경제적 약자들이 자신의 권리 보장을 요구하는 운동이다.
③ ㉠은 ㉡과 달리 기존 사회 질서를 ~~유지하려는~~(근본적으로 바꾸려는) 다수의 행동이다.
④ ~~㉡~~(㉠)은 ~~㉠~~(㉡)과 달리 사회의 근본적 모순을 드러내고 권력 구조를 변화시킨 운동이다.
⑤ ㉠, ㉡은 모두 뚜렷한 목표와 체계적 활동 계획을 바탕으로 한 다수의 행동이다.

✓ 자료 분석 신념과 가치의 실현을 위해 다수의 사람들이 자발적으로 실천하는 집단적이고 지속적인 행동을 사회 운동이라고 한다. 사회 운동은 뚜렷한 목표와 이를 달성하기 위한 구체적인 활동 방법과 계획을 갖추고 있으며, 체계적인 조직 아래 구성원 간 역할 분담이 이루어져 나타난다.

O 정답 찾기 ⑤ 6월 민주 항쟁은 독재 정권에 반대하여 대통령 직선제라는 뚜렷한 목표를 갖추고, 이를 이루기 위한 다수의 체계적 활동이므로 사회 운동에 해당한다. 금 모으기 운동은 국가 부채를 갚기 위한 다수의 체계적 활동이므로 사회 운동에 해당한다.

× 오답 풀이 ① 사회 운동은 다수의 체계적이고 지속적인 행동이다.
② 금 모으기 운동은 경제적 약자들의 권리 보장 운동이 아니라 외환 위기 상황에서 국가 부채를 갚기 위한 전 국민적인 운동에 해당한다.
③ 6월 민주 항쟁은 독재 정권에 반대하여 당시의 사회 구조를 근본적으로 바꾸고자 하는 사회 운동에 해당한다.
④ 금 모으기 운동은 외환 위기를 극복하고자 하는 사회 운동으로 권력 구조를 변화시킨 운동에 해당하지 않는다. 사회의 근본적 모순을 드러내고 권력 구조를 변화시킨 운동은 6월 민주 항쟁에 해당한다.

이것만은 꼭!
1. 사회 운동은 다수의 지속적이고 체계적인 행동이다.
2. 사회 운동은 뚜렷한 목표와 체계적 활동 계획을 바탕으로 한다.
3. 급진적 성격을 띤 사회 운동은 권력 구조를 변화시키고자 한다.

21 진화론과 순환론

| 정답 ④ | 20년 6월 모의평가 18번

①	②	③	❹	⑤
2%	6%	8%	79%	3%

사회 변동을 설명하는 이론 A, B에 대한 옳은 설명만을 〈보기〉에서 고른 것은? (단, A, B는 각각 진화론, 순환론 중 하나이다.)

> A(진화론)를 지지하는 학자들은 "선진국의 오늘의 모습은 개발 도상국의 내일의 모습이다."라며 사회 변동을 하나의 목표로 향하는 진보와 발전으로 설명한다.(진화론) 이에 대해 B(순환론)를 지지하는 학자들은 사회 변동이 늘 발전을 의미하는 것은 아니며, 모든 사회 변동이 반드시 같은 방향으로 진행되는 것은 아니라는 점을 지적한다.(순환론)

〈보기〉
ㄱ. ~~A~~(B)는 사회 변동이 주기적으로 동일한 과정을 반복한다고 본다.(순환론)
ㄴ. A는 사회가 이전보다 복잡하고 분화된 모습으로 변동한다고 본다.(진화론)
ㄷ. ~~B~~(A)는 사회 변동을 서구 중심적 사고에 바탕을 두어 설명한다.(진화론)
ㄹ. B는 미래 사회의 변동 방향을 예측하기 어려워 역동적 대응이 곤란하다는 비판을 받는다.(순환론)

① ㄱ, ㄴ ② ㄱ, ㄷ ③ ㄴ, ㄷ ④ ㄴ, ㄹ ⑤ ㄷ, ㄹ

✓ 자료 분석 A는 사회 변동을 진보와 발전으로 바라보고 있으므로 진화론에 해당하고, B는 사회 변동이 늘 발전을 의미하는 것은 아니고 같은 방향으로만 진행되는 것이 아니라고 보고 있으므로 순환론에 해당한다.

O 정답 찾기 ㄴ. 진화론은 사회 변동이 일정한 방향으로 나타나며, 생물 유기체가 진화한 것과 같이 단순한 형태에서 복잡한 형태로 발전한다고 본다.
ㄹ. 순환론은 사회가 생성, 성장, 쇠퇴, 소멸의 과정을 반복한다고 본다. 그런데 현재가 순환 과정 중 어디에 위치하는지를 설명하지 못하기 때문에 앞으로의 변동 방향을 예측하여 대응하기 어렵다는 한계가 있다.

× 오답 풀이 ㄱ. 사회 변동이 생성, 성장, 쇠퇴, 소멸과 같이 주기적으로 동일한 과정을 반복한다고 보는 이론은 순환론이다.
ㄷ. 진화론은 서구 사회가 진보된 사회임을 전제하므로 서구 중심주의적이며, 서구 제국주의를 정당화하는 데 악용될 수 있다는 비판을 받는다.

이것만은 꼭!
1. 순환론은 주기적으로 동일한 과정이 반복되는 형태로 사회 변동이 나타난다고 본다.
2. 진화론은 사회가 이전보다 복잡하고 분화된 모습으로 변동한다고 본다.
3. 진화론은 서구 중심적 사고라는 비판을 받고, 순환론은 앞으로의 변동 방향을 예측하기 어렵다는 비판을 받는다.

22 사회 운동

| 정답 ① | 20년 9월 모의평가 9번

❶	②	③	④	⑤
88%	1%	5%	1%	2%

(가), (나)에 나타난 사회 운동에 대한 설명으로 가장 적절한 것은?

> (가) 1955년 한 흑인 여성이 백인 승객에게 자리를 양보하지 않아서 체포되었다. 시내버스에서의 인종 분리를 규정한 몽고메리시의 법을 위반했다는 죄목이었다. 흑인들은 이에 반발하여 집단 파업과 버스 승차 거부 운동을 벌였다. 이듬해 인종 분리법이 위헌이라는 판결이 났고 흑인들의 버스 승차 거부도 끝이 났다.
>
> (나) 2010년 당시 대통령의 장기 집권과 경제 실정으로 시민들의 불만이 높았던 튀니지에서, 경찰의 노점 단속에 항의하던 한 청년의 죽음이 시민들의 반정부 운동을 촉발하였다. 정부의 강경 진압은 시민들을 분노케 하여 전국적 규모의 반정부 시위로 확대되었고, 마침내 대통령이 물러났다.

① (가)에는 사회적 소수자의 권리 보장을 목적으로 하는 사회 운동이 나타난다.
② (나)에는 과거의 사회 질서로 돌아가려는 사회 운동이 나타난다.
③ (가)에는 (나)와 달리 계급 철폐를 목적으로 하는 혁명적 사회 운동이 나타난다.
④ (나)에는 (가)와 달리 뚜렷한 목표를 가지고 지속적으로 이루어진 사회 운동이 나타난다.
⑤ (가), (나)에는 모두 당시 사회의 정권을 교체한 사회 운동이 나타난다.

✔ 자료 분석 (가), (나)의 사례는 모두 신념과 가치의 실현을 위한 다수의 집단적인 행동이라는 점에서 사회 운동에 해당한다. (가)의 사례는 전반적인 사회 구조를 파괴하지 않고 특정 부분에 대한 개혁만을 추구하는 사회 운동인 반면, (나)의 사례는 기존의 사회 구조 전체를 근본적으로 바꾸고자 하는 사회 운동이다.

O 정답 찾기 ① (가)의 사례에서 흑인은 인종 차별을 받고 있으므로 사회적 소수자에 해당한다. 즉, (가)의 사례는 흑인의 권리 보장이라는 신념과 가치의 실현을 위한 사회 운동에 해당한다.

✕ 오답 풀이 ② (나)의 사례는 반정부 시위라는 점에서 사회 구조 전체의 근본적 변화를 추구하고 있다.
③ 혁명적 사회 운동은 사회 구조 전체의 근본적 변화를 추구하는 사회 운동을 말한다. (가)의 사례는 위헌 판결 이후 사회 운동이 종료되었으므로 구조 전체의 근본적 변화를 추구하였다고 보기 어렵다. (나)의 사례는 혁명적 사회 운동에 해당하지만, 계급 철폐를 목적으로 하지는 않는다.
④ (가)와 (나) 사례 모두 흑인의 권리 보장, 반정부 시위라는 뚜렷한 목표를 가진 사회 운동에 해당한다.
⑤ (나)의 사례는 대통령이 물러났다는 점에서 당시 사회의 정권을 교체한 사회 운동에 해당한다.

이것만은 꼭!
1. 사회 운동은 신념과 가치 실현을 위한 다수의 지속적 행동이다.
2. 혁명적 사회 운동은 사회 구조 전체의 근본적 변화를 추구한다.
3. 사회 운동은 다수의 지속적이고 체계적인 행동이다.

23 진화론과 순환론

| 정답 ⑤ | 20년 9월 모의평가 15번

① 함정	② 함정	③ 함정	④	❺
17%	16%	17%	7%	40%

다음은 사회 변동 이론 A, B 관련 질문에 대한 학생들의 답변과 교사의 채점 결과이다. 이에 대한 옳은 설명만을 〈보기〉에서 있는 대로 고른 것은? (단, A와 B는 각각 진화론과 순환론 중 하나이다.) [3점]

질문	답변	
	갑	을
A는 사회가 단순한 형태에서 복잡한 형태로 발전한다고 보는가?	예	아니요
B는 흥망성쇠를 거듭한 국가의 사례를 설명하기에 적합한가?	아니요	예
B는 A와 달리 사회 변동이 일정한 방향성을 가지고 있다고 보는가?	예	㉠
(가)	아니요	예
점수	3점	2점

〈보기〉
ㄱ. A는 서구 제국주의 역사를 정당화하는 수단으로 악용될 수 있다는 비판을 받는다.
ㄴ. B는 사회 변동을 사회 발전으로 인식한다.
ㄷ. ㉠은 '예'이다.
ㄹ. (가)에는 'B는 A와 달리 사회 변동에 작용하는 인간 행위의 역동성과 자율성을 과소 평가한다는 비판을 받는가?'가 들어갈 수 있다.

① ㄱ, ㄷ ② ㄱ, ㄹ ③ ㄴ, ㄷ
④ ㄱ, ㄴ, ㄹ ⑤ ㄴ, ㄷ, ㄹ

✔ 자료 분석 A가 진화론, B가 순환론일 경우 갑은 첫 번째 질문에서 1점, 두 번째 질문에서 0점, 세 번째 질문에서 0점으로 네 번째 질문에 관계없이 3점을 얻을 수 없다. A가 순환론, B가 진화론일 경우 갑은 첫 번째 질문에서 0점, 두 번째 질문에서 1점, 세 번째 질문에서 1점으로 네 번째 질문에서 1점을 얻으면 3점을 얻을 수 있다. 따라서 A는 순환론, B는 진화론이다.

O 정답 찾기 ㄴ. 진화론은 사회 변동이 진보와 발전을 의미한다고 본다.
ㄷ. A가 순환론, B가 진화론이므로 을은 첫 번째 질문에서 1점, 두 번째 질문에서 0점을 얻는다. 네 번째 질문에서 갑의 답변이 옳으므로 을은 점수를 얻지 못한다. 을이 총 2점을 획득하기 위해서는 세 번째 질문에서 1점을 얻어야 한다. 따라서 ㉠은 '예'가 되어야 한다.
ㄹ. 순환론은 운명론적 관점으로 사회 변동을 바라보므로 인간 행위의 역동성과 자율성을 과소평가한다는 비판을 받는다. 네 번째 질문에서 갑은 점수를 얻어야 한다. 따라서 해당 질문은 (가)에 들어갈 수 있다.

✕ 오답 풀이 ㄱ. 진화론은 서구 사회를 진보된 사회로 전제하므로 서구 제국주의 역사를 정당화하는 수단으로 악용될 수 있다는 비판을 받는다.

A와 B를 정확하게 특정하지 못하여 오답률이 전체적으로 높게 나타났을 것이다. A와 B에 해당하는 이론과 그에 따라 갑과 을이 받은 점수를 비교하여 A와 B를 파악해야 하는데, 점수가 부여되는 문항의 구조를 정확하게 이해하지 못할 경우 A와 B를 잘못 파악할 수 있다.

이것만은 꼭!
1. 진화론은 사회가 단순한 형태에서 복잡한 형태로 발전한다고 본다.
2. 순환론은 사회 변동에 작용하는 인간 행위의 역동성과 자율성을 과소평가한다는 비판을 받는다.

24 사회 운동

| 정답 ④ | 20년 수능 3번

①	②	③	❹	⑤
1%	8%	3%	77%	11%

(가)~(다)에 대한 설명으로 가장 적절한 것은? [3점]

> (가) ◇◇ 환경 보호 단체 회원들은 해양 오염물을 줄이기 위해 매달 배를 타고 바다로 나가서 플라스틱 쓰레기 수거 작업 및 해양 생태 보호 캠페인 활동을 하였다. 사회 운동 ○
> (나) △△ 프로 구단이 감독 인사를 단행했다는 소식을 경기 중에 들은 일부 열혈 관중들이 불합리한 인사 결정 방식에 항의하며 경기 직후에 돌발적으로 시위를 벌였다. 사회 운동 ×
> (다) ○○ 단체는 왕정과 신분 제도를 폐지하고 선거를 통해 민주 정부를 수립하고자 대다수 국민의 지지를 바탕으로 지속적으로 시위를 전개하였다. 사회 운동 ○

① (가)에는 사회 구조 전체를 근본적으로 바꾸고자 하는 사회 운동이 ~~나타난다.~~ 나타나 있지 않다.

② (나)에는 일부 집단의 이익을 추구하는 사회 운동이 ~~나타난다.~~ 나타나 있지 않다.

③ (다)에는 급격한 사회 변화에 ~~대항하기 위한~~ 도모하는 사회 운동이 나타난다.

④ (가), (다)에는 (나)와 달리 체계적인 조직을 바탕으로 집단의 이념을 실현하려는 사회 운동이 나타난다.

⑤ (나), (다)에는 (가)와 달리 사회의 불합리한 제도를 개선하고자 하는 사회 운동이 나타난다.

✓ 자료 분석 (가)와 (다)는 체계적 조직을 바탕으로 다수의 사람들에 의한 집단적이고 지속적인 행동이라는 점에서 사회 운동에 해당한다. 다만, (가)는 현재의 체제 내에서의 변화를 추구하는 반면, (다)는 체제 자체의 변화를 도모한다는 점에서 차이가 있다. (나)는 다수의 사람들에 의한 집단적인 행동이지만, 체계적인 조직을 바탕으로 하고 있지 않고, 지속적인 행동이 아니므로 사회 운동에 해당하지 않는다.

O 정답 찾기 ④ (가)는 해양 생태 보호, (다)는 민주 정부 수립이라는 집단의 이념 실현을 목적으로 하는 체계적인 다수의 행동이라는 점에서 사회 운동에 해당한다.

× 오답 풀이 ① (가)는 현재의 체제와 구조 아래에서의 변화를 추구하는 사회 운동에 해당한다.
② (나)는 사회 운동에 해당하지 않는다.
③ (다)는 왕정 체제를 폐지하고 민주 정부를 수립하고자 한다는 점에서 급격한 사회 변화에 대항하는 것이 아니라, 급격한 사회 변화를 추구하고 있다.
⑤ (나)는 돌발적인 시위라는 점에서 불합리한 제도의 개선을 추구하는 사회 운동이라고 볼 수 없다.

이것만은 꼭!

1. 사회 운동은 체계적인 조직을 바탕으로 한 다수의 행동이다.
2. 사회 운동은 집단의 이념 실현을 추구하는 다수의 행동이다.
3. 사회 운동에는 구조 전체를 바꾸고자 하는 경우와 구조 내에서 불합리한 제도를 개선하고자 하는 경우가 있다.

25 진화론과 순환론

| 정답 ① | 20년 수능 17번

❶	②	③	④	⑤
88%	4%	3%	4%	2%

사회 변동 이론 (가), (나)에 대한 설명으로 옳은 것은? [3점]

> (가) 생물 유기체와 마찬가지로 사회는 단순한 상태에서 복잡하고 분화된 상태로 변동한다. 즉, 사회도 야만, 미개, 문명이라는 일정한 단계를 거친다. 진화론
> (나) 각 문화는 유기체의 일생처럼 생성, 성장, 쇠퇴, 소멸이라는 일정한 변화 과정을 거친다. 자연이 봄, 여름, 가을, 겨울의 과정을 거치는 것처럼 인간의 역사 또한 무르익을 대로 무르익으면 몰락, 사멸에 이른다. 순환론

① (가)는 제국주의를 정당화하는 수단으로 악용될 우려가 있다는 비판을 받는다. 진화론

② (나)는 사회 변동에 대한 역동적 대응이 ~~용이하다~~ 어렵다는 평가를 받는다.

③ ~~(가)~~ (나)는 ~~(나)~~ (가)와 달리 사회 변동에 대응하는 인간의 노력을 과소평가한다는 비판을 받는다. 순환론

④ ~~(나)~~ (가)는 ~~(가)~~ (나)와 달리 사회 변동에 일정한 방향이 있다고 본다. 진화론

⑤ (가), ~~(나)~~는 ~~모두~~ 사회 변동을 사회 발전으로 인식한다. 진화론

✓ 자료 분석 (가)는 사회가 야만, 미개, 문명이라는 일정한 단계를 거쳐 단순한 상태에서 복잡하고 분화된 상태로 변동한다고 보고 있으므로 이는 진화론에 해당한다. (나)는 사회가 생성, 성장, 쇠퇴, 소멸의 과정을 거친다고 보고 있으므로 이는 순환론에 해당한다.

O 정답 찾기 ① 진화론이 전제하는 발전된 사회는 서구 사회이므로 진화론은 서구 제국주의를 정당화하는 수단으로 악용될 우려가 있다는 비판을 받는다.

× 오답 풀이 ② 순환론은 현 시점이 순환 과정 중 어디에 위치하는지 설명하지 못한다는 한계를 가진다. 이로 인해 앞으로의 변동을 예측하기도 어렵고, 대응하는 데 적합하지 않다는 평가를 받는다.
③ 순환론은 모든 사회가 언젠가는 쇠퇴할 것이라고 보는 운명론적 관점으로, 인간의 노력을 과소평가한다는 비판을 받는다.
④ 진화론은 사회가 진보와 발전이라는 일정한 방향으로 변동한다고 본다.
⑤ 진화론은 사회 변동을 발전으로 인식하는 반면, 순환론은 사회 변동 과정에서 쇠퇴, 소멸할 수 있다고 본다.

이것만은 꼭!

1. 진화론은 제국주의를 정당화하는 수단으로 악용될 수 있다는 비판을 받는다.
2. 순환론은 사회 변동에 대한 역동적 대응이 용이하지 않다는 평가를 받는다.
3. 순환론은 사회 변동에 대응하는 인간의 노력을 과소 평가한다는 비판을 받는다.

필출 주제 **15**

산업 사회와 정보 사회

제1권 p.181 ~ 184

01 ⑤ 02 ① 03 ④ 04 ① 05 ② 06 ② 07 ① 08 ② 09 ① 10 ⑤ 11 ②

01 정보화

| 정답 ⑤ | 24년 6월 모의평가 13번

①	②	③	④	❺
1%	2%	3%	11%	83%

(가), (나)에 들어갈 수 있는 내용으로 가장 적절한 것은? [3점]

> 갑: 정보화 시대에는 사회 불평등이 줄어들 것입니다. 오늘날 더 많은 사람들이 컴퓨터와 네트워크를 통해 지식과 정보에 손쉽게 접근하고 있습니다. 이처럼 정보에 대한 보편적 접근권이 확대되면 교육이나 문화에서의 격차는 더욱 줄어들게 될 것입니다. 즉, 정보 기술은 (가)
> (정보화 시대에 대한 긍정적 입장)
>
> 을: 지식과 정보가 중시되는 사회에서 사회 불평등은 심화될 것입니다. 정보 부국과 정보 빈국이라는 말이 존재하듯이 오늘날 국제적 상황에서 정보 격차는 더욱 심해졌습니다. 이는 국내적 상황에서도 다르지 않습니다. 즉, 보편적 접근권이 강조되고 있음에도 정보 기술은 (나) 왜냐하면 한 국가 내에서 정보를 실질적으로 활용하여 부를 재생산할 수 있는 능력은 서열화된 사회 구조적 위치에 따라 다르게 분포되어 있기 때문입니다.
> (정보화 시대에 대한 부정적 입장)

① (가): 저작권 침해 문제를 야기할 수 있습니다.
② (가): 검증되지 않은 정보를 확산시킬 수 있습니다.
③ (나): 상대적 빈곤을 줄이는 데 도움을 줄 수 있습니다.
④ (나): 정보 부국 중심의 국제 질서를 강화할 수 있습니다.
⑤ (나): 계층에 따른 기존의 소득 격차를 늘릴 수 있습니다.

✓ 자료 분석 갑은 정보화 시대에 대해 긍정적인 입장을 보이고 있고, 을은 정보화 시대에 대해 부정적인 입장을 보이고 있다.

○ 정답 찾기 ⑤ (나)에는 한 국가 내에서 정보 기술이 사회 불평등을 심화시킨다는 내용이 들어가야 한다. 따라서 정보 기술이 계층에 따른 기존의 소득 격차를 심화시킬 수 있다는 내용은 (나)에 들어갈 수 있다.

× 오답 풀이 ①, ② (가)에는 정보 기술이 사회 불평등을 완화시킨다는 내용이 들어가야 한다. 따라서 저작권 침해 문제와 검증되지 않은 정보의 확산과 관련된 내용은 (가)에 들어갈 수 없다.
③ (나)에는 한 국가 내에서 정보 기술이 사회 불평등을 심화시킨다는 내용이 들어가야 한다. 따라서 상대적 빈곤을 줄이는 데 도움을 줄 수 있다는 내용은 (나)에 들어갈 수 없다.
④ (나)에는 한 국가 내에서 정보 기술이 사회 불평등을 심화시킨다는 내용이 들어가야 한다. 따라서 정보 부국 중심의 국제 질서를 강화할 수 있다는 내용은 (나)에 들어갈 수 없다.

이것만은 꼭!

1. 정보 격차로 인해 경제적 불평등이 심화될 수 있다.
2. 정보화로 인해 정보 과잉 및 저질 정보와 잘못된 정보의 유포로 인한 폐해가 증가할 수 있다.
3. 정보화로 인해 정보 기기에 과도하게 의존하게 되면서 각종 사회 문제가 발생할 수 있다.

02 산업 사회와 정보 사회

| 정답 ① | 23년 6월 모의평가 18번

❶	②	③	④	⑤
83%	3%	5%	5%	4%

그림은 A, B의 일반적인 특징을 비교한 것이다. 이에 대한 설명으로 옳은 것은? (단, A, B는 각각 산업 사회, 정보 사회 중 하나임.)

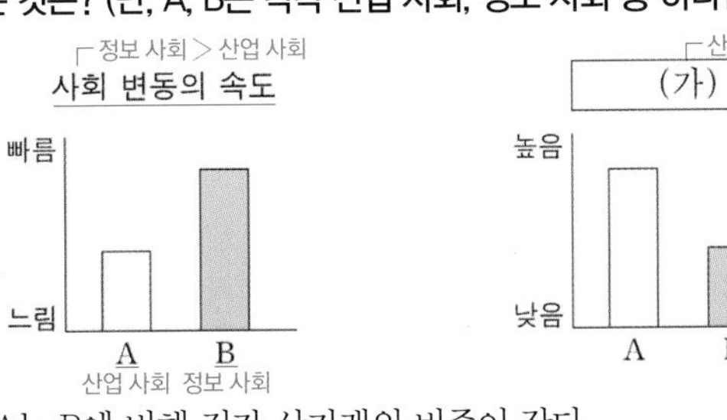

① A는 B에 비해 전자 상거래의 비중이 작다.
② B는 A에 비해 의사 결정의 분권화 정도가 낮다. (A, B)
③ A는 다품종 소량 생산, B는 소품종 대량 생산이 지배적이다. (B, A)
④ A는 지식과 정보, B는 자본과 노동이 부가 가치의 주요 원천이다. (B, A)
⑤ (가)에는 '정보의 생산자와 소비자 간 구분의 명확성 정도'가 들어갈 수 없다. (산업 사회 > 정보 사회; 있다.)

✓ 자료 분석 사회 변동의 속도는 정보 사회가 산업 사회에 비해 빠르다. 따라서 A는 산업 사회, B는 정보 사회이며, (가)에는 산업 사회가 정보 사회보다 더 높게 나타나는 특징이 들어가야 한다.

○ 정답 찾기 ① 산업 사회는 정보 사회에 비해 전자 상거래의 비중이 작다.

× 오답 풀이 ② 산업 사회는 정보 사회에 비해 의사 결정의 분권화 정도가 낮다.
③ 산업 사회는 소품종 대량 생산, 정보 사회는 다품종 소량 생산이 지배적이다.
④ 산업 사회는 자본과 노동, 정보 사회는 지식과 정보가 부가 가치의 주요 원천이다.
⑤ 정보의 생산자와 소비자 간 구분의 명확성 정도는 산업 사회가 정보 사회에 비해 높다. 따라서 해당 내용은 (가)에 들어갈 수 있다.

이것만은 꼭!

1. 사회 변동의 속도는 정보 사회가 산업 사회보다 더 빠르다.
2. 산업 사회는 소품종 대량 생산, 정보 사회는 다품종 소량 생산이 지배적이다.
3. 정보의 생산자와 소비자 간 구분의 명확성 정도는 정보 사회가 산업 사회보다 더 낮다.

03 정보 사회의 문제점

| 정답 ④ | 23년 9월 모의평가 16번

①	②	③	❹	⑤
1%	7%	5%	85%	2%

다음 글에서 도출할 수 있는 정보 사회의 문제점으로 가장 적절한 것은? [3점]

> 인터넷에 대한 의존도가 높아지면서 일상의 변화가 일어나고 있다. 온라인을 통해 금융 업무나 음식 주문과 같은 일을 비대면으로 간편하게 처리하는 사람이 늘고 있는 반면, 온라인을 활용한 삶의 편의성으로부터 소외된 사람도 있다. 정보 사회에서 사회 구성원은 정보 통신 기기의 구매 능력 정도, 유용하고 신뢰할 수 있는 고급 정보에 대한 비용 지불 능력 정도, 소프트웨어 기술 습득 능력 정도, 정보 서비스의 활용 능력 정도 등에 따라 디지털 환경에 빠르게 적응하는 사람과 뒤처지는 사람으로 구분된다. 정보가 부가 가치 창출의 원천인 정보 사회에서 이러한 현상(정보 격차)은 심각한 사회 문제로 대두되고 있다.

① 정보 생산자의 신뢰성 문제가 나타나고 있다.
② 정보화 과정에서 문화 지체 현상이 나타나고 있다.
③ 비대면 관계의 증가로 인한 인간 소외 현상이 나타나고 있다.
④ 정보 격차로 인한 새로운 사회 불평등 현상이 나타나고 있다.
⑤ 정보 통신 기기의 과다 사용으로 인한 병리 현상이 나타나고 있다.

✔ 자료 분석 정보 격차는 희소하고 중요한 정보에 접근하고 활용하는 측면에서 발생하는 정보 불평등 현상이다.

O 정답 찾기 ④ 제시문은 디지털 환경에 빠르게 적응하는 사람과 뒤처지는 사람 간에 나타나는 정보 격차가 심각한 사회 문제로 대두되고 있음을 보여 주고 있다. 이를 통해 정보 격차로 인해 새로운 사회 불평등 문제가 나타날 수 있음을 파악할 수 있다.

× 오답 풀이 ①, ②, ③, ⑤ 정보 사회에 나타날 수 있는 문제에 해당하지만, 제시문에는 나타나 있지 않다.

이것만은 꼭!

1. 문화 지체는 물질문화의 빠른 변동 속도에 비해 비물질문화의 변동 속도가 뒤따르지 못하여 나타나는 문화 요소 간의 부조화 현상을 말한다.
2. 정보 사회는 지식과 정보가 중요한 부의 원천으로 인식되는 사회이다.
3. 정보 사회에서는 사회적 지위에 따라 정보에 접근하고 이용할 수 있는 조건과 능력에서 차이가 나타난다.

04 산업 사회와 정보 사회

| 정답 ① | 23년 수능 19번

❶	②	③	④	⑤
48%	8%	15%	25%	4%

다음 자료에 대한 옳은 설명만을 〈보기〉에서 있는 대로 고른 것은? (단, A, B는 각각 산업 사회, 정보 사회 중 하나임.)

〈형성 평가〉

○ 제시된 '대답'에 맞게 빈칸을 채워 질문을 완성하시오.

대답	대답에 맞는 질문	채점 결과
예	A(정보 사회)는 B에 비해 [(가)] 이/가 높은가?	㉠
아니요	B(산업 사회)는 A에 비해 [정보 제공자와 수용자 간 구분] 이/가 명확한가? (산업 사회 > 정보 사회)	1점

* 교사는 완성한 질문별로 채점하고 제시된 대답에 맞게 질문을 완성한 경우는 1점, 틀린 경우는 0점임

〈보기〉

ㄱ. A는 B에 비해 물리적 거리가 사회적 관계 형성에 미치는 제약 정도가 크다.
ㄴ. (가)에 '사회의 다원화 정도(정보 사회 > 산업 사회)'가 들어간다면, ㉠은 ~~1점~~(0점)이다.
ㄷ. ㉠이 '0점'이라면, (가)에는 '가정과 일터의 결합 정도(정보 사회 > 산업 사회)'가 들어갈 수 ~~없다~~(있다).

① ㄱ ② ㄴ ③ ㄱ, ㄷ ④ ㄴ, ㄷ ⑤ ㄱ, ㄴ, ㄷ

✔ 자료 분석 산업 사회가 정보 사회에 비해 정보 제공자와 수용자 간 구분이 명확하다. 두 번째 질문에 대한 대답은 '아니요'이고, 점수는 1점이므로 두 번째 질문에 대한 옳은 대답은 '아니요'이다. 따라서 A는 산업 사회, B는 정보 사회이다.

O 정답 찾기 ㄱ. 산업 사회는 정보 사회에 비해 물리적 거리가 사회적 관계 형성에 미치는 제약 정도가 크다.

× 오답 풀이 ㄴ. 사회의 다원화 정도는 정보 사회가 산업 사회에 비해 높다. 해당 내용이 (가)에 들어가면, 첫 번째 질문에 대한 옳은 대답은 '아니요'가 된다. 첫 번째 질문에 대한 대답이 '예'이므로 ㉠은 '0점'이다.

ㄷ. ㉠이 '0'점이라면, 첫 번째 질문에 대한 옳은 대답은 '아니요'가 된다. 가정과 일터의 결합 정도는 정보 사회가 산업 사회에 비해 높다. 따라서 ㉠이 '0점'이라면, 해당 내용은 (가)에 들어갈 수 있다.

함정 클리닉

④번을 정답으로 착각한 학생들은 대답과 질문, 그리고 채점 결과를 혼동하였을 가능성이 크다. 사회의 다원화 정도가 (가)에 들어가면, 이에 대한 옳은 대답은 '아니요'이다. 그런데 첫 번째 대답은 '예'이고, 이에 맞는 질문을 작성해야 하므로 사회의 다원화 정도가 (가)에 들어가면, 채점 결과는 0점이 된다.

이것만은 꼭!

1. 정보 사회는 산업 사회에 비해 정보 제공자와 수용자 간 구분이 불명확하다.
2. 정보 사회는 산업 사회에 비해 물리적 거리가 사회적 관계 형성에 미치는 제약 정도가 작다.
3. 정보 사회는 산업 사회에 비해 가정과 일터의 결합 정도가 높다.

05 산업 사회와 정보 사회

| 정답 ② | 22년 6월 모의평가 14번

①	❷	③	④	⑤
2%	93%	2%	2%	1%

A, B의 일반적인 특징에 대한 설명으로 옳은 것은? (단, A, B는 각각 산업 사회, 정보 사회 중 하나임.) [3점]

> 지식이 부가 가치를 창출하는 중요한 원천인 A(정보 사회)에서는 가정에서도 고도화된 통신 기술이 널리 활용된다. 이를 통해 재택근무가 활성화되면서 가정은 생산과 노동의 중심이 되기도 한다. 반면, 주로 자본과 노동을 통해 부가 가치를 창출하는 B(산업 사회)에서 가정은 직장과 공간적으로 분리된다. 직장은 생산과 노동의 공간, 가정은 휴식 공간으로 기능한다.

① ~~A~~(B)는 ~~B~~(A)에 비해 직업의 동질성 정도가 높다.
② A는 B에 비해 정보 확산의 시공간적 제약이 적다.
③ ~~A~~(B)는 ~~B~~(A)에 비해 사이버 범죄가 발생할 가능성이 낮다.
④ ~~B~~(A)는 ~~A~~(B)에 비해 다품종 소량 생산 방식의 비중이 높다.
⑤ ~~B~~(A)는 ~~A~~(B)에 비해 쌍방향 매체를 통한 정보 전달의 비중이 높다.

✔ 자료 분석 정보 사회에서는 지식이 부가 가치를 창출하는 주요 원천이고, 산업 사회에서는 자본과 노동이 부가 가치를 창출하는 주요 원천이다. 따라서 A는 정보 사회, B는 산업 사회이다.

O 정답 찾기 ② 정보 사회는 산업 사회에 비해 정보 확산의 시공간적 제약이 적다.

✕ 오답 풀이 ① 산업 사회는 정보 사회에 비해 직업의 동질성 정도가 높다.
③ 산업 사회는 정보 사회에 비해 사이버 범죄가 발생할 가능성이 낮다.
④ 산업 사회는 소품종 대량 생산 방식의 비중이 높고, 정보 사회는 다품종 소량 생산 방식의 비중이 높다.
⑤ 정보 사회는 산업 사회에 비해 쌍방향 매체를 통한 정보 전달의 비중이 높다.

이것만은 꼭!
1. 정보 사회는 산업 사회에 비해 정보 확산의 시공간적 제약이 적다.
2. 정보 사회는 산업 사회에 비해 직업의 동질성 정도가 낮다.
3. 정보 사회는 산업 사회에 비해 쌍방향 매체를 통한 정보 전달의 비중이 높다.

제2권 평가원 해설

06 산업 사회와 정보 사회

| 정답 ② | 21년 6월 모의평가 5번

①	❷	③	④	⑤
4%	86%	4%	2%	4%

다음은 A, B의 일반적인 특징을 비교한 것이다. 이에 대한 설명으로 옳은 것은? (단, A와 B는 각각 산업 사회, 정보 사회 중 하나이다.)

> ○ A(정보 사회)는 B(산업 사회)에 비해 의사 결정의 분권화 정도가 높다. (산업 사회<정보 사회)
> ○ A는 B에 비해 (가) 이/가 크다.
> ○ B는 A에 비해 (나) 이/가 빠르다.

① A는 B에 비해 비대면 접촉의 비중이 ~~낮다~~(높다). (산업 사회<정보 사회)
② B는 A에 비해 쌍방향 매체의 정보 전달 비중이 낮다. (산업 사회<정보 사회)
③ ~~A~~(B)는 소품종 대량 생산(산업 사회) 체제, ~~B~~(A)는 다품종 소량 생산(정보 사회) 체제가 지배적이다.
④ (가)에는 '물리적 거리가 사회적 관계 형성에 미치는 제약'이 들어갈 수 ~~있다~~(없다). (산업 사회>정보 사회)
⑤ (나)에는 '정보의 확산 속도'가 들어갈 수 ~~있다~~(없다). (산업 사회<정보 사회)

✔ 자료 분석 의사 결정의 분권화 정도는 산업 사회에 비해 정보 사회가 높다. 따라서 A는 정보 사회, B는 산업 사회이다.

O 정답 찾기 ② 산업 사회는 정보 사회에 비해 쌍방향 매체의 정보 전달 비중이 낮다.

✕ 오답 풀이 ① 산업 사회는 정보 사회에 비해 비대면 접촉의 비중이 낮다.
③ 산업 사회에서는 소품종 대량 생산 체제가 지배적이고, 정보 사회에서는 다품종 소량 생산 체제가 지배적이다.
④ 정보 사회는 산업 사회에 비해 물리적 거리가 사회적 관계 형성에 미치는 제약이 작다. 따라서 해당 내용은 (가)에 들어갈 수 없다.
⑤ 정보 사회는 산업 사회에 비해 정보의 확산 속도가 빠르다. 따라서 해당 내용은 (나)에 들어갈 수 없다.

이것만은 꼭!
1. 비대면 접촉의 비중은 정보 사회가 산업 사회보다 높다.
2. 물리적 거리가 사회적 관계 형성에 미치는 제약은 산업 사회가 정보 사회보다 높다.
3. 산업 사회는 소품종 대량 생산이 주로 이루어지고, 정보 사회는 다품종 소량 생산이 주로 이루어진다.

07 산업 사회와 정보 사회

| 정답 ① | 21년 9월 모의평가 9번

❶	②	③	④	⑤
82%	7%	3%	5%	3%

그림은 질문을 통해 A, B를 구분한 것이다. 이에 대한 설명으로 옳은 것은? (단, A, B는 각각 산업 사회, 정보 사회 중 하나이다.)

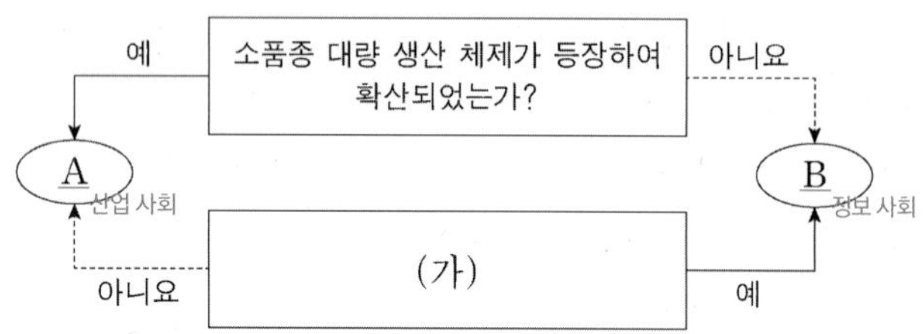

① A는 B보다 사회의 다원화 정도가 낮다. (정보 사회>산업 사회)
② A는 B보다 가정과 일터의 분리 정도가 ~~낮다~~ 높다. (산업 사회>정보 사회)
③ B는 A보다 비대면 접촉 정도가 ~~낮다~~ 높다. (정보 사회>산업 사회)
④ B는 A보다 의사 결정의 분권화 정도가 ~~낮다~~ 높다. (정보 사회>산업 사회)
⑤ (가)에는 '정보 생산자와 소비자의 경계가 명확한가?'가 들어갈 수 ~~있다~~ 없다. (산업 사회)

✔ 자료 분석 소품종 대량 생산 체제가 등장하면서 확산된 사회는 산업 사회이다. 따라서 A는 산업 사회, B는 정보 사회이다.

O 정답 찾기 ① 정보 사회는 산업 사회에 비해 다양한 가치를 추구하는 정도가 높다. 따라서 산업 사회는 정보 사회보다 사회의 다원화 정도가 낮다.

X 오답 풀이 ② 산업 사회는 정보 사회보다 가정과 일터의 분리 정도가 높다.
③ 정보 사회는 산업 사회보다 비대면 접촉 정도가 높다.
④ 정보 사회는 산업 사회보다 의사 결정의 분권화 정도가 높다.
⑤ 정보 생산자와 소비자의 경계가 명확한 사회는 산업 사회이다. 따라서 해당 질문은 (가)에 들어갈 수 없다.

이것만은 꼭!

1. 사회의 다원화 정도는 정보 사회가 산업 사회보다 높다.
2. 가정과 일터의 분리 정도는 산업 사회가 정보 사회보다 높다.
3. 산업 사회는 정보 생산자와 소비자 간 경계가 명확하다.

08 산업 사회와 정보 사회

| 정답 ② | 21년 수능 11번

①	❷	③	④	⑤
1%	92%	1%	3%	3%

다음 자료에 대한 옳은 설명만을 〈보기〉에서 고른 것은? (단, A, B는 각각 산업 사회, 정보 사회 중 하나이다.)

개인들은 A에 비해 B에서 취향의 자유를 더 많이 누린다. B의 개인들은 자신의 독특한 욕구를 A에 비해 훨씬 더 다양한 방식으로 실현한다.

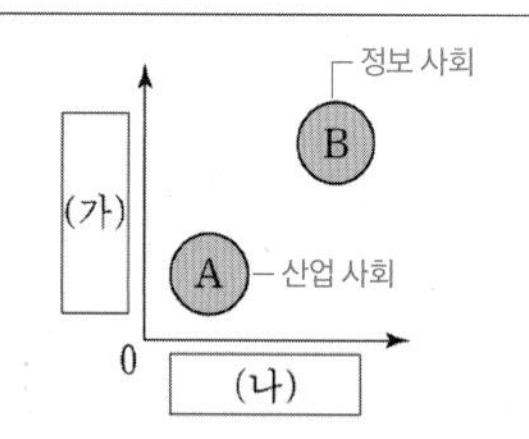

* 0에서 멀수록 그 비중이나 정도가 높거나 큼

〈보기〉

ㄱ. A는 B에 비해 물리적 거리가 사회적 관계 형성을 제약하는 정도가 크다.
ㄴ. B는 A에 비해 쌍방향 매체의 정보 전달 비중이 ~~낮다~~ 높다. (산업 사회<정보 사회)
ㄷ. (가)에는 '의사 결정의 분권화 정도'가, (나)에는 '비대면 접촉의 비중'이 들어갈 수 있다. (산업 사회<정보 사회)
ㄹ. (가)에는 '정보 생산자와 소비자 간 구분의 명확성 정도'가, (나)에는 '가정과 일터의 분리 정도'가 들어갈 수 ~~있다~~ 없다. (산업 사회>정보 사회)

① ㄱ, ㄴ ② ㄱ, ㄷ ③ ㄴ, ㄷ ④ ㄴ, ㄹ ⑤ ㄷ, ㄹ

✔ 자료 분석 개인 취향의 자유를 더 많이 누릴 수 있고, 개인의 독특한 욕구를 더 다양한 방식으로 실현할 수 있는 사회는 정보 사회이다. 따라서 A는 산업 사회, B는 정보 사회이다.

O 정답 찾기 ㄱ. 정보 사회는 산업 사회에 비해 시·공간적 제약의 정도가 낮다. 따라서 산업 사회는 정보 사회에 비해 물리적 거리가 사회적 관계 형성을 제약하는 정도가 크다.
ㄷ. 정보 사회는 산업 사회에 비해 의사 결정의 분권화 정도가 높고, 비대면 접촉의 비중이 높다. 따라서 '의사 결정의 분권화 정도'는 (가)에, '비대면 접촉의 비중'은 (나)에 들어갈 수 있다.

X 오답 풀이 ㄴ. 정보 사회는 산업 사회에 비해 쌍방향 매체의 정보 전달 비중이 높다.
ㄹ. 산업 사회는 정보 사회에 비해 정보 생산자와 소비자 간 구분의 명확성 정도가 높고, 가정과 일터의 분리 정도가 높다. 따라서 '정보 생산자와 소비자 간 구분의 명확성 정도'는 (가)에 들어갈 수 없고, '가정과 일터의 분리 정도'는 (나)에 들어갈 수 없다.

이것만은 꼭!

1. 정보 사회는 산업 사회에 비해 쌍방향 매체의 정보 전달 비중이 높다.
2. 정보 사회는 산업 사회에 비해 비대면 접촉의 비중이 높다.
3. 정보 사회는 산업 사회에 비해 가정과 일터의 통합 정도가 높고, 가정과 일터의 분리 정도가 낮다.

09 정보 사회의 문제점

| 정답 ① | 20년 6월 모의평가 13번

❶	②	③	④	⑤
93%	5%	1%	0%	1%

그림 (가), (나)를 통해 공통적으로 추론할 수 있는 정보 사회의 문제점으로 가장 적절한 것은?

정보 격차

정보 격차

① 정보의 접근 및 이용에서의 격차가 발생하고 있다.
② 디지털 기술이 세대 간 문화 격차를 확대시키고 있다.
③ 정보 기기 중독에 따른 사회적 부작용이 증가하고 있다.
④ 자동화 기기 도입의 증가에 따라 일자리가 줄어들고 있다.
⑤ 비대면적 사회관계가 확산되면서 인간 소외가 심화되고 있다.

✓ 자료 분석 (가)에는 무인 주문 기기의 등장 이후 음식 주문에 어려움을 겪는 노년층의 모습이 나타나 있고, (나)에는 통신 비용 부담으로 인해 정보 활용에 어려움을 겪는 모습이 나타나 있다.

O 정답 찾기 ① (가)를 통해 연령에 따라 IT 기기 활용 능력 차이가 발생하며 이에 따라 정보에의 접근 및 활용 측면에서 격차가 발생함을 알 수 있다. (나)를 통해 통신 요금의 부담 능력 정도에 따라 인터넷 검색, 동영상 시청 등과 같은 정보에의 접근 및 이용에 격차가 발생함을 알 수 있다.

× 오답 풀이 ②, ③, ④, ⑤ (가), (나)를 통해 공통적으로 추론할 수 있는 문제점으로 적절하지 않다.

이것만은 꼭!

1. 정보 격차는 희소하고 중요한 정보에 대한 접근·소유·활용 능력 등의 측면에서 발생하는 정보 불평등 현상을 말한다.
2. 연령과 경제적 수준 등에 따라 정보 격차가 발생한다.
3. 정보화에 따른 자동화로 인해 일자리가 줄어들 수 있다.

10 정보 사회

| 정답 ⑤ | 20년 9월 모의평가 10번

①	②	③	④	❺
13%	0%	6%	1%	80%

다음은 정보화에 대한 어느 필자의 주장이다. (가)에 들어갈 내용으로 가장 적절한 것은? [3점]

> 농업, 제조업, 서비스업의 자동화로 수백만 명의 노동자들이 노동 시장에 남겨질 것이다(실업). 이들이 재훈련되어 정보 사회의 노동 시장에서 원하는 일자리를 찾게 될 것이라는 생각은 헛된 꿈에 불과하다. 정보 통신 기술이 대량의 노동력을 대체하는 사회에서는 이런 변화에 적응한 소수만이 양질의 일자리를 찾을 수 있다. 나머지는 저임금을 받고 단순 정보 서비스업에 종사하거나 일자리를 잃게 될 것이다(경제적 격차 심화). 그러므로 정보화로 인해 (가)

① 노동 시장의 구조 변동이 나타나 서비스업 일자리는 소멸될 것이다.
② 노동의 시·공간적 제약이 축소되어 장시간 노동이 늘어날 것이다.
③ 비대면 노동 환경이 확대되어 인간 소외 현상이 심화될 것이다.
④ 노동 환경이 열악한 재택근무가 확대되어 업무 효율성이 떨어질 것이다.
⑤ 산업 구조가 지식 및 정보 중심으로 재편되어(정보 사회) 경제적 격차가 심화될 것이다.

✓ 자료 분석 필자는 정보화 과정에서 정보의 격차, 자동화에 따른 노동력의 대체 등으로 다수의 사람들이 양질의 일자리를 잃고 중층에서 하층으로 몰락하여 사회 양극화 문제가 심각해질 것으로 전망하고 있다. 즉, 필자는 정보화에 대해 비관적인 입장이다.

O 정답 찾기 ⑤ 필자는 기술이 대량의 노동력을 대체하는 사회에서 소수만이 양질의 일자리를 찾을 수 있고, 다수는 단순 서비스업에 종사하거나 일자리를 잃게 될 것으로 예상되며, 이러한 일이 나타날 경우 경제적 격차가 심화될 것이라고 주장하고 있다.

× 오답 풀이 ① 필자는 다수의 노동자가 저임금의 단순 정보 서비스업에 종사할 것으로 보고 있다. 즉, 서비스업 일자리가 소멸될 것으로 보고 있지 않다.
② 노동의 시·공간적 제약의 축소에 대한 내용은 제시문에 나타나 있지 않다.
③ 인간 소외 현상은 정보화에 따른 문제에 해당하지만, 제시문에 나타나 있지 않다.
④ 정보화로 인해 재택근무가 확대될 수 있으나 제시문에 나타나 있지 않다.

이것만은 꼭!

1. 정보화로 인해 경제적 격차가 심각해질 수 있다.
2. 정보화로 인해 일자리의 양극화가 발생할 수 있다.
3. 정보화로 인해 기술이 대량의 노동력을 대체할 수 있다.

11 정보 사회의 문제점

| 정답 ② | 20년 수능 2번

①	❷	③	④	⑤
5%	93%	1%	0%	1%

(가), (나) 사례에 나타난 정보 사회의 문제에 대한 설명으로 가장 적절한 것은?

> (가) 갑은 유명인의 1인 방송 채널에서 과장된 사용 후기를 우연히 보고 해당 제품을 구매하였으나, 품질이 방송 내용과 달라서 당황하였다. (정보에 대한 비판적 분석 필요)
> (나) 을은 절찬리에 상영 중인 영화가 불법으로 유통되는 것을 알고, 이를 다운로드하여 친구들과 공유하였다. (저작권 침해)

① (가)는 정보 기기에 대한 과도한 의존 양상에 해당한다.
② (가)는 비판적 정보 수집 · 분석 능력 함양의 필요성을 보여 준다.
③ (나)는 타인의 개인 정보를 유출한 양상에 해당한다.
④ (나)는 정보 격차 해소를 위한 환경 구축의 필요성을 보여 준다.
⑤ (가), (나)는 모두 익명성을 바탕으로 한 거짓 정보의 유포로 인해 발생한 것이다.

✓ 자료 분석 (가)는 1인 방송 채널이라는 뉴 미디어를 통해 전송된 정보를 비판적으로 수용하지 않아 불량 제품을 구매한 사례를 보여 주고 있고, (나)는 불법 유통된 영화를 다운로드 받아 공유하여 저작권 침해라는 사이버 범죄가 발생한 사례를 보여 주고 있다.

○ 정답 찾기 ② (가)에서는 비판적으로 정보를 수용하지 않을 경우 초래될 수 있는 문제점이 나타나 있다. 즉, (가)를 통해 비판적으로 정보를 수집하고 분석하는 능력이 필요함을 알 수 있다. 뉴 미디어의 경우 누구나 정보 생산에 참여할 수 있으므로 기존 매체에 비해 검증되지 않은 정보가 전송될 수 있으므로 비판적 분석 역량이 더욱 요구된다.

× 오답 풀이 ① 정보 기기에 대한 과도한 의존은 정보 사회의 문제에 해당하지만, 제시된 사례와는 관련 없다.
③ 타인의 개인 정보 유출은 사이버 범죄로서 정보 사회의 문제에 해당하지만, 제시된 사례와는 관련 없다.
④ 정보 격차는 정보 사회에서 사회의 양극화를 심화시킬 수 있는 문제이지만, 제시된 사례와는 관련 없다.
⑤ 익명성을 바탕으로 한 거짓 정보의 유포는 정보 사회의 문제에 해당하지만, 제시된 사례와는 관련 없다.

이것만은 꼭!
1. 정보 사회에서는 정보에 대한 비판적 분석 능력이 요구된다.
2. 정보 사회에서 발생하는 정보 격차 문제를 해소하는 정책이 필요하다.
3. 개인 정보 유출, 저작권을 침해하는 불법 다운로드 등은 사이버 범죄에 해당한다.

기출의 바이블

사회·문화

2권 | 정답 및 해설편

문제편

· 교육청 기출문제로 기본 학습
· 평가원 기출문제로 심화 학습
· 수능에 자주 출제되는 기본 개념 정리
· 기출 자료 분석, 기출 선택지 분석
· 평가원 출제 경향 분석, 핵심 개념 요약

정답 및 해설편

· 선택지 비율, 자료 분석, 정답 찾기, 오답 풀이, 함정 클리닉, 이것만은 꼭! 등의 다양한 요소를 통한 문제 완벽 해설
· 기출문제 해설을 한눈에 확인할 수 있는 자세한 첨삭 제공

고난도편

· 1등급을 결정하는 교육청+평가원 고난도 주제만을 선별하여 수록
· 고난도 문제를 확실하게 이해할 수 있는 자세한 해설 제공

가르치기 쉽고 빠르게 배울 수 있는 **이투스북**

www.etoosbook.com

○ **도서 내용 문의**
홈페이지 > 이투스북 고객센터 > 1:1 문의

○ **도서 정답 및 해설**
홈페이지 > 도서자료실 > 정답/해설

○ **도서 정오표**
홈페이지 > 도서자료실 > 정오표

○ **선생님을 위한 강의 지원 서비스 T폴더**
홈페이지 > 교강사 T폴더

2026
학년도

교육청+평가원
고난도 주제
문제 및 해설 수록

사회·문화

고난도편

이투스북

양만 많은 문제집
푸느라 부족한 시간과
수능
D-100
눈 뜨고
있어요

오?
20XX
입시 전략
매번 바뀌는 출제 경향에 생기는 혼란

험난한 수능 코스
1등급
난 늘 제자리걸음..

이렇게 된 이상
아삽에
모든 걸 건다!!!
최신 수능 경향
매년 ASAP 반영
3/6/9 모의고사
& 수능 대비
전략적 시즌제 콘텐츠
오답률 높은 문항으로
취약 유형 대비
코칭 선생님께 학습 관리 받는
느낌이 들 정도로 체계적이라
대만족이었습니다!
깔끔한 구성에 좋은 문항들이네요!

수험생 무사 입시 완봉 기원!
아삽부흥회
수능
대박
가보
자고
수능1등급
아삽
E
영어
아삽
M
수학
아삽
수능 실전 연습
풀 모의고사
국어 | 수학 | 영어 | 사탐 | 과탐

사회·문화

Bible of Social Studies

기출의 바이블

고난도편

구성과 특징

『기출의 바이블』이 고민한 2025년 기출 학습 키워드

학습자 중심

"교육청 문제까지 다 풀어 보고 싶어요.", "교육청 문제는 평가원 문제와 출제 유형, 경향이 달라서 평가원 문제만 풀고 싶어요.", "수능이 가까워지면 평가원 문제들만 모아서 집중적으로 풀고 싶어요.", "등급을 가르는 고난도 주제들만 별도로 모아서 풀고 싶어요." 등 그동안 다양한 학생들의 니즈가 존재하였습니다. 그래서, 수능 20문항에 반드시 포함되는 필출 주제의 **교육청 문항과 평가원 문항을 구분**하여 수록하였고, 별도로 **고난도 주제의 교육청 문항과 평가원 문항만을 모아서 분권**하였습니다.

흐름

해가 바뀌어도, 교육과정이 바뀌어도 매번 출제되는 개념과 유형들이 있습니다.
6월과 9월 모의평가에서 출제된 개념과 유형은 그해 수능까지 그대로 이어집니다.
그래서, 평가원의 **출제 경향 파악이 용이하도록 문항을 연도별로 배열**하였습니다.

고난도

최근 수능에서는 탐구영역에서 변별력을 확보하고자 하는 추세입니다. 그리고 쉽게 나오는 주제는 쉽게, 어렵게 나오는 주제는 어렵게 출제가 이루어지고 있습니다. 그래서, 상위권을 변별하는 **고난도 주제만을 별도로 분권**하여 구성하였습니다.

개념 + 교육청 문제

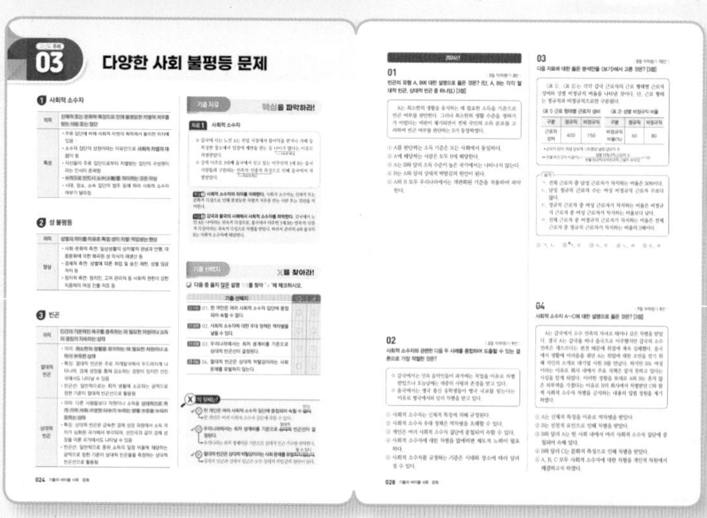

❶ 고난도 주제별 개념 정리

고난도로 출제되는 5개의 주제를 선정하여 기출 자료와 선지 위주로 개념을 정리하였습니다.

➲ 실전에 필요한 주요 개념들을 완전히 숙지하고 있는지 확인해 보세요.

❷ 기출 자료, 기출 선택지 분석

- 빈출 유형이나 출제 트렌드에 맞는 자료를 골라 자료 해석 방법을 단계별로 제시하였습니다.
- 실제로 출제되었던 선택지들을 모아 OX 퀴즈로 구성하여 문제 풀이 적응력을 키워 줍니다.

❸ 주제별 · 연도별 교육청 학력평가 문항

교육청 학력평가에서 출제된 3월, 5월, 7월, 10월 문항을 주제별·연도별로 수록하였습니다.

➲ 빈출 개념의 반복된 출제 패턴을 익혀 보세요.

평가원 출제 경향 + 문제

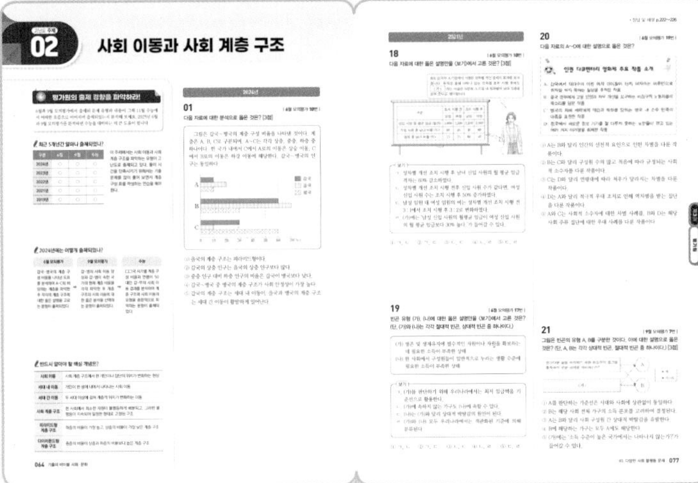

❶ **평가원의 출제 경향을 파악하라!**

6월과 9월 모의평가에서 출제된 문제 유형과 내용이 그해 11월 수능에서 어떠한 흐름으로 이어지며 출제되었는지 분석하였습니다.

❷ **반드시 알아야 할 핵심 개념**

핵심 중의 핵심 개념만을 요약하였고, 평가원 문제 풀이를 위한 심화 개념을 수록하였습니다.

❸ **주제별·연도별 평가원 모의평가, 수능 문항**

평가원에서 출제된 모의평가와 수능 문항을 주제별·연도 '6월-9월-수능'순으로 배열하였습니다. 이러한 배열은 수능의 출제 유형과 문항 난도에 집중하도록 도와줍니다.

수능은 그해 6월과 9월 모의평가의 출제 경향을 반영합니다. 연도별로 모의평가가 수능에 어떻게 반영되었는지 흐름을 파악해 보세요.

정답 및 해설

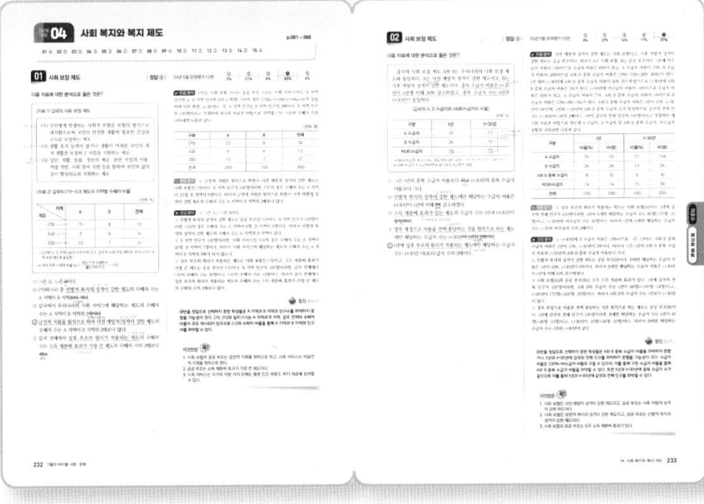

❶ **눈으로 보는 해설**

문제를 그대로 옮겨 와 첨삭을 통해 직관적으로 파악하기 쉽게 설명하였습니다. 해설을 보면서 다시 한 번 문제를 풀어 보세요.

❷ **선지별 선택 비율**

실제로 학생들이 어떤 선지를 가장 많이 선택하였는지 제시하였습니다. 선택률이 높은 오답 선지를 유의하세요.

❸ **정답 찾기, 오답 풀이**

정·오답의 근거를 설득력 있게 제시하였습니다. 왜 정답일 수밖에 없는지, 왜 오답인지 모든 선지의 풀이를 빠짐없이 확인해 보세요.

❹ **함정 클리닉**

오답 선지 선택 비율 15% 이상, 정답률 50% 미만의 문항을 선정하여 함정에 빠진 이유와 극복 방법을 제시하였습니다. 등급을 가르는 킬러 문항에 대비할 수 있어요.

❺ **이것만은 꼭!**

이 문제를 풀었다면, 반드시 알고 넘어가야 하는 핵심 내용을 엑기스만 뽑아 정리하였습니다.

문제

해설

문제

교육청 학력평가

사회·문화 현상의 연구 방법

1 양적 연구

(1) 의미: 계량화된 자료 수집과 통계 분석을 통해 결론을 도출하는 방법

(2) 연구 목적과 전제

연구 목적	경험적 자료의 계량화를 통해 사회·문화 현상의 보편적인 인과 법칙을 발견하고자 함
전제	• 방법론적 일원론: 사회·문화 현상은 수치화·계량화하여 통계적으로 분석할 수 있음 • 자연 과학적 탐구 방법을 사회 과학에 적용한다는 점에서 방법론적 일원론이라고 함

(3) 특징과 연구 과정

특징	• 사회·문화 현상에 대한 측정을 통해 수량화하거나 통제된 실험이 가능함 • 수집된 자료의 계량화 및 통계적 분석을 통해 가설을 검증함 • 사회·문화 현상을 객관적으로 관찰할 수 있도록 개념의 조작적 정의가 필요함 • 주로 질문지법이나 실험법을 통해 수량화된 자료를 수집함
연구 과정	문제 인식 및 연구 주제의 선정 → 가설 설정 → 연구 설계 → 자료 수집 → 자료 분석 → 가설 검증 → 결론 도출 및 일반화

(4) 장점과 단점

장점	• 계량화된 자료를 이용해 통계 분석을 진행하므로 정확도를 높일 수 있음 • 연구자의 주관 개입 가능성이 낮아 객관성을 높일 수 있음 • 통계 분석을 통해 관계성이 규명되므로 법칙 발견과 일반화에 유리함
단점	• 수치화 및 계량화가 어려운 사회·문화 현상의 경우 한계가 있음 • 현상 간의 관계성을 밝히는 데 그치므로 인간 행위의 동기, 가치, 주관 등의 심층적 이해에는 한계가 있음

2 질적 연구

(1) 의미: 연구 대상자의 생활 세계에 대한 관찰이나 면담 등으로 자료를 수집하여 연구자의 해석을 통해 결론을 도출하는 방법

(2) 연구 목적과 전제

연구 목적	사회적 행위에 담긴 인간의 행위 동기나 목적 등과 관련된 개인적·사회적 의미를 심층적으로 이해함
전제	• 방법론적 이원론: 인간 행위에 대한 연구에는 자연 과학과 다른 연구 방법이 적용됨 • 사회·문화 현상은 자연 현상과 다른 방식으로 연구한다는 점에서 방법론적 이원론이라고 함

(3) 특징과 연구 과정

특징	• 사회·문화 현상에 대한 직관적 통찰과 이해를 통해 인간 행위에 담긴 동기와 의도, 개인적·사회적 의미를 심층적으로 이해함 • 인간 행위에 대한 올바른 이해는 행위자의 가치, 목적, 상황, 조건 등에 대한 해석을 통해 가능함 • 연구 대상자의 행위를 깊이 있게 이해하기 위해 면접법이나 참여 관찰법이 주로 활용됨 • 감정 이입적 이해를 추구하여 행위의 의미를 깊이 탐구할 수 있는 비공식적 자료를 선호함 예 대화록, 편지, 일기 등
연구 과정	문제 인식 및 연구 주제의 선정 → 연구의 설계 → 자료 수집 및 해석 → 결론 도출

(4) 장점과 단점

장점	• 개인 내면을 분석함으로써 사회·문화 현상의 원인, 과정, 결과에 대한 심층적 이해가 가능함 • 상황 맥락적 요소에 주목하므로 현상을 종합적으로 이해할 수 있음
단점	• 현상이 발생한 개별 상황 맥락에 주목하므로 사회·문화 현상에 보편적으로 적용되는 법칙 발견이나 일반화에는 한계가 있음 • 연구자의 직관을 통해 해석하는 과정에서 주관적 가치관이 개입될 우려가 있음

핵심 자료 양적 연구와 질적 연구 사례

○ 갑은 다문화 가정 자녀들의 학교생활 만족도에 차별 경험 정도가 미치는 영향을 알아보기 위한 연구를 하였다. 이를 위해 ○○ 지역 고등학교 다문화 가정 자녀들 중 설문에 자발적으로 참여한 100명을 대상으로 설문 조사를 실시하였다. 수집된 자료를 분석한 결과, 차별 경험 정도가 학교생활 만족도에 유의미한 영향을 미친다는 결론을 도출하였다. - 양적 연구 -

○ 범죄도 학습의 산물이다. 친구나 가족으로부터 범죄 태도와 행동을 배운다. 특히 약물 범죄의 경우 약물에 대한 우호적 태도와 사용 기술이 요구되므로 경험자와 연줄이 중요하다. 이를 파악하기 위해서는 심층 면접을 통해 약물 사용에 동조하고 함께하는 친구와의 연결망을 형성하는 과정을 이해할 수 있는 연구 방법을 사용해야 한다. - 질적 연구 -

기출 자료 핵심을 파악하라!

자료 1 양적 연구

갑은 고등학생(→모집단)의 학업 성취도와 문해력(→표본) 간의 관계를 파악하고자 하였다. 이를 위해 □□ 지역 고등학생 200명을 대상으로 질문지를 통해(→질문지법) 학업 성취도와 ㉠문해력 수준을 측정하였다.(→을의 연구에서 사전 검사로 활용됨) 이 자료에서 문해력을 기준으로, 상위 100명(A 집단)과 하위 100명(B 집단)으로 구분하여 학업 성취도를 분석하였다. 그 결과 ㉡B 집단의 학업 성취도가 A 집단의 학업 성취도보다 유의미하게 낮았다.(→문해력과 학업 성취도 간에 정(+)의 관계가 있음을 보여 줌)

을은 ㉢○○ 독서 프로그램이 고등학생의 문해력 증진에 효과가 있을 것이라 생각하고 이를 알아보기 위해 다음과 같이 연구를 진행하였다. 그는 갑과 연구 대상자의 동의를 받아, 갑의 연구에서 문해력이 낮은 것으로 판명된 B 집단을 무작위로 50명씩 C 집단과 D 집단으로 나눈 후 C 집단에게만 4주간 ○○ 독서 프로그램을 적용하였다.(→실험 처치) 독서 프로그램 종료 시점에 갑이 활용한 측정 도구로 ㉣문해력 수준을 측정한 결과(→사후 검사), C 집단의 문해력 수준은 유의미하게 높아졌으나 D 집단의 문해력 수준은 이전과 차이가 없었다. 이후 을은 D 집단에게만 ○○ 독서 프로그램을 4주간 적용하였다. 그 결과 D 집단의 문해력 수준이 높아져 최종적으로 ㉤C 집단과 D 집단 간에는 문해력 수준이 유의미한 차이를 보이지 않았다.

핵심① 모집단, 사전 검사, 사후 검사 등을 종합적으로 파악한다. 갑의 연구에서 모집단은 고등학생 전체이고, 문해력 수준 측정은 갑의 연구에서 사전 검사, 을의 연구에서 사후 검사에 해당한다.

핵심② 변수 간 상관관계를 파악한다. 갑의 연구에서는 문해력과 학업 성취도 간에 정(+)의 관계에 있음을 알 수 있고, 을의 연구에서는 ○○ 독서 프로그램이 고등학생의 문해력 증진에 효과가 있음을 알 수 있다.

자료 2 양적 연구

연구자 갑은 집단 간 경쟁(→독립 변수)이 자신이 속한 집단 구성원에 대한 긍정적 평가(→종속 변수)를 증가시킬 것이라고 예상하며 연구를 진행하였다. 갑은 서로 모르는 사이의 청소년을 연구 참여자로 모집한 후 무작위로 네 모둠으로 구분하였다. 모둠 A와 모둠 B(→실험 집단)는 숲 체험 활동을 하였고, 모둠 C는 모둠 A의, 모둠 D는 모둠 B의 활동을 관리하였다. 1일 차에 모둠 A와 모둠 B는 서로의 존재를 알지 못하는 상태에서 주어진 과업을 독립적으로 수행하였다. 갑은 2일 차에 모둠 A와 모둠 B에게 경쟁 모둠의 존재를 알리고, 과업을 먼저 해결하는 모둠에게만 별도의 상품을 제공한다고 공지하였다.(→독립 변수에 대한 처치) 한편 모둠 C와 모둠 D는 자신이 관리하는 모둠 A와 모둠 B가 과업 수행 중 나눈 대화에 나타난 칭찬과 비난의 횟수를 관찰하여 일자별로 기록하였다. 갑이 ㉠모둠 C와 모둠 D(→연구 대상자 ×)가 관찰하며 기록한 자료(→1차 자료)를 분석한 결과, 모둠 A와 모둠 B 모두에서 1일 차 대비 2일 차에 소속 모둠원에 대한 ㉡칭찬 횟수(→종속 변수에 대한 조작적 정의)는 증가하였고, ㉢비난 횟수는 감소하였다.

핵심① 독립 변수, 종속 변수, 실험 집단, 통제 집단을 파악한다. '집단 간 경쟁'은 독립 변수, '자신이 속한 집단 구성원에 대한 긍정적 평가'는 종속 변수, '칭찬 횟수'는 종속 변수에 대한 조작적 정의이다. 모둠 A와 B는 독립 변수에 대한 처치가 이루어진 실험 집단이지만, 모둠 C와 D는 연구 대상자가 아니므로 통제 집단과 실험 집단 어디에도 해당하지 않는다.

핵심② 종속 변수에 대한 조작적 정의를 확인한다. '소속 모둠원에 대한 칭찬 횟수'는 사회·문화 현상을 객관적으로 관찰할 수 있도록 하기 위한 종속 변수에 대한 조작적 정의이다.

기출 선택지 X를 찾아라!

☑ 다음 중 옳지 않은 설명 3개를 찾아 '×'에 체크하시오.

기출 선택지	○	×
24 학평 01. 양적 연구는 방법론적 일원론에 기초한 연구이다.	□	□
22 학평 02. 질적 연구는 연구 대상자에 대한 감정 이입적 이해를 중시한다.	□	□
21 모평 03. 양적 연구는 질적 연구에 비해 계량화가 어려운 인간의 주관적 영역에 대해 탐구하기 곤란하다.	□	□
20 학평 04. 양적 연구는 자료의 수집과 해석이 동시에 이루어진다.	□	□
20 학평 05. 양적 연구는 통계 자료 분석을 통한 일반화를 시도한다.	□	□
24 학평 06. 선행 연구는 양적 연구에서 1차 자료에 해당한다.	□	□
21 학평 07. 질적 연구는 연구자의 직관적 통찰을 통한 자료 수집을 중시한다.	□	□
20 학평 08. 양적 연구는 사회·문화 현상에 내재한 규칙성을 발견하는 데 목적이 있다.	□	□
23 학평 09. 독립 변인은 원인으로 작용하는 변인을 의미하고, 종속 변인은 다른 변인의 영향을 받아 변화하는 변인을 의미한다.	□	□
23 학평 10. 조작적 정의는 추상적 개념을 측정 가능하도록 구체화하는 과정이다.	□	□
23 수능 11. 사전 검사는 실험 처치가 가해지기 이전의 종속 변인 값을 측정하는 것을 말한다.	□	□
24 모평 12. 연구 주제 선정 단계에서는 연구자의 가치 중립이 요구된다.	□	□

X의 정체는?

✓ 04 양적 연구는 자료의 수집과 해석이 동시에 ~~이루어진다~~ 이루어지지 않는다.
→ 양적 연구는 자료 수집 후 통계적 기법 등을 통해 자료를 분석하여 결론을 도출한다.

✓ 06 선행 연구는 양적 연구에서 ~~1차~~ 2차 자료에 해당한다.
→ 선행 연구는 다른 연구에서 이미 수집되고 분석된 자료이므로 2차 자료에 해당한다.

✓ 12 연구 주제 선정 단계에서는 연구자의 가치 중립이 요구~~된다~~ 되지 않는다.
→ 연구 주제 선정 단계에서는 연구자의 가치가 개입될 수 있다.

제3권 교육청

2024년

01

| 3월 학력평가 2번 |

다음 자료에 대한 설명으로 옳은 것은? [3점]

갑은 신입 사원의 목표 지향성이 직무 만족도에 미치는 영향을 파악하기 위해 연구를 진행하였다. 갑은 ㉠목표 지향성에 대한 다른 연구자들의 선행 연구를 검토한 후, 목표 지향성을 자신의 업무 능력 향상에 중점을 두는 ㉡학습 목표 지향성과 과업 달성에 중점을 두는 ㉢수행 목표 지향성으로 나누고 다음과 같은 가설을 설정하였다.

〈가설 1〉 학습 목표 지향성이 높을수록 직무 만족도가 높을 것이다.

〈가설 2〉 수행 목표 지향성이 높을수록 직무 만족도가 높을 것이다.

갑은 무작위로 선정한 ㉣신입 사원 1,000명을 대상으로 학습 목표 지향성, 수행 목표 지향성, 직무 만족도를 지수화하여 측정하였다. 수집한 자료를 분석한 결과 학습 목표 지향성이 높을수록 직무 만족도가 통계적으로 유의미하게 높았고, 수행 목표 지향성은 직무 만족도에 통계적으로 유의미한 영향을 미치지 않았다.

① 갑의 연구는 방법론적 이원론을 전제로 한다.
② ㉠은 갑의 연구에서 1차 자료에 해당한다.
③ ㉡은 독립 변인, ㉢은 종속 변인이다.
④ ㉣은 모집단이다.
⑤ 〈가설 1〉은 〈가설 2〉와 달리 수용되었다.

02

| 5월 학력평가 2번 |

다음 연구에 대한 설명으로 옳은 것은? [3점]

갑은 고등학생의 ㉠시민성에 ㉡참여형 정치 수업이 미치는 효과를 연구하기 위해 정치 토론 수업 경험이 고등학생의 ㉢정치 관심도를 높일 것이라는 가설을 세우고, ㉣○○ 지역 고등학생 1,000명을 대상으로 설문 조사하였다. 정치 토론 수업 경험 빈도를 조사하여 빈도수가 높은 집단과 낮은 집단으로 구분한 후, 두 집단을 대상으로 ㉤정치 관련 기사 검색 횟수와 학급 회의 안건에 대한 관심 정도 등을 5점 척도로 조사하였다. 자료 분석 결과, 정치 토론 수업 경험 빈도수가 ㉥높은 집단과 ㉦낮은 집단의 정치 관심도는 통계적으로 유의미한 차이가 나지 않았다.

① ㉠은 독립 변인, ㉡은 종속 변인이다.
② ㉣은 모집단이다.
③ ㉤은 ㉢에 대한 조작적 정의에 해당한다.
④ ㉥은 실험 집단, ㉦은 통제 집단이다.
⑤ 연구 결과 가설은 수용되었다.

03

| 7월 학력평가 2번 |

다음 자료에 대한 설명으로 옳은 것은? [3점]

갑은 개인의 행동에 미치는 ㉠집단의 영향력을 파악하기 위하여 다음과 같은 연구들을 진행하였다.

[연구 1]
갑은 실험 참가자들을 다수의 모둠으로 구분한 후 모둠별 구성원에게 각각 1번부터 6번까지 번호를 부여하였다. 이후 일정한 길이의 표준선을 참가자들에게 보여 준 후, 별도로 제시된 서로 다른 선들 중 표준선과 길이가 같은 선을 고르도록 하였다. 그 결과 참가자들은 모두 표준선과 길이가 같은 선을 선택하였다. 이후 갑은 모둠별로 ㉡1번 참가자를 제외한 ㉢나머지 번호 참가자들에게 사전에 표준선과 길이가 다른 선을 고르게 지시하고, 참가자들에게 표준선과 길이가 같은 선을 다시 골라 보도록 하였다. 반복 실험 결과, 1번 참가자의 43%가 다른 참가자의 선택에 ㉣동조 반응을 보였다.

[연구 2]
갑은 표준선과 길이가 다른 선을 고르는 실험 참가자 수를 조정하여 모둠별 총인원만 변화시키고, 그 외 다른 실험 상황은 [연구 1]과 동일한 연구를 실시하였다. 그 결과 1번 참가자의 동조율은 모둠 인원이 2명일 때는 0.3%, 3명일 때는 13.6%, 4명일 때는 31.8%로 나타났으며, 이는 통계적으로 유의미하다는 것을 확인하였다.

[연구 3]
갑은 실험 참가자 4명은 표준선과 길이가 다른 선을, 1명은 표준선과 길이가 같은 선을 고르도록 하고, 그 외 다른 실험 상황은 [연구 1]과 동일한 연구를 실시하였다. 그 결과 1번 참가자의 34%가 다수의 의견에 동조한다는 통계적으로 유의미한 값을 얻었다.

① ㉡은 실험 집단, ㉢은 통제 집단이다.
② ㉣은 ㉠의 조작적 정의에 해당한다.
③ [연구 1]에서 갑은 사전 검사를 실시하였다.
④ [연구 2]는 '집단 구성원의 수가 많아질수록 다수 의견에 대한 동조율이 증가할 것이다.'를, [연구 3]은 '소수 의견이 존재하는 경우 그렇지 않은 경우에 비해 다수 의견에 대한 동조율이 클 것이다.'를 지지한다.
⑤ 갑은 [연구 1], [연구 2], [연구 3]에서 모두 방법론적 이원론에 기초한 연구 방법을 사용하였다.

04

| 10월 학력평가 12번 |

밑줄 친 ㉠~㉦에 대한 설명으로 옳은 것은? [3점]

> 연구자 갑은 ㉠집단 구성원 간 친밀감에 ㉡의사소통 시 소셜 미디어 사용 여부가 미치는 영향을 파악하고자 가설을 설정하고 ㉢연구를 진행하였다. 이를 위해 서로 전혀 모르는 사이였던 성인 20명을 모집하여 각각 10명씩 A, B 두 집단으로 나눈 후 2주간 각 집단끼리 함께 생활하게 하였다. 그 기간 동안 ㉣A 집단은 대면 소통과 소셜 미디어를 사용한 소통을 병행하게 하고, 처치를 하지 않는 집단인 ㉤B 집단은 대면 소통만을 하게 하였다. 2주 후 전체 참가자를 대상으로 ㉥정서적 지지의 정도, 개인적 정보의 공유 정도 등을 측정하였다. 그 결과 B 집단에 비해 A 집단의 구성원 간 친밀감이 유의미하게 높은 것으로 나타나 ㉦가설이 수용되었다.

① ㉠은 독립 변인, ㉡은 종속 변인이다.
② ㉢은 방법론적 이원론에 기초한 연구이다.
③ ㉣은 통제 집단, ㉤은 실험 집단이다.
④ ㉥은 ㉠에 대한 조작적 정의에 해당한다.
⑤ ㉦은 '의사소통 시 소셜 미디어 사용이 집단 구성원 간 친밀감에 부(−)의 영향을 미칠 것이다.'이다.

2023년

05

| 3월 학력평가 9번 |

다음 자료에 대한 옳은 설명만을 〈보기〉에서 있는 대로 고른 것은? [3점]

> 갑은 청소년의 ㉠자존감에 ㉡부모 지지 및 ㉢또래 지지가 미치는 영향을 파악하고자 청소년 1,000명을 대상으로 연구하였다. 자존감의 정도, 부모 지지의 정도, 또래 지지의 정도는 각각 관련 질문들로 구성된 설문지를 통해 지수화하여 측정하였다. 자존감의 정도에 따라 자존감이 ㉣높은 집단과 ㉤낮은 집단으로 구분하고, 부모 지지와 또래 지지는 그 정도를 '강함'과 '약함'으로 분류하여 아래 표와 같은 정보를 얻었다. 갑은 이를 토대로 청소년의 자존감을 높이기 위해서는 [(가)]라는 판단을 내렸다.

(단위: 명)

구분		부모 지지의 정도		또래 지지의 정도	
		강함	약함	강함	약함
자존감의 정도	높음	400	100	250	250
	낮음	0	500	150	350

〈보기〉
ㄱ. ㉠은 종속 변인, ㉡과 ㉢은 독립 변인에 해당한다.
ㄴ. ㉠~㉢에 대해 모두 조작적 정의가 이루어졌다.
ㄷ. ㉣은 실험 집단, ㉤은 통제 집단이다.
ㄹ. (가)에는 '부모 지지보다 또래 지지를 강화하는 것이 더 효과적이다.'가 들어갈 수 있다.

① ㄱ, ㄴ ② ㄱ, ㄷ ③ ㄷ, ㄹ
④ ㄱ, ㄴ, ㄹ ⑤ ㄴ, ㄷ, ㄹ

06

| 4월 학력평가 10번 |

다음 자료에 대한 질문에 모두 옳게 응답한 학생은? [3점]

연구자 A는 본인의 정치적 견해와 가짜 뉴스 내용의 일치 여부에 따라 가짜 뉴스에 대한 태도가 다른지 연구해 보기로 하였다. A는 특정한 가짜 뉴스를 접한 적이 있는 300명을 연구 대상자로 확보하고, 이들의 ㉠해당 가짜 뉴스에 대한 신뢰 정도 및 전파 의도를 5점 척도 문항을 통해 측정했다. 또한 ㉡해당 가짜 뉴스 내용이 평소 본인의 정치 성향에 부합하는지 여부도 조사해 양자가 부합하는 〈집단 1〉과 부합하지 않는 〈집단 2〉로 ㉢연구 대상자를 구분하고 두 집단을 비교해 보았다. 비교해 본 결과 〈집단 1〉이 〈집단 2〉보다 가짜 뉴스 신뢰 정도 및 전파 의도가 모두 높은 것으로 나타났다.

한편 연구자 B는 현재의 사회적 상황을 불안하게 느낄수록 가짜 뉴스를 믿는 정도가 높을 것이라는 가설을 검증해 보기로 하였다. 이를 위해 B는 500명을 대상으로 온라인 설문 조사를 실시하여 ㉣자료를 수집했으며, 이를 분석한 결과 ㉤사회적 상황에 대한 불안감과 가짜 뉴스 신뢰 정도 간에 통계적으로 유의미한 정(+)의 관계가 나타났다.

질문	갑	을	병	정	무
A의 연구에서 ㉠은 독립 변수에, ㉡은 종속 변수에 해당하는가?	○	×	×	○	×
A의 연구에서 ㉢은 실험 집단과 통제 집단을 구분한 것인가?	○	×	○	×	×
㉣은 B가 수집한 1차 자료인가?	×	○	○	×	○
㉤에 의해 B의 가설은 기각되는가?	○	×	×	○	○

(○: 예, ×: 아니요)

① 갑 ② 을 ③ 병 ④ 정 ⑤ 무

07

| 7월 학력평가 2번 |

다음 자료에 대한 설명 및 추론으로 옳은 것은? [3점]

연구자 갑은 청소년들의 소비 지향 태도와 과시 소비 행동에 ㉠대중 매체와 ㉡또래 집단이 미치는 영향에 대한 연구를 진행하였다. 갑은 ㉢가설을 설정한 후 ○○시 고등학생 500명에게 ㉣대중 매체가 소비를 선호하는 태도에 미치는 정도, ㉤또래 집단이 명품 브랜드를 지향하는 행동에 미치는 정도 등을 측정하는 설문 조사를 실시했다. 이후 갑은 자료를 분석하여 소비 지향 태도의 경우 대중 매체의 영향력이, 과시 소비 행동의 경우 또래 집단의 영향력이 상대적으로 크게 작용함을 확인하였다.

한편, 연구자 을은 갑의 연구를 참고로 하여 새로운 소비자 교육 프로그램을 개발하고 그 효과를 입증하는 연구를 진행하였다. 을은 기존의 소비자 교육 프로그램을 받고 있던 고등학생 100명을 선정하여 각각 50명씩 A 집단, B 집단으로 나누었다. 그리고 3개월 동안 A 집단에게는 이전과 달리 ㉥자신이 개발한 소비자 교육 프로그램을 실시하고, B 집단에게는 ㉦기존에 실시하던 소비자 교육 프로그램을 지속적으로 실시하였다. 을은 사전 · 사후 검사를 통해 A 집단에서 B 집단에 비해 소비 지향 태도 지수와 과시 소비 행동 지수 모두 더 큰 변화가 나타남을 확인하였다.

① 갑의 연구에서 ㉢은 수용되었을 것이다.
② 갑의 연구에서 ㉣은 ㉠의 조작적 정의에, ㉤은 ㉡의 조작적 정의에 해당한다.
③ 을의 연구에서 ㉥은 ㉦과 달리 소비 지향 태도와 과시 소비 행동에 영향을 주었다.
④ 을의 연구에서 A 집단은 B 집단과 달리 실험 집단에 해당한다.
⑤ 갑, 을이 사용한 자료 수집 방법은 모두 일반적으로 연구 대상자와의 언어적 상호 작용이 필수적이다.

08

| 10월 학력평가 9번 |

다음 자료에 대한 설명으로 옳은 것은? [3점]

갑은 ㉠청소년의 비속어 사용이 증가하고 있고, 특히 고등학생이 가장 심각하다는 기사를 접하였다. 이에 갑은 비속어 사용 예방 프로그램인 ㉡○○ 프로그램의 수강 기간이 고등학생의 비속어에 대한 인식과 비속어 사용 정도에 미치는 영향을 연구하기로 하였다. 갑이 세운 가설은 다음과 같다.

〈가설 1〉 ○○ 프로그램을 장기간 수강한 고등학생이 단기간 수강한 고등학생에 비해 비속어에 대한 부정적 인식이 더 강해질 것이다.

〈가설 2〉 ○○ 프로그램을 장기간 수강한 고등학생이 단기간 수강한 고등학생에 비해 비속어를 덜 사용하게 될 것이다.

갑은 ㉢고등학생 100명을 모집한 후 50명씩 A, B 집단에 배정하였다. 두 집단의 비속어에 대한 인식과 비속어 사용 정도가 동일함을 확인한 후, A 집단은 1개월 동안 ○○ 프로그램을 수강하게 하고, B 집단은 6개월 동안 ○○ 프로그램을 수강하게 하였다. 이후 ㉣검사지를 사용하여 비속어에 대한 인식과 비속어 사용 정도를 측정하였다. 오른쪽 그림은 자료 분석 결과를 나타낸 것이고, 분석 결과는 통계적으로 유의미하다.

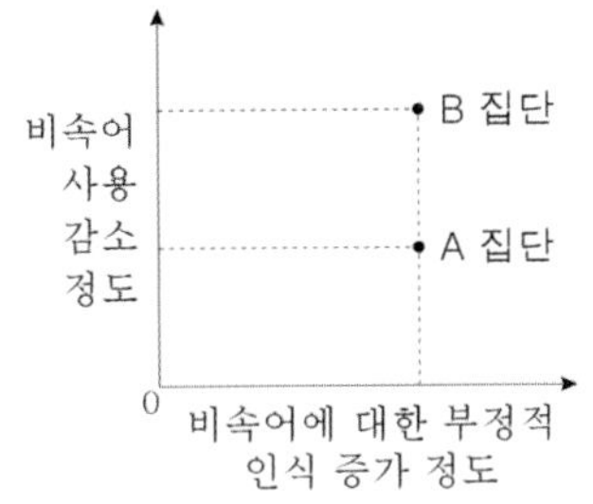

① ㉠은 모집단, ㉢은 표본이다.
② ㉡은 ㉣과 달리 연구자의 가치 중립이 요구되는 단계이다.
③ A 집단은 통제 집단, B 집단은 실험 집단이다.
④ 독립 변인은 ○○ 프로그램 수강 여부이다.
⑤ 〈가설 1〉은 기각되고, 〈가설 2〉는 수용된다.

2022년

09

| 3월 학력평가 4번 |

다음 자료의 (가)에 들어갈 내용으로 옳은 것은? [3점]

교사: 표는 사회 · 문화 현상의 연구 방법 A와 B를 비교한 것입니다. 이를 보고 A, B에 대하여 설명해 보세요.

구분	A	B
의미	계량화된 자료의 수집과 통계 분석을 통해 결론을 도출하는 방법	연구 대상자의 주관적 생활 세계에 대한 자료를 수집하여 연구자의 해석을 통해 결론을 도출하는 방법
전제	방법론적 일원론	방법론적 이원론

갑: A를 적용하는 연구에서는 주로 참여 관찰법이 활용됩니다.
을: B는 사회 · 문화 현상이 자연 현상과 본질적으로 다른 특성을 지니고 있다고 봅니다.
병: (가)
교사: 두 학생만 옳은 설명을 하였습니다.

① A는 사회 · 문화 현상에 규칙성이 존재하지 않음을 강조합니다.
② B는 연구자의 직관적 통찰을 통한 자료 수집을 중시합니다.
③ A는 B와 달리 사회 · 문화 현상에 대한 심층적인 이해를 목적으로 합니다.
④ B는 A와 달리 비공식적 자료의 수집을 배제합니다.
⑤ 소득과 행복 간의 상관관계를 파악하려는 연구에는 A보다 B가 적합합니다.

제3권 교육청

10

| 4월 학력평가 10번 |

다음 연구에 대한 옳은 설명만을 〈보기〉에서 있는 대로 고른 것은? [3점]

갑은 20~30대 직장인의 이직 희망 정도에 현 직장에서의 ㉠물질적 보상 수준 및 ㉡자신의 업무에 대한 주관적 인식이 미치는 영향을 연구하기로 하고 다음과 같은 가설을 세웠다.

〈가설 1〉 현 직장에서의 성과급이 많을수록 이직 희망 정도가 낮을 것이다.
〈가설 2〉 현 직장에서의 업무 만족도가 높을수록 이직 희망 정도가 낮을 것이다.

이후 갑은 ㉢A 기업 사원 중 연구 참여에 동의한 20~30대 사원 ㉣200명을 대상으로 설문 조사를 실시하여 ㉤자료를 수집하였다. 그림 (가), (나)는 자료 분석 결과를 나타낸다.

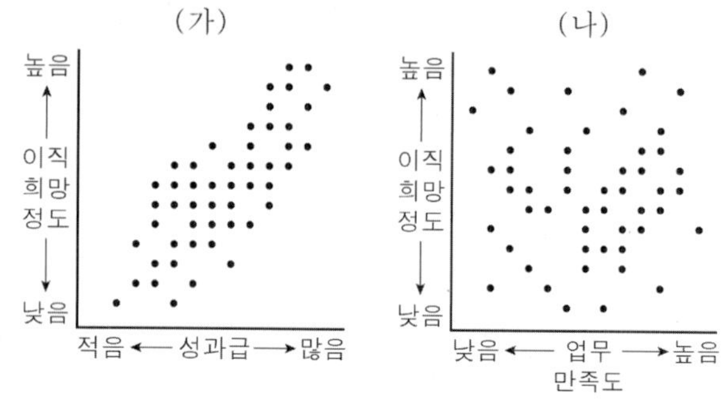

* 각 점에 해당하는 설문 응답자 수는 모두 동일함

보기
ㄱ. ㉠, ㉡은 모두 독립 변수이다.
ㄴ. ㉢은 모집단, ㉣은 표본이다.
ㄷ. ㉤은 1차 자료이다.
ㄹ. (가)는 〈가설 1〉을 수용하는 근거가, (나)는 〈가설 2〉를 기각하는 근거가 된다.

① ㄱ, ㄴ ② ㄱ, ㄷ ③ ㄴ, ㄹ
④ ㄱ, ㄷ, ㄹ ⑤ ㄴ, ㄷ, ㄹ

11

| 4월 학력평가 11번 |

갑, 을이 활용한 사회 · 문화 현상의 연구 방법의 일반적인 특징에 대한 설명으로 옳은 것은?

저는 고등학생의 행복 요인을 파악하기 위해 자아 존중감, 학교 생활 만족도, 가족 관계 만족도 등이 행복감과 통계적으로 유의미한 상관성이 있는지 분석해 보았습니다.

저는 고등학생들과 면담을 실시하여 각자의 행복과 불행의 경험에 대한 이야기를 듣고, 이를 바탕으로 이들이 행복을 어떠한 의미로 인식하는지 해석해 보았습니다.

① 갑의 방법은 연구 대상자에 대한 감정 이입적 이해를 중시한다.
② 을의 방법은 변수들 간 관계에 대한 법칙 발견을 목적으로 한다.
③ 갑의 방법은 을의 방법과 달리 경험적 자료를 토대로 사회 · 문화 현상을 연구한다.
④ 을의 방법은 갑의 방법과 달리 개념의 조작적 정의를 필요로 한다.
⑤ 갑의 방법은 방법론적 일원론을, 을의 방법은 방법론적 이원론을 전제로 한다.

12

| 7월 학력평가 2번 |

다음 자료에 대한 설명으로 옳은 것은? [3점]

연구자 갑은 '㉠먹방(먹는 방송) 시청과 ㉡다이어트 실시 여부가 식욕에 미치는 영향'이라는 주제를 연구하기 위해 가설을 설정하고 남녀 대학생 48명을 대상으로 연구를 진행하였다. 갑은 다이어트를 하고 있는 24명과 다이어트를 하고 있지 않은 24명을 선정하여 아래 표와 같이 분류하고, 각 집단에 12명씩 연구 대상자를 배정하였다. 갑은 연구 대상자 모두에게 실험 실시 전 5시간 동안 공복을 유지하게 한 후, ㉢식욕을 측정하였다. 식욕은 10점 척도를 활용하여 점수가 높을수록 식욕이 많은 것으로 해석하였다. A, B 집단에는 먹방을 20분 동안 시청하게 하고, C, D 집단에는 자연 풍경을 촬영한 영상을 20분 동안 시청하게 한 이후 ㉣식욕을 다시 측정하였다. 갑은 수집한 자료를 분석한 결과 ㉤가설이 모두 기각되었음을 확인하였다.

〈연구 대상자의 분류〉

구분		다이어트	
		하고 있음	하고 있지 않음
시청 예정 영상	먹는 방송	A 집단	B 집단
	자연 풍경 영상	C 집단	D 집단

① C 집단은 통제 집단, D 집단은 실험 집단이다.
② ㉠은 독립 변수, ㉡은 종속 변수이다.
③ ㉢은 ㉠의 영향을 측정하기 위한 사전 검사, ㉣은 ㉡의 영향을 측정하기 위한 사후 검사이다.
④ 종속 변수에 미치는 ㉠의 영향을 확인하기 위한 실험 처치가 적용된 것은 A 집단, B 집단이다.
⑤ B 집단의 ㉢값과 D 집단의 ㉣값의 차이가 없었기 때문에 ㉤이 되었다.

13

| 10월 학력평가 4번 |

다음 연구에 대한 옳은 설명만을 〈보기〉에서 있는 대로 고른 것은? [3점]

갑은 고등학교에서 ㉠수업 중 스마트 기기 활용 여부가 ㉡학업 성취도에 미치는 영향을 알아보고자 하였다. 이를 위해 △△고등학교에서 ㉢□□ 과목을 수강하는 학생 40명, ㉣○○ 과목을 수강하는 학생 40명을 무작위로 선정하였다. 이후 과목별로 A 집단(20명)과 B 집단(20명)으로 나누어 한 학기 동안 A 집단은 ㉤개인별로 지급된 스마트 기기를 활용하는 수업을 실시하고, B 집단은 평소대로 개인별 스마트 기기 활용 없이 수업을 실시하였다. 스마트 기기 활용 수업 이전과 이후의 학업 성취도 측정 결과는 아래 표와 같았고, 두 과목 중 ㉥한 과목에서만 수업 중 스마트 기기 활용이 학업 성취도에 유의미한 영향을 미치는 것으로 나타났다.

(단위: 점)

구분		□□ 과목		○○ 과목	
		A 집단	B 집단	A 집단	B 집단
학업 성취도	사전 검사	63	61	72	71
	사후 검사	63	62	85	73

* 학업 성취도는 100점 만점이며, 제시된 숫자는 각 집단 학생들의 학업 성취도 수준을 대표할 수 있도록 통계적으로 산출한 점수임

보기

ㄱ. ㉠은 독립 변인, ㉡은 종속 변인이다.
ㄴ. ㉢은 실험 집단, ㉣은 통제 집단이다.
ㄷ. ㉤은 독립 변인의 효과를 측정하기 위한 실험 처치이다.
ㄹ. ㉥은 '○○ 과목'이다.

① ㄱ, ㄴ　② ㄱ, ㄷ　③ ㄴ, ㄹ　④ ㄱ, ㄷ, ㄹ　⑤ ㄴ, ㄷ, ㄹ

2021년

14

| 3월 학력평가 4번 |

다음 연구에 대한 설명으로 옳은 것은? [3점]

○ 연구 주제: 고등학생의 일기 쓰기와 언어 능력 간의 관계
○ 연구 가설: ㉠지속적으로 일기를 쓰는 고등학생이 ㉡그렇지 않은 고등학생보다 언어 능력이 높을 가능성이 클 것이다.
○ 자료 수집: 고등학생 1,000명을 대상으로 ㉢지속적으로 일기를 쓰는지 여부를 조사하고 표준화된 검사지를 통해 ㉣언어 능력을 측정함.
○ 자료 분석 결과

(단위: 명)

구분	언어 능력	
	높음	낮음
지속적으로 일기를 쓰는 고등학생	310	80
지속적으로 일기를 쓰지 않는 고등학생	320	290

* 자료 분석 결과는 통계적으로 유의미함

① ㉠은 실험 집단, ㉡은 통제 집단이다.
② ㉢은 종속 변인, ㉣은 독립 변인이다.
③ 자료 분석 결과에 따르면 가설은 수용된다.
④ 방법론적 이원론에 기초한 연구 방법을 활용하였다.
⑤ 연구 대상자의 주관적 세계에 대한 심층적 이해를 목적으로 하였다.

15

| 4월 학력평가 12번 |

다음 자료는 한 연구를 요약한 것이다. 이에 대한 옳은 설명만을 <보기>에서 고른 것은? [3점]

〈연구 주제 선정〉
고등학생의 우울감 및 ㉠학업 성취도에 집단 상담 프로그램이 미치는 영향을 연구하고자 함.

〈연구 가설 수립〉
다음과 같이 가설을 세움.
– 가설 1: (가)
– 가설 2: 집단 상담 프로그램은 고등학생의 학업 성취도를 향상시킬 것이다.

〈연구 설계〉
○○ 고등학교 2학년 A, B반을 연구 대상으로 선정하여 2개월 동안 A반은 평소와 같이 생활하도록 하고, B반에는 집단 상담 프로그램을 진행하기로 함.

〈㉡자료 수집〉
집단 상담 프로그램 시행 전·후에 각각 우울감 지수와 지필 고사 점수를 조사함.

〈자료 분석 및 가설 검증〉
A반, B반의 우울감 지수 및 지필 고사 점수의 평균값은 표와 같고, 자료 분석 결과 가설 1과 가설 2 중 하나만 수용됨.

(단위: 점)

구분		A반	B반
우울감 지수	사전	6.6	6.7
	사후	6.8	4.8
지필 고사 점수	사전	61.8	61.7
	사후	63.3	60.7

* 우울감 지수는 10점이 최고점이며, 수치가 높을수록 우울감 정도가 높음

보기

ㄱ. 방법론적 이원론에 기초한 연구 방법을 적용하였다.
ㄴ. ㉠에 대한 조작적 정의는 ㉡ 단계 이전에 이루어진다.
ㄷ. A반에서는 B반과 달리 독립 변인 처치로 인한 영향이 나타났다.
ㄹ. (가)에는 '집단 상담 프로그램은 고등학생의 우울감을 낮출 것이다.'가 들어갈 수 있다.

① ㄱ, ㄴ ② ㄱ, ㄷ ③ ㄴ, ㄷ ④ ㄴ, ㄹ ⑤ ㄷ, ㄹ

16

| 7월 학력평가 6번 |

다음 연구에 대한 옳은 설명만을 〈보기〉에서 있는 대로 고른 것은? [3점]

○ 연구 개요
- 야외 체험 프로그램이 청소년의 ㉠문제 해결력과 ㉡추상적 사고력 발달에 미치는 영향을 알아보기 위해 가설을 설정하고 이를 검증함.

○ 연구 가설
〈가설 1〉 야외 체험 프로그램에 참여한 청소년은 그렇지 않은 청소년보다 문제 해결력이 높을 것이다.
〈가설 2〉 야외 체험 프로그램에 참여한 청소년은 그렇지 않은 청소년보다 추상적 사고력이 높을 것이다.

○ 연구 설계 및 자료 수집
- 고등학생 100명을 무작위로 선정하여 A, B 집단에 각각 50명씩 임의로 배정함.
- ㉢A 집단은 야외 체험 프로그램에 주 1회씩 2주간 참여하게 하고, 같은 기간 ㉣B 집단은 참여하지 않음.
- 문제 해결력과 추상적 사고력을 측정할 수 있는 평가지를 체험 전과 체험 종료마다 제공하여 변화 정도를 측정함.

○ 자료 분석 결과

(단위: 점)

구분	문제 해결력			추상적 사고력		
	사전	사후 1	사후 2	사전	사후 1	사후 2
A 집단	68.0	71.4	74.2	71.0	70.5	69.5
B 집단	68.0	68.0	68.3	71.0	71.0	71.1

* 분석 결과는 통계적으로 유의미함
** 측정 항목은 모두 100점 척도이며, 점수가 높을수록 그 정도가 높음

보기
ㄱ. ㉠은 독립 변수, ㉡은 종속 변수이다.
ㄴ. ㉢은 실험 집단, ㉣은 통제 집단이다.
ㄷ. ㉣에서 ㉠이 ㉡보다 야외 체험 프로그램의 영향을 크게 받았다.
ㄹ. 자료 분석 결과에 따르면 〈가설 1〉만 수용된다.

① ㄱ, ㄴ ② ㄱ, ㄷ ③ ㄴ, ㄹ
④ ㄱ, ㄷ, ㄹ ⑤ ㄴ, ㄷ, ㄹ

17

| 10월 학력평가 3번 |

밑줄 친 ㉠~㉦에 대한 설명으로 옳은 것은? [3점]

연구자 갑은 '고등학생의 ㉠학업 성취도에 ㉡꾸준한 운동이 미치는 영향'을 ㉢연구 주제로 설정하고, 고등학생의 학업 성취도에 꾸준한 운동이 긍정적인 효과가 있을 것이라는 가설을 세웠다. 그리고 평소 운동을 꾸준히 하지 않는 고등학생 100명을 모집하여 50명씩 ㉣A 집단과 ㉤B 집단으로 나누었다. 갑은 ㉥사전 검사를 실시한 후 6개월 동안 한 집단은 ㉦매일 20분씩 달리기를 하도록 하였고, 다른 한 집단은 평소처럼 생활하도록 하였다. 6개월 후 사후 검사를 실시하여 사전 검사 결과와 비교해 보니 A 집단과 달리 B 집단의 경우 학업 성취도가 유의미하게 향상되어 갑은 가설이 타당하다는 결론을 내렸다.

① ㉠은 독립 변인, ㉡은 종속 변인이다.
② ㉢에서 연구자의 가치 중립이 필수적이다.
③ ㉣은 통제 집단, ㉤은 실험 집단이다.
④ ㉥은 실험 처치 전 독립 변인을 측정하기 위한 검사이다.
⑤ ㉦은 종속 변인에 대한 조작적 정의를 바탕으로 한 실험 처치이다.

2020년

18

| 3월 학력평가 8번 |

다음 연구에 대한 옳은 설명만을 〈보기〉에서 고른 것은?

갑은 우리나라에서 형제자매가 있는 고등학생이 그렇지 않은 고등학생보다 결혼 의지가 강할 것이라는 가설을 검증하기 위한 연구를 하였다. 갑은 자료 수집을 위해 ○○시 고등학생 1,000명에게 설문 조사를 하였다. 자료 분석 결과 형제자매가 있는 고등학생의 경우 결혼 의지가 평균 4.2점, 형제자매가 없는 고등학생의 경우 결혼 의지가 평균 2.3점이었으며, 분석 결과는 통계적으로 유의미하였다. 결혼 의지는 5점 만점이며, 점수가 클수록 결혼 의지가 강함을 의미한다.

보기

ㄱ. 자료 분석 결과 가설이 기각되었다.
ㄴ. 모집단에 대하여 대표성을 갖춘 표본을 선정하였다.
ㄷ. 방법론적 일원론에 기초한 연구 방법을 활용하였다.
ㄹ. 가설에서 형제자매의 유무를 독립 변인으로 설정하였다.

① ㄱ, ㄴ ② ㄱ, ㄷ ③ ㄴ, ㄷ ④ ㄴ, ㄹ ⑤ ㄷ, ㄹ

19

| 4월 학력평가 10번 |

다음 연구에 대한 옳은 설명만을 〈보기〉에서 있는 대로 고른 것은? [3점]

○ 연구 주제: 우리나라 노인의 생활 만족도에 영향을 주는 요인
○ 연구 가설
〈가설 1〉 소득 수준이 높을수록 노인의 생활 만족도가 높을 것이다.
〈가설 2〉 여가 활동을 많이 할수록 노인의 생활 만족도가 높을 것이다.
○ 자료 수집
– 조사 방법: ㉠전국의 70대 노인 1,000명을 무작위로 선정하여 설문 조사 실시
– 조사 내용: ㉡월평균 소득, ㉢주당 평균 여가 활동 시간, 생활 만족도 지수
○ 자료 분석 결과
노인의 월평균 소득과 생활 만족도 지수 간에는 ㉣통계적으로 유의미한 양(+)의 상관관계가 나타났다. 한편, 노인의 주당 평균 여가 활동 시간과 생활 만족도 지수 간에는 통계적으로 유의미한 상관관계가 나타나지 않았다.

보기

ㄱ. ㉠을 통해 표본의 대표성이 확보되었다.
ㄴ. ㉡, ㉢은 모두 독립 변수를 조작적으로 정의한 것이다.
ㄷ. ㉣은 1차 자료를 분석하여 얻은 결과이다.
ㄹ. 자료 분석 결과에 따르면 〈가설 2〉는 〈가설 1〉과 달리 수용되었다.

① ㄱ, ㄹ ② ㄴ, ㄷ ③ ㄷ, ㄹ
④ ㄱ, ㄴ, ㄷ ⑤ ㄱ, ㄴ, ㄹ

20

| 4월 학력평가 16번 |

다음 자료에 대한 설명으로 옳은 것은? [3점]

사회 · 문화 현상의 연구 방법 중 A는 연구 대상이 되는 현상을 관찰하여 규칙성을 찾는 데 목적이 있다. 반면 B는 사회 · 문화 현상에 담긴 의미를 이해하고 해석하는 데 목적이 있다. 그림은 A, B의 일반적인 특징을 연결한 것이다.

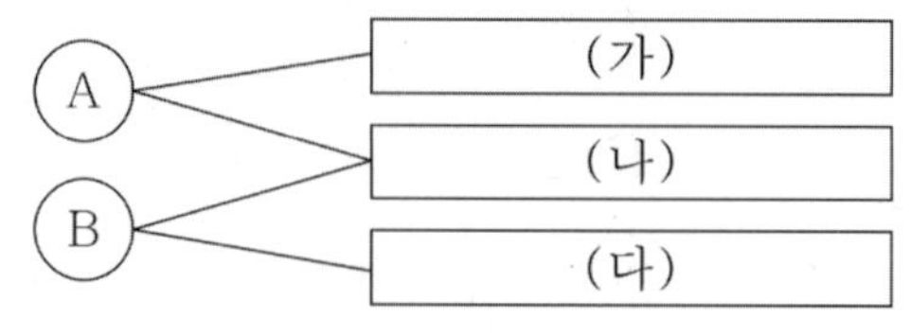

① A는 행위 자체보다 행위의 동기를 주된 분석 대상으로 삼는다.
② B는 계량화된 자료의 통계 분석을 중시한다.
③ (가)에는 '연구자와 연구 대상을 분리할 수 없다고 본다.'가 들어갈 수 있다.
④ (나)에는 '직관적 통찰을 통해 사회 · 문화 현상의 의미를 해석한다.'가 들어갈 수 있다.
⑤ (다)에는 '사회 · 문화 현상과 자연 현상은 본질적으로 다르다고 전제한다.'가 들어갈 수 있다.

21

| 7월 학력평가 6번 |

다음 연구에 대한 옳은 설명만을 <보기>에서 있는 대로 고른 것은? [3점]

○ 연구 주제: ㉠청소년의 SNS 이용과 ㉡생활 방식의 관계
○ 연구 가설
〈가설 1〉 SNS 이용 정도가 많은 청소년은 그렇지 않은 청소년보다 비속어 사용이 많을 것이다.
〈가설 2〉 (가)
○ 자료 수집
– 조사 방법: ㉢중 · 고등학생 1,000명을 무작위로 선정하여 설문 조사 실시
– 조사 내용: SNS 이용 정도, ㉣비속어 사용 정도, 친구와 함께하는 스포츠 활동 정도
○ 자료 분석 결과
– 자료 분석 결과는 아래 표와 같았으며, 통계적으로 유의미하였다.

(단위: 명)

생활 방식 / SNS 이용 정도	친구와 함께하는 스포츠 활동이 많음		친구와 함께하는 스포츠 활동이 적음	
	비속어 사용 많음	비속어 사용 적음	비속어 사용 많음	비속어 사용 적음
많음	160	120	135	85
적음	90	125	120	165

보기

ㄱ. 비속어 사용이 많다고 응답한 사람이 친구와 함께하는 스포츠 활동이 많다고 응답한 사람보다 적다.
ㄴ. ㉠은 모집단, ㉢은 표본 집단이다.
ㄷ. ㉣은 ㉡을 조작적으로 정의한 것이다.
ㄹ. (가)가 '친구와 함께하는 스포츠 활동이 많은 청소년은 그렇지 않은 청소년보다 SNS 이용 정도가 많을 것이다.'라면, 〈가설 2〉는 수용된다.

① ㄱ, ㄴ ② ㄱ, ㄹ ③ ㄴ, ㄷ
④ ㄱ, ㄷ, ㄹ ⑤ ㄴ, ㄷ, ㄹ

22

| 10월 학력평가 9번 |

자료에 대한 옳은 설명만을 <보기>에서 있는 대로 고른 것은? [3점]

○ 연구 주제: ㉠갑국 고등학생의 진로 성숙도에 관한 연구
○ 연구 가설
1. ㉡자아 존중감이 높은 고등학생이 낮은 고등학생보다 ㉢진로 성숙도가 높을 가능성이 클 것이다.
2. 대학 진학 의지가 강한 고등학생이 약한 고등학생보다 진로 성숙도가 높을 가능성이 클 것이다.
○ 자료 수집: ㉣갑국 고등학생 1,000명을 무작위로 선정하여 자아 존중감, 대학 진학 의지, 진로 성숙도를 파악하기 위한 설문 조사를 실시함.
○ 자료 분석 결과

(단위: 명)

진로 성숙도	자아 존중감 높음		자아 존중감 낮음	
	대학 진학 의지 강함	대학 진학 의지 약함	대학 진학 의지 강함	대학 진학 의지 약함
높음	50	300	50	150
낮음	100	50	200	100

* 분석 결과는 통계적으로 유의미함

보기

ㄱ. 방법론적 일원론에 기초한 연구 방법을 활용하였다.
ㄴ. ㉠은 ㉣을 통해 파악한 연구 결과를 일반화하고자 하는 대상이다.
ㄷ. ㉡은 종속 변인, ㉢은 독립 변인이다.
ㄹ. 자료 분석 결과에 따르면 두 가설은 모두 수용된다.

① ㄱ, ㄴ ② ㄱ, ㄷ ③ ㄷ, ㄹ
④ ㄱ, ㄴ, ㄹ ⑤ ㄴ, ㄷ, ㄹ

사회 이동과 사회 계층 구조

1 사회 이동

(1) 의미와 특징

의미	사회 계층 구조에서 한 개인이나 집단이 어떤 사회적 지위로부터 다른 사회적 위치로 이동하는 현상
특징	• 전근대 사회보다 근대 사회에서, 농촌 사회보다 도시 사회에서 더욱 뚜렷하게 나타남 • 사회 이동이 활발할수록 사회 성원의 성취 욕구가 높아지고 사회 발전과 사회 통합이 용이함

(2) 양상

근대 이전	신분 제도의 영향으로 인해 수직 이동 가능성이 매우 낮음
근대 이후	신분 제도의 폐지로 수직 이동 및 세대 간 이동 가능성이 높아짐

(3) 유형

이동 방향	수평 이동	• 동일한 계층 내에서 다른 직업을 갖거나 소속을 옮기는 등의 이동 • 계층적 위치에 변화 없음 예 1학년 담임 교사 → 2학년 담임 교사
	수직 이동	• 한 계층에서 다른 계층으로 상승하거나 하강하는 이동 • 계층적 위치가 변화하며, 상승 이동과 하강 이동으로 구분됨 예 교사 → 교장(상승 이동), 대기업 CEO → 노숙자(하강 이동)
이동 원인	개인적 이동	노력이나 능력 등 개인적 요인에 의해 계층적 위치가 변화하는 이동 예 교사 → 교장
	구조적 이동	전쟁, 혁명, 산업화 등의 사회 변동으로 인해 기존의 사회 구조가 변화하면서 개인이나 집단의 계층적 위치가 변화하는 이동 예 혁명으로 신분 제도가 폐지되어 노비에서 평민으로 이동
이동 범위 (세대 범위)	세대 내 이동	개인의 한 생애 내에서 나타나는 사회 이동 예 식당 아르바이트생에서 식품 업체 사장으로 성장
	세대 간 이동	두 세대 이상에 걸쳐 계층적 위치가 변화하는 이동 예 빈농의 자녀가 대기업 CEO로 성장

2 사회 계층 구조

(1) 의미와 특징

의미	한 사회에서 희소한 자원이 불평등하게 배분되고, 그러한 불평등이 지속되어 일정한 형태로 고정된 구조
특징	• 구속성: 사회 성원들의 삶의 기회, 생활 양식, 사고방식 등에 영향을 미침 • 지속성: 한 번 형성된 계층 구조는 제도화된 형태로서 오랜 기간 유지됨

(2) 유형

계층 이동 가능성	폐쇄적 계층 구조	• 계층 간 이동이 엄격히 제한된 계층 구조 • 귀속 지위가 중시됨 • 서로 다른 계층 간 교류가 제한됨 예 봉건적 신분 사회의 계층 구조
	개방적 계층 구조	• 계층 간 이동 가능성이 열린 계층 구조 • 성취 지위가 중시됨 • 서로 다른 계층 간 교류에 제한 없음 예 현대 민주 사회의 계층 구조
계층 구성 비율	피라미드형 계층 구조	• 하층 비율이 가장 높고, 상층 비율이 가장 낮은 계층 구조 • 소수의 상층이 사회적 희소 자원을 독점하고 다수의 하층을 지배함 • 사회 통합의 가능성과 사회 안정성이 낮음
	다이아몬드형 계층 구조	• 중층 비율이 상층과 하층 비율보다 높은 계층 구조 • 산업화 이후 중층이 점차 늘어나고 사회 보장 제도가 확충되면서 나타남 • 사회 통합의 가능성과 사회 안정성이 높음
정보화 및 세계화	타원형 계층 구조	• 계층 간 소득 격차가 감소하여 중층이 대다수를 차지함 • 기존에 하층이었던 사람들이 중층이 될 기회가 많아져 중층 비율이 높아질 경우 나타날 수 있는 정보 사회의 계층 구조 • 사회적 희소가치의 배분 상태에 대한 불만이 작아 사회 안정 실현에 유리함
	모래시계형 계층 구조	• 중층의 비율이 가장 낮고 소수의 상층과 다수의 하층으로 구성되는 계층 구조 • 정보 격차 등으로 인해 중층 비율이 낮아질 경우 초래될 수 있는 정보 사회의 계층 구조 • 사회 양극화 문제가 심각하게 나타남

기출 자료 — 핵심을 파악하라!

자료 1 사회 이동과 사회 계층 구조

다음은 □□국 시기별 계층 구성 비율과 연령이 50대인 갑~무의 사회 이동 결과를 세대 간 이동과 세대 내 이동으로 구분하여 나타낸 것이다. 단, 세대 간 이동은 부모 계층과 본인의 현재 계층 비교로, 세대 내 이동은 본인의 24년 전 계층과 현재 계층 비교로 판단한다. A~C는 각각 상층, 중층, 하층 중 하나이다.

〈자료 1〉 시기별 계층 구성 비율(%)

구분	A	B	C
1970년 피라미드형	30	10	60
2000년 다이아몬드형	55	20	25
2024년 다이아몬드형	50	20	30

□A(중층) □B(상층) ■C(하층)

〈자료 2〉 갑~무의 사회 이동 결과

구분		부모 계층(1970년)		
		A중	B상	C하
본인의 현재 계층(2024년)	A중		정	
	B상	을		무
	C하	병	갑	

구분		본인의 24년 전 계층(2000년)		
		A중	B상	C하
본인의 현재 계층(2024년)	A중		정	
	B상		을	무
	C하	갑		병

* 갑의 부모 계층(1970년)은 상층이며, 갑의 세대 간 이동과 세대 내 이동은 모두 하강 이동임

핵심① 제시된 자료를 통해 A, B, C의 계층을 파악한다. 갑의 부모 계층(1970년)이 상층이므로 B는 상층이다. 갑의 세대 간 이동과 세대 내 이동이 모두 하강 이동이므로 갑의 24년 전 계층(2000년)은 중층, 갑의 현재 계층(2024년)은 하층에 해당한다. 따라서 A는 중층, C는 하층이다.

핵심② 1970년, 2000년, 2024년의 계층 구조와 그 특징을 파악한다. 1970년의 계층 구조는 상층 비율이 10%, 중층 비율이 30%, 하층 비율이 60%이므로 피라미드형이다. 2000년의 계층 구조는 상층 비율이 20%, 중층 비율이 55%, 하층 비율이 25%이므로 다이아몬드형이다. 2024년의 계층 구조는 상층 비율이 20%, 중층 비율이 50%, 하층 비율이 30%이므로 다이아몬드형이다. 다이아몬드형 계층 구조는 중층의 비율이 가장 높아 피라미드형 계층 구조보다 사회 안정성이 높다.

자료 2 사회 계층 구조

그림은 갑국의 세대별 계층 구성 비율을 나타낸 것이다. 계층은 A, B, C로 구분되며, A~C는 각각 상층, 중층, 하층 중 하나이다. 조부모 세대의 계층 구조는 피라미드형이고, 각 세대의 인구는 동일하다.

조부모 세대

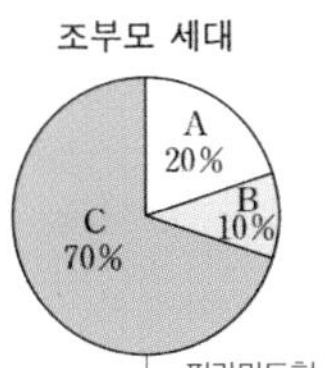

부모 세대

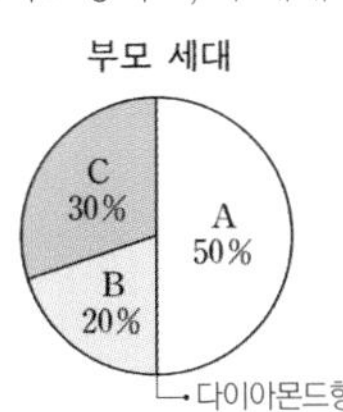

자녀 세대

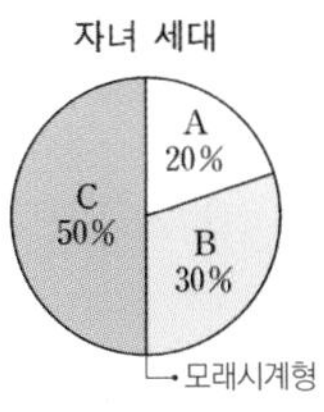

핵심① 제시된 자료를 통해 A, B, C의 계층을 파악한다. 조부모 세대의 계층 구조는 하층 비율이 가장 높고 상층 비율이 가장 낮은 피라미드형 계층 구조이다. 따라서 A는 중층, B는 상층, C는 하층에 해당한다.

핵심② 각 세대의 계층 구조를 파악한다. 부모 세대의 계층 구조는 중층의 비율이 상층과 하층 비율보다 높은 다이아몬드형 계층 구조이고, 자녀 세대의 계층 구조는 중층의 비율이 가장 낮고 소수의 상층과 다수의 하층으로 구성되는 모래시계형 계층 구조이다.

기출 선택지 — X를 찾아라!

☑ 다음 중 옳지 않은 설명 3개를 찾아 '×'에 체크하시오.

기출 선택지	○	×
01. 사회 이동은 이동 범위에 따라 개인적 이동과 구조적 이동으로 구분할 수 있다.	□	□
02. 평사원이었던 사람이 승진하여 회사의 임원이 되었다면, 세대 내 이동을 경험하였다고 할 수 있다.	□	□
03. 가난한 농부의 자녀가 한 국가의 재상이 된 사례는 세대 간 이동이 발생하였다고 볼 수 있다.	□	□
04. 피라미드형 계층 구조는 다이아몬드형 계층 구조와 달리 폐쇄적 계층 구조가 나타난다.	□	□
05. 다이아몬드형 계층 구조는 중층 비율이 상층 비율 및 하층 비율보다 높다.	□	□
06. 다이아몬드형 계층 구조는 피라미드형 계층 구조보다 사회 안정성이 높다.	□	□
07. 다이아몬드형 계층 구조는 모래시계형 계층 구조보다 사회 통합에 유리하다.	□	□
08. 개방적 계층 구조에서는 수직 이동과 수평 이동이 자유롭게 나타난다.	□	□
09. 타원형 계층 구조에서는 사회적 희소가치의 배분 상태에 대한 불만이 작아 사회 안정을 실현하는 데 유리하다.	□	□
10. 모래시계형 계층 구조에서는 중층에서 몰락한 사람들의 상대적 박탈감이 증가하고, 사회적 가치의 배분으로부터 소외되어 왔던 하층의 불만이 표출되면서 극심한 사회 혼란이 나타날 수 있다.	□	□
11. 다이아몬드형 계층 구조는 주로 근대 이후의 산업 사회에서 나타난다.	□	□
12. 피라미드형 계층 구조는 다이아몬드형 계층 구조에 비해 계층 양극화로 인한 문제가 발생할 가능성이 높다.	□	□

X의 정체는?

✓ 01 사회 이동은 ~~이동 범위~~(이동 원인)에 따라 개인적 이동과 구조적 이동으로 구분할 수 있다.
→ 이동 범위에 따라 구분되는 사회 이동은 세대 내 이동과 세대 간 이동이다.

✓ 04 피라미드형 계층 구조는 다이아몬드형 계층 구조와 달리 폐쇄적 계층 구조가 ~~나타난다~~(나타난다고 단정할 수 없다).
→ 계층 구성 비율만으로는 계층 구조가 개방적 계층 구조인지, 폐쇄적 계층 구조인지 판단할 수 없다.

✓ 12 ~~피라미드형~~(다이아몬드형) 계층 구조는 ~~다이아몬드형~~(피라미드형) 계층 구조에 비해 계층 양극화로 인한 문제가 발생할 가능성이 낮다.
→ 다이아몬드형 계층 구조는 사회의 안정성이 높고 사회 통합에 유리하여 계층 양극화로 인한 문제가 발생할 가능성이 낮다.

제3권 교육청

2024년

01

| 3월 학력평가 10번 |

다음 자료에 나타난 갑국의 상황에 대한 분석으로 옳은 것은? [3점]

표는 갑국에서 부모 세대와 자녀 세대 간 계층 이동의 결과로 형성된 자녀 세대의 계층 구조를 나타낸 것이다. 부모 세대에서 부부의 계층은 동일하고, 모든 부모의 자녀는 1명씩이다. 계층은 A, B, C로만 구분되고, A~C는 각각 상층, 중층, 하층 중 하나이다.

A	B	C
○○○◍◍◍	○○●●●●	○○◍◍◍◍●●

* 동그라미(○, ◍, ●)는 사람의 수를 나타낸 것이며, 동그라미 한 개가 나타내는 사람의 수는 동일함
** ○는 계층 대물림을 받은 사람, ◍는 세대 간 상승 이동을 한 사람, ●는 세대 간 하강 이동을 한 사람을 나타냄

① 폐쇄적 계층 구조를 가지고 있다.
② 자녀 세대의 계층 구조는 피라미드형이다.
③ 부모 세대에서 하층 인구의 비율은 50% 이상이다.
④ 자녀 세대의 계층에서 계층 대물림을 받은 사람의 수는 상층이 가장 많다.
⑤ 부모 세대의 계층 구조가 자녀 세대의 계층 구조보다 사회 통합에 유리하다.

02

| 5월 학력평가 9번 |

다음 자료에 대한 분석으로 옳은 것은? [3점]

표는 갑국의 계층 구성 중 세대별 가장 높은 비율을 차지하는 계층과 가장 낮은 비율을 차지하는 계층의 구성 비율을 나타낸 것이다. 조부모 세대의 계층 구조는 피라미드형이고, 부모 세대와 자녀 세대의 계층 구조는 각각 다이아몬드형, 모래시계형 중 하나이다. 단, 계층은 상층, 중층, 하층으로만 구분되며, 조부모 세대의 하층 비율과 자녀 세대의 하층 비율은 같다.

(단위: %)

구분	조부모 세대	부모 세대	자녀 세대
가장 높은 비율을 차지하는 계층의 구성 비율	60	50	60
가장 낮은 비율을 차지하는 계층의 구성 비율	10	25	10

① 부모 세대의 계층 구조는 조부모 세대의 계층 구조에 비해 사회 통합에 불리하다.
② 부모 세대의 계층 구조는 자녀 세대의 계층 구조보다 계층 양극화로 인한 문제가 발생할 가능성이 높다.
③ 자녀 세대에서 상층의 비율은 부모 세대에서 중층의 비율보다 크다.
④ 중층의 비율은 조부모, 부모, 자녀 세대 순으로 갈수록 증가한다.
⑤ 자녀 세대에서 중층 대비 하층의 비율은 조부모 세대에서 상층 대비 하층의 비율과 같다.

03

| 7월 학력평가 16번 |

다음은 갑국과 을국 구성원의 주관적 계층 인식과 실제 계층을 조사한 것이다. 이에 대한 분석으로 옳은 것은? (단, 계층은 상층, 중층, 하층으로만 구분되며, 계층 구조는 실제 계층을 기준으로 판단함.) [3점]

〈갑국〉

(단위: %)

구분		실제 계층			계
		상층	중층	중층	
계층 인식	상층	10	10	0	20
	중층	10	0	20	30
	하층	5	5	40	50
계		25	15	60	100

〈을국〉

(단위: %)

구분		실제 계층			계
		상층	중층	중층	
계층 인식	상층	10	10	0	20
	중층	10	35	5	50
	하층	0	15	15	30
계		20	60	20	100

① 갑국에 비해 을국은 사회 통합에 불리한 계층 구조이다.
② 갑국은 피라미드형, 을국은 다이아몬드형 계층 구조이다.
③ 실제 계층과 주관적 계층 인식이 불일치하는 사람의 비율은 갑국보다 을국이 크다.
④ 갑국에서 자신을 상층으로 인식한 사람과 을국에서 실제 상층에 속한 사람의 수는 같다.
⑤ 갑국, 을국 모두 실제 계층 대비 실제 계층과 주관적 계층 인식이 일치하는 사람의 비율은 하층이 가장 크다.

04

| 10월 학력평가 10번 |

다음 자료에 대한 옳은 분석만을 〈보기〉에서 고른 것은? [3점]

표는 갑국의 객관적, 주관적 차원의 계층 구성을 나타낸 것이다. ㉠객관적 차원의 계층은 소득과 자산을 기준으로 파악한 것이고, ㉡주관적 차원의 계층은 자신이 어느 계층에 속한다고 생각하는지를 응답하게 하여 파악한 것이다. 계층은 A, B, C로 구분되며, A~C는 각각 상층, 중층, 하층 중 하나이다. 객관적 차원에서 A에서 B로의 이동은 상승 이동, A에서 C로의 이동은 하강 이동에 해당한다.

(단위: %)

구분		객관적 차원의 계층			합계
		A	B	C	
주관적 차원의 계층	A	25	15	20	60
	B	5	4	0	9
	C	5	1	25	31
합계		35	20	45	100

보기

ㄱ. ㉠의 계층 구조는 다이아몬드형이다.
ㄴ. ㉠보다 ㉡이 높은 사람은 ㉡보다 ㉠이 높은 사람보다 적다.
ㄷ. ㉠이 하층인 사람 중에서 ㉡이 상층인 사람은 없다.
ㄹ. ㉠의 계층별 인구 중 ㉠과 ㉡이 일치하지 않는 인구의 비율은 상층이 가장 높다.

① ㄱ, ㄴ ② ㄱ, ㄷ ③ ㄴ, ㄷ ④ ㄴ, ㄹ ⑤ ㄷ, ㄹ

05

| 3월 학력평가 19번 |

다음 자료에 대한 옳은 분석만을 〈보기〉에서 고른 것은? [3점]

(가)는 t년, (나)는 t+100년에 갑국의 자녀 세대를 전수 조사하여 세대 간 계층 이동 현황을 나타낸 것이다. 계층은 상층, 중층, 하층으로만 구분된다.

(가)

구분		부모 세대					
		상층		중층		하층	
자녀 세대	상층	■		■			
	중층	■	■	■		■	
	하층			■	■	■	■
						■	■

(나)

구분		부모 세대								
		상층			중층			하층		
자녀 세대	상층	■	■		■	■		■	■	
	중층	■	■		■	■	■	■	■	■
					■			■		
	하층	■			■	■		■	■	■
								■	■	

* □의 면적은 해당 계층에 속한 사람 수를 나타낸 것이며, 각 □의 면적은 (가), (나) 모두에서 동일함

보기

ㄱ. (가)는 세대 간 이동이 계층 대물림보다 많다.
ㄴ. (나)는 세대 간 하강 이동이 세대 간 상승 이동보다 적다.
ㄷ. (나)에서 자녀 세대의 인구는 (가)의 2배이다.
ㄹ. (가)와 (나) 모두 자녀 세대에서는 다이아몬드형 계층 구조가 나타난다.

① ㄱ, ㄴ ② ㄱ, ㄷ ③ ㄴ, ㄷ ④ ㄴ, ㄹ ⑤ ㄷ, ㄹ

06

| 4월 학력평가 11번 |

다음 자료에 대한 분석으로 옳은 것은? [3점]

표는 갑국의 부모 세대와 자녀 세대의 계층별 비율을 비교한 결과를 나타낸다. 단, 계층은 상층, 중층, 하층으로만 구분되며, 부모 세대에서 중층 비율은 30%, 자녀 세대에서 상층 비율은 10%이다. 또한 모든 부모의 자녀는 1명씩이다.

구분	부모 세대에서 해당 계층 비율/자녀 세대에서 해당 계층 비율
상층	㉠
중층	5/9
하층	5/3

① ㉠은 '1/2'이다.
② 자녀 세대에서 중층 비율은 하층 비율의 3배이다.
③ 부모 세대에서 상층 비율은 자녀 세대에서 하층 비율보다 높다.
④ 자녀 세대 중층에서는 세대 간 상승 이동을 한 사람이 세대 간 하강 이동을 한 사람보다 많다.
⑤ 부모 세대의 계층 구조는 모래시계형, 자녀 세대의 계층 구조는 다이아몬드형이다.

07

| 7월 학력평가 17번 |

그림은 갑국과 을국의 세대별 계층 구성 비율을 나타낸 것이다. 이에 대한 분석으로 옳은 것은? [3점]

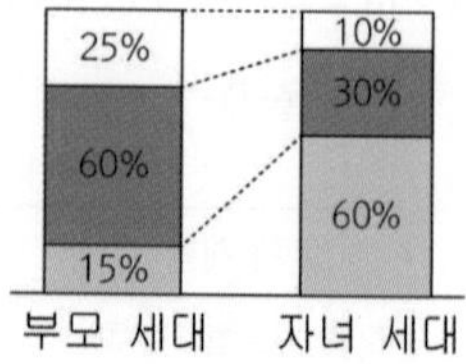

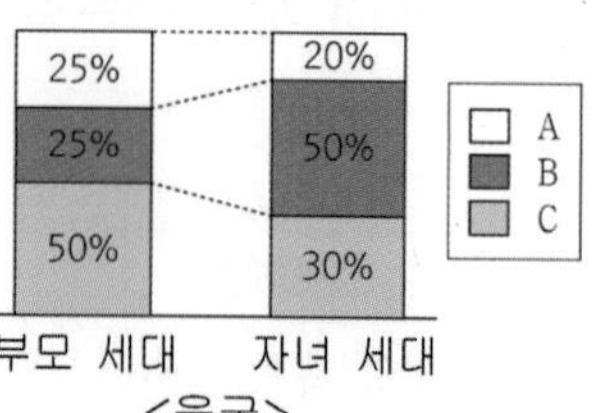

* 갑국과 을국의 계층은 상층, 중층, 하층으로만 구분되며, A~C는 각각 상층, 중층, 하층 중 하나이다.
** 갑국의 부모 세대는 상층 비율이 하층 비율보다 작으며, 갑국의 부모 세대 계층 구조는 모래시계형이다.

① 갑국에서 부모 세대가 하층인 자녀는 모두 중층으로 이동하였다.
② 을국의 부모 세대 계층 구조는 봉건적 신분 사회에서 주로 나타난다.
③ 갑국과 을국의 부모 세대 하층 비율은 동일하다.
④ 갑국에서는 을국에서와 달리 개방적 계층 구조가 나타난다.
⑤ 갑국의 자녀 세대 계층 구조는 을국의 자녀 세대 계층 구조보다 사회 통합에 유리하다.

08

| 10월 학력평가 8번 |

다음 자료에 대한 분석으로 옳은 것은? [3점]

갑국의 계층은 각각 상층, 중층, 하층 중 하나인 A~C로만 구분된다. 자녀 세대에서 A와 B에는 모두 세대 간 하강 이동한 자녀가 존재하고, A와 C에는 모두 세대 간 상승 이동한 자녀가 존재한다. 표는 갑국의 세대별 계층 구성 비율을 나타낸 것이다.

(단위: %)

구분	A	B	C
부모 세대	50	30	20
자녀 세대	15	60	25

① 하층 비율은 부모 세대가 자녀 세대보다 높다.
② 중층 비율 대비 상층 비율은 자녀 세대가 부모 세대보다 크다.
③ A에 속한 부모의 자녀가 세대 간 상승 이동하면 B에 속하게 된다.
④ B에 속한 부모의 자녀가 C에 속하게 되는 것은 세대 간 하강 이동의 결과이다.
⑤ 자녀 세대의 계층 구조가 부모 세대의 계층 구조보다 사회 통합의 실현에 유리하다.

2022년

09

| 3월 학력평가 17번 |

표에 대한 분석으로 옳은 것은? (단, 갑국에서 모든 부모의 자녀는 1명씩이다.)

〈갑국의 부모와 자녀 간 계층 비교〉

(단위: %)

구분		부모 계층			계
		상층	중층	하층	
자녀 계층	상층	14	4	2	20
	중층	5	24	31	60
	하층	1	2	17	20
계		20	30	50	100

① 세대 간 이동한 자녀가 부모와 계층이 일치하는 자녀보다 많다.
② 세대 간 하강 이동한 자녀가 세대 간 상승 이동한 자녀보다 많다.
③ 계층 구조 측면에서 자녀 세대가 부모 세대보다 사회 통합에 유리하다.
④ 자녀 세대 각 계층 인구 중 부모와 계층이 일치하는 자녀의 비율은 중층이 가장 높다.
⑤ 부모가 중층인 자녀 중 세대 간 하강 이동한 자녀가 세대 간 상승 이동한 자녀보다 많다.

10

| 4월 학력평가 7번 |

다음 자료에 대한 분석 및 추론으로 옳은 것은? [3점]

그림은 갑국의 t년과 t+30년의 계층 구성 비율을 나타낸다. 단, A~C는 각각 상층, 중층, 하층 중 하나이고, A에서 B로의 이동은 상승 이동, A에서 C로의 이동은 하강 이동에 해당한다.

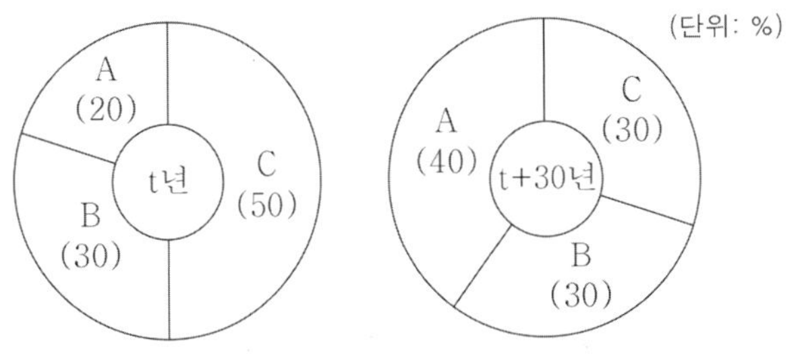

① t년에 상층 비율은 중층 비율의 2.5배이다.
② 하층 비율 대비 중층 비율은 t년이 t+30년보다 크다.
③ t년의 상층 중에서 t+30년에 하강 이동을 한 경우는 없다.
④ t년에는 t+30년과 달리 폐쇄적 계층 구조가 나타난다.
⑤ t+30년의 계층 구조가 t년의 계층 구조보다 사회 통합에 유리하다.

11

| 7월 학력평가 15번 |

다음 자료에 대한 분석으로 옳은 것은?

그림은 갑국에서 발생한 계층 간 이동 인구의 상대적 크기를 상층에서 하층으로 이동한 인구를 기준으로 나타낸 것이다.
○ 갑국은 계층을 상층, 중층, 하층으로만 구분한다.
○ 상층에서 하층으로 이동한 인구는 계층 이동 전의 상층 인구 대비 25%이다.
○ 계층 간 이동이 일어나기 이전에 갑국은 상층과 중층 비율의 합이 하층 비율과 같았고, 중층 비율은 상층 비율의 1.5배였다.

<갑국의 계층 간 이동 인구의 상대적 크기>

구 분	계층 간 이동 인구의 상대적 크기			
상층 → 하층	■			
상층 → 중층	■	■	■	
중층 → 하층	■	■		
중층 → 상층	■	■	■	
하층 → 중층	■	■	■	■
하층 → 상층	■			

* ■의 면적은 해당 계층 간 이동 인구를 나타내며, 각 ■의 면적은 동일하다.
** 자료는 계층 이동 전후로 갑국 전체 인구로부터 얻은 결과이며, 조사 기간 갑국 전체 구성원의 변화는 없었다.

① 계층이 유지된 비율이 상승 이동한 비율보다 높다.
② 상층 인구는 계층 이동 전에 비해 계층 이동 후 50% 감소하였다.
③ 계층 이동 전과 이동 후에 모두 중층인 인구는 전체 인구 대비 5%이다.
④ 갑국의 계층 구조는 이동 전 다이아몬드형, 이동 후 피라미드형으로 나타난다.
⑤ 계층 이동 전에는 하층이었고 계층 이동 후에 중층인 인구는 전체 인구 대비 40%이다.

12

| 10월 학력평가 12번 |

다음 자료에 대한 분석으로 옳은 것은? [3점]

그림은 갑국의 세대별 계층 구성 비율을 나타낸 것이다. A~C는 각각 상층, 중층, 하층 중 하나이며, 갑국의 계층은 이들로만 구성된다. 부모 세대의 계층 구조는 피라미드형이며, 부모 세대의 각 계층에서 50%씩은 자녀 세대로 계층이 대물림되었다.

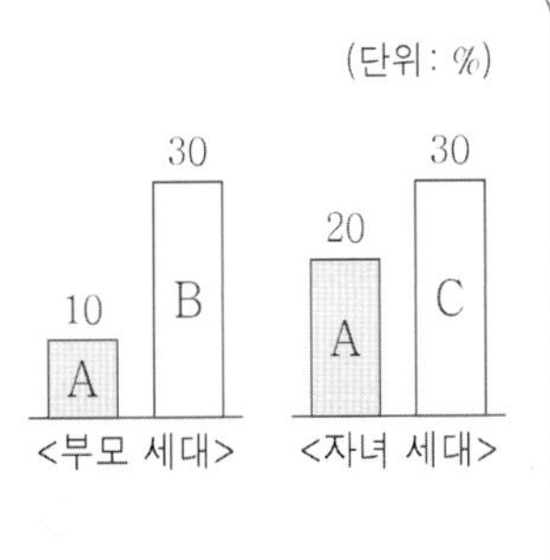

① A는 하층이고, C는 상층이다.
② 자녀 세대의 계층 구조는 피라미드형이다.
③ 세대 간 상승 이동을 한 중층 자녀는 없다.
④ 세대 간 상승 이동이 세대 간 하강 이동보다 많다.
⑤ 자녀 세대는 부모 세대와 달리 개방적 계층 구조가 나타난다.

2021년

13

| 3월 학력평가 14번 |

자료에 대한 옳은 설명만을 〈보기〉에서 있는 대로 고른 것은? (단, A국의 계층은 상층, 중층, 하층으로 구분되며, 조사 대상자의 부모는 모두 다르다.) [3점]

〈A국의 사회 이동 조사〉

대상	A국의 50대 인구 1,000명
내용	조사 대상자의 현재 계층과 20년 전 계층, 부모의 계층, ㉠사회 이동 요인
결과	1. ㉡조사 대상자의 현재 계층과 20년 전 계층을 비교한 결과 ㉢상승 이동한 사람이 ㉣하강 이동한 사람보다 많았음 2. ㉤조사 대상자의 현재 계층과 부모의 계층을 비교한 결과 하강 이동한 사람이 상승 이동한 사람보다 많았음 3. 사회 이동한 사람 중 자신의 노력과 성취를 통해 사회 이동한 사람이 과반수였음

보기

ㄱ. ㉠을 기준으로 사회 이동은 개인적 이동과 구조적 이동으로 구분된다.
ㄴ. ㉡은 세대 간 이동 여부를, ㉤은 세대 내 이동 여부를 파악하기 위한 비교이다.
ㄷ. ㉢의 20년 전 계층은 하층일 수 없고, ㉣의 20년 전 계층은 상층일 수 없다.
ㄹ. 부모의 계층이 조사 대상자의 현재 계층보다 높은 경우가 낮은 경우보다 많다.

① ㄱ, ㄴ ② ㄱ, ㄹ ③ ㄴ, ㄷ
④ ㄱ, ㄷ, ㄹ ⑤ ㄴ, ㄷ, ㄹ

14

| 10월 학력평가 10번 |

다음 자료에 대한 옳은 분석만을 〈보기〉에서 있는 대로 고른 것은? [3점]

자료는 갑국과 을국에서 자녀 세대 인구의 세대 간 이동 지수를 파악하기 위한 것이다. 단, 자녀 세대 모든 인구의 세대 간 이동 가능 횟수는 1번씩이다.

〈갑국〉

(단위: %)

구분		부모 계층 상층	부모 계층 중층	부모 계층 하층	계
자녀 계층	상층	12	7	2	21
	중층	8	14	21	43
	하층	3	10	23	36
계		23	31	46	100

〈을국〉

(단위: %)

구분		부모 계층 상층	부모 계층 중층	부모 계층 하층	계
자녀 계층	상층	10	5	4	19
	중층	6	30	10	46
	하층	5	17	13	35
계		21	52	27	100

* 세대 간 이동 지수 = (자녀 세대 인구의 실제 세대 간 이동 거리의 합/자녀 세대 인구에서 나타날 수 있었던 세대 간 이동 가능한 최대 거리의 합)×100
** 세대 간 이동 거리는 상층과 중층, 중층과 하층 간에는 1이고, 상층과 하층 간에는 2임
*** 부모가 상층 또는 하층인 자녀의 세대 간 이동 가능한 최대 거리는 2이고, 부모가 중층인 자녀의 세대 간 이동 가능한 최대 거리는 1임

보기

ㄱ. 갑국은 을국과 달리 세대 간 상승 이동한 자녀가 세대 간 하강 이동한 자녀보다 많다.
ㄴ. 을국이 갑국보다 세대 간 이동 지수가 크다.
ㄷ. 을국은 갑국과 달리 부모와 계층이 일치하는 자녀가 자녀 세대 인구의 과반수이다.
ㄹ. 자녀 세대 계층별 인구 중 부모와 계층이 일치하는 자녀의 비율은 갑국, 을국 모두 중층이 가장 낮다.

① ㄱ, ㄷ ② ㄱ, ㄹ ③ ㄴ, ㄹ
④ ㄱ, ㄴ, ㄷ ⑤ ㄴ, ㄷ, ㄹ

2020년

15

| 3월 학력평가 20번 |

다음 자료에 대한 분석으로 옳은 것은? (단, 갑국에서 모든 부모의 자녀는 1명씩이다.) [3점]

표는 갑국의 부모와 자녀의 계층을 비교한 것이다. A~C는 각각 상층, 중층, 하층 중 하나인데, C에 속해 있는 자녀 중 부모의 계층이 A인 자녀는 세대 간 하강 이동한 사람이고, 부모의 계층이 B인 자녀는 세대 간 상승 이동한 사람이다.

(단위: %)

구분		부모의 계층			계
		A	B	C	
자녀의 계층	A	10	6	4	20
	B	2	10	14	26
	C	6	18	30	54
계		18	34	48	100

① 부모와 계층이 일치하는 자녀보다 불일치하는 자녀가 많다.
② 세대 간 하강 이동한 자녀보다 세대 간 상승 이동한 자녀가 많다.
③ 부모 세대의 계층 구조와 자녀 세대의 계층 구조는 모두 피라미드형이다.
④ 자녀 세대에서 상층 인구 중 부모와 계층이 일치하는 인구가 50%를 넘는다.
⑤ 부모의 계층이 중층인 자녀 중 세대 간 하강 이동한 자녀보다 세대 간 상승 이동한 자녀가 많다.

16

| 4월 학력평가 20번 |

다음 자료에 대한 분석으로 옳은 것은? [3점]

다음은 갑국의 부모 세대와 자녀 세대의 계층을 조사하여 분석한 결과이다. 단, 계층은 상층, 중층, 하층으로만 구분하며, 모든 부모의 자녀는 1명씩이다.

〈전체 자녀 중 부모와 계층이 일치하는 자녀의 비율〉

부모와 자녀가 모두 상층인 경우	5%
부모와 자녀가 모두 중층인 경우	40%
부모와 자녀가 모두 하층인 경우	25%

〈부모 세대 계층 대비 부모 세대와 자녀 세대의 계층 불일치 비율〉

상층	50%
중층	0%
하층	50%

* 자녀 세대 중층에서 부모 세대와의 계층 일치 비율은 100%이다.

① 상층의 비율은 부모 세대가 자녀 세대보다 높다.
② 부모 세대와 자녀 세대 모두 피라미드형 계층 구조이다.
③ 세대 간 상승 이동 비율이 세대 간 하강 이동 비율보다 낮다.
④ 하층 부모를 둔 상층 자녀 수는 상층 부모를 둔 하층 자녀 수의 5배이다.
⑤ 자녀 세대 계층 대비 부모 세대와 자녀 세대의 계층 일치 비율은 상층이 하층보다 높다.

17
| 7월 학력평가 20번 |

다음 자료에 대한 분석으로 옳은 것은? [3점]

다음은 모든 부모의 자녀가 1명씩인 갑국의 세대별 계층 구성과 세대 간 계층 이동 현황을 조사한 것이다. 계층은 상층, 중층, 하층으로만 구분되며, A~C는 각각 상층, 중층, 하층 중 하나이다. 자녀 세대는 피라미드형 계층 구조이고, 계층 구성비는 A : (B+C)=1 : 1이다.

〈부모 계층 대비 자녀 계층의 상대적 비〉

계층	A	B	C
상대적 비의 값	2	0.8	0.4

* C는 자녀 세대가 세대 간 하강 이동을 통해 진입할 수 없는 계층임

〈부모와의 계층이 일치하는 자녀 수의 상대적 비〉

구분	상대적 비의 값
부모와 계층이 A로 일치하는 자녀 수 대비 부모와 계층이 B로 일치하는 자녀 수	1.5
부모와 계층이 C로 일치하는 자녀 수 대비 부모와 계층이 A로 일치하는 자녀 수	4

* 세대 간 계층의 불일치 비율은 세대 간 계층의 일치 비율에 비해 10%p 작음
** %p: 백분율 간 차이를 나타냄, 30%는 10%보다 20%p 크다고 표현함

① 부모 세대에서 상층의 비율은 하층의 비율보다 높다.
② 자녀 세대는 부모 세대에 비해 사회 통합의 필요성이 감소했다.
③ 세대 간 상승 이동한 자녀 수가 하강 이동한 자녀 수보다 많다.
④ 부모 세대 계층 대비 세대 간 계층 일치 비율은 상층이 중층의 3배이다.
⑤ 상층 부모를 둔 자녀와 중층 부모를 둔 자녀의 세대 간 계층 이동을 한 사람 수는 같다.

18
| 10월 학력평가 12번 |

표에 대한 분석으로 옳은 것은? [3점]

〈갑국 국민 A~H의 현재 계층과 부모 계층〉

구분	상층	중층	하층
현재 계층	A, G	C, E, F, H	B, D
부모 계층	A, B, F	C, E, G	D, H

① 세대 간 이동한 사람보다 이동하지 않은 사람이 많다.
② 세대 간 하강 이동한 사람보다 상승 이동한 사람이 많다.
③ 세대 간 이동한 사람 중 부모 계층이 중층인 사람보다 상층인 사람이 많다.
④ 세대 간 이동한 사람 중 현재 계층이 상층인 사람보다 하층인 사람이 많다.
⑤ 상층에서 하층으로 세대 간 이동한 사람보다 중층에서 하층으로 세대 간 이동한 사람이 많다.

2019년

19
| 3월 학력평가 20번 |

다음 자료에 대한 분석으로 옳은 것은? (단, A~C는 각각 상층, 중층, 하층 중 하나이며, 모든 부모의 자녀는 1명씩이다.) [3점]

갑국에서 부모 세대와 자녀 세대의 계층을 조사한 결과, 자녀 세대에서 각 계층 인구 중 부모와 계층이 일치하는 인구의 비율은 하층이 가장 높고, 중층이 가장 낮은 것으로 나타났다. 표는 갑국에서 실시한 조사의 결과를 나타낸 것이다.

(단위: %)

구분		부모의 계층			계
		A	B	C	
자녀의 계층	A	24	5	1	30
	B	26	20	4	50
	C	6	4	10	20
계		56	29	15	100

① 부모 세대에서 하층 비율보다 상층 비율이 높다.
② 자녀 세대의 하층 인구 중 부모와 계층이 일치하는 인구의 비율은 50%이다.
③ 자녀 세대에서 부모와 계층이 일치하는 인구보다 세대 간 이동한 인구가 많다.
④ 자녀 세대에서 세대 간 상승 이동한 인구가 세대 간 하강 이동한 인구보다 많다.
⑤ 자녀 세대의 계층 구조보다 부모 세대의 계층 구조가 사회 통합의 실현에 유리하다.

다양한 사회 불평등 문제

1 사회적 소수자

의미	신체적 또는 문화적 특징으로 인해 불평등한 차별적 처우를 받는 사람 또는 집단
특성	• 주류 집단에 비해 사회적 자원의 획득에서 불리한 위치에 있음 • 소수자 집단의 성원이라는 이유만으로 사회적 차별의 대상이 됨 • 자신들이 주류 집단으로부터 차별받는 집단의 구성원이라는 인식이 존재함 • 수적으로 반드시 소수(少數)를 의미하는 것은 아님 • 시대, 장소, 소속 집단의 범주 등에 따라 사회적 소수자 여부가 달라짐

2 성 불평등

의미	성별의 차이를 이유로 특정 성이 차별·억압받는 현상
양상	• 사회·문화적 측면: 일상생활의 성차별적 관념과 언행, 대중문화에 의한 왜곡된 성 의식의 재생산 등 • 경제적 측면: 성별에 따른 취업 및 승진 제한, 성별 임금 격차 등 • 정치적 측면: 정치인, 고위 관리직 등 사회적 권한이 강한 직종에의 여성 진출 저조 등

3 빈곤

의미	인간의 기본적인 욕구를 충족하는 데 필요한 자원이나 소득의 결핍이 지속되는 상태
절대적 빈곤	• 의미: 최소한의 생활을 유지하는 데 필요한 자원이나 소득이 부족한 상태 • 특징: 절대적 빈곤은 주로 저개발국에서 두드러지게 나타나며, 경제 성장을 통해 감소하는 경향이 있지만 선진국에서도 나타날 수 있음 • 빈곤선: 일반적으로는 최저 생활에 소요되는 금액으로 정한 기준이 절대적 빈곤선으로 활용됨
상대적 빈곤	• 의미: 다른 사람들보다 자원이나 소득을 상대적으로 적게 가져 사회 구성원 다수가 누리는 생활 수준을 누리지 못하는 상태 • 특징: 상대적 빈곤은 급속한 경제 성장 과정에서 소득 격차가 심화된 국가에서 부각되며, 선진국과 같이 경제 성장을 이룬 국가에서도 나타날 수 있음 • 빈곤선: 일반적으로 중위 소득의 일정 비율에 해당하는 금액으로 정한 기준이 상대적 빈곤율을 측정하는 상대적 빈곤선으로 활용됨

기출 자료 핵심을 파악하라!

자료 1 사회적 소수자

○ 갑국에 사는 노인 A는 취업 시장에서 불이익을 받거나 카페 등 특정한 장소에서 입장에 제한을 받는 등 나이가 많다는 이유로 차별받았다. (나이가 많다 → 귀속적 특성)

○ 강제 이주로 3대째 을국에서 살고 있는 이주민의 3세 B는 을국 사람들과 구분되는 민족적·인종적 특성으로 인해 을국에서 차별받았다. (민족적·인종적 특성 → 귀속적 특성)

핵심 ① **사회적 소수자의 의미를 이해한다.** 사회적 소수자는 신체적 또는 문화적 특징으로 인해 불평등한 차별적 처우를 받는 사람 또는 집단을 의미한다.

핵심 ② **갑국과 을국의 사례에서 사회적 소수자를 파악한다.** 갑국에서 노인 A는 나이라는 귀속적 특성으로, 을국에서 이주민 3세 B는 민족적·인종적 특성이라는 귀속적 특성으로 차별을 받았다. 따라서 갑국의 A와 을국의 B는 사회적 소수자에 해당한다.

기출 선택지 X를 찾아라!

☑ 다음 중 옳지 않은 설명 3개를 찾아 '×'에 체크하시오.

기출 선택지	○	×
24수능 01. 인종 차별은 후천적 요인에 따른 차별에 해당한다.	☐	☐
24모평 02. 사회적 소수자에 대한 우대 정책은 역차별을 낳을 수 있다.	☐	☐
23모평 03. 우리나라에서는 최저 생계비를 기준으로 상대적 빈곤선이 결정된다.	☐	☐
23수능 04. 절대적 빈곤은 상대적 박탈감이라는 사회 문제를 유발하지 않는다.	☐	☐

X의 정체는?

✓ 01 인종 차별은 ~~후천적 요인~~(생득적·선천적 요인)에 따른 차별에 해당한다.
→ 인종은 생득적·선천적 요인이므로 인종 차별은 생득적·선천적 요인에 따른 차별에 해당한다.

✓ 03 우리나라에서는 최저 생계비를 기준으로 ~~상대적~~(절대적) 빈곤선이 결정된다.
→ 우리나라는 최저 생계비를 기준으로 절대적 빈곤 가구를 파악한다.

✓ 04 절대적 빈곤은 상대적 박탈감이라는 사회 문제를 유발~~하지 않는다~~(할 수 있다).
→ 절대적 빈곤과 상대적 빈곤은 모두 상대적 박탈감의 원인이 된다.

제3권 교육청

2024년

01

| 3월 학력평가 3번 |

빈곤의 유형 A, B에 대한 설명으로 옳은 것은? (단, A, B는 각각 절대적 빈곤, 상대적 빈곤 중 하나임.) [3점]

> A는 최소한의 생활을 유지하는 데 필요한 소득을 기준으로 빈곤 여부를 판단한다. 그러나 최소한의 생활 수준을 정하기가 어렵다는 비판이 제기되면서 전체 국민의 소득 분포를 고려하여 빈곤 여부를 판단하는 B가 등장하였다.

① A를 판단하는 소득 기준은 모든 사회에서 동일하다.
② A에 해당하는 사람은 모두 B에 해당한다.
③ A는 B와 달리 소득 수준이 높은 국가에서는 나타나지 않는다.
④ B는 A와 달리 상대적 박탈감의 원인이 된다.
⑤ A와 B 모두 우리나라에서는 객관화된 기준을 적용하여 파악한다.

02

| 3월 학력평가 9번 |

사회적 소수자와 관련한 다음 두 사례를 종합하여 도출할 수 있는 결론으로 가장 적절한 것은?

> ○ 갑국에서는 민속 음악인들이 과거에는 직업을 이유로 차별받았으나 오늘날에는 대중의 사랑과 존경을 받고 있다.
> ○ 을국에서는 병국 출신 유학생들이 병국 국교를 믿는다는 이유로 병국에서와 달리 차별을 받고 있다.

① 사회적 소수자는 신체적 특징에 의해 규정된다.
② 사회적 소수자 우대 정책은 역차별을 초래할 수 있다.
③ 개인은 여러 사회적 소수자 집단에 중첩되어 속할 수 있다.
④ 사회적 소수자에 대한 차별을 없애려면 제도적 노력이 필요하다.
⑤ 사회적 소수자를 규정하는 기준은 시대와 장소에 따라 달라질 수 있다.

03

| 5월 학력평가 15번 |

다음 자료에 대한 옳은 분석만을 〈보기〉에서 고른 것은? [3점]

〈표 1〉, 〈표 2〉는 각각 갑국 근로자의 근로 형태별 근로자 성비와 성별 비정규직 비율을 나타낸 것이다. 단, 근로 형태는 정규직과 비정규직으로만 구분된다.

〈표 1〉 근로 형태별 근로자 성비

구분	정규직	비정규직
근로자 성비	400	150

〈표 2〉 성별 비정규직 비율

구분	정규직	비정규직
비정규직 비율(%)	60	80

* 근로자 성비: 여성 근로자 100명당 남성 근로자 수

** 성별 비정규직 비율(%) = $\frac{\text{성별 비정규직 근로자 수}}{\text{성별 정규직과 비정규직 근로자 수의 합}} \times 100$

보기

ㄱ. 전체 근로자 중 남성 근로자가 차지하는 비율은 50%이다.
ㄴ. 남성 정규직 근로자 수는 여성 비정규직 근로자 수보다 많다.
ㄷ. 정규직 근로자 중 여성 근로자가 차지하는 비율은 비정규직 근로자 중 여성 근로자가 차지하는 비율보다 낮다.
ㄹ. 전체 근로자 중 비정규직 근로자가 차지하는 비율은 전체 근로자 중 정규직 근로자가 차지하는 비율의 2배이다.

① ㄱ, ㄴ ② ㄱ, ㄷ ③ ㄴ, ㄷ ④ ㄴ, ㄹ ⑤ ㄷ, ㄹ

04

| 7월 학력평가 5번 |

사회적 소수자 A~C에 대한 설명으로 옳은 것은? [3점]

> A는 갑국에서 소수 민족의 자녀로 태어나 갖은 차별을 받았다. 결국 A는 갑국을 떠나 을국으로 이주했지만 갑국의 소수 민족은 게으르다는 편견 때문에 취업에 계속 실패했다. 을국에서 생활에 어려움을 겪던 A는 취업에 대한 조언을 얻기 위해 지인의 소개로 대기업 사원 B를 만났다. 하지만 B도 여성이라는 이유로 회사 내에서 주요 직책은 맡지 못하고 있다는 사실을 알게 되었다. 이러한 경험을 토대로 A와 B는 흔치 않은 피부색을 가졌다는 이유로 B의 회사에서 차별받던 C와 함께 사회적 소수자 차별을 금지하는 내용의 입법 청원을 제기하였다.

① A는 신체적 특징을 이유로 역차별을 받았다.
② B는 선천적 요인으로 인해 차별을 받았다.
③ B와 달리 A는 한 사회 내에서 여러 사회적 소수자 집단에 중첩되어 속해 있다.
④ B와 달리 C는 문화적 특징으로 인해 차별을 받았다.
⑤ A, B, C 모두 사회적 소수자에 대한 차별을 개인적 차원에서 해결하고자 하였다.

05

| 7월 학력평가 8번 |

빈곤의 유형 A, B에 대한 설명으로 옳은 것은? (단, A, B는 각각 절대적 빈곤, 상대적 빈곤 중 하나임.)

1995년 세계 정상 회의 결과 발표된 유엔 선언은 A에 대해 "기본적인 인간 욕구의 심각한 박탈 상태를 의미하며, 이러한 욕구에는 음식, 안전한 식수, 위생 시설, 건강, 주택, 교육, 정보 등을 포함한다."고 정의하였다. 한편 B도 A와 마찬가지로 물질적인 측면의 결핍뿐만 아니라 비물질적인 측면에서의 결핍까지 포함한다. 가령 특정 지역 사회에서 대다수를 차지하는 백인 가정 자녀들이 대학 교육까지 이수하는 데 비해 흑인 가정 자녀들은 교육 수준이 낮다면 비록 물질적으로는 생계에 큰 지장이 없다 하더라도 흑인 가정 자녀들은 B에 해당한다고 할 수 있다.

① A는 사회 구성원의 소득 분포 상태를 고려하지 않는 개념이라는 평가를 받는다.
② B는 개인이 스스로 빈곤하다고 인식하는 상태를 의미한다.
③ B를 판단하는 기준선과 달리 A를 판단하는 기준선은 시간과 장소에 관계없이 보편적으로 적용된다.
④ 소득 수준이 높은 국가에서는 A가, 저개발 국가에서는 B가 나타나지 않는다.
⑤ 상대적 빈곤선이 절대적 빈곤선보다 높으면 B에 해당하는 모든 가구는 A에 해당한다.

06

| 10월 학력평가 18번 |

다음 자료에 대한 옳은 설명만을 〈보기〉에서 있는 대로 고른 것은?

교사: 사회에는 다양한 사회 불평등이 존재합니다. 이에 대한 해결 방안을 발표해 보세요.
갑: 인종이 다르다는 이유로 차별받는 사람들을 위해 인식 개선 캠페인이 진행되어야 합니다.
을: 최소한의 생활 수준 유지가 어려운 상태에 있는 사람을 돕기 위해 생계비 지원 정책을 마련해야 합니다.
병: 고위직 공무원 임명 시 특정 성별이 오랫동안 배제되어 왔습니다. 이러한 차별을 해소하기 위해 해당 성별을 일정 비율 이상 임명하도록 하는 법을 마련해야 합니다.

보기
ㄱ. 갑은 귀속적 요인으로 인한 차별의 해결 방안을 발표하였다.
ㄴ. 을은 절대적 빈곤의 해결 방안을 발표하였다.
ㄷ. 병은 역차별의 해결 방안을 발표하였다.

① ㄱ ② ㄷ ③ ㄱ, ㄴ ④ ㄴ, ㄷ ⑤ ㄱ, ㄴ, ㄷ

2023년

07

| 3월 학력평가 7번 |

다음 자료의 갑, 을에 대한 설명으로 옳은 것은?

○ 갑은 국민 대다수가 ○○ 종교를 믿는 A국에서 △△ 종교를 믿는다는 이유로 차별을 받고 있다. 갑은 △△ 종교 신도들과 함께 차별 철폐를 위한 SNS 활동을 하고 있다.
○ 을은 소수의 백인들이 지배하는 B국에서 흑인이라는 이유로 차별을 받고 있다. 을은 B국의 인종 차별적인 제도를 폐지하기 위해 시민 단체 활동을 하고 있다.

① 갑은 을과 달리 사회적 소수자에 해당한다.
② 갑은 을과 달리 주류 집단에 의한 차별을 경험하고 있다.
③ 을은 갑과 달리 역차별 문제를 제기할 것이다.
④ 을은 갑과 달리 후천적 요인에 의해 차별을 받고 있다.
⑤ 갑과 을은 모두 차별을 해소하고자 노력하고 있다.

08

| 3월 학력평가 10번 |

다음 자료에 대한 옳은 분석만을 〈보기〉에서 있는 대로 고른 것은? [3점]

표는 갑국의 직종별, 시기별 임금 성비를 나타낸 것이다. 임금 성비는 '(여성 평균 임금/남성 평균 임금)×100'으로 계산한다. 갑국은 A, B 직종 외에도 다양한 직종이 존재한다.

구분	t년	t+10년	t+20년
전체 직종	60	70	80
A 직종	50	50	50
B 직종	50	70	100

보기
ㄱ. 전체 직종에서 여성 평균 임금은 10년마다 10%씩 상승하였다.
ㄴ. t년에 A 직종에서 여성 평균 임금이 400만 원이라면 남성 평균 임금은 200만 원이다.
ㄷ. t+10년에 A, B 직종의 여성 평균 임금이 같다면 남성 평균 임금은 B 직종보다 A 직종에서 높다.
ㄹ. t+20년에 B 직종에서 남성과 여성의 평균 임금은 같다.

① ㄱ, ㄴ ② ㄱ, ㄷ ③ ㄷ, ㄹ
④ ㄱ, ㄴ, ㄹ ⑤ ㄴ, ㄷ, ㄹ

제3권 교육청

09

| 3월 학력평가 12번 |

다음 자료에 대한 설명으로 옳은 것은? (단, 갑국의 모든 가구는 그 구성원 수가 동일함.) [3점]

> 갑국에서는 가구 소득이 ㉠최저 생계비에 미치지 못하는 가구를 ㉡절대적 빈곤 가구로 파악하고, 가구 소득이 ㉢중위 소득의 50%에 미치지 못하는 가구를 ㉣상대적 빈곤 가구로 파악한다. 2022년에 갑국에서 가구 소득을 조사한 결과 절대적 빈곤 가구에는 해당하지 않지만, 상대적 빈곤 가구에는 해당하는 가구가 전체 가구 중에서는 10%, 상대적 빈곤 가구 중에서는 20%로 나타났다.

① 2022년에 ㉠은 ㉢보다 높다.
② ㉡은 ㉣과 달리 객관적인 기준에 의해 파악된다.
③ 2022년에 ㉣의 80%는 ㉡에도 해당한다.
④ 저개발 국가에서는 ㉣이, 선진국에서는 ㉡이 나타나지 않는다.
⑤ 2022년에 ㉡, ㉣ 중 어디에도 해당하지 않는 가구 수가 ㉣에 해당하는 가구 수보다 많다.

10

| 4월 학력평가 15번 |

다음 자료에 대한 옳은 분석만을 〈보기〉에서 있는 대로 고른 것은?

> 표는 갑국의 해당 연도 남성 정규직 근로자 평균 임금을 100이라고 할 때 다른 근로자 평균 임금의 상대적 수치를 나타낸다. 단, 남성 정규직 근로자 평균 임금은 매년 상승하였다.

구분	1992년	2002년	2012년	2022년
남성 비정규직	80	83	87	83
여성 정규직	66	78	82	88
여성 비정규직	44	50	54	69

보기

ㄱ. 여성 비정규직 근로자 평균 임금 대비 여성 정규직 근로자 평균 임금의 비(比)는 2002년이 1992년보다 크다.
ㄴ. 남성 정규직 근로자와 남성 비정규직 근로자 간 평균 임금의 차는 2012년이 2002년보다 작다.
ㄷ. 2012년 대비 2022년 평균 임금 상승률은 여성 정규직 근로자가 남성 정규직 근로자보다 높다.
ㄹ. 2022년에는 1992년과 달리 여성 비정규직 근로자 평균 임금은 전체 비정규직 근로자 평균 임금의 50%를 넘는다.

① ㄱ, ㄴ ② ㄱ, ㄷ ③ ㄴ, ㄹ
④ ㄱ, ㄷ, ㄹ ⑤ ㄴ, ㄷ, ㄹ

11

| 7월 학력평가 5번 |

다음은 질문의 답변에 따라 빈곤의 유형 A, B를 구분한 것이다. 이에 대한 설명으로 옳은 것은? (단, A, B는 각각 절대적 빈곤, 상대적 빈곤 중 하나임.)

질문 \ 답변	예	아니요
인간 생존에 필요한 최소한의 자원이나 소득이 결핍된 상태를 의미하는가?	A	B
(가)	B	A

① A는 사회 구성원의 평판에 따른 빈곤 상태를 말한다.
② B는 사회 구성원들의 소득 분포를 고려하여 파악한다.
③ A에 해당하는 모든 가구는 항상 B 가구에 포함된다.
④ B는 A와 달리 상대적 박탈감을 유발한다.
⑤ (가)에는 '우리나라에서는 객관화된 기준을 적용하여 파악하는가?'가 들어갈 수 있다.

12

| 7월 학력평가 6번 |

사회적 소수자 A~E에 대한 설명으로 옳은 것은?

이번 주 영화 대 영화

영화1

여성이라는 이유로 취업에 실패하던 A는 지인의 소개로 대형 마트에 비정규직으로 취업한다. 그러던 어느 날 A는 정규직이 아니라는 이유로 불합리한 처우를 받게 되어 고통을 겪는다. 이에 북한 이탈 주민인 자신에 대한 주변의 차별적 태도에 고통받던 B와 이주 노동자라는 출신 배경 때문에 부당한 대우를 받던 C가 다가와 손을 내민다. 결국 손을 맞잡은 그들은 사회적 소수자의 차별 철폐를 위한 투쟁을 시작하는데 …….

영화2

D는 공장에서 야간 작업을 하던 중 불의의 사고로 다리를 잃게 되어 장애인이 된다. 이후 D는 주변 사람들로부터 장애로 인한 차별적 대우를 받게 되지만 현실에 순응한 채 살아간다. D의 자녀 E는 자폐 스펙트럼 장애를 가지고 태어났지만 사회적 차별을 극복해 가며 로스쿨에 진학한다. 우수한 성적으로 졸업한 E는 장애인 노동자들의 노동 환경 및 처우 개선을 위한 법 개정에 앞장서는 법률 전문가로 활동하게 되는데 …….

① A는 한 개인이 여러 사회적 소수자 집단에 중첩되어 속할 수 있음을 보여 주는 사례이다.
② A는 D와 달리 수적인 열세로 인해 차별을 받았다.
③ B는 C와 달리 주류 집단과 구별되는 신체적 특징을 이유로 차별을 받았다.
④ D는 E와 달리 선천적 요인으로 인해 차별을 받았다.
⑤ E는 A와 달리 사회적 소수자의 불리한 위치를 개선하기 위해 노력하였다.

13

| 7월 학력평가 10번 |

다음 자료에 대한 분석으로 옳은 것은? [3점]

표는 갑국의 시기별 남성 노동자와 여성 노동자의 임금 격차 지수 및 여성 임금 비율을 나타낸 것이다. 갑국의 남성 노동자 평균 임금은 t년 이후 지속적으로 상승하였다.

구분	t년	t+10년	t+20년	t+30년
임금 격차 지수	40	30	50	60
여성 임금 비율(%)	75	87.5	62.5	50

* 임금 격차 지수 = $\frac{\text{(남성 노동자 평균 임금 − 여성 노동자 평균 임금)}}{\text{남성 노동자 평균 임금}} \times 100$

** 여성 임금 비율(%) = $\frac{\text{여성 노동자 평균 임금}}{\text{전체 노동자 평균 임금}} \times 100$

① t년에 여성 노동자 평균 임금은 남성 노동자 평균 임금의 40%이다.
② t년은 t+10년에 비해 여성 노동자 평균 임금이 많다.
③ t+20년은 t+10년과 달리 여성 노동자 수가 남성 노동자 수보다 적다.
④ t+30년은 t+20년에 비해 남성 노동자 수가 감소하였다.
⑤ 갑국의 시기별 전체 노동자의 평균 임금은 모두 동일하다.

14

| 10월 학력평가 15번 |

다음 자료에 대한 분석으로 옳은 것은? [3점]

갑국 전체 근로자 월평균 임금은 2000년에 3,800달러이고, 2020년에 4,800달러이다. 표는 갑국 근로자 집단별 월평균 임금 갭을 나타낸 것이다. 단, 각 연도에 연령대별 남성 근로자 수가 모두 같고, 연령대별 여성 근로자 수도 모두 같다.

(단위: 달러)

연령대	2000년		2020년	
	남성	여성	남성	여성
20대 이하	-800	-1,300	-800	-800
30대	-300	-500	-300	-600
40대	700	-100	700	200
50대 이상	1,200	700	1,200	400
전체	200	-300	200	-200

* 갑국 근로자 집단별 월평균 임금 갭(달러) = 해당 근로자 집단 월평균 임금 - 갑국 전체 근로자 월평균 임금

① 2000년에 월 임금 총액은 20대 이하 남성 근로자와 50대 이상 여성 근로자가 같다.
② 2020년에 월평균 임금은 30대 남성 근로자가 40대 여성 근로자보다 크다.
③ 30대 근로자의 성별 월평균 임금의 차이는 2000년이 2020년보다 크다.
④ 2000년 대비 2020년에 40대 근로자의 월평균 임금 증가율은 남성이 여성보다 크다.
⑤ 연령대별 근로자의 성별 월평균 임금의 차이는 2000년과 2020년 모두 50대 이상이 가장 크다.

15

| 10월 학력평가 17번 |

다음 자료에 대한 설명으로 옳은 것은?

갑국에서 소득이 최저 생계비 미만인 가구는 ㉠절대적 빈곤 가구로, 소득이 중위 소득의 50% 미만인 가구는 ㉡상대적 빈곤 가구로 분류된다. 2022년에 갑국에서 소득이 중위 소득의 50% 이상인 가구의 수는 전체 가구 중 80%이고, 소득이 최저 생계비 미만인 가구 수의 10배이다. 단, 갑국에서 모든 가구의 구성원 수는 같다.

① ㉠은 ㉡과 달리 객관적인 기준에 의해 규정된다.
② ㉡은 ㉠과 달리 한 사회의 소득 분포를 고려하여 규정된다.
③ ㉠과 ㉡은 모두 소득 불평등이 전혀 없는 사회에서는 나타나지 않는다.
④ 2022년에 갑국에서 전체 가구 중 상대적 빈곤 가구의 비율은 8%이다.
⑤ 2022년에 갑국에서 전체 빈곤 가구 중 절대적 빈곤 가구의 비율은 50%보다 높다.

제3권 교육청

2022년

16

| 3월 학력평가 13번 |

다음 자료에 대한 분석으로 옳은 것은? [3점]

표는 갑국의 5년 전 대비 성별 근로자 평균 임금 상승률을 나타낸 것이다. 갑국에서 남성 근로자 수와 여성 근로자 수는 항상 같고, 2005년에 남성 근로자 평균 임금은 여성 근로자 평균 임금의 2배이다.

(단위: %)

구분	2010년	2015년	2020년
남성 근로자 평균 임금 상승률	5	7	13
여성 근로자 평균 임금 상승률	7	9	11

① 2005년 대비 2010년에 전체 근로자 평균 임금 상승률은 12%이다.
② 5년 전 대비 전체 근로자 평균 임금 상승률은 2010년이 2015년보다 크다.
③ 남성 근로자와 여성 근로자 간의 평균 임금 차이는 2005년이 2010년보다 크다.
④ 전체 근로자 평균 임금 대비 여성 근로자 평균 임금은 2015년이 2020년보다 크다.
⑤ 2010년 대비 2020년에 남성 근로자와 여성 근로자 모두 평균 임금이 20% 상승하였다.

17

| 4월 학력평가 12번 |

다음에 대한 설명으로 옳은 것은? (단, A와 B는 각각 절대적 빈곤, 상대적 빈곤 중 하나이다.) [3점]

A는 최소한의 생활 유지에 필요한 자원이나 소득이 부족한 상태를, B는 사회 구성원 대다수가 누리는 일반적 생활 수준을 영위하는 데 필요한 자원이나 소득이 부족한 상태를 의미한다. 갑국에서는 가구 소득이 최저 생계비 미만이면 A 가구로, 중위 소득의 50% 미만이면 B 가구로 분류하며 모든 가구의 구성원 수는 동일하다. t년에 갑국의 전체 가구 중 B 가구에만 해당하는 가구의 비율은 5%이고, A 가구나 B 가구 어디에도 해당하지 않는 가구의 비율은 85%이다.

① A는 소득 수준이 높은 국가에서는 나타나지 않는다.
② A는 B와 달리 상대적 박탈감의 발생 원인이 될 수 있다.
③ 갑국에서 B는 A와 달리 객관화된 기준에 의해 규정된다.
④ t년에 갑국에서는 최저 생계비의 2배가 중위 소득보다 크다.
⑤ t년에 갑국의 전체 가구 중 A 가구와 B 가구 모두에 해당하는 가구의 비율은 10%이다.

18

| 4월 학력평가 20번 |

다음 자료에 대한 옳은 분석 및 추론만을 〈보기〉에서 있는 대로 고른 것은?

표는 갑국의 임금 불평등을 파악하기 위해 t년과 t+20년의 성별 및 고용 형태별 근로자의 시간당 평균 임금을 조사한 후, 이를 토대로 분석한 자료이다. 단, 남성 정규직 근로자 시간당 평균 임금은 t+20년이 t년의 2배이다.

(단위: %)

구분		t년	t+20년
남성 정규직 근로자 시간당 평균 임금 대비 여성 정규직 근로자 시간당 평균 임금		40	80
정규직 근로자 시간당 평균 임금 대비 비정규직 근로자 시간당 평균 임금	전체	35	84
	남	62	90
	여	65	87

〈보기〉

ㄱ. 여성 정규직 근로자 시간당 평균 임금은 t+20년이 t년의 4배이다.
ㄴ. 남성 정규직 근로자와 여성 정규직 근로자 간 임금 불평등은 t+20년이 t년에 비해 심화되었다.
ㄷ. t년 대비 t+20년 시간당 평균 임금의 증가율은 전체 정규직 근로자가 전체 비정규직 근로자보다 낮다.
ㄹ. t년과 t+20년 모두 남성 비정규직 근로자 시간당 평균 임금이 여성 비정규직 근로자 시간당 평균 임금보다 높다.

① ㄱ, ㄴ ② ㄱ, ㄹ ③ ㄴ, ㄷ
④ ㄱ, ㄷ, ㄹ ⑤ ㄴ, ㄷ, ㄹ

19

| 7월 학력평가 3번 |

그림은 빈곤의 유형 A와 B를 구분한 것이다. 이에 대한 설명으로 옳은 것은? (단, A와 B는 각각 상대적 빈곤, 절대적 빈곤 중 하나이다.)

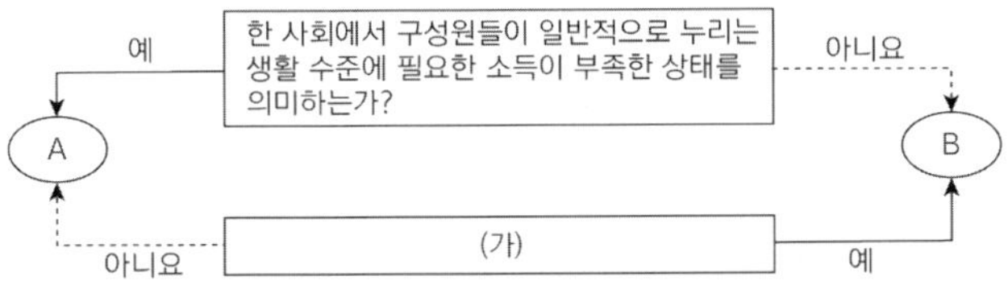

① A는 B와 달리 상대적 박탈감의 원인이 된다.
② A는 B와 달리 소득 수준이 높은 국가에서는 나타나지 않는다.
③ B에 속하지 않는 가구도 A에 속할 수 있다.
④ 우리나라에서는 가구 소득이 중위 소득의 50% 미만인 상태를 B로 분류한다.
⑤ (가)에는 '우리나라에서는 객관화된 기준에 의해 분류되는가?'가 들어갈 수 있다.

20

| 7월 학력평가 10번 |

다음 자료에 대한 옳은 분석만을 〈보기〉에서 있는 대로 고른 것은? [3점]

다음은 연구자 갑이 A국의 노동 관련 성 불평등을 연구하기 위해 수집한 자료이다. A국에서 남성 노동자의 평균 임금은 t년에 비해 t+10년에는 10%, t년에 비해 t+20년에는 25% 증가하였다. 또한 남성 노동자 수는 제시된 연도에서 모두 같다.

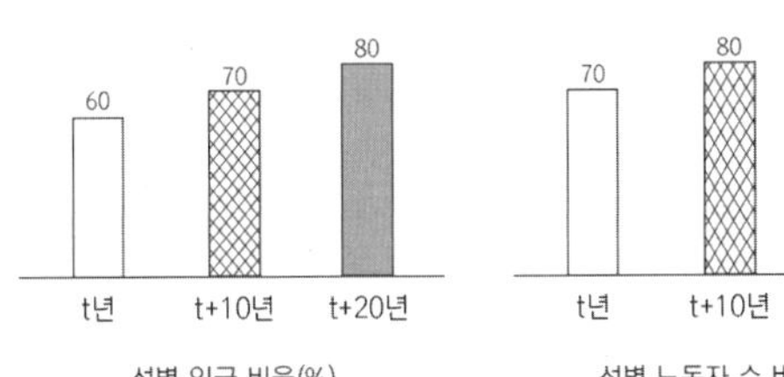

* 성별 임금 비율(%)=(여성 노동자 평균 임금/남성 노동자 평균 임금)×100
** 성별 노동자 수 비율(%)=(여성 노동자 수/남성 노동자 수)×100

보기

ㄱ. t년에 비해 t+10년에 여성 노동자 평균 임금은 20% 이상 증가하였다.
ㄴ. t년에 비해 t+20년에 평균 임금액의 성별 격차는 증가하였지만 노동자 수의 성별 격차는 감소하였다.
ㄷ. t+10년에 비해 t+20년에 남성 노동자 수와 여성 노동자 수의 격차는 50% 감소하였다.
ㄹ. 제시된 연도 중에 전체 남성 노동자의 총임금과 전체 여성 노동자의 총임금 간 격차는 t+20년이 가장 작다.

① ㄱ, ㄴ ② ㄱ, ㄷ ③ ㄴ, ㄹ
④ ㄱ, ㄷ, ㄹ ⑤ ㄴ, ㄷ, ㄹ

21

| 7월 학력평가 17번 |

다음은 수행 평가에서 갑이 작성한 답과 채점 결과를 나타낸 것이다. 이에 대한 옳은 설명만을 〈보기〉에서 고른 것은? [3점]

Q: 주어진 응답에 맞는 사회적 소수자 관련 질문 (가)~(라)를 작성하시오.

응답	답란(질문)		채점
예	(가)	㉠	1점
	(나)	사회적 소수자 규정 기준은 시대와 사회에 상관없이 동일한가?	㉢
아니요	(다)	수적으로 반드시 소수(少數)를 의미하는가?	㉣
	(라)	㉡	0점
점수 합계			2점

* 옳은 답을 쓴 경우 1점, 틀린 답을 쓴 경우 0점을 부여한다.

보기

ㄱ. ㉠에는 '사회적 소수자를 위한 적극적 우대 조치는 주류 집단에 대한 역차별이라는 비판을 받기도 하는가?'가 들어갈 수 있다.
ㄴ. ㉡에는 '스스로 사회적 소수자로서의 정체성을 인식하고 있는 것이 사회적 소수자의 조건이 되는가?'가 들어갈 수 있다.
ㄷ. ㉢은 ㉣과 달리 '1점'으로 채점된다.
ㄹ. (나)에 작성한 질문과 (다)에 작성한 질문의 위치를 서로 바꿔 썼다면, 갑의 점수 합계는 1점이 된다.

① ㄱ, ㄴ ② ㄱ, ㄷ ③ ㄴ, ㄷ ④ ㄴ, ㄹ ⑤ ㄷ, ㄹ

22

| 10월 학력평가 7번 |

다음 자료에 대한 옳은 분석만을 〈보기〉에서 고른 것은? [3점]

> A는 최소한의 생활을 유지하기 어려운 상태를, B는 사회 구성원들이 누리는 일반적인 생활 수준에 미치지 못하는 상태를 의미한다. 갑국에서는 가구 소득이 최저 생계비 미만인 경우를 A로, 중위 소득의 40% 미만인 경우를 B로 분류한다. 그림은 갑국의 전체 가구 중 ㉠A에 해당하는 가구의 비율(%), ㉡B에 해당하는 가구의 비율(%)을 나타낸 것이다. 단, 갑국에서 모든 가구의 구성원 수는 같다.

〈보기〉

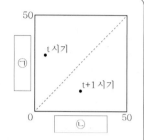

ㄱ. ㉠과 ㉡을 더하면 갑국의 전체 빈곤율이 된다.
ㄴ. ㉠과 ㉡은 모두 객관화된 기준에 의해 측정된다.
ㄷ. t 시기에는 A이지만 B는 아닌 가구가 있다.
ㄹ. t+1 시기에는 중위 소득의 40%가 최저 생계비보다 낮다.

① ㄱ, ㄴ ② ㄱ, ㄷ ③ ㄴ, ㄷ ④ ㄴ, ㄹ ⑤ ㄷ, ㄹ

23

| 10월 학력평가 15번 |

다음 자료에 대한 분석으로 옳은 것은? [3점]

> 성별에 따른 임금 수준의 차이는 '임금 성비'라는 지표를 통해 파악해 볼 수 있다. 임금 성비는 '(여성의 평균 임금/남성의 평균 임금)×100'으로 계산한다. 표는 갑국의 성별에 따른 월평균 임금의 변화 추이를 전체 업종과 ○○ 업종으로 구분하여 나타낸 것이다.

(단위: 달러)

구분		t년	t+1년	t+2년
전체 업종	남성	1,000	1,500	2,000
	여성	600	900	1,500
○○ 업종	남성	800	1,300	1,800
	여성	700	1,200	1,800

① 전체 업종에서 t년과 t+2년의 임금 성비는 같다.
② 임금 성비는 모든 시기에서 ○○ 업종이 전체 업종보다 낮다.
③ ○○ 업종과 달리 전체 업종에서는 성별 임금 수준의 불평등이 심화되고 있다.
④ 전체 업종에서 월평균 임금의 전년 대비 상승률은 남성의 경우 t+1년과 t+2년이 동일하다.
⑤ ○○ 업종에서 월평균 임금의 전년 대비 상승률은 t+1년과 t+2년 모두 여성이 남성보다 높다.

2021년

24

| 3월 학력평가 15번 |

표에 대한 분석으로 옳은 것은? (단, 각 국가 내에서 남성 근로자 수와 여성 근로자 수는 같다.) [3점]

〈성별 근로자 월평균 임금〉

(단위: 달러)

구분	갑국	을국	병국
남성 근로자	3,400	3,800	4,000
여성 근로자	2,600	2,800	2,800

① 갑국에서 여성 근로자 월평균 임금은 전체 근로자 월평균 임금의 90% 수준을 넘는다.
② 을국에서 성별 근로자 월평균 임금 격차는 남성 근로자 월평균 임금의 1/3 수준을 넘는다.
③ 병국에서 남성 근로자 월평균 임금은 전체 근로자 월평균 임금보다 800달러 많다.
④ 남성 근로자 월평균 임금에 대한 여성 근로자 월평균 임금의 비는 을국이 병국보다 크다.
⑤ 갑국~병국 중 성별 근로자 월평균 임금 격차는 갑국이 가장 크다.

25

| 4월 학력평가 10번 |

그래프에 대한 옳은 분석만을 〈보기〉에서 고른 것은? [3점]

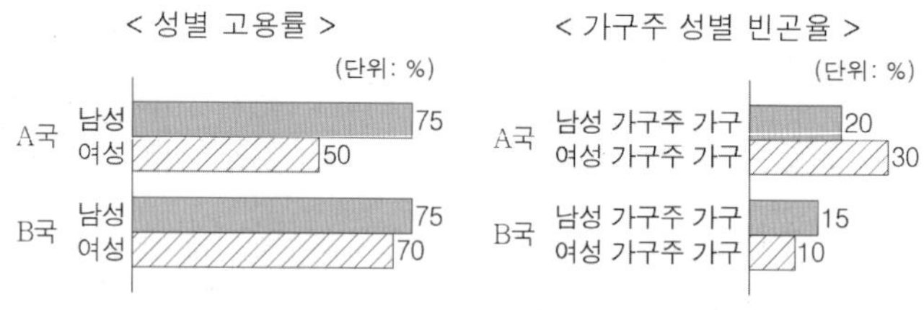

* 성별 고용률(%) = $\frac{\text{성별 15세 이상 취업자 수}}{\text{성별 15세 이상 인구}} \times 100$

** 가구주 성별 빈곤율(%) = $\frac{\text{가구주 성별 빈곤 가구 수}}{\text{가구주 성별 가구 수}} \times 100$

*** A국과 B국 모두 남성 가구주 가구 수가 여성 가구주 가구 수보다 많음

〈보기〉

ㄱ. A국의 15세 이상 취업자 중, 남성 취업자 수는 여성 취업자 수의 1.5배이다.
ㄴ. B국의 15세 이상 남성 중, 취업자 수는 취업자가 아닌 사람 수의 3배이다.
ㄷ. A국은 전체 가구의 50%가 빈곤 가구에 해당한다.
ㄹ. B국의 빈곤 가구 중, 남성 가구주 가구 수가 여성 가구주 가구 수보다 많다.

① ㄱ, ㄴ ② ㄱ, ㄷ ③ ㄴ, ㄷ ④ ㄴ, ㄹ ⑤ ㄷ, ㄹ

26

| 7월 학력평가 12번 |

다음 자료에 대한 옳은 분석만을 〈보기〉에서 고른 것은? [3점]

다음은 연구자 갑이 A국의 성 불평등 정도와 그 변화를 분석하기 위해 지수를 개발하여 측정한 결과이다. 모든 시기의 전체 근로자 성비는 1:1이며, t년 대비 t+10년에 정규직 근로자 수는 증가하였다.

구분	t년	t+10년	t+20년
성별 임금 격차 지수	40	20	80
성별 채용 안정성 지수	40	40	50

* 성별 임금 격차 지수 = $\frac{\text{남성 근로자 평균 임금} - \text{여성 근로자 평균 임금}}{\text{근로자 전체 평균 임금}} \times 100$

** 성별 채용 안정성 지수 = $\frac{\text{남성 정규직 근로자 수} - \text{여성 정규직 근로자 수}}{\text{정규직 전체 근로자 수}} \times 100$

보기

ㄱ. t년에 남성 근로자 평균 임금은 여성 근로자 평균 임금의 2배이다.
ㄴ. t+10년에 남성 정규직 근로자 수는 여성 정규직 근로자 수보다 많다.
ㄷ. 여성 정규직 근로자 수는 t년과 t+10년이 같다.
ㄹ. 남성 근로자 평균 임금 대비 여성 근로자 평균 임금의 비율은 t+10년이 t+20년보다 크다.

① ㄱ, ㄴ ② ㄱ, ㄷ ③ ㄴ, ㄷ ④ ㄴ, ㄹ ⑤ ㄷ, ㄹ

27

| 10월 학력평가 20번 |

다음 자료에 대한 분석으로 옳은 것은? [3점]

표는 갑~병국의 여성 근로자 임금 차별 지수를 알아보기 위한 것이다.

구분	갑국	을국	병국
남성 근로자 임금 총액 대비 여성 근로자 임금 총액	$\frac{3}{5}$	$\frac{5}{4}$	$\frac{3}{5}$
남성 근로자 수 대비 여성 근로자 수	$\frac{3}{4}$	$\frac{5}{3}$	$\frac{2}{3}$

* 여성 근로자 임금 차별 지수 = 전체 근로자 임금 총액 중 여성 근로자 임금 총액의 비율/전체 근로자 중 여성 근로자의 비율

** 여성 근로자 임금 차별 지수가 1보다 작은 경우 여성 근로자에 대한 임금 차별이 존재하고, 그 값이 0에 가까울수록 차별 정도가 심함

① 여성 근로자 임금 차별 지수는 갑국이 을국보다 크다.
② 남성 근로자 평균 임금 대비 여성 근로자 평균 임금은 을국이 병국보다 크다.
③ 갑국과 병국 모두에서 여성 근로자 평균 임금은 남성 근로자 평균 임금의 60% 수준이다.
④ 여성 근로자 임금 차별 지수에 따르면 여성 근로자에 대한 임금 차별은 을국이 병국보다 심하다.
⑤ 갑~병국 모두에서 전체 근로자 중 여성 근로자 비율이 전체 근로자 임금 총액 중 여성 근로자 임금 총액 비율보다 낮다.

2020년

28

| 3월 학력평가 6번 |

다음 자료에 대한 설명으로 옳은 것은? (단, 갑국에서 모든 가구의 구성원 수는 같다.) [3점]

갑국에서는 소득이 최저 생계비에 미치지 못하는 가구를 ㉠절대적 빈곤 가구, 중위 소득의 50%에 미치지 못하는 가구를 ㉡상대적 빈곤 가구로 규정한다. 2019년에 갑국에서 가구 소득을 조사한 결과 상대적 빈곤 가구에는 해당하지만 절대적 빈곤 가구에는 해당하지 않는 가구가 전체 가구 중 15%, 상대적 빈곤 가구 중 50%로 나타났다.

① ㉠은 ㉡과 달리 판단 기준이 국가에 따라 다를 수 있다.
② ㉡은 ㉠과 달리 주관적으로 느끼는 빈곤이다.
③ 2019년 갑국에서 최저 생계비보다 중위 소득의 50% 금액이 작다.
④ 2019년 갑국에서 전체 가구 중 상대적 빈곤 가구의 비율은 35%이다.
⑤ 2019년 갑국에서 두 유형의 빈곤 가구 중 절대적 빈곤 가구에만 해당하는 가구는 없다.

29

| 4월 학력평가 15번 |

표는 갑국의 연도별 소득 5분위 배율을 나타낸 것이다. 이에 대한 분석으로 옳은 것은? (단, 갑국의 가구 유형은 남성 가구주 가구, 여성 가구주 가구로만 구분된다.) [3점]

구분	2016년	2017년	2018년	2019년
전체 가구	13.2	12.8	13.0	12.7
남성 가구주 가구	12.3	11.9	12.0	11.6
여성 가구주 가구	13.0	12.4	12.5	12.6

* '소득 5분위 배율=5분위 평균 소득/1분위 평균 소득'이며, 5분위는 소득 상위 20% 이내, 1분위는 소득 하위 20% 이내 가구들을 의미함

** 각 연도에서 개별 가구의 소득은 서로 다름

*** 여성 가구주 가구의 경우, 1분위 평균 소득은 매년 상승하였음

① 2016년 전체 가구 중 과반이 여성 가구주 가구이다.
② 2016년 남성 가구주 가구가 여성 가구주 가구에 비해 5분위 평균 소득이 낮다.
③ 2017년 여성 가구주 가구가 남성 가구주 가구에 비해 5분위 평균 소득과 1분위 평균 소득 간 액수 차가 크다.
④ 2018년 남성 가구주 가구의 경우, 소득 상위 10% 이내 가구들의 평균 소득은 소득 하위 10% 이내 가구들의 평균 소득의 12배보다 크다.
⑤ 2019년 여성 가구주 가구의 경우, 5분위 평균 소득은 2018년에 비해 감소하였다.

30

| 7월 학력평가 15번 |

다음 자료에 대한 옳은 분석만을 〈보기〉에서 있는 대로 고른 것은? [3점]

사회 · 문화 수업 시간에 A~C 모둠은 사회적 소수자의 실태에 대해 알아보기 위해 다음과 같이 가설을 설정하고 각각 2개 항목의 자료를 수집하였다.

모둠	가설	수집한 자료
A	빈곤 가구는 비빈곤 가구에 비해 문화생활에 소요하는 시간이 적을 것이다.	ㅇ빈곤 가구가 주당 문화생활에 소요하는 평균 시간 3.3시간 ㅇ비빈곤 가구가 주당 문화생활에 소요하는 평균 시간 6.9시간
B	여성 취업자는 남성 취업자에 비해 경력 단절의 평균 기간이 길 것이다.	ㅇ전체 취업자 중에서 여성이 차지하는 비율 40% ㅇ (가) 20%
C	외국인 노동자는 내국인 노동자에 비해 근로 시간당 임금이 낮을 것이다.	ㅇ주당 총 근로 시간의 격차(내국인 노동자 - 외국인 노동자) 3,000시간 ㅇ주당 총 임금의 격차(내국인 노동자 - 외국인 노동자) 9,000달러

보기

ㄱ. C 모둠이 수집한 자료를 통해 근로 시간당 임금은 사회적 소수자 집단이 그렇지 않은 집단의 1/3임을 알 수 있다.
ㄴ. B 모둠은 A 모둠과 달리 경제적 수준에 따라 사회적 소수자 집단이 받는 차별 실태를 알아보고자 한다.
ㄷ. C 모둠은 A 모둠과 달리 수집한 자료가 가설 검증에 적합하지 않다.
ㄹ. (가)가 '전체 취업자의 총 경력 단절 기간 중에서 남성의 경력 단절 기간이 차지하는 비율'이라면, B 모둠에서 수집한 모든 자료는 가설 검증에 적합하다.

① ㄱ, ㄴ ② ㄴ, ㄹ ③ ㄷ, ㄹ
④ ㄱ, ㄴ, ㄷ ⑤ ㄱ, ㄷ, ㄹ

31

| 10월 학력평가 10번 |

표에 대한 분석으로 옳은 것은? [3점]

〈갑국 근로자의 평균 임금〉

(단위: 달러)

구분	2000년		2010년	
	남자	여자	남자	여자
내국인	2,000	1,600	2,500	2,100
외국인	1,400	1,000	1,700	1,500
전체	1,900	1,500	2,400	2,000

① 2000년에 내국인 남자 근로자 임금 총액에 대한 외국인 여자 근로자 임금 총액의 비는 1/2이다.
② 2010년에 내국인 근로자 평균 임금에 대한 외국인 근로자 평균 임금의 비는 3/5보다 작다.
③ 2010년에 남자 근로자와 여자 근로자 간 평균 임금 차이보다 내국인 근로자와 외국인 근로자 간 평균 임금 차이가 크다.
④ 남자 근로자 평균 임금에 대한 여자 근로자 평균 임금의 비는 2000년보다 2010년이 작다.
⑤ 2000년 대비 2010년에 내국인 여자 근로자 평균 임금 증가율보다 내국인 남자 근로자 평균 임금 증가율이 크다.

2019년

32

| 3월 학력평가 15번 |

다음 자료에 대한 분석으로 옳은 것은? [3점]

갑국은 구성원 수가 동일한 11가구로 이루어져 있으며, 각 가구의 월 소득은 표와 같다.

(단위: 백 달러)

가구	A	B	C	D	E	F	G	H	I	J	K
월 소득	5	15	20	30	40	60	70	80	100	120	150

갑국에서는 월 소득이 최저 생계비(3천 달러) 미만인 가구를 절대적 빈곤 가구, 중위 소득의 1/2 미만인 가구를 상대적 빈곤 가구로 본다. 중위 소득은 전체 가구를 소득순으로 나열했을 때 한가운데 위치한 가구의 소득을 말한다.

① 중위 소득은 4천 달러이다.
② 절대적 빈곤 가구에 해당하는 가구는 2가구이다.
③ 상대적 빈곤 가구의 월 소득 총합은 7천 달러이다.
④ 절대적 빈곤 가구 수와 상대적 빈곤 가구 수가 같다.
⑤ D는 상대적 빈곤 가구에는 해당하지만, 절대적 빈곤 가구에는 해당하지 않는다.

33

| 7월 학력평가 8번 |

빈곤 유형 A, B에 대한 설명으로 옳은 것은? (단, A, B는 각각 상대적 빈곤과 절대적 빈곤 중 하나이다.)

일반적으로 어떤 사람 혹은 가구의 빈곤 여부를 규정할 때 A와 B의 개념을 사용한다. A는 인간다운 삶을 유지하기 위한 최소한의 조건을 충족하지 못한 상태로 정의된다. 반면 B는 다른 사람들보다 소득이 적어 사회 구성원 대다수가 누리는 일반적인 생활수준을 영위하지 못하는 상태로 정의된다.

① A는 B와 달리 해당 국가의 소득 분포를 고려하여 파악한다.
② A는 B와 달리 소득 수준이 높은 국가에서는 나타나지 않는다.
③ B는 A와 달리 빈곤 상태에 대한 개인의 주관적 인식 개념이다.
④ A에 따른 빈곤율과 B에 따른 빈곤율의 합이 해당 국가 전체의 빈곤율이다.
⑤ B의 기준을 적용하면 A에 해당되지 않는 가구도 빈곤 가구에 포함될 수 있다.

34

| 10월 학력평가 13번 |

표에 대한 옳은 분석만을 〈보기〉에서 고른 것은? (단, A국의 1990년 전체 가구 중 빈곤층 가구의 비율은 10%이며, 가구별 구성원과 전체 가구 수에는 변동이 없다.) [3점]

〈A국의 빈곤 탈출률과 빈곤 진입률〉

(단위: %)

구분	2000년	2010년
빈곤 탈출률	30	20
빈곤 진입률	20	10

* 빈곤 탈출률: 10년 전 빈곤층 가구 중 조사 연도에 비빈곤층인 가구 비율
** 빈곤 진입률: 10년 전 비빈곤층 가구 중 조사 연도에 빈곤층인 가구 비율

보기

ㄱ. 2000년에 빈곤 진입 가구보다 빈곤 탈출 가구가 많다.
ㄴ. 2010년에 빈곤층 가구는 전체 가구의 30%를 넘는다.
ㄷ. 비빈곤층 가구 중 10년 전에 빈곤층인 가구의 비율은 2000년보다 2010년이 높다.
ㄹ. 1990년 빈곤층 가구 중 2000년, 2010년 모두에 빈곤층인 가구의 비율은 최대 70%이다.

① ㄱ, ㄴ ② ㄱ, ㄷ ③ ㄴ, ㄷ ④ ㄴ, ㄹ ⑤ ㄷ, ㄹ

사회 복지와 복지 제도

1 사회 복지와 복지 국가

(1) 사회 복지

구분	내용
의미	사회 구성원의 안전하고 행복한 생활을 실현하기 위한 제도나 정책
필요성	• 예상치 못한 사회적 위험으로 최소한의 인간다운 삶을 누리지 못할 수 있음 • 사회 구성원의 삶의 질 개선을 위해서는 개인의 노력과 더불어 사회적 지원이 필요함 • 개개인의 생존이 보장되지 않는 상황에서는 공동체의 통합을 달성하기 어려움

(2) 사회 복지에 대한 인식의 변화

구분	내용
초기 자본주의 사회	• 빈곤의 해결이 목적 • 빈곤의 원인: 개인적 요인(개인의 무능력, 게으름 등) • 빈곤의 대책: 개인이나 종교 단체, 사회단체 등에 의한 자선 활동이 중심이 되고, 국가는 극심한 사회 혼란을 방지하기 위한 차원에서 구제 활동을 벌임 • 특징: 빈곤층에 한정된 사회 복지, 사후 처방적 성격의 사회 복지, 국가의 시혜적 성격
현대 복지 사회	• 빈곤의 해결뿐만 아니라 삶의 질 개선 목적 • 빈곤의 원인: 개인적 요인뿐만 아니라 사회 구조적 요인도 강조 • 빈곤의 대책: 사회 복지 정책을 통해 빈곤을 예방하고 구제하고자 함 • 특징: 삶의 질 향상을 목적으로 한 사회 복지, 사전 예방적 성격의 사회 복지, 국민의 권리적 성격

(3) 복지 국가

구분	내용
의미	국민의 복지 증진과 행복 추구를 중요한 책무로 여기는 국가
등장 배경	자본주의의 발달 과정에서 빈부 격차 심화, 실업 증가, 노동 조건의 악화 등 국민의 안전한 삶을 위협하는 다양한 사회적 위험이 나타남
전개	사회적 약자의 최저 생활 보장 → 모든 국민의 삶의 질 보장

2 복지 제도

(1) 사회 보험

구분	내용
의미	국민에게 발생하는 사회적 위험을 보험의 방식으로 대처함으로써 국민의 건강과 소득을 보장하는 제도
특징	• 금전적 지원을 원칙으로 함 • 소득 재분배 효과가 나타남 • 상호 부조의 원리를 기반으로 함 • 원칙적으로 수혜 정도와 무관하게 각자의 능력에 따라 비용을 부담함 • 사전 예방적 성격을 가짐 • 사(私)보험과 달리 모든 국민을 대상으로 강제 가입을 원칙으로 함
종류	국민연금, 산업 재해 보장 보험, 국민 건강 보험, 고용 보험 등

(2) 공공 부조

구분	내용
의미	국가와 지방 자치 단체의 책임하에 생활 유지 능력이 없거나 생활이 어려운 국민의 최저 생활을 보장하고 자립을 지원하는 제도
특징	• 금전적 지원을 원칙으로 함 • 사회 보험보다 소득 재분배 효과가 크게 나타남 • 생활 유지 능력이 없거나 생활이 어려운 국민을 대상으로 함 • 사후 처방적 성격을 가짐 • 재원을 부담하는 자와 수혜자가 일치하지 않음(국가 및 지방 자치 단체가 전액 비용 부담) • 대상자 선정 과정에서 부정적인 낙인이 발생할 수 있음
종류	국민 기초 생활 보장 제도, 의료 급여 제도, 기초 연금 등

(3) 사회 서비스

구분	내용
의미	상담, 재활, 돌봄, 정보의 제공, 관련 시설의 이용, 역량 개발, 사회 참여 지원 등을 통하여 국민의 삶의 질이 향상되도록 지원하는 제도
특징	• 금전 자체의 제공이 아닌 서비스의 제공을 원칙으로 함 • 공공 부문만이 아니라 민간 부문도 참여할 수 있음 • 국가, 지방 자치 단체 및 민간 부문의 도움이 필요한 모든 국민을 대상으로 함 • 부담 능력이 있는 국민은 수익자 부담을 원칙으로 하며, 일정 소득 수준 이하의 국민에 대한 비용의 전부 또는 일부를 국가와 지방 자치 단체가 부담함
종류	산모·신생아 건강 관리 지원 사업, 여성 장애인 교육 지원 사업 등

3 생산적 복지

구분	내용
의미	소외 계층에 대해 자활 사업에 참여하거나 노동을 하는 것을 조건으로 지원을 해 주는 형태의 복지
목적	근로 능력이 있는 사람의 근로 의욕과 경제 활동 참여를 장려하여 복지와 사회적 효율성의 동시 달성 추구
방식	직업 교육, 취업 지원, 근로 장려 세제 등

기출 자료 핵심을 파악하라!

자료 1 사회 보장 제도

갑국의 사회 보장 제도 A와 B는 우리나라의 사회 보장 제도와 동일하다. A는(사회 보험) 사전 예방적 성격이 강한 제도이고, B는(공공 부조) 사후 처방적 성격이 강한 제도이다. 중복 수급자 비율은 t+30년이 t년에 비해 50% 감소하였고, 중복 수급자 수는 t년과 t+30년이 동일하다.

〈갑국의 A, B 수급자와 비(非)수급자의 비율〉

(단위: %)

구분	t년	t+30년
A 수급자	70	77
B 수급자	26	㉠→13
비(非)수급자	14	15

└ t년에 전체 수급자 비율은 86%
└ t+30년에 전체 수급자 비율은 85%

핵심 ① 제시된 자료를 통해 A, B에 해당하는 사회 보장 제도를 파악한다. A는 사회 보험, B는 공공 부조이다.

핵심 ② 제시된 표를 통해 t년과 t+30년의 A, B 수급자, 중복 수급자, 비(非)수급자의 비율과 수를 각각 정리한다. t년과 t+30년의 A, B 수급자, 중복 수급자, 비(非)수급자를 정리하면 다음과 같다.

구분	t년		t+30년	
	비율(%)	수(명)	비율(%)	수(명)
A 수급자	70	70	77	154
B 수급자	26	26	13	26
A와 B 중복 수급자	10	10	5	10
비(非)수급자	14	14	15	30
전체	100	100	100	200

자료 2 사회 보장 제도

갑국의 사회 보장 제도는 우리나라의 사회 보장 제도와 동일하다. A는(사회 보험) 상호 부조의 원리가 적용되는 제도이고, B는(공공 부조) 정부 재정으로 비용을 전액 충당하는 것을 원칙으로 하는 제도이다. 표는 갑국의 전체 인구 중 A, B 수급자 비율과 시기에 따른 비율 차이를 나타낸 것이다. t년 대비 t+30년에 갑국의 전체 인구는 50% 증가하였다.

〈표 1〉 t년의 수급자 비율 (단위: %)

A 수급자	B 수급자	A와 B의 중복 수급자
40	15	8

〈표 2〉 t년 대비 t+30년의 수급자 비율 차이* (단위: %)

A에만 해당하는 수급자	B에만 해당하는 수급자	A와 B의 중복 수급자
2	-3	8

* 수급자 비율 차이 = t+30년의 수급자 비율 - t년의 수급자 비율

핵심 ① 제시된 자료를 통해 A, B에 해당하는 사회 보장 제도를 파악한다. A는 사회 보험, B는 공공 부조이다.

핵심 ② 제시된 자료를 통해 연도별 A, B 수급자 비율 및 수급자 수를 각각 정리한다. 연도별 A, B 수급자 비율 및 수급자 수를 정리하면 다음과 같다.

구분	t년	t+30년
A 수급자 수 비율(%)	40	50
B 수급자 수 비율(%)	15	20
A와 B의 중복 수급자 비율(%)	8	16

구분	t년	t+30년
A 수급자 수(명)	40	75
B 수급자 수(명)	15	30
A와 B의 중복 수급자 수(명)	8	24
전체 인구(명)	100	150

기출 선택지 X를 찾아라!

☑ 다음 중 옳지 않은 설명 3개를 찾아 '×'에 체크하시오.

기출 선택지	○	×
21 모평 01. 사회 서비스는 사회 보험과 달리 보편적 복지의 이념을 바탕으로 한다.	☐	☐
23 수능 02. 사회 보험은 강제 가입의 원칙이 적용되는 제도이다.	☐	☐
24 수능 03. 사회 보험은 공공 부조와 달리 상호 부조의 원리를 기반으로 한다.	☐	☐
20 학평 04. 공공 부조는 사회 보험과 달리 소득 재분배 효과가 나타난다.	☐	☐
20 학평 05. 공공 부조는 국가와 지방 자치 단체가 비용을 모두 부담한다.	☐	☐
20 학평 06. 공공 부조는 사회 보험과 달리 비용을 부담하는 주체와 수혜자가 일치하지 않는다.	☐	☐
22 모평 07. 공공 부조는 소득 재분배 효과가 가장 큰 사회 보장 제도이다.	☐	☐
24 수능 08. 사회 보험과 공공 부조는 모두 금전적 지원을 원칙으로 하는 제도이다.	☐	☐
22 수능 09. 최저 생활 보장을 목적으로 하는 제도는 공공 부조이다.	☐	☐
23 모평 10. 공공 부조는 사전 예방적 성격보다 사후 처방적 성격이 강하다.	☐	☐
24 수능 11. 사회 보험은 부정적 낙인이 발생할 수 있는 제도이다.	☐	☐
21 수능 12. 선별적 복지 성격이 강한 제도는 공공 부조이고, 보편적 복지 성격이 강한 제도는 사회 보험이다.	☐	☐
20 수능 13. 사후 처방적 성격이 강한 제도는 공공 부조이고, 상호 부조의 원리가 적용되는 제도는 사회 보험이다.	☐	☐

X의 정체는?

✓ 01 ~~사회 서비스~~(→사회 보험)는 ~~사회 보험~~(→사회 서비스)과 달리 보편적 복지의 이념을 바탕으로 한다.
→ 사회 보험은 보편적 복지의 이념을 바탕으로 한다.

✓ 04 ~~공공 부조는 사회 보험과 달리~~(→공공 부조와 사회 보험은 모두) 소득 재분배 효과가 나타난다.
→ 공공 부조와 사회 보험은 모두 소득 재분배 효과가 나타난다. 다만, 소득 재분배 효과는 공공 부조가 사회 보험보다 크다.

✓ 11 ~~사회보험~~(→공공 부조)은 부정적 낙인이 발생할 수 있는 제도이다.
→ 공공 부조는 대상자 선정 과정에서 부정적인 낙인이 발생할 수 있다.

2024년

01

| 3월 학력평가 15번 |

다음 자료에 대한 분석으로 옳은 것은? [3점]

갑국, 을국의 사회 보장 제도는 우리나라의 사회 보장 제도와 동일하다. A와 B 모두 금전적 지원을 원칙으로 하며, A는 사전 예방적 성격이 강한 제도이고, B는 사후 처방적 성격이 강한 제도이다. 표는 갑국과 을국의 전체 인구 중 A, B 수급자의 비율을 나타낸 것이다. 전체 인구는 갑국이 을국의 2배이다.

(단위: %)

구분	갑국	을국
A 수급자	5	10
B 수급자	7	6
A와 B의 중복 수급자	3	4

① A는 공공 부조에 해당하는 제도이고, B는 사회 보험에 해당하는 제도이다.
② A와 B 중 하나 이상의 혜택을 받는 수급자 수는 갑국이 을국의 1.5배이다.
③ 갑국에서 강제 가입 원칙이 적용되는 제도의 혜택만 받는 수급자 수는 A와 B의 중복 수급자 수보다 많다.
④ 을국에서 수혜자 비용 부담 원칙이 적용되는 제도의 수급자 수는 A와 B의 중복 수급자 수의 1.5배이다.
⑤ 갑국은 을국과 달리 상호 부조의 원리를 바탕으로 하는 제도의 수급자 수가 정부 재정으로 비용을 전액 충당하는 것을 원칙으로 하는 제도의 수급자 수보다 많다.

02

| 5월 학력평가 14번 |

우리나라 사회 보장 제도 A~C의 일반적인 특징에 대한 설명으로 옳은 것은? (단, A~C는 각각 사회 보험, 공공 부조, 사회 서비스 중 하나임.)

복지 Q&A

질문

최근 회사에서 해고를 당해서 생계가 막막합니다. 출산 후 몸도 좋지 않아 아이를 돌보는 데 어려움이 있습니다. 도움받을 수 있는 제도를 안내해 주세요.

답변

도움받을 수 있는 첫 번째 제도는 A의 하나로, 이 제도는 생활이 어려운 사람에게 필요한 급여를 지급하여 최저 생활을 보장하고 자활을 지원해 주고 있습니다. 두 번째 제도는 B의 하나로, 이 제도는 실직자에게 일정 기간 실업 급여를 지급해 생활 안정에 도움을 주어 재취업의 기회를 제공해 주고 있습니다. 세 번째 제도는 C의 하나로, 이 제도는 산모 · 신생아 건강 관리사가 일정 기간 출산 가정을 방문해 산모 · 신생아 돌봄 서비스를 제공해 주고 있습니다. 이 세 가지 제도 중 본인이 지원 대상에 해당하는 것이 있는지 확인해 보십시오.

① A는 상호 부조의 원리를 바탕으로 한다.
② B는 선별적 복지의 이념을 바탕으로 한다.
③ C는 강제 가입을 원칙으로 한다.
④ A는 B에 비해 사후 처방적 성격이 강하다.
⑤ B와 C는 모두 금전적 지원을 원칙으로 한다.

03

| 7월 학력평가 15번 |

다음 자료에 대한 옳은 분석만을 〈보기〉에서 고른 것은? [3점]

갑국의 사회 보장 제도는 A, B로만 구성되며, A, B는 우리나라의 사회 보장 제도와 동일하다. A는 사전 예방적 성격이 강한 제도이고, B는 사후 처방적 성격이 강한 제도이다. 갑국은 인구가 동일한 (가), (나) 지역으로만 구성되어 있다. (가) 지역은 지역 전체 인구의 90%, (나) 지역은 지역 전체 인구의 80%가 사회 보장 제도 수급자이다. 표는 갑국의 지역별 사회 보장 제도 수급자 비율을 분석한 것이다.

(단위: %)

구분	해당 지역 전체 수급자 대비 A만 수급받는 인구 비율	해당 지역 전체 수급자 대비 B만 수급받는 인구 비율
(가) 지역	65	25
(나) 지역	71	14

보기

ㄱ. 갑국의 전체 인구 중 A, B 중복 수급자 비율은 (가) 지역의 전체 인구 중 A, B 중복 수급자 비율보다 크다.
ㄴ. (나) 지역에서 A, B 중복 수급자 수는 (나) 지역에서 A나 B 어느 것도 받지 않는 비(非)수급자 수보다 많다.
ㄷ. 강제 가입의 원칙이 적용되는 제도의 수급자 수는 (나) 지역이 (가) 지역보다 많다.
ㄹ. (나) 지역에서 수혜자 비용 부담 원칙이 적용되는 제도의 수급자 수는 (가) 지역에서 최저 생활의 보장을 목적으로 하는 제도의 수급자 수보다 적다.

① ㄱ, ㄴ ② ㄱ, ㄷ ③ ㄴ, ㄷ ④ ㄴ, ㄹ ⑤ ㄷ, ㄹ

04

| 10월 학력평가 15번 |

다음 자료에 대한 분석으로 옳은 것은? [3점]

갑국은 우리나라와 동일한 사회 보장 제도 A, B만을 시행하고 있다. A, B 모두 금전적 지원을 원칙으로 하며, A는 정부 재정으로 비용을 전액 충당하는 것을 원칙으로 하는 제도이고, B는 수혜자 비용 부담 원칙을 적용하는 제도이다. 표는 갑국의 (가), (나) 지역 인구 중 A, B 수급자 비율을 나타낸 것이다. 갑국은 (가), (나) 지역만으로 구성되며, 인구는 (나) 지역이 (가) 지역의 2배이다.

(단위: %)

구분	(가) 지역	(나) 지역
A 수급자	11	12
B 수급자	8	13
A와 B 중복 수급자	4	6

① (가) 지역에서 강제 가입 원칙이 적용되는 제도의 수급자 수는 A와 B 중복 수급자 수의 2배보다 많다.
② (나) 지역에서 상호 부조의 원리가 적용되는 제도의 혜택만 받는 수급자 수는 A와 B 중복 수급자 수와 같다.
③ A와 B 중 하나 이상의 혜택을 받는 수급자 수는 (나) 지역이 (가) 지역의 2배보다 적다.
④ (나) 지역과 달리 (가) 지역은 보편적 복지 이념에 기초한 제도의 수급자 수가 선별적 복지 이념에 기초한 제도의 수급자 수보다 많다.
⑤ 갑국은 사후 처방적 성격이 강한 제도의 수급자 수가 사전 예방적 성격이 강한 제도의 수급자 수보다 많다.

2023년

05

| 3월 학력평가 15번 |

다음 자료에 대한 분석으로 옳은 것은? (단, 갑국의 사회 보장 제도는 우리나라의 사회 보장 제도와 동일함.) [3점]

〈자료 1〉 갑국의 사회 보장 제도 A~C에 대한 정보

A, B, C는 각각 공공 부조, 사회 보험, 사회 서비스 중 하나이다. '금전적 지원을 원칙으로 하는가?'는 B를 A, C와 구분할 수 있는 질문이며, C는 A와 달리 정부 재정으로 비용을 전액 충당하는 것을 원칙으로 한다.

〈자료 2〉 갑국의 (가), (나) 지역 A~C 제도 수혜자 비율

(단위: %)

구분	(가) 지역			(나) 지역		
	남성	여성	전체	남성	여성	전체
A	80	60	75	80	60	70
B	47	51	48	48	50	49
C	10	14	11	10	8	9

* (가) 지역과 (나) 지역의 총인구는 동일함

** 해당 지역 남성(여성) 수혜자 비율(%) = $\frac{\text{해당 지역 남성(여성) 수혜자 수}}{\text{해당 지역 남성(여성) 인구}} \times 100$

① 비금전적 지원을 원칙으로 하는 제도의 남성 수혜자 수는 (나) 지역이 (가) 지역 보다 많다.
② 상호 부조의 원리가 적용되는 제도의 수혜자 수는 (가) 지역이 (나) 지역보다 적다.
③ 여성의 경우 사회 보험의 수혜자 비율 대비 공공 부조의 수혜자 비율은 (나) 지역이 (가) 지역보다 크다.
④ 강제 가입의 원칙이 적용되는 제도의 경우 여성 수혜자 수 대비 남성 수혜자 수는 (나) 지역이 (가) 지역보다 작다.
⑤ 금전적 지원을 원칙으로 하며 사후 처방적 성격이 강한 제도의 경우 성별 수혜자 수 차이는 (가), (나) 지역이 같다.

06

| 4월 학력평가 14번 |

교사의 질문에 대한 학생의 답변으로 옳은 것은? (단, A, B는 각각 공공 부조, 사회 보험 중 하나임.) [3점]

갑이 혜택을 받고 있는 제도는 A에, 을이 혜택을 받고 있는 제도는 B에 해당합니다. A, B의 일반적인 특징에 대해 말해 보세요.

〈갑의 사례〉
입원 치료가 필요한 질병에 걸린 갑은 가구 소득이 기준 금액 이하에 해당하여 의료 급여를 받고 있다.

〈을의 사례〉
노인성 질병으로 혼자 일상생활을 하기 어려운 을은 신체·가사 활동 지원이 필요하여 장기 요양 급여를 받고 있다.

① A는 강제 가입을 원칙으로 합니다.
② B는 상호 부조의 원리를 바탕으로 합니다.
③ A는 B와 달리 보편적 복지의 이념을 바탕으로 합니다.
④ B는 A와 달리 소득 재분배 효과가 있습니다.
⑤ B는 A에 비해 사후 처방적 성격이 강합니다.

07

| 7월 학력평가 20번 |

다음 자료에 대한 분석으로 옳은 것은? (단, 갑국의 사회 보장 제도는 우리나라의 사회 보장 제도와 동일하며, 제시된 기간 동안 인구 변동은 없음.) [3점]

〈자료 1〉 갑국의 사회 보장 제도

A: 소득 인정액이 일정 수준 이하인 65세 이상 노인에게 연금을 지급하여 안정적인 생계유지를 지원함.
B: 노동자와 사업주가 공동으로 부담하는 기금에서 실업자의 생계 보장 및 고용 안정을 위해 급여를 제공함.

〈자료 2〉 갑국의 A, B 제도의 수급 지속 비율과 수급 진입 비율

구분	A		B	
	2021년	2022년	2021년	2022년
수급 지속 비율(%)	20	23	60	32
수급 진입 비율(%)	20	8	10	24

* 2020년 갑국의 전체 인구 중 A 제도의 수급자 비율은 10%, B 제도의 수급자 비율은 25%이다.

** 수급 지속 비율(%) = $\frac{\text{직전 연도에 이어 혜택을 받는 A(B) 제도 수급자 수}}{\text{직전 연도 A(B) 제도 수급자 수}} \times 100$

*** 수급 진입 비율(%) = $\frac{\text{직전 연도와 달리 혜택을 받게 된 A(B) 제도 수급자 수}}{\text{직전 연도 A(B) 제도 비(非)수급자 수}} \times 100$

① B 제도는 A 제도와 달리 소득 재분배 효과가 발생한다.
② 선별적 복지의 성격이 강한 제도의 2021년 수급자 비율은 40%이다.
③ 상호 부조의 원리가 적용되는 제도의 수급자 비율은 2020년부터 2022년까지 매년 상승하였다.
④ 수혜자 비용 부담을 원칙으로 하는 제도의 2021년 수급자 수는 정부 재정으로 비용을 전부 충당하는 것을 원칙으로 하는 제도의 2022년 수급자 수의 2배이다.
⑤ 직전 연도와 달리 해당 연도에 A 제도의 수급자가 된 사람 수는 2021년이 2022년보다 많다.

08

| 10월 학력평가 19번 |

다음 자료의 갑 지역에 대한 분석으로 옳은 것은? [3점]

○ 우리나라의 사회 보장 제도

A: 노령, 장애, 사망 시 본인 또는 유족에게 노령 연금, 장애 연금, 유족 연금 등을 지급하여 생활 안정을 보장하는 제도
B: 65세 이상 노인 중 소득이 일정 수준 이하인 노인에게 연금을 지급하여 생활 안정을 지원하는 제도

○ 우리나라 갑 지역의 A, B 수급자 비율 분석

(단위: %)

구분	2020년	2021년
A의 수급자 중 B의 수급자 비율	20	35
B의 수급자 중 A의 수급자 비율	25	28

* 갑 지역 인구는 100만 명으로 일정하고, 갑 지역 인구 중 상호 부조의 원리에 기초한 제도의 수급자 비율은 2020년과 2021년이 20%로 같음

① 2020년에 수익자 부담의 원칙을 적용하는 제도의 수급자가 그렇지 않은 제도의 수급자보다 적다.
② 2021년에 의무 가입의 원칙을 적용하는 제도의 수급자가 그렇지 않은 제도의 수급자보다 많다.
③ 2020년에 사후 처방적 성격이 강한 제도의 수급자가 사전 예방적 성격이 강한 제도의 수급자보다 4만 명 많다.
④ 2020년 대비 2021년에 선별적 복지 이념에 기초한 제도의 수급자에만 해당하는 사람의 증가율은 50%이다.
⑤ 2020년 대비 2021년에 공공 부조에 해당하는 제도의 수급자에만 해당하는 사람과 달리 사회 보험에 해당하는 제도의 수급자에만 해당하는 사람은 증가하였다.

2022년

09

| 3월 학력평가 20번 |

다음 자료에 대한 분석으로 옳은 것은? [3점]

표는 우리나라 A 권역에 속하는 갑 지역과 을 지역의 지역별 주민 중 국민연금 제도의 수급자 비율과 국민 기초 생활 보장 제도의 수급자 비율을 나타낸 것이다. 단, A 권역은 주민이 100만 명인 갑 지역과 주민이 200만 명인 을 지역으로만 구분된다.

(단위: %)

구분	갑 지역	을 지역	A 권역
국민연금 제도의 수급자	15	6	9
국민 기초 생활 보장 제도의 수급자	10	13	12

① 공공 부조에 해당하는 제도의 수급자는 갑 지역이 을 지역보다 많다.
② A 권역에서 의무 가입 원칙을 적용하는 제도의 수급자가 그렇지 않은 제도의 수급자보다 많다.
③ 지역별 주민 중 상호 부조의 원리에 기초한 제도의 수급자 비율은 을 지역이 갑 지역보다 높다.
④ 지역별 주민 중 생활이 어려운 자의 최저 생활을 보장하고자 하는 제도의 수급자 비율은 갑 지역이 을 지역보다 높다.
⑤ 을 지역에서 선별적 복지 이념에 기초한 제도의 수급자가 보편적 복지 이념에 기초한 제도의 수급자보다 14만 명 많다.

10

| 4월 학력평가 2번 |

표는 질문에 따라 우리나라 사회 보장 제도의 유형을 구분한 것이다. 이에 대한 설명으로 옳은 것은? (단, A~C는 각각 사회 보험, 공공 부조, 사회 서비스 중 하나이다.)

구분	A	B	C
강제 가입의 원칙이 적용되는가?	㉠	㉠	㉡
(가)	㉡	㉠	㉡

* ㉠과 ㉡은 각각 '예'와 '아니요' 중 하나임

① ㉠은 '예', ㉡은 '아니요'이다.
② C는 선별적 복지의 이념을 바탕으로 한다.
③ 기초 연금 제도가 A에 해당한다면, B는 사회 서비스이다.
④ B가 공공 부조라면, A는 금전적 지원을 원칙으로 한다.
⑤ (가)에 '국가와 지방 자치 단체가 비용을 전액 부담하는가?'가 들어갈 수 있다.

11

| 7월 학력평가 20번 |

다음 자료에 대한 대한 분석으로 옳은 것은? (단, A와 B는 각각 공공 부조와 사회 보험 중 하나이다.) [3점]

〈표 1〉 갑국 사회 보장 제도의 일반적인 특징 비교

구분	A	B
공통점	㉠	
차이점	㉡	상호 부조의 원리가 적용됨

〈표 2〉 갑국의 A, B 제도 수급자 비율

(단위: %)

구분	(가)	(나)	(다)	(라)	전체
A	20	15	5	8	10
B	10	㉢	40	36	32

* 갑국의 사회 보장 제도는 우리나라의 사회 보장 제도와 동일하다.
** 갑국은 (가)~(라) 지역으로만 구성되고, (나)와 (다) 지역 인구는 각각 (가) 지역 인구의 2배이다.
*** 지역별 수급자 비율(%)=(해당 지역 수급자 수/해당 지역 인구)×100

① ㉠에는 '금전적 지원의 원칙이 적용됨', ㉡에는 '사전 예방적 성격이 강함'이 적절하다.
② ㉢은 (가) 지역의 A 제도 수급자 비율보다 낮다.
③ 강제 가입을 원칙으로 하는 제도의 수급자 수는 (나) 지역이 가장 많다.
④ 수혜자 부담 원칙이 적용되는 제도의 전체 수급자 수에서 (다) 지역의 수급자 수가 차지하는 비율은 25%이다.
⑤ (가)~(라) 지역 중 선별적 복지 이념을 바탕으로 하는 제도의 수급자 수는 (라) 지역이 가장 적다.

12

| 10월 학력평가 20번 |

다음 자료에 대한 분석으로 옳은 것은? (단, 갑국의 사회 보장 제도는 우리나라와 동일하다.) [3점]

○ 갑국 보건 복지부 누리집의 한 장면

Q: ○○ 연금을 받고 있으면 △△ 연금을 받지 못하나요?
A: 결론부터 말씀드리면 받을 수 있습니다. △△ 연금의 기본적인 수급자 선정 기준은 연령과 소득 인정액입니다. 만 65세 이상이면서 소득 인정액이 기준 금액 이하이면 △△ 연금을 받을 수 있습니다.

* ○○ 연금: 가입자, 고용주 등이 분담해서 마련한 기금을 통해 노령, 장애 등에 대한 연금 급여를 지급하여 생활 안정을 도모하는 제도

○ 갑국의 지역별 인구 대비 ○○ 연금, △△ 연금 수급자 비율(%)

구분	A 지역	B 지역	C 지역	전체
○○ 연금 수급자	20	20	㉠	25
△△ 연금 수급자	10	15	15	㉡
○○ 연금과 △△ 연금의 중복 수급자	5	10	10	9

* 갑국은 A~C 지역만으로 구성되며, ○○ 연금과 △△ 연금의 중복 수급자의 수는 B 지역이 A 지역의 3배이다.

① ㉠은 14, ㉡은 30이다.
② 갑국의 ○○ 연금 수급자는 △△ 연금 수급자보다 적다.
③ 사후 처방적 성격이 강한 제도의 수급자는 A 지역이 B 지역보다 많다.
④ 강제 가입의 원칙이 적용되는 제도의 수급자는 B 지역이 C 지역보다 많다.
⑤ ○○ 연금과 △△ 연금 중 어느 하나의 수급자도 아닌 사람은 C 지역이 A 지역보다 많다.

2021년

13

| 3월 학력평가 20번 |

자료에 대한 분석으로 옳은 것은? [3점]

표는 우리나라 갑 권역의 65세 이상 인구 중 국민연금 제도와 기초 연금 제도의 수급자 비율을 나타낸 것이다. 갑 권역은 A 지역과 B 지역으로만 구분되고, 65세 이상 인구는 A 지역이 4만 명, B 지역이 2만 명이다.

(단위: %)

구분	A 지역	B 지역
국민연금 수급자	60	80
기초 연금 수급자	40	30

① 65세 이상 인구 중 국민연금 수급자 수는 B 지역이 A 지역보다 많다.
② 65세 이상 인구 중 기초 연금 수급자 수는 A 지역이 B 지역의 2배 미만이다.
③ 65세 이상 인구 중 사회 보험에 해당하는 제도의 수급자 비율은 A 지역이 B 지역보다 높다.
④ 갑 권역에서 65세 이상 인구 중 선별적 복지 이념에 기초한 제도의 수급자 비율은 70%이다.
⑤ 갑 권역에서 65세 이상 인구 중 의무 가입의 원칙이 적용되는 제도의 수급자 비율은 70% 미만이다.

14

| 4월 학력평가 20번 |

다음 자료에 대한 분석으로 옳은 것은?

표는 우리나라 사회 보장 제도와 동일한 갑국의 사회 보장 제도 (가), (나)의 수급자 비율을 나타낸 것이다. (가)는 노인의 생활 안정과 복지 증진을 위해 소득 인정액이 일정 수준 이하인 65세 이상 노인에게 연금을 지급하는 제도이다. 반면 (나)는 고령이나 노인성 질병 등의 사유로 일상생활을 혼자 수행하기 어려운 노인 등에게 신체 활동 및 가사 활동 지원 등에 필요한 장기 요양 급여를 제공하는 제도이다.

(단위: %)

구분	t년		t+30년	
	(가)	(나)	(가)	(나)
남성	4.3	4.5	4.2	4.5
여성	6.4	6.9	2.6	3.5
전체	5.0	5.3	3.4	4.0

* t년과 t+30년의 갑국 전체 인구는 동일함

** 해당 집단의 수급자 비율(%) = $\frac{\text{해당 집단의 수급자 수}}{\text{해당 집단의 인구}} \times 100$

① t년과 t+30년 모두 남성 인구가 여성 인구보다 많다.
② t년에 (나)의 수급자 수는 여성이 남성보다 많다.
③ (가), (나) 중 강제 가입 원칙이 적용되는 제도의 여성 수급자 수는 t년이 t+30년보다 많다.
④ (가), (나) 중 상호 부조의 원리가 적용되는 제도의 남성 수급자 수는 t년과 t+30년에 동일하다.
⑤ (가), (나) 중 사후 처방적 성격이 강한 제도의 남성 수급자 비율과 여성 수급자 비율의 차이는 t+30년이 t년보다 크다.

15

| 7월 학력평가 20번 |

다음 자료에 대한 옳은 분석만을 〈보기〉에서 있는 대로 고른 것은? [3점]

〈자료 1〉 갑국의 사회 보장 제도

(가)는 실직하여 재취업 활동을 하는 근로자에게 일정 기간 동안 소정의 급여를 지급하는 제도이다. (나)는 국가와 지방 자치 단체의 책임하에 생활 유지 능력이 없거나 생활이 어려운 국민의 최저 생활을 보장하고 자립을 지원하는 제도이다.

〈자료 2〉 갑국의 (가), (나) 제도 수급자 비율

(단위: %)

구분	A 지역	B 지역	C 지역	D 지역
(가)	10	4	6	6
(나)	30	40	20	30

* 갑국의 사회 보장 제도는 우리나라의 사회 보장 제도와 동일함

** 갑국은 A~D 네 지역으로만 구성되고, B와 C 지역 인구는 각각 A 지역 인구의 2배, C 지역 인구는 D 지역 인구의 1.5배임

*** 해당 지역 수급자 비율(%) = $\frac{\text{해당 지역 수급자 수}}{\text{해당 지역 인구}} \times 100$

보기

ㄱ. 갑국 전체 국민의 5%가 (가) 제도의 수급자이다.
ㄴ. 상호 부조의 원리를 원칙으로 하는 제도의 경우, A 지역 수급자 수는 D 지역 수급자 수보다 많다.
ㄷ. 사후 처방적 성격이 강한 제도의 경우, B 지역 수급자 수는 C 지역과 D 지역 수급자 수의 합과 같다.
ㄹ. 정부 재정으로 비용을 전액 충당하는 것을 원칙으로 하는 제도의 전체 수급자 수는 강제 가입의 원칙이 적용되는 제도의 전체 수급자 수의 6배이다.

① ㄱ, ㄴ ② ㄱ, ㄹ ③ ㄴ, ㄷ
④ ㄱ, ㄷ, ㄹ ⑤ ㄴ, ㄷ, ㄹ

16

| 10월 학력평가 12번 |

다음 자료에 대한 옳은 분석만을 〈보기〉에서 있는 대로 고른 것은? (단, A와 B는 각각 국민연금 제도와 기초 연금 제도 중 하나이다.) [3점]

표는 우리나라 (가), (나) 각 지역 인구 중 A, B 수급자 비율을 나타낸 것이다. 표에 따르면 (가) 지역에서 사회 보험에 해당하는 제도의 수급자 중 공공 부조에 해당하는 제도의 수급자가 3/4을 차지한다. 단, (나) 지역의 인구는 (가) 지역 인구의 2배이다.

(단위: %)

구분	(가) 지역	(나) 지역
A의 수급자	16	10
B의 수급자	12	15
A와 B 모두의 수급자	9	9

보기

ㄱ. 사후 처방보다 사전 예방 성격이 강한 제도의 수급자는 (나) 지역이 (가) 지역의 2배보다 많다.
ㄴ. 각 지역 인구 중 상호 부조의 원리에 기초한 제도의 수급자 비율은 (가) 지역이 (나) 지역보다 높다.
ㄷ. A와 B 중 수익자 부담 원칙을 적용하는 제도의 수급자에만 해당하는 사람 수는 (나) 지역이 (가) 지역의 4배이다.
ㄹ. (가)와 (나) 지역 전체에서 선별적 복지 이념에 기초한 제도의 수급자가 보편적 복지 이념에 기초한 제도의 수급자보다 많다.

① ㄱ, ㄷ ② ㄱ, ㄹ ③ ㄴ, ㄹ
④ ㄱ, ㄴ, ㄷ ⑤ ㄴ, ㄷ, ㄹ

2020년

17

| 3월 학력평가 19번 |

표는 우리나라의 사회 보험과 공공 부조를 비교한 것이다. (가)~(마)에 들어갈 수 있는 내용으로 옳은 것은?

구분	사회 보험	공공 부조
차이점	(가)	(나)
공통점	(다)	
사례	(라)	(마)

① (가) – 복지 비용 부담자와 복지 수혜자가 불일치한다.
② (나) – 상호 부조의 원리를 바탕으로 한다.
③ (다) – 금전적 지원을 원칙으로 한다.
④ (라) – 국민 기초 생활 보장 제도
⑤ (마) – 국민연금 제도

18

| 4월 학력평가 13번 |

(가)~(다)의 일반적인 특징에 대한 설명으로 옳은 것은? (단, (가)~(다)는 각각 공공 부조, 사회 보험, 사회 서비스 중 하나이다.)

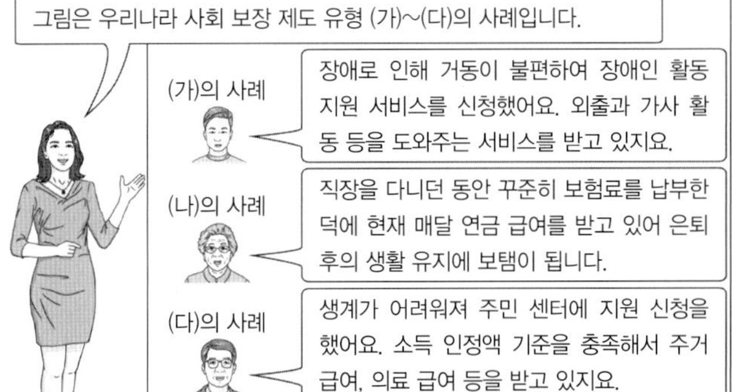

그림은 우리나라 사회 보장 제도 유형 (가)~(다)의 사례입니다.
(가)의 사례
장애로 인해 거동이 불편하여 장애인 활동 지원 서비스를 신청했어요. 외출과 가사 활동 등을 도와주는 서비스를 받고 있지요.
(나)의 사례
직장을 다니던 동안 꾸준히 보험료를 납부한 덕에 현재 매달 연금 급여를 받고 있어 은퇴 후의 생활 유지에 보탬이 됩니다.
(다)의 사례
생계가 어려워져 주민 센터에 지원 신청을 했어요. 소득 인정액 기준을 충족해서 주거 급여, 의료 급여 등을 받고 있지요.

① (가)는 강제 가입 원칙이 적용된다.
② (나)는 미래의 위험에 대한 사전 예방적 성격을 지닌다.
③ (다)는 수혜 정도에 따른 비용 부담을 원칙으로 한다.
④ (다)는 (나)와 달리 소득 재분배 효과가 있다.
⑤ (가), (나)는 모두 국가나 지방 자치 단체가 비용을 전액 부담하는 것을 원칙으로 한다.

제3권 교육청

19

| 7월 학력평가 4번 |

우리나라의 사회 복지 제도 유형 A~C의 일반적 특징에 대한 설명으로 옳은 것은? (단, A~C는 각각 공공 부조, 사회 보험, 사회 서비스 중 하나이다.) [3점]

A에 필요한 비용은 사업주, 근로자 또는 자영업자가 부담하는 것을 원칙으로 하되, 국가도 비용의 일부를 부담할 수 있다. 반면, B는 비용의 전부를 국가와 지방 자치 단체가 부담하는 것을 원칙으로 한다. C는 수익자 부담을 원칙으로 하되, 일정 소득 수준 이하의 국민에 대한 비용의 전부 또는 일부는 국가와 지방 자치 단체가 부담한다.

① A는 사후 처방적 성격을 가진다.
② B는 상호 부조의 원리를 바탕으로 한다.
③ A는 B에 비해 수혜 대상자의 범위가 넓다.
④ C는 B와 달리 금전적 지원을 원칙으로 한다.
⑤ A, C는 모두 강제 가입을 원칙으로 한다.

20

| 10월 학력평가 20번 |

자료에 대한 분석으로 옳은 것은? [3점]

표는 우리나라의 갑 지역과 을 지역의 65세 이상 인구 중 기초 연금 수급자 비율과 국민연금 수급자 비율을 나타낸 것이다.

(단위: %)

구분		갑 지역	을 지역
기초 연금 수급자	전체	50	40
	남자	60	50
	여자	40	35
국민연금 수급자	전체	60	70
	남자	70	80
	여자	50	65
기초 연금과 국민연금 중복 수급자		10	20

① 65세 이상 인구 중 기초 연금 수급자 비율은 을 지역보다 갑 지역이 낮다.
② 65세 이상 인구 중 상호 부조의 원리에 기초한 제도의 수급자 비율은 갑 지역보다 을 지역이 낮다.
③ 65세 이상 인구 중 선별적 복지 이념에 기초한 제도의 수급자 수는 갑 지역과 을 지역 모두에서 여자보다 남자가 많다.
④ 사후 처방보다 사전 예방 성격이 강한 제도의 65세 이상 수급자 중 남자 수급자의 비율은 갑 지역보다 을 지역이 높다.
⑤ 두 제도에 따른 65세 이상 수급자 중 수익자 부담 원칙을 적용하는 제도의 수급자에만 해당하는 사람의 비율은 갑 지역보다 을 지역이 높다.

2019년

21

| 3월 학력평가 19번 |

다음 자료에 대한 설명으로 옳은 것은? (단, A와 B는 각각 우리나라의 공공 부조와 사회 보험 중 하나이다.) [3점]

표는 각 질문에 대한 A와 B의 답변을 모두 적은 후, 그중 일부 답변을 보이지 않게 가린 것이다.

질문	답변	
	A	B
사후 처방보다 사전 예방의 성격이 강한가?	예	
(가)		
(나)	아니요	
계(답변 '예'의 개수)	2개	2개

① A는 공공 부조, B는 사회 보험이다.
② A와 달리 B는 금전적 지원을 원칙으로 한다.
③ 기초 연금 제도는 A에, 국민 기초 생활 보장 제도는 B에 해당한다.
④ (가)에 '소득 재분배 효과가 있는가?'가 들어갈 수 있다.
⑤ (나)에 '의무 가입을 원칙으로 하는가?'가 들어갈 수 있다.

22

| 10월 학력평가 16번 |

다음 자료에 대한 설명으로 옳은 것은? (단, A~C는 각각 우리나라의 공공 부조, 사회 보험, 사회 서비스 중 하나이다.) [3점]

○문제: 제시된 응답을 할 수 있도록 답란 (가), (나)에 A~C를 비교하는 질문을 쓰시오.

3학년 2반 15번 ○○○

응답	답란(질문)		교사 채점
예	(가)	A와 달리 B는 복지 제공에 민간 부문이 참여하는가?	○
아니요	(나)	B와 C는 수익자 부담 원칙이 존재한다는 공통점을 갖는가?	×

① A와 달리 B는 선별적 복지 이념을 바탕으로 한다.
② B와 달리 C는 비금전적 지원을 원칙으로 한다.
③ C와 달리 A는 상호 부조의 원리를 구현하고자 한다.
④ (가)에서 A 대신에 C를 썼다면 채점 결과는 달라진다.
⑤ (나)에서 C 대신에 A를 썼다면 채점 결과는 달라진다.

고난도 주제 05

저출산·고령화와 전 지구적 수준의 문제

1 저출산·고령화와 다문화적 변화

저출산	• 합계 출산율이 지속적으로 낮아지는 현상 • 생산 가능 인구의 감소에 따른 경기 침체 • 생산력 저하에 따른 인구 부양의 문제 발생 • 인구 감소로 인해 사회의 지속 가능성 저하
고령화	• 전체 인구에서 65세 이상 인구가 차지하는 비율이 높아지는 현상 • 노인 인구 증가에 따른 노년 부양비의 증가 • 청장년층과 노년층 간 세대 간 갈등의 증가 • 노후 대비 부족으로 인한 노인 문제 발생
다문화적 변화	• 다른 문화를 가진 사람들이 공존하는 사회 • 이주민 증가로 저출산·고령화에 따른 노동력 부족 해소 • 서로 다른 문화 간 교류를 바탕으로 문화 발전 기회 증대

2 전 지구적 수준의 문제

의미	전 세계에서 동시다발적으로 발생하거나 특정 지역에만 국한되지 않고 주변 국가와 전 세계에 영향을 미치는 각종 사회 문제 예 환경 문제, 자원 문제, 전쟁과 테러 등
특징	• 특정 지역이나 특정 국가의 노력만으로 해결이 어려움 • 현재 세대뿐만 아니라 다음 세대에게도 영향을 줌

기출 자료 핵심을 파악하라!

자료 1 인구 구조

갑국의 t+50년의 총인구는 t년의 2배이고, t+100년의 총인구는 t년의 1.5배이다. 갑국 총인구 중 부양 인구 비율은 t년과 t+50년이 각각 40%, t+100년이 30%이다. t+50년의 노년 부양비는 75로 t년의 3배이고, t+100년의 노령화 지수는 250이다.
t년의 노년 부양비는 25임

* 노령화 지수 = (노년 인구/유소년 인구)×100
** 유소년 부양비 = (유소년 인구/부양 인구)×100
*** 노년 부양비 = (노년 인구/부양 인구)×100
**** 총부양비 = 유소년 부양비 + 노년 부양비

핵심① 갑국의 t년, t+50년, t+100년 인구 구성을 파악한다. 갑국의 t년 전체 인구를 100명이라고 가정하고 t년, t+50년, t+100년의 인구 구성을 정리한다.

핵심② t년, t+50년, t+100년을 비교하여 갑국의 연령대별 인구 변화를 파악한다. 갑국의 연령대별 인구가 각각 차지하는 비율을 구하면 다음과 같다.

구분	t년		t+50년		t+100년	
	인구(명)	비율(%)	인구(명)	비율(%)	인구(명)	비율(%)
유소년 인구	50	50	60	30	30	20
부양 인구	40	40	80	40	45	30
노년 인구	10	10	60	30	75	50
전체 인구	100	100	200	100	150	100

기출 선택지 X를 찾아라!

☑ 다음 중 옳지 않은 설명 2개를 찾아 '×'에 체크하시오.

기출 선택지	○	×
23 학평 01. 전체 인구에서 65세 이상 인구가 차지하는 비율이 14% 이상이면 초고령 사회이다.	☐	☐
22 학평 02. 15~64세 인구 대비 65세 이상 인구가 증가할수록 노년 부양비는 작아진다.	☐	☐
24 모평 03. 세계화에 따라 지역 문제가 전 세계로 확산될 수 있다.	☐	☐

X의 정체는?

✓01 전체 인구에서 65세 이상 인구가 차지하는 비율이 14% 이상이면 ~~초고령~~(→고령) 사회이다.
→ 전체 인구에서 노인 인구가 차지하는 비율이 7% 이상이면 고령화 사회, 14% 이상이면 고령 사회, 21% 이상이면 초고령 사회이다.

✓02 15~64세 인구 대비 65세 이상 인구가 증가할수록 노년 부양비는 ~~작아진다~~(→커진다).
→ 부양 인구 대비 노년 인구가 증가할수록 노년 부양비는 커진다.

2024년

01

| 3월 학력평가 20번 |

다음 자료에 대한 분석으로 옳은 것은? [3점]

표는 갑국의 노년 부양비와 노령화 지수를 나타낸 것이다. 갑국의 부양 인구는 t년에 A 지역과 B 지역이 같고, t+50년에 B 지역이 A 지역의 3배이다. 갑국은 A, B 지역으로만 구성되며, 갑국의 전체 인구는 t년과 t+50년이 동일하다.

구분	t년		t+50년	
	A 지역	B 지역	A 지역	B 지역
노년 부양비	75	25	250	50
노령화 지수	100	20	500	100

* 유소년 부양비 = {유소년 인구(0~14세 인구)/부양 인구(15~64세 인구)}×100
** 노년 부양비 = {노년 인구(65세 이상 인구)/부양 인구(15~64세 인구)}×100
*** 노령화 지수 = {노년 인구(65세 이상 인구)/유소년 인구(0~14세 인구)}×100

① t년에 갑국의 노령화 지수는 60이다.
② t+50년에 갑국의 노년 부양비는 100이다.
③ 갑국의 유소년 부양비는 t+50년이 t년보다 크다.
④ A 지역의 부양 인구는 t년과 t+50년이 동일하다.
⑤ B 지역의 유소년 인구는 t+50년이 t년보다 많다.

제3권 교육청

02

| 5월 학력평가 20번 |

다음 자료에 대한 옳은 분석만을 〈보기〉에서 고른 것은?

표는 갑국 t년과 t+50년의 인구 관련 통계를 나타낸 것이다. t년 대비 t+50년의 갑국 전체 인구는 25% 감소하였다.

구분	t년	t+50년
노령화 지수	25	400
총부양비	100	150

* 노령화 지수 = $\frac{\text{노년 인구(65세 이상 인구)}}{\text{유소년 인구(0~14세 인구)}} \times 100$

** 유소년 부양비 = $\frac{\text{유소년 인구(0~14세 인구)}}{\text{부양 인구(15~64세 인구)}} \times 100$

*** 노년 부양비 = $\frac{\text{노년 인구(65세 이상 인구)}}{\text{부양 인구(15~64세 인구)}} \times 100$

**** 총부양비 = 유소년 부양비 + 노년 부양비

〈보기〉

ㄱ. 노년 부양비는 t년이 t+50년보다 작다.
ㄴ. 유소년 부양비는 t년이 t+50년의 3배보다 작다.
ㄷ. t년의 노년 인구는 t+50년의 유소년 인구보다 적다.
ㄹ. 전체 인구에서 유소년 인구가 차지하는 비율은 t년이 t+50년의 2배이다.

① ㄱ, ㄴ ② ㄱ, ㄷ ③ ㄴ, ㄷ ④ ㄴ, ㄹ ⑤ ㄷ, ㄹ

03

| 7월 학력평가 20번 |

다음 자료에 대한 분석으로 옳은 것은? [3점]

표는 갑국과 을국의 인구 구조 변화를 비교한 것이다. t년에 갑국과 을국 모두 부양 인구는 전체 인구의 50%이다. t년에 비해 t+30년에 부양 인구는 갑국이 10%, 을국이 20% 감소하였고, 을국의 노년 인구는 100% 증가하였다. 단, 동일 시기에 갑국과 을국의 전체 인구는 같다.

구분	갑국		을국	
	t년	t+30년	t년	t+30년
합계 출산율(명)	1.76	0.78	2.06	1.18
유소년 부양비 : 노년 부양비	2:3	3:10	1:1	2:5

* 합계 출산율: 여성 1명이 가임 기간(15~49세) 동안 낳을 것으로 예상되는 평균 출생아 수

** 유소년 부양비 = $\frac{\text{유소년 인구(0~14세 인구)}}{\text{부양 인구(15~64세 인구)}} \times 100$

*** 노년 부양비 = $\frac{\text{노년 인구(65세 이상 인구)}}{\text{부양 인구(15~64세 인구)}} \times 100$

**** 전체 인구 중 65세 이상 인구가 차지하는 비율이 14% 이상~20% 미만인 사회를 고령 사회, 20% 이상인 사회를 초고령 사회라고 함

① t년에 갑국은 고령 사회, 을국은 초고령 사회이다.
② t+30년에 갑국과 을국의 노년 부양비는 같다.
③ t+30년에 갑국과 달리 을국은 저출산 현상이 강하게 나타난다.
④ t년 갑국의 유소년 인구와 t+30년 을국의 유소년 인구는 같다.
⑤ t년에 노년 인구는 을국보다 갑국이 많았으나 t+30년에 노년 인구는 갑국보다 을국이 많다.

04

| 10월 학력평가 20번 |

다음 자료에 대한 분석으로 옳은 것은? [3점]

그림은 갑국의 시기별 인구 구성을 나타낸 것이다. A~C는 각각 전체 인구에서 유소년 인구(0~14세 인구), 부양 인구(15~64세 인구), 노년 인구(65세 이상 인구)가 차지하는 비율 중 하나이다. t년 대비 t+50년에 갑국의 전체 인구에서 부양 인구가 차지하는 비율은 높아졌고, 노년 부양비와 달리 유소년 부양비는 감소하였다. 단, 갑국의 전체 인구는 t+50년이 t년의 1.5배이다.

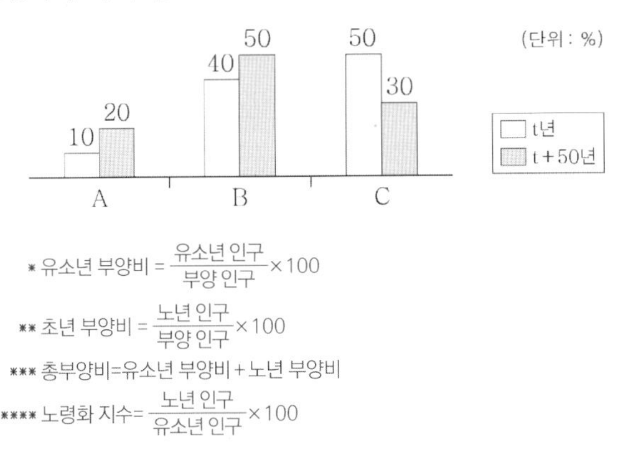

① t년의 노년 인구는 부양 인구의 4배이다.
② t년의 유소년 부양비는 t+50년의 총부양비보다 크다.
③ t+50년의 부양 인구는 t년의 유소년 인구와 동일하다.
④ t년에 비해 t+50년의 노령화 지수는 감소하였다.
⑤ t년에 비해 t+50년의 유소년 인구와 노년 인구는 모두 증가하였다.

2023년

05

| 3월 학력평가 20번 |

다음 자료에 대한 분석으로 옳은 것은? [3점]

표는 갑국의 유소년 인구 비율과 유소년 부양비를 나타낸 것이다. 갑국의 총인구는 t+30년은 t년에 비해 20% 증가하였고, t+60년은 t년에 비해 20% 감소하였다.

구분	t년	t+30년	t+60년
유소년 인구 비율(%)	30	20	10
유소년 부양비	50	40	25

* 유소년 인구 비율(%) = {유소년 인구(0~14세 인구) / 총인구}×100
** 유소년 부양비 = {유소년 인구(0~14세 인구) / 부양 인구(15~64세 인구)}×100
*** 노년 부양비 = {노년 인구(65세 이상 인구) / 부양 인구(15~64세 인구)}×100

① 부양 인구는 t년이 t+30년보다 많다.
② 노년 인구는 t+60년이 t년의 5배이다.
③ 노년 부양비는 t+60년이 t+30년보다 작다.
④ t+30년 총인구 중 부양 인구의 비율은 t+60년 총인구 중 노년 인구의 비율과 같다.
⑤ t년 대비 t+30년에 증가한 노년 인구는 t+30년 대비 t+60년에 감소한 유소년 인구보다 작다.

06

| 4월 학력평가 20번 |

다음 자료에 대한 분석으로 옳은 것은? (단, A~C는 각각 유소년 인구, 부양 인구, 노년 인구 중 하나임.) [3점]

그림은 갑국과 을국의 A~C의 상대적인 비(比)를 나타낸다. 단, 갑국 유소년 인구는 을국 노년 인구의 2배이고, 갑국 전체 인구는 을국 전체 인구의 2배이다.

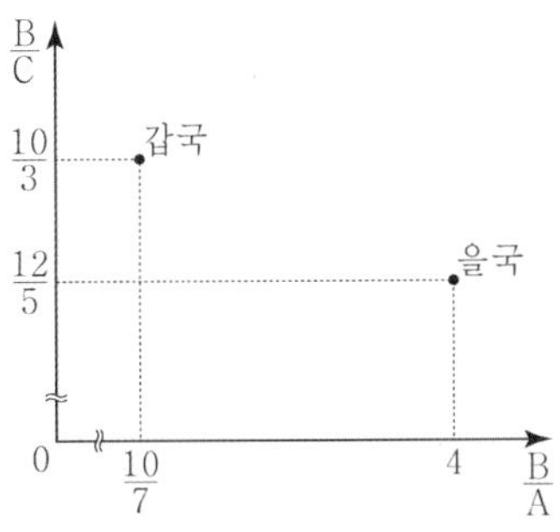

* 노령화 지수 = $\frac{\text{노년 인구(65세 이상 인구)}}{\text{유소년 인구(0~14세 인구)}}$×100

** 총부양비 = $\frac{\text{유소년 인구+노년 인구}}{\text{부양 인구(15~64세 인구)}}$×100

*** 전체 인구 중에서 노년 인구의 비율이 7% 이상이면 고령화 사회, 14% 이상이면 고령 사회, 20% 이상이면 초고령 사회임

① A는 유소년 인구, B는 노년 인구, C는 부양 인구이다.
② 갑국은 을국과 달리 부양 인구가 노년 인구보다 많다.
③ 총부양비는 갑국이 을국에 비해 작다.
④ 노령화 지수는 을국이 갑국에 비해 낮다.
⑤ 갑국은 초고령 사회, 을국은 고령화 사회이다.

제3권 교육청

07

| 7월 학력평가 15번 |

다음 자료에 대한 옳은 분석만을 〈보기〉에서 고른 것은? [3점]

갑국에서 t년의 노령화 지수는 75이고, 유소년 부양비는 40이다. t년 대비 t+50년에 갑국 전체 인구의 변동은 없으나 노령화 지수는 60% 증가하였고, 't년 유소년 인구 : t+50년 유소년 인구'는 4 : 3이 되었다.

* 노령화 지수 = $\frac{\text{노년 인구(65세 이상)}}{\text{유소년 인구(0~14세)}} \times 100$

** 유소년 부양비 = $\frac{\text{유소년 인구(0~14세 인구)}}{\text{부양 인구(15~64세 인구)}} \times 100$

*** 노년 부양비 = $\frac{\text{노년 인구(65세 이상 인구)}}{\text{부양 인구(15~64세 인구)}} \times 100$

보기

ㄱ. t+50년의 유소년 인구는 전체 인구의 15%이다.
ㄴ. t년의 노년 인구와 t+50년의 유소년 인구는 동일하다.
ㄷ. t년 대비 t+50년에 노년 인구는 20% 증가하였다.
ㄹ. t년 대비 t+50년에 노년 부양비는 10% 증가하였다.

① ㄱ, ㄴ ② ㄱ, ㄷ ③ ㄴ, ㄷ ④ ㄴ, ㄹ ⑤ ㄷ, ㄹ

08

| 10월 학력평가 20번 |

다음 자료에 대한 분석으로 옳은 것은? [3점]

표는 갑국의 인구 관련 지표를 나타낸 것이다. t년 대비 t +50년에 총인구 증가율은 200%이다.

구분	총부양비	노령화 지수
t년	100	25
t+50년	50	100

* 총부양비 = 유소년 부양비 + 노년 부양비

** 유소년 부양비 = $\frac{\text{유소년 인구(0~14세 인구)}}{\text{부양 인구(15~64세 인구)}} \times 100$

*** 노년 부양비 = $\frac{\text{노년 인구(65세 이상 인구)}}{\text{부양 인구(15~64세 인구)}} \times 100$

**** 노령화 지수 = $\frac{\text{노년 인구(65세 이상 인구)}}{\text{유소년 인구(0~14세 인구)}} \times 100$

① 부양 인구는 t+50년이 t년의 4배이다.
② 유소년 인구는 t+50년이 t년보다 적다.
③ 유소년 부양비는 t년이 t+50년보다 작다.
④ 노년 인구 대비 부양 인구는 t+50년이 t년보다 크다.
⑤ t+50년에는 t년과 달리 총인구 중 노년 인구의 비율이 20%보다 높다.

2022년

09

| 3월 학력평가 19번 |

다음 자료에 대한 분석으로 옳은 것은? [3점]

표는 갑국의 시기별 유소년 부양비와 노년 부양비를 나타낸 것이다. 단, 갑국의 총인구는 지속적으로 증가하였다.

구분	t년	t+20년	t+40년
유소년 부양비	30	20	10
노년 부양비	20	30	40

* 유소년 부양비 = $\frac{\text{유소년 인구(0~14세 인구)}}{\text{부양 인구(15~64세 인구)}} \times 100$

** 노년 부양비 = $\frac{\text{노년 인구(65세 이상 인구)}}{\text{부양 인구(15~64세 인구)}} \times 100$

① 노년 인구는 t+40년이 t년의 2배보다 많다.
② t년의 유소년 인구와 t+20년의 노년 인구는 그 수가 같다.
③ 유소년 인구에 대한 노년 인구의 비는 t년이 t+20년보다 크다.
④ 노년 인구 100명당 부양 인구는 t+40년이 t+20년보다 많다.
⑤ 총인구에서 유소년 인구와 노년 인구의 합이 차지하는 비율은 t년이 t+40년보다 높다.

10

| 4월 학력평가 15번 |

다음 자료에 대한 분석으로 옳은 것은? [3점]

표는 갑국의 인구 관련 통계를 나타낸다. 갑국 전체 인구는 t+30년이 t년의 2배이다. 또한 t+30년에 전체 인구 중 0~14세 인구가 차지하는 비율은 t년에 전체 인구 중 15~64세 인구가 차지하는 비율의 1/2이다.

구분	t년	t+30년
총부양비	100	㉠
노령화 지수	25	140

* 총부양비={(0~14세 인구 + 65세 이상 인구)/15~64세 인구}×100
** 유소년 부양비=(0~14세 인구/15~64세 인구)×100
*** 노년 부양비=(65세 이상 인구/15~64세 인구)×100
**** 노령화 지수=(65세 이상 인구/0~14세 인구)×100

① ㉠은 '125'이다.
② 전체 인구 중 15~64세 인구의 비율은 t년이 t+30년보다 작다.
③ 유소년 부양비는 t+30년이 t년보다 크다.
④ 노년 부양비는 t+30년이 t년의 4배 이상이다.
⑤ t년 대비 t+30년의 0~14세 인구 증가율은 음(−)의 값이다.

11

| 7월 학력평가 8번 |

다음 자료에 대한 옳은 분석만을 〈보기〉에서 고른 것은? [3점]

다음은 (가), (나) 두 지역으로만 구성된 갑국의 인구 관련 지표이다. (가) 지역의 생산 연령 인구는 (나) 지역의 생산 연령 인구의 2배이다.

구분	(가) 지역	(나) 지역
고령화 지수	㉠	㉡
유소년 부양비	20	20
노년 부양비	30	80

* 고령화 지수={노년(65세 이상) 인구/유소년(0~14세) 인구}×100
** 유소년 부양비={유소년(0~14세) 인구/생산 연령(15~64세) 인구}×100
*** 노년 부양비={노년(65세 이상) 인구/생산 연령(15~64세) 인구}×100

보기

ㄱ. ㉡은 ㉠의 3배 이상이다.
ㄴ. 갑국 노년 부양비는 갑국 유소년 부양비의 2배 이상이다.
ㄷ. (나) 지역의 유소년 인구는 (가) 지역의 유소년 인구의 절반이다.
ㄹ. 다른 이동 없이 (가) 지역의 노년 인구 50%가 (나) 지역으로 이동하면, (나) 지역의 노년 부양비는 100이 된다.

① ㄱ, ㄴ ② ㄱ, ㄷ ③ ㄴ, ㄷ ④ ㄴ, ㄹ ⑤ ㄷ, ㄹ

12

| 10월 학력평가 10번 |

표는 갑국의 지역별 총부양비와 노년 부양비를 나타낸 것이다. 이에 대한 설명으로 옳은 것은? (단, 갑국은 A~C 지역만으로 구성되며, A 지역의 인구는 B 지역의 2배이고 B 지역의 인구는 C 지역의 2배이다.) [3점]

구분	A 지역	B 지역	C 지역
총부양비	400	150	150
노년 부양비	50	100	75

* 총부양비={(0~14세 인구+65세 이상 인구)/15~64세 인구}×100
** 유소년 부양비=(0~14세 인구/15~64세 인구)×100
*** 노년 부양비=(65세 이상 인구/15~64세 인구)×100

① 갑국의 총부양비는 300이다.
② 15~64세 인구는 B 지역이 C 지역보다 적다.
③ 유소년 부양비가 가장 낮은 지역은 C 지역이다.
④ 지역별 인구 중 65세 이상 인구가 차지하는 비율은 B 지역이 가장 높다.
⑤ A~C 지역 모두 지역별 인구 중 15~64세 인구가 차지하는 비율이 50%를 넘는다.

2021년

13

| 3월 학력평가 18번 |

자료에 대한 분석으로 옳은 것은? [3점]

표는 갑국의 15~64세 인구(부양 인구) 100명당 각 연령대별 인구를 나타낸 것이다. 단, 15~64세 인구는 2020년이 1970년의 2배이다.

(단위: 명)

구분	1970년	2020년
0~14세 인구	20	20
65세 이상 인구	20	40

* 유소년 부양비=(0~14세 인구/15~64세 인구)×100
** 노년 부양비=(65세 이상 인구/15~64세 인구)×100
*** 노령화 지수=(65세 이상 인구/0~14세 인구)×100

① 노령화 지수는 1970년이 2020년보다 크다.
② 65세 이상 인구는 2020년이 1970년의 4배이다.
③ 노년 부양비는 2020년이 1970년의 2배보다 크다.
④ 총인구 중 15~64세 인구의 비율은 2020년이 1970년보다 높다.
⑤ 2020년에 부양 인구가 부담하는 노년 인구 부양 비용은 유소년 인구 부양 비용의 2배이다.

14

| 4월 학력평가 15번 |

표에 대한 분석으로 옳은 것은? (단, t년에 갑국과 을국의 부양 인구는 동일하며, t+50년에 각각 2배로 증가하였다.) [3점]

구분	갑국		을국	
	t년	t+50년	t년	t+50년
총부양비	50	75	25	100
유소년 부양비	30	20	10	50

* 총부양비=$\frac{\text{유소년 인구(0~14세 인구) + 노인 인구(65세 이상 인구)}}{\text{부양 인구(15~64세 인구)}}\times 100$
** 유소년 부양비=$\frac{\text{유소년 인구(0~14세 인구)}}{\text{부양 인구(15~64세 인구)}}\times 100$
*** 전체 인구에서 노인 인구가 차지하는 비율이 7% 이상이면 고령화 사회, 14% 이상이면 고령 사회, 20% 이상이면 초고령 사회임

① t년에 갑국과 을국은 모두 고령화 사회에 해당한다.
② t년에 갑국에서 부양 인구 100명당 노인 인구는 50명이다.
③ t+50년의 전체 인구는 갑국이 을국보다 많다.
④ t+50년에 부양 인구가 노인 인구와 유소년 인구를 부양하는 데 지출한 총비용은 을국이 갑국보다 많다.
⑤ 을국에서 유소년 인구 대비 노인 인구의 비는 t+50년이 t년보다 크다.

제3권 교육청

15

| 7월 학력평가 10번 |

다음 자료에 대한 분석으로 옳은 것은? (단, 유소년 인구의 비는 A국 : B국 : C국 = 3 : 1 : 10이다.) [3점]

구분	A국	B국	C국
전체 인구 대비 노인 인구 비율(%)	10	15	40
총부양비	25	25	100

* 총부양비 = $\frac{\text{유소년 인구(0~14세 인구) + 노인 인구(65세 이상 인구)}}{\text{부양 인구(15~64세 인구)}} \times 100$

** 노령화 지수 = $\frac{\text{노인 인구(65세 이상 인구)}}{\text{유소년 인구(0~14세 인구)}} \times 100$

① 노인 인구는 A국과 B국이 같다.
② 노령화 지수는 C국이 A국의 3배이다.
③ 전체 인구는 A국이 가장 많고 B국이 가장 적다.
④ 전체 인구에서 유소년 인구가 차지하는 비율은 B국이 C국보다 높다.
⑤ B국의 부양 인구 대비 노인 인구의 비는 C국의 부양 인구 대비 유소년 인구의 비보다 크다.

16

| 10월 학력평가 19번 |

다음 자료에 대한 분석으로 옳은 것은? (단, 1960년 대비 2020년에 부양 인구는 10% 감소하였다.) [3점]

〈갑국의 유소년 부양비와 노령화 지수〉

구분	1960년	1990년	2020년
유소년 부양비	40	30	20
노령화 지수	30	50	100

* 유소년 부양비 = $\frac{\text{유소년 인구(0~14세 인구)}}{\text{부양 인구(15~64세 인구)}} \times 100$

** 노령화 지수 = $\frac{\text{노년 인구(65세 이상 인구)}}{\text{유소년 인구(0~14세 인구)}} \times 100$

① 1960년에 유소년 인구는 전체 인구의 30%를 넘는다.
② 2020년에 부양 인구는 노년 인구의 4배이다.
③ 1960년 대비 2020년에 노년 인구는 50% 증가하였다.
④ 부양 인구에 대한 노년 인구의 비는 2020년이 1960년의 2배보다 크다.
⑤ 전체 인구 중 유소년 인구와 노년 인구의 합이 차지하는 비율은 2020년이 1990년보다 높다.

2020년

17

| 7월 학력평가 10번 |

다음 자료에 대한 분석으로 옳은 것은? [3점]

다음은 갑국과 을국의 난민 신청 및 난민 인정 비율이다. 두 국가의 국민이 난민 인정을 신청한 사례는 없으며, 난민 인정은 난민 인정을 신청한 사람에 한정한다. 또한 입국한 난민 수는 을국이 갑국의 2배이다.

(단위: %)

구분	갑국	을국
난민 신청 비율	40	50
난민 인정 비율	10	20

* 난민 신청 비율 = $\frac{\text{갑(을)국에 난민 인정을 신청한 사람 수}}{\text{갑(을)국으로 입국한 난민 수}} \times 100$

** 난민 인정 비율 = $\frac{\text{갑(을)국 정부가 난민으로 인정한 사람 수}}{\text{갑(을)국에 난민 인정을 신청한 사람 수}} \times 100$

① 갑국으로 입국한 난민 수 대비 갑국이 난민으로 인정한 사람 수의 비율은 10%이다.
② 을국으로 입국한 난민 수 대비 난민 인정을 신청했으나 난민으로 인정받지 못한 사람 수의 비율은 30%이다.
③ 갑국으로 입국한 난민 수보다 을국에 난민 인정을 신청한 사람 수가 많다.
④ 난민으로 인정한 사람 수는 을국이 갑국의 5배이다.
⑤ 다른 조건이 동일하다면, 난민으로 인정받기 위해서는 을국보다 갑국에 난민 신청을 하는 것이 유리하다.

18

| 10월 학력평가 18번 |

표에 대한 분석으로 옳은 것은? [3점]

〈갑국의 총인구 중 연령대별 인구 비율〉

(단위: %)

구분	1990년	2000년	2010년
0~14세 인구	20	20	10
65세 이상 인구	10	20	30

* 유소년 부양비 = (0~14세 인구/15~64세 인구) × 100
** 노년 부양비 = (65세 이상 인구/15~64세 인구) × 100
*** 노령화 지수 = (65세 이상 인구/0~14세 인구) × 100

① 노령화 지수는 2010년이 1990년의 3배이다.
② 유소년 부양비는 1990년보다 2000년이 작다.
③ 유소년 부양비와 노년 부양비의 합은 2000년보다 2010년이 크다.
④ 15~64세 인구 100명 당 65세 이상 인구는 1990년보다 2010년이 많다.
⑤ 2000년 대비 2010년에 노년 부양비는 하락하였고, 노령화 지수는 상승하였다.

문제

평가원
모의평가 + 수능

고난도 주제

01 사회·문화 현상의 연구 방법

평가원의 출제 경향을 파악하라!

6월과 9월 모의평가에서 출제된 문제 유형과 내용이 그해 11월 수능에서 어떠한 흐름으로 이어지며 출제되었는지 분석해 보세요. 2025년 6월과 9월 모의평가를 분석하면 수능을 대비하는 데 큰 도움이 됩니다.

최근 5개년간 얼마나 출제되었나?

구분	6월	9월	수능
2024년	○	○	○
2023년	○	○	○
2022년	○	○	○
2021년	○	○	○
2020년	○	○	○

이 주제에서는 연구 사례를 제시하고 해당 연구가 양적 연구인지 질적 연구인지를 구분한 후 해당 연구 방법의 일반적인 특징에 대해 묻는 문항이 출제되고 있다. 최근에는 연구 과정과 자료 수집 방법을 연계하여 연구 방법의 특징을 묻는 문항들이 출제되고 있으므로 관련 개념들을 종합적으로 이해해야 한다.

2024년에는 어떻게 출제되었나?

6월 모의평가
'온라인 게임 내 이용자들의 사회적 관계 형성에 대한 이해'라는 연구 주제를 설정하고 이를 검증하는 자료를 통해 양적 연구의 특징을 파악하는 문항이 출제되었다.

➡

9월 모의평가
65세 이상 노인의 사회 관계망이 문화 소비에 미치는 영향을 파악하기 위해 수행한 양적 연구 과정을 분석하는 문항이 출제되었다.

➡

수능
고등학생의 학업 성취도와 문해력 간 관계 및 ○○ 독서 프로그램이 고등학생의 문해력 증진에 미치는 효과를 파악하기 위해 진행된 양적 연구 과정을 분석하는 문항이 출제되었다.

반드시 알아야 할 핵심 개념은?

방법론적 일원론	사회·문화 현상의 본질이 자연 현상과 다르지 않다고 보고 측정이나 실험과 같은 자연 과학의 연구 방법을 수용하여 사회·문화 현상을 탐구하려는 입장
가설	구성 요소 간의 관계에 관한 잠정적 결론으로 연구를 통해 검증하기 위한 법칙적 진술문
개념의 조작적 정의	직접 관찰하기 어려운 추상적인 개념을 경험적으로 검증 가능하고 계량화할 수 있는 지표로 바꾸어 표현하는 것
방법론적 이원론	사회·문화 현상은 자연 현상과 본질적으로 다르다고 보고 사회·문화 현상을 사회 과학만의 독특한 방법으로 연구하려는 입장
직관적 통찰	자료 수집 도구를 활용하지 않고 연구자 자신이 직접적으로 특정 상황을 접하면서 그 상황이 갖는 의미를 인식하고, 상황 전체를 꿰뚫어 보는 것
상황 맥락	개인의 특정 행위를 둘러싼 외부의 시간적·공간적·인적 배경

2024년

01 | 6월 모의평가 5번 |

밑줄 친 ㉠~㉢에 대한 설명으로 옳은 것은? [3점]

> 연구자 갑은 ㉠'온라인 게임 내 이용자들의 사회적 관계 형성에 대한 이해'를 연구 주제로 설정하였다. 우선 선행 연구를 통해 온라인 게임에서는 ㉡게임 캐릭터 레벨을 기준으로 게임 이용자들 간 서열이 형성된다는 것을 확인하였다. 이어 서열 형성 과정을 파악하기 위한 ㉢연구를 수행하였다. 갑은 온라인 게임에 접속하여 10개월 동안 게임 이용자로 활동하며 선행 연구 결과를 재확인하였지만, 게임 이용자들의 대면 모임에 함께 참여하면서 그들의 ㉣연령, 학력, 소득 등이 드러난 이후에는 기존에 형성되었던 온라인 게임 내 이용자들 간 서열이 변화하는 모습을 관찰하였다. 이에 갑은 이 결과를 일반화하기 위해 ㉤추가 연구를 실시하였다. ㉥온라인 게임 이용자 1,000명을 무작위로 추출하여 ㉦설문 조사를 실시하고 분석한 결과 갑은 ㉧온라인 게임에만 참여한 사람들은 게임 캐릭터 레벨에 의존해서 서열을 형성한 반면, ㉨대면 모임에 참여한 사람들은 연령, 학력, 소득 등을 중심으로 서열이 형성되는 것을 확인하였다.

① ㉠ 단계와 ㉦ 단계 모두 연구자의 가치 중립이 요구된다.
② ㉤에서 ㉥은 표본 집단, ㉧은 모집단에 해당한다.
③ ㉤에서 ㉣은 독립 변수, ㉡은 종속 변수에 해당한다.
④ ㉨은 ㉢의 결과 중 대면 모임 이후 발견한 연구 결과를 지지한다.
⑤ ㉢과 ㉤은 모두 양적 연구이다.

02

| 9월 모의평가 5번 |

밑줄 친 ㉠~㉣에 대한 옳은 설명만을 〈보기〉에서 있는 대로 고른 것은? [3점]

갑은 A국 65세 이상 노인의 ㉠사회 관계망이 문화 소비에 미치는 영향을 파악하기 위해 문화 소비에 대한 ㉡가족 관계망, 지인 관계망, 단체 관계망의 영향을 연구하였다. 갑은 전국에서 ㉢65세 이상 노인 남녀 1,000명을 추출하여 설문 조사를 실시하였다. 문화 소비는 지난 1년간 공연과 전시를 관람한 횟수로, 가족 관계망은 평소 교류하는 가족과 친척의 수로, 지인 관계망은 가족과 친척 이외에 평소 교류하는 사람의 수로, 단체 관계망은 참여하는 단체의 수로 파악하였다. … (중략) … ㉣성별에 따른 분석 결과를 보면, 여성의 경우 문화 소비와 사회 관계망 사이에 모두 유의미한 정(+)의 관계가 나타났다. 남성의 경우 문화 소비와 단체 관계망 사이에 유의미한 정(+)의 관계가 나타났으나, 문화 소비와 가족 관계망, 문화 소비와 지인 관계망 사이에는 각각 유의미한 관계가 나타나지 않았다.

보기

ㄱ. ㉡은 ㉠의 조작적 정의에 해당한다.
ㄴ. ㉢은 갑이 선정한 표본이다.
ㄷ. ㉣로 65세 이상 남성의 경우 평소 교류하는 가족과 친척의 수가 많을수록 공연과 전시를 관람한 횟수는 감소한다는 것을 확인할 수 있다.

① ㄴ ② ㄷ ③ ㄱ, ㄴ ④ ㄱ, ㄷ ⑤ ㄱ, ㄴ, ㄷ

03

수능 5번

다음 자료에 대한 설명으로 옳은 것은? [3점]

갑은 고등학생의 학업 성취도와 문해력 간의 관계를 파악하고자 하였다. 이를 위해 □□ 지역 고등학생 200명을 대상으로 질문지를 통해 학업 성취도와 ㉠문해력 수준을 측정하였다. 이 자료에서 문해력을 기준으로, 상위 100명(A 집단)과 하위 100명(B 집단)으로 구분하여 학업 성취도를 분석하였다. 그 결과 ㉡B 집단의 학업 성취도가 A 집단의 학업 성취도보다 유의미하게 낮았다.

을은 ㉢○○ 독서 프로그램이 고등학생의 문해력 증진에 효과가 있을 것이라 생각하고 이를 알아보기 위해 다음과 같이 연구를 진행하였다. 그는 갑과 연구 대상자의 동의를 받아, 갑의 연구에서 문해력이 낮은 것으로 판명된 B 집단을 무작위로 50명씩 C 집단과 D 집단으로 나눈 후 C 집단에게만 4주간 ○○독서 프로그램을 적용하였다. 독서 프로그램 종료 시점에 갑이 활용한 측정 도구로 ㉣문해력 수준을 측정한 결과, C 집단의 문해력 수준은 유의미하게 높아졌으나 D 집단의 문해력 수준은 이전과 차이가 없었다. 이후 을은 D 집단에게만 ○○ 독서 프로그램을 4주간 적용하였다. 그 결과 D 집단의 문해력 수준이 높아져 최종적으로 ㉤C 집단과 D 집단 간에는 문해력 수준이 유의미한 차이를 보이지 않았다.

① 갑의 연구에서 모집단은 □□ 지역 고등학생이다.
② ㉠은 을의 연구에서 사전 검사로 활용되었다.
③ ㉡은 문해력과 학업 성취도 간의 부(−)의 관계를 보여 준다.
④ ㉣은 을의 연구에서 실험 처치에 해당한다.
⑤ ㉤은 ㉢을 지지하는 근거로 사용할 수 없다.

2023년

04

| 6월 모의평가 2번 |

다음 자료에 대한 옳은 설명만을 〈보기〉에서 고른 것은? [3점]

갑은 '소비 활동으로 느끼는 행복'이라는 ㉠연구 주제를 설정하였다. ㉡관련 연구를 검토한 뒤, 소득 수준에 따라 소비 활동으로 느끼는 행복감이 소비 활동 유형별로 어떻게 다른지 파악하기 위해 가설을 설정하였다. 아래는 가설 중 하나이다.

〈가설〉 소득 수준이 높은 집단이 소득 수준이 낮은 집단보다 [A] 활동으로 느끼는 행복감이 높을 것이다.

갑은 ㉢가설 검증을 위해 성인 2,000명을 대상으로 ㉣설문 조사를 실시하였다. 소득 수준은 응답자의 월평균 소득을 기준으로 상위 50%를 ㉤소득 수준이 높은 집단, 나머지를 ㉥소득 수준이 낮은 집단으로 구분하였다. 소비 활동의 유형은 일상적 소비(생활용품 구입 등)와 문화적 소비(여가 활동비 지출 등)로 구분하였고, 각 유형별 소비 활동으로 느끼는 행복감은 5점 척도(점수가 클수록 행복감이 높음)로 측정하였다.

자료 분석 결과, 일상적 소비 활동으로 느끼는 행복감은 소득 수준이 높은 집단에서 2.6점, 소득 수준이 낮은 집단에서 3.6점으로 나타났다. 문화적 소비 활동으로 느끼는 행복감은 소득 수준이 높은 집단에서 3.6점, 소득 수준이 낮은 집단에서 2.0점으로 나타났다. 분석 결과는 통계적으로 유의미하였다.

보기

ㄱ. ㉠ 단계는 ㉢ 단계와 달리 연구자의 가치 중립이 요구된다.
ㄴ. ㉡은 2차 자료를, ㉣은 1차 자료를 수집하기 위한 것이다.
ㄷ. ㉤은 실험 집단, ㉥은 통제 집단이다.
ㄹ. 〈가설〉은 A가 '일상적 소비'이면 기각되고, '문화적 소비'이면 수용된다.

① ㄱ, ㄴ ② ㄱ, ㄷ ③ ㄴ, ㄷ ④ ㄴ, ㄹ ⑤ ㄷ, ㄹ

05

| 9월 모의평가 3번 |

다음 연구에 대한 설명으로 옳은 것은? [3점]

연구자 갑은 집단 간 경쟁이 자신이 속한 집단 구성원에 대한 긍정적 평가를 증가시킬 것이라고 예상하며 연구를 진행하였다. 갑은 서로 모르는 사이의 청소년을 연구 참여자로 모집한 후 무작위로 네 모둠으로 구분하였다. 모둠 A와 모둠 B는 숲 체험 활동을 하였고, 모둠 C는 모둠 A의, 모둠 D는 모둠 B의 활동을 관리하였다. 1일 차에 모둠 A와 모둠 B는 서로의 존재를 알지 못하는 상태에서 주어진 과업을 독립적으로 수행하였다. 갑은 2일 차에 모둠 A와 모둠 B에게 경쟁 모둠의 존재를 알리고, 과업을 먼저 해결하는 모둠에게만 별도의 상품을 제공한다고 공지하였다. 한편 모둠 C와 모둠 D는 자신이 관리하는 모둠 A와 모둠 B가 과업 수행 중 나눈 대화에 나타난 칭찬과 비난의 횟수를 관찰하여 일자별로 기록하였다. 갑이 ㉠모둠 C와 모둠 D가 관찰하며 기록한 자료를 분석한 결과, 모둠 A와 모둠 B 모두에서 1일 차 대비 2일 차에 소속 모둠원에 대한 ㉡칭찬 횟수는 증가하였고, ㉢비난 횟수는 감소하였다.

① 갑은 양적 연구 방법과 질적 연구 방법을 모두 활용하였다.
② 모둠 A와 B는 실험 집단이고, 모둠 C와 D는 통제 집단이다.
③ 1일 차와 2일 차 모두 독립 변수에 대한 처치가 이루어졌다.
④ ㉠은 갑의 연구에서 1차 자료에 해당한다.
⑤ ㉢은 ㉡과 달리 종속 변수에 대한 조작적 정의이다.

06

수능 5번

다음 자료에 대한 설명으로 옳은 것은?

연구자 갑은 정부 정책 도입에 대한 여론 조사 연구에서 '정보 제공이 응답자의 ㉠응답 반응에 영향을 미칠 것이다.'라는 가설을 설정하였다. 이를 검증하기 위해 질문 방식을 정부 정책에 대한 정보 제시 없이 정부 정책 도입에 대한 동의 여부를 묻는 것(유형 A), 정부 정책에 대한 중립적인 정보를 제시한 후 정부 정책 도입에 대한 동의 여부를 묻는 것(유형 B), ㉡정부 정책에 대한 긍정적인 정보를 제시한 후 정부 정책 도입에 대한 동의 여부를 묻는 것(유형 C)으로 구분한 후, 다음과 같이 두 단계에 걸쳐 연구를 진행하였다.

- 1단계: 동일한 정부 정책 도입에 대해 비슷한 시기에 수행된 여론 조사 결과를 수집하였다. 자료 분석을 통해 여론 조사에서 ㉢정보 제공 여부가 응답자의 의사 결정에 영향을 미칠 수 있음을 확인하였다.
- 2단계: 1단계에서 확인한 결과를 경험적으로 검증하기 위해 성인 200명을 무작위로 선정한 후 실험을 실시하였다. 유형 A를 배부하여 ㉣정부 정책 도입에 대한 찬반 여부를 측정한 결과 응답자의 60%가 제안된 정책에 반대하였다. 반대한 사람을 40명씩 무작위로 세 집단으로 나눈 뒤, 첫째 집단에는 유형 A에, 둘째 집단에는 유형 B에, 셋째 집단에는 유형 C에 각각 응답하도록 하였다. 세 집단의 응답을 분석한 결과, 첫째 집단과 둘째 집단 간, 첫째 집단과 셋째 집단 간에는 제안된 정책에 반대하는 비율이 유의미하게 차이가 났지만, 둘째 집단과 셋째 집단 간에는 유의미한 차이가 없었다.

① 2단계에서 갑은 사전 검사를 실시하지 않았다.
② 유형 B에 응답한 사람들은 통제 집단, 유형 C에 응답한 사람들은 실험 집단이다.
③ ㉠은 ㉣에 대한 조작적 정의이다.
④ ㉡은 질문지 작성 시 특정 응답을 유도한 것이므로 갑의 연구 결과를 일반화할 수 없다.
⑤ 2단계에서 도출한 분석 결과는 ㉢을 지지한다.

2022년

07

| 6월 모의평가 2번 |

다음 자료에 대한 설명 및 추론으로 옳은 것은? [3점]

연구자 갑은 타인의 존재와 개인의 과업 수행 간의 관계에 대해 연구하고자 하였다. 그는 자신의 연구에 사용할 변수들을 선정하기 위해 두 개의 선행 연구 A, B를 검토하였다.

A에서는 타인의 존재가 과업 수행에 긍정적 영향을 미칠 것이라는 가설을 검증하기 위해, 사이클 선수들을 무작위로 두 집단으로 구분하여, ㉠한 집단은 각자 따로 출발하게 하고 ㉡다른 집단은 여러 명이 함께 출발하게 하였다. 그 결과 함께 달린 집단이 따로 달린 집단보다 더 좋은 기록을 냈다. B에서는 과업과 관련한 개인의 기본 역량이 높은 집단에서는 타인의 존재가 과업 수행에 긍정적 영향을 미치고, 과업과 관련한 개인의 기본 역량이 낮은 집단에서는 타인의 존재가 과업 수행에 부정적 영향을 미칠 것이라는 가설을 검증하였다. 이 연구에서는 무작위로 선발한 당구 동호인을 당구 실력이 높은 집단과 낮은 집단으로 구분한 뒤, 각자 당구 게임을 수행하게 하고 그 점수를 측정하였다. 다음으로 각 집단을 관찰자들이 보는 앞에서 이전과 같은 방식으로 동일한 당구 게임을 수행하도록 하고, 그 점수를 측정하였다. 측정 결과 ㉢실력이 높은 집단의 게임 수행 점수는 높아진 반면, ㉣실력이 낮은 집단의 게임 수행 점수는 낮아졌다.

갑은 A, B를 통해 타인의 존재가 개인의 과업 수행에 유의미한 영향을 미친다는 사실을 확인하였다. 갑은 A에서는 타인을 경쟁자로, B에서는 관찰자로 설정한 점, 그리고 B에서 개인의 기본 역량이 과업 수행에 영향을 미친다는 점에 주목하였다. 이를 통해 타인의 존재가 ㉤개인의 과업 수행에 미치는 영향을 다각적으로 설명하려면 ㉥타인의 역할과 과업 수행을 위한 행위자의 기본 역량을 변수로 활용하는 ㉦연구가 필요하다는 결론에 이르렀다.

① 갑은 실험법을 사용하여 자료를 수집하였다.
② 갑이 검토한 연구는 방법론적 일원론을 전제로 하여 수행되었다.
③ A에서 ㉠은 실험 집단, ㉡은 통제 집단이다.
④ ㉢과 ㉣ 간의 차이로 인해 B의 가설은 수용되었을 것이다.
⑤ ㉦에서 ㉤은 독립 변수, ㉥은 종속 변수이다.

제3권 평가원

08

| 9월 모의평가 2번 |

밑줄 친 ㉠~㉦에 대한 옳은 설명만을 〈보기〉에서 고른 것은? [3점]

> 갑은 반려견 양육 경험이 반려견을 양육하는 사람의 주관적 행복감에 미치는 영향을 파악하기 위해 ㉠가설을 설정하고 연구를 진행하였다. 갑은 반려견을 양육하고 있는 성인 500명을 대상으로 구조화된 질문지를 활용해 반려견을 키운 기간, 반려견과 같이 보내는 시간을 조사하고, ㉡우울감 정도, 생활 만족도는 5점 척도로 조사하였다. 갑은 수집한 ㉢자료를 통계 프로그램으로 분석하여 결론을 도출하였다.
>
> 한편, 을은 현대인이 반려견 양육에 부여하는 의미를 심층적으로 파악하고자 하였다. 이를 위해 을은 반려견 양육 경험이 없는 사람들을 ㉣A 집단, 반려견 양육 경험이 있는 사람들을 ㉤B 집단으로 각각 10명씩 구분하였다. A 집단에는 반려견을 키우지 않는 이유, 반려견 양육 의향 등에 대해, B 집단에는 ㉥반려견 양육 동기, 반려견에게 느끼는 감정 등에 대해 직접 물어보면서 연구 대상자의 답변을 녹취하였다. 을은 수집한 ㉦자료를 해석하여 결론을 도출하였다.

보기

ㄱ. ㉠에서 독립 변수는 '반려견 양육 경험의 유무'이다.
ㄴ. ㉡은 ㉥과 달리 해당 연구에서 종속 변수에 대한 조작적 정의에 해당한다.
ㄷ. ㉢과 ㉦은 모두 해당 연구자가 언어적 상호 작용이 필수적인 자료 수집 방법을 활용해 얻은 1차 자료이다.
ㄹ. ㉣은 통제 집단, ㉤은 실험 집단이다.

① ㄱ, ㄴ ② ㄱ, ㄷ ③ ㄴ, ㄷ ④ ㄴ, ㄹ ⑤ ㄷ, ㄹ

09

수능 2번

다음 자료에 대한 설명 및 추론으로 옳은 것은? [3점]

> 갑은 직장인의 업무 과부하와 직무 스트레스 간의 관계를 파악하기 위해 연구를 진행하였다. 갑은 ○○ 기업 직원 전체를 대상으로 ㉠업무량, ㉡업무 이해도, 직무 스트레스를 각각 5점 척도 문항으로 측정한 후, 이 자료를 분석하여 업무 과부하가 직무 스트레스를 높인다는 결론을 얻었다. 한편, 을은 직장인의 직무 스트레스와 상사의 정서적 지원 간의 관계를 알아보기 위해 다음과 같이 연구를 수행하였다. 우선 을은 갑의 연구를 통해 직무 스트레스가 업무량과 업무 이해도로부터 영향을 받는다는 사실을 확인하고, 과도한 업무량에서 비롯된 업무 과부하를 ㉢양적 과부하로, 낮은 업무 이해도에서 비롯된 업무 과부하를 ㉣질적 과부하로 구분하였다. 다음으로 △△ 기업 고충 상담실의 도움을 받아 △△ 기업 직원 중 양적 과부하로 인해 직무 스트레스를 경험하고 있는 직원 40명을 무작위로 뽑아 A 집단에 배치하고, 질적 과부하로 인해 직무 스트레스를 경험하고 있는 직원 40명을 무작위로 뽑아 B 집단에 배치하였다. 이어 A 집단을 무작위로 20명씩 A_1, A_2로 나누고, 같은 방식으로 B 집단을 B_1, B_2로 나눈 뒤, A_1과 B_1에만 직속 상사가 일정 기간 동안 격려와 신뢰를 표현하도록 했다. 이러한 연구 절차에 따라 수집된 사전·사후 검사 자료를 분석한 결과, 상사의 정서적 지원은 B 집단이 겪는 유형의 직무 스트레스를 낮추는 데는 효과가 있었지만, A 집단이 겪는 유형의 직무 스트레스를 낮추지는 못하는 것으로 나타났다.

① 갑의 연구에서 표본은 ○○ 기업 직원 전체이고, 을의 연구에서 모집단은 △△ 기업 직원 전체이다.
② 을의 연구에서 ㉢은 ㉠의 조작적 정의에, ㉣은 ㉡의 조작적 정의에 해당한다.
③ 을의 연구에서 직속 상사가 일정 기간 동안 격려와 신뢰를 표현한 것은 실험 처치에 해당한다.
④ 을의 사후 검사 결과에 따르면, B_1의 직무 스트레스 수치는 A_1의 직무 스트레스 수치보다 낮을 것이다.
⑤ 을의 연구 결과는 업무 과부하가 직무 스트레스에 영향을 준다는 갑의 연구 결과를 반박한다.

2021년

10

| 6월 모의평가 2번 |

다음 연구에 대한 설명으로 옳은 것은? [3점]

갑은 '재난 상황에서 인간의 행동에 미치는 주변인의 영향'이라는 주제를 연구하기 위해 자료를 수집하였다. 갑은 대학 생활에 관한 ㉠설문 조사를 한다는 명목으로 조사에 참여할 ㉡대학생 100명을 모집하여 무작위로 A 집단에 60명, B 집단에 20명, C 집단에 20명을 배정하였다. 갑은 A 집단에게 설문 조사는 연구의 목적과 아무 관련이 없다는 점을 설명하고, 방에 연기가 들어오더라도 무해하니 설문지를 작성하는 척하면서 나오지 말라고 하였다. 반면, B 집단, C 집단에게는 연기에 대한 언급 없이 설문 조사에 성실하게 임해 달라고만 하였다. 이후 갑은 격리된 방 40개를 마련하여 20개 방 각각에는 A 집단 학생 3명과 B 집단 학생 1명이, 또 다른 20개 방 각각에는 A 집단 학생 없이 C 집단 학생 1명만 들어가서 설문지를 작성하게 하였다. 갑은 설문 조사 시작 1분 후 각 방에 연기를 들여보내고, 폐쇄 회로 텔레비전(CCTV)을 통해 ㉢B 집단과 C 집단 학생들의 행동을 관찰하였다. 연기가 들어오자 B 집단 중 5명은 ㉣A 집단 학생들의 행동을 의식하지 않고 곧바로 방을 나갔고 15명은 다른 학생들을 살피면서 설문지를 계속 작성하였다. C 집단의 경우, 연기가 들어오자 15명은 방에서 곧바로 나갔고 5명은 설문지를 계속 작성하였다. 갑은 이러한 관찰 결과를 바탕으로 논문을 발표하였다.

① ㉠은 사전 검사에 해당한다.
② ㉡은 모집단, A 집단은 표본 집단이다.
③ ㉢은 독립 변인, ㉣은 종속 변인이다.
④ B 집단은 실험 집단, C 집단은 통제 집단이다.
⑤ 갑은 의도한 결과를 얻기 위해 자료를 자의적으로 조작하였다.

11

| 6월 모의평가 11번 |

다음은 학생들이 제출한 수행 평가 과제에 대해 교사가 평가한 내용이다. 이에 대한 설명으로 옳은 것은?

A조 과제에 대한 평가	B조 과제에 대한 평가
A조는 '에고서핑(ego-surfing)'의 의미를 찾아 ㉠'인터넷으로 자신에 대한 정보나 댓글을 검색하는 것'이라고 소개한 후 '에고서핑을 많이 하는 사람일수록 자존감이 낮을 것이다.'라는 가설을 세워 검증하였습니다. A조가 제출한 과제는 일반인을 대상으로 가설과 관련한 일반적인 경향성을 적절히 규명한 연구입니다. (참! 잘했어요)	B조는 '에고서핑(ego-surfing)'을 하는 사람들의 심리를 알기 위해 심층 인터뷰를 실시하였습니다. B조가 제출한 과제는 인터넷 상에 나타난 자신에 대한 정보나 댓글에 매우 민감한 연예인, 유명 인터넷 1인 방송인 등을 대상으로 그들이 왜 불편한 감정을 감수하고 에고서핑을 하는지에 대해 적절히 조사한 연구입니다. (참! 잘했어요)

① ㉠은 A조가 연구 과정에서 실시한 개념의 조작적 정의이다.
② B조가 사용한 연구 방법은 법칙 발견을 목적으로 한다.
③ A조가 사용한 연구 방법은 B조가 사용한 연구 방법에 비해 계량화가 어려운 인간의 주관적 영역에 대해 탐구하기 곤란하다.
④ B조가 사용한 연구 방법은 A조가 사용한 연구 방법과 달리 자료 수집 과정에서 연구자의 가치 중립이 요구된다.
⑤ A조가 사용한 연구 방법은 방법론적 이원론을, B조가 사용한 연구 방법은 방법론적 일원론을 전제로 한다.

12

| 9월 모의평가 4번 |

다음 연구에 대한 옳은 설명만을 〈보기〉에서 고른 것은? [3점]

연구자 갑은 고등학생 자녀의 학업 성취와 부모의 민주적 양육 태도 간의 관계를 파악하고자 가설을 설정하고 연구를 진행하였다. 갑은 구조화된 설문지로 자녀의 학업이나 진로를 결정하는 과정에서 부모의 개입 지수, 부모의 통제 지수, 자녀의 의사 반영 지수를 측정하고, 부모와 자녀의 동의를 얻어 자녀의 모의 평가 성적을 학교로부터 제공받았다. 수집한 자료의 분석을 통해 갑은 자녀의 학업 성취에 대하여 부모의 민주적 양육 태도가 정(+)의 영향력을 가지며, 이는 통계적으로 유의미하다는 것을 확인하였다.

보기

ㄱ. 자료 분석에 1차 자료와 2차 자료가 모두 활용되었다.
ㄴ. 독립 변수와 종속 변수에 대한 조작적 정의가 이루어졌다.
ㄷ. 자녀의 학업 성취는 양적 자료로, 부모의 민주적 양육 태도는 질적 자료로 수집되었다.
ㄹ. 분석을 통해 수용된 가설은 '자녀의 학업 성취가 높을수록 부모의 민주적 양육 태도가 높을 것이다.'이다.

① ㄱ, ㄴ ② ㄱ, ㄷ ③ ㄴ, ㄷ ④ ㄴ, ㄹ ⑤ ㄷ, ㄹ

13

수능 4번

다음 자료에 대한 설명으로 옳은 것은? [3점]

연구자 갑은 ㉠"학업 성취도에 자기 통제력이 정(+)의 영향을 미칠 것이다."라는 가설을 검증하기 위해 아동 90명을 대상으로 연구하였다. 갑은 아동에게 "초콜릿 1개를 받고 바로 먹어도 되지만 15분 동안 먹지 않고 기다리면 1개를 더 먹을 수 있다."는 조건에서 자신의 ㉡기다림 행동 정도(바로 먹음, 기다리다 중간에 먹음, 끝까지 기다림)를 예측하여 기입하게 하였다. 해당 아동의 ㉢학업 성적을 구하여 통계 분석한 결과, '끝까지 기다림' 집단이 나머지 집단보다 학업 성적이 높았다.

연구자 을은 갑의 가설을 재검증하기 위해 아동 900명을 대상으로 아동의 기다림 행동 정도와 학업 성적을 갑의 연구와 동일하게 수집하였다. 추가적으로 아동에 대한 가정의 경제적 배경을 조사하여 연구 대상자를 ㉣두 집단으로 구분한 후 자료를 분석하였다. 갑의 가설과 자신이 추가한 가설을 모두 검증하기 위해 분석한 결과, 기다림 행동 정도에 따른 학업 성적의 차이는 통계적으로 유의미하지 않았고, ㉤가정의 경제적 배경에 따른 학업 성적의 차이는 통계적으로 유의미한 것으로 나타났다.

① 갑은 실험법, 을은 질문지법을 사용하였다.
② ㉠은 갑, 을의 연구 모두에서 수용되었다.
③ ㉡은 갑, 을의 연구 모두에서 독립 변수의 조작적 정의이다.
④ ㉢은 갑의 연구에서, ㉤은 을의 연구에서 종속 변수이다.
⑤ ㉣은 을의 연구에서 실험 집단과 통제 집단을 구분하기 위한 과정이다.

2020년

14

| 6월 모의평가 5번 |

다음 연구에 대한 옳은 설명만을 〈보기〉에서 고른 것은? [3점]

○ 연구 개요
- ㉠방과 후 달리기 프로그램이 ○○중학교 학생의 ㉡수업 집중도 및 ㉢자아 존중감에 미치는 효과를 알아보기 위해 연구 가설을 설정하고 이를 검증함.

○ 연구 설계 및 자료 수집
- ○○중학교에서 남녀별로 각각 체력 수준이 유사한 학생들을 100명씩 무작위로 선정하여 A, B 두 집단에 남녀 각각 50명씩 임의로 배정함.
- 8주 동안 A 집단은 평소와 동일하게 생활하고, 같은 기간 B 집단은 방과 후 달리기 프로그램을 수행함.
- 프로그램 적용 사전과 사후에 측정지를 사용하여 A, B 집단 모두 수업 집중도 및 자아 존중감을 스스로 평가하게 함.

○ 자료 분석 결과

(단위: 점)

구분		A 집단		B 집단	
		남	여	남	여
수업 집중도	사전	3.2	3.6	3.2	3.6
	사후	3.3	3.5	3.6	3.8
자아 존중감	사전	2.9	3.3	2.9	3.3
	사후	3.0	3.3	3.3	2.9

* 측정 항목은 모두 5점 척도이며, 점수가 높을수록 그 정도가 높음
** 분석 결과는 통계적으로 유의미함

보기

ㄱ. ㉡에 대한 조작적 정의는 자료 분석 단계에서 이루어졌다.
ㄴ. ㉡, ㉢은 모두 종속 변수이다.
ㄷ. ㉠의 수행 후 실험 집단이 통제 집단보다 ㉡이 높게 나타났다.
ㄹ. ㉢의 경우 여학생은 남학생과 달리 ㉠의 영향을 받지 않았다.

① ㄱ, ㄴ ② ㄱ, ㄷ ③ ㄴ, ㄷ ④ ㄴ, ㄹ ⑤ ㄷ, ㄹ

15

| 9월 모의평가 5번 |

다음 자료에 대한 옳은 설명만을 <보기>에서 있는 대로 고른 것은? [3점]

연구자 갑은 ㉠환경 요인이 유전 요인보다 범죄성에 더 큰 영향을 미칠 것이라는 가설을 검증하기 위해 입양아의 기록을 연구하였다. 그는 1930년에서 1950년 사이에 ○○시에서 출생 직후 비혈연 관계에 있는 사람에게 입양된 아이의 입양 기록을 조사하였다. 갑은 공식 기록을 통해 ㉡입양아(양자)의 범죄 경력 유무, ㉢입양한 아버지(양부)와 ㉣생물학적 아버지(생부)의 범죄 경력 유무를 파악하였다. 분석 결과는 표와 같으며, 그 결과는 통계적으로 유의미하였다.

〈양부와 생부의 범죄 경력 유무에 따른 양자의 범죄 경력 유무〉

(단위: 명)

양부의 범죄 경력	생부의 범죄 경력	양자의 범죄 경력	
		없음	있음
없음	없음	380	20
	있음	240	80
있음	없음	135	15
	있음	130	70

보기

ㄱ. ㉠이 수용되었다.
ㄴ. ㉡은 종속 변수에 대한 조작적 정의이다.
ㄷ. ㉢은 실험 집단, ㉣은 통제 집단이다.
ㄹ. 양적 연구와 질적 연구 모두에서 활용되는 자료 수집 방법이 사용되었다.

① ㄱ, ㄷ ② ㄴ, ㄷ ③ ㄴ, ㄹ
④ ㄱ, ㄴ, ㄹ ⑤ ㄱ, ㄷ, ㄹ

16

수능 5번

다음 연구에 대한 옳은 설명만을 <보기>에서 고른 것은? [3점]

○연구 주제: 독서 프로그램이 초등학생의 스트레스 및 자아 존중감에 미치는 영향
○연구 가설
– 가설 1: (가)
– 가설 2: 독서 프로그램은 초등학생의 자아 존중감을 향상시킬 것이다.
○연구 설계 및 자료 수집: ○○ 초등학교 3학년, 6학년 각 100명을 무작위로 선정한 후 제비뽑기를 통해 학년별로 50명씩 A, B 두 집단으로 나누었음. 1개월간 A 집단에는 독서 프로그램을 적용하고, B 집단은 평소와 같이 생활하게 하였음. 프로그램 적용 전후에 검사지를 사용하여 스트레스 정도와 자아 존중감 정도를 스스로 평가하게 하였음.
○자료 분석 및 가설 검증: 자료 분석 결과는 표와 같으며, 가설 1과 가설 2 중 하나만 수용되었음.

(단위: 점)

학년	집단	㉢스트레스		㉣자아 존중감	
		사전	사후	사전	사후
㉠3학년	A	6.0	5.0	6.9	7.3
	B	5.9	5.8	6.9	7.2
㉡6학년	A	5.9	5.0	6.9	6.8
	B	6.0	5.9	6.9	6.9

* 표의 점수는 각각 스트레스와 자아 존중감을 10점 만점으로 한 해당 집단의 평균값이며, 점수가 높을수록 그 정도가 높음
** 분석 결과는 통계적으로 유의미함

보기

ㄱ. ㉠은 실험 집단, ㉡은 통제 집단이다.
ㄴ. ㉢, ㉣은 모두 종속 변수이다.
ㄷ. ㉣의 경우, ㉠의 B 집단은 ㉡의 B 집단과 달리 독서 프로그램의 영향을 받았다.
ㄹ. (가)에는 '독서 프로그램은 초등학생의 스트레스를 감소시킬 것이다.'가 들어갈 수 있다.

① ㄱ, ㄴ ② ㄱ, ㄷ ③ ㄴ, ㄷ ④ ㄴ, ㄹ ⑤ ㄷ, ㄹ

제3권 평가원

고난도 주제

02 사회 이동과 사회 계층 구조

평가원의 출제 경향을 파악하라!

6월과 9월 모의평가에서 출제된 문제 유형과 내용이 그해 11월 수능에서 어떠한 흐름으로 이어지며 출제되었는지 분석해 보세요. 2025년 6월과 9월 모의평가를 분석하면 수능을 대비하는 데 큰 도움이 됩니다.

최근 5개년간 얼마나 출제되었나?

구분	6월	9월	수능
2024년	○	○	○
2023년	○	○	○
2022년	○	○	○
2021년	○	○	○
2019년	○	○	○

이 주제에서는 사회 이동과 사회 계층 구조를 파악하는 유형이 고난도로 출제되고 있다. 풀이 시간을 단축시키기 위해서는 기출 문제를 많이 풀어 보면서 계층 구성 표를 작성하는 연습을 해야 한다.

2024년에는 어떻게 출제되었나?

6월 모의평가	9월 모의평가	수능
갑국~병국의 계층 구성 비율을 나타낸 도표를 분석하여 A~C에 해당하는 계층을 파악한 후 각각의 계층 구조에 대한 옳은 설명을 고르는 문항이 출제되었다.	갑~병의 사회 이동 양상과 갑~병이 속한 국가의 현재 계층 비율을 각각 파악한 후 계층 구조와 사회 이동에 대한 옳은 분석을 선택하는 문항이 출제되었다.	□□국 시기별 계층 구성 비율과 연령이 50대인 갑~무의 사회 이동 결과를 분석하여 계층 구조와 사회 이동의 유형을 종합적으로 파악하는 문항이 출제되었다.

반드시 알아야 할 핵심 개념은?

사회 이동	사회 계층 구조에서 한 개인이나 집단의 위치가 변화하는 현상
세대 내 이동	개인이 한 생애 내에서 나타나는 사회 이동
세대 간 이동	두 세대 이상에 걸쳐 계층적 위치가 변화하는 이동
사회 계층 구조	한 사회에서 희소한 자원이 불평등하게 배분되고, 그러한 불평등이 지속되어 일정한 형태로 고정된 구조
피라미드형 계층 구조	하층의 비율이 가장 높고, 상층의 비율이 가장 낮은 계층 구조
다이아몬드형 계층 구조	중층의 비율이 상층과 하층의 비율보다 높은 계층 구조

2024년

01 | 6월 모의평가 10번 |

다음 자료에 대한 분석으로 옳은 것은? [3점]

그림은 갑국~병국의 계층 구성 비율을 나타낸 것이다. 계층은 A, B, C로 구분되며, A~C는 각각 상층, 중층, 하층 중 하나이다. 한 국가 내에서 C에서 A로의 이동은 상승 이동, C에서 B로의 이동은 하강 이동에 해당한다. 갑국~병국의 인구는 동일하다.

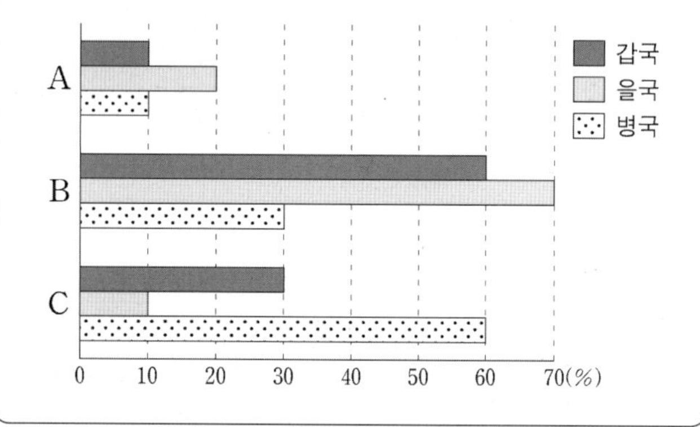

① 을국의 계층 구조는 피라미드형이다.
② 갑국의 상층 인구는 을국의 상층 인구보다 많다.
③ 중층 인구 대비 하층 인구의 비율은 갑국이 병국보다 낮다.
④ 갑국~병국 중 병국의 계층 구조가 사회 안정성이 가장 높다.
⑤ 갑국의 계층 구조는 세대 내 이동이, 을국과 병국의 계층 구조는 세대 간 이동이 활발하게 일어난다.

02

| 9월 모의평가 10번 |

다음 자료에 대한 분석으로 옳은 것은? [3점]

자료는 연령이 50세인 갑~병의 사회 이동과 그들이 속한 국가의 현재 계층 비율을 조사한 결과이다. 단, A~C는 각각 상층, 중층, 하층 중 하나이며, 다른 계층은 존재하지 않는다. 세대 간 이동은 (가)와 (다), 세대 내 이동은 (나)와 (다)를 통해 판단한다.

〈갑~병의 사회 이동 양상〉

구분	갑	을	병
(가) 부모의 계층	상층	중층	하층
(나) 20년 전 본인 계층	A	B	C
(다) 현재 본인 계층	B	C	A

〈갑~병이 속한 국가의 현재 계층 비율〉

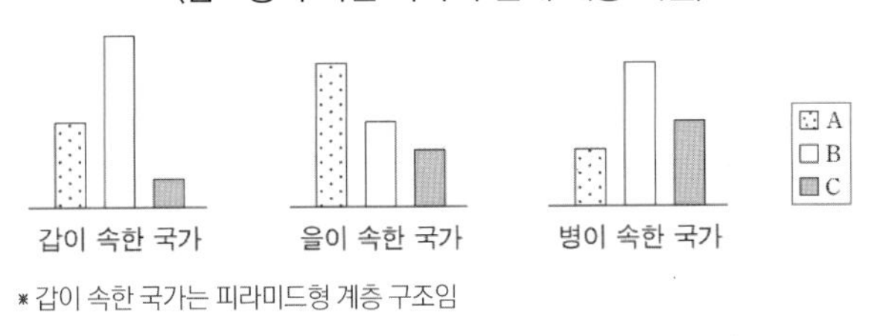

* 갑이 속한 국가는 피라미드형 계층 구조임

① 갑과 달리 을은 세대 간 하강 이동을 하였다.
② 을과 병에게는 모두 계층 대물림이 이루어졌다.
③ 갑과 을은 모두 세대 간 이동과 세대 내 이동을 하였다.
④ 을이 속한 국가는 갑이 속한 국가에 비해 계층 양극화로 인한 문제가 발생할 가능성이 높다.
⑤ 병이 속한 국가는 을이 속한 국가에 비해 사회 통합에 유리한 계층 구조가 나타난다.

03

수능 10번

다음 자료에 대한 분석으로 옳은 것은?

다음은 □□국 시기별 계층 구성 비율과 연령이 50대인 갑~무의 사회 이동 결과를 세대 간 이동과 세대 내 이동으로 구분하여 나타낸 것이다. 단, 세대 간 이동은 부모 계층과 본인의 현재 계층 비교로, 세대 내 이동은 본인의 24년 전 계층과 현재 계층 비교로 판단한다. A~C는 각각 상층, 중층, 하층 중 하나이다.

〈자료 1〉 시기별 계층 구성 비율(%)

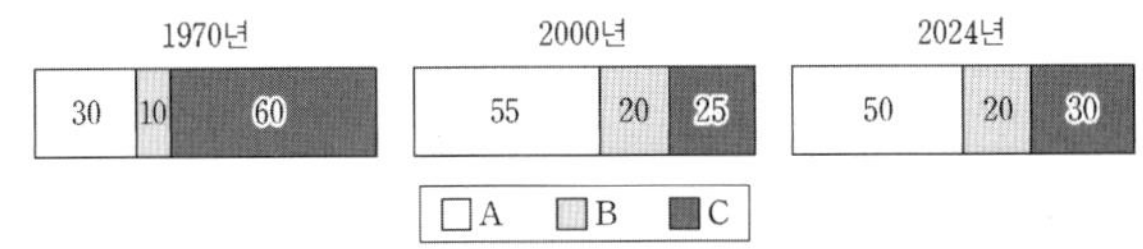

〈자료 2〉 갑~무의 사회 이동 결과

구분		부모 계층 (1970년) A	부모 계층 (1970년) B	부모 계층 (1970년) C
본인의 현재 계층 (2024년)	A		정	
	B	을		무
	C	병	갑	

구분		본인의 24년 전 계층(2000년) A	본인의 24년 전 계층(2000년) B	본인의 24년 전 계층(2000년) C
본인의 현재 계층 (2024년)	A		정	
	B		을	무
	C	갑		병

* 갑의 부모 계층(1970년)은 상층이며, 갑의 세대 간 이동과 세대 내 이동은 모두 하강 이동임

① 1970년 계층 구조는 2000년 계층 구조보다 사회 안정성이 높다.
② 2000년 다이아몬드형, 2024년 모래시계형 계층 구조이다.
③ 을은 세대 간 상승 이동과 세대 내 하강 이동을 하였다.
④ 정은 세대 간 이동과 세대 내 이동 모두 상승 이동을 하였다.
⑤ 병은 세대 간 하강 이동을 하였고, 무는 세대 내 상승 이동을 하였다.

2023년

04

| 6월 모의평가 11번 |

그림은 갑국의 세대별 계층 구성 비율을 나타낸 것이다. 이에 대한 옳은 분석만을 〈보기〉에서 고른 것은?

조부모 세대

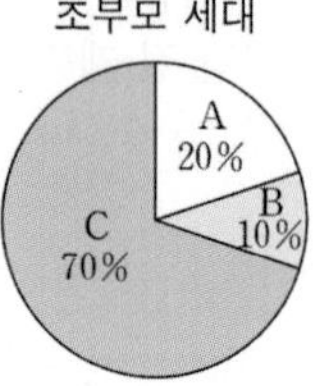

부모 세대

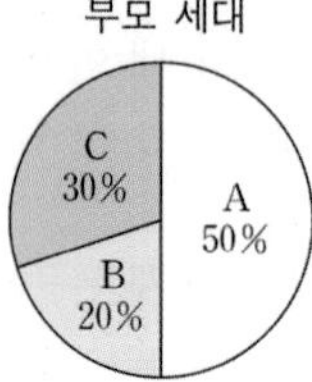

자녀 세대

A 20%
C 50%
B 30%

* 계층은 A, B, C로 구분되며, A~C는 각각 상층, 중층, 하층 중 하나임
** 조부모 세대의 계층 구조는 피라미드형이고, 각 세대의 인구는 동일함

보기

ㄱ. 조부모 세대에서 하층 인구는 상층 인구의 2배이다.
ㄴ. 상층 인구는 조부모, 부모, 자녀 세대로 갈수록 증가한다.
ㄷ. 부모 세대의 계층 구조는 조부모 세대의 계층 구조에 비해 사회 통합에 불리하다.
ㄹ. 부모 세대의 계층 구조는 다이아몬드형, 자녀 세대의 계층 구조는 모래시계형이다.

① ㄱ, ㄴ ② ㄱ, ㄷ ③ ㄴ, ㄷ ④ ㄴ, ㄹ ⑤ ㄷ, ㄹ

05

| 9월 모의평가 11번 |

다음 자료에 대한 옳은 분석만을 〈보기〉에서 고른 것은? [3점]

표는 갑국~병국의 계층 구성 비율을 나타낸 것이다. 모래시계형 계층 구조에서는 A의 비율이 가장 낮다. 단, 갑국~병국의 계층 구조는 각각 피라미드형, 다이아몬드형, 모래시계형 중 하나이다.

(단위: %)

구분	갑국	을국	병국
A	30	20	50
B	20	30	20
C	50	50	30

* 계층은 A, B, C로 구분되며, A~C는 각각 상층, 중층, 하층 중 하나임

보기

ㄱ. 갑국은 병국과 달리 폐쇄적 계층 구조가 나타난다.
ㄴ. 병국의 계층 구조는 을국의 계층 구조에 비해 사회 안정성이 높다.
ㄷ. 갑국과 병국은 모두 해당 국가에서 상층 인구가 가장 적다.
ㄹ. 을국의 계층 구조는 갑국, 병국의 계층 구조와 달리 주로 근대 이후의 산업 사회에서 나타난다.

① ㄱ, ㄴ ② ㄱ, ㄷ ③ ㄴ, ㄷ ④ ㄴ, ㄹ ⑤ ㄷ, ㄹ

06

수능 10번

다음 자료에 대한 분석으로 옳은 것은? [3점]

표는 갑국과 을국의 세대 간 계층 이동 현황을 나타낸 것이다. C에서 A로의 이동은 하강 이동이고, C에서 B로의 이동은 상승 이동이다. 단, 계층은 A, B, C로만 구분되고, A~C는 각각 상층, 중층, 하층 중 하나이다.

〈갑국〉

구분		부모 세대 A	부모 세대 B	부모 세대 C
자녀 세대	A	●●	●	●●●
	B	●●●●	●●	
	C	●●●	●	●●

〈을국〉

구분		부모 세대 A	부모 세대 B	부모 세대 C
자녀 세대	A	●●●	●	●●●●●●
	B	●	●●	●●●
	C	●●	●	●

* ●는 해당 계층 사람의 수를 나타낸 것이며, 각 ●가 나타내는 사람의 수는 동일함

① 갑국은 자녀 세대에서 완전 평등한 계층 구조를 이루었다.
② 을국의 자녀 세대에서 중층인 사람의 수는 갑국의 부모 세대에서 상층인 사람의 수보다 많다.
③ 갑국은 을국과 달리 부모 세대 중층에서 세대 간 하강 이동이 발생하지 않았다.
④ 갑국은 개방적 계층 구조, 을국은 폐쇄적 계층 구조이다.
⑤ 갑국의 부모 세대 계층 구조는 피라미드형, 을국의 자녀 세대 계층 구조는 모래시계형이다.

2022년

07

| 6월 모의평가 12번 |

그림은 갑국과 을국의 시기별 계층 구성 비율을 나타낸다. 이에 대한 분석으로 옳은 것은?

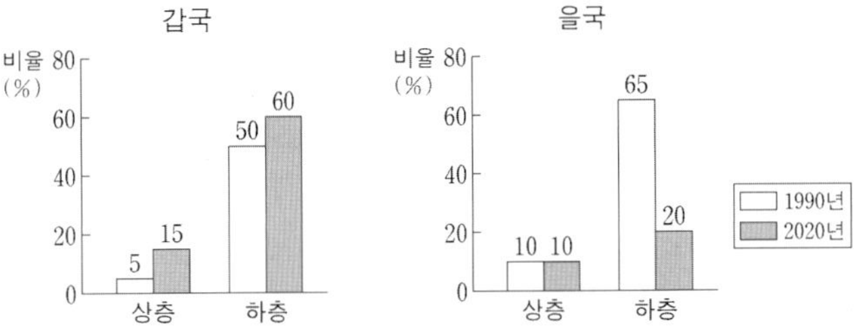

* 갑국과 을국의 계층은 상층, 중층, 하층으로만 구성된다.

① 갑국의 계층 구조는 피라미드형에서 모래시계형으로 변화하였다.
② 갑국은 을국과 달리 폐쇄적 계층 구조이다.
③ 갑국은 을국에 비해 상승 이동이 더 많이 나타났다.
④ 을국은 갑국과 달리 사회 안정성이 높은 계층 구조로 변화하였다.
⑤ 1990년 중층 대비 상층의 비는 갑국이 을국보다 크다.

08

| 9월 모의평가 18번 |

다음 자료에 대한 설명으로 옳은 것은? [3점]

그림은 갑국~병국의 계층 구성 비율을 나타낸 것이다. 갑국~병국은 모두 계층을 상층, 중층, 하층으로만 구분하며, A~C는 각각 상층, 중층, 하층 중 하나이다.

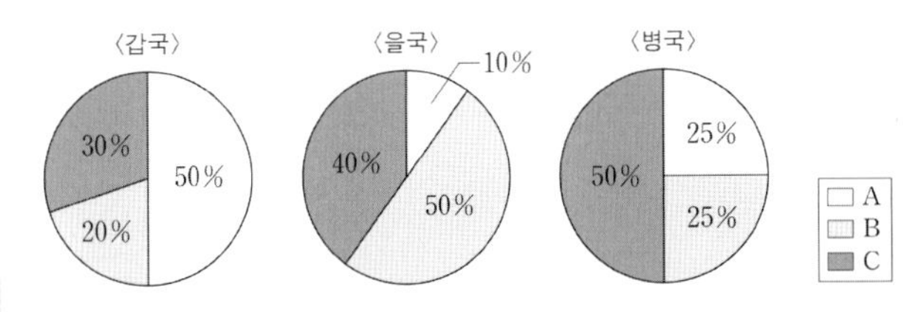

① A가 상층이고 B가 중층이라면, 병국의 계층 구조는 을국의 계층 구조보다 사회 통합에 유리하다.
② B가 하층이고 C가 상층이라면, 을국의 계층 구조는 갑국의 계층 구조보다 계층 양극화로 인한 문제가 발생할 가능성이 높다.
③ 갑국의 계층 구조가 모래시계형이라면, 을국과 병국은 모두 중층 비율이 가장 작다.
④ 을국의 계층 구조가 피라미드형이라면, 병국에서 상층 비율과 중층 비율은 동일하다.
⑤ 병국의 계층 구조가 다이아몬드형이고 B가 하층이라면, 을국의 중층 비율은 갑국의 상층 비율보다 크다.

09

수능 12번

다음 자료에 대한 분석으로 옳은 것은?

〈자료 1〉은 현재 갑국의 계층 구조와 계층 구성 비율에 대한 정보이고, 〈자료 2〉는 t년 후 갑국의 계층 구성 비율에 대한 두 가지 예측 결과이다. 단, A~C는 각각 상층, 중층, 하층 중 하나이다.

〈자료 1〉

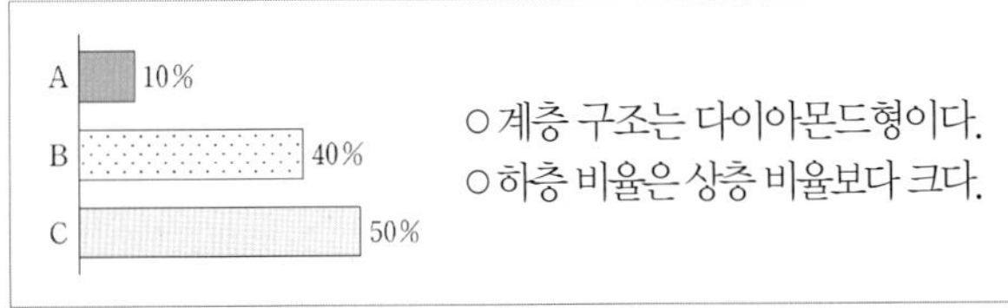

〈자료 2〉

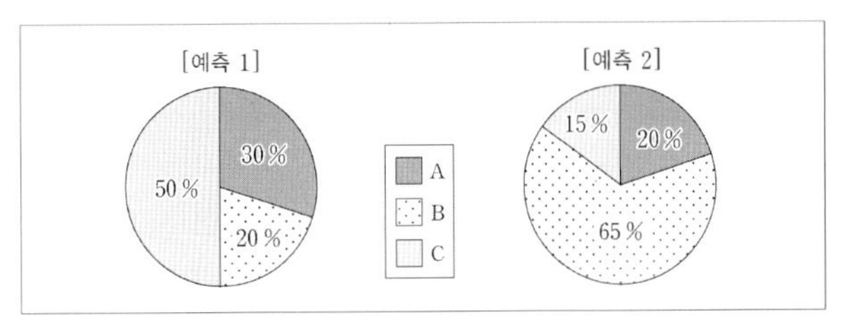

① [예측 1]대로 된 경우의 중층 비율은 현재의 중층 비율보다 크다.
② [예측 1]대로 된 경우의 상층 비율은 현재의 상층 비율의 2배이다.
③ [예측 2]대로 된 경우의 계층 구조는 피라미드형이다.
④ [예측 2]대로 된 경우의 하층 비율은 [예측 2]대로 된 경우의 중층 비율의 4배보다 크다.
⑤ [예측 2]대로 된 경우의 중층 비율은 [예측 1]대로 된 경우의 상층 비율의 2배보다 크다.

2021년

10

| 6월 모의평가 9번 |

다음 자료에 대한 분석으로 옳은 것은? [3점]

> 그림은 갑국과 을국의 자녀 세대를 대상으로 본인의 계층과 본인의 어머니 또는 아버지의 계층을 전수 조사한 것이다. 계층은 상층, 중층, 하층으로만 구성된다. 부모 세대에서 부부의 계층은 동일하며, 모든 부모의 자녀는 1명씩이다.
>
> 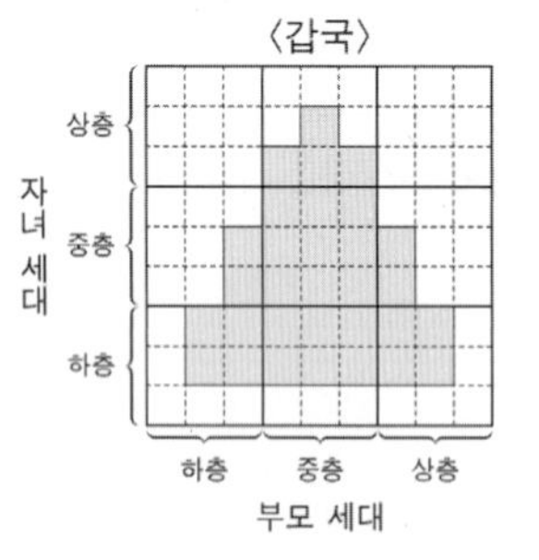
>
>
> 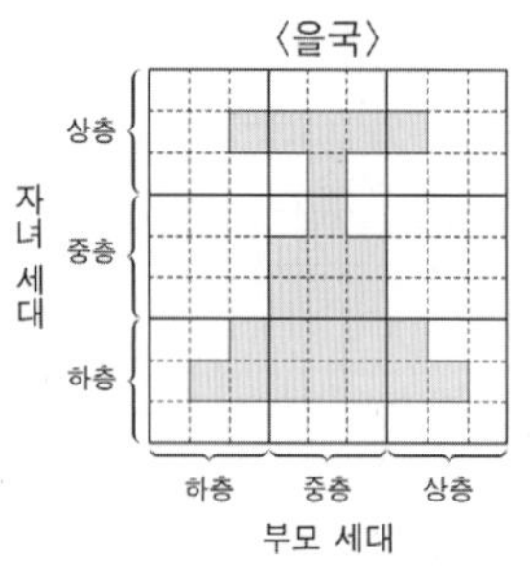
>
>
> * 음영 부분 면적의 크기는 사람 수에 비례하며, 각 ■의 면적은 동일하다.

① 갑국은 을국과 달리 세대 간 상승 이동이 나타났다.
② 을국은 갑국과 달리 세대 간 하강 이동이 나타났다.
③ 갑국의 자녀 세대에서는 피라미드형 계층 구조가 나타나고, 을국의 자녀 세대에서는 모래시계형 계층 구조가 나타난다.
④ 갑국과 을국 모두 부모 세대에서는 다이아몬드형 계층 구조가 나타난다.
⑤ 갑국과 을국 모두 부모의 계층을 대물림받은 자녀는 하층에서 가장 많다.

11

| 9월 모의평가 18번 |

그림은 갑국의 시기별 계층 구성 비율을 나타낸 것이다. 이에 대한 분석으로 옳은 것은? (단, 갑국의 계층은 상층, 중층, 하층으로만 구성되며, 각 시기별 조사 대상은 동일하다.)

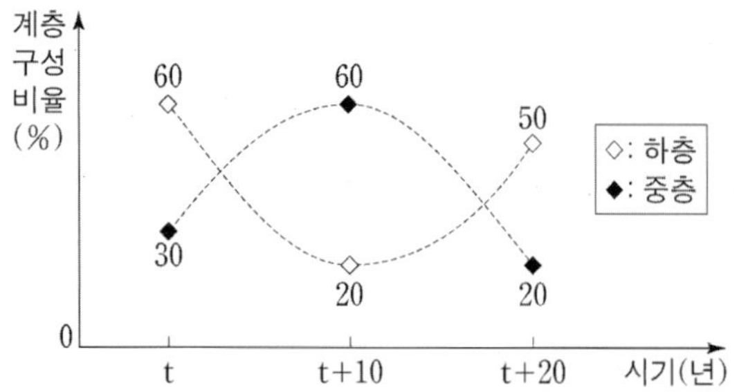

① t년 대비 t+20년에 상층의 비율은 3배가 되었다.
② 상층과 하층의 비율 차이는 t년보다 t+10년이 크다.
③ t년은 폐쇄적 계층 구조, t+10년과 t+20년은 개방적 계층 구조이다.
④ t+10년보다 t+20년이 사회 통합에 더 유리한 계층 구조이다.
⑤ t년 대비 t+20년의 변화는 세대 간 이동, t+10년 대비 t+20년의 변화는 세대 내 이동의 결과이다.

12

수능 16번

다음 자료는 갑국과 을국의 세대 간 계층 이동 현황을 나타낸 것이다. 이에 대한 분석으로 옳은 것은? (단, 계층은 상층, 중층, 하층으로만 구분된다.) [3점]

* ■의 면적은 해당 계층에 속한 사람 수를 나타낸 것이며, 각 ■의 면적은 동일함

① 갑국에서는 세대 간 상승 이동이 세대 간 하강 이동보다 많다.
② 을국에서는 세대 간 이동이 계층 대물림보다 많다.
③ 부모 세대의 경우, 을국의 계층 구조가 갑국에 비해 사회 통합에 유리하다.
④ 자녀 세대의 경우, 갑국의 계층 구조는 모래시계형이고 을국의 계층 구조는 피라미드형이다.
⑤ 갑국에서는 개방적 계층 구조가, 을국에서는 폐쇄적 계층 구조가 나타난다.

2019년

13

| 6월 모의평가 20번 |

다음 자료에 대한 옳은 분석만을 <보기>에서 있는 대로 고른 것은? [3점]

갑국의 계층은 상층, 중층, 하층으로만 구분되며, A~C는 각각 상층, 중층, 하층 중 하나이다. 부모 세대의 계층 구성비는 A : B : C = 3 : 6 : 1이고, 모든 부모의 자녀는 1명씩이다.

<부모 세대와 자녀 세대 간 계층 이동 현황>

(단위: %)

구분	A	B	C
부모 세대 계층 대비 부모 세대와 자녀 세대의 계층 일치 비율	50	25	50
자녀 세대 계층 대비 부모 세대와 자녀 세대의 계층 불일치 비율	25	50	90

* 자녀 세대 A는 부모 세대보다 계층이 낮을 수 없다.
** B는 다이아몬드형 계층 구조에서 가장 비율이 높은 계층이다.

보기

ㄱ. 세대 간 상승 이동 비율이 세대 간 하강 이동 비율보다 낮다.
ㄴ. 자녀 세대의 계층 구조는 부모 세대의 계층 구조보다 사회 통합에 유리하다.
ㄷ. 중층 부모를 둔 하층 자녀 인구는 상층 부모를 둔 중층 자녀 인구의 최대 3배이다.
ㄹ. 중층 대물림 인구 대비 상층 대물림 인구의 비는 하층 대물림 인구 대비 중층 대물림 인구의 비보다 낮다.

① ㄱ, ㄴ ② ㄱ, ㄹ ③ ㄴ, ㄷ
④ ㄱ, ㄷ, ㄹ ⑤ ㄴ, ㄷ, ㄹ

14

수능 20번

다음 자료에 대한 분석으로 옳은 것은?

(가), (나) 사회의 계층은 A~C로만 구성되며, A~C는 각각 상층, 중층, 하층 중 하나이다. 모든 부모의 자녀는 1명씩이다.

<부모 세대와 자녀 세대 계층 구성의 상대적 비>

구분	(가) 사회		(나) 사회	
	부모 세대	자녀 세대	부모 세대	자녀 세대
$\frac{A+C}{A+B}$	$\frac{7}{9}$	$\frac{5}{8}$	$\frac{5}{9}$	$\frac{5}{7}$
$\frac{A+C}{B+C}$	$\frac{7}{4}$	$\frac{5}{7}$	$\frac{5}{6}$	$\frac{5}{8}$

<자녀 세대 계층 대비 부모 세대와 자녀 세대의 계층 불일치 비율>

(단위: %)

구분	(가) 사회	(나) 사회
A	0	20
B	52	10
C	55	80

* 자녀 세대 B는 부모 세대보다 계층이 높을 수 없으며, C는 A보다 높은 계층임

① (가) 사회에서 세대 간 상승 이동을 한 사람의 수는 하층 부모를 둔 자녀보다 중층 부모를 둔 자녀가 많다.
② (나) 사회는 중층 부모를 둔 자녀 중에서 세대 간 상승 이동 비율이 세대 간 하강 이동 비율보다 높다.
③ (가) 사회와 달리 (나) 사회에서는 세대 간 이동 비율이 계층 대물림 비율보다 낮다.
④ (가) 사회와 달리 (나) 사회에서 부모 세대에는 피라미드형 계층 구조가, 자녀 세대에는 다이아몬드형 계층 구조가 나타난다.
⑤ (가) 사회는 부모 세대 상층에서 자녀 세대 중층으로의 이동이, (나) 사회는 부모 세대 하층에서 자녀 세대 상층으로의 이동이 나타나지 않았다.

고난도 주제

03 다양한 사회 불평등 문제

평가원의 출제 경향을 파악하라!

6월과 9월 모의평가에서 출제된 문제 유형과 내용이 그해 11월 수능에서 어떠한 흐름으로 이어지며 출제되었는지 분석해 보세요. 2025년 6월과 9월 모의평가를 분석하면 수능을 대비하는 데 큰 도움이 됩니다.

최근 5개년간 얼마나 출제되었나?

구분	6월	9월	수능
2024년	○	○	○
2023년	○	○	○
2022년	○	○	○
2021년	○	○	○
2020년	○	○	○

이 주제에서는 빈곤 가구 등의 자료를 제시하고 빈곤의 유형을 절대적 빈곤과 상대적 빈곤으로 구분하여 비교하는 문제가 고난도로 자주 출제되고 있다. 최근에는 학력, 임금 등의 자료를 제시한 후 빈곤 문제와 성 불평등 문제를 연계하여 종합적으로 분석하는 문제가 출제되고 있으므로 이에 대한 대비가 필요하다.

2024년에는 어떻게 출제되었나?

6월 모의평가
갑국의 '이민자 통합 프로그램'과 관련된 신문 기사를 통해 사회적 소수자의 의미와 특성을 이해한 후 옳은 설명을 고르는 문항이 출제되었다.

→ **9월 모의평가**
A국으로 이주한 갑의 사례를 통해 사회적 소수자 문제의 특성을 파악하여 옳은 설명을 〈보기〉에서 선택하는 문항이 출제되었다.

→ **수능**
□□국의 사례에 나타난 사회적 소수자의 차별 양상을 파악한 후 그 원인에 대한 옳은 설명을 고르는 문항이 출제되었다.

반드시 알아야 할 핵심 개념은?

사회적 소수자	신체적 또는 문화적 특징으로 인해 불평등한 차별적 처우를 받는 사람 또는 집단
성 불평등	성별의 차이를 이유로 특정 성이 차별 또는 억압받는 현상
생물학적 성과 사회적 성	생물학적 성(sex)은 인간이 선천적으로 타고난 성별이며, 사회적 성(gender)은 사회·문화적으로 규정된 남성성과 여성성의 구분을 말함
빈곤	인간의 기본적인 욕구를 충족하는 데 필요한 자원이나 소득의 결핍이 지속되는 상태
절대적 빈곤	최소한의 생활을 유지하는 데 필요한 자원이나 소득이 부족한 상태
상대적 빈곤	다른 사람들보다 자원이나 소득을 상대적으로 적게 가져 사회 구성원 다수가 누리는 생활 수준을 누리지 못하는 상태

2024년

01 | 6월 모의평가 16번 |

다음 자료에 대한 설명으로 옳은 것은? [3점]

> □□신문 ○○○○년 ○○월 ○○일
>
> **갑국의 '이민자 통합 프로그램' 이대로 좋은가?**
>
> 며칠 전 갑국에서는 야외 공연장을 가득 메운 사람들 사이에서 이민자들의 외모와 음식 문화를 비하하는 노래가 울려 퍼졌다. 갑국 내 극소수에 불과해 오랜 기간 취업과 임금 등에서 차별받아 온 ㉠이민자들은 이에 강하게 반발했고 양측의 충돌로 인해 유혈 사태가 발생하게 되었다. 특히 이를 해결하는 과정에서 경찰이 ㉡이민자가 아닌 갑국 사람들은 조사하지 않고 이민자들에 대해서만 강압 수사를 벌이면서 문제는 더욱 심각해졌다. 이러한 일련의 사건들로 인해 그동안 갑국 정부가 추진해 왔던 '이민자 통합 프로그램'의 효과가 의문시되고 있다.

① ㉠은 사회적 소수자로서의 정체성을 갖고 있다.
② ㉠에 비해 ㉡은 정치권력의 열세에 놓여 있다.
③ ㉡에 비해 ㉠은 경제적 자원 획득에서 유리한 위치에 있다.
④ 제도적 차원의 노력을 통해 차별을 해소한 사례를 보여 준다.
⑤ 한 사회 내에서 수적으로 우세하더라도 사회적 소수자가 될 수 있음을 보여 준다.

02

| 9월 모의평가 19번 |

다음 자료에 대한 옳은 설명만을 〈보기〉에서 고른 것은? [3점]

A국으로 이주한 갑은 □□ 보건소 주임으로 근무하면서 여성이라는 이유로 근로 조건에서 차별을 당하자 승진을 통해 이를 극복하려고 지방 관리직 시험에 응시하려 했다. 보건소 부소장은 규정상 A국 국적이 없으면 관리직이 될 수 없다는 이유로 접수를 거부했다. 이에 갑은 □□시를 상대로 수험 자격이 있음을 확인해 달라는 소송을 제기했다. 1심 법원은 A국 국적을 가진 사람이 공권력을 행사하는 관리직이 되는 게 원칙이므로 외국인의 관리직 취임이 불가능하다고 판단했다. 하지만 2심 법원은 □□시의 처분이 헌법이 보장한 직업 선택의 자유를 제한하고 차별 금지를 위반했다는 점에서 위법이라고 판단했다. □□시는 2심 판결에 불복하여 현재 상고심을 준비 중이다. 이에 A국 ㉠시민 사회를 중심으로 2심 판결을 지지하며 □□시의 판결 불복을 규탄하는 집회가 전국 각지에서 일어났다.

보기

ㄱ. 갑은 적극적 우대 조치로 인해 역차별을 받는 집단에 속해 있다.
ㄴ. 갑은 여러 사회적 소수자 집단에 속해 다양한 차별을 받았다.
ㄷ. 2심 판결은 사회적 소수자의 불리한 위치를 제도적으로 개선하자는 주장의 근거가 될 수 있다.
ㄹ. ㉠은 사회적 소수자에게 A국 국민과 동등한 권리를 부여해서는 안 된다고 인식하고 있다.

① ㄱ, ㄴ ② ㄱ, ㄷ ③ ㄴ, ㄷ ④ ㄴ, ㄹ ⑤ ㄷ, ㄹ

03

수능 17번

다음 자료에 대한 설명으로 옳은 것은? [3점]

□□국은 소수이지만 지배층을 이루는 A족과 다수이지만 지배를 받는 B족으로 구성되어 있었다. A족 출신 직업 군인인 갑은 ㉠자신에게 주어진 업무 처리를 위해 철저히 준비하여 조직에서 우수한 성과를 내었다. 빠른 진급을 하며 승승장구하던 갑은 훈련 도중 불의의 사고로 장애 판정을 받아 더 이상 군 생활을 할 수 없었다. 이후 다른 직종에 취업하려 했으나 장애인에 대한 사회적 편견으로 인해 늘 거절당했다. 갑이 생활의 어려움을 겪던 중 □□국에서 대다수를 이루는 B족이 권력을 장악하게 되었다. B족은 권력의 정통성을 확보하기 위해 A족에게 인종 차별 정책을 시행하였다. 인종 차별까지 겪은 갑은 ㉡□□국에서 생활을 계속해야 할지 차별이 없는 다른 나라로 이주해야 할지 고민하였다.

① ㉠은 갑의 예기 사회화이다.
② ㉡은 갑의 역할 갈등이다.
③ 갑은 생득적 요인과 후천적 요인에 따른 차별을 모두 경험하였다.
④ A족과 달리 B족은 수적인 열세로 인해 차별을 받았다.
⑤ B족과 달리 A족은 사회적 소수자 우대 정책으로 역차별을 받았다.

2023년

04

| 6월 모의평가 8번 |

다음 두 사례에서 공통적으로 도출할 수 있는 결론으로 가장 적절한 것은?

○ 갑국에서 외국인 근로자는 전체 인구의 약 10%에 해당한다. 이들을 대상으로 일상생활에서 차별받은 경험 여부를 조사했더니 대다수가 갑국 사회에서 차별받은 경험이 있다고 응답했다. 또한 내국인의 경우처럼 남성보다 여성이 더 심한 차별을 받는 것으로 나타났다.

○ 을국은 A 민족과 B 민족으로 구성되어 있는데, B 민족이 전체 인구의 70% 정도임에도 정치·경제의 대부분을 장악한 A 민족으로부터 차별을 받는다. 한편 을국에서는 종교에 따른 차별도 존재하는데, B 민족의 경우 국교가 아닌 타 종교를 믿는 사람들은 더 심한 차별을 받고 있다.

① 수적으로 열세이기 때문에 사회적 소수자가 된다.
② 사회적 소수자에 대한 우대 정책이 역차별을 낳을 수 있다.
③ 한 개인이 여러 사회적 소수자 집단에 중첩되어 속할 수 있다.
④ 사회적 소수자를 규정하는 기준은 가변적이지 않고 고정적이다.
⑤ 사회적 소수자는 선천적 요인이 아닌 후천적 요인에 의해 결정된다.

05

| 6월 모의평가 10번 |

다음 자료에 대한 분석으로 옳은 것은? [3점]

표는 갑국의 t년 연령대별 '상대적 평균 임금'을 혼인 상태별·성별로 구분하여 제시한 것이다. 연령대별 상대적 평균 임금은 20대 기혼(미혼) 남성(여성) 평균 임금을 100이라고 할 때 다른 연령대의 기혼(미혼) 남성(여성) 평균 임금의 크기를 나타낸다.

갑국에서 t년에 기혼 20대의 성별 임금 격차 지수는 20이고, 미혼 20대의 성별 임금 격차 지수는 10이다. 20대 기혼 여성의 평균 임금과 20대 미혼 남성의 평균 임금은 같다. 따라서 20대 기혼 남성의 평균 임금이 100달러라면 20대 미혼 여성의 평균 임금은 [㉠]달러이다.

〈연령대별 상대적 평균 임금〉

구분	기혼		미혼	
	남성	여성	남성	여성
20대	100	100	100	100
30대	142	130	140	140
40대	165	120	145	155
50대	170	90	130	150
60대 이상	110	70	90	60

* 성별 임금 격차 지수 = {(남성 평균 임금 - 여성 평균 임금)/남성 평균 임금}×100

① ㉠은 '100'이다.
② 40대에서 성별 임금 격차 지수는 기혼이 미혼보다 작다.
③ 50대 기혼 여성과 20대 미혼 여성의 평균 임금은 같다.
④ 기혼 남성 40대와 50대의 평균 임금 차이와 미혼 남성 30대와 40대의 평균 임금 차이는 같다.
⑤ 미혼의 경우, 모든 연령대에서 남성 평균 임금이 여성 평균 임금보다 높다.

06

| 9월 모의평가 5번 |

다음 자료에 대한 옳은 설명만을 〈보기〉에서 있는 대로 고른 것은? [3점]

[서술형 평가] 다음 글에 제시된 빈곤의 유형 A에 대한 옳은 설명을 4가지 쓰시오.

일반적으로 빈곤은 인간의 기본적 욕구와 관련된 물질적 결핍이 만성적으로 지속되는 경제적 상태를 의미한다. 설령 인간으로서 최소 생활 유지에 필요한 자원이나 소득이 확보된 상태라고 해도 사회의 전반적 소득 수준과 비교하여 소득 수준이 낮은 상태 역시 빈곤으로 분류된다. 이러한 유형의 빈곤을 A라 한다.

[학생의 답안과 교사의 채점 결과]

답안	채점 결과
우리나라에서는 객관화된 기준을 적용하여 파악한다.	㉠
(가)	○
(나)	×
소득 수준이 높은 국가에서는 나타나지 않는다.	㉡

(○: 맞음, ×: 틀림)

보기

ㄱ. ㉠과 ㉡에 해당하는 채점 결과는 동일하다.
ㄴ. (가)에는 '우리나라에서는 최저 생계비를 기준으로 빈곤선이 결정된다.'가 들어갈 수 있다.
ㄷ. (나)에는 '개인이 주관적으로 빈곤하다고 인식하는 상태를 의미한다.'가 들어갈 수 있다.

① ㄱ ② ㄷ ③ ㄱ, ㄴ ④ ㄴ, ㄷ ⑤ ㄱ, ㄴ, ㄷ

07

수능 8번

사회적 소수자 A, B에 대한 설명으로 옳은 것은? [3점]

- 갑국에 사는 노인 A는 취업 시장에서 불이익을 받거나 카페 등 특정한 장소에서 입장에 제한을 받는 등 나이가 많다는 이유로 차별받았다.
- 강제 이주로 3대째 을국에서 살고 있는 이주민의 3세 B는 을국 사람들과 구분되는 민족적, 인종적 특성으로 인해 을국에서 차별받았다.

① A는 B와 달리 권력의 열세로 인해 차별받았다.
② A는 B와 달리 여러 사회적 소수자 집단에 중첩되어 속해 있다.
③ B는 A와 달리 고정 관념으로 인해 차별의 대상이 되었다.
④ B는 A와 달리 식별 가능성으로 인해 차별의 대상이 되었다.
⑤ A와 B는 모두 귀속적 특성으로 인해 차별받았다.

08

수능 17번

빈곤의 유형 A, B에 대한 설명으로 옳은 것은? (단, A, B는 각각 절대적 빈곤, 상대적 빈곤 중 하나임.)

소설 ○○○는 1970년대를 배경으로 하여 최소한의 생계 유지를 하지 못하는 A 가구의 삶을 그리고 있다. 소설의 주인공은 생필품조차 구매할 수 없는 저임금을 받고 고된 노동을 한다. 2020년대를 배경으로 한 드라마 □□□는 A에서는 벗어났지만 사회 구성원 다수가 누리는 생활 수준을 충족하지 못하는 B 가구의 삶을 그리고 있다. 드라마 속 주인공은 부자들의 모습에 상대적 박탈감을 느낀다.

① A는 상대적 박탈감이라는 사회 문제를 유발하지 않는다.
② 우리나라에서 가구 소득이 중위 소득에 미치지 못하는 가구는 모두 B가구이다.
③ A는 B와 달리 사회 구성원의 소득 분포에 따라 상대적으로 규정된다.
④ B는 A와 달리 경제 성장을 통해 해결할 수 있다.
⑤ 상대적 빈곤선이 절대적 빈곤선보다 높으면 A에 해당하는 모든 가구는 B에 해당한다.

2022년

09

| 6월 모의평가 6번 |

빈곤의 유형 A, B에 대한 설명으로 옳은 것은? (단, A, B는 각각 절대적 빈곤, 상대적 빈곤 중 하나임.) [3점]

> A는 다른 사람들보다 자원이나 소득이 적어 한 사회의 평균적인 생활 수준에 미치지 못하는 상태를, B는 사람들의 최저 생활에 필요한 최소한의 자원이나 소득이 결핍된 상태를 의미한다.

① A는 실제 소득과 상관없이 개인이 체감하는 빈곤 상태를 말한다.
② B에 따른 빈곤선은 최저 생계 유지에 필요한 자원의 수준이 시대와 장소에 상관없이 동일하다는 전제하에 결정된다.
③ B는 A와 달리 소득 수준이 낮은 사회에서 나타난다.
④ A에 따른 빈곤선은 B에 따른 빈곤선과 달리 객관적 기준에 따라 정한다.
⑤ A에 따른 빈곤선을 적용하면 B에 해당하지 않는 가구도 빈곤 가구에 포함될 수 있다.

10

| 6월 모의평가 7번 |

사회적 소수자와 관련한 현상 A~E에 대한 설명으로 옳은 것은?

> A: 갑국에서 인구 비중이 90%를 넘는 흑인은 경제, 사회, 정치 등 대부분의 영역에서 종속적인 위치에 처해 있다.
> B: 노인은 일반적으로 노동 생산성이 낮을 것이라는 편견으로 인해 고용상의 차별을 받기도 한다.
> C: 소수 민족 구성원이기만 한 사람보다 소수 민족 구성원이면서 장애가 있는 사람이 사회적 차별을 더 많이 받기도 한다.
> D: 최근에는 비정규직 노동자, 이주 노동자, 북한 이탈 주민 등 다양한 유형의 사회적 소수자가 등장하고 있다.
> E: 을국에서 을국 국교를 믿는 사람이 병국에서는 그 종교를 믿는다는 이유로 사회적 소수자가 되기도 한다.

① A는 사회적 소수자가 권력의 열세가 아닌 수적 열세라는 특성에 의해 규정된다는 점을 보여 준다.
② B는 사회적 소수자에 대한 우대 정책이 역차별을 낳을 수 있음을 보여 준다.
③ C는 한 개인이 여러 사회적 소수자 집단에 중첩되어 속할 수 있음을 보여 준다.
④ D는 사회적 소수자가 후천적인 요인보다 생득적인 요인으로 결정됨을 보여 준다.
⑤ E는 사회적 소수자에 대한 규정이 가변적이지 않고 고정적임을 보여 준다.

11

| 6월 모의평가 9번 |

다음 자료에 대한 분석으로 옳은 것은?

표는 연구자 갑이 A국 ○○기업 직원의 연봉 구간에 따른 성별 분포와 여성비를 조사한 것이다. 단, ○○기업의 연봉은 1구간에서 시작하며 근무 기간에 비례한다.

연봉 구간		구성 비율(%)		여성비
		여성	남성	
1구간	2만 달러 미만	13	5	1.61
2구간	2만 달러 이상 4만 달러 미만	57	32	1.10
3구간	4만 달러 이상 6만 달러 미만	18	29	0.38
4구간	6만 달러 이상 8만 달러 미만	7	15	0.29
5구간	8만 달러 이상	5	19	0.16
전체		100	100	0.62

* 여성비 = $\frac{\text{여성 수}}{\text{남성 수}}$

** 여성비는 소수점 셋째 자리에서 반올림한 수치임

① 전체 여성 직원 수는 전체 직원 수의 62%이다.
② 1구간에 해당하는 남성 직원 수는 5구간에 해당하는 여성 직원 수보다 적다.
③ 4구간에 해당하는 남성 직원 수는 4구간에 해당하는 여성 직원 수보다 8% 많다.
④ 1구간에서 5구간으로 갈수록 각 구간의 여성 직원 수는 지속적으로 감소한다.
⑤ 1구간에서 5구간으로 갈수록 각 구간의 전체 직원 중 남성 직원이 차지하는 비율은 지속적으로 증가한다.

12

| 9월 모의평가 9번 |

다음 자료에 대한 설명으로 옳은 것은? (단, A, B는 각각 절대적 빈곤, 상대적 빈곤 중 하나임.)

자료는 빈곤의 유형 A, B를 구분한 것이다. 〈자료 1〉은 A, B의 의미를 나타낸 것이고, 〈자료 2〉는 A, B의 특징을 연결하여 공통점과 차이점을 나타낸 것이다.

〈자료 1〉

○A: ㉠

○B: 한 사회에서 구성원들이 일반적으로 누리는 생활 수준에 필요한 소득이 부족한 상태

〈자료 2〉

A — (가)
A, B — (나)
B — (다)

① A에 속하지 않는 가구는 B에 속할 수 없다.

② ㉠에는 '개인이 주관적으로 빈곤하다고 인식하는 상태'가 들어갈 수 있다.

③ (가)에는 '소득 수준이 높은 국가에서도 나타날 수 있다.'가 들어갈 수 있다.

④ (나)에는 '우리나라에서는 객관화된 기준에 의해 규정된다.'가 들어갈 수 있다.

⑤ (다)에는 '상대적 박탈감을 유발할 수 있다.'가 들어갈 수 있다.

13

| 9월 모의평가 10번 |

다음 자료에 대한 분석 및 추론으로 옳은 것은? [3점]

그림은 갑국의 성 불평등 양상을 파악하기 위해 수집한 자료이다. (가)는 맞벌이 부부의 1일 평균 가사 노동 시간을, (나)는 정규직 월평균 임금을, (다)는 고위 공직자 수를 성별에 따라 나타낸 것이다.

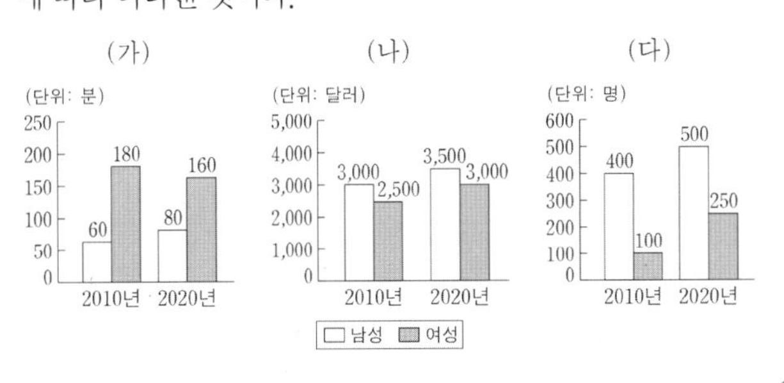

① (가)는 갑국에서 성별 가사 분담의 격차가 심화되었다는 주장의 근거로 활용될 수 있다.

② (가)에서 맞벌이 부부 중 여성의 1일 평균 가사 노동 시간 대비 맞벌이 부부 중 남성의 1일 평균 가사 노동 시간은 2010년이 2020년의 1.5배이다.

③ (나)에서 2010년 대비 2020년에 남성 정규직 월평균 임금 상승률과 여성 정규직 월평균 임금 상승률은 동일하다.

④ (다)에서 2010년 대비 2020년에 전체 고위 공직자 수 증가율은 남성 고위 공직자 수 증가율의 2배이다.

⑤ (다)는 (나)와 달리 경제적 측면의 성 불평등 양상을 파악하기 위한 자료이다.

14

| 9월 모의평가 13번 |

사회적 소수자 A~E에 대한 설명으로 옳은 것은?

공지 사항 | 게시판 | 등장인물

주말 드라마 등장인물 소개

A	일본으로 이주한 한국인 여성. 한국인이라는 이유로 차별받으며 살았지만 끝까지 귀화하지 않고 B를 키워 냄.
B	A의 아들이며, 재일 교포 2세라는 이유로 차별을 겪음. 일본에서 탄광 노동자로 일하면서 광부들의 열악한 노동 환경 개선을 위해 활동함.
C	일본 국적의 혼혈인으로 B와 함께 탄광에서 일하고 있음. 피부색이 다르다는 이유로 차별받았으며 B에게 동질감을 느껴 친구가 됨.
D	어린 시절 사고로 장애를 갖게 되어 학창 시절 차별을 겪음. 장애에 대한 사회적 차별에 힘들어하였지만 B, E를 만나 위안을 얻음.
E	일본 권력가의 딸로 B와 사랑에 빠졌으나, 집안의 반대로 헤어질 결심을 하고 미국으로 유학을 떠남. 언어가 다른 낯선 땅에서 동양인이자 여성이라는 이유로 이중의 차별에 시달림.

① A는 B와 달리 역차별을 받았다.

② B는 C와 달리 수적인 열세로 인해 차별을 받았다.

③ C는 D와 달리 선천적 요인으로 인해 차별을 받았다.

④ D는 E와 달리 주류 집단과 구별되는 문화적 차이로 인해 차별을 받았다.

⑤ E는 A와 달리 국적이 주류 집단과 다르다는 이유로 차별을 받았다.

15

수능 9번

빈곤의 유형 A, B에 대한 설명으로 옳은 것은? (단, A, B는 각각 절대적 빈곤, 상대적 빈곤 중 하나임.)

> ○ 우리나라에서 1인 가구의 중위 소득은 월 약 194만 4천 원(2022년 기준)이고, 우리나라에서는 이 금액의 50%인 월 약 97만 2천 원을 기준으로 1인 가구의 A 여부를 판단한다.
> ○ 세계은행은 세계에서 경제적으로 가장 낙후된 지역을 기준으로 생존에 필요한 최소한의 식량 구입비를 1인당 하루 2.15달러로 정하고 있다(2022년 9월 기준). 이는 B를 판단하는 기준선으로 활용된다.

① A는 각자의 소득 수준이 다른 사람에 비해 충분하지 않다고 느끼는 상태를 의미한다.
② B는 사회 구성원의 소득 분포 상태를 고려하지 않는 개념이라는 평가를 받는다.
③ B를 판단하는 기준선은 A를 판단하는 기준선과 달리 시간과 장소에 관계없이 보편적으로 적용된다.
④ 저개발 국가에서는 A가, 선진국에서는 B가 나타나지 않는다.
⑤ 한 국가에서 A에 따른 빈곤율과 B에 따른 빈곤율을 더하면 전체 빈곤율이 된다.

16

수능 10번

다음 자료에 대한 분석으로 옳은 것은? [3점]

표는 갑국의 t년 연령대별 남녀 임금을 조사하여 구성한 것이다.

연령대	여성 임금비	20대 기준 연령대별 상대적 평균 임금	
		남성	여성
10대	88	40	39
20대	90	100	100
30대	75	㉠	145
40대	61	200	㉡
50대	50	190	105
60대	47	114	60

* 여성 임금비 = $\frac{\text{여성 평균 임금}}{\text{남성 평균 임금}} \times 100$
** 여성 임금비는 소수점 첫째 자리에서 반올림한 수치임
*** 20대 기준 연령대별 상대적 평균 임금은 20대 남성(여성) 평균 임금을 100이라 고 할 때 연령대별 남성(여성)의 상대적 평균 임금임

① ㉠은 180보다 작고, ㉡은 130보다 크다.
② 평균 임금은 남성과 여성에서 모두 40대가 가장 높다.
③ 40대 여성 평균 임금은 40대 전체 평균 임금의 60%보다 작다.
④ 연령대별 남녀 평균 임금 차이는 20대부터 60대까지 지속적으로 증가한다.
⑤ 50대 남성 취업자 수가 50대 여성 취업자 수의 1.5배라면, 50대 여성 임금 총액은 50대 남성 임금 총액의 40%보다 크다.

17

수능 19번

다음 자료의 A~E에 대한 설명으로 옳은 것은? [3점]

> A는 전쟁을 피해 홀로 이주해 온 어머니 B와 어린 시절 사고로 시각 장애인이 된 아버지 C 사이에서 태어났다. B는 여성이라는 이유로 취업이 힘들었고 C도 장애인이라는 이유로 차별을 받았다. 그런데 시각 장애인만 안마사가 될 수 있도록 한 제도가 도입되어 C는 안마사로 일하게 되었다. 같은 시기 안마사가 되고 싶어 했던 비장애인 D가 이 제도에 대해 국가 기관에 문제를 제기하면서 시각 장애인에 대한 사회적 관심이 높아졌다. 이를 지켜보던 A는 시각 장애인을 대변하는 법조인이 되어야겠다고 다짐했다. 이후 A는 법을 공부하러 갑국에 유학을 갔고 그곳에서 외국인이자 여성이라는 이유로 부당한 대우를 받게 되자, 난민 여성으로 차별받았던 B의 아픔을 이해하게 되었다. A는 유학 생활을 마치고 귀국하여 법률 회사에 입사하였다. 그리고 장애인 의무 고용 제도의 요건을 충족하여 입사한 E와 함께 사회적 소수자 인권 보호를 위한 법 개정을 위해 노력하고 있다.

① A는 B와 달리 한 개인이 여러 사회적 소수자 집단에 중첩되어 속할 수 있음을 보여 주는 사례이다.
② B는 C와 달리 후천적 요인으로 인해 차별을 받았다.
③ D는 E와 달리 주류 집단이 아니라는 이유로 차별을 받았다.
④ A와 D는 사회적 소수자에 대한 차별을 제도적으로 해결하고자 하였다.
⑤ C와 E는 사회적 소수자의 불리한 위치를 개선하기 위한 정책의 적용을 받았다.

2021년

18

| 6월 모의평가 10번 |

다음 자료에 대한 옳은 설명만을 〈보기〉에서 고른 것은? [3점]

표는 갑국의 A 기업에서 시행한 성차별 개선 조치의 효과를 보여 줍니다. 하지만 표에 나타나 있는 것처럼 조치 시행 후에도 (가) 라는 사실은 여전히 A 기업 내 성차별이 남아 있음을 보여 준다고 생각합니다.

구분	조치 시행 전		조치 시행 후	
	남성	여성	남성	여성
신입 사원 월 평균 임금(달러)	3,000	2,500	3,300	3,000
신입 사원 중 남녀 비율(%)	60	40	40	60
임원 중 남녀 비율(%)	75	25	60	40

보기

ㄱ. 성차별 개선 조치 시행 후 남녀 신입 사원의 월 평균 임금 격차는 60% 감소하였다.
ㄴ. 성차별 개선 조치 시행 전후 신입 사원 수가 같다면, 여성 신입 사원 수는 조치 시행 후 50% 증가하였다.
ㄷ. 남성 임원 대 여성 임원의 비는 성차별 개선 조치 시행 전 3 : 1에서 조치 시행 후 3 : 2로 변화하였다.
ㄹ. (가)에는 '남성 신입 사원의 월평균 임금이 여성 신입 사원의 월 평균 임금보다 30% 높다.'가 들어갈 수 있다.

① ㄱ, ㄴ ② ㄱ, ㄷ ③ ㄴ, ㄷ ④ ㄴ, ㄹ ⑤ ㄷ, ㄹ

19

| 6월 모의평가 17번 |

빈곤 유형 (가), (나)에 대한 옳은 설명만을 〈보기〉에서 고른 것은? (단, (가)와 (나)는 각각 절대적 빈곤, 상대적 빈곤 중 하나이다.)

(가) 생존 및 생계유지에 필수적인 자원이나 자원을 확보하는 데 필요한 소득이 부족한 상태
(나) 한 사회에서 구성원들이 일반적으로 누리는 생활 수준에 필요한 소득이 부족한 상태

보기

ㄱ. (가)를 판단하기 위해 우리나라에서는 최저 임금액을 기준선으로 활용한다.
ㄴ. (가)에 속하지 않는 가구도 (나)에 속할 수 있다.
ㄷ. (나)는 (가)와 달리 상대적 박탈감의 원인이 된다.
ㄹ. (가)와 (나) 모두 우리나라에서는 객관화된 기준에 의해 분류된다.

① ㄱ, ㄴ ② ㄱ, ㄷ ③ ㄴ, ㄷ ④ ㄴ, ㄹ ⑤ ㄷ, ㄹ

20

| 6월 모의평가 19번 |

다음 자료의 A~D에 대한 설명으로 옳은 것은?

인권 다큐멘터리 영화제 주요 작품 소개

A: 갑국에서 대다수의 어린 여자 아이들이 단지 여자라는 이유만으로 취학을 하지 못하는 실상을 추적한 작품
B: 을국 정부에게 고용 안정과 처우 개선을 요구하는 비정규직 노동자들의 목소리를 담은 작품
C: 병국의 지배 세력에게 억압과 착취를 당하는 병국 내 소수 민족의 아픔을 표현한 작품
D: 정국에서 새로운 정보 기기를 잘 다루지 못하는 노인들이 겪고 있는 여러 가지 어려움을 취재한 작품

① A는 B와 달리 인간의 선천적 요인으로 인한 차별을 다룬 작품이다.
② B는 C와 달리 구성원 수의 많고 적음에 따라 규정되는 사회적 소수자를 다룬 작품이다.
③ C는 D와 달리 연령대에 따라 처우가 달라지는 차별을 다룬 작품이다.
④ D는 A와 달리 적극적 우대 조치로 인해 역차별을 받는 집단을 다룬 작품이다.
⑤ A와 C는 사회적 소수자에 대한 차별 사례를, B와 D는 해당 사회 주류 집단에 대한 우대 사례를 다룬 작품이다.

21

| 9월 모의평가 7번 |

그림은 빈곤의 유형 A, B를 구분한 것이다. 이에 대한 설명으로 옳은 것은? (단, A, B는 각각 상대적 빈곤, 절대적 빈곤 중 하나이다.) [3점]

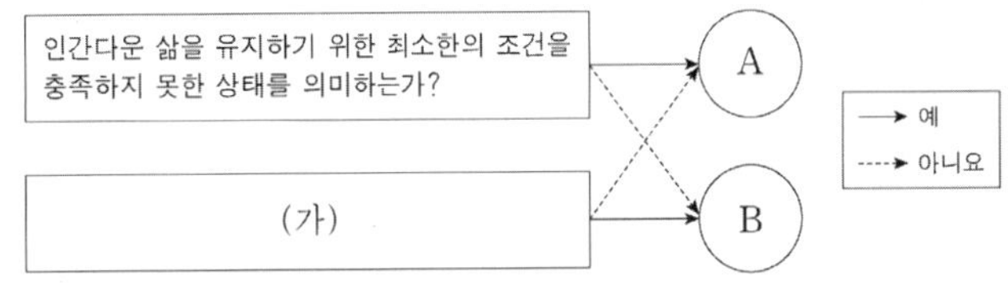

① A를 판단하는 기준선은 시대와 사회에 상관없이 동일하다.
② B는 해당 사회 전체 가구의 소득 분포를 고려하여 결정된다.
③ A는 B와 달리 사회 구성원 간 상대적 박탈감을 유발한다.
④ B에 해당하는 가구는 모두 A에도 해당한다.
⑤ (가)에는 '소득 수준이 높은 국가에서는 나타나지 않는가?'가 들어갈 수 있다.

제3권 평가원

22

| 9월 모의평가 10번 |

다음 자료에 대한 분석으로 옳은 것은? [3점]

한 연구자가 노동자 성비와 성별 임금 격차를 기준으로 노동 시장에서의 성 불평등 정도를 측정하였다. 표는 갑국의 시기별 노동자 성비와 성별 임금 격차를 나타낸다. 단, 갑국에서 t년에 비해 t+10년에 남성 노동자의 수는 20% 증가하였고, 남성 노동자의 평균 임금도 20% 증가하였다.

〈갑국의 시기별 노동자 성비와 성별 임금 격차〉

구분	t년	t+10년
노동자 성비	60	100
노동자 성별 임금 격차	30	40

* 노동자 성비: 여성 노동자 100명당 남성 노동자의 수

** 노동자 성별 임금 격차 = $\left(1-\frac{\text{여성 노동자 평균 임금}}{\text{남성 노동자 평균 임금}}\right)\times 100$

① t년에 여성 노동자 평균 임금은 남성 노동자 평균 임금의 30%이다.

② t+10년에 여성 노동자 평균 임금은 전체 노동자 평균 임금의 60% 이하이다.

③ t년에 비해 t+10년에 여성 노동자 수는 감소하였다.

④ t년에 비해 t+10년에 여성 노동자 평균 임금은 감소하였다.

⑤ t년에 비해 t+10년에 노동자 성비 불균형과 성별 임금 격차는 모두 완화되었다.

23

| 9월 모의평가 17번 |

다음 글의 필자가 강조하는 사회적 소수자에 대한 차별의 발생 원인으로 가장 적절한 것은? [3점]

사람들 중에는 종교, 문화, 관습, 외양 등에서 주류 집단과 차이를 보이는 이들이 있다. 이들에 대해 다름을 인정하지 않으면서, 이들을 사회 질서를 위협하는 존재로 여겨 배척하고 사회적으로 차별하기도 한다. 하지만 다른 것은 틀린 것이 아니며, 차이는 차별의 근거가 될 수 없다. 다름의 경계를 만들어 경계 안의 '우리'가 경계 바깥의 '그들'을 배척하고 차별한다면, 사회적 갈등만 발생시켜 사회 발전에는 전혀 도움이 되지 않는다.

① 사회적 소수자가 수적으로 열세이기 때문이다.

② 사회적 소수자를 규정하는 기준이 시대와 장소에 따라 달라지기 때문이다.

③ 주류 집단이 사회적 소수자를 문제가 있는 집단이라고 규정하는 태도 때문이다.

④ 사회적 소수자는 주류 집단에 비해 경제적 자원 획득에 불리한 위치에 있기 때문이다.

⑤ 사회적 소수자 스스로가 주류 집단과 구별되는 신체적 또는 문화적 특징을 가졌다고 인식하기 때문이다.

24

수능 7번

다음 자료에 대한 옳은 분석만을 〈보기〉에서 고른 것은? [3점]

그림은 갑국의 정보 분야 남성과 여성의 임금 지수를 비교한 것이다.

정보 분야 남성(여성)의 임금 지수는 정보 분야 남성의 평균 임금과 여성의 평균 임금을 합한 값을 100으로 하여 남성(여성)의 평균 임금을 나타낸 것이다.

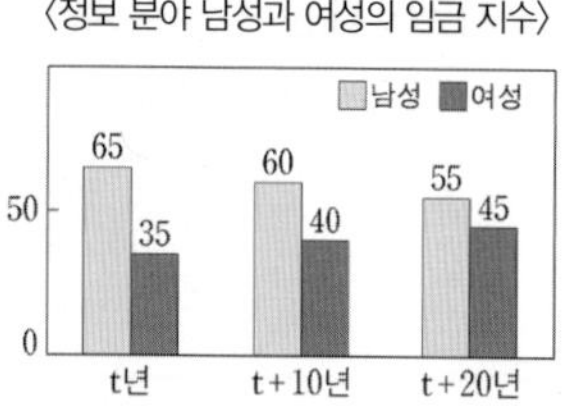

보기

ㄱ. t년, t+10년, t+20년 모두에서 정보 분야 남성의 평균 임금이 정보 분야 여성의 평균 임금보다 많다.

ㄴ. t년 대비 t+10년에 정보 분야 남성의 임금 지수와 정보 분야 여성의 임금 지수 간 격차는 10% 감소하였다.

ㄷ. 정보 분야 여성의 임금 지수의 경우, t년 대비 t+10년의 증가율은 t+10년 대비 t+20년의 증가율보다 크다.

ㄹ. t년 대비 t+20년에 정보 분야 남성의 임금 지수 감소율과 정보 분야 여성의 임금 지수 증가율 크기는 동일하다.

① ㄱ, ㄴ ② ㄱ, ㄷ ③ ㄴ, ㄷ ④ ㄴ, ㄹ ⑤ ㄷ, ㄹ

25

수능 9번

빈곤 유형 A, B에 대한 설명으로 옳은 것은? (단, A, B는 각각 절대적 빈곤, 상대적 빈곤 중 하나이다.)

A는 인간으로서 신체적인 능률을 유지하기 위해 필요한 최소한의 필수품을 획득하기에는 소득이 불충분한 상태를 의미한다. 그러나 이것은 사회 구성원 다수가 누리는 인간으로서의 욕구를 고려하지 못하는 한계가 있다. 이에 사회 구성원의 전반적인 생활 수준을 고려한 B가 도입되었다.

① A는 B와 달리 상대적 박탈감을 유발한다.

② B는 A와 달리 중위 소득이 높은 국가에서는 나타나지 않는다.

③ A에 따른 빈곤율과 B에 따른 빈곤율을 더하면 전체 빈곤율이 된다.

④ 우리나라에서는 B와 달리 A를 파악할 때, 사회 구성원의 소득 분포 상태를 고려한다.

⑤ 우리나라에서는 A, B에 해당하는 가구를 선정할 때, 모두 객관화된 기준을 적용한다.

26

수능 19번

다음 자료는 교사의 질문에 대한 학생 갑, 을의 답변과 교사의 채점 결과이다. ㉠~㉢에 해당하는 답변으로 옳은 것은?

○ 교사: A는 신체·문화적 특성이 다르다는 이유로 주류 집단으로부터 불평등한 처우를 받으며, 자신이 차별받는 집단에 속해 있다는 의식을 지닌 사람들을 의미하는 개념입니다. A의 특징에 대한 질문에 답변해 보세요.

질문	답변	
	갑	을
A는 해당 집단 구성원의 수로 결정되는가?	예	아니요
특정 집단이 A에 해당하는지 여부는 시대와 장소에 따라 달라지는가?	㉠	㉡
A는 주류 집단에 비해 사회적 희소 자원을 획득하는 데 불리한 위치에 있는가?	아니요	예
A를 위한 적극적 우대 정책은 주류 집단에 대한 역차별이라는 비판을 받기도 하는가?	예	㉢
점수	2점	2점

* 교사는 질문별로 각각 채점하고 옳은 답변은 1점, 틀린 답변은 0점을 부여함

	㉠	㉡	㉢
①	예	예	아니요
②	예	아니요	예
③	예	아니요	아니요
④	아니요	예	예
⑤	아니요	아니요	아니요

2020년

27

| 6월 모의평가 10번 |

(가)에 들어갈 옳은 내용만을 〈보기〉에서 고른 것은? [3점]

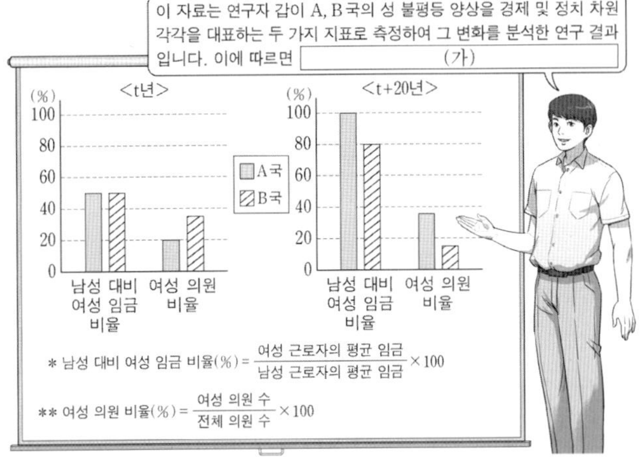

〈보기〉

ㄱ. A국은 t년에 비해 t+20년에 근로자의 성별 평균 임금 격차가 증가했습니다.

ㄴ. B국은 t년에 비해 t+20년에 여성 의원 비율이 낮아졌습니다.

ㄷ. t년에 비해 t+20년의 여성 근로자의 평균 임금은 A국이 B국보다 많이 증가했습니다.

ㄹ. A국은 t년에 비해 t+20년에 경제 및 정치 차원의 지표 모두에서 성 불평등이 완화된 반면, B국은 경제 차원의 지표에서만 성 불평등이 완화된 것으로 나타났습니다.

① ㄱ, ㄴ ② ㄱ, ㄷ ③ ㄴ, ㄷ ④ ㄴ, ㄹ ⑤ ㄷ, ㄹ

28

| 6월 모의평가 14번 |

표는 질문에 따라 빈곤의 유형 A, B를 구분한 것이다. 이에 대한 설명으로 옳은 것은? (단, A, B는 각각 절대적 빈곤, 상대적 빈곤 중 하나이다.) [3점]

질문 \ 유형	A	B
인간의 기본적 욕구 충족 및 최소한의 생활 유지에 필요한 자원이 결핍된 상태라고 정의되는가?	아니요	예
(가)	예	아니요

① 우리나라에서는 A에 해당하는 가구를 객관화된 기준에 따라 규정한다.
② B 가구는 소득 수준이 높은 국가에서는 나타나지 않는다.
③ B에 해당하는 모든 가구는 항상 A 가구에 포함된다.
④ 전체 빈곤율은 A에 따른 빈곤율과 B에 따른 빈곤율을 합한 것이다.
⑤ (가)에는 '상대적 박탈감 발생의 원인이 되는가?'가 들어갈 수 있다.

제3권 평가원

• 정답 및 해설 p.230~231

29

| 9월 모의평가 7번 |

다음 자료에 대한 옳은 분석만을 〈보기〉에서 고른 것은? [3점]

연구자 갑은 A~D 기업을 대상으로 입사, 승진 등 인사 현황을 조사하여 '성비 불균형' 정도를 알아보고자 하였다. 성비 불균형은 전체 인원 중 남성의 구성 비율과 여성의 구성 비율 간 차이의 절댓값으로 나타낼 수 있다. 성비 불균형은 0에서 100까지의 값을 가지며, 그 값이 클수록 성비 불균형 정도가 큼을 의미한다. 표는 A~D 기업별로 t년에 입사한 신입 사원의 여성비(比)와 20년 후 이들 중 임원으로 승진한 사람들의 여성비를 나타낸다.

〈기업별 신입 사원 및 임원의 여성비〉

구분	㉠신입 사원(t년)	㉡임원(t+20년)
A 기업	1.0	1.0
B 기업	0.5	0.3
C 기업	0.5	0.4
D 기업	1.5	2.0

* 여성비 = $\frac{\text{여성 수}}{\text{남성 수}}$

** 성비 불균형 = $\left| \frac{(\text{남성 수} - \text{여성 수})}{(\text{남성 수} + \text{여성 수})} \times 100 \right|$

*** 기업별 입사 및 승진 시 남녀의 업무 능력은 동일하고, 중도 퇴사자 및 휴직자는 없는 것으로 가정함

보기

ㄱ. ㉡의 여성비를 기준으로 판단하면, A 기업을 제외한 나머지 기업에서 승진의 진입 장벽은 남성보다 여성에게 높다.
ㄴ. B 기업은 ㉠의 성비 불균형이 ㉡의 성비 불균형보다 작다.
ㄷ. C 기업의 경우 ㉡에서 여성이 차지하는 비율은 40%이다.
ㄹ. ㉠의 성비 불균형은 C 기업이 D 기업보다 크다.

① ㄱ, ㄴ ② ㄱ, ㄷ ③ ㄴ, ㄷ ④ ㄴ, ㄹ ⑤ ㄷ, ㄹ

30

수능 20번

다음 자료에 대한 분석으로 옳은 것은? [3점]

사회학자 A는 성별 임금 격차 지수와 성별 교육 격차 지수를 개발하여 갑~병국의 성 불평등 현상을 분석하였다. 그림의 성별 임금 격차 지수는 경제적 측면에서, 성별 교육 격차 지수는 사회적 측면에서 성 불평등 정도를 나타낸다. 단, 갑~병국의 지수별 분석 대상 성비는 모두 1 : 1이다.

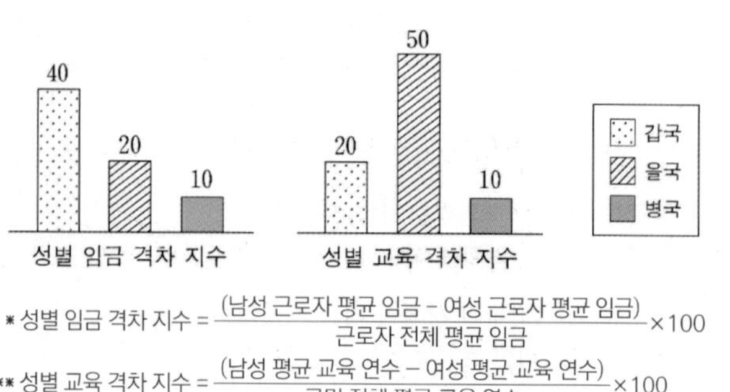

* 성별 임금 격차 지수 = $\frac{(\text{남성 근로자 평균 임금} - \text{여성 근로자 평균 임금})}{\text{근로자 전체 평균 임금}} \times 100$

** 성별 교육 격차 지수 = $\frac{(\text{남성 평균 교육 연수} - \text{여성 평균 교육 연수})}{\text{국민 전체 평균 교육 연수}} \times 100$

① 갑국의 남성 근로자 평균 임금은 여성 근로자 평균 임금의 1.5배이다.
② 을국의 남성 평균 교육 연수는 여성 평균 교육 연수의 3배이다.
③ 병국의 남성 근로자 평균 임금 대비 여성 근로자 평균 임금의 비는 갑국의 남성 평균 교육 연수 대비 여성 평균 교육 연수의 비보다 작다.
④ 남성 근로자 평균 임금 대비 여성 근로자 평균 임금의 비는 을국이 갑국보다는 작지만 병국보다는 크다.
⑤ 갑~병국 중 경제적 측면에서 성 불평등이 가장 심한 국가와 사회적 측면에서 성 불평등이 가장 심한 국가는 동일하다.

고난도 주제

04 사회 복지와 복지 제도

평가원의 출제 경향을 파악하라!

6월과 9월 모의평가에서 출제된 문제 유형과 내용이 그해 11월 수능에서 어떠한 흐름으로 이어지며 출제되었는지 분석해 보세요. 2025년 6월과 9월 모의평가를 분석하면 수능을 대비하는 데 큰 도움이 됩니다.

최근 5개년간 얼마나 출제되었나?

구분	6월	9월	수능
2024년	○	○	○
2023년	○	○	○
2022년	○	○	○
2021년	○	○	○
2020년	○	○	○

이 주제에서는 제시된 자료를 통해 우리나라의 사회 보장 제도를 사회 보험, 공공 부조, 사회 서비스로 구분하고, 그 특징을 파악하는 문제가 출제되고 있다. 최근에는 각각의 사회 보장 제도의 유형을 지역별·시기별로 구분하여 수급자 비율 등을 제시하고 계산하는 유형이 고난도로 출제되고 있으므로 이에 대한 연습을 해 두어야 한다.

2024년에는 어떻게 출제되었나?

6월 모의평가	9월 모의평가	수능
갑국의 사회 보장 제도 (가)~(다)를 파악한 후 (가)~(다) 제도의 지역별 수혜자 비율을 분석하여 옳은 설명을 선택하는 문항이 고난도로 출제되었다.	갑국의 사회 보장 제도 A와 B를 파악한 후 A, B 수급자와 비(非)수급자의 비율을 분석하여 옳은 설명을 고르는 문항이 고난도로 출제되었다.	갑국의 사회 보장 제도 A, B를 파악한 후 (가)~(다) 지역별 전체 인구 중 A, B 수급자 및 비(非)수급자 비율과 비(非)수급자 중 탈락자 및 비(非)탈락자 비율을 종합적으로 분석하여 옳은 선지를 선택하는 문항이 고난도로 출제되었다.

반드시 알아야 할 핵심 개념은?

사회 복지	사회 구성원의 안전하고 행복한 생활을 실현하기 위한 제도나 정책
복지 국가	국민의 복지 증진과 행복 추구를 위한 제도와 정책 시행을 중요한 책무로 여기는 국가
사회 보험	국민에게 발생하는 사회적 위험을 보험의 방식으로 대처함으로써 국민의 건강과 소득을 보장하는 제도
공공 부조	국가와 지방 자치 단체의 책임하에 생활 유지 능력이 없거나 생활이 어려운 국민의 최저 생활을 보장하고 자립을 지원하는 제도
사회 서비스	상담, 재활, 돌봄, 정보의 제공, 관련 시설의 이용, 역량 개발, 사회 참여 지원 등을 통하여 국민의 삶의 질이 향상되도록 지원하는 제도
생산적 복지	소외 계층이 자활 사업에 참여하거나 노동을 하는 조건으로 지원해 주는 새로운 형태의 복지(근로 연계 복지)로, 복지와 경제 성장을 함께 실현하려는 새로운 복지 이념

2024년

01 | 6월 모의평가 15번 |

다음 자료에 대한 분석으로 옳은 것은?

〈자료 1〉 갑국의 사회 보장 제도

(가) 국민에게 발생하는 사회적 위험을 보험의 방식으로 대처함으로써 국민의 안전한 생활에 필요한 건강과 소득을 보장하는 제도
(나) 생활 유지 능력이 없거나 생활이 어려운 국민의 최저 생활을 보장하고 자립을 지원하는 제도
(다) 상담, 재활, 돌봄, 정보의 제공, 관련 시설의 이용, 역량 개발, 사회 참여 지원 등을 통하여 국민의 삶의 질이 향상되도록 지원하는 제도

〈자료 2〉 갑국의 (가)~(다) 제도의 지역별 수혜자 비율

(단위: %)

제도 \ 지역	A	B	전체
(가)	㉠	8	10
(나)	3	6	4
(다)	10	7	㉡

* 갑국은 A, B 지역으로만 이루어져 있고, 갑국의 사회 보장 제도는 우리나라의 사회 보장 제도와 동일함

** 해당 지역 수혜자 비율(%) = $\frac{\text{해당 지역 수혜자 수}}{\text{해당 지역 인구}} \times 100$

① ㉠은 11, ㉡은 8이다.
② (가)와 (나) 중 선별적 복지의 성격이 강한 제도의 수혜자 수는 A 지역이 B 지역보다 적다.
③ 갑국에서 우리나라의 사회 서비스에 해당하는 제도의 수혜자 수는 A 지역이 B 지역의 3배이다.
④ 금전적 지원을 원칙으로 하며 사전 예방적 성격이 강한 제도의 수혜자 수는 A 지역이 B 지역의 2배보다 많다.
⑤ 갑국 전체에서 상호 부조의 원리가 적용되는 제도의 수혜자 수는 소득 재분배 효과가 가장 큰 제도의 수혜자 수의 2배보다 적다.

제3권 평가원

02

| 9월 모의평가 15번 |

다음 자료에 대한 분석으로 옳은 것은?

갑국의 사회 보장 제도 A와 B는 우리나라의 사회 보장 제도와 동일하다. A는 사전 예방적 성격이 강한 제도이고, B는 사후 처방적 성격이 강한 제도이다. 중복 수급자 비율은 t+30년이 t년에 비해 50% 감소하였고, 중복 수급자 수는 t년과 t+30년이 동일하다.

〈갑국의 A, B 수급자와 비(非)수급자의 비율〉

(단위: %)

구분	t년	t+30년
A 수급자	70	77
B 수급자	26	㉠
비(非)수급자	14	15

* 비(非)수급자: A나 B 어느 것도 받지 않는 사람
** 중복 수급자: A 수급자이면서 동시에 B 수급자인 사람

① ㉠은 t년의 중복 수급자 비율보다 작고 t+30년의 중복 수급자 비율보다 크다.
② 선별적 복지의 성격이 강한 제도에만 해당하는 수급자 비율은 t+30년이 t년에 비해 8% 감소하였다.
③ 소득 재분배 효과가 있는 제도의 수급자 수는 t년과 t+30년이 동일하다.
④ 정부 재정으로 비용을 전액 충당하는 것을 원칙으로 하는 제도에만 해당하는 수급자 수는 t+30년이 t년의 2배이다.
⑤ t년에 상호 부조의 원리가 적용되는 제도에만 해당하는 수급자 수는 t+30년 비(非)수급자 수의 2배이다.

03

수능 15번

다음 자료에 대한 분석으로 옳은 것은? (단, A, B는 각각 공공 부조와 사회 보험 중 하나임.)

갑국에는 사회 보장 제도 A, B만 존재하며, A, B는 우리나라의 사회 보장 제도와 동일하다. A는 사전 예방적 성격이 강한 제도이고, B는 사후 처방적 성격이 강한 제도이다.

표는 갑국의 (가)~(다) 지역별 전체 인구 중 A, B 수급자 비율 및 비(非)수급자 비율을 나타낸 것이다. 비(非)수급자는 A나 B 중 어느 것도 받지 않는 사람으로서, A나 B의 복지 혜택이 필요하지만 수급 자격 조건에 미달하여 받지 못하는 사람(탈락자)과 비(非)수급자에서 탈락자를 제외한 사람(비(非)탈락자)으로 구성된다. (가)~(다) 지역의 중복 수급자 수는 동일하다.

(단위: %)

구분	A 수급자	B 수급자	중복 수급자	비(非)수급자	
				탈락자	비(非)탈락자
(가) 지역	73	20	㉠	12	10
(나) 지역	72	28	15	5	㉡
(다) 지역	50	㉢	10	8	32

* 중복 수급자: A 수급자이면서 동시에 B 수급자인 사람

① ㉠은 (나) 지역의 선별적 복지의 성격이 강한 제도에만 해당하는 수급자 비율보다 작다.
② ㉡은 (가) 지역의 부정적 낙인이 발생할 수 있는 제도에만 해당하는 수급자 비율과 같다.
③ ㉢은 (다) 지역의 상호 부조의 원리가 적용되는 제도에만 해당하는 수급자 비율의 2배이다.
④ (가) 지역의 탈락자 수보다 (나) 지역의 비(非)탈락자 수가 많다.
⑤ 금전적 지원을 원칙으로 하는 제도의 수급자 수는 (다) 지역이 가장 많다.

2023년

04

| 6월 모의평가 15번 |

다음 자료에 대한 옳은 설명만을 〈보기〉에서 고른 것은? [3점]

갑국은 정부 예산만을 재원으로 경제적 형편이 어려운 노인에게 급여를 지급하는 우리나라의 연금 제도와 같은 ㉠○○ 연금 제도를 도입하고자 한다. 연금 지급액을 놓고 A안과 B안을 검토 중인데, 다음은 ○○ 연금 제도 시행 전의 상대적 빈곤율과 A안 또는 B안을 시행할 경우 예상되는 상대적 빈곤율을 제시한 표의 일부이다. 제도 시행 전후의 상대적 빈곤율은 현재 시점의 노인 가구를 기준으로 계산한 것이다.

가구 형태	가구 수 (만 가구)	상대적 빈곤율(%)		
		제도 시행 전	제도 시행 후	
			A안	B안
1인 가구	100	50	25	20
부부 가구	200	40	20	15
기타 가구				

* 갑국의 노인 가구는 1인 가구(65세 이상 노인 1명), 부부 가구(65세 이상 노인 2명) 및 기타 가구로 구분됨
** 상대적 빈곤율은 가구 소득이 정부가 가구 형태별로 결정한 일정 금액 미만인 가구의 비율임

보기

ㄱ. ㉠은 상호 부조의 원리를 바탕으로 한다.
ㄴ. ㉠은 사전 예방적 성격보다 사후 처방적 성격이 강하다.
ㄷ. A안 시행 전후의 상대적 빈곤 가구 수 차이는 1인 가구가 부부 가구보다 작다.
ㄹ. 상대적 빈곤에 해당하는 부부 가구 인구는 A안을 시행할 경우가 B안을 시행할 경우보다 10만 명 많다.

① ㄱ, ㄴ ② ㄱ, ㄷ ③ ㄴ, ㄷ ④ ㄴ, ㄹ ⑤ ㄷ, ㄹ

05

| 9월 모의평가 15번 |

다음 자료에 대한 옳은 분석만을 〈보기〉에서 고른 것은?

〈자료 1〉 갑국의 사회 보장 제도

(가) 65세 이상 노인 중 소득 인정액이 일정 수준 이하인 사람에게 생활 안정에 필요한 연금을 지급하는 제도
(나) 노령, 사망, 장애 등으로 인한 소득 상실을 보전하고 기본적인 생활을 지원하기 위해 가입자와 고용주 등이 분담해서 마련한 기금을 통해 연금 급여를 지급하는 제도

〈자료 2〉 갑국의 성별·시기별 (가), (나) 제도의 수급자 수

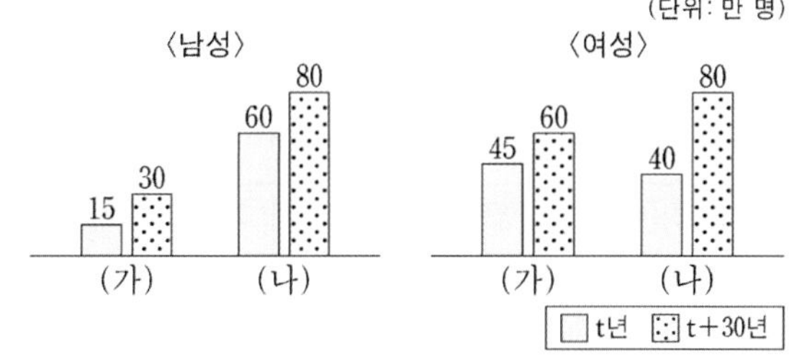

* 갑국의 사회 보장 제도는 우리나라의 사회 보장 제도와 동일함
** t년과 t+30년 모두 갑국의 남녀 인구는 각각 1,000만 명임

보기

ㄱ. t년에 수급자에 대한 부정적 낙인이 발생할 수 있는 제도의 남성 수급자 수는 여성 수급자 수의 3배이다.
ㄴ. t년에 비해 t+30년에 수혜자 비용 부담 원칙이 적용되는 제도의 수급자 수는 60만 명 증가하였다.
ㄷ. t년에 상호 부조의 원리가 적용되는 제도의 수급자 중 남성 수급자 비율은 t+30년에 강제 가입의 원칙이 적용되는 제도의 수급자 중 여성 수급자 비율보다 높다.
ㄹ. t년에 갑국 인구 중 사전 예방적 성격이 강한 제도의 수급자 비율은 t+30년에 갑국 인구 중 사후 처방적 성격이 강한 제도의 수급자 비율보다 낮다.

① ㄱ, ㄴ ② ㄱ, ㄷ ③ ㄴ, ㄷ ④ ㄴ, ㄹ ⑤ ㄷ, ㄹ

제3권 평가원

06

수능 15번

다음 자료에 대한 분석으로 옳은 것은? [3점]

갑국의 사회 보장 제도는 우리나라의 사회 보장 제도와 동일하다. A는 상호 부조의 원리가 적용되는 제도이고, B는 정부 재정으로 비용을 전액 충당하는 것을 원칙으로 하는 제도이다. 표는 갑국의 전체 인구 중 A, B 수급자 비율과 시기에 따른 비율 차이를 나타낸 것이다. t년 대비 t+30년에 갑국의 전체 인구는 50% 증가하였다.

〈표 1〉 t년의 수급자 비율

(단위: %)

A 수급자	B 수급자	A와 B의 중복 수급자
40	15	8

〈표 2〉 t년 대비 t+30년의 수급자 비율 차이*

A에만 해당하는 수급자	B에만 해당하는 수급자	A와 B의 중복 수급자
2	-3	8

* 수급자 비율 차이 = t+30년의 수급자 비율 - t년의 수급자 비율

① t년에 전체 인구 중 부정적 낙인이 발생할 수 있는 제도에만 해당하는 수급자 비율은 A와 B의 중복 수급자 비율보다 크다.
② t+30년에 수혜자 비용 부담 원칙이 적용되는 제도의 수급자 수는 t년에 A나 B 어느 것도 받지 않는 비(非)수급자 수보다 많다.
③ t+30년에 강제 가입의 원칙이 적용되는 제도에만 해당하는 수급자 수는 A와 B의 중복 수급자 수보다 적다.
④ t년에 사전 예방적 성격이 강한 제도의 수급자 수는 t+30년에 사후 처방적 성격이 강한 제도의 수급자 수의 2배이다.
⑤ t년 대비 t+30년에 A 수급자 수의 증가율은 B 수급자 수의 증가율보다 크다.

2022년

07

| 6월 모의평가 15번 |

다음 자료에 대한 분석으로 옳은 것은? (단, 갑국의 사회 보장 제도는 우리나라의 사회 보장 제도와 동일함.)

〈자료 1〉 갑국의 사회 보장 제도 A~C의 사례

○A의 사례: 생활이 어려운 사람의 질병, 부상 등에 대해 급여 제공
○B의 사례: 노령, 장애, 사망 시 본인 및 가족에게 연금 급여 실시
○C의 사례: 일상생활과 사회 활동이 어려운 저소득층의 생활 안정을 위해 가사·간병 서비스 지원

〈자료 2〉 갑국의 사회 보장 제도 A~C의 시기별 수혜자 현황

제도	A				B				C			
시기	2015년		2020년		2015년		2020년		2015년		2020년	
전체 인구 중 수혜자 비율(%)	12		18		48		48		24		36	
수혜자 중 성별 비율(%)	여	남	여	남	여	남	여	남	여	남	여	남
	60	40	65	35	30	70	30	70	50	50	60	40

① 최저 생활 보장을 목적으로 하는 제도의 경우, 2015년 전체 인구 중 수혜자 비율은 24%이다.
② 비금전적 지원을 원칙으로 하는 제도의 경우, 2015년 남성 수혜자 수는 갑국 인구의 12%이다.
③ 상호 부조의 원리를 바탕으로 하는 제도의 경우, 2015년 여성 수혜자 수와 2020년 여성 수혜자 수는 같다.
④ 2015년의 경우, 소득 재분배 효과가 가장 큰 제도의 수혜자 수는 의무 가입이 원칙인 제도의 수혜자 수의 4배이다.
⑤ 2020년의 경우, 공공 부조에 해당하는 제도의 남성 수혜자 수는 사회 보험에 해당하는 제도의 남성 수혜자 수의 절반이다.

08

| 9월 모의평가 15번 |

다음 자료에 대한 분석으로 옳은 것은? (단, 갑국의 사회 보장 제도는 우리나라의 사회 보장 제도와 동일함.) [3점]

〈자료 1〉 갑국의 사회 보장 제도

(가) 고령이나 노인성 질병 등의 사유로 일상생활을 혼자서 수행하기 어려운 노인 등에게 장기 요양 급여를 지급하는 제도

(나) 소득 인정액이 일정 수준 이하인 노인에게 기초 연금을 지급하여 안정적 소득 기반을 제공하는 제도

〈자료 2〉 갑국의 지역별 65세 이상 인구 중 (가), (나) 수급자 비율

(단위: %)

구분	A 지역	B 지역	전체 지역
(가) 수급자	26	㉠	㉡
(나) 수급자	76	68	70
(가)와 (나) 중복 수급자	㉢	6	10

* 갑국은 A, B 지역으로만 구성됨

** 갑국 전체 지역 65세 이상 인구 중 (가)와 (나) 중복 수급자를 제외한 (나) 수급자 비율이 (가)와 (나) 중복 수급자를 제외한 (가) 수급자 비율의 6배임

① ㉢은 ㉠보다 크고 ㉡보다 작다.

② 금전적 지원을 원칙으로 하는 제도의 수급자에 해당하는 65세 이상 인구는 A 지역이 B 지역의 3배이다.

③ 사전 예방적 성격보다 사후 처방적 성격이 강한 제도의 수급자에만 해당하는 65세 이상 인구는 A 지역이 B 지역보다 많다.

④ 상호 부조의 원리가 적용되는 제도의 수급자에만 해당하는 65세 이상 인구는 B 지역이 A 지역의 3배이다.

⑤ 갑국 전체 지역에서 (가)와 (나) 중복 수급자에 해당하는 65세 이상 인구는 강제 가입을 원칙으로 하는 제도의 수급자에만 해당하는 65세 이상 인구와 동일하다.

09

수능 15번

다음 자료에 대한 분석으로 옳은 것은? (단, A, B는 각각 공공 부조, 사회 보험 중 하나임.) [3점]

갑국의 사회 보장 제도는 우리나라의 사회 보장 제도와 동일하다. A는 보편적 복지의 성격이 강하고, B는 선별적 복지의 성격이 강하다. 표는 갑국의 시기별 (가), (나) 지역 인구 중 A, B 수급자 비율을 나타낸 것이다. 갑국은 (가), (나) 지역으로만 구성되며, 전체 인구는 t년에 비해 t+20년이 20% 많다.

(단위: %)

구분	t년			t+20년		
	(가) 지역	(나) 지역	전체	(가) 지역	(나) 지역	전체
A 수급자	46	36	40	46	52	50
B 수급자	30	20	24	30	42	38
A와 B 중복 수급자	15	10	12	6	18	14

① 상호 부조의 원리가 적용되는 제도의 수급자 수는 t+20년의 (가) 지역이 t년의 (가) 지역보다 20% 많다.

② 수혜자 비용 부담 원칙이 적용되는 제도의 수급자 수는 t+20년의 (가) 지역이 t년의 (나) 지역보다 많다.

③ t년의 (가) 지역에서 정부 재정으로 비용을 전액 충당하는 것을 원칙으로 하는 제도에만 해당하는 수급자 수는 A와 B 중복 수급자 수의 2배이다.

④ t+20년에 사전 예방적 성격보다 사후 처방적 성격이 강한 제도에만 해당하는 수급자 수는 (나) 지역이 (가) 지역의 2배이다.

⑤ t+20년에 A와 B 중복 수급자 수는 (나) 지역이 (가) 지역의 3배이다.

10

| 6월 모의평가 15번 |

다음 자료에 대한 분석으로 옳은 것은? (단, A~C는 각각 사회 보험, 공공 부조, 사회 서비스 중 하나이다.) [3점]

우리나라 사회 보장 제도 유형 A~C 중 A는 B와 달리 금전적 지원을 원칙으로 한다. 또한, C는 A와 달리 상호 부조의 원리가 적용된다. 우리나라 (가), (나) 지역의 모든 가구는 A~C 중 한 가지 이상의 혜택을 받고 있으며, 지역별 중복 수혜 가구 비율은 다음과 같다.

(단위: %)

구분	(가) 지역	(나) 지역
A와 B의 중복 수혜 가구	10	20
A와 C의 중복 수혜 가구	6	9
B와 C의 중복 수혜 가구	50	45

* (가) 지역의 각 수치에는 A, B, C 중복 수혜 가구 비율(2%)이, (나) 지역의 각 수치에는 A, B, C 중복 수혜 가구 비율(5%)이 포함되어 있다.

① A는 B, C와 달리 사전 예방적 목적을 가진다.
② B는 A, C와 달리 보편적 복지의 이념을 바탕으로 한다.
③ C는 A, B와 달리 비용 부담자와 수혜자가 일치하지 않는다.
④ 사회 보험과 사회 서비스의 혜택은 모두 받지만, 공공 부조의 혜택은 받지 않는 가구의 비율은 (나) 지역이 (가) 지역보다 높다.
⑤ 사회 보험과 공공 부조의 혜택은 모두 받지만, 사회 서비스의 혜택은 받지 않는 가구의 비율은 (가), (나) 지역이 같다.

11

| 9월 모의평가 20번 |

다음 자료에 대한 분석으로 옳은 것은? (단, 갑국의 사회 보장 제도는 우리나라의 사회 보장 제도와 동일하다.) [3점]

〈자료 1〉 갑국의 사회 보장 제도

(가) 수급자에게 건강한 생활을 유지하는 데 필요한 각종 검사 및 치료 등의 급여를 제공하는 제도로, 소득 인정액이 일정 수준 이하인 사람 등을 대상으로 한다.
(나) 실직자에 대한 생계 지원은 물론 재취업 촉진, 실업 예방 및 고용 안정을 위해 근로자와 사업주가 공동 부담하는 기금에서 급여를 지급하는 제도로, 사업장 및 근로자가 대상이 된다.

〈자료 2〉 갑국 (가), (나) 제도의 지역별 수급자 비율

(단위: %)

구분	A 지역	B 지역	C 지역	전체
(가)	㉠	7	11	8
(나)	14	13	20	14

* 지역별 수급자 비율(%) = $\frac{\text{해당 지역 수급자 수}}{\text{해당 지역 인구}} \times 100$
** 갑국은 A~C 지역으로만 구성되고, B 지역 인구는 A 지역 인구의 2배임

① A 지역에서는 선별적 복지의 성격이 강한 제도의 수급자 수가 보편적 복지의 성격이 강한 제도의 수급자 수보다 많다.
② 대상자 선정에 따른 부정적 낙인이 발생할 수 있는 제도의 경우, 지역별 수급자 수는 C 지역이 가장 적다.
③ 강제 가입의 원칙이 적용되는 제도의 경우, A 지역과 C 지역 수급자 수의 합은 B 지역 수급자 수보다 많다.
④ 정부 재정으로 비용을 전액 충당하는 것을 원칙으로 하는 제도의 경우, A 지역 수급자 비율이 C 지역 수급자 비율보다 높다.
⑤ 사후 처방적 성격이 강한 제도의 B 지역 수급자 수는 상호 부조의 원리가 적용되는 제도의 C 지역 수급자 수보다 적다.

12

수능 15번

다음 자료에 대한 분석으로 옳은 것은? (단, 갑국의 사회 보장 제도는 우리나라의 사회 보장 제도와 동일하다.) [3점]

〈자료 1〉 갑국의 사회 보장 제도

(가) 소득 수준이 일정 수준 이하인 노인에게 기초 연금을 지급하여 안정적인 소득 기반을 제공함으로써 노인의 생활 안정을 지원하고 복지를 증진함을 목적으로 하는 제도

(나) 고령이나 노인성 질병 등의 사유로 일상생활을 혼자서 수행하기 어려운 노인 등에게 장기 요양 급여를 제공하여 노후의 건강 증진 및 생활 안정 도모를 목적으로 하는 제도

〈자료 2〉 갑국의 지역별 65세 이상 인구 중 (가), (나) 수급자 비율

(단위: %)

구분	A 지역	B 지역	C 지역	전체
(가) 수급자	45	㉠	60	60
(나) 수급자	㉡	19	19	20
(가)와 (나) 중복 수급자	6	10	4	6

* 갑국은 A~C 지역으로만 구성되며, 65세 이상 인구는 B 지역이 A 지역의 3배임

① ㉠은 65, ㉡은 23이다.
② 금전적 지원을 원칙으로 하는 제도의 수급자 비율은 C 지역이 B 지역보다 높다.
③ 강제 가입 원칙이 적용되는 제도의 수급자 수는 B 지역이 A 지역의 3배이다.
④ 사전 예방적 성격이 강한 제도의 A 지역 수급자 수는 사후 처방적 성격이 강한 제도의 C 지역 수급자 수보다 많다.
⑤ 선별적 복지 성격이 강한 제도의 수급자 비율은 B 지역이, 보편적 복지 성격이 강한 제도의 수급자 비율은 C 지역이 가장 높다.

2020년

13

| 6월 모의평가 15번 |

다음 자료에 대한 옳은 분석만을 〈보기〉에서 있는 대로 고른 것은? (단, (가)~(다) 이외의 제도는 고려하지 않는다.)

〈자료 1〉 우리나라 사회 보장 제도

(가) 노인 세대의 안정된 노후 생활을 지원하기 위해 65세 이상인 노인 중 가구의 소득 인정액이 선정 기준액 이하인 노인에게 매월 연금을 지급하는 제도

(나) 고령이나 노인성 질병 등의 사유로 일상생활을 혼자서 수행하기 어려운 노인 등에게 신체 활동 또는 가사 활동 지원 등의 장기 요양 급여를 제공하는 제도

(다) 안정적인 노후 생활 보장, 노인의 기능·건강 유지 및 악화 예방을 위해 일상생활 영위가 어려운 취약 노인에게 적절한 돌봄 서비스를 제공하는 제도

〈자료 2〉 우리나라 A, B 지역 (가)~(다) 제도 수혜자 비율

(단위: %)

구분	A 지역			B 지역		
	남성	여성	전체	남성	여성	전체
(가)	10.0	9.6	9.8	10.2	9.4	9.6
(나)	1.6	2.0	1.8	2.8	2.0	2.2
(다)	1.2	1.6	1.4	1.2	1.6	1.5

* A 지역과 B 지역의 총인구는 동일함

** 해당 지역 남성(여성) 수혜자 비율(%) = $\frac{\text{해당 지역 남성(여성) 수혜자 수}}{\text{해당 지역 남성(여성) 인구}} \times 100$

〈보기〉

ㄱ. 비금전적 지원을 원칙으로 하는 제도의 경우, 성별 수혜자 수 차이는 A, B 지역이 같다.
ㄴ. 강제 가입의 원칙이 적용되는 제도의 경우, 여성 수혜자 수 대비 남성 수혜자 수의 비는 A 지역이 B 지역보다 작다.
ㄷ. 금전적 지원을 원칙으로 하며 사후 처방적 성격을 가진 제도의 경우, 남성 수혜자 수는 A 지역이 B 지역보다 많다.
ㄹ. 여성의 경우, 공공 부조에 해당하는 제도의 수혜자 비율 대비 사회 서비스에 해당하는 제도의 수혜자 비율은 A 지역이 B 지역보다 작다.

① ㄱ, ㄴ　② ㄱ, ㄷ　③ ㄷ, ㄹ
④ ㄱ, ㄴ, ㄹ　⑤ ㄴ, ㄷ, ㄹ

14

| 9월 모의평가 20번 |

다음 자료에 대한 분석으로 옳은 것은? [3점]

갑국의 사회 보장 제도는 우리나라의 사회 보장 제도와 동일하다. 금전적 지원을 원칙으로 하는 (가), (나) 제도 중에서 (가)는 현재 직면한 사회적 위험에 대응하는 사후 처방적 성격이 강한 반면, (나)는 미래에 직면할 사회적 위험에 대처하는 사전 예방적 성격이 강하다. 표는 갑국의 (가), (나) 제도 수급자 비율이다. 갑국은 A, B, C 세 지역으로만 구성되며, B 지역 전체 인구는 A 지역 전체 인구의 2배이다.

〈갑국의 (가), (나) 제도 수급자 비율〉

(단위: %)

구분	A 지역	B 지역	C 지역	전체
(가)	3	4	7	4
(나)	25	55	75	48

* 해당 지역 수급자 비율(%) = $\frac{\text{해당 지역 수급자 수}}{\text{해당 지역 인구}} \times 100$

① 상호 부조의 원리를 원칙으로 하는 제도의 경우, A 지역 수급자 수는 B 지역 수급자 수보다 많다.
② 대상자 선정에 따른 부정적 낙인이 발생할 수 있는 제도의 경우, B 지역 수급자 수는 C 지역 수급자 수의 3배 이상이다.
③ 강제 가입의 원칙이 적용되는 제도의 경우, C 지역 수급자 수는 A 지역 수급자 수보다 많다.
④ 정부 재정으로 비용을 전액 충당하는 것을 원칙으로 하는 제도의 경우, A 지역과 C 지역 수급자 수의 합이 B 지역 수급자 수보다 많다.
⑤ 선별적 복지의 성격이 강한 제도의 갑국 전체 수급자 수는 보편적 복지의 성격이 강한 제도의 A 지역 수급자 수보다 많다.

15

수능 15번

다음 자료에 대한 분석으로 옳은 것은? [3점]

〈자료 1〉 갑국의 사회 보장 제도

(가) 노인 세대의 안정된 노후 생활을 지원하기 위해 65세 이상인 노인 중 가구의 소득 인정액이 선정 기준액 이하인 노인에게 매월 연금을 지급하는 제도
(나) 노령, 사망, 장애 등으로 인한 소득 상실을 보전하고 기본 생활을 지원하기 위해 가입자와 고용주 등이 분담해서 마련한 기금을 통해 연금 급여를 지급하는 제도

〈자료 2〉 갑국의 (가), (나) 제도 수급자 비율

(단위: %)

구분	A 지역	B 지역	C 지역	D 지역	전체
(가)	4	3	7	7	5
(나)	20	10	30	40	24

* 갑국의 사회 보장 제도는 우리나라의 사회 보장 제도와 동일함
** 갑국은 A~D 네 지역으로만 구성되고, B와 D 지역 인구는 각각 A 지역 인구의 0.5배임
*** 해당 지역 수급자 비율(%) = $\frac{\text{해당 지역 수급자 수}}{\text{해당 지역 인구}} \times 100$

① 사후 처방적 성격이 강한 제도의 경우, D 지역 수급자 수는 A 지역 수급자 수보다 많다.
② 강제 가입의 원칙이 적용되는 제도의 경우, A 지역 수급자 수는 C 지역 수급자 수의 1.5배이다.
③ 상호 부조의 원리가 적용되는 제도의 경우, A와 B 지역 간 수급자 수 차이는 C와 D 지역 간 수급자 수 차이와 동일하다.
④ 선별적 복지 성격이 강한 제도의 갑국 전체 수급자 수는 보편적 복지 성격이 강한 제도의 B 지역 수급자 수의 2.5배이다.
⑤ 공공 부조에 해당하는 제도의 수급자 수 대비 사회 보험에 해당하는 제도의 수급자 수의 비는 C 지역이 B 지역보다 작다.

고난도 주제 **05**

저출산·고령화와 전 지구적 수준의 문제

평가원의 출제 경향을 파악하라!

6월과 9월 모의평가에서 출제된 문제 유형과 내용이 그해 11월 수능에서 어떠한 흐름으로 이어지며 출제되었는지 분석해 보세요. 2025년 6월과 9월 모의평가를 분석하면 수능을 대비하는 데 큰 도움이 됩니다.

최근 5개년간 얼마나 출제되었나?

구분	6월	9월	수능
2024년	○	○	○
2023년	○	○	○
2022년	○	○	○
2021년	○	○	○
2020년	○	○	○

이 주제에서는 '노령화 지수', '합계 출산율', '유소년 부양비', '노인 부양비', '총부양비' 등의 자료를 제시한 후 연령대별·시기별 인구 비율과 그 특징을 파악하는 문항이 고난도로 출제되고 있다. 따라서 인구 구성과 관련된 개념을 확실하게 숙지한 후 다양한 유형의 자료를 분석하고 계산하는 연습이 필요하다.

2024년에는 어떻게 출제되었나?

6월 모의평가
전 지구적 수준의 문제와 관련된 수행 평가 보고서를 분석하는 문항과 갑국과 을국의 t년, t+50년의 인구 구성 변화를 분석한 후 옳은 설명을 〈보기〉에서 고르는 문항이 고난도로 출제되었다.

➡

9월 모의평가
제시된 사례를 통해 세계화의 문제점을 파악한 후 옳은 설명을 고르는 문항과 갑국의 A, B 시기 각각의 인구 구성 변화 양상 예측을 분석하여 옳은 설명을 선택하는 문항이 고난도로 출제되었다.

➡

수능
갑국의 A 시기(t년 대비 t+30년)와 B 시기(t+30년 대비 t+50년)의 노령화 지수 증가율 및 노년 인구 증가율을 분석한 후 제시된 조건을 적용하여 옳은 설명을 고르는 문항이 고난도로 출제되었다.

반드시 알아야 할 핵심 개념은?

저출산	합계 출산율이 지속적으로 낮아지는 현상
고령화	전체 인구에서 65세 이상 인구가 차지하는 비율이 높아지는 현상
노년 부양비	부양 인구(15~64세 인구) 100명당 부양해야 할 노인 인구(65세 이상 인구)를 의미함
전 지구적 수준의 문제	전 세계에서 동시다발적으로 발생하거나 특정 지역에만 국한되지 않고 주변 국가와 전 세계에 영향을 미치는 각종 사회 문제

2024년

01 | 6월 모의평가 **19**번 |

(가)에 들어갈 수 있는 내용으로 가장 적절한 것은?

『수행 평가 보고서 내용 요약』

○○모둠

○ 조사 자료
 1) 전쟁터에서 방치된 채 죽어 가는 부상자를 구호하고 희생자를 최소화하기 위한 국제 조약의 필요성을 주장하며 유럽 각국 지도자들을 설득하여 국제기구를 설립한 A
 2) 알래스카 지역의 회색 고래 등 지구적 차원의 멸종 위기 동물 보호를 위해 여러 국가와 기업, 지역 주민들의 합의를 이끌어 내고 환경 보존과 생명 존중을 실천한 환경 단체 B

○ 조사 자료 1)과 2)를 통해 공통적으로 도출한 결론: 전 지구적 수준의 문제를 해결하기 위해서는 [(가)]이 중요하다.

[교사 평가란]
적절한 사례를 조사하여 결론을 잘 도출했습니다.

① 자원을 둘러싼 국가 간 분쟁을 줄이는 것
② 전쟁으로 인한 인명과 재산 피해를 막는 것
③ 과학 기술 발전의 성과를 전 세계와 공유하는 것
④ 세계 시민 의식을 함양하여 환경 문제에 관심을 갖는 것
⑤ 특정 지역이나 국가를 초월하여 국제 협력을 강화하는 것

02

| 6월 모의평가 20번 |

다음 자료에 대한 옳은 분석만을 〈보기〉에서 고른 것은? [3점]

t년 갑국과 을국의 전체 인구는 같다. 갑국에서 t+50년의 인구는 t년의 2배이고, 을국에서 t+50년의 인구는 t년의 3배이다. 단, 복지 지출의 필요성은 복지 정책의 적용 대상이 되는 인구에 비례한다.

구분	갑국		을국	
	t년	t+50년	t년	t+50년
전체 인구 대비 노년 인구 비율(%)	10	35	10	㉠
노령화 지수	20	140	㉡	100
총부양비	㉢	㉣	100	100

* 노령화 지수 = $\frac{\text{노년 인구(65세 이상 인구)}}{\text{유소년 인구(0~14세 인구)}} \times 100$

** 유소년 부양비 = $\frac{\text{유소년 인구(0~14세 인구)}}{\text{부양 인구(15~64세 인구)}} \times 100$

*** 노년 부양비 = $\frac{\text{노년 인구(65세 이상 인구)}}{\text{부양 인구(15~64세 인구)}} \times 100$

**** 총부양비 = 유소년 부양비 + 노년 부양비

〈보기〉

ㄱ. ㉠과 ㉡은 같고, ㉣은 ㉢보다 크다.
ㄴ. 을국의 t+50년 부양 인구는 갑국의 t년 유소년 인구의 3배이다.
ㄷ. t년 노년 부양비의 경우 갑국이 을국보다 크고, t+50년 유소년 부양비의 경우 을국이 갑국보다 크다.
ㄹ. 갑국과 을국 모두 t년 대비 t+50년에 노년 인구를 대상으로 한 복지 지출의 필요성이 커졌다.

① ㄱ, ㄴ ② ㄱ, ㄷ ③ ㄴ, ㄷ ④ ㄴ, ㄹ ⑤ ㄷ, ㄹ

03

| 9월 모의평가 8번 |

다음 글에서 필자가 강조하는 세계화의 문제점으로 가장 적절한 것은?

아프리카에 바이러스 감염이 빈발하게 된 것은 병원체나 숙주의 문제가 아니었다. 다국적 기업들의 플랜테이션 농장 건설이 더욱 확대되어 완충지 역할을 하던 산림이 파괴되면서 야생 동물의 바이러스가 곧장 인간을 숙주로 삼게 되었다는 것이 핵심이다. 하지만 더 심각한 것은 바이러스 감염이 국지적 현상에 그치지 않고 전 지구적 비상사태를 초래했다는 점이다. 바이러스를 더 멀리 신속하게 실어 나르는 데 결정적인 기여를 한 것은 늘어난 대륙 간 항공망과 이로 인한 국가 간 교류의 증대였다. 바이러스의 이슬비는 그런 식으로 떨어져 내린다.

① 국제 분업으로 국가 간 빈부 격차가 심화된다.
② 무분별한 개발로 인해 생물종의 다양성이 감소한다.
③ 국가 간 교류 증대로 개별 국가의 자율성이 약화된다.
④ 자원 확보를 위한 경쟁으로 인해 국가 간 갈등이 심화된다.
⑤ 자본의 이윤 추구로 인한 지역 문제가 전 세계로 확산된다.

04

| 9월 모의평가 20번 |

다음 자료에 대한 분석으로 옳은 것은? [3점]

〈조건〉

1. 갑국 t년의 유소년 인구(0~14세 인구)는 부양 인구(15~64세 인구)의 50%이고 노년 인구(65세 이상 인구)의 3배이다.
2. A 시기는 t년 대비 t+30년으로, B 시기는 t+30년 대비 t+50년으로 인구 변화 양상을 예측하여 나타낸다.
3. A 시기와 B 시기 동안 전체 인구의 변화는 없다.
4. 세대 간 갈등의 정도는 노년 부양비에 비례하고, 경제 성장 동력은 부양 인구에 비례한다.

〈A 시기와 B 시기의 인구 변화 양상 예측〉

구분	A 시기	B 시기
전체 인구 중 유소년 인구 비율	감소	감소
전체 인구 중 부양 인구 비율	변화 없음	감소
유소년 부양비	감소	증가

* 유소년(노년) 부양비 = $\frac{\text{유소년(노년) 인구}}{\text{부양 인구}} \times 100$

** 총부양비 = 유소년 부양비 + 노년 부양비

*** 피부양 인구 = 유소년 인구 + 노년 인구

① A 시기에는 피부양 인구의 증가로 경제 성장 동력이 저하될 것이다.
② B 시기에는 유소년 인구보다 부양 인구가 더 많이 감소할 것이다.
③ 세대 간 갈등은 B 시기보다 A 시기에 더 심각할 것이다.
④ t년의 총부양비는 100보다 작고, t+30년의 총부양비는 100이다.
⑤ t+50년의 노년 인구는 t년보다 많고 t+30년보다 적을 것이다.

05

수능 20번

다음 자료에 대한 분석으로 옳은 것은? [3점]

갑국 t년의 부양 인구(15~64세 인구)는 노년 인구의 7배이며, 노령화 지수는 50이다. 표는 기간별 변화 양상을 나타낸 것으로 A 기간은 t년 대비 t+30년으로, B 기간은 t+30년 대비 t+50년으로 하여 분석하였다. 단, A 기간과 B 기간 동안 전체 인구의 변화는 없다.

구분	A 기간	B 기간
노령화 지수 증가율(%)	60	50
노년 인구 증가율(%)	100	50

* 노령화 지수 = $\frac{\text{노년 인구(65세 이상 인구)}}{\text{유소년 인구(0~14세 인구)}}$ × 100

〈조건〉

○ 노동력 부족 정도, 세대 간 갈등 정도, 양육에 대한 사회적 부담 정도는 아래의 조건으로만 각각 판단한다.
1. 노동력 부족 정도는 부양 인구와 부(−)의 관계에 있다.
2. 세대 간 갈등 정도는 노년 부양비와 정(+)의 관계에 있다.
3. 양육에 대한 사회적 부담 정도는 유소년 부양비와 정(+)의 관계에 있다.

* 노년(유소년) 부양비 = $\frac{\text{노년(유소년) 인구}}{\text{부양 인구}}$ × 100

① A 기간에 유소년 인구는 감소하고 노년 인구는 증가하였다.
② B 기간에 부양 인구와 노년 인구는 모두 증가하였다.
③ A 기간과 B 기간에 증가한 노년 인구는 동일하다.
④ 양육에 대한 사회적 부담 정도는 t+50년보다 t+30년이 크다.
⑤ 노동력 부족 정도는 t+50년보다 t+30년이, 세대 간 갈등 정도는 t+30년보다 t+50년이 크다.

2023년

06

| 6월 모의평가 20번 |

다음 자료에 대한 분석으로 옳은 것은?

갑국의 t+50년의 총인구는 t년의 2배이고, t+100년의 총인구는 t년의 1.5배이다. 갑국 총인구 중 부양 인구 비율은 t년과 t+50년이 각각 40%, t+100년이 30%이다. t+50년의 노년 부양비는 75로 t년의 3배이고, t+100년의 노령화 지수는 250이다.

* 노령화 지수 = {노년 인구(65세 이상 인구)/유소년 인구(0~14세 인구)} × 100
** 유소년 부양비 = {유소년 인구(0~14세 인구)/부양 인구(15~64세 인구)} × 100
*** 노년 부양비 = {노년 인구(65세 이상 인구)/부양 인구(15~64세 인구)} × 100
**** 총부양비 = 유소년 부양비 + 노년 부양비

① t+50년의 총부양비는 t년보다 크다.
② t+50년의 노령화 지수는 t년의 5배이다.
③ t+50년의 부양 인구는 t년에 비해 200% 증가하였다.
④ t+100년의 유소년 인구는 t년보다 많고 t+50년보다 적다.
⑤ t년, t+50년, t+100년 중 유소년 부양비는 t+50년이 가장 크고, t+100년이 가장 작다.

07

| 9월 모의평가 20번 |

다음 자료에 대한 분석으로 옳은 것은? [3점]

표는 갑국과 을국의 인구 구성 변화를 나타낸 것이다. A~C는 각각 전체 인구에서 유소년 인구, 부양 인구, 노년 인구가 차지하는 비율 중 하나이다. 갑국에서 t년의 유소년 부양비는 50이다. t년 대비 t+50년에 갑국의 유소년 인구는 10% 감소하였고, 을국의 유소년 인구는 20% 감소하였다. 단, t년에 갑국과 을국의 전체 인구는 동일하다.

구분	갑국		을국	
	t년	t+50년	t년	t+50년
$\frac{B+C}{A}$	$\frac{2}{3}$	1	$\frac{7}{13}$	1
$\frac{B}{C}$	$\frac{1}{3}$	$\frac{2}{3}$	$\frac{1}{6}$	$\frac{2}{3}$

* 유소년 부양비 = {유소년 인구(0~14세 인구)/부양 인구(15~64세 인구)} × 100
** 노년 부양비 = {노년 인구(65세 이상 인구)/부양 인구(15~64세 인구)} × 100
*** 전체 인구 중 65세 이상 인구가 차지하는 비율이 20% 이상인 사회를 초고령 사회라고 함

① t년에 노년 부양비는 갑국이 을국의 2배이다.
② t+50년에 유소년 인구는 갑국과 을국이 동일하다.
③ t+50년에 을국은 갑국과 달리 초고령 사회이다.
④ t년에서 t+50년 사이에 을국에서는 갑국과 달리 저출산·고령화 현상이 나타났다.
⑤ t년에 부양 인구는 을국이 갑국보다 많고, t+50년에 부양 인구는 갑국이 을국보다 많다.

08

수능 20번

다음 자료에 대한 분석으로 옳은 것은? [3점]

표는 갑국과 을국의 인구 구조 변화를 비교한 것이다. t년 대비 t+50년에 갑국의 전체 인구는 10% 감소하였고, 을국의 전체 인구는 20% 감소하였다. 단, t년에 갑국과 을국의 전체 인구는 동일하다.

구분	갑국		을국	
	t년	t+50년	t년	t+50년
합계 출산율(명)	4.2	1.8	1.5	0.9
전체 인구 대비 15~64세 인구 비율(%)	50	60	50	55
노령화 지수	25	100	150	200

* 합계 출산율: 여성 1명이 가임 기간(15~49세) 동안 낳을 것으로 예상되는 평균 출생아 수

** 노령화 지수 = {노년 인구(65세 이상 인구)/유소년 인구(0~14세 인구)} × 100

*** 전체 인구 중 65세 이상 인구가 차지하는 비율이 20% 이상인 사회를 초고령 사회라고 함

① t년과 t+50년 모두 갑국은 을국에 비해 저출산 현상이 강하게 나타난다.
② t년과 t+50년에 갑국과 을국은 모두 초고령 사회이다.
③ t년 대비 t+50년의 노령화 지수 증가율은 을국이 갑국보다 크다.
④ t년에 을국의 유소년 인구는 t+50년에 갑국의 유소년 인구보다 많다.
⑤ t년에 노년 인구는 을국이 갑국의 3배이고, t+50년에 노년 인구는 을국이 갑국의 1.5배이다.

2022년

09

| 6월 모의평가 20번 |

다음 자료에 대한 옳은 분석만을 〈보기〉에서 고른 것은? [3점]

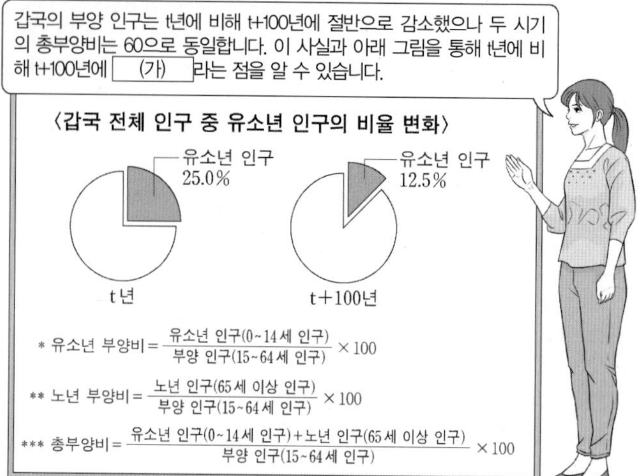
갑국의 부양 인구는 t년에 비해 t+100년에 절반으로 감소했으나 두 시기의 총부양비는 60으로 동일합니다. 이 사실과 아래 그림을 통해 t년에 비해 t+100년에 (가) 라는 점을 알 수 있습니다.
〈갑국 전체 인구 중 유소년 인구의 비율 변화〉
유소년 인구 25.0%
유소년 인구 12.5%
t년
t+100년
* 유소년 부양비 = 유소년 인구(0~14세 인구) / 부양 인구(15~64세 인구) × 100
** 노년 부양비 = 노년 인구(65세 이상 인구) / 부양 인구(15~64세 인구) × 100
*** 총부양비 = 유소년 인구(0~14세 인구) + 노년 인구(65세 이상 인구) / 부양 인구(15~64세 인구) × 100

보기

ㄱ. t년 대비 t+100년에 유소년 인구는 30% 감소하였다.
ㄴ. t년의 노년 인구와 t+100년의 노년 인구는 동일하다.
ㄷ. 유소년 인구와 노년 인구의 합이 전체 인구에서 차지하는 비율은 t년에 비해 t+100년이 높다.
ㄹ. (가)에는 '유소년 부양비는 절반으로 감소하고, 노년 부양비는 2배가 되었다.'가 들어갈 수 있다.

① ㄱ, ㄴ ② ㄱ, ㄷ ③ ㄴ, ㄷ ④ ㄴ, ㄹ ⑤ ㄷ, ㄹ

10

| 9월 모의평가 20번 |

다음 자료에 대한 분석 및 추론으로 옳은 것은?

현재(t년) 갑국은 표와 같은 인구 구성을 가지고 있다. 갑국 정부는 향후(t+100년) 발생할 인구 변화를 서로 다른 시나리오로 예측하여 A, B의 결과를 얻었다. t년에 부양 인구(15~64세 인구)는 전체 인구의 절반이며, t+100년에도 부양 인구는 전체 인구의 절반이라고 가정한다.

구분	현재(t년)	t+100년의 시나리오 예측 결과	
		A	B
유소년 인구 (0~14세 인구)	750만 명	t년 대비 20% 증가	t년 대비 20% 감소
노년 인구 (65세 이상 인구)	250만 명	t년 대비 20% 증가	t년 대비 140% 증가

* 유소년 부양비 = $\frac{\text{유소년 인구}}{\text{부양 인구}} \times 100$

** 노년 부양비 = $\frac{\text{노년 인구}}{\text{부양 인구}} \times 100$

*** 총 부양비 = $\frac{\text{유소년 인구} + \text{노년 인구}}{\text{부양 인구}} \times 100$

① 노년 부양비는 A가 현재보다 크다.
② 총부양비는 B가 현재보다 크다.
③ 유소년 부양비는 A가 B의 2배이다.
④ 전체 인구에서 노년 인구가 차지하는 비율은 B가 A의 2배이다.
⑤ 저출산·고령화 문제는 B보다 A에서 더 부각된다.

11

수능 20번

다음 자료에 대한 분석 및 추론으로 옳은 것은?

갑국에서 t년의 전체 인구 중 노년 인구 비율은 20%이고 t+50년의 전체 인구 중 유소년 인구 비율은 28%이다. t년 대비 t+50년에 전체 인구는 25% 증가하였고 유소년 인구는 12.5% 감소하였다. t년 대비 t+50년에 노년 부양비는 150% 증가하였다.

* 유소년 부양비 = $\frac{\text{유소년 인구(0~14세 인구)}}{\text{부양 인구(15~64세 인구)}} \times 100$

** 노년 부양비 = $\frac{\text{노년 인구(65세 이상 인구)}}{\text{부양 인구(15~64세 인구)}} \times 100$

*** 피부양 인구 = 유소년 인구(0~14세 인구) + 노년 인구(65세 이상 인구)

① t년의 유소년 인구와 t+50년의 노년 인구는 동일하다.
② t년 대비 t+50년에 전체 인구 증가율은 피부양 인구 증가율보다 크다.
③ t년 대비 t+50년에 유소년 인구 감소율과 유소년 부양비 감소율은 동일하다.
④ t년보다 t+50년에 전체 인구에서 부양 인구가 차지하는 비율이 크다.
⑤ t년보다 t+50년에 부양 인구 감소로 인해 경제 성장 동력이 약화될 가능성이 높다.

2021년

12

| 6월 모의평가 20번 |

다음 자료에 대한 분석으로 옳은 것은? [3점]

표는 A 지역의 인구 구성 비율을 나타낸 것이다. 2000년에 비해 2020년 A 지역의 총인구는 20% 증가하였다. A 지역의 노령화 지수는 2000년에 60, 2020년에 125였다. 단, 음영 처리된 부분은 주어진 자료와 단서를 통해 알 수 있다.

(단위: %)

구분	2000년	2020년
0~14세 인구 (유소년 인구)		20
15~64세 인구 (부양 인구)		
65세 이상 인구 (노인 인구)	15	

* 노령화 지수 = (65세 이상 인구/0~14세 인구)×100
** 유소년 부양비 = (0~14세 인구/15~64세 인구)×100
*** 노인 부양비 = (65세 이상 인구/15~64세 인구)×100
**** 총부양비 = {(0~14세 인구+65세 이상 인구)/15~64세 인구}×100

① 2020년에 노인 인구는 유소년 인구의 2배 이상이다.
② 2000년에 비해 2020년의 부양 인구는 감소하였다.
③ 2000년 유소년 부양비와 2020년 노인 부양비는 동일하다.
④ 2000년에 비해 2020년의 노인 인구는 10% 증가하였고, 유소년 인구는 5% 감소하였다.
⑤ 2000년에 비해 2020년의 유소년 부양비는 감소하였고, 노인 부양비와 총부양비는 모두 증가하였다.

13

| 9월 모의평가 15번 |

다음 자료에 대한 분석으로 옳은 것은? (단, 갑국 전체 인구와 을국 전체 인구는 각각 t년 대비 t+60년에 10% 증가하였다.)

구분	갑국		을국	
	t년	t+60년	t년	t+60년
전체 인구 중 65세 이상 인구의 비율(%)	10	20	10	30
0~14세 인구 100명당 65세 이상 인구	50	200	40	300

* 유소년 부양비 = $\frac{\text{0~14세 인구}}{\text{15~64세 인구}} \times 100$

** 노년 부양비 = $\frac{\text{65세 이상 인구}}{\text{15~64세 인구}} \times 100$

① t년의 노년 부양비는 갑국이 을국보다 크다.
② t+60년의 유소년 부양비는 갑국이 을국보다 크다.
③ t년 대비 t+60년에 갑국의 65세 이상 인구는 2배 증가하였다.
④ t년 대비 t+60년에 갑국과 을국 모두 15~64세 인구는 증가하였다.
⑤ t년 대비 t+60년에 갑국의 0~14세 인구는 증가하였고 을국의 0~14세 인구는 감소하였다.

제3권 평가원

14

수능 20번

다음 자료에 대한 분석으로 옳은 것은?

갑국에서 t+100년에 전체 인구 중 유소년 인구(0세~14세 인구)가 차지하는 비율은 t년에 전체 인구 중 유소년 인구가 차지하는 비율의 1/2이고, t년에 전체 인구 중 노인 인구(65세 이상 인구)가 차지하는 비율의 2배이다. 단, t년과 t+100년의 부양 인구(15세~64세 인구)는 동일하다. 표는 갑국의 연도별 총부양비를 나타낸 것이다.

구분	t년	t+100년
총부양비	100	150

* 노령화 지수 = (노인 인구 / 유소년 인구)×100
** 유소년 부양비 = (유소년 인구 / 부양 인구)×100
*** 노년 부양비 = (노인 인구 / 부양 인구)×100
**** 총부양비 = {(유소년 인구 + 노인 인구) / 부양 인구}×100

① t년 대비 t+100년에 전체 인구는 50% 증가하였다.
② t년 대비 t+100년에 유소년 부양비는 50% 감소하였다.
③ t+100년 노령화 지수는 t년 노령화 지수의 8배이다.
④ t+100년 노년 부양비는 t년 노년 부양비의 4배이다.
⑤ t년의 유소년 인구와 t+100년의 노인 인구는 동일하다.

2020년

15

| 6월 모의평가 20번 |

다음 자료에 대한 분석으로 옳은 것은? [3점]

표는 갑국과 을국의 인구 관련 통계이다. 갑국과 을국의 총 인구는 t년에 동일하며, t+80년에 각각 2배로 증가하였다.

구분	갑국		을국	
	t년	t+80년	t년	t+80년
합계 출산율(명)	4.4	2.4	3.1	1.1
전체 인구 대비 0~14세 인구 비율(%)	60	30	50	20
노령화 지수	25	50	20	125

* 합계 출산율: 여성 1명이 가임 기간 동안 낳을 것으로 예상되는 평균 출생아 수
** 노령화 지수= 65세 이상 인구 / 0~14세 인구 × 100
*** 전체 인구에서 노인 인구(65세 이상 인구)가 차지하는 비율이 7% 이상인 사회를 고령화 사회, 14% 이상인 사회를 고령 사회, 20% 이상인 사회를 초고령 사회라고 함

① 갑국의 경우 15~64세 인구 대비 65세 이상 인구의 비는 t+80년이 t년보다 크다.
② 을국의 경우 t년에 비해 t+80년에 65세 이상 인구가 증가한 원인은 합계 출산율 감소이다.
③ t+80년의 15~64세 인구 비율 대비 0~14세 인구 비율은 을국이 갑국보다 크다.
④ t년과 t+80년을 비교했을 때 을국은 갑국과 달리 고령화 사회에서 초고령 사회로 변화하였다.
⑤ t년 대비 t+80년의 경우 갑국과 을국 모두 0~14세 인구 감소가 노령화 지수의 상승 원인이다.

16

| 9월 모의평가 16번 |

다음 자료에 대한 분석으로 옳은 것은? (단, t년 대비 t+20년에 을국의 유소년 인구는 증가하였다.)

구분	t년		t+20년	
	갑국	을국	갑국	을국
노령화 지수	25	40	50	60
총부양비	20	25	50	100

* 노령화 지수 = $\frac{\text{노인 인구(65세 이상 인구)}}{\text{유소년 인구(0~14세 인구)}} \times 100$
** 총부양비 = $\frac{\text{유소년 인구 + 노인 인구}}{\text{부양 인구(15~64세 인구)}} \times 100$
*** 전체 인구에서 노인 인구가 차지하는 비율이 7% 이상이면 고령화 사회, 14% 이상이면 고령 사회, 20% 이상이면 초고령 사회라고 함

① t년에 갑국에서 부양 인구 100명당 노인 인구는 25명이다.
② t+20년에 갑국은 고령화 사회, 을국은 고령 사회에 해당한다.
③ t년과 달리 t+20년에 을국에서 노인 인구가 유소년 인구보다 많다.
④ t년 대비 t+20년에 을국에서 유소년 인구 증가율이 노인 인구 증가율보다 크다.
⑤ t년과 t+20년 모두 부양 인구가 부담해야 하는 총 부양 비용은 갑국보다 을국이 크다.

17

수능 18번

다음 자료에 대한 분석으로 옳은 것은? (단, 제시된 모든 연도의 부양 인구는 동일하다.)

구분	t년	t+30년	t+60년
총부양비	70	64	56
노령화 지수	40	60	100

* 총부양비 = $\frac{\text{유소년 인구(0~14세 인구)+노인 인구(65세 이상 인구)}}{\text{부양 인구(15~64세 인구)}} \times 100$
** 노령화 지수 = $\frac{\text{노인 인구(65세 이상 인구)}}{\text{유소년 인구(0~14세 인구)}} \times 100$
*** 전체 인구에서 노인 인구가 차지하는 비율이 7% 이상이면 고령화 사회, 14% 이상이면 고령 사회, 20% 이상이면 초고령 사회임

① 노인 인구는 t년 대비 t+30년에 24% 증가하였다.
② t년은 고령화 사회, t+30년은 고령 사회, t+60년은 초고령 사회에 해당한다.
③ 65세 이상 인구 1명당 15~64세 인구는 t년이 가장 적고, t+60년이 가장 많다.
④ 전체 인구에서 유소년 인구가 차지하는 비율은 t년이 가장 높고, t+30년이 가장 낮다.
⑤ 유소년 인구의 t+30년 대비 t+60년의 비는 노인 인구의 t+30년 대비 t+60년의 비보다 작다.

해설

교육청 학력평가

고난도 주제 01 사회·문화 현상의 연구 방법

p.008 ~ 017

01 ⑤ 02 ③ 03 ③ 04 ④ 05 ① 06 ② 07 ④ 08 ⑤ 09 ② 10 ② 11 ⑤ 12 ④ 13 ④ 14 ③ 15 ④ 16 ③ 17 ③ 18 ⑤ 19 ② 20 ⑤ 21 ⑤ 22 ①

01 양적 연구

| 정답 ⑤ | 24년 3월 학력평가 2번

①	②	③	④	⑤
3%	8%	3%	9%	77%

다음 자료에 대한 설명으로 옳은 것은? [3점]

갑은 신입 사원의 목표 지향성이 직무 만족도에 미치는 영향을 파악하기 위해 연구를 진행하였다. 갑은 ㉠목표 지향성에 대한 다른 연구자들의 선행 연구를 검토한 후, 목표 지향성을 자신의 업무 능력 향상에 중점을 두는 ㉡학습 목표 지향성과 과업 달성에 중점을 두는 ㉢수행 목표 지향성으로 나누고 다음과 같은 가설을 설정하였다.

〈가설 1〉 학습 목표 지향성이 높을수록 직무 만족도가 높을 것이다.
〈가설 2〉 수행 목표 지향성이 높을수록 직무 만족도가 높을 것이다.

갑은 무작위로 선정한 ㉣신입 사원 1,000명을 대상으로 학습 목표 지향성, 수행 목표 지향성, 직무 만족도를 지수화하여 측정하였다. 수집한 자료를 분석한 결과 학습 목표 지향성이 높을수록 직무 만족도가 통계적으로 유의미하게 높았고, 수행 목표 지향성은 직무 만족도에 통계적으로 유의미한 영향을 미치지 않았다.

(메모: 독립 변인, 종속 변인, 문헌 연구법(2차 자료), 독립 변인, 표본, 〈가설 1〉 수용, 〈가설 2〉 기각)

① 갑의 연구는 방법론적 이원론을 전제로 한다. (일원론)
② ㉠은 갑의 연구에서 1차 자료에 해당한다. (2차)
③ ㉡은 독립 변인, ㉢은 종속 변인이다. (독립)
④ ㉣은 모집단이다. (표본)
⑤ 〈가설 1〉은 〈가설 2〉와 달리 수용되었다.

✔ 자료 분석 갑은 신입 사원의 목표 지향성이 직무 만족도에 미치는 영향을 파악하기 위한 양적 연구를 실시하였다.

O 정답 찾기 ⑤ 학습 목표 지향성이 높을수록 직무 만족도가 높게 나타났다. 따라서 〈가설 1〉은 수용되었다. 수행 목표 지향성은 직무 만족도에 통계적으로 유의미한 영향을 미치지 않았다. 따라서 〈가설 2〉는 기각되었다.

X 오답 풀이 ① 갑의 연구는 양적 연구이다. 양적 연구는 방법론적 일원론을 전제로 한다.
② ㉠은 다른 연구에서 이미 수집되고 분석된 자료이므로 2차 자료에 해당한다.
③ ㉡과 ㉢은 모두 독립 변인이다.
④ ㉣은 갑의 연구에서 표본에 해당한다.

이것만은 꼭!

1. 양적 연구는 방법론적 일원론을 전제로 한다.
2. 독립 변인은 다른 변인에 영향을 주는 요인이고, 종속 변인은 다른 변인의 영향을 받아 변하는 변인을 말한다.
3. 2차 자료는 기존의 자료를 활용하여 연구자가 현재 수행 중인 연구 목적에 맞게 구성한 자료를 말한다.

02 양적 연구

| 정답 ③ | 24년 5월 학력평가 2번

①	②	③	④	⑤
3%	11%	81%	4%	1%

다음 연구에 대한 설명으로 옳은 것은? [3점]

갑은 고등학생의 ㉠시민성에 ㉡참여형 정치 수업이 미치는 효과를 연구하기 위해 정치 토론 수업 경험이 고등학생의 ㉢정치 관심도를 높일 것이라는 가설을 세우고, ㉣○○ 지역 고등학생 1,000명을 대상으로 설문 조사하였다. 정치 토론 수업 경험 빈도를 조사하여 빈도수가 높은 집단과 낮은 집단으로 구분한 후, 두 집단을 대상으로 ㉤정치 관련 기사 검색 횟수와 학급 회의 안건에 대한 관심 정도 등을 5점 척도로 조사하였다. 자료 분석 결과, 정치 토론 수업 경험 빈도수가 ㉥높은 집단과 ㉦낮은 집단의 정치 관심도는 통계적으로 유의미한 차이가 나지 않았다.

(메모: 모집단, 종속 변인, 독립 변인, 표본, 질문지법, 정치 관심에 대한 조작적 정의, 가설 기각)

① ㉠은 독립 변인, ㉡은 종속 변인이다. (㉡, ㉠)
② ㉣은 모집단이다. (표본)
③ ㉤은 ㉢에 대한 조작적 정의에 해당한다.
④ ㉥은 실험 집단, ㉦은 통제 집단이다.
⑤ 연구 결과 가설은 수용되었다. (기각)

✔ 자료 분석 갑은 참여형 정치 수업이 고등학생의 시민성에 미치는 효과를 연구하기 위해 질문지법을 통해 자료를 수집하여 양적 연구를 실시하였다.

O 정답 찾기 ③ 정치 관련 기사 검색 횟수는 정치 관심도를 측정 가능하도록 구체화한 것이다. 따라서 이는 정치 관심도에 대한 조작적 정의에 해당한다.

X 오답 풀이 ① 독립 변인은 참여형 정치 수업이고, 종속 변인은 시민성이다.
② 갑의 연구에서 모집단은 고등학생이고, 표본은 ○○ 지역 고등학생 1,000명이다.
④ 갑의 연구에서 활용한 자료 수집 방법은 질문지법이다. 따라서 갑의 연구에서는 실험 집단과 통제 집단이 나타나 있지 않다.
⑤ 갑은 정치 토론 수업 경험이 고등학생의 정치 관심도를 높일 것이라는 가설을 세웠고, 자료 분석 결과 정치 토론 수업 경험 빈도수가 높은 집단과 낮은 집단 간의 정치 관심도에 통계적으로 유의미한 차이가 나타나지 않았다. 따라서 연구 결과 가설은 기각되었다.

이것만은 꼭!

1. 독립 변인은 다른 변인에 영향을 주는 요인이고, 종속 변인은 다른 변인의 영향을 받아 변하는 변인을 말한다.
2. 가설은 독립 변인이 종속 변인에 미치는 영향이나, 독립 변인과 종속 변인 간의 관계를 파악하는 진술로 구성된다.
3. 개념의 조작적 정의는 추상적 개념을 측정 가능하도록 구체화하는 것을 말한다.

03 양적 연구

| 정답 ③ | 24년 7월 학력평가 2번

①	②	❸	④ 함정	⑤
13%	14%	50%	17%	6%

다음 자료에 대한 설명으로 옳은 것은? [3점]

> 갑은 개인의 행동에 미치는 ㉠집단의 영향력(독립 변인)을 파악하기 위하여 다음과 같은 연구들을 진행하였다.
>
> [연구 1]
>
> 갑은 실험 참가자들을 다수의 모둠으로 구분한 후 모둠별 구성원에게 각각 1번부터 6번까지 번호를 부여하였다. 이후 일정한 길이의 표준선을 참가자들에게 보여 준 후, 별도로 제시된 서로 다른 선들 중 표준선과 길이가 같은 선을 고르도록 하였다.(사전 검사 실시) 그 결과 참가자들은 모두 표준선과 길이가 같은 선을 선택하였다. 이후 갑은 모둠별로 ㉡1번 참가자(실험 집단)를 제외한 ㉢나머지 번호 참가자들(통제 집단 ×)에게 사전에 표준선과 길이가 다른 선을 고르게 지시하고, 참가자들에게 표준선과 길이가 같은 선을 다시 골라 보도록 하였다. 반복 실험 결과, 1번 참가자의 43%가 다른 참가자의 선택에 ㉣동조 반응을 보였다.
>
> [연구 2]
>
> 갑은 표준선과 길이가 다른 선을 고르는 실험 참가자 수를 조정하여 모둠별 총인원만 변화시키고, 그 외 다른 실험 상황은 [연구 1]과 동일한 연구를 실시하였다. 그 결과 1번 참가자의 동조율은 모둠 인원이 2명일 때는 0.3%, 3명일 때는 13.6%, 4명일 때는 31.8%로 나타났으며, 이는 통계적으로 유의미하다는 것을 확인하였다.(집단 구성원의 수가 많아질수록 다수 의견에 대한 동조율이 증가함)
>
> [연구 3]
>
> 갑은 실험 참가자 4명은 표준선과 길이가 다른 선을, 1명은 표준선과 길이가 같은 선을 고르도록 하고, 그 외 다른 실험 상황은 [연구 1]과 동일한 연구를 실시하였다. 그 결과 1번 참가자의 34%가 다수의 의견에 동조한다는 통계적으로 유의미한 값을 얻었다.(소수 의견이 존재하는 경우 그렇지 않은 경우에 비해 다수 의견에 대한 동조율이 작음)

① ㉡은 실험 집단, ㉢은 ~~통제 집단~~이다.

② ㉣은 ㉠의 조작적 정의에 해당~~한다~~(하지 않는다).

③ [연구 1]에서 갑은 사전 검사를 실시하였다.

④ [연구 2]는 '집단 구성원의 수가 많아질수록 다수 의견에 대한 동조율이 증가할 것이다.'를, [연구 3]은 '소수 의견이 존재하는 경우 그렇지 않은 경우에 비해 다수 의견에 대한 동조율이 ~~클~~(작을) 것이다.'를 지지한다.

⑤ 갑은 [연구 1], [연구 2], [연구 3]에서 모두 방법론적 ~~이원론~~(일원론)에 기초한 연구 방법을 사용하였다.

✔ 자료 분석 갑은 집단의 영향력이 개인의 행동에 어떠한 영향을 미치는지 파악하기 위해 양적 연구를 실시하였다.

O 정답 찾기 ③ [연구 1]에서 갑은 모둠별 구성원 모두를 대상으로 일정한 길이의 표준선을 참가자들에게 보여 준 후 별도로 제시된 서로 다른 선들 중 표준선과 길이가 같은 선을 고르도록 하였다. 이는 갑이 개인의 행동에 미치는 집단의 영향력을 파악하기 위해 사전 검사를 실시한 것이다.

✕ 오답 풀이 ① ㉡은 독립 변인을 처치한 집단으로 실험 집단에 해당하지만, ㉢은 실험 집단과의 비교를 위해 설정한 집단인 통제 집단에 해당하지 않는다.

② ㉣은 ㉠의 조작적 정의에 해당하지 않는다.

④ [연구 2]에서는 집단 구성원의 수가 많을수록 다수 의견에 대한 동조율이 증가하였으므로 [연구 2]는 '집단 구성원의 수가 많아질수록 다수 의견에 대한 동조율이 증가할 것이다.'를 지지한다. [연구 3]에서는 소수 의견이 존재하는 경우 그렇지 않은 경우에 비해 다수 의견에 대한 동조율이 작게 나타났으므로 [연구 3]은 '소수 의견이 존재하는 경우 그렇지 않은 경우에 비해 다수 의견에 대한 동조율이 클 것이다.'를 지지하지 않는다.

⑤ 갑은 [연구 1], [연구 2], [연구 3]에서 모두 방법론적 일원론에 기초한 연구 방법인 양적 연구를 사용하였다.

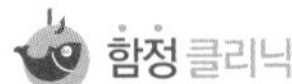

③번을 정답으로 선택하지 못한 학생들은 [연구 1], [연구 2], [연구 3]의 과정을 혼동하였을 가능성이 크다. [연구 2]와 [연구 3]은 특정 실험 상황만 [연구 1]과 달리하였고, 그 외 다른 실험 상황은 [연구 1]과 동일하게 실시하였으므로 [연구 2]와 [연구 3]에서 [연구 1]과 달리 진행한 점을 파악하면 [연구 1], [연구 2], [연구 3]을 명확하게 비교할 수 있다.

이것만은 꼭!

1. 양적 연구는 방법론적 일원론을 전제로 한다.
2. 개념의 조작적 정의는 추상적 개념을 측정 가능하도록 구체화하는 것을 말한다.
3. 실험 집단은 독립 변인에 해당하는 실험 처치를 가하는 집단이고, 통제 집단은 실험 처치를 가하지 않고 비교를 위해 설정하는 집단이다.

04 양적 연구

| 정답 ④ | 24년 10월 학력평가 12번

①	②	③	❹	⑤
2%	4%	2%	91%	1%

밑줄 친 ㉠~㉦에 대한 설명으로 옳은 것은? [3점]

> 연구자 갑은 ㉠집단 구성원 간 친밀감에(종속 변인) ㉡의사소통 시 소셜 미디어 사용 여부가(독립 변인) 미치는 영향을 파악하고자 가설을 설정하고 ㉢연구를(양적 연구) 진행하였다. 이를 위해 서로 전혀 모르는 사이였던 성인 20명을 모집하여 각각 10명씩 A, B 두 집단으로 나눈 후 2주간 각 집단끼리 함께 생활하게 하였다. 그 기간 동안 ㉣A 집단은(실험 집단) 대면 소통과 소셜 미디어를 사용한 소통을 병행하게 하고, 처치를 하지 않는 집단인 ㉤B 집단은(통제 집단) 대면 소통만을 하게 하였다. 2주 후 전체 참가자를 대상으로 ㉥정서적 지지의 정도, 개인적 정보의 공유 정도 등을 측정하였다. 그 결과 B 집단에 비해 A 집단의 구성원 간 친밀감이 유의미하게 높은 것으로 나타나 ㉦가설이 수용되었다. 집단 구성원 간 친밀도에 대한 조작적 정의

① ㉠은 ~~독립~~(종속) 변인, ㉡은 ~~종속~~(독립) 변인이다.
② ㉢은 방법론적 ~~이원론~~(일원론)에 기초한 연구이다.
③ ㉣은 ~~통제~~(실험) 집단, ㉤은 ~~실험~~(통제) 집단이다.
④ ㉥은 ㉠에 대한 조작적 정의에 해당한다.
⑤ ㉦은 '의사소통 시 소셜 미디어 사용이 집단 구성원 간 친밀감에 ~~부(−)~~(정(+))의 영향을 미칠 것이다.'이다.

✓ 자료 분석 갑은 의사소통 시 소셜 미디어 사용 여부가 집단 구성원 간 친밀감에 미치는 영향을 파악하기 위해 실험법을 활용하여 양적 연구를 실시하였다.

O 정답 찾기 ④ 정서적 지지의 정도, 개인적 정보의 공유 정도 등은 종속 변인인 집단 구성원 간 친밀도에 대한 조작적 정의에 해당한다.

× 오답 풀이 ① ㉠은 종속 변인이고, ㉡은 독립 변인이다.
② ㉢은 양적 연구로, 이는 방법론적 일원론에 기초한 연구이다.
③ ㉣은 실험 집단에 해당하고, ㉤은 통제 집단에 해당한다.
⑤ 통제 집단에 비해 실험 집단에서 구성원 간 친밀감이 유의미하게 높은 것으로 나타나 가설이 수용되었다. 따라서 갑은 '의사소통 시 소셜 미디어 사용이 집단 구성원 간 친밀감에 정(+)의 영향을 미칠 것이다.'라는 가설을 설정하였을 것이다.

이것만은 꼭!

1. 양적 연구는 방법론적 일원론에 기초한 연구이고, 질적 연구는 방법론적 이원론에 기초한 연구이다.
2. 개념의 조작적 정의는 추상적 개념을 측정 가능하도록 구체화하는 것으로, 추상적 개념의 속성을 보여 주는 대표적인 지표를 선정한다.

05 양적 연구

| 정답 ① | 23년 3월 학력평가 9번

❶	②	③	④	⑤
81%	5%	4%	7%	3%

다음 자료에 대한 옳은 설명만을 〈보기〉에서 있는 대로 고른 것은? [3점]

> 갑은 청소년의 ㉠자존감에(종속 변인) ㉡부모 지지 및 ㉢또래 지지가(독립 변인) 미치는 영향을 파악하고자 청소년 1,000명을 대상으로 연구하였다. 자존감의 정도, 부모 지지의 정도, 또래 지지의 정도는 각각 관련 질문들로 구성된 설문지를 통해(질문지법) 지수화하여 측정하였다(조작적 정의가 이루어짐). 자존감의 정도에 따라 자존감이 ㉣높은 집단과 ㉤낮은 집단으로 구분하고, 부모 지지와 또래 지지는 그 정도를 '강함'과 '약함'으로 분류하여 아래 표와 같은 정보를 얻었다. 갑은 이를 토대로 청소년의 자존감을 높이기 위해서는 [(가)]라는 판단을 내렸다.

(단위: 명)

구분		부모 지지의 정도		또래 지지의 정도	
		강함	약함	강함	약함
자존감의 정도	높음	400	100	250	250
	낮음	0	500	150	350

〈보기〉
ㄱ. ㉠은 종속 변인, ㉡과 ㉢은 독립 변인에 해당한다.
ㄴ. ㉠~㉢에 대해 모두 조작적 정의가 이루어졌다.
ㄷ. ㉣은 ~~실험 집단~~, ㉤은 ~~통제 집단~~이다.
ㄹ. (가)에는 '부모 지지보다 또래 지지를 강화하는 것이 더 효과적이다.'가 들어갈 수 ~~있다~~(없다).

① ㄱ, ㄴ ② ㄱ, ㄷ ③ ㄷ, ㄹ
④ ㄱ, ㄴ, ㄹ ⑤ ㄴ, ㄷ, ㄹ

✓ 자료 분석 갑은 부모 지지 및 또래 지지가 청소년의 자존감에 미치는 영향을 파악하고자 질문지법을 이용하여 양적 연구를 실시하였다.

O 정답 찾기 ㄱ. 갑은 부모 지지 및 또래 지지가 자존감에 미치는 영향을 파악하고자 하였으므로 부모 지지 및 또래 지지는 독립 변인에 해당하고, 자존감은 종속 변인에 해당한다.
ㄴ. 자존감의 정도, 부모 지지의 정도, 또래 지지의 정도를 설문지를 통해 지수화하여 측정하였으므로 자존감, 부모 지지, 또래 지지라는 추상적 개념을 조작적으로 정의하였음을 알 수 있다.

× 오답 풀이 ㄷ. 갑은 질문지법을 활용하여 연구를 수행하였으므로 갑의 연구에서 실험 집단과 통제 집단은 존재하지 않는다.
ㄹ. 또래 지지의 정도보다 부모 지지의 정도가 자존감에 미치는 영향이 크게 나타났다. 따라서 청소년의 자존감을 높이기 위해 '부모 지지보다 또래 지지를 강화하는 것이 더 효과적이다.'는 (가)에 들어갈 수 없다.

이것만은 꼭!

1. 조작적 정의는 추상적 개념을 측정 가능하도록 구체화하는 과정이다.
2. 종속 변인은 다른 변인의 영향을 받아 변화하는 변인을 의미한다.
3. 질문지법을 사용하여 연구를 수행할 경우 실험 집단과 통제 집단은 존재하지 않는다.

06 양적 연구

| 정답 ② | 23년 4월 학력평가 10번

①	❷	③함정	④	⑤
2%	71%	19%	2%	6%

다음 자료에 대한 질문에 모두 옳게 응답한 학생은? [3점]

> 연구자 A는 본인의 정치적 견해와 가짜 뉴스 내용의 일치 여부에 따라 가짜 뉴스에 대한 태도가 다른지 연구해 보기로 하였다. A는 특정한 가짜 뉴스를 접한 적이 있는 300명을 연구 대상자로 확보하고, 이들의 ㉠해당 가짜 뉴스에 대한 신뢰 정도 및 전파 의도를 5점 척도 문항을 통해 측정했다. 또한 ㉡해당 가짜 뉴스 내용이 평소 본인의 정치 성향에 부합하는지 여부도 조사해 양자가 부합하는 〈집단 1〉과 부합하지 않는 〈집단 2〉로 ㉢연구 대상자를 구분하고 두 집단을 비교해 보았다. 비교해 본 결과 〈집단 1〉이 〈집단 2〉보다 가짜 뉴스 신뢰 정도 및 전파 의도가 모두 높은 것으로 나타났다.
>
> 한편 연구자 B는 현재의 사회적 상황을 불안하게 느낄수록 가짜 뉴스를 믿는 정도가 높을 것이라는 가설을 검증해 보기로 하였다. 이를 위해 B는 500명을 대상으로 온라인 설문 조사를 실시하여 ㉣자료를 수집했으며, 이를 분석한 결과 ㉤사회적 상황에 대한 불안감과 가짜 뉴스 신뢰 정도 간에 통계적으로 유의미한 정(+)의 관계가 나타났다.

(종속 변수 — ㉠, 독립 변수 — ㉡, 질문지법, 1차 자료 — ㉣, 질문지법)

질문	갑	을	병	정	무
A의 연구에서 ㉠은 독립 변수에, ㉡은 종속 변수에 해당하는가?	○	⊗	⊗	○	⊗
A의 연구에서 ㉢은 실험 집단과 통제 집단을 구분한 것인가?	○	⊗	○	⊗	⊗
㉣은 B가 수집한 1차 자료인가?	×	◎	◎	×	◎
㉤에 의해 B의 가설은 기각되는가?	○	⊗	⊗	○	○

(○: 예, ×: 아니요)

① 갑 ②을 ③ 병 ④ 정 ⑤ 무

✔ 자료 분석 독립 변수는 원인으로 작용하는 변인을 말하고, 종속 변수는 독립 변인의 영향을 받아 변화하는 변인을 말한다. 연구자가 활용하는 자료 중 연구자 자신에 의해 직접 수집되어 최초로 분석되는 자료는 1차 자료이고, 다른 연구에서 이미 수집되고 분석된 자료는 2차 자료이다.

O 정답 찾기 질문 1. A는 '정치적 견해와 가짜 뉴스 내용의 일치 여부'에 따라 '가짜 뉴스에 대한 태도가 다른지'를 살펴보고자 한다. 따라서 원인으로 작용하는 변인인 독립 변인은 '해당 가짜 뉴스 내용이 평소 본인의 정치 성향에 부합하는지 여부'이고, 영향을 받아 변화하는 변인인 종속 변인은 '해당 가짜 뉴스에 대한 신뢰 정도 및 전파 의도'이다. 즉, 첫 번째 질문에 대한 옳은 응답은 'X'이다.

질문 2. A는 질문지법을 활용하여 자료를 수집하였다. 따라서 A의 연구에서 실험 집단과 통제 집단은 존재하지 않는다. 즉, 두 번째 질문에 대한 옳은 응답은 'X'이다.

질문 3. B가 온라인 설문 조사를 실시하여 수집한 자료는 B가 직접 수집한 자료이므로 이는 1차 자료에 해당한다. 즉, 세 번째 질문에 대한 옳은 응답은 'O'이다.

질문 4. B의 가설은 '현재의 사회적 상황을 불안하게 느낄수록 가짜 뉴스를 믿는 정도가 높을 것이다.'이고, 자료 분석 결과 사회적 상황에 대한 불안감과 가짜 뉴스 신뢰 정도 간에 정(+)의 관계가 나타났으므로 B의 가설은 수용된다. 즉, 네 번째 질문에 대한 옳은 응답은 'X'이다.

③번을 정답으로 판단한 학생들은 제시된 A의 연구에서 질문지법이 아닌 실험법을 활용하였다고 착각했을 가능성이 크다. A는 실험법이 아닌 질문지법을 통해 자료를 수집하였다. 따라서 A의 연구에서는 실험 집단과 통제 집단이 존재하지 않는다. '측정'이라는 단어만으로 실험법을 사용하였다고 착각하지 않아야 한다.

이것만은 꼭!

1. 독립 변수는 원인으로 작용하는 변인이다.
2. 실험 집단과 통제 집단은 실험법에서 활용되는 개념이다.
3. 1차 자료는 연구자가 활용하는 자료 중 연구자 자신에 의해 직접 수집되어 최초로 분석되는 자료이다.

제3권 교육청 해설

07 양적 연구

| 정답 ④ | 23년 7월 학력평가 2번

①	② 함정	③	❹	⑤
12%	16%	6%	63%	3%

다음 자료에 대한 설명 및 추론으로 옳은 것은? [3점]

> 연구자 갑은 청소년들의 소비 지향 태도와 과시 소비 행동에 ㉠대중 매체와 ㉡또래 집단이 미치는 영향에 대한 연구를 진행하였다. 갑은 ㉢가설을 설정한 후 ○○시 고등학생 500명에게 ㉣대중 매체가 소비를 선호하는 태도에 미치는 정도, ㉤또래 집단이 명품 브랜드를 지향하는 행동에 미치는 정도 등을 측정하는 설문 조사를 실시했다. 이후 갑은 자료를 분석하여 소비 지향 태도의 경우 대중 매체의 영향력이, 과시 소비 행동의 경우 또래 집단의 영향력이 상대적으로 크게 작용함을 확인하였다.
>
> 한편, 연구자 을은 갑의 연구를 참고로 하여 새로운 소비자 교육 프로그램을 개발하고 그 효과를 입증하는 연구를 진행하였다. 을은 기존의 소비자 교육 프로그램을 받고 있던 고등학생 100명을 선정하여 각각 50명씩 A 집단, B 집단으로 나누었다. 그리고 3개월 동안 A 집단에게는(실험 집단) 이전과 달리 ㉥자신이 개발한 소비자 교육 프로그램을 실시하고, B 집단에게는(통제 집단) ㉦기존에 실시하던 소비자 교육 프로그램을 지속적으로 실시하였다. 을은 사전·사후 검사를 통해 A 집단에서 B 집단에 비해 소비 지향 태도 지수와 과시 소비 행동 지수 모두 더 큰 변화가 나타남을 확인하였다.

① 갑의 연구에서 ㉢은 수용되었을 것이다.

② 갑의 연구에서 ㉣은 ㉠의 조작적 정의에, ㉤은 ㉡의 조작적 정의에 ~~해당한다.~~ (해당하지 않는다.)

③ 을의 연구에서 ~~㉥은 ㉦과 달리~~ (㉥, ㉦은 모두) 소비 지향 태도와 과시 소비 행동에 영향을 주었다.

④ 을의 연구에서 A 집단은 B 집단과 달리 실험 집단에 해당한다.

⑤ ~~갑, 을이 사용한 자료 수집 방법은 모두~~ (갑이 사용한 자료 수집 방법은 을과 달리) 일반적으로 연구 대상자와의 언어적 상호 작용이 필수적이다. (질문지법, 면접법)

✔ 자료 분석 갑은 청소년들의 소비 지향 태도와 과시 소비 행동에 대중 매체와 또래 집단이 미치는 영향에 대한 연구를 질문지법을 활용하여 진행하였고, 을은 갑의 연구를 참고로 하여 새로운 소비자 교육 프로그램을 개발하고 그 효과를 입증하는 연구를 실험법을 통해 진행하였다.

O 정답 찾기 ④ 을의 연구에서 A 집단은 독립 변인을 처치한 실험 집단이고, B 집단은 독립 변인을 처치하지 않은 통제 집단이다.

✕ 오답 풀이 ① 제시된 자료만으로는 갑의 연구에서 가설이 어떻게 설정되었는지 알 수 없으므로 가설의 수용 여부를 판단할 수 없다.

② 갑의 연구에서 '대중 매체가 소비를 선호하는 태도에 미치는 정도', '또래 집단이 명품 브랜드를 지향하는 행동에 미치는 정도'는 각각 대중 매체와 또래 집단에 대한 개념의 조작적 정의에 해당하지 않는다.

③ 을의 연구에서 ㉦을 실시한 B 집단에 비해 ㉥을 실시한 A 집단에서 소비 지향 태도 지수와 과시 소비 행동 지수 모두 더 큰 변화가 나타났다. 따라서 ㉥과 ㉦은 모두 소비 지향 태도와 과시 소비 행동에 영향을 주었다.

⑤ 갑은 질문지법, 을은 실험법을 사용하였다. 질문지법은 실험법과 달리 연구 대상자와의 언어적 상호 작용이 필수적이다.

②번을 선택한 학생들은 조작적 정의의 대상이 되는 개념을 혼동하였을 가능성이 크다. ㉣은 소비 지향 태도, ㉤은 과시 소비 행동에 대한 조작적 정의에 해당한다. 연구 과정에서 독립 변인과 종속 변인을 찾고 해당 연구에서 이 변인들에 대한 조작적 정의가 어떻게 이루어지고 있는지 파악할 수 있어야 한다.

이것만은 꼭!

1. 질문지법과 면접법은 연구 대상자와의 언어적 상호 작용이 필수적이다.
2. 질문지법과 실험법은 주로 양적 연구에서 활용된다.
3. 실험 집단은 독립 변인에 해당하는 실험 처치를 가하는 집단이다.

08 양적 연구

| 정답 ⑤ | 23년 10월 학력평가 9번

①	②	③	④	❺
12%	2%	4%	6%	76%

다음 자료에 대한 설명으로 옳은 것은? [3점]

갑은 ㉠청소년의 비속어 사용이 증가하고 있고, 특히 고등학생이 가장 심각하다는 기사를 접하였다. 이에 갑은 비속어 사용 예방 프로그램인 ㉡○○ 프로그램의 수강 기간이 고등학생의 비속어에 대한 인식과 비속어 사용 정도에 미치는 영향을 연구하기로 하였다. 갑이 세운 가설은 다음과 같다.

〈가설 1〉 ○○ 프로그램을 장기간 수강한 고등학생이 단기간 수강한 고등학생에 비해 비속어에 대한 부정적 인식이 더 강해질 것이다.

〈가설 2〉 ○○ 프로그램을 장기간 수강한 고등학생이 단기간 수강한 고등학생에 비해 비속어를 덜 사용하게 될 것이다.

갑은 ㉢고등학생 100명을 모집한 후 50명씩 A, B 집단에 배정하였다. 두 집단의 비속어에 대한 인식과 비속어 사용 정도가 동일함을 확인한 후, A 집단은 1개월 동안 ○○ 프로그램을 수강하게 하고, B 집단은 6개월 동안 ○○ 프로그램을 수강하게 하였다. 이후 ㉣검사지를 사용하여 비속어에 대한 인식과 비속어 사용 정도를 측정하였다. 오른쪽 그림은 자료 분석 결과를 나타낸 것이고, 분석 결과는 통계적으로 유의미하다.

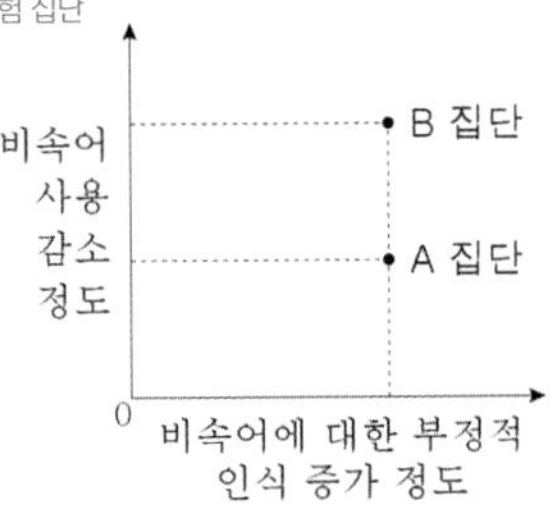

① ㉠은 모집단, ㉢은 표본이다.
② ㉡은 ㉣과 달리 연구자의 가치 중립이 요구되는 단계이다.
③ A 집단은 통제 집단, B 집단은 실험 집단이다.
④ 독립 변인은 ○○ 프로그램 수강 여부이다.
⑤ 〈가설 1〉은 기각되고, 〈가설 2〉는 수용된다.

(필기: 모집단 아님, 모집단, 독립 변인, 종속 변인, 기각, 수용, 표본, 실험 집단, 실험 집단, 고등학생, ㉣, ㉡, 실험 집단, 기간)

✓ 자료 분석 갑은 ○○ 프로그램의 수강 기간이 고등학생의 비속어에 대한 인식과 비속어 사용 정도에 미치는 영향을 연구하기 위해 양적 연구를 실시하였으며, 실험법을 활용하여 자료를 수집하였다.

O 정답 찾기 ⑤ A 집단과 B 집단 간에 비속어에 대한 부정적 인식 증가 정도에 차이가 나타나지 않았으므로 〈가설 1〉은 기각된다. B 집단이 A 집단에 비해 비속어 사용 감소 정도가 높게 나타났으므로 〈가설 2〉는 수용된다.

✕ 오답 풀이 ① 갑의 연구에서 모집단은 고등학생이고, 표본은 고등학생 100명이다.
② ㉡은 연구 주제 선정 단계이고, ㉣은 자료 수집 단계이다. 연구 주제 선정 단계에서는 연구자의 가치 개입이 불가피하고, 자료 수집 단계에서는 연구자의 가치 중립이 필수적으로 요구된다.
③ A 집단과 B 집단 모두 실험 집단이다.
④ 독립 변인은 '○○ 프로그램 수강 기간'이다.

이것만은 꼭!

1. 갑의 연구에서 독립 변인은 '○○ 프로그램 수강 기간'이다.
2. 갑의 연구에서 종속 변인은 '고등학생의 비속어에 대한 인식과 비속어 사용 정도'이다.
3. A 집단과 B 집단 모두 실험 집단이다.

09 양적 연구

| 정답 ② | 22년 3월 학력평가 4번

①	❷	③	④	⑤
3%	79%	4%	4%	10%

다음 자료의 (가)에 들어갈 내용으로 옳은 것은? [3점]

교사: 표는 사회 · 문화 현상의 연구 방법 A와 B를 비교한 것입니다. 이를 보고 A, B에 대하여 설명해 보세요.

구분	A (양적 연구)	B (질적 연구)
의미	계량화된 자료의 수집과 통계 분석을 통해 결론을 도출하는 방법	연구 대상자의 주관적 생활 세계에 대한 자료를 수집하여 연구자의 해석을 통해 결론을 도출하는 방법
전제	방법론적 일원론	방법론적 이원론

갑: ~~A~~(B)를 적용하는 연구에서는 주로 참여 관찰법이 활용됩니다.
을: B는 사회 · 문화 현상이 자연 현상과 본질적으로 다른 특성을 지니고 있다고 봅니다. (방법론적 이원론)
병: (가)
교사: 두 학생만 옳은 설명을 하였습니다. (을, 병)

① A는 사회 · 문화 현상에 규칙성이 ~~존재하지 않음을~~(존재함을) 강조합니다.
② B는 연구자의 직관적 통찰을 통한 자료 수집을 중시합니다. (질적 자료)
③ ~~A~~(B)는 ~~B~~(A)와 달리 사회 · 문화 현상에 대한 심층적인 이해를 목적으로 합니다.
④ B는 A와 달리 비공식적 자료의 수집을 배제~~합니다~~(하지 않습니다).
⑤ 소득과 행복 간의 상관관계를 파악하려는 연구에는 ~~A~~(B)보다 ~~B~~(A)가 적합합니다.

✓ 자료 분석 A는 계량화된 자료의 수집과 통계 분석을 통해 결론을 도출하는 방법이므로 양적 연구에 해당하고, B는 연구 대상자의 주관적 생활 세계에 대한 자료를 수집하여 연구자의 해석을 통해 결론을 도출하는 방법이므로 질적 연구에 해당한다. 갑의 설명은 옳지 않으므로 옳게 설명한 학생은 을과 병 두 사람이며, (가)에는 옳은 내용이 들어가야 한다.

O 정답 찾기 ② 질적 연구는 면접법, 참여 관찰법과 같은 자료 수집 방법을 주로 활용하는데, 면접법과 참여 관찰법은 연구자의 직관적 통찰을 중시한다.

× 오답 풀이 ① 양적 연구는 사회 · 문화 현상에 규칙성이 존재함을 강조한다.
③ 질적 연구는 사회 · 문화 현상에 대한 행위자의 주관적 의미 및 행위 동기 등에 대해 심층적으로 이해하는 것을 목적으로 한다.
④ 질적 연구는 공식적 자료뿐만 아니라 비공식적 자료의 수집도 중시한다.
⑤ 양적 연구는 연구 결과를 일반화하거나 법칙 발견을 위해 변수 간의 상관관계를 파악하고자 한다. 소득과 행복 간의 상관관계를 파악하려는 연구는 질적 연구보다 양적 연구가 적합하다.

이것만은 꼭!
1. 양적 연구는 통계 분석으로 결론을 도출한다.
2. 질적 연구는 주관적 해석을 통해 결론을 도출한다.
3. 양적 연구는 방법론적 일원론, 질적 연구는 방법론적 이원론을 전제한다.

10 양적 연구

| 정답 ② | 22년 4월 학력평가 10번

①	❷	③	④	⑤
12%	65%	4%	11%	8%

다음 연구에 대한 옳은 설명만을 〈보기〉에서 있는 대로 고른 것은? [3점]

갑은 20~30대 직장인(모집단)의 이직 희망 정도(종속 변수)에 현 직장에서의 ㉠물질적 보상 수준 및 ㉡자신의 업무에 대한 주관적 인식이 미치는 영향을 연구하기로 하고(독립 변수) 다음과 같은 가설을 세웠다.

〈가설 1〉 현 직장에서의 성과급이 많을수록 이직 희망 정도가 낮을 것이다. → 기각

〈가설 2〉 현 직장에서의 업무 만족도가 높을수록 이직 희망 정도가 낮을 것이다. → 기각

이후 갑은 ㉢A 기업 사원 중 연구 참여에 동의한 20~30대 사원 ㉣200명(표본)을 대상으로 설문 조사를 실시하여 ㉤자료를 수집하였다(1차 자료). 그림 (가), (나)는 자료 분석 결과를 나타낸다.

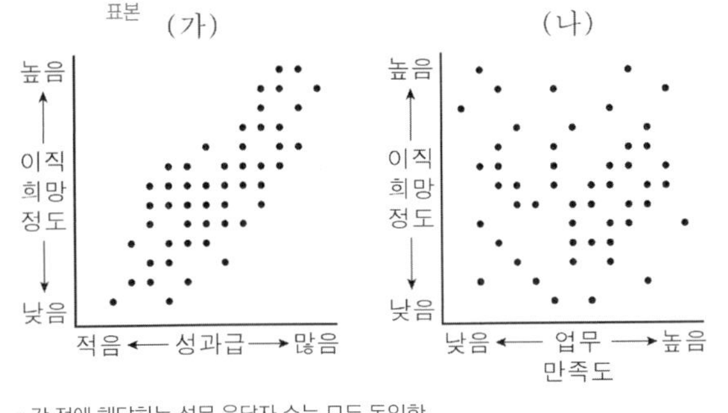

* 각 점에 해당하는 설문 응답자 수는 모두 동일함

보기

ㄱ. ㉠, ㉡은 모두 독립 변수이다.
ㄴ. ㉢은 모집단, ㉣은 표본이다. (20~30대 직장인)
ㄷ. ㉤은 1차 자료이다.
ㄹ. (가)는 〈가설 1〉을 ~~수용~~(기각)하는 근거가, (나)는 〈가설 2〉를 기각하는 근거가 된다.

① ㄱ, ㄴ ② ㄱ, ㄷ ③ ㄴ, ㄹ
④ ㄱ, ㄷ, ㄹ ⑤ ㄴ, ㄷ, ㄹ

✓ 자료 분석 독립 변수는 원인으로 작용하는 변수이고, 종속 변수는 독립 변수의 영향을 받아 변화하는 변수이다.

O 정답 찾기 ㄱ. 갑은 '물질적 보상 수준' 및 '업무에 대한 주관적 인식'이 '이직 희망 정도'에 미치는 영향을 연구하였다. 따라서 물질적 보상 수준 및 업무에 대한 주관적 인식은 독립 변수에 해당한다.
ㄷ. ㉤은 연구자가 직접 수집한 자료이므로 1차 자료에 해당한다.

X 오답 풀이 ㄴ. 모집단은 20~30대 직장인이고, 표본은 A 기업 사원 중 연구 참여에 동의한 20~30대 사원 200명이다.
ㄹ. 갑은 성과급이 많을수록 이직 희망 정도가 낮을 것이라고 가설을 수립하였으나, (가)에 따르면 성과급이 많을수록 이직 희망 정도가 높게 나타나고 있다. 또한 갑은 업무 만족도가 높을수록 이직 희망 정도가 낮을 것이라고 가설을 수립하였으나, (나)에 따르면 업무 만족도와 이직 희망 정도에 상관성이 나타나 있지 않다. 따라서 (가)와 (나)는 각각 〈가설 1〉과 〈가설 2〉를 기각하는 근거가 된다.

이것만은 꼭!

1. 독립 변수는 원인으로 작용하는 변수이다.
2. 모집단은 사회 조사에서 조사 대상이 되는 전체를 의미한다.
3. 1차 자료는 연구자가 활용하는 자료 중 연구자 자신에 의해 직접 수집되어 최초로 분석되는 자료이다.

제3권 교육청 해설

11 사회·문화 현상의 연구 방법

| 정답 ⑤ | 22년 4월 학력평가 11번

①	②	③	④	⑤
2%	1%	6%	4%	87%

갑, 을이 활용한 사회 · 문화 현상의 연구 방법의 일반적인 특징에 대한 설명으로 옳은 것은?

저는 고등학생의 행복 요인을 파악하기 위해 자아 존중감, 학교 생활 만족도, 가족 관계 만족도 등이 행복감과 통계적으로 유의미한 상관성이 있는지 분석해 보았습니다. (양적 연구)

저는 고등학생들과 면담을 실시하여 각자의 행복과 불행의 경험에 대한 이야기를 듣고, 이를 바탕으로 이들이 행복을 어떠한 의미로 인식하는지 해석해 보았습니다. (질적 연구)

① 갑(을)의 방법은 연구 대상자에 대한 감정 이입적 이해를 중시한다.
② 을(갑)의 방법은 변수들 간 관계에 대한 법칙 발견을 목적으로 한다.
③ ~~갑의 방법은 을의 방법과 달리~~(갑과 을의 방법은 모두) 경험적 자료를 토대로 사회 · 문화 현상을 연구한다.
④ 을(갑)의 방법은 갑(을)의 방법과 달리 개념의 조작적 정의를 필요로 한다.
⑤ 갑의 방법은 방법론적 일원론을, 을의 방법은 방법론적 이원론을 전제로 한다.

✔ 자료 분석 갑이 활용한 연구는 양적 연구이고, 을이 활용한 연구는 질적 연구이다.

O 정답 찾기 ⑤ 양적 연구는 사회 · 문화 현상과 자연 현상이 본질적으로 동일한 특성을 지니고 있다고 보므로 방법론적 일원론을 전제로 하고, 질적 연구는 사회 · 문화 현상이 자연 현상과 본질적으로 다른 특성을 지니고 있다고 보므로 방법론적 이원론을 전제로 한다.

× 오답 풀이 ① 질적 연구는 사회 · 문화 현상에 대한 주관적 의미 이해를 강조하므로 연구 대상자에 대한 감정 이입적 이해를 중시한다.
② 양적 연구는 사회 · 문화 현상에 내재한 규칙성을 발견함으로써 일반화나 법칙을 발견하는 것을 목적으로 한다.
③ 양적 연구와 질적 연구는 모두 경험적 자료를 토대로 사회 · 문화 현상을 연구한다.
④ 양적 연구는 계량화된 자료 수집을 위해 추상적 개념을 측정 가능하도록 구체화하는 개념의 조작적 정의를 필요로 한다.

이것만은 꼭!

1. 양적 연구는 상관성 분석을 목적으로 한다.
2. 질적 연구는 사회·문화 현상에 대한 해석을 목적으로 한다.
3. 양적 연구는 방법론적 일원론, 질적 연구는 방법론적 이원론에 기초한다.

12 양적 연구

| 정답 ④ | 22년 7월 학력평가 2번

①	②	③	❹	⑤
2%	5%	7%	76%	10%

다음 자료에 대한 설명으로 옳은 것은? [3점]

연구자 갑은 '㉠먹방(먹는 방송) 시청과 ㉡다이어트 실시 여부가 식욕에 미치는 영향'이라는 주제를 연구하기 위해 가설을 설정하고 남녀 대학생 48명을 대상으로 연구를 진행하였다. 갑은 다이어트를 하고 있는 24명과 다이어트를 하고 있지 않은 24명을 선정하여 아래 표와 같이 분류하고, 각 집단에 12명씩 연구 대상자를 배정하였다. 갑은 연구 대상자 모두에게 실험 실시 전 5시간 동안 공복을 유지하게 한 후, ㉢식욕을 측정하였다. 식욕은 10점 척도를 활용하여 점수가 높을수록 식욕이 많은 것으로 해석하였다. A, B 집단에는 먹방을 20분 동안 시청하게 하고, C, D 집단에는 자연 풍경을 촬영한 영상을 20분 동안 시청하게 한 이후 ㉣식욕을 다시 측정하였다. 갑은 수집한 자료를 분석한 결과 ㉤가설이 모두 기각되었음을 확인하였다.

(필기: ㉠ 독립 변수, ㉡ 독립 변수, ㉢ 사전 검사, ㉣ 사후 검사)

〈연구 대상자의 분류〉

구분		다이어트	
		하고 있음	하고 있지 않음
시청 예정 영상	먹는 방송	A 집단	B 집단
	자연 풍경 영상	C 집단	D 집단

① C 집단은 통제 집단, D 집단은 ~~실험 집단~~(통제 집단)이다.
② ㉠은 독립 변수, ㉡은 ~~종속 변수~~(독립 변수)이다.
③ ㉢은 ㉠의 영향을 측정하기 위한 사전 검사, ㉣은 ~~㉡~~(㉠)의 영향을 측정하기 위한 사후 검사이다.
④ 종속 변수에 미치는 ㉠의 영향을 확인하기 위한 실험 처치가 적용된 것은 A 집단, B 집단이다.
⑤ B 집단의 ㉢값과 D 집단의 ㉣값의 차이가 없었기 때문에 ㉤이 되었다.

✔ 자료 분석 갑은 실험법을 활용하여 양적 연구를 진행하였는데, 독립 변수인 '먹방 시청 여부', '다이어트 실시 여부'가 종속 변수인 '식욕'에 미치는 영향에 대해 연구한 결과 가설이 모두 기각되었다.

O 정답 찾기 ④ 종속 변수인 '식욕'에 미치는 '먹방 시청'의 영향을 확인하기 위해 실험 처치가 가해진 실험 집단은 A 집단과 B 집단이다.

X 오답 풀이 ① C 집단과 D 집단은 모두 통제 집단이다.
② ㉠, ㉡은 모두 독립 변수이다.
③ ㉢은 ㉠의 영향을 측정하기 위한 사전 검사이고, ㉣은 ㉠의 영향을 측정하기 위한 사후 검사이다.
⑤ 동일 집단의 ㉢ 값과 ㉣ 값의 차이가 없을 때 가설이 기각될 수 있다.

이것만은 꼭!

1. 실험 집단은 독립 변수에 해당하는 실험 처치를 가하는 집단이다.
2. 통제 집단은 독립 변수에 해당하는 실험 처치를 가하지 않고 비교를 위해 설정하는 집단이다.
3. 독립 변수는 다른 변수에 영향을 주는 변수이고, 종속 변수는 독립 변수의 영향을 받아 변하는 변수를 말한다.

13 양적 연구

| 정답 ④ | 22년 10월 학력평가 4번

①	②	③	❹	⑤
1%	3%	2%	92%	2%

다음 연구에 대한 옳은 설명만을 〈보기〉에서 있는 대로 고른 것은? [3점]

갑은 고등학교에서 ㉠수업 중 스마트 기기 활용 여부가(독립 변인) ㉡학업 성취도에 미치는(종속 변인) 영향을 알아보고자 하였다. 이를 위해 △△고등학교에서 ㉢□□ 과목을 수강하는 학생 40명, ㉣○○ 과목을 수강하는 학생 40명을 무작위로 선정하였다. 이후 과목별로 A 집단(20명)과(실험 집단) B 집단(20명)으로(통제 집단) 나누어 한 학기 동안 A 집단은 ㉤개인별로 지급된 스마트 기기를 활용하는 수업을 실시하고,(실험 처치) B 집단은 평소대로 개인별 스마트 기기 활용 없이 수업을 실시하였다. 스마트 기기 활용 수업 이전과 이후의 학업 성취도 측정 결과는 아래 표와 같았고, 두 과목 중 ㉥한 과목에서만(○○ 과목) 수업 중 스마트 기기 활용이 학업 성취도에 유의미한 영향을 미치는 것으로 나타났다.

(단위: 점)

구분		□□ 과목		○○ 과목	
		A 집단	B 집단	A 집단	B 집단
학업 성취도	사전 검사	63	61	72	71
	사후 검사	63	62	85	73

(유의미한 점수 향상)

* 학업 성취도는 100점 만점이며, 제시된 숫자는 각 집단 학생들의 학업 성취도 수준을 대표할 수 있도록 통계적으로 산출한 점수임

〈보기〉

ㄱ. ㉠은 독립 변인, ㉡은 종속 변인이다.
ㄴ. ㉢은 실험 집단, ㉣은 통제 집단이다. (A 집단, B 집단)
ㄷ. ㉤은 독립 변인의 효과를 측정하기 위한 실험 처치이다.
ㄹ. ㉥은 '○○ 과목'이다.

① ㄱ, ㄴ ② ㄱ, ㄷ ③ ㄴ, ㄹ
④ ㄱ, ㄷ, ㄹ ⑤ ㄴ, ㄷ, ㄹ

✔ 자료 분석 갑은 수업 중 스마트 기기 활용 여부가 학업 성취도에 미치는 영향을 알아보기 위해 양적 연구를 실시하였다.

O 정답 찾기 ㄱ. 갑은 수업 중 스마트 기기 활용 여부가 학업 성취도에 어떤 영향을 미치는지 알아보고자 연구를 진행하였다. 따라서 갑의 연구에서 '수업 중 스마트 기기 활용 여부'는 독립 변인이며, '학업 성취도'는 종속 변인이다.

ㄷ. 실험 처치는 독립 변인의 효과를 측정하기 위한 과정을 의미한다. 갑의 연구에서 독립 변인은 '수업 중 스마트 기기 활용 여부'이므로 ㉤은 독립 변인의 효과를 측정하기 위한 실험 처치이다.

ㄹ. □□ 과목의 경우 A 집단은 실험 처치 이전(사전 검사 시 63점)과 실험 처치 이후(사후 검사시 63점)의 학업 성취도가 같다. 이는 □□ 과목의 경우 수업 중 스마트 기기 활용이 학업 성취도에 유의미한 영향을 미치지 않고 있음을 의미한다. ○○ 과목의 경우 A 집단은 실험 처치 이전(사전 검사 시 72점)에 비해 실험 처치 이후(사후 검사 시 85점)의 학업 성취도가 높다. 이는 ○○ 과목의 경우 수업 중 스마트 기기 활용이 학업 성취도에 유의미한 영향을 미쳤음을 의미한다. 따라서 ㉥은 '○○ 과목'이다.

× 오답 풀이 ㄴ. 실험 집단은 독립 변인에 해당하는 실험 처치를 가하는 집단이고, 통제 집단은 실험 처치를 가하지 않고 비교를 위해 설정하는 집단이다. 갑의 연구에서 실험 집단은 A 집단이며, 통제 집단은 B 집단이다.

이것만은 꼭!

1. '수업 중 스마트 기기 활용 여부'는 독립 변인이며, '학업 성취도'는 종속 변인이다.
2. 실험 집단은 독립 변인에 해당하는 실험 처치를 가하는 집단이고, 통제 집단은 실험 처치를 가하지 않고 비교를 위해 설정하는 집단이다.
3. A 집단은 실험 집단, B 집단은 통제 집단이다.

14 양적 연구

| 정답 ③ | 21년 3월 학력평가 4번

①	②	❸	④	⑤
24%	7%	59%	7%	3%

다음 연구에 대한 설명으로 옳은 것은? [3점]

○연구 주제: 고등학생의 일기 쓰기와 언어 능력 간의 관계
○연구 가설: ㉠지속적으로 일기를 쓰는 고등학생이 ㉡그렇지 않은 고등학생보다 언어 능력이 높을 가능성이 클 것이다. (양적 연구)
○자료 수집: 고등학생 1,000명을 대상으로 ㉢지속적으로 일기를 쓰는지 여부(독립 변인)를 조사하고 표준화된 검사지를 통해 ㉣언어 능력(종속 변인)을 측정함.
○자료 분석 결과

(단위: 명)

구분	언어 능력	
	높음	낮음
지속적으로 일기를 쓰는 고등학생	310	80
지속적으로 일기를 쓰지 않는 고등학생	320	290

* 자료 분석 결과는 통계적으로 유의미함

① ㉠은 실험 집단, ㉡은 통제 집단이다.
② ㉢은 종속 변인(독립 변인), ㉣은 독립 변인(종속 변인)이다.
③ 자료 분석 결과에 따르면 가설은 수용된다.
④ 방법론적 이원론(방법론적 일원론)에 기초한 연구 방법을 활용하였다.
⑤ 연구 대상자의 주관적 세계에 대한 심층적 이해를 목적으로 하였다. (질적 연구)

✔ 자료 분석 제시된 연구는 가설을 수립하고 이를 검증하기 위해 계량화된 자료를 수집 및 분석한 양적 연구에 해당한다.

O 정답 찾기 ③ 자료 분석 결과 지속적으로 일기를 쓰는 고등학생 중 언어 능력이 높은 학생의 비율은 (310/390)×100이고, 지속적으로 일기를 쓰지 않는 고등학생 중 언어 능력이 높은 학생의 비율은 (320/610)×100이다. 따라서 지속적으로 일기를 쓰는 고등학생이 그렇지 않은 고등학생보다 언어 능력이 높을 것이라는 가설은 수용된다.

✕ 오답 풀이 ① 제시된 연구에서는 실험법이 사용되지 않았으므로 실험 집단과 통제 집단이 존재하지 않는다.
② 일기를 쓰는지의 여부는 언어 능력에 영향을 주는 변인이므로 독립 변인이고, 언어 능력은 독립 변인의 영향을 받아 변화하는 변인이므로 종속 변인이다.
④ 양적 연구는 방법론적 일원론에 기초한다.
⑤ 현상에 대한 행위자의 주관적 의미 및 행위 동기 등에 대해 심층적으로 이해하고자 하는 연구는 질적 연구이다.

이것만은 꼭!
1. 양적 연구는 가설 설정과 검증의 과정을 필요로 한다.
2. 양적 연구는 방법론적 일원론에 기초하고, 질적 연구는 방법론적 이원론에 기초한다.
3. 독립 변인은 다른 변인에 영향을 주는 변인이고, 종속 변인은 독립 변인의 영향을 받아 변하는 변인이다.

15 양적 연구

| 정답 ④ | 21년 4월 학력평가 12번

①	②	③	❹	⑤
5%	2%	3%	83%	7%

다음 자료는 한 연구를 요약한 것이다. 이에 대한 옳은 설명만을 〈보기〉에서 고른 것은? [3점]

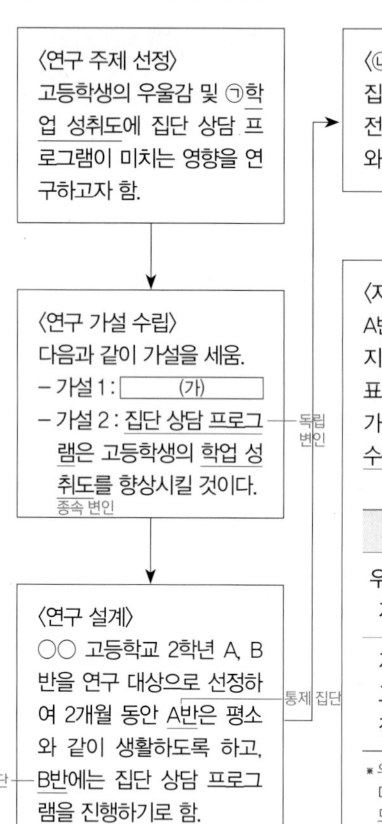

〈연구 주제 선정〉
고등학생의 우울감 및 ㉠학업 성취도에 집단 상담 프로그램이 미치는 영향을 연구하고자 함.
〈연구 가설 수립〉
다음과 같이 가설을 세움.
– 가설 1 : (가)
– 가설 2 : 집단 상담 프로그램은 고등학생의 학업 성취도를 향상시킬 것이다.
독립 변인
종속 변인
〈연구 설계〉
○○ 고등학교 2학년 A, B 반을 연구 대상으로 선정하여 2개월 동안 A반은 평소와 같이 생활하도록 하고, B반에는 집단 상담 프로그램을 진행하기로 함.
통제 집단
실험 집단

〈㉡자료 수집〉
집단 상담 프로그램 시행 전·후에 각각 우울감 지수와 지필 고사 점수를 조사함.

〈자료 분석 및 가설 검증〉
A반, B반의 우울감 지수 및 지필 고사 점수의 평균값은 표와 같고, 자료 분석 결과 가설 1과 가설 2 중 하나만 수용됨.
가설 1

(단위: 점)

구분		A반	B반
우울감 지수	사전	6.6	6.7
	사후	6.8	4.8
지필 고사 점수	사전	61.8	61.7
	사후	63.3	60.7

* 우울감 지수는 10점이 최고점이며, 수치가 높을수록 우울감 정도가 높음

〈보기〉

ㄱ. 방법론적 이원론에 기초한 연구 방법을 적용하였다. (방법론적 일원론)
ㄴ. ㉠에 대한 조작적 정의는 ㉡ 단계 이전에 이루어진다.
ㄷ. A반에서는 B반과 달리 독립 변인 처치로 인한 영향이 나타났다. (B반, A반)
ㄹ. (가)에는 '집단 상담 프로그램은 고등학생의 우울감을 낮출 것이다.'가 들어갈 수 있다.

① ㄱ, ㄴ ② ㄱ, ㄷ ③ ㄴ, ㄷ ④ ㄴ, ㄹ ⑤ ㄷ, ㄹ

✔ 자료 분석 집단 상담 프로그램이 진행된 B반의 경우 지필 고사 점수가 하락하였으나, 프로그램이 진행되지 않은 A반의 경우 지필 고사 점수가 상승하였다. 이를 통해 '집단 상담 프로그램이 학업 성취도를 향상시킬 것'이라는 가설 2는 기각되었음을 알 수 있다. 두 가설 중 하나만 수용되었으므로 가설 1이 수용되었다.

O 정답 찾기 ㄴ. 학업 성취도를 측정하기 위해 실험 전후 지필 고사 점수를 조사하였다. 따라서 학업 성취도에 대한 조작적 정의는 자료 수집 단계 이전에 이루어진다.
ㄹ. (가)에는 자료 분석 결과 수용될 수 있는 가설이 들어가야 한다. 집단 상담 프로그램이 적용된 B반의 경우 우울감 지수가 낮아졌다. 따라서 제시된 가설은 (가)에 들어갈 수 있다.

✖ 오답 풀이 ㄱ. 제시된 연구는 양적 연구로, 이는 방법론적 일원론에 기초한다.
ㄷ. B반은 집단 상담 프로그램이라는 독립 변인이 처치된 실험 집단으로, B반의 사전, 사후 점수를 비교하여 독립 변인의 효과를 파악할 수 있다.

이것만은 꼭!

1. 개념의 조작적 정의는 추상적이고 모호한 개념이나 용어를 측정 가능하도록 구체화하는 것을 말한다.
2. 양적 연구는 방법론적 일원론에 기초하고, 질적 연구는 방법론적 이원론에 기초한다.
3. 실험 집단은 독립 변인이 처치되는 집단이고, 통제 집단은 변인이 통제되는 집단이다.

16 양적 연구

| 정답 ③ | 21년 7월 학력평가 6번

①	②	❸	④	⑤ 함정
1%	2%	67%	3%	27%

다음 연구에 대한 옳은 설명만을 〈보기〉에서 있는 대로 고른 것은? [3점]

○ 연구 개요
- 야외 체험 프로그램(독립 변수)이 청소년의 ㉠문제 해결력(종속 변수)과 ㉡추상적 사고력 발달에 미치는 영향을 알아보기 위해 가설을 설정하고 이를 검증함.

○ 연구 가설
〈가설 1〉 야외 체험 프로그램에 참여한 청소년은 그렇지 않은 청소년보다 문제 해결력이 높을 것이다.
〈가설 2〉 야외 체험 프로그램에 참여한 청소년은 그렇지 않은 청소년보다 추상적 사고력이 높을 것이다.

○ 연구 설계 및 자료 수집
- 고등학생 100명을 무작위로 선정하여 A, B 집단에 각각 50명씩 임의로 배정함.
- ㉢A 집단은(실험 집단) 야외 체험 프로그램에 주 1회씩 2주간 참여하게 하고, 같은 기간 ㉣B 집단은(통제 집단) 참여하지 않음.
- 문제 해결력과 추상적 사고력을 측정할 수 있는 평가지를 체험 전과 체험 종료마다 제공하여 변화 정도를 측정함.

○ 자료 분석 결과

(단위: 점)

구분	문제 해결력			추상적 사고력		
	사전	사후 1	사후 2	사전	사후 1	사후 2
A 집단	68.0	71.4	74.2	71.0	70.5	69.5
B 집단	68.0	68.0	68.3	71.0	71.0	71.1

(문제 해결력: 가설 수용 / 추상적 사고력: 가설 기각)

* 분석 결과는 통계적으로 유의미함
** 측정 항목은 모두 100점 척도이며, 점수가 높을수록 그 정도가 높음

〈보기〉
ㄱ. ㉠은 ~~독립 변수~~(종속 변수), ㉡은 종속 변수이다.
ㄴ. ㉢은 실험 집단, ㉣은 통제 집단이다.
ㄷ. ㉣에서 ㉠이 ㉡보다 야외 체험 프로그램의 영향을 크게 받았다.
ㄹ. 자료 분석 결과에 따르면 〈가설 1〉만 수용된다.

① ㄱ, ㄴ ② ㄱ, ㄷ ③ ㄴ, ㄹ
④ ㄱ, ㄷ, ㄹ ⑤ ㄴ, ㄷ, ㄹ

✔ 자료 분석 제시된 연구는 야외 체험 프로그램이 청소년의 문제 해결력과 추상적 사고력 발달에 미치는 영향을 알아보기 위해 가설을 설정하고 이를 검증하였으므로 양적 연구에 해당한다.

O 정답 찾기 ㄴ. A 집단은 독립 변수를 처치한 실험 집단이고, B 집단은 통제 집단이다.
ㄹ. 자료 분석 결과, A 집단의 경우 문제 해결력이 사전보다 사후에 높아졌으나, 추상적 사고력은 사전보다 사후에 낮아졌다. 따라서 〈가설 1〉만 수용된다.

✕ 오답 풀이 ㄱ. ㉠, ㉡은 모두 독립 변수의 영향을 받는 종속 변수에 해당한다.
ㄷ. B 집단은 통제 집단으로 야외 체험 프로그램에 참여하지 않았다.

함정 클리닉

⑤번을 정답으로 잘못 선택하였다면, 통제 집단인 B 집단이 실험 집단인 A 집단과 달리 독립 변수인 야외 체험 프로그램에 참여하지 않았다는 사실을 인지하지 못했을 가능성이 높다. 실험법에서 통제 집단은 독립 변수를 처치하지 않은 집단이고, 실험 집단은 독립 변수를 처치한 집단이다.

이것만은 꼭!

1. 실험법은 독립 변수 외의 다른 변수를 통제한 후 독립 변수를 인위적으로 처치하고 그로 인해 나타나는 종속 변수의 변화를 파악하는 자료 수집 방법이다.
2. 실험 집단은 독립 변수를 처치한 집단이고, 통제 집단은 독립 변수를 통제한 집단이다.
3. 가설은 연구 주제에 대한 잠정적인 결론으로, 변수와 변수 간의 관계를 논리적으로 설정한다.

17 양적 연구

| 정답 ③ | 21년 10월 학력평가 3번

①	②	③	④	⑤
2%	2%	85%	8%	3%

밑줄 친 ㉠~㉦에 대한 설명으로 옳은 것은? [3점]

> 연구자 갑은 '고등학생의 ㉠학업 성취도에 ㉡꾸준한 운동이 미치는 영향'을 ㉢연구 주제로 설정하고, 고등학생의 학업 성취도에 꾸준한 운동이 긍정적인 효과가 있을 것이라는 가설을 세웠다. 그리고 평소 운동을 꾸준히 하지 않는 고등학생 100명을 모집하여 50명씩 ㉣A 집단과 ㉤B 집단으로 나누었다. 갑은 ㉥사전 검사를 실시한 후 6개월 동안 한 집단은 ㉦매일 20분씩 달리기를 하도록 하였고, 다른 한 집단은 평소처럼 생활하도록 하였다. 6개월 후 사후 검사를 실시하여 사전 검사 결과와 비교해 보니 A 집단과 달리 B 집단의 경우 학업 성취도가 유의미하게 향상되어 갑은 가설이 타당하다는 결론을 내렸다.

(메모: ㉠ 종속 변인, ㉡ 독립 변인, ㉢ 연구자의 가치 개입이 불가피함, ㉣ 통제 집단, ㉤ 실험 집단, ㉥ 실험 처치 전 종속 변인 측정, ㉦ 독립 변인에 대한 조작적 정의를 바탕으로 한 실험 처치)

① ㉠은 독립 변인, ㉡은 종속 변인이다. (→ 종속 변인, 독립 변인)
② ㉢에서 연구자의 가치 중립이 필수적이다. (→ 개입이 불가피하다.)
③ ㉣은 통제 집단, ㉤은 실험 집단이다.
④ ㉥은 실험 처치 전 독립 변인을 측정하기 위한 검사이다. (→ 종속 변인)
⑤ ㉦은 종속 변인에 대한 조작적 정의를 바탕으로 한 실험 처치이다. (→ 독립 변인)

✔ 자료 분석 제시된 연구는 독립 변인(꾸준한 운동)과 종속 변인(고등학생의 학업 성취도) 간 관계를 알아보기 위해 실험법을 사용한 양적 연구에 해당한다.

O 정답 찾기 ③ A 집단과 달리 B 집단에서 학업 성취도가 유의미하게 향상되어 가설을 수용하였으므로 A 집단은 통제 집단, B 집단은 실험 집단이다.

X 오답 풀이 ① 독립 변인은 다른 변인에 영향을 주는 변인이고, 종속 변인은 독립 변인의 영향을 받아 변하는 변인을 말한다. 따라서 ㉠은 종속 변인, ㉡은 독립 변인이다.
② 연구 주제 선정 단계에서는 연구자의 가치가 개입할 수밖에 없다.
④ 사전 검사는 실험 처치 전 종속 변인을 측정하기 위한 검사이며, 사후 검사는 독립 변인 처치 후 그에 따른 종속 변인의 변화를 측정하기 위한 검사이다.
⑤ 6개월 동안 한 집단에게 매일 20분씩 달리기를 하도록 한 것은 독립 변인에 대한 조작적 정의를 바탕으로 한 실험 처치이다.

이것만은 꼭!

1. 독립 변인은 다른 변인에 영향을 주는 변인(원인)이고, 종속 변인은 독립 변인의 영향을 받아 변하는 변인(결과)이다.
2. 연구자의 가치 중립이 필수적인 단계는 자료 수집 및 분석, 가설 검증, 결론 도출 단계이다.
3. 사전 검사는 실험 처치 전 종속 변인을 측정하기 위한 검사이고, 사후 검사는 독립 변인 처치 후 그에 따른 종속 변인의 변화를 측정하기 위한 검사이다.

18 양적 연구

| 정답 ⑤ | 20년 3월 학력평가 8번

①	②	③	④	⑤
3%	2%	6%	8%	81%

다음 연구에 대한 옳은 설명만을 〈보기〉에서 고른 것은?

> 갑은 우리나라에서 형제자매가 있는 고등학생이 그렇지 않은 고등학생보다 결혼 의지가 강할 것이라는 가설을 검증하기 위한 연구를 하였다. 갑은 자료 수집을 위해 ○○시 고등학생 1,000명에게 설문 조사를 하였다. 자료 분석 결과 형제자매가 있는 고등학생의 경우 결혼 의지가 평균 4.2점, 형제자매가 없는 고등학생의 경우 결혼 의지가 평균 2.3점이었으며, 분석 결과는 통계적으로 유의미하였다. 결혼 의지는 5점 만점이며, 점수가 클수록 결혼 의지가 강함을 의미한다.

(메모: 형제자매 – 독립 변인, 고등학생 – 모집단, 결혼 의지 – 종속 변인, ○○시 고등학생 1,000명 – 표본)

〈보기〉
ㄱ. 자료 분석 결과 가설이 기각되었다. (→ 수용)
ㄴ. 모집단에 대하여 대표성을 갖춘 표본을 선정하였다. (→ 갖추지 못한)
ㄷ. 방법론적 일원론에 기초한 연구 방법을 활용하였다.
ㄹ. 가설에서 형제자매의 유무를 독립 변인으로 설정하였다. (양적 연구)

① ㄱ, ㄴ ② ㄱ, ㄷ ③ ㄴ, ㄷ ④ ㄴ, ㄹ ⑤ ㄷ, ㄹ

✔ 자료 분석 제시된 연구는 가설을 설정하고 설문 조사를 통해 수집된 계량화된 자료를 활용하여 가설을 검증하였으므로 양적 연구에 해당한다.

O 정답 찾기 ㄷ. 양적 연구는 자연 현상과 사회 · 문화 현상의 연구 방법이 동일하다고 보는 방법론적 일원론에 기초한다.
ㄹ. 갑이 설정한 가설은 '형제자매의 유무'가 '결혼 의지'에 미치는 영향에 대한 것이다. 따라서 형제자매의 유무는 독립 변인에 해당하고, 결혼 의지는 종속 변인에 해당한다.

X 오답 풀이 ㄱ. 형제자매가 있는 경우 결혼 의지가 평균 4.2점인 반면에, 형제자매가 없는 경우 결혼 의지가 평균 2.3점이었다. 점수가 클수록 결혼 의지가 강함을 의미하므로 형제자매가 있는 경우가 상대적으로 결혼 의지가 더 강함을 알 수 있다. 따라서 자료 분석 결과 가설은 수용되었다.
ㄴ. 갑의 가설에서 모집단은 고등학생 전체이지만, ○○시 고등학생 1,000명을 대상으로 설문 조사를 실시하였다. 표본인 ○○시에 한정되어 있는 고등학생이므로 이는 대표성이 있다고 보기 어렵다.

이것만은 꼭!

1. 양적 연구는 가설 설정과 검증의 과정을 필요로 한다.
2. 양적 연구는 방법론적 일원론에 기초하고, 질적 연구는 방법론적 이원론에 기초한다.
3. 가설은 독립 변인이 종속 변인에 미치는 영향을 파악하는 진술로 구성된다.

19 양적 연구

| 정답 ② | 20년 4월 학력평가 10번

①	❷	③	④ 함정	⑤
1%	64%	3%	29%	3%

다음 연구에 대한 옳은 설명만을 〈보기〉에서 있는 대로 고른 것은? [3점]

○ 연구 주제: 우리나라 노인의 생활 만족도에 영향을 주는 요인 (모집단)
○ 연구 가설
〈가설 1〉 소득 수준(독립 변수)이 높을수록 노인의 생활 만족도(종속 변수)가 높을 것이다.
〈가설 2〉 여가 활동을 많이(독립 변수) 할수록 노인의 생활 만족도(종속 변수)가 높을 것이다.
○ 자료 수집
– 조사 방법: ㉠전국의 70대 노인 1,000명을 무작위로 선정하여 설문 조사 실시(표본)
– 조사 내용: ㉡월평균 소득, ㉢주당 평균 여가 활동 시간, 생활 만족도 지수
○ 자료 분석 결과
노인의 월평균 소득과 생활 만족도 지수 간에는 ㉣통계적으로 유의미한 양(+)의 상관관계가 나타났다(가설의 수용). 한편, 노인의 주당 평균 여가 활동 시간과 생활 만족도 지수 간에는 통계적으로 유의미한 상관관계가 나타나지 않았다(가설의 기각).

보기
ㄱ. ㉠을 통해 표본의 대표성이 ~~확보되었다~~(확보되지 않았다).
ㄴ. ㉡, ㉢은 모두 독립 변수를 조작적으로 정의한 것이다.
ㄷ. ㉣은 1차 자료를 분석하여 얻은 결과이다.
ㄹ. 자료 분석 결과에 따르면 ~~〈가설 2〉~~(〈가설 1〉)는 ~~〈가설 1〉~~(〈가설 2〉)과 달리 수용되었다.

① ㄱ, ㄹ ② ㄴ, ㄷ ③ ㄷ, ㄹ
④ ㄱ, ㄴ, ㄷ ⑤ ㄱ, ㄴ, ㄹ

✔ 자료 분석 제시된 연구는 가설을 수립하고 가설을 검증하기 위해 설문 조사를 실시하였으며, 수집한 자료에 대한 분석 결과를 통해 가설의 검증 여부를 확인할 수 있다. 이는 양적 연구에 해당한다.

○ 정답 찾기 ㄴ. 〈가설 1〉에서는 소득 수준이 독립 변수이고, 〈가설 2〉에서는 여가 활동이 독립 변수이다. 설문 조사를 통해 독립 변수를 측정하기 위해서는 개념의 조작적 정의가 필요하며, 월평균 소득, 주당 평균 여가 활동 시간은 각각의 독립 변수를 조작적으로 정의한 것이다.
ㄷ. 1차 자료는 연구자가 직접 수집한 자료이다. ㉣은 연구자가 설문 조사를 통해 직접 수집한 자료를 분석하여 얻은 결과이다.

✖ 오답 풀이 ㄱ. 모집단은 노인이고, 설문 조사의 표본은 전국의 70대 노인 1,000명이다. 연령대 측면에서 70대에 한정되어 있으므로 표본의 대표성이 확보되었다고 보기 어렵다.
ㄹ. 월평균 소득과 생활 만족도 지수 간에는 양(+)의 상관관계가 나타났으므로 〈가설 1〉은 수용된다. 반면에 여가 활동 시간과 생활 만족도 지수 간에는 유의미한 상관관계가 나타나지 않았으므로 〈가설 2〉는 수용되지 않는다.

함정 클리닉

④번을 정답으로 잘못 선택하였다면, 표본의 대표성을 고려할 때 표본의 수를 기준으로 판단했을 가능성이 크다. 표본의 수가 많더라도 표본이 모집단 전체를 포괄하지 못할 경우 대표성을 띤다고 하기 어렵다. 예를 들어 모집단이 청소년인데, 표본이 '전국 고등학생 1만 명'일 경우 청소년에 고등학생만 있는 것이 아니므로 표본의 대표성이 확보되지 않은 것이다.

이것만은 꼭!

1. 표본의 대표성 확보를 위해서는 표본이 모집단을 포괄해야 한다.
2. 계량화된 자료의 수집을 위해서는 개념의 조작적 정의가 필요하다.
3. 1차 자료는 연구자가 직접 수집한 자료이고, 2차 자료는 다른 연구에서 이미 수집되고 분석된 자료이다.

20 사회·문화의 현상의 연구 방법

| 정답 ⑤ | 20년 4월 학력평가 16번

①	②	③	④	❺
3%	4%	5%	12%	76%

다음 자료에 대한 설명으로 옳은 것은? [3점]

사회 · 문화 현상의 연구 방법 중 A는 연구 대상이 되는 현상을 관찰하여 규칙성을 찾는 데 목적이 있다(양적 연구). 반면 B는 사회 · 문화 현상에 담긴 의미를 이해하고 해석하는 데 목적이 있다(질적 연구). 그림은 A, B의 일반적인 특징을 연결한 것이다.

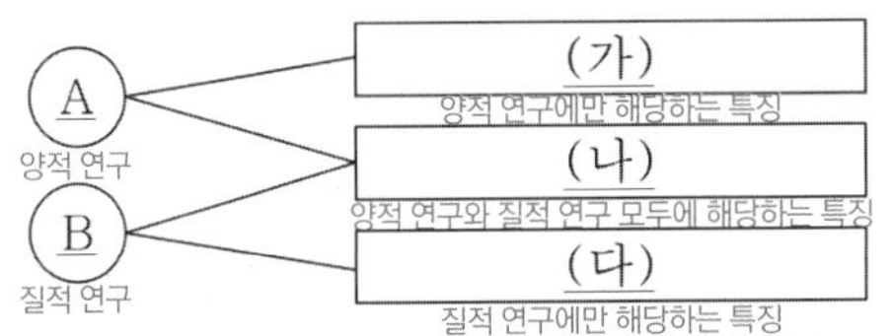

① ~~A~~(B)는 행위 자체보다 행위의 동기를 주된 분석 대상으로 삼는다.
② ~~B~~(A)는 계량화된 자료의 통계 분석을 중시한다(질적 연구).
③ (가)에는 '연구자와 연구 대상을 분리할 수 없다고 본다.'(양적 연구 / 질적 연구)가 들어갈 수 ~~있다~~(없다).
④ ~~(나)~~(다)에는 '직관적 통찰을 통해 사회 · 문화 현상의 의미를 해석한다.'(질적 연구)가 들어갈 수 있다.
⑤ (다)에는 '사회 · 문화 현상과 자연 현상은 본질적으로 다르다고 전제한다.'(질적 연구)가 들어갈 수 있다.

✔ 자료 분석 양적 연구는 사회 · 문화 현상에 내재된 규칙성을 발견함으로써 일반화나 법칙 정립을 하고자 하는 연구 방법이고, 질적 연구는 행위자의 주관적 의미 및 행위 동기 등에 대해 심층적으로 이해하고자 하는 연구 방법이다. 따라서 A는 양적 연구, B는 질적 연구이다.

○ 정답 찾기 ⑤ 질적 연구는 사회 · 문화 현상이 자연 현상과 본질적으로 다른 특성을 지니고 있기 때문에 자연 과학의 연구 방법과는 다른 방법으로 연구해야 한다고 전제한다. 따라서 해당 내용은 (다)에 들어갈 수 있다.

✖ 오답 풀이 ① 질적 연구는 상황 맥락 속에서 규정되는 사회 · 문화 현상의 주관적 의미를 이해하고자 한다. 따라서 행위의 동기를 주된 분석 대상으로 삼는다.
② 양적 연구는 계량화된 자료의 통계 분석을 통해 사회 · 문화 현상에 내재된 규칙성을 발견하고자 한다.
③ 양적 연구는 연구 대상에 대한 측정과 계량화, 통계적 분석이 가능하다고 본다. 즉, 연구자와 구분하여 연구 대상을 바라보는 연구 방법이다. 따라서 해당 내용은 (가)에 들어갈 수 없다.
④ 질적 연구는 직관적 통찰이나 감정 이입적 이해 기법을 통해 행위자의 주관적 세계가 갖는 의미를 파악하고자 하는 연구 방법이다. 따라서 해당 내용은 (나)에 들어갈 수 없다.

이것만은 꼭!

질적 연구는 사회·문화 현상과 자연 현상이 본질적으로 다르다고 본다.

21 양적 연구

| 정답 ⑤ | 20년 7월 학력평가 6번

①	②	③	④	⑤
5%	3%	13%	6%	73%

다음 연구에 대한 옳은 설명만을 <보기>에서 있는 대로 고른 것은? [3점]

○ 연구 주제: ㉠청소년의 SNS 이용과 ㉡생활 방식의 관계 (모집단)

○ 연구 가설

〈가설 1〉 SNS 이용 정도가 많은 청소년은 그렇지 않은 청소년보다 비속어 사용이 많을 것이다. (독립 변인 / 종속 변인)

〈가설 2〉 (가)

○ 자료 수집

– 조사 방법: ㉢중 · 고등학생 1,000명을 무작위로 선정하여 설문 조사 실시 (표본 집단)

– 조사 내용: SNS 이용 정도, ㉣비속어 사용 정도, 친구와 함께하는 스포츠 활동 정도 (개념의 조작적 정의)

○ 자료 분석 결과

– 자료 분석 결과는 아래 표와 같았으며, 통계적으로 유의미하였다.

(단위: 명)

생활 방식 / SNS 이용 정도	친구와 함께하는 스포츠 활동이 많음		친구와 함께하는 스포츠 활동이 적음	
	비속어 사용 많음	비속어 사용 적음	비속어 사용 많음	비속어 사용 적음
많음	160	120	135	85
적음	90	125	120	165

보기

ㄱ. 비속어 사용이 많다고 응답한 사람이 친구와 함께하는 스포츠 활동이 많다고 응답한 사람보다 ~~적다~~. (많다.)

ㄴ. ㉠은 모집단, ㉢은 표본 집단이다.

ㄷ. ㉣은 ㉡을 조작적으로 정의한 것이다. (개념의 조작적 정의)

ㄹ. (가)가 '친구와 함께하는 스포츠 활동이 많은 청소년은 그렇지 않은 청소년보다 SNS 이용 정도가 많을 것이다.'라면, 〈가설 2〉는 수용된다.

① ㄱ, ㄴ ② ㄱ, ㄹ ③ ㄴ, ㄷ
④ ㄱ, ㄷ, ㄹ ⑤ ㄴ, ㄷ, ㄹ

✔ 자료 분석 제시된 연구에서 독립 변인은 SNS 이용 정도, 종속 변인은 비속어 사용 정도와 스포츠 활동 정도이다. 제시된 자료 분석 결과를 재정리하여 나타내면 다음과 같다.

(단위: 명)

구분		친구와 함께하는 스포츠 활동		비속어 사용	
		많음	적음	많음	적음
SNS 이용 정도	많음	280	220	295	205
	적음	215	285	210	290
계		495	505	505	495

O 정답 찾기 ㄴ. 제시된 가설에서 청소년은 모집단이고, 설문 조사를 실시한 중 · 고등학생 1,000명은 표본 집단에 해당한다.

ㄷ. 제시된 연구는 SNS 이용이 청소년의 생활 방식에 미치는 정도를 파악하기 위해 가설을 설정하고 자료를 수집하고 있다. 이를 위해 청소년 생활 방식이라는 추상적 개념을 비속어 사용 정도와 스포츠 활동 정도로 조작적으로 정의하여 자료를 수집하였다.

ㄹ. 친구와 함께하는 스포츠 활동이 많다고 응답한 495명의 청소년 중 SNS 이용 정도가 많다고 응답한 경우는 280명으로, 적다고 응답한 215명보다 많다. 반면에 친구와 함께하는 스포츠 활동이 적다고 응답한 505명의 청소년 중 SNS 이용 정도가 많다고 응답한 경우는 220명으로, 적다고 응답한 285명보다 작다. 이를 통해 스포츠 활동이 많은 청소년이 그렇지 않은 청소년에 비해 SNS 이용 정도가 많음을 확인할 수 있다. 따라서 가설은 수용된다.

✖ 오답 풀이 ㄱ. 비속어 사용이 많다고 응답한 청소년은 505명이고, 친구와 함께하는 스포츠 활동이 많다고 응답한 청소년은 495명이다.

이것만은 꼭!

1. 표본 집단은 실제 조사를 위해 선택된 집단이다.
2. 개념의 조작적 정의는 추상적 개념을 측정 가능하도록 구체화하는 것이다.
3. 양적 연구는 계량화된 자료의 분석을 통해 변수와 변수 간의 관계를 파악하는 연구이다.

22 양적 연구

| 정답 ① | 20년 10월 학력평가 9번 | ❶ 89% | ② 3% | ③ 2% | ④ 5% | ⑤ 1%

자료에 대한 옳은 설명만을 〈보기〉에서 있는 대로 고른 것은? [3점]

○ 연구 주제: ㉠갑국 고등학생의 진로 성숙도에 관한 연구 (모집단)

○ 연구 가설

1. ㉡자아 존중감이 높은 고등학생이 낮은 고등학생보다 ㉢진로 성숙도가 높을 가능성이 클 것이다. (독립 변인 / 종속 변인)
2. 대학 진학 의지가 강한 고등학생이 약한 고등학생보다 진로 성숙도가 높을 가능성이 클 것이다.

○ 자료 수집: ㉣갑국 고등학생 1,000명을 무작위로 선정하여 자아 존중감, 대학 진학 의지, 진로 성숙도를 파악하기 위한 설문 조사를 실시함. (표본)

○ 자료 분석 결과

(단위: 명)

진로 성숙도	자아 존중감 높음		자아 존중감 낮음	
	대학 진학 의지 강함	대학 진학 의지 약함	대학 진학 의지 강함	대학 진학 의지 약함
높음	50	300	50	150
낮음	100	50	200	100

* 분석 결과는 통계적으로 유의미함

보기

ㄱ. 방법론적 일원론에 기초한 연구 방법을 활용하였다. (양적 연구)

ㄴ. ㉠은 ㉣을 통해 파악한 연구 결과를 일반화하고자 하는 대상이다.

ㄷ. ㉡은 종속 변인, ㉢은 독립 변인이다. (독립 변인 / 종속 변인)

ㄹ. 자료 분석 결과에 따르면 두 가설은 모두 수용된다. (첫 번째 가설)

① ㄱ, ㄴ ② ㄱ, ㄷ ③ ㄷ, ㄹ
④ ㄱ, ㄴ, ㄹ ⑤ ㄴ, ㄷ, ㄹ

✔ 자료 분석 제시된 자료 분석 결과를 재정리하면 다음과 같다.

(단위: 명)

구분		자아 존중감		대학 진학 의지	
		높음	낮음	강함	약함
진로 성숙도	높음	350	200	100	450
	낮음	150	300	300	150

O 정답 찾기 ㄱ. 제시된 연구는 계량화된 자료 수집을 통해 가설을 검증하여 결론을 도출하였으므로 양적 연구에 해당한다. 양적 연구는 방법론적 일원론은 바탕으로 한다.

ㄴ. 갑국 고등학생은 연구의 조사 대상인 모집단이고, 갑국 고등학생 1,000명은 모집단 중 실제 조사를 위해 선택한 집단인 표본이다. 모집단은 표본을 통해 파악한 결과를 일반화하고자 하는 대상이다.

X 오답 풀이 ㄷ. 변인 간의 관계에서 영향을 미치는 변인을 독립 변인, 영향을 받는 변인을 종속 변인이라고 한다. 제시된 연구에서 자아 존중감은 영향을 미치는 변인으로 독립 변인, 진로 성숙도는 영향을 받는 변인으로 종속 변인이다.

ㄹ. 자아 존중감이 높은 학생 중 진로 성숙도가 높은 경우는 350/500이고, 자아 존중감이 낮은 학생 중 진로 성숙도가 높은 경우는 200/500으로, 첫 번째 가설은 수용된다. 대학 진학 의지가 강한 학생 중 진로 성숙도가 높은 경우는 100/400이고, 대학 진학 의지가 약한 학생 중 진로 성숙도가 높은 경우는 450/600으로, 두 번째 가설은 기각된다.

이것만은 꼭!

1. 양적 연구는 방법론적 일원론을 바탕으로 한다.
2. 모집단은 표본을 통해 파악한 연구 결과를 일반화하고자 하는 대상이다.
3. 독립 변인은 영향을 미치는 변인이고, 종속 변인은 영향을 받는 변인이다.

사회 이동과 사회 계층 구조

p.020 ~ 026

01 ④ 02 ⑤ 03 ⑤ 04 ⑤ 05 ③ 06 ④ 07 ⑤ 08 ② 09 ③ 10 ⑤ 11 ③ 12 ④ 13 ② 14 ④ 15 ② 16 ④ 17 ⑤ 18 ③ 19 ④

01 사회 이동과 사회 계층 구조

| 정답 ④ | 24년 3월 학력평가 10번

①	②	③	❹	⑤
5%	7%	11%	65%	12%

다음 자료에 나타난 갑국의 상황에 대한 분석으로 옳은 것은? [3점]

표는 갑국에서 부모 세대와 자녀 세대 간 계층 이동의 결과로 형성된 자녀 세대의 계층 구조를 나타낸 것이다. 부모 세대에서 부부의 계층은 동일하고, 모든 부모의 자녀는 1명씩이다. 계층은 A, B, C로만 구분되고, A~C는 각각 상층, 중층, 하층 중 하나이다.

A. 상층	B. 하층	C. 중층
○○○◐◐◐	○○●●●●	○○◐◐◐◐●●

* 동그라미(○, ◐, ●)는 사람의 수를 나타낸 것이며, 동그라미 한 개가 나타내는 사람의 수는 동일함

** ○는 계층 대물림을 받은 사람, ◐는 세대 간 상승 이동을 한 사람, ●는 세대 간 하강 이동을 한 사람을 나타냄

① 폐쇄적 계층 구조를 가지고 있다.

② 자녀 세대의 계층 구조는 ~~피라미드형~~(다이아몬드형)이다.

③ 부모 세대에서 하층 인구의 비율은 ~~50% 이상~~(최대 45%)이다.

④ 자녀 세대의 계층에서 계층 대물림을 받은 사람의 수는 상층이 가장 많다.

⑤ 부모 세대의 계층 구조가 자녀 세대의 계층 구조보다 사회 통합에 유리하다.

✔ 자료 분석 자녀 세대의 경우 상층은 계층 대물림과 세대 간 상승 이동이 가능하고, 중층은 계층 대물림, 세대 간 상승 이동, 세대 간 하강 이동이 모두 가능하며, 하층은 계층 대물림과 세대 간 하강 이동이 가능하다. 따라서 A는 상층, B는 하층, C는 중층이다. 동그라미 한 개를 5%라고 가정하여 제시된 자료를 바탕으로 부모 세대와 자녀 세대의 계층 구성을 나타내면 다음과 같다.

(단위: %)

구분		부모 세대 계층			계
		상층	중층	하층	
자녀 세대 계층	상층	15	15		30
	중층	10	10	20	40
	하층	20		10	30
계					100

○ 정답 찾기 ④ 자녀 세대의 계층에서 계층 대물림 비율은 상층이 전체의 15%, 중층과 하층이 각각 전체의 10%이다. 따라서 자녀 세대의 계층에서 계층 대물림을 받은 사람의 수는 상층이 가장 많다.

✕ 오답 풀이 ① 갑국에서 부모 세대와 자녀 세대 간에 세대 간 이동이 나타나고 있으므로 폐쇄적 계층 구조를 가지고 있다고 볼 수 없다.

② 자녀 세대의 계층 구조는 중층 비율이 가장 높은 다이아몬드형이다.

③ 부모 세대에서 하층 비율은 최소 30%, 최대 45%이다. 따라서 부모 세대에서 하층 인구의 비율은 50% 이상이 되지 않는다.

⑤ 자녀 세대의 계층 구조는 다이아몬드형이므로 사회 통합에 유리하다고 볼 수 있다.

이것만은 꼭!

1. 폐쇄적 계층 구조는 계층 간 이동을 엄격하게 통제하여 수직 이동이 나타날 가능성이 매우 낮은 계층 구조이다.
2. 사회 이동의 가능성은 계층 구조의 개방성을 판단하는 데 중요한 지표가 된다.
3. 다이아몬드형 계층 구조는 사회 통합 및 안정의 실현에 유리한 계층 구조이다.

02 사회 이동과 사회 계층 구조 | 정답 ⑤ | 24년 5월 학력평가 9번

①	②	③	④	❺
2%	6%	18%	7%	67%

다음 자료에 대한 분석으로 옳은 것은? [3점]

> 표는 갑국의 계층 구성 중 세대별 가장 높은 비율을 차지하는 계층과 가장 낮은 비율을 차지하는 계층의 구성 비율을 나타낸 것이다. 조부모 세대의 계층 구조는 피라미드형이고, 부모 세대와 자녀 세대의 계층 구조는 각각 다이아몬드형, 모래시계형 중 하나이다. 단, 계층은 상층, 중층, 하층으로만 구분되며, 조부모 세대의 하층 비율과 자녀 세대의 하층 비율은 같다.
>
> (단위: %)
>
> | 구분 | 조부모 세대 | 부모 세대 | 자녀 세대 |
> |---|---|---|---|
> | 가장 높은 비율을 차지하는 계층의 구성 비율 | 60 | 50 | 60 |
> | 가장 낮은 비율을 차지하는 계층의 구성 비율 | 10 | 25 | 10 |

(메모: 하층 비율이 가장 높고, 상층 비율이 가장 낮음 / 중층 비율이 가장 높음 / 중층 비율이 가장 낮음 / 피라미드형 60 하층 비율, 다이아몬드형 50 중층 비율, 모래시계형 60 하층 비율 / 10 상층 비율, 10 중층 비율)

① 부모 세대의 계층 구조는 조부모 세대의 계층 구조에 비해 사회 통합에 ~~불리~~(유리)하다.
② 부모 세대의 계층 구조는 자녀 세대의 계층 구조보다 계층 양극화로 인한 문제가 발생할 가능성이 ~~높다~~(낮다).
③ 자녀 세대에서 상층의 비율은 부모 세대에서 중층의 비율보다 ~~크다~~(작다).
④ 중층의 비율은 조부모, 부모, 자녀 세대 순으로 갈수록 증가한다.
⑤ 자녀 ~~세대에서 중층 대비 하층의 비율~~(60/10)은 ~~조부모 세대에서 상층 대비 하층의 비율~~(60/10)과 같다.

✔ 자료 분석 조부모 세대의 경우 계층 구조가 피라미드형이므로 가장 높은 비율을 차지하는 계층인 하층의 비율이 60%이고, 가장 낮은 비율을 차지하는 계층인 상층의 비율이 10%이다. 따라서 중층의 비율은 30%이다. 부모 세대와 자녀 세대의 계층 구조는 각각 다이아몬드형과 모래시계형 중 하나인데, 다이아몬드형 계층 구조에서는 중층의 비율이 가장 높고, 모래시계형 계층 구조에서는 중층의 비율이 가장 낮다. 부모 세대의 경우 가장 높은 비율을 차지하는 계층의 구성 비율이 50%이고 가장 낮은 비율을 차지하는 계층의 구성 비율이 25%이므로 나머지 계층의 구성 비율은 25%이다. 따라서 부모 세대의 경우 계층 구조가 모래시계형이 될 수 없다. 즉, 부모 세대의 경우 계층 구조가 다이아몬드형이므로 가장 높은 비율을 차지하는 계층인 중층의 비율이 50%이고, 상층과 하층의 비율이 각각 25%이다. 자녀 세대의 경우 계층 구조가 모래시계형이므로 가장 낮은 비율을 차지하는 계층인 중층의 비율이 10%이다. 조부모 세대의 하층 비율과 자녀 세대의 하층 비율이 같으므로 자녀 세대의 하층 비율은 60%이다. 즉, 자녀 세대의 경우 중층 비율이 10%, 하층 비율이 60%이므로 상층 비율은 30%이다. 제시된 자료를 바탕으로 갑국의 조부모 세대, 부모 세대, 자녀 세대의 계층 구성 비율을 나타내면 다음과 같다.

(단위: %)

구분	조부모 세대	부모 세대	자녀 세대
상층	10	25	30
중층	30	50	10
하층	60	25	60

○ 정답 찾기 ⑤ 조부모 세대에서 상층 대비 하층의 비율은 60/10, 자녀 세대에서 중층 대비 하층의 비율은 60/10이다. 따라서 자녀 세대에서 중층 대비 하층의 비율은 조부모 세대에서 상층 대비 하층의 비율과 같다.

× 오답 풀이 ① 조부모 세대의 계층 구조는 피라미드형이고, 부모 세대의 계층 구조는 다이아몬드형이다. 따라서 부모 세대의 계층 구조는 조부모 세대의 계층 구조에 비해 사회 통합에 유리하다.
② 부모 세대의 계층 구조는 다이아몬드형이고, 자녀 세대의 계층 구조는 모래시계형이다. 따라서 부모 세대의 계층 구조는 자녀 세대의 계층 구조보다 계층 양극화로 인한 문제가 발생할 가능성이 낮다.
③ 부모 세대에서 중층의 비율은 50%이고, 자녀 세대에서 상층의 비율은 30%이다. 따라서 자녀 세대에서 상층의 비율은 부모 세대에서 중층의 비율보다 작다.
④ 중층의 비율은 조부모 세대가 30%, 부모 세대가 50%, 자녀 세대가 10%이다. 따라서 중층의 비율은 자녀, 조부모, 부모 세대 순으로 갈수록 증가한다.

이것만은 꼭!
1. 피라미드형 계층 구조에서는 하층의 비율이 가장 높고, 상층의 비율이 가장 낮다.
2. 다이아몬드형 계층 구조에서는 중층의 비율이 상층과 하층의 비율보다 높다.
3. 모래시계형 계층 구조에서는 중층의 비율이 상층과 하층의 비율보다 낮다.

03 사회 이동과 사회 계층 구조 | 정답 ⑤ | 24년 7월 학력평가 16번

①	②	③	④	❺
3%	8%	12%	36%	41%

다음은 갑국과 을국 구성원의 주관적 계층 인식과 실제 계층을 조사한 것이다. 이에 대한 분석으로 옳은 것은? (단, 계층은 상층, 중층, 하층으로만 구분되며, 계층 구조는 실제 계층을 기준으로 판단함.) [3점]

〈갑국〉

(단위: %)

구분		실제 계층			계
		상층	중층	중층	
계층 인식	상층	10	10	0	20
	중층	10	0	20	30
	하층	5	5	40	50
계		25	15	60	100

└ 모래시계형 계층 구조

〈을국〉

(단위: %)

구분		실제 계층			계
		상층	중층	중층	
계층 인식	상층	10	10	0	20
	중층	10	35	5	50
	하층	0	15	15	30
계		20	60	20	100

└ 다이아몬드형 계층 구조

① ~~갑국~~(을국)에 비해 ~~을국~~(갑국)은 사회 통합에 불리한 계층 구조이다.
② 갑국은 ~~피라미드형~~(모래시계형), 을국은 다이아몬드형 계층 구조이다.
③ 실제 계층과 주관적 계층 인식이 불일치하는 사람의 비율은 갑국보다 을국이 ~~크다~~(작다).
④ 갑국에서 자신을 상층으로 인식한 사람과 을국에서 실제 상층에 속한 사람의 수는 같다. - 알 수 없음
⑤ 갑국, 을국 모두 실제 계층 대비 실제 계층과 주관적 계층 인식이 일치하는 사람의 비율은 하층이 가장 크다.

✔ 자료 분석 실제 계층을 기준으로 갑국은 중층 비율이 가장 낮고, 을국은 중층 비율이 가장 높다.

O 정답 찾기 ⑤ 실제 계층 대비 실제 계층과 주관적 계층 인식이 일치하는 사람의 비율은 갑국의 경우 상층이 (10/25)×100, 중층이 (0/15)×100, 하층이 (40/60)×100으로 하층이 가장 크고, 을국의 경우 상층이 (10/20)×100, 중층이 (35/60)×100, 하층이 (15/20)×100으로 하층이 가장 크다.

✕ 오답 풀이 ① 갑국의 계층 구조는 모래시계형이고, 을국의 계층 구조는 다이아몬드형이다. 따라서 갑국은 을국에 비해 사회 통합에 불리한 계층 구조이다.
② 갑국은 모래시계형, 을국은 다이아몬드형 계층 구조이다.
③ 실제 계층과 주관적 계층 인식이 불일치하는 사람의 비율은 갑국이 50%(=100%−10%−40%)이고, 을국이 40%(=100%−10%−35%−15%)이다. 따라서 실제 계층과 주관적 계층 인식이 불일치하는 사람의 비율은 을국이 갑국보다 작다.
④ 제시된 자료를 통해 갑국과 을국의 전체 인구를 알 수 없으므로 갑국에서 자신을 상층으로 인식한 사람과 을국에서 실제 상층에 속한 사람의 수를 비교할 수 없다.

이것만은 꼭!

1. 계층 구조는 계층 구성 비율에 따라 피라미드형, 다이아몬드형, 모래시계형, 타원형으로 구분할 수 있다.
2. 다이아몬드형 계층 구조는 중층 비율이 가장 높아 사회의 안정성이 높다.

04 사회 이동과 사회 계층 구조 | 정답 ⑤ | 24년 10월 학력평가 10번

①	②	③	④	❺
3%	7%	18%	6%	66%

다음 자료에 대한 옳은 분석만을 〈보기〉에서 고른 것은? [3점]

표는 갑국의 객관적, 주관적 차원의 계층 구성을 나타낸 것이다. ㉠객관적 차원의 계층은 소득과 자산을 기준으로 파악한 것이고, ㉡주관적 차원의 계층은 자신이 어느 계층에 속한다고 생각하는지를 응답하게 하여 파악한 것이다. 계층은 A, B, C로 구분되며, A~C는 각각 상층, 중층, 하층 중 하나이다. 객관적 차원에서 A(중층)에서 B(상층)로의 이동은 상승 이동, A에서 C(하층)로의 이동은 하강 이동에 해당한다.

(단위: %)

구분		객관적 차원의 계층			합계
		A 중층	B 상층	C 하층	
주관적 차원의 계층	A	25	15	20	60
	B	5	4	0	9
	C	5	1	25	31
합계		35	20	45	100

〈보기〉

ㄱ. ㉠의 계층 구조는 ~~다이아몬드형~~(피라미드형)이다.
ㄴ. ㉠보다 ㉡이 높은 사람은 ㉡보다 ㉠이 높은 사람보다 ~~적다~~(많다).
ㄷ. ㉠이 하층인 사람 중에서 ㉡이 상층인 사람은 없다.
ㄹ. ㉠의 계층별 인구 중 ㉠과 ㉡이 일치하지 않는 인구의 비율은 상층이 가장 높다.

① ㄱ, ㄴ ② ㄱ, ㄷ ③ ㄴ, ㄷ ④ ㄴ, ㄹ ⑤ ㄷ, ㄹ

✔ 자료 분석 A에서 B로의 이동은 상승 이동이고, A에서 C로의 이동은 하강 이동에 해당한다. 따라서 A는 중층, B는 상층, C는 하층이다.

O 정답 찾기 ㄷ. ㉠이 하층인 사람 중에서 ㉡이 상층인 사람의 비율은 0%이다. 따라서 ㉠이 하층인 사람 중에서 ㉡이 상층인 사람은 없다.
ㄹ. ㉠의 계층별 인구 중 ㉠과 ㉡이 일치하지 않는 인구의 비율은 상층이 (16/20)×100, 중층이 (10/35)×100, 하층이 (20/45)×100이다. 따라서 ㉠의 계층별 인구 중 ㉠과 ㉡이 일치하지 않는 인구의 비율은 상층이 가장 높다.

✕ 오답 풀이 ㄱ. ㉠의 경우 상층 비율은 20%, 중층 비율은 35%, 하층 비율은 45%이다. 따라서 ㉠의 계층 구조는 피라미드형이다.
ㄴ. ㉠보다 ㉡이 높은 사람의 비율은 전체의 25%(=5%+20%)이고, ㉡보다 ㉠이 높은 사람의 비율은 전체의 21%(=5%+15%+1%)이다. 따라서 ㉠보다 ㉡이 높은 사람은 ㉡보다 ㉠이 높은 사람보다 많다.

이것만은 꼭!

1. 중층은 상층으로의 상승 이동과 하층으로의 하강 이동이 모두 가능하다.
2. 피라미드형 계층 구조는 하층의 비율이 가장 높고, 상위 계층으로 올라갈수록 비율이 낮아지는 계층 구조이다.

05 사회 이동과 사회 계층 구조

| 정답 ③ | 23년 3월 학력평가 19번

①	②	❸	④	⑤
8%	10%	65%	11%	6%

다음 자료에 대한 옳은 분석만을 〈보기〉에서 고른 것은? [3점]

(가)는 t년, (나)는 t+100년에 갑국의 자녀 세대를 전수 조사하여 세대 간 계층 이동 현황을 나타낸 것이다. 계층은 상층, 중층, 하층으로만 구분된다.

(가)

구분		부모 세대 상층	부모 세대 중층	부모 세대 하층
자녀 세대	상층			
	중층			
	하층			

(나)

구분		부모 세대 상층	부모 세대 중층	부모 세대 하층
자녀 세대	상층			
	중층			
	하층			

세대 간 상승 이동 / 세대 간 하강 이동

* □의 면적은 해당 계층에 속한 사람 수를 나타낸 것이며, 각 □의 면적은 (가), (나) 모두에서 동일함

〈보기〉

ㄱ. (가)는 세대 간 이동이 계층 대물림보다 많다.
ㄴ. (나)는 세대 간 하강 이동이 세대 간 상승 이동보다 적다.
ㄷ. (나)에서 자녀 세대의 인구는 (가)의 2배이다.
ㄹ. (가)와 (나) 모두 자녀 세대에서는 다이아몬드형 계층 구조가 나타난다.

① ㄱ, ㄴ ② ㄱ, ㄷ ③ ㄴ, ㄷ ④ ㄴ, ㄹ ⑤ ㄷ, ㄹ

✓ 자료 분석 제시된 자료에서 □ 한 개를 10명이라고 가정하면 부모 세대와 자녀 세대의 계층 구성은 다음과 같이 나타낼 수 있다.

(가) (단위: 명)

구분		부모 세대 상층	부모 세대 중층	부모 세대 하층	계
자녀 세대	상층	10	10	0	20
	중층	20	10	10	40
	하층	0	20	40	60
계		30	40	50	120

(나) (단위: 명)

구분		부모 세대 상층	부모 세대 중층	부모 세대 하층	계
자녀 세대	상층	20	20	20	60
	중층	20	40	40	100
	하층	10	20	50	80
계		50	80	110	240

O 정답 찾기 ㄴ. (나)에서 세대 간 하강 이동한 경우는 50명이며, 세대 간 상승 이동한 경우는 80명이다. 따라서 (나)에서는 세대 간 하강 이동이 세대 간 상승 이동보다 적다.

ㄷ. (가)에서 자녀 세대의 인구는 120명이고, (나)에서 자녀 세대의 인구는 240명이다. 따라서 (나)에서 자녀 세대의 인구는 (가)의 2배이다.

× 오답 풀이 ㄱ. (가)에서 계층이 대물림된 경우는 60명이고, 세대 간 이동한 경우는 60명이다. 따라서 (가)에서는 세대 간 이동과 계층 대물림이 동일하다.

ㄹ. (가)에서 자녀 세대는 피라미드형 계층 구조이고, (나)에서 자녀 세대는 다이아몬드형 계층 구조이다.

이것만은 꼭!

1. 세대 간 이동은 부모와 자녀의 계층이 서로 다른 경우이다.
2. 세대 간 상승 이동은 부모의 계층보다 자녀의 계층이 높은 경우이다.
3. 세대 간 하강 이동은 부모의 계층보다 자녀의 계층이 낮은 경우이다.

06 사회 이동과 사회 계층 구조

| 정답 ④ | 23년 4월 학력평가 11번

①	②	③	④	⑤
5%	13%	12%	58%	12%

다음 자료에 대한 분석으로 옳은 것은? [3점]

표는 갑국의 부모 세대와 자녀 세대의 계층별 비율을 비교한 결과를 나타낸다. 단, 계층은 상층, 중층, 하층으로만 구분되며, 부모 세대에서 중층 비율은 30%, 자녀 세대에서 상층 비율은 10%이다. 또한 모든 부모의 자녀는 1명씩이다.

구분	부모 세대에서 해당 계층 비율/자녀 세대에서 해당 계층 비율
상층	㉠
중층	5/9
하층	5/3

① ㉠은 ~~1/2~~이다. (1)
② 자녀 세대에서 중층 비율은 하층 비율의 ~~3배~~(1.5배)이다.
③ 부모 세대에서 상층 비율은 자녀 세대에서 하층 비율보다 ~~높다~~(낮다).
④ 자녀 세대 중층에서는 세대 간 상승 이동을 한 사람이 세대 간 하강 이동을 한 사람보다 많다.
⑤ 부모 세대의 계층 구조는 ~~모래시계형~~(피라미드형), 자녀 세대의 계층 구조는 다이아몬드형이다.

✔ 자료 분석 제시된 자료를 바탕으로 부모 세대와 자녀 세대의 계층 비율을 나타내면 다음과 같다.

(단위: %)

구분	부모 세대	자녀 세대
상층	10	10
중층	30	54
하층	60	36

O 정답 찾기 ④ 부모 세대 상층에서 자녀 세대 중층으로 이동한 경우는 최대 전체의 10%이고, 이때 부모 세대 하층에서 자녀 세대 중층으로 이동한 경우는 최소 전체의 14%가 된다. 따라서 부모 세대 하층에서 자녀 세대 중층으로 세대 간 상승 이동한 사람이 부모 세대 상층에서 자녀 세대 중층으로 세대 간 하강 이동한 사람보다 많다.

X 오답 풀이 ① ㉠은 1(=10/10)이다.
② 자녀 세대에서 중층 비율은 54%, 하층 비율은 36%이다. 따라서 자녀 세대에서 중층 비율은 하층 비율의 1.5배이다.
③ 부모 세대에서 상층 비율은 10%, 자녀 세대에서 하층 비율은 36%이다.
⑤ 부모 세대의 계층 구조는 피라미드형 계층 구조, 자녀 세대의 계층 구조는 다이아몬드형 계층 구조이다.

이것만은 꼭!
1. 세대 간 이동은 부모와 자녀의 계층이 서로 다른 경우이다.
2. 모래시계형 계층 구조는 중층 비율이 가장 낮은 계층 구조이다.
3. 다이아몬드형 계층 구조는 중층 비율이 가장 높은 계층 구조이다.

07 사회 이동과 사회 계층 구조

| 정답 ⑤ | 23년 7월 학력평가 17번

①	②	③	④	⑤
3%	9%	11%	8%	69%

그림은 갑국과 을국의 세대별 계층 구성 비율을 나타낸 것이다. 이에 대한 분석으로 옳은 것은? [3점]

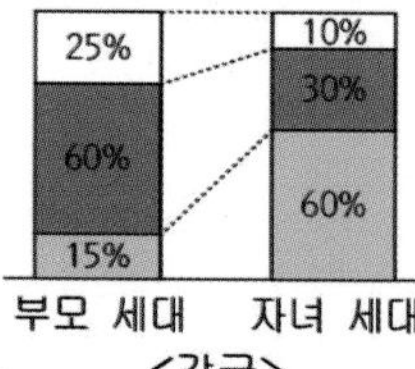

<갑국>

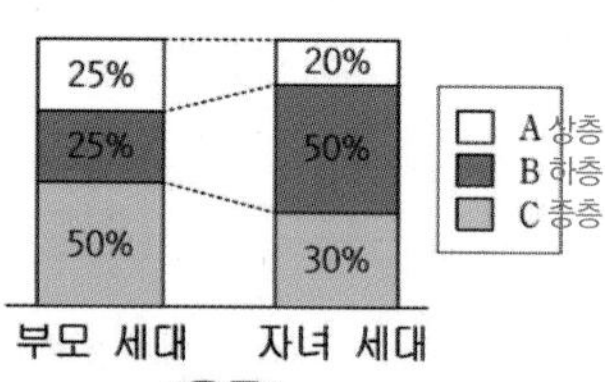

<을국>

* 갑국과 을국의 계층은 상층, 중층, 하층으로만 구분되며, A~C는 각각 상층, 중층, 하층 중 하나이다.
** 갑국의 부모 세대는 상층 비율이 하층 비율보다 작으며, 갑국의 부모 세대 계층 구조는 모래시계형이다.

① 갑국에서 부모 세대가 하층인 자녀는 모두 중층으로 이동하였다.
② 을국의 ~~부모 세대~~(자녀 세대) 계층 구조는 봉건적 신분 사회에서 주로 나타난다. (피라미드형 계층 구조)
③ 갑국과 을국의 부모 세대 하층 비율은 ~~동일하다~~(다르다).
④ 갑국에서는 을국에서와 달리 개방적 계층 구조가 나타난다.
⑤ 갑국의 자녀 세대 계층 구조는 을국의 자녀 세대 계층 구조보다 사회 통합에 유리하다.

✔ 자료 분석 갑국의 부모 세대는 상층 비율이 하층 비율보다 작으며, 모래시계형 계층 구조를 가지고 있으므로 하층 비율이 가장 높고, 중층 비율이 가장 낮다. 따라서 A는 상층, B는 하층, C는 중층이다.

O 정답 찾기 ⑤ 갑국의 자녀 세대 계층 구조는 다이아몬드형이고, 을국의 자녀 세대 계층 구조는 피라미드형이다. 다이아몬드형 계층 구조가 피라미드형 계층 구조보다 사회 통합에 유리하다.

X 오답 풀이 ① 갑국에서 부모 세대가 하층인 자녀가 어느 계층으로 이동했는지 여부는 판단할 수 없다.
② 을국의 부모 세대 계층 구조는 다이아몬드형이다. 봉건적 신분 사회에서 주로 나타나는 계층 구조는 피라미드형이다.
③ 부모 세대 하층 비율은 갑국이 60%, 을국이 25%이다.
④ 을국에서 세대 간 수직 이동이 나타나고 있으므로 개방적 계층 구조가 나타나지 않는다고 볼 수 없다.

이것만은 꼭!
1. 모래시계형 계층 구조는 중층 비율이 가장 낮고, 다이아몬드형 계층 구조는 중층 비율이 가장 높다.
2. 중층 비율이 높을수록 사회 통합에 유리하다.
3. 봉건적 신분 사회에서 주로 나타나는 계층 구조는 피라미드형이다.

08 사회 이동과 사회 계층 구조

| 정답 ② | 23년 10월 학력평가 8번

①	❷	③	④	⑤
3%	81%	6%	6%	4%

다음 자료에 대한 분석으로 옳은 것은? [3점]

갑국의 계층은 각각 상층, 중층, 하층 중 하나인 A~C로만 구분된다. 자녀 세대에서 A와 B에는 모두 세대 간 하강 이동한 자녀가 존재하고, A와 C에는 모두 세대 간 상승 이동한 자녀가 존재한다. 표는 갑국의 세대별 계층 구성 비율을 나타낸 것이다.

(단위: %)

구분	A - 중층	B - 하층	C - 상층
부모 세대	50	30	20
자녀 세대	15	60	25

① 하층 비율은 부모 세대가 자녀 세대보다 ~~높다~~ 낮다.
② 중층 비율 대비 상층 비율은 자녀 세대가 부모 세대보다 크다.
③ A에 속한 부모의 자녀가 세대 간 상승 이동하면 ~~B~~ C에 속하게 된다.
④ B에 속한 부모의 자녀가 C에 속하게 되는 것은 세대 간 ~~하강~~ 상승 이동의 결과이다.
⑤ ~~자녀~~ 부모 세대의 계층 구조가 ~~부모~~ 자녀 세대의 계층 구조보다 사회 통합의 실현에 유리하다.

✓ 자료 분석 자녀 세대 A와 B에는 모두 세대 간 하강 이동한 자녀가 존재하므로 C는 상층이다. 자녀 세대에서 A와 C는 모두 세대 간 상승 이동한 자녀가 존재하므로 B는 하층이다. 따라서 A는 중층이다.

O 정답 찾기 ② 중층 비율 대비 상층 비율은 자녀 세대가 25/15로, 부모 세대의 20/50보다 크다.

× 오답 풀이 ① 하층 비율은 부모 세대가 30%로, 자녀 세대의 60%보다 낮다.
③ 중층에 속한 부모의 자녀가 세대 간 상승 이동하면 상층에 속하게 된다.
④ 하층에 속한 부모의 자녀가 상층에 속하게 되는 것은 세대 간 상승 이동의 결과이다.
⑤ 부모 세대의 계층 구조는 다이아몬드형이며, 자녀 세대의 계층 구조는 모래시계형이므로 부모 세대의 계층 구조는 자녀 세대의 계층 구조보다 사회 통합의 실현에 유리하다.

이것만은 꼭!

1. 피라미드형 계층 구조는 상층 비율이 가장 낮고, 하층 비율이 가장 높다.
2. 다이아몬드형 계층 구조는 중층 비율이 가장 높으며, 피라미드형 계층 구조보다 사회 통합의 실현에 유리하다.
3. 하층에 속한 부모의 자녀가 상층에 속하게 되는 것은 세대 간 상승 이동의 결과이다.

09 사회 이동과 사회 계층 구조

| 정답 ③ | 22년 3월 학력평가 17번

①	②	❸	④ 함정	⑤
5%	8%	62%	20%	5%

표에 대한 분석으로 옳은 것은? (단, 갑국에서 모든 부모의 자녀는 1명씩이다.)

〈갑국의 부모와 자녀 간 계층 비교〉

세대 간 상승 이동 (단위: %)

구분		부모 계층			계
		상층	중층	하층	(다이아몬드형)
자녀 계층	상층	14	4	2	20
	중층	5	24	31	60
	하층	1	2	17	20
계		20	30	50 (피라미드형)	100

(세대 간 하강 이동: 5, 1, 2)

① 세대 간 이동한 자녀(45%)가 부모와 계층이 일치하는 자녀(55%)보다 ~~많다~~ 적다.
② 세대 간 하강 이동한 자녀(8%)가 세대 간 상승 이동한 자녀(37%)보다 ~~많다~~ 적다.
③ 계층 구조 측면에서 자녀 세대(다이아몬드형)가 부모 세대(피라미드형)보다 사회 통합에 유리하다.
④ 자녀 세대 각 계층 인구 중 부모와 계층이 일치하는 자녀의 비율은 ~~중층~~ 하층이 가장 높다.
⑤ 부모가 중층인 자녀 중 세대 간 하강 이동한 자녀(2%)가 세대 간 상승 이동한 자녀(4%)보다 ~~많다~~ 적다.

✓ 자료 분석 제시된 자료에서 부모의 계층과 자녀의 계층이 같은 경우는 부모의 계층을 자녀가 대물림한 경우이다.

O 정답 찾기 ③ 부모 세대의 계층 구조는 피라미드형이고, 자녀 세대의 계층 구조는 다이아몬드형이다. 중층의 비율이 가장 높은 다이아몬드형 계층 구조가 피라미드형 계층 구조보다 사회 통합에 유리하다.

× 오답 풀이 ① 부모와 자녀의 계층이 일치하는 비율은 전체의 55%이고, 세대 간 이동한 경우는 전체의 45%이다.
② 세대 간 하강 이동한 자녀 비율은 전체의 8%이고, 세대 간 상승 이동한 자녀 비율은 전체의 37%이다.
④ 자녀 세대 각 계층 인구 중 부모와 계층이 일치하는 자녀의 비율은 상층이 (14/20)×100, 중층이 (24/60)×100, 하층이 (17/20)×100으로, 하층이 가장 높다.
⑤ 부모가 중층인 자녀 중 세대 간 하강 이동한 비율은 전체의 2%이고, 세대 간 상승 이동한 비율은 전체의 4%이다.

함정 클리닉

선지 ④에서 '자녀 세대 각 계층 인구 중 부모와 계층이 일치하는 자녀의 비율'을 정확하게 이해하지 못할 경우 함정에 빠질 수 있다. '자녀 세대 각 계층 인구'는 상층 20%, 중층 60%, 하층 20%를 의미하며, 부모와 계층이 일치하는 자녀의 비율은 상층 14%, 중층 24%, 하층 17%를 의미한다.

이것만은 꼭!

1. 세대 간 이동은 부모와 자녀의 계층이 서로 다른 경우이다.
2. 세대 간 상승 이동은 부모의 계층보다 자녀의 계층이 높은 경우이다.
3. 세대 간 하강 이동은 부모의 계층보다 자녀의 계층이 낮은 경우이다.

10 사회 이동과 사회 계층 구조 | 정답 ⑤ | 22년 4월 학력평가 7번

①	②	③	④	❺
3%	7%	9%	9%	72%

다음 자료에 대한 분석 및 추론으로 옳은 것은? [3점]

> 그림은 갑국의 t년과 t+30년의 계층 구성 비율을 나타낸다. 단, A~C는 각각 상층, 중층, 하층 중 하나이고, A에서 B로의 이동은 상승 이동, A에서 C로의 이동은 하강 이동에 해당한다.
> └A: 중층, B: 상층, C: 하층

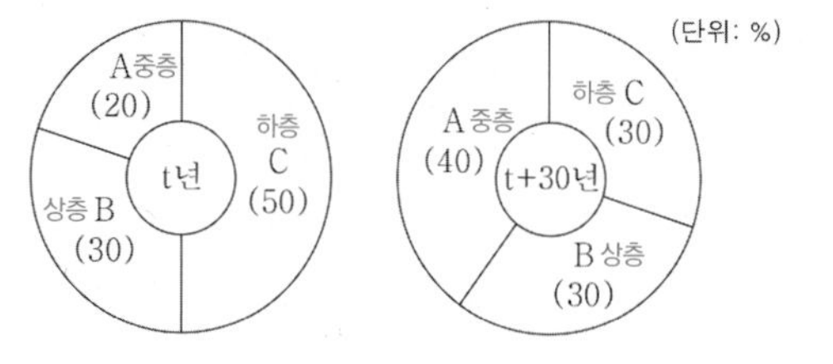

① t년에 상층 비율은 중층 비율의 ~~2.5~~배이다. (1.5)
② 하층 비율 대비 중층 비율은 t년이 t+30년보다 ~~크다~~. (작다.)
③ t년의 상층 중에서 t+30년에 하강 이동을 한 경우는 없다.
④ t년에는 t+30년과 달리 폐쇄적 계층 구조가 나타난다.
⑤ t+30년의 계층 구조가(다이아몬드형) t년의 계층 구조(모래시계형)보다 사회 통합에 유리하다.

✓ 자료 분석 A에서 B로의 이동이 상승 이동, A에서 C로의 이동이 하강 이동이 되기 위해서는 A는 중층, B는 상층, C는 하층이 되어야 한다. 제시된 자료를 바탕으로 갑국의 t년과 t+30년의 계층 구성을 나타내면 다음과 같다.

(단위: %)

구분	t년	t+30년
상층	30	30
중층	20	40
하층	50	30

○ 정답 찾기 ⑤ t년의 계층 구조는 모래시계형, t+30년의 계층 구조는 다이아몬드형이다. 따라서 t+30년의 계층 구조가 t년의 계층 구조보다 사회 통합에 유리하다.

× 오답 풀이 ① t년에 상층 비율은 30%, 중층 비율은 20%이므로 상층 비율은 중층 비율의 1.5배이다.
② 하층 비율 대비 중층 비율은 t년이 (20/50)×100, t+30년이 (40/30)×100이므로 t년이 t+30년보다 작다.
③ 제시된 자료만으로 t년의 상층 중에서 t+30년에 하강 이동을 한 경우를 알 수 없다.
④ 제시된 자료만으로 t+30년과 달리 t년에 폐쇄적 계층 구조가 나타났는지는 알 수 없다.

이것만은 꼭!
1. 중층의 비율이 높을수록 사회 통합에 유리하다.
2. 폐쇄적 계층 구조는 수직 이동이 불가능한 계층 구조이다.
3. 상승 이동은 낮은 계층에서 높은 계층으로 이동하는 경우이다.

11 사회 이동과 사회 계층 구조

| 정답 ③ | 22년 7월 학력평가 15번

①	②	❸	④ 함정	⑤
8%	9%	55%	16%	12%

다음 자료에 대한 분석으로 옳은 것은?

그림은 갑국에서 발생한 계층 간 이동 인구의 상대적 크기를 상층에서 하층으로 이동한 인구를 기준으로 나타낸 것이다.

ㅇ갑국은 계층을 상층, 중층, 하층으로만 구분한다.

ㅇ상층에서 하층으로 이동한 인구는 계층 이동 전의 상층 인구 대비 25%이다.

ㅇ계층 간 이동이 일어나기 이전에 갑국은 상층과 중층 비율의 합이 하층 비율과 같았고, 중층 비율은 상층 비율의 1.5배였다. └ 상층 20%, 중층 30%, 하층 50%

<갑국의 계층 간 이동 인구의 상대적 크기>

구 분	계층 간 이동 인구의 상대적 크기
상층 → 하층	5%
상층 → 중층	15%
중층 → 하층	10%
중층 → 상층	15%
하층 → 중층	20%
하층 → 상층	5%

* ▒의 면적은 해당 계층 간 이동 인구를 나타내며, 각 ▒의 면적은 동일하다.
** 자료는 계층 이동 전후로 갑국 전체 인구로부터 얻은 결과이며, 조사 기간 갑국 전체 구성원의 변화는 없었다.

① 계층이 유지된 비율이 상승 이동한 비율보다 ~~높다~~. (30%, 40%, 낮다.)

② 상층 인구는 ~~계층 이동 전에 비해 계층 이동 후 50% 감소하였다~~. (계층 이동 전과 후가 20%로 같다.)

③ 계층 이동 전과 이동 후에 모두 중층인 인구는 전체 인구 대비 5%이다.

④ 갑국의 계층 구조는 이동 전 ~~다이아몬드형~~(피라미드형), 이동 후 피라미드형으로 나타난다.

⑤ 계층 이동 전에는 하층이었고 계층 이동 후에 중층인 인구는 전체 인구 대비 ~~40%~~(20%)이다.

✔ 자료 분석 계층 간 이동이 일어나기 이전에 갑국은 상층과 중층 비율의 합이 하층 비율과 같고, 중층 비율은 상층 비율의 1.5배이다. 따라서 상층, 중층, 하층의 비율은 각각 20%, 30%, 50%이며, 상층에서 하층으로 이동한 인구는 상층 인구 대비 25%이므로 상층에서 하층으로 이동한 인구는 전체의 5%이다. 제시된 자료를 바탕으로 갑국의 계층 간 이동을 나타내면 다음과 같다.

(단위: %)

구분		계층 이동 전			계
		상층	중층	하층	
계층 이동 후	상층	0	15	5	20
	중층	15	5	20	40
	하층	5	10	25	40
계		20	30	50	100

O 정답 찾기 ③ 계층 이동 전과 이동 후에 모두 중층인 비율은 전체의 5%이다.

× 오답 풀이 ① 계층이 유지된 비율은 30%이고, 상승 이동한 비율은 40%이다.
② 상층 인구는 계층 이동 전과 계층 이동 후가 각각 20%로 같다.
④ 갑국의 계층 구조는 이동 전에 피라미드형이다.
⑤ 계층 이동 전에는 하층이었고 계층 이동 후에 중층인 인구는 전체의 20%이다.

함정 클리닉

④번을 정답으로 선택한 학생들은 계층 이동 전의 계층 구조를 제대로 파악하지 못하였을 가능성이 높다.
③번을 선택하지 못한 학생들은 계층 이동 전과 후의 계층 구성을 파악하지 못하였을 가능성이 높다.

이것만은 꼭!

1. 다이아몬드형 계층 구조는 중층의 비율이 가장 높고, 피라미드형 계층 구조는 상층이 비율이 가장 낮고, 하층의 비율이 가장 높다.
2. 피라미드형 계층 구조보다 다이아몬드형 계층 구조에서 사회 통합이 유리하다.
3. 계층이 유지되는 것을 제외하면 상층이었던 사람은 하강 이동, 중층이었던 사람은 상승 이동과 하강 이동, 하층이었던 사람은 상승 이동만 나타난다.

12 사회 이동과 사회 계층 구조

| 정답 ④ | 22년 10월 학력평가 12번

①	②	③	❹	⑤
2%	6%	4%	74%	14%

다음 자료에 대한 분석으로 옳은 것은? [3점]

그림은 갑국의 세대별 계층 구성 비율을 나타낸 것이다. A~C는 각각 상층, 중층, 하층 중 하나이며, 갑국의 계층은 이들로만 구성된다. 부모 세대의 계층 구조는 피라미드형이며, 부모 세대의 각 계층에서 50%씩은 자녀 세대로 계층이 대물림되었다.

(하층〉중층〉상층)

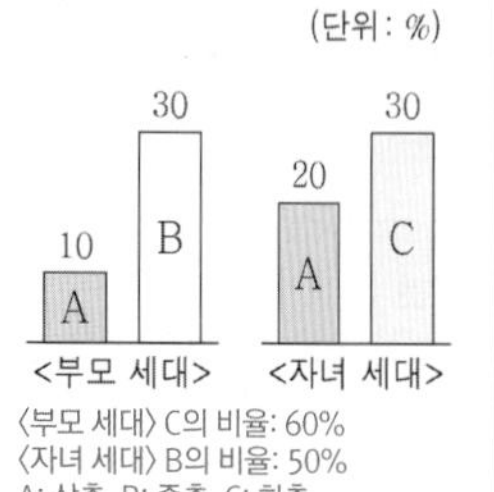

① A는 ~~하층~~(상층)이고, C는 ~~상층~~(하층)이다.
② 자녀 세대의 계층 구조는 ~~피라미드형~~(다이아몬드형)이다.
③ 세대 간 상승 이동을 한 중층 자녀는 ~~없다~~(있다).
④ 세대 간 상승 이동이 세대 간 하강 이동보다 많다.
⑤ 자녀 세대는 부모 세대와 달리 개방적 계층 구조가 나타난다.

이것만은 꼭!

1. 피라미드형 계층 구조는 상층의 비율이 가장 낮고 하층의 비율이 가장 높다.
2. 다이아몬드형 계층 구조는 중층의 비율이 가장 높다.
3. 부모와 자녀의 계층이 일치한 경우 계층이 대물림되었다고 한다.

✔ 자료 분석 부모 세대의 경우 A의 비율이 10%, B의 비율이 30%이므로 C의 비율은 60%이고, 자녀 세대의 경우 A의 비율이 20%, C의 비율이 30%이므로 B의 비율은 50%이다. 부모 세대의 계층 구조는 피라미드형이므로 A는 상층, B는 중층, C는 하층이다. 제시된 자료를 바탕으로 계층 구성을 나타내면 다음과 같다.

(단위: %)

구분		부모 세대			계
		상층(A)	중층(B)	하층(C)	
자녀 세대	상층(A)	5	15	0	20
	중층(B)	5	15	30	50
	하층(C)	0	0	30	30
계		10	30	60	100

O 정답 찾기 ④ 세대 간 상승 이동을 한 자녀는 전체의 45%(=15%+30%)이고, 세대 간 하강 이동을 한 자녀는 전체의 5%이다. 따라서 세대 간 상승 이동이 세대 간 하강 이동보다 많다.

X 오답 풀이 ① A는 상층이고, C는 하층이다.
② 자녀 세대의 계층 구조는 다이아몬드형이다.
③ 세대 간 상승 이동을 한 중층 자녀는 전체의 30%이다.
⑤ 제시된 자료만으로 계층 이동 가능성의 제한 유무는 파악할 수 없다.

13 사회 이동과 사회 계층 구조

| 정답 ② | 21년 3월 학력평가 14번

①	❷	③	④	⑤
12%	71%	5%	7%	5%

자료에 대한 옳은 설명만을 〈보기〉에서 있는 대로 고른 것은? (단, A국의 계층은 상층, 중층, 하층으로 구분되며, 조사 대상자의 부모는 모두 다르다.) [3점]

〈A국의 사회 이동 조사〉

대상	A국의 50대 인구 1,000명
내용	조사 대상자의 현재 계층과 20년 전 계층, 부모의 계층, ㉠사회 이동 요인 (개인적 이동, 구조적 이동)
결과	1. ㉡조사 대상자의 현재 계층과 20년 전 계층을 비교(세대 내 이동)한 결과 ㉢상승 이동한 사람이 ㉣하강 이동한 사람보다 많았음. 2. ㉤조사 대상자의 현재 계층과 부모의 계층을 비교한 결과 하강 이동한 사람이 상승 이동한 사람보다 많았음. (세대 간 이동) 3. 사회 이동한 사람 중 자신의 노력과 성취를 통해 사회 이동한 사람이 과반수였음. (개인적 이동)

보기

ㄱ. ㉠을 기준으로 사회 이동은 개인적 이동과 구조적 이동으로 구분된다.
ㄴ. ㉡은 ~~세대 간~~(세대 내) 이동 여부를, ㉤은 ~~세대 내~~(세대 간) 이동 여부를 파악하기 위한 비교이다.
ㄷ. ㉢의 20년 전 계층은 ~~하층~~(상층)일 수 없고, ㉣의 20년 전 계층은 ~~상층~~(하층)일 수 없다.
ㄹ. 부모의 계층이 조사 대상자의 현재 계층보다 높은 경우가(세대 간 하강 이동한 경우) 낮은 경우보다(세대 간 상승 이동한 경우) 많다.

① ㄱ, ㄴ ② ㄱ, ㄹ ③ ㄴ, ㄷ
④ ㄱ, ㄷ, ㄹ ⑤ ㄴ, ㄷ, ㄹ

✔ 자료 분석 조사 대상자의 현재 계층과 20년 전 계층의 비교를 통해 세대 내 이동 여부를 파악할 수 있으며, 조사 대상자의 현재 계층과 부모 계층의 비교를 통해 세대 간 이동 여부를 파악할 수 있다.

O 정답 찾기 ㄱ. 사회 이동은 이동 원인에 따라 노력이나 능력 등에 따라 계층 위치가 변화하는 개인적 이동과 사회 구조의 변화에 따라 계층 위치가 변화하는 구조적 이동으로 구분된다.
ㄹ. 세대 간 하강 이동은 부모의 계층이 조사 대상자의 현재 계층보다 높은 경우이고, 세대 간 상승 이동은 부모의 계층이 조사 대상자의 현재 계층보다 낮은 경우이다. 세대 간 하강 이동한 사람이 세대 간 상승 이동한 사람보다 많다. 즉, 부모의 계층이 조사 대상자의 현재 계층보다 높은 경우가 낮은 경우보다 많다.

X 오답 풀이 ㄴ. 세대 내 이동은 개인의 생애 내에서 나타나는 이동 유형으로, 조사 대상자의 현재 계층과 20년 전 계층의 비교를 통해 파악할 수 있다. 세대 간 이동은 두 세대에 걸쳐 나타나는 이동 유형으로, 조사 대상자의 현재 계층과 부모의 계층의 비교를 통해 파악할 수 있다.
ㄷ. 20년 전 계층이 상층일 경우 더 이상 상승 이동을 할 수 없으므로 세대 내 상승 이동이 나타날 수 없다. 20년 전 계층이 하층일 경우 더 이상 하강 이동을 할 수 없으므로 세대 내 하강 이동이 나타날 수 없다.

이것만은 꼭!

1. 사회 이동은 이동 원인에 따라 개인적 이동과 구조적 이동으로 구분된다.
2. 사회 이동은 이동 범위에 따라 세대 간 이동과 세대 내 이동으로 구분된다.
3. 부모의 계층보다 자녀의 계층이 낮은 경우 이는 세대 간 하강 이동에 해당한다.

14 사회 이동과 사회 계층 구조

| 정답 ④ | 21년 10월 학력평가 10번

① 함정	②	③	❹	⑤
43%	5%	8%	37%	7%

다음 자료에 대한 옳은 분석만을 〈보기〉에서 있는 대로 고른 것은? [3점]

자료는 갑국과 을국에서 자녀 세대 인구의 세대 간 이동 지수를 파악하기 위한 것이다. 단, 자녀 세대 모든 인구의 세대 간 이동 가능 횟수는 1번씩이다.

〈갑국〉

(단위: %)

구분		부모 계층			계
		상층	중층	하층	
자녀 계층	상층	12	7	2	21
	중층	8	14	21	43
	하층	3	10	23	36
계		23	31	46	100

〈을국〉

(단위: %)

구분		부모 계층			계
		상층	중층	하층	
자녀 계층	상층	10	5	4	19
	중층	6	30	10	46
	하층	5	17	13	35
계		21	52	27	100

* 세대 간 이동 지수 = (자녀 세대 인구의 실제 세대 간 이동 거리의 합/자녀 세대 인구에서 나타날 수 있었던 세대 간 이동 가능한 최대 거리의 합)×100

** 세대 간 이동 거리는 상층과 중층, 중층과 하층 간에는 1이고 상층과 하층 간에는 2임

*** 부모가 상층 또는 하층인 자녀의 세대 간 이동 가능한 최대 거리는 2이고, 부모가 중층인 자녀의 세대 간 이동 가능한 최대 거리는 1임

보기

ㄱ. 갑국은 을국과 달리 세대 간 상승 이동한 자녀가 세대 간 하강 이동한 자녀보다 많다. (전체의 30%) (전체의 21%)

ㄴ. 을국이 갑국보다 세대 간 이동 지수가 크다. ((56/148)×100) ((56/169)×100)

ㄷ. 을국은 갑국과 달리 부모와 계층이 일치하는 자녀가 자녀 세대 인구의 과반수이다. (전체의 53%) (전체의 49%)

ㄹ. 자녀 세대 계층별 인구 중 부모와 계층이 일치하는 자녀의 비율은 갑국, 을국 ~~모두 중층이 가장 낮다~~. (중층이 가장 낮음) (하층이 가장 낮음)

① ㄱ, ㄷ ② ㄱ, ㄹ ③ ㄴ, ㄹ
④ ㄱ, ㄴ, ㄷ ⑤ ㄴ, ㄷ, ㄹ

✓ 자료 분석 제시된 자료에서 세대 간 이동 지수의 분자와 분모의 구성을 파악해야 한다.

O 정답 찾기 ㄱ. 갑국의 경우 세대 간 상승 이동한 자녀의 비율은 전체의 30%(=7%+2%+21%)이고, 세대 간 하강 이동한 자녀의 비율은 전체의 21%(=8%+3%+10%)이다. 을국의 경우 세대 간 상승 이동한 자녀의 비율은 전체의 19%(=5%+4%+10%)이고, 세대 간 하강 이동한 자녀의 비율은 전체의 28%(=6%+5%+17%)이다. 따라서 갑국은 을국과 달리 세대 간 상승 이동한 자녀가 세대 간 하강 이동한 자녀보다 많다.

ㄴ. '세대 간 이동 거리'는 '상층–중층', '중층–하층'이 1, '상층–하층'은 2이다. 이를 통해 '세대 간 이동 지수'의 분자를 구성하는 '자녀 세대 인구의 실제 세대 간 이동 거리'를 파악할 수 있다. '세대 간 이동 가능한 최대 거리'는 '부모가 상층 또는 하층인 자녀의 경우' 2, '부모가 중층인 자녀의 경우' 1이다. 이를 통해 '세대 간 이동 지수'의 분모를 구성하는 '자녀 세대 인구에서 나타날 수 있었던 세대 간 이동 가능한 최대 거리'를 파악할 수 있다.

갑국의 경우 자녀 세대 인구의 실제 세대 간 이동 거리의 합은 (7×1)+(2×2)+(8×1)+(21×1)+(3×2)+(10×1)=56이고, 자녀 세대 인구에서 나타날 수 있었던 세대 간 이동 가능한 최대 거리의 합은 (23×2)+(31×1)+(46×2)=169이다. 따라서 갑국의 세대 간 이동 지수는 (56/169)×100이다.

을국의 경우 자녀 세대 인구의 실제 세대 간 이동 거리의 합은 (5×1)+(4×2)+(6×1)+(10×1)×(5×2)+(17×1)=56이고, 자녀 세대 인구에서 나타날 수 있었던 세대 간 이동 가능한 최대 거리의 합은 (21×2)+(52×1)+(27×2)=148이다. 따라서 을국의 세대 간 이동 지수는 (56/148)×100이다.

ㄷ. 부모와 계층이 일치하는 자녀의 비율은 갑국의 경우 전체의 49%(=12%+14%+23%)이고, 을국의 경우 전체의 53%(=10%+30%+13%)이다. 따라서 을국은 갑국과 달리 부모와 계층이 일치하는 자녀가 자녀 세대 인구의 과반수이다.

× 오답 풀이 ㄹ. 자녀 세대 계층별 인구 중 부모와 계층이 일치하는 자녀의 비율은 갑국의 경우 상층이 (12/21)×100, 중층이 (14/43)×100, 하층이 (23/36)×100이고, 을국의 경우 상층이 (10/19)×100, 중층이 (30/46)×100, 하층이 (13/35)×100이다. 따라서 자녀 세대 계층별 인구 중 부모와 계층이 일치하는 자녀의 비율은 갑국의 경우 중층이 가장 낮고, 을국의 경우 하층이 가장 낮다.

함정 클리닉

ㄴ을 정답으로 선택하지 못하였다면, 제시된 자료에서 갑국과 을국의 '세대 간 이동 지수'를 파악하는 방법을 몰랐거나 파악하였어도 정확히 계산하지 못하였을 가능성이 크다. 분자에 해당하는 '자녀 세대 인구의 실제 세대 간 이동 거리'를 계산하기 위해서는 제시된 표에서 세대 간 상승 이동과 세대 간 하강 이동을 파악하여 해당 수치를 이용해야 하고, 분모에 해당하는 '자녀 세대 인구에서 나타날 수 있었던 세대 간 이동 가능한 최대 거리'는 자녀 세대가 모두 부모 세대와 격차가 가장 큰 계층을 가정하고 제시된 표의 수치를 이용해야 한다. 예를 들어, 갑국의 경우 부모 세대 상층(전체의 23%)의 모든 자녀가 상층과 가장 격차가 큰 계층, 즉 하층이라고 가정하고 '23×2'를 통해 자녀 세대 인구에서 나타날 수 있었던 세대 간 이동 가능한 최대 거리를 구해야 한다.

이것만은 꼭!

1. '세대 간 이동 거리'는 '상층–중층', '중층–하층'이 1, '상층–하층'은 2이다.
2. '세대 간 이동 가능한 최대 거리'는 '부모가 상층 또는 하층인 자녀의 경우' 2, '부모가 중층인 자녀의 경우' 1이다.
3. 세대 간 이동 지수는 을국이 갑국보다 크다.

15 사회 이동과 사회 계층 구조

| 정답 ② | 20년 3월 학력평가 20번

①	❷	③	④	⑤
7%	63%	13%	9%	8%

다음 자료에 대한 분석으로 옳은 것은? (단, 갑국에서 모든 부모의 자녀는 1명씩이다.) [3점]

표는 갑국의 부모와 자녀의 계층을 비교한 것이다. A~C는 각각 상층, 중층, 하층 중 하나인데, C(중층)에 속해 있는 자녀 중 부모의 계층이 A인 자녀는 세대 간 하강 이동한 사람이고, 부모의 계층이 B(하층)인 자녀는 세대 간 상승(상층) 이동한 사람이다.

(단위: %)

구분		부모의 계층			계
		A (상층)	B (하층)	C (중층)	
자녀의 계층	A-상층	10	6	4	20
	B-하층	2	10	14	26
	C-중층	6	18	30	54
계		18	34	48	100

① 부모와 계층이 일치하는 자녀보다 불일치하는 자녀가 ~~많다~~(같다).

② 세대 간 하강 이동한 자녀보다 세대 간 상승 이동한 자녀가 많다.

③ 부모 세대의 계층 구조와 자녀 세대의 계층 구조는 모두 ~~피라미드형~~(다이아몬드형)이다.

④ 자녀 세대에서 상층 인구 중 부모와 계층이 일치하는 인구가 50%~~를 넘는다~~(이다).

⑤ 부모의 계층이 중층인 자녀 중 세대 간 하강 이동한 자녀보다 세대 간 상승 이동한 자녀가 ~~많다~~(적다).

✓ 자료 분석 C에 속해 있는 자녀 중 부모의 계층이 A인 자녀는 세대 간 하강 이동을 한 경우이고, C에 속해 있는 자녀 중 부모의 계층이 B인 자녀는 세대 간 상승 이동한 경우라는 조건에서 A는 상층, B는 하층, C는 중층임을 알 수 있다. 제시된 자료를 바탕으로 부모와 자녀의 계층 구성을 나타내면 다음과 같다.

(단위: %)

구분		부모의 계층			계
		상층	중층	하층	
자녀의 계층	상층	10	4	6	20
	중층	6	30	18	54
	하층	2	14	10	26
계		18	48	34	100

○ 정답 찾기 ② 세대 간 하강 이동한 경우는 전체의 22%(=6%+2%+14%)이고, 세대 간 상승 이동한 경우는 전체의 28%(=4%+6%+18%)이다. 따라서 세대 간 상승 이동한 자녀가 하강 이동한 자녀보다 많다.

× 오답 풀이 ① 부모와 계층이 일치하는 자녀는 전체의 50%(=10%+30%+10%)이고, 부모와 계층이 일치하지 않는 자녀는 전체의 50%(=100%−50%)이다. 따라서 부모와 계층이 일치하는 자녀와 불일치하는 자녀는 같다.
③ 부모 세대의 계층 구조는 중층 비율이 가장 높은 다이아몬드형이고, 자녀 세대의 계층 구조 또한 중층 비율이 가장 높은 다이아몬드형이다.
④ 자녀 세대 상층에서 부모와 계층이 일치하는 인구는 전체의 10%이다. 자녀 세대 상층이 전체의 20%이므로 자녀 세대에서 상층 인구 중 부모와 계층이 일치하는 인구의 비율은 50%{=(10/20)×100}이다.
⑤ 부모의 계층이 중층인 자녀 중 세대 간 하강 이동한 자녀는 전체의 14%이고, 세대 간 상승 이동한 자녀는 전체의 4%이다. 따라서 부모의 계층이 중층인 자녀 중 세대 간 하강 이동한 자녀가 세대 간 상승 이동한 자녀보다 많다.

이것만은 꼭!

1. 부모의 계층이 상층, 자녀의 계층이 중층이라면 세대 간 하강 이동한 경우이다.
2. 다이아몬드형 계층 구조는 중층 비율이 가장 높은 계층 구조이다.
3. 부모와 계층이 일치하는 자녀는 계층 이동 표에서 대각선에 위치한 경우이다.

16 사회 이동과 사회 계층 구조

| 정답 ④ | 20년 4월 학력평가 20번

①	②	③ 함정	❹	⑤
10%	7%	14%	60%	9%

다음 자료에 대한 분석으로 옳은 것은? [3점]

다음은 갑국의 부모 세대와 자녀 세대의 계층을 조사하여 분석한 결과이다. 단, 계층은 상층, 중층, 하층으로만 구분하며, 모든 부모의 자녀는 1명씩이다.

〈전체 자녀 중 부모와 계층이 일치하는 자녀의 비율〉

구분	비율
부모와 자녀가 모두 상층인 경우	5%
부모와 자녀가 모두 중층인 경우	40%
부모와 자녀가 모두 하층인 경우	25%

〈부모 세대 계층 대비 부모 세대와 자녀 세대의 계층 불일치 비율〉

구분	불일치 비율	일치 비율
상층	50%	50%
중층	0%	100%
하층	50%	50%

부모 세대 중층 비율 = 자녀 세대 중층 비율

* 자녀 세대 중층에서 부모 세대와의 계층 일치 비율은 100%이다.

① 상층의 비율은 부모 세대가 자녀 세대보다 높다. (낮다.)
② 부모 세대와 자녀 세대 모두 피라미드형 계층 구조이다.
③ 세대 간 상승 이동 비율이(25%) 세대 간 하강 이동 비율보다(5%) 낮다.
④ 하층 부모를 둔 상층 자녀(25%) 수는 상층 부모를 둔 하층 자녀(5%) 수의 5배이다.
⑤ 자녀 세대 계층 대비 부모 세대와 자녀 세대의 계층 일치 비율은 상층이 하층보다 높다. (낮다.)

✔ 자료 분석 〈전체 자녀 중 부모와 계층이 일치하는 자녀의 비율〉은 계층 이동 표의 대각선(음영 부분)에 해당한다. 〈부모 세대 대비 부모 세대와 자녀 세대의 계층 불일치 비율〉을 통해 부모 세대 계층 대비 부모 세대와 자녀 세대의 계층 일치 비율을 구할 수 있다. 제시된 자료를 바탕으로 부모 세대와 자녀 세대의 계층 구성을 나타내면 다음과 같다.

(단위: %)

구분		부모 세대 상층	부모 세대 중층	부모 세대 하층	계
자녀 세대	상층	5	ⓑ 0	25	30
	중층	ⓑ 0	40	ⓑ 0	ⓐ 40
	하층	5	ⓑ 0	25	30
계		10	40	50	100

O 정답 찾기 ④ 하층 부모를 둔 상층 자녀는 전체의 25%이고, 상층 부모를 둔 하층 자녀는 전체의 5%이다. 따라서 하층 부모를 둔 상층 자녀의 수는 상층 부모를 둔 하층 자녀의 수의 5배이다.

X 오답 풀이 ① 상층 비율은 부모 세대의 경우 10%, 자녀 세대의 경우 30%이다.
② 부모 세대는 피라미드형 계층 구조이고, 자녀 세대는 다이아몬드형 계층 구조이다.
③ 세대 간 상승 이동은 25%(=0%+25%+0%)이고, 세대 간 하강 이동은 5%(=0%+5%+0%)이다.
⑤ 자녀 세대 계층 대비 부모 세대와 자녀 세대의 계층 일치 비율은 상층의 경우 약 17%{=(5/30)×100}, 하층의 경우 약 83%{=(25/30)×100}이므로 하층이 상층보다 높다.

계층 이동 관련 문제는 제시된 자료와 조건을 정확하게 이해하여 계층 이동 표를 완성하는 것이 가장 중요하다. 제시된 자료가 전체를 기준으로 한 비율인지, 부모 세대를 기준으로 한 비율인지, 자녀 세대를 기준으로 한 비율인지를 꼼꼼하게 파악해야 한다.

17 사회 이동과 사회 계층 구조

| 정답 ⑤ | 20년 7월 학력평가 20번

①	②	③ 함정	④ 함정	❺
5%	8%	21%	27%	39%

다음 자료에 대한 분석으로 옳은 것은? [3점]

다음은 모든 부모의 자녀가 1명씩인 갑국의 세대별 계층 구성과 세대 간 계층 이동 현황을 조사한 것이다. 계층은 상층, 중층, 하층으로만 구분되며, A~C는 각각 상층, 중층, 하층 중 하나이다. 자녀 세대는 피라미드형 계층 구조이고, 계층 구성비는 A : (B+C)=1 : 1이다. (A=50%)

〈부모 계층 대비 자녀 계층의 상대적 비〉

계층	A - 하층	B - 중층	C - 상층
상대적 비의 값	2	0.8	0.4

* C는 자녀 세대가 세대 간 하강 이동을 통해 진입할 수 없는 계층임 (C는 상층)

〈부모와의 계층이 일치하는 자녀 수의 상대적 비〉

구분	상대적 비의 값
부모와 계층이 A(하층)로 일치하는 자녀 수 대비 부모와 계층이 B(중층)로 일치하는 자녀 수	1.5
부모와 계층이 C(상층)로 일치하는 자녀 수 대비 부모와 계층이 A(하층)로 일치하는 자녀 수	4

* 세대 간 계층의 불일치 비율은 세대 간 계층의 일치 비율에 비해 10%p 작음
** %p: 백분율 간 차이를 나타냄. 30%는 10%보다 20%p 크다고 표현함

① 부모 세대에서 상층의 비율은 하층의 비율~~보다 높다~~(과 같다).
② 자녀 세대는 부모 세대에 비해 사회 통합의 필요성이 ~~감소~~(증가)했다.
③ 세대 간 상승 이동한 자녀 수가 하강 이동한 자녀 수보다 ~~많다~~(적다).
④ 부모 세대 계층 대비 세대 간 계층 일치 비율은 ~~상층~~(중층)이 ~~중층~~(상층)의 3배이다.
⑤ 상층 부모를 둔 자녀와 중층 부모를 둔 자녀의 세대 간 계층 이동을 한 사람 수는 같다.

✓ 자료 분석 A+B+C=100%이고 A:(B+C)=1:1이므로 A는 50%이고, 자녀 세대가 피라미드형 계층 구조이므로 A는 하층에 해당한다. C는 자녀 세대가 세대 간 하강 이동을 통해 진입할 수 없는 계층이므로 상층에 해당하고, B는 중층에 해당한다. 〈부모 계층 대비 자녀 계층의 상대적 비〉에서 자녀 세대 하층이 50%이므로 부모 세대 하층은 25%이다. 부모 세대 상층 비율을 X, 중층 비율을 Y라고 할 경우 자녀 세대 상층 비율은 0.4X, 자녀 세대 중층 비율은 0.8Y이다. 부모 세대와 자녀 세대 모두 상층+중층+하층=100%이므로 X+Y+25%=100%이고 0.4X+0.8Y+50%=100%이다. 따라서 X는 25%, Y는 50%이므로 상층:중층:하층의 비는 부모 세대의 경우 25:50:25이고, 자녀 세대의 경우 10:40:50이다.
부모 세대 상층에서 자녀 세대 상층으로 계층이 대물림된 경우를 a라고 할 경우, 상층으로 계층이 대물림된 경우 대비 하층으로 계층이 대물림된 경우의 비가 4이므로 하층으로 계층이 대물림된 경우는 4a이다. 그리고 하층으로 계층이 대물림된 경우 대비 중층으로 계층이 대물림된 경우의 비가 1.5이므로 중층으로 계층이 대물림된 경우는 6a이다.
세대 간 계층 불일치 비율이 세대 간 계층 일치 비율에 비해 10%p 작으므로 세대 간 계층 일치 비율이 11a라면, 세대 간 계층 불일치 비율은 100%−11a이고, 이를 적용하면 '11a%−(100%−11a%)=10%p'이다. 즉, a는 5%가 된다. 따라서 계층 대물림 비율은 상층이 5%, 중층이 30%, 하층이 20%가 된다. 제시된 자료를 바탕으로 부모 세대와 자녀 세대의 계층 구성을 나타내면 다음과 같다.

(단위: %)

구분		부모 세대			계
		상층	중층	하층	
자녀 세대	상층	a = 5	㉣	㉤	10
	중층	㉠	6a = 30	㉥	40
	하층	㉡	㉢	4a = 20	50
계		25	50	25	100

○ 정답 찾기 ⑤ 상층 부모를 둔 자녀 중 계층 이동한 경우는 ㉠+㉡로 20%이고, 중층 부모를 둔 자녀 중 계층 이동한 경우는 ㉢+㉣로 20%이다. 따라서 상층 부모를 둔 자녀와 중층 부모를 둔 자녀의 세대 간 계층 이동을 한 사람 수는 같다.

× 오답 풀이 ① 부모 세대에서 상층의 비율과 하층의 비율은 모두 25%이다.
② 부모 세대는 다이아몬드형 계층 구조이고, 자녀 세대는 피라미드형 계층 구조이다. 부모 세대에 비해 자녀 세대에서 사회 통합의 필요성이 증가하였다.
③ 세대 간 하강 이동한 경우는 ㉠+㉡+㉢이고, 세대 간 상승 이동한 경우는 ㉣+㉤+㉥이다. ㉡+㉢는 30%이고, ㉣+㉤는 5%이다. 따라서 세대 간 하강 이동한 자녀 수가 상승 이동한 자녀 수보다 많다.
④ 부모 세대 계층 대비 세대 간 계층 일치 비율은 상층의 경우 20%{=(5/25)×100}, 중층의 경우 60%{=(30/50)×100}이다. 따라서 중층이 상층의 3배이다.

함정 클리닉

기존 계층 이동 문제에 비해 계층 이동 표를 완성하기 위해 요구되는 단계가 많고 복잡하며, 제시된 자료에 나타난 모든 조건들을 활용해야 계층 이동 표를 구성할 수 있는 문제이다.

이것만은 꼭!

1. 자녀 세대가 세대 간 하강 이동을 통해 진입할 수 없는 계층은 상층이다.
2. 피라미드형 계층 구조는 다이아몬드형 계층 구조에 비해 사회 통합의 필요성이 높다.
3. 계층이 상층, 중층, 하층으로만 구성될 경우 상층+중층+하층은 100%이다.

18 사회 이동 | 정답 ③ |

20년 10월 학력평가 12번

①	②	❸	④	⑤
3%	3%	85%	4%	5%

표에 대한 분석으로 옳은 것은? [3점]

〈갑국 국민 A~H의 현재 계층과 부모 계층〉

구분	상층	중층	하층
현재 계층	A, G	C, E, F, H	B, D
부모 계층	A, B, F	C, E, G	D, H

(계층 대물림: A / C, E / D)

① 세대 간 이동한 사람(B, F, G, H 4명)보다 이동하지 않은(A, C, D, E 4명) 사람이 많다.

② 세대 간 하강 이동한 사람(B, F 2명)보다 상승 이동한 사람(G, H 2명)이 많다.

③ 세대 간 이동한 사람 중 부모 계층이 중층인 사람(G 1명)보다 상층인 사람(B, F 2명)이 많다.

④ 세대 간 이동한 사람 중 현재 계층이 상층인 사람(G 1명)보다 하층인 사람(B 1명)이 많다.

⑤ 상층에서 하층으로 세대 간 이동한 사람(B 1명)보다 중층에서 하층으로 세대 간 이동한 사람(0명)이 많다.

✔ 자료 분석 부모의 계층과 현재 계층이 동일한 A, C, D, E는 계층이 대물림된 경우이고, 부모의 계층보다 현재 계층이 높은 G, H는 세대 간 상승 이동한 경우, 부모의 계층보다 현재 계층이 낮은 B, F는 세대 간 하강 이동한 경우이다.

O 정답 찾기 ③ 세대 간 이동한 사람은 B, F, G, H로 4명이다. 이 중 부모 계층이 중층인 경우는 G로 1명이고, 부모의 계층이 상층인 경우는 B, F로 2명이다.

X 오답 풀이 ① 세대 간 이동한 사람은 B, F, G, H로 4명, 세대 간 이동을 하지 않은 사람은 A, C, D, E로 4명이다.

② 세대 간 하강 이동한 사람은 B, F로 2명, 세대 간 상승 이동한 사람은 G, H로 2명이다.

④ 세대 간 이동한 사람 중 현재 계층이 상층인 사람은 G로 1명이고, 현재 계층이 하층인 사람은 B로 1명이다.

⑤ 상층에서 하층으로 세대 간 이동한 사람은 B로 1명이고, 중층으로 하층으로 세대 간 이동한 사람은 0명이다.

이것만은 꼭!

1. 부모 계층보다 자녀의 계층이 높은 사례는 세대 간 상승 이동한 경우이다.
2. 부모 계층보다 자녀의 계층이 낮은 사례는 세대 간 하강 이동한 경우이다.
3. 부모의 계층과 자녀의 계층이 같은 사례는 계층을 대물림한 경우이다.

19 사회 이동과 사회 계층 구조 | 정답 ④ |

19년 3월 학력평가 20번

①	②	③	❹	⑤
7%	11%	13%	57%	12%

다음 자료에 대한 분석으로 옳은 것은? (단, A~C는 각각 상층, 중층, 하층 중 하나이며, 모든 부모의 자녀는 1명씩이다.) [3점]

갑국에서 부모 세대와 자녀 세대의 계층을 조사한 결과, 자녀 세대에서 각 계층 인구 중 부모와 계층이 일치하는 인구의 비율은 하층이 가장 높고, 중층이 가장 낮은 것으로 나타났다. 표는 갑국에서 실시한 조사의 결과를 나타낸 것이다.

(단위: %)

구분		부모의 계층			계
		A-하층	B-중층	C-상층	
자녀의 계층	A-하층	24	5	1	30
	B-중층	26	20	4	50
	C-상층	6	4	10	20
계		56	29	15	100

① 부모 세대에서 하층 비율(56%)보다 상층 비율(15%)이 ~~높다~~ 낮다.

② 자녀 세대의 하층 인구 중 부모와 계층이 일치하는 인구의 비율은 ~~50%~~ 80%이다.

③ 자녀 세대에서 부모와 계층이 일치하는 인구(전체의 54%)보다 세대 간 이동한 인구(전체의 46%)가 ~~많다~~ 적다.

④ 자녀 세대에서 세대 간 상승 이동한 인구(전체의 36%)가 세대 간 하강 이동한 인구(전체의 10%)보다 ~~많다~~ 적다.

⑤ 자녀 세대의 계층 구조(다이아몬드형)보다 부모 세대의 계층 구조(피라미드형)가 사회 통합의 실현에 ~~유리~~ 불리하다.

✔ 자료 분석 자녀 세대에서 각 계층 인구 중 부모와 계층이 일치하는 인구의 비율은 A가 (24/30)×100으로 가장 높고, B가 (20/50)×100으로 가장 낮다. 따라서 A는 하층, B는 중층, C는 상층이다.

O 정답 찾기 ④ 자녀 세대에서 세대 간 상승 이동한 비율은 전체의 36%(=4%+6%+26%)이고, 세대 간 하강 이동한 비율은 전체의 10%(=4%+1%+5%)이다. 따라서 자녀 세대에서 세대 간 상승 이동한 인구가 세대 간 하강 이동한 인구보다 많다.

X 오답 풀이 ① 부모 세대에서 하층 비율은 56%로 상층 비율인 15%보다 낮다.

② 자녀 세대의 하층 인구 중 부모와 계층이 일치하는 인구의 비율은 80%(=(24/30)×100)이다.

③ 자녀 세대에서 부모와 계층이 일치하는 비율은 전체의 54%(=10%+20%+24%)이고, 자녀 세대에서 세대 간 이동한 비율은 전체의 46%(=4%+6%+26%+4%+1% +5%)이다.

⑤ 자녀 세대의 계층 구조는 다이아몬드형 계층 구조이고, 부모 세대의 계층 구조는 피라미드형 계층 구조이다. 따라서 자녀 세대의 계층 구조가 부모 세대의 계층 구조보다 사회 통합의 실현에 유리하다.

이것만은 꼭!

1. 세대 간 이동은 부모와 자녀의 계층이 서로 다른 경우이다.
2. 세대 간 상승 이동은 부모의 계층보다 자녀의 계층이 높은 경우이다.
3. 세대 간 하강 이동은 부모의 계층보다 자녀의 계층이 낮은 경우이다.

고난도 주제 03 다양한 사회 불평등 문제

p.028 ~ 037

01 ⑤ 02 ⑤ 03 ⑤ 04 ② 05 ① 06 ⑤ 07 ⑤ 08 ③ 09 ③ 10 ② 11 ② 12 ① 13 ③ 14 ① 15 ② 16 ④ 17 ⑤
18 ④ 19 ③ 20 ④ 21 ① 22 ③ 23 ⑤ 24 ④ 25 ④ 26 ④ 27 ④ 28 ⑤ 29 ④ 30 ③ 31 ③ 32 ④ 33 ⑤ 34 ⑤

01 빈곤의 유형

| 정답 ⑤ | 24년 3월 학력평가 3번

①	②	③	④	⑤
5%	9%	6%	15%	65%

빈곤의 유형 A, B에 대한 설명으로 옳은 것은? (단, A, B는 각각 절대적 빈곤, 상대적 빈곤 중 하나임.) [3점]

> (절대적 빈곤) A는 최소한의 생활을 유지하는 데 필요한 소득을 기준으로 빈곤 여부를 판단한다. 그러나 최소한의 생활 수준을 정하기가 어렵다는 비판이 제기되면서 전체 국민의 소득 분포를 고려하여 빈곤 여부를 판단하는 B(상대적 빈곤)가 등장하였다.

① A를 판단하는 소득 기준은 ~~모든 사회에서 동일하다~~. (사회마다 다르다.)
② A에 해당하는 사람은 모두 B에 해당~~한다~~. (한다고 단정할 수 없다.)
③ A는 B와 ~~달리~~(모두) 소득 수준이 높은 국가에서는 ~~나타나지 않는다~~. (나타날 수 있다.)
④ B는 A와 ~~달리~~(모두) 상대적 박탈감의 원인이 된다.
⑤ A와 B 모두 우리나라에서는 객관화된 기준을 적용하여 파악한다.

✔ 자료 분석 최소한의 생활을 유지하는 데 필요한 소득을 기준으로 빈곤 여부를 판단하는 것은 절대적 빈곤이고, 전체 국민의 소득 분포를 고려하여 빈곤 여부를 판단하는 것은 상대적 빈곤이다. 따라서 A는 절대적 빈곤, B는 상대적 빈곤이다.

O 정답 찾기 ⑤ 우리나라에서 절대적 빈곤은 최저 생계비라는 객관화된 기준을 적용하여 파악하고, 상대적 빈곤은 중위 소득의 50%라는 객관화된 기준을 적용하여 파악한다.

X 오답 풀이 ① 절대적 빈곤을 판단하는 기준은 사회마다 다르다.
② 절대적 빈곤에 해당하는 사람이 모두 상대적 빈곤에 해당한다고 단정할 수 없다.
③ 절대적 빈곤과 상대적 빈곤은 모두 소득 수준이 높은 국가에서 나타날 수 있다.
④ 절대적 빈곤과 상대적 빈곤은 모두 상대적 박탈감의 원인이 된다.

이것만은 꼭!

1. 절대적 빈곤과 상대적 빈곤은 모두 개인이 느끼는 주관적 빈곤 상태가 아니라 일정한 기준에 따라 규정되는 객관적 빈곤 상태이다.
2. 절대적 빈곤과 상대적 빈곤을 판단하는 기준은 사회마다 다르다.
3. 절대적 빈곤과 상대적 빈곤은 모두 상대적 박탈감의 원인이 된다.

02 사회적 소수자

| 정답 ⑤ | 24년 3월 학력평가 9번

①	②	③	④	⑤
2%	2%	3%	4%	89%

사회적 소수자와 관련한 다음 두 사례를 종합하여 도출할 수 있는 결론으로 가장 적절한 것은?

> ○ 갑국에서는 민속 음악인들이 과거(사회적 소수자 ○)에는 직업을 이유로 차별받았으나 오늘날(사회적 소수자 ×)에는 대중의 사랑과 존경을 받고 있다.
> ○ 을국에서는 병국 출신 유학생들이 병국 국교를 믿는다는 이유로 병국에서와 달리 차별을 받고 있다. (병국에서는 사회적 소수자 ×, 을국에서는 사회적 소수자 ○)

① 사회적 소수자는 신체적 특징에 의해 규정된다.
② 사회적 소수자 우대 정책은 역차별을 초래할 수 있다.
③ 개인은 여러 사회적 소수자 집단에 중첩되어 속할 수 있다.
④ 사회적 소수자에 대한 차별을 없애려면 제도적 노력이 필요하다.
⑤ 사회적 소수자를 규정하는 기준은 시대와 장소에 따라 달라질 수 있다.

✔ 자료 분석 다양한 기준에 의해 사회적 소수자가 규정될 수 있으며, 시대, 장소, 소속 집단의 범주 등에 따라 사회적 소수자의 해당 여부가 달라진다.

O 정답 찾기 ⑤ 갑국에서 민속 음악인은 과거에 사회적 소수자였지만, 오늘날에는 사회적 소수자에 해당하지 않는다. 병국 출신 유학생들은 병국에서는 사회적 소수자에 해당하지 않지만, 을국에서는 사회적 소수자에 해당한다. 이를 통해 시대와 장소에 따라 사회적 소수자를 규정하는 기준이 달라질 수 있음을 알 수 있다.

X 오답 풀이 ①, ②, ③, ④ 제시된 사례를 통해 도출할 수 있는 결론으로 적절하지 않다.

이것만은 꼭!

1. 시대와 사회에 따라 사회적 소수자에 해당하는 집단은 달라질 수 있다.
2. 성, 국적, 민족, 인종, 종교, 사상, 장애 등 다양한 기준에 의해 사회적 소수자로 규정될 수 있다.
3. 사회적 소수자 우대 정책은 역차별을 초래할 수 있다.

03 성 불평등 문제

| 정답 ⑤ | 24년 5월 학력평가 15번

①	②	③ 함정	④ 함정	❺
4%	5%	33%	17%	41%

다음 자료에 대한 옳은 분석만을 〈보기〉에서 고른 것은? [3점]

〈표 1〉, 〈표 2〉는 각각 갑국 근로자의 근로 형태별 근로자 성비와 성별 비정규직 비율을 나타낸 것이다. 단, 근로 형태는 정규직과 비정규직으로만 구분된다.

〈표 1〉 근로 형태별 근로자 성비

구분	정규직	비정규직
근로자 성비	400	150

〈표 2〉 성별 비정규직 비율

구분	정규직	비정규직
비정규직 비율(%)	60	80

* 근로자 성비: 여성 근로자 100명당 남성 근로자 수

** 성별 비정규직 비율(%) = $\frac{\text{성별 비정규직 근로자 수}}{\text{성별 정규직과 비정규직 근로자 수의 합}} \times 100$

보기

ㄱ. 전체 근로자 중 남성 근로자가 차지하는 비율은 ~~50%~~ 약 66.7%이다.

ㄴ. 남성 정규직 근로자 수는 여성 비정규직 근로자 수~~보다 많다~~ 와 같다.

ㄷ. 정규직 근로자 중 여성 근로자가 차지하는 비율은 비정규직 근로자 중 여성 근로자가 차지하는 비율보다 낮다.

ㄹ. 전체 근로자 중 비정규직 근로자가 차지하는 비율은 전체 근로자 중 정규직 근로자가 차지하는 비율의 2배이다.

① ㄱ, ㄴ ② ㄱ, ㄷ ③ ㄴ, ㄷ ④ ㄴ, ㄹ ⑤ ㄷ, ㄹ

✓ 자료 분석 정규직의 경우 근로자 성비가 400이므로 여성 정규직 근로자 수를 100명이라고 가정하면, 남성 정규직 근로자 수는 400명이 된다. 남성 근로자 중 비정규직 비율이 60%이므로 남성 근로자 중 정규직 비율은 40%가 되고, 여성 근로자 중 비정규직 비율이 80%이므로 여성 근로자 중 정규직 비율은 20%가 된다. 남성 근로자 중 정규직 비율이 40%이고 남성 정규직 근로자 수가 400명이므로 남성 근로자 수는 1,000명이고, 남성 비정규직 근로자 수는 600명이 된다. 여성 근로자 중 정규직 비율이 20%이고 여성 정규직 근로자 수가 100명이므로 여성 근로자 수는 500명이고, 여성 비정규직 근로자 수는 400명이 된다. 여성 정규직 근로자 수를 100명이라고 가정하여 제시된 자료를 바탕으로 갑국 근로자의 근로 형태별 남성 근로자 수와 여성 근로자 수를 나타내면 다음과 같다.

(단위: 명)

구분	남성	여성	전체
정규직	400	100	500
비정규직	600	400	1,000
전체	1,000	500	1,500

○ 정답 찾기 ㄷ. 여성 정규직 근로자 수를 100명이라고 가정하면, 정규직 근로자 중 여성 근로자가 차지하는 비율은 20%{=(100명/500명)×100}이고, 비정규직 근로자 중 여성 근로자가 차지하는 비율은 40%{=(400명/1,000명)×100}이다. 따라서 정규직 근로자 중 여성 근로자가 차지하는 비율은 비정규직 근로자 중 여성 근로자가 차지하는 비율보다 낮다.

ㄹ. 여성 정규직 근로자 수를 100명이라고 가정하면, 전체 근로자 중 비정규직 근로자가 차지하는 비율은 (1,000명/1,500명)×100이고, 전체 근로자 중 정규직 근로자가 차지하는 비율은 (500명/1,500명)×100이다. 따라서 전체 근로자 중 비정규직 근로자가 차지하는 비율은 전체 근로자 중 정규직 근로자가 차지하는 비율의 2배이다.

× 오답 풀이 ㄱ. 여성 정규직 근로자 수를 100명이라고 가정하면, 전체 근로자 수는 1,500명이고, 남성 근로자 수는 1,000명이다. 따라서 전체 근로자 중 남성 근로자가 차지하는 비율은 약 66.7%{=(1,000명/1,500명)×100}이다.

ㄴ. 여성 정규직 근로자 수를 100명이라고 가정하면, 남성 정규직 근로자 수는 400명이고, 여성 비정규직 근로자 수는 400명이다. 따라서 남성 정규직 근로자 수와 여성 비정규직 근로자 수가 같다.

⑤번을 정답으로 선택하지 못한 학생들은 근로자 성비와 비정규직 비율이 의미하는 바를 이해하지 못하였을 가능성이 크다. 근로자 성비가 400이라는 것은 여성 근로자 수가 100명일 경우 남성 근로자 수가 400명이라는 것을 의미하고, 비정규직 비율이 60%라는 것은 정규직 비율이 40%라는 것을 의미한다. 여성 정규직 근로자 수가 100명이라면, 정규직 근로자 성비가 400이므로 남성 정규직 근로자 수는 400명이 되며, 남성 비정규직 비율이 60%이므로 남성 정규직 비율은 40%가 되어 남성 근로자 수는 1,000명이 된다.

이것만은 꼭!

1. 근로자 성비는 여성 근로자 100명당 남성 근로자 수를 의미한다.
2. 성별 정규직 비율은 '100%-성별 비정규직 비율'로 구할 수 있다.

04 사회적 소수자

| 정답 ② | 24년 7월 학력평가 5번

①	❷	③	④	⑤
1%	94%	3%	1%	1%

사회적 소수자 A~C에 대한 설명으로 옳은 것은? [3점]

> A는 갑국에서 소수 민족의 자녀로 태어나 갖은 차별을 받았다. 결국 A는 갑국을 떠나 을국으로 이주했지만 갑국의 소수 민족은 게으르다는 편견 때문에 취업에 계속 실패했다. 을국에서 생활에 어려움을 겪던 A는 취업에 대한 조언을 얻기 위해 지인의 소개로 대기업 사원 B를 만났다. 하지만 B도 여성(선천적 요인)이라는 이유로 회사 내에서 주요 직책은 맡지 못하고 있다는 사실을 알게 되었다. 이러한 경험을 토대로 A와 B는 흔치 않은 피부색을 가졌다는 이유로 B의 회사에서 차별받던 C와 함께 사회적 소수자 차별을 금지하는 내용의 입법 청원을 제기하였다. (제도적 차원에서의 해결 방안)

① A는 신체적 특징을 이유로 역차별을 ~~받았다~~ 받지 않았다.
②B는 선천적 요인으로 인해 차별을 받았다.
③ B와 ~~달리~~ A는 한 사회 내에서 여러 사회적 소수자 집단에 중첩되어 속해 ~~있다~~ 있지 않다.
④ B와 달리 C는 ~~문화적~~ 특징으로 인해 차별을 받았다.
⑤ A, B, C 모두 사회적 소수자에 대한 차별을 ~~개인적~~ 제도적 차원에서 해결하고자 하였다.

✓ 자료 분석 A는 소수 민족, B는 여성, C는 흔치 않은 피부색이라는 이유로 차별을 받았다. 즉, A~C는 모두 사회적 소수자로 차별을 받고 있다.

O 정답 찾기 ② B는 여성이라는 선천적 요인으로 인해 차별을 받았다.

X 오답 풀이 ① A는 신체적 특징을 이유로 역차별을 받지 않았다.
③ A와 B는 모두 한 사회 내에서 여러 사회적 소수자 집단에 중첩되어 속해 있지 않다.
④ C는 문화적 특징이 아닌 신체적 특징으로 인해 차별을 받았다.
⑤ A~C는 모두 사회적 소수자 차별을 금지하는 내용의 입법 청원을 제기하였다. 이를 통해 A~C가 모두 사회적 소수자에 대한 차별을 제도적 차원에서 해결하고자 하였음을 알 수 있다.

이것만은 꼭!

1. 사회적 소수자에 속하는지 여부는 시대와 사회에 따라 변화한다.
2. 한 사회 내에서 여러 사회적 소수자 집단에 중첩되어 속해 있을 수 있다.
3. 차별을 시정하기 위해 부당한 차별을 받은 쪽을 우대하는 과정에서 반대편이 오히려 차별받는 현상인 역차별이 발생할 수 있다.

05 빈곤의 유형

| 정답 ① | 24년 7월 학력평가 8번

❶	② 함정	③ 함정	④	⑤
56%	17%	16%	2%	9%

빈곤의 유형 A, B에 대한 설명으로 옳은 것은? (단, A, B는 각각 절대적 빈곤, 상대적 빈곤 중 하나임.)

> 1995년 세계 정상 회의 결과 발표된 유엔 선언은 A(절대적 빈곤)에 대해 "기본적인 인간 욕구의 심각한 박탈 상태를 의미하며, 이러한 욕구에는 음식, 안전한 식수, 위생 시설, 건강, 주택, 교육, 정보 등을 포함한다."고 정의하였다. 한편 B(상대적 빈곤)도 A와 마찬가지로 물질적인 측면의 결핍뿐만 아니라 비물질적인 측면에서의 결핍까지 포함한다. 가령 특정 지역 사회에서 대다수를 차지하는 백인 가정 자녀들이 대학 교육까지 이수하는 데 비해 흑인 가정 자녀들은 교육 수준이 낮다면 비록 물질적으로는 생계에 큰 지장이 없다 하더라도 흑인 가정 자녀들은 B에 해당한다고 할 수 있다.

①A는 사회 구성원의 소득 분포 상태를 고려하지 않는 개념이라는 평가를 받는다.
② B는 개인이 스스로 빈곤하다고 인식하는 상태를 의미한다. (주관적 빈곤)
③ B를 판단하는 기준선과 ~~달리~~ A를 판단하는 기준선은 시간과 장소에 ~~관계없이 보편적으로 적용된다~~ 따라 달라질 수 있다.
④ 소득 수준이 높은 국가에서는 A가, 저개발 국가에서는 B가 나타~~나지 않는다~~ 날 수 있다.
⑤ 상대적 빈곤선이 절대적 빈곤선보다 높으면 ~~B~~A에 해당하는 모든 가구는 ~~A~~B에 해당한다.

✓ 자료 분석 기본적인 인간 욕구의 심각한 박탈 상태는 절대적 빈곤을 의미하고, 비물질적인 측면에서의 결핍까지 포함하는 것은 상대적 빈곤을 의미한다. 따라서 A는 절대적 빈곤, B는 상대적 빈곤이다.

O 정답 찾기 ① 절대적 빈곤은 상대적 빈곤과 달리 사회 구성원의 소득 분포 상태를 고려하지 않은 개념이다.

X 오답 풀이 ② 개인이 스스로 빈곤하다고 인식하는 상태는 주관적 빈곤이다.
③ 절대적 빈곤을 판단하는 기준선과 상대적 빈곤을 판단하는 기준선은 모두 시간과 장소에 따라 달라질 수 있다.
④ 절대적 빈곤과 상대적 빈곤은 모두 소득 수준이 높은 국가와 저개발 국가에서 나타날 수 있다.
⑤ 상대적 빈곤선이 절대적 빈곤선보다 높으면, 절대적 빈곤에 해당하는 모든 가구는 상대적 빈곤에 해당한다.

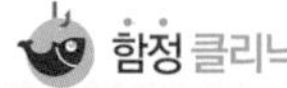

①번을 정답으로 선택하지 못한 학생들은 사회 구성원의 소득 분포 상태를 고려한 빈곤이 상대적 빈곤임을 알지 못하였을 가능성이 크다. 상대적 빈곤을 측정하는 상대적 빈곤선은 일반적으로 중위 소득의 일정 비율에 해당하는 금액으로 정하는데, 중위 소득은 전체 가구를 소득순으로 나열했을 때 한가운데 위치하는 가구의 소득을 의미한다. 즉, 상대적 빈곤은 사회 구성원의 소득 분포 상태를 고려한 개념이다.

이것만은 꼭!

1. 절대적 빈곤과 상대적 빈곤은 모두 객관적 빈곤이다.
2. 절대적 빈곤은 사회 구성원의 소득 분포 상태를 고려하지 않은 개념이라는 평가를 받는다.
3. 절대적 빈곤과 상대적 빈곤을 판단하는 기준선은 모두 시간과 장소에 따라 달라질 수 있다.

06 사회적 소수자

| 정답 ⑤ | 24년 10월 학력평가 18번

①	②	❸	④	⑤
1%	1%	94%	1%	3%

다음 자료에 대한 옳은 설명만을 〈보기〉에서 있는 대로 고른 것은?

교사: 사회에는 다양한 사회 불평등이 존재합니다. 이에 대한 해결 방안을 발표해 보세요.
갑: 인종이 다르다는 이유로 차별받는 사람들을 위해 인식 개선 캠페인이 진행되어야 합니다. (귀속적 요인)
을: 최소한의 생활 수준 유지가 어려운 상태에 있는 사람을 돕기 위해 생계비 지원 정책을 마련해야 합니다. (절대적 빈곤)
병: 고위직 공무원 임명 시 특정 성별이 오랫동안 배제되어 왔습니다. 이러한 차별을 해소하기 위해 해당 성별을 일정 비율 이상 임명하도록 하는 법을 마련해야 합니다. (적극적 우대 조치)

보기
ㄱ. 갑은 귀속적 요인으로 인한 차별의 해결 방안을 발표하였다.
ㄴ. 을은 절대적 빈곤의 해결 방안을 발표하였다.
ㄷ. 병은 역차별의 해결 방안을 발표하였다.

① ㄱ ② ㄷ ③ ㄱ, ㄴ ④ ㄴ, ㄷ ⑤ ㄱ, ㄴ, ㄷ

✔ 자료 분석 갑은 사회적 소수자인 난민과 관련하여 해결 방안을 제시하고 있고, 을은 절대적 빈곤과 관련하여 해결 방안을 제시하고 있으며, 병은 성 불평등과 관련하여 해결 방안을 제시하고 있다.

O 정답 찾기 ㄱ. 갑은 귀속적 요인인 인종으로 인한 차별을 해결하기 위한 방안을 발표하였다.
ㄴ. 을은 최소한의 생활 수준 유지가 어려운 상태인 절대적 빈곤을 해결하기 위한 방안을 발표하였다.

X 오답 풀이 ㄷ. 병은 성 불평등을 해결하기 위한 방안으로 적극적 우대 조치의 마련을 주장하였다.

이것만은 꼭!
1. 적극적 우대 조치는 오랫동안 차별을 받아 온 사람들에게 혜택을 주어 우대하는 정책을 말한다.
2. 적극적 우대 조치로 인해 역차별 문제가 발생할 수 있다.

제3권 교육청 해설

07 사회적 소수자

| 정답 ⑤ | 23년 3월 학력평가 7번

①	②	③	④	❺
2%	4%	2%	3%	89%

다음 자료의 갑, 을에 대한 설명으로 옳은 것은?

○ 갑은 국민 대다수가 ○○ 종교를 믿는 A국에서 △△ 종교를 믿는다는 이유로 차별을 받고 있다. 갑은 △△ 종교 신도들과 함께 차별 철폐를 위한 SNS 활동을 하고 있다. (사회적 소수자)
○ 을은 소수의 백인들이 지배하는 B국에서 흑인이라는 이유로 차별을 받고 있다. 을은 B국의 인종 차별적인 제도를 폐지하기 위해 시민 단체 활동을 하고 있다. (사회적 소수자)

① 갑은 을과 달리 사회적 소수자에 해당한다. (갑과 을은 모두)
② 갑은 을과 달리 주류 집단에 의한 차별을 경험하고 있다. (갑과 을은 모두)
③ 을은 갑과 달리 역차별 문제를 제기할 것이다.
④ 을은 갑과 달리 후천적 요인에 의해 차별을 받고 있다. (갑, 을)
⑤ 갑과 을은 모두 차별을 해소하고자 노력하고 있다.

✔ 자료 분석 갑은 국민 대다수가 믿는 종교와 다른 종료를 믿는다는 이유로 차별을 받고 있으므로 사회적 소수자에 해당한다. 을은 백인이 지배하는 사회에서 흑인이라는 이유로 차별을 받고 있으므로 사회적 소수자에 해당한다.

O 정답 찾기 ⑤ 갑은 SNS 활동을 통해 차별을 철폐하고자 노력하고 있으며, 을은 시민 단체 활동을 통해 차별적인 제도를 폐지하고자 노력하고 있다.

X 오답 풀이 ① 갑과 을은 모두 사회적 소수자에 해당한다.
② 갑은 주류 집단인 ○○ 종교를 믿는 사람들에게서, 을은 주류 집단인 백인들에게서 차별을 받고 있다.
③ 갑과 을은 모두 사회적 소수자로, 역차별 문제를 제기할 것으로 보기 어렵다.
④ 갑은 종교라는 후천적 요인에 의해, 을은 인종이라는 선천적 요인에 의해 차별받고 있다.

이것만은 꼭!
1. 사회적 소수자는 주류 집단에 의해 차별받는 집단이다.
2. 사회적 소수자는 수의 많고 적음에 의해 결정되지 않는다.
3. 사회적 소수자는 선천적, 후천적 요인 모두에 의해 발생할 수 있다.

08 성 불평등 문제

| 정답 ③ | 23년 3월 학력평가 10번

①	②	❸	④	⑤
4%	10%	64%	14%	8%

다음 자료에 대한 옳은 분석만을 〈보기〉에서 있는 대로 고른 것은? [3점]

표는 갑국의 직종별, 시기별 임금 성비를 나타낸 것이다. 임금 성비는 '(여성 평균 임금/남성 평균 임금)×100'으로 계산한다. 갑국은 A, B 직종 외에도 다양한 직종이 존재한다.

구분	t년	t+10년	t+20년
전체 직종	60	70	80
A 직종	50	50	50
B 직종	50	70	100

보기

ㄱ. 전체 직종에서 여성 평균 임금은 10년마다 10%씩 상승하였다.

ㄴ. t년에 A 직종에서 여성 평균 임금이 400만 원이라면 남성 평균 임금은 ~~200~~만 원이다. (800)

ㄷ. t+10년에 A, B 직종의 여성 평균 임금이 같다면 남성 평균 임금은 B 직종보다 A 직종에서 높다.

ㄹ. t+20년에 B 직종에서 남성과 여성의 평균 임금은 같다.

① ㄱ, ㄴ ② ㄱ, ㄷ ③ ㄷ, ㄹ
④ ㄱ, ㄴ, ㄹ ⑤ ㄴ, ㄷ, ㄹ

✔ 자료 분석 제시된 자료에서 임금 성비는 '(여성 평균 임금/남성 평균 임금)×100'이므로 임금 성비가 70이라고 함은 남성 평균 임금이 100만 원일 경우 여성 평균 임금이 70만 원임을 의미한다.

O 정답 찾기 ㄷ. t+10년에 A 직종의 임금 성비는 50이고, B 직종의 임금 성비는 70이다. t+10년에 A, B 직종의 여성 평균 임금이 같다면, 남성 평균 임금은 A 직종이 B 직종보다 높다.

ㄹ. t+20년에 B 직종의 임금 성비는 100이므로 B 직종에서 남성 평균 임금과 여성 평균 임금은 같다.

× 오답 풀이 ㄱ. 전체 직종에서 임금 성비가 10년마다 10만큼 증가하였다.

ㄴ. t년에 A 직종의 임금 성비는 50이다. 따라서 t년에 A 직종에서 여성 평균 임금이 400만 원이라면, 남성 평균 임금은 800만 원이다.

이것만은 꼭!

1. 임금 성비는 남성 평균 임금 대비 여성 평균 임금의 상대적 크기를 나타낸 것이다.
2. 임금 성비가 100인 경우 남성 평균 임금과 여성 평균 임금의 크기는 같다.

09 빈곤의 유형

| 정답 ③ | 23년 3월 학력평가 12번

①	②	❸	④	⑤ 함정
5%	11%	54%	8%	22%

다음 자료에 대한 설명으로 옳은 것은? (단, 갑국의 모든 가구는 그 구성원 수가 동일함.) [3점]

갑국에서는 가구 소득이 ㉠최저 생계비(객관적인 기준)에 미치지 못하는 가구를 ㉡절대적 빈곤 가구로 파악하고, 가구 소득이 ㉢중위 소득의 50%(객관적인 기준)에 미치지 못하는 가구를 ㉣상대적 빈곤 가구로 파악한다. 2022년에 갑국에서 가구 소득을 조사한 결과 절대적 빈곤 가구에는 해당하지 않지만, 상대적 빈곤 가구에는 해당하는 가구가 전체 가구 중에서는 10%, 상대적 빈곤 가구 중에서는 20%로 나타났다. - 절대적 빈곤율 < 상대적 빈곤율, 상대적 빈곤 가구는 전체 가구의 50%임

① 2022년에 ㉠은 ㉢보다 ~~높다~~. (낮다.)
② ~~㉡은 ㉣과 달리~~ (㉡과 ㉣은 모두) 객관적인 기준에 의해 파악된다.
③ 2022년에 ㉣의 80%는 ㉡에도 해당한다.
④ 저개발 국가에서는 ㉣이, 선진국에서는 ㉡이 나타나지 않는다.
⑤ 2022년에 ㉡, ㉣ 중 어디에도 해당하지 않는 가구 수가 ㉣에 해당하는 가구 수~~보다 많다~~. (와 같다.)

이것만은 꼭!

1. 절대적 빈곤 가구보다 상대적 빈곤 가구가 많은 경우 절대적 빈곤선보다 상대적 빈곤선이 더 높다.
2. 수치로 나타낼 수 있는 기준은 객관적인 기준에 해당한다.
3. 절대적 빈곤과 상대적 빈곤은 저개발국과 선진국에서 모두 나타난다.

✔ 자료 분석 2022년에 갑국에서 절대적 빈곤 가구에는 해당하지 않지만, 상대적 빈곤 가구에 해당하는 가구가 존재한다. 이를 통해 갑국에서는 절대적 빈곤율보다 상대적 빈곤율이 높음을 알 수 있다. 절대적 빈곤 가구에는 해당하지 않지만, 상대적 빈곤 가구에는 해당하는 가구가 전체 가구에서 차지하는 비율이 10%이고, 상대적 빈곤 가구에서 차지하는 비율이 20%이므로 상대적 빈곤 가구는 전체 가구의 50%이고, 절대적 빈곤 가구는 전체 가구의 40%임을 알 수 있다.

O 정답 찾기 ③ 2022년에 상대적 빈곤 가구 중 20%는 절대적 빈곤 가구에 해당하지 않으므로 상대적 빈곤 가구 중 80%는 절대적 빈곤 가구에 해당한다.

× 오답 풀이 ① 2022년에 절대적 빈곤율은 상대적 빈곤율보다 낮으므로 최저 생계비는 중위 소득의 50%보다 낮다.

② 절대적 빈곤은 최저 생계비, 상대적 빈곤은 중위 소득의 50%라는 객관적인 기준에 의해 파악된다.

④ 상대적 빈곤과 절대적 빈곤은 저개발국과 선진국 모두에서 나타날 수 있다.

⑤ 2022년에 절대적 빈곤 가구와 상대적 빈곤 가구 중 어디에도 해당하지 않는 가구는 전체 가구의 50%이다.

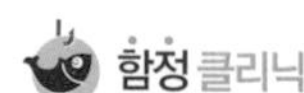

⑤번을 정답으로 한 학생은 2022년에 절대적 빈곤율과 상대적 빈곤율을 파악하지 못하였을 가능성이 크다. 2022년에 절대적 빈곤 가구에는 해당하지 않지만, 상대적 빈곤 가구에는 해당하는 가구를 100가구라고 가정해 보자. 100가구가 전체 가구의 10%이므로 전체 가구는 1,000가구이다. 그리고 100가구가 상대적 빈곤 가구의 20%이므로 상대적 빈곤 가구는 500가구이다. 따라서 절대적 빈곤과 상대적 빈곤에 모두 해당하지 않는 가구는 500가구가 된다.

10 성 불평등 문제

| 정답 ② | 23년 4월 학력평가 15번

① 함정	❷	③	④ 함정	⑤
22%	37%	8%	21%	12%

다음 자료에 대한 옳은 분석만을 〈보기〉에서 있는 대로 고른 것은?

표는 갑국의 해당 연도 남성 정규직 근로자 평균 임금을 100이라고 할 때 다른 근로자 평균 임금의 상대적 수치를 나타낸다. 단, 남성 정규직 근로자 평균 임금은 매년 상승하였다.

구분	1992년	2002년	2012년	2022년
남성 비정규직	80	83	87	83
여성 정규직	66	78	82	88
여성 비정규직	44	50	54	69

보기

ㄱ. 여성 비정규직 근로자 평균 임금 대비 여성 정규직 근로자 평균 임금의 비(比)는 2002년이 1992년보다 크다.
ㄴ. 남성 정규직 근로자와 남성 비정규직 근로자 간 평균 임금의 차는 2012년이 2002년보다 작다.
ㄷ. 2012년 대비 2022년 평균 임금 상승률은 여성 정규직 근로자가 남성 정규직 근로자보다 높다.
ㄹ. 2022년에는 1992년과 달리 여성 비정규직 근로자 평균 임금은 전체 비정규직 근로자 평균 임금의 50%를 넘는다.

① ㄱ, ㄴ ② ㄱ, ㄷ ③ ㄴ, ㄹ
④ ㄱ, ㄷ, ㄹ ⑤ ㄴ, ㄷ, ㄹ

✓ 자료 분석 제시된 자료는 해당 연도 남성 정규직 근로자 평균 임금을 100이라고 가정할 때 다른 근로자 평균 임금의 상대적 수치를 나타낸다.

O 정답 찾기 ㄱ. 여성 비정규직 근로자 평균 임금 대비 여성 정규직 근로자 평균 임금의 비는 1992년이 66/44, 2002년이 78/50으로, 2020년이 1992년보다 크다.
ㄷ. 2012년 대비 2022년 여성 정규직 근로자의 평균 임금은 2012년 남성 정규직 근로자 평균 임금의 82%에서 2022년 남성 정규직 근로자 평균 임금의 88% 수준으로 상승하였다. 즉, 2012년 남성 정규직 근로자 평균 임금 대비 2022년 남성 정규직 근로자 평균 임금의 상승률보다 2012년 여성 정규직 근로자 평균 임금 대비 2022년 여성 정규직 근로자 평균 임금의 상승률이 높다.

✕ 오답 풀이 ㄴ. 2002년 남성 정규직 근로자 평균 임금을 100a, 2012년 남성 정규직 근로자 평균 임금을 100b라고 가정하면, 2002년 남성 비정규직 근로자 평균 임금은 83a, 2012년 남성 비정규직 근로자 평균 임금은 87b이고, 평균 임금의 차이는 2002년이 17a, 2012년이 13b이다. b는 a보다 크므로 13b가 17a보다 작다고 단정할 수 없다.
ㄹ. 1992년에 남성 정규직 근로자 평균 임금을 100이라고 가정하면, 남성 비정규직 근로자 평균 임금은 80, 여성 비정규직 근로자 평균 임금은 44, 전체 비정규직 근로자 평균 임금은 44보다 크고 80보다 작다. 따라서 1992년에 여성 비정규직 근로자 평균 임금은 전체 비정규직 근로자 평균 임금의 50%를 넘는다.

함정 클리닉

②번을 정답으로 하지 않은 학생들은 제시된 자료의 수치가 의미하는 바를 이해하지 못하였을 가능성이 크다. 제시된 수치는 해당 연도 남성 정규직 근로자 평균 임금을 100이라고 하여 나타낸 것이므로 문제를 풀 때 매년 남성 정규직 근로자 평균 임금이 상승하였음을 유의하도록 한다.

이것만은 꼭!

1. 제시된 수치가 의미하는 바를 파악해야 한다.
2. 서로 다른 연도의 상대적인 값을 비교할 때에는 조건에 유의해야 한다.
3. 평균은 정확한 값이 아니라 일정한 범주로도 산출될 수 있다.

11 빈곤의 유형

| 정답 ② | 23년 7월 학력평가 5번

①	❷	③	④	⑤
2%	83%	7%	5%	3%

다음은 질문의 답변에 따라 빈곤의 유형 A, B를 구분한 것이다. 이에 대한 설명으로 옳은 것은? (단, A, B는 각각 절대적 빈곤, 상대적 빈곤 중 하나임.)

질문 \ 답변	예	아니요
인간 생존에 필요한 최소한의 자원이나 소득이 결핍된 상태를 의미하는가? 절대적 빈곤	A 절대적 빈곤	B 상대적 빈곤
(가)	B	A

① A는 사회 구성원의 평판에 따른 빈곤 상태를 말한다.
② B는 사회 구성원들의 소득 분포를 고려하여 파악한다.
③ A에 해당하는 모든 가구는 항상 B 가구에 포함된다.
④ B는 A와 달리 상대적 박탈감을 유발한다. (A와 B는 모두)
⑤ (가)에는 '우리나라에서는 객관화된 기준을 적용하여 파악하는가?'가 들어갈 수 있다. (없다.)

✓ 자료 분석 인간 생존에 필요한 최소한의 자원이나 소득이 결핍된 상태를 의미하는 빈곤은 절대적 빈곤이다. 따라서 A는 절대적 빈곤, B는 상대적 빈곤이다.

O 정답 찾기 ② 상대적 빈곤은 사회 구성원들의 소득 분포를 고려하여 파악한다.

✕ 오답 풀이 ① 절대적 빈곤은 객관적 기준에 따라 파악되므로 사회 구성원의 평판에 따른 빈곤 상태를 말하지 않는다.
③ 절대적 빈곤에 해당하는 모든 가구가 항상 상대적 빈곤 가구에 포함된다고 단정할 수 없다.
④ 절대적 빈곤과 상대적 빈곤은 모두 상대적 박탈감을 유발한다.
⑤ 절대적 빈곤과 상대적 빈곤은 모두 우리나라에서 객관화된 기준을 적용하여 파악한다. 따라서 해당 질문은 (가)에 들어갈 수 없다.

이것만은 꼭!

1. 절대적 빈곤과 상대적 빈곤은 모두 상대적 박탈감을 유발한다.
2. 절대적 빈곤과 상대적 빈곤은 모두 우리나라에서 객관화된 기준을 적용하여 파악한다.
3. 상대적 빈곤은 사회 구성원들의 소득 분포를 고려하여 파악한다.

제3권 교육청 해설

12 사회적 소수자

| 정답 ① | 23년 7월 학력평가 6번

❶	②	③	④	⑤
86%	3%	2%	2%	7%

사회적 소수자 A~E에 대한 설명으로 옳은 것은?

사회적 소수자 - 여성, 비정규직, 북한 이탈 주민, 이주 노동자

이번 주 영화 대 영화

영화1

여성이라는 이유로 취업에 실패하던 A는 지인의 소개로 대형 마트에 비정규직으로 취업한다. 그러던 어느 날 A는 정규직이 아니라는 이유로 불합리한 처우를 받게 되어 고통을 겪는다. 이에 북한 이탈 주민인 자신에 대한 주변의 차별적 태도에 고통받던 B와 이주 노동자라는 출신 배경 때문에 부당한 대우를 받던 C가 다가와 손을 내민다. 결국 손을 맞잡은 그들은 사회적 소수자의 차별 철폐를 위한 투쟁을 시작하는데 …….

영화2

사회적 소수자 - 장애인

D는 공장에서 야간 작업을 하던 중 불의의 사고로 다리를 잃게 되어 장애인이 된다. 이후 D는 주변 사람들로부터 장애로 인한 차별적 대우를 받게 되지만 현실에 순응한 채 살아간다. D의 자녀 E는 자폐 스펙트럼 장애를 가지고 태어났지만 사회적 차별을 극복해 가며 로스쿨에 진학한다. 우수한 성적으로 졸업한 E는 장애인 노동자들의 노동 환경 및 처우 개선을 위한 법 개정에 앞장서는 법률 전문가로 활동하게 되는데 …….

① A는 한 개인이 여러 사회적 소수자 집단에 중첩되어 속할 수 있음을 보여 주는 사례이다.

② A는 D와 달리 ~~수적인 열세~~로 인해 차별을 받았다.

③ ~~B는~~ D는 C와 달리 주류 집단과 구별되는 신체적 특징을 이유로 차별을 받았다.

④ D는 E와 달리 ~~선천적~~ 후천적 요인으로 인해 차별을 받았다.

⑤ ~~E는 A와 달리~~ A와 E는 모두 사회적 소수자의 불리한 위치를 개선하기 위해 노력하였다.

✓ 자료 분석 사회적 소수자는 신체적 또는 문화적 특징으로 인해 불평등한 처우를 받는 사람들을 의미한다. A는 여성, 비정규직 근로자라는 이유로 차별을 받았고, B는 북한 이탈 주민이라는 이유로 차별을 받았다. C는 이주 노동자라는 이유로 차별을 받았고, D와 E는 장애인이라는 이유로 차별을 받았다.

O 정답 찾기 ① A는 여성이라는 이유와 비정규직이라는 이유로 차별을 받는다. 이는 한 개인이 여러 사회적 소수자 집단에 중첩되어 속할 수 있음을 보여 준다.

× 오답 풀이 ② A가 수적인 열세로 인해 차별을 받았는지는 알 수 없다.

③ B는 북한 이탈 주민이라는 이유로 사회적 차별을 받았으므로 주류 집단과 구별되는 신체적 특징을 이유로 차별을 받았다고 볼 수 없다.

④ D는 사고로 장애인이 되었으므로 후천적 요인으로 인해 차별을 받았다.

⑤ A, E는 모두 사회적 소수자의 불리한 위치를 개선하기 위해 노력하였다.

이것만은 꼭!

1. 사회적 소수자는 반드시 수적으로 열세인 것만은 아니다.
2. 한 개인이 여러 사회적 소수자 집단에 중첩되어 속할 수 있다.
3. 장애인은 주류 집단과 구별되는 신체적 특징을 이유로 차별을 받는 사회적 소수자이다.

13 성 불평등 문제

| 정답 ③ | 23년 7월 학력평가 10번

①	② 함정	❸	④ 함정	⑤
7%	18%	37%	23%	15%

다음 자료에 대한 분석으로 옳은 것은? [3점]

표는 갑국의 시기별 남성 노동자와 여성 노동자의 임금 격차 지수 및 여성 임금 비율을 나타낸 것이다. 갑국의 남성 노동자 평균 임금은 t년 이후 지속적으로 상승하였다.

구분	t년	t+10년	t+20년	t+30년
임금 격차 지수	40	30	50	60
여성 임금 비율(%)	75	87.5	62.5	50

* 임금 격차 지수 = $\frac{(\text{남성 노동자 평균 임금} - \text{여성 노동자 평균 임금})}{\text{남성 노동자 평균 임금}} \times 100$

** 여성 임금 비율(%) = $\frac{\text{여성 노동자 평균 임금}}{\text{전체 노동자 평균 임금}} \times 100$

① t년에 여성 노동자 평균 임금은 남성 노동자 평균 임금의 ~~40%~~(60%)이다.

② t년은 t+10년에 비해 여성 노동자 평균 임금이 ~~많다~~(적다).

③ t+20년은 t+10년과 달리 여성 노동자 수가 남성 노동자 수보다 적다.

④ t+30년은 t+20년에 비해 남성 노동자 수가 감소하였다.

⑤ 갑국의 시기별 전체 노동자의 평균 임금은 ~~모두 동일하다~~(지속적으로 상승하였다).

✓ 자료 분석 t년의 남성 노동자 평균 임금을 100a, t+10년의 남성 노동자 평균 임금을 100b, t+20년의 남성 노동자 평균 임금을 100c, t+30년의 남성 노동자 평균 임금을 100d라고 가정하면, 제시된 자료를 바탕으로 성별 노동자 평균 임금을 나타내면 다음과 같다.

구분	t년	t+10년	t+20년	t+30년
여성 노동자 평균 임금	60a	70b	50c	40d
남성 노동자 평균 임금	100a	100b	100c	100d
전체 노동자 평균 임금	80a	80b	80c	80d

○ 정답 찾기 ③ t+10년의 경우 남성 노동자 수 : 여성 노동자 수=1 : 2이고, t+20년의 경우 남성 노동자 수 : 여성 노동자 수=3 : 2이다. 따라서 t+20년은 t+10년과 달리 여성 노동자 수가 남성 노동자 수보다 적다.

× 오답 풀이 ① t년에 여성 노동자 평균 임금은 남성 노동자 평균 임금의 60%이다.
② 남성 노동자 평균 임금이 t년 이후 지속적으로 상승하였으므로 t년의 여성 노동자 평균 임금인 60a는 t+10년의 여성 노동자 평균 임금인 70b보다 작다. 따라서 t+10년은 t년에 비해 여성 노동자 평균 임금이 적다.
④ 제시된 자료를 통해 갑국 인구의 변화를 파악할 수 없다. 따라서 t+20년과 t+30년의 남성 노동자 수를 비교할 수 없다.
⑤ 갑국의 시기별 전체 노동자의 평균 임금은 지속적으로 상승하였다.

②번을 옳다고 판단한 학생들은 각 시기별 남성 노동자 평균 임금이 모두 같다고 보고 표를 작성하였을 가능성이 높다. 남성 노동자 평균 임금이 지속적으로 상승하였으므로 각 시기별로 서로 다른 미지수를 넣어 계산해야 한다.
④번을 옳다고 판단한 학생들은 주어진 자료를 통해 각 연도 내에서 남성과 여성의 인구수는 비교할 수 있지만, 각 연도 간 비교는 가능하지 않다는 사실을 몰랐던 것으로 보인다.

이것만은 꼭!

1. 평균값의 정의를 활용하여 각 대상의 수를 구할 수 있다.
2. 각 연도 내에서 비교가 가능한 것과 각 연도별로 비교가 가능한 것을 구분해야 한다.

14 성 불평등 문제

| 정답 ① | 23년 10월 학력평가 15번

❶	②	③	④ 함정	⑤ 함정
29%	13%	13%	24%	21%

다음 자료에 대한 분석으로 옳은 것은? [3점]

갑국 전체 근로자 월평균 임금은 2000년에 3,800달러이고, 2020년에 4,800달러이다. 표는 갑국 근로자 집단별 월평균 임금 갭을 나타낸 것이다. 단, 각 연도에 연령대별 남성 근로자 수가 모두 같고, 연령대별 여성 근로자 수도 모두 같다.

(단위: 달러)

연령대	2000년		2020년	
	남성	여성	남성	여성
20대 이하	-800	-1,300	-800	-800
30대	-300	-500	-300	-600
40대	700	-100	700	200
50대 이상	1,200	700	1,200	400
전체	200	-300	200	-200

* 갑국 근로자 집단별 월평균 임금 갭(달러) = 해당 근로자 집단 월평균 임금 - 갑국 전체 근로자 월평균 임금

① 2000년에 월 임금 총액은(월평균 임금X근로자 수) 20대 이하 남성 근로자와 50대 이상 여성 근로자가 같다.
② 2020년에 월평균 임금은 30대 남성 근로자가 40대 여성 근로자보다 ~~크다~~(작다).
③ 30대 근로자의 성별 월평균 임금의 차이는 2000년이 2020년보다 ~~크다~~(작다).
④ 2000년 대비 2020년에 40대 근로자의 월평균 임금 증가율은 남성이 여성보다 ~~크다~~(작다).
⑤ 연령대별 근로자의 성별 월평균 임금의 차이는 ~~2000년과 2020년 모두~~(2000년과 달리 2020년에) 50대 이상이 가장 크다.

✔ 자료 분석 갑국 전체 근로자 월평균 임금은 2000년에 3,800달러이고, 2020년에 4,800달러이므로 제시된 자료는 다음과 같이 나타낼 수 있다.

(단위: 달러)

연령대	2000년		2020년	
	남성	여성	남성	여성
20대 이하	3,000	2,500	4,000	4,000
30대	3,500	3,300	4,500	4,200
40대	4,500	3,700	5,500	5,000
50대 이상	5,000	4,500	6,000	5,200
전체	4,000	3,500	5,000	4,600

○ 정답 찾기 ① 2000년에 남성 전체 근로자 월평균 임금은 4,000달러이고, 여성 전체 근로자 월평균 임금은 3,500달러이며, 전체 근로자 월평균 임금은 3,800달러이다. 이를 통해 남성 전체 근로자 수 : 여성 전체 근로자 수가 3 : 2임을 알 수 있다. 2000년에 20대 이하 남성 근로자 월평균 임금은 3,000달러, 50대 이상 여성 근로자 월평균 임금은 4,500달러이므로 2000년에 월 임금 총액(월평균 임금×근로자 수)은 20대 이하 남성 근로자와 50대 이상 여성 근로자가 같다.

× 오답 풀이 ② 2020년에 월평균 임금은 30대 남성 근로자의 경우 4,500달러, 40대 여성 근로자의 경우 5,000달러이므로 30대 남성 근로자가 40대 여성 근로자보다 작다.
③ 30대 근로자의 성별 월평균 임금의 차이는 2000년의 경우 200달러(=3,500달러 - 3,300달러), 2020년의 경우 300달러(=4,500달러 - 4,200달러)이므로 2000년이 2020년보다 작다.
④ 2000년 대비 2020년에 40대 근로자의 월평균 임금 증가율은 남성의 경우 약 22.2%{=(1,000달러/4,500달러)×100}, 여성의 경우 약 35.1%{=(1,300달러/3,700달러)×100}이므로 남성이 여성보다 작다.
⑤ 2000년의 경우 근로자의 성별 월평균 임금의 차이는 20대 이하가 500달러, 30대가 200달러, 40대가 800달러, 50대 이상이 500달러이므로 40대가 가장 크다. 2020년의 경우 근로자의 성별 월평균 임금의 차이는 20대 이하가 0달러, 30대가 300달러, 40대가 500달러, 50대 이상이 800달러이므로 50대가 가장 크다. 따라서 연령대별 근로자의 성별 월평균 임금의 차이는 2000년과 달리 2020년에 50대 이상이 가장 크다.

①번을 정답으로 선택하지 못한 학생들은 제시된 자료를 바탕으로 연령대별 근로자의 월평균 임금을 구하지 못하였을 가능성이 크다. 또한 남성 전체 근로자 월평균 임금과 여성 전체 근로자 월평균 임금 및 전체 근로자 월평균 임금을 통해 남성 전체 근로자 수와 여성 전체 근로자 수의 비(比)를 파악하지 못하였을 것이다.

이것만은 꼭!

1. 월 임금 총액은 '월평균 임금×근로자 수'로 계산한다.
2. (남성 근로자 월평균 임금 - 전체 근로자 월평균 임금) : (전체 근로자 월평균 임금 - 여성 근로자 월평균 임금)을 통해 여성 근로자 수 : 남성 근로자 수를 파악할 수 있다.

15 빈곤의 유형

| 정답 ② | 23년 10월 학력평가 17번

①	❷	③	④	⑤
3%	71%	8%	9%	9%

다음 자료에 대한 설명으로 옳은 것은?

> 갑국에서 소득이 최저 생계비 미만인 가구는 ㉠절대적 빈곤 가구로, 소득이 중위 소득의 50% 미만인 가구는 ㉡상대적 빈곤 가구로 분류된다. 2022년에 갑국에서 소득이 중위 소득의 50% 이상인 가구의 수는 전체 가구 중 80%이고, 소득이 최저 생계비 미만인 가구 수의 10배이다. 단, 갑국에서 모든 가구의 구성원 수는 같다.
> 전체 가구 중 절대적 빈곤 가구의 비율은 8%임 / 전체 가구 중 상대적 빈곤 가구의 비율은 20%임

① ~~㉠은 ㉡과 달리~~(㉠과 ㉡은 모두) 객관적인 기준에 의해 규정된다.
② ㉡은 ㉠과 달리 한 사회의 소득 분포를 고려하여 규정된다.
③ ㉠과 ㉡은 모두 소득 불평등이 전혀 없는 사회~~에서는 나타나지 않는다~~(에서도 나타날 수 있다).
④ 2022년에 갑국에서 전체 가구 중 상대적 빈곤 가구의 비율은 ~~8%~~(20%)이다.
⑤ 2022년에 갑국에서 전체 빈곤 가구 중 절대적 빈곤 가구의 비율은 ~~50%보다 높다~~(40%이다).

✓ 자료 분석 2022년에 갑국에서 소득이 중위 소득의 50% 이상인 가구의 수가 전체 가구 중 80%이고, 소득이 최저 생계비 미만인 가구 수의 10배이므로, 전체 가구 중 절대적 빈곤 가구의 비율은 8%, 상대적 빈곤 가구의 비율은 20%이다.

O 정답 찾기 ② 상대적 빈곤은 중위 소득의 일정 비율을 기준으로 파악하므로 한 사회의 소득 분포를 고려하여 규정된다.

X 오답 풀이 ① 절대적 빈곤과 상대적 빈곤은 모두 객관적 기준에 의해 규정된다.
③ 절대적 빈곤과 상대적 빈곤은 모두 소득 불평등이 없는 사회에서도 나타날 수 있다.
④ 2022년에 갑국에서 전체 가구 중 상대적 빈곤 가구의 비율은 20%이다.
⑤ 2022년에 갑국에서 전체 가구 중 절대적 빈곤 가구의 비율은 8%, 전체 가구 중 상대적 빈곤 가구의 비율은 20%이다. 따라서 2022년에 갑국에서 전체 빈곤 가구 중 절대적 빈곤 가구의 비율은 50%보다 낮다.

이것만은 꼭!

1. 절대적 빈곤과 상대적 빈곤은 모두 객관적 기준에 의해 규정된다.
2. 절대적 빈곤과 상대적 빈곤은 모두 소득 불평등이 없는 사회에서도 나타날 수 있다.
3. 상대적 빈곤은 중위 소득의 일정 비율을 기준으로 파악하므로 한 사회의 소득 분포를 고려하여 규정된다.

16 성 불평등 문제

| 정답 ④ | 22년 3월 학력평가 13번

①	②	③ 함정	❹	⑤
8%	10%	29%	43%	10%

다음 자료에 대한 분석으로 옳은 것은? [3점]

> 표는 갑국의 5년 전 대비 성별 근로자 평균 임금 상승률을 나타낸 것이다. 갑국에서 남성 근로자 수와 여성 근로자 수는 항상 같고, 2005년에 남성 근로자 평균 임금은 여성 근로자 평균 임금의 2배이다.

(단위: %)

구분	2010년	2015년	2020년
남성 근로자 평균 임금 상승률	5	7	13
여성 근로자 평균 임금 상승률	7	9	11

① 2005년 대비 2010년에 전체 근로자 평균 임금 상승률은 12%이다.
② 5년 전 대비 전체 근로자 평균 임금 상승률은 2010년이 2015년보다 ~~크다~~(작다).
③ 남성 근로자와 여성 근로자 간의 평균 임금 차이는 2005년이 2010년보다 ~~크다~~(작다).
④ 전체 근로자 평균 임금 대비 여성 근로자 평균 임금은 2015년이 2020년보다 크다.
⑤ 2010년 대비 2020년에 남성 근로자와 여성 근로자 모두 평균 임금이 20% 상승하였다.

이것만은 꼭!

1. 전체 근로자의 평균 임금 상승률은 남성 근로자와 여성 근로자의 평균 임금 상승률 사이의 값이다.
2. 전체 근로자 평균 임금 대비 여성 근로자 평균 임금은 '여성 근로자 평균 임금/전체 근로자 평균 임금'을 의미한다.
3. 남성 근로자 평균 임금이 여성 근로자 평균 임금의 2배라는 것은 여성 근로자 평균 임금이 100만 원일 경우 남성 근로자 평균 임금이 200만 원임을 의미한다.

✓ 자료 분석 2005년에 남성 근로자 평균 임금이 여성 근로자 평균 임금의 2배이므로 2005년 남성 근로자 평균 임금을 200만 원, 여성 근로자 평균 임금을 100만 원이라고 가정하면, 남성과 여성 근로자의 평균 임금은 다음과 같이 나타낼 수 있다.

(단위: 만 원)

구분	2005년	2010년	2015년	2020년
남성 근로자 평균 임금	200	210	약 224	약 253
여성 근로자 평균 임금	100	107	약 116	약 129
전체 근로자 평균 임금	150	158.5	약 170	약 191

O 정답 찾기 ④ 2015년 대비 2020년에 여성 근로자 평균 임금 상승률은 11%이고, 전체 근로자 평균 임금 상승률은 12%보다 크다. 따라서 전체 근로자 평균 임금 대비 여성 근로자 평균 임금은 2015년이 2020년보다 크다.

X 오답 풀이 ① 2005년에 남성 근로자 평균 임금이 여성 근로자 평균 임금보다 많으므로 전체 근로자 평균 임금 상승률은 남성 근로자 평균 임금 상승률에 근접한다. 2005년 대비 2010년에 전체 근로자의 평균 임금 상승률은 6%보다 작다.
② 2005년 대비 2010년에 전체 근로자 평균 임금 상승률은 6%보다 작고, 2010년 대비 2015년에 전체 근로자 평균 임금 상승률은 7%보다 크다. 따라서 5년 전 대비 전체 근로자 평균 임금 상승률은 2010년이 2015년보다 작다.
③ 2005년에 남성 근로자 평균 임금이 200만 원, 여성 근로자 평균 임금이 100만 원이라면, 남성 근로자와 여성 근로자 간의 평균 임금 차이는 2005년의 경우 100만 원이고, 2010년의 경우 103만 원이다. 따라서 남성 근로자와 여성 근로자 간의 평균 임금 차이는 2005년이 2010년보다 작다.
⑤ 2010년 대비 2020년에 남성 근로자 평균 임금과 여성 근로자가 평균 임금은 모두 20%보다 크게 상승하였다.

③의 경우 2005년의 임금을 특정한 수치로 가정하고 제시된 임금 상승률을 적용하면 2005년과 2010년에 남성 근로자와 여성 근로자의 평균 임금 차이를 계산할 수 있다. 또한 2005년에 남성 근로자 평균 임금이 여성 근로자 평균 임금의 2배라고 제시되어 있으므로 이를 활용할 수 있어야 한다.

17 빈곤의 유형

| 정답 ⑤ | 22년 4월 학력평가 12번

①	②	③	④ 함정	⑤
6%	6%	8%	29%	51%

다음에 대한 설명으로 옳은 것은? (단, A와 B는 각각 절대적 빈곤, 상대적 빈곤 중 하나이다.) [3점]

> A(절대적 빈곤)는 최소한의 생활 유지에 필요한 자원이나 소득이 부족한 상태를, B(상대적 빈곤)는 사회 구성원 대다수가 누리는 일반적 생활 수준을 영위하는 데 필요한 자원이나 소득이 부족한 상태를 의미한다. 갑국에서는 가구 소득이 최저 생계비 미만이면 A 가구(절대적 빈곤 가구)로, 중위 소득의 50% 미만이면 B 가구(상대적 빈곤 가구)로 분류하며 모든 가구의 구성원 수는 동일하다. t년에 갑국의 전체 가구 중 B 가구에만 해당하는 가구의 비율은 5%이고, A 가구나 B 가구 어디에도 해당하지 않는 가구의 비율은 85%이다.

① A는 소득 수준이 높은 국가에서는 ~~나타나지 않는다~~(나타날 수 있다).
② ~~A는 B와 달리~~(A와 B는 모두) 상대적 박탈감의 발생 원인이 될 수 있다.
③ 갑국에서 ~~B는 A와 달리~~(A와 B는 모두) 객관화된 기준에 의해 규정된다.
④ t년에 갑국에서는 최저 생계비의 2배가 중위 소득보다 ~~크다~~(작다).
⑤ t년에 갑국의 전체 가구 중 A 가구와 B 가구 모두에 해당하는 가구의 비율은 10%이다.

✓ 자료 분석 절대적 빈곤은 인간이 최소한의 생활을 유지하는 데 필요한 자원이나 소득이 부족한 상태이고, 상대적 빈곤은 다른 사람들보다 자원이나 소득을 상대적으로 적게 가져 사회 구성원 다수가 누리는 생활 수준을 누리지 못하는 상태이다. 따라서 A는 절대적 빈곤, B는 상대적 빈곤이다.

○ 정답 찾기 ⑤ 절대적 빈곤 가구나 상대적 빈곤 가구 어디에도 해당하지 않는 가구의 비율이 85%라면, 절대적 빈곤 가구나 상대적 빈곤 가구 중 하나에라도 해당하는 가구의 비율은 15%이다. 상대적 빈곤 가구에만 해당하는 비율이 5%가 되기 위해서는 상대적 빈곤 가구가 절대적 빈곤 가구보다 많아야 하므로 상대적 빈곤 가구와 절대적 빈곤 가구 모두에 해당하는 비율은 10%이다.

× 오답 풀이 ① 절대적 빈곤은 소득 수준이 높은 국가에서도 나타날 수 있다.
② 상대적 빈곤과 절대적 빈곤은 모두 상대적 박탈감의 발생 원인이 될 수 있다.
③ 갑국에서 절대적 빈곤과 상대적 빈곤은 모두 객관화된 기준에 의해 규정된다.
④ t년에 갑국에서는 상대적 빈곤 가구가 절대적 빈곤 가구보다 많다. 따라서 최저 생계비의 2배가 중위 소득보다 작다.

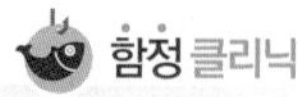

④번을 정답으로 잘못 선택하였다면, 이는 상대적 빈곤 가구에만 해당하는 가구가 존재한다는 의미를 파악하지 못했을 가능성이 크다. 상대적 빈곤 가구에만 해당하는 가구가 존재한다는 것은 절대적 빈곤 가구가 모두 상대적 빈곤 가구에 해당함을 의미하며, 상대적 빈곤 가구가 절대적 빈곤 가구보다 많음을 의미한다.

이것만은 꼭!

1. 절대적 빈곤과 상대적 빈곤은 모두 소득이 높은 국가에서도 나타난다.
2. 절대적 빈곤과 상대적 빈곤은 모두 상대적 박탈감의 발생 원인이 될 수 있다.
3. 우리나라에서 절대적 빈곤과 상대적 빈곤은 모두 객관화된 기준에 의해 규정된다.

18 성 불평등 문제

| 정답 ④ | 22년 4월 학력평가 20번

①	②	③	❹	⑤
7%	11%	13%	57%	12%

다음 자료에 대한 옳은 분석 및 추론만을 〈보기〉에서 있는 대로 고른 것은?

표는 갑국의 임금 불평등을 파악하기 위해 t년과 t+20년의 성별 및 고용 형태별 근로자의 시간당 평균 임금을 조사한 후, 이를 토대로 분석한 자료이다. 단, 남성 정규직 근로자 시간당 평균 임금은 t+20년이 t년의 2배이다.

(단위: %)

구분		t년	t+20년
남성 정규직 근로자 시간당 평균 임금 대비 여성 정규직 근로자 시간당 평균 임금		40	80
정규직 근로자 시간당 평균 임금 대비 비정규직 근로자 시간당 평균 임금	전체	35	84
	남	62	90
	여	65	87

보기

ㄱ. 여성 정규직 근로자 시간당 평균 임금은 t+20년이 t년의 4배이다. (16,000원 / 4,000원)
ㄴ. 남성 정규직 근로자와 여성 정규직 근로자 간 임금 불평등은 t+20년이 t년에 비해 ~~심화~~(완화)되었다.
ㄷ. t년 대비 t+20년 시간당 평균 임금의 증가율은 전체 정규직 근로자가 전체 비정규직 근로자보다 낮다.
ㄹ. t년과 t+20년 모두 남성 비정규직 근로자 시간당 평균 임금이 여성 비정규직 근로자 시간당 평균 임금보다 높다.

① ㄱ, ㄴ ② ㄱ, ㄹ ③ ㄴ, ㄷ
④ ㄱ, ㄷ, ㄹ ⑤ ㄴ, ㄷ, ㄹ

✔ 자료 분석 t년에 남성 정규직 근로자 시간당 평균 임금을 10,000원이라고 가정하면, t+20년에 남성 정규직 근로자 시간당 평균 임금은 20,000만 원이다. 제시된 자료를 바탕으로 남성과 여성의 고용 형태별 시간당 평균 임금을 나타내면 다음과 같다.

(단위: 원)

구분		t년	t+20년
정규직	남성	10,000	20,000
	여성	4,000	16,000
비정규직	남성	6,200	18,000
	여성	2,600	13,920

O 정답 찾기 ㄱ. 여성 정규직 근로자 시간당 평균 임금은 t년이 4,000원, t+20년이 16,000원이므로 t+20년이 t년의 4배이다.
ㄷ. t년 대비 t+20년에 전체 정규직 근로자 시간당 평균 임금 대비 비정규직 근로자 시간당 평균 임금이 35%에서 84%로 증가하였다. 따라서 t년 대비 t+20년에 전체 정규직 근로자 시간당 평균 임금 증가율보다 전체 비정규직 근로자 시간당 평균 임금 증가율이 높다.
ㄹ. t년과 t+20년 모두에서 남성 비정규직 근로자 시간당 평균 임금이 여성 비정규직 근로자 시간당 평균 임금보다 높다.

✖ 오답 풀이 ㄴ. 남성 정규직 근로자 시간당 평균 임금 대비 여성 정규직 근로자 시간당 평균 임금은 t년 40%에서 t+20년 80%로 증가하였다. 이는 남성 정규직과 여성 정규직 간 임금의 차이가 줄어들었음을 의미한다.

이것만은 꼭!

1. 남성 대비 여성은 '여성/남성'을 의미한다.
2. 특정한 수치를 가정하여 나머지 수치를 산출하면 상대적 크기를 비교할 수 있다.
3. 표 분석 문항에서는 제시된 조건을 놓치지 않고 활용해야 한다.

19 빈곤의 유형

| 정답 ③ | 22년 7월 학력평가 3번

①	②	❸	④	⑤
3%	3%	74%	17%	3%

그림은 빈곤의 유형 A와 B를 구분한 것이다. 이에 대한 설명으로 옳은 것은? (단, A와 B는 각각 상대적 빈곤, 절대적 빈곤 중 하나이다.)

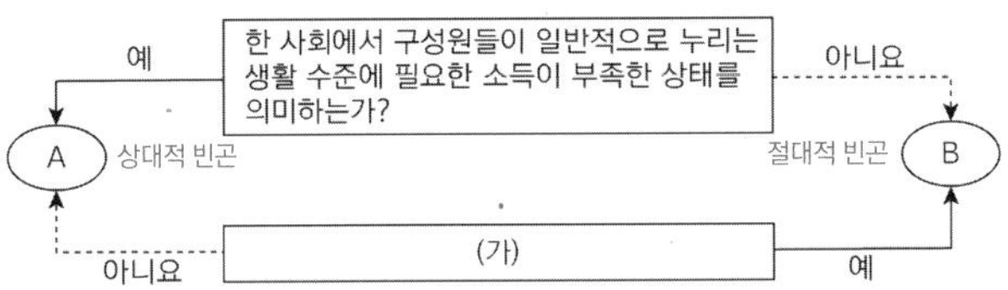

① ~~A는 B와 달리~~(A, B는 모두) 상대적 박탈감의 원인이 된다.
② ~~A는 B와 달리~~(A, B는 모두) 소득 수준이 높은 국가에서는 ~~나타나지 않는다~~(나타날 수 있다).
③ B에 속하지 않는 가구도 A에 속할 수 있다.
④ 우리나라에서는 가구 소득이 중위 소득의 50% 미만인 상태를 ~~B~~(A)로 분류한다.
⑤ (가)에는 '우리나라에서는 객관화된 기준에 의해 분류되는가?'가 들어갈 수 ~~있다~~(없다).

✔ 자료 분석 상대적 빈곤은 한 사회에서 구성원들이 일반적으로 누리는 생활 수준에 필요한 소득이 부족한 상태를 의미한다. 따라서 A는 상대적 빈곤, B는 절대적 빈곤이다.

O 정답 찾기 ③ 상대적 빈곤선이 절대적 빈곤선보다 높은 경우 절대적 빈곤에 속하지 않는 가구가 상대적 빈곤에 속할 수 있다.

✖ 오답 풀이 ① 절대적 빈곤과 상대적 빈곤은 모두 상대적 박탈감의 원인이 될 수 있다.
② 절대적 빈곤과 상대적 빈곤은 모두 소득 수준이 높은 국가에서도 나타날 수 있다.
④ 우리나라에서는 중위 소득의 50%를 기준으로 상대적 빈곤을 측정한다.
⑤ 절대적 빈곤과 상대적 빈곤은 모두 객관화된 기준에 의해 분류된다.

이것만은 꼭!

1. 절대적 빈곤은 인간이 최소한의 생활을 유지하는 데 필요한 자원이나 소득이 부족한 상태이다.
2. 상대적 빈곤은 다른 사람들보다 자원이나 소득을 상대적으로 적게 가져 사회 구성원 다수가 누리는 생활 수준을 누리지 못하는 상태이다.
3. 우리나라에서 상대적 빈곤율은 중위 소득의 50%를 기준으로 하여 파악한다.

20 성 불평등 문제

| 정답 ④ | 22년 7월 학력평가 10번

①	②	③함정	❹	⑤
5%	11%	19%	57%	8%

다음 자료에 대한 옳은 분석만을 〈보기〉에서 있는 대로 고른 것은? [3점]

다음은 연구자 갑이 A국의 노동 관련 성 불평등을 연구하기 위해 수집한 자료이다. A국에서 남성 노동자의 평균 임금은 t년에 비해 t+10년에는 10%, t년에 비해 t+20년에는 25% 증가하였다. 또한 남성 노동자 수는 제시된 연도에서 모두 같다.

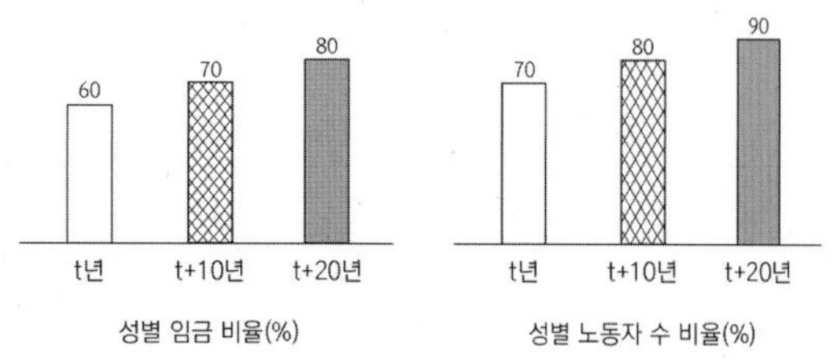

* 성별 임금 비율(%)=(여성 노동자 평균 임금/남성 노동자 평균 임금)×100
** 성별 노동자 수 비율(%)=(여성 노동자 수/남성 노동자 수)×100

보기

ㄱ. t년에 비해 t+10년에 여성 노동자 평균 임금은 20% 이상 증가하였다.
ㄴ. t년에 비해 t+20년에 평균 임금액의 성별 격차는 ~~증가하였지만~~ 감소하였고 노동자 수의 성별 격차는 감소하였다.
ㄷ. t+10년에 비해 t+20년에 남성 노동자 수와 여성 노동자 수의 격차는 50% 감소하였다.
ㄹ. 제시된 연도 중에 전체 남성 노동자의 총임금과 전체 여성 노동자의 총임금 간 격차는 t+20년이 가장 작다.

① ㄱ, ㄴ ② ㄱ, ㄷ ③ ㄴ, ㄹ
④ ㄱ, ㄷ, ㄹ ⑤ ㄴ, ㄷ, ㄹ

✔ 자료 분석 t년에 남성 노동자 평균 임금을 100만 원, 남성 노동자 수를 100명이라고 가정하면 연도별 남성 및 여성 노동자 평균 임금과 노동자 수는 다음과 같다.

(단위: 만 원, 명)

구분		t년	t+10년	t+20년
남성	노동자 평균 임금	100	110	125
	노동자 수	100	100	100
여성	노동자 평균 임금	60	77	100
	노동자 수	70	80	90

O 정답 찾기 ㄱ. t년에 여성 노동자 평균 임금은 60만 원이고, t+10년에 여성 노동자 평균 임금은 77만 원이다. 따라서 t년 대비 t+10년에 여성 노동자 평균 임금 증가율은 약 28.3%이다.
ㄷ. t+10년에 남성 노동자 수와 여성 노동자 수의 격차는 20명이고, t+20년에 남성 노동자 수와 여성 노동자 수의 격차는 10명이다. 따라서 t+10년에 비해 t+20년에 남성 노동자 수와 여성 노동자 수의 격차는 50% 감소하였다.
ㄹ. 전체 남성 노동자의 총임금과 전체 여성 노동자의 총임금 간 격차는 t년의 경우 5,800만 원, t+10년의 경우 4,840만 원, t+20년의 경우 3,500만 원이다. 따라서 제시된 연도 중에 전체 남성 노동자의 총임금과 전체 여성 노동자의 총임금 간 격차는 t+20년이 가장 작고, t년이 가장 크다.

× 오답 풀이 ㄴ. t년에 비해 t+20년에 평균 임금액의 성별 격차와 노동자 수의 성별 격차는 모두 감소하였다.

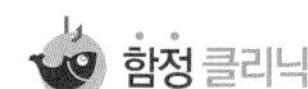

보기 ㄴ을 옳은 내용으로 파악한 학생들은 각 연도별 남성 노동자 평균 임금과 여성 노동자 평균 임금 및 남성 노동자 수와 여성 노동자 수를 파악하지 못하였을 가능성이 높다. 보기 ㄱ을 옳은 내용으로 파악하지 못한 학생들은 '변동율'을 구하는 방법을 몰랐을 가능성이 높다.

이것만은 꼭!

1. 변동율은 {(금년도 값-전년도 값)/전년도 값}×100이다.
2. 'A/B'의 값이 증가하는 경우는 B에는 변동이 없고 A만 증가하는 경우, A에는 변동이 없고 B만 감소하는 경우, A의 증가율보다 B의 증가율이 낮은 경우가 해당한다.

21 사회적 소수자

| 정답 ① | 22년 7월 학력평가 17번

❶	②	③	④	⑤
84%	6%	3%	5%	2%

다음은 수행 평가에서 갑이 작성한 답과 채점 결과를 나타낸 것이다. 이에 대한 옳은 설명만을 〈보기〉에서 고른 것은? [3점]

Q: 주어진 응답에 맞는 사회적 소수자 관련 질문 (가)~(라)를 작성하시오.

응답		답란(질문)	채점
예	(가)	㉠	1점
	(나)	사회적 소수자 규정 기준은 시대와 사회에 상관없이 동일한가?	㉢ 0점
아니요	(다)	수적으로 반드시 소수(少數)를 의미하는가?	㉣ 1점
	(라)	㉡	0점
점수 합계			2점

* 옳은 답을 쓴 경우 1점, 틀린 답을 쓴 경우 0점을 부여한다.

보기

ㄱ. ㉠에는 '사회적 소수자를 위한 적극적 우대 조치는 주류 집단에 대한 역차별이라는 비판을 받기도 하는가?'가 들어갈 수 있다.
ㄴ. ㉡에는 '스스로 사회적 소수자로서의 정체성을 인식하고 있는 것이 사회적 소수자의 조건이 되는가?'가 들어갈 수 있다.
ㄷ. ㉢은 ㉣과 달리 '1점'으로 채점된다. (㉣ ㉢)
ㄹ. (나)에 작성한 질문과 (다)에 작성한 질문의 위치를 서로 바꿔 썼다면, 갑의 점수 합계는 1점이 된다. (2점)

① ㄱ, ㄴ ② ㄱ, ㄷ ③ ㄴ, ㄷ ④ ㄴ, ㄹ ⑤ ㄷ, ㄹ

✓ 자료 분석 사회적 소수자 규정 기준은 시대와 사회에 따라 다르고, 사회적 소수자는 수적으로 반드시 소수(少數)를 의미하는 것은 아니다. 따라서 ㉢은 '0점', ㉣은 '1점'이다.

O 정답 찾기 ㄱ. ㉠에는 '예'라는 응답이 옳은 답이 될 수 있는 질문이 들어갈 수 있다. 사회적 소수자를 위한 적극적 우대 조치는 주류 집단에 대한 역차별이라는 비판을 받기도 한다. 따라서 해당 질문은 ㉠에 들어갈 수 있다.
ㄴ. 스스로 사회적 소수자로서의 정체성을 인식하고 있는 것이 사회적 소수자의 조건이 된다. 따라서 해당 질문은 ㉡에 들어갈 수 있다.

✕ 오답 풀이 ㄷ. ㉢은 '0점', ㉣은 '1점'이다.
ㄹ. (나)에 작성한 질문과 (다)에 작성한 질문의 위치를 서로 바꿔 썼다면, ㉢은 0점, ㉣은 1점이 된다. 따라서 갑의 점수 합계는 2점이 된다.

이것만은 꼭!
1. 사회적 소수자는 반드시 소수(少數)를 의미하는 것은 아니다.
2. 시대, 장소, 소속 집단의 범주 등에 따라 사회적 소수자에 해당하는지 여부가 달라진다.
3. 사회적 소수자는 소수자 집단의 성원이라는 이유만으로 사회적 차별의 대상이 된다.

22 빈곤의 유형

| 정답 ③ | 22년 10월 학력평가 7번

①	②	❸	④	⑤
2%	2%	75%	17%	4%

다음 자료에 대한 옳은 분석만을 〈보기〉에서 고른 것은? [3점]

A(절대적 빈곤)는 최소한의 생활을 유지하기 어려운 상태를, B(상대적 빈곤)는 사회 구성원들이 누리는 일반적인 생활 수준에 미치지 못하는 상태를 의미한다. 갑국에서는 가구 소득이 최저 생계비 미만인 경우를 A로, 중위 소득의 40% 미만인 경우를 B로 분류한다. 그림은 갑국의 전체 가구 중 ㉠A에 해당하는 가구의 비율(%), ㉡B에 해당하는 가구의 비율(%)을 나타낸 것이다. 단, 갑국에서 모든 가구의 구성원 수는 같다.

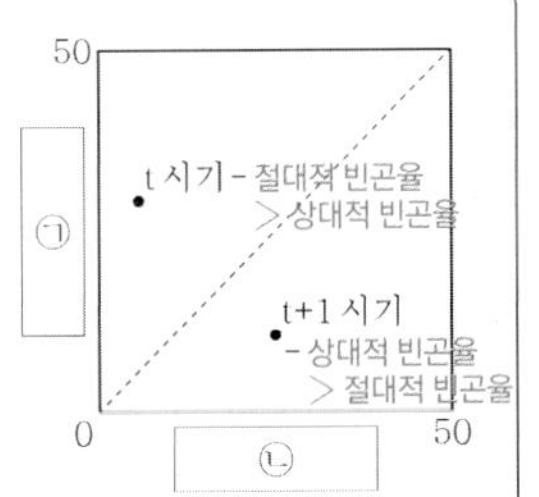

보기

ㄱ. ㉠과 ㉡을 더하면 갑국의 전체 빈곤율이 된다.
ㄴ. ㉠과 ㉡은 모두 객관화된 기준에 의해 측정된다.
ㄷ. t 시기에는 A이지만 B는 아닌 가구가 있다.
ㄹ. t+1 시기에는 중위 소득의 40%가 최저 생계비보다 낮다. (높다.)

① ㄱ, ㄴ ② ㄱ, ㄷ ③ ㄴ, ㄷ ④ ㄴ, ㄹ ⑤ ㄷ, ㄹ

✓ 자료 분석 절대적 빈곤은 최소한의 생활을 유지하기 어려운 상태를 의미하고, 상대적 빈곤은 사회 구성원들이 누리는 일반적인 생활 수준에 미치지 못하는 상태를 의미한다. 따라서 A는 절대적 빈곤, B는 상대적 빈곤이다.

O 정답 찾기 ㄴ. 절대적 빈곤은 최저 생계비, 상대적 빈곤은 중위 소득의 40%를 기준으로 측정된다. 따라서 절대적 빈곤율과 상대적 빈곤율은 모두 객관화된 기준에 의해 측정된다.
ㄷ. t 시기에는 절대적 빈곤율이 상대적 빈곤율보다 높다. 이는 절대적 빈곤에 해당하는 가구 수가 상대적 빈곤에 해당하는 가구 수보다 많음을 의미한다. 따라서 t 시기에는 절대적 빈곤이지만 상대적 빈곤에는 해당하지 않는 가구가 존재한다.

✕ 오답 풀이 ㄱ. 절대적 빈곤율과 상대적 빈곤율을 더한 것이 그 사회의 전체 빈곤율이 되는 것은 아니다.
ㄹ. t+1 시기에는 상대적 빈곤율이 절대적 빈곤율보다 높다. 따라서 중위 소득의 40%가 최저 생계비보다 높다.

이것만은 꼭!
1. 절대적 빈곤은 최소한의 생활을 유지하기 어려운 상태를 의미하고, 상대적 빈곤은 사회 구성원들이 누리는 일반적인 생활 수준에 미치지 못하는 상태를 의미한다.
2. 절대적 빈곤율과 상대적 빈곤율은 모두 객관화된 기준에 의해 측정된다.
3. 절대적 빈곤율과 상대적 빈곤율을 더한 것이 그 사회의 전체 빈곤율이 되는 것은 아니다.

23 성 불평등 문제

| 정답 ⑤ | 22년 10월 학력평가 15번

①	②	③	④ 함정	❺
3%	9%	10%	12%	66%

다음 자료에 대한 분석으로 옳은 것은? [3점]

성별에 따른 임금 수준의 차이는 '임금 성비'라는 지표를 통해 파악해 볼 수 있다. 임금 성비는 '(여성의 평균 임금/남성의 평균 임금)×100'으로 계산한다. 표는 갑국의 성별에 따른 월평균 임금의 변화 추이를 전체 업종과 ○○ 업종으로 구분하여 나타낸 것이다.

(단위: 달러)

구분		t년	t+1년	t+2년
전체 업종	남성	1,000	1,500	2,000
	여성	600	900	1,500
○○ 업종	남성	800	1,300	1,800
	여성	700	1,200	1,800

① 전체 업종에서 t년과 t+2년의 임금 성비는 ~~같다~~(다르다).
② 임금 성비는 모든 시기에서 ○○ 업종이 전체 업종보다 ~~낮다~~(높다).
③ ~~○○ 업종과 달리 전체 업종에서는~~(○○ 업종과 전체 업종 모두에서) 성별 임금 수준의 불평등이 ~~심화~~(완화)되고 있다.
④ 전체 업종에서 월평균 임금의 전년 대비 상승률은 남성의 경우 t+1년~~과~~(이) t+2년~~이 동일하다~~(보다 높다).
⑤ ○○ 업종에서 월평균 임금의 전년 대비 상승률은 t+1년과 t+2년 모두 여성이 남성보다 높다.

✔ 자료 분석 제시된 자료를 바탕으로 전체 업종과 ○○ 업종의 임금 성비를 나타내면 다음과 같다.

구분	t년	t+1년	t+2년
전체 업종	60	60	75
○○ 업종	87.5	약 92.3	100

O 정답 찾기 ⑤ ○○ 업종에서 월평균 임금의 전년 대비 상승률을 나타내면 다음과 같다.

구분	t+1년	t+2년
남성	62.5% {=(500달러/800달러)×100}	약 38.5% {=(500달러/1,300달러)×100}
여성	약 71% {=(500달러/700달러)×100}	50% {=(600달러/1,200달러)×100}

따라서 ○○ 업종에서 월평균 임금의 전년 대비 상승률은 t+1년과 t+2년 모두 여성이 남성보다 높다.

× 오답 풀이 ① 전체 업종에서 임금 성비는 t년이 60, t+2년이 75이다. 따라서 전체 업종에서 임금 성비는 t년이 t+2년보다 낮다.
② 임금 성비는 모든 시기에서 ○○ 업종이 전체 업종보다 높다.
③ 전체 업종에서 임금 성비는 60 → 60 → 75로, ○○ 업종에서 임금 성비는 87.5 → 약 92.3 → 100으로 변화하고 있다. 따라서 전체 업종과 ○○ 업종 모두에서 성별 임금 수준의 불평등이 완화되고 있다.
④ 전체 업종에서 월평균 임금의 전년 대비 상승률은 남성의 경우 t+1년이 50%이고, t+2년이 약 33%이다. 따라서 전체 업종에서 월평균 임금의 전년 대비 상승률은 남성의 경우 t+1년이 t+2년보다 높다.

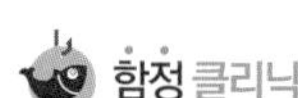

⑤번을 정답으로 선택하지 못하였다면, '임금 성비'와 '월평균 임금의 전년 대비 상승률'을 구하지 못했을 가능성이 크다.

이것만은 꼭!

1. 임금 성비는 '(여성의 평균 임금/남성의 평균 임금)×100'으로 계산한다.
2. 월평균 임금의 전년 대비 상승률은 '{(금년 월평균 임금-전년 월평균 임금)/전년 월평균 임금}×100'으로 계산한다.

24 성 불평등 문제

| 정답 ④ | 21년 3월 학력평가 15번

①	②	③	❹	⑤
5%	7%	10%	73%	5%

표에 대한 분석으로 옳은 것은? (단, 각 국가 내에서 남성 근로자 수와 여성 근로자 수는 같다.) [3점]

전체 근로자의 월평균 임금은 남성과 여성 근로자 월평균 임금의 평균값임

〈성별 근로자 월평균 임금〉

(단위: 달러)

구분	갑국	을국	병국
남성 근로자	3,400	3,800	4,000
여성 근로자	2,600	2,800	2,800

① 갑국에서 여성 근로자 월평균 임금은 전체 근로자 월평균 임금(3,000달러)의 90% 수준을 ~~넘는다~~(넘지 않는다).

② 을국에서 성별 근로자 월평균 임금 격차(1,000달러)는 남성 근로자 월평균 임금의 1/3 수준을 ~~넘는다~~(넘지 않는다).

③ 병국에서 남성 근로자 월평균 임금은 전체 근로자 월평균 임금(3,400달러)보다 ~~800~~(600)달러 많다.

④ 남성 근로자 월평균 임금에 대한 여성 근로자 월평균 임금의 비는 을국이 병국보다 크다.

⑤ 갑국~병국 중 성별 근로자 월평균 임금 격차(갑국 800달러, 을국 1,000달러, 병국 1,200달러)는 ~~갑국~~(병국)이 가장 크다.

자료 분석 각 국가 내에서 남성 근로자 수와 여성 근로자 수가 같으므로 전체 근로자의 월평균 임금은 남성 근로자 월평균 임금과 여성 근로자 월평균 임금의 평균값이다. 제시된 자료를 바탕으로 각 국가의 전체 근로자의 월평균 임금을 나타내면 다음과 같다.

(단위: 달러)

구분	갑국	을국	병국
남성 근로자	3,400	3,800	4,000
여성 근로자	2,600	2,800	2,800
전체 근로자	3,000	3,300	3,400

정답 찾기 ④ 남성 근로자 월평균 임금 대비 여성 근로자 월평균 임금의 비는 을국이 2,800달러/3,800달러, 병국이 2,800달러/4,000달러로, 을국이 병국보다 크다.

오답 풀이 ① 갑국의 경우 여성 근로자 월평균 임금은 2,600달러이고, 전체 근로자 월평균 임금은 3,000달러이다. 따라서 여성 근로자 월평균 임금이 전체 근로자 월평균 임금에서 차지하는 비중은 약 87%이다.
② 을국에서 남성과 여성 근로자 월평균 임금 격차는 1,000달러이고, 남성 근로자 월평균 임금은 3,800달러이다. 따라서 성별 근로자 월평균 임금 격차는 남성 근로자 월평균 임금의 1/3 수준을 넘지 않는다.
③ 병국에서 남성 근로자 월평균 임금은 4,000달러이고, 전체 근로자 월평균 임금은 3,400달러이다. 따라서 남성 근로자 월평균 임금은 전체 근로자 월평균 임금보다 600달러만큼 많다.
⑤ 성별 근로자 월평균 임금 격차는 갑국이 800달러, 을국이 1,000달러, 병국이 1,200달러로, 병국이 가장 크다.

이것만은 꼭!
1. 남성과 여성의 수가 같다면 전체의 평균은 남성과 여성 값의 평균값이다.
2. 표 분석 문항에서는 제시된 조건을 꼼꼼하게 파악하여 활용해야 한다.
3. 남성 대비 여성의 비(比)는 '여성/남성'을 의미한다.

25 성 불평등 문제

| 정답 ④ | 21년 4월 학력평가 10번

①	②	③	❹	⑤
14%	10%	9%	57%	10%

그래프에 대한 옳은 분석만을 〈보기〉에서 고른 것은? [3점]

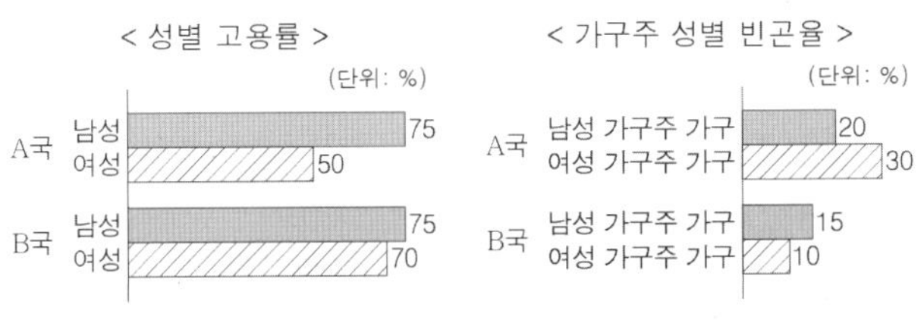

* 성별 고용률(%) = $\frac{\text{성별 15세 이상 취업자 수}}{\text{성별 15세 이상 인구}}$ × 100

** 가구주 성별 빈곤율(%) = $\frac{\text{가구주 성별 빈곤 가구 수}}{\text{가구주 성별 가구 수}}$ × 100

*** A국과 B국 모두 남성 가구주 가구 수가 여성 가구주 가구 수보다 많음 – 중요한 조건

〈보기〉

ㄱ. A국의 15세 이상 취업자 중, 남성 취업자 수는 여성 취업자 수의 1.5배이다. – 알 수 없다.
ㄴ. B국의 15세 이상 남성 중, 취업자 수는 취업자가 아닌 사람 수의 3배이다.
ㄷ. A국은 전체 가구의 50%가 빈곤 가구에 해당한다.
ㄹ. B국의 빈곤 가구 중, 남성 가구주 가구 수가 여성 가구주 가구 수보다 많다.

① ㄱ, ㄴ ② ㄱ, ㄷ ③ ㄴ, ㄷ ④ ㄴ, ㄹ ⑤ ㄷ, ㄹ

자료 분석 A국과 B국의 성별 고용률이 제시되어 있으나 남성과 여성의 15세 이상 인구가 제시되어 있지 않으므로 성별 취업자 수는 비교할 수 없다. 가구주 성별 빈곤율의 경우 A국과 B국 모두 남성 가구주 수가 여성 가구주 수보다 많다고 전제되어 있으므로 가구주 성별 빈곤 가구 수를 비교할 수 있다.

정답 찾기 ㄴ. B국의 15세 이상 남성 인구를 100명이라고 가정하면 B국의 남성 고용률이 75%이므로 B국 15세 이상 남성 중 취업자 수는 75명이고, 취업자가 아닌 사람의 수는 25명이다. 따라서 취업자 수는 취업자가 아닌 사람 수의 3배이다.
ㄹ. B국에서 남성 가구주 가구 수가 여성 가구주 가구 수보다 많다. 그리고 남성 가구주 가구의 빈곤율이 여성 가구주 가구의 빈곤율보다 높다. 따라서 B국의 빈곤 가구 중 남성 가구주 가구 수가 여성 가구주 가구 수보다 많다.

오답 풀이 ㄱ. 제시된 자료에는 15세 이상 남성 인구와 15세 이상 여성 인구가 제시되어 있지 않으므로 남성 취업자 수와 여성 취업자 수는 비교할 수 없다.
ㄷ. A국은 남성 가구주 가구 수에서 남성 가구주 빈곤 가구 수가 차지하는 비율이 20%이고, 여성 가구주 가구 수에서 여성 가구주 빈곤 가구 수가 차지하는 비율이 30%이다. 따라서 전체 가구는 남성 가구주 가구와 여성 가구주 가구를 합한 것이므로 전체 가구에서 빈곤 가구가 차지하는 비율은 50%가 되지 않는다.

이것만은 꼭!
1. 자료에 제시되지 않아 파악할 수 없는 내용은 오답이다.
2. 제시된 조건을 정확히 이해하고 활용할 수 있어야 한다.
3. 제시된 공식의 의미를 정확히 이해하고 대입할 수 있어야 한다.

26 성 불평등 문제

| 정답 ④ | 21년 7월 학력평가 12번

①	②	③ 함정	❹	⑤
10%	4%	15%	64%	7%

다음 자료에 대한 옳은 분석만을 〈보기〉에서 고른 것은? [3점]

다음은 연구자 갑이 A국의 성 불평등 정도와 그 변화를 분석하기 위해 지수를 개발하여 측정한 결과이다. 모든 시기의 전체 근로자 성비는 1 : 1이며, t년 대비 t+10년에 정규직 근로자 수는 증가하였다.

구분	t년	t+10년	t+20년
성별 임금 격차 지수	40	20	80
성별 채용 안정성 지수	40	40	50

* 성별 임금 격차 지수 = $\frac{\text{남성 근로자 평균 임금} - \text{여성 근로자 평균 임금}}{\text{근로자 전체 평균 임금}} \times 100$

** 성별 채용 안정성 지수 = $\frac{\text{남성 정규직 근로자 수} - \text{여성 정규직 근로자 수}}{\text{정규직 전체 근로자 수}} \times 100$

〈보기〉

ㄱ. t년에 남성 근로자 평균 임금은 여성 근로자 평균 임금의 2배이다.
ㄴ. t+10년에 남성 정규직 근로자 수는 여성 정규직 근로자 수보다 많다.
ㄷ. 여성 정규직 근로자 수는 t년과 t+10년이 같다.
ㄹ. 남성 근로자 평균 임금 대비 여성 근로자 평균 임금의 비율은 t+10년이 t+20년보다 크다.

① ㄱ, ㄴ ② ㄱ, ㄷ ③ ㄴ, ㄷ ④ ㄴ, ㄹ ⑤ ㄷ, ㄹ

✓ 자료 분석 전체 근로자 성비가 1 : 1이므로 t년의 경우 남성 근로자 평균 임금을 A, 여성 근로자 임금을 B라고 한다면, t년 성별 임금 격차 지수 40=[(A−B)/{(A+B)/2}]×100이다. 즉, 2A=3B로, A : B=3 : 2이다. 한편, t년의 경우 남성 정규직 근로자 수를 C, 여성 정규직 근로자 수를 D라고 한다면, t년 성별 채용 안정성 지수 40={(C−D)/(C+D)}×100이다. 즉, 3C=7D로, C : D=7 : 3이다. 제시된 자료를 바탕으로 연도별 근로자 평균 임금의 비와 정규직 근로자 수의 비를 나타내면 다음과 같다.

구분	t년	t+10년	t+20년
	남 : 여	남 : 여	남 : 여
근로자 평균 임금의 비	3 : 2	11 : 9	7 : 3
정규직 근로자 수의 비	7 : 3	7 : 3	3 : 1

O 정답 찾기 ㄴ. t+10년에 남성 정규직 근로자 수 : 여성 정규직 근로자 수=7 : 3이므로 남성 정규직 근로자 수가 여성 정규직 근로자 수보다 많다.
ㄹ. 남성 근로자 평균 임금 대비 여성 근로자 평균 임금의 비율은 t+10년에 (9/11)×100이고, t+20년에 (3/7)×100이다. 따라서 남성 근로자 평균 임금 대비 여성 근로자 평균 임금의 비율은 t+10년이 t+20년보다 크다.

× 오답 풀이 ㄱ. t년에 남성 근로자 평균 임금은 여성 근로자 평균 임금의 1.5배이다.
ㄷ. t년 대비 t+10년에 정규직 근로자 수가 증가하였고, 여성 정규직 근로자 수의 비는 같으므로 여성 정규직 근로자 수는 t+10년이 t년보다 많다.

③번을 정답으로 잘못 선택하였다면, 성별 채용 안정성 지수가 t년과 t+10년이 같기 때문에 이를 통해 여성 정규직 근로자 수가 같다고 판단하였을 가능성이 크다. 전체 정규직 근로자 수가 t년 대비 t+10년에 증가하였으므로 여성 정규직 근로자 수는 t년보다 t+10년에 더 많다. 한편, 제시된 자료를 통해 남성과 여성 근로자의 평균 임금의 비 및 정규직 근로자 수의 비를 구하지 못하였을 가능성도 있다.

이것만은 꼭!

1. 성 불평등의 경제적 측면의 양상에는 성별에 따른 취업 및 승진 제한, 성별 임금 격차 등이 있다.
2. 성 불평등의 사회·문화적 측면의 양상은 일상생활의 성차별적 관념과 언행, 대중문화에 의한 왜곡된 성 의식의 재생산 등이 있다.
3. 성 불평등 문제의 해결 방안 중 의식적 측면에는 성에 대한 고정 관념을 버리고 양성평등 의식 함양 등이 있다.

27 성 불평등 문제

| 정답 ④ | 21년 10월 학력평가 20번

① 함정	② 함정	③	④	⑤ 함정
17%	15%	14%	37%	17%

다음 자료에 대한 분석으로 옳은 것은? [3점]

표는 갑~병국의 여성 근로자 임금 차별 지수를 알아보기 위한 것이다.

구분	갑국	을국	병국
남성 근로자 임금 총액 대비 여성 근로자 임금 총액	$\frac{3}{5}$	$\frac{5}{4}$	$\frac{3}{5}$
남성 근로자 수 대비 여성 근로자 수	$\frac{3}{4}$	$\frac{5}{3}$	$\frac{2}{3}$

* 여성 근로자 임금 차별 지수 = 전체 근로자 임금 총액 중 여성 근로자 임금 총액의 비율/전체 근로자 중 여성 근로자의 비율
** 여성 근로자 임금 차별 지수가 1보다 작은 경우 여성 근로자에 대한 임금 차별이 존재하고, 그 값이 0에 가까울수록 차별 정도가 심함

① 여성 근로자 임금 차별 지수는 갑국(7/8)이 을국(8/9)보다 ~~크다~~(작다).
② 남성 근로자 평균 임금 대비 여성 근로자 평균 임금은 을국(3/4)이 병국(9/10)보다 크다.
③ 갑국과 병국 모두에서 여성 근로자 평균 임금은 남성 근로자 평균 임금의 60%(80%, 90%) 수준이다.
④ 여성 근로자 임금 차별 지수에 따르면 여성 근로자에 대한 임금 차별은 을국(8/9)이 병국(15/16)보다 심하다. (0에 가까울수록 차별 정도가 심함)
⑤ 갑~병국 모두에서 전체 근로자 중 여성 근로자 비율이 전체 근로자 임금 총액 중 여성 근로자 임금 총액 비율보다 ~~낮다~~(높다).

✔ 자료 분석 제시된 자료에서 '여성 근로자 임금 차별 지수'는 '(여성 근로자 임금 총액/전체 근로자 임금 총액)/(여성 근로자 수/전체 근로자 수)'이므로 '여성 근로자 임금 총액/전체 근로자 임금 총액'과 '여성 근로자 수/전체 근로자 수'를 파악해야 한다. 이는 다음과 같이 나타낼 수 있다.

구분	갑국	을국	병국
여성 근로자 임금 총액/전체 근로자 임금 총액	3/8	5/9	3/8
여성 근로자 수/전체 근로자 수	3/7	5/8	2/5

따라서 '여성 근로자 임금 차별 지수'는 다음과 같다.

구분	갑국	을국	병국
여성 근로자 임금 차별 지수{(여성 근로자 임금 총액/전체 근로자 임금 총액)/(여성 근로자 수/전체 근로자 수)}	7/8	8/9	15/16

O 정답 찾기 ④ 여성 근로자 임금 차별 지수가 1보다 작은 경우 여성 근로자에 대한 임금 차별이 존재한다. 갑~병국 모두 여성 근로자 임금 차별 지수가 1보다 작으므로 여성 근로자에 대한 임금 차별이 존재한다. 여성 근로자 임금 차별 지수의 값이 0에 가까울수록 차별 정도가 심하므로 여성 근로자에 대한 임금 차별은 을국(8/9)이 병국(15/16)보다 심하다.

X 오답 풀이 ① 여성 근로자 임금 차별 지수는 갑국이 을국보다 작다.
② 근로자 평균 임금은 '근로자 임금 총액/전체 근로자 수'로 구할 수 있다. 따라서 '남성 근로자 평균 임금 대비 여성 근로자 평균 임금'은 '(여성 근로자 임금 총액/여성 근로자 수)/(남성 근로자 임금 총액/남성 근로자 수)'를 의미한다. 이를 나타내면 다음과 같다.

구분	갑국	을국	병국
여성 근로자 임금 총액/여성 근로자 수	3/3	5/5	3/2
남성 근로자 임금 총액/남성 근로자 수	5/4	4/3	5/3
남성 근로자 평균 임금 대비 여성 근로자 평균 임금	4/5	3/4	9/10

따라서 남성 근로자 평균 임금 대비 여성 근로자 평균 임금은 을국이 병국보다 작다.
③ 갑국의 경우 남성 근로자 평균 임금 대비 여성 근로자 평균 임금이 4/5이므로 여성 근로자 평균 임금은 남성 근로자 평균 임금의 80%이다. 병국의 경우 남성 근로자 평균 임금 대비 여성 근로자 평균 임금이 9/10이므로 여성 근로자 평균 임금은 남성 근로자 평균 임금의 90%이다.
⑤ 갑~병국 모두에서 전체 근로자 중 여성 근로자 비율이 전체 근로자 임금 총액 중 여성 근로자 임금 총액 비율보다 높다.

각 선지의 진위 여부를 판단하려면 제시된 자료를 통해 갑~병국의 '여성 근로자 임금 차별 지수'를 계산하는 것이 중요하다. 기존의 성 불평등 자료 분석에 관한 기출 문항에서는 특정 현상에 관한 '지수'를 제시할 때 A/B와 같은 분수의 형태로 제시하였다. 그러나 제시된 문항에서는 분수에 분수를 또 얹은 '번분수(A/B)/(C/D)'로 제시되어 계산 시간이 더 걸려 함정에 빠질 가능성이 높아졌다.

이것만은 꼭!

1. 남성 근로자 임금 총액 대비 여성 근로자 임금 총액은 남성 근로자 임금 총액이 1일 때 여성 근로자 임금이 몇 인지를 의미한다.
2. 남성 근로자 수 대비 여성 근로자 수가 1보다 크면 남성 근로자 수보다 여성 근로자 수가 큰 것이며, 1보다 작으면 남성 근로자 수보다 여성 근로자 수가 작은 것이다.
3. '남성 근로자 평균 임금 대비 여성 근로자 평균 임금'은 '(여성 근로자 임금 총액/여성 근로자 수)/(남성 근로자 임금 총액/남성 근로자 수)'를 의미한다.

28 빈곤의 유형

| 정답 ⑤ | 20년 3월 학력평가 6번

①	②	③	④	❺
6%	11%	9%	8%	66%

다음 자료에 대한 설명으로 옳은 것은? (단, 갑국에서 모든 가구의 구성원 수는 같다.) [3점]

> 갑국에서는 소득이 최저 생계비에 미치지 못하는 가구를 ㉠절대적 빈곤 가구, 중위 소득의 50%에 미치지 못하는 가구를 ㉡상대적 빈곤 가구로 규정한다. 2019년에 갑국에서 가구 소득을 조사한 결과 상대적 빈곤 가구에는 해당하지만 절대적 빈곤 가구에는 해당하지 않는 가구가 전체 가구 중 15%, 상대적 빈곤 가구 중 50%로 나타났다. 상대적 빈곤 > 절대적 빈곤

① ㉠은 ㉡과 달리(→모두) 판단 기준이 국가에 따라 다를 수 있다.
② ㉡은 ㉠과 달리(→모두) 주관적으로 느끼는(→객관화된) 빈곤이다.
③ 2019년 갑국에서 최저 생계비보다 중위 소득의 50% 금액이 작다(→크다).
④ 2019년 갑국에서 전체 가구 중 상대적 빈곤 가구의 비율은 35%(→30%)이다.
⑤ 2019년 갑국에서 두 유형의 빈곤 가구 중 절대적 빈곤 가구에만 해당하는 가구는 없다. 상대적 빈곤 > 절대적 빈곤

✔ 자료 분석 상대적 빈곤 가구에는 해당하지만 절대적 빈곤 가구에는 해당하지 않는 가구가 상대적 빈곤 가구 중 50%이다. 이를 통해 상대적 빈곤 가구 중 50%는 절대적 빈곤 가구에 해당하며, 절대적 빈곤보다 상대적 빈곤이 높음을 알 수 있다.

○ 정답 찾기 ⑤ 갑국은 절대적 빈곤보다 상대적 빈곤이 높다. 즉, 상대적 빈곤과 절대적 빈곤에 모두 해당하거나, 상대적 빈곤에는 해당하지만 절대적 빈곤에는 해당하지 않는 가구가 존재한다. 따라서 절대적 빈곤 가구는 모두 상대적 빈곤 가구에 해당하므로 절대적 빈곤 가구에만 해당하는 가구는 존재하지 않는다.

✕ 오답 풀이 ① 절대적 빈곤과 상대적 빈곤 모두 판단 기준이 국가에 따라 다를 수 있다.
② 절대적 빈곤은 최저 생계비, 상대적 빈곤은 중위 소득의 50%라는 객관적 기준으로 구분하고 있다. 따라서 절대적 빈곤과 상대적 빈곤은 모두 객관적 기준으로 분류되는 빈곤이다.
③ 절대적 빈곤보다 상대적 빈곤이 높다. 이는 절대적 빈곤 가구의 기준인 최저 생계비보다 상대적 빈곤 가구의 기준인 중위 소득의 50% 금액이 큼을 의미한다.
④ 상대적 빈곤 가구에는 해당하지만, 절대적 빈곤 가구에는 해당하지 않는 가구가 전체 가구의 15%이며, 이 가구는 상대적 빈곤 가구의 50%이다. 이를 통해 상대적 빈곤 가구는 전체 가구의 30%임을 알 수 있다.

이것만은 꼭!

1. 절대적 빈곤과 상대적 빈곤은 모두 객관적 기준에 따라 분류된다.
2. 절대적 빈곤 가구보다 상대적 빈곤 가구가 많다면 절대적 빈곤선보다 상대적 빈곤선이 높음을 의미한다.
3. 절대적 빈곤 가구보다 상대적 빈곤 가구가 많다면, 절대적 빈곤 가구에만 해당하는 가구는 존재하지 않는다.

29 소득 불평등 문제

| 정답 ④ | 20년 4월 학력평가 15번

① 함정	②	③ 함정	❹	⑤
17%	15%	31%	31%	6%

표는 갑국의 연도별 소득 5분위 배율을 나타낸 것이다. 이에 대한 분석으로 옳은 것은? (단, 갑국의 가구 유형은 남성 가구주 가구, 여성 가구주 가구로만 구분된다.) [3점]

구분	2016년	2017년	2018년	2019년
전체 가구	13.2	12.8	13.0	12.7
남성 가구주 가구	12.3	11.9	12.0	11.6
여성 가구주 가구	13.0	12.4	12.5	12.6

* '소득 5분위 배율=5분위 평균 소득/1분위 평균 소득'이며, 5분위는 소득 상위 20% 이내, 1분위는 소득 하위 20% 이내 가구들을 의미함
** 각 연도에서 개별 가구의 소득은 서로 다름
*** 여성 가구주 가구의 경우, 1분위 평균 소득은 매년 상승하였음

① 2016년 전체 가구 중 과반이 여성 가구주 가구이다.
② 2016년 남성 가구주 가구가 여성 가구주 가구에 비해 5분위 평균 소득이 낮다.
③ 2017년 여성 가구주 가구가 남성 가구주 가구에 비해 5분위 평균 소득과 1분위 평균 소득 간 액수 차가 크다.
④ 2018년 남성 가구주 가구의 경우, 소득 상위 10% 이내 가구들의 평균 소득은 소득 하위 10% 이내 가구들의 평균 소득의 12배보다 크다.
⑤ 2019년 여성 가구주 가구의 경우, 5분위 평균 소득은 2018년에 비해 감소(→증가)하였다.

✔ 자료 분석 제시된 조건을 적용하고 옳고 그름을 판단할 수 있는지, 판단할 수 없는지 여부를 파악해야 한다.

○ 정답 찾기 ④ 2018년 남성의 경우 소득 하위 20% 가구의 평균 소득 대비 소득 상위 20% 가구의 평균 소득의 비가 12.0이다. 이는 소득 상위 20%의 가구의 평균 소득이 소득 하위 20% 가구의 평균 소득보다 12배 많음을 의미한다. 따라서 소득이 더 많은 소득 상위 10%와 소득이 더 적은 소득 하위 10%의 가구 평균 소득의 차이는 12배보다 더 클 것으로 추론할 수 있다.

✕ 오답 풀이 ① 소득 5분위 배율은 소득 분위별 평균 소득을 비교하는 지표이므로 제시된 자료만으로는 전체 가구 수와 여성 가구 수를 비교할 수 없다.
② 제시된 자료는 1분위 평균 소득 대비 5분위 평균 소득을 나타낸 것이므로 제시된 자료만으로는 5분위 평균 소득의 많고 적음을 알 수 없다.
③ 제시된 자료는 1분위와 5분위 가구 평균 소득의 비를 나타낸 것이다. 따라서 제시된 자료만으로는 가구 평균 소득 액수는 파악할 수 없다.
⑤ 2019년 여성 가구주 가구의 소득 5분위 배율은 2018년에 비해 상승하였다. 여성 가구주의 경우 1분위 평균 소득이 매년 상승하였다. 따라서 여성 가구주 가구의 5분위 평균 소득은 2018년에 비해 2019년에 증가하였음을 알 수 있다.

함정 클리닉

'갑국의 가구 유형은 남성 가구주 가구, 여성 가구주 가구로만 구분된다.'라는 조건이 있을 경우 남성 가구 수와 여성 가구 수를 묻는 선지가 출제되었으나 이 문제에서는 이 조건이 사용되지 않는다. 또한 일반적으로 표 분석 문항에서는 '알 수 없어 오답'인 경우가 거의 출제되지 않았으나 이 문제에서는 3개의 선지가 알 수 없어 오답이었다. 표 분석 문항이 기출과는 다른 형태로 언제든지 출제될 수 있음을 명심해야 한다.

30 소득 불평등 문제 | 정답 ③ | 20년 7월 학력평가 15번

①	②	❸	④	⑤ 함정
8%	10%	50%	11%	21%

다음 자료에 대한 옳은 분석만을 〈보기〉에서 있는 대로 고른 것은? [3점]

사회 · 문화 수업 시간에 A~C 모둠은 사회적 소수자의 실태에 대해 알아보기 위해 다음과 같이 가설을 설정하고 각각 2개 항목의 자료를 수집하였다.

모둠	가설	수집한 자료
A	빈곤 가구는 비빈곤 가구에 비해 문화생활에 소요하는 시간이 적을 것이다. 경제적 수준에 따른 비교	○ 빈곤 가구가 주당 문화생활에 소요하는 평균 시간 3.3시간 ○ 비빈곤 가구가 주당 문화생활에 소요하는 평균 시간 6.9시간
B	여성 취업자는 남성 취업자에 비해 경력 단절의 평균 기간이 길 것이다.	○ 전체 취업자 중에서 여성이 차지하는 비율 40% - 남성의 경우 60% ○ (가) 20%
C	외국인 노동자는 내국인 노동자에 비해 근로 시간당 임금이 낮을 것이다. 근로 시간당 임금 파악 불가능	○ 주당 총 근로 시간의 격차(내국인 노동자-외국인 노동자) 3,000시간 ○ 주당 총 임금의 격차(내국인 노동자-외국인 노동자) 9,000달러

보기

ㄱ. C 모둠이 수집한 자료를 통해 근로 시간당 임금은 사회적 소수자 집단이 그렇지 않은 집단의 1/3임을 알 수 있다. (없다.)

ㄴ. B 모둠은 A 모둠과 달리 경제적 수준에 따라 사회적 소수자 집단이 받는 차별 실태를 알아보고자 한다. (B→A, A→B)

ㄷ. C 모둠은 A 모둠과 달리 수집한 자료가 가설 검증에 적합하지 않다.

ㄹ. (가)가 '전체 취업자의 총 경력 단절 기간 중에서 남성의 경력 단절 기간이 차지하는 비율'이라면, B 모둠에서 수집한 모든 자료는 가설 검증에 적합하다.

① ㄱ, ㄴ ② ㄴ, ㄹ ③ ㄷ, ㄹ
④ ㄱ, ㄴ, ㄷ ⑤ ㄱ, ㄷ, ㄹ

✓ 자료 분석 A 모둠은 빈곤 가구에 비해 비빈곤 가구가 문화 생활에 소요하는 시간이 적다는 가설을 검증하기 위해 빈곤 가구와 비빈곤 가구의 문화 생활 소요 시간을 각각 조사하였다. C 모둠은 외국인 노동자가 내국인 노동자에 비해 근로 시간당 임금이 낮을 것이라는 가설을 검증하기 위해 내국인 노동자와 외국인 노동자의 주당 근로 시간 격차 및 임금 격차를 조사하였는데, 가설의 검증을 위해서는 내국인과 외국인 노동자 각각의 근로 시간과 임금 자료가 필요하다. 따라서 현재 수집한 자료로는 C 모둠의 가설을 검증할 수 없다.

O 정답 찾기 ㄷ. C 모둠이 설정한 가설을 검증하기 위해서는 내국인과 외국인 노동자 각각의 근로 시간과 임금에 대한 자료 수집이 필요하다.
ㄹ. B 모둠이 수집한 자료에 따르면, 전체 취업자 중 여성이 차지하는 비율이 40%이므로 전체 취업자 중 남성이 차지하는 비율은 60%이다. 전체 취업자의 총 경력 단절 기간 중에서 남성의 경력 단절 기간이 차지하는 비율이 20%라면 여성의 경력 단절 기간이 차지하는 비율은 80%이다. 따라서 (가)에 해당 내용이 들어가면 B 모둠의 가설은 수용된다.

× 오답 풀이 ㄱ. C 모둠이 수집한 자료로는 외국인 노동자 집단의 근로 시간당 임금과 내국인 노동자 집단의 근로 시간당 임금을 구분하여 파악할 수 없다.
ㄴ. A 모둠은 경제적 수준에 따라 빈곤 가구와 비빈곤 가구를 구분하여 차별 실태를 알아보고자 하고 있다. B 모둠은 여성 취업자와 남성 취업자를 비교하고 있으므로 이는 경제적 수준에 따른 구분에 해당하지 않는다.

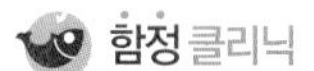

C 모둠인 수집한 두 자료를 비교하면 1/3이라는 수치가 도출되고 ㄱ에서 1/3이라는 수치를 제시하고 있으므로 ㄱ을 정답으로 선택한 경우가 많았던 것으로 보인다. 자료 분석 문항에서 가장 중요한 것은 제시된 수치가 무엇을 의미하는지를 정확하게 파악하는 것이다. 동일한 수치라고 하더라도 그 의미가 전혀 다를 수 있음을 유의해야 한다.

이것만은 꼭!
1. 빈곤과 비빈곤 가구의 구분은 경제적 수준에 따른 구분이다.
2. 빈곤 가구, 여성 취업자, 외국인 노동자는 사회적 소수자에 해당한다.
3. 가설 검증을 위해서는 가설에 제시된 변수에 대한 자료 수집이 필요하다.

31 성 불평등 문제

| 정답 ③ | 20년 10월 학력평가 10번

①	②	❸	④	⑤
9%	7%	68%	9%	7%

표에 대한 분석으로 옳은 것은? [3점]

〈갑국 근로자의 평균 임금〉

(단위: 달러)

구분	2000년		2010년	
	남자	여자	남자	여자
내국인	2,000	1,600	2,500	2,100
외국인	1,400	1,000	1,700	1,500
전체	1,900	1,500	2,400	2,000

① 2000년에 내국인 남자 근로자 임금 총액에 대한 외국인 여자 근로자 임금 총액의 비는 ~~1/2이다~~. 알 수 없다.

② 2010년에 내국인 근로자 평균 임금에 대한 외국인 근로자 평균 임금의 비는 3/5보다 ~~작다~~. 크다.

③ 2010년에 남자 근로자와 여자 근로자 간 평균 임금 차이보다 내국인 근로자와 외국인 근로자 간 평균 임금 차이가 크다. (400달러 / 400달러 초과)

④ 남자 근로자 평균 임금에 대한 여자 근로자 평균 임금의 비는 2000년보다 2010년이 ~~작다~~. 크다. (2000년 15/19, 2010년 20/24)

⑤ 2000년 대비 2010년에 내국인 여자 근로자 평균 임금 증가율보다 내국인 남자 근로자 평균 임금 증가율이 ~~크다~~. 작다. (31.25% / 25%)

✔ 자료 분석 제시된 자료에서 남자의 평균 임금과 여자의 평균 임금은 제시되어 있으나 전체 평균 임금은 제시되어 있지 않으므로 남자와 여자의 인구 비는 알 수 없다. 그러나 남자와 여자를 더한 전체 근로자의 평균 임금은 남자 평균 임금과 여자 평균 임금 사이의 값이 될 것임을 추론할 수 있다.

O 정답 찾기 ③ 2010년 남자 근로자와 여자 근로자 간 평균 임금의 차이는 400달러이다. 내국인 근로자의 평균 임금은 2,100달러보다 크고 2,500달러보다 작으며, 외국인 근로자의 평균 임금은 1,500달러보다 크고 1,700달러보다 작다. 따라서 내국인 근로자와 외국인 근로자의 평균 임금의 차이는 400달러보다 크다.

X 오답 풀이 ① 2000년 내국인 남자 근로자의 수와 외국인 여성 근로자의 수를 알 수 없으므로 내국인 남자 근로자의 임금 총액과 외국인 여성 근로자의 임금 총액은 알 수 없다.
② 2010년 내국인 근로자 평균 임금은 2,100달러보다 크고 2,500달러보다 작으며, 외국인 근로자의 평균 임금은 1,500달러보다 크고 1,700달러보다 작다. 즉, 2010년 내국인 근로자 평균 임금은 2,500달러 미만이고, 외국인 근로자 평균 임금은 1,500달러 초과이다. 따라서 내국인 근로자 평균 임금에 대한 외국인 근로자 평균 임금의 비는 3/5보다 크다.
④ 남자 근로자 평균 임금에 대한 여자 근로자 평균 임금의 비는 2000년의 경우 1,500달러/1,900달러이고, 2010년의 경우 2,000달러/2,400달러이다. 따라서 2000년보다 2010년이 크다.
⑤ 내국인 여자 근로자의 평균 임금 증가율은 31.25%(=(500달러/1,600달러)×100)이고, 내국인 남자 근로자의 평균 임금 증가율은 25%(=(500달러/2,000달러)×100)이다. 따라서 내국인 여자 근로자의 평균 임금 증가율이 내국인 남자 근로자의 평균 임금 증가율보다 크다.

32 빈곤의 유형

| 정답 ④ | 19년 3월 학력평가 15번

①	②	③	❹	⑤ 함정
4%	6%	10%	64%	16%

다음 자료에 대한 분석으로 옳은 것은? [3점]

갑국은 구성원 수가 동일한 11가구로 이루어져 있으며, 각 가구의 월 소득은 표와 같다.

(단위: 백 달러)

가구	A	B	C	D	E	F	G	H	I	J	K
월 소득	5	15	20	30	40	60	70	80	100	120	150

(A, B, C: 절대적 빈곤 가구, 상대적 빈곤 가구 / D: 최저 생계비이면서 중위 소득의 1/2 / F: 중위 소득)

갑국에서는 월 소득이 최저 생계비(3천 달러) 미만인 가구를 절대적 빈곤 가구, 중위 소득의 1/2 미만인 가구를 상대적 빈곤 가구로 본다. 중위 소득은 전체 가구를 소득순으로 나열했을 때 한가운데 위치한 가구의 소득을 말한다. (절대적 빈곤선 / 상대적 빈곤선)

① 중위 소득은 ~~4천~~ 6천 달러이다.

② 절대적 빈곤 가구에 해당하는 가구는 ~~2가구~~ 3가구(A, B, C)이다.

③ 상대적 빈곤 가구의 월 소득 총합은 ~~7천~~ 4천 달러이다.

④ 절대적 빈곤 가구 수와 상대적 빈곤 가구 수가 같다. (3가구(A, B, C) / 3가구(A, B, C))

⑤ D는 상대적 빈곤 가구에는 ~~해당하지만~~ 해당하지 않고, 절대적 빈곤 가구에는 해당하지 않는다.

✔ 자료 분석 중위 소득이 6천 달러이므로 중위 소득의 1/2은 3천 달러이다. 이는 최저 생계비와 같다. 따라서 A, B, C 가구는 절대적 빈곤 가구이자 상대적 빈곤 가구에 해당한다.

O 정답 찾기 ④ 최저 생계비 미만, 즉 절대적 빈곤에 해당하는 가구는 3가구(A, B, C)이고, 중위 소득의 1/2 미만, 즉 상대적 빈곤에 해당하는 가구도 3가구(A, B, C)이다.

X 오답 풀이 ① 중위 소득은 F의 소득인 6천 달러이다.
② 절대적 빈곤 가구에 해당하는 가구는 최저 생계비 3천 달러 미만인 가구이므로 3가구(A, B, C)이다.
③ 상대적 빈곤 가구의 월 소득 총합은 4천 달러(=A 500달러+B 1,500달러+C 2,000달러)이다.
⑤ 최저 생계비와 중위 소득의 1/2은 모두 3천 달러이다. D의 소득은 3천 달러이므로 D는 절대적 빈곤 가구와 상대적 빈곤 가구 모두에 해당하지 않는다.

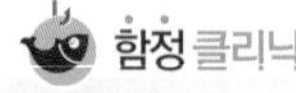

⑤번을 정답으로 잘못 선택하였다면, 절대적 빈곤선이 최저 생계비 '미만'임을 인식하지 못하고, 최저 생계비 '이하'이면 절대적 빈곤에 해당한다고 착각하였기 때문이다.

이것만은 꼭!

1. 일반적으로 최저 생계비 미만인 경우 절대적 빈곤에 해당한다.
2. 일반적으로 중위 소득의 1/2 미만인 경우 상대적 빈곤에 해당한다.
3. 최저 생계비와 중위 소득의 1/2이 같을 경우 절대적 빈곤 가구는 상대적 빈곤 가구에도 해당한다.

33 빈곤의 유형 | 정답 ⑤ | 19년 7월 학력평가 8번

①	②	③	④	❺
4%	3%	9%	3%	81%

빈곤 유형 A, B에 대한 설명으로 옳은 것은? (단, A, B는 각각 상대적 빈곤과 절대적 빈곤 중 하나이다.)

> 일반적으로 어떤 사람 혹은 가구의 빈곤 여부를 규정할 때 A와 B의 개념을 사용한다. A는 인간다운 삶을 유지하기 위한 최소한의 조건을 충족하지 못한 상태로 정의된다. 반면 B는 다른 사람들보다 소득이 적어 사회 구성원 대다수가 누리는 일반적인 생활수준을 영위하지 못하는 상태로 정의된다.

① A는 B와 달리 해당 국가의 소득 분포를 고려하여 파악한다.
② A는 B와 달리 소득 수준이 높은 국가에서는 나타나지 않는다.
③ B는 A와 달리 빈곤 상태에 대한 개인의 주관적 인식 개념이다.
④ A에 따른 빈곤율과 B에 따른 빈곤율의 합이 해당 국가 전체의 빈곤율이다.
⑤ B의 기준을 적용하면 A에 해당되지 않는 가구도 빈곤 가구에 포함될 수 있다.

✔ 자료 분석 인간다운 삶을 유지하기 위한 최소한의 조건을 충족하지 못한 상태는 절대적 빈곤이며, 다른 사람들보다 소득이 적어 사회 구성원 대다수가 누리는 일반적인 생활 수준을 영위하지 못하는 상태는 상대적 빈곤이다. 따라서 A는 절대적 빈곤, B는 상대적 빈곤이다.

○ 정답 찾기 ⑤ 절대적 빈곤율보다 상대적 빈곤율이 높을 경우 절대적 빈곤 가구에 해당하지 않는 상대적 빈곤 가구가 존재한다. 따라서 절대적 빈곤에 해당하지 않는 가구도 상대적 빈곤 가구에 포함될 수 있다.

× 오답 풀이 ① 상대적 빈곤은 절대적 빈곤과 달리 해당 국가의 소득 분포를 고려하여 파악한다.
② 절대적 빈곤과 상대적 빈곤 모두 소득 수준이 높은 국가에서도 나타날 수 있다.
③ 절대적 빈곤과 상대적 빈곤 모두 객관적 기준에 의해 규정되는 빈곤이다.
④ 절대적 빈곤율과 상대적 빈곤율 중 높은 수치가 해당 국가 전체의 빈곤율이다.

이것만은 꼭!

1. 절대적 빈곤과 상대적 빈곤 모두 소득 수준이 높은 국가에서도 나타날 수 있다.
2. 절대적 빈곤과 상대적 빈곤 모두 객관적 기준에 의해 규정되는 빈곤이다.
3. 절대적 빈곤율과 상대적 빈곤율 중 높은 수치가 해당 국가 전체의 빈곤율이다.

34 빈곤 문제 | 정답 ⑤ | 19년 10월 학력평가 13번

①	② 함정	③	④	❺
7%	16%	15%	11%	51%

표에 대한 옳은 분석만을 〈보기〉에서 고른 것은? (단, A국의 1990년 전체 가구 중 빈곤층 가구의 비율은 10%이며, 가구별 구성원과 전체 가구 수에는 변동이 없다.) [3점]

〈A국의 빈곤 탈출률과 빈곤 진입률〉

(단위: %)

구분	2000년	2010년
빈곤 탈출률	30	20
빈곤 진입률	20	10

* 빈곤 탈출률: 10년 전 빈곤층 가구 중 조사 연도에 비빈곤층인 가구 비율
** 빈곤 진입률: 10년 전 비빈곤층 가구 중 조사 연도에 빈곤층인 가구 비율

보기
ㄱ. 2000년에 빈곤 진입 가구보다 빈곤 탈출 가구가 많다.
ㄴ. 2010년에 빈곤층 가구는 전체 가구의 30%를 넘는다.
ㄷ. 비빈곤층 가구 중 10년 전에 빈곤층인 가구의 비율은 2000년보다 2010년이 높다.
ㄹ. 1990년 빈곤층 가구 중 2000년, 2010년 모두에 빈곤층인 가구의 비율은 최대 70%이다.

① ㄱ, ㄴ ② ㄱ, ㄷ ③ ㄴ, ㄷ ④ ㄴ, ㄹ ⑤ ㄷ, ㄹ

✔ 자료 분석 제시된 자료에서 전체 가구 수는 변동이 없으므로 1990년 전체 가구 수를 1,000가구라고 가정하면 다음과 같이 나타낼 수 있다.

(단위: 가구)

구분	1990년	2000년	2010년
빈곤 탈출 가구		30	50
빈곤 진입 가구		180	75
빈곤층 가구	100	250	275
비빈곤층 가구	900	750	725

○ 정답 찾기 ㄷ. 비빈곤층 가구 중 10년 전에 빈곤층인 가구의 비율은 (빈곤 탈출 가구 수/현재 비빈곤층 가구 수)×100이다. 1990년 전체 가구 수를 1,000가구라고 가정하면, 2000년에는 (30/750)×100, 2010년에는 (50/725)×100이다. 따라서 비빈곤층 가구 중 10년 전에 빈곤층인 가구의 비율은 2000년보다 2010년이 높다.
ㄹ. 1990년 전체 가구 수가 1,000가구일 경우 1990년 빈곤층 가구(100가구) 중 2000년에 빈곤을 탈출한 가구(30가구)를 제외한 나머지 가구(70가구)가 모두 2010년까지 빈곤층 가구라고 가정하면, 1990년 빈곤층 가구 중 2000년, 2010년 모두에 빈곤층인 가구의 비율은 최대 70%{=(70/100)×100}이다.

× 오답 풀이 ㄱ. 1990년 전체 가구 수를 1,000가구라고 가정하면, 2000년에 빈곤 진입 가구는 1990년 비빈곤층 가구 900가구 중 20%인 180가구이다. 2000년에 빈곤 탈출 가구는 1990년 빈곤층 가구 100가구 중 30%인 30가구이다. 따라서 2000년에는 빈곤 진입 가구보다 빈곤 탈출 가구가 적다.
ㄴ. 1990년 전체 가구 수를 1,000가구라고 가정하면, 2010년 빈곤층 가구는 275가구이다. 따라서 2010년에 빈곤층 가구는 전체 가구의 27.5%{=(275/1,000)×100}로 30%를 넘지 않는다.

②번을 정답으로 잘못 선택하였다면, ㄱ이 옳은 설명이라고 착각했기 때문이다. ㄱ이 옳다고 생각하였다면, 제시된 자료에서 '2000년 빈곤 탈출률이 30%로 빈곤 진입률인 20%보다 높으므로 2000년에 빈곤 진입 가구보다 빈곤 탈출 가구가 많다.'라고 잘못 해석하였을 가능성이 높다.

사회 복지와 복지 제도

p.040 ~ 048

01 ② 02 ④ 03 ② 04 ⑤ 05 ④ 06 ② 07 ⑤ 08 ④ 09 ⑤ 10 ③ 11 ④ 12 ⑤ 13 ⑤ 14 ③ 15 ③ 16 ① 17 ③
18 ② 19 ③ 20 ⑤ 21 ④ 22 ⑤

01 사회 보장 제도

| 정답 ② | 24년 3월 학력평가 15번

①	❷	③ 함정	④ 함정	⑤
8%	42%	19%	24%	7%

다음 자료에 대한 분석으로 옳은 것은? [3점]

> 갑국, 을국의 사회 보장 제도는 우리나라의 사회 보장 제도와 동일하다. A와 B 모두 금전적 지원을 원칙으로 하며, A는 사전 예방적 성격이 강한 제도이고, B는 사후 처방적 성격이 강한 제도이다. 표는 갑국과 을국의 전체 인구 중 A, B 수급자의 비율을 나타낸 것이다. 전체 인구는 갑국이 을국의 2배이다.
>
> (사회 보험, 공공 부조 / A: 사회 보험 / B: 공공 부조)
>
> (단위: %)
>
> | 구분 | 갑국 | 을국 |
> |---|---|---|
> | A 수급자 - 사회 보험 | 5 | 10 |
> | B 수급자 - 공공 부조 | 7 | 6 |
> | A와 B의 중복 수급자 | 3 | 4 |

① A는 ~~공공 부조~~(사회 보험)에 해당하는 제도이고, B는 ~~사회 보험~~(공공 부조)에 해당하는 제도이다.
② A와 B 중 하나 이상의 혜택을 받는 수급자 수는 갑국이 을국의 1.5배이다.
③ 갑국에서 강제 가입 원칙이 적용되는 제도(사회 보험(A))의 혜택만 받는 수급자 수는 A와 B의 중복 수급자 수보다 ~~많다~~(적다).
④ 을국에서 수혜자 비용 부담 원칙이 적용되는 제도(사회 보험(A))의 수급자 수는 A와 B의 중복 수급자 수의 ~~1.5~~(2.5)배이다.
⑤ 갑국은 을국과 달리 상호 부조의 원리를 바탕으로 하는 제도(사회 보험(A))의 수급자 수가 정부 재정으로 비용을 전액 충당하는 것을 원칙으로 하는 제도(공공 부조(B))의 수급자 수보다 ~~많다~~(적다).

✓ 자료 분석 사회 보장 제도 중 금전적 지원을 원칙으로 하는 제도는 사회 보험과 공공 부조이며, 사회 보험과 공공 부조 중 사전 예방적 성격이 강한 제도는 사회 보험이고, 사후 처방적 성격이 강한 제도는 공공 부조이다. 따라서 A는 사회 보험에 해당하는 제도이고, B는 공공 부조에 해당하는 제도이다. 제시된 자료를 바탕으로 갑국과 을국의 전체 인구 중 A, B 수급자 비율과 A와 B의 중복 수급자 비율을 나타내면 다음과 같다.

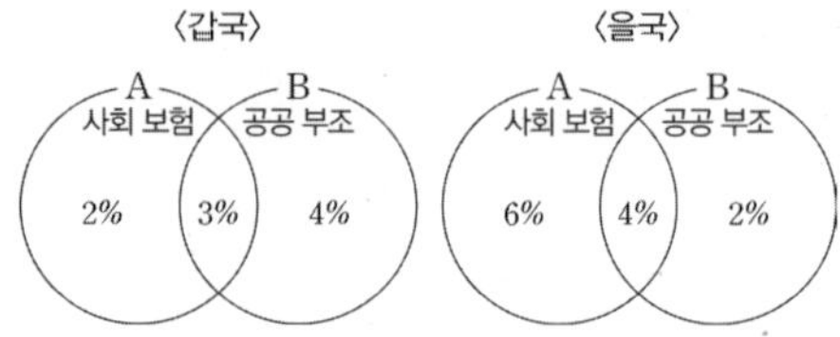

○ 정답 찾기 ② A와 B 중 하나 이상의 혜택을 받는 수급자 비율은 갑국이 9%, 을국이 12%이다. 갑국 전체 인구가 을국 전체 인구의 2배이므로 갑국 전체 인구가 200명, 을국 전체 인구가 100명이라면, A와 B 중 하나 이상의 혜택을 받는 수급자 수는 갑국이 18명, 을국이 12명이므로 갑국이 을국의 1.5배이다.

× 오답 풀이 ① A는 사회 보험에 해당하는 제도이고, B는 공공 부조에 해당하는 제도이다.
③ 강제 가입 원칙이 적용되는 제도는 사회 보험에 해당하는 A이다. 갑국에서 A의 혜택만 받는 수급자 비율은 2%, A와 B의 중복 수급자 비율은 3%이다. 따라서 갑국에서 A의 혜택만 받는 수급자 수는 A와 B의 중복 수급자 수보다 적다.
④ 수혜자 비용 부담 원칙이 적용되는 제도는 사회 보험에 해당하는 A이다. 을국에서 A의 수급자 비율은 10%, A와 B의 중복 수급자 비율은 4%이다. 따라서 을국에서 A의 수급자 수는 A와 B의 중복 수급자 수의 2.5배이다.
⑤ 상호 부조의 원리를 바탕으로 하는 제도는 사회 보험에 해당하는 A이고, 정부 재정으로 비용을 전액 충당하는 것을 원칙으로 하는 제도는 공공 부조에 해당하는 B이다. 갑국의 경우 A의 수급자 비율은 5%, B의 수급자 비율은 7%이므로 A의 수급자 수가 B의 수급자 수보다 적다. 을국의 경우 A의 수급자 비율은 10%, B의 수급자 비율은 6%이므로 A의 수급자 수가 B의 수급자 수보다 많다.

②번을 정답으로 선택하지 못한 학생들은 갑국과 을국의 A, B 수급자 비율과 A와 B의 중복 수급자 비율이 의미하는 바를 이해하지 못하였을 가능성이 크다. '전체 인구 중 A 수급자 비율=A의 혜택만을 받는 수급자 비율+A와 B 중복 수급자 비율'이고, '전체 인구 중 B 수급자 비율=B의 혜택만을 받는 수급자 비율+A와 B 중복 수급자 비율'이다. 즉, 갑국의 경우 A 수급자 비율이 5%이고 A와 B의 중복 수급자 비율이 3%이므로 A의 혜택만을 받는 수급자 비율은 2%이고, B 수급자 비율이 7%이고 A와 B의 중복 수급자 비율이 3%이므로 B의 혜택만을 받는 수급자 비율은 4%이다. 선지 ②번에서 'A와 B 중 하나 이상의 혜택을 받는 수급자 비율=A의 혜택만을 받는 수급자 비율+B의 혜택만을 받는 수급자 비율+A와 B의 중복 수급자 비율'이다. 따라서 A와 B 중 하나 이상의 혜택을 받는 수급자 비율은 갑국이 9%(=2%+4%+3%)이고, 을국이 12%(=6%+2%+4%)이다.

이것만은 꼭!

1. 사회 보험과 공공 부조는 모두 금전적 지원을 원칙으로 한다.
2. 사회 보험은 강제 가입의 원칙과 수혜자 비용 부담 원칙이 적용되고, 상호 부조의 원리를 바탕으로 하며, 사전 예방적 성격이 강한 제도이다.
3. 공공 부조는 정부 재정으로 비용을 전액 충당하는 것을 원칙으로 하며, 사후 처방적 성격이 강한 제도이다.

02 사회 보장 제도

| 정답 ④ | 24년 5월 학력평가 14번

①	②	③	❹	⑤
16%	18%	3%	60%	3%

우리나라 사회 보장 제도 A~C의 일반적인 특징에 대한 설명으로 옳은 것은? (단, A~C는 각각 사회 보험, 공공 부조, 사회 서비스 중 하나임.)

복지 Q&A

질문

최근 회사에서 해고를 당해서 생계가 막막합니다. 출산 후 몸도 좋지 않아 아이를 돌보는 데 어려움이 있습니다. 도움받을 수 있는 제도를 안내해 주세요.

답변

도움받을 수 있는 첫 번째 제도는 A(공공 부조)의 하나로, 이 제도는 생활이 어려운 사람에게 필요한 급여를 지급하여 최저 생활을 보장하고 자활을 지원해 주고 있습니다. 두 번째 제도는 B(사회 보험)의 하나로, 이 제도는 실직자에게 일정 기간 실업 급여를 지급해 생활 안정에 도움을 주어 재취업의 기회를 제공해 주고 있습니다. 세 번째 제도는 C(사회 서비스)의 하나로, 이 제도는 산모 · 신생아 건강 관리사가 일정 기간 출산 가정을 방문해 산모 · 신생아 돌봄 서비스를 제공해 주고 있습니다. 이 세 가지 제도 중 본인이 지원 대상에 해당하는 것이 있는지 확인해 보십시오.

① ~~A~~(B)는 상호 부조의 원리를 바탕으로 한다.
② ~~B~~(A)는 선별적 복지의 이념을 바탕으로 한다.
③ ~~C~~(B)는 강제 가입을 원칙으로 한다.
④ A는 B에 비해 사후 처방적 성격이 강하다.
⑤ B와 ~~C는~~ ~~모두~~ 금전적 지원을 원칙으로 한다.

✓ 자료 분석 A는 공공 부조, B는 사회 보험, C는 사회 서비스이다.

○ 정답 찾기 ④ 공공 부조는 현재 직면한 사회적 위험에 대응하는 사후 처방적 성격이 강하고, 사회 보험은 미래에 직면할 사회적 위험에 대처하는 사전 예방적 성격이 강하다.

× 오답 풀이 ① 상호 부조의 원리를 바탕으로 하는 사회 보장 제도는 사회 보험이다.
② 공공 부조는 선별적 복지의 이념을 바탕으로 하고, 사회 보험은 보편적 복지의 이념을 바탕으로 한다.
③ 강제 가입을 원칙으로 하는 사회 보장 제도는 사회 보험이다.
⑤ 사회 보험과 공공 부조는 금전적 지원을 원칙으로 하고, 사회 서비스는 비금전적 지원을 원칙으로 한다.

이것만은 꼭!

1. 사회 보험은 가입자 중에서 사회적 위험에 처한 사람이 있을 때 가입자끼리 서로 돕는 원리를 바탕으로 한다는 점에서 상호 부조의 원리를 기반으로 한다.
2. 사회 보험은 보편적 복지 이념을 바탕으로 하고, 공공 부조는 선별적 복지의 이념을 바탕으로 한다.
3. 사회 보험과 공공 부조는 모두 금전적 지원을 원칙으로 한다.

03 사회 보장 제도

| 정답 ② | 24년 7월 학력평가 15번

①	❷	③ 함정	④	⑤ 함정
14%	41%	19%	10%	16%

다음 자료에 대한 옳은 분석만을 〈보기〉에서 고른 것은? [3점]

갑국의 사회 보장 제도는 A, B로만 구성되며, A, B는 우리나라의 사회 보장 제도와 동일하다. A는 사전 예방적 성격이 강한 제도이고, B는 사후 처방적 성격이 강한 제도이다. 갑국은 인구가 동일한 (가), (나) 지역으로만 구성되어 있다. (가) 지역은 지역 전체 인구의 90%, (나) 지역은 지역 전체 인구의 80%가 사회 보장 제도 수급자이다. 표는 갑국의 지역별 사회 보장 제도 수급자 비율을 분석한 것이다.

(A: 사회 보험, B: 공공 부조 / (가) 지역과 (나) 지역의 전체 인구가 각각 1,000명이라면, 사회 보장 제도 수급자 수는 (가) 지역이 900명, (나) 지역이 800명임)

(단위: %)

구분	해당 지역 전체 수급자 대비 A만 수급받는 인구 비율	해당 지역 전체 수급자 대비 B만 수급받는 인구 비율
(가) 지역	65	25
(나) 지역	71	14

〈보기〉

ㄱ. 갑국의 전체 인구 중 A, B 중복 수급자 비율은 (가) 지역의 전체 인구 중 A, B 중복 수급자 비율보다 크다.

ㄴ. (나) 지역에서 A, B 중복 수급자 수는 (나) 지역에서 A나 B 어느 것도 받지 않는 비(非)수급자 수보다 ~~많다~~. (적다.)

ㄷ. 강제 가입의 원칙이 적용되는 제도의 수급자 수는 (나) 지역이 (가) 지역보다 많다. (사회 보험(A))

ㄹ. (나) 지역에서 수혜자 비용 부담 원칙이 적용되는 제도(사회 보험(A))의 수급자 수는 (가) 지역에서 최저 생활의 보장을 목적으로 하는 제도(공공 부조(B))의 수급자 수보다 ~~적다~~. (많다.)

① ㄱ, ㄴ ② ㄱ, ㄷ ③ ㄴ, ㄷ ④ ㄴ, ㄹ ⑤ ㄷ, ㄹ

✔ 자료 분석 사전 예방적 성격이 강한 제도는 사회 보험이고, 사후 처방적 성격이 강한 제도는 공공 부조이다. 따라서 A는 사회 보험, B는 공공 부조이다. (가) 지역의 사회 보장 제도 수급자는 (가) 지역 전체 인구의 90%, (나) 지역의 사회 보장 제도 수급자는 (나) 지역 전체 인구의 80%이고, (가) 지역과 (나) 지역의 전체 인구가 같으므로 (가) 지역과 (나) 지역의 전체 인구가 각각 1,000명이라면, (가) 지역의 사회 보장 제도 수급자 수는 900명, (나) 지역의 사회 보장 제도 수급자 수는 800명이 된다. (가) 지역과 (나) 지역의 전체 인구를 각각 1,000명이라고 가정하여 제시된 자료를 바탕으로 (가) 지역과 (나) 지역의 전체 인구 중 A, B 수급자 비율과 수급자 수를 나타내면 다음과 같다.

구분	(가) 지역		(나) 지역	
	비율(%)	수(명)	비율(%)	수(명)
사회 보험(A)만 수급받는 인구	65	585	71	568
공공 부조(B)만 수급받는 인구	25	225	14	112
중복 수급받는 인구	10	90	15	120
전체 수급자	100	900	100	800

O 정답 찾기 ㄱ. (가) 지역과 (나) 지역의 전체 인구를 각각 1,000명이라고 가정하면, 갑국의 전체 인구는 2,000명이 된다. 갑국의 전체 인구 중 A, B 중복 수급자 비율은 10.5%[={(90명+120명)/2,000명}×100]이고, (가) 지역의 전체 인구 중 A, B 중복 수급자 비율은 9%{=(90명/1,000명)×100}이다. 따라서 갑국의 전체 인구 중 A, B 중복 수급자 비율은 (가) 지역의 전체 인구 중 A, B 중복 수급자 비율보다 크다.

ㄷ. 강제 가입의 원칙이 적용되는 제도는 사회 보험(A)이다. (가) 지역과 (나) 지역의 전체 인구를 각각 1,000명이라고 가정하면, A의 수급자 수는 (가) 지역이 675명(=585명+90명), (나) 지역이 688명(=568명+120명)이다. 따라서 강제 가입의 원칙이 적용되는 제도의 수급자 수는 (나) 지역이 (가) 지역보다 많다.

× 오답 풀이 ㄴ. (나) 지역의 전체 인구를 1,000명이라고 가정하면, (나) 지역에서 A, B 중복 수급자 수는 120명이고, (나) 지역에서 A나 B 어느 것도 받지 않는 비수급자 수는 200명(=1,000명−800명)이다. 따라서 (나) 지역에서 A, B 중복 수급자 수는 (나) 지역에서 A나 B 어느 것도 받지 않는 비수급자 수보다 적다.

ㄹ. 수혜자 비용 부담 원칙이 적용되는 제도는 사회 보험(A)이고, 최저 생활의 보장을 목적으로 하는 제도는 공공 부조(B)이다. (가) 지역과 (나) 지역의 전체 인구를 각각 1,000명이라고 가정하면, (나) 지역에서 A의 수급자 수는 688명(=568명+120명), (가) 지역에서 B의 수급자 수는 315명(=225명+90명)이다. 따라서 (나) 지역에서 A의 수급자 수는 (가) 지역에서 B의 수급자 수보다 많다.

②번을 정답으로 선택하지 못한 학생들은 제시된 자료를 바탕으로 해당 지역의 사회 보장 제도 수급자 수를 파악하지 못하였을 가능성이 크다. (가) 지역은 지역 전체 인구의 90%, (나) 지역은 지역 전체 인구의 80%가 사회 보장 제도 수급자이므로 (가) 지역의 사회 보장 제도 수급자는 (가) 지역 전체 인구의 90%이고, (나) 지역의 사회 보장 제도 수급자는 (나) 지역 전체 인구의 80%이다. 갑국은 인구가 동일한 (가) 지역과 (나) 지역으로만 구성되어 있으므로, (가) 지역과 (나) 지역의 전체 인구를 각각 1,000명이라고 가정하면, (가) 지역의 사회 보장 제도 수급자 수는 900명(=1,000명×90%)이고, (나) 지역의 사회 보장 제도 수급자 수는 800명(=1,000명×80%)이 된다.

이것만은 꼭!

1. 사회 보험은 강제 가입의 원칙이 적용되는 제도이다.
2. 사회 보험은 수혜자 비용 부담 원칙이 적용되는 제도이다.
3. 공공 부조는 최저 생활의 보장을 목적으로 하는 제도이다.

04 사회 보장 제도

| 정답 ⑤ | 24년 10월 학력평가 15번

①	②	③	④	⑤
6%	8%	10%	10%	66%

다음 자료에 대한 분석으로 옳은 것은? [3점]

> 갑국은 우리나라와 동일한 사회 보장 제도 A, B만을 시행하고 있다. A, B 모두 금전적 지원을 원칙으로 하며, A는 정부 재정으로 비용을 전액 충당하는 것을 원칙으로 하는 제도이고, B는 수혜자 비용 부담 원칙을 적용하는 제도이다. 표는 갑국의 (가), (나) 지역 인구 중 A, B 수급자 비율을 나타낸 것이다. 갑국은 (가), (나) 지역만으로 구성되며, 인구는 (나) 지역이 (가) 지역의 2배이다.
>
> (A: 공공 부조, B: 사회 보험)

(단위: %)

구분	(가) 지역	(나) 지역
공공 부조 A 수급자	11	12
사회 보험 B 수급자	8	13
A와 B 중복 수급자	4	6

① (가) 지역에서 강제 가입 원칙이 적용되는 제도(사회 보험(B))의 수급자 수는 A와 B 중복 수급자 수의 2배보다 ~~많다~~(이다).

② (나) 지역에서 상호 부조의 원리가 적용되는 제도(사회 보험(B))의 혜택만 받는 수급자 수는 A와 B 중복 수급자 수~~와 같다~~(보다 많다).

③ A와 B 중 하나 이상의 혜택을 받는 수급자 수는 (나) 지역이 (가) 지역의 2배보다 ~~적다~~(많다).

④ (나) 지역과 달리 (가) 지역은 보편적 복지 이념에 기초한 제도(사회 보험(B))의 수급자 수가 선별적 복지 이념에 기초한 제도(공공 부조(A))의 수급자 수보다 ~~많다~~(적다).

⑤ 갑국은 사후 처방적 성격이 강한 제도(공공 부조(A))의 수급자 수가 사전 예방적 성격이 강한 제도(사회 보험(B))의 수급자 수보다 많다.

✓ 자료 분석 정부 재정으로 비용을 전액 충당하는 것을 원칙으로 하는 제도는 공공 부조이고, 수혜자 비용 부담 원칙을 적용하는 제도는 사회 보험이다. 따라서 A는 공공 부조, B는 사회 보험이다. 제시된 자료를 바탕으로 지역별 A, B 수급자 비율 및 A와 B 중복 수급자 비율을 나타내면 다음과 같다.

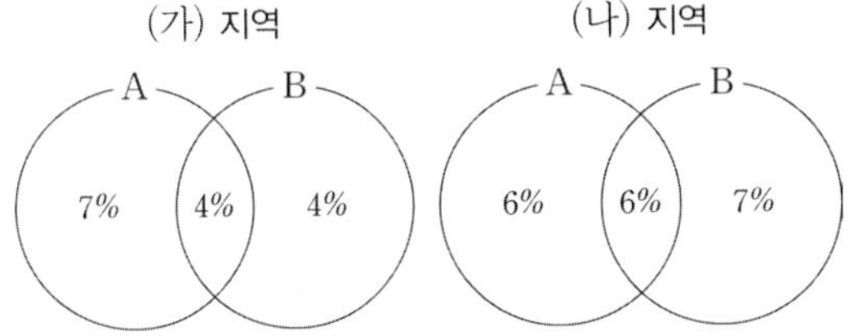

○ 정답 찾기 ⑤ 사후 처방적 성격이 강한 제도는 공공 부조(A)이고, (나) 지역 인구는 200명이 되므로 사전 예방적 성격이 강한 제도는 사회 보험(B)이다. (가) 지역 인구가 100명이라면, 갑국 전체 A 수급자 수는 35명(=11명+24명)이고, 갑국 전체 B 수급자 수는 34명(=8명+26명)이다. 따라서 갑국은 A 수급자 수가 B 수급자 수보다 많다.

× 오답 풀이 ① 강제 가입 원칙이 적용되는 제도는 사회 보험(B)이다. (가) 지역에서 B 수급자 비율은 8%이고, A와 B 중복 수급자 비율은 4%이다. 따라서 (가) 지역에서 B 수급자 수는 A와 B 중복 수급자 수의 2배이다.

② 상호 부조의 원리가 적용되는 제도는 사회 보험(B)이다. (나) 지역에서 B의 혜택만 받는 수급자 비율은 7%이고, A와 B 중복 수급자 비율은 6%이다. 따라서 (나) 지역에서 B의 혜택만 받는 수급자 수는 A와 B 중복 수급자 수보다 많다.

③ A와 B 중 하나 이상의 혜택을 받는 수급자 비율은 (가) 지역이 15%(=7%+4%+4%)이고, (나) 지역이 19%(=6%+6%+7%)이다. (나) 지역 인구가 (가) 지역 인구의 2배이므로 (가) 지역 인구를 100명이라고 가정하면, (나) 지역 인구는 200명이 된다. 따라서 A와 B 중 하나 이상의 혜택을 받는 수급자 수는 (가) 지역이 15명(=100명×15%)이고, (나) 지역이 38명(=200명×19%)으로, (나) 지역이 (가) 지역의 2배보다 많다.

④ 보편적 복지 이념에 기초한 제도는 사회 보험(B)이고, 선별적 복지 이념에 기초한 제도는 공공 부조(A)이다. (가) 지역의 경우 A 수급자 비율은 11%, B 수급자 비율은 8%이므로 B 수급자 수가 A 수급자 수보다 적다. (나) 지역의 경우 A 수급자 비율은 12%, B 수급자 비율은 13%이므로 B 수급자 수가 A 수급자 수보다 많다.

이것만은 꼭!

1. 사회 보험은 수혜자 비용 부담 원칙이 적용된다.
2. 사회 보험은 보편적 복지 이념에 기초하고, 공공 부조는 선별적 복지 이념에 기초한다.
3. 사회 보험은 사전 예방적 성격이 강하고, 공공 부조는 사후 처방적 성격이 강하다.

05 사회 보장 제도

| 정답 ④ | 23년 3월 학력평가 15번

① 함정	②	③ 함정	❹	⑤
19%	10%	15%	47%	9%

다음 자료에 대한 분석으로 옳은 것은? (단, 갑국의 사회 보장 제도는 우리나라의 사회 보장 제도와 동일함.) [3점]

〈자료 1〉 갑국의 사회 보장 제도 A~C에 대한 정보

A, B, C는 각각 공공 부조, 사회 보험, 사회 서비스 중 하나이다. '금전적 지원을 원칙으로 하는가?'(사회 보험, 공공 부조)는 B(사회 서비스)를 A, C와 구분할 수 있는 질문이며, C(공공 부조)는 A(사회 보험)와 달리 정부 재정으로 비용을 전액 충당하는 것을 원칙으로 한다.(공공 부조)

〈자료 2〉 갑국의 (가), (나) 지역 A~C 제도 수혜자 비율

(단위: %)

구분	(가) 지역			(나) 지역		
	남성	여성	전체	남성	여성	전체
A (사회 보험)	80	60	75	80	60	70
B (사회 서비스)	47	51	48	48	50	49
C (공공 부조)	10	14	11	10	8	9

* (가) 지역과 (나) 지역의 총인구는 동일함

** 해당 지역 남성(여성) 수혜자 비율(%) = $\frac{\text{해당 지역 남성(여성) 수혜자 수}}{\text{해당 지역 남성(여성) 인구}} \times 100$

① 비금전적 지원을 원칙으로 하는 제도(사회 서비스)의 남성 수혜자 수는 (나) 지역이 (가) 지역 보다 ~~많다~~(적다).

② 상호 부조의 원리가 적용되는 제도(사회 보험)의 수혜자 수는 (가) 지역이 (나) 지역보다 ~~작다~~(많다).

③ 여성의 경우 사회 보험의 수혜자 비율 대비 공공 부조의 수혜자 비율은 (나) 지역이 (가) 지역보다 ~~크다~~(작다).

④ 강제 가입의 원칙이 적용되는 제도(사회 보험)의 경우 여성 수혜자 수 대비 남성 수혜자 수는 (나) 지역이 (가) 지역보다 작다.

⑤ 금전적 지원을 원칙으로 하며 사후 처방적 성격이 강한 제도(공공 부조)의 경우 성별 수혜자 수 차이는 ~~(가), (나) 지역이 같다~~((가) 지역이 (나) 지역보다 많다).

✔ 자료 분석 금전적 지원을 원칙으로 하는 제도는 공공 부조와 사회 보험이다. 따라서 B는 사회 서비스이다. 정부 재정으로 비용을 전액 충당하는 것을 원칙으로 하는 제도는 공공 부조이다. 따라서 C는 공공 부조, A는 사회 보험이다. (가) 지역의 남성 인구를 a, 여성 인구를 b라고 한다면, A의 경우 $0.8a+0.6b=0.75(a+b)$가 성립한다. 이를 정리하면 $a=3b$로, (가) 지역의 경우 남성 인구는 여성 인구의 3배이다. (나) 지역의 남성 인구를 c, 여성 인구를 d라고 한다면, A의 경우 $0.8c+0.6d=0.7(c+d)$가 성립한다. 이를 정리하면 $c=d$로, (나) 지역의 경우 남성 인구와 여성 인구는 같다. (가) 지역의 경우 여성 인구를 100명이라고 할 경우 남성 인구는 300명이므로 전체 인구는 400명이다. (가) 지역과 (나) 지역 총인구가 동일하므로 (나) 지역의 경우 남성 인구와 여성 인구는 각각 200명이다. 이를 적용하여 각 제도별 수혜자 수를 나타내면 다음과 같다.

(단위: 명)

구분	(가) 지역			(나) 지역		
	남성	여성	전체	남성	여성	전체
A	240	60	300	160	120	280
B	141	51	192	96	100	196
C	30	14	44	20	16	36

O 정답 찾기 ④ 강제 가입의 원칙이 적용되는 제도는 사회 보험으로 A이다. A의 경우 여성 수혜자 수 대비 남성 수혜자 수는 (가) 지역이 240/60, (나) 지역이 160/120으로, (나) 지역이 (가) 지역보다 작다.

✕ 오답 풀이 ① 비금전적 지원을 원칙으로 하는 제도는 사회 서비스로 B이다. B의 경우 남성 수혜자 수는 (가) 지역이 141명, (나) 지역이 96명이다.
② 상호 부조의 원리가 적용되는 제도는 사회 보험으로 A이다. A의 수혜자 수는 (가) 지역이 300명, (나) 지역이 280명이다.
③ 사회 보험은 A, 공공 부조는 C이다. 여성의 경우 A 수혜자 비율 대비 C 수혜자 비율은 (가) 지역이 14/60, (나) 지역이 8/60이다.
⑤ 금전적 지원을 원칙으로 하며 사후 처방적 성격이 강한 제도는 공공 부조로 C이다. C의 경우 성별 수혜자 수 차이는 (가) 지역이 16명, (나) 지역이 4명이다.

①번을 정답으로 선택한 학생들은 (가) 지역과 (나) 지역의 남성 인구와 여성 인구를 파악하지 못하였을 가능성이 크다. (가) 지역과 (나) 지역 총인구가 동일하므로 이를 통해 (가) 지역 여성 인구를 100명이라고 가정할 경우 이를 (나) 지역 남성 인구와 여성 인구에도 적용할 수 있다.

이것만은 꼭!

1. 사회 보험과 공공 부조는 금전적 지원을 원칙으로 한다.
2. 공공 부조는 사후 처방적 성격이 강하다.
3. 사회 보험은 강제 가입의 원칙이 적용된다.

06 사회 보장 제도

| 정답 ② | 23년 4월 학력평가 14번

①	❷	③	④	⑤
12%	60%	9%	8%	11%

교사의 질문에 대한 학생의 답변으로 옳은 것은? (단, A, B는 각각 공공 부조, 사회 보험 중 하나임.) [3점]

갑이 혜택을 받고 있는 제도는 A(공공 부조)에, 을이 혜택을 받고 있는 제도는 B(사회 보험)에 해당합니다. A, B의 일반적인 특징에 대해 말해 보세요.

〈갑의 사례〉
입원 치료가 필요한 질병에 걸린 갑은 가구 소득이 기준 금액 이하에 해당하여 의료 급여를 받고 있다.

〈을의 사례〉
노인성 질병으로 혼자 일상생활을 하기 어려운 을은 신체 · 가사 활동 지원이 필요하여 장기 요양 급여를 받고 있다.

① A(B)는 강제 가입을 원칙으로 합니다.
② B는 상호 부조의 원리를 바탕으로 합니다.
③ A(B)는 B(A)와 달리 보편적 복지의 이념을 바탕으로 합니다.
④ B는 A와 달리(A, B는 모두) 소득 재분배 효과가 있습니다.
⑤ B(A)는 A(B)에 비해 사후 처방적 성격이 강합니다.

✓ 자료분석 갑은 가구 소득이 기준 금액 이하에 해당하여 의료 급여를 받고 있고, 을은 장기 요양 급여를 받고 있다. 따라서 A는 공공 부조, B는 사회 보험이다.

O 정답찾기 ② 사회 보험은 능력에 따라 보험료를 산출하여 사회적 위험에 처한 경우 금전적 지원을 받으므로 가입자끼리 서로 돕는 상호 부조의 원리를 기반으로 한다.

× 오답풀이 ① 사회 보험은 강제 가입을 원칙으로 한다.
③ 사회 보험은 보편적 복지의 이념을 바탕으로 한다.
④ 사회 보험과 공공 부조는 모두 소득 재분배 효과가 있다.
⑤ 공공 부조는 사후 처방적 성격이 강하고, 사회 보험은 사전 예방적 성격이 강하다.

이것만은 꼭!
1. 공공 부조는 선별적 복지 이념에 기초한다.
2. 사회 보험은 강제 가입을 원칙으로 한다.
3. 공공 부조는 사후 처방적 성격이 강하고, 사회 보험은 사전 예방적 성격이 강하다.

07 사회 보장 제도

| 정답 ⑤ | 23년 7월 학력평가 20번

①	②	③ 함정	④ 함정	❺
4%	8%	17%	25%	46%

다음 자료에 대한 분석으로 옳은 것은? (단, 갑국의 사회 보장 제도는 우리나라의 사회 보장 제도와 동일하며, 제시된 기간 동안 인구 변동은 없음.) [3점]

〈자료 1〉 갑국의 사회 보장 제도

A: 소득 인정액이 일정 수준 이하인 65세 이상 노인에게 연금을 지급하여 안정적인 생계유지를 지원함. 기초 연금(공공 부조)

B: 노동자와 사업주가 공동으로 부담하는 기금에서 실업자의 생계 보장 및 고용 안정을 위해 급여를 제공함. 고용 보험(사회 보험)

〈자료 2〉 갑국의 A, B 제도의 수급 지속 비율과 수급 진입 비율

구분	A		B	
	2021년	2022년	2021년	2022년
수급 지속 비율(%)	20	23	60	32
수급 진입 비율(%)	20	8	10	24

* 2020년 갑국의 전체 인구 중 A 제도의 수급자 비율은 10%, B 제도의 수급자 비율은 25%이다.

** 수급 지속 비율(%) = $\frac{\text{직전 연도에 이어 혜택을 받는 A(B) 제도 수급자 수}}{\text{직전 연도 A(B) 제도 수급자 수}} \times 100$

*** 수급 진입 비율(%) = $\frac{\text{직전 연도와 달리 혜택을 받게 된 A(B) 제도 수급자 수}}{\text{직전 연도 A(B) 제도 비(非)수급자 수}} \times 100$

① ~~B 제도는 A 제도와 달리~~ 소득 재분배 효과가 발생한다. A 제도와 B 제도는 모두

② 선별적 복지의 성격이 강한 제도의 2021년 수급자 비율은 ~~40%~~이다. 공공 부조 20%

③ 상호 부조의 원리가 적용되는 제도의 수급자 비율은 2020년부터 2022년까지 ~~매년 상승하였다.~~ 사회 보험 하락하다가 상승하였다.

④ 수혜자 비용 부담을 원칙으로 하는 제도의 2021년 수급자 수는 정부 재정으로 비용을 전부 충당하는 것을 원칙으로 하는 제도의 2022년 수급자 수의 ~~2배이다.~~ 사회 보험 공공 부조 2배를 넘는다

⑤ 직전 연도와 달리 해당 연도에 A 제도의 수급자가 된 사람 수는 2021년이 2022년보다 많다.

✓ 자료 분석 A는 기초 연금으로 공공 부조에 해당하며, B는 고용 보험으로 사회 보험에 해당한다. 2020년 갑국의 전체 인구를 1,000명으로 가정하면, A 제도의 경우 수급자 수는 100명, 비(非)수급자 수는 900명이며, B 제도의 경우 수급자 수는 250명, 비(非)수급자 수는 750명이다. 갑국의 전체 인구를 1,000명이라고 가정하여 제시된 자료를 바탕으로 갑국의 A, B 수급자 수를 나타내면 다음과 같다.

(단위: 명)

구분	A			B		
	2020년	2021년	2022년	2020년	2021년	2022년
직전 연도에 이어 혜택을 받는 수급자 수		20	46		150	72
직전 연도와 달리 혜택을 받게 된 수급자 수		180	64		75	186
전체 수급자 수	100	200	110	250	225	258
전체 비수급자 수	900	800	890	750	775	742

O 정답 찾기 ⑤ 직전 연도와 달리 해당 연도에 A 제도의 수급자가 된 사람 수는 2021년이 180명이고, 2022년이 64명이다.

X 오답 풀이 ① 사회 보험과 공공 부조는 모두 소득 재분배 효과가 발생한다.

② 선별적 복지의 성격이 강한 제도는 공공 부조이다. 2021년에 공공 부조인 A의 수급자 비율은 20%이다.

③ 상호 부조의 원리가 적용되는 제도는 사회 보험이다. 사회 보험인 B의 수급자 수는 2020년이 250명, 2021년이 225명, 2022년이 258명이므로 수급자 비율은 하락하다가 상승하였다.

④ 수혜자 비용 부담을 원칙으로 하는 제도는 사회 보험이고, 정부 재정으로 비용을 전부 충당하는 것을 원칙으로 하는 제도는 공공 부조이다. 2021년에 사회 보험인 B의 수급자 수는 225명이고, 2022년에 공공 부조인 A의 수급자 수는 110명이므로 B의 2021년 수급자 수는 A의 2022년 수급자 수의 2배를 넘는다.

함정 클리닉

③번을 옳다고 판단한 학생들은 자료에 이미 제시되어 있는 2020년의 수급자 수와 수급자 비율을 파악하지 못하였을 가능성이 크다. ④번을 옳다고 판단한 학생들은 수혜자 비용 부담을 원칙으로 하는 제도가 사회 보험이고, 정부 재정으로 비용을 전부 충당하는 것을 원칙으로 하는 제도가 공공 부조임을 몰랐을 것으로 보인다.

이것만은 꼭!

1. 공공 부조는 선별적 복지의 성격이 강하다.
2. 상호 부조의 원리가 적용되는 사회 보장 제도는 사회 보험이다.
3. 수혜자 비용 부담을 원칙으로 하는 사회 보장 제도는 사회 보험이다.

08 사회 보장 제도

| 정답 ④ | 23년 10월 학력평가 19번

①	②	③	❹	⑤
8%	12%	11%	54%	15%

다음 자료의 갑 지역에 대한 분석으로 옳은 것은? [3점]

○ 우리나라의 사회 보장 제도

A: 노령, 장애, 사망 시 본인 또는 유족에게 노령 연금, 장애 연금, 유족 연금 등을 지급하여 생활 안정을 보장하는 제도 (국민연금(사회 보험))

B: 65세 이상 노인 중 소득이 일정 수준 이하인 노인에게 연금을 지급하여 생활 안정을 지원하는 제도 (기초 연금(공공 부조))

○ 우리나라 갑 지역의 A, B 수급자 비율 분석

(단위: %)

구분	2020년	2021년
A의 수급자 중 B의 수급자 비율	20	35
B의 수급자 중 A의 수급자 비율	25	28

* 갑 지역 인구는 100만 명으로 일정하고, 갑 지역 인구 중 상호 부조의 원리에 기초한 제도의 수급자 비율은 2020년과 2021년이 20%로 같음 국민연금(A)

① 2020년에 수익자 부담의 원칙을 적용하는 제도의 수급자가 그렇지 않은 제도의 수급자보다 ~~적다~~. 국민연금(A) 많다.

② 2021년에 의무 가입의 원칙을 적용하는 제도의 수급자가 그렇지 않은 제도의 수급자보다 ~~많다~~. 국민연금(A) 적다.

③ 2020년에 사후 처방적 성격이 강한 제도의 수급자가 사전 예방적 성격이 강한 제도의 수급자보다 4만 명 ~~많다~~. 기초 연금(B) 국민연금(A) 적다.

④ 2020년 대비 2021년에 선별적 복지 이념에 기초한 제도의 수급자에만 해당하는 사람의 증가율은 50%이다. 기초 연금(B)

⑤ 2020년 대비 2021년에 공공 부조에 해당하는 제도의 수급자에만 해당하는 사람과 달리 사회 보험에 해당하는 제도의 수급자에만 해당하는 사람은 ~~증가~~하였다. 기초 연금(B) 국민연금(A) 감소

✓ 자료 분석 A는 사회 보험에 해당하는 제도인 국민연금 제도이며, B는 공공 부조에 해당하는 제도인 기초 연금 제도이다. 제시된 자료를 바탕으로 갑 지역의 A 수급자 수, B 수급자 수, A와 B 중복 수급자 수를 나타내면 다음과 같다.

(단위: 만 명)

구분	2020년	2021년
A(국민연금) 수급자 수	20	20
B(기초 연금) 수급자 수	16	25
A와 B 중복 수급자 수	4	7

○ 정답 찾기 ④ 선별적 복지 이념에 기초한 제도는 공공 부조에 해당하는 기초 연금 제도(B)이다. 기초 연금 제도의 수급자에만 해당하는 사람은 2020년의 경우 12만 명(=16만 명−4만 명), 2021년의 경우 18만 명(=25만 명−7만 명)이다. 따라서 2020년 대비 2021년에 기초 연금 제도의 수급자에만 해당하는 사람의 증가율은 50%{=(6만 명/12만 명)×100}이다.

× 오답 풀이 ① 수익자 부담의 원칙을 적용하는 제도는 사회 보험에 해당하는 국민연금 제도(A)이다. 2020년에 국민연금 제도의 수급자 수는 20만 명이며, 기초 연금 제도의 수급자 수는 16만 명이다. 따라서 2020년에 국민연금 제도의 수급자는 그렇지 않은 제도의 수급자보다 많다.

② 의무 가입의 원칙을 적용하는 제도는 사회 보험에 해당하는 국민연금 제도(A)이다. 2021년에 국민연금 제도의 수급자 수는 20만 명이고, 기초 연금 제도의 수급자 수는 25만 명이다. 따라서 2021년에 국민연금 제도의 수급자는 그렇지 않은 제도의 수급자보다 적다.

③ 사후 처방적 성격이 강한 제도는 공공 부조에 해당하는 기초 연금 제도(B)이며, 사전 예방적 성격이 강한 제도는 사회 보험에 해당하는 국민연금 제도(A)이다. 2020년에 기초 연금 제도의 수급자 수는 16만 명으로 국민연금 제도의 수급자 수인 20만 명보다 4만 명 적다.

⑤ 2020년 대비 2021년에 국민연금 제도의 수급자에만 해당하는 사람은 16만 명(=20만 명−4만 명)에서 13만 명(=20만 명−7만 명)으로 감소하였고, 기초 연금 제도의 수급자에만 해당하는 사람은 12만 명(=16만 명−4만 명)에서 18만 명(=25만 명−7만 명)으로 증가하였다.

이것만은 꼭!

1. 국민연금 제도는 노령, 장애, 사망 시 본인 및 가족에게 연금 급여를 실시하는 제도이다.
2. 기초 연금 제도는 65세 이상 노인 중 소득이 일정 수준 이하인 사람에게 생활 안정에 필요한 연금을 지급하는 제도이다.
3. 사회 보험은 사전 예방적 성격이 강하고, 공공 부조는 사후 처방적 성격이 강하다.

09 사회 보장 제도

| 정답 ⑤ | 22년 3월 학력평가 20번

①	②	③ 함정	④	⑤
10%	9%	17%	11%	53%

다음 자료에 대한 분석으로 옳은 것은? [3점]

표는 우리나라 A 권역에 속하는 갑 지역과 을 지역의 지역별 주민 중 국민연금 제도의 수급자 비율과 국민 기초 생활 보장 제도의 수급자 비율을 나타낸 것이다. 단, A 권역은 주민이 100만 명인 갑 지역과 주민이 200만 명인 을 지역으로만 구분된다.

(단위: %)

구분	갑 지역	을 지역	A 권역
국민연금 제도의 수급자	15	6	9
국민 기초 생활 보장 제도의 수급자	10	13	12

① 공공 부조에 해당하는 제도의 수급자는 갑 지역이(10만 명) 을 지역보다(26만 명) ~~많다~~(적다).

② A 권역에서 의무 가입 원칙을 적용하는 제도의 수급자가(27만 명) 그렇지 않은 제도의 수급자보다(36만 명) ~~많다~~(적다).

③ 지역별 주민 중 상호 부조의 원리에 기초한 제도의 수급자 비율은 을 지역이(6%) 갑 지역보다(15%) ~~높다~~(낮다).

④ 지역별 주민 중 생활이 어려운 자의 최저 생활을 보장하고자 하는 제도의 수급자 비율은 갑 지역이(10%) 을 지역보다(13%) ~~높다~~(낮다).

⑤ 을 지역에서 선별적 복지 이념에 기초한 제도의 수급자가 보편적 복지 이념에 기초한 제도의 수급자보다 14만 명 많다.

✔ 자료 분석 갑 지역의 주민이 100만 명이고 을 지역의 주민이 200만 명이므로 각 지역의 국민연금 및 국민 기초 생활 보장 제도의 수급자 수는 다음과 같다.

(단위: 만 명)

구분	갑 지역	을 지역	A 권역
국민연금 제도 수급자 수	15	12	27
국민 기초 생활 보장 제도 수급자 수	10	26	36

○ 정답 찾기 ⑤ 선별적 복지 이념에 기초한 제도는 국민 기초 생활 보장 제도이고, 보편적 복지 이념에 기초한 제도는 국민연금 제도이다. 을 지역에서 국민 기초 생활 보장 제도의 수급자 수는 26만 명이고, 국민연금 제도의 수급자 수는 12만 명으로, 국민 기초 생활 보장 제도의 수급자 수는 국민연금 제도의 수급자 수보다 14만 명 많다.

× 오답 풀이 ① 공공 부조에 해당하는 제도는 국민 기초 생활 보장 제도이다. 국민 기초 생활 보장 제도의 수급자 수는 갑 지역이 10만 명, 을 지역이 26만 명으로 갑 지역이 을 지역보다 적다.

② 의무 가입 원칙을 적용하는 제도는 국민연금 제도이다. A 권역에서 국민연금 제도의 수급자 수는 27만 명이고, 의무 가입을 원칙으로 하지 않는 제도의 수급자 수는 36만 명이다. 따라서 A 권역에서 의무 가입 원칙을 적용하는 제도의 수급자가 그렇지 않은 제도의 수급자보다 적다.

③ 상호 부조의 원리에 기초한 제도는 국민연금 제도이다. 국민연금 제도의 수급자 비율은 갑 지역이 15%, 을 지역이 6%로, 을 지역이 갑 지역보다 낮다.

④ 생활이 어려운 자의 최저 생활을 보장하고자 하는 제도는 국민 기초 생활 보장 제도이다. 국민 기초 생활 보장 제도의 수급자 비율은 갑 지역이 10%, 을 지역이 13%로 갑 지역이 을 지역보다 낮다.

③번을 정답으로 선택한 학생들은 상호 부조의 원리에 기초한 제도가 국민연금 제도임을 몰랐거나, 국민연금 제도와 국민 기초 생활 보장 제도의 차이점을 혼동하였을 가능성이 크다. 국민연금 제도는 사회 보험의 사례, 국민 기초 생활 보장 제도는 공공 부조의 사례이므로 사회 보험과 공공 부조의 각 특징을 파악하여 이를 각 제도의 특징에 대입해 보면 어렵지 않게 해결할 수 있다.

이것만은 꼭!

1. 국민연금은 보편적 복지 이념에 기초한다.
2. 국민연금은 의무 가입의 원칙이 적용된다.
3. 국민연금은 상호 부조의 원리에 기초한다.

10 사회 보장 제도

| 정답 ③ | 22년 4월 학력평가 2번

①	②	❸	④	⑤
6%	9%	64%	10%	11%

표는 질문에 따라 우리나라 사회 보장 제도의 유형을 구분한 것이다. 이에 대한 설명으로 옳은 것은? (단, A~C는 각각 사회 보험, 공공 부조, 사회 서비스 중 하나이다.)

구분	A	B	C (사회 보험)
강제 가입의 원칙이 적용되는가?	㉠ 아니요	㉠ 아니요	㉡ 예
(가) (사회 보험)	㉡ 예	㉠ 아니요	㉡ 예

* ㉠과 ㉡은 각각 '예'와 '아니요' 중 하나임

① ㉠은 '예', ㉡은 '아니요'이다. (㉡, ㉠)
② C는 선별적 복지의 이념을 바탕으로 한다. (공공 부조)
③ 기초 연금 제도가 A에 해당한다면, B는 사회 서비스이다. (공공 부조)
④ B가 공공 부조라면, A는 금전적 지원을 원칙으로 한다. (비금전적)
⑤ (가)에 '국가와 지방 자치 단체가 비용을 전액 부담하는가?'가 들어갈 수 있다. (없다.)

✔ 자료 분석 강제 가입의 원칙이 적용되는 사회 보장 제도는 사회 보험이다. 따라서 ㉠은 '아니요', ㉡은 '예'이고, C는 사회 보험, A와 B는 각각 공공 부조와 사회 서비스 중 하나이다.

O 정답 찾기 ③ A와 B는 각각 공공 부조와 사회 서비스 중 하나이다. 기초 연금 제도는 공공 부조에 해당한다. 기초 연금 제도가 A에 해당한다면, B는 사회 서비스이다.

X 오답 풀이 ① ㉠은 '아니요', ㉡은 '예'이다.
② 사회 보험은 보편적 복지의 이념을 바탕으로 하고, 공공 부조는 선별적 복지의 이념을 바탕으로 한다.
④ B가 공공 부조라면, A는 사회 서비스이다. 사회 서비스는 비금전적 지원을 원칙으로 한다.
⑤ 국가와 지방 자치 단체가 비용을 전액 부담하는 사회 보장 제도는 공공 부조이다. 따라서 해당 질문은 (가)에 들어갈 수 없다.

이것만은 꼭!
1. 공공 부조는 선별적 복지 이념에 기초한다.
2. 사회 보험은 강제 가입의 원칙이 적용된다.
3. 사회 서비스는 비금전적 지원을 원칙으로 한다.

11 사회 보장 제도

| 정답 ④ | 22년 7월 학력평가 20번

①	②	③	❹	⑤
7%	12%	17%	54%	10%

다음 자료에 대한 대한 분석으로 옳은 것은? (단, A와 B는 각각 공공 부조와 사회 보험 중 하나이다.) [3점]

〈표 1〉 갑국 사회 보장 제도의 일반적인 특징 비교

구분	A - 공공 부조	B - 사회 보험
공통점	㉠	
차이점	㉡	상호 부조의 원리가 적용됨

〈표 2〉 갑국의 A, B 제도 수급자 비율

(단위: %)

구분	(가)	(나)	(다)	(라)	전체
A	20	15	5	8	10
B	10	㉢ 25	40	36	32

* 갑국의 사회 보장 제도는 우리나라의 사회 보장 제도와 동일하다.
** 갑국은 (가)~(라) 지역으로만 구성되고, (나)와 (다) 지역 인구는 각각 (가) 지역 인구의 2배이다.
*** 지역별 수급자 비율(%)=(해당 지역 수급자 수/해당 지역 인구)×100

① ㉠에는 '금전적 지원의 원칙이 적용됨', ㉡에는 '사전 예방적 성격이 강함'이 적절하다. (공공 부조, 사회 보험 / 사회 보험)
② ㉢은 (가) 지역의 A 제도 수급자 비율보다 낮다. (높다.)
③ 강제 가입을 원칙으로 하는 제도의 수급자 수는 (나) 지역이 가장 많다. (사회 보험 / (라))
④ 수혜자 부담 원칙이 적용되는 제도의 전체 수급자 수에서 (다) 지역의 수급자 수가 차지하는 비율은 25%이다. (사회 보험)
⑤ (가)~(라) 지역 중 선별적 복지 이념을 바탕으로 하는 제도의 수급자 수는 (라) 지역이 가장 적다. (공공 부조 / 많다.)

✔ 자료 분석 사회 보험은 공공 부조와 달리 상호 부조의 원리가 적용된다. 따라서 A는 공공 부조, B는 사회 보험이다. (나) 지역 인구와 (다) 지역 인구가 각각 (가) 지역 인구의 2배이므로 (가) 지역 인구를 X, (라) 지역 인구를 Y라고 하면 갑국 전체 인구는 X+2X+2X+Y이고, 갑국의 A 제도 수급자 수는 0.2X+0.3X+0.1X+0.08Y이다. 전체 인구의 10%가 A 제도의 수급자이므로 갑국의 A 제도 수급자 수는 (X+2X+2X+Y)×0.1로 나타낼 수 있다. 따라서 '0.6X+0.08Y=(5X+Y)×0.1'로, X=(1/5)Y이다. 즉, (가) 지역의 인구는 (라) 지역 인구의 1/5배이다. (가) 지역 인구를 100명이라고 가정하여 갑국의 A, B 제도 수급자 수를 나타내면 다음과 같다.

(단위: 명)

구분	(가)	(나)	(다)	(라)	전체
A 수급자 수	20	30	10	40	100
B 수급자 수	10	50	80	180	320
인구	100	200	200	500	1,000

O 정답 찾기 ④ 수혜자 부담 원칙이 적용되는 제도는 사회 보험이다. 사회 보험의 전체 수급자 수(320명)에서 (다) 지역의 수급자 수(80명)가 차지하는 비율은 25%이다.

X 오답 풀이 ① 사회 보험과 공공 부조는 모두 금전적 지원의 원칙이 적용되고, 사회 보험은 공공 부조와 달리 사전 예방적 성격이 강하다. 따라서 ㉠에는 해당 내용이 적절하지만, ㉡에는 그렇지 않다.
② ㉢은 25%이므로 (가) 지역의 A 제도의 수급자 비율보다 높다.
③ 강제 가입을 원칙으로 하는 제도는 사회 보험이다. 사회 보험의 수급자 수는 (라) 지역에서 가장 많다.
⑤ 선별적 복지 이념을 바탕으로 하는 제도는 공공 부조이다. 공공 부조의 수급자 수는 (라) 지역이 가장 많다.

이것만은 꼭!
1. 사회 보험은 강제 가입을 원칙으로 하고, 상호 부조의 원리를 기반으로 한다.
2. 공공 부조는 재원을 부담하는 자와 수혜자가 일치하지 않는다.
3. 사회 서비스는 사회 보험, 공공 부조와 달리 비금전적 지원을 원칙으로 한다.

12 사회 보장 제도

| 정답 ⑤ | 22년 10월 학력평가 20번

①	②	③	④ 함정	⑤
3%	7%	13%	31%	46%

다음 자료에 대한 분석으로 옳은 것은? (단, 갑국의 사회 보장 제도는 우리나라와 동일하다.) [3점]

○ 갑국 보건 복지부 누리집의 한 장면

국민연금(사회 보험) 기초 연금(공공 부조)

Q: ○○ 연금을 받고 있으면 △△ 연금을 받지 못하나요?

A: 결론부터 말씀드리면 받을 수 있습니다. △△ 연금의 기본적인 수급자 선정 기준은 연령과 소득 인정액입니다. 만 65세 이상이면서 소득 인정액이 기준 금액 이하이면 △△ 연금을 받을 수 있습니다.

* ○○ 연금: 가입자, 고용주 등이 분담해서 마련한 기금을 통해 노령, 장애 등에 대한 연금 급여를 지급하여 생활 안정을 도모하는 제도

○ 갑국의 지역별 인구 대비 ○○ 연금, △△ 연금 수급자 비율(%)

구분	A 지역	B 지역	C 지역	전체
○○ 연금 수급자	20	20	㉠ 30	25
△△ 연금 수급자	10	15	15	㉡ 14
○○ 연금과 △△ 연금의 중복 수급자	5	10	10	9

* 갑국은 A~C 지역만으로 구성되며, ○○ 연금과 △△ 연금의 중복 수급자의 수는 B 지역이 A 지역의 3배이다.

① ㉠은 ~~14~~ 30, ㉡은 ~~30~~ 14이다.
② 갑국의 ○○ 연금 수급자는 △△ 연금 수급자보다 ~~적다~~ 많다.
③ 사후 처방적 성격이 강한 제도(기초 연금(공공 부조))의 수급자는 A 지역이 B 지역보다 ~~많다~~ 적다.
④ 강제 가입의 원칙이 적용되는 제도(국민연금(사회 보험))의 수급자는 B 지역이 C 지역보다 ~~많다~~ 적다.
⑤ ○○ 연금과 △△ 연금 중 어느 하나의 수급자도 아닌 사람은 C 지역이 A 지역보다 많다.

✓ 자료 분석 ○○ 연금은 국민연금으로 사회 보험에 해당하며, △△연금은 기초 연금으로 공공 부조에 해당한다. ○○ 연금과 △△ 연금의 중복 수급자 수는 B 지역이 A 지역의 3배이므로 ○○ 연금과 △△ 연금의 중복 수급자 수의 경우 A 지역이 10명이라고 가정하면, B 지역은 30명이 된다. A 지역 인구에서 ○○ 연금과 △△ 연금의 중복 수급자 비율이 5%인데 해당 인구가 10명이라면, A 지역의 인구는 200명이다. B 지역 인구에서 ○○ 연금과 △△ 연금의 중복 수급자 비율이 10%인데 해당 인구가 30명이라면 B 지역 인구는 300명이다. 따라서 'A 지역 인구(200명)+B 지역 인구(300명)'에서 ○○ 연금과 △△ 연금의 중복 수급자 수(40명=10명+30명)가 차지하는 비율은 8%이다. 이때 ○○ 연금과 △△ 연금의 중복 수급자 비율은 C 지역이 10%이고 전체가 9%인데, (8%+10%)/2=9%이므로 'A 지역 인구(200명)+B 지역 인구(300명)=C 지역 인구'임을 알 수 있다. 제시된 자료는 다음과 같이 나타낼 수 있다.

(단위: 명)

구분	A 지역	B 지역	C 지역	전체
인구	200	300	500	1,000
○○ 연금(국민연금) 수급자	40	60	150	250
△△ 연금(기초 연금) 수급자	20	45	75	140
○○ 연금과 △△ 연금의 중복 수급자	10	30	50	90
○○ 연금과 △△ 연금의 하나 이상 수급자	50	75	175	300
○○ 연금과 △△ 연금 중 어느 하나의 수급자도 아닌 사람	150	225	325	700

○ 정답 찾기 ⑤ ○○ 연금과 △△ 연금 중 어느 하나의 수급자도 아닌 사람은 C 지역이 325명으로 A 지역의 150명보다 많다.

× 오답 풀이 ① ㉠은 30, ㉡은 14이다.
② 갑국의 ○○ 연금 수급자는 △△ 연금 수급자보다 많다.
③ 사후 처방적 성격이 강한 제도는 공공 부조에 해당하는 △△ 연금이다. △△ 연금의 수급자는 A 지역이 B 지역보다 적다.
④ 강제 가입의 원칙이 적용되는 제도는 사회 보험에 해당하는 ○○ 연금이다. ○○ 연금의 수급자는 B 지역이 C 지역보다 적다.

함정 클리닉

⑤번을 정답으로 선택하지 못하였다면, 제시된 자료를 통해 각 지역의 ○○ 연금 수급자 수와 △△ 연금 수급자 수를 파악하지 못했을 가능성이 크다. ○○ 연금과 △△ 연금의 중복 수급자의 수는 B 지역이 A 지역의 3배라는 조건을 통해 A 지역과 B 지역의 인구를 구하고, '{(A 지역 해당 인구+B 지역 해당 인구+C 지역 해당 인구)/(A 지역 인구+B 지역 인구+C 지역 인구)}×100=전체 비율'을 이용하여 C 지역 인구를 구할 수 있어야 한다.

이것만은 꼭!

1. 국민연금 제도는 노령, 장애, 사망 시 본인 및 가족에게 연금 급여를 실시하는 제도이다.
2. 기초 연금 제도는 65세 이상 노인 중 소득이 일정 수준 이하인 사람에게 생활 안정에 필요한 연금을 지급하는 제도이다.
3. 사회 보험은 사전 예방적 성격이 강하고, 공공 부조는 사후 처방적 성격이 강하다.

13 사회 보장 제도

| 정답 ⑤ | 21년 3월 학력평가 20번

①	②	③ 함정	④ 함정	❺
8%	5%	14%	15%	58%

자료에 대한 분석으로 옳은 것은? [3점]

> 표는 우리나라 갑 권역의 65세 이상 인구 중 국민연금 제도와 기초 연금 제도의 수급자 비율을 나타낸 것이다. 갑 권역은 A 지역과 B 지역으로만 구분되고, 65세 이상 인구는 A 지역이 4만 명, B 지역이 2만 명이다.
>
> └갑 권역 인구=A 지역 인구+B 지역 인구
>
> (단위: %)
>
> | 구분 | A 지역 | B 지역 |
> |---|---|---|
> | 국민연금 수급자 | 60 | 80 |
> | 기초 연금 수급자 | 40 | 30 |

① 65세 이상 인구 중 국민연금 수급자 수는 B 지역이(1.6만 명) A 지역보다(2.4만 명) ~~많다~~(적다).

② 65세 이상 인구 중 기초 연금 수급자 수는 A 지역이(1.6만 명) B 지역(0.6만 명)의 2배 ~~미만~~(초과)이다.

③ 65세 이상 인구 중 사회 보험에 해당하는 제도의 수급자 비율은 A 지역이(60%) B 지역보다(80%) ~~높다~~(낮다).

④ 갑 권역에서 65세 이상 인구 중 선별적 복지 이념에 기초한(기초 연금(공공 부조)) 제도의 수급자 비율은 70%~~이다~~(미만이다).

⑤ 갑 권역에서 65세 이상 인구 중 의무 가입의 원칙이 적용되는(국민연금(사회 보험)) 제도의 수급자 비율은 70% 미만이다.

✔ 자료 분석 각 지역의 65세 이상 인구가 제시되어 있으므로 각 지역별, 제도별 수급자 수를 나타내면 다음과 같다.

(단위: 만 명)

구분	A 지역	B 지역
국민연금 수급자 수	2.4	1.6
기초 연금 수급자 수	1.6	0.6

O 정답 찾기 ⑤ 갑 권역에서 65세 이상 인구는 A 지역과 B 지역 인구의 합인 6만 명이며, 의무 가입 원칙이 적용되는 국민연금 수급자 수는 4만 명이다. 따라서 갑 권역에서 65세 이상 인구 중 국민연금 수급자 비율은 약 67%로, 70% 미만이다.

✕ 오답 풀이 ① 65세 이상 인구 중 국민연금 수급자 수는 A 지역이 2.4만 명, B 지역이 1.6만 명으로, A 지역이 B 지역보다 많다.

② 65세 이상 인구 중 기초 연금 수급자 수는 A 지역이 1.6만 명, B 지역이 0.6만 명으로, A 지역이 B 지역의 2배를 넘는다.

③ 사회 보험에 해당하는 제도는 국민연금이다. 65세 이상 인구 중 국민연금의 수급자 비율은 A 지역이 60%, B 지역이 80%로, B 지역이 A 지역보다 높다.

④ 갑 권역에서 65세 이상 인구는 6만 명이며, 선별적 복지 이념에 기초한 기초 연금 수급자 수는 2.2만 명이다. 따라서 갑 권역에서 65세 이상 인구 중 기초 연금 수급자 비율은 약 37%이다.

갑 권역에서 65세 이상 인구를 파악하기 위해서는 갑 권역이 A 지역과 B 지역으로 구성된다는 조건을 정확하게 파악해야 한다. 제시된 표에는 A 지역과 B 지역만 나타나 있는데 선지에서 갑 권역이 나타나 당황하였을 수 있으며, 이로 인해 문항의 정답률이 낮게 나타난 것으로 보인다.

이것만은 꼭!

1. 국민연금은 사회 보험에 해당한다.
2. 국민연금은 의무 가입의 원칙이 적용된다.
3. 기초 연금은 선별적 복지 이념에 기초한다.

①	② 함정	❸	④	⑤
4%	20%	51%	14%	11%

다음 자료에 대한 분석으로 옳은 것은?

표는 우리나라 사회 보장 제도와 동일한 갑국의 사회 보장 제도 (가), (나)의 수급자 비율을 나타낸 것이다. (가)는 노인의 생활 안정과 복지 증진을 위해 소득 인정액이 일정 수준 이하인 65세 이상 노인에게 연금을 지급하는 제도이다. 반면 (나)는 고령이나 노인성 질병 등의 사유로 일상생활을 혼자 수행하기 어려운 노인 등에게 신체 활동 및 가사 활동 지원 등에 필요한 장기 요양 급여를 제공하는 제도이다.

(공공 부조 / 사회 보험)

(단위: %)

구분	t년		t+30년	
	(가)	(나)	(가)	(나)
남성	4.3	4.5	4.2	4.5
여성	6.4	6.9	2.6	3.5
전체	5.0	5.3	3.4	4.0

* t년과 t+30년의 갑국 전체 인구는 동일함

** 해당 집단의 수급자 비율(%) = $\frac{\text{해당 집단의 수급자 수}}{\text{해당 집단의 인구}} \times 100$

① t년과 ~~t+30년 모두~~ 남성 인구가 여성 인구보다 많다.

② t년에 (나)의 수급자 수는 여성이 남성보다 ~~많다~~. (작다.)

③ (가), (나) 중 강제 가입 원칙이 적용되는 제도의 여성 수급자 수는 t년이 t+30년보다 많다. (사회 보험)

④ (가), (나) 중 상호 부조의 원리가 적용되는 제도의 남성 수급자 수는 t년과 t+30년에 ~~동일하다~~. (사회 보험 / 동일하지 않다.)

⑤ (가), (나) 중 사후 처방적 성격이 강한 제도의 남성 수급자 비율과 여성 수급자 비율의 차이는 t+30년이 t년보다 ~~크다~~. (공공 부조 / 작다.)

✓ 자료 분석 (가)는 기초 연금 제도로, 공공 부조에 해당하고, (나)는 노인 장기 요양 보험 제도로, 사회 보험에 해당한다. 제시된 자료에는 t년과 t+30년의 남성 인구와 여성 인구가 제시되어 있지 않다. t년의 경우 남성 인구를 a, 여성 인구를 b라고 할 경우 이를 (가)에 대입하면 $0.043 \times a + 0.064 \times b = 0.05 \times (a+b)$이다. 즉, 0.007a=0.014b로, 남성 인구가 여성 인구의 2배이다. t+30년의 경우도 남성 인구와 여성 인구는 같다. t년과 t+30년의 전체 인구가 동일하므로 t년 여성 인구를 1,000명이라고 하면 t년의 남성 인구는 2,000명, t+30년 남성 인구와 여성 인구는 각각 1,500명이 된다. t년과 t+30년의 갑국 전체 인구가 3,000명이라면 제시된 자료를 바탕으로 연도별 (가), (나) 제도의 수급자 수를 나타내면 다음과 같다.

〈t년〉

구분	(가) 공공 부조	(나) 사회 보험
남성 (2,000명)	86명	90명
여성 (1,000명)	64명	69명
전체 (3,000명)	150명	159명

〈t+30년〉

구분	(가) 공공 부조	(나) 사회 보험
남성 (1,500명)	63명	67.5명
여성 (1,500명)	39명	52.5명
전체 (3,000명)	102명	120명

O 정답 찾기 ③ 강제 가입 원칙이 적용되는 제도는 사회 보험으로 (나)이다. t년과 t+30년의 갑국 전체 인구가 3,000명이라면, (나)의 여성 수급자 수는 t년이 69명, t+30년이 52.5명으로, t년이 t+30년보다 많다.

X 오답 풀이 ① t년의 경우 남성 인구가 여성 인구보다 많고, t+30년의 경우 남성과 여성 인구가 같다.

② t년과 t+30년의 갑국 전체 인구가 3,000명이라면, t년의 (나) 수급자 수는 남성이 90명, 여성이 69명으로, 남성이 여성보다 많다.

④ 상호 부조의 원리가 적용되는 제도는 사회 보험으로 (나)이다. t년과 t+30년의 갑국 전체 인구가 3,000명이라면, (나)의 남성 수급자 수는 t년이 90명, t+30년이 67.5명이다.

⑤ 사후 처방적 성격이 강한 제도는 공공 부조로 (가)이다. (가)의 남성 수급자 비율과 여성 수급자 비율의 차이는 t년이 2.1%p, t+30년이 1.6%p로, t년이 t+30년보다 크다.

제시된 자료는 수급자 비율을 나타내지만, 선지에서는 수급자 수를 묻고 있다. 남성과 여성 수급자 수가 제시되어 있지 않아 자칫 선지에 대해 알 수 없다고 판단할 수 있다. 그러나 남성, 여성, 전체 수급자 비율이 제시되어 있으므로 남성 인구와 여성 인구의 비를 알 수 있고, 여성 인구를 일정한 수로 가정할 경우 t년과 t+30년의 남성과 여성 인구를 모두 가정하여 계산할 수 있으며, 이를 활용하여 수급자 수 또한 산정할 수 있다.

이것만은 

1. 사회 보험은 상호 부조의 원리가 적용된다.
2. 사회 보험은 강제 가입의 원칙이 적용된다.
3. 공공 부조는 사후 처방적 성격이 강하다.

15 사회 보장 제도 | 정답 ③ | 21년 7월 학력평가 20번

①	②	❸	④ 함정	⑤
10%	10%	57%	12%	11%

다음 자료에 대한 옳은 분석만을 〈보기〉에서 있는 대로 고른 것은? [3점]

〈자료 1〉 갑국의 사회 보장 제도

고용 보험 제도 → 사회 보험

(가)는 실직하여 재취업 활동을 하는 근로자에게 일정 기간 동안 소정의 급여를 지급하는 제도이다. (나)는 국가와 지방 자치 단체의 책임하에 생활 유지 능력이 없거나 생활이 어려운 국민의 최저 생활을 보장하고 자립을 지원하는 제도이다.

국민 기초 생활 제도 → 공공 부조

〈자료 2〉 갑국의 (가), (나) 제도 수급자 비율 (단위: %)

구분	A 지역	B 지역	C 지역	D 지역
(가)	10	4	6	6
(나)	30	40	20	30

* 갑국의 사회 보장 제도는 우리나라의 사회 보장 제도와 동일함

** 갑국은 A~D 네 지역으로만 구성되고, B와 C 지역 인구는 각각 A 지역 인구의 2배, C 지역 인구는 D 지역 인구의 1.5배임

*** 해당 지역 수급자 비율(%) = $\frac{\text{해당 지역 수급자 수}}{\text{해당 지역 인구}} \times 100$

A 지역 인구를 300명, B 지역과 C 지역 인구를 각각 600명, D 지역 인구를 400명으로 가정할 수 있음

보기

ㄱ. 갑국 전체 국민의 5%가 (가) 제도의 수급자이다. (6%)

ㄴ. 상호 부조의 원리를 원칙으로 하는 제도의 경우, A 지역 수급자 수는 D 지역 수급자 수보다 많다. (사회 보험)

ㄷ. 사후 처방적 성격이 강한 제도의 경우, B 지역 수급자 수는 C 지역과 D 지역 수급자 수의 합과 같다. (공공 부조)

ㄹ. 정부 재정으로 비용을 전액 충당하는 것을 원칙으로 하는 제도의 전체 수급자 수는 강제 가입의 원칙이 적용되는 제도의 전체 수급자 수의 6배이다. (공공 부조 / 사회 보험 / 5배)

① ㄱ, ㄴ ② ㄱ, ㄹ ③ ㄴ, ㄷ
④ ㄱ, ㄷ, ㄹ ⑤ ㄴ, ㄷ, ㄹ

✔ 자료 분석 (가)는 고용 보험 제도로 사회 보험에 해당하고, (나)는 국민 기초 생활 제도로 공공 부조에 해당한다. C 지역 인구가 D 지역 인구의 1.5배이므로 D 지역의 인구를 400명이라고 하면 C 지역 인구는 600명이다. 이 경우에 A 지역 인구는 300명, B 지역 인구는 600명이 된다. 이를 바탕으로 각 제도의 수급자 수는 다음과 같이 나타낼 수 있다.

(단위: 명)

구분	A 지역	B 지역	C 지역	D 지역	전체
(가) 사회 보험	30	24	36	24	114
(나) 공공 부조	90	240	120	120	570
인구	300	600	600	400	1,900

O 정답 찾기 ㄴ. 상호 부조의 원리를 원칙으로 하는 제도는 사회 보험인 (가)이다. 갑국의 전체 인구가 1,900명이라면 (가)의 경우 A 지역 수급자 수는 30명, D 지역 수급자 수는 24명이다. 따라서 A 지역 수급자 수는 D 지역 수급자 수보다 많다.
ㄷ. 사후 처방적 성격이 강한 제도는 공공 부조인 (나)이다. 갑국의 전체 인구가 1,900명이라면 (나)의 경우 B 지역 수급자 수는 240명이고, C 지역 수급자 수는 120명이며, D 지역 수급자 수는 120명이다. 따라서 B 지역 수급자 수는 C 지역과 D 지역 수급자 수의 합과 같다.

✕ 오답 풀이 ㄱ. 갑국 전체 국민 중 114명인 6%가 (가) 제도의 수급자이다.
ㄹ. 정부 재정으로 비용을 전액 충당하는 것을 원칙으로 하는 제도는 공공 부조인 (나)이고, 강제 가입의 원칙이 적용되는 제도는 사회 보험인 (가)이다. 갑국의 전체 인구가 1,900명이라면 (가)의 전체 수급자 수는 114명이고, (나)의 전체 수급자 수는 570명이다. 따라서 (나)의 전체 수급자 수는 (가)의 전체 수급자 수의 5배이다.

③번을 정답으로 선택하지 못하였다면, 대부분 주어진 자료를 토대로 하여 각 지역의 수급자 수를 파악하지 못하였을 가능성이 높다. 사회 보장 제도의 기본적인 특징을 비교하는 내용이므로 각 지역의 수급자 수를 파악하면 어렵지 않게 해결할 수 있다. 일부 학생들은 사회 보험과 공공 부조의 특징을 제대로 파악하지 못하였을 수도 있다.

이것만은 꼭!

1. 사회 보험은 공공 부조와 달리 보편적 복지 이념을 바탕으로 한다.
2. 사회 보험과 공공 부조는 모두 금전적 지원을 원칙으로 한다.
3. 사회 보험은 공공 부조와 달리 복지 비용의 부담자와 복지 수혜자가 일치한다.

16 사회 보장 제도

| 정답 ① | 21년 10월 학력평가 12번

❶	②	③ 함정	④	⑤
39%	9%	31%	11%	10%

다음 자료에 대한 옳은 분석만을 〈보기〉에서 있는 대로 고른 것은? (단, A와 B는 각각 국민연금 제도와 기초 연금 제도 중 하나이다.) [3점]

표는 우리나라 (가), (나) 각 지역 인구 중 A, B 수급자 비율을 나타낸 것이다. 표에 따르면 (가) 지역에서 사회 보험에 해당하는 제도의 수급자 중 공공 부조에 해당하는 제도의 수급자가 3/4을 차지한다. 단, (나) 지역의 인구는 (가) 지역 인구의 2배이다.

(단위: %)

구분	(가) 지역	(나) 지역
A의 수급자 (기초 연금 제도(공공 부조))	16	10
B의 수급자 (국민연금 제도(사회 보험))	12	15
A와 B 모두의 수급자	9	9

보기

ㄱ. 사후 처방보다 사전 예방 성격이 강한 제도의 수급자는 (나) 지역이 (가) 지역의 2배보다 많다. [B(사회 보험), 300명, 120명]

ㄴ. 각 지역 인구 중 상호 부조의 원리에 기초한 제도의 수급자 비율은 (가) 지역이 (나) 지역보다 ~~높다~~. [B(사회 보험), 12%, 15%, 낮다.]

ㄷ. A와 B 중 수익자 부담 원칙을 적용하는 제도의 수급자에만 해당하는 사람 수는 (나) 지역이 (가) 지역의 4배이다. [B(사회 보험), 120명, 30명]

ㄹ. (가)와 (나) 지역 전체에서 선별적 복지 이념에 기초한 제도의 수급자가 보편적 복지 이념에 기초한 제도의 수급자보다 ~~많다~~. [A(공공 부조), B(사회 보험), 적다.]

① ㄱ, ㄷ　② ㄱ, ㄹ　③ ㄴ, ㄹ
④ ㄱ, ㄴ, ㄷ　⑤ ㄴ, ㄷ, ㄹ

✔ 자료 분석 제시된 자료는 다음과 같이 나타낼 수 있다.

(단위: %)

구분		(가) 지역	(나) 지역
㉠ A의 수급자이면서	B의 수급자가 아닌 경우	7	1
	㉡ B의 수급자인 경우	9	9
㉢ B의 수급자이면서	A의 수급자가 아닌 경우	3	6
	㉣ A의 수급자인 경우	9	9

(가) 지역에서 사회 보험에 해당하는 제도의 수급자 중 공공 부조에 해당하는 제도의 수급자가 3/4을 차지하므로 '㉡/㉠'과 '㉣/㉢' 중 3/4이 되는 것을 찾아야 한다. '㉣/㉢'는 9/12, 즉 3/4이므로 A는 기초 연금 제도(공공 부조), B는 국민연금 제도(사회 보험)이다. (나) 지역의 인구는 (가) 지역 인구의 2배이므로 (가) 지역 인구를 1,000명이라고 가정할 경우 제시된 자료는 다음과 같이 나타낼 수 있다.

(단위: 명)

구분		(가) 지역 (1,000)	(나) 지역 (2,000)
A(공공 부조)의 수급자이면서	B의 수급자가 아닌 경우	70	20
	B의 수급자인 경우	90	180
B(사회 보험)의 수급자이면서	A의 수급자가 아닌 경우	30	120
	A의 수급자인 경우	90	180

O 정답 찾기 ㄱ. 사후 처방보다 사전 예방 성격이 강한 제도는 사회 보험에 해당하는 B이다. (가) 지역 인구를 1,000명이라고 가정할 경우 B의 수급자는 (나) 지역이 300명(120+180)으로 (가) 지역의 120명(30+90)의 2배보다 많다.
ㄷ. 수익자 부담 원칙을 적용하는 제도는 사회 보험에 해당하는 B이다. (가) 지역 인구를 1,000명이라고 가정할 경우 B의 수급자에만 해당하는 사람 수는 (나) 지역이 120명으로 (가) 지역의 30명의 4배이다.

× 오답 풀이 ㄴ. 상호 부조의 원리에 기초한 제도는 사회 보험에 해당하는 B이다. 각 지역 인구 중 B의 수급자 비율은 (가) 지역이 12%로 (나) 지역의 15%보다 낮다.
ㄹ. 선별적 복지 이념에 기초한 제도는 공공 부조에 해당하는 A이며, 보편적 복지 이념에 기초한 제도는 사회 보험에 해당하는 B이다. (가)와 (나) 지역 전체에서 A의 수급자가 B의 수급자보다 적다.

함정 클리닉

각 선지의 진위 여부를 판단하려면 제시된 자료를 분석하여 'A의 수급자이면서 B의 수급자가 아닌 경우', 'A의 수급자이면서 B의 수급자인 경우', 'B의 수급자이면서 A의 수급자가 아닌 경우', 'B의 수급자이면서 A의 수급자인 경우'에 해당하는 비율을 구하는 것이 중요하다.

이것만은 꼭!

1. 사회 보험은 상호 부조의 원리에 기초한다.
2. 선별적 복지 이념에 기초한 제도는 공공 부조이고, 보편적 복지 이념에 기초한 제도는 사회 보험이다.
3. 사회 보험은 사전 예방의 성격이 강하다.

17 사회 보장 제도

| 정답 ③ | 20년 3월 학력평가 19번

①	②	❸	④	⑤
5%	9%	76%	6%	4%

표는 우리나라의 사회 보험과 공공 부조를 비교한 것이다. (가)~(마)에 들어갈 수 있는 내용으로 옳은 것은?

구분	사회 보험	공공 부조
차이점	(가)	(나)
공통점	(다)	
사례	(라)	(마)

① ~~(가)~~(나) – 복지 비용 부담자와 복지 수혜자가 불일치한다. 공공 부조
② ~~(나)~~(가) – 상호 부조의 원리를 바탕으로 한다. 사회 보험
③ (다) – 금전적 지원을 원칙으로 한다. 사회 보험, 공공 부조
④ ~~(라)~~(마) – 국민 기초 생활 보장 제도 공공 부조
⑤ ~~(마)~~(라) – 국민연금 제도 사회 보험

✔ 자료 분석 사회 보험은 국민에게 발생할 수 있는 사회적 위험에 대처하기 위해 전 국민을 대상으로 상호 부조의 원리를 기반으로 운영되는 사회 보장 제도이다. 공공 부조는 생활이 어려운 국민의 최저 생활 보장을 위해 전액 국가의 재정으로 운영되는 사회 보장 제도이다.

O 정답 찾기 ③ 사회 보험과 공공 부조는 모두 수혜자에게 금전적 지원을 원칙으로 한다. 사회 서비스는 사회 보험 및 공공 부조와 달리 비금전적 지원을 원칙으로 한다.

X 오답 풀이 ① 사회 보험은 수혜 대상자가 복지 비용을 부담한다. 다만, 수혜 정도에 따라 비용을 부담하는 것이 아니라 각자의 능력에 따라 비용을 부담한다.
② 사회 보험은 가입자 중 사회적 위험에 처한 사람이 있을 때 가입자끼리 서로 돕는 원리를 바탕으로 한다는 점에서 상호 부조의 원리를 기반으로 한다.
④ 국민 기초 생활 보장 제도는 생활이 어려운 사람에게 급여를 제공하여 최저 생활을 보장하는 제도로 공공 부조에 해당한다.
⑤ 국민연금 제도는 노령, 장애, 사망 시 본인 및 가족에게 연금 급여를 실시하는 제도로 사회 보험에 해당한다.

이것만은 꼭!
1. 사회 보험과 공공 부조는 모두 금전적 지원을 원칙으로 한다.
2. 사회 보험은 상호 부조의 원리를 바탕으로 한다.
3. 공공 부조는 국가와 지방 자치 단체가 비용을 전액 부담한다.

18 사회 보장 제도

| 정답 ② | 20년 4월 학력평가 13번

①	❷	③	④	⑤
1%	89%	3%	5%	2%

(가)~(다)의 일반적인 특징에 대한 설명으로 옳은 것은? (단, (가)~(다)는 각각 공공 부조, 사회 보험, 사회 서비스 중 하나이다.)

그림은 우리나라 사회 보장 제도 유형 (가)~(다)의 사례입니다.

사회 서비스
(가)의 사례
장애로 인해 거동이 불편하여 장애인 활동 지원 서비스를 신청했어요. 외출과 가사 활동 등을 도와주는 서비스를 받고 있지요.

사회 보험
(나)의 사례
직장을 다니던 동안 꾸준히 보험료를 납부한 덕에 현재 매달 연금 급여를 받고 있어 은퇴 후의 생활 유지에 보탬이 됩니다.

공공 부조
(다)의 사례
생계가 어려워져 주민 센터에 지원 신청을 했어요. 소득 인정액 기준을 충족해서 주거 급여, 의료 급여 등을 받고 있지요.

① ~~(가)~~(나)는 강제 가입 원칙이 적용된다. 사회 보험
② (나)는 미래의 위험에 대한 사전 예방적 성격을 지닌다. 사회 보험
③ (다)는 ~~수혜 정도에 따른~~ 국가나 지방 자치 단체 비용 부담을 원칙으로 한다.
④ (다)는 (나)~~와 달리~~ 모두 소득 재분배 효과가 있다.
⑤ ~~(가), (나)는 모두~~ (다)는 국가나 지방 자치 단체가 비용을 전액 부담하는 것을 원칙으로 한다. 공공 부조

✔ 자료 분석 장애인 활동 서비스와 같이 비금전적 지원을 원칙으로 하는 (가)는 사회 서비스, 납부한 보험료로 은퇴 이후 연금 급여를 받는 (나)는 사회 보험, 소득이 어려운 가구의 생계를 지원하는 (다)는 공공 부조에 해당한다.

O 정답 찾기 ② 사회 보험은 장애, 질병, 노령, 실업 등과 같은 사회적 위험을 보험의 방식으로 대처하는 사회 보장 제도로, 미래에 직면할 위험에 대처하는 사전 예방적 성격이 강하다.

X 오답 풀이 ① 강제 가입 원칙이 적용되는 사회 보장 제도는 사회 보험이다.
③ 공공 부조는 재원을 부담하는 자와 수혜자가 일치하지 않는 사회 보장 제도로, 비용은 전액 국가와 지방 자치 단체가 부담한다. 사회 보험은 수혜자가 비용을 부담하지만, 수혜 정도가 아니라 능력 정도에 따라 비용을 부담한다.
④ 사회 보험과 공공 부조는 모두 소득 재분배 효과가 있다. 다만, 공공 부조가 사회 보험에 비해 소득 재분배 효과가 크다.
⑤ 국가나 지방 자치 단체가 비용을 전액 부담하는 사회 보장 제도는 공공 부조이다.

이것만은 꼭!
1. 사회 보험은 사전 예방적 성격을, 공공 부조는 사후 처방적 성격을 지닌다.
2. 사회 보험은 능력에 따른 비용 부담을 원칙으로 한다.
3. 공공 부조는 국가나 지방 자치 단체가 비용을 전액 부담한다.

19 사회 보장 제도

| 정답 ③ | 20년 7월 학력평가 4번

①	②	❸	④	⑤
11%	9%	64%	12%	4%

우리나라의 사회 복지 제도 유형 A~C의 일반적 특징에 대한 설명으로 옳은 것은? (단, A~C는 각각 공공 부조, 사회 보험, 사회 서비스 중 하나이다.) [3점]

> A에 필요한 비용은 사업주, 근로자 또는 자영업자가 부담하는 것을 원칙으로 하되, 국가도 비용의 일부를 부담할 수 있다. 반면, B는 비용의 전부를 국가와 지방 자치 단체가 부담하는 것을 원칙으로 한다. C는 수익자 부담을 원칙으로 하되, 일정 소득 수준 이하의 국민에 대한 비용의 전부 또는 일부는 국가와 지방 자치 단체가 부담한다.

(A: 사회 보험, B: 공공 부조, C: 사회 서비스)

① A는 사후 처방적 성격을 가진다. (A → B, 공공 부조)
② B는 상호 부조의 원리를 바탕으로 한다. (B → A, 사회 보험)
③ A는 B에 비해 수혜 대상자의 범위가 넓다. (사회 보험 > 공공 부조)
④ C는 B와 달리 금전적 지원을 원칙으로 한다. (C → B, B → C, 사회 보험, 공공 부조)
⑤ A, C는 모두 강제 가입을 원칙으로 한다. (사회 보험)

✓ 자료 분석 사회 보험은 수혜 정도가 아니라 가입자의 비용 부담 능력에 따라 보험료를 부담하며, 사업주, 근로자 또는 자영업자, 국가가 비용을 부담한다. 따라서 A는 사회 보험이다. 공공 부조는 생활 유지 능력이 없는 국민을 대상으로 하는 사회 보장 제도로 국가의 재정으로 소요 비용을 전액 부담한다. 따라서 B는 공공 부조이다. 사회 서비스는 비금전적 지원을 원칙으로 하므로 수익자 부담을 원칙으로 하지만, 부담 능력이 없는 경우에 한하여 국가가 소요 비용을 부담하기도 한다. 따라서 C는 사회 서비스이다.

○ 정답 찾기 ③ 사회 보험은 전 국민을 대상으로 하는 사회 보장 제도이다. 반면, 공공 부조는 생활 유지 능력이 없는 국민을 대상으로 하는 선별적 복지 제도에 해당한다. 따라서 수혜 대상자의 범위는 공공 부조에 비해 사회 보험이 넓다.

× 오답 풀이 ① 사회 보험은 미래에 직면할 사회적 위험에 대처하고자 하므로 사전 예방적 성격을 가진다. 반면, 공공 부조는 사후 처방적 성격을 가진다.
② 사회 보험은 수혜 정도와 무관하게 각자의 능력에 따라 비용을 부담하여 사회 보험의 운영에 필요한 비용을 서로 간에 충당하므로 상호 부조의 원리를 바탕으로 한다.
④ 사회 보험과 공공 부조는 금전적 지원을 원칙으로 하고, 사회 서비스는 비금전적 지원을 원칙으로 한다.
⑤ 사회 보험은 전 국민을 대상으로 강제 가입을 원칙으로 한다.

이것만은 꼭!

1. 사회 보험은 전 국민을 대상으로 하는 사회 보장 제도이다.
2. 사회 보험은 사전 예방적 성격을 가지고, 공공 부조는 사후 처방적 성격을 가진다.

20 사회 보장 제도

| 정답 ⑤ | 20년 10월 학력평가 20번

①	②	③ 함정	④ 함정	❺
3%	8%	17%	44%	28%

자료에 대한 분석으로 옳은 것은? [3점]

표는 우리나라의 갑 지역과 을 지역의 65세 이상 인구 중 기초 연금 수급자 비율과 국민연금 수급자 비율을 나타낸 것이다.

(공공 부조) (사회 보험)

(갑 지역: 남자 인구=여자 인구) (을 지역: 남자 인구=$\frac{1}{2}$여자 인구)

(단위: %)

구분		갑 지역	을 지역
기초 연금 수급자	전체	50	40
	남자	60	50
	여자	40	35
국민연금 수급자	전체	60	70
	남자	70	80
	여자	50	65
기초 연금과 국민연금 중복 수급자		10	20

① 65세 이상 인구 중 기초 연금 수급자 비율은 을 지역보다 갑 지역이 ~~낮다~~. (높다.)

② 65세 이상 인구 중 상호 부조의 원리(국민연금)에 기초한 제도의 수급자 비율은 갑 지역보다 을 지역이 ~~낮다~~. (높다.)

③ 65세 이상 인구 중 선별적 복지 이념(기초 연금)에 기초한 제도의 수급자 수는 갑 지역~~과 을 지역 모두~~에서 여자보다 남자가 많다.

④ 사후 처방보다 사전 예방 성격이 강한 제도(국민연금)의 65세 이상 수급자 중 남자 수급자의 비율은 갑 지역보다 을 지역이 ~~높다~~. (낮다.)

⑤ 두 제도에 따른 65세 이상 수급자 중 수익자 부담 원칙(국민연금)을 적용하는 제도의 수급자에만 해당하는 사람의 비율은 갑 지역보다 을 지역이 높다.

✔ 자료 분석 기초 연금 수급자의 경우 갑 지역에서 남자 인구를 a, 여자 인구를 b라고 하면, 0.6×a+0.4×b=0.5×(a+b)이다. 즉, a=b로, 갑 지역의 경우 남자 인구와 여자 인구가 같다. 을 지역에서 남자 인구를 c, 여자 인구를 d라고 하면, 0.5×c+0.35×d=0.4×(c+d)이다. 즉, c=(1/2)d로, 을 지역의 경우 여자 인구는 남자 인구의 2배이다.

O 정답 찾기 ⑤ 수익자 부담 원칙이 적용되는 제도는 국민연금이다. 갑 지역의 경우 65세 이상 인구가 100명이라면 기초 연금과 국민연금 중복 수급자가 10명이므로 기초 연금만 수급하는 사람은 40명(=50명－10명)이고, 국민연금만 수급하는 사람은 50명(=60명－10명)이다. 을 지역의 경우 65세 이상 인구가 100명이라면 기초 연금과 국민연금 중복 수급자가 20명이므로 기초 연금만 수급하는 사람은 20명(=40명－20명)이고, 국민연금만 수급하는 사람은 50명(=70명－20명)이다. 두 제도에 따른 65세 이상 수급자 중 국민연금의 수급자에만 해당하는 사람의 비율은 갑 지역의 경우 50%{=(50명/100명)×100}이고, 을 지역의 경우 약 55.6%{=(50/90)×100}이다. 따라서 갑 지역보다 을 지역이 높다.

× 오답 풀이 ① 65세 이상 인구 중 기초 연금 수급자 비율은 갑 지역의 경우 50%, 을 지역의 경우 40%이다.

② 상호 부조의 원리에 기초한 제도는 국민연금이다. 국민연금 수급자 비율은 갑 지역의 경우 60%, 을 지역의 경우 70%이다.

③ 선별적 복지 이념에 기초한 제도는 기초 연금이다. 갑 지역은 남자 인구와 여자 인구가 같으므로 기초 연금의 수급자 수는 남자가 여자보다 많다. 을 지역은 남자 인구보다 여자 인구가 2배 많으므로 기초 연금의 수급자 수는 남자보다 여자가 많다.

④ 사전 예방 성격이 강한 제도는 국민연금이다. 국민연금의 경우 65세 이상 수급자 중 남자 수급자 비율은 갑 지역의 경우 약 58.3%{=(70/120)×100}, 을 지역의 경우 약 38.1%{=(80/210)×100}이다. 따라서 갑 지역보다 을 지역이 낮다.

④번의 오답률이 ⑤번의 정답률보다 높은 문항이다. ④번에서는 국민연금의 65세 이상 수급자 중 남자 수급자의 비율을 묻고 있고, ⑤번에서는 기초 연금과 국민연금 모두에 따른 65세 이상 수급자 중 국민연금에만 해당하는 수급자 비율을 묻고 있다.

이것만은 꼭!

1. 기초 연금은 공공 부조에 해당하며, 선별적 복지 이념에 기초한 제도이다.
2. 국민연금은 사회 보험에 해당하며, 상호 부조의 원리에 기초한 제도이다.

21 사회 보장 제도

| 정답 ④ | 19년 3월 학력평가 19번

①	②	③ 함정	❹	⑤
7%	9%	20%	55%	9%

다음 자료에 대한 설명으로 옳은 것은? (단, A와 B는 각각 우리나라의 공공 부조와 사회 보험 중 하나이다.) [3점]

표는 각 질문에 대한 A와 B의 답변을 모두 적은 후, 그중 일부 답변을 보이지 않게 가린 것이다.

질문	답변	
	A-사회 보험	B-공공 부조
사후 처방보다 사전 예방의 성격이 강한가? (공공 부조 / 사회 보험)	예	아니요
(가)	예	예
(나)	아니요	예
계(답변 '예'의 개수)	2개	2개

① ~~A~~는 공공 부조, ~~B~~는 사회 보험이다. (B, A)
② A와 ~~달리~~ B는 금전적 지원을 원칙으로 한다.
③ 기초 연금 제도는 ~~A~~에, 국민 기초 생활 보장 제도는 B에 해당한다. (B, 공공 부조)
④ (가)에 '소득 재분배 효과가 있는가?'가 들어갈 수 있다.
⑤ (나)에 '의무 가입을 원칙으로 하는가?'가 들어갈 수 ~~있다~~. (사회 보험, 없다.)

✓ 자료 분석 사후 처방보다 사전 예방의 성격이 강한 제도는 사회 보험이다. 따라서 A는 사회 보험, B는 공공 부조이다.

○ 정답 찾기 ④ 사회 보험과 공공 부조는 모두 소득 재분배 효과가 있다. (가)에 대한 사회 보험과 공공 부조의 응답은 모두 '예'이다. 따라서 (가)에는 해당 질문이 들어갈 수 있다.

× 오답 풀이 ① A는 사회 보험, B는 공공 부조이다.
② 사회 보험과 공공 부조는 모두 금전적 지원을 원칙으로 한다.
③ 기초 연금 제도와 국민 기초 생활 보장 제도는 모두 공공 부조에 해당한다.
⑤ (나)에 대해 사회 보험은 '아니요', 공공 부조는 '예'의 응답을 한다. 의무(강제) 가입을 원칙으로 하는 제도는 사회 보험이다. 따라서 (나)에는 해당 질문이 들어갈 수 없다.

③번을 정답으로 잘못 선택하였다면, 기초 연금 제도가 연금이기 때문에 사회 보험에 해당한다고 착각하였기 때문이다. 국민연금 제도는 사회 보험에 해당하고, 기초 연금 제도는 공공 부조에 해당한다.

이것만은 꼭!

1. 공공 부조는 사후 처방적 성격이 강하고, 사회 보험은 사전 예방적 성격이 강하다.
2. 공공 부조와 사회 보험은 모두 금전적 지원을 원칙으로 하며, 소득 재분배 효과가 발생한다.
3. 사회 보험은 공공 부조와 달리 의무(강제) 가입을 원칙으로 한다.

22 사회 보장 제도

| 정답 ⑤ | 19년 10월 학력평가 16번

①	②	③ 함정	④	❺
4%	9%	18%	10%	59%

다음 자료에 대한 설명으로 옳은 것은? (단, A~C는 각각 우리나라의 공공 부조, 사회 보험, 사회 서비스 중 하나이다.) [3점]

○ 문제: 제시된 응답을 할 수 있도록 답란 (가), (나)에 A~C를 비교하는 질문을 쓰시오.

3학년 2반 15번 ○○○

응답	답란(질문)		교사 채점
예	(가)	A와 달리 B는 복지 제공에 민간 부문이 참여하는가? (A-공공 부조, B-사회 서비스)	○
아니요	(나)	B와 C는 수익자 부담 원칙이 존재한다는 공통점을 갖는가? (B-사회 서비스, C-사회 보험)	×

① ~~A~~와 달리 ~~B~~는 선별적 복지 이념을 바탕으로 한다. (B, A)
② ~~B~~와 달리 ~~C~~는 비금전적 지원을 원칙으로 한다. (C, B) (공공 부조, 사회 서비스)
③ ~~C~~와 달리 ~~A~~는 상호 부조의 원리를 구현하고자 한다. (A, C) (사회 보험)
④ (가)에서 A 대신에 C를 썼다면 채점 결과는 ~~달라진다~~. (달라지지 않는다.)
⑤ (나)에서 C 대신에 A를 썼다면 채점 결과는 달라진다. (×에서 ○로 바뀜)

✓ 자료 분석 복지 제공에 민간 부문이 참여하는 제도는 사회 서비스이다. 사회 서비스와 사회 보험은 수익자 부담 원칙이 존재한다는 공통점을 갖는데, (나)에서 해당 답란에 대해 교사가 ×로 채점하였다. 이를 통해 A는 공공 부조, B는 사회 서비스, C는 사회 보험임을 알 수 있다.

○ 정답 찾기 ⑤ 국가 및 지방 자치 단체에서 비용을 전액 부담하는 공공 부조와 달리 사회 보험과 사회 서비스는 수익자 부담을 원칙으로 한다. (나)에서 C 대신에 A를 썼다면, 채점 결과는 ×에서 ○로 달라진다.

× 오답 풀이 ① 선별적 복지 이념을 바탕으로 하는 제도는 공공 부조이다.
② 비금전적 지원을 원칙으로 하는 제도는 사회 서비스이다.
③ 상호 부조의 원리를 구현하고자 하는 제도는 사회 보험이다.
④ 복지 제공에 민간 부문이 참여하는 제도는 사회 서비스이다. 따라서 (가)에서 A 대신에 C를 써도 채점 결과는 달라지지 않는다.

③번을 정답으로 잘못 선택하였다면, A를 공공 부조, C를 사회 보험으로 파악한 것이 아니라 A를 사회 보험, C를 공공 부조로 파악했기 때문이다. 제시된 자료에서 (나)는 학생이 '아니요'라고 답할 수 있는 질문을 쓴 것인데, 이에 대해 교사가 틀렸다고 채점하였으므로 학생이 쓴 질문에 대한 옳은 응답은 '예'가 된다.

이것만은 꼭!

1. 국가 및 지방 자치 단체에서 비용을 전액 부담하는 공공 부조와 달리 사회 보험과 사회 서비스는 수익자 부담을 원칙으로 한다.
2. 공공 부조는 선별적 복지 이념을 바탕으로 하며, 사회 보험은 보편적 복지 이념을 바탕으로 한다.
3. 사회 서비스는 복지 제공에 민간 부문이 참여할 수 있다.

저출산·고령화와 전 지구적 수준의 문제

p.049 ~ 054

01 ② 02 ① 03 ④ 04 ② 05 ④ 06 ④ 07 ③ 08 ① 09 ① 10 ④ 11 ③ 12 ④ 13 ② 14 ① 15 ① 16 ③ 17 ④ 18 ④

01 인구 구조

| 정답 ② | 24년 3월 학력평가 20번

①	❷	③ 함정	④ 함정	⑤
11%	31%	15%	26%	13%

다음 자료에 대한 분석으로 옳은 것은? [3점]

표는 갑국의 노년 부양비와 노령화 지수를 나타낸 것이다. 갑국의 부양 인구는 t년에 A 지역과 B 지역이 같고, t+50년에 B 지역이 A 지역의 3배이다. 갑국은 A, B 지역으로만 구성되며, 갑국의 전체 인구는 t년과 t+50년이 동일하다.

구분	t년		t+50년	
	A 지역	B 지역	A 지역	B 지역
노년 부양비	75	25	250	50
노령화 지수	100	20	500	100

* 유소년 부양비 = {유소년 인구(0~14세 인구)/부양 인구(15~64세 인구)} × 100
** 노년 부양비 = {노년 인구(65세 이상 인구)/부양 인구(15~64세 인구)} × 100
*** 노령화 지수 = {노년 인구(65세 이상 인구)/유소년 인구(0~14세 인구)} × 100

① t년에 갑국의 노령화 지수는 60이다.
② t+50년에 갑국의 노년 부양비는 100이다.
③ 갑국의 유소년 부양비는 t+50년이 t년보다 크다.
④ A 지역의 부양 인구는 t년과 t+50년이 동일하다.
⑤ B 지역의 유소년 인구는 t+50년이 t년보다 많다.

이것만은 꼭!

1. 노령화 지수가 100인 경우는 노년 인구와 유소년 인구가 같음을 의미한다.
2. 노령화 지수가 100보다 큰 경우는 노년 인구가 유소년 인구보다 많음을 의미하고, 노령화 지수가 100보다 작은 경우는 유소년 인구가 노년 인구보다 많음을 의미한다.

✔ 자료 분석 제시된 자료를 바탕으로 t년과 t+50년에 A 지역과 B 지역의 인구 구성을 나타내면 다음과 같다.

(단위: %)

구분	t년		t+50년	
	A 지역	B 지역	A 지역	B 지역
유소년 인구	30	50	12.5	25
부양 인구	40	40	25	50
노년 인구	30	10	62.5	25
전체	100	100	100	100

t년에 A 지역과 B 지역의 부양 인구가 같고, t+50년에 B 지역 부양 인구가 A 지역 부양 인구의 3배이므로 t년에 A 지역 인구 : B 지역 인구 = 1 : 1이고, t+50년에 A 지역 인구 : B 지역 인구 = 2 : 3이다. t년과 t+50년에 갑국의 전체 인구가 동일하므로 t년과 t+50년에 갑국의 전체 인구를 각각 200명이라고 가정하여 제시된 자료를 바탕으로 A 지역과 B 지역 및 갑국 전체의 인구 구성을 나타내면 다음과 같다.

(단위: 명)

구분	t년			t+50년		
	A 지역	B 지역	갑국 전체	A 지역	B 지역	갑국 전체
유소년 인구	30	50	80	10	30	40
부양 인구	40	40	80	20	60	80
노년 인구	30	10	40	50	30	80
전체	100	100	200	80	120	200

O 정답 찾기 ② t+50년에 갑국 전체 인구가 200명이라면, t+50년에 갑국의 노년 부양비는 100{=(80명/80명) × 100}이다.

✕ 오답 풀이 ① t년에 갑국 전체 인구가 200명이라면, t년에 갑국의 노령화 지수는 50{=(40명/80명) × 100}이다.
③ t년과 t+50년에 갑국 전체 인구가 각각 200명이라면, 갑국의 유소년 부양비는 t년이 100{=(80명/80명) × 100}, t+50년이 50{=(40명/80명) × 100}이므로 t+50년이 t년보다 작다.
④ t년과 t+50년에 갑국 전체 인구가 각각 200명이라면, A 지역의 부양 인구는 t년이 40명, t+50년이 20명이므로 t년이 t+50년보다 많다.
⑤ t년과 t+50년에 갑국 전체 인구가 각각 200명이라면, B 지역의 유소년 인구는 t년이 50명, t+50년이 30명이므로 t+50년이 t년보다 적다.

②번을 정답으로 선택하지 못한 학생들은 제시된 자료를 바탕으로 연도별 A, B 지역과 갑국 전체의 인구 구성을 구하지 못하였을 가능성이 크다. t년에 A 지역의 경우 유소년 인구 비율을 a, 부양 인구 비율을 b, 노년 인구 비율을 c라고 하면, 노년 부양비가 75이므로 (c/b)×100=75, 노령화 지수가 100이므로 (c/a)×100=100이 성립한다. 즉, a=c, 4c=3b이므로 a=30, b=40, c=30이다. t년에 B 지역의 경우 유소년 인구 비율을 a′, 부양 인구 비율을 b′, 노년 인구 비율을 c′라고 하면, 노년 부양비가 25이므로 (c′/b′)×100=25, 노령화 지수가 20이므로 (c′/a′)×100=20이 성립한다. 즉, 4c′=b′, 5c′=a′이므로 a′=50, b′=40, c′=10이다. t+50년에 A 지역의 경우 유소년 인구 비율을 x, 부양 인구 비율을 y, 노년 인구 비율을 z라고 하면, 노년 부양비가 250이므로 (z/y)×100=250, 노령화 지수가 500이므로 (z/x)×100=500이 성립한다. 즉, 2z=5y, z=5x이므로 x=12.5, y=25, z=62.5이다. t+50년에 B 지역의 경우 유소년 인구 비율을 x′, 부양 인구 비율을 y′, 노년 인구 비율을 z′라고 하면, 노년 부양비가 50이므로 (z′/y′)×100=50, 노령화 지수가 100이므로 (z′/x′)×100=100이 성립한다. 즉, 2z′=y′, z′=x′이므로 x′=25, y′=50, z′=25이다.

제3권 교육청 해설

02 인구 구조

| 정답 ① | 24년 5월 학력평가 20번

❶	②	③	④ 함정	⑤
49%	13%	9%	17%	12%

다음 자료에 대한 옳은 분석만을 〈보기〉에서 고른 것은?

표는 갑국 t년과 t+50년의 인구 관련 통계를 나타낸 것이다. t년 대비 t+50년의 갑국 전체 인구는 25% 감소하였다.

구분	t년	t+50년
노령화 지수	25	400
총부양비	100	150

* 노령화 지수 = $\frac{\text{노년 인구(65세 이상 인구)}}{\text{유소년 인구(0~14세 인구)}} \times 100$

** 유소년 부양비 = $\frac{\text{유소년 인구(0~14세 인구)}}{\text{부양 인구(15~64세 인구)}} \times 100$

*** 노년 부양비 = $\frac{\text{노년 인구(65세 이상 인구)}}{\text{부양 인구(15~64세 인구)}} \times 100$

**** 총부양비 = 유소년 부양비 + 노년부양비

보기

ㄱ. 노년 부양비는 t년이 t+50년보다 작다.
ㄴ. 유소년 부양비는 t년이 t+50년의 3배보다 작다.
ㄷ. t년의 노년 인구는 t+50년의 유소년 인구보다 ~~작다~~ 많다.
ㄹ. 전체 인구에서 유소년 인구가 차지하는 비율은 t년이 t+50년의 ~~2~~ 약 3.3배이다.

① ㄱ, ㄴ ② ㄱ, ㄷ ③ ㄴ, ㄷ ④ ㄴ, ㄹ ⑤ ㄷ, ㄹ

✓ 자료 분석 t년 대비 t+50년에 갑국 전체 인구가 25% 감소하였으므로 t년에 갑국 전체 인구를 100명이라고 하면, t+50년에 갑국 전체 인구는 75명이 된다. t년에 갑국 전체 인구를 100명이라고 가정하여 제시된 자료를 바탕으로 t년과 t+50년에 갑국의 인구 구성 비율 및 인구수를 나타내면 다음과 같다.

구분	t년		t+50년	
	비율(%)	수(명)	비율(%)	수(명)
유소년 인구	40	40	12	9
부양 인구	50	50	40	30
노년 인구	10	10	48	36
전체	100	100	100	75

O 정답 찾기 ㄱ. 노년 부양비는 t년이 20{=(10/50)×100}이고, t+50년이 120{=(48/40)×100}이다. 따라서 노년 부양비는 t년이 t+50년보다 작다.

ㄴ. 유소년 부양비는 t년이 80{=(40/50)×100}이고, t+50년이 30{=(12/40)×100}이다. 따라서 유소년 부양비는 t년이 t+50년의 3배보다 작다.

X 오답 풀이 ㄷ. t년에 갑국 전체 인구가 100명이라면, t년에 노년 인구는 10명이고, t+50년에 유소년 인구는 9명이다. 따라서 t년의 노년 인구는 t+50년의 유소년 인구보다 많다.

ㄹ. 전체 인구에서 유소년 인구가 차지하는 비율은 t년이 40%이고, t+50년이 12%이다. 따라서 전체 인구에서 유소년 인구가 차지하는 비율은 t년이 t+50년의 약 3.3배이다.

함정 클리닉

⑤번을 정답으로 선택하지 못한 학생들은 t년 대비 t+50년의 갑국 전체 인구가 25% 감소하였다는 단서를 놓쳤을 가능성이 크다. t년 대비 t+50년에 갑국 전체 인구가 25% 감소하였으므로 t년에 갑국 전체 인구를 100명이라고 가정하면, t+50년에 갑국 전체 인구는 75명이 된다. t년과 t+50년의 인구 구성 비율을 바탕으로 t년과 t+50년의 연령대별 인구수를 구할 수 있다.

이것만은 꼭!

1. 총부양비가 100이라는 것은 '부양 인구=유소년 인구+노년 인구'임을 의미한다.
2. 노령화 지수가 25라는 것은 유소년 인구가 노년 인구의 4배임을 의미한다.
3. 노령화 지수가 400이라는 것은 노년 인구가 유소년 인구의 4배임을 의미한다.

03 인구 구조

| 정답 ④ | 24년 7월 학력평가 20번

①	②	③ 함정	❹	⑤ 함정
6%	10%	17%	36%	31%

다음 자료에 대한 분석으로 옳은 것은? [3점]

표는 갑국과 을국의 인구 구조 변화를 비교한 것이다. t년에 갑국과 을국 모두 부양 인구는 전체 인구의 50%이다. t년에 비해 t+30년에 부양 인구는 갑국이 10%, 을국이 20% 감소하였고, 을국의 노년 인구는 100% 증가하였다. 단, 동일 시기에 갑국과 을국의 전체 인구는 같다.

구분	갑국		을국	
	t년	t+30년	t년	t+30년
합계 출산율(명)	1.76	0.78	2.06	1.18
유소년 부양비 : 노년 부양비	2:3	3:10	1:1	2:5

* 합계 출산율: 여성 1명이 가임 기간(15~49세) 동안 낳을 것으로 예상되는 평균 출생아 수

** 유소년 부양비 = $\frac{\text{유소년 인구(0~14세 인구)}}{\text{부양 인구(15~64세 인구)}} \times 100$

*** 노년 부양비 = $\frac{\text{노년 인구(65세 이상 인구)}}{\text{부양 인구(15~64세 인구)}} \times 100$

**** 전체 인구 중 65세 이상 인구가 차지하는 비율이 14% 이상~20% 미만인 사회를 고령 사회, 20% 이상인 사회를 초고령 사회라고 함

① t년에 갑국은 ~~고령~~(초고령) 사회, 을국은 초고령 사회이다.

② t+30년에 갑국과 을국의 노년 부양비는 ~~같다~~(다르다).

③ t+30년에 ~~갑국~~(을국)과 달리 ~~을국~~(갑국)은 저출산 현상이 강하게 나타난다.

④ t년 갑국의 유소년 인구와 t+30년 을국의 유소년 인구는 같다.

⑤ t년에 노년 인구는 을국보다 갑국이 많았으나 t+30년에 노년 인구는 갑국~~보다~~(과) 을국이 ~~많다~~(같다).

✔ 자료 분석 동일 시기에 갑국과 을국의 전체 인구가 같으므로 t년에 갑국과 을국의 전체 인구를 각각 100명이라고 가정하면, t년에 갑국과 을국 모두 부양 인구가 전체 인구의 50%이므로 부양 인구는 각각 50명이다. t년에 유소년 부양비 : 노년 부양비의 경우 갑국이 2 : 3, 을국이 1 : 1이므로 갑국의 경우 유소년 인구는 20명, 노년 인구는 30명이고, 을국의 경우 유소년 인구와 노년 인구는 각각 25명이다. t년에 비해 t+30년에 부양 인구가 갑국의 경우 10%, 을국의 경우 20% 감소하였으므로 t+30년에 부양 인구는 갑국이 45명, 을국이 40명이다. t년에 비해 t+30년에 을국의 노년 인구는 100% 증가하였으므로 t+30년에 을국의 노년 인구는 50명이 된다. t+30년에 유소년 부양비 : 노년 부양비의 경우 갑국이 3 : 10, 을국이 2 : 5이므로 갑국의 경우 유소년 인구는 15명, 노년 인구는 50명이고, 을국의 경우 유소년 인구는 20명, 노년 인구는 50명이 된다. t년에 갑국과 을국의 전체 인구를 각각 100명이라고 가정하여 제시된 자료를 바탕으로 갑국과 을국의 연도별 인구 구성을 나타내면 다음과 같다.

(단위: 명)

구분	갑국		을국	
	t년	t+30년	t년	t+30년
유소년 인구	20	15	25	20
부양 인구	50	45	50	40
노년 인구	30	50	25	50
전체	100	110	100	110

○ 정답 찾기 ④ t년에 갑국과 을국의 전체 인구를 각각 100명이라고 가정하면, t년 갑국의 유소년 인구는 20명, t+30년 을국의 유소년 인구는 20명이다. 따라서 t년 갑국의 유소년 인구와 t+30년 을국의 유소년 인구가 같다.

× 오답 풀이 ① t년에 전체 인구 중 노년 인구가 차지하는 비율은 갑국이 30%, 을국이 25%이다. 따라서 t년에 갑국과 을국은 모두 초고령 사회이다.

② t+30년에 노년 부양비는 갑국이 (50명/45명) × 100, 을국이 (50명/40명) × 100이다. 따라서 t+30년에 노년 부양비는 을국이 갑국보다 크다.

③ t+30년에 합계 출산율은 갑국이 0.78, 을국이 1.18이다. 따라서 t+30년에 갑국은 을국과 달리 저출산 현상이 강하게 나타난다.

⑤ t년에 갑국과 을국의 전체 인구를 각각 100명이라고 가정하면, t년에 노년 인구는 갑국이 30명, 을국이 25명으로, 갑국이 을국보다 많다. t년에 갑국과 을국의 전체 인구를 각각 100명이라고 가정하면, t+30년에 노년 인구는 갑국이 50명, 을국이 50명으로, 갑국과 을국이 같다.

함정 클리닉

④번을 정답으로 선택하지 못한 학생들은 제시된 자료를 바탕으로 갑국과 을국의 연도별 인구 구성을 파악하지 못하였을 가능성이 크다. 유소년 부양비 : 노년 부양비는 분모가 부양 인구로 같으므로 이는 유소년 인구 : 노년 인구를 의미한다. 또한 합계 출산율은 여성 1명이 가임 기간 동안 낳을 것으로 예상되는 평균 출생아 수를 의미하므로 합계 출산율이 낮을수록 저출산 현상이 강하게 나타남을 파악할 수 있다.

이것만은 꼭!

1. 저출산·고령화로 인해 노년 부양비가 증가하여 세대 간 갈등이 증가할 수 있다.
2. 저출산·고령화로 인해 노인 복지 지출이 증가하여 정부의 재정 건전성이 악화될 수 있다.
3. 저출산·고령화로 인해 생산 가능 인구가 감소하여 경제 성장 동력이 약화될 수 있다.

04 인구 구조

| 정답 ② | 24년 10월 학력평가 20번

①	❷	③	④	⑤
6%	73%	6%	11%	4%

다음 자료에 대한 분석으로 옳은 것은? [3점]

그림은 갑국의 시기별 인구 구성을 나타낸 것이다. A~C는 각각 전체 인구에서 유소년 인구(0~14세 인구), 부양 인구(15~64세 인구), 노년 인구(65세 이상 인구)가 차지하는 비율 중 하나이다. t년 대비 t+50년에 갑국의 전체 인구에서 부양 인구가 차지하는 비율은 높아졌고, 노년 부양비와 달리 유소년 부양비는 감소하였다. 단, 갑국의 전체 인구는 t+50년이 t년의 1.5배이다.

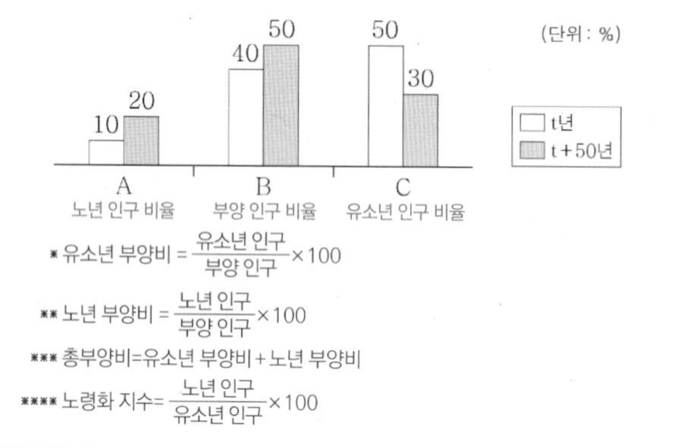

* 유소년 부양비 = $\frac{\text{유소년 인구}}{\text{부양 인구}} \times 100$

** 노년 부양비 = $\frac{\text{노년 인구}}{\text{부양 인구}} \times 100$

*** 총부양비=유소년 부양비+노년 부양비

**** 노령화 지수= $\frac{\text{노년 인구}}{\text{유소년 인구}} \times 100$

① t년의 노년 인구는 부양 인구의 4배이다. (1/4)
② t년의 유소년 부양비는 t+50년의 총부양비보다 크다.
③ t+50년의 부양 인구는 t년의 유소년 인구와 동일하다. (다르다.)
④ t년에 비해 t+50년의 노령화 지수는 감소하였다. (증가)
⑤ t년에 비해 t+50년의 유소년 인구와 노년 인구는 모두 증가하였다. (와 달리)

✓ 자료 분석 t년 대비 t+50년에 부양 인구 비율이 높아졌으므로 전체 인구에서 부양 인구가 차지하는 비율은 A와 B 중 하나에 해당한다. A가 전체 인구에서 부양 인구가 차지하는 비율이라면, t년 대비 t+50년에 (B/A)×100의 값과 (C/A)×100의 값이 모두 감소하므로 유소년 부양비와 노년 부양비가 모두 감소한다. 따라서 B는 전체 인구에서 부양 인구가 차지하는 비율이다. t년 대비 t+50년에 (A/B)×100의 값은 증가하였고, (C/B)×100의 값은 감소하였다. t년 대비 t+50년에 노년 부양비는 증가하였고, 유소년 부양비는 감소하였으므로 A는 전체 인구에서 노년 인구가 차지하는 비율이고, C는 전체 인구에서 유소년 인구가 차지하는 비율이다. t+50년에 갑국의 전체 인구가 t년의 1.5배이므로 t년의 갑국 전체 인구를 100명이라고 가정하면, t+50년의 갑국 전체 인구는 150명이 된다. t년의 갑국 전체 인구를 100명이라고 가정하여 제시된 자료를 바탕으로 t년과 t+50년에 갑국의 인구 구성을 나타내면 다음과 같다.

구분	t년		t+50년	
	비율(%)	수(명)	비율(%)	수(명)
유소년 인구	50	50	30	45
부양 인구	40	40	50	75
노년 인구	10	10	20	30
전체	100	100	100	150

O 정답 찾기 ② t년의 유소년 부양비는 (50/40)×100이고, t+50년의 총부양비는 (50/50)×100이다. 따라서 t년의 유소년 부양비는 t+50년의 총부양비보다 크다.

× 오답 풀이 ① t년에 부양 인구 비율은 40%, 노년 인구 비율은 10%이다. 따라서 t년에 노년 인구는 부양 인구의 1/4배이다.
③ t년의 갑국 전체 인구가 100명이라면, t+50년의 부양 인구는 75명, t년의 유소년 인구는 50명이다. 따라서 t+50년의 부양 인구는 t년의 유소년 인구보다 많다.
④ 노령화 지수는 t년이 (10/50)×100, t+50년이 (20/30)×100이다. 따라서 t년 대비 t+50년에 노령화 지수는 증가하였다.
⑤ t년의 갑국 전체 인구가 100명이라면, t년에 유소년 인구는 50명, 노년 인구는 10명이고, t+50년에 유소년 인구는 45명, 노년 인구는 30명이다. 따라서 t년 대비 t+50년에 유소년 인구는 감소하였고, 노년 인구는 증가하였다.

이것만은 꼭!
1. 노년 부양비와 유소년 부양비를 구할 때 분모는 부양 인구로 같다.
2. 총부양비가 100이라는 것은 '부양 인구=유소년 인구+노년 인구'임을 의미한다.

05 인구 구조

| 정답 ④ | 23년 3월 학력평가 20번

①	②	③	❹	⑤
10%	7%	13%	56%	14%

다음 자료에 대한 분석으로 옳은 것은? [3점]

> 표는 갑국의 유소년 인구 비율과 유소년 부양비를 나타낸 것이다. 갑국의 총인구는 t+30년은 t년에 비해 20% 증가하였고, t+60년은 t년에 비해 20% 감소하였다.
>
> | 구분 | t년 | t+30년 | t+60년 |
> |---|---|---|---|
> | 유소년 인구 비율(%) | 30 | 20 | 10 |
> | 유소년 부양비 | 50 | 40 | 25 |
>
> * 유소년 인구 비율(%) = {유소년 인구(0~14세 인구) / 총인구} × 100
> ** 유소년 부양비 = {유소년 인구(0~14세 인구) / 부양 인구(15~64세 인구)} × 100
> *** 노년 부양비 = {노년 인구(65세 이상 인구) / 부양 인구(15~64세 인구)} × 100

① 부양 인구는 t년이 t+30년~~보다 많다~~(과 같다).
② 노년 인구는 t+60년이 t년의 ~~5배~~(4배)이다.
③ 노년 부양비는 t+60년이 t+30년보다 ~~작다~~(크다).
④ t+30년 총인구 중 부양 인구의 비율은 t+60년 총인구 중 노년 인구의 비율과 같다.
⑤ t년 대비 t+30년에 증가한 노년 인구는 t+30년 대비 t+60년에 감소한 유소년 인구보다 ~~작다~~(크다).

✓ 자료 분석 t년의 총인구를 100명이라고 가정할 경우 t+30년의 총인구는 120명, t+60년의 총인구는 80명이 된다. 제시된 자료를 바탕으로 t년의 총인구를 100명이라고 가정하여 갑국의 연도별 인구 구성을 나타내면 다음과 같다.

(단위: 명)

구분	t년	t+30년	t+60년
유소년 인구(0~14세)	30	24	8
부양 인구(15~64세)	60	60	32
노년 인구(65세 이상)	10	36	40
총인구	100	120	80

O 정답 찾기 ④ t+30년 총인구 중 부양 인구의 비율은 50%{=(60/120)×100}이고, t+60년 총인구 중 노년 인구의 비율은 50%{=(40/80)×100}이다.

✕ 오답 풀이 ① 부양 인구는 t년이 60명, t+30년이 60명이다.
② 노년 인구는 t년이 10명, t+60년이 40명으로, t+60년이 t년의 4배이다.
③ 노년 부양비는 t+30년이 60{=(36/60)×100}이고, t+60년이 125{=(40/32)×100}로, t+60년이 t+30년보다 크다.
⑤ t년 대비 t+30년에 증가한 노년 인구는 26명이고, t+30년 대비 t+60년에 감소한 유소년 인구는 16명이다.

이것만은 꼭!
1. 인구 관련하여 제시된 공식을 활용할 수 있어야 한다.
2. 연령대별 인구 구성 자료를 도출할 수 있어야 한다.
3. 제시된 조건(갑국의 연도별 총인구 변화)을 활용할 수 있어야 한다.

06 인구 구조

| 정답 ④ | 23년 4월 학력평가 20번

①	②	③	❹	⑤
10%	14%	11%	52%	13%

다음 자료에 대한 분석으로 옳은 것은? (단, A~C는 각각 유소년 인구, 부양 인구, 노년 인구 중 하나임.) [3점]

> 그림은 갑국과 을국의 A~C의 상대적인 비(比)를 나타낸 다. 단, 갑국 유소년 인구는 을국 노년 인구의 2배이고, 갑국 전체 인구는 을국 전체 인구의 2배이다.

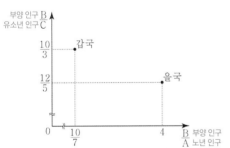

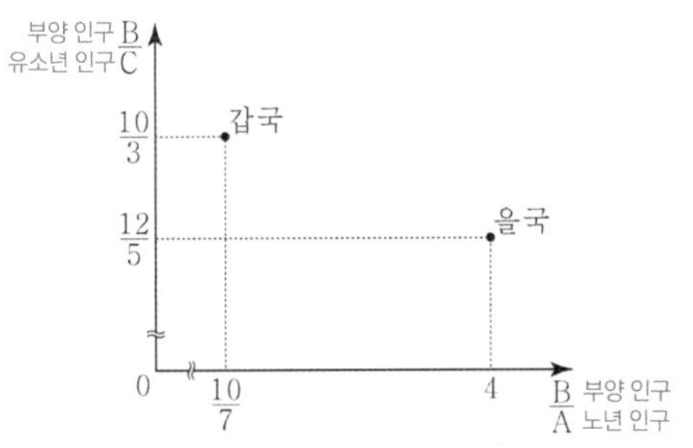

* 노령화 지수 = $\frac{\text{노년 인구(65세 이상 인구)}}{\text{유소년 인구(0~14세 인구)}} \times 100$
** 총부양비 = $\frac{\text{유소년 인구+노년 인구}}{\text{부양 인구(15~64세 인구)}} \times 100$
*** 전체 인구 중에서 노년 인구의 비율이 7% 이상이면 고령화 사회, 14% 이상이면 고령 사회, 20% 이상이면 초고령 사회임

① ~~A~~(C)는 유소년 인구, ~~B~~(A)는 노년 인구, ~~C~~(B)는 부양 인구이다.
② ~~갑국은 을국과 달리~~(갑국과 을국은 모두) 부양 인구가 노년 인구보다 많다.
③ 총부양비는 갑국이 을국에 비해 ~~작다~~(크다).
④ 노령화 지수는 을국이 갑국에 비해 낮다.
⑤ 갑국은 초고령 사회, 을국은 ~~고령화~~(고령) 사회이다.

✓ 자료 분석 갑국의 경우 A의 비율은 35%, B의 비율은 50%, C의 비율은 15%이다. 을국의 경우 A의 비율은 15%, B의 비율은 60%, C의 비율은 25%이다. 갑국 전체 인구가 을국 전체 인구의 2배이고, 갑국 유소년 인구가 을국 노년 인구의 2배이므로 A는 노년 인구, C는 유소년 인구이다. 따라서 B는 부양 인구이다. 갑국 전체 인구를 200명, 을국 전체 인구를 100명이라고 가정하여 제시된 자료를 바탕으로 갑국과 을국의 인구 구성을 나타내면 다음과 같다.

구분	갑국		을국	
	비율(%)	인구(명)	비율(%)	인구(명)
유소년 인구	15	30	25	25
부양 인구	50	100	60	60
노년 인구	35	70	15	15
전체 인구	100	200	100	100

O 정답 찾기 ④ 노령화 지수는 갑국이 약 233.3{=(70/30)×100}이고, 을국이 60{=(15/25)×100}으로, 을국이 갑국에 비해 낮다.

✕ 오답 풀이 ① A는 노년 인구, B는 부양 인구, C는 유소년 인구이다.
② 갑국과 을국 모두 부양 인구가 노년 인구보다 많다.
③ 총부양비는 갑국이 100{=(50/50)×100}, 을국이 약 66.7{=(40/60)×100}으로, 갑국이 을국에 비해 크다.
⑤ 갑국은 초고령 사회, 을국은 고령 사회이다.

이것만은 꼭!
1. 제시된 조건을 빠짐없이 활용할 수 있어야 한다.
2. 인구 관련하여 제시된 공식을 활용할 수 있어야 한다.
3. 연령대별로 인구 구성 비율 및 인구수를 나타낼 수 있어야 한다.

07 인구 구조

| 정답 ③ | 23년 7월 학력평가 15번

①	②	❸	④ 함정	⑤
6%	11%	54%	17%	12%

다음 자료에 대한 옳은 분석만을 〈보기〉에서 고른 것은? [3점]

갑국에서 t년의 노령화 지수는 75이고, 유소년 부양비는 40이다. t년 대비 t+50년에 갑국 전체 인구의 변동은 없으나 노령화 지수는 60% 증가하였고, 't년 유소년 인구 : t+50년 유소년 인구'는 4 : 3이 되었다. (t+50년의 노령화 지수는 120임)

* 노령화 지수 = $\frac{\text{노년 인구(65세 이상)}}{\text{유소년 인구(0~14세)}} \times 100$

** 유소년 부양비 = $\frac{\text{유소년 인구(0~14세 인구)}}{\text{부양 인구(15~64세 인구)}} \times 100$

*** 노년 부양비 = $\frac{\text{노년 인구(65세 이상 인구)}}{\text{부양 인구(15~64세 인구)}} \times 100$

보기

ㄱ. t+50년의 유소년 인구는 전체 인구의 ~~15%~~(약 17.6%)이다.
ㄴ. t년의 노년 인구와 t+50년의 유소년 인구는 동일하다.
ㄷ. t년 대비 t+50년에 노년 인구는 20% 증가하였다.
ㄹ. t년 대비 t+50년에 노년 부양비는 ~~10%~~(약 15.3%) 증가하였다.

① ㄱ, ㄴ ② ㄱ, ㄷ ③ ㄴ, ㄷ ④ ㄴ, ㄹ ⑤ ㄷ, ㄹ

✔ 자료 분석 t년의 노령화 지수는 75이고, t년 대비 t+50년에 노령화 지수가 60% 증가하였으므로 t+50년의 노령화 지수는 120이다. t년의 부양 인구를 100명이라고 가정하면, 갑국의 연도별 인구 구성은 다음과 같다.

(단위: 명)

구분	t년	t+50년
유소년 인구	40	30
부양 인구	100	104
노년 인구	30	36
전체 인구	170	170

○ 정답 찾기 ㄴ. t년의 노년 인구는 30명이고, t+50년의 유소년 인구는 30명이다.
ㄷ. t년 대비 t+50년에 노년 인구는 20%{=(6/30)×100} 증가하였다.

✕ 오답 풀이 ㄱ. t+50년에 유소년 인구(30명)는 전체 인구(170명)의 약 17.6%이다.
ㄹ. t년의 노년 부양비는 30이고, t+50년의 노년 부양비는 약 34.6이다. 따라서 t년 대비 t+50년에 노년 부양비는 약 15.3% 증가하였다.

④번을 선택한 학생들은 각 시기의 노년 부양비를 제대로 구하지 못하였거나, 노년 부양비를 구했어도 증가율을 구하는 방법을 몰랐을 가능성이 크다. t년 대비 t+50년에 노년 부양비 증가율은 [(t+50년 노년 부양비-t년 노년 부양비)/t년 노년 부양비]×100이다.

이것만은 꼭!

1. 증가율은 '{(금년도-전년도)/전년도}×100'의 공식으로 구한다.
2. 인구 관련 자료를 분석하는 문항에서는 값을 가정하여 넣은 후 풀어야 하는 경우가 많다.

08 인구 구조

| 정답 ① | 23년 10월 학력평가 20번

❶	② 함정	③	④	⑤
44%	17%	9%	15%	15%

다음 자료에 대한 분석으로 옳은 것은? [3점]

표는 갑국의 인구 관련 지표를 나타낸 것이다. t년 대비 t+50년에 총인구 증가율은 200%이다.

구분	총부양비	노령화 지수
t년	100	25
t+50년	50	100

* 총부양비 = 유소년 부양비 + 노년 부양비

** 유소년 부양비 = $\frac{\text{유소년 인구(0\textasciitilde14세 인구)}}{\text{부양 인구(15\textasciitilde64세 인구)}} \times 100$

*** 노년 부양비 = $\frac{\text{노년 인구(65세 이상 인구)}}{\text{부양 인구(15\textasciitilde64세 인구)}} \times 100$

**** 노령화 지수 = $\frac{\text{노년 인구(65세 이상 인구)}}{\text{유소년 인구(0\textasciitilde14세 인구)}} \times 100$

① 부양 인구는 t+50년이 t년의 4배이다.
② 유소년 인구는 t+50년이 t년보다 ~~적다~~ 많다.
③ 유소년 부양비는 t년이 t+50년보다 ~~작다~~ 크다.
④ 노년 인구 대비 부양 인구는 t+50년이 t년보다 ~~크다~~ 작다.
⑤ ~~t+50년에는 t년과 달리~~ t년과 t+50년은 모두 총인구 중 노년 인구의 비율이 20% 보다 ~~높다~~ 낮다.

✔ 자료 분석 t년의 총부양비가 100이므로 t년의 부양 인구를 100명이라고 가정하면, 갑국의 인구 구성은 다음과 같이 나타낼 수 있다.

(단위: 명)

구분	t년	t+50년
유소년 인구	80	100
부양 인구	100	400
노년 인구	20	100
총인구	200	600

O 정답 찾기 ① t년의 부양 인구가 100명이라면, t+50년의 부양 인구는 400명이다. 따라서 t+50년 부양 인구는 t년 부양 인구의 4배이다.

✕ 오답 풀이 ② t년의 부양 인구가 100명이라면, 유소년 인구는 t년의 경우 80명, t+50년의 경우 100명이다. 따라서 유소년 인구는 t+50년이 t년보다 많다.
③ t년의 부양 인구가 100명이라면, 유소년 부양비는 t년의 경우 80{=(80명/100명)×100}, t+50년의 경우 25{=(100명/400명)×100}이다. 따라서 유소년 부양비는 t년이 t+50년보다 크다.
④ t년의 부양 인구가 100명이라면, 노년 인구 대비 부양 인구는 t년의 경우 5(=100명/20명), t+50년의 경우 4(=400명/100명)이다. 따라서 노년 인구 대비 부양 인구는 t+50년이 t년보다 작다.
⑤ t년의 부양 인구가 100명이라면, 총인구 중 노년 인구의 비율은 t년의 경우 10%{=(20명/200명)×100}, t+50년의 경우 약 16.7%{=(100명/600명)×100}이다. 따라서 t년과 t+50년 모두 총인구 중 노년 인구의 비율은 20%보다 낮다.

함정 클리닉

①번을 정답으로 선택하지 못하였다면, 제시된 자료를 통해 갑국의 유소년 인구, 부양 인구, 노년 인구를 제대로 파악하지 못하였을 가능성이 크다. t년의 경우 총부양비가 100이므로 부양 인구=유소년 인구+노년 인구이고, 노령화 지수가 25이므로 유소년 인구는 노년 인구의 4배임을 파악할 수 있다. 따라서 t년의 부양 인구를 100명이라고 가정하면, 유소년 인구는 80명, 노년 인구는 20명이다.

이것만은 꼭!

1. 인구 부양비 관련 문항에서 인구는 0~14세, 15~64세, 65세 이상으로 분류된다.
2. 총부양비는 '{(0~14세 인구+65세 이상 인구)/15~64세 인구}×100'으로 계산한다.
3. 유소년 부양비는 '(0~14세 인구/15~64세 인구)×100'으로, 노년 부양비는 '(65세 이상 인구/15~64세 인구)×100'으로 계산한다.

09 인구 구조

| 정답 ① | 22년 3월 학력평가 19번

❶	②	③ 함정	④ 함정	⑤
39%	12%	16%	21%	12%

다음 자료에 대한 분석으로 옳은 것은? [3점]

> 표는 갑국의 시기별 유소년 부양비와 노년 부양비를 나타낸 것이다. 단, 갑국의 총인구는 지속적으로 증가하였다.
>
> | 구분 | t년 | t+20년 | t+40년 |
> |---|---|---|---|
> | 유소년 부양비 | 30 | 20 | 10 |
> | 노년 부양비 | 20 | 30 | 40 |
>
> * 유소년 부양비 = $\frac{\text{유소년 인구(0~14세 인구)}}{\text{부양 인구(15~64세 인구)}} \times 100$
>
> ** 노년 부양비 = $\frac{\text{노년 인구(65세 이상 인구)}}{\text{부양 인구(15~64세 인구)}} \times 100$

① 노년 인구는 t+40년이 t년의 2배보다 많다.
② t년의 유소년 인구와 t+20년의 노년 인구는 그 수가 ~~같다~~ 다르다.
③ 유소년 인구에 대한 노년 인구의 비는 t년이 t+20년보다 ~~크다~~ 작다.
④ 노년 인구 100명당 부양 인구는 t+40년이 t+20년보다 ~~많다~~ 적다.
⑤ 총인구에서 유소년 인구와 노년 인구의 합이 차지하는 비율은 t년~~이~~과 t+40년~~보다 높다~~이 같다.

✓ 자료 분석 부양 인구를 t년의 경우 100a, t+20년의 경우 100b, t+40년의 경우 100c라고 가정하여 연령대별 인구를 나타내면 다음과 같다.

구분	t년	t+20년	t+40년
유소년 인구(0~14세)	30a	20b	10c
부양 인구(15~64세)	100a	100b	100c
노년 인구(65세 이상)	20a	30b	40c
총인구	150a	150b	150c

O 정답 찾기 ① 노년 인구는 t년이 20a, t+40년이 40c이다. 총인구가 지속적으로 증가하였으므로 c는 a보다 크다. 따라서 노년 인구는 t+40년이 t년의 2배보다 많다.

× 오답 풀이 ② t년의 유소년 인구는 30a이고, t+20년의 노년 인구는 30b이다. a보다 b가 크므로 t년의 유소년 인구보다 t+20년의 노년 인구가 많다.
③ 유소년 인구에 대한 노년 인구의 비는 t년이 20a/30a이고, t+20년이 30b/20b이므로 t년이 t+20년보다 작다.
④ 노년 인구 100명당 부양 인구는 t+20년이 (100b/30b)×100이고, t+40년이 (100c/40c)×100이므로 t+40년이 t+20년보다 적다.
⑤ 총인구에서 유소년 인구와 노년 인구의 합이 차지하는 비율은 t년이 (50a/150a)×100, t+40년이 (50c/150c)×100으로 같다.

부양 인구를 100으로 가정하면 제시된 유소년 부양비와 노년 부양비를 활용하여 각 연령대별 인구의 상댓값을 도출할 수 있다. ①번을 정답으로 선택하지 못하였다면, 제시된 자료의 공통된 분모인 부양 인구를 100으로 설정하지 않아 함정에 빠졌을 가능성이 크다.

이것만은 꼭!

1. 부양비와 관련하여 제시된 공식을 활용할 수 있어야 한다.
2. 연령대별 인구 구성 자료를 도출할 수 있어야 한다.
3. 제시된 조건을 활용할 수 있어야 한다.

10 인구 구조

| 정답 ④ | 22년 4월 학력평가 15번

①	② 함정	③	❹	⑤
6%	19%	16%	42%	17%

다음 자료에 대한 분석으로 옳은 것은? [3점]

표는 갑국의 인구 관련 통계를 나타낸다. 갑국 전체 인구는 t+30년이 t년의 2배이다. 또한 t+30년에 전체 인구 중 0~14세 인구가 차지하는 비율은 t년에 전체 인구 중 15~64세 인구가 차지하는 비율의 1/2이다.

구분	t년	t+30년
총부양비	100	㉠ 150
노령화 지수	25	140

* 총부양비={(0~14세 인구 + 65세 이상 인구)/15~64세 인구}×100
** 유소년 부양비=(0~14세 인구/15~64세 인구)×100
*** 노년 부양비=(65세 이상 인구/15~64세 인구)×100
**** 노령화 지수=(65세 이상 인구/0~14세 인구)×100

① ㉠은 '~~125~~ 150'이다.
② 전체 인구 중 15~64세 인구의 비율은 t년이 t+30년보다 ~~작다~~ 크다.
③ 유소년 부양비는 t+30년이 t년보다 ~~크다~~ 작다.
④ 노년 부양비는 t+30년이 t년의 4배 이상이다.
⑤ t년 대비 t+30년의 0~14세 인구 증가율은 ~~음(−)~~ 양(+)의 값이다.

✔ 자료 분석 t년에 0~14세 인구 비율을 a, 15~64세 인구 비율을 b, 65세 이상 인구 비율을 c라고 가정하면, 총부양비가 100이므로 'b=a+c'이고, 노령화 지수가 25이므로 'c/a = 1/4', 즉, 'a=4c'이다. t+30년에 0~14세 인구 비율이 t년에 15~64세 인구 비율의 1/2이고, 노령화 지수가 140이므로 연도별 인구 구성을 나타내면 다음과 같다.

(단위: %)

구분	t년	t+30년
0~14세	40	25
15~64세	50	40
65세 이상	10	35

t년의 전체 인구를 100명이라고 가정한다면, t+30년의 전체 인구는 200명이 된다. 제시된 자료를 바탕으로 연령대별 인구를 나타내면 다음과 같다.

(단위: 명)

구분	t년	t+30년
0~14세	40	50
15~64세	50	80
65세 이상	10	70
전체 인구	100	200

O 정답 찾기 ④ 노년 부양비는 t년이 (10/50)×100이고, t+30년이 (35/40)×100이다. 따라서 t+30년이 t년의 4배 이상이다.

× 오답 풀이 ① ㉠은 '150'이다.
② 전체 인구 중 15~64세 인구 비율은 t년이 50%, t+30년이 40%로, t년이 t+30년보다 크다.
③ 유소년 부양비는 t년이 (40/50)×100, t+30년이 (25/40)×100으로, t+30년이 t년보다 작다.
⑤ t년 대비 t+30년에 0~14세 인구 증가율은 양(+)의 값이다.

함정 클리닉

인구 관련 표 분석 문항은 제시된 자료와 조건을 활용하여 0~14세, 15~64세, 65세 이상으로 연령대별 인구 구성 비율 및 인구수를 도출해 내는 것이 핵심이다. 제시된 문항에서는 총부양비가 100이므로 15~64세 인구가 0~14세, 65세 이상 인구의 합과 같다는 점을 파악할 수 있어야 한다.

이것만은 꼭!

1. 제시된 조건을 빠짐없이 활용할 수 있어야 한다.
2. 부양비, 노령화와 관련하여 제시된 공식을 활용할 수 있어야 한다.
3. 연령대별로 인구 구성 비율 및 인구수를 나타낼 수 있어야 한다.

11 인구 구조

| 정답 ③ | 22년 7월 학력평가 8번

①	②	❸	④	⑤
5%	9%	63%	12%	11%

다음 자료에 대한 옳은 분석만을 〈보기〉에서 고른 것은? [3점]

다음은 (가), (나) 두 지역으로만 구성된 갑국의 인구 관련 지표이다. (가) 지역의 생산 연령 인구는 (나) 지역의 생산 연령 인구의 2배이다.

구분	(가) 지역	(나) 지역
고령화 지수	㉠ 150	㉡ 400
유소년 부양비	20	20
노년 부양비	30	80

* 고령화 지수={노년(65세 이상) 인구/유소년(0~14세) 인구}×100
** 유소년 부양비={유소년(0~14세) 인구/생산 연령(15~64세) 인구}×100
*** 노년 부양비={노년(65세 이상) 인구/생산 연령(15~64세) 인구}×100

〈보기〉
ㄱ. ㉡은 ㉠의 3배 ~~이상이다~~. (보다 작다.)
ㄴ. 갑국 노년 부양비는 갑국 유소년 부양비의 2배 이상이다.
ㄷ. (나) 지역의 유소년 인구는 (가) 지역의 유소년 인구의 절반이다.
ㄹ. 다른 이동 없이 (가) 지역의 노년 인구 50%가 (나) 지역으로 이동하면, (나) 지역의 노년 부양비는 ~~100~~(110)이 된다.

① ㄱ, ㄴ ② ㄱ, ㄷ ③ ㄴ, ㄷ ④ ㄴ, ㄹ ⑤ ㄷ, ㄹ

✓ 자료 분석 (가) 지역의 생산 연령 인구를 1,000명, (나) 지역의 생산 연령 인구를 500명이라고 가정하여 (가), (나) 지역의 연령대별 인구를 나타내면 다음과 같다.

(단위: 명)

구분	(가) 지역	(나) 지역
유소년 인구(0~14세 인구)	200	100
생산 연령 인구(15~64세 인구)	1,000	500
노년 인구(65세 이상 인구)	300	400

O 정답 찾기 ㄴ. 갑국의 노년 부양비는 약 46.7{=(700/1,500)×100}이고, 유소년 부양비는 20{=(300/1,500)×100}이다. 따라서 갑국 노년 부양비는 갑국 유소년 부양비의 2배 이상이다.
ㄷ. (가) 지역의 유소년 인구는 200명이고, (나) 지역의 유소년 인구는 100명이다. 따라서 (나) 지역의 유소년 인구는 (가) 지역의 유소년 인구의 1/2배이다.

× 오답 풀이 ㄱ. (가) 지역의 고령화 지수는 150{=(300/200)×100}이고, (나) 지역의 고령화 지수는 400{=(400/100)×100}이다. 따라서 ㉡은 ㉠의 3배보다 작다.
ㄹ. 다른 이동 없이 (가) 지역의 노년 인구 50%(150명)가 (나) 지역으로 이동하면 (나) 지역의 노년 인구는 550명이 된다. 따라서 (나) 지역의 노년 부양비는 110{=(550/500)×100}이 된다.

이것만은 꼭!
1. 고령화 지수가 증가한다는 것은 유소년 인구 증가율보다 노년 인구 증가율이 높다는 것을 의미한다.
2. 인구는 유소년 인구(0~14세), 부양 인구(15~64세 인구), 노년 인구(65세 이상)로 분류할 수 있다.

12 인구 구조

| 정답 ④ | 22년 10월 학력평가 10번

①	②	③ 함정	❹	⑤
4%	7%	12%	72%	5%

표는 갑국의 지역별 총부양비와 노년 부양비를 나타낸 것이다. 이에 대한 설명으로 옳은 것은? (단, 갑국은 A~C 지역만으로 구성되며, A 지역의 인구는 B 지역의 2배이고 B 지역의 인구는 C 지역의 2배이다.) [3점] (A:B:C=4:2:1)

구분	A 지역	B 지역	C 지역
총부양비	400	150	150
노년 부양비	50	100	75

* 총부양비={(0~14세 인구+65세 이상 인구)/15~64세 인구}×100
** 유소년 부양비=(0~14세 인구/15~64세 인구)×100
*** 노년 부양비=(65세 이상 인구/15~64세 인구)×100

① 갑국의 총부양비는 ~~300~~(250)이다.
② 15~64세 인구는 B 지역이 C 지역보다 ~~적다~~(많다).
③ 유소년 부양비가 가장 낮은 지역은 ~~C~~(B) 지역이다.
④ 지역별 인구 중 65세 이상 인구가 차지하는 비율은 B 지역이 가장 높다.
⑤ A~C 지역 모두 지역별 인구 중 15~64세 인구가 차지하는 비율이 50%를 ~~넘는다~~(넘지 않는다).

✓ 자료 분석 A 지역의 인구는 B 지역의 2배이고 B 지역의 인구는 C 지역의 2배이므로 C 지역의 인구를 100명이라고 가정하면, B 지역의 인구는 200명, A 지역의 인구는 400명이다. 제시된 자료를 바탕으로 인구 구성을 나타내면 다음과 같다.

(단위: 명)

구분	A 지역	B 지역	C 지역
유소년 인구(0~14세 인구)	280	40	30
부양 인구(15~64세 인구)	80	80	40
노년 인구(65세 이상 인구)	40	80	30
전체 인구	400	200	100

O 정답 찾기 ④ 지역별 인구 중 65세 이상 인구가 차지하는 비율은 A 지역이 10%{=(40/400)×100}, B 지역이 40%{=(80/200)×100}, C 지역이 30%{=(30/100)×100}이므로 B 지역이 가장 높다.

× 오답 풀이 ① 갑국의 총부양비는 (500/200)×100이므로 250이다.
② 15~64세 인구는 B 지역이 C 지역보다 많다.
③ 유소년 부양비는 A 지역이 350(=400−50), B 지역이 50(=150−100), C 지역이 75(=150−75)이므로 B 지역이 가장 낮다.
⑤ 지역별 인구 중 15~64세 인구가 차지하는 비율은 A 지역이 20%{=(80/400)×100}, B 지역이 40%{=(80/200)×100}, C 지역이 40%{=(40/100)×100}이므로 A~C 지역 모두 50%를 넘지 않는다.

이것만은 꼭!
1. 인구는 0~14세, 15~64세, 65세 이상으로 분류된다.
2. 총부양비는 '{(0~14세 인구+65세 이상 인구)/15~64세 인구}×100'으로 계산한다.
3. 유소년 부양비는 '(0~14세 인구/15~64세 인구)×100'으로, 노년 부양비는 '(65세 이상 인구/15~64세 인구)×100'으로 계산한다.

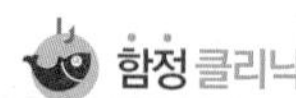

④번을 정답으로 선택하지 못하였다면, 제시된 자료를 통해 지역별 0~14세 인구, 15~64세 인구, 65세 이상 인구 규모를 파악하지 못했을 가능성이 크다. 인구 부양비 문항은 제시된 자료를 각 연령대 인구로 변환하는 것이 문제 풀이의 첫 단계이다. 이 작업이 선행되지 않으면 각 선지의 진위 판단을 할 수 없다.

13 인구 구조

| 정답 ② | 21년 3월 학력평가 18번

①	❷	③	④ 함정	⑤ 함정
7%	32%	15%	17%	29%

자료에 대한 분석으로 옳은 것은? [3점]

표는 갑국의 15~64세 인구(부양 인구) 100명당 각 연령대별 인구를 나타낸 것이다. 단, 15~64세 인구는 2020년이 1970년의 2배이다.

(단위: 명)

구분	1970년	2020년
0~14세 인구	20	20
65세 이상 인구	20	40

* 유소년 부양비=(0~14세 인구/15~64세 인구)×100
** 노년 부양비=(65세 이상 인구/15~64세 인구)×100
*** 노령화 지수=(65세 이상 인구/0~14세 인구)×100

① 노령화 지수는 1970년이 2020년보다 크다.
② 65세 이상 인구는 2020년이 1970년의 4배이다.
③ 노년 부양비는 2020년이 1970년의 2배보다 크다.
④ 총인구 중 15~64세 인구의 비율은 2020년이 1970년보다 높다.
⑤ 2020년에 부양 인구가 부담하는 노년 인구 부양 비용은 유소년 인구 부양 비용의 2배이다.

✓ 자료 분석 15~64세 인구가 2020년이 1970년의 2배이므로 1970년의 15~64세 인구를 100명이라면 2020년의 15~64세 인구는 200명이 된다. 제시된 자료를 바탕으로 연도별 인구를 나타내면 다음과 같다.

(단위: 명)

구분	1970년	2020년
0~14세 인구	20	40
15~64세 인구	100	200
65세 이상 인구	20	80

O 정답 찾기 ② 1970년의 15~64세 인구를 100명이라고 하면, 65세 이상 인구는 1970년이 20명, 2020년이 80명이다. 따라서 65세 이상 인구는 2020년이 1970년의 4배이다.

× 오답 풀이 ① 노령화 지수는 1970년이 100, 2020년이 200으로, 2020년이 1970년보다 크다.
③ 노년 부양비는 1970년이 20, 2020년이 40으로, 2020년이 1970년의 2배이다.
④ 총인구 중 15~64세 인구 비율은 1970년이 (100/140)×100, 2020년이 (200/320)×100으로, 1970년이 2020년보다 높다.
⑤ 제시된 자료를 통해서는 노년 인구 부양 비용을 알 수 없다.

함정 클리닉

인구 관련 표 분석 문항은 제시된 자료와 조건을 활용하여 0~14세, 15~64세, 65세 이상으로 연령대별 인구 구성 비율을 도출하여 푸는 것이 효율적이다. 제시된 문항은 연령대별 인구 구성 비율을 도출하는 데 어려움이 있어 오답률이 골고루 높게 나타나고 있으며, 특히 ⑤번의 경우 '노년 인구 부양 비용'이라는 용어가 혼선을 초래하여 오답률이 가장 높게 나타났다.

이것만은 꼭!

1. 인구 관련하여 제시된 공식을 활용할 수 있어야 한다.
2. 고령화 관련 문항은 제시된 자료를 연령대별로 재구조화할 수 있어야 한다.
3. 제시된 자료를 통해 확인할 수 없는 진술은 정답이 될 수 없다.

14 인구 구조

| 정답 ① | 21년 4월 학력평가 15번

❶	②	③	④ 함정	⑤
33%	7%	11%	34%	15%

표에 대한 분석으로 옳은 것은? (단, t년에 갑국과 을국의 부양 인구는 동일하며, t+50년에 각각 2배로 증가하였다.) [3점]

구분	갑국		을국	
	t년	t+50년	t년	t+50년
총부양비	50	75	25	100
유소년 부양비	30	20	10	50

* 총부양비 = $\frac{\text{유소년 인구(0~14세 인구)} + \text{노인 인구(65세 이상 인구)}}{\text{부양 인구(15~64세 인구)}} \times 100$

** 유소년 부양비 = $\frac{\text{유소년 인구(0~14세 인구)}}{\text{부양 인구(15~64세 인구)}} \times 100$

*** 전체 인구에서 노인 인구가 차지하는 비율이 7% 이상이면 고령화 사회, 14% 이상이면 고령 사회, 20% 이상이면 초고령 사회임

① t년에 갑국과 을국은 모두 고령화 사회에 해당한다.
② t년에 갑국에서 부양 인구 100명당 노인 인구는 ~~50명~~(20명)이다.
③ t+50년의 전체 인구는 갑국이 을국보다 ~~많다~~(적다).
④ t+50년에 부양 인구가 노인 인구와 유소년 인구를 부양하는 데 지출한 총비용은 을국이 갑국보다 많다. (알 수 없다.)
⑤ 을국에서 유소년 인구 대비 노인 인구의 비는 t+50년이 t년보다 ~~크다~~(작다).

✓ 자료 분석 t년에 갑국과 을국의 부양 인구가 동일하고, t+50년에 각각 2배로 증가하였으므로 t년에 갑국과 을국의 부양 인구를 각각 100명이라고 하면, t+50년에 갑국과 을국의 부양 인구는 각각 200명이 된다. 제시된 자료를 바탕으로 연도별 갑국과 을국의 인구 구성을 나타내면 다음과 같다.

(단위: 명)

구분	갑국		을국	
	t년	t+50년	t년	t+50년
0~14세	30	40	10	100
15~64세	100	200	100	200
65세 이상	20	110	15	100
전체 인구	150	350	125	400

O 정답 찾기 ① t년에 전체 인구에서 노인 인구가 차지하는 비율은 갑국이 약 13%{=(20/150)×100}, 을국이 12%{=(15/125)×100}이다. 따라서 t년에 갑국과 을국은 모두 고령화 사회에 해당한다.

× 오답 풀이 ② t년에 갑국에서 부양 인구 100명당 노인 인구는 20명이다.
③ t+50년에 갑국과 을국의 부양 인구가 각각 200명이라면, t+50년의 전체 인구는 갑국이 350명, 을국이 400명으로, 을국이 갑국보다 많다.
④ 제시된 자료를 통해서는 부양 인구가 노인 인구와 유소년 인구를 부양하는 데 지출한 비용은 알 수 없다.
⑤ 을국에서 유소년 인구 대비 노인 인구의 비는 t년이 15/10, t+50년이 100/100으로, t년이 t+50년보다 크다.

인구 관련 표 분석 문항은 제시된 자료와 조건을 활용하여 0~14세, 15~64세, 65세 이상으로 연령대별 인구 구성 비율을 도출할 수 있는지가 핵심이다. 제시된 문항의 경우 t년의 부양 인구가 동일하고, t+50년의 부양 인구가 2배라는 조건이 핵심으로 t년의 부양 인구를 100명이라고 가정할 경우 두 국가의 t년과 t+50년의 연령대별 인구를 도출할 수 있다.

이것만은 꼭!

1. 표 분석 문항에서는 제시된 조건을 놓치지 않고 활용해야 한다.
2. 유소년 부양비는 경제적으로 지출한 비용을 의미하지 않는다.
3. 제시된 조건에 따라 특정 연령대를 일정한 숫자로 전제할 경우 문제 풀이가 용이하다.

15 인구 구조

| 정답 ① | 21년 7월 학력평가 10번

❶	②	③ 함정	④ 함정	⑤
31%	6%	22%	26%	15%

다음 자료에 대한 분석으로 옳은 것은? (단, 유소년 인구의 비는 A국 : B국 : C국 = 3 : 1 : 1이다.) [3점]

구분	A국	B국	C국
전체 인구 대비 노인 인구 비율(%)	10	15	40
총부양비	25	25	100

* 총부양비 = $\frac{\text{유소년 인구(0~14세 인구)} + \text{노인 인구(65세 이상 인구)}}{\text{부양 인구(15~64세 인구)}} \times 100$

** 노령화 지수 = $\frac{\text{노인 인구(65세 이상 인구)}}{\text{유소년 인구(0~14세 인구)}} \times 100$

A국: 0~14세 인구를 a, 15~64세 인구를 b라고 하면 a+b+10=100%이다. 또한 총부양비가 25이므로 {(a+10)/b}×100=25이다. 이를 통해 a는 10%, b는 80%임을 알 수 있다.

① 노인 인구는 A국과 B국이 같다.
② 노령화 지수는 C국이 A국의 ~~3배~~(4배)이다.
③ 전체 인구는 A국이 가장 많고 ~~B국~~(C국)이 가장 적다.
④ 전체 인구에서 유소년 인구가 차지하는 비율은 B국이 C국보다 ~~높다~~(낮다).
⑤ B국의 부양 인구 대비 노인 인구의 비는 C국의 부양 인구 대비 유소년 인구의 비보다 ~~크다~~(작다).

✓ 자료 분석 C국의 전체 인구를 100명이라고 하면 C국의 노인 인구는 40명, C국의 유소년 인구는 10명이므로 C국의 부양 인구는 50명이다. 유소년 인구의 비가 A국 : B국 : C국=3 : 1 : 1이므로 이를 바탕으로 각국의 인구 구성을 나타내면 다음과 같다.

(단위: 명)

구분	A국	B국	C국
0~14세 인구(유소년 인구)	30	10	10
15~64세 인구(부양 인구)	240	160	50
65세 이상 인구(노인 인구)	30	30	40
전체 인구	300	200	100

○ 정답 찾기 ① A국과 B국의 65세 이상 노인 인구는 같다.

× 오답 풀이 ② 노령화 지수는 A국의 경우 (30/30)×100이고, C국의 경우 (40/10)×100이다. 따라서 노령화 지수는 C국이 A국의 4배이다.
③ 전체 인구는 A국이 가장 많고, C국이 가장 적다.
④ 전체 인구에서 유소년 인구가 차지하는 비율은 B국의 경우 5%이고, C국의 경우 10%이다. 따라서 전체 인구에서 유소년 인구가 차지하는 비율은 B국이 C국보다 낮다.
⑤ B국의 부양 인구 대비 노인 인구의 비는 30/160이고, C국의 부양 인구 대비 유소년 인구의 비는 10/50이다. 따라서 B국의 부양 인구 대비 노인 인구의 비는 C국의 부양 인구 대비 유소년 인구의 비보다 작다.

함정 클리닉

A~C국의 인구 구성을 파악하는 데 어려움이 컸을 것이다. 각 국가의 전체 인구가 다르기 때문에 일단 각 국가의 인구 구성 비율을 구하고, 유소년 인구의 비가 3 : 1 : 1임을 착안하여 C국의 인구를 100명으로 고정하는 등 가상의 전체 인구를 대입해야 한다.

이것만은 꼭!

1. 저출산 현상은 출산율이 적정 수준보다 낮은 현상으로, 출산과 양육 부담 증가, 혼인과 출산에 대한 가치관 변화 등이 원인이다.
2. 저출산·고령화로 인해 노년 부양비가 증가하여 세대 간 갈등이 증가할 수 있다.
3. 고령화 현상은 노후 소득 보장을 위한 연금 제도 개선, 정년 연장에 대한 사회적 합의 등으로 대응할 수 있다.

16 인구 구조

| 정답 ③ | 21년 10월 학력평가 19번

①	②	❸	④	⑤
9%	4%	56%	15%	16%

다음 자료에 대한 분석으로 옳은 것은? (단, 1960년 대비 2020년에 부양 인구는 10% 감소하였다.) [3점]

〈갑국의 유소년 부양비와 노령화 지수〉

구분	1960년	1990년	2020년
유소년 부양비	40	30	20
노령화 지수	30	50	100

* 유소년 부양비 = $\frac{\text{유소년 인구(0~14세 인구)}}{\text{부양 인구(15~64세 인구)}}\times 100$

** 노령화 지수 = $\frac{\text{노년 인구(65세 이상 인구)}}{\text{유소년 인구(0~14세 인구)}}\times 100$

① 1960년에 유소년 인구는 전체 인구의 30%를 ~~넘는다~~. 넘지 않는다.
② 2020년에 부양 인구는 노년 인구의 ~~4배~~이다. 5배
③ 1960년 대비 2020년에 노년 인구는 50% 증가하였다.
④ 부양 인구에 대한 노년 인구의 비는 2020년이 1960년의 2배 보다 ~~크다~~. 작다. (20/100, 12/100)
⑤ 전체 인구 중 유소년 인구와 노년 인구의 합이 차지하는 비율은 2020년이 1990년보다 높다. ((40/140)×100, (45/145)×100)

✓ 자료 분석 각 연도별 15~64세 인구를 100이라고 하면 갑국의 인구 구성을 나타내면 다음과 같다.

(단위: 명)

구분	1960년	1990년	2020년
0~14세 인구	40	30	20
15~64세 인구	100	100	100
65세 이상 인구	12	15	20
전체 인구	152	145	140

1960년 대비 2020년에 부양 인구가 10% 감소하였으므로 1960년의 15~64세 인구가 100명이라면, 2020년의 15~64세 인구는 90명, 65세 이상 인구는 18명이 된다.

O 정답 찾기 ③ 1960년의 15~64세 인구를 100명이라면, 65세 이상 인구는 12명이고, 2020년의 15~64세 인구는 90명, 65세 이상 인구는 18명이다. 따라서 1960년 대비 2020년에 노년 인구는 50% 증가하였다.

X 오답 풀이 ① 1960년에 유소년 인구(0~14세 인구)는 전체 인구의 약 26.3%로, 30%를 넘지 않는다.
② 2020년에 부양 인구(15~64세 인구) 100명당 노년 인구(65세 이상 인구)는 20명이다. 따라서 2020년에 부양 인구는 노년 인구의 5배이다.
④ 부양 인구(15~64세 인구)에 대한 노년 인구(65세 이상 인구)의 비는 1960년이 12/100이고, 2020년이 20/100이다. 따라서 부양 인구(15~64세 인구)에 대한 노년 인구(65세 이상 인구)의 비는 2020년이 1960년의 2배보다 작다.
⑤ 전체 인구 중 유소년 인구(0~14세 인구)와 노년 인구(65세 이상 인구)의 합이 차지하는 비율은 2020년이 (40/140)×100으로, 1990년의 (45/145)×100보다 낮다.

이것만은 꼭!

1. 유소년 부양비는 부양 인구 100명당 유소년 인구가 몇 명인지를 의미한다.
2. 노령화 지수는 유소년 인구 100명당 노년 인구가 몇 명인지를 의미한다.
3. 인구 부양비 문항에서는 인구를 유소년 인구, 부양 인구, 노년 인구로 분류한다.

17 난민 문제

| 정답 ④ | 20년 7월 학력평가 10번

①	②	③함정	❹	⑤
10%	11%	18%	49%	12%

다음 자료에 대한 분석으로 옳은 것은? [3점]

다음은 갑국과 을국의 난민 신청 및 난민 인정 비율이다. 두 국가의 국민이 난민 인정을 신청한 사례는 없으며, 난민 인정은 난민 인정을 신청한 사람에 한정한다. 또한 입국한 난민 수는 을국이 갑국의 2배이다.

(단위: %)

구분	갑국	을국
난민 신청 비율	40	50
난민 인정 비율	10	20

* 난민 신청 비율 = $\frac{\text{갑(을)국에 난민 인정을 신청한 사람 수}}{\text{갑(을)국으로 입국한 난민 수}} \times 100$

** 난민 인정 비율 = $\frac{\text{갑(을)국 정부가 난민으로 인정한 사람 수}}{\text{갑(을)국에 난민 인정을 신청한 사람 수}} \times 100$

① 갑국으로 입국한 난민 수 대비 갑국이 난민으로 인정한 사람 수의 비율은 ~~10%~~(4%)이다.

② 을국으로 입국한 난민 수 대비 난민 인정을 신청했으나 난민으로 인정받지 못한 사람 수의 비율은 ~~30%~~(40%)이다.

③ 갑국으로 입국한 난민 수보다 을국에 난민 인정을 신청한 사람 수가 ~~많다~~(같다).

④ 난민으로 인정한 사람 수는 을국이 갑국의 5배이다.

⑤ 다른 조건이 동일하다면, 난민으로 인정받기 위해서는 을국보다 ~~갑국~~(을국)에 난민 신청을 하는 것이 유리하다.

✓ 자료 분석 갑국으로 입국한 난민 수를 1,000명, 을국으로 입국한 난민 수를 2,000명으로 가정하고 갑국과 을국의 난민 인정 신청자 수 및 난민 인정자 수를 나타내면 다음과 같다.

(단위: 명)

구분	갑국	을국
입국한 난민 수	1,000	2,000
난민 인정 신청자 수	400	1,000
난민 인정자 수	40	200

O 정답 찾기 ④ 갑국에서 난민으로 인정한 사람 수는 40명, 을국에서 난민으로 인정한 사람 수는 200명으로 을국이 갑국의 5배이다.

X 오답 풀이 ① 갑국으로 입국한 난민 수는 1,000명이고, 이 중 갑국에서 난민으로 인정한 사람은 40명이므로 갑국으로 입국한 난민 수 대비 갑국이 난민으로 인정한 사람 수의 비율은 4%이다.
② 을국으로 입국한 난민 수는 2,000명이고 이 중 을국에 난민 인정을 신청한 사람 수는 1,000명, 이 중 을국에서 난민으로 인정한 사람 수는 200명이다. 즉, 난민 인정을 신청하였으나 난민으로 인정받지 못한 사람은 800명이다. 따라서 을국으로 입국한 난민 수 대비 난민 인정을 신청하였으나 난민으로 인정받지 못한 사람 수의 비율은 40%이다.
③ 갑국으로 입국한 난민 수는 1,000명, 을국에 난민 인정을 신청한 사람 수는 1,000명으로 같다.
⑤ 을국은 갑국에 비해 난민 인정을 신청한 사람 수 대비 난민으로 인정한 사람 수의 비율이 높다. 따라서 난민으로 인정받기 위해서는 갑국보다 을국에 난민 신청을 하는 것이 유리하다.

함정 클리닉

생소한 공식으로 인하여 제시된 자료를 정확히 이해하지 못하여 정답률이 낮게 나타난 것으로 보인다. 각각의 공식과 개념의 의미(난민 수, 난민 인정 신청자 수, 난민 인정 수) 등을 정확히 이해하고, 입국한 난민 규모가 을국이 갑국의 2배라는 조건을 활용하여 가상의 수치를 대입하여 정리한다면 보다 쉽게 정답을 찾을 수 있다.

18 인구 구조

| 정답 ④ | 20년 10월 학력평가 18번

①	②	③	❹	⑤
3%	8%	9%	76%	4%

표에 대한 분석으로 옳은 것은? [3점]

〈갑국의 총인구 중 연령대별 인구 비율〉

(단위: %)

구분	1990년	2000년	2010년
0~14세 인구	20	20	10
65세 이상 인구	10	20	30

* 유소년 부양비=(0~14세 인구/15~64세 인구)×100
** 노년 부양비=(65세 이상 인구/15~64세 인구)×100
*** 노령화 지수=(65세 이상 인구/0~14세 인구)×100

① 노령화 지수는 2010년이 1990년의 ~~3배~~(6배)이다.
② 유소년 부양비는 1990년보다 2000년이 ~~작다~~(크다).
③ 유소년 부양비와 노년 부양비의 합은 2000년보다 2010년이 ~~크다~~(같다).
④ 15~64세 인구 100명당 65세 이상 인구는 1990년보다 2010년이 많다.
⑤ 2000년 대비 2010년에 노년 부양비는 ~~하락~~(상승)하였고, 노령화 지수는 상승하였다.

✔ 자료 분석 제시된 자료를 바탕으로 갑국의 연령대별 인구 비율을 나타내면 다음과 같다.

(단위: %)

구분	1990년	2000년	2010년
0~14세	20	20	10
15~64세	70	60	60
65세 이상	10	20	30

O 정답 찾기 ④ 15~64세 인구 100명당 65세 이상 인구는 노년 부양비를 의미한다. 노년 부양비는 1990년의 경우 약 14.3{=(10/70)×100}, 2010년의 경우 50{=(30/60)×100}이다. 따라서 15~64세 인구 100명당 65세 이상 인구는 1990년보다 2010년이 많다.

× 오답 풀이 ① 노령화 지수는 1990년의 경우 50{=(10/20)×100}, 2010년의 경우 300{=(30/10)×100}으로, 2010년이 1990년의 6배이다.
② 유소년 부양비는 1990년의 경우 약 28.6{=(20/70)×100}, 2000년의 경우 약 33.3{=(20/60)×100}으로, 1990년보다 2000년이 크다.
③ 유소년 부양비와 노년 부양비의 합은 15~64세 인구 대비 0~14세 인구와 65세 이상 인구의 합의 비를 의미한다. 유소년 부양비와 노년 부양비의 합은 2000년의 경우 약 66.7{=(40/60)×100}, 2010년의 경우 약 66.7{=(40/60)×100}으로 2000년과 2010년이 같다.
⑤ 노년 부양비는 2000년의 경우 약 33.3{=(20/60)×100}, 2010년의 경우 약 50{=(30/60)×100}로, 2000년보다 2010년에 상승하였다. 노령화 지수는 2000년의 경우 100{=(20/20)×100}, 2010년의 경우 300{=(30/10)×100}으로, 2000년보다 2010년에 상승하였다.

해설

평가원 모의평가 + 수능

사회·문화 현상의 연구 방법

p.056 ~ 063

01 ④ 02 ① 03 ② 04 ④ 05 ④ 06 ⑤ 07 ② 08 ③ 09 ③ 10 ④ 11 ③ 12 ① 13 ③ 14 ③ 15 ③ 16 ④

01 양적 연구 | 정답 ④ | 24년 6월 모의평가 5번

①	②	③	❹	⑤
3%	7%	3%	81%	6%

밑줄 친 ㉠~㉫에 대한 설명으로 옳은 것은? [3점]

연구자 갑은 ㉠'온라인 게임 내 이용자들의 사회적 관계 형성에 대한 이해'를 연구 주제로 설정하였다. 우선 선행 연구를 통해 온라인 게임에서는 ㉡게임 캐릭터 레벨을 기준으로 게임 이용자들 간 서열이 형성된다는 것을 확인하였다. 이어 서열 형성 과정을 파악하기 위한 ㉢연구를 수행하였다. 갑은 온라인 게임에 접속하여 10개월 동안 게임 이용자로 활동하며 선행 연구 결과를 재확인하였지만, 게임 이용자들의 대면 모임에 함께 참여하면서 그들의 ㉣연령, 학력, 소득 등이 드러난 이후에는 기존에 형성되었던 온라인 게임 내 이용자들 간 서열이 변화하는 모습을 관찰하였다. 이에 갑은 이 결과를 일반화하기 위해 ㉤추가 연구를 실시하였다. ㉥온라인 게임 이용자 1,000명을 무작위로 추출하여 ㉦설문 조사를 실시하고 분석한 결과 갑은 ㉧온라인 게임에만 참여한 사람들은 게임 캐릭터 레벨에 의존해서 서열을 형성한 반면, ㉨대면 모임에 참여한 사람들은 연령, 학력, 소득 등을 중심으로 서열이 형성되는 것을 확인하였다.

(메모: ㉠ 연구 주제 선정 단계 → 가치가 개입됨 / ㉢ 질적 연구 / 참여 관찰법 / 참여 관찰법 / 양적 연구 / ㉥ 표본 / ㉦ 질문지법 / 자료 수집 및 분석 단계 → 가치 중립 요구)

① ㉠ 단계와 ㉦ 단계 모두 연구자의 가치 중립이 요구된다.
② ㉤에서 ㉥은 표본 집단, ㉧은 모집단에 해당한다.
③ ㉤에서 ㉣은 독립 변수, ㉡은 종속 변수에 해당한다.
④ ㉨은 ㉢의 결과 중 대면 모임 이후 발견한 연구 결과를 지지한다.
⑤ ㉢과 ㉤은 모두 양적 연구이다.

✓ 자료 분석 갑은 참여 관찰법을 통한 질적 연구와 질문지법을 통한 양적 연구를 수행하였다.

O 정답 찾기 ④ 갑은 게임 이용자들의 대면 모임에 함께 참여하여 그들의 연령, 학력, 소득 등이 드러난 이후 게임 캐릭터 레벨에 의존하여 형성되었던 기존의 서열이 변화하는 모습을 발견하였다. 따라서 ㉨은 ㉢의 결과 중 대면 모임 이후 발견한 연구 결과를 지지한다.

X 오답 풀이 ① ㉠ 단계는 연구 주제 선정 단계이고, ㉦ 단계는 자료 수집 및 분석 단계이다. 연구 주제 선정 단계에서는 연구자의 가치가 개입될 수 있고, 자료 수집 및 분석 단계에서는 연구자의 가치 중립이 요구된다.
② ㉤에서 ㉥은 표본 집단에 해당하지만, ㉧은 모집단에 해당하지 않는다. ㉤에서 모집단은 온라인 게임 이용자이다.
③ ㉤에서 독립 변수는 온라인 게임에만 참여하는지, 대면 모임에도 참여하는지의 여부이다.
⑤ ㉢은 질적 연구이고, ㉤은 양적 연구이다.

이것만은 꼭!

1. 조사 대상이 되는 집단 전체를 모집단이라고 하고, 모집단 중에서 실제 조사를 위해 선택된 집단을 표본이라고 한다.
2. 자료 수집 및 분석 단계, 가설 검증 단계, 결론 도출 단계에서는 엄격한 가치 중립이 요구된다.
3. 독립 변인은 다른 변인에 영향을 주는 변인이고, 종속 변인은 독립 변인의 영향을 받아 변하는 변인을 말한다.

02 양적 연구

| 정답 ① | 24년 9월 모의평가 5번

❶	②	③	④	⑤
62%	3%	29%	2%	4%

밑줄 친 ㉠~㉣에 대한 옳은 설명만을 〈보기〉에서 있는 대로 고른 것은? [3점]

갑은 A국 65세 이상 노인의 ㉠사회 관계망이(독립 변수) 문화 소비에(종속 변수) 미치는 영향을 파악하기 위해 문화 소비에 대한 ㉡가족 관계망, 지인 관계망, 단체 관계망의 영향을 연구하였다. 갑은 전국에서 ㉢65세 이상 노인 남녀 1,000명을(표본) 추출하여 설문 조사를 실시하였다. 문화 소비는 지난 1년간 공연과 전시를 관람한 횟수로, 가족 관계망은 평소 교류하는 가족과 친척의 수로, 지인 관계망은 가족과 친척 이외에 평소 교류하는 사람의 수로, 단체 관계망은 참여하는 단체의 수로 파악하였다.(개념의 조작적 정의) … (중략) … ㉣성별에 따른 분석 결과를 보면, 여성의 경우 문화 소비와 사회 관계망 사이에 모두 유의미한 정(+)의 관계가 나타났다. 남성의 경우 문화 소비와 단체 관계망 사이에 유의미한 정(+)의 관계가 나타났으나, 문화 소비와 가족 관계망, 문화 소비와 지인 관계망 사이에는 각각 유의미한 관계가 나타나지 않았다.

〈보기〉

ㄱ. ㉡은 ㉠의 조작적 정의에 해당한다. (→ 하지 않는다.)
ㄴ. ㉢은 갑이 선정한 표본이다.
ㄷ. ㉣로 65세 이상 남성의 경우 평소 교류하는 가족과 친척의 수가(가족 관계망) 많을수록 공연과 전시를 관람한 횟수는 감소한다는 것을 확인할 수 있다. – 알 수 없음

① ㄴ ② ㄷ ③ ㄱ, ㄴ ④ ㄱ, ㄷ ⑤ ㄱ, ㄴ, ㄷ

✓ 자료 분석 제시된 연구는 질문지법을 통해 A국 65세 이상 노인의 사회 관계망이 문화 소비에 미치는 영향을 파악한 양적 연구이다.

O 정답 찾기 ㄴ. 갑의 연구에서 모집단은 A국 65세 이상 노인이고, 표본은 65세 이상 노인 남녀 1,000명이다.

X 오답 풀이 ㄱ. 가족 관계망을 평소 교류하는 가족과 친척의 수로, 지인 관계망을 가족과 친척 이외에 평소 교류하는 사람의 수로, 단체 관계망을 참여하는 단체의 수로 파악한 것이 사회 관계망에 대한 조작적 정의에 해당한다. 가족 관계망, 지인 관계망, 단체 관계망은 사회 관계망을 세분화한 것이다.
ㄷ. 성별에 따른 분석 결과, 남성의 경우 문화 소비와 가족 관계망 사이에는 유의미한 관계가 나타나지 않았다. 따라서 65세 이상 남성의 경우 평소 교류하는 가족과 친척의 수가 많을수록 공연과 전시를 관람한 횟수가 감소하였는지는 알 수 없다.

이것만은 꼭!

1. 모집단 중에서 실제 조사를 위해 선택된 집단을 표본이라고 한다.
2. 개념의 조작적 정의는 추상적 개념을 측정 가능하도록 구체화하는 것을 말한다.
3. 가설 검증은 수집된 자료의 분석 결과에 따라 가설의 수용 여부를 결정하는 과정을 말한다.

03 양적 연구

| 정답 ② | 24년 수능 5번

①	❷	③	④	⑤
6%	53%	6%	9%	26%

다음 자료에 대한 설명으로 옳은 것은? [3점]

> 갑은 고등학생(모집단)의 학업 성취도와 문해력 간의 관계를 파악하고자 하였다. 이를 위해 □□ 지역 고등학생 200명을(표본) 대상으로 질문지를 통해(질문지법) 학업 성취도와 ㉠문해력 수준을 측정하였다(을의 연구에서 사전 검사로 활용됨). 이 자료에서 문해력을 기준으로, 상위 100명(A 집단)과 하위 100명(B 집단)으로 구분하여 학업 성취도를 분석하였다. 그 결과 ㉡B 집단의 학업 성취도가 A 집단의 학업 성취도보다 유의미하게 낮았다.(문해력과 학업 성취도 간에 정(+)의 관계가 있음을 보여 줌)
>
> 을은 ㉢○○ 독서 프로그램이 고등학생의 문해력 증진에 효과가 있을 것이라 생각하고 이를 알아보기 위해 다음과 같이 연구를 진행하였다. 그는 갑과 연구 대상자의 동의를 받아, 갑의 연구에서 문해력이 낮은 것으로 판명된 B 집단을 무작위로 50명씩 C 집단과 D 집단으로 나눈 후 C 집단에게만 4주간 ○○ 독서 프로그램을 적용하였다(실험 처치). 독서 프로그램 종료 시점에 갑이 활용한 측정 도구로 ㉣문해력 수준을 측정한 결과(사후 검사), C 집단의 문해력 수준은 유의미하게 높아졌으나 D 집단의 문해력 수준은 이전과 차이가 없었다. 이후 을은 D 집단에게만 ○○ 독서 프로그램을 4주간 적용하였다. 그 결과 D 집단의 문해력 수준이 높아져 최종적으로 ㉤C 집단과 D 집단 간에는 문해력 수준이 유의미한 차이를 보이지 않았다.

① 갑의 연구에서 모집단은 ~~□□ 지역~~(전체) 고등학생이다.
② ㉠은 을의 연구에서 사전 검사로 활용되었다.
③ ㉡은 문해력과 학업 성취도 간의 ~~부(−)~~(정(+))의 관계를 보여 준다.
④ ㉣은 을의 연구에서 ~~실험 처치~~(사후 검사)에 해당한다.
⑤ ㉤은 ㉢을 지지하는 근거로 사용할 수 ~~없다~~(있다).

✔ 자료 분석 갑은 고등학생의 학업 성취도와 문해력 간의 관계를 파악하기 위해 질문지법을 활용한 양적 연구를 실시하였다. 을은 ○○ 독서 프로그램이 고등학생의 문해력 증진에 효과가 있는지를 파악하기 위해 실험법을 활용한 양적 연구를 실시하였다.

O 정답 찾기 ② 을은 ○○ 독서 프로그램을 적용하기 전에 종속 변수인 문해력을 알아보기 위해 갑의 연구에서 수행한 문해력 수준 측정 결과를 활용하였다. 이를 통해 을의 연구에서 갑이 수행한 문해력 수준의 측정 결과가 사전 검사로 활용되었음을 알 수 있다.

× 오답 풀이 ① 갑의 연구에서 모집단은 고등학생 전체이다.
③ 갑의 연구에서 문해력이 낮은 집단인 B 집단의 학업 성취도가 문해력이 높은 집단인 A 집단의 학업 성취도보다 낮게 나타났다. 이를 통해 문해력과 학업 성취도 간에 정(+)의 관계가 있음을 알 수 있다.
④ 을의 연구에서 실험 처치는 ○○ 독서 프로그램을 적용하는 것이다. ○○ 독서 프로그램을 적용한 후 문해력 수준을 측정한 것은 을의 연구에서 실험 처치를 한 이후 종속 변수를 측정하는 것으로, 이는 사후 검사에 해당한다.
⑤ 을의 연구에서 문해력이 낮은 집단인 C 집단과 D 집단은 모두 ○○ 독서 프로그램을 적용한 결과 문해력 수준이 높아졌다. 이는 을의 연구에서 ○○ 독서 프로그램이 고등학생의 문해력 증진에 효과가 있을 것이라는 가설을 지지하는 근거가 될 수 있다.

이것만은 꼭!

1. 실험 처치는 실험 집단에 독립 변인을 처치하는 것을 말한다.
2. 사전 검사는 실험 처치가 가해지기 이전의 종속 변인 값을 측정하는 검사를 말하고, 사후 검사는 실험 처치가 가해진 이후의 종속 변인 값을 측정하는 검사를 말한다.
3. 조사 대상이 되는 전체를 모집단이라고 하고, 모집단 중에서 실제 조사를 위해 선택된 집단을 표본이라고 한다.

04 양적 연구

| 정답 ④ | 23년 6월 모의평가 2번

①	②	③	❹	⑤
2%	2%	3%	87%	6%

다음 자료에 대한 옳은 설명만을 〈보기〉에서 고른 것은? [3점]

갑은 '소비 활동으로 느끼는 행복'이라는 ㉠연구 주제를 설정하였다. ㉡관련 연구를 검토한 뒤, 소득 수준에 따라 소비 활동으로 느끼는 행복감이 소비 활동 유형별로 어떻게 다른지 파악하기 위해 가설을 설정하였다. 아래는 가설 중 하나이다.

(2차 자료를 수집하는 활동 / 연구자의 가치가 개입되는 단계)

〈가설〉 소득 수준이 높은 집단이 소득 수준이 낮은 집단보다 [A] 활동으로 느끼는 행복감이 높을 것이다.

갑은 ㉢가설 검증을 위해 성인 2,000명을 대상으로 ㉣설문 조사를 실시하였다. 소득 수준은 응답자의 월평균 소득을 기준으로 상위 50%를 ㉤소득 수준이 높은 집단, 나머지를 ㉥소득 수준이 낮은 집단으로 구분하였다. 소비 활동의 유형은 일상적 소비(생활용품 구입 등)와 문화적 소비(여가 활동비 지출 등)로 구분하였고, 각 유형별 소비 활동으로 느끼는 행복감은 5점 척도(점수가 클수록 행복감이 높음)로 측정하였다.

(연구자의 가치가 개입되면 안 되는 단계 / 1차 자료를 수집하는 활동 / 표본 / 표본)

자료 분석 결과, 일상적 소비 활동으로 느끼는 행복감은 소득 수준이 높은 집단에서 2.6점, 소득 수준이 낮은 집단에서 3.6점으로 나타났다. 문화적 소비 활동으로 느끼는 행복감은 소득 수준이 높은 집단에서 3.6점, 소득 수준이 낮은 집단에서 2.0점으로 나타났다. 분석 결과는 통계적으로 유의미하였다.

〈보기〉

ㄱ. ㉠ 단계는 ㉢ 단계와 달리 연구자의 가치 중립이 요구된다. (㉢ / ㉠)
ㄴ. ㉡은 2차 자료를, ㉣은 1차 자료를 수집하기 위한 것이다.
ㄷ. ㉤은 ~~실험 집단~~, ㉥은 ~~통제 집단이다~~. - ㉤과 ㉥은 질문지법을 적용한 표본이다.
ㄹ. 〈가설〉은 A가 '일상적 소비'이면 기각되고, '문화적 소비'이면 수용된다.

① ㄱ, ㄴ ② ㄱ, ㄷ ③ ㄴ, ㄷ ④ ㄴ, ㄹ ⑤ ㄷ, ㄹ

✔ 자료 분석 갑은 소비 활동으로 느끼는 행복이라는 연구 주제로 소득 수준이 높은 집단과 소득 수준이 낮은 집단을 대상으로 질문지법을 활용하여 일상적 소비 활동과 문화적 소비 활동에 따른 행복감의 정도를 파악하기 위한 양적 연구를 진행하였다.

O 정답 찾기 ㄴ. 연구자가 수행 중인 연구의 목적에 맞게 직접 수집한 자료를 1차 자료라고 하고, 기존의 자료를 활용하여 연구자가 현재 수행 중인 연구 목적에 맞게 재구성한 자료를 2차 자료라고 한다. 따라서 관련 연구를 검토하여 얻은 자료는 2차 자료이고, 연구자가 직접 설문 조사를 통해 얻은 자료는 1차 자료이다.
ㄹ. A에는 소득 수준이 높은 집단이 소득 수준이 낮은 집단보다 행복감이 높게 나타난 활동이 들어가야 한다. 연구 결과 일상적 소비 활동으로 느끼는 행복감은 소득 수준이 낮은 집단에서 더 높고, 문화적 소비 활동으로 느끼는 행복감은 소득 수준이 높은 집단에서 더 높다. 따라서 A가 '일상적 소비'이면 가설은 기각되고, A가 '문화적 소비'이면 가설은 수용된다.

✖ 오답 풀이 ㄱ. 연구 주제 선정 및 가설 설정, 연구 설계 등의 과정에서는 연구자의 가치가 개입될 수밖에 없으나, 가설 검증, 자료 분석, 결론 도출 등의 과정에서는 연구자의 가치가 개입되면 안 된다.
ㄷ. 갑은 질문지법을 활용하여 자료를 수집하였다. 실험 집단과 통제 집단은 실험법에서 독립 변수의 처치 유무에 따라 구분되는 개념이다.

이것만은 꼭!

1. 연구자가 수행 중인 연구의 목적에 맞게 직접 수집한 자료를 1차 자료라고 하고, 기존의 자료를 활용하여 연구자가 현재 수행 중인 연구 목적에 맞게 구성한 자료를 2차 자료라고 한다.
2. 실험 집단과 통제 집단은 실험법을 활용할 경우 설정된다.
3. 가설 검증, 자료 분석 등의 단계에서는 연구자의 가치 중립이 요구된다.

05 양적 연구

| 정답 ④ | 23년 9월 모의평가 3번

①	②	③	❹	⑤
10%	5%	8%	75%	2%

다음 연구에 대한 설명으로 옳은 것은? [3점]

> 연구자 갑은 집단 간 경쟁(독립 변수)이 자신이 속한 집단 구성원에 대한 긍정적 평가(종속 변수)를 증가시킬 것이라고 예상하며 연구를 진행하였다. 갑은 서로 모르는 사이의 청소년을 연구 참여자로 모집한 후 무작위로 네 모둠으로 구분하였다. 모둠 A와 모둠 B는(실험 집단) 숲 체험 활동을 하였고, 모둠 C는 모둠 A의, 모둠 D는 모둠 B의 활동을 관리하였다. 1일 차에 모둠 A와 모둠 B는 서로의 존재를 알지 못하는 상태에서 주어진 과업을 독립적으로 수행하였다. 갑은 2일 차에 모둠 A와 모둠 B에게 경쟁 모둠의 존재를 알리고, 과업을 먼저 해결하는 모둠에게만 별도의 상품을 제공한다고 공지하였다(독립 변수 처치에 해당함). 한편 모둠 C와 모둠 D는 자신이 관리하는 모둠 A와 모둠 B가 과업 수행 중 나눈 대화에 나타난 칭찬과 비난의 횟수를 관찰하여 일자별로 기록하였다. 갑이 ㉠모둠 C와 모둠 D가 관찰하며 기록한 자료(1차 자료)를 분석한 결과, 모둠 A와 모둠 B 모두에서 1일 차 대비 2일 차에 소속 모둠원에 대한 ㉡칭찬 횟수는 증가하였고, ㉢비난 횟수는 감소하였다.

① 갑은 양적 연구 방법~~과 질적 연구 방법을 모두~~ 활용하였다. (→ 을)
② 모둠 A와 B는 실험 집단이고, 모둠 C와 D는 통제 집단~~이다~~. (→ 이 아니다.)
③ ~~1일 차와~~ 2일 차 ~~모두~~ 독립 변수에 대한 처치가 이루어졌다.
④ ㉠은 갑의 연구에서 1차 자료에 해당한다.
⑤ ㉢은 ㉡과 달리 종속 변수에 대한 조작적 정의이다.

✔ 자료 분석 갑은 집단 간 경쟁이 자신이 속한 집단 구성원에 대한 긍정적 평가를 증가시키는지를 알아보기 위해 양적 연구를 실시하였다.

○ 정답 찾기 ④ ㉠은 갑이 연구 주제에 적절하게 직접 수집한 사료이므로 갑의 연구에서 1차 자료에 해당한다.

× 오답 풀이 ① 갑은 양적 연구 방법을 활용하였으나, 질적 연구 방법은 활용하지 않았다.
② 모둠 A와 B는 실험 집단에 해당하지만, 모둠 C와 D는 통제 집단에 해당하지 않는다.
③ 2일 차에서만 집단 간 경쟁이라는 독립 변수에 대한 처치가 이루어졌다.
⑤ 칭찬 횟수는 자신이 속한 집단 구성원에 대한 긍정적 평가라는 종속 변수에 대한 조작적 정의에 해당한다.

이것만은 꼭!

1. 실험 집단은 실험 처치, 즉 독립 변인의 처치가 가해지는 집단이다.
2. 독립 변수는 인과 관계에서 원인으로 작용하는 변수이고, 종속 변수는 다른 변수에 영향을 받아 변화하는 변수이다.
3. 개념의 조작적 정의는 추상적이고 모호한 개념이나 용어를 측정 가능하도록 구체화하는 것을 말한다.

06 양적 연구

| 정답 ⑤ | 23년 수능 5번

①	②	③	④ 함정	❺
8%	5%	9%	18%	60%

다음 자료에 대한 설명으로 옳은 것은?

연구자 갑은 정부 정책 도입에 대한 여론 조사 연구에서 '정보 제공이 응답자의 ㉠응답 반응에 영향을 미칠 것이다.'라는 가설을 설정하였다. 이를 검증하기 위해 질문 방식을 정부 정책에 대한 정보 제시 없이 정부 정책 도입에 대한 동의 여부를 묻는 것(유형 A), 정부 정책에 대한 중립적인 정보를 제시한 후 정부 정책 도입에 대한 동의 여부를 묻는 것(유형 B), ㉡정부 정책에 대한 긍정적인 정보를 제시한 후 정부 정책 도입에 대한 동의 여부를 묻는 것(유형 C)으로 구분한 후, 다음과 같이 두 단계에 걸쳐 연구를 진행하였다.

- 1단계: 동일한 정부 정책 도입에 대해 비슷한 시기에 수행된 여론 조사 결과를 수집하였다. 자료 분석을 통해 여론 조사에서 ㉢정보 제공 여부가 응답자의 의사 결정에 영향을 미칠 수 있음을 확인하였다.
- 2단계: 1단계에서 확인한 결과를 경험적으로 검증하기 위해 성인 200명을 무작위로 선정한 후 실험을 실시하였다. 유형 A를 배부하여 ㉣정부 정책 도입에 대한 찬반 여부를 측정한 결과(사전 검사) 응답자의 60%가 제안된 정책에 반대하였다. 반대한 사람을 40명씩 무작위로 세 집단으로 나눈 뒤, 첫째 집단에는 유형 A에, 둘째 집단에는(실험 집단) 유형 B에, 셋째 집단에는(실험 집단) 유형 C에 각각 응답하도록 하였다. 세 집단의 응답을 분석한 결과, 첫째 집단과 둘째 집단 간, 첫째 집단과 셋째 집단 간에는 제안된 정책에 반대하는 비율이 유의미하게 차이가 났지만, 둘째 집단과 셋째 집단 간에는 유의미한 차이가 없었다. – ㉢을 지지하는 결과임

① 2단계에서 갑은 사전 검사를 ~~실시하지 않았다~~(실시하였다).
② 유형 B에 응답한 사람들은 ~~통제~~(실험) 집단, 유형 C에 응답한 사람들은 실험 집단이다.
③ ~~㉠~~(㉣)은 ~~㉣~~(㉠)에 대한 조작적 정의이다.
④ ㉡은 질문지 작성 시 특정 응답을 유도한 것이므로 갑의 연구 결과를 일반화할 수 없다.
⑤ 2단계에서 도출한 분석 결과는 ㉢을 지지한다.

✔ 자료 분석 갑은 정보 제공이 응답자의 응답 반응에 영향을 미치는지에 대해 알아보기 위한 양적 연구를 실시하였다.

O 정답 찾기 ⑤ 2단계에서의 분석 결과, 정부 정책에 대한 정보를 제공하지 않은 첫째 집단과 정부 정책에 대한 정보를 제공한 둘째 집단, 셋째 집단 간에는 제안된 정책에 대한 반대 비율이 유의미하게 차이가 났지만, 정부 정책에 대한 정보를 제공한 둘째 집단과 셋째 집단 간에는 유의미한 차이가 나타나지 않았다. 이를 통해 정보 제공 여부가 응답자의 의사 결정에 영향을 미칠 수 있음을 파악할 수 있다. 즉, 2단계에서 도출한 분석 결과는 ㉢을 지지하는 결과이다.

X 오답 풀이 ① 2단계에서 갑은 유형 A를 배부하여 정부 정책 도입에 대한 찬반 여부를 측정하였다. 이를 통해 2단계에서 갑은 사전 검사를 실시하였음을 알 수 있다.
② 유형 B에 응답한 사람들과 유형 C에 응답한 사람들은 모두 독립 변인인 정보 제공을 처치한 실험 집단에 해당한다.
③ ㉣은 ㉠에 대한 조작적 정의에 해당한다.
④ ㉡은 특정 응답을 유도한 것이 아니라 정부 정책에 대한 긍정적인 정보를 제시할 경우 정부 정책 도입에 대한 동의가 어떻게 나타나는지를 알아보기 위한 것이다.

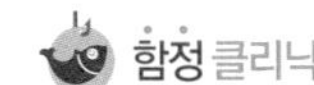

④번을 정답으로 착각한 학생들은 제시된 연구가 실험법이 아닌 질문지법으로 자료를 수집하였다고 혼동했을 가능성이 크다. ㉡은 특정 응답을 유도한 것이 아니라 정부 정책에 대한 긍정적인 정보를 제시할 때 정부 정책 도입에 대한 동의가 어떻게 나타나는지 알아보는 것이다.

이것만은 꼭!

1. 독립 변인은 인과 관계에서 원인으로 작용하는 변인을 말한다.
2. 독립 변인을 처치한 집단은 실험 집단이다.
3. 사전 검사는 실험 처치가 가해지기 이전의 종속 변인 값을 측정하는 것을 말한다.

07 양적 연구

| 정답 ② | 22년 6월 모의평가 2번

①	❷	③	④ 함정	⑤
15%	45%	3%	35%	2%

다음 자료에 대한 설명 및 추론으로 옳은 것은? [3점]

> 연구자 갑은 타인의 존재와 개인의 과업 수행 간의 관계에 대해 연구하고자 하였다. 그는 자신의 연구에 사용할 변수들을 선정하기 위해 두 개의 선행 연구 A, B를 검토하였다. (문헌 연구법)
>
> A에서는 타인의 존재가 과업 수행에 긍정적 영향을 미칠 것이라는 가설을 검증하기 위해, 사이클 선수들을 무작위로 두 집단으로 구분하여, ㉠한 집단은(통제 집단) 각자 따로 출발하게 하고 ㉡다른 집단은(실험 집단) 여러 명이 함께 출발하게 하였다. 그 결과 함께 달린 집단이 따로 달린 집단보다 더 좋은 기록을 냈다. B에서는 과업과 관련한 개인의 기본 역량이 높은 집단에서는 타인의 존재가 과업 수행에 긍정적 영향을 미치고, 과업과 관련한 개인의 기본 역량이 낮은 집단에서는 타인의 존재가 과업 수행에 부정적 영향을 미칠 것이라는 가설을 검증하였다. 이 연구에서는 무작위로 선발한 당구 동호인을 당구 실력이 높은 집단과 낮은 집단으로 구분한 뒤, 각자 당구 게임을 수행하게 하고 그 점수를 측정하였다. 다음으로 각 집단을 관찰자들이 보는 앞에서 이전과 같은 방식으로 동일한 당구 게임을 수행하도록 하고, 그 점수를 측정하였다. 측정 결과 ㉢실력이 높은 집단의 게임 수행 점수는 높아진 반면, ㉣실력이 낮은 집단의 게임 수행 점수는 낮아졌다.
>
> 갑은 A, B를 통해 타인의 존재가 개인의 과업 수행에 유의미한 영향을 미친다는 사실을 확인하였다. 갑은 A에서는 타인을 경쟁자로, B에서는 관찰자로 설정한 점, 그리고 B에서 개인의 기본 역량이 과업 수행에 영향을 미친다는 점에 주목하였다. 이를 통해 타인의 존재가 ㉤개인의 과업 수행(종속 변수)에 미치는 영향을 다각적으로 설명하려면 ㉥타인의 역할(독립 변수)과 과업 수행을 위한 행위자의 기본 역량을 변수로 활용하는 ㉦연구가 필요하다는 결론에 이르렀다.

① 갑은 ~~실험법~~(문헌 연구법)을 사용하여 자료를 수집하였다.
② 갑이 검토한 연구는 방법론적 일원론을 전제로 하여 수행되었다.
③ A에서 ㉠은 ~~실험 집단~~(통제 집단), ㉡은 ~~통제 집단~~(실험 집단)이다.
④ ㉢과 ㉣ 간의 차이로 인해 B의 가설은 수용되었을 것이다.
⑤ ㉦에서 ㉤은 ~~독립 변수~~(종속 변수), ㉥은 ~~종속 변수~~(독립 변수)이다.

✓ 자료 분석 연구자 갑은 타인의 존재와 개인의 과업 수행 간의 관계에 대해 연구하고자 하였고, 자신의 연구에 사용할 변수들을 선정하기 위해 실험법을 활용한 두 개의 선행 연구 A, B를 검토하였다.

○ 정답 찾기 ② 갑이 검토한 선행 연구 A와 B는 모두 실험법을 활용한 양적 연구이다. 양적 연구는 방법론적 일원론을 전제로 한다.

× 오답 풀이 ① 갑은 선행 연구 A, B를 검토하였으므로 문헌 연구법을 사용하여 자료를 수집하였다.
③ A에서 독립 변수에 해당하는 실험 처치를 가한 실험 집단은 ㉡이고, 실험 처치를 가하지 않고 비교를 위해 설정한 통제 집단은 ㉠이다.
④ B에서는 실력이 높은 집단과 실력이 낮은 집단 각각에서 관찰자 존재 여부에 따른 게임 수행 점수의 차이를 비교하여 가설 수용 여부를 판단해야 한다.
⑤ ㉦에서 ㉤은 종속 변수이고, ㉥은 독립 변수이다.

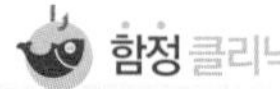

④번을 정답으로 선택한 학생들은 B에서의 독립 변수와 종속 변수를 제대로 파악하지 못하였을 가능성이 높다. B에서 타인의 존재가 과업 수행에 긍정적 영향을 미치는 집단은 기본 역량이 높은 집단이고, 부정적 영향을 미치는 집단은 기본 역량이 낮은 집단이다. 따라서 B에서 가설 수용 여부는 실력이 높은 집단과 실력이 낮은 집단 간 차이에 의해 결정하는 것이 아니라, 실력이 높은 집단의 실험 전 결과와 실험 후 결과를 비교하고, 실력이 낮은 집단의 실험 전 결과와 실험 후 결과를 비교한 후 가설 수용 여부를 결정해야 한다.

이것만은 꼭!

1. 실험법은 가장 엄격한 통제가 가해지는 자료 수집 방법이다.
2. 양적 연구는 방법론적 일원론을 전제로 하고, 질적 연구는 방법론적 이원론을 전제로 한다.
3. 실험 집단은 독립 변수에 해당하는 실험 처치를 가하는 집단이다.

08 양적 연구

| 정답 ③ | 22년 9월 모의평가 2번

①	② 함정	❸	④	⑤
16%	33%	41%	5%	5%

밑줄 친 ㉠~㉦에 대한 옳은 설명만을 〈보기〉에서 고른 것은? [3점]

갑은 반려견 양육 경험이 반려견을 양육하는 사람의 주관적 행복감에 미치는 영향을 파악하기 위해 ㉠가설을 설정하고 연구를 진행하였다. 갑은 반려견을 양육하고 있는 성인 500명을 대상으로 구조화된 질문지를 활용해 반려견을 키운 기간, 반려견과 같이 보내는 시간을 조사하고, ㉡우울감 정도, 생활 만족도는 5점 척도로 조사하였다. 갑은 수집한 ㉢자료를 통계 프로그램으로 분석하여 결론을 도출하였다.

한편, 을은 현대인이 반려견 양육에 부여하는 의미를 심층적으로 파악하고자 하였다. 이를 위해 을은 반려견 양육 경험이 없는 사람들을 ㉣A 집단, 반려견 양육 경험이 있는 사람들을 ㉤B 집단으로 각각 10명씩 구분하였다. A 집단에는 반려견을 키우지 않는 이유, 반려견 양육 의향 등에 대해, B 집단에는 ㉥반려견 양육 동기, 반려견에게 느끼는 감정 등에 대해 직접 물어보면서 연구 대상자의 답변을 녹취하였다. 을은 수집한 ㉦자료를 해석하여 결론을 도출하였다.

(독립 변수 / 종속 변수 / 양적 연구 / 질문지법 / 종속 변수인 '반려견을 양육하는 사람의 주관적 행복감'에 대한 조작적 정의 / 질문지법을 활용하여 얻은 1차 자료 / 면접법 / 질적 연구 / 면접법을 활용해 얻은 1차 자료)

보기

ㄱ. ㉠에서 독립 변수는 '반려견 양육 경험의 유무'이다. (정도)
ㄴ. ㉡은 ㉥과 달리 해당 연구에서 종속 변수에 대한 조작적 정의에 해당한다.
ㄷ. ㉢과 ㉦은 모두 해당 연구자가 언어적 상호 작용이 필수적인 자료 수집 방법을 활용해 얻은 1차 자료이다. (질문지법, 면접법)
ㄹ. ㉣은 통제 집단, ㉤은 실험 집단이다.

① ㄱ, ㄴ ② ㄱ, ㄷ ③ ㄴ, ㄷ ④ ㄴ, ㄹ ⑤ ㄷ, ㄹ

✔ 자료 분석 갑은 반려견 양육 경험이 반려견을 양육하는 사람의 주관적 행복감에 미치는 영향을 파악하기 위한 양적 연구를 진행하였고, 을은 현대인이 반려견 양육에 부여하는 의미를 심층적으로 파악하기 위한 질적 연구를 진행하였다.

O 정답 찾기 ㄴ. 갑의 연구에서 종속 변수는 '반려견을 양육하는 사람의 주관적 행복감'이므로 '우울감 정도, 생활 만족도'는 이를 측정하기 위한 조작적 정의에 해당한다. 을은 질적 연구를 실시하였으므로 종속 변수가 존재하지 않는다. 따라서 '반려견 양육 동기와 반려견에게 느끼는 감정'은 을의 연구에서 종속 변수에 대한 조작적 정의에 해당하지 않는다.
ㄷ. 언어적 상호 작용이 필수적인 자료 수집 방법은 질문지법과 면접법이다. ㉢은 갑이 질문지법을 활용해 얻은 1차 자료이고, ㉦은 을이 면접법을 활용해 얻은 1차 자료이다.

✖ 오답 풀이 ㄱ. 갑은 반려견을 양육하고 있는 성인 500명을 대상으로 반려견을 키운 기간과 반려견과 같이 보내는 시간을 조사하였다. 따라서 갑이 설정한 가설에서 독립 변수는 '반려견 양육 경험의 정도'이다.
ㄹ. 실험 집단과 통제 집단은 실험법과 관련 있다. 을은 실험법이 아닌 면접법을 통해 자료를 수집하였다.

ㄹ을 정답으로 잘못 선택하였다면, 을이 실험법을 사용하여 자료를 수집했다고 판단하였을 가능성이 높다. 을은 면접법을 사용하여 자료를 수집하였으므로 A 집단과 B 집단은 모두 통제 집단과 실험 집단 어디에도 해당하지 않는다.

이것만은 꼭!

1. 갑의 연구에서 독립 변수는 '반려견 양육 경험'이고, 종속 변수는 '반려견을 양육하는 사람의 주관적 행복감'이다.
2. 질적 연구에서는 독립 변수와 종속 변수를 설정하지 않는다.
3. 서로 다른 두 집단을 조사한다고 해서 그것이 반드시 통제 집단과 실험 집단을 의미하는 것은 아니다.

09 양적 연구

| 정답 ③ | 22년 수능 2번

①	②	❸	④	⑤
1%	11%	63%	22%	3%

다음 자료에 대한 설명 및 추론으로 옳은 것은? [3점]

> 갑은 직장인의 업무 과부하와 직무 스트레스 간의 관계를 파악하기 위해 연구를 진행하였다. 갑은 ○○ 기업 직원 전체를 대상으로 ㉠업무량, ㉡업무 이해도, 직무 스트레스를 각각 5점 척도 문항으로 측정한 후, 이 자료를 분석하여 업무 과부하가 직무 스트레스를 높인다는 결론을 얻었다. 한편, 을은 직장인의 직무 스트레스와 상사의 정서적 지원 간의 관계를 알아보기 위해 다음과 같이 연구를 수행하였다. 우선 을은 갑의 연구를 통해 직무 스트레스가 업무량과 업무 이해도로부터 영향을 받는다는 사실을 확인하고, 과도한 업무량에서 비롯된 업무 과부하를 ㉢양적 과부하로, 낮은 업무 이해도에서 비롯된 업무 과부하를 ㉣질적 과부하로 구분하였다. 다음으로 △△ 기업 고충 상담실의 도움을 받아 △△ 기업 직원 중 양적 과부하로 인해 직무 스트레스를 경험하고 있는 직원 40명을 무작위로 뽑아 A 집단에 배치하고, 질적 과부하로 인해 직무 스트레스를 경험하고 있는 직원 40명을 무작위로 뽑아 B 집단에 배치하였다. 이어 A 집단을 무작위로 20명씩 A_1, A_2로 나누고, 같은 방식으로 B 집단을 B_1, B_2로 나눈 뒤, A_1과 B_1에만 직속 상사가 일정 기간 동안 격려와 신뢰를 표현하도록 했다. 이러한 연구 절차에 따라 수집된 사전·사후 검사 자료를 분석한 결과, 상사의 정서적 지원은 B 집단이 겪는 유형의 직무 스트레스를 낮추는 데는 효과가 있었지만, A 집단이 겪는 유형의 직무 스트레스를 낮추지는 못하는 것으로 나타났다.

갑의 연구에서 표본 / 을의 연구에서 표본 / 실험 처치

① 갑의 연구에서 표본은 ○○ 기업 직원 전체이고, 을의 연구에서 모집단은 △△ 기업 직원 전체이다. (직장인)
② 을의 연구에서 ㉢은 ㉠의 조작적 정의에, ㉣은 ㉡의 조작적 정의에 해당한다. (하지 않는다.)
③ 을의 연구에서 직속 상사가 일정 기간 동안 격려와 신뢰를 표현한 것은 실험 처치에 해당한다.
④ 을의 사후 검사 결과에 따르면, B_1의 직무 스트레스 수치는 A_1의 직무 스트레스 수치보다 낮을 것이다. (B_2)
⑤ 을의 연구 결과는 업무 과부하가 직무 스트레스에 영향을 준다는 갑의 연구 결과를 반박한다. (반박한다고 볼 수 없다.)

✔ 자료 분석 갑은 직장인의 업무 과부하와 직무 스트레스 간의 관계를 파악하기 위해 질문지법을 활용하여 양적 연구를 실시하였다. 을은 직장인의 직무 스트레스와 상사의 정서적 지원 간의 관계를 파악하기 위해 실험법을 활용하여 양적 연구를 실시하였다.

O 정답 찾기 ③ 을은 실험 집단인 A_1과 B_1에게 직속 상사가 일정 기간 동안 격려와 신뢰를 표현하도록 하였으므로 을의 연구에서 직속 상사가 일정 기간 동안 격려와 신뢰를 표현한 것은 실험 처치에 해당한다.

× 오답 풀이 ① 갑의 연구에서 표본은 ○○ 기업 직원 전체이고, 을의 연구에서 모집단은 직장인 전체이다.

② 을의 연구에서는 과도한 업무량에서 비롯된 업무 과부하를 ㉢으로 구분하였고, 낮은 업무 이해도에서 비롯된 업무 과부하를 ㉣로 구분하였다. 따라서 을의 연구에서 ㉢과 ㉣은 각각 ㉠과 ㉡의 조작적 정의에 해당하지 않는다.

④ 을의 연구 결과, 상사의 정서적 지원은 B 집단이 겪는 유형의 직무 스트레스를 낮추는 데 효과가 있었으므로 을의 사후 검사 결과 B_1의 직무 스트레스 수치가 B_2의 직무 스트레스 수치보다 낮을 것임을 알 수 있다.

⑤ 을의 연구 결과가 갑의 연구 결과를 반박한다고 볼 수 없다.

이것만은 꼭!

1. 질문지법과 실험법은 일반적으로 양적 연구에서 활용하는 자료 수집 방법이다.
2. 사회 조사에서 조사 대상이 되는 전체를 모집단이라고 하고, 모집단 중 실제 조사를 위해 선택된 집단을 표본이라고 한다.
3. 실험 집단에 독립 변인을 처치하는 것을 실험 처치라고 한다.

10 양적 연구

| 정답 ④ | 21년 6월 모의평가 2번

①	② 함정	③	❹	⑤
7%	20%	12%	52%	9%

다음 연구에 대한 설명으로 옳은 것은? [3점]

갑은 '재난 상황에서 인간의 행동(종속 변인)에 미치는 주변인의 영향(독립 변인)'이라는 주제를 연구하기 위해 자료를 수집하였다. 갑은 대학 생활에 관한 ㉠설문 조사를 한다는 명목으로 조사에 참여할 ㉡대학생 100명을 모집하여 무작위로 A 집단에 60명, B 집단에 20명, C 집단에 20명을 배정하였다. 갑은 A 집단에게 설문 조사는 연구의 목적과 아무 관련이 없다는 점을 설명하고, 방에 연기가 들어오더라도 무해하니 설문지를 작성하는 척하면서 나오지 말라고 하였다. 반면, B 집단, C 집단에게는 연기에 대한 언급 없이 설문 조사에 성실하게 임해 달라고만 하였다. 이후 갑은 격리된 방 40개를 마련하여 20개 방 각각에는 A 집단 학생 3명과 B 집단(실험 집단) 학생 1명이, 또 다른 20개 방 각각에는 A 집단 학생 없이 C 집단(통제 집단) 학생 1명만 들어가서 설문지를 작성하게 하였다. 갑은 설문 조사 시작 1분 후 각 방에 연기를 들여보내고, 폐쇄 회로 텔레비전(CCTV)을 통해 ㉢B 집단과 C 집단 학생들의 행동(종속 변인)을 관찰하였다. 연기가 들어오자 B 집단 중 5명은 ㉣A 집단 학생들의 행동(독립 변인)을 의식하지 않고 곧바로 방을 나갔고 15명은 다른 학생들을 살피면서 설문지를 계속 작성하였다. C 집단의 경우, 연기가 들어오자 15명은 방에서 곧바로 나갔고 5명은 설문지를 계속 작성하였다. 갑은 이러한 관찰 결과를 바탕으로 논문을 발표하였다.

① ㉠은 사전 검사에 ~~해당한다~~. (해당하지 않는다.)
② ㉡은 ~~모집단~~(모집단이 아니다), ~~A 집단~~(B 집단, C 집단)은 표본 집단이다.
③ ㉢은 ~~독립 변인~~(종속 변인), ㉣은 ~~종속 변인~~(독립 변인)이다.
④ B 집단은 실험 집단, C 집단은 통제 집단이다.
⑤ 갑은 의도한 결과를 얻기 위해 자료를 자의적으로 ~~조작하였다~~. (조작하지 않았다.)

✔ 자료 분석 갑은 재난 상황에서 인간의 행동과 주변인의 반응이 어떤 상관관계가 있는지 파악하기 위해 실험법을 이용한 양적 연구를 실시하였다.

○ 정답 찾기 ④ 주변인의 반응(독립 변인)을 처치한 B 집단은 실험 집단이고, 독립 변인을 처치하지 않은 C 집단은 통제 집단이다.

✕ 오답 풀이 ① 갑의 연구에서 설문 조사는 연구의 목적과 관련이 없는 것으로 사전 검사에 해당하지 않는다.
② 대학생 100명은 연구를 위해 모집한 집단이고, 표본 집단은 B 집단과 C 집단이다.
③ ㉢은 종속 변인, ㉣은 독립 변인이다.
⑤ 갑은 의도한 결과를 얻기 위해 자료를 자의적으로 조작하지 않았다.

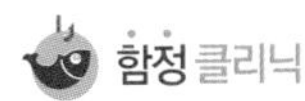

②번을 정답으로 잘못 선택하였다면, 대학생 100명을 모집단으로 이해했을 가능성이 크다. 갑의 연구에서 대학생 100명은 조사 대상이 되는 전체가 아니라 연구를 위해 모집한 학생들이다.
④번을 정답으로 선택하지 못하였다면, 독립 변인을 처치한 집단이 실험 집단이고, 그렇지 않은 집단이 통제 집단이라는 것을 몰랐거나, A 집단이 실험 집단이 아니라 실험을 위해 독립 변인이 되는 집단이라는 점을 몰랐을 가능성이 크다. 양적 연구의 사례를 통해 관련 개념을 묻는 문항이 매년 출제되고 있으므로 자료 수집 방법, 개념의 조작적 정의, 가설 설정 등과 같은 개념을 숙지해 두도록 한다.

이것만은 꼭!

1. 실험 집단은 독립 변인을 처치한 집단이고, 통제 집단은 독립 변인을 처치하지 않은 집단이다.
2. 양적 연구는 방법론적 일원론을 전제로 한다.
3. 사회 조사에서 조사 대상이 되는 전체를 모집단이라고 하고, 모집단 중 실제 조사를 위해 선택된 집단을 표본이라고 한다.

11 사회·문화 현상의 연구 방법

| 정답 ③ | 21년 6월 모의평가 11번

①	②	❸	④	⑤
12%	3%	72%	8%	5%

다음은 학생들이 제출한 수행 평가 과제에 대해 교사가 평가한 내용이다. 이에 대한 설명으로 옳은 것은?

A조 과제에 대한 평가	B조 과제에 대한 평가
A조는 '에고서핑(ego-surfing)'의 의미를 찾아 ㉠'인터넷으로 자신에 대한 정보나 댓글을 검색하는 것'이라고 소개한 후 '에고서핑을 많이 하는 사람일수록 자존감이 낮을 것이다.'라는 가설을 세워 검증하였습니다. A조가 제출한 과제는 일반인을 대상으로 가설과 관련한 일반적인 경향성을 적절히 규명한 연구입니다. – 양적 연구	B조는 '에고서핑(ego-surfing)'을 하는 사람들의 심리를 알기 위해 심층 인터뷰를 실시하였습니다. B조가 제출한 과제는 인터넷상에 나타난 자신에 대한 정보나 댓글에 매우 민감한 연예인, 유명 인터넷 1인 방송인 등을 대상으로 그들이 왜 불편한 감정을 감수하고 에고서핑을 하는지에 대해 적절히 조사한 연구입니다. – 질적 연구

① ㉠은 A조가 연구 과정에서 실시한 개념의 조작적 정의이다.
② B조가 사용한 연구 방법은 법칙 발견을 목적으로 한다.
③ A조가 사용한 연구 방법은 B조가 사용한 연구 방법에 비해 계량화가 어려운 인간의 주관적 영역에 대해 탐구하기 곤란하다.
④ B조가 사용한 연구 방법은 A조가 사용한 연구 방법과 달리 자료 수집 과정에서 연구자의 가치 중립이 요구된다.
⑤ A조가 사용한 연구 방법은 방법론적 이원론을, B조가 사용한 연구 방법은 방법론적 일원론을 전제로 한다.

✔ 자료 분석 A조는 가설을 세워 이를 검증하는 과정을 거쳤으므로 양적 연구를 실시하였고, B조는 심층 인터뷰를 통해 연구 대상자의 심리를 심층적으로 이해하고자 하였으므로 질적 연구를 실시하였다.

O 정답 찾기 ③ 양적 연구는 질적 연구에 비해 계량화가 어려운 인간의 주관적 영역에 대해 탐구하기 곤란하다.

X 오답 풀이 ① 에고서핑을 '인터넷으로 자신에 대한 정보나 댓글을 검색하는 것'으로 정의한 것은 개념의 사전적 정의에 해당한다. 개념의 조작적 정의는 추상적 개념을 측정 가능하도록 구체화하는 것을 말한다.
② 법칙의 발견을 목적으로 하는 연구 방법은 양적 연구이다.
④ 양적 연구와 질적 연구 모두 자료 수집 과정에서 연구자의 가치 중립이 요구된다.
⑤ 양적 연구는 방법론적 일원론을 전제로 하고, 질적 연구는 방법론적 이원론을 전제로 한다.

이것만은 꼭!

1. 양적 연구는 사회·문화 현상에 내재한 규칙성을 발견함으로써 연구 결과를 일반화하거나 법칙을 발견하고자 한다.
2. 질적 연구는 현상에 대한 행위자의 주관적 의미 및 행위 동기 등에 대해 심층적으로 이해하고자 한다.
3. 양적 연구는 방법론적 일원론, 질적 연구는 방법론적 이원론을 전제로 한다.

12 양적 연구

| 정답 ① | 21년 9월 모의평가 4번

❶	②	③	④	⑤
55%	4%	2%	35%	4%

다음 연구에 대한 옳은 설명만을 〈보기〉에서 고른 것은? [3점]

연구자 갑은 고등학생 자녀의 학업 성취와 부모의 민주적 양육 태도 간의 관계를 파악하고자 가설을 설정하고 연구를 진행하였다. 갑은 구조화된 설문지로 자녀의 학업이나 진로를 결정하는 과정에서 부모의 개입 지수, 부모의 통제 지수, 자녀의 의사 반영 지수를 측정하고, 부모와 자녀의 동의를 얻어 자녀의 모의 평가 성적을 학교로부터 제공받았다. 수집한 자료의 분석을 통해 갑은 자녀의 학업 성취에 대하여 부모의 민주적 양육 태도가 정(+)의 영향력을 가지며, 이는 통계적으로 유의미하다는 것을 확인하였다.

〈보기〉
ㄱ. 자료 분석에 1차 자료와 2차 자료가 모두 활용되었다.
ㄴ. 독립 변수와 종속 변수에 대한 조작적 정의가 이루어졌다.
ㄷ. 자녀의 학업 성취는 양적 자료로, 부모의 민주적 양육 태도는 질적 자료로 수집되었다.
ㄹ. 분석을 통해 수용된 가설은 '자녀의 학업 성취가 높을수록 부모의 민주적 양육 태도가 높을 것이다.'

① ㄱ, ㄴ ② ㄱ, ㄷ ③ ㄴ, ㄷ ④ ㄴ, ㄹ ⑤ ㄷ, ㄹ

✔ 자료 분석 제시된 연구는 양적 연구로, 자료 분석 결과 자녀의 학업 성취에 대해 부모의 민주적 양육 태도가 정(+)의 영향력을 가진다는 것이 통계적으로 유의미하다는 것을 확인하였으므로 제시된 연구에서 '부모의 민주적 양육 태도'는 독립 변수이고, '자녀의 학업 성취'는 종속 변수임을 알 수 있다.

O 정답 찾기 ㄱ. 1차 자료는 연구자가 해당 연구를 위해 자신이 직접 수집하여 최초로 분석한 자료이고, 2차 자료는 다른 연구에서 이미 수집되고 분석된 자료이다. 갑이 구조화된 설문지를 통해 수집한 자료는 1차 자료이고, 학교로부터 제공받은 자녀의 모의 평가 성적은 2차 자료이다. 따라서 자료 분석에 1차 자료와 2차 자료가 모두 활용되었다.
ㄴ. 독립 변수인 '부모의 민주적 양육 태도'는 자녀의 학업이나 진로를 결정하는 과정에서 부모의 개입 지수, 부모의 통제 지수, 자녀의 의사 반영 지수로 조작적 정의가 이루어졌다. 종속 변수인 '자녀의 학업 성취'는 모의 평가 성적으로 조작적 정의가 이루어졌다.

X 오답 풀이 ㄷ. 자녀의 학업 성취와 부모의 민주적 양육 태도 모두 양적 자료로 수집되었다.
ㄹ. '부모의 민주적 양육 태도'가 독립 변수, '자녀의 학업 성취'가 종속 변수이므로 자료 분석을 통해 수용된 가설은 '부모의 민주적 양육 태도가 높을수록 자녀의 학업 성취가 높을 것이다.'이다.

이것만은 꼭!

1. 연구자가 해당 연구를 위해 자신이 직접 수집하여 최초로 분석한 자료를 1차 자료라고 하고, 다른 연구에서 이미 수집되고 분석된 자료를 2차 자료라고 한다.
2. 개념의 조작적 정의는 추상적 개념을 측정 가능하도록 구체화하는 것을 말한다.
3. 구조화·표준화된 질문지는 조사 대상자에게 같은 형식과 내용의 질문지가 제시되는 것을 의미한다.

13 양적 연구

| 정답 ③ | 21년 수능 4번

①	②	❸	④	⑤
3%	3%	80%	6%	8%

다음 자료에 대한 설명으로 옳은 것은? [3점]

> 연구자 갑은 ㉠"학업 성취도에 자기 통제력이 정(+)의 영향을 미칠 것이다."라는 가설을 검증하기 위해 아동 90명을 대상으로 연구하였다. 갑은 아동에게 "초콜릿 1개를 받고 바로 먹어도 되지만 15분 동안 먹지 않고 기다리면 1개를 더 먹을 수 있다."는 조건에서 자신의 ㉡기다림 행동 정도(바로 먹음, 기다리다 중간에 먹음, 끝까지 기다림)를 예측하여 기입하게 하였다. 해당 아동의 ㉢학업 성적을 구하여 통계 분석한 결과, '끝까지 기다림' 집단이 나머지 집단보다 학업 성적이 높았다.
>
> 연구자 을은 갑의 가설을 재검증하기 위해 아동 900명을 대상으로 아동의 기다림 행동 정도와 학업 성적을 갑의 연구와 동일하게 수집하였다. 추가적으로 아동에 대한 가정의 경제적 배경을 조사하여 연구 대상자를 ㉣두 집단으로 구분한 후 자료를 분석하였다. 갑의 가설과 자신이 추가한 가설을 모두 검증하기 위해 분석한 결과, 기다림 행동 정도에 따른 학업 성적의 차이는 통계적으로 유의미하지 않았고, ㉤가정의 경제적 배경에 따른 학업 성적의 차이는 통계적으로 유의미한 것으로 나타났다.

(필기: 종속 변수, 독립 변수, 독립 변수에 대한 조작적 정의, 가설 수용, 가설 기각, 독립 변수, 가설 수용)

① 갑은 실험법, 을은 질문지법을 사용하였다.
② ㉠은 갑, 을의 연구 모두에서 수용되었다.
③ ㉡은 갑, 을의 연구 모두에서 독립 변수의 조작적 정의이다.
④ ㉢은 갑의 연구에서, ㉤은 을의 연구에서 종속 변수이다.
⑤ ㉣은 을의 연구에서 실험 집단과 통제 집단을 구분하기 위한 과정이다. (필기: 실험법)

✔ 자료 분석 갑은 자기 통제력과 학업 성취도 간의 관계를 파악하기 위해 양적 연구를 진행하였고, 을은 갑이 연구한 자기 통제력과 학업 성취도 간 관계뿐만 아니라 가정의 경제적 배경과 학업 성취도 간 관계를 파악하기 위해 양적 연구를 진행하였다.

O 정답 찾기 ③ 기다림 행동 정도는 갑의 연구와 을의 연구에서 독립 변수에 해당하는 자기 통제력을 측정하기 위한 조작적 정의에 해당한다.

✕ 오답 풀이 ① 갑은 아동 90명을 대상으로 자기 통제력을 측정하기 위해 기다림 행동 정도를 예측하여 기입하게 하였고, 학업 성취도를 측정하기 위해 해당 아동의 학업 성적을 구하여 통계 분석을 하였다. 따라서 갑이 실험법을 사용하였다고 볼 수 없다.
② 갑의 연구에서 끝까지 기다린 집단이 나머지 집단보다 학업 성적이 높았으므로 ㉠은 수용되었다. 그러나 을의 연구에서는 기다림 행동 정도에 따른 학업 성적의 차이가 통계적으로 유의미하지 않았으므로 ㉠은 기각되었다.
④ 학업 성적은 갑의 연구에서 종속 변수에 해당하고, 가정의 경제적 배경은 을의 연구에서 독립 변수에 해당한다.
⑤ 실험 집단과 통제 집단의 구분은 실험법과 관련 있다. 을의 연구에서 아동에 대한 가정의 경제적 배경을 조사하여 연구 대상자를 두 집단으로 구분한 것은 독립 변수의 처치 여부에 따른 구분 과정이 아닌 가정의 경제적 배경을 파악하기 위한 구분 과정이다.

이것만은 꼭!

1. 추상적이고 모호한 개념이나 용어를 측정 가능하도록 구체화하는 것을 개념의 조작적 정의라고 한다.
2. 가설 검증을 통해 가설은 수용될 수도 있고 기각될 수도 있다.
3. 실험 집단과 통제 집단은 실험법과 관련 있다.

14 양적 연구

| 정답 ③ | 20년 6월 모의평가 5번

①	②	❸	④	⑤
4%	4%	80%	7%	5%

다음 연구에 대한 옳은 설명만을 〈보기〉에서 고른 것은? [3점]

○ 연구 개요
- ㉠방과 후 달리기 프로그램(독립 변수)이 ○○중학교 학생의 ㉡수업 집중도(종속 변수) 및 ㉢자아 존중감(종속 변수)에 미치는 효과를 알아보기 위해 연구 가설을 설정하고 이를 검증함.

○ 연구 설계 및 자료 수집
- ○○중학교에서 남녀별로 각각 체력 수준이 유사한 학생들을 100명씩 무작위로 선정하여 A, B 두 집단에 남녀 각각 50명씩 임의로 배정함.
- 8주 동안 A 집단은 평소와 동일하게 생활하고(통제 집단), 같은 기간 B 집단은 방과 후 달리기 프로그램을 수행함(실험 집단).
- 프로그램 적용 사전과 사후에 측정지를 사용하여 A, B 집단 모두 수업 집중도 및 자아 존중감을 스스로 평가하게 함.

○ 자료 분석 결과

(단위: 점)

구분		A 집단		B 집단	
		남	여	남	여
수업 집중도	사전	3.2	3.6	3.2	3.6
	사후	3.3	3.5	3.6	3.8
자아 존중감	사전	2.9	3.3	2.9	3.3
	사후	3.0	3.3	3.3	2.9

* 측정 항목은 모두 5점 척도이며, 점수가 높을수록 그 정도가 높음
** 분석 결과는 통계적으로 유의미함

보기
ㄱ. ㉡에 대한 조작적 정의는 ~~자료 분석~~(연구 설계) 단계에서 이루어졌다.
ㄴ. ㉡, ㉢은 모두 종속 변수이다.
ㄷ. ㉠의 수행 후 실험 집단(남 3.6, 여 3.8)이 통제 집단(남 3.3, 여 3.5)보다 ㉡이 높게 나타났다.
ㄹ. ㉢의 경우 여학생은 남학생~~과 달리~~(모두) ㉠의 영향을 ~~받지 않았다~~(받았다).

① ㄱ, ㄴ ② ㄱ, ㄷ ③ ㄴ, ㄷ ④ ㄴ, ㄹ ⑤ ㄷ, ㄹ

✓ 자료 분석 제시된 연구는 독립 변수인 방과 후 달리기 프로그램이 종속 변수인 수업 집중도 및 자아 존중감에 미치는 효과를 파악하기 위해 실험법을 적용하여 연구를 진행하였다.

O 정답 찾기 ㄴ. 변인 간의 관계에서 영향을 미치는 변인을 독립 변인, 영향을 받는 변인을 종속 변인이라고 한다. 수업 집중도와 자아 존중감은 방과 후 달리기 프로그램의 영향을 받는 변인이므로 종속 변인에 해당한다.
ㄷ. 실험 집단은 방과 후 달리기 프로그램을 수행한 B 집단이다. 수업 집중도의 사후를 비교하면 통제 집단인 A 집단에 비해 실험 집단인 B 집단의 수치가 더 높게 나타났다.

× 오답 풀이 ㄱ. 방과 후 달리기 프로그램의 적용 전과 후에 측정지를 사용하여 수업 집중도를 알아보고자 하였다. 이를 통해 수업 집중도에 대한 조작적 정의는 연구 설계 단계에서 이루어졌음을 알 수 있다.
ㄹ. 자아 존중감에 대한 여학생의 점수의 경우 통제 집단에서는 변화가 없었으나, 실험 집단에서는 하락하였다. 즉, 여학생의 경우에도 방과 후 달리기 프로그램의 영향을 받았음을 알 수 있다.

이것만은 꼭!
1. 개념의 조작적 정의는 추상적인 개념을 검증 가능하도록 구체화시키는 것을 말한다.
2. 실험 집단은 원인에 해당하는 독립 변수를 처치한 집단이고, 통제 집단은 실험 집단과 비교하기 위해 독립 변수를 처치하지 않은 집단이다.
3. 독립 변수는 어떤 현상이나 결과에 영향을 주는 변수이고, 종속 변수는 다른 변수가 변함에 따라 함께 변하는 변수이다.

15 양적 연구

| 정답 ③ |

20년 9월 모의평가 5번

①	②	❸	④ 함정	⑤
3%	6%	63%	23 %	5%

다음 자료에 대한 옳은 설명만을 〈보기〉에서 있는 대로 고른 것은? [3점]

독립 변수 / 종속 변수

연구자 갑은 ㉠환경 요인이 유전 요인보다 범죄성에 더 큰 영향을 미칠 것이라는 가설을 검증하기 위해 입양아의 기록을 연구하였다. 그는 1930년에서 1950년 사이에 ○○시에서 출생 직후 비혈연 관계에 있는 사람에게 입양된 아이의 입양 기록을 조사하였다. 갑은 공식 기록을 통해 ㉡입양아(양자)의 범죄 경력 유무, ㉢입양한 아버지(양부)와 ㉣생물학적 아버지(생부)의 범죄 경력 유무를 파악하였다. 분석 결과는 표와 같으며, 그 결과는 통계적으로 유의미하였다.

(양적 연구 / 문헌 연구법 / 범죄성에 대한 개념의 조작적 정의)

〈양부와 생부의 범죄 경력 유무에 따른 양자의 범죄 경력 유무〉

(단위: 명)

양부의 범죄 경력	생부의 범죄 경력	양자의 범죄 경력	
		없음	있음
없음	없음	380	20
	있음	240	80
있음	없음	135	15
	있음	130	70

보기

ㄱ. ㉠이 수용되었다. (기각)

ㄴ. ㉡은 종속 변수에 대한 조작적 정의이다. (범죄성)

ㄷ. ㉢은 실험 집단, ㉣은 통제 집단이다. (이 아니다)

ㄹ. 양적 연구와 질적 연구 모두에서 활용되는 자료 수집 방법이 사용되었다. (문헌 연구법)

① ㄱ, ㄷ ② ㄴ, ㄷ ③ ㄴ, ㄹ
④ ㄱ, ㄴ, ㄹ ⑤ ㄱ, ㄷ, ㄹ

✓ 자료 분석 갑은 양부의 범죄 경력과 양자의 범죄 경력 간의 관계, 생부의 범죄 경력과 양자의 범죄 경력 간의 관계 분석을 통해 가설을 검증하는 양적 연구를 실시하였다. 제시된 분석 결과를 나타내면 다음과 같다.

(단위: 명)

구분		양자의 범죄 경력 없음	양자의 범죄 경력 있음
양부의 범죄 경력	있음	265	85
	없음	620	100
생부의 범죄 경력	있음	370	150
	없음	515	35

O 정답 찾기 ㄴ. 가설에서 독립 변수는 환경 요인과 유전 요인이고, 종속 변수는 범죄성이다. 범죄성을 측정 가능하도록 범죄 경력 유무로 조작적으로 정의하였다.

ㄹ. 양적 연구와 질적 연구 모두에서 활용되는 자료 수집 방법은 문헌 연구법이다. 갑은 공식 기록을 통해 양부, 생부, 양자의 범죄 경력 유무를 파악하였으므로 이를 통해 문헌 연구법을 사용하였음을 알 수 있다.

× 오답 풀이 ㄱ. 환경 요인이 범죄성에 미치는 정도는 양부의 범죄 경력과 양자의 범죄 경력 간의 상관성으로, 유전 요인이 범죄성에 미치는 정도는 생부의 범죄 경력과 양자의 범죄 경력 간의 상관성으로 파악할 수 있다. 양부가 범죄 경력이 있을 때 양자가 범죄 경력이 있는 비율은 '(85/350)×100'이고, 생부가 범죄 경력이 있을 때 양자가 범죄 경력이 있는 비율은 '(150/520)×100'으로, 양부가 범죄 경력이 있을 때보다 생부가 범죄 경력이 있을 때 양자의 범죄 경력이 있는 비율이 높다. 즉, 유전 요인이 환경 요인보다 범죄성과의 상관성이 높으므로 가설은 기각된다.

ㄷ. 실험법이 사용되지 않았으므로 ㉢과 ㉣은 각각 실험 집단과 통제 집단에 해당하지 않는다.

④번을 정답으로 잘못 선택하였다면, 이는 가설에서 환경 요인이 양부의 범죄 경력에, 유전 요인이 생부의 범죄 경력에 해당한다는 것을 혼동하였을 가능성이 높다. 가설의 검증을 위해서는 환경 요인과 유전 요인이 범죄성에 미치는 정도를 파악할 수 있어야 한다. 환경 요인이 양부의 범죄 경력, 유전 요인이 생부의 범죄 경력임을 이해할 수 있어야 하며, 이를 기준으로 제시된 자료를 분석할 수 있어야 한다. 제시된 자료를 문제에서 요구하는 형태로 정리할 수 있어야 한다.

이것만은 꼭!

1. 개념의 조작적 정의는 추상적 개념을 측정 가능하도록 구체화하는 것이다.
2. 문헌 연구법은 양적 연구와 질적 연구 모두에서 활용이 가능하다.
3. 실험 집단은 독립 변인이 처치되는 집단이고, 통제 집단은 독립 변인이 처치되지 않는 집단이다.

제3권 평가원 해설

16 양적 연구

| 정답 ④ | 20년 수능 5번

①	②	③	④	⑤
2%	1%	19%	71%	7%

다음 연구에 대한 옳은 설명만을 <보기>에서 고른 것은? [3점]

ㅇ연구 주제: 독서 프로그램이 초등학생의 스트레스 및 자아 존중감에 미치는 영향
(독립 변수 / 종속 변수)

ㅇ연구 가설
- 가설 1: (가) (가설 수용)
- 가설 2: 독서 프로그램은 초등학생의 자아 존중감을 향상시킬 것이다. (가설 기각)

ㅇ연구 설계 및 자료 수집: ○○ 초등학교 3학년, 6학년 각 100명을 무작위로 선정한 후 제비뽑기를 통해 학년별로 50명씩 A, B 두 집단으로 나누었음. 1개월간 A 집단(실험 집단)에는 독서 프로그램을 적용하고, B 집단(통제 집단)은 평소와 같이 생활하게 하였음. 프로그램 적용 전후에 검사지를 사용하여 스트레스 정도와 자아 존중감 정도를 스스로 평가하게 하였음.

ㅇ자료 분석 및 가설 검증: 자료 분석 결과는 표와 같으며, 가설 1과 가설 2 중 하나만 수용되었음.

(단위: 점)

학년	집단	ⓒ스트레스		ⓓ자아 존중감	
		사전	사후	사전	사후
㉠3학년	A	6.0	5.0	6.9	7.3
	B	5.9	5.8	6.9	7.2
㉡6학년	A	5.9	5.0	6.9	6.8
	B	6.0	5.9	6.9	6.9

* 표의 점수는 각각 스트레스와 자아 존중감을 10점 만점으로 한 해당 집단의 평균값이며, 점수가 높을수록 그 정도가 높음
** 분석 결과는 통계적으로 유의미함

(스트레스 감소)

보기

ㄱ. ㉠은 실험 집단, ㉡은 통제 집단이다. (A 집단 / B 집단)
ㄴ. ⓒ, ⓓ은 모두 종속 변수이다.
ㄷ. ⓓ의 경우, ㉠의 B 집단은 ㉡의 B 집단과 달리 독서 프로그램의 영향을 받았다. (받지 않았다)
ㄹ. (가)에는 '독서 프로그램은 초등학생의 스트레스를 감소시킬 것이다.'가 들어갈 수 있다.

① ㄱ, ㄴ ② ㄱ, ㄷ ③ ㄴ, ㄷ ④ ㄴ, ㄹ ⑤ ㄷ, ㄹ

✔ 자료 분석 제시된 연구는 연구 주제에 대해 가설을 수립하고, 이를 검증하기 위해 실험 집단인 A 집단과 통제 집단인 B 집단을 대상으로 실험법을 사용하여 자료를 수집하였으며, 이를 분석한 양적 연구에 해당한다.

O 정답 찾기 ㄴ. 독서 프로그램은 실험 집단에 처치된 요인으로 독립 변수에 해당하며, 이에 따른 변화에 해당하는 스트레스 및 자아 존중감은 종속 변수에 해당한다.
ㄹ. 제시된 분석 결과에 따르면 스트레스의 경우 사전 검사 결과와 사후 검사 결과를 비교하면 실험 집단인 A 집단의 경우 지수가 크게 하락한 반면, 통제 집단인 B 집단의 경우 변화가 없다. 따라서 독서 프로그램이 스트레스 정도를 낮추는 데 영향을 미친 것으로 볼 수 있다. 반면, 자아 존중감의 경우 사전 검사 결과와 사후 검사 결과에 큰 차이가 없다. 3학년의 경우 A 집단의 자아 존중감은 높아졌으나, B 집단의 자아 존중감도 비슷한 수준으로 높아졌으므로 이를 통해 독서 프로그램의 영향을 확인할 수 없다. 따라서 독서 프로그램이 자아 존중감에는 영향을 미친 것으로 볼 수 없다. 가설 1과 가설 2 중 하나만 수용되었으므로 가설 1은 수용되고, 가설 2는 기각되었음을 알 수 있다. 따라서 '독서 프로그램이 초등학생의 스트레스를 감소시킬 것이다.'는 (가)에 들어갈 수 있다.

X 오답 풀이 ㄱ. A 집단은 독서 프로그램을 적용한 집단이므로 실험 집단에 해당하고, B 집단은 독서 프로그램을 적용하지 않고 평소와 같이 생활한 집단이므로 통제 집단에 해당한다.
ㄷ. 3학년의 B 집단과 6학년의 B 집단은 모두 독서 프로그램이 적용되지 않은 통제 집단이다. 따라서 두 집단 모두 독서 프로그램의 영향을 받지 않았다.

이것만은 꼭!

1. 독립 변수를 처치한 집단을 실험 집단이라고 한다.
2. 독립 변수를 처치하지 않은 집단을 통제 집단이라고 한다.
3. 변수 간의 관계에서 영향을 미치는 변인을 독립 변수라고 한다.

고난도 주제 02

사회 이동과 사회 계층 구조

p.064 ~ 069

01 ④ 02 ③ 03 ⑤ 04 ④ 05 ③ 06 ⑤ 07 ④ 08 ② 09 ④ 10 ④ 11 ① 12 ④ 13 ② 14 ②

01 사회 이동과 사회 계층 구조

| 정답 ④ | 24년 6월 모의평가 10번

①	②	③	❹	⑤
5%	21%	8%	60%	6%

다음 자료에 대한 분석으로 옳은 것은? [3점]

그림은 갑국~병국의 계층 구성 비율을 나타낸 것이다. 계층은 A, B, C로 구분되며, A~C는 각각 상층, 중층, 하층 중 하나이다. 한 국가 내에서 C에서 A로의 이동은 상승 이동, C에서 B로의 이동은 하강 이동에 해당한다. 갑국~병국의 인구는 동일하다.

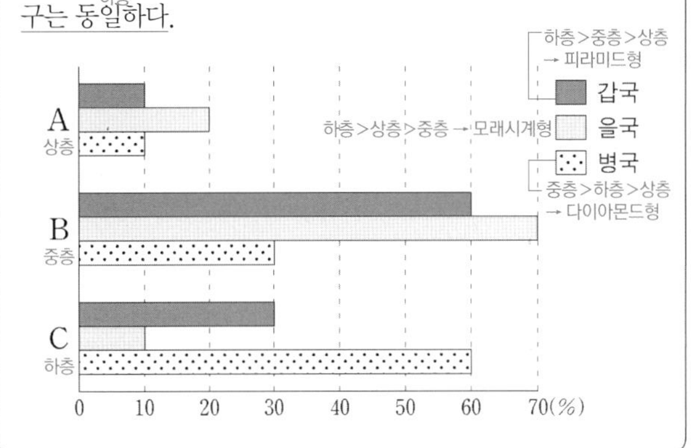

① 을국의 계층 구조는 피라미드형이다. (모래시계형)
② 갑국의 상층 인구는 을국의 상층 인구보다 많다. (적다.)
③ 중층 인구 대비 하층 인구의 비율은 갑국이 병국보다 낮다. (높다.)
④ 갑국~병국 중 병국의 계층 구조가 사회 안정성이 가장 높다.
⑤ 갑국의 계층 구조는 세대 내 이동이, 을국과 병국의 계층 구조는 세대 간 이동이 활발하게 일어난다. - 알 수 없음

✓ 자료 분석 C에서 A로의 이동은 상승 이동, C에서 B로의 이동은 하강 이동이므로 C는 상승 이동과 하강 이동이 모두 일어나는 중층이다. 따라서 A는 상층, B는 하층이다.

O 정답 찾기 ④ 갑국의 계층 구조는 피라미드형, 을국의 계층 구조는 모래시계형, 병국의 계층 구조는 다이아몬드형이다. 따라서 갑국~병국 중 병국의 계층 구조가 사회 안정성이 가장 높다.

× 오답 풀이 ① 을국의 경우 중층 비율이 가장 낮다. 따라서 을국의 계층 구조는 모래시계형이다.
② 갑국의 상층 인구 비율은 10%이고, 을국의 상층 인구 비율은 20%이다. 따라서 갑국의 상층 인구는 을국의 상층 인구보다 적다.
③ 중층 인구 대비 하층 인구의 비율은 갑국이 60/30이고, 병국이 30/60으로, 갑국이 병국보다 높다.
⑤ 제시된 자료는 계층 구성 비율에 따른 계층 구조를 나타낸 것이다. 따라서 제시된 자료를 통해 세대 내 이동과 세대 간 이동은 파악할 수 없다.

이것만은 꼭!

1. 수직 이동 중 계층적 위치가 이전보다 높아지는 경우를 상승 이동, 이전보다 낮아지는 경우를 하강 이동이라고 한다.
2. 세대 간 상승 이동과 세대 간 하강 이동이 모두 일어나는 계층은 중층이다.
3. 계층 구성 비율에 따른 계층 구조를 통해서는 세대 내 이동과 세대 간 이동을 파악할 수 없다.

02 사회 이동과 사회 계층 구조

| 정답 ③ | 24년 9월 모의평가 10번

①	②	❸	④	⑤
3%	7%	77%	8%	5%

다음 자료에 대한 분석으로 옳은 것은? [3점]

자료는 연령이 50세인 갑~병의 사회 이동과 그들이 속한 국가의 현재 계층 비율을 조사한 결과이다. 단, A~C는 각각 상층, 중층, 하층 중 하나이며, 다른 계층은 존재하지 않는다. 세대 간 이동은 (가)와 (다), 세대 내 이동은 (나)와 (다)를 통해 판단한다.

〈갑~병의 사회 이동 양상〉

구분	갑	을	병
(가) 부모의 계층	상층	중층	하층
(나) 20년 전 본인 계층	A - 중층	B - 하층	C - 상층
(다) 현재 본인 계층	B - 하층	C - 상층	A - 중층

세대 간 이동 / 세대 내 이동

〈갑~병이 속한 국가의 현재 계층 비율〉

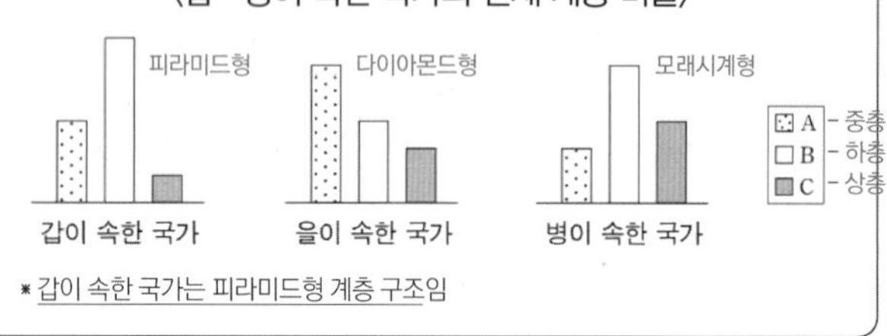

* 갑이 속한 국가는 피라미드형 계층 구조임

① 갑과 달리 을은 세대 간 하강(상승) 이동을 하였다.
② 을과 병에게는 모두 계층 대물림이 이루어졌다(지지 않았다).
③ 갑과 을은 모두 세대 간 이동과 세대 내 이동을 하였다.
④ 을이 속한 국가는 갑이 속한 국가에 비해 계층 양극화로 인한 문제가 발생할 가능성이 높다(낮다).
⑤ 병(을)이 속한 국가는 을(병)이 속한 국가에 비해 사회 통합에 유리한 계층 구조가 나타난다.

✔ 자료 분석 갑이 속한 국가의 계층 구조가 피라미드형이므로 A는 중층, B는 하층, C는 상층이다.

O 정답 찾기 ③ 갑은 상층에서 하층으로 세대 간 하강 이동을, 중층에서 하층으로 세대 내 하강 이동을 하였다. 을은 중층에서 상층으로 세대 간 상승 이동을, 하층에서 상층으로 세대 내 상승 이동을 하였다. 따라서 갑과 을은 모두 세대 간 이동과 세대 내 이동을 하였다.

× 오답 풀이 ① 갑은 상층에서 하층으로 세대 간 하강 이동을 하였고, 을은 중층에서 상층으로 세대 간 상승 이동을 하였다.
② 을은 중층에서 상층으로 세대 간 상승 이동을 하였고, 병은 하층에서 중층으로 세대 간 상승 이동을 하였다. 따라서 을과 병에게는 모두 계층 대물림이 이루어지지 않았다.
④ 갑이 속한 국가의 계층 구조는 피라미드형이고, 을이 속한 국가의 계층 구조는 다이아몬드형이다. 따라서 을이 속한 국가가 갑이 속한 국가에 비해 계층 양극화로 인한 문제가 발생할 가능성이 낮다.
⑤ 을이 속한 국가의 계층 구조는 다이아몬드형이고, 병이 속한 국가의 계층 구조는 모래시계형이다. 따라서 을이 속한 국가는 병이 속한 국가에 비해 사회 통합에 유리한 계층 구조가 나타난다.

이것만은 꼭!

1. 피라미드형 계층 구조에서는 하층 비율이 가장 높고 상층 비율이 가장 낮다.
2. 다이아몬드형 계층 구조에서는 중층 비율이 상층 비율 및 하층 비율보다 높다.
3. 모래시계형 계층 구조에서는 중층 비율이 상층 비율 및 하층 비율보다 낮다.

03 사회 이동과 사회 계층 구조 | 정답 ⑤ | 24년 수능 10번

①	②	③	④	❺
7%	6%	13%	11%	63%

다음 자료에 대한 분석으로 옳은 것은?

다음은 □□국 시기별 계층 구성 비율과 연령이 50대인 갑~무의 사회 이동 결과를 세대 간 이동과 세대 내 이동으로 구분하여 나타낸 것이다. 단, 세대 간 이동은 부모 계층과 본인의 현재 계층 비교로, 세대 내 이동은 본인의 24년 전 계층과 현재 계층 비교로 판단한다. A~C는 각각 상층, 중층, 하층 중 하나이다.

〈자료 1〉 시기별 계층 구성 비율(%)

〈자료 2〉 갑~무의 사회 이동 결과

구분		부모 계층(1970년) A중	부모 계층(1970년) B상	부모 계층(1970년) C하
본인의 현재 계층(2024년)	A중		정	
	B상	을		무
	C하	병	갑	

구분		본인의 24년 전 계층(2000년) A중	본인의 24년 전 계층(2000년) B상	본인의 24년 전 계층(2000년) C하
본인의 현재 계층(2024년)	A중		정	
	B상		을	무
	C하	갑		병

* 갑의 부모 계층(1970년)은 상층이며, 갑의 세대 간 이동과 세대 내 이동은 모두 하강 이동임

① 1970년 계층 구조는 2000년 계층 구조보다 사회 안정성이 ~~높다~~(낮다).
② 2000년 다이아몬드형, 2024년 ~~모래시계형~~(다이아몬드형) 계층 구조이다.
③ 을은 세대 간 상승 이동과 ~~세대 내 하강 이동~~을 하였다.
④ 정은 세대 간 이동과 세대 내 이동 모두 ~~상승~~(하강) 이동을 하였다.
❺ 병은 세대 간 하강 이동(중층 → 하층)을 하였고, 무는 세대 내 상승 이동(하층 → 상층)을 하였다.

✔ 자료 분석 갑의 부모 계층(1970년)이 상층이므로 B는 상층이다. 갑의 세대 간 이동과 세대 내 이동이 모두 하강 이동이므로 갑의 24년 전 계층(2000년)은 중층, 갑의 현재 계층(2024년)은 하층에 해당한다. 따라서 A는 중층, C는 하층이다.

O 정답 찾기 ⑤ 병의 부모 계층은 중층, 병의 현재 계층은 하층이므로 세대 간 하강 이동을 하였다. 무의 24년 전 계층은 하층, 무의 현재 계층은 상층이므로 세대 간 상승 이동을 하였다.

✕ 오답 풀이 ① 1970년의 계층 구조는 상층 비율이 10%, 중층 비율이 30%, 하층 비율이 60%이므로 피라미드형이다. 2000년의 계층 구조는 상층 비율이 20%, 중층 비율이 55%, 하층 비율이 25%이므로 다이아몬드형이다. 따라서 1970년 계층 구조는 2000년 계층 구조보다 사회 안정성이 낮다.
② 2000년과 2024년의 계층 구조는 모두 중층 비율이 가장 높은 다이아몬드형이다.
③ 을의 부모 계층은 중층, 을의 현재 계층은 상층이므로 세대 간 상승 이동을 하였다. 을의 24년 전 계층은 상층, 을의 현재 계층은 상층이므로 세대 내 하강 이동을 하지 않았다.
④ 정의 부모 계층은 상층, 정의 현재 계층은 중층이므로 세대 간 하강 이동을 하였다. 정의 24년 전 계층은 상층, 정의 현재 계층은 중층이므로 세대 내 하강 이동을 하였다.

이것만은 꼭!
1. 다이아몬드형 계층 구조는 중층의 비율이 가장 높아 사회 안정이 실현되는 데 기여한다.
2. 세대 내 이동은 한 개인의 한 생애 내에서 나타나는 사회 이동을 말한다.
3. 세대 간 이동은 두 세대 이상에 걸쳐 계층적 위치가 변화하는 이동을 말한다.

04 사회 계층 구조

| 정답 ④ | 23년 6월 모의평가 11번

①	②	③	❹	⑤
3%	3%	4%	86%	4%

그림은 갑국의 세대별 계층 구성 비율을 나타낸 것이다. 이에 대한 옳은 분석만을 <보기>에서 고른 것은?

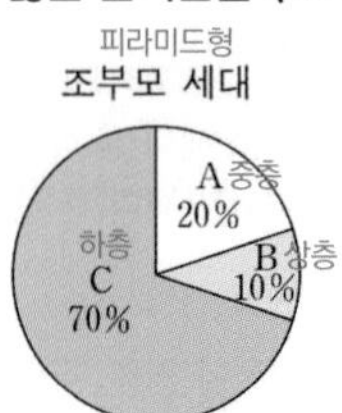

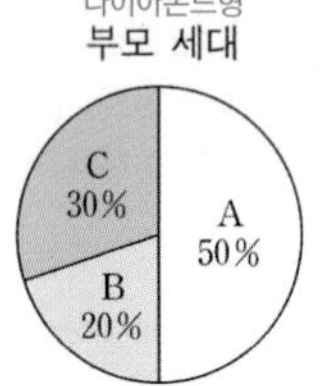

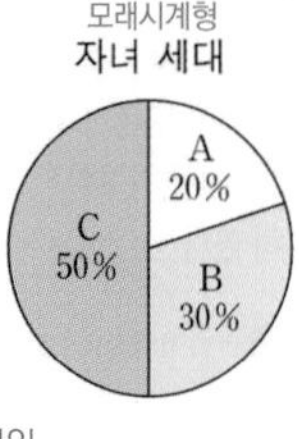

* 계층은 A, B, C로 구분되며, A~C는 각각 상층, 중층, 하층 중 하나임
** 조부모 세대의 계층 구조는 피라미드형이고, 각 세대의 인구는 동일함
하층 비율이 가장 높고, 상층 비율이 가장 낮음

보기

ㄱ. 조부모 세대에서 하층 인구는 상층 인구의 2배이다. (7배)
ㄴ. 상층 인구는 조부모, 부모, 자녀 세대로 갈수록 증가한다.
ㄷ. 부모 세대의 계층 구조는 조부모 세대의 계층 구조에 비해 사회 통합에 불리하다. (유리)
ㄹ. 부모 세대의 계층 구조는 다이아몬드형, 자녀 세대의 계층 구조는 모래시계형이다.

① ㄱ, ㄴ ② ㄱ, ㄷ ③ ㄴ, ㄷ ④ ㄴ, ㄹ ⑤ ㄷ, ㄹ

✓ 자료 분석 조부모 세대의 계층 구조는 피라미드형이고, 피라미드형 계층 구조에서는 하층 비율이 가장 높고, 상층 비율이 가장 낮다. 따라서 A는 중층, B는 상층, C는 하층이다. 제시된 그림을 바탕으로 각 세대의 계층 구성 비율을 나타내면 다음과 같다.

(단위: %)

구분	조부모 세대	부모 세대	자녀 세대
상층	10	20	30
중층	20	50	20
하층	70	30	50

O 정답 찾기 ㄴ. 각 세대의 인구가 동일하므로 상층 인구는 조부모, 부모, 자녀 세대로 갈수록 증가한다.
ㄹ. 부모 세대의 계층 구조는 중층 비율이 가장 높은 다이아몬드형 계층 구조이고, 자녀 세대의 계층 구조는 중층 비율이 가장 낮은 모래시계형 계층 구조이다.

X 오답 풀이 ㄱ. 조부모 세대에서 하층 인구는 상층 인구의 7배이다.
ㄷ. 부모 세대의 계층 구조는 다이아몬드형 계층 구조이고, 조부모 세대의 계층 구조는 피라미드형 계층 구조이다. 다이아몬드형 계층 구조는 피라미드형 계층 구조에 비해 사회 통합에 유리하다.

이것만은 꼭!
1. 피라미드형 계층 구조에서는 하층 비율이 가장 높고, 다이아몬드형 계층 구조에서는 중층 비율이 가장 높다.
2. 다이아몬드형 계층 구조는 피라미드형 계층 구조에 비해 사회 통합에 유리하다.
3. 모래시계형 계층 구조는 중층 비율이 가장 낮다.

05 사회 계층 구조

| 정답 ③ | 23년 9월 모의평가 11번

①	②	❸	④	⑤
9%	3%	72%	10%	6%

다음 자료에 대한 옳은 분석만을 <보기>에서 고른 것은? [3점]

표는 갑국~병국의 계층 구성 비율을 나타낸 것이다. 모래시계형 계층 구조에서는 A의 비율이 가장 낮다. 단, 갑국~병국의 계층 구조는 각각 피라미드형, 다이아몬드형, 모래시계형 중 하나이다. (중층)

(단위: %)

구분	갑국 (피라미드형)	을국 (모래시계형)	병국 (다이아몬드형)
A - 중층	30	20	50
B - 상층	20	30	20
C - 하층	50	50	30

* 계층은 A, B, C로 구분되며, A~C는 각각 상층, 중층, 하층 중 하나임

보기

ㄱ. 갑국은 병국과 달리 폐쇄적 계층 구조가 나타난다.
ㄴ. 병국의 계층 구조는 을국의 계층 구조에 비해 사회 안정성이 높다.
ㄷ. 갑국과 병국은 모두 해당 국가에서 상층 인구가 가장 적다.
ㄹ. 을국의 계층 구조는 갑국, 병국의 계층 구조와 달리 주로 근대 이후의 산업 사회에서 나타난다. (다이아몬드형 계층 구조)

① ㄱ, ㄴ ② ㄱ, ㄷ ③ ㄴ, ㄷ ④ ㄴ, ㄹ ⑤ ㄷ, ㄹ

✓ 자료 분석 모래시계형 계층 구조에서 가장 낮은 비율을 차지하는 계층은 중층이므로 A는 중층이다. 을국은 중층 비율이 가장 낮으므로 모래시계형 계층 구조를 보이고, 병국은 중층 비율이 가장 높으므로 다이아몬드형 계층 구조를 보인다. 따라서 갑국은 피라미드형 계층 구조를 보인다. 피라미드형 계층 구조에서 가장 높은 비율을 차지하는 계층은 하층이므로 B는 상층, C는 하층이다.

O 정답 찾기 ㄴ. 다이아몬드형인 병국의 계층 구조는 모래시계형인 을국의 계층 구조에 비해 사회 안정성이 높다.
ㄷ. 갑국과 병국 각각에서 상층 비율이 가장 낮으므로 갑국과 병국은 모두 해당 국가에서 상층 인구가 가장 적다.

X 오답 풀이 ㄱ. 계층 구성 비율을 통해서는 폐쇄적 계층 구조의 여부를 파악할 수 없다.
ㄹ. 다이아몬드형인 병국의 계층 구조는 주로 근대 이후의 산업 사회에서 나타난다.

이것만은 꼭!
1. 계층 구성 비율을 통해서는 폐쇄적 계층 구조의 여부를 파악할 수 없다.
2. 다이아몬드형 계층 구조는 중층 비율이 가장 높으므로 사회 안정성이 높다.
3. 다이아몬드형 계층 구조는 주로 근대 이후의 산업 사회에서 나타난다.

06 사회 이동과 사회 계층 구조

| 정답 ⑤ | 23년 수능 10번

①	②	③	④	❺
13%	11%	8%	7%	61%

다음 자료에 대한 분석으로 옳은 것은? [3점]

> 표는 갑국과 을국의 세대 간 계층 이동 현황을 나타낸 것이다. C(중층)에서 A(하층)로의 이동은 하강 이동이고, C에서 B(상층)로의 이동은 상승 이동이다. 단, 계층은 A, B, C로만 구분되고, A~C는 각각 상층, 중층, 하층 중 하나이다.
>
> 〈갑국〉
>
> | 구분 | | 부모 세대 | | |
> |---|---|---|---|---|
> | | | A-하층 | B-상층 | C-중층 |
> | 자녀 세대 | A 하층 | ●● | ● | ●●● |
> | | B 상층 | ●●●● | ●● | |
> | | C 중층 | ●●● | ● | ●● |
>
> 〈을국〉
>
> | 구분 | | 부모 세대 | | |
> |---|---|---|---|---|
> | | | A-하층 | B-상층 | C-중층 |
> | 자녀 세대 | A 하층 | ●●● | ● | ●●●●●● |
> | | B 상층 | ● | ●● | ●●● |
> | | C 중층 | ●● | ● | ● |
>
> * ●는 해당 계층 사람의 수를 나타낸 것이며, 각 ●가 나타내는 사람의 수는 동일함

① 갑국은 자녀 세대에서 완전 평등한 계층 구조를 ~~이루었다.~~ 이루고 있지 않다.

② 을국의 자녀 세대에서 중층인 사람의 수는 갑국의 부모 세대에서 상층인 사람의 수~~보다 많다.~~ 와 같다.

③ ~~갑국은 을국과 달리~~ 갑국은 을국은 모두 부모 세대 중층에서 세대 간 하강 이동이 발생~~하지 않았다.~~ 하였다.

④ 갑국은 개방적 계층 구조, 을국은 폐쇄적 계층 구조이다.

⑤ 갑국의 부모 세대 계층 구조는 피라미드형, 을국의 자녀 세대 계층 구조는 모래시계형이다.

✔ 자료 분석 A는 하층, B는 상층, C는 중층이다. 제시된 자료에서 ●가 나타내는 사람의 수를 1명이라고 가정하면, 갑국과 을국의 부모 세대와 자녀 세대의 계층 구성은 다음과 같이 나타낼 수 있다.

〈갑국〉 (단위: 명)

구분		부모 세대			계
		상층	중층	하층	
자녀 세대	상층	2	0	4	6
	중층	1	2	3	6
	하층	1	3	2	6
계		4	5	9	18

〈을국〉 (단위: 명)

구분		부모 세대			계
		상층	중층	하층	
자녀 세대	상층	2	3	1	6
	중층	1	1	2	4
	하층	1	6	3	10
계		4	10	6	20

O 정답 찾기 ⑤ 갑국 부모 세대의 경우 '상층 : 중층 : 하층=4 : 5 : 9'이므로 피라미드형 계층 구조를 보인다. 을국 자녀 세대의 경우 '상층 : 중층 : 하층=6 : 4 : 10'이므로 모래시계형 계층 구조를 보인다.

✕ 오답 풀이 ① 갑국의 경우 자녀 세대에서 '상층 : 중층 : 하층=6 : 6 : 6'이다. 완전 평등한 계층 구조는 모든 사회 구성원의 계층이 동일한 계층 구조를 말한다. 따라서 갑국의 경우 자녀 세대에서 완전 평등한 계층 구조를 이루고 있지 않다.

② 을국의 자녀 세대에서 중층인 사람의 수는 4명이고, 갑국의 부모 세대에서 상층인 사람의 수는 4명이다. 따라서 을국의 자녀 세대에서 중층인 사람의 수와 갑국의 부모 세대에서 상층인 사람의 수는 같다.

③ 부모 세대 중층에서 세대 간 하강 이동한 사람의 수는 갑국이 3명이고, 을국이 6명이다. 따라서 갑국과 을국 모두에서 부모 세대 중층에서 세대 간 하강 이동이 발생하였다.

④ 을국에서는 부모 세대와 자녀 세대 간에 세대 간 수직 이동이 발생하였다. 이를 통해 을국에서 폐쇄적 계층 구조가 나타난다고 볼 수 없다.

이것만은 꼭!

1. 세대 간 이동은 두 세대 이상에 걸쳐 계층적 위치가 변화하는 이동을 말한다.
2. 사회 이동의 가능성은 한 사회의 계층 구조의 개방성을 판단하는 기준이 된다.
3. 사회 이동의 가능성이 높을수록 계층 구조의 개방성이 높다고 할 수 있다.

07 사회 이동과 사회 계층 구조

| 정답 ④ | 22년 6월 모의평가 12번

①	②	③	❹	⑤
3%	6%	9%	79%	3%

그림은 갑국과 을국의 시기별 계층 구성 비율을 나타낸다. 이에 대한 분석으로 옳은 것은?

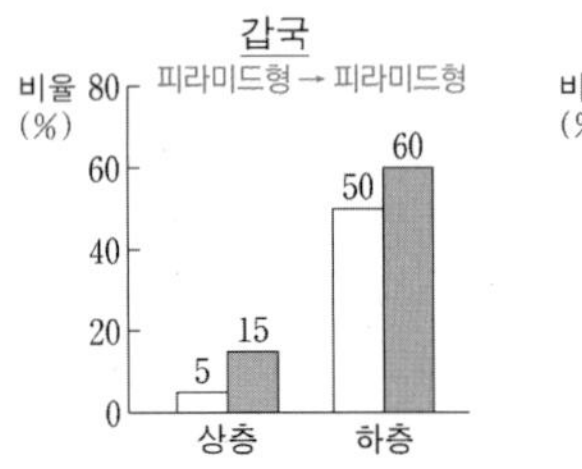

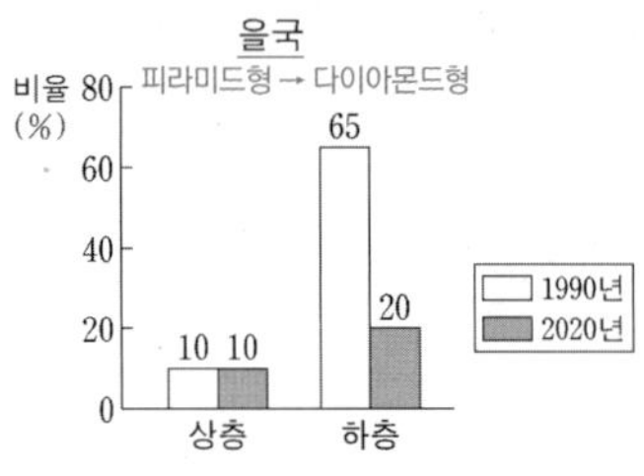

* 갑국과 을국의 계층은 상층, 중층, 하층으로만 구성된다.

① 갑국의 계층 구조는 피라미드형~~에서 모래시계형으로 변화하였다~~. (을 유지하였다.)
② 갑국은 을국과 달리 폐쇄적 계층 구조이다.
③ 갑국은 을국에 비해 상승 이동이 더 많이 나타났다.
④ 을국은 갑국과 달리 사회 안정성이 높은 계층 구조로 변화하였다.
⑤ 1990년 중층 대비 상층의 비는 ~~갑국~~(을국)이 ~~을국~~(갑국)보다 크다.

✔ 자료 분석 갑국과 을국의 시기별 계층 구성 비율은 다음과 같다.

(단위: %)

구분	갑국		을국	
	1990년	2020년	1990년	2020년
상층	5	15	10	10
중층	45	25	25	70
하층	50	60	65	20

O 정답 찾기 ④ 갑국은 피라미드형 계층 구조를 유지하였고, 을국은 피라미드형 계층 구조에서 다이아몬드형 계층 구조로 변화하였다. 다이아몬드형 계층 구조는 피라미드형 계층 구조보다 사회 안정성이 높은 계층 구조이다. 따라서 을국은 갑국과 달리 사회 안정성이 높은 계층 구조로 변화하였다.

X 오답 풀이 ① 갑국의 계층 구조는 피라미드형을 유지하였다.
② 제시된 자료만으로는 갑국과 을국의 계층 구조가 폐쇄적 계층 구조인지 알 수 없다.
③ 제시된 자료만으로는 갑국이 을국에 비해 상승 이동이 더 많이 나타났는지 알 수 없다.
⑤ 1990년 중층 대비 상층의 비는 갑국의 경우 5/45이고, 을국의 경우 10/25이므로 을국이 갑국보다 크다.

이것만은 꼭!

1. 모래시계형 계층 구조는 중층의 비율이 가장 낮고, 다이아몬드형 계층 구조는 중층의 비율이 가장 높다.
2. 다이아몬드형 계층 구조가 피라미드형 계층 구조보다 사회 안정성이 높다.
3. 폐쇄형 계층 구조에서 수직 이동의 가능성은 극히 제한되어 있고, 수평 이동은 가능하다.

08 사회 계층 구조

| 정답 ② | 22년 9월 모의평가 18번

①	❷	③	④	⑤
3%	83%	3%	6%	5%

다음 자료에 대한 설명으로 옳은 것은? [3점]

그림은 갑국~병국의 계층 구성 비율을 나타낸 것이다. 갑국~병국은 모두 계층을 상층, 중층, 하층으로만 구분하며, A~C는 각각 상층, 중층, 하층 중 하나이다.

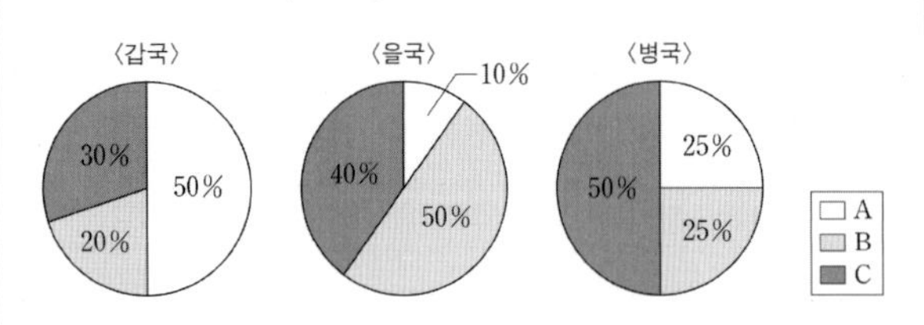

① A가 상층이고 B가 중층이라면, 병국의 계층 구조는 을국의 계층 구조보다 사회 통합에 ~~유리~~(불리)하다. (중층 비율이 가장 큼 / 하층 비율이 가장 큼)
② B가 하층이고 C가 상층이라면, 을국의 계층 구조는 갑국의 계층 구조보다 계층 양극화로 인한 문제가 발생할 가능성이 높다. (모래시계형 계층 구조 / 다이아몬드형 계층 구조)
③ 갑국의 계층 구조가 모래시계형이라면, 을국과 병국은 모두 중층 비율이 가장 작다. (B: 중층)
④ 을국의 계층 구조가 피라미드형이라면, 병국에서 상층 비율과 중층 비율은 동일하다. (A: 상층, B: 하층, C: 중층)
⑤ 병국의 계층 구조가 다이아몬드형이고 B가 하층이라면, 을국의 중층 비율은 갑국의 상층 비율보다 ~~크다~~(작다). (A: 상층, C: 중층 / 40% / 50%)

✔ 자료 분석 A~C에 해당하는 계층에 따라 갑국~병국의 계층 구조가 달라진다.

O 정답 찾기 ② B가 하층이고 C가 상층이라면, 을국의 계층 구조는 모래시계형 계층 구조이며, 갑국의 계층 구조는 다이아몬드형 계층 구조이다. 모래시계형 계층 구조는 다이아몬드형 계층 구조보다 계층 양극화로 인한 문제가 발생할 가능성이 높다.

X 오답 풀이 ① A가 상층이고 B가 중층이라면, 을국은 중층 비율이 가장 크고, 병국은 하층 비율이 가장 크다. 따라서 병국의 계층 구조가 을국의 계층 구조보다 사회 통합에 불리하다.
③ 갑국의 계층 구조가 모래시계형이라면, B는 중층이다. 따라서 을국은 중층 비율이 가장 크다.
④ 을국의 계층 구조가 피라미드형이라면, A는 상층, B는 하층, C는 중층이다. 따라서 병국에서 상층 비율(25%)은 중층 비율(50%)보다 작다.
⑤ 병국의 계층 구조가 다이아몬드형이고 B가 하층이라면, A는 상층, C는 중층이다. 따라서 을국의 중층 비율(40%)은 갑국의 상층 비율(50%)보다 작다.

이것만은 꼭!

1. 피라미드형 계층 구조는 하층의 비율이 가장 크고, 다이아몬드형 계층 구조는 중층의 비율이 가장 크다.
2. 모래시계형 계층 구조는 중층의 비율이 가장 작다.
3. 피라미드형 계층 구조에 비해 다이아몬드형 계층 구조는 사회의 급격한 변화보다 현 상태의 유지를 지향하는 중층의 비율이 가장 높으므로 사회의 안정성이 높으며, 사회 통합에 유리하다.

09 사회 계층 구조 | 정답 ④ | 22년 수능 12번

①	②	③	❹	⑤
1%	4%	8%	79%	8%

다음 자료에 대한 분석으로 옳은 것은?

〈자료 1〉은 현재 갑국의 계층 구조와 계층 구성 비율에 대한 정보이고, 〈자료 2〉는 t년 후 갑국의 계층 구성 비율에 대한 두 가지 예측 결과이다. 단, A~C는 각각 상층, 중층, 하층 중 하나이다.

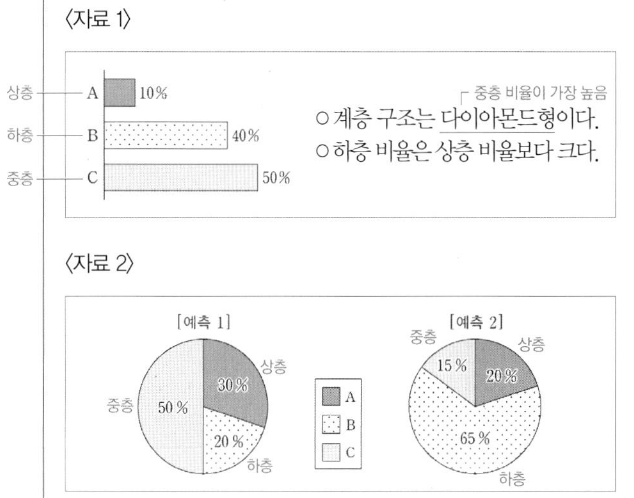

① [예측 1]대로 된 경우의 중층 비율은 현재의 중층 비율~~보다 크다~~(과 같다).

② [예측 1]대로 된 경우의 상층 비율은 현재의 상층 비율의 ~~2~~(3)배이다.

③ [예측 2]대로 된 경우의 계층 구조는 ~~피라미드형~~(모래시계형)이다.

④ [예측 2]대로 된 경우의 하층 비율은 [예측 2]대로 된 경우의 중층 비율의 4배보다 크다.

⑤ [예측 2]대로 된 경우의 중층 비율은 [예측 1]대로 된 경우의 상층 비율의 ~~2배보다 크다~~(1/2배이다).

✓ 자료 분석 다이아몬드형 계층 구조는 중층 비율이 가장 높으므로 C는 중층에 해당한다. 하층 비율이 상층 비율보다 크므로 B는 하층, A는 상층에 해당한다. 현재의 경우 상층 비율은 10%, 중층 비율은 50%, 하층 비율은 40%이고, [예측 1]대로 된 경우 상층 비율은 30%, 중층 비율은 50%, 하층 비율은 20%가 되며, [예측 2]대로 된 경우 상층 비율은 20%, 중층 비율은 15%, 하층 비율은 65%가 된다.

O 정답 찾기 ④ [예측 2]대로 된 경우 하층 비율은 65%이고, 중층 비율은 15%로, 하층 비율이 중층 비율의 4배보다 크다.

× 오답 풀이 ① [예측 1]대로 된 경우의 중층 비율은 50%이고, 현재의 중층 비율은 50%이다. 따라서 [예측 1]대로 된 경우의 중층 비율과 현재의 중층 비율이 같다.
② [예측 1]대로 된 경우의 상층 비율은 30%이고, 현재의 상층 비율은 10%이다. 따라서 [예측 1]대로 된 경우의 상층 비율은 현재의 상층 비율의 3배이다.
③ [예측 2]대로 된 경우의 계층 구조는 모래시계형이다.
⑤ [예측 2]대로 된 경우의 중층 비율은 15%이고, [예측 1]대로 된 경우의 상층 비율은 30%이다. 따라서 [예측 2]대로 된 경우의 중층 비율은 [예측 1]대로 된 경우의 상층 비율의 1/2배이다.

이것만은 꼭!

1. 다이아몬드형 계층 구조는 중층의 비율이 상층과 하층의 비율보다 높은 계층 구조이다.
2. 모래시계형 계층 구조는 중층의 비율이 가장 낮고 소수의 상층과 다수의 하층으로 구성되는 계층 구조이다.
3. 중층의 비율이 높을수록 사회의 안정성이 높아진다.

제3권 평가원 해설

10 사회 이동과 사회 계층 구조

| 정답 ④ | 21년 6월 모의평가 9번

①	②	③ 함정	❹	⑤
2%	3%	27%	61%	7%

다음 자료에 대한 분석으로 옳은 것은? [3점]

그림은 갑국과 을국의 자녀 세대를 대상으로 본인의 계층과 본인의 어머니 또는 아버지의 계층을 전수 조사한 것이다. 계층은 상층, 중층, 하층으로만 구성된다. 부모 세대에서 부부의 계층은 동일하며, 모든 부모의 자녀는 1명씩이다.

■을 1명으로 간주하면 부모 중층 - 자녀 상층은 4명이다.

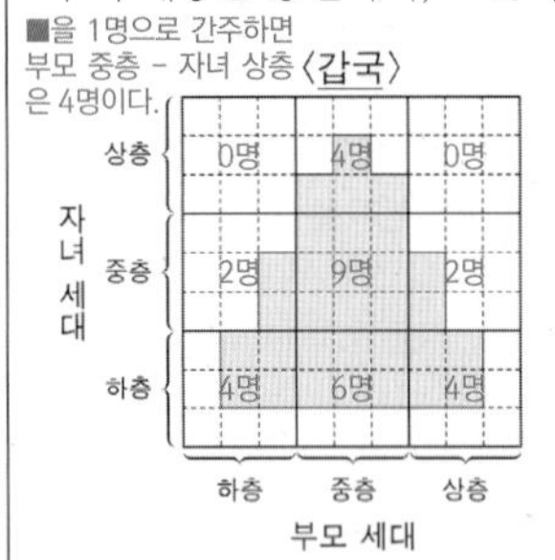

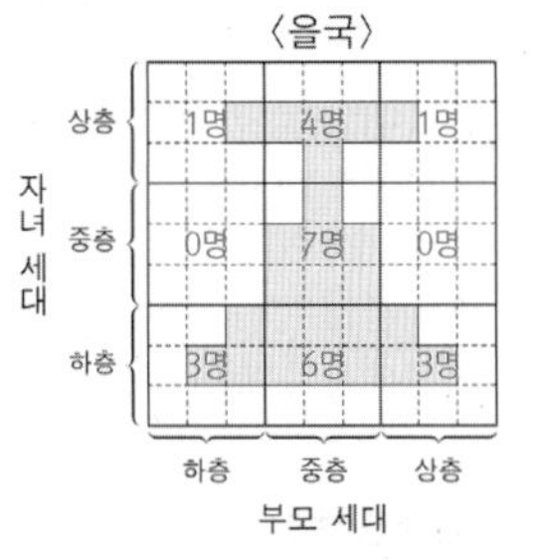

* 음영 부분 면적의 크기는 사람 수에 비례하며, 각 ■의 면적은 동일하다.

① 갑국은 을국과 달리(모두) 세대 간 상승 이동이 나타났다.
② 을국은 갑국과 달리(모두) 세대 간 하강 이동이 나타났다.
③ 갑국의 자녀 세대에서는 피라미드형 계층 구조가 나타나고, 을국의 자녀 세대에서는 모래시계형 계층 구조(피라미드형 계층 구조)가 나타난다.
④ 갑국과 을국 모두 부모 세대에서는 다이아몬드형 계층 구조가 나타난다.
⑤ 갑국과 을국 모두 부모의 계층을 대물림받은 자녀는 하층(중층)에서 가장 많다.

✔ 자료 분석 그림의 ■을 1명으로 간주하여 갑국과 을국의 부모 세대와 자녀 세대의 계층별 인원을 나타내면 다음과 같다.

〈갑국〉 (단위: 명)

구분		부모 세대			계
		상층	중층	하층	
자녀 세대	상층	0	4	0	4
	중층	2	9	2	13
	하층	4	6	4	14
계		6	19	6	31

〈을국〉 (단위: 명)

구분		부모 세대			계
		상층	중층	하층	
자녀 세대	상층	1	4	1	6
	중층	0	7	0	7
	하층	3	6	3	12
계		4	17	4	25

O 정답 찾기 ④ 부모 세대의 계층 구성은 갑국의 경우 상층 6명, 중층 19명, 하층 6명이고, 을국의 경우 상층 4명, 중층 17명, 하층 4명이다. 즉, 갑국과 을국 모두 부모 세대의 계층 구조는 중층의 비율이 가장 높은 다이아몬드형 계층 구조이다.

× 오답 풀이 ① 갑국과 을국 모두 부모 세대 중층에서 자녀 세대 상층으로 이동한 경우, 부모 세대 하층에서 자녀 세대 중층 또는 상층으로 이동한 경우가 존재한다. 따라서 갑국과 을국 모두 세대 간 상승 이동이 나타났다.
② 갑국과 을국 모두 부모 세대 상층에서 자녀 세대 중층 또는 하층으로 이동한 경우, 부모 세대 중층에서 자녀 세대 하층으로 이동한 경우가 존재한다. 따라서 갑국과 을국 모두 세대 간 하강 이동이 나타났다.
③ 자녀 세대의 계층 구성은 갑국의 경우 상층 4명, 중층 13명, 하층 14명이고, 을국의 경우 상층 6명, 중층 7명, 하층 12명이다. 즉, 갑국과 을국의 자녀 세대 계층 구조는 모두 피라미드형 계층 구조이다.
⑤ 부모의 계층을 대물림받은 자녀는 갑국의 경우 상층 0명, 중층 9명, 하층 4명이고, 을국의 경우 상층 1명, 중층 7명, 하층 3명이다. 즉, 갑국과 을국 모두 부모의 계층을 대물림받은 자녀는 중층에서 가장 많다.

③번을 정답으로 잘못 선택하였다면, 이는 갑국과 을국의 부모 세대 및 자녀 세대의 계층 이동 현황을 파악하지 못했을 가능성이 크다. 제시된 자료에서 음영 부분 면적을 1명이라고 가정하여 각 구역별로 인원을 파악하면 부모 세대와 자녀 세대의 계층별 인원을 알 수 있고, 이를 통해 계층 구조를 파악할 수 있다.

이것만은 

1. 모래시계형 계층 구조는 중층의 비율이 가장 낮고, 다이아몬드형 계층 구조는 중층의 비율이 가장 높다.
2. 세대 간 상승 이동은 부모 세대의 계층보다 자녀 세대의 계층이 높은 경우이고, 세대 간 하강 이동은 부모 세대의 계층보다 자녀 세대의 계층이 낮은 경우이다.
3. 다이아몬드형 계층 구조는 사회 통합에 유리한 계층 구조이다.

11 사회 이동과 사회 계층 구조 | 정답 ① | 21년 9월 모의평가 18번

❶	②	③	④	⑤
81%	4%	4%	4%	7%

그림은 갑국의 시기별 계층 구성 비율을 나타낸 것이다. 이에 대한 분석으로 옳은 것은? (단, 갑국의 계층은 상층, 중층, 하층으로만 구성되며, 각 시기별 조사 대상은 동일하다.)

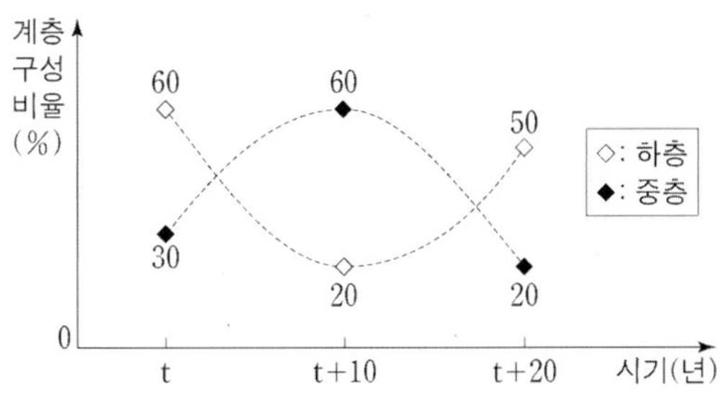

① t년 대비 t+20년에 상층의 비율은 3배가 되었다.
② 상층과 하층의 비율 차이는 t년보다 t+10년이 ~~크다~~ 작다.
③ t년은 폐쇄적 계층 구조, t+10년과 t+20년은 개방적 계층 구조이다.
④ ~~t+10년~~(t+20년)보다 ~~t+20년~~(t+10년)이 사회 통합에 더 유리한 계층 구조이다.
⑤ t년 대비 t+20년의 변화는 세대 ~~간~~(내) 이동, t+10년 대비 t+20년의 변화는 세대 내 이동의 결과이다.

✔ 자료 분석 갑국의 시기별 계층 구성 비율을 나타내면 다음과 같다.

(단위: %)

구분	t년	t+10년	t+20년
상층	10	20	30
중층	30	60	20
하층	60	20	50

○ 정답 찾기 ① 상층의 비율은 t년에 10%, t+20년에 30%이다. 따라서 t년 대비 t+20년에 상층의 비율은 3배가 되었다.

✕ 오답 풀이 ② t년에 상층의 비율은 10%, 하층의 비율은 60%이고, t+10년에 상층과 하층의 비율은 각각 20%로 같다. 따라서 상층과 하층의 비율 차이는 t년보다 t+10년이 작다.
③ 제시된 자료는 계층별 구성 비율을 나타내고 있으므로 계층 간 이동 가능성은 파악할 수 없다. 따라서 t년의 계층 구조를 폐쇄적 계층 구조, t+10년과 t+20년의 계층 구조를 개방적 계층 구조라고 단정할 수 없다.
④ t+10년은 다이아몬드형 계층 구조, t+20년은 모래시계형 계층 구조이다. 따라서 t+20년보다 t+10년이 사회 통합에 더 유리한 계층 구조이다.
⑤ 각 시기별 조사 대상이 동일하므로 t년 대비 t+20년의 변화와, t+10년 대비 t+20년의 변화는 모두 세대 내 이동의 결과이다.

이것만은 꼭!

1. 피라미드형 계층 구조는 폐쇄적 계층 구조, 다이아몬드형 계층 구조는 개방적 계층 구조라고 단정할 수 없다.
2. 세대 내 이동은 개인의 한 생애 내에서 나타나며, 세대 간 이동은 두 세대 이상에 걸쳐 나타난다.
3. 다이아몬드형 계층 구조는 사회의 급격한 변화보다 현 상태의 유지를 지향하는 중층의 비율이 가장 높아 사회의 안정성이 높다.

12 사회 이동과 사회 계층 구조 | 정답 ④ | 21년 수능 16번

①	②	③	❹	⑤
3%	3%	5%	82%	7%

다음 자료는 갑국과 을국의 세대 간 계층 이동 현황을 나타낸 것이다. 이에 대한 분석으로 옳은 것은? (단, 계층은 상층, 중층, 하층으로만 구분된다.) [3점]

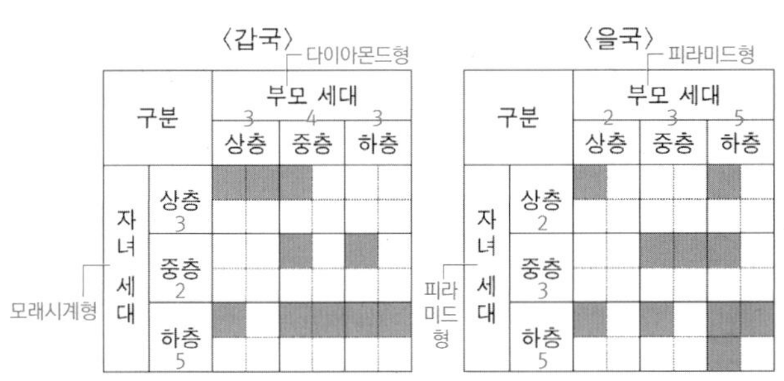

* ■의 면적은 해당 계층에 속한 사람 수를 나타낸 것이며, 각 ■의 면적은 동일함

① 갑국에서는 세대 간 상승 이동이 세대 간 하강 이동보다 ~~많다~~ 적다.
② 을국에서는 세대 간 이동이 계층 대물림보다 ~~많다~~ 적다.
③ 부모 세대의 경우, ~~을국~~(갑국)의 계층 구조가 ~~갑국~~(을국)에 비해 사회 통합에 유리하다.
④ 자녀 세대의 경우, 갑국의 계층 구조는 모래시계형이고 을국의 계층 구조는 피라미드형이다.
⑤ 갑국에서는 개방적 계층 구조가, 을국에서는 ~~폐쇄적~~(개방적) 계층 구조가 나타난다.

✔ 자료 분석 갑국과 을국에서 전체 ■의 수가 각각 10개이므로 전체 계층 구성 비율을 100%라고 하면, ■ 한 개는 10%에 해당한다.

○ 정답 찾기 ④ 자녀 세대의 계층 구성 비율은 갑국의 경우 상층 30%, 중층 20%, 하층 50%이고, 을국의 경우 상층 20%, 중층 30%, 하층 50%이다. 따라서 자녀 세대의 계층 구조는 갑국의 경우 모래시계형이고, 을국의 경우 피라미드형이다.

✕ 오답 풀이 ① 갑국의 경우 세대 간 상승 이동 비율은 20%이고, 세대 간 하강 이동 비율은 30%이다. 따라서 갑국에서는 세대 간 상승 이동이 세대 간 하강 이동보다 적다.
② 을국의 경우 세대 간 이동 비율은 40%이고, 계층 대물림 비율은 60%이다. 따라서 을국에서는 세대 간 이동이 계층 대물림보다 적다.
③ 부모 세대의 계층 구성은 갑국의 경우 상층 30%, 중층 40%, 하층 30%이고, 을국의 경우 상층 20%, 중층 30%, 하층 50%이다. 즉, 부모 세대의 계층 구조는 갑국의 경우 다이아몬드형이고, 을국의 경우 피라미드형이다. 따라서 부모 세대의 경우 갑국의 계층 구조가 을국에 비해 사회 통합에 유리하다.
⑤ 폐쇄적 계층 구조에서는 세대 간 이동이 나타날 수 없다. 갑국과 을국 모두에서 세대 간 이동이 나타났다. 따라서 을국에서 폐쇄적 계층 구조가 나타난다고 볼 수 없다.

이것만은 꼭!

1. 폐쇄적 계층 구조는 계층 간 이동이 엄격하게 제한된 계층 구조를 말한다.
2. 중층의 비율이 높은 사회에서 사회 통합이 유리하다.
3. 세대 간 이동은 두 세대 이상에 걸쳐 계층적 위치가 변화하는 이동을 말한다.

13 사회 이동과 사회 계층 구조

| 정답 ② | 19년 6월 모의평가 20번

①	❷	③	④ 함정	⑤
9%	37%	14%	28%	12%

다음 자료에 대한 옳은 분석만을 <보기>에서 있는 대로 고른 것은? [3점]

갑국의 계층은 상층, 중층, 하층으로만 구분되며, A~C는 각각 상층, 중층, 하층 중 하나이다. 부모 세대의 계층 구성비는 A : B : C = 3 : 6 : 1이고, 모든 부모의 자녀는 1명씩이다.
상층 30%, 중층 60%, 하층 10%

<부모 세대와 자녀 세대 간 계층 이동 현황>

(단위: %)

구분	A (상층)	B (중층)	C (하층)
부모 세대 계층 대비 부모 세대와 자녀 세대의 계층 일치 비율	50	25	50
자녀 세대 계층 대비 부모 세대와 자녀 세대의 계층 불일치 비율 (일치 비율)	25 (75)	50 (50)	90 (10)

* 자녀 세대 A(상층)는 부모 세대보다 계층이 낮을 수 없다.
** B(중층)는 다이아몬드형 계층 구조에서 가장 비율이 높은 계층(중층)이다.

보기

ㄱ. 세대 간 상승 이동 비율(최대 전체의 10%)이 세대 간 하강 이동 비율(최소 전체의 55%)보다 낮다.

ㄴ. 자녀 세대의 계층 구조(피라미드형)는 부모 세대의 계층 구조(다이아몬드형)보다 사회 통합에 ~~유리~~(불리)하다.

ㄷ. 중층 부모를 둔 하층 자녀 인구는 상층 부모를 둔 중층 자녀 인구의 ~~최대 3배~~(최소 3배, 최대 4배)이다.

ㄹ. 중층 대물림 인구 대비 상층 대물림 인구의 비는 하층 대물림 인구 대비 중층 대물림 인구의 비보다(15/5) 낮다(15/15).

① ㄱ, ㄴ ② ㄱ, ㄹ ③ ㄴ, ㄷ
④ ㄱ, ㄷ, ㄹ ⑤ ㄴ, ㄷ, ㄹ

✔ 자료 분석 제시된 자료에서 B는 다이아몬드형 계층 구조에서 가장 비율이 높은 계층이므로 B는 중층이다. 자녀 세대 A는 부모 세대보다 계층이 낮을 수 없으므로 A는 상층, C는 하층이다. 이를 통해 부모 세대의 계층 구성비는 상층 30%, 중층 60%, 하층 10%임을 파악할 수 있다. <부모 세대와 자녀 세대 간 계층 이동 현황>에서 '부모 세대 계층 대비 부모 세대와 자녀 세대의 계층 일치 비율'을 통해 각 계층별 대물림 비율을 구할 수 있다. 부모 세대의 계층 비율을 기준으로 각 계층이 자녀 세대로 대물림된 비율은 상층의 경우 15%(=30%의 50%), 중층의 경우 15%(=60%의 25%), 하층의 경우 5%(=10%의 50%)이다. '자녀 세대 계층 대비 부모 세대와 자녀 세대의 계층 불일치 비율'을 통해 자녀 세대의 계층별 비율을 파악할 수 있다. '계층 불일치 비율=100%−계층 일치 비율'이므로 '자녀 세대 계층 대비 부모 세대와 자녀 세대의 계층 일치 비율'은 상층의 경우 75%(=100%−25%), 중층의 경우 50%(=100%−50%), 하층의 경우 10%(=100%−90%)이다. 이를 바탕으로 부모 세대와 자녀 세대의 계층 구성을 나타내면 다음과 같다.

(단위: %)

구분		부모 세대 상층	부모 세대 중층	부모 세대 하층	계
자녀 세대	상층	15			20
	중층		15		30
	하층			5	50
계		30	60	10	100

O 정답 찾기 ㄱ. 세대 간 상승 이동 비율은 최대 전체의 10%(=5%+5%)이고, 세대 간 하강 이동 비율은 최소 전체의 55%이다. 따라서 세대 간 상승 이동 비율이 세대 간 하강 이동 비율보다 낮다.

ㄹ. 중층 대물림 인구 대비 상층 대물림 인구의 비는 15/15이고, 하층 대물림 인구 대비 중층 대물림 인구의 비는 15/5이다. 따라서 중층 대물림 인구 대비 상층 대물림 인구의 비가 하층 대물림 인구 대비 중층 대물림 인구의 비보다 낮다.

X 오답 풀이 ㄴ. 자녀 세대의 계층 구조는 피라미드형 계층 구조이고, 부모 세대의 계층 구조는 다이아몬드형 계층 구조이다. 따라서 자녀 세대의 계층 구조는 부모 세대의 계층 구조보다 사회 통합에 불리하다.

ㄷ. 중층 부모를 둔 하층 자녀 인구는 전체의 40%~45%의 값을 가지며, 상층 부모를 둔 중층 자녀 인구는 전체 자녀의 10%~15%의 값을 갖는다. 따라서 중층 부모를 둔 하층 자녀 인구는 상층 부모를 둔 중층 자녀 인구의 최소 3배, 최대 4배이다.

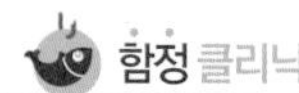

④번을 정답으로 잘못 선택하였다면, ㄷ을 옳은 진술로 착각했기 때문일 것이다. 중층 부모를 둔 하층 자녀의 비율을 x라고 가정할 경우, 상층 부모를 둔 중층 자녀의 비율은 $(x-30)$%이다. x의 범위는 40% 이상 45% 이하인데, x가 40%이면 $(x-30)$%은 10%이고, x가 45%이면 $(x-30)$%는 15%이다. 즉, 중층 부모를 둔 하층 자녀 인구는 상층 부모를 둔 중층 자녀 인구의 최소 3배, 최대 4배가 되는 것이다.

이것만은 꼭!

1. 피라미드형 계층 구조는 하층의 비율이 가장 높고, 상층의 비율이 가장 낮은 계층 구조이다.
2. 다이아몬드형 계층 구조는 중층의 비율이 상층의 비율 및 하층의 비율보다 높은 계층 구조이다.
3. 서로 다른 두 세대 간 계층이 동일한 경우 계층이 대물림되었다라고 표현한다.

14 사회 이동과 사회 계층 구조 | 정답 ② | 19년 수능 20번

①	❷	③	④ 함정	⑤
7%	43%	15%	21%	14%

다음 자료에 대한 분석으로 옳은 것은?

> (가), (나) 사회의 계층은 A~C로만 구성되며, A~C는 각각 상층, 중층, 하층 중 하나이다. 모든 부모의 자녀는 1명씩이다.

〈부모 세대와 자녀 세대 계층 구성의 상대적 비〉

구분	(가) 사회		(나) 사회	
	부모 세대	자녀 세대	부모 세대	자녀 세대
$\frac{A+C}{A+B}$ (중+상 / 중+하)	$\frac{7}{9}$	$\frac{5}{8}$	$\frac{5}{9}$	$\frac{5}{7}$
$\frac{A+C}{B+C}$ (중+상 / 하+상)	$\frac{7}{4}$	$\frac{5}{7}$	$\frac{5}{6}$	$\frac{5}{8}$

〈자녀 세대 계층 대비 부모 세대와 자녀 세대의 계층 불일치 비율〉

(단위: %)

구분	(가) 사회 (일치 비율)	(나) 사회 (일치 비율)
A 중층	0 (100)	20 (80)
B 하층	52 (48)	10 (90)
C 상층	55 (45)	80 (20)

* 자녀 세대 B(하층)는 부모 세대보다 계층이 높을 수 없으며, C(상층)는 A(중층)보다 높은 계층임

① (가) 사회에서 세대 간 상승 이동을 한 사람의 수는 하층 부모를 둔 자녀(전체의 6%)보다 중층 부모를 둔 자녀(전체의 5%)가 ~~많다~~ 적다.

② (나) 사회는 중층 부모를 둔 자녀 중에서 세대 간 상승 이동 비율(최소 19%)이 세대 간 하강 이동 비율(최대 5%)보다 높다.

③ (가) 사회와 달리 (나) 사회에서는 세대 간 이동 비율((가) 사회 37%, (나) 사회 33%)이 계층 대물림 비율((가) 사회 63%, (나) 사회 67%)보다 낮다.

④ (가) 사회와 달리 (나) 사회에서 부모 세대에는 피라미드형 계층 구조가, 자녀 세대에는 ~~다이아몬드형~~ 모래시계형 계층 구조가 나타난다.

⑤ (가) 사회는 부모 세대 상층에서 자녀 세대 중층으로의 이동이(0%), (나) 사회는 부모 세대 하층에서 자녀 세대 상층으로의 이동이(나타남) 나타나지 않았다.

함정 클리닉

④번을 정답으로 잘못 선택하였다면, 이는 A~C가 각각 어떤 계층에 해당하는지 제대로 파악하지 못했거나 제시된 자료를 통해 부모 세대와 자녀 세대의 계층 구성을 파악하지 못하였을 가능성이 크다. 한 사회의 부모 세대와 자녀 세대의 계층 이동 현황만을 제시했던 기존 문제와 달리 제시된 문제는 두 사회를 제시하고 있어 계층 이동 현황을 파악하기가 까다로웠을 것이다.

✔ 자료 분석 제시된 자료의 조건에서 자녀 세대 B는 부모 세대보다 계층이 높을 수 없으므로 B는 하층이다. 또한 C는 A보다 높은 계층이므로 C는 상층, A는 중층이다. 〈부모 세대와 자녀 세대 계층 구성의 상대적 비〉에서 (가) 사회 부모 세대의 A(중층), B(하층), C(상층)의 비율을 각각 a, b, c라고 하면 a+b+c는 100%이다. '{A(중층)+C(상층)}/{A(중층)+B(하층)}'가 7/9이고, {A(중층)+C(상층)}/{B(하층)+C(상층)}이 7/4이므로 a는 60%, b는 30%, C는 10%이다. 이와 같은 방법으로 부모 세대와 자녀 세대의 계층별 비율을 구하면, (가) 사회에서 부모 세대는 상층 10%, 중층 60%, 하층 30%이고, 자녀 세대는 상층 20%, 중층 30%, 하층 50%이다. (나) 사회에서 부모 세대는 상층 10%, 중층 40%, 하층 50%이고, 자녀 세대는 상층 30%, 중층 20%, 하층 50%이다. 〈자녀 세대 계층 대비 부모 세대와 자녀 세대의 계층 불일치 비율〉에서 '계층 불일치 비율=100%−계층 일치 비율'이므로 (가) 사회에서 A(중층)의 계층 일치 비율은 100%임을 알 수 있다. 이를 통해 중층의 계층 대물림 비율은 30%(자녀 세대 중층 비율 30%의 100%가 대물림)임을 알 수 있다. 상층(C)의 경우 계층 불일치 비율이 55%이므로 계층 일치 비율은 45%이다. 이를 통해 상층의 계층 대물림 비율은 9%(자녀 세대 상층 비율 20%의 45%가 대물림)임을 알 수 있다. 제시된 자료를 바탕으로 (가) 사회와 (나) 사회의 부모 세대와 자녀 세대의 계층 구성을 나타내면 다음과 같다.

〈(가) 사회〉

(단위: %)

구분		부모 세대			계
		상층	중층	하층	
자녀 세대	상층	9	5	6	20
	중층	0	30	0	30
	하층	1	25	24	50
계		10	60	30	100

〈(나) 사회〉

(단위: %)

구분		부모 세대			계
		상층	중층	하층	
자녀 세대	상층	6			30
	중층		16		20
	하층			45	50
계		10	40	50	100

O 정답 찾기 ② (나) 사회에서 중층 부모를 둔 자녀 중에서 세대 간 상승 이동 비율은 최소 19%이고, 세대 간 하강 이동 비율은 최대 5%이다.

✕ 오답 풀이 ① (가) 사회에서 세대 간 상승 이동 비율은 하층 부모를 둔 자녀의 경우 전체의 6%이고, 중층 부모를 둔 자녀의 경우 전체의 5%이다.

③ (가) 사회에서 세대 간 이동 비율은 37%, 계층 대물림 비율은 63%이다. (나) 사회에서 세대 간 이동 비율은 33%, 계층 대물림 비율은 67%이다.

④ (가) 사회에서 부모 세대의 계층 구조는 다이아몬드형, 자녀 세대의 계층 구조는 피라미드형이다. (나) 사회의 계층 구조에서 부모 세대의 계층 구조는 피라미드형, 자녀 세대의 계층 구조는 모래시계형이다.

⑤ (가) 사회에서는 부모 세대 상층에서 자녀 세대 중층으로의 이동이 나타나지 않았지만, (나) 사회에서는 부모 세대 하층에서 자녀 세대 상층으로의 이동이 나타나지 않았다고 단정할 수 없다.

제3권 평가원 해설

고난도 주제 03

다양한 사회 불평등 문제

p.070 ~ 080

01 ① 02 ③ 03 ③ 04 ③ 05 ③ 06 ② 07 ⑤ 08 ⑤ 09 ⑤ 10 ③ 11 ⑤ 12 ④ 13 ④ 14 ③ 15 ② 16 ① 17 ⑤
18 ③ 19 ④ 20 ① 21 ② 22 ③ 23 ③ 24 ② 25 ⑤ 26 ③ 27 ④ 28 ① 29 ④ 30 ①

01 사회적 소수자

| 정답 ① | 24년 6월 모의평가 16번

❶	②	③	④	⑤
92%	3%	2%	2%	1%

다음 자료에 대한 설명으로 옳은 것은? [3점]

□□신문 ○○○○년 ○○월 ○○일

갑국의 '이민자 통합 프로그램' 이대로 좋은가?

며칠 전 갑국에서는 야외 공연장을 가득 메운 사람들 사이에서 이민자들의 외모와 음식 문화를 비하하는 노래가 울려 퍼졌다. 갑국 내 극소수에 불과해 오랜 기간 취업과 임금 등에서 차별받아 온 ㉠이민자들은 이에 강하게 반발했고 양측의 충돌로 인해 유혈 사태가 발생하게 되었다. 특히 이를 해결하는 과정에서 경찰이 ㉡이민자가 아닌 갑국 사람들은 조사하지 않고 이민자들에 대해서만 강압 수사를 벌이면서 문제는 더욱 심각해졌다. 이러한 일련의 사건들로 인해 그동안 갑국 정부가 추진해 왔던 '이민자 통합 프로그램'의 효과가 의문시되고 있다.

(갑국에서의 사회적 소수자 ○ / 갑국에서의 사회적 소수자 ×)

① ㉠은 사회적 소수자로서의 정체성을 갖고 있다.
② ㉠에 비해 ㉡은 정치권력의 열세에 놓여 있다.
③ ㉡에 비해 ㉠은 경제적 자원 획득에서 유리한 위치에 있다.
④ 제도적 차원의 노력을 통해 차별을 해소한 사례를 보여 준다.
⑤ 한 사회 내에서 수적으로 우세하더라도 사회적 소수자가 될 수 있음을 보여 준다.

✔ 자료 분석 ㉠의 이민자는 갑국에서의 사회적 소수자에 해당하고, ㉡의 이민자가 아닌 갑국 사람들은 갑국에서의 사회적 소수자에 해당하지 않는다.

O 정답 찾기 ① 갑국 내 극소수에 불과하여 오랜 기간 취업과 임금 등에서 차별받아 온 이민자들이 자신들의 외모와 음식 문화를 비하하는 노래에 대해 강하게 반발하여 유혈 사태가 발생하게 되었다는 내용을 통해 이민자들이 사회적 소수자로서의 정체성을 가지고 있음을 알 수 있다.

× 오답 풀이 ② 갑국에서 이민자는 이민자가 아닌 갑국 사람들에 비해 정치권력의 열세에 놓여 있다.
③ 갑국에서 이민자는 이민자가 아닌 갑국 사람들에 비해 경제적 자원 획득에서 불리한 위치에 있다.
④ 제시된 자료는 갑국 정부가 추진해 왔던 이민자 통합 프로그램이라는 제도적 차원의 노력에도 불구하고 여전히 사회적 소수자에 대한 차별이 나타나고 있음을 보여 준다.
⑤ 갑국에서 이민자는 갑국 내 극소수에 불과하다. 따라서 제시된 자료가 한 사회 내에서 수적으로 우세하더라도 사회적 소수자가 될 수 있음을 보여 준다고 볼 수 없다.

이것만은 

1. 사회적 소수자는 일반적으로 주류 집단이나 세력에 비해 열세에 위치한 대상들이다.
2. 시대, 장소, 소속 집단의 범주 등에 따라 사회적 소수자에 해당하는지 여부가 달라진다.
3. 다원화, 인적 교류 증대 등으로 인해 다양한 유형의 사회적 소수자가 나타난다.

02 사회적 소수자

| 정답 ③ | 24년 9월 모의평가 19번

①	②	❸	④	⑤
1%	4%	89%	4%	2%

다음 자료에 대한 옳은 설명만을 <보기>에서 고른 것은? [3점]

A국으로 이주한 갑은 □□ 보건소 주임으로 근무하면서 여성이라는 이유로 근로 조건에서 차별을 당하자 승진을 통해 이를 극복하려고 지방 관리직 시험에 응시하려 했다. 보건소 부소장은 규정상 A국 국적이 없으면 관리직이 될 수 없다는 이유로 접수를 거부했다. 이에 갑은 □□시를 상대로 수험 자격이 있음을 확인해 달라는 소송을 제기했다. 1심 법원은 A국 국적을 가진 사람이 공권력을 행사하는 관리직이 되는 게 원칙이므로 외국인의 관리직 취임이 불가능하다고 판단했다. 하지만 2심 법원은 □□시의 처분이 헌법이 보장한 직업 선택의 자유를 제한하고 차별 금지를 위반했다는 점에서 위법이라고 판단했다. □□시는 2심 판결에 불복하여 현재 상고심을 준비 중이다. 이에 A국 ㉠시민 사회를 중심으로 2심 판결을 지지하며 □□시의 판결 불복을 규탄하는 집회가 전국 각지에서 일어났다.

보기

ㄱ. 갑은 적극적 우대 조치로 인해 역차별을 받는 집단에 속해 있다.

ㄴ. 갑은 여러 사회적 소수자 집단에 속해 다양한 차별을 받았다.

ㄷ. 2심 판결은 사회적 소수자의 불리한 위치를 제도적으로 개선하자는 주장의 근거가 될 수 있다.

ㄹ. ㉠은 사회적 소수자에게 A국 국민과 동등한 권리를 부여해서는 안 된다고 인식하고 있다.
해야 한다고

① ㄱ, ㄴ ② ㄱ, ㄷ ③ ㄴ, ㄷ ④ ㄴ, ㄹ ⑤ ㄷ, ㄹ

✔ 자료 분석 갑은 여성이라는 사회적 소수자 집단과 A국 국적이 없는 외국인이라는 사회적 소수자 집단에 소속되어 있다.

O 정답 찾기 ㄴ. 갑은 여성이라는 이유와 A국 국적이 없는 외국인이라는 이유로 인해 다양한 차별을 받았다.
ㄷ. 2심 판결은 A국 국적이 없다는 이유로 관리직 시험에 응시하지 못하게 한 □□시의 처분이 부당하다는 내용이다. 이는 사회적 소수자의 불리한 위치를 제도적으로 개선하자는 주장의 근거가 될 수 있다.

× 오답 풀이 ㄱ. 갑은 사회적 소수자 집단에 속해 있으므로 적극적 우대 조치로 인해 역차별을 받는 집단에 속해 있다고 볼 수 없다. 적극적 우대 조치로 인해 사회적 소수자 집단이 아닌 집단에 속해 있는 구성원들이 역차별을 받는 문제가 발생할 수 있다.
ㄹ. 시민 사회는 2심 판결을 지지하고 있으므로 사회적 소수자에게 A국 국민과 동등한 권리를 부여해야 한다고 인식하고 있다.

이것만은 꼭!

1. 사회적 소수자는 신체적 또는 문화적 특징으로 인해 주류 집단으로부터 차별을 받고 자신들이 차별의 대상임을 인식하고 있는 사람들을 가리킨다.
2. 사회적 약자나 소수자를 우대하기 위한 정책으로 인해 다른 사람들이 차별을 당하는 현상을 역차별이라고 한다.
3. 시대와 사회에 따라 사회적 소수자에 해당하는 집단은 달라질 수 있다.

03 사회적 소수자

| 정답 ③ | 24년 수능 17번

①	②	❸	④	⑤
4%	2%	90%	1%	3%

다음 자료에 대한 설명으로 옳은 것은? [3점]

□□국은 소수이지만 지배층을 이루는 A족과 다수이지만 지배를 받는 B족으로 구성되어 있었다. A족 출신 직업 군인인 갑은 ㉠자신에게 주어진 업무 처리를 위해 철저히 준비하여 조직에서 우수한 성과를 내었다. 빠른 진급을 하며 승승장구하던 갑은 훈련 도중 불의의 사고로 장애 판정을 받아 더 이상 군 생활을 할 수 없었다. 이후 다른 직종에 취업하려 했으나 장애인에 대한 사회적 편견으로 인해 늘 거절당했다. 갑이 생활의 어려움을 겪던 중 □□국에서 대다수를 이루는 B족이 권력을 장악하게 되었다. B족은 권력의 정통성을 확보하기 위해 A족에게 인종 차별 정책을 시행하였다. 인종 차별까지 겪은 갑은 ㉡□□국에서 생활을 계속해야 할지 차별이 없는 다른 나라로 이주해야 할지 고민하였다.

(예기 사회화 ×) (후천적 요인) (생득적 요인) (갑의 역할 갈등 ×)

① ㉠은 갑의 예기 사회화이다.
② ㉡은 갑의 역할 갈등이다.
에 해당하지 않는다.
③ 갑은 생득적 요인과 후천적 요인에 따른 차별을 모두 경험하였다.
(인종) (장애인)
④ A족과 달리 B족은 수적인 열세로 인해 차별을 받았다.
⑤ B족과 달리 A족은 사회적 소수자 우대 정책으로 역차별을 받았다.

✔ 자료 분석 A족은 B족의 권력 정통성 확보를 위해 시행된 인종 차별 정책으로 인해 □□국에서 사회적 소수자가 되었다.

O 정답 찾기 ③ 갑은 생득적 요인인 인종으로 인해 차별을 경험하였고, 후천적 요인인 장애인이라는 이유로 차별을 경험하였다.

× 오답 풀이 ① 직업 군인인 갑이 자신에게 주어진 업무를 처리하기 위해 철저히 준비하는 것은 예기 사회화에 해당하지 않는다.
② □□국에서 인종 차별을 겪은 갑이 □□국에서 생활을 계속해야 할지 인종 차별이 없는 다른 나라로 이주해야 할지 고민하는 것은 갑의 역할 간 충돌로 인해 나타나는 역할 갈등에 해당하지 않는다.
④ B족은 □□국에서 다수를 차지하고 있으므로 수적인 열세로 차별을 받았다고 볼 수 없다.
⑤ 제시된 자료를 통해 A족이 사회적 소수자 우대 정책으로 역차별을 받았다고 볼 수 없다.

이것만은 꼭!

1. 사회적 소수자는 수적으로 반드시 소수를 의미하는 것은 아니다.
2. 시대, 장소, 소속 집단의 범주 등에 따라 사회적 소수자의 해당 여부가 달라진다.
3. 사회적 소수자 집단의 구성원들을 우대함으로써 사회적 소수자가 아닌 집단의 구성원들을 차별할 수 있는 역차별 문제가 발생할 수 있다.

제3권 평가원 해설

04 사회적 소수자

| 정답 ③ | 23년 6월 모의평가 8번

①	②	❸	④	⑤
3%	2%	88%	3%	4%

다음 두 사례에서 공통적으로 도출할 수 있는 결론으로 가장 적절한 것은?

> ㅇ갑국에서 외국인 근로자는(갑국에서의 사회적 소수자) 전체 인구의 약 10%에 해당한다. 이들을 대상으로 일상생활에서 차별받은 경험 여부를 조사했더니 대다수가 갑국 사회에서 차별받은 경험이 있다고 응답했다. 또한 내국인의 경우처럼 남성보다 여성이(갑국에서의 사회적 소수자) 더 심한 차별을 받는 것으로 나타났다.
>
> ㅇ을국은 A 민족과 B 민족으로 구성되어 있는데, B 민족이(을국에서의 사회적 소수자) 전체 인구의 70% 정도임에도 정치·경제의 대부분을 장악한 A 민족으로부터 차별을 받는다. 한편 을국에서는 종교에 따른 차별도 존재하는데, B 민족의 경우 국교가 아닌 타 종교를 믿는 사람들은(을국에서의 사회적 소수자) 더 심한 차별을 받고 있다.

① 수적으로 열세이기 때문에 사회적 소수자가 된다.
② 사회적 소수자에 대한 우대 정책이 역차별을 낳을 수 있다.
③ 한 개인이 여러 사회적 소수자 집단에 중첩되어 속할 수 있다.
④ 사회적 소수자를 규정하는 기준은 가변적이지 않고 고정적이다.
⑤ 사회적 소수자는 선천적 요인이 아닌 후천적 요인에 의해 결정된다.

✓ 자료 분석 사회적 소수자는 신체적 또는 문화적 특징으로 인해 불평등한 처우를 받는 사람들을 의미한다. 갑국에서는 외국인 근로자와 여성이 사회적 소수자에 해당하고, 을국에서는 B 민족과 타 종교를 믿는 사람들이 사회적 소수자에 해당한다.

O 정답 찾기 ③ 갑국의 경우 여성 외국인 근로자는 외국인 근로자와 여성이라는 사회적 소수자 집단에 중첩되어 속할 수 있고, 을국의 경우 타 종교를 믿는 B 민족은 B 민족과 타 종교를 믿는 사람들이라는 사회적 소수자 집단에 중첩되어 속할 수 있다.

× 오답 풀이 ① 을국의 경우 B 민족은 전체 인구의 70% 정도 차지하고 있으나 사회적 소수자에 해당한다. 따라서 사회적 소수자는 반드시 수적으로 열세인 것만은 아니다.
② 제시된 사례에서는 사회적 소수자에 대한 우대 정책이 나타나 있지 않다.
④ 제시된 사례에서는 사회적 소수자를 규정하는 기준이 고정적이라는 내용이 나타나 있지 않다.
⑤ 갑국에서는 여성이라는 선천적 요인에 의해, 을국에서는 B 민족이라는 선천적 요인에 의해 사회적 소수자가 결정되고 있다.

이것만은 꼭!
1. 사회적 소수자는 반드시 수적으로 열세인 것만은 아니다.
2. 사회적 소수자는 선천적 요인뿐만 아니라 후천적 요인에 의해서도 결정된다.
3. 사회적 소수자를 규정하는 기준은 사회마다 다를 수 있다.

05 성 불평등 문제

| 정답 ③ | 23년 6월 모의평가 10번

①	②	❸	④ 함정	⑤
5%	10%	50%	25%	10%

다음 자료에 대한 분석으로 옳은 것은? [3점]

표는 갑국의 t년 연령대별 '상대적 평균 임금'을 혼인 상태별·성별로 구분하여 제시한 것이다. 연령대별 상대적 평균 임금은 20대 기혼(미혼) 남성(여성) 평균 임금을 100이라고 할 때 다른 연령대의 기혼(미혼) 남성(여성) 평균 임금의 크기를 나타낸다.

갑국에서 t년에 기혼 20대의 성별 임금 격차 지수는 20이고, 미혼 20대의 성별 임금 격차 지수는 10이다. 20대 기혼 여성의 평균 임금과 20대 미혼 남성의 평균 임금은 같다. 따라서 20대 기혼 남성의 평균 임금이 100달러라면 20대 미혼 여성의 평균 임금은 (㉠ 72)달러이다.

(남성 평균 임금을 100이라고 하면 여성 평균 임금은 80임을 의미함)
(남성 평균 임금을 100이라고 하면 여성 평균 임금은 90임을 의미함)

〈연령대별 상대적 평균 임금〉

구분	기혼		미혼	
	남성	여성	남성	여성
20대	100	100	100	100
30대	142	130	140	140
40대	165	120	145	155
50대	170	90	130	150
60대 이상	110	70	90	60

* 성별 임금 격차 지수 = {(남성 평균 임금 − 여성 평균 임금)/남성 평균 임금}×100

① ㉠은 ~~'100'~~(72)이다.
② 40대에서 성별 임금 격차 지수는 기혼이 미혼보다 ~~작다~~(크다).
③ 50대 기혼 여성과 20대 미혼 여성의 평균 임금은 같다.
④ 기혼 남성 40대와 50대의 평균 임금 차이와 미혼 남성 30대와 40대의 평균 임금 차이는 ~~같다~~(다르다).
⑤ 미혼의 경우, ~~모든 연령대에서~~ 남성 평균 임금이 여성 평균 임금보다 높다.

✓ 자료 분석 20대 기혼 남성의 평균 임금을 100달러라고 가정하여 제시된 자료를 바탕으로 연령대별, 성별 상대적 평균 임금을 나타내면 다음과 같다.

(단위: 달러)

구분	기혼		미혼	
	남성	여성	남성	여성
20대	100	80	80	72
30대	142	104	112	100.8
40대	165	96	116	111.6
50대	170	72	104	108
60대 이상	110	56	72	43.2

O 정답 찾기 ③ 기혼 여성의 평균 임금과 20대 미혼 여성의 평균 임금은 각각 72달러로 같다.

× 오답 풀이 ① 20대 기혼 남성의 평균 임금이 100달러라면 20대 미혼 여성의 평균 임금은 72달러이다.
② 40대에서 성별 임금 격차 지수는 기혼의 경우 약 41.8이고, 미혼의 경우 약 3.8이다. 따라서 40대에서 성별 임금 격차 지수는 기혼이 미혼보다 크다.
④ 기혼 남성 40대와 50대의 평균 임금 차이는 5달러이고, 미혼 남성 30대와 40대의 평균 임금 차이는 4달러이다.
⑤ 미혼의 경우, 50대를 제외한 연령대에서 남성 평균 임금이 여성 평균 임금보다 높다.

함정 클리닉

④번을 옳다고 판단한 학생들은 상대적 평균 임금과 실제 평균 임금이 다르다는 점을 몰랐을 가능성이 크다. 상대적 평균 임금은 실제 평균 임금으로 환산한 후 계산해야 한다. 자료 분석에 제시된 표와 같이 기준을 정하고 실제 임금을 계산한 후 접근해야 한다.

이것만은 꼭!

1. 상대적 평균 임금은 실제 평균 임금으로 환산하여 판단해야 한다.
2. 성별 임금 격차 지수 등과 같은 조건은 문제마다 달라질 수 있으므로 꼼꼼하게 살펴보아야 한다.

06 빈곤의 유형

| 정답 ② | 23년 9월 모의평가 5번

①	❷	③	④	⑤
6%	73%	4%	15%	2%

다음 자료에 대한 옳은 설명만을 〈보기〉에서 있는 대로 고른 것은? [3점]

[서술형 평가] 다음 글에 제시된 빈곤의 유형 A(상대적 빈곤)에 대한 옳은 설명을 4가지 쓰시오.

> 일반적으로 빈곤은 인간의 기본적 욕구와 관련된 물질적 결핍이 만성적으로 지속되는 경제적 상태를 의미한다. 설령 인간으로서 최소 생활 유지에 필요한 자원이나 소득이 확보된 상태라고 해도 사회의 전반적 소득 수준과 비교하여 소득 수준이 낮은 상태 역시 빈곤으로 분류된다. 이러한 유형의 빈곤을 A라 한다.

[학생의 답안과 교사의 채점 결과]

답안	채점 결과
우리나라에서는 객관화된 기준을 적용하여 파악한다.	㉠ ○
(가)	○
(나)	×
소득 수준이 높은 국가에서는 나타나지 않는다.	㉡ ×

(○: 맞음, ×: 틀림)

〈보기〉

ㄱ. ㉠과 ㉡에 해당하는 채점 결과는 ~~동일하다~~(다르다).

ㄴ. (가)에는 '우리나라에서는 최저 생계비를 기준으로 빈곤선이 결정된다.(절대적 빈곤)'가 들어갈 수 ~~있다~~(없다).

ㄷ. (나)에는 '개인이 주관적으로 빈곤하다고 인식하는 상태를 의미한다.(주관적 빈곤)'가 들어갈 수 있다.

① ㄱ ② ㄷ ③ ㄱ, ㄴ ④ ㄴ, ㄷ ⑤ ㄱ, ㄴ, ㄷ

✓ 자료 분석 사회의 전반적 소득 수준과 비교하여 소득 수준이 낮은 상태를 의미하는 빈곤은 상대적 빈곤이다. 따라서 A는 상대적 빈곤이다.

O 정답 찾기 ㄷ. 개인이 주관적으로 빈곤하다고 인식하는 상태를 의미하는 빈곤은 주관적 빈곤이다. 상대적 빈곤은 객관적 빈곤에 해당한다. 따라서 해당 내용은 (나)에 들어갈 수 있다.

× 오답 풀이 ㄱ. 우리나라에서는 중위 소득의 50%를 기준으로 상대적 빈곤을 파악한다. 따라서 ㉠은 '○'이다. 상대적 빈곤은 소득 수준이 높은 국가에서도 나타날 수 있다. 따라서 ㉡은 '×'이다.

ㄴ. 우리나라에서 최저 생계비를 기준으로 빈곤선이 결정되는 빈곤은 절대적 빈곤이다. 따라서 해당 내용은 (가)에 들어갈 수 없다.

이것만은 꼭!

1. 상대적 빈곤은 객관적 빈곤에 해당한다.
2. 상대적 빈곤은 소득 수준이 높은 국가에서도 나타날 수 있다.
3. 주관적 빈곤은 개인이 주관적으로 빈곤하다고 인식하는 상태를 의미한다.

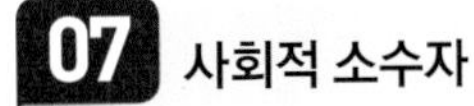

07 사회적 소수자

| 정답 ⑤ | 23년 수능 8번

①	②	③	④	❺
2%	3%	9%	12%	74%

사회적 소수자 A, B에 대한 설명으로 옳은 것은? [3점]

> ㅇ 갑국에 사는 노인 A는 취업 시장에서 불이익을 받거나 카페 등 특정한 장소에서 입장에 제한을 받는 등 나이가 많다는 이유로 차별받았다. (귀속적 특성)
>
> ㅇ 강제 이주로 3대째 을국에서 살고 있는 이주민의 3세 B는 을국 사람들과 구분되는 민족적, 인종적 특성으로 인해 을국에서 차별받았다. (귀속적 특성)

① ~~A는 B와 달리~~ (A와 B는 모두) 권력의 열세로 인해 차별받았다.
② ~~A는 B~~(B)와 달리(A) 여러 사회적 소수자 집단에 중첩되어 속해 있다.
③ ~~B는 A와 달리~~ (A와 B는 모두) 고정 관념으로 인해 차별의 대상이 되었다.
④ ~~B는 A와 달리~~ (A와 B는 모두) 식별 가능성으로 인해 차별의 대상이 되었다.
⑤ A와 B는 모두 귀속적 특성으로 인해 차별받았다.

✔ 자료 분석 갑국에서 노인 A는 사회적 소수자에 해당하고, 을국에서 이주민 3세 B는 사회적 소수자에 해당한다.

O 정답 찾기 ⑤ A는 나이라는 귀속적 특성으로, B는 민족과 인종이라는 귀속적 특성으로 인해 차별받았다.

X 오답 풀이 ① 노인 A는 갑국에서 사회적 소수자에 해당하고, 이주민 3세 B는 을국에서 사회적 소수자에 해당한다. 사회적 소수자는 권력의 열세로 인해 차별받는 집단이다.
② A는 노인이라는 사회적 소수자 집단에 속해 있고, B는 다른 민족이라는 사회적 소수자 집단과 다른 인종이라는 사회적 소수자 집단에 속해 있다. 따라서 B는 A와 달리 여러 사회적 소수자 집단에 중첩되어 속해 있다.
③ A는 나이가 많다는 이유로 차별을 받았고, B는 민족적·인종적 특성으로 인해 차별을 받았다. 이를 통해 A와 B 모두 고정 관념으로 인해 차별의 대상이 되었음을 알 수 있다.
④ A는 노인이라는 점에서 구분되고, B는 민족적·인종적 특성으로 인해 구분된다. 따라서 A와 B 모두 식별 가능성으로 인해 차별의 대상이 되었다.

이것만은 꼭!

1. 사회적 소수자는 소수자 집단의 성원이라는 이유만으로 사회적 차별의 대상이 된다.
2. 사회적 소수자는 주류 집단에 비해 사회적 자원의 획득에서 불리한 위치에 있다.
3. 시대, 장소, 소속 집단의 범주 등에 따라 사회적 소수자에 대한 규정이 달라진다.

08 빈곤의 유형

| 정답 ⑤ | 23년 11월 수능 17번

①	②	③	④	❺
2%	9%	4%	2%	83%

빈곤의 유형 A, B에 대한 설명으로 옳은 것은? (단, A, B는 각각 절대적 빈곤, 상대적 빈곤 중 하나임.)

> 소설 ○○○는 1970년대를 배경으로 하여 최소한의 생계유지를 하지 못하는 A 가구(절대적 빈곤)의 삶을 그리고 있다. 소설의 주인공은 생필품조차 구매할 수 없는 저임금을 받고 고된 노동을 한다. 2020년대를 배경으로 한 드라마 □□□는 A에서는 벗어났지만 사회 구성원 다수가 누리는 생활 수준을 충족하지 못하는 B 가구(상대적 빈곤)의 삶을 그리고 있다. 드라마 속 주인공은 부자들의 모습에 상대적 박탈감을 느낀다.

① A는 상대적 박탈감이라는 사회 문제를 ~~유발하지 않는다~~(유발할 수 있다).
② 우리나라에서 가구 소득이 ~~중위 소득~~(중위 소득 50%)에 미치지 못하는 가구는 모두 B 가구이다.
③ ~~A는 B~~(B)와 달리(A) 사회 구성원의 소득 분포에 따라 상대적으로 규정된다.
④ B는 A와 달리 경제 성장을 통해 해결할 수 있다.
⑤ 상대적 빈곤선이 절대적 빈곤선보다 높으면 A에 해당하는 모든 가구는 B에 해당한다. (절대적 빈곤율 < 상대적 빈곤율)

✔ 자료 분석 최소한의 생계유지를 하지 못하는 A 가구는 절대적 빈곤 가구이고, 사회 구성원 다수가 누리는 생활 수준을 충족하지 못하는 B 가구는 상대적 빈곤 가구이다. 따라서 A는 절대적 빈곤, B는 상대적 빈곤이다.

O 정답 찾기 ⑤ 상대적 빈곤선이 절대적 빈곤선보다 높으면, 상대적 빈곤율이 절대적 빈곤율보다 높다. 따라서 절대적 빈곤 가구는 모두 상대적 빈곤 가구에 해당한다.

X 오답 풀이 ① 절대적 빈곤과 상대적 빈곤은 모두 상대적 박탈감을 유발할 수 있다.
② 우리나라에서 가구 소득이 중위 소득 50%에 미치지 못하는 가구는 모두 상대적 빈곤 가구에 해당한다.
③ 상대적 빈곤은 절대적 빈곤과 달리 사회 구성원의 소득 분포에 따라 상대적으로 규정된다.
④ 상대적 빈곤은 경제 성장이 이루어지더라도 나타날 수 있다.

이것만은 꼭!

1. 절대적 빈곤과 상대적 빈곤은 모두 상대적 박탈감을 유발할 수 있다.
2. 상대적 빈곤은 사회 구성원의 소득 분포에 따라 상대적으로 규정된다.
3. 상대적 빈곤선이 절대적 빈곤선보다 높으면, 절대적 빈곤 가구는 모두 상대적 빈곤 가구에 해당한다.

09 빈곤의 유형

| 정답 ⑤ | 22년 6월 모의평가 6번

①	②	③	④	❺
6%	2%	5%	4%	83%

빈곤의 유형 A, B에 대한 설명으로 옳은 것은? (단, A, B는 각각 절대적 빈곤, 상대적 빈곤 중 하나임.) [3점]

> ┌상대적 빈곤
> A는 다른 사람들보다 자원이나 소득이 적어 한 사회의 평균적인 생활 수준에 미치지 못하는 상태를, B는 사람들의 최저 생활에 필요한 최소한의 자원이나 소득이 결핍된 상태를 의미한다.
> └절대적 빈곤

① A는 실제 소득과 상관없이 개인이 체감하는 빈곤 상태를 말한다. (주관적 빈곤)

② B에 따른 빈곤선은 최저 생계 유지에 필요한 자원의 수준이 시대와 장소에 ~~상관없이 동일하다는~~ (따라 다를 수 있다는) 전제하에 결정된다.

③ ~~B는 A와 달리~~ (A, B는 모두) 소득 수준이 낮은 사회에서 ~~나타난다~~ (나타날 수 있다).

④ ~~A에 따른 빈곤선은 B에 따른 빈곤선과 달리~~ (상대적 빈곤선과 절대적 빈곤선은 모두) 객관적 기준에 따라 정한다.

⑤ A에 따른 빈곤선을 적용하면 B에 해당하지 않는 가구도 빈곤 가구에 포함될 수 있다.

✔ 자료 분석 다른 사람들보다 자원이나 소득이 적어 한 사회의 평균적인 생활 수준에 미치지 못하는 상태를 의미하는 A는 상대적 빈곤이고, 사람들의 최저 생활에 필요한 최소한의 자원이나 소득이 결핍된 상태를 의미하는 B는 절대적 빈곤이다.

O 정답 찾기 ⑤ 절대적 빈곤선이 상대적 빈곤선보다 낮으면 절대적 빈곤에 해당하지 않는 가구도 상대적 빈곤 가구에 포함될 수 있다.

X 오답 풀이 ① 실제 소득과 상관없이 개인이 체감하는 빈곤 상태를 주관적 빈곤이라고 한다.
② 절대적 빈곤선으로 활용되는, 최저 생계 유지에 필요한 자원의 수준(최저 생계비)은 시대와 장소에 따라 다를 수 있다.
③ 상대적 빈곤과 절대적 빈곤은 모두 소득 수준이 낮은 사회에서 나타날 수 있다.
④ 상대적 빈곤선과 절대적 빈곤선은 모두 객관적 기준에 따라 정한다.

이것만은 꼭!
1. 개인이 체감하는 빈곤 상태를 주관적 빈곤이라고 한다.
2. 절대적 빈곤선과 상대적 빈곤선은 모두 객관적 기준에 따라 정한다.
3. 절대적 빈곤과 상대적 빈곤은 모두 소득 수준이 낮은 사회에서 나타날 수 있다.

10 사회적 소수자

| 정답 ③ | 22년 6월 모의평가 7번

①	②	❸	④	⑤
1%	3%	92%	3%	1%

사회적 소수자와 관련한 현상 A~E에 대한 설명으로 옳은 것은?

> ┌사회적 소수자가 무조건 소수(少數)인 것이 아님을 보여 줌
> A: 갑국에서 인구 비중이 90%를 넘는 흑인은 경제, 사회, 정치 등 대부분의 영역에서 종속적인 위치에 처해 있다.
> B: 노인은 일반적으로 노동 생산성이 낮을 것이라는 편견으로 인해 고용상의 차별을 받기도 한다.
> C: 소수 민족 구성원이기만 한 사람보다 소수 민족 구성원이면서 장애가 있는 사람이 사회적 차별을 더 많이 받기도 한다. - 한 개인이 여러 소수자 집단에 중첩될 수 있음을 보여 줌
> D: 최근에는 비정규직 노동자, 이주 노동자, 북한 이탈 주민 등 다양한 유형의 사회적 소수자가 등장하고 있다. - 사회적 소수자가 후천적인 요인으로 결정될 수 있음을 보여 줌
> E: 을국에서 을국 국교를 믿는 사람이 병국에서는 그 종교를 믿는다는 이유로 사회적 소수자가 되기도 한다. - 사회적 소수자에 대한 규정이 사회마다 다를 수 있음을 보여 줌

① A는 사회적 소수자가 ~~권력의 열세~~ (수적 열세)가 아닌 ~~수적 열세~~ (권력의 열세)라는 특성에 의해 규정된다는 점을 보여 준다.

② B는 사회적 소수자에 대한 우대 정책이 역차별을 낳을 수 있음을 ~~보여 준다~~ (보여 주지 않는다).

③ C는 한 개인이 여러 사회적 소수자 집단에 중첩되어 속할 수 있음을 보여 준다.

④ D는 사회적 소수자가 ~~후천적인 요인~~ (생득적인 요인)보다 ~~생득적인 요인~~ (후천적인 요인)으로 결정됨을 보여 준다.

⑤ E는 사회적 소수자에 대한 규정이 ~~가변적이지 않고 고정적임~~ (고정적이지 않고 가변적임)을 보여 준다.

✔ 자료 분석 사회적 소수자는 신체적 또는 문화적 특징으로 인해 불평등한 처우를 받는 사람들로, 수적으로 반드시 소수를 의미하는 것은 아니다.

O 정답 찾기 ③ C는 한 개인이 소수 민족이라는 사회적 소수자 집단과 장애가 있는 사람이라는 사회적 소수자 집단에 모두 포함될 수 있음을 보여 준다. 이는 한 개인이 여러 사회적 소수자 집단에 중첩되어 속할 수 있음을 보여 준다.

X 오답 풀이 ① A는 한 사회 내에서 수적으로 우위에 있어도 사회적 소수자가 될 수 있음을 보여 준다.
② B는 사회적 소수자인 노인이 고용상의 차별을 받고 있음을 보여 준다.
④ D는 후천적 요인에 의해 사회적 소수자가 될 수 있음을 보여 준다.
⑤ E는 사회적 소수자에 대한 규정이 가변적임을 보여 준다.

이것만은 꼭!
1. 사회적 소수자에 대한 적극적 우대 조치는 역차별을 가져올 수 있다.
2. 한 개인은 여러 사회적 소수자 집단에 중첩되어 속할 수 있다.
3. 사회적 소수자에 대한 규정은 시대, 장소 등에 따라 가변적이다.

11 성 불평등 문제

| 정답 ⑤ | 22년 6월 모의평가 9번

①	②	③ 함정	④ 함정	❺
6%	9%	20%	18%	47%

다음 자료에 대한 분석으로 옳은 것은?

표는 연구자 갑이 A국 ○○기업 직원의 연봉 구간에 따른 성별 분포와 여성비를 조사한 것이다. 단, ○○기업의 연봉은 1구간에서 시작하며 근무 기간에 비례한다.

연봉 구간		구성 비율(%) 여성	구성 비율(%) 남성	여성비
1구간	2만 달러 미만	13	5	1.61
2구간	2만 달러 이상 4만 달러 미만	57	32	1.10
3구간	4만 달러 이상 6만 달러 미만	18	29	0.38
4구간	6만 달러 이상 8만 달러 미만	7	15	0.29
5구간	8만 달러 이상	5	19	0.16
전체		100	100	0.62

* 여성비 = 여성 수 / 남성 수

** 여성비는 소수점 셋째 자리에서 반올림한 수치임.

전체 남성 직원 수가 전체 여성 직원 수보다 많음

여성비가 지속적으로 줄어들고 있으며, 이는 전체 직원에서 남성 직원이 차지하는 비율이 높아지고 있음을 의미함

① 전체 여성 직원 수는 전체 직원 수의 ~~62%~~(약 38.3%)이다.

② 1구간에 해당하는 남성 직원 수는 5구간에 해당하는 여성 직원 수보다 ~~적다~~(많다).

③ 4구간에 해당하는 남성 직원 수는 4구간에 해당하는 여성 직원 수보다 ~~8% 많다~~(3배를 넘는다).

④ 1구간에서 5구간으로 갈수록 각 구간의 여성 직원 수는 ~~지속적으로~~(증가하다가) 감소한다.

⑤ 1구간에서 5구간으로 갈수록 각 구간의 전체 직원 중 남성 직원이 차지하는 비율은 지속적으로 증가한다.

✓ 자료 분석 2만 달러 이상 4만 달러 미만인 2구간에서 여성 비율과 남성 비율이 가장 높으며, 소득이 높아질수록 여성비가 감소하고 있다.

O 정답 찾기 ⑤ 1구간에서 5구간으로 갈수록 여성비가 지속적으로 감소하고 있다. 따라서 1구간에서 5구간으로 갈수록 각 구간의 전체 직원 중 남성 직원이 차지하는 비율은 지속적으로 증가한다.

X 오답 풀이 ① 전체 여성비가 0.62라는 것은 전체 남성 직원 수를 100명이라고 가정하면 전체 여성 직원 수가 62명이라는 것을 의미한다. 따라서 전체 여성 직원 수는 전체 직원 수의 약 38.3%이다.

② 1구간에 해당하는 남성 직원 비율은 전체 남성 직원의 5%이고, 5구간에 해당하는 여성 직원 비율은 전체 여성 직원의 5%이다. 전체 남성 직원 수는 전체 여성 직원 수보다 많다. 따라서 1구간에 해당하는 남성 직원 수는 5구간에 해당하는 여성 직원 수보다 많다.

③ 4구간에 해당하는 남성 직원 비율은 전체 남성 직원의 15%이고, 4구간에 해당하는 여성 직원 비율은 전체 여성 직원의 7%이다. 전체 남성 직원 수가 100명이라면 전체 여성 직원 수는 62명이다. 따라서 4구간에 해당하는 남성 직원 수는 15명이고, 4구간에 해당하는 여성 직원 수는 4.34명이다. 즉, 4구간에 해당하는 남성 직원 수는 4구간에 해당하는 여성 직원 수의 3배를 넘는다.

④ 1구간에서 5구간으로 갈수록 각 구간의 전체 직원 중 여성 직원이 차지하는 비율은 증가하다가 감소한다. 따라서 1구간에서 5구간으로 갈수록 각 구간의 여성 직원 수는 증가하다가 감소한다.

함정 클리닉

③번을 정답으로 선택한 학생들은 제시된 구성 비율이 의미하는 바를 알지 못하였을 가능성이 높다. 4구간의 남성 직원 수와 여성 직원 수를 파악하고 여기에 비율을 곱해 크기를 비교할 수 있다.

④번을 정답으로 선택한 학생들은 1구간에서 2구간으로 갈 경우 여성 직원 수가 증가한다는 점을 간과하였을 가능성이 높다.

이것만은 꼭!

1. 'A/B'의 값이 줄어든다는 것은 A가 고정되고 B가 증가하는 경우이거나, A가 감소하고 B가 고정된 경우이거나, A의 증가율보다 B의 증가율이 높은 경우이다.
2. 성 불평등은 성별의 차이를 이유로 특정한 성이 차별·억압받는 현상이다.

12 빈곤의 유형

| 정답 ④ | 22년 9월 모의평가 9번

①	②	③	❹	⑤
4%	4%	4%	81%	7%

다음 자료에 대한 설명으로 옳은 것은? (단, A, B는 각각 절대적 빈곤, 상대적 빈곤 중 하나임.)

자료는 빈곤의 유형 A, B를 구분한 것이다. 〈자료 1〉은 A, B의 의미를 나타낸 것이고, 〈자료 2〉는 A, B의 특징을 연결하여 공통점과 차이점을 나타낸 것이다.

〈자료 1〉

○A: ___㉠___

○B: 한 사회에서 구성원들이 일반적으로 누리는 생활 수준에 필요한 소득이 부족한 상태 - 상대적 빈곤

〈자료 2〉

A (절대적 빈곤) — (가) 절대적 빈곤만의 특징

A, B — (나) 절대적 빈곤과 상대적 빈곤의 공통점

B (상대적 빈곤) — (다) 상대적 빈곤만의 특징

① A에 속하지 않는 가구는 B에 속할 수 ~~없다~~. 있다.

② ㉠에는 '개인이 주관적으로 빈곤하다고 인식하는 상태'(주관적 빈곤)가 들어갈 수 ~~있다~~. 없다.

③ (가)에는 '소득 수준이 높은 국가에서도 나타날 수 있다.'(절대적 빈곤, 상대적 빈곤)가 들어갈 수 ~~있다~~. 없다.

④ (나)에는 '우리나라에서는 객관화된 기준에 의해 규정된다.'(절대적 빈곤, 상대적 빈곤)가 들어갈 수 있다.

⑤ (다)에는 '상대적 박탈감을 유발할 수 있다.'(절대적 빈곤, 상대적 빈곤)가 들어갈 수 ~~있다~~. 없다.

✓ 자료 분석 한 사회에서 구성원들이 일반적으로 누리는 생활 수준에 필요한 소득이 부족한 상태는 상대적 빈곤이다. 따라서 A는 절대적 빈곤, B는 상대적 빈곤이다.

O 정답 찾기 ④ 우리나라에서는 절대적 빈곤과 상대적 빈곤 모두 객관화된 기준에 의해 규정된다. 따라서 해당 내용은 (나)에 들어갈 수 있다.

X 오답 풀이 ① 절대적 빈곤 가구가 아닌 가구 중 상대적 빈곤 가구가 존재할 수 있다.
② 절대적 빈곤과 상대적 빈곤 모두 객관적 기준에 의해 규정된다. 따라서 해당 내용은 ㉠에 들어갈 수 없다.
③ 절대적 빈곤과 상대적 빈곤은 모두 소득 수준이 높은 국가에서도 나타날 수 있다. 따라서 해당 내용은 (가)에 들어갈 수 없다.
⑤ 절대적 빈곤과 상대적 빈곤은 모두 상대적 박탈감을 유발할 수 있다. 따라서 해당 내용은 (다)에 들어갈 수 없다.

이것만은 꼭!

1. 소득 수준이 높은 국가에서도 절대적 빈곤과 상대적 빈곤이 모두 나타날 수 있다.
2. 우리나라에서는 가구 소득이 중위 소득의 50% 미만인 가구를 상대적 빈곤 가구로 규정한다.
3. 상대적 빈곤에 해당하는 사람이 절대적 빈곤에 해당할 수 있다.

13 성 불평등 문제

| 정답 ④ | 22년 9월 모의평가 10번

①	② 함정	③ 함정	❹	⑤
2%	18%	15%	61%	4%

다음 자료에 대한 분석 및 추론으로 옳은 것은? [3점]

그림은 갑국의 성 불평등 양상을 파악하기 위해 수집한 자료이다. (가)는 맞벌이 부부의 1일 평균 가사 노동 시간을, (나)는 정규직 월평균 임금을, (다)는 고위 공직자 수를 성별에 따라 나타낸 것이다.

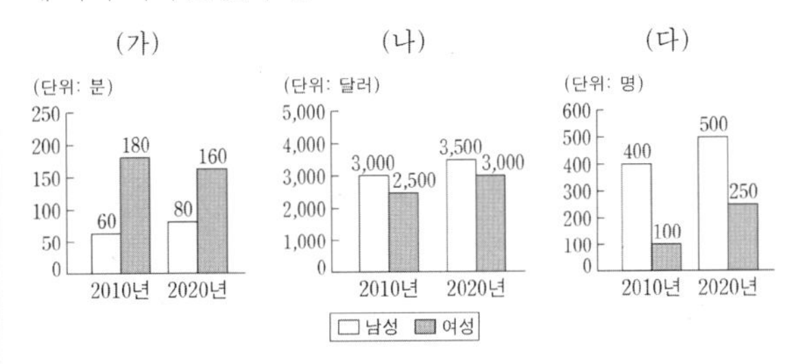

① (가)는 갑국에서 성별 가사 분담의 격차가 심화되었다는 주장의 근거로 ~~활용될 수 있다~~. 활용되기 어렵다.

② (가)에서 맞벌이 부부 중 여성의 1일 평균 가사 노동 시간 대비 맞벌이 부부 중 남성의 1일 평균 가사 노동 시간은 ~~2010년~~ 2020년이 ~~2020년~~ 2010년의 1.5배이다.

③ (나)에서 2010년 대비 2020년에 남성 정규직 월평균 임금 상승률~~과~~은 여성 정규직 월평균 임금 상승률~~은 동일하다~~ 보다 낮다.

④ (다)에서 2010년 대비 2020년에 전체 고위 공직자 수 증가율(50%)은 남성 고위 공직자 수 증가율(25%)의 2배이다.

⑤ ~~(다)~~(나)는 ~~(나)와 달리~~ 경제적 측면의 성 불평등 양상을 파악하기 위한 자료이다.

✓ 자료 분석 (가)에서 맞벌이 부부의 1일 평균 가사 노동 시간은 2010년 대비 2020년에 남성의 경우 증가하였고, 여성의 경우 감소하였다. (나)에서 정규직 월평균 임금은 2010년 대비 2020년에 남성과 여성의 경우 모두 증가하였다. (다)에서 고위 공직자 수는 2010년 대비 2020년에 남성과 여성의 경우 모두 증가하였다.

O 정답 찾기 ④ (다)에서 2010년 대비 2020년에 전체 고위 공직자 수 증가율은 50%$\left(=\frac{250명}{500명}\times 100\right)$이고, 남성 고위 공직자 수 증가율은 25%$\left(=\frac{100명}{400명}\times 100\right)$이다.

× 오답 풀이 ① (가)에서 맞벌이 부부의 1일 평균 가사 노동 시간은 2010년 대비 2020년에 남성의 경우 증가하였고, 여성의 경우 감소하였다. 따라서 (가)는 갑국에서 성별 가사 분담의 격차가 심화되었다는 주장의 근거로 활용되기 어렵다.

② (가)에서 맞벌이 부부 중 여성의 1일 평균 가사 노동 시간 대비 맞벌이 부부 중 남성의 1일 평균 가사 노동 시간은 2010년이 60분/180분, 2020년이 80분/160분이다. 따라서 2020년이 2010년의 1.5배이다.

③ (나)에서 2010년 대비 2020년에 남성 정규직 월평균 임금 상승률은 약 16.7%$\left(=\frac{500달러}{3,000달러}\times 100\right)$이고, 여성 정규직 월평균 임금 상승률은 20%$\left(=\frac{500달러}{2,500달러}\times 100\right)$이다. 따라서 2010년 대비 2020년에 남성 정규직 월평균 임금 상승률은 여성 정규직 월평균 임금 상승률보다 낮다.

⑤ (나)는 경제적 측면의 성 불평등 양상을 파악하기 위한 자료이다.

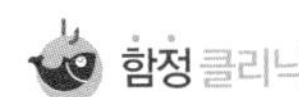

③번을 정답으로 잘못 선택하였다면, 임금 상승률을 임금 상승분으로 착각했을 가능성이 높다. 2010년 대비 2020년에 남성 정규직 월평균 임금과 여성 정규직 월평균 임금 모두 500달러씩 상승하였지만, 2010년의 남성 정규직 월평균 임금이 여성 정규직 월평균 임금보다 높으므로 임금 상승률은 여성 정규직이 남성 정규직보다 높다.

이것만은 꼭!

1. (가)에서 맞벌이 부부의 1일 평균 가사 노동 시간은 2010년 대비 2020년에 남성의 경우 증가하였고, 여성의 경우 감소하였다.
2. (나)에서 2010년 대비 2020년에 남성 정규직 월평균 임금 상승률은 여성 정규직 월평균 임금 상승률보다 낮다.
3. (다)에서 2010년 대비 2020년에 전체 고위 공직자 수 증가율은 남성 고위 공직자 수 증가율보다 높다.

14 사회적 소수자

| 정답 ③ | 22년 9월 모의평가 13번

①	②	❸	④	⑤
1%	3%	92%	3%	1%

사회적 소수자 A~E에 대한 설명으로 옳은 것은?

> 공지 사항 | 게 시 판 | 등장인물
>
> 주말 드라마 등장인물 소개
>
> (A) 일본으로 이주한 한국인 여성. 한국인이라는 이유로 차별받으며 살았지만 끝까지 귀화하지 않고 B를 키워 냄.
>
> (B) A의 아들이며, 재일 교포 2세라는 이유로 차별을 겪음. 일본에서 탄광 노동자로 일하면서 광부들의 열악한 노동 환경 개선을 위해 활동함.
>
> (C) 일본 국적의 혼혈인으로 B와 함께 탄광에서 일하고 있음. 피부색이 다르다는 이유로 차별받았으며 B에게 동질감을 느껴 친구가 됨.
>
> (D) 어린 시절 사고로 장애를 갖게 되어 학창 시절 차별을 겪음. 장애에 대한 사회적 차별에 힘들어하였지만 B, E를 만나 위안을 얻음.
>
> (E) 일본 권력가의 딸로 B와 사랑에 빠졌으나, 집안의 반대로 헤어질 결심을 하고 미국으로 유학을 떠남. 언어가 다른 낯선 땅에서 동양인이자 여성이라는 이유로 이중의 차별에 시달림.

① ~~A는 B와 달리~~ 역차별을 ~~받았다~~. (A, B는 모두 / 받지 않았다.)

② ~~B는 C와 달리~~ 수적인 열세로 인해 차별을 ~~받았다~~. (B, C는 모두 / 받은 것이 아니다.)

③ C는 D와 달리 선천적 요인으로 인해 차별을 받았다. (선천적으로 갖게 된 피부색 / 후천적으로 갖게 된 장애)

④ D는 E와 달리 ~~주류 집단과 구별되는 문화적 차이로~~ 인해 차별을 받았다. (신체적 특징인 장애로)

⑤ ~~E는 A와 달리~~ 국적이 주류 집단과 다르다는 이유로 차별을 받았다. (A)

✔ 자료 분석 사회적 소수자는 신체적 또는 문화적 특징으로 인해 불평등한 처우를 받는 사람들을 의미한다. 사회적 소수자는 수적으로 반드시 소수(少數)를 의미하는 것은 아니며, 소수자 집단의 성원이라는 이유만으로 사회적 차별의 대상이 된다. 또한 주류 집단에 비해 사회적 희소가치의 획득에 있어 불리한 위치에 있으며, 자신들이 주류 집단으로부터 차별받는 집단의 구성원이라는 인식이 존재한다. 사회적 소수자에 해당하는지의 여부는 시대, 장소, 소속 집단의 범주 등에 따라 달라진다.

O 정답 찾기 ③ C는 선천적 요인인 피부색, D는 후천적 요인인 장애로 인해 차별을 받았다.

× 오답 풀이 ① 역차별은 사회적 소수자를 배려 또는 우대하는 과정에서 사회적 소수자가 아닌 사람들에게 차별이 발생하는 경우를 의미한다. A, B 모두 역차별을 받지 않았다.
② B, C 모두 수적인 열세로 인해 차별을 받은 것은 아니다.
④ D는 주류 집단과 구별되는 신체적 특징인 장애로 인해 차별을 받았다.
⑤ A는 국적이 주류 집단과 다르다는 이유로 차별을 받았다.

이것만은 꼭!

1. 사회적 소수자에서 '소수'는 수적으로 적다는 의미가 아니라 해당 사회 내에서 가지고 있는 권력이나 위세가 열세에 있다는 의미이다.
2. 일반적으로 노인, 빈곤층, 소수 민족, 소수 인종, 장애인 등이 사회적 소수자에 해당한다.
3. 역차별이란 부당한 차별을 받는 쪽을 우대하는 과정에서 오히려 반대편에게 차별이 발생하는 경우를 의미한다.

15 빈곤의 유형

| 정답 ② | 22년 수능 9번

①	❷	③	④	⑤
33%	54%	7%	3%	3%

빈곤의 유형 A, B에 대한 설명으로 옳은 것은? (단, A, B는 각각 절대적 빈곤, 상대적 빈곤 중 하나임.)

> ○ 우리나라에서 1인 가구의 중위 소득은 월 약 194만 4천 원(2022년 기준)이고, 우리나라에서는 이 금액의 50%인 월 약 97만 2천 원을 기준으로 1인 가구의 A 여부를 판단한다. (상대적 빈곤)
> ○ 세계은행은 세계에서 경제적으로 가장 낙후된 지역을 기준으로 생존에 필요한 최소한의 식량 구입비를 1인당 하루 2.15달러로 정하고 있다(2022년 9월 기준). 이는 B를 판단하는 기준선으로 활용된다. (절대적 빈곤)

① A는 각자의 소득 수준이 다른 사람에 비해 충분하지 않다고 느끼는 상태를 의미한다. (주관적 빈곤)

② B는 사회 구성원의 소득 분포 상태를 고려하지 않는 개념이라는 평가를 받는다.

③ B를 판단하는 기준선은 A를 판단하는 기준선~~과 달리~~ 시간과 장소에 ~~관계없이 보편적으로~~ 적용된다. (모두 / 따라 다르게)

④ 저개발 국가에서는 A가, 선진국에서는 B가 나타나지 않는다.

⑤ 한 국가에서 A에 따른 빈곤율과 B에 따른 빈곤율을 더하면 전체 빈곤율이 ~~된다~~. (되지 않는다.)

✔ 자료 분석 우리나라는 중위 소득의 50% 미만을 상대적 빈곤으로 규정하고 있고, 최소한의 생존에 필요한 자원이나 소득이 부족한 상태는 절대적 빈곤이다. 따라서 A는 상대적 빈곤, B는 절대적 빈곤이다.

O 정답 찾기 ② 상대적 빈곤은 사회 구성원의 소득 분포를 고려하지만, 절대적 빈곤은 사회 구성원의 소득 분포를 고려하지 않는다.

× 오답 풀이 ① 각자의 소득 수준이 다른 사람에 비해 충분하지 않다고 느끼는 상태는 주관적 빈곤을 말한다. 상대적 빈곤과 절대적 빈곤은 모두 객관적인 소득 수준에 의해 결정되는 객관적 빈곤에 해당한다.
③ 상대적 빈곤선과 절대적 빈곤선은 모두 시간과 장소에 따라 달라질 수 있다.
④ 상대적 빈곤과 절대적 빈곤은 저개발 국가와 선진국 모두에서 나타날 수 있다.
⑤ 한 국가에서 절대적 빈곤율과 상대적 빈곤율을 더하면 전체 빈곤율이 되지 않는다.

이것만은 꼭!

1. 절대적 빈곤과 상대적 빈곤은 모두 객관적 빈곤에 해당한다.
2. 주관적 빈곤은 객관적 소득 수준 등과 상관없이 스스로가 빈곤에 처해 있다고 인식하는 경우를 말한다.
3. 절대적 빈곤율과 상대적 빈곤율 중 큰 빈곤율이 전체 빈곤율이 된다.

16 성 불평등 문제

| 정답 ① | 22년 수능 10번

❶	②	③ 함정	④ 함정	⑤ 함정
4%	13%	36%	24%	23%

다음 자료에 대한 분석으로 옳은 것은? [3점]

표는 갑국의 t년 연령대별 남녀 임금을 조사하여 구성한 것이다.

연령대	여성 임금비	20대 기준 연령대별 상대적 평균 임금	
		남성	여성
10대	88	40	39
20대	90	100	100
30대	75	㉠174	145
40대	61	200	㉡약 136
50대	50	190	105
60대	47	114	60

* 여성 임금비 = $\frac{\text{여성 평균 임금}}{\text{남성 평균 임금}} \times 100$

** 여성 임금비는 소수점 첫째 자리에서 반올림한 수치임

*** 20대 기준 연령대별 상대적 평균 임금은 20대 남성(여성) 평균 임금을 100이라고 할 때 연령대별 남성(여성)의 상대적 평균 임금임

① ㉠은 180보다 작고, ㉡은 130보다 크다.

② 평균 임금은 남성과 ~~여성~~에서 ~~모두~~ 40대가 가장 높다.

③ 40대 여성 평균 임금은 40대 전체 평균 임금의 60%보다 ~~작다~~. 크다.

④ 연령대별 남녀 평균 임금 차이는 20대부터 60대까지 ~~지속적으로 증가한다~~. 증가하다가 감소한다.

⑤ 50대 남성 취업자 수가 50대 여성 취업자 수의 1.5배라면, 50대 여성 임금 총액은 50대 남성 임금 총액의 40%보다 ~~크다~~. 작다.

✓ 자료 분석 20대의 경우 여성 임금비가 90이므로 20대 남성 평균 임금이 100이라면 20대 여성 평균 임금은 90이 된다. 20대 남성 평균 임금을 100, 20대 여성 평균 임금을 90이라고 가정하여 각 연령대별 남성 평균 임금과 여성 평균 임금을 나타내면 다음과 같다.

구분	남성 평균 임금	여성 평균 임금
10대	40	35.1
20대	100	90
30대	174	130.5
40대	200	122
50대	190	94.5
60대	114	54

O 정답 찾기 ① 20대 남성 평균 임금을 100, 20대 여성 평균 임금을 90이라고 가정하면, 30대의 경우 여성 임금비가 75이고, 30대 여성 평균 임금이 130.5이므로 30대 남성 평균 임금은 $174\left(=\frac{130.5}{75}\times 100\right)$가 된다. 즉, ㉠은 174이다. 20대 남성 평균 임금을 100, 20대 여성 평균 임금을 90이라고 가정하면, 40대의 경우 여성 임금비가 61이고, 40대 남성 평균 임금이 200이므로 40대 여성 평균 임금은 $122\left(=61\times\frac{200}{100}\right)$이 된다. 즉, 20대 여성 평균 임금이 90이라면 40대 여성 평균 임금은 122가 된다. 따라서 20대 여성 평균 임금이 100일 때 40대 여성 평균 임금은 약 $136\left(=122\times\frac{100}{90}\right)$이 된다. 즉, ㉡은 약 136이다. 따라서 ㉠은 180보다 작고, ㉡은 130보다 크다.

X 오답 풀이 ② 20대 남성 평균 임금을 100, 20대 여성 평균 임금을 90이라고 가정하면, 평균 임금은 남성의 경우 40대가 200으로 가장 높고, 여성의 경우 30대가 130.5로 가장 높다.

③ 40대의 경우 여성 임금비가 61이므로 40대 남성 평균 임금이 100이라면 40대 여성 평균 임금은 61이 된다. 이때 40대 전체 평균 임금은 61과 100 사이에서 형성된다. 따라서 40대 여성 평균 임금은 40대 전체 평균 임금의 60%보다 크다.

④ 20대 남성 평균 임금을 100, 20대 여성 평균 임금을 90이라고 가정하면, 연령대별 남녀 평균 임금 차이는 10대의 경우 4.9, 20대의 경우 10, 30대의 경우 43.5, 40대의 경우 78, 50대의 경우 95.5, 60대의 경우 60이다. 따라서 연령대별 남녀 평균 임금 차이는 20대부터 50대까지는 증가하다가 60대에서는 감소한다.

⑤ 50대 남성 취업자 수가 50대 여성 취업자 수의 1.5배라면, 50대 여성 취업자 수가 A일 경우 50대 남성 취업자 수는 1.5A가 된다. 20대 남성 평균 임금을 100, 20대 여성 평균 임금을 90이라고 가정하면, 50대 남성 평균 임금은 190, 50대 여성 평균 임금은 94.5이므로 50대 남성 임금 총액은 285A(=190×1.5A), 50대 여성 임금 총액은 94.5A(=94.5×A)가 된다. 따라서 50대 여성 임금 총액이 50대 남성 임금 총액의 약 $33\%\left(=\frac{94.5A}{285A}\times 100\right)$이다.

①번을 정답으로 선택하지 못하였다면, 제시된 자료의 수치를 이해하지 못했을 가능성이 크다. 제시된 자료는 여성 임금비를 통해 남성 평균 임금과 여성 평균 임금의 상대적 비를 나타내고 있을 뿐만 아니라 20대 남성 평균 임금과 20대 여성 평균 임금을 기준으로 각각 연령대별 남성 평균 임금과 여성 평균 임금을 나타내고 있어, 각각의 기준이 달라 제시된 표를 빠르게 이해하기에는 어려움이 있었을 것이다.

이것만은 꼭!

1. 남성과 여성의 인구수가 같다면 전체 평균 임금은 (남성 평균 임금+여성 평균 임금)/2의 값이 된다.
2. 남성 인구수가 여성 인구수보다 많다면 전체 평균 임금은 남성 평균 임금 값에 가깝다.
3. 여성 인구수가 남성 인구수보다 많다면 전체 평균 임금은 여성 평균 임금 값에 가깝다.

제3권 평가원 해설

17 사회적 소수자

| 정답 ⑤ | 22년 수능 19번

①	②	③	④	❺
7%	3%	3%	12%	75%

다음 자료의 A~E에 대한 설명으로 옳은 것은? [3점]

A는 전쟁을 피해 홀로 이주해 온 어머니 B와 어린 시절 사고로 시각 장애인이 된 아버지 C 사이에서 태어났다. B는 여성이라는 이유로 취업이 힘들었고 C도 장애인이라는 이유로 차별을 받았다. 그런데 시각 장애인만 안마사가 될 수 있도록 한 제도가 도입되어 C는 안마사로 일하게 되었다. 같은 시기 안마사가 되고 싶어 했던 비장애인 D가 이 제도에 대해 국가 기관에 문제를 제기하면서 시각 장애인에 대한 사회적 관심이 높아졌다. 이를 지켜보던 A는 시각 장애인을 대변하는 법조인이 되어야겠다고 다짐했다. 이후 A는 법을 공부하러 갑국에 유학을 갔고 그곳에서 외국인이자 여성이라는 이유로 부당한 대우를 받게 되자, 난민 여성으로 차별받았던 B의 아픔을 이해하게 되었다. A는 유학 생활을 마치고 귀국하여 법률 회사에 입사하였다. 그리고 장애인 의무 고용 제도의 요건을 충족하여 입사한 E와 함께 사회적 소수자 인권 보호를 위한 법 개정을 위해 노력하고 있다.

후천적 요인

사회적 소수자 문제 개선 제도

① A는 B와 달리 한 개인이 여러 사회적 소수자 집단에 중첩되어 속할 수 있음을 보여 주는 사례이다. (A, B는 모두)

② B는 C와 달리 후천적 요인으로 인해 차별을 받았다. (C, B)

③ D는 E와 달리 주류 집단이 아니라는 이유로 차별을 받았다.

④ A와 D는 사회적 소수자에 대한 차별을 제도적으로 해결하고자 하였다. (E)

⑤ C와 E는 사회적 소수자의 불리한 위치를 개선하기 위한 정책의 적용을 받았다.

✔ 자료 분석 신체적 또는 문화적 특징으로 인해 사회적 차별을 받고 있고, 스스로 차별 받는 집단에 속해 있다는 인식을 가진 사람들을 사회적 소수자라고 한다.

O 정답 찾기 ⑤ C는 시각 장애인만 안마사가 될 수 있도록 한 제도의 적용을 받았고, E는 장애인 의무 고용 제도의 적용을 받았다. 따라서 C와 E는 모두 사회적 소수자의 불리한 위치를 개선하기 위한 정책의 적용을 받았다.

X 오답 풀이 ① A는 외국인이자 여성이라는 이유로 부당한 대우를 받았고, B는 난민이자 여성이라는 이유로 부당한 대우를 받았다.
② C는 사고로 장애인이 되었으므로 후천적 요인에 의해 차별을 받았다.
③ D는 사회적 소수자에 해당하지 않는다.
④ A와 E는 사회적 소수자 인권 보호를 위한 법 개정을 위해 노력하고 있다. 따라서 사회적 소수자에 대한 차별을 제도적으로 해결하고자 한 사람은 A와 E이다.

이것만은 꼭!

1. 사회적 소수자는 수적으로 반드시 소수를 의미하는 것은 아니다.
2. 시대, 장소, 소속 집단의 범주 등에 따라 사회적 소수자에 해당하는지 여부가 달라진다.
3. 적극적 우대 정책은 사회적 소수자 집단을 우대하는 정책이다.

18 성 불평등 문제

| 정답 ③ | 21년 6월 모의평가 10번

①	②	❸	④	⑤
6%	13%	58%	10%	13%

다음 자료에 대한 옳은 설명만을 〈보기〉에서 고른 것은? [3점]

표는 갑국의 A 기업에서 시행한 성차별 개선 조치의 효과를 보여 줍니다. 하지만 표에 나타나 있는 것처럼 조치 시행 후에도 (가) 라는 사실은 여전히 A 기업 내 성차별이 남아 있음을 보여 준다고 생각합니다.

구분	조치 시행 전		조치 시행 후	
	남성	여성	남성	여성
신입 사원 월 평균 임금(달러)	3,000	2,500	3,300	3,000
신입 사원 중 남녀 비율(%)	60	40	40	60
임원 중 남녀 비율(%)	75	25	60	40

조치 시행 후 성차별이 개선되었지만, 여전히 여성의 임금이 낮음

조치 시행 후 여성 비율이 높아짐

조치 시행 후 성차별이 개선되었지만, 여전히 여성 비율이 낮음

〈보기〉

ㄱ. 성차별 개선 조치 시행 후 남녀 신입 사원의 월 평균 임금 격차는 60% 감소하였다. (40%)

ㄴ. 성차별 개선 조치 시행 전후 신입 사원 수가 같다면, 여성 신입 사원 수는 조치 시행 후 50% 증가하였다.

ㄷ. 남성 임원 대 여성 임원의 비는 성차별 개선 조치 시행 전 3 : 1에서 조치 시행 후 3 : 2로 변화하였다.

ㄹ. (가)에는 '남성 신입 사원의 월 평균 임금이 여성 신입 사원의 월 평균 임금보다 30% 높다.'가 들어갈 수 있다. (10%)

① ㄱ, ㄴ ② ㄱ, ㄷ ③ ㄴ, ㄷ ④ ㄴ, ㄹ ⑤ ㄷ, ㄹ

✔ 자료 분석 A 기업에서 성차별 개선 조치를 시행한 후 신입 사원 월 평균 임금의 남녀 격차는 줄고, 신입 사원 중 남녀 비율에 있어 여성 비율이 높아졌으며, 임원 중 남녀 비율에 있어 여성 비율이 상대적으로 높아졌지만 여전히 남성 비율이 높다.

O 정답 찾기 ㄴ. 성차별 개선 조치 시행 전후 신입 사원 수가 100명으로 같다면, 여성 신입 사원 수는 40명에서 60명으로 50% 증가하였다.
ㄷ. 남성 임원 대 여성 임원의 비는 성차별 개선 조치 시행 전 75 : 25, 즉 3 : 1에서 조치 시행 후 60 : 40, 즉 3 : 2로 변화하였다.

X 오답 풀이 ㄱ. 남녀 신입 사원의 월 평균 임금 격차는 성차별 개선 조치 시행 전 500달러이고, 성차별 개선 조치 후 300달러이다. 따라서 성차별 개선 조치 시행 후 남녀 신입 사원의 월 평균 임금 격차는 40%{(200달러/500달러) × 100} 감소하였다.
ㄹ. 성차별 개선 조치 시행 후 남성 신입 사원의 월 평균 임금은 3,300달러이고, 여성 신입 사원의 월 평균 임금은 3,000달러이다. 즉, 남성 신입 사원의 월 평균 임금이 여성 신입 사원의 월 평균 임금보다 10% 높다. 따라서 해당 내용은 (가)에 들어갈 수 없다.

이것만은 꼭!

1. 성 불평등은 성별의 차이를 이유로 특정 성이 차별·억압받는 현상을 말한다.
2. 성 불평등은 성별 분업, 차별적 사회화, 불평등한 사회 구조 등으로 인해 발생한다.
3. 성 불평등 문제를 해결하기 위해서는 의식적 측면과 제도적 측면의 노력이 함께 필요하다.

19 빈곤의 유형

| 정답 ④ | 21년 6월 모의평가 17번

①	②	③	❹	⑤
12%	5%	10%	68%	5%

빈곤 유형 (가), (나)에 대한 옳은 설명만을 〈보기〉에서 고른 것은? (단, (가)와 (나)는 각각 절대적 빈곤, 상대적 빈곤 중 하나이다.)

(가) 생존 및 생계유지에 필수적인 자원이나 자원을 확보하는 데 필요한 소득이 부족한 상태 – 절대적 빈곤
(나) 한 사회에서 구성원들이 일반적으로 누리는 생활 수준에 필요한 소득이 부족한 상태 – 상대적 빈곤

보기
ㄱ. (가)를 판단하기 위해 우리나라에서는 ~~최저 임금액~~(최저 생계비)을 기준선으로 활용한다.
ㄴ. (가)에 속하지 않는 가구도 (나)에 속할 수 있다.
ㄷ. (나)는 (가)~~와 달리~~(모두) 상대적 박탈감의 원인이 된다.
ㄹ. (가)와 (나) 모두 우리나라에서는 객관화된 기준에 의해 분류된다.

① ㄱ, ㄴ ② ㄱ, ㄷ ③ ㄴ, ㄷ ④ ㄴ, ㄹ ⑤ ㄷ, ㄹ

✔ 자료 분석 생존 및 생계유지에 필수적인 자원이나 자원을 확보하는 데 필요한 소득이 부족한 상태는 절대적 빈곤이고, 한 사회에서 구성원들이 일반적으로 누리는 생활 수준에 필요한 소득이 부족한 상태는 상대적 빈곤이다. 따라서 (가)는 절대적 빈곤, (나)는 상대적 빈곤이다.

O 정답 찾기 ㄴ. 절대적 빈곤 가구에 해당하지 않더라도 한 사회의 상대적 빈곤 기준에 따라 상대적 빈곤 가구에 해당할 수 있다.
ㄹ. 우리나라에서 절대적 빈곤은 최저 생계비를 기준으로 파악하고, 상대적 빈곤은 중위 소득의 50%를 기준으로 파악한다.

× 오답 풀이 ㄱ. 절대적 빈곤을 판단하기 위해 우리나라에서는 최저 생계비를 기준선으로 활용한다.
ㄷ. 절대적 빈곤과 상대적 빈곤은 모두 상대적 박탈감의 원인이 된다.

이것만은 꼭!
1. 절대적 빈곤은 저개발국뿐만 아니라 선진국에서도 나타날 수 있다.
2. 우리나라에서는 중위 소득의 50% 미만인 가구를 상대적 빈곤 가구로 파악한다.
3. 절대적 빈곤과 상대적 빈곤은 모두 상대적 박탈감의 원인이 될 수 있다.

20 사회적 소수자

| 정답 ① | 21년 6월 모의평가 19번

❶	②	③	④	⑤
89%	3%	3%	3%	2%

다음 자료의 A~D에 대한 설명으로 옳은 것은?

인권 다큐멘터리 영화제 주요 작품 소개

A: 갑국에서 대다수의 어린 여자 아이들이 단지 여자라는 이유만으로 취학을 하지 못하는 실상을 추적한 작품 – 여성 문제
B: 을국 정부에게 고용 안정과 처우 개선을 요구하는 비정규직 노동자들의 목소리를 담은 작품 – 비정규직 노동자 문제
C: 병국의 지배 세력에게 억압과 착취를 당하는 병국 내 소수 민족의 아픔을 표현한 작품 – 소수 민족 문제
D: 정국에서 새로운 정보 기기를 잘 다루지 못하는 노인들이 겪고 있는 여러 가지 어려움을 취재한 작품 – 노인 문제

① A는 B와 달리 인간의 선천적 요인으로 인한 차별을 다룬 작품이다.
② B는 C~~와 달리~~(모두) 구성원 수의 많고 적음에 따라 규정되는 사회적 소수자를 다룬 ~~작품이다~~(작품이 아니다).
③ ~~C~~(D)는 ~~D~~(C)와 달리 연령대에 따라 처우가 달라지는 차별을 다룬 작품이다.
④ D는 A~~와 달리~~(모두) 적극적 우대 조치로 인해 역차별을 받는 집단을 다룬 ~~작품이다~~(작품이 아니다).
⑤ A와 C는 사회적 소수자에 대한 차별 사례를, B와 D는 ~~해당 사회 주류 집단에 대한 우대~~(사회적 소수자에 대한 차별) 사례를 다룬 작품이다.

✔ 자료 분석 여성, 비정규직 노동자, 소수 민족, 노인은 모두 신체적 또는 문화적 특징으로 인해 불평등한 처우를 받는 사회적 소수자들이다.

O 정답 찾기 ① A에 나타난 성별에 의한 차별은 인간의 선천적 요인으로 인한 차별이고, B에 나타난 비정규직 노동자들에 대한 차별은 후천적 요인으로 인한 차별이다.

× 오답 풀이 ② 사회적 소수자는 구성원 수에 따라 규정되는 것이 아니다.
③ 소수 민족에 대한 차별은 연령대에 따라 처우가 달라지는 차별이 아니다.
④ A~D는 모두 적극적 우대 조치로 인해 역차별을 받는 집단을 다루고 있지 않다.
⑤ A~D는 모두 사회적 소수자에 대한 차별 사례를 다루고 있다.

이것만은 꼭!
1. 사회적 소수자는 신체적 또는 문화적 특징으로 인해 불평등한 처우를 받는 사람들을 의미한다.
2. 사회적 소수자는 반드시 수적으로 적음을 의미하는 것은 아니다.
3. 사회적 소수자가 되는 기준은 상대적이므로 시대, 장소, 소속 집단의 범주 등에 따라 사회적 소수자에 해당하는지의 여부가 달라진다.

21 빈곤의 유형

| 정답 ② | 21년 9월 모의평가 7번

①	❷	③	④	⑤
3%	92%	3%	1%	1%

그림은 빈곤의 유형 A, B를 구분한 것이다. 이에 대한 설명으로 옳은 것은? (단, A, B는 각각 상대적 빈곤, 절대적 빈곤 중 하나이다.) [3점]

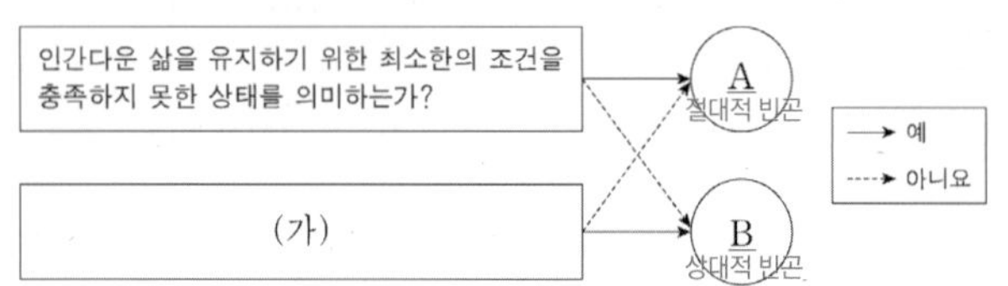

① A를 판단하는 기준선은 시대와 사회에 상관없이 동일하다. (따라 다르다.)
② B는 해당 사회 전체 가구의 소득 분포를 고려하여 결정된다. (중위 소득의 일정 비율)
③ A는 B와 달리 사회 구성원 간 상대적 박탈감을 유발한다. (모두)
④ B에 해당하는 가구는 모두 A에도 해당한다. (해당하는 것은 아니다.)
⑤ (가)에는 '소득 수준이 높은 국가에서는 나타나지 않는가?'가 들어갈 수 있다. (없다.)

✓ 자료 분석 인간다운 삶을 유지하기 위한 최소한의 조건을 충족하지 못한 상태를 절대적 빈곤이라고 한다. 따라서 A는 절대적 빈곤, B는 상대적 빈곤이다.

○ 정답 찾기 ② 상대적 빈곤은 일반적으로 중위 소득의 일정 비율에 의해 결정되는데, 중위 소득은 해당 사회 전체 가구의 소득 분포에 따라 달라질 수 있다.

× 오답 풀이 ① 절대적 빈곤을 판단하는 기준선은 시대와 사회에 따라 달라질 수 있다.
③ 절대적 빈곤과 상대적 빈곤은 모두 해당 사회에서 사회 구성원 간 상대적 박탈감을 유발할 수 있다.
④ 상대적 빈곤선이 절대적 빈곤선보다 높을 경우 절대적 빈곤 가구에 해당하지 않는 상대적 빈곤 가구가 존재한다. 따라서 상대적 빈곤에 해당하는 가구가 모두 절대적 빈곤에도 해당한다고 볼 수 없다.
⑤ 절대적 빈곤과 상대적 빈곤은 모두 소득 수준이 높은 국가에서도 나타날 수 있다. 따라서 해당 질문은 (가)에 들어갈 수 없다.

이것만은 꼭!
1. 모든 국가에서는 절대적 빈곤과 상대적 빈곤이 모두 나타날 수 있다.
2. 우리나라에서는 중위 소득의 50% 미만인 가구를 상대적 빈곤 가구로 규정한다.
3. 상대적 빈곤에 해당하는 사람이 절대적 빈곤에 해당할 수 있다.

22 성 불평등 문제

| 정답 ③ | 21년 9월 모의평가 10번

①	② 함정	❸	④	⑤
3%	21%	51%	14%	11%

다음 자료에 대한 분석으로 옳은 것은? [3점]

한 연구자가 노동자 성비와 성별 임금 격차를 기준으로 노동 시장에서의 성 불평등 정도를 측정하였다. 표는 갑국의 시기별 노동자 성비와 성별 임금 격차를 나타낸다. 단, 갑국에서 t년에 비해 t+10년에 남성 노동자의 수는 20% 증가하였고, 남성 노동자의 평균 임금도 20% 증가하였다.

〈갑국의 시기별 노동자 성비와 성별 임금 격차〉

구분	t년	t+10년
노동자 성비	60	100
노동자 성별 임금 격차	30	40

* 노동자 성비: 여성 노동자 100명당 남성 노동자의 수
** 노동자 성별 임금 격차 = $\left(1-\frac{\text{여성 노동자 평균 임금}}{\text{남성 노동자 평균 임금}}\right)\times 100$

① t년에 여성 노동자 평균 임금은 남성 노동자 평균 임금의 30%이다. (70만 원 / 100만 원 / 70%)
② t+10년에 여성 노동자 평균 임금은 전체 노동자 평균 임금의 60% 이하이다. (72만 원 / 96만 원 / 75%)
③ t년에 비해 t+10년에 여성 노동자 수는 감소하였다. (100명 / 72명)
④ t년에 비해 t+10년에 여성 노동자 평균 임금은 감소하였다. (70만 원 / 72만 원 / 증가)
⑤ t년에 비해 t+10년에 노동자 성비 불균형과 성별 임금 격차는 모두 완화되었다. (완화 / 악화)

✓ 자료 분석 t년의 여성 노동자 수를 100명, t년의 남성 노동자 평균 임금을 100만 원이라고 가정하면 갑국의 시기별 노동자 수와 평균 임금은 다음과 같이 나타낼 수 있다.

구분		t년	t+10년
노동자 수(명)	남성	60	72
	여성	100	72
평균 임금(만 원)	남성	100	120
	여성	70	72

○ 정답 찾기 ③ t년에 여성 노동자 수가 100명이면, t+10년에 여성 노동자 수는 72명이다. 따라서 t년에 비해 t+10년에 여성 노동자 수는 감소하였다.

× 오답 풀이 ① t년에 남성 노동자 평균 임금이 100만 원이면, 여성 노동자 평균 임금은 70만 원이다. 따라서 t년에 여성 노동자 평균 임금은 남성 노동자 평균 임금의 70%이다.
② t년에 남성 노동자 평균 임금이 100만 원이면, t+10년에 여성 노동자 평균 임금은 72만 원이고, t+10년에 남성 노동자 수와 여성 노동자 수가 같으므로 전체 노동자 평균 임금은 96만 원{=(120+72)/2}이다. 따라서 t+10년에 여성 노동자 평균 임금은 전체 노동자 평균 임금의 75%{=(72/96)×100}이다.
④ t년에 남성 노동자 평균 임금이 100만 원이면, t년에 여성 노동자 평균 임금은 70만 원이고, t+10년에 여성 노동자 평균 임금은 72만 원이다. 따라서 t년에 비해 t+10년에 여성 노동자 평균 임금은 증가하였다.
⑤ t년에 비해 t+10년에 노동자 성비가 높아졌으므로 노동자 성비 불균형은 완화되었다. t년에 비해 t+10년에 노동자 성별 임금 격차가 커졌으므로 성별 임금 격차는 악화되었다.

이것만은 꼭!
1. 노동자 성비가 100을 초과할 경우 여성 노동자 100명당 남성 노동자 수는 100명을 초과한다.
2. 노동자 성비가 100 미만일 경우 여성 노동자 100명당 남성 노동자 수는 100명 미만이다.
3. 노동자 성별 임금 격차가 클수록 남성과 여성 간 평균 임금 격차는 커진다.

③번을 정답으로 선택하지 못하였다면, 제시된 자료를 제대로 분석하지 못했을 가능성이 크다. 제시된 자료에서 't년에 비해 t+10년에 남성 노동자의 수가 20% 증가하였고, 남성 노동자의 평균 임금도 20% 증가'하였다는 내용과 표를 통해 시기별 여성 노동자 수와 평균 임금을 구할 수 있어야 한다. 이러한 유형의 자료 분석 문항은 각 수치가 어떤 공식에 의해 도출되었는지가 중요하므로 표 하단의 공식에서 분자와 분모가 각각 무엇인지 살펴보아야 한다.

23 사회적 소수자

| 정답 ③ | 21년 9월 모의평가 17번

①	②	❸	④	⑤
0%	3%	90%	2%	5%

다음 글의 필자가 강조하는 사회적 소수자에 대한 차별의 발생 원인으로 가장 적절한 것은? [3점]

> 사람들 중에는 종교, 문화, 관습, 외양 등에서 주류 집단과 차이를 보이는 이들이 있다. 이들에 대해 다름을 인정하지 않으면서, 이들을 사회 질서를 위협하는 존재로 여겨 배척하고 사회적으로 차별하기도 한다. 하지만 다른 것은 틀린 것이 아니며, 차이는 차별의 근거가 될 수 없다. 다름의 경계를 만들어 경계 안의 '우리'가 경계 바깥의 '그들'을 배척하고 차별한다면, 사회적 갈등만 발생시켜 사회 발전에는 전혀 도움이 되지 않는다.

주류 집단이 특정 집단을 '문제가 있는 집단'으로 규정하고 차별함

① 사회적 소수자가 수적으로 열세이기 때문이다.
② 사회적 소수자를 규정하는 기준이 시대와 장소에 따라 달라지기 때문이다.
③ 주류 집단이 사회적 소수자를 문제가 있는 집단이라고 규정하는 태도 때문이다.
④ 사회적 소수자는 주류 집단에 비해 경제적 자원 획득에 불리한 위치에 있기 때문이다.
⑤ 사회적 소수자 스스로가 주류 집단과 구별되는 신체적 또는 문화적 특징을 가졌다고 인식하기 때문이다.

✓ 자료 분석 제시문의 '이들에 대해 다름을 인정하지 않으면서, 이들을 사회 질서를 위협하는 존재로 여겨 배척하고 사회적으로 차별하기도 한다.'라는 내용을 통해 주류 집단이 특정 집단을 문제라고 규정하고 차별함을 알 수 있다.

O 정답 찾기 ③ 필자는 사회적 소수자에 대한 차별의 발생 원인이 사회적 소수자를 배척 및 차별하는 주류 집단의 태도라고 보고 있다.

X 오답 풀이 ① 제시문에는 사회적 소수자가 수적으로 열세라는 내용이 나타나 있지 않다.
② 제시문에는 사회적 소수자를 규정하는 기준이 시대와 장소에 따라 달라진다는 내용이 나타나 있지 않다.
④ 제시문에는 사회적 소수자가 주류 집단에 비해 경제적 자원 획득에 불리한 위치에 있다는 내용이 나타나 있지 않다.
⑤ 제시문에는 사회적 소수자 스스로가 주류 집단과 구별되는 신체적 또는 문화적 특징을 가진 집단의 구성원이라고 인식하는 내용이 나타나 있지 않다.

이것만은 꼭!

1. 사회적 소수자는 수적으로 반드시 소수(少數)를 의미하는 것은 아니며, 소수자 집단의 성원이라는 이유만으로 사회적 차별의 대상이 된다.
2. 사회적 소수자는 주류 집단에 비해 사회적 자원(권력, 재산 등)의 획득에서 불리한 위치에 있으며, 자신들이 주류 집단으로부터 차별받는 집단의 구성원이라는 인식이 존재한다.
3. 사회적 소수자가 되는 기준은 상대적이다.

24 성 불평등 문제

| 정답 ② | 21년 수능 7번

①	❷	③	④	⑤
18%	62%	5%	8%	7%

다음 자료에 대한 옳은 분석만을 〈보기〉에서 고른 것은? [3점]

> 그림은 갑국의 정보 분야 남성과 여성의 임금 지수를 비교한 것이다.
> 정보 분야 남성(여성)의 임금 지수는 정보 분야 남성의 평균 임금과 여성의 평균 임금을 합한 값을 100으로 하여 남성(여성)의 평균 임금을 나타낸 것이다.

〈정보 분야 남성과 여성의 임금 지수〉

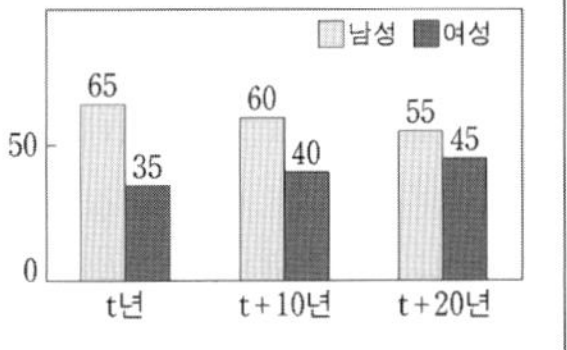

보기

ㄱ. t년, t+10년, t+20년 모두에서 정보 분야 남성의 평균 임금이 정보 분야 여성의 평균 임금보다 많다.
ㄴ. t년 대비 t+10년에 정보 분야 남성의 임금 지수와 정보 분야 여성의 임금 지수 간 격차는 ~~10%~~ (약 33.3%) 감소하였다.
ㄷ. 정보 분야 여성의 임금 지수의 경우, t년 대비 t+10년의 증가율(약 14.3%)은 t+10년 대비 t+20년의 증가율(12.5%)보다 크다.
ㄹ. t년 대비 t+20년에 정보 분야 남성의 임금 지수 감소율(약 15.4%)과 정보 분야 여성의 임금 지수 증가율(약 28.6%) 크기는 동일~~하다~~ 하지 않다.

① ㄱ, ㄴ ② ㄱ, ㄷ ③ ㄴ, ㄷ ④ ㄴ, ㄹ ⑤ ㄷ, ㄹ

✓ 자료 분석 〈정보 분야 남성과 여성의 임금 지수〉에서 연도별 정보 분야 남성의 임금 지수와 정보 분야 여성의 임금 지수의 합이 각각 100이다. 이를 통해 정보 분야 남성의 임금 지수는 남성의 평균 임금과 같고, 정보 분야 여성의 임금 지수는 여성의 평균 임금과 같음을 알 수 있다.

O 정답 찾기 ㄱ. 정보 분야 남성의 평균 임금은 t년이 65, t+10년이 60, t+20년이 55이고, 정보 분야 여성의 평균 임금은 t년이 35, t+10년이 40, t+20년이 45이다. 따라서 t년, t+10년, t+20년 모두에서 정보 분야 남성의 평균 임금이 정보 분야 여성의 평균 임금보다 많다.
ㄷ. t년 대비 t+10년의 정보 분야 여성의 임금 지수 증가율은 약 14.3%{=(5/35)×100}, t+10년 대비 t+20년의 정보 분야 여성의 임금 지수 증가율은 12.5%{=(5/40)×100}이다. 따라서 정보 분야 여성의 임금 지수의 경우 t년 대비 t+10년의 증가율이 t+10년 대비 t+20년의 증가율보다 크다.

X 오답 풀이 ㄴ. 정보 분야 남성의 임금 지수와 정보 분야 여성의 임금 지수 간 격차는 t년이 30(=65−35), t+10년이 20(=60−40)이다. 따라서 t년 대비 t+10년에 정보 분야 남성의 임금 지수와 정보 분야 여성의 임금 지수 간 격차는 약 33.3%{=(10/30)×100} 감소하였다.
ㄹ. t년 대비 t+20년에 정보 분야 남성의 임금 지수 감소율은 약 15.4%{=(10/65)×100}, t년 대비 t+20년에 정보 분야 여성의 임금 지수 증가율은 약 28.6%{=(10/35)×100}이다. 따라서 t년 대비 t+20년에 정보 분야 남성의 임금 지수 감소율과 정보 분야 여성의 임금 지수 증가율은 같지 않다.

이것만은 꼭!

1. 정보 분야 남성의 임금 지수와 정보 분야 여성의 임금 지수를 더한 값이 100임을 파악한다.
2. 정보 분야 남성의 임금 지수가 정보 분야 남성의 평균 임금과 같음을 파악한다.
3. 정보 분야 여성의 임금 지수가 정보 분야 여성의 평균 임금과 같음을 파악한다.

25 빈곤의 유형

| 정답 ⑤ | 21년 수능 9번

①	②	③	④	⑤
1%	1%	2%	5%	91%

빈곤 유형 A, B에 대한 설명으로 옳은 것은? (단, A, B는 각각 절대적 빈곤, 상대적 빈곤 중 하나이다.)

절대적 빈곤

A는 인간으로서 신체적인 능률을 유지하기 위해 필요한 최소한의 필수품을 획득하기에는 소득이 불충분한 상태를 의미한다. 그러나 이것은 사회 구성원 다수가 누리는 인간으로서의 욕구를 고려하지 못하는 한계가 있다. 이에 사회 구성원의 전반적인 생활 수준을 고려한 B가 도입되었다.

상대적 빈곤

① A는 B와 달리 상대적 박탈감을 유발한다. (모두)
② B는 A와 달리 중위 소득이 높은 국가에서는 나타나지 않는다. (모두 / 나타날 수 있다.)
③ A에 따른 빈곤율과 B에 따른 빈곤율을 더하면 전체 빈곤율이 된다. (되지 않는다.)
④ 우리나라에서는 B와 달리 A를 파악할 때, 사회 구성원의 소득 분포 상태를 고려한다. (A / B)
⑤ 우리나라에서는 A, B에 해당하는 가구를 선정할 때, 모두 객관화된 기준을 적용한다.

✔ 자료 분석 A는 인간이 최소한의 생활을 유지하는 데 필요한 소득이 부족한 상태로, 이는 절대적 빈곤에 해당한다. B는 사회 구성원 다수가 누리는 생활 수준을 누리지 못하는 상태로, 이는 상대적 빈곤에 해당한다.

O 정답 찾기 ⑤ 우리나라에서는 절대적 빈곤에 해당하는 가구를 선정할 때 객관화된 기준인 최저 생계비를 적용하고, 상대적 빈곤에 해당하는 가구를 선정할 때 객관화된 기준인 중위 소득의 50%를 적용한다.

✕ 오답 풀이 ① 절대적 빈곤과 상대적 빈곤은 모두 상대적 박탈감을 유발할 수 있다.
② 절대적 빈곤과 상대적 빈곤은 모두 중위 소득이 높은 국가에서 나타날 수 있다.
③ 절대적 빈곤과 상대적 빈곤 모두에 해당하는 가구가 존재할 수 있으므로 절대적 빈곤율과 상대적 빈곤율을 더하면 전체 빈곤율이 된다고 볼 수 없다.
④ 우리나라에서는 상대적 빈곤을 파악할 때 사회 구성원의 소득 분포 상태를 고려한다.

이것만은 꼭!
1. 절대적 빈곤과 상대적 빈곤은 모두 객관적 빈곤에 해당한다.
2. 최저 생계비는 최소한의 생계 및 건강 등을 유지하는 데 필요한 비용을 말한다.
3. 중위 소득은 사람(가구)들을 소득 순서에 따라 일렬로 배치하고 그렇게 배치된 사람(가구)들 중 한가운데에 위치한 사람(가구)의 소득을 의미한다.

26 사회적 소수자

| 정답 ③ | 21년 수능 19번

①	②	③	④	⑤
2%	4%	90%	2%	2%

다음 자료는 교사의 질문에 대한 학생 갑, 을의 답변과 교사의 채점 결과이다. ㉠~㉢에 해당하는 답변으로 옳은 것은?

사회적 소수자

○ 교사: A는 신체·문화적 특성이 다르다는 이유로 주류 집단으로부터 불평등한 처우를 받으며, 자신이 차별받는 집단에 속해 있다는 의식을 지닌 사람들을 의미하는 개념입니다. A의 특징에 대한 질문에 답변해 보세요.

질문	답변 갑	답변 을
A는 해당 집단 구성원의 수로 결정되는가?	예 (✕)	아니요 (○)
특정 집단이 A에 해당하는지 여부는 시대와 장소에 따라 달라지는가?	㉠ (○) 예	㉡ (✕) 아니요
A는 주류 집단에 비해 사회적 희소 자원을 획득하는 데 불리한 위치에 있는가?	아니요 (✕)	예 (○)
A를 위한 적극적 우대 정책은 주류 집단에 대한 역차별이라는 비판을 받기도 하는가?	예 (○)	㉢ (✕) 아니요
점수	2점	2점

* 교사는 질문별로 각각 채점하고 옳은 답변은 1점, 틀린 답변은 0점을 부여함

	㉠	㉡	㉢
①	예	예	아니요
②	예	아니요	예
③	예	아니요	아니요
④	아니요	예	예
⑤	아니요	아니요	아니요

✔ 자료 분석 A는 신체적·문화적 특성이 다르다는 이유로 인해 주류 집단으로부터 불평등한 처우를 받고 있고, 자신들이 차별받는 집단에 속해 있다는 의식을 지닌 사람들을 의미하는 사회적 소수자에 해당한다.

O 정답 찾기 ③ 사회적 소수자는 해당 집단 구성원의 수로 결정되지 않는다. 따라서 첫 번째 질문에 대한 옳은 답변은 '아니요'이다. 특정 집단이 사회적 소수자에 해당하는지의 여부는 시대와 장소에 따라 달라진다. 따라서 두 번째 질문에 대한 옳은 답변은 '예'이다. 사회적 소수자는 주류 집단에 비해 사회적 희소 자원을 획득하는 데 불리한 위치에 있다. 따라서 세 번째 질문에 대한 옳은 답변은 '예'이다. 사회적 소수자를 위한 적극적 우대 정책은 주류 집단에 대한 역차별이라는 비판을 받기도 한다. 따라서 네 번째 질문에 대한 옳은 답변은 '예'이다. 갑과 을은 각각 2점을 획득하였으므로 갑은 두 번째와 네 번째 질문에 대해 옳게 답하였고, 을은 첫 번째와 세 번째 질문에 대해 옳게 답하였음을 알 수 있다. 따라서 ㉠에는 '예', ㉡에는 '아니요', ㉢에는 '아니요'가 들어간다.

이것만은 꼭!
1. 사회적 소수자는 수적으로 반드시 소수를 의미하는 것은 아니다.
2. 시대, 장소, 소속 집단의 범주 등에 따라 사회적 소수자에 해당하는지 여부가 달라진다.
3. 적극적 우대 정책은 사회적 소수자 집단을 우대하는 정책이다.

27 성 불평등 문제

| 정답 ④ | 20년 6월 모의평가 10번

①	②	③ 함정	❹	⑤
14%	5%	16%	62%	3%

(가)에 들어갈 옳은 내용만을 〈보기〉에서 고른 것은? [3점]

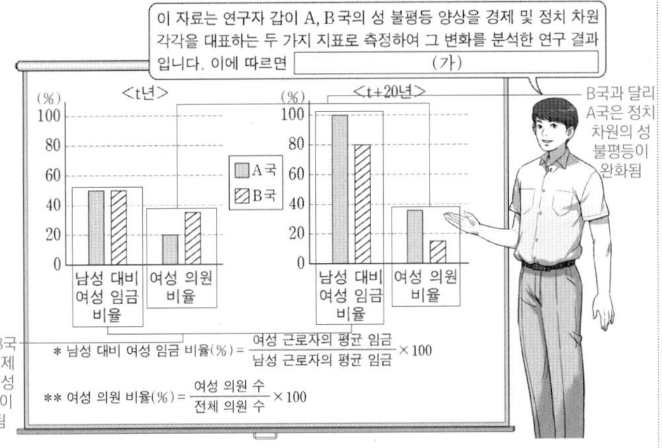

이 자료는 연구자 갑이 A, B국의 성 불평등 양상을 경제 및 정치 차원 각각을 대표하는 두 가지 지표로 측정하여 그 변화를 분석한 연구 결과입니다. 이에 따르면 (가)
<t년>
<t+20년>
(%)
A국
B국
남성 대비 여성 임금 비율
여성 의원 비율
B국과 달리 A국은 정치 차원의 성 불평등이 완화됨
A국과 B국 모두 경제 차원의 성 불평등이 완화됨
* 남성 대비 여성 임금 비율(%) = 여성 근로자의 평균 임금 / 남성 근로자의 평균 임금 × 100
** 여성 의원 비율(%) = 여성 의원 수 / 전체 의원 수 × 100

보기

ㄱ. A국은 t년에 비해 t+20년에 근로자의 성별 평균 임금 격차가 증가(감소)했습니다.

ㄴ. B국은 t년에 비해 t+20년에 여성 의원 비율이 낮아졌습니다.

ㄷ. t년에 비해 t+20년의 여성 근로자의 평균 임금은 A국이 B국보다 많이 증가했습니다(알 수 없다).

ㄹ. A국은 t년에 비해 t+20년에 경제 및 정치 차원의 지표 모두에서 성 불평등이 완화된 반면, B국은 경제 차원의 지표에서만 성 불평등이 완화된 것으로 나타났습니다.

① ㄱ, ㄴ ② ㄱ, ㄷ ③ ㄴ, ㄷ ④ ㄴ, ㄹ ⑤ ㄷ, ㄹ

✔ 자료 분석 남성 대비 여성 임금 비율은 수치가 높아질수록 남성과 여성 근로자의 평균 임금의 차이가 작아짐을 의미하므로 이는 경제 차원의 성 불평등이 완화되었음을 의미한다. 여성 의원 비율은 수치가 높아질수록 여성의 정치 참여 정도가 확대되었음을 의미하므로 이는 정치 차원의 성 불평등이 완화되었음을 의미한다.

O 정답 찾기 ㄴ. B국의 경우 여성 의원 비율은 t년에 비해 t+20년에 낮아졌다.
ㄹ. A국의 경우 남성 대비 여성 임금 비율이 t년에 비해 t+20년에 높아졌으며, 여성 의원 비율 또한 t년에 비해 t+20년에 높아졌다. 즉, A국의 경우 경제 및 정치 차원에서 성 불평등이 완화되었다. B국의 경우 남성 대비 여성 임금 비율은 t년에 비해 t+1년에 높아졌으나, 여성 의원 비율은 t년에 비해 t+20년에 낮아졌다. 즉, B국의 경우 경제 차원의 성 불평등은 완화되었으나 정치 차원의 성 불평등은 심화되었다.

X 오답 풀이 ㄱ. A국의 경우 남성 대비 여성 임금 비율은 t년에 비해 t+20년에 높아졌다. 즉, 성별 평균 임금 격차가 감소하였다.
ㄷ. t년에 비해 t+20년에 남성 대비 여성 임금 비율은 B국에 비해 A국이 더 크게 높아졌다. 이는 B국에 비해 A국에서 경제 차원의 성 불평등 완화 정도가 큼을 의미한다. 그러나 각국의 성별 평균 임금이 제시되어 있지 않으므로 여성 근로자의 평균 임금은 비교할 수 없다.

함정 클리닉

③번을 정답으로 잘못 선택하였다면, 남성 대비 여성 임금 비율이 의미하는 바를 혼동했을 가능성이 크다. 제시된 자료에서는 남성 대비 여성 임금의 상대적 비율이 제시되어 있을 뿐 남성과 여성의 평균 임금은 제시되어 있지 않다. 따라서 남성과 여성의 임금이 얼마만큼 증가했는지, 어느 나라에서 많이 증가했는지 여부는 알 수 없다.

이것만은 꼭!

성별 임금 격차는 경제 차원의 성 불평등을 보여 주고, 정치인, 고위직 등 사회적 권한이 강한 직종에의 여성 진출은 정치 차원의 성 불평등을 보여 준다.

28 빈곤의 유형

| 정답 ① | 20년 6월 모의평가 14번

❶	②	③	④	⑤
62%	4%	10%	5%	19%

표는 질문에 따라 빈곤의 유형 A, B를 구분한 것이다. 이에 대한 설명으로 옳은 것은? (단, A, B는 각각 절대적 빈곤, 상대적 빈곤 중 하나이다.) [3점]

질문 \ 유형	A (상대적 빈곤)	B (절대적 빈곤)
인간의 기본적 욕구 충족 및 최소한의 생활 유지에 필요한 자원이 결핍된 상태라고 정의되는가? (절대적 빈곤)	아니요	예
(가)	예	아니요

① 우리나라에서는 A에 해당하는 가구를 객관화된 기준(중위 소득의 50% 미만)에 따라 규정한다.
② B 가구는 소득 수준이 높은 국가에서는 나타나지 않는다(나타난다).
③ B에 해당하는 모든 가구는 항상 A 가구에 포함된다(포함된다고 할 수 없다).
④ 전체 빈곤율은 A에 따른 빈곤율과 B에 따른 빈곤율을 합한 것이다(아니다).
⑤ (가)에는 '상대적 박탈감 발생의 원인이 되는가?'가 들어갈 수 있다(없다).

✔ 자료 분석 최소한의 생활을 유지하는 데 필요한 자원이나 소득이 부족한 상태를 절대적 빈곤, 사회 구성원 다수가 누리는 생활 수준을 누리지 못하는 상태를 상대적 빈곤이라고 한다. 따라서 A는 상대적 빈곤, B는 절대적 빈곤이다.

O 정답 찾기 ① 우리나라에서는 중위 소득의 50% 미만인 가구를 상대적 빈곤 가구로 파악하고 있다. 즉, 중위 소득의 50%라는 객관화된 기준으로 상대적 빈곤 가구를 규정하고 있다.

X 오답 풀이 ② 소득 수준이 높은 국가에서도 절대적 빈곤 가구는 나타날 수 있다.
③ 절대적 빈곤에 해당하는 가구가 항상 상대적 빈곤 가구에 포함된다고 단정할 수 없다.
④ 상대적 빈곤과 절대적 빈곤 모두에 해당하는 가구가 존재할 수 있으므로 상대적 빈곤율과 절대적 빈곤율을 합한 값이 전체 빈곤율과 일치하지 않을 수 있다.
⑤ 상대적 빈곤이 상대적 박탈감의 원인이라 단정할 수 없다. 따라서 해당 질문은 (가)에 들어갈 수 없다.

이것만은 꼭!

1. 우리나라에서 절대적 빈곤과 상대적 빈곤은 모두 객관화된 기준에 따라 규정된다.
2. 절대적 빈곤은 최소한의 생활 유지에 필요한 자원이 결핍된 상태를 말한다.
3. 선진국에서도 절대적 빈곤과 상대적 빈곤이 모두 나타날 수 있다.

29 성 불평등 문제

| 정답 ④ | 20년 9월 모의평가 7번

①	②	③ 함정	❹	⑤
5%	8%	16%	58%	13%

다음 자료에 대한 옳은 분석만을 〈보기〉에서 고른 것은? [3점]

연구자 갑은 A~D 기업을 대상으로 입사, 승진 등 인사 현황을 조사하여 '성비 불균형' 정도를 알아보고자 하였다. 성비 불균형은 전체 인원 중 남성의 구성 비율과 여성의 구성 비율 간 차이의 절댓값으로 나타낼 수 있다. 성비 불균형은 0에서 100까지의 값을 가지며, 그 값이 클수록 성비 불균형 정도가 큼을 의미한다. 표는 A~D 기업별로 t년에 입사한 신입 사원의 여성비(比)와 20년 후 이들 중 임원으로 승진한 사람들의 여성비를 나타낸다.

〈기업별 신입 사원 및 임원의 여성비〉

구분	㉠신입 사원(t년)	㉡임원(t+20년)
	남:여	남:여
A 기업	1.0 1:1	1.0 1:1
B 기업	0.5 1:0.5	0.3 1:0.3
C 기업	0.5 1:0.5	0.4 1:0.4
D 기업	1.5 1:1.5	2.0 1:2

* 여성비 = $\frac{\text{여성 수}}{\text{남성 수}}$

** 성비 불균형 = $\left|\frac{(\text{남성 수}-\text{여성 수})}{(\text{남성 수}+\text{여성 수})}\times 100\right|$ (전체 수)

*** 기업별 입사 및 승진 시 남녀의 업무 능력은 동일하고, 중도 퇴사자 및 휴직자는 없는 것으로 가정함

보기

ㄱ. ㉡의 여성비를 기준으로 판단하면, ~~A 기업을 제외한 나머지 기업~~에서 승진의 진입 장벽은 남성보다 여성에게 높다. (B 기업, C 기업)
ㄴ. B 기업은 ㉠의 성비 불균형이 ㉡의 성비 불균형보다 작다.
ㄷ. C 기업의 경우 ㉡에서 여성이 차지하는 비율은 40%~~이다~~. (보다 낮다.)
ㄹ. ㉠의 성비 불균형은 C 기업이 D 기업보다 크다.

① ㄱ, ㄴ ② ㄱ, ㄷ ③ ㄴ, ㄷ ④ ㄴ, ㄹ ⑤ ㄷ, ㄹ

✔ 자료 분석 여성비가 1인 경우 남성 수와 여성 수가 같고, 여성비가 1보다 클 경우 남성에 비해 여성 수가 많으며, 여성비가 1보다 작을 경우 남성에 비해 여성 수가 작다.

O 정답 찾기 ㄴ. 성비 불균형은 전체 인원 중 남성 수와 여성 수의 차이가 클수록 크게 나타난다. B 기업의 경우 ㉠의 성비 불균형은 $\left|\frac{(1-0.5)}{(1+0.5)}\times 100\right| \fallingdotseq 33.3\%$이고, ㉡의 성비 불균형은 $\left|\frac{(1-0.3)}{(1+0.3)}\times 100\right| \fallingdotseq 53.8\%$이다. 따라서 B 기업은 ㉠의 성비 불균형이 ㉡의 성비 불균형보다 작다.

ㄹ. ㉠의 성비 불균형은 C 기업의 경우 $\left|\frac{(1-0.5)}{(1+0.5)}\times 100\right| \fallingdotseq 33.3\%$이고, D 기업의 경우 $\left|\frac{(1-1.5)}{(1+1.5)}\times 100\right| \fallingdotseq 20\%$이다. 따라서 ㉠의 성비 불균형은 C 기업이 D 기업보다 크다.

X 오답 풀이 ㄱ. B 기업과 C 기업은 ㉡의 여성 비가 1보다 작다. 이는 승진한 남성에 비해 승진한 여성이 더 작음을 의미한다. 따라서 B 기업과 C 기업에서 승진의 진입 장벽이 남성보다 여성에게 높다.

ㄷ. C 기업의 경우 ㉡에서 여성이 차지하는 비율은 $\frac{0.4}{(1+0.4)}\times 100 \fallingdotseq 28.6\%$이다. 따라서 C 기업의 경우 ㉡에서 여성이 차지하는 비율은 40%보다 낮다.

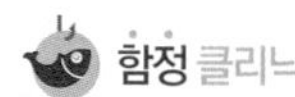

③번을 정답으로 잘못 선택하였다면, 여성비와 성비 불균형이 의미하는 바를 혼동했을 가능성이 크다. 여성비는 남성 수 대비 여성 수를 의미한다. 따라서 C 기업의 경우 ㉡의 여성비 0.4는 전체 임원에서 여성이 차지하는 비율이 아니라 남성 임원 대비 여성 임원의 비를 나타낸 것이다.

이것만은 꼭!

1. 성 불평등은 성별의 차이를 이유로 특정 성이 차별·억압받는 현상을 말한다.
2. 성 역할이란 생물학적 성을 근거로 남성과 여성에게 부여되는 서로 다른 사회적 역할을 말한다.
3. 여성이 조직 내에서 상위 직급으로 승진할 때 부딪히게 되는 눈에 보이지 않는 장벽을 유리 천장이라고 한다.

30 성 불평등 문제

| 정답 ① | 20년 수능 20번

❶	② 함정	③ 함정	④ 함정	⑤
18%	25%	15%	28%	14%

다음 자료에 대한 분석으로 옳은 것은? [3점]

사회학자 A는 성별 임금 격차 지수와 성별 교육 격차 지수를 개발하여 갑~병국의 성 불평등 현상을 분석하였다. 그림의 성별 임금 격차 지수는 경제적 측면에서, 성별 교육 격차 지수는 사회적 측면에서 성 불평등 정도를 나타낸다. 단, 갑~병국의 지수별 분석 대상 성비는 모두 1 : 1이다.
남성의 수와 여성의 수가 같음

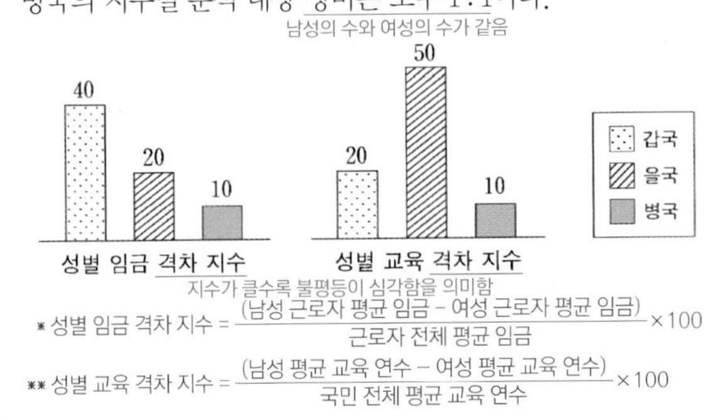

* 성별 임금 격차 지수 = (남성 근로자 평균 임금 − 여성 근로자 평균 임금) / 근로자 전체 평균 임금 × 100

** 성별 교육 격차 지수 = (남성 평균 교육 연수 − 여성 평균 교육 연수) / 국민 전체 평균 교육 연수 × 100

① 갑국의 남성 근로자 평균 임금은 여성 근로자 평균 임금의 1.5배이다.

② 을국의 남성 평균 교육 연수는 여성 평균 교육 연수의 ~~3배이다~~. 3배가 되지 않는다.

③ 병국의 남성 근로자 평균 임금 대비 여성 근로자 평균 임금의 비는 갑국의 남성 평균 교육 연수 대비 여성 평균 교육 연수의 비보다 ~~작다~~. 크다.

④ 남성 근로자 평균 임금 대비 여성 근로자 평균 임금의 비는 을국이 갑국보다는 ~~작지만~~ 크지만 병국보다는 ~~크다~~. 작다.

⑤ 갑~병국 중 경제적 측면에서 성 불평등이 가장 심한 국가(갑국)와 사회적 측면에서 성 불평등이 가장 심한 국가(을국)는 ~~동일하다~~. 다르다.

✔ 자료 분석 제시된 성별 임금 격차 지수를 활용하여 각 국가별 남성 근로자와 여성 근로자의 평균 임금을 비교할 수 있으며, 성별 교육 격차 지수를 활용하여 각 국가별 남성과 여성의 평균 교육 연수를 비교할 수 있다. 갑~병국의 지수별 분석 대상 성비가 모두 1 : 1이므로 근로자 전체 평균 임금이 100이라는 것은 남성 근로자 평균 임금과 여성 근로자 평균 임금의 합이 200이라는 것을 의미하고, 국민 전체 평균 교육 연수가 100이라는 것은 남성 평균 교육 연수와 여성 평균 교육 연수의 합이 200이라는 것을 의미한다. 근로자 전체 평균 임금과 국민 전체 평균 교육 연수를 각각 100이라고 할 때 성별 근로자 평균 임금과 성별 평균 교육 연수를 나타내면 다음과 같다.

구분	갑국	을국	병국
남성 근로자 평균 임금	120	110	105
여성 근로자 평균 임금	80	90	95
성별 임금 격차 지수	40	20	10

구분	갑국	을국	병국
남성 평균 교육 연수	110	125	105
여성 평균 교육 연수	90	75	95
성별 교육 격차 지수	20	50	10

O 정답 찾기 ① 갑국의 남성 근로자 평균 임금은 120이고, 여성 근로자 평균 임금은 80이다. 따라서 갑국의 남성 근로자 평균 임금은 여성 근로자 평균 임금의 1.5배(120/80)이다.

✕ 오답 풀이 ② 을국의 남성 평균 교육 연수는 125이고, 여성 평균 교육 연수는 75이다. 따라서 을국의 남성 평균 교육 연수는 여성 평균 교육 연수의 3배가 되지 않는다.
③ 병국의 남성 근로자 평균 임금 대비 여성 근로자 평균 임금의 비는 95/105이고, 갑국의 남성 평균 교육 연수 대비 여성 평균 교육 연수의 비는 90/110이다. 따라서 병국의 남성 근로자 평균 임금 대비 여성 근로자 평균 임금의 비는 갑국의 남성 평균 교육 연수 대비 여성 평균 교육 연수의 비보다 크다.
④ 남성 근로자 평균 임금 대비 여성 근로자 평균 임금의 비는 갑국의 경우 80/120, 을국의 경우 90/110, 병국의 경우 95/105이다. 따라서 남성 근로자 평균 임금 대비 여성 근로자 평균 임금의 비는 을국이 갑국보다 크지만 병국보다는 작다.
⑤ 경제적 측면에서의 성 불평등이 가장 심한 국가는 성별 임금 격차 지수가 가장 큰 갑국이고, 사회적 측면에서 성 불평등이 가장 심한 국가는 성별 교육 격차 지수가 가장 큰 을국이다.

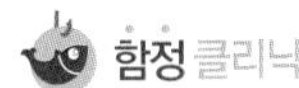

제시된 자료와 공식을 활용하여 남성과 여성 관련 값의 상대적 크기를 비교할 수 있어야 하며, 성비가 1 : 1이므로 남자와 여자의 평균 임금을 합한 값을 2로 나누면 전체 평균이 된다는 것을 파악할 수 있어야 하는 문제이다. 갑~병국 세 나라 각각에 대해 임금과 교육 두 가지 지수에 대해 묻고 있고 모든 선지에서 계산을 바탕으로 묻고 있으므로 오답률이 높게 나타났다.

고난도 주제 04 사회 복지와 복지 제도

p.081 ~ 088

01 ④ 02 ⑤ 03 ⑤ 04 ③ 05 ③ 06 ② 07 ② 08 ⑤ 09 ④ 10 ⑤ 11 ② 12 ② 13 ③ 14 ② 15 ④

01 사회 보장 제도

| 정답 ④ | 24년 6월 모의평가 15번

①	② 함정	③	❹	⑤
5%	21%	8%	60%	6%

다음 자료에 대한 분석으로 옳은 것은?

〈자료 1〉 갑국의 사회 보장 제도

사회 보험—(가) 국민에게 발생하는 사회적 위험을 보험의 방식으로 대처함으로써 국민의 안전한 생활에 필요한 건강과 소득을 보장하는 제도

공공 부조—(나) 생활 유지 능력이 없거나 생활이 어려운 국민의 최저 생활을 보장하고 자립을 지원하는 제도

사회 서비스—(다) 상담, 재활, 돌봄, 정보의 제공, 관련 시설의 이용, 역량 개발, 사회 참여 지원 등을 통하여 국민의 삶의 질이 향상되도록 지원하는 제도

〈자료 2〉 갑국의 (가)~(다) 제도의 지역별 수혜자 비율

(단위: %)

제도 \ 지역	A	B	전체
(가) 사회 보험	㉠ 11	8	10
(나) 공공 부조	3	6	4
(다) 사회 서비스	10	7	㉡ 9

* 갑국은 A, B 지역으로만 이루어져 있고, 갑국의 사회 보장 제도는 우리나라의 사회 보장 제도와 동일함

** 해당 지역 수혜자 비율(%) = $\frac{\text{해당 지역 수혜자 수}}{\text{해당 지역 인구}} \times 100$

① ㉠은 11, ㉡은 ~~8~~(9)이다.

② (가)와 (나) 중 선별적 복지의 성격이 강한 제도(공공 부조)의 수혜자 수는 A 지역이 B 지역~~보다 적다~~(과 같다).

③ 갑국에서 우리나라의 사회 서비스에 해당하는 제도의 수혜자 수는 A 지역이 B 지역의 3배~~이다~~(가 되지 않는다).

④ 금전적 지원을 원칙으로 하며 사전 예방적 성격이 강한 제도(사회 보험)의 수혜자 수는 A 지역이 B 지역의 2배보다 많다.

⑤ 갑국 전체에서 상호 부조의 원리가 적용되는 제도(사회 보험)의 수혜자 수는 소득 재분배 효과가 가장 큰 제도(공공 부조)의 수혜자 수의 2배보다 ~~적다~~(많다).

✔ 자료 분석 (가)는 사회 보험, (나)는 공공 부조, (다)는 사회 서비스이다. A 지역 인구를 a, B 지역 인구를 b라고 하면, (나)의 경우 0.03a+0.06b=0.04(a+b)가 성립하여 이를 풀면, a=2b이다. 즉, A 지역 인구는 B 지역 인구의 2배이다. B 지역 인구를 100명이라고 가정하여 제시된 자료를 바탕으로 지역별 (가)~(다)의 수혜자 수를 나타내면 다음과 같다.

(단위: 명)

구분	A	B	전체
(가)	22	8	30
(나)	6	6	12
(다)	10	7	27
인구	200	100	300

O 정답 찾기 ④ 금전적 지원을 원칙으로 하면서 사전 예방적 성격이 강한 제도는 사회 보험인 (가)이다. B 지역 인구가 100명이라면, (가)의 경우 수혜자 수는 A 지역이 22명, B 지역이 8명이다. 따라서 금전적 지원을 원칙으로 하면서 사전 예방적 성격이 강한 제도의 수혜자 수는 A 지역이 B 지역의 2배보다 많다.

X 오답 풀이 ① ㉠은 11, ㉡은 9이다.
② 선별적 복지의 성격이 강한 제도는 공공 부조인 (나)이다. B 지역 인구가 100명이라면, (나)의 경우 수혜자 수는 A 지역이 6명, B 지역이 6명이다. 따라서 선별적 복지의 성격이 강한 제도의 수혜자 수는 A 지역과 B 지역이 같다.
③ B 지역 인구가 100명이라면, 사회 서비스인 (다)의 경우 수혜자 수는 A 지역이 20명, B 지역이 7명이다. 따라서 사회 서비스에 해당하는 제도의 수혜자 수는 A 지역이 B 지역의 3배가 되지 않는다.
⑤ 상호 부조의 원리가 적용되는 제도는 사회 보험인 (가)이고, 소득 재분배 효과가 가장 큰 제도는 공공 부조인 (나)이다. B 지역 인구가 100명이라면, 갑국 전체에서 (가)의 수혜자 수는 30명이고, (나)의 수혜자 수는 12명이다. 따라서 갑국 전체에서 상호 부조의 원리가 적용되는 제도의 수혜자 수는 소득 재분배 효과가 가장 큰 제도의 수혜자 수의 2배보다 많다.

함정 클리닉

④번을 정답으로 선택하지 못한 학생들은 A 지역과 B 지역의 인구수를 파악하지 못하였을 가능성이 크다. (가), (다)와 달리 (나)는 A 지역과 B 지역, 갑국 전체의 수혜자 비율이 모두 제시되어 있으므로 (나)의 수혜자 비율을 통해 A 지역과 B 지역의 인구비를 파악할 수 있다.

이것만은 꼭!

1. 사회 보험과 공공 부조는 금전적 지원을 원칙으로 하고, 사회 서비스는 비금전적 지원을 원칙으로 한다.
2. 공공 부조는 소득 재분배 효과가 가장 큰 제도이다.
3. 사회 서비스는 국가와 지방 자치 단체는 물론 민간 부문도 복지 제공에 참여할 수 있다.

02 사회 보장 제도

| 정답 ⑤ | 24년 9월 모의평가 15번

①	② 함정	③ 함정	④ 함정	⑤
8%	22%	16%	17%	37%

다음 자료에 대한 분석으로 옳은 것은?

갑국의 사회 보장 제도 A와 B는 우리나라의 사회 보장 제도와 동일하다. A는(사회 보험) 사전 예방적 성격이 강한 제도이고, B는(공공 부조) 사후 처방적 성격이 강한 제도이다. 중복 수급자 비율은 t+30년이 t년에 비해 50% 감소하였고, 중복 수급자 수는 t년과 t+30년이 동일하다.

〈갑국의 A, B 수급자와 비(非)수급자의 비율〉

(단위: %)

구분	t년	t+30년
A 수급자	70	77
B 수급자	26	㉠ 13
비(非)수급자	14	15

(t+30년에 전체 수급자 비율은 85%, t년에 전체 수급자 비율은 86%)

* 비(非)수급자: A나 B 어느 것도 받지 않는 사람
** 중복 수급자: A 수급자이면서 동시에 B 수급자인 사람

① ㉠은 t년의 중복 수급자 비율보다 작고(크고) t+30년의 중복 수급자 비율보다 크다.
② 선별적 복지의 성격이 강한 제도(공공 부조)에만 해당하는 수급자 비율은 t+30년이 t년에 비해 8%(50%) 감소하였다.
③ 소득 재분배 효과가 있는 제도(사회 보험, 공공 부조)의 수급자 수는 t년과 t+30년이 동일하다.
④ 정부 재정으로 비용을 전액 충당하는 것을 원칙으로 하는 제도(공공 부조)에만 해당하는 수급자 수는 t+30년이 t년의 2배이다(과 같다).
⑤ t년에 상호 부조의 원리가 적용되는 제도(사회 보험)에만 해당하는 수급자 수는 t+30년 비(非)수급자 수의 2배이다.

✓ 자료 분석 사전 예방적 성격이 강한 제도는 사회 보험이고, 사후 처방적 성격이 강한 제도는 공공 부조이다. 따라서 A는 사회 보험, B는 공공 부조이다. t년에 비수급자 비율이 14%이므로 수급자 비율은 86%가 되고, A 수급자 비율이 70%, B 수급자 비율이 26%이므로 A와 B 중복 수급자 비율은 10%(=70%+26%−86%)가 된다. t년 대비 t+30년에 A와 B 중복 수급자 비율이 50% 감소하였으므로 t+30년에 A와 B 중복 수급자 비율은 5%가 된다. t+30년에 비(非)수급자 비율이 15%이므로 수급자 비율은 85%가 되고, A 수급자 비율이 77%, A와 B 중복 수급자 비율이 5%이므로 B 수급자 비율은 13%(=8%+5%)가 된다. A와 B 중복 수급자 비율은 t년이 10%, t+30년이 5%인데, t년과 t+30년에 A와 B 중복 수급자 수가 동일하므로 갑국의 전체 인구는 t+30년이 t년의 2배이다. t년에 갑국의 전체 인구를 100명이라고 가정하여 제시된 자료를 바탕으로 연도별 A 수급자, B 수급자 및 A와 B 중복 수급자, 비(非)수급자 상황을 나타내면 다음과 같다.

구분	t년		t+30년	
	비율(%)	수(명)	비율(%)	수(명)
A 수급자	70	70	77	154
B 수급자	26	26	13	26
A와 B 중복 수급자	10	10	5	10
비(非)수급자	14	14	15	30
전체	100	100	100	200

○ 정답 찾기 ⑤ 상호 부조의 원리가 적용되는 제도는 사회 보험(A)이다. t년에 갑국의 전체 인구가 100명이라면, t년에 A에만 해당하는 수급자 수는 60명(=70명−10명)이고, t+30년에 비(非)수급자 수는 30명이다. 따라서 t년에 A에만 해당하는 수급자 수는 t+30년 비(非)수급자 수의 2배이다.

× 오답 풀이 ① t+30년에 B 수급자 비율은 13%이므로 ㉠은 13이다. A와 B 중복 수급자 비율은 t년이 10%, t+30년이 5%이다. 따라서 ㉠은 t년의 A와 B 중복 수급자 비율과 t+30년의 A와 B 중복 수급자 비율보다 크다.

② 선별적 복지의 성격이 강한 제도는 공공 부조(B)이다. B에만 해당하는 수급자 비율은 t년이 16%, t+30년이 8%이다. 따라서 B에만 해당하는 수급자 비율은 t+30년이 t년에 비해 50% 감소하였다.

③ 사회 보험(A)과 공공 부조(B)는 모두 소득 재분배 효과가 있다. t년에 갑국의 전체 인구가 100명이라면, A와 B의 수급자 수는 t년이 86명(=100명−14명)이고, t+30년이 170명(=200명−30명)이다. 따라서 A와 B의 수급자 수는 t년보다 t+30년이 많다.

④ 정부 재정으로 비용을 전액 충당하는 것을 원칙으로 하는 제도는 공공 부조(B)이다. t년에 갑국의 전체 인구가 100명이라면, B에만 해당하는 수급자 수는 t년이 16명(=26명−10명)이고, t+30년이 16명(=26명−10명)이다. 따라서 B에만 해당하는 수급자 수는 t년과 t+30년이 같다.

⑤번을 정답으로 선택하지 못한 학생들은 A와 B 중복 수급자 비율을 파악하지 못하였거나, t년과 t+30년에 갑국의 전체 인구를 파악하지 못하였을 가능성이 크다. 수급자 비율은 100%−비(非)수급자 비율로 구할 수 있으며, 이를 통해 구한 수급자 비율을 통해 A와 B 중복 수급자 비율을 파악할 수 있다. 또한 t년과 t+30년에 중복 수급자 수가 같으므로 이를 통해 t년과 t+30년에 갑국의 전체 인구를 파악할 수 있다.

이것만은 꼭!

1. 사회 보험은 사전 예방적 성격이 강한 제도이고, 공공 부조는 사후 처방적 성격이 강한 제도이다.
2. 사회 보험은 보편적 복지의 성격이 강한 제도이고, 공공 부조는 선별적 복지의 성격이 강한 제도이다.
3. 사회 보험과 공공 부조는 모두 소득 재분배 효과가 있다.

03 사회 보장 제도

| 정답 ⑤ | 24년 수능 15번

①	②	③ 함정	④ 함정	❺
14%	12%	22%	20%	32%

다음 자료에 대한 분석으로 옳은 것은? (단, A, B는 각각 공공 부조와 사회 보험 중 하나임.)

> 갑국에는 사회 보장 제도 A, B만 존재하며, A, B는 우리나라의 사회 보장 제도와 동일하다. A는 사전 예방적 성격이 강한 제도이고, B는 사후 처방적 성격이 강한 제도이다. (A: 사회 보험, B: 공공 부조)
> 표는 갑국의 (가)~(다) 지역별 전체 인구 중 A, B 수급자 비율 및 비(非)수급자 비율을 나타낸 것이다. 비(非)수급자는 A나 B 중 어느 것도 받지 않는 사람으로서, A나 B의 복지 혜택이 필요하지만 수급 자격 조건에 미달하여 받지 못하는 사람(탈락자)과 비(非)수급자에서 탈락자를 제외한 사람(비(非)탈락자)으로 구성된다. (가)~(다) 지역의 중복 수급자 수는 동일하다.
>
> (단위: %)
>
> | 구분 | A 수급자 | B 수급자 | 중복 수급자 | 비(非)수급자 | |
> |---|---|---|---|---|---|
> | | | | | 탈락자 | 비(非)탈락자 |
> | (가) 지역 | 73 | 20 | ㉠ 15 | 12 | 10 |
> | (나) 지역 | 72 | 28 | 15 | 5 | ㉡ 10 |
> | (다) 지역 | 50 | ㉢ 20 | 10 | 8 | 32 |
>
> * 중복 수급자: A 수급자이면서 동시에 B 수급자인 사람

① ㉠은 (나) 지역의 선별적 복지의 성격이 강한 제도(공공 부조(B))에만 해당하는 수급자 비율보다 ~~작다~~. (크다.)

② ㉡은 (가) 지역의 부정적 낙인이 발생할 수 있는 제도(공공 부조(B))에만 해당하는 수급자 비율~~과 같다~~. (보다 크다.)

③ ㉢은 (다) 지역의 상호 부조의 원리가 적용되는 제도(사회 보험(A))에만 해당하는 수급자 비율의 ~~2~~배이다. (1/2)

④ (가) 지역의 탈락자 수보다 (나) 지역의 비(非)탈락자 수가 ~~많다~~. (적다.)

⑤ 금전적 지원을 원칙으로 하는 제도(사회 보험(A), 공공 부조(B))의 수급자 수는 (다) 지역이 가장 많다.

함정 클리닉

⑤번을 정답으로 선택하지 못한 학생들은 탈락자 비율과 비(非)탈락자 비율을 더한 값이 비(非)수급자 비율이고, 100%에서 비(非)수급자 비율을 뺀 값이 수급자 비율임을 파악하지 못하였을 가능성이 크다. 비(非)수급자 비율을 구체적으로 탈락자 비율과 비(非)탈락자 비율로 구분하여 출제된 적이 없어 생소한 문제로 여겨졌을 것이다. 수급자 비율+비(非)수급자 비율(=탈락자 비율+비(非)탈락자 비율)=100%임을 이해하도록 한다.

이것만은 꼭!

1. 사회 보험은 사전 예방적 성격이 강하고, 공공 부조는 사후 처방적 성격이 강하다.
2. 사회 보험은 보편적 복지의 성격이 강하고, 공공 부조는 선별적 복지의 성격이 강하다.
3. 사회 보험과 공공 부조는 모두 금전적 지원을 원칙으로 한다.

✓ 자료 분석 사전 예방적 성격이 강한 제도는 사회 보험이고, 사후 처방적 성격이 강한 제도는 공공 부조이다. 따라서 A는 사회 보험, B는 공공 부조이다. 제시된 자료를 바탕으로 (가)~(다) 지역의 A, B 수급자 비율, A와 B 중복 수급자 비율 및 비(非)수급자 비율을 나타내면 다음과 같다.

(단위: %)

구분	(가) 지역	(나) 지역	(다) 지역
사회 보험(A) 수급자	73	72	50
공공 부조(B) 수급자	20	28	㉢ 20
A와 B 중복 수급자	㉠ 15	15	10
수급자	78	85	60
탈락자	12	5	8
비(非)탈락자	10	㉡ 10	32
비(非)수급자	22	15	40
전체	100	100	100

A와 B 중복 수급자 비율의 경우 (가) 지역이 15%, (나) 지역이 15%, (다) 지역이 10%이고, (가)~(다) 지역의 중복 수급자 수가 동일하다. A 지역 전체 인구를 a, B 지역 전체 인구를 b, C 지역 전체 인구를 c라고 가정하면, 0.15a=0.15b=0.1c, 즉 3a=3b=2b이므로 a : b : c = 2 : 2 : 3이다. 즉, A 지역 전체 인구 : B 지역 전체 인구 : C 지역 전체 인구 = 2 : 2 : 3이다. A 지역 전체 인구와 B 지역 인구를 각각 200명, C 지역 인구를 300명이라고 가정하여 각 지역별 A, B 수급자 수 및 비(非)수급자 수를 나타내면 다음과 같다.

구분	(가) 지역		(나) 지역		(다) 지역	
	비율(%)	수(명)	비율(%)	수(명)	비율(%)	수(명)
사회 보험(A) 수급자	73	146	72	144	50	150
공공 부조(B) 수급자	20	40	28	56	㉢ 20	60
A와 B 중복 수급자	㉠ 15	30	15	30	10	30
수급자	78	156	85	170	60	180
탈락자	12	24	5	10	8	24
비(非)탈락자	10	20	㉡ 10	20	32	96
비(非)수급자	22	44	15	30	40	120
전체	100	200	100	200	100	300

○ 정답 찾기 ⑤ 금전적 지원을 원칙으로 하는 제도는 사회 보험(A)과 공공 부조(B)이다. A와 B 수급자 수는 (가) 지역이 156명, (나) 지역이 170명, (다) 지역이 180명이므로 A와 B 수급자 수는 (다) 지역이 가장 많다.

× 오답 풀이 ① 선별적 복지의 성격이 강한 제도는 공공 부조(B)이다. (가) 지역의 경우 A와 B 중복 수급자 비율은 15%이고, (나) 지역의 경우 B에만 해당하는 수급자 비율은 13%(=28%−15%)이다. 따라서 ㉠은 (나) 지역의 B에만 해당하는 수급자 비율보다 크다.

② 부정적 낙인이 발생할 수 있는 제도는 공공 부조(B)이다. (나) 지역의 경우 비(非)탈락자 비율은 10%이고, (가) 지역의 경우 B에만 해당하는 수급자 비율은 5%(=20%−15%)이다. 따라서 ㉡은 (가) 지역의 B에만 해당하는 수급자 비율보다 크다.

③ 상호 부조의 원리가 적용되는 제도는 사회 보험(A)이다. (다) 지역의 경우 B 수급자 비율은 20%이고, (다) 지역의 경우 A에만 해당하는 수급자 비율은 40%(=50%−10%)이다. 따라서 ㉢은 (다) 지역의 A에만 해당하는 수급자 비율의 1/2배이다.

④ (가) 지역의 탈락자 수는 24명, (나) 지역의 비(非)탈락자 수는 20명이므로 (가) 지역의 탈락자 수보다 (나) 지역의 비(非)탈락자 수가 적다.

04 사회 보장 제도

| 정답 ③ | 23년 6월 모의평가 15번

①	②	❸	④ 함정	⑤
6%	13%	52%	18%	11%

다음 자료에 대한 옳은 설명만을 〈보기〉에서 고른 것은? [3점]

갑국은 정부 예산만을 재원으로 경제적 형편이 어려운 노인에게 급여를 지급하는 우리나라의 연금 제도와 같은 ㉠○○ 연금 제도를 도입하고자 한다. 연금 지급액을 놓고 A안과 B안을 검토 중인데, 다음은 ○○ 연금 제도 시행 전의 상대적 빈곤율과 A안 또는 B안을 시행할 경우 예상되는 상대적 빈곤율을 제시한 표의 일부이다. 제도 시행 전후의 상대적 빈곤율은 현재 시점의 노인 가구를 기준으로 계산한 것이다.

기초 연금 제도 (공공 부조)

가구 형태	가구 수 (만 가구)	상대적 빈곤율(%)		
		제도 시행 전	제도 시행 후	
			A안	B안
1인 가구	100	50 (50만 가구)	25 (25만 가구)	20 (20만 가구)
부부 가구	200	40 (80만 가구)	20 (40만 가구)	15 (30만 가구)
기타 가구				

* 갑국의 노인 가구는 1인 가구(65세 이상 노인 1명), 부부 가구(65세 이상 노인 2명) 및 기타 가구로 구분됨

** 상대적 빈곤율은 가구 소득이 정부가 가구 형태별로 결정한 일정 금액 미만인 가구의 비율임

〈보기〉

ㄱ. ㉠은 상호 부조의 원리를 바탕으로 한다. (사회 보험)

ㄴ. ㉠은 사전 예방적 성격보다 사후 처방적 성격이 강하다.

ㄷ. A안 시행 전후의 상대적 빈곤 가구 수 차이는 1인 가구가 부부 가구보다 작다.

ㄹ. 상대적 빈곤에 해당하는 부부 가구 인구는 A안을 시행할 경우가 B안을 시행할 경우보다 ~~10~~ 20만 명 많다.

① ㄱ, ㄴ ② ㄱ, ㄷ ③ ㄴ, ㄷ ④ ㄴ, ㄹ ⑤ ㄷ, ㄹ

✔ 자료 분석 갑국의 ○○ 연금 제도는 정부 예산만을 재원으로 경제적 형편이 어려운 노인에게 급여를 지급하므로 이는 공공 부조에 해당하는 기초 연금 제도이다.

O 정답 찾기 ㄴ. ○○ 연금 제도는 공공 부조에 해당한다. 공공 부조는 사전 예방적 성격보다 사후 처방적 성격이 강하다.

ㄷ. A안 시행 전후의 상대적 빈곤 가구 수 차이는 1인 가구의 경우 25만 가구이고, 부부 가구의 경우 40만 가구이다. 따라서 A안 시행 전후의 상대적 빈곤 가구 수 차이는 1인 가구가 부부 가구보다 작다.

✕ 오답 풀이 ㄱ. 사회 보험은 공공 부조와 달리 상호 부조의 원리를 바탕으로 한다.

ㄹ. 부부 가구는 2명으로 구성되어 있다. 따라서 상대적 빈곤에 해당하는 부부 가구 인구는 A안을 시행할 경우가 B안을 시행할 경우보다 20만 명 많다.

함정 클리닉

④번을 선택한 학생들은 부부 가구의 수와 부부 가구 인구수를 구분하지 못하였을 가능성이 높다. '부부 가구 인구'는 '부부 가구 수×2명'이 된다.

③번을 선택하지 못한 학생들은 A안 시행 전후의 상대적 빈곤 가구 수를 제대로 구하지 못하였을 가능성이 높다. 1인 가구의 경우에는 100만 가구를 기준으로 제도 시행 전 50만 가구, A안 시행 후 25만 가구이며, 부부 가구의 경우에는 200만 가구를 기준으로 제도 시행 전 80만 가구, A안 시행 후 40만 가구이다.

이것만은 꼭!

1. 사회 보험은 상호 부조의 원리를 바탕으로 한다.
2. 사회 보험은 사전 예방적 성격이 강하고, 공공 부조는 사후 처방적 성격이 강하다.
3. 정부 예산만을 재원으로 하는 것은 공공 부조에 해당한다.

05 사회 보장 제도

| 정답 ③ | 23년 9월 모의평가 15번

①	②	❸	④ 함정	⑤ 함정
6%	7%	44%	26%	17%

다음 자료에 대한 옳은 분석만을 〈보기〉에서 고른 것은?

〈자료 1〉 갑국의 사회 보장 제도

(가) 기초 연금 제도 (공공 부조)	65세 이상 노인 중 소득 인정액이 일정 수준 이하인 사람에게 생활 안정에 필요한 연금을 지급하는 제도
(나) 국민연금 제도 (사회 보험)	노령, 사망, 장애 등으로 인한 소득 상실을 보전하고 기본적인 생활을 지원하기 위해 가입자와 고용주 등이 분담해서 마련한 기금을 통해 연금 급여를 지급하는 제도

〈자료 2〉 갑국의 성별·시기별 (가), (나) 제도의 수급자 수

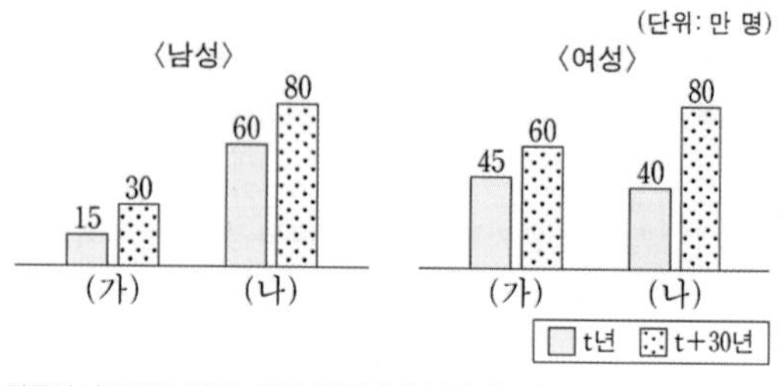

* 갑국의 사회 보장 제도는 우리나라의 사회 보장 제도와 동일함
** t년과 t+30년 모두 갑국의 남녀 인구는 각각 1,000만 명임

보기

ㄱ. t년에 수급자에 대한 부정적 낙인이 발생할 수 있는 제도(공공 부조)의 남성 수급자 수는 여성 수급자 수의 ~~3~~(1/3)배이다.
ㄴ. t년에 비해 t+30년에 수혜자 비용 부담 원칙이 적용되는 제도(사회 보험)의 수급자 수는 60만 명 증가하였다.
ㄷ. t년에 상호 부조의 원리가 적용되는 제도(사회 보험)의 수급자 중 남성 수급자 비율은 t+30년에 강제 가입의 원칙이 적용되는 제도(사회 보험)의 수급자 중 여성 수급자 비율보다 높다.
ㄹ. t년에 갑국 인구 중 사전 예방적 성격이 강한 제도(사회 보험)의 수급자 비율은 t+30년에 갑국 인구 중 사후 처방적 성격이 강한 제도(공공 부조)의 수급자 비율보다 ~~낮다~~(높다).

① ㄱ, ㄴ ② ㄱ, ㄷ ③ ㄴ, ㄷ ④ ㄴ, ㄹ ⑤ ㄷ, ㄹ

✔ 자료 분석 (가)는 공공 부조에 해당하는 기초 연금 제도, (나)는 사회 보험에 해당하는 국민연금 제도이다.

○ 정답 찾기 ㄴ. 수혜자 비용 부담 원칙이 적용되는 제도는 사회 보험에 해당하는 국민연금 제도인 (나)이다. (나)의 수급자 수는 t년이 100만 명(=60만 명+40만 명), t+30년이 160만 명(=80만 명+80만 명)이다. 따라서 t년에 비해 t+30년에 (나)의 수급자 수는 60만 명 증가하였다.
ㄷ. 상호 부조의 원리가 적용되고 강제 가입의 원칙이 적용되는 제도는 사회 보험에 해당하는 국민연금 제도인 (나)이다. t년에 (나)의 수급자 중 남성 수급자 비율은 60%{=(60만 명/100만 명)×100}, t+30년에 (나)의 수급자 중 여성 수급자 비율은 50%{=(80만 명/160만 명)×100}이다. 따라서 t년에 (나)의 수급자 중 남성 수급자 비율은 t+30년에 (나)의 수급자 중 여성 수급자 비율보다 높다.

✕ 오답 풀이 ㄱ. 수급자에 대한 부정적 낙인이 발생할 수 있는 제도는 공공 부조에 해당하는 기초 연금 제도인 (가)이다. t년에 (가)의 남성 수급자 수는 15만 명, (가)의 여성 수급자 수는 45만 명이다. 따라서 t년에 (가)의 남성 수급자 수는 여성 수급자 수의 1/3배이다.
ㄹ. 사전 예방적 성격이 강한 제도는 사회 보험에 해당하는 국민연금 제도인 (나)이고, 사후 처방적 성격이 강한 제도는 공공 부조에 해당하는 기초 연금 제도인 (가)이다. t년에 갑국 인구 중 (나)의 수급자 비율은 5%{=(100만 명/2,000만 명)×100}, t+30년에 갑국 인구 중 (가)의 수급자 비율은 4.5%{=(90만 명/2,000만 명)×100}이다. 따라서 t년에 갑국 인구 중 (나)의 수급자 비율은 t+30년에 갑국 인구 중 (가)의 수급자 비율보다 높다.

③번을 정답으로 선택하지 못한 학생들은 수급자 수를 나타내고 있는 〈자료 2〉의 수치를 통해 각 제도의 수급자 중 성별에 따른 수급자 비율과 갑국 전체 인구 중 각 제도의 수급자 비율을 구하는 것을 혼동하였을 가능성이 크다. t년의 경우 갑국의 남녀 인구는 각각 1,000만 명이고, (가) 수급자의 남녀 인구는 각각 15만 명과 45만 명이며, (나) 수급자의 남녀 인구는 각각 60만 명과 40만 명이다. 제시된 그림을 분석하는 데 혼동하지 않아야 한다.

이것만은 꼭!

1. 사회 보험은 수혜자 비용 부담 원칙이 적용된다.
2. 공공 부조는 사후 처방적 성격이 강하다.
3. 사회 보험과 공공 부조는 모두 금전적 지원을 원칙으로 한다.

06 사회 보장 제도 | 정답 ② | 23년 수능 15번

①	❷	③	④	⑤함정
5%	41%	15%	15%	24%

다음 자료에 대한 분석으로 옳은 것은? [3점]

> 갑국의 사회 보장 제도는 우리나라의 사회 보장 제도와 동일하다. A는(사회 보험) 상호 부조의 원리가 적용되는 제도이고, B는(공공 부조) 정부 재정으로 비용을 전액 충당하는 것을 원칙으로 하는 제도이다. 표는 갑국의 전체 인구 중 A, B 수급자 비율과 시기에 따른 비율 차이를 나타낸 것이다. t년 대비 t+30년에 갑국의 전체 인구는 50% 증가하였다.
>
> 〈표 1〉 t년의 수급자 비율
>
> (단위: %)
>
> | A 수급자 | B 수급자 | A와 B의 중복 수급자 |
> |---|---|---|
> | 40 | 15 | 8 |
>
> 〈표 2〉 t년 대비 t+30년의 수급자 비율 차이*
>
> | A에만 해당하는 수급자 | B에만 해당하는 수급자 | A와 B의 중복 수급자 |
> |---|---|---|
> | 2 | -3 | 8 |
>
> * 수급자 비율 차이=t+30년의 수급자 비율 - t년의 수급자 비율

① t년에 전체 인구 중 부정적 낙인이 발생할 수 있는 제도(공공 부조(B))에만 해당하는 수급자 비율은 A와 B의 중복 수급자 비율보다 ~~크다~~(작다).

② t+30년에 수혜자 비용 부담 원칙이 적용되는 제도(사회 보험(A))의 수급자 수는 t년에 A나 B 어느 것도 받지 않는 비(非)수급자 수보다 많다.

③ t+30년에 강제 가입의 원칙이 적용되는 제도(사회 보험(A))에만 해당하는 수급자 수는 A와 B의 중복 수급자 수보다 ~~적다~~(많다).

④ t년에 사전 예방적 성격이 강한 제도(사회 보험(A))의 수급자 수는 t+30년에 사후 처방적 성격이 강한 제도(공공 부조(B))의 수급자 수의 2배(약 1.3)이다.

⑤ t년 대비 t+30년에 A 수급자 수의 증가율은 B 수급자 수의 증가율보다 ~~크다~~(작다).

✔ 자료 분석 A는 사회 보험, B는 공공 부조이다. t년 대비 t+30년에 갑국의 전체 인구가 50% 증가하였으므로 t년의 전체 인구가 100명이라면, t+30년의 전체 인구는 150명이 된다. t년의 전체 인구를 100명이라고 가정하고 제시된 자료를 바탕으로 연도별 A, B 수급자 비율 및 수급자 수를 나타내면 다음과 같다.

(단위: %)

구분	t년	t+30년
A 수급자 비율	40	50
B 수급자 비율	15	20
A와 B의 중복 수급자 비율	8	16

(단위: 명)

구분	t년	t+30년
A 수급자 수	40	75
B 수급자 수	15	30
A와 B의 중복 수급자 수	8	24
전체 인구	100	150

O 정답 찾기 ② 수혜자 비용 부담 원칙이 적용되는 제도는 사회 보험(A)이다. t년의 전체 인구를 100명이라고 가정하면, t+30년에 A 수급자 수는 75명, t년에 A나 B 어느 것도 받지 않는 비수급자 수는 53명(=100명-40명-15명+8명)이다. 따라서 t+30년에 A 수급자 수는 t년에 A나 B 어느 것도 받지 않는 비수급자 수보다 많다.

✕ 오답 풀이 ① 부정적 낙인이 발생할 수 있는 제도는 공공 부조(B)이다. t년에 B에만 해당하는 수급자 비율은 7%(=15%-8%), A와 B의 중복 수급자 비율은 8%이다. 따라서 t년에 전체 인구 중 B에만 해당하는 수급자 비율은 A와 B의 중복 수급자 비율보다 작다.

③ 강제 가입의 원칙이 적용되는 제도는 사회 보험(A)이다. t년의 전체 인구를 100명이라고 가정하면, t+30년에 A에만 해당하는 수급자 수는 51명(=75명-24명), A와 B의 중복 수급자 수는 24명이다. 따라서 t+30년에 A에만 해당하는 수급자 수는 A와 B의 중복 수급자 수보다 많다.

④ 사전 예방적 성격이 강한 제도는 사회 보험(A), 사후 처방적 성격이 강한 제도는 공공 부조(B)이다. t년의 전체 인구를 100명이라고 가정하면, t년에 A 수급자 수는 40명, t+30년에 B 수급자 수는 30명이다. 따라서 t년에 A 수급자 수는 t+30년에 B 수급자 수의 약 1.3배(=40/30)이다.

⑤ t년의 전체 인구를 100명이라고 가정하면, A 수급자의 수는 t년에 40명에서 t+30년에 75명으로 87.5%[={(75명-40명)/40명}×100] 증가하였고, B 수급자 수는 t년에 15명에서 t+30년에 30명으로 100%[={(30명-15명)/15명}×100] 증가하였다. 따라서 t년 대비 t+30년에 A 수급자 수의 증가율은 B 수급자 수의 증가율보다 작다.

②번을 정답으로 찾지 못한 경우는 t년 대비 t+30년의 수급자 비율 차이를 이해하지 못하였거나, A 수급자 비율과 A에만 해당하는 수급자 비율을 혼동하였을 가능성이 크다. A 수급자 비율은 A에만 해당하는 수급자 비율과 A와 B의 중복 수급자 비율을 합한 것임을 파악하여 제시된 자료를 통해 연도별 각 제도의 수급자 비율을 구할 수 있어야 한다.

이것만은 꼭!

1. 사회 보험은 수혜자 비용 부담 원칙이 적용된다.
2. 공공 부조는 부정적 낙인이 발생할 수 있다.
3. 사회 보험은 사전 예방적 성격이 강하고, 공공 부조는 사후 처방적 성격이 강하다.

07 사회 보장 제도

| 정답 ② | 22년 6월 모의평가 15번

①	❷	③ 함정	④	⑤
6%	58%	18%	11%	7%

다음 자료에 대한 분석으로 옳은 것은? (단, 갑국의 사회 보장 제도는 우리나라의 사회 보장 제도와 동일함.)

〈자료 1〉 갑국의 사회 보장 제도 A~C의 사례

○A의 사례: 생활이 어려운 사람의 질병, 부상 등에 대해 급여 제공 – 의료 급여 제도 → 공공 부조

○B의 사례: 노령, 장애, 사망 시 본인 및 가족에게 연금 급여 실시 – 국민연금 제도 → 사회 보험

○C의 사례: 일상생활과 사회 활동이 어려운 저소득층의 생활 안정을 위해 가사·간병 서비스 지원 – 가사·간병 방문 지원 사업 → 사회 서비스

〈자료 2〉 갑국의 사회 보장 제도 A~C의 시기별 수혜자 현황

제도	A–공공 부조				B–사회 보험				C–사회 서비스			
시기	2015년		2020년		2015년		2020년		2015년		2020년	
전체 인구 중 수혜자 비율(%)	12		18		48		48		24		36	
수혜자 중 성별 비율(%)	여	남	여	남	여	남	여	남	여	남	여	남
	60	40	65	35	30	70	30	70	50	50	60	40

└ 전체 인구의 12% 중 60%를 의미함

① 최저 생활 보장을 목적으로 하는 제도(공공 부조)의 경우, 2015년 전체 인구 중 수혜자 비율은 ~~24%~~(12%)이다.

② 비금전적 지원을 원칙으로 하는 제도(사회 서비스)의 경우, 2015년 남성 수혜자 수는 갑국 인구의 12%이다.

③ 상호 부조의 원리를 바탕으로 하는 제도(사회 보험)의 경우, 2015년 여성 수혜자 수와 2020년 여성 수혜자 수는 같다.

④ 2015년의 경우, 소득 재분배 효과가 가장 큰 제도(공공 부조)의 수혜자 수는 의무 가입이 원칙인 제도(사회 보험)의 수혜자 수의 ~~4배~~(1/4배)이다.

⑤ 2020년의 경우, 공공 부조에 해당하는 제도의 남성 수혜자 수는 사회 보험에 해당하는 제도의 남성 수혜자 수의 ~~절반이다~~(절반보다 적다).

✔ 자료 분석 A는 의료 급여 제도로 공공 부조에 해당하고, B는 국민연금 제도로 사회 보험에 해당하며, C는 가사·간병 방문 지원 사업으로 사회 서비스에 해당한다.

O 정답 찾기 ② 비금전적 지원을 원칙으로 하는 사회 보장 제도는 사회 서비스이다. 2015년 전체 인구 중 사회 서비스에 해당하는 제도의 수혜자 비율은 24%이고, 이 중 50%가 남성 수혜자이다. 따라서 2015년 사회 서비스에 해당하는 제도의 남성 수혜자 수는 갑국 인구의 12%이다.

X 오답 풀이 ① 최저 생활 보장을 목적으로 하는 사회 보장 제도는 공공 부조이다. 공공 부조에 해당하는 제도의 경우 2015년 전체 인구 중 수혜자 비율은 12%이다.
③ 상호 부조의 원리를 바탕으로 하는 사회 보장 제도는 사회 보험이다. 사회 보험에 해당하는 제도의 경우 2015년 여성 수혜자 비율과 2020년 여성 수혜자 비율은 각각 30%이다. 그러나 2015년과 2020년의 전체 인구를 알 수 없으므로 2015년 여성 수혜자 수와 2020년 여성 수혜자 수가 같다고 단정할 수 없다.
④ 소득 재분배 효과가 가장 큰 사회 보장 제도는 공공 부조이고, 의무 가입이 원칙인 사회 보장 제도는 사회 보험이다. 2015년에 전체 인구 중 공공 부조에 해당하는 제도의 수혜자 비율은 12%이고, 사회 보험에 해당하는 제도의 수혜자 비율은 48%이다. 따라서 2015년의 경우 공공부조에 해당하는 제도의 수혜자 수가 사회 보험에 해당하는 제도의 수혜자 수의 1/4배이다.
⑤ 2020년에 전체 인구 중 공공 부조에 해당하는 제도의 수혜자 비율은 18%이고 이 중 35%가 남성 수혜자이다. 2020년에 전체 인구 중 사회 보험에 해당하는 제도의 수혜자 비율은 48%이고 이 중 70%가 남성 수혜자이다. 따라서 2020년에 공공 부조에 해당하는 제도의 남성 수혜자 수는 사회 보험에 해당하는 제도의 남성 수혜자 수의 절반보다 적다.

③번을 정답으로 선택한 학생들은 제시된 자료의 비율만 보고 판단했을 가능성이 높다. 선지에서는 여성 수혜자 비율을 묻는 것이 아니라 여성 수혜자 수를 묻고 있으므로 전체 인구 중 수혜자 수를 구한 후, 여성 수혜자 비율을 고려하여 여성 수혜자 수를 파악해야 한다.

이것만은 꼭!

1. 사회 보험, 공공 부조는 사회 서비스와 달리 금전적 지원을 원칙으로 한다.
2. 공공 부조는 사회 보험에 비해 소득 재분배의 효과가 크다.
3. 사회 보험은 상호 부조의 원리를 바탕으로 한다.

08 사회 보장 제도

| 정답 ⑤ | 22년 9월 모의평가 15번

①	②	③ 함정	④ 함정	❺
5%	5%	17%	30%	43%

다음 자료에 대한 분석으로 옳은 것은? (단, 갑국의 사회 보장 제도는 우리나라의 사회 보장 제도와 동일함.) [3점]

〈자료 1〉 갑국의 사회 보장 제도

(가) 고령이나 노인성 질병 등의 사유로 일상생활을 혼자서 수행하기 어려운 노인 등에게 장기 요양 급여를 지급하는 제도 – 노인 장기 요양 보험 제도 → 사회 보험

(나) 소득 인정액이 일정 수준 이하인 노인에게 기초 연금을 지급하여 안정적 소득 기반을 제공하는 제도 – 기초 연금 제도 → 공공 부조

〈자료 2〉 갑국의 지역별 65세 이상 인구 중 (가), (나) 수급자 비율

(단위: %)

구분	A 지역	B 지역	전체 지역
사회 보험 – (가) 수급자	26	㉠ 18	㉡ 20
공공 부조 – (나) 수급자	76	68	70
(가)와 (나) 중복 수급자	㉢ 22	6	10

* 갑국은 A, B 지역으로만 구성됨

** 갑국 전체 지역 65세 이상 인구 중 (가)와 (나) 중복 수급자를 제외한 (나) 수급자 비율이 (가)와 (나) 중복 수급자를 제외한 (가) 수급자 비율의 6배임

① ㉢은 ~~㉠보다 크고 ㉡보다 작다.~~ (㉠, ㉡보다 크다.)

② 금전적 지원을 원칙으로 하는 제도의 수급자에 해당하는 65세 이상 인구는 A 지역이 B 지역의 ~~3배~~(1/3배)이다. (사회 보험, 공공 부조)

③ 사전 예방적 성격보다 사후 처방적 성격이 강한 제도의 수급자(공공 부조)에만 해당하는 65세 이상 인구는 A 지역이 B 지역보다 ~~많다~~(적다).

④ 상호 부조의 원리가 적용되는 제도의 수급자(사회 보험)에만 해당하는 65세 이상 인구는(36명) B 지역이(4명) A 지역의 ~~3배~~(9배)이다.

⑤ 갑국 전체 지역에서 (가)와 (나) 중복 수급자에 해당하는 65세 이상 인구는(40명) 강제 가입을 원칙으로 하는 제도의 수급자에(사회 보험)만 해당하는 65세 이상 인구와(40명) 동일하다.

✔ 자료 분석 (가)는 노인 장기 요양 보험 제도로 사회 보험에 해당하고, (나)는 기초 연금 제도로 공공 부조에 해당한다. 〈자료 2〉에서 갑국 전체 지역 65세 이상 인구 중 (가)와 (나) 중복 수급자를 제외한 (나) 수급자 비율은 60%(=70%−10%)이고, (가)와 (나) 중복 수급자를 제외한 (가) 수급자 비율은 (㉡−10)%이다. 따라서 ㉡은 20이다. (나) 수급자의 경우 (A 지역 수급자 비율−전체 지역 수급자 비율) : (전체 지역 수급자 비율−B 지역 수급자 비율)=3 : 1이므로 B 지역 65세 이상 인구는 A 지역 65세 이상 인구의 3배이다. 따라서 ㉠은 18, ㉢은 22이다. A 지역 65세 이상 인구를 100명이라고 가정하면 〈자료 2〉는 다음과 같이 나타낼 수 있다.

(단위: 명)

구분	A 지역	B 지역	전체
(가) 수급자 수	26	54	80
(나) 수급자 수	76	204	280
(가)와 (나) 중복 수급자 수	22	18	40
65세 이상 인구	100	300	400

O 정답 찾기 ⑤ 강제 가입을 원칙으로 하는 제도는 사회 보험인 (가)이다. 갑국 전체 지역에서 (가)와 (나) 중복 수급자에 해당하는 65세 이상 인구와 (가) 수급자에만 해당하는 65세 이상 인구는 각각 40명으로 동일하다.

X 오답 풀이 ① ㉠은 18, ㉡은 20, ㉢은 22이다. 따라서 ㉢은 ㉠, ㉡보다 크다.
② 사회 보험과 공공 부조는 모두 금전적 지원을 원칙으로 한다. 금전적 지원을 원칙으로 하는 제도의 수급자에 해당하는 65세 이상 인구는 A 지역이 80명(=26명+76명−22명), B 지역이 240명(=54명+204명−18명)으로, A 지역이 B 지역의 1/3배이다.
③ 사전 예방적 성격보다 사후 처방적 성격이 강한 제도는 공공 부조인 (나)이다. (나) 수급자에만 해당하는 65세 이상 인구는 A 지역이 54명(=76명−22명), B 지역이 186명(=204명−18명)으로, A 지역이 B 지역보다 적다.
④ 상호 부조의 원리가 적용되는 제도는 사회 보험인 (가)이다. (가) 수급자에만 해당하는 65세 이상 인구는 A 지역이 4명(=26명−22명)이고, B 지역이 36명(=54명−18명)으로, B 지역이 A 지역의 9배이다.

⑤번을 정답으로 선택하기 위해서는 (가), (나) 제도가 각각 어떤 제도에 해당하는지 파악하고 A 지역과 B 지역의 65세 이상 인구 중 해당 제도의 수급자 규모를 파악해야 한다. 또한 (가)에만 해당하는 수급자 수는 (가) 수급자 수에서 (가)와 (나) 중복 수급자 수를 빼야 하고, (나)에만 해당하는 수급자 수는 (나) 수급자 수에서 (가)와 (나) 중복 수급자 수를 빼야 함을 이해해야 한다.

이것만은 꼭!

1. 노인 장기 요양 보험 제도는 사회 보험에 해당하고, 기초 연금 제도는 공공 부조에 해당한다.
2. 공공 부조는 사후 처방적 성격이 강하며, 선별적 복지의 성격이 강하다.
3. 사회 보험은 강제 가입의 원칙과 상호 부조의 원리가 적용되며, 보편적 복지의 성격이 강하다.

09 사회 보장 제도 | 정답 ④ | 22년 수능 15번

①	② 함정	③ 함정	❹	⑤
4%	19%	25%	44%	8%

다음 자료에 대한 분석으로 옳은 것은? (단, A, B는 각각 공공 부조, 사회 보험 중 하나임.) [3점]

> 갑국의 사회 보장 제도는 우리나라의 사회 보장 제도와 동일하다. A는 보편적 복지의 성격이 강하고, B는 선별적 복지의 성격이 강하다. 표는 갑국의 시기별 (가), (나) 지역 인구 중 A, B 수급자 비율을 나타낸 것이다. 갑국은 (가), (나) 지역으로만 구성되며, 전체 인구는 t년에 비해 t+20년이 20% 많다.
>
> (A: 사회 보험, B: 공공 부조)

(단위: %)

구분	t년			t+20년		
	(가) 지역	(나) 지역	전체	(가) 지역	(나) 지역	전체
A 수급자	46	36	40	46	52	50
B 수급자	30	20	24	30	42	38
A와 B 중복 수급자	15	10	12	6	18	14

① 상호 부조의 원리가 적용되는 제도의 수급자 수는 t+20년의 (가) 지역이 t년의 (가) 지역~~보다 20% 많다~~. (사회 보험 / 과 같다.)

② 수혜자 비용 부담 원칙이 적용되는 제도의 수급자 수는 t+20년의 (가) 지역이 t년의 (나) 지역보다 ~~많다~~. (사회 보험 / 적다.)

③ t년의 (가) 지역에서 정부 재정으로 비용을 전액 충당하는 것을 원칙으로 하는 제도에만 해당하는 수급자 수는 A와 B 중복 수급자 수~~의 2배이다~~. (공공 부조 / 와 같다.)

④ t+20년에 사전 예방적 성격보다 사후 처방적 성격이 강한 제도에만 해당하는 수급자 수는 (나) 지역이 (가) 지역의 2배이다. (사회 보험 / 공공 부조)

⑤ t+20년에 A와 B 중복 수급자 수는 (나) 지역이 (가) 지역의 ~~3~~배이다. (6)

✔ 자료 분석 공공 부조와 사회 보험 중 보편적 복지의 성격이 강한 제도는 사회 보험이고, 선별적 복지의 성격이 강한 제도는 공공 부조이다. 따라서 A는 사회 보험, B는 공공 부조이다. t년의 경우 (가) 지역 인구를 x, (나) 지역 인구를 y라고 한다면, A 수급자의 경우 0.46x+0.36y=0.4(x+y)가 성립한다. 즉, 3x=2y이다. 따라서 t년의 경우 (가) 지역 인구 : (나) 지역 인구=2 : 3이다. t+20년의 경우 (가) 지역 인구를 a, (나) 지역 인구를 b라고 한다면, A 수급자의 경우 0.46a+0.52b=0.5(a+b)가 성립한다. 즉, 2a=b이다. 따라서 t+20년의 경우 (가) 지역 인구 : (나) 지역 인구=1 : 2이다. t년의 경우 (가) 지역 인구를 200명, (나) 지역 인구를 300명이라고 가정하면, t년의 전체 인구는 500명이 되고, t년에 비해 t+20년이 전체 인구가 20% 많으므로 t+20년의 전체 인구는 600명이 된다. 따라서 t+20년의 경우 (가) 지역 인구는 200명, (나) 지역 인구는 400명이 된다. 제시된 자료를 바탕으로 연도별 A 수급자 수, B 수급자 수, A와 B 중복 수급자 수를 나타내면 다음과 같다.

(단위: 명)

구분	t년			t+20년		
	(가) 지역	(나) 지역	전체	(가) 지역	(나) 지역	전체
A 수급자 수	92	108	200	92	208	300
B 수급자 수	60	60	120	60	168	228
A와 B 중복 수급자 수	30	30	60	12	72	84
인구	200	300	500	200	400	600

○ 정답 찾기 ④ 사전 예방적 성격보다 사후 처방적 성격이 강한 제도는 공공 부조이다. t+20년에 공공 부조에만 해당하는 수급자 수는 (가) 지역이 48명(=60명−12명), (나) 지역이 96명(=168명−72명)이다. 따라서 t+20년에 공공 부조에만 해당하는 수급자 수는 (나) 지역이 (가) 지역의 2배이다.

× 오답 풀이 ① 상호 부조의 원리가 적용되는 제도는 사회 보험이다. t+20년의 (가) 지역 사회 보험 수급자 수는 92명, t년의 (가) 지역 사회 보험 수급자 수는 92명이다. 따라서 t+20년의 (가) 지역 사회 보험 수급자 수와 t년의 (가) 지역 사회 보험 수급자 수가 같다.

② 수혜자 비용 부담 원칙이 적용되는 제도는 사회 보험이다. t+20년의 (가) 지역 사회 보험 수급자 수는 92명, t년의 (나) 지역 사회 보험 수급자 수는 108명이다. 따라서 t+20년 (가) 지역 사회 보험 수급자 수가 t년의 (나) 지역 사회 보험 수급자 수보다 적다.

③ 정부 재정으로 비용을 전액 충당하는 것을 원칙으로 하는 제도는 공공 부조이다. t년의 (가) 지역에서 공공 부조에만 해당하는 수급자 수는 30명(=60명−30명), 사회 보험과 공공 부조 중복 수급자 수는 30명이다. 따라서 t년의 (가) 지역에서 공공 부조에만 해당하는 수급자 수와 사회 보험과 공공 부조 중복 수급자 수는 같다.

⑤ t+20년에 사회 보험과 공공 부조 중복 수급자 수는 (가) 지역이 12명, (나) 지역이 72명이다. 따라서 (나) 지역이 (가) 지역의 6배이다.

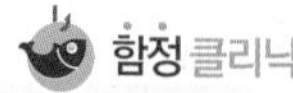

함정 클리닉

④번을 정답으로 선택하지 못한 학생들은 (가) 지역과 (나) 지역의 인구비를 제대로 파악하지 못하였을 가능성이 크다. 또한 t년 대비 t+20년에 전체 인구가 20% 증가하였다는 단서를 잊고 있었을 가능성도 있다. 각 제도의 수급자 비율을 연도별로 파악하고 있어야 할 뿐만 아니라 지역별로 파악하고 있어야 한다.

이것만은 꼭!

1. 사회 보험과 공공 부조는 모두 금전적 지원을 원칙으로 한다.
2. 사회 보험은 사전 예방적 성격이 강하고, 보편적 복지 성격이 강하다.
3. 공공 부조는 사후 처방적 성격이 강하고, 선별적 복지 성격이 강하다.

10 사회 보장 제도

| 정답 ⑤ | 21년 6월 모의평가 15번

①	②	③	④ 함정	❺
7%	6%	10%	23%	54%

다음 자료에 대한 분석으로 옳은 것은? (단, A~C는 각각 사회 보험, 공공 부조, 사회 서비스 중 하나이다.) [3점]

우리나라 사회 보장 제도 유형 A~C 중 A는 B와 달리 금전적 지원을 원칙으로 한다.(사회 보험, 공공 부조) 또한, C는 A와 달리 상호 부조의 원리가 적용된다.(사회 보험) 우리나라 (가), (나) 지역의 모든 가구는 A~C 중 한 가지 이상의 혜택을 받고 있으며, 지역별 중복 수혜 가구 비율은 다음과 같다.

(단위: %)

구분	(가) 지역	(나) 지역
A와 B의 중복 수혜 가구	10	20
A와 C의 중복 수혜 가구	6	9
B와 C의 중복 수혜 가구	50	45

(공공 부조 - A, 사회 서비스 - B, 사회 보험 - C)

* (가) 지역의 각 수치에는 A, B, C 중복 수혜 가구 비율(2%)이, (나) 지역의 각 수치에는 A, B, C 중복 수혜 가구 비율(5%)이 포함되어 있다.

① A는 B, C와 달리 ~~사전 예방적 목적~~을 가진다. (사후 처방적 성격)
② ~~B~~는 ~~A, C~~와 달리 보편적 복지의 이념을 바탕으로 한다. (C, A, B)
③ C는 A, B와 달리 ~~비용 부담자와 수혜자가 일치하지 않는다~~. (수혜자가 비용의 일부를 부담한다.)
④ 사회 보험과 사회 서비스의 혜택은 모두 받지만, 공공 부조의 혜택은 받지 않는 가구의 비율은 ~~(나)~~ 지역이 ~~(가)~~ 지역보다 높다. ((가), (나))
⑤ 사회 보험과 공공 부조의 혜택은 모두 받지만, 사회 서비스의 혜택은 받지 않는 가구의 비율은 (가), (나) 지역이 같다.

✓ 자료 분석 금전적 지원을 원칙으로 하는 사회 보장 제도는 사회 보험과 공공 부조이고, 상호 부조의 원리가 적용되는 사회 보장 제도는 사회 보험이다. 따라서 A는 공공 부조, B는 사회 서비스, C는 사회 보험이다. 제시된 자료를 바탕으로 (가) 지역과 (나) 지역의 A~C 중복 수혜 가구 비율을 나타내면 다음과 같다.

(단위: %)

구분	(가) 지역	(나) 지역
A와 B만 중복 수혜 가구	8	15
A와 C만 중복 수혜 가구	4	4
B와 C만 중복 수혜 가구	48	40
A, B, C 중복 수혜 가구	2	5

O 정답 찾기 ⑤ 공공 부조와 사회 보험의 혜택은 모두 받지만, 사회 서비스의 혜택은 받지 않는 가구의 비율은 (가) 지역, (나) 지역 모두 각각 4%이다.

× 오답 풀이 ① 공공 부조는 사후 처방적 성격을 갖는다.
② 사회 보험은 보편적 복지의 이념을 바탕으로 한다.
③ 사회 보험은 수혜자가 비용의 일부를 부담한다.
④ 사회 보험과 사회 서비스의 혜택은 모두 받지만, 공공 부조의 혜택은 받지 않는 가구의 비율은 (가) 지역의 경우 48%, (나) 지역의 경우 40%이다. 따라서 (가) 지역이 (나) 지역보다 높다.

④번을 정답으로 잘못 선택하였다면, 사회 보험과 사회 서비스의 혜택은 모두 받지만, 공공 부조의 혜택은 받지 않는 가구의 비율이 (가) 지역의 경우 48%, (나) 지역의 경우 40%라는 것을 파악하지 못했을 가능성이 크다. 제시된 단서를 꼼꼼하게 읽고 이를 올바르게 적용하여 표를 재구성할 수 있어야 한다.

이것만은 

1. 공공 부조는 사회 보험보다 소득 재분배 효과가 크다.
2. 사회 보험은 강제 가입을 원칙으로 한다.
3. 사회 서비스는 국가와 지방 자치 단체는 물론 민간 부문도 복지 제공에 참여할 수 있다.

11 사회 보장 제도

| 정답 ② | 21년 9월 모의평가 20번

①	❷	③ 함정	④	⑤ 함정
5%	41%	17%	12%	25%

다음 자료에 대한 분석으로 옳은 것은? (단, 갑국의 사회 보장 제도는 우리나라의 사회 보장 제도와 동일하다.) [3점]

〈자료 1〉 갑국의 사회 보장 제도

(가) 수급자에게 건강한 생활을 유지하는 데 필요한 각종 검사 및 치료 등의 급여를 제공하는 제도로, 소득 인정액이 일정 수준 이하인 사람 등을 대상으로 한다. – 의료 급여 제도 → 공공 부조

(나) 실직자에 대한 생계 지원은 물론 재취업 촉진, 실업 예방 및 고용 안정을 위해 근로자와 사업주가 공동 부담하는 기금에서 급여를 지급하는 제도로, 사업장 및 근로자가 대상이 된다. – 고용 보험 제도 → 사회 보험

〈자료 2〉 갑국 (가), (나) 제도의 지역별 수급자 비율

(단위: %)

구분	A 지역	B 지역	C 지역	전체
공공 부조 (가)	㉠ 9	7	11	8
사회 보험 (나)	14	13	20	14

* 지역별 수급자 비율(%) = $\frac{\text{해당 지역 수급자 수}}{\text{해당 지역 인구}} \times 100$

** 갑국은 A~C 지역으로만 구성되고, B 지역 인구는 A 지역 인구의 2배임

① A 지역에서는 선별적 복지의 성격이 강한 제도의(공공 부조) 수급자 수가 보편적 복지의 성격이 강한 제도의(사회 보험) 수급자 수보다 ~~많다~~ 적다.

② 대상자 선정에 따른 부정적 낙인이 발생할 수 있는 제도의(공공 부조) 경우, 지역별 수급자 수는 C 지역이 가장 적다.

③ 강제 가입의 원칙이 적용되는 제도의(사회 보험) 경우, A 지역과 C 지역 수급자 수의 합은 B 지역 수급자 수보다 ~~많다~~ 적다.

④ 정부 재정으로 비용을 전액 충당하는 것을 원칙으로 하는 제도의(공공 부조) 경우, A 지역 수급자 비율이 C 지역 수급자 비율보다 ~~높다~~ 낮다.

⑤ 사후 처방적 성격이 강한 제도의(공공 부조) B 지역 수급자 수는 상호 부조의 원리가 적용되는 제도의(사회 보험) C 지역 수급자 수보다 ~~적다~~ 많다.

✔ 자료 분석 (가) 제도는 의료 급여 제도로, 공공 부조에 해당하고, (나) 제도는 고용 보험 제도로, 사회 보험에 해당한다. (나)의 경우 전체 수급자 비율은 14%, A 지역 수급자 비율도 14%이다. 따라서 {(B 지역 수급자 수+C 지역 수급자 수)/(B 지역 인구+C 지역 인구)}×100=14%이다. 이를 계산하면 B 지역 인구는 C 지역 인구의 6배이고, B 지역 인구는 A 지역 인구의 2배이다. 즉, A 지역 인구 : B 지역 인구 : C 지역 인구 = 3 : 6 : 1이다. C 지역 인구를 100명이라고 가정하고 지역별 (가), (나) 제도의 수급자 수를 나타내면 다음과 같다.

(단위: 명)

구분	A 지역	B 지역	C 지역	전체
인구	300	600	100	1,000
(가) 제도의 수급자 수	27	42	11	80
(나) 제도의 수급자 수	42	78	20	140

O 정답 찾기 ② 대상자 선정 과정에서 부정적 낙인이 발생할 수 있는 사회 보장 제도는 공공 부조이다. C 지역 인구를 100명이라고 가정하면, (가) 제도의 지역별 수급자 수는 A 지역이 27명, B 지역이 42명, C 지역이 11명으로, C 지역이 가장 적다.

× 오답 풀이 ① 선별적 복지의 성격이 강한 제도는 공공 부조이고, 보편적 복지의 성격이 강한 제도는 사회 보험이다. C 지역 인구를 100명이라고 가정하면, A 지역에서 (가) 제도의 수급자 수는 27명이고, (나) 제도의 수급자 수는 42명이다.
③ 강제 가입의 원칙이 적용되는 제도는 사회 보험이다. C 지역 인구를 100명이라고 가정하면, (나) 제도의 경우 A 지역과 C 지역 수급자 수의 합은 62명이고, B 지역 수급자 수는 78명이다.
④ 정부 재정으로 비용을 전액 충당하는 것을 원칙으로 하는 제도는 공공 부조이다. (가) 제도의 경우 A 지역 수급자 비율은 9%이고, C 지역 수급자 비율은 11%이다.
⑤ 사후 처방적 성격이 강한 제도는 공공 부조이고, 상호 부조의 원리가 적용되는 제도는 사회 보험이다. C 지역 인구를 100명이라고 가정하면, (가) 제도의 경우 B 지역 수급자 수는 42명이고, (나) 제도의 경우 C 지역 수급자 수는 20명이다.

(가), (나) 제도에 해당하는 사회 보장 제도를 파악해야 할 뿐만 아니라 A 지역~C 지역의 인구 규모를 비교할 수 있어야 한다. A 지역 인구를 a, B 지역 인구를 b, C 지역 인구를 c라고 하면, 지역별 수급자 비율을 통해 각 지역 인구를 파악할 수 있다. (나)의 경우 0.14a+0.13b+0.2c=0.14(a+b+c)이고, b=2a이므로 이를 계산하면 b=6c가 된다. 따라서 a : b : c = 3 : 6 : 1이 된다.

이것만은 

1. 의료 급여 제도는 공공 부조에 해당하고, 고용 보험 제도는 사회 보험에 해당한다.
2. 공공 부조는 사후 처방적 성격이 강하며, 선별적 복지의 성격이 강하다.
3. 사회 보험은 강제 가입의 원칙과 상호 부조의 원리가 적용되며, 보편적 복지의 성격이 강하다.

12 사회 보장 제도 | 정답 ② | 21년 수능 15번

①	❷	③	④	⑤ 함정
9%	36%	13%	12%	30%

다음 자료에 대한 분석으로 옳은 것은? (단, 갑국의 사회 보장 제도는 우리나라의 사회 보장 제도와 동일하다.) [3점]

〈자료 1〉 갑국의 사회 보장 제도

기초 연금 제도 → 공공 부조

(가) 소득 수준이 일정 수준 이하인 노인에게 기초 연금을 지급하여 안정적인 소득 기반을 제공함으로써 노인의 생활 안정을 지원하고 복지를 증진함을 목적으로 하는 제도

(나) 고령이나 노인성 질병 등의 사유로 일상생활을 혼자서 수행하기 어려운 노인 등에게 장기 요양 급여를 제공하여 노후의 건강 증진 및 생활 안정 도모를 목적으로 하는 제도

노인 장기 요양 보험 제도 → 사회 보험

〈자료 2〉 갑국의 지역별 65세 이상 인구 중 (가), (나) 수급자 비율

(단위: %)

구분	A 지역	B 지역	C 지역	전체
(가) 수급자	45	㉠ 65	60	60
(나) 수급자	㉡ 29	19	19	20
(가)와 (나) 중복 수급자	6	10	4	6

* 갑국은 A~C 지역으로만 구성되며, 65세 이상 인구는 B 지역이 A 지역의 3배임

① ㉠은 65, ㉡은 ~~23~~이다. (29)

② 금전적 지원을 원칙으로 하는 제도의 수급자 비율은 C 지역이 B 지역보다 높다. (사회 보험, 공공 부조)

③ 강제 가입 원칙이 적용되는 제도의 수급자 수는 B 지역이 A 지역의 3배~~이다~~. (사회 보험 / 보다 작다)

④ 사전 예방적 성격이 강한 제도의 A 지역 수급자 수는 사후 처방적 성격이 강한 제도의 C 지역 수급자 수보다 ~~많다~~. (사회 보험 / 공공 부조 / 적다)

⑤ 선별적 복지 성격이 강한 제도의 수급자 비율은 B 지역이, 보편적 복지 성격이 강한 제도의 수급자 비율은 ~~C~~ 지역이 가장 높다. (공공 부조 / 사회 보험 / A)

이것만은 꼭!

1. 사회 보험과 공공 부조는 모두 금전적 지원을 원칙으로 한다.
2. 사회 보험은 사전 예방적 성격이 강하고, 보편적 복지 성격이 강하다.
3. 공공 부조는 사후 처방적 성격이 강하고, 선별적 복지 성격이 강하다.

✔ 자료 분석 (가)는 기초 연금 제도로, 이는 공공 부조 해당하고, (나)는 노인 장기 요양 보험 제도로, 이는 사회 보험에 해당한다. A 지역의 65세 이상 인구를 a, B 지역의 65세 이상 인구를 b, C 지역의 65세 이상 인구를 c라고 하면, (가) 수급자의 경우 (0.45×a)+{(㉠/100)×b}+0.6c=0.6(a+b+c)이다. 65세 이상 인구의 경우 B 지역이 A 지역의 3배, 즉 b=3a이므로 (0.45×a)+{(㉠/100)×3a}+0.6c=0.6(a+3a+c)가 되어 ㉠은 65이다. (가)와 (나) 중복 수급자의 경우 (0.06×a)+(0.1×b)+(0.04×c)=0.06(a+b+c), 즉 (0.06×a)+(0.1×3a)+(0.04×c)=0.06(a+3a+c)이므로 c=6a이다. (나) 수급자의 경우 {(㉡/100)×a}+(0.19×b)+(0.19×c)=0.2(a+b+c), 즉 {(㉡/100)×a}+(0.19×3a)+(0.19×6a)=0.2(a+3a+6a)가 되어 ㉡은 29이다. A 지역의 65세 이상 인구를 100명이라고 가정하고 제시된 자료를 바탕으로 각 지역별 (가), (나) 수급자 수를 나타내면 다음과 같다.

(단위: 명)

구분	A 지역	B 지역	C 지역	전체
(가) 수급자	45	195	360	600
(나) 수급자	29	57	114	200
(가)와 (나) 중복 수급자	6	30	24	60
65세 이상 인구	100	300	600	1,000

○ 정답 찾기 ② 금전적 지원을 원칙으로 하는 제도는 사회 보험과 공공 부조이다. 제시된 자료에는 (가)의 수급자 비율, (나)의 수급자 비율뿐만 아니라 (가)와 (나)의 중복 수급자 비율이 나타나 있다. A~C 지역의 (가) 수급자 비율, (나) 수급자 비율, (가)와 (나) 중복 수급자 비율을 그림으로 나타내면 다음과 같다.

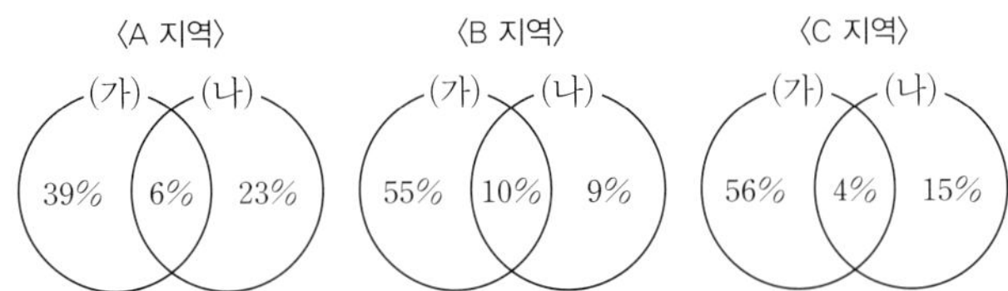

공공 부조와 사회 보험 모두에 해당하는 수급자 비율은 B 지역의 경우 74%(=55%+10%+9%)이고, C 지역의 경우 75%(=56%+4%+15%)이다. 따라서 금전적 지원을 원칙으로 하는 제도의 수급자 비율은 C 지역이 B 지역보다 높다.

✕ 오답 풀이 ① ㉠은 65, ㉡은 29이다.

③ 강제 가입 원칙이 적용되는 제도는 사회 보험이다. A 지역의 65세 이상 인구가 100명이라면, 사회 보험의 수급자 수는 A 지역의 경우 29명, B 지역의 경우 57명이다. 따라서 사회 보험의 수급자 수는 B 지역이 A 지역의 약 1.97배(=57명/29명)이다.

④ 사전 예방적 성격이 강한 제도는 사회 보험이고, 사후 처방적 성격이 강한 제도는 공공 부조이다. A 지역의 65세 이상 인구가 100명이라면, A 지역의 사회 보험 수급자 수는 29명이고, C 지역의 공공 부조 수급자 수는 360명이다. 따라서 A 지역의 사회 보험 수급자 수는 C 지역의 공공 부조 수급자 수보다 적다.

⑤ 선별적 복지 성격이 강한 제도는 공공 부조이고, 보편적 복지 성격이 강한 제도는 사회 보험이다. 공공 부조의 수급자 비율은 A 지역의 경우 45%, B 지역의 경우 65%, C 지역의 경우 60%로, B 지역이 가장 높다. 사회 보험의 수급자 비율은 A 지역의 경우 29%, B 지역의 경우 19%, C 지역의 경우 19%로, A 지역이 가장 높다.

⑤번을 정답으로 잘못 선택하였다면, ㉠은 구하였으나 ㉡을 구하지 못했을 가능성이 크다. (가) 수급자의 경우 C 지역 수급자 비율과 전체 수급자 비율이 같으므로 A 지역 수급자 비율과 B 지역 수급자 비율을 구하기가 어렵지 않았을 것이다. 그러나 (나) 수급자의 경우 ㉡을 제외한 B 지역 수급자 비율과 C 지역 수급자 비율 모두 전체 수급자 비율과 같지 않아 많은 고민을 했을 것으로 예상된다. 이때에는 (가)와 (나) 중복 수급자 비율을 보면 해결의 실마리를 얻을 수 있다. (가)와 (나) 중복 수급자의 경우 A 지역 수급자 비율이 전체 수급자 비율과 같으므로 이를 통해 B 지역과 C 지역의 65세 이상 인구의 비를 파악할 수 있다.

13 사회 보장 제도

| 정답 ③ | 20년 6월 모의평가 15번

① 함정	②	❸	④ 함정	⑤ 함정
18%	7%	33%	21%	21%

다음 자료에 대한 옳은 분석만을 〈보기〉에서 있는 대로 고른 것은? (단, (가)~(다) 이외의 제도는 고려하지 않는다.)

〈자료 1〉 우리나라 사회 보장 제도

(가) 노인 세대의 안정된 노후 생활을 지원하기 위해 65세 이상인 노인 중 가구의 소득 인정액이 선정 기준액 이하인 노인에게 매월 연금을 지급하는 제도 (기초 연금 제도 → 공공 부조) 공공 부조

(나) 고령이나 노인성 질병 등의 사유로 일상생활을 혼자서 수행하기 어려운 노인 등에게 신체 활동 또는 가사 활동 지원 등의 장기 요양 급여를 제공하는 제도 (노인 장기 요양 보험 제도 → 사회 보험) 사회 보험

(다) 안정적인 노후 생활 보장, 노인의 기능·건강 유지 및 악화 예방을 위해 일상생활 영위가 어려운 취약 노인에게 적절한 돌봄 서비스를 제공하는 제도 (노인 맞춤 돌봄 서비스 사업 → 사회 서비스) 사회 서비스

〈자료 2〉 우리나라 A, B 지역 (가)~(다) 제도 수혜자 비율

(단위: %)

구분	A 지역			B 지역		
	남성	여성	전체	남성	여성	전체
공공 부조 - (가)	10.0	9.6	9.8	10.2	9.4	9.6
사회 보험 - (나)	1.6	2.0	1.8	2.8	2.0	2.2
사회 서비스 - (다)	1.2	1.6	1.4	1.2	1.6	1.5

* A 지역과 B 지역의 총인구는 동일함

** 해당 지역 남성(여성) 수혜자 비율(%) = $\frac{\text{해당 지역 남성(여성) 수혜자 수}}{\text{해당 지역 남성(여성) 인구}} \times 100$

보기

ㄱ. 비금전적 지원을 원칙으로 하는 제도의 경우, 성별 수혜자 수 차이는 A, B 지역이 ~~같다~~. (사회 서비스 / 4명 — 18명 / 다르다)

ㄴ. 강제 가입의 원칙이 적용되는 제도의 경우, 여성 수혜자 수 대비 남성 수혜자 수의 비는 A 지역이 B 지역보다 ~~작다~~. (사회 보험 / 크다)

ㄷ. 금전적 지원을 원칙으로 하며 사후 처방적 성격을 가진 제도의 경우, 남성 수혜자 수는 A 지역이 B 지역보다 많다. (공공 부조)

ㄹ. 여성의 경우, 공공 부조에 해당하는 제도의 수혜자 비율 대비 사회 서비스에 해당하는 제도의 수혜자 비율은 A 지역이 B 지역보다 작다.

① ㄱ, ㄴ　② ㄱ, ㄷ　**③ ㄷ, ㄹ**
④ ㄱ, ㄴ, ㄹ　⑤ ㄴ, ㄷ, ㄹ

✔ 자료 분석 (가)는 기초 연금 제도로 공공 부조에 해당하고, (나)는 노인 장기 요양 보험 제도로 사회 보험에 해당하며, (다)는 노인 맞춤 돌봄 서비스 사업으로 사회 서비스에 해당한다. A 지역 남성 인구를 a, 여성 인구를 b라고 하면, (가)의 경우 0.10×a+0.096×b=0.098(a+b)이므로 0.002a=0.002b이다. 따라서 A 지역의 남성 인구와 여성 인구는 같다. B 지역 남성 인구를 c, 여성 인구를 d라고 하면, (가)의 경우 0.102×c+0.094×d= 0.096(c+d)이므로 0.006c=0.002d이다. 따라서 B 지역 남성 인구는 여성 인구의 1/3배이다. A 지역과 B 지역의 총인구가 동일하므로 A 지역과 B 지역의 인구를 각각 2,000명이라고 하면 A 지역의 경우 남성 인구와 여성 인구는 각각 1,000명이고, B 지역의 경우 남성 인구는 500명, 여성 인구는 1,500명이다. 이를 적용하여 (가)~(다) 제도의 수혜자 수를 나타내면 다음과 같다.

(단위: 명)

구분	A 지역			B 지역		
	남성	여성	전체	남성	여성	전체
(가)	100	96	196	51	141	192
(나)	16	20	36	14	30	44
(다)	12	16	28	6	24	30

O 정답 찾기 ㄷ. 금전적 지원을 원칙으로 하는 제도는 사회 보험과 공공 부조이고, 이 중 사후 처방적 성격을 가진 제도는 공공 부조이다. 공공 부조의 경우 남성 수혜자 수는 A 지역이 100명, B 지역이 51명이다. 따라서 공공 부조의 경우 남성 수혜자 수는 A 지역이 B 지역보다 많다.

ㄹ. 여성의 경우 공공 부조에 해당하는 제도의 수혜자 비율 대비 사회 서비스에 해당하는 제도의 수혜자 비율은 A 지역의 경우 1.6/9.6이고, B 지역의 경우 1.6/9.4이다. 따라서 A 지역이 B 지역보다 작다.

X 오답 풀이 ㄱ. 비금전적 지원을 원칙으로 하는 제도는 사회 서비스이다. 사회 서비스의 경우 성별 수혜자 수 차이는 A 지역이 4명, B 지역이 18명이다. 따라서 B 지역이 A 지역보다 많다.

ㄴ. 강제 가입의 원칙이 적용되는 제도는 사회 보험이다. 사회 보험의 경우 여성 수혜자 수 대비 남성 수혜자 수의 비는 A 지역이 16/20, B 지역이 14/30이다. 따라서 A 지역이 B 지역보다 크다.

함정 클리닉

①, ④, ⑤의 오답률이 모두 높게 나타난 문항으로, 문항에 대한 접근 자체가 어려웠음을 알 수 있다. A 지역과 B 지역의 남성과 여성의 상대적 크기를 파악한 후 A 지역과 B 지역의 총인구가 동일하다는 전제를 활용하여 A 지역과 B 지역의 남성 인구와 여성 인구를 비교하는 과정이 쉽지 않은 문제이다.

이것만은 꼭!

1. 노인 장기 요양 보험 제도는 사회 보험에 해당한다.
2. 사회 보험과 공공 부조는 모두 금전적 지원을 원칙으로 한다.
3. 강제 가입의 원칙이 적용되는 제도는 사회 보험이다.

14 사회 보장 제도

| 정답 ② | 20년 9월 모의평가 20번

①	❷	③함정	④함정	⑤함정
4%	33%	23%	20%	20%

다음 자료에 대한 분석으로 옳은 것은? [3점]

> 갑국의 사회 보장 제도는 우리나라의 사회 보장 제도와 동일하다. 금전적 지원을 원칙으로 하는 (가), (나) 제도 중에서 (가)는 현재 직면한 사회적 위험에 대응하는 사후 처방적 성격이 강한 반면, (나)는 미래에 직면할 사회적 위험에 대처하는 사전 예방적 성격이 강하다. 표는 갑국의 (가), (나) 제도 수급자 비율이다. 갑국은 A, B, C 세 지역으로만 구성되며, B 지역 전체 인구는 A 지역 전체 인구의 2배이다.
>
> 〈갑국의 (가), (나) 제도 수급자 비율〉
>
> (단위: %)
>
> | 구분 | A 지역 | B 지역 | C 지역 | 전체 |
> |---|---|---|---|---|
> | (가) | 3 | 4 | 7 | 4 |
> | (나) | 25 | 55 | 75 | 48 |
>
> * 해당 지역 수급자 비율(%) = $\frac{\text{해당 지역 수급자 수}}{\text{해당 지역 인구}} \times 100$

① 상호 부조의 원리를 원칙으로 하는 제도의 경우, A 지역 수급자 수는 B 지역 수급자 수보다 많다.
② 대상자 선정에 따른 부정적 낙인이 발생할 수 있는 제도의 경우, B 지역 수급자 수는 C 지역 수급자 수의 3배 이상이다.
③ 강제 가입의 원칙이 적용되는 제도의 경우, C 지역 수급자 수는 A 지역 수급자 수보다 많다.
④ 정부 재정으로 비용을 전액 충당하는 것을 원칙으로 하는 제도의 경우, A 지역과 C 지역 수급자 수의 합이 B 지역 수급자 수보다 많다.
⑤ 선별적 복지의 성격이 강한 제도의 갑국 전체 수급자 수는 보편적 복지의 성격이 강한 제도의 A 지역 수급자 수보다 많다.

✔ 자료 분석 금전적 지원을 원칙으로 하는 사회 보장 제도는 사회 보험과 공공 부조이고, (가)가 사후 처방적 성격이 강한 제도는 공공 부조이며, 사전 예방적 성격이 강한 제도는 사회 보험이다. 따라서 (가)는 공공 부조, (나)는 사회 보험이다. B 지역 인구가 A 지역 인구의 2배이므로 A 지역 인구를 a, C 지역 인구를 b라고 가정하면, '0.03×a+0.04×2a+0.07×b=0.04×(a+2a+b)'이므로 a=3b이다. 즉, A 지역 인구는 C 지역 인구의 3배이다. C 지역 인구를 100명이라고 가정하면, A 지역 인구는 300명, B 지역 인구는 600명이 되며 각 지역별 수급자 수를 나타내면 다음과 같다.

(단위: 명)

구분	A 지역	B 지역	C 지역	전체
(가)	9	24	7	40
(나)	75	330	75	480

○ 정답 찾기 ② 대상자 선정에 따른 부정적 낙인이 발생할 수 있는 제도는 공공 부조이다. 공공 부조의 경우 B 지역 수급자 수는 24명이고, C 지역 수급자 수는 7명이다. 따라서 B 지역 수급자 수가 C 지역 수급자 수의 3배 이상이다.

× 오답 풀이 ① 상호 부조의 원리를 원칙으로 하는 제도는 사회 보험이다. 사회 보험의 경우 A 지역 수급자 수는 75명이고, B 지역 수급자 수는 330명이다. 따라서 A 지역 수급자 수가 B 지역 수급자 수보다 적다.
③ 강제 가입의 원칙이 적용되는 제도는 사회 보험이다. 사회 보험의 경우 A 지역 수급자 수는 75명이고, C 지역 수급자 수는 75명이다. 따라서 A 지역 수급자 수와 C 지역 수급자 수가 같다.
④ 정부 재정으로 비용을 전액 충당하는 제도는 공공 부조이다. 공공 부조의 경우 A 지역과 C 지역 수급자 수의 합은 16명이고, B 지역 수급자 수는 24명이다. 따라서 A 지역과 C 지역 수급자 수의 합이 B 지역 수급자 수보다 적다.
⑤ 선별적 복지의 성격이 강한 제도는 공공 부조이고, 보편적 복지의 성격이 강한 제도는 사회 보험이다. 공공 부조의 전체 수급자 수는 40명이고, 사회 보험의 A 지역 수급자 수는 75명이다. 따라서 공공 부조의 전체 수급자 수는 사회 보험의 A 지역 수급자 수보다 적다.

기존 문제의 유형에서는 두 지역을 제시한 후 각 지역의 인구를 비교하는 문제가 출제되었지만, 세 지역이 제시된 경우는 흔하지 않아 문제 풀이가 쉽지 않았을 것이다. B 지역 인구가 A 지역 인구의 2배라는 조건이 있으므로 기출문제와 동일한 방식으로 각 지역별 인구를 계산할 수 있다.

이것만은 꼭!

1. 공공 부조와 사회 보험은 모두 금전적 지원을 원칙으로 한다.
2. 공공 부조는 사후 처방적 성격이 강하고, 사회 보험은 사전 예방적 성격이 강하다.
3. 공공 부조는 선별적 복지의 성격이 강하고, 사회 보험은 보편적 복지의 성격이 강하다.

15 사회 보장 제도

| 정답 ④ | 20년 수능 15번

①	②	③	❹	⑤ 함정
11%	11%	10%	45%	23%

다음 자료에 대한 분석으로 옳은 것은? [3점]

〈자료 1〉 갑국의 사회 보장 제도

(가) 노인 세대의 안정된 노후 생활을 지원하기 위해 65세 이상인 노인 중 가구의 소득 인정액이 선정 기준액 이하인 노인에게 매월 연금을 지급하는 제도 (공공 부조)

(나) 노령, 사망, 장애 등으로 인한 소득 상실을 보전하고 기본 생활을 지원하기 위해 가입자와 고용주 등이 분담해서 마련한 기금을 통해 연금 급여를 지급하는 제도 (사회 보험)

〈자료 2〉 갑국의 (가), (나) 제도 수급자 비율

(단위: %)

구분	A지역	B지역	C지역	D 지역	전체
공공 부조–(가)	4	3	7	7	5
사회 보험–(나)	20	10	30	40	24

* 갑국의 사회 보장 제도는 우리나라의 사회 보장 제도와 동일함
** 갑국은 A~D 네 지역으로만 구성되고, B와 D 지역 인구는 각각 A 지역 인구의 0.5배임
*** 해당 지역 수급자 비율(%) = $\frac{\text{해당 지역 수급자 수}}{\text{해당 지역 인구}} \times 100$

① 사후 처방적 성격이 강한 제도(공공 부조)의 경우, D 지역 수급자 수는 A 지역 수급자 수보다 ~~많다~~(적다).
② 강제 가입의 원칙이 적용되는 제도(사회 보험)의 경우, A 지역 수급자 수는 C 지역 수급자 수의 1.5배~~이다~~(이 아니다).
③ 상호 부조의 원리가 적용되는 제도(사회 보험)의 경우, A와 B 지역 간 수급자 수 차이는 C와 D 지역 간 수급자 수 차이와 ~~동일하다~~(동일하지 않다).
④ 선별적 복지 성격이 강한 제도(공공 부조)의 갑국 전체 수급자 수는 보편적 복지 성격이 강한 제도(사회 보험)의 B 지역 수급자 수의 2.5배이다.
⑤ 공공 부조에 해당하는 제도의 수급자 수 대비 사회 보험에 해당하는 제도의 수급자 수의 비는 C 지역이 B 지역보다 ~~작다~~(크다).

✓ 자료 분석 (가)는 일정 소득 이하를 지급 대상으로 하므로 공공 부조에 해당하고, (나)는 가입자 등이 분담한 재원으로 연금 급여를 지급하므로 사회 보험에 해당한다. 〈자료 2〉의 조건에 따르면 B와 D 지역의 인구는 A 지역 인구의 0.5배이다. A 지역 인구를 200명이라고 가정하면 B 지역과 D 지역의 인구는 100명이 된다. C 지역의 인구를 C라 하고 이를 〈자료 2〉의 (가)에 적용하면 200명×4%+100명×3%+C×7%+100명×7%=(200명+100명+C+100명)×5%이므로 0.02C=2, 즉 C=100명이다. 제시된 자료를 바탕으로 (가)와 (나)의 수급자 수를 나타내면 다음과 같다.

구분	A 지역	B 지역	C 지역	D 지역	전체
인구	200명	100명	100명	100명	500명
(가)	8명	3명	7명	7명	25명
(나)	40명	10명	30명	40명	120명

○ 정답 찾기 ④ 선별적 복지 성격이 강한 제도는 공공 부조인 (가)이고, 보편적 복지 성격이 강한 제도는 사회 보험인 (나)이다. (가)의 전체 수급자 수는 25명이고, (나)의 B 지역 수급자 수는 10명이다. 따라서 (가)의 갑국 전체 수급자 수는 (나)의 B 지역 수급자 수의 2.5배이다.

× 오답 풀이 ① 사후 처방적 성격이 강한 제도는 공공 부조인 (가)이다. (가)의 D 지역 수급자 수는 7명으로 A 지역 수급자 수 8명보다 적다.
② 강제 가입의 원칙이 적용되는 제도는 사회 보험인 (나)이다. (나)의 A 지역 수급자 수는 40명으로 C 지역 수급자 수 30명의 약 1.3배이다.
③ 상호 부조의 원리가 적용되는 제도는 사회 보험인 (나)이다. (나)의 경우 A 지역과 B 지역 간 수급자 수의 차이는 30명(=40명−10명)이고, C 지역과 D 지역 간 수급자 수의 차이는 10명(=40명−30명)으로 서로 다르다.
⑤ (가) 수급자 수 대비 (나) 수급자 수의 비는 C 지역이 30/7, B 지역이 10/3으로, C 지역이 B 지역보다 크다.

제시된 자료에 대한 이해 부족으로 문항 자체에 대한 접근이 어려워 선지 전체적으로 오답률이 높게 나타난 문항이다. 표 분석 문항의 핵심은 제시된 조건을 활용하는 것이다. 기출문제의 경우 도시와 농촌과 같이 두 지역으로 제시되었으나, 이 문제의 경우 A~D 네 지역이 제시되었다. 그러나 각 지역 인구의 상대적 크기가 제시되어 있으므로 이 조건을 정확히 이해하고 활용하면 기출문제의 풀이 방식과 유사하게 정답을 도출할 수 있다.

이것만은 

1. 사회 보험은 강제 가입의 원칙이 적용된다.
2. 사회 보험은 상호 부조의 원리가 적용된다.
3. 공공 부조는 선별적 복지 성격이 강하고, 사회 보험은 보편적 복지 성격이 강하다.

고난도 주제 05 저출산·고령화와 전 지구적 수준의 문제

p.089 ~ 094

01 ⑤ 02 ④ 03 ⑤ 04 ② 05 ③ 06 ② 07 ⑤ 08 ④ 09 ④ 10 ④ 11 ③ 12 ⑤ 13 ④ 14 ③ 15 ④ 16 ② 17 ⑤

01 전 지구적 수준의 문제

| 정답 ⑤ | 24년 6월 모의평가 19번

①	②	③	④	❺
1%	1%	1%	13%	84%

(가)에 들어갈 수 있는 내용으로 가장 적절한 것은?

『 수행 평가 보고서 내용 요약 』

○○모둠

○ 조사 자료
1) 전쟁터에서 방치된 채 죽어 가는 부상자를 구호하고 희생자를 최소화하기 위한 국제 조약의 필요성을 주장하며 유럽 각국 지도자들을 설득하여 국제기구를 설립한 A
2) 알래스카 지역의 회색 고래 등 지구적 차원의 멸종 위기 동물 보호를 위해 여러 국가와 기업, 지역 주민들의 합의를 이끌어 내고 환경 보존과 생명 존중을 실천한 환경 단체 B

○ 조사 자료 1)과 2)를 통해 공통적으로 도출한 결론: 전 지구적 수준의 문제를 해결하기 위해서는 (가) 이 중요하다.

[교사 평가란]
적절한 사례를 조사하여 결론을 잘 도출했습니다.

① 자원을 둘러싼 국가 간 분쟁을 줄이는 것
② 전쟁으로 인한 인명과 재산 피해를 막는 것
③ 과학 기술 발전의 성과를 전 세계와 공유하는 것
④ 세계 시민 의식을 함양하여 환경 문제에 관심을 갖는 것
⑤ 특정 지역이나 국가를 초월하여 국제 협력을 강화하는 것

✓ 자료 분석 자료 1)에는 전쟁 피해를 최소화하기 위한 국제 조약의 필요성을 주장하는 A의 노력이 나타나 있고, 자료 2)에는 국제 협력을 통한 환경 보존과 생명 존중을 실천하는 B의 노력이 나타나 있다.

○ 정답 찾기 ⑤ 자료 1)에서 A는 국제 조약의 필요성을 주장하며 전쟁 피해를 최소화하고자 노력하고 있고, 자료 2)에서 B는 여러 국가와 기업 지역 주민들의 합의를 이끌어 내며 환경 보존과 생명 존중을 실천하고자 노력하고 있다. 이를 통해 전쟁 피해 최소화, 환경 보존, 생명 존중 등과 같은 전 지구적 수준의 문제 해결을 위해 국제 협력 강화가 중요함을 강조할 수 있다. 따라서 해당 내용은 (가)에 들어갈 내용으로 적절하다.

× 오답 풀이 ①, ②, ③, ④ 자료 1)과 자료 2)에 나타난 전 지구적 수준의 문제를 해결하기 위한 방안으로 적절하지 않다.

이것만은 꼭!

1. 환경 문제, 자원 문제, 전쟁과 테러 등과 같이 다른 국가나 전 지구적 차원에게까지 영향을 미치는 각종 사회 문제를 전 지구적 수준의 문제라고 한다.
2. 자신을 지구촌 구성원으로 자각하고 전 세계를 하나의 운명 공동체로 여기는 시민을 세계 시민이라고 한다.

02 인구 구조

| 정답 ④ | 24년 6월 모의평가 20번

①	② 함정	③ 함정	❹	⑤
8%	13%	13%	56%	10%

다음 자료에 대한 옳은 분석만을 〈보기〉에서 고른 것은? [3점]

t년 갑국과 을국의 전체 인구는 같다. 갑국에서 t+50년의 인구는 t년의 2배이고, 을국에서 t+50년의 인구는 t년의 3배이다. 단, 복지 지출의 필요성은 복지 정책의 적용 대상이 되는 인구에 비례한다.

구분	갑국		을국	
	t년	t+50년	t년	t+50년
전체 인구 대비 노년 인구 비율(%)	10	35	10	㉠25
노령화 지수	20	140	㉡25	100
총부양비	㉢150	㉣150	100	100

* 노령화 지수 = $\frac{\text{노년 인구(65세 이상 인구)}}{\text{유소년 인구(0~14세 인구)}} \times 100$

** 유소년 부양비 = $\frac{\text{유소년 인구(0~14세 인구)}}{\text{부양 인구(15~64세 인구)}} \times 100$

*** 노년 부양비 = $\frac{\text{노년 인구(65세 이상 인구)}}{\text{부양 인구(15~64세 인구)}} \times 100$

**** 총부양비 = 유소년 부양비 + 노년 부양비

보기

ㄱ. ㉠과 ㉡은 같고, ㉣은 ㉢~~보다 크다~~(과 같다).

ㄴ. 을국의 t+50년 부양 인구는 갑국의 t년 유소년 인구의 3배이다.

ㄷ. t년 노년 부양비의 경우 갑국이 을국보다 크고, t+50년 유소년 부양비의 경우 을국이 갑국보다 ~~크다~~(작다).

ㄹ. 갑국과 을국 모두 t년 대비 t+50년에 노년 인구를 대상으로 한 복지 지출의 필요성이 커졌다. ∵ 노년 인구 증가

① ㄱ, ㄴ ② ㄱ, ㄷ ③ ㄴ, ㄷ ④ ㄴ, ㄹ ⑤ ㄷ, ㄹ

✔ 자료 분석 제시된 전체 인구 대비 노년 인구 비율과 노령화 지수 및 총부양비를 통해 유소년 인구 비율, 부양 인구 비율, 노년 인구 비율을 나타내면 다음과 같다.

(단위: %)

구분	갑국		을국	
	t년	t+50년	t년	t+50년
유소년 인구	50	25	40	25
부양 인구	40	40	50	50
노년 인구	10	35	10	25
전체	100	100	100	100

t년에 갑국과 을국의 전체 인구가 같고, t+50년에 갑국의 인구는 t년의 2배이고, 을국의 인구는 t년의 3배이므로 t년에 갑국과 을국의 전체 인구를 각각 100명이라고 하면, t+50년에 갑국의 전체 인구는 200명, 을국의 전체 인구는 300명이 된다. 이를 바탕으로 t년과 t+50년에 갑국과 을국의 인구 구성을 나타내면 다음과 같다.

(단위: 명)

구분	갑국		을국	
	t년	t+50년	t년	t+50년
유소년 인구	50	50	40	75
부양 인구	40	80	50	150
노년 인구	10	70	10	75
전체	100	200	100	300

○ 정답 찾기 ㄴ. t년에 갑국과 을국의 전체 인구를 각각 100명이라고 하면, t+50년에 을국의 부양 인구는 150명이고, t년에 갑국의 유소년 인구는 50명이다. 따라서 을국의 t+50년 부양 인구는 갑국의 t년 유소년 인구의 3배이다.

ㄹ. t년에 갑국과 을국의 전체 인구를 각각 100명이라고 하면, t년 대비 t+50년에 노년 인구는 갑국이 10명에서 70명으로, 을국은 10명에서 75명으로 증가하였다. t년 대비 t+50년에 갑국과 을국은 모두 노년 인구가 증가하였으므로 노년 인구를 대상으로 한 복지 지출의 필요성이 커졌다고 볼 수 있다.

× 오답 풀이 ㄱ. ㉠과 ㉡은 각각 25, ㉢과 ㉣은 각각 150이다. 따라서 ㉠과 ㉡이 같고, ㉢과 ㉣이 같다.

ㄷ. t년에 노년 부양비는 갑국이 25{=(10/40)×100}이고, 을국이 20{=(10/50)×100}으로, 갑국이 을국보다 크다. t+50년에 유소년 부양비는 갑국이 62.5{=(25/40)×100}이고, 을국이 50{=(25/50)×100}으로, 을국이 갑국보다 작다.

함정 클리닉

④번을 정답으로 선택하지 못한 학생들은 제시된 자료를 바탕으로 연도별 갑국과 을국의 인구 구성을 파악하지 못하였을 가능성이 크다. 전체 인구 대비 노년 인구 비율과 노령화 지수를 통해 전체 인구 대비 유소년 인구 비율을 구할 수 있고, 노년 인구 비율과 유소년 인구 비율 및 총부양비를 통해 부양 인구 비율을 구할 수 있다. t년에 갑국과 을국의 전체 인구가 같고, t+50년에 갑국의 인구는 t년의 2배, 을국의 인구는 t년의 3배이므로 t년에 갑국과 을국의 전체 인구를 각각 100명이라고 하면, t+50년에 갑국의 전체 인구는 200명, 을국의 전체 인구는 300명이 됨을 파악할 수 있다.

이것만은 꼭!

1. 노령화 지수가 100보다 작으면 유소년 인구가 노년 인구보다 많음을 의미하고, 노령화 지수가 100보다 크면 노년 인구가 유소년 인구보다 많음을 의미한다.
2. 총부양비가 100이라는 것은 유소년 인구와 노년 인구의 합이 부양 인구와 같음을 의미한다.

03 전 지구적 수준의 문제

| 정답 ⑤ | 24년 9월 모의평가 8번

①	②	③	④	⑤
1%	3%	2%	1%	93%

다음 글에서 필자가 강조하는 세계화의 문제점으로 가장 적절한 것은?

> 아프리카에 바이러스 감염이 빈발하게 된 것은 병원체나 숙주의 문제가 아니었다. 다국적 기업들의 플랜테이션 농장 건설이 더욱 확대되어 완충지 역할을 하던 산림이 파괴되면서 야생 동물의 바이러스가 곧장 인간을 숙주로 삼게 되었다는 것이 핵심이다. 하지만 더 심각한 것은 바이러스 감염이 국지적 현상에 그치지 않고 전 지구적 비상사태를 초래했다는 점이다. 바이러스를 더 멀리 신속하게 실어 나르는 데 결정적인 기여를 한 것은 늘어난 대륙 간 항공망과 이로 인한 국가 간 교류의 증대였다. 바이러스의 이슬비는 그런 식으로 떨어져 내린다.

① 국제 분업으로 국가 간 빈부 격차가 심화된다.
② 무분별한 개발로 인해 생물종의 다양성이 감소한다.
③ 국가 간 교류 증대로 개별 국가의 자율성이 약화된다.
④ 자원 확보를 위한 경쟁으로 인해 국가 간 갈등이 심화된다.
⑤ 자본의 이윤 추구로 인한 지역 문제가 전 세계로 확산된다.

✔ 자료 분석 필자는 세계화로 인해 나타난 문제점을 언급하고 있다.

○ 정답 찾기 ⑤ 필자는 다국적 기업들의 플랜테이션 농장 건설의 확대로 인해 빈발해진 아프리카 지역의 감염병이 세계화에 따라 전 세계에 확산되고 있음을 지적하고 있다. 즉, 필자는 자본의 이윤 추구로 인해 지역 문제가 전 세계로 확산되고 있음을 강조하고 있다.

✕ 오답 풀이 ①, ②, ③, ④ 필자가 강조하고 있는 세계화의 문제점으로 적절하지 않다.

이것만은 꼭!

1. 세계화는 삶의 공간이 국경을 넘어 전 지구로 확대되면서 국가 간 상호 의존성이 증가하는 현상을 말한다.
2. 세계화로 인해 국제기구, 다국적 기업, 국제적인 거대 자본 등의 영향력이 강화되면서 개별 국가의 자율성이 침해될 수 있다.
3. 세계화로 인해 선진국과 개발 도상국 간의 빈부 격차가 심화될 수 있으며, 약소국과 소수 민족의 문화 정체성이 약화될 수 있다.

04 인구 구조

| 정답 ② | 24년 9월 모의평가 20번

①	②	③	④	⑤
5%	57%	8%	19%	11%

다음 자료에 대한 분석으로 옳은 것은? [3점]

〈조건〉

1. 갑국 t년의 유소년 인구(0~14세 인구)는 부양 인구(15~64세 인구)의 50%이고 노년 인구(65세 이상 인구)의 3배이다.
2. A 시기는 t년 대비 t+30년으로, B 시기는 t+30년 대비 t+50년으로 인구 변화 양상을 예측하여 나타낸다.
3. A 시기와 B 시기 동안 전체 인구의 변화는 없다.
4. 세대 간 갈등의 정도는 노년 부양비에 비례하고, 경제 성장 동력은 부양 인구에 비례한다.

〈A 시기와 B 시기의 인구 변화 양상 예측〉

구분	A 시기	B 시기
전체 인구 중 유소년 인구 비율	감소	감소
전체 인구 중 부양 인구 비율	변화 없음	감소
유소년 부양비	감소	증가

* 유소년(노년) 부양비 = $\frac{\text{유소년(노년) 인구}}{\text{부양 인구}} \times 100$
** 총부양비 = 유소년 부양비 + 노년 부양비
*** 피부양 인구 = 유소년 인구 + 노년 인구

① A 시기에는 피부양 인구의 ~~증가~~로 경제 성장 동력이 저하될 것이다.
② B 시기에는 유소년 인구보다 부양 인구가 더 많이 감소할 것이다.
③ 세대 간 갈등은 ~~B~~(A) 시기보다 ~~A~~(B) 시기에 더 심각할 것이다.
④ t년의 총부양비는 100보다 작고, t+30년의 총부양비는 100 ~~이다~~(보다 작다).
⑤ t+50년의 노년 인구는 t년보다 많고 t+30년보다 ~~적을~~(많을) 것이다.

✔ 자료 분석 t년에 유소년 인구는 부양 인구의 50%이고 노년 인구의 3배이므로 t년에 노년 인구를 a라고 하면, 유소년 인구는 3a, 부양 인구는 6a가 된다. 따라서 t년에 유소년 인구 비율은 30%, 부양 인구 비율은 60%, 노년 인구 비율은 10%가 된다. 제시된 자료를 바탕으로 연도별 인구 구성 비율의 변화 양상을 나타내면 다음과 같다.

구분	A 시기		B 시기
	t년	t+30년	t+50년
유소년 인구	30%	t년 대비 감소	t+30년 대비 감소
부양 인구	60%	60%	t+30년 대비 감소
노년 인구	10%	t년 대비 증가	t+30년 대비 증가
계	100%	100%	100%

○ 정답 찾기 ② t+30년 대비 t+50년에 유소년 인구 비율과 부양 인구 비율은 모두 감소하였으나 유소년 부양비는 증가하였다. 이는 부양 인구 감소율이 유소년 인구 감소율보다 큼을 의미한다. t+30년에 유소년 인구보다 부양 인구가 많고, 유소년 인구 감소율보다 부양 인구 감소율이 크므로 t+30년 대비 t+50년에 유소년 인구보다 부양 인구가 더 많이 감소할 것이다.

✕ 오답 풀이 ① t년~t+50년 동안 전체 인구에 변화가 없고, t년 대비 t+30년에 부양 인구 비율이 60%로 변함이 없으므로 t년 대비 t+30년에 피부양 인구인 유소년 인구+노년 인구의 비율은 40%로 변함이 없다. 따라서 A 시기에 피부양 인구는 변함이 없다.
③ 노년 부양비는 t년 대비 t+30년에 증가하였고, t+30년 대비 t+50년에 증가하였다. 세대 간 갈등의 정도는 노년 부양비에 비례하므로 세대 간 갈등은 A 시기보다 B 시기에 더 심각할 것이다.
④ t년과 t+30년에 총부양비는 각각 (40/60)×100이므로 100보다 작다.
⑤ t년 대비 t+30년에 노년 인구 비율은 증가하였고, t+30년 대비 t+50년에 노년 인구 비율 또한 증가하였다. A 시기와 B 시기 동안 전체 인구의 변화가 없으므로 t+50년의 노년 인구는 t년과 t+30년보다 많을 것이다.

이것만은 꼭!

1. 저출산은 출산율이 적정 수준보다 낮은 현상을 말한다.
2. 고령화는 전체 인구에서 노년 인구가 차지하는 비율이 증가하는 현상을 말한다.

①	②	❸	④함정	⑤함정
11%	8%	44%	22%	15%

다음 자료에 대한 분석으로 옳은 것은? [3점]

t년의 유소년 인구 비율은 20%, 미부양 인구 비율은 70%, 노년 인구 비율은 10%임

갑국 t년의 부양 인구(15~64세 인구)는 노년 인구의 7배이며, 노령화 지수는 50이다. 표는 기간별 변화 양상을 나타낸 것으로 A 기간은 t년 대비 t+30년으로, B 기간은 t+30년 대비 t+50년으로 하여 분석하였다. 단, A 기간과 B 기간 동안 전체 인구의 변화는 없다.

구분	A 기간	B 기간
노령화 지수 증가율(%)	60	50
노년 인구 증가율(%)	100	50

* 노령화 지수 = $\frac{\text{노년 인구(65세 이상 인구)}}{\text{유소년 인구(0~14세 인구)}}\times 100$

〈조건〉

○ 노동력 부족 정도, 세대 간 갈등 정도, 양육에 대한 사회적 부담 정도는 아래의 조건으로만 각각 판단한다.
1. 노동력 부족 정도는 부양 인구와 부(−)의 관계에 있다.
2. 세대 간 갈등 정도는 노년 부양비와 정(+)의 관계에 있다.
3. 양육에 대한 사회적 부담 정도는 유소년 부양비와 정(+)의 관계에 있다.

* 노년(유소년) 부양비 = $\frac{\text{노년(유소년) 인구}}{\text{부양 인구}}\times 100$

① A 기간에 유소년 인구는 ~~감소~~(증가)하고 노년 인구는 증가하였다.
② B 기간에 ~~부양 인구~~와 노년 인구는 ~~모두~~ 증가하였다.
③ A 기간과 B 기간에 증가한 노년 인구는 동일하다.
④ 양육에 대한 사회적 부담 정도는 t+50년보다 t+30년이 ~~크다~~(작다).
⑤ 노동력 부족 정도는 ~~t+50년~~(t+30년)보다 ~~t+30년~~(t+50년)이, 세대 간 갈등 정도는 t+30년보다 t+50년이 크다.

✓ 자료 분석 t년에 부양 인구가 노년 인구의 7배이고, 노령화 지수가 50이므로 유소년 인구 : 부양 인구 : 노년 인구 = 2 : 7 : 1이 된다. 즉, t년에 유소년 인구 비율은 20%, 부양 인구 비율은 70%, 노년 인구 비율은 10%가 된다. 제시된 자료를 바탕으로 연도별 인구 구성을 나타내면 다음과 같다.

(단위: %)

구분	A 기간		B 기간
	t년	t+30년	t+50년
유소년 인구	20	25	25
부양 인구	70	55	45
노년 인구	10	20	30
전체	100	100	100

O 정답 찾기 ③ 노년 인구 비율은 t년이 10%, t+30년이 20%, t+50년이 30%이고, A 기간과 B 기간 동안 전체 인구는 변화가 없다. t년~t+30년에 갑국의 전체 인구가 각각 100명이라면, 노년 인구는 t년이 10명, t+30년이 20명, t+50년이 30명이 된다. 따라서 A 기간과 B 기간에 증가한 노년 인구는 각각 10명으로 같다.

× 오답 풀이 ① t년 대비 t+30년에 유소년 인구 비율은 20%에서 25%로 증가하였고, 노년 인구 비율은 10%에서 20%로 증가하였다. A 기간 동안 전체 인구의 변화가 없으므로 A 기간에 유소년 인구와 노년 인구는 모두 증가하였다.
② t+30년 대비 t+50년에 부양 인구 비율은 55%에서 45%로 감소하였고, 노년 인구 비율은 20%에서 30%로 증가하였다. B 기간 동안 전체 인구의 변화가 없으므로 B 기간에 부양 인구는 감소하였고, 노년 인구는 증가하였다.
④ 양육에 대한 사회적 부담 정도는 유소년 부양비와 정(+)의 관계에 있다. 유소년 부양비는 t+30년이 (25/55)×100, t+50년이 (25/45)×100으로, t+30년이 t+50년보다 작다. 따라서 양육에 대한 사회적 부담 정도는 t+30년이 t+50년보다 작다.
⑤ 노동력 부족 정도는 부양 인구와 부(−)의 관계에 있다. 부양 인구 비율은 t+30년이 55%, t+50년이 45%로, t+30년이 t+50년보다 높다. 따라서 노동력 부족 정도는 t+50년이 t+30년보다 크다. 세대 간 갈등 정도는 노년 부양비와 정(+)의 관계에 있다. 노년 부양비는 t+30년이 (20/55)×100, t+50년이 (30/45)×100으로, t+50년이 t+30년보다 크다. 따라서 세대 간 갈등 정도는 t+50년이 t+30년보다 크다.

③번을 정답으로 선택하지 못한 학생들은 제시된 자료를 바탕으로 연도별 인구 구성을 파악하지 못하였을 가능성이 크다. 노령화 지수가 아닌 노령화 지수 증가율이 제시되어 있어 계산 과정을 더 거쳐야 유소년 인구 비율을 구할 수 있고, 이를 바탕으로 부양 인구 비율을 구할 수 있다.

이것만은 

1. t년에 노령화 지수가 50이고, A 기간에 노령화 지수 증가율이 60%이므로 t+30년에 노령화 지수는 80이 된다.
2. t+30년에 노령화 지수가 80이고, B 기간에 노령화 지수 증가율이 50%이므로 t+50년에 노령화 지수는 120이 된다.

①	❷	③함정	④	⑤
8%	44%	27%	10%	11%

다음 자료에 대한 분석으로 옳은 것은?

> 갑국의 t+50년의 총인구는 t년의 2배이고, t+100년의 총인구는 t년의 1.5배이다. 갑국 총인구 중 부양 인구 비율은 t년과 t+50년이 각각 40%, t+100년이 30%이다. t+50년의 노년 부양비는 75로 t년의 3배이고, t+100년의 노령화 지수는 250이다. t년의 노년 부양비는 25임
>
> * 노령화 지수 = {노년 인구(65세 이상 인구)/유소년 인구(0~14세 인구)} × 100
> ** 유소년 부양비 = {유소년 인구(0~14세 인구)/부양 인구(15~64세 인구)} × 100
> *** 노년 부양비 = {노년 인구(65세 이상 인구)/부양 인구(15~64세 인구)} × 100
> **** 총부양비 = 유소년 부양비 + 노년 부양비

① t+50년의 총부양비는 t년~~보다 크다~~ 과 같다.
② t+50년의 노령화 지수는 t년의 5배이다.
③ t+50년의 부양 인구는 t년에 비해 ~~200~~ 100% 증가하였다.
④ t+100년의 유소년 인구는 ~~t년보다 많고~~ t년과 t+50년보다 적다.
⑤ t년, t+50년, t+100년 중 유소년 부양비는 ~~t+50년~~ t년이 가장 크고, t+100년이 가장 작다.

✔ 자료 분석 갑국의 t+50년의 총인구는 t년의 2배이고, t+100년의 총인구는 t년의 1.5배이므로 갑국의 t년의 총인구를 100명이라고 하면 t+50년의 총인구는 200명이고, t+100년의 총인구는 150명이다. 이를 바탕으로 연도별 인구 구성을 나타내면 다음과 같다.

구분	t년		t+50년		t+100년	
	인구(명)	비율(%)	인구(명)	비율(%)	인구(명)	비율(%)
유소년 인구	50	50	60	30	30	20
부양 인구	40	40	80	40	45	30
노년 인구	10	10	60	30	75	50
계	100	100	200	100	150	100

○ 정답 찾기 ② 노령화 지수는 t년의 경우 20{=(10/50) × 100}이고, t+50년의 경우 100{=(60/60) × 100}이다. 따라서 노령화 지수는 t+50년이 t년의 5배이다.

✕ 오답 풀이 ① 총부양비는 t년이 150{=(60/40) × 100}이고, t+50년이 150{=(120/80) × 100}이다. 따라서 총부양비는 t년과 t+50년이 같다.
③ t년의 총인구가 100명이라면, 부양 인구는 t년이 40명, t+50년이 80명이다. 따라서 t년 대비 t+50년에 부양 인구는 100% 증가하였다.
④ t년의 총인구가 100명이라면, 유소년 인구는 t년이 50명, t+50년이 60명, t+100년이 30명이다. 따라서 유소년 인구는 t+100년이 t년과 t+50년보다 적다.
⑤ 유소년 부양비는 t년이 125{=(50/40) × 100}이고, t+50년이 75{=(60/80) × 100}이며, t+100년이 약 66.7{=(30/45) × 100}이다. 따라서 유소년 부양비는 t년이 가장 크고, t+100년이 가장 작다.

③번을 옳다고 판단한 학생들은 주어진 자료를 활용하여 갑국의 t년과 t+50년, t+100년의 인구 규모를 파악하지 못하였을 가능성이 높다. 인구 규모를 파악했다면 충분히 정오를 파악할 수 있는 답지이다. 인구 규모 문항은 유소년 부양비, 노년 부양비, 총부양비의 공식을 활용하여 인구 규모(인구 비율과 인구수)를 정확하게 파악해야 한다.

이것만은 꼭!

1. 인구 구조의 자료를 파악하는 문제에서는 총인구와 각 세대별 인구수를 정확하게 파악해야 한다.
2. 인구 구성비와 인구수를 혼동하면 안 된다.
3. 각 인구 관련 지수에 대한 정확한 이해가 필요하다.

07 인구 구조

| 정답 ⑤ | 23년 9월 모의평가 20번

①	②	③ 함정	④ 함정	❺
7%	8%	22%	20%	43%

다음 자료에 대한 분석으로 옳은 것은? [3점]

표는 갑국과 을국의 인구 구성 변화를 나타낸 것이다. A~C는 각각 전체 인구에서 유소년 인구, 부양 인구, 노년 인구가 차지하는 비율 중 하나이다. 갑국에서 t년의 유소년 부양비는 50이다. t년 대비 t+50년에 갑국의 유소년 인구는 10% 감소하였고, 을국의 유소년 인구는 20% 감소하였다. 단, t년에 갑국과 을국의 전체 인구는 동일하다.

구분	갑국		을국	
	t년	t+50년	t년	t+50년
$\frac{B+C}{A}$ (부양 인구 비율 A)	$\frac{2}{3}$	1	$\frac{7}{13}$	1
$\frac{B}{C}$ (노년 인구 비율 B, 유소년 인구 비율 C)	$\frac{1}{3}$	$\frac{2}{3}$	$\frac{1}{6}$	$\frac{2}{3}$

* 유소년 부양비 = {유소년 인구(0~14세 인구)/부양 인구(15~64세 인구)}×100
** 노년 부양비 = {노년 인구(65세 이상 인구)/부양 인구(15~64세 인구)}×100
*** 전체 인구 중 65세 이상 인구가 차지하는 비율이 20% 이상인 사회를 초고령 사회라고 함

① t년에 노년 부양비는 갑국이 을국의 2배~~이다~~(를 넘는다).
② t+50년에 유소년 인구는 ~~갑국과 을국이 동일하다~~(갑국이 을국보다 많다).
③ t+50년에 ~~을국은 갑국과 달리~~(갑국과 을국은 모두) 초고령 사회이다.
④ t년에서 t+50년 사이에 ~~을국에서는 갑국과 달리~~(갑국과 을국 모두에서) 저출산·고령화 현상이 나타났다.
⑤ t년에 부양 인구는 을국이 갑국보다 많고, t+50년에 부양 인구는 갑국이 을국보다 많다.

✓ 자료 분석 제시된 자료를 바탕으로 갑국과 을국의 연도별 A~C 비율을 나타내면 다음과 같다.

(단위: %)

구분	갑국		을국	
	t년	t+50년	t년	t+50년
A	60	50	65	50
B	10	20	5	20
C	30	30	30	30

t년에 갑국의 유소년 부양비가 50이므로 A는 전체 인구에서 부양 인구가 차지하는 비율, C는 전체 인구에서 유소년 인구가 차지하는 비율이다. 따라서 B는 전체 인구에서 노년 인구가 차지하는 비율이다. 제시된 자료를 바탕으로 t년에 갑국과 을국의 전체 인구를 각각 100명이라고 가정하여 갑국과 을국의 연도별 인구 구성을 나타내면 다음과 같다.

(단위: 명)

구분	갑국		을국	
	t년	t+50년	t년	t+50년
유소년 인구	30	27	30	24
부양 인구	60	45	65	40
노년 인구	10	18	5	16
전체 인구	100	90	100	80

O 정답 찾기 ⑤ t년에 부양 인구는 갑국이 60명, 을국이 65명이고, t+50년에 부양 인구는 갑국이 45명, 을국이 40명이다. 따라서 t년에 부양 인구는 을국이 갑국보다 많고, t+50년에 부양 인구는 갑국이 을국보다 많다.

X 오답 풀이 ① t년에 노년 부양비는 갑국이 약 16.7{=(10명/60명)×100}, 을국이 약 7.7{=(5명/65명)×100}이다. 따라서 t년에 노년 부양비는 갑국이 을국의 2배를 넘는다.

② t+50년에 유소년 인구는 갑국이 27명, 을국이 24명이다. 따라서 t+50년에 유소년 인구는 갑국이 을국보다 많다.

③ t+50년에 전체 인구 중 노년 인구가 차지하는 비율은 갑국이 20%{=(18명/90명)×100}, 을국이 20%{=(16명/80명)×100}이다. 따라서 t+50년에 갑국과 을국은 모두 초고령 사회이다.

④ t년에서 t+50년 사이에 갑국과 을국 모두에서 유소년 인구는 감소하고 노년 인구는 증가하였다. 따라서 t년에서 t+50년 사이에 갑국과 을국 모두에서 저출산·고령화 현상이 나타났다.

함정 클리닉

③번과 ④번을 정답으로 잘못 선택한 학생들은 A~C에 해당하는 인구를 제대로 파악하지 못하였거나 갑국과 을국의 t년 대비 t+50년의 인구 변화를 혼동하였을 가능성이 크다. 제시된 표를 통해 A~C의 비율을 파악한 후 제시문의 조건을 통해 이 조건에 부합하는 조합을 찾아 A~C에 해당하는 인구를 파악하면 된다.

이것만은 꼭!

1. 유소년 부양비는 15~64세 인구에 대한 0~14세 인구의 비를 의미한다.
2. 노년 부양비는 15~64세 인구에 대한 65세 이상 인구의 비를 의미한다.
3. 총부양비는 유소년 부양비와 노년 부양비의 합이다.

08 인구 구조

| 정답 ④ | 23년 수능 20번

①	②	③	❹	⑤ 함정
5%	14%	14%	48%	19%

다음 자료에 대한 분석으로 옳은 것은? [3점]

표는 갑국과 을국의 인구 구조 변화를 비교한 것이다. t년 대비 t+50년에 갑국의 전체 인구는 10% 감소하였고, 을국의 전체 인구는 20% 감소하였다. 단, t년에 갑국과 을국의 전체 인구는 동일하다.

구분	갑국		을국	
	t년	t+50년	t년	t+50년
합계 출산율(명)	4.2	1.8	1.5	0.9
전체 인구 대비 15~64세 인구 비율(%)	50	60	50	55
노령화 지수	25	100	150	200

* 합계 출산율: 여성 1명이 가임 기간(15~49세) 동안 낳을 것으로 예상되는 평균 출생아 수
** 노령화 지수={노년 인구(65세 이상 인구)/유소년 인구(0~14세 인구)}×100
*** 전체 인구 중 65세 이상 인구가 차지하는 비율이 20% 이상인 사회를 초고령 사회라고 함

① t년과 t+50년 모두 ~~갑국~~(을국)은 ~~을국~~(갑국)에 비해 저출산 현상이 강하게 나타난다.
② t년과 t+50년에 갑국과 을국은 모두 초고령 사회이다.
③ t년 대비 t+50년의 노령화 지수 증가율은 을국이 갑국보다 ~~크다~~(작다).
④ t년에 을국의 유소년 인구는 t+50년에 갑국의 유소년 인구보다 많다.
⑤ t년에 노년 인구는 을국이 갑국의 3배이고, t+50년에 노년 인구는 을국이 갑국의 ~~1.5~~(약 1.3)배이다.

✓ 자료 분석 t년 대비 t+50년에 갑국의 전체 인구는 10% 감소하였고, 을국의 전체 인구는 20% 감소하였으므로 t년에 갑국과 을국의 전체 인구를 각각 100명이라고 가정하면, t+50년에 갑국의 전체 인구는 90명이 되고, t+50년에 을국의 전체 인구는 80명이 된다. t년에 갑국과 을국의 전체 인구를 각각 100명이라고 가정하고, 제시된 자료를 바탕으로 갑국과 을국의 연도별 인구 구성을 나타내면 다음과 같다.

〈갑국〉

구분	t년		t+50년	
	비율(%)	인구(명)	비율(%)	인구(명)
유소년 인구	40	40	20	18
부양 인구	50	50	60	54
노년 인구	10	10	20	18
전체 인구	100	100	100	90

〈을국〉

구분	t년		t+50년	
	비율(%)	인구(명)	비율(%)	인구(명)
유소년 인구	20	20	15	12
부양 인구	50	50	55	44
노년 인구	30	30	30	24
전체 인구	100	100	100	80

O 정답 찾기 ④ t년에 갑국과 을국의 전체 인구를 각각 100명이라고 가정하면, t년에 을국의 유소년 인구는 20명이고, t+50년에 갑국의 유소년 인구는 18명이다. 따라서 t년에 을국의 유소년 인구는 t+50년에 갑국의 유소년 인구보다 많다.

× 오답 풀이 ① t년에 합계 출산율은 을국이 갑국보다 낮고, t+50년에 합계 출산율 또한 을국이 갑국보다 낮다. 이를 통해 t년과 t+50년 모두 을국이 갑국에 비해 저출산 현상이 강하게 나타남을 알 수 있다.
② 갑국의 경우 전체 인구에서 노년 인구가 차지하는 비율은 t년이 10%, t+50년이 20%이다. 따라서 t년과 달리 t+50년에 갑국은 초고령 사회이다. 을국의 경우 전체 인구에서 노년 인구가 차지하는 비율은 t년과 t+50년이 각각 30%이다. 따라서 t년과 t+50년에 을국은 초고령 사회이다.
③ 갑국의 경우 노령화 지수는 t년에 25에서 t+50년에 100으로 300%{=(75/25)×100} 증가하였다. 을국의 경우 노령화 지수는 t년에 150에서 t+50년에 200으로 약 33.3%{=(50/150)×100} 증가하였다. 따라서 t년 대비 t+50년의 노령화 지수 증가율은 을국이 갑국보다 작다.
⑤ t년에 갑국과 을국의 전체 인구를 각각 100명이라고 가정하면, t년에 노인 인구는 갑국이 10명, 을국이 30명으로, 을국이 갑국의 3배이다. t년에 갑국과 을국의 전체 인구를 각각 100명이라고 가정하면, t+50년에 노년 인구는 갑국이 18명, 을국이 24명으로, 을국이 갑국의 약 1.3배(=24/18)이다.

④번을 정답으로 찾지 못한 경우는 제시된 자료를 통해 연도별 인구 구성을 파악하지 못하였을 가능성이 크다. t년 대비 t+50년에 갑국과 을국의 전체 인구 변화가 제시되어 있으므로 t년의 갑국과 을국의 전체 인구를 100으로 가정하는 것이 시간을 단축시킬 수 있다. 또한 인구 비율과 인구수를 혼동하지 않도록 한다.

이것만은 꼭!

1. 합계 출산율을 통해 저출산 현상을 파악할 수 있다.
2. 초고령 사회는 전체 인구 중 노년 인구가 차지하는 비율이 20% 이상인 사회를 말한다.

09 인구 구조

| 정답 ④ | 22년 6월 모의평가 20번

①	②	③	❹	⑤ 함정
7%	12%	12%	45%	24%

다음 자료에 대한 옳은 분석만을 〈보기〉에서 고른 것은? [3점]

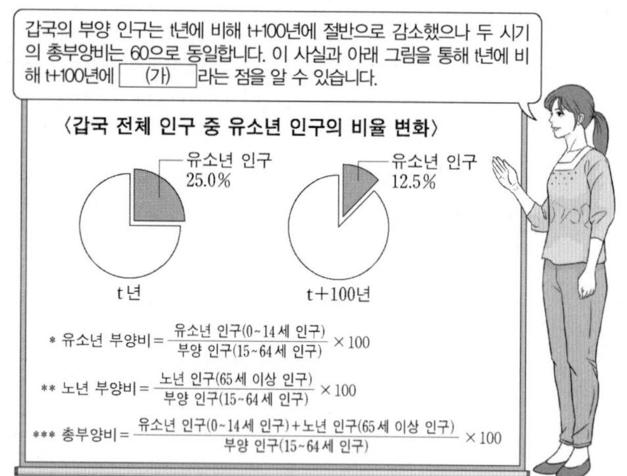

갑국의 부양 인구는 t년에 비해 t+100년에 절반으로 감소했으나 두 시기의 총부양비는 60으로 동일합니다. 이 사실과 아래 그림을 통해 t년에 비해 t+100년에 (가) 라는 점을 알 수 있습니다.
〈갑국 전체 인구 중 유소년 인구의 비율 변화〉
유소년 인구 25.0%
유소년 인구 12.5%
t년
t+100년
* 유소년 부양비 = 유소년 인구(0~14세 인구) / 부양 인구(15~64세 인구) × 100
** 노년 부양비 = 노년 인구(65세 이상 인구) / 부양 인구(15~64세 인구) × 100
*** 총부양비 = 유소년 인구(0~14세 인구) + 노년 인구(65세 이상 인구) / 부양 인구(15~64세 인구) × 100

보기

ㄱ. t년 대비 t+100년에 유소년 인구는 ~~30%~~ (75%) 감소하였다.
ㄴ. t년의 노년 인구와 t+100년의 노년 인구는 동일하다.
ㄷ. 유소년 인구와 노년 인구의 합이 전체 인구에서 차지하는 비율은 ~~t년에 비해 t+100년이 높다.~~ (t년과 t+100년이 같다.)
ㄹ. (가)에는 '유소년 부양비는 절반으로 감소하고, 노년 부양비는 2배가 되었다.'가 들어갈 수 있다.

① ㄱ, ㄴ ② ㄱ, ㄷ ③ ㄴ, ㄷ ④ ㄴ, ㄹ ⑤ ㄷ, ㄹ

✓ 자료 분석 t년의 부양 인구를 100명, t+100년의 부양 인구를 50명이라고 가정해보면, t년과 t+100년에 총부양비는 60이므로 노년 인구와 유소년 인구의 합은 t년에 60명, t+100년에 30명이다. t년에 유소년 인구 비율이 25%이므로 유소년 인구는 40명(=160명×0.25)이고, t+100년에 유소년 인구 비율이 12.5%이므로 유소년 인구는 10명(=80명×0.125)이다. 이를 바탕으로 갑국의 t년과 t+100년의 인구 구성을 나타내면 다음과 같다.

(단위: 명)

구분	t년	t+100년
유소년 인구(0~14세 인구)	40	10
부양 인구(15~64세 인구)	100	50
노년 인구(65세 이상 인구)	20	20
전체 인구	160	80

○ 정답 찾기 ㄴ. t년과 t+100년에 노년 인구는 각각 20명이다.

ㄹ. 유소년 부양비는 t년이 $40\left(=\frac{40}{100}\times 100\right)$이고, t+100년이 $20\left(=\frac{10}{50}\times 100\right)$이다. 노년 부양비는 t년이 $20\left(=\frac{20}{100}\times 100\right)$이고, t+100년이 $40\left(=\frac{20}{50}\times 100\right)$이다. 즉, t년에 비해 t+100년에 유소년 부양비는 절반으로 감소하고, 노년 부양비는 2배가 되었다. 따라서 해당 진술은 (가)에 들어갈 수 있다.

× 오답 풀이 ㄱ. t년의 유소년 인구는 40명이고, t+100년의 유소년 인구는 10명이다. 따라서 t년 대비 t+100년에 유소년 인구는 75% 감소하였다.

ㄷ. 유소년 인구와 노년 인구의 합이 전체 인구에서 차지하는 비율은 t년의 경우 $37.5\%\left(=\frac{60}{160}\times 100\right)$이고, t+100년의 경우 $37.5\%\left(=\frac{30}{80}\times 100\right)$이다.

함정 클리닉

ㄷ을 정답으로 선택한 학생들은 제시된 자료를 활용하여 t년과 t+100년의 인구 규모를 제대로 파악하지 못하였을 가능성이 높다. 유소년 부양비, 노년 부양비, 총부양비의 공식을 활용하여 인구 규모(인구 비율과 인구 수)를 정확하게 파악해야 한다.

이것만은 꼭!

1. 저출산 문제가 심각해지면 유소년 부양비가 증가할 수 있다.
2. 인구 고령화 문제가 심각해지면 노년 부양비가 증가할 수 있다.
3. 총부양비가 증가하는 현상이 심각해지면 세대 간 갈등이 유발될 가능성이 높아진다.

10 인구 구조

| 정답 ④ | 22년 9월 모의평가 20번

①	②	③	❹	⑤
8%	9%	12%	62%	9%

다음 자료에 대한 분석 및 추론으로 옳은 것은?

현재(t년) 갑국은 표와 같은 인구 구성을 가지고 있다. 갑국 정부는 향후(t+100년) 발생할 인구 변화를 서로 다른 시나리오로 예측하여 A, B의 결과를 얻었다. t년에 부양 인구(15~64세 인구)는 전체 인구의 절반이며, t+100년에도 부양 인구는 전체 인구의 절반이라고 가정한다.

구분	현재(t년)	t+100년의 시나리오 예측 결과	
		A	B
유소년 인구(0~14세 인구)	750만 명	t년 대비 20% 증가	t년 대비 20% 감소
노년 인구(65세 이상 인구)	250만 명	t년 대비 20% 증가	t년 대비 140% 증가

* 유소년 부양비 = $\frac{\text{유소년 인구}}{\text{부양 인구}} \times 100$

** 노년 부양비 = $\frac{\text{노년 인구}}{\text{부양 인구}} \times 100$

*** 총부양비 = $\frac{\text{유소년 인구+노년 인구}}{\text{부양 인구}} \times 100$

① 노년 부양비는 ~~A가 현재보다 크다~~. (A와 현재가 같다.)
② 총부양비는 ~~B가 현재보다 크다~~. (B와 현재가 같다.)
③ 유소년 부양비는 A(75)가 B(50)의 ~~2배~~(1.5배)이다.
④ 전체 인구에서 노년 인구가 차지하는 비율은 B(25%)가 A(12.5%)의 2배이다.
⑤ 저출산 · 고령화 문제는 ~~B~~(A)보다 ~~A~~(B)에서 더 부각된다.

✓ 자료 분석 제시된 자료를 토대로 현재(t년)와 t+100년의 시나리오 예측 결과에 따른 연령대별 인구를 나타내면 다음과 같다.

(단위: 만 명)

구분	현재(t년)	t+100년의 시나리오 예측 결과	
		A	B
유소년 인구(0~14세 인구)	750	900	600
부양 인구(15~64세 인구)	1,000	1,200	1,200
노년 인구(65세 이상 인구)	250	300	600
전체 인구	2,000	2,400	2,400

O 정답 찾기 ④ 전체 인구에서 노년 인구가 차지하는 비율은 A의 경우 12.5%$\left(=\frac{\text{300만 명}}{\text{2,400만 명}}\times100\right)$, B의 경우 25%$\left(=\frac{\text{600만 명}}{\text{2,400만 명}}\times100\right)$로, B가 A의 2배이다.

✕ 오답 풀이 ① 노년 부양비는 현재와 A가 각각 25이다.
② 총부양비는 현재와 B가 각각 100이다.
③ 유소년 부양비는 A(75)가 B(50)의 1.5배이다.
⑤ A보다 B에서 전체 인구에서 유소년 인구가 차지하는 비율이 낮고, 전체 인구에서 노년 인구가 차지하는 비율이 높다. 따라서 저출산 · 고령화 문제는 A보다 B에서 더 부각된다.

이것만은 꼭!

1. 전체 인구에서 유소년 인구 비율이 낮아지고 노년 인구 비율이 높아지면 저출산·고령화 문제가 부각된다.
2. 15~64세 인구 대비 0~14세 인구가 감소할수록 유소년 부양비는 작아진다.
3. 15~64세 인구 대비 65세 이상 인구가 증가할수록 노년 부양비는 커진다.

①	②	❸	④ 함정	⑤
3%	19%	36%	26%	16%

다음 자료에 대한 분석 및 추론으로 옳은 것은?

> 갑국에서 t년의 전체 인구 중 노년 인구 비율은 20%이고 t+50년의 전체 인구 중 유소년 인구 비율은 28%이다. t년 대비 t+50년에 전체 인구는 25% 증가하였고 유소년 인구는 12.5% 감소하였다. t년 대비 t+50년에 노년 부양비는 150% 증가하였다.
>
> * 유소년 부양비 = $\frac{\text{유소년 인구(0~14세 인구)}}{\text{부양 인구(15~64세 인구)}} \times 100$
>
> ** 노년 부양비 = $\frac{\text{노년 인구(65세 이상 인구)}}{\text{부양 인구(15~64세 인구)}} \times 100$
>
> *** 피부양 인구 = 유소년 인구(0~14세 인구) + 노년 인구(65세 이상 인구)

① t년의 유소년 인구와 t+50년의 노년 인구는 동일하다. (40명 < 50명, 다르다.)

② t년 대비 t+50년에 전체 인구 증가율은 피부양 인구 증가율보다 크다. (25%, 약 41.7%, 작다.)

③ t년 대비 t+50년에 유소년 인구 감소율과 유소년 부양비 감소율은 동일하다.

④ t년보다 t+50년에 전체 인구에서 부양 인구가 차지하는 비율이 크다. (40%, 32%, 작다.)

⑤ t년보다 t+50년에 부양 인구 감소로 인해 경제 성장 동력이 약화될 가능성이 높다.

✓ 자료 분석 t년 대비 t+50년에 전체 인구가 25% 증가하였으므로 t년에 전체 인구를 100명이라고 하면 t+50년에 전체 인구는 125명이 된다. t년에 전체 인구 중 노년 인구 비율이 20%이므로 노년 인구는 20명이 되고, t+50년에 전체 인구 중 유소년 인구 비율이 28%이므로 유소년 인구는 35명이 된다. t년 대비 t+50년에 유소년 인구가 12.5% 감소하였으므로 t년에 유소년 인구는 40명이 되고, 부양 인구는 40명이 된다. t년에 노년 부양비는 50이고 t년 대비 t+50년에 노년 부양비가 150% 증가하였으므로 t+50년에 노년 부양비는 125가 된다. 따라서 t+50년에 노년 인구는 50명, 부양 인구는 40명이 된다. 제시된 자료를 바탕으로 t년의 전체 인구를 100명이라고 가정할 경우 갑국의 인구 구성을 나타내면 다음과 같다.

구분	t년		t+50년	
	비율	인구수	비율	인구수
유소년 인구	40%	40명	28%	35명
부양 인구	40%	40명	32%	40명
노년 인구	20%	20명	40%	50명
전체	100%	100명	100%	125명

O 정답 찾기 ③ t년 대비 t+50년에 유소년 인구 감소율은 12.5%$\left(=\frac{5명}{40명}\times 100\right)$이다. 유소년 부양비는 t년의 경우 100$\left(=\frac{40명}{40명}\times 100\right)$, t+50년의 경우 87.5$\left(=\frac{35명}{40명}\times 100\right)$이므로 t년 대비 t+50년에 유소년 부양비 감소율은 12.5%$\left(=\frac{12.5}{100}\times 100\right)$이다. 따라서 t년 대비 t+50년에 유소년 인구 감소율과 유소년 부양비 감소율이 같다.

× 오답 풀이 ① t년의 유소년 인구는 40명, t+50년에 노년 인구는 50명이다. 따라서 t년의 유소년 인구보다 t+50년의 노년 인구가 많다.

② t년 대비 t+50년에 전체 인구 증가율은 25%$\left(=\frac{25명}{100명}\times 100\right)$, 피부양 인구 증가율은 약 41.7%$\left(=\frac{25명}{60명}\times 100\right)$이다. 따라서 t년 대비 t+50년에 전체 인구 증가율은 피부양 인구 증가율보다 작다.

④ 전체 인구에서 부양 인구가 차지하는 비율은 t년의 경우 40%, t+50년의 경우 32%이다. 따라서 t+50년이 t년보다 작다.

⑤ 부양 인구는 t년의 경우 40명, t+50년의 경우 40명이다. 따라서 부양 인구는 감소하지 않았다.

함정 클리닉

③번을 정답으로 선택하지 못하였다면, 제시된 자료를 통해 연도별 인구 구성을 파악하지 못했을 가능성이 크다. t년 대비 t+50년에 전체 인구 증가율이 제시되어 있으므로 t년의 전체 인구를 100으로 가정하는 것이 시간을 단축시킬 수 있다. t년의 전체 인구를 100으로 가정하면 t년 대비 t+50년에 전체 인구가 25%가 증가하였으므로 t+50년의 전체 인구는 125가 된다. 이를 바탕으로 노년 인구 비율, 유소년 인구 비율, 노년 부양비 등을 이용하여 연도별 인구 구성을 파악해야 한다.

이것만은 꼭!

1. 연도별 전체 인구 증가율이 제시되어 있으므로 기준이 되는 연도의 전체 인구를 100으로 가정하면 해결의 실마리를 찾을 수 있다.
2. 총부양비는 유소년 부양비와 노년 부양비의 합이다.
3. 피부양 인구는 유소년 인구와 노년 인구를 의미하므로 '전체 인구−부양 인구'로 구할 수 있다.

12 인구 구조

| 정답 ⑤ | 21년 6월 모의평가 20번

①	②	③	④ 함정	❺
3%	11%	11%	20%	55%

다음 자료에 대한 분석으로 옳은 것은? [3점]

표는 A 지역의 인구 구성 비율을 나타낸 것이다. 2000년에 비해 2020년 A 지역의 총인구는 20% 증가하였다. A 지역의 노령화 지수는 2000년에 60, 2020년에 125였다. 단, 음영 처리된 부분은 주어진 자료와 단서를 통해 알 수 있다.

(단위: %)

구분	2000년	2020년
0~14세 인구 (유소년 인구)	25	20
15~64세 인구 (부양 인구)	60	55
65세 이상 인구 (노인 인구)	15	25

* 노령화 지수 = (65세 이상 인구/0~14세 인구)×100
** 유소년 부양비 = (0~14세 인구/15~64세 인구)×100
*** 노인 부양비 = (65세 이상 인구/15~64세 인구)×100
**** 총부양비 = {(0~14세 인구+65세 이상 인구)/15~64세 인구}×100

① 2020년에 노인 인구는 유소년 인구의 ~~2배 이상~~이다. (1.25배)
② 2000년에 비해 2020년의 부양 인구는 ~~감소~~하였다. (증가)
③ 2000년 유소년 부양비(약 41.7)와 2020년 노인 부양비(약 45.5)는 동일하다.
④ 2000년에 비해 2020년의 노인 인구는 ~~10%~~(100%) 증가하였고, 유소년 인구는 ~~5%~~(4%) 감소하였다.
⑤ 2000년에 비해 2020년의 유소년 부양비는(약 41.7 → 약 36.4) 감소하였고, 노인 부양비(25 → 약 45.5)와 총부양비는(약 66.7 → 약 81.8) 모두 증가하였다.

✓ 자료 분석 2000년의 총인구를 100명이라고 가정하면, 2000년의 노령화 지수가 60이므로 (15명/유소년 인구)×100=60이고 유소년 인구는 25명이다. 따라서 2000년에 유소년 인구 비율은 25%, 부양 인구 비율은 60%이다. 2000년의 총인구를 100명이라고 가정하면 2020년의 총인구는 120명이고, 2020년의 노령화 지수가 125이므로 (65세 이상 인구/24명)×100=125이고, 65세 이상 인구는 30명이다. 따라서 2020년에 부양 인구 비율은 55%, 노인 인구 비율은 25%이다. 제시된 자료를 바탕으로 2000년과 2020년의 인구 구성 비율을 나타내면 다음과 같다.

(단위: %)

구분	2000년	2020년
0~14세 인구 (유소년 인구)	25	20
15~64세 인구 (부양 인구)	60	55
65세 이상 인구 (노인 인구)	15	25

O 정답 찾기 ⑤ 2000년의 유소년 부양비는 약 41.7{=(25/60)×100}, 노인 부양비는 25{=(15/60)×100}, 총부양비는 약 66.7{=(40/60)×100}이다. 2020년의 유소년 부양비는 약 36.4{=(20/55)×100}, 노인 부양비는 약 45.5{=(25/55)×100}, 총부양비는 약 81.8{=(45/55)×100}이다. 따라서 2000년에 비해 2020년의 유소년 부양비는 감소하였고, 노인 부양비와 총부양비는 모두 증가하였다.

× 오답 풀이 ① 2020년에 노인 인구 비율은 25%, 유소년 인구 비율은 20%이므로 노인 인구는 유소년 인구의 1.25배이다.
② 2000년의 총인구를 100명이라고 가정하면 2020년의 총인구는 120명이다. 이때 부양 인구는 2000년의 경우 60명, 2020년의 경우 66명이다.
③ 2000년에 유소년 부양비는 약 41.7{=(25/60)×100}이고, 2020년에 노인 부양비는 약 45.5{=(25/55)×100}이므로 2000년의 유소년 부양비가 2020년의 노인 부양비보다 작다.
④ 2000년의 총인구를 100명이라고 가정하면 2020년의 총인구는 120명이다. 이때 유소년 인구는 2000년의 경우 25명, 2020년의 경우 24명으로 4% 감소하였고, 노인 인구는 2000년의 경우 15명, 2020년의 경우 30명으로 100% 증가하였다.

④번을 정답으로 잘못 선택하였다면, 2000년과 2020년의 인구 구성 비율을 정확하게 판단하지 못했을 가능성이 크고, 이를 판단했다고 하더라도 2000년에 비해 2020년의 총인구가 20% 증가했음을 간과했을 수 있다. 제시된 A 지역의 노령화 지수와 표 아래의 계산식을 활용하여 각 연령별 인구 구성 비율을 구할 수 있어야 한다.

이것만은 꼭!

1. 전체 인구에서 65세 이상 노인 인구가 차지하는 비율이 7% 이상이면 고령화 사회, 14% 이상이면 고령 사회, 20% 이상이면 초고령 사회라고 한다.
2. 고령화 현상의 원인으로 저출산 현상 및 의료 기술 발달에 따른 평균 수명 증가 등을 들 수 있다.
3. 저출산·고령화 현상은 생산 가능 인구 감소로 노동력이 부족해져 경제 성장 동력을 약화시킬 수 있다.

13 인구 구조

| 정답 ④ | 21년 9월 모의평가 15번

①	②	③ 함정	❹	⑤
9%	9%	14%	58%	10%

다음 자료에 대한 분석으로 옳은 것은? (단, 갑국 전체 인구와 을국 전체 인구는 각각 t년 대비 t+60년에 10% 증가하였다.)

구분	갑국		을국	
	t년	t+60년	t년	t+60년
전체 인구 중 65세 이상 인구의 비율(%)	10	20	10	30
0~14세 인구 100명당 65세 이상 인구	50	200	40	300

* 유소년 부양비 = $\frac{\text{0~14세 인구}}{\text{15~64세 인구}} \times 100$

** 노년 부양비 = $\frac{\text{65세 이상 인구}}{\text{15~64세 인구}} \times 100$

① t년의 노년 부양비는 갑국이 을국보다 ~~크다~~(작다).
② t+60년의 유소년 부양비는 갑국이 을국보다 ~~크다~~(작다).
③ t년 대비 t+60년에 갑국의 65세 이상 인구는 ~~2배~~(2.2배) 증가하였다.
④ t년 대비 t+60년에 갑국과 을국 모두 15~64세 인구는 증가하였다.
⑤ t년 대비 t+60년에 갑국의 0~14세 인구는 ~~증가~~(감소)하였고, 을국의 0~14세 인구는 감소하였다.

✓ 자료 분석 제시된 자료를 통해 전체 인구에서 0~14세 인구, 15~64세 인구, 65세 이상 인구가 차지하는 비율을 나타내면 다음과 같다.

(단위 : %)

구분	갑국		을국	
	t년	t+60년	t년	t+60년
0~14세 인구	20	10	25	10
15~64세 인구	70	70	65	60
65세 이상 인구	10	20	10	30

t년에 갑국과 을국의 전체 인구를 각각 100명이라고 가정하고 갑국과 을국의 인구 구성을 나타내면 다음과 같다.

(단위 : 명)

구분	갑국		을국	
	t년	t+60년	t년	t+60년
0~14세 인구	20	11	25	11
15~64세 인구	70	77	65	66
65세 이상 인구	10	22	10	33
전체 인구	100	110	100	110

O 정답 찾기 ④ t년에 갑국의 전체 인구를 100명이라고 가정하면, 갑국의 15~64세 인구는 t년에 70명, t+60년에 77명이다. 따라서 t년 대비 t+60년에 갑국의 15~64세 인구는 증가하였다. t년에 을국의 전체 인구를 100명이라고 가정하면, 을국의 15~64세 인구는 t년에 65명, t+60년에 66명이다. 따라서 t년 대비 t+60년에 을국의 15~64세 인구는 증가하였다.

× 오답 풀이 ① t년에 갑국과 을국의 전체 인구를 각각 100명이라고 가정하면, t년의 노년 부양비는 갑국이 약 14.3{=(10명/70명)×100}이고, 을국이 약 15.4{=(10명/65명)×100}이다.
② t년에 갑국과 을국의 전체 인구를 각각 100명이라고 가정하면, t+60년의 유소년 부양비는 갑국이 약 14.3{=(11명/77명)×100}이고, 을국이 약 16.7{=(11명/66명)×100}이다.
③ t년에 갑국의 전체 인구를 100명이라고 가정하면, 65세 이상 인구는 t년이 10명, t+60년이 22명이다. 따라서 갑국의 65세 이상 인구는 t+60년이 t년의 2.2배이다.
⑤ t년에 갑국의 전체 인구를 100명이라고 가정하면, 0~14세 인구는 t년이 20명, t+60년이 11명이다. t년에 을국의 전체 인구를 100명이라고 가정하면, 0~14세 인구는 t년이 25명, t+60년이 11명이다. 따라서 갑국과 을국 모두 t년 대비 t+60년에 0~14세 인구는 감소하였다.

함정 클리닉

③번을 정답으로 잘못 선택하였다면, t년 대비 t+60년에 갑국과 을국의 전체 인구가 각각 10% 증가하였음을 간과했을 가능성이 크다. 제시된 자료를 바탕으로 0~14세 인구, 15~64세 인구, 65세 이상 인구가 차지하는 비율 및 인구수를 계산해야 한다. 인구 구조와 관련된 문제에서는 제시된 자료를 분석하여 0~14세 인구, 15~64세 인구, 65세 이상 인구의 비율 및 인구수를 표로 재정렬할 수 있어야 한다.

이것만은 꼭!

1. 인구는 0~14세의 유소년 인구, 15~64세의 부양 인구, 65세 이상의 노인 인구로 분류할 수 있다.
2. 15~64세 인구 대비 0~14세 인구가 감소할수록 유소년 부양비는 작아진다.
3. 15~64세 인구 대비 65세 이상 인구가 증가할수록 노년 부양비는 커진다.

14 인구 구조

| 정답 ③ | 21년 수능 20번

①	② 함정	❸	④	⑤ 함정
6%	33%	25%	11%	25%

다음 자료에 대한 분석으로 옳은 것은?

갑국에서 t+100년에 전체 인구 중 유소년 인구(0세~14세 인구)가 차지하는 비율은 t년에 전체 인구 중 유소년 인구가 차지하는 비율의 1/2이고, t년에 전체 인구 중 노인 인구(65세 이상 인구)가 차지하는 비율의 2배이다. 단, t년과 t+100년의 부양 인구(15세~64세 인구)는 동일하다. 표는 갑국의 연도별 총부양비를 나타낸 것이다.

구분	t년	t+100년
총부양비	100	150

* 노령화 지수 = (노인 인구/유소년 인구)×100
** 유소년 부양비 = (유소년 인구/부양 인구)×100
*** 노년 부양비 = (노인 인구/부양 인구)×100
**** 총부양비 = {(유소년 인구 + 노인 인구)/부양 인구}×100

① t년 대비 t+100년에 전체 인구는 ~~50%~~ 25% 증가하였다.
② t년 대비 t+100년에 유소년 부양비는 ~~50%~~ 37.5% 감소하였다.
③ t+100년 노령화 지수는 t년 노령화 지수의 8배이다.
④ t+100년 노년 부양비는 t년 노년 부양비의 ~~4배~~ 5배이다.
⑤ t년의 유소년 인구와 t+100년의 노인 인구는 동일~~하다~~ 하지 않다.

✔ 자료 분석 t년과 t+100년의 부양 인구가 동일하므로 t년과 t+100년의 부양 인구를 각각 100명이라고 가정하면, 제시된 총부양비를 통해 유소년 인구+노인 인구를 구할 수 있다. 즉, 유소년 인구+노인 인구는 t년의 경우 100명, t+100년의 경우 150명이다. 따라서 t년의 전체 인구는 200명, t+100년의 전체 인구는 250명이 된다. t년의 유소년 인구를 a, t년의 노인 인구를 b, t+100년의 유소년 인구를 c, t+100년의 노인 인구를 d라고 하면, t+100년에 전체 인구 중 유소년 인구가 차지하는 비율은 (c/250명)×100이고, t년에 전체 인구 중 유소년 인구가 차지하는 비율은 (a/200명)×100이며, t년에 전체 인구 중 노인 인구가 차지하는 비율은 (b/200명)×100이다. t+100년에 전체 인구 중 유소년 인구가 차지하는 비율이 t년에 전체 인구 중 유소년 인구가 차지하는 비율의 1/2이므로 (c/250명)×100=(a/200명)×100×1/2이고, t+100년에 전체 인구 중 유소년 인구가 차지하는 비율이 t년에 전체 인구 중 노인 인구가 차지하는 비율의 2배이므로 (c/250명)×100=(b/200명)×100×2이다. 즉, (c/250명)×100=(a/200명)×100×1/2=(b/200명)×100×2가 되어 이를 풀어 보면 a=4b, c=2.5b이다. a+b=100, c+d=150이므로 a는 80, b는 20, c는 50, d는 100이다. t년과 t+100년의 부양 인구를 각각 100명이라고 가정하고 제시된 자료의 조건을 바탕으로 갑국의 t년과 t+100년의 인구 구성을 나타내면 다음과 같다.

(단위: 명)

구분	t년	t+100년
유소년 인구	80	50
부양 인구	100	100
노인 인구	20	100
전체 인구	200	250

○ 정답 찾기 ③ t년과 t+100년의 부양 인구를 각각 100명이라고 가정하면, 노령화 지수는 t년의 경우 25{=(20명/80명)×100}, t+100년의 경우 200{=(100명/50명)×100}이다. 따라서 t+100년 노령화 지수는 t년 노령화 지수의 8배(=200/25)이다.

× 오답 풀이 ① t년과 t+100년의 부양 인구를 각각 100명이라고 하면, 전체 인구는 t년이 200명, t+100년이 250명이므로 t년 대비 t+100년에 전체 인구는 25%{=(50명/200명)×100} 증가하였다.
② t년과 t+100년의 부양 인구를 각각 100명이라고 하면, 유소년 부양비는 t년이 80{=(80명/100명)×100}, t+100년이 50{=(50명/100명)×100}이므로, t년 대비 t+100년에 유소년 부양비는 37.5%{=(30/80)×100} 감소하였다.
④ t년과 t+100년의 부양 인구를 각각 100명이라고 하면, 노년 부양비는 t년이 20{=(20명/100명)×100}, t+100년이 100{=(100명/100명)×100}이므로 t+100년 노년 부양비는 t년 노년 부양비의 5배(=100/20)이다.
⑤ t년과 t+100년의 부양 인구를 각각 100명이라고 하면, t년의 유소년 인구는 80명이고, t+100년의 노인 인구는 100명이므로 t년의 유소년 인구와 t+100년의 노인 인구는 같지 않다.

함정 클리닉

③번을 정답으로 선택하지 못하였다면, 제시된 자료를 통해 연도별 인구 구성을 파악하지 못했을 가능성이 크다. 총부양비가 제시되어 있고, 총부양비의 분모에 해당하는 부양 인구가 연도별 동일하다고 제시되어 있으므로 편의상 부양 인구를 100명이라고 가정하고 제시된 조건을 침착하게 읽어 보면 해결의 실마리를 얻을 수 있다. 연도별 전체 인구에서 유소년 인구가 차지하는 비율과 노인 인구가 차지하는 비율의 관계를 정해 주고 있으므로 이를 통해 연도별 인구 구성을 파악할 수 있다.

이것만은 꼭!

1. 연도별 부양 인구가 같고 총부양비가 제시되어 있으므로 부양 인구를 100명이라고 가정하면 유소년 인구와 노인 인구의 합을 구할 수 있다.
2. 총부양비는 유소년 부양비와 노년 부양비의 합이다.
3. 부양 인구가 감소하고 노인 인구가 늘어나면 노년 부양비는 증가한다.

15 인구 구조

| 정답 ④ | 20년 6월 모의평가 20번

①	②	③	❹	⑤ 함정
8%	14%	14%	49%	15%

다음 자료에 대한 분석으로 옳은 것은? [3점]

> 표는 갑국과 을국의 인구 관련 통계이다. 갑국과 을국의 총 인구는 t년에 동일하며, t+80년에 각각 2배로 증가하였다.
>
> | 구분 | 갑국 | | 을국 | |
> |---|---|---|---|---|
> | | t년 | t+80년 | t년 | t+80년 |
> | 합계 출산율(명) | 4.4 | 2.4 | 3.1 | 1.1 |
> | 전체 인구 대비 0~14세 인구 비율(%) | 60 | 30 | 50 | 20 |
> | 노령화 지수 | 25 | 50 | 20 | 125 |
>
> * 합계 출산율: 여성 1명이 가임 기간 동안 낳을 것으로 예상되는 평균 출생아 수
>
> ** 노령화 지수 = $\frac{\text{65세 이상 인구}}{\text{0~14세 인구}} \times 100$
>
> *** 전체 인구에서 노인 인구(65세 이상 인구)가 차지하는 비율이 7% 이상인 사회를 고령화 사회, 14% 이상인 사회를 고령 사회, 20% 이상인 사회를 초고령 사회라고 함

① 갑국의 경우 15~64세 인구 대비 65세 이상 인구의 비는 t+80년이 t년보다 ~~크다~~ 작다.

② 을국의 경우 t년에 비해 t+80년에 65세 이상 인구가 증가한 원인은 합계 출산율 ~~감소이다~~ 알 수 없다.

③ t+80년의 15~64세 인구 비율 대비 0~14세 인구 비율은 을국이 갑국보다 ~~크다~~ 작다.

④ t년과 t+80년을 비교했을 때 을국은 갑국과 달리 고령화 사회에서 초고령 사회로 변화하였다.

⑤ t년 대비 t+80년의 경우 ~~갑국과 을국 모두~~ 을국은 0~14세 인구 감소가 노령화 지수의 상승 원인이다.

✓ 자료 분석 갑국과 을국의 전체 인구를 각각 t년에 100명, t+80년에 200명이라고 하면 연령대별 인구는 다음과 같다.

(단위: 명)

구분	갑국		을국	
	t년	t+80년	t년	t+80년
0~14세 인구	60	60	50	40
15~64세 인구	25	110	40	110
65세 이상 인구	15	30	10	50

O 정답 찾기 ④ 전체 인구에서 65세 이상 인구 비율은 t년의 경우 갑국이 15%로 고령 사회, 을국이 10%로 고령화 사회에 해당한다. 전체 인구에서 65세 이상 인구 비율은 t+80년의 경우 갑국이 15%로 고령 사회, 을국이 25%로 초고령 사회에 해당한다.

× 오답 풀이 ① 갑국의 경우 15~64세 인구 대비 65세 이상 인구의 비는 t년에 15/25, t+80년에 30/110으로 t년이 t+80년보다 크다.

② 을국의 경우 t년에 비해 t+80년에 65세 이상 인구는 5배 증가하였고, t년에 비해 t+80년에 합계 출산율이 하락하였다. 그러나 제시된 자료만으로는 합계 출산율 하락이 65세 이상 인구 증가의 원인인지는 알 수 없다.

③ t+80년의 15~64세 인구 비율 대비 0~14세 인구 비율은 갑국이 60/110, 을국이 40/110으로 갑국이 을국보다 크다.

⑤ 갑국과 을국 모두 t년에 비해 t+80년에 노령화 지수가 상승하였다. 갑국의 경우 0~14세 인구는 t년과 t+80년이 동일하므로 노령화 지수 상승의 원인은 0~14세 인구 감소에 따른 것이라고 볼 수 없다.

함정 클리닉

⑤번을 정답으로 잘못 선택하였다면, 제시된 자료를 통해 연령대별 인구를 파악하지 못했을 가능성이 크다. 표 분석 문항은 제시된 자료에 대한 분석 자료를 기반으로 해야 한다.

이것만은 꼭!

전체 인구에서 노인 인구가 차지하는 비율을 통해 고령화 사회, 고령 사회, 초고령 사회로 구분할 수 있다.

16 인구 구조

| 정답 ② | 20년 9월 모의평가 16번

①	❷	③	④	⑤ 함정
5%	34%	13%	15%	33%

다음 자료에 대한 분석으로 옳은 것은? (단, t년 대비 t+20년에 을국의 유소년 인구는 증가하였다.)

구분	t년		t+20년	
	갑국	을국	갑국	을국
노령화 지수	25	40	50	60
총부양비	20	25	50	100

* 노령화 지수 = $\frac{\text{노인 인구(65세 이상 인구)}}{\text{유소년 인구(0~14세 인구)}} \times 100$

** 총부양비 = $\frac{\text{유소년 인구 + 노인 인구}}{\text{부양 인구(15~64세 인구)}} \times 100$

*** 전체 인구에서 노인 인구가 차지하는 비율이 7% 이상이면 고령화 사회, 14% 이상이면 고령 사회, 20% 이상이면 초고령 사회라고 함

① t년에 갑국에서 부양 인구 100명당 노인 인구는 ~~25~~(4)명이다.
② t+20년에 갑국은 고령화 사회, 을국은 고령 사회에 해당한다.
③ ~~t년과 달리 t+20년에~~(t년과 t+20년 모두) 을국에서 노인 인구가 유소년 인구보다 많다.
④ t년 대비 t+20년에 을국에서 유소년 인구 증가율이 노인 인구 증가율보다 ~~크다~~(작다).
⑤ t년과 t+20년 모두 부양 인구가 부담해야 하는 총 부양 비용은 ~~갑국보다 을국이 크다~~(알 수 없다).

✓ 자료 분석 유소년 인구(0~14세)를 100으로 보았을 때 15~64세 인구와 65세 이상 인구를 나타내면 다음과 같다.

구분	t년		t+20년	
	갑국	을국	갑국	을국
65세 이상	25	40	50	60
15~64세	625	560	300	160
0~14세	100	100	100	100

O 정답 찾기 ② t+20년에 전체 인구에서 노인 인구가 차지하는 비율과 갑국은 경우 (50/450)×100≒11.1%이고, 을국의 경우 (60/320)×100=18.75%이다. 따라서 t+20년에 갑국은 고령화 사회, 을국은 고령 사회에 해당한다.

× 오답 풀이 ① 부양 인구 100명당 노인 인구는 (노인 인구/부양 인구)×100으로 구할 수 있다. t년에 갑국에서 부양 인구 100명당 노인 인구는 (25/625)×100=4명이다.
③ 을국의 경우 t년과 t+20년에 모두 유소년 인구인 0~14세 인구가 노인 인구인 65세 이상 인구보다 많다.
④ 을국의 경우 t년 대비 t+20년에 노령화 지수가 증가하였다. 노령화 지수는 유소년 인구 대비 노인 인구의 비이므로 노령화 지수의 증가는 유소년 인구보다 노인 인구가 더 빠르게 증가하였음을 의미한다. 따라서 t년 대비 t+20년에 을국에서 유소년 증가율이 노인 인구 증가율보다 작다.
⑤ 총부양비는 부양 인구 대비 유소년 인구와 노인 인구 합의 비(比)를 나타낸다. 따라서 총부양비를 통해 부양 인구가 부담해야 하는 총 부양 비용은 알 수 없다.

⑤번을 정답으로 잘못 선택하였다면, 이는 총부양비에 대해 잘못 이해하고 있었을 가능성이 크다. 제시된 자료에서 총부양비의 '비'는 금액을 의미하는 것이 아니다. 총부양비가 크면 부양 인구의 부양 부담이 크다는 것을 의미하나, 이를 통해 부양 인구가 부담해야 하는 부양 비용의 크고 작은지의 여부는 알 수 없다.

이것만은 꼭!

1. 전체 인구에서 65세 이상 노인 인구가 7% 이상이면 고령화 사회, 14% 이상이면 고령 사회, 20% 이상이면 초고령 사회라고 한다.
2. 노령화 지수가 증가하는 것은 유소년 인구 증가율보다 노인 인구 증가율이 크다는 것이다.

17 인구 구조

| 정답 ⑤ | 20년 수능 18번

①	②	③	④함정	⑤
5%	10%	13%	25%	47%

다음 자료에 대한 분석으로 옳은 것은? (단, 제시된 모든 연도의 부양 인구는 동일하다.)

구분	t년	t+30년	t+60년
총부양비	70	64	56
노령화 지수	40	60	100

* 총부양비 = $\frac{\text{유소년 인구(0~14세 인구)+노인 인구(65세 이상 인구)}}{\text{부양 인구(15~64세 인구)}} \times 100$

** 노령화 지수 = $\frac{\text{노인 인구(65세 이상 인구)}}{\text{유소년 인구(0~14세 인구)}} \times 100$

*** 전체 인구에서 노인 인구가 차지하는 비율이 7% 이상이면 고령화 사회, 14% 이상이면 고령 사회, 20% 이상이면 초고령 사회임

① 노인 인구는 t년 대비 t+30년에 ~~24%~~ 20% 증가하였다.

② t년은 고령화 사회, t+30년은 고령 사회, t+60년은 ~~초고령~~ 고령 사회에 해당한다.

③ 65세 이상 인구 1명당 15~64세 인구는 t년이 가장 ~~적고~~ 많고, t+60년이 가장 ~~많다~~ 적다.

④ 전체 인구에서 유소년 인구가 차지하는 비율은 t년이 가장 높고, ~~t+30~~ t+60년이 가장 낮다.

⑤ 유소년 인구의 t+30년 대비 t+60년의 비는 노인 인구의 t+30년 대비 t+60년의 비보다 작다.

✓ 자료 분석 제시된 모든 연도의 부양 인구가 동일하므로 제시된 모든 연도의 부양 인구를 A라고 가정할 경우 0~14세 인구와 65세 이상 인구를 나타내면 다음과 같다.

(단위: 명)

구분	t년	t+30년	t+60년
65세 이상	0.2A	0.24A	0.28A
15~64세	A	A	A
0~14세	0.5A	0.4A	0.28A

O 정답 찾기 ⑤ 유소년 인구(0~14세)의 t+30년 대비 t+60년의 비는 0.28A/0.4A이고, 노인 인구의 t+30년 대비 t+60년의 비는 0.28A/0.24A이다. 따라서 유소년 인구의 t+30년 대비 t+60년의 비가 노인 인구의 t+30년 대비 t+60년의 비보다 작다.

× 오답 풀이 ① 노인 인구는 t년 대비 t+30년에 0.04A만큼 증가하였다. 이를 비율로 나타내면 (0.04A/0.2A)×100으로 20% 증가하였다.

② t년의 경우 전체 인구는 0.2A+A+0.5A=1.7A로, 이 중 65세 이상 인구가 차지하는 비율은 (0.2A/1.7A)×100으로 약 11.8%이다. 따라서 t년은 고령화 사회에 해당한다. t+30년의 경우 전체 인구는 0.24A+A+0.4A=1.64A로, 이 중 65세 이상 인구가 차지하는 비율은 (0.24A/1.64)×100으로 약 14.6%이다. 따라서 t+30년은 고령 사회에 해당한다. t+60년의 경우 전체 인구는 0.28A+A+0.28A=1.56A로, 이 중 65세 이상 인구가 차지하는 비율은 (0.28A/1.56A)×100으로 약 17.9%이다. 따라서 t+60년은 고령 사회에 해당한다.

③ 65세 이상 인구 1명당 15~64세 인구는 t년의 경우 A/0.2A, t+30년은 A/0.24A, t+60년은 A/0.28A로, t년이 가장 많고, t+60년이 가장 적다.

④ 전체 인구에서 유소년 인구(0~14세)가 차지하는 비율은 t년의 경우 0.5A/1.7A, t+30년의 경우 0.4A/1.64A, t+60년의 경우 0.28A/1.56A으로, t년이 가장 높고, t+60년이 가장 낮다.

기출문제에서 자주 출제되었던 인구 구조와 관련된 문제에 비해 다소 복잡한 계산을 요구하고 있으며, 난도가 높은 문항이다. 표 분석 문항은 제시된 조건을 활용하여 문제 풀이에 쉬운 형태로 표를 재구성하는 것이 중요하다. '모든 연도의 부양 인구가 동일하다.'라는 조건의 의미를 정확하게 이해하였는지 여부, 계산 과정에서 실수가 있었는지 여부가 중요한 문항이다.

Memo

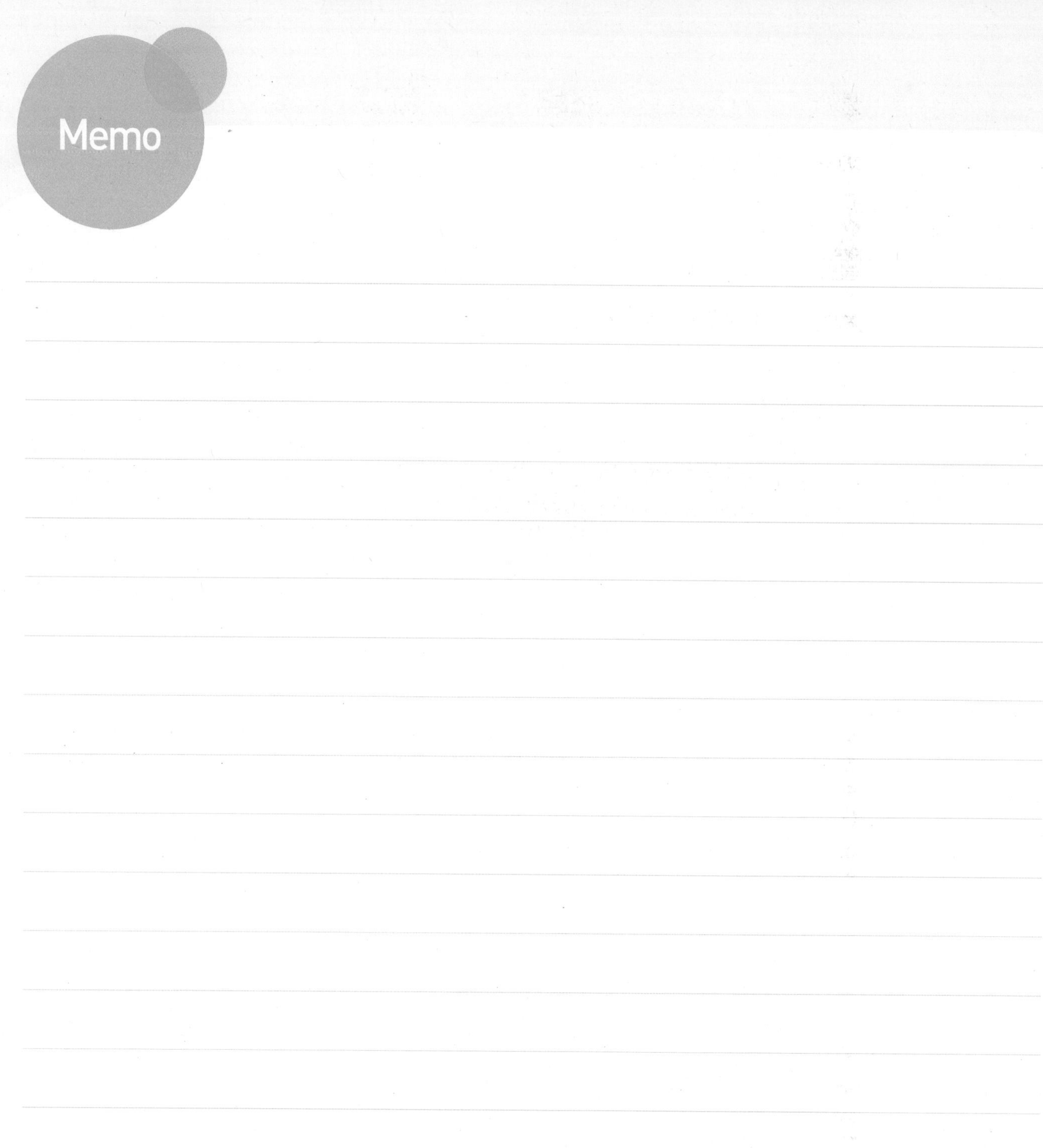